श्रीमद्भगवद्गीता हमारे धर्मग्रंथों का एक अत्यंत तेजस्वी और निर्मल हीरा है। भक्ति और ज्ञान का मेल कराके इन दोनों का शास्त्रोक्त व्यवहार के साथ संयोग करा देने वाला और इसके द्वारा संसार से त्रस्त मनुष्य को शांति देकर उसे निष्काम कर्तव्य के आचरण में लगानेवाला गीता के समान बालबोध ग्रंथ, समस्त संसार के साहित्य में भी नहीं मिल सकता। केवल काव्य की ही दृष्टि से यदि इसकी परीक्षा की जाए तो भी यह ग्रंथ उत्तम काव्यों में गिना जा सकता है; क्योंकि इसमें आत्मज्ञान के अनेक गूढ़ सिद्धांत ऐसी प्रासादिक भाषा में लिखे गए हैं, इसमें ज्ञानयुक्त भक्तिरस भी भरा पड़ा है। जिस ग्रंथ में समस्त वैदिक धर्म का सार स्वयं श्रीकृष्ण भगवान की वाणी से संग्रहित किया है उसकी योग्यता का वर्णन कैसे किया जाए?

लो. बाल गंगाधर तिलक द्वारा रचित

(श्रीमदभगवतगीता का अनुपम रुपांतरण)

ॐ तत्सत्।

श्रीमद्भगवद्गीतारहस्य
अथवा
कर्मयोगशास्त्र

गीता की बहिरंग परीक्षा, मूल संस्कृत श्लोक, भाषा-अनुवाद, अर्थ-निर्णायक टिप्पणियाँ, पूर्वी और पश्चिमी मतों की तुलना, इत्यादि सहित।

लेखक
लो. बाल गंगाधर तिलक

अनुवाद
श्रीमान् माधवरावजी सप्रे

डायमंड बुक्स

प्रकाशक : **डायमंड पॉकेट बुक्स (प्रा.) लि.**
X-30 ओखला इंडस्ट्रियल एरिया, फेज-II
नई दिल्ली-110020
फोन : 011-40712200
ई-मेल : sales@dpb.in
वेबसाइट : www.diamondbook.in

Geeta Rahasya

By : Bal Gangadhar Tilak

। अथ समर्पणम् ।

श्रीगीतार्थः क्व गंभीरः व्याख्यातः कविभिः पुरा।
आचार्यैर्यश्च बहुधा क्व मेऽल्पविषया मतिः।।
तथापि चापलादस्मि वक्तुं तं पुनरुद्यतः।
शास्त्रार्थान् संमुखीकृत्य प्रयत्नान् नव्यैः सहोचितैः।।
तमार्याः श्रोतुमर्हन्ति कार्याकार्य-दिदृक्षवः।
एवं विज्ञाप्य सुजनान् कालिदासाक्षरैः प्रियैः।।
बालो गंगाधरिश्चाऽहं तिलकान्वयजो द्विजः।
महाराष्ट्रे पुण्यपुरे वसन् शांडिल्यगोत्रभृत्।।
शाके मुन्यग्निवसुभू-संमिते शालिवाहने।
अनुसृत्य सतां मार्गं स्मरंश्चापि वचो* हरेः।।
समर्पये ग्रंथमिमं श्रीशाय जनतात्मने।
अनेन प्रीयतां देवो भगवान् पुरुषः परः।।

*** यत्करोषि यदश्नासि यज्जुहोषि ददासि यत्।**
यत्तपस्यसि कौंतेय तत्कुरुष्व मदर्पणम्।।

–गीता 9.27

भारतीय आध्यात्मिकता का सुमधुर फल

"प्रत्यक्ष अनुभव से यह स्पष्ट दिखाई देता है, कि श्रीमद्भगवद्गीता वर्तमान युग में भी उतनी ही नव्यतापूर्ण एवं स्फूर्तिदात्री है, जितनी की महाभारत में समाविष्ट होते समय थी। गीता के संदेश का प्रभाव केवल दार्शनिक अथवा विद्वत्चर्चा का विषय नहीं है, अपितु आचार-विचारों के क्षेत्र में भी वह सदैव जीता-जागता प्रतीत होता है। एक राष्ट्र तथा संस्कृति का पुनरुज्जीवन, गीता का उपदेश, करता रहा है। संसार के अत्युच्च शास्त्रविषयक ग्रंथों में गीता का अविरोध से समावेश हुआ है। गीता-ग्रंथ पर स्वर्गीय लोकमान्य तिलक जी की यह व्याख्या निरी मल्लीनाथी व्याख्या नहीं है, वह एक स्वतंत्र प्रबंध है और उसमें नैतिक सत्य का उचित निरूपण भी है। अपनी सूक्ष्म और व्यापक विचार प्रणाली तथा प्रभावोत्पादक लेखन शैली के कारण मराठी भाषा की पहली श्रेणी का यह पहला प्रचंड गद्य-ग्रंथ अभिजात वाङ्मय में समाविष्ट हुआ है। इस एक ही ग्रंथ से सिद्ध होता है, कि यदि तिलक जी चाहते, तो मराठी साहित्य और नीतिशास्त्र के इतिहास में एक अनोखा स्थान पा सकते थे। किंतु विधाता ने उनकी महत्ता के लिए वाङ्मय-क्षेत्र नहीं रखा था, इसलिए केवल मनोरंजनार्थ उन्होंने अनुसंधान का महान् कार्य किया। यह घटना अर्थपूर्ण है, कि उनकी कीर्ति अजरामर करने वाले उनके अनुसंधान-ग्रंथ, उनके जीवित कार्यों से विवशतापूर्वक लिए गए विश्रांति-काल में निर्मित हुए हैं। स्वर्गीय तिलक जी की प्रतिभा के ये गौण आविष्कार भी इस हेतु से संबद्ध हैं, कि इस राष्ट्र का महान भवितव्य उसके उज्ज्वल गतेतिहास के योग्य हो। गीता रहस्य का विषय जो गीता-ग्रंथ है, वह भारतीय आध्यात्मिकता का परिपक्व सुमधुर फल है। मानवी श्रम, जीवन और कर्म की महिमा का उपदेश अपनी अधिकारवाणी से देकर, सच्चे अध्यात्म का सनातन संदेश गीता दे रही है, जो कि आधुनिक काल के ध्येयवाद के लिए आवश्यक है।"

-बाबू अरविंद घोष

दिव्य 'टीका'-मौक्तिक

"अपनी बाल्यावस्था में ही मुझे ऐसे शास्त्रीय ग्रंथ की आवश्यकता प्रतीत हुई, कि जो जीवितावस्था के मोह तथा कसौटी के समय मेरा अचूक मार्गदर्शन करे। मैंने कहीं पढ़ा था, कि केवल सात सौ श्लोकों में गीता ने सारे शास्त्रों का और उपनिषदों का सार-गागर में सागर-भर दिया है। मेरे मन का निश्चय हुआ। गीता पठन के उद्देश्य से मैंने संस्कृत का अध्ययन किया। गीता मेरा बाइबल या कुरान ही नहीं, बल्कि प्रत्यक्ष माता ही है। अपनी लौकिक माता से तो कई दिनों से मैं बिछुड़ा हूँ; किंतु तभी से गीता मैया ने मेरे जीवन में माता का स्थान ग्रहण कर लिया है। आपत्काल में वही मेरा सहारा है।

स्वर्गीय लोकमान्य तिलक जी अपने अभ्यास एवं विद्वत्ता के ज्ञान सागर से, 'गीताप्रसाद' के बल पर ही, यह दिव्य 'टीका'-मौक्तिक पा सके। बुद्धि से खोज निकालने के व्यापक सत्य का भंडार ही उन्हें गीता में प्राप्त हुआ।

गीता पर तिलक जी की यह टीका ही उनका शाश्वत स्मारक है। स्वतंत्रता के युद्ध में विजयश्री प्राप्त होने पर भी वह सदा के लिए बना ही रहेगा। भविष्य में भी, तिलक जी का विशुद्ध चारित्र्य और गीता पर उनकी महान् टीका, इन दोनों बातों से उनकी स्मृति चिरप्रेरक होगी। उनके जीवन-काल में अथवा सांप्रत भी ऐसा कोई व्यक्ति मिलना असंभव है, जिसका उनसे अधिक व्यापक और गहरा शास्त्रज्ञान हो। गीता पर उनकी जो अधिकारयुक्त टीका है, उससे अधिक अच्छे और मौलिक ग्रंथ की निर्मिति न अभी तक हुई है और न निकट भविष्य में उसके होने की भी संभावना है। गीता और वेद से उत्पन्न समस्याओं का तिलक जी ने जिस शास्त्रीय रीति से निराकरण किया है, आज तक उससे अधिक शोध-कार्य किसी ने भी नहीं किया है। अथाह विद्वत्ता, असीम स्वार्थत्याग और आजन्म देश सेवा के कारण जनता जनार्दन के हृन्मंदिर में तिलक जी ने अद्वितीय स्थान पा लिया है।"

-महात्मा गांधी

(वाराणसी - कानपुर के अभिभाषण)

अनुवादक की भूमिका

भूमिका लिखकर महात्मा तिलक के ग्रंथ का परिचय कराना, सूर्य को दीपक से दिखलाने का प्रयत्न करना है। यह ग्रंथ स्वयं प्रकाशमान् होने के कारण अपना परिचय आप ही दे देता है। परंतु भूमिका लिखने की प्रणाली-सी पड़ गई है। ग्रंथ को पाते ही पत्र उलट-पलटकर पाठक भूमिका खोजने लगते हैं। इसलिए उक्त प्रणाली की रक्षा करने और पाठकों की मनस्तुष्टि करने के लिए इस शीर्षक के नीचे दो शब्द लिखना आवश्यक हो गया है।

संतोष की बात है, कि श्रीसमर्थ रामदास स्वामी की अशेष कृपा से, तथा सद्‌गुरु श्रीरामदासानुदास महाराज के (हनुमानगढ़ वर्धा निवासी श्रीधर विष्णु परांजपे) प्रत्यक्ष अनुग्रह से, जब मेरे हृदय में अध्यात्म-विषय की जिज्ञासा उत्पन्न हुई है, तभी से इस विषय के अध्ययन के महत्त्वूपर्ण अवसर अनायास मिलते जाते हैं। यह उसी कृपा और अनुग्रह का फल था, कि मैं संवत् 1970 में श्रीसमर्थ के दासबोध का हिंदी अनुवाद कर सका। अब उसी कृपा और अनुग्रह के प्रभाव से लोकमान्य बाल गंगाधर तिलक कृत श्रीमद्‌भगवद्‌गीतारहस्य के अनुवाद करने का अनुपम अवसर हाथ लग गया है।

जब मुझे यह काम सौंपा गया, तब ग्रंथकार ने अपनी यह इच्छा प्रकट की, कि मूल ग्रंथ में प्रतिपादित सब भाव ज्यों-के-त्यों हिंदी में पूर्णतया व्यक्त किए जाएँ; ग्रंथ में प्रतिपादित सिद्धान्तों पर जो आक्षेप होंगे, उनके उत्तरदाता मूल लेखक ही हैं। इसलिए मैंने अपने लिए दो कर्त्तव्य निश्चित किए:- (1) यथामति मूल भावों की पूरी-पूरी रक्षा की जाए और (2) अनुवाद की भाषा यथाशक्ति शुद्ध, सरल, सरस और सुबोध हो। अपनी अल्पबुद्धि और सामर्थ्य के अनुसार, इन दोनों कर्त्तव्यों के पालन करने में मैंने कोई बात उठा नहीं रखी है; और मेरा आंतरिक विश्वास है, कि मूल ग्रंथ के भाव यत्किंचित भी अन्यथा नहीं पाए हैं। परंतु संभव है, कि विषय की कठिनता और भावों की गंभीरता के कारण मेरी भाषाशैली कहीं-कहीं क्लिष्ट अथवा दुर्बोध-सी हो गई हो; और यह भी संभव है, कि ढूँढनेवालों को इसमें 'मराठीपन की बू' भी मिल जाए। परंतु इसके लिए क्या किया जाए? लाचारी है। मूल ग्रंथ मराठी में है, मैं स्वयं महाराष्ट्र का हूँ, मराठी ही मेरी मातृभाषा है, महाराष्ट्र देश के केंद्र स्थल पूना में ही यह अनुवाद छापा गया है और मैं हिंदी का कोई 'धुरंधर' लेखक भी नहीं हूँ। ऐसी अवस्था में, यदि इस ग्रंथ में उक्त दोष न मिले, तो बहुत आश्चर्य होगा।

यद्यपि मराठी 'रहस्य' को हिंदी पोशाक पहनाकर सर्वांगसुंदर रूप से हिंदी पाठकों के उत्सुक हृदयों में प्रवेश कराने का यत्न किया गया है और ऐसे

महत्त्वपूर्ण विषय को समझाने के लिए उन सब साधनों की सहायता ली गई है, कि जो हिंदी-साहित्य संसार में प्रचलित है; फिर भी स्मरण रहे, कि यह केवल अनुवाद ही है-इसमें वह तेज नहीं आ सकता, जो कि मूलग्रंथ में है। गीता के संस्कृत श्लोकों के मराठी अनुवाद के विषय में महात्मा तिलक ने उपोद्घात में (पृष्ठ 600) यह लिखा है:- "स्मरण रहे, कि अनुवाद आखिर अनुवाद ही है। हमने अपने अनुवाद में गीता के सरल, खुले और प्रधान अर्थ को ले आने का प्रयत्न किया है सही; परंतु संस्कृत शब्दों में और विशेषत: भगवान की प्रेमयुक्त, रसीली, व्यापक और क्षण क्षण में नई रुचि उत्पन्न कराने वाली नई वाणी में लक्षणा से अनेक व्यंग्यार्थ उत्पन्न करने की जो सामर्थ्य है, उसे जरा भी न घटा-बढ़ाकर, दूसरे शब्दों में ज्यों-का-त्यों झलका देना असंभव है...।" ठीक यही बात महात्मा तिलक के ग्रंथ के हिंदी अनुवाद के विषय में कही जा सकती है।

एक तो विषय तात्त्विक, दूसरे गंभीर और फिर महात्मा तिलक की वह ओजस्विनी, व्यापक एवं विकट भाषा की जिसके मर्म को ठीक-ठीक समझ लेना कोई साधारण बात नहीं है। इन दुहरी-तिहरी कठिनाइयों के कारण यदि वाक्य रचना कहीं कठिन हो गई हो, या अशुद्ध भी हो गई हो, तो उसके लिए सहृदय पाठक मुझे क्षमा करें। ऐसे ग्रंथ के अनुवाद में किन-किन कठिनाइयों का सामना करना पड़ता है और अपनी स्वतंत्रता का त्याग कर पराधीनता के किन-किन नियमों से बंध जाना होता है, इसका अनुभव, वे सहानुभूतिशील पाठक और लेखक ही कर सकते हैं, कि जिन्होंने इस ओर कभी ध्यान दिया हो।

राष्ट्रभाषा हिंदी को इस बात का अभिमान है, कि वह महात्मा तिलक के गीता रहस्य संबंधी विचारों को अनुवाद-रूप में उस समय पाठकों को भेंट कर सकी है, जबकि और किसी भी भाषा का अनुवाद प्रकाशित नहीं हुआ; यद्यपि दो-एक अनुवाद तैयार थे। इससे, आशा है, कि हिंदी प्रेमी अवश्य प्रसन्न होंगे।

अनुवाद का श्रीगणेश जुलाई 1915 में हुआ था और दिसंबर में उसकी पूर्ति हुई। जनवरी 1916 से छपाई का आरंभ हुआ, जो जून सन् 1916 में समाप्त हो गया। इस प्रकार एक वर्ष में यह ग्रंथ तैयार हो पाया। यदि मित्र मंडली ने मेरी पूर्ण सहायता न की होती, तो मैं, इतने समय में, इस काम को कभी पूरा न कर सकता। इनमें वैद्य विश्वनाथराव लुखे और श्रीयुत मौलिप्रसादजी का नाम उल्लेख करने योग्य है। कविवर मैथिलीशरण गुप्त ने कुछ मराठी पद्यों का हिंदी रूपांतर करने में अच्छी सहायता दी है, इसलिए वे धन्यवाद के भागी हैं। श्रीयुत पं. लल्लीप्रसाद पांडेय ने जो सहायता की है, वह अवर्णनीय एवं अत्यंत प्रशंसा के योग्य हैं। लेख लिखने में, हस्तलिखित प्रति को दुहराने में और प्रूफ का संशोधन करने में आपने दिन-रात कठिन परिश्रम किया है। अधिक क्या कहा जाए, घर छोड़कर महीनों तक आपको इस काम के लिए पूना में रहना पड़ा है। इस

सहायता और उपकार का बदला केवल धन्यवाद देने से ही नहीं हो जाता; हृदय जानता है कि मैं आपका कैसे ऋणी हूँ। हिं. चि. ज. के संपादक श्रीयुत भास्कर रामचंद्र भालेराव ने तथा और भी अनेक मित्रों ने समय-समय पर यथाशक्ति सहायता की है। अतः इन सब महाशयों को मैं आंतरिक धन्यवाद देता हूँ।

एक वर्ष से अधिक समय तक इस ग्रंथ के साथ मेरा अहोरात्र सहवास रहा है। सोते-जागते इसी ग्रंथ के विचारों की मधुर कल्पनाएँ नजरों में झूलती रहती हैं। इन विचारों से मुझे मानसिक तथा आत्मिक अपार लाभ हुआ है। अतः जगदीश्वर से यही विनय है, कि इस ग्रंथ के पढ़ने वालों को भी इससे लाभान्वित होने का मंगलमय आशीर्वाद दीजिए।

श्रीरामदासी मठ, रायपुर (सी.पी.)
देवशयनी 1, मंगलवार **माधवराव सप्रे**
संवत् 1973 वि.

प्रस्तावना

सन्तों की उच्छिष्ट उक्ति है मेरी बानी।
जानूँ उसका भेद भला क्या मैं अज्ञानी॥*

श्रीमद्भगवद्गीता पर अनेक संस्कृत भाष्य, टीकाएँ अथवा देशी भाषाओं में अनुवाद या सर्वमान्य विस्तृत निरूपण हैं, फिर भी यह ग्रंथ क्यों प्रकाशित किया गया? यद्यपि इसका कारण अनेक ग्रंथ के आरंभ से ही बतलाया गया है, तथापि कुछ बातें ऐसी हैं, कि जिनका ग्रंथ के प्रतिपाद्य विषय के विवेचन में उल्लेख न हो सकता था, अतः उन बातों को प्रकट करने के लिए प्रस्तावना को छोड़ और दूसरा स्थान नहीं है। इनमें सबसे पहली बात स्वयं ग्रंथकार के विषय में है। कोई तैंतालीस वर्ष हुए, जब हमारा भगवद्गीता से प्रथम परिचय हुआ था। सन् 1872 ईसवी में हमारे पूज्य पिताजी अंतिम रोग से आक्रान्त हो शय्या पर पड़े हुए थे, उस समय उन्हें 'भाषाविवृत्ति' नामक भगवद्गीता की मराठी टीका सुनाने का काम हमें मिला था। तब, अर्थात् अपनी आयु के सोलहवें वर्ष में गीता का भावार्थ पूर्णतया समझ में न आ सकता था। फिर भी छोटी अवस्था में मन पर जो संस्कार होते हैं, वे दृढ़ हो जाते हैं, इस कारण उस समय भगवद्गीता के संबंध में जो चाह उत्पन्न हो गई थी, वह स्थिर बनी रही और आगे जब संस्कृत और अंग्रेजी का अधिक अभ्यास हो गया, तब हमने गीता के संस्कृत भाष्य, अन्यान्य टीकाएँ और अनेक पंडितों के मराठी तथा अंग्रेजी में लिखे हुए विवेचन भी समय-समय पर पढ़ें। परंतु तब मन में शंका उत्पन्न हुई, कि जो गीता अपने स्वजनों के साथ युद्ध करने को बड़ा भारी कुकर्म समझकर खिन्न होने वाले अर्जुन को युद्ध में प्रवृत्त करने के लिए बतलाई गई है, उस गीता में ब्रह्मज्ञान से या भक्ति से मोक्ष-प्राप्ति की विधि का-निरे मोक्ष-मार्ग का-विवेचन क्यों किया गया है? यह शंका इसलिए और भी दृढ़ होती गई, कि गीता की किसी भी टीका में इस विषय का योग्य उत्तर ढूँढे न मिला। कौन जानता है, कि हमारे समान ही और लोगों को भी यही शंका हुई न होगी! परंतु टीकाओं पर ही निर्भर रहने से, टीकाकारों का दिया हुआ उत्तर समाधानकारक न भी जँचे, तो भी उसको छोड़ और दूसरा उत्तर सूझता ही नहीं है। इसीलिए जब हमने गीता की समस्त टीकाओं और भाष्यों को लपेटकर एक ओर धर दिया और केवल गीता के ही स्वतंत्र विचार-पूर्वक अनेक पारायण किए, तब टीकाकारों के चंगुल से छूटे और यह बोध हुआ, कि मूल गीता निवृत्ति-प्रधान नहीं है, वह तो कर्म-प्रधान है और अधिक क्या कहें। गीता में अकेला 'योग' शब्द ही 'कर्मयोग' के अर्थ में प्रयुक्त हुआ है। महाभारत, वेदान्तसूत्र, उपनिषद् और वेदान्तशास्त्र विषयक अन्यान्य संस्कृत तथा अंग्रेजी भाषा के ग्रंथों के अध्ययन से भी वही मत दृढ़ होता गया और चार-पाँच स्थानों पर इसी विषय पर व्याख्यान इस इच्छा से दिए, कि साधारण में उस विषय के संबंध में उक्त मत प्रकट कर देने से, अधिक चर्चा होगी, एवं सत्य तत्त्व का निर्णय करने में और भी सुविधा हो जाएगी। इनमें से पहला व्याख्यान नागपुर में जनवरी सन् 1902 में हुआ और दूसरा सन् 1904 ईसवी के अगस्त महीने में करवीर एवं संकेश्वर मठ के जगद्गुरु

समय नागपुरवाले व्याख्यान का विवरण भी समाचार पत्र में प्रकाशित हुआ है। इसके अतिरिक्त जब-जब समय मिल गया, तब-तब इसी विचार से, कुछ विद्वान् मित्रों के साथ समय-समय पर वाद-विवाद भी किया। इन्हीं मित्रों में स्वर्गीय श्रीपतिबाबा भिंगारकर थे। इनके सहवास से भागवत संप्रदाय के कुछ प्राकृत ग्रंथ देखने में आए और गीतारहस्य में वर्णित कुछ बातें तो आपके और हमारे वाद-विवाद में पहले ही निश्चित हो चुकी थीं। यह बड़े दु:ख की बात है, कि आप इस ग्रंथ को देख न पाए। अस्तु, इस प्रकार यह मत निश्चित हो गया, कि गीता का प्रतिपाद्य विषय प्रवृत्तिप्रधान है; और इसको लिखकर ग्रंथ रूप में प्रकाशित करने का विचार किए भी अनेक वर्ष बीत गए। वर्तमान समय में पाए जाने वाले भाष्यों, टीकाओं या अनुवादों में जो गीता-तात्पर्य स्वीकृत नहीं हुआ है, केवल उसे ही यदि पुस्तक रूप से प्रकाशित कर देते और इसका कारण न बतलाते कि प्राचीन टीकाकारों का निश्चित किया हुआ तात्पर्य हमें ग्राह्य क्यों नहीं है, तो बहुत संभव था, कि लोग कुछ का कुछ समझने लग जाते-उनको भ्रम हो जाता और समस्त टीकाकारों के मतों का संग्रह करके उनकी सकारण अपूर्णता दिखला देना एवं उन धर्मों या तत्त्वज्ञानों के साथ गीता-धर्म की तुलना करना कोई ऐसा साधारण काम न था, जो शीघ्रतापूर्वक चटपट हो जाए। अतएव यद्यपि हमारे मित्र श्रीयुत दाजीसाहेब खरे और दादासाहेब खापर्डे ने कुछ पहले ही यह प्रकाशित कर दिया था, कि हम गीता पर एक नवीन ग्रंथ शीघ्र ही प्रसिद्ध करने वाले हैं; तथापि ग्रंथ लिखने का काम इस समझ से टलता गया कि हमारे पास जो सामग्री है वह अभी अपूर्ण है; जब सन् 1908 ईसवी में सजा देकर हम मंडाले भेज दिए गए, तब तो इस ग्रंथ के लिखे जाने की आशा बहुत कुछ घट ही गई थी। किंतु कुछ समय बाद ग्रंथ लिखने के लिए आवश्यक पुस्तकें आदि सामग्री पूना से मँगा लेने की अनुमति जब सरकार की मेहरबानी से मिल गई, तब सन् 1910-11 के कुछ काल में (संवत् 1967, कार्तिक शुक्ल 1 से चैत्र कृष्ण 30 के भीतर) इस ग्रंथ की पांडुलिपि (मसविदा) मांडले के जेलखाने में पहले पहल लिखी गई और फिर समयानुसार जैसे- जैसे विचार सूझते गए, वैसे-वैसे उसमें काट-छाँट होती गई; उस समय समग्र पुस्तकें वहाँ न होने के कारण कई स्थानों में जो अपूर्णता रह गई थी, उसे वहाँ से छुटकारा हो जाने पर पूर्ण तो कर लिया गया है; परंतु अभी भी यह नहीं कहा जा सकता, कि यह ग्रंथ सर्वांश में पूर्ण हो गया। क्योंकि मोक्ष और नीति-धर्म के तत्त्व गहन तो हैं ही; साथ ही उनके संबंध में अनेक प्राचीन और अर्वाचीन पंडितों ने इतना विस्तृत विवेचन किया है, कि व्यर्थ फैलाव से बचकर यह निर्णय करना कई बार कठिन हो जाता है कि उसमें से इस छोटे-से ग्रंथ में किन-किन बातों का समावेश किया जाए? परंतु अब हमारी स्थिति महाराष्ट्र के कवि की इस उक्ति के अनुसार हो गई है:

यम-सेना की विमल ध्वजा अब 'जरा' दृष्टि में आती है।
करती हुई युद्ध रोगों से देह हारती जाती है।। *

और हमारे सांसारिक साथी भी पहले ही चल बसे हैं। अतएव अब इस ग्रंथ को यह समझकर प्रसिद्ध कर दिया है, कि हमें जो बातें मालूम हो गई हैं और जिन विचारों को हमने सोचा है, वे सब लोगों को भी ज्ञात हो जाएँ; फिर कोई-न-कोई 'समाधान' अभी या आगे उत्पन्न होकर उन्हें पूर्ण कर ही लेगा।

आरंभ में ही यह कह देना आवश्यक है कि यद्यपि हमें यह मत मान्य नहीं है कि सांसारिक कर्मों को गौण अथवा त्याज्य मानकर, ब्रह्मज्ञान और भक्ति प्रभृति निरे निवृत्ति-प्रधान मोक्ष-मार्ग की ही निरूपण गीता में है; तथापि हम यह भी नहीं कहते, कि मोक्ष-प्राप्ति-मार्ग का विवेचन भगवद्गीता में बिल्कुल ही नहीं है। हमने भी इस ग्रंथ

में स्पष्ट दिखला दिया है, कि गीताशास्त्र के अनुसार इस जगत में प्रत्येक मनुष्य का पहला कर्त्तव्य यही है, कि वह परमेश्वर के शुद्ध स्वरूप का ज्ञान प्राप्त करके उसके द्वारा अपनी बुद्धि को, जितनी हो सके उतनी, निर्मल और पवित्र कर ले, परंतु यह गीता का मुख्य विषय नहीं है। युद्ध के आरंभ में अर्जुन इस कर्त्तव्य मोह में फंसा था कि युद्ध करना क्षत्रिय का धर्म भले ही हो, परंतु विपरीत पक्ष में कुलक्षय आदि घोर पातक होने से जो युद्ध मोक्ष-प्राप्तिरूप आत्मकल्याण का नाश कर डालेगा, उस युद्ध को करना चाहिए अथवा नहीं। अतएव हमारा यह अभिप्राय है कि उस मोह को दूर करने के लिए शुद्ध वेदान्तशास्त्र के आधार पर कर्म-अकर्म का और साथ ही साथ मोक्ष के उपायों का भी पूर्ण विवेचन कर, इस प्रकार निश्चय किया गया है, कि एक तो कर्म कभी छूटते ही नहीं हैं और दूसरे उनको छोड़ना भी नहीं चाहिए; एवं गीता में उस युक्ति का, अर्थात् ज्ञानमूलक और भक्ति-प्रधान कर्मयोग का ही प्रतिपादन किया गया है, कि जिससे कर्म करने पर कोई भी पाप नहीं लगता तथा अंत में उसी से मोक्ष भी मिल जाता है। कर्म-अकर्म के या धर्म-अधर्म के इस विवेचन को ही वर्तमानकालीन निरे आधिभौतिक पंडित नीतिशास्त्र कहते हैं। सामान्य पद्धति के अनुसार गीता के श्लोकों के क्रम से टीका लिखकर भी यह दिखलाया जा सकता था; कि यह विवेचन गीता में किस प्रकार किया गया है; परंतु वेदान्त, मीमांसा, सांख्य, कर्मविपाक अथवा भक्ति प्रभृति शास्त्रों के जिन अनेक वादों अथवा प्रेमियों के आधार पर गीता में कर्मयोग का प्रतिपादन किया गया है और जिनका उल्लेख कभी-कभी बहुत ही संक्षिप्त रीति से पाया जाता है, उन शास्त्रीय सिद्धान्तों का पहले से ही ज्ञान हुए बिना गीता के विवेचन का पूर्ण रहस्य सहसा ध्यान में नहीं जमता। इसीलिए गीता में जो-जो विषय अथवा सिद्धान्त आए हैं, उनके शास्त्रीय रीति से प्रकरणों में विभाग करके उनकी प्रमुख-प्रमुख युक्तियों सहित गीता रहस्य में उनका पहले संक्षेप में निरूपण किया गया है और फिर उसी में वर्तमान युग की आलोचनात्मक पद्धति के अनुसार गीता के प्रमुख सिद्धान्तों की तुलना अन्यान्य धर्मों के और तत्त्वज्ञानों के साथ प्रसंगानुसार संक्षेप में कर दिखलाई गई है। इस रीति से इस पुस्तक के पूर्वार्ध में जो गीतारहस्य नामक निबंध है, वह गीता के प्रत्येक श्लोक का पूर्ण विचार हो ही नहीं सकता। जो हो; इस प्रकार के सामान्य निरूपण में गीता के प्रत्येक श्लोक का पूर्ण विचार हो ही नहीं सकता था। अतएव अंत में गीता के प्रत्येक श्लोक का अनुवाद दे दिया है और उसी के साथ स्थान-स्थान पर यथेष्ट टिप्पणियाँ भी इसलिए जोड़ दी गई हैं, कि जिसमें पूर्वा पर संदर्भ पाठकों की समझ में भली-भाँति आ जाए अथवा पुराने टीकाकारों ने अपने संप्रदाय की सिद्धि के लिए गीता के कुछ श्लोकों की जो खींचातानी की है, उसे पाठक समझ जाएँ (गीता 3.17-19; 6.3; 18.2); या वे सिद्धान्त सहज ही ज्ञात हो जाएं कि जो गीतारहस्य में बतलाए गए हैं और यह भी ज्ञात हो जाए कि उनमें से कौन-कौन से सिद्धान्त गीता की संवादात्मक प्रणाली के अनुसार कहाँ-कहाँ किस प्रकार आए हैं? इसमें संदेह नहीं, कि ऐसा करने से कुछ विचारों की द्विरुक्ति अवश्य हो गई है; परंतु गीतारहस्य का विवेचन गीता के अनुवाद से इसलिए पृथक् रखना पड़ा है, कि गीता-ग्रंथ के तात्पर्य के विषय में साधारण पाठकों में जो भ्रम फैल गया है, वह भ्रम अन्य रीति से पूर्णतया दूर नहीं हो सकता था; और इस पद्धति से पूर्व इतिहास और आधारसहित यह दिखलाने में सुविधा हो गई है, कि वेदान्त, मीमांसा और भक्ति प्रभृतिविषयक गीता के सिद्धान्त भारत, सांख्यशास्त्र, वेदान्त-सूत्र, उपनिषद और मीमांसा आदि मूल ग्रंथों से कैसे और कहाँ आए हैं? इससे यह भी स्पष्टतया बतलाना सुगम हो गया है, कि संन्यास-मार्ग और कर्मयोग-मार्ग में क्या भेद हैं; तथा अन्यान्य धर्ममतों और तत्त्वज्ञों के साथ गीता की तुलना करके

व्यावहारिक कर्म-दृष्टि से गीता के महत्त्व का योग्य निरूपण करना सरल हो गया है। यदि गीता पर अनेक प्रकार की टीकाएँ न लिखी गई होतीं और अनेकों ने अनेक प्रकार से गीता के तात्पर्यार्थों का प्रतिपादन न किया होता, तो हमें अपने ग्रंथ के सिद्धान्त के लिए पोषक और आधारभूत मूल संस्कृत वचनों के अवतरण स्थान-स्थान पर देने की कोई आवश्यकता न थी। किंतु वर्तमान समय दूसरा है; और लोगों के मन में यह शंका हो सकती थी कि हमने जो गीतार्थ अथवा सिद्धान्त बतलाया है, वह ठीक है या नहीं? इसीलिए हमने सर्वत्र स्थल निर्देश कर बतला दिया कि हमारे कथन के लिए प्रमाण क्या है और मुख्य-मुख्य स्थानों पर तो मूल संस्कृत वचनों को ही अनुवाद सहित उद्धृत कर दिया है। इसके अतिरिक्त इन संस्कृत वचनों को उद्धृत करने का और भी एक प्रयोजन है, वह यह, कि इनमें से अनेक वचन साधारण तथा वेदान्त-ग्रंथों से प्रमाणार्थ लिए जाते हैं, अतः पाठकों को यहाँ उनका सहज ही ज्ञान हो जाएगा और उन सिद्धान्तों को भली-भाँति समझ भी सकेंगे। किंतु यह कब संभव है, कि वे सभी पाठक संस्कृतज्ञ हों? इसलिए समस्त ग्रंथ की रचना इस ढंग से की गई है, कि यदि संस्कृत न जानने वाले पाठक संस्कृत श्लोकों को छोड़कर केवल ग्रंथ ही पढ़ते चले जाएँ, तो भी अर्थ में कहीं भी गड़बड़ न हो। इस कारण संस्कृत श्लोकों का शब्दशः अनुवाद न लिखकर स्थलों पर उनका केवल सारांश देकर ही निर्वाह कर लेना पड़ा है। परंतु मूल श्लोक सदैव ऊपर रखा गया है। इसलिए इस प्रणाली से भ्रम होने की कुछ भी आशंका नहीं है।

कहा जाता है कि कोहनूर हीरा जब भारतवर्ष से विलायत पहुँचाया गया, तब वहाँ फिर उसके नए पहलू बनाने पर वह और भी तेजस्वी हो गया। हीरे के लिए उपयुक्त होने वाला यह न्याय सत्यरूपी रत्नों के लिए भी प्रयुक्त हो सकता है। गीता में प्रतिपादित धर्म, सत्य और अभय है सही; परंतु वह जिस समय और जिस स्वरूप में बतलाया गया था, उस देश-काल आदि परिस्थिति में अब बहुत अंतर हो गया है, इस कारण अब उसका तेज पहले की भाँति कितनों ही की दृष्टि में नहीं समाता है। किसी कर्म को भला-बुरा मानने के पहले, जिस समय यह सामान्य प्रश्न ही महत्त्व का समझा जाता था कि "कर्म करना चाहिए अथवा न करना चाहिए", उस समय गीता बतलाई गई है, इस कारण उसका बहुत-सा अंश अब कुछ लोगों को अनावश्यक प्रतीत होता है; और उस पर भी निवृत्ति-मार्गीय टीकाकारों की लीपा-पोती ने तो गीता के कर्मयोग के विवेचन को आजकल बहुतेरों के लिए दुर्बोध कर डाला है। इसके अतिरिक्त कुछ नए विद्वानों की यह समझ हो गई है, कि अर्वाचीन काल में आधिभौतिक ज्ञान की पश्चिमी देशों में जो बाढ़ आई हुई है, उस बाढ़ के कारण अध्यात्म शास्त्र के आधार पर किए गए कर्मयोग के प्राचीन विवेचन वर्तमान-काल के लिए पूर्णतया उपयुक्त नहीं हो सकते; किंतु यह समझ ठीक नहीं। इस समझ की पोल खोलने के लिए गीतारहस्य के विवेचन में गीता के सिद्धान्तों की जोड़ के ही पश्चिमी पंडितों के सिद्धान्त भी हमने स्थान-स्थान पर संक्षेप में दिए हैं। वस्तुतः गीता का धर्म-अधर्म विवेचम इस तुलना से कुछ अधिक सुदृढ़ नहीं हो जाता, तथापि अर्वाचीन काल की आधिभौतिक शास्त्रों की अश्रुतपूर्व-वृद्धि से जिनकी दृष्टि में चकाचौंध लग गई है, अथवा जिन्हें आजकल की एकदेशीय शिक्षा पद्धति के कारण आधिभौतिक अर्थात् बाह्य-दृष्टि से ही नीतिशास्त्र का विचार करने की आदत पड़ गई है, उन्हें इस तुलना से इतना तो स्पष्ट हो जाएगा कि मोक्ष-धर्म और नीति, ये दोनों विषय आधिभौतिक ज्ञान के परे हैं; और वे यह भी जान जाएँगे कि इसी से प्राचीन-काल में हमारे शास्त्रकारों ने इस विषय में जो सिद्धान्त स्थिर किए हैं, उनके आगे मानवी ज्ञान की भाँति अब तक नहीं पहुँच पाई है; यही नहीं, किंतु पश्चिमी देशों में से भी अध्यात्मदृष्टि से इन प्रश्नों का विचार अभी तक हो रहा है और इन

आध्यात्मिक ग्रंथकारों के विचार गीताशास्त्र के सिद्धान्तों से कुछ अधिक भिन्न नहीं हैं। गीतारहस्य के भिन्न-भिन्न प्रकरणों में जो तुलनात्मक विवेचन है, उससे यह बात स्पष्ट हो जाएगी। परंतु यह विषय अत्यंत व्यापक है, इस कारण पश्चिमी पंडितों के मतों का जो सारांश विभिन्न स्थलों पर हमने दे दिया है, उसके संबंध में यहाँ इतना बतला देना आवश्यक है, कि गीतार्थ को प्रतिपादन करना ही हमारा मुख्य काम है, अतएव गीता के सिद्धान्तों को प्रमाण मानकर पश्चिमी मतों का अनुवाद हमने केवल यही दिखलाने के लिए किया है कि इन सिद्धान्तों से पश्चिमी नीतिशास्त्रों अथवा पंडितों के सिद्धान्तों का यहाँ तक मेल है और यह काम हमने इस ढंग से किया है कि जिससे सामान्य पाठकों को उनका अर्थ समझने में कठिनाई न हो। अब यह निर्विवाद है कि इन दोनों के बीच जो सूक्ष्म भेद है-और वे हैं भी बहुत ही अथवा इन सिद्धान्तों के जो पूर्ण उपपादन या विस्तार हैं, उन्हें जानने के लिए मूल पश्चिमी ग्रंथ ही देखने चाहिए। पश्चिमी विद्वान कहते हैं कि कर्म-अकर्म विवेक अथवा नीतिशास्त्र पर पहला नियमबद्ध ग्रंथ यूनानी तत्त्ववेत्ता अरिस्टाटल ने लिखा है । परंतु हमारा मत है, कि अरिस्टाटल से भी पहले, उनकी उपेक्षा अधिक व्यापक और तात्त्विक दृष्टि से, इन प्रश्नों का विचार महाभारत एवं गीता में हो चुका था तथा अध्यात्म-दृष्टि से गीता में जिस नीतितत्त्व का प्रतिपादन किया गया है, उससे भिन्न कोई और नीतितत्त्व अब तक नहीं निकला है। "संन्यासियों के समान रहकर तत्त्वज्ञान के विचार में शांति से आयु बिताना अच्छा है अथवा अनेक प्रकार की राजकीय उथल-पुथल करना भला है"-इस विषय का जो स्पष्टीकरण अरिस्टाटल ने किया है, वह गीता में है, वह अज्ञान से ही करता है। क्योंकि गीता का तो यही सिद्धान्त है कि ब्रह्मज्ञान से बुद्धि के सम हो जाने पर, फिर मनुष्य से कोई भी पाप हो नहीं सकता। एपिक्युरियन और स्टोइक पंथों के यूनानी पंडितों का यह कथन भी गीता को ग्राह्य है, कि पूर्ण अवस्था में पहुँचे हुए परम ज्ञानी पुरुष का व्यवहार ही नीति-दृष्टि से सबके लिए आदर्श के समान प्रमाण है; और इन पंथवालों ने परम ज्ञानी पुरुष का जो वर्णन किया है, वह गीता के स्थितप्रज्ञ के वर्णन के समान ही है। इसी प्रकार मिल, स्पेन्सर और कान्ट प्रभृति आधिभौतिकवादियों का यह जो कथन है, कि नीति की पराकाष्ठा अथवा कसौटी यही है कि प्रत्येक मनुष्य को सारी मानव-जाति के हितार्थ उद्योग करना चाहिए, उसका भी गीता में वर्णित स्थितप्रज्ञ के 'सर्वभूतहिते रत:' इस बाह्य लक्षण में समावेश हो गया है, एवं कान्ट और ग्रीनका, नीतिशास्त्र की उपपत्तिविषयक तथा इच्छास्वातंत्र्यसंबंधी सिद्धान्त भी उपनिषदों के ज्ञान के आधार पर गीता में आ गया है। इसकी उपेक्षा यदि गीता में और कुछ अधिकता न होती, तो भी वह सर्वमान्य हो गई होती। परंतु गीता इतने से ही संतुष्ट नहीं हुई, प्रत्युत उसने यह दिखलाया है, कि मोक्ष, भक्ति और नीति-धर्म के बीच आधिभौतिक ग्रंथकारों को जिस विरोध का आभास होता है, वह विरोध सच्चा नहीं है अथवा ज्ञान और कर्म में संन्यास-मार्गियों के मत से समक्ष में जो विरोध है, वह भी ठीक नहीं है, और ब्रह्मविद्या का और भक्ति का जो मूल तत्त्व है, वही नीति का और सत्कर्म का भी आधार है; एवं इस बात का भी निर्णय कर दिया है, कि ज्ञान, संन्यास, कर्म और भक्ति के समुचित मेल से, इस लोग में आयु बिताने के लिए किस मार्ग को मनुष्य स्वीकार करे? इस प्रकार गीता-ग्रंथ प्रधानता से कर्मयोग का है और इसलिए, "ब्रह्माविद्यान्तर्गत (कर्म) योगशास्त्र" इस नाम से समस्त वैदिक ग्रंथों में उसे अग्रस्थान प्राप्त हो गया है। गीता के विषय में जो कहा जाता है, कि "गीता सुगीता कर्त्तव्या किमन्यैः शास्त्रविस्तरैः"-अकेली गीता का ही पूरा पूरा अध्ययन कर लेना बस है; शेष शास्त्रों के योयो विस्तार से क्या करना है, यह वह झूठ नहीं है, अतएव जिन लोगों को हिंदु धर्म और नीतिशास्त्र के मूल तत्त्वों

से परिचय कर लेना हों, उन लोगों से हम सविनय किंतु आग्रहपूर्वक कहते हैं, कि सबसे पहले आप इस अपूर्व ग्रंथ का अध्ययन कीजिए। इसका कारण यह है, कि क्षर-अक्षर-सृष्टिका और क्षेत्र-क्षेत्रज्ञ-ज्ञान का विचार करने वाले सांख्य, न्याय, भीमांसा, उपनिषद् और वेदान्त आदि प्राचीन शास्त्र उस समय, जितने हो सकते थे उतने, पूर्ण अवस्था में आ चुके थे; और उसके बाद ही वैदिक धर्म को जो ज्ञानमूलक, भक्ति-प्रधान एवं कर्मयोग-प्रधान अंतिम स्वरूप प्राप्त हुआ, तथा वर्तमान-काल में प्रचलित वैदिक धर्म का जो मूल है, वही गीता में प्रतिपादित होने के कारण हम कह सकते हैं, कि संक्षेप से किंतु निस्संदिग्ध रीति से वर्तमानकालीन हिंदु धर्म के तत्त्वों को समझा देनेवाला, गीता की जोड़ का दूसरा ग्रंथ ही संस्कृत साहित्य में नहीं है।

उल्लिखित वक्तव्य से पाठक सामान्यत: समझ गए होंगे कि गीतारहस्य के विवेचन का ढंग कैसा है। गीता पर जो शांकर भाष्य है, उसके तीसरे अध्याय के आरंभ के पुरातन टीकाकारों के अभिप्रायों के उल्लेख से ज्ञात होता है, कि गीता पर पहले कर्मयोग-प्रधान टीकाएँ रही होंगी। किंतु इस समय ये टीकाएँ उपलब्ध नहीं हैं; अतएव यह कहने में कोई क्षति नहीं, कि गीता का यह कर्मयोग-प्रधान और तुलनात्मक पहला ही विवेचन है। इसमें कुछ श्लोकों के अर्थ उन अर्थों से भिन्न हैं, जो कि आजकल की टीकाओं में पाए जाते हैं, एवं ऐसे अनेक विषय भी बतलाए जाते हैं, कि जो अब तक की प्राकृत टीकाओं में विस्तार सहित कहीं भी वर्णित नहीं थे। इन विषयों को और उनकी उपपत्तियों को यद्यपि हमने संक्षेप में ही बतलाया है, तथापि यथाशक्य सुस्पष्ट और सुबोध रीति से बतलाने के उद्योग में हमने कोई बात उठा नहीं रखी है; और ऐसा करने में यद्यपि कहीं-कहीं द्विरुक्ति हो गई है, तो भी हमने उसकी कोई परवाह नहीं की और जिन शब्दों के अर्थ अब तक भाषा में प्रचलित नहीं हो पाए हैं उनके पर्याय शब्द उनके साथ ही साथ अनेक स्थलों पर दे दिए हैं; इसके अतिरिक्त इस विषय के प्रमुख सिद्धान्त सारांश रूप से स्थान-स्थान पर उपपादन से पृथक कर दिखला दिए गए हैं। फिर भी शास्त्रीय और गहन विषयों का थोड़े शब्दों में विचार करना सदैव कठिन है और इन विषयों की हिंदी परिभाषा भी अभी स्थिर नहीं हो पाई है; अत: हम जानते हैं; कि भ्रम से, दृष्टिदोष से अथवा अन्यान्य कारणों से, हमारे इस नए ढंग के विवेचन में कठिनाई, दुर्बोधता, अपूर्णता अथवा अन्य दोष भी रह गए होंगे। परंतु भगवद्गीता पाठकों से अपरिचित भी नहीं है। ऐसे बहुतेरे लोग हैं, तो नित्य नियम से भगवद्गीता का पाठ किया करते हैं और ऐसे लोग भी थोड़े नहीं हैं, कि इसका जो शास्त्रीय दृष्टि से अध्ययन कर चुके हैं या कर रहे हैं। अत: ऐसे अधिकारी पुरुषों से हमारी एक प्रार्थना है, कि जब उनके हाथ में यह ग्रंथ पहुँचे और यदि उन्हें इसमें उक्त प्रकार के कुछ दोष मिल जाएँ, तो वे कृपा कर हमें उनकी सूचना दे दे; जिससे हम उनका विचार करेंगे और यदि इस ग्रंथ के द्वितीय संस्करण के प्रकाशित करने का अवसर आएगा, तो इसमें यथायोग्य संशोधन कर दिया जाएगा। संभव है, कुछ लोग समझें कि हमारा कोई विशेष संप्रदाय है और इसी संप्रदाय की सिद्धि के लिए हम गीता का एक विशेष प्रकार का अर्थ कर रहे हैं। इसलिए यहाँ इतना कह देना आवश्यक है कि यह गीतारहस्य ग्रंथ किसी भी व्यक्तिविशेष अथवा संप्रदाय के उद्देश्य से लिखा नहीं गया है। हमारी बुद्धि के अनुसार गीता के मूल संस्कृत श्लोक का जो सरल अर्थ होता है, वही हमने लिखा है। ऐसा सरल अर्थ कर देने से और आजकल संस्कृत का बहुत-कुछ प्रचार हो जाने से बहुतेरे लोग समझ सकेंगे, कि अर्थ सरल है या नहीं, यदि इसमें कुछ सांप्रदायिकता आ जाए, तो वह गीता की है, हमारी नहीं। अर्जुन ने भगवान से स्पष्ट ही कहा था कि "मुझे दो-चार मार्ग बतलाकर उलझन में न डालिए, निश्चयपूर्वक ऐसा एक ही मार्ग बतलाइए, कि जो श्रेयस्कर हो"

(गीता 3.2; 5.1) इससे प्रकट ही है कि गीता में किसी न किसी एक ही विशेष मत का प्रतिपादन होना चाहिए (गीता 3.31); और मूल गीत का ही अर्थ करके निराग्रह बुद्धि से हमें देखना है, कि वह विशेष मत कौन-सा है और हमें पहले से ही कोई मत स्थिर करके, गीता के अर्थ की इसलिए खींचातानी नहीं करनी है कि उस पहले से ही निश्चित किए हुए मत से गीता का मेल नहीं मिलता।

सारांश, गीता के वास्तविक रहस्य का - फिर चाहे वह रहस्य किसी भी संप्रदाय अथवा पंथ का हो-गीता भक्तों में प्रसार करके, भगवान के ही अंतिम कथनानुसार यह ज्ञान-यज्ञ करने के लिए हम प्रवृत्त हुए हैं; और हमें आशा है कि इस ज्ञान-यज्ञ की अव्यंगता की सिद्धि के लिए, ऊपर जो ज्ञानभिक्षा माँगी गई है, उसे हमारे देशबंधु और धर्मबंधु बड़े आनन्द से देंगे।

प्राचीन टीकाकारों के प्रतिपादित गीता-तात्पर्य और हमारे मतानुसार गीता के रहस्य में भेद क्यों पड़ता है, उसके कारण गीतारहस्य में विस्तारपूर्वक बतलाए गए हैं। परंतु यहाँ यह बतला देना आवश्यक है, कि गीता के तात्पर्य के संबंध में यद्यपि इस प्रकार मतभेद हो, तो भी गीता पर जो अनेक भाष्य और टीकाएँ हैं अथवा पहले या वर्तमान समय में गीता के जो भाषानुवाद हुए हैं, उनसे हमें यह ग्रंथ लिखते समय अन्यान्य बात्तों में सदैव ही प्रसंगानुसार थोड़ी-बहुत सहायता मिली है। एतदर्थ हम उन सब के अत्यंत ऋणी हैं। इसी प्रकार उन पश्चिमी पंडितों का भी उपकार मानना चाहिए कि जिनके ग्रंथों के सिद्धान्तों का हमने स्थान-स्थान पर उल्लेख किया है। और तो क्या! यदि इन सब ग्रंथों की सहायता न मिली होती, तो संदेह ही है, कि यह ग्रंथ लिखा जाता या नहीं। इसी से हमने प्रस्तावना के आरंभ में ही साधु तुकाराम का यह वाक्य लिख दिया है-"सन्तों की उच्छिष्ट उक्ति है मेरी बानी।" सदा सवर्ध्दा एक सा ही उपयोगी होने वाला अर्थात् त्रिकाल अबाधित जो ज्ञान है, इसका निरूपण करने वाले गीता जैसे ग्रंथ से काल भेद के अनुसार मनुष्य को नवीन स्फूर्ति प्राप्त हो, तो उसमें कोई आश्चर्य नहीं है; क्योंकि ऐसे व्यापक ग्रंथ का तो यह धर्म ही रहता है। परंतु इतने ही से प्राचीन पंडितों के वे परिश्रम व्यर्थ नहीं हो जाते, कि जो उन्होंने इन ग्रंथों के लिए किए हैं। पश्चिमी पंडितों ने गीता के जो अनुवाद अंग्रेजी और जर्मन प्रभृति यूरोप की भाषाओं में किए हैं, उनके लिए भी यही न्याय उपयुक्त होता है। ये अनुवाद प्राय: गीताकारों के प्राचीन टीका के आधार से किए जाते हैं। फिर भी कुछ पश्चिमी पंडितों ने स्वतंत्र रीति से गीता के अर्थ करने का उद्योग आरंभ कर दिया है। परंतु सच्चे (कर्म-) योग का तत्त्व अथवा वैदिक-धार्मिक संप्रदायों का इतिहास भली भाँति समझ न सकने के कारण, या बहिरंग परीक्षा से ही उनकी विशेष रुचि के कारण अथवा ऐसे ही और कुछ कारणों से पश्चिमी पंडितों के ये विवेचन अधिकतर अपूर्ण और कुछ कुछ स्थानों में तो सर्वथा भ्रामक और गलत हैं। यहाँ पर पश्चिमी पंडितों के गीताविषयक ग्रंथों का विस्तृत विचार करने अथवा उनकी जाँच करने की कोई आवश्यकता नहीं है। उन्होंने जो प्रमुख प्रश्न उपस्थित किए हैं, उनके संबंध में हमारा जो वक्तव्य है, वह इस ग्रंथ के परिशिष्ट-प्रकरण में दिया गया है। किंतु यहाँ गीताविषयक उन अंग्रेजी लेखों का उल्लेख कर देना उचित प्रतीत होता है, कि जो इन दिनों हमारे देखने में आए हैं। पहला लेख मि. ब्रुक्सका है, मि. ब्रुक्स थिऑसफिस्ट पंथ के हैं, उन्होंने अपने गीताविषयक ग्रंथ में सिद्ध किया है, कि भगवद्गीता कर्मयोग प्रधान है; और वे अपने व्याख्यानों में भी इसी मत का प्रतिपादन किया करते हैं। दूसरा लेख मद्रास के मि. एस. राधाकृष्णन का है और वह छोटे निबंध के रूप में अमरीका के "सार्वराष्ट्रीय नीतिशास्त्र संबंधी त्रैमासिक" में प्रकाशित हुआ है (जुलाई 1911)। इसमें आत्मस्वातंत्र्य और नीति-धर्म, इन दो विषयों के संबंध में गीता

और कान्ट की समता दिखलाई गई है। हमारे मत से यह साम्य इससे भी कहीं अधिक व्यापक है और कान्ट की अपेक्षा ग्रीन की नैतिक उपपत्ति गीता से कहीं अधिक मिलती-जुलती है। परंतु इन दोनों प्रश्नों का स्पष्टीकरण इस ग्रंथ में किया ही गया है, अत: यहाँ उसको दुहराने की आवश्यकता नहीं है। इसी प्रकार पंडित सोतानाथ तत्त्वभूषण-कर्तृक 'कृष्ण और गीता' नामक एक अंग्रेजी ग्रंथ भी इन दिनों प्रकाशित हुआ है और उसमें उक्त पंडित जी के गीता पर दिए हुए बारह व्याख्यान हैं। किंतु उक्त ग्रंथों के पाठ करने से कोई भी जान लेगा, कि तत्त्वभूषण जी के अथवा मि. ब्रुक्स के प्रतिपादन में और हमारे प्रतिपादन में बहुत अंतर है। फिर भी इन लेखों से ज्ञात होता है, कि गीता विषयक हमारे विचार कुछ अपूर्व नहीं हैं; और इस सुचिह्न का भी ज्ञान होता है, कि गीता के कर्मयोग की ओर लोगों का ध्यान अधिकाधिक आकर्षित हो रहा है, अतएव यहाँ पर हम इन सब आधुनिक लेखकों का अभिनंदन करते हैं।

यह ग्रंथ मांडले में लिखा तो गया था, पर लिखा गया पेन्सिल से; और काट-छाँट के अतिरिक्त इसमें और भी कितने ही नए सुधार किए गए थे। इसलिए इसके सरकार के यहाँ से लौट आने पर प्रेस में देने के लिए इसकी नकल शुद्ध करने की आवश्यकता हुई; और यदि यह काम हमारे ही भरोसे पर छोड़ दिया जाता, तो इसके प्रकाशित होने में न जाने और कितना समय लग गया होता। परंतु श्रीयुत वामन गोपाल जोशी, नारायण कृष्ण गोगटे, रामकृष्ण दत्तात्रेय पराडकर, रामकृष्ण सदाशिव पिंपुटकर, अप्पाजी विष्णु कुलकर्णी प्रभृति सज्जनों ने इस काम में बड़े उत्साह से सहायता दी; एतदर्श उनका उपकार मानना चाहिए। इसी प्रकार श्रीयुत कृष्णाजी प्रभाकर खाडिल करने और विशेषतया वेदशास्त्र संपन्न दीक्षित काशीनाथ शास्त्री लेले ने बंबई से यहाँ आकर, ग्रंथ की हस्तलिखित प्रति को पढ़ने का कष्ट उठाया एवं अनेक उपयुक्त तथा मार्मिक सूचनाएँ दीं, जिसके लिए हम उनके ऋणी हैं। फिर भी स्मरण रहे, कि इस ग्रंथ में प्रतिपादित मतों की जिम्मेदारी सर्वथा हमारी ही है। इस प्रकार ग्रंथ छापने योग्य तो हो गया, परंतु युद्ध के कारण कागज की कमी होने वाली थी। इस कमी को बंबई के स्वदेशी कागज के पुतलीघर के मालिक मेसर्स 'डी. पदमजी और सन' ने हमारी इच्छा के अनुसार अच्छा स्वदेशी कागज समय पर दे करके, दूर कर दिया। इससे गीता-ग्रंथ को छापने के लिए अच्छा स्वदेशी कागज मिल सका। किंतु ग्रंथ अनुमान से अधिक बढ़ गया, इससे कागज की फिर कमी हुई। इस कमी की, पूने के 'रे पेपर मिल' के मालिकों ने पूर्ति यदि दूर न कर दी होती, तो पाठकों को और कुछ महीनों तक ग्रंथ के प्रकाशित होने की प्रतीक्षा करनी पड़ती। अत: उक्त दोनों पुतलीघरों के मालिकों को न केवल हम ही, प्रत्युत पाठक भी धन्यवाद दें। अब अंत में प्रूफ-संशोधन का काम रह गया; जिसे श्रीयुत रामकृष्ण दत्तात्रेय पराडकर, रामकृष्ण सदाशिव पिंपुटकर और हरि रघुनाथ भागवत ने स्वीकार किया। उसमें भी स्थान-स्थान पर अन्यान्य ग्रंथों का जो उल्लेख है, उनको मूल ग्रंथों से ठीक-ठीक जाँचने, एवं यदि कहीं कोई व्यंग रह गया हो, तो उसे दिखलाने का काम श्रीयुत हरि रघुनाथ भागवत ने अकेले ही किया है। तात्पर्य यह है, कि बिना इन लोगों की सहायता के इस ग्रंथ को हम इतनी शीघ्रता से प्रकाशित न कर पाते। अतएव हम इन सबको हृदय से धन्यवाद देते हैं। अब रही छपाई, चित्रशाला छापाखाने के स्वत्वाधिकारी ने इस ग्रंथ को सावधानीपूर्वक और शीघ्रता से छाप देना स्वीकार कर तदनुसार इस काम को पूर्ण कर दिया; इस निमित्त अंत में उनका भी उपकार मानना आवश्यक है। खेत में फसल हो जाने पर भी फसल से अन्न तैयार करके भोजन करने वालों के मुंह में पहुँचने तक, जिस प्रकार अनेक लोगों की सहायता अपेक्षित रहती है, वैसी ही कुछ अंशों में ग्रंथकार की-कम से कम हमारी तो स्थिति है। अतएव उक्त

रीति से जिन लोगों ने हमारी सहायता की है, फिर चाहे उनके नाम यहाँ आए हों अथवा नहीं आए हों, उन सबको फिर एक बार धन्यवाद देकर हम इस प्रस्तावना को समाप्त करते हैं।

प्रस्तावना समाप्त हो गई। अब जिस विषय के विचार में आज तक बहुतेरे वर्ष बीत गए हैं और जिसके नित्य सहवास एवं चिंतन से मन को समाधान होकर आनंद होता गया, वह विषय आज ग्रंथ के रूप में हमसे पृथक् होने वाला है, इसलिए यद्यपि दुख होता है, तथापि ये विचार-सध गये तो ब्याजसहित, अन्यथा कम से कम ज्यों-के-त्यों-अगली पीढ़ी के लोगों को देने के लिए ही हमें प्राप्त हुए थे; अतएव वैदिक धर्म के राजगुह्य के इस पारस को कठोपनिषद् के "उत्तिष्ठत! जाग्रत! प्राप्य वरान्निबोधत!" (कठ. 3. 14) - उठो! जागो! और (भगवान के दिए हुए) इस वरदान को समझ लो! इस मंत्र से हम होनहार पाठकों को प्रेमोदपूर्वक सौंपते हैं। इसी में कर्म-अकर्म का सारा बीज है; और स्वयं भगवान का ही निश्चयपूर्वक यह आश्वासन है, कि सृष्टि के इस नियम पर ध्यान देकर कि इस धर्म का स्वल्प आचरण भी बड़े-बड़े संकटों से बचाता है। इससे अधिक और क्या चाहिए। बिना किए कुछ भी नहीं है; तुम को इस केवल "निष्काम बुद्धि से कर्म करते रहना चाहिए" निरी स्वार्थपरायण-बुद्धि से गृहस्थी चलाते-चलाते जो लोग हारकर थक गए हों, उनका समय बिताने के लिए, अथवा संसार को छोड़ देने की तैयारी के लिए भी, गीता नहीं कही गई है, गीताशास्त्र की प्रवृत्ति प्रत्युत इसलिए हुई है, कि वह और तात्त्विक दृष्टि से इस बात का उपदेश करे, कि मोक्ष-दृष्टि से संसार के कर्म ही किस प्रकार किए जाएं, संसार में मनुष्यमात्र का सच्चा कर्त्तव्य क्या है, अत: अंत में हमारी यही विनती है, कि प्रत्येक मनुष्य पूर्व अवस्था में ही-चढ़ती हुई उम्र में ही-गृहस्थाश्रम के, अथवा संसार के, इस प्राचीन शास्त्र.को, जितनी जल्दी हो सके उतनी जल्दी समझे बिना न रहे।

पूना, अधिक वैशाख
संवत् 1972 वि.

गीतारहस्य की अनुक्रमणिका

गीतारहस्य के प्रत्येक प्रकरण के विषयों की अनुक्रमणिका

चौथा प्रकरण - आधिभौतिक सुखवाद

पाँचवा प्रकरण - सुख-दु:ख विवेक

छठा प्रकरण - आधिदैवतपक्ष और क्षेत्र-क्षेत्रज्ञ विचार

सातवाँ प्रकरण - कापिलसांख्यशास्त्र अथवा क्षराक्षर विचार

क्षर और अक्षर का विचार करने वाले शास्त्र - काणादों का परमाणुवाद - कापिलसांख्य - सांख्य शब्द कां अर्थ - कापिलसांख्यविषयक ग्रंथ - सत्कार्यवाद - जगत का मूल द्रव्य अथवा प्रकृति एक ही है - सत्त्व, रज और तम, उसके तीन गुण - त्रिगुण की साम्यावस्था और पारस्परिक रगड़े-झगड़े से नाना पदार्थों की उत्पत्ति - प्रकृति अव्यक्त, अखंडित, एकरूप और अचेतन - अव्यक्त से व्यक्त - प्रकृति से ही मन और बुद्धि की उत्पत्ति - सांख्यशास्त्र को हेकेल का जडाद्वैत और प्रकृति से आत्मा की उत्पत्ति स्वीकृत नहीं - प्रकृति और पुरुष दो स्वतंत्र तत्त्व - उनमें से पुरुष अकर्ता, निर्गुण और उदासीन, सारा कर्तृत्व प्रकृति का - दोनों के संयोग से सृष्टि का विस्तार - प्रकृति और पुरुष के भेद को पहचान लेने से कैवल्य की अर्थात् मोक्ष की प्राप्ति-मोक्ष किसका, प्रकृति का या पुरुष का? - सांख्यों के असंख्य पुरुष और वेदान्तियों का एक पुरुष - त्रिगुणातीत अवस्था - सांख्यों के और गीता के तत्सदृश सिद्धान्तों के भेद। ....पृ. 151-165

आठवाँ प्रकरण - विश्व की रचना और संहार

प्रकृति का विस्तार - ज्ञान-विज्ञान का लक्षण - भिन्न-भिन्न सृष्ट्युत्पत्तिक्रम और उनकी अंतिम एकवाक्यता - आधुनिक उत्क्रांतिवाद का स्वरूप और सांख्यों के गुणोत्कर्ष तत्त्व से उसकी समता - गुणोत्कर्ष का अथवा गुणपरिणामवाद का निरूपण - प्रकृति से प्रथम व्यवसायात्म का बुद्धि की और फिर अहंकार की उत्पत्ति - उसके त्रिघात अनंत भेद - अहंकार से फिर सेंद्रिय-सृष्टि के मनसहित ग्यारह तत्त्वों की, और निरिंद्रिय सृष्टि के तन्मात्ररूपी पाँच उत्पत्ति - इस बात का निरूपण, कि तन्मात्राएँ पाँच ही क्यों और सूक्ष्मेन्द्रियाँ ग्यारह ही क्यों? - सूक्ष्म सृष्टि से स्थूल विशेष - पच्चीस तत्त्वों का ब्रह्मांडवृक्ष - अनुगीता का ब्रह्मवृक्ष और गीता का अश्वत्थवृक्ष - पच्चीस तत्त्वों का वर्गीकरण करने की सांख्यों की तथा वेदान्तियों की भिन्न-भिन्न रीति - उनका नक्शा - वेदान्तग्रंथों में वर्णित स्थूल पंच महाभूतों की उत्पत्ति का क्रम - और फिर पंचकरण से सारे स्थूल पदार्थ - उपनिषदों के त्रिवृत्करण से उसकी तुलना - सजीव सृष्टि और लिंगशरीर... वेदान्त में वर्णित लिंगशरीर का और संख्याशास्त्र में वर्णित लिंगशरीर का भेद - बुद्धिक भाव और वेदान्त का कर्म -प्रलय - उत्पत्ति की प्रलयकाल - कल्पयुगमान - ब्रह्मा दिन-रात और उसकी सारी आयु-सृष्टि की उत्पत्ति के अन्य क्रम से विरोध और एकता। .... पृ. 166-186

नवाँ प्रकरण - अध्यात्म

प्रकृति और पुरुष द्वैतपर आक्षेप - दोनों से परे रहने वाले का विचार करने की पद्धति - दोनों से भी परे का एक ही परमात्मा अथवा एक पुरुष - प्रकृति (जगत्), पुरुष (जीव) और परमेश्वर, यह त्रयी - गीता में वर्णित परमेश्वर का स्वरूप - व्यक्त अथवा सगुण रूप और उसकी गौणता - अव्यक्त किंतु माया से व्यक्त होनेवाला - अव्यक्त के ही तीन भेद, सगुण, निर्गुण और सगुण-निर्गुण - उपनिषदों के तत्सदृश वर्णन - उपनिषदों में उपासना के लिए बतलाई हुई विद्याएँ और प्रतीक - विविध अव्यक्त रूपों में निर्गुण ही श्रेष्ठ - उक्त सिद्धान्तों की शास्त्रीय उपपत्ति - निर्गुण और सगुण के गहन अर्थ - अमृतत्व की स्वभावसिद्ध कल्पना - सृष्टिज्ञान कैसे और किसका

होता है? ज्ञानक्रिया का वर्णन और नामरूपों की व्याख्या - नामरूपों का दृश्य और वस्तुतत्त्व - सत्य की व्याख्या - विनाशी होने से नामरूप असत्य है - और नित्य होने से वस्तुतत्त्व सत्य है - वस्तु तत्व ही अक्षर ब्रह्म है और नामरूप माया - सत्य और मिथ्या शब्दों के वेदान्तशास्त्रानुसार अर्थ - आधिभौतिक शास्त्रों की नामरूपात्मकता - विज्ञानवादी वेदान्त को ग्राह्य नहीं - मायावाद की प्राचीनता - नामरूप से आच्छादित नित्य ब्रह्म का और शरीर आत्मा का स्वरूप एक ही - दोनों को भी चिद्रूप क्यों कहते हैं? - ब्रह्मात्मैक्य याने - 'जो पिंड में वही ब्रह्मांड में' - ब्रह्मानन्द मैं-पन की मृत्यु -तुरीयावस्था अथवा निर्विकल्प समाधि - अमृतत्वसीमा और मरण का मरण - द्वैतवाद की उत्पत्ति - गीता और उपनिषद्, दोनों अद्वैत वेदांत का ही प्रतिपादन करते हैं - निर्गुण से सगुण माया की उत्पत्ति कैसे होती है? - विवर्तवाद और गुणपरिणामवाद - जगत् जीव और परमेश्वर विषयक अध्यात्मवाद के संक्षिप्त सिद्धान्त - ब्रह्म का सत्यानृतत्त्व - ॐ तत्सत् और अन्य ब्रह्म निर्देश - जीव परमेश्वर का 'अंश' कैसे? - दिक्काल से परमेश्वर अमर्यादित - अध्यात्मशास्त्र का अंतिम सिद्धान्त - देहेंद्रियों में भरी हुई साम्यबुद्धि - मोक्षस्वरूप और सिद्धावस्था का वर्णन - ऋग्वेद के नासदीय सूक्त का सार्थ विवरण - पूर्वा पर प्रकरण की संगति। ....पृ. 187-237

दसवाँ प्रकरण - कर्मविपाक और आत्मस्वातंत्र्य

मायासृष्टि और ब्रह्मसृष्टि - देह के कोश और कर्माश्रयीभूत लिंग शरीर - कर्म, नामरूप और माया का पारस्परिक संबंध - कर्म की और माया की व्याख्या - माया का मूल अगम्य, इसलिये यद्यपि माया परतंत्र हो, तथापि अनादि - मायात्मक प्रकृति का विस्तार अथवा सृष्टि ही कर्म - अतएव कर्म भी अनादि - कर्म के अखंडित प्रयत्न - परमेश्वर उसमें हस्तक्षेप नहीं करता, और कर्मानुसार ही फल देता है - कर्मबंध की सुदृढ़ता और प्रवृत्ति स्वातंत्र्यवाद की प्रस्तावना - कर्मविभाग; संचित, प्रारब्ध और क्रियमाण - 'प्रारब्धकर्मणां भोगादेव क्षयः' - वेदान्त को मीमांसकों का नैष्कर्म्य सिद्धिवाद अग्राह्य है - ज्ञान बिना कर्म बंध से छुटकारा नहीं - ज्ञान शब्द का अर्थ - ज्ञान प्राप्ति कर लेने के लिए शरीर आत्मा स्वतंत्र है - परंतु उसके पास कर्म करने के निजी साधन नहीं हैं, इस कारण उतने ही के लिए परावलंबी - मोक्षप्राप्त्थर्य आचरित स्वल्प कर्म भी व्यर्थ नहीं जाता - अतः कभी न कभी दीर्घ उद्योग करते रहने से सिद्धि अवश्य मिलती है - कर्मक्षय का स्वरूप - कर्म नहीं छूटते, फलाशा को छोड़ो - कर्म का बंधकत्व मन में है, न कि कर्म में - इसलिए ज्ञान कभी हो, मोक्ष ही उसका फल - तथापि उसमें भी अंतकाल का महत्त्व (पृ. 189)-कर्मकांड और ज्ञानकांड-श्रौतयज्ञ और स्मार्तयज्ञ- कर्मप्रधान गार्हस्थवृत्ति-उसी के दो भेद, ज्ञानयुक्त और ज्ञानरहित-उसके अनुसार भिन्न भिन्न गतियाँ- देवयान और पितृयाण-कालवाचक या देवतावाचक-तीसरी नरक की गति-जीवन्मुक्तवस्था का वर्णन।............पृ. 238-268

ग्यारहवाँ प्रकरण-संन्यास और कर्मयोग

अर्जुन का प्रश्न, कि संन्यास और कर्मयोग, दोनों में श्रेष्ठ मार्ग कौन-सा -इस पंथ के समान ही पश्चिमी पंथ-संन्यास और कर्मयोग के पर्याय शब्द-संन्यास शब्द का अर्थ-कर्मयोग संन्यास मार्ग का अंग नहीं है, दोनों स्वतंत्र-इस संबंध में टीकाकारों का गोलमाल-गीता का स्पष्ट सिद्धान्त कि इन दोनों मार्गों में कर्मयोग ही श्रेष्ठ-संन्यास समार्गीय टीकाकारों का किया हुआ विपर्यास-उस पर उत्तर-अर्जुन को अज्ञानी नहीं मान

सकते -इस बात के गीता में निर्दिष्ट कारण, कि कर्मयोग ही श्रेष्ठ क्यों है-आचार अनादि काल से द्विविध, अत: श्रेष्ठता का निर्णय करने में उपयोगी नहीं-जनक की तीन और गीता की दो निष्ठाएँ-कर्मों को बंधक कहने से, यह सिद्ध नहीं होता, कि उन्हें छोड़ देना चाहिए; फलाशा छोड़ देने से निर्वाह हो जाता है-कर्म छूट नहीं सकते-कर्म छोड़ देने पर खाने के लिए भी न मिलेगा-ज्ञान हो जाने पर अपना कर्तव्य न रहे, अथवा वासना का क्षय हो जाए, तो भी कर्म नहीं छूटते-अतएव ज्ञान प्राप्ति के पश्चात भी नि:स्वार्थबुद्धि से कर्म अवश्य करना चाहिए-भगवान का और जन का उदाहरण-फलाशा त्याग, वैराग्य और कर्मोत्साह -लोकसंग्रह और उसका लक्षण-ब्रह्मज्ञान का यही सच्चा पर्यवसान-तथापि वह लोकसंग्रह भी चातुर्वर्ण्य-व्यवस्था के अनुसार और निष्काम -स्मृतिग्रंथों में वर्णित चार आश्रमों का आयु बिताने का मार्ग-गृहस्थाश्रम का महत्त्व-भागवत धर्म-भागवत और स्मार्त के मूल अर्थ-गीता में कर्मयोग अर्थात् भागवत धर्म ही प्रतिपाद्य-गीता के कर्मयोग और मीमांसकों के कर्म मार्ग का भेद-स्मार्त संन्यास और भागवत संन्यास का भेद-दोनों की एकता-मनुस्मृति के वैदिक कर्मयोग की भागवत धर्म की प्राचीनता-गीता के अध्याय समाप्ति सूचक संकल्प का अर्थ-गीता की अपूर्वता और प्रस्थानत्रयी के तीन भागों की सार्थकता -संन्यास (सांख्य) और कर्मयोग (योग), दोनों मार्गों के भेद-अभेद का नक्शे में संक्षिप्त वर्णन-आयु बिताने के भिन्न भिन्न मार्ग-गीता का सिद्धान्त, कि कर्मयोग ही सबसे श्रेष्ठ-उस सिद्धान्त का प्रतिपादक ईशावास्योपनिषद का मंत्र-उस मंत्रपर शांकरभाष्य का विचार-मनु और अन्यान्य स्मृतियों के ज्ञान कर्म समुच्चयात्मक वचन।...........पृ. 269-317

बारहवाँ प्रकरण-सिद्धावस्था और व्यवहार

समाज की पूर्णावस्था-पूर्णावस्था में सभी स्थित प्रज्ञ-नीति की परमावधि-पश्चिमी स्थित प्रज्ञ-स्थित प्रज्ञ की विधि नियमों से परे की स्थिति-कर्मयोगी स्थित प्रज्ञ का आचरण ही परम नीति-पूर्णावस्था वाली परमावधि की नीति में और लोभी समाज की नीति में भेद-दासबोध में वर्णित उत्तम पुरुष का लक्षण-परंतु इस भेद से नीति-धर्म की नित्यता नहीं घटती -स्थित प्रज्ञ इन भेदों को किस दृष्टि से करता है?-समाज का श्रेय, कल्याण अथवा सर्वभूतहित-तथापि इस बाह्य दृष्टि की अपेक्षा साम्यबुद्धि ही श्रेष्ठ-अधिकांश लोगों के अधिक हित और साम्यबुद्धि, इन तत्वों की तुलना-साम्यबुद्धि से जगत में बर्ताव करना-परोपकार और अपना निर्वाह-आत्मौपम्यबुद्धि-उसका व्यापकत्व, महत्त्व और उपपत्ति-'वसुधैव कुटुंबकम्' -बुद्धि सम हो जाए, तो भी पात्र-अपात्र का विचार नहीं छूटता-निर्वैर का अर्थ निष्क्रिय अथवा निष्प्रतिकार नहीं है-जैसे को तैसा-दुष्ट निग्रह-देशाभिमान, कुलाभिमान इत्यादि की उपपत्ति-देशकाल-मर्यादा परिपालन और आत्मरक्षा-ज्ञानी पुरुष का कर्तव्य-लोकसंग्रह और कर्मयोग-विषयोपसंहार- स्वार्थ, परार्थ और परमार्थ।...............पृ. 318-347

तेरहवाँ प्रकरण-भक्तिमार्ग

अल्पबुद्धि वाले साधारण मनुष्यों के लिए निर्गुण ब्रह्मस्वरूप की दुर्बोधता-ज्ञान प्राप्ति के साधन, श्रद्धा और बुद्धि-दोनों की परस्परापेक्षा-श्रद्धा से व्यवहार सिद्धि-श्रद्धा से परमेश्वर का ज्ञान हो जाने पर भी निर्वाह नहीं होता-मन में उसके प्रतिफलित होने के लिए निरतिशय और निर्हेतुक प्रेम से परमेश्वर का चिंतन करना पड़ता है-इसी को भक्ति कहते हैं-सगुण अव्यक्त का चिंतन कष्टमय और दु:साध्य-अतएव उपासना के

लिए प्रत्यक्ष वस्तु होनी चाहिए-ज्ञानमार्ग और भक्तिमार्ग परिणाम में एक ही-तथापि ज्ञान के समान भक्ति निष्ठा नहीं हो सकती-भक्ति करने के लिए ग्रहण किया हुआ परमेश्वर का प्रेमगम्य और प्रत्यक्ष रूप-प्रतीक शब्द का अर्थ-राजविद्या और राजगुह्य शब्दों के अर्थ-गीता का प्रेमरस -परमेश्वर की अनेक विभूतियों में से कोई भी प्रतीक हो सकती है-बहुतेरों के अनेक प्रतीक और उनसे होने वाला अनर्थ-उसे टालने का उपाय-प्रतीक और तत्संबंधी भावना में भेद-प्रतीक कुछ भी हो, भावना के अनुसार फल-विभिन्न देवताओं की उपासनाएँ-उसमें भी फलदाता एक ही परमेश्वर है, देवता नहीं-किसी भी देवता को भजो, वह परमेश्वर का ही अविधिपूर्वक भजन होता है-इस दृष्टि से गीता के भक्तिमार्ग की श्रेष्ठता-श्रद्धा और प्रेम की शुद्धता-अशुद्धता-उद्योग करने से क्रमश: सुधार और अनेक जन्मों के पश्चात् सिद्धि-जिसे न श्रद्धा है न बुद्धि, वह डूबा-बुद्धि से भक्ति से अंत में एक ही अद्वैत-ब्रह्मज्ञान होता है -कर्मविपाक प्रक्रिया के और अध्यात्म के सब सिद्धान्त भक्तिमार्ग में भी स्थिर रहते हैं-उदाहरणार्थ, गीता के जीव और परमेश्वर का स्वरूप-तथापि इस सिद्धान्त मैं कभी-कभी शब्द भेद हो जाता है-उदा. कर्म अब परमेश्वर ही हो गया-ब्रह्मार्पण और कृष्णार्पण-परंतु अर्थ का अनर्थ होता हो, तो शब्द भेद भी नहीं किया जाता-गीता धर्म में प्रतिपादित श्रद्धा और ज्ञान का मेल-भक्तिमार्ग में संन्यास सधर्म की अपेक्षा नहीं है-भक्ति का और कर्म का विरोध नहीं है-भगवद्भक्त और लोकसंग्रह-स्वकर्म से ही भगवान का यजन-पूजन-ज्ञानमार्ग त्रिवर्ग के लिए है, तो भक्तिमार्ग स्त्री, शूद्र आदि सबके लिए खुला-अंतकाल में भी अनन्य भाव से परमेश्वर के शरणापन्न होने पर मुक्ति-अन्य सब धर्मों की अपेक्षा गीता के धर्म की श्रेष्ठता। पृ. 348-375

चौदहवाँ प्रकरण-गीताध्यायसंगति

विषय-प्रतिपादन की दो रीतियाँ-शास्त्रीय और संवादात्मक-संवादात्मक पद्धति के गुणदोष-गीता का आरंभ-प्रथमाध्याय-द्वितीय अध्याय में 'सांख्य' और 'योग', इन दो मार्गों से ही आरंभ-तीसरे, चौथे और पाँचवे अध्याय में कर्मयोग का विवेचन-कर्म की अपेक्षा साम्यबुद्धि की श्रेष्ठता-कर्म छूट नहीं सकते-सांख्य निष्ठा की अपेक्षा कर्मयोग श्रेयस्कर है-साम्यबुद्धि को पाने के लिए इंद्रियनिग्रह की आवश्यकता-छठे अध्याय में वर्णित इंद्रिय निग्रह का साधन-कर्म, भक्ति और ज्ञान, इस प्रकार गीता के तीन स्वतंत्र विभाग करना उचित नहीं है-ज्ञान और भक्ति, कर्मयोग की साम्यबुद्धि के साधन हैं अतएव त्वम्, तत्, असि, इस प्रकार भी षडध्यायी नहीं होती-सातवें अध्याय से लेकर बारहवें अध्याय तक ज्ञानविज्ञान यह एक ही नाम है-तेरह से लेकर सत्रहवें अध्याय तक का सारांश-अठारहवें का उपसंहार कर्मयोग प्रधान ही है-अत: मीमांसकों की उपक्रम उपसंहार आदि दृष्टि से गीता में कर्मयोग ही प्रतिपाद्य निश्चित होता है-चतुर्विध पुरुषार्थ-अर्थ और काम धर्मानुकूल होने चाहिए-किंतु मोक्ष का और धर्म का विरोध नहीं है-गीता का संन्यास सप्रधान अर्थ क्योंकर किया गया है? -सांख्य+निष्काम कर्म=कर्मयोग-गीता में क्या नहीं है? -तथापि अंत में कर्मयोग ही प्रतिपाद्य है-संन्यास मार्ग वालों से प्रार्थना।..............पृ. 376-398

पंद्रहवाँ प्रकरण-उपसंहार

कर्मयोगशास्त्र और आचार संग्रह का भेद-यह भ्रमपूर्ण समझ, कि वेदान्त से नीतिशास्त्र की उपपत्ति नहीं लगती-गीता वही उपपत्ति बतलाती है-केवल नीति दृष्टि से

गीता धर्म का विवेचन-धर्म की अपेक्षा बुद्धि की श्रेष्ठतजा-नकुलोपाख्यान-ईसाइयों और बौद्धों के तत्सदृश सिद्धान्त-'अधिकांश लोगों का अधिक हित' ओर 'मनोदैवत', इन दो पश्चिमी पक्षों से गीता में प्रतिपादित साम्यबुद्धि की तुलना-पश्चिमी आध्यात्मिक पक्ष से गीता की उपपत्ति की समता-कांट और ग्रीन के सिद्धान्त-वेदान्त और नीति -नीतिशास्त्र में अनेक पंथ होने का कारण-पिंड-ब्रह्मांड की रचना के विषय में मतभेद-गीता के आध्यात्मिक उपपादन की महत्त्वपूर्ण विशेषता-मोक्ष, नीति-धर्म और व्यवहार की एकवाक्यता-ईसाइयों का संन्यास मार्ग-सुख हेतुक पश्चिमी कर्ममार्ग-गीता के कर्ममार्ग से उसकी तुलना-चातुर्वर्ण्य-व्यवस्था और नीति धर्म के बीच भेद-दु:खनिवारक पश्चिमी कर्ममार्ग और निष्काम गीताधर्म -कर्मयोग का कलियुग वला संक्षिप्त इतिहास-जैन और बौद्ध यति-शंकराचार्य के संन्यासी-मुसलमानी राज्य-भगवद्भक्त, संतमंडली और रामदास-गीता धर्म का जिंदापन-गीता धर्म की अभयता, नित्यता और समता-ईश्वर से प्रार्थना।..............................पृ. 399-428

परिशिष्ट प्रकरण-गीता की बहिरंग परीक्षा

महाभारत में योग्य कारणों से उचित स्थान पर गीता कही गई है; वह प्रक्षिप्त नहीं है। भाग 1. गीता और महाभारत कर्तृत्व-गीता का वर्तमान स्वरूप-महाभारत का वर्तमान स्वरूप-महाभारत में गीता विषयक सात उल्लेख-दोनों के एक-से मिलते जुलते श्लोक और भाषा सादृश्य-इसी प्रकार अर्थ सादृश्य-इससे सिद्ध होता है, कि गीता और महाभारत दोनों का प्रणेता एक ही है। भाग 2. गीता और उपनिषदों की तुलना-शब्द सादृश्य और अर्थ सादृश्य-गीता का अध्यात्म ज्ञान उपनिषदों का ही है-उपनिषदों और गीता का मायावाद-उपनिषदों की अपेक्षा गीता की विशेषता-सांख्य ज्ञान और वेदान्त की एक वाक्यता-व्यक्तोपासना अथवा भक्तिमार्ग-परंतु कर्मयोग मार्ग का प्रतिपादन सबसे महत्त्वपूर्ण विशेषता-इंद्रिय निग्रह करने के लिए गीता में बतलाया गया योग, पातंजल-योग और उपनिषद्। -भाग 3. गीता और ब्रह्मसूत्रों की पूर्वापरता-गीता में ब्रह्मसूत्रों का स्पष्ट उल्लेख-ब्रह्मसूत्रों में 'स्मृति' शब्द से गीता का अनेक बार उल्लेख-दोनों ग्रंथों के पूर्वा पर का विचार-ब्रह्मसूत्र या तो वर्तमान गीता के समकालीन है या और भी पुराने, बाद के नहीं-गीता में ब्रह्मसूत्रों उल्लेख होने का एक प्रबल कारण। भाग 4. भागवत धर्म का उदय और गीता-गीता का भक्तिमार्ग वेदान्त, सांख्य और योग को लिए हुए हैं-वेदान्त के मत गीता में पीछे से नहीं मिलाए गए हैं-वैदिक धर्म का अत्यंत प्राचीन स्वरूप कर्मप्रधान है-तदनंतर ज्ञान का अर्थात् वेदान्त, सांख्य और वैरागय का प्रादुर्भाव-दोनों की एक वाक्यता प्राचीन काल में ही हो चुकी है-फिर भक्ति का प्रादुर्भाव-अतएव पूर्वाक्त मार्गों के साथ पहले से ही भक्ति की एक वाक्यता करने की आवश्यकता-यही भागवत धर्म की अतएव गीता की भी दृष्टि-गीता का ज्ञानकर्म समुच्चय उपनिषदों का है, परंतु भक्ति का मेल अधिक है-भगवत धर्म विषयक प्राचीन ग्रंथ, गीता और नारायणीयोपाख्यान-श्रीकृष्ण का और सात्वत अथवा भागवत धर्म के उदय का काल एक ही बुद्ध के पूर्व लगभग सात-आठ सौ अर्थात् ईसा के पूर्व पंद्रह सौ वर्ष-ऐसा मानने का कारण-न मानने से होने वाली अनवस्था-भागवत धर्म का मूल स्वरूप नैष्कर्म्यप्रधान फिर भक्ति प्रधान, और अंत में विशिष्ट द्वैत प्रधान-मूल गीता ईसा से प्रथम कोई नौ सौ वर्ष की है। -भाग 5 वर्तमान गीता का काल-वर्तमान महाभारत और वर्तमान गीता का समय एक ही-इनमे से वर्तमान महाभारत भास से, अश्वघोष, आश्वलायन, सिकंदर और मेषादि गणना के पूर्व का, किंतु बुद्ध के पश्चात् का-अतएव शक से प्रथम लगभग

पाँच सौ वर्ष का-वर्तमान गीता कालिदास, बाणभट्ट, भासकवि, पुराणों और बौधान के, एवं बौद्ध-धर्म के महायान पंथ के भी प्रथम की, अर्थात् शक से प्रथम पाँच सौ वर्ष की -भाग 6, गीता और बौध ग्रंथ-गीता के स्थित प्रज्ञ के और बौद्ध अर्हत के समता-बौद्ध-धर्म का स्वरूप और उससे पहले के ब्राह्मण धर्म से उसकी उत्पत्ति-उपनिषदों के आत्मवाद को छोड़कर केवल निवृत्ति प्रधान आचार को ही बुद्ध ने अंगीकार किया-बौद्धमतानुसार इस आचार के दृश्य कारण, अथवा चार आर्य सत्य-बौद्ध गार्हस्थ्यधर्म और वैदिक स्मार्त धर्म में समता-ये सब विचार मूल वैदिक धर्म के ही हैं-तथापि महाभारत और गीता विषयक पृथक विचार करने का प्रयोजन-मूल अनात्मवादी और निवृत्ति प्रधान धर्म से ही आगे चलकर भविष्य प्रधान बौद्ध का उत्पन्न होना असंभव-महायान पंथ की उत्पत्ति-यह मानने के लिए प्रमाण, कि उसका प्रवृत्ति प्रधान भक्ति धर्म गीता से ही ले लिया गया है-उससे निर्णीत होने वाला गीता का समय। -भाग 7. गीता और ईसाइयों की बाइबल-ईसाई धर्म से गीता में किसी भी तत्त्व का लिया जाना असंभव-ईसाई धर्म यहूदी धर्म से धीरे धीरे स्वतंत्र रीति पर नहीं निकला है-वह क्यों उत्पन्न हुआ है, इस विषय में पुराने ईसाई पंडितों की राय-एसीन पंथ और यूनानी तत्त्व ज्ञान-ईसाई धर्म के साथ बौद्ध धर्म की अद्भुत समता-इनमें बौद्ध धर्म की निर्विवाद प्राचीनता-इस बात का प्रमाण, कि यहुदियों के देश में बौद्ध यतियों का प्रवेश प्राचीन समय में ही हो गया था-अतएव ईसाई धर्म के तत्त्वों को बौद्ध धर्म से ही अर्थात् पर्याय से वैदिक धर्म से ही अथवा गीता से ही लिया जाना पूर्ण संभव है-इससे सिद्ध होने वाली गीता की निस्सन्दिग्ध प्राचीनता। .... पृ. 429-493

गीतारहस्य के संक्षिप्त चिह्नों का ब्यौरा, और संक्षिप्त चिह्नों से जिन ग्रंथों का उल्लेख किया है, उनका परिचय

अथर्व. अथर्व वेद। कांड, सूक्त और ऋचा के क्रम से आगे के अंक है।

अष्टा. अष्टावक्रगीता। अध्याय और श्लोक। अष्टेकर और मंडली का गीता संग्रह का संस्करण।

ईश. ईशावास्योपनिषद्। आनंदाश्रम का संस्करण।

ऋ. ऋग्वेद। मंडल, सूक्त और ऋचा।

ऐ. अथवा ऐ. उ. ऐतरेयोपनिषद्। अध्याय, खंड और श्लोक। आनन्दाश्रम का संस्करण।

ऐ. ब्रा. ऐतरेय ब्राह्मण। पंचिक और खंड। डॉ. हौडा का संस्करण।

क. अथवा कठ. कठोपनिषद्। वल्ली और मंत्र। आनंदाश्रम का संस्करण।

केन. केनोपनिषद् (=तलवकारोपनिषद्)। खंड और मंत्र। आनंदाश्रम का संस्करण

कै. कैवल्योपनिषद्। खंड और मंत्र। 28 उपनिषद्, निर्णय सागर का संस्करण।

कौषी. कौषीतक्युपनिषद् अथवा कौषीतकि ब्राह्मणोनिषद्। अध्याय और खंड। कहीं-कहीं इस उपनिषद् के पहले अध्याय को ही ब्राह्मणानुक्रम से तृतीय अध्याय कहते हैं। आनंदाश्रम का संस्करण।

गा. तुकाराम महाराज की गाथा (मराठी) दामोदर सावलाराम संस्करण ई. सन्. 1900।

गी. भगवद्गीता। अध्याय और श्लोक। गी. शां. भा. गीता शांकरभाष्य।

गी. रा. भा. गीता रामानुजभाष्य। आनंदा श्रमवाली गीता, और शांकरभाष्य की प्रति के अंत में शब्दों की सूचि है, जो अत्यंत उपयोगी सिद्ध हुई। हमने निम्नलिखित टीकाओं का उपयोग किया-श्रीवेंकटेश्वर प्रेस का रामानुजभाष्य; कुंभकोण के कृष्णचार्य द्वारा प्रकाशित माधवभाष्य; जगद्धितेच्छा, छापाखाने में (पूना) छपी हुई आनंदगिरी का टीका और परमार्थप्रपा टीका; नेटिव ओपिनियन छापाखाने (बम्बई) में छपी हुई मधुसूदनी टीका; निर्णय सागर में छपी हुई श्रीधरी और वामनी (मराठी) टीका; आनंदाश्रम में छपा हुआ पैशाचभाष्य; गुजराती प्रिंटिंग प्रेस की वल्लभ संप्रदायी तत्त्व दीपिका; बम्बई में छपे हुए महाभारत की नीलकण्ठी; और मद्रास में छपी हुई ब्रह्मानंदी। परंतु इनमें से पैशाचभाष्य और ब्रह्मानंदी को छोड़कर शेष टीकाएँ-गुजराती प्रिंटिंग प्रेस ने अभी-अभी छाप कर प्रकाशित की हैं, अत: अब इस एक ही ग्रंथ से सारा काम हो जाता है।

गी. र. अथवा गीतार. गीतारहस्य। हमारे ग्रंथ का पहला निबंध।

छां. छान्दोग्योपनिषद्। अध्याय, खंड और मंत्र। आनंदाश्रम का संस्करण।

जै. सू. जैमिनी के मीमांसासूत्र। अध्याय, पाद और सूत्र। कलकत्ते का संस्करण।

ज्ञा. ज्ञानेश्वरी, साथी इंदिरा प्रेस संस्करण।

तै. अथवा तै. उ. तैत्तिरीय उपनिषद्। वल्ली अनुवादक और मंत्र। आनंदाश्रम का संस्करण।

तै. ब्रा. तैत्तिरीय ब्राह्मण। काण्ड, प्रपाठक, अनुवादक और मंत्र। आनंदाश्रम का संस्करण।

तै. सं. तैत्तिरीय संहिता। काण्ड, प्रपाठक, अनुवाद और मंत्र।

दा, अथवा दास। श्रीसमर्थ रामदास स्वामीकृत दासबोध। धुलिया सत्कार्योत्तेजक सभा की प्रति का, चित्रशाला प्रेस में छपा हुआ हिंदी अनुवाद।

ना. पं. नारद पंचरात्र। कलकत्ते का संस्करण।

ना. सू. नारद सूत्र। बम्बई का संस्करण।
नृसिंह. उ. नृसिंहोत्तरतापनीयोपनिषद्।
पातंजलसू. पातंजलयोग सूत्र। तुकाराम तात्या का संस्करण।
पंच. पंचदशी। निर्णय सागर का सटीक संस्करण।
प्रश्न. प्रश्नोपनिषद्। प्रश्न और मंत्र। आनंदाश्रम का संस्करण।
बृ. अथवा बृह. बृहदारण्यकोपनिषद्। अध्याय, ब्राह्मण और मंत्र। आनंदाश्रम का संस्करण। साधारण पाठ काण्व; केवल एक स्थान पर माध्यंदिन शाखा के पाठ का उल्लेख है।
ब्र. सू. आगे वे. सू. देखो।
भाग. श्रीमद्भागवतपुराण। निर्णय सागर का संस्करण।
भा. ज्यो. भारतीय ज्योतिष शास्त्र। स्वर्गीय शंकर बालकृष्ण दीक्षितकृत।
मत्स्य. मत्स्यपुराण। आनंदाश्रम का संस्करण।
मनु. मनुस्मृति। अध्याय और श्लोक। डॉ. जाली का संस्करण। मंडलिक के अथवा अन्य किसी भी संस्करण में ये ही श्लोक प्राय: एक ही स्थान पर मिलेंगे। मनु पर जो टीका है, वह मडलीक के संस्करण की है।
म. मा. श्रीमन्महाभारत। इसके आगे के अक्षर विभिन्न पर्वों के दर्शक हैं; अंक के अध्याय के लिए श्लोकों के हैं। कलकत्ते के बाबू प्रतापचंद राय के द्वारा मुद्रित संस्कृत प्रति का ही हमने सर्वत्र उपयोग किया है। बम्बई के संस्करण में ये ही श्लोक कुछ आगे-पीछे मिलेंगे।
मि. प्र. मिलिंदप्रश्न। पाली ग्रंथ अंग्रेजी अनुवाद।
मुं. अथवा मुंड. मुंडकोपनिषद्। मुंडक, खंड और मंत्र। आनंदाश्रम का संस्करण।
मैत्र्यु. मैत्र्युपनिषद् अथवा मैत्रायण्युपनिषद्। प्रपाठक और मंत्र। आनंदाश्रम का संस्करण।
याज्ञ. याज्ञवल्क्य स्मृति। अध्याय और श्लोक। बम्बई का छापा हुआ। इसकी अपराके टीका का भी (आनंदाश्रम का संस्करण) दो-एक स्थानों पर उल्लेख है।
यो. अथवा योग, योग वशिष्ठ। प्रकरण, सर्ग और श्लोक। छठे प्रकरण के दो भाग हैं, (पू.) और पूर्वार्द्ध, और (उ.) उत्तरार्द्ध। निर्णय सागर का सटीक संस्करण।
रामपू. रामपूर्वतापिन्युपनिषद्। आनंदाश्रम का संस्करण।
वाज, सं. वाजसनेह संहिता। अध्याय और मंत्र। वेबर का संस्करण।
वाल्मीकिरा. अथवा वा. रा. वाल्मीकि रामायण। कांड, अध्याय, और श्लोक। बम्बई का संस्करण।
विष्णु. विष्णुपुराण, अंश, अध्याय और श्लोक। बम्बई का संस्करण।
वेसू. वेदान्तसूत्र अथवा ब्रह्मसूत्र। अध्याय, पाद और सूत्र। वे. शू. शां. भा. वेदान्तसूत्र-शांकरभाष्य। आनंदाश्रमवाले संस्करण का ही सर्वत्र उपयोग किया है।
शां. सूं. शांडिल्यसूत्र। बम्बई का संस्करण।
शिव. शिवगीता। अध्याय और श्लोक। अष्टेकर और मंडली के गीता संग्रह का संस्करण।
श्वेत. श्वेताश्वतरोपनिषद्। अध्याय और मंत्र। आनंदाश्रम का संस्करण।
सां. का. सांख्यकारिका। तुकाराम तात्यां का संस्करण।
सूर्यगी. सूर्यगीता। अध्याय और श्लोक। मद्रास का संस्करण।

हरि. हरिवंश। पर्व, अध्याय और श्लोक। बम्बई का संस्करण।

S. B. E. - Sacred Books of the East Series.

टिप्पणी: इनके अतिरिक्त और कितने ही संस्कृत; अंग्रेजी, मराठी, एवं पाली ग्रंथों का स्थान-स्थान पर उल्लेख है। परंतु उनके नाम यथास्थान पर प्रायः पूरे लिख दिए गए हैं, अथवा वे समझ में आ सकते हैं, इसलिए उनके नाम इस सूचि में शामिल नहीं किए गए।

श्रीगणेशायनमः

ॐ तत्सत्।

श्रीमद्‌भगवद्‌गीतारहस्य

अथवा

कर्मयोगशास्त्र

पहला प्रकरण

विषयप्रवेश

नारायणं नमस्कृत्य नरं चैव नरोत्तमम्।
देवीं सरस्वतीं व्यासं ततौ जयमुदीरयेत्।।[1]

महाभारत, आदिम श्लोक

श्रीमद्‌भगवद्‌गीता हमारे धर्म ग्रंथों का एक अत्यंत तेजस्वी और निर्मल हीरा है। पिंड-ब्रह्मांड-ज्ञान सहित आत्मविद्या के गूढ़ और पवित्र तत्त्वों को थोड़े में और स्पष्ट रीति से समझा देनेवाला, उन्हीं तत्वों के आधार पर मनुष्यमात्र के पुरुषार्थ-की-अर्थात् आध्यात्मिक पूर्णावस्था की-पहचान करा देने वाला, भक्ति, और ज्ञान का मेल कराके इन दोनों का शास्त्रोक्त व्यवहार के साथ संयोग करा देने वाला और इसके द्वारा संसार से त्रस्त मनुष्य को शांति देकर उसे निष्काम कर्त्तव्य के आचरण में लगाने वाला गीता के समान बालबोध ग्रंथ, संस्कृत की कौन कहे, समस्त संसार के साहित्य में भी नहीं मिल सकता। केवल काव्य की ही दृष्टि से यदि इसकी परीक्षा की जाए तो भी यह ग्रंथ उत्तम काव्यों में गिना जा सकता है; क्योंकि इसमें आत्मज्ञान के अनेक गूढ़ सिद्धान्त ऐसी प्रासादिक भाषा में लिखे गए हैं, कि वे बूढ़ों और बच्चों को एकसमान सुगम हैं; और इसमें ज्ञानयुक्त भक्ति रस भी भरा पड़ा है। जिस ग्रंथ में समस्त वैदिक धर्म का सार स्वयं श्रीकृष्ण भगवान की वाणी से संग्रहित किया है, उसकी योग्यता का वर्णन कैसे किया जाए? महाभारत की लड़ाई समाप्त होने पर एक दिन श्रीकृष्ण और अर्जुन प्रेम पूर्वक बातचीत कर रहे थे। उस समय अर्जुन के मन में इच्छा हुई कि श्रीकृष्ण से एक

---

1. नारायण को, मनुष्यों में जो श्रेष्ठ नर है उसको, सरस्वती देवी को और व्यासजी को नमस्कार करके फिर 'जय' अर्थात् महाभारत को पढ़ना चाहिए-श्लोक का अर्थ है। महाभारत (उ. 48. 7-9 और 20-22; तथा बन. 12. 44-46) में लिखा है कि नर और नारायण ये दोनों ऋषि दो स्वरूप में विभक्त-साक्षात् परमात्मा ही हैं और इन्हीं दोनों ने आगे चलकर अर्जुन तथा श्रीकृष्ण का अवतार लिया। सब भागवत धर्मीय ग्रंथों के आरंभ में इन्हीं को प्रथम इसलिए नमस्कार करते हैं कि निष्काम कर्म-युक्त नारायणीय तथा भागवत-धर्म को इन्होंने ही पहले पहल जारी किया था। इस श्लोक में कहीं.कहीं 'व्यास' के बदले 'चैव' पाठ भी है; परंतु हमें ये युक्तिसंगत नहीं मालूम होता; क्योंकि, जैसे भाग्वत-धर्म के प्रचारक नर-नारायण को प्रणाम करना सर्वथा उचित है, वैसे ही इस धर्म के दो मुख्य ग्रंथों (महाभारत और गीता) के कर्ता व्यासजी को भी नमस्कार करना उचित है। महाभारत का प्राचीन नाम 'जय' है। (मभा. आ. 62.20)।

बार फिर गीता सुनें। तुरंत अर्जुन ने विनती की, "महाराज! आपने जो उपदेश मुझे युद्ध के आरंभ में दिया था उसे मैं भूल गया हूँ। कृपा करके फिर एक बार उसे बतलाइए।" तब श्रीकृष्ण भगवान ने उत्तर दिया कि उसे "उस समय मैंने अत्यंत योगयुक्त अंतःकरण से उपदेश किया था। अब संभव नहीं कि मैं वैसे ही उपदेश फिर कर सकूँ।" यह बात अनुगीता के प्रारंभ (महाभारत अश्वमेध अध्याय 16, श्लोक 10 और 13) में दी हुई है। सच पूछें तो भगवान् श्रीकृष्णचंद्र के लिए कुछ भी असंभव नहीं है; परंतु उनके उक्त कथन से यह बात अच्छी तरह मालूम हो सकती है कि गीता का महत्त्व कितना अधिक है। यह ग्रंथ, वैदिक धर्म के भिन्न-भिन्न संप्रदायों में, वेद के समान, आज करीब ढ़ाई हजार वर्षों से सर्वमान्य तथा प्रमाण स्वरूप हो गया है; इसका कारण भी उक्त ग्रंथ का महत्त्व ही है।

इसी लिए गीता-ध्यान में इस स्मृतिकालीन ग्रंथ का अलंकारयुक्त, परंतु यथार्थ वर्णन इस प्रकार किया गया है:-

सर्वोपनिषदो गावो दोग्धा गोपालनन्दनः।
पार्थो वत्सः सुधीर्भोक्ता दुग्धं गीतामृतं महत्॥

अर्थात् जितने उपनिषद् हैं वे मानों गौएँ हैं, श्रीकृष्ण स्वयं दूध दुहने वाले (ग्वाला) हैं, बुद्धिमान् अर्जुन (उन गौओं का पन्हाने वाला) भोक्ता बछड़ा (वत्स) है, जो दूध दुहा गया वहीं मधुर गीतामृत है। इसमें कुछ आश्चर्य नहीं, कि हिंदुस्थान की सब भाषाओं में इनके अनेक अनुवाद, टीकाएँ और विवेचन हो चुके हैं; परंतु जब से पश्चिमी विद्वानों को संस्कृत भाषा का ज्ञान होने लगा है, तब से ग्रीक, लैटिन, जर्मन, फ्रेंच, अंग्रेजी आदि यूरोप की भाषाओं में भी इसके अनेक अनुवाद प्रकाशित हुए हैं। तात्पर्य यह है कि इस समय यह अद्वितीय ग्रंथ समस्त संसार में प्रसिद्ध है।

इस ग्रंथ में सब उपनिषदों का सार आ गया है; इसी से इसका पूरा नाम 'श्रीमद्भगवद्गीता-उपनिषत्' है। गीता के प्रत्येक अध्याय के अंत में जो अध्याय समाप्ति दर्शक संकल्प हैं, उसमें "इति श्रीमद्भगवद्गीता सुपनिषत्सु ब्रह्मविद्यायां योग शास्त्रे श्रीकृष्णार्जुन संवादे" इत्यादि शब्द हैं। यह संकल्प यद्यपि मूलग्रंथ (महाभारत) में नहीं है, तथापि यह गीता की सभी प्रतियों में पाया जाता है। इससे अनुमान होता है, कि गीता की किसी भी प्रकार की टीका हो जाने के पहले ही, जब महाभारत से गीता नित्यपाठ के लिए अलग निकाल ली गई तभी से उक्त संकल्प का प्रचार हुआ होगा। इस दृष्टि से, गीता के तात्पर्य का निर्णय करने के कार्य में उसका महत्त्व कितना है, यह आगे चलकर बताया जाएगा। यहाँ इस संकल्प के केवल दो पद (भगवद्गीतासु उपनिषत्सु) विचारणीय हैं। उपनिषत् शब्द हिंदी में पुल्लिंग माना जाता है; परंतु वह संस्कृत में स्त्रीलिंग है। इसलिए "श्रीभगवान से गाया गया अर्थात् कहा गया उपनिषद" यह अर्थ प्रकट करने के लिए संस्कृत में "श्रीमद्भगवद्गीता उपनिषत्" ये दो विशेषण-विशेष्यरूप स्त्रीलिंग शब्द प्रयुक्त हुए हैं; और यद्यपि ग्रंथ एक ही है, तथापि सम्मान के लिए 'श्रीमद्भगवद्गीता सुपनिषत्सु' ऐसा सप्तमी के बहुवचन का प्रयोग किया गया है। शंकराचार्य के भाष्य में भी इस ग्रंथ को लक्ष्य करके 'इति गीतासु' यह बहुवचनांत प्रयोग पाया जाता है। परंतु नाम को संक्षिप्त करने के समय आदरसूचक प्रत्यय, पद तथा अंतिम सामान्य जातिवाचक 'उपनिषद्' शब्द भी उड़ा दिया गया; जिससे 'श्रीमद्भगवद्गीता उपनिषद्' इन प्रथमा के एक वचनान्त शब्दों के बदले पहले 'भगवद्गीता' और फिर केवल 'गीता' ही संक्षिप्त नाम प्रचलित हो गया। ऐसे बहुत-से संक्षिप्त नाम प्रचलित हैं। जैसे-कठ, छांदोग्य, केन इत्यादि। यदि 'उपनिषत्' शब्द मूल नाम में न होता तो 'भागवतम्', 'भारतम्', 'गोपीगीतम्', इत्यादि शब्दों के समान इस ग्रंथ का नाम भी

'भगवद्गीतम्' या केवल 'गीतम्' बन जाता; जैसा कि नपुंसकलिंग के शब्दों का स्वरूप होता है। परंतु जब कि ऐसा हुआ नहीं है और 'भगवद्गीता' या 'गीता' यही स्त्रीलिंग शब्द अब तक बना रहा है, तब उसके सामने 'उपनिषत्' शब्द को नित्य अध्याहृत समझना ही चाहिए। अनुगीता की अर्जुनमिश्र कृत टीका में 'अनुगीता' शब्द का अर्थ भी इसी रीति से किया गया है।

परंतु सात सौ श्लोकों की भगवद्गीता को ही गीता नहीं कहते। अनेक ज्ञान विषयक ग्रंथ भी गीता कहलाते हैं। उदाहरणार्थ, महाभारत के शांतिपर्वांतर्गत मोक्षपर्व के कुछ फुटकर प्रकरणों को पिंगलगीता, शपांकगीता, मंकिगीता, बोध्यगीता, विचख्युगीता, हारितगीता, वृत्रगीता, पराशरगीता और हंसगीता कहते हैं। अश्वमेघ पर्व की अनुगीता के एक भाग का विशेष नाम 'ब्राह्मणगीता' है। इनके सिवा अवधूतगीता, अष्टावक्रगीता, ईश्वरगीता, उत्तरगीता, कपिलगीता, गणेशगीता, देवीगीता, पांडवगीता, ब्रह्मगीता, भिक्षुगीता, यमगीता, रामगीता, व्यासगीता, शिवगीता, सूतगीता, सूर्यगीता इत्यादि अनेक गीताएँ प्रसिद्ध हैं। इनमें से कुछ तो, स्वतंत्र रीति से निर्माण की गई हैं और शेष भिन्न पुराणों में हैं। जैसे, मणेशपुराण के अंतिम क्रीडाखंड के 138 से 148 अध्यायों में गणेशगीता कही गई है। इसे यदि थोड़े हरे-फेर के साथ भगवद्गीता की नकल कहें तो कोई हानि नहीं। कर्मपुराण के उत्तर भाग के पहले ग्यारह अध्याय में ईश्वरगीता है। इसके बाद व्यासगीता का आरंभ हुआ है। स्कंदपुराणांतर्गत सूतसंहिता के चौथे अर्थात् यज्ञ वैभवखंड के उपरिभाग के आरंभ (1 से 12 अध्याय तक) में ब्रह्मगीता है और इसके बाद के अध्यायों में सूतगीता है। यह तो हुई आठ स्कंदपुराण की ब्रह्मगीता; दूसरी एक और ब्रह्मगीता है, जो योगवासिष्ठ के निर्वाण प्रकरण के उत्तरार्द्ध (सर्ग 173 से 181 तक) में आ गई है। यमगीताएँ तीन प्रकार की हैं। पहली विष्णुपुराण के तीसरे अंश के सातवें अध्याय में; दूसरी अग्निपुराण के तीसरे खंड के 381 वें अध्याय में; और तीसरी, नृसिहंपुराण के आठवें अध्याय में है। यही हाल रामगीता का है। महाराष्ट्र में रामगीता प्रचलित है वह अध्यात्म रामायण के उत्तर कांड के पाँचवें सर्ग में है; और यह अध्यात्म रामायण ब्रह्मांडपुराण का एक भाग माना जाता है; परंतु इसके सिवा एक दूसरी रामगीता 'गुरुज्ञान-वसिष्ठ-तत्त्वसारायण' नामक ग्रंथ में है, जो मद्रास की ओर प्रसिद्ध है। यह ग्रंथ वेदान्त विषय पर लिखा गया है। इसमें ज्ञान, उपासना और कर्म-संबंधी तीन कांड हैं। इसके उपासना कांड के द्वितीय पाद के पहले अठारह अध्यायों में रामगीता और कर्मकांड के तृतीय पाद के पहले पाँच अध्यायों में सूर्यगीता है। कहते हैं कि शिवगीता पद्मपुराण के पातालखंड में है। इस पर पुराण की जो प्रति पूणे के आनंदाश्रम में छपी है उसमें शिवगीता नहीं है। पंडित ज्वालाप्रसाद ने अपने 'अष्टादश पुराणदर्शन' ग्रंथ में लिखा है कि शिवगीता गौड़ीय पद्मोत्तर पुराण में है। नारदपुराण में अन्य पुराणों के साथ, साथ, पद्मपुराण की भी जो विषयनुक्रमणिका दी गई है, उसमें शिवगीता का उल्लेख पाया जाता है। श्रीमद्भागवतपुराण के ग्यारहवें स्कंध के अध्याय में हंसगीता और तेईसवें अध्याय में भिक्षुगीता कही गई है। तीसरे स्कंध के कपिलोपाख्यान (अ. 23-33) को कई लोग 'कपिलगीता' कहते हैं; परंतु 'कपिलगीता' नामक एक छपी हुई स्वतंत्र पुस्तक हमारे देखने में आई है, जिसमें हठयोग का प्रधानतः वर्णन किया गया है; और लिखा है कि यह कपिलगीता पद्मपुराण से ली गई है; परंतु यह गीता पद्मपुरण में है ही नहीं। इसमें एक स्थान (4, 7) पर जैन, जंगम और सूफी का उल्लेख किया गया है, जिससे कहना पड़ता है, कि यह गीता मुसलमानी शासनकाल के बाद की होगी। भागवतपुराण ही के समान देवी भागवत में भी, सातवें स्कंध के 31 से 40 अध्याय तक एक गीता है और देवी से कही जाने के कारण उसे देवीगता कहते हैं। केवल भगवद्गीता ही का

सार अग्निपुराण के तीसरे खंड के 380 वें अध्याय में, तथ गुरुड़पुराण के पूर्वखंड के 242 वें अध्याय में दिया हुआ है। इसी तरह कहा जाता है कि रामावतार में वसिष्ठजी ने जो उपदेश रामचंद्रजी को दिया, उसी को योगवसिष्ठ कहते हैं; परंतु इस ग्रंथ के अंतिम (अर्थात् निर्वाण) प्रकरण में 'अर्जुनोपाख्यान' भी शामिल है; जिसमें उस भगवद्गीता का सारांश दिया गया है, कि जिसे कृष्णावतार में भगवान् श्रीकृष्ण ने अर्जुन से कहा था। इस उपाख्यान में भगवाद्गीता के अनेक श्लोक ज्यों-कि-त्यों पाए जाते हैं (योग. 6 पू. सर्ग 42-48)। ऊपर कहा जा चुका है कि पुणे में छपे हुए पद्मपुराण में शिवगीता नहीं मिलती; परंतु उसके न मिलने पर भी इस प्रति के उत्तरखंड के 171 से 188 अध्याय तक भगवद्गीता के महात्म्य का वर्णन है और भगवद्गीता के प्रत्येक अध्याय के लिए महात्म्य वर्णन का एक एक अध्याय है; और इसके संबंध में कथा भी कही गई है; इसके सिवा वराहपुराण में एक गीतामहात्म्य है और शिवपुराण में तथा वायुपुराण में भी गीता-महात्म्य का होना बतलाया जाता है; परंतु कलकत्ते के छपे हुए वायुपुराण में वह हमें नहीं मिला। भगवद्गीता की छपी हुई पुस्तकों के आरंभ में 'गीता-ध्यान' नामक नौ श्लोकों का एक प्रकरण पाया जाता है। नहीं जान पड़ता, कि यह कहाँ से लिया गया है; परंतु इसका "भीष्मद्रोणतटा जयद्रथजला." श्लोक, थोड़े हेरफेर के साथ, हाल ही में प्रकाशित 'ऊरुभंग' नामक भास कविकृत नाटक के आरंभ में दिया हुआ है। इससे ज्ञात होता है, कि उक्त 'ध्यान' भास कवि के समय के अनंतर प्रचार में आया होगा। क्योंकि यह मानने की अपेक्षा कि भास सरीखे प्रसिद्ध कवि ने इस श्लोक को गीता-ध्यान से लिया है; यही कहना अधिक युक्तिसंगत होगा, कि गीता-ध्यान की रचना भिन्न-भिन्न स्थानों से लिए हुए, और कुछ नए बनाए हुए श्लोकों से की गई है। भास कवि कालिदास से पहले हो गया है। इसलिए उसका समय कम-से-कम संवत् 435 (शक तीन सौ) से अधिक अर्वाचीन नहीं हो सकता।[1]

ऊपर कही गई बातों से यह बात अच्छी तरह ध्यान में आ सकती है, कि भगवद्गीता के कौन-से और कितने अनुवाद तथा कुछ हेरफेर के साथ कितनी नकलें, तात्पर्य और महात्म्य-पुराणों में मिलते हैं। इस बात का पता नहीं चलता, कि अवधूत और अष्टावक्र आदि दो-चार गीताओं को कब और किसने स्वतंत्र रीति से रचा; अथवा वे किस पुराण से ली गई हैं। तथापि इन सब गीताओं की रचना तथा विषय-विवेचन को देखने से यही मालूम होता है, कि ये सब ग्रंथ, भगवद्गीता के जगप्रसिद्ध होने के बाद ही बनाए गए हैं। इन गीताओं के संबंध में यह कहने से भी कोई हानि नहीं कि वे इसी लिए रची गई हैं कि किसी विशिष्ट पंथ या विशिष्ट पुराण में भगवद्गीता के समान एक-आध गीता के रेंहे बिना उस पंथ या पुराण की पूर्णता नहीं हो सकती थी। जिस तरह श्रीभगवान ने भगवद्गीता में अर्जुन को विश्वरूप दिखाकर ज्ञान बतलाया है, उसी तरह शिवगीता, देवीगीता और गणेशगीता में भी वर्णन है। शिवगीता, ईश्वरगीता आदि में तो भगवद्गीता के अनेक श्लोक अक्षरश: पाए जाते हैं। यदि ज्ञान की दृष्टि से देखा जाए तो इन सब गीताओं में भगवद्गीता की अपेक्षा कुछ अधिक विशेषता नहीं है; और भगवद्गीता में अध्यात्मज्ञान और कर्म का मेल कर देने की जो अपूर्व शैली है वह इनमें से किसी भी गीता में नहीं है। भगवद्गीता में पातंजलयोग अथवा हठयोग और कर्मत्यागरूप संन्यास का यथोचित वर्णन न देखकर, उसकी पूर्ति के लिए कृष्णार्जुन-संवाद के रूप में, किसी ने उत्तरगीता बाद में लिख डाली है। अवधूत और अष्टावक्र आदि गीताएँ बिल्कुल एकदेशीय हैं। क्योंकि इनमें केवल संन्यास मार्ग का ही

1. उपर्युक्त अनेक गीताओं तथा भगवद्गीता को श्री. हरि रघुनाथ भागवत ने पुणे से प्रकाशित किया।

प्रतिपादन किया गया है। यमगीता और पांडवगीता तो केवल भक्ति विषयक संक्षिप्त स्त्रोतों के समान हैं। शिवगीता, गणेशगीता और सूर्यगीता ऐसी नहीं हैं। यद्यपि इनमें ज्ञान और कर्म के समुच्चय का युक्तियुक्त समर्थन अवश्य किया गया है, तथापि इनमें नवीनता कुछ भी नहीं है; क्योंकि यह विषय प्राय: भगवद्‌गीता से ही लिया गया है। इन कारणों से भगवद्‌गीता के प्रगल्भ तथा व्यापक तेज के सामने बाद की बनी हुई कोई भी पौराणिक गीता ठहर नहीं सकी, और इन नकली गीताओं से उल्टे भगवद्‌गीता का ही महत्त्व अधिक बढ़ गया है। यही कारण है कि 'भगवद्‌गीता का 'गीता' नाम प्रचलित हो गया है। अध्यात्म रामायण और योगवसिष्ठ यद्यपि विस्तृत ग्रंथ हैं तो भी वे बाद में बने हैं। और यह बात उनकी रचना से ही स्पष्ट मालूम हो जाती हैं। मद्रास का 'गुरुज्ञानवसिष्ठ तत्त्वासारायण' नामक ग्रंथ कइयों के मतानुसार बहुत प्राचीन है; परंतु हम ऐसा नहीं मानते; क्योंकि उसमें 108 उपनिषदों का उल्लेख है, जिनकी प्राचीनता सिद्ध नहीं हो सकती। सूर्यगीता में विशिटाद्वैत मत का उल्लेख पाया जाता है (3.30); और कई स्थानों में भगवद्‌गीता का युक्तिवाद लिया हुआ-सा जान पड़ता है (1.68)। इसलिए यह ग्रंथ भी बहुत पीछे से-श्रीशंकराचार्य के भी बाद-बनाया गया होगा।

अनेक गीताओं के होने पर भी भगवद्‌गीता की श्रेष्ठता निर्विवाद सिद्ध है। इसी कारण उत्तरकालीन वैदिकधर्मीय पंडितों ने, अन्य गीताओं पर अधिक ध्यान नहीं दिया और भगवद्‌गीता ही की परीक्षा करने और उसी का तात्पर्य अपने बंधुओं को समझा देने में, अपनी कृतकृत्यता मानने लगे। ग्रंथ की दो प्रकार से परीक्षा की जाती है। एक अंतरंग-परीक्षा और दूसरी बहिरंग-परीक्षा कहलाती है। पूरे ग्रंथ को देखकर उसके मर्म, रहस्य, मथितार्थ और प्रमेय ढूँढ़ निकालना 'अंतरंग-परीक्षा है। ग्रंथ को किसने और कब बनाया, उसकी भाषा सरस है या नीरस, काव्य-दृष्टि से उसमें माधुर्य और प्रसाद गुण हैं या नहीं, शब्दों में, रचना में व्याकरण पर ध्यान दिया गया है या उस ग्रंथ में अनेक आर्ष प्रयोग हैं, उसमें किन-किन मतोस्थलों और व्यक्तियों का उल्लेख है; इन बातों से ग्रंथ के कालनिर्णय और तत्कालीन समाज स्थिति का कुछ पता चलता है या नहीं; ग्रंथ के विचार स्वतंत्र हैं अथवा चुराए हुए हैं; यदि उसमें दूसरों के विचार भरे हैं, तो वे कौन से हैं और कहाँ से लिए गए हैं; इत्यादि बातों के विवेचन को 'बहिरंग-परीक्षा' कहते हैं। जिन प्राचीन पंडितों ने गीता पर टीका और भाष्य लिखे हैं उन्होंने उक्त बाहरी बातों पर अधिक ध्यान नहीं दिया। इसका कारण यही है कि वे लोग भगवद्‌गीता सरीखे अलौकिक ग्रंथ की परीक्षा करते समय उक्त बाहरी बातों पर ध्यान देने को ऐसा ही समझते थे, जैसे कि कोई मनुष्य एक-आध उत्तर सुगंधयुक्त फूल को पाकर उसके रंग, सौंदर्य, सुवास आदि के विषय में कुछ भी विचार न करें, और केवल उसकी पंखुरियाँ गिनता रहे अथवा जैसे कोई मनुष्य मधुमक्खी का मधुयुक्त छत्ता पाकर केवल उसके छिद्रों को गिनने में ही समय नष्ट कर दे। परंतु अब पश्चिमी विद्वानों के अनुकरण से हमारे आधुनिक विद्वान् लोग गीता की बाह्य-परीक्षा भी बहुत कुछ करने लगे हैं। गीता के आर्ष प्रयोगों को देखकर एक ने यह निश्चित किया है कि यह ग्रंथ ईसा से कई शतक पहले ही बन गया होगा। इससे यह शंका बिल्कुल ही निर्मूल हो जाती है कि गीता का भक्तिमार्ग उस ईसाई धर्म से लिया गया होगा, जो कि गीता के बहुत पीछे से प्रचलित हुआ है। गीता के सोलहवें अध्याय में जिस नास्तिक मत का उल्लेख है उसे बौद्धमत समझकर दूसरे ने गीता का रचना-काल बुद्ध के बाद माना है। तीसरे विद्वान् का कथन है कि तेरहवें अध्याय में 'ब्रह्मसूत्रपदेश्चैव' श्लोक में ब्रह्मसूत्र का उल्लेख होने के कारण गीता ब्रह्मसूत्र के बाद बनी होगी। इसके विरुद्ध कई लोग कहते हैं कि ब्रह्मसूत्र में अनेक स्थानों पर गीता ही का आधार लिया गया है; जिससे गीता का उसके बाद बनना सिद्ध

नहीं होता। कोई कोई ऐसा भी कहते हैं कि भारतीय युद्ध में रणभूमि पर अर्जुन को सात सौ श्लोकों की गीता सुनाने का समय मिलना संभव नहीं है। हाँ, यह संभव है कि श्रीकृष्ण ने अर्जुन को लड़ाई की जल्दी में दस-बीस श्लोक या उनका भावार्थ सुना दिया हो, और उन्हीं श्लोकों के विस्तार को संजय ने धृतराष्ट्र से, व्यास ने शुक से, वैशंपायन ने जनमेजय से सूत ने शौनक से कहा हो; अथवा महाभारतकार ने भी उसको विस्तृत रीति से लिख दिया हो; गीता की रचना के संबंध में मन की ऐसी प्रवृत्ति होने पर गीता-सागर में डुबकियाँ लगाकर किसी ने सात,[1] किसी ने अट्ठाईस, किसी ने छत्तीस और किसी ने सौ, इस तरह गीता के मूल श्लोक खोल निकाले हैं। कोई कोई तो यहाँ तक कहते हैं कि अर्जुन को रणभूमि पर गीता का ब्रह्मज्ञान बतलाने की कोई आवश्यकता ही नहीं थी और वेदान्त विषय का यह उत्तम ग्रंथ पीछे से महाभारत में जोड़ दिया गया है। यह नहीं कि बहिरंग-परीक्षा की ये सब बातें सर्वथा निरर्थक हों। उदाहरणार्थ, ऊपर कही गई फूल की पंखुरियों तथा मधु के छत्ते के छिद्रों की बात को ही लीजिए। वनस्पतियों के वर्गीकरण के समय फूलों की पंखुरियों का भी विचार अवश्य करना पड़ता है। इसी तरह गणित की सहायता से यह सिद्ध किया गया है कि मधुमक्खियों के छत्ते में जो छेद होते हैं उनका आकार ऐसा होता है कि मधु रस का घनफल तो कम होने नहीं पाता; और बाहर के आवरण का पृष्ठफल बहुत कम हो जाता है; जिससे मोम की पैदाइश घट जाती है। इससे मधुमक्खियों का जन्मजात चातुर्य व्यक्त होता है। इसी प्रकार के उपयोगों पर दृष्टि देते हुए हमने भी गीता की बहिरंग-परीक्षा की है और उसके कुछ महत्त्व के सिद्धान्तों का विचार इस ग्रंथ के अंत में, परिशिष्ट में किया है; परंतु जिनको ग्रंथ का रहस्य ही जानना है, उनके लिए बहिरंग-परीक्षा के झगड़े में पड़ना अनावश्यक है। वाग्देवी के रहस्य को जानने वालों तथा उसकी ऊपरी और बाहरी बातों के जिज्ञासुओं में जो भेद हैं उसे मुरारि कवि ने बड़ी ही सरसता के साथ दर्शाया है:-

अब्धिलंघित एव वानरभटैः किं त्वस्य गम्भीरताम्।
आपातालनिमग्रपीवरतनुर्जानाति मन्थाचलः॥

अर्थात्, समुद्र की अगाध गहराई जानने की यदि इच्छा हो तो किससे पूछा जाए? इसमें संदेह नहीं, कि राम-रावण युद्ध के समय सैकड़ों वानरवीर धड़ाधड़ समुद्र के ऊपर से कूदते हुए लंका में चले गए थे, परंतु उनमें से कितनों को समुद्र की गहराई का ज्ञान था? समुद्र-मंथन के समय देवताओं ने मंथनदंड बनाकर जिस बड़े भारी पर्वत को नीचे छोड़ दिया था और जो सचमुच समुद्र के नीचे पाताल तक पहुँच गया था, वही मंदराचल पर्वत समुद्र की गहराई को जान सकता है। मुरारि कवि के इस न्यायानुसार, गीता के रहस्य को जानने के लिए, अब हमें उन पंडितों और आचार्यों के ग्रंथों की ओर ध्यान देना चाहिए, जिन्होंने गीता-सागर का मंथन किया है। इन पंडितों में महाभारत के कर्ता ही अग्रगण्य है। अधिक क्या कहें, आजकल जो गीता प्रसिद्ध है, उसके ये ही एक प्रकार से कर्ता भी कहे जा सकते हैं। इसलिए प्रथम उन्हीं के मतानुसार संक्षेप में गीता का तात्पर्य दिया जाएगा।

'भगवद्गीता' अर्थात् 'भगवान से गाया गया उपनिषत्' इस नाम से ही बोध होता

1. आजकल एक सप्तश्लोक की गीता प्रकाशित हुई है, उसमें केवल ये ही सात श्लोक हैं:-ॐइत्येकाक्षरं ब्रह्म इ. (गीता 8.13); (2) स्थाने हृषीकेश तव प्रकीर्त्या इ. (गीता 11.36); (3) सर्वतः पाणिपादं तत् इ. (गीता 13.13); (4) कपि पुराण मनु शासितारं इ. (गीता 8.9); (5) ऊर्ध्वमूलमधः शाखं इ. (गी. 15.1); (6) सर्वस्य चाहं हृदि सन्निविष्टो इ. (15.15); (7) मन्मना भव मद्भक्तों इ. (गीता 18.65) इसी तरह और भी अनेक संक्षिप्त गीताएँ बनी हैं।

है कि गीता में अर्जुन को उपदेश किया गया है वह प्रधान रूप से भागवत धर्म-भगवान के चलाए हुए धर्म-के विषय में होगा। क्योंकि श्रीकृष्ण को 'श्रीभगवान' का नाम प्राय: भागवतधर्म में ही दिया जाता है। यह उपेदश कुछ नया नहीं है। पूर्वकाल में यही उपदेश भगवान विवस्वान को, विवस्वानने मनु को और मनु ने इक्ष्वाकु को किया था। यह बात गीता के चौथे अध्याय के आरंभ (गीता 4.1) में दी हुई है। महाभारत के, शांतिपर्व के अंत में नारायणीय अथवा भागवत धर्म का विस्तृत निरूपण है, जिसमें ब्रह्मदेव के अनेक जन्मों से अर्थात् कल्पांतरों में भागवत धर्म की परंपरा का वर्णन किया गया है। और अंत में यह कहा गया है:-

त्रैतायुगादौ च ततो विवस्वान् मनवे ददौ।
मनुश्च लोकभृत्यर्थ सुतायेक्ष्वाकवे ददौ।
इक्ष्वाकुणा च कथितो व्याप्य लोकानवस्थित:॥

अर्थात् ब्रह्मदेव के वर्तमान जन्म के त्रेतायुग में इस भागवत-धर्म ने विवस्वान्-मनु-इक्ष्वाकु की परंपरा से विस्तार पाया है (मभा. शां. 348. 51, 52)। यह परंपरा गीता में दी हुई उक्त परंपरा से मिलती है (गीता 4.1 पर हमारी टीका देखो) दो भिन्न धर्मों की परंपरा का एक होना संभव नहीं है, इसलिए परंपरा की एकता के कारण यह अनुमान सहज ही किया जा सकता है कि गीता धर्म और भागवत धर्म ये दोनों एक ही हैं। इन धर्मों की यह एकता केवल अनुमान ही पर अवलंबित नहीं है, क्योंकि नारायणीय या भागवत-धर्म के निरूपण में वैशंपायन जनमेजय से कहते हैं-

एवमेष महान् धर्म: स ते पूर्व नृपोत्तम।
कथितो हरिगीतासु समासविधिकल्पित:॥

अर्थात् हे नृपश्रेष्ट जनमेजय! यही उत्तर भागवत-धर्म, विधियुक्त और संक्षिप्त रीति से हरिगीता अर्थात् भगवद्गीता में तुझे पहले ही बतलाया गया है (मभा. शां. 346.10)। इसके बाद एक अध्याय छोड़कर दूसरे अध्याय (मभा. शां. 348.8) में नारायणीय धर्म के संबंध में फिर भी स्पष्ट रीति से कहा गया है कि:-

समुपोढेष्वनीकेषु कुरुपाण्डवयोर्मृधे।
अर्जुन विमनस्के च गीता भगवता स्वयम्॥

अर्थात् कौरव-पांडव-युद्ध के समय जब अर्जुन उद्विग्न हो गया था तब स्वयं भगवान ने उसे यह उपदेश किया था इसमें यह स्पष्ट है कि 'हरिगीता' से भगवद्गीता का मतलब है। गुरुपरंपरा की एकता के अतिरिक्त यह भी ध्यान में रखने योग्य है कि जिस भागवत-धर्म या नारायणीय धर्म के विषय में दो-बार कहा गया है वही गीता का प्रतिपाद्य विषय है; उसी को 'सात्वत' या 'एकांतिक' धर्म भी कहा है। इसका विवेचन करते समय (शां. 347.80, 81) दो लक्षण कहे गए हैं:-

नारायणपरो धर्म: पुनरावृत्तिदुर्लभ:।
प्रवृत्तलक्षणश्चैव धर्मो नारायणात्मक:॥

अर्थात् यह नारायणीय धर्म प्रवृत्ति मार्ग का होकर भी पुनर्जन्म को टालने वाला अर्थात् पूर्ण मोक्ष का दाता है। फिर इस बात का वर्णन किया गया है कि यह धर्म प्रवृत्तिमार्ग का कैसे है। प्रवृत्ति का यह अर्थ प्रसिद्ध ही है कि संन्यास न लेकर मरणपर्यंत चातुर्वर्ण्य विहित निष्काम कर्म ही करता रहे। इसलिए यह स्पष्ट है कि गीता में उपदेश अर्जुन को किया गया है, वह भावगत धर्म का है और उसको महाभारत कार प्रवृत्ति विषय मानते हैं, क्योंकि उपर्युक्त धर्म भी प्रवृत्ति-विषयक है। साथ-साथ यदि ऐसा कहा जाए कि गीता में केवल प्रवृत्तिमार्ग का ही भागवत धर्म है, तो यह भी ठीक नहीं। क्योंकि वैशंपायन ने जनमेजय से फिर कहा है (मभा. शां. 348.43)।

यतीनां चापि यो धर्मः स ते पूर्व नृपोत्तम।
कथितो हरिगीतासु समासविधिकल्पितः॥

अर्थात्, हे राजा! यतियों-अर्थात् संन्यासियों के निवृत्ति मार्ग का धर्म भी मुझे पहले भगवद्गीता में संक्षिप्त रीति से भागवत धर्म के साथ बतला दिया गया है; परंतु यद्यपि गीता में प्रवृत्ति धर्म के साथ ही यतियों निवृत्ति धर्म भी बतलाया गया है, तथापि मनु-इक्ष्वाकु इत्यादि गीता धर्म की जो परंपरा गीता में दी गई हैं, वह यति धर्म को लागू नहीं हो सकी। वह केवल भागवत-धर्म ही की परंपरा से मिलती है। सारांश यह है, कि उपर्युक्त वचनों से महाभारत कार का यही अभिप्राय जान पड़ता है कि गीता में अर्जुन को जो उपदेश किया गया है, वह विशेषकर के मनु-इक्ष्वाकु इत्यादि परंपरा से चले आए प्रवृत्ति-विषयक भागवत धर्म ही का है और उसमें निवृत्ति विषयक यति धर्म का जो निरूपण पाया जाता है वह केवल आनुषंगिक है। पृथु, प्रियव्रत और प्रल्हाद आदि भक्तों की कथाओं से तथा भागवत में दिए गए निष्काम कर्म के वर्णनों से (भगवत 4.22.41, 42; 7.10.23 और 11.4.6) यह भली भाँति मालूम हो जाता है कि महाभारत का प्रवृत्ति-विषयक नारायणीय धर्म और भागवत-पुराण का भागवत धर्म, ये दोनों मूलतः एक ही हैं। परंतु भागवत पुराण का मुख्य उद्देश्य यह नहीं है कि वह भागवत धर्म के कर्मयुक्त-प्रवृत्ति का समर्थन करे। यह समर्थन, महाभारत में और विशेष करके गीता में किया गया है, परंतु इस समर्थन के समय भगवत धर्मीय भक्ति का यथोचित रहस्य दिखलाना व्यासजी भूल गए थे। इसलिए भागवत के आरंभ के अध्यायों में लिखा है, कि (भगवत 1.5.12) बिना भक्ति के केवल निष्काम कर्म व्यर्थ है यह सोचकर और महाभारत की उक्त न्यूनता को पूर्ण करने के लिए ही, भागवत पुराण की रचना बाद में की गई। इससे भागवत पुराण का मुख्य उद्देश्य स्पष्ट रीति से मालूम हो सकता है। यही कारण है कि भागवत में अनेक प्रकार की हरिकथाएँ कहकर भागवत धर्म की भगवद्भक्ति के महात्म्य का जैसा विस्तारपूर्वक वर्णन किया गया है, वैसा भागवत धर्म के कर्म विषयक अंगों का विवेचन उसमें नहीं किया है। अधिक क्या कहें, भागवत कारक का यहाँ तक कहना है कि बिना भक्ति के सब कर्मयोग वृथा हैं (भाग 1.5. 34)। अतएव गीता के तात्पर्य का निश्चय करने में लिए महाभारत में गीता कही गई है, उसी नारायणीयोपाख्यान का जैसा उपयोग हो सकता है, वैसा भागवत धर्मीय होने पर भी, भगवत-पुराण का उपयोग नहीं हो सकता क्योंकि वह केवल भक्ति प्रधान है। यदि उसका कुछ उपयोग किया भी जाए, तो इस बात पर भी ध्यान देना पड़ेगा, कि महाभारत और भागवत पुराण के उद्देश्य और रचना-काल भिन्न भिन्न हैं। निवृत्ति-विषयक यति धर्म और प्रवृत्ति विषयक भागवत धर्म का मूल स्वरूप क्या है? इन दोनों में भेद क्यों हैं? मूल भागवत धर्म इस समय किस रूपांतर से प्रचलित है? इत्यादि प्रश्नों का विचार आगे चलकर किया जाएगा।

यह मालूम हो गया, कि स्वयं महाभारत कार के मतानुसार गीता का क्या तात्पर्य है। अब देखना चाहिए कि गीता के भाष्यकारों और टीकाकारों ने गीता का क्या तात्पर्य निश्चित किया है। इन भाष्यों तथा टीकाओं में आजकल श्रीशंकराचार्यकृत गीता-भाष्य अति प्राचीन ग्रंथ माना जाता है। यद्यपि इसके भी पूर्व गीता पर अनेक भाष्य और टीकाएँ लिखीं जा चुकी थीं, तथापि वे अब उपलब्ध नहीं हैं और इसीलिए जान नहीं सकते कि महाभारत के रचना-काल से शंकराचार्य के समय तक गीता का अर्थ किस प्रकार किया जाता था। तथापि शांकर भाष्य ही में इन प्राचीन टीकाकारों के मतों का जो उल्लेख है (गीता शांभा. अ. 2 और 3 का उपोद्घात) उससे साफ साफ मालूम होता है कि शंकराचार्य के पूर्वकालीन टीकाकार, गीता का अर्थ, महाभारत-कर्ता के अनुसार ही ज्ञान

कर्म समुच्चयात्मक किया करते थे। अर्थात् उसका यह प्रवृत्ति- विषयक अर्थ लगाया जाता था कि ज्ञानी मनुष्य को ज्ञान के साथ साथ मृत्युपर्यंत स्वधर्मविहित कर्म करना चाहिए। परंतु वैदिक कर्मयोग का यह सिद्धान्त शंकराचार्य को मान्य नहीं था। इसलिए उसका खंडन करने और अपने मत के अनुसार गीता का तात्पर्य बनाने ही के लिए उन्होंने गीता-भाष्य की रचना की है। यह बात उक्त भाष्य के आरंभ के उपोद्घात में स्पष्ट रीति से कही गई हैं। 'भाष्य' शब्द का अर्थ भी यही है। 'भाष्य' और 'टीका' का बहुत कर के समानार्थी उपयोग होता है; परंतु सामान्यतः 'टीका' मूलग्रंथ के सरल अन्वय और उसके सुगम अर्थ करने ही को कहते हैं। भाष्यकार इतनी ही बातों से संतुष्ट नहीं रहता, वह उस ग्रंथ की न्याययुक्त समालोचना करता है; अपने मतानुसार उसका तात्पर्य बतलाता है; और उसी के अनुसार वह यह भी बतलाता है कि ग्रंथ का अर्थ कैसे लगाना चाहिए। गीता के शांकरभाष्य का यही स्वरूप है। परंतु गीता के तात्पर्य के विवेचन में शंकराचार्य ने जो भेद किया है उसका कारण जानने के पहले थोड़ा सा पूर्वकालीन इतिहास भी यहीं पर जान लेना चाहिए। वैदिक धर्म केवल तांत्रिक धर्म नहीं है। उसमें जो गूढ़ तत्त्व हैं, उनका सूक्ष्म विवेचन प्राचीन समय में उपनिषदों में हो चुका है; परंतु ये उपनिषद् भिन्न-भिन्न ऋषियों के द्वारा भिन्न-भिन्न समय में बनाए गए हैं। इसलिए उनमें कहीं-कहीं विचार-विभिन्नता ओर परस्पर विरुद्धता भी आ गई है। इस विचार-विरोध को मिटाने के लिए ही बादरायणाचार्य ने अपने वेदान्तसूत्रों में सब उपनिषदों की विचारैक्यता कर दी है; और इसी कारण से वेदान्तसूत्र भी उपनिषदों के समान ही प्रमाण माने जाते हैं। इन्हीं वेदान्तसूत्रों के दूसरे नाम 'ब्रह्मसूत्र' अथवा 'शरीरकसूत्र' हैं। तथापि वैदिक धर्म के तत्त्वज्ञान का पूर्ण विचार इतने से ही नहीं हो सकता। क्योंकि उपनिषदों का ज्ञान प्रायः वैराग्य विषयक अर्थात् निवृत्ति विषयक है और वेदान्तसूत्र तो सिर्फ उपनिषदों का मतैक्य करने ही के उद्देश्य से बनाए गए हैं। इसलिए उनमें भी वैदिक प्रवृत्तिमार्ग का विस्तृत तात्त्विक विवेचन कहीं भी नहीं किया है। इसीलिए उपर्युक्त कथनानुसार जब प्रवृत्तिमार्ग-प्रतिपादक भगवद्गीता ने वैदिक धर्म की तत्त्वज्ञान संबंधी इस न्यूनता की पूर्ति पहले पहल की, तब उपनिषदों और वेदान्तसूत्रों के मार्मिक तत्वज्ञान की पूर्णता करने वाला यह भगवद्गीता ग्रंथ भी, उन्हीं के समान सर्वमान्य और प्रमाणभूत हो गया। और प्रस्थानत्रयी का दिनोंदिन अधिकाधिक प्रचार होने पर वैदिक धर्म के लोग उन मतों और संप्रदायों को गौण अथवा आग्राह्य मानने लगे, जिनका समावेश उक्त तीन ग्रंथों में नहीं किया जा सकता था। परिणाम यह हुआ कि बौद्ध धर्म के पतन के बाद वैदिक धर्म के जो जो संप्रदाय (अद्वैत, विशिष्टाद्वैत, द्वैत, शुद्धाद्वैत आदि)हिंदुस्थान में प्रचलित हुए, उनमें से प्रत्येक संप्रदाय के प्रवर्तक आचार्य को, प्रस्थानत्रयी, के तीनों भागों पर (अर्थात् भगवद्गीता पर भी) भाष्य लिखकर, यह सिद्धकर दिखाने की आवश्यकता हुई, कि इन सब संप्रदायों के जारी होने के पहले ही जो तीन 'धर्मग्रंथ' प्रमाण समझे जाते थे, उन्हीं के आधार पर हमारा संप्रदाय स्थापित हुआ है और अन्य संप्रदाय इन धर्मग्रंथों के अनुसार नहीं है। ऐसा करने का कारण यही है कि यदि कोई आचार्य यह स्वीकार कर लेते कि अन्य संप्रदाय भी प्रमाणभूत धर्मग्रंथों के आधार पर स्थपित हुए हैं, तो उनके संप्रदाय का महत्त्व घट जाता-और, ऐसा करना किसी भी संप्रदाय को इष्ट नहीं था। सांप्रदायिक दृष्टि से प्रस्थानत्रयीपर भाष्य लिखने की यह रीति जब चल पड़ी, तब भिन्न भिन्न पंडित अनेक संप्रदायों के भाष्यों के आधार पर टीकाएँ लिखने लगे और गीतार्थ प्रतिपादन करने लगे। यह टीका उसी संप्रदाय के लोगों को अधिक मान्य हुआ करती थी जिसके भाष्य के अनुसार वह लिखी जाती थी। इस समय गीता पर जितने भाष्य और जितनी टीकाएँ उपलब्ध हैं, उनमें से प्रायः सब

इसी सांप्रदायिक रीति से लिखी गई हैं। इसका परिणाम यह हुआ, कि यद्यपि मूल गीता में एक ही अर्थ सुबोध रीति से प्रतिपादित हुआ है तथापि गीता भिन्न भिन्न संप्रदायों की समर्थक समझी जाने लगी। इन सब संप्रदायों में शंकराचार्य का संप्रदाय अति प्राचीन है और तत्त्वज्ञान की दृष्टि से वही हिंदुस्थान में सबसे अधिक मान्य भी हुआ है। श्रीमदाद्यशंकराचार्य का जन्म संवत् 845 (शक 710) में हुआ था। बत्तीसवें वर्ष में उन्होंने गुहा-प्रवेश किया (संवत् 845 से 877)।[1] श्रीशंकराचार्य बड़े भारी अलौकिक विद्वान् तथा ज्ञानी थे। उन्होंने अपनी दिव्य अलौकिक शक्ति से उस समय चारों ओर फैले हुए जैन और बौद्धमतों का खंडन करके अपना अद्वैत मत स्थापित किया; श्रुति स्मृति-विहित वैदिक धर्म की रक्षा के लिए, भरतखंड की चारों दिशाओं में चार मठ बनवाकर, वैदिक संन्यास-धर्म या संप्रदाय को कलियुग में पुनर्जन्म दिया, यह कथा किसी से छिपी नहीं है। आप किसी भी धार्मिक संप्रदाय को लीजिए, उसके दो स्वाभाविक विभाग अवश्य होंगे। पहला तत्वज्ञान का और दूसरा आचरण का। पहले में पिंड-ब्रह्मांड के विचारों से परमेश्वर के स्वरूप का निर्णय करके मोक्ष का भी शास्त्ररीत्यानुसार निर्णय किया जाता है। दूसरे में इस बात का विवेचन किया जाता है कि मोक्ष की प्राप्ति के साधन या उपाय की दृष्टि से इस संसार में मनुष्य को किस तरह बर्ताव करना चाहिए। इनमें से पहली अर्थात् तात्त्विक दृष्टि से देखने पर शंकराचार्य का कथन यह है कि :- (1) मैं, तू अथवा मनुष्य की आँख से दिखने वाला सारा जगत् अर्थात् सृष्टि के पदार्थों की अनेकता सत्य नहीं है। इन सबमें एक ही शुद्ध और नित्य परब्रह्म भरा हुआ है और उसी की माया से मनुष्य की इंद्रियों को भिन्नता का भास हुआ करता है; (2) मनुष्य की आत्मा भी मूलतः परब्रह्म रूपी है और (3) आत्मा और परब्रह्म की एकता का पूर्ण ज्ञान अर्थात् अनुभवसिद्ध पहचान हुए बिना कोई भी मोक्ष नहीं पा सकता। इसी को 'अद्वैतवाद' कहते हैं। क्योंकि एक शुद्ध, बुद्ध, नित्य और मुक्त परब्रह्म के सिवा दूसरी कोई भी स्वतंत्र और सत्य वस्तु नहीं है; दृष्टिगोचर भिन्नता मानवी दृष्टि का भ्रम, या माया की उपाधि से होने वाला आभास है; माया कुछ सत्य या स्वतंत्र वस्तु नहीं है-वह मिथ्या है यही उक्त सिद्धान्त का तात्पर्य है। केवल तत्त्वज्ञान का ही यदि विचार करना हो तो शांकर-संप्रदाय का इतने से ही पूरा नहीं हो जाता। अद्वैत तत्त्वज्ञान के साथ ही शांकर- संप्रदाय का और भी एक सिद्धान्त है जो आचार-दृष्टि से पहले के समान महत्त्व का है। उसका तात्पर्य यह है कि यद्यपि चित्तशुद्धि के द्वारा ब्रह्मात्मैक्य-ज्ञान प्राप्त करने की योग्यता पाने के लिए स्मृति ग्रंथों में कहे गए गृहस्थाश्रम के कर्म अत्यंत आवश्यक हैं, तथापि इन कर्मों का आचरण सदैव नहीं करते रहना चाहिए, क्योंकि उन सब कर्मों का त्याग करके अंत में संन्यास लिए बिना मोक्ष नहीं मिल सकता। इसका कारण यह है कि कर्म और ज्ञान, अंधकार और प्रकाश के समान परस्पर विरोधी हैं। इसलिए सब वासनाओं और कर्मों के छूटे बिना ब्रह्मज्ञान की पूर्णता ही नहीं हो सकती। इसी दूसरे सिद्धान्त को 'निवृत्ति मार्ग कहते हैं। गीतापर श्रीशंकराचार्य का जो भाष्य है उसमें यह प्रतिपादन किया है कि उपनिषद् और ब्रह्मसूत्र में केवल अद्वैत ज्ञान ही नहीं है, किंतु उनमें संन्यास मार्ग का, अर्थात् शांकर-संप्रदाय के उपर्युक्त दोनों भागों का भी उपदेश है (गीता शांभा. उपोद्घात और ब्रह्म. सू. शांभा. 2.1.14) इसके प्रमाण-स्वरूप गीता के कुछ वाक्य भी दिए गए हैं; जैसे "ज्ञानाग्निः सर्वकार्माणि भस्मसात्कुरूते" अर्थात् ज्ञानरूपी अग्नि से ही सब कर्म जलकर भस्म हो जाते हैं (गीता 4.37) और "सर्वं

1. यह बात आजकल निश्चित हो चुकी है; परंतु हमारे मत से श्रीमदाद्यशंकराचार्य का समय इसके और भी सौ वर्ष पूर्व समझना चाहिए। इस आधार के लिए परिशिष्ट प्रकरण देखो।

कर्माखिलं पार्थ ज्ञाने परिसमाप्यते"-अर्थात् सब कर्मों का अंत ज्ञान ही में होता है (गीता 4.33)। सारांश यह है कि बौद्ध धर्म की हार होने पर प्राचीन वैदिक धर्म के जिस विशिष्ट मार्ग को श्रेष्ठ ठहराकर श्रीशंकराचार्य ने स्थापित किया, उसी से अनुकूल गीता का भी अर्थ है। गीता में ज्ञान और कर्म के समुच्चय का प्रतिपादन नहीं किया गया है, जैसे कि पहले के टीकाकारों ने कहा है; किंतु उसमें शांकर-संप्रदाय के उसी सिद्धान्त का उपदेश भगवान द्वारा अर्जुन को दिया गया है, कि कर्म ज्ञान-प्राप्ति का गौण साधन है और सर्वकर्म-संन्यासपूर्वक ज्ञान ही से मोक्ष की प्राप्ति होती है-ये ही बातें बतलाने के लिए शांकर भाष्य लिखा गया है। श्रीशंकराचार्य के पूर्व यदि एक-आध और भी संन्यास विषयक टीका लिखी गई हो तो वह इस समय उपलब्ध नहीं है। इसलिए यही कहना पड़ता है कि गीता के प्रवृत्ति-विषयक स्वरूप को बदल करके उसे निवृत्ति मार्ग का सांप्रदायिक रूप शांकरभाष्य के द्वारा ही मिला है। श्रीशंकराचार्य के बाद उनके संप्रदाय के अनुयायी मधुसूदन आदि जो अनेक टीकाकार हो गए हैं, उन्होंने इस विषय में मुख्यत: शंकराचार्य ही का अनुकरण किया है। इसके बाद एक और अद्भुत विचार उत्पन्न हुआ, कि अद्वैत मत के मूलभूत महावाक्यों में से 'तत्त्वमसि' नामक जो महावाक्य छांदोग्योपनिषद् में है, उसी का विवरण गीता के अठारह अध्यायों में किया गया है। परंतु इस महावाक्य के क्रम को बदलकर, पहले 'त्वं' फिर -तत्' और फिर 'असि' इन पदों को लेकर, इस नए क्रमानुसार प्रत्येक पद के लिए गीता के आरंभ से छः छः अध्याय श्रीभगवान ने निष्पक्षपात बुद्धि से बाँट दिए हैं। कई लोग समझते हैं कि गीता पर जो पैशाच भाष्य है वह किसी भी संप्रदाय का नहीं है-बिल्कुल स्वतंत्र है और हनुमान जी (पवनसुत) कृत है। परंतु यथार्थ बात ऐसी नहीं है। भागवत के टीकाकार नुमान पंडित ने ही इस भाष्य को बनाया है और यह संन्यास मार्ग का है। इसमें कुछ स्थानों पर शांकरभाष्य का ही अर्थ शब्दश: दिया गया है। मराठी में पहले और आजतक गीता के जो अनुवाद या निरूपण हुए हैं, वे भी प्राय: शांकर भाष्य के अनुसार हुए हैं। प्रोफेसर मैक्समूलर की प्रकाशित 'प्राच्यधर्म-पुस्तकमाला' में स्वर्गवासी काशीनाथपंत तेलंगकृत भगवद्गीता अंग्रेजी अनुवाद भी है। इसकी प्रस्तावना में लिखा है कि इस अनुवाद में श्रीशंकराचार्य और शांकर-संप्रदायी टीकाकारों का, जितना हो सका उतना, अनुकरण किया गया है।

गीता और प्रस्थानत्रयी के अन्य ग्रंथों पर जब इस भाँति सांप्रदायिक भाष्य लिखने की रीति प्रचलित हो गई, तब दूसरे संप्रदाय भी इस बात का अनुकरण करने लगे। मायावाद, अद्वैत और संन्यास का प्रतिपादन करने वाले शांकर संप्रदाय के लगभग ढ़ाई सौ वर्ष बाद, श्रीरामानुजाचार्य (जन्म संवत् 1073) ने विशिष्टाद्वैत चलाया। अपने संप्रदाय को पुष्ट करने के लिए उन्होंने भी, शंकराचार्य ही के समान, प्रस्थापनत्रयी पर (और गीता पर भी) स्वतंत्र भाष्य लिखे हैं। इस संप्रदाय का मत यह है कि शंकराचार्य का माया-मिथ्यात्व-वाद और अद्वैत सिद्धान्त दोनों झूठे हैं। जीव, जगत् और ईश्वर ये तीन तत्त्व यद्यपि भिन्न हैं, तथापि जीव (चित्) और जगत् (अचित्) ये दोनों एक ही ईश्वर के शरीर हैं। इसलिए चिदचिद्विशिष्ट ईश्वर एक ही है, और ईश्वर शरीर के इस सूक्ष्म चित्-अचित् से ही फिर स्थूल चित् और स्थूल अचित् अर्थत् अनेक जीव और जगत् की उत्पत्ति हुई है। तत्त्वज्ञान-दृष्टि रामानुजाचार्य का कथन है (गीता रा. भा. 2.11, 13. 2) कि इसी मत का (जिसका उल्लेख ऊपर किया गया है) उपनिषदों, ब्रह्मसूत्रों और गीता में भी प्रतिपादन हुआ है। अब यदि कहा जाए कि इन्हीं के ग्रंथों के कारण भागवत धर्म में विशिष्ट अद्वैत मत सम्मिलित हो गया है तो कुछ अतिशयोक्ति नहीं होगी; क्योंकि इनके पहले महाभारत और गीता में भागवत धर्म का जो निरूपण पाया जाता है उसमें केवल अद्वैत मत ही को स्वीकार किया गया है। रामानुजाचार्य भागवत धर्मी थे। इसलिए

यथार्थ में में उनका ध्यान इस बात की ओर जाना चाहिए था कि गीता में प्रवृत्ति-विषयक कर्मयोग का प्रतिपादन किया गया है। परंतु उनके समय में मूल भागवत धर्म का कर्मयोग प्राय: लुप्त हो गया था और उसको तत्त्वज्ञान की दृष्टि से विशिष्टा द्वैत स्वरूप तथा आचरण की दृष्टि से मुख्यत: भक्ति का स्वरूप प्राप्त हो चुका था। इन्हीं कारणों से रामानुजाचार्य ने (गीता रा. भा. 18.1 ओर 3.1) यह निर्णय किया है कि गीता में यद्यपि ज्ञान, कर्म और भक्ति का वर्णन है तथपि तत्त्वज्ञान-दृष्टि से विशिष्टा द्वैत ओर अचार-दृष्टि से वासुदेव भक्ति ही गीता का सारांश है और कर्मनिष्ठा कोई स्वतंत्र वस्तु नहीं है-वह केवल ज्ञाननिष्ठा की उत्पादक है। शांकर-संप्रदाय के अद्वैत ज्ञान के बदले विशिष्टा द्वैत और संन्यास के बदले भक्ति को स्थापित करके रामानुजाचार्य ने भेद तो किया, परंतु उन्होंने आचार-दृष्टि से भक्ति ही को अंतिम कर्त्तव्य माना है। इससे वर्णश्रम-विहित स्वधर्मोक्त सांसारिक कर्मों का मरण पर्यंत किया जाना गौण हो जाता है और यह कहा जा सकता है कि गीता का रामानुजीय तात्पर्य भी एक प्रकार से कर्म संन्यास विषयक ही है। कारण यह है कि कर्माचरण से चित्त शुद्धि होने के बाद ज्ञान की प्राप्ति होने पर चतुर्थाश्रम का स्वीकार करके ब्रह्मचिंतन में निमग्न रहना, प्रेम पूर्वक निस्सीम या वासुदेव-भक्ति में तत्पर रहना, कर्मयोग की दृष्टि से एक ही बात है। दोनों मार्ग निवृत्ति-विषयक हैं। यही आक्षेप, रामानुज के बाद प्रचलित हुए संप्रदायों पर भी हो सकता है। माया को मिथ्या कहने वाले सम्प्रदाय को झूठा मानकर वासुदेव भक्ति को ही सचा मोक्ष साधन बतलाने वाले रामानुज सम्प्रदाय के बाद तीसरा संप्रदाय निकला। उसका मत है कि परब्रह्म और जीव को कुछ अंशों में एक और कुछ अंशों में भिन्न मानना परस्पर-विरुद्ध और असंबंद्ध बात है। इसलिए दोनों को सदैव भिन्न मानना चाहिए; क्योंकि इन दोनों में पूर्ण अथवा अपूर्ण रीति से भी एकता नहीं हो सकती। इस तीसरे संप्रदाय को 'द्वैत संप्रदाय' कहते हैं। इस संप्रदाय के लोगों का कहना है कि इसके प्रवर्तक श्रीमध्वाचार्य (श्रीमदानंदतीर्थ) थे, जो संवत् 1255 में समाधिस्थ हुए और उस समय उनकी अवस्था 71 वर्ष की थी। परंतु डॉक्टर भांडारकरने जो एक अंग्रेजी ग्रंथ-"वैष्णव, शैव, और अन्य पंथ" नाम का हाल ही में प्रकाशित किया है उसके पृष्ठ 46 में शिलालेख आदि प्रमाणों से यह सिद्ध किया गया है क्रि मध्वाचार्य का समय संवत् 1254 से 1333 तक था। प्रस्थानत्रयी पर (अर्थात् गीता पर भी) श्रीमध्वाचार्य के जो भाष्य हैं, उनमें प्रस्थानत्रयी के सब ग्रंथों का द्वैत मत-प्रतिपादक होना ही बतलाया गया है। गीता के अपने भाष्य में मध्वाचार्य कहते हैं कि यद्यपि गीता में निष्काम कर्म के महत्त्व का वर्णन है, तथापि वह केवल साधन है और भक्ति ही अंतिम निष्ठा है। भक्ति की सिद्धी हो जाने पर कर्म करना या न करना एक ही बात है। "ध्यानात् कर्म फलत्याग:" -परमेश्वर के ध्यान अथवा भक्ति की अपेक्षा कर्मफलत्याग अर्थात् निष्काम कर्म करना श्रेष्ठ है इत्यादि गीता के कुछ वचन इस सिद्धान्त के विरुद्ध हैं; परंतु गीता के माध्व भाष्य (गीता मा. भा. 12.13) में लिखा है कि इन वचनों को अक्षरश: सत्य न समझकर अर्थवादात्मक ही समझना चाहिए। चौथा संप्रदाय श्रीवल्लभाचार्य (जन्म संवत् 1536) का है। रामानुजीय और माध्व संप्रदायों के समान ही यह संप्रदाय वैष्णवपंथी है। परंतु जीव, जगत और ईश्वर के संबंध में, इस संप्रदाय का मत, विशिष्टा द्वैत मतों से भिन्न हैं; दो नहीं। इसलिए इसको 'शुद्धा द्वैती' संप्रदाय कहते हैं। तथापि वह श्रीशंकराचार्य के समान इस बात को नहीं मानता कि जीव और ब्रह्म एक ही हैं और इसके सिद्धान्त कुछ ऐसे हैं-जैसे जीव अग्नि की चिनगारी के समान ईश्वर के अंश हैं, मायात्मक जगत् मिथ्या नहीं है; माया परमेश्वर की इच्छा से उससे विभक्त हुई एक शक्ति है. मायाधीन जीव को बिना ईश्वर की कृपा के मोक्षज्ञान नहीं हो सकता; इसलिए

मोक्ष का मुख्य साधन भगवद्‌भक्ति ही है जिससे यह संप्रदाय शांकर-संप्रदाय से भी भिन्न हो गया है। इस मार्गवाले परमेश्वर के अनुग्रह को 'पुष्टि' और 'पोषण' भी कहते हैं, जिससे यह पंथ 'पुष्टिमार्ग' भी कहलाता है। इस संप्रदाय के तत्त्व दीपिका आदि जितने गीता संबंधी ग्रंथ हैं, उनमें यह निर्णय किया गया है कि भगवान ने अर्जुन को पहले सांख्यज्ञान और कर्मयोग बतलाया है एवं अंत में उसको भक्त्यमृत पिलाकर कृतकृत्य किया है। इसलिए भगवद् भक्ति और विशेषत: निवृत्ति-विषयक पुष्टि मार्गीय भक्ति ही गीता का प्रधान तात्पर्य है। यही कारण है कि भगवान ने गीता में यह उपदेश दिया है कि 'सर्वधर्मान् परित्यज्य मामेकं शरणं व्रज'-सब धर्मों को छोड़कर केवल मेरी ही शरण ले (गीता 18.66)। उपर्युक्त संप्रदायों के अतिरिक्त निंबार्क का चलाया हुआ एक और वैष्णव संप्रदाय हैं, जिसमें राधाकृष्ण की भक्ति कही गई है। डाक्टर भांडारकरने निश्चित किया है कि ये आचार्य रामानुज के बाद और मध्वाचार्य के पहले करीब संवत् 1216 में हुए थे। जीव, जगत और ईश्वर के संबंध में निंबार्काचार्य का यह मत है कि यद्यपि ये तीनों भिन्न हैं, तथापि जीव और जगत का व्यापार तथा अस्तित्व ईश्वर की इच्छा पर अवलंबित है स्वतंत्र नहीं है और परमेश्वर में ही जीव और जगत के सूक्ष्म तत्त्व रहते हैं। इस मत को सिद्ध करने के लिए निंबार्काचार्य ने वेदान्त सूत्रों पर एक स्वतंत्र भाष्य लिखा है। इसी संप्रदाय के केशव काश्मीरी भट्टाचार्य ने गीता पर 'तत्त्व प्रकाशिका' नामक टीका लिखी है, और उसमें यह बतलाया है, कि गीता का वास्तविक अर्थ इसी संप्रदाय के अनुकूल है। रामानुजाचार्य के विशिष्टा द्वैत पंथ से इस संप्रदाय को अलग करने के लिए इसे 'द्वैताद्वैत' संप्रदाय कह सकेंगे। यह बात स्पष्ट है कि ये सब भिन्न भिन्न भक्ति पर संप्रदाय शांकर-संप्रदाय के मायावाद को स्वीकृत न करके ही पैदा हुए हैं क्योंकि इनकी यह समझ थी कि आँख से दिखने वाली वस्तु को सच्ची माने बिना व्यक्त की उपासना अर्थात् भक्ति निराधार या कुछ अंशों में मिथ्या भी हो जाती है। परंतु यह कोई आवश्यक बात नहीं है कि भक्ति की उपपत्ति के लिए अद्वैत और मायावाद को बिल्कुल छोड़ देना ही चाहिए। क्योंकि महाराष्ट्र के और अन्य साधु-संतों ने, मायावाद और अद्वैत का स्वीकार करके भी भक्ति का समर्थन किया है और मालूम होता है कि यह पंथ श्रीशंकराचार्य के पहले ही से चला आ रहा है। इस पंथ में शांकर-संप्रदाय के कुछ सिद्धान्त अद्वैत, माया का मिथ्या होना ओर कर्मत्याग की आवश्यकता ग्राह्य और मान्य हैं। परंतु इस पंथ का यह भी मत है कि ब्रह्मात्मैक्यरूप मोक्ष की प्राप्ति का सबसे सुगम साधन भक्ति है। गीता में भगवान ने पहले यही कारण बतलाया है कि 'क्लेशोऽधिकतर स्तेषामव्यक्तासक्त चेतसाम्' (गीता 12.5) अर्थात् अव्यक्त ब्रह्म में चित्त लगाना अधिक क्लेश मय है और फिर अर्जुन को यही उपदेश दिया है कि 'भक्तास्तेऽतीव में प्रिया:' (गीता 12.20) अर्थात् मेरे भक्त ही मुझको अतिशय प्रिय हैं। अतएव यह बात है कि अद्वैत पर्यवसायी भक्ति मार्ग ही गीता का मुख्य प्रतिपाद्य विषय है। श्रीधर स्वामी ने भी गीता की अपनी टीका (गीता 18.78) में गीता का ऐसा ही तात्पर्य निकाला है। मराठी भाषा में इस संप्रदाय का गीता संबंधी सर्वोत्तम ग्रंथ 'ज्ञानेश्वरी' है। इसमें कहा है कि गीता के अठारह अध्यायों में प्रथम चार अध्यायों में कर्म, बीच के सात अध्यायों में भक्ति और अंतिम अध्यायों में ज्ञान का प्रतिपादन किया गया है और स्वयं ज्ञानेश्वर महाराज ने अपने ग्रंथ के अंत में कहा है कि मैंने गीता की यह टीका शंकराचार्य के भाष्यानुसार की है। परंतु ज्ञानेश्वरी को इस कारण से बिल्कुल स्वतंत्र ग्रंथ ही मानना चाहिए कि इसमें गीता का मूल अर्थ बहुत बढ़ाकर अनेक सरस दृष्टान्तों से समझाया गया है और इसमें विशेष करके भक्ति मार्ग का तथा कुछ अंग में निष्काम-कर्म का श्री शंकराचार्य से भी उत्तम विवेचन किया गया है। ज्ञानेश्वर महाराज

स्वयं योगी थे, इसलिए गीता के छठे वें अध्याय के लिए श्लोक में पातंजल योगाभ्याय का विषय आया है, उसकी उन्होंने विस्तृत टीका की है। उनका कहना है कि श्रीकृष्ण भगवान ने इस अध्याय के अंत (गीता 6.46) में अर्जुन को यह उपदेश करके कि 'तस्माद्योगी भावार्जुन'-इसलिए हे अर्जुन! तू योगी हो अर्थात् योगाभ्यास में प्रवीण हो-अपना यह अभिप्राय प्रकट किया है, कि सब मोक्षपंथों में पातंजल योग ही सर्वोत्तम है और इसलिए आपने उसे 'पंथराज' कहा है। सारांश यह है कि भिन्न भिन्न सांप्रदायिक भाष्यकारों ने तथा टीकाकारों ने गीता का अर्थ अपने मतों के अनुकूल ही निश्चित कर लिया है प्रत्येक संप्रदाय का यही कथन है कि गीता का प्रवृत्ति विषयक कर्ममार्ग अप्रधान (गौण) है अर्थात् केवल ज्ञान का साधन है; गीता में वही तत्त्वज्ञान पाया जाता है, जो उनके संप्रदाय में स्वीकृत हुआ है। उनके संप्रदाय में मोक्ष की दृष्टि से जो आचार अंतिम कर्त्तव्य माने गए हैं, उन्हीं का वर्णन गीता में किया गया है-अर्थात् मायावादात्मक अद्वैत और कर्मसंन्यास, मायासत्यत्वप्रतिपादक विशिष्टा द्वैत और वासुदेव-भक्ति, द्वैत आणि विष्णुभक्ति, शुद्धा द्वैत और भक्ति, शांकरा द्वैत और भक्ति, पातंजल योग और भक्ति, केवल भक्ति, केवल योग या केवल ब्रह्मज्ञान (अनेक प्रकार के निवृत्त विषयक मोक्षमार्ग) ही गीता के प्रधान तथा प्रतिपाद्य विषय है।[1] भगवद् गीता में कर्मयोग प्रधान माना गया है, इस प्रकार कोई भी नहीं कहता। हमारा ही नहीं किंतु प्रसिद्ध महाराष्ट्र-कवि वामन पंडित का भी मत ऐसा ही है। गीता पर आपने 'यथार्थ दीपिका' नामक मत में जैसा जँचता है, उसी प्रकार हर एक आदमी गीता का अर्थ लिख देता है" और फिर शिकायत के तौर पर लिखते हैं:-"हे परमात्मन्! सब लोगों ने क़िसी-न-किसी बहाने से गीता का मनमाना अर्थ किया परंतु इन लोगों का मनमाना अर्थ मुझे पसंद नहीं। भगवान्! मैं क्या करूं?" अनेक सांप्रदायिक टीकाकारों के मतों की इस भिन्नता को देखकर कुछ लोग कहते हैं कि जब कि ये सब मोक्ष-संप्रदाय गीता में प्रतिपादिक किया गया है, तब तो यही मानना उचित है कि इन सब मोक्ष-साधनों का-विशेषत: कर्म, भक्ति और ज्ञान का-वर्णन स्वतंत्र रीति से संक्षेप में और पृथक्-पृथक् करके भगवान ने गीता में अर्जुन का समाधान किया है। कुछ लोग कहते हैं कि मोक्ष के अनेक उपायों का यह सब वर्णन पृथक्-पृथक् नहीं है; किंतु इन सबकी एकता ही गीता में सिद्ध की गई है। और, अंत में कुछ लोग तो यह भी कहते हैं कि गीता में प्रतिपादित ब्रह्मविद्या ऊपर-ऊपर पर देखने से यद्यपि सुलभ मालूम होती है, तथापि उसका वास्तविक मर्म अत्यंत गूढ है, जो बिना गुरु के किसी की भी समझ में नहीं आ सकता (गीता 5.34) गीता पर भले ही अनेक टीकाएँ हो जाए, परंतु उसका गूढ़ार्थ जानने के लिए गुरुदीक्षा के सिवा और कोई उपाय नहीं है।

अब यह बात स्पष्ट है कि गीता के अनेक प्रकार के तात्पर्य कहे गए हैं। पहले तो स्वयं महाभारत कार ने भागवत धर्मानुसार अर्थात् प्रवृत्ति विषयक तात्पर्य बतलाया है। इसके बाद अनेक पंडित, आचार्य, कवि, योगी और भक्तजनों ने अपने संप्रदायों के अनुसार शुद्ध निवृत्ति विषयक तात्पर्य बतलाया है। इन भिन्न भिन्न तात्पर्यों को देखकर कोई भी मनुष्य घबरा कर सहज ही यह प्रश्न कर सकता है! क्या, ऐसे परस्पर विरोधी अनेक तात्पर्य एक ही गीता ग्रंथ से निकल सकते हैं? और, यदि निकल सकते हैं, तो इस भिन्नता का हेतु क्या है? इसमें संदेह नहीं कि भिन्न भिन्न भाष्यों के आचार्य बड़े विद्वान्, धार्मिक और सुशील थे; यदि कहा जाए कि शंकराचार्य के समान महातत्त्वज्ञानी

1. भिन्न भिन्न सांप्रदायिक आचार्यों गीता के भाष्य और मुख्य मुख्य पंद्रह टीका ग्रंथ बंबई के गुजराती प्रिंटिंग प्रेस के मालिकने, हाल ही में एकत्र प्रकाशित किए हैं। भिन्न-भिन्न टीकाकारों के अभिप्राय को एक-स्तथ जानने के लिए यह ग्रंथ बहुत उपयोगी हैं।

आजतक संसार में कोई भी नहीं हुआ है तो भी अतिशयोक्ति न होगी। तब फिर इनमें और इनके बाद के आचार्यों में इतना मतभेद क्यों हुआ? गीता कोई इंद्रजाल नहीं है कि जिससे मनमाना अर्थ निकाल लिया जावे। उपर्युक्त संप्रदाय के जन्म के पहले ही गीता बन चुकी थी और भगवान ने अर्जुन को गीता का उपदेश इसलिए दिया था कि उसका भ्रम दूर हो; कुछ इसलिए नहीं कि उसका भ्रम और भी बढ़ जाए। गीता में एक ही विशेष और निश्चित अर्थ का उपदेश किया गया है (गीता 5, 1, 2) और अर्जुन पर उस उपदेश का अपेक्षित परिणाम भी हुआ है। इतना सब कुछ होने पर भी गीता के तात्पर्याथ के विषय में इतनी गड़बड़ क्यों हो रही है? यह प्रश्न कठिन है सही; परंतु इसका उत्तर कठिन नहीं है, जितना पहले-पहले मालूम पड़ता है। उदाहरणार्थ, एक मीठे और सुरस पकवान (मिठाई) को देखकर अपनी अपनी रुचि के अनुसार किसी ने उसे गेहूँ का, किसी ने घी का और किसी ने शक्कर का बना हुआ बतलाया, तो हम उनमें से किसको झूठ समझें? अपने अपने मतानुसार तीनों का कहना ठीक है। इतना होने पर भी इस प्रश्न का निर्णय नहीं हुआ कि वह पकवान (मिठाई) बना किस चीज से है। गेहूँ, घी और शक्कर से अनेक प्रकार के पकवान (मिठाई) बन सकते हैं। परंतु प्रस्तुत पकवान का निश्चय केवल इतना कहने से ही नहीं हो सकता कि वह गोधूमप्रधान, घृत प्रधान, या शर्करा प्रधान है। समुद्र-मंथन के समय किसी को अमृत, किसी को विष, किसी को लक्ष्मी, ऐरावत, कौस्तुभ, पारिजात आदि भिन्न भिन्न पदार्थ मिले; परंतु इतने ही से समुद्र के यथार्थ स्वरूप का कुछ निर्णय नहीं हो गया। ठीक इसी तरह सांप्रदायिक रीति से गीतासागर को मथंने वाले टीकाकारों की अवस्था हो गई है। दूसरा उदाहरण लीजिए। कंस वध के समय भगवान् श्रीकृष्ण जब रंग-मंडप में आए तब वे प्रेक्षकों को भिन्न-भिन्न स्वरूप के-जैसे योद्धों को वज्र-सदृश, स्त्रियों को कामदेव-सदृश, माता-पिता को पुत्र सदृश-दिखने लगे थे। (भाग. 10, पू. 43.17) इसी तरह गीता के एक होने पर भी वह भिन्न भिन्न संप्रदाय वालों को भिन्न-भिन्न स्वरूपों में दिखने लगे हैं। आप किसी भी संप्रदाय को लें; यह बात स्पष्ट मालूम हो जाएगी कि उसको सामान्यत: प्रमाणभूत धर्मग्रंथों का अनुसरण ही करना पड़ता है; क्योंकि ऐसा न करने से वह संप्रदाय सब लोगों की दृष्टि में सर्वथा अप्रमाणित एवं अमान्य हो जाएगा! इसलिए वैदिक धर्म में अनेक संप्रदायों के होने पर भी कुछ विशेष बातों को छोड़कर-जैसे ईश्वर, जीव ओर जगत का परस्पर संबंध-शेष सब बातें सब संप्रदायों में प्राय: एक ही सी होती हैं। इसका परिणाम यह देख पड़ता है कि हमारे धर्म के प्रमाणभूत ग्रंथों पर जो सांप्रदायिक भाष्य या टीकाएँ हैं, उनमें मूलग्रंथों के फी-सदी नब्बे से भी अधिक वचनों या श्लोकों का भावार्भ, एक ही सा है। जो कुछ भेद है, वह शेष वचनों या श्लोकों के विषय में है। यदि इन वचनों का सरल अर्थ लिया जाए तो वह सभी संप्रदायों के लिए समान अनुकूल नहीं हो सकता। इसलिए भिन्न भिन्न सांप्रदायिक टीकाकार इन वचनों में से जो अपने संप्रदायों के लिए समान अनुकूल नहीं हो सकता। इसलिए भिन्न भिन्न सांप्रदायिक टीकाकार इन वचनों में से जो अपने संप्रदाय के लिए अनुकूल हों, उन्हीं को प्रधान मानकर और अन्य सब वचनों को गौण समझकर, अथवा प्रतिकूल वचनों के अर्थ को किसी युक्ति से बदलकर, या सुबोध तथा सरल वचनों में से अपने अनुकूल श्लेषार्थ या अनुमान निकालकर, यह प्रतिपादन किया करते हैं कि हमारा ही संप्रदाय उक्त प्रमाणों से सिद्ध होता है। उदाहरणार्थ, गीता 2.12 और 16। 3. 19। 6.3; और 18.2 श्लोकों पर हमारी टीका देखो। परंतु यह बात सहज ही किसी की भी समझ में आ सकती, कि उक्त सांप्रदायिक रीति से ग्रंथ का तात्पर्य निश्चित करना और इस बात का अभिमान न करके कि गीता में अपना ही संप्रदाय प्रतिपादित हुआ

है; अथवा अन्य किसी भी प्रकार का अभिमान न करके समग्र ग्रंथ की स्वतंत्र रीति से परीक्षा करना और उस परीक्षा ही के आधार पर ग्रंथ का मतितार्थ निश्चित करना, ये दोनों बातें स्वभावत: अत्यंत भिन्न हैं।

ग्रंथ के तात्पर्य-निर्णय की सांप्रदायिक दृष्टि सदोष है, इसलिए उसे यदि छोड़ दें, तो अब यह बतलाना चाहिए कि गीता का तात्पर्य जानने के लिए दूसरा साधन कौन-सा है। ग्रंथ, प्रकरण और वाक्यों के अर्थ का निर्णय करने में मीमांसक लोग अत्यंत कुशल होते हैं। इस विषय में उन लोगों का एक प्राचीन और सर्वमान्य श्लोक हैं:-

उपक्रमोपसंहारों अभ्यासोऽपूर्वता फलम्।
अर्थवादोपपत्ती च लिंग तात्पर्यनिर्णये॥

जिसमें वे कहते हैं-किसी भी लेख, प्रकरण अथवा ग्रंथ के तात्पर्य का निर्णय करने में, उक्त श्लोक में कही हुई सात बातें साधन-(लिंग) स्वरूप हैं; इसलिए इन सब बातों का अवश्य विचार करना चाहिए। इनमें सबसे पहली बात 'उपक्रमोपसंहारौ' अर्थात् ग्रंथ का आरंभ और अंत है। कोई भी मनुष्य अपने मन में कुछ विशेष हेतु रखकर ही ग्रंथ लिखना आरंभ करता है; और उस हेतु के सिद्ध होने पर ग्रंथ को समाप्त करता है। अतएव ग्रंथ के तात्पर्य निर्णय के लिए उपक्रम और उपसंहार ही का सबसे पहले विचार किया जाना चाहिए। सीधी रेखा की व्याख्या करते समय भूमितिशास्त्र में ऐसा कहा गया है कि आरंभ को बिंदु से जो रेखा दाहिने-बाएँ या ऊपर-नीचे किसी तरफ नहीं झुकती और अंतिम बिंदु तक सीधी चली जाती है, उसे सरल रेखा कहते हैं। ग्रंथ के तात्पर्य-निर्णय में भी यही सिद्धान्त उपर्युक्त है। जो तात्पर्य ग्रंथ के आरंभ और अंत में साफ साफ झलकता है वही ग्रंथ का सरल तात्पर्य है। आरंभ से अंत तक देखकर ग्रंथ का तात्पर्य पहले निश्चित कर लेना चाहिए और तब यह देखना चाहिए कि उस ग्रंथ में 'अभ्यास' अर्थात् पुनरुक्ति-स्वरूप में बार बार क्या कहा गया है। क्योंकि ग्रंथकार के मन में जिस बात को सिद्ध करने की इच्छा होती है, उसके समर्थन के लिए वह अनेक बार कई कारणों का उल्लेख करके बार बार एक ही निश्चित सिद्धांत को प्रकट किया करता है और हर बार कहा करता है कि "इसलिए यह बात सिद्ध हो गई;" या "अतएव ऐसा करना चाहिए" इत्यादि। ग्रंथ के तात्पर्य का निर्णय करने के लिए जो चौथा साधन है उसकी 'अपूर्वता' ओर पाँचवें साधन को 'फल' कहते हैं। 'अपूर्वता' कहते हैं 'नवीनता' को। कोई भी ग्रंथकार जब ग्रंथ लिखना शुरू करता है, तब वह कुछ नई बात बतलाना चाहता है। बिना नवीनता या विशेष वक्तव्य के वह ग्रंथ लिखने प्रवृत्त नहीं होता। विशेष करके यह बात उस जमाने में पाई जाती थी जब की छापा-खाने नहीं थे। इसलिए किसी ग्रंथ के तात्पर्य का निर्णय करने से पहले यह भी देखना चाहिए कि उसमें अपूर्वता, विशेषता या नवीनता क्या है। इसी तरह लेख अथवा ग्रंथ के फल पर भी-अर्थात् उस लेख या ग्रंथ से जो परिणाम हुआ हो उस पर भी-ध्यान देना चाहिए। क्योंकि अमुक फल हो, इसी हेतु से ग्रंथ लिखा जाता है। इसलिए यदि घटित परिणाम पर ध्यान दिया जाए तो उससे ग्रंथकर्ता का आशय बहुत ठीक-ठीक व्यक्त हो जाता है। छठा और सातवाँ साधन 'अर्थावाद' ओर 'उपपत्ति' हैं। 'अर्थवाद' मीमांसकों का पारिभाषिक शब्द है (जै. सू. 1. 2. 1. 18)। इस बात के निश्चित हो जाने पर भी, कि हमें मुख्यत: किसी बात को बतलाकर जमा देना है अथवा किस बात को सिद्ध करना है; कभी कभी ग्रंथकार दूसरी अनेक बातों का प्रसंगानुसार वर्णन किया करता है; जैसे प्रतिपादन के प्रवाह में दृष्टान्त देने के लिए, तुलना करके एकवाकयता करने के लिए, समानता और भेद दिखलाने के लिए, प्रतिपक्षियों के दोष बतलाकर स्वपक्ष मंडन करने के लिए, अलंकार और अतिशयोक्ति के लिए, और युक्तिवाद के पोषक किसी विषय

का पूर्व-इतिहास बतलाने के लिए कुछ और वर्णन भी कर देता है। उक्त कारणों या प्रसंगों के अतिरिक्त और भी अन्य कारण हो सकते हैं और कभी तो विशेष कारण भी नहीं होता। ऐसी अवस्था में ग्रंथकार जो वर्णन करता है, वह यद्यपि विषयांतर नहीं हो सकता, तथापि वह केवल गौरव के लिए या स्पष्टीकरण लिए ही किया जाता है, इसलिए यह नहीं माना जा सकता कि मुक्त वर्णन हमेशा सत्य ही होगा।[1] अधिक क्या कहा जाए, कभी कभी स्वयं ग्रंथकार यह देखने के लिए सावधान नहीं रहता कि ये अप्रधान बातें अक्षरशः सत्य हैं या नहीं। अतएव ये सब बातें प्रमाणभूत नहीं मानी जातीं; अर्थात् यह नहीं माना जाता कि इन भिन्न-भिन्न बातों का ग्रंथकार के सिद्धान्त पक्ष के साथ कोई घना संबंध है। उल्टे यही माना जाता है कि सब बातें अनावश्यक अथवा केवल प्रशंसा या स्तुति के लिए हैं-ऐसा समझकर ही मीमांसक लोग इन्हें 'अर्थवाद' कहा करते हैं और इन अर्थवादात्मक बातों को छोड़कर फिर ग्रंथ का तात्पर्य निश्चित किया करते हैं। इतना कर लेने पर भी उपपत्ति की ओर ध्यान देना ही चाहिए। किसी विशेष बात को सिद्धकर दिखलाने के लिए बाधक प्रमाणों का खंडन करना और साधक प्रमाणों का तर्कशास्त्रानुसार मंडन करना 'उपपत्ति' अथवा 'उपपादन' कहलाता है। इतना कर लेने पर भी उपपत्ति की ओर ध्यान देना ही चाहिए। किसी विशेष बात को सिद्धकर दिखलाने के लिए बाधक प्रमाणों का खंडन करना और साधक प्रमाणों का तर्कशास्त्रानुसार मंडन करना 'उपपत्ति' अथवा 'उपपादन' कहलाता है। उपक्रम और उपसंहार-रूप आद्यंत के दो छोरों के स्थिर हो जाने पर, बीच का मार्ग अर्थवाद और उपपत्ति की सहायता से निश्चित किया जा सकता है। अर्थवाद से यह मालूम हो सकता है कि कौन सा विषय अप्रस्तुत या अनुषंगिक (अप्रधान) है। एक बार अर्थवाद का निर्णय हो जाने पर ग्रंथ-तात्पर्य का निश्चय करने वाला मनुष्य सब टेढ़े मेढ़े रास्तों को छोड़ देता है और ऐसा करने पर जब पाठक या परीक्षक सीधे और प्रधान·मार्ग पर आ जाता है, तब वह उपपत्ति की सहायता से ग्रंथ के आरंभ से अंतिम तात्पर्य तक आप ही-आप पहुँच जाता है। हमारे प्राचीन मीमांसकों के निश्चित किए ग्रंथ तात्पर्य-निर्णय के ये नियम सब देशों के विद्वानों को एक समान मान्य हैं। इसलिए उपयोगिता और आवश्यकता के संबंध में यहाँ अधिक विवेचन करने की आवश्यकता नहीं है।[2]

इस पर यह प्रश्न किया जा सकता है कि क्या मीमांसकों को उक्त नियम संप्रदाय चलाने वाले आचार्यों को मालूम नहीं थे? यदि ये सब नियम उनके ग्रंथों ही में पाए जाते हैं, तो फिर उनका बताया हुआ गीता का तात्पर्य एकदेशीय कैसे कहा जा सकता है? उसका उत्तर इतना ही है कि एक बार किसी की दृष्टि सांप्रदायिक (संकुचित) बन जाती है, तब वह व्यापकता को स्वीकार नहीं कर सकता-तब वह किसी-न-किसी रीति से यही सिद्ध करने का यत्न किया करता है कि प्रमाण भूत धर्मग्रंथों में अपने ही संप्रदाय का वर्णन किया गया है। इन ग्रंथों के तात्पर्य के विषय में सांप्रदायिक टीकाकारों की पहले से ही ऐसी धारणा हो जाती है कि यदि उक्त ग्रंथों का, उनके सांप्रदायक के अर्थ

1. अर्थवाद का वर्णन यदि वस्तुस्थिति (यथार्थता) के आधार पर किया गया हो तो उसे 'अनुवाद कहते हैं; यदि विरुद्ध रीति से किया गया हो तो उसे 'गुणवाद' कहते हैं और यदि इससे भिन्न प्रकार का हो तो उसे 'भूतार्थवाद' कहते हैं। अर्थवाद सामान्य शब्द है; उसके सत्यासत्य के अनुसार उक्त तीन भेद किए गए हैं।

2. ग्रंथ-तात्पर्य-निर्णय के ये नियम अंग्रेजी अदालतों में भी पाले जाते हैं। उदाहरणार्थ, मान लीजिएं कि किसी फैसले का कुछ मतलब नहीं निकलता। तब हुक्मनामे को देखकर फैसले के अर्थ का निर्णय किया जाता है। ओर यदि किसी फैसले में कुछ ऐसी बातें हों जो मुख्य विषय का निर्णय करने में आवश्यक नहीं है, तो वे दूसरे मुकदमों में प्रमाण (नजीर) नहीं मानी जाती। ऐसी बातों को अंग्रेजी में 'आबिटर डिक्टा (Obiter Dicta) अर्थात् 'व्यर्थ विधान' कहते हैं, यथार्थ में यह अर्थवाद ही का एक भेद है।

से भिन्न कुछ दूसरा अर्थ हो सकता हो, तो वे यह समझते हैं कि वह अर्थ सत्य नहीं है, उसका हेतु कुछ और ही है। इस प्रकार जब वे पहले से निश्चित किए हुए अपने ही संप्रदाय के अर्थ को सत्य मानने लगते हैं, और यह सिद्ध कर दिखाने का यत्न करने लगते हैं कि वही अर्थ सब धार्मिक ग्रंथों में प्रतिपादन किया गया है तब वे इस बात की परवाह नहीं करते कि हम मीमांसाशास्त्र के कुछ नियमों का उल्लंघन कर रहे हैं। हिंदू धर्मशास्त्र के मिताक्षरा, दायभाग इत्यादि ग्रंथें में स्मृतिवचनों की व्यवस्था या एकता इसी तत्त्वानुसार की जाती है। ऐसा नहीं समझना चाहिए कि यह बात केवल हिंदू धर्मग्रंथों में ही पाई जाती है। क्रिस्तानों के आदि ग्रंथ बायबल और मुसलमानों के कुरान में भी इन लोगों के सैकड़ों सांप्रदायिक ग्रंथकरों ने ऐसा ही अर्थांतर कर दिया है और इसी तरह ईसाइयों ने पुरानी बायबल के कुछ वाक्यों का अर्थ यहूदियों के अर्थ से भिन्न माना है। यहाँ तक देखा जाता है कि जब कभी यह बात पहले ही से निश्चित कर दी जाती है कि किसी विषय पर अमुक ग्रंथ या लेख ही को प्रमाण मानना चाहिए और जब कभी इस प्रमाणभूत तथा नियमित ग्रंथ ही के आधार पर सब बातों का निर्णय करना पड़ता है तब तो ग्रंथार्थ-निर्णय की उसी पद्धति को स्वीकार किया जाता है; जिसका उल्लेख ऊपर किया गया है। आजकल के बड़े बड़े कायदे-पंडित, वकील और न्यायाधीश लोग, पहले के प्रमाणभूत कानूनों किताबों और फैसलों का अर्थ करने में जो खींचातानी करते हैं इसका रहस्य भी यही है। यदि सामान्य लौकिक बातों का यह हाल है, तो इसमें कुछ आश्चर्य नहीं कि हमारे प्रमाणभूत धर्मग्रंथों-उपनिषद् वेदान्त सूत्र और गीता पर भी इसी खींचातानी के कारण, भिन्न भिन्न संप्रदायों के अनेक भाष्य, टीकाग्रंथ लिखे गए हैं परंतु इस सांप्रदायिक पद्धति को छोड़कर, यदि उपर्युक्त मीमांसकों की पद्धति से भगवद्गीता के उपक्रम, उपसंहार आदि को देखें, तो मालूम हो जाएगा कि भारतीय युद्ध का आरंभ होने के पहले जब कुरुक्षेत्र में दोनों पक्षों की सेनाएँ लड़ाई के लिए सुसज्जित हो गई थीं, और जब एक दूसरे पर शस्त्र चलाने ही वाला था कि इतने में अर्जुन ब्रह्मज्ञान की बड़ी बड़ी बातें बतलाने लगा और 'विमनस्क' होकर संन्यास लेने को तैयार हो गया; तभी उसे अपने क्षात्रधर्म में प्रवृत्त करने के लिए भगवान ने गीता का उपदेश दिया है; जब अर्जुन यह देखने लगा कि दुष्ट दुर्योधन के सहायक बनकर उससे लड़ाई करने के लिए कौन-कौन-से शूरवीर आए हैं, तब वृद्ध भीष्म पितामह, गुरु द्रोणाचार्य, गुरुपुत्र अश्वत्थामा, विपक्षी बने हुए अपने बंधु कौरव-गण, अन्य सुहृद् तथा आप्त, मामा-चाचा आदि रिश्तेदार, अनेक राजा और राजपुत्र आदि सब लोग उसे दीख पड़े। तब वह मन में सोचने लगा कि इन सबको केवल एक छोटे से हस्तिनापुर के राज्य की प्राप्ति के लिए निर्दयता से मारना पड़ेगा और अपने कुल का क्षय करना पड़ेगा। इस महापाप के भय से उसका मन एकदम दुःखित और क्षुब्ध हो गया। एक ओर तो क्षात्रधर्म उससे कह रहा था कि 'युद्ध कर' और दूसरी ओर पितृभक्ति, गुरुभक्ति, बंधुप्रेम, सुहृत्प्रीति आदि अनेक धर्म उसे जबरदस्ती पीछे खींच रहे थे! यह बड़ा भारी संकट था। यदि लड़ाई करे तो अपने ही रिश्तेदारों की, गुरुजनों की, और बंधु-मित्रों की हत्या करके महापाप का भागी बनेगा और लड़ाई न करे तो क्षात्रधर्म से च्युत होना पड़ेगा!! इधर देखो तो कुआँ और उधर देखो तो खाई!!! उस समय अर्जुन की अवस्था वैसी ही हो गई थी जैसी जोर से टकराती हुई दो रेलगाड़ियों के बीच में किसी असहाय मनुष्य की हो जाती है। यद्यपि अर्जुन कोई साधारण पुरुष नहीं था, वह एक बड़ा भारी योद्धा था, तथापि धर्माधर्म के इस महान् नैतिक संकट में पड़कर बेचारे का मुँह सूख गया, शरीर पर रोंगटे खड़े हो गए, धनुष हाथ से गिर पड़ा और वह "मैं नहीं लड़ूंगा" कहकर अति दुःखित चित्त से रथ में बैठ गया। और अंत में समीपवर्ती बंधुस्नेह का प्रभाव-उस ममत्व का प्रभाव जो

मनुष्य को स्वभावतः प्रिय होता है-दूरवर्ती क्षत्रियधर्म पर जम ही गया! तब वह मोहवश हो कहने लगा, "पिता-सम पूज्य वृद्ध और मित्रों को मारकर तथा अपने कुल का क्षय करके घोर पाप करके, राज्य का एक टुकड़ा पाने से भीख माँगकर जीवन निर्वाह करना कहीं श्रेयस्कर है! चाहे मेरे शत्रु मुझे अभी निःशस्त्र मेरी गर्दन उड़ा दें; परंतु मैं। अपने स्वजनों की हत्या करके उनके खून और शाप से ग्रस्त सुखों का उपभोग नहीं करना चाहता। क्या क्षात्रधर्म इसी को कहते हैं? भाई को मारो, गुरु की हत्या करो, पितृवध करने से न चुको, अपने कुल का नाश करो-क्या यही क्षात्रधर्म है? आग लगे ऐसे अनर्थकारी क्षात्रधर्म में और गाज गिरे ऐसे क्षात्रनीति पर! दुश्मनों को ये सब धर्म संबंधी बातें मालूम नहीं हैं; वे दुष्ट हैं; तो क्या उनके साथ मैं भी पापी हो जाऊँ? कभी नहीं। मुझे यह देखना चाहिए कि मेरी आत्मा का कल्याण कैसे होगा। मुझे तो यह घोर हत्या और पाप करना श्रेयस्कर नहीं जँचता; फिर चाहे क्षात्रधर्म शास्त्रविहित हो, तो भी इस समय मुझे उसकी आवश्यकता नहीं है" इस प्रकार विचार करते-करते उसका चित्त डावाँडोल हो गया और वह किंकर्तव्यविमूढ होकर भगवान् श्रीकृष्ण की शरण में गया। तब भगवान ने उसे गीता का उपदेश देकर उसके चंचल चित्त को स्थिर और शांत कर दिया। इसका यह फल हुआ कि जो अर्जुन पहले भीष्म आदि गुरुजनों की हत्या के भय के कारण उस युद्ध से पराङ्मुख हो रहा था, वही अब गीता का उपदेश सुनकर अपना यथोचित कर्त्तव्य समझ गया और अपनी इच्छा से युद्ध के लिए तत्पर हो गया। यदि हमें गीता के उपदेश का रहस्य जानना है, तो इस उपक्रमोपसंहार और परिणाम को अवश्य ध्यान में रखना पड़ेगा। भक्ति से मोक्ष कैसे मिलता है? ब्रह्मज्ञान या पातंजल योग से मोक्ष की सिद्धि कैसे होती है? इत्यादि, केवल निवृत्ति-मार्ग या कर्मत्यागरूप संन्यास-धर्म-संबंधी प्रश्नों की चर्चा करने का वहाँ कोई प्रयोजन नहीं था। भगवान् श्रीकृष्ण का यह उद्देश्य नहीं था कि, अर्जुन संन्यास-दीक्षा लेकर और बैरागी बनकर भीख मांगता फिरे, या लंगोटी लगाकर और नीम के पत्ते खाकर मृत्युपर्यंत हिमालय में योगाभ्यास साधता रहे। अथवा भगवान का यह भी उद्देश्य नहीं था कि अर्जुन धनुष-बाण को फेंक दे और हाथ में वीणा तथा मृदंग लेकर कुरुक्षेत्र की धर्मभूमि में उपस्थित भारतीय क्षात्र समाज के सामने भगवान का उच्चारण करता हुआ, बृहन्नला के समान और एक बार अपना नाच दिखावें। अब तो अज्ञातवास पूरा हो गया था और अर्जुन को कुरुक्षेत्र में खड़े होकर और ही प्रकार का नाच नाचना था। गीता कहते-कहते स्थान-स्थान पर भगवान ने अनेक प्रकार के अनेक कारण बतलाए हैं और अंत में अनुमान दर्शक अत्यंत महत्त्व के 'तस्मात्' (इसलिए) पद का उपयोग करके अर्जुन को यही निश्चितार्थक कर्म-विषयक उपदेश दिया है कि "तस्माद्युध्यस्व भारत" - इसलिए हे अर्जुन! तू युद्ध कर (गीता 2. 18); "तस्मादुत्तिष्ठ कौंतेय युद्धाय कृतनिश्चय।" - इसलिए हे कौंतेय अर्जुन! तू युद्ध का निश्चय करके उठ (गीता 2. 37); "तस्मादसक्तः सततं कार्य कर्म समाचार"- इसलिए तू मोह छोड़कर अपना कर्तव्य-कर्म कर (गीता 3. 19); "कुरु कर्मेव तस्मात् त्वं" - इसलिए तू कर्म ही कर (गीता 4. 15); "मामनुस्मर युद्ध च" - इसलिए मेरा स्मरण कर और लड़ (गीता 8.7); "करने-कराने वाला सब कुछ मैं ही हूँ, तू केवल निमित्त है, इसलिए युद्ध करके शत्रुओं को जीत" (गीता 11.33); "शास्त्रोक्त कर्त्तव्य करना तुझे उचित है" (गीता 16.24) अठारहवें अध्याय के उपसंहार में भगवान ने अपने निश्चित और उत्तम मत को भी एक बार प्रकट किया है- "इन सब कर्मों को करना चाहिए" (गीता 18.6) और अंत में (गीता 17. 72), भगवान ने अर्जुन से प्रश्न किया है कि "हे अर्जुन! तेरा अज्ञानमोह अभी तक नष्ट हुआ कि नहीं?" इस पर अर्जुन ने संतोषजनक उत्तर दिया:-

नष्टो मोहः स्मृतिर्लब्धा त्वत्प्रसादान्मयाच्युत।
स्थितऽस्मि गतसंदेहः करिष्ये वचनं तव॥

अर्थात् "हे अच्युत! स्वकर्त्तव्य संबंधी मेरा मोह और संदेह नष्ट हो गया है; अब मैं आपके कथानानुसार सब काम करूंगा।" यह अर्जुन का केवल मौखिक उत्तर नहीं था; उसने सचमुच उस युद्ध में भीष्म-कर्ण-जयद्रथ आदि का वध भी किया। इस पर कुछ लोग कहते हैं कि "भगवान ने अर्जुन को जो उपदेश दिया है वह केवल निवृत्त विषयक ज्ञान, योग या भक्ति का ही है और यही गीता का मुख्य प्रतिपाद्य विषय भी है। परंतु युद्ध का आरंभ हो जाने के कारण बीच-बीच में, कर्म की थोड़ी-सी प्रशंसा करके भगवान ने अर्जुन को युद्ध पूरा करने दिया है अर्थात् युद्ध का समाप्त करना मुख्य बात नहीं है उसे आनुषंगिक या अर्थवादात्मक ही मानना चाहिए" परंतु ऐसे अधूरे और कमजोर युक्तिवाद से गीता के उपक्रमोपसंहार और परिणाम की उपपत्ति ठीक-ठीक नहीं हो सकती। यहाँ (कुरुक्षेत्र) पर तो इसी बात के महत्त्व और आवश्यकता को दिखाना या कि स्वधर्म सम अपने कर्त्तव्य को मरण पर्यंत अनेक कष्ट ओर बाधाएँ कहकर भी करते रहना चाहिए और इस बात को सिद्ध करने के लिए श्रीकृष्ण ने गीतार्थ में कहीं भी बे-सिर-पैर का कारण नहीं बतलाया है, जैसा ऊपर लिखे हुए कुछ लोगों के आक्षेप में कहा गया है। यदि ऐसा युक्ति हीन कारण बतलाया भी गया होता तो अर्जुन सरीखा बुद्धिमान और छानबीन करने वाला पुरुष इन बातों का विश्वास कैसे कर लेता? उसके मन में मुख्य प्रश्न क्या था? यही न कि भयंकर कुलक्षय को प्रत्यक्ष आँखों के आगे देखकर भी मुझे युद्ध करना चाहिए या नहीं और युद्ध करना ही हो तो कैसे करे, जिससे की पाप न लगे? इस विकट प्रश्न के (इस प्रधान विषय के) उत्तर को, कि "निष्काम बुद्धि से युद्ध कर" या "कर्म कर"- अर्थवाद कहकर भी नहीं टाल सकते। ऐसा करना मानों घर के मालिक को उसी के घर में मेहमान बना देना है। हमारा यह कहना नहीं है कि गीता में वेदान्त, भक्ति और पातंजल योग का उपदेश बिल्कुल दिया ही नहीं गया है। परंतु इन तीनों विषयों का गीता में जो मेल किया गया है, वह केवल ऐसा ही होना चाहिए कि जिससे परस्पर विरुद्ध धर्मों के भयंकर संकट में पड़े हुए, "यह करूं कि वह" कहने वाले कर्त्तव्यमूढ़ अर्जुन को अपने कर्त्तव्य के विषय में कोई निष्पाप मार्ग मिल जाए और वह क्षात्रधर्म के अनुसार अपने शास्त्रविहित कर्म में प्रवृत्त हो जाए। इससे यही बात सिद्ध होती है कि प्रवृत्ति धर्म ही का ज्ञान गीता का प्रधान विषय है और अन्य सब बातें उस प्रधान विषय ही की सिद्धि के लिए कही गई हैं। अर्थात् वे सब आनुषंगिक हैं। अतएव गीताधर्म का रहस्य भी प्रवृत्ति विषयक अर्थात् कर्मविषयक ही होना चाहिए। परंतु इस बात का स्पष्टीकरण किसी टीकाकार ने नहीं किया है कि वह प्रवृत्ति विषयक रहस्य क्या है और वेदान्तशास्त्र ही से कैसे सिद्ध हो सकता है। जिस टीकाकार को देखो, वही गीता के आद्यंत के उपक्रम-उपसंहार तथा फल पर ध्यान न देकर निवृत्ति-दृष्टि से इस बात का विचार करने ही में निमग्न दीख पड़ता है कि गीता का ब्रह्मज्ञान या भक्ति अपने ही संप्रदाय के कैसे अनुकूल है। मानों ज्ञान और भक्ति का कर्म से नित्य संबंध बतलाना एक बड़ा भारी पाप है। यही शंका एक टीकाकार के मन में हुई थी और उसने लिखा था कि स्वयं श्रीकृष्ण के चरित्र को आँखों के सामने रखकर भगवद्गीता का अर्थ करना चाहिए।[1] श्रीक्षेत्र काशी के सुप्रसिद्ध अद्वैती परमहंस श्रीकृष्णानंद स्वामी का-जो हाल ही में समाधिस्थ हुए हैं-भगवाद्गीता पर लिखा हुआ 'गीतार्थ-परमर्श'

1. इस टीकाकार का नाम और उसकी टीका के कुछ अवतरण बहुत दिन हुए एक महाशय ने हमको पत्र द्वारा बतलाए थे। परंतु हमारी परिस्थिति की गड़बड़ी में यह पत्र न जाने कहाँ खो गया।

नामक संस्कृत में एक निबंध है, उसमें स्पष्ट रीति से यही सिद्धान्त लिखा हुआ है कि "तस्मात' गीता नाम ब्रह्मविद्यामलं नीतिशास्त्रम्' अर्थात्-इसलिए गीता वह नीतिशास्त्र अथवा कर्तव्य धर्मशास्त्र है जो कि ब्रह्मविद्या से सिद्ध होता है।[1] यही बात जर्मन पंडित प्रो. डॉयसेन ने अपने 'उपनिषदों का तत्त्वज्ञान' नामक ग्रंथ में कही है। इनके अतिरिक्त पश्चिमी और पूर्वी गीता परीक्षक अनेक विद्वानों का भी यही मत है। तथापि इनमें से किसी ने समस्त गीता ग्रंथ की परीक्षा करके यह स्पष्टया दिखलाने का प्रयत्न नहीं किया है कि कर्मप्रधान दृष्टि से उसके सब प्रतिपादनों और अध्यायों का मेल कैसा है। बल्कि डॉयसेन ने अपने ग्रंथ में कहा है[2] कि यह प्रतिपादन कष्टसाध्य है। इसलिए प्रस्तुत ग्रंथ का मुख्य उद्देश्य यही है कि उक्त रीति से गीता की परीक्षा कराके उसके विषयों का मेल अच्छी तरह प्रकट कर दिया जाए, परंतु ऐसा करने से पहले, गीता के आरंभ में परस्पर विरुद्ध नीतिधर्मों की पकड़ में फंसे अर्जुन पर जो संकट आया था उसको असली रूप में दिखलाना चाहिए, नहीं तो गीता में प्रतिपादित विषयों का कर्म पाठकों के ध्यान में पूर्णतया नहीं जम सकेगा। इसलिए अब यह जानने के लिए कर्म-अकर्म के झगड़े कैसे विकट होते हैं और अनेक बार "इसे करूँ कि उसे" यह सूझ न पड़ने के कारण मनुष्य कैसा घबरा उठता है। ऐसे ही प्रसंगों के अनेक उदाहरणों का विचार किया जाएगा, जो हमारे शास्त्रों में-विशेषत: महाभारत में-पाए जाते हैं।।

❑❑❑

1. श्रीकृष्णानंद स्वामी कृत चारों निबंध (श्रीगीता रहस्य, गीतार्थ प्रकाश, गीता परामर्श और गीतासारोद्धारं) एकत्र करके राजकोट में प्रकाशित किए गए हैं।
2. Prof. Deussen's Philosophy of the Upanishad's P. 362.(English Translation, 1906.)

दूसरा प्रकरण

कर्मजिज्ञासा

किं कर्म किमकर्मेति कबयोऽप्यत्र मोहिता:।[1]
गीता 4.16

भगवद् गीता के आरंभ में, परस्पर-विरुद्ध दो धर्मों की उलझन फँस जाने के कारण अर्जुन जिस तरह कर्त्तव्यमूढ़ हो गया था और उस पर जो आपत्ति आ पड़ी थी वह कुछ अपूर्व नहीं है। उन असमर्थ और अपना ही पेट पालने वाले लोगों की बात ही भिन्न है, जो संन्यास लेकर और संसार को छोड़कर बन में चले जाते हैं अथवा जो कमजोरी के कारण जगत के अनेक अन्यायों को चुपचाप सह लिया करते हैं। परंतु समाज में रहकर ही जिन महान् तथा कार्यकर्ता पुरुषों को अपने सांसारिक कर्त्तव्यों का पालन धर्म तथा नीतिपूर्वक करना पड़ता है, उन पर ऐसी आपत्तियाँ अनेक बार आया करती हैं। युद्ध के आरंभ ही में अर्जुन को कर्त्तव्य-जिज्ञासा और मोह हुआ। ऐसा ही मोह युधिष्ठिर को-युद्ध में मरे हुए अपने रिश्तेदारों का श्राद्ध करते समय-हुआ था। उनके इस मोह को दूर करने के लिए 'शांतिपर्व' कहा गया है। कर्माकर्म संशय के ऐसे अनेक प्रसंग ढूँढ़कर अथवा कल्पित करके उनपर बड़े बड़े कवियों ने सुरस काव्य और उत्तम नाटक लिखे हैं। उदाहरणार्थ, प्रसिद्ध अंग्रेजी नाटककार शेक्सपीयर का हैमलेट नाटक लीजिए। डेनमार्क देश के प्राचीन राजपुत्र हैमलेट के चाचा ने अपने राजकर्ता भाई-हैमलेट के बाप-को मार डाला। हैमलेट की माता को अपनी पत्नी बना लिया और राजगद्दी भी छीन ली। तब उस राजकुमार के मन में यह संघर्ष पैदा हुआ कि ऐसे पापी चाचा का वध करके पुत्र-धर्म के अनुसार पिता के ऋण से मुक्त हो जाऊँ; अथवा अपने सगे चाचा, अपनी माता के प्रति और गद्दी पर बैठे हुए राजा पर दया करूँ? इस मोह में पड़ जाने के कारण कोमल अंत:करण के हैमलेट की कैसी दशा हुई और श्रीकृष्ण के समान कोई मार्गदर्शक और हितकर्ता न होने के कारण वह कैसे पागल हो गया और अंत में 'जियें या मरें' इसी बात की चिंता करते उसका अंत कैसे हो गया, इत्यादि बातों का चित्र इस नाटक में बहुत अच्छी तरह से दिखाया गया है। 'कोरियोलेनस नाम के दूसरे नाटक में भी इसी तरह एक और प्रसंग का वर्णन शेक्सपीयर ने किया है। रोम नगर में कोरियोलेन्स नाम का एक शूर सरदार था। नगरवासियों ने उसको शहर से निकाल दिया। तब वह रोमन लोगों के शत्रुओं में जा मिला और उसने प्रतिज्ञा की कि "मैं तुम्हारा साथ कभी नहीं छोड़ूँगा।" कुछ समय के बाद इन शत्रुओं की सहायता से उसने रोमन लोगों पर हमला किया और वह अपनी सेना लेकर रोम शहर के दरवाजे के पास आ पहुँचा। उस

1. "पंडितों को भी इस विषय में मोह हो जाया करता है कि कर्म कौन-सा है और अकर्म कौन-सा है।" इस स्थान पर अकर्म शब्द को 'कर्म के अभाव' और 'बुरे कर्म' दोनों अर्थों में यथासंभव लेना चाहिए। मूल श्लोक पर हमारी टीका देखो।

समय रोम शहर की स्त्रियों ने कोरियोलेनस की पत्नी और माता को सामना करके, मातृभूमि के संबंध के कर्त्तव्य का उसको उपदेश किया। अंत में उसको रोम के शत्रुओं को दिए हुए वचन को भंग करना पड़ा। कर्त्तव्य अकर्त्तव्य के मोह में फंस जाने के ऐसे और भी कई उदाहरण दुनिया के प्राचीन और आधुनिक इतिहास में पाए जाते हैं। परंतु हम लोगों को इतना दूर जाने की कोई आवश्यकता नहीं। हमारा महाभारत-ग्रंथ ऐसे उदाहरणों की एक बड़ी भारी खान ही है। ग्रंथ के आरंभ (आ. 2) में भारत का वर्णन करते हुए स्वयं व्यास जी ने उसको 'सूक्ष्मार्थन्यायमुक्त', 'अनेकसमयान्वित' आदि विशेषण दिए हैं। उसमें धर्मशास्त्र, अर्थशास्त्र और मोक्षशास्त्र, सब कुछ आ गया है। इतना ही नहीं, किंतु उसकी महिमा इस प्रकार गाई गई कि 'यदिहास्ति तदन्यत्र यन्नेहास्ति न तत्क्वचित्'-अर्थात् जो कुछ इसमें है वही और स्थान में है, जो इसमें नहीं है वह और किसी भी स्थान में नहीं है (आ. 62, 43)। सारांश यह है कि इस संसार में अनेक कठिनाइयाँ उत्पन्न होती हैं ऐसे समय बड़े बड़े प्रचीन पुरुषों ने कैसा बर्ताव किया, इसका सुलभ आख्यानों के द्वारा साधारण जनों को बोध करा देने ही के लिए 'भारत' का 'महाभारत' हो गया है। नहीं तो सिर्फ भारतीय युद्ध अथवा 'जय' नामक इतिहास का वर्णन करने के लिए अठारह पर्वों की कुछ आवश्यकता नहीं थी।

अब यह प्रश्न किया जा सकता है कि श्रीकृष्ण और अर्जुन की बातें छोड़ दीजिए, हमारे-तुम्हारे लिए इतने गहरे पानी में बैठने की क्या आवश्यकता है? क्या मनु आदि स्मृतिकारों ने अपने ग्रंथों में इस बात के स्पष्ट नियम नहीं बना दिए हैं कि मनुष्य संसार में किस तरह बर्ताव करे? किसी की हिंसा मत करो, नीति पर चलो, सच बोलो, गुरु और बड़ों का सम्मान करो, चोरी और व्यभिचार मत करो, इत्यादि सब धर्मों में पाई जाने वाली साधारण आज्ञाओं का यदि पालन किया जाए, तो ऊपर लिखे कर्त्तव्य-अकर्त्तव्य के झगड़े में पड़ने की क्या आवश्यकता है? परंतु इसके विरुद्ध यह भी प्रश्न किया जा सकता है कि जब तक इस संसार के सब लोग उक्त आज्ञाओं के अनुसार बर्ताव नहीं करते हैं, तब तक सज्जनों को क्या करना चाहिए? क्या ये लोग अपने सदाचार के कारण दुष्ट जनों के फंदे में अपने को फँसा लें? या अपनी रक्षा के लिए 'जैसा को तैसा' इस न्याय से उन लोगों का प्रतिकार करें? इसके सिवा एक बात और है। यद्यपि उक्त साधारण नियमों को नित्य और प्रमाणभूत मान लें, तथापि कार्यकर्ताओं को अनेक बार ऐसी आपत्तियों का सामना करना पड़ता है कि उस समय उक्त साधारण नियमों से दो या अधिक नियम एक साथ लागू होते हैं। उस समय "यह करूँ या वह करूँ" इस चिंता में पड़कर मनुष्य पागल-सा हो जाता है। अर्जुन पर ऐसी ही आपत्ति आ पड़ी थी, परंतु अर्जुन के सिवा और लोगों पर भी ऐसे कठिन प्रसंग अक्सर आया करते हैं। इस बात का मार्मिक विवेचन महाभारत में कई स्थानों में किया गया है। उदाहरणार्थ, मनु ने सब वर्णों के लोगों के लिए नीति धर्म के पांच नियम बतलाए हैं - 'अहिंसा सत्यमस्तेयं शौचमिन्द्रियनिग्रहः' (मनु 10. 63) - अहिंसा, सत्य, अस्तेय, काया, वाचा और मन की शुद्धता, एवं इंद्रियनिग्रह, इन नीति धर्मों में से एक अहिंसा ही का विचार कीजिए। "अहिंसा परमो धर्मः।" (मभा. आ. 11.13) यह तत्त्व सिर्फ हमारे वैदिक धर्म ही में नहीं, किंतु अन्य सब धर्मों में भी प्रधान माना गया है। बौद्ध और ईसाई धर्म ग्रंथों में जो आज्ञाएँ हैं, उनमें अहिंसा को मनु की आज्ञा के समान पहला स्थान दिया गया है। सिर्फ किसी की जान ले लेना ही हिंसा नहीं है तो उसमें किसी के मन अथवा शरीर को दुख देने का भी समावेश किया जाता है। अर्थात् किसी सचेतन प्राणी को किसी प्रकार दुःखित न करना ही अहिंसा है। पितृवध, मातृवध और मनुष्यवध-ये हिंसा के भयानक प्रकार हैं, अतः इस संसार में सब लोगों की सम्मति के लिए या हमारी पत्नी अथवा

कन्या पर बलात्कार करने के लिए, अथवा हमारे घर में आग लगाने के लिए, या हमारा धन छीन लेने के लिए, कोई दुष्ट मनुष्य हाथ में शस्त्र लेकर तैयार हो जाए और उस समय हमारे रक्षा करने वाला हमारे पास न हो तो उस समय हमको क्या करना चाहिए? क्या, "अहिंसा परमो धर्मः" कहकर ऐसे आततायी मनुष्य पर दया की जाए? या, यदि वह दुष्ट सीधी तरह से न माने तो यथाशक्ति उसका शासन किया जाए? मनु जी कहते हैं-

गुरुं वा बालवृद्धौ वा ब्राह्मणं वा बहुश्रुतम्।
आततायिनमायान्तं हन्यादेवाविचारयन्॥

अर्थात् "ऐसे आततायी या दुष्ट मनुष्य को अवश्य मार डालें; उस समय यह विचार न करें कि वह गुरु है, बूढ़ा है, बालक है या विद्वान् ब्राह्मण है।" शास्त्रकार कहते हैं कि (मनु. 8.350) ऐसे समय हत्या करने का पाप हत्या करने वालों को नहीं लगता; किंतु आततायी मनुष्य अपने अधर्म ही से मारा जाता है। आत्मरक्षा का यह हक-कुछ मर्यादा के भीतर-आधुनिक फौजदारी कानून में भी स्वीकृत किया गया है। ऐसे प्रसंगों पर अहिंसा से आत्मरक्षा की योग्यता अधिक मानी जाती है। भ्रूणहत्या सबसे अधिक निंदनीय मानी है, परंतु जब बच्चा पेट में टेढ़ा होकर अटक जाता है तब क्या उसको काटकर निकाल नहीं डालना चाहिए? यज्ञ में पशु का वध करना वेद में भी प्रशस्त माना है (मनु. 5.31) परंतु पिष्ट पशु के द्वारा वह टल भी सकता है (मभा. शां. 337; अनु. 115.46) तथापि हवा, पानी, फल इत्यादि सब स्थानों में जो सैंकड़ों सूक्ष्म जीव-जन्तु हैं उनकी हत्या कैसे टाली जा सकती हैं? महाभारत में (शां. 15.26) अर्जुन कहता है-

सूक्ष्मयोनीनि भूतानि तर्कगम्यानि कानिचित्।
पक्ष्मणोऽपि निंपातेन येषा स्यात् स्कन्धपर्ययः॥

"इस जगत में ऐसे असंख्य सूक्ष्म जंतु हैं जिनका अस्तित्व यद्यपि नेत्रों से देख नहीं पड़ता, तथापि तर्क से सिद्ध है और यदि हम अपनी आँखों की फलक हिलावें, तो उतने ही से, उन जंतुओं का नाश हो जाता है।" ऐसी अवस्था में यदि हम मुख से कहते रहें कि "हिंसा मत करो," तो उससे क्या लाभ होगा? इसी सारासार विचार के अनुसार अनुशासन पर्व में (अनु. 116) शिकार करने का समर्थन किया गया है। वनपर्व में एक कथा है कि कोई ब्राह्मण क्रोध से किसी पतिव्रता स्त्री को भस्मकर डालना चाहता था; परंतु जब उसका यत्न सफल नहीं हुआ तब वह इस स्त्री की शरण में गया। तब धर्म का सच्चा रहस्य समझ लेने के लिए उस ब्राह्मण को उस स्त्री ने किसी व्याध के यहाँ भेज दिया। यह व्याध मांस बेचा करता था, परंतु था अपने माता पिता का बड़ा भक्त! व्याध का वह व्यवसाय देखकर ब्राह्मण को अत्यंत विस्मय और खेद हुआ। तब व्याध ने उसे अहिंसा का सच्चा तत्व समझाकर बतला दिया कि इस जगत में कौन किसको नहीं खाता? "जीवो जीवस्य जीवनम्" (भाग 1.13.46)-यहीं नियम सर्वत्र दीख पड़ता है। आपतकाल में तो "प्राणस्यान्नमिदं सर्वश्" यह नियम सिर्फ स्मृतिकारों ही ने नहीं, (मनु. 5.28; मभा. शा. 15.29) कहा है तो उपनिषदों में भी स्पष्ट कहा गया हैं। (वे. सू. 3.4.28; छां. 5.2.8; बृ. 6.1.14) यदि सब लोग हिंसा छोड़ दें तो क्षात्रधर्म कहाँ और कैसे शेष रहेगा। यदि क्षात्रधर्म नष्ट हो जाए तो प्रजा की रक्षा कैसे होगी? सारांश यह है कि नीति के सामान्य नियमों में ही सदा काम नहीं चलता; नीतिशास्त्र के प्रधान नियम-अहिंसा-में भी कर्तव्य-अकर्तव्य का सूक्ष्म विचार करना ही पड़ता है।

अहिंसा धर्म के अनुसार ही क्षमा, दया, शांति आदि गुण शास्त्रों में कहे गए हैं; परंतु सब समय शांति से कैसे काम चल सकेगा? सदा शांत रहने वाले मनुष्यों के बाल-बच्चों को भी दुष्ट लोग हरण किए बिना नहीं रहेंगे। इसी कारण का प्रथम उल्लेख

करके प्रल्हाद ने अपने नाती, राजा बलि से कहा है-

न श्रेयः सततं तेजो न नित्यं श्रेयसी क्षमा।

... ...

तस्मामिन्नत्यं क्षमा तात पंडितैरपवादिता॥

"सदैव क्षमा करना अथवा क्रोध करना श्रेयस्कर नहीं होता। इसीलिए हे तात! पंडितों ने क्षमा के लिए कुछ अपवाद भी कहे हैं (मभा. बनपर्व 28.6.7) इसके बाद कुछ प्रसंगों का वर्णन किया गया है कि इन प्रसंगों को पहचानने का तत्त्व या नियम क्या है। यदि इन प्रसंगों को पहचाने बिना, सिर्फ अपवादों का ही कोई उपयोग करें, तो वह दुराचरण समझा जाएगा, इसलिए यह जानना अत्यंत आवश्यक और महत्त्व का है कि इन प्रसंगों को पहचानने का नियम क्या है।

दूसरा तत्त्व 'सत्य' है; जो सब देशों और धर्मों में भली भांति माना जाता है और प्रमाण समझा जाता है। सत्य की महानता का वर्णन कहाँ तक किया जाए? वेद में सत्य की महिमा के विषय में कहा है कि सारी सृष्टि की उत्पत्ति के पहले 'ऋतं' और 'सत्यं' उत्पन्न हुए और सत्य से ही आकाश, पृथ्वी, वायु आदि पंचमहाभूत स्थिर हैं-"ऋतुंच सत्यं वाभीद्धात्तपसोऽध्यजायत" (ऋ. 10, 190, 1), 'यत्यनेत्तमिताभूमिः" (ऋ.10,85,1) आदि मंत्र देखो। 'सत्य' शब्द का धात्वर्थ भी यही है-"रहने वाला अर्थात् कभी कष्ट न होने वाला।" अथवा 'त्रिकाल-अबाधित'; इसलिए सत्य के विषय में कहा गया है कि "सत्य के सिवा और धर्म नहीं है; सत्य ही परब्रह्म हैं।" महाभारत में कई जगह इस वचन का उल्लेख किया गया है कि "नास्ति सत्यापरे धर्मः"। (मभा. शां. 162. 24) और यह भी लिखा है कि-

अश्वमेधसहस्त्रं च सत्यं तुलया धृतम्।
अश्वमेधसहस्त्रादि सत्यमेब विशिष्यते॥

"हजार अश्वमेध और सत्य की तुलना की गई तो सत्य ही श्रेष्ट सिद्ध हुआ। सत्य के विषय में मनुजी एक और विशेष बात कहते हैं (मभा. मनु. 4.256)-

वाच्यर्था नियताः सर्वे वाङ्मूला वाग्विनिः सृताः।
तां तु यः स्तेनयेद्वाचं स सर्वस्तेयकृन्नरः॥

"मनुष्यों के सब व्यवहार वाणी से हुआ करते हैं। एक के विचार दूसरे को बताने के लिए शब्द के समान अन्य साधन नहीं हैं। वही सब व्यवहारों का आश्रयस्थान और वाणी का मूल स्रोत हैं। जो मनुष्य उसको मलिन कर डालता हैं, अर्थात् जो वाणी की प्रतारणा करता है कि "सत्यपूतां वदेद्वाचं (मनु. 6.46) जो सत्य से पवित्र किया गया हो, वही बोला जाए। और धर्मों की अपेक्षा सत्य ही को पहला स्थान देने के लिए उपनिषद् में भी कहा हैं, "सत्यं वद। धर्म चर" (तै. 1.11.1) जब बाणों की शय्या पर पड़े-पड़े भीष्म पितामह शांति और अनुशासन पर्वों में युधिष्ठिर को सब धर्मों का उपदेश दे चुके, तब वह प्राण छोड़ने के पहले "सत्येषु यतितव्यं वः सत्यं हि परमं बलं" इस वचन को सब धर्मों का सार कहकर उन्होंने सत्य ही के अनुसार बर्ताव करने के लिए सब लोगों को उपदेश किया है (मभा. अनु. 167.50) बौद्ध और ईसाई धर्मों में भी इन्हीं नियमों का अनुवाद पाया जाता है।

क्या उस बात की कभी कल्पना की जा सकती है कि जो सत्य इस प्रकार स्वयं सिद्ध और चिरस्थायी है, उसके लिए भी कुछ अपवाद होंगे? परंतु दुष्ट जनों से भरे हुए इस जगत का व्यवहार बहुत कठिन है। कल्पना कीजिए कि कुछ आदमी चोरों से पीछा किए जाने पर तुम्हारे सामने किसी स्थान में जाकर छिप गए। इसके बाद हाथ में तलवार लिए हुए चोर तुम्हारे पास आकर पूछने लगे कि वे आदमी कहाँ चले गए? ऐसी अवस्था

में तुम क्या कहोगे? क्या तुम सच बोलकर सब हाल कह दोगे, या उन निरपराधी जीवों की] हिंसा को रोकोगे? क्योंकि निरपराधों की हिंसा को रोकना सत्य ही के समान महत्त्व का धर्म है। मनु कहते हैं, "नापृष्ट: कस्यचिद् ब्रूयान्न चान्यायेन पृच्छत:" (मनु. 1.110, मभा. शां. 287.34)-जबतक कोई प्रश्न न करें, तब तक किसी से बोलना न चाहिए और यदि कोई अन्याय से प्रश्न करे तो पूछने पर भी उत्तर नहीं देना चाहिए। यदि मालूम भी हो तो सिडी या पागल के समान कुछ हूँ-हूँ करके बात बना देनी चाहिए- "जानन्नापि हि मेधावी जड़वल्लीक आचरेत्।" अच्छा, पर हूँ-हूँ कर देना और बात बना देना एक तरह से असत्य भषण करना नहीं है? महाभारत (मभा. आ. 215.34) में कई स्थानों में कहा है, "न व्याजेन चरेद्धर्मम"-धर्म से प्रतारणा करके मन का समाधान नहीं कर लेना चाहिए, क्योंकि तुम धर्म को धोखा नहीं दे सकते। न हो, तो क्या करना चाहिए? मान लीजिए, कोई चोर हाथ में तलवार लेकर छाती पर आ बैठा है और पूछ रहा है कि तुम्हारा धन कहाँ हैं? यदि कुछ उत्तर न दोगे, तो जान ही से हाथ धोना पड़ेगा। ऐसे समय पर क्या बोलना चाहिए? सब धर्मों का रहस्य जानने वाले भगवान श्रीकृष्ण-से ही चोरों की कहानी का दृष्टांत देकर-कर्णपर्व (मभा. क. 61.61) में अर्जुन से और आगे शांतिपर्व के सत्यानृतं अध्याय (मभा. शां. 109.15.16) में भीष्म पितामह युधिष्ठिर से कहते हैं-

अकूजनेन चेन्मोक्षो नावकूजेत्कथंचन।
अवश्यं कूजितव्ये वा शंकरेन् वाप्यकूजनात्।
श्रेयस्तत्रानूतं वक्तुं सत्यादिति विचारितम्॥

अर्थात् 'यह बात विचारपूर्वक निश्चित की गई है कि यदि बिना बोले मोक्ष या छुटकारा हो सके, तो भी हो, बोलना नहीं चाहिए और यदि बोलना आवश्यक हो, अथवा न बोलने से (दूसरों को) कुछ संदेह होना संभव हो, तो उस समय सत्य के बदले असत्य बोलना ही अधिक प्रशस्त है।' इसका कारण यह है कि सत्य धर्म केवल शब्दोच्चार ही के लिए नहीं है। अतएव जिस आचरण से सब लोगों का कल्याण हो, वह आचरण सिर्फ इसी कारण से निंद्य नहीं माना जा सकता कि शब्दोच्चार अययार्थ है। जिससे सभी की हानि हो, वह न तो सत्य ही है और न अहिंसा ही। शांतिपर्व (मभा. 319.13; 287. 19) में सनत्कुमार के आधार पर नारद जी शुक जी से कहते हैं-

सत्यस्य वचनं श्रेय: सत्यादपि हितं वदेत्।
यद्भूतहितमत्यन्तं एतत्सत्यं मतं मम।

"सच बोलना अच्छा है; परंतु सत्य से भी अधिक ऐसा बोलना अच्छा है जिससे सब प्राणियों का हित हो। क्योंकि जिसमें सब प्राणियों का अत्यंत हित होता है वही हमारे मत में सत्य है।" यत्भूतहितं पद को देखकर आधुनिक उपयोगितावादी अंग्रेजों का स्मरण करके यदि कोई उक्त वचन को प्रक्षिप्त करना चाहे, तो उन्हें स्मरण रखना चाहिए कि वह वचन महाभारत के वनपर्व में-ब्राह्मण और व्याध के संवाद में-दो तीन बार आया है। उन्में से एक जगह तो "अहिंसा सत्यवचनं सर्वभूतहितं परम्" पाठ है (मभा. वन. 206.73); और दूसरी गह "यद्भूतहिमत्यन्तं तत्सत्यनिति धारणा" (वन. 208.4), ऐसा पाठ भेद किया गया है। सत्य प्रतिज्ञ युधिष्ठिर ने द्रोणाचार्य से "नरो वा कुंजरो वा" कहकर उन्हें संदेह में क्या डाल दिया? इसका कारण वही है, जो ऊपर दिया गया है और कुछ नहीं। ऐसी ही और बातों में भी यह नियम लगाया जाता है। हमारे शास्त्रों का यह कथन नहीं कि झूठ बोलकर किसी खूनी की जान बचाई जाए। शास्त्रों में खून करने वाले आदमी के लिए देहात् प्रायश्चित अथवा वधदंड की सजा कही गई है। इसलिए वह सजा पाने योग्य अथवा वध्य है। सभी शास्त्रकारों ने कहा है कि इसी के समान और

किसी समय जो आदमी झूठी गवाही देता है वह अपने सात या अधिक पूर्वजों सहित नरक में जाता है। (मनु. 8.81-11; मभा. आ. 7.3) परंतु जब कर्णपर्व में वर्णित उक्त चोरों के दृष्टान्त के समान हमारे सच बोलने से निरपराधी आदमियों की जान जाने की शंका हो तो उस समय क्या करना चाहिए? ग्रीन नामक एक अंग्रेज ग्रंथकार ने अपने 'नीतिशास्त्र का उपोधात' नामक ग्रंथ में लिखा है कि ऐसे अवसरों पर नीतिशास्त्र मूक हो जाते हैं। यद्यपि मनु और याज्ञवल्कय ऐसे प्रसंगों की गणना सत्यापवाद में करते हैं, तथापि यह भी उनके मत से गौण बात है। इसलिए अंत में उन्होंने इस अपवाद के लिए भी प्रायश्चित बतलाया है-"तत्पावनाय विर्वाप्यश्चरुः सावस्वते द्विजैः" (याज्ञ. 2.86; मनु. 8.104-106)

कुछ बड़े अंग्रेजों ने-जिन्हें अहिंसा के अपवाद के विषय में आश्चर्य नहीं मालूम होता-हमारे शास्त्रकारों का सत्य के विषय में दोष देने का यत्न किया है। इसलिए यहाँ इस बात का उल्लेख किया जाता है कि सत्य के विषय में प्रामाणिक ईसाई धर्मोपदेशक और नीतिशास्त्र के अंग्रेज ग्रंथकार क्या कहते हैं। क्राईस्ट शिष्य पॉल नए बाइबल में कहता है 'यदि मेरे असत्य भाषण से प्रभु के सत्य की महिमा और बढ़ती है (अर्थात् ईसाई धर्म का अधिक प्रचार होता है) तो इससे मैं पापी कैसे हो सकता हूँ? (रोम. 3.7) ईसाई धर्म के इतिहासकार मिलमैल ने लिखा है कि प्राचीन ईसाई धर्मोपदेशक कई बार इसी तरह आचरण किया करते थे। यह बात सच है कि वर्तमान समय के पाश्चिमात्य नीतिशास्त्र किसी की धोखा देकर या भुलाकर धर्मभ्रष्ट करना न्याय नहीं मानेंगे; परंतु वे भी यह कहने को तैयार नहीं है कि सत्य धर्म अपवाद रहित है। उदाहरणार्थ, यह देखिए कि सिजविक नाम के जिस पंडित का नीतिशास्त्र हमारे कॉलेजों में पढ़ाया जाता है इसकी क्या राय है। कर्म और अकर्म के संदेह का निर्णय जिस तत्त्व के आधार पर यह ग्रंथकार किया करता है, उसको "सबसे अधिक लोगों का सबसे अधिक सुख" (बहुत लोगों का बहुत सुख) कहते हैं। उसी नियम के अनुसार उसने यह निर्णय किया है कि छोटे लड़कों को, पागलों को ओर इसी प्रकार बीमार आदिमियों को (यदि सच बात सुना देने से उसके स्वास्थ्य के बिगड़ जाने का भय हो), अपने शत्रुओं को, चोरों को और (यदि बिना बोले काम चल न सकता हो तो) जो अन्याय से प्रश्न करें, उसको उत्तर देने के समय, अथवा वकीलों को अपने व्यवसाय में झूठ बोलना अनुचित नहीं है।[1] मिल के नीतिशास्त्र के ग्रंथ में भी उसी अपवाद का समावेश किया गया है।[2] इन अपवादों को अतिरिक्त सिजविक अपने ग्रंथ में यह भी लिखता है कि 'यद्यपि कहा गया है कि सब लोगों को सच बोलना चाहिए, तथापि हम यह नहीं कह सकते, कि जिन राज-नीतिज्ञों को अपनी कार्रवाई गुप्त रखनी पड़ती है वे औरों के साथ, तथा व्यापारी अपने ग्राहकों से हमेशा सच ही बोला करें।[3] किसी अन्य स्थान में वह लिखता है कि यही छूट पादरियों और सिपाहियों को मिलती है। लेस्ली स्टीफन नाम का एक और अंग्रेज ग्रंथकार है। उसने नीतिशास्त्र विवेचन आधिभौतिक दृष्टि से किया है। वह भी अपने ग्रंथ में ऐसे ही उदाहरण देकर अंत में लिखता है 'किसी कार्य के परिणाम की ओर ध्यान देने के बाद ही उसकी नीतिमत्ता निश्चित की जानी चाहिए। यदि मुझे यह विश्वास हो कि झूठ बोलने से ही कल्याण होगा तो मैं सत्य बोलने के

1. Sidgwick's Methods of Ethics, Book III Chap. XI 6.p. 355 (7th Ed.) Also, see pp. 315-317 (same Ed.)
2. Mill's Utilitarianism, Chap. II pp. 33-34 (15th Ed. Longmans, 1907).
3. Sidgwick' s Methods of Ethics, Book IV Chap. III 6. p. 454 (7th Ed.) And Book II Chap. V. 3p. 169

लिए कभी तैयार नहीं रहूंगा। मेरे इस विश्वास में यह भाव हो सकता है कि इस समय झूठ बोलना ही मेरा कर्त्तव्य है।[1] ग्रीन साहब ने नीतिशास्त्र का विचार अध्यात्म दृष्टि से किया है। आप उक्त प्रसंगों का उल्लेख स्पष्ट रीति से कहते हैं कि ऐसे समय नीतिशास्त्र मनुष्य के संदेह की निवृत्ति कर नहीं सकता। अंत में आपने यह सिद्धान्त लिखा है, "नीतिशास्त्र यह नहीं कहता, कि किसी साधारण नियम के अनुसार-सिर्फ यह समझकर कि वह है-हमेशा चलने में कुछ विशेष महत्त्व है; किंतु उसका कथन सिर्फ यही है कि 'सामान्यत:' उस नियम के अनुसार चलना हमारे लिए श्रेयस्कर है। इसका कारण यह है कि ऐसे समय हम लोग केवल नीति के लिए अपनी लोभमूलक नीच मनोवृत्तियों को त्यागने की शिक्षा पाया करते हैं।"[2] नीतिशास्त्र पर ग्रंथ लिखने वाले बेन, वेवेल आदि अन्य अंग्रेज पंडितों का भी ऐसा ही मत है।[3]

यदि उक्त अंग्रेज ग्रंथकारों के मतों की तुलना हमारे धर्मशास्त्रकारों के बनाए हुए नियमों के साथ की जाए तो यह बात सहज ही ध्यान में आ जाएगी कि सत्य के विषय में अधिक अभिमानी कौन है। इसमें संदेश नहीं कि हमारे शास्त्रों में कहा है।

न नर्मयुक्तं वचनं न स्त्री पुरुष राजन विवाहकाले।
प्राणात्यये सर्वधनापहारे पंचानृतात्सहुरपातकानि॥

अर्थात् "हँसी में, स्त्रियों के साथ, विवाह के समय, जब जांन पर आ बने तब, और संपत्ति की रक्षा के लिए झूठ बोलना पाप नहीं है" (मभां. आ. 82.16 और महा. शा. 109 तथा मनु 8.110)। परंतु इसका मतलब यह नहीं है कि स्त्रियों के साथ हमेशा झूठ बोलना चाहिए। जिस भाव से सिजविक साहब ने छोटे बच्चे, पागल और बीमार के विषय में अपवाद किया है, वहीं भाव महाभारत के उक्त कथन का भी है। अंग्रेज ग्रंथकार पारलौकिक तथा आध्यात्मिक दृष्टि की और कुछ ध्यान नहीं देते। उन लोगों ने तो खल्लमखुल्ला यहाँ तक प्रतिपादन किया है कि व्यापारियों का अपने लाभ के लिए झूठ बोलना अनुचित नहीं है। किंतु वह बात हमारे शास्त्रकारों को संतम नहीं है। इन लोगों ने कुछ ऐसे ही प्रसंगों पर असत्य बोलने की अनुमति दी है, जबकि केवल सत्य शब्दोच्चरण (अर्थात् केवल वाचिक सत्य) और सर्वभूतहित (अर्थात वास्तविक सत्य) में विरोध हो जाता है, और व्यवहार की दृष्टि से झूठ बोलना अपरिहार्य हो जाता है। इनकी राय है कि सत्य आदि नीतिधर्म नित्य – अर्थात् सब समय एक समान अबाधित – है। अतएव यह अपरिहार्य झूठ बोलना भी थोड़ा सा पापही है, और उसके लिए प्रायश्चित भी कहा गया है। संभव है कि आजकल के आधिभौतिक पंडित इन प्रायश्चितों को निरर्थक हौवा कहेंगे; परंतु जिन्होंने ये प्रायश्चित कहे हैं और जिन लोगों के लिये ये कह गये हैं, वे दोनों ऐसा नहीं समझते। वे तो सब उक्त अपवाद को गौण ही मानते हैं। और इस विषय की कथाओं में भी यही अर्थ प्रतिपादित किया गया है। देखिए युधिष्ठिर ने अडचन के समय एक ही बार दबी हुई आवाज से 'नरो वा कुंजरो वा' कहा था। इसका फल यह हुआ, कि उसका रथ जो पहले जमीन से चार अंगुल उपर अंतरिक्ष में चला करता था, अब और मामूली लोगों के रथों के समान धरती पर चलने लगा। और अंत में एक क्षणभर के लिए उसे नरक लोक में रहना पड़ा (मभा. द्रोण. 191.57.58 तथा स्वर्ग. 3.15) दूसरा उदाहरण अर्जुन का लीजिए। अश्वमेधपर्व

1. Leslis Stephen's Science of Ethics (Chap. IV 29. 9. 369 (2nd Ed.)" And the certinty might be of such a kind as to make me think it aduty to lie."
2. Green's Prolegomena to Ethics, 315. p. 379, (5th Cheaper edition).
3. Bain's Mental and Moral Science, p. 445 (ed. 1875); and Whewall's Elements of Morality. Book II. Chap. XIII and XIV. (4th Ed. 1864).

(मभा. अश्व. 81.10) में लिखा है कि यद्यपि अर्जुन ने भीष्म का वध शास्त्र धर्म के अनुसार किया था; तथापि उसने शिखंडी के पीछे छिपकर यह काम किया था इसलिए उसको अपने पुत्र बभ्रुवाहन से पराजित होना पड़ा। इन सब बातों से यही प्रकट होता है कि विशेष प्रसंगों के लिए कहे गए उक्त अपवाद मुख्य या प्रमाण नहीं माने जा सकते। हमारे शास्त्रकारों का अंतिम तात्त्विक सिद्धान्त वही है, जो महादेव ने पार्वती से कहा है-

आत्महेतोः परार्थे वा नर्महास्याश्रुयात्तया।
ये मृषा न वदन्तीह ते नराः स्वर्गगामिनः॥

"जो लोग इस जगत में स्वार्थ के लिए, परार्थ के लिए, या मजाक में भी कभी झूठ नहीं बोलते, उन्हीं को स्वर्ग की प्राप्ति होती है" (मभा, अनु. 144.19)।

अपनी प्रतिज्ञा या वचन को पूरा करना सत्य ही में शामिल है। भगवान श्रीकृष्ण और भीष्म पितामह कहते हैं, "चाहे हिमालय पर्वत अपने स्थान से हट जाए, अथवा अग्नि शीतल हो जाए, परंतु हमारा वचन टल नहीं सकता" (मभा. आ, 103 तथा उ. 81.48) भर्तृहरि ने भी सत्पुरुषों का वर्णन इस प्रकार किया है-

"तेजस्विनः सुचामसूनपि सन्त्यजन्ति।
सत्यव्रतव्यसनिनो न पुनः प्रतिज्ञाम्॥

"तेजस्वी पुरुष आनंद अपनी जान भी दे देंगे; परंतु वे अपनी प्रतिज्ञा का त्याग कभी नहीं करेंगे" (नीतिश. 110) इसी तरह श्रीरामचंद्रजी के एक पत्नी व्रत के साथ उनका एक-बाण और एक-वचन का व्रत भी प्रसिद्ध है; जैसा इस सुभाषित में कहा है-"द्विशरं नाभिसंधत्ते रामो द्विर्नाभिभाषते।" हरिश्चंद्र ने तो अपने स्वप्नों में दिए हुए वचन को सत्य करने के लिए डोम की नीच सेवा भी की थी। इसके उल्टे वेद में यह वर्णन है कि इंद्रादि देवताओं ने वृत्रासुर के साथ जो प्रतिज्ञाएँ की थी उन्हें मेट दिया और उसको मार डाला। ऐसा ही कथा पुराणों में हिरण्यकश्यपु की है। व्यवहार में भी कुछ कौल-करार ऐसे होते हैं कि जो न्यायालय में बे-कायदा समझे जाते हैं या जिनके अनुसार चलना अनुचित माना जाता है। अर्जुन के विषय में ऐसी ही कथा महाभारत (मभा. कर्ण. 61) में है। अर्जुन ने प्रतिज्ञा की थी कि जो कोई मुझसे कहेगा कि "तू अपना गांडीव धनुष किसी दूसरे को दे दे, उसका सिर मैं तुरंत ही काट डालूँगा।" इसके बाद युद्ध में जब युधिष्ठिर कर्ण से पराजित हुआ तब उसने निराश होकर अर्जुन से कहा, "तेरा गांडीव हमारे किस काम का है? तू इसे छोड़ दे!" यह सुनकर अर्जुन हाथ में तलवार ले युधिष्ठिर को मारने दौड़ा। उस समय भगवान श्रीकृष्ण वहीं थे। उन्होंने तत्त्वज्ञान की दृष्टि से सत्य धर्म का मार्मिक विवेचन करके अर्जुन को यह उपदेश किया कि "तू मूढ़ है। तुझे अब तक सूक्ष्म-धर्म मालूम नहीं हुआ है। तुझे वृद्धजनों से इस विषय की शिक्षा ग्रहण करनी चाहिए; 'न वृद्धाः सेवितास्या'-तूने वृद्धजनों की सेवा नहीं की है। यदि तू प्रतिज्ञा की रक्षा करना ही चाहता है तो तू युधिष्ठिर की निर्भत्सना कर, क्योंकि सभ्यजनों को निर्भत्सना मृत्यु ही के समान है।" इस प्रकार बोध करके उन्होंने अर्जुन को ज्येष्ठ भ्रातृवध के पाप से बचाया। इस समय भगवान श्रीकृष्ण ने जो सत्यानृत-विवेक अर्जुन को बताया है, उसी को आगे चलकर शांतिपर्व के सत्यानृत नामक अध्याय में भीष्म ने युधिष्ठिर से कहा है, (शां. 101)। यह उपदेश व्यवहार में लोगों को ध्यान में रखना चाहिए। इसमें संदेह नहीं कि इन सूक्ष्म प्रसंगों को जानना बहुत कठिन काम है। देखिए, इस स्थान में सत्य की अपेक्षा भ्रातृधर्म ही श्रेष्ठ माना गया है; और गीता का प्रसंग इसके उल्टे है, जहाँ बंधु प्रेम की अपेक्षा क्षात्रधर्म प्रबल मामा जाता है।

जब अहिंसा और सत्य के विषय में इतना वाद-विवाद है, तब आश्चर्य की बात

नहीं कि यही हाल नीतिधर्म के तीसरे तत्त्व अर्थात् अस्तेय का भी हो। यह बात निर्विवाद सिद्ध है कि द्रव्य का संचय करना बंद हो जाएगा समाज की रचना बिगड़ जाएगी, चारों तरफ अनवस्था हो जाएगी और सभी की हानि होगी। परंतु इस नियम के भी अपवाद हैं। जब दुर्भिक्ष के समय मोल देने, मजदूरी करने या भिक्षा माँगने से भी अनाज नहीं मिलता, तब ऐसी आपत्ति में यदि कोई मनुष्य चोरी करके आत्मरक्षा करे, तो क्या वह पापी समझा जाएगा? महाभारत (शां. 141) में यह कथा है कि किसी समय बारह वर्ष तक दुर्भिक्ष रहा और विश्वामित्र पर ऐसी ही बड़ी आपत्ति आई। तब उन्होंने किसी श्वपच (चांडाल) के घर से कुत्ते का मांस चुराया और वे इस अभक्ष्य भोजन से अपनी रक्षा करने के लिए प्रवृत्त हुए। उस समय श्वपच ने विश्वामित्र को पंचनखा भक्ष्या:' (मनु. 5.18)[1] इत्यादि शास्त्रार्थ बतलाकर अभक्ष्य-भक्षण और वह भी चोरी न करने के विषय में बहुत उपदेश किया। परंतु विश्वामित्र ने उसको डांटकर यह उत्तर दिया-

पिबन्त्येवोदकं गावो मंडूकेषू रुवत्स्वपि।
न तेऽधिकारो धर्मेऽस्ति मा भूरात्मप्रशंसक:॥

"अरे! यद्यपि मेंढक टर्र-टर्र किया करते हैं, तो भी गाँए पानी पीना बंद नहीं करतीं; चुप; रह! मुझे धर्मज्ञान बताने का तेरा अधिकार नहीं है। व्यर्थ अपनी प्रशंसा मत कर।" उस समय विश्वामित्र ने यह भी कहा है कि "जीवितं मरणात्श्रेयी जीवन्धर्ममवाप्नुयात्"-

अर्थात् यदि जिंदा रहेंगे तो धर्म का आचरण कर सकेंगे। इसलिए धर्म की दृष्टि से भी मरने की अपेक्षा जीवित रहना अधिक श्रेयस्कर है। मनुजी ने अजीगतं, वामदेव आदि अन्यान्य ऋषियों के उदाहरण दिए हैं, जिन्होंने ऐसे संकट समय इसी प्रकार आचरण किया है (मनु. 10.104-108)। हाब्स नामक अंग्रेज ग्रंथकार लिखता है, "किसी कठिन अकाल के समय जब अनाज मोल न मिले, या दान भी न मिले, तब यदि पेट भरने के लिए कोई चोरी या साहस कर्म करे, तो उसका यह अपराध माफ समझा जाता है।"[2] और मिलने तो यहाँ तक लिखा है कि ऐसे समय चोरी करके अपने प्राण बचाले यही मनुष्य का कर्त्तव्य है।

"मरने से जिंदा रहना श्रेयस्कर है"-क्या विश्वामित्र का यह तत्त्व सर्वथा अपवाद रहित कहा जा सकता है? इस ज्रगत् में सिर्फ जिंदा रहना ही पुरुषार्थ नहीं है। कौए भी काक बलि खाकर कई वर्षों तक जीते रहते हैं। इसलिए वीरपत्नी विदुला अपने पुत्र से कहती हैं कि छौने पर पड़े-प्ड़े सड़ जाने या घर में सौ वर्ष की आयु को व्यर्थ व्यतीत कर देने की अपेक्षा, यदि तू एक क्षण भी अपने पराक्रम की ज्योति प्रकट करके मर जाएगा तो अच्छा होगा-"मुहूर्त ज्वलितं श्रेयो न धूमायितं चिरम्" (मभा. उ. 132.15)। यदि यह बात सच है कि आज नहीं तो कल, अंत में सौ वर्ष के बाद तो मरना जरूरी

1. मनु और याज्ञवल्क्य ने कहा है कि कुत्ता, बंदर आदि जिन जानवरों के पाँच-पाँच नख होते हैं उन्हीं में से खरगोश, कछुआ, गोह आदि पाँच प्रकार के जानवरों का भक्ष्य है (मनु. 5.18; याज्ञ. 1.177)। इन पाँच जानवरों के अतिरिक्त मनुजी ने 'खड्ग' अर्थात् गेंडे को भी भक्ष्य माना है। परंतु टीकाकारों का कथन है कि इस विषय में विकल्प है। इस विकल्प को छोड़ देने पर शेष पाँच ही जानवर रहते हैं और उन्हीं का मांस भक्ष्य समझा गया है। "पंच पाँचनखा भक्ष्या:" का यही अर्थ है। तथापि मीमांसकों के मानुसार इस व्यवस्था का भावार्थ यही है कि जिन लोगों को मांस खाने की सम्मत्ति दी गई है, वे उक्त पंचनखी पाँच जानवरों के सिवा और किसी पंचनखी जानवर का मांस न खाए। इसका भावार्थ यह नहीं है कि इन जानवरों का मांस खाना ही नहीं चाहिए। इस पारिभाषिक अर्थ को वे लोग 'परिसंख्या' कहते हैं। "पंच पाँचनखा का मुख्य उदाहरण है। जबकि मांस खाना ही निषिद्ध माना गया है तब इन पाँच जानवरों का मांस खाना भी निषिद्ध ही समझा जाना चाहिए।

2. Hobbes, Levithan. Part II. Chap XXVII. p. 139 (Morley's Universal Library Edition). Mill's Utilitarianism. Chap. V. p. 95. (15th Ed.) Thus, to save a life, it may not be allowable but a duty to steal etc."

है (मभा. 10.1, 38; गीता 2.7) तो फिर उसके लिए रोने या डरने से क्या लाभ है? अध्यात्मशास्त्र की दृष्टि से तो आत्मा नित्य और अमर है। इसलिए मृत्यु का विचार करते समय प्रारब्ध कर्मानुसार प्राप्त सिर्फ इस शरीर का ही विचार बाकी रह जाता है। अच्छा यह तो सब जानते हैं कि यह शरीर नाशवान है, परंतु आत्मा के कल्याण के लिए, इस जगत् में जो कुछ करना है, उसका एकमात्र साधन यही नाशवान मनुष्य देह है। इसलिए मनु ने कहा है, "आत्मानं सततं रक्षेत् दारैरपि धनैरपि"-अर्थात् स्त्री और संपत्ति की अपेक्षा हमको पहले स्वयं अपनी ही रक्षा करनी चाहिए (मनु. 7.213)। यद्यपि मनुष्य-देह दुर्लभ और नाशवान भी है तथापि जब उसका नाश करके उससे भी अधिक किसी शाश्वत वस्तु की प्राप्ति कर लेनी होती है, (जैसे देश, धर्म और सत्य के लिए, अपनी प्रतिज्ञा, व्रत और बिरद की रक्षा के लिए, एवं इज्जत, कीर्ति सर्वभूतहित के लिए) तब ऐसे समय पर अनेक महात्माओं ने इस तीव्र कर्तव्याग्नि में अपने प्राणों की भी आनंद से आहुति दे दी है। रघुवंश में कहा है कि जब राजा दिलीप अपने गुरु वसिष्ठ की गाय की, सिंह से रक्षा करने के लिए उसको अपने शरीर का बलिदान देने को तैयार हो गया, तब वह सिंह से बोला कि हमारे समान पुरुषों की "इस पंचभौतिक शरीर के विषय में अनास्था रहती है। अतएव तू मेरे इस जड़ शरीर के बदले मेरे यशः स्वरूपी शरीर की ओर ध्यान दे।" (रघु. 2.47)। कथासरित्सागर और नागानंद नाटक में यह वर्णन है कि सर्पों की रक्षा करने के लिए जीमूतवाहन ने गरुड़ को स्वयं अपना शरीर अर्पण कर दिया। मृच्छकटिक नाटक (10.27) में चारुदत्त कहता है-

न भीतो मरणादस्मि केवलं दूषितं यशः।
शिुद्धस्य हि मे मृत्यूः पुत्रजन्मसमः किल॥

"मैं मृत्यु से नहीं डरता; मुझे यही दुःख है कि मेरी कीर्ति कलंकित हो गई। यदि कीर्ति शुद्ध रहे और मृत्यु आ जाए, तो मैं उसको पुत्र के उत्संव के समान मानूँगा।" इसी तत्त्व के अधार पर महाभारत के वनपर्व और शांतिपर्व (मभ. बन. 100 तथा 131; शां. 342) में राजा शिबि और दधीचि ऋषि की कथाओं का वर्णन किया है। जब धर्म (यम) राजश्येन पक्षी का रूप धारण करके कपोत के पीछे उड़े ओर जब वह कपोत अपनी रक्षा के लिए राजा शिबि की शरण में गया, तब राजा ने स्वयं अपने शरीर का मांस काटकर इस श्येन पक्षी को दिया और शरणागत कपोत की रक्षा की। वृत्रासुर नामक देवताओं का एक शत्रु था। उसको मारने के लिए दधीचि ऋषि की हड्डियों के वज्र की आवश्यकता हुई। तब सब देवता मिलकर उक्त ऋषि के पास गए और बोले, "शरीरत्यागं लोकहितार्थ भवान् कर्तुमर्हति"-हे महाराज! सब लोगों के कल्याण के लिए आप देहत्याग कीजिए। यह विनती सुनकर दधीचि ऋषि ने बड़े आनंद से अपना शरीर त्याग दिया और अपनी हड्डियाँ देवताओं को दे दीं। एक समय की बात है कि इंद्र ब्रह्मण का रूप धारण करके,, दानशूर कर्ण के पास कवच और कुंडल माँगने आया। कर्ण इन कवच-कुंडलों को पहने हुए ही जन्मा था। जब सूर्य ने जाना कि इंद्र कवच कुंडल माँगने जा रहा है, तब उसने पहले ही से कर्ण को सूचना दे दी थी कि तुम अपने कवच-कुंडल किसी को दान मत दो। यह सूचना देते समय सूर्य ने कर्ण से कहा, "इसमें संदेह नहीं कि तू बड़ा दानी है; परंतु यदि तू अपने कवच-कुंडल दान में देगा, तो तेरे जीवन ही की हानि हो जाएगी। इसलिए तू इन्हें किसी को न दो। क्योंकि तन जाने पर कीर्ति का क्या उपयोग?' "मृतस्य कीर्त्या किं कार्यम्।" यह सुनकर कर्ण ने स्पष्ट उत्तर दिया कि "जीवितेनापि में रक्ष्या कीर्तिस्तद्विद्धि में व्रतम्"-अर्थात् जान भले ही चली जाए तो भी कुछ परवाह नहीं; परंतु अपनी कीर्ति की रक्षा करना ही मेरा व्रत है (मभा. बन. 299.38) सारांश यह है कि "यदि मर जाएगा, तो स्वर्ग की प्राप्ति होगी और जीत जाएगा

तो पृथ्वी का राज्य मिलेगा" इत्यादि क्षात्रधर्म (गीता 2.37) और 'स्वध में निधनं श्रेय:' (गीता 3.35) यह सिद्धान्त उक्त तत्त्व पर ही अवलंबित है। इसी तत्त्व के अनुसार श्रीसमर्थ रामदास स्वामी कहते हैं, 'कीर्ति की और देखने से सुख नहीं है और सुख की और देखने से कीर्ति नहीं मिलती (दासबोध 12.10.19; 19.10.25); और वे उपदेश भी करते हैं कि "हे सज्जन मन! ऐसा काम कर, जिससे मरने पर कीर्ति बची रहे।" यहाँ प्रश्न हो सकता है कि यद्यपि परोपकार से कीर्ति प्राप्त होती है, तथापि मृत्यु के बाद कीर्ति का क्या उपयोग? अथवा किसी सभ्य मनुष्य को अपकीर्ति की अपेक्षा मर जाना (गीता 2.34), या जिंदा रहने से परोपकार करना अधिक प्रिय क्यों मालूम होता है? इस प्रश्न का उचित उत्तर देने के लिए आत्म-अनात्म विचार में प्रवेश करना होगा। और इसी के साथ कर्म-अकर्म शास्त्र का भी विचार करके यह जान लेना होगा कि किस समय पर जान देने के लिए तैयार होना उचित या अनुचित है। यदि इस बात का विचार नहीं किया जाएगा तो जान देने से यश की प्राप्ति तो दूर ही रही, मूर्खता से आत्महत्या करने का पाप माथे चढ़ जाएगा।

माता, पिता, गुरु आदि वंदनीय और पूजनीय पुरुषों की पूजा तथा शुश्रूषा करना भी सर्वमान्य धर्मों में से एक प्रधान धर्म समझा जाता है। यदि ऐसा न हो तो कुटुंब, गुरुकुल और सारे समाज की व्यवस्था ठीक-ठीक कभी रह न सकेगी। यही कारण है कि सिर्फ स्मृति-ग्रंथों ही में नहीं, किंतु उपनिषदों में भी, "सत्यं वद, धर्म चार" कहा गया है। और जब शिष्य का अध्ययन पूरा हो जाता और वह अपने घर जाने लगता, तब प्रत्येक गुरु का उसे यही उपदेश होता था कि "मातृदेवो भव। पितृदेवो भव। आचार्य देवो भव।" (तै. 1.11.1 और 6) महाभारत के ब्राह्मण-व्याध आख्यान का तात्पर्य भी यही है। (वन. अ. 213)। परंतु इसमें भी कभी कभी अकल्पित बाधाएँ खड़ी हो जाती हैं। देखिए, मनुजी कहते हैं (2.145)

उपाध्यायान् दशाचार्य: आचार्याणां शतं पिता।
सहस्त्रं तु पितृन्माता गौरवेणातिरिच्यते॥

"दस उपाध्यायों से आचार्य और सौ आचार्यों से पिता, एवं हजार पिताओं से माता का गौरव अधिक है।" इतना होने पर भी यह कथा प्रसिद्ध है, (मभा. बन, 116.14) कि परशुराम की माता ने कुछ अपराध किया था, इसलिए उसने अपने पिता की आज्ञा से अपनी माता को मार डाला। शांतिपर्व (मभा. शां. 265) के चिरकारिकोप आख्यान में अनेक साधक-बाधक प्रमाणों सहित इस बात का एक स्वतंत्र अध्याय में विस्तृत विवेचन किया गया है कि पिता की आज्ञा से माता का वध करना श्रेयस्कर है या पिता की आज्ञा का भंग करना श्रेयस्कर है। इससे स्पष्ट जाना जाता है कि महाभारत के समय ऐसे सूक्ष्म प्रसंगों की नीतिशास्त्र की दृष्टि से चर्चा करने की पद्धति जारी थी। यह बात छोटों से लेकर बड़ों तक सब लोगों को मालूम है कि पिता की प्रतिज्ञा को सत्य करने के लिए उनकी आज्ञा से रामचंद्र ने चौदह वर्ष वनवास किया। परंतु माता के संबंध में जो न्याय ऊपर कहा गया है वही पिता के संबंध में भी उपर्युक्त होने का समय कभी-कभी आ सकता है। जैसे; मान लीजिए, कोई लड़का अपने पराक्रम से राजा हो गया और उसका पिता एक अपराधी के नाते इन्साफ के लिए उसके सामने लाया गया; इस अवस्था में वह लड़का क्या करे?-राजा के नाते अपने अपराधी पिता को दंड दे या उसको अपना पिता समझकर छोड़ दे? मनुजी कहते हैं-

पिताचार्य: सुहृन्माता भार्या पुत्र: पुरोजि:।
नादण्ड्यो नाम राज्ञोऽस्ति य: स्वधर्मे न तिष्ठति॥

"पिता, आचार्य, मित्र, माता, स्त्री, पुत्र या पुरोहित-इनमें कोई भी यदि अपने धर्म

के अनुसार न चले, तो वह राजा के लिए दंड्य नहीं हो सकता; अर्थात् राजा उसको उचित दंड दे" (मनु. 8.335; मभा. शां. 121.60 (क्योंकि इस जगह पुत्र धर्म की योग्यता से राजधर्म की योग्यता अधिक है। उस न्याय का उदाहरण (मभा. बन. 107; रामा. 1. 38 में) भारत और रामयण-दोनों में है, कि सूर्यवंश के महापराक्रमी सगर राजा ने अपने लड़के को देश से निकाल दिया था; क्योंकि वह 'नासमझ और दुराचारी था, और प्रजा को दु:ख दिया करता था। मनुस्मृतियों में भी यह कथा है कि आंगरिस नामक एक ऋषि को छोटी अवस्था में बहुत ज्ञान हो गया था। इसलिए उसके काका-मामा आदि बड़े बूढ़े रिश्तेदार उसके पास अध्ययन करने लगे। एक दिन पाठ पढ़ाते-पढ़ाते आंगरिस ने कहा, "पुत्र का इति होवा च ज्ञान परिगृह्य तान्।" बस, यह सुनकर सब वृद्धजन क्रोध से लाल-पीले हो गए और कहने लगे कि यह लड़का मस्त हो गया है। उसको उचित दंड दिलाने के लिए उन लोगों ने देवताओं से शिकायत की। देवताओं ने दोनों पक्षों का कहना सुन लिया और यह निर्णय किया कि "आंगरिस ने जो कुछ तुम्हें कहा वही न्याय है।" इसका कारण यह है-

न तेन वृद्धो भवति येनास्य पलितं शिर:।
यो वै युवाप्यधीयानस्त। देवा: स्थविरं विदु:॥

"सिर के बाल सफेद हो जाने से ही कोई मनुष्य वृद्ध नहीं कहा जा सकता; देवगण उसी को वृद्ध कहते हैं जो तरुण होने पर भी ज्ञानवान् हो" (मनु. 2.156 और मभा. बन. 13311. शल्य. 41.46)। यह तत्त्व मनुजी और व्यासजी ही को नहीं, किंतु बुद्ध को भी मान्य था। क्योंकि, मनुस्मृति के उक्त श्लोक का पहला चरण 'धम्मपद'[1] नाम के पाली भाषा के प्रसिद्ध नीतिविषयक बौद्ध ग्रंथ में अक्षरश: आया है (धम्मपद 260 (और उसके आगे यह भी कहा है कि जो सिर्फ अवस्था ही से वृद्ध हो गया है उसका जीवन व्यर्थ है; यथार्थ में धार्मिष्ठ और वृद्ध होने के लिए सत्य, अहिंसा आदि सद्गुणों की आवश्यकता है। 'चुल्लवग्ग' 6.13.1) में स्वयं बुद्ध की यह आज्ञा है कि यद्यपि धर्म का निरूपण करने वाला भिक्षु नया हो, तथापि वह ऊँचे आसन पर बैठे और उन वयोवृद्ध भिक्षुओं को भी उपदेश करे, जिन्होंने उसके पहले दीक्षा पाई हो। यह कथा सब लोग जानते हैं कि प्रल्हाद ने अपने पिता हिरण्यकशिपु की अवज्ञा करके भगवत प्राप्ति कैसे कर ली थी। इससे यह जान पड़ता है कि छोटे-बड़े नहीं तो जब कभी पिता-पुत्र के सर्वमान्य नाते से भी कोई दूसरा अधिक बड़ा संबंध उपस्थित होता है, तब उतने समय के लिए निरुपाय होकर पिता-पुत्र का नाता भूल जाना पड़ता है। परंतु ऐसे अवसर के न होते हुए भी, यदि कोई मुँहजोर लड़का उक्त नीति का अवलंब करके अपने पिता को गालियाँ देने लगे, तो वह केवल पशु के समान समझा जाएगा। पितामह भीष्म ने युधिष्ठिर से कहा है, 'गुरुर्गरीयान् पितृतो मातृतश्चेति में मति:' (मभा. शां. 108. 17)-अर्थात् गुरु, माता-पिता से भी श्रेष्ठ है; परंतु महाभारत में यह भी लिखा है कि एक समय मरुत्त राजा के गुरु ने लोभवश होकर स्वार्थ के लिए उसका त्याग किया, तब मरुत ने कहा-

गुरोरप्यवलिप्तस्य कार्याकार्यमजानत:।
उत्वथप्रतितन्नस्य न्याय्यं भवति शासनम्॥

---

1. 'धम्मपद ग्रंथ का अंग्रेजी अनुवाद 'प्राच्य धर्म-पुस्तक माला' (Sacred Book of the East, Vol. X) में किया गया है और चुल्लवग्ग का अनुवाद भी उसी माला के Vol XVII और XX में प्रकाशित हुआ है। धम्मपद का पाली श्लोक यह है:-

न तेन थेरा होति येनस्स पुतिं सिरो।
परिपक्कों वयो तस्य मोघजिण्णो ति वुच्चति॥

'थेर शब्द बुद्ध भिक्षुओं के लिए प्रयुक्त हुआ है। यह संस्कृत 'स्थविर' का अपभ्रंश है।

"यदि कोई गुरु इस बात का विचार न करे, कि क्या करना चाहिए और क्या नहीं करना चाहिए और यदि वह अपने ही घमंड में रहकर टेढ़े रास्ते से चले, तो उसको शासन करना उचित है।" उक्त श्लोक महाभारत में चार स्थानों में पाया जाता है (मभा. आ. 142.52, 53; उ. 179. 24, शां. 57.7; 104. 48) इनमें से पहले स्थान में वही पाठ है, जो ऊपर दिया गया है। अन्य स्थानों में चौथे चरण के स्थान में 'दण्डो भवति शाश्वत:" "अथवा परित्यागो विधीयते" यह पाठांतर भी है। परंतु वाल्मीकि रामायण (रामा. 2.21.13), में जहाँ यह श्लोक है, वहाँ ऐसा ही पाठ है, जैसा ऊपर दिया गया है। इसलिए हमने इस ग्रंथ में उसी को स्वीकार किया है। इस श्लोक में जिस तत्त्व का वर्णन किया गया है उसी के आधार पर भीष्म पितामह ने परशुराम से और अर्जुन ने द्रोणाचार्य से युद्ध किया और जब प्रल्हाद ने देखा कि अपने गुरु, जिन्हें हिरण्यकशिपु ने नियम किया है, भगवत प्राप्ति के विरुद्ध उपदेश कर रहे हैं, तब उसने इसी तत्त्व के अनुसार उनका निषेध किया है। शांतिपर्व में भीष्म पितामह श्रीकृष्ण से कहते हैं कि यद्यपि गुरु पूजनीय है तथापि उसको भी नीति की मर्यादा का पालन करना चाहिए नहीं तो-

समयत्यागिनो लुब्धान् गुरुनपि च केशव।
निहन्ति समरे पापान् क्षत्रिय: स हि धर्मवित्॥

"हे केशव! जो गुरु मर्यादा, नीति अथवा शिष्टाचार को भंग करते हैं और जो लोभी या पापी हैं, उन्हें लड़ाई में मारने वाला क्षत्रिय ही धर्मज्ञ कहलाता है" (मभा. शां. 55. 16) इसी तरह तैत्तिरीयोपनिषद् में भी प्रथम 'आचार्य देवोभव' कहकर उसी के आगे कहा है कि हमारे जो कर्म अच्छे हो उन्हीं का अनुकरण करो औरों का नहीं-'यान्यस्माकौ सुचरितानि-तानि त्वयोपास्यानि, नो इतराणि' (तै. 1.11.2)। इससे उपनिषदों का वह सिद्धान्त प्रकट होता है कि यद्यपि पिता और आचार्य को देवता के समान मानना चाहिए; तथापि यदि वे शराब पीते हों, तो पुत्र और छात्र को अपने पिता या आचार्य का अनुकरण नहीं करना चाहिए क्योंकि नीति की मर्यादा और धर्म का अधिकार माँ बाप-या गुरु से अधिक बलवान होता है। मनुजी की निम्न आज्ञा का भी यही रहस्य है-"धर्म का पालन करो; यदि कोई धर्म का नाश करेगा; अर्थात् धर्म की आज्ञा के अनुसार आचरण नहीं करेगा; तो धर्म उस मनुष्य का नाश किए बिना नहीं रहेगा।" (मनु. 7.14-16) राजा तो गुरु से भी अधिक श्रेष्ठ एक देवता है (मनु. 7.8 और मभा. शां. 68.40) परंतु; वह भी धर्म से मुक्त नहीं हो सकता। यदि वह इस धर्म का त्याग कर देगा, तो उसका नाश हो जाएगा-यह बात मनुस्मृति में कही गई है और महाभारत में वही भाव, वेन तथा खनीनेत्र राजाओं की कथा में, व्यक्त किया गया है। (मनु. 7.41 और 8.128; मभा. शां. 49.92.100 तथा अश्व 4)।

अहिंसा, सत्य, और अस्तेय के साथ इंद्रिय-निग्रह की भी गणना सामान्य धर्म में की जाती है (मनु. 10.63)। काम, क्रोध, लोभ आदि मनुष्य के शत्रु हैं। इसलिए जब तक मनुष्य इनको जीत नहीं लेगा, तब तक उसका या समाज का कल्याण नहीं होगा। यह उपदेश सब शास्त्रों में किया गया है। विदुरनीति और भगवद्गीता में भी कहा है-

त्रिविधं नरकस्येदं द्वारं नाशनमात्मन:।
काम: क्रोधस्तथा लोभस्मस्मादेतत् त्रयं त्यजेत्॥

"काम, क्रोध और लोभ ये तीनों नरक के द्वार हैं। इनसे हमारा नाश होता है। इसलिए इनका त्याग करना चाहिए" (गीता 16.21. मभा. उ. 32.70) परंतु गीता ही में भगवान श्रीकृष्ण ने अपने स्वरूप का वर्णन किया है, "धर्मोऽविरुद्धो भूतेषू कामोऽस्मि भरतर्षभ" - हे अर्जुन! प्राणिमात्र में धर्म के अनुकूल जो 'काम ' है, वही

मैं हूँ (गीता 7.11)। इससे यह बात सिद्ध होती है कि जो 'काम' धर्म के विरुद्ध है वही नरक का द्वार है। इसके अतिरिक्त जो दूसरे प्रकार का 'काम' है, अर्थात् जो धर्म के अनुकूल है, वह ईश्वर को मान्य है। मनु ने भी यही कहा है-"परित्यजेदर्थकामौ यौ स्यातां धर्मवर्जितौ"-जो अर्थ और काम धर्म के विरुद्ध हो उनका त्याग कर देना चाहिए (मनु. 4.176)। यदि सब प्राणी कल से 'काम' का त्याग कर दे और मृत्युपर्यंत ब्रह्मचर्यव्रत से रहने का निश्चय कर ले, तो सौ-पचास वर्ष ही में सारी सजीव सृष्टि का लय हो जाएगा और जिस सृष्टि की रक्षा के लिए भगवान बार-बार अवतार धारण करते हैं, उसका अल्पकाल ही में उच्छेद हो जाएगा। यह बात सच है कि काम और क्रोध मनुष्य के शत्रु हैं, परंतु कब? जब वे अपने वश में न रहें तब। यह बात मनु आदि शास्त्रकरों को संमत है कि सृष्टि का क्रम जारी रखने के लिए-उचित मर्यादा के भीतर-काम और क्रोध की अत्यंत आवश्यकता है (मनु. 5.53)। इन प्रबल मनोवृत्तियों का उचित रीति से निग्रह करना ही सब सुधारों का प्रधान उद्देश्य है, उनका नाश करना कोई सुधार नहीं कहा जा सकता; क्योंकि भागवत (भाग. 11.5.11) में कहा है-

लोके व्यवायामिषमद्यसेवा नित्यास्ति जन्तोर्नहि तत्र चोदना।
व्यवस्थितिस्तेषु विवाहयज्ञसुराग्रहैरासु निवृत्तिरिष्टा॥

"इस दुनिया में किसी से यह कहना नहीं पड़ता कि तुम मैथुन, मांस और मदिरा का सेवन करो। ये तीनों मनुष्यों को स्वभाव ही से पसंद हैं। इन तीनों की कुछ व्यवस्था कर देने के लिए -(शास्त्रकारों ने) अनुक्रम से विवाह, सोमयाग और सोत्रामणी यज्ञ की योजना की है; परंतु तिस पर भी निवृत्ति अर्थात् निष्काम् आचारण इष्ट है।" यहाँ यह बात ध्यान में रखने योग्य है कि जब 'निवृत्ति' शब्द का संबंध पंपम्यंत पद के साथं होता है, तब उसका अर्थ "अमुक वस्तु से निवृत्ति अर्थात् अमुक कर्म का सर्वथा त्याग" हुआ करता है तो भी कर्मयोग में 'निवृत्ति' विशेषण कर्म ही के लिए प्रयुक्त हुआ है। इसलिए 'निवृत्ति कर्म का अर्थ "निष्काम बुद्धि से किया जाने वाला कर्म' होता है। यही अर्थ मनुस्मृति और भागवतपुराण में स्पष्ट रीति से पाया जाता है (मनु. 12.89; भाग 11.10-1 और 7.14.47) क्रोध के विषय में किरातकाव्य में (1.33) भारवि का कथन है-

अमर्षशून्येन जनस्य जन्तुना न जातहार्देन न विद्विषादरः।

जिस मनुष्य को अपमानित होने पर भी क्रोध नहीं आता है, उसकी मित्रता और द्वेष दोनों बराबर हैं।" क्षात्रधर्म के अनुसार देखा जाए तो विदुला ने यही कहा है-

एतावानेव पुरुषो यदमर्षी यदक्षमी।
क्षमावान्निरमर्षश्च नैव स्त्री न पुनः पुमान्॥

"जिस मनुष्य को (अन्याय पर) क्रोध आता है जो (अपमान को) सह नहीं सकता, वही पुरुषण कहलाता है। जिस मनुष्य में क्रोध या चिढ़ नहीं है, वह नपुंसक के समान है" (मभा. उ. 132। 33)। इस बात का उल्लेख ऊपर किया जा चुका है कि इस जगत के व्यवहार के लिए न तो सदा तेज या क्रोध ही उपयोगी है और न क्षमा। यही बात लोभ के विषय में कही जा सकती है क्योंकि संन्यासी को भी मोक्ष की इच्छा होती है।

व्यासजी ने महाभारत में अनेक स्थानों पर भिन्न-भिन्न कथाओं के द्वारा यह प्रतिपादन किया है कि शूरता, धैर्य, दया, शील, मित्रता, समता आदि सब सद्गुण अपने अपने विरुद्ध गुणों के अतिरिक्त देश-काल आदि से मर्यादित हैं। भर्तृहरि का कथन है-

विपदि धर्यमथाभ्युदये क्षमा सदसि वाक्पटुता युधि विक्रमः।

"संकट के समय धैर्य, अभ्युदय के समय (अर्थात् जब शासन करने की सामर्थ्य

हो तब) क्षमा, सभा में वक्तृता और शूरता शोभा देती है" (नीति. 63)। शांति के समय 'उत्तर' के समान बकबक करने वाले पुरुष कुछ कम नहीं हैं। घर बैठे-बैठे अपनी स्त्री की नथनी में से तीर चलाने वाले कर्मवीर बहुत होंगे; उनमें से रणभूमि पर धनुर्धर कहलाने वाला एक-आध ही दीख पड़ता है। धैर्य आदि सद्गुण ऊपर लिखे समय पर ही शोभा देते हैं, इतना ही नहीं, किंतु ऐसे प्रसंग के बिना उनकी सच्ची परीक्षा भी नहीं होती। सुख के साथी तो बहुतेरे हुआ करते हैं, परंतु "निषकग्रावा तु तेषां विपत्"-विपत्ति ही उनकी परीक्षा की सच्ची कसौटी है। 'प्रसंग' शब्द ही में देश-काल के अतिरिक्त पात्रापात आदि बातों का भी समावेश हो जाता है। समता से बढ़कर कोई भी गुण श्रेष्ठ नहीं है। भगवद्गीता में स्पष्ट रीति से लिखा है, "समः सर्वेषु भूतेषु" यही सिद्ध पुरुषों का लक्षण है। परंतु समता कहते किसे हैं? यदि कोई मनुष्य योग्यता-अयोग्यता का विचार न करके सब लोगों को समान रूप से दान करने लगे, तो क्या हम उसे अच्छा कहेंगे? इस प्रश्न का निर्णय भगवद्गीता में इस प्रकार किया है-"देशे काले च पात्रे च तद्दानं सात्त्विकं विदुः"-देश, काल और पात्रता का विचार करके जो दान किया जाता है, वही सात्त्विक कहलाता है (गीता 17.20)। काल की मर्यादा सिर्फ वर्तमान काल ही के लिए नहीं होती। ज्यों ज्यों समय बदलता जाता है, त्यों त्यों व्यावहारिक धर्म में भी परिवर्तन होता जाता है। इसलिए जब प्राचीन समय की किसी बात की योग्यता या अयोग्यता का निर्णय करना पड़ता है (मनु. 1.85)। और व्यास (मभा. शां. 259.8) कहते हैं।-

अन्ये-अन्ये कृतयुगे धर्मास्त्रेतायां द्वापरेऽपरे।
अन्ये कलियुगे नृणां युगह्रासानुरूपतः॥

"युगमान के अनुसार कृत, त्रेता, द्वापर और कलि के धर्म भी भिन्न-भिन्न होते हैं।" महाभारत (मभा. आ. 122; और 76) में यह कथा है प्राचीन काल में स्त्रियों के लिए विवाह की मर्यादा नहीं थी वे इस विषय में स्वतंत्र और अनावृत्त थीं; परंतु जब इसी आचरण का बुरा परिणाम दीख पड़ा तब श्वेतकेतु ने विवाह की मर्यादा स्थापित कर दी और मदिरापान का निषेध भी पहले पहल शुक्राचार्य ही ने किया। तात्पर्य यह है कि जिस समय से नियम जारी नहीं थे, उस समय के धर्म-अधर्म का और उसके बाद के धर्म--अधर्म का विवेचन भी भिन्न-भिन्न रीति से किया जाना चाहिए। इसी तरह यदि वर्तमान समय का प्रचलित धर्म आगे चलकर बदल जाए तो उसके साथ भविष्य काल के धर्म--अधर्म का विवेचन भी भिन्न रीति से किया जाएगा। कालमान के अनुसार देशाचार, कुलाचार और जाति धर्म का भी विचार करना पड़ता है। क्योंकि आचार ही सब धर्मों की जड़ है। तथापि आचारों में भी बहुत भिन्नता हुआ करती है। पितामह भीष्म कहते हैं-

न हि सर्वहितः कश्चिदाचारः संप्रवर्तते।
तेनैवान्यः प्रभवति सोऽपरं बाधते पुनः॥

"ऐसा आचार नहीं मिलता, जो हमेशा सब लोगों का समान हितकारक हो। यदि किसी एक आचार को स्वीकार किया जाए, तो दूसरा उससे बढ़कर मिलता है; यदि इस दूसरे आचार को स्वीकार किया जाए, तो वह किसी तीसरे आचार का विरोध करता है" (मभा. शां. 259.17.18)। जब आचारों में ऐसी भिन्नता हो, तब भीष्म पितामह के कथन के अनुसार तारतम्य अथवा सार-असार दृष्टि से विचार करना चाहिए।

कर्म-अकर्म या धर्म-अधर्म के विषय में सब संदेहों का यदि निर्णय करने लगें तो दूसरा महाभारत ही लिखना पड़ेगा। उक्त विवेचन से पाठकों के ध्यान में यह बात आ जाएगी कि गीता के आरंभ में क्षात्र धर्म और बंधु प्रेम के बीच झगड़ा उत्पन्न हो जाने

से अर्जुन पर जो गुजरी वह कुछ लोक-विलक्षण नहीं है; इस संसार में ऐसी कठिनाइयाँ कार्यकर्ताओं और बड़े आदमियों पर अनेक बार आया ही करती है और जब ऐसी कठिनाइयाँ आती हैं, तब कभी अहिंसा और आत्मरक्षा के बीच; कभी सत्य और सर्वभूतहित में, कभी शरीर रक्षा और कीर्ति में और कभी भिन्न भिन्न नातों से उपस्थित होने वाले कर्त्तव्यों में झगड़ा होने लगता है। तब शास्त्रोक्त, सामान्य तथा सर्वसामान्य नीति-नियमों से काम नहीं चलता और उनके लिए अनेक अपवाद उत्पन्न हो जाते हैं। ऐसे विकट समय पर साधारण मनुष्यों से लेकर बड़े पंडितों का भी यह जानने की स्वाभाविक इच्छा होती है कि कार्य-अकार्य की व्यवस्था-अर्थात् कर्त्तव्य-अकर्त्तव्य धर्म का निर्णय करने के लिए कोई चिरस्थायी नीति अथवा युक्ति है या नहीं। यह बात सच है कि शास्त्रों में दुर्भिक्ष जैसे संकट के समय 'आपद्धर्म' कहकर कुछ सुविधाएँ दो गई हैं। उदाहरणार्थ, स्मृतिकारों ने कहा है कि यदि आपत्काल में ब्राह्मण कहीं भी अन्न ग्रहण कर ले, तो वह दोषी नहीं होता और उषस्ति चाक्रायण के इसी तरह बर्ताव करने की कथा भी छांदोग्योपनिषद (याज्ञ. 3.41; छां. 1.10) में है; परंतु उसमें और उक्त कठिनाइयों में बहुत भेद है। दुर्भिक्ष जैसे आपत्काल में शास्त्र धर्म और भूख, प्यास आदि इंद्रिय वृत्तियों का और शास्त्र का कुछ भी विरोध नहीं होता; किंतु ऐसे दो धर्मों में परस्पर विरोध उत्पन्न हो जाता है जो शास्त्रों ही से विहित है और फिर उस समय सूक्ष्म विचार करना पड़ता है कि किस बात को स्वीकार किया जाए। यद्यपि कोई मनुष्य अपनी बुद्धि के अनुसार इनमें से कुछ बातों का निर्णय प्राचीन सत्पुरुषों के ऐसे ही समय पर किए हुए बर्ताव से कर सकता है तथपि अनेक प्रसंग ऐसे होते हैं कि उनमें बड़े बड़े बुद्धिमानों का भी मन चक्कर में पड़ जाता है। जब उचित निर्णय होने नहीं पाता तब अधर्म या अपराध हो जाने को भी संभावना होती है। इस दृष्टि से विचार करने पर मालूम होता है कि धर्म-अधर्म या कर्म-अकर्म का विवेचन एक स्वतंत्र, शास्त्र ही है, जो न्याय तथा व्याकरण से भी अधिक गहन है। प्राचीन संस्कृत ग्रंथों में 'नीतिशास्त्र' शब्द का उपयोग प्राय: राजनीतिशास्त्र विषय के लिए ही किया गया है और कर्त्तव्य-अकर्त्तव्य के विवेचन को 'धर्मशास्त्र' कहते हैं। परंतु आजकल 'नीति' शब्द ही में कर्त्तव्य अथवा सदाचरण का भी समावेश किया जाता है इसलिए हमने वर्तमान पद्धति के अनुसार, इस ग्रंथ में धर्म-अधर्म या कर्म-अकर्म के विवेचन ही को 'नीतिशास्त्र' कहा है। नीति, कर्म-अकर्म या धर्म-अधर्म के विवेचन का यह शास्त्र बड़ा गहन है यह भाव प्रकट करने ही के लिए "सूक्ष्मा गतिर्हि धर्मस्य"- अर्थात् धर्म या व्यावहारिक नीति धर्म का स्वरूप है-यह बचन महाभारत में कई जगह उपयुक्त हुआ है। पाँच पांडवों ने मिलकर अकेली द्रौपदी के साथ विवाह कैसे किया? द्रौपदी के वस्त्रहरण के समय भीष्म-द्रोण आदि सत्पुरुष शून्य हृदय होकर चुपचाप क्यों बैठे रहे? दुष्ट दुर्योधन की ओर से युद्ध करते समय भीष्म और द्रोणचार्य ने अपने पक्ष का समर्थन करने के लिए जो यह सिद्धान्त बतलाया कि "अर्थस्य पुरुषों दास: दासस्त्वर्थो न कस्याचित्"-पुरुष अर्थ (संपत्ति) दास है, अर्थ किसी का दास नहीं हो सकता-(मभा. भी. 43.35) यह बात सच है या झूठ? यदि सेवाधर्म कुत्ते की वृत्ति के समान निंदनीय माना है-जैसे "सेवा श्ववृत्तिराख्याता" (मनु. 4.6), तो अर्थ के दास हो जाने के बदले भीष्म आदिओं ने दुर्योधन की सेवा ही का त्याग क्यों नहीं कर दिया ? इन अनेकों प्रश्न का निर्णय करना बहुत कठिन है, क्योंकि प्रसंगों के अनुसार भिन्न-भिन्न मनुष्यों के भिन्न-भिन्न अनुमान या निर्णय हुआ करते हैं। यही नहीं समझना चाहिए, कि धर्म के तत्त्व सिर्फ सूक्ष्म ही हैं-"सूक्ष्मा गतिर्हि धर्मस्य"-(मभा. अनु. 10.70); किंतु महाभारत (बन. 208.2) में यह भी कहा है कि "बहुशाखा हनंतिका"-अर्थात् उसकी शाखाएँ अनेक हैं, और उससे निकलने वाले अनुमान भी

भिन्न-भिन्न हैं तुलाधार और जाजलि के संवाद में धर्म का विवेचन करते समय तुलाधार भी यही कहता है कि "सूक्ष्मात्वानन्न स विज्ञातुं शक्यते बहुनिह्वः" अर्थात् धर्म सूक्ष्म और पेचीदा होता है। इसलिए वह समझ में नहीं आता (मभा. शां. 261.37) महाभारतकार व्यास जी इन सूक्ष्म प्रसंगों को अच्छी तरह जानते थे; इसलिए उन्होंने यह समझा देने के उद्देश्य से ही अपने ग्रंथ में अनेक भिन्न-भिन्न कथाओं का संग्रह किया है कि प्राचीन समय के सत्पुरुषों ने ऐसे कठिन प्रसंगों पर कैसा बर्ताव किया था। परंतु शास्त्र पद्धति से सब विषयों का विवेचन करके उसका सामान्य रहस्य महाभारत सरीखे धर्मग्रंथ में कहीं बतला देना आवश्यक था। इस रहस्य या मर्म का प्रतिपादन-अर्जुन की कर्त्तव्य-मूढ़ता को दूर करने के लिए भगवान श्रीकृष्ण ने पहले जो उपदेश दिया था उसी के आधार पर-व्यास जी ने भगवद्गीता में किया है। इससे 'गीता' महाभारत का रहस्योपनिषद् और शिरोभूषण हो गई है और महाभारत गीता में प्रतिपादित मूलभूत कर्म-तत्त्वों का उदाहरण सहित विस्तृत व्याख्यान हो गया है। इस बात की ओर उन लोगों को अवश्य ध्यान देना चाहिए; जो यह कहा करते हैं कि महाभारत ग्रंथ में 'गीता' बाद में घुसेड़ दी गई है। हम तो यही समझते हैं कि यदि गीता की कोई अपूर्वता या विशेषता है तो वह यही है कि जिसका उल्लेख ऊपर दिया गया है। कारण यह है कि यद्यपि केवल मोक्षशास्त्र अर्थात् वेदान्त का प्रतिपादन करने वाले उपनिषद् आदि, तथा अहिंसा आदि सदाचार के सिर्फ नियम बनाने वाले स्मृति आदि अनेक ग्रंथ है तथापि वेदान्त के गहन तत्त्वज्ञान के आधार पर 'कार्याकार्य व्यवस्थित' करने वाला, गीता के समान कोई दूसरा प्राचीन ग्रंथ संस्कृत साहित्य में दीख नहीं पड़ता। गीताभक्तों को यह बतलाने की आवश्यकता नहीं कि 'कार्याकार्य व्यवस्थित' शब्द गीता ही (गीता 16.24) में प्रयुक्त हुआ है। यह शब्द हमारा मनगढ़ीत नहीं है। भगवद्गीता ही के समान योग वसिष्ठ में भी वसिष्ठ मुनि नै श्रीरामचंद्रजी को ज्ञान-मूलक प्रवृत्ति मार्ग ही का उपदेश किया है। परंतु यह ग्रंथ गीता के बाद का है और गीता ही का अनुकरण किया है। अतएव ऐसे ग्रंथ से गीता की उस अपूर्वता या विशेषता में-जो ऊपर कही गई है-कोई बाधा नहीं आती।

❑❑❑

तीसरा प्रकरण

कर्मयोगशास्त्र

तस्माद्योगाय यज्युस्व योगः कर्मसु कौशलम्।[1]

गीता 2.50

यदि किसी मनुष्य को किसी शास्त्र के जानने की इच्छा पहले से ही न हो तो वह उस शास्त्र के ज्ञान को पाने का अधिकारी नहीं हो सकता। ऐसे अधिकार रहित मनुष्य को उस शास्त्र की शिक्षा देना मानों चलनी में दूध दूहना ही है। शिष्य को इस शिक्षा से कुछ लाभ नहीं परंतु गुरु को भी निरर्थक श्रम करके समय नष्ट करना पड़ता है। जैमिनी और बादराय के सूत्रों के आरंभ में इसी कारण से "अथातो धर्म जिज्ञासा" और "अथातो ब्रह्म जिज्ञासा" कहा हुआ है। जैसे ब्रह्मोपदेश मुमुक्षुओं का और धर्मच्छुओं को देना चाहिए वैसे ही कर्मशास्त्रोपदेश उसी मनुष्य को देना चाहिए, जिसे यह जानने की इच्छा या जिज्ञासा हो कि संसार में कर्म कैसे करना चाहिए। इसीलिए हमने पहले प्रकरण में "अथातो" कहकर दूसरे प्रकरण में 'कर्मजिज्ञासा' का स्वरूप और कर्मयोग शास्त्र का महत्त्व बतलाया है। जब तक पहले ही से इस बात का अनुभव न कर लिया जाए कि अमुक काम में अमुक रुकावट है तब तक उस रुकावट से छुटकारा पाने की शिक्षा देने वाले शास्त्र का महत्त्व ध्यान नहीं आता और महत्त्व को न जानने से केवल रटा हुआ शास्त्र समय पर ध्यान में रहता भी नहीं है। यही कारण है कि जो सद्‌गुरु हैं, वे पहले यह देखते हैं कि शिष्य के मन में जिज्ञासा है या नहीं और यदि जिज्ञासा न हो तो वे पहले उसी को जागृत करने का प्रयत्न किया करते हैं गीता में कर्मयोग शास्त्र का विवेचन इसी पद्धती से किया गया है। जब अर्जुन के मन में यह शंका आई कि जिस लड़ाई में मेरे हाथ से पितृवध और गुरुवध होगा, तथा जिसमें सभी राजाओं और सब बंधुओं का नाश हो जाएगा, उसमें शामिल होना उचित है या अनुचित और जब वह युद्ध से पराङ्मुख होकर संन्यास लेने को तैयार हुआ और जब भगवान के इस सामान्य युक्तिवाद से भी उसके मन का समाधान नहीं हुआ कि "समय पर किए जाने वाले काम का त्याग करना मूर्खता और दुर्बलता का सूचक है इससे तुझे स्वर्ग तो मिलेगा ही नहीं उल्टे दुष्कीर्ति अवश्य होगी।" तब भी भगवन के पहले "अशोच्यानन्वशोचस्त्वं प्रज्ञावादांश्च भाव से" अर्थात् जिस बात का शोक नहीं करना चाहिए, उसी का तो तू शोक कर रहा है और साथ ब्रह्मज्ञान की भी बड़ी बड़ी बातें छाँट रहा है-कहकर अर्जुन का कुछ थोड़ा-सा उपहास किया और फिर उसको कर्म के ज्ञान का उपदेश दिया। अर्जुन की शंका निराधार नहीं थी। गत प्रकरण में हमने यह दिखलाया है कि अच्छे-अच्छे पंडितों को भी कभी-कभी "क्या करना चाहिए और क्या नहीं करना चाहिए?" यह प्रश्न

---

1. "इसलिए तू योग का आश्रय ले। कर्म करने की जो रीति चतुराई या कुशलता है उसे योग कहते हैं" यह 'योग' शब्द की व्याख्या अर्थात् लक्षण है। इसके संबंध में अधिक विचार इसी प्रकरण में आगे चलकर किया है।

चक्कर में डाल देता है। परंतु कर्म-अकर्म की चिंता में अनेक अड़चनें आती हैं। इसलिए कर्म छोड़ देना उचित नहीं है। विचारवान पुरुषों को ऐसी युक्ति अर्थात् 'योग' को स्वीकार करना चाहिए, जिससे सांसारिक कर्मों का लोप तो होने न पावे और कर्माचरण करने वाला किसी पाप या बंधन में भी न फँसे,-यह कहकर श्रीकृष्णं ने अर्जुन को पहले यही उपदेश दिया है "तस्माद्योगाय युज्यस्व"-अर्थात् तू भी इसी युक्ति का स्वीकार कर। यही 'योग' कर्मयोग शास्त्र है और जब कि यह बात प्रगट है कि अर्जुन पर आया हुआ संकट कुछ लोक-विलक्षण या अनोखा नहीं था-ऐसे अनेक छोटे-बड़े संकट संसार में सभी लोगों पर आया करते हैं-तब तो यह बात आवश्यक है कि इस कर्मयोगशास्त्र का जो विवेचन भगवद्गीता में किया है उसे हरएक मनुष्य सीखे। किसी भी शास्त्र के प्रतिपादन में कुछ मुख्य और गूढ़ अर्थ को प्रकट करने वाले शब्दों का प्रयोग किया जाता है। अतएव उनके सरल अर्थ की पहले जान लेना चाहिए और यह भी देख लेना चाहिए कि उस शास्त्र के प्रतिपादन की मूल शैली कैसी है। नहीं तो फिर उसके समझने में कई प्रकार की आपत्तियाँ और बाधाएँ उत्पन्न होती हैं। इसलिए कर्मयोगशास्त्र के कुछ मुख्य शब्दों के अर्थ की परीक्षा यहाँ पर की जाती है।

सबसे पहला शब्द 'कर्म' है। 'कर्म' शब्द 'कृ' धातु से बना है। उसका अर्थ करना, व्यापार, हलचल होता है और इसी सामान्य अर्थ में गीता में उसका उपयोग हुआ है-अर्थात् यही अर्थ गीता में विवक्षित है। ऐसा कहने का कारण यही है कि मीमांसा शास्त्र में और अन्य स्थानों पर भी इस शब्द के जो संकुचित अर्थ दिए गए हैं उनके कारण पाठकों के मन में कुछ भ्रम उत्पन्न न होने पावे। किसी भी धर्म को लीजिए उसमें ईश्वर प्राप्ति के लिए कुछ-न-कुछ कर्म करने के लिए कहा है। प्राचीन वैदिक धर्म के अनुसार देखा जाए, तो यज्ञयाग ही वह कर्म है। जिससे ईश्वर की प्राप्ति होती है। वैदिक ग्रंथों में यज्ञ-याग वह विधि बताई गई है, परंतु इसके विषय में कहीं-कहीं परस्पर विरोधी वचन भी पाए जाते हैं। अतएव उनकी एकता और मेल दिखलाने के लिए जैमिनी के पूर्व मीमांसाशास्त्र का प्रचार हुआ है। जैमिनी के मतानुसार वैदिक या श्रोत यज्ञ-याग करना ही प्रधान और प्राचीन धर्म है। मनुष्य जो कुछ करता है, वह सब यज्ञ के लिए करता है। यदि उसे धर्म कमाना है, तो यज्ञ के लिए और धान्य-संग्रह करभा है तो यज्ञ ही के लिए (मभा. शां. 26.25) जबकि यज्ञ करने की आज्ञा वेदों ही ने दी है, तब यज्ञ के लिए मनुष्य कुछ भी कर्म करे वह उसको बंधक नहीं होगा। वह कर्म यज्ञ का एक साधन है-वह स्वतंत्र रीति से साध्य वस्तु नहीं है। इसलिए यज्ञ से जो फल मिलने वाला है, उसी में उस कर्म के फल का भी समावेश हो जाता है-उस कर्म का कोई अलग पुल नहीं होता। परंतु यज्ञ के लिए किए गए कर्म यद्यपि स्वतंत्र फल देने वाला नहीं है तथापि स्वयं यज्ञ से स्वर्ग प्राप्ति (अर्थात् मीमांसकों के मतानुसार एक प्रकार की सुखप्राप्ति) होती है। और इस स्वर्ग प्राप्ति के लिए ही यज्ञकर्ता मनुष्य बड़े चाव से यज्ञ करता है। इसी से स्वयं यज्ञकर्म 'पुरुषार्थ कहलाता है। क्योंकि जिस वस्तु से किसी मनुष्य की प्रीति होती है और जिसे पाने की उसके मन में इच्छा होती है, उसे 'पुरुषार्थ' कहते हैं (जै. सू. 4.1.1 और 2)। यज्ञ का पर्यायवाची 'ऋतु' शब्द है। इसलिए 'यज्ञार्थ' (क्रत्वर्थ) कर्म, अर्थात् जो स्वतंत्र रीति से फल नहीं देते, अतएव अबंधक हैं, और दूसरे 'पुरुषार्थ' कर्म, अर्थात् जो पुरुष को लाभकारी होने के कारण बंधक है। संहिता और ब्राह्मण ग्रंथों में सारा वर्ण यज्ञ-यागादिकों का ही है। ऋग्वेद संहिता में इंद्र आदि देवताओं की स्तुति-संबंधी सूक्त हैं, तथापि मीमांसक गण कहते हैं कि सब श्रुतिग्रंथ यज्ञ आदि कर्मों ही के प्रतिपादक हैं, क्योंकि उनका विनियोग यज्ञ के समय में ही किया जाता है। इन कर्मठ, याज्ञिक या केवल कर्मवादियों का कहना है कि वेदोक्त यज्ञ-याग आदि कर्म

करने से ही स्वर्ग प्राप्ति होती है, अन्यथा नहीं होती। चाहे ये यज्ञ-याग अज्ञान से किए जाएं या ब्रह्मज्ञान से। यद्यपि उपनिषदों में यज्ञ ग्राह्य माने गए हैं, तथापि इनकी योग्यता ब्रह्मज्ञान से कम ठहराई गई है। इसलिए निश्चय किया गया है कि यज्ञ-याग से स्वर्ग प्राप्ति भले ही हो जाए, परंतु इनके द्वारा सच्चा मोक्ष नहीं मिल सकता। मोक्ष प्राप्ति के लिए ब्रह्मज्ञान ही की नितान्त आवश्यकता है। भगवद्‌गीता के दूसरे अध्याय में जिन यज्ञ-याग आदि काम्य कर्मों का वर्णन किया है-वेदवादरता: पार्थ नान्यदस्तीति वादिन:" (गीता 2.42)-वे ब्रह्मज्ञान बिना किए जाने वाले उपर्युक्त यज्ञ-याग आदि कर्म ही हैं। इसी तरह यह भी मीमांसाकों ही के मत का अनुवाद है कि "यज्ञार्थात्कर्मणोऽन्यत्र लोकोऽयं कर्मबंधन:" (गीता 3.9) अर्थत् यज्ञार्थ किए गए कर्म बंधक नहीं हैं, शेष सब कर्म बंधक हैं। इन यंज्ञ-याग आदि वैदिक कंर्मों के अतिरिक्त और भी चातुर्वर्ण्य भेदानुसार दूसरे आवश्यक धार्मिक कर्म मनुस्मृति आदि धर्मग्रंथों में वर्णित हैं। जैसे क्षत्रिय के लिए युद्ध और वैश्य के लिए वाणिज्य। पहले-पहले इन वर्णाश्रम-कर्मों का प्रतिपादन स्मृति-ग्रंथ में किया गया था। इसलिए इन्हें 'स्मार्त कर्म' या 'स्मार्त यज्ञ' भी कहते हैं। इन श्रौत-स्मार्त कर्मों के सिवा और भी धार्मिक कर्म हैं जैसे व्रत, उपवास आदि। इनका विस्तृत प्रतिपादन पहले पहल सिर्फ पुराणों में किया गया है, इसलिए इन्हें 'पौराणिक कर्म' कह सकेंगे। इन सब कर्मों के और भी तीन-नित्य, नैमित्तिक और काम्य-भेद किए गए हैं। स्नान, संध्या आदि जो हमेशा किए जाने वाले कर्म हैं, उन्हें नित्यकर्म कहते हैं। इनके करने से कुछ व्रिशेष फल अथवा अर्थ की सिद्धी नहीं होती, परंतु न करने से दोष अवश्य लगता है। नैमित्तिक कर्म उन्हें कहते हैं, जिन्हें किसी कारण के उपस्थित हो जाने से करना पड़ता है। जैसे अनिष्ट ग्रहों की शांति, प्रायश्चित आदि जिसके लिए हम शांति या प्रायश्चित करते हैं, वह निमित्त यदि पहले न हो गया हो, तो हमें नैमित्तिक कर्म करने की कोई आवश्यकता नहीं। जब हम कुछ विशेष इच्छा रखकर उसकी सफलता के लिए शास्त्रानुसार कोई कर्म करते हैं, तब उसे काम्य कर्म कहते हैं; जैसे वर्षा होने के लिए या पुत्र प्राप्ति के लिए यज्ञ करना। नित्य, नैमित्तिक और काम्य कर्मों के सिवा कुछ और कर्म हैं, जैसे मदिरापान इत्यादि, जिन्हें शास्त्रों ने त्याज्य कहा है। इसलिए ये कर्म निषिद्ध कर्म कहलाते हैं। नित्य कर्म कौन से हैं, नैमित्तिक कौन-कौन है और काम्य तथा निषिद्ध कर्म कौन-कौन से हैं-ये सब बातें धर्मशास्त्रों में निश्चित कर दी गई है। यदि कोई किसी धर्मशास्त्री से पूछा कि अमुक पुरुष का कर्म पुण्यछेप्रद है या पापकारक, तो वह सबसे पहले इस बात का विचार करेगा कि शास्त्रों की आज्ञा के अनुसार वह कर्म यज्ञार्थ है या पुरुषार्थ, नित्य है या नैमित्तिक, अथवा काम्य है या निषिद्ध, गैर इन बातों का विचार करके फिर वो अपना निर्णय करेगा। परंतु भगवद्‌गीता की दृष्टि उससे भी व्यापक और विस्तिर्ण है। मान लीजिए कि अमुक एक कर्म शास्त्रों में निषिद्ध माना गया है, अथवा उसे विहित कर्म ही कहा गया है-जैसे युद्ध के समय क्षत्रधर्म ही अर्जुन के लिए विहित कर्म था। पर इतने से ही यह सिद्ध नहीं होता कि हमें वह कर्म हमेशा करते ही रहना चाहिए अथवा उस कर्म का करना हमेशा श्रेयस्कर ही होगा। यह बात पिछले प्रकरण में कही गई है कि कहीं-कहीं तो शास्त्र की आज्ञाएँ भी परस्पर-विरुद्ध होती हैं। ऐसे समय में मनुष्य को किस मार्ग को स्वीकार करना चाहिए, इस बात का निर्णय करने के लिए कोई युक्ति है या नहीं? यदि है तो वह कौन सी? बस, यही गीता का प्रतिपाद्य विषय है। इस विषय में कर्म के उपर्युक्त अनेक भेदों पर ध्यान देने की कोई आवश्यकता नहीं। यज्ञ-याग आदि वैदिक कर्म तथा चातुर्वर्ण्य के कर्मों के विषय में मीमासंकों ने जो सिद्धान्त किए हैं, वे गीता में प्रतिपादित कर्मयोग से कहाँ तक मिलते हैं, यह दिखाने के लिए प्रसंगानुसार गीता में मीमांसकों के कथन

का भी कुछ विचार किया गया है और अंतिम अध्याय (गीता 18.6) में इस पर भी विचार किया है कि ज्ञानी पुरुष को यज्ञयाग आदि कर्म करना चाहिए या नहीं। परंतु गीता के मुख्य प्रतिपाद्य विषय का क्षेत्र इससे व्यापक है। इसलिए गीता के प्रतिपादन में 'कर्म शब्द का "केवल श्रौत अथवा स्मार्त कर्म" इतना ही संकुचित अर्थ नहीं लिया जाना चाहिए, किंतु उससे अधिक व्यापक रूप लेना चाहिए। सारांश, मनुष्य जो कुछ करता है-जैसे खाना, पीना, खेलना, रहना, उठना, बैठना, श्वासोच्छ्वास करना, हँसना, रोना, सूँघना, देखना, बोलना, सुनना, चलना, देना, सोना, लागना, मारना, लड़ना, मनन और ध्यान करना, आज्ञा या निषेध करना, दान देना, यज्ञ-याग करना, खेती या व्यापार धंधा करना, इच्छा करना, निश्चय करना, चुप रहना इत्यादि-इत्यादि-ये सब भगवद्गीता के अनुसार 'कर्म' ही है चाहे वे कर्म कायिक हों, वाचिक हों अथवा मानसिक हों (गीता 5.8.9) और तो क्या, जीना-मरना भी कर्म ही है। प्रसंग आने पर यह भी विचार करना पड़ता है कि 'जीना या मरना' इन दो कर्मो में से भी किसको स्वीकार किया जाए? इस विचार के उपस्थित होने पर कर्म शब्द का अर्थ 'कर्त्तव्य कर्म' अथवा 'विहित कर्म' हो जाता है। (गीता 4.16)। मनुष्य के कर्म के विषय में यहाँ तक विचार हो गया। अब इससे आगे बढ़कर सब चरअचर सृष्टि के-अचेतन वस्तु के भी-व्यापार में 'कर्म' शब्द ही का उपयोग होता है। इस विषय का विचार आगे कर्मविपाक-प्रक्रिया में किया जाएगा।

कर्म शब्द से भी अधिक भ्रमकारक शब्द 'योग' है। आजकल इस शब्द का रूढ़ार्थ "प्राणायामादिक साधनों से चित्तवृत्तियों या इंद्रियों का निरोध करना" अथवा "पातंजल सूत्रोक्त समाधि या ध्यानयोग" हैं। उपनिषदों में भी इसी अर्थ में इस शब्द का प्रयोग हुआ है (कठ. 6.11)। परंतु ध्यान में रखना चाहिए कि ये संकुचित अर्थ भगवद्गीता में विवक्षिप नहीं है। 'योग' शब्द 'युज्' धातु से बना है। जिसका अर्थ "जोड़, मेल, मिलाप, एकता, एकत्र अवस्थित" इत्यादि होता है। और ऐसी स्थिति की प्राप्ति के "उपाय, साधन, युक्ति या कर्म" को भी योग कहते हैं। यही सब अर्थ अमरकोष (अ. 3.3.22) में इस तरह से दिए हुए हैं-"योग: संहननोपायध्यनसंगतियुक्तिषु।" फलित ज्योतिष में कोई ग्रह यदि इष्ट अथवा अनिष्ट हों तो उन ग्रहों का 'योग' इष्ट या अनिष्ट कहलाता है। और 'योगक्षेम' पद में 'योग' शब्द का अर्थ 'अप्राप्त वस्तु को प्राप्त करना' लिया गया है (गीता 9.22)। भारतीय युद्ध के समय द्रोणाचार्य को अजेय देखकर श्रीकृष्ण ने कहा है कि "एक्रोहि योगोऽस्यभवेद्वधाय" (मभा. द्रो. 181.31)। अर्थात् द्रोणाचार्य को जीतने का एक ही 'योग' (साधना या मुक्ति) है; और आगे चलकर उन्होंने यह भी कहा है कि हमने पूर्वकाल में धर्म की रक्षा के लिए जरासंध आदि राजाओं को 'योग' ही से मारा था। उद्योगपर्व (अ.172) में कहा गया है कि जब भीष्म ने अंबा, अंबिका और अंबालिका को हरण किया, तब अन्य राजा लोग 'योग, योग' कहकर उनका पीछा करने लगे थे। महाभारत में 'योग' शब्द का प्रयोग इसी अर्थ में अनेक स्थानों पर हुआ है। गीता में 'योग, 'योगी' अथवा योग शब्द से बने हुए सामाजिक शब्द लगभग अस्सी बार आए हैं, परंतु चार-पाँच स्थानों को छोड़ (गीता 6.12 और 23) योग शब्द से 'पातंजल योग' अर्थ कहीं भी अभिप्रेत नहीं है। सिर्फ 'युक्ति, साधन, कुशलता, उपाय, जोड़, मेल' ये ही कुछ अर्थ हेरफेर से सारी गीता में पाए जाते हैं। अतएव कह सकते हैं कि गीताशास्त्र के व्यापक शब्दों में से 'योग' भी एक शब्द है, परंतु योग शब्द के उक्त सामान्य अर्थों से ही जैसे साधन, कुशलता, युक्ति आदि से ही-काम नहीं चल सकता। क्योंकि वक्ता इच्छा के अनुसार यह साधन संन्यास का भी हो सकता है कर्म और चित्तनिरोध का हो सकता है। मोक्ष का अथवा और भी किसी का हो सकता है। उदाहरणार्थ, गीता में कहीं-कहीं अनेक प्रकार की व्यक्त सृष्टि निर्माण

करने की भगवान की ईश्वरी कुशलता और अद्‌भुत सामर्थ्य को 'योग' कहा गया है (गीता 7.25; 9.5; 10.7; 11.8) और इसी अर्थ में भगवान को -योगेश्वर' कहा है (गीता 18.57)। परंतु यह गीता के 'योग' शब्द का मुख्य अर्थ नहीं है। इसलिए, वह बात रीति से प्रकट कर देने के लिए 'योग' शब्द से किस विशेषज्ञ प्रकार की कुशलता, साधन, युध्कत अथवा उपाय को गीता में विवक्षित समझना चाहिए, उस ग्रंथ में योग शब्द की व्याख्याएँ की गई है-"योगः कर्म सुकौशलम्" (गीता 2.50) अर्थात् कर्म करने की किसी विशेषज्ञ प्रकार की कुशलता, युक्ति, चतुराई अथवा शैली को योग कहते हैं। शांकरभाष्य में भी 'कर्मसु कौशलम्' का यही अर्थ लिया गया है-"कर्म से स्वभाव विरुद्ध रहने वाले बंधकत्व को तोड़ने की जो उपाय या साधन उत्तम हो उसकी को 'योग' कहते हैं। जैसे द्रव्य उपार्जन करना एक कर्म है। इसके अनेक उपाय या साधन हैं-जैसे; चोरी करना, जालसाजी करना, भीख माँगना, सेवा करना, ऋण लेना, मेहनत करना आदि। यद्यपि धातु के अर्थानुसार इनमें से हर एक को 'योग' कह सकते हैं, तथापि यथार्थ 'द्रव्य प्राप्ति-योग' उसी उपाय कहते हैं, जिससे हम अपनी "स्वतंत्रता कायम रखकर मेहनत करते हुए धन प्राप्त कर सकें।"

जब स्वयं भगवान ने 'योग' शब्द की निश्चित और स्वतंत्र व्याख्या कर दी है (योगः कर्मसु कौशलम्-अर्थात् कर्म करने की एक प्रकार की विशेष युक्ति को योग कहते हैं), सच पूछो, तो इस शब्द के मुख्य अर्थ के विषय में कुछ भी शंका नहीं रखनी चाहिए, परंतु स्वयं भगवान की बतलाई हुई इस व्याख्या पर ध्यान न देकर टीकाकारों ने गीता का मथितार्थ भी मनमाना निकाला है। अतएव इस भ्रम को दूर करने के लिए 'योग' शब्द का कुछ अधिक स्वष्टीकरण होना चाहिए। यह शब्द पहले पहल गीता के दूसरे अध्याय में आया है ओर वहीं इसका स्पष्ट अर्थ भी बतला दिया है। भगवान ने अर्जुन को पहले सांख्यशास्त्र के अनुसार यह समझा दिया कि युद्ध क्यों करना चाहिए। इसके बाद उन्होंने कहा कि "अब हम तुझे योग के अनुसार उपपत्ति बतलाते हैं" (गीता 2. 39)। ओर फिर इसका वर्णन किया है कि जो लोग हमेशा यज्ञयागादि काम्य-कर्मों ने निमग्न रहते हैं और उनकी बुद्धि फलाशा से कैसे व्यग्र हो जाती है (गीता 2.41-46)। इसके पश्चात् उन्होंने यह उपदेश दिया है कि बुद्धि को अव्यग्र, स्थिर, या शांत रखकर, "आसक्ति को छोड़ दें, परंतु कर्मों को छोड़ देने के आग्रह में न पड़े" और "योगस्थ होकर कर्मों का आचरण कर" (गीता 2।48)। यहीं पर पहले पहल 'योग' शब्द का अर्थ भी स्पष्ट कर दिया है कि सिद्धि और असिद्धि दोनों में समत्व बुद्धि का यह योग ही श्रेष्ठ है" (गीता 2.49) और बुद्धि की समता हो जाने पर कर्म करने वाले को कर्मसबंधी पाप-पुण्य की बाधा नहीं होती। इसलिए तू इस 'योग' को प्राप्त कर। तुरंत ही योग का यह लक्षण फिर भी बतलाया है कि "योगः कर्मसु कौलशम्" (गीता 2. 50) इससे सिद्ध होता है कि पाप-पुण्य से अलिप्त रहकर कर्म करने की जो समत्वबुद्धि रूप विशेष युक्ति पहले बतलाई गई है, वही 'कौशल' है, और इसी कुशलता अर्थात् युक्ति से कर्म करने को गीता में 'योग' कहा है। इसी अर्थ को अर्जुन ने आगे चलकर "योऽयं योगस्त्वया प्रोक्तः साम्येन मधुसूदनः" (गीता 6.33)-समता का अर्थात् समत्वबुद्धि का यह योग जो आपने बतलाया-इस श्लोक में स्पष्ट कर दिया है। इसके संबंध में, कि ज्ञानी मनुष्य को इस संसार में कैसे बर्ताव कर्रना चाहिए, श्रीशंकराचार्य के पूर्व ही प्रचलित हुए, वैदिक धर्म के अनुसार दो मार्ग हैं: एक मार्ग यह है कि ज्ञान की प्राप्ति हो जाने पर सब कर्मों को संन्यास अर्थात् त्याग कर दें और दूसरा यह की ज्ञान की प्राप्ति हो जाने पर भी कर्मों को न छोड़ें-उनको जन्मभर ऐसी युक्ति के साथ करते रहे कि उनके पाप-पुण्य की बाधा न होने पाए। इन्हीं दोनों मार्गों को गीता में संन्यास और

कर्मयोग कहा है (गीता 5.2) संन्यास कहते हैं। त्याग को, और योग कहते हैं। मेल को। अर्थात् कर्म के त्याग ओर कर्म के मेल ही के उक्त दोनों भिन्न मार्ग हैं। इन्हीं दो भिन्न मार्गों का लक्ष्य करके आगे (गीता 5.4) (सांख्य और योग) 'सांख्यायोगी' ये संक्षिप्त नाम भी दिए गए हैं। बुद्धि को स्थिर करने के लिए पातंजल योग-शास्त्र के आसनों का वर्णन छठे अध्याय में है सही, परंतु वह किसके लिए है? तपस्वी के लिए नहीं, किंतु वह कर्मयोगी-अर्थात् युक्ति पूर्वक कर्म करने वाले मनुष्य को भी 'समता' की युक्ति सिद्ध करने के लिए बतलाया गया है। नहीं तो फिर "तपस्विभ्योऽधिको योगी" इस वाक्य का कुछ अर्थ ही नहीं हो सकता। इसी तरह इस अध्याय के अंत (6.46) में अर्जुन को जो उपदेश दिया गया है कि 'तस्माद्योगी भवार्जुन' उसका अर्थ ऐसा नहीं हो सकता कि "हे अर्जुन! तू पातंजल-योग का अभ्यास करने वाला बन जा।" इसलिए उक्त उपदेश का अर्थ "योगस्थ: कुरु कर्माणि।" (2.48), "तस्मोद्योगाय युज्वस्व योग: कर्मसु कौशलम्" (गीता 2.50), 'योगमत्तिष्ठोत्त्ष्ठि भारत' (4.42) इत्यादि वचनों के अर्थ के समान ही होना चाहिए। अर्थात् उसका यही अर्थ लेना उचित है कि 'हे अर्जुन! तू युक्ति से कर्म करने वाला योगी अर्थात् कर्मयोगी बन जा।" क्योंकि यह कहना भी संभव नहीं कि, तू पातंजल योग का आश्रय लेकर युद्ध के लिए तैयार रहे।" इसके पहले ही साफ साफ कहा गया है कि "कर्मयोगेण योगिनाम्" (गीता 3.3) अर्थात् योगी पुरुष कर्म करने वाले होते हैं। महाभारत के (मभा. शां. 348.56) नारायणीय अथवा भागवत धर्म के विवेचन में भी कहा गया है कि इस धर्म के लोग अपने कर्मों का त्याग किए बिना ही युक्तिपूर्वक कर्म करके (सुप्रयुक्तेन कर्मणा) परमेश्वर की प्राप्ति कर लेते हैं। इससे यह स्पष्ट हो जाता है कि 'योगी' और 'कर्मयोगी' दोनों शब्द गीता में समानार्थक हैं, और इनका अर्थ 'युक्ति से कर्म करने वाला' होता है, तथा 'कर्मयोग' शब्द का प्रयोग करने के बदले, गीता और महाभारत में छोटे से 'योग' शब्द का ही अधिक उपयोग किया गया है। "मैंने तुझे जो यह योग बतलाया है इसी को पूर्वकाल में विवस्वान से कहा गया था (गीता 4.1) और विवस्वान ने मनु को बतलाया था, परंतु उस योग के बाद में नष्ट सा हो जाने पर फिर वही योग तुझसे कहना पड़ा"-इस अवतरण में भगवान ने जो 'योग' शब्द का तीन बार उच्चारण किया है, उसमें पातंजल-योग का विवक्षित होना नहीं पाया जाता, किंतु "कंर्म करने की किसी प्रकार की विशेष युक्ति, साधना या मार्ग" अर्थ ही लिया जा सकता है। इसी तरह जब संजय गीता के कृष्ण-अर्जुन संवाद को 'योग' कहता है। (गीता 18.75) तब भी यही अर्थ पाया जाता है। श्रीशंकराचार्य स्वयं संन्यास मार्ग वाले थे। तो भी उन्होंने अपने गीताभाष्य के आरंभ में ही वैदिक धर्म के दोनों भेद-प्रवृत्ति और निवृत्ति-बतलाए हैं और 'योग' शब्द का अर्थ श्रीभगवान की की हुई व्याख्या के अनुसार कभी 'सम्यक् दर्शनोपायकर्मानुष्ठान्' (गीता 44.2) और कभी "योग: युक्ति" (गीता 10.7) किया है। इसी तरह महाभारत मे भी 'योग' और 'ज्ञान' दोनों शब्दों के विषय में स्पष्ट लिखा है, कि "प्रवृत्ति लक्षणो योग: ज्ञानं संन्यास लक्षणम्" (मभा. अश्व 43.25)। अर्थात् योग का अर्थ प्रवृत्ति मार्ग और ज्ञान का अर्थ संन्याय या निवृत्ति मार्ग है। शांतिपर्व के अंत में, नारायणीयपाख्यान में 'साख्य' और 'योग' शब्द तो इसी अर्थ में अनेक बार आए हैं ओर इसका भी वर्णन किया गया है कि ये दोनें मार्ग सृष्टि के आरंभ में भगवान ने क्यों और कैसे निर्माण किए। (मभ. शां. 240 ओर 348)। पहले प्रकरण में महाभारत से जो वचन उद्धृत किए गए हैं, उनसे यह स्पष्टतया मालूम हो गया है कि यही नारायणीय अथवा भागवत धर्म भगवद्गीता का प्रतिपाद्य तथा प्रधान विषय है। इसलिए कहना पड़ता है कि 'सांख्य' और 'योग' शब्दों का जो प्राचीन और पारिभाषिक अर्थ (सांख्य=निवृत्ति; योग=प्रवृत्ति) नाराणीय धर्म में दिया गया है, वही अर्थ

गीता में भी विवक्षित है। यदि इसमें किसी को शंका हो, तो गीता में दी हुई व्याख्या से-"समत्वं योग उच्यते" या "योग: कर्मसु कौशलम्"- तथा उपर्युक्त "कर्मयोगेण योगिनाम्" इत्यादि गीता के वचनों से उसे शंका का समाधान हो सकता है। इसलिए अब यह निर्विवाद सिद्ध है कि गीता में 'योग' शब्द प्रवृत्तिमार्ग अर्थात् 'कर्मयोग' के अर्थ ही में प्रयुक्त हुआ है। वैदिक धर्म-ग्रंथों की कौन कहे, यह 'योग' शब्द पाली और संस्कृत भाषाओं के बौध-धर्म-ग्रंथों में भी, इसी अर्थ में प्रयुक्त है। उदाहरणार्थ, संवत् 335 के लगभग लिखे "मिलिंदप्रश्न' नामक पालीग्रंथ में 'पुब्बयोगो' (पूर्वयोग) शब्द आया है और वहाँ उसका अर्थ 'पुब्बकम्म' (पूर्वकर्म) किया गया है (मि. प्र. 1.4)। इसी तरह अश्वघोष कविकृत-जो शालिवाहन शक के आरंभ में हो गया है-'बुद्धचरित' नामक संस्कृत काव्य के पहले सर्ग के पचास वें श्लोक में यह वर्णन है-

आचार्यकुं योगविधौ द्विजानामप्राप्तमन्यैर्जन को जगाम।

अर्थात् "ब्राह्मणों को योगविधी की शिक्षा देने राजा जनक आचार्य (उपदेष्टा) हो गया। इनके पहले यह आचार्यत्व किसी को भी प्राप्त नहीं हुआ था।" यहाँ पर 'योग-विधि' का अर्थ निष्काम-कर्मयोग की विधि ही समझना चाहिए। क्योंकि गीता आदि अनेक ग्रंथ मुक्त कंठ से कह रहे हैं कि जनकजी के बर्ताव का यही रहस्य है और अश्वघोष ने अपने 'बुद्धचरित्र' (मु. च. 9.19 और 20) में यह दिखलाने के लिए कि "गृहास्थाश्रम में रहकर भी मोक्ष की प्राप्ति कैसे की जा सकती है" जनक ही का उदाहरण दिया है। जनक के दिखलाए हुए मार्ग का नाम 'योग' था, ओर यह बात बौद्ध धर्म-ग्रंथों से भी सिद्ध होती है। इसलिए गीता के 'योग' शब्द का भी यही अर्थ लगाना पड़ता है।·क्योंकि गीता ही के कथनानुसार (गीता 3.20) जनक का ही मार्ग उसमें प्रतिपादित किया गया है। सांख्य और योग इन दोनों मार्गों के विषय में अधिक विचार आगे किया जाएगा। प्रस्तुत प्रश्न यही है कि गीता में 'योग' शब्द का उपयोग किस अर्थ में किया गया है।

जब एक बार यह सिद्ध हो गया कि गीता में 'योग' का प्रधान अर्थ कर्मयोग और 'योगी' का प्रधान अर्थ कर्मयोगी है, तो फिर यह कहने की आवश्यकता नहीं कि भगवद्गीता का प्रतिपाद्य विषय क्या है। स्वयं भगवान् अपने उपदेश को 'योग' कहते हैं (गीता 4.1-3); बल्की छठे (गीता 6.63) अध्याय में अर्जुन ने और गीता के अंतिम उपसंहार (गीता 18.75) में संजय ने भी गीता के उपदेश को 'योग' ही कहा है। इसी तरह गीता के प्रत्येक अध्याय के अंत में, जो अध्याय समाप्ति दर्शक संकल्प है, उसमें भी साफ-साफ कह दिया है कि गीता का मुख्य प्रतिपाद्य विषय 'योग शास्त्र' ही है। परंतु जान पड़ता है कि उक्त संकल्प के शब्दों के अर्थ पर टीकाकारों ने ध्यान नहीं दिया। आरंभ के दोनो पदों "श्रीमद्‌भगवद् गीतासु उपनिषत्सु" के बाद इस संकल्प में दो शब्द "ब्रह्मविद्यायां योगशास्त्रे" और भी जोड़े गए है। पहले दो शबदों का अर्थ है-"भगवान से गाए गए उपनिषद में" और पिछले दो शब्दों का अर्थ "ब्रह्मविद्या का योगशास्त्र अर्थात् कर्मयोग-शास्त्र" है, जो कि इस गीता का विषय है। ब्रह्मविद्या और ब्रह्मज्ञान एक ही बात है और इसके प्राप्त हो जाने पर ज्ञानी पुरुष के लिए दो निष्ठाएँ या मार्ग खुले होते हैं (गीता 3.3)। एक साख्ंया अथवा संन्यास मार्ग-अर्थात् वह मार्ग जिसका ज्ञान होने पर कर्म करना छोड़कर विरक्त होकर रहना पड़ता है और दूसरा योग अथवा कर्ममार्ग-अर्थात् वह मार्ग, जिसमें कर्मों का त्याग न करके ऐसी युक्ति से नित्य कर्म करते रहना चाहिए जिससे मोक्ष-प्राप्ति में कुछ भी बाधा न हो। पहले मार्ग का दूसरा नाम 'ज्ञाननिष्ठा' भी है जिसका विवेचन उपनिषदों में अनेक ऋषियों ने और ग्रंथकारों ने भी किया है। परंतु ब्रह्मविद्या के अंतर्गत कर्मयोग का या योगशास्त्र का तात्त्विक

विवेचन भगवद्गीता के सिवा अन्य ग्रंथों में नहीं है। इस बात का उल्लेख पहले किया जा चुका है कि अध्याय-समाप्ति-दर्शक संकल्प गीता की सब प्रतियों में पाया जाता है और इससे प्रकट होता है कि गीता की सभी टीकाओं के ये जाने के पहले ही उसकी रचना हुई होगी। उस संकल्प के रचयिता ने इस संकल्प में "ब्रह्मविद्यायां योगशास्त्रे" इन दो पदों को व्यर्थ ही नहीं जोड़ दिया है किंतु उसने गीताशास्त्र के प्रतिपाद्य विषय की अपूर्वता दिखाने ही के लिए उक्त पदों के उस संकल्प में आधार और हेतु सहित स्थान दिया है। अतः इस बात का भी सहज निर्णय हो सकता है कि गीता पर अनेक सांप्रदायिक टीकाओं के होने के पहले गीता का तात्पर्य कैसे और क्या समझा जाता था। यह हमारे सौभाग्य की बात है कि इस कर्मयोग का प्रतिपादन स्वयं भगवान् श्रीकृष्ण ही ने किया है जो इस योगमार्ग के प्रवर्तक और सब योगों के साक्षात् ईश्वर (योगेश्वर = योग × ईश्वर) हैं और लोकहित के लिए उन्होंने अर्जुन को उसका रहस्य बतलाया है। गीता के 'योग' और 'योगशास्त्र' शब्दों से हमारे 'कर्मयोग' और 'कर्मयोगशास्त्र' शब्द कुछ बड़े हैं सही, परंतु अब हमने कर्मयोग शास्त्र सरीखा बड़ा नाम ही इस ग्रंथ और प्रकरण को देना इसलिए पसंद किया है कि जिससे गीता के प्रतिपाद्य विषय के संबंध में कुछ भी संदेह न रह जाए।

एक ही कर्म करने के जो अनेक योग साधन या मार्ग हैं, उनमें से सर्वोत्तम और शुद्ध मार्ग कौन है, उसके अनुसार नित्य आचरण किया जा सकता है या नहीं, नहीं किया जा सकता, तो कौन-कौन अपवाद उत्पन्न होते हैं, और वे क्यों उत्पन्न होते हैं। जिस मार्ग को हमने उत्तम मान लिया है, वह उत्तम क्यों हैं, जिस मार्ग को हम बुरा समझते हैं, वह बुरा क्यों है, यह अच्छापन या बुरापन किसके द्वारा या किस आधार पर निश्चित किया जा सकता है, अथवा इस अच्छेपन या बुरेपन का रहस्य क्या है-इत्यादि बातें जिस शास्त्र के आधार से निश्चित की जाती हैं, उसको 'कर्मयोगशास्त्र' या गीता के संक्षिप्त रूपानुसार 'योगशास्त्र' कहते हैं। 'अच्छा' और 'बुरा' दोनों साधारण शब्द हैं। इन्हीं के समान अर्थ में कभी-कभी शुभ-अशुभ, हितकर-अहितकर, श्रेयस्कर-अश्रेयस्कर, कर्त्तव्य-अकर्त्तव्य, पाप-पुण्य, धर्म-अधर्म इत्यादि शब्दों का उपयोग हुआ करता है। कार्य-अकार्य, कर्त्तव्य-अकर्त्तव्य, न्याय-अन्याय, इत्यादि शब्दों का भी अर्थ वैसे ही होता है। तथापि इन शब्दों का उपयोग करने वालों के सृष्टिरचनाविषयक मत भिन्न-भिन्न होने के कारण 'कर्मयोग' शास्त्र के निरूपण के पंथ भी भिन्न-भिन्न हो गए हैं। किसी भी शास्त्र को लीजिए, उसके विषयों की चर्चा साधारणतः तीन प्रकार से की जाती है। (1) इस जड़ सृष्टि के पदार्थ ठीक वैसे ही हैं, जैसे कि वे हमारी इंद्रियों को गोचर होते हैं। इसके परे उनमें और कुछ नहीं है-इस दृष्टि से उनके विषय में विचार करने की एक पद्धति है, जिसे आधिभौतिक विवेचन कहते हैं, उदाहरणार्थ, सूर्य को देवता न मानकर केवल पाँच भौतिक जड़ पदार्थों का गोला माने, और ऊष्णता, प्रकाश, वजन, दूरी, और आकर्षण इत्यादि उसके केवल गुण धर्मों ही की परीक्षा करें, तो उसे सूर्य का आधिभौतिक विवेचन कहते हैं। दूसरा उदाहरण पेड़ का लीजिए। इसका विचार न करके, कि पेड़ के पत्ते निकलना, फूलना, फलना आदि क्रियाएँ किस अंतर्गत शक्ति के द्वारा होती हैं, जब केवल बाहरी दृष्टि से विचार किया जाता है कि जमीन में बीज बोने से अंकुर फूटते हैं, फिर वे बढ़ते हैं और उसी से पत्ते, शाखा, फूल इत्यादि दृश्य विकार प्रकट होते हैं, तब उसे पेड़ का आधिभौतिक विवेचन कहते हैं। रसायनशास्त्र, पदार्थ विज्ञान, विद्युच्छास्त्र इत्यादि आधुनिक शास्त्रों का विवेचन इसी ढंग का होता है। और तो क्या, आधिभौतिक पंडित भी यह मानते हैं कि उक्त रीति से किसी वस्तु के दृश्य गुणों का विचार कर लेने पर उनका काम पूरा हो

जाता है-सृष्टि के पदार्थों का इससे अधिक विचार करना निष्फल है। (2) जब उक्त दृष्टि को छोड़कर इस बात का विचार किया जाता है या उसके लिए किसी तत्त्व का आधार भी है तो केंवल आधिभौतिक विवेचन से ही काम नहीं चलता, हमको कुछ आगे बढ़ना पड़ता है। उदाहरणार्थ, जब हम यह मानते हैं कि पाँच भौतिक सूर्य के जड़ या अचेतन गोले में सूर्य नामक एक देवता का अधिष्ठान है और इसी के द्वारा अचेतन गोले (सूर्य) के सब व्यापार या व्यवहार होते रहते हैं, तब उसको इस विषय का आधिदैविक विवेचन कहते हैं। इस मत के अनुसार यह माना जाता है कि पेड़ में, पानी में, हवा में, अर्थात् सब पदार्थों में अनेक देवता हैं, जो उन जड़ तथा अचेतन पदार्थों से भिन्न तो हैं, किंतु उनके व्यवहारों को चलाने वाली, मनुष्य के शरीर में आत्मस्वरूप से रहने वाली, और मनुष्य को सारी सृष्टि का ज्ञान प्राप्त कर देने वाली एक ही चित्-शक्ति है, जो कि इंद्रियातीत है और जिसके द्वारा ही इस जगत का सारा व्यवहार चल रहा है तब उस विचार-पद्धति को आध्यात्मिक विवेचन कहते हैं, उदाहरणार्थ, अध्यात्मवादियों का मत है कि सूर्य-चंद्र आदि का व्यवहार, यहाँ तक कि वृक्षों के पत्तों का हिलना भी, इसी अचिंत्य शक्ति की प्रेरणा से हुआ करता है। सूर्य-चंद्र आदि में या अन्य स्थानों में भिन्न-भिन्न तथा स्वतंत्र देवता नहीं हैं। प्राचीन काल से किसी भी विषय का विवेचन करने के लिए ये तीन मार्ग प्रचलित हैं और इनका उपयोग उपनिषद-ग्रंथों में भी किया गया है उदारहणार्थ, ज्ञानेंद्रियाँ श्रेष्ठ हैं या प्राण श्रेष्ठ हैं, इस बात का विचार करते समय बृहदारण्यक आदि उपनिषदों में एक बार उक्त इंद्रियों के अग्नि आदि देवताओं को और दूसरी बात इनके सूक्ष्म रूपों (अध्यात्म) को ले कर उनके बलाबल का विचार किया गया है (बृ. 1.5.21 और 22; छां. 1.2 और 3; कौषी 2.8) और गीता के सातवें अध्याय के अंत में तथा आठवें के आरंभ में ईश्वर के स्वरूप का जो विचार बतलाया गया है, वह भी इसी दृष्टि से किया गया है। "अध्यात्मविद्या विद्यानाम्" (गीता 10.32) इस वाक्य के अनुसार हमारे शास्त्रकारों ने उक्त तीन मार्गों में से, अध्यात्मिक विवरण को ही अधिक महत्त्व दिया है। परंतु आजकल उपर्युक्त तीन शब्दों (आधिभौतिक, आधिदैविक और अध्यात्मिक) के अर्थ को थोड़ा-सा बदलकर प्रसिद्ध आधिभौतिक फ्रेंच पंडित कोंटने[1] आधिभौतिक विवेचन को ही अधिक महत्त्व दिया है। उसका कहना है कि सृष्टि के मूल-तत्त्व को खोजते रहने से कुछ लाभ नहीं, यह तत्त्व अगम्य है। अर्थात् इसकी कल्पित नींव पर किसी शास्त्र की इमारत को खड़ा कर देना संभव है और न उचित। असभ्य और जंगली मनुष्यों ने पहले पहले जब पेड़, बादल और पर्वत आदि हिलते-चलते पदार्थों को देखा, तब उन लोगों ने अपने भोलेपन से इन सब पदार्थों को देवता ही मान लिया। यह कोंट के मतानुसार 'आधिदैविक', विचार हुआ, परंतु मनुष्यों ने उक्त कल्पना को शीघ्र ही त्याग दिया और वे समझने लगें कि इन सब पदार्थों में कुछ-न-कुछ आत्मतत्त्व अवश्य भरा हुआ है। कोंट के मतानुसार मानवी ज्ञान की उन्नति की यह दूसरी सीढ़ी है। इसे वह 'आध्यात्मिक' कहता है, परंतु जब इस रीति

1. फ्रान्स देशों में ऑगस्ट कोंट (Auguste Comte) नामक एक बड़ा पंडित गतशताब्दी हो चुका है। इसने समाज शास्त्र पर एक बहुत बड़ा ग्रंथ लिखकर बतलाया है कि समाज रचना का शास्त्रीय रीति से किस प्रकार विवेचन करना चाहिए। अनेक शास्त्रों की आलोचना करके इसने यह निश्चित किया है कि किसी भी शास्त्र को लो, उसका विवेचन पहले पहल Theological पद्धति से किया जाता है, फिर metaphysical पद्धति से हाता है। और अंत में उसको Positive स्वरूप मिलता है। उन्हीं तीनों पद्धतियों को हमने इस ग्रंथ में आधिदैविक, आध्यात्मिक और आधिभौतिक में तीन प्राचीन नाम दिए हैं। ये पद्धतियाँ कुछ कोंट की निकाली हुई नहीं हैं, ये सब पुरानी ही हैं तथापि उसने उनका ऐतिहासिक क्रम नई रीति से बांधा है। और इनमें आधिभौतिक (positive) पद्धति को ही श्रेष्ठ बतलाया है। बस इतना ही कोंट का नया शोध है। कोंट के अनेक ग्रंथों का अंग्रेजी में अनुवाद हो गया है।

से सृष्टि का विचार करने पर भी प्रत्यक्ष उपयोगी शास्त्रीय ज्ञान की कुछ वृद्धि नहीं हो सकी, तब अंत में मनुष्य सृष्टि के पदार्थों के दृश्य गुण-धर्मों ही का और अधिक विचार करने लगा; जिससे अब वह रेल और तार सरीखे उपयोगी आविष्कारों को ढूँढकर सृष्टि पर अपना अधिक प्रभाव जमाने लग गया है। इस मार्ग को कोंट ने 'आधिभौतिक' नाम दिया है। उसने निश्चित किया है कि किसी भी शास्त्र का विषय का विवेचन करने के लिए अन्य मार्गों की अपेक्षा यही आधिभौतिक मार्ग अधिक श्रेष्ठ और लाभकारी है। कोंट के मतानुसार समाजशास्त्र या कर्मयोगशास्त्र का तात्त्विक विचार करने के लिए इसी आधिभौतिक मार्ग का अवलंब करना चाहिए। इस मार्ग का अवलंब करके इस पंडित ने इतिहास की आलोचना की और सब व्यवहार शास्त्रों का यही मतितार्थ निकाला है कि इस संसार में प्रत्येक मनुष्य का परम धर्म यही है कि वह समस्त मानव-जाति से प्रेम करें और सब लोगों के कल्याण के लिए सदैव प्रयत्न करता रहे। मिल और स्पेन्सर आदि अंग्रेजी पंडित इसी मत के पुरस्कर्ता कहे जा सकते हैं। इसके उल्टे, कांट, हेगेल, शोपेनहौएर आदि जर्मन तत्त्वज्ञानी पुरुषों ने, नीतिशास्त्र के विवेचन के लिए इस आधिभौतिक पद्धति को अपूर्ण माना है और हमारे वेदान्तियों की 'नाई अध्यात्मिक बुद्धि से ही नीति के समर्थन करने के मार्ग को आजकल उन्होंने यूरोप में फिर स्थापित किया है। इसके विषय में और अधिक आगे चलकर लिखा जाएगा।

एक ही अर्थ के विवक्षित होने पर भी 'अच्छा और बुरा' के पर्यायवाची भिन्न-भिन्न शब्दों का-जैसे 'कार्य-अकार्य' और 'धर्म्य-अधर्म्य' का उपयोग क्यों होने लगा? इसका कारण यही है कि विषय प्रतिपादन मार्ग या दृष्टि प्रत्येक की भिन्न-भिन्न होती है। अर्जुन के सामने यह प्रश्न था कि जिस युद्ध में भीष्म, द्रोण आदि का वध करना पड़ेगा, उसमें शामिल होना उचित है या नहीं (गीता 2.7) और यदि इसी प्रश्न का उत्तर देने का प्रसंग किसी आधिभौतिक पंडित पर आता, तो वह पहले इस बात का विचार करता कि भारतीय युद्ध से स्वयं अर्जुन को दृश्य हानि या लाभ कितना होगा; और कुल समाज पर उसका क्या परिणाम होगा। यह विचार करके तब उसने निश्चय किया होता, कि युद्ध करना 'न्याय' है या 'अन्याय'। इसका कारण यह है कि किसी कर्म के अच्छेपन या बुरेपन का निर्णय करते समय ये आधिभौतिक पंडित यही सोचा करते हैं कि इस संसार में उस कर्म का आधिभौतिक परिणाम अर्थात् प्रत्यक्ष बाह्य परिणाम क्या होगा-ये लोग इस आधिभौतिक कसौटी के सिवा और किसी साधन या कसौटी को नहीं मानते। परंतु ऐसे उत्तर से अर्जुन का समाधान होना संभव नहीं था। उसका दृष्टि उससे भी अधिक व्यापक थी। उसे केवल अपने सांसारिक हित का विचार नहीं करना था; किंतु उसे पारलौकिक दृष्टि से भी यह निर्णय कर लेना था कि इस युद्ध का परिणाम मेरी आत्मा के लिए श्रेयस्कर होगा या नहीं। उसे इस बात की कुछ भी शंका नहीं थी कि युद्ध में भीष्म-द्रोण आदिओं का वध होने पर तथा राज्य प्राप्ति होने पर मुझे ऐहिक सुख मिलेगा या नहीं; और मेरा शासन लोगों को दुर्योधन से अधिक सुखदायक होगा या नहीं। उसे यही देखना था कि मैं जो कर रहा हूँ वह 'धर्म' है। या 'अधर्म'; अथवा 'पुण्य' है या 'पाप'; और गीता का विवेचन भी इसी दृष्टि से किया गया है केवल गीता ही में नहीं; किंतु महाभारत में कई स्थानों पर भी कर्म-अकर्म का जो विवेचन है, वह पारलौकिक और आध्यात्म दृष्टि से ही किया गया है और वहाँ किसी भी कर्म का अच्छापन या बुरापन दिखलाने के लिए प्रायः सर्वत्र 'धर्म' और 'अधर्म' इन दो शब्दों का उपयोग किया गया है। परंतु 'धर्म' और उसका प्रतियोगी 'अधर्म' ये दोनों शब्द अपने व्यापक अर्थ के कारण कभी-कभी भ्रम उत्पन्न कर दिया करते हैं। इसलिए यहाँ पर इस बात की कुछ अधिक मीमांसा करना आवश्यक है कि कर्मयोगशास्त्रों में इन शब्दों

का उपयोग मुख्यत: किस अर्थ में किया जाता है।

नित्य व्यवहार में 'धर्म' शब्द का उपयोग केवल "पारलौकिक सुख का मार्ग" इसी अर्थ में किया जाता है। जब हम किसी से प्रश्न करते हैं कि "तेरा कौन-सा धर्म है?" तब उससे हमारे पूछने का यही हेतु होता है कि तू अपने पारलौकिक कल्याण के लिए किस मार्ग-वैदिक, बौद्ध, जैन, ईसाई, मुहम्मदी या पारसी-पर चलता है; और वह हमारे प्रश्न के अनुसार ही उत्तर देता है। इसी तरह स्वर्ग प्राप्ति के लिए साधनभूत यज्ञयाग आदि वैदिक विषयों की मीमांसा करते समय "अथातो धर्म जिज्ञासा" आदि धर्म सत्रों में भी धर्म शब्द का ही अर्थ लिया गया है; परंतु 'धर्म' शब्द का इतना ही संकुचित अर्थ नहीं है। इसके सिवा राजधर्म, प्रजाधर्म, देश धर्म, कुलधर्म, मित्रधर्म इत्यादि सांसारिक नीति-बंधनों को भी 'धर्म' कहते हैं। धर्म शब्द के इन दोनों अर्थों को यदि पृथक् करके दिखलाना हो, तो पारलौकिक धर्म को 'मोक्षधर्म' अथवा सिर्फ 'मोक्ष' और व्यावहारिक धर्म अथवा केवल नीति को केवल 'धर्म' कहा करते हैं। उदाहरणार्थ, चतुर्विध पुरुषार्थ की गणना करते समय हम लोक 'धर्म, अर्थ, काम, मोक्ष' कहा करते हैं। इसके पहले शब्द 'धर्म' में ही यदि मोक्ष का समावेश हो जाता, तो अंत में मोक्ष का पृथक् पुरुषार्थ बतलाने की आवश्यकता न रहती। अर्थात् यह कहना पड़ता है कि 'धर्म' पद से इस स्थान पर संसार के सैंकड़ों नीति धर्म ही शास्त्रकारों को अभिप्रेत हैं। उन्हीं को हम लोग आजकल, कर्तव्य में, नीति, नीतिधर्म अथवा सदाचरण कहते है; परंतु प्राचीन संस्कृत ग्रंथों में 'नीति' अथवा 'नीतिशास्त्र' शब्दों का उपयोग विशेष करके राजनीति ही के लिए किया जाता है। इसलिए पुराने जमाने में कर्तव्य कर्म अथवा सदाचार के सामान्य विवेचन को 'नीतिप्रवचन' न कहकर 'धर्मप्रवचन' कहा करते थे। परंतु 'नीति' और 'धर्म' इन दो शब्दों का यह पारिभाषिक भेद सभी संस्कृत-ग्रंथों में नहीं माना गया है। इसलिए हमने भी इस ग्रंथ में 'नीति', 'कर्तव्य' और 'धर्म' शब्दों का उपयोग एक ही अर्थ में किया है; और मोक्ष का विचार जिन स्थानों पर करना है, उन प्रकरणों के 'अध्यात्म' और 'भक्तिमार्ग' ये स्वतंत्र नाम रखे हैं। महाभारत में धर्म शब्द अनेक स्थानों पर आया है; और जिस स्थान में कहा गया है कि किसी को कोई काम करना धर्म-संगत है", उस स्थानों में धर्म शब्द से कर्तव्यशास्त्र अथवा तत्कालीन समाज-व्यवस्था शास्त्र ही का अर्थ पाया जाता है; तथा जिस स्थान में पारलौकिक कल्याण के मार्ग बतलाने का प्रसंग आया है, उस स्थान पर अर्थात् शांतिपर्व के उत्तरार्ध में 'मोक्षधर्म' इस विशिष्ट शब्द की योजना की गई है। इसी तरह मन्वादि समृति-ग्रंथों में ब्राह्मण, क्षत्रिय, वैश्य और शूद्र के विशिष्ट कर्मों अर्थात् चारों वर्णो के कर्मों का वर्णन करते समय केवल 'धर्म' शब्द का ही अनेक स्थानों पर कई बार उपयोग किया गया है। और भगवद्गीता में भी जब भगवान् अर्जुन से यह कहकर लड़ने के लिए हैं कि "स्वधर्मपपि चाऽवेक्ष्य:" (गीता 2.31) तब-और उसके बाद "स्वधर्मे निधनं श्रेय: परधर्मो भयावह:" (गीता 3.35) इस स्थान पर भी-'धर्म' शब्द 'इस लोक के चातुर्वर्ण्य धर्म' अर्थ ही में प्रयुक्त हुआ है। पुराने जमाने के ऋषियों ने श्रम-विभागरूप चातुर्वर्ण्य-संस्था इसलिए चलाई थी कि समाज के सब व्यवहार सरलता से होते जाएं, किसी एक विशिष्ट व्यक्ति या वर्ग पर ही सारा बोझ न पड़ने पाए और समाज का सभी दिशाओं से संरक्षण और पोषण भलीभाँति होता रहे। यह बात भिन्न है कि कुछ समय के बाद चारों वर्णों के लोग केवल जातिमात्रोंपजीवी हो गए; अर्थात् सच्चे स्वकर्म को भूलकर वे केवल नामधारी ब्राह्मण, क्षत्रिय, वैश्य अथवा शूद्र हो गए। इसमें संदेह नहीं कि आरंभ में यह व्यवस्था समाज धारणार्थ ही की गई थी। और यदि चारों वर्णों में से कोई भी एक वर्ण अपना धर्म अर्थात् कर्त्तव्य छोड़ दे, यदि कोई वर्ण समूल नष्ट हो

जाए और उसकी स्थानपूर्ति दूसरे लोगों से न की जाए, तो कुल समाज उतना ही पंगू होकर धीरे-धीरे नष्ट भी होने लग जाता है; अथवा वह निकृष्ट अवस्था को तो अवश्य ही पहुँच जाता है। यद्यपि यह बात सच है कि यूरोप में ऐसे समाज हैं, जिनका अभ्युदय चातुर्वर्ण्य-व्यवस्था के बिना ही हुआ है; तथापि स्मरण रहे कि उन देशों में चातुर्वर्ण्य व्यवस्था चाहे न हो; परंतु चारों वर्णों के सब धर्म जाति रूप से नहीं तो गुण-विभागरूप ही से जागृत अवश्य रहते हैं। सारांश, जब हम धर्म शब्द का उपयोग व्यावहारिक़ दृष्टि से करते हैं, तब हम यही देखा करते हैं कि सब समाज का धारण और पोषण कैसे होता है। मनु ने कहा है-"असुखोर्दक अर्थात् जिसका परिणाम दुःखकारक होता है, उस धर्म को छोड़ दें" (मनु. 4.176) और शांतिपर्व के सत्यानृताध्याय (मभा. शां. 109.12) धर्म-अधर्म का विवेचन करते हुए भीष्म और इसके पूर्व कर्णपर्व में श्रीकृष्ण कहते हैं-

धारणाद्धकर्ममित्याहुः धर्मो धारयते प्रजाः।
यत्स्याद्धारणसंयुक्तं स धर्म इति निश्चय॥

"धर्म शब्द धृ (=धारण करना) धातु से बना है। धर्म से ही सब प्रजा बँधी है। यह निश्चय किया गया है, कि जिससे (सब प्रजा का) धारण होता है वही धर्म है" (मभा. कर्ण. 69.49) यदि धर्म छूट जाए, तो समझ लेना चाहिए कि समाज के सारे बंधन भी टूट गए और यदि समाज के बंधन टूटे, तो आकर्षण शक्ति के बिना आकाश के सूर्यादि ग्रहमालाओं की जो दशा हो जाती है, अथवा समुद्र में मल्लाह के बिना नाव की जो दशा होती है, ठीक वही दशा समाज की भी हो जाती है। इसलिए उक्त शोचनीय अवस्था से समाज को नाश से बचाने के लिए व्यास जी ने कई स्थानों पर कहा है कि यदि अर्थ या द्रव्य पाने की इच्छा हो तो 'धर्म के द्वारा' अर्थात् समाज की रचना को न बिगाड़ते हुए प्राप्त करो; और यदि काम आदि वासनाओं को तृप्त करना हो तो वह भी 'धर्म से ही' करो। महाभारत के अंत में यही कहा है कि-

ऊर्ध्वबाहुर्विरौम्येष न च कश्चिच्छृणोति माम्।
धर्मदर्यश्च कामश्च स धर्मः किं न सेव्यते॥

"अरे! भुजा उठा कर मैं चिल्ला रहा हूँ; (परंतु) कोई भी मेरी नहीं सुनता! धर्म से ही अर्थ और काम की प्राप्ति होती है, (इसलिए) इस प्रकार के धर्म का आचरण तुम क्यों नहीं करते हो?" अब इससे पाठकों के ध्यान में यह बात अच्छी तरह जम जाएगी कि महाभारत को जिस धर्म-दृष्टि से पाँचवा वेद अथवा 'धर्मसंहिता' मानते हैं, उस 'धर्मसंहिता' शब्द के 'धर्म' शब्द का मुख्य अर्थ क्या है। यही कारण है कि पूर्वमीमांसा और उत्तरीमीमांसा इन दोनों पारलौकिक अर्थ के प्रतिपादक ग्रंथों के साथ ही-धर्मग्रंथ के नाते से-"नारायणं नमस्कृत्य' इन प्रतीक शब्दों के द्वारा महाभारत का भी समावेश ब्रह्मयज्ञ के नित्यपाठ में कर दिया है।

धर्म-अधर्म के उपर्युक्त निरूपण को सुनकर कोई यह प्रश्न करे कि, यदि तुम्हें 'समाज-धारण' और दूसरे प्रकरण के सत्यानृतविवेक में कथित 'सर्वभूतहित' ये दोनों तत्त्व मान्य हैं, तो तुम्हारी दृष्टि में और आधिभौतिक दृष्टि में भेद ही क्या है? क्योंकि ये दोनों तत्त्व बाह्यत प्रत्यक्ष दिखाने वाले या अधिभैतिक ही हैं। इस प्रश्न का विस्तृत विचार अगले प्रकरण में किया गया है। यहाँ इतना ही कहना बस है कि यद्यपि हमको यह तत्त्व मान्य है कि समाज-धारण ही धर्म का मुख्य बाह्य उपयोग है, तथापि हमारे मत की विशेषता यह है कि वैदिक अथवा अन्य सब धर्मों का जो परम उद्देश्य आत्मकल्याण या मोक्ष है, उसपर भी हमारी दृष्टि बनी है। समाज-धारण को लीजिए, चाहे सर्वभूतहित ही को, यदि ये बाह्योपयोगी तत्त्व हमारे आत्म-कल्याण के मार्ग में बाधा डालें, तो हमें इनकी जरूरत नहीं। हमारे आयुर्वेदग्रंथ यदि यह प्रतिपादन करते हैं कि

वैद्यकशास्त्र भी शरीर के द्वारा मोक्ष प्राप्ति का साधन होने के कारण संग्रहणीय है, तो यह कदापि संभव नहीं, कि शास्त्र में इस महत्त्व के विषय का विचार किया गया है कि सांसारिक व्यवहार किस प्रकार करना चाहिए, उस कर्मयोग शास्त्र को हमारे शास्त्रकार आध्यात्मिक मोक्षज्ञान से अलग बतलावें। इसलिए हम समझते हैं कि जो कर्म हमारे मोक्ष अथवा हमारी आध्यात्मिक उन्नति के अनुकूल हो, वही पुण्य है, वही शुभकर्म है; और जो कर्म उसके प्रतिकूल वही पाप, अधर्म अथवा अशुभ है। यही कारण है कि हम 'कर्त्तव्य-अकर्त्तव्य', 'कार्य-अकार्य' शब्दों के बदले 'धर्म' और 'अधर्म' शब्दों का ही (यद्यपि बाह्य-सृष्टि के व्यावहारिक कर्मों अथवा व्यापारों का विचार करना ही प्रधान विषय हो, तो भी उक्त कर्मों के बाह्य परिणाम के विचार के साथ ही साथ यह विचार भी हम लोग हमेशा करते हैं कि ये व्यापार हमारी आत्मा के कल्याण के अनुकूल हैं या प्रतिकूल। यदि आधिभौतिकवादी से कोई यह प्रश्न करे कि "मैं अपने हित छोड़कर लोगों का हित क्यों करूँ?" तो वह इसके सिवा और क्या समाधान कारक उत्तर दे सकता है कि "यह तो सामान्यत: मनुष्य स्वभाव ही है।" हमारे शास्त्रकारों की दृष्टि इससे परे पहुँची है; और व्यापक आध्यात्मिक दृष्टि ही से महाभारत में कर्मयोग शास्त्र का विचार किया गया है। एवं श्रीमद्भगवद्गीता में वेदान्त का निरूपण भी इतने ही के लिए किया गया है। प्राचीन यूनानी पंडितों की भी यही राय है कि 'अत्यंत हित' अथवा 'सद्गुणी की पराकाष्ठा' के समान कुछ-न-कुछ परम उद्देश्य कल्पित करके फिर उसी दृष्टि-से कर्म-अकर्म का विवेचन करना चाहिए। और ऑरिस्टॉटलने अपने नीतिशास्त्र के ग्रंथ (1.7, 8) में कहा है कि आत्मा के हित में ही इन सब बातों का समावेश हो जाता है। तथापि इस विषय में आत्मा के हित को जितनी प्रधानता देनी चाहिए थी, उतनी ऑरिस्टॉटलने नहीं दी है। हमारे शास्त्रकारों की बात इस प्रकार नहीं है। उन्होंने निश्चित किया है कि आत्मा का कल्याण अथवा आध्यात्मिक पूर्णावस्था ही प्रत्येक मनुष्य का पहला और परम उद्देश्य है। अन्य प्रकार के हितों की अपेक्षा उसी को प्रधान जानना चाहिए और तदनुसार कर्म-अकर्म का विचार करना चाहिए। अध्यात्मक-विद्या को छोड़कर कर्म-अकर्म का विचार करना ठीक नहीं है। जान पड़ता है कि वर्तमान समय में पश्चिमी देशों के कुछ पंडितों ने भी कर्म-अकर्म के विवेचन की इसी पद्धति को स्वीकार किया है। उदाहरणार्थ जर्मन तत्त्वज्ञानी कांट ने पहले "शुद्ध (व्यवसायात्मक) बुद्धि की मीमांसा" नामक आध्यात्मिक ग्रंथ लिखकर फिर उसकी पूर्तता के लिए "व्यावहारिक (वासनात्मक) बुद्धि की मीमांसा" नामक नीतिशास्त्र विषयक ग्रंथ लिखा है[1] और इंग्लैंड में के ग्रीन ने अपने "नीतिशास्त्र के उपोद्घात" का सृष्टि के मूलभूत आत्मतत्त्व से ही आरंभ किया है। परंतु इन ग्रंथों के बदले केवल आधिभौतिक पंडितों के ही नीतिग्रंथ आजकल हमारे यहाँ की अंग्रेजी पाठशाला में पढ़ाए जाते हैं। जिसका परिणाम यह दीख पड़ता है कि गीता में बतलाए गए कर्मयोगशास्त्र के मूलतत्त्वों का हमारे अंग्रेजी सीखे हुए विद्वानों को भी-स्पष्ट बोध नहीं होता।

उक्त विवेचन से ज्ञात हो जाएगा कि व्यावहारिक नीतिबंधनों के लिए अथवा समाज-धारण की व्यवस्था के लिए हम 'धर्म' शब्द का उपयोग क्यों करते हैं। महाभारत, भगवद्गीता, आदि संस्कृत ग्रंथों में, तथा प्राकृत भाषा ग्रंथों में भी, व्यावहारिक कर्त्तव्य अथवा नियम के अर्थ में धर्म शब्द का हमेशा उपयोग किया जाता है। कुलधर्म

---

1. कांट एक जर्मन तत्त्वज्ञानी था। इसे अर्वाचीन तत्त्वज्ञान शास्त्र का जनक समझते हैं। इसके Critique at Pune Reason (शुद्ध बुद्धि की मीमांसा) और crtique of practical Reason (वासनात्मक बुद्धि की मीमांसा) ये दो ग्रंथ प्रसिद्ध हैं ग्रीन के ग्रंथ का नाम Prolegomena to Ethics है।

और कुलाचार, दोनों शब्द समानार्थक समझे जाते हैं। भारतीय युद्ध में एक समय कर्ण के रथ का पहिया पृथ्वी ने निगल लिया था); उसको उठाकर ऊपर जाने के लिए जब कर्ण अपने रथ से नीचे उतरा तब अर्जुन उसका वध करने के लिए उद्युक्त हुआ। यह देखकर कर्ण ने कहा, "नि:शस्त्र शत्रु को मारना धर्मयुद्ध नहीं है।" इसे सुनकर श्रीकृष्ण ने कर्ण को पिछली कई बातों का स्मरण दिलाया, जैसे द्रौपदी का वस्त्रहरण और सब लोगों ने मिलकर अकेले अभिमन्यु का किया वध इत्यादि। और प्रत्येक प्रसंग पर यह प्रश्न किया कि "हे कर्ण! उस समय तेरा धर्म कहाँ गया था?" इन सब बातों का वर्णन महाराष्ट्र-कवि मोरोपंत ने किया है और महाभारत में भी इस प्रसंग पर "क्व ते धर्मस्तदा गत:" में 'धर्म' शब्द का ही प्रयोग किया गया है। तथा अंत में कहा गया है कि जो इस प्रकार अधर्म करे उसके साथ शठ प्रति शाठ्यं का बर्ताव करना ही उसको उचित दंड देना है। सारांश, क्या संस्कृत और क्या प्राकृत सभी ग्रंथों में 'धर्म' शब्द का प्रयोग उन सब नीति-नियमों के लिए किया गया है, जो समाज-धारण के लिए शिष्टाजनों द्वारा अध्यात्म-दृष्टि से बनाए गए हैं।

इसलिए उसी शब्द का उपयोग हमने भी इस ग्रंथ में किया है। उक्त दृष्टि से विचार करने पर नीति के उन नियमों अथवा 'शिष्टाचारों' को धर्म की बुनियाद कह सकते हैं, जो समाज-धारण के लिए शिष्टजनों के द्वारा प्रचलित किए गए हों; और जो सर्वमान्य हो चुके हों। और, इसलिए महाभारत (अनु. 104.157) में एवं स्मृति-ग्रंथों में 'आचारप्रभवो धर्म:' अथवा 'आचार: परमो धर्म:' (मनु. 1.108), अथवा धर्म का मूल बतलाते समय -वैद-स्मृति: सदाचार: स्वस्य च प्रियमात्मन' (मनु. 1.12) इत्यादि वचन कहे हैं। परंतु कर्मयोगशास्त्र में इतने ही से काम नहीं चल सकता, इस बात का भी पूरा और मार्मिक विचार करना पड़ता है, (जैसे कि दूसरे प्रकरण में किया है।) कि उक्त आचार की प्रवृत्ति ही क्यों हुई-इस आचार की प्रवृत्ति का कारण क्या है।

'धर्म' शब्द की दूसरी जो व्याख्या प्राचीन ग्रंथों में दी गई है, उसका भी यहाँ थोड़ा विचार करना चाहिए। यह व्याख्या मीमांसकों की है; 'चोदनालक्षणोऽर्थो धर्म:' (जै.सू. 1.1.1.)। अर्थात् 'चोदना' याने प्रेरणा किसी अधिकारी पुरुष का यह कहना तू 'अमुक कर' अथवा 'मत कर' जब तक इस प्रकार कोई प्रबंध नहीं कर दिया जाता, तब तक कोई भी काम किसी को भी करने की स्वतंत्रता होती है। इसका आशय यही है कि पहले पहल निर्बंध या प्रबंध के कारण धर्म निर्माण हुआ। धर्म की यह व्याख्या कुछ अंश में, प्रसिद्ध अंग्रेज ग्रंथकार हॉब्स के मत से मिलती है। असभ्य तथा जंगली अवस्था में प्रत्येक मनुष्य का आचरण, समय-समय पर उत्पन्न होने वाली उसकी मनोवृत्तियों की प्रबलता के अनुसार हुआ करता है। परंतु कुछ समय के बाद यह मालूम होने लगता है कि इस प्रकार का मनमाना बर्ताव श्रेयस्कर नहीं है और यह विश्वास होने लगता है कि इंद्रियों के स्वाभाविक व्यापारों की कुछ मर्यादा निश्चित करके उसके अनुसार बर्ताव करने ही में सब लोगों का कल्याण है; जो शिष्टाचार से, या अन्य रीति से सुदृढ़ हो जाया करती है और जब इस प्रकार की मर्यादाओं की संख्या बहुत बढ़ जाती है, तब उन्हीं का एक शास्त्र बन जाता है। पिछले प्रकरण में बतलाया गया है कि पूर्व समय में विवाह व्यवस्था का प्रचार नहीं था। पहले पहल उसे श्वेत केतु ने चलाया; और शुक्राचार्य ने मदिरापान को निषद्ध ठहराया। यह न देखकर, कि इन मर्यादाओं को निश्चित करने में श्वेत केतु अथवा शुक्राचार्य का क्या हेतु था; केवल इसी एक बात पर ध्यान देकर कि इन मर्यादाओं के निश्चित करने का काम या कर्त्तव्य इन लोगों को करना पड़ा; धर्म शब्द की "चोदानालक्षणाऽर्थो धर्म:" व्याख्या बनाई गई है। धर्म भी हुआ तो पहले उसका महत्त्व किसी व्यक्ति के ध्यान में आता है और तभी उसकी प्रवृत्ति होती है।

"खाओ-पीओ, मौज करो" ये बातें किसी को सिखलानी नहीं पड़ती; क्योंकि ये इंद्रियों के स्वाभाविक धर्म ही हैं। मनुजी ने जो कहा है कि "न मांसभक्षणे दोषो न मद्ये न च मैथुने" (मनु. 5.53)-अर्थात् मांस भक्षण करना अथवा मद्यपान और मैथुन करना कोई (सृष्टिकर्म-विरुद्ध) दोष नहीं है-उसका तात्पर्य भी यही है। ये सब बातें मनुष्य ही के लिए नहीं, किंतु प्राणि मात्र के लिए स्वाभाविक हैं-"प्रवृत्तिरेषा भूतानाम्।" समाज-धारण के लिए अर्थात् सब लोगों के सुख के लिए इस स्वाभाविक आचरण का उचित प्रबंध करना ही धर्म है। महाभारत के शांतिपर्व (मभा. 294.29) में भी कहा है-

आहारनिद्राभयमैथुनं च सामान्यमेतत्पशुभिर्नराणाम्।
धर्मो ही तेषामधिको विशेषो धर्मेण हीनाः पशुभिः समानाः॥

अर्थात् "आहार, निद्रा, भय और मैथुन मनुष्यों और पशुओं के लिए एक ही समान स्वाभाविक हैं। मनुष्यों और पशुओं में कुछ भेद है तो केवल धर्म का (अर्थात् इन स्वाभाविक वृत्तियों को मर्यादित करने का) जिस मनुष्य में यह धर्म नहीं है, वह पशु के समान ही है।" आहारादि स्वाभाविक वृत्तियों को मर्यादित करने के विषय में भागवत का श्लोक पिछले प्रकरण में दिया गया है। इसी प्रकार भगवद्गीता में भी जब अर्जुन से भगवान् कहते हैं (गीता 3.34)

इंद्रियस्येंद्रियस्थार्थे रागद्वेषौ व्यवस्थितौ।
तयोर्न वशमागच्छेत् तौ हास्य परिपंथिनौ॥

इंद्रियों तथा इन इंद्रियों में अपने उपभोग अथवा त्याज्य पदार्थ के विषय में, जो प्रीति अथवा द्वेष होता है, वह स्वभावतः सिद्ध है। इनके वश में हमें नहीं होना चाहिए। क्योंकि राग और द्वेष दोनों हमारे शत्रु हैं"-तब भगवान् को धर्म का वही लक्षण अभिप्रेत है, जो स्वाभाविक तथा और मनोवृत्तियों को मर्यादित करने के विषय में ऊपर दिया गया है। मनुष्य की इंद्रियाँ उसे पशु के समान आचरण करने के लिए कहा करती हैं, जो उसकी बुद्धि दिशा में खींचा करती है। इस कलहाग्नि में जो लोग अपने शरीर में संचार करनेवाले पशुत्व का यज्ञ करके कृत्यकृत्य (सफल) होते हैं, उन्हें ही सच्चा याज्ञिक कहना चाहिए, और वे ही धन्य हैं।

धर्म को 'आचार-प्रभव' कहिए, 'धारणात्' धर्म मानिए अथवा 'चोदनालक्षण' धर्म समझिए; धर्म की ओर व्यावहारिक नीति बंधनों की कोई भी व्याख्या अपनाइए; परंतु जब धर्म-अधर्म का संशय उत्पन्न होता है, तब उसका निर्णय करने के लिए उपर्युक्त तीनों लक्षणों का कुछ उपयोग नहीं होता। पहली व्याख्या से सिर्फ यह मालूम होता है कि धर्म का मूल स्वरूप क्या है; उसका बाह्य उपयोग दूसरी व्याख्या से सिर्फ यह मालूम होता है; और तीसरी व्याख्या से यही बोध होता है, कि पहले पहल किसी ने धर्म की मार्यादा निश्चित कर दी है। परंतु अनेक आचारों में भेद पाया जाता है; इतना ही नहीं तो एक ही कर्म के अनेक परिणाम होते हैं; और अनेक ऋषियों की आज्ञाएँ अर्थात् 'चोदना' भी भिन्न-भिन्न हैं। इन कारणों से संशय के समय धर्म निर्णय के लिए किसी दूसरे मार्ग को ढूँढने की आवश्यकता होती है। यह मार्ग कौन-सा है? यही प्रश्न यक्ष ने युधिष्ठिर से किया था। युधिष्ठिर ने उत्तर दिया है कि:-

तर्कोऽप्रतिष्ठः श्रुयतो विभिन्नाः नैको ऋषिर्यस्य वचः प्रमाणम्।
धर्मस्य तत्त्वं निहितं गुहायां महाजनो येन गतः स पंथाः॥

"यदि तर्क की देखें तो वह चंचल है, अर्थात् जिसकी बुद्धि जैसी तीव्र होती है वैसे ही अनेक प्रकार के अनेक अनुमान तर्क से निष्पन्न हो जाते हैं। श्रुति अर्थात् वेदाज्ञाएँ देखी जाएं तो वे भी भिन्न भिन्न हैं, और यदि स्मृति शास्त्र को देखें तो ऐसा एक भी ऋषि नहीं है, जिसका वचन अन्य ऋषियों की अपेक्षा अधिक प्रमाणभूत समझा

जाए। अच्छा, (इस व्यावहारिक) धर्म का मूलभूत तत्त्व देखा जाए, तो वह भी अंधकार में छिपा हुआ है अर्थात् वह साधारण मनुष्यों की समझ में नहीं आ सकता। इसलिए महाजन जिस मार्ग से गए हों, वही (धर्म का) मार्ग है" (भा. बन. 312.115) ठीक है। परंतु महाजन किसको कहना चाहिए? उसका अर्थ "बड़ा अथवा बहुत सा जनसमूह" नहीं हो सकता। क्योंकि इन साधारण लोगों के मन में धर्म-अधर्म की शंका कभी उत्पन्न नहीं होती, उनके बतलाए मार्ग से जाना मानो कठोपनिषद में वर्णित 'अंधनैव नीयमानां यथांधा:'-वाली नीति ही को चरितार्थ करना है। अब यदि महाजन का अर्थ "बड़े-बड़े सदाचारी पुरुष" लिया जाए और यही अर्थ उक्त श्लोक में अभिप्रेत है-तो उन महाजनों के आचरण में भी एकता कहाँ है? निष्पाप श्रीरामचंद्र ने अग्नि द्वारा शुद्ध हो जाने पर भी अपनी पत्नी का त्याग केवल लोकापवाद के लिए किया और सुग्रीव को अपने पक्ष में मिलाने के लिए उससे 'तुल्यारिमित्र'-अर्थात् जो तेरा शत्रु वही मेरा शत्रु, और जो तेरा मित्र वही मेरा मित्र, इस प्रकार समझौता करके बेचारे बाली का वध किया, यद्यपि उसने श्रीरामचंद्र का कुछ अपराध नहीं किया था। परशुराम ने तो पिता की आज्ञा से प्रत्यक्ष अपनी माता का शिरच्छेद कर डाला। यदि पांडवों का आचरण देखा जाए तो पाँचों की एक ही स्त्री थी। स्वर्ग के दवेताओं को देखें तो कोई अहल्या का सतीत्व भ्रष्ट करनेवाला है, और कोई (ब्रह्मा) मृगरूप से अपनी ही कन्या का अभिलाष करने के कारण रुद्र के बाण से विद्ध होकर आकाश में पड़ा हुआ है। (ऐ. ब्रा. 3.33)। इन्हीं बातों को मन में लाकर 'उत्तररामचरित' नाटक में भवभूति लव के मुख से कहलाया है, कि "वृद्धास्ते न विचारणीयचरिता:"-इन वृद्धों के कृत्यों का बहुत विचार नहीं करना चाहिए। अंग्रेजी में शैतान का इतिहास लिखने वाले एक ग्रंथकार ने लिखा है, कि शैतान के साथियों और देवदूतों के झगड़ों का हाल देखने से मालूम होता है, कि कईबार देवताओं ने ही दैत्यों को कपट जाल में फँसा लिया है। इसी प्रकार कौषीतकी ब्राह्मणोपनिषद् (कौषी. 3.1 और ऐ. ब्रा. 7.28) में इंद्र प्रतर्दन से कहता है, कि "मैंने वृत्र को (यद्यपि वह ब्राह्मण था) मार डाला; अरुन्मुख संन्यासियों के टुकड़े-टुकड़े करके भेड़ियों को (खाने के लिए) दिए; और अपनी कई प्रतिज्ञाओं का भंग करके प्रल्हाद के नातेदारों और गोत्रजों का तथा पौलोम और कालखंज नामक दैत्यों का वध किया। (इससे) मेरा एक बाल भी बाँका नहीं हुआ-"तस्य में तत्र न लोभ च मा मीयते!" यदि कोई कहें, कि "तुम्हें इन महात्माओं के बुरे कर्मों की और ध्यान देने का कुछ भी कारण नहीं है; जैसा कि तैत्तिरीयोपनिषद् (तैत्ति. 1.11। 2) में बतलाया है; उनके जो कर्म अच्छे हों, उन्हीं का अनुकरण करो; बाकी सब छोड़ दो। उदाहरणार्थ, परशुराम के समान पिता की आज्ञा का पालन करो; परंतु माता की हत्या मत करो; तो वही पहला प्रश्न भी उठता है, कि बुरा कर्म और भला कर्म समझने के लिए साधन क्या है? इसलिए अपनी करनी का उक्त प्रकार से वर्णन कर इंद्र प्रतर्दन से फिर कहता है,"जो पूर्ण आत्मज्ञानी है,उसे मातृवध भ्रूणहत्या अथवा स्तेय (चोरी) इत्यादि किसी भी कर्म को दोष नहीं लगता।इस बात को भली-भाँति समझ ले, कि आत्मा किसे कहते हैं-ऐसा करने से तेरे सारे संशयों की निवृत्ति हो जाएगी।" इसके बाद इंद्र ने प्रतर्दन को आत्मविद्या का उपदेश दिया। सारांश यह है, कि "महाजनो येन गत: स पंथा:" यह युक्ति यद्यपि सामान्य लोगों के लिए सरल है, तो भी सब बातों में इससे निर्वाह नहीं हो सकता; और अंत में महाजनों के आचरण का सच्चा तत्त्व कितना भी गूढ़ हो, तो भी आत्मज्ञान में घुसकर विचारवान पुरुषों को उसे ढूँढ निकालना ही पड़ता है। "न देवचरितं चरेत्"-देवताओं के केवल बाहरी चरित्र के अनुसार आचरण नहीं करना चाहिए। इस उपदेश का रहस्य भी यही है। इसके सिवा, कर्म-अकर्म का निर्णय करने के लिए कुछ लोगों ने एक सरल युक्ति

बतलाई है। उनका कहना है, कि कोई भी सद्‌गुण हो, उसकी अधिकता न होने देने के लिए हमें हमेशा यत्न करते रहना चाहिए; क्योंकि इस अधिकता से ही अंत में सद्‌गुण दुर्गुण बन बैठता है। जैसे, दान सचमुच सद्‌गुण है; परंतु 'अतिदानाद्‌बलिर्बद्धः'-दान की अधिकता होने से ही राजा बलि ने धोखा खाया। प्रसिद्ध यूनानी पंडित ॲरिस्टॉटल ने अपने नीतिशास्त्र के ग्रंथ में कर्म-अकर्म के निर्णय की यही युक्ति बतलाई है; और इसलिए स्पष्टतया दिखलाया है, कि प्रत्येक सद्‌गुण की अधिकता होने पर दुर्दशा कैसे हो जाती है। कालिदास ने भी रघुवंश में वर्णन किया है, कि केवल शूरता व्याघ्र सरीखे श्वापद का क्रूर काम है, और केवल निति भी डरपोकन है; इसलिए अतिथि राजा तलवार और राजनीति के योग्य मिश्रण से अपने राज्य का प्रबंध करता था (रघु. 17. 47)। भतृहरि आदियों ने भी कुछ गुण-दोषों का वर्णन कर कहा है, कि यदि ज्यादा बोलना वाचालता का लक्षण है, और कम बोलना गुम्मापन है; ज्यादा खर्च करे तो उड़ाऊ और कम करे तो कंजूस, आगे बढ़े तो दुःसाहसी और पीछे हटे तो ढीला, अतिशय आग्रह करे तो जिद्दी और न करे तो चंचल, ज्यादा खुशामत करे तो नीच और ऐंठ दिखलावे तो घमंडी है; परंतु इस प्रकार की स्थूल कसौटी से अंत तक निर्वाह नहीं हो सकता। क्योंकि 'अति' किसे कहते हैं और 'नियमित' किसे कहते हैं-इसका भी तो कुछ निर्णय चाहिए न; तथा यह निर्णय कौन और किस प्रकार करे? किसी एक को अथवा किसी एक समय पर जो बात 'अति' होगी वही दूसरे को, अथवा दूसरे समय पर कम हो जाएगी। हनुमानजी को, पैदा होते ही सूर्य को पकड़ने के लिए उड़ान भरना कोई कठिन काम नहीं मालूम पड़ा (रामा. 7.35); परंतु यही बात औरों के लिए कठिन असंभव जान पड़ती। इसलिए जब धर्म-धर्म के विषय में संदेह उत्पन्न हो, तब प्रत्येक मनुष्य को ठीक वैसा ही निर्णय करना पड़ता है, जैसा श्येन ने राजा शिबी को कहा है-

अविरोधात्तु यो धर्मः स धर्मः सत्यविक्रम।
विरोधिषु महीपालं निश्चित्य गुरुलाघवम्।
न बाधा विद्यते यत्र तं धर्म समुपाचरेत्।।

अर्थात् परस्पर विरुद्ध धर्मों का तारतम्य अथवा लघुता और गुरुता देखकर ही, प्रत्येक प्रसंग पर, अपनी बुद्धि के द्वारा सच्चे धर्म अथवा कर्म का निर्णय करना चाहिए (मभा. वन. 131.11, 12 और मनु. 6.299)। परंतु इतने ही से यह भी नहीं कहा जा सकता, कि धर्म-अधर्म के सार-असार विचार करना ही शंका के समय, धर्म-निर्णय की एक सच्ची कसौटी है। क्योंकि व्यवहार में अनेक बार देखा जाता है, कि अनेक पंडित लोग अपनी बुद्धि के सार-असार का विचार भी भिन्न-भिन्न प्रकार से किया करते हैं; और एक ही बात की नीतिमत्ता का निर्णय भी भिन्न-भिन्न से किया करते हैं। यही अर्थ उपर्युक्त 'तर्कोऽप्रतिष्ठः' वचन प्रकार में दिया गया है। इसलिए अब हमें यह जानना चाहिए, कि धर्म-अधर्म-संशय के इन प्रश्नों का अचूक निर्णय करने के लिए अन्य कोई साधन या उपाय है या नहीं; यदि हैं तो कौन से हैं; और यदि अनेक उपाय हों तो उनमें श्रेष्ठ कौन है। बस, इस बात का निर्णय कर देना ही शास्त्र का काम है। शास्त्र का यही लक्षण है, कि "अनेक संशयोच्छेदि परोक्षार्थस्य दर्शकम्"-अर्थात् अनेक शंकाओं के उत्पन्न होने पर, सबसे पहले उन विषयों के गुत्थमगुत्थे को सुलझा दे, जो समझ में नहीं आ सकते हैं; फिर उनके अर्थ को सुगम और स्पष्ट कर दे और जो बातें आँखों से दीख न पड़ती हों उनका, अथवा आगे होने वाली बातों का भी यथार्थ ज्ञान करा दे। जब हम इस बात को सोचते हैं, कि ज्योतिष शास्त्र के सीखने से आगे होने वाले ग्रहणों का भी सब हाल मालूम हो जाता है, तब उक्त लक्षण के "परोक्षार्थस्य दर्शकम्" इस दूसरे भाग

की सार्थकता अच्छी तरह दीख पड़ती है। परंतु अनेक दोष और उनकी न्यूनताएँ दिखलाई जाती हैं। इसी रीति का स्वीकार करके गीता में कर्म-अकर्म निर्णय के लिए प्रतिपादन किया हुआ सिद्धान्त-पक्षीय योग अर्थात् युक्ति हैं, उनका भी अब हम विचार करेंगे। यह बात सच है कि यह युक्तियाँ हमारे यहाँ पहले विशेष प्रचार में न थीं; और विशेष करके पश्चिमी पंडितों ने ही वर्तमान समय में उनका प्रचार किया है; परंतु इतने से ही यह नहीं किया जा सकता, कि उनकी चर्चा इस ग्रंथ में न की जावे। क्योंकि न केवल तुलना ही के लिए, परंतु गीता के आध्यात्मिक कर्मयोग का महत्त्व ध्यान में लाने के लिए भी इन युक्तियों को-संक्षेप में भी क्यों न हो-जान लेना अत्यंत आवश्यक है।

चौथा प्रकरण

आधिभौतिक सुखवाद

दु:खादुद्विजते सर्व: सर्वस्य सुखमीप्सितम्।[1]

महाभारत, शांति. 139.61

मनु आदि शास्त्रकारों ने 'अहिंसा सत्यमस्तेयं' इत्यादि जो नियम बनाए हैं उनका कारण क्या है, वे नित्य है कि अनित्य, उनकी व्याप्ति कितनी है, उनका मूलभूततत्त्व क्या है, यदि इनमें से कोई दो परस्पर विरोधी धर्म एक ही समय में प्राप्त हों तो किस मार्ग को स्वीकार करना चाहिए, इत्यादि प्रश्नों का निर्णय ऐसी सामान्य युक्तियों से नहीं हो सकता, जो "महाजनो येन गत: स पंथा:" या "अति सर्वत्र वर्जयेत्" आदि वचनों से सूचित होती हैं। इसलिए अब यह देखना चाहिए, कि इन प्रश्नों का उचित निर्णय कैसे हो; और श्रेयस्कर मार्ग निश्चित करने के लिए निर्भ्रांत युक्ति क्या है; अर्थात् यह जानना चाहिए कि परस्पर विरुद्ध धर्मों की लघुता और गुरुता-न्यूनाधिक महत्ता-किस दृष्टि से निश्चित की जावे। अन्य शास्त्रीय प्रतिपादनों के अनुसार कर्म-अकर्म विवेचन संबंधी प्रश्नों की भी चर्चा करने के तीन मार्ग हैं; जैसे आधिभौतिक और आध्यात्मिक। इनके भेदों का वर्णन पिछले प्रकरण में कर चुके हैं। हमारे शास्त्रकारों के मतानुसार आध्यात्मिक मार्ग ही इन सब मार्गों में श्रेष्ठ है; परंतु अध्यात्म मार्ग का महत्त्व पूर्ण रीति से ध्यान में लाने के लिए दूसरे दो मार्गों का विचार करना आवश्यक है; इसलिए इस प्रकरण में पहले कर्म-अकर्म परीक्षा के आधिभौतिक मूल तत्त्वों की चर्चा की गई है। जिन आधिभौतिक शास्त्रों की आजकल बहुत उन्नति हुई है, उनमें उक्त पदार्थों के बाह्य और दृश्य गुणों का ही विचार विशेषज्ञता से किया जाता है। इसलिए जिन लोगों ने आधिभौतिक शास्त्रों के अध्ययन ही में अपनी उम्र बिता दी है और जिनको इस शास्त्र की विचारपद्धति का अभिमान है, उन्हें बाह्य परिणामों का ही विचार करने की आदत सी पड़ जाती है। इसका परिणाम यह होता है, कि उनकी तत्त्वज्ञानदृष्टि थोड़ी-सी संकुचित हो जाती है; और किसी भी बात का विवेचन करते समय वे लोग आध्यात्मिक और पारलौकिक दृष्टि को छोड़ दे तथापि उन्हें यह मानना पड़ेगा कि मनुष्यों के सांसारिक व्यवहारों को सरलतापूर्वक चलाने और लोकसंग्रह करने के लिए नीति-नियमों की अत्यंत आवश्यकता है। इसलिए हम देखते हैं, कि उन पंडितों को भी कर्मयोगशास्त्र बहुत महत्त्व का मालूम होता है, कि जो लोग पारलौकिक विषयों में अनास्था रखते हैं, या जिन लोगों का अव्यक्त अध्यात्म ज्ञान में (अर्थात् परमेश्वर में भी) विश्वास नहीं है। ऐसे पंडितों ने पश्चिमी देशों में इस बात की बहुत चर्चा की है-कि केवल आधिभौतिक शास्त्र की रीति से (अर्थात् केवल सांसारिक दृश्य युक्तिवाद से ही) कर्म-अकर्म-शास्त्र की उपपत्ति दिखलाई जा सकती है या नहीं। इस चर्चा से उन लोगों

1. "दु:ख से सभी ऊब जाते हैं और सुख की इच्छा सभी करते हैं।"

ने यह निश्चय किया है, कि नीतिशास्त्र का विवेचन करने में अध्यात्मशास्त्र की कुछ भी आवश्यकता नहीं है। किसी कर्म के भले या बुरे होने का निर्णय उस कर्म के बाह्य परिणाामों से-जो प्रत्यक्ष दीख पड़ते हैं-किया जाना चाहिए; और ऐसा ही किया भी जा सकता है। क्योंकि, मनुष्य जो-जो कर्म करता है, वह सब सुख के लिए या दु:ख निवारणार्थ ही किया करता है और तो क्या 'सब मनुष्यों का सुख' ही ऐहिक परमोद्देश है; और यदि सब कर्मों का अंतिम दृश्य फल इस प्रकार निश्चित है, तो नीति-निर्णय का सच्चा मार्ग यही होना चाहिए, कि सब कर्मों की नीतिमत्ता, सुखप्राप्ति या दु:खनिवारण का तारतम्य अर्थात् लघुता-गुरुता द्रेखकर, निश्चित की जावे। जबकि व्यवहार में किसी वस्तु का भलाबुरापन केवल बाहरी उपयोग ही से निश्चित किया जाता है-जैसे, जो गाय छोटे सींगोवाली और सीधी होकर भी अधकि दूध देती है, वही अच्छी समझी जाती है-तब इसी प्रकार जिस कर्म से सुख-प्राप्ति या दु:ख-निवारणात्मक बाह्य फल अधिक हो, उसी को नीति की दृष्टि से भी श्रेयस्कर समझना चाहिए। जब हम लोगों को केवल बाह्य और दृश्य परिणामों की लघुता-गुरुता देखकर नीतिमत्ता के निर्णय करने की यह सरल और शास्त्रीय कसौटी प्राप्त हो गई है, तब उसके लिए आत्म अनात्म के गहरे विचार-सागर में चक्कर खाते रहने की कोई आवश्यकता नहीं है। "अर्के चेन्मधु विंदेत किमर्थ पर्वत व्रजेत"[1] - पास ही में मधु मिल जाए तो मधुमक्खी के छत्ते की खोज में जंगल में क्यों जाएँ? किसी भी कर्म के केवल बाह्य फल को देखकर नीति और अनीति का निर्णय करनेवाले उक्त पक्ष को हमने "आधिभौतिक सुखवाद" कहा है। क्योंकि नीतिमत्ता का निर्णय करने के लिए इस मत के अनुसार जिन सुख-दु:खों का विचार किया जाता है, वे सब प्रत्यक्ष दिखनेवाले और केवल बाह्य अर्थात् बाह्य पदार्थों का इंद्रियों के साथ संयोग होने पर उत्पन्न होनेवाले, यानी आधिभौतिक हैं; और यह पंथ भी सब संसार का केवल आधिभौतिक दृष्टि से विचार करनेवाले पंडितों से ही चलाया गया है। इसका विस्तृत वर्णन इस ग्रंथ में करना असंभव है-भिन्न भिन्न ग्रंथकारों के मतों का सिर्फ सारांश देने के लिए ही स्वतंत्र ग्रंथ लिखना पड़ेगा, इसलिए श्रीमद्भगवद्गीता के कर्मयोगशास्त्र का स्वरूप और महत्त्व पूरी तौर से ध्यान में आ जाने के लिए नीतिशास्त्र के इस आधिभौतिक पंथ का जितना स्पष्टीकरण अत्यावश्यक है, उतना ही संक्षिप्त रीति से इस प्रकरण में एकत्रित किया गया है। इससे अधिक बातें जानने के लिए पाठकों को पश्चिमी विद्वानों के मूल ग्रंथ ही पढ़ने चाहिए। ऊपर कहा गया है, कि परलोक या आत्मविद्या के विषय में आधिभौतिकवादी उदासीन रहा करते हैं; इसका यह मतलब नहीं है कि इस पंथ के सब विद्वान लोग स्वार्थसाधक, अपस्वार्थी अथवा अनीतिमान् हुआ करते हैं। यदि इन लोगों में पारलौकिक दृष्टि नहीं है तो न सही। ये मनुष्य के कर्त्तव्य के विषय में यही कहते हैं, कि प्रत्येक मनुष्य को अपनी ऐहिक दृष्टि ही को-जितनी बन सके उतनी-व्यापक बनाकर समूचे जगत् के कल्याण के लिए प्रयत्न करना चाहिए। इस तरह अंत:करण और उत्साह के साथ उपदेश करने वाले कांट, मिल, स्पेन्सर आदि सात्त्विक वृत्ति के अनेक पंडित इस पंथ में हैं; और उनके ग्रंथ अनेक प्रकार के उदात्त और प्रगल्भ विचारों से भरे रहने के कारण सब लोगों के पढ़ने योग्य हैं। यद्यपि कर्मयोगशास्त्र के पंथ भिन्न हैं, तथापि जब तक "संसार का कल्याण" यह बाहरी उद्देश्य छूट नहीं गया है तब तक भिन्न रीति से नीतिशास्त्र का प्रतिपादन करनेवाले

1. कुछ लोग इस श्लोक में 'अर्क' शब्द से 'आर्क या मदार' के पेड़ का भी अर्थ लेते हैं। परंतु ब्रह्मसूत्र 3. 4. 3. के शांकरभाष्य की टीका में आनंदगिरी ने 'अर्क' शब्द का अर्थ 'समीप्र' किया है। इस श्लोक का दूसरा चरण यह है-"सिद्धस्यार्थस्य संप्राप्तौ को विद्वान्यत्नमाचरेत्।"

किसी मार्ग या पंथ का उपहास करना अच्छी बात नहीं है। अस्तु; आधिभौतिकवादियों में इस विषय पर मतभेद है, कि नैतिक कर्म-अकर्म का निर्णय करने के लिए जिस आधिभौतिक बाह्य सुख का विचार करना है वह किसका है? स्वयं अपना है या दूसरे का; एक ही व्यक्ति का है, या अनेक व्यक्तियों का? अब संक्षेप में इस बात का क्रमश: विचार किया जाएगा, कि नए और पुराने सभी आधिभौतिकवादियों के मुख्यत: कितने वर्ग हो सकते हैं; और उनके ये पंथ कहाँ तक उचित अथवा निर्दोष हैं।

इनमें से पहला वर्ग केवल स्वार्थ-सुखवादियों का है। इस पंथ का कहना है, कि परलोक और परोपकार सब झूठ है। आध्यात्मिक धर्मशास्त्रों को चालाक लोगों ने अपना पेट भरने के लिए लिखा है। इस दुनिया में स्वार्थ ही सत्य है, और जिस उपाय से स्वार्थ सिद्ध हो सके, अथवा जिसके द्वारा स्वयं अपने आधिभौतिक सुख की वृद्धि हो उसी को न्याय, प्रशस्त या श्रेयस्कर समझना चाहिए। हमारे हिंदुस्तान में बहुत पुराने समय में चार्वाक ने बड़े उत्साह से इस मत का प्रतिपादन किया था और रामायण में जाबालि ने अयोध्याकांड के अंत में श्रीरामचंद्रजी को जो कुटिल उपदेश दिया है वह तथा महाभारत में वर्णित कणिकनीति (मभा. आ. 142) भी इसी प्रकार की है। चार्वाक का मत है, कि जब पंचमहाभूत एकत्र हो जाते हैं, तब उनके मिलाप से आत्मा नाम का एक गुण उत्पन्न हो जाता है और देह के जलने पर उसके साथ-साथ वह भी जल जाता है। इसलिए विद्वानों का कर्त्तव्य है, कि आत्मविचार के झंझट में न पड़कर जब तक यह शरीर जीवित अवस्था में है, तब तक "ऋण लेकर भी त्यौहार मनावें?"-"ऋणं कृत्वा घृतं पिबेत्"-क्योंकि मरने पर कुछ नहीं है। चार्वाक हिंदुस्तान में पैदा हुआ था, इसलिए उसने घृत से ही अपनी तृष्णा बुझा ली। नहीं तो उक्त सूत्र का रूपांतर "ऋणं कृत्वा सुरां पिबेत्" हो गया होता। कहाँ का धर्म और कहाँ का परोपकार! इस संसार में जितने पदार्थ परमेश्वर ने-शिव शिव! भूल हो गई। परमेश्वर आया कहाँ से?-इस संसार में जितने पदार्थ हैं वे सब मेरे ही उपभोग के लिए हैं। उनका दूसरा कोई भी उपयोग नहीं दिखाई पड़ता-अर्थात् है ही नहीं! मैं मरा कि दुनिया डूबी! इसलिए जब तक मैं जीता हूँ, तब आज यह तो कल वह : इस प्रकार सब कुछ अपने अधीन करके अपनी सारी काम-वासनाओं को तृप्त कर लूँगा। यदि मैं तप करूंगा, अथवा कुछ ज्ञान दूंगा तो वह सब मैं अपने महत्त्व को बढ़ाने ही के लिए करूँगा; और यदि मैं राजसूय या अश्वमेध यज्ञ करूंगा, तो उसे मैं यही प्रकट करने के लिए करूंगा, कि मेरी सत्ता या अधिकार सर्वत्र अबाधित है। सारांश, इस जगत का मैं ही केंद्र हूँ; और केवल यही सब नीतिशास्त्रों का रहस्य है। बाकी सब झूठ है।ऐसे ही आसुरी मताभिमानियों का वर्णन गीता के सोलहवें अध्याय में किया गया है-"ईश्वरोऽहमहं भोगी सिद्धोऽहं बलवान् सुखी" (गीता 16.14)-"मैं। ही ईश्वर, मैं ही भोगनेवाला; और मैं ही सिद्ध बलवान् और सुखी हूँ।" यदि श्रीकृष्ण के बदले जाबालि के समान इस पंथ वाला कोई आदमी अर्जुन को उपदेश करने के लिए होता, तो वह पहले अर्जुन के कान मलकर यह बतलाता, कि "अरे तू मूर्ख तो नहीं है? लड़ाई में सबको जीत कर अनेक प्रकार के राजभोग और विलासों के भोगने का यह बढ़िया मौका पाकर भी तू "यह करूं कि वह करूं?" इत्यादि व्यर्थ भ्रम में कुछ का कुछ बक रहा है। यह मौका फिर से मिलने का नहीं। कहाँ का आत्मा और कहाँ के कुटुंबियों को लिए बैठा है। उठ, तैयार हो; सब लोगों को ठोक-पीटकर सीधा कर दे; और हस्तिनापुर के साम्राज्य का सुख से निष्कंटक उपभोग कर! इसी में तेरा परम कल्याण है। स्वयं अपने दृश्य तथा ऐहिक सुख के सिवा इस संसार में और रखा ही क्या है?" परंतु अर्जुन ने इस घृणित, स्वार्थ-साधक और आसुरी उपदेश की प्रतीक्षा नहीं की-उसने पहले ही श्रीकृष्ण से कह दिया कि:-

एतान्न हंतुमिच्छामि घ्नतोऽपि मधुसूदन।
अपि त्रैलोक्यराज्यस्य हेतोः किं नु महीकृते॥

"पृथ्वी ही का क्यों, परंतु यदि तीनों लोकों का राज्य (इतना बड़ा विषय-सुख) भी (इस युद्ध के द्वारा) मुझे मिल जाए, तो भी मैं कौरवों को मारना नहीं चाहता। भले ही वे मेरी गर्दन उड़ा दे!" (गीता 1.35)। अर्जुन ने पहले ही से जिस स्वार्थपरायण और आधिभौतिक सुखवाद-पंथ का इस तरह निषेध किया है, उसके आसुरी मत का केवल उल्लेख करना ही उसका खंडन करना कहा जा सकता है। दूसरों के हित-अनहित की कुछ भी परवाह न करके सिर्फ अपने खुद के विषयोपभोग-सुख को परम-पुरुषार्थ मान कर नीतिमत्ता और धर्म को ठुकरा देने वाले आधिभौतिक वादियों की यह अत्यंत कनिष्ठ श्रेणी कर्मयोगशास्त्र के सब ग्रंथकारों के द्वारा और सामान्य लोगों के द्वारा भी बहुत ही अनीति की, त्याज्य और गर्ह्य मानी गई है। अधिक क्या कहा जाए, यह पंथ नीतिशास्त्र अथवा नीतिविवेचन के नाम को भी पात्र नहीं है। इसलिए इसके बारे में अधिक विचार न करके आधिभौतिक सुखवादियों के दूसरे वर्ग की ओर ध्यान देना चाहिए।

खुल्लमखुल्ला या प्रकट स्वार्थ संसार में चल नहीं सकता। क्योंकि यह प्रत्यक्ष अनुभव की बात है, कि यद्यपि आधिभौतिक विषयसुख प्रत्येक को इष्ट होता है; तथापि जब हमारा सुख अन्य लोगों के सुखोपभोग में बाधा डालता है, तब वे लोग बिना विघ्न उपस्थित किए नहीं रहते। इसलिए दूसरे कई आधिभौतिक पंडित प्रतिपादन किया करते हैं, कि यद्यपि स्वयं अपना सुख या स्वार्थ-साधन ही हमेशा उद्देश्य है, तथपि सब लोगों को अपने ही समान रियायत दिए बिना सुख का मिलना संभव नहीं है। इसलिए अपने सुख के लिए ही दूरदर्शिता के साथ अन्य लोगों के सुख की ओर भी ध्यान देना चाहिए। इन आधिभौतिकवादियों की गणना हम दूसरे वर्ग में करते हैं। बल्कि यह कहना चाहिए, कि नीति की आधिभौतिक उपपत्ति का यथार्थ आरंभ यहीं से होता है। क्योंकि इस वर्ग के लोग चार्वाक के मतानुसार यह नहीं कहते, कि समाज-सुधार के लिए नीति के बंधनों की कुछ आवश्यकता ही नहीं है। किंतु इन लोगों ने अपनी विचार दृष्टि से इस बात का कारण बतलाया है, कि सभी लोगों को उनका पालन क्यों करना चाहिए। इनका कहना यह है, कि यदि इस बात का सूक्ष्म विचार किया जाए, कि संसार में अहिंसा-धर्म कैसे चला और लोग उसका पालन क्यों करते हैं, तो यही मालूम होगा, कि ऐसे स्वार्थमूलक भय के सिवा उसका दूसरा कोई कारण नहीं है, जो इस वाक्य से प्रकट होता है-"यदि मैं लोगों को मारूँगा तो वे मुझे भी मार लेंगे; और फिर मुझे अपने सुखों से हाथ धोना पड़ेगा।" अहिंसा-धर्म के अनुसार ही अन्य सब धर्म भी इसी या ऐसे ही स्वार्थमूलक के कारणों से प्रचलित हुए हैं। हमें दुःख हुआ, तो हम रोते हैं; और दूसरों को हुआ, तो हमें दया आती है। क्यों? इसीलिए न, कि हमारे मन में यह डर पैदा होता है कि कहीं भविष्य में हमारी भी ऐसी ही दुःखमय अवस्था न हो जाए। परोपकार, उदारता, दया, ममता, कृतज्ञता, नम्रता, मित्रता इत्यादि जो गुण लोगों के सुख के लिए आवश्यक मालूम देते हैं, वे सब-यदि उनका मूलस्वरूप देखा जाए तो-अपने ही सुख के लिए अपने ही दुःखनिवारणार्थ हैं। कोई किसी की सहायता करता है, या कोई किसी को दान देता है। क्यों? इसीलिए न कि जब हम पर भी आ बीतेगी, तब वे हमारी सहायता करेंगे। हम अन्य लोगों को इसलिए प्यार करते हैं, कि वे भी हमको प्यार करें और कुछ नहीं तो हमारे मन में यह स्वार्थमूलक हेतु अवश्य रहता है कि लोग हमें अच्छा कहें। परोपकार और परार्थ दोनों शब्द केवल भ्रांतिमूलक हैं। यदि कुछ सच्चा है तो स्वार्थ; और स्वार्थ कहते हैं अपने लिए सुख-प्राप्ति या अपने दुःखनिवारण को। माता बच्चे को दूध पिलाती है, इसका कारण यह नहीं है, कि वह बच्चे से प्रेम करती हो; सच्चा कारण

तो यही है, कि उसके स्तनों में दूध भर जाने से उसे जो दु:ख होता है, उसे कम करने के लिए अथवा भविष्य में यही लड़का मुझे प्यार करके सुख देगा, इस स्वार्थ-सिद्धि के लिए लिए ही वह उपाय करती है-इस प्रकार उक्त कथन का अर्थ होता है। इस बात को दूसरे वर्ग के आधिभौतिकवादी मानते हैं, कि स्वयं अपने ही सुख के लिए भी क्यों न हो, परंतु भविष्य पर दृष्टि रखकर ऐसे नीतिधर्म का पालन करना चाहिए, कि जिससे दूसरों को भी सुख हो। बस, यही इस मत में और चार्वाक के मत में भेद है। तथापि चार्वाक मत के अनुसार इस मत में भी यह माना जाता है, कि मनुष्य केवल विषय-सुख में, रूप स्वार्थ में ढला हुआ एक पुतला है। इंग्लैंड में हॉब्स और फ्रान्स में हेल्वेशिअस ने इस बात का प्रतिपादन किया है। परंतु इस मत के अनुयायी अब न तो इंग्लैंड में ही और न कहीं बाहर भी अधिक मिलेंगे। हॉब्स के नीतिधर्म की इस उपपत्ति के प्रसिद्ध होने पर बटलर सरीखे[1] विद्वानों ने उसका खंडन करके सिद्ध किया, कि मनुष्य-स्वभाव केवल स्वार्थी नहीं है; स्वार्थ के समान ही उसमें जन्म से ही भूतदया, प्रेम, कृतज्ञता आदि सद्गुण भी कुछ अंश में रहते हैं। इसलिए किसी व्यवहार या कर्म का नैतिक दृष्टि से विचार करते समय केवल स्वार्थ या दूरदर्शी स्वार्थ की ओर ही ध्यान देना चाहिए। जब हम देखते हैं कि व्याघ्र सरीखे क्रूर जानवर भी अपने बच्चों की रक्षा के लिए प्राण देने को तैयार हो जाते हैं, तब हम यह कभी नहीं कह सकते कि मनुष्य के हृदय में प्रेम और परोपकारबुद्धि जैसे सद्गुण केवल स्वार्थ ही से उत्पन्न हुए हैं। इससे सिद्ध होता है, कि धर्म-अधर्म की परीक्षा केवल दूरदर्शी शास्त्र से करना शास्त्र की दृष्टि से भी उचित नहीं है। यह बात हमारे प्राचीन पंडितों को भी अच्छी तरह से मालूम थी, कि केवल संसार में लिप्त रहने के कारण जिस मनुष्य की बुद्धि शुद्ध नहीं रहती है, वह मनुष्य जो कुंछ परोपकार के नाम से करता है, बहुधा अपने ही हित के लिए करता है। महाराष्ट्र में तुकाराम महाराज एक बड़े भारी भगवद्भक्त हो गए हैं। वे कहते हैं, कि "बहू दिखलाने के लिए तो रोती है सास के हित के लिए; परंतु हृदय का भाव कुछ और ही रहता है। (तु. गा. 3583.2)" बहुत से पंडित तो हेल्वेशिअस से भी आगे बए गए हैं। उदाहरणार्थ "मनुष्य की स्वार्थप्रवृत्ति तथा परार्थप्रवृत्ति भी दोषमय होती है"-"प्रवर्तनालक्षणा दोषा:" इस गौतम-न्यायसूत्र (1.1.18) के आधार पर ब्रह्मसूत्रभाष्य में श्रीशंकराचार्य ने जो कुछ कहा है (वे. सू. शां. भा. 2. 2. 3), उस पर टीका करते हुए आनंदगिरि लिखते हैं, कि "जब हमारे हृदय में कारुण्यवृत्ति जागृत होती है, और हमको उससे जो दु:ख होता है, उस दु:ख को हटाने के लिए हम अन्य लोगों पर दया या परोपकार किया करते हैं।" आनंदगिरि का यही युक्तिवाद प्राय: हमारे सब संन्यासमार्गीय ग्रंथों में पाया जाता है; जिससे यह सिद्ध करने का प्रयत्न दीख पड़ता है, कि सब कर्म स्वार्थमूलक होने के कारण त्याज्य है। परंतु बृहदारण्यकोपनिषद् (बृ. 2. 4. 4. 5) में याज्ञवल्क्य और उनकी पत्नी मैत्रेयी का जो संवाद दो स्थानों पर है, उसमें इसी युक्तिवाद का उपयोग एक दूसरी ही अद्भुत रीति से किया गया है। मैत्रेयी ने पूछा "हम अमर कैसे बनेंगे?" इस प्रश्न का उत्तर देते समय याज्ञवल्क्य उससे कहते हैं, "हे

1. हॉब्स का मत उसके Laviathan नामक ग्रंथ में संग्रहीत है, तथा बटलर का मत उसके Sermon on Human Nature नामक निबंध में है। हेल्वेशिअस की पुस्तक का सारांश मोर्ले ने अपने Diderot विषयक ग्रंथ (Vol, II, Chap. V) में दिया है।

2. "What say you of natural affection? Is that also a species of self-love? Yes; Al self-love. Your children are loved only because they are yours. Your friend for a like reason. And your country engages you only so far as it has a connection with yourself" ह्यूम ने भी इसी युक्तिवाद का उल्लेख अपने Of the Dignity or Manness of Human Nature नामक निबंध में किया है। स्वयं ह्यूम का मत इससे भिन्न है।

मैत्रेयी! स्त्री अपने पति को चाहती है, वह पति ही के लिए नहीं किंतु वह अपनी आत्मा के लिए उसे चाहती है। इसी तरह हम अपने पुत्र से उसके हितार्थ प्रेम नहीं करते; किंतु हम स्वयं अपने ही लिए उससे प्रेम करते हैं।[1] द्रव्य, पशु और अन्य वस्तुओं के लिए भी यही न्याय उपयुक्त है। "आत्मनस्तु कामाय सर्वं प्रियं भवति"-अपने आत्मा के प्रीत्यर्थ ही सब पदार्थ हमें प्रिय लगते हैं और यदि इस तरह सब प्रेम आत्ममूलक है, तो क्या हमको सबसे पहले यह जानने का प्रयत्न नहीं करना चाहिए, कि आत्मा (हम) क्या है?" यह कहकर अंत में याज्ञवल्क्य ने यही उपदेश दिया है, "आत्मा वा अरे द्रष्टव्यः श्रोतव्यो मंतव्यो निधिध्यासितव्यः"-अर्थात् "सबसे पहले यह देखो, कि आत्मा कौन है, फिर उसके विषय में सुनो और उसका मनन तथा ध्यान करो।" इस उपदेश के अनुसार एक बार आत्मा के सच्चे स्वरूप की पहचान होने पर सब जगत् आत्ममय दिख पड़ने लगता है; और स्वार्थ तथा परार्थ का भेद ही मन में रहने नहीं पाता। याज्ञवल्क्य का यह युक्तिवाद दिखने में तो हॉब्स के मतानुसार ही है; परंतु यह बात भी किसी से छिपी नहीं है, कि इन दोनों के निकाले गए अनुमान एक-दूसरे के विरुद्ध हैं। हॉब्स स्वार्थ ही को प्रधान मानता है; और सब परार्थों को दूरदर्शी स्वार्थ का ही स्वरूप मानकर कहता है, कि इस संसार में स्वार्थ के सिवा और कुछ नहीं। याज्ञवल्क्य 'स्वार्थ' 'स्व' (अपना) पद के आधार पर दिखलाते हैं, कि अध्यात्म दृष्टि से अपने एक ही आत्मा में सब भूतों का और सब भूतों में अपने आत्मा का, अविरोध भाव से समावेश कैसे होता है। यह दिखला कर उन्होंने स्वार्थ और परार्थ में दिखनेवाले द्वैत के जड़ ही को काट डाला है। याज्ञवल्क्य के उक्त मत और संन्यासमार्गीय मत पर अधिक विचार आगे किया जाएगा। यहाँ पर याज्ञवलक्य आदियों के मतों का उल्लेख यही दिखलाने के लिए किया गया है, कि "सामान्य मनुष्यों की प्रवृत्ति स्वार्थ-विषयक अर्थात् आत्मसुखविषयक होती है"-इस एक ही बात को थोड़ा-बहुत महत्त्व देकर, अथवा इसी एंक बात को सर्वथा अपवादरहित मानकर, हमारे प्राचीन ग्रंथकारों ने उसी बात से हॉब्स के विरुद्ध दूसरे अनुमान कैसे निकाले हैं।

जब यह बात सिद्ध हो चुकी, कि मनुष्य का स्वभाव केवल स्वार्थमूलक अर्थात् तमोगुणी या राक्षसी नहीं है-जैसा कि अंग्रेजी ग्रंथकार हॉब्स और फ्रेंच पंडित हेल्वेशिअस कहते हैं-किंतु मनुष्य-स्वभाव में स्वार्थ के साथी परोपकार बुद्धि की सात्त्विक मनोवृत्ति भी जन्म से स्वतंत्र रूप से पाई जाती है। अर्थात् जब यह सिद्ध हो चुका कि परोपकार केवल दूरदर्शी स्वार्थ नहीं है, तब स्वार्थ अर्थात् स्वसुख और परार्थ अर्थात् दूसरों का सुख, इन दोनों तत्त्वों पर समदृष्टि रखकर कार्य-अकार्य व्यवस्थाशास्त्र की रचना करने की आवश्यकता प्रतीत हुई। यही आधिभौतिकवादियों का तीसरा वर्ग है। इस पक्ष में भी यह आधिभौतिक मत मान्य है, कि स्वार्थ परार्थ दोनों सांसारिक सुखवाचक हैं। सांसारिक सुख के परे कुछ भी नहीं है। भेद केवल इतना ही है, कि इस पंथ के लोग स्वार्थबुद्धि के समान परार्थबुद्धि को भी स्वाभाविक मानते हैं। इसलिए वे कहते हैं कि नीति का विचार करते समय स्वार्थ के समान परार्थ की ओर भी ध्यान देना चाहिए। सामान्यतः स्वार्थ और परार्थ में विरोध उत्पन्न नहीं होता; इसलिए मनुष्य जो कुछ करता है, वह

---

1. अंग्रेजी इसे enlightened self-interest कहते हैं। enlighted का भाषांतर 'उदात्त' या बुद्धिमान शब्दों से किया है।

2. Sidgwick's Method of Ethics, Book I, Chap. II 2. pp. 18-19; also, Bool IV, Chap. IV 3 p. 474. यह तीसरा पंथ कुछ सिज्विक का निकाला हुआ है; सामान्य सुशिक्षित अंग्रेजी लोक प्रायः इसी पंथ के अनुयायी हैं। इसे Common-sense morality कहते हैं।

सब प्रायः समाज के ही हित का होता है। यदि किसी ने धनसंचय किया, तो उससे समस्त समाज का भी हित होता है; क्योंकि, अनेक व्यक्तियों के समूह को समाज कहते हैं; और यदि उस समाज का प्रत्येक व्यक्ति दूसरे की हानि न कर यदि अपना लाभ करने लगे, तो उससे कुछ समाज का हित ही होगा। अतएव इस पंथ के लोगों ने निश्चित किया है, कि अपने सुख की ओर दुर्लभ न करके यदि कोई मनुष्य लोकहित का कुछ काम कर सके, तो ऐसा करना उसका कर्त्तव्य है। परंतु इस पक्ष के लोग परार्थ की श्रेष्ठता को स्वीकार नहीं करते, किंतु वे यही कहते हैं, कि हर समय अपनी बुद्धि के अनुसार इस बात का विचार करते रहो, कि स्वार्थ और परार्थ में विरोध उत्पन्न होता है, तब इस प्रश्न का निर्णय करते समय बहुधा मनुष्य स्वार्थ ही की ओर अधिक झुक जाया करता है, कि लोक-सुख के लिए अपने कितने सुख का त्याग करना चाहिए। उदाहरणार्थ, यदि स्वार्थ और परार्थ को एक समान प्रबल मान लें, तो सत्य के लिए प्राण देने और राज्य खो देने की बात तो दूर ही रही; परंतु इस पंथ के मत से यह भी निर्णय नहीं हो सकता, कि बहुत सी द्रव्य की बहुत सी हानि भी सहनी चाहिए या नहीं। यदि कोई उदार मनुष्य परार्थ के लिए प्राण दे दें, तो इस पंथवाले कदाचित् उसकी स्तुति कर देंगे; परंतु जब उन पर आ बीतेगी तब स्वार्थ-परार्थ दोनों ही का आश्रय करने वाले ये लोग स्वार्थ की ओर ही अधिक झुकेंगे। ये लोग, हॉब्स के समान परार्थ को एक प्रकार का दूरदर्शी स्वार्थ नहीं मानते, किंतु ये समझते हैं, कि हम स्वार्थ और परार्थ को तराजू में तोलकर उनके तारतम्य अर्थात् उनकी न्यूनाधिकता का विचार करके बड़ी चतुराई से अपने स्वार्थ का निर्णय किया करते हैं। अतएव ये लोग अपने मार्ग को 'उदात्त' या बुद्धिमान स्वार्थ (परंतु है तो स्वार्थ ही) कहकर उसकी बढ़ाई मारते हैं;[1] परंतु देखिए, भतृहरि ने क्या कहा है:-

एके सत्पुरुषाः परार्थघटकाः स्वार्थान् परित्यज्य ये।
सामान्यास्तु परार्थमुद्यमभृतः स्वार्थाऽविरोधेन ये॥
तेऽमी मानवराक्षसाः परहितं स्वार्थाय निघ्नन्ति ये।
ये तु घ्नन्ति निरर्थकं परहितं ते के न जानीमहे॥

"जो अपने लाभ को त्याग कर दूसरों का हित करते हैं, वे ही सच्चे सत्पुरुष हैं। स्वार्थ को न छोड़कर जो लोग लोकहित के लिए प्रयत्न करते हैं, वे पुरुष सामान्य हैं और अपने लाभ के लिए जो दूसरों का नुकसान करते हैं वे केवल नीच मनुष्य ही नहीं हैं, उनको मनुष्याकृति राक्षस समझना चाहिए। परंतु एक प्रकार के मनुष्य और भी हैं, जो लोकहित का निरर्थक नाश किया करते हैं-मालूम नहीं पड़ता कि ऐसे मनुष्यों को क्या नाम दिया जाए" (भर्तृ. नी. श. 74) इसी तरह राजधर्म की उत्तम स्थिति का वर्णन करते समय कालिदास ने भी कहा है-

स्वसुखनिरभिलाषः खिद्यसे लोकहेतोः।
प्रतिदिनमथवा ते वृत्तिरेवंविधैव॥

अर्थात् "तू अपने सुख की परवाह न करके लोकहित के लिए प्रतिदिन कष्ट उठाया करता है! अथवा तेरी वृत्ति (पेशा) ही यही है" (शाकुं 7.7) भर्तृहरि या कालिदास यह जानना नहीं चाहते थे, कि कर्मयोगशास्त्र में स्वार्थ और परार्थ को स्वीकार करके उन दोनों तत्त्वों के तारतम्य-भाव से धर्म-अधर्म या कर्म-अकर्म का निर्णय कैसे करना चाहिए; तथापि परार्थ के लिए स्वार्थ छोड़ देने वाले पुरुषों को उन्होंने जो प्रथम स्थान दिया है; वही नीति की दृष्टि से भी न्याय है। इस पर इस पंथ के लोगों का यह कहना है, कि "यद्यपि तात्त्विक दृष्टि से परार्थ श्रेष्ठ है, तथापि परम सीमा की शुद्ध नीति की ओर न देखकर हमें सिर्फ यही निश्चित करना है कि साधारण व्यवहार में 'सामान्य'

मनुष्यों को कैसे चलना चाहिए और इसलिए हम 'बुद्धिमान स्वार्थ' को जो अग्रस्थान देते हैं, वही व्यावहारिक दृष्टि से उचित है!" 2 परंतु हमारी समझ के अनुसार इस युक्तिवाद से कुछ लाभ नहीं है। बाजार में जितने माप-तौल नित्य उपयोग में लाए जाते हैं, उनमें थोड़ा बहुत फर्क रहता ही है; बस, यही कारण बतला कर यदि प्रमाणभूत सरकारी माप-तौल में भी कुछ न्यूनाधिकता रखी जाए तो क्या उनके खोटे-पन के लिए हम अधिकारियों को दोष नहीं देंगे? इसी न्याय का उपयोग कर्मयोगशास्त्र में भी किया जा सकता है। नीतिधर्म के पूर्ण, शुद्ध और नित्य स्वरूप का शास्त्रीय निर्णय करने के लिए ही नीतिशास्त्र की प्रवृत्ति हुई है; और इस काम को यदि नीतिशास्त्र नहीं करेगा, तो हमें उसको निष्फल कहना पड़ेगा। सिज्विक का यह कथन सत्य है, कि 'बुद्धिमान् स्वार्थ' सामान्य मनुष्यों का मार्ग है। भर्तृहरि का मत भी ऐसा ही है। परंतु यदि इस बात की खोज की जाए, कि पराकाष्ठा की नीतिमत्ता के विषय में उक्त सामान्य लोगों का क्या मत है; तो यह मालूम होगा कि, सिज्विक ने बुद्धिमान स्वार्थ को जो महत्त्व दिया है, वह गलत है। क्योंकि साधारण लोग भी यही कहते हैं, कि निष्कलंक नीत के तथा सत्पुरुषों के आचरण के लिए यह कामचलाऊ मार्ग श्रेयस्कर नही है। इसी बात का वर्णन भर्तृहरि ने उक्त श्लोक में किया है।

आधिभौतिक सुखवादियों के निम्नलिखित तीन वर्गों का अब तक वर्णन किया गया:-(1) केवल स्वार्थी; (2) दूरदर्शी स्वार्थी; और (3) उभयवादी अर्थात् बुद्धिमान स्वार्थी। इन तीन वर्गों के मुख्य दोष भी बतला दिए गए हैं; परंतु इतने ही से सब आधिभौतिक पंथ पूरे नहीं हो जाते। उसके आगे का-और सब आधिभौतिक पंथों में श्रेष्ठ पंथ वह है-जिसमें कुछ सात्त्विक तथा आधिभौतिक पंडितों ने[1] यह प्रतिपादन किया है, कि "एक ही मनुष्य के सुख को न देखकर-सब मनुष्यजाति के आधिभौतिक सुख-दु:ख के तारतम्य को देखकर ही-नैतिक कार्य-अकार्य का निर्णय करना चाहिए।" एक ही कृत्य से, एक ही समय में, समाज के या संसार के सब लोगों को सुख होना असंभव है। कोई एक बात किसी को सुखकारक मालूम होती है, तो वही दूसरे को दु:खकारक हो जाती है। परंतु जैसे घुग्घु को प्रकाश नापसंद होने के कारण कोई प्रकाश ही को त्याज्य नहीं कहता, उसी तरह यदि किसी विशिष्ट संप्रदाय को कोई बात लाभदायक मालूम न हो तो कर्मयोगशास्त्र में भी यह नहीं कहा जा सकता, कि वह सभी लोगों को हितावह नहीं है। और, इसीलिए "सब लोगों का सुख" इन शब्दों का अर्थ भी "अधिकांश लोगों का अधिक सुख" करना पड़ता है। इस पंथ के मत का सारांश यह है, कि "जिससे, अधिकांश लोगों का अधिक सुख हो, उसी बात को नीति की दृष्टि से उचित और ग्राह्य मानना चाहिए और उसी प्रकार का आचरण करना इस संसार में मनुष्य का सच्चा कर्त्तव्य है।" आधिभौतिक सुखवादियों का उक्त तत्त्व को अत्यंत प्राचीन काल में ढूँढ निकाला था और भेद इतना ही है, कि अब आधिभौतिकवादियों ने उसका एक विशिष्ट रीति से उपयोग किया है। तुकाराम महाराज ने कहा है, कि "संतजनों की विभूतियाँ केवल जगत के कल्याण के लिए हैं-वे लोग परोपकार करने में अपने शरीर को कष्ट दिया करते हैं।" अर्थात् इस तत्त्व की सच्चाई और योग्यता के विषय में कुछ भी संदेह नहीं है। स्वयं श्रीमद्भगवद्गीता में भी, पूर्ण योगयुक्त अर्थात् कर्मयोगयुक्त ज्ञानी पुरुषों के लक्षणों का वर्णन करते हुए, यह बात दो बार स्पष्ट कही गई है, कि वे लोग 'सर्वभूतहिते रता:' अर्थात् सब प्राणियों का कल्याण करने ही में निमग्न रहा करते हैं (गी. 5. 25; 12. 4)। इस बात का पता दूसरे प्रकरण में दिए हुए

1. बेंथेम, मिल आदि पंडित इस पंथ के अगुआ हैं। Greatest good of the greatest number का हमनें "अधिकांश लोगों का अधिक सुख यह भाषांतर किया है।

महाभारत के "यद्भूतहितमत्यंतं तत् सत्यमिति धारणा" वचन से स्पष्टतया पता चलता है, कि धर्म-अधर्म का निर्णय करने के लिए हमारे शास्त्रकार इस तत्त्व को हमेशा ध्यान में रखते थे। परंतु हमारे शास्त्रकारों के कथनानुसार 'सर्वभूतहित'को ज्ञानी पुरुषों के आचरण का बाह्य लक्षण समझकर धर्म-अधर्म का निर्णय करने के किसी विशेष प्रसंग पर स्थूल मान से उस तत्त्व का उपयोग करना एक बात है और उसी को नीतिमत्ता का सर्वस्व मानकर-दूसरी किसी बात का विचार न करके-केवल इसी नींव पर नीतिशास्त्र का भव्य भवन निर्माण करना दूसरी बात है। इन दोनों में बहुत भिन्नता है। आधिभौतिक पंडित दूसरे मार्ग को स्वीकार करके प्रतिपादन करते हैं, कि नीतिशास्त्र का अध्यात्म विद्या से कुछ भी संबंध नहीं है। इसलिए अब यह देखना चाहिए, कि उनका कहना कहाँ तक युक्तिसंगत है। 'सुख' और 'हित' दोनों शब्दों के अर्थ में बहुत भेद है। परंतु यदि इस भेद पर ध्यान न दें; और 'सर्वभूतहित' का अर्थ 'अधिकांश लोगों का अधिक सुख' मान लें और कार्य-अकार्य-निर्णय के काम में केवल इसी तत्त्व का उपयोग करें; तो यह साफ दीख पड़ेगा कि बड़ी-बड़ी अनेक कठिनाइयाँ उत्पन्न होती हैं। मान लीजिए, कि इस तत्त्व का कोई आधिभौतिक पंडित अर्जुन को उपदेश देने लगता, तो वह अर्जुन से क्या कहता? यही न; कि यदि युद्ध में जय मिलने पर अधिकांश लोगों का अधिक सुख होना संभव है तो भीष्म पितामह को भी मारकर युद्ध करना तेरा कर्त्तव्य है। दीखने में तो यह उपदेश बहुत सीधा और सहज दीख पडता है; परंतु कुछ विचार करने पर उसकी अपूर्णता और कठिनाई समझ में आ जाती है। पहले यही सोचिए, कि अधिक यानी कितना? पांडवों की सात अक्षौहिणियाँ थीं और कौरवों की ग्यारह। इसलिए यदि पांडवों की हार हुई तो कौरवों को सुख हुआ होता। क्या, इसी युक्तिवाद से पांडवों का पक्ष अन्याय कहा जाता? भारतीय युद्ध ही की बात कौन कहे; और भी अनेक अवसर ऐसे हैं कि जहाँ नीति का निर्णय केवल-संख्या से कर बैठना बड़ी भारी भूल हैं। व्यवहार में सब लोग यही समझते हैं कि लाखों दुर्जनों को सुख होने की अपेक्षा एक ही सज्जन को जिससे सुख हो, वही सच्चा सत्कार्य है। इस समझ को सच बतलाने के लिए एक ही सज्जन के सुख को लाख दुर्जनों के सुख की अपेक्षा अधिक मूल्यवान मानना पड़ेगा; और ऐसा करने पर "अधिकांश लोगों का अधिक बाह्य" सुखवाला (जो कि नीतिमत्ता की परीक्षा की एकमात्र साधन माना गया है) सिद्धान्त उतना ही शिथिल हो जाएगा। इसलिए कहना पड़ता है कि, लोकसंख्या की न्यूनाधिकता का नीतिमत्ता के साथ कोई नित्य-संबंध नहीं हो सकता। यह बात भी ध्यान में रखने योग्य है, कि कभी जो बात साधारण लोगों को सुखदायक मालूम होती है, वही बात किसी दूरदर्शी पुरुष को परिणाम में सबके लिए हानिप्रद दीख पड़ती है। उदाहरणार्थ, साक्रेटीस और ईसामसीह को ही लीजिए। दोनों अपने-अपने मत से परिणाम में कल्याणकारक समझ कर ही अपने देशबंधुओं को उपदेश करते थे; परंतु इनके देशबंधुओं ने इन्हें "समाज के शत्रु" समझकर मौत की सजा दी। इस विषय में "अधिकांश लोगों का अधिक सुख" इसी तत्त्व के अनुसार उस समय लोगों ने और उनके नेताओं ने मिलकर आचरण किया था; परंतु अब हम नहीं कह सकते कि उन लोगों का बर्ताव न्याययुक्त था। सारांश, यदि "अधिकांश लोगों के अधिक सुख" को ही क्षण भर के लिए नीति का मूल तत्त्व मान लें, तो भी उससे ये प्रश्न हल नहीं हो सकते, कि लाखों-करोड़ों मनुष्यों का सुख किस में है; उसका निर्णन कौन और कैसे करे? साधारण अवसरों पर निर्णय करने का यह काम उन्हीं लोगों को सौंप दिया जा सकता है, कि जिनके बारे में सुख-दु:ख का प्रश्न उपस्थित हो। परंतु साधारण अवसर पर इतना प्रयत्न करने की कोई आवश्यकता ही नहीं रहती और जब विशेष कठिनाई का कोई समय आता है, तब साधारण मनुष्यों में

यह अचूक विचार-शक्ति नहीं रहती, कि हमारा सुख किस बात में है। ऐसी अवस्था में यदि इन साधारण और अनधिकारी लोगों के हाथ यह नीति का एकमेव तत्त्व "अधिकांश लोगों का अधिक सुख" लग जाए, तो वही भयानक परिणाम होगा; जो शैतान के हाथों में मशाल देने से होता है। यह बात उक्त दोनों उदाहरणों (साक्रेटीज और ईसामसीह) से भली-भाँति प्रकट हो जाती है। इस उत्तर मे कुछ जान नहीं, कि "नीतिधर्म का हमारा तत्त्व शुद्ध और सच्चा है; मूर्ख लोगों ने उसका दुरुपयोग किया तो हम क्या कर सकते हैं?" कारण यह है, कि यद्यपि तत्त्व शुद्ध और सच्चा हो, तथापि उसका उपयोग करने के अधिकारी कौन हैं, वे उसका उपयोग कब और कैसे करते हैं, इत्यादि बातों की मर्यादा भी, उसी तत्त्व के साथ देनी चाहिए। नहीं तो संभव है, कि हम अपने को साक्रेटीस के सदृश्य नीति-निर्णय करने में समर्थ मानकर अर्थ का अनर्थ कर बैठें।

केवल संस्था की दृष्टि से नीति का उचित निर्णय नहीं हो सकता; और इस तर्क का निश्चय करने के लिए कोई भी बाहरी साधन नहीं कि अधिकांश लोगों का अधिक सुख किसमें है। इन दो आक्षेपों के सिवा इस पंथ पर और भी बड़े-बड़े आक्षेप किए जा सकते हैं। जैसे, विचार करने पर यह अपने आप ही मालूम हो जाएगा, कि किसी काम के केवल बाहरी परिणाम से ही उसके न्याय अथवा अन्याय होने का निर्णय बहुधा असंभव हो जाता है। हम लोग किसी घड़ी को, उसके ठीक समय बतलाने न बतलाने पर, अच्छी या खराब कहा करते हैं। परंतु इसी नीति का उपयोग मनुष्य के कार्यों के संबंध में करने के पहले हमें यह बात अवश्य ध्यान में रखनी चाहिए, कि मनुष्य केवल घड़ी या तंत्र नहीं है। यह बात सच है, कि सब सत्पुरुष जगत् के कल्याणार्थ प्रयत्न किया करते हैं। परंतु इससे यह उलटा अनुमान निश्चयपूर्वक नहीं किया जा सकता, कि जो भी कोई लोगों के कल्याणार्थ प्रयत्न करता है, उसे सत्पुरुषी होना चाहिए। इसलिए यह देखना अनिवार्य, कि मनुष्य का अंत:करण कैसा है। यंत्र और मनुष्य में यदि कुछ भेद हो तो यही, कि एक हृदयहीन है और दूसरा हृदययुक्त है; और इसीलिए अज्ञान से या भूल से किए गए अपराध को कायदे में क्षम्य मानते हैं। तात्पर्य, कोई काम अच्छा है या बुरा, धर्म्य है या अधर्म्य, नीति का है अथवा अनीति का, इत्यादि बातों का सच्चा निर्णय उस काम के केवल बाहरी फल या परिणाम-अर्थात् वह अधिकांश लोगों को अधिक सुख देगा कि नहीं इतने ही-से नहीं किया जा सकता। उसी के साथ-साथ यह भी जानना चाहिए, कि उस काम को करनेवाले की बुद्धि, वासना या हेतु कैसा है। एक समय की बात है, कि अमरीका के एक बड़े शहर में सब लोगों के सुख और उपयोग के लिए ट्रामवे की बहुत आवश्यकता थी। परंतु सरकारी अधिकारियों की आज्ञा पाए बिना ट्रामवे नहीं बनाई जा सकती थी। सरकारी मंजूरी मिलने में बहुत देरी हुई। तब ट्रामवे के व्यवस्थापक ने अधिकारियों को रिश्वत देकर जल्द मंजूरी ले ली। ट्रामवे बन गई और उससे शहर के सब लोगों की सुभीता और फायदा हुआ। कुछ दिनों के बाद रिश्वत की बात प्रकट हो गई; और उस व्यवस्थापक पर फौजदारी मुकदमा चलाया गया। पहली ज्यूरी (पंचायत) का एकमत नहीं हुआ; इसलिए दूसरी ज्यूरी चुनी गई। दूसरी ज्यूरी ने व्यवस्थापक को दोषी ठहराया। अतएव उसे सजा दी गई। इस उदाहरण में "अधिक लोगों के अधिक सुख" वाले नीति तत्त्व से काम चलने का नहीं। क्योंकि यद्यपि "घूस देने से ट्रामवे बन गई" यह बाहरी परिणाम अधिक सुखदायक था; तथापि इतने ही से घूस देना न्याय हो नहीं सकता।[1] दान करने को अपना धर्म (दातव्य) समझकर निष्काम-बुद्धि

1. यह उदाहरण डॉक्टर पॉल केरसकी The Ethical Problem (pp. 58, 59, 2nd Ed.) नामक पुस्तक से लिया है।

से दान करना, और कीर्ति के लिए या अन्य फल की आशा से दान करना, इन दो कृत्यों का बाहरी परिणाम यद्यपि एक-सा हो, तथापि श्रीमद्‌भगवद्‌गीता में पहले दान को सात्त्विक और दूसरे को राजस कहा है (गीता 17. 20. 21)। और यह भी कहा गया है कि यदि वही दान कुपात्रों को दिया जाए, तो वह तामस अथवा गर्ह्य है। यदि किसी गरीब ने एक आध धर्म-कार्य के लिए चार पैसे दिए और किसी अमीर ने उसी के लिए सौ रुपए दिए, तो लोगों में दोनों की नैतिक योग्यता एक ही समझी जाती है। परंतु यदि केवल "अधिकांश लोगों का अधिक सुख" किसमें है, इसी बाहरी साधन द्वारा विचार किया जाए तो ये दोनों दान नैतिक दृष्टि से समान योग्यता के नहीं कहे जा सकते। "अधिकांश लोगों का अधिक सुख" इस आधिभौतिक नीति-तत्त्व में जो बहुत बड़ा दोष है, वह यही है, कि इसमें कर्ता के मन के हेतु या भाव का कुछ भी विचार नहीं किया जाता और यदि अंतःस्थ हेतु पर ध्यान दें, तो इस प्रतिज्ञा से विरोध खड़ा हो जाता है, कि अधिकांश लोगों का अधिक सुख ही नीतिमत्ता की एकमात्र कसौटी है। कायदाकानून बनानेवाली सभा अनेक व्यक्तियों के समूह से बनी होती है। इसलिए उक्त मत के अनुसार इस सभा के बनाए हुए कायदों या नियमों की योग्यता-अयोग्यता पर विचार करते समय यह जानने की कुछ आवश्यकता ही नहीं, कि सभासदों के अंतःकरणों में कैसा भाव था-हम लोगों को अपना निर्णय केवल इस बाहरी विचार के आधार पर कर लेना चाहिए, कि इनके कायदों से अधिकों से अधिकों को अधिक सुख हो सकेगा या नहीं। परंतु, उक्त उदाहरण से यह साफ-साफ ध्यान में आ सकता है, कि सभी स्थानों में यह न्याय उपयुक्त हो नहीं सकता। हमारा यह कहना नहीं है, कि "अधिकांश लोगों का अधिक सुख या हित" वाला तत्त्व बिलकुल ही निरुपयोगी है। केवल बाह्य परिणामों का विचार करना होता तो उससे बढ़कर दूसरा तत्त्व कहीं नहीं मिलेगा। परंतु हमारा यह कथन है, कि जब नीति की दृष्टि से किसी बात को न्याय्य अथवा अन्याय्य कहना हो, तब केवल बाह्य परिणामों को देखने से काम नहीं चल सकता। उसके लिए और भी कई बातों पर विचार करना पड़ता है। अतएव नीतिमत्ता का निर्णय करने के लिए पूर्णतया उसी तत्त्व पर अवलंबित नहीं रह सकते। इसलिए इससे भी अधिक निश्चित और निर्दोष तत्त्व को खोज निकालना आवश्यक है।गीता के प्रारंभ में जो यह कह गया है, कि "कर्म की अपेक्षा बुद्धि श्रेष्ठ है।" (गीता 2.49) उसका भी यही अभिप्राय है। यदि केवल बाह्य कर्मों पर ध्यान दें, तो वे बहुधा भ्रामक होते हैं। "स्नान-संध्या, तिलक-माला" इत्यादि बाह्य कर्मों के होते हुए भी 'पेट में क्रोधाग्नि' का भड़कते रहना असंभव नहीं है, परंतु यदि हृदय का भाव शुद्ध हो, तो बाह्यकर्मों का महत्त्व नहीं रहता।" "सुदामा के मुट्ठी भर चावल" सरीखे अत्यंत अल्पबाह्यकर्म की धार्मिक और नैतिक योग्यता, अधिकांश लोगों को अधिक सुख देनेवाले हजारों मन अनाज के बराबर ही समझी जाती है। इसीलिए प्रसिद्ध जर्मन तत्त्वज्ञानी कांटने[1] कर्मके बाह्य और दृश्य परिणामों के तारतम्य-विचार को गौण माना है। एवं नीतिशास्त्र के अपने विवेचन का प्रारंभकर्ता को शुद्ध बुद्धि (शुद्ध भाव) ही से किया है।यह नहीं समझना चाहिए, कि आधिभौतिक सुखवाद की यह न्यूनता बड़े-बड़े आधिभौतिकवादियों के ध्यान में नहीं आई। ह्यूमने[2] स्पष्ट लिखा है-जब कि मनुष्य का कर्म (काम या कार्य) ही उसके शील

1. Kant's Theory of Ethics, (trans. by Abbott) 6th Ed. p. 6.
2. "For as actions are objects of our moral sentiment, so far only as they are indications of teh internal character, passions and affection, it is impossible that they can rise either to praise or blame, where they proceed not from these principles, but are derived altogether from external objects." Hume's Inquiry concerning Human Understanding, Section VIII, part II' (p. 368 of Hume'sw Essays - The World Library Edition.)

का द्योतक है, और जब लोगों में वही नीतिमत्ता का दर्शक भी माना जाता है, तब केवल बाह्य परिणामों ही से उस कर्म को प्रशंसनीय या गर्हणीय मान लेना असंभव है। यह बात मिल साहब को भी मान्य है, कि "किसी कर्म की नीतिमत्ता कर्ता के हेतुपर अर्थात् वह उसे जिस बुद्धि या भाव से करता है, उस पर पूर्णतया अवलंबित रहती है।" परंतु अपने पक्षमंडन के लिए मिल साहब ने यह युक्तिवाद किया है, कि "जब तक बाह्य कर्मों में कोई भेद नहीं होता तब तक कर्म की नीतिमत्ता में कुछ फर्क नहीं हो सकता, चाहे कर्ता के मन में उस काम को करने की वासना किसी भाव से हुई हो।"[1] मिल के इस युक्तिवाद में सांप्रदायिक आग्रह दीख पड़ता है; क्योंकि बुद्धि या भाव में भिन्नता होने पर यद्यपि दो कर्म दीखने में एक ही से हों, तो भी वे तत्त्वत: एक योग्यता के कभी नहीं हो सकते। और इसीलिए मिल साहब की कही हुई 'जब तक (बाह्य) कर्मों में भेद नहीं होता, इत्यादि' मर्यादा को ग्रीनसाहब[2] निर्मूल बतलाते हैं। गीता का भी यही अभिप्राय है। इसका कारण गीता में यह बतलाया गया है, कि यदि एक ही धर्म-कार्य के लिए दो मनुष्य समान धन प्रदान करें, तो भी अर्थात् दोनों के बाह्य कर्म एक समान होने पर भी, दोनों की बुद्धि या भाव की भिन्नता के कारण एक दान सात्त्विक और दूसरा राजस या तामस भी हो सकता है। इस विषय पर अधिक विचार पूर्वी और पश्चिमी मतों की तुलना करते समय करेंगे। अभी केवल इतना ही देखना है, कि कर्म के केवल बाहरी परिणाम पर ही अवलंबित रहनेवाली आधिभौतिक सुखवाद की श्रेष्ठ श्रेणी भी नीतिनिर्णय के काम में कैसे अपूर्ण सिद्ध हो जाती है; और इसे सिद्ध करने के लिए हमारे समझ में मिल साहब की उक्त स्वीकृति काफी है।

"अधिकांश लोगों का अधिक सुख" वाले आधिभौतिक पंथ में सबसे भारी दोष यह है, कि उसमें कर्ता की बुद्धि या भावना कुछ भी विचार नहीं किया जाता। मिल साहब के लेख ही से यह स्पष्टतया सिद्ध हो जाता है, कि उस (मिल) के युक्तिवाद को सच मानकर भी इस तत्त्व का उपयोग सब स्थानों पर एक समान नहीं किया जा सकता। क्योंकि वह केवल बाह्य फल के अनुसार नीति का निर्णय करता है, अर्थात् उसका उपयोग किसी विशेष मर्यादा के भीतर ही किया जा सकता है; या यों कहिए कि वह एकदेशीय है। इसके सिवा इस मत पर एक और भी आक्षेप किया जा सकता है, कि स्वार्थ की अपेक्षा परार्थ क्यों और कैसे श्रेष्ठ है?-इस प्रश्न की कुछ भी उपपत्ति न बतलाकर ये लोग इस तत्त्व को सच मान लिया करते हैं। फल यह होता है, कि बुद्धिमान स्वार्थ की बेरोक वृद्धि होने लगती है। यदि स्वार्थ और परार्थ ये दोनों बातें मनुष्य के जन्म से ही विद्यमान रहती हैं, अर्थात् स्वाभाविक हैं; तो प्रश्न होता है, कि मैं स्वार्थ की अपेक्षा लोगों के सुख को अधिक महत्त्वपूर्ण क्यों समझूं? यह उत्तर तो संतोषदायक हो ही नहीं सकता, कि तुम अधिकांश लोगों के अधिक सुख को देखकर ऐसा करो। क्योंकि मूल प्रश्न ही यह है, कि मैं अधिकांश लोगों के अधिक सुख के लिए यत्न क्यों करूँ? यह बात सच है, कि अन्य लोगों के हित में अपना भी हित सम्मिलित रहता है, इसलिए यह प्रश्न हमेशा नहीं उठता। परंतु आधिभौतिक पंथ के उक्त तीसरे वर्ग की अपेक्षा इस अंतिम (चौथे) वर्ग की यही विशेषता है, कि इस आधिभौतिक पंथ के लोग यह मानते हैं, कि जब स्वार्थ और परार्थ में विरोध खड़ा हो जाए, तब बुद्धिमान स्वार्थ का त्याग करके परार्थ-साधन ही के लिए यत्न करना चाहिए। इस पंथ की उक्त

1. "Morality of the action depenos entirely upon the intention, that is, upon what the agent wills to do. But the motive, that is, the feeling which makes him will so to do, when makes no difference in the act, makes none in the morality." Mill's Utilitarianism, p. 27.
2. Green's Prolegomena to Ethics 292 note p. 348. 5th Cheaper Edition.

विशेषता की कुछ भी उपपत्ति नहीं दी गई है। इस अभाव की ओर एक विद्वान् आधिभौतिक पंडित का ध्यान आकर्षित हुआ। उसने छोटे कीड़ों से लेकर मनुष्य तक सब सजीव प्राणियों के व्यवहारों का खूब निरीक्षण किया; और अंत में यह सिद्धान्त निकाला; कि जब कि छोटे कीड़ों से लेकर मनुष्यों तक में यही गुण अधिकाधिक बढ़ता और प्रकट होता चला आ रहा है, कि वे स्वयं अपने ही समान अपनी संतानों और जातियों की रक्षा करते हैं; और किसी को दु:ख न देते हुए अपने बंधुओं की यथासंभव सहायता करते हैं; तब हम कह सकते हैं, कि सजीव सृष्टि के आचरण का यही परस्पर सहायता का गुण प्रधान नियम है। सजीव सृष्टि में यह नियम पहले-पहले सन्तोत्पादन और संतान के लालन-पालन के बारे में दीख पड़ता है। ऐसे अत्यंत सूक्ष्म कीड़ों की सृष्टि को देखने से कि जिसमें स्त्री-पुरुष का कुछ भेद नहीं है-ज्ञात होगा कि एक कीड़ों की देह बढ़ते-बढ़ते फट जाती है; और उससे दो कीड़े बन जाते हैं। अर्थात् यही कहना पड़ेगा कि संतान के लिए दूसरे के लिए यह-यह कीड़ा अपने शरीर को भी त्याग देता है। इसी तरह सजीव सृष्टि में इस कीड़े से ऊपर के दर्जे के स्त्री-पुरुषात्मक प्राणी भी अपनी-अपनी संतान के पालन-पोषण के लिए स्वार्थत्याग करने में आनंदित हुआ करते हैं। यही गुण बढ़ते-बढ़ते मनुष्य जाति के असभ्य ओर जंगली समाज में भी इस रूप में पाया जाता है, कि वे लोग न केवल अपनी संतानों की रक्षा करने में-वरन अपने जाति-भाइयों की सहायता करने में भी सुख से प्रवृत्त हो जाते हैं। इसलिए मनुष्य को जो कि सजीव सृष्टि का शिरोमणि है-स्वार्थ के समान परार्थ में भी सुख मानते हुए सृष्टि के उपयुक्त नियम की उन्नति करने तथा स्वार्थ और परार्थ के वर्तमान विरोध को समूल नष्ट करने के उद्योग में लगे रहना चाहिए। बस इसी में उसकी इतिकर्त्तव्यता है।[1] यह युक्तिवाद तो ठीक है; परंतु यह तत्त्व कुछ नया नहीं है, कि परोपकार करने का सद्गुण मूक सृष्टि में भी पाया जाता है, इसलिए उसे परमावधि तक पहुँचाने के प्रयत्न में ज्ञानी मनुष्यों को सदैव लगे रहना चाहिए। इस तत्त्व में विशेषता सिर्फ यही है, कि आजकल आधिभौतिक शास्त्रों के ज्ञान की बहुत वृद्धि होने के कारण इस तत्त्व की आधिभौतिक उपपत्ति उत्तम रीति से बतलाई गई है। यद्यपि हमारे शास्त्रकारों की दृष्टि आध्यात्मिक है, तथापि हमारे प्राचीन ग्रंथों में कहा है कि:-

अष्टादशपुराणानां सारं सारं समुद्धृतम्।
परोपकारः पुण्याय पापाय परपीडनम्॥

"परोपकार करना पुण्यकर्म है और दूसरों को पीड़ा देना पापकर्म है। वह यही अठारह पुराणों का सार है।" भर्तृहरि ने भी कहा है, कि "स्वार्थो यस्य परार्थ एव स पुमान् एकः सतां अग्रणीः"-परार्थ ही को जिस मनुष्य ने अपना स्वार्थ बना लिया है, वही सब सत्पुरुषों में श्रेष्ठ है। अच्छा, अब यदि कीड़ों से मनुष्य तक की सृष्टि की उत्तरोत्तर क्रमशः बढ़ती हुई श्रेणियों को देखें, तो एक और भी प्रश्न उठता है। वह यह है-क्या, मनुष्यों में कवल परोपकारबुद्धि ही का उत्कर्ष हुआ है, या उसी के साथ उनमें न्याय-बुद्धि, दया, समानपन, दूरदृष्टि, तर्क, शूरता, धृति, क्षमा, इंद्रियनिग्रह इत्यादि अनेक अन्य सात्त्विक सद्गुणों की भी वृद्धि हुई है? जब इस पर विचार किया जाता है, तब कहना पड़ता है, कि अन्य सब सजीव प्राणियों की अपेक्षा मनुष्यों में सभी सद्गुणों का उत्कर्ष हुआ है। इन सब सात्त्विक गुणों के समूह को 'मनुष्यत्व' नाम

---

1. यह उपपत्ति स्पेन्सर के Data of Ethics नामक ग्रंथ में दी हुई है। स्पेन्सर ने मिल को एक पत्र लिखकर स्पष्ट कह दिया था, कि मेरे और आपके मत में क्या भेद है। उस पत्र के अवतरण उक्त ग्रंथ में दिए गए हैं। pp. 57, 123, Also see Bain's Mental and Moral Science, pp 721, 722 (Ed. 1875).

दीजिए। अब यह बात सिद्ध हो चुकी है, कि परोपकार की अपेक्षा मनुष्यत्व को हम श्रेष्ठ मानते हैं। ऐसी अवस्था में किसी भी कर्म की योग्यता-अयोग्यता का विचार या नितिमत्ता का निर्माण करने के लिए उस कर्म की परीक्षा केवल परोपकार ही की दृष्टि से नहीं की जा सकती-अब उस कर्म की परीक्षा मनुष्यत्व की दृष्टि से-अर्थात् मनुष्य जाति में अन्य प्राणियों की अपेक्षा जिन-जिन गुणों का उत्कर्ष हुआ है, उन सब को ध्यान रखकर ही-की जानी चाहिए। अकेले परोपकार को ध्यान में रखकर कुछ-न-कुछ निर्णय कर लेने के बदले अब तो यही मानना पड़ेगा, कि जो कर्म सब मनुष्यों के 'मनुष्यत्व' या 'मनुष्यपन' को शोभा दें, या जिस कर्म से 'मनुष्यत्व' की वृद्धि हो, वही सत्कर्म और वही नीति-धर्म है। यदि एक बार इस व्यापक दृष्टि को स्वीकार कर लिया जाए, तो "अधिकांश लोगों का अधिक सुख" उक्त दृष्टि का एक अत्यंत छोटा भाग हो जाएगा और इस मत का कोई स्वतंत्र महत्त्व नहीं रह जाएगा, कि सब कर्मों के धर्म-अधर्म या नीतिमत्ता का विचार केवल "अधिकांश लोगों का अधिक सुख" तत्त्व के अनुसार किया जाना चाहिए-और तब तो धर्म-अधर्म का निर्णय करने के लिए मनुष्यत्व का भी विचार करना आवश्यक होगा और जब हम इस बात पर सूक्ष्म विचार करने लगेंगे, कि 'मनुष्यपन' या मनुष्यत्व का अर्थ स्वरूप क्या है, तब हमारे मन में याज्ञवल्क्य के अनुसार "आत्मा वा अरे द्रष्टव्य:" यह विषय आप-ही-आप उपस्थित हो जाएगा। नीतिशास्त्र का विवेचन करने वाले एक अमेरिकन ग्रंथकार ने इस समुच्चयात्मक मनुष्यत्व के धर्म को ही 'आत्मा' कहा है।

उपर्युक्त विवेचन यह मालूम हो जाएगा, कि केवल स्वार्थ या अपने ही विषय-सुख की कनिष्ठ श्रेणी से बढ़ते-बढ़ते आधिभौतिक सुखवादियों को भी परोपकार की श्रेणी तक और अंत में मनुष्यत्व की श्रेणी तक कैसे आना पड़ता है। परंतु मनुष्यत्व के विषय में भी और आधिभौतिकवादियों के मन में प्राय: सब लोगों के बाह्य विषय-सुख ही की कल्पना प्रधान होनी चाहिए, अतएव आधिभौतिकवादियों की यह अंतिम श्रेणी भी जिसमें-अंत:शुद्धि, और अंत:सुख का कुछ विचार नहीं किया जाता-हमारे अध्यात्मवादी शास्त्रकारों के मतानुसार निर्दोष नहीं है। यद्यपि इस बात को साधारणतया मान भी लें, कि मनुष्य के सब प्रयत्न सुख-प्राप्ति के तथा दु:ख-निवारण के ही लिए हुआ करते हैं, तथापि जब तक पहले इस बात का निर्णय न हो जाए, कि सच्चा सुख किसमें है-आधिभौतिक अर्थात् सांसारिक विषयभोग ही में है, अथवा और किसी में बात है-तब तक कोई भी आधिभौतिक पक्ष ग्राह्य नहीं समझा जा सकता। इस बात को आधिभौतिक सुखवादी भी मानते हैं, कि शारीरिक सुख से मानसिक सुख की योग्यता अधिक है। पशु को जितने सुख मिल सकते हैं, वे सब किसी मनुष्य को देकर उससे पूछो कि "क्या, तुम पशु होना चाहते हो?" तो वह कभी इस बात के लिए राजी न होगा। इसी तरह, ज्ञानी पुरुषों को यह बतलाने की आवश्यकता नहीं, कि तत्त्वज्ञान के गहन विचारों से बुद्धि में जो एक प्रकार की शांति उत्पन्न होती है, उसकी योग्यता सांसारिक संपत्ति अथवा बाह्योपभोग से हजार गुना बढ़कर है। अच्छा, यदि लोकमत को देखें, तो भी यही ज्ञात होगा, कि नीति का निर्णय करना केवल संख्या पर अवलंबित नहीं है। लोग जो कुछ किया करते हैं, वह सब केवल आधिभौतिक सुख के ही लिए नहीं किया करते-वे आधिभौतिक सुख ही को अपना परम उद्देश्य नहीं मानते। बल्कि हम लोग यही कहा करते हैं, कि बाह्य सुखों की कौन कहे, विशेष प्रसंग आने पर अपनी जान की भी परवाह नहीं करनी चाहिए। क्योंकि ऐसे समय में आध्यात्मिक दृष्टि के अनुसार जिन सत्य आदि नीति-धर्मों की योग्यता अपनी जान से भी अधिक है, उनका पालन करने के लिए मनोनिग्रह करने में ही मनुष्य का मनुष्यत्व है। यही हाल अर्जुन का था। उसका भी प्रश्न

यह नहीं था, कि लड़ाई करने पर किसको कितना सुख होगा। उसका श्रीकृष्ण से यही प्रश्न था, कि "मेरा, अर्थात् मेरे आत्मा का श्रेय किसमें है सो मुझे बतलाइए" (गीता. 2.7; 3.2) आत्मा का यह नित्य का श्रेय और सुख आत्मा की शांति में है। इसीलिए बृहदारण्यकोपनिषद् (बृ. 2. 4. 2.) में कहा गया है, कि "अमृतत्वस्य तु नाशस्ति वित्तेन" अर्थात् सांसारिक सुखसंपत्ति के यथेष्ट मिल जाने पर भी आत्मसुख और शांति नहीं मिल सकती। इसी तरह कठोपनिषद् में लिखा है, कि जब मृत्यु नचिकेता को पुत्र, पौत्र, पशु, धान्य, द्रव्य इत्यादि अनेक प्रकार की सांसारिक संपत्ति देने सिद्ध हुआ तो उसने साफ जवाब दिया, कि "मुझे आत्मविद्या चाहिए, संपत्ति नहीं।" और 'प्रेय' अर्थात् इंद्रियों को प्रिय लगनेवाले सांसारिक सुख में तथा 'श्रेय' अर्थात् आत्मा के सच्चे कल्याण में भेद दिखलाते हुए (कठ. 1. 2. 2 में) कहा है, कि:-

श्रेयश्च श्रेयश्च मनुष्यमेतस्तौ संपरीत्य विविनक्ति धीरः।
श्रेयो हि धीरोऽभिप्रेयसो वृणीते प्रेयो मंदो योगक्षेमाद् वृणीते॥

"जब प्रेय (तात्कालिक बाह्य इंद्रियसुख) और श्रेय (सच्चा और चिरकालिक कल्याण) ये दोनों मनुष्य के सामने उपस्थित होते हैं, तब बुद्धिमान् मनुष्य उन दोनों में किसी एक को चुन लेता है। जो मनुष्य यथार्थ में बुद्धिमान होता है, वह प्रेय की अपेक्षा श्रेय को अधिक पसंद करता है; परंतु जिसकी बुद्धि मंद होती है, उसको आत्मकल्याण की अपेक्षा प्रेय अर्थात् बाह्य सुख ही अधिक अच्छा लगता है।" इसलिए यह मान लेना उचित नहीं, कि संसार में इंद्रियगम्य विषय-सुख ही मनुष्य का ऐहिक परम उद्देश्य है; तथा मनुष्य जो कुछ करता है वह सब केवल बाह्य अर्थात् आधिभौतिक सुख ही के लिए अथवा अपने दु:खों को दूर करने के लिए ही करता है।

इंद्रियगम्य बाह्यसुखों की अपेक्षा बुद्धिगम्य अंत:सुख की-अर्थात् आध्यात्मिक सुख की-योग्यता अधिक तो है ही; परंतु इसके साथ-साथ एक बात यह भी है, कि विषय-सुख अनित्य है। वह दशा नीति-धर्म की नहीं है। इस बात को सभी मानते हैं, कि अहिंसा, सत्य आदि धर्म कुछ बाहरी उपाधियों अर्थात् बाह्य सुखदु:खों पर अवलंबित नहीं हैं; किंतु ये सभी अवसरों के लिए और सब कामों में एक समान उपयोगी हो सकते हैं। अतएव ये नित्य हैं। बाह्य बातों पर अवलंबित न रहने वाली, नीति-धर्मों की यह नित्यता उनमें कहाँ से और कैसे आई-अर्थात् इस नित्यता का कारण क्या है? इस प्रश्न का आधिभौतिक वाद से हल होना संभव है। कारण यह है, कि यदि बाह्य सृष्टि के सुख-दु:खों के अवलोकन से कुछ सिद्धान्त निकाला जाए, तो सब सुख-दु:खों के स्वभावत: अनित्य होने के कारण, उनके अपूर्ण आधार पर बने हुए नीति-सिद्धान्त भी वैसे ही अनित्य होंगे। और, ऐसी अवस्था में सुखदुखों की कुछ भी परवाह न करके सत्य के लिए जान देने की सत्य-धर्म की जो त्रिकालाबाधित नित्यता है, वह "अधिकांश लोगों का अधिक सुख" के तत्त्व से सिद्ध नहीं हो सकेगी। इस पर यह आक्षेप किया जाता है, कि जब सामान्य व्यवहारों में सत्य के लिए प्राण देने का समय आ जाता है, तो बड़े-बड़े लोग भी असत्य पक्ष ग्रहण करने में संकोच नहीं करते; और उस समय हमारे शास्त्रकार भी ज्यादा सख्ती नहीं करते; तब सत्य आदि धर्मों की नित्यता क्यों माननी चाहिए? परंतु यह आक्षेप या दलील ठीक नहीं है; क्योंकि जो लोग सत्य के लिए जान देने का साहस नहीं कर सकते, वे भी अपने मुंह से इस नीति-धर्म की नित्यता को माना ही करते हैं। इसीलिए महाभारत में अर्थ, काम आदि पुरुषार्थों की सिद्धि करनेवाले सब व्यावहारिक धर्मों का विवेचन करके, अंत में भारत-सावित्री में (और विदुरनीति में भी) व्यास जी ने सब लोगों को यही उपदेश किया है:-

न जातु कामान्न भयान्न लोभाद्धर्मं त्यजेज्जीवितस्यापि हेतोः।
धर्मो नित्यः सुखदुःखे त्वनित्ये जीवो नि यो हेतुरस्य त्वनित्यः।।

अर्थात् "सुख-दुःख अनित्य है, परंतु (नीति) धर्म नित्य है। इसलिए सुख की इच्छा से, भय से, लोभ से अथवा प्राण संकट आने पर भी धर्म को कभी नहीं त्यागना चाहिए। यह जीव नित्य है; और सुखदुःख आदि विषय अनित्य है।" इसीलिए व्यासजी उपदेश करते हैं, कि अनित्य सुखदुःखों का विचार न करके नित्य-जीव का संबंध नित्य-धर्म से ही जोड़ देना चाहिए। (मभा. स्व. 5. 6; उ. 39. 12, 13)। यह देखने के लिए व्यासजी का उक्त उपदेश उचित है या नहीं, हमें अब इस बात का विचार करना चाहिए, कि सुख-दुःख का यथार्थ स्वरूप क्या है, और नित्य सुख किसे कहते हैं।

❑❑❑

पाँचवाँ प्रकरण

सुख-दु:ख विवेक

सुखमात्यंतिकं यत्तत् बुद्धिग्राह्यमतींद्रियम्।[1]

-गीता 6.21

हमारे शास्त्रकारों को यह सिद्धान्त मान्य है, कि इस संसार का प्रत्येक मनुष्य सुख प्राप्ति के लिये या प्राप्त सुख की वृद्धि के लिये, दु:ख को टालने या काम करने के लिये ही सदैव प्रयत्न किया करता है। भृगुजी भरद्वाज से शंतिपर्व (मभा. शां. 190.9) में कहते हैं, कि "इस खलु अमुष्मिश्च लोके वस्तुप्रवृत्तत्तय: सुखार्थमभिधीयंते। न ह्यत: परं त्रिवर्गफलं विशिष्टतरमस्ति।" अर्थात् इस लोक तथा परलोक में सारी प्रवृत्ति केवल सुख के लिये है; और धर्म, अर्थ, कामका इसके अतिरिक्त कोई अन्य फल नहीं है। परंतु शास्त्रकारों का कथन है, कि मनुष्य यह न समझकर कि सच्चा सुख किसमें है - मिथ्या सुख ही को सत्य सुख मान बैठता है; और इस आशा से, कि आज नहीं तो कल सुख अवश्य मिलेगा- वह अपनी आयु के दिन व्यतीत किया करता है। अकस्मात, एक दिन मृत्यु के झपेटे में पड़कर वह इस संसार को छोडकर चल बसता है। परंतु उसके उदाहरण से अन्य लोक सावधान होने के बदले उसी का अनुकरण करते हैं। इस प्रकार यह भव-चक्र चलता रहा है, और कोई मनुष्य सच्चे और नित्य सुख का विचार नहीं करता! इस विषय में पूर्वी और पश्चिमी तत्त्व ज्ञानियों में बड़ा ही मतभेद है, कि यह संसार केवल दु:ख मय है, या सुख प्रधान अथवा दु:ख प्रधान है। परन्तु इन पक्ष वालों में से सभी को यह बात मान्य है, कि मनुष्य का कल्याण अपने दु:ख का अत्यंत निवारण करके अत्यंत सुख-प्राप्ति करने ही में है। 'सुख' शब्द के बदले प्राय: 'हित', 'श्रेय' और कल्याण शब्दों का अधिक उपयोग हुआ करता है। इनका भेद आगे चलकर बतलाया जायेगा। यदि यह मान लिया जाए, कि सुख शब्दों का सब प्रकार के सुख और कल्याण का समावेश हो जाता है, तो सामान्यत: कहा जा सकता है, कि प्रत्येक मनुष्य का प्रयत्न केवल सुख के लिये हुआ करता है। परंतु इस सिद्धान्त के आधार पर सुख-दु:ख का जो लक्षण महाभारतांतर्गत पराशरगीता (मभा. शां, 295.27) में दिया गया है, कि "यदिष्टं तत्सुखं प्राहु: द्वेष्यं दु:ख मिहेष्यते" - जो कुछ हमें इष्ट है वही सुख है; और जिसका हम द्वेष करते हैं, अर्थात जो हमे नहीं चाहिये, वही दु:ख है- उसे शास्त्र की दृष्टि से पूर्ण निर्दोष नहीं कह सकते। क्योंकि इस व्याख्या के 'इष्ट' शब्दका अर्थ इष्ट वस्तु या पदार्थ भी हो सकता है, और इस अर्थ को मानने से इष्ट पदार्थ को भी सुख कहना पड़ेगा। उदाहरणार्थ, प्यास लगने पर पानी इष्ट होता है; परंतु इस बाह्य पदार्थ 'पानी' को 'सुख' नहीं कहते। यदि ऐसा होगा, तो नदी के पानी में डूबने वाले के बारे में कहना पड़ेगा, कि वह सुख में डूबा है। सच बात यह है, कि पानी पीने से जो इंद्रिय

1. "जो केवल बुद्धि से ग्राह्य हो और इंद्रियों से परे हो, उसे आत्यंतिक सुख कहते हैं।

तृप्ति होती है, उसे सुख कहते हैं, इसमें संदेह नहीं, कि मनुष्य इस इंद्रिय तृप्ति या सुख को चाहता है; परंतु इससे यह व्यापक सिद्धांत नहीं बताया जा सकता, कि जिसकी चाह होती वह सब सुख ही है। इसीलिये नैयायिकोंने सुख दुःख को वेदना कह कर उसकी व्याख्या इसकी तरह से की है, 'अनुकूलवेदनीयं सुखं' जो वेदना हमारे अनुकूल है, वह सुख है; और 'प्रतिकूलवेदनीयं दुःख' जो वेदना हमारे प्रतिकूल है, वह दुःख है। ये वेदनाएँ जन्म सिद्ध अर्थात् मूल ही की और अनुभवगम्य मात्र हैं। इसलिये नैयायिकों की उक्त व्याख्या से बढ़कर सुख-दुःख का अधिक उत्तम लक्षण बतलाया नहीं जा सकता। ये वेदनारूप सुख-दुःख केवल मनुष्य के व्यापारों से ही उत्पन्न नहीं होते हैं, तो कभी कभी कुछ देवताओं के कोप से भी बड़े रोग और दुःख उत्पन्न हुआ करते हैं, जिन्हें मनुष्य को अवश्य भोगना पड़ता है। इसीलिये वेदान्त- ग्रंथों में सामान्यत: इन सुख-दुःखों के तीन भेद- आधिदैविक, आधी भौतिक और आध्यात्मिक किये गये हैं। देवताओं की कृपा या कोप से जो सुख-दुःख मिलते हैं, उन्हें 'आधिदैविक' कहते हैं। बाह्य सृष्टि के - पृथ्वी आदि पंच महाभूतात्मक पदार्थों मनुष्य की इंद्रीयों से संयोग होने पर शीतोष्ण आदि के कारण जो सुख-दुःख मिलते हैं, उन्हें 'आधिभौतिक' कहते हैं। और, ऐसे बाह्य संयोग के बिना उत्पन्न होने वाले अन्य सब सुख-दुःखों को 'आध्यात्मिक' कहते हैं। यदि सुख-दुःख का यह वर्गीकरण स्वीकार किया जाय, तो शरीर ही के वातपित्त आदि दोषों के परिमाण के बिगड़ जाने से उत्पन्न होने वाले ज्वर आदि दुःखों को तथा उन्हीं दोषों का परिणाम यथोचित रहने से अनुभव में आने वाले शारीरिक स्वास्थ्य को- आघ्यात्मिक सुख-दुःख कहना पड़ता है। क्योंकि, यद्यपि ये सुख दुःख पंच महाभूतात्मक शरीर से संबंध रखते हैं- अर्थात् ये शारीरिक हैं- तथापि हमेशा यह नहीं कहा जा सकता, कि ये शरीर से बाहर रहने वाले पदार्थों के संयोग से पैदा हुए हैं। और इसलिये आध्यात्मिक सुख-दुःखों के, वेदान्त की दृष्टि से फिर भी दो भेद-शारीरिक मानसिक करने पड़ते हैं। परंतु इस प्रकार सुख-दुखों के 'शारीरिक' और 'मानसिक' दो भेद कर दें, तो फिर आधिदैविक सुख-दुखों को भिन्न मानने की कोई आवश्यकता नहीं रह जाती। क्योंकि, यह तो स्पष्ट ही है कि देवताओं की कृपा अथवा क्रोध से उत्पन्न होने वाले सुख-दुखों का त्रिविध वर्गीकरण नहीं किया है। किंतु उनके दो ही वर्ग (बाह्य शारीरिक और आभ्यन्त या मानसिक) किये हैं, और इसी वर्गीकरण के अनुसार, हमने इस ग्रंथ में सब प्रकार के शारीरिक सुख-दुखों को 'आधिभौतिक' और सब प्रकार के मानसिक सुख-दुखों को 'आध्यात्मिक' कहा है। वेदान्तग्रंथ में जैसे तीसरा वर्ग 'आधिदैविक' दिया गया है, वैसे हमने नहीं किया हैं। क्योंकि, हमारे मतानुसार सुख-दुःखों को शास्त्रीय रीति से विवेचन करने के लिये यह द्विविध वर्गीकरण ही अधिक सुभीते का है। सुख-दुःख का जो विवेचन आगे किया गया है, उसे पढ़ते समय यह बात अवश्य ध्यान में रखनी चाहिये, कि वेदान्त -ग्रंथों के और हमारे वर्गीकरण में भेद है।

सुख-दुःखों को चाहे आप द्विविध मानिये अथवा त्रिविध; इसमें संदेह नहीं, कि दुःख की चाह किसी भी मनुष्य को नहीं होती। इसीलिये वेदान्त और सांख्यशास्त्र (सां. का. 1; गीता 6.21,22) में कहा गया है, कि सब प्रकार के दुःखों की अत्यंत निवृत्ति करना और आत्यंतिक तथा नित्य सुख की प्राप्ति करना ही मनुष्य का परम पुरूषार्थ है। जब यह बात निश्चित हो चुकी, कि मनुष्य का परम साध्य या उद्देश्य आत्यंतिक सुख ही है, तब सबसे पहले यही प्रश्न उठता है, कि नैयायिकों के बतलाये हुए लक्षण के अनुसार सुख और दुःख दोनो भिन्न-भिन्न स्वतंत्र वेदनाएँ, "अनुभव या वस्तुएं हैं" अथवा "जो उजाला नहीं वह अंधेरा" इस न्याय के अनुसार इन दोनों वेदनाओं में से एक का अभाव होने पर दूसरी संज्ञा का उपयोग किया जाता है। भर्तहरि ने कहा है, कि "प्यास से जब

मुह सूख जाता है, तब हम उस दुःख का निवारण करने के लिये पानी पीते हैं। भूख से जब हम व्याकुल हो जाते हैं, तब मिष्टान्न खाकर उस व्यथा को हटाते हैं; और काम-वासना के प्रदीप्त होने पर उसको स्त्रीसंग द्वारा तृप्त करते हैं। इनता कहकर अंत में कहा है कि:-

प्रतीकारो व्याधेः सुखमिति विपर्यस्यति जनः ।

"किसी व्याधि अथवा दुःख के उत्पन्न होने पर उसका जो निवारण या प्रतिकार किया जाता है, उसी को लोक भ्रमवश 'सुख' कहा करते हैं।" दुःख निवारण के अतिरिक्त 'सुख' कोई भिन्न वस्तु नहीं है। यह नहीं समझना चाहिए, कि उक्त सिद्धान्त मनुष्यों के सिर्फ उन्हीं व्यवहारों के विषय में उपयुक्त होता है, जो स्वार्थ ही के लिए किए जाते हैं। पिछले प्रकरण में आनंदगिरी का यह मत बतलाया ही गया है कि जब हम किसी पर कुछ उपकार करते हैं, तब उसका कारण यही होता है, कि उसके दुःख को देखने से हमारी कारूण्यवृत्ति हमारे लिए असह्य हो जाती है; और इस दुःसहत्वकी व्यथा को दूर करने के लिए ही हम परोपकार किया करते हैं। इस पक्ष के स्वीकृत करने पर हमें महा-भारत के अनुसार यह मानना पड़ेगा कि:-

तृष्णार्तिप्रभवं दुःखं दुःखार्तिप्रभवं सुखम्।

"पहले जब कोई तृष्णा उत्पन्न होती है, तब उसकी पीड़ा से दुःख होता है; और उस दुःख की पीड़ा से फिर सुख उत्पन्न होता है" (मभा. शां. 28. 22; 174. 19)। संक्षेप में इस पंथ का यह कहना है, कि मनुष्य के मन में पहले एक-आध आशा, वासना या तृष्णा उत्पन्न होती है; और जब उससे दुःख होने लगे, तब उस दुःख का जो निवारण किया जाता है, वही सुख कहलाता है। सुख कोई दूसरी भिन्न वस्तु नहीं है। अधिक क्या कहें उस पंथ के लोगों ने यह भी अनुमान निकाला है, कि मनुष्य की सब सांसारिक प्रवृत्तियाँ केवल वासनात्मक या तृष्णा की जड़ उखंड़ नहीं संकती; और जब तक तृष्णा या वासना की जड़ नष्ट नहीं हो जाती, तब तक सत्य और नित्य सुख का मिलना भी संभव नहीं है। बृहदारण्यक (बृ 4. 4. 22; वे. सू. 6. 4. 18) में विकल्प से और जाबाल-संन्यास आदि उप-निषदों में प्रधानता से उसी का प्रतिपादन किया गया है; तथा अष्टावक्र-गीता (9.6; 10. 3-6) एवं अवधूत-गीता (3. 43) में इसीका अनुवाद है। इस पंथ का अंतिम सिद्धांत यही है, कि जिस किसी को आत्यंतिक सुख या मोक्ष प्राप्त करना है, उसे उचित है, कि वह जितना जल्द हो सके उतना जल्द संसार को छोड़कर संन्यास ले ले। स्मृति-ग्रंथों में जिसका वर्णन किया गया है, और श्रीशंकराचार्य ने कलयुग में जिसकी स्थापना की है, वह श्रौत-स्मार्त संन्यास मार्ग इसी तत्त्व पर चलाया गया है। सच है; यदि सुख कोई स्वतंत्र वस्तु ही नहीं है, जो कुछ है, सो दुःख ही है; और वह भी तृष्णा मूलक है, तो इन तृष्णा आदि विकारों को ही पहले समूल नष्ट कर देने पर फिर स्वार्थ और परार्थ की सारी झंझटें आप -ही-आप दूर हो जाएगी; और तब मन की जो मूल साम्यावस्था या शांति है, वही रह जाएगी। इसी अभिप्राय से महाभारतान्तर्गत शांति-पर्व की, पिंगलगीता में, और मंकिगीता में भी, कहा गया है, कि:-

यच्च कामसुखं लोके यच्च दिव्यं महत् सुखम्।
तृष्णाक्षयसुखस्यैते नार्हतः षोडशीं कलाम्॥

"सांसारिक काम अर्थात् वासना की तृप्ति होने से जो सुख होता है और जो सुख स्वर्ग में मिलता है, उन दोनों सुखों की योग्यता तृष्णा के क्षय से होने वाले सुख के सोलहवें हिस्से के बराबर भी नहीं है" (मभा. शां. 174. 48; 177. 49)। वैदिक संन्यास मार्ग का ही आगे चलकर जैन और बौद्ध-धर्म में अनुकरण किया गया है। इसलिए इन

दोनों धर्मों के ग्रंथों में तृष्णा के दुष्परिणामों का और उसकी त्याज्यता का वर्णन, उपर्युक्त वर्णन ही के समान और कहीं-कहीं तो उससे भी बढ़ा चढ़ा किया गया है (उदाहरणार्थ, 'धम्मपद' के 'तृष्णा वर्ग' को देखिए)। तिब्बत के बौद्ध-धर्म ग्रंथों में तो यहाँ तक कहा गया है, कि महाभारत का उक्त श्लोक, बुद्धत्व प्राप्त होने पर गौतम बुद्ध के मुख से निकला था।[1]

तृष्णा के जो दुष्परिणाम ऊपर बतलाए गए हैं, वे श्रीमद्‌भगवद्‌गीता को भी मान्य हैं। परंतु गीता का यह सिद्धान्त है, कि उन्हें दूर करने के लिए कर्म का त्याग नहीं कर बैठना चाहिए। अतएव यहाँ सुख-दु:ख की उक्त उपत्ति पर कुछ सूक्ष्म विचार करना आवश्यक है। संन्यास मार्ग के लोगों का यह कथन सर्वथा सत्य नहीं माना जा सकता, कि सब सुख तृष्णा आदि दु:खों के निवारण होने पर भी उत्पन्न होते हैं। एक बार अनुभव की हुई (देखी हुई, सुनी हुई, इत्यादि) वस्तु की जब फिर चाह होती है तब उसे काम, वासना या इच्छा कहते हैं। जब इच्छित वस्तु जल्द नहीं मिलती, तब दु:ख होता है; जिससे यह इच्छा तीव्र होने लगती है, अथवा जब इच्छित वस्तु के मिलने पर भी पूरा सुख नहीं मिलता; और उसकी चाह अधिकाधिक बढ़ने लगती है, तब उसी इच्छा को तृष्णा कहते हैं; परंतु इस प्रकार केवल इच्छा के तृष्णा स्वरूप में बदल जाने के पहले ही, यदि वह इच्छा पूर्ण हो जाए, तो उससे प्राप्त होने वाले सुख के बारे में हम यह नहीं कह सकेंगे, कि वह तृष्णा दु:ख के क्षय होने से उत्पन्न हुआ है। उदाहरणार्थ, प्रतिदिन नियत समय पर भोजन मिलता है, उसके बारे में अनुभव यह नहीं है, कि भोजन करने के पहले हमें दु:ख ही होता हो। यदि नियत समय पर भोजन न मिले तो हमारा जी भूख से व्याकुल हो जाया करता है-अन्यथा नहीं। अच्छा, यदि हम मान लें, कि तृष्णा और इच्छा एक ही अर्थ के द्योतक हैं; तो भी यह सिद्धान्त सच नहीं माना जा सकता, कि सब सुख तृष्णामूलक ही हैं। उदाहरण के लिए, एक छोटे बच्चे के मुँह में अचानक यदि, एक मिश्री की डली डाल दो तो यह कहा नहीं जा सकेगा, कि उस बच्चे को मिश्री खाने से सुख हुआ वह पूर्व तृष्णा के क्षय से हुआ है। इसी तरह मान लो, कि राह चलते चलते हम किसी रमणीय बाग में जा पहुँचें; और वहाँ कोयल का मधुर गान एकाएक सुन पड़ा, अथवा किसी मंदिर में भगवान की मनोहर छवि दीख पड़ी; तब ऐसी अवस्था में यह नहीं कहा जा सकता, कि उस गाने के सुनने से, या उस छवि के दर्शन से होने वाले सुख की हम पहले ही से इच्छा किए बैठे थे। सच बात तो यही है, कि सुख की इच्छा किए बिना ही उस समय हमें सुख मिला। इन उदाहरणों पर ध्यान देने से यह अवश्य ही मानना पड़ेगा कि संन्यास-मार्ग वालों की सुख की उक्त व्याख्या ठीक नहीं है; और यह भी मानना पड़ेगा, कि इंद्रियों में भली बुरी वस्तुओं का उपभोग करने की स्वाभाविक शक्ति होने के कारण जब वे अपना व्यापार करती रहती हैं; और जब कभी उन्हें अनुकूल या प्रतिकूल विषय की प्राप्ति हो जाती है, तब पहले तृष्णा या इच्छा के न रहने पर भी हमें सुख-दु:ख का अनुभव हुआ करता है। इसी बात को ध्यान रखकर गीता (2.14) में कहा गया है, कि 'मात्रास्पर्शों से शीत-उष्ण आदि का अनुभव करने पर सुख-दु:ख उत्पन्न हुआ करता है। सृष्टि के 'मात्रा' कहते हैं। गीता के उक्त पदों का अर्थ यह है, कि जब उन्हें बाह्य पदार्थों का इंद्रियों से स्पर्श अर्थात् संयोग होता है, तब सुख या दु:ख की वेदना उत्पन्न होती है।यही कर्मयोगशास्त्र का भी सिद्धान्त है। कान को कर्कश आवाज अप्रिय क्यों मालूम होती

1. Rockhill's Life of Buddha p.33 यह श्लोक 'उदान' नामक पाली ग्रंथ (2.2) में है। परंतु उसमें ऐसा वर्णन नहीं है कि यह श्लोक बुद्ध के मुख से, उसे 'बुद्धत्व' प्राप्त होने के समय निकला था। इससे यह साफ मालूम हो जाता है, कि यह श्लोक पहले पहले बुद्ध के मुख से न निकला हो।

है? जिह्वा को मधुर रस प्रिय क्यों लगा है? आँखों को पूर्ण चंद्र का प्रकाश आल्हादकारक क्यों प्रतीत होता है? इत्यादि बातों का कारण कोई भी नहीं बतला सकता। हम लोग केवल इतना ही जानते हैं, कि जीभ को मधुर रस मिलने से वह संतुष्ट हो जाती है। इससे प्रकट होता है, कि आधिभौतिक सुख का स्वरूप केवल इंद्रियों के अधीन है; और इसलिए कभी कभी इन इंद्रियों के व्यापारों को जारी रखने में ही सुख मालूम होता है-चाहे इसका परिणाम भविष्य में कुछ भी हो। उदाहरणार्थ, कभी कभी ऐसा होता है, कि मन में कुछ विचार आने से उस विचार के सूचक शब्द आप-ही-आप मुँह से बाहर निकल पड़ते हैं। ये शब्द कुछ इस दरादे से बाहर नहीं निकाले जाते, कि इनको कोई जान लें; बल्कि कभी कभी तो इन स्वाभाविक व्यापारों से हमारे मन की गुप्त बात भी प्रकट हो जाया करती है, जिससे हमको, उल्टे नुकसान हो सकता है। छोटे बच्चे जब चलना सीखते हैं, तब वे दिनभर यहाँ वहाँ यों ही चलते फिरते हैं। इसका कारण यह है, कि उन्हें चलते रहने की क्रिया में ही उस समय आनंद मालूम होता है। इसलिए सब सुखों को दुःखाभाव रूप ही न कहकर यही कहा गया है, कि "इंद्रियस्येंद्रियस्यार्थे रागद्वेषौ व्यवस्थितौ" (गीता 3.34) अर्थात् इंद्रियों में और उनके शब्द स्पर्श आदि विषयों में जो राग (प्रेम) और द्वेष हैं, वे दोनों पहले ही से 'व्यवस्थित' अर्थात् स्वतंत्र-सिद्ध हैं। और अब हमें यही जानना है, कि इंद्रियों के ये व्यापार आत्मा के लिए कल्याणदायक कैसे होंगे या कर लिए जा सकेंगे। इसके लिए श्रीकृष्ण भगवान का यही उपदेश है, इंद्रियों और मन की वृत्तियों का नाश करने का प्रयत्न करने के बदले उनको अपने आत्मा के लिए लाभदायक बनाने के अर्थ अपने अधीन रखना चाहिए-उन्हें स्वतंत्र नहीं होने देना चाहिए। भगवान के इस उपदेश में, तृष्णा तथा उसी के साथ सब मनोवृत्तियों को भी समूल नष्ट करने के लिए कहने में, जमीन-आसमान का अंतर है। गीता का यह तात्पर्य नहीं है, कि संसार के सब कर्त्तव्य और पराक्रम का बिल्कुल नाश कर दिया जाए; बल्कि उसके अठारहवें अध्याय (गीता 18.26) में तो कहा है, कि कार्य-कर्ता में समबुद्धि के साथ धृति और उत्साह के गुणों का होना भी आवश्यक है। इस विषय पर विस्तृत विवेचन आगे किया जाएगा। यहाँ हमको केवल यही जानना है, कि 'सुख' और 'दुःख' दोनों भिन्न वृत्तियाँ हैं, या उनमें से एक दूसरी का अभाव मात्र ही है। इस विषय में गीता का मत उपर्युक्त विवेचन से पाठकों के ध्यान में आ ही गया होगा। 'क्षेत्र' का अर्थ बतलाते समय 'सुख' और 'दुःख' की अलग अलग गणना की गई है (गीता 13. 6); बल्कि यह भी कहा गया है, 'सुख' सत्त्वगुण का और 'तृष्णा' रजोगुण का लक्षण है (गीता 14.6, 7); और सत्त्वगुण तथा रजोगुण दोनों अलग हैं। इससे भी भगवद्गीता का यह मत साफ मालूम हो जाता है, कि सुख और दुःख दोनों एक-दूसरे के प्रतियोगी हैं; और भिन्न भिन्न दो वृत्तियाँ हैं। अठारहवें अध्याय में राजस त्याग की जो न्यूनता दिखलाई है, कि "कोई भी काम यदि दुःखकारक है, तो उसे छोड़ देने से त्यागफल नहीं मिला; किंतु ऐसा त्याग राजस कहलाता है" (गीता 18.8), वह भी इस सिद्धान्त के विरुद्ध है, कि "सब सुख तृष्णा-क्षयमूलक ही हैं।"

अब यदि यह मान लें, कि सब सुख तृष्णा-क्षयरूप अथवा दुःखाभावरूप नहीं है, और यह भी मान लें, कि सुख-दुःख दोनों स्वतंत्र वस्तुएँ हैं; तो भी-इन दोनों वेदनाओं के परस्पर विरोधी या प्रतियोगी होने के कारण-यह दूसरा प्रश्न उपस्थित होता है, कि जिस मनुष्य को दुःख का कुछ भी अनुभव नहीं है, उसे सुख का स्वाद मालूम हो सकता है या नहीं? कई लोगों का तो यहाँ तक कहना है, कि दुःख का अनुभव किए बिना सुख का स्वाद ही नहीं मालूम हो सकता। इसके विपरीत, स्वर्ग के देवताओं के नित्य सुख का उदाहरण देकर कुछ पंडित प्रतिपादन करते हैं, कि सुख का स्वाद मालूम होने

के लिए दु:ख के पूर्वानुभव की कोई आवश्यकता नहीं है। जिस तरह किसी भी खट्टे पदार्थ को पहले चाटे बिना ही शहद, गुड़, शक्कर, आम, केला इत्यादि पदार्थों का भिन्न भिन्न प्रकार का मीठापन मालूम हो जाया करता है, उसी तरह सुख के भी अनेक प्रकार होने के कारण पूर्व दु:खानुभव के बिना ही भिन्न भिन्न प्रकार के सुखों (जैसे, रुईदार गद्दी पर से उठकर परों की गद्दी पर बैठना इत्यादि) का सदैव अनुभव करते रहना भी सर्वथा संभव है। परंतु सांसारिक व्यवहारों को देखने से मालूम हो जाएगा, कि यह वाद ही निरर्थक है। पुराणों में देवताओं पर भी संकट पड़ने के कई उदाहरण हैं। और पुण्य का अंश घटते ही कुछ समय के बाद स्वर्ग-सुख का भी नाश हो जाया करता है। इसलिए स्वर्गीय सुख का उदाहरण ठीक नहीं है। और, यदि ठीक भी हो, तो स्वर्गीय सुख का उदाहरण हमारे किस काम का? यदि यह सत्य मान लें, कि "नित्यमेव सुखं स्वर्गे" तो इसी के आगे (मभा. शां. 190. 14) यह भी कहा है, कि "सुखं दु:खमिहोभयम्"-अर्थात् इस संसार में सुख और दु:ख दोनों मिश्रित हैं। इसी के अनुसार समर्थ श्रीरामदास स्वामी ने भी कहा है, "हे विचारवान् मनुष्य, इस बात को अच्छी तरह सोचकर देख ले, कि इस संसार में पूर्ण सुखी कौन है?" इसके सिवा द्रौपदी ने सत्यभामा को यह उपदेश दिया है कि:-

सुखं सुखेनेह न जातु लभ्यं दु:खेन साध्वी लभते सुखानि।

अर्थात् "सुख-सुख से कभी नहीं मिलता; साध्वी स्त्री को सुख-प्राप्ति के लिए दु:ख या कष्ट सहना पड़ता है" (मभा. बन. 233.4)। इससे कहना पड़ेगा, कि यह उपदेश इस संसार के अनुभव के अनुसार सत्य है। देखिए, यदि जामुन किसी के होंठ पर धर दिया जाए, तो भी उसको चबाने के लिए पहले मुँह खोलना पड़ता है; और यदि मुँह में चला जाए, तो उसे खाने का कष्ट सहना ही पड़ता है। सारांश, यह बात सिद्ध है, कि दु:ख के बाद सुख पाने वाले मनुष्य के सुखास्वाद में, और हमेशा विषयोपभोगों में ही निम्न रहने वाले मनुष्य के सुखास्वाद में बहुत भारी अंतर है। इसका कारण यह है, कि हमेशा सुख का उपभोग करते रहने से सुख का अनुभव करने वाली इंद्रियाँ भी शिथिल-सी होती जाती हैं। कहा भी है कि:-

प्रायेण श्रीमतां लोके भोक्तुं शक्तिर्न विद्यते।
काष्ठान्यपि हि जीर्यन्ते दरिद्राणां च सर्वश:॥

अर्थात् "श्रीमानों में सुस्वादु अन्न का सेवन करने को भी शक्ति नहीं रहती; परंतु गरीब लोग काष्ठ को भी पचा जाते हैं", (मभा. शां. 28.29)। अतएव जब कि हमको इस संसार के ही व्यवहारों का विचार करना है, तब कहना पड़ता है, कि इस प्रश्न को अधिक हल करते रहने में कोई लाभ नहीं, कि बिना दु:ख पाए हमेशा सुख का अनुभव किया जा सकता है या नहीं। इस संसार में यही क्रम सदा से सुन पड़ रहा है, कि "सुखस्यानंतरं दु:खं दु:खस्यानंतरं सुखम्" (मभा. बन. 260.49; शां. 25.23.) अर्थात् सुख के बाद दु:ख और दु:ख के बाद सुख मिला ही करता है। और महाकवि कालिदास ने भी मेघदूत (मे. 1.14) में वर्णन किया है:-

कस्यैकान्तं सुखमुपनतं दु:खमेकान्ततो वा।
नीचैर्गच्छत्युपरि च दशा चक्रनेमिक्रमेण॥

"किसी की भी स्थिति हमेशा सुखमय या हमेशा दु:खमय नहीं होती। सुख-दु:ख की दशा पहिए के समान ऊपर और नीचे की ओर हमेशा बदलती रहती है।" फिर यह दु:ख चाहे हमारे सुख की मिठास को अधिक बढ़ाने के लिए उत्पन्न हुआ हो या इस प्रकृति के संसार में उसका और भी कुछ उपयोग होता हो; उक्त अनुभव-सिद्ध क्रम के बारे में मतभेद हो नहीं सकता। यहाँ, यह बात कदाचित् असंभव न होगी, कि कोई

मनुष्य हमेशा ही विषय-सुख का उपभोग किया करे और उससे उसका जी भी न ऊबे। परंतु इस कर्मभूमि (मृत्युलोक या संसार) में यह बात सर्वथा असंभव है, कि दु:ख का बिल्कुल नाश हो जाए और हमेशा सुख-ही-सुख का अनुभव मिलता रहे।

यदि यह बात सिद्ध है, कि संसार केवल सुखमय नहीं है, किंतु वह सुख-दु:खात्मक है, तो अब तीसरा प्रश्न आप-ही-आप मन में पैदा होता है, कि संसार में सुख अधिक है या दु:ख? जो पश्चिमी पंडित आधिभौतिक सुख को ही परम साध्य मानते हैं, उनमें से बहुतेरों का कहना है, कि यदि संसार में सुख से दु:ख ही अधिक होता, तो (सब नहीं तो) अधिकांश लोग अवश्य ही आत्महत्या कर डालते। क्योंकि जब उन्हें मालूम हो जाता, कि संसार दु:खमय है, तो वे फिर उसमें रहने की झंझट में क्यों पड़ते? बहुधा देखा जाता है, कि मनुष्य अपनी आयु अर्थात् जीवन से नहीं ऊबता; इसलिए निश्चयपूर्वक यही अनुमान किया जा सकता है, कि इस संसार में मनुष्य को दु:ख की अपेक्षा सुख ही अधिक मिलता है; और इसलिए धर्म-अधर्म का निर्णय भी, सुख को ही सब लोगों का परम साध्य समझ कर, किया जाना चाहिए। अब यदि उपर्युक्त मत की अच्छी तरह जाँच की जाए तो मालूम हो जाएगा, कि यहाँ आत्महत्या का जो संबंध सांसारिक सुख के साथ जोड़ दिया है, वह वस्तुत: सत्य नहीं है। हाँ, यह बात सच है, कि कभी कभी कोई मनुष्य संसार से त्रस्त होकर आत्महत्या कर डालता है; परंतु सब लोग उसकी गणना 'अपवाद' में अर्थात् पागलों में किया करते हैं। इससे यही बोध होता है, कि सर्वसाधारण लोग भी 'आत्महत्या करने या न करने' का संबंध सांसारिक सुख के साथ नहीं जोड़ते किंतु उसे (अर्थात् आत्महत्या करने या न करने को) एक स्वतंत्र बात समझते हैं। यदि असभ्य और जंगली मनुष्यों के उस 'संसार' या जीवन का विचार किया जाए, जो सुधरे हुए और सभ्य मनुष्यों की दृष्टि से अत्यंत कष्टदायक और दु:खमय प्रतीत होता है; तो भी वही अनुमान निष्पन्न होगा, जिसका उल्लेख ऊपर के वाक्य में किया गया है। प्रसिद्ध सृष्टिशास्त्रज्ञ चार्ल्स डार्विन ने अपने प्रवास-ग्रंथ में कुछ ऐसे जंगली लोगों का वर्णन किया है, जिन्हें उसने दक्षिण-अमेरिका के अत्यंत दक्षिण प्रांतों में देखा था। उस वर्णन में लिखा है, कि वे असभ्य लोग-स्त्री, पुरुष सब-कड़ाके के जाड़े के अपने देश में बारहों महीने नंगे घूमते रहते हैं; इनके अपने पास अनाज का कुछ भी संग्रह न करते रहने से उन्हें कभी-कभी भूखे रहना पड़ता है; तथापि इनकी संख्या दिनोंदिन बढ़ती ही जाती है[1]। देखिए, ये जंगली मनुष्य भी अपनी जान नहीं देते; परंतु क्या इससे यह अनुमान किया जा सकता है, कि उनका संसार या जीवन सुखमय है? कदापि नहीं। यह बात सच है, कि वे आत्महत्या नहीं करते; परंतु इसके कारण का यदि सूक्ष्म विचार किया जाए, तो मालूम होगा, कि हर एक मनुष्य को-चाहे वह सभ्य हो या असभ्य-केवल इसी बात में अत्यंत आनंद मालूम होता है, कि "मैं पशु नहीं हूँ मनुष्य हूँ।" और अन्य सब सुखों की अपेक्षा मनुष्य होने के सुख को वह इतना अधिक महत्त्वपूर्ण समझता है, कि यह संसार कितना भी कष्टमय क्यों न हो; तथापि वह उसकी ओर ध्यान नहीं देता; और न वह अपने इस मनुष्यत्व के दुर्लभ सुख को खो देने के लिए कभी तैयार रहता है। मनुष्य की बात तो दूर रही, पशु-पक्षी भी आत्महत्या नहीं करते तो क्या इससे कह सकते हैं, कि उनका भी संसार या जीवन सुखमय है? तात्पर्य यह है, कि "मनुष्य या पशु-पक्षी आत्महत्या नहीं करते" इस बात से यह भ्रामक अनुमान नहीं करना चाहिए, कि उनका जीवन सुखमय है। सच्चा अनुमान यही हो सकता है, कि संसार कैसा भी हो, उससे कुछ अपेक्षा न रखते हुए; सिर्फ

1. Darwin's Naturalist's Voyage Round the World - Chap X.

अचेतन अर्थात् जड़ अवंस्था से सचेतन यानी सजीव अवस्था में आने ही से अनुपम आनंद मिलता है; और उसमें भी मनुष्यत्व का आनंद तो सबसे श्रेष्ठ है। हमारे शास्त्रकारों ने भी कहा है:-

भूतानां प्राणिनः श्रेष्ठाः प्राणिनां बुद्धिजीविनः।
बुद्धिमत्सु नराः श्रेष्ठा नरेषु ब्राह्मणाः स्मृता॥

ब्राह्मणेषु च विद्वांसः विद्वत्सु कृतबुद्धयः॥
कृतबुद्धिषु कर्तारः कर्तृषु ब्रह्मवादिनः॥

अर्थात् "अचेतन पदार्थों की अपेक्षा सचेतन प्राणी श्रेष्ठ है। सचेतन प्राणियों में बुद्धिमान्, बुद्धिमानों में मनुष्य, मनुष्यों में ब्राह्मण, ब्राह्मणों में विद्वान, विद्वानों में कृतबुद्धि (वे मनुष्य जिनकी बुद्धि सुसंस्कृत हो), कृतबुद्धियों में कर्ता (काम करने वाले), और कर्ताओं में ब्रह्मवादी श्रेष्ठ हैं।" इस प्रकार शास्त्रों (मनु: 1.16, 97; मभा. उद्यो. 5.1 और 2) में क्रमशः बढ़ती हुई श्रेणियों का जो वर्णन है, उसका भी रहस्य वही है, जिसका उल्लेख ऊपर किया गया है। और उसी न्याय से प्राकृत भाषा-ग्रंथों में भी कहा गया है, कि चौरासी लाख योनियों में नरदेह श्रेष्ठ है, नरों में मुमुक्षु श्रेष्ठ है और मुमुक्षुओं में सिद्ध श्रेष्ठ है। संसार में जो कहावत प्रचलित है, कि "सबको अपनी जान अधिक प्यारी होती है।" उसका भी कारण वही है, जो ऊपर लिखा गया है। और इसी कारण से संसार के दु:खमय होने पर भी जब कोई मनुष्य आत्महत्या करता है, तो उसको लोग पागल कहते हैं; और धर्मशास्त्र के अनुसार वह पापी समझा जाता है (मभा. कर्ण. 70.28)। तथा आत्महत्या प्रयत्न भी कानून के अनुसार जुर्म माना जाता है। संक्षेप में यह सिद्ध हो गया, कि "मनुष्य आत्महत्या नहीं करता"-इस बात से संसार के सुखमय होने का अनुमान करना उचित नहीं है। ऐसी अवस्था में हमको, "यह संसार सुखमय है या दु:खमय?" इस प्रश्न का निर्णय करने के लिए, पूर्वकर्मानुसार नरदेहप्राप्ति-रूप अपने नैसर्गिक भाग्य की बात को छोड़कर, केवल उसके पश्चात् अर्थात् इस संसार ही की बातों का विचार करना चाहिए। "मनुष्य आत्महत्या नहीं करता; बल्कि वह जीने की इच्छा करता रहता है"-यह तो सिर्फ संसार की प्रवृत्ति का कारण है। आधिभौतिक पंडितों के कथनानुसार संसार के सुखमय होने का यह कोई सबूत या प्रमाण नहीं है। यह बात इस प्रकार भी कही जा सकती है, कि आत्महत्या न करने की बुद्धि स्वाभाविक है; वह संसार के सुखदु:खों के तारतम्य उत्पन्न नहीं हुई है; और, इसलिए इससे यह सिद्ध हो नहीं सकता कि संसार सुखमय है।

केवल मनुष्य जन्म पाने के सौभाग्य और (उसके बाद के) मनुष्य के सांसारिक व्यवहार या 'जीवन' को भ्रमवश एक ही नहीं समझ लेना चाहिए। केवल मनुष्यत्व, और मनुष्य के नित्य व्यवहार अथवा सांसारिक जीवन, ये दोनों भिन्न भिन्न बातें हैं। इस भेद को ध्यान में रखकर यह निश्चय करना है, कि इस संसार में श्रेष्ठ नरदेह-धारी प्राणी के लिए सुख अधिक है अथवा दु:ख? इस प्रश्न का यथार्थ निर्णय करने के लिए केवल यही सोचना एकमात्र साधन या उपाय है, कि प्रत्येक मनुष्य के 'वर्तमान समय की' वासनाओं में से कितनी वासनाएँ सफल हुईं और कितनी निष्फल। 'वर्तमान समय की' कहने का कारण यह है, कि जो बातें सभ्य या सुधरी हुई दशा के सभी लोगों को प्राप्त हो जाया करती हैं, उनका नित्य व्यवहार में उपयोग होने लगता है; और उनसे जो सुख हमें मिलता है, उसे हम लोग भूल जाया करते हैं। एवं जिन वस्तुओं को पाने की नई इच्छा उत्पन्न होती है, उनमें से जितनी हमें प्राप्त हो सकती हैं, सिर्फ उन्हीं के आधार पर हम संसार के सुख-दु:खों का निर्णय किया करते हैं। इस बात की तुलना करना,

कि हमें वर्तमान काल में कितने सुख-साधन उपलब्ध हैं और सौ वर्ष पहले इनमें से कितने सुख साधन प्राप्त हो गए थे; और इस बात का विचार करना कि आज के दिन मैं सुखी हूँ या नहीं; दोनों बातें अत्यंत भिन्न हैं। इन बातों को समझने के लिए उदाहरण लीजिए। इसमें संदेह नहीं, कि सौ वर्ष पहले की बैलगाड़ी की यात्रा से वर्तमान समय की रेल-गाड़ी की यात्रा अधिक सुखकारक है। परंतु अब इस रेलगाड़ी से मिलने वाले सुख के 'सुखत्व' को हम भूल गए हैं। और इसका परिणाम यह दीख पड़ता है, कि किसी दिन रेल-गाड़ी देर से आती है; और हमारी डाक हमें समय पर नहीं मिलती, तो हमें अच्छा नहीं लगता-कुछ दु:ख-सा होता है। अतएव मनुष्य के वर्तमान समय के सुख-दु:खों का विचार, उन सुख-साधनों के आधार पर नहीं किया जाता कि जो उपलब्ध हैं; किंतु यह विचार मनुष्य की 'वर्तमान' आवश्यकताओं के (इच्छाओं या वासनाओं) आधार पर ही किया जाता है। और, जब हम इन आवश्यकताओं, इच्छाओं, वासनाओं का विचार करने लगते हैं तब मालूम हो जाता है, कि उनका तो कुछ अंत ही नहीं-वे अनंत और अमर्यादित हैं। यदि हमारी एक इच्छा आज सफल हो जाए, तो कल दूसरी नई इच्छा उत्पन्न हो जाती है; और मन में यह भाव उत्पन्न होता है, कि, वह इच्छा भी सफल हो। ज्यों-ज्यों मनुष्य की इच्छा या वासना सफल होती जाती है, त्यों-त्यों उसकी इच्छा की दौड़ एक कदम आगे ही बढ़ती चली जाती है; और जब कि यह बात अनुभवसिद्ध है, कि इन सब इच्छाओं या वासनाओं का सफल होना संभव नहीं, तब इसमें संदेह नहीं, कि मनुष्य दु:खी हुए बिना रह नहीं सकता। यहाँ निम्न दो बातों के भेद पर अच्छी तरह ध्यान देना चाहिए : (1) सब सुख केवल तृष्णा-क्षयरूप ही हैं; और (2) मनुष्य को कितना ही सुख मिले, तो भी वह असंतुष्ट ही रहता है। यह कहना एक बात है, कि प्रत्येक सुख दु:खाभावरूप नहीं है, किंतु सुख और दु:ख इंद्रियों की दो स्वतंत्र वेदनाएँ हैं, और यह कहना उससे बिल्कुल ही भिन्न है, कि प्राप्त किसी एक समय सुखों को भूलकर अधिकाधिक सुख पाने के लिए असंतुष्ट बने रहना। इनमें से पहली बात सुख के वास्तविक स्वरूप के विषय में है; और दूसरी बात यह है, कि प्राप्त सुख से मनुष्य की पूरी तृप्ति होती है या नहीं? विषय-वासना हमेशा अधिकाधिक बढ़ती ही जाती है, इसलिए जब प्रतिदिन नए सुख नहीं मिल सकते, तब यही मालूम होता है, कि पूर्वप्राप्त सुखों को ही बार-बार भोगते रहना चाहिए-और इसी से मन की इच्छा का दमन नहीं होता। विटेलियस नामक एक रोमन बादशाह था। कहते हैं, कि बार-बार जिव्हा का सुख पाने के लिए, भोजन करने पर वह किसी औषधि के द्वारा कै कर डालता था; और प्रतिदिन अनेक बार भोजन किया करता था। परंतु, अंत में पछताने वाले ययाति राजा की कथा इससे भी अधिक शिक्षादायक है। यह राजा शुक्राचार्य के शाप से, बूढ़ा हो गया था; परंतु उन्हीं की कृपा से इसको यह सहूलियत भी मिल गई थी, कि अपना बुढ़ापा किसी को देकर उसके बदले में उसकी जवानी ले लें। तब इसने अपने पुरु नामक बेटे से उसकी तरुणावस्था माँग ली और सौ दो सौ नहीं, पूरे एक हजार वर्ष तक लगातार सब प्रकार के विषय-सुखों का उपभोग किया। अंत में उसने यही अनुभव किया, कि इस दुनिया के सारे पदार्थ एक मनुष्य की सुख-वासना को तृप्त करने में असमर्थ हैं। महाभारत के आदिपर्व में व्यास जी ने कहा है, कि तब उसके मुख से यही उद्‌गार निकल पड़ा कि:-

न जातु कामः कामानां उपभोगेन शाम्यति।
हविषा कृष्णवर्त्मेव भूय एवाभिवर्धते॥

अर्थात् "सुखों के उपभोग से विषय-वासना की तृप्ति तो होती ही नहीं; किंतु विषयवासना दिनोंदिन उसी प्रकार बढ़ती जाती है, जैसे अग्नि की ज्वाला हवन पदार्थों

से बढ़ती जाती है" (मभा. आ. 75.49)। यही श्लोक मनुःस्मृति में भी पाया जाता है (मनुः 2.94)। तात्पर्य यह है, कि चाहे जितने सुख के साधन उपलब्ध हों, तो भी इंद्रियों की इच्छा उत्तरोत्तर बढ़ती ही जाती है। इसलिए केवल सुखोपभोग से सुख की इच्छा कभी तृप्त नहीं हो सकती; उसको रोकने या दबाने के लिए कुछ अन्य उपाय अवश्य ही करना पड़ता है। यह तत्त्व हमारे सभी धर्मशास्त्र-ग्रंथकारों को पूर्णतया मान्य है; और इसलिए उनका प्रथम उपदेश यह है; कि प्रत्येक मनुष्य को अपने कामोपभोग की मर्यादा बांध लेनी चाहिए। जो लोग कहा करते हैं, कि इस संसार में परम साध्य केवल विषयोपभोग ही है, वे यदि उक्त अनुभूत सिद्धान्त पर थोड़ा भी ध्यान दें, तो उन्हें अपने मत की निस्सारता तुरंत ही मालूम हो जाएगी। वैदिक धर्म का यह सिद्धान्त बौद्धधर्म में भी पाया जाता है; और ययाति राजा के सदृश, मान्धाता नामक पौराणिक राजा ने भी मरते समय कहा है:-

न कहापणवस्सेन तित्ति कामेसु विज्जति।
अपि दिब्बेसु कामेसु रतिं सो नाधिगच्छति॥

"कार्षापण नामक महामूल्यवान् सिक्के की यदि वर्षा होने लगे, तो भी कामवासना की तित्ति अर्थात् तृप्ति नहीं होती; और स्वर्ग का सुख मिलने पर भी कामी पुरुष की कामेच्छा पूरी नहीं होती।" यह वर्णन धम्मपद (186, 187) नामक बौद्ध-ग्रंथ में है। इससे कहा जा सकता है कि विषयोपभोग रूपी सुख की पूर्ति कभी हो नहीं सकती; और इसीलिए हर एक मनुष्य को हमेशा ऐसा मालूम होता है, कि "मैं दुःखी हूँ!" मनुष्यों की इस स्थिति को विचारने से वही सिद्धान्त स्थिर करना पड़ता है, जो महाभारत (मभा. शां. 205.6; 330.16) में कहा गया है:-

सुखाद्बहुतरं दुःखं जीविते नास्ति संशयः।

अर्थात् "इस जीवन में यानी संसार में सुख की अपेक्षा दुःख ही अधिक है।" यही सिद्धान्त साधू तुकाराम ने इस प्रकार दिया है:- "सुख देखो तो राई बराबर और दुःख पर्वत के समान है।" उपनिषत्कारों का भी सिद्धान्त ऐसा ही है (मैत्र्यु. 1.2-4)। गीता (गीता 8.15 और 9.33) में भी कहा गया है, कि मनुष्य का जन्म अशाश्वत और 'दुःखों का घर' है, तथा यह संसार अनित्य और 'सुखरहित' है। जर्मन पंडित शोपेनहर का ऐसा ही मत है, जिसे सिद्ध करने के लिए उसने एक विचित्र दृष्टान्त दिया है। वह कहता है, कि मनुष्य की समस्त सुखेच्छाओं में से जितनी सुखेच्छाएँ सफल होती हैं, उसी परिमाण से हम उसे सुखी समझते हैं, और जब सुखेच्छाओं की अपेक्षा सुखोपभोग कम हो जाता है, तब कहा जाता है, कि वह मनुष्य उस परिमाण से दुःखी है। इस परिमाण को गणित-रीति से समझाना हो तो सुखोपभोग को सुखेच्छा से भाग देना चाहिए और अपूर्णांक के रूप में सुखेच्छा ऐसा लिखना चाहिए। परंतु यह अपूर्णांक है भी विलक्षण; क्योंकि इसका हर (अर्थात् सुखेच्छा), अंश (अर्थात् सुखोपभोग) की अपेक्षा, हमेशा अधिकाधिक बढ़ता ही रहता है। यदि यह अपूर्णांक पहले 1/2 हो, और यदि आगे-उसका अंश 1 से 3 हो जाए, तो उसका हर 2 से 10 हो जाएगा-अर्थात् वही अपूर्णांक 3/10 हो जाता है। तात्पर्य यह है, यदि अंश तिगुना बढ़ता है, तो हर पंचगुना बढ़ जाता है, जिसका फल यह होता है, कि कोई मनुष्य कितना ही सुखोपभोग करे, उसकी सुखेच्छा दिनोंदिन बढ़ती ही जाती है; जिससे यह आशा करना व्यर्थ है, कि मनुष्य पूर्ण सुखी हो सकता है। प्राचीन काल में कितना सुख था, इसका विचार करते समय हम लोग इस अपूर्णांक के अंश का तो पूर्ण ध्यान रखते हैं, परंतु इस बात को भूल जाते हैं, कि अंश की अपेक्षा हर कितना बढ़ गया है। किंतु जब हमें सुख-दुःख की मात्रा का ही निर्णय करना है, तो हमें किसी 'काल' का विचार न करके सिर्फ यही

देखना चाहिए, कि उक्त अपूर्णांक के अंश और हर में कैसा संबंध है। फिर हमें आप-ही-आप मालूम हो जाएगा, कि इस अपूर्णांक का पूर्ण होना असंभव है। "न जातु कामः कामानाम्" इस मनु वचन का (2.94) भी यही अर्थ है। संभव है, कि बहुतेरों को सुख-दुःख नापने की गणित की यह रीति पसंद न हो; क्योंकि यह उष्णतामापक यंत्र के समान कोई निश्चित साधन नहीं है। परंतु इस युक्तिवाद से प्रकट हो जाता है, कि इस बात को सिद्ध करने के लिए भी कोई निश्चित साधन नहीं, कि "संसार में सुख ही अधिक है।" यह आपत्ति दोनों पक्षों के लिए समान ही है। इसलिए उक्त प्रतिपादन के साधारण सिद्धान्त में अर्थात् उस सिद्धान्त में जो सुखोपभोग की अपेक्षा सुखेच्छा की अमर्यादित वृद्धि से निष्पन्न होता है-यह आपत्ति कुछ बाधा नहीं डाल सकती। धर्म ग्रंथों में तथा संसार के इतिहास में सिद्धान्त के पोषक अनेक उदाहरण मिलते हैं। किसी जमाने में स्पेन देश में मुसलमानों का राज्य था। वहाँ तीसरा अब्दुल रहमान[1] नामक एक बहुत ही न्यायी और पराक्रमी बादशाह हो गया है। उसने यह देखने के लिए-कि मेरे दिन कैसे कटते हैं-एक रोजनामचा बनाया था; जिसे देख के अंत में उसे यह ज्ञात हुआ, कि पचास वर्ष का शासन-काल में उसके केवल चौदह दिन सुखपूर्वक बीते। किसी ने हिसाब करके बतलाया है, कि संसार भर के-विशेषतः यूरोप के-प्राचीन और अर्वाचीन सभी तत्त्वज्ञानियों के मतों को देखो; तो यही मालूम होगा, कि उसमें से प्रायः आधे लोग संसार को सुखमय तथा दुःखमय कहने वालों की संख्या प्रायः बराबर है।[2] यदि इस तुल्य संख्या में हिंदु तत्त्वज्ञों के मतों को जोड़ दें, तो कहना नहीं होगा, कि संसार को दुःखमय माननेवालों की संख्या ही अधिक हो जाएगी।

संसार के सुख-दुःखों के उक्त विवेचन को सुनकर कोई संन्यासमार्गीय पुरुष कह सकता है, कि यद्यपि तुम इस सिद्धान्त को नहीं मानते कि "सुख कोई सच्चा पदार्थ नहीं है; फलतः सब तृष्णात्मक कर्मों को छोड़े बिना शांति नहीं मिल सकती।" तथापि तुम्हारे ही कथनानुसार यह बात सिद्ध है, कि तृष्णा से असंतोष और असंतोष से दुःख उत्पन्न होता है। तब ऐसी व्यवस्था में यह कह देने में क्या हर्ज है, कि इस असंतोष को दूर करने के लिए मनुष्य को अपनी तृष्णाओं का और उन्हीं के साथ सब सांसारिक कर्मों का भी त्याग करके सदा संतुष्ट ही रहना चाहिए-फिर तुम्हें इस बात का विचार नहीं करना चाहिए, कि उन कर्मों को तुम परोपकार के लिए करना चाहते हो या स्वार्थ के लिए। महाभारत (मभा. वन. 215.22) में कहा है, कि "असंतोषस्य नास्त्यन्तस्तुष्टिस्तु परमं सुखम्" अर्थात् असंतोष का अंत नहीं है और संतोष ही परम सुख है। जैन और बौद्ध धर्मों की नींव भी इसी तत्त्व पर डाली गई है; तथा पश्चिमी देशों में शोपेनहर[1] ने अर्वाचीन काल में इसी मत का प्रतिपादन किया है; परंतु इसके विरुद्ध यह प्रश्न भी किया जा सकता है, कि जिव्हा से कभी कभी गालियाँ वगैरह अपशब्दों का उच्चारण करना पड़ता है, तो क्या जीभ ही को समूल काटकर फेंक देना चाहिए? या अग्नि से कभी-कभी मकान जल जाते हैं, तो क्या लोगों ने अग्नि का सर्वथा त्याग ही कर दियाा है? और उन्होंने भोजन बनाना ही छोड़ दिया है? अग्नि की बात कौन कहे; जब हम विद्युत-शक्ति को भी मर्यादा में रखकर उसको नित्यव्यवहार के उपयोग में लाते हैं, तो उसी तरह तृष्णा और असंतोष को भी सुव्यवस्थित मर्यादा बाँधना कुछ असंभव नहीं है। हाँ, यदि असंतोष सर्वांश में और सभी समय हानिकारक होता, तो बात दूसरी थी; परंतु विचार करने से मालूम होगा कि सचमुच बात ऐसी नहीं है। असंतोष यह अर्थ बिल्कुल

1. Moors in Spain, p. 128 (Story of the Nations Series).
2. Macmillan's Promotion of Happiness, p. 26.

नहीं, कि किसी चीज को पाने के लिए रात-दिन हाय हाय करते रहें, रोते रहें; (या न मिलने पर सिर्फ शिकायत ही किया करें)। ऐसे असंतोष को शास्त्रकारों ने भी निंद माना है। परंतु इस इच्छा का मूलभूत असंतोष कभी निंदनीय नहीं कहा जा सकता, जो यह कहे, कि तुम अपनी वर्तमान स्थिति में ही पड़े-पड़े सड़ते मत रहो; किंतु उसमें यथाशक्ति शांत और समचित्त से अधिकाधिक सुधार करते जाओ; तथा शक्ति के अनुसार उसे उत्तम अवस्था में ले जाने का प्रयत्न करो। जो समाज चार वर्णों में विभक्त है, उसके ब्राह्मणों ने ज्ञान की, क्षत्रियों ने ऐश्वर्य की और वैश्यों ने धन-धान्य की उक्त प्रकार की इच्छा या वासना छोड़ दी, तो कहना नहीं होगा, कि वह समाज शीघ्र ही अधोगति को पहुँच जाएगा। इसी अभिप्राय को मन में रखकर व्यास जी ने (मभा. शां. 23.9) युधिष्ठिर से कहा है, कि "यज्ञो विद्या समुत्थानमसंतोषः श्रियं प्रति"-अर्थात् यज्ञ, विद्या, उद्योग और ऐश्वर्य के विषय में असंतोष (रखना) ये क्षत्रिय के गुण हैं। उसी तरह विदुला ने भी अपने पुत्र को उपदेश करते समय (मभा. उ. 132-33) कहा है, कि "संतोषो वै प्रियं हन्ति"-अर्थात् संतोष से ऐश्वर्य का नाश होता है; और किसी अन्य अवसर पर एक वाक्य (मभा. सभा. 55.11) में यह भी कहा गया है, कि "असंतोषः श्रियो मूलम्" अर्थात् असंतोष ही ऐश्वर्य का मूल है।[2] ब्राह्मण धर्म मे संतोष एक गुण बतलाया गया है सही; परंतु उसका अर्थ केवल यही है, कि वह चातुर्वर्ण्य-धर्मानुसार द्रव्य और ऐहिक ऐश्वर्य के विषय में संतोष रखे। यदि कोई ब्राह्मण कहने लगे, कि मुझे जितना ज्ञान प्राप्त हो चुका है, उसी से मुझे संतोष है, तो वह स्वयं अपना नाश कर बैठेगा। इसी तरह यदि कोई वैश्य या शूद्र, अपने अपने धर्म के अनुसार जितना मिला है उतना पा कर ही, सदा संतुष्ट बना रहे तो उसकी भी वही दशा होगी। सारांश यह है, कि असंतोष सब भावी उत्कर्ष का, प्रयत्न का, ऐश्वर्य का और मोक्ष का बीज है। हमें इस बात का सदैव ध्यान रखना चाहिए, कि यदि हम असंतोष का पूर्णतया नाश कर डालेंगे तो, इस लोक और परलोक में भी हमारी दुर्गति होगी। श्रीकृष्ण का उपदेश सुनते समय जब अर्जुन ने कहा, कि "भूयः कथय तृप्तिहि शृण्वती नास्तिमेऽमृतम्" (गीता 10.18) अर्थात् आपके अमृततुल्य भाषण को सुनकर मेरी तृप्ति होती ही नहीं। इसलिए आप फिर से अपनी विभूतियों का वर्णन कीजिए-तब भगवान ने फिर से अपनी विभूतियों का वर्णन आरंभ किया। उन्होंने ऐसा नहीं कहा, कि तू अपनी इच्छा को वश में रख। असंतोष या अतृप्ति अच्छी बात नहीं है। इससे सिद्ध होता है, कि योग्य कल्याणकारक बातों में उचित असंतोष का होना भगवान को भी इष्ट है। भर्तृहरि का भी इसी आशय का एक श्लोक है। यथा "यशसि चाभिरुचिर्व्यसनं श्रुतौ" अर्थात् रुचि या इच्छा अवश्य होनी चाहिए, परंतु वह यश के लिए ही हो। और व्यसन भी होना चाहिए, परंतु वह विद्या का हो, अन्य बातों का नहीं। काम-क्रोध आदि विकारों के समान असंतोष को भी वश से बाहर नहीं होने देना चाहिए। यदि वह वश में न रहेगा, तो निःसंदेह हमारे सर्वस्व का नाश कर डालेगा। इसी हेतु से केवल विषय भोग की प्रीति के लिए तृष्णा लादकर और एक आशा के बाद दूसरी आशा रखकर सांसारिक सुखों के पीछे हमेशा भटकने वाले पुरुषों की संपत्ति को गीता के सोलहवें अध्याय में 'आसुरी

---

1. Schopenhauer's World as Will and Representation, Vol. II, chap. 46. संसार के दु:खयत्व का, शोपेनहर कृत वर्णन अत्यंत ही सरस है। मूल ग्रंथ जर्मन भाषा में है और उसका भाषांतर अंग्रेजी में भी हो चुका है।
2. Cf. "Unhappiness is the cause of progress." Dr. Paul Caru's, The Ethical Problem, p. 251 (2nd ed.)

संपत्ति' कहा है। ऐसे रात दिन के लालचीपन से मनुष्य के मन की सात्त्विक वृत्तियों का नाश हो जाता है-उसकी अधोगति होती है; और तृष्णा की पूरी तृप्ति होना असंभव होने के कारण कामोपभोग-वासना नित्य अधिकाधिक बढ़ती जाती है; तथा वह मनुष्य अंत में उसी दशा में मर जाता है! इसके विपरीत तृष्णा या असंतोष के इस दुष्परिणाम से बचने के लिए सब प्रकार की तृष्णाओं के साथ सब कार्यों को एकदम छोड़ देना भी सात्त्विक मार्ग नहीं है। उपर्युक्त कथनानुसार तृष्णा या असंतोष भावी उत्कर्ष का बीज है। इसलिए चोर के डर से साहस को ही मार डालने का प्रयत्न कभी नहीं करना चाहिए। युक्ति का मध्यम मार्ग तो यही है, कि हम इस बात का भली भाँति विचार किया करें कि किस तृष्णा या किस असंतोष से हमें दु:ख होता है; और जो विशिष्ट आशा, तृष्णा या असंतोष दु:खकारक हो उसे छोड़ दें। उसके लिए समस्त कर्मों को छोड़ देना उचित नहीं। केवल दु:खकारी आशाओं को ही छोड़ने और स्वधर्मानुसार कर्म करने की इस युक्ति या कौशल्य को ही योग अथवा कर्मयोग कहते हैं (गीता 2.50); और यही गीता का मुख्यत: प्रतिपाद्य विषय है। इसलिए यहाँ थोड़ा-सा इस बात का और विचार कर लेना चाहिए, कि गीता में किस प्रकार की आशा को दु:खकारी कहा है।

मनुष्य कान से सुनता है, त्वचा से स्पर्श करता है, आँखों से देखता है, जिव्हा से स्वाद लेता है तथा नाक से सूँघता है। इंद्रियों के ये व्यापार जिस परिमाण से इंद्रियों की वृत्तियों के अनुकूल या प्रतिकूल होते हैं, उसी परिमाण में मनुष्य को सुख अथवा दु:ख हुआ करता है। सुखदु:ख के वस्तुस्वरूप के लक्षण का यह वर्णन पहले हो चुका है; परंतु सुख-दु:खों का विचार केवल इसी परिभाषा से पूरा हो जाता है। आधिभौतिक सुख-दु:खों के उत्पन्न होने के लिए बाह्य पदार्थों का संयोग इंद्रियों के साथ होना यद्यपि प्रथमत: आवश्यक है, तथापि इसका विचार करने पर-कि आगे इन सुख-दु:खों का अनुभव मनुष्य किस रीति से करता है-तो यह मालूम होगा, कि इंद्रियों के स्वाभाविक व्यापार से उत्पन्न होने वाले इन सुख-दु:खों को जानने का (अर्थात् इन्हें अपने लिए स्वीकार या अस्वीकार करने का) काम हद एक मनुष्य को अपने मन के अनुसार ही करना पड़ता है। (महाभारत में कहा है, कि "चक्षु: पश्चति रूपाणि मनसा न तु चक्षुषा," (मभा. शां. 311.17)-अर्थात् देखने का काम केवल आँखों से ही नहीं होता! किंतु उसमें मन की भी सहायता आवश्यक है। और यदि मन व्याकुल हो, तो आँखों से देखने पर भी अनदेखा-सा हो जाता है। बृहदारण्यकोपनिषद् (बृ. 1.5.3) में भी यह वर्णन पाया जाता है; यथा (अन्यत्रमना अभूवं नादर्शम्) "मेरा मन दूसरी ओर लगा था; इसलिए मुझे नहीं दीख पड़ा" और (अन्यत्रमना अभूवं नाश्रौतम्) "मेरा मन दूसरी ओर था; इसलिए मैं सुन नहीं सका"-इससे यह स्पष्टतया सिद्ध हो जाता है, कि आधिभौतिक सुख-दु:खों का अनुभव करने के लिए इंद्रियों के साथ मन की भी सहायता होनी चाहिए; और आध्यात्मिक सुख-दु:ख तो मानसिक ही होते हैं। सारांश यह है, कि सब प्रकार के सुख-दु:खों का अनुभव अंत में हमारे मन पर ही अवलंबित रहता है; और यदि यह बात सच है, तो यह भी आप-ही-आप सिद्ध हो जाता है, कि मनोनिग्रह से सुख-दु:खों के अनुभव का भी निग्रह अर्थात् दमन करना कुछ असंभव नहीं है। इसी बात को ध्यान रखते हुए मनु जी ने सुखदु:खों का लक्षण नैयायिकों के लक्षण से भिन्न प्रकार बतलाया है। उनका कथन है, कि:-

सर्व परवशं दु:खं सर्वमात्मवशं सुखम्।
एतद्विद्यात्समासेन लक्षणं सुखदु:खयो:॥

अर्थात् "जो दूसरों की (बाह्य-वस्तुओं की) अधीनता में है, वह सब दु:ख है; और जो अपने (मन के) अधिकार में है, वह सुख है। यही सुख-दु:ख का संक्षिप्त लक्षण

है" (मनु: 4.160) नैयायिकों के बतलाए हुए लक्षण को 'वेदना' शब्द में शारीरिक और मानसिक, दोनों वेदनाओं का समावेश होता है; और उससे सुख-दु:ख का बाह्य वस्तुस्वरूप भी मालूम हो जाता है; और मनु का विशेष ध्यान सुख-दु:खों के केवल आंतरिक अनुभव पर है। बस, इस बात को ध्यान में रखने से सुख-दु:खों के उक्त दोनों लक्षणों में कुछ विरोध नहीं पड़ेगा। इस प्रकार जब सुख-दु:खों के लिए इंद्रियों का अवलंब अनावश्यक हो गया, तब तो यही कहना चाहिए कि:-

भैषज्यमेतद् दु:खस्य यदेतन्नानुचिंतयेत्।

"मन से दु:खों का चिंतन न करना ही दु:ख निवारण की अचूक औषधि है" (मभा. शां. 205.2); और इसी तरह मन को कठोर बनाकर सत्य तथा धर्म के लिए सुखपूर्वक अग्नि में जलकर भस्म हो जाने वालों के अनेक उदाहरण इतिहास में भी मिलते हैं। इसलिए गीता का कथन है, कि हमें जो कुछ करना है, उसे मनोनिग्रह के साथ और उसकी फलाशा को छोड़कर तथा सुख-दु:खों में समभाव रखकर करना चाहिए। ऐसा करने से न तो हमें कर्माचरण का त्याग करना पड़ेगा और न हमें उसके दु:ख की बाधा ही होगी। फलाशा-त्याग का यह अर्थ नहीं है, कि हमें जो फल मिले उसे छोड़ दें; अथवा ऐसी इच्छा रखें, कि वह फल कभी किसी को न मिले। इसी तरह फलाशा में और कर्म करने की केवल इच्छा, आशा, हेतु या फल के लिए किसी बात की योजना करने में भी बहुत अंतर है। केवल हाथ पैर हिलाने की इच्छा होने में और अमुक मनुष्य को पकड़ने के लिए या किसी मनुष्य को लात मारने के लिए हाथ-पैर हिलाने की इच्छा में बहुत भेद है। पहली इच्छा केवल कर्म करने की ही है, उसमें दूसरा कोई हेतु नहीं होता; और यदि यह इच्छा छोड़ दी जाए, तो कर्म का करना ही रुक जाएगा। इस इच्छा के अतिरिक्त प्रत्येक मनुष्य को इस बात का ज्ञान भी होना चाहिए, कि हर एक कर्म का कुछ-न-कुछ फल अथवा परिणाम अवश्य ही होगा। बल्कि ऐसे ज्ञान के साथ साथ इस बात की इच्छा अवश्य होनी चाहिए, कि मैं अमुक फलप्राप्ति के लिए योजना करके ही अमुक कर्म करना चाहता हूँ। नहीं तो उसके सभी कार्य पागलों के-से निरर्थक सिद्ध होंगे। ये सब इच्छाएँ, हेतु, योजनाएँ, परिणाम में दु:खकारक नहीं होती; और गीता का यह कथन भी नहीं है, कि कोई उनको छोड़ दें। परंतु स्मरण रहे, कि उस स्थिति से बहुत आगे बढ़ कर जब मुनष्य के मन में यह भाव होता है, कि "मैं जो कर्म करता हूँ, मेरे उस कर्म का अमुक फल मुझे अवश्य ही मिलना चाहिए।" अर्थात् जब कर्मफल के विषय में, कर्ता की बुद्धि में ममत्व की यह आसक्ति, अभिमान, अभिनिवेश, आग्रह या इच्छा उत्पन्न हो जाती है और मन उसी से ग्रस्त हो जाता है और जब इच्छानुसार फल मिलने में बाधा होने लगती है, तभी दु:ख-परंपरा का प्रारंभ हुआ करता है। यदि यह बाधा अनिवार्य अथवा दैवकृत हो, तो केवल निराशामात्र होती है, परंतु वह कहीं मनुष्यकृत हुई तो फिर क्रोध या द्वेष भी उत्पन्न हो जाता है, जिससे कुकर्म होने पर मर मिटना पड़ता है। कर्म के परिणाम के विषय में जो यह ममत्वयुक्त आसक्ति होती है, उसी को 'फलाशा', 'संग', 'अहंकार-बुद्धि' और 'काम' कहते हैं; और यह बतलाने के लिए, कि संसार की दु:ख परंपरा यहीं से शुरु होती है, गीता के दूसरे अध्याय में कहा गया है, कि विषय-संग से काम, काम से क्रोध, क्रोध से मोह और अंत में मनुष्य का नाश भी होता है (गीता 2.62, 63)। अब यह बात सिद्ध हो गई, कि जड़ सृष्टि के अचेतन कर्म स्वयं दु:ख के मूल कारण नहीं हैं, किंतु मनुष्य उनमें जो फलाशा, संग, काम या इच्छा लगाए रहता है, वही यथार्थ में दु:ख का मूल है। ऐसे दु:खों से बचे रहने का सहज उपाय यही है, कि सिर्फ विषय की फलाशा, संग काम या आसक्ति को मनोनिग्रह द्वारा छोड़ देना चाहिए। संन्यासमार्गियों के कथनानुसार सब विषयों और कर्मों

ही को, अथवा सब प्रकार की इच्छाओं को मनोनिग्रह द्वारा छोड़ देने की कोई आवश्यकता नहीं है। इसीलिए गीता (गीता 2.64) में कहा है, कि जो मनुष्य फलाशा को छोड़कर यथाप्राप्त विषयों का निष्काम और निस्संग-बुद्धि से सेवन करता है, वही सच्चा स्थितप्रज्ञ है। संसार के कर्मव्यवहार कभी रुक नहीं सकते। मनुष्य चाहे इस संसार में रहें या न रहें परंतु प्रकृति अपने गुणधर्मानुसार सदैव अपना व्यापार करती रहेगी। जड़ प्रकृति को न तो इसमें कुछ सुख है, और न दु:ख। मनुष्य व्यर्थ ही अपने आपको महत्त्व देकर ही प्रकृति के व्यवहारों में आसक्त हो जाता है, इसलिए वह सुख-दु:ख का भागी हुआ करता है। यदि वह इस आसक्तबुद्धि को छोड़ दे और अपने सब व्यवहार इस भावना से करने लगे, कि "गुणा गुणेषु वर्तन्ते" (गीता 3.28)-प्रकृति के गुणधर्मानुसार सब व्यापार हो रहे हैं-तो असंतोषजन्य कोई भी दु:ख उसको हो ही नहीं सकता। इसलिए यह समझकर कि प्रकृति तो अपना व्यापार करती ही रहती है; उसके लिए संसार को दु:खप्रधान मानकर रोते नहीं रहना चाहिए; और न उसको त्यागने ही का प्रयत्न करना चाहिए। महाभारत (मभा. शां. 25.26) में व्यास जी ने युधिष्ठिर को यह उपदेश दिया है कि:-

सुखं वा यदि वा दु:खं प्रियं वा यदि वाऽप्रियम्।
प्राप्तं प्राप्तमुपासीत हृदयेनापराजित:॥

"चाहे सुख हो या दु:ख, प्रिय हो अथवा अप्रिय, जो जिस समय जैसे प्राप्त हो वह उस समय वैसे ही, मन को निराश न करते हुए (अर्थात् नाराज बनकर अपने कर्त्तव्यों को न छोड़ते हुए) सेवन करते रहो!" इस उपदेश का महत्त्व पूर्णतया तभी ज्ञात हो सकता है, जब कि हम इस बात को ध्यान में रखें, कि संसार में अनेक कर्त्तव्य ऐसे हैं, जिन्हें दु:ख सह कर भी करना पड़ता है। भगवद्गीता में स्थितप्रज्ञ का यह लक्षण बतलाया है, कि "य: सर्वत्रानभिस्नेहस्तत्तत्प्राप्य शुभाशुभम्" (गीता 2.57)-अर्थात् शुभ अथवा अशुभ जो कुछ आ पड़े, उसके बारे में जो सदा निष्काम या निस्संग रहता है, और जो उसका अभिनंदन या द्वेष कुछ भी नहीं करता, वही स्थितप्रज्ञ है। फिर पाँचवें अध्याय (गीता 5.20) में कहा है, कि "न प्रहृष्येत्प्रियं प्राप्य नोद्विजेत्प्राप्य चाप्रियम्"-सुख पाकर फूल न जाना चाहिए और दु:ख में कातर भी न होना चाहिए। एवं दूसरे अध्याय (गीता 2.14, 15) में इन सुख-दु:खों को निष्काम बुद्धि से भोगने का उपदेश किया है। भगवान् श्रीकृष्ण ने उसी उपदेश को बार बार दुहराया है (गीता 5.9.13.9)। वेदान्तशास्त्र की परिभाषा में उसी को "सब कर्मों को ब्रह्मार्पण करना" कहते हैं और भक्तिमार्ग में 'ब्रह्मार्पण' केले दले 'श्रीकृष्णार्पण' शब्द की योजना की जाती है। बस यही, गीतार्थ का सारांश है।

कर्म चाहे किसी भी प्रकार का हो, परंतु कर्म करने की इच्छा और अपने उद्योग को बिना छोड़े तथा फल-प्राप्ति की आसक्ति न रखकर (अर्थात् निस्संग-बुद्धि से) उसे करते रहना चाहिए; और साथ ही साथ हमें भविष्य में परिणामस्वरूप मिलने वाले सुख-दु:खों को भी एक ही समान भोगने के लिए तैयार रहना चाहिए। ऐसा करने से अमर्यादित तृष्णादि और असंतोषजनित दुष्परिणामों से तो हम बचेंगे ही; परंतु दूसरा लाभ यह होगा, कि तृष्णा या असंतोष के साथ साथ कर्म को भी त्याग देने से जीवन के ही नष्ट हो जाने का जो प्रसंग आ सकता है, वह भी न आ सकेगा; और हमारी मनोवृत्तियाँ शुद्ध होकर प्राणिमात्र के लिए हितप्रद हो जाएंगी। इसमें संदेह नहीं, कि इस तरह फलाशा छोड़ने के लिए भी इंद्रियों का और मन का वैराग्य से पूरा दमन करना पड़ता है; परंतु स्मरण रहे, कि इंद्रियों को वश में करके स्वार्थ के बदले वैराग्य से तथा निष्काम बुद्धि से लोकसंग्रह के लिए उन्हें अपने-अपने व्यापार करने देना कुछ और बात है;

और संन्यास-मार्गानुसार तृष्णा को मारने के लिए इंद्रियों के सभी व्यापारों को अर्थात् कर्मों को आग्रहपूर्वक समूल नष्ट कर डालना बिल्कुल ही भिन्न बात है। इन दोनों में जमीन-आसमान का अंतर है। गीता में जिस वैराग्य का और जिस इंद्रियनिग्रह का उपदेश किया गया है, वह पहले प्रकार का है; दूसरे प्रकार का नहीं; और उसी तरह अनुगीता (मभा. अश्व. 32.17-23) में जनक-ब्राह्मण संवाद में राजा जनक ब्राह्मणरूपधारी धर्म से कहते हैं कि:-

शृणु बुद्धिं च यां ज्ञात्वा सर्वत्र विषयो मम।
नाहमात्मार्थमिच्छामि गन्धान् घ्राणगतानपि॥

नाहमात्मार्थमिच्छामि मनो नित्यं मनोन्तरे।
मनो मे निर्जितं तस्मात् वशे तिष्ठति सर्वदा॥

अर्थात् "जिस (वैराग्य) बुद्धि को मन में धारण करके मैं सब विषयों का सेवन करता हूँ, उसका हाल सुनो। नाक से मैं 'अपने लिए' सांस नहीं लेता (आँखों से मैं 'अपने लिए' नहीं देखता, इत्यादि), और मन का भी उपयोग मैं आत्मा के लिए अर्थात् अपने लाभ के लिए नहीं करता। अतएव मेरी नाक (आँख इत्यादि) और मन मेरे वश में हैं, अर्थात् मैंने उन्हें जीत लिया है।" गीता के वचन का भी (गीता 3; 6, 7) यही तात्पर्य है, कि जो मनुष्य केवल इंद्रियों की वृत्तियों को तो रोक देता है, और मन से विषयों का चिंतन करता रहता है, पर पूरा ढोंगी है; और जो मनुष्य मनोनिग्रहपूर्वक काम्य-बुद्धि को जीत कर, सब मनोवृत्तियों को लोकसंग्रह के लिए अपना-अपना काम करने देता है, वही श्रेष्ठ है। बाह्य जगत या इंद्रियों के व्यापार हमारे उत्पन्न किए हुए नहीं हैं, वे स्वभावसिद्ध हैं। हम देखते हैं, जब कोई संन्यासी बहुत भूखा होता है तब उसको चाहे वह कितना ही निग्रही हो-भीख माँगने के लिए कहीं बाहर जाना ही पड़ता है (गीता 3.33); या बहुत देर तक एक जगह बैठे रहने से ऊबकर वह उठ खड़ा हो जाता है। तात्पर्य यह है, कि निग्रह चाहे जितना हो; परंतु इंद्रियों के जो स्वभावसिद्ध व्यापार हैं, वे कभी नहीं छूटते। और यदि यह बात सच है, तो इंद्रियों की वृत्तियों तथा सब कर्मों को और सब प्रकार की इच्छाओं या असंतोष को नष्ट करने के दुराग्रह में न पड़ना (गीता 2.47; 18.59), एवं मनोनिग्रहपूर्वक फलाशा छोड़ कर सुख-दुःख को एक बराबर समझना (गीता 2.18), तथा निष्काम-बुद्धि से लोकहित के लिए कर्मों का शास्त्रोक्त रीति से करते रहना ही, श्रेष्ठ तथा आदर्श मार्ग है। इसीलिए-

कर्मण्येवाधिकारस्ते मा फलेषु कदाचन।
मा कर्मफलहेतुर्भूर्मा ते संगोऽऽस्त्वकर्मणि॥

इस श्लोक में (गीता 2.47) श्रीभगवान् अर्जुन को पहले यह बतलाते हैं, कि तू इस कर्मभूमि में पैदा हुआ है, इसलिए "तुझे कर्म करने का ही अधिकार है"; परंतु इस बात को भी ध्यान में रख, कि तेरा यह अधिकार केवल (कर्त्तव्य) कर्म करने-तक ही सीमित है। इस 'एव' पद का अर्थ है 'केवल'; जिससे यह सहज विदित होता है, कि मनुष्य का अधिकार कर्म के सिवा अन्य बातों में-अर्थात् कर्मफल के विषय में नहीं है। यह महत्त्वपूर्ण बात केवल अनुमान पर ही अवलंबित नहीं रख दी है; क्योंकि दूसरे चरण में भगवान् ने स्पष्ट शब्दों में पुनः कह दिया है, कि "तेरा अधिकार कर्मफल के विषय में कुछ भी नहीं है।" अर्थात् किसी कर्म का फल मिलना-न मिलना तेरे अधिकार की बात नहीं है। वह सृष्टि के कर्मविभाग पर या ईश्वर पर अवलंबित है। फिर जिस बात में हमारा अधिकार ही नहीं है उसके विषय में आशा-करना कि वह अमुक प्रकार हो-केवल मूर्खता का लक्षण है; परंतु यह तीसरी बात भी अनुमान पर अवलंबित नहीं

है। तीसरे चरण में कहा गया है, कि "इसलिए तू कर्मफल की लालच से किसी भी काम को मत कर।" क्योंकि, कर्मविभाग के अनुसार तेरे कर्मों का जो फल प्राप्त होगा वह अवश्य होगा ही। तेरी इच्छा से उसमें कुछ न्यूनाधिकता नहीं हो सकती; और उसके देरी से या जल्दी से मिल जाने की संभावना नहीं है। परंतु तेरे लालचीपन से तो तुझे केवल व्यर्थ दु:ख ही मिलेगा। अब यहाँ कोई-विशेषत: संन्यासमार्गी पुरुष-प्रश्न करेंगे, कि कर्म करके फलाशा छोड़ने के लिए भगवान ने अंत में अपना निश्चित मत भी बतला दिया है, कि "कर्म न करने का (अकर्मणि) तू हठ मत कर। तेरा जो अधिकार है उसके अनुसार-परंतु फलाशा छोड़कर-कर्म करता जा" कर्मयोग की दृष्टि से ये सब सिद्धान्त इतने महत्त्वपूर्ण हैं, कि उक्त श्लोक के चारों चरणों को यदि हम कर्मयोगशास्त्र या गीता-धर्म के चतु:सूत्र ही कहें तो कोई अतिशयोक्ति नहीं होगी।

यह मालूम हो गया, कि इस संसार में सुख-दु:ख हमेशा क्रम से मिला करते हैं; और यहाँ सुख की अपेक्षा दु:ख की मात्रा अधिक है। ऐसी अवस्था में भी जब यह सिद्धान्त बतलाया जाता है, कि सांसारिक कर्मों की आत्यंतिक निवृत्ति करने और अत्यंत सुख प्राप्त करने के सब मानवी प्रयत्न व्यर्थ हैं। और केवल आधिभौतिक अर्थात् इंद्रियगम्य बाह्य विषयोपभोगरूपी सुखों का ही देखें, तो यह नहीं कहा जा सकता, कि उनकी यह समझ ठीक नहीं है। यह सच है, कि यदि कोई बालक पूर्णचंद्र को पकड़ने के लिए हाथ फैला दे, तो जैसे आकाश का चंद्रमा उसके हाथ में कभी नहीं आता; उसी तरह आत्यंतिक सुख की आशा रखकर केवल आधिभौतिक सुख के पीछे लगे रहने से आत्यंतिक सुख की प्राप्ति कभी नहीं होगी। परंतु स्मरण रहे, कि आधिभौतिक सुख में ही समस्त प्रकार के सुखों का मार्ग ढूँढ लिया जा सकता है। यह ऊपर बतलाया जा चुका है, कि सुखों के दो भेद हैं-एक शारीरिक और दूसरा मानसिक और शरीर अथवा इंद्रियों के व्यापारों की अपेक्षा मन को अंत में अधिक महत्त्व देना पड़ता है। ज्ञानी पुरुष जो यह सिद्धान्त बतलाते हैं, कि शारीरिक (अर्थात् आधिभौतिक) सुख की अपेक्षा मानसिक सुख की योग्यता अधिक है, उसे वे कुछ अपने ज्ञान के घमंड से नहीं बतलाते। प्रसिद्ध आधिभौतिकवादी मिलने भी अपने उपयुक्तावादविषयक ग्रंथ में साफ मंजूर किया है,[1] कि उस सिद्धान्त में ही श्रेष्ठ मनुष्य जन्म की सच्ची सार्थकता और महत्ता है। कुत्ते, शूकर और बैल इत्यादि को भी इंद्रिय सुख का आनंद मनुष्यों के समान ही होता है; और मनुष्य की यदि यह समझ होती, कि संसार में सच्चा सुख विषयोपभोग ही है; तो मनुष्य पशु बनने पर भी राजी हो गया होता। परंतु पशुओं को सब विषय-सुखों के नित्य मिलने का अवसर आने पर ही कोई मनुष्य पशु होने को राजी नहीं होता। इससे यदि विदित होता है, कि पशु की अपेक्षा मनुष्य में कुछ न कुछ विशेषता अवश्य है। इस विशेषता को समझने के लिए, उस आत्मा के स्वरूप का विचार करना पड़ता है, जिसे मन और बुद्धि द्वारा स्वयं अपने बाह्य सृष्टि का ज्ञान होता है; और, ज्योंही यह विचार किया जाएगा त्योंही स्पष्ट मालूम हो जाएगा, कि पशु और मनुष्य के लिए विषयोपभोगसुख तो एक ही-सा है; परंतु उसकी अपेक्षा मन और बुद्धि के अत्यंत उदात्त व्यापार में तथा शुद्धावस्था में जो सुख है, वही मनुष्य का श्रेष्ठ और आत्यंतिक सुख है। यह सुख आत्मवश है, इसकी प्राप्ति किसी बाह्य वस्तु पर अवलंबित नहीं है और इसकी प्राप्ति के लिए दूसरों के सुख को न्यून करने की भी कुछ आवश्यकता नहीं है। यह सुख अपने

1. "It is better to be a human being dissatisfied than a pig satisfied, better to be Socrates dissatisfied than a fool satisfied. And if the fool, or the pig, is of a different opininon, it is because they only know their own side of the question." Utilitarianism; p. 14 (Longmans 1907).

ही प्रयत्न से हमी को मिलता है। और ज्यों-ज्यों हमारी उन्नति होती जाती है, त्यों-त्यों इस सुख का स्वरूप भी अधिकाधिक शुद्ध और निर्मल होता चला जाता है। भर्तृहरि ने सच कहा है, कि "मनसि च परितुष्टे कोऽर्थवान् को दरिद्रः"-मन के प्रसन्न होने पर क्या दरिद्रता और क्या अमीरी, दोनों समान ही हैं। प्लेटो नामक प्रसिद्ध यूनानी तत्त्ववेत्ता ने भी यह प्रतिपादन किया है, कि शारीरिक (अर्थात् बाह्य या आधिभौतिक) सुख की अपेक्षा मन का सुख श्रेष्ठ है, और मन के सुख से भी बुद्धिग्राह्य (अर्थात् परम आध्यात्मिक) सुख अत्यंत श्रेष्ठ है।[1] इसलिए यदि हम अभी मोक्ष के विचार को छोड़ दें, तो भी यही सिद्ध होता है, कि जो बुद्धि आत्म विचार में निमग्न हो, उसे ही परम सुख मिल सकता है। इसी कारण भगवद्गीता में सुख के-सात्त्विक, राजस और तामस तीन भेद किए गए हैं और इनका लक्षण भी बतलाया गया है। यथा-आत्मनिष्ठ बुद्धि (अर्थात् सब भूतों में एकही आत्मा को जानकर, आत्मा के उसी सच्चे स्वरूप से रत होने वाली बुद्धि) की प्रसन्नता से जो आध्यात्मिक सुख प्राप्त होता है, वही श्रेष्ठ और सात्त्विक सुख है-"तत्सुखं सात्त्विकं प्रोक्तं आत्मबुद्धिप्रसादजम्" (गीता 18.37); जो आधिभौतिक सुख इंद्रियों से और इंद्रियों के विषयों से होता है और वह सात्त्विक सुख से कम दर्जे का होता है, और राजस कहलाता है (गीता 18.38)। और जिस सुख से चित्त को मोह होता है, तथा जो सुख, निद्रा या आलस्य से उत्पन्न होता है, उसकी योग्यता तामस अर्थात् अत्यन्त कनिष्ठ श्रेणी की है। इस प्रकरण के आरंभ में गीता का जो श्लोक दिया है, उसका यही तात्पर्य है। और गीता (गीता 6.22) में यह भी कहा है, कि इस परम सुख का अनुभव मनुष्य को यदि एक बार भी हो जाता है, तो फिर कितने ही भारी दु:ख के जबरदस्त धक्के क्यों न लगते रहें, उसकी यह सुखमय स्थिति कभी नहीं डिगने पाती। यह आत्यंतिक सुख स्वर्ग के भी विषयोपभोग सुख में नहीं मिल सकता और इसे पाने के लिए पहले अपनी बुद्धि प्रसन्न होनी चाहिए। जो मनुष्य बुद्धि को प्रसन्न रखने की युक्ति को बिना सोचे-समझे केवल विषयोपभोग में ही निमग्न हो जाता है, उसका सुख अनित्य और क्षणिक होता है। इसका कारण यह है, कि जो इंद्रियसुख आज है, वह कल नहीं रहता। इतना ही नहीं; किंतु जो बात हमारी इंद्रियों को आज सुखकारक प्रतीत होती है, वही किसी कारण से दूसरे दिन दु:खमय हो जाती है। उदाहरणार्थ, ग्रीष्म ऋतु में जो ठंडा पानी हमें अच्छा लगता है, वही शीतकाल में अप्रिय हो जाता है। अस्तु, इतना करने पर भी उससे सुखेच्छा की पूर्ण तृप्ति होने ही नहीं पाती। इसलिए, सुख का व्यापक अर्थ लेकर यदि हम उस शब्द का उपयोग सभी प्रकार के सुखों के लिए करें, तो भी हमें सुख-सुख में भेद करना ही पड़ेगा। नित्य व्यवहार में सुख का अर्थ मुख्यत: इंद्रियसुख ही होता है। परंतु जो इंद्रियातीत है, अर्थात् जो केवल आत्मनिष्ठ बुद्धि को ही ज्ञात हो सकता है, उसमें और विषयोपभोगरूपी सुख में जब भिन्नता प्रकट करनी हो, तब आत्मबुद्धि-प्रसाद से उत्पन्न होने वाले सुख को-अर्थात् आध्यात्मिक सुख को-श्रेय, कल्याण, हित, आनंद अथवा शांति कहते हैं, और विषयोपभोग से होने वाले आधिभौतिक सुख को केवल सुख या प्रेय कहते हैं। पिछले प्रकरण के अंत में दिए हुए कठोपनिषद के वाक्य में, प्रेय और श्रेय में नचिकेता ने जो भेद बतलाया है उसका भी अभिप्राय यही है। मृत्यु ने उसे अग्नि का रहस्य पहले ही बतला दिया है। परंतु इस सुख के मिलने पर भी जब उसने आत्मज्ञान-प्राप्ति का वर माँगा, तब मृत्यु ने उसके बदले में उसे अनेक सांसारिक सुखों का लालच दिखलाया। परंतु नचिकेता इन अनित्य, आधिभौतिक सुखों को कल्याणकारक नहीं समझता था।

1. Republic Book IX.

क्योंकि ये (प्रेय) सुख बाहरी दृष्टि से अच्छे हैं, पर आत्मा के श्रेय के लिए अच्छे नहीं। इसीलिए उसने उन सुखों की ओर ध्यान नहीं दिया। किंतु उस आत्मविद्या की प्राप्ति के लिए ही हठ किया; जिसका परिणाम आत्मा के लिए श्रेयस्कर या कल्याणकारक है, और उसे अंत में पाकर ही छोड़ा। सारांश यह है, कि आत्मबुद्धि-प्रसाद से उत्पन्न होने वाले केवल बुद्धिगम्य सुख को-अर्थात् आध्यात्मिक सुख को ही-हमारे शास्त्रकार श्रेष्ठ सुख मानते हैं। और उनका कथन है, कि यह नित्य सुख आत्मवश है, इसलिए सभी को प्राप्त हो सकता है; तथा सब लोगों को चाहिए, कि वे इसकी प्राप्ति के लिए प्रयत्न करें। पशु-धर्म से प्राप्त सुख में, और मानवी सुख में जो कुछ विशेषता या विलक्षणता है, वह यही है; और यह आत्मानंद केवल बाह्य उपाधियों पर कभी निर्भर न होने के कारण सब सुखों में नित्य, स्वतंत्र और श्रेष्ठ है। इसी को गीता में निर्वाण, अर्थात् परम शांति कहा है (गीता 6.15), और यही स्थितप्रज्ञों की ब्राह्मी अवस्था की परमावधि का सुख है (गीता 2.71; 6.28; 12.12; 18.62)।

अब इस बात का निर्णय हो चुका है, कि आत्मा की शांति या सुख ही अत्यंत श्रेष्ठ है; और वह आत्मवश होने के कारण सब लोगों को प्राप्य भी है। परंतु यह प्रकट है, कि यद्यपि सब धातुओं में सोना अधिक मूल्यवान् है, तथापि केवल सोने से ही-लोहा इत्यादि अन्य धातुओं के बिना-जैसे संसार काम नहीं चल सकता, अथवा जैसे केवल शक्कर से ही-बिना नमक के-काम नहीं चल सकता, उसी तरह आत्मसुख या शांति को भी समझना चाहिए। इसमें संदेह नहीं, कि इस शांति के साथ-शरीर-धारण के लिए सही-कुछ सांसारिक वस्तुओं की आवश्यकता होती है; और इसी अभिप्राय से आशीर्वाद के संकल्प में केवल 'शांतिरस्तु' न कहकर "शांति: पुष्टिस्तुष्टिश्चास्तु"-अर्थात् शांति के साथ पुष्टि और तृष्टि भी चाहिए-कहने की रीति है। यदि शास्त्रकारों की यह समझ होती, कि केवल शांति से ही तृष्टि हो सकती है, तो इस संकल्प में 'पुष्टि' शब्द को व्यर्थ घुसेड़ देने की कोई आवश्यकता नहीं थी। इसका यह मतलब नहीं है, कि पुष्टि-अर्थात् ऐहिक सुखों की वृद्धि के लिए रातदिन लालच करते रहो। उक्त संकल्प का भावार्थ यही है, कि तुम्हें शांति, पुष्टि और तृष्टि (संतोष), तीनों उचित परिणाम में मिलें, और इनकी प्राप्ति के लिए तुम्हें यत्न भी करना चाहिए। कठोपनिषद् का भी यही तात्पर्य है। नचिकेता जब मृत्यु के अर्थात् यम के लोक में गया तब यम ने उससे कहा, कि तुम कोई भी तीन वर माँग लो; और उसने माँगे वर दे दिए, इतनी ही कथा इस उपनिषद में विस्तार से दी गई है; पर उस समय नचिकेता ने एकदम यह वर नहीं माँगा कि मुझे ब्रह्मज्ञान का उपदेश करो। किंतु उसने कहा, कि "मेरे पिता मुझ पर क्रुद्ध हैं, इसलिए प्रथम वर आप मुझे यही दीजिए, कि वे मुझ पर प्रसन्न हो जाएँ।" अनंतर उसने दूसरा वर माँगा कि "अग्नि के-अर्थात् ऐहिक समृद्धि प्राप्त करा देने वाले यज्ञ आदि कर्मों के-ज्ञान का उपदेश करो।" इन दोनों वरों को प्राप्त करके अंत में उसने तीसरा वर यह माँगा, कि "मुझे आत्मविद्या का उपदेश करो।" परंतु जब यमराज कहने लगे, कि इस तीसरे वर के बदले में तुझे और भी अधिक संपत्ति देता हूँ; तब-अर्थात् प्रेय (सुख) की प्राप्ति के लिए आवश्यक यज्ञ आदि कर्मों का ज्ञान प्राप्त हो जाने पर उसी की अधिक आशा न करके-नचिकेता ने इस बात का आग्रह किया, कि "अब मुझे श्रेय (आत्यंतिक सुख) की प्राप्ति करा देने वाले ब्रह्मज्ञान का ही उपदेश करो।" सारांश यह है, कि इस उपनिषद् के अंतिम मंत्र में जो वर्णन है, उसके अनुसार 'ब्रह्मविद्या' और 'योगविधि' (अर्थात् यज्ञ-याग आदि कर्म), दोनों को प्राप्त करके नचिकेता मुक्त हो गया है (कठ: 6.18)। इससे ज्ञान और कर्म इन दोनों का समुच्चय ही इस उपनिषद् का तात्पर्य सिद्ध होता है। इसी विषय पर इंद्र की भी एक कथा है।

कौषीत की उपनिषद् में कहा गया है, कि इंद्र तो स्वयं ब्रह्मज्ञानी था ही, और उसने प्रतर्दन को भी ब्रह्मज्ञान का उपदेश किया था। तथापि जब इंद्र का राज छीन लिया गया और प्रह्लाद को त्रैलोक्य का आधिपत्य मिला, तब इंद्र ने देवगुरु बृहस्पति से पूछा, कि "मुझे बतलाइए कि श्रेय किसमें है?" तब बृहस्पति ने राज्यभ्रष्ट इंद्र को ब्रह्मविद्या अर्थात् आत्मज्ञान का उपदेश करके कहा, कि "श्रेय इसी में है"-को विशेषो भवेत्?-तब बृहस्पति ने उसे शुक्राचार्य के पास भेजा। वहाँ भी वही हाल और शुक्राचार्य ने कहा, कि "प्रह्लाद को वह विशेषता मालूम है।" तब अंत में इंद्र ब्राह्मण का रूप धारण करके प्रह्लाद का शिष्य बनकर सेवा करने लगा। एक दिन प्रह्लाद ने उससे कहा, कि शील (सत्य तथा धर्म से चलने का स्वभाव) ही त्रैलोक्य का राज्य पाने का रहस्य है और वही श्रेय है। अनंतर, जब प्रह्लाद ने कहा, कि "मैं तेरी सेवा से प्रसन्न हूँ, तू चाहे जो वर माँग", तब ब्राह्मण-वेशधारी इंद्र ने यही वर माँगा, कि "आप अपना शील मुझे दीजिए।" प्रह्लाद के 'तथास्तु' कहते ही उसके 'शील' के साथ धर्म, सत्य, वृत्त, श्री अथवा ऐश्वर्य आदि सब देवता उसके शरीर से निकल कर इंद्रिय-शरीर में प्रविष्ट हो गए; फलतः इंद्र अपना राज्य पा गया। यह प्राचीन कथा भीष्म ने युधिष्ठिर से महाभारत के शांतिपर्व (मभा. शां. 124) में कही है। इस सुंदर कथा से हमें यह बात साफ मालूम हो जाती है, कि केवल ऐश्वर्य की अपेक्षा केवल आत्मज्ञान की योग्यता भले ही अधिक हो, परंतु जिसे इस संसार में रहना है, उसको अन्य लोगों के समान ही अपने लिए तथा अपने देश के लिए, ऐहिक समृद्धि प्राप्त कर लेने की आवश्यकता और नैतिक हक भी है। इसलिए जब यह प्रश्न उठे, कि इस संसार में मनुष्य का सर्वोत्तम ध्येय या परम उद्देश्य क्या है, तो हमारे कर्मयोगशास्त्र में अंतिम उत्तर यही मिलता है, कि शांति और पुष्टि, प्रेय और श्रेय अथवा ज्ञान और ऐश्वर्य दोनों को एक साथ प्राप्त करो। सोचने की बात है, कि जिन भगवान से बढ़कर संसार में और कोई श्रेष्ठ नहीं और जिसके दिखलाए हुए मार्ग पर अन्य सभी लोग चलते हैं (गीता 3.23); उस भगवान ने क्या ऐश्वर्य और संपत्ति को छोड़ दिया है?

ऐश्वर्यस्य समग्रस्य धर्मस्य यशसः श्रियः।
ज्ञानवैराग्ययोश्चैव षष्णां भग इतीरणा॥

अर्थात् "समग्र ऐश्वर्य धर्म, यश संपत्ति, ज्ञान और वैराग्य इन छह बातों को 'भग' कहते हैं।" भग शब्द की ऐसी व्याख्या पुराणों में है (विष्णु: 6.5.74)। कुछ लोग इस श्लोक के 'ऐश्वर्य' शब्द का अर्थ 'योगैश्वर्य' किया करते हैं। क्योंकि 'श्री' अर्थात् संपत्तिसूचक शब्द आगे आया है। परंतु व्यवहार में ऐश्वर्य शब्द में सत्ता, यश और संपत्ति का, तथा ज्ञान में वैराग्य और धर्म का समावेश हुआ करता है। इससे हम बिना किसी बाधा के कह सकते हैं, कि लौकिक दृष्टि से उक्त श्लोक का सब अर्थ, ज्ञान और ऐश्वर्य इन्हीं दो शब्दों से शक्य हो जाता है। और जब कि स्वयं भगवान ने ही ज्ञान और ऐश्वर्य का अंगीकार किया है, तब हमें भी उस बात को प्रमाण समझकर स्वीकार करना चाहिए (गीता. 3.21; मभा. शां. 341.25)। कर्मयोगमार्ग का सिद्धान्त यह कदापि नहीं, कि कोरा आत्मज्ञान ही इस संसार में परम साध्य वस्तु है। यह तो संन्यासमार्ग का सिद्धान्त है; जो कहता है कि संसार दुःखमय है; इसलिए उसको एकदम छोड़ ही देना चाहिए। भिन्न-भिन्न मार्गों के इन सिद्धान्तों को एकत्र करके गीता के अर्थ का अनर्थ करना उचित नहीं है। स्मरण रहे गीता ही का कथन है, कि ज्ञान के बिना केवल ऐश्वर्य, सिवा आसुरी संपत के और कुछ नहीं है। इसलिए यही सिद्ध होता है, कि ऐश्वर्य के साथ ज्ञान और ज्ञान के साथ ऐश्वर्य, अथवा शांति के साथ पुष्टि, हमेशा होनी चाहिए। ऐसा कहने पर, कि ज्ञान के साथ ऐश्वर्य होना अत्यावश्यक है; कर्म करने की

आवश्यकता आप-ही-आप उत्पन्न होती है। क्योंकि मनु का कथन है, "कर्माण्यारममाणं हि पुरुषं श्रीर्निषेवते" (मनु. 9.300)-कर्म करने वाले पुरुष को ही इस जगत में श्री अथवा ऐश्वर्य मिलता है, और प्रत्यक्ष अनुभव से भी यही बात सिद्ध होती है; एवं गीता में जो उपदेश अर्जुन को दिया गया है, वह भी ऐसा ही है (गीता 3.8)। इस पर कुछ लोगों का कहना 'कि मोक्ष की दृष्टि से कर्म की आवश्यकता न होने के कारण अंत में-अर्थात् ज्ञानोत्तर अवस्था में-सब कर्मों को छोड़ देना ही चाहिए। परंतु यहाँ तो केवल सुख-दु:ख का विचार करना है। और अब तक मोक्ष तथा कर्म के स्वरूप की परीक्षा भी नहीं की गई है; इसलिए उक्त आक्षेप का उत्तर यहाँ नहीं दिया जा सकता। आगे चलकर नौवें तथा दसवें प्रकरण में अध्यात्म और कर्मविभाग का स्पष्ट विवेचन करके ग्यारहवें प्रकरण में बतला दिया जाएगा, कि यह आक्षेप भी बे सिर-पैर का है। सुख और दु:ख दो भिन्न तथा स्वतंत्र वेदनाएँ हैं। सुखेच्छा केवल सुखोपभोग से ही तृप्त नहीं हो सकती। इसलिए संसार में बहुधा दु:ख का ही अधिक अनुभव होता है। परंतु इस दु:ख को टालने के लिए तृष्णा या असंतोष और साथ-साथ सब कर्मों का भी समूल नाश करना उचित नहीं। उचित यही है, कि केवल फलाशा छोड़कर सब कर्मों को करते रहना चाहिए। केवल विषयोपभोग-सुख कभी पूर्ण न होनेवाला, अनित्य और पशुधर्म है। अतएव इस संसार में बुद्धिमान मनुष्य का सच्चा ध्येय इस अनित्य पशुधर्म से ऊँचे दर्जे का होना चाहिए। आत्मबुद्धि-प्रसाद से प्राप्त होनेवाला शांति-सुख ही वह सच्चा ध्येय है; परंतु आध्यात्मिक सुख ही यद्यपि इस प्रकार ऊंचे दर्जे का हो, तथापि उसके साथ इन सांसारिक जीवन में ऐहिक वस्तुओं की भी उचित आवश्यकता है; और इसलिए सदा निष्काम बुद्धि से प्रयत्न अर्थात् कर्म करते ही रहना चाहिए।-इतनी सब बातें जब कर्मयोगशास्त्र के अनुसार सिद्ध हो चुकीं, तो अब सुख की दृष्टि से विचार करने पर भी यह बतलाने की कोई आवश्यकता नहीं रह जाती, कि आधिभौतिक सुखों को ही परम साध्य मानकर कर्मों के केवल सुख दु:खात्मक बाह्य परिणामों के तारतम्य से ही नीतिमत्ता का निर्णय करना अनुचित है। कारण यह है, कि जो वस्तु कभी पूर्णावस्था को पहुँच ही नहीं सकती, उसे परम साध्य मानना मानो 'परम' शब्द का दुरुपयोग करके मृगजल के स्थान में जल की खोज करना है। जब हमारा परम साध्य ही अनित्य तथा अपूर्ण है, तब उसकी आशा में बैठे रहने से हमें अनित्य-वस्तु को छोड़कर और मिलेगा ही क्या? "धर्मो नित्य: सुखदु:खे त्वनित्ये" इस वचन का मर्म भी यही है। "अधिकांश लोगों का अधिक सुख" इस शब्द समूह के 'सुख' शब्द के अर्थ के विषय में आधिभौतिकवादियों में भी बहुत मतभेद है। उनमें से बहुतेरों का कहना है, कि बहुधा मनुष्य सब विषय-सुखों को लात मारकर केवल सत्य अथवा धर्म के लिए जान देने को तैयार हो जाता है। इससे यह मानना अनुचित है, कि मनुष्य की इच्छा सदैव आधिभौतिक सुख-प्राप्ति की ही रहती है। इसलिए उन पंडितों ने यह सूचना की है, कि सुख के बदले में हित अथवा कल्याण की योजना करके "अधिकांश लोगों का अधिक सुख" इस सूत्र का रूपांतर "अधिकांश लोगों का अधिक हित या कल्याण" कर देना चाहिए, परंतु इतना करने पर भी इस मत में यह दोष बना ही रहता है, कि कर्ता की बुद्धि का कुछ भी विचार नहीं किया जाता। अच्छा, यदि यह कहें, कि विषय-सुखों के साथ मानसिक सुखों का भी विचार करना चाहिए; तो उससे आधिभौतिक पक्ष की इस पहली ही प्रतिज्ञा का विरोध हो जाता है, कि किसी भी कर्म की नीतिमत्ता का निर्णय केवल उसके बाह्य-परिणामों से ही करना चाहिए; और तब अंशत: अध्यात्म पक्ष को स्वीकार करना

---

1. Prolegomena to Ethics, Book LekE and Kant's Metaphysics of Morals (Trans. by Abbot in Kant's Theory of Ethics.)

पड़ता है, तो उसे अधूरा या अंशतः स्वीकार करने से क्या लाभ होगा? इसीलिए हमारे कर्मयोग-शास्त्र में यह अंतिम सिद्धान्त निश्चित किया गया है कि, सर्वभूतहित, अधिकांश लोगों का अधिक सुख और मनुष्यत्व का परम उत्कर्ष इत्यादि नीति निर्णय के सब बाह्य साधनों को अथवा आधिभौतिक मार्ग को गौण या अप्रधान समझना चाहिए; और आत्मप्रसाद-रूपी आत्यंतिक सुख तथा उसी के साथ रहनेवाली कर्ता की शुद्ध-बुद्धि को ही आध्यात्मिक कसौटी जानकर उसी से कर्म-अकर्म की परीक्षा करनी चाहिए। उन लोगों ने ऐसी कसम खाई नहीं है, उन्हें युक्ति से यह मालूम हो जाएगा, कि मन और बुद्धि के भी परे जाकर नित्य आत्मा के नित्य कल्याण को ही कर्मयोग-शास्त्र में प्रधान मानना चाहिए। कई लोग भूल से समझ बैठते हैं, कि जहाँ एक बार वेदान्त में घुसे, कि बस, फिर सभी कुछ ब्रह्ममय हो जाता है; और वहाँ व्यवहार की उपपत्ति का कुछ पता ही नहीं चलता। आजकल जितने वेदान्तविषयक ग्रंथ पढ़े जाते हैं, वे प्रायः संन्यासमार्ग के अनुयायियों के ही लिखे हुए हैं; और संन्यासमार्ग वाले इस तृष्णारूपी संसार के सब व्यवहारों को निःसार समझते हैं, इसलिए उनके ग्रंथों में कर्मयोग की ठीक उपपत्ति सचमुच नहीं मिलती। अधिक क्या कहें; इन परसंप्रदाय-असहिष्णु ग्रंथकारों ने संन्यासमार्गीय कोटिक्रम या युक्तिवाद को कर्मयोग में सम्मिलित करके ऐसा भी प्रयत्न किया है, जिससे लोग समझने लगें, कि कर्मयोग और संन्यास दो स्वतंत्र मार्ग नहीं हैं; किंतु संन्यास ही अकेला शास्त्रोक्त मोक्षमार्ग है। परंतु यह ठीक नहीं है। संन्यास-मार्ग के समान कर्मयोग-मार्ग भी वैदिक धर्म में अनादि काल से स्वतंत्रतापूर्वक चला आ रहा है, और इस मार्ग के संचालकों ने वेदान्त तत्त्वों को न छोड़ते हुए कर्मयोग शास्त्र की ठीक-ठीक उपपत्ति भी दिखलाई है। भगवद्गीता ग्रंथ इसी पंथ का है। यदि गीता को छोड़ दें, तो भी जान पड़ेगा, कि अध्यात्म-दृष्टि से कार्य अकार्यशास्त्र का विवेचन करने की पद्धति ग्रीन सरीखे ग्रंथकार द्वारा इंग्लैंड में ही शुरु कर दी गई है और जर्मनी में तो उससे भी पहले यह पद्धति प्रचलित थी। दृश्य सृष्टि का कितना ही विचार करें; परंतु जब तक यह बात ठीक मालूम नहीं हो जाती, कि इस सृष्टि को देखनेवाला और कर्म करनेवाला कौन है, तब तक तात्त्विक दृष्टि से इस विषय का ही विचार पूरा नहीं हो सकता, कि इस संसार में मनुष्य का परम साध्य, श्रेष्ठ कर्त्तव्य या अंतिम ध्येय क्या है। इसीलिए याज्ञवल्क्य का यह उपदेश कि "आत्मा वा अरे द्रष्टव्यः श्रोतव्यो मन्तव्यो निदिध्यासितव्यः।" प्रस्तुत विषय में भी अक्षरशः उपयुक्त होता है। दृश्य जगत की परीक्षा करने से यदि परोपकार सरीखे तत्त्व ही अंत में निष्पन्न होते हैं, तो उससे आत्मविद्या का महत्त्व कम तो होता नहीं उलटे उससे सब प्राणियों में एक ही आत्मा के होने का एक और सबूत मिल जाता है। इस बात का तो कुछ उपाय ही नहीं है, कि आधिभौतिकवादी अपनी ही बनाई हुई मर्यादा से स्वयं बाहर नहीं जा सकते। परंतु हमारे शास्त्रकारों की दृष्टि इस संकुचित मर्यादा के परे पहुँच गई है; और इसलिए उन्होंने आध्यात्मिक दृष्टि से ही कर्मयोगशास्त्र की पूरी उपपत्ति दी है। इस उपपत्ति की चर्चा करने के पहले कर्म-अकर्म-परीक्षा के एक और पूर्व पक्ष का भी कुछ विचार कर लेना आवश्यक है। इसलिए अब उस पंथ का विवेचन किया जाएगा।

□□□

छठा प्रकरण

आधिदैवतपक्ष और क्षेत्र-क्षेत्रज्ञ विचार

सत्यपूतां वदेद्वाचं मनःपूतं समाचरेत्।[1]

कर्म-अकर्म की परीक्षा करने का-आधिभौतिक मार्ग के अतिरिक्त-दूसरा पंथ आधिदैवतवादियों का है। इस पंथ के लोगों का यह कथन है, कि जब कोई मनुष्य कर्म-अकर्म का या कार्य-अकार्य का निर्णय करता है, तब वह इस झगड़े में नहीं पड़ता, कि किस का किस कर्म से कितना सुख अथवा दुःख होगा; अथवा उनमें से सुख का जोड़ अधिक होगा या दुःख का। वह आत्म-अनात्म-विचार की झंझट में भी नहीं पड़ता; और ये झगड़े बहुतेरों की तो समझ में नहीं आते। यह भी नहीं कहा जा सकता, कि प्रत्येक प्राणी प्रत्येक कर्म को केवल अपने सुख के लिए ही करता है। आधिभौतिकवादी कुछ भी उपपत्ति कहें; परंतु यदि इस बात का थोड़ा सा विचार किया जाए, कि धर्म अधर्म का निर्णय करते समय मनुष्य के मन की स्थिति कैसी होती है, तो यह ध्यान में आ जाएगा, कि मन की स्वाभाविक और उदात्त मनोवृत्तियाँ-करुणा, दया, परोपकार आदि ही किसी काम को करने के लिए मनुष्य को एकाएक प्रवृत्त किया करती हैं। उदाहरणार्थ, जब कोई भिखारी दीख पड़ता है; तब मन में यह विचार आने के पहले ही-उसे "दान करने से जगत् का अथवा अपने आत्म का कितना हित होगा"-मनुष्य के हृदय में करुणावृत्ति जागृत हो जाती है; और वह अपनी शक्ति के अनुसार उस याचक को कुछ दान कर देता है। इसी प्रकार जब बालक रोता है, तब माता उसे दूध पिलाते समय इस बात का कुछ भी विचार नहीं करती, कि बालक को दूध पिलाने से कितने लोगों का इस बात का कितना हित होगा। अर्थात् ये उदात्त मनोवृत्तियाँ ही कर्मयोगशास्त्र की यथार्थ नींव हैं। हमें किसी ने ये मनोवृत्तियाँ दी नहीं हैं; किंतु ये निसर्गसिद्ध अर्थात् स्वाभाविक अथवा स्वयंभू देवता ही हैं। जब न्यायाधीश न्यासासन पर बैठता है, तब उसकी बुद्धि में न्यायदेवता की प्रेरणा हुआ करती है; और वह उसी प्रेरणा के अनुसार न्याय किया करता है। परंतु जब कोई न्यायाधीश इस प्रेरणा का अनादर करता है, तभी उससे अन्याय हुआ करते हैं। न्यायदेवता के सदृश ही करुणा, दया, परोपकार, कृतज्ञता, कर्त्तव्य प्रेम, धैर्य आदि सद्गुणों की जो स्वाभाविक मनोवृत्तियाँ हैं, वे भी देवता हैं। प्रत्येक मनुष्य स्वभावतः इन देवताओं के शुद्ध स्वरूपों से परिचित रहता है। परंतु यदि लोभ, द्वेष, मत्सर आदि कारणों से वह इन देवताओं की परवाह न करे, तो उसे देवता क्या करें? यह बात सच है, कि कई बार इन देवताओं में भी विरोध उत्पन्न हो

1. "वही बोलना चाहिए जो सत्यपूत अर्थात् सत्य से शुद्ध किया गया है; और वही आचरण करना चाहिए जो मन को शुद्ध मालूम हो।"
2. इस सदसद्विवेक-बुद्धि को अंग्रेजी में Conscience कहते हैं और आधिदैवतपक्ष Intutitionst School कहलाता है।

जाता है, और तब कोई कार्य करते समय हमें संदेह हो जाता है कि किस देवता की स्फूर्ति बलवती मानें? तब इस संदेह का निर्णय करने के लिए न्याय, करुणा आदि देवताओं के अतिरिक्त किसी दूसरे की सलाह लेना आवश्यक जान पड़ता है। परंतु ऐसे अवसर पर अध्यात्म विचार अथवा सुख-दुःख की न्यूनाधिकता के झगड़े में न पड़कर यदि हम अपने मनोदेवता की गवाही लें तो वह एकदम इस बात का निर्णय कर देता है, कि इन दोनों में से कौन-सा मार्ग श्रेयस्कर है। यही कारण है, कि उक्त सब देवताओं में मनोदेवता श्रेष्ठ है। 'मनोदेवता' शब्द में इच्छा, क्रोध, लोभ आदि सभी मनोविकारों को शामिल नहीं करना चाहिए। किंतु इस शब्द से मन की वह ईश्वरदत्त और स्वाभाविक शक्ति ही अभीष्ट है, कि जिसकी सहायता से केवल भले-बुरे का निर्णय किया जाता है। इसी शक्ति का एक बड़ा भारी नाम 'सदसद्विवेक-बुद्धि'[2] है और यदि किसी संदेहग्रस्त अवसर पर मनुष्य स्वस्थ अंतकरण से और शांति के साथ विचार करे, तो वह सदसद्विवेक-बुद्धि कभी उसको धोखा नहीं देगी। इतना ही नहीं तो ऐसे अवसरों पर हम दूसरों से यही कहा करते हैं, "कि तू अपने मन से पूछा।" इस बड़े देवता के पास एक सूची हमेशा मौजूद रहती है। उसमें यह लिखा होता है, कि किस सद्गुण को किस समय कितना महत्त्व दिया जाना चाहिए। यह मनोदेवता समय समय पर इसी सूची के अनुसार अपना निर्णय झट प्रकट किया करता है। मान लीजिए, किसी समय आत्मरक्षा और अहिंसा में विरोध उत्पन्न हुआ; और यह शंका उपस्थित हुई, कि दुर्भिक्ष के समय अभक्ष्य भक्षण करना चाहिए या नहीं? तब इस संशय को दूर करने के लिए यदि हम शांत चित्त से इस मनोदेवता की मिन्नत करें, तो झट उसका यही निर्णय प्रकट होगा, कि "अभक्ष्य भक्षण करो।" इसी प्रकार यदि कभी स्वार्थ और परार्थ अथवा परोपकार के बीच विरोध उत्पन्न हो जाए, तो उसका निर्णय भी इस मनोदेवता को मनाकर करना चाहिए। मनोदेवता के घर की-धर्म-अधर्म के न्यूनाधिक भाव की-यह सूची एक ग्रंथकार को शांतिपूर्वक विचार करने से उपलब्ध हुई है, जिसे उसने अपने ग्रंथ में प्रकाशित किया है।[1] इस सूची में नम्रतायुक्त पूज्यभाव को पहला अर्थात् अत्युच्च स्थान दिया गया है; और उसके बाद करुणा, कृतज्ञता, उदारता, वात्सल्य आदि भावों को क्रमशः नीचे की श्रेणियों में शामिल किया है। इस ग्रंथकार का मत है, कि जब ऊपर और नीचे की श्रेणियों के सद्गुणों में विरोध उत्पन्न हो, तब ऊपर की श्रेणी के देवता को ही अधिक मान देना चाहिए। उसके मत के अनुसार कार्य-अकार्य का अथवा धर्म-अधर्म का निर्णय करने के लिए इसकी अपेक्षा और कोई उचित मार्ग नहीं है। इसका कारण यह है, कि यद्यपि हम अत्यंत दूरदृष्टि से यह निश्चित कर लें, कि "अधिकांश लोगों का अधिक सुख" किसमें है, तथापि सारा सार बुद्धि में यह कहने की सत्ता या अधिकार नहीं है, कि "जिसमें अधिकांश लोगों का हित हो वही तू कर।" इसलिए अंत में इस प्रश्न का निर्णय यहीं नहीं होता, कि "जिसमें अधिकांश लोगों का हित है, वह बात मैं क्यों करूँ?" और सारा झगड़ा ज्यों-का-त्यों बना रहता है। राजा से बिना अधिकार प्राप्त किए ही जब कोई न्यायाधीश न्याय करता है, तब उसके निर्णय की जो दशा होती है, ठीक वही दशा उस कार्य-अकार्य के निर्णय की भी होती है, जो दूरदृष्टि पूर्वक सुखदुःखों का विचार करके किया जाता है। केवल दूरदृष्टि यह बात किसी से नही कह सकती, कि "तू यह कर, मुझे यह करना ही चाहिए।" इसका कारण यही है, कि दूरदृष्टि भी हो

1. इस ग्रंथकार का नाम James Martineau (जेम्स मार्टिनो) है। इसने यह सूची अपने Types of Ethical Theory (Vol. Ii, p. 266. 3rd Ed.) नमाक ग्रंथ में दी है। मार्टिनो अपने पंथ को Idio-psychological कहता है। परंतु हम उसे आधिदैवत पक्ष ही में शामिल करते हैं।

तो वह मनुष्यकृत ही है; और इसी कारण से वह अपना प्रभाव मनुष्यों पर नहीं जमा सकती। ऐसे समय पर आज्ञा करने वाला हमसे श्रेष्ठ कोई अधिकारी अवश्य होना चाहिए और यह काम ईश्वरदत्त सदसद्विवेक देवता ही कर सकता है। क्योंकि वह मुनष्य की अपेक्षा श्रेष्ठ है अतएव मनुष्य पर अपना अधिकार जमाने में समर्थ है। यह सदसद्विवेक बुद्धि या 'देवता' स्वयंभू है। इसी कारण व्यवहार में यह कहने की रीत है, कि मेरा 'मनोदेवता' अमुक प्रकार की गवाही नहीं देता। जब कोई मनुष्य एक आध बुरा काम कर बैठा है, तब पश्चात्ताप से वह स्वयं लज्जित हो जाता है; या उसका मन उसे हमेशा टोकता रहता है। यह भी उपर्युक्त देवता के शासन का ही फल है। इस बात से उस स्वतंत्र मनोदेवता का अस्तित्व सिद्ध हो जाता है। कारण कि आधिदैवत पंथ के मतानुसार यदि उपर्युक्त सिद्धान्त न माना जाए, तो इस प्रश्न की उपपत्ति नहीं हो सकती, कि हमारा मन हमें क्यों टोका करता है।

ऊपर दिया हुआ वृत्तान्त पश्चिमी आधिदैवत पंथ के मत का है। पश्चिमी देशों में इस पंथ का प्रचार विशेषतः ईसाई धर्मोपदेशकों ने किया है। उनके मत के अनुसार धर्म-अधर्म का निर्णय करने के लिए केवल आधिभौतिक साधनों की अपेक्षा यह ईश्वरदत्त साधन सुलभ, श्रेष्ठ एवं ग्राह्य है। यद्यपि हमारे देश में प्राचीन काल में कर्मयोगशास्त्र का ऐसा कोई स्वतंत्र पंथ नहीं था, तथापि उपर्युक्त मत हमारे प्राचीन ग्रंथों में कई जगह पाया जाता है। महाभारत में अनेक स्थानों पर मन की भिन्न-भिन्न वृत्तियों को देवताओं का स्वरूप दिया गया है। पिछले प्रकरण में यह बतलाया भी गया है, कि धर्म, सत्य, वृत्त, शील, श्री आदि देवताओं ने प्रह्लाद के शरीर को छोड़कर इंद्र के शरीर में कैसे प्रवेश किया। कार्य-अकार्य का अथवा धर्म-अधर्म का निर्णय करने वाले देवता का नाम भी 'धर्म' ही है। ऐसे वर्णन पाए जाते हैं, कि शिबि राजा के सत्त्व की परीक्षा करने के लिए श्येन का रूप धर कर, और युधिष्ठिर की परीक्षा लेने के लिए यक्षरूप से तथा दूसरी बार कुत्ता बनकर 'धर्म' देवता प्रकट हुए थे। स्वयं भगवद्गीता (गीता 10. 34) में भी कीर्ति, श्री, वाक्, स्मृति, मेधा, धृति और क्षमा ये सब देवता माने गए हैं। इनमें से स्मृति, मेधा, धृति और क्षमा मन के धर्म हैं। मन भी एक देवता है; और परब्रह्म का प्रतीक मानकर उपनिषदों में उसकी उपासना भी बतलाई गई है (तै. 3.4; छां. 3. 18)। जब मनु जी कहते हैं, कि "मनःपूतं समाचरेत्" (6.46)-मन को जो पवित्र मालूम हो, वही करना चाहिए-तब यही बोध होता है, कि उन्हें 'मन' शब्द से मनोदेवता को अच्छा मालूम हो, वही करना चाहिए। मनुजी ने मनुसंहिता के चौथे अध्याय (4. 161) में यह बात विशेष स्पष्ट कर दी है कि:-

यत्कर्म कुर्वतोऽस्य स्यात् परिषोऽन्तरात्मनः।
यत्प्रयत्नेन कुर्वीत विपरीतं तु वर्जयेत्॥

"वह कर्म प्रयत्नपूर्वक करना चाहिए, जिसके करने से हमारा अंतरात्मा संतुष्ट हो और जो कर्म इसके विपरीत हो, उसे छोड़ देना चाहिए।" इसी प्रकार चातुर्वर्ण्यधर्म आदि व्यावहारिक नीति के मूल तत्त्वों का उल्लेख करते समय मनु, याज्ञवल्क्य आदि स्मृति-ग्रंथकार भी यही कहते हैं:-

वेदः स्मृतिः सदाचारः स्वस्य च प्रियमात्मनः।
एतच्चतुर्विधं प्राहुःसाक्षाद्धर्मस्य लक्षणम्॥

"वेद, स्मृति शिष्टाचार और अपने आत्मा को प्रिय मालूम होना धर्म के ये चार मूल तत्त्व हैं" (मन. 2.12)। "अपने आत्मा को जो प्रिय मालूम हो"-इसका अर्थ यही है कि मन को जो शुद्ध मालूम हो। इससे स्पष्ट होता है, कि श्रुति, स्मृति और सदाचार से यदि किसी कार्य की धर्मता या अधर्मता का निर्णय नहीं हो सकता था, तब निर्णय

करने का चौथा साधन 'मन:पूतता' समझी जाती थी। पिछले प्रकरण में कही गई प्रह्लाद और इंद्र की कथा बतला चुकने पर 'शील' के लक्षण के विषय में, धृतराष्ट्र ने महाभारत में यह कहा है:-

यदन्येषां हितं न स्यात् आत्मनः कर्म पौरुषम्।
अपत्रपेत वायेन न तत्कुर्यात् कथंचन॥

अर्थात् "हमारे जिस कर्म से लोगों का हित नहीं हो सकता अथवा जिसके करने से स्वयं अपने ही को लज्जा मालूम होती है, वह कभी नहीं करना चाहिए (मभा. शां. 124.66)। इससे पाठकों के ध्यान में यह बात आ जाएगी, कि "लोगों का हित हो नहीं सकता", "और लज्जा मालूम होती है" इन दो पदों से "अधिकांश लोगों का अधिक हित" और 'मनोदेवता' इन दोनों पक्षों का इस श्लोक में एक साथ उल्लेख किया गया है। मनुस्मृति (मनु: 12.35, 37) में भी कहा गया है, कि जिस कर्म करने से या उसे करते हुए लज्जा मालूम होती है वह तामस है और जो कर्म करने में लज्जा मालूम नहीं होती-एवं अंतरात्मा संतुष्ट होता है-वह सात्त्विक है। धम्मपद नामक बौद्ध-ग्रंथ (धम्मपद 67 और 68) में भी इसी प्रकार के विचार पाए जाते हैं। कालिदास भी यही कहते हैं, कि जब कर्म-अकर्म का निर्णय करने में कुछ संदेह हो, तब-

सतां हि सन्देहपदेषु वस्तुषु प्रमाणमन्तः करणप्रवृत्तयः।

"सत्पुरुष लोग अपने अंत:करण ही की गवाही को प्रमाण मानते हैं" (शाकुंतल 1.20)। पातंजल योग इसी बात की शिक्षा देता है, कि चित्तवृत्तियों का विरोध करके मन को किसी एक ही विषय पर कैसे स्थिर करना चाहिए; और यह योगशास्त्र हमारे यहाँ बहुत प्राचीन समय से प्रचलित है। अतएव जब कभी धर्म-अधर्म के विषय में कुछ संदेह उत्पन्न हो, तब हम लोगों को किसी को यह सिखाने की आवश्यकता नहीं थी कि "अंत:करण को स्वस्थ और शांत करने पर जो उचित मालूम हो, वही करना चाहिए।" सब स्मृति-ग्रंथों के आरंभ में, इस प्रकार के वर्णन मिलते हैं, कि स्मृतिकार ऋषि अपने मन को एकाग्र करके ही धर्म-अधर्म बतलाया करते थे। (मनु. 1.1)। यों ही देखने से तो, "किसी काम में मन की गवाही लेना" यह मार्ग अत्यंत सुलभ प्रतीत होता है, परंतु जब हम तत्त्व ज्ञान की दृष्टि से इस बात का सूक्ष्म विचार करने लगते हैं, कि 'शुद्ध मन' किसे कहना चाहिए; तब यह सरल पक्ष अंत तक काम नहीं दे सकता। और यही कारण है, कि हमारे शास्त्रकारों ने कर्मयोगशास्त्र की इमारत इस कच्ची नींव पर खड़ी नहीं की है। अब इस बात का विचार करना चाहिए, कि यह तत्त्वज्ञान कौन-सा है। परंतु उसका विवेचन करने के पहले यहाँ पर इस बात का उल्लेख करना आवश्यक है, कि पश्चिमी आधिभौतिकवादियों ने इस आधिदैवत पक्ष का किस प्रकार खंडन किया है। कारण यह है, कि यद्यपि इस विषय में आध्यात्मिक और आधिभौतिक पंथों के कारण भिन्न-भिन्न हैं; तथापि उन दोनों का अंतिम निर्णय एक ही-सा है। अतएव, पहले आधिभौतिक कारणों का उल्लेख कर देने से आध्यात्मिक कारणों की महत्ता और संयुक्तता पाठकों के ध्यान में शीघ्र आ जाएगी।

ऊपर कह आए हैं, कि आधिदैविक पंथ में शुद्ध मनोदेवता को ही अग्रस्थान दिया गया है इससे यह प्रकट होता है, कि "अधिकांश लोगों का अधिक सुख" वाले आधिभौतिक नीतिपंथ में कर्ता की बुद्धि या हेतु के कुछ भी विचार न किए जाने का जो दोष पहले बतलाया गया है, वह इस आधिदैवत पक्ष में नहीं है। परंतु जब हम इस बात का सूक्ष्म विचार करने लगते हैं, कि सदसद्विवेक रूपी शुद्ध मनोदेवता किसे कहना चाहिए; तब इस पंथ में भी दूसरी अनेक अपरिहार्य बाधाएँ उपस्थित हो जाती हैं। कोई भी बात लीजिए; कहने की आवश्यकता नहीं है, कि उसके बारे में भली-भाँति विचार

करना-वह ग्राह्य है अथवा अग्राह्य है, करने के योग्य है या नहीं, उससे लाभ अथवा सुख होगा या नहीं; इत्यादि बातों का निर्णय करना-नाक अथवा आँख जैसी इंद्रियों का काम नहीं है। किंतु वह काम उस स्वतंत्र इंद्रिय का है, जिसे मन कहते हैं। अर्थात्, कार्य-अकार्य अथवा धर्म-अधर्म का निर्णय मन ही करता है। चाहे आप इसे इंद्रिय कहें या देवता। यदि आधिदैविक पंथ का सिर्फ यही कहना हो, तो कोई आपत्ति नहीं। परंतु पश्चिमी आधिदैवत पक्ष इससे एक पग और भी आगे बढ़ा है। उसका यह कथन है-भला अथवा बुरा (सत् अथवा असत्) न्याय अथवा अन्याय, धर्म अथवा अधर्म का निर्णय करना एक बात है; और इस बात का निर्णय करना दूसरी बात है, कि अमुक पदार्थ भारी है या हल्का है, गोरा है या काला, अथवा गणित का कोई उदाहरण सही है या गलत-ये दोनों बातें अत्यंत भिन्न हैं। इनमें से दूसरे प्रकार की बातों का निर्णय न्यायशास्त्र का आधार लेकर मन कर सकता है; परंतु पहले प्रकार की बातों का निर्णय करने के लिए केवल मन असमर्थ है। अतएव यह काम सदसद्विवेचन-शक्तिरूप देवता ही किया करता है, जो कि हमारे मन में रहता है। इसका कारण वे यह बतलाते हैं, कि जब हम किसी गणित के उदाहरण की जांच करके निश्चय करते हैं, कि वह सही है या गलत, तब हम पहले उसके गुणा, जोड़ आदि की जांच कर लेते हैं और फिर अपना निश्चय स्थिर करते हैं। अर्थात् इस निश्चय के स्थिर होने के पहले मन को अन्य क्रिया या व्यापार करने पड़ते हैं; परंतु भले-बुरे का निर्णय इस प्रकार नहीं किया जाता। जब हम यह सुनते हैं कि किसी एक आदमी ने किसी दूसरे को जान से मार डाला, तब हमारे मुंह से एकाएक यह उद्‌गार निकल पड़ते हैं, "राम राम! उसने बहुत बुरा काम किया!" और इस विषय में हमें कुछ भी विचार नहीं करना पड़ता। अतएव, यह नहीं कहा जा सकता कि कुछ भी विचार न करके आप ही आप जो जो निर्णय हो जाता है, और जो निर्णय विचारपूर्वक किया जाता है, वे दोनों एक ही मनोवृत्ति के व्यापार हैं। इसलिए यह मानना चाहिए, कि सदसद्विवेचन-शक्ति भी एक स्वतंत्र मानसिक देवता है। सब मनुष्यों के अंतःकरण में यह देवता या शक्ति एक ही-सी जागृत रहती है। इसलिए हत्या करना सभी लोगों को दोष प्रतीत होता है; उसके विषय में किसी को कुछ सिखलाना भी नहीं पड़ता। इस आधिदैविक युक्तिवाद का आधिभौतिक पंथ के लोगों का यह उत्तर है, कि सिर्फ "हम एक-आध बात का निर्णय एकदम कर सकते हैं" इतने ही से यह नहीं माना जा सकता, कि जिस बात का निर्णय विचार-पूर्वक किया जाता है वह उससे भिन्न है। किसी काम को जल्द अथवा धीरे करना अभ्यास पर अवलंबित है। उदाहरणार्थ, गणित का विषय लीजिए। व्यापारी लोग मन के भाव से सेर-छटाँक के दाम एकदम मुखाग्र गणित की रीति से बतलाया करते हैं। इस कारण यह नही कहा जा सकता, कि गुणाकार करने की उनकी शक्ति या देवता किसी अच्छे गणितज्ञ से भिन्न है। कोई काम अभ्यास के कारण इतना अच्छी तरह सध जाता है, कि बिना विचार किए ही कोई मनुष्य उसको शीघ्र और सरलतापूर्वक कर लेता है। उत्तम लक्ष्यभेदी मनुष्य उड़ते हुए पक्षियों को बंदूक से सहज मार गिराता है, इससे कोई भी यह नहीं कहता, कि लक्ष्यभेद एक स्वतंत्र देवता है। इतना ही नहीं; किंतु निशाना मारना, उड़ते हुए पक्षियों की गति को जानना, इत्यादि शास्त्रीय बातों को कोई भी निरर्थक और त्याज्य नहीं कह सकता। नेपोलियन के विषय में यह प्रसिद्ध है, कि जब वह समरांगण में खड़ा होकर चारों ओर सूक्ष्म दृष्टि से देखता था, तब उसके ध्यान में यह बात एकदम आ जाया करती थी, कि शत्रु किस स्थान पर कमजोर है। इतने ही से किसी ने यह सिद्धान्त नहीं निकाला है, कि युद्धकला एक स्वतंत्र देवता है, और उसका अन्य मानसिक शक्तियों से कुछ भी संबंध नहीं है। इसमें संदेह नहीं; कि किसी एक काम में किसी की बुद्धि स्वभावतः

काम देती है; और किसी की कम परंतु सिर्फ इस असमानता के आधार पर ही हम यह नहीं कहते, कि दोनों की बुद्धियाँ वस्तुत: भिन्न हैं। इसके अतिरिक्त यह बात भी सत्य नहीं, कि कार्य-अकार्य का अथवा धर्म-अधर्म का निर्णय सदैव एकाएक हो जाता है। यदि ऐसा ही होता, तो यह प्रश्न भी कभी उपस्थित न होता कि "अमुक काम करना चाहिए अथवा नहीं करना चाहिए", यह बात प्रकट है, कि इस प्रकार का प्रश्न प्रसंगानुसार अर्जुन की तरह सभी लोगों के सामने उपस्थित हुआ करता है; और कार्य-अकार्य-निर्णय के कुछ विषयों में, भिन्न-भिन्न लोगों के अभिप्राय भी भिन्न-भिन्न हुआ करते हैं। यदि सदसद्विवेचन रूप स्वयंभू देवता एक ही है, तो फिर यह भिन्नता क्यों हैं? इससे यही कहना पड़ता है, कि मनुष्य की बुद्धि जितनी सुशिक्षित अथवा सुसंस्कृत होगी, उतनी ही योग्यतापूर्वक वह किसी बात का निर्णय करेगा। बहुतेरे जंगली लोग ऐसे भी हैं, कि जो मनुष्य का वध करना अपराध तो मानते नहीं, किंतु मारे हुए मनुष्य का मांस भी वे सहर्ष खा जाते हैं! जंगली लोगों की बात जाने दीजिए। सभ्य देशों में भी यह देखा जाता है, कि देश के अनुसार किसी एक देश में जो बात गर्ह्य समझी जाती है, वही किसी दूसरे देशाचर में सर्वमान्य समझी जाती है। उदाहरणार्थ, एक स्त्री के रहते हुए दूसरी स्त्री के साथ विवाह करना इंग्लैंड में अपराध माना जाता है; परंतु हिन्दुस्तान में यह बात विशेष दूषणीय नहीं मानी जाती। भरी सभा में सिर की पगड़ी उतारना हिंदू लोगों के लिए लज्जा या अमर्यादा की बात है; परंतु अंग्रेज लोग सिर की टोपी उतारना ही सभ्यता का लक्षण मानते हैं। यदि-यह बात सच है, कि ईश्वरदत्त या स्वाभाविक सदसद्विवेचन-शक्ति के कारण ही बुरे कर्म करने में लज्जा मालूम होती है, तो क्या सब लोगों को एक ही कृत्य करने में एक ही समान लज्जा नहीं मालूम होनी चाहिए? बड़े-बड़े लुटेरे और डाकू लोग भी एक बार जिसका नमक खा लेते हैं, उस पर हथियार उठाना निंद मानते हैं, किंतु बड़े-बड़े सभ्य पश्चिमी राष्ट्र अपने पड़ोसी राष्ट्र के लोगों का वध करना स्वदेश-भक्ति का लक्षण समझते हैं। यदि सदसद्विवेचन-शक्तिरूप देवता एक ही है तो यह भेद क्यों है? और यदि यह कहा जाए, कि शिक्षा के अनुसार अथवा देश के चलने के अनुसार सदसद्विवेचन-शक्ति में भी भेद हो जाया करते हैं, तो उसकी स्वयंभू नित्यता में बाधा आती है। मनुष्य ज्यों-ज्यों अपनी असभ्य दशा को छोड़कर सभ्य बनता है, त्यों-त्यों उसके मन और बुद्धि का विकास होता जाता है। और इस तरह बुद्धि का विकास होने पर जिन बातों का विचार वह अपनी पहली असभ्य अवस्था में नहीं कर सकता था, उन्हीं बातों का विचार अब वह अपनी सभ्य दशा में शीघ्रता से करने लग जाता है। अथवा यह कहना चाहिए, कि इस तरह बुद्धि का विकसित होना ही सभ्यता का लक्षण है। यह सभ्य अथवा सुशिक्षित मनुष्य के इंद्रियनिग्रह का परिणाम है, कि वह औरों की वस्तु को ले लेने या माँगने की इच्छा नहीं करता। इसी प्रकार मन की वह शक्ति भी-जिससे बुरे-भले का निर्णय किया जाता है-धीरे-धीरे बढ़ती जाती है। और अब तो कुछ बातों में वह इतनी परिपक्व हुई ही है, कि किसी विषय में कुछ विचार किए बिना ही हम लोग अपना नैतिक निर्णय प्रकट कर दिया करते हैं। जब हमें आँखों से दूर या पास की वस्तु देखनी होती है, तब आँखों की नसों को उचित परिणाम से खींचना पड़ता है; और यह क्रिया इतनी शीघ्रता से होती है, कि हमें उसका कुछ बोध भी नहीं होता। परंतु क्या इतने ही से किसी ने इस बात की उपपत्ति को निरुपयोगी मान रखा है। सारांश यह है, कि मनुष्य की बुद्धि या मन सब समय और सब कामों में एक ही है। यह बात यथार्थ नहीं, कि काले-गोरे का निर्णय एक प्रकार की बुद्धि करती है और बुरे-भले का निर्णय किसी अन्य प्रकार की बुद्धि से किया जाता है। अंतर केवल इतना ही है, कि किसी में बुद्धि कम रहती है और किसी की अशिक्षित

अथवा अपरिपक्व रहती है। उक्त भेद की ओर, तथा इस अनुभव की ओर उचित ध्यान न देकर, कि किसी काम को शीघ्रतापूर्वक कर सकना केवल आदत या अभ्यास का फल है, पश्चिमी आधिभौतिकवादियों ने यह निश्चय किया है, कि मन की स्वाभाविक शक्तियों से परे सदसद्विवेचार शक्ति नामक कोई भिन्न, स्वतंत्र और विलक्षण शक्ति के मानने की आवश्यकता नहीं है।

इस विषय में हमारे प्राचीन शास्त्रकारों का अंतिम निर्णय भी पश्चिमी आधिभौतिकवादियों के सदृश ही है। वे इस बात को मानते हैं, कि स्वस्थ और शांत अंत:करण से किसी भी बात का विचार करना चाहिए। परंतु उन्हें यह बात मान्य नहीं, कि धर्म-अधर्म का निर्णय करने वाली बुद्धि अलग है और काला-गोरा पहचानने की बुद्धि अलग है। उन्होंने यह भी प्रतिपादन किया है, कि मन जितना सुशिक्षित होगा, उतना ही वह भला या बुरा निर्णय कर सकेगा। अतएव मन को सुशिक्षित करने का प्रयत्न प्रत्येक को दृढ़ता से करना चाहिए। परंतु वे इस बात को नहीं मानते, कि सदसद्विवेचन-शक्ति सामान्य बुद्धि से कोई भिन्न वस्तु या ईश्वरीय प्रसाद है। प्राचीन समय में इस बात का परीक्षण सूक्ष्म रीति से किया है, कि मनुष्य को ज्ञान किस प्रकार प्राप्त होता है; और उसके मन का और बुद्धि का व्यापार किस तरह हुआ करता है। इसी परीक्षण को 'क्षेत्र-क्षेत्रज्ञ-विचार' कहते हैं। क्षेत्र का अर्थ 'शरीर' और 'क्षेत्रज्ञ का अर्थ 'आत्मा' है। यह क्षेत्र-क्षेत्रज्ञ विचार अध्यात्म विद्या की जड़ है। इस क्षेत्रज्ञ-विद्या का ठीक ज्ञान हो जाने पर, सदसद्विवेचक-शक्ति ही का कौन कहे, किसी भी मनोदेवता का अस्तित्व आत्मा से श्रेष्ठ या स्वतंत्र नहीं माना जा सकता। ऐसी अवस्था में आधिदैवत पक्ष आप-ही-आप कमजोर हो जाता है। अतएव, अब यहाँ इस क्षेत्र-क्षेत्रज्ञ-विद्या ही का विचार संक्षेप में किया जाएगा। इस विवेचन से भगवद्गीता के बहुतेरे सिद्धान्तों का सत्यार्थ भी पाठकों के ध्यान में अच्छी तरह आ जाएगा।

यह कहा जा सकता है, कि मनुष्य का शरीर (पिंड, क्षेत्र या देह) एक बहुत बड़ा कारखाना ही है। जैसे किसी कारखाने में पहले बाहर का माल भीतर लिया जाता है; फिर उस माल का चुनाव या व्यवस्था करके इस बात का निश्चय किया जाता है, कि कारखाने के लिए उपयोगी और निरुपयोगी पदार्थ कौन-से हैं; और तब बाहर से लाए गए कच्चे माल से नई चीजें बनाते और उन्हें बाहर भेजते हैं। वैसे ही मनुष्य की देह में भी प्रतिक्षण अनेक व्यापार हुआ करते हैं। इस सृष्टि के पाँच भौतिक पदार्थों का ज्ञान प्राप्त करने के लिए मनुष्य की इंद्रियाँ ही प्रथम साधन हैं। इन इंद्रियों के द्वारा सृष्टि के पदार्थों का यथार्थ अथवा मूल स्वरूप नहीं जाना जा सकता। आधिभौतिकवादियों का यह मत है, कि पदार्थों का यथार्थ स्वरूप वैसा ही है, जैसा कि वह हमारी इंद्रियों को प्रतीत होता है। परंतु यदि कल किसी को कोई नूतन इंद्रिय प्राप्त हो जाए, तो उसकी दृष्टि से सृष्टि के पदार्थों के गुण-धर्म जैसे आज हैं, वैसे ही नहीं रहेंगे। मनुष्य की इंद्रियों के भी दो भेद हैं-एक कर्मेंद्रियाँ और दूसरी ज्ञानेन्द्रियाँ। हाथ, पैर, वाणी, गुदा और उपस्थ ये पाँच कर्मेंद्रियाँ हैं। हम जो कुछ व्यवहार अपने शरीर से करते हैं, वह सब इन्हीं कर्मेंद्रियों के द्वारा होता है। नाक, आँखें, कान, जीभ और त्वचा ये पाँच ज्ञानेंद्रियाँ हैं। आँखों से रूप, जिव्हा से रस, कानों से शब्द, नाक से गंध और त्वचा से स्पर्श का ज्ञान होता है। किसी भी बाह्य पदार्थ का जो हमें ज्ञान होता है, वह उस पदार्थ के रूप-रस-शब्द-गंध-स्पर्श के सिवा और कुछ नहीं है। उदाहरणार्थ, एक सोने का टुकड़ा लीजिए। वह पीला दीख पड़ता है, त्वचा को भारी मालूम होता है, पीटने से लंबा हो जाता है इत्यादि जो गुण हमारी इंद्रियों को गोचर होते हैं, उन्हीं को हम सोना कहते हैं; और जब ये गुण बार-बार एक ही पदार्थ में, एक ही से दृष्टिगोचर होने लगते हैं,

तब हमारी दृष्टि से सोना एक स्वतंत्र पदार्थ बन जाता है। जिस प्रकार बाहर का माल भीतर लाने के लिए और भीतर का माल बाहर भेजने के लिए किसी कारखाने में दरवाजे होते हैं, उसी प्रकार मनुष्य की देह में बाहर के माल को भीतर लेने के लिए ज्ञानेंद्रियाँ-रूपी द्वार हैं, और भीतर का माल बाहर भेजने के लिए कर्मेंद्रियाँ-रूपी द्वार हैं। सूर्य की किरणें किसी पदार्थ पर गिरकर जब लौटती हैं, और हमारे नेत्रों में प्रवेश करती हैं तब हमारे आत्मा को उस पदार्थ के रूप का ज्ञान होता है। किसी पदार्थ से आने वाली गंध के सूक्ष्म परमाणु जब हमारी नाक के मज्जातंतुओं से टकराते हैं, तब हमें उस पदार्थ की बास आती है। अन्य ज्ञानेंद्रियों के व्यापार भी इसी प्रकार हुआ करते हैं। जब ज्ञानेंद्रियाँ इस प्रकार अपना व्यापार करने लगती हैं, तब हमें उनके द्वारा बाह्य सृष्टि के पदार्थों का ज्ञान होने लगता है। परंतु ज्ञानेंद्रियाँ जो कुछ व्यापार करती हैं, उसका ज्ञान स्वयं उनको नहीं होता; इसीलिए ज्ञानेंद्रियों को 'ज्ञाता' नहीं कहते; किंतु उन्हें सिर्फ बाहर के माल को भीतर ले आने वाले 'द्वार' ही कहते हैं। इन दरवाजों से माल भीतर आ जाने पर उसकी व्यवस्था करना मन का काम है। उदाहरणार्थ, बारह बजे जब घड़ी में 'टन् टन्' की एक-एक आवाज होती जाती है, त्यों-त्यों हवा की लहरें हमारे कानों पर आकर टक्कर मारती हैं; और मज्जातंतुओं के द्वारा प्रत्येक आवाज का हमारे मन पर पहले अलग-अलग संस्कार होता है और अंत में इन सबों को जोड़ कर हम निश्चित किया करते हैं, कि इतने बजे हैं। पशुओं में भी ज्ञानेंद्रियाँ होती हैं। जब घड़ी की 'टन्-टन्' आवाज होती है, तब प्रत्येक ध्वनि का संस्कार उनके कानों के द्वारा मन तक पहुँच जाता है परंतु उनका मन इतना विकसित नहीं रहता, कि वे उन सब संस्कारों को एकत्र करके यह निश्चित कर लें कि बारह बजे हैं। यही अर्थ शास्त्रीय परिभाषा में इस प्रकार कहा जाता है, कि यद्यपि अनेक संस्कारों का पृथक्-पृथक् ज्ञान पशुओं को हो जाता है, तथापि उस अनेकता की एकता का बोध उन्हें नहीं होता। भगवद्गीता (गीता 3.42) में कहा है:-"इंद्रियाणि पराण्याहु: इंद्रियेभ्य: परं मन:" अर्थात् (बाह्य) पदार्थों से श्रेष्ठ हैं; और मन इंद्रियों से भी श्रेष्ठ है। इसका भावार्थ भी वही है, जो ऊपर लिखा गया है। पहले कह चुके हैं, कि यदि मन स्थिर न हो, तो आँखें खुली होने पर भी कुछ दीख नहीं पड़ता; और कान खुले होने पर भी कुछ सुन नहीं पड़ता। तात्पर्य यह है, कि इस देहरूपी कारखाने में 'मन' एक मुंशी (क्लर्क) है; जिसके पास बाहर का सब माल ज्ञानेंद्रियों के द्वारा भेजा जाता है और तब यही मुंशी (मन) माल की जाँच किया करता है। अब इन बातों का विचार करना चाहिए कि यह जाँच किस प्रकार की जाती है; और जिसे हम अब तक सामान्यत: 'मन' कहते आए हैं, उसके भी और कौन-कौन से भेद किए जा सकते हैं अथवा एक ही मन को भिन्न-भिन्न अधिकारों के अनुसार कौन-कौन से भिन्न-भिन्न नाम प्राप्त हो जाते हैं।

ज्ञानेंद्रियों द्वारा मन पर जो संस्कार होते हैं, उन्हें प्रथम एकत्र करके और उनकी परस्पर तुलना करके इस बात का पहले निर्णय करना पड़ता है, कि उनमें अच्छे कौन-से और बुरे कौन-से हैं, ग्राह्य और त्याज्य कौन से और लाभदायक तथा हानिकारक कौन से हैं। यह निर्णय हो जाने पर उनमें से जो बात अच्छी, ग्राह्य, लाभदायक, उचित अथवा करने योग्य होती है, उसे करने में हम प्रवृत्त हुआ करते हैं। यही सामान्य मानसिक व्यवहार है। उदाहरणार्थ, जब हम किसी बगीचे में जाते हैं, तब आँख और नाक-रूपी ज्ञानेंद्रियों के द्वारा उस बगीचे के वृक्षों और फूलों के संस्कार हमारे मन पर होते हैं। परंतु जब तक हमारे आत्मा को यह ज्ञान नहीं होता, कि इन फूलों में से किसकी सुगंध अच्छी और किसकी बुरी है; तब तक किसी फूल को प्राप्त कर लेने की इच्छा मन में उत्पन्न नहीं होती; और न हम उसे तोड़ने का प्रयत्न ही करते हैं। अतएव सब

मनोव्यपारों के तीन स्थूल भाग हो सकते हैं:- (1) ज्ञानेंद्रियों के द्वारा बाह्य पदार्थों का ज्ञान प्राप्त करके उन संस्कारों को तुलना के लिए व्यवस्थापूर्वक रखना; (2) ऐसी व्यवस्था हो जाने पर उनके अच्छेपन या बुरेपन का सार असार-विचार करके यह निश्चय करना, कि कौन सी बात ग्राह्य और कौन सी त्याज्य: और (3) निश्चय हो चुकने पर, ग्राह्य वस्तु को प्राप्त कर लेने की, और अग्राह्य को त्यागने की इच्छा उत्पन्न होकर फिर उसके अनुसार प्रवृत्ति का होना। परंतु यह आवश्यक नहीं, कि ये तीनों व्यापार बिना रुकावट के लगातार एक के बाद एक होते ही रहें। संभव है, कि पहले किसी समय देखी हुई वस्तु की इच्छा आज हो जाए। किंतु इतने से यह नहीं कह सकते, कि उक्त तीनों क्रियाओं में से किसी भी क्रिया की आवश्यकता नहीं है। यद्यपि न्याय करने की कचहरी एक ही होती है, तथापि उसमें काम का विभाजन इस प्रकार किया जाता है:- पहले वादी और प्रतिवादी अथवा उनके वकील अपनी-अपनी गवाहियाँ और सबूत न्यायाधीश के निर्णय के अनुसार नाजिर कार्रवाई करता है। ठीक इसी प्रकार जिस मुंशी को अभी तक हम सामान्यत: 'मन' कहते आए हैं, उसके व्यापारों के विभाग हुआ करते हैं। इनमें से सामने उपस्थित बातों का सार-असार विचार करके यह निश्चय करने का काम-अर्थात् केवल न्यायाधीश का काम-'बुद्धि' नामक इंद्रिय का है कि कोई एक बात अमुक प्रकार ही की (एकमेव) है, दूसरे प्रकार की नहीं (नाऽन्यथा)। ऊपर कहे गए सब मनोव्यापारों में से इस सार-असार-विवेक शक्ति को अलग कर देने पर बचे हुए सभी व्यापार जिस इंद्रिय के द्वारा हुआ करते हैं, उसी को सांख्य और वेदान्तशास्त्रमें 'मन' कहते हैं (सां. का. 23 और 27) यही मन वकील के सदृश्य, कोई बात ऐसी है (संकल्प), अथवा उसके विरुद्ध वैसी है (विकल्प); इत्यादि कल्पनाओं को बुद्धि के सामने निर्णय करने के लिए पेश किया करता है। इसलिए उसे 'संकल्प-विकल्पात्मक' अर्थात् बिना निश्चय किए केवल कल्पना करने वाली इंद्रिय कहा गया है। कभी-कभी 'संकल्प' शब्दों में 'निश्चय' का भी अर्थ शामिल कर दिया जाता है (छांदोग्य 7.4.1)। परंतु यहाँ पर 'संकल्प' शब्द को उपयोग-निश्चय की अपेक्षा न रखते हुए-बात अमुक प्रकार की मालूम होना, मानना, कल्पना करना, समझना, अथवा कुछ योजना करना, इच्छा करना, चिंतन करना, मन में लाना आदि व्यापारों के लिए ही किया गया है। परंतु, इस प्रकार वकील के सदृश अपनी कल्पनाओं को बुद्धि के सामने निर्णयार्थ सिर्फ उपस्थित कर देने ही से मन का पूरा नहीं हो ज़ाता। बुद्धि के द्वारा भले-बुरे की आज्ञा को कार्य में परिणत करना-यह नाजिर का काम भी मन ही को करना पड़ता है। इसी कारण मन की व्याख्या दूसरी तरह भी की जा सकती है। यह कहने में कोई आपत्ति नहीं, कि बुद्धि के निर्णय की कार्रवाई पर जो विचार किया जाता है, वह भी एक प्रकार से संकल्प-विकल्पात्मक ही है। परंतु इसके लिए संस्कृत में 'व्याकरण विस्तार करना यह स्वतंत्र नाम दिया गया है। इसके अतिरिक्त शेष सब कार्य बुद्धि हैं। यहाँ तक कि मन हमारी कल्पनाओं के सार-असार का विचार नहीं करता। सार-असार विचार करके किसी भी वस्तु का यथार्थ ज्ञान आत्मा को करा देना, अथवा चुनाव करके यह निश्चय करना, कि अमुक वस्तु अमुक प्रकार की है, या तर्क से कार्य-कारण-संबंध को देखकर निश्चित अनुमान करना, अथवा कार्य-अकार्य का निर्णय करना, इत्यादि सब व्यापार बुद्धि के हैं। संस्कृत में इन व्यापारों को 'व्यवसाय' या 'अध्यवसाय' कहते हैं। अतएव इन दो शब्दों का उपयोग करके, 'बुद्धि' और 'मन' का भेद बतलाने के लिए, महाभारत (महा. शां. 251.11) में यह व्याख्या दी गई है:-

व्यवसायात्मिका बुद्धि मनो व्याकरणात्मकम्॥

"बुद्धि (इंद्रिय) व्यवसाय करती है; अर्थात् सार-असार विचार करके कुछ निश्चय

करती है; और मन व्याकरण अर्थात् विस्तार अथवा अगली अवस्था करने वाली प्रवर्तक इंद्रिय है-अर्थात् बुद्धि व्यवसायात्मिका है और मन व्याकरणात्मक है।" भगवद्गीता में भी "व्यवसायात्मिका बुद्धिः" शब्द पाए जाते हैं (गीता 2, 44); और वहाँ भी बुद्धि का अर्थ "सार-असार-विचार करके निश्चय करने वाली इंद्रिय" ही है। यथार्थ में बुद्धि केवल एक तलवार है। जो कुछ उसके सामने आता है या लाया जाता है, उसकी काट-छाँट करना ही उसका काम है; उसमें दूसरा कोई भी गुण अथवा धर्म नहीं है (मभा. बन. 181.86)। संकल्प, वासना, इच्छा, स्मृति, धृति, श्रद्धा, उत्साह, करुणा, अनुकंपा, प्रेम, दया, सहानुभूति, कृतज्ञता, काम, लज्जा, आनंद, भय, राग, संग, द्वेष, लोभ, मद, मत्सर, क्रोध इत्यादि सब मन ही के गुण अथवा धर्म हैं (ब. 1.5.43; मैत्र्यू. 6, 30)। जैसे-जैसे ये मनोवृत्तियाँ जागृत होती जाती हैं, वैसे ही कर्म करने की ओर मनुष्य की प्रवृत्ति हुआ करती है। उदाहरणार्थ, मनुष्य चाहे जितना बुद्धिमान हो और चाहे वह गरीब लोगों की दुर्दशा का हाल भली भाँति जानता हो; तथापि यदि उसके हृदय में करुणावृत्ति जागृत न हो, तो उसे गरीबों की सहायता करने की इच्छा कभी होगी ही नहीं। अथवा, यदि धैर्य का अभाव हो, तो युद्ध करने की इच्छा होने पर भी वह नहीं लड़ेगा। तात्पर्य यह है, कि बुद्धि सिर्फ यही बतलाया करती है, कि जिस बात को करने की हम इच्छा करते हैं, उसका परिणाम क्या होगा। परंतु इच्छा अथवा धैर्य आदि गुण बुद्धि के धर्म नहीं हैं, इसलिए बुद्धि, स्वयं (अर्थात् बिना मन की सहायता लिए ही) कभी इंद्रियों को प्रेरित नहीं कर सकती। इसके विरुद्ध क्रोध आदि वृत्तियों के वश में होकर स्वयं मन चाहे इंद्रियों को प्रेरित भी कर सके; तो भी यह नहीं कहा जा सकता, कि बुद्धि के सार-असार-विचार के बिना केवल मनोवृत्तियों की प्रेरणा से किया गया काम नीति की दृष्टि से शुद्ध ही होगा। उदाहरणार्थ, यदि बुद्धि का उपयोग न कर केवल करुणावृत्ति से कुछ दान किया जाता है, तो संभव है, कि वह किसी अपात्र को दिया जाए! और उसका परिणाम भी बुरा हो। सारांश यह है, कि बुद्धि की सहायता के बिना केवल मनोवृत्तियाँ अंधी हैं, अतएव मनुष्य का कोई काम शुद्ध तभी हो सकता है, जब कि बुद्धि शुद्ध हो-अर्थात् वह भले-बुरे का अचूक निर्णय कर सके? मन बुद्धि के अनुरोध से आचरण करें और इंद्रियाँ मन के अधीन रहें। बुद्धि और मन के सिवा 'अंतःकरण' और 'चित्त' ये दोनों शब्द भी प्रचलित हैं। इनमें से 'अंतःकरण' शब्द का धात्वर्थ 'भीतरी करण अर्थात् इंद्रिय है। इसलिए उसमें मन बुद्धि, चित्त, अहंकार आदि सभी का सामान्यतः समावेश किया जाता है और जब 'मन' पहले पहल बाह्य-विषयों का ग्रहण अर्थात् चिंतन करने लगा है, तब वही 'चित्त' हो जाता है (मभा. शां. 274. 17)। परंतु सामान्य व्यवहार में इन सब शब्दों का अर्थ एक ही-सा माना जाता है। इससे समझ में नहीं आता, कि किस स्थान पर कौन-सा अर्थ विवक्षित है। इस गड़बड़ी को दूर करने के लिए ही, उक्त अनेक शब्दों में से मन और बुद्धि, इन्हीं दो शब्दों का उपयोग शास्त्रीय परिभाषा में ऊपर कहे गए निश्चित अर्थ में किया जाता है। जब इस तरह मन और बुद्धि का भेद एक बार निश्चित कर दिया गया, तब न्यायाधीश के नाते बुद्धि को मन से श्रेष्ठ मानना पड़ता है; और मन उस न्यायाधीश (बुद्धि) का मुंशी बन जाता है। "मनुसस्तु परा बुद्धिः"-इस गीता वाक्य का भावार्थ भी यही है, कि मन की अपेक्षा बुद्धि श्रेष्ठ एवं उसके परे है (गीता 3.42)। तथापि, जैसा कि ऊपर कह आए हैं, उस मुंशी को भी दो प्रकार के काम करने पड़ते हैं:- (1) ज्ञानेंद्रियों द्वारा अथवा बाहर से आए हुए संस्कारों की व्यत्रस्था करने उनको बुद्धि के सामने निर्णय के लिए उपस्थित करना; और (2) बुद्धि का निर्णय हो जाने पर उसकी आज्ञा अथवा डाक कर्मेंद्रियों के पास भेज कर बुद्धि का हेतु सफल करने के लिए आवश्यक बाह्य क्रिया करवाना। जिस

तरह दुकान के लिए माल खरीदने का काम और दुकान में बैठकर बेचने का भी कहीं-कहीं उस दुकान के एक ही नौकर को करना पड़ता है, उसी तरह मन को भी दोनों काम करने पड़ते हैं। मान लो कि हमें एक मित्र दीख पड़ा; और उसे पुकारने की इच्छा से हमने उसे 'अरे' कहा! अब देखिए कि उतने समय में अंतःकरण में कितने व्यापार होते हैं। पहले आँखों ने अर्थात् ज्ञानेन्द्रियों ने यह संस्कार मन द्वारा बुद्धि को भेजा, कि हमारा मित्र पास ही है; और बुद्धि के द्वारा उस संस्कार का ज्ञान आत्मा को हुआ। यह हुई ज्ञान होने की क्रिया। जब आत्मा बुद्धि के द्वारा निश्चय करता है, कि मित्र को पुकारना चाहिए; और बुद्धि के इस हेतु के अनुसार कार्रवाई करने के लिए मन में बोलने की इच्छा उत्पन्न होती है; तब मन हमारी जिव्हा (कर्मेंद्रिय) से 'अरे' शब्द उच्चारण करवाता है। पाणिनी के शिक्षा-ग्रंथ में शब्दोच्चारण-क्रिया का वर्णन इसी बात को ध्यान में रखकर किया गया है:-

आत्मा बुद्ध्या समेत्याऽर्थान् मनो युक्ते विवक्षया।
मनःकायाग्निमाहन्ति स प्रेरयति मारुतम्।
मारुतस्तूरसि चरन् मन्द्रं जनयति स्वरम्॥

अर्थात् "पहले आत्मा बुद्धि के द्वारा सब बातों का आकलन करके मन में बोलने की इच्छा उत्पन्न करता है; और जब कायाग्नि को उकसाता है, तब कायाग्नि वायु को प्रेरित करती है। तद्नंतर यह वायु छाती में प्रवेश करके मंद्र स्वर उत्पन्न करता है। यही स्वर आगे कंठ-तालू आदि के वर्ण-भेद-रूप से मुख के बाहर आता है। उक्त श्लोक के अंतिम दो चरण मैत्र्युपनिषद् में भी मिलते हैं (मैत्र्यु. 7.11); और इससे प्रतीत होता है, कि ये श्लोक पाणिनि से भी प्राचीन है।[1] आधुनिक शरीर शास्त्रों में कायाग्नि को मज्जातंतु कहते हैं। परंतु पश्चिमी शरीरशास्त्रज्ञों के कथनानुसार मन भी दो हैं। क्योंकि बाहर के पदार्थों का ज्ञान भीतर लाने वाले और मन के द्वारा बुद्धि की आज्ञा कर्मेंद्रियों को बतलाने वाले शरीर के मज्जातंतु भिन्न-भिन्न हैं। हमारे शास्त्रकार दो मन नहीं मानते; उन्होंने मन और बुद्धि को भिन्न बतलाकर सिर्फ यह कहा है, कि मन उभयात्मक है-अर्थात् वह कर्मेंद्रियों के साथ कर्मेंद्रियों के समान और ज्ञानेंद्रियों के साथ ज्ञानेंद्रियों के समान काम करता है। दोनों का तात्पर्य एक ही है। दोनों की दृष्टि से यही प्रकट है, कि बुद्धि की निश्चयकर्ता न्यायाधीश है; और मन पहले ज्ञानेंद्रियों के साथ संकल्प-विकल्पात्मक हो जाया करता है; तथा फिर कर्मेंद्रियों के साथ व्याकरणात्मक या कार्रवाई करनेवाला अर्थात् कर्मेंद्रियों का साक्षात् प्रवर्तक हो जाता है। किसी बात का 'व्याकरण' करते समय कभी-कभी मन यह संकल्प-विकल्प भी किया करता है, कि बुद्धि की आज्ञा का पालन किस प्रकार किया जाए। इसलिए मन की व्याख्या करते समय सामान्यतः सिर्फ यही कहा जा सकता है, कि "संकल्प-विकल्पात्मकं मनः।" परंतु, ध्यान रहे, कि उस समय भी इस व्याख्या में मन के दोनों व्यापारों का समावेश किया जाता है।

'बुद्धि' का जो अर्थ ऊपर किया गया है, कि यह निर्णय करने वाली इंद्रिय है; वह अर्थ केवल शास्त्रीय और सूक्ष्म-विवेचन के लिए उपयोगी है। परंतु इन शास्त्रीय अर्थों का निर्णय हमेशा पीछे से किया जाता है। अतएव यहाँ 'बुद्धि' शब्द के उन व्यावहारिक अर्थों का भी विचार करना आवश्यक है, जो इस शब्द का शास्त्रीय अर्थ निश्चित होने के पहले ही, प्रचलित हो गए हैं। जब तक व्यवसायात्मिका बुद्धि किसी बात का पहले

---

1. मैक्समूलर साहब ने लिखा है, कि मैत्र्युपनिषद् पाणिनी की अपेक्षा प्राचीन होना चाहिए। Sacred Books of the East Series, Vol. XV. pp. xlvii-li. इस पर परिशिष्ट प्रकरण में अधिक विचार किया गया है।

निर्णय नहीं करती, तब तक हमें उनका ज्ञान नहीं होता; और जब तक ज्ञान नहीं होता, तब तक उसे प्राप्त करने की इच्छा या वासना भी नहीं हो सकती। अतएव, जिस प्रकार व्यवहार में आम के पेड़ और फल के लिए 'आम' इस एक ही शब्द का प्रयोग किया जाता है, उसी प्रकार व्यवसायात्मिका बुद्धि के लिए और उस बुद्धि की वासना आदि फलों के लिए भी 'बुद्धि' इस एक ही शब्द का उपयोग व्यवहार में कई बार किया जाता है। उदाहरणार्थ, जब हम कहते हैं, कि अमुक मनुष्य की बुद्धि खोटी है; तब हमारे इस बोलने का यह अर्थ होता है, कि उसकी 'वासना' खोटी है। शास्त्र के अनुसार इच्छा या वासना मन के धर्म होने के कारण उन्हें 'बुद्धि' शब्द से संबोधित करना उपयुक्त नहीं है। परंतु बुद्धि शब्द की शास्त्रीय जाँच होने के पहले ही से सर्वसाधारण लोगों के व्यवहार में 'बुद्धि' इस एक ही शब्द का उपयोग इन दोनों अर्थों में होता चला जाता है:- (1) निर्णय करनेवाली इंद्रिय; और (2) उस इंद्रिय के व्यापार से मनुष्य के मन में उत्पन्न होने वाली वासना या इच्छा। अतएव, आम के दो अर्थों का भेद बतलाने के समय जिस प्रकार 'पेड़' और 'फल' इन शब्दों को जोड़ दिया जाता है, उसी प्रकार जब बुद्धि के उक्त दोनों अर्थों की भिन्नता व्यक्त करनी होती है, तब निर्णय करने वाली अर्थात् शास्त्रीय बुद्धि को 'व्यवसायात्मिका' विशेषण जोड़ दिया जाता है; और वासना को केवल 'बुद्धि' अथवा 'वासनात्मक' बुद्धि कहते हैं। गीता (गीता 2.41, 44, 49; और 3.32) में 'बुद्धि' शब्द का उपयोग उपर्युक्त दोनों अर्थों में किया गया है और कर्मयोग के विवेचन को ठीक-ठाक समझ लेने के लिए 'बुद्धि' शब्द के उपर्युक्त दोनों अर्थों पर हमेशा ध्यान रखना चाहिए। जब मनुष्य कुछ काम करने लगता है, तब उसके मनोव्यापार का क्रम इस प्रकार होता है:-पहले वह 'व्यवसायात्मिका' बुद्धींद्रिय से विचार करता है, कि यह कार्य अच्छा है या बुरा, करने के योग्य है या नहीं; और फिर उस कर्म के करने की इच्छा या वासना (अर्थात् वासनात्मक बुद्धि) उत्पन्न होती है; और तब वह उक्त काम करने के लिए प्रवृत्त हो जाता है। कार्य-अकार्य का निर्णय करना जिस (व्यवसायात्मिका) बुद्धींद्रिय का व्यापार है, वह यदि स्वस्थ और शांत हो, तो मन में निरर्थक अन्य वासनाएँ (बुद्धि) उत्पन्न नहीं होने पातीं और मन भी बिगड़ने नहीं पाता। अतएव गीता (गीता 2.41) में कर्मयोगशास्त्र का प्रथम सिद्धान्त यह है, कि पहले व्यवसायात्मिका बुद्धि को शुद्ध और स्थिर रखना चाहिए। केवल गीता में ही नहीं, किंतु कांटने[1] भी बुद्धि के इसी प्रकार दो भेद किए हैं, और शुद्ध अर्थात् व्यवसायात्मिका बुद्धि के एवं व्यावहारिक अर्थात् वासनात्मक बुद्धि के व्यापारों का विवेचन दो स्वतंत्र ग्रंथों में किया है। वस्तुत: देखने से तो यह प्रतीत होता है, कि व्यवसायात्मिका बुद्धि को स्थिर करना पातंजल योगशास्त्र ही का विषय है; कर्मयोगशास्त्र का नहीं। किंतु गीता का सिद्धान्त है, कि कर्म का विचार करते समय उसकी परिणाम की ओर ध्यान देने के पहले सिर्फ यही देखना चाहिए, कि कर्म करनेवाले की वासना अर्थात् वासनात्मक बुद्धि कैसी है (गीता 2.49)। और इस प्रकार जब वासना के विषय में विचार किया जाता है, तब प्रतीत होता है, कि जिसकी व्यवसायात्मिका बुद्धि स्थिर और शुद्ध नहीं रहती, उसके मन में वासनाओं की भिन्न-भिन्न तरंगें उत्पन्न हुआ करती हैं। और इसी कारण कहा नहीं जा सकता, कि वे वासनाएँ सदैव शुद्ध और पवित्र ही होंगी (गीता 2.41)। जब कि वासनाएँ ही शुद्ध नहीं हैं, तब आगे कर्म भी शुद्ध कैसे हो सकता है? इसीलिए कर्मयोग शास्त्र में भी व्यवसायात्मिका कौन से बुद्धि को शुद्ध, रखने के लिए साधन

1. कांटने व्यवसायात्मिका बुद्धि को Pure Reasomn और वासनात्मक बुद्धि को Practical Reason कहा है।

अथवा उपाय हैं, इस बात का विस्तारपूर्वक विचार करने की आवश्यकता है; और इसी कारण भगवद्गीता के छठे अध्याय में बुद्धि को शुद्ध करने के लिए एक साधन के तौर पर पातंजलयोग का विवेचन किया गया है। परंतु इस संबंध पर ध्यान न देकर कुछ सांप्रदायिक टीकाकारों ने गीता का यह तात्पर्य निकाला है, कि गीता में केवल पातंजल योग का ही प्रतिपादन किया गया है। अब पाठकों के ध्यान में यह बात आ जाएगी, कि गीताशास्त्र में 'बुद्धि' शब्द के उपर्युक्त दोनों अर्थों पर और उन अर्थों के परस्पर संबंध पर ध्यान देना कितने महत्त्व का है।

इस बात का वर्णन हो चुका, कि मनुष्य के अंत:करण के व्यापार किस प्रकार हुआ करते हैं तथा उन व्यापारों को देखते हुए मन और बुद्धि के कार्य कौन-कौन से हैं, और बुद्धि के शब्द के कितने अर्थ होते हैं। मन और व्यवसायात्मिका बुद्धि को इस प्रकार पृथक् कर देने पर अब देखना चाहिए, कि सदसद्विवेक-देवता का यथार्थ रूप क्या है? इस देवता का काम सिर्फ भले-बुरे का चुनाव करना है, अतएव इसका समावेश 'मन' में नहीं किया जा सकता! और किसी भी बात का विचार करके निर्णय करने वाली व्यावसायात्मिका बुद्धि केवल एक ही है; इसलिए सदसद्विवेक-रूप 'देवता के लिए कोई स्वतंत्र स्थान नही रह जाता। हाँ, इसमें संदेह नहीं, कि जिन बातों का या विषयों का सार-असार विवेक करके निर्णय करना पड़ता है, वे अनेक हो सकते हैं। जैसे व्यापार, लड़ाई, फौजदारी या दीवानी मुकदमे, साहुकारी, कृषि आदि अनेक व्यवसायों में हर अवसर पर सार-असार-विवेक करना पड़ता है। परंतु इतने से ही से यह नहीं कहा जा सकता, कि इनमें व्यवसायात्मिका बुद्धियाँ भी भिन्न भिन्न अथवा कई प्रकार की होती हैं। सार-असार-विवेक नाम की क्रिया सर्वत्र एक ही है; और इसी कारण विवेक अथवा निर्णय करने वाली बुद्धि भी एक ही होनी चाहिए। परंतु मन के सदृश बुद्धि भी शरीर का धर्म है। अतएव पूर्व कर्म के अनुसार-पूर्व परंपरागत या आनुवांशिक संस्कारों के कारण, अथवा शिक्षा आदि अन्य कारणों से-यह बुद्धि कम या अधिक सात्त्विकि, राजसी या तामसी हो सकती है। यही कारण है, कि जो बात किसी एक की बुद्धि में ग्राह्य प्रतीत होती है वही दूसरे की बुद्धि में अग्राह्य प्रतीत होती है वही दूसरे की बुद्धि में अग्राह्य जँचती है। इतने ही से यह नहीं समझ लेना चाहिए, कि बुद्धि नाम की इंद्रिय ही प्रत्येक समय भिन्न-भिन्न रहती है। आँख ही का उदाहरण लीजिए। किसी की आँखें तिरछी रहती हैं, तो किसी की भद्दी और किसी की कानी; किसी की दृष्टि मंद और किसी की साफ रहती हैं। इससे हम यह कभी नहीं कहते, कि नेत्रेंद्रिय एक नहीं, अनेक हैं। यही न्याय बुद्धि के विषय में भी उपुयक्त होना चाहिए। जिस बुद्धि से चावल अथवा गेहूँ जाने जाते हैं; जिस बुद्धि से पत्थर और हीरे का भेद जाना जाता है; जिस बुद्धि से काले-गोरे या मीठे-कड़वे का ज्ञान होता है; वही इन सब बातों के तारतम्य का विचार करके अंतिम निर्णय भी किया करती है, कि भय किसमें है, और किसमें नहीं; लाभ या हानि, धर्म अथवा अधर्म और कार्य अथवा अकार्य में क्या भेद है, इत्यादि। साधारण व्यवहार में 'मनोदेवता' कह कर उसका चाहे जितना गौरव किया जाए, तथापि तत्त्वज्ञान की दृष्टि से वह एक ही व्यवसायात्मिका बुद्धि है। इसी अभिप्राय की ओर ध्यान देकर गीता के अठारहवें अध्याय में एक ही बुद्धि के तीन भेद (सात्त्विक, राजस और तामस) करके भगवान ने अर्जुन को पहले यह बतलाया है कि:-

प्रवृत्तिं च निवृत्तिं च कार्याकार्ये भयाभये।
बन्धं मोक्षं च या वेत्ति बुद्धिः सा पार्थ सात्त्विकी॥

अर्थात् "सात्त्विक बुद्धि वह है, कि जिसे इन बातों का यथार्थ ज्ञान है:- कौन-सा काम करना चाहिए और कौन-सा नहीं, काम करने योग्य और कौन-सा अयोग्य, किस

बात से डरना चाहिए और किस बात से नहीं, किसमें बंधन है और किसमें मोक्ष" (गीता 18.30)। इसके बाद यह बतलाया है कि-

यया धर्ममधर्मं च कार्यं च अकार्यमेव च।
अयथावत् प्रजानाति बुद्धिः सा पार्थ राजसी॥

अर्थात् "धर्म और अधर्म, अथवा कार्य और अकार्य का यथार्थ निर्णय जो बुद्धि नहीं कर सकती, यानी जो बुद्धि हमेशा भला किया करती है, वह राजसी है" (गीता 18.31)। और अंत में कहा है कि:-

अधर्म धर्ममिति या मन्रूते तमसावृता।
सर्वाथान् विपरीतांश्च बुद्धिः मा पार्थ तामसी॥

अर्थात् "अधर्म को ही धर्म मानने वाली अथवा सब बातों का विपरीत या उल्टा निर्णय करने वाली बुद्धि तामसी कहलाती है" (गीता 18.32)। इस विवेचन से स्पष्ट हो जाता है, कि केवल भले-बुरे का निर्णय करने वाली, अर्थात् सदसद्विवेक-बुद्धिरूप स्वतंत्र और भिन्न देवता गीता को संमत नहीं है। उसका अर्थ यह नहीं है, कि सदैव ठीक निर्णय करनेवाली बुद्धि हो ही नहीं सकती। उपर्युक्त श्लोकों का भावार्थ यही है, कि बुद्धि एक ही है, और ठीक-ठीक निर्णय करने का सात्त्विक गुण इसी एक बुद्धि में पूर्वसंस्कारों के कारण, शिक्षा से तथा इंद्रियनिग्रह अथवा आहार आदि के कारण उत्पन्न हो जाता है और इन पूर्वसंस्कार-प्रभृति कारणों के अभाव से ही-वही बुद्धि जैसे कार्य अकार्य निर्णय के विषय में वैसे ही अन्य दूसरी बातों में भी-राजकीय अथवा तामसी हो सकती हैं। इस सिद्धान्त की सहायता से यह भली भाँति मालूम हो जाता है, कि चोर और साहब की बुद्धि में, तथा भिन्न-भिन्न देशों के मनुष्यों की बुद्धि में भिन्नता क्यों हुआ करती है। परंतु जब हम सदसद्विवेचन-शक्ति को स्वतंत्र देवता मानते हैं, तब उस विषय की उपपत्ति ठीक-ठीक सिद्ध नहीं होती। प्रत्येक मनुष्य का कर्त्तव्य है, कि वह अपनी बुद्धि को सात्त्विक बनाए और यह काम इंद्रियानिग्रह के बिना हो नहीं सकता। जब तक व्यवसायात्मिका बुद्धि यह जानने में समर्थ नहीं है कि मनुष्य का हित किस बात में है; और जब तक वह उस बात का निर्णय परीक्षा किए बिना ही इंद्रियों की इच्छानुसार आचरण करती रहती है, तब तक वह बुद्धि 'शुद्ध' नहीं कही जा सकती। अतएव बुद्धि को मन और इंद्रियों के अधीन नहीं होने देना चाहिए। किंतु ऐसा उपाय करना चाहिए, कि जिससे मन और इंद्रियाँ बुद्धि के अधीन रहें। भगवद्गीता (गीता 2. 67, 68; 3.24-26) में यही सिद्धान्त अनेक स्थानों में बतलाया गया है; और यही कारण है कि कठोपनिषद् में शरीर को रथ की उपमा दी गई है; तथा यह रूपक बाँधा गया है, कि उस शरीर रूपी रथ में जुते हुए इंद्रियाँ रूपी घोड़ों को विषयोभोग के मार्ग में अच्छी तरह चलाने के लिए (व्यवसायात्मिका) बुद्धिरूपी सारथी को मनामय लगाम धीरता से खींचे रहना चाहिए-(कठः 3.3-9)। महाभारत (मभा. बन. 210.25; स्त्री. 7. 13; अश्व. 51.5) में भी वही रूपक दो-तीन स्थानों में कुछ हेरफेर साथ लिया गया है। इंद्रियनिग्रह के इस कार्य का वर्णन करने के लिए उक्त दृष्टान्त इतना अच्छा है, कि ग्रीस के प्रसिद्ध तत्त्ववेत्ता प्लूटो ने भी इंद्रियनिग्रह का वर्णन करते समय इसी रूपक का उपयोग अपने ग्रंथ में किया है (फीड्स 246)। भगवद्गीता में, यह दृष्टान्त प्रत्यक्ष रूप से नहीं पाया जाता। तथापि इस विषय के संदर्भ की ओर जो ध्यान देगा, उसे यह बात अवश्य मालूम हो जाएगी, कि गीता के उपर्युक्त श्लोकों में इंद्रियनिग्रह का वर्णन इस दृष्टान्त को लक्ष्य करके ही किया गया है। सामान्यतः अर्थात् जब शास्त्रीय सूक्ष्म भेद करने की आवश्यकता होती है, तब उसी को मनोनिग्रह कहते हैं। परंतु जब 'मन' और 'बुद्धि' में-जैसा कि ऊपर कह आए हैं-भेद किया जाता है, तब निग्रह करने का

कार्य मन को नहीं, किंतु व्यवसायात्मिका बुद्धि को ही करना पड़ता है। इस व्यवसायात्मिका बुद्धि को शुद्ध करने के लिए-पातंजल-योग की समाधि से, भक्ति से, ज्ञान से अथवा ध्यान से परमेश्वर के यथार्थ स्वरूप को पहचान कर-यह तत्त्व पूर्णता बुद्धि में जम जाना चाहिए, कि "सब प्राणियों में एक ही आत्मा है।" इसी को आत्मनिष्ठ बुद्धि कहते हैं। इस प्रकार जब व्यवसायात्मिका बुद्धि आत्मनिष्ठ हो जाती हैं ओर मनोनिग्रह की सहायता से मन और इंद्रियाँ उसकी अधीनता में रहकर आज्ञानुसार आचरण करना सीख जाती हैं, तब इच्छा वासना आदि मनोधर्म (अर्थात् वासनात्मक बुद्धि) आप-ही-आप शुद्ध और पवित्र हो जाते हैं; और शुद्ध सात्त्विक कर्मों की ओर देहेंद्रियों की सहज ही प्रवृत्ति होने लगती है। अध्यात्म दृष्टि से यही सब सदाचरणों की जड़ अर्थात् कर्मयोगशास्त्र का रहस्य है।

ऊपर किए गए विवेचन से पाठक समझ जाएंगे, कि हमारे शास्त्रकारों ने मन और बुद्धि की स्वाभाविक वृत्तियों के अतिरिक्त सदसद्विवेक-शक्तिरूप स्वतंत्र देवता का अस्तित्व क्यों नहीं माना है। उनके मतानुसार भी मन या बुद्धि का गौरव करने के लिए उन्हें 'देवता' कहने में कोई हर्ज नहीं है; परंतु तात्त्विक दृष्टि से विचार करके उन्होंने निश्चित सिद्धान्त किया है, कि जिसे हम मन या बुद्धि कहते हैं, उससे भिन्न और स्वयंभू 'सदसद्विवेक' नाम किसी तीसरे देवता का अस्तित्व हो ही नहीं सकता। "सतां हि सन्देहपदेषु" वचन के 'सतां' पद की उपयुक्तता और महत्ता भी अब भली भाँति प्रकट हो जाती है। जिनके मन शुद्ध और आत्मनिष्ठ हैं, वे यदि अपने अंत:करण की गवाही लें, तो कोई अनुचित बात न होगी; अथवा यह भी कहा जा सकता है, कि किसी काम को करने के पहले उनके लिए यही उचित है, कि वे अपने मन को अच्छी तरह शुद्ध करके उसी की गवाही लिया करें। परंतु यदि कोई धूर्त कहने लगे, कि "मैं भी इसी प्रकार का आचरण करता हूँ" तो यह कदापि उचित न होगा। क्योंकि, दोनों की सदसद्विवेचन-शक्ति एक ही-सी नहीं होती। सत्पुरुषों की बुद्धि सात्त्विक और चोरों की तामसी होती है। सारांश, आधिदैवत पक्ष वालों का 'सदसद्विवेक-देवता' तत्त्वज्ञान की दृष्टि से स्वतंत्र देवता सिद्ध नहीं होता; किंतु हमारे शास्त्रकारों का सिद्धान्त है, कि वह तो व्यवसायात्मिका बुद्धि के स्वरूपों ही में से एक आत्मनिष्ठ अर्थात् सात्त्विक स्वरूप है। और जब यह सिद्धान्त स्थिर हो जाता है, तब आधिदैवत पक्ष अपने आप ही कमजोर हो जाता है।

जब सिद्ध हो गया, कि आधिभौतिक-पक्ष एकदेशीय तथा अपूर्ण है; और आधिदैवत पक्ष का सहज युक्तिवाद भी किसी काम का नहीं, तब यह जानना आवश्यक है, कि कर्मयोगशास्त्र की उपपत्ति ढूँढने के लिए कोई अन्य मार्ग है या नहीं। और उत्तर भी यह मिलता है, कि हाँ, मार्ग है; और उसी को आध्यात्मिक मार्ग कहते हैं। इसका कारण यह है, कि यद्यपि बाह्य कर्मों की अपेक्षा बुद्धि श्रेष्ठ है तथापि जब सदसद्विवेक-बुद्धि नामक स्वतंत्र और स्वयंभू देवता का अस्तित्व सिद्ध नहीं हो सकता, तब कर्मयोगशास्त्र में भी इन प्रश्नों का विचार करना आवश्यक हो जाता है, कि शुद्ध कर्म करने के लिए बुद्धि को किस प्रकार शुद्ध रखना चाहिए; शुद्ध बुद्धि किसे कहते हैं; अथवा बुद्धि किस प्रकार शुद्ध की जा सकती है और यह विचार केवल बाह्य सृष्टि का विचार करने वाले आधिभौतिक शास्त्रों को छोड़े बिना तथा अध्यात्मज्ञान में प्रवेश किए बिना पूर्ण नहीं हो सकता। इस विषय में हमारे शास्त्रकारों का अंतिम सिद्धान्त यही है, कि जिस बुद्धि को आत्मा का अथवा परमेश्वर के सर्वव्यापी यथार्थ स्वरूप का पूर्ण ज्ञान नहीं हुआ, वह बुद्धि शुद्ध नहीं है। गीता में अध्यात्मशास्त्र का निरूपण यही बतलाने के लिए किया गया है, कि आत्मनिष्ठ बुद्धि किसे कहना चाहिए। परंतु इस पूर्वा पर-संबंध की ओर ध्यान न देकर, गीता के कुछ सांप्रदायिक टीकाकारों ने यह निश्चय किया है, कि गीता

का मुख्य प्रतिपाद्य विषय वेदान्त ही है। आगे चलकर यह बात विस्तारपूर्वक बतलाई जाएगी, कि गीता के प्रतिपाद्य विषय के संबंध में उक्त टीकाकारों का यह निर्णय ठीक नहीं है। यहाँ पर सिर्फ यही बतलाया है, कि बुद्धि को शुद्ध रखने के लिए आत्मा का भी अवश्य विचार करना पड़ता है। आत्मा के विषय में यह विचार दो प्रकारों से किया जाता है:- (1) स्वयं अपने पिंड, क्षेत्र अथवा शरीर के और मन के व्यापारों का निरीक्षण करके यह विवेचन करना, कि उस निरीक्षण से क्षेत्रज्ञरूपी आत्मा कैसे उत्पन्न होता है (गीता अ. 13)। इसी को शारीरिक अथवा क्षेत्र-क्षेत्रज्ञ विचार कहते हैं; और इसी कारण वेदान्त सूत्रों को शारीरिक (शरीर का विचार करनेवाले) सूत्र कहते हैं। स्वयं अपने शरीर और मन का इस प्रकार विचार होने पर, (2) यह जानना होगा कि उस विवेचन से निष्पन्न होने वाला तत्त्व-दोनों एक ही हैं अथवा भिन्न भिन्न हैं। इस प्रकार किए गए सृष्टि के निरीक्षण को क्षर-अक्षर-विचार अथवा व्यक्त-अव्यक्त विचार कहते हैं। सृष्टि के सब नाशवान् पदार्थों के 'क्षर' या 'व्यक्त' कहते हैं; और सृष्टि के उन नाशवान् पदार्थों में जो सारभूत नित्य तत्त्व है, उसे 'अक्षर' या 'अव्यक्त' कहते हैं (गीता 8.21; 15.16)। क्षेत्र-क्षेत्रज्ञ विचार और क्षर-अक्षर-विचार से प्राप्त होनेवाले इन दोनों तत्त्वों का फिर से विचार करने पर प्रकट होता है, कि ये दोनों तत्त्व जिससे निष्पन्न हुए हैं और इन दोनों के परे जो सबका मूलभूत एक तत्त्व है, उसी को 'परमात्मा' अथवा 'पुरुषोत्तम' कहते हैं (गीता 8.20)। इन बातों का विचार भगवद्गीता में किया गया है; और अन्त में कर्मयोगशास्त्र की उपपत्ति बतलाने के लिए यह दिखलाया गया है, कि मूलभूत परमात्मरूपी तत्त्व के ज्ञान से बुद्धि किस प्रकार शुद्ध हो जाती है। अतएव उस उपपत्ति को अच्छी तरह समझ लेने के लिए हमें भी उन्हीं मार्गों का अनुकरण करना चाहिए। इन मार्गों में से ब्रह्मांड-ज्ञान अथवा क्षर-अक्षर-विचार का विवेचन अगले प्रकरण में किया जाएगा। इस प्रकरण में, सदसद्विवेक-देवता के यथार्थ स्वरूप का निर्णय करने के लिए, पिंडज्ञान अथवा क्षेत्र-क्षेत्रज्ञ का जो विवेचन आरंभ किया गया था, वह अधूरा ही रह गया है। इसलिए अब उसे पूरा कर लेना चाहिए।

पाँच भौतिक स्थूल देह, पाँच कर्मेन्द्रियाँ, पाँच ज्ञानेंद्रियाँ, इन ज्ञानेन्द्रियों के शब्द-स्पर्श-रूप-रस-गंधात्मक पाँच विषय, संकल्प-विकल्पात्मक मन और व्यवसायात्मिका बुद्धि-उन सब विषयों का विवेचन हो चुका। परंतु, इतने ही से शरीर संबंधी विचार की पूर्णता हो नहीं जाती। मन और बुद्धि केवल विचार के साधन अथवा इंद्रियाँ हैं। यदि जड़ शरीर में इनके अतिरिक्त प्राणरूपी चेतना अर्थात् हलचल न हो, तो मन और बुद्धि का होना न होना बराबर ही-अर्थात् किसी काम का नहीं-समझा जाएगा। अर्थात् शरीर में उपर्युक्त बातों के अतिरिक्त चेतना नामक एक और तत्त्व का भी समावेश होना चाहिए। कई बार 'चेतना' शब्द का अर्थ 'चैतन्य' किया जाता है पर, यह ध्यान रखना चाहिए कि यहाँ पर 'चेतना' शब्द का अर्थ 'चैतन्य' नहीं माना गया है; वरन् "जड़ देह में दृष्टिगोचर होनेवाली प्राणों की हलचल, चेष्टा या जीवितावस्था का व्यवहार" सिर्फ यही अर्थ विवक्षित है। जिस चिद्शक्ति के द्वारा जड़ पदार्थों में भी हलचल अथवा व्यापार उत्पन्न हुआ करता है, उसको चैतन्य कहते हैं; और अब इसी शक्ति के विषय में विचार करना है। शरीर में दृष्टिगोचर होने वाले सजीवता के व्यापार अथवा चेतना के अतिरिक्त जिस कारण 'मेरा-तेरा' यह भेद उत्पन्न होता है, वह भी एक भिन्न गुण है। उसका कारण यह है, कि उपर्युक्त विवेचन के अनुसार बुद्धि सार-असार का विचार करके केवल निर्णय करने वाली एक इंद्रिय है; अतएव 'मेरा-तेरा' इस भेद-भाव के मूल को अर्थात् अहंकार को उस बुद्धि से पृथक ही मानना पड़ता है। इच्छा, द्वेष, सुख-दुःख आदि द्वंद्व मन ही के गुण हैं; परंतु नैयायिक उन्हें आत्मा के गुण समझते हैं। इसीलिए

इस भ्रम को हटाने के लिए वेदान्तशास्त्र ने इसका समावेश मन ही में किया है। इसी प्रकार जिन मूल तत्त्वों से पंचमहाभूत उत्पन्न हुए हैं, उन प्रकृतिरूप तत्त्वों का भी समावेश शरीर ही में किया जाता है (गीता 13. 5. 6)। जिस शक्ति के द्वारा ये तत्त्व स्थिर रहते हैं, वह भी इन सबसे न्यारी है। इसे धृति कहते हैं (गीता 18.33)। इन सब बातों को एकत्र करने से जो समुच्चय-रूपी पदार्थ बनता है। उसे शास्त्रों में सविकार शरीर अथवा क्षेत्र कहा है; और व्यवहार में इसे चलता फिंरता (सविकार) मनुष्य शरीर अथवा पिंड कहते हैं। क्षेत्र शब्द की यह व्याख्या गीता के आधार पर की गई है; परंतु इच्छा-द्वेष आदि गुणों की गणना करते समय कभी इस व्याख्या में कुछ कुछ हेरफेर भी कर दिया जाता है। उदाहरणार्थ, शांति-पर्व के जनक-सुलभासंवाद में (मभा. शां. 320) शरीर की व्याख्या करते समय पंचकर्मेंद्रियों के बदले काल, सदसद्भाव, विधि, शुक्र और बल का समावेश किया गया है। इस गणना के अनुसार पंचकर्मेंदियों को पंचमहाभूतों ही में शामिल करना पड़ता है, और यह मानना पड़ता है, कि गीता की गणना के अनुसार काल का अंतर्भाव आकाश में और विधि-शुक्र-बल आदियों का अंतर्भाव अन्य महाभूतों में अथवा प्रकृति में किया गया है। कुछ भी हो; इसमें संदेह नहीं, कि क्षेत्र शब्द से सब लोगों को एक ही अर्थ अभिप्रेत है। अर्थात्, मानसिक और शारीरिक सब द्रव्यों और गुणों का प्राणरूपी विशिष्ट चेतनायुक्त जो समुदाय है, उसी को क्षेत्र कहते हैं। शरीर शब्द का उपयोग मृत देह के लिए भी किया जाता है, अतएव उस विषय का विचार करते समय 'क्षेत्र' शब्द ही का अधिक उपयोग किया जाता है; क्योंकि वह शरीर शब्द से भिन्न है। 'क्षेत्र' का मूल अर्थ खेत है; परंतु प्रस्तुत प्रकरण में 'सविकार और सजीव मनुष्य-देह' के अर्थ में उसका लाक्षणिक उपयोग किया गया है। पहले जिसे 'हमने बड़ा कारखाना' कहा है, वह यही "सविकार और सजीव मनुष्य देह" है। बाहर का माल इस कारखाने के भीतर लेने के लिए और कारखाने के भीतर का माल बाहर भेजने के लिए, ज्ञानेंद्रियाँ उस कारखाने के यथाक्रम द्वार हैं; और मन, बुद्धि, अहंकार एवं चेतना उस कारखाने में काम करने वाले नौकर हैं। ये नौकर जो कुछ व्यवहार कराते हैं या करते हैं, उन्हें इस क्षेत्र के व्यापार, विकार अथवा धर्म कहते हैं।

इस प्रकार 'क्षेत्र' शब्द का अर्थ निश्चित हो जाने पर यह प्रश्न सहज ही उठता है, कि यह क्षेत्र अथवा खेत है किसका? इस कारखाने का कोई स्वामी भी है या नहीं? आत्मा शब्द का उपयोग बहुधा मन, अंतःकरण तथा स्वयं अपने लिए भी किया जाता है। परंतु उसका प्रधान 'अर्थ' 'क्षेत्रज्ञ' अथवा "शरीर का स्वामी" ही है। मनुष्य के जितने व्यापार हुआ करते हैं-चाहे वे मानसिक हों या शारीरिक-वे सब उनकी बुद्धि आदि अंतरिंद्रियों, चक्षु और ज्ञानेंद्रियाँ तथा हस्त-पाद आदि कर्मेंद्रियाँ ही किया करती हैं। इंद्रियों के इस समूह में बुद्धि और मन सबसे श्रेष्ठ हैं। परंतु, यद्यपि वे श्रेष्ठ हैं, तथापि अन्य इंद्रियों के समान वे भी मूलतः जड़ देह या प्रकृति के ही विकार हैं (अगला प्रकरण देखो)। अतएव, यद्यपि मन और बुद्धि सर्वश्रेष्ठ हैं तथापि उन्हें अपने-अपने विशिष्ट व्यापारों के अतिरिक्त और कुछ करते-धरते नहीं बनता; और कर सकना संभव भी नहीं है। यह सच है ही, कि मन चिंतन करता है और बुद्धि निश्चय करती है। परंतु इससे यह निर्णय नहीं होता कि इन कामों को बुद्धि और मन किनके लिए करते हैं; अथवा भिन्न-भिन्न समय पर मन और बुद्धि के जो पृथक् पृथक् व्यापार हुआ करते हैं, उनका एकत्र ज्ञान होने के लिए जो एकता करनी पड़ती है, वह एकता या एकीकरण कौन करता है; तथा उसी के अनुसार आगे सब इंद्रियों को अपना-अपना व्यापार तदनुकूल करने की दिशा कौन दिखाता है? यह नहीं कहा जा सकता, कि यह सब काम मनुष्य

का जड़ शरीर ही किया करता है। इसका कारण यह है, कि जब शरीर की चेतना अथवा हलचल करने के सब व्यापार नष्ट हो जाते हैं, तब जड़ शरीर के बने रहने पर भी वह इन कामों को नहीं कर सकता; और जड़ शरीर के घटकावयव जैसे मांस, स्नायु इत्यादि तो अन्न के परिणाम हमेशा घिस जीर्ण होकर नित्य नए हो जाया करते हैं। इसलिए, "कल मैंने जिस अमुक एक बात देखी थी, वही मैं आज दूसरी देख रहा हूँ" इस प्रकार की एकत्व-बुद्धि के विषय में यह नहीं कहा जा सकता, कि वह नित्य बदलने वाले जड़ शरीर का ही धर्म है। अच्छा; अब जड़ देह छोड़कर चेतना को भी स्वामी मानें, तो यह आपत्ति दीख पड़ती है, कि गाढ़ निद्रा में प्राणादि वायु के श्वासोच्छ्वास प्रभृति व्यापार अथवा रुधिराभिसरण आदि व्यापार-अर्थात् चेतना-के स्थिर रहते हुए भी, 'मैं' का ज्ञान नहीं रहता (बृ. 2.1.15-18)। अतएव यह सिद्ध होता है, कि चेतना-अथवा प्राण प्रभृति का व्यापार-भी जड़ पदार्थ में उत्पन्न एक प्रकार का विशिष्ट गुण है और वह इंद्रियों के सब व्यापारों की एकता करनेवाली मूल शक्ति या स्वामी नहीं है (कठ. 5, 5)। 'मेरा' और 'पराया' इन संबंधकारक शब्दों से केवल अहंकाररूपी गुण का बोध होता है; परंतु इस बात का निर्णय नहीं होता, कि 'अहं' अर्थात् 'मैं' कौन हूँ। यदि इस 'मैं' या 'अहं' को केवल भ्रम मान लें, तो प्रत्येक की प्रतीति अथवा अनुभव वैसा नहीं है; और इस अनुभव को छोड़कर किसी अन्य बात की कल्पना क़रना मानों श्रीसमर्थ रामदास स्वामी के निम्न वचनों की सार्थकता ही कर दिखाना है-"प्रतीति के बिना कोई भी कथन अच्छा नहीं लगता। वह कथन ऐसा होता है, जैसे कुत्ता मुँह फैलाकर रो गया हो!" (दा. 9.5.15)। उक्त अनुभव के विपरीत किसी बात को मान लेने पर भी इंद्रियों के व्यापारों की एकता की उपपत्ति का कुछ भी पता नहीं लगता। कई लोगों की राय है, कि "मैं' कोई भिन्न पदार्थ नहीं है, 'क्षेत्र' शब्द में जिन-मन, बुद्धि, चेतना, जड़ देह आदि-तत्त्वों का समावेश किया जाता है, उन सब के संघात या समुच्चय को ही 'मैं' कहना चाहिए। पर यह बात हम प्रत्यक्ष देखा करते हैं, कि लकड़ी रख देने से ही संदूक नहीं बन जाता; अथवा किसी घड़ी के सब कील-पुर्जों को एक स्थान में रख देने से ही उनमें गति उत्पन्न नहीं हो जाती। अतएव यह नहीं कहा जा सकता, कि केवल संघात या समुच्चय से ही कर्तृत्व उत्पन्न होता है। कहने की आवश्यकता नहीं, कि क्षेत्र के सब व्यापार यों ही सिड़ी सरीखे नहीं होते। किंतु उनमें कोई विशिष्ट दिशा, उद्देश्य या हेतु रहता है। तो फिर इस क्षेत्ररूपी कारखाने में काम करने वाले मन, बुद्धि आदि सब नौकरों को इस विशिष्ट दिशा या उद्देश्य की ओर कौन प्रवृत्त करता है? संघात का अर्थ केवल समूह है। सब पदार्थों को एकत्र करके उनके जोड़ने के लिए उनमें धागा डालना पड़ता है, नहीं तो वे फिर कभी-न-कभी अलग हो जाएंगे। अब हमें सोचना चाहिए, कि यह धागा कौन-सा है? यह बात नहीं है, कि गीता को संघात मान्य न हो; परंतु उसकी गणना क्षेत्र ही में की जाती है (गीता 13.6)। संघात से इस बात का निर्णय नहीं होता, कि क्षेत्र का स्वामी अर्थात् क्षेत्रज्ञ कौन है। कुछ लोग समझते हैं, कि समुच्चय में कोई नया गुण उत्पन्न हो जाता है। परंतु पहले तो यह मत ही सत्य नहीं; क्योंकि तत्त्वज्ञों ने पूर्ण विचार करके सिद्धान्त कर दिया है, कि जो पहले किसी भी रूप में अस्तित्व में नहीं था, वह इस जगत में नया उत्पन्न नहीं होता (गीता 2.16)। यदि हम इस सिद्धान्त को क्षण भर के लिए एक ओर धर दें तो भी यह प्रश्न सहज ही उपस्थित हो जाता है, कि संघात में उत्पन्न होने वाला यह नया गुण ही क्षेत्र का स्वामी क्यों न माना जाए। इस पर कई अर्वाचीन आधिभौतिक शास्त्रज्ञों का कथन है, कि द्रव्य और उसके गुण भिन्न भिन्न नहीं रह सकते; गुण के लिए किसी-न-किसी अधिष्ठान की आवश्यकता होती है। इसी कारण समुच्चयोत्पन्न गुण के बदले हम समुच्चय ही को

उस क्षेत्र का स्वामी मानते हैं। ठीक है; परंतु व्यवहार में भी 'अग्नि' शब्द के बदले लकड़ी, 'विद्युत्' के बदले मेघ, अथवा पृथ्वी की 'आकर्षण-शक्ति' के बदले पृथ्वी ही क्यों नहीं कहा जाता? यदि यह बात निर्विवाद सिद्ध है, कि क्षेत्र के सब व्यापार व्यवस्थापूर्वक और उचित रीति से मिल-जुलकर चलते रहने के लिए मन और बुद्धि के सिवा-किसी भिन्न शक्ति का अस्तित्व अत्यंत आवश्यक है। और यदि यह बात सच हो, कि उस शक्ति का अधिष्ठान अब तक हमारे लिए अगम्य है; अथवा उस शक्ति या अधिष्ठान का पूर्ण-स्वरूप ठीक ठाक नहीं बतलाया जा सकता है; तो यह कहना न्यायोचित कैसे हो सकता है, कि वह शक्ति है ही नहीं? जैसे कोई भी मनुष्य अपने ही कंधे पर बैठ नहीं सकता, वैसे ही यह भी नहीं कहा जा सकता, कि संघात संबंधी ज्ञान स्वयं संघात ही प्राप्त कर लेता है। अतएव तर्क की दृष्टि से यही दृढ़ अनुमान किया जाता है, कि देहेंद्रिय आदि संघात के व्यापार जिसके उपभोग लाभ के लिए हुआ करते हैं, वह संघात से भिन्न ही हैं। यह तत्त्व-जो कि संघता से भिन्न है-स्वयं सब बातों को जानता है। इसलिए यह बात सच है, कि सृष्टि के अन्य पदार्थों के सदृश्य यह स्वयं अपने ही लिए 'ज्ञेय' अर्थात् गोचर हो नहीं सकता। परंतु उससे इसके अस्तित्व में कुछ बाधा नहीं पड़ सकती। क्योंकि यह नियम नहीं है, कि सब पदार्थों को एक ही श्रेणी या वर्ग-जैसे ज्ञेय-में शामिल कर देना चाहिए। सब पदार्थों के दो वर्ग या विभाग होते हैं; जैसे ज्ञाता और ज्ञेय-अर्थात् जाननेवाला और जानने की वस्तु। और जब कोई वस्तु दूसरे वर्ग (ज्ञेय) में शामिल नहीं होती, तब उसका समावेश पहले वर्ग (ज्ञाता) में हो जाता है। एवं उसका अस्तित्व भी ज्ञेय वस्तु के समान ही पूर्णता सिद्ध होता है। इतना ही नहीं; किंतु यह भी कहा जा सकता है, कि संघात के परे जो आत्मतत्त्व है, वह स्वयं ज्ञाता है। इसलिए उसको होनेवाले ज्ञान का यही वह स्वयं विषय न हो, तो कोई आश्चर्य की बात नहीं है। इसी अभिप्राय से बृहदारण्यकोपनिषद में याज्ञवल्क्य ने कहा है, "अरे! जो सब बातों को जानता है, उसको जाननेवाला दूसरा कहाँ से आ सकता है?"-विज्ञातारमरे केन विजायानीयात् (बृ. 2.4.14)। अतएव, अंत में यही सिद्धान्त कहना पड़ता है, कि इस चेतना-विशिष्ट सजीव शरीर अर्थात् क्षेत्र में एक ऐसी शक्ति रहती है, जो हाथ-पैर आदि इंद्रियों से लेकर प्राण, चेतना, मन और बुद्धि जैसे परतंत्र एवं एकदेशीय नौकरों के भी परे है, और जो उन सबके व्यापारों की एकता करती है, और उनके कार्यों की दिशा बतलाती है; अथवा जो उनके कर्मों की नित्य साक्षी रहकर उनसे भिन्न अधिक व्यापक और समर्थ है। सांख्य और वेदान्तशास्त्रों को यह सिद्धान्त मान्य है; और अर्वाचीन समय में जर्मन तत्त्वज्ञ कांटने भी कहा है, कि बुद्धि के व्यापारों का सूक्ष्म परीक्षण करने से यही तत्त्व निष्पन्न होता है। मन, बुद्धि, अहंकार और चेतना, ये सब शरीर के अर्थात् क्षेत्र के गुण अथवा अवयव हैं। इनका प्रवर्तक उससे भिन्न, स्वतंत्र और उसके परे है-"यो बुद्धेः परतस्तु सः" (गीता 3.42)। सांख्यशास्त्रों में इसी का नाम पुरुष है। वेदान्ती इसी को क्षेत्रज्ञ अर्थात् क्षेत्र को जाननेवाला आत्मा कहते हैं। "मैं हूँ" यह प्रत्येक मनुष्य को होनेवाली उसकी प्रतीति ही उस आत्मा के अस्तित्व का सर्वोत्तम प्रमाण है (वे. सू. शां. भा. 3.3.53, 54)। किसी को यह नहीं मालूम होता, कि "मैं नहीं हूँ!" इतना ही नहीं; किंतु मुख से "मैं नहीं हूँ" शब्दों का उच्चारण करते समय भी "नहीं हूँ" इस क्रियापद के कर्ता का-अर्थात् 'मैं' का-अथवा आत्मा का अस्तित्व वह प्रत्यक्ष रीति से माना ही करता है। इस प्रकार 'मैं' इस अहंकारयुक्त सगुण रूप से शरीर में, स्वयं अपने ही को व्यक्त होनेवाले आत्मतत्त्व के अर्थात् क्षेत्रज्ञ के असली, शुद्ध और गुणविरहित स्वरूप का यथाशक्ति निर्णय करने के लिए ही वेदान्तशास्त्र की उत्पत्ति हुई है। (गीता 13.4)। तथापि यह निर्णय केवल शरीर अर्थात् क्षेत्र का ही विचार

करके नहीं किया जाता। पहले कहा जा चुका है, कि क्षेत्र-क्षेत्रज्ञ के विचार के अतिरिक्त यह भी सोचना पड़ता है, कि बाह्य सृष्टि अर्थात् ब्रह्मांड का विचार करने से कौन-सा तत्त्व निष्पन्न होता है। ब्रह्मांड के इस विचार का ही नाम 'क्षर-अक्षर-विचार' है। क्षेत्र-क्षेत्रज्ञ-विचार से इस बात का निर्णय होता है, कि क्षेत्र में (शरीर या पिंड में) कौन-सा मूलतत्त्व (क्षेत्रज्ञ या आत्मा) है; और क्षर-अक्षर-विचार से बाह्य सृष्टि के अर्थात् ब्रह्मांड के मूल तत्त्व का ज्ञान होता है। जब इस प्रकार पिंड और ब्रह्मांड के मूल तत्त्वों का पहले पृथक् पृथक् निर्णय हो जाता है, (आगे अधिक विचार किया जाएगा), वेदान्तशास्त्र में यह सिद्धान्त किया जाता है,[1] कि ये दोनों तत्त्व एकरूप अर्थात् एक ही हैं-यानी "जो पिंड में है, वही ब्रह्मांड में है। यही चराचर सृष्टि का अंतिम सत्य है"; पश्चिमी देशों में भी इन बातों की चर्चा की गई है; और कांट जैसे कुछ पश्चिमी तत्त्वज्ञानियों के सिद्धान्त हमारे वेदान्तशास्त्र के सिद्धान्तों से बहुत कुछ मिलते-जुलते भी हैं-जब हम इस बात पर ध्यान देते हैं, और जब हम यह भी देखते हैं, कि वर्तमान समय की नाईं प्राचीन काल में आधिभौतिक शास्त्र की उन्नति नहीं हुई थी; तब ऐसी अवस्था में जिन लोगों ने अपनी अंतर्दृष्टि से वेदान्त के अपूर्व सिद्धान्तों को ढूँढ निकाला, उनके अलौकिक बुद्धिवैभव के बारे में आश्चर्य हुए बिना नहीं रहता। और केवल आश्चर्य नहीं होना चाहिए, किंतु हमें उन पर उचित अभिमान भी होना चाहिए।

❏❏❏

1. हमारे शास्त्रों के क्षर-अक्षर-विचार और क्षेत्र-क्षेत्रज्ञ-विचार के वर्गीकरण से ग्रीनसाहब परिचित थे। तथापि, उन्होंने अपने Prolegomena to Ethics ग्रंथ आरंभ में अध्यात्म का जो विवेचन किया है, उसमें पहले Spiritual Principle in Nature और Spiritual Principle in Man इन दोनों तत्त्वों का विचार किया है। क्षेत्र-क्षेत्रज्ञ-विचार में Psychology आदि मानस शास्त्रों का, और क्षर-अक्षर-विचार में Physics, Metaphysics आदि शास्त्रों का समावेश होता है। इस बात को पश्चिमी पंडित भी मानते हैं, कि उक्त सब शास्त्रों का विचार कर लेने पर ही निर्णय करना पड़ता है।

सातवाँ प्रकरण

कापिलसांख्यशास्त्र अथवा क्षराक्षरविचार

प्रकृतिं पुरुषं चैव विद्ध्यनादी उभावपि।[1]

- गीता 13.19

पिछले प्रकरण में यह बात बतला दी गई है, कि शरीर और शरीर के स्वामी या अधिष्ठाता-क्षेत्र और क्षेत्रज्ञ के विचार के साथ ही साथ दृश्य सृष्टि और उसके मूल तत्त्व-क्षर और अक्षर-का भी विचार करने के पश्चात् फिर आत्मा के स्वरूप का निर्णय करना पड़ता है। इस क्षर-अक्षर सृष्टि का योग्य रीति से वर्णन करने वाले तीन शास्त्र हैं। पहला न्यायशास्त्र और दूसरा कापिलसांख्यशास्त्र। परंतु इन दोनों शास्त्रों के सिद्धान्तों को अपूर्ण ठहरा कर वेदान्तशास्त्र ने ब्रह्मस्वरूप का निर्णय एक तीसरी ही रीति से किया है। इस कारण वेदान्त प्रतिपादित उपपत्ति का विचार करने के पहले हमें न्याय और सांख्यशास्त्रों के सिद्धान्तों पर विचार करना चाहिए। बादरायणाचार्य के वेदान्त सूत्रों में इसी पद्धति से काम लिया गया है; और न्याय तथा सांख्य के मतों का दूसरे अध्याय में खंडन किया गया है। यद्यपि इस विषय का यहाँ पर विस्तृत वर्णन नहीं कर सकते, तथापि हमने उन बातों का उल्लेख इस प्रकरण में और अगले प्रकरण में स्पष्ट कर दिया है, जिनकी भगवद्गीता का रहस्य समझने में आवश्यकता है। नैयायिकों के सिद्धान्तों की अपेक्षा सांख्यवादियों के सिद्धान्त अधिक महत्त्व के हैं। इसका कारण यह है, कि कणाद के न्यायमतों को किसी भी प्रमुख वेदान्ती ने स्वीकार नहीं किया है, परंतु कापिलसांख्यशास्त्र के बहुत से सिद्धान्तों का उल्लेख मनु आदि के स्मृतिग्रंथों में तथा गीता में भी पाया जाता है। यही बात बादरायणाचार्य ने भी (वे. सू. 2.1.12 और 2.2.17) कही है। इस कारण पाठकों को सांख्य के सिद्धान्तों का परिचय प्रथम होना चाहिए। इसमें संदेह नहीं कि वेदान्त में सांख्यशास्त्र के बहुत से सिद्धान्त पाए जाते हैं; परंतु स्मरण रहे, कि सांख्य और वेदान्त के अंतिम सिद्धान्त एक दूसरे से बहुत भिन्न हैं। यहाँ एक प्रश्न उपस्थित होता है, कि वेदान्त और सांख्य के जो सिद्धान्त आपस में मिलते-जुलते हैं, उन्हें पहले किसने निकाला था-वेदान्तियों ने या सांख्यवादियों ने? परंतु इस ग्रंथ में इतने गहन विचार में प्रवेश करने की आवश्यकता नहीं। फिर भी इस प्रश्न का उत्तर तीन प्रकार से दिया जा सकता है। पहला यह, कि शायद उपनिषद् (वेदान्त) और सांख्य दोनों की वृद्धि, दो सगे भाइयों के समान, साथ ही साथ हुई हो; और उपनिषदों में जो सिद्धान्त सांख्यों के मतों के समान दीख पड़ते हैं, उन्हें उपनिषत्कारों ने स्वतंत्र रीति से

1. "प्रकृति और पुरुष दोनों को अनादि जानो।"

खोज निकाला हो। दूसरा यह, कि कदाचित् कुछ सिद्धान्त सांख्यशास्त्र से लेकर वेदान्तियों ने उन्हें वेदान्त के अनुकूल स्वरूप दे दिया हो। तीसरा यह कि प्राचीन वेदान्त के सिद्धान्तों में ही कपिलाचार्य ने अपने मत के अनुसार कुछ परिवर्तन और सुधार करके सांख्यशास्त्र की उपपत्ति कर दी हो। इन तीनों में से तीसरी बात ही अधिक विश्वसनीय ज्ञात होती है; क्योंकि, यद्यपि वेदान्त और सांख्य दोनों ही बहुत प्राचीन है तथापि उनमें वेदान्त या उपनिषद् सांख्य से भी अधिक प्राचीन (श्रौत) हैं। अस्तु; यदि पहले हम न्याय और सांख्य के सिद्धान्तों को अच्छी तरह समझ लें तो फिर वेदान्त के-विशेषत: गीता-प्रतिपादित वेदान्त के-तत्त्व जल्दी समझ में आ जाएंगे। इसलिए पहले हमें इस बात का विचार करना चाहिए, कि इन दो स्मार्त शास्त्रों का, क्षर-अक्षर-सृष्टि की रचना के विषय में क्या मत है।

बहुतेरे लोग न्यायशास्त्र का यही उपयोग समझते हैं, कि किसी विवक्षित अथवा गृहीत बात से तर्क के द्वारा कौन कौन से अनुमान निकाले जाएं और कैसे? और यह निर्णय कैसे किया जाए, कि इन अनुमानों में से कौन-से सही हैं और कौन से गलत हैं। परंतु यह भूल है। अनुमानादि प्रमाण खंड न्यायशास्त्र का एक भाग है सही; पर क्यों? परंतु यही उसका प्रधान विषय नहीं है, तो प्रमाणों के अतिरिक्त, सृष्टि की अनेक वस्तुओं का यानी प्रमेय पदार्थों का वर्गीकरण करके नीचे के वर्ग से ऊपर के वर्ग की ओर चढ़ते जाने से सृष्टि की अनेक वस्तुओं का यानी प्रमेय पदार्थों का वर्गीकरण करके नीचे के वर्ग से ऊपर के वर्ग की ओर चढ़ते जाने से सृष्टि के सब पदार्थों के मूल वर्ग कितने हैं, उनके गुण धर्म क्या हैं, उनसे अन्य पदार्थों की उत्पत्ति कैसे हुई है, और ये बातें किस प्रकार सिद्ध हो सकती हैं, इत्यादि अनेक प्रश्नों का विचार न्यायशास्त्र में किया गया है। अत: यही कहना उचित होगा, कि यह शास्त्र केवल अनुमान खंड का विचार करने के लिए नहीं; वरन् उक्त प्रश्नों का विचार करने ही के लिए निर्माण किया गया है। कणाद के न्यायसूत्रों का आरंभ और आगे की रचना भी इसी प्रकार की है। कणाद के अनुयायियों को कणाद कहते हैं। इन दोनों का कहना है, कि जगत का मूल कारण परमाणु ही है। परमाणु के विषय में कणाद की और पश्चिमी भौतिकशास्त्रज्ञों की व्याख्या एक-सी समान ही है। किसी भी पदार्थ का विभाग करते-करते अंत में जब विभाग नहीं हो सकता, तब उसे परमाणु (आधिपरम+अणु) कहना चाहिए। जैसे-जैसे ये परमाणु एकत्र होते जाते हैं, वैसे वैसे संयोग के कारण उनमें नए नए गुण उत्पन्न होते हैं; और भिन्न-भिन्न पदार्थ बनते हैं। मन और शरीर के भी परमाणु होते हैं; और जब वे एकत्र होते हैं तब चैतन्य की उत्पत्ति होती है। पृथ्वी, जल, तेज और वायु के परमाणु स्वभाव ही से पृथक्-पृथक् हैं। पृथ्वी के मूल परमाणु में एक ही गुण हैं। इस प्रकार सब जगत् पहले से ही सूक्ष्म और नित्य परमाणुओं से भरा हुआ है। परमाणुओं के सिवा संसार का मूल कारण और कुछ भी नहीं है। जब सूक्ष्म और नित्य परमाणुओं के परस्पर संयोग का 'आरंभ' होता है तब सृष्टि के व्यक्त पदार्थ बनने लगते हैं। नैयायिकों द्वारा प्रतिपादित व्यक्त सृष्टि की उत्पत्ति के संबंध की इस कल्पना को 'आरंभ-वाद' कहते हैं और कुछ नैयायिक इसके आगे कभी नहीं बढ़ते। एक नैयायिक के बारे में कहा जाता है कि मृत्यु के समय जब उससे ईश्वर का नाम लेने को कहा गया, तब वह "पीलव:! पीलव:! पीलव:!"-परमाणु! परमाणु! परमाणु! चिल्ला उठा। तथापि, कुछ दूसरे नैयायिक यह मानते हैं, कि परमाणुओं के संयोग का निमित्त कारण ईश्वर है! इस प्रकार वे सृष्टि की कारण-परंपरा की शृंखला को पूर्ण कर लेते हैं। ऐसे नैयायिकों को 'सेश्वर' कहते हैं। वेदान्त सूत्र के दूसरे अध्याय के दूसरे पाद में इस परमाणुवाद का (2.2.11-17) और इसके साथ ही साथ "ईश्वर केवल निमित्त कारण

है" इस मत का भी (2.2.37-39) खंडन किया गया है।

उल्लिखित परमाणुवाद का वर्णन पढ़कर अंग्रेजी पढ़े-लिखे पाठकों को अर्वाचीन रसायनशास्त्र डाल्टन के परमाणुवाद का अवश्य ही स्मरण होगा। परंतु पश्चिमी देशों में प्रसिद्ध सृष्टिशास्त्रज्ञ डार्विन के उत्क्रान्तिवाद ने जिस प्रकार डाल्टन के परमाणुवाद की जड़ ही उखाड़ दी है, उसी प्रकार हमारे देश में भी प्राचीन समय में सांख्य-मत ने कणाद के मत की बुनियाद हिला डाली थी। कणाद और उसके अनुयायी यह नहीं बतला सकते, कि मूल परमाणु को गति कैसे मिली। इसके अतिरिक्त वे लोग इस बात का भी यथोचित निर्णन नहीं कर सकते, कि वृक्ष, पशु, मनुष्य इत्यादि सचेतन प्राणियों की क्रमशः बढ़ती हुई श्रेणियाँ कैसे बनीं; और अचेतन को सचेतनता कैसे प्राप्त हुई। यह निर्णय पश्चिमी देशों में उन्नीसवीं सदी में लामार्क और डार्विन ने, तथा हमारे यहाँ प्राचीन समय में कपिल मुनि ने किया है। दोनों मतों का यही तात्पर्य है, कि एक ही मूलपदार्थ के गुणों का विकास हुआ; और फिर धीरे-धीरे सब सृष्टि की रचना होती गई। इस कारण पहले हिंदुस्तान में, और अब सब पश्चिमी देशों में भी, परमाणुवाद पर विश्वास नहीं रहा है। अब तो आधुनिक पदार्थशास्त्रज्ञों ने यह भी सिद्ध कर दिखाया है, कि परमाणु आविभाज्य नहीं है। आजकल जैसे सृष्टि अनेक पदार्थों का पृथक्करण और परीक्षण करके अनेक सृष्टिशास्त्रों के आधार पर परमाणुवाद या उत्क्रांतिवाद को सिद्ध कर दे सकते हैं, वैसे प्राचीन समय में नहीं कर सकते थे। सृष्टि के पदार्थों पर नए नए और भिन्न भिन्न प्रयोग करना, अथवा अनेक प्रकार से उनका पृथक्करण करके गुणधर्म निश्चित करना, या सजीव सृष्टि के नए पुराने अनेक प्राणियों के शारीरिक अवयवों की एकत्र तुलना करना इत्यादि आधिभौतिक शास्त्रों की अर्वाचीन युक्तियाँ कणाद या कपिल को मालूम नहीं थीं। उस समय उनकी दृष्टि के सामने जितनी सामग्री थी, उसके आधार पर उन्होंने अपने-अपने सिद्धान्त ढूँढ निकाले हैं। तथापि, यह आश्चर्य की बात है, कि सृष्टि की वृद्धि और उसकी घटना के विषय में सांख्यशास्त्रकारों के तात्त्विक सिद्धान्त में और अर्वाचीन आधिभौतिक शास्त्रकारों के तात्त्विक सिद्धान्त में, बहुत-सा भेद नहीं है। इसमें संदेह नहीं, कि सृष्टिशास्त्र के ज्ञान की वृद्धि के कारण वर्तमान समय में इस मत की आधिभौतिक उपपत्ति का वर्णन अधिक नियमबद्ध प्रणाली से किया जा सकता है; और आधिभौतिक शास्त्रकार भी "एक ही अव्यक्त प्रकृति से अनेक प्रकार की व्यक्त सृष्टि कैसे हुई" इस विषय में कपिल की अपेक्षा कुछ अधिक नहीं बतला सकते। इस बात को भली भाँति समझा देने के लिए हमने आगे चलकर, बीच में स्थान-स्थान पर, कपिल के सिद्धान्तों के साथ-साथ, हेकेल के सिद्धान्तों का भी, तुलना के लिए संक्षिप्त वर्णन किया है। हेकेल ने अपने ग्रंथ में साफ साफ लिख दिया है, कि मैंने ये सिद्धान्त कुछ नए सिरे से नहीं खोजे हैं; वरन् डार्विन, स्पेन्सर इत्यादि पिछले आधिभौतिक पंडितों के ग्रंथों के आधार से ही मैं अपने सिद्धान्तों का प्रतिपादन करता हूँ। तथापि पहले-पहले उसी ने इन सब सिद्धान्तों को ठीक-ठीक नियमानुसार लिख कर सरलतापूर्वक इनका एकत्र वर्णन "विश्व की पहेली"[1] नामक ग्रंथ में किया है। इस कारण, सुभीते के लिए, हमने उसे ही सब आधिभौतिक तत्त्वज्ञों का मुखिया माना है; और उसी के मतों का इस प्रकरण में तथा अगले प्रकरण में विशेष उल्लेख किया है। कहने की आवश्यकता नहीं, कि यह उल्लेख बहुत ही संक्षिप्त है; परंतु इससे अधिक इन सिद्धान्तों का विवेचन इस ग्रंथ में नहीं किया जा सकता। जिन्हें इस विषय का विस्तृत वर्णन पढ़ना हो, उन्हें स्पेन्सर, डार्विन, हेकेल आदि पंडितों के मूल ग्रंथों का अवलोकन

1. The Riddle of the universe, by Ernst Haeckel इस ग्रंथ की R.P. A. Cheap reprint आवृतिकाही हमने सर्वत्र उपयोग किया है।

करना चाहिए।

कपिल के सांख्यशास्त्र का विचार करने के पहले यह कह देना उचित होगा, कि 'सांख्य' शब्द के दो भिन्न भिन्न अर्थ होते हैं। पहला अर्थ कपिलाचार्य द्वारा प्रतिपादित 'सांख्यशास्त्र' है। उसी का उल्लेख इस प्रकरण में, तथा एक बार भगवद्गीता (गीता 18.13) में भी किया गया है। परंतु इस विशिष्ट अर्थ के सिवा सब प्रकार के तत्त्वज्ञान को भी सामान्यत: 'सांख्य' ही कहने की परिपाठी है; और इसी 'सांख्य' शब्द में वेदान्तशास्त्र का भी समावेश होता है। 'सांख्यनिष्ठा'। अथवा 'सांख्ययोग' शब्दों में 'सांख्य' का यही सामान्य अर्थ अभीष्ट है। इस निष्ठा के ज्ञानी पुरुषों को भी भगवद्गीता में जहाँ (गीता 2.39; 3.3; 5.4, 5; और 13.24) 'सांख्य' कहा है, वहाँ सांख्य का अर्थ केवल कापिल सांख्यमार्गी ही नहीं है; वरन् उसमें आत्म, अनात्म विचार से सब कर्मों का संन्यास करके ब्रह्मज्ञान ही में निमग्न रहनेवाले वेदान्तियों का भी समावेश किया जाता है। शब्दशास्त्रज्ञों का कथन है कि 'सांख्य' शब्द 'संख्या' धातु से बना है। इसलिए इसका पहला अर्थ 'गिननेवाला' है और कपिलशास्त्र के मूल तत्त्व इने-गिने 'पच्चीस' ही हैं। इसलिए उन्हें 'गिननेवाले के' अर्थ में यह विशिष्ट 'सांख्य' नाम पहले दिया गया। अनंतर 'सांख्य' शब्द का अर्थ बहुत व्यापक हो गया; और उसमें सब प्रकार के तत्त्वज्ञान का समावेश होने लगा। यही कारण है, कि जब पहले-पहले कापिल-भिक्षुओं को 'सांख्य' कहने की परिपाटी प्रचलित हो गई, तब वेदान्ती संन्यासियों को भी यही नाम दिया जाने लगा होगा। कछ भी हो; इस प्रकरण का, हमने जानबूझकर, यह लंबा-चौड़ा 'कापिलसांख्यशास्त्र में भी कणाद के न्यायशास्त्र के समान सूत्र हैं। परंतु गौडपादाचार्य या शरीर-भाष्यकार श्री शंकराचार्य ने इन सूत्रों का आधार अपने ग्रंथों में नहीं लिया है। इसलिए बहुतेरे विद्वान समझते हैं, कि ये सूत्र कदाचित् प्राचीन न हों। ईश्वर कृष्ण की 'सांख्यकारिका' उक्त सूत्रों से प्राचीन मानी जाती है; और उस पर श्री शंकराचार्य के दादागुरु गौडपाद ने भाष्य लिखा है। शांकर-भाष्य में भी इसी कारिका के कुछ अवतरण लिए हैं। सन् 570 ईसवी से पहले इस ग्रंथ का जो अनुवाद चीनी भाषा में हुआ था, वह इस समय उपलब्ध है।[1] ईश्वर कृष्ण ने अपनी 'कारिका' के अंत में कहा है, कि 'षष्टितंत्र' नामक साठ प्रकरणों के एक प्राचीन और विस्तृत ग्रंथ का भावार्थ (कुछ प्रकरणों को छोड़) सत्तर आर्यापद्यों में इस ग्रंथ में दिया गया है। यह षष्टितंत्र ग्रंथ अब उपलब्ध नहीं है। इसलिए उन कारिकाओं के आधार पर ही कापिलसांख्यशास्त्र के मूल सिद्धान्तों का विवेचन हमने यहाँ किया है। महाभारत में सांख्यमत का निर्णय कई अध्यायों में किया गया है। परंतु उनमें वेदान्त मतों का भी मिश्रण हो गया है; इसलिए

---

1. अब बौद्ध ग्रंथों से ईश्वर कृष्ण का बहुत कुछ हाल जाना जा सकता है। बौद्ध पंडित वसुबंधु का गुरु ईश्वर कृष्ण का समकालीन प्रतिपक्षी था। वसुबंधु का जो जीवन चरित, परमार्थ ने (सन ई. 499-569 में) चीनी भाषा में लिखा था, वह अब प्रकाशित हुआ है। इससे डॉक्टर टककसू ने यह अनुमान किया है, कि ईश्वर कृष्ण का समय सन् 450 ई. के लगभग है। Journal of the Royal Asiatic Society of Great Britain & Ireland, 1905, pp. 33-53. परंतु डॉक्टर विन्सेंट स्मिथ की राय है कि, स्वयं वसुबौधु का समय ही चौथी सदी में (लगभग 280-360) होना चाहिए। क्योंकि उसके ग्रंथों का अनुवाद सन् 404 ईसवी में चीनी भाषा में हुआ है। वसुबंधु का समय इस प्रकार जब पीछे हट जाता है, तब उसी प्रकार ईश्वर कृष्ण का समय भी करीब 200 वर्ष पीछे हटाना पड़ता है; अर्थात् सन् 240 ईसवी के लगभग ईश्वर कृष्ण का समय आ पहुँचता है। Vincent Smith's Early History of India, 3rd. Ed:, P. 328.

2. Evolution Theory के अर्थ में 'उत्क्रांति-तत्त्व' का उपयोग आजकल किया जाता है, इसलिए हमने भी यहाँ उसी शब्द का प्रयोग किया है। परंतु संस्कृत में 'उत्क्रांति' शब्द का अर्थ मृत्यु है। इस कारण 'उत्क्रांति' के बदले गुणविकास, गुणोत्कर्ष या गुणपरिणाम आदि सांख्यवादियों के शब्दों का उपयोग करना हमारी समझ में अधिक योग्य होगा।

कपिल के शुद्ध सांख्य-मत को जानने के लिए दूसरे ग्रंथों को भी देखने की आवश्यकता होती है। इस काम के लिए उक्त सांख्यकारिका की अपेक्षा कोई भी अधिक प्राचीन ग्रंथ इस समय उपलब्ध नहीं है। भगवान ने भगवद्गीता में कहा है, कि "सिद्धानां कपिलो मुनिः" (गीता 10.26)-सिद्धों में से कपिल मुनि मैं हूँ;-इससे कपिल की योग्यता भली भाँति सिद्ध होती है। तथापि यह बात मालूम नहीं, कि कपिल ऋषि कहाँ और कब हुए। शांतिपर्व (मभा. शां. 340.67) में एक जगह लिखा है, कि सनत्कुमार, सनक, सनन्दन, सन, सनत्सुजात, सनातन और कपिल ये सातों ब्रह्मदेव के मानसपुत्र हैं और इन्हें जन्म ही से ज्ञान हो गया था। दूसरे स्थान (मभा. शां. 218) में कपिल के शिष्य असुरि और उसके चेले पंचशिख ने जनक को सांख्यशास्त्र का जो उपदेश दिया था उसका उल्लेख है। इसी प्रकार शांतिपर्व (मभा. शां. 301.108, 109) में भीष्म ने कहा है, कि सांख्यों ने सृष्टि-रचना इत्यादि के बारे में एक बार जो ज्ञान प्रचलित कर दिया है, वही 'पुराण, इतिहास, अर्थशास्त्र' आदि सबमें पाया जाता है। वही क्यों; यहाँ तक कहा गया है; कि "ज्ञानं च लोके यदहास्ति किंचित् सांख्यागतं तच्च महान्महात्मन्"-अर्थात् इस जगत का सब ज्ञान सांख्यों से ही प्राप्त हुआ है (मभा. शां. 301.109)। यदि इस बात पर ध्यान दिया जाए, कि वर्तमान समय में पश्चिमी ग्रंथकार उत्क्रांतिवाद का उपयोग सब जगह कैसे किया करते हैं; तो यह बात आश्चर्यजनक नहीं मालूम होती, कि इस देश के निवासियों ने भी उत्क्रांतिवाद की बराबरी के संख्याशास्त्र का सर्वत्र कुछ अंश में स्वीकार किया है। 'गुरुत्वाकर्षण' सृष्टि रचना के 'उत्क्रांतितत्त्व'[2] या 'ब्रह्मात्मैक्य' के समान उदात्त विचार सैकड़ों बरसों के बाद ही किसी महात्मा के ध्यान में आया करते हैं। इसलिए यह बात सामान्यतः सभी देशों के ग्रंथों में पाई जाती है, कि जिस समय जो सामान्य सिद्धान्त या व्यापक तत्त्व समाज में प्रचलित रहता है, उसके आधार पर ही किसी ग्रंथ के विषय का प्रतिपादन किया जाता है।

आजकल कापिल सांख्यशास्त्र अभ्यास प्रायः लुप्त हो गया है, इसलिए यह प्रस्तावना करनी पड़ी। अब हम यह देखेंगे, कि इस शास्त्र के मुख्य सिद्धान्त कौन-से हैं। सांख्यशास्त्र का पहला सिद्धान्त यह है, कि इस संसार में कोई भी नई वस्तु उत्पन्न नहीं होती। क्योंकि, शून्य से-अर्थात् जो पहले था ही नहीं उससे-शून्य को छोड़ और कुछ भी प्राप्त हो नहीं सकता। इसलिए यह बात सदा ध्यान में रखनी चाहिए, कि उत्पन्न वस्तु में-अर्थात् कार्य में-जो गुण दीख पड़ते हैं, वे गुण जिससे यह वस्तु उत्पन्न हुई है, उसमें (अर्थात् कारण में) सूक्ष्म रीति से अवश्य होने ही चाहिए, (सां. का. 9)। बौद्ध और कणाद यह मानते हैं, कि पदार्थ का नाश होकर उससे दूसरा नया पदार्थ बनता है। उदाहरणार्थ, बीज का नाश होने के बाद उससे अंकुर और अंकुर का नाश होने के बाद उससे पेड़ होता है। परंतु सांख्यशास्त्रियों और वेदान्तियों को यह मत पसंद नहीं है। वे कहते हैं, कि वृक्ष के बीज में जो 'द्रव्य' हैं उनका नाश नहीं होता; किंतु वे ही द्रव्य जमीन से और वायु से दूसरे द्रव्यों को खींच लिया करते हैं; और इसी कारण से बीज को अंकुर का नया स्वरूप या अवस्था प्राप्त हो जाती है (वे. सू. शां. भा. 2.1.18)। इसी प्रकार जब लकड़ी जलती है, तब उसके ही राख या धूआँ आदि रूपांतर हो जाते हैं। लकड़ी के मूल 'द्रव्यों' का नाश होकर धूआँ नामक कोई नया पदार्थ उत्पन्न नहीं होता। छांदोग्योपनिषद् (छां. 6.2.1) में कहा है, "कथमसतः सज्जायेत"-जो है ही नहीं-उससे जो है-वह कैसे प्राप्त हो सकता है? जगत के मूल कारण के लिए 'असत्' शब्द का उपयोग कभी-कभी उपनिषदों में किया गया है, (छां. 3.19.1; तै. 2.7.1); परंतु यहाँ 'असत्' का अर्थ 'अभाव नहीं' नहीं है; किंतु वेदान्तसूत्रों (वे. सू. 2.1.16, 17) में यह निश्चय किया गया है, कि 'असत्' शब्द से केवल नामरूपात्मक व्यक्त स्वरूप

या अवस्था का अभाव ही विवक्षित है। दूध से ही दही बनता है, पानी से नहीं; तिल से ही तेल निकलता है, बालू से नहीं, वे 'कार्य' में स्वतंत्र रीति से उत्पन्न होते हैं; तो फिर हम इसका कारण नहीं बतला सकते, कि पानी से दही क्यों नहीं बनता? सारांश यह है, कि जो मूल में है ही नहीं, उससे अभी जो अस्तित्व में है, वह उत्पन्न नहीं हो सकता। इसलिए सांख्यवादियों ने यह सिद्धान्त निकाला है, कि किसी कार्य के वर्तमान द्रव्यांश और गुण मूल कारण में भी किसी न किसी रूप से स्थिर रहते हैं। इसी सिद्धान्त को 'सत्कार्यवाद' कहते हैं। अर्वाचीन पदार्थ विज्ञान के ज्ञाताओं ने भी यही सिद्धान्त ढूँढ निकाला है, कि पदार्थों के जड़ द्रव्य और कर्मशक्ति दोनों सर्वदा स्थिर रहते हैं। और किसी पदार्थ के चाहे जितने रूपांतर हो जाएं; तो भी अंत में सृष्टि के कुल द्रव्यांश का और कर्म शक्ति का जोड़ हमेशा एक सा बना रहता है। उदाहरणार्थ, जब हम दीपक को जलता देखते हैं, तब तेल भी धीरे-धीरे कम होता जाता है; और अंत में वह नष्ट हुआ सा दीख पड़ता है। यद्यपि यह सब तेल जल जाता है, तथापि उसके परमाणुओं का बिल्कुल ही नाश नहीं हो जाता। उन परमाणुओं का अस्तित्व धुएँ या काजल या अन्य सूक्ष्म द्रव्यों के रूप में बना रहता है। यदि हम इन सूक्ष्म द्रव्यों को एकत्र करके तौलें तो मालूम होगा, कि उनका तौल या वजन तेल और तेल के जलते समय उसमें मिले हुए वायु के पदार्थों के तौल के बराबर होता है। अब तो यह भी सिद्ध हो चुका है, कि उक्त नियम कर्मशक्ति के विषय में भी लगाया जा सकता है। यह बात याद रखनी चाहिए, कि यद्यपि आधुनिक पदार्थविज्ञानशास्त्र का और सांख्यशास्त्र का सिद्धान्त दिखने में एक-सा है, फिर भी सांख्यशास्त्र का सिद्धान्त केवल एक पदार्थ से दूसरे पदार्थ की उत्पत्ति के विषय में-अर्थात् सिर्फ कार्य-कारण-भाव ही के संबंध में उपयुक्त होता है। परंतु अर्वाचीन पदार्थविज्ञानशास्त्र का सिद्धान्त इससे अधिक व्यापक है। 'कार्य' का कोई भी गुण 'कारण' के बाहर के गुणों से उत्पन्न नहीं हो सकता। इतना ही नहीं; किंतु जब कारण को कार्य का स्वरूप प्राप्त होता है, तब उस कार्य में रहनेवाले द्रव्यांश और कर्म-शक्ति का कुछ भी नाश नहीं होता और पदार्थ की भिन्न-भिन्न अवस्थाओं के द्रवांश और कर्मशक्ति के जोड़ का वजन भी सदैव एक ही-सा रहता है-न तो वह घटता है और न बढ़ता है। यह बात प्रत्यक्ष प्रयोग से गणित के द्वारा सिद्ध कर दी गई है और यही उक्त दोनों सिद्धान्तों की महत्त्व की विशेषता है। इस प्रकार जब हम विचार करते हैं, तो हमें जान पड़ता है, कि भगवद्‌गीता के "नासतो विद्यते भाव:"-जो रही नहीं, उसका कभी भी अस्तित्व हो नहीं सकता-इत्यादि सिद्धान्त जो दूसरे अध्याय के आरम्भ में दिए हैं (गीता 2.16), वे यद्यपि अर्वाचीन पदार्थ-विज्ञानशास्त्र के सिद्धान्त वेदान्तियों को मान्य है; परंतु अद्वैत वेदान्तशास्त्र का मत है, कि इस सिद्धान्त का उपयोग सगुण सृष्टि के परे नहीं किया जा सकता। और निर्गुण से सगुण की उत्पत्ति कैसे दीख पड़ती है इस बात की उपपत्ति और ही प्रकार से लगानी चाहिए। इस वेदान्त-मत का विचार आगे चलकर अध्यात्म-प्रकरण में विस्तृत रीति से किया जाएगा। इस समय तो हमें सिर्फ यही विचार करना है, कि सांख्यवादियों की पहुँच कहाँ तक है। इसलिए अब हम इस बात का विचार करेंगे, कि सत्कार्यवाद का सिद्धान्त मानकर सांख्यों ने क्षर-अक्षर शास्त्र में उसका उपयोग कैसे किया है।

सांख्यमतानुसार जब सत्कार्यवाद सिद्ध हो जाता है, तब यह मत आप-ही-आप गिर जाता है, कि दृश्यसृष्टि की उत्पत्ति शून्य से अर्थात् किसी पदार्थ के पहले न रहते हुई है। क्योंकि, शून्य से अर्थात् जो कुछ भी नहीं है, उससे जो "अस्तित्व में है" वह उत्पन्न नहीं हो सकता। इस बात से यह साफ-साफ सिद्ध होता है, कि सृष्टि किसी न किसी पदार्थ से उत्पन्न हुई और इस समय सृष्टि में जो गुण हमें दीख पड़ते हैं, वे ही

इसके मूल पदार्थ में भी होने चाहिए। अब यदि हम सृष्टि की ओर देखें, तो हमें वृक्ष, पशु, मनुष्य, पत्थर, सोना, चाँदी, हीरा, जल, वायु इत्यादि अनेक पदार्थ दीख पड़ते हैं; और इन सबके रूप तथा गुण भी भिन्न भिन्न हैं। सांख्यवादियों का सिद्धान्त है, कि यह भिन्नता या नानात्व मूल में-अर्थात् मूल पदार्थ में-नहीं है; किंतु मूल में सब वस्तुओं का द्रव्य एक ही है। अर्वाचीन रसायनशास्त्रज्ञों ने भिन्न-भिन्न द्रव्यों का प्रथक्करण करके पहले 62 मूलतत्त्व ढूँढ निकाले थे; परंतु अब पश्चिमी विज्ञानवेत्ताओं ने भी यह निश्चय कर लिया है, कि ये 62 मूल तत्त्व स्वतंत्र या स्वयंसिद्ध नहीं हैं। किंतु इन सबकी जड़ में कोई न कोई एक ही पदार्थ है; और उस पदार्थ ही से सूर्य, चंद्र, तारागण, पृथ्वी इत्यादि सारी सृष्टि उत्पन्न हुई है। इसलिए अब उक्त सिद्धान्त का अधिक विवेचन आवश्यक नहीं हैं। जगत के सब पदार्थों का जो यह मूलद्रव्य है, उसे ही सांख्यशास्त्र में 'प्रकृति' कहते हैं। प्रकृति का अर्थ 'मूलधर्म' है। इस प्रकृति से आगे जो पदार्थ बनते हैं, उन्हें 'विकृति' अर्थात् मूलद्रव्य के विकार कहते हैं।

परंतु यद्यपि सब पदार्थों में मूल द्रव्य एक ही है, तथापि यदि इस मूल द्रव्य में गुण भी एक ही हो, तो सत्कार्यवादानुसार इस एक ही गुण से अनेक गुणों का उत्पन्न होना संभव नहीं है। और इधर तो जब हम इस जगत के पत्थर, मिट्टी, पानी, सोना इत्यादि भिन्न भिन्न पदार्थों की ओर देखते हैं, तब उनमें भिन्न भिन्न अनेक गुण पाए जाते हैं। इसलिए पहले सब पदार्थों के गुणों का निरीक्षण करके सांख्यवादियों ने इन गुणों के सत्त्व, रज और तम ये तीन भेद या वर्ग कर दिए हैं। इसका कारण यही है, कि जब हम किसी भी पदार्थ को देखते हैं, तब स्वभावत: उसकी दो भिन्न भिन्न अवस्थाएँ दीख पड़ती हैं;-पहली शुद्ध, निर्मल या पूर्णावस्था और दूसरी उसके विरुद्ध निकृष्टावस्था। परंतु साथ ही साथ निकृष्टावस्था से पूर्णावस्था की ओर बढ़ने की उस पदार्थ की प्रवृत्ति भी दृष्टिगोचर हुआ करती है; यही तीसरी अवस्था है। इन तीनों अवस्थाओं में से शुद्धावस्था या पूर्णावस्था को सात्त्विक, निकृष्टावस्था को तामसिक और प्रवर्तकावस्था को राजसिक कहते हैं। इस प्रकार सांख्यवादी कहते हैं, कि सत्त्व, रज और तम तीनों गुण सब पदार्थों के मूलद्रव्य में अर्थात् उनकी प्रकृति में आरंभ से ही रहा करते हैं। इसलिए यदि यह कहा जाए, कि इन तीन गुणों ही को प्रकृति कहते हैं, तो अनुचित नहीं होगा। इन तीनों गुणों में से प्रत्येक गुण का जोर आरंभ में समान या बराबर रहता है, इसीलिए पहले पहले यह प्रकृति साम्यावस्था में रहती है। यह साम्यावस्था जगत के आरंभ में थी; और जगत् का लय हो जाने पर वैसी ही फिर हो जाएगी। साम्यावस्था में कुछ भी हलचल नहीं होती, सब कुछ स्तब्ध रहता है। परंतु जब उक्त तीनों गुण न्यूनाधिक होने लगते हैं, तब प्रवृत्त्यात्मक रजोगुण के कारण मूल प्रकृति से भिन्न-भिन्न पदार्थ उत्पन्न होने लगते हैं; और सृष्टि का आरंभ होने लगता है। अब यहाँ यह प्रश्न उठ सकता है, कि यदि पहले सत्त्व, रज और तम ये दोनों गुण साम्यावस्था में थे, तो इनमें न्यूनाधिकता कैसे उत्पन्न हुई है? इस प्रश्न का सांख्यवादी यही उत्तर देते हैं, कि यह प्रकृति का मूलभूत धर्म ही है (सां. का. 61)। यद्यपि प्रकृति जड़ है, तथापि वह आप ही आप ये सब व्यवहार करती रहती है। इन तीनों गुणों में से सत्त्वगुण का लक्षण ज्ञान अर्थात् जानना तमोगुण का लक्षण अज्ञान है। रजोगुण बुरे या भले कार्य का प्रवर्तक है। ये तीनों गुण कभी अलग-अलग नहीं रह सकते। सब पदार्थों में सत्त्व, रज और तम इन तीनों का मिश्रण रहता ही है; और यह मिश्रण हमेशा इन तीनों का परस्पर न्यूनाधिकता से हुआ करता है। इसलिए यद्यपि मूलद्रव्य एक ही है, तो भी गुणभेद के कारण एक मूलद्रव्य के ही सोना, लोहा, मिट्टी, जल, आकाश, मनुष्य का शरीर इत्यादि भिन्न-भिन्न अनेक विकार हो जाते हैं। जिसे हम सात्त्विक गुण का पदार्थ कहते हैं. उसमें रज और

तम की अपेक्षा, सत्त्वगुण का जोर या परिणाम अधिक रहता है. इस कारण उस पदार्थ में हमेशा रहनेवाले रज और तम-दोनों गुण दब जाते हैं और वे हमें दीख नहीं पड़ते। वस्तुतः, सत्त्व, रज और तम-तीनों गुण अन्य पदार्थों के समान, सात्त्विक पदार्थ में भी विद्यमान रहते हैं। केवल सत्त्वगुण का, केवल रजोगुण का या केवल तमोगुण का कोई पदार्थ ही नहीं है। प्रत्येक पदार्थ में तीनों का रगड़ा-झगड़ा चला ही करता है; और इस झगड़े में जो गुण प्रबल हो जाता है, उसी के अनुसार हम प्रत्येक पदार्थ को सात्त्विक, राजस या तामस कहा करते हैं (सां. का. 12; म. भा. अश्व. अनुगीता - 36 और शां. 305)। उदाहरणार्थ, हमारे शरीर में जब रज और तम गुणों पर सत्त्व का प्रभाव जम जाता है, तब हमारे अंतःकरण में ज्ञान उत्पन्न होता है, सत्य का परिचय होने लगता है, और चित्तवृत्ति शांत हो जाती है। यह नहीं समझना चाहिए, कि उस समय हमारे शरीर में रजोगुण और तमोगुण बिल्कुल ही नहीं होते; बल्कि वे सत्त्वगुण के प्रभाव से दब जाते हैं, इसलिए उनका कुछ अधिकार चलने नहीं पाता (गीता 14.10)। यदि सत्व के बदले रजोगुण प्रबल हो जाए, तो हमारे अंतःकरण में लोभ जागृत हो जाता है, लालच बढ़ने लगता है, और वह हमें अनेक बुरे कामों में प्रवृत्त करता है। इसी प्रकार जब सत्त्व और रज की अपेक्षा तमोगुण प्रबल हो जाता है, तब निद्रा, आलस्य, स्मृतिभ्रंश, इत्यादि दोष शरीर में उत्पन्न हो जाते हैं। तात्पर्य यह है, कि इस जगत् के पदार्थों में सोना, लोहा, पारा इत्यादि जो अनेकता या भिन्नता दीख पड़ती है, वह प्रकृति के सत्त्व, रज और तम इन तीनों गुणों की ही परस्पर न्यूनाधिकता या संघर्ष का फल है। मूल प्रकृति यद्यपि एक ही है, तो भी यह अनेकता या भिन्नता कैसे उत्पन्न हो जाती है-बस, इसी के विचार को 'विज्ञान' कहते हैं। इसी में सब आधिभौतिक शास्त्रों का भी समावेश हो जाता है। उदाहरणार्थ, रसायनशास्त्र, विद्युतशास्त्र, पदार्थ विज्ञानशास्त्र, ये सब विविध ज्ञान विज्ञान ही हैं।

सामावस्था में रहने वाली प्रकृति को सांख्यबल में 'अव्यक्त' अर्थात् इंद्रियों को गोचर न होने वाली कहा है। इस प्रकृति के सत्त्व, रज ओर तम इन तीनों गुणों की परस्पर न्यूनाधिकता से उत्पन्न जो अनेक पदार्थ हमारी इंद्रियों को गोचर हो सकते हैं, वे सब 'व्यक्त' कहलाते हैं। चाहे फिर वे पदार्थ अपनी आकृति के कारण, रूप के कारण, गंध के कारण या किसी अन्य गुण के कारण 'व्यक्त' होते हों। व्यक्त पदार्थ अनेक हैं और उनमें से कुछ, जैसे पत्थर, पेड़, पशु इत्यादि स्थूल कहलाते हैं; और कुछ जैसे मन, बुद्धि, आकाश इत्यादि-यद्यपि ये इंद्रिय गोचर अर्थात् व्यक्त हैं, तथापि-सूक्ष्म कहलाते हैं। यहाँ 'सूक्ष्म' से छोटे का मतलब नहीं है। क्योंकि आकाश यद्यपि सूक्ष्म है, तथापि वह सारे जगत में सर्वत्र व्याप्त है। इसलिए सूक्ष्म शब्द से 'स्थूल के विरुद्ध' या वायु से भी अधिक महीन, यही अर्थ लेना चाहिए। 'स्थूल' और 'सूक्ष्म' शब्दों से किसी वस्तु की शरीर रचना का ज्ञान होता है; और 'व्यक्त' एवं 'अव्यक्त' शब्दों से हमें यह बोध होता है, कि उस वस्तु का प्रत्यक्ष ज्ञान हमें हो सकता है या नहीं। अतएव भिन्न भिन्न पदार्थों में से (चाहे वे दोनों सूक्ष्म हों तो भी) एक व्यक्त और दूसरा अव्यक्त हो सकता है। उदाहरणार्थ, यद्यपि हवा सूक्ष्म है, तथापि हमारी स्पर्शेंद्रिय को उसका ज्ञान होता है, इसलिए उसे व्यक्त कहते हैं। और सब पदार्थों की मूल प्रकृति (या मूल द्रव्य) वायु से भी अत्यंत सूक्ष्म है और उसका ज्ञान हमारी किसी इंद्रिय को नहीं होता, तो उसका अस्तित्व सिद्ध करने के लिए प्रमाण है? इस प्रश्न का उत्तर सांख्यवादी इस प्रकार देते हैं, कि अनेक व्यक्त पदार्थों के क्या अवलोकन से सत्कार्यवाद के अनुसार यही अनुमान सिद्ध होता है, कि इन सब पदार्थों का मूल रूप (प्रकृति) यद्यपि इंद्रियों को प्रत्यक्ष गोचर न हो, तथापि उसका अस्तित्व सूक्ष्म रूप से अवश्य होना

ही चाहिए (सां. का. 8)। वेदान्तियों ने भी ब्रह्म का अस्तित्व सिद्ध करने के लिए इसी युक्तिवाद को स्वीकार किया गया है (कठ. 6.12, 13 पर शांकरभाष्य देखो)। यदि हम प्रकृति को इस प्रकार अत्यंत सूक्ष्म और अव्यक्त मान लें, तो नैयायियों के परमाणु की स्वतंत्र व्यक्ति या अवयव हो जाने के कारण यह प्रश्न भी शेष रह जाता है, कि दो परमाणुओं के बीच में कौन-सा पदार्थ है? इसी कारण सांख्यशास्त्र का सिद्धान्त है, कि प्रकृति में परमाणुरूप अवयवभेद नहीं है? किंतु वह सदैव एक से एक लगी हुई-बीच में थोड़ा भी अंतर न छोड़ती हुई-एक ही समान हैं; अथवा यों कहिए कि वह अव्यक्त (अर्थात् इंद्रियों को गोचर न होनेवाले) और निरवयरूप से निरंतर और सर्वत्र है। परब्रह्म का वर्णन करते हुए दासबोध (दा. 20.2.3) में श्रीसमर्थ रामदासस्वामी कहते हैं, "जिधर देखिए, उधर ही वह अपार है, उसका किसी और पार नहीं है। वह एक ही प्रकार का और स्वतंत्र है, उसमें द्वैत (या और कुछ) नहीं है।"[1] सांख्यवादियों के 'प्रकृति' विषय में भी यही वर्णन उपयुक्त है। त्रिगुणात्मक प्रकृति अव्यक्त, स्वयंभू और एक ही प्रकार की है; और इन सबकी मूल प्रकृति एक ही-सी तथा सर्वव्यापी और अव्यक्त है। स्मरण रहे, कि वेदान्तियों के 'परब्रह्म' में और सांख्यवादियों की 'प्रकृति' में आकश-पाताल का अंतर है। इसका कारण यह है, कि परब्रह्म चैतन्यरूप और निर्गुण है; परंतु प्रकृति जड़रूप और सत्त्व-रज-तमोमयी अर्थात् सगुण है। इस विषय पर अधिक विचार आगे किया जाएगा। यहाँ सिर्फ यही विचार करना है, कि सांख्यवादियों का मत क्या है। जब हम इस प्रकार 'सूक्ष्म' और 'स्थूल', 'व्यक्त' और 'अव्यक्त' शब्दों का अर्थ समझनें लगे, तब कहना पड़ेगा कि सृष्टि के आरंभ में प्रत्येक पदार्थ सूक्ष्म और अव्यक्त प्रकृति के रूप में रहता है। फिर वह (चाहे सूक्ष्म हो या स्थूल हो) व्यक्त अर्थात् इंद्रियगोचर होता है, और जब प्रलयकाल में इस व्यक्त स्वरूप का नाश होता है, तब फिर वह पदार्थ अव्यक्त प्रकृति में मिलकर अव्यक्त हो जाता है। गीता में भी यही मत दीख पड़ता है (गीता 2.28 ओर 8.18)। सांख्यशास्त्र में इस अव्यक्त प्रकृति को ही 'अक्षर' कहते हैं; और प्रकृति से होने वाले सब पदार्थों को 'क्षर' कहते हैं। यहाँ 'क्षर' शब्द का अर्थ, संपूर्ण नाश नहीं है; किंतु सिर्फ व्यक्त स्वरूप का नाश ही अपेक्षित है। प्रकृति के और भी अनेक नाम हैं-जैसे प्रधान, गुण-क्षोभिणी, बहुधानक, प्रसवधर्मिणी इत्यादि। सृष्टि के सब पदार्थों का मुख्य मूल होने के कारण उसे (प्रकृति को) प्रधान कहते हैं। तीनों गुणों की साम्यावस्था का भंग स्वयं आप ही करती है, इसलिए उसे गुण-क्षोभिणी कहते हैं। गुणत्रयीरूपी पदार्थभेद के बीज प्रकृति में हैं; इसलिए उसे बहुधानक कहते हैं और प्रकृति से ही सब पदार्थ उत्पन्न होते हैं, इसलिए उसे प्रसवधर्मिणी भी कहते हैं। इस प्रकृति ही को वेदान्तशास्त्र में 'माया' अर्थात् मायावी दिखावा कहते हैं।

सृष्टि सब पदार्थों को 'व्यक्त' और 'अव्यक्त' या 'क्षर' और 'अक्षर' इन दो विभागों में बाँटने के बाद अब यह सोचना चाहिए कि क्षेत्र-क्षेत्रज्ञ विचार में बतलाए गए आत्म, मन, बुद्धि, अहंकार और इंद्रियों को सांख्यमत के अनुसार, किस विभाग या वर्ग में रखना चाहिए। क्षेत्र और इंद्रियाँ तो जड़ ही हैं; इस कारण उनका समावेश व्यक्त पदार्थों में हो सकता है। परंतु मन, अहंकार, बुद्धि और विशेष करके आत्मा के विषय में क्या कहा जा सकता है? यूरोप के वर्तमान समय के प्रसिद्ध सृष्टिशास्त्रज्ञ हेकेल ने अपने ग्रंथ में लिखा है कि मन, बुद्धि और आत्मा ये सब शरीर के ही धर्म हैं। उदाहरणार्थ, हम देखते हैं, कि जब मनुष्य का मस्तिष्क बिगड़ जाता है, तब उसकी स्मरणशक्ति नष्ट हो जाती है; और वह पागल भी हो जाता है। इसी प्रकार सिर में चोट लगने से

1. हिंदी दासबोध, पृष्ठ 481 (चित्रशाला, पूना)।

जब मस्तिष्क का कोई भाग संज्ञारहित हो जाता है, तब भी इस भाग की मानसिक शक्ति नष्ट हो जाती है। सारांश यह है कि मनोधर्म भी जड़ मस्तिष्क के ही गुण हैं; अतएव ये जड़ वस्तु से कभी अलग नहीं किए जा सकते; और इसलिए मस्तिष्क के साथ-साथ मनोधर्म और आत्मा को 'व्यक्त' पदार्थों के वर्ग में शामिल करना चाहिए। यदि यह जड़वाद मान लिया जाए, तो अंत में केवल अव्यक्त और जड़ प्रकृति ही शेष रह जाती है। क्योंकि सब व्यक्त पदार्थ इस मूल अव्यक्त-प्रकृति से ही बने हैं। ऐसी अवस्था में प्रकृति के सिवा जगत का कर्ता या उत्पादक दूसरा कोई भी नहीं हो सकता। तब तो यही कहना होगा, कि मूल प्रकृति की शक्ति धीरे-धीरे बढ़ती गई और अंत में उसी को चैतन्य या आत्म का स्वरूप प्राप्त हो गया। सत्कार्यवाद के समान, इस मूल प्रकृति के कुछ कायदे या नियम बने हुए हैं। और उन्हीं नियमों के अनुसर सब जगत् और साथ ही साथ मनुष्य भी कैदी के समान बर्ताव किया करते हैं। जड़ प्रकृति के सिवा आत्मा कोई भिन्न वस्तु है ही नहीं; तब कहना नहीं होगा, कि आत्मा न तो अविनाशी है; और न स्वतंत्र। तब मोक्ष या मुक्ति की आवश्यकता ही क्या है? प्रत्येक मनुष्य सोचता है, कि मैं अपनी इच्छा के अनुसार अमुक काम कर लूँगा; परंतु वह सब केवल भ्रम है। प्रकृति जिस ओर खींचेगी उसी ओर मनुष्य को झुकना पड़ेगा। अथवा कै. शंकर मोरो रानडे के अनुसार कहना चाहिए, कि "यह सारा विश्व एक बहुत बड़ा कारागार है, प्राणिमात्र कैदी हैं; और पदार्थ के गुण-धर्म बेड़ियाँ हैं! इन बेड़ियों को कोई तोड़ नहीं सकता।" इस प्रकार सारी सजीव और निर्जीव सृष्टि का व्यवहार चल रहा है-बस यही हेकेल के मत का सारांश है। उसके मतानुसार सारी सृष्टि का मूल कारण एक जड़ और अव्यक्त प्रकृति ही है। इसलिए उसने अपने सिद्धान्त को सिर्फ[1] 'अद्वैत' कहा है। परंतु यह अद्वैत जड़मूलक है, अर्थात् अकेली जड़ प्रकृति में ही सब बातों का समावेश करता है; इस कारण हम इसे जड़ाद्वैत या आधिभौतिकशास्त्राद्वैत कहेंगे।

हमारे सांख्यशास्त्रकार इस जड़ाद्वैत को नहीं मानते। वे यह मानते हैं कि मन, बुद्धि और अहंकार पंचमहाभूतात्मक जड़ प्रकृति ही के धर्म हैं; और सांख्यशास्त्र में भी यही लिखा है, कि अव्यक्त प्रकृति से ही बुद्धि, अहंकार इत्यादि गुण क्रम से उत्पन्न होते जाते हैं। परंतु उनका कथन है, कि जड़ प्रकृति से चैतन्य की उत्पत्ति नहीं हो सकती। इतना ही नहीं; वरन् जिस प्रकार कोई मनुष्य अपने ही कंधों पर बैठ नहीं सकता, उसी प्रकार प्रकृति को जाननेवाला या देखनेवाला जब तक प्रकृति से भिन्न न हो, तब तक वह "मैं यह जानता हूँ-वह जानता हूँ" इत्यादि व्यवहार का उपयोग कर ही नहीं सकता। और इस जगत् के व्यवहारों की ओर देखने से तो तब लोगों का यही अनुभव जान पड़ता है, कि "मैं जो कुछ देखता हूँ, या जानता हूँ, वह मुझसे भिन्न है।" इसलिए सांख्यशास्त्र वालों ने कहा है, कि ज्ञाता और ज्ञेय, देखनेवाला और देखने की वस्तु या प्रकृति को देखने वाला और जड़ प्रकृति, इन दोनों को मूलता ही पृथक्-पृथक् मानना चाहिए (सां. का. 17)। पिछले प्रकरण में जिसे क्षेत्रज्ञ या आत्मा कहा है, वही यह देखनेवाला, ज्ञाता या उपभोग करनेवाला है; और इसे ही सांख्यशास्त्र में 'पुरुष' या 'ज्ञ' (ज्ञाता) कहा गया है। यह ज्ञाता प्रकृति से भिन्न है। इस कारण निसर्ग से ही प्रकृति के तीनों (सत्त्व, रज और तम) गुणों के परे रहता है। अर्थात् यह निर्विकार और निर्गुण है; और जानने या देखने के सिवा कुछ भी नहीं करता। इससे यह भी मालूम हो जाता है, कि जगत् में जो घटनाएँ होती रहती हैं, वे सब प्रकृति ही के खेल हैं। सारांश यह है, कि प्रकृति अचेतन या जड़ है; तो पुरुष सचेतन है। प्रकृति सब काम किया करती है; तो पुरुष

1. हेकेल का मूल शब्द monism है। और इस विषय पर उसने स्वतंत्र ग्रंथ भी लिखा है।

उदासीन और अकर्ता है। प्रकृति त्रिगुणात्मक है; तो पुरुष निर्गुण है। प्रकृति अंधी है; तो पुरुष साक्षी है। इस प्रकार इस सृष्टि में ये दो भिन्न भिन्न तत्त्व अनादिसिद्ध स्वतंत्र और स्वयंभू हैं-यही सांख्यशास्त्र का सिद्धान्त है। इस बात को ध्यान में रखके ही भगवद्गीता में पहले कहा गया है, कि "प्रकृतिं पुरुषं चैव विद्धयनादि उभावपि"-प्रकृति और पुरुष दोनों अनादि हैं (गीता 13.19)। इसके बाद उनका वर्णन इस प्रकार किया है। "कार्यकारणकर्तृत्वे हेतुः प्रकृतिरुच्यते" अर्थात् देह और इंद्रियों का व्यापार प्रकृति करती है; और "पुरुषः सुखदुःखानां भोक्तृत्वे हेतुरुच्यते"-अर्थात् पुरुष सुखदुःखों का उपभोग करने के लिए, कारण है। यद्यपि गीता में भी प्रकृति और पुरुष अनादि माने गए हैं, तथापि यह बात ध्यान में रखनी चाहिए, कि सांख्यवादियों के समान, गीता में दोनों तत्त्व स्वतंत्र या स्वयंभू नहीं माने गए हैं। कारण यह है, कि गीता में भगवान श्रीकृष्ण ने प्रकृति को अपनी 'माया' कहा है (गीता 7.14; 14.3), और पुरुष के विषय में भी यही कहा है, कि "ममैवांशो जीवलोके" (गीता 15.7) अर्थात् वह मेरा ही अंश है। इससे मालूम हो जाता है, कि गीता सांख्यशास्त्र से भी बढ़ गई है। परंतु अभी इस बात की ओर ध्यान न देकर हम देखेंगे कि सांख्यशास्त्र आगे क्या कहता है।

सांख्यशास्त्र के अनुसार सृष्टि के सब पदार्थों के तीन वर्ग होते हैं। पहला अव्यक्त (मूल प्रकृति), दूसरा व्यक्त (प्रकृति के विकार) और तीसरा पुरुष अर्थात् (ज्ञ)। परंतु इनमें से प्रलयकाल के समय व्यक्त पदार्थों का स्वरूप नष्ट हो जाता है, इसलिए अब मूल में केवल प्रकृति और पुरुष ये दो ही तत्त्व शेष रह जाते हैं। ये दोनों मूलतत्त्व, सांख्यवादियों के मतानुसार अनादि और स्वयंभू हैं। वे लोग इसलिए सांख्यों को द्वैतवादी (दो मूल तत्त्व माननेवाले) कहते हैं। वे लोग प्रकृति और पुरुष के परे ईश्वर, काल, स्वभाव या अन्य किसी भी मूल तत्त्व को नहीं मानते।[2] इसका कारण यह है कि सगुण ईश्वर, काल या स्वभाव, ये सब व्यक्त होने के कारण अव्यक्त प्रकृति से उत्पन्न होने वाले व्यक्त पदार्थों में ही शामिल हैं। और, यदि ईश्वर को निर्गुण मानें, तो सत्कार्यवादानुसार निर्गुण मूलतत्त्व से त्रिगुणात्मक प्रकृति कभी उत्पन्न नहीं हो सकती। इसलिए, उन्होंने

---

2. ईश्वर कृष्ण कट्टर निरीश्वरवादी था। उसने अपनी सांख्यकारिका की अंतिम उपसंहारात्मक तीन आर्याओं में कहा है, कि मूल विषय पर 70 आर्याएँ थीं। परंतु कोलब्रुक और विल्सन के अनुवाद के साथ बंबई में श्रीयुत तुकाराम तात्या ने जो पुस्तक मुद्रित की है, उसमें मूल विषय पर केवल 69 आर्याएँ हैं। इसीलिए विल्सन साहब ने अपने अनुवाद में यह संदेह प्रकट किया है, कि 70वीं आर्या कौन सी है। परंतु वह आर्या उनको नहीं मिली; और उनकी शंका का समाधान नहीं हुआ। हमारा मत है, कि वह वर्तमान 61 आर्या के आगे होगी। कारण यह है, कि 61वीं आर्या पर गौडपादाचार्या का जो भाष्य है, वह कुछ एक ही आर्या पर नहीं है; किंतु दो आर्याओंपर है और यदि इस भाष्य के प्रतीक पदों को लेकर आर्या बनाई जाए तो वह इस प्रकार होगी:-

कारणमीश्वरमेके ब्रुवते कालं परे स्वभावं वा।
प्रजाः कथं निर्गुणतो व्यक्तः कालः स्वभावश्च॥

यह आर्या पिछले और अगले संदर्भ (अर्थ या भाव) के अनुसार भी है। इस आर्या में निरीश्वर मत का प्रतिपादन है, इसलिए जान पड़ता है, कि किसी ने इसे पीछे से निकाल डाला होगा। परंतु इस आर्या का शोधन करनेवाला मनुष्य इसका भाष्य भी निकाल टालना भूल गया। इसलिए अब हम इस आर्या को ठीक-ठीक पता लगा सकते हैं; और इसी से उस मनुष्य को धन्यवाद ही देना चाहिए। श्वेताश्वेतरोपनिषद् के छठे अध्याय के पहले मंत्र से प्रकट होता है, कि प्राचीन समय में कुछ लोग स्वभाव और कालको-और वेदान्ती तो उसके भी आगे बढ़कर ईश्वर को-जगत् का मूलकारण मानते थे। वह मंत्र यह है:-

स्वभावमेके कवयो वदन्ति कालं तथान्ये परिमुह्यमानाः।
देवस्यैषा महिमा तु लोके येनेदं भ्राम्यते ब्रह्मचक्रम्॥

परंतु ईश्वर कृष्ण ने उपर्युक्त आर्या को वर्तमान 61वीं आर्या के बाद सिर्फ यह बतलाने के लिए रखा है, कि तीनों मूलकारण (अर्थात् स्वभाव, काल और ईश्वर) सांख्यवादियों को मान्य नहीं हैं!

यह निश्चित सिद्धान्त किया है, कि प्रकृति और पुरुष को छोड़कर इस सृष्टि का और कोई तीसरा मूल कारण नहीं है। इस प्रकार जब उन लोगों ने दो ही मूल तत्त्व निश्चित कर लिए, तब उन्होंने अपने मत के अनुसार इस बात को भी सिद्ध कर दिया है, कि इन दोनों मूल तत्त्वों से सृष्टि कैसे उत्पन्न हुई है। वे कहते हैं, कि यद्यपि निर्गुण पुरुष स्वयं कुछ भी कर नहीं सकता, तथापि जब प्रकृति के साथ उसका संयोग होता है, तब जिस प्रकार गाय अपने बछड़े के लिए दूध देती है या लौह चुंबक के पास होने से लौह में आकर्षण शक्ति उत्पन्न हो जाती है, उसी प्रकार मूल अव्यक्त प्रकृति अपने गुणों (सूक्ष्म और स्थूल) का व्यक्त फैलाव पुरुष के सामने फैलाने लगती है (सां. का. 57)। यद्यपि पुरुष सचेतन और ज्ञाता है, तथापि केवल अर्थात् निर्गुण होने के कारण स्वयं कर्म करने के कोई साधन उसके पास नहीं हैं; और प्रकृति काम करनेवाली है, तथापि जड़ या अचेतन होने के कारण वह नहीं जानती, कि क्या करना चाहिए। इस प्रकार लंगड़े और अंधे की वह जोड़ी है और जैसे अंधे के कंधे पर लंगड़ा बैठे; और वे दोनों एक-दूसरे की सहायता से मार्ग चलने लगें; वैसे ही अचेतन प्रकृति और सचेतन पुरुष का संयोग हो जाने पर सृष्टि के सब कार्य आरंभ हो जाते हैं (सां. का. 21)। और जिस प्रकार नाटक की रंगभूमि पर प्रेक्षकों के मनोरंजनार्थ एक ही नटी कभी एक तो कभी दूसरा ही स्वाँग बनाकर नाचती रहती है, इसी प्रकार पुरुष के लाभ के लिए (पुरुषार्थ के लिए), यद्यपि पुरुष कुछ भी पारितोषिक नहीं देता; तो भी यह प्रकृति सत्त्व-रज-तम गुणों की न्यूनाधिकता से अनेक रूप धारण करके उसके सामने लगातार नाचती रहती है (सां. का. 59)। प्रकृति के इस नाच को देखकर-मोह से भूल जाने के कारण, या वृथाभिमान के कारण-जब तक पुरुष इस प्रकृति के कर्तृत्व को स्वयं अपना ही कर्तृत्व मानता रहता है; और जब तक वह सुखदु:ख के पाश में स्वयं अपने को फँसा रखता है, तब तक उसे मोक्ष या मुक्ति की प्राप्ति कभी नहीं हो सकती (गीता 3.27)। परंतु जिस समय पुरुष को यह ज्ञान हो जाए, कि त्रिगुणात्मक प्रकृति भिन्न है और मैं भिन्न हूँ; उस समय वह मुक्त ही है (गीता 13.29, 30; 14.20)। क्योंकि, यथार्थ में पुरुष न तो कर्ता है और न बँधा ही है। वह स्वतंत्र और निसर्गत: केवल अर्थात् अकर्ता है। जो कुछ होता है वह सब प्रकृति ही का खेल है। यहाँ तक कि मन और बुद्धि भी प्रकृति के ही विकार हैं। इसलिए बुद्धि को जो ज्ञान होता है, वह भी प्रकृति के कार्य का ही फल है। यह ज्ञान तीन प्रकार का होता है; जैसे: सात्त्विक, राजस और तामस (गीता 18.20-22)। जब बुद्धि को सात्त्विक ज्ञान प्राप्त होता है, तब पुरुष को यह मालूम होने लगता है, कि मैं प्रकृति से भिन्न हूँ (मभा. शां. 204.8) जब यह दर्पण स्वच्छ या निर्मल हो जाता है अर्थात् जब बुद्धि-जो प्रकृति का विकार है-सात्त्विक हो जाती है, तब इस निर्मल दर्पण में पुरुष को अपना सात्त्विक या सच्चा स्वरूप दीखने लगता है; और उसे यह बोध हो जाता है, कि मैं प्रकृति से भिन्न हूँ। उस समय यह प्रकृति लज्जित होकर उस पुरुष के सामने नाचना, खेलना या जाल फैलाना बंद कर देती है। जब यह अवस्था प्राप्त हो जाती है, तब पुरुष सब पाशों या जालों से मुक्त होकर अपने स्वाभाविक कैवल्यंपद को पहुँच जाता है। 'कैवल्य' शब्द का अर्थ केवलता, अकेलापन या प्रकृति के साथ संयोग न होना। पुरुष की इस नैसर्गिक या स्वाभाविक स्थिति को ही सांख्यशास्त्र में मोक्ष (मुक्ति या छुटकारा) कहते हैं। इस अवस्था के विषय में सांख्यवादियों ने एक बहुत ही नाजुक प्रश्न का विचार उपस्थित किया है। उनका प्रश्न है, कि पुरुष प्रकृति को छोड़ देता है, या प्रकृति पुरुष को छोड़ देती है? कुछ लोगों की समझ में यह प्रश्न वैसे ही निरर्थक प्रतीत होगा, जैसे यह प्रश्न कि दुल्हे के लिए दुलहिन लंबी है या दुलहिन के लिए दुल्हा ठिंगना है। क्योंकि जब दो वस्तुओं का एक-दूसरे से वियोग होता है, तब

हम देखते हैं कि दोनों एक-दूसरे को छोड़ देती हैं। इसलिए ऐसे प्रश्न का विचार करने से कुछ लाभ नहीं है, कि किसने किसको छोड़ दिया। परंतु कुछ अधिक सोचने पर मालूम हो जाएगा, कि सांख्यवादियों का उक्त प्रश्न उनकी दृष्टि से अयोग्य नहीं है। सांख्यशास्त्र के अनुसार 'पुरुष' निर्गुण, अकर्ता और उदासीन है। इसलिए तत्त्व दृष्टि से 'छोड़ना' या 'पकड़ना' क्रियाओं का कर्तापुरुष नहीं हो सकता (गीता 13,31, 32)। इसलिए सांख्यवादी कहते हैं, कि प्रकृति ही 'पुरुष' को छोड़ दिया करती है। अर्थात् वही 'पुरुष' से अपना छुटकारा या मुक्ति कर लेती है। क्योंकि कर्तृत्व 'प्रकृति' ही का धर्म है। (सां. का. 62 और गीता 13.14) सारांश यह है, कि मुक्ति नाम की ऐसी कोई निराली अवस्था नहीं है, जो 'पुरुष' को कहीं बाहर से प्राप्त हो जाती हो। अथवा यह कहिए, कि वह 'पुरुष' की मूल और स्वाभाविक स्थिति से कोई भिन्न स्थिति भी नहीं है। प्रकृति और पुरुष में वैसा ही संबंध है, जैसा कि घास के बाहरी छिलके और अंदर के गूदे में रहता है; या जैसा पानी और उसमें रहनेवाली मछली में। सामान्य पुरुष प्रकृति के गुणों से मोहित हो जाते हैं; और यह स्वाभाविक भिन्नता पहचान नहीं सकते। इसी कारण वे संसार-चक्र में फँसे रहते हैं। परंतु जो इस भिन्नता को पहचान लेता है, वह मुक्त ही है। महाभारत (मभा. शां. 194.58; 248.11 और 206-308) में लिखा है, कि ऐसे ही पुरुष को 'ज्ञाता' या 'बुद्ध' और 'कृतकृत्य' कहते हैं। गीता के वचन 'एतद् बुद्धवा बुद्धिमान् स्यात्' (गीता 15.20) में बुद्धिमान् शब्द का भी यही अर्थ है। अध्यात्मशास्त्र की दृष्टि से मोक्ष का सच्चा स्वरूप यही है (वे. सू. शां. भा. 1.1.4)। परंतु सांख्यवादियों की अपेक्षा अद्वैत वेदान्तियों का विशेष कथन यह है, कि आत्म ही में परब्रह्म स्वरूप है; और जब वह अपने मूलस्वरूप को अर्थात् परब्रह्म को पहचान लेता है, तब वही उसकी मुक्ति है। वे लोग यह कारण नहीं बतलाते, कि पुरुष निसर्गतः 'केवल' है। सांख्य और वेदान्त का यह भेद अगले प्रकरण में स्पष्ट करके बतलाया जाएगा।

यद्यपि अद्वैत वेदान्तियों को सांख्यवादियों का यह मत मान्य है, कि पुरुष (आत्मा) निर्गुण, उदासीन और अकर्ता है; तथापि वे लोग सांख्यशास्त्र की 'पुरुष' संबंधी इस दूसरी कल्पना को नहीं मानते, कि एक ही प्रकृति को देखनेवाले (साक्षी) स्वतंत्र पुरुष मूल में ही असंख्य हैं (गीता 8.4; 13.20-22; मभा. शां. 351; और वे. सू. शां. भा. 2, 1. 1)। वेदान्तियों का कहना है, कि उपाधिभेद के कारण सब जीव भिन्न भिन्न मालूम होते हैं, परंतु वस्तुतः सब ब्रह्म ही हैं। सांख्यवादियों का मत है, कि जब हम देखते हैं, कि प्रत्येक मनुष्य का जन्म, मृत्यु और जीवन अलग-अलग है; और जब इस जगत् में हम यह भेद पाते हैं कि कोई सुखी है तो कोई दुःखी है; तब मानना पड़ता है, कि प्रत्येक आत्मा या पुरुष मूल से ही भिन्न है, और उनकी संख्या भी अनंत है। (सां. का. 18) केवल प्रकृति और पुरुष ही सब सृष्टि के मूलतत्त्व हैं सही; परंतु उनमें से पुरुष शब्द में सांख्यवादियों के मतानुसार "असंख्य पुरुषों के समुदाय" का समावेश होता है। इन असंख्य पुरुषों के और त्रिगुणात्मक प्रकृति के संयोग से सृष्टि का सब व्यवहार हो रहा है। प्रत्येक पुरुष और प्रकृति का जब संयोग होता है, तब प्रकृति अपने गुणों का जाला उस पुरुष के सामने फैलाती है; और पुरुष उसका उपभोग करता रहता है। ऐसा होते-होते जिस पुरुष के चारों ओर की प्रकृति के खेल सात्त्विक हो जाते हैं, उस पुरुष को ही (सब पुरुषों को नहीं) सच्चा ज्ञान प्राप्त होता है; और उस पुरुष के लिए ही प्रकृति के सब खेल बंद हो जाते हैं; एवं वह अपने मूल कैवल्य पद को पहुँच जाता है। परंतु यद्यपि उस पुरुष को मोक्ष मिल गया, तो भी शेष सब पुरुषों को संसार में फँसे ही रहना पड़ता है। कदाचित् कोई यह समझे, कि ज्योंहि पुरुष इस प्रकार कैवल्यपद को पहुँच

जाता है, त्योंही वह एकदम प्रकृति के जाले से छूट जाता होगा। परंतु सांख्यमत के अनुसार यह समझ गलत है। देह और इंद्रियरूपी प्रकृति के विकार उस मनुष्य की मृत्यु तक उसे नहीं छोड़ते। सांख्यवादी इसका यह कारण बतलाते हैं, कि "जिस प्रकार कुम्हार का पहिया-ऊपर का घड़ा बन कर निकाल लिए जाने पर भी-पूर्वसंस्कार के कारण कुछ देर तक घूमता रहता है, उसी प्रकार कैवल्य पद की प्राप्ति हो जाने पर भी इस मनुष्य का शरीर कुछ समय तक शेष रहता है।" (सां. का. 67)। तथापि उस शरीर से, कैवल्य पद पर आरूढ़ होने वाले पुरुषों को कुछ भी अड़चन या सुख-दुःख की बाधा नहीं होती। क्योंकि, यह शरीर जड़ प्रकृति का विकार होने के कारण स्वयं जड़ ही है। इसलिए इसे सुख-दुःख दोनों समान ही हैं; और यदि कहा जाए, कि पुरुष को सुख-दुःख की बाधा होती है, तो यह भी ठीक नहीं। क्योंकि उसे मालूम है, कि मैं प्रकृति के व्यवहार में भिन्न हूँ, सब कर्तृत्व प्रकृति का है, मेरा नहीं। ऐसी अवस्था में प्रकृति के मनमाने खेल हुआ करते हैं, परंतु उसे सुख-दुःख नहीं होता; और वह सदा उदासीन ही रहता है। जो पुरुष प्रकृति के तीनों गुणों से छूट कर यह ज्ञान प्राप्त नहीं कर लेता, वह जन्म मरण से छुट्टी नहीं पा सकता। फिर चाहे वह सत्त्वगुण के उत्कर्ष के कारण देवयोनि में जन्म ले, या रजोगुण के कारण मानव योनि में जन्म ले, या तमोगुण की प्रबलता के कारण पशु-कोटि में जन्म ले। (सां. का. 44.54) जन्ममरण रूपी चक्र के ये फल प्रत्येक मनुष्य को उसके चारों ओर की प्रकृति अर्थात् उसकी बुद्धि के सत्त्व-रज-तम गुणों के उत्कर्षापकर्ष के कारण प्राप्त हुआ करते हैं। गीता में भी कहा है, कि "ऊर्ध्व गच्छन्ति सत्त्वस्था:"-सात्त्विक वृत्ति के पुरुष स्वर्ग जाते हैं; और तामस पुरुषों को अधोगति प्राप्त होती है (गीता 14.18)। परंतु ये स्वर्गादि फल अनित्य हैं। जिसे जन्म-मरण से छुट्टी पाना है, या सांख्यों की परिभाषा के अनुसार जिसे प्रकृति से अपनी भिन्नता अर्थात् कैवल्य चिरस्थायी रखना है, उसे त्रिगुणातीत होकर विरक्त (संन्यस्त) होने के सिवा दूसरा मार्ग नहीं है। कपिलाचार्य को यह वैराग्य और ज्ञान जन्म से ही प्राप्त होता था; परंतु यह स्थिति सब लोगों को जन्म ही से प्राप्त नहीं हो सकती। इसलिए तत्त्व-विवेकरूप साधन से प्रकृति और पुरुष की भिन्नता को पहचान कर प्रत्येक पुरुष को अपनी बुद्धि शुद्ध कर लेने का यत्न करना चाहिए। ऐसे प्रयत्नों से जब बुद्धि सात्त्विक हो जाती है, तो फिर उसी में ज्ञान, वैराग्य, ऐश्वर्य आदि गुण उत्पन्न होते हैं; और मनुष्य को अंत में कैवल्यपद प्राप्त हो जाता है। जिस वस्तु को पाने की मनुष्य इच्छा करता है, उसे प्राप्त कर लेने के योग्य सामर्थ्य को ही यहाँ ऐश्वर्य कहा है। सांख्यमत के अनुसार धर्म की गणना सात्त्विक गुण में ही की जाती है। परंतु कपिलाचार्य ने अंत में यह भेद किया है, कि केवल धर्म से स्वर्ग ही प्राप्त होता है; और ज्ञान तथा वैराग्य (संन्यास) से मोक्ष या कैवल्यपद प्राप्त होता है; तथा पुरुष के दुःखों की आत्यंतिक निवृत्ति हो जाती है।

जब देहेंद्रियों और बुद्धि में पहले सत्त्वगुण का उत्कर्ष होता है; और जब धीरे-धीरे उन्नति होते-होते अंत में पुरुष को यह ज्ञान हो जाता है, कि मैं त्रिगुणात्मक प्रकृति से भिन्न हूँ तब उसे सांख्यवादी 'त्रिगुणातीत' अर्थात् सत्त्व, रज-तम गुणों के परे पहुँचा हुआ कहते हैं। इस त्रिगुणातीत अवस्था में सत्त्व-रज-तम में से कोई भी गुण शेष नहीं रहता। इसलिए कुछ सूक्ष्म विचार करने से मानना पड़ता है कि यह त्रिगुणातीत अवस्था सात्त्विक, राजस और तामस इन तीनों अवस्थाओं से भिन्न है। इसी अभिप्राय से भागवत में भक्ति के तामस, राजस और सात्त्विक भेद करने के पश्चात् एक और चौथा भेद किया गया है। इन तीनों गुणों के पार हो जाने वाला पुरुष, निर्हेतुक और अभेद भाव से जो भक्ति करता है उसे 'निर्गुण भक्ति' कहते हैं (भाग. 3.29.7-14)। परंतु सात्त्विक, राजस और तामस इन तीनों वर्गों की अपेक्षा वर्गीकरण के तत्त्वों को व्यर्थ अधिक बढ़ाना

उचित नहीं है। इसलिए सांख्यवादी कहते हैं, कि सत्त्वगुण के अत्यंत उत्कर्ष से ही अंत में त्रिगुणातीत अवस्था प्राप्त हुआ करती है; और इसलिए वे इस अवस्था की गणना सात्त्विक वर्ग में ही करते हैं। गीता में भी यह मत स्वीकार किया गया है। उदाहरणार्थ गीता में कहा है, कि "जिस अभेदात्मक ज्ञान से यह मालूम हो, कि सब कुछ एक ही है उसी को सात्त्विक ज्ञान कहते हैं" (गीता 18.20)। इसके सिवा सत्त्वगुण के वर्णन के बाद गीता में 14वें अध्याय के अंत में, त्रिगुणातीत अवस्था का वर्णन है। परंतु भगवद्गीता को यह प्रकृति और पुरुषवाला द्वैत मान्य नहीं है। इसलिए ध्यान रखना चाहिए, कि गीता में 'प्रकृति', 'पुरुष', 'त्रिगुणातीत' इत्यादि सांख्यवादियों के पारिभाषिक शब्दों का उपयोग कुछ भिन्न अर्थ में किया गया है; अथवा यह कहिए, कि गीता में सांख्यवादियों के द्वैत पर अद्वैत परब्रह्म की 'छाप' सर्वत्र लगी हुई है। उदाहरणार्थ, सांख्यवादियों के प्रकृति-पुरुष भेद का ही गीता के 13वें अध्याय में वर्णन है। (गीता 13. 19-34) परंतु वहाँ 'प्रकृति' और 'पुरुष' शब्दों का उपयोग क्षेत्र और क्षेत्रज्ञ के अर्थ में हुआ है। इसी प्रकार 14वें अध्याय में त्रिगुणातीत अवस्था का वर्णन (गीता 14. 22-27) भी उस सिद्ध पुरुष के विषय में किया गया है; जो त्रिगुणात्मक माया के फंदे से छूटकर उस परमात्मा को पहचानता है, जो कि प्रकृति और पुरुष के भी परे है। यह वर्णन सांख्यवादियों के उस सिद्धान्त के अनुसार नहीं है; जिसके द्वारा वे यह प्रतिपादन करते हैं, कि 'प्रकृति' और 'पुरुष', दोनों पृथक्-पृथक् तत्त्व हैं; और पुरुष का 'कैवल्य' ही त्रिगुणातीत अवस्था है। यह भेद आगे अध्यात्म-प्रकरण में अच्छी तरह समझा दिया गया है। परंतु गीता में यद्यपि अध्यात्म पक्ष ही प्रतिपादित किया गया है, तथापि आध्यात्मिक तत्त्वों का वर्णन करते समय भगवान् श्रीकृष्ण ने सांख्य परिभाषा का और युक्तिवाद का हर जगह उपयोग किया है। इसलिए संभव है, कि गीता पढ़ते समय कोई यह समझ बैठे, कि गीता को सांख्यवादियों के ही सिद्धान्त ग्राह्य हैं। इस भ्रम को हटाने के लिए ही सांख्यशास्त्र और गीता के तत्सदृश सिद्धान्तों का भेद फिर से यहाँ बतलाया गया है। वेदान्तसूत्रों के भाष्य में श्री शंकराचार्य ने कहा है, कि उपनिषदों के इस अद्वैत सिद्धान्त को न छोड़कर-कि "प्रकृति और पुरुष के परे इस जगत् का परब्रह्मरूपी एक ही मूलभूत तत्त्व है; और उसी से प्रकृति पुरुष आदि सब सृष्टि की उत्पत्ति हुई है"-सांख्यशास्त्र के शेष सिद्धान्त हमें अग्राह्य नहीं हैं। (वे. सू. शां. भा. 2.1.3) यही बात गीता के उपपादन के विषय में भी चरितार्थ होती है।

❑❑❑

आठवाँ प्रकरण

विश्व की रचना और संहार

गुणा गुणेषु जायन्ते तत्रैव निविशन्ति च।[1]

– महाभारत शांति, 305.23

इस बात का विवेचन हो चुका, कि कापिलसांख्य के अनुसार संसार में जो दो स्वतंत्र मूलतत्त्व-प्रकृति और पुरुष-हैं, उनका स्वरूप क्या है और जब उन दोनों का संयोग ही निमित्त कारण हो जाता है; तब पुरुष के सामने प्रकृति अपने गुणों का जाला कैसे फैलाया करती है; और इस जाले से हमको अपना छुटकारा किस प्रकार कर लेना चाहिए। परंतु अब तक इसका स्पष्टीकरण नहीं किया गया, कि प्रकृति अपने इस जाले को (अथवा खेल, संसार या ज्ञानेश्वर महाराज के शब्दों में 'प्रकृति की टकसाल' को) किस क्रम से पुरुष के सामने फैलाया करती है; और उसका लय किस प्रकार हुआ करता है। प्रकृति के इस व्यापार ही को "विश्व की रचना और संहार" कहते हैं; और इसी विषय का विवेचन प्रस्तुत प्रकरण में किया जाएगा। सांख्यमत के अनुसार प्रकृति ने इस जगत् या सृष्टि को असंख्य पुरुषों के लाभ के लिए ही निर्माण किया है। 'दासबोध' में श्रीसमर्थ रामदास स्वामी ने भी प्रकृति से सारे ब्रह्मांड के निर्माण होने का बहुत अच्छा वर्णन किया है। उसी वर्णन से "विश्व की रचना और संहार" शब्द इस प्रकरण में लिए गए हैं। इसी प्रकार, भगवद्गीता के सातवें और आठवें अध्यायों में मुख्यत: इसी विषय का प्रतिपादन किया गया है और, ग्यारहवें अध्याय के आरंभ में अर्जुन ने श्रीकृष्ण से यह जो प्रार्थना की है, कि "भवाप्ययौ हि भूतानां श्रुतौ विस्तारशो मया" (गीता 11. 2)-भूतों की उत्पत्ति और प्रलय (जो आपने) विस्तारपूर्वक (बतलाया, उसको) मैंने सुना। अब मुझे अपना विश्वरूप प्रत्यक्ष दिखाकर कृतार्थ कीजिए-उससे यह बात स्पष्ट हो जाती है, कि विश्व की रचना और संहार, क्षर-अक्षर-विचार ही का एक मुख्य भाग है। 'ज्ञान' वह है, जिससे यह बात मालूम हो जाती है, कि सृष्टि के अनेक (नाना) व्यक्त पदार्थों में एक ही अव्यक्त मूलद्रव्य है (गीता 18.20); और 'विज्ञान' उसे कहते हैं, जिससे यह मालूम हो, कि एक ही मूलभूत अव्यक्त द्रव्य से अनेक भिन्न भिन्न पदार्थ किस प्रकार अलग-अलग निर्मित हुए। (गीता 13.30) हैं; और इसमें न केवल क्षर-अक्षर-विचार ही का समावेश होता है, किंतु क्षेत्र-क्षेत्रज्ञ-ज्ञान और अध्यात्म विषयों का भी समावेश हो जाता है।

भगवद्गीता के मतानुसार प्रकृति अपना संसारशकट चलाने या सृष्टि का कार्य चलाने के लिए स्वतंत्र नहीं है; किंतु उसे यह काम ईश्वर की इच्छा के अनुसार करना पड़ता है (गीता 9.10)। परंतु, पहले बतलाया जा चुका है, कि कपिलाचार्य ने प्रकृति

1. "गुणों से ही गुणों की उत्पत्ति होती है और उन्हीं में उनका लय हो जाता है।"

को स्वतंत्र माना है। सांख्यशास्त्र के अनुसार, प्रकृति के संसार का आरंभ होने के लिए 'पुरुष का संयोग' इतना ही निमित्त कारण बस हो जाता है। इस विषय में प्रकृति और किसी की अपेक्षा नहीं करती। सांख्यों का यह कथन है, कि ज्योंही पुरुष और प्रकृति का संयोग होता है, त्योंही उसकी टकसाल जारी हो जाती है और जिस प्रकार वसंत ऋतु में वृक्षों में नए पत्ते दीख पड़ते हैं; और क्रमशः फूल फल लगते हैं (मभा. शां. 231.73; मनु. 1.30), उसी प्रकार प्रकृति की मूल साम्यावस्था नष्ट हो जाती है; और उसके गुणों का विस्तार होने लगता है। इसके विरुद्ध वेदसंहिता, उपनिषद् और स्मृतिग्रंथों में प्रकृति को मूल न मानकर परब्रह्म को मूल माना है; और परब्रह्म से सृष्टि की उत्पत्ति होने के विषय में भिन्न-भिन्न वर्णन किए गए हैं-"हिरण्यगर्भः समवर्तताग्रे भूतस्य जातः पतिरेक आसीत्"-पहले हिरण्यगर्भ (ऋ. 10.121.1) और इस हिरण्यगर्भ से अथवा सत्य से सब सृष्टि उत्पन्न हुई (ऋ. 10.72; 10.190); अथवा पहले पानी उत्पन्न हुआ (ऋ. 10.82.6; तै. ब्रा. 1.1.3.7; ऐ. उ. 1.1.2) और फिर उससे सृष्टि उत्पन्न हुई। अथवा इस पानी में एक अंडा उत्पन्न हुआ और उससे ब्रह्मा उत्पन्न हुआ; ब्रह्मा से अथवा उस मूल अंडे से ही सारा जगत् उत्पन्न हुआ; (मनु. 1.8-13; छां. 3.19) अथवा वही ब्रह्मा (पुरुष) आधे हिस्से से स्त्री हो गया (बृ. 1.4, 3; मनु. 1.32); अथवा पानी उत्पन्न होने के पहले ही पुरुष था (कठ. 4.6) अथवा परब्रह्म से पहले तेज, पानी और पृथ्वी (अन्न) ये ही तीन तत्त्व उत्पन्न हुए और पश्चात् उनके मिश्रण से सब पदार्थ बने (छां. 6.2-6)। यद्यपि उक्त वर्णनों में बहुत भिन्नता है; तथापि वेदान्तसूत्रों में (वे. सू. 2.3. 1-15) अन्तिम निर्णय यह किया गया है, कि आत्मरूपी मूलब्रह्म से ही आकाश आदि पंचमहाभूत क्रमशः उत्पन्न हुए हैं (तै. उ. 2.1)। प्रकृति, महत् आदि तत्त्वों का भी उल्लेख (कठ. 3.11), मैत्रायणी (6.10), श्वेताश्तर (4.10; 6.16), आदि उपनिषदों में स्पष्ट रीति से किया गया है। इससे दीख पड़ेगा, कि यद्यपि वेदान्त मत वाले प्रकृति को स्वतंत्र न मानते हों, तथापि जब एक बार शुद्ध ब्रह्मा ही में मायात्मक प्रकृति रूप विकार दृग्गोचर होने लगता है, तब आगे सृष्टि के उत्पत्ति क्रम के संबंध में उनका और सांख्य मत वालों का अंत में मेल हो गया था; और इसी कारण महाभारत में कहा है, कि "इतिहास, पुराण, अर्थशास्त्र आदि में जो कुछ ज्ञान भरा है, वह सब सांख्यों से प्राप्त हुआ है" (शां. 301,108, 109)। उसका यह मतलब नहीं है, कि वेदान्तियों ने अथवा पैराणिकों ने यह ज्ञान कपिल से प्राप्त किया है; किंतु यहाँ पर यह केवल इतना ही अर्थ अभिप्रेत है कि, सृष्टि के उत्पत्ति क्रम का ज्ञान सर्वत्र एक-सा दीख पड़ता है। इतना ही नहीं; किंतु यह भी कहा जा सकता है, कि यहाँ पर 'सांख्य' शब्द प्रयोग 'ज्ञान' के व्यापक अर्थ में ही किया गया है। तथापि कपिलाचार्य ने सृष्टि के उत्पत्ति क्रम का वर्णन शास्त्रीय दृष्टि से विशेष पद्धति पूर्वक किया है; और भगवद्गीता में भी विशेष करके इसी सांख्यक्रम का स्वीकार किया गया है, इस कारण उसी का विवेचन इस प्रकरण में किया जाएगा।

सांख्यों का सिद्धान्त है, कि इंद्रियों को अगोचर अर्थात् अव्यक्त, सूक्ष्म और चारों ओर अखंडित भरे हुए एक ही निरवयव मूलद्रव्य से सारी व्यक्त सृष्टि उत्पन्न हुई है। यह सिद्धान्त पश्चिमी देशों के अर्वाचीन आधिभौतिक शास्त्रज्ञों को ग्राह्य है। ग्राह्य ही क्यों, अब तो उन्होंने यह भी निश्चित किया है, कि इसी मूलद्रव्य की शक्ति का क्रमशः विकास होता आया है; और इस पूर्वापार क्रम को छोड़ बीच में अचानक या निरर्थक कुछ भी निर्माण नहीं हुआ है। इसी मत को उत्क्रांतिवाद या विकास सिद्धान्त कहते हैं। जब यह सिद्धान्त पश्चिमी राष्ट्रों में, गतशताब्दी में, पहले पहले ढूँढ निकाला गया, तब वहाँ बड़ी खलबली मच गई थी। ईसाई धर्म-पुस्तकों में यह वर्णन है, कि ईश्वर ने

पंचमहाभूतों को और जंगमवर्ग के प्रत्येक प्राणी की जाति को भिन्न-भिन्न समय पर पृथक्-पृथक् और स्वतंत्र निर्माण किया है; और उत्क्रांतिवाद के पहले इसी मत को सब ईसाई लोग सत्य मानते थे। अतएव, जब ईसाई धर्म का उक्त सिद्धान्त उत्क्रांतिवाद से असत्य ठहराया जाने लगा, तब उत्क्रांतिवादियों पर खूब जोर से आक्रमण और कटाक्ष होने लगे। ये कटाक्ष आजकल भी न्यूनाधिक होते ही रहते हैं। तथापि, शास्त्रीय सत्य में अधिक शक्ति होने के कारण सृष्ट्युत्पुत्ति के संबंध में सब विद्वानों को उत्क्रांतिमत ही आजकल अधिक ग्राह्य होने लगा है। इस मत का सारांश यह है-सूर्यमाला में पहले एक सूक्ष्म द्रव्य ही भरा हुआ था। उसकी मूल गति अथवा ऊष्णता का परिणाम घटता गया। तब उस द्रव्य का अधिकाधिक संकोच होने लगा; और पृथ्वी समवेत सब ग्रह क्रमश: उत्पन्न हुए। अंत में जो शेष अंश बचा, वही सूर्य है। पृथ्वी भी सूर्य के सदृश पहले एक ऊष्ण गोला थी। परंतु ज्यों-ज्यों उसकी ऊष्णता कम होती गई, त्यों-त्यों मूलद्रव्यों में से कुछ द्रव्य पतले ओर कुछ घने हो गए। इस प्रकार पृथ्वी के ऊपर की हवा और पानी तथा उसके नीचे का पृथ्वी का जड़ गोला, ये तीन पदार्थ बने; और इसके बाद, इन तीनों के मिश्रण अथवा संयोग से सब सजीव तथा निर्जीव सृष्टि उत्पन्न हुई है। डार्विन प्रभृति पंडितों ने तो यह प्रतिपादन किया है, कि इसी तरह मुनष्य भी छोटे कीड़े से बढ़ते-बढ़ते अपनी वर्तमान अवस्था में आ पहुँचा है। परंतु अब तक आधिभौतिकवादियों में और अध्यात्मवादियों में इस बात पर बहुत मतभेद है, कि सारी सृष्टि के मूल में आत्मा जैसे किसी भिन्न और स्वतंत्र तत्त्व को मानना चाहिए या नहीं। हेकेल के सदृश कुछ पंडित यह मानकर, कि जड़ पदार्थों से ही बढ़ते-बढ़ते आत्मा और चैतन्य की उत्पत्ति हुई, जड़ाद्वैत का प्रतिपादन करते हैं, और इसके विरुद्ध कांट सरीखे अध्यात्म ज्ञानियों का यह कथन है, कि हमें सृष्टि का जो ज्ञान होता है, वह हमारे आत्मा के एकीकरण-व्यापार का फल है, इसलिए आत्मा को एक स्वतंत्र तत्त्व मानना ही पड़ता है। क्योंकि यह कहना-कि जो आत्मा बाह्य सृष्टि का होता है, वह उसी गोचर सृष्टि का एक भाग है अथवा उस सृष्टि ही से वह उत्पन्न हुआ है-तर्क दृष्टि से ठीक वैसे ही असमंजस या भ्रामक प्रतीत होगा, जैसे यह उक्ति कि हम स्वयं अपने ही कंधे पर बैठ सकते हैं। यही कारण है, कि सांख्यशास्त्र में प्रकृति और पुरुष; ये दो स्वतंत्र तत्त्व माने गए हैं। सारांश यह है, कि आधिभौतिक सृष्टिज्ञान चाहे जितनी उन्नति करे; तथापि अब तक पश्चिमी देशों में बहुतेरे बड़े-बड़े पंडित यही प्रतिपादन किया करते हैं, कि सृष्टि के मूल तत्त्व के स्वरूप का विवेचन हमेशा भिन्न पद्धति से किया जाना चाहिए। परंतु, यदि केवल इतना ही विचार किया जाए, कि एक जड़ प्रकृति से आगे सब व्यक्त पदार्थ किस क्रम से बने हैं, तो पाठकों को मालूम हो जाएगा, कि पश्चिमी उत्क्रांति मत में और सांख्यशास्त्र में वर्णित प्रकृति के कार्यसंबंधी तत्त्वों में कोई विशेष अंतर नहीं है। क्योंकि इस मुख्य सिद्धान्त से दोनों सहमत हैं, कि अव्यक्त, सूक्ष्म और एक मूल रूप प्रकृति ही से क्रमश: (सूक्ष्म और स्थूल) विविध रूप व्यक्त सृष्टि निर्मित हुई है। परंतु अब आधिभौतिक शास्त्रों के ज्ञान की खूब वृद्धि हो जाने के कारण, सांख्यवादियों के "सत्त्व, रज, तम" इन तीन गुणों के बदले, आधुनिक सृष्टिशास्त्रज्ञों ने गति, उष्णता और आकर्षण शक्ति को प्रधान गुण मान रखा है। यह बात सच है, कि "सत्त्व, रज, तम" गुणों की न्यूनाधिकता के परिणामों की अपेक्षा, उष्णता अथवा आकर्षण शक्ति की न्यूनाधिकता की बात आधिभौतिकशास्त्र की दृष्टि से सरलतापूर्वक समझ में आ जाती है। तथापि गुणों के विकास अथवा गुणोत्कर्ष का जो यह तत्त्व है, कि "गुणा गुणेषु वर्तन्ते" (गीता 3.28), वह दोनों ओर समान ही है। सांख्यशास्त्रज्ञों का कथन है, कि जिस तरह मोड़दार पंखे को धीरे-धीरे खोलते हैं उसी तरह सत्त्व, रज,

तम की साम्यावस्था में रहनेवाली प्रकृति की तह जब धीरे-धीरे खुलने लगती है, तब सब व्यक्त सृष्टि निर्मित होती है-और इस कथन में और उत्क्रांतिवाद में वस्तुतः कुछ भेद नहीं है। तथापि, यह भेद तात्त्विक धर्मदृष्टि से ध्यान में रखने योग्य है, कि ईसाई धर्म के समान गुणोत्कर्ष तत्त्व का अनादर न करते हुए, गीता में अंशतः उपनिषद् आदि वैदिक ग्रंथों में भी, अद्वैत वेदान्त के साथ ही साथ बिना किसी विरोध के गुणोत्कर्षवाद स्वीकार किया गया है।

अब देखना चाहिए कि प्रकृति के विकास क्रम के विषय में सांख्य शास्त्रकारों का क्या कथन है। इस क्रम ही को गुणोत्कर्ष अथवा गुणपरिणामवाद कहते हैं। यह बतलाने की आवश्यकता नहीं, कि कोई काम आरंभ करने के पहले मनुष्य उसे अपनी बुद्धि से निश्चित कर लेता है, अथवा पहले वह काम करने की बुद्धि या इच्छा उसमें उत्पन्न हुआ करती है। उपनिषदों में भी इस प्रकार का वर्णन है, कि आरंभ में मूल परमात्मा को यह बुद्धि या इच्छा हुई, कि हमें अनेक होना चाहिए-"बहु स्यां प्रजायेय"-और इसके बाद सृष्टि उत्पन्न हुई (छां. 6.2.3; तै. 2.6.)। इसी न्याय के अनुसार अव्यक्त प्रकृति भी अपनी साम्यावस्था का भंग करके व्यक्त सृष्टि के निर्माण करने का निश्चय पहले कर लिया करती है। निश्चय-अर्थात् व्यवसाय-करना बुद्धि का लक्षण है। अतएव, सांख्यों ने यह निश्चित किया है, प्रकृति में 'व्यवसायात्मिक बुद्धि' का गुण पहले उत्पन्न हुआ करता है। सारांश यह है, कि जिस प्रकार मनुष्य को पहले कुछ काम करने की इच्छा या बुद्धि हुआ करती है, उसी प्रकार प्रकृति को भी अपना विस्तार करने या पसारा पसारने की बुद्धि पहले हुआ करती है। परंतु इन दोंनों में बड़ा भारी अंतर यह है, कि मनुष्यप्राणी सचेत न होने के कारण-अर्थात् उसमें प्रकृति की बुद्धि के साथ सचेतन पुरुष का (आत्मा का) संयोग होने के कारण-वह स्वयं अपनी व्यवसायात्मिका बुद्धि को जान सकता है; और प्रकृति स्वयं अचेतन या जड़ है; इसलिए उसको अपनी बुद्धि का कुछ ज्ञान नहीं रहता। यह अंतर पुरुष के संयोग से प्रकृति में उत्पन्न होने वाले चैतन्य के कारण हुआ करता है; यह केवल जड़ या अचेतन प्रकृति का गुण नहीं है। अर्वाचीन आधिभौतिक सृष्टिशास्त्रज्ञ भी अब कहने लगे हैं, कि इस बात को बिना मानै कि मानवी इच्छा की बराबरी करनेवाली किंतु अस्वयंवेद्य शक्ति जड़ पदार्थों में भी रहती है, गुरुत्वाकर्षण अथवा रसायन-क्रिया का और लोह चुंबक का आकर्षण तथा अपसारण प्रभृति केवल जड़ सृष्टि में ही दृग्गोचर होनेवाले गुणों का मूल कारण ठीक ठीक बतलाया नहीं जा सकता।[1] आधुनिक सृष्टिशास्त्रज्ञों के उक्त मत पर ध्यान देने से सांख्यों का यह सिद्धान्त आश्चर्यकारक नहीं प्रतीत होता, कि प्रकृति में पहले बुद्धि-गुण का प्रदुर्भाव होता है। प्रकृति में प्रथम उत्पन्न होनेवाले इन गुणों को यदि आप चाहें, तो अचेतन अथवा अस्वयंवेद्य अर्थात् अपने आपको ज्ञात न होनेवाली बुद्धि कह सकते हैं। परंतु, उसे चाहे जो कहें; इसमें संदेह नहीं, कि मनुष्य को होनेवाली बुद्धि और प्रकृति को होनेवाली बुद्धि दोनों मूल में एक ही श्रेणी की हैं; और इसी कारण दोनों स्थानों पर उनकी व्याख्याएँ भी एक ही-सी की गई हैं। उस बुद्धि के ही "महत्, ज्ञान, मति, आसुरी, प्रजा, ख्याति" आदि अन्य नाम हैं। मालूम होता है, कि इसमें से 'महत्' (पुल्लिंग कर्ता का एकवचन महान बड़ा) नाम इस गुण की श्रेष्ठता के कारण दिया गया होगा; अथवा इसलिए दिया गया होगा, कि अब प्रकृति बढ़ने लगती है। प्रकृति में पहले उत्पन्न होने वाला महान अथवा बुद्धि-गुण 'सत्त्व-रज-तम' के मिश्रण ही का परिणाम है। इसलिए प्रकृति की यह बुद्धि यद्यपि देखने में एक ही प्रतीत होती हो, तथापि यह आगे कई प्रकार की हो सकती है। क्योंकि ये गुण-सत्त्व, रज और तम-प्रथम दृष्टि से यद्यपि तीन हैं, तथापि विचार-दृष्टि से प्रकट हो जाता है, कि इनके मिश्रण में प्रत्येक

गुण का परिणाम अनंत रीति से भिन्न भिन्न हुआ करता है, और इसीलिए इन तीनों में से प्रत्येक गुण के अनंत भिन्न परिणाम से उत्पन्न होने वाली बुद्धि के प्रकार भी त्रिघात अनंत हो सकते हैं। अव्यक्त प्रकृति से निर्मित होनेवाली यह बुद्धि भी प्रकृति के ही सदृश सूक्ष्म होती है। परंतु पिछले प्रकरण में 'व्यक्त' और 'अव्यक्त' तथा 'सूक्ष्म' और 'स्थूल' का जो अर्थ बतलाया गया है, उसके अनुसार यह बुद्धि प्रकृति के समान सूक्ष्म होने पर भी उसके समान अव्यक्त नहीं है-मनुष्य को इसका ज्ञान हो सकता है। अतएव, अब यह सिद्ध हो चुका, कि इस बुद्धि का समावेश व्यक्त में (अर्थात् मनुष्य को गोचर होने वाले पदार्थों में) होता है; और सांख्यशास्त्र में न केवल बुद्धि किंतु बुद्धि के आगे प्रकृति के बाद के सब विकार भी व्यक्त ही माने जाते हैं। एक मूल प्रकृति के सिवा कोई भी अन्य तत्त्व अव्यक्त नहीं है।

इस प्रकार, यद्यपि अव्यक्त प्रकृति में व्यक्त व्यवसायात्मिका - बुद्धि उत्पन्न हो जाती है, तथापि प्रकृति अब तक एक ही बनी रहती है। इस एकरूपता का भंग होना और अनेकरूपता या विविधत्व का उत्पन्न होना ही पृथकत्व कहलाता है। उदाहरणार्थ, पारे का जमीन पर गिरना और उसकी अलग-अलग छोटी-छोटी गोलियाँ बन जाना। बुद्धि के बाद जब तक यह पृथकत्व या विविधरूपता उत्पन्न न हो, तब तक एक ही प्रकृति के अनेक पदार्थ हो जाना संभव नहीं। बुद्धि से बाद में उत्पन्न होने वाली पृथकता के गुण को ही 'अहंकार' कहते हैं। क्योंकि पृथकता, 'मैं-तू' शब्दों से ही, प्रथम व्यक्त की जाती है; और 'मैं-तू' का अर्थ ही अहंकार अथवा अहं-अहं (मैं-मैं) करना है। प्रकृति में उत्पन्न होने वाले अहंकार के इस गुण को यदि आप चाहें, तो अस्वयंवेद्य अर्थात् अपने आपको ज्ञात न होने वाला अहंकार कह सकते हैं। परंतु स्मरण रहे, कि मनुष्य में प्रकट होने वाला अहंकार और वह अहंकार कि जिसके कारण पेड़, पत्थर, पानी अथवा भिन्न भिन्न मूल परमाणु एकरूप प्रकृति से उत्पन्न होते हैं, ये दोनों एक ही जाति के हैं। भेद केवल इतना ही है, कि पत्थर में चैतन्य न होने के कारण उसे 'अहं' का ज्ञान नहीं होता, और मुंह न होने के कारण 'मैं-तू' कहकर स्वाभिमान पूर्वक अपनी किसी पर वह प्रकट नहीं कर सकता। सारांश यह है, कि दूसरों से पृथक रहने का-अर्थात् अभिमान या अहंकार का-तत्त्व सब जगह समान ही है। इस अहंकार ही को तैजस, अभिमान, भूतादि और धातु भी कहते हैं। अहंकार बुद्धि ही का एक भाग है। इसलिए पहले जब तक बुद्धि न होगी, तब तक अहंकार उत्पन्न हो ही नहीं सकता। अतएव सांख्यों ने यह निश्चित किया है, कि 'अहंकार' यह दूसरा-अर्थात् बुद्धि के बाद का गुण है। अब यह बतलाने की आवश्यकता नहीं, कि सात्त्विक, राजस और तामस भेदों से बुद्धि के समान अहंकार के भी अनंत प्रकार हो जाते हैं। इसी तरह उनके बाद के गुणों के भी प्रत्येक के त्रिघात अनंत भेद हैं। अथवा यह कहिए, कि व्यक्त सृष्टि

---

1. "Without the assumption of an atomic soul the commonest and the most general phenomena of Chemistry are inexplicable. Pleasure and pain, desire and aversion, attraction and repulsion must be common to all atoms of an aggregate; for the movements of atoms which must take place in the formation and dissolution of a chemical compound can be explained only by attributing to them Sensation and Will." - Haeckel in the Perigenesis of the Pla tidule - cited in Martineau's of Ethical Theory, Vol. II, p. 399, 3rd Ed. Haeckel himself explains this statement as follows:- "I explicity stated that I conceived the elementary psychic qualities of Sensation and will which may be attributed to atoms, to be unconscious - just as unconscous as the elementary memory, which I, in common with the distinguished psychologist Edward Hering, consider to be a common function of all organised matter, or more correctly the living substances." - The Riddle of the Universe, Chap. IX, p. 63 (R.P.A. Cheap Ed.)

में प्रत्येक वस्तु के इसी प्रकार अनंत, सात्त्विक, राजस और तामस भेद हुआ करते हैं; और इसी सिद्धान्त को लक्ष्य करके गीता में गुणत्रय-विभाग और श्रद्धात्रयविभाग बतलाते गए हैं (गीता अ. 14 और 17)।

व्यवसायात्मिका बुद्धि और अहंकार, ये दोनों व्यक्त गुण जब मूल साम्यावस्था की प्रकृति में उत्पन्न हो जाते हैं, तब प्रकृति की एकरूपता भंग हो जाती है और उससे अनेक पदार्थ बनने लगते हैं। तथापि उसकी सूक्ष्मता अब तक कायम रहती है। अर्थात् यह कहना अयुक्त न होगा, कि अब नैयायिकों के सूक्ष्म परमाणुओं का आरंभ होता है। क्योंकि अहंकार उत्पन्न होने के पहले प्रकृति अखंडित और निरवयव थी। वस्तुत: देखने से तो प्रतीत होता है, कि निरी बुद्धि और निरा अहंकार केवल गुण हैं। अतएव, उपर्युक्त सिद्धान्तों से यह मतलब नहीं लेना चाहिए, कि वे (बुद्धि और अहंकार) प्रकृति के द्रव्य से पृथक् रहते हैं। वास्तव में बात यह है, कि जब मूल एक और अवयवरहित ही प्रकृति में इन गुणरूपों का प्रादुर्भाव हो जाता है, तब उसी को विविध रूप और अवयव सहित द्रव्यात्मक व्यक्त रूप प्राप्त हो जाता है। इस प्रकार जब अहंकार से मूल प्रकृति में भिन्न-भिन्न पदार्थ बनने की शक्ति आ जाती है, तब आगे उसकी वृद्धि की दो शाखाएँ हो जाती हैं। एक-पेड़, मनुष्य आदि सेंद्रिय प्राणियों की सृष्टि और दूसरी, निरिंद्रिय पदार्थों की सृष्टि। यहाँ इंद्रिय शब्द से केवल "इंद्रियवान् प्राणियों की इंद्रियों की शक्ति" इतना ही अर्थ लेना चाहिए। इसका कारण यह है, कि सेंद्रिय प्राणियों की जड़ देह का समावेश जड़ यानी निरिंद्रिय सृष्टि में होता है; और इन प्राणियों की आत्मा 'पुरुष' नामक अन्य वर्ग में शामिल किया जाता है। इसीलिए सांख्यशास्त्र में सेंद्रिय सृष्टि का विचार करते समय, देह और आत्मा को छोड़ केवल इंद्रियों का ही विचार किया गया है। इस जगत् में सेंद्रिय अथवा निरिंद्रिय पदार्थों के अतिरिक्त किसी तीसरे पदार्थ का होना संभव नहीं। इसलिए कहने की आवश्यकता नहीं, कि अहंकार से दो से अधिक शाखाएँ निकल ही नहीं सकती। इनमें निरिंद्रिय पदार्थों की अपेक्षा इंद्रिय शक्ति श्रेष्ठ है। इसलिए इंद्रियं सृष्टि को सात्त्विक (अर्थात् सत्त्वगुण के उत्कर्ष से होने वाली) कहते हैं; और निरिंद्रिय सृष्टि को तामस (अर्थात् तमोगुण के उत्कर्ष से होने वाली) कहते हैं। सारांश यह है, कि जब अहंकार अपनी शक्ति से भिन्न-भिन्न पदार्थ उत्पन्न करने लगता है, तब उसी में एक बार सत्त्वगुण का उत्कर्ष होकर एक ओर पाँच ज्ञानेंद्रियाँ, पाँच कर्मेंद्रियाँ और मन मिलकर इंद्रिय सृष्टि की मूलभूत ग्यारह इंद्रियाँ उत्पन्न होती हैं; और दूसरी ओर; तमोगुण का उत्कर्ष होकर उससे निरिंद्रिय सृष्टि के मूलभूत पाँच तन्मात्रद्रव्य उत्पन्न होते हैं। परंतु प्रकृति की सूक्ष्मता अब तक कायम रही है; इसलिए अहंकार से उत्पन्न होने वाले ये सोलह तत्त्व भी सूक्ष्म ही रहते हैं।[1]

शब्द, स्पर्श, रूप, रस और गंध की तन्मात्राएँ-अर्थात् बिना मिश्रण हुए प्रत्येक गुण के भिन्न-भिन्न अति सूक्ष्म मूल स्वरूप-निरिंद्रिय-सृष्टि के मूल तत्त्व हैं; और मन सहित ग्यारह इंद्रियाँ-सृष्टि की बीज हैं। इस विषय की सांख्यशास्त्र की उपपत्ति विचार करने योग्य है, कि निरिंद्रिय सृष्टि के मूल तत्त्व (तन्मात्र) पाँच ही क्यों और सेंद्रिय सृष्टि के तीन भेद-घन, द्रव और वायुरूपी-किए हैं; परंतु सांख्य शास्त्रकारों का पदार्थों का ज्ञान

---

1. संक्षेप में यही अंग्रेजी भाषा में इस प्रकार कहा जा सकता है:-

The Primeval matter *(Prakriti)* was at first *homogeneous*. It resolved *(Buddhi)* to unfold itself, and by the *principle* of *differentation (Ahamkara)* became *hetrogeneous*. It then branched off into *Two* Section - one *Organic (Sendriya)* and the other *inorganic (Nirindriya)*. There are *elevan* elements of the organic and *five* of the inorganic creation. *Purusha* or the observer is different from all these and falls under none of the above categories.

केवल पाँच ज्ञानेंद्रियों से हुआ करता है; और इन ज्ञानेंद्रियों की रचना कुछ ऐसी विलक्षण है, कि एक इंद्रिय को सिर्फ एक ही गुण का ज्ञान हुआ करता है। आँखों से सुगंध नहीं मालूम होती और न कान से दीखता है; त्वचा से मीठा-कडुवा नहीं समझ पड़ता और न जिह्वा से शब्दज्ञान होता है; नाक से सफेद और काले रंग का भेद भी नहीं मालूम होता। जब इस प्रकार पाँच ज्ञानेंद्रियाँ और उनके पाँच विषय-शब्द, स्पर्श, रूप, रस और गंध-निश्चित हैं; तब यह प्रकट है, कि सृष्टि के सब गुण भी पाँच से अधिक नहीं माने जा सकते। क्योंकि यदि हम कल्पना से यह मान भी लें कि गुण पाँच से अधिक हैं; तो कहना नहीं होगा, कि उनको जानने के लिए हमारे पास कोई साधन या उपाय नहीं है। इन पाँच गुणों में से प्रत्येक के अनेक भेद हो सकते हैं। उदाहरणार्थ, यद्यपि 'शब्द'-एक ही गुण है, तथापि उसके छोटा, बड़ा, कर्कश, भद्दा, फटा हुआ, कोमल अथवा गायनशास्त्र के अनुसार निषाद, गांधार, षड्ज आदि; और व्याकरणशास्त्र के अनुसार कण्ठ्य, तालव्य और औषठ्य आदि अनेक भेद हुआ करते हैं। इसी तरह यद्यपि 'रूप' एक ही गुण है, तथापि उसके भी अनेक भेद हुआ करते हैं; जैसे सफेद, काला, नीला, पीला, हरा, लाल आदि। इसी तरह यद्यपि 'रस' या 'रुचि' एक ही गुण है, तथापि उसे खट्टा, मीठा, तीखा, कडुवा, खारा आदि अनेक भेद हो जाते हैं और 'मिठास' यद्यपि एक विशिष्ट रुचि है, तथापि हम देखते हैं, कि गन्ने की मिठास, दूध की मिठास, गुड़ की मिठास और शक्कर की मिठास भिन्न-भिन्न होती है; तथा इस प्रकार उस एक ही 'मिठास' के अनेक भेद हो जाते हैं। यदि भिन्न-भिन्न गुणों के भिन्न-भिन्न मिश्रणों पर विचार किया जाए, तो यह गुणवैचित्र्य अनंत प्रकार से अनंत हो सकते। क्योंकि इंद्रियाँ केवल पाँच हैं, और प्रत्येक को एक ही एक गुण का बोध हुआ करता है। इसलिए सांख्यों ने यह निश्चित किया है, कि यद्यपि केवल शब्द गुण के अथवा केवल स्पर्श गुण के पृथक् पृथक् यानी दूसरे गुणों के मिश्रण रहित पदार्थ हमें दीख न पड़ते हों, तथापि इसमें संदेह नहीं, कि मूल प्रकृति में निरा शब्द, निरा स्पर्श, निरा रूप, निरा रस और निरा गंध है-उस प्रकार शब्द तन्मात्र, स्पर्श तन्मात्र, रूप तन्मात्र, रस तन्मात्र और गंध तन्मात्र ही हैं-अर्थात् मूल प्रकृति के ये ही पाँच भिन्न-भिन्न सूक्ष्म तन्मात्र विकार अथवा द्रव्य निःसंदेह हैं। आगे इस बात का विचार किया गया है, कि पंच तन्मात्राओं अथवा उनसे उत्पन्न होनेवाले पंचमहाभूतों के संबंध में उपनिषत्कारों का कथन क्या है।

निरिंद्रिय सृष्टि इस प्रकार विचार करके यह निश्चित किया गया है, कि उसमें पाँच ही मूल तत्त्व हैं और जब हम सेंद्रिय सृष्टि पर दृष्टि डालते हैं, तब भी यही प्रतीत होता है, कि पाँच कर्मेन्द्रियाँ, पांच ज्ञानेंद्रियाँ और मन, इन ग्यारह इंद्रियों की अपेक्षा अधिक इंद्रियाँ किसी की भी नहीं हैं। स्थूल देह में हाथ और पैर आदि इंद्रियाँ यद्यपि स्थूल प्रतीत होती हैं, तथापि इनमें से प्रत्येक की जड़ में किसी मूल सूक्ष्म तत्त्व का अस्तित्व माने बिना इंद्रियों की भिन्नता का यथोचित कारण मालूम नहीं होता। पाश्चिमात्त्य आधिभौतिक उत्क्रांतिवादियों में इस पर बहुत विवाद हुआ है। अर्वाचीन सृष्टि-शास्त्रज्ञ कहते हैं, कि मूल के अत्यंत छोटे और गोलाकार जंतुओं में सिर्फ 'त्वचा' ही एक इंद्रिय होती है। अर्वाचीन सृष्टि-शास्त्र कहते हैं, कि मूल के अत्यंत छोटे और गोलाकार जंतुओं में सिर्फ 'त्वचा' ही एक इंद्रिय होती है; और इस त्वचा से अन्य इंद्रियाँ क्रमशः उत्पन्न हुई हैं। उदाहरणार्थ, मूल जंतु की त्वचा से प्रकाश का संयोग होने पर आँख उत्पन्न हुई, इत्यादि। आधिभौतिक-वादियों का यह तत्त्व-कि प्रकाश आदि के संयोग से स्थूल-इंद्रियों का प्रादुर्भाव होता है-सांख्यों को भी ग्राह्य है। महाभारत (महा. शां. 213.16) में, सांख्य

प्रक्रिया के अनुसार इंद्रियों के प्रादुर्भाव का वर्णन इस प्रकार पाया जाता है:-

शब्दरागात् श्रोत्रमस्य जायते भावितात्मनः।
रूपरागात् तथा चक्षुः घ्राणं गंधजिघृक्षया॥

अर्थात् "प्राणियों के आत्मा को जब सुनने की भावना हुई तब कान उत्पन्न हुआ; रूप पहचानने की इच्छा से आँख; सूंघने की इच्छा से नाक उत्पन्न हुई।" परंतु सांख्यों का यह कथन है, कि यद्यपि त्वचा का प्रादुर्भाव पहले होता हो, तथापि मूल प्रकृति में ही यदि भिन्न-भिन्न इंद्रियों के उत्पन्न होने की शक्ति का न हो, तो सजीव सृष्टि के अत्यंत छोटे कीड़ों की त्वचा पर सूर्य प्रकाश का चाहे जितना आघात या संयोग होता रहे, तो भी उन्हें आँखें-और वे भी शरीर के एक विशिष्ट भाग में ही-कैसे प्राप्त हो सकती हैं? डार्विन का सिद्धान्त सिर्फ यह आशय प्रकट करता है, कि दो प्राणियों-एक चक्षुवाला और दूसरा चक्षुरहित के-निर्मित होने पर, इस जड़ सृष्टि के कलह में चक्षुवाला अधिक समय तक टिक सकता है; और दूसरा शीघ्र ही नष्ट हो जाता है। परंतु पश्चिमी आधिभौतिक सृष्टिशास्त्रज्ञ इस बात का मूल कारण नहीं बतला सकते, कि नेत्र आदि भिन्न-भिन्न इंद्रियों की उत्पत्ति पहले हुई ही क्यों। सांख्यों का मत यह है, कि ये सब इंद्रियाँ किसी एक ही मूल इंद्रिय से क्रमशः उत्पन्न नहीं हुई, किंतु जब अहंकार के कारण प्रकृति में विविधरूपता उत्पन्न होने लगती है, तब पहले उस अहंकार से पाँच सूक्ष्म कर्मेंद्रियाँ, पाँच सूक्ष्म ज्ञानेंद्रियाँ और मन, इन सबको मिलाकर ग्यारह भिन्न-भिन्न गुण (शक्ति) सबके सब एक साथ (युगपत्) स्वतंत्र होकर मूल प्रकृति में ही उत्पन्न होते हैं; और फिर इसके बाद स्थूल सेंद्रिय सृष्टि उत्पन्न हुआ करती है। इन ग्यारह इंद्रियों में से मन के बारे में पहले ही छठे प्रकरण में बतला दिया गया है, कि वह ज्ञानेंद्रियों के साथ संकल्पविकल्पात्मक होता है; अर्थात् उसे बुद्धि के निर्णय को कर्मेंद्रियों के द्वारा अमल में लाना पड़ता है। इस प्रकार वह उभयविध, अर्थात् इंद्रिय भेद के अनुसार भिन्न-भिन्न प्रकार के काम करनेवाला होता है। उपनिषदों में इंद्रियों को ही 'प्राण' कहा है; और सांख्यों के मतानुसार उपनिषत्कारों का भी यही मत है, कि ये प्राण पंचमहाभूतात्मक नहीं हैं; किंतु परमात्मा से पृथक् उत्पन्न हुए हैं (मुंड. 2.1.3) इन प्राणों की-अर्थात् इंद्रियों की-संख्या उपनिषदों में कहीं दस, ग्यारह, बारह और कहीं तेरह बतलाई गई है। परंतु वेदान्त सूत्रों के आधार से श्रीशंकराचार्य ने निश्चित किया है, कि उपनिषदों के सब वाक्यों की एकरूपता करने पर इंद्रियों की संख्या ग्यारह ही सिद्ध होती है (वे. सू. शां. 2.4.5.6)। और गीता में तो इस बात का स्पष्ट उल्लेख किया गया है, कि "इंद्रियाणि दशैकं च' (गीता 13.5)-अर्थात् इंद्रियाँ 'दस और एक' अर्थात् ग्यारह हैं। अब इस विषय पर सांख्य और वेदान्त दोनों में कोई मतभेद नहीं रहा।

सांख्यों के निश्चित किए हुए मत का सारांश यह है-सात्त्विक अहंकार से सेंद्रिय सृष्टि की मूलभूत ग्यारह इंद्रिय शक्तियाँ (गुण) उत्पन्न होती हैं; और तामस अहंकार से निरिंद्रिय सृष्टि के मूलभूत पाँच तन्मात्रद्रव्य निर्मित होते हैं। इसके बाद पंच तन्मात्र द्रव्यों से क्रमशः स्थूल पंचमहाभूत (जिन्हें 'विशेष' भी कहते हैं) और स्थूल निरिंद्रिय पदार्थ बनने लगते हैं; तथा, यथासंभव इन पदार्थों का संयोग ग्यारह सूक्ष्म इंद्रियों के साथ हो जाने पर सेंद्रिय सृष्टि बन जाती है।

सांख्य मतानुसार प्रकृति से प्रादुर्भूत होने वाले तत्त्वों का क्रम, जिसका वर्णन अब तक किया गया है, निम्नलिखित वंशवृक्ष से अधिक स्पष्ट हो जाएगा:-

ब्रह्मांड का वंशवृक्ष

पुरुष - (दोनों स्वयंभू और अनादि) - **प्रकृति** (अव्यक्त और सूक्ष्म)
(निर्गुण पर्यायशब्द : ज्ञ द्रष्टा, इ) (सत्त्व-रज-तमोगुणी, पर्यायशब्द : प्रधान अव्यक्त, माया, प्रसव-धर्मिणी आदि)

महान् अथवा **बुद्धि** (व्यक्त और सूक्ष्म)
(पर्यायशब्द: आसुरी, मति, ज्ञान ख्याति इ)

अहंकार (व्यक्त और सूक्ष्म)
पर्यायशब्द: अभिमान, तैजस आदि)

(सात्त्विक सृष्टि अर्थात् व्यक्त और सूक्ष्म इंद्रियां) (तामस अर्थात् निरिंद्रिय सृष्टि

पांच बुद्धिन्द्रियां **पांच कर्मेन्द्रियां** **मन** **पंचतन्मात्राएं** (सूक्ष्म)

विशेष या पंचहाभूत (स्थूल)

स्थूल पंचमहाभूत और पुरुष को मिलाकर कुछ तत्त्वों की संख्या पच्चीस है। इनमें से महान् अथवा बुद्धि के बाद के तेईस गुण मूल प्रकृति के विकार हैं। किंतु उनमें भी यह भेद है, कि सूक्ष्म तन्मात्राएँ और पाँच स्थूल महाभूत द्रव्यात्मक विकार हैं, और बुद्धि, अहंकार तथा इंद्रियाँ केवल शक्तियाँ या गुण हैं। ये तेईस तत्त्व व्यक्त हैं, तो मूल प्रकृति अव्यक्त है। सांख्यों ने इन तेईस तत्त्वों से आकाश तत्त्व ही में दिक् और काल को भी सम्मिलित कर दिया है। वे 'प्राण' को भिन्न तत्त्व मानते हैं; किंतु जब-जब इंद्रियों के व्यापार आरंभ होने लगते हैं, तब उसी को वे प्राण कहते हैं (सां. का. 29)। परंतु वेदांतियों को यह मत मान्य नहीं है। उन्होंने प्राण को स्वतंत्र तत्त्व माना है (वे. सू. 2. 4.9)। यह पहले ही बतलाया जा चुका है, कि वेदान्ती लोग प्रकृति पुरुष को स्वयंभू और स्वतंत्र नहीं मानते, जैसे कि सांख्य मतानुयायी मानते हैं; किंतु और उनका कथन है, कि ये दोनों (प्रकृति और पुरुष) एक ही परमेश्वर की दो विभूतियाँ हैं। सांख्य और वेदान्त के उक्त भेदों को छोड़कर शेष सृष्ट्युत्पत्ति क्रम दोनों पक्षों को ग्राह्य है। उदाहरणार्थ, महाभारत की अनुगीता में 'ब्रह्मवृक्ष' अथवा 'ब्रह्मवन' का जो दो बार वर्णन किया गया है (मभा. अश्व. 35. 20-23 और 47 12-15) वह सांख्य तत्त्वों के अनुसार ही है:-

अव्यक्तबीजप्रभवो बुद्धिस्कन्धमयो महान्।
महाहंकारविटपः इंद्रियान्तरकोटरः॥
महाभूतविशाखश्च विशेषप्रतिशाखवान्।
सदापर्णः सदापुष्पः शुभाशुभफलोदयः।
आजीव्यः सर्वभूतानां ब्रह्मवृक्षः सनातनः।
एवं छित्त्वा च भित्त्वा च तत्त्वज्ञानासिना बुधः॥

हित्त्वा संगमयान् पाशान् मृत्युजन्मजरोदयान्।
निर्ममो निरहंकारो मुच्यते नात्र संशयः॥

अर्थात् "अव्यक्त (प्रकृति) जिसका बीज है, बुद्धि (महान्) जिसका तना या पिंड है, अहंकार जिसका प्रधान पल्लव है, मन और दस इंद्रियाँ जिसकी अंतर्गत खोखलियाँ या खोड़दे हैं, (सूक्ष्म) महाभूत (पंचतन्मात्राएँ) जिसकी बड़ी-बड़ी शाखाएँ हैं, और विशेष अर्थात् स्थूल महाभूत जिसकी छोटी-छोटी टहनियाँ हैं, इसी प्रकार सदा पत्र, पुष्प और शुभाशुभ फल धारण करनेवाला, समस्त प्राणिमात्र के लिए आधारभूत, यह सनातन बृहद् ब्रह्मवृक्ष है। ज्ञानी पुरुष को चाहिए कि वह इसे ज्ञानरूपी तलवार से काट कर टूकटूक कर डाले; जन्म, जरा और मृत्यु उत्पन्न करने वाले संगमय पाशों को नष्ट करे और ममत्त्व बुद्धि तथा अहंकार का त्याग कर दे; तब वह नि:संशय मुक्त होता है।" संक्षेप में, यही ब्रह्मवृक्ष प्रकृति अथवा माया का 'खेल' 'जाला' या 'पसार' है। अत्यंत प्राचीन काल ही से-ऋग्वेद काल ही से-इसे 'वृक्ष' कहने की रीति पड़ गई है; और उपनिषदों में भी इसको 'सनातन अश्वत्थ वृक्ष' कहा है (कठः 6.1)। परंतु वेदों में इसका सिर्फ यही वर्णन किया गया है, कि इस वृक्ष का मूल (परब्रह्म) ऊपर है; और शाखाएँ (दृश्य-सृष्टि का फैलाव) नीचे हैं। इस वैदिक वर्णन को और सांख्यों के तत्त्वों को मिलाकर गीता में अश्वत्थ वृक्ष का वर्णन किया गया है। इसका स्पष्टीकरण हमने गीता के (गीता 15.1-2) श्लोकों की अपनी टीका में कर दिया है।

ऊपर (वृक्षरूप से) बतलाए गए पच्चीस तत्त्वों का वर्गीकरण सांख्य और वेदान्ती भिन्न भिन्न रीति से किया करते हैं। अतएव यहाँ पर उस वर्गीकरण के विषय में कुछ लिखना चाहिए। सांख्यों का यह कथन है, कि इन पच्चीस तत्त्वों के चार वर्ग होते हैं-अर्थात् मूल प्रकृति-विकृति, विकृति और न-प्रकृति न-विकृति (1) प्रकृति तत्त्व किसी दूसरे से उत्पन्न नहीं हुआ है; अतएव उसे 'मूल प्रकृति' कहते हैं। मूल प्रकृति से आगे बढ़ने पर जब हम दूसरी सीढ़ी पर आते हैं, तब 'महान्' तत्त्व का पता लगता है। यह महान् तत्त्व प्रकृति से उत्पन्न हुआ है; इसलिए वह "प्रकृति की विकृति या विकार" है। और इसके बाद महान् तत्त्व से अहंकार निकला है; अतएव 'महान्' अहंकार की प्रकृति अथवा मूल है। इस प्रकार महान् अथवा बुद्धि एक ओर से अहंकार की प्रकृति या मूल है ओर दूसरी ओर से यह मूल प्रकृति की विकृति अथवा विकार है। इसीलिए सांख्यों ने उसे 'प्रकृति-विकृति' नामक वर्ग में रखा; और इसी न्याय के अनुसार अहंकार तथा पंचतन्मात्राओं का समावेश भी 'प्रकृति-विकृति' वर्ग ही में किया जाता है। जो तत्त्व अथवा गुण स्वयं दूसरे से उत्पन्न (विकृति) हो, और आगे वही स्वयं अन्य तत्त्वों का मूलभूत (प्रकृति) हो जावे, उसे 'प्रकृति-विकृति' कहते हैं। इस वर्ग के सात तत्त्व हैं:- महान् अहंकार और पंचतन्मात्राएँ। (3) परंतु पाँच ज्ञानेंद्रियाँ, पाँच कर्मेंद्रियाँ, मन और स्थूल पंचमहाभूत, इन सोलह तत्त्वों से बाद में और अन्य तत्त्वों की उत्पत्ति नहीं हुई। किंतु ये स्वयं दूसरे तत्त्वों से प्रादुर्भूत हुए हैं। अतएव इन सोलह तत्त्वों को 'प्रकृति-विकृति' न कहकर केवल 'विकृति' अथवा विकार कहते हैं। (4) 'पुरुष' न प्रकृति है; और न विकृति। वह स्वतंत्र और उदासीन द्रष्टा है। ईश्वर कृष्ण ने इस प्रकार वर्गीकरण करके फिर उसका स्पष्टीकरण यों किया है:-

मूल प्रकृतिरविकृतिः महदाद्याः प्रकृतिविकृतयः सप्त।
षोडशकस्तु विकारो न प्रकृतिर्न विकृतिः पुरुषः॥

अर्थात् "यह मूल प्रकृति अविकृति है-अर्थात् किसी का भी विकार नहीं है; महदादि सात (अर्थात् महत्/अहंकार और पंचतन्मात्राएँ) तत्त्व प्रकृति-विकृति हैं; और मन सहित ग्यारह इंद्रियाँ तथा स्थूल पंचमहाभूत मिलकर सोलह तत्त्वों को केवल विकृति

अथवा विकार कहते हैं। पुरुष न प्रकृति है न विकृति" (सां. का. 3)। आगे इन्हीं पच्चीस तत्त्वों के और तीन भेद किए गए हैं-अव्यक्त, व्यक्त और ज्ञ। इनमें से केवल एक मूल प्रकृति ही अव्यक्त है; प्रकृति से उत्पन्न हुए तेईस तत्त्व व्यक्त हैं, और पुरुष 'ज्ञ' है। ये हुए सांख्यों के वर्गीकरण के भेद। पुराण, स्मृति, महाभारत आदि वैदिकमार्गीय ग्रंथों में प्राय: इन्हीं पच्चीस तत्त्वों का उल्लेख पाया जाता है (मैत्र्यु. 6.10; मनु: 1.14.15)। परंतु, उपनिषदों में वर्णन किया गया है, कि ये सब तत्त्व परब्रह्म से उत्पन्न हुए हैं और वहाँ इनका विशेष विवेचन या वर्गीकरण भी नहीं किया गया है। उपनिषदों के बाद जो ग्रंथ हुए हैं, उनमें इनका वर्गीकरण किया हुआ दीख पड़ता है; परंतु वह उपर्युक्त सांख्यों के वर्गीकरण से भिन्न है। कुल तत्त्व पच्चीस हैं। इनमें से सोलह तत्त्व तो सांख्य मत के अनुसार भी विकार अर्थात् दूसरे तत्त्वों से उत्पन्न हुए हैं। इस कारण उन्हें प्रकृति में अथवा मूलभूत पदार्थों के वर्ग में सम्मिलित नहीं कर सकते। अब ये नौ तत्त्व शेष रहे-1. पुरुष, 2. प्रकृति, 3-9 महत्, अहंकार और पाँच तन्मात्राएँ। इनमें से पुरुष और प्रकृति को स्वतंत्र न मानकर यह सिद्धान्त निश्चित किया है, कि पुरुष और प्रकृति दोनों एक ही परमेश्वर से उत्पन्न होते हैं। इस सिद्धान्त को मान लेने से, साखों के 'मूल-प्रकृति' और 'प्रकृति-विकृति' भेदों के लिए स्थान ही नहीं रह जाता। क्योंकि प्रकृति भी परमेश्वर से उत्पन्न होने के कारण मूल नहीं कही जा सकती; किंतु वह प्रकृति-विकृति के ही वर्ग में शामिल हो जाती है। अतएव सृष्ट्युत्पत्ति का वर्णन करते समय वेदान्ती कहा करते हैं; कि एक परमेश्वर ही से एक ओर जीव निर्माण हुआ; दूसरी ओर (महदादि सात प्रकृति-विकृति सहित) अष्टधा अर्थात् आठ प्रकार की प्रकृति निर्मित हुई (मभा. शां. 306.29) और (310.10)। अर्थात्, वेदान्तियों के मत से पच्चीस तत्त्वों में से सोलह तत्त्वों को छोड़ शेष नौ तत्त्वों के केवल दो ही वर्ग किए जाते हैं-एक 'जीव' और दूसरा 'अष्टधा प्रकृति'। भगवद्गीता में वेदान्तियों का यह वर्गीकरण स्वीकृत किया गया है। परंतु इसमें भी अंत में थोड़ा सा फर्क हो गया है। सांख्यवादी जिसे पुरुष कहते हैं, उसे ही गीता में जीव कहा है; और यह बतलाया है, कि वह (जीव) ईश्वर की 'परा प्रकृति' अर्थात् श्रेष्ठ स्वरूप है, और सांख्यवादी जिसे मूलप्रकृति कहते हैं, उसे ही गीता में परमेश्वर का 'अपर' अर्थात् कनिष्ठ स्वरूप कहा गया है (गीता 7.4-5) इस प्रकार पहले दो बड़े वर्ग कर लेने पर उनमें से दूसरे वर्ग के अर्थात् कनिष्ठ स्वरूप के जब और भी भेद या प्रकार बतलाने पड़ते हैं, तब इस कनिष्ठ स्वरूप के अतिरिक्त उससे उपजे हुए शेष तत्त्वों को भी बतलाना आवश्यक होता है। क्योंकि यह कनिष्ठ स्वरूप (अर्थात् सांख्यों की मूल प्रकृति) स्वयं अपना ही एक प्रकार या भेद हो नहीं सकता। उदाहरणार्थ, जब यह बतलाना पड़ता है, कि बाप के लड़के कितने हैं; तब उन लड़कों में ही बाप की गणना नहीं की जा सकती। अतएव परमेश्वर के कनिष्ठ स्वरूप के अन्य भेदों को बतलाते समय कहना पड़ता है, कि वेदान्तियों की अष्टधा प्रकृति में से मूल प्रकृति को छोड़ शेष सात तत्त्व ही (अर्थात् महान्, अहंकार और पंचतन्मात्राएँ) उस मूल प्रकृति के भेद या प्रकार हैं। परंतु ऐसा करने से कहना पड़ेगा, कि परमेश्वर का कनिष्ठ स्वरूप (अर्थात् मूल प्रकृति) सात प्रकार का है; और ऊपर कह आए हैं, कि वेदान्ती तो प्रकृति अष्टधा अर्थात् आठ प्रकार की मानते हैं। अब इस स्थान पर यह विरोध दीख पड़ता है, कि जिस प्रकृति को वेदान्ती अष्टधा या आठ प्रकार की कहें, उसी को गीता सप्तधा या सात प्रकार की कहे। परंतु गीताकार को अभीष्ट था, कि उक्त विरोध को दूर हो जावे; और 'अष्टधा प्रकृति' का वर्णन बना रहे। इसीलिए महान् अहंकार और पंचतन्मात्राएँ इन सातों में ही आठवें मन तत्त्व को सम्मिलित करके गीता में वर्णन किया गया है, कि परमेश्वर का कनिष्ठ स्वरूप अर्थात् मूल प्रकृति अष्टधा

है। (गीता 7.5) इनमें से केवल मन ही में दस इंद्रियों और पंचतन्मात्राओं में पंचमहाभूतों का समावेश किया गया है। अब यह प्रतीत हो जाएगा, कि गीता में किया गया वर्गीकरण सांख्यों और वेदान्तियों के वर्गीकरण से यद्यपि कुछ भिन्न है, तथापि इससे कुल तत्त्वों की संख्या में कुछ न्यूनाधिकता नहीं हो जाती। सब जगह तत्त्व पच्चीस ही माने गए हैं। परंतु वर्गीकरण की उक्त भिन्नता के कारण किसी के मन में कुछ भ्रम न हो जाए, इसलिए ये तीनों वर्गीकरण कोष्टक के रूप में एकत्र करके आगे दिए गए हैं। गीता के तेरहवें अध्याय (गीता 13.5) में वर्गीकरण के झगड़े में न पड़कर, सांख्यों के पच्चीस तत्त्वों का वर्णन ज्यों-का-त्यों पृथक् पृथक् किया गया है; और इससे यह बात स्पष्ट हो जाती है, कि चाहे वर्गीकरण में कुछ भिन्नता हो; तथापि तत्त्वों की संख्या दोनों स्थानों पर बराबर ही है।

पचीस मूल तत्त्वों का वर्गीकरण

सांख्यों का वर्गीकरण	तत्त्व	वेदान्तियों का वर्गीकरण	गीता का वर्गीकरण
न-प्रकृति न विकृति	1 पुरुष	परब्रह्म का श्रेष्ठ स्वरूप	परा प्रकृति
मूल प्रकृति	1 प्रकृति		अपरा प्रकृति
	1 महान्	परब्रह्म का कनिष्ठ	अपरा प्रकृति के
7 प्रकृति-विकृति	1 अहंकार	स्वरूप	आठ प्रकार
	5 तन्मात्राएं	(आठ प्रकार का)	
16 विकार	1 मन	विकार होने के कारण	विकार होने के कारण
	5 बुद्धींद्रियां	इन सोलह तत्त्वों को	गीता में इन पंद्रह तत्त्वों की
	5 कर्मेंद्रियां	वेदान्ती मूल तत्त्व	गणना मूल तत्त्वों में
	5 महाभूत	नहीं मानते।	नहीं की गई है।
	25		

यहाँ तक इस बात का विवेचन हो चुका, कि पहले मूल साम्यावस्था में रहनेवाली एकरूप अवयव रहित अव्यक्त जड़ प्रकृति में व्यक्त सृष्टि उत्पन्न करने की अस्वयंवेद्य 'बुद्धि' कैसे प्रकट हुई; फिर उसमें 'अहंकार' से अवयव सहित विविध समता कैसे उपजी; और इसके बाद 'गुणों से गुण' इस गुणपरिणामवाद के अनुसार एक और सात्त्विक (अर्थात् सेंद्रिय) सृष्टि की मूलभूत पाँच सूक्ष्म तन्मात्राएँ कैसे निर्मित हुईं। अब इसके बाद की सृष्टि (अर्थात् स्थूल पंचमहाभूतों या उनसे उत्पन्न होनेवाले अन्य जड़ पदार्थों की) उत्पत्ति के क्रम का वर्णन किया जाएगा। सांख्यशास्त्र में सिर्फ यही कहा है, कि सूक्ष्मतन्मात्राओं से 'स्थूल पंचमहाभूत' अथवा 'विशेष', गुणपरिणाम के कारण उत्पन्न हुए हैं। परंतु वेदान्तशास्त्र के ग्रंथों में इस विषय का अधिक विवेचन किया गया है; इसलिए प्रसंगानुसार उसका भी संक्षिप्त वर्णन-इस सूचना के साथ, कि यह वेदान्तशास्त्र का मत है, सांख्यों का नहीं-यहाँ कह देना आवश्यक जान पड़ता है। "स्थूल पृथ्वी, पानी, तेज, वायु और आकाश" को पंचमहाभूत अथवा विशेष कहते हैं। इनका उत्पत्तिक्रम तैत्तिरीयोपनिषद् में इस प्रकार है:-"आत्म: आकाश: संभूत:। आकाशाद्वायु:। वायोरग्नि:। अग्नेराप: अद्भ्य: पृथिवी। पृथिव्या ओषधय:।" इत्यादि (तै. उ. 2.1)-अर्थात् पहले परमात्मा से (मूल जड़ प्रकृति से नहीं; जैसा कि सांख्यवादियों का कथन है) आकाश, आकाश से वायु, वायु से अग्नि, अग्नि से पानी और फिर पानी से पृथ्वी उत्पन्न हुई है। तैत्तिरीयोपनिषद् में यह नहीं बतलाया गया, कि इस क्रम का कारण क्या है। परंतु

प्रतीत होता है, कि उत्तर-वेदान्त ग्रंथों में पंचमहाभूतों के उत्पत्ति क्रम के कारणों का विचार सांख्यशास्त्रोक्त गुणपरिणाम के तत्त्व पर ही किया गया है। इन उत्तर-वेदान्तियों का यह कथन है, कि "गुणा गुणेषु वर्तन्ते" इस न्याय से पहले एक ही गुण का पदार्थ उत्पन्न हुआ। उससे दो गुणों के और फिर तीन गुणों के पदार्थ उत्पन्न हुए-इसी प्रकार वृद्धि होती गई। पंचमहाभूतों में से आकाश का केवल शब्द ही एक गुण मुख्य है, इसलिए पहले आकाश उत्पन्न हुआ। इसके बाद वायु की उत्पत्ति हुई, क्योंकि उसमें शब्द और स्पर्श दो गुण हैं। जब वायु जोर से चलती है, तब उसकी आवाज सुन पड़ती है; और हमारी स्पर्शेंद्रिय को भी उसका ज्ञान होता है। वायु के बाद अग्नि की उत्पत्ति होती है। क्योंकि शब्द और स्पर्श के अतिरिक्त उसमें तीसरा गुण रूप है। इन तीनों गुणों के साथ ही साथ पानी में चौथा गुण रुचि या रस होता है। इसलिए उसका प्रादुर्भाव अग्नि से ही होना चाहिए। और अंत में, इन चारों गुणों की अपेक्षा पृथ्वी में 'गंध' नामक विशेष गुण होने से यह सिद्धान्त किया गया है, कि पानी से बाद में पृथ्वी उत्पन्न हुई है। यास्काचार्य का यही सिद्धान्त है (निरुक्त 14.4)। तैत्तिरीयोपनिषद् में आगे चलकर कहा गया है, कि उक्त क्रम से स्थूल पंचमहाभूतों की उत्पत्ति हो चुकने पर फिर-"पृथिव्या ओषधयः। ओषधिभ्याऽन्नम्। अन्नात्पुरुषः।" पृथ्वी से वनस्पति, वनस्पति से अन्न और अन्न से पुरुष उत्पन्न हुआ (तै. 2.1)। यह सृष्टि पंचमहाभूतों के मिश्रण से बनती है, इसलिए इस मिश्रण क्रिया को वेदान्त ग्रंथों में 'पंचीकरण' कहते हैं। पंचीकरण का अर्थ "पंचमहाभूतों में से प्रत्येक का न्यूनाधिक भाग लेकर उन सबके मिश्रण से किसी नए पदार्थ का बनना" है। अतः यह पंचीकरण, स्वभावतः अनेक प्रकार का हो सकता है। श्रीसमर्थ रामदास स्वामी ने अपने 'दासबोध' के नौवें तथा ग्यारहवें दशक में जो वर्णन किया है, वह भी इसी बात को सिद्ध करता है। देखिए: "काला और सफेद मिलाने से नीला बनता है, और काला और पीला मिलाने से हरा बनता है" (दा. 9.6.40)। पृथ्वी में अनंत कोटि बीजों की जातियाँ होती हैं। पृथ्वी और पानी का मेल होने पर उन बीजों से अंकुर निकलते हैं। अनेक प्रकार की बेलें होती हैं, पत्र-पुष्प होते हैं, और अनेक प्रकार के स्वादिष्ट फल होते हैं। ...अण्डज, जरायुज, स्वदेज, उद्भिज, सबका बीज पृथ्वी

---

1. यह बात स्पष्ट है, कि चौरासी लाख योनियों की कल्पना पैराणिक है, और वह अंदाज से की गई है। तथापि, वह निरी निराधार भी नहीं है। उत्क्रांति तत्त्व के अनुसार पश्चिमी आधिभौतिकशास्त्री यह मानते हैं, कि सृष्टि के आरंभ में उपस्थित एक छंखे से सजीव सूक्ष्म गोल जंतु से मनुष्य प्राणी उत्पन्न हुआ। इस कल्पना से यह बात स्पष्ट है, कि सूक्ष्म गोल जंतु का स्थूल गोल जंतु का पुनश्च छोटा छोटा कीड़ा होने में, छोटे कीड़े के बाद उसका अन्य प्राणी होने में, प्रत्येक योनि अर्थात् जाति की अनेक पीढ़ियाँ बीत गई होंगी। इससे एक आंग्ल जीवशास्त्रज्ञ ने गणित के द्वारा सिद्ध किया है, कि पानी में रहने वाली छोटी-छोटी मछलियों के गुण धर्मों का विकास होते होते उन्हीं को अंत में मनुष्यस्वरूप प्राप्त होने में, भिन्न-भिन्न जातियों की लगभग 53 लाख 75 हजार पीढ़ियाँ बीत चुकी हों; और संभव है, कि इन पीढ़ियों की संख्या कदाचित इससे दस गुणा भी हो। ये हुई जल में रहनेवाले जलचरों से लेकर मनुष्य तक की योनियाँ। अब यदि इनमें ही छोटे जलचरों से पहले के सूक्ष्म जंतुओं का समावेश कर दिया जाए तो न मालूम और कितनी लाख पीढ़ियों की कल्पना करनी होगी। इससे मालूम हो जाएगा, कि हमारे पुराणों में वर्णित चौरासी लाख योनियों की कल्पना की अपेक्षा आधिभौतिक शास्त्रज्ञों के पुराणों में वर्णित पीढ़ियों की कल्पना कहीं अधिक बढ़ी-चढ़ी है। कल्पना संबंधी यह न्यायकाल (समय) को भी उपयुक्त हो सकता है। भूगर्भ जीव-शास्त्रज्ञों का कथन है, कि इस बात का स्थूल जंतु इस पृथ्वी पर कब उत्पन्न हुए और सूक्ष्म जलचरों की उत्पत्ति तो कई करोड़ वर्षों के पहले हुई है। इस विषय का विवेचन The Last Link by Ernst Haeckel with notes, etc. by Dr. H.. Gadow (1898) नामक पुस्तक में किया गया है। डॉक्टर गंडो ने इस पुस्तक में जो दो-तीन उपयोगी परिशिष्ट जोड़े हैं, उनसे ही उपर्युक्त बातें ली गई हैं। हमारे पुराणों में चौरासी योनियों की गिनती इस प्रकार की गई है-9 लाख जलचर, 10 लाख पक्षी, 11 लाख कृमि, 20 लाख पशु, 30 लाख स्थावर और 4 लाख मनुष्य (दासबोध 20.6)।

और पानी है। यही सृष्टि रचना का अद्‌भुत चमत्कार है। इस प्रकार चार खानियाँ, चार वाणियाँ, चौरासी लाख[1] जीवयोनियाँ, तीन लोक, पिंड, ब्रह्मांड सब निर्मित हुए हैं। (दा. 13.3.10-15) परंतु पंचीकरण से केवल जड़ पदार्थ अथवा जड़ शरीर ही उत्पन्न होते हैं। ध्यान रहे, कि जब इस जड़ देह का संयोग प्रथम सूक्ष्म इंद्रियों से और फिर आत्मा से अर्थात् पुरुष से होता है, तभी इस जड़ देह से सचेतन प्राणी हो जाता है।

यहाँ यह भी बतला देना चाहिए, कि उत्तर वेदान्त-ग्रंथों में वर्णित यह पंचीकरण प्राचीन उपनिषदों में नहीं है। छांदोग्योपनिषद में पाँच तन्मात्राएँ या पाँच महाभूत नहीं मनाए गए हैं, किंतु कहा है, कि "तेज, आप (पानी) और अन्न (पृथ्वी)" इन्हीं तीन सूक्ष्म मूल तत्त्वों के मिश्रण से अर्थात् 'त्रिवृत्करण' से सब विविध सृष्टि बनी है। और, श्वेताश्वेतरोपनिषद् में कहा है कि, "अजामेकां लोहितशुक्लकृष्णां बव्हो: प्रजा: सृजमानां स्वरूपा:" (श्वेता. 4.5) अर्थात् लाल (तेजोरूप), सफेद (जलरूप) और काले (पृथ्वीरूप) रंगों की (अर्थात् तीन तत्त्वों की) एक अजा (बकरी) से नामरूपात्मक प्रजा (सृष्टि) उत्पन्न हुई। छांदोग्योपनिषद् के छठे अध्याय में श्वेतकेतु और उसे पिता का संवाद है। संवाद के आरंभ ही में श्वेतकेतु के पिता ने उससे स्पष्ट कह दिया है, कि "अरे, इस जगत के आरंभ में 'एकमेवाद्वितीय सत्' के अतिरिक्त-अर्थात् जहाँ तहाँ रूप सब एक जगह और नित्य परब्रह्म के अतिरिक्त और कुछ भी नहीं था। जो असत् (अर्थात् है ही नहीं) उससे सत् कैसे उत्पन्न हो सकता है? अतएव, आदि में सर्वत्र सत् ही व्याप्त था। इसके बाद उसे अनेक अर्थात् विविध रूप होने की इच्छा हुई और उससे क्रमश: सूक्ष्म तेज (अग्नि), आप (पानी) और अन्न (पृथ्वी) की उत्पत्ति हुई। पश्चात् इन तीन तत्त्वों में ही जीवरूप से परब्रह्म का प्रवेश होने पर उनके त्रिवत्करण से जगत की अनेक नामरूपात्मक वस्तुएँ निर्मित हुईं। स्थूल अग्नि, सूर्य या विद्युल्लता की ज्योति में, जो लाल (लोहित) रंग है, वह सूक्ष्म तेजोरूपी मूलतत्त्व का परिणाम है, जो सफेद (शुक्ल) रंग है, वह सूक्ष्म आप-तत्त्व का परिणाम है; और जो काला (कृष्ण) रंग है, वह सूक्ष्म पृथ्वी-तत्त्व का परिणाम है। इसी प्रकार मनुष्य जिस अन्न का सेवन करता है, उसमें भी सूक्ष्म तेज, सूक्ष्म आप और सूक्ष्म अन्न (पृथ्वी) ये ही तीन तत्त्व होते हैं। जैसे दही को मथने से मक्खन ऊपर आ जाता है, वैसे ही उक्त तीन सूक्ष्म तत्त्वों से बना हुआ अन्न जब पेट में जाता है, तब उसमें से तेज तत्त्व के कारण मनुष्य के शरीर में स्थूल, मध्यम और सूक्ष्म परिणाम-जिन्हें क्रमश: अस्थि, मज्ज और वाणी कहते हैं-उत्पन्न हुआ करते हैं। इसी प्रकार आप अर्थात् जल तत्त्व से मूत्र, रक्त और प्राण; तथा अन्न अर्थात् पृथ्वी-तत्त्व से पुरीष, माँस और मन ये तीन द्रव्य निर्मित होते हैं। (छां. 6.2-6)। छांदोग्योपनिषद की यही पद्धति वेदान्तसूत्रों में (वे. सू. 2.4.20) भी कही गई है, कि मूल महाभूतों की संख्या पाँच नहीं, केवल तीन ही है; और उनके त्रिवृत्करण से सब दृश्य पदार्थों की उत्पत्ति भी मालूम की जा सकती है। परंतु बादरायणाचार्य तो पंचीकरण का नाम तक नहीं लेते। तथापि तैत्तिरीय (2.1), प्रश्न (4.8), बृहदारण्यक (4.4.5) आदि अन्य उपनिषदों में और विशेषत: श्वेताश्वतर (2.12), वेदान्तसूत्र (22. 3.1-14) तथा गीता (7.4; 13.5) में भी तीन के बदले पाँच महाभूतों का वर्णन है। गर्भोपनिषद् के आरंभ ही में कहा है, कि मनुष्य देह 'पंचात्मक' है; और महाभारत तथा पुराणों में तो पंचीकरण का वर्णन स्पष्टतया किया गया है (मभा. शां. 184-186)। इससे यही सिद्ध होता है, कि यद्यपि त्रिवृत्करण प्राचीन है, तथापि जड़ महाभूतों की संख्या तीन के बदले पाँच मानी जाने लगी, तब त्रिवृत्करण के उदाहरण ही से पंचीकरण की कल्पना का प्रादुर्भाव हुआ; और त्रिवृत्करण पीछे रह गया। एवं अंत में पंचीकरण की कल्पना का सब वेदान्तियों को ग्राह्य हो गई। आगे चलकर इसी पंचीकरण शब्द के अर्थ

में यह बात भी शामिल हो गई, कि मनुष्य का शरीर केवल पंचमहाभूतों से ही नही बना है; किंतु उन पंचमहाभूतों में से हर एक पाँच प्रकार से शरीर में विभाजित भी हो गया है। उदाहरणार्थ, त्वक्, माँस, अस्थि, मज्जा और स्नायु ये पाँच विभाग अन्नमय पृःथ्वीतत्त्व के हैं, इत्यादि (मभा. शां. 184. 20-25; और दासबोध 17.8)। प्रतीत होता है, कि यह कल्पना भी उपर्युक्त छांदोग्योपनिषद के त्रिवृत्करण के वर्णन से सूझ पड़ी है। क्योंकि वहाँ भी अंतिम वर्णन यही है, कि "तेज, आप और पृथ्वी" इन तीनों में से प्रत्येक, तीन-तीन प्रकार से मनुष्य की देह में पाया जाता है।

इस बात का विवेचन हो चुका, कि मूल अव्यक्त प्रकृति से अथवा वेदान्त-सिद्धान्त के अनुसार परब्रह्म से अनेक नाम और रूप धारण करनेवाले सृष्टि के अचेतनं अर्थात् निर्जीव या जड़ पदार्थ कैसे बने हैं। अब इसका विचार करना चाहिए, कि सृष्टि के सचेतन अर्थात् सजीव प्राणियों की उत्पत्ति के संबंध में सांख्यशास्त्र का विशेष कथन क्या है, और फिर यह देखना चाहिए, कि वेदान्तशास्त्र के सिद्धान्तों से उसका कहाँ तक मेल है। जब मूल प्रकृति से प्रादुर्भूत पृथ्वी आदि स्थूल पंचमहाभूतों का संयोग सूक्ष्म इंद्रियों के साथ होता है, तब उससे सजीव प्राणियों का शरीर बनता है। परंतु यद्यपि यह शरीर सेंद्रिय हो, तथापि वह जड़ ही रहता है। इन इंद्रियों को प्रेरित करनेवाला तत्त्व जड़ प्रकृति से भिन्न होता है, जिसे 'पुरुष' कहते हैं। सांख्यों के इन सिद्धान्तों का वर्णन पिछले प्रकरण में किया जा चुका है, कि यद्यपि मूलतः 'पुरुष' अकर्ता है, तथापि प्रकृति के साथ उसका संयोग होने पर सजीव सृष्टि का आरंभ होता है; और "मैं प्रकृति से भिन्न हूँ" यह ज्ञान हो जाने पर पुरुष का प्रकृति से संयोग छूट जाता है; तथा वह मुक्त हो जाता है। यदि ऐसा नहीं होता, तो जन्म-मरण के चक्कर में उसे घूमना पड़ता है। परंतु इस बात का विवेचन तब नहीं किया गया, कि जिस 'पुरुष' की 'प्रकृति' और 'पुरुष' की भिन्नता का ज्ञान हुए बिना ही मृत्यु हो जाती है, उसके आत्मा, अर्थात् सांख्य परिभाषा के अनुसार 'पुरुष' को ये नए जन्म कैसे प्राप्त होते हैं। अतएव यहाँ उस विषय का कुछ अधिक विवेचन करना आवश्यक जान पड़ता है। यह स्पष्ट है, कि जो मनुष्य बिना ज्ञान प्राप्त किए ही मर जाता है, उसकी आत्मा प्रकृति के चक्र से सदा के लिए छूट नहीं सकती। क्योंकि यदि ऐसा हो, तो ज्ञान अथवा पाप-पुण्य का कुछ भी महत्त्व नही रह जाएगा। और फिर चार्वाक के मतानुसार यह कहना पड़ेगा कि मृत्यु के बाद हर एक मनुष्य प्रकृति के फंदे से छूट जाता है-अर्थात् वह मोक्ष पा जाता है। अच्छा; यदि यह कहें, कि मृत्यु के बाद केवल आत्मा अर्थात् पुरुष बच जाता है; और वही स्वयं नए-नए जन्म लिया करता है, तो यह मूलभूत सिद्धान्त कि पुरुष अकर्ता और उदासीन है, और सब कर्तृत्व प्रकृति ही का है-मिथ्या प्रतीत होने लगता है। इसके सिवा यदि हम यह मानते हैं, कि आत्मा स्वयं ही नए-नए जन्म लिया करती है, तो वह उसका गुण या धर्म हो जाता है; और तब तो ऐसी अनवस्था प्राप्त हो जाती है, कि वह जन्म-मरण के आवागमन से कभी छूट ही नहीं सकता। इसलिए यह सिद्ध होता है, कि यदि बिना ज्ञान प्राप्त किए कोई मनुष्य मर जाए तो भी उसकी आत्मा को नया जन्म प्राप्त करा देने के लिए उससे प्रकृति का संबंध अवश्य रहना ही चाहिए। तथापि मृत्यु के बाद स्थूल देह का नाश हो जाया करता है। इसलिए यह प्रकट है, कि अब उक्त संबंध स्थूल महाभूतात्मक-प्रकृति के साथ नहीं रह सकता। परंतु यह नहीं कहा जा सकता, कि प्रकृति केवल स्थूल पंचमहाभूतों ही से बनी है। प्रकृति से कुल तेईस तत्त्व उत्पन्न होते हैं; और स्थूल पंचमहाभूत उन तेईसों में से अंतिम पाँच हैं। इन अंतिम पाँच तत्त्वों (स्थूल पंचमहाभूतों) को तेईस तत्त्वों में से अलग करने पर अठारह तत्त्व शेष रहते हैं। अतएव अब यह कहना चाहिए, कि जो पुरुष बिना ज्ञान प्राप्त किए ही मर

जाता है; वह यद्यपि पंचमहाभूतात्मक स्थूल शरीर से अर्थात् अंतिम पाँच तत्त्वों से छूट जाता है, तथापि इस प्रकार की मृत्यु से प्रकृति के अठारह अन्य तत्त्वों के साथ उसका संबंध कभी छूट नहीं सकता। वे अठारह तत्त्व ये हैं:- महान् (बुद्धि), अहंकार, मन, दस इंद्रियाँ और पाँच तन्मात्राएँ (इस प्रकरण में दिया गया ब्रह्मांड का वृक्षवंश पृष्ठ 117)। ये सब तत्त्व सूक्ष्म हैं। अतएव इन तत्त्वों के साथ पुरुष का संयोग स्थिर होकर जो शरीर बनता है, उसे स्थूल शरीर के विरुद्ध सूक्ष्म अथवा लिंग-शरीर कहते हैं (सां. का. 40)। जब कोई मनुष्य बिना ज्ञान प्राप्त किए ही मर जाता है, तब मृत्यु के समय उसको आत्मा के साथ ही प्रकृति के उक्त अठारह तत्त्वों से बना हुआ यह लिंग शरीर भी स्थूल देह से बाहर हो जाता है। और जब तक उस पुरुष को ज्ञान की प्राप्ति हो नहीं जाती, तब तक उस लिंगशरीर ही के कारण उसको नए-नए जन्म लेने पड़ते हैं। इस पर कुछ लोगों का यह प्रश्न है, कि मनुष्य की मृत्यु के बाद जीव के साथ-साथ इस जड़ देह में बुद्धि, अहंकार, मन और दस इंद्रियों के व्यापार भी इष्ट होते हुए, हमें प्रत्यक्ष दीख पड़ते हैं। इस कारण लिंगशरीर में इन तेरह तत्त्वों का समावेश किया जाना तो उचित है; परंतु इन तेरह तत्त्वों के साथ पाँच सूक्ष्म तन्मात्राओं का भी समावेश लिंगशरीर में क्यों किया जाना चाहिए? इस पर सांख्यों का उत्तर यह है, कि ये तेरह तत्त्व-निरी बुद्धि, निरा अहंकार, मन और दस इंद्रियाँ-प्रकृति के केवल गुण हैं और जिस तरह छाया को किसी न किसी पदार्थ का तथा चित्र को दीवार, कागज आदि का-आश्रय आवश्यक है; उसी तरह इन गुणात्मक तेरह तत्त्वों को भी एकत्र रहने के लिए किसी द्रव्य के आश्रय की आवश्यकता होती है। अब आत्मा (पुरुष) स्वयं निर्गुण और अकर्ता है; इसलिए वह स्वयं किसी भी गुण का आश्रय हो नहीं सकता। मनुष्य की जीवितावस्था में उसके शरीर के स्थूल पंचमहाभूत ही इन तेरह तत्त्वों के आश्रयस्थान हुआ करते हैं-परंतु मृत्यु के बाद अर्थात् स्थूल शरीर के नष्ट हो जाने पर स्थूल पंचमहाभूतों का यह आधार छूट जाता है। तब उस अवस्था में इन तेरह गुणात्मक तत्त्वों के लिए किसी अन्य द्रव्यात्मक आश्रय की आवश्यकता होती है। यदि मूल प्रकृति ही को आश्रय मान लें, तो यह अव्यक्त और अविकृत अवस्था में-अर्थात् अनंत और सर्वव्यापी-होने के कारण एक छोटे से लिंगशरीर के अहंकार, बुद्धि आदि गुणों का आधार नहीं हो सकती। अतएव मूल प्रकृति के ही द्रव्यात्मक विकारों में से, स्थूल पंचमहाभूतों के बदले उनके मूलभूत पाँच सूक्ष्म तन्मात्र द्रव्यों का समावेश उपर्युक्त तेरह गुणों के साथ ही साथ उनके आश्रयस्थान की दृष्टि से लिंगशरीर में करना पड़ता है। (सां. का. 41)। बहुतेरे सांख्य ग्रंथकार, लिंगशरीर और स्थूल शरीर के बीच एक और तीसरे शरीर (पंचतन्मात्राओं से बने हुए) की कल्पना करके प्रतिपादन करते हैं, कि यह तीसरा शरीर लिंगशरीर का आधार है। परंतु हमारा मत यह है, कि सांख्यकारिका की इकतालीसवीं आर्या का यथार्थ भाव वैसा नहीं है, पर टीकाकारों ने भ्रम से तीसरे शरीर की कल्पना की है। हमारे

---

1. भट्ट कुमारिलकृत 'मीमांसाश्लोकवार्तिक' ग्रंथ के एक श्लोक से (आत्मवाद, श्लोक 62) देखना पड़ेगा, कि उन्होंने इस आर्या का अर्थ हमारे अनुसार ही किया है। वह श्लोक यह है:-

अंतराभवदेहो हि नेष्यते विंध्यवासिना।
तदस्तित्वे प्रमाणं हि न किंचिदवगम्यते॥62॥

"अंतराभव अर्थात् लिंगशरीर और स्थूल शरीर के बीच वाले शरीर से विंध्यवासी सहमत नहीं है। यह मानने के लिए कोई प्रमाण नहीं है, कि उक्त प्रकार का कोई शरीर है।" ईश्वर कृष्ण विंध्याचल पर रहता था; इसलिए उसको विंध्यवासी कहा है। अंतराभव शरीर को 'गंधर्व' भी कहते हैं (अमरकोश 3. 3.132) और उस पर श्री. कृष्णा जी योविंद ओक द्वारा प्रकाशित क्षीरस्वामी की टीका तथा उस ग्रंथ की प्रस्तावना पृष्ठ 8 देखो।

मतानुसार उस आर्या का उद्देश्य सिर्फ इस बात का कारण बतलाना ही है, कि बुद्धि आदि तेरह तत्त्वों के साथ पंचतन्मात्राओं का भी समावेश लिंगशरीर में क्यों किया गया। इसके अतिरिक्त अन्य कोई हेतु नहीं है।[1]

कुछ विचार करने से प्रतीत हो जाएगा, कि सूक्ष्म अठारह तत्त्वों के सांख्योक्त लिंगशरीर में और उपनिषदों में वर्णित लिंगशरीर में विशेष भेद नहीं है। बृहदारण्यकोपनिषद में कहा है, कि-"जिस प्रकार जोंक (जलायुका) घास के तिनके के छोर तक पहुँचने पर दूसरे तिनके पर (सामने के पैरों से) अपने शरीर का अग्रभाग रखती है; और फिर पहले तिनके पर से अपने शरीर के अंतिम भाग को खींच लेती है; उसी प्रकार आत्मा एक शरीर छोड़कर दूसरे शरीर में जाता है" (बृ. 4.4.3)। परंतु केवल इस दृष्टांत से ये दोनों अनुमान सिद्ध नहीं होते, कि निरा आत्मा ही दूसरे शरीर में जाता है और वह भी एक शरीर से छूटते ही चला जाता है! क्योंकि बृहदारण्यकोपनिषद् (बृ. 4.4.6) में आगे चलकर यह वर्णन किया गया है, कि आत्मा के साथ-साथ पाँच (सूक्ष्म) भूत, मन, इंद्रियाँ, प्राण और धर्माधर्म भी शरीर से बाहर निकल जाते हैं। और यह भी कहा है, कि आत्मा को अपने कर्म के अनुसार भिन्न-भिन्न लोक प्राप्त होते हैं, एवं वहाँ उसे कुछ काल पर्यन्त निवास करना पड़ता है (बृ. 6.2.14 और 15)। इसी प्रकार, छांदोग्योपनिषद् में भी आप (पानी) मूल तत्त्व के साथ जीव की जिस गति का वर्णन किया है (छांदो 5.3.3; 5.9.1), उससे और वेदान्त सूत्रों में उसके अर्थ का जो निर्णय किया गया है (वे. सू. 3.1.1-7) उससे यह स्पष्ट हो जाता है, कि लिंगशरीर में-पानी, तेज और अन्न-इन तीनों मूल तत्त्वों का समावेश किया जाना छांदोग्योपनिषद को भी अभिप्रेत है। सारांश, यही दीख पड़ता है, कि महदादि अठारह सूक्ष्म तत्त्वों से बने हुए सांखे के 'लिंगशरीर' में ही प्राण और धर्माधर्म अर्थात् कर्म को भी शामिल कर देने से वेदान्त मतानुसार लिंग-शरीर हो जाता है। परंतु सांख्यशास्त्र के अनुसार प्राण का समावेश ग्यारह इंद्रियों की वृत्तियों में ही, और धर्म-अधर्म का समावेश बुद्धींद्रियों के व्यापार में ही हुआ करता है। अतएव उक्त भेद के विषय में यह कहा जा सकता है, कि वह केवल शाब्दिक है-वस्तुत: लिंगशरीर के घटकावयव के संबंध में वेदान्त और सांख्य मतों में कुछ भी भेद नहीं है। इसीलिए मैत्र्युपनिषद् में (मै. 6.10) "महदादि सूक्ष्मपर्यंत" यह सांख्योक्त लिंग शरीर का लक्षण 'महदाद्यविशेषान्त' इस पर्याय से ज्यों-का-त्यों रख दिया है[1] भगवद्‌गीता में (गीता 15.7) पहले यह बतलाकर, कि 'मन:षष्ठानीन्द्रियाणि'-मन और पाँच ज्ञानेंद्रियों ही का सूक्ष्म शरीर होता है-आगे ऐसा वर्णन किया है, कि 'वायुर्गन्धानिवाशयात्' (गीता 15.8)-जिस प्रकार हवा फूलों की सुगंध हर लेती है, उसी प्रकार जीव स्थूल शरीर का त्याग करते समय इस लिंगशरीर को अपने साथ ले जाता है। तथापि, गीता में जो अध्यात्मज्ञान है, वह उपनिषदों ही में से लिया गया है। इसलिए कहा जा सकता है, कि "मन सहित छह इंद्रियाँ" इन शब्दों

---

1. आनंदाश्रम, पूना से प्रकाशित द्वात्रिंशदुपनिषदों की पोथीषद् उपर्युक्त ग्रंथ का "महदाद्यं विशेषान्तं" पाठ है; उसी को टीकाकार ने भी माना है। यदि यह पाठ लिया जाए तो लिंग-शरीर में आरंभ के महत्त्व का समावेश करके विशेषान्त पद से सूचित विशेष अर्थात् पंचमहाभूतों को ले लेना और विशेषान्त में से विशेष को छोड़ देना चाहिए। परंतु जहाँ आद्यंत का उपयोग किया जाता है वहाँ उन दोनों को छोड़ना युक्त होता है। अतएव प्रो. डॉयसेन का कथन है, कि महदाद्यं पद के अंतिम अक्षर का अनुस्वार निकालकर 'महदाद्यविशेषान्तम्' (महदादि+अविशेषान्तम्) पाठ कर देना चाहिए। ऐसा करने पर अविशेष पद बन जाने से अहत् और अविशेष अर्थात् आदि और अंत दोनों को भी एक ही न्याय पर्याप्त होगा; और लिंग-शरीर में दोनों का समावेश किया जा सकेगा। यही इस पाठ का विशेष गुण है। परंतु स्मरण रहे, कि पाठ कोई भी लिया जाए, अर्थ में भेद नहीं पड़ता।

में ही पांच कर्मेंद्रियाँ, पंच तन्मात्राएँ, प्राण और पाप-पुण्य का संग्रह भगवान को अभिप्रेत है। मनुस्मृति में भी (मनु. 12.16, 17)। यह वर्णन किया गया है, कि मरने पर मनुष्य को, इस जन्म में किए हुए पाप-पुण्य का फल भोगने के लिए, पंचतन्मात्रात्मक सूक्ष्म शरीर प्राप्त होता है। गीता के 'वायुर्गन्धा निवाशयात्' इस दृष्टान्त से केवल इतना ही सिद्ध होता है, कि यह शरीर सूक्ष्म है। परंतु उससे यह नहीं मालूम होता, कि उसका आकार कितना बड़ा है। महाभारत के सावित्री-उपाख्यान में यह वर्णन पाया जाता है, कि सत्यवान् के (स्थूल) शरीर में से अंगूठे के बराबर एक पुरुष को यमराज ने बाहर निकाला-"अंगुष्ठमात्रं पुरुषं निश्चकर्ष यमो बलात्" (मभा. वन. 297.16)। इससे प्रतीत होता है, कि दृष्टान्त के लिए ही क्यों न हो, लिंगशरीर अंगूठे के आकार का माना जाता था।

इस बात का विवेचन हो चुका है, कि यद्यपि लिंगशरीर हमारे नेत्रों को गोचर नहीं है, तथापि उसका अस्तित्व किन अनुमानों से सिद्ध हो सकता है, और उस शरीर के घटकावयव कौन से हैं। परंतु केवल यह कह देना ही यथेष्ट प्रतीत नहीं होता, कि प्रकृति और पाँच स्थूल महाभूतों के अतिरिक्त शेष अठारह तत्त्वों के समुच्चय से लिंगशरीर निर्माण होता है। इसमें कोई संदेह नहीं, कि जहाँ जहाँ लिंग-शरीर रहेगा, वहाँ वहाँ यह अठारह तत्त्वों का समुच्चय अपने अपने गुणधर्म के अनुसार माता-पिता के स्थूल शरीर में से तथा आगे स्थूल सृष्टि के अन्न से, हस्तपाद आदि स्थूल अवयव या स्थूल इंद्रियाँ उत्पन्न करेगा; अथवा उनका पोषण करेगा। परंतु अब तक यह बतलाना है, कि अठारह तत्त्वों के समुच्चय से बना हुआ लिंग शरीर पशु, पक्षी, मनुष्य आदि भिन्न भिन्न देह क्यों उत्पन्न करता है। सजीव सृष्टि के सचेतन तत्त्व को सांख्यवादी 'पुरुष' कहते हैं और सांख्यमतानुसार ये पुरुष चाहे असंख्य भी हों; तथापि प्रत्येक पुरुष स्वभावतः उदासीन तथा अकर्ता है। इसलिए पशु-पक्षी आदि प्राणियों के भिन्न भिन्न शरीर उत्पन्न करने का कर्तृत्व पुरुष के हिस्से में नहीं आ सकता। वेदान्तशास्त्र में कहा है, कि पापपुण्य आदि कर्मों के परिणाम से ये भेद उत्पन्न हुआ करते हैं। इस कर्म-विपाक का विवेचन आगे चलकर किया जाएगा। सांख्यशास्त्र के अनुसार कर्म को-पुरुष और प्रकृति से भिन्न-तीसरा तत्त्व नहीं मान सकते; और जब कि पुरुष उदासीन ही है, तब कहना पड़ता है, कि कर्म प्रकृति के सत्त्व-रज-तमोगुणों का ही विकार है। इसका कारण यह है, कि बुद्धि ही से आगे अहंकार आदि सत्रह तत्त्व उत्पन्न होते हैं। अर्थात् जिसे वेदान्त में कर्म कहते हैं, उसी को सांख्यशास्त्र में सत्त्व-रज-तम गुणों के न्यूनाधिक परिमाण से उत्पन्न होनेवाला बुद्धि का व्यापार, धर्म या विकार कहते हैं। बुद्धि के इस धर्म का नाम 'भाव' है और सत्त्व-रज-तम गुणों के तारतम्य से ये 'भाव' कई प्रकार के हो जाते हैं। जिस प्रकार फूल में गंध या कपड़े में रंग लिपटा रहता है, उसी प्रकार लिंगशरीर में ये भाव भी लिपटे रहते हैं। (सां. का. 40)। इन भावों के अनुसार, अथवा वेदान्त परिभाषा में कर्म के अनुसार, लिंगशरीर नए नए जन्म लिया करता है; और ये जन्म लेते समय, माता पिताओं के शरीरों में से जिन द्रव्यों को वह आकर्षित किया करता है, उन द्रव्यों में भी दूसरे भाव आ जाया करते हैं। "वेदयोनि, मनुष्ययोनि, पशुयोनि तथा वृक्षयोनि" ये सब भेद इन भावों की समुच्चयता के ही परिणाम हैं (सां. का. 43-55)। इन सब भावों में सात्त्विक गुण का उत्कर्ष कारण प्रकृति और पुरुष को भिन्नता समझ में आने लगती है, तब पुरुष अपने मूलस्वरूप अर्थात् कैवल्यपद को पहुँच जाता है; और तब तक लिंगशरीर छूट जाता है एवं मनुष्य के दुःखों का पूर्णतया निवारण हो जाता है। परंतु प्रकृति और पुरुष की भिन्नता का ज्ञान होते हुए, यदि केवल सात्त्विक गुण ही का उत्कर्ष हो, तो लिंग शरीर देव योनि में अर्थात् स्वर्ग में जन्म होता है; रजोगुण

की प्रबलता हो, तो मनुष्य योनि में पैदा होता है; ओर तमोगुण की अधिकता हो जाने से उसे तिर्यग्योनि में प्रवेश करना पड़ता है (गीता 14.18) "गुणा गुणेषु जायन्ते" इस तत्त्व के ही आधार पर सांख्यशास्त्र में वर्णन किया गया है, कि मानवयोनि में जन्म होने के बाद रेत-बिंदु में क्रमानुसार कलल, बुद्बूद, मांस, पेशी और भिन्न भिन्न स्थूल इंद्रियाँ कैसे बनती जाती हैं। (सां. का. 42; मभा. शां. 320) गर्भोपनिषद का वर्णन प्रायः सांख्यशास्त्र के उक्त वर्णन के समान ही है। उपर्युक्त विवेचन से यह बात मालूम हो जाएगी, कि सांख्यशास्त्र में 'भाव' शब्द का जो पारिभाषिक अर्थ बतलाया गया है,वह यद्यपि वेदान्त-ग्रंथों में विवक्षित नहीं है, तथापि भगवद्गीता में (गीता 10.4, 5; 7.12) "बुद्धिर्ज्ञानमसम्मोह: क्षमा सत्यं दम: शम:" इत्यादि गुणों को (इसके आगे के श्लोक में) जो 'भाव' नाम दिया है, वह प्रायः सांख्यशास्त्र की परिभाषा को सोचकर ही दिया गया होगा।

इस प्रकार सांख्यशास्त्र के मूल अव्यक्त प्रकृति से अथवा वेदान्त के अनुसार मूल सद्रूपी परब्रह्म से सृष्टि के सब सजीव और निर्जीव व्यक्त पदार्थ क्रमशः उत्पन्न हुए और जब सृष्टि के संहार का समय आ पहुँचता है, तब सृष्टि रचना का जो गुण परिणाम क्रम ऊपर बतलाया गया है, ठीक इसके विरुद्ध क्रम से सब व्यक्त पदार्थ अव्यक्त प्रकृति में अथवा मूल ब्रह्म में लीन हो जाते हैं। यह सिद्धान्त सांख्य और वेदान्त दोनों शास्त्रों को मान्य है (वे. सू. 2.3.14; मभा. शां. 232)। उदाहरणार्थ, पंचमहाभूतों में से पृथ्वी का लय पानी में, पानी का अग्नि में, अग्नि का वायु में, वायु का आकाश में, आकाश का तन्मात्राओं में, तन्मात्राओं का अहंकार में, अहंकार का बुद्धि में और बुद्धि या महान् का लय प्रकृति में हो जाता है; तथा वेदान्त के अनुसार प्रकृति का लय मूल ब्रह्म में हो जाता है। सांख्यकारिका में किसी भी स्थान पर यह नहीं बतलाया गया है, कि सृष्टि की उत्पत्ति या रचना हो जाने पर उसका लय या संहार होने तक बीच में कितना समय बीत जाता है। तथापि, ऐसा प्रतीत होता है कि मनुसंहिता (1.66-73), भगवद्गीता (8.17) तथा महाभारत (शा. 231) में वर्णित कालगणना सांख्यों को भी मान्य है। हमारा उत्तरायण देवताओं का दिन है और हमारा दक्षिणायन उनकी रात है। क्योंकि, स्मृति ग्रंथों और ज्योतिष शास्त्र की संहिता (सूर्यसिद्धान्त 1.33; 12.35, 67) में भी यही वर्णन है, कि देवता मेरु पर्वत पर अर्थात् उत्तर ध्रुव में रहते हैं। अर्थात् दो अयनों का हमारा एक वर्ष देवताओं के एक दिन-रात के बराबर है; और हमारे 360 वर्ष देवताओं के 360 दिन-रातें अथवा एक वर्ष के बराबर हैं। कृत, त्रेता, द्वापर, कलि, हमारे चार युग हैं। युगों की कालगणना इस प्रकार है-कृतयुग में चार हजार वर्ष, त्रेतायुग में तीन हजार, द्वापर में दो हजार और कलि में एक हजार वर्ष। परंतु एक युग समाप्त होते ही दूसरा युग एकदम आरंभ नहीं हो जाता। बीच में, दो युगों के संधिकाल में कुछ वर्ष बीत जाते हैं। इस प्रकार कृतयुग के आदि और अंत में, प्रत्येक ओर चार सौ वर्ष का, और कलियुग के पूर्व तथा अनंतर प्रत्येक ओर सौ वर्ष का संधिकाल होता है। सब मिलाकर कुछ बारह हजार वर्ष होते हैं। ये बारह हजार वर्ष मनुष्यों के हैं या देवताओं के? यदि मनुष्यों के माने जाएँ, तो कलियुग का आरंभ हुए पाँच हजार से अधिक वर्ष बीत चुकने के कारण यह कहना पड़ेगा, कि हजार मानवी वर्षों का कलियुग पूरा हो चुका है और उसके बाद फिर से आनेवाला कृतयुग भी समाप्त हो गया; और हमने अब त्रेतायुग में प्रवेश किया है! यह विरोध मिटाने के लिए पुराणों में निश्चित किया है, कि ये बारह हजार वर्ष देवताओं के हैं। देवताओं के बारह हजार वर्ष, मनुष्यों के 360 × 12000 = 4320,000 (तैतालीस लाख बीस हजार) वर्ष होते हैं। वर्तमान पंचांगों के युगपरिणाम इसी पद्धति से निश्चित किया जाता है। देवताओं के बारह हजार वर्ष मिलकर

मनुष्यों का एक महायुग या देवताओं का युग होता है। देवताओं के इकहत्तरें युगों को मन्वंतर कहते हैं; और ऐसे मन्वंतर चौदह हैं। परंतु पहले मन्वंतर के आरंभ तथा अंत में, और अगे चलकर प्रत्येक मन्वंतर के आखिर में दोनों ओर कृतयुग की बराबरी का एक एक ऐसे 15 संधिकाल जाते हैं। ये पंद्रह संधिकाल और चौदह मन्वंतर मिलकर देवताओं के एक हजार युग अथवा ब्रह्मदेव का एक दिन होता है (सूर्यसिद्धान्त 1. 15-20); और मनुस्मृति तथा महाभारत में लिखा है, कि ऐसे ही हजार युग मिलकर ब्रह्मदेव की रात होती है (मनु: 1.69-73 और 79; मभा. शां. 231.18-31 और यास्क का निरुक्त 14.9)। इस गणना के अनुसार ब्रह्मदेव का एक दिन मनुष्यों के चार अब्ज बत्तीस करोड़ वर्ष के बराबर होता है; और इसी का नाम है कल्प।[1] भगवद्गीता (1. 18) और (9.7) में कहा है, कि जब ब्रह्मदेव के इस दिन अर्थात् कल्प का आरंभ होता है तब:-

अव्यक्ताद्व्यक्तय: सर्वा: प्रभवन्त्यहरागमे।
रात्र्यागमे प्रलीयन्ते तत्रैवाव्यक्तसंज्ञके॥

"अव्यक्त से सृष्टि के सब व्यक्त पदार्थ उत्पन्न होने लगते हैं; और जब ब्रह्मदेव की रात्रि आरंभ होती है, तब वे सब व्यक्त पदार्थ पुनश्च अव्यक्त में लीन हो जाते हैं।" स्मृतिग्रंथ और महाभारत में भी यही बतलाया है। इसके अतिरिक्त पुराणादिकों में अन्य प्रलयों का भी वर्णन है; परंतु इन प्रलयों में सूर्य-चंद्र आदि सारी सृष्टि का नाश नहीं हो जाता; इसलिए ब्रह्मांड की उत्पत्ति और संहार का विवेचन करते समय इनका विचार नहीं किया जाता। कल्प ब्रह्मांड की उत्पत्ति और संहार का विवेचन करते समय इनका विचार नहीं किया जाता। कल्प ब्रह्मदेव का एक वर्ष होता है। इसी से पुराणादिकों (विष्णु पुराण 1.3) में यह वर्णन पाया जाता है, कि ब्रह्मदेव की आयु उनके सौ वर्ष की है। उसमें से आधी बीत गई। शेष आयु के अर्थात् इक्यावनवें वर्ष के पहले दिन का अथवा श्वेतवाराह नामक कल्प का अब आरंभ हुआ है; और इस कल्प के चौदह मन्वंतरों में से छह मन्वंतर बीत चुके हैं, तथा सातवें (अर्थात् वैवस्वत) मन्वंतर के 71 महायुगों में से 27 महायुग पूरे हो गए हैं एवं अब 28वे महायुग के कलियुग का प्रथम चरण अर्थात् चतुर्थ भाग जारी है। संवत् 1953 (शक 1821) में इस कलियुग के ठीक 5000 वर्ष बीत चुके थे। इस प्रकार गणित करने से मालूम होगा, कि इस कलियुग का प्रलय होने के लिए संवत् 1953 में मनुष्य के 4 लाख 25 हजार वर्ष शेष थे; फिर वर्तमान मन्वंतर के अंत में अथवा वर्तमान कल्प के अंत में होनेवाले महाप्रलय की बात ही क्या! मानवी चार अब्ज बत्तीस करोड़ वर्ष का जो ब्रह्मदेव का दिन इस समय जारी है, उसका पूरा मध्यान्भी नहीं हुआ। अर्थात् सात मन्वंतर भी अब तक नहीं बीते हैं।

सृष्टि की रचना और संहार का जो अब तक विवेचन किया गया, वह वेदान्त के और परब्रह्म को छोड़ देने से सांख्यशास्त्र के-तत्त्वज्ञान के आधार पर किया गया है। इसलिए सृष्टि के उत्पत्ति क्रम की इसी परंपरा को हमारे शास्त्रकार सदैव प्रमाण मानते हैं; और यही क्रम भगवद्गीता में भी दिया हुआ है। इस प्रकरण के आरंभ ही में बतला दिया गया है, कि सृष्टययुत्पत्तिक्रम के बारे में कुछ भिन्न भिन्न विचार पाए जाते हैं। जैसे श्रुतिस्मृति पुराणों में कही कहीं कहा है, कि प्रथम ब्रह्मदेव या हिरण्यगर्भ उत्पन्न हुआ; अथवा पहले पानी उत्पन्न हुआ और उसमें परमेश्वर के बीज से एक सुवर्णमय अंडा निर्मित हुआ। परंतु इन सब विचारों को गौण तथा उपलक्षणात्मक समझकर जब

1. ज्योतिषशास्त्र के आधार पर युगादि गणना का विचार स्वर्गीय शंकर कालकृष्ण दीक्षित ने अपने 'भारतीय ज्योतिषशास्त्र नामक (मराठी) ग्रंथ में किया है, पृ. 103-105; 193 इत्यादि देखो।

उनकी उपपत्ति बतलाने का समय आता है तब यही कहा जाता है, कि हिरण्यगर्भ अथवा ब्रह्मदेव ही प्रकृति है। भगवद्गीता (गीता 14.3) में त्रिगुणात्मक प्रकृति ही को ब्रह्म कहा है-"मम योनिर्महत् ब्रह्म।" और भगवान ने यह भी कहा है, कि हमारे बीच से इस प्रकृति में त्रिगुणों के द्वारा अनेक मूर्तियाँ उत्पन्न होती हैं। अन्य स्थानों में ऐसा वर्णन है, कि ब्रह्मदेव से आरंभ में दक्षप्रभृति सात मानसपुत्र अथवा सात मनु उत्पन्न हुए; और उन्होंने आगे सब चर-अचर सृष्टि का निर्माण किया। (मभा. आ. 65-67; मभा. शां. 20.7; मनु: 1.34-63); और इसी का गीता में भी एक बार उल्लेख किया गया है (गीता. 10. 6)। परंतु वेदान्त ग्रंथ यह प्रतिपादन करते हैं, कि इन सब भिन्न भिन्न वर्णनों का, ब्रह्मदेव को ही प्रकृति मान लेने से, उपर्युक्त तात्त्विक सृष्ट्युत्पत्तिक्रम से मेल हो जाता है; और यही न्याय अन्य स्थानों में भी उपयोगी हो सकता है। उदाहरणार्थ, शैव अथवा पाशुपत दर्शनों में शिव को निमित्त कारण मानकर यह कहते हैं, कि उसी से कार्यकारणादि पाँच पदार्थ उत्पन्न हुए और नारायणीय या भागवत धर्म में वासुदेव को प्रधान मानकर यह वर्णन किया है, कि पहले वासुदेव से संकर्षण (जीव) उत्पन्न हुआ, संकर्षण से प्रद्युम्न (मन) और प्रद्युम्न से अनिरुद्ध (अहंकार) उत्पन्न हुआ। परंतु वेदान्तशास्त्र के अनुसार जीव प्रत्येक समय नए सिरे से उत्पन्न नहीं होता। वह नित्य और सनातन परमेश्वर का नित्य-अतएव अनादि-अंश है। इसलिए वेदान्त सूत्र के दूसरे अध्याय के दूसरे पाद (वे. सू. 2.2.42-45) में भागवत धर्म में वर्णित जीव के उत्पत्ति विषयक उपर्युक्त मत का खंडन करके कहा है, कि वह वेदविरुद्ध अतएव त्याज्य है। गीता (गीता. 13.4; 15.7) में वेदान्त सूत्रों के इसी सिद्धान्त का अनुवाद किया गया है। इसी प्रकार सांख्यवादी प्रकृति और पुरुष दोनों को स्वतंत्र तत्त्व मानते हैं; परंतु इस द्वैत को स्वीकार न कर वेदान्तियों ने यह सिद्धान्त किया है, कि प्रकृति और पुरुष दोनों एक ही नित्य और निर्गुण परमात्मा की विभूतियाँ हैं। यही सिद्धान्त भगवद्गीता को भी ग्राह्य है (गीता 9.10)। परंतु इसका विस्तारपूर्वक विवेचन अगले प्रकरण में कियां जाएगा। यहाँ पर केवल इतना ही बतलाया है, कि भगवत या नारायणीय धर्म में वर्णित वासुदेव भक्ति का और प्रवृत्ति प्रधान धर्म का तत्त्व यद्यपि भगवद्गीता को मान्य है, तथापि गीता भागवत धर्म की इस कल्पना से सहमत नहीं है, कि पहले वासुदेव से संकर्षण या जीव उत्पन्न हुआ; और उससे आगे प्रद्युम्न (मन) तथा प्रद्युम्न से अनिरुद्ध का (अहंकार) का प्रादुर्भाव हुआ। संकर्षण, प्रद्युम्न या अनिरुद्ध का नाम तक गीता में नहीं पाया जाता। पाँच रात्र में बतलाए हुए भागवत धर्म में और गीता-प्रतिपादित भागवत धर्म में यही महत्त्व का भेद है। इस बात का उल्लेख यहाँ जान-बूझकर किया गया है; क्योंकि केवल इतने ही से-कि "भगवद्गीता में भागवत धर्म बतलाया गया है"-कोई यह न समझ लें, कि सृष्ट्युत्पत्ति-क्रम-विषयक अथवा जीव-परमेश्वर-स्वरूप-विषयक भागवत आदि भक्तिसंप्रदाय के मत भी गीता को मान्य हैं। अब इस बात का विचार किया जाएगा, कि सांख्यशास्त्रोक्त प्रकृति और पुरुष के भी परे सब व्यक्ताव्यक्त तथा क्षराक्षर जगत के मूल में कोई और तत्त्व है या नहीं। इसी को अध्यात्म या वेदान्त कहते हैं।

❑❑❑

नौवाँ प्रकरण

अध्यात्म

परस्तुस्मात्तु भावो ऽ न्यो ऽ व्यक्तो ऽ व्याक्तांत् सनातनः।[1]
यः स सर्वेषु भुतेषु नश्यत्सु न विनश्यति।

–गीता 8.20

पिछले दो प्रकणों का सारांश यहीं है कि, क्षेत्र क्षेत्रज्ञ विचार में जिस क्षेत्रज्ञ कहते हैं, उसी को सांख्यशास्त्र में पुरुष कहते हैं। सब क्षर-अक्षर या चार-अचर सृष्टि के संहार और उत्पत्ति का विचार करने पर सांख्य शास्त्र के अनुसार अंत में केवल प्रकृति और पुरुष्प ये ही दोनों स्वतंत्र तथा अनादि मूल तत्त्व रह जाते हैं; और पुरुष को अपने क्लेशों की निवृत्ति कर लेने तथा मोक्षानंद प्राप्त कर लेने के लिए प्रकृति से अपना भिन्नत्व अर्थात् कैवल्य जानकर त्रिगुणातीत होना चाहिये। प्रकृति और पुरुष का संयोग होने पर प्रकृति अपना बाजार पुरुष के सामने किस प्रकार लगाया करती है, इस विषय का क्रम अर्वाचीन सृष्टि शास्त्रेवेत्ताओं ने सांख्य शास्त्र में कुछ निराला बतलाया है; और संभव है, कि आधिभौतिक शास्त्रों की ज्यों-ज्यों उन्नति होगी त्यों-त्यों इस क्रम में और भी सुधार होते जाएंगे। जो भी हो; इस मूल सिद्धान्त में कभी कोई फर्क नहीं पड़ सकता कि केवल एक अव्यक्त प्रकृति से ही सारे व्यक्त पदार्थ गुणोत्कर्ष के अनुसार क्रम-क्रम से निर्मित होते गये हैं। परंतु वेदान्तकेसरी इस विषय को अपना नहीं समझता- यह अन्य शास्त्रों का विषय हैं; इसलिए वह इस विषय पर वादविवाद भी नहीं करता। वह इन सब शास्त्रों से आगे बढ़कर यह बतलाने के लिए प्रवृत्त हुआ है, कि पिंड-ब्राह्मांड की जड़ में कौन सा श्रेष्ठ तत्त्व हैं; और मनुष्य उस श्रेष्ठ तत्त्व में कैसे मिल जा सकता है-अर्थात् तद्रूप कैसे हो सकता है वेदान्त केसरी अपने इस विषय में किसी और शास्त्र की गर्जना नहीं होने देता। सिंह के आगे गीदड़ की भाँति वेदान्त के सामने सारे चुप हो जाते हैं। अतएव किसी पुराने सुभाषितकारने वेदान्त का यथार्थ वर्णन किया है:-

तावत् गर्जन्ति शास्त्राणि जम्बुका विपिने यथा।
न गर्जति महाशक्तिः यावद्वेदान्तकेसरी॥

सांख्य शास्त्र का कथन है, कि क्षेत्र और क्षेत्रज्ञ का विचार करने पर निष्पन्न होने वाला 'द्रष्टा' अर्थात् पुरुष या आत्मा और क्षर-अक्षर सृष्टिका विचार करने पर निष्पन्न होने वाली सत्त्व-रज-तम-गुणमयी अव्यक्त प्रकृति, ये दोनों स्वतंत्र है; और उस प्रकार जगत् के मूल तत्त्व को द्विधा मानना आवश्यक है। परंतु वेदान्त इसके आगे जा कर यों कहता हैं, कि सांख्यों के 'पुरुष' निर्गुण भले ही; तो भी वे असंख्य हैं। इसलिए यह मान लेना उचित नहीं, कि इन असंख्य पुरुषों का लाभ जिस बात में हो, उसे जानकर

1. " जो दूसरा अव्यक्त पदार्थ उस (सांख्य) अव्यक्त से भी श्रेष्ठ तथा सनातन है; और सब प्राणियों का नाश हो जाने पर भी जिसका नाश नहीं होता, वहीं अंतिम गति है।"

प्रत्येक पुरुष के साथ तदनुसार बर्ताव करने की सामर्थ्य प्रकृति में है ऐसा मानने की अपेक्षा सात्त्विक तर्कशास्त्र की दृष्टि से यही अधिक युक्तिसंगत होगा, कि जो एकीकरण की ज्ञान क्रिया 'अविभक्तं विभक्तेषु' के अनुसार नीचे से ऊपर तक की श्रेणियों में दीख पड़ती है, और जिसकी सहायता से ही सृष्टि के अनेक व्यक्त पदार्थों का एक अव्यक्त प्रकृति में समावेश किया जाता है उसी एकीकरण की ज्ञान-क्रिया का अंततः निरपवाद उपयोग किया जावे; और प्रकृति तथा असंख्य पुरुषों का एक ही परमतत्त्व में अविभक्त रूप से समावेश किया जावे;। (गीता 18.20.22)। भिन्नता होना अहंकार का परिणाम है; और पुरुष यदि निर्गुण है, तो असंख्य पुरुषों के अलग-अलग रहने का गुण उसमें रह नहीं सकता। अथवा यह कहना पड़ता है कि वस्तुतः पुरुष असंख्य नहीं है और केवल प्रकृति की अहंकार रूपी उपाधि से उनमें अनेकता दीख पड़ती है। दूसरा एक यह प्रश्न उठता है, कि स्वतंत्र पुरुष का स्वतंत्र पुरुष के साथ जो संयोग हुआ है, वह सत्य है या मिथ्या? यदि सत्य मानें, तो वह संयोग कभी भी छूट नहीं सकता। अतएव सांख्यमतानुसार आत्म को मुक्ति कभी प्राप्त नहीं हो सकती। और यदि मिथ्या माने, तो यह सिद्धान्त ही निर्मल या निराधार हो जाता है कि पुरुष के संयोग से प्रकृति अपना बाजार उसके आगे लाया करती है। और यह दृष्टांत भी ठीक नहीं है, कि जिस प्रकार गाय अपने बछड़े के लिए दूध देती है, उसी प्रकार पुरुष के लाभ के लिये प्रकृति सदा कार्यतत्पर रहती है। क्योंकि, बछड़ा गाय के पेट से ही पैदा होता है, इसलिए उस पर पुत्रवात्सल्य के प्रेम का उदाहरण जैसे संगठित होता है, वैसे प्रकृति और पुरुष के विषय में नहीं कहा जा सकता (वे. सू. शां. भा. 2.2.3)। सांख्य मत के अनुसार प्रकृति और पुरुष-दोनों तत्त्व मूलतः अत्यंत भिन्न हैं- एक जड़ है, दूसरा सचेतन। अच्छा; जब ये दोनों पदार्थ दृष्टि के उत्पत्ति काल से ही एक दूसरे के फायदे ही के लिये क्यों होनी चाहिये? यह तो कोई समाधान. कारक उत्तर नहीं कि उनका स्वभाव ही वैसा है। स्वभाव ही मानना हो, तो फिर उनमें से हेकेल का जड़ाद्वैतवाद क्यों बुरा है? हेकेल का भी सिद्धान्त यही है, न कि मूल प्रकृति के गुणों की वृद्धि होते-होते उसी प्रकृति में अपने आपको देखने और अपने अपने विषय में विचार करने की चैतन्यशक्ति उत्पन्न हो जाती है-अर्थात् यह प्रकृतिक स्वभाव ही है। परंतु इस मत को स्वीकार न कर सांख्य शास्त्र ने यह भेद किया है, कि 'द्रष्टा' अलग है; और दृष्यसृष्टि अलग है। अब यह प्रश्न उपस्थित होता है, कि सांख्य वादी जिस न्याय का अवलंब कर 'द्रष्टा पुरुष' और 'दृश्य सृष्टि' में भेद बतलाते हैं, उसी न्याय का उपयोग करते हुए और आगे क्यों न चलें? दृश्य सृष्टि की कोई कितनी ही सूक्ष्मता से परीक्षा करें, और यह जान लें, कि जिन नेत्रों से हम पदार्थों को देखते परखते हैं, उनके मज्जातंतुओं में अमुक-अमुक गुणधर्म हैं। तथापि इन सब बातों को जाननेवाला (या 'द्रष्टा') भिन्न ही रह जाता है, क्या उस 'द्रष्टा' के विषय में-जो 'दृश्य सृष्टि' से भिन्न है-विचार करने के लिये कोई साधन या उपाय नहीं हैं? और यह जानने के लिये भी कोई मार्ग है या नहीं, कि इस सृष्टि का सच्चा स्वरूप जैसा हम अपनी इंद्रियों से देखते हैं वैसा ही है; या उससे भिन्न हैं, कि प्रकृति और पुरुष, दोनों तत्त्व मूल ही में स्वतंत्र और भिन्न है। और यदि केवल आधिभौतिक शास्त्रों की प्रणाली से विचार कर देखें, तो सांख्यवादियों का यह मत अनुचित कहीं कहा जा सकता। कारण यह है, कि सृष्टि के अन्य पदार्थों को जैसे हम अपनी इंद्रियों से देखभाल करके उनके गुणधर्मों का विचार करते हैं, वैसे यह 'द्रष्टा पुरुष' या देखनेवाला-अर्थात् जिसे वेदान्त में 'आत्मा' कहा है, वह द्राष्ट की (अर्थात् अपनी ही) इंद्रियों को भिन्न रूप में कभी गोचर हो नहीं सकता। और जिस पदार्थ का इस प्रकार इंद्रियों से अनासक्ति हो वह नाशवान कैसे हो सकती है? उस आत्मा का वर्णन भगवान्

ने गीता में (गीता 2.23) इस प्रकार किया है:-

नैनं छिन्दन्ति शस्त्राणि नैनं दहति पावकः।
न चैनं क्लेदयन्त्यापो न शोषयति मारुतः॥

अर्थात्, आत्मा ऐसा कोई पदार्थ नहीं कि यदि हम सृष्टि के अन्य पदार्थों के समान उस पर तेजाब आदि द्रव पदार्थ डालें तो वह द्रवरूप हो जाय, अथवा प्रयोगशाला के पैन शस्त्रों से काट-छाँटकर उसे आंतरिक स्वरूप में देख लें, या आग पर धर देने से उसका धुआँ हो जाय; अथवा हवा में रखने से वह सूख जाय। सारांश, सृष्टि के पदार्थों की परीक्षा करने के आधिभौतिक शास्त्रावेत्ताओं ने जितने कुछ उपाय ढूँढे हैं, वे सब यहाँ निष्फल हो जाते हैं तो फिर आत्मा का परीक्षण होगा भी तो कैसे? प्रश्न है तो बिकट, पर विचार करने से कुछ कठिनाई दीख नहीं पड़ती। भला, संख्यावादियों ने भी 'पुरुष' को निर्गुण और स्वतंत्र कैसे जाना? केवल अपने अंत: करण के अनुभव से ही जाना है न? फिर उसी रीति का उपयोग प्रकृति और पुरुष के सच्चे स्वरूप का निर्णय करने के लिये क्यों न किया जावें? आधिभौतिकशास्त्र और अध्यात्मशास्त्र में जो बड़ा भारी भेद है, वह यही है। आधिभौतिक शास्त्रों के विषय इंद्रियगोचर होते हैं; और अध्यात्मशास्त्र का विषय इंद्रीयातीत अर्थात् केवल स्वसंवेद्य है; यानी अपने आप ही जानने योग्य है? हाँ, यदि प्रत्येक मनुष्य का मन या अंत:करण समान रूप से शुद्ध हो, तो फिर यह प्रश्न ठीक होगा। परंतु जब कि हमारा प्रत्यक्ष अनुभव है, कि प्रत्येक पुरुष के मत का या अंत:करण की शुद्धि अथवा शक्ति एक-सी नहीं होती, तब जिन लोगों के मन अत्यंत शुद्ध, पवित्र और विशाल हो गये हैं; उन्हीं की प्रतीति इस विषय में हमारे लिये प्रमाणभूत होनी चाहिये। यों ही 'मुझे ऐसा मालूम होता है' तुझे ऐसा मालूम होता है' कह कर निरर्थक वाद करने से कोई लाभ न होता। वेदान्तशास्त्र तुम्हें युक्तिवाद का उपयोग करने से बिलकुल नहीं रोकता। वह सिर्फ यही कहता है, कि अध्यात्मशास्त्र के विषय में निरी युक्तियाँ वहीं तक मानी जावेंगी जहाँ तक कि इन युक्तियों से अत्यंत विशाल, पवित्र और निर्मल अंत:करण वाले महात्माओं के इस विषय संबंधी साक्षात् अनुभव का विरोध न होता हो। क्योंकि अध्यात्मशास्त्र का विषय स्वसंवेद्यस है-अर्थात् केवल आधिभौतिक शास्त्रों में अनुमान त्याज्य माने जाते हैं, कि जो प्रत्यक्ष के विरुद्ध हों, उसी प्रकार वेदान्तशास्त्र में युक्तियों की अपेक्षा उपर्युक्त स्वानुभव की अर्थात् आत्मप्रतीति की योग्यता ही अधिक मानी जाती है। जो युक्ति इस अनुभव के अनुकूल हो, उसे वेदान्ती अवश्य मानते हैं। श्रीमान् शंकराचार्य ने अपने वेदान्त सूत्रों के भाष्य में यही सिद्धांत दिया है। अध्यात्मशास्त्र का अभ्यास करने वालों को इस पर हमेशा ध्यान रखना चाहिये:-

अचिन्त्याः खलु ये भावान तांस्तर्केण साधयेत्।
प्रकृतिभ्यः परं यत्तु तदचिन्त्यस्य लक्षणम्।

"जो पदार्थ इंद्रियातीत हैं और इसलिये जिनका चिंतन नहीं किया जा सकता, उनका निर्णय केवल तर्क या अनुमान से नहीं कर लेना चाहिए। सारी सृष्टि की मूल प्रकृति से भी परे जो पदार्थ है, वह इस प्रकार अचिंत्य है"- यह एक पुरान श्लोक है, जो महाभारत में (मभा. भीष्म. 5.12) पाया जाता है; और जो शंकराचार्य के वेदान्तभाष्य में भी 'साधयेत्' के बदले 'योजयेत्' के पाठभेद से पाया जाता है (वे. सू. शां. भा. 2. 1. 27)। मुंडक और कठोपनिषद् में भी लिखा है, कि आत्मज्ञान केवल तर्क ही से नहीं प्राप्त हो सकता (मुं. 3.2, 3; कठ. 2. 8. 9. और 22)। अध्यात्मशास्त्र में उपनिषद-ग्रंथों का विशेष महत्त्व भी इसीलिए है। मन को एकाग्र करने के उपायों के विषय में प्राचीन काल में हमारे हिंदुस्थान में बहुत चर्चा हो चुकी है; और अंत में इस विषय पर,

(पातंजल) योगशास्त्र नामक एक स्वतंत्र शास्त्र ही निर्मित हो गया है। जो बड़े-बड़े ऋषि इस योगशास्त्र में अत्यंत प्रवीण थे तथा जिनके मन स्वाभव ही से अत्यंत पवित्र और विशाल थे, उन महात्माओं ने मन को अंतर्मुख करके आत्मा के स्वरूप के विषय में जो अनुभव प्राप्त किया-अथवा आत्मा के विषय में इनको शुङ और शांत बुद्धि में जो स्फूर्ति हुई- उसका वर्णन उन्होंने उपनिषद्-ग्रंथों में किया है। इसलिये किसी भी अध्यात्म तत्त्व का निर्माण करने में इन श्रुतिग्रंथों में कहे गये अनुभविक ज्ञान का सहारा लेने के अतिरिक्त कोई दूसरा उपाय नहीं है (कठ. 4.1)। मनुष्य केवल अपनी बुद्धि की तीव्रता से उक्त आत्मा प्रतीति की प्रमाणिकता में रत्ती भर भी न्यूनाधिकता नहीं हो सकती। भगवद्गीता की गणना स्मृति ग्रंथों में की जाती है सही; परंतु पहले प्रकरण के आरंभ ही में हम कह चुके है, कि इस विषय में गीता की योग्यता उपनिषदों की बराबर की मानी जाती है। अतएव इस प्रकरण में अब आगे चलकर सिर्फ यह बलताया जाएगा, कि कौन-कौन से परे जो अचिंत्य पदार्थ है, उसके विषय में गीता और उपनिषदों मे कौन-कौन से सिद्धांत किये गये हैं; और उनके कारणों का (अर्थात् शास्त्र रीति से उनकी उपपत्तिका) विचार पीछे किया जाएगा।

सांख्यवादियों का द्वैत-प्रकृति और पुरुष- भगवद्गीता को मान्य नहीं है। भगवद्गीता के अध्यात्मज्ञान का और वेदान्तशास्त्र का भी पहला सिद्धांत यह है, कि प्रकृति और पुरुष से भी परे एक सर्वव्यापक, अव्यक्त और अमृत तत्त्व है, जो चर-अचर सृष्टि का मूल है। सांख्यों की प्रकृति यद्यपि अव्यक्त है, तथापि यह त्रिगुणात्मक अर्थात् सगुण है। परंतु प्रकृति और पुरुष का विचार करते समय भगवद्गीता के आठवें अध्याय के बीसवें श्लोक में (इस प्रकरण के आरंभ में भी यह श्लोक दिया गया है) कहा है, कि जो सगुण है वह नाशवान् है; इसलिये इस अव्यक्त और सगुण प्रकृति का भी नाश हो जाने पर अंत में जो कुछ अव्यक्त शेष रह जाता है, वही सारी सृष्टि का सच्चा और नित्य तत्त्व है। और आगे पन्द्रहवें अध्याय में (गीता. 15.17) क्षर और अक्षर-व्यक्त और अव्यक्त-इस भाँति सांख्याशास्त्र के अनुसार दो तत्त्व बतलाकर यह वर्णन किया है:-

उत्तमः पुरुषस्त्वन्यः परमोत्मेत्युदाहतः।
यो लोकत्रयमाविश्य बिभर्त्यव्यय ईश्वरः॥

अर्थात्, जो इन दोनों से भी भिन्न है, वहीं उत्तम पुरुष है; उसी को परमात्मा कहते है; वही अव्यय और सर्वशक्तिमान् है; और वही तीनों लोगों में व्याप्त हो कर उनकी रक्षा करता है। यह पुरुष क्षर और अक्षर (अर्थात् व्यक्त और अव्यक्त) इन दोनों से भी परे है। इसलिये इसे 'पुरुषोत्तम' कहा है (गीता. 15.18)। महाभारत में भी भृगु ऋषि ने भरद्वाज से 'परमात्मा' शब्द की व्याख्या बतलाते हुए कहा है:-

आत्मा क्षेत्रज्ञ इत्युक्तः संयुक्तः प्राकृतैर्गुणैः।
तैरेव तु विनिर्मुक्तः परमाम्येत्युदाहतः॥

अर्थात् "जब आत्मा प्रकृति में या शरीर में बद्ध रहता है तब उसे क्षेत्रज्ञ या जीवात्मा कहते हैं; और वही प्राकृत गुणों से यानी प्रकृति या शरीर के गुणों से मुक्त होने पर 'परमात्मा' कहलाता है" (मभा. शां. 187. 24)। संभव है, कि 'परमात्मा' की उपयुक्त दो व्याख्याएँ भिन्न-भिन्न जान पड़े; परंतु वे भिन्न-भिन्न नहीं हैं । क्षर-अक्षर सृष्टि और जीव अथवा सांख्य शास्त्र के अनुसार व्यक्त प्रकृति और पुरुष इन दोनों से भी परे एक ही परमात्मा है, कि वह जीव के या जीवात्मा के (पुरुष के) परे हैं। एवं एक ही परमात्मा की ऐसी द्विविध व्याख्याएँ कहने में वस्तुतः कोई भिन्नता नहीं हो जाती। इसी अभिप्राय को मन में रखकर कालिदास ने भी कुमार संभव में परमेश्वर का वर्णन इस प्रकार किया है -·पुरुष के लाभ के लिये उद्युक्त होने वाली प्रकृति भी तू ही हैं;

और स्वयं उदासीन रह कर उस प्रकृति का द्रष्टा भी तू ही है'' (कुमा. 2.13) इसी भाँति गीता में भगवान् कहते हैं, कि ''मम योनिर्महद्ब्रह्म'' यह प्रकृति मेरी योनि या मेरा एक स्वरूप है (14.3) और जीव या आत्मा भी मेरा ही अंश है (15.7) सातवें अध्याय में भी कहा गया है:-

भूमिरापोऽ नलो वायुः खं मनो बुद्धिरेव च।
अहंकार इतीयं मे भिन्ना प्रकृतिरष्टधा॥

अर्थात् ''पृथ्वी, जल, अग्नि, वायु, आकाश, मन, बुद्धि और अंहकार- इस तरह आठ प्रकार की मेरी प्रकृति है; और इसके सिवा (अपरेयमितस्त्वन्यां) सारे संसार का धारण जिसने किया है, वह जीव भी मेरी ही दूसरी प्रकृति है'' (गीता 7.4.5.)। महाभारत के शांतिपर्व में सांख्यों के पच्चीस तत्त्वों का कई स्थलों पर विवेचन है; परंतु वहीं अंत में यह भी कह दिया गया है, कि इन पच्चीस तत्त्वों के परे एक छब्बीसवाँ (षड्विंश) परमतत्त्व है, जिसे पहचाने बिना मनुष्य 'बुद्ध' नहीं हो सकता (मभा. शां. 308)। सृष्टि के पदार्थों का जो ज्ञान हमें अपनी ज्ञानेंद्रियों से होता है, वही हमारी सृष्टि है। अतएव प्रकृति या सृष्टि ही को कई स्थानों पर 'ज्ञात' कहा है और इसी दृष्टि से पुरुष 'ज्ञाता' कहा जाता है (मभा. शां. 306. 35.41)। परंतु जो सच्चा ज्ञेय है (गीता 13.12) वह प्रकृति और पुरुष -ज्ञान और ज्ञानी से भी -परे है। इसलिये भगवत्गीता में उसे परमपुरुष कहा है, तीनों लोकों का व्याप्त कर उन्हें सदैव धारण करने वाला जो यह परम पुरुष या परपुरुष है, उसे पहचानों; वह एक है, अव्यक्त है, नित्य है, अक्षर है- यह बात केवल भगवद्गीता ही नहीं, किंतु वेदान्तशास्त्र के सारे ग्रंथ एक स्वर से कह रहा है। सांख्यशास्त्र में 'अक्षर' और 'अव्यक्त' शब्दों या विशेषणों का प्रयोग प्रकृति के लिये किया जाता है। क्यों सांख्यों का सिद्धांत है, कि प्रकृति की अपेक्षा सूक्ष्म और कोई भी मूल कारण इस जगत् का नहीं है (सां. का. 61)। परंतु यदि वेदान्त की दृष्टि से देखें, तो परब्रह्म ही एक अक्षर है, यानी उसका अंत कभी नहीं होता; और वही अव्यक्त है--अर्थात् इंद्रियगोचर नहीं है। अतएव इस भेद पर पाठक सदा ध्यान रखें कि श्रीमद्भगवदगीता में 'अक्षर' और अव्यक्त शब्दों का उपयोग प्रकृति से परे के परब्रह्म के स्वरूप को दिखलाने के लिये भी किया गया है (गीता. 8.20; 11.37; 15. 16. 17)। जब इस प्रकार वेदान्त की दृष्टि को स्वीकार किया गया तब इसमें संदेह नहीं, कि प्रकृति को 'अक्षर' कहना उचित नहीं है- चाहे वह प्रकृति अव्यक्त भले ही हो। सृष्टि के उत्पत्तिक्रम के विषय में सांख्यों के सिद्धांत गीता को भी मान्य है। इसलिये उनकी निश्चित परिभाषा में कुछ अदलाबदल न कर, उन्हीं के शब्दों में क्षर-अक्षर या व्यक्त-अव्यक्त सृष्टि का वर्णन गीता में किया गया है। परंतु स्मरण रहे, कि इस वर्णन से प्रकृति और पुरुष परे जो तीसरा उत्तम पुरुष है, उसके सर्वशक्तित्व में कुछ भी बाधा नहीं होने पाती। इसका परिणाम यह हुआ है, कि जहाँ भगवद्गीता में परब्रह्म के स्वरूप का वर्णन किया गया है, वहॉ सांख्य और वेदान्त के मतान्तर का संदेश मिटाने के लिए (सांख्य) अव्यक्त के भी परे का अव्यक्त और (सांख्य) अक्षर से भी परे का अक्षर, इस प्रकार के शब्दों का उपयोग करना पड़ा है। उदाहणार्थ इस बात का सदा ध्यान रखना चाहिए, कि 'अव्यक्त' और 'अक्षर' ये दोनों शब्द कभी सांख्यों की प्रकृति के लिये और कभी वेदान्तियों के परब्रह्म के लिये अर्थात् दो प्रकार से गीता में प्रयुक्त हुए हैं। वेदान्त की दृष्टि से, सांख्यों की अव्यक्त प्रकृति के भी परे का दूसरा अव्यक्त तत्त्व जगत का मूल ही है। जगत् के आदितत्त्व के विषय में सांख्य और वेदान्त में उपर्युक्त भेद है। आगे इस विषय का विवरण किया जाएगा, कि इसी भेद से अध्यात्मशास्त्र प्रतिपादित मोक्षस्वरूप भी सांख्यों की मोक्ष स्वरूप से कैसे भिन्न हो गया है।

सांख्यों के द्वैत-प्रकृति और पुरुष - को न मानकर, जब यह मान लिया गया, कि इस जगत की जड़ में परमेश्वर रूपी अथवा पुरुषोत्तम रूपी एक तीसरा ही नित्य तत्त्व है; और प्रकृति तथा पुरुष दोनों उसकी विभूतियाँ हैं; तब सहज ही यह प्रश्न उत्पन्न होता है, कि उसका उससे कौन-सा संबंध है? प्रकृति, पुरुष और परमेश्वर इसी त्रयी को अध्यात्म शास्त्र में क्रम से जगत्, जीव और परब्रह्म कहते हैं, और इन तीनों वस्तुओं के स्वरूप तथा इनके पारस्परिक संबंधी निर्णय करना ही वेदान्तशास्त्र का प्रधान कार्य है। एवं उपनिषदों में भी सर्वत्र यही चर्चा की गई है। परंतु सब वेदान्तियों का मत इस त्रयी के विषय में एक नहीं है। कोई कहते हैं, कि ये तीनों पदार्थ मूल में एक ही है, और कोई यह मानते हैं कि जीव और जगत् परमेश्वर से मूल ही में थोड़े या अत्यंत भिन्न है। इसी से वेदान्तियों में अद्वैती विशिष्टा द्वैती और द्वैती इस प्रकार भेद उत्पन्न हो गये हैं। यह सिद्धांत सब लोगों को एक-सा ग्राह्य है, कि जीव और जगत के सारे व्यवहार परमेश्वर की इच्छा से होते है। परंतु कुछ लोग मानते हैं कि जीव, जगत् और परब्रह्म, इन तीनों का मूलस्वरूप आकाश के समान एक रूप और अखंडित है, तथा दूसरे वेदान्ती कहते हैं, कि जड़ और चैतन्य का एक होना संभव नहीं। अतएव अनार या दाड़िम के फल में यद्यपि अनेक दाने होती हैं, तो भी उससे जैसे फल की एकता नष्ट नहीं होती, वैसे ही जीव और जगत् यद्यपि परमेश्वर में भरे हुए हैं, तथापि ये मूल में उससे भिन्न हैं, और उपनिषदों में जब ऐसा वर्णन आता है, कि तीनों 'एक' हैं; तब उसका अर्थ 'दाड़िम के फल के समान एक' जानना चाहिये। जब जीव के स्वरूप के विषय में यह मतांतर उपस्थित हो गया, तब भिन्न-भिन्न सांप्रदायिक टीकाकार अपने-अपने मत के अनुसार उपनिषदों और गीता के शब्दों की भी खींचातानी करने लगे जिससे गीता का यथार्थ स्वरूप-उसमें प्रतिपादित सच्चा कर्मयोगी विषय- एक ओर रह गया, और उनके सांप्रदायिक टीकाकारों के मत से गीता का मुख्य प्रतिपाद्य विषय यही हो गया, कि गीताप्रतिपादित वेदन्त द्वैत मत का है या अद्वैत मत का! अस्तु, इसके बारे में अधिक विचार करने के पहले यह देखना चाहिए, कि जगत् (प्रकृति), जीव (आत्मा अथवा पुरुष), और परब्रह्म के (परमात्मा अथा पुरुषोत्तम) परस्पर संबंध के विषय में स्वयं भगवान् श्रीकृष्ण ही गीता में क्या कहते हैं। आगे के विवेचन से पाठकों को विदित होगा कि इस विषय में गीता और उपनिषदों का एक ही मत है, और गीता में कहे गये सब विचार उपनिषदों से पहले ही आ चुके हैं।

प्रकृति और पुरुष के भी परे जो पुरुषोत्तम, परपुरुष, परमात्मा या परब्रह्म है, उसका वर्णन करते समय भगवद्गीता में पहले उसके दो स्वरूप बतलाये गये हैं, यथा, व्यक्त और अव्यक्त (आँखों से दिखने वाला और आँखों से न दिखने वाला)। अब इसमें संदेह नहीं, कि व्यक्त स्वरूप अर्थात् इंद्रियगोचर रूप सगुण ही होना चाहिये। अब शेष रहा अव्यक्त रूप। यह सच है, कि यह अव्यक्त रूप इंद्रियों को अगोचर है। और अव्यक्त रूप यद्यपि इंद्रियों को अगोचर है, तो भी इतने से ही यह नहीं कहा जा सकता, कि वह निगुर्ण ही हो। क्योंकि, यद्यपि वह हमारी आँखों से न दीख पड़े। तो भी उसमें सब प्रकार के गुण सूक्ष्म रूप से रह सकते हैं। इसलिये अव्यक्त के भी तीन भेद किये हैं, जैसे सगुण, सगुण निगुर्ण और निर्गुण। यहाँ 'गुण' शब्द में उन सब गुणों का समावेश किया गया है, कि जिनका ज्ञान मनुष्य को केवल उनकी ब्राह्योंद्रियों से नहीं होता, किंतु मन से भी होता है। परमेश्वर के मूर्तिमान अवतार भगवान् श्रीकृष्ण स्वयं साक्षात् अर्जुन के सामने खड़े होकर उपदेश कर रहे थे। इसलिए गीता में जगह-जगह पर अपने व्यक्ति स्वरूप को लक्ष करके उन्होंने अपने विषय में प्रथम पुरुष का निर्देश इस प्रकार किया है- जैसे, "प्रकृति मेरा स्वरूप है" (गीता 9.8), "जीव मेरा अंश है" (गीता 17.7),

''सब भूतों का अंतर्यामी आत्मा मैं हूं'' (गीता 10.20), 'संसार में जितनी श्रीमनन् या भिवूमिमान् मूर्तियाँ हैं, वे सब मेरे अंश से उत्पन्न हुई है'' (गीता 10.41) ''मुझमें मन लगा कर मेरा भक्त हो'' (गीता 9.34) , ''तो तू मुझी से मिल जायेगा'', ''तू मेरा प्रिय भक्त है, इसलिये मैं तुझे यह प्रतिज्ञा पूर्वक बतलाता हूँ'', (गीता 18.65)। और जब आपने विश्वरूपदर्शन से अर्जुन को यह प्रत्यक्ष अनुभव करा दिया, कि सारी चराचर सृष्टि मेरे व्यक्त रूप में ही साक्षात् भरी हुई है, तब भगवान् ने उसको यही उपदेश किया है, कि अव्यक्त रूप से व्यक्त रूप की उपासना करना अधिक सहज है। ''इसलिये तू मुझ में ही अपना भक्तिभाव रख'' (गीता 12.8), ''मैं ही ब्रह्म का, अव्यक्त मोक्ष का, शाश्वत धर्म का और अनंत सुख का मूल स्थान हूँ'' (गीता 14.27)। इससे विदित होगा, कि गीता में आदि से अंत तक अधिकांश में भगवान के व्यक्त स्वरूप का ही वर्णन किया गया है।

इन से ही केवल भक्ति के अभिमानी बहुतेरे पंडितों और टीका कारों ने यह मत प्रकट किया है, कि गीता में परमात्मा का व्यक्त रूप ही अंतिम साध्य माना गया है। परंतु उनका यह मत सच नहीं कहा जा सकता। क्योंकि उक्त वर्णन के साथ ही भगवान ने स्पष्ट रूप से कह दिया है, कि मेरा व्यक्त स्वरूप मायिक है, और उससे परे का जो अव्यक्त रूप- अर्थात् जो इंद्रियों को अगोचर-है, वही मेरा सच्चा स्वरूप है। उदाहरणार्थ, सातवें अध्याय में (गीता 7.24) कहा है, कि:-

अव्यक्तं व्यक्तिमापन्नं मन्यन्ते मामबुद्धयः।
परं भावमजानन्तो ममाव्ययमनुत्तमम्।

''यद्यपि मैं अव्यक्त अर्थात् इंद्रियों को अगोचर हूँ, तो भी मूर्ख लोग मुझे व्यक्त समझते हैं, और व्यक्त में भी परे के मेरे श्रेष्ठ तथा अव्यक्त रूप को नहीं पहचानते।'' और इसके अगले श्लोक में भगवान् कहते हैं कि मैं अपनी योगमाया से अच्छादित हूँ, इसलिये मूर्ख लोग मुझे नहीं पहचानते'' (गीता 7.25)। फिर चौथे अध्याय में उन्होंने अपने व्यक्त रूप की उपपत्ति इस प्रकार बतलाई है, 'मैं यद्यपि जन्मरहित और अव्यय हूँ'' तथापि अपनी ही प्रकृति में अधिष्ठित होकर मैं अपनी माया से (स्वात्म माया से) जन्म लिया करता हूँ-अर्थात् व्यक्त होता रहता हूँ-(गीता 4.6)। वे आगे सातवें अध्याय में कहते हैं? ''यह त्रिगुणात्मक प्रकृति मेरी देवी माया है। इस माया को जो पार कर जाते हैं, वे मुझमें समा जाते हैं, और इस माया से जिनका ज्ञान नष्ट हो जाता है, वे मूढ नाराधम मुझमें नहीं समा सकते।'' (गीता 7.14.15)। अंत में अठारहवें (गीता 18. 61) अध्याय में भगवान ने उपदेश किया है, कि ''हे अर्जुन! सब प्राणियों के हृदय में जीव रूप परमात्मा ही का निवास है; और वह अपनी माया से यंत्र की भाँति सब प्राणियों को घुमाता है।'' भगवान ने अर्जुन को जो विश्व रूप दिखाया है, वही नारद को भी दिखलाया था। इसका वर्णन महाभारत के शांतिपर्वान्तर्गत नारायणीय प्रकरण में (मभा. शां. 339) हैं; और हम पहले ही प्रकरण में बतला चुके हैं कि नारायणीय अर्थात् भागवत् धर्म ही गीता में प्रतिपादित किया गया है। नारद को हजारों नेत्रों, रंगों तथा अन्य गुणों का विश्व रूप दिखलाकर भगवान् ने कहा:-

माया ह्येषा मया सृष्टा यन्मां पश्यसि नारद।
सर्वभूतगुणैर्यक्तं नैवं त्वं ज्ञातुमर्हसि॥

''तुम मेरा जो रूप देख रहे हो, वह मेरी की हुई माया है। इससे तुम यह न समझो, कि मैं, सर्वभूतों के गुणों से युक्त हूँ।' और यह फिर भी कहा है, कि ''मेरा सच्चा स्वरूप सर्वव्यापी, अव्यक्त और नित्य है और उसे सिद्धान्त पुरुष ही पहचानते हैं (मभा. 339. 44, 48)। इससे कहना पड़ता है, कि गीता में वर्णित भगवान का अर्जुन को दिखलाया

हुआ विश्वरूप भी मायिक था। सारांश, उपर्युक्त वचनों से इस विषय में कुछ संदेह नहीं रह जाता, कि गीता का यही सिद्धांत होना चाहिए, कि यद्यपि केवल उपासना के लिये व्यक्त स्वरूप की प्रशंसा गीता में भगवान ने की है; तथापि परमेश्वर का श्रेष्ठ स्वरूप अव्यक्त अर्थात् इंद्रियों को अगोचर ही हैं; और अव्यक्त से व्यक्त होना ही उसकी माया है। और इस माया के पार होकर जब तक मनुष्य को माया से परे परमात्मा के, शुद्ध तथा अव्यक्त रूप का ज्ञान न हो तब तक उसे मोक्ष नहीं मिल सकता। अब इसका अधिक विचार आगे करेंगे, कि माया क्या वस्तु है। ऊपर दिये गये वचनों से इतनी बात स्पष्ट है, कि यह मायावाद श्रीशंकराचार्य ने नये सिरे से नहीं उपस्थित किया है; किंतु उनके पहले ही भगवाद्गीता, महाभारत और भागवत धर्म में भी वह ग्राह्य माना गया था। श्वेताश्वेतरोपनिषद् में भी सृष्टि की उत्पत्ति इस प्रकार कही गयी है- ''माया तु प्रकृति विधान्मायिंन तु महेश्वरम्'' (श्वेता. 4.10)- अर्थात् माया ही (सांख्यों की) प्रकृति है और परमेश्वर उस माया का अधिपति है, और वही अपनी माया से विश्व निर्माण करता है।

अब इतनी बात यद्यपि स्पष्ट हो चुकी, कि परमेश्वर का श्रेष्ठ स्वरूप व्यक्त नहीं, अव्यक्त है, तथापि यहाँ थोड़ा-सा विचार होना भी आवश्यक है, कि परमात्मा का यह श्रेष्ठ अव्यक्त स्वरूप सगुण है या निगुर्ण। जब कि सगुण अव्यक्ता का हमारे सामने यह एक उदाहरण है, कि सांख्याशास्त्र की प्रकृति अव्यक्त (अर्थात् इंद्रियों को अगोचर) होने पर भी सगुण अर्थात् सत्त्व-रज-तम-गुणमय है; तब कुछ लोग यह कहते हैं, कि परमेश्वर का अव्यक्त और श्रेष्ठ रूप भी उसी प्रकार सगुण माना जावे भले ही वह अपनी माया से क्यों न हो; परंतु जब कि वही अव्यक्त परमेश्वर व्यक्त सृष्टि निर्माण करता है (गीता 9.8); और सब लोगों के हृदय में रहकर उनसे उनके सारे व्यापार करवाता है (18.61), जब की वह सब यज्ञों का भोक्ता और प्रभु है(गीता 9.24); जब कि प्राणियों के सुख-दु:ख आदि सब 'भाव' उसी से उत्पन्न होते हैं, (गीता 10.5) और जब कि प्राणियों के हृदय में श्रद्धा उत्पन्न करने वाला भी वही है; एवं ''लाभते च तत: कमान् मयैव विहितान् हि तान्'' (गीता 7.22)- प्राणियों की वासना का फूल देने वाला भी है; तब तो यही बात सिद्ध होती है? कि वह अव्यक्त अर्थात् इंद्रियों को अगोचर भले ही हो; तथापि वह हृदया, कर्तृत्व आदि गुणों से युक्त अर्थात् 'सगुण' अवश्य ही होना चाहिए। परंतु इसके विरुद्ध भगवान् ऐसा भी कहते हैं? कि ''न मां कर्मणि लिम्पन्ति''- मुझे कर्मों का अर्थात् गुणों का भी कभी स्पर्श नहीं होता (गीता 4.14), प्रकृति के गुणों से मोहित होकर मूर्ख लोग आत्म ही को कर्ता मानते हैं (गीता 3.27, 14. 19) अथवा? यह अव्यक्त और अकर्ता परमेश्वर ही प्राणियों के हृदय में जीवरूप से निवास करता है (गीता 13.31), और इसलिये यद्यपि वह प्राणियों के कर्तृव्य और कर्म से वस्तुत: अलिप्त है, तथापि अज्ञान में फँसे हुए लोग मोहित हो जाया करते हैं (गीता 5.14,15)। इस प्रकार अव्यक्त अर्थात् इंद्रियों को अगोचर परमेश्वर के रूप-सगुण और निगुर्ण-दो के ही तरह नहीं हैं किंतु इसके अतिरिक्त कहीं-कहीं इन दोनों को एकत्र मिलाकर भी अव्यक्त परमेश्वर का वर्णन किया गया है। उदाहरणार्थ, ''भूतभृत न च भूतस्थो'' (गीता 9.5) ''मैं भूतों का आधार होकर भी उनमें नहीं हूँ'' इस तरह नौवें और तेरहवें अध्याय में ''परब्रह्म न तो सत् है और न असत्'' (गीता 13. 12), ''सर्वेंद्रियवान् होने का जिसमें भास हो परंतु जो सर्वेंद्रिय रहित है, और निगुर्ण होकर गुणों का उपयोग करने वाला है'' (गीता 13.14), ''दूर है और समीप भी है'' (गीता 13.15), 'अविभक्त है और विभक्त भी दीख पड़ता है'' (गीता 13.15)- इस प्रकार परमेश्वर के स्वरूप का सगुण-निर्गुण मिश्रित अर्थात् परस्परविरोधी वर्णन भी

किया गया है। तथापि आरंभ में दूसरे से ही अध्याय में कहा गया है? कि ''यह आत्मा अव्यक्त, अचिंत्य और अविकार्य है'' (गीता 2.25), और फिर तेरहवें अध्याय में- ''यह परमात्मा अनादि, निर्गुण और अव्यक्त है; इसलिये शरीर में रहकर भी न तो कुछ करता है और न किसी में लिप्त होता है'' (गीता 13.31)- इस प्रकार परमात्मा के शुद्ध, निर्गुण, निरयवय, निर्विकार, अचिंत्य अनादि और अव्यक्त रूप की श्रेष्ठता का वर्णन गीता में किया गया है।

भगवद्गीता की भाँति उपनिषदों में भी अव्यक्त परमात्मा का स्वरूप तीन प्रकार का पाया जाता है - अर्थात् कभी कभी अभयविध यानी सगुण-निर्गुण-मिश्रित और कभी सगुण, निर्गुण। इस बात की कोई आवश्यकता नहीं कि उपासना के लिये सदा प्रत्यक्ष मूर्ति ही नेत्रों के सामने रहे। ऐसे स्वरूप की ही उपासना हो सकती है, कि जो निराकार अर्थात् चक्षु आदि ज्ञानेंद्रियों को गोचर भले ही न हो; तो भी मन को गोचर हुए बिना उसकी उपासना होता संभव नहीं हैं। चिंतन, मनन, या ध्यान को और यदि चिंतित वस्तु का कोई रूप न हो, तो न सही; परंतु जब तक उसका अन्य कोई भी गुण मन को मालूम न हो जाये, तब तक मन चिंतन करेगा ही किसका? अतएव उपनिषदों में जहाँ-जहाँ अव्यक्त अर्थात् नेत्रों से न दिखाई देनेवाली परमात्मा की उपासना(चिंतन, मनन, ध्यान) बतलाई गई है वहाँ वहाँ अव्यक्त परमेश्वर सगुण ही कल्पित किया गया है। परमात्मा में कल्पित गुण उपासक के अधिकारनुसार न्यूनाधिक व्यापक या सात्त्विक होते है; और जिसकी जैसी निष्ठा हो, उसको वैसा ही फल भी मिलता है। छांदोग्योपनिषद् में (छां. 3.14.1) कहा है, कि ''पुरुष ऋतुमय है। जिसका जैसा ऋतु (निश्चय) हो, उसे मृत्यु के पश्चात् वैसी ही फल भी मिलता है।'' और भगवत्गीता भी कहती है कि देवताओं की भक्ति करने वाले देवताओं में और पितरों की भक्ति करने वाले पितरों में जा मिलते हैं'' (गीता 9.21), अथवा ''यो यच्छ्रद्धः स एव सः'' - जिसकी जैसी श्रद्धा हो, उसे वैसी सिद्धी प्राप्त होगी। (गीता 17.3), तात्पर्य यह है कि उपासक के अधिकार भेद के अनुसार अव्यक्त परमात्मा के गुण भी उपनिषदों में भिन्न भिन्न कहे गये हैं। उपनिषदों के इस प्रकरण को 'विद्या' कहते हैं। विद्या ईश्वर प्राप्ति क (उपासनारूप) मार्ग है; और यह मार्ग जिस प्रकरण में बतलाया गया है, उसे भी 'विद्यक' ही नाम अंत में दिया जाता है। शांडिल्यविद्या (छां. 3.14), पुरुषविद्या (छां. 3.16,17), पर्यकविद्या (कौषी. 1), प्राणोपासना (कौषी. 2) इत्यादि अनेक प्रकार की उपासनाओं का वर्णन उपनिषदों में किया गया है; और इस सबका विवेचन वेदान्त सूत्रों के तृतीयाध्याय के तीसरे पाद में किया गया है। इस प्रकरण में अव्यक्त परमात्मा का सगुण वर्णन इस प्रकार है, कि वह मनोमय, प्राणशरीर, भारूप, सत्य संकल्प, आकाशात्मा, सर्वकर्मा, सर्वकाम, सर्वगंध और सर्वरस है (छां 3.14.2) ऋ तैत्तिरीय उपनिषद् में तो अन्न, प्राण, मन, विज्ञान या आनंद - इस रूपों में भी परमात्मा की बढ़ती हुई उपासना बतलाई गई है (तै. 2. 1-5; 3. 2-6)। बृहदारण्य में (बृ. 2.1) गार्ग्य बालाकी ने अजातशत्रु को पहले पहल आदित्य, चन्द्र, विद्युत, आकाश, वायु, अग्नि, जल या दिशाओं में रहने वाले पुरुषों की ब्रह्मरूप से उपासना बतलाई है; परंतु आगे अजातशत्रु नें उससे कहा, कि सच्चा ब्रह्म इनके भी परे है; और अंत में प्राणोपासना ही को मुख्य ठहराया है । इतने से ही यह परंपरा कुछ पूरी नहीं हो जाती। उपर्युक्त सब ब्रह्मरूपों को प्रतीक, अर्थात् इन सबको उपासना के लिये कल्पित गौण ब्रह्मस्वरूप अथवा ब्रह्मनिर्दर्शक चिन्ह कहते है और जब यही गौण रूप किसी मूर्ति के रूप में नेत्रों के सामने रखा जाता है, तब उसी को 'प्रतिमा' कहते है। परंतु स्मरण रहे, कि सब उपनिषदों का सिद्धांत यही है, कि सच्चा ब्रह्म रूप इससे भिन्न है (केन. 1.2-8)। इस ब्रह्म के लक्षण का वर्णन करते

समय कई स्थानों में तो "सत्यं ज्ञानमनन्तं ब्रह्म" (तैत्ति. 2.1) या "विमानदं ब्रह्म" (बृ. 3.9-28) कहा है। अर्थात् ब्रह्म सत्य (सत्), ज्ञान (चित) और आनंदरूप है- अर्थात् सच्चिदानंद-स्वरूप है - इस प्रकार सब गुणों का तीन ही गुणों में समावेश करके वर्णन किया गया है। और अन्य स्थानों में भगवद्‌गीता के समान ही विरुद्ध गुणों को एकत्र करके ब्रह्म का वर्णन इस प्रकार किया गया है कि "ब्रह्म सत् भी नही और असत् भी नहीं" (ऋ. 10.129.1) अथवा "अणोरणीय् महतो महीयान्" अर्थात् अणु से भी छोटा और बड़े से भी बड़ा है (कठ 2.20) "तदेजति तन्नेजति तत् दूरे तद्वन्तिके" अर्थात् वह हिलता है और हिलता भी नहीं; वह दूर है और समीप भी है (ईश. 5; मुं. 3.1.7); अथवा सर्वेन्द्रियगुणाभास हो कर भी 'सर्वेन्द्रियविवर्जित' है (श्वेता. 3.17)। मृत्यु ने नचिकेता को यह उपदेश किया है कि अंत में उपर्युक्त सब लक्षणों को छोड़ दो और जो धर्म और अधर्म के, कृत और अकृत के, अथवा भूत और भव्य के भी परे है, उसे भी ब्रह्म जानो (कट. 2.14)। इसी प्रकार महाभारत के नारायणीय धर्म में ब्रह्मा रुद्र ये (मभा. शां. 351.11) और मोक्ष धर्म में नारद शुक से कहते हैं (मभा. 331.44)। वृहदारण्यकोपनिषद् (वृ. 2.3.2) में भी पहले पृथ्वी, जल और अग्नि- उन तीनों को ब्रह्म का मूर्त रूप कहा है। फिर वायु तथा आकाश को अमूर्त रूप कह कर दिखाया है, कि इन अमूर्तो के सारभूत पुरुष के रूप या रंग बदल जाते हैं; और अंत में यह उपदेश किया है, कि 'नेति, 'नेति' अर्थात् अब तक जो कहा गया है, वह 'वह' नहीं है; वह ब्रह्म नहीं है- उन सब नामरूपात्मक मूर्त या अमूर्त पदार्थों के परे जो 'अगृह्य' या 'अवर्णनीय' है उसे ही परब्रह्म समझो (बृह. 2.3.6 और वे सू. 3.2.22)। अधिक क्या कहें; जिन जिन पदार्थों को कुछ नाम दिया जा सकता है, उन सब से भी परे जो है, वही ब्रह्म है; उसे ब्रह्म का अव्यक्त तथा निगुर्ण स्वरूप दिखलाने के लिये 'नेति' 'नेति' एक छोटा-सा निर्देश, आदेश या सूत्र ही हो गया है; और बृहदाहरण्यक उपनिषद् में ही पुनः उसका चार बार प्रयोग हुआ है (बृह. 4.9.26; 4.2.4; 4.4.22; 4.5.15)। इसी प्रकार दूसरे उपनिषदों में भी परब्रह्म के निर्गुण और अचिंत्य रूप के वर्णन पाये जाते हैं। जैसे "यतो वाचोनिवर्तन्ते अप्राप्य मनसा सह" (तैत्ति. 2.9); अद्रेश्यं (अदृश्य), अग्राह्यं' (मु. 1. 1. 6) "न चक्षुषा गुह्यते नाऽपि वाचा" (मुं. 3. 1. 8); नेत्रों से न दिखनेवाला अथवा वाणी से कहा न जाने वाला अथवा-

अशब्दमस्पर्शमरूपमव्यंयं तथाऽ रसं नित्यमगन्धवच्च यत्।
अनाद्यनन्तं महतः परं ध्रुवं निचाय्य तन्मृत्युमुखात्प्रमुच्यते॥

अर्थात् वह परब्रह्म पंचमहाभूतों के शब्द, स्पर्श, रस और गंध-उन पाँच गुणों से रहित अनादि, अनंत और अव्यय है (कठ. 3.15; वे. सू. 3. 2. 22-30)। महाभारतांर्गत शांतिपर्व में नारायणीय या भागवत धर्म के वर्णन में भी भगवान ने नारद को अपना सच्चा स्वरूप "अदृश्य, अध्येय, अस्पृश्य, निर्गुण, निष्फल (निरवयव), अज, नित्य, शाश्वत और निष्क्रिय" बतला कर कहा है, कि "वह सृष्टि की उत्पत्ति तथा लय करने वाला त्रिगुणातीत परमेश्वर है; और इसी को "वासुदेव परमात्मा" कहते हैं (मभा. शां. 339. 21-28)।

उपर्युक्त वचनों से यह प्रकट होगा कि न केवल भगवद्‌गीता में ही, वरन् महाभारतांर्गत नारायणीय या भागवत धर्म में और उपनिषदों में भी परमात्मा का अव्यक्त स्वरूप ही व्यक्त स्वरूप से श्रेष्ठ माना गया है; और यही अव्यक्त श्रेष्ठ स्वरूप वहाँ तीन प्रकार से वर्णित हैं; अर्थात् सगुण-निर्गुण और अंत में केवल निर्गुण। प्रश्न यह है कि अव्यक्त और श्रेष्ठ स्वरूप के उक्त तीन परस्पर विरोधी रूपों का मेल किस तरह किया जावे? यह कहा जा सकता है, कि इन तीनों में से जो सगुण-निर्गुण अर्थात्

अभयात्मक रूप है, वह सगुण से निर्गुण में (अथवा अज्ञेय में) जाने की सीढ़ी या साधन है। क्योंकि, पहले सगुण रूप का ज्ञान होने पर ही, धीरे धीरे एक एक गुण का त्याग करने से निर्गुण स्वरूप का अनुभव हो सकता है; और इसी रीति से ब्रह्म प्रतीक की बढ़ती हुई उपासना उपनिषदों में बतलाई गई है। उदाहरणार्थ, तैत्तिरीय उपनिषद् की भृगुवल्लीनें वरुण ने भृगु को पहले यही उपदेश किया है, कि अन्न ही ब्रह्म है फिर क्रम-क्रम से प्राण, मन, विज्ञान और आनंद-इन ब्रह्म रूपों का ज्ञान उसे करा दिया है। (तैत्ति. 3. 2-6) अथवा ऐसा भी कहा जा सकता है, कि गुणबोधक विशेषणों से निर्गुण रूप का वर्णन करना असंभव है। अतएव परस्परविरोधी विशेषणों से ही उसका वर्णन करना पड़ता है। इसका कारण यह है कि जब हम किसी वस्तु के संबंध में 'दूर' या 'सत्' शब्दों का उपयोग करते हैं, तब हमें किसी अन्य वस्तु के 'समीप' या 'असत्' होने का भी अप्रत्यक्ष रूप से बोध हो जाया करता है। परंतु यदि एक ही ब्रह्म सर्वव्यापी है, तो परमेश्वर को 'दूर' या 'सत्' कहकर समीप या 'असत्' किसे कहें? ऐसी अवस्था में "दूर नहीं, समीप नहीं" "सत् नहीं असत् नहीं" - इस प्रकार की भाषा का उपयोग करने से दूर और समीप, सत् और असत् इत्यादि परस्पर सापेक्ष गुणों की जोड़ियाँ भी लगा दी जाती हैं। और यह बोध होने के लिए परस्पर विरुध विशेषणों की इस भाषा का ही व्यवहार में उपयोग करना पड़ता है, कि जो कुछ शेष निर्गुण, सर्वव्यापी, सर्वदा निरपेक्ष और स्वतंत्र बचा है, वही सच्चा ब्रह्म है (गीता 13.12) जो कुछ है वह सब ब्रह्म ही है। इसलिए दूर वही, समीप भी वही, सत् भी वही और असत् भी वही है। अतएव दूसरी दृष्टि से उसी ब्रह्म का एक ही समय परस्पर विरोधी विशेषणों के द्वारा वर्णन किया जा सकता है (गीता 11.37; 13.15)। अब यद्यपि उभयविध सगुण-निर्गुण वर्णन की उपपत्ति इस प्रकार बतला चुके; तथापि इस बात का स्पष्टीकरण रह ही जाता है, कि एक ही परमेश्वर के परस्पर-विरोधी दो स्वरूप -सगुण और निर्गुण - कैसे हो सकते हैं? माना कि जब अव्यक्त परमेश्वर व्यक्त रूप से अर्थात् इंद्रियगोचर रूप धारण करता है, तब वह उसकी माया कहलाती है; परंतु जब वह व्यक्त - यानी इंद्रिय - गोचर - न होते हुए अव्यक्त रूप में ही निर्गुण का सगुण हो जाता है? तब उसे क्या कहें? उदाहरणार्थ, एक ही निराकार परमेश्वर को कोई 'नेति नेति' कह कर निर्गुण मानते हैं; और कोई उसे सर्वगुण संपन्न, सर्वकर्मा तथा दयालु कह कर सगुण मानते हैं। इसका रहस्य क्या है? उक्त दोनों में श्रेष्ठ पक्ष कौन-सा है? इस निर्गुण और अव्यक्त ब्रह्म से सारी व्यक्त सृष्टि और जीव की उत्पत्ति कैसे हुई? - इत्यादि बातों का स्पष्टीकरण हो जाना आवश्यक है। यह कहना मानों अध्यात्मशास्त्र ही को जड़ से काटना है, कि सब संकल्पों का दाता अव्यक्त परमेश्वर तो यथार्थ में सगुण है; और उपनिषदों में या गीता में निर्गुण स्वरूप का जो वर्णन किया गया है, वह केवल अतिशयोक्ति या व्यर्थ तथा प्रशंसा है। क्योंकि जिन बड़े-बड़े महात्माओं और ऋषियों ने मन एकाग्र करके सूक्ष्म तथा शांत विचारों से यह सिद्धांत ढूँढ निकाला, कि "यतो वाचो निवर्तन्ते अप्राप्य मनसा सह" (तै. 2.9)- मन को भी जो दुर्गम है और वाणी भी जिसका वर्णन कर नहीं सकती, वही अंतिम ब्रह्म स्वरूप है- उनके आत्मानुभव को अतिशयोक्ति कैसे कहें? केवल एक साधारण मनुष्य अपने क्षुद्र मन में यदि अनंत और निर्गुण ब्रह्म को ग्रहण नहीं कर सकता; इसलिये यह कहना, कि सच्चा ब्रह्म सगुण ही होना चाहिए, मानों सूर्य की उपेक्षा अपने छोटे से दीपक को श्रेष्ठ बतलाना है। हाँ, यदि इस निर्गुण रूप की उपपत्ति उपनिषदों या गीता में न दी गई होती तो बात दूसरी थी; परंतु यथार्थ में वैसा नहीं है। देखिए न! भगवद्गीता में तो स्पष्ट ही कहा है, कि परमेश्वर का सच्चा और श्रेष्ठ स्वरूप अव्यक्त ही है; और व्यक्त सृष्टि का रूप धारण करना तो उसकी माया है (गीता 4.

6) परंतु भगवान ने यह भी कहा है, कि प्रकृति के गुणों से ''मोह में फँसकर मूर्ख लोग (अव्यक्त और निर्गुण) आत्मा को ही कर्ता मानते हैं'' (गीता 3.27-29); किंतु ईश्वर तो कुछ नहीं करता। लोग केवल अज्ञान में धोटा खाते है (गीता 5.15)। अर्थात् भगवान् ने स्पष्ट शब्दों में यह उपदेश किया है, कि यद्यपि अव्यक्त आत्मा या परमेश्वर वस्तुतः निर्गुण है, (गीता 13.31) तो भी लोग उस पर 'मोह' या 'अज्ञान' से कर्तृत्व आदि गुणों का अध्यारोप करते है; और उसे अव्यक्त सगुण बना देते हैं (गीता 7.24)। उक्त विवेचन से परमेश्वर के स्वरूप के 'विषय' में गीता के ये ही सच्चे सिद्धांत मालूम होते है :- 1)। गीता में परमेश्वर के व्यक्त स्वरूप का यद्यपि बहुत सा वर्णन है, तथापि परमेश्वर का मूल और श्रेष्ठ स्वरूप निर्गुण तथा अव्यक्त ही है; किंतु मनुष्य मोह या अज्ञान से उसे सगुण मानते हैं; 2) सांख्यों की प्रकृति या उसका व्यक्त पसारा-यानी अखिल संसार- उस परमेश्वर की माया है; और 3) सांख्यों का पुरुष यानी जीवात्मा यथार्थ में परमेश्वर रूपी और परमेश्वर के समान ही निर्गुण और अकर्ता है, परंतु अज्ञान के कारण लोग उसे कर्ता मानते हैं। वेदान्तशास्त्र के सिद्धांत ऐसे ही हैं; परंतु उत्तर-वेदांत-ग्रंथों में इन सिद्धांतों को बतलाते समय माया और अविद्या में कुछ भेद किया गया है। उदाहरणार्थ, पंचदशी में पहले यह बतलाया गया है, कि आत्मा और परब्रह्म दोनों मूल मे एक ही यानी ब्रह्मस्वरूप हैं। और यह चित्स्वरूपी ब्रह्म जब माया में प्रतिबिंबित होता है, तब सत्त्वरजतम गुणमयी (सांख्यों की मूल) प्रकृति का निर्माण होता है। परंतु आगे चल कर इस माया के ही दो भेद- 'माया और अविद्या' -किये गये हैं। और यह बतलाया गया है, कि जब माया के तीन गुणों में से 'शुद्ध' सत्त्वगुण का उत्कर्ष होता है, तब उसे केवल माया कहते हैं; और इस माया में प्रतिबिंबित होने वाले ब्रह्म का सगुण यानी व्यक्त ईश्वर (हिरण्य गर्भ) कहते हैं। और यदि यही सत्त्वगुण 'अशुद्ध' हो तो उसे 'अविद्या' कहते हैं; तथा उस विद्या में प्रतिबिंबित ब्रह्म को 'जीव' कहते हैं। (पंच 1.15-17) इस दृष्टि से, यानी उत्तरकालीन वेदान्त की दृष्टि से देखें, तो एक ही माया के स्वरूपतः दो भेद करने पड़ते हैं- अर्थात् परब्रह्म से 'व्यक्त ईश्वर' के निर्माण होने का माया और 'जीव' के निर्माण होने का कारण अविद्या मानना पड़ता है। परंतु गीता में इस प्रकार का भेद नहीं किया गया है। गीता कहती है, कि ''जिस माया से स्वयं भगबान् व्यक्त रूप यानी सगुणन रूप धारण करते हैं (7.25) अथवा जिस माया के द्वारा अष्टधा प्रकृति अर्थात् सृष्टि की सारी विभूतियाँ उनसे उत्पन्न होती हैं, (4.6) उसी माया के अज्ञान से जीवन मोहित होता है'' (7. 4-15)। 'अविद्या' शब्द गीता में कहीं भी नहीं आया है; और श्वेताश्वेतरोपनिषद् में जहाँ वह शब्द आया है, वहाँ उसका स्पष्टीकरण भी इस प्रकार किया है, कि माया के प्रंपच को ही 'अविद्या' कहते हैं (श्वेता 5.1)। अतएव उत्तरकालीन वेदान्त ग्रन्थों में केवल निरूपण की सरलता के लिये - जीव और ईश्वर की दृष्टि से - किए गए सूक्ष्म भेद - अर्थात् माया और अविद्या को स्वीकार न कर हम 'माया', 'अविद्या' और 'अज्ञान' शब्दों को समानार्थक ही मानते हैं। और अब शास्त्रीय रीति से संक्षेप में इस विषय का विवेचन करते हैं, कि त्रिगुणात्मक माया, अविद्या या अज्ञान और मोह का सामान्यतः तात्त्विक स्वरूप क्या है, और उसकी सहायता से गीता तथा उपनिषदों के सिद्धांतों की उपपत्ति कैसे लग सकती है।

निर्गुण और सगुण शब्द देखने में छोटे हैं; परंतु जब इसका विचार करने लगे, कि इन शब्दों मे किन-किन बातों का समावेश होता है; तब सचमुच सारा ब्रह्मांड दृष्टि के सामने खड़ा हो जाता है। जैसे, इस सारांश का मूल जो कि अनादि परब्रह्म है, जो एक निष्क्रिय और उदासीन है; तब उसी में मनुष्य को इंद्रियों को गोचर होने वाले अनेक

प्रकार से व्यापर या गुण कैसे उत्पन्न हुए? तथा इस प्रकार उसकी अखंडता भंग कैसे हो गई? अथवा जो मूल में एक रूप है, उसी की बहुरूपी भिन्न-भिन्न व्यक्त पदार्थ कैसे दिखाई देते हैं? जो परब्रह्म निर्विकार है, उसी मे नाना प्रकार की रुचियाँ, न्यूनाधिक गाढ़ा-पतलापन या शीत और उष्ण, सुख और दुःख, प्रकाश और अंधेरा, मृत्यु और अमरता इत्यादि अनेक प्रकार के द्वंद कैसे उत्पन्न हुए? जो परब्रह्म शांत और निर्वात है, उसी में नाना प्रकार की ध्वनियाँ और शब्द कैसे निर्माण होते हैं? जिस परब्रह्म में भीतर-बाहर या दूर-समीप का कोई भेद नहीं है, उसी में आगे या पीछे, दूर या समीप अथवा पूर्व-पश्चिम इत्यादि दिक्कृत या स्थलकृत भेद कैसे हो गये? जो परब्रह्म अविकारी, त्रिकाला बाधित, नित्य और अमृत है, उसी से न्यूनाधिक काल मान के नाशवान् कैसे बने? अथवा जिसे कार्यकारण भाव का स्पर्श नहीं होता, उसी परब्रह्म के कार्य कारण रूप- जैसे मिट्टी और घड़ा क्यों दिखाई देते हैं? ऐसे ही और भी अनेक विषयों का उक्त छोटे से दो शब्दों मे समावेश हुआ है । अथवा संक्षेप में कहा जाय, तो अब इस बात का विचार करना है, कि एक ही में अनेकता, निर्द्वंद्व में नाना प्रकार की द्वंद्वता, अद्वैत में द्वैत और निःसंग में संग कैसे हो गया। सांख्यों ने तो उस झगड़े से बचने के लिये यह द्वैत कल्पित कर लिया है, कि निर्गुण और नित्यपुरुष के साथ-साथ त्रिगुणात्मक यानी सगुण प्रकृति भी नित्य और स्वतंत्र है। परंतु जगत के मूल तत्त्व को ढूँढ निकालने की मनुष्य के मन की जो स्वाभिक प्रवृत्ति है, उसका समाधान इस द्वैत से नहीं होता। इतना ही नहीं, क़िंतु यह द्वैत युक्तिवाद के ही सामने टिक नहीं पाता इसलिए प्रकृति और पुरुष के भी परे जाकर उपनिषद्कारों ने यह सिद्धांत स्थापित किया, कि सच्चिदानंद ब्रह्म से भी श्रेष्ठ श्रेणी का 'निर्गुण' ब्रह्म ही जगत का मूल है। परंतु अब उसकी उपपत्ति देनी चाहिये, कि निर्गुण से सगुण कैसे हुआ। क्योंकि सांख्य के समान वेदान्त का भी यह सिद्धांत है, कि जो वस्तु नहीं है, वह हो ही नहीं सकती; और उससे, 'जो वस्तु है' उसकी कहीं उत्पत्ति नहीं हो सकती। इस सिद्धांत के अनुसार निर्गुण (अर्थात् जिसमे गुण नहीं है उस) ब्रह्म से सगुण दृष्टि के पदार्थ (कि जिनमे गुण हैं) उत्पन्न नहीं हो सकते। तो फिर सगुण आया कहाँ से? यदि कहें कि सगुण कुछ नहीं है, तो वह प्रत्यक्ष दृष्टिगोचर है। और यदि निर्गुण के समान सगुण को भी सत्य मानें, तो हम देखते हैं, कि इंद्रिय गोचर होने वाले शब्द, स्पर्श, रूप, रस आदि सब गुणों के स्वरूप आज एक हैं, तो कल दूसरे ही- अर्थात् वे नित्य परिवर्तनशील होने के कारण नाशवान्, विकारी और अश्वाश्वत् हैं। तब तो (ऐसी कल्पना करके कि परमेश्वर विभाज्य है) यही कहना होगा कि सर्वव्यापी परमेश्वर भी सगुणों के संबंध में परिवर्तनशील एवं नाशवान् है। परंतु जो विभाज्य और नाशवान् होकर सृष्टि में नियमों की पकड़ में नित्य परतंत्र रहता है, उसे परमेश्वर भी कैसे कहें? सारांश, चाहे यह मानो, कि इंद्रियगोचर सारे सगुण पदार्थ पंचमहाभूतों से निर्मित हुए हैं; अथवा सांख्यानुसार या आधिभौतिक दृष्टि से यह अनुमान कर लो, कि इन सारे पदार्थों का निर्माण एक ही अव्यक्त सगुण मूल प्रकृति से हुआ है। किसी भी पक्ष को स्वीकार करो; यह बात निर्विवाद सिद्ध है, कि जब तक नाशवान् गुण उस मूल प्रकृति से भी छूट नहीं गए हैं, तब तक पंचमहाभूतों को या प्रकृति रूप इस सगुण पदार्थ को जगत का अविनाशी स्वतंत्र और अमृत तत्त्व नहीं कह सकते। अतएव जिसे प्रकृति को स्वीकार करना है, उसे उचित है, कि वह या तो यह कहना छोड़ दे, कि परमेश्वर नित्य, स्वतंत्र और अमृतरूप है; या इस बात की खोज करे, कि पंचमहाभूतों के परे अथवा सगुण मूल प्रकृति के भी परे और कौन सा तत्त्व है। इसके सिवा अन्य कोई मार्ग नहीं है। जिस प्रकार मृगजल से प्यास नहीं बुझती, बालू से तेल नहीं निकलता, उसी प्रकार प्रत्यक्ष

नाशवान् वस्तु से अमृत्व की प्राप्ति की आशा करना भी व्यर्थ है। और इसलिये याज्ञवल्क्य ने अपनी स्त्री-मैत्रेयी-को स्पष्ट उपदेश किया है, कि चाहे जितनी संपत्ति क्यों न प्राप्त हो जावे; पर उससे अमृत्व की आशा करना व्यर्थ है- "अमृतत्त्वस्य तु नाशस्ति वित्तेन" (बृह. 2. 4. 2.) अच्छा; अब यदि अमृतत्व को मिथ्या कहें; तो मनुष्यों को यह स्वाभाविक इच्छा दीख पड़ती है, कि वे किसी राजा से मिलने वाले पुरस्कार या पारितोषिक का उपभोग न केवल अपने लिये वरन् पुत्रपौत्रादि के लिये भी आचन्द्रार्क-अर्थात् चिरकाल के लिये करना चाहते हैं। अथवा यह भी देखा जाता है, कि चिरकाल रहने वाली या शाश्वत् कीर्ति पाने का जब अवसर आ जाता है, तब मनुष्य अपने जीवन की भी परवाह नहीं करता । ऋग्वेद के समान अत्यंत प्राचीन ग्रंथों में भी पूर्व ऋषियों की प्रार्थना है, कि "हे इंद्र! तू हमें अक्षित श्रव' अर्थात् अक्षय कीर्ति या धन दें" (ऋ 1. 9. 7); अथवा 'हे सोम! तू मुझे वैवस्वत (यम) लोक में अमर कर दे" (ऋ. 9. 113. 8)। और अर्वाचीन समय में इसी दृष्टि को स्वीकार करके स्पेन्सर, कांट प्रभृति केवल आधिभौतिक पंडित भी यही कहते हैं? कि "इस संसार में मनुष्यमात्र का नैतिक परम कर्तव्य यही है, कि वह किसी प्रकार के क्षणिक सुख में न फँसकर वर्तमान और भावी मनुष्य जाति के चिरकालीन सुख के लिये उद्योग करे।" हमारे जीवन के पश्चात् के चिर कालिक कल्याण की अर्थात् अमृतत्व की यह कल्पना आई कहाँ से? यदि हैं, कि यह स्वभाविसद्ध है; तो मानना पड़ेगा, कि इस नाशवान् देह के परे और कोई अमृत वस्तु अवश्य है। और यदि कहें कि ऐसी कोई अमृत वस्तु नहीं हैं, तो हमें जिस मनोवृत्ति की साक्षात् प्रतीति होती, उसका अन्य कोई कारण भी नहीं बतलाते बन पड़ता! ऐसी कठिनाई आ पड़ने पर बहुतेरे आधिभौतिक पंडित यह उपदेश करते हैं, कि इन प्रश्नों का कभी समाधान कारक उत्तर नहीं मिल सकता। अतएव इनका विचार न करके दृश्य सृष्टि के पदार्थों के गुण धर्मों के परे अपनी मन की दौड़ कभी न जाने दो। यह उपदेश है तो सरल; परंतु मनुष्य के मन में तत्त्व ज्ञान की जो स्वाभाविक लालसा होती है, उसका प्रतिरोध कौन और किस प्रकार से करता है? और इस दुर्धर जिज्ञासा का यदि नाश कर डालें, तो फिर ज्ञान की वृद्धि हो तो कैसे? जब से मनुष्य इस पृथ्वी तल पर उत्पन्न हुआ है, तभी से वह इस प्रश्न का विचार करता चला आया है, कि "सारी दृश्य और नाशवान् सृष्टि का मूलभूत अमृतत्त्व क्या है? और वह मुझे कैसे प्राप्त होगा?" आधिभौतिक शास्त्रों की जितनी चाहे उन्नति हो; तथापि मनुष्य की अमृत्वसंबंधी ज्ञान की स्वाभाविक प्रवृत्ति कभी कम होने की नहीं। आधिभौतिक शास्त्रों की चाहे जैसी वृद्धि हो तो भी सारे आधिभौतिक सृष्टि विज्ञान को बगल में दबाकर आध्यात्मिक तत्त्वाज्ञान सदा उसके आगे ही दौड़ता रहेगा! दो-चार हजार वर्ष पहले यही दशा थी; और अब पश्चिमी देशों में भी वही बात दीख पड़ती है। और तो क्या; मनुष्य की बुद्धि का ज्ञान लालसा जिस दिन छूटेगी, उस दिन उसके विषय में कहना होगा, कि 'स वै मुक्तोऽथवा पशुः।"

दिक्काल से अमर्यादित, अमृत अनादि, स्वतंत्र, एकरूप, एक, निरंतर, सर्वव्यापी और निर्गुण तत्त्व के अस्तित्व के विषय में, अथवा उस निर्गुण तत्त्व से सगुण सृष्टि की उत्पत्ति के विषय में जैसा व्याख्यान हमारे प्राचीन उपनिषदों से किया गया है, उससे अधिक सयुक्तिक व्याख्यान अन्य देशों के तत्त्वज्ञों ने अब तक नहीं किया है। अर्वाचीन जर्मन तत्त्ववेत्ता कांट ने इस बात का सूक्ष्म विचार किया है, कि मनुष्य को बाह्य सृष्टि की विविधता या भिन्नता का ज्ञान एकता से क्यों और कैसे होता है? और फिर उक्त उपपत्ति को ही उसने अर्वाचीन शस्त्र की रीति से अधिक स्पष्ट कर दिया है। और हेगेल यद्यपि अपने विचार में कांट से आगे बढ़ा है, तथापि उसके सिद्धांत भी वेदान्त से आगे

नहीं बढ़े हैं। शोपेनहरकाथी यही हाल है। उपनिषदों के लैटिन भाषा के अनुवाद अध्ययन उसने किया था- और उसने यह बात भी लिख रखी है, कि "संसार के साहित्य के इन अत्युत्तम" ग्रंथों से कुछ विचार मैंने अपने ग्रंथों में लिखे हैं। इस छोटे से ग्रंथ में इन सब बातों का विस्तारपूर्वक निरूपण करना संभव नहीं, कि उक्त गंभीर विचारों और उनके साधक-बाधक प्रमाणों में, अथवा वेदान्त के सिद्धांतों और कांट प्रभृति पश्चिमी तत्त्वज्ञों के सिद्धांतों में समानता कितनी है और अंतर कितना है। उसी प्रकार इस बात की विस्तार से चर्चा नहीं कर सकते, कि उपनिषद् और वेदान्त सूत्र जैसे प्राचीन ग्रंथों के विदान्त में तदुत्तरकालीन ग्रंथों के वेदान्त में छोटे-मोटे छेद कौन-कौन से हैं। अतएव भगवद्गीता के अध्यात्म-सिद्धांतों की सत्यता, महत्त्व और उपपत्ति समझा देने के लिए जिन जिन बातों की आवश्यकता है, सिर्फ उन्हीं बातों का यह दिग्दर्शन किया गया है; और इस चर्चा के लिए उपनिषद्, वेदान्त-सूत्र और उसके शांकरभाष्य का आधार प्रधाान रूप से लिया गया है। प्रकृति-पुरुष रूपी सांख्योक्त द्वैत के परे क्या है - इसका निर्णय करने के लिये केवल द्रष्टा और दृश्य सृष्टि के द्वैत पर ही ठहर जाना उचित नहीं। किंतु इस बात का भी सूक्ष्म विचार करना चाहिए, कि द्रष्टा पुरुष को बाह्य सृष्टि का जो ज्ञान होता है, उसका स्वरूप क्या है? वह ज्ञान किससे और किसका होता है? बाह्य सृष्टि के पदार्थ मनुष्य को अपने नेत्रों से जैसे दिखाई देते हैं, वैसे तो गुण पशुओं को भी दिखाई देते हैं। परंतु मनुष्य की यह विशेषता है, कि आँख, कान इत्यादि ज्ञानेंद्रियों से उसके मन पर जो संस्कार हुआ करते हैं; उनका एकीकरण करने की विशेष शक्ति उसमें हैं, और इसीलिये बाह्य सृष्टि के पदार्थ मात्र का ज्ञान उसको हुआ करता है। पहले क्षेत्र-क्षेत्रज्ञ विचार में बतला चुके हैं, कि जिस एकीकरण-शक्ति का फल उपर्युक्त विशेषता है, वह शक्ति मन और बुद्धि के भी परे हैं- अर्थात् वह आत्मा की शक्ति है। यह बात नहीं कि किसी एक ही पदार्थ का ज्ञान उक्त रीति से होता हो; किंतु सृष्टि के भिन्न भिन्न पदार्थों के कार्य कारण भाव आदि जो अनेक संबंध है-जिन्हें हम सृष्टि के नियम कहते हैं- उनका ज्ञान भी इसी प्रकार हुआ करता है। इसका कारण यह है, कि यद्यपि हम भिन्न भिन्न पदार्थों को देखते है, तथापि उनका कार्य कारण संबंध प्रत्यक्ष दृष्टिगोचर नहीं होता; किंतु हम उसे अपने मानसिक व्यापरों से निश्चित किया करते हैं। उदाहरणार्थ, जब कोई पदार्थ हमारे नेत्रों के सामने से जाता है तब उसका रूप और उसकी गति देखकर हम निश्चय करते हैं कि यह एक 'फौजी सिपाही' है, और यही संस्कार मन में बना रहता है। इसके बाद जब कोई दूसरा पदार्थ उसी रूप और गति में दृष्टि के सामने आता है, तब वही मानसिक क्रिया शुरू हो जाती हैं; और हमारी बुद्धि का निश्चय हो जाता है कि वह भी एक फौजी सिपाही है। इस प्रकार भिन्न-भिन्न समय में (एक के बाद दूसरा) जो अनेक संस्कार हमारे मन पर होते रहते हैं, उन्हें हम अपनी स्मरणशक्ति से याद कर एकत्र रखते हैं; और जब यह पदार्थ समूह हमारी दृष्टि के सामने आ जाता है, तब उन सब भिन्न भिन्न संस्कारों का ज्ञान एकता के रूप में होकर हम कहने लगते हैं, कि हमारे सामने से 'फौज' जा रही है। इस सेना के पीछे से आने वाले पदार्थ का रूप देखकर निश्चय करते हैं, कि वह 'राजा' है। और 'फौज' -संबंधी पहले संस्कार को तथा 'राजा संबंधी' इस नूतन संस्कार को एकत्र कर हम कह सकते हैं, कि यह "राजा की सवारी जारही है।" इसलिये कहना पड़ता है, कि सृष्टि ज्ञान केवल इंद्रियों से प्रत्यक्ष दिखाई देने वाला जड़ पदार्थ नहीं हैं; किंतु इंद्रियों के द्वारा मन पर होने वाले अनेक संस्कारों या परिणामों का जो 'एकीकरण' 'द्रष्टा आत्मा' किया करता है, उसी एकीकरण का फल ज्ञान है। इसलिए भगवद्गीता में भी ज्ञान का लक्षण

इस प्रकार दिया है- "अविभक्तं विभक्तेषु" अर्थात् सच्चा ज्ञान वहीं हैं, कि जिससे विभक्त या निरालेपन की अविभक्तता या एकता का बोध हो[1] (गीता 18.20)। परंतु इस विषय का यदि पुनः सूक्ष्म विचार किया जावे, कि इंद्रियों के द्वारा मन पर जो संस्कार पहले होते हैं, वे किसके हैं, तो जान पड़ता है कि यद्यपि आँख, कान, नाक इत्यादि इंद्रियों से पदार्थ के रूप, शब्द, गंध आदि गुणों का ज्ञान हमें होता है। तथापि जिस द्रव्य में ये बाह्य गुण हैं, उसके आंतरिक स्वरूप के विषय में हमारी इंद्रियाँ हमें कुछ भी नहीं बतला सकतीं। हम यह देखते हैं सही, कि 'गीली मिट्टी' से घड़ा बनता है; परंतु यही नहीं जान सकते कि, जिसे हम 'गीली मिट्टी' कहते हैं; उस पदार्थ का यथार्थ तात्त्विक स्वरूप क्या है। चिकनाई, गीलापन, मैला रंग या गोलाकार (रूप) इत्यादि गुण जब इंद्रियों द्वारा मन को पृथक् - पृथक् मालूम हो जाते हैं, तब उन संस्कारों का एकीकरण करके 'द्रष्टा' आत्मा कहते हैं, कि "यह गीली मिट्टी" और आगे इसी द्रव्य की (क्योंकि यह मानने के लिये कोई कारण नहीं, कि द्रव्य का तात्त्विक रूप बदल गया गोल तथा पोलि आकृति या रूप, ठन ठन आवाज और सुखापन इत्यादि गुण जब इंद्रियों के द्वारा मन को मालूम हो जाते हैं, तब उनका एकीकरण करके 'द्रष्टा' उसे 'घड' कहता है। सारांश, सारा भेद, 'रूप या आकार' में ही होता रहता है। और जब इन्हीं गुणों के संस्कारों (जो मन पर हुआ करते हैं) 'द्रष्टा' आत्मा एकत्र कर लेता है, तब एक ही तात्त्विक पदार्थ को अनेक नाम प्राप्त हो जाते हैं। इसका सबसे सरल उदाहरण समुद्र और तरंग का या सोना और अलंकार का है। क्योंकि इन दोनों उदाहरणों में रंग, गाढ़ापन, पतलापन, वजन आदि गुण एक ही से रहते हैं, और केवल रूप (आकार) तथा नाम ये ही दो गुण बदलते रहते हैं। इसीलिये वेदान्त में ये सरल दृष्टांत हमेशा पाये जाते हैं। सोना तो एक पदार्थ है; परंतु भिन्न-भिन्न समय पर बदलने वाले उसके आकारों के जो संस्कार इंद्रियों के द्वारा मन पर होते हैं, उन्हें एकत्र करके 'द्रष्टा' उस सोने को ही- कि जो तात्त्विक दृष्टि से एक ही मूल द्रव्य है- कभी 'कड़ा', कभी 'अँगूठी' या कभी 'पँचलड़ी', पहूँची और कंगन' इत्यादि भिन्न भिन्न नाम दिया करता है। भिन्न भिन्न समय पर पदार्थो को इस प्रकार नाम दिये जाते हैं, उन नामों को, तथा पदार्थो को जिन भिन्न भिन्न आकृतियों के कारण वे नाम बदलते रहते है।, उन आकृतियों को उपनिषदों में 'नामरूप' कहते हैं; और इन्हीं में अन्य सब गुणों का भी समावेश कर लिया जाता है। (छां. 6। 3 और 4; बृ. 1. 4. 7.)। और उस प्रकार समावेश होना ठीक भी है। क्योंकि कोई भी गुण लीजिये; उसका कुछ-न-कुछ नाम और रूप अवश्य ही होगा। यद्यपि इन नाम रूपों में प्रतिक्षण परिर्वतन होता रहे, तथापि कहना पड़ता है कि इन नामरूपों के मूल में आधारभूत कोई तत्त्व या द्रव्य है, जो इन नामरूपों के भिन्न हैं; और कभी नामरूप के अतिरिक्त और कुछ भी पहचान नहीं सकती; अतएव इन इंद्रियों को मूल द्रव्य का ज्ञान होना संभव नहीं, कि जो नामरूप से भिन्न है, परंतु उसका आधारभूत है। परंतु सारे संसार का आधारभूत यह तत्त्व भले.ही अव्यक्त हो; अर्थात् इंद्रियों से जाना न जा सकता हो तथापि हमको अपनी बुद्धि से यही निश्चित अनुमान करना पड़ता है, कि यह सत् है-अर्थात् वह सचमुच सर्वकाल सब नामरूपों के मूल में तथा नामरूपों में भी निवास करता है। और उसका कभी नाश नहीं होता। क्योंकि यदि इंद्रियगोचर नामरूपों के अतिरिक्त मूल तत्त्व को कुछ माने ही नहीं, तो फिर यह ज्ञान हुआ करता है, कि "वे सब एक ही धातु के (सोने के) बने हैं", उस ज्ञान के लिए कुछ भी आधार नहीं रह जाएगा। ऐसी अवस्था में केवल इतना ही कहते बनेगा, कि यह 'कड़ा' हैं; यह

1. Cf. "Knowledge is first produced by the synthesis of what is manifold". Kant's Critique of Pure Reason, p. 64, Max Muller's translation. 2nd Ed.

'कंगन' है। यह कदापि न कह सकेंगे, कि कड़ा सोने का है', और कंगन भी सोने का है। अतएव न्यायत: यह सिद्ध होता है कि 'कड़ा सोने का है', कंगन सोने का है, इत्यादि वाक्यों में 'है' शब्द से जिस सोने के साथ नामरूपात्मक 'कड़े' 'कंगन' का संबंध जोड़ा गया है वह सोना केवल शशश्रृंगवत अभावरूप नहीं है। किंतु निरंतर, सर्वव्यापी और निर्गुण तत्त्व के अस्तित्व के विषय में, अथवा निर्गुण तत्त्व से सगुण सृष्टि की उत्पत्ति के विषय में जैसा व्याख्यान हमारे प्राचीन उपनिषदों से किया गया है, उससे अधिक सयुक्तिक व्याख्यान अन्य देशों के तत्त्वज्ञों ने अब तक नहीं किया है। अर्वाचीन जर्मन तत्त्वेत्ता कांटने इस बात का सूक्ष्म विचार किया है, कि मनुष्य को बाह्य सृष्टि की विविधता या भिन्नता का ज्ञान एकता से क्यों और कैसे होता है? और फिर उक्त उपपत्ति को ही उसने अर्वाचीन शास्त्र की रीति से अधिक स्पष्ट कर दिया है। और हेगेल यद्यपि अपने विचार में कांट से कुछ आगे बढ़ा है, तथापि उसके सिद्धांत भी वेदांत से आगे नहीं बढ़े हैं। शोपेनहर का भी यही हाल है। उपनिषदों के लैटिन भाषा के अनुवाद का अध्ययन उसने किया था - और उसने यह बात भी लिख रखी है कि "संसार के साहित्य के इन अत्युत्तम" ग्रंथों से कुछ विचार मैंने अपने ग्रंथों में लिखे हैं। उस छोटे से ग्रंथ में इन सब बातों का विस्तारपूर्वक निरूपण करना संभव नहीं, कि उक्त गंभीर विचारों और उनके साधक-बाधक प्रमाणों में, अथवा वेदान्त के सिद्धांतों और कांट प्रभृति पश्चिमी तत्त्वज्ञों के सिद्धांतों में समानता कितनी है और अंतर कितना है। इसी प्रकार इस बात की विस्तार से चर्चा नहीं कर सकते, कि उपनिषद् और वेदान्तसूत्र जैसे प्राचीन ग्रंथों के वेदान्त में और तदुत्तरकालीन ग्रंथों के वेदान्त में छोटे-मोटे भेद कौन-कौन से हैं। अतएव भगवद्गीता के अध्यात्म-सिद्धांतों की सत्यता, महत्त्व और उपपत्ति समझा देने के लिये जिन जिन बातों की आवश्यकता हैं, सिर्फ उन्हीं बातों का यहाँ दिग्दर्शन किया गया है; और इस चर्चा के लिये उपनिषद्, वेदान्त-सूत्र और उसके शांकरभाष्य का आधार प्रधान रूप से लिया गया है। प्रकृति -पुरुष रूपी सांख्योक्त द्वैत के परे क्या है- इसका निर्णय करने के लिये केवल द्रष्टा और दृश्य सृष्टि के द्वैत पर ही ठहर जाना उचित नहीं। किंतु इस बात का भी सूक्ष्म विचार करना चाहिए, कि द्रष्टा पुरुष को बाह्य सृष्टि का जो ज्ञान होता है, उसका स्वरूप क्या है? वह ज्ञान किससे और किसका होता है? बाह्य सृष्टि पदार्थ मनुष्य को अपने नेत्रों से जैसे दिखाई देते हैं, वैसे तो गुण पशुओं को भी दिखाई देते हैं। परंतु मनुष्य की यह विशेषता है, कि आँख, कान इत्यादि ज्ञानेंद्रियों से उसके मन पर जो संस्कार हुआ करते हैं, उनका एकांकरण करने की विशेष शक्ति उसमें हैं और इसीलिये बाह्य सृष्टि के पदार्थ मात्र का ज्ञान उसको हुआ करता है। पहले क्षेत्र-क्षेत्रज्ञ विचार में बतला चुके हैं, कि जिस एकीकरण-शक्ति का फल उपर्युक्त विशेषता है, वह शक्ति मन और बुद्धि के भी परे है- अर्थात् वह आत्मा की शक्ति है। यह बात नहीं, कि किसी एक ही पदार्थ का ज्ञान उक्त रीति से होता हो; किंतु सृष्टि के भिन्न भिन्न पदार्थों के कार्य कारण भाव आदि जो अनेक संबंध हैं- जिन्हें हम सृष्टि के नियम कहते हैं- (205 पहा) उनका ज्ञान भी इसी प्रकार हुआ करता हैं। इसका कारण यह है, कि यद्यपि हम भिन्न भिन्न पदार्थों को देखते हैं, तथापि उनका कार्यकारण संबंध प्रत्यक्ष दृष्टिगोचर नहीं होता; किंतु हम उसे अपने मानसिक व्यापारों से निश्चित किया करते हैं। उदाहरणार्थ, जब कोई पदार्थ हमारे नेत्रों के सामने से जाता है तब उसका रूप और उसकी गति देखकर हम निश्चय करते हैं, कि यह एक 'फौजी सिपाही है; और यही संस्कार मन में बना रहता है। इसके बाद जब कोई दूसरा पदार्थ उसी रूप और गति में दृष्टि के सामने आता है, तब वही मानसिक क्रिया शुरू हो जाती है; और हमारी बुद्धि का निश्चय हो जाता है कि वह भी एक फौजी सिपाही है। इस प्रकार भिन्न

भिन्न समय में (एक के बाद दूसरा) जो अनेक संस्कार हमारे मन पर होते रहते हैं, उन्हें हम अपनी स्मरणशक्ति से याद कर एकत्र रखते हैं; और जब यह पदार्थ समूह हमारी दृष्टि के सामने आ जाता है, तब उन सब भिन्न भिन्न संस्कारों का ज्ञान एकता के रूप में होकर हम कहने लगते हैं, कि हमारे सामने से फौज जा रही है। इस सेना के पीछे से आने वाले पदार्थ का रूप देखकर निश्चय करते हैं कि वह 'राजा' है। और फौज-संबंधी पहले संस्कार को तथा 'राजा' संबंधी इस नूतन संस्कार को एकत्र कर हम कह सकते हैं, कि यह 'राजा की सवारी जा रही है।" इसलिये कहना पड़ता है, कि सृष्टिज्ञान केवल इंद्रियों से प्रत्यक्ष दिखाई देनेवाला जड़ पदार्थ नहीं हैं; किंतु इंद्रियों के द्वारा मन पर होने वाले अनेक संस्कारों या परिणामों का जो 'एकीकरण' 'द्रष्टा आत्मा' किया करता है, उसी एकीकरण का फल ज्ञान है। इसलिये भगवद्गीता में भी ज्ञान का लक्षण इस प्रकार दिया है - "अविभक्तं विभक्तेषु" अर्थात् सच्चा ज्ञान वही है, कि जिससे विभक्त या निरालेपन की अविभक्तता या एकता का बोध हो (गीता 18.20)। परंतु इस विषय का यदि पुनः सूक्ष्म विचार किया जावे, कि इंद्रियों के द्वारा मन पर जो संस्कार पहले होते हैं, वे किसके हैं, तो जान पड़ेगा कि यद्यपि आँख, कान, नाक इत्यादि इंद्रियों से पदार्थ के रूप, शब्द, गंध आदि गुणों का ज्ञान हमें होता है। तथापि जिस द्रव्य में ये बाह्य गुण हैं, उसके आंतरिक स्वरूप के विषय में हमारी इंद्रियाँ हमें कुछ भी नहीं बतला सकतीं। हम यह देखते हैं सही, कि 'गीली मिट्टी' से घड़ा बनता है; परंतु यह नहीं जान सकते कि, जिसे हमे 'गीली मिट्टी' कहते हैं; उस पदार्थ का यथार्थ तात्त्विक स्वरूप क्या है। चिकनाई, गीलापन, मैला रंग या गोलाकार (रूप) इत्यादि गुण जब इंद्रियों के द्वारा मन को पृथक-पृथक मालूम हो जाते हैं, तब उन संस्कारों का एकीकरण करके 'द्रष्टा' आत्मा कहते हैं, कि "यह गीली मिट्टी"; और आगे इसी द्रव्य की (क्योंकि यह मानने के लिये कोई कारण नहीं, कि द्रव्य का तात्त्विक रूप बदल गया) (पान 206 पहा) गोल तथा पोली आकृति या रूप, ठन ठन आवाज और सूखापन इत्यादि गुण जब इंद्रियों के द्वारा मन को मालूम हो जाते हैं? तब उनका एकीकरण करके 'द्रष्टा' उसे 'घड' कहता है। सारांश, सारा भेद, 'रूप या आकार' में ही होता रहता है। और जब इन्हीं गुणों के संस्कारों को (जो मन पर हुआ करते है) 'द्रष्टा' आत्मा एकत्र कर लेता है, तब एक ही तात्त्विक पदार्थ को अनेक नाम प्राप्त हो जाते हैं। इसका सबसे सरल उदाहरण समुद्र और तरंग का या सोना और अलंकार का है। क्योंकि इन दोनों उदाहरणों में रंग, गाढ़ापन, पतलापन, वजन आदि गुण एक ही से रहते हैं; और केवल रूप (आकार) तथा में ही दो गुण बदलते रहते हैं। इसीलिये वेदान्त में ये सरल दृष्टान्त हमेशा पाए जाते हैं। सोना तो एक पदार्थ है; परंतु भिन्न-भिन्न समय पर बदलनेवाले उसके आकारों के जो संस्कार इंद्रियों के द्वारा मन पर होते हैं, उन्हें एकत्र करके 'द्रष्टा' उस सोने को ही कि जो तात्त्विक दृष्टि से एक ही मूल द्रव्य है - कभी 'कड़ा', कभी 'अँगूठी' या कभी 'पँचलड़ी', 'पहूँची और कंगन' इत्यादि भिन्न भिन्न नाम दिया करता है। भिन्न भिन्न समय पर पदार्थों को इस प्रकार नाम दिये जाते हैं, उन नामों को, तथा पदार्थों को जिन भिन्न-भिन्न आकृतियों के कारण वे नाम बदलते रहते हैं, उन आकृतियों को उपनिषदों में 'नामरूप' कहते हैं; और इन्हीं में अन्य सब गुणों का भी समावेश कर दिया जाता है। (छां. 6.3 और 4; बृ. 1.4.7)। और उस प्रकार समावेश होना ठीक भी है। क्योंकि कोई भी गुण लीजिए; उसका कुछ-न-कुछ नाम और रूप अवश्य ही होगा। यद्यपि इन नामरूपों में से प्रतिक्षण परिवर्तन होता रहे, तथापि कहना पड़ता है कि इन नामरूपों के मूल में आधारभूत कोई तत्त्व या द्रव्य है, जो इन नामरूपों से भिन्न है; और कभी बदलता ही नहीं। जिस प्रकार पानी पर तरंगे आ जाती

हैं, उसी प्रकार ये सब नामरूप किसी एक ही मूल द्रव्य पर तरंगों के समान हैं। यह सच है, कि हमारी इंद्रियाँ नाम रूप के अतिरिक्त और कुछ भी पहचान नहीं सकती; अतएव इन इंद्रियों को उस मूल द्रव्य का ज्ञान होना संभव नहीं कि जो नामरूप से भिन्न है, परंतु उसका आधारभूत है। परंतु सारे संसार का आधारभूत यह तत्त्व भले ही अव्यक्त हो; अर्थात् इंद्रियों से जाना न जा सकता हो; तथापि हमको अपनी बुद्धि से यही निश्चित अनुमान करना पड़ता है, कि वह सत् है- अर्थात् वह सचमुच सर्वकाल सब नामरूपों के मूल में तथा नामरूपों में भी निवास करता है; और उसका कभी नाश नहीं होता। क्योंकि यदि इंद्रियगोचर नामरूपों के अतिरिक्त मूलतत्त्वों को कुछ माने ही नहीं, तो फिर यह ज्ञान हुआ करता है, कि "वे सब एक ही धातु के (सोने के) बने हैं", उस ज्ञान के लिये कुछ भी आधार नहीं रह जाएगा। ऐसी अवस्था में केवल इतना ही कहते बनेगा, कि यह 'कड़ा' है; यह 'कंगन' है। यह कदापि न कह सकेंगे, कि कड़ा सोने का है; और कंगन भी सोने का है। अतएव न्यायतः यह सिद्ध होता है, कि 'कड़ा सोने का है', "कंगन सोने का है', इत्यादि वाक्यों में 'है' शब्द में जिस सोने के साथ नामरूपात्मक 'कड़े' 'कंगन' का संबंध जोड़ा गया है, वह सोना केवल शशश्रृंगवत अभावरूप नहीं है। किंतु वह उस द्रव्यांश का ही बोधक है, कि सारे आभूषणों का आधार है। इसी न्याय का उपयोग सृष्टि के सारे पदार्थों में करें, तो यह सिद्धांत निकलता है, कि पत्थर, मिट्टी, चाँदी, लोहा, लकड़ी इत्यादि अनेक नामरूपात्मक पदार्थ, जो नजर आते हैं, वे सब किसी एक ही नित्य द्रव्य पर भिन्न भिन्न नामरूपों का मुलम्मा या गिलट बनकर उत्पन्न हुए हैं; अर्थात् सारा भेद केवल नामरूपों का है, मूल द्रव्य का नहीं। भिन्न भिन्न नामरूपों की जड़ में एक रूप एक ही द्रव्य नित्य निवास करता है। "सब पदार्थों में इस प्रकार कि नित्य रूप से सदैव रहना" - संस्कृत में 'सत्तासामान्यत्व' कहलाता है।

वेदान्तशास्त्र के उक्त सिद्धांत का ही कांट आदि अर्वाची पश्चिमी तत्त्वज्ञानियों ने भी स्वीकार किया है। नामरूपात्मक जगत् की जड़ में नामरूपों से भिन्न, जो कुछ अदृश्य नित्य द्रव्य है, उसे कांट ने अपने ग्रंथ में 'वस्तुतत्त्व' कहा है; और नेत्र आदि इंद्रियों को गोचर होने वाले नामरूप को 'बाहरी दृश्य' कहा है।[1] परंतु वेदान्तशास्त्र में नित्य बदलनेवाले नामरूपात्मक दृश्य को (जगत्) 'मिथ्या' या 'नाशवान' और मूलद्रव्य को 'सत्य' या 'अमृत' कहते हैं। सामान्य लोग सत्य की व्याख्याएँ करते हैं, कि 'चक्षुर्वै सत्यं' अर्थात् जो आँखों से दीख पड़े वही सत्य हैं; और व्यवहार में भी देखते हैं, कि किसी ने स्वप्न में लाख रुपया पा लिया अथवा लाख रुपये की बात कान से सुन ली, तो इस स्वप्न की बात में और सचमुच लाख रुपये की बात मिल पाने में बड़ा भारी अंतर रहता है। इस कारण किसी दूसरे से सुनी हुई और आँखों से प्रत्यक्ष देखी हुई - इन दोनों बातों में किसका अधिक विश्वास करे? आँखों का या कानों का? इसी दुविधा को मिटाने के लिए बृहदारण्यक उपनिषद् (बृ. 5.14.4) में यह 'चक्षुर्वै सत्यं' वाक्य आया है। किंतु जिस शास्त्र में रुपये के खरे खोटे होने का निश्चय 'रुपये' के रुपया गोलमाल सूरत और उसके प्रचलित नाम से करना हैं, वह सत्य की इस साक्षेप व्याख्या का क्या उपयोग होगा? हम व्यवहार में देखते हैं, कि यदि किसी बातचीत में संगति नहीं है; और यदि घंटे-घंटे में वह अपनी बात बदलने लगे, तो लोग उसे झूठा कहते हैं। फिर इसी न्याय

---

1. कांटने अपने Critique of pure Reason नामक ग्रंथ में यह विचार किया है। नाम रूपात्मक संसार की जड़ में जो द्रव्य है, उसे उसने 'डिग ऑन झिश्' (Ding an sich - Thing in itself) कहा है, और हमने उसी का भाषांतर वस्तुतत्त्व किया है। नाम रूपों के बाहरी दृश्य का कांटने 'एरशायनुंग' (Ersceinung-appearance) कहा है। कांट कहता है कि वस्तुतत्त्व अज्ञेय है।

से 'रुपये' का जो नाम रूप को (भीतरी द्रव्य को नहीं) खोटा अथवा झूठा कहने में क्या हानि है? क्योंकि रुपए का जो नाम रूप आज इसी घड़ी है, उसे दूर करके, उसके बदले 'करधनी' 'कटोरे' का नामरूप उसे दूसरे दिन ही दिया जा सकता हैं; अर्थात् हम अपनी आँखों से देखते हैं कि यह नामरूप हमेशा बदलता रहता है- या उसी में संगति नहीं होती। अब यदि कहे कि जो अपनी आँखों से दिख पड़ता है, उसके सिवा अन्य कुछ सत्य नहीं है; तो एकीकरण की जिस मानसिक क्रिया में सृष्टिज्ञान होता है, वह भी तो आँखों से नहीं दिख पड़ता। अतएव उसे भी झूठ कहना पड़ेगा। इस कारण हमें जो कुछ ज्ञान होता है, उसे भी असत्य, झूठ कहना पड़ेगा। इन पर (और ऐसी ही कठिनाइयों पर) ध्यान देकर 'चक्षुर्वै सत्यं' जैसे लौकिक और साक्षेप लक्षण को ठीक नहीं माना है। किंतु सर्वोपनिषद् में सत्य की यही व्याख्या की है, कि सत्य वही है, जो अविनाशी है। अर्थात् जिसका अन्य बातों के नाश हो जाने पर भी कभी नाश नहीं होता। और इसी प्रकार महाभारत में भी सत्य का यही लक्षण बतलाया गया है:-

सत्यं नामाऽव्ययं नित्यमविकारि तथैव च।[1]

अर्थात् "सत्य वही है कि जो अव्यय है अर्थात् जिसका कभी नाश नहीं होता; जो नित्य है अर्थात् सदासर्वदा बना रहता है; और अविकारी है अर्थात् जिसका स्वरूप कभी बदलता नहीं" (मभा.शां 162.10)। अभी कुछ और थोड़ी देर में कुछ कहने वाले मनुष्य को झूठा कहने का कारण यही है, कि वह अपनी बात पर स्थिर नहीं रहता इधर-उधर डगमगाता रहता है। सत्य के इस निरपेक्ष लक्षण को स्वीकार कर लेने पर कहना पड़ता है कि आँखों से दीख पड़नेवाला, पर हर घड़ी में बदलने वाला नामरूप मिथ्या है। और उस नामरूप में ढँका हुआ और उसी के मूल में सदैव एक ही सा स्थिर रहने वाला अमृत वस्तुतत्त्व ही- वह आँखों से भले ही दीख न पड़े - ठीक-ठीक सत्य है। भगवद्गीता में ब्रह्म का वर्णन इसी नीति से किया गया है - "यः या सर्वेषु भूतेषु नश्यत्सु न विनश्यति" (गीता 8.20; 13.27) अक्षर ब्रह्म वही है, कि जो सब पदार्थों अर्थात् सभी पदार्थों के नामरूपात्मक शरीर न रहने पर भी नष्ट नहीं होता। महाभारत में नारायणीय अथवा भागवत धर्म के निरूपण में यही श्लोक पाठ भेद से फिर "यः स सर्वेषु भूतेषु" के स्थान में 'भूतग्रामशरीरेषु' होकर आया है (मभां. शां. 339. 23)। ऐसे ही गीता के दूसरे अध्याय के सोलहवे और सत्रहवें श्लोकों का तात्पर्य भी वही है। वेदान्त में सब आभूषणों को 'मिथ्या' और सुवर्ण को 'सत्य' कहते हैं, तब उसी का यह मतलब नहीं है, कि वह जेवर निरुपयोगी या बिलकुल खोटा है- अर्थात् आँखों से दिखाई नहीं पड़ता, या मिट्टी पर पन्नी चिपका कर बनाया गया है- अथवा वह अस्तित्व में है ही नहीं। यहाँ 'मिथ्या' शब्द का प्रयोग पदार्थ के रंग, रूप आदि गुणों के लिये और आकृति के लिये अर्थात् ऊपरी दृश्य के लिये गया है। भीतरी द्रव्य से उसका प्रयोजन नहीं है। स्मरण रहे, कि तात्त्विक द्रव्य तो सदैव 'सत्य' है। वेदान्ती यही देखता है, कि पदार्थ मात्र के नामरूपात्मक आच्छदन के नीचे मूल कौन सा तत्त्व है; और तत्त्वाज्ञान का सच्चा विषय है भी यही है व्यवहार में यह प्रत्यक्ष देखा जाता है, कि गहना गढ़वाने में चाहे जितना मेहनताना देना पड़ा हो पर आपत्ति के समय जब उसे बेचने के लिये सराफा की दुकान पर ले जाते हैं, तब वह साफ-साफ कह देता है, कि "मैं यह जानना चाहता हूँ, कि गहना गढ़वाने में तोले के पीछे क्या उजरत देनी पड़ी है, यदि सोने के चलत् भाव में इसे बेचना चाहो, तो हम ले लेंगे!" वेदान्त की परिभाषा में इसी विचार को इस ढँग

1. ग्रीन ने real (सत् या सत्य) की व्याख्या बतलाते समय "whatever anything is really, it is unalterably कहा है (Prolegomena to Ethics 25) ग्रीन की यह व्याख्या और महाभारत की उक्त व्याख्या दोनों तत्त्वतः एक ही है।

से व्यक्त करेंगे - सराफ को गहना मिथ्या और उसका सोना भर सत्य दीख पड़ता है। इसी प्रकार यदि किसी नये मकान को बेचना हो, तो उसकी सुंदर बनावट (रूप) और सुविधाजनक रचना (आकृति) करने में जो खर्च लगा होगा, उसकी ओर खरीददार जरा भी ध्यान नहीं देता। वह कहता है, कि ईंट, चूना, लकड़ी, पत्थर और मजदूरी की लागत में यदि बेचना चाहो, तो बेच डालो। इन दृष्टान्तों से वेदान्तियों के इस कथन को पाठक भली-भाँति समझ जावेंगे, कि नामरूपात्मक जगत् मिथ्या है; और ब्रह्म सत्य है। 'दृश्य जगत् मिथ्या है" इसका अर्थ यह नहीं, कि (वह आँखों से तो दीख पड़ता है; पर) एक ही द्रव्य के नामरूप- भेद के कारण जगत् के बहुतेरे जो स्थलकृत अथवा कालकृत दृश्य हैं, वे नाशवान् हैं; और इसी से मिथ्या है। और इन सब नामरूपत्मक दृश्यों के आच्छादन में छिपा हुआ सदैव वर्तमान, जो अविनाशी और अविकारी द्रव्य है, वही नित्य और सत्य है। सराफ को कड़े, कंगन, गुंज और अँगुठियाँ खोटी जँचती हैं। उसे सिर्फ उनका सोना सच्चा जँचता है। परंतु सृष्टि के सुनार के कारखाने में मूल में ऐसा एक ही द्रव्य है, कि जिसको भिन्न भिन्न नामरूप दे कर उससे सोना, चाँदी, लोहा, पत्थर, लकड़ी, हवा-पानी आदि सारे गहने गढ़वाये जाते हैं। इसलिए सराफ की अपेक्षा वेदान्ती कुछ और आगे बढ़कर सोना, चाँदी या पत्थर प्रभृति नामरूपों को जेवर के ही समान मिथ्या समझकर सिद्धांत करता है, कि इन सब पदार्थों के मूल में जो द्रव्य अर्थात 'वस्तुतत्त्व' मौजूद है, वही सच्चा अर्थात् अविकारी सत्य है। उस वस्तुतत्त्व में नामरूप आदि कोई भी गुण नहीं है। इस कारण इसे नेत्र आदि इंद्रियाँ कभी नहीं जान सकती। आँखों से न दीख पड़ने, नाक से परंतु न सूँघे जाने अथवा हाथ से न टटोले जाने पर भी बुद्धि से निश्चयपूर्वक यह अनुमान किया जाता है, कि अव्यक्त से वह होगा अवश्यक ही। न केवल इतना ही; बल्कि यह भी निश्चय करना पड़ता है कि इस जगत् में कभी भी न बदलने वाला 'जो कुछ' है, वह यही सत्य वस्तुतत्त्व है। जगत् का मूल सत्य इसी को कहते है। परंतु कुछ अनाड़ी विदेशी और स्वदेशी पंडितमन्य भी सत्य और मिथ्या शब्दों के वेदान्तशास्त्र वाले पारिभाषित अर्थ पर ध्यान न देकर; और यह अपेक्षा इसकी कुछ और अर्थ भी हो सकेगा या नही। यह कह कर अद्वैत वेदान्त का उपहास किया करते हैं, कि "हमें जो जगत् आँखों से प्रत्यक्ष दीख पड़ता है, उसे भी वेदान्ती लोग मिथ्या कहते हैं। भला, यह भी कोई बात हुई?" परंतु यास्क के शब्दों में यह कह सकते हैं, कि अंधे को यदि खंभा नहीं सूझता, तो इसका दोषी खंभा नहीं है! छंदोग्य (छां. 6.1; और 7.1), बृहदारण्यक (बृ 1.6.3.) मुंडक (मुं. 3.2.8), और प्रश्न (प्र. 6.5), आदि उपनिषदों में बार बार बतलाया गया है, कि नित्य बदलते रहने वाले अर्थात् नाश्वान् नामरूप सत्य नहीं हैं। जिसे सत्य अर्थात् नित्य, स्थिर तत्त्व देखना हो, उसे अपनी दृष्टि को इस नामरूपों के परे पहुँचाना चाहिए। इन्हीं नामरूपों को कठ (कठ. 2.5) और मुंडक (मुं. 1.2.9) आदि उपनिषदों में 'अविद्या' तथा अंत में श्वेताश्वर (श्वे. 4.10) उपनिषद् में माया' कहा गया है। भगवद्गीता में 'माया', 'मोह' और 'अज्ञान' शब्दों से वही अर्थ विविक्षित है। जगत् के आरंभ में जो कुछ था, वह बिना नामरूप का था- अर्थात् निर्गुण और अव्यक्त था। फिर आगे चलकर नामरूप मिल जाने से वही व्यक्त और सगुण बन जाता है (बृ. 1.4.7; छां 6.1.2.3.)। अतएव विकारवान् अथवा नाश्वान् नामरूपों को ही 'माया' नाम देकर कहते हैं, कि यह सगुण अथवा दृश्य सृष्टि एक मूलद्रव्य अर्थात् ईश्वर की माया का खेल या लीला है। अब इस दृष्टि से देखें, तो सांख्यों की प्रकृति व्यक्त भले ही बनी रहे; पर वह सत्त्वरजतम-गुणमयी है, अत: नामरूपों से युक्त माया ही है। इस प्रकृति से अव्यक्त विश्व की जो उत्पत्ति या पसारा होता है (जिसका वर्णन आठवें प्रकरण में किया है), वह भी तो उस माया का सगुणक

नामरूपात्मक विकार है। क्योंकि कोई भी गुण हो; वह इंद्रियों को गोचर होने वाला और इसी नामरूपात्मक ही रहेगा। सारे आधिभौतिक शास्त्र भी इसी प्रकार माया के वर्ग में जाते है। इतिहास, भूगर्भशास्त्र, विद्युच्छास्त्र, रसायनशास्त्र, पदार्थविज्ञान आदि कोई भी शास्त्र लीजिए; उसमें सब नामरूपात्मक का ही तो विवेचन रहता है- अर्थात् यही वर्णन होता है, कि किसी पदार्थ का एक नामरूप चला जाकर उसे दूसरा नामरूप कैसे मिलता है। उदाहरणार्थ, नामरूप के भेदों का ही विचार इस शास्त्र में इस प्रकार रहता है:- जैसे, पानी जिसका नाम है, उसको भाप नाम कब और कैसे मिलता है, अथवा काले-कलूटे तारकोल से लाल-हरे, नीले-पीले रंगने के रंग (रूप) क्यों कर बनते हैं, इत्यादि। अतएव नामरूपों में ही उलझे हुए इन शास्त्रों के अभ्यास से उस सत्य वस्तु का बोध नहीं हो सकता, की जो नामरूपों से परे है। प्रकट है, कि जिसे सच्चे ब्रह्मस्वरूप का पता लगाना हो, उसको अपनी दृष्टि इन सब आधिभौतिक अर्थात् नामरूपात्मक शास्त्रों से परे पहुंचना चाहिये। और यही अर्थ छंदोग्य उपनिषद में सातवें अध्याय के आरंभ की कथा में व्यक्त किया गया है। कथा का आरंभ इस प्रकार है :- नारद ऋषि सनत्कुमार अर्थात् स्कंद के यहाँ आकर कहने लगे, कि "मुझे आत्मज्ञान बतलाओ" तब सनत्कुमार बोले, कि "पहले बतलाओ, तुमने क्या सीखा है, फिर उसके आगे मैं बतलाता हूँ।" इस पर नारद ने कहा, कि "मैंने इतिहास पुराण रूपी पाँचवे वेदसहित ऋग्वेद प्रभृति समग्र वेद, व्याकरण, गणित, तर्कशास्त्र, कालशास्त्र, नीतिशास्त्र, सभी वेदांग, धर्मशास्त्र, भूतविद्या, क्षेत्रविद्या, नक्षत्रविद्या और सर्पदेवजनविद्या- प्रभृति सब कुछ पढ़ा है। परंतु उससे आत्मज्ञान नहीं हुआ, तब अब तुम्हारें यहाँ आया हूँ।" इसको सनत्कुमार ने यह उत्तर दिया, "कि तूने जो कुछ सीखा है, वह तो सारा नामरूपात्मक है। सच्चा ब्रह्म इस नामब्रह्म से बहुत परे है;" और फिर नारद को क्रमश: इस प्रकार पहचान करा दी, कि इन नामरूपों के अर्थात् सांख्यों की अव्यक्त प्रकृति से अथवा वाणी, आशा, संकल्प, मन, बुद्धि (ज्ञान) और प्राण से भी परे एवं उनसे बढ़-चढ़कर जो है, वही परमात्मा रूपी अमृततत्त्व है।

यहाँ तक तो विवेचन किया गया, उसका तात्पर्य यह है, कि यद्यपि मनुष्य की इंद्रियों को नामरूपों के अतिरिक्त और किसी का भी प्रत्यक्ष ज्ञान नहीं होता है, तो भी इन अनित्य नामरूपों के आच्छादन से ढँका हुआ लेकिन आँखों से न दीख पड़ने वाला अर्थात् कुछ-न-कुछ अव्यक्त नित्य द्रव्य रहना ही चाहिए; और इसी कारण सारी सृष्टि का ज्ञान हमें एकता से होता रहता है। जो कुछ ज्ञान होता है, जो आत्मा को ही होता है। इसलिये आत्मा ही ज्ञाता यानी जाननेवाला हुआ। और इस ज्ञाता को नामरूपात्मक सृष्टि का ही ज्ञान होता है। अत: नाम रूपात्मक बाह्य सृष्टि ज्ञान हुई (मभा. शां. 306. 40) और इस नामरूपात्मक सृष्टि के मूल में जो कुछ वस्तुतत्त्व है, वही ज्ञेय है। इसी वर्गीकरण को मानकर भगवद्गीता ने ज्ञाता को क्षेत्रज्ञ आत्मा और ज्ञेय को इंद्रियातीत नित्य परब्रह्म कहा है (गीता 13.12-17) । और फिर आगे ज्ञान के तीन भेद करके कहा है, कि भिन्नता या नानत्वसे से सृष्टिज्ञान होता है, वह राजस है; तथा अंत में इस नानात्वका जो ज्ञान एकत्वरूप से होता है, वह सात्त्विक ज्ञान है (गीता 18. 20.21)। उस पर कुछ लोग यह युक्तिवाद करते हैं, कि ज्ञाता, ज्ञान और ज्ञेय इस प्रकार विविध भेद करना ठीक नहीं है। एवं यह मानने के लिए हमारे पास कुछ है। गाय, घोड़े प्रभृति जो बाह्य वस्तुएँ हमें दीख पड़ती है, वह भी तो ज्ञान ही है; जो कि हमें होता है। और यद्यपि यह ज्ञान सत्य है, त[illegible]ी यह बतलाने के लिये कि वह ज्ञान है काहे का - हमारे पास ज्ञान को छोड़ और क[illegible] मार्ग ही नहीं रह जाता। अतएव यह नहीं कहा जा सकता, कि इस ज्ञान के अतिरिक्त [illegible]ाह्य पदार्थ के नाते कुछ स्वतंत्र वस्तुएँ हैं; अथवा इन बाह्य

वस्तुओं के मूल में और कोई स्वतंत्र तत्त्व है। क्योंकि जब ज्ञाता ही न रहा, तब जगत् कहाँ से रहे? इस दृष्टि से विचार करने पर उक्त वर्गीकरण से अर्थात् ज्ञाता, ज्ञान और ज्ञेय में - ज्ञेय नहीं रह पाता। ज्ञाता और उसको होने वाला ज्ञान, यही दो बच जाते हैं; और इसी युक्तिवाद को जरा-सा आगे ले चलें, तो 'ज्ञाता' या 'द्रष्टा' भी तो एक प्रकार का ज्ञान ही है। इसलिए अंत में ज्ञान के सिवा दूसरी वस्तु ही शेष नहीं रहती। इसको पंथ के विद्वानों ने प्रतिपादन किया है, कि ज्ञाता के अतिरिक्त इस जगत् में और कुछ भी स्वतंत्र नहीं हैं। और तो क्या? दुनिया ही नहीं है। जो कुछ है, मनुष्य का ज्ञान ही ज्ञान है। अंग्रेज ग्रंथकारों ने भी ह्यूम जैसे पंडित इस ढंग के मत के पुरस्कर्ता हैं। परंतु वेदान्तियों को यह मान्य नहीं है, वेदान्तसूत्रों (वे. 2.2.28-32) में आचार्य (पान 212 पहा) बादरायणने और इन्हीं सूत्रों के भाष्य में श्रीमच्छंकराचार्य ने इस मत का खंडन किया है। यह तो झूठ नहीं, कि मनुष्य के मन पर जो संस्कार होते हैं, अंत में वे ही उसे विदित रहते हैं; और इसी को हम ज्ञान कहते हैं। परंतु, अब प्रश्न होता है कि यदि इस ज्ञान के अतिरिक्त और कुछ है ही नहीं; तो 'गाय' संबंधी ज्ञान जुदा है, 'घोड़ा' संबंधी ज्ञान जुदा है, और 'मैं' - विषयक ज्ञान जुदा है- इस प्रकार ज्ञान-ज्ञान की ही यह जो भिन्नता हमारी बुद्धि को ज्ञात होती है, उसका कारण क्या है? माना कि, ज्ञान होने की मानसिक क्रिया सर्वत्र एक ही है। परंतु यदि कहा जाय, कि इसके सिवा और कुछ है ही नहीं; तो गाय, घोड़ा इत्यादि भिन्न भिन्न भेद आ गये कहाँ से? यदि कोई कहे, कि स्वप्न की सृष्टि के पृथक् जागृत अवस्था में ज्ञान में जो एक प्रकार की सुसंगति मिलती है, उसका कारण बतलाते नहीं बनता (वे सू. शां. भा. 2. 2. 29; 3. 2. 4)। अच्छा; यदि कहें कि ज्ञान को छोड़ दूसरी कोई भी वस्तु नहीं हैं; और 'द्रष्टा' का मन ही सारे भिन्न भिन्न पदार्थों को निर्मित करता है; तो प्रत्येक द्रष्ट को 'अंहपूर्वक' यह सारा ज्ञान होना चाहिये, कि "मेरा मन यानी मैं ही खंभा हूँ", अथवा 'मैं ही गाय हूँ"। परंतु ऐसा होता कहाँ हैं, कि मैं अलग हूँ, और मुझसे खंभा और गाय प्रभृति पदार्थ अलग है; तब द्रष्टा के मन में समूचा ज्ञान होने के लिये, इस आधारभूत बाह्य सृष्टि में कुछ-न-कुछ स्वतंत्र वस्तुएँ अवश्य होनी चाहिए (वे. सू. शां. भा. 22. 28)। कांट का मत भी इसी प्रकार का है। उसने स्पष्ट कह दिया है, कि सृष्टि की बाह्य वस्तुओं सी सदैव अपेक्षा रहती है। यहाँ कोई प्रश्न करे, कि 'क्यों जी! शंकराचार्य एक बार बाह्य सृष्टि को मिथ्या कहते हैं; और दूसरी बार बौद्धों का खंडन करने उसी बाह्यसृष्टि के अस्तित्व को, 'द्रष्टा' के अस्तित्व के समान ही सत्य प्रतिपादन करते हैं। इन बेमेल बातों का मेल होगा कैसे?" पर इस प्रश्न का उत्तर पहले ही बतला चुके हैं। आचार्य जब बाह्य सृष्टि को मिथ्या या असत्य कहते हैं, तब उसका इतना ही अर्थ समझना चाहिये, कि बाह्य सृष्टि का दृश्य नामरूप असत्य अर्थात् विनाशवान् है। नामरूपात्मक बाह्य दृश्य मिथ्या बना रहे; पर उससे सिद्धांत में रत्तीभर भी आँच नहीं लगती, कि उस बाह्य सृष्टि के मूल में कुछ-न-कुछ इंद्रियातीत सत्य वस्तु हैं। क्षेत्र-क्षेत्रज्ञ विचार में जिस प्रकार यह सिद्धांत किया है कि देहेंद्रिय आदि विनाशवान् नामरूपों के मूल में कोई नित्य आत्म तत्त्व है; उसी प्रकार कहना पड़ता है, कि नामस्वरूपात्मक बाह्य सृष्टि के मूल में भी कुछ-न-कुछ नित्य आत्मतत्त्व है। अतएव वेदान्तशास्त्र ने निश्चित किया है, कि देहेंद्रियों और बाह्य सृष्टि के निशिदिन बदलने वाले अर्थात् मिथ्या दृश्यों के मूल में दोनों ही ओर कोई नित्य अर्थात् सत्य द्रव्य छिपा हुआ है। इसके आगे अब प्रश्न होता है, कि दोनों और जो ये नित्य तत्त्व हैं, वे अलग-अलग है या एकरूपी हैं? परंतु इसका विचार फिर करेंगे। पहले इस मत की अर्वाचीनता के संबंध में मौके बे मौके जो आक्षेप हुआ करता है, उसी का थोड़ा -सा विचार करते हैं।

कई लोग कहते हैं, कि बौद्धों का विज्ञानवाद यदि वेदान्तशास्त्र को संमत नहीं है, तो शंकराचार्य के मायावाद का भी प्राचीन उपनिषदों में वर्णन नहीं हैं। इसलिए उसे भी वेदान्तशास्त्र का मूलभाग नहीं मान सकते। श्रीशंकराचार्य का मत - कि जिसे मायावाद कहते हैं- यह है, कि बाह्य सृष्टि का आँखों से दीख पड़ने वाला नामरूपात्मक स्वरूप मिथ्या है। उसके मूल में जो अव्यय और नित्यद्रव्य है, वही सत्य है। परंतु उपनिषदों का मन लगाकर अध्ययन करने से कोई भी सहज ही जान जावेगा, कि यह आक्षेप निराधार है। यह पहेली बतला चुके है, कि 'सत्य' शब्द का उपयोग साधारण व्यवहार में आँखों से प्रत्यक्ष दीख पड़ने वाली वस्तु के लिए किया जाता है। अत: 'सत्य' शब्द के इसी प्रचलित अर्थ को लेकर उपनिषदों कुछ स्थानों पर आँखों से दीख पड़नेवाले नामरूपात्मक बाह्य पदार्थों को 'सत्य' और उन नामरूपों से आच्च्छारित द्रव्य को 'अमृत' नाम दिया गया है। उदाहरण लीजिए। बृहदारण्यक उपनिषद में (बृ. 1.6.3) "तदेतदमृतं सत्येन च्छनं"-वह अमृत सत्य से आच्छादित है-कहकर तुरंत अमृत सत्य शब्दों की यह व्याख्या की है, कि "प्राणों वा अमृतं नामरूपे सत्यंताभ्यामयं प्राणच्छन्न:" अर्थात् प्राण अमृत है; और नामरूप सत्य है। एवं इस नामरूप सत्य से प्राण ढँका हुआ है। यहाँ प्राण का अर्थ प्राणस्वरूपी परब्रह्म है। इससे प्रकट है, कि आगे के उपनिषदों में जिन्हें 'मिथ्या' और 'सत्य' कहा है, पहले उन्हीं के नाम क्रम से 'सत्य'-और 'अमृत' थे। अनेक स्थानों पर इसी अमृत को 'सत्यस्य सत्यं'-आँखों से दीख पड़नेवाले सत्य के भीतर का अंतिम सत्य (बृ. 2.3.6)-कहा है। किंतु उक्त आक्षेप इतने ही से सिद्ध नहीं हो जाता, कि उपनिषदों में कुछ स्थानों पर आँखों से दीख पड़ने वाली सृष्टि को ही सत्य कहा है। क्योंकि बृहदारण्यक में ही अंत में यह सिद्धान्त किया है, कि आत्मरूप परब्रह्म को छोड़, और सब 'आर्तम्' अर्थात् विनाशवान् है (बृ. 3.7.23)। जब पहले पहल जगत् को पहले सत्य मानकर ढूँढने लगे, कि उसके पेट में और कौन-सा सूक्ष्म सत्य छिपा हुआ है। किंतु फिर ज्ञात हुआ, कि जिस दृश्य सृष्टि के रूप को हम सत्य मानते हैं; वह तो असल में विनाशवान् है; और उसके भीतर कोई अविनाशी या अमृत तत्त्व मौजूद है। दोनों के बीच के इस भेद को जैसे जैसे अधिक व्यक्त करने की आवश्यकता होने लगी, वैसे वैसे 'सत्य' और 'अमृत' शब्दों के स्थान में 'अविद्या' और 'विद्या', एवं अंत में 'माया और सत्य' अथवा 'मिथ्या और सत्य' इन पारिभाषित शब्दों का प्रचार होता गया। क्योंकि 'सत्य' का धात्वर्थ 'सदैव रहनेवाला' है। इस कारण नित्य बदलने वाले और नाशवान् नामरूप को सत्य कहना उत्तरोत्तर और भी अनुचित जँचने लगा। परंतु इस रीति से 'माया अथवा मिथ्या' शब्दों का प्रचार पीछे भले ही हुआ हो; तो भी ये विचार बहुत पुराने जमाने से चले आ रहे हैं, कि जगत् की वस्तुओं का यह दृश्य, जो नजर से दीख पड़ता है, विनाशी और असत्य है। एवं इसका आधारभूत 'तात्त्विक द्रव्य' ही सत् या सत्य है। प्रत्यक्ष ऋग्वेद में भी कहा है कि "एवं सद्विप्रा बहुधा वदन्ति" (ऋ. 1.164.46. और 10.114.5)-मूल में जो एक और नित्य (सत्) है, उसी को विप्र (ज्ञाता) भिन्न भिन्न नाम देते हैं-अर्थात् एक ही सत्य वस्तु नामरूप से भिन्न भिन्न दीख पड़ती है। 'एक रूप के अनेक रूप दिखलाने के अर्थ में, 'माया' शब्द ऋग्वेद में भी प्रयुक्त है; और वहाँ यह वर्णन है, कि "इन्द्रो मायाभि: पुरुरूप: ईयते"-इंद्र अपनी माया से अनेक रूप धारण करता है (ऋ. 6.47.18)। तैत्तिरीय संहिता (तै. स. 3.1.11) में एक स्थान पर 'माया' शब्द का इसी अर्थ में प्रयोग किया गया है; और श्वेताश्वतर उपनिषद् में इस 'माया' शब्द का नामरूप के लिए उपयोग हुआ है; जो हो नामरूप के लिए 'माया' शब्द का प्रयोग किए जाने की रीति प्रथम श्वेताश्वतर उपनिषद के समय में भले ही चल निकली हो; पर इतना तो निर्विवाद है, कि नामरूपों के अनित्य अथवा

असत्य होने की कल्पना इससे पहले की है। 'माया' शब्द का विपरीत अर्थ करके श्रीशंकराचार्य ने यह कल्पना नए सिरे से नही चला दी है। नामरूपात्मक सृष्टि के स्वरूप को श्रीशंकराचर्य के समान बेधड़क 'मिथ्या' कह देने की जो हिम्मत न कर सकें; अथवा जैसे गीता में भगवान ने उसी अर्थ में 'माया' शब्द का उपयेाग किया है; वैसा करने से जो हिचकते हों; वे चाहें तो खुशी से बृहदारण्यक उपनिषद् के 'सत्य' और 'अमृत' शब्दों का उपयेाग करें। कुछ भी क्यों न कहा जावे; पर इस सिद्धान्त में जरा भी चोट नहीं लगती, कि नामरूप 'विनाशवान्' और जो तत्त्व उनसे आच्छादित है, वह 'अमृत' या 'अविनाशी' है। एवं यह भेद प्राचीन वैदिक काल से चला आ रहा है।

हमारे आत्मा को नामरूपात्मक बाह्य सृष्टि के सारे पदार्थों का ज्ञान होने के लिए 'कुछ-न-कुछ' एक ऐसा नित्य मूल द्रव्य होना चाहिए, कि जो आत्मा का आधारभूत है; और उसी के मेल का हो। एवं बाह्य सृष्टि के नाना पदार्थों की जड़ में वर्तमान रहता हो; नहीं तो यह ज्ञान ही न होगा। किंतु इतना निश्चय कर देने से अध्यात्मशास्त्र का काम समाप्त नहीं हो जाता। बाह्य सृष्टि के मूल में रहनेवाले इस नित्य द्रव्य को वेदान्ती लोग 'ब्रह्म' कहते हैं; और अब हो सके तो ब्रह्म के स्वरूप का निर्णय करना भी आवश्यक है। सारे नामरूपात्मक पदार्थों के मूल में वर्तमान यह नित्य तत्त्व है अव्यक्त। इसलिए प्रकट ही है, कि इसका स्वरूपा नामरूपात्मक पदार्थों के समान व्यक्त और स्थूल (जड़) नहीं रह सकता। परंतु यदि व्यक्त और स्थूल पदार्थों को छोड़ दें, तो मन, स्मृति, वासना, प्राण और ज्ञान प्रभृति बहुत से ऐसे अव्यक्त पदार्थ हैं; कि जो स्थूल नहीं हैं; एवं यह असंभव नहीं, कि परब्रह्म इनमें से किसी भी एक आध के स्वरूप का हो। कुछ लोग कहते हैं, कि प्राण का और परब्रह्म का स्वरूप एक ही है। जर्मन पंडित शोपेनहर ने परब्रह्म को वासनात्मक निश्चित किया है; और वासना मन का धर्म है, अत: इस मत के अनुसार ब्रह्म, मनोम यही कहा जाएगा (तै. 3.4)। परंतु, अब तक जो विवेचन हुआ है उससे तो यही कहा जाएगा कि-"प्रज्ञानं ब्रह्म" (ऐ. 3.3) अथवा "विज्ञानं ब्रह्म" (तै. 3.5) यह सृष्टि के नानात्म का जो ज्ञान एकस्वरूप से हमें होता है, वही ब्रह्म का स्वरूप होगा। हेकेल का सिद्धान्त इसी ढंग का है। परंतु उपनिषदों में चिद्रूपी ज्ञान के साथ सत् (अर्थात् जगत् की सारी वस्तुओं के अस्तित्व के सामान्य धर्म या सत्ता समानता का और आनंद का भी ब्रह्म स्वरूप में ही अंतर्भाव करके ब्रह्म को सच्चिदानंदरूपी माना है। उसके अतिरिक्त दूसरा ब्रह्मस्वरूप कहना हो, तो वह ॐकार है। इसकी उपपत्ति इस प्रकार है:- पहले समस्त अनादि वेद ॐकार से उपजे हैं; और वेदों के निकल चुकने पर उनके नित्य शब्दों से ही आगे चलकर ब्रह्मा ने जब सारी सृष्टि का निर्माण किया है (गीता. 17.23; मभा. शां. 231.56-58), तब मूल आरंभ में ॐकार को छोड़ और कुछ न था। इससे सिद्ध होता है, कि ॐकार ही सच्चा ब्रह्मस्वरूप है (मांडूक्य. 1; तै 1.8)। परंतु केवल अध्यात्मशास्त्र की दृष्टि से विचार किया जाए, तो परब्रह्म के ये सभी स्वरूप थोड़े बहुत नामरूपात्मक ही हैं। क्योंकि इन सभी स्वरूपों को मनुष्य अपनी इंद्रियों से जान सकता है; और मनुष्य को इस रीति से जो कुछ ज्ञात हुआ करता है, वह नामरूपों की श्रेणी में आ जाता है। फिर इस नामरूप के मूल में स्थित जो अनादि, भीतर बाहर सर्वत्र एक-सा भरा हुआ, एकरूप नित्य और अमृत तत्त्व है (गीता 13.12-17), उसके वास्तविक स्वरूप का निर्णय ही तो क्योंकर हो? कितने ही अध्यात्मशास्त्री पंडित कहते हैं, कि कुछ भी हो; यह तत्त्व हमारी इंद्रियों को अज्ञेय ही रहेगा; और कांटने तो इस प्रश्न पर अधिक विचार करना ही छोड़ दिया है। इसी प्रकार उपनिषदों में भी ब्रह्म के अज्ञेय स्वरूप के वर्णन इस प्रकार हैं; 'नेति नेति' अर्थात् वह नहीं है, कि जिसके विषय में कुछ कहा जा सकता है; ब्रह्म इससे परे है; वह आँखों

से दीख नहीं पड़ता; वह वाणी को और मन को भी अगोचर है-"यतो वाचो निवर्तन्ते अप्राप्य मनसा सहा।" फिर भी अध्यात्मशास्त्र ने निश्चय किया है, कि इस अगम्य स्थिति में भी मनुष्य अपनी बुद्धि से ब्रह्म के स्वरूप का एक प्रकार से निर्णय कर सकता है। ऊपर जो वासना, स्मृति, धृति, आशा, प्राण और ज्ञान प्रभृति अव्यक्त पदार्थ बतलाए गए हैं, उनमें से जो सबसे अतिशय व्यापक अथवा सबसे श्रेष्ठ निर्णित हो, उसी को परब्रह्म का स्वरूप मानना चाहिए। क्योंकि यह तो निर्विवाद ही है, कि सब अव्यक्त पदार्थों में परब्रह्म श्रेष्ठ है। अब इस दृष्टि से आशा, स्मृति, वासना और कृति आदि का विचार करें, तो ये सब मन के धर्म हैं; अतएव इनकी अपेक्षा मन श्रेष्ठ हुआ। मन से ज्ञान श्रेष्ठ है; और ज्ञान है बुद्धि का धर्म। अतः ज्ञान से बुद्धि श्रेष्ठ है और अंत में यह बुद्धि भी जिसकी नौकर है, वह आत्मा ही सबसे श्रेष्ठ है (गीता 3.42)। 'क्षेत्र-क्षेत्रज्ञ-प्रकरण' में उक्त विचार किया गया है। अब वासना अैर मन आदि अव्यक्त पदार्थों से यदि आत्मा श्रेष्ठ है, तो आप ही सिद्ध हो गया, कि परब्रह्म का स्वरूप भी वही (आत्मा) हो। छंदोग्य उपनिषद के सातवें अध्याय में इसी युक्तिवाद से काम लिया गया है, और सनत्कुमार ने नारद से कहा है, कि "वाणी की अपेक्षा मन अधिक योग्यता का (भूयस्) है। मन से ज्ञान, ज्ञान से बल और इसी प्रकार चढ़ते-चढ़ते जब कि आत्मा सबसे श्रेष्ठ (भूमन्) है, तब आत्मा ही को परब्रह्म का सच्चा स्वरूप कहना चाहिए।" अंग्रेज ग्रंथकारों में ग्रीन ने इसी सिद्धान्त को माना है; किंतु उसका युक्तिवाद कुछ भिन्न है। इसलिए यहाँ उसे संक्षेप से वेदान्त की परिभाषा में बतलाते हैं। ग्रीन का कथन है, कि हमारे मन पर इंद्रियों के द्वारा बाह्य नामरूपों के जो संस्कार हुआ करते हैं, उनके एकीकरण से हमारा आत्मा जो ज्ञान उत्पन्न करता है उस ज्ञान के मेल के लिए बाह्यसृष्टि के भिन्न भिन्न नामरूपों के मूल में भी एकता से रहनेवाली कोई न कोई वस्तु होनी चाहिए। नहीं तो आत्मा के एकीकरण से, जो ज्ञान उत्पन्न होता है, वह स्व कपोल कल्पित और निराधार होकर विज्ञानवाद के समान असत्य प्रमाणित हो जाएगा। इस 'कोई न कोई' वस्तु को हम ब्रह्म कहते हैं। भेद इतना ही है, कि कांट की परिभाषा को मानकर ग्रीन उसको वस्तु तत्त्व कहता है। कुछ भी कहो; अंत में वस्तुतत्त्व (ब्रह्म) और आत्मा ये ही दो पदार्थ रह जाते हैं, कि जो परस्पर के मेल के हैं। इनमें से 'आत्मा' मन और बुद्धि से परे अर्थात् इंद्रियातीत है। तथापि अपने विश्वास के प्राण पर हम मना करते हैं कि आत्मा जड़ नहीं है और निश्चय करते हैं कि वह या तो चिद्रूपी है या चैतन्यरूपी है। इस प्रकार आत्मा के स्वरूप का निश्चय करके देखना है , कि बाह्य सृष्टि के ब्रह्म का स्वरूप क्या है। इस विषय में यहाँ दो ही पक्ष हो सकते हैं; यह ब्रह्म या वस्तुतत्त्व 1) आत्मा के स्वरूप का होगा या 2) आत्मा से भिन्न स्वरूप का। क्योंकि, ब्रह्म और आत्मा के सिवा अब तीसरी वस्तु ही नही रह जाती। परंतु सभी का अनुभव यह है, कि यदि कोई भी दो पदार्थ स्वरूप से भिन्न हों; तो इनके परिणाम अथवा कार्य भी भिन्न भिन्न होने चाहिए। अतएव हम लोग पदार्थों-के भिन्न अथवा एकरूप होने का निर्णय उन पदार्थों के परिणामों से ही किसी भी शास्त्र में किया करते हैं। एक उदाहरण लीजिए; दो वृक्षों के फल, फूल, पत्ते, छिलके और जड़ को देखकर हम निश्चय करते हैं, कि वे दोनों अलग-अलग हैं या एक ही हैं। यदि इसी रीति का अवलंबन करके यहां विचार करें, तो दीख पड़ता है, कि आत्मा और ब्रह्म एक ही स्वरूप के होने चाहिए। क्योंकि ऊपर कहा जा चुका है, कि सृष्टि के भिन्न भिन्न पदार्थों के जो संस्कार मन पर होते हैं, उनका आत्मा की क्रिया से एकीकरण होता है। इस एकीकरण के साथ उस एकीकरण का मेल होना चाहिए, कि जिसे भिन्न भिन्न बाह्य पदार्थों के मूल में रहनेवाला वस्तु तत्त्व अर्थात् ब्रह्म इन पदार्थों की अनेकता को मेट कर निष्पन्न करता है। यदि इस प्रकार दोनों में

मेल न होगा, तो समूचा ज्ञान निराधार और असत्य हो जाएगा। एक ही नमूने के और बिल्कुल एक दूसरे के जोड़ के एकीकरण करनेवाले ये तत्त्व दो स्थानों पर भले ही हों; परंतु वे परस्पर भिन्न भिन्न नहीं रह सकते। अत: यह आप ही सिद्ध होता है, कि इनमें से आत्मा का जो रूप होगा, वही रूप ब्रह्म का भी होना चाहिए।[1] सारांश, किसी भी रीति से विचार क्यों न किया जाए; सिद्ध यही होगा कि, बाह्य सृष्टि के नाम और रूपों से आच्छादित ब्रह्मतत्त्व, नामरूपात्मक प्रकृति के समान जड़ तो है ही नहीं, किंतु *वासनात्मक ब्रह्म*, *मनोमय ब्रह्म*, *ज्ञानमय ब्रह्म*, *प्राणब्रह्म* अथवा *ॐकाररूपी शब्दब्रह्म*-ये ब्रह्म के रूप भी निम्न श्रेणी के हैं; और ब्रह्म का वास्तविक स्वरूप इनसे परे है; एवं इनसे अधिक योग्यता का अर्थात् शुद्ध आत्मस्वरूपी है और इस विषय में संबंध में गीता में अनेक स्थानों पर जो उल्लेख है, उनसे स्पष्ट होता है, कि गीता का सिद्धान्त भी यही है (गीता 2.20; 7.5; 8.4; 13.31; 15.7.8)। फिर भी यह न समझ लेना चाहिए, कि ब्रह्म और आत्मा के एकस्वरूप रहने के सिद्धान्त को हमारे ऋषियों ने केवल ऐसी युक्ति-प्रयुक्तियों से ही पहले खोजा था। इसका कारण इसी प्रकरण के आरंभ में बतला चुके हैं, कि अध्यात्मशास्त्र में बुद्धिमात्र की सहायता से कोई भी एक ही अनुमान निश्चित नहीं किया जाता है, उसे सदैव आत्मप्रतीति का सहारा चाहिए। इसके अतिरिक्त सर्वदा देखा जाता है, कि आधिभौतिक शास्त्रों में भी अनुभव पहले होता है; और उसकी उपपत्ति या तो पीछे से मालूम हो जाती है, या ढूँढ ली जाती है। इसी न्याय से उक्त ब्रह्मात्मैक्य की बुद्धिगम्य उपपत्ति के निकलने के सैकड़ों वर्ष पहले प्राचीन ऋषियों ने प्रथम यह निर्णय कर दिया था, कि "नेह नानाऽस्ति किंचन" (बृ. 4.4.19; कठ. 4. 11)-इस सृष्टि में दीख पड़ने वाली अनेकता सच नहीं है। उसके मूल में चारों ओर एक ही अमृत, अव्यय और नित्य तत्त्व है (गीता 18.20) और फिर उन्होंने अपनी अंतर्दृष्टि से यह सिद्धान्त ढूँढ निकाला, कि बाह्यसृष्टि के नामरूप से आच्छादित अविनाशी तत्त्व और हमारे शरीर का यह आत्म तत्त्व कि जो बुद्धि से परे है-ये दोनों एक ही अर्थात् अमर और अव्यय हैं; अथवा जो तत्त्व ब्रह्मांड में है, वही पिंड में यानी मनुष्य की देह में वास करता है। एवं बृहदारण्यक उपनिषद् में याज्ञवल्क्य ने मैत्रेयी को, गार्गी-वारुणि प्रभृति को और जनक को (बृ. 3.5-8; 4.2-4) बतलाया है कि पूरे वेदान्त का यही रहस्य है। इसी उपनिषद में पहले कहा गया है, कि जिसने जान लिया, कि "अहं ब्रह्मास्मि"-मैं ही परब्रह्म हूँ-उसने सब कुछ जान लिया (बृ. 1.4.10); और छांदोग्य उपनिषद के छठे अध्याय में श्वेतकेतु को उसके पिता ने अद्वैत वेदान्त का यही तत्त्व अनेक रीतियों से समझा दिया है। जब अध्याय के आरंभ में श्वेतकेतु ने अपने पिता से पूछा, कि "जिस प्रकार मिट्टी के एक लौदे का भेद जान लेने से मिट्टी के नामरूपात्मक सभी विकार जाने जाते हैं, उसी प्रकार जिस एक ही वस्तु का ज्ञान हो जाने से सब कुछ समझ में आ जावे; वही एक वस्तु मुझे बतलाइए, मुझे उसका ज्ञान नहीं है।" तब पिता ने नदी, समुद्र, पानी और नमक प्रभृति अनेक दृष्टान्त देकर समझाया, कि बाह्य सृष्टि के मूल में जो द्रव्य है, वह (तत्) और तू (त्वम्) अर्थात् तेरी देह का आत्मा दोनों एक ही हैं-'तत्त्वमसि'; एवं ज्योंही तूने अपने आत्मा को पहचाना, त्योंही तुझे आप ही मालूम हो जाएगा, कि समस्त जगत् के मूल में क्या है। इस प्रकार पिता ने श्वेतकेतु को भिन्न-भिन्न नौ दृष्टान्तों से उपदेश किया है; और प्रतिवार 'तत्त्वमसि'-वही तू है-इस सूत्र की पुनरावृत्ति की है (छां. 6.8-16)। यह 'तत्त्वमसि' अद्वैत वेदान्त के महावाक्यों में मुख्य वाक्य हैं।

---

1. Green's Prolegomena to Ethics, pp. 26-36.

इस प्रकार निर्णय हो गया, कि ब्रह्म आत्मस्वरूपी है। परंतु आत्मा चिद्रूपी है, इसलिए संभव है, कि कुछ लोग ब्रह्म को भी चिद्रूप समझें। अतएव यहाँ ब्रह्म के और उसके साथ ही साथ आत्मा के सच्चे स्वरूप का और थोड़ा-सा स्पष्टीकरण कर देना आवश्यक है। आत्मा के सान्निध्य से जड़ात्मक बुद्धि में उत्पन्न होने वाले धर्म को चित् अर्थात् ज्ञान कहते हैं। परंतु जब कि बुद्धि के इस धर्म को आत्मा पर लादना उचित नहीं है, तब तात्त्विक दृष्टि से आत्मा के मूल स्वरूप को भी निर्गुण और अज्ञेय ही मानना चाहिए। अतएव कई-एकों का मत है, कि यदि ब्रह्म आत्मस्वरूपी है, तो इन दोनों को या इनमें से किसी भी एक को चिद्रूपी कहना कुछ अंशों में गौण ही है। यह आक्षेप अकेले चिद्रूप पर ही नहीं है। किंतु यह आप-ही-आप सिद्ध होता है, कि परब्रह्म के लिए 'सत' विशेषण का प्रयोग करना उचित नहीं है। क्योंकि सत् और असत् ये दोनों धर्म परस्पर-विरुद्ध और सदैव परस्पर-सापेक्ष हैं। अर्थात् भिन्न-भिन्न दो वस्तुओं का निर्देश करने के लिए कहे जाते हैं। जिसने कभी उजाला न देखा हो, वह अंधेरे की कल्पना नहीं कर सकता। यही नही; किंतु 'उजाला' और 'अंधेरा' इन शब्दों की यह जोड़ी ही उसको सूझ न पड़ेगी। सत् और असत् शब्दों की जोड़ी (द्वंद्व) के लिए यही न्याय उपयोगी है। जब हम देखते हैं, कि कुछ वस्तुओं का नाश होता है, तब सब वस्तुओं के असत् (नाश होनेवाली) और सत् (नाश न होनेवाली) ये दो भेद करने लगते हैं। अथवा सत् और असत् शब्द सूझ पड़ने के लिए मनुष्य की दृष्टि के आगे दो प्रकार के विरुद्ध धर्मों की आवश्यकता होती है। अच्छा; यदि आरंभ में एक ही वस्तु थी, तो द्वैत के उत्पन्न होने पर दो वस्तुओं के उद्देश्य से जिन सापेक्ष सत् और असत् शब्दों का प्रचार हुआ है, उनका प्रयोग इस मूल वस्तु के लिए कैसे किया जाएगा? क्योंकि, यदि इसे सत् कहते हैं, तो शंका होती है, कि क्या उस समय उसकी जोड़ का कुछ असत् भी था? यही कारण है, जो ऋग्वेद के नासदीय सूक्त में (ऋ. 10.129) परब्रह्म को कोई भी विशेषण न देकर सृष्टि के मूल तत्त्व का वर्णन उस प्रकार किया है, कि "जगत् के आरंभ में न तो सत् था; और न असत ही था। जो कुछ था वह एक ही था।" इन सत् और असत् शब्दों की जोड़ियाँ (अथवा द्वंद्व) तो पीछे से निकली हैं; और गीता में (गीता 7.28; 2.45) कहा है, कि सत् और असत्, शीत और ऊष्ण आदि द्वंद्वों से जिसकी बुद्धि मुक्त हो जाए, वह इन सब द्वंद्वों से परे निर्द्वंद्व से परे अर्थात् ब्रह्मपद को पहुँच जाता है। इससे दीख पड़ेगा, कि अध्यात्मशास्त्र के विचार कितने गहन और सूक्ष्म हैं। केवल तर्कदृष्टि से विचार करें, तो परब्रह्म का अथवा आत्मा का भी अज्ञेयत्व स्वीकार किए बिना गति नहीं रहती। परंतु ब्रह्म इस प्रकार अज्ञेय और निर्गुण अतएव इंद्रियातीत हो; तो भी यह प्रतीति हो सकती है, कि परब्रह्म का भी वही स्वरूप है; जो कि हमारे निर्गुण तथा अनिर्वाच्य आत्मा का है; और जिसे हम साक्षात्कार से पहचानते हैं। इसका कारण यह है, कि प्रत्येक मनुष्य को अपने आत्मा की साक्षात् प्रतीति होती ही है। अतएव अब यह सिद्धान्त निरर्थक नहीं हो सकता, कि ब्रह्म और आत्म एकस्वरूपी है। इस दृष्टि से देखें, तो ब्रह्मस्वरूप के विषय में इसकी अपेक्षा कुछ अधिक नहीं कहा जा सकता, कि ब्रह्म आत्मस्वरूपी है। शेष बातों के संबंध में अपने अनुभव को ही पूरा प्रमाण मानना पड़ता है। किंतु बुद्धिगम्य शास्त्रीय प्रतिपादन में शब्दों से जितना हो सकता है, उतना स्पष्टीकरण कर देना आवश्यक है। इसलिए यद्यपि ब्रह्म सर्वत्र एक-सा व्याप्त, अज्ञेय और अनिर्वाच्य है, तो भी जड़ सृष्टि का और आत्मस्वरूपी ब्रह्म तत्त्व का भेद व्यक्त करने के लिए, आत्मा के सान्निध्य से जड़ प्रकृति में चैतन्यरूपी जो गुण हमें दृग्गोचर होता है, उसी को आत्मा का प्रधान लक्षण मानकर अध्यात्मशास्त्र में आत्मा और ब्रह्म दोनों को चिद्रूपी या चैतन्य रूपी कहते हैं। क्योंकि यदि ऐसा न करें, तो आत्मा और

ब्रह्म दोनों ही निर्गुण, निरंजन एवं अनिर्वाच्य होने के कारण उनके रूप का वर्णन करने में या तो चुप्पी साधा जाना पड़ता है, कि "नेति नेति एतस्मादन्यत्परमस्ति।"-यह नहीं है, यह (ब्रह्म) नहीं है (यह तो नामरूप हो गया) सच्चा ब्रह्म इससे परे अन्य ही है। इस नकारात्मक पाठ का आवर्तन करने के अतिरिक्त और दूसरा मार्ग ही नहीं रह जाता (बृ. 2.3.6) यही कारण है, कि जो सामान्य रीति से ब्रह्म के स्वरूप के लक्षण चित् (ज्ञान), सत् (सत्तामात्रत्व अथवा अस्तित्व) और आनंद बतलाए जाते हैं। इसमें कोई संदेह नहीं, कि ये लक्षण अन्य सभी लक्षणों की अपेक्षा श्रेष्ठ हैं। फिर भी स्मरण रहे, कि शब्दों से ब्रह्मस्वरूप की जितनी पहचान हो सकती है, उतनी करा देने के लिए ये लक्षण कहे गए हैं। वास्तविक ब्रह्मस्वरूप निर्गुण ही है और उसका ज्ञान होने के लिए अपरोक्षानुभव ही होना चाहिए। यह अनुभव कैसे हो सकता है?-इंद्रियातीत होने के कारण अनिर्वाच्य ब्रह्म के स्वरूप का अनुभव ब्रह्मनिष्ठा पुरुष को कब और कैसे होता है?-इस विषय में हमारे शास्त्रकारों ने विवेचन किया है, उसे यहाँ संक्षेप में बतलाए हैं।

ब्रह्म और आत्मा की एकता में उक्त समीकरण को सरल भाषा में इस प्रकार व्यक्त कर सकते हैं, कि "जो पिंड में है, वही ब्रह्मांड में है।" जब इस प्रकार ब्रह्मात्मैक्य का अनुभव हो जावे, तब यह भेदभाव नहीं रह सकता, कि ज्ञाता अर्थात द्रष्टा आत्मा भिन्न वस्तु है; और ज्ञेय देखने की वस्तु अलग है। किंतु इस विषय में शंका हो सकती है, कि मनुष्य जब तक जीवित है, तब तक उसकी नेत्र आदि इंद्रियाँ यदि छूट.नहीं जाती हैं; तो इंद्रियाँ पृथक् हुई और उनको गोचर होने वाले विषय पृथक् हुए-तो यह भेद छूटेगा कैसे? और यदि यह भेद नहीं छूटेगा, तो परब्रह्मत्मैक्य का अनुभव कैसे होगा? तब यदि इंद्रिय-दृष्टि से ही विचार करें, तो यह शंका एका-एक अनुचित भी नहीं जान पड़ती। परंतु हाँ, गंभीर विचार करने लगे, तो जान पड़ेगा, कि इंद्रियाँ बाह्य विषयों को देखने का काम खुद मुख्तारी से-अपनी ही मर्जी से नहीं किया करती हैं। पहले बतला दिया है, कि "चक्षु:पश्यति रूपाणि मनसा न तु चक्षुषा" (मभा. शां. 311.17)-कोई भी वस्तु देखने के लिए (और सुनने आदि के लिए भी) नेत्रों को (ऐसे ही कान प्रभृति को भी) मन की सहायता आवश्यक है। यदि मन शून्य हो, किसी और विचार में डूबा हो, तो आँखों के आगे धरी हुई वस्तु भी नहीं समझती? व्यवहार में होने वाले इस अनुभव पर ध्यान देने से सहज ही अनुमान होता है, कि नेत्र आदि इंद्रियों के अक्षुण्ण रहते हुए भी मन को यदि उनमें से निकाल लें, तो इंद्रियों के विषयों के द्वंद्व बाह्य सृष्टि में वर्तमान होने पर भी हमारे लिए न होने के समान रहेंगे। फिर परिणाम यह होगा, कि मन केवल आत्मा में अर्थात् आत्मस्वरूपी ब्रह्म में ही रत रहेगा। इससे हमें ब्रह्मात्मैक्य का साक्षात्कार होने लगेगा। ध्यान से, समाधि से, एकान्त उपासना से अथवा अत्यंत ब्रह्म विचार करने से, अंत में यह मानसिक स्थिति जिसको प्राप्त हो जाती है, उसकी नजर के आगे दृश्य सृष्टि के द्वंद्व या भेद नाचते भले रहा करें; पर वह उनसे लापरवाह है-उसे वे दीख ही नहीं पड़ते; और फिर उसको अद्वैत ब्रह्मस्वरूप की आप-ही-आप पूर्ण साक्षात्कार हो जाता है। पूर्ण ब्रह्मज्ञान से अंत में परमावधि की जो यह स्थिति प्राप्त होती है, उसमें ज्ञाता, ज्ञेय और ज्ञान यह तीन प्रकार का भेद अर्थात् त्रिपुटी नहीं रहती; अथवा उपास्य और उपासना का द्वैत भाव भी नहीं बचने पाता। अतएव यह अवस्था और किसी दूसरे को बतलाई नहीं जा सकती। क्योंकि ज्योंहि 'दूसरे' शब्द का उच्चारण किया, त्योंही यह अवस्था बिगड़ी; और फिर प्रकट ही है, कि मनुष्य अद्वैत से द्वैत में आ जाता है और तो क्या; यह कहना भी मुश्किल है, कि मुझे इस अवस्था का ज्ञान हो गया। क्योंकि 'मैं' कहते ही औरों से भिन्न होने की भावना मन में आ जाती है; और ब्रह्मात्मैक्य होने में यह भावना पूरी बाधक है; इसी कारण से याज्ञवल्क्य ने बृहदारण्यक में (बृ. 4.5.

15.4.3.27) इस परमावधि की स्थिति का वर्णन यों किया है : "यत्र हि द्वैतमिव भवति तदितरं इतरं पश्यति...जिघ्रति...श्रुणौति...विजानाति। ...यत्र त्वस्य सर्वगामैवाभूत तत्केन कं पश्येत...जिघ्रेत्...शृणूयात्...विजानीयात्। ...विज्ञातारमरे केन विजानीयात्। एतावदरे खलु अमृतत्वमिति।" इसका भावार्थ यह है, कि "देखनेवाला (द्रष्टा) और देखने का पदार्थ यह द्वैत जब तक चुना हुआ था, तब तक एक दूसरे को देखता था, सूँघता था, सुनता था और जानता था। परंतु जब सभी आत्ममय हो गया (अर्थात् आप-पर भेद ही न रहा) तब कौन किसको देंखेगा, सूँघेगा, सुनेगा और जानेगा? अरे! जो स्वयं अर्थात् जाननेवाला है, उसी को जाननेवाला और दूसरा कहाँ से लाओगे?" इस प्रकार सभी आत्मभूत या ब्रह्मभूत हो जाने पर वहाँ भीति. शोक अथवा सुखदु:ख आदि द्वंद्व भी रह कहाँ सकते हैं? (ईश. 7) क्योंकि, जिससे डरना है या जिसका शोक करना है, वह तो अपने से-हमसे-जुदा होना चाहिए; और ब्रह्मात्मैक्य का अनुभव हो जाने पर इस प्रकार की किसी भी भिन्नता को अवकाश ही नहीं मिलता। इसी दु:खशोक-विरहीत अवस्था को 'आनंदमय' नाम देकर तैत्तरीय उपनिषद् (तै. 2.8! 3.6) में कहा है, कि यह आनंद ही ब्रह्म है। किंतु यह वर्णन भी गौण ही है। क्योंकि आनंद का अनुभव करने वाला अब रह ही कहाँ जाता है? अतएव बृहदारण्यक उपनिषद में (बृ. 4.3.32) कहा है, कि लौकिक आनंद की अपेक्षा आत्मानंद कुछ विलक्षण ही होता है। ब्रह्म के वर्णन में 'आनंद' शब्द आया करता है। उसकी गौणता पर ध्यान देकर अन्य स्थानों में ब्रह्मवेत्ता पुरुष का अंतिम वर्णन ('आनंद' शब्द को हटाकर) इतना ही किया जाता है, "ब्रह्म भवति य एव वेद" (बृ. 4.4.25)। अथवा "ब्रह्म वेद ब्रह्मैव भवति" (मुं. 3.2.9)-जिसने ब्रह्म को जान लिया, वह ब्रह्म ही हो गया। उपनिषदों में (बृ. 2.4.12; छां. 6.13) इस स्थिति के लिए यह दृष्टान्त दिया गया है, कि नमक की डली जब पानी में घुल जाती है, तब जिस प्रकार यह भेद नहीं रहता कि इतना भाग खारे पानी का है और इतना भाग मामूली पानी का है-उसी प्रकार ब्रह्मात्मैक्य का ज्ञान हो जाने पर सब ब्रह्ममय हो जाता है। किंतु श्री तुकाराम महाराज (कि "जिनकी कहै नित्य वेदान्त वाणी") उस खारे पानी के दृष्टान्त के बदले गुड़ का यह मीठा दृष्टान्त देकर अपने अनुभव का वर्णन किया है-

'गूंगे का गुड' है भगवान्, बाहरभीतर एक समान।
किसका ध्यान करूँ सविवेक? जल-तरंग से हैं हम एक॥

- तु. गा. 3627

इसीलिए कहा जाता है, कि परब्रह्म इंद्रियों को अगोचर ओर मन को भी अगम्य होने पर भी स्वानुभवगम्य है, अर्थात् अपने अनुभव से जाना जाता है। परब्रह्म की जिस अज्ञेयता का वर्णन किया जाता है, वह 'ज्ञाता और ज्ञेय' वाली द्वैती स्थिति है; 'अद्वैत साक्षात्कार' वाली स्थिति नहीं जब तक यह बुद्धि बनी है, कि मैं अलग हूँ और दुनिया अलग है, तब तक कुछ भी क्यों न किया जाए, ब्रह्मात्मैक्य का पूरा ज्ञान होना संभव नहीं। किंतु नदी यदि समुद्र को निगल नहीं सकती-उसको अपने में लीन नहीं कर सकती-तो जिस प्रकार समुद्र में नदी तद्रूप हो जाती है, उसी प्रकार परब्रह्म में निमग्न होने से मनुष्य को उसका अनुभव हो जाया करता है; और उसकी परब्रह्म-स्थिति हो जाती है, कि "सर्वभूतस्थमात्मानं सर्वभूतानि चात्मानि" (गीता 6.29)-सब प्राणी मुझमें हैं; और मैं सबमें हूँ। केन उपनिषद में बड़ी खूबी के साथ परब्रह्म के स्वरूप का विरोधाभासात्मक वर्णन इस अर्थ को व्यक्त करने के लिए किया गया है, कि पूर्ण परब्रह्म का ज्ञान केवल अपने अनुभव पर ही निर्भर है। यह वर्णन इस प्रकार है : "अविज्ञातं विजानतां विज्ञानमविजानताम्" (केन. 2.3)-जो कहते हैं, कि हमें परब्रह्म का ज्ञान हो

गया है, उन्हें उसका ज्ञान नहीं हुआ है; और जिन्हें जान ही नहीं पड़ता कि हमने उसको जान लिया; उन्हें ही वह ज्ञान हुआ है। क्योंकि, जब कोई कहता है, कि मैंने परमेश्वर को जान लिया, तब उसके मन में वह द्वैतबुद्धि उत्पन्न हो जाती है, कि मैं (ज्ञाता) जुदा हूँ; और मैंने जिसे जान लिया है, वह (ज्ञेय) ब्रह्म अलग है। अतएव उसका ब्रह्मात्मैक्यरूपी अद्वैती अनुभव उस समय उतना ही कच्चा और अपूर्ण होता है। और यह उसके अपने मुख से सिद्ध होता है कि उसने सच्चे ब्रह्मवेद को जाना ही नहीं है। इसके उलटे जब 'मैं' (ज्ञाता) और 'ब्रह्म' (ज्ञेय) यह द्वैती भेद नष्ट हो जाता है तब ब्रह्मात्मैक्य का पूर्ण अनुभव हो जाता है। फलत: उसके मुँह से ऐसी भाषा का निकलना ही संभव नहीं रहता, कि "मैंने उसे (अर्थात् अपने से भिन्न और कुछ) जान लिया।" अतएव इस स्थिति में, अर्थात् जब कोई ज्ञानी पुरुष यह बतलाने में असमर्थ है, कि मैं ब्रह्म को जान गया; तब कहना पड़ता है, कि उसे ब्रह्म का ज्ञान हो गया है। इस प्रकार द्वैत का बिल्कुल लोप होकर परब्रह्म में ज्ञाता का सर्वथा रंग जाना, लय पा लेना, बिल्कुल घुल जाना अथवा एक जीव हो जाना सामान्य रूप से तो दुष्कर दीख पड़ता है; परंतु हमारे शास्त्रकारों ने अनुभव से निश्चय किया है, कि एका-एक दुर्घट प्रतीत होनेवाली 'निर्वाण' स्थिति, अभ्यास और वैराग्य से अंत में मनुष्य को साध्य हो सकती है। 'मैं' पनरूपी द्वैतभाव उक्त स्थिति में (अहं) नष्ट हो जाता है, मृत हो जाता है। अतएव कुछ लोग शंका किया करते हैं, कि यह तो आत्मनाश का ही एक तरीका है। किंतु ज्योंही यह समझ में आए, कि यद्यपि इस स्थिति का अनुभव करते समय इसका वर्णन करते नहीं बनता है, परंतु पीछे उसका स्मरण हो सकता है, त्योंही उक्त शंका निर्मूल हो जाती है।[1] पर इसकी अपेक्षा और भी अधिक प्रबल प्रमाण साधुसंतों का अनुभव है। बहुत प्राचीन सिद्ध पुरुषों के अनुभव तो प्रसिद्ध हैं ही उनके, संबंध में और क्या कहें? किंतु बिल्कुल अभी के प्रसिद्ध भगवद् भक्त तुकाराम महाराज ने भी इस परमावधि की स्थिति का वर्णन आलंकारिक भाषा में बड़ी खूबी से धन्यतापूर्वक इस प्रकार किया है, कि "मैंने अपनी मृत्यु अपनी आँखों से देख ली; वह भी एक अनुपम उत्सव ही था" (तु. गा. 3579)। व्यक्त अथवा सगुण ब्रह्म की उपासना से, ध्यान के द्वारा धीरे-धीरे बढ़ता हुआ उपसक अंत में "अहं ब्रह्मास्मि" (बृ. 1.4.10)-मैं ही ब्रह्म हूँ-की स्थिति में जा पहुँचता है; और ब्रह्मात्मैक्य स्थिति का उसे साक्षात्कार होने लगता है। फिर उसमें यह इतना मग्न हो जाता है, कि इस बात की ओर उसका ध्यान भी नहीं जाता, कि मैं किस स्थिति में हूँ; अथवा किसका अनुभव कर रहा हूँ। इस स्थिति में जागृति बनी रहती है, अत: इस अवस्था को न तो स्वप्न कह सकते हैं; और न सुषुप्ति। यदि जागृत कहें तो इसमें जागृत द्वैत के अवस्था में सामान्य रीति से होनेवाले सब व्यवहार रुक जाते हैं; इसलिए स्वप्न, सुषुप्ति (नींद) अथवा जागृति-इन तीनों व्यावहारिक अवस्थाओं से बिल्कुल ही भिन्न यह चौथी अथवा तुरीय अवस्था है-इस प्रकार शास्त्रों में कहा गया है। इस स्थिति को प्राप्त करने के लिए पातंजल योगशास्त्र की दृष्टि से मुख्य साधन निर्विकल्प समाधियोग लगाना है, जिसमें द्वैत का जरा सा भी लवलेश नहीं रहता! और यही कारण है, कि गीता में (गी. 6.20-23) कहा है कि इस निर्विकल्प समाधियों को अभ्यास से प्राप्त कर लेने में मनुष्य को उकताना नहीं चाहिए। यही ब्रह्मात्मैक्य स्थिति ज्ञान की पूर्णावस्था है। क्योंकि जब संपूर्ण जगत् ब्रह्मरूप अर्थात् एक ही हो चुका, तब गीता के ज्ञान क्रिया वाले इस लक्षण की पूर्णता हो जाती है, कि "अविभक्तं विभक्तेषु"-अनेकत्व की एकता करनी चाहिए-और फिर इसके आगे किसी को भी अधिक ज्ञान हो नहीं सकता। इसी प्रकार नामरूप से परे इस अमृतत्व का जहाँ मनुष्य को अनुभव हुआ, कि जन्म-मरण का चक्कर भी आप-ही-से छूट जाता है। क्योंकि जन्म-मरण तो नामरूपों

में ही है; और यह मनुष्य पहुँच जाता है उन नामरूपों से परे (गीता 8.21)। इसी से तुकाराम महाराज ने इस स्थिति का नाम 'मरण का मरण' रख छोड़ा है। और इसी कारण से याज्ञवल्क्य इस स्थिति को अमृतत्व की सीमा या पराकाष्ठा कहते हैं। यही जीवन्मुक्तावस्था है। पातंजल योगसूत्र और अन्य स्थानों में भी वर्णन है, कि इस अवस्था में आकाशगमन आदि कुछ अपूर्व अलौकिक सिद्धियाँ प्राप्त हो जाती हैं (पातंजल सूत्र 3.16-15); और इन्हीं को पाने के लिए कितने ही मनुष्य योगाभ्यास को सुनने लग जाते हैं। परंतु योगवासिष्ठप्रणेता कहते हैं, कि आकाशगमन प्रभृति सिद्धियाँ न तो ब्रह्मनिष्ठ-स्थिति का साध्य है और न उसका कोई भाग ही। अत: जीवनमुक्त पुरुष इन सिद्धियों को पा लेने का उद्योग नहीं करता; और बहुधा उसमें ये देखी भी नहीं जाती (8 यो. 5.89)। इसी कारण इन सिद्धियों का उल्लेख न तो योग वसिष्ठ में ही है और न गीता में ही किया है। वसिष्ठ ने राम से स्पष्ट कह दिया है, कि ये चमत्कार तो माया के खेल हैं; यह ब्रह्मविद्या नहीं है। कदाचित् ये सच्चे भी हों। हम यह नहीं कहते, कि ये सच्चे होंगे ही नहीं। जो हो; इतना निर्विवाद है, कि यह ब्रह्मविद्या का विषय नहीं है। अतएव, ये सिद्धियाँ मिलें तो, और न मिलें तो भी इनकी परवाह न करनी चाहिए। ब्रह्मविद्याशास्त्र का कथन है, कि इनकी इच्छा अथवा आशा भी न करके मनुष्य को वे ही प्रयत्न करते रहना चाहिए, कि जिनसे प्राणीमात्र में 'एक-आत्मा' वाली परमाविधि की ब्रह्मनिष्ठ स्थिति प्राप्त हो जावे। ब्रह्मज्ञान आत्मा की शुद्ध अवस्था है। वह कुछ जादू, करामत या चमत्कार नहीं है। इस कारण इन सिद्धियों से-इन चमत्कारों से-ब्रह्मज्ञान के गौरव का बढ़ना तो दूर, किंतु उसके गौरव के-उसकी महत्ता के-ये चमत्कार प्रमाण भी नहीं हो सकते। पक्षी तो पहले भी आकाश में उड़ते थे। पर अब विमानों वाले लोग भी आकाश में उड़ने लगे हैं, किंतु सिर्फ उसी होने से इनकी गिनती ब्रह्मवेत्ताओं में नहीं करता। और तो क्या; जिन पुरुषों को ये आकाशगमन आदि सिद्धियाँ प्राप्त हो जाती हैं, उनमें से कुछ 'मालतीमाधव' नाटक वाले अघारेकंटक समान क्रूर और घातक भी हो सकते हैं।

ब्रह्मात्मैक्यरूप आनंदमय स्थिति का अनिर्वाच्य अनुभव किसी दूसरे को पूर्णतया बतलाया नहीं जा सकता। क्योंकि जब उसके संबंध में दूसरे को बतलाने लगेंगे, तब 'मैं-तू' वाली द्वैत की ही भाषा से काम लेना पड़ेगा; और इस द्वैती भााषा में अद्वैत का समस्त अनुभव व्यक्त करते नहीं बनता। अतएव उपनिषदों में इस परमावधि की स्थिति के जो वर्णन हैं; उन्हें भी अधूरे या गौण समझना चाहिए। और जब ये वर्णन गौण हैं, तब सृष्टि की उत्पत्ति एवं रचना समझाने के लिए अनेक स्थानों पर उपनिषदों में दृश्य सृष्टि की उत्पत्ति के विषय में ऐसे वर्णन हैं, कि आत्मस्वरूप की, शुद्ध, नित्य, सर्वव्यापी और अविकारी ब्रह्म ही से आगे चलकर हिरण्यगर्भ नामक सगुण पुरुष या आप (पानी) प्रभृति सृष्टि के व्यक्त पदार्थ क्रमश: निर्मित हुए; अथवा परमेश्वर ने इन नामरूपों की रचना करके फिर जीवरूप से उनमें प्रवेश किया (तै. 2.6; छां. 6.2, 3; बृ. 1.4.7), ये सब द्वैतपूर्ण वर्णन अद्वैत दृष्टि से यथार्थ नहीं हो सकते। क्योंकि ज्ञानगम्य, निर्गुण परमेश्वर ही जब चारों ओर भरा हुआ है, तब तात्त्विक दृष्टि से यह कहना ही निर्मूल हो जाता है, कि एक ने दूसरे को पैदा किया। परंतु साधारण मनुष्यों को सृष्टि की रचना समझा देने के लिए व्यावहारिक अर्थात् द्वैत की भाषा ही तो एक साधन है। इस कारण व्यक्त सृष्टि की अर्थात् नामरूप की उत्पत्ति के वर्णन उपनिषदों में उसी ढंग के मिलते हैं, जैसा कि ऊपर एक उदाहरण दिया गया है। तो भी उसमें अद्वैत का तत्त्व बना ही रहता है; और अनेक स्थानों में यह कह दिया है, कि इस प्रकार द्वैती व्यावहारिक भाषा वर्तने पर भी मूल में अद्वैत सच्चा ही है। देखिए, अब निश्चय हो चुका है, कि सूर्य घूमता नहीं है, स्थिर है, फिर भी बोलचाल में जिस प्रकार यह कहा जाता है, कि सूर्य

निकल आया अथवा डूब गया; उसी प्रकार यद्यपि निश्चित है कि एक ही आत्मस्वरूपी परब्रह्म चारों ओर अखंड भरा हुआ है; और वह अविकार्य है; तथापि उपनिषदों में ऐसी ही भाषा के प्रयोग मिलते हैं, कि "परब्रह्म से व्यक्त जगत् की उत्पत्ति हुई है।" इसी प्रकार गीता में भी यद्यपि भगवान ने यह कहा है, कि "मेरा सच्चा स्वरूप अव्यक्त और अज है" (गीता 7.25); तथापि उन्होंने कहा है, कि "मैं सारे जगत् को उत्पन्न करता हूँ" (गीता 4.6)। परंतु इन वर्णनों के मर्म को बिना समझे-बूझे कुछ पंडित लोग इनको शब्दश: सच्चा मान लेते हैं; और फिर उन्हें ही मुख्य समझ कर यह सिद्धान्त किया करते हैं, कि द्वैत अथवा विशिष्टाद्वैत मत का उपनिषदों में प्रतिपादन है। वे कहते हैं; कि यदि यह मान लिया जाए, कि एक ही निर्गुण ब्रह्म सर्वत्र व्याप्त हो रहा है; तो फिर इसकी उपपत्ति नहीं लगती, कि इस अविकारी ब्रह्म से विकार सहित नाशवान् सगुण पदार्थ कैसे निर्मित हो गए। क्योंकि नामरूपात्म का सृष्टि को यदि 'माया' कहें, तो निर्गुण ब्रह्म से सगुण माया का उत्पन्न होना ही तर्क की दृष्टि से शक्य नहीं है। इससे अद्वैतवाद लँगड़ा हो जाता है। इससे तो कहीं अच्छा यह होगा, कि संख्याशास्त्र के मतानुसार प्रकृति के सदृश नामरूपात्मक व्यक्त रूप के अभ्यंतर में कोई दूसरा परब्रह्म रूप नित्य तत्त्व ऐसे ओतप्रोत भरा हुआ रखा जावे, जैसा कि पेंच की नली में भाप रहती है (बृ. 3.7)। एवं उन दोनों में वैसी ही एकता मानी जाए, जैसी कि दाडिम या अनार के फल की भीतरी दानों के साथ रहती है। परंतु हमारे मत में उपनिषदों के तात्पर्य का ऐसा विचार करना योग्य नहीं है। उपनिषदों में कहीं कहीं द्वैती और कहीं कहीं शुद्ध अद्वैती वर्णन पाए जाते हैं। सो यह सही है कि इन दोनों की कुछ-न-कुछ एकवाक्यता करनी चाहिए; परंतु अद्वैतवाद को मुख्य समझने और जब निर्गुण ब्रह्म सगुण होने लगता है, तब उतने ही समय के लिए मायिक द्वैत की स्थिति प्राप्त हो जाती है इस प्रकार मान लेने से सब वचनों की जैसी व्यवस्था लगती है, वैसी व्यवस्था द्वैत पक्ष को प्रधान मानने से लगी नहीं है। उदाहरण लीजिए; 'तत् त्वमसि' इस वाक्य के पदों का अन्वय द्वैती मतानुसार कभी भी ठीक नहीं लगता। तो क्या इस अड़चन को द्वैत मत वालों ने समझा ही नहीं पाया? नहीं, समझा जरूर है। तभी तो वे उक्त महावाक्य का जैसा तैसा अर्थ लगाकर अपने मन को समझा लेते हैं। 'तत्त्वमसि' को द्वैतवाले इस प्रकार सुलझाते हैं-तत्त्वम्=तस्य त्वम्-अर्थात् उसका तू है, कि जो कोई तुझसे भिन्न है; तू वही नहीं है। परंतु जिसको संस्कृत का थोड़ा-सा भी ज्ञान है; और जिसकी बुद्धि आग्रह में बँध नहीं गई है वह तुरंत ताड़ लेगा, कि यह खींचातानी का अर्थ ठीक नहीं है। कैवल्य उपनिषद् (कै. 1. 16) में, तो "स त्वमेव त्वमेव तत्" इस प्रकार 'तत्' और 'त्वम्' को उलट-पलटकर उक्त महावाक्य के अद्वैत प्रधान होने का ही सिद्धान्त दर्शाया है। अब और क्या बतलावे? समस्त उपनिषदों का बहुत सा भाग निकाल डाले बिना अथवा जान-बूझकर उस पर दुर्लक्ष किए बिना, उपनिच्छास्त्र में अद्वैत को छोड़ और कोई दूसरा रहस्य बतला देना संभव ही नहीं है। परंतु ये वाद तो ऐसे हैं, कि जिनका कोई और-छोर ही नहीं; तो फिर यहाँ हम इनकी विशेष चर्चा क्यों करें? जिन्हें अद्वैत के अतिरिक्त अन्य मत रुचते हों, वे खुशी से उन्हें स्वीकार कर लें। उन्हें रोकता कौन है। जिन उदार महात्माओं ने उपनिषदों में अपना यह स्पष्ट विश्वास बतलाया है, कि "नेह नानास्ति किंचन" (बृ. 4.4.19; कठ. 4.11)-इस सृष्टि में किसी भी प्रकार की अनेकता नहीं है, जो कुछ है, वह मूल में सब 'एकमेवाद्वितीयम्' (छां. 6.2.2) है; और जिन्होंने आगे यह वर्णन किया है, कि "मृत्यो: स मृत्युमाप्नोति य इह नानेव पश्यति"-जिसे इस जगत् में नानात्व दीख पड़ता है, वह जन्म-मरण के चक्कर में फँसता है-हम नहीं समझते, कि इन महात्माओं का आशय अद्वैत को छोड़ और भी किसी अन्य प्रकार का हो सकेगा। परंतु अनेक वैदिक

शाखाओं के अनेक उपनिषद् होने के कारण जैसे इस शंका को थोड़ी सी गुंजाइश मिल जाती है, कि कुल उपनिषदों का तात्पर्य क्या एक ही है? वैसा हाल गीता का नहीं है। जब गीता एक ही ग्रंथ है, तब प्रकट ही है, कि उसमें एक ही प्रकार के वेदान्त का प्रतिपादन होना चाहिए। और जो विचारने लगें, कि वह कौन-सा वेदान्त है? तो यह अद्वैत प्रधान सिद्धान्त करना पड़ता है, कि "सब भूतों का नाश हो जाने पर भी एक ही स्थिर रहता है" (गीता 8.20), वही यथार्थ में सत्य है। एवं देह और विश्व में मिलकर सर्वत्र वही व्याप्त हो रहा है (गीता 13.31)। और तो क्या; आत्मौपम्य बुद्धि का जो नीतितत्त्व गीता में बतलाया गया है, उसकी पूरी-पूरी उपपत्ति भी अद्वैत को छोड़ दूसरे प्रकार की वेदान्त दृष्टि से नहीं लगती है। इससे कोई हमारा यह आशय न समझ लें, कि श्रीशंकराचार्य के समय में अथवा उनके पश्चात् अद्वैत मत का पोषण करनेवाली जितनी युक्तियाँ निकली हैं; अथवा प्रमाण निकले हैं, वे सभी यच्चयावत् गीता में प्रतिपादित हैं। यह तो हम भी मानते हैं, कि द्वैत, अद्वैत और विशिष्टाद्वैत प्रभृति संप्रदायों की उत्पत्ति होने से पहले ही गीता बन चुकी है; और इसी कारण से गीता में किसी भी विशेष संप्रदाय के युक्तिवादों का समावेश होना संभव नहीं है। किंतु इस सम्मति से यह कहने में बाधा नहीं आती, कि गीता का वेदान्त मामूली तौर पर शांकर संप्रदाय के ज्ञानानुसार अद्वैती है-द्वैती नहीं। इस प्रकार गीता और शांकरसंप्रदाय के तत्त्वज्ञान की दृष्टि से सामान्य मेल है सही; पर हमारा मत है, कि आचार दृष्टि संगीता कर्म संन्यास की अपेक्षा कर्मयोग को अधिक महत्त्व देती है। इस कारण गीताधर्म शांकर संप्रदाय से भिन्न हो गया है। इसका विचार आगे किया जाएगा। प्रस्तुत विषय तत्त्वज्ञान संबंध की है। इसलिए यहाँ इतना ही कहना है, कि गीता और शांकरसंप्रदाय में-दोनों में-यह तत्त्वज्ञान एक ही प्रकार का है, अर्थात् अद्वैती है। अन्य सांप्रदायिक भाष्यों की अपेक्षा गीता के शांकरभाष्य का जो अधिक महत्त्व हो गया है, उसका कारण भी यही है।

ज्ञानदृष्टि से सारे नामरूपों को एक ओर निकाल देने पर एक ही अधिकारी और निर्गुण तत्त्व स्थिर रह जाता है। अतएव पूर्ण और सूक्ष्म विचार करने पर अद्वैत सिद्धान्त को ही स्वीकार करना पड़ता है। जब इतना सिद्ध हो चुका तब अद्वैत वेदान्त की दृष्टि से यह विवेचन करना आवश्यक है, कि इस एक निर्गुण, अव्यक्त, द्रव्य से नाना प्रकार की व्यक्त सगुण सृष्टि क्योंकर उपजी? पहले बतला आए हैं, कि सांख्यों ने तो निर्गुण पुरुष के साथ ही त्रिगुणात्मक अर्थात् सगुण प्रकृति को अनादि और स्वतंत्र मानकर, इस प्रश्न को हल कर लिया है। किंतु यदि इस प्रकार सगुण प्रकृति को स्वतंत्र मान लें, तो जगत् के मूल तत्त्व दो हुए जाते हैं और ऐसा करने से उस अद्वैत मत में बाधा आती है, कि जिसका उक्त अनेक कारणों के द्वारा पूर्णतया निश्चय कर दिया गया है। यदि सगुण द्रव्य से नानाविध सगुण सृष्टि कैसे उत्पन्न हो गई। क्योंकि सत्कार्यवाद का सिद्धान्त यह है, कि निर्गुण से सगुण-अर्थात् जो कुछ भी नहीं है, उससे और कुछ-का उपजना शक्य नहीं है; और यह सिद्धान्त अद्वैतवादियों को भी मान्य हो चुका है। इसलिए दोनों ही ओर अड़चन है। फिर यह उलझन सुलझे कैसे? बिना अद्वैत को छोड़े ही निर्गुण से सगुण की उत्पत्ति होने का मार्ग बतलाना चाहिए; और सत्कार्यवाद की दृष्टि से वह तो रुका हुआ-सा ही है। कठिन पेंच है-ऐसी वैसी उलझन नहीं है। और तो क्या? कुछ लोगों की समझ में अद्वैत सिद्धान्त के मानने में यही ऐसी अड़चन है, जो कि सबसे बड़ी पेचीदा और कठिन है। इसी अड़चन से छूटकर वे द्वैत को अंगीकार कर लिया करते हैं। किंतु अद्वैती पंडितों ने अपनी बुद्धि के द्वारा इस विकट अड़चन के फंदे से छूटने के लिए भी एक युक्तिसंगत बेजोड़ मार्ग ढूँढ लिया है। वे कहते हैं, कि जब कार्य और कारण, दोनों एक ही श्रेणी के अथवा एक ही वर्ग के होते हैं; और इस कारण अद्वैती

वेदान्ती भी इसे स्वीकार कर लेंगे, कि सत्य और निर्गुण ब्रह्म से सत्य और सगुण माया का उत्पन्न होना शक्य नहीं है, परंतु यह स्वीकृति उस समय की है, जब कि दोनों पदार्थ सत्य हों; पर जहाँ एक पदार्थ सत्य है, और दूसरा उसका सिर्फ दृश्य है, वहाँ सत्कार्यवाद का उपयोग नहीं होता। सांख्य मत वाले 'पुरुष के समान ही प्रकृति' को स्वतंत्र और सत्य पदार्थ मानते हैं। यही कारण है, जो वे निर्गुण पुरुष से सगुण प्रकृति की उत्पत्ति का विवेचन सत्कार्यवाद के अनुसार कर नहीं सकते। किंतु अद्वैत वेदान्त का सिद्धान्त यह है, कि माया अनादि बनी रहे; फिर भी वह सत्य और स्वतंत्र नहीं है। वह तो गीता के कथनानुसार 'मोह', 'अज्ञान', अथवा "इंद्रियों को दिखाई देने वाला दृश्य" है। इसलिए सत्कार्यवाद से जो आक्षेप निष्पन्न हुआ था, उसका उपयोग अद्वैत सिद्धान्त के लिए किया ही नहीं जा सकता। बाप से लड़का पैदा हो, तो कहेंगे, कि वह बाप के गुण परिणाम से पैदा हुआ है। परंतु पिता एक ही व्यक्ति है; और जब कभी वह बच्चे का, कभी जवान का और कभी बुड्ढे का स्वाँग बनाए हुए दीख पड़ता है, तब हम सदैव देखा करते हैं, कि इस व्यक्ति में और इसके अनेक स्वाँगों में गुण परिणाम रूपी कार्यकारणभाव नहीं रहता। ऐसे ही जब निश्चित हो जाता है, कि सूर्य एक ही है; तब पानी में आँखों को दिखाई देने वाले अनेक प्रतिबिंब को हम भ्रम कह देते हैं, और उसे गुण परिणाम से उपजा हुआ दूसरा सूर्य नहीं मानते। इसी प्रकार दूरबीन से क़िसी ग्रह के यथार्थ स्वरूप का निश्चय हो जाने पर, ज्योतिषशांस्त्र स्पष्ट कह देता है, कि उस ग्रह का जो स्वरूप मेरी आँखों से दीख पड़ता है, वह दृष्टि की कमजोरी है और उसके अत्यंत दूरी पर रहने के कारण निरा दृश्य उत्पन्न हो गया है। इससे प्रकट हो गया, कि कोई भी बात नेत्र आदि इंद्रियों को प्रत्यक्ष गोचर हो जाने से ही स्वतंत्र और सत्य वस्तु मानी नहीं जा सकती। फिर इसी न्याय का अध्यात्मशास्त्र में उपयोग करके यदि यह कहें तो क्या हानि है, कि ज्ञानचक्षुरूप दूरबीन से जिसका निश्चय कर लिया गया है, वह निर्गुण परब्रह्म ही सत्य है। और ज्ञानहीन चर्मचक्षुओं को जो नामरूप गोचर होता है, वह इस परब्रह्म का कार्य नहीं है-वह तो इंद्रियों की दुर्बलता से उपजा हुआ निरा भ्रम अर्थात् मोहात्मक दृश्य है। यहाँ पर यह आक्षेप ही नहीं फबता, कि निर्गुण से सगुण उत्पन्न नहीं हो सकता। क्योंकि दोनों वस्तुएँ एक ही श्रेणी की नहीं हैं। इनमें एक तो सत्य है; और दूसरी सिर्फ दृश्य। एवं अनुभव यह है, कि मूल में एक ही सत्य वस्तु रहने पर भी देखनेवाले पुरुष के दृष्टि भेद से, अज्ञान से अथवा नजरबंदी से उस एक ही वस्तु के दृश्य बदलते रहते हैं। उदाहरणार्थ, कानों को सुनाई देनेवाले शब्द और आँखों से दिखाई देनेवाले रंग-इन्हीं दो गुणों को लीजिए। इनमें से कानों को जो शब्द या आवाज सुनाई देती है, उसकी सूक्ष्मता से जाँच करके आधिभौतिकशास्त्रियों ने पूर्णतया सिद्ध कर दिया है, कि 'शब्द' या तो वायु की लहरें हैं या गति है। और अब सूक्ष्म शोध करने से निश्चय हो गया, कि आँखों से दीख पड़ने वाले लाल, हरे, पीले आदि रंग भी मूल में एक ही सूर्यप्रकाश के विकार हैं; और सूर्यप्रकाश स्वयं एक प्रकार की गति ही है। जब क़ि 'गति' मूल में एक ही है, पर कान उसे श़ब्द और आँखे उसे रंग बतलाती हैं, तब यदि इसी न्याय का उपयोग कुछ अधिक व्यापक रीति से सारी इंद्रियों के लिए किया जाए, तो सभी नामरूपों की उत्पत्ति के संबंध में सत्कार्यवादी सहायता के बिना ठीक ही ठीक उपपत्ति इस प्रकार लगाई जा सकती है, कि किसी भी एक अविकार्य वस्तु पर मनुष्य की भिन्न भिन्न इंद्रियाँ अपनी अपनी ओर से शब्दरूप आदि अनेक नामरूपात्मक गुणों का 'अध्यारोप' करके नाना प्रकार के दृश्य उपजाया करती हैं। परंतु यह आवश्यक नहीं है, कि मूल की एक ही वस्तु में ये दृश्य, ये गुण अथवा ये नामरूप हो ही। और इसी अर्थ को सिद्ध करने के लिए रस्सी में सर्प का अथवा सीप में चाँदी

का भ्रम होना, या आँख में उंगली डालने से एक के दो पदार्थ दीख पड़ना अथवा अनेक रंगों के चश्मे लगाने पर एक ही पदार्थ का रंग-बिरंगा दीख पड़ना आदि अनेक दृष्टान्त वेदान्तशास्त्र में दिए जाते हैं। मनुष्य की इंद्रियाँ उससे कभी छूट नहीं पाती हैं। इस कारण जगत् के नामरूप अथवा गुण उसके नयनपथ में गोचर तो अवश्य ही होंगे; परंतु यह नहीं कहा जा सकता, कि इंद्रियवान मनुष्य की दृष्टि से जगत् का जो सापेक्ष स्वरूप दीख पड़ता है, वही इस जगत् के मूल का अर्थात् निरपेक्ष और नित्य स्वरूप है। मनुष्य की वर्तमान इंद्रियों की अपेक्षा यदि उसे न्यूनाधिक इंद्रियाँ प्राप्त हो जावें, तो यह सृष्टि उसे जैसे आजकल दिखाई पड़ती है, वैसे ही न दिखाई पड़ेगी। और यदि यह ठीक है, तो जब कोई पूछे, कि द्रष्टा की-देखनेवाले मनुष्य की-इंद्रियों की अपेक्षा न करके यह बतलाओ, कि सृष्टि के मूल में जो तत्त्व है, उसका नित्य और सत्य स्वरूप क्या है? तब यही उत्तर देना पड़ता है, कि वह मूलतत्त्व है तो निर्गुण; परंतु मनुष्य को सगुण दिखलाई देता है-यह मनुष्य की-इंद्रियों की धर्म है; न कि मूल वस्तु का गुण। आधिभौतिकशास्त्र में उन्हीं बातों की जाँच होती है, कि जो इंद्रियों को गोचर हुआ करती हैं। और यही कारण है, कि वहाँ इस ढंग के प्रश्न होते ही नहीं। परंतु मनुष्य और उसकी इंद्रियों के नष्टप्राय हो जाने से यह नहीं कह सकते, कि ईश्वर भी नष्ट हो जाता है; अथवा मनुष्य को वह अमुक प्रकार का दीख पड़ता है। इसलिए उसका त्रिकालाबाधित नित्य और निरपेक्ष स्वरूप भी वही होना चाहिए। अतएव जिस अध्यात्मशास्त्र में यह विचार करना होता है, कि जगत् के मूल में वर्तमान सत्य का मूलस्वरूप क्या है; उसमें मानवी इंद्रियों की सापेक्षदृष्टि छोड़ देनी पड़ती है; और केवल ज्ञानदृष्टि से अर्थात् जितना हो सके उतना बुद्धि से ही अंतिम विचार करना पड़ता है, ऐसा करने से इंद्रियों को गोचर होनेवाले सभी गुण आप ही आप छूट जाते हैं; औ यह सिद्ध होता है, कि ब्रह्म का नित्य स्वरूप इंद्रियातीत अर्थात् निर्गुण एवं सबसे श्रेष्ठ है। परंतु अब प्रश्न होता है, कि जो निर्गुण है, उसका वर्णन करेगा ही कौन? और किस प्रकार करेगा? इसलिए अद्वैत वेदान्त में यह सिद्धान्त किया गया है, कि परब्रह्म का अंतिम अर्थात् निरपेक्ष और नित्य स्वरूप निर्गुण तो है ही, पर अनिर्वाच्य भी है; और इसी निर्गुण स्वरूप में मनुष्य को अपनी इंद्रियों के योग से सगुण दृश्य की झलक दीख पड़ती है। अब यहाँ प्रश्न होता है, कि निर्गुण को सगुण करने की यह शक्ति इंद्रियों ने पा कहाँ से ली? इस पर अद्वैत वेदान्तशास्त्र का यह उत्तर है कि मानवी ज्ञान की गति यहीं तक है। इसके आगे उसकी गुजर नहीं। इसलिए यह इंद्रियों का अज्ञान है; और निर्गुण परब्रह्म में सगुण जगत् का दृश्य दीखना यह उसी अज्ञान का परिणाम है। अथवा यहाँ इतना ही निश्चित अनुमान करके निश्चिंत हो जाना पड़ता है, कि इंद्रियाँ भी परमेश्वर की सृष्टि की ही हैं। इस कारण यह सगुण सृष्टि (प्रकृति) निर्गुण परमेश्वर की ही एक 'दैवी माया' है (गीता 7.14) पाठकों की समझ में अब गीता के उस वर्णन का तत्त्व आ जाएगा, कि केवल इंद्रियों से देखनेवाले अप्रबुद्ध लोगों की परमेश्वर व्यक्त और सगुण दीख पड़े तो भी उसका सच्चा और श्रेष्ठ स्वरूप निर्गुण है और उसको ज्ञानदृष्टि से जानने में भी ज्ञान की परमावधि है (गीता 7.14, 24, 25)। इस प्रकार निर्णय तो कर दिया, कि परमेश्वर मूल में निर्गुण है, और मनुष्य की इंद्रियों को उसी में सगुण सृष्टि का विविध दृश्य दीखना पड़ता है; फिर भी इस बात का थोड़ा-सा स्पष्टीकरण कर देना आवश्यक है, कि उक्त सिद्धान्त में निर्गुण शब्द का अर्थ क्या समझा जाए। यह सच है कि हवा की लहरों पर शब्द रूप आदि गुणों का अथवा सीप पर चाँदी का जब हमारी इंद्रियाँ अध्यारोप करती हैं, तब हवा की लहरों में शब्दरूप आदि के अथवा सीप में चाँदी के गुण नहीं होते। परंतु यद्यपि उनमें अध्यारोपित गुण न हो; तथापि यह नहीं कहा जा सकता कि उनसे

भिन्न गुण, मूल पदार्थों में होंगे ही नहीं। क्योंकि हम प्रत्यक्ष देखते हैं, कि यद्यपि सीप में चाँदी के गुण नहीं हैं, तो भी चाँदी के गुणों के अतिरिक्त और दूसरे गुण उसमें बहते होंगे ही। इसी से अब यहाँ एक और शंका आती है-कि इंद्रियों ने अपने अज्ञान से मूलब्रह्म पर जिन गुणों का अध्यारोप किया था, वे गुण ब्रह्म में नहीं हैं-इस प्रकार न होंगे तो क्या और दूसरे गुण परब्रह्म में होंगे? यदि मान लो, कि यदि कहें; तो फिर वह निर्गुण कहाँ रहा? किंतु कुछ और अधिक सूक्ष्म विचार करने से ज्ञात होगा, कि यदि मूल ब्रह्म में इंद्रियों के द्वारा अध्यारोपित गुणों के अतिरिक्त और दूसरे गुण हों भी; तो हम उन्हें मालूम कैसे कर सकेंगे? क्योंकि गुणों को मनुष्य अपनी इंद्रियों से ही तो जानता है। और जो गुण इंद्रियों को अगोचर हैं, वे जाने ही नहीं जाते। सारांश, इंद्रियों के द्वारा अध्यारोपित गुणों के अतिरिक्त परब्रह्म में यदि और कुछ दूसरे गुण हों, तो उनको जान लेना हमारी सामर्थ्य के बाहर है; और जिन गुणों को जान लेना हमारे काबू में नहीं, उनको परब्रह्म में मानना भी न्यायशास्त्र की दृष्टि से योग्य नहीं है। अतएव गुण शब्द का "मनुष्य को ज्ञात होनेवाले गुण" अर्थ करके वेदान्ती लोग सिद्धान्त किया करते हैं, कि ब्रह्म 'निर्गुण' है। न तो अद्वैत वेदान्त ही यह कहता है; और न कोई दूसरा भी कह सकेगा, कि मूल परब्रह्म रूप में ऐसा गुण या ऐसी शक्ति भरी भी नहीं होगी, कि जो मनुष्य के लिए अतर्क्य है, बल्कि यह तो पहले ही बतला दिया है, कि वेदान्ती लोग भी इंद्रियों के उक्त अज्ञान अथवा माया को उसी मूल परब्रह्म की एक अर्तक्य शक्ति कहा करते हैं।

त्रिगुणात्मक माया अथवा प्रकृति कोई दूसरी स्वतंत्र वस्तु नहीं है, किंतु एकरूप निर्गुण ब्रह्म पर ही मनुष्य की इंद्रियाँ अज्ञान से सगुण दृश्यों का अध्यारोप किया करती हैं। इसी मत को 'विवर्तवाद' कहते हैं। अद्वैत वेदान्त के अनुसार यह उपपत्ति उस बात की हुई, कि जब निर्गुण ब्रह्म एकमात्र ही मूलतत्त्व है, तब नाना प्रकार का सगुण जगत् पहले दिखाई कैसे देने लगा? कणादप्रणीत न्यायशास्त्र में असंख्य परमाणु जगत् के मूल कारण माने गए हैं; और नैयायिक इन परमाणुओं को सत्य मानते हैं। इसलिए उन्होंने निश्चय किया है, कि जहाँ इन असंख्य परमाणुओं का संयोग होने लगा, वहाँ सृष्टि के अनेक पदार्थ बनने लगते हैं। परमाणुओं के संयोग का आरंभ होने पर, इस मत से सृष्टि का निर्माण होता है। इसलिए इसको 'आरंभवाद' कहते हैं। परंतु नैयायिकों के असंख्य परमाणुओं के मत को सांख्य मार्ग वाले नहीं मानते। वे कहते हैं, कि जड़ सृष्टि का मूल कारण "एकरूप, सत्य और त्रिगुणात्मक प्रकृति ही" है। एवं इस त्रिगुणात्मक प्रकृति के गुणों के विकास से अथवा परिणाम से व्यक्त सृष्टि बनती है। इस मत को 'गुणपरिणामवाद' कहते हैं। क्योंकि इसमें यह प्रतिपादन किया जाता है, कि एक मूल सगुण प्रकृति के गुण विकास से ही सारी व्यक्त दृष्टि पैदा हुई है। किंतु दोनों वादों को अद्वैती वेदान्ती स्वीकार नहीं करते। परमाणु असंख्य हैं; इसलिए अद्वैत मत के अनुसार वे जगत् का मूल हो नहीं सकते; और रह गईं प्रकृति। सो यद्यपि वह एक हो, तो भी उसके पुरुष से भिन्न और स्वतंत्र होने के कारण अद्वैत सिद्धान्त के यह द्वैत भी विरुद्ध है। परंतु इस प्रकार दोनों वादों को त्याग देने से इस बात की कोई न कोई उपपत्ति देनी होगी, कि एक निर्गुण ब्रह्म से सगुण सृष्टि कैसे उपजी है। क्योंकि सत्कार्यवाद के अनुसार निर्गुण से सगुण उत्पन्न नहीं हो सकता। इस पर वेदान्ती कहते हैं, कि सत्कार्यवाद के इस सिद्धान्त का उपयोग वहीं होता है, जहाँ कार्य और कारण दोनों वस्तुएँ सत्य हों, परंतु जहाँ मूल वस्तु एक ही है, और जहाँ उसके भिन्न-भिन्न दृश्य भी पलटते हैं, वहाँ इस न्याय का उपयोग नहीं होता। क्योंकि हम सदैव देखते हैं, कि एक ही वस्तु के भिन्न भिन्न दृश्यों का दीख पड़ना उस वस्तु का धर्म नहीं है; किंतु द्रष्टा-देखनेवाले पुरुष

के-दृष्टि भेद के कारण ये भिन्न-भिन्न दृश्य उत्पन्न हो सकते हैं।[1] (इसी न्याय का उपयोग निर्गुण ब्रह्म और सगुण जगत् के लिए करने पर कहेंगे, कि ब्रह्म तो निर्गुण है; पर मनुष्य के इंद्रिय-धर्म के कारण उसी में सगुणत्व की झलक उत्पन्न हो जाती है। यह विवर्तवाद है। विवर्तवाद में यह मानते हैं, कि एक ही मूल सत्य द्रव्य पर अनेक असत्य अर्थात् सदा बदलते रहनेवाले दृश्यों का अध्यारोप होता है; और गुणपरिणामवाद में पहले से ही दो सत्य द्रव्य मान लिए जो हैं; जिनमें से एक के गुणों का विकास होकर जगत की नाना गुणयुक्त अन्यान्य वस्तुएँ उपजती रहती हैं। रस्सी में सर्प का भास होना विवर्त है; और नारियल की रेशों से रस्सी बन जाना अथवा दूध से दही बन जाना गुणपरिणाम है। इसी कारण 'वेदान्तसार' नामक ग्रंथ की एक आवृत्ति में इन दोनों वादों के लक्षण इस प्रकार बतलाए गए हैं-

यस्तात्त्विकोऽन्यथाभावः परिणाम उदीरितः।
अतात्त्विकोऽन्यथाभावो विवर्तःसउदीरितः॥

"किसी मूल वस्तु से जब तात्त्विक अर्थात् सचमुच ही दूसरे प्रकार की वस्तु बनती है, तब उसको (गुण) परिणाम कहते हैं। और जब ऐसा न होकर मूलवस्तु ही कुछ-की-कुछ (अतात्त्विक) भासने लगती है, तब उसे विवर्त कहते हैं" (वे. सा. 21) आरंभवाद नैयायिकों का है, गुणपरिणामवाद सांख्यों का है और विवर्तवाद अद्वैती वेदान्तियों का है। अद्वैती वेदान्ती परमाणु या प्रकृति इन दोनों सगुण वस्तुओं का निर्गुण ब्रह्म से स्वतंत्र और भिन्न नहीं मानते; परंतु फिर यह आक्षेप होता है, कि सत्कार्यवाद के अनुसार निर्गुण से सगुण की उत्पत्ति होना असंभव है। इस आक्षेप को दूर करने के लिए ही विवर्तवाद निकला है। परंतु इसी से कुछ लोग जो यह समझ बैठे हैं, कि वेदान्ती लोग गुणपरिणामवाद को कभी स्वीकार नहीं करते हैं; अथवा आगे कभी न करेंगे, यह उनकी भूल है। अद्वैत मत पर सांख्य मत वालों का अथवा अन्याय द्वैत मत वालों का भी जो यह मुख्य उद्देश्य सफल हो जाने पर-अर्थात् जहाँ विवर्तवाद से यह सिद्ध हुआ, कि एक निर्गुण परब्रह्म में ही त्रिगुणात्मक सगुण प्रकृति के दृश्य का दीख पड़ना शक्य है; वहाँ-वेदान्तशास्त्र को यह स्वीकार करने में कोई भी हानि नहीं, कि इस प्रकृति का अगला विस्तार गुणपरिणाम से हुआ है। अद्वैत वेदान्त का मुख्य कथन यही है, कि स्वयं मूल प्रकृति एक दृश्य है-सत्य नहीं है। जहाँ प्रकृति का दृश्य एक बार दिखाई देने लगा, वहाँ फिर इन दृश्यों से आगे चलकर निकलने वाले दूसरे दृश्यों को स्वतंत्र न मानकर, अद्वैत वेदान्त को यह मान लेने में कुछ भी आपत्ति नहीं है कि एक दृश्य के गुणों से दूसरे दृश्य के गुण और दूसरे से तीसरे आदि के इस प्रकार नाना गुणात्मक दृश्य उत्पन्न होते हैं। अतएव यद्यपि गीता में भगवान ने बतलाया है, कि "यह प्रकृति मेरी ही माया है" (गीता 7.14; 4.6) फिर भी गीता में यह कह दिया है, कि ईश्वर के द्वारा अधिष्ठित (गीता 9.10) इस प्रकृति का अगला विस्तार "गुणा गुणेषु वर्तन्ते" (गीता 3.28; 14. 23) इस न्याय से ही होता रहता है। इससे ज्ञात होता है, कि विवर्तवाद के अनुसार मूल निर्गुण के परब्रह्म में एक बार माया का दृश्य उत्पन्न हो चुकने पर इस मायिक दृश्य की अर्थात् प्रकृति के अगले विस्तार की-उपपत्ति के लिए गुणोत्कर्ष का तत्त्व गीता को भी मान्य हो चुका है। जब समूचे दृश्य जगत को ही एक बार मायात्मक दृश्य कह दिया, तब यह कहने की कोई आवश्यकता नहीं है, कि इन दृश्यों के अन्याय रूपों के लिए गुणोत्कर्ष के जैसे कुछ नियम होने ही नहीं चाहिए। वेदान्तियों को यह अस्वीकार नहीं है, कि मायात्मक दृश्य का विस्तार भी नियमबद्ध ही रहता है। उनका तो इतना ही कहना है, कि मूल प्रकृति के समान ये नियम भी मायिक ही हैं; और परमेश्वर इन सब मायिक नियमों का अधिपति है। वह इनसे परे है; और उसकी सत्ता से ही इन नियमों को

नियमत्व अर्थात् नित्यता प्राप्त हो गई है। दृश्यरूपी सगुण अतएव विनाशी प्रकृति में ऐसे नियम बना देने की सामर्थ्य नहीं रह सकती, कि जो त्रिकाल में भी अबाधित रहें।

यहाँ तक जो विवेचन किया गया है, उससे ज्ञात होगा, कि जगत्, जीव और परमेश्वर-अथवा अध्यात्मशास्त्र की परिभाषा के अनुसार माय (अर्थात् माया से उत्पन्न किया हुआ जगत्), आत्मा और परब्रह्म का स्वरूप क्या है? एवं इनका परस्पर-संबंध क्या है? अध्यात्म दृष्टि से जगत् की सभी वस्तुओं के दो वर्ग होते हैं, 'नामरूप' और सामरूपों से आच्छादित 'नित्य तत्त्व'। इनमें से नामरूपों को ही सगुण माया अथवा प्रकृति कहते हैं। परंतु नामरूपों को निकाल डालने पर जो 'नित्य द्रव्य' बचा रहता है, वह निर्गुण ही रहना चाहिए। क्योंकि कोई भी गुण बिना नामरूपों के रह नहीं सकता। यह नित्य और अव्यक्त तत्त्व ही परब्रह्म है। और मनुष्य की दुर्बल इंद्रियों को इस निर्गुण परब्रह्म में ही सगुण माया उपजी हुई दीख पड़ती है। यह माया सत्य पदार्थ नहीं है। परब्रह्म ही सत्य अर्थात् त्रिकाल में भी अबाधित और कभी भी न पलटनेवाली वस्तु है। दृश्य सृष्टि के नामरूप और उनसे आच्छादित परब्रह्म के स्वरूप संबंधी ये सिद्धान्त हुए; अब इसी न्याय से मनुष्य का विचार करें, तो सिद्ध होता है, कि मनुष्य की देह और इंद्रियाँ दृश्य सृष्टि के अन्यान्य पदार्थों के समान नामरूपात्मक अर्थात् अननि माया के वर्ग की है। और इन देहेंद्रियों से ढँका हुआ आत्मा नित्यस्वरूपी परब्रह्म की श्रेणी का है; अथवा ब्रह्म और आत्मा एक ही हैं। इस अर्थ से बाह्य सृष्टि को स्वतंत्र, सत्य पदार्थ न माननेवाले अद्वैत-सिद्धान्त का और बौद्ध-सिद्धान्त का भेद अब पाठकों के ध्यान में आ ही गया होगा। विज्ञानवादी बौद्ध मानते हैं, कि बाह्यसृष्टि ही नहीं है। वे ज्ञानमात्र को ही सत्य मानते हैं। और वेदान्तशास्त्री बाह्य सृष्टि के नित्य बदलते रहनेवाले नामरूप को ही असत्य मानकर यह सिद्धान्त करते हैं, कि इस नामरूप के मूल में और मनुष्य की देह में-दोनों में-एक ही आत्मरूपी, नित्य द्रव्य भरा हुआ है। एवं यह एकरूप आत्म तत्त्व ही अंतिम सत्य है। सांख्य मत वालों ने 'अविभक्तं विभक्तेषु' के न्याय से सृष्ट पदार्थों की अनेकता के एकीकरण को जड़ प्रकृति भर के लिए ही स्वीकार कर लिया है। परंतु वेदान्तियों ने सत्यकार्यवाद की बाधा को दूर करके निश्चय किया है, कि जो "पिंड में है वही ब्रह्मांड में है।" इस कारण अब सांख्यों के असंख्य पुरुषों का और प्रकृति का एक ही परमात्मा में अद्वैत से या अविभाग से समावेश हो गया है। शुद्ध आधिभौतिक पंडित हेकेल अद्वैती है सही; पर वह अकेली जड़ प्रकृति में ही चैतन्य का भी संग्रह करता है और वेदान्त, जड़ को प्रधानता न देकर यह सिद्धान्त स्थिर करता है, कि दिक्कालों से अमर्यादित अमृत, और स्वतंत्र चिद्रूपी परब्रह्म ही महत्त्वपूर्ण भेद है। अद्वैत वेदान्त के ये ही सिद्धान्त गीता में है; और एक पुराने कवि ने समग्र अद्वैत वेदान्त के सार का वर्णन यों किया है-

श्लोककार्धेन प्रवक्ष्यामि यदुक्तं ग्रन्थकोटिभिः।
ब्रह्म सत्यं जगन्मिथ्या जीवो ब्रह्मैव नापरः॥

"करोड़ों ग्रंथों का सार आधे श्लोक में बतलाता हूँ-(1) ब्रह्म सत्य है (2) जगत् अर्थात् जगत के सभी नामरूप मिथ्या अथवा नाशवान् हैं; और (3) मनुष्य का आत्मा एवं ब्रह्म मूल में एक ही है- दो नहीं।" इस श्लोक का 'मिथ्या' शब्द यदि किसी के कानों में चुभता हो, तो वह बृहदारण्यक उपनिषद के अनुसार इसके तीसरे चरण-"ब्रह्मामृतं जगत्सत्यं" का-पाठांतर खुशी से कर लें; परंतु पहले ही बतला चुके हैं, कि इससे भावार्थ नहीं बदलता है। फिर भी कुछ वेदान्ती इस बात को लेकर निरर्थक झगड़ते रहते हैं, कि समूचे दृश्य जगत् के अदृश्य किंतु नित्य परब्रह्मरूपी मूल तत्त्व को सत् (सत्य) कहें या असत् (असत्य-अनृत)। अतएव इसका यहाँ थोड़ा-सा स्पष्टीकरण दिए देते हैं; कि

इस विवाद का सच्चा बीज (जड़) क्या है। सत् या सत्य इस एक ही शब्द से दो भिन्न भिन्न अर्थ होते हैं, इसी कारण यह झगड़ा मचा हुआ है। और यदि ध्यान से देखा जावे, कि प्रत्येक पुरुष इस 'सत्' शब्द का किस अर्थ में उपयोग करता है, तो कुछ भी गड़बड़ नहीं रह जाती। क्योंकि यह भेद तो सभी को एक-सा मंजूर है, कि ब्रह्म अदृश्य होने पर भी नित्य है; और नामरूपात्मक जगत् दृश्य होने पर भी पल-पल में बदलनेवाला है। इस सत् या सत्य शब्द का व्यावहारिक अर्थ है-(1) आँखों के आगे अभी प्रत्यक्ष दीख पड़नेवाला-अर्थात् व्यक्त (फिर कल उसका दृश्य स्वरूप चाहे बदले, चाहे न बदले); और दूसरा अर्थ है-(2) वह अव्यक्त स्वरूप, जो आँखों से भले ही न दीख पड़े पर जो सदैव एक-सा रहता है और जो कभी बदलता नहीं है। इनमें से पहला अर्थ जिनको सम्मत है, वे आँखों से दिखाई देनेवाले नामरूपात्मक जगत को सत्य कहते हैं; और परब्रह्म को इसके विरुद्ध अर्थ में अर्थात् आँखों से न दीख पड़ने वाला अतएव असत् अथवा असत्य कहते हैं। उदाहरणार्थ, तैत्तिरीय उपनिषद में दृश्य सृष्टि के लिए 'सत्' और जो दृश्य सृष्टि से परे है, उसके लिए 'त्यत' (अर्थात् जो कि पर है) अथवा 'अनृत' (आँखों को न दीख पड़नेवाला) शब्दों का उपयोग करके ब्रह्म का वर्णन इस प्रकार किया है, कि जो कुछ मूल में या आरंभ में था, वही द्रव्य "सच्चा त्यच्चाभवत्। निरुक्तं चानिरुक्तं च। निलयनं चानिलयनं च। विज्ञानं चाविज्ञानं च। सत्यं चानृतं च।" (तै. 2.6)- सत् (आँखों से दीख पड़नेवाला) और त्यत् (जो परे है), वाच्य और अनिर्वाच्य साधार और निराधार; ज्ञान और अविज्ञान (अज्ञेय), सत्य और अनृत- इस प्रकार द्विधा बना हुआ है। परंतु इस प्रकार ब्रह्म को कहने से अमृत का अर्थ झूठ या असत्य नहीं होता है, क्योंकि आगे चलकर तैत्तिरीय उपनिषद में ही कहा है, कि "यह अनृत, ब्रह्म जगत का 'प्रतिष्ठा' अथवा आधार है। इसे और दूसरे आधार की अपेक्षा नहीं है। एवं जिसने इसको जान लिया, वह अभय हो गया" इस वर्णन से स्पष्ट हो जाता है, कि शब्दभेद के कारण भावार्थ में कुछ अंतर नहीं होता है। ऐसे ही अंत में कहा है, कि "असद्वा इदमग्र आसीत्"-यह सारा जगत् पहले असत् (ब्रह्म) था; और ऋग्वेद के (10.129.4) वर्णन के अनुसार आगे चलकर उसी से सत् यानी नामरूपात्मक व्यक्त जगत् निकला है (तै. 2.7)। इससे भी स्पष्ट हो जाता है, कि यहाँ पर 'असत्' शब्द का प्रयोग "अव्यक्त अर्थात् आँखों से न दीख पड़नेवाले" के अर्थ में ही हुआ है; और वेदान्तसूत्रों में (वे. सू. 1.1.17) बादरायणाचार्य ने उक्त वचनों का ऐसा ही अर्थ किया है। किंतु जिन लोगों का 'सत्' अथवा 'सत्य' शब्द का यह अर्थ-आँखों से न दीख पड़ने पर भी सदैव स्थिर रहनेवाला अथवा टिकाऊ-(ऊपर बतलाए हुए अर्थों में से दूसरा अर्थ) सम्मत है, वे उस अदृश्य परब्रह्म को ही सत् या सत्य कहते हैं, कि जो कभी नहीं बदलता और नामरूपात्मक माया को असत् यानी असत्य अर्थात् विनाशी कहते हैं। उदाहरणार्थ, छांदोग्य में वर्णन किया गया है, कि "सदैव सौम्येदमग्र आसीत् कथमसतः सज्जायेत"-पहले यह सारा जगत् सत् (ब्रह्म) था, जो असत् है यानी है ही नहीं, उससे सत् यानी जो विद्यमान है-मौजूद है-कैसे उत्पन्न होगा (छां. 62.1, 2)। फिर भी छांदोग्य उपनिषद में ही इस परब्रह्म के लिए एक स्थान पर अव्यक्त के अर्थ में 'असत्' शब्द प्रयुक्त हुआ है। (छां. 3.19.1)।' एक ही परब्रह्म को भिन्न भिन्न समयों और अर्थों में एक बार 'सत्' तो एक बार 'असत्' यों परस्पर-विरुद्ध नाम देने की यह गड़बड़-अर्थात् वाच्य अर्थ के एक ही होने पर भी निरा शब्दवाद मचवाने में सहायक-प्रणाली आगे चलकर रुक गई। और अंत में इतनी ही एक परिभाषा स्थिर हो गई है; और इसी के अनुसार दूसरे अध्याय में (गीता 2.16-18) यह कह दिया है, कि परब्रह्म सत् और अविनाशी है। एवं नामरूप असत् अर्थात् नाशवान् हैं; और वेदान्त सूत्रों का भी ऐसा ही मत है। फिर भी दृश्य सृष्टि

को 'सत्' कहकर परब्रह्म को 'असत्' या 'त्यत्' (वह = परे का) कहने की तैत्तिरीयोपनिषदवाली उस पुरानी परिभाषा का नामोनिशाँ अब भी बिल्कुल जाता नहीं रहा है। पुरानी परिभाषा से इतना भली-भाँति स्पष्टीकरण हो जाता है, कि गीता के "ॐ तत् सत्" ब्रह्म निर्देश का (गीता 17.23) मूल अर्थ क्या रहा होगा। यह 'ॐ' गुढ़ारक्ष रूपी वैदिक मंत्र है। उपनिषदों में इसका अनेक रीतियों से व्याख्यान किया गया है। (प्र. 5; मां. 8-12; छां. 1.1)। (प्र. 5; मां. 8-12; छां 1.1)। 'तत्' यानी वह अथवा दृश्य सृष्टि से परे अथवा दृश्य सृष्टि से परे, दूर स्थिर रहनेवाला, अनिर्वाच्य तत्त्व है; और सत् का अर्थ है आँखों के सामनेवाली दृश्य सृष्टि। इस संकल्प का अर्थ यह है कि तीनों मिलकर सब ब्रह्म ही है। और इसी अर्थ में भगवान ने गीता में कहा है,. कि 'सदसच्चाहमर्जुन (गीता 9.19)-सत् यानी परब्रह्म और असत् अर्थात् दृश्य सृष्टि, दोनों मैं ही हूँ। तथापि जब कि गीता में कर्मयोग ही प्रतिपाद्य है, तब सत्रहवें अध्याय के अंत में प्रतिपादन किया है, कि निम्न अर्थ के इस ब्रह्म निर्देश से भी कर्मयोग का पूर्ण समर्थन होता है। 'ॐ तत्सत्' के 'सत्' शब्द का अर्थ लौकिक दृष्टि से भला अर्थात् सद्‌बुद्धि से किया हुआ अथवा कर्म है कि जिसका अच्छा फल मिलता है। और तत् का अर्थ है इसका परे का फलाशा छोड़कर किया हुआ कर्म है। संकल्प में जिसे 'सत्' कहा है, वह दृश्य सृष्टि यानि कर्म ही हैं (अगला प्रकरण देखें) अतः इस ब्रह्मनिर्देश का यह कर्मप्रधान अर्थ मूल अर्थ से सहज ही निष्पन्न होता है। ॐ तत्सत, नेति नेति सच्चिदानंद और 'सत्यस्य सत्यं' के अतिरिक्त और भी कुछ ब्रह्मनिर्देश उपनिषदों में हैं; परंतु उनको यहाँ इसलिए नहीं बतलाया, क्योंकि गीता का अर्थ समझने में उनका उपयोग नहीं है।

जगत्, जीव और परमेश्वर के (परमात्मा) परस्पर संबंध का इस प्रकार निर्णय हो जाने पर गीता में भगवान ने जो कहा है, कि "जीव मेरा ही 'अंश' है" (गीता 15. 7) और "मैं ही एक 'अंश' से सारे जगत में व्याप्त हूँ" (गीता 10.42)-एवं बादरायणाचार्य ने भी वेदान्तसूत्रों में (वे. सू. 2.3.43; 4.4.19) में यही बात कही है-अथवा पुरुष सूक्त में जो "पादोऽस्य विश्वा भूतानि त्रिपादस्यामृतं दिवि" यह वर्णन है, उसके 'पाद' या 'अंश' शब्द के अर्थ का निर्णय भी सहज ही हो जाता है। परमेश्वर या परमात्मा यद्यपि सर्वव्यापी है, तथापि वह निरवयव एकरूप और नामरूप रहित है। अतएव उसे काट नहीं सकते (अच्छेद्य); और उसमें विकार भी नहीं होता (अविकार्य); और इसलिए उसके अलग अलग विभाग या टुकड़े नहीं हो सकते (गीता 2.25)। अतएव चारों ओर ठसाठस भरे हुए एकरूप परब्रह्म का और मनुष्य के शरीर में निवास करनेवाले आत्मा का भेद बतलाने के लिए यद्यपि व्यवहार में ऐसा कहना पड़ता है, कि "शरीर आत्मा" परब्रह्म का ही 'अंश' है; तथापि 'अंश' या 'भाग' शब्द का अर्थ "काटकर अलग किया हुआ टुकड़ा" या "अनार के अनेक दानों में से एक दाना" नहीं है; किंतु तात्त्विक दृष्टि से उसका अर्थ यह समझना चाहिए, कि जैसे घर के भीतर का आकाश या घड़े का आकाश (मठाकाश या घटाकाश) एक ही सर्वव्यापी आकाश का 'अंश' या भाग उसी प्रकार 'शरीर आत्मा' भी परब्रह्म का अंश है (अमृतबिंदूपनिषद् 13)। सांख्यवादियों की प्रकृति और हेकेल के जड़ाद्वैत में माना गया एकरूप वस्तु तत्त्व, ये भी इसी प्रकार सत्य निर्गुण परमेश्वर के ही सगुण अर्थात् मर्यादित अंश हैं। अधिक क्या कहें? आधिभौतिक शास्त्र की प्रणाली से तो यही मालूम होता है, कि जो व्यक्त या अव्यक्त मूल तत्त्व हो (फिर चाहे वह आकाशवत् कितना भी व्यापक हो), वह सब स्थल और काल से बद्ध, केवल नामरूप अतएव मर्यादित और नाशवान् है। यह बात सच है, कि उन तत्त्वों से मर्यादित न होकर उन सबमें ओतप्रोत भरा हुआ है; और इसके अतिरिक्त न जाने वह और बाहर कितना बचा है, कि जिसका कुछ पता नहीं। परमेश्वरे

की व्यापकता दृश्य सृष्टि के बाहर कितनी है, यह बतलाने के लिए यद्यपि 'त्रिपाद' शब्द का उपयोग पुरुष सूक्त में किया गया है, तथापि उसका अर्थ 'अनंत' ही इष्ट है। वस्तुत: देखा जाए, तो देश और काल, माप और तोल या संख्या इत्यादि सब नामरूप के ही प्रकार हैं; और यह बतला चुके हैं, कि परब्रह्म इन सब नामों के परे है। इसीलिए उपनिषदों में ब्रह्मस्वरूप के ऐसे वर्णन पाए जाते हैं, कि जिस नामरूपात्मक 'काल' से सब कुछ ग्रसित है, उस 'काल' को भी ग्रासनेवाला या पचा जाने वाला जो तत्त्व है वही परब्रह्म है (मैं. 615)। और "न तद् भासयते सूर्यो न शशांको न पावक:"-परमेश्वर को प्रकाशित करने के लिए सूर्य, चंद्र, अग्नि इत्यादि के समान कोई प्रकाशक साधन नहीं है; किंतु वह स्वयं प्रकाशित है-इत्यादि जो वर्णन उपनिषदों में गीता में है, उनका भी अर्थ यही है (गीता 15.6; कठ 5.15; श्वे. 6.14)। सूर्य-चंद्र-तारांगण, सभी नामरूपात्मक विनाशी पदार्थ हैं। जिसे "ज्योतिषां ज्योति:" (गीता 13.17; बृह. 4.4.16)-तोजों का तेज-कहते हैं, वह स्वयंप्रकाश और ज्ञानमय ब्रह्म इन सबके परे अनंत भरा हुआ है। उसे दूसरे प्रकाशक पदार्थों की अपेक्षा नहीं है; और उपनिषदों में तो स्पष्ट कहा है, कि सूर्य-चंद्र आदि को जो प्रकाश प्राप्त है; वह भी उसी स्वयंप्रकाश ब्रह्म से ही मिलता है (मुं. 2.2.10)। आधिभौतिक शास्त्रों की युक्तियों से इंद्रियगोचर होने वाला अति सूक्ष्म या अत्यंत दूर का कोई पदार्थ लीजिए-ये सब पदार्थ दिक्काल आदि नियमों की कैद में बँधे हैं। अतएव उनका समावेश नामरूपात्मक 'जगत' ही में होता है। सच्चा परमेश्वर उन सब पदार्थों में रहकर भी उनसे निराला और उनसे कहीं अधिक व्यापक, एकरूप तथा नामरूपों के जाल से स्वतंत्र है। अतएव केवल नामरूपों का ही विचार करनेवाले आधिभौतिक शास्त्रों की युक्तियाँ या साधन वर्तमान दशा से चाहे सौगुणे अधिक सूक्ष्म अथवा प्रगल्भ हो जावें; तथापि सृष्टि के मूल 'अमृत तत्त्व' का उनसे पता लगना संभव नहीं। उस अविनाशी, अविकार्य और अमृत तत्त्व को केवल अध्यात्मशास्त्र के ज्ञानमार्ग से ही ढूँढना चाहिए।

यहाँ तक अध्यात्मशास्त्र के जो मुख्य मुख्य सिद्धान्त बतलाए गए और शास्त्रीय रीति से उनकी जो संक्षिप्त उपपत्ति बतलाई गई, उनसे इन बातों का स्पष्टीकरण हो जाएगा, कि परमेश्वर के सारे नामरूपात्मक व्यक्त स्वरूप केवल मायिक और अनित्य हैं, तथा उनकी अपेक्षा अव्यक्त स्वरूप श्रेष्ठ क्यों है। उसमें भी जो निर्गुण अर्थात् नामरूपरहित है, वही सबसे श्रेष्ठ क्यों है। और गीता में यह क्यों बतलाया गया है, कि अज्ञान से निर्गुण ही सगुण-सा मालूम होता है। परंतु इन सिद्धान्तों को केवल शब्दों में ग्रंथित करने का कार्य कोई भी मनुष्य कर सकेगा, जिसे सुदैव से हमारे समान चार अक्षरों का कुछ ज्ञान हो गया है-इसमें कुछ विशेषता नहीं है। विशेषता तो इस बात की है, कि ये सारे सिद्धान्त बुद्धि में आ जावें, मन में प्रतिबिंबित हो जावें, हृदय में जम जावें; और नस-नस में समा जावें। इतना होने पर परमेश्वर के स्वरूप की इस प्रकार पूरी पहचान हो जावे कि एक ही परब्रह्म सब प्राणियों में व्याप्त है; और उसी भाव से संकट के समय भी सबके साथ पूरी समता से बर्ताव करने का अचल स्वभाव हो जावे। परंतु इसके लिए अनेक पीढ़ियों के संस्कारों की, इंद्रियनिग्रह की, दीर्घोद्योग की तथा ध्यान और उपासना की सहायता से 'सर्वत्र एक ही आत्मा' का भाव जब किसी मनुष्य के संकट समय में भी उसके प्रत्येक कार्य में स्वाभाविक रीति से स्पष्ट गोचर होने लगता है, तभी समझना चाहिए, कि उसका ब्रह्मज्ञान यथार्थ में परिपक्व हो गया है; और ऐसे ही मनुष्य को मोक्ष प्राप्त होता है (गीता 5.18-20; 6.21, 22)- यही अध्यात्मशास्त्र के उपर्युक्त सारे सिद्धान्तों का सारभूत और शिरोमणिभत अंतिम सिद्धान्त है। ऐसा आचरण जिस पुरुष में दिखाई न दे, उसे कच्चा समझना चाहिए-अभी वह ब्रह्मज्ञानाग्नि

में पूरा पक नहीं पाया है। सच्चे साधु और निरे वेदान्तशास्त्रियों में जो भेद है, वह यह नहीं है। और इसी अभिप्राय से भगवद्‌गीता ने ज्ञान का लक्षण बतलाते समय यह नहीं कहा, कि "बाह्य सृष्टि के मूल तत्त्व को केवल बुद्धि से जान लेना" ज्ञान है। किंतु यह कहा है, कि सच्चा ज्ञान वही है, जिससे "अमानित्व, शांति, आत्मनिग्रह, समबुद्धि" इत्यादि उदात्त मनोवृत्तियाँ जागृत हो जावें; और जिससे चित्त की पूरी शुद्धता आचरण में सदैव व्यक्त हो जावे (गीता 13.7-11)। जिसकी व्यवसायात्मका बुद्धि ज्ञान से आत्मनिष्ठ (अर्थात् आत्म-अनात्म विचार में स्थिर) हो जाती है, और जिसके मन को सर्वभूतात्मैक्य का पूरा परिचय हो जाता है, उस पुरुष की वासनात्मक बुद्धि भी निस्संदेह शुद्ध ही होती है। परंतु यह समझने के लिए कि किसकी बुद्धि कैसी है, उसके आचरण के सिवा दूसरा बाहरी साधन नहीं है। अतएव केवल पुस्तकों से प्राप्त कोरे ज्ञान प्रसार के आधुनिक काल में इस बात पर विशेष ध्यान रहे; कि 'ज्ञान' या 'समबुद्धि' शब्द में ही शुद्ध (व्यवसायात्मका) बुद्धि, शुद्ध वासना (वासनात्मक बुद्धि) और शुद्ध आचरण, इन तीनों शुद्ध बातों का समावेश किया जाता है। ब्रह्म के विषय में कोरा वाक्पांडित्य दिखलानेवाले और उसे सुनकर 'वाह!' 'वाह!' कहते हुए सिर हिलानेवाले या किसी नाटक के दर्शकों के समान "एक बार फिर से-वन्स मोर" कहनेवाले बहुतेरे होंगे। (गीता 2.29; क. 2.7)। परंतु जैसा कि ऊपर कह आए हैं-जो मनुष्य अंतर्बाह्य शुद्ध अर्थात् साम्यशील हो गया हो-वही सच्चा आत्मनिष्ठ है; और उसी को मुक्ति मिलती है; न कि कोरे पंडित को-चाहे वह कितना ही बहुश्रुत और बुद्धिमान क्यों न हो? उपनिषदों में स्पष्ट कहा है, कि "नायमात्मा प्रवचनेन लभ्यो न मेधया न बहुना श्रुतेन" (क. 2. 22; मुं 3.2.3) और इसी प्रकार तुकाराम महाराज भी कहते हैं-"यदि तू पंडित होगा, तो तू पुराणकथा कहेगा; परंतु तू यह नहीं जान सकता, कि "मैं कौन हूँ" (तु. गा. 2599)। देखिए हमारा ज्ञान कितना संकुचित है। "मुक्ति मिलती है" ये शब्द सहज ही हमारे मुख से निकल पड़ते हैं। मानो यह मुक्ति आत्मा से कोई भिन्न वस्तु है! ब्रह्म और आत्मा एक है-यह ज्ञान होने के पहले द्रष्टा और दृश्य जगत् में भेद था सही; परंतु हमारे अध्यात्मशास्त्र निश्चित करके रखा है, कि जब ब्रह्मात्मैत्म्य का पूरा ज्ञान हो जाता है; तब आध्यात्मिक अवस्था को ही 'ब्रह्मनिर्वाण' मोक्ष कहते हैं। यह ब्रह्मनिर्वाण किसी से किसी को दिया नहीं जाता। यह किसी दूसरे स्थान से आता नहीं या इसकी प्राप्ति के लिए किसी अन्य लोक में जाने की भी आवश्यकता नहीं। पूर्ण आत्मज्ञान जब और होगा, उसी क्षण और उसी स्थान पर मोक्ष धरा हुआ है। क्योंकि मोक्ष तो आत्मा ही की मूल शुद्धावस्था है। वह कुछ निराली स्वतंत्र वस्तु या स्थल नहीं। शिवगीता (13.32) में यह श्लोक है-

मोक्षस्य न हि वासोऽस्ति न ग्रामान्तरमेव वा।
अज्ञानहृदयग्रन्थिनाशो मोक्ष इति स्मृतः॥

अर्थात् "मोक्ष कोई ऐसी वस्तु नहीं, कि जो किसी एक स्थान में रखी हो; अथवा यह भी नहीं, कि उसकी प्राप्ति के लिए किसी दूसरे गाँव या प्रदेश को जाना पड़े! वास्तव में हृदय की अज्ञान ग्रंथि का नाश हो जाने को ही मोक्ष कहते हैं।" इसी प्रकार अध्यात्मशास्त्र से निष्पन्न होनेवाला यही अर्थ भगवद्‌गीता के "अभितो ब्रह्मनिर्वाणं वर्तते विदितात्मनाम्" (गीता 5.26)। जिन्हे पूर्ण आत्मज्ञान हुआ है, उन्हें ब्रह्मनिर्वाणरूपी मोक्ष आप-ही-आप प्राप्त हो जाता है; तथा "यः सदा मुक्त एव स" गीता (5.28) इस श्लोक में वर्णित है; और "ब्रह्म वेद ब्रह्मैव भवति"-जिसने ब्रह्म जाना, वह ब्रह्म ही हो जाता है (मुं. 3, 2.9)-; इत्यादि उपनिषद्‌वाक्यों में भी वही अर्थ वर्णित है। मनुष्य के आत्मा की ज्ञानदृष्टि से जो यह पूर्णावस्था होती है, उसी को 'ब्रह्मभूत' (गीता 18.54)

या 'ब्राह्मी स्थिति' कहते हैं (गीता 2.72) और स्थितप्रज्ञ (गीता 2.55-72), भक्तिमान (गीता 12.13-20), या त्रिगुणातीत (गीता 14.22-27) पुरुषों के विषय में भगवद्गीता में जो वर्णन हैं, वे भी इसी अवस्था के हैं। यह नहीं समझना चाहिए, कि जैसे सांख्यवादी 'त्रिगुणातीत' पद से प्रकृति और पुरुष दोनों को स्वतंत्र मानकर पुरुष के केवलपन या 'कैवल्य' को मोक्ष मानते हैं, वैसा ही मोक्ष गीता को भी सम्मत है। किंतु गीता का अभिप्राय है, कि अध्यात्मशास्त्र में कही गई ब्राह्मी अवस्था-"अहं ब्रह्मास्मि"-मैं ही ब्रह्म हूँ (बृ. 1.4.10)-कभी भक्तिमार्ग से, तो कभी चित्तनिरोधरूप पातंजल योगमार्ग से और कभी गुणागुणविवेचनरूप सांख्यमार्ग से भी प्राप्त होती है। इन मार्ग में से अध्यात्मविचार केवल बुद्धिगम्य मार्ग है। इसलिए गीता में कहा है, कि सामान्य मनुष्यों को परमेश्वर स्वरूप का ज्ञान होने के लिए भक्ति ही सुगम साधन है। इस साधन का विस्तारपूर्वक विचार हमने आगे चलकर तेरहवें प्रकरण में किया है। साधन कुछ भी हो; इतनी बात निर्विवाद है, कि ब्रह्मात्मैक्य का अर्थात् सच्चे परमेश्वर का ज्ञान होना, संसार के सब प्राणियों में एक ही आत्म पहचानना और उसी भाव के अनुसार बर्ताव करना ही अध्यात्म ज्ञान की परमावधि है; तथा यह अवस्था जिसे प्राप्त हो जाए, वही पुरुष धन्य तथा कृतकृत्य होता है। यह पहले ही बात चुके हैं, कि केवल इंद्रियसुख पशुओं और मनुष्यों में एक ही समान होता है। इसलिए मनुष्यजन्म की सार्थकता अथवा मनुष्य की मनुष्यता ज्ञान प्राप्ति ही में होती है। सब प्राणियों के विषय में काया-वाचा-मन से सदैव ऐसी ही साम्यबुद्धि रखकर अपने सब कर्मों को करते रहना ही नित्यमुक्तावस्था, पूर्णयोग या सिद्धावस्था है। इस अवस्था के जो वर्णन गीता में हैं, उनमें से बारहवें अध्याय वाले भक्तिमान पुरुष के वर्णन पर टीका करते हुए ज्ञानेश्वर[1] महाराज ने अनेक दृष्टान्त देकर ब्रह्मभूत पुरुष की साम्यवस्था का अत्यंत मनोहर और चटकीला निरूपण किया है और यह कहने में कोई हर्ज नहीं कि इस निरूपण में गीता के चारों स्थानों में वर्णित ब्राह्मी अवस्था का सार आ गया है, यथा-"हे पार्थ! जिसे हृदय में विषमता का नाम तक नहीं है, जो शत्रु और मित्र दोनों को समान ही मानता है, अथवा हे पांडव! दीपक के समान जो इस बात का भेदभाव नहीं जानता, कि यह मेरा घर है, इसलिए यहाँ प्रकाश करूँ; और वह पराया घर है, इसलिए वहाँ अंधेरा करूँ। बीज बोनेवाले पर पेड़ काटने वाले पर भी वृक्ष जैसे समभाव से छाया करता है"; इत्यादि (ज्ञा. 12.18)। इसी प्रकार "पृथ्वी के समान वह इस बात का भेद बिल्कुल नहीं जानता कि उत्तम को ग्रहण करना चाहिए और अधर्म को त्याग करना चाहिए। जैसे कृपालु प्राण इस बात को नहीं सोचता, कि राजा के शरीर को चलाऊँ और रंक के शरीर को गिराऊँ; जैसे जल यह भेद नहीं करता, कि गोकी तृषा बुझाऊँ और व्याघ्र के लिए विष बनकर उसका नाश करूँ वैसे ही सब प्राणियों के विषय में जिसकी एक सी मित्रता है, जो स्वयं कृपा की मूर्ति है, और जो 'मैं' और 'मेरा' का व्यवहार नहीं जानता और जिसे सुखदुःख का भान भी नहीं होता" इत्यादि (ज्ञा. 12.13)। अध्यात्मविद्या से जो कुछ अंत में प्राप्त करना है, वह यही है।

उपर्युक्त विवेचन से विदित होगा, कि सारे मोक्षमर्ध के मूलभूत अध्यात्मज्ञान की परंपरा हमारे यहाँ उपनिषदों से लगाकर ज्ञानेश्वर, तुकाराम, रामदास, कबीरदास, सूरदास, तुलसीदास इत्यादि आधुनिक साधु-पुरुषों तक किस प्रकार अव्याहत चली आ रही हैं। परंतु उपनिषदों के भी पहले यानी अत्यंत प्राचीनकाल में भी हमारे देश में इस ज्ञान का प्रादुर्भाव हुआ था; और तब से क्रम-क्रम से आगे उपनिषदों के विचारों की उन्नति होती चली गई है। यह बात पाठकों को भली-भाँति समझा देने के लिए ऋग्वेद का एक प्रसिद्ध सूक्त भाषांतरसहित यहाँ अंत में दिया गया है, जो उपनिषदान्तर्गत ब्रह्मविद्या का आधार स्तंभ है। सृष्टि के अगम्य मूल तत्त्व और उससे विविध दृश्य सृष्टि

की उत्पत्ति के विषय में जैसे विचार इस सूक्त में प्रदर्शित किए गए हैं, वैसे प्रगल्भ, स्वतंत्र और तक की खोज करने वाले तत्त्वज्ञान के मार्मिक विचार अन्य किसी भी धर्म के मूल ग्रंथ में दिखाई नहीं देते। इतना ही नहीं, किंतु ऐसे अध्यात्म विचारों से परिपूर्ण और इतना प्राचीन लेख भी अब तक कहीं उपलब्ध नहीं हुआ है। इसलिए अनेक पश्चिमी पंडितों ने धार्मिक इतिहास की दृष्टि से भी इस सूक्त को अत्यंत महत्त्वपूर्ण जानकर आश्चर्यचकित हो अपनी-अपनी भाषाओं में इसका अनुवाद यह दिखलाने के लिए किया है, कि मनुष्य के मन की प्रवृत्ति इन नाशवान् और नामरूपात्मक सृष्टि के परे नित्य और अचिंत्य ब्रह्मशक्ति की ओर सहज ही कैसे झुक जाया करती है। यह ऋग्वेद के दसवें मंडल का 129वाँ सूक्त है; और इसके प्रारंभिक शब्दों से इसे 'नासदीय सूक्त' कहते हैं। यही सूक्त तैत्तिरीय ब्राह्मण में (तै. ब्रा. 2.8.9) लिया गया है; और महाभारतांर्गत नारायणीय या भागवत धर्म में इसी सूक्त के आधार पर यही बतलाई गई है, कि भगवान की इच्छा से पहले पहल सृष्टि कैसे उत्पन्न हुई (मभा. शां. 342.8)। सर्वानुक्रमणिका के अनुसार इस सूक्त का ऋषि परमेष्ठि प्रजापति है; और देवता परमात्मा है; तथा इसमें त्रिष्टुप वृत्त के यानी ग्यारह अक्षरों के चार चरणों की सात ऋचाएँ हैं। 'सत् और असत्' शब्दों के दो अर्थ होते हैं। अतएव सृष्टि के मूल द्रव्य से 'सत्' कहने के विषय में उपनिषत्कारों के जिस मतभेद का उल्लेख पहले हम इस प्रकरण में कर चुके हैं, वही मतभेद ऋग्वेद में भी पाया जाता है। उदाहरणार्थ, इस मूल कारण के विषय में कहीं तो यह कहा है, कि "एकं सद्विप्रा बहुधा वदन्ति" (ऋ. 1. 164.46) अथवा "एकं सन्तं बहुधा कल्पयन्ति" (ऋ. 10.114.5)- वह एक और सत् यानी सदैव स्थिर रहनेवाला है; परंतु उसी को लोग अनेक नामों से पुकारते हैं और कहीं-कहीं इसके विरुद्ध यह भी कहा गया है, कि "देवानां पूर्व्यं युगेऽसत: सदजायत" (ऋ. 10.72.7)- देवताओं के भी पहले असत से अर्थात् अव्यक्त से 'सत्' अर्थात् व्यक्त सृष्टि उत्पन्न हुई। इसके अतिरिक्त, किसी-न-किसी एक दृश्य तत्त्व से सृष्टि की उत्पत्ति होने के विषय में ऋग्वेद ही में भिन्न भिन्न अनेक वर्णन पाए जाते हैं। जैसे सृष्टि के आरंभ में मूल हिरण्यगर्भ था। अमृत और मृत्यु दोनों उसकी ही छायाएँ हैं; और आगे उसी से सारी सृष्टि निर्मित हुई है (ऋ. 10.121.1.2) पहले विराट्रूपी पुरुष था; और उससे यज्ञ के द्वारा सारी सृष्टि उत्पन्न हुई (ऋ. 10.90)। पहले पानी (आप) था। उसमें प्रजापति उत्पन्न हुआ। (ऋ. 10.72.6; 10.82.6)। ऋतु और सत्य पहले उत्पन्न हुए, फिर रात्री (अंधकार) और उसके बाद समुद्र (पानी), संवत्सर इत्यादि उत्पन्न हुए (ऋ. 10.190.1)। ऋग्वेद में वर्णित इन्हीं मूल द्रव्यों का आगे अन्यान्य स्थानों में इस प्रकार उल्लेख किया गया है। जैसे: (1) जल का, तैत्तिरीय ब्राह्मण में "आपो वा इदमग्ने सलिलमासित्"- यह सब पहले पतला पानी था (तै. ब्रा. 1.1.3.5)। (2) असत का, तैत्तिरीय उपनिषद में "असद्वा इदमग्न आसीत्"-यह पहले असत् था (तै. 2.7)। (3) सत का, छांदोग्य में "सदैव सौम्यदमग्र आसीत्" यह सब पहले सतही था (छां. 6.2)। अथवा (4) आकाश का, "आकाश: परायणम्"-आकाश ही सब बातों का मूल है (छां. 1.9); (5) मृत्यु का, बृहदारण्यक में "नैवेह किंचनाग्र आसीन्मृत्युनैवेदमावृतमासीत्"-पहले यह कुछ भी न था, मृत्यु से सब आच्छादित था (बृह. 1.2.1); और (6) तमका, मैत्र्युपनिषद में "तमो वा इदमग्र आसीदेकम्"-पहले यह सब अकेला तम (तमोगुणी, अंधकार) था-आगे उसमें रज और सत्त्व हुआ (मै. 5.2)-अंत में इन्हीं वेदवचनों का अनुकरण करके मनुस्मृति में सृष्टि के आरंभ का वर्णन इस प्रकार किया गया है-

आसीदिदं तमोभूतप्रज्ञातमलक्षणम्।
अप्रतर्क्यमविज्ञेयं प्रसुप्तमिव सर्वतः॥

अर्थात् "यह सब पहले तम से यानी अंधकार से व्याप्त था। भेदाभेद नहीं जान पाता था इतना अगम्य और निद्रित था। फिर आगे इसमें अव्यक्त परमेश्वर ने प्रवेश करके पहले पानी उत्पन्न किया" (मनु. 1.5-8) सृष्टि के आरंभ के मूलद्रव्य के संबंध में उक्त वर्णन या ऐसे ही भिन्न भिन्न वर्णन नासदीय सूक्त के समय भी अवश्य प्रचलित रहे होंगे; और उस समय भी यही प्रश्न उपस्थित हुआ होगा, कि इनमें से कौन-सा मूलद्रव्य सत्य माना जावे? अतएव उसके सत्यांश के विषय में इस सूक्त के ऋषि यह कहते हैं, कि:-

सूक्त	अनुवाद
नासदीसीन्नो सदासीत्तदानीं नासीद्रजो नो व्योमा परो यत्। किमावरीवः कुह कस्य शर्मन्नभः किसीसीद्गहनं गभीरम्॥1॥	1. तब अर्थात् मूलारंभ में असत् नहीं था और सत् भी नहीं था! अंतरिक्ष नहीं था और उसके परे का आकाश भी न था। (ऐसी अवस्था में) किसने (किस पर) आवरण डाला? कहाँ? किसके सुख के लिए? अगाध और गहन जल (भी) कहा था[1]
न मृत्युरासीदमृतं न तर्हि न रात्र्या अह्न आसीत्प्रकेतः। आनीदवातं स्वधया तदेकम्। तस्माद्धान्यन्न परः किंचनाऽऽस॥2॥	2. तब मृत्यु अर्थात् मृत्युग्रस्त नाशवान सृष्टि न थी, अतएव (दूसरा) अमृत अर्थात् अमृत अर्थात् अविनाशी नित्य पदार्थ (यह भेद) भी न था। (इसी प्रकार) रात्री और दिन का भेद समझने के लिए कोई साधन (=प्रकेत) न था। (जो कुछ था)। वह अकेला एक ही अपनी शक्ति (स्वधा) से वायु के बिना श्वासोच्छ्वास लेता अर्थात् स्फूर्तिमान् होता रहा। इसके अतिरिक्त या इसके परे कुछ भी न था।
तम आसीतमसा मूढमग्नेऽप्रकेत सलिलं सर्वमा इदम्। तुच्छनाभ्वपिहितं-यदासीत् तपसस्तन्महिनाऽजायतैकम्॥3॥	3. जो (यत्) ऐसा कहा जाता है, कि अंधकार से व्याप्त (और) भेदाभेदरहित जल था (या) आभु अर्थात् सर्वव्यापी ब्रह्म (पहले ही) तुच्छ से अर्थात् झूठी माया से आच्छादित था, वह (तत्) मूल में एक (ब्रह्म ही) तप की महिमा से (आगे, रूपांतर से) प्रकट हुआ था।[2]

---

1. ऋचा पहली - चौथे चरण में 'आसीत् किम्' यह अन्वय करके हमने उक्त अर्थ दिया है; और उसका भावार्थ, 'पानी तब नहीं था' (तै. ब्रा. 2.2.9)।

2. ऋचा तीसरी - कुछ लोग इसके प्रथम तीन चरणों को स्वतंत्र मानकर उनका ऐसा विधानात्मक अर्थ करते हैं, कि सृष्टि के आरंभ में "अंधकार, अंधकार से व्याप्त पानी, या तुच्छ से आच्छादित आभु (पोलापन) था।" परंतु हमारे मत से यह भूल है। क्योंकि पहली दो ऋचाओं में जब ऐसी उक्ति है, कि मूलारंभ में कुछ भी न था; तब उसके विपरीत इसी सूक्त में यह कहा जाना संभव नहीं, कि मूलारंभ में अंधकार या पानी था। अच्छा; यदि वैसा अर्थ करें भी; तो तीसरे चरण के यत् शब्द को निरर्थक मानना होगा। अतएव तीसरे चरण के 'यत्' का चौथे चरण के 'तत्' से संबंध लगाकर, (जैसा कि हमने ऊपर किया है) अर्थ करना आवश्यक है। "मूलारंभ में पानी वगैरह पदार्थ थे" ऐसा कहनेवालों को उत्तर देने के लिए इस सूक्त में यह ऋचा आई है। और इसमें ऋषि का उद्देश्य यह बतलाने का है, कि तुम्हारे कथनानुसार मूल में तम, पानी इत्यादि पदार्थ न थे; किंतु एक ब्रह्म का ही आगे यह सब विस्तार हुआ है। 'तुच्छ' और 'आभु' ये शब्द एक दूसरे के प्रतियोगी हैं। अतएव तुच्छ के विपरीत 'आभु' शब्द का। अर्थ बड़ा या समर्थ होता है; और ऋग्वेद में जहाँ अन्य दो स्थानों में शब्द का प्रयोग हुआ है, वहाँ सायणाचार्य ने भी उसका यही अर्थ किया है (ऋ. 10.27.1, 4)। पंचदशी में (चित्र. 129, 130) तुच्छ शब्द का उपयोग माया के लिए किया गया है (नृसि. उत्त. 9)। अर्थात् 'आभु' का अर्थ पोलापन न होकर 'परब्रह्म' ही होता है। ("सर्व आः इदम्" यहाँ आः (अ+अस्) अस् धातु का भूतकाल है; और इसका अर्थ 'आसीत्' होता है।

कामस्तदग्रे समवर्तताधि
मनसो: रेत: प्रथमं यदासीत्।
सतो बन्धुमसति निरविन्दन्
हृदि प्रतीध्या कवयो मनीषा॥4॥

4. इसके मन को जो रेत् अर्थात् नीज प्रथमत: निकला, वही आरंभ में काम (अर्थात् सृष्टि निर्माण करने की प्रवृत्ति या शक्ति, हुआ। ज्ञाताओं ने अंत:करण में विचार करके बुद्धि से निश्चित किया, कि (यही) असत् में अर्थात् मूल परब्रह्म में सत् का यानी विनाशी दृश्य सृष्टि का (पहला) संबंध है।

तिरश्चीनो विततो रश्मिरेषां
अध: स्विदासीदुपरि स्विदासीत्।
रेतोधा आसन् महिमान आसन्
स्वधा अवस्तात् प्रयति: परस्तात्॥5॥

5. (यह) रश्मि या किरण या धागा इनमें आड़ा फैल गया; और यदि कहें, कि यह नीचे था, तो यह ऊपर भी था। (इनमें से कुछ) रेतोधा अर्थात् बीजप्रद हुए; और (बढ़कर) बड़े भी हुए। उन्ही की स्वशक्ति इस ओर रही; और प्रयति अर्थात् प्रभाव उस ओर (व्याप्त) रहा।

को अद्धा वेद क इह प्र वोचत्
अध: स्विदासीदुपरि कुत इयं विसृष्टि:।
अर्वाग् दंवा अस्य विसर्जनेनाथ
को वेद यत आबभूव॥6॥

6. (सत् का) यह विसर्ग यानी पसारा किससे या कहाँ से आया? यह (इससे अधिक) प्र यानी विस्तारपूर्वक यहाँ कौन कहेगा? इसे कौन निश्चयात्मक जानता है? देव भी इस (सत् सृष्टि के) विसर्ग के पश्चात् हुए हैं। फिर वह जहाँ से (उत्पन्न) हुई, उसे कौन जानेगा?

इदं विसृष्टिर्यत आबभूव
यदि वा दधे वा न दधे
यो अस्याध्यक्ष: परमे व्योमन्
सो अंग वेद यदि वा न वेद॥7॥

7. (सत् का) यह विसर्ग अर्थात् फैलाव जहाँ से हुआ अथवा निर्मित किया गया या नहीं किया गया-उसे परम आकाश में रहनेवाला इस सृष्टि का जो अध्यक्ष (हिरण्य-गर्भ) है, वही जानता होगा; या न भी जानता हो! (कौन कह सके?)

सारे वेदान्तशास्त्र का रहस्य यही है, कि नेत्रों को या सामान्यत: सब इंद्रियों को गोचर होनेवाले विकारी और नामरूपात्मक अनेक दृश्यों के फंदे में फँसे न रह कर ज्ञानदृष्टि से यह जानना चाहिए, कि इस दृश्य के परे कोई न-कोई एक और अमृत तत्त्व है। इस मक्खन के गोले को ही पाने के लिए उक्त सूक्त के ऋषि की बुद्धि एकदम दौड़ पड़ी है, इससे यह स्पष्ट दीख पड़ता है, कि इसका अंतर्ज्ञान कितना तीव्र था। मूलारंभ में अर्थात् सृष्टि के सारे पदार्थों के उत्पन्न होने के पहले जो कुछ था, वह सत् था या असत्; मृत्यु था या अमर; आकाश था या जल; प्रकाश था या अंधकार?-ऐसे अनेक प्रश्न करनेवालों के साथ वाद विवाद न करते हुए, उक्त ऋषि सबके आगे दौड़कर यह कहता है, कि सत् और असत्, मर्त्य और अमर, अंधकार और प्रकाश, आच्छादन करनेवाला और आच्छादित, सीख देनेवाला और उसका अनुभव करनेवाला! अद्वैत की यह परस्पर सापेक्ष भाषा दृश्य सृष्टि की उत्पत्ति अनंतर की है; अतएव सृष्टि के इन द्वंद्वों के उत्पन्न होने के पूर्व अर्थात् जब "एक और दूसरा" यह भेद ही न था, तब कौन किसे आच्छादित करता? इसलिए आरंभ ही में इस सूक्त का ऋषि निर्भय होकर यह कहता है, कि मूलारंभ के एकरूप द्रव्य को सत् या असत्, आकाश या जल, प्रकाश या अंधकार, अमृत या मृत्यु, इत्यादि कोई भी परस्पर-सापेक्ष नाम देना उचित नहीं। जो कुछ था, वह इन सब पदार्थों से विलक्षण था और वह अकेला ही चारों ओर अपनी अपरंपार शक्ति से स्फूर्तिमान था। उसके साथ या उसे आच्छादित करनेवाला अन्य कुछ भी न था। दूसरी ऋचा में 'अनीतीं क्रियापद के 'अन्' धातु का अर्थ है श्वासोच्छ्वास लेना या स्फुरण होना, और 'प्राण' शब्द भी उसी धातु से बना है। परंतु

जो न सत् है और न असत्, उसके विषय में कौन कह सकता है, कि वह सजीव प्राणियों के समान श्वासोच्छ्वास लेता था? और श्वासोच्छ्वास के लिए वहाँ वायु ही कहाँ है? अतएव 'आनीत्' पद के साथ ही-'अवातं' = बिना वायु के, और 'स्वधया' = स्वयं अपनी ही, महिमा से-इन दोनों पदों को जोड़कर "सृष्टि का मूल तत्त्व जड़ नहीं था।" यह अद्वैतावस्था का अर्थ द्वैत की भाषा में बड़ी युक्ति से इस प्रकार बतलाया है, कि "वह अकेला बिना वायु के केवल अपनी ही शक्ति से श्वासोच्छ्वास लेता या स्फूर्तिमान होता था!" इसमें बाह्य दृष्टि से जो विरोध दिखाई देता है, वह द्वैती भाषा की अपूर्णता से उत्पन्न हुआ है। 'नेति-नेति' एकमेवाद्वितीतम्' या 'स्वे महिम्नि-प्रतिष्ठतः' (छां. 7. 24.1)।- अपनी ही महिमा से अर्थात् अन्य किसी की अपेक्षा न रखते हुए अकेला ही रहनेवाला-इत्यादि परब्रह्म के जो वर्णन उपनिषदों में पाए जाते हैं, वे भी उपरोक्त अर्थ के ही द्योतक हैं। सारी सृष्टि के मूलारंभ में चारों ओर जिस एक अनिर्वाच्य तत्त्व के स्फुरण होने की बात इस सूक्त में कही गई है, वही तत्त्व सभी दृश्य सृष्टि का प्रलय होने पर भी निःसंदेह शेष रहेगा। अतएव गीता में इसी परब्रह्म का कुछ पर्याय से इस प्रकार वर्णन किया है, कि "सब पदार्थों का नाश होने पर भी जिसका नाश नहीं होता।" (गीता. 8.20) और आगे इसी सूक्त के अनुसार स्पष्ट कहा है, कि "वह सत् भी नहीं है; और असत् भी नहीं है" (गीता 13.12)। परंतु प्रश्न यह है, कि जब सृष्टि के मूलारंभ में निर्गुण ब्रह्म के सिवा और कुछ भी न था; तो फिर वेदों में जो ऐसे वर्णन पाए जाते हैं, कि "आरंभ में पानी, अंधकार, या आभु (ब्रह्म) और उसको आच्छादित करनेवाली मांया (तुच्छ), ये दोनों पहले से ही थे-इत्यादि जितने वर्णन हैं वे सब उस समय के हैं, जब कि अकेले मूल परब्रह्म के तपमहात्म्य से उसका विविध रूपों से फैलाव हो गया था; ये वर्णन मूलारंभ की स्थिति के नहीं है। इस ऋचा के शब्द से तप मूल ब्रह्म की ज्ञानमय विलक्षण शक्ति विवक्षित है; और उसी का वर्णन चौथी ऋचा में किया गया है। (मुं. 1.1.9)। "एतावान् अस्य महिमाऽतो ज्यायाश्च पुरुषः" (ऋ. 10.90.3)। इस न्याय से सारी सृष्टि ही जिसकी महिमा कहलाई, उस मूल द्रव्य के विषय में यह कहना आवश्यक नहीं है, कि वह इन सबके परे, सबसे श्रेष्ठ और भिन्न है। परंतु दृश्य वस्तु और द्रष्टा, भोक्ता और भोग्य, आच्छादन करनेवाला और आच्छाद्य, अंधकार और प्रकाश, मर्त्य और अमर इत्यादि सारे द्वैतों को इस प्रकार अलग कर यद्यपि यह निश्चय किया गया, कि केवल एक निर्मल चिद्रूपी विलक्षण परब्रह्म ही मूलारंभ में था; तथापि जब यह बतलाने का समय आया, कि इस अनिर्वाच्य, निर्गुण, अकेले एक तत्त्व से आकाश, जल इत्यादि द्वंद्वात्मक विनाशी सगुण नामरूपात्मक विविध सृष्टि या इस सृष्टि की मूलभूत त्रिगुणात्मक प्रकृति कैसे उत्पन्न हुई, तब तो प्रस्तुत ऋषि ने भी मन, काम, असत् और सत् जैसी भाषा का ही उपयोग किया है और अंत में स्पष्ट कह दिया है, कि यह प्रश्न मानवी बुद्धि की पहुँच से बाहर है। चौथी ऋचा में मूल ब्रह्म को ही 'असत्' कहा है; परंतु उसका अर्थ 'कुछ नहीं' यह नहीं मान सकते। क्योंकि दूसरी ही ऋचा में स्पष्ट कहा है, कि 'वह है'। न केवल इसी सूक्त में, किंतु अन्यत्र भी व्यवहारिक भाषा को स्वीकार करके ही ऋग्वेद और वाजनसेयी संहिता में गहन विषयों का विचार निम्न प्रश्नों के द्वारा किया गया है। (ऋ. 10.31.7; 10.81.4; वाज. स. 17.20)-जैसे दृश्य सृष्टि को यज्ञ की उपमा देकर प्रश्न किया है, कि इस यज्ञ के संपन्न करने के

लिए आवश्यक धृत, समिधा इत्यादि सामग्री प्रथम कहाँ से आई? (ऋ. 10.130.3) अथवा घर का दृष्टान्त लेकर प्रश्न किया है कि मूल एक निर्गुण से, नेत्रों के प्रत्यक्ष दिखाई देनेवाली आकाश-पृथ्वी की इस भव्य इमारत को बनाने के लिए लकड़ी (मूल प्रकृति) कैसे मिली?-"कि स्विद्धनं क उस वृक्ष आस यतो द्यावापृथिवी निष्टतक्षुः।" इन प्रश्नों का उत्तर उपर्युक्त सूक्त की चौथी और पाँचवी ऋचा में जो कुछ कहा गया है, उससे अधिक दिया जाना संभव नहीं है (वाज. सं. 33.74); और वह उत्तर यही है, कि इस अनिर्वाच्य अकेले ब्रह्म ही के मन में सृष्टि निर्माण करने का 'काम' रूपी तत्त्व किसी-न-किसी तरह उत्पन्न हुआ और वस्त्र के धागों के समान या सूर्यप्रकाश के समान उसी के शाखाएँ तुरंत नीचे, ऊपर और चहुँ ओर फैल गई। तथा सत् का सारा फैलाव हो गया-अर्थात् आकाश-पृथ्वी की यह भव्य इमारत बन गई। उपनिषदों में इस सूक्त के अर्थ को इस प्रकार ही प्रकट किया गया है, कि "सोऽकामयत। बहु स्यां प्रजायेयेती।" (तै. 2.6; छां. 6.2.3)-उस परब्रह्म को ही अनेकरूप होने की इच्छा हुई (बृ. 1.4); और अथर्व वेद में भी ऐसा वर्णन है, कि इस सारी दृश्य सृष्टि के मूलभूत द्रव्य से ही पहले पहल 'काम' हुआ (अथर्व 9.2.19)। परंतु इस सूक्त की विशेषता यह है, कि निर्गुण से सगुण की असत् से सत् की, निर्द्वंद्व से द्वंद्व की अथवा असंग से संग की उत्पत्ति का प्रश्न मानवी बुद्धि के लिए अगम्य समझकर सांख्यों के समान केवल तर्कवश हो मूल प्रकृति ही को या उसके सदृश किसी दूसरे तत्त्व को स्वयंभू और स्वतंत्र नहीं माना है। किंतु इस सूक्त का ऋषि कहता है, कि जो बात समझ में नहीं आती, उसके लिए साफ साफ कह दो, कि यह समझ में नहीं आती। परंतु उसके लिए शुद्ध बुद्धि से और आत्मप्रतीदिने निश्चित किए गए अनिर्वाच्य ब्रह्म की योग्यता को दृश्य सृष्टि रूप माया की योग्यता के बराबर मत समझो; और न परब्रह्म के विषय में अपने अद्वैतभाव को ही छोड़ो। इसके सिवा यह भी सोचना चाहिए कि, यद्यपि प्रकृति को एक भिन्न त्रिगुणात्मक स्वतंत्र पदार्थ मान भी लिया जावे; तथापि इस प्रश्न का उत्तर तो दिया नहीं जा सकता, कि उसमें सृष्टि को निर्माण करने के लिए प्रथमतः बुद्धि (महान्) या अहंकार कैसे उत्पन्न हुआ? और, जब कि यह दोष कभी टल ही नहीं सकता है, तो फिर प्रकृति को स्वतंत्र मान लेने में क्या लाभ है? सिर्फ इतना कहो, कि यह बात समझ में नहीं आती, कि मूल ब्रह्म से प्रकृति अर्थात् सत् कैसे निर्मित हुआ। इसके लिए प्रकृति को स्वतंत्र मान लेने की कुछ आवश्यकता नहीं है। मनुष्य की बृद्धि को कौन कहे, परंतु देवताओं की दिव्य बुद्धि से भी सत् का उत्पत्ति का रहस्य समझ में आ जाना संभव नहीं। क्योंकि देवता भी दृश्य सृष्टि के आरंभ होने पर उत्पन्न हुए हैं; उन्हें पिछला हाल क्या मालूम? (गीता 10.2)। परंतु ऋग्वेद में ही कहा है, कि हिरण्यगर्भ देवताओं से भी बहुत प्राचीन और श्रेष्ठ है और आरंभ में वह अकेला ही "भूतस्य जातः पतिरेक आसीत्" (ऋ. 10. 121.1.1)- और सारी सृष्टि का 'पति' अर्थात् राजा या अध्यक्ष था। फिर उसे यह बात क्योंकर मालूम न होगी? और यदि उसे मालूम होगी; तो फिर कोई पूछ सकता है, कि इस बात को दुर्बोध या अगम्य क्यों कहते हो? अतएव उस सूक्त के ऋषि ने पहले तो उक्त प्रश्न का यह औपचारिक उत्तर दिया है, कि "अथवा न भी जानता हो! कौन कह सकता है? क्योंकि वह भी सत् ही की श्रेणी में है। इसलिए 'परम' कहलाने पर भी 'आकाश' ही में रहनेवाले जगत् के इस अध्यक्ष को सत्, असत्, आकाश और जल

के भी पूर्व की बातों का ज्ञान निश्चित रूप से कैसे हो सकता है?" परंतु यद्यपि यह बात समझ में नहीं आती, कि एक 'असत्' अर्थात् अव्यक्त और निर्गुण द्रव्य ही के साथ विविध नामरूपात्मक सत् का अर्थात् मूल प्रकृति का संबंध कैसे हो गया? तथापि मूल ब्रह्म के एकत्व के विषय में ऋषि ने अपने अद्वैत भाव को डिगने नहीं दिया है। यह इस बात का एक उत्तम उदाहरण है, कि सात्त्विक श्रद्धा और निर्मल प्रतिभा के बल पर मनुष्य की बुद्धि अचिंत्य वस्तुओं के सघन वन में सिंह के समान निर्भय होकर कैसे संचार किया करती है और वहाँ की अतर्क्य बातों का यथाशक्ति कैसे निश्चय किया करती है! यह सचमुच ही आश्चर्य तथा गौरव की बात है, कि ऐसा सूक्त ऋग्वेद में पाया जाता है! हमारे देश में इस सूक्त के ही विषय का आगे ब्राह्मणों में (तैत्ति. ब्रा. 2.8.9), उपनिषदों और अनंतर के वेदान्तशास्त्र के ग्रंथों में सूक्ष्म रीति से विवेचन किया गया है; और पश्चिमी देशों में भी अर्वाचीन काल के कांट इत्यादि। तत्त्वज्ञानियों ने भी उसी का अत्यंत सूक्ष्म परीक्षण किया है। परंतु स्मरण रहे, कि उक्त सूक्त में उस ऋषि की पवित्र बुद्धि में जिन परम सिद्धान्त की स्फूर्ति हुई है, वे ही सिद्धान्त आगे प्रतिपक्षियों को विवर्त-वाद के समान उचित उत्तर देकर और भी दृढ़, स्पष्ट या तर्कदृष्टि से नि:संदेह किए गए हैं। इसके परे अभी तक न कोई बढ़ा है और न बढ़ने की विशेष आशा ही जा सकती है।

अध्यातम-प्रकरण समाप्त हुआ। अब आगे चलने के पहले 'केसरी' की चाल के अनुसार उस मार्ग का कुछ निरीक्षण हो जाना चाहिए, कि जो यहाँ तक चल आए हैं। कारण यह है, कि यदि इस प्रकार सिंहावलोकन न किया जावे, तो विषयानुसंधान के चूक जाने से संभव है, कि और किसी अन्य मार्ग से संचार होने लगे। ग्रंथारंभ में पाठकों का विषय में प्रवेश कराके कर्मजिज्ञासा संक्षिप्त स्वरूप बतलाया है। और तीसरे प्रकरण में यह दिखलाया है, कि कर्मयोगशास्त्र ही गीता का मुख्य प्रतिपाद्य विषय है: अनंतर चौथे, पाँचवे और छठे प्रकरण में सुखदु:ख-विवेकपूर्वक यह बतलाया है, कि कर्मयोगशास्त्र की आधिभौतिक उपपत्ति एकदेशीय तथा अपूर्ण है; और आधिदैविक उपपत्ति लंगड़ी है। फिर, कर्मयोग की आध्यात्मिक उपपत्ति बतलाने के पहले-यह जानने के लिए, कि आत्मा किसे कहते हैं-छठे प्रकरण में ही पहले-क्षेत्र-क्षेत्रज्ञ-विचार और आगे सातवें तथा आठवें प्रकरण में सांख्यशास्त्रांतर्गत द्वैत के अनुसार क्षर-अक्षर विचार किया गया है। और फिर इस प्रकरण में, इस विषय का निरूपण किया गया है, कि आत्मा का स्वरूप क्या है? तथा पिंड और ब्रह्मांड में दोनों और एक ही अमृत और निर्गुण आत्म तत्त्व किस प्रकार ओतप्रोत और निरंतर व्याप्त है। इसी प्रकार यह भी निश्चित किया गया है, कि ऐसा समबुद्धि-योग प्राप्त करके-कि सब प्राणियों में एक ही आत्मा है-और उसे सदैव जागृत रखना ही आत्मज्ञान की और आत्मसुख की पराकाष्ठा है। और फिर यह बतलाया गया है, कि अपनी बुद्धि को इस प्रकार शुद्ध आत्मनिष्ठ अवस्था में पहुँचा देने में ही मनुष्य का मनुष्यत्व अर्थात् नर-देह की सार्थकता या मनुष्य का परम पुरुषार्थ है। इस प्रकार मनुष्य जाति के आध्यात्मिक परम साध्य का निर्णय हो जाने पर कर्मयोगशास्त्र के इस मुख्य प्रश्न का भी निर्णय आप-ही-आप हो जाता है, कि संसार में हमें प्रतिदिन जो व्यवहार करने पड़ते हैं, वे किस नीति से किए जाएँ?. अथवा जिस शुद्ध बुद्धि से उन सांसारिक व्यवहारों को करना चाहिए, उसका यथार्थ स्वरूप क्या है?

क्योंकि अब यह बतलाने की आवश्यकता नहीं, कि ये सारे व्यवहार उसी से किए जाने चाहिए, जिससे कि वे परिणाम में ब्रह्मात्मैक्यरूप समबुद्धि के पोषक या अविरोधी हों। भगवद्‌गीता में कर्मयोग के इसी आध्यात्मिक तत्त्व का उपदेश अर्जुन को किया गया है। परंतु कर्मयोग का प्रतिपादन केवल इतने ही से पूरा नहीं होता। क्योंकि कुछ लोगों का कहना है, कि नामरूपात्मक सृष्टि के व्यवहार आत्मज्ञान के विरुद्ध हैं; अतएव ज्ञानी पुरुष उनको छोड़ दें। और यदि यही बात सत्य हो, तो संसार के सारे व्यवहार त्याज्य समझे जाएंगे; और फिर कर्म-अकर्मशास्त्र में ऐसे प्रश्नों का भी विचार अवश्य करना पड़ता है, कि कर्म के नियम कौन से हैं? और उनका परिणाम क्या होता है? अथवा बुद्धि का शुद्धता होने पर भी व्यवहार अर्थात् कर्म क्यों करना चाहिए? भगवद्‌गीता में ऐसा विचार किया भी गया है। संन्यास-मार्ग वाले लोगों को इन प्रश्नों का कुछ भी महत्त्व नहीं जान पड़ता; अतएव ज्योंही भगवद्‌गीता का वेदान्त या भक्ति का निरूपण समाप्त हुआ, त्योंही प्रायः वे लोग अपनी पोथी समेटने लग जाते हैं। परंतु ऐसा करना, हमारे मत से, गीता के मुख्य उद्देश्य की ओर ही दुर्लभ करना है। अतएव अब आगे क्रम से इस बात का विचार किया जाएगा, कि भगवद्‌गीता में उपर्युक्त प्रश्नों के क्या उत्तर दिए गए हैं।

❑❑❑

दसवाँ प्रकरण

क़र्मविपाक और आत्मस्वातंत्र्य

कर्मणा बध्यते जन्तुर्विद्यया तु प्रमुच्यते।[1]

\- महाभारत, शांति. 240.7

यद्यपि यह सिद्धान्त अंत में सच है, कि इस संसार में जो कुछ है, वह परब्रह्म ही है, परब्रह्म को छोड़कर अन्य कुछ नहीं है; तथापि मनुष्य की इंद्रियों को गोचर होनेवाली दृश्य सृष्टि के पदार्थों का अध्यात्मशास्त्र की चलनी से जब हम संशोधन करने लगते हैं, तब उनके नित्य-अनित्य रूपी दो विभाग या समूह हो जाते हैं। एक तो उन पदार्थों का नामरूपात्मक दृश्य है, जो इंद्रियों को प्रत्यक्ष दीख पड़ता है; परंतु हमेशा बदलनेवाला होने के कारण अनित्य है। और दूसरा परमात्म-तत्त्व है, जो नाम रूपों से आच्छादित होने के कारण अदृश्य, परंतु नित्य है। यह सच है, कि रसायन शास्त्र में जिस प्रकार सब पदार्थों का पृथक्करण करके उनके घटकद्रव्य अलग अलग निकाल लिए जाते हैं, उसी प्रकार ये दो विभाग आँखों के सामने पृथक् पृथक् नहीं रखे जा सकते; परंतु ज्ञानदृष्टि से उन दोनों को अलग करके शास्त्रीय उपपादन के सुभीते के लिए उनको क्रमशः 'ब्रह्म' और 'माया'? तथा कभी-कभी 'ब्रह्मसृष्टि' और 'मायासृष्टि' इस प्रकार नाम दिए जाते हैं। तथापि स्मरण रहे, कि ब्रह्म मूल से ही नित्य और सत्य है। इस कारण उसके साथ सृष्टि शब्द ऐसे अवसर पर अनुप्रासार्थ लगा रहता है; और 'ब्रह्मसृष्टि' शब्द से यह मतलब नहीं है, कि ब्रह्म को किसी ने उत्पन्न किया है। इन दोनों सृष्टियों में से दिक्काल आदि नाम-रूपों से अमर्यादित, अनादि नित्य, अविनाशी, अमृत, स्वतंत्र और सारी दृश्य सृष्टि के लिए आधारभूत होकर उसके भीतर रहनेवाली ब्रह्म-सृष्टि में ज्ञानचक्षु से संचार करके आत्मा के शुद्ध स्वरूप अथवा अपने परम साध्य का विचार पिछले प्रकरण में किया गया। और सच पूछिए तो शुद्ध अध्यात्मशास्त्र वहीं समाप्त हो गया। परंतु, मनुष्य का आत्मा यद्यपि आदि में ब्रह्म-सृष्टि का है, तथापि दृश्य सृष्टि की अन्य वस्तुओं की तरह वह भी नाम-रूपात्मक देहेंद्रियों से आच्छादित है; और ये देहेंद्रियाँ आदिक नाम-रूप विनाशी हैं। इसलिए प्रत्येक मनुष्य की यह स्वाभाविक इच्छा होती है, कि इनसे मुक्त होकर अमृतत्व कैसे प्राप्त करूँ? और, इस इच्छा की पूर्ति के लिए मनुष्य को व्यवहार में कैसे चलना चाहिए?-कर्मयोगशास्त्र के इस विषय का विचार करने के लिए, कर्म के कायदों से बँधी हुई अनित्य माया-सृष्टि के द्वैती क्षेत्र में ही अब हमें उतरना चाहिए। पिंड और ब्रह्मांड, दोनों के मूल में यदि एक ही नित्य और स्वतंत्र आत्मा है, तो अब सहज ही प्रश्न उत्पन्न होता है, कि पिंड के आत्मा को ब्रह्मांड के आत्मा की पहचान हो जाने में कौन-सी अड़चन रहती है? और वह दूर कैसे हो? इन

1. "कर्म से प्राणी बाँधा जाता है और विद्या से उसका छुटकारा हो जाता है।"

प्रश्नों को हल करने के लिए नामरूपों का विवेचन करना आवश्यक हो जाता है। क्योंकि वेदान्त की दृष्टि से सब पदार्थों के दो वर्ग होते हैं: एक आत्मा अथवा परमात्मा; और दूसरा उसके ऊपर का नामरूपों का आवरण। इसलिए नामरूपात्मक आवरण के सिवा अब अन्य कुछ भी शेष नहीं रहता। वेदान्तशास्त्र का मत है, कि नामरूपों का यह आवरण किसी जगह घना, तो किसी जगह विरल होने के कारण दृश्य सृष्टि के पदार्थों में सचेतन और अचेतन; तथा सचेतन में भी पशु, पक्षी, मनुष्य, देव, गंधर्व और राक्षस इत्यादि भेद हो जाते हैं। यह नहीं, कि आत्मरूपी ब्रह्म किसी स्थान में न हो-वह सभी जगह है-वह पत्थर में है और मनुष्य में भी है। परंतु दीपक के एक होने पर भी किसी लोहे के बक्स में अथवा न्यूनाधिक स्वच्छ काँच की लालटेन में उसके रखने से जिस प्रकार उसके प्रकाश में अंतर पड़ता है, उसी प्रकार आत्मतत्त्व के सर्वत्र एक ही होने पर भी उसके ऊपर के कोश-अर्थात् नामरूपात्मक आवरण के तारतम्य भेद से-अचेतन और सचेतन जैसे भेद हो जाया करते हैं। और तो क्या? यही कारण है, कि सचेतन में मनुष्यों और पशुओं में ज्ञानसंपादन करने की एक समान ही सामर्थ्य क्यों नहीं होती। आत्मा सर्वत्र एक ही है सही; परंतु वह मूल में ही निर्गुण और उदासीन होने के कारण मन, बुद्धि इत्यादि नाम-रूपात्मक साधनों के बिना स्वयं कुछ भी नहीं कर सकता; और वे साधन मनुष्य-योनि को छोड़ अन्य किसीं भी योनि में उसे पूर्णतया प्राप्त नहीं होते। इसलिए मनुष्य-जन्म सबसे श्रेष्ठ कहा गया है। इस श्रेष्ठ जन्म में आने पर आत्मा के नामरूपात्मक आवरण के स्थूल और सूक्ष्म, दो भेद होते हैं। इनमें से स्थूल आवरण मनुष्य की स्थूल देह ही है, कि जो शुक्र, शोणित अर्थात् रक्त से त्वचा, मांस और केश उत्पन्न होते हैं-ऐसा समझकर, इन सबको वेदान्ती 'अन्नमय कोश' कहते हैं। इस स्थूल कोश को छोड़कर जब हम यह देखने लगते हैं, कि इसके अंदर क्या है? तब क्रमशः वायुरूपी प्राण अर्थात् 'प्राणमय कोश' मन अर्थात् 'मनोमय कोश', बुद्धि अर्थात् 'ज्ञानमय कोश', और अंत में 'आनंदमय कोश' मिलता है। आत्मा उससे भी परे है। इसलिए तैत्तिरीयोपनिषद में अन्नमय कोश से आगे बढ़ते-बढ़ते अंत में आनंदमय कोश बतलाकर वरुण ने भृगु को आत्म-स्वरूप की पहचान करा दी है (तै. 2.1-5; 3.2-6)। इन सब कोशों में से स्थूल देह का कोश छोड़ बाकी रहे हुए प्राणादि कोशों, सूक्ष्म इंद्रियों और पंचतन्मात्राओं को वेदान्ती 'लिंग' अथवा 'सूक्ष्म' शरीर कहते हैं। वे लोग, "एक ही आत्मा को भिन्न भिन्न योनियों में जन्म कैसे प्राप्त होता है?"-इसकी उपपत्ति, सांख्यशास्त्र की तरह बुद्धि के अनेक 'भाव' मानकर नहीं लगाते; किंतु इस विषय में उनका यह सिद्धान्त है, कि यह सब कर्मविपाक का अथवा कर्म के फलों का परिणाम है। गीता में वेदान्तसूत्रों में और उपनिषदों में स्पष्ट कहा है, कि यह कर्म लिंग-शरीर के आश्रय से अर्थात् आधार से रहा करता है; और जब आत्मा स्थूल देह छोड़कर जाने लगता है, तब यह कर्म भी लिंग-शरीर द्वारा उसके साथ जाकर उसको बार-बार भिन्न-भिन्न जन्म लेने के लिए बाध्य करता है। इसलिए नाम-रूपात्मक जन्म-मरण के चक्कर से मुक्त होकर नित्य परब्रह्म-रूपी होने में अथवा मोक्ष की प्राप्ति में पिंड के आत्मा को जो अड़चन हुआ करती है, उसका विचार करते समय लिंग-शरीर और कर्म इन दोनों का भी विचार करना पड़ता है। इनमें से लिंग-शरीर का सांख्य और वेदान्त दोनों दृष्टियों से पहले ही विचार किया जा चुका है। इसलिए यहाँ फिर उसकी चर्चा नहीं की जाती। इस प्रकरण में सिर्फ इसी बात का विवेचन किया गया है, कि जिस कर्म के कारण आत्मा को ब्रह्मज्ञान न होते हुए अनेक जन्मों के चक्कर में पड़ना होता है, उस कर्म का स्वरूप क्या है? और उससे छूट कर आत्मा को अमृतत्व प्राप्त होने के लिए मनुष्य को इस संसार में कैसे चलना चाहिए?

सृष्टि के आरंभकाल में मूल अव्यक्त और निर्गुण परब्रह्म जिस देशकाल आदि नाम-रूपात्मक सगुण शक्ति से व्यक्त अर्थात् दृश्य सृष्टिरूप हुआ-सा दीख पड़ता है, उसी को वेदान्तशास्त्र में 'माया' कहते हैं (गीता 7.24.25) : और उसी में कर्म का भी समावेश होता है (बृ. 1.6.1.)। इतना ही नहीं तो यह भी कहा जा सकता है कि 'माया' और 'कर्म' दोनों समानार्थक है। क्योंकि पहले कुछ-न-कुछ कर्म अर्थात् व्यापार हुए बिना अव्यक्त का व्यक्त होना अथवा निर्गुण का सगुण होना संभव नहीं। इसलिए पहले यह कहकर कि मैं अपनी माया से प्रकृति में उत्पन्न होता हूँ (गीता 4.6); फिर आगे आठवें अध्याय में गीता में ही कर्म का यह लक्षण दिया है, कि "अक्षर परब्रह्म से पंचमहाभूतादि विविध सृष्टि निर्माण होने की जो क्रिया है, वही कर्म है" (गीता 8.2)। कर्म कहते हैं व्यापार अथवा क्रिया को-फिर वह मनुष्यकृत हो, सृष्टि के अन्य पदार्थों की क्रिया हो अथवा मूल सृष्टि के उत्पन्न होने की ही हो-इतना व्यापक अर्थ इस जगह विवक्षित है। परंतु कर्म कोई हो; उसका परिणाम सदैव केवल इतना ही होता है, कि एक प्रकार का नामरूप बदलकर उसकी जगह दूसरा नामरूप उत्पन्न किया जाए। क्योंकि निम्न नामरूपों से आच्छादित मूल द्रव्य कभी नहीं बदलता-वह सदा एक-सा ही रहता है। उदाहरणार्थ, बुनने की क्रिया से 'सूत' यह नाम बदलकर उसी द्रव्य को 'वस्त्र' नाम मिल जाता है; और कुम्हार के व्यापार से 'मिट्टी' नाम के स्थान में 'घट' नाम प्राप्त हो जाता है। इसलिए माया की व्याख्या देते समय कर्म को न लेकर नाम और रूप को ही कई बार माया कहा है। तथापि कर्म का जब स्वतंत्र विचार करना पड़ता है, तब यह कहना पड़ता है कि कर्मस्वरूप और मायास्वरूप एक ही हैं। इसलिए आरंभ ही में यह कह देना अधिक सुभीते की बात होगी, कि माया, नामरूप और कर्म, ये तीनों मूल में एकस्वरूप ही हैं। हाँ, उसमें भी यह विशिष्टार्थक सूक्ष्म भेद किया जा सकता है, कि माया एक सामान्य शब्द है; और उसी के दिखावे को **नामरूप** तथा व्यापार को **कर्म** कहते हैं। पर साधारणतया यह भेद दिखलाने की आवश्यकता नहीं होती। इसलिए इन तीनों शब्दों का बहुधा समान अर्थ में ही प्रयोग किया जाता है। परब्रह्म के एक भाग पर विनाशी माया का जो आच्छादन (अथवा उपाधि = ऊपर का उढ़ौना) हमारी आँखों को दिखता है, उसी को सांख्यशास्त्र में 'त्रिगुणात्मक प्रकृति' कहा गया है। सांख्यवादी पुरुष और प्रकृति, इन दोनों तत्त्वों को स्वयंभू, स्वतंत्र और अनादि मानते हैं; परंतु माया, नामरूप अथवा कर्म, क्षण-क्षण में बदलते रहते हैं। इसलिए उनको नित्य और अविकारी परब्रह्म की योग्यता का-अर्थात् स्वयंभू और स्वतंत्र मानना न्याय-दृष्टि से अनुचित है। क्योंकि नित्य और अनित्य, ये दोनों कल्पनाएँ परस्पर-विरुद्ध हैं; और इसलिए दोनों का अस्तित्व एक ही काल में संभव नहीं माना जा सकता। इसलिए वेदान्तियों ने यह निश्चित किया है, कि विनाशी प्रकृति अथवा कर्मात्मक माया स्वतंत्र नहीं है; किंतु एक नित्य, सर्वव्यापी और निर्गुण परब्रह्म में ही, मनुष्य की दुर्बल इंद्रियों को सगुण माया का दिखावा दीख पड़ता है। परंतु केवल इतना ही कह देने से काम नहीं चल जाता, कि माया परतंत्र है; और निर्गुण परब्रह्म में ही यह दृश्य दिखाई देता है। गुणपरिणाम से न सही; तो भी विवर्तवाद से निर्गुण और नित्य ब्रह्म में विनाशी सगुण नामरूपों का-अर्थात् माया का दृश्य दिखना चाहे संभव हो; तथापि यहाँ एक और प्रश्न उपस्थित होता है, कि मनुष्य की इंद्रियों को दीखनेवाला या सगुण दृश्य निर्गुण परब्रह्म में पहले पहले किस क्रम से, कब और क्यों दीखने लगा? अथवा यही अर्थ व्यावहारिक भाषा में इस प्रकार कहा जा सकता है, कि नित्य और चिद्रूपी परमेश्वर ने नामरूपात्मक, विनाशी और जड़ सृष्टि **कब** और **क्यों** उत्पन्न की? परंतु ऋग्वेद के नासदीय सूक्त में जैसा कि वर्णन किया गया है, यह विषय मनुष्य के ही लिए नहीं; किंतु देवताओं के

लिए और वेदों के लिए भी अगम्य है (ऋ. 10.129; तै. ब्रा. 2.8.9)। इसलिए उक्त प्रश्न का इससे अधिक और कुछ उत्तर नहीं दिया जा सकता, कि "ज्ञानदृष्टि से निश्चित किए हुए निर्गुण परब्रह्म की ही यह एक अतर्क्य लीला है" (बे. सू. 2.1.33)। अतएव इतना मानकर ही आगे चलना पड़ता है, कि जबसे हम देखते आए हैं, तब से निर्गुण ब्रह्म के साथ ही नामरूपात्मक विनाशी कर्म अथवा सगुण माया हमें दृग्गोचर होती आई है। इसीलिए वेदान्तसूत्र में कहा है, कि मायात्मक कर्म अनादि है (वे. सू. 2.1.35-37); और भगवद्गीता में भी भगवान ने पहले यह वर्णन करके, कि प्रकृति स्वतंत्र नहीं है-"मेरी ही माया है" (गीता 7.14); - फिर आगे कहा है, कि प्रकृति अर्थात् माया, और पुरुष, दोनों 'अनादि' हैं (गीता 13.19)। इसी तरह श्रीशंकराचार्य ने अपने भाष्य में माया का लक्षण देते हुए कहा है, कि "सर्वज्ञ-श्वरस्याऽऽत्मभूते इवाऽविद्याकल्पिते नामरूपे तत्त्वान्यत्वाभ्यामनिर्वचनीये संसार-प्रपंचबीजभूते सर्वज्ञस्येश्वरस्य 'माया' 'शक्तिः' 'प्रकृति' रिति च श्रुतिस्मृत्योरभिलप्येते" (वे. सू. शां. भा. 2.1.14)। इसका भावार्थ यह है, कि-"(इंद्रियों के) अज्ञान से मूल ब्रह्म में कल्पित नामरूपों को ही श्रुति और स्मृति-ग्रंथों में सर्वज्ञ ईश्वर की 'माया', 'शक्ति' अथवा 'प्रकृति' कहते हैं। ये नामरूप सर्वज्ञ परमेश्वर के आत्म-भूत से जान पड़ते हैं, परंतु इनके जड़ होने के कारण यह नहीं कहा जा सकता, कि ये परब्रह्म से भिन्न या अभिन्न (तत्त्वान्यत्व) और ये ही जड़ सृष्टि (दृश्य) के विस्तार के मूल हैं", और "इस माया के योग से ही यह सृष्टि परमेश्वर-निर्मित दीख पड़ती है; इस कारण यह माया चाहे विनाशी हो; तथापि दृश्य सृष्टि की उत्पत्ति के लिए आवश्यक और अत्यंत उपयुक्त है; तथा इसी को उपनिषदों में अव्यक्त, आकाश, अक्षर इत्यादि नाम दिए गए हैं' (वे. सू. शां. भा. 1.4.3)। इससे दीख पड़ेगा, कि चिन्मय (पुरुष) और अचेतन माया (प्रकृति) इन दोनों तत्त्वों को सांख्यवादी स्वयंभू, स्वतंत्र और अनादि मानते हैं; पर माया का अनादित्व यद्यपि वेदान्ती एक तरह से स्वीकार करते हैं तथापि यह उन्हें मान्य नहीं, कि माया स्वयंभू और स्वतंत्र है। और इसी कारण संसारात्मक माया का वृक्षरूप से वर्णन करते समय गीता में (गीता 15.3) कहा गया है, कि "न रूपमस्येह तथोपलभ्यते नाभ्तो न चादिर्न च सम्प्रतिष्ठा"-इस संसार वृक्ष का रूप, अंत, आदि मूल अथवा ठौर नहीं मिलता। इसी प्रकार तीसरे अध्याय में ऐसे जो वर्णन हैं, कि "कर्म ब्रह्मोद्भवं विद्धि" (गीता 3.15)-ब्रह्म से कर्म उत्पन्न हुआ; "यज्ञः कर्मसमुद्भवः" (गीता 3.14)-यज्ञ भी तो कर्म से ही उत्पन्न होता है। अथवा "सहयज्ञाः प्रजाः सृष्ट्वा" (गीता 3.10)-ब्रह्मदेव ने प्रजा (सृष्टि) और यज्ञ (कर्म), दोनों को साथ ही निर्माण किया; इन सबका तात्पर्य भी यही है, कि "कर्म अथवा कर्मरूपी यज्ञ और सृष्टि अर्थात् प्रजा, ये सब साथ ही उत्पन्न हुए हैं।" फिर चाहे इस सृष्टि को प्रत्यक्ष ब्रह्मदेव से निर्मित कहो अथवा भीमांसकों की नाई यह कहो, कि उस ब्रह्मदेव ने नित्य वेद-शब्दों से उसको बनाया-दोनों का अर्थ एक ही है (मभा. शां. 231; मनुः 1.21)। सारांश, दृश्य सृष्टि का निर्माण होने के समय मूल निर्गुण ब्रह्म में जो व्यापार दीख पड़ता है; वही कर्म है। इस व्यापार को ही नाम-रूपात्मक माया कहा गया है; और इस मूल कर्म से ही सूर्य-चंद्र आदि सृष्टि के सब पदार्थों के व्यापार आगे परंपरा से उत्पन्न हुए हैं (बृ. 3.8.9)। ज्ञानी पुरुषों ने अपनी बुद्धि से निश्चित किया है, कि संसार के सारे व्यापारों का मूलभूत जो यह सृष्ट्युत्पत्तिकाल का कर्म अथवा माया है, सो ब्रह्म की ही कोई न कोई अतर्क्य लीला है, स्वतंत्र वस्तु नहीं है।[1] परंतु ज्ञानी

1. "What belongs to mere appearance is necessarily subordinated by reason to the nature of the thing in itself." Kant's Metaphysic of Morals (Abbot's trans. in Kant's of Ethics p. 81).

पुरुषों की गति यहाँ पर कुंठित हो जाती है इसलिए इस बात का पता नहीं लगता, कि यह लीला, नामरूप अथवा मायात्मक कर्म 'कब' उत्पन्न हुआ? अत: केवल कर्मसृष्टि का ही विचार जब करना होता है, तब इस परतंत्र और विनाशी माया को तथा माया के साथ ही तदंगभूत कर्म को भी वेदान्तशास्त्र में 'अनादि' कहा करते हैं (वे. सू. 2. 1.35) स्मरण रहे, कि जैसा सांख्यवादी कहते हैं, उस प्रकार, अनादि यह मतलब नहीं है, कि माया मूल में ही परमेश्वर की बराबरी की, निरारंभ और स्वतंत्र है-परंतु यहाँ अनादि शब्द का यह अर्थ विवक्षित है कि यह दुर्ज्ञेयारंभ है-अर्थात् उसका आदि (आरंभ) मालूम नहीं होता।

परंतु यद्यपि हमें इस बात का पता नहीं लगता, कि चिद्रूप ब्रह्मकर्मात्मक अर्थात् दृश्य सृष्टि-रूप कब और क्यों होने लगा? तथापि इस मायात्मक कर्म के अगले सब व्यापारों के नियम निश्चित हैं; और उनमें से बहुतेरे नियमों को हम निश्चित रूप से जान भी सकते हैं। आठवें प्रकरण में सांख्यशास्त्र के अनुसार इस बात का विवेचन किया गया है, कि मूल प्रकृति से अर्थात् अनादि मायात्मक कर्म से ही आगे चलकर सृष्टि के नाम-रूपात्मक विविध पदार्थ किस क्रम से निर्मित हुए; और वहीं आधुनिक आधिभौतिक शास्त्र के सिद्धान्त भी तुलना के लिए बतलाए गए हैं। यह सच है, कि वेदान्तशास्त्र प्रकृति को परब्रह्म की तरह स्वयंभू नहीं मानता; परंतु प्रकृति के अगले विस्तार का जो क्रम सांख्यशास्त्र में कहा गया है, वही वेदान्त को भी मान्य है, उसमें, उन सामान्य नियमों का कुछ भी विचार नहीं हुआ; कि जिनके अनुसार मनुष्यों को कर्म-फल भोगने पड़ते हैं। इसलिए अब उन नियमों का विवेचन करना आवश्यक है। इसी को 'कर्मविपाक' कहते हैं। इस कर्मविपाक का पहला नियम यह है, कि जहाँ एक बार कर्म का आरंभ हुआ कि फिर उसका व्यापार आगे बराबर अखंड जारी रहता है; और जब ब्रह्महरा का दिन समाप्त होने पर सृष्टि का संहार होता है, तब भी यह कर्म बीजरूप से बना रहता है, एवं फिर जब सृष्टि का आरंभ होने लगता है, तब उसी कर्मबीज से फिर पूर्ववत् अंकुर फूटने लगते हैं। महाभारत का कथन है, कि:-

येषां ये यानि कर्माणि प्राक्सृष्टयां प्रतिपेदिरं।
तान्येव प्रतिपद्यन्ते सृज्यमानाः पुनः पुनः॥

अर्थात् "पूर्व की सृष्टि में प्रत्येक प्राणी ने जो जो कर्म किए होंगे, ठीक वे ही कर्म उसे (चाहे उसकी इच्छा हो या न हो) फिर यथापूर्व प्राप्त होते रहते हैं" (मभा. शां. 231.48, 49 और गीता 8.18 तथा 19)। गीता में (गीता 4.17) कहा है, कि "गहना कर्मणो गति"-कर्म की गति कठिन है, इतना ही नहीं; किंतु कर्मका बंधन भी बड़ा कठिन है। कर्म किसी से भी नहीं छूट सकता। वायु कर्म से ही चलती है; सूर्य-चंद्रादिक कर्म से ही घूमा करते हैं; और ब्रह्मा, विष्णु, महेश आदि सगुण देवता भी कर्मों से ही बँधे हुए हैं। फिर इंद्र आदियों का क्या पूछना है? सगुण का अर्थ है नामरूपात्मक; और नामरूपात्मक का अर्थ है कर्म या कर्म का परिणाम। जब कि यही बतलाया नहीं जा सकता, कि मायात्मक कर्म आरंभ में कैसे उत्पन्न हुआ; तब यह कैसे बतलाया जावे, कि तदंगभूत मनुष्य इस कर्म-चक्र में पहले पहल कैसे फँस गया? परंतु किसी भी रीति से क्यों न हो; जब वह एक बार कर्मबंधन में पड़ चुका, तब फिर आगे चलकर उसकी एक नामरूपात्मक देह का नाश होने पर कर्म के परिणाम के कारण उसे इस सृष्टि में भिन्न भिन्न रूपों का मिलना कभी नहीं छूटता। क्योंकि आधुनिक आधिभौतिक शास्त्रकारों ने भी यह निश्चित किया है,[1] कि कर्मशक्ति का कभी भी नाश नहीं होता;

1. यह बात नहीं, कि पुनर्जन्म की इस कल्पना को केवल हिंदू धर्म ने या केवल आस्तिकवादियों ने ही माना हो। यद्यपि बौद्ध लोग आत्मा को नहीं मानते, तथापि वैदिक धर्म में वर्णित पुनर्जन्म की कल्पना को

किंतु जो शक्ति आज किसी एक नामरूप से दीख पड़ती है, वही शक्ति उस नामरूप के नाश होने पर दूसरे नामरूप से प्रकट हो जाती है। और जबकि किसी एक नामरूप के नाश होने पर उसको भिन्न भिन्न नामरूप निर्जीव ही होंगे अथवा ये भिन्न प्रकार के हो ही नहीं सकते। अध्यात्म दृष्टि से इस नामरूपात्मक परंपरा को ही जन्म-मरण का चक्र या संसार कहते हैं। और इन नामरूपों की आधारभूत शक्ति को समष्टिरूप से ब्रह्म, और व्यष्टि रूप से जीवात्मा कहा करते हैं। वस्तु: देखने से यह विदित होगा, कि यह आत्मा न तो जन्म धारण करता है; और न मरता ही है। अर्थात् यह नित्य अथवा स्थायी है। परंतु कर्मबंधन में पड़ जाने के कारण एक नामरूप के नाश हो जाने के पर उसी को दूसरे नामरूपों का प्राप्त होना टल नहीं सकता। आज का कर्म कल भोगना पड़ता है, और कल का परसों। इतना ही नहीं; किंतु इस जन्म में जो कुछ किया जाए, उसे अगले जन्म में भोगना पड़ता है-इस तरह यह भवचक्र सदैव चलता रहता है। मनुस्मृति तथा महाभारत में (मनु: 4.173; मभा. आ. 80.3) तो कहा गया है, कि इन कर्मफलों को न केवल हमें, किंतु कभी कभी हमारी नामरूपात्मक देह से उत्पन्न हमारे लड़कों और नातियों तक को भी भोगना पड़ता है। शांतिपर्व में भीष्म युधिष्ठिर से कहते हैं:-

पापं कर्म कृतं किंचिद्यदि तस्मिन्न दृश्यते।
नृपते तस्य पुत्रेषु पौत्रेष्वपि च नप्तृषु॥

अर्थात् "हे राजा! यदि किसी आदमी को उसके पाप-कर्मों का फल मिलते हुए न दीख पड़े: उसके पुत्रों, पौत्रों और प्रपौत्रों तक को उसे भोगना पड़ता है" (मभा. शां. 129.21)। हम लोग प्रत्यक्ष देखा करते हैं, कि कोई कोई असाध्य रोग वंशपरंपरा से प्रचलित रहते हैं। इसी तरह कोई जन्म से ही दरिद्री होता है; और कोई वैभवपूर्ण राजकुल में उत्पन्न होता है। इन सब बातों की उपपत्ति केवल कर्मवाद से ही लगाई जा सकती है; और बहुतों का मत है, कि यही कर्मवाद की सच्चाई का प्रमाण है। कर्म का यह चक्र जब एक बार आरंभ हो जाता है, तब फिर उसे परमेश्वर भी नहीं रोक सकता। यदि इस सृष्टि से देखें, कि सारी सृष्टि परमेश्वर की इच्छा से ही चल रही है; तो कहना न होगा कि, कर्म-फल को देनेवाला परमेश्वर से भिन्न कोई दूसरा हो नहीं सकता (वे. सू. 3.2.38; कौ. 3.8)। और इसीलिए भगवान् ने कहा है, कि "लभते च तत: कामान् मयैव विहितान् हि तान्" (गीता 7.22)-मैं जिस फल का निश्चय कर दिया करता हूँ, वही इच्छित फल मनुष्य को मिलता है। परंतु कर्म-फल को निश्चित कर देने का काम यद्यपि ईश्वर का है, तथापि वेदान्तशास्त्र का यह सिद्धान्त है, कि ये फल हर एक के खरे-खोटे कर्मों की अर्थात् कर्म-अकर्म की योग्यता के अनुरूप ही निश्चित किए जाते हैं; इसीलिए परमेश्वर इस संबंध में वस्तुत: उदासीन ही है। अत: यदि मनुष्यों में भले-बुरे का भेद हो जाता है, तो उसके लिए परमेश्वर वैषम्य (विषम बुद्धि) और नैर्घृण्य (निर्दयता) दोषों को पात्र नहीं होता (वे. सू. 2.1.34)। इसी आशय को लेकर गीता में भी कहा है, कि, "समोऽहं सर्वभृतेषु" (गीता 9.29) अर्थात् ईश्वर सबके लिए समान है; अथवा :-

---

उन्होंने अपने धर्म में पूर्ण रीति से स्थान दिया है; और बीसवीं शताब्दी में "परमेश्वर मर गया" कहनेवाले पक्के निरीश्वरवादी जर्मन पंडित नित्शे ने भी पुनर्जन्मवाद को स्वीकार किया है। उसने लिखा है, कि कर्म-शक्ति के जो हमेशा रूपांतर हुआ करते हैं, वे मर्यादित हैं; तथा काल अनंत है; इसलिए यह कहना पड़ता है, कि एक बार जो नामरूप हो चुके हैं, वे ही फिर आगे यथापूर्व कभी न कभी अवश्य उत्पन्न होते ही हैं, और इसी से कर्म का चक्र अर्थात् बंधन केवल आधिभौतिक दृष्टि से ही सिद्ध हो जाता है। उसने यह भी लिखा है, कि यह कल्पना और उपपत्ति मुझे अपनी स्फूर्ति से मालूम हुई है! Nietzsche's Eternal Recurrence (Complete Works, Engl. Trans., Vol XVI, pp. 235-256).

नादत्ते कस्यचित पापं न चैवं सुकृतं विभुः॥

"परमेश्वर न तो किसी के पाप को लेता है, न पुण्य को; कर्म या माया के स्वभाव का चक्र चलता रहता है; जिससे प्राणि मात्र को अपने-अपने कर्मानुसार सुख-दुःख भोगने पड़ते हैं", (गीता 5.14, 15)। सारांश, यद्यपि मानवी बुद्धि से इस बात का पता नहीं लगता कि परमेश्वर की इच्छा से संसार के कर्म का आरंभ कब हुआ और तदंगभूत मनुष्य कर्म के बंधन में पहले पहल कैसे फँस गया? तथापि जब हम देखते हैं, कि कर्म के आगामी परिणाम या फल केवल कर्म के नियमों से ही उत्पन्न हुआ करते हैं; तब हम अपनी बुद्धि से इतना तो अवश्य निश्चय कर सकते हैं, कि संसार के आरंभ से प्रत्येक प्राणी नामरूपात्मक अनादि कर्म की कैद में बँध-सा गया है। "कर्मणा बध्यते जन्तुः"-ऐसा जो इस प्रकरण के आरंभ में ही वचन दिया हुआ है, उसका अर्थ भी यही है।

इस अनादि कर्मप्रवाह के और भी दूसरे नाम हैं, जैसे संसार, प्रकृति, माया, दृश्य सृष्टि, सृष्टि के कायदे या नियम इत्यादि। क्योंकि सृष्टिशास्त्र के नियम नामरूपों में होनेवाले परिवर्तनों के ही नियम हैं। और यदि इस सृष्टि से देखें, तो सब आधिभौतिक शास्त्र नाम-रूपात्मक माया के प्रपंच में ही आ जाते हैं। इस माया के नियम तथा बंधन सुदृढ़ एवं सर्वव्यापी हैं। इसलिए केहेल जैसे आधिभौतिक शास्त्रज्ञों ने-जो इस नामरूपात्मक माया अथवा दृश्य सृष्टि के मूल में अथवा उससे परे किसी नित्य तत्त्व का अस्तित्व नहीं मानते; यह सिद्धान्त किया है, कि यह सृष्टि-चक्र मनुष्य को जिधर ढकेलता जाएगा, उधर ही उसे जाना पड़ता है; इन पंडितों का कथन है, कि प्रत्येक मनुष्य को जो ऐसा मालूम होता रहता है, कि नामरूपात्मक विनाशी स्वरूप से मेरी मुक्ति होनी चाहिए; अथवा अमुक काम करने से मुझे अमृतत्व मिलेगा-यह सब केवल भ्रम है। आत्मा या परमात्मा कोई स्वतंत्र पदार्थ नहीं है; और अमृतत्व भी झूठ है; इतना ही नहीं, किंतु इस संसार में कोई भी मनुष्य अपनी इच्छा से कुछ काम करने को स्वतंत्र नहीं है। मनुष्य आज जो कुछ कार्य करता है, वह पूर्वकाल में किए गए स्वयं उसके या उसके पूर्वजों के कर्मों का परिणाम है, इससे उक्त कार्य का करना या न करना भी उसकी इच्छा पर कभी अवलंबित नहीं हो सकता। उदाहरणार्थ, किसी की एक आध उत्तम वस्तु को देखकर, पूर्व कर्मों से अथवा वंश परंपरागत संस्कारों से, उसे चुरा लेने की बुद्धि, कई लोगों के मन में इच्छा न रहने पर भी, उत्पन्न हो जाती है; और वे उस वस्तु को चुरा लेने के लिए प्रवृत्त हो जाते हैं। अर्थात् इन आधिभौतिक पंडितों के मत का सारांश यही है, कि गीता में जो यह तत्त्व बतलाया गया है, कि "अनिच्छन् अपि वार्ष्णेय बलादिव नियोजितः" (गीता 3.36)-इच्छा के न रहने पर भी मनुष्य पाप करता है! वही तत्त्व सभी जगह एक समान उपयोगी है, उसके लिए एक भी अपवाद नहीं है; और उससे बचने का कोई भी उपाय नहीं है। इस मत के अनुसार यदि देखा जाए, तो मानना पड़ेगा कि मनुष्य की जो बुद्धि या इच्छा आज उत्पन्न होती है, वह कल के कर्मों का फल है; तथा कल जो बुद्धि उत्पन्न हुई थी, वह परसों के कर्मों का फल था; और ऐसा होते होते इस कारण परंपरा का कभी अंत ही नहीं होगा; तथा यह मानना पड़ेगा कि मनुष्य अपनी स्वतंत्र बुद्धि से कभी कुछ नहीं कर सकता-जो कुछ होता है वह सब पूर्व-कर्म अर्थात् दैव का भी फल है। क्योंकि प्राक्तन-कर्म को ही लोग दैव कहा करते हैं। इस प्रकार यदि किसी कर्म को करने अथवा न करने की मनुष्य को कोई स्वतंत्रता ही नहीं है; तो फिर यह कहना ही व्यर्थ है, कि मनुष्य को अपना आचरण अमुक रीति से सुधार लेना चाहिए; और अमुक रीति से ब्रह्मात्मैक्य ज्ञान प्राप्त करके अपनी बुद्धि को शुद्ध करना चाहिए। तब तो मनुष्य की वही दशा होती है, कि जो नदी के प्रवाह में बहती

हुई लकड़ी की हो जाती है; अर्थात् जिस ओर माया, प्रकृति, सृष्टि-माया कर्म का प्रवाह उसे खींचेगा, उसी ओर उसे चुपचाप चले जाना चाहिए। फिर चाहे उसमें अधोगति हो अथवा प्रगति! इस पर कुछ अन्य आधिभौतिक उत्क्रांतिवादियों का कहना है, कि प्रकृति का स्वरूप स्थिर नहीं है; और नामरूप क्षण-क्षण में बदला करते हैं; इसलिए जिन सृष्टि नियमों के अनुसार ये परिवर्तन होते हैं, उन्हें जानकर मनुष्य को बाह्यसृष्टि में ऐसा परिवर्तन कर लेना चाहिए, कि जो उसे हितकारक हो; और हम देखते हैं, कि मनुष्य इसी न्याय से प्रत्यक्ष व्यवहारों में अग्नि या विद्युतशक्ति का उपयोग अपने फायदे के लिए करता है। इसी तरह यह भी अनुभव की बात है, कि प्रयत्न से मनुष्य स्वभाव में भी थोड़ा-बहुत परिवर्तन अवश्य हो जाता है। परंतु प्रस्तुत प्रश्न यह नहीं है, कि सृष्टि-रचना में या मनुष्य-स्वभाव में परिवर्तन होता है या नहीं? और कहना चाहिए या नहीं? हमें तो पहले यही निश्चय करना है, कि ऐसा परिवर्तन करने की जो बुद्धि या इच्छा मनुष्य में उत्पन्न होती है, उसे रोकने या न रोकने की स्वाधीनता उसमें है या नहीं। और, आधिभौतिक शास्त्र की दृष्टि से इस बुद्धि का होना या न होना ही यदि "बुद्धिः कर्मानुसारिणी" के न्याय के अनुसार प्रकृति, कर्म या सृष्टिं के नियमों से पहले ही निश्चित हुआ है, तो यही निष्पन्न होता है, कि इस आधिभौतिक शास्त्र के अनुसार किसी भी कर्म को करने या न करने के लिए मनुष्य स्वतंत्र नहीं है। इस वाद को 'वासना-स्वातंत्र्य', 'इच्छा-स्वातंत्र्य' या 'प्रवृत्ति-स्वातंत्र्य' कहते हैं। केवल कर्मविपाक अथवा केवल आधिभौतिक शास्त्र की दृष्टि से विचार किया जाए, तो अंत में यही सिद्धान्त करना पड़ता है, कि मनुष्य को किसी भी प्रकार का प्रवृत्ति-स्वातंत्र्य या इच्छा-स्वातंत्र्य करना पड़ता है, कि मनुष्य को किसी भी प्रकार का प्रवृत्ति-स्वातंत्र्य या इच्छा स्वातंत्र्य नहीं है और वह कर्म के अभेद्य बंधनों से वैसे ही जकड़ा हुआ है, जैसे किसी गाड़ी का पहिया चारों तरफ से लोहे की पट्टी से जकड़ दिया जाता है। परंतु इस सिद्धान्त की सत्यता के लिए मनुष्यों के अंतःकरण का अनुभव गवाही देने को तैयार नहीं है। प्रत्येक मनुष्य अपने अंतःकरण में यही कहता है, कि यद्यपि मुझमें सूर्य का उदय पश्चिम दिशा में करा देने की शक्ति नहीं है, तो भी मुझमें इतनी शक्ति अवश्य है, कि मैं अपने हाथ से होने वाले कार्यों की भलाई-बुराई का विचार करके उन्हें अपनी इच्छा के अनुसार करूँ या न करूँ, अथवा जब मेरे सामने पाप या पुण्य तथा धर्म या अधर्म दो मार्ग उपस्थित हों, तब उनमें से इस प्रकार किसी एक को स्वीकार कर लेने के लिए मैं स्वतंत्र हूँ। अब यही देखना है, कि यह समझ सच है या झूठ? यदि इस समझ को झूठ कहें, तो हम देखते हैं, कि इसी के आधार पर चोरी, हत्या आदि अपराध करनेवालों को अपराधी ठहराकर सजा दी जाती है, और यदि सच मानें तो कर्मवाद, कर्मविपाक या दृश्य सृष्टि के नियम मिथ्या प्रतीत होते हैं; आधिभौतिक शास्त्रों में केवल जड़ पदार्थों की क्रियाओं का ही विचार किया जाता है, इसलिए वहाँ यह प्रश्न उत्पन्न नहीं होता; परंतु जिस कर्मयोग-शास्त्र में ज्ञानवान् मनुष्य के कर्त्तव्य का विवेचन करना होता है, उसमें यह एक महत्त्वपूर्ण प्रश्न है; और उसका उत्तर देना भी आवश्यक है। क्योंकि एक बार यदि यही अंतिम निश्चय हो जाए, कि मनुष्य को कुछ भी प्रवृत्ति-स्वातंत्र्य नहीं है; तो फिर अमुक प्रकार से बुद्धि को शुद्ध करना चाहिए, अमुक कार्य करना चाहिए, अमुक नहीं करना चाहिए, अमुक धर्म्य है, अमुक अधर्म्य, इत्यादि विधिनिषेध-शास्त्र के सब झगड़े भी आप-ही-आप मिट जाएंगे (वे. सू. 2.3.33);[1] और

1. वेदान्तसूत्र के इस अधिकरण को 'जीवकर्तृत्वाधिकरण' कहते हैं। उसका पहला ही सूत्र है-"कर्ता शास्त्रार्थवत्त्वात्" अर्थात् विधिनिषेध शास्त्र में अर्थ-तत्त्व होने के लिए जीव को कर्ता मानना चाहिए। पाणिनी के 'स्वतंत्रः कर्ता' (पा. 1.454) सूत्र के 'कर्ता' शब्द से ही आत्मस्वातंत्र्य बोध होता है; और इससे मालूम होता है, कि यह अधिकरण इसी विषय का है।

तब परंपरा से या प्रत्यक्ष रीति से महामाया प्रकृति के दासत्व में सदैव रहना ही मनुष्य का पुरुषार्थ हो जाएगा। अथवा पुरुषार्थ ही काहे का? अपने बस की बात हो, तो पुरुषार्थ ठीक है; परंतु जहाँ तक रत्ती भर भी अपनी सत्ता या इच्छा नहीं रह जाती, वहाँ दास्य और परतंत्रता के सिवा और हो ही क्या सकता है। हल में जुते हुए बैलों के समान सब लोगों को प्रकृति की आज्ञा में रहकर, एक आधुनिक कवि के कथनानुसार 'पदार्थ-धर्मों की श्रृंखलाओं से' बंध जाना चाहिए। हमारे भारतवर्ष में कर्मवाद या दैववाद से और पश्चिमी देशों में पहले पहल ईसाई धर्म के भवितव्यवाद से तथा अर्वाचीन काल में शुद्ध आधिभौतिक शास्त्रों के सृष्टि क्रमवाद से इच्छा-स्वातंत्र्य के इस विषय की ओर पंडितों का ध्यान आकर्षित हो गया है; और इसकी बहुत-कुछ चर्चा हो चुकी है और आज भी हो रही है। परंतु यहाँ पर उसका वर्णन करना असंभव है। इसलिए इस प्रकारण में यही बतलाया जाएगा कि वेदान्तशास्त्र और भगवद्गीता ने इस प्रश्न का क्या उत्तर दिया है।

यह सच है, कि कर्म-प्रवाह अनादि है; और जब एक बार कर्म का चक्र शुरू हो जाता है, तब परमेश्वर भी उसमें हस्तक्षेप नहीं करता। तथापि अध्यात्मशास्त्र का यह सिद्धान्त है, कि दृश्य सृष्टि केवल नामरूप या कर्म ही नहीं है; किंतु इस नामरूपात्मक आवरण के लिए आधारभूत एक आत्मरूपी, स्वतंत्र ओर अविनाशी ब्रह्मसृष्टि है; तथा मनुष्य के शरीर का आत्मा उस नित्य एवं स्वतंत्र परब्रह्म ही का अंश है। इस सिद्धान्त की सहायता से प्रत्यक्ष में अनिवार्य दीखनेवाली उक्त अड़चन से भी छुटकारा पाने के लिए हमारे शास्त्रकारों का निश्चित किया हुआ एक मार्ग है। परंतु इसका विचार करने के पहले कर्मविपाक-क्रिया के शेष अंश का वर्णन पूरा कर लेना चाहिए। "जो जस करै सो तस फल चाखा" यानी-"जैसी करनी वैसी भरनी"-यह नियम न केवल एक ही व्यक्ति के लिए; किंतु कुटुंब, जाति, राष्ट्र और समस्त संसार के लिए भी उपयुक्त होता है और चूंकि प्रत्येक मनुष्य का किसी न किसी कुटुंब, जाति अथवा देश में समावेश हुआ ही करता है; इसलिए उसे स्वयं अपने कर्मों के साथ-साथ कुटुंब आदि के सामाजिक कर्मों के फलों को भी अंशतः भोगना पड़ता है। परंतु व्यवहार में प्रायः एक मनुष्य के कर्मों का ही विवेचन करने का प्रसंग आया करता है।-इसलिए कर्मविपाक-प्रक्रिया के कर्म के विभाग प्रायः एक मनुष्य को ही लक्ष्य करके किए जाते हैं। उदाहरणार्थ मनुष्य से हिंसा और चोरी-इन तीनों को कायिक; कटु, मिथ्या, ताना मारना और असंगत बोलना-इन चारों को वाचिक; और पर-द्रव्याभिलाषा, दूसरों का अहित-चिंतन और व्यर्थ आग्रह करना-इन तीनों को मानसिक पाप कहते हैं। सब मिलाकर दस प्रकार के अशुभ या पापकर्म बतलाए गए हैं (मनु. 12.5-7; मभा. अनु. 13) और आगे इनके फल भी कहे गए हैं। परंतु ये भेद कुछ स्थाई नहीं हैं। क्योंकि इसी अध्याय में सब कर्मों के फिर भी सात्त्विक, राजस और तामस-तीन भेद किए गए हैं; और प्रायः भगवद्गीता में दिए गए वर्णन के अनुसार इन तीनों प्रकार के गुणों या कर्मों के लक्षण भी बतलाए गए हैं (गीता 14.11-15; 18.23-25; मनु. 12.31-34)। परंतु कर्मविपाक-प्रकरण में कर्म का जो सामान्यतः विभाग पाया जाता है; वह इन दोनों से भी भिन्न है, उसमें कर्म के संचित, प्रारब्ध और क्रियमाण-ये तीन भेद किए जाते हैं। किसी मनुष्य के द्वारा इस क्षण तक किया गया जो कर्म है-चाहे वह इस जन्म में किया गया हो या पूर्वजन्म में-वह उसका संचित अर्थात् 'एकत्रित' कर्म कहा जाता है। इसी 'संचित' का दूसरा नाम 'अदृष्ट' और भीमांसकों की परिभाषा में 'अपूर्व' भी है। इन नामों के देने का कारण यह है, कि जिस समय कर्म या क्रिया की जाती है, उसी समय के लिए यह दृश्य रहती है और उस समय के बीत जाने पर वह क्रिया स्वरूपतः शेष नहीं रहती किंतु उसके

सूक्ष्म अतएव अदृश्य अर्थात् अपूर्व और विलक्षण परिणाम ही बाकी रह जाते हैं (वे. सू. शांत. भा. 3.2.39, 40)। कुछ भी हो; परंतु इसमें संदेह नहीं, कि इस क्षण तक जो जो कर्म किए गए होंगे, इन सबके परिणामों के संग्रह को ही 'संचित', 'अदृश्य' या 'अपूर्व' कहते हैं। उन सब संचित कर्मों को एकदम भोगना असंभव है। क्योंकि इनके परिणामों से कुछ परस्पर-विरोधी अर्थात् भले और बुरे, दोनों प्रकार के फल देने वाले हो सकते हैं। उदाहरणार्थ, कोई 'संचित' कर्म स्वर्गप्रद और कोई नरकप्रद भी होते हैं, इसलिए इन दोनों के फलों को एक ही समय भोगना संभव नहीं है-इन्हें एक के बाद एक भोगना पड़ता है। अतएव 'संचित' में से जितने कर्मों के फलों को भोगना पहले शुरू होता है, उतने ही को 'प्रारब्ध' अर्थात् आरंभित 'संचित' कहते हैं। व्यवहार में संचित के अर्थ में ही 'प्रारब्ध' शब्द का उपयोग किया जाता है; परंतु यह भूल है। शास्त्र दृष्टि से यही प्रकट होता है, कि 'संचित के अर्थात् भूतपूर्व कर्मों के संग्रह के एक छोटे भेद को ही 'प्रारब्ध' कहते हैं। 'प्रारब्ध कुछ समस्त' संचित नहीं है। संचित के जितने भाग के फलों का (कार्यों का) भोगना आरंभ हो गया है उतना ही प्रारब्ध है, और इसी कारण से प्रारब्ध का दूसरा नाम आरब्ध-कर्म है। प्रारब्ध और संचित के अतिरिक्त कर्म का क्रियामाण नामक एक और तीसरा भेद है। 'क्रियामाण' वर्तमानकालवाचक धातुसाधित शब्द है, और उसका अर्थ है "जो कर्म अभी हो रहा है, अथवा जो कर्म अभी किया जा रहा है।" परंतु वर्तमान समय में हम जो कुछ करते हैं, वह प्रारब्ध कर्म का ही (अर्थात् संचित कर्मों में से जिन कर्मों का भोगना शुरू हो गया है, उनका ही) परिणाम है; अतएव 'क्रियमाण' को कर्म का तीसरा भेद मानने के लिए हमें कोई कारण दीख नहीं पड़ता। हाँ, यह भेद दोनों में अवश्य किया जा सकता है, कि प्रारब्ध कारण है और क्रियामाण उसका फल अर्थात् कार्य है। परंतु कर्म-विपाक-प्रक्रिया में इस भेद का कुछ उपयोग नहीं हो सकता। संचित में से जिन कर्मों के फलों का भोगना अभी तक आरंभ नहीं हुआ है, उनका-अर्थात् संचित में से प्रारब्ध को घटा देने पर जो कर्म बाकी रह जाएं, उनका-बोध कराने के लिए किसी दूसरे शब्द की आवश्यकता है। इसलिए वेदान्तसूत्र (वे. सू. 4.1.15) में प्रारब्ध ही-को प्रारब्ध-कर्म और जो प्रारब्ध नहीं, उन्हें अनारब्ध-कार्य कहा है। हमारे मतानुसार संचित कर्मों के इस रीति से प्रारब्ध-कार्य और अनारब्ध कार्य-दो भेद करना ही शास्त्र दृष्टि से अधिक युक्तिपूर्ण मालूम होता है। इसलिए 'क्रियमाण' को धातुसाधित वर्तमानकालवाचक समझें, तो उसका अर्थ "जो आगे शीघ्र ही भोगने का है"-किया जा सकेगा; और तब 'क्रियमाण' का ही अर्थ अनारब्ध कार्य हो जाएगा; एवं 'प्रारब्ध' तथा 'क्रियमाण' ये दो शब्द क्रम से वेदान्तसूत्र के 'आरब्ध-कार्य' और 'अनारब्ध-कार्य' शब्दों से समानार्थक हो जाएंगे। परंतु क्रियमाण का ऐसा अर्थ आजकल कोई नहीं करता; उसका अर्थ प्रचलित कर्म ही लिया जाता है। इस पर यह आक्षेप है, कि ऐसा अर्थ लेने से प्रारब्ध के फल को ही क्रियमाण कहना पड़ता है; और जो कर्म अनारब्ध-कार्य है, उनका बोध कराने के लिए संचित, प्रारब्ध तथा क्रियमाण, इन तीनों शब्दों में कोई भी शब्द पर्याप्त नहीं होता। इसके अतिरिक्त क्रियमाण शब्द के रूढ़ार्थ को छोड़ देना भी अच्छा नहीं है। इसलिए कर्म-विपाक-प्रक्रिया में संचित, प्रारब्ध और क्रियमाण कर्म के इन लौकिक भेदों को न मानकर हमने उसके अनारब्ध कार्य और आरब्ध कार्य से ये दो ही वर्ग किए हैं; और ये ही शास्त्र दृष्टि से भी सुभीते के हैं। 'भोगना' क्रिया के कालकृत तीन भेद होते हैं-जो भोग जा चुका है (भूत), जो भोगा जा रहा है (वर्तमान) और जिसे आगे भोगना है (भविष्य)। परंतु कर्म-विपाक-क्रिया में इस प्रकार कर्म के तीन भेद नहीं हो सकते, क्योंकि संचित में से जो कर्म प्रारब्ध होकर भोगे जाते हैं, उनके फल फिर भी संचित ही में जा मिलते

हैं। इसलिए कर्म-भोग का विचार करते समय संचित के ये ही दो भेद हो सकते हैं-(1) वे कर्म, जिनका भोगना शुरू हो गया है अर्थात् प्रारब्ध: और (2) जिनका भोगना शुरू नहीं हुआ है अर्थात् अनारब्ध। इन दो भेदों से अधिक भेद करने की कोई आवश्यकता नहीं है। इस प्रकार सब कर्मों के फलों का द्विविध वर्गीकरण करके उनके उपभोग के संबंध में कर्म-विपाक-प्रक्रिया यह बतलाती है, कि संचित ही कुल भोग्य है। इनमें से जिन कर्म-फलों का उपभोग आरंभ होने से यह शरीर या जन्म मिला है, अर्थात् संचित में से जो कर्म प्रारब्ध हो गए हैं; उन्हें भोगे बिना छुटकारा नहीं है-"प्रारब्धकर्मणां भोगादेव क्षय:।" जब एक बार हाथ से बाण छूट जाता है, तब वह लौटकर आ नहीं सकता; अंत तक चला ही जाता है; अथवा जब एक बार कुम्हार का चक्र घुमा दिया जाता है तब उसकी गति का अंत होने तक वह घूमता ही रहता है; ठीक इसी तरह 'प्रारब्ध' कर्मों की-अर्थात् जिनके फल का भोग होना शुरू हो गया है, उनकी भी अवस्था होती है। जो शुरू हो गया है, उसका अंत होना ही चाहिए, इसके सिवा दूसरी गति नहीं है। परंतु अनारब्ध-कार्य-कर्म का ऐसा हाल नहीं है-इन सब कर्मों का ज्ञान से पूर्णतया नाश किया जा सकता है। प्रारब्ध-कार्य और अनारब्ध कार्य में जो यह महत्त्वपूर्ण भेद है, उसके कारण ज्ञानी पुरुष को ज्ञान होने के बाद भी नैसर्गिक रीति से मृत्यु होने तक-अर्थात् जन्म के साथ ही प्रारब्ध हुए कर्मों का अंत होने तक-शांति के साथ राह देखनी पड़ती है। ऐसा न करके यदि वह हठ से देह त्याग करके, तो ज्ञान से उसके अनारब्ध कर्मों का क्षय हो जाने पर भी उसके हठ से देहारंभक प्रारब्ध-कर्मों का भोग अपूर्ण रह जाएगा, जिन्हें भोगने के लिए उसे फिर भी जन्म लेना पड़ेगा; एवं उसके मोक्ष में भी बाधा आ जाएगी-यह वेदान्त और सांख्य, दोनों शास्त्रों का निर्णय है (वे. सू. 4.1.13-15; तथा सां. का. 67)। उक्त बाधा के सिवा हठ से आत्महत्या करना एक नया ही कर्म हो जाएगा; और उसके फल भोगने के लिए नया जन्म लेने की फिर भी आवश्यकता होगी। इससे साफ जाहिर होता है, कि कर्मशास्त्र की दृष्टि से भी आत्महत्या करना मूर्खता ही है।

कर्मफल-भोग की दृष्टि से कर्म के भेदों का वर्णन हो चुका है। अब इसका विचार किया जाएगा, कि कर्मबंधन से छुटकारा कैसे अर्थात् किस युक्ति से हो सकता है? पहली युक्ति कर्मवादियों की है। ऊपर बतलाया जा चुका है, कि अनारब्ध-कार्य भविष्य में भुगते जानेवाले संचित कर्मों को कहते हैं-फिर इन कर्मों को चाहे इसी जन्म में भोगना पड़े या उसके लिए और भी दूसरे जन्म लेने पड़ें। परंतु इस अर्थ की ओर ध्यान न देकर कुछ भीमांसकों ने कर्मबंधन से मुक्त होकर मोक्ष पाने का अपने मतानुसार सहज मार्ग ढूँढ निकाला है। तीसरे प्रकरण में कहे अनुसार, मीमांसकों की दृष्टि से समस्त कर्मों के नृत्य, नैमित्तिक, काम्य और निषिद्ध ऐसे चार भेद होते हैं। इनमें से संध्या आदि नित्यकर्मों को न करने से पाप लगता है; और नैमित्तिक कर्म तभी करने पड़ते हैं, कि जब उनके लिए कोई निमित्त उपस्थित हो। इसलिए मीमांसकों का कहना है, कि इन दोनों कर्मों को करना ही चाहिए। बाकी रहे काम्य और निषिद्ध कर्म। इनमें से निषिद्ध कर्म करने से पाप लगता है, इसलिए नहीं करने चाहिए; और काम्य कर्मों को करने से उसके फलों को भोगने के लिए फिर भी जन्म लेना पड़ता है, इसलिए उन्हें भी नहीं करना चाहिए। इस प्रकार भिन्न भिन्न कर्मों के परिणामों के तारतम्य का विचार करके यदि मनुष्य कुछ कर्मों को छोड़ दे और कुछ कर्मों को शास्त्रोक्त रीति से करता रहे, तो वह आप-ही-आप मुक्त हो जाएगा। क्योंकि इस जन्म में प्रारब्ध कर्मों का उपभोग कर लेने से, उनका अंत हो जाता है-और इस जन्म मेब सब नित्यनैमित्तिक कर्मों को करते रहने से तथा निषिद्ध कर्मों से बचे रहने से नरक में नहीं जाना पड़ता;

एवं काम्य कर्मों को छोड़ देने से स्वर्ग आदि सुखों के भोगने की भी आवश्यकता नहीं रहती; और जब इहलोक, नरक और स्वर्ग, ये तीनों गतियाँ इस प्रकार छूट जाती हैं, तब आत्मा के लिए मोक्ष के सिवा कोई दूसरी गति ही नहीं रह जाती। इस वाद को 'कर्ममुक्ति' या 'नैष्कर्म्य-सिद्धि' कहते हैं। कर्म करने पर भी जो न करने के समान हो अर्थात् जब किसी कर्म के पाप-पुण्य का बंधन कर्ता को नहीं हो सकता, तब उस स्थिति को 'नैष्कर्म्य' कहते हैं। परंतु वेदांतशास्त्र में निश्चय किया गया है, कि मीमांसकों की उक्त युक्ति से यह 'नैष्कर्म्य' पूर्ण रीति से नहीं सध सकता (वे. सू. शां. भा. 4. 3, 14); और इसी अभिप्राय से गीता भी कहती है, कि "कर्म न करने से नैष्कर्म्य नहीं होता; और छोड़ देने से सिद्धि भी नहीं मिलती" (गीता. 3, 4)। धर्मशास्त्रों में कहा गया है, कि पहले तो सब निषिद्ध कर्मों का त्याग करना ही असंभव है और यदि कोई निषिद्ध कर्म हो जाता है, तो केवल नैमित्तिक प्रायश्चित्त से उसके सब दोषों का नाश भी नहीं होता। अच्छा; यदि मान लें, कि उक्त बात संभव है, तो भी मीमांसकों के इस कथन में ही सत्यांश नहीं दीख पड़ता, कि "प्रारब्ध कर्मों को भोगने से तथा इस जन्म में किए जानेवाले कर्मों को उक्त युक्ति के अनुसार करने या न करने सब 'संचित' कर्मों का संग्रह समाप्त हो जाता है" क्योंकि दो 'संचित' कर्मों के फल परस्पर विरोधी-उदाहरणार्थ, एक का फल स्वर्ग-सुख तथा दूसरे का फल नरक-यातना-हों, तो उन्हें एक ही समय में और एक ही स्थल में भोगना असंभव है। इसलिए इसी जन्म में 'प्रारब्ध' हुए कर्मों से तथा इसी जन्म में किए जानेवाले कर्मों से सब 'संचित' कर्मों के फलों का भोगना पूरा नहीं हो सकता। महाभारत में पराशर गीता में कहा है:-

कदाचित्सुकृतं तात कूटस्थमिव तिष्ठति।
मज्जमानस्य संसारे यावद्दु:खाद्विमुच्यते॥

"कभी कभी मनुष्य के सांसारिक दु:खों से छूटने तक उसका पूर्वकाल में किया गया पुण्य (उसे अपना फल देने की राह देखता हुआ) चुपचाप बैठा रहता है" (मभा. शां. 290.17); और यही संचित पाप-कर्मों को भी लागू है। इस प्रकार संचित कर्मोपभोग एक ही जन्म में चुक जाता है; किंतु संचित कर्मों का एक भाग अर्थात् अनारब्ध कार्य हमेशा बचा ही रहता है, और इस जन्म के सब कर्मों को यदि उपर्युक्त युक्ति से करते रहें, तो भी बचे हुए अनारब्ध-कार्य संचितों को भोगने के लिए पुन: जन्म लेना ही पड़ता है। इसीलिए वेदान्त का सिद्धान्त है, कि मीमांसकों की उपर्युक्त सरल मोक्ष-युक्ति खोटी तथा भ्रांतिमूलक है। कर्मबंधन से छूटने का यह मार्ग किसी भी उपनिषद में नहीं बतलाया गया है। यह केवल तर्क के आधार से स्थापित किया गया है! परंतु यह तर्क भी अंत तक नहीं टिकता। सारांश, कर्म के द्वारा कर्म से छुटकारा पाने की आशा रखना वैसे ही व्यर्थ है जैसे एक अंधा दूसरे अंधे को रास्ता दिखलाकर पार कर दे! अच्छा; अब यदि मीमांसकों की इस युक्ति को मंजूर न करें; और कर्म के बंधनों से छुटकारा पाने के लिए सब कर्मों को आग्रहपूर्वक छोड़कर निरुद्योगी बन बैठें, तो भी काम नहीं चल सकता; क्योंकि अनारब्ध कर्मों के फलों का भोगना तो बाकी ही रहता है; और इसके साथ कर्म छोड़ने का आग्रह तथा चुपचाप बैठे रहना दोनों तामस कर्म हो जाते हैं; एवं इन तामस कर्मों को छोड़ देने का आग्रह भी व्यर्थ ही है-यथार्थ में इस संसार में कोई क्षण भर के लिए भी कर्म करना छोड़ नहीं सकता (गीता 3.5; 18.11)।

कर्म चाहे भला हो या बुरा, परंतु उसका फल भोगने के लिए मनुष्य को एक न एक जन्म लेकर हमेशा तैयार रहना चाहिए। कर्म अनादि है, और उसके अखंड व्यापार में परमेश्वर भी हस्तक्षेप नहीं करता। सब कर्मों को छोड़ देना संभव नहीं है, और मीमांसकों के कथनानुसार कुछ कर्मों को करने से और कुछ कर्मों को छोड़ देने से भी

कर्मबंधन से छुटकारा नहीं मिल सकता-इत्यादि बातों के सिद्ध हो जाने पर (यह पहला प्रश्न फिर भी उत्पन्न होता है, कि कर्मात्मक नामरूप के विनाशी चक्र से) छूट जाने एवं उसके मूल में रहनेवाले अमृत तथा अविनाशी तत्त्व में मिल जाने की मनुष्य को जो स्वाभाविक इच्छा होती है, उसकी तृप्ति करने का कौन सा मार्ग है? वेद और स्मृति ग्रंथों में यज्ञयाग आदि पारलौकिक कल्याण के अनेक साधनों का वर्णन है, परंतु मोक्षशास्त्र की दृष्टि से सब कनिष्ठ श्रेणी के हैं। क्योंकि यज्ञयाग आदि पुण्य कर्मों के द्वारा स्वर्ग प्राप्ति हो जाती है, परंतु जब उन पुण्य-कर्मों के फलों का अंत हो जाता है तब-चाहे दीर्घकाल में ही क्यों न हो-कभी न कभी इस कर्मभूमि में लौटकर आना ही पड़ता है (मभा. वन. 259, 260; गीता 8.25, 9.20)। इससे स्पष्ट हो जाता है, कि कर्म के पंजे से बिल्कुल छूटकर अमृतत्त्व में मिल जाने का और जन्म-मरण की झंझट को सदा के लिए दूर कर देने का यह सच्चा मार्ग नहीं है। इस झंझट को सदा के लिए दूर करने का अर्थात् मोक्ष प्राप्ति का अध्यात्मशास्त्र कथनानुसार 'ज्ञान' ही एक सच्चा मार्ग है। 'ज्ञान' शब्द का अर्थ व्यवहारज्ञान या नामरूपात्मक सृष्टिशास्त्र का ज्ञान नहीं है, किंतु यहाँ उसका अर्थ ब्रह्मात्मैक्य ज्ञान है। इसी को 'विद्या' भी कहते हैं, और इस प्रकरण के आरंभ में "कर्मणा बध्यते जंतुः विद्यया तु प्रमुच्यते"-कर्म से ही प्राणी बाँधा जाता है, और विद्या से उसका छुटकारा होता है-यह जो वचन दिया गया है, उसमें 'विद्या' का अर्थ 'ज्ञान' ही विवक्षित है, गीता में भगवान ने अर्जुन से कहा है, कि:-

ज्ञानाग्निः सर्वकर्माणि भस्मसात्कुरुतेऽर्जुन

"ज्ञानरूप अग्नि से सब कर्म भस्म हो जाते हैं" (गीता 4.37) और दो स्थलों पर महाभारत में भी कहा गया है, कि:-

बीजान्यग्न्युपदग्धानि न रोहन्ति यथा पुनः।
ज्ञानदग्धैस्तथा क्लेशैर्नात्मा सम्यद्यते पुनः॥

"भुना हुआ बीज जैसे उग नहीं सकता, वैसे ही जब ज्ञान से (कर्मों के) क्लेश दग्ध हो जाते हैं, तब वे आत्मा को पुनः प्राप्त नहीं होते" (मभा. वन. 199.106, 106; शां. 211.17)। उपनिषदों में भी इसी प्रकार की महत्ता बतलाने वाले अनेक वचन हैं। जैसे-"य एवं वेदाहं ब्रह्मास्मीति स इदं सर्वं भवति।' (बृ. 1.4.10)-जो यह जानता है, कि मैं ही ब्रह्म हूँ, वही अमृत ब्रह्म होता है। जिस प्रकार कमलपत्र में पानी चिपट नहीं सकता, उसी प्रकार जिसे ब्रह्मज्ञान हो गया है, उसे कर्म दूषित नहीं कर सकते (छां. 4.14.3)। ब्रह्म जाननेवाले को मोक्ष मिलता है (तै. 2.1)। जिसे यह मालूम हो चुका है, कि सब कुछ आत्ममय है, उसे पाप नहीं लग सकता (बृ. 4.4.23)। "ज्ञात्वा देवं मुच्यते सर्वपाशैः" (श्वे. 5.13; 6.13)-परमेश्वर का ज्ञान होने पर सब पाशों से मुक्त हो जाता है। "क्षीयन्ते चास्य कर्माणि तस्मिन्दृष्टे परावरे" (मु. 2.2.8) परब्रह्म का ज्ञान होने पर सब कर्मों का क्षय हो जाता है। "विद्ययामृतमश्नुते" (ईशा. 11. मैत्र्यु. 7. 9)-विद्या से अमृतत्व मिलता है।" तमेव विदित्वाऽतिमृत्युमेति नान्यः पन्था विद्यतेऽयनाय" (श्वे. 3.8)-परमेश्वर को जान लेने से अमरत्व मिलता है! इसको छोड़ मोक्ष प्राप्ति का दूसरा मार्ग नहीं है। और शास्त्र दृष्टि से विचार करने पर भी यही सिद्धान्त दृढ़ होता है। क्योंकि दृश्य सृष्टि में जो कुछ है, वह सब यद्यपि कर्ममय है, तथापि इस सृष्टि के आधारभूत परब्रह्म की ही वह सब लीला है; इसलिए यह स्पष्ट है, कि कोई भी कर्म परब्रह्म को बाधा नहीं दे सकते-अर्थात् सब कर्मों को करके भी परब्रह्म अलिप्त ही रहता है। इस प्रकरण के आरंभ में बतलाया जा चुका है, कि अध्यात्मशास्त्र के अनुसार इस संसार के सब पदार्थों के कर्म (माया) और ब्रह्म, ये दो ही वर्ग होते हैं। इससे यही प्रकट होता है, कि उनमें से किसी एक वर्ग से अर्थात् कर्म से छुटकारा पाने की इच्छा हो,

तो मनुष्य को दूसरे वर्ग में अर्थात् ब्रह्मस्वरूप में प्रवेश करना चाहिए, इसके सिवा और दूसरा मार्ग नहीं है। क्योंकि जब सब पदार्थों के केवल दो ही वर्ग होते हैं, तब कर्म से मुक्त अवस्था सिवा ब्रह्मरूप के कोई शेष नहीं रह जाती। परंतु ब्रह्मस्वरूप की इस अवस्था को प्राप्त करने के लिए स्पष्ट रूप से यह जान लेना चाहिए, कि ब्रह्म का स्वरूप क्या है? नहीं तो करने चलेंगे एक और होगा कुछ दूसरा ही। "विनायकं प्रकुर्वाणो रचयामास वानरम्"-मूर्ति जो गणेश की बनानी थी; परंतु (वह न बनकर) बन गई बंदर की। ठीक यही दशा होगी। इसलिए अध्यात्मशास्त्र के युक्तिवाद से भी यही सिद्ध होता है, कि ब्रह्मस्वरूप का ज्ञान (अर्थात् ब्रह्मात्मैक्य का तथा ब्रह्म की अलिप्तता का ज्ञान) प्राप्त करके उसे मृत्युपर्यंत स्थिर रखना ही कर्मपाश से मुक्त होने का सच्चा मार्ग है। गीता में भगवान ने यही कहा है, कि "कर्मों में मेरी कुछ भी आसक्ति नहीं है; इसलिए मुझे कर्म की बाधा नहीं होती; और जो इस तत्त्व को समझ जाता है, वह कर्मपाश से मुक्त हो जाता है।" (गीता 4.14 तथा 13.23)। स्मरण रहे, कि यहाँ 'ज्ञान' का अर्थ केवल शाब्दिक ज्ञान या केवल मानसिक क्रिया नहीं है; किंतु वेदान्तसूत्र के शांकरभाष्य के आरंभ ही में कहे अनुसार हर समय और प्रत्येक स्थान में उसका अर्थ "पहले मानसिक ज्ञान होने पर और फिर इंद्रियों पर जय प्राप्त कर लेने पर ब्रह्मीभूत होने की अवस्था या ब्राह्मी स्थिति ही है।" पिछले प्रकरण के अंत में ज्ञान के संबंध में अध्यात्मशास्त्र का यही सिद्धान्त बतलाया गया है और महाभारत में भी जनक ने सुलभा से कहा है, कि "ज्ञानेन कुरुते यत्नं यत्नेन प्राप्यते महत्"-ज्ञान अर्थात् मानसिक क्रियारूपी ज्ञान हो जाने पर मनुष्य यत्न करता है; और यत्न के इस मार्ग से ही अंत में उसे महत्त्व (परमेश्वर) प्राप्त हो जाता है (शां. 320.30)। अध्यात्मशास्त्र इतना ही बतला सकता है, कि मोक्ष प्राप्ति के लिए किस मार्ग से और कहाँ जाना चाहिए-इससे अधिक वह और कुछ नहीं बतला सकता। शास्त्र से ये बातें जानकर प्रत्येक मनुष्य को शास्त्रोक्त मार्ग पर स्वयं ही चलना चाहिए; उसी मार्ग पर चलते हुए स्वयं; अपने प्रयत्न से ही अंत में ध्येय वस्तु की प्राप्ति कर लेनी चाहिए। परंतु यह प्रयत्न भी पातंजल योग, आत्म विचार, भक्ति, कर्मफल त्याग इत्यादि अनेक प्रकार से किया जा सकता है (गीता 12.8-12), और इस कारण मनुष्य बहुधा उलझन में फँस जाता है। इसलिए गीता में पहले निष्काम कर्मयोग को मुख्य मार्ग बतलाया गया है, और उसकी सिद्धि के लिए छठे अध्याय में यम-नियम-आसन-प्राणायाम-प्रत्याहार-धारणा-ध्यान-समाधिरूप अंगभूत साधनों का भी वर्णन किया गया है, तथा सातवें अध्याय से आगे यह बतलाया है, कि कर्मयोग का आचरण करते रहने से ही परमेश्वर का ज्ञान अध्यात्म विचार-द्वारा अथवा (इससे भी सुलभ रीति से) भक्तिमार्ग-द्वारा हो जाता है (गीता 18.56)।

कर्मबंधन से छुटकारा पाने के लिए कर्म छोड़ देना कोई उचित मार्ग नहीं है; किंतु ब्रह्मात्मैक्य-ज्ञान से बुद्धि को शुद्ध रखकर परमेश्वर के समान आचरण करते रहने से ही अंत में मोक्ष मिलता है। कर्म को छोड़ देना भ्रम है, क्योंकि कर्म किसी से छूट नहीं सकता-इत्यादि बातें यद्यपि अब निर्विवाद सिद्ध हो गई हैं; तथापि यह पहला प्रश्न फिर भी उठता है, कि इस मार्ग में सफलता पाने के लिए आवश्यक ज्ञान प्राप्ति का जो प्रयत्न करना पड़ता है, वह मनुष्य के बस की बात है? अथवा नामरूप कर्मात्मक प्रकृति जिधर खींचे, उधर ही उसे चले जाना चाहिए? गीता में भगवान् कहते हैं, कि "प्रकृति यान्ति भूतानि निग्रहः किं करिष्यति।" (गीता 3.33)-निग्रह से क्या होगा; प्राणिमात्र अपनी अपनी प्रकृति के अनुसार ही चलते हैं। "मिथ्यैष व्यवसायस्ते प्रकृतिस्त्वां नियोक्षयति"-तेरा निश्चय व्यर्थ है; जिधर तू न चाहेगा, उधर तेरी प्रकृति तुझे खींच लेगी (गीता 18.59; 2.60); और मनु जी कहते हैं, कि "बलवान इन्द्रियग्रामो विद्वांसमपि कर्षति" (मनु 2.

215)-विद्वानों को भी इंद्रियाँ अपने वश में कर लेती हैं। कर्म-विपाक-प्रक्रिया का भी निष्कर्ष यही है। क्योंकि जब ऐसा मान लिया जाए, कि मनुष्य के मन की सब प्रेरणाएँ पूर्व कर्मों से ही उत्पन्न होती हैं, तब तो यही अनुमान करना पड़ता है, कि उसे एक कर्म से दूसरे कर्म में अर्थात् सदैव भवचक्र में ही रहना चाहिए। अधिक क्या कहें? कर्म से छुटकारा पाने की प्रेरणा और कर्म, दोनों बातें परस्पर-विरुद्ध हैं। और यदि यह सत्य है तो यह आपत्ति आ पड़ती है, कि ज्ञान प्राप्त करने के लिए कोई भी मनुष्य स्वतंत्र नहीं है। इस विषय का विचार अध्यात्मशास्त्र में इस प्रकार किया गया है, कि नामरूपात्मक सारी दृश्य सृष्टि का आधारभूत जो तत्त्व है, वही मनुष्य की जड़ देह में भी आत्मरूप से निवास करता है; इससे मनुष्य के कृत्यों का विचार देह और आत्मा, दोनों की दृष्टि से करना चाहिए। इनमें से आत्मस्वरूपी ब्रह्ममूल में केवल एक ही होने के कारण कभी भी बना नहीं सकता। इससे अतिरिक्त यह पहले ही बतलाया जा चुका है, जो आत्मा कर्मसृष्टि के व्यापारों का एकीकरण करके सृष्टिज्ञान उत्पन्न करता है, उसे कर्म सृष्टि से भिन्न अर्थात् ब्रह्म सृष्टि ही होना चाहिए। इससे सिद्ध होता है, कि परब्रह्म और वस्तुतः उसी का अंश जो शरीर आत्मा, दोनों मूलतः स्वतंत्र अर्थात् कर्मात्मक प्रकृति की सत्ता से मुक्त हैं। इनमें से परमात्मा के विषय में मनुष्य को इससे अधिक ज्ञान हो सकता है, कि वह अनंत, सर्वव्यापी, नित्य शुद्ध और मुक्त है। परंतु इस परमात्मा ही के अंशरूप जीवात्मा की बात भिन्न है। यद्यपि वह मूल में शुद्ध, मुक्त स्वभाव, निर्गुण तथा अकर्ता है, तथापि शरीर और बुद्धि आदि इंद्रियों के बंधन में फँसा होने के कारण वह मनुष्य के मन में स्फूर्ति उत्पन्न करता है, उसका प्रत्यक्षानुभवरूपी ज्ञान हमें हो सकता है। भाप का उदाहरण लीजिए। जब वह खुली जगह में रहती है तब उसका बल नहीं होता; परंतु वह जब किसी बर्तन में बंद कर दी जाती है, तब उसका दबाव उसी बर्तन पर जोर से होता हुआ दीख पड़ने लगता है; ठीक इसी तरह जब परमात्मा का ही अंशभूत जीव (गीता 15.7) अनादि पूर्वकर्मार्जित जड़ देह तथा इंद्रियों के बंधनों से बद्ध हो जाता है, तब इस बद्धावस्था से उसको मुक्त करने के लिए (अर्थात् मोक्षानुकूल) कर्म करने की प्रवृत्ति देहेंद्रियों में होने लगती है; और इसी को व्यावहारिक दृष्टि से 'आत्मा की स्वतंत्र प्रवृत्ति' कहते हैं। 'व्यावहारिक दृष्टि से' कहने का कारण यह है, कि शुद्ध मुक्तावस्था में या 'तात्त्विक दृष्टि' से आत्मा इच्छारहित तथा अकर्ता है और सब कर्तृत्व केवल प्रकृति का है (गीता 13.29; वे. सू. शां. भा. 2.3.40)। परंतु वेदान्ती लोग सांख्यमत की भाँति यह नहीं मानते, कि प्रकृति ही स्वयं मोक्षानुकूल कर्म किया करती है; क्योंकि ऐसा मान लेने से यह कहना पड़ेगा, कि जड़ प्रकृति अपने अंधेपन से अज्ञानियों को भी मुक्त कर सकती है। और यह भी नहीं कहा जा सकता, कि जो आत्म मूल ही में अकर्ता है, वह स्वतंत्र रीति से-अर्थात् बिना किसी निमित्त के-अपने नैसर्गिक गुणों से ही प्रवर्तक हो जाता है। इसलिए आत्म-स्वातंत्र्य के उक्त सिद्धान्त को वेदान्तशास्त्र में इस प्रकार बतलाना पड़ता है, कि आत्मा यद्यपि मूल में अकर्ता है, तथापि बंधनों के निमित्त से वह उतने ही के लिए दिखाऊ प्रेरक बन जाता है; और जब वह आगंतुक प्रेरकता उसमें एक बार किसी भी निमित्त से आ जाती है, तब वह कर्म के नियमों से भिन्न अर्थात् स्वतंत्र ही रहती है। 'स्वतंत्र' का अर्थ निर्मिमित्तक नहीं है; और आत्मा अपनी मूल शुद्धावस्था में कर्ता भी नहीं रहता। परंतु बार-बार इस लंबी-चौड़ी कर्म कथा को बतलाते न रहकर इसी को संक्षेप में आत्मा की स्वतंत्र प्रवृत्ति या प्रेरणा कहने की परिपाटी हो गई है। बंधन में पड़ने के कारण आत्मा के द्वारा इंद्रियों को मिलनेवाली इस स्वतंत्र प्रेरणा में और बाह्य सृष्टि के पदार्थों के संयोग से इंद्रियों में उत्पन्न होने वाली प्रेरणा में बहुत भिन्नता है। खाना, पीना, चैन करना-ये

सब इंद्रियों की प्रेरणाएँ हैं; और आत्मा की प्रेरणा मोक्षानुकूल कर्म करने के लिए हुआ करती हैं। पहली प्रेरणा केवल बाह्य अर्थात् कर्मसृष्टि की है। परंतु दूसरी प्रेरणा आत्मा की अर्थात् ब्रह्मसृष्टि की है। और ये दोनों प्रेरणाएँ प्राय: परस्पर-विरोधी हैं, जिससे इनके झगड़े में ही मनुष्य की सब आयु बीत जाती है। इनके झगड़े के समय जब मन में संदेह उत्पन्न होता है, तब कर्मसृष्टि की प्रेरणा को न मानकर (भाग. 11.10.4) यदि मनुष्य शुद्धात्मा की स्वतंत्र प्रेरणा के अनुसार चलने लगे-और इसी को सच्चा आत्मज्ञान या आत्मनिष्ठा कहते हैं-तो इसके सब व्यवहार स्वभावत: मोक्षानुकूल ही होंगे। और अंत में:-

विशुद्धधर्मा शुद्धेन बुद्धेन च स बुद्धिमान्॥
विमलात्मा च भवति समेत्य विमलात्मना॥
स्वतंत्रश्च स्वतन्त्रेण स्वतंत्रत्मवाप्नुते।

"वह जीवात्मा या शरीर आत्मा-जो मूल में स्वतंत्र है-ऐसे परमात्मा में मिल जाता है, जो नित्य, शुद्ध, बुद्ध, निर्मल और स्वतंत्र है" (मभा. शां. 308.27-30)। ऊपर जो कहा गया है, कि ज्ञान से मोक्ष मिलता है। उसका यही अर्थ है। इसके विपरीत जब जड़ देहेंद्रियों के प्राकृत धर्म की-अर्थात् कर्मसृष्टि की प्रेरणा की-प्रबलता हो जाती है, तब मनुष्य की अधोगति होती है। शरीर में फँसे हुए जीवात्मा में, देहेंद्रियों में मोक्षानुकूल कर्म करने की तथा ब्रह्मात्मैक्य ज्ञान से मोक्ष प्राप्त कर लेने की, जो यह स्वतंत्र शक्ति है, उसकी ओर ध्यान देकर ही भगवान नें अर्जुन को आत्म-स्वातंत्र्य अर्थात् स्वावलंबन के तत्त्व का उपदेश किया है, कि:-

उद्धरेदात्मनाऽऽत्मानं नात्मानमवसादयेत्।
आत्मैव ह्यात्मनो बंधुरात्मैव रिपुरात्मनः॥

"मनुष्य को चाहिए, कि वह अपना उद्धार आप ही करे। निराशा से वह अपनी अवनति आप ही न करे। क्योंकि प्रत्येक मनुष्य स्वयं अपना बंधु (हितकारी) है; और स्वयं अपना शत्रु (नाशकर्ता) है" (गीता 6.5); और इसी हेतु से योगवासिष्ठ में (यो. 2. सर्ग 4-8) दैव का निराकरण करके पौरुष के महत्त्व का विस्तारपूर्वक वर्णन किया गया है। जो मनुष्य इस तत्त्व को पहचान कर आचरण किया करता है, कि सब प्राणियों में एक ही आत्मा है, उसके इसी आचरण को सदाचरण या मोक्षानुकूल आचरण कहते हैं और बद्ध जीवात्मा का भी यही स्वतंत्र धर्म है, कि ऐसे आचरण की ओर देहेंद्रियों को प्रवृत्त किया करे। इसी धर्म के कारण दुराचारी मनुष्य का अंत:करण भी सदाचरण ही का पक्ष लिया करता है, जिससे उसे अपने किए हुए दुष्कर्मों का पश्चात्ताप होता है। आधिदैवत पक्ष के पंडित इसे सदसद्विवेक-बुद्धिरूपी देवता की स्वतंत्र स्फूर्ति कहते हैं। परंतु तात्त्विक दृष्टि से विचार करने पर विदित होता है, कि बुद्धींद्रिय जड़ प्रकृति ही का विकार होने के कारण स्वयं अपनी ही प्रेरणा से कर्म के नियम-बंधनों से मुक्त नहीं हो सकती, यह प्रेरणा उसे कर्मसृष्टि के बाहर के आत्मा से प्राप्त होती है। इसी प्रकार पश्चिमी पंडितों का 'इच्छा-स्वातंत्र्य' शब्द भी वेदान्त की दृष्टि से ठीक नहीं है! क्योंकि इच्छा मन का धर्म है ओर आठवें प्रकरण में कहा जा चुका है, कि बुद्धि तथा उसके साथ साथ मन भी कर्मात्मक जड़ प्रकृति के अस्वयंवेद्य विकार हैं। इसलिए ये दोनों स्वयं ही कर्म के बंधन से छूट नहीं सकते। अतएव वेदान्तशास्त्र का निश्चय है, कि सच्चा स्वातंत्र्य न तो बुद्धि का है और न मन का-वह केवल आत्मा का है। यह स्वातंत्र्य न तो कोई आत्मा को देता है और न कोई उससे इसे छीन भी सकता है-स्वतंत्र परमात्मा का अंशरूप जब उपाधि के बंधन में पड़ जाता है, तब वह स्वयं स्वतंत्र रीति से, ऊपर कहे अनुसार, बुद्धि तथा मन में प्रेरणा किया करता है। अंत:करण की इस

प्रेरणा का अनादर करके यदि कोई बर्ताव करेगा, तो तुकाराम महाराज के शब्दों में यही कहा जा सकता है, कि वह "स्वयं अपने ही पैरों में आप कुल्हाड़ी मारने को तैयार हुआ है" (तु. गा. 4448)। भगवद्गीता में इसी तत्त्व का उल्लेख यों किया गया है; "न हिनस्त्यात्मनाऽऽत्मानाम्"-जो स्वयं अपना घात आप ही नहीं करता, उसे उत्तम गति मिलती है (गीता 13.28); और दासबोध में भी इसी का स्पष्ट अनुवाद किया गया है (दा. बो. 17.7.7-10)। यद्यपि मनुष्य कर्मसृष्टि के अभेद्य दिखाई देनेवाले नियमों से जकड़कर बंधा हुआ है तथापि स्वभावत: उसे ऐसा मालूम होता है, कि मैं इस परिस्थिति में भी अमुक काम को स्वतंत्र रीति से कर सकूँगा। अनुभव के इस तत्त्व की उपपत्ति ऊपर कहे अनुसार ब्रह्मसृष्टि को जड़ सृष्टि से भिन्न माने बिना किसी भी अन्य रीति से नहीं बतलाई जा सकती। इसलिए जो अध्यात्मशास्त्रों को नहीं मानते, उन्हें इस विषय में या तो मनुष्य के नित्य दासत्व को मानना चाहिए, या प्रवृत्ति-स्वातंत्र्य के प्रश्न को अगम्य समझकर यों ही छोड़ देना चाहिए; उनके लिए कोई दूसरा मार्ग नहीं है। अद्वैत वेदान्त का सिद्धान्त है, कि जीवात्मा और परमात्मा मूल में एकरूप हैं (वे. सू. शां. भा. 2.3.40), और इसी सिद्धान्त के अनुसार प्रवृत्ति-स्वातंत्र्य या इच्छा-स्वातंत्र्य की उक्त उपपत्ति बतलाई गई है। परंतु जिन्हें यह अद्वैत मत मान्य नहीं है अथवा जो भक्ति के लिए द्वैत का स्वीकार किया करते हैं, उनका कथन है, कि जीवात्मा की यह सामर्थ्य स्वयं उसकी नहीं है; बल्कि यह उसे परमेश्वर से प्राप्त होती है। तथापि "न ऋते श्रान्तस्य सख्याय देवा:।" (ऋ. 4.33.11)-थकने तक प्रयत्न करनेवाले मनुष्य के अतिरिक्त अन्यों की देवता मदद नहीं करते-ऋग्वेद के इस तत्त्वानुसार यह कहा गया है, कि जीवात्मा को यह सामर्थ्य प्राप्त करा देने के लिए पहले स्वयं ही प्रयत्न करना चाहिए-अर्थात् आत्मप्रयत्न का या पर्याय से आत्म-स्वातंत्र्य का तत्त्व फिर भी स्थिर बना ही रहता है (वे. सू. 2.3.41, 42; गीता 10.5/10)। अधिक क्या कहें? बौद्धधर्मी लोग आत्मा का या परब्रह्म का अस्तित्व नहीं मानते और यद्यपि, उनको ब्रह्मज्ञान तथा आत्मज्ञान मान्य नहीं है, तथापि उनके धर्मग्रंथों में भी यही उपदेश किया है, कि "अत्तना (आत्मना) चोदयऽत्तानं"-अपने आपंको स्वयं अपने ही प्रयत्न से राह पर लगाना चाहिए। इस उपदेश का समर्थन करने के लिए कहा गया है, कि:-

अत्ता (आत्मा) हि अत्तनो नाथो अत्ता हि अत्तनो गति।
तस्मा सञ्जमयऽत्ताणं अस्सं (अश्वं) भद्दं व वाणिजो॥

"हम ही खुद अपने स्वामी या मालिक हैं, और अपने आत्मा के सिवा हमें तारनेवाला दूसरा कोई नहीं है; इसलिए जिस प्रकार कोई व्यापारी अपने उत्तम घोड़े का संयमन करता है, उसी प्रकार हमें अपना संयमन आप ही भली भाँति करना चाहिए।" (धम्मपद 380); और गीता की भाँति आत्म-स्वातंत्र्य के अस्तित्व तथा उसकी आवश्यकता का भी वर्णन किया गया है (महापरिनिब्बाण-सुत्त 2.33-35)। आधिभौतिक फ्रेंच पंडित कांट की भी गणना इसी वर्ग में करनी चाहिए, क्योंकि यद्यपि वह किसी भी अध्यात्मवाद को नहीं मानता, तथापि वह बिना किसी उपपत्ति के केवल प्रत्यक्षसिद्ध कह कर इस बात को अवश्य मानता है, कि प्रयत्न से मनुष्य अपने आचरण और परिस्थिति को सुधार सकता है।

यद्यपि यह सिद्ध हो चुका, कि कर्मपाश से मुक्त होकर सर्वभूततान्र्गत एक आत्मा को पहचान लेने की जो आध्यात्मिक पूर्णावस्था है, उसे प्राप्त करने के लिए ब्रह्मात्मैक्य-ज्ञान ही एकमात्र उपाय है, और इस ज्ञान को प्राप्त कर लेना हमारे बस की बात है; तथापि स्मरण रहे, कि यह स्वतंत्र आत्मा ही अपनी छाती पर लदे हुए प्रकृति के बोझ को एकदम अर्थात् एक ही क्षण में अलग नहीं कर सकता। जैसे कोई कारीगर

कितना ही कुशल क्यों न हो, परंतु वह हथियार के बिना कुछ भी काम नहीं कर सकता और यदि हथियार खराब हों, तो उन्हें ठीक करने में उसका बहुत-सा समय नष्ट हो जाता है, वैसे ही जीवात्मा का भी हाल है। ज्ञानप्राप्ति की प्रेरणा करने के लिए जीवात्मा स्वतंत्र तो अवश्य है, परंतु वह तात्त्विक दृष्टि से मूल में निर्गुण और केवल है, अथवा सातवें प्रकरण में बतलाए अनुसार नेत्रयुक्त परंतु लंगड़ा है। (मैत्र्यु 3.2, 3; गीता 13. 20); इसलिए उक्त प्रेरणा के अनुसार आगे कर्म करने के लिए जिन साधनों की आवश्यकता होती है (जैसे कुम्हार को चाक की आवश्यकता होती है); वे इस आत्मा के पास स्वयं अपने नहीं होते-जो साधन उपलब्ध हैं-जैसे देह और बुद्धि आदि इंद्रियाँ-वे सब मायात्मक प्रकृति के विकार हैं। अतएव जीवात्मा को अपनी मुक्ति के लिए भी प्रारब्ध कर्मानुसार प्राप्त देहेंद्रिय आदि सामग्री के (साधन या उपाधि) द्वारा ही सब काम करना पड़ता है। इन साधनों में बुद्धि मुख्य है, इसलिए कोई काम करने के लिए जीवात्मा पहले बुद्धि को ही प्रेरणा करता है। परंतु पूर्वकर्मानुसार और प्रकृति के स्वभावानुसार यह कोई नियम नहीं कि यह बुद्धि हमेशा शुद्ध तथा सात्त्विक ही हो। इसलिए पहले त्रिगुणात्मक प्रकृति के प्रपञ्च से मुक्त होकर यह बुद्धि अंतर्मुख, शुद्ध, सात्त्विक या आत्मनिष्ठ होनी चाहिए; अर्थात् यह बुद्धि ऐसी होनी चाहिए, कि जीवात्मा की प्रेरणा को माने, उसकी आज्ञा का पालन करे और उन्हीं कर्मों को करने का निश्चय करे, जिनसे आत्मा का कल्याण हो और ऐसा होने के लिए दीर्घकाल तक वैराग्य का अभ्यास करना पड़ता है। इतना होने पर भी भूख-प्यास आदि देह-धर्म और संचित कर्मों के वे फल-जिनका भोगना आरंभ हो गया है-मृत्यु समय तक छूटते ही नहीं हैं। तात्पर्य यह है, कि यद्यपि उपाधिबद्ध जीवात्मा देहेंद्रियों को मोक्षानुकूल कर्म करने के मूल प्रेरणा करने के लिए स्वतंत्र है, तथापि प्रकृति ही के द्वारा चूँकि उसे सब काम कराने पड़ते हैं, इसलिए उतने भर के लिए (बढ़ई, कुम्हार आदि कारीगरों के समान) वह परावलंबी हो जाता है, और उसे देहेंद्रिय आदि हथियारों को पहले शुद्ध करके अपने अधिकार में कर लेना पड़ता है (वे. स. 2.3.40)। यह काम एकदम नहीं हो सकता, इसे धीरे-धीरे धैर्य से करना चाहिए। नहीं तो चमकने और भड़कने वाले घोड़े के समान इंद्रियाँ बलवा करने लगेंगी और मनुष्य को धर दबावेंगी। इसीलिए भगवान ने कहा है, कि इंद्रियनिग्रह करने के लिए बुद्धि को धृति या धैर्य की सहायता मिलनी चाहिए (गीता 6.25) और आगे अठारहवें अध्याय (गीता 18.33-35) में बुद्धि की भाँति धृति के भी-सात्त्विक, राजस और तामस-तीन नैसर्गिक भेद बतलाए गए हैं। इनमें से तामस और राजस को छोड़कर बुद्धि को सात्त्विक बनाने के लिए इंद्रियनिग्रह करना पड़ता है। और इसी से छठवें अध्याय में इसका संक्षिप्त वर्णन क्रिया गया है, कि ऐसे इंद्रियनिग्रहाभ्यसरूप योग के लिए उचित स्थल, आसन और आहार कौन कौन से हैं? इस प्रकार गीता में (गीता 6.25) बतलाया गया है, कि 'शनैः शनैः' अभ्यास करने पर चित्त स्थिर हो जाता है, इंद्रियाँ वश में हो जाती हैं और आगे कुछ समय के बाद (एकदम नहीं) ब्रह्मात्मैक्य ज्ञान होता है; एवं फिर "आत्मवन्तं न कर्माणि निबध्नन्ति धनंजय"-उस ज्ञान से कर्मबंधन छूट जाता है (गीता 4.38-41)। परंतु भगवान् एकांत में योगाभ्यास करने का उपदेश देते हैं (गीता 6.10), इससे गीता का तात्पर्य यह नहीं समझ लेना चाहिए, कि संसार के सब व्यवहारों को छोड़कर योगाभ्यास में ही सारी आयु बिता दी जावे। जिस प्रकार कोई व्यापारी अपने पास की पूँजी से ही-चाहे वह बहुत थोड़ी ही क्यों न हो-पहले धीरे-धीरे व्यापार करने लगता है; और धीरे-धीरे उसी के द्वारा अंत में अपार संपत्ति कमा लेता है, उसी प्रकार गीता के कर्मयोग का भी हाल है। अपने से जितना हो सकता है, उतना ही इंद्रिय-निग्रह करके पहले कर्मयोग का आरंभ करना चाहिए और

उसी से अंत में अधिकाधिक इंद्रिय-निग्रह-सामर्थ्य प्राप्त हो जाती है। तथापि चौराहे में बैठकर भी योगाभ्यास करने से काम नहीं चल सकता, क्योंकि इससे बुद्धि को एकाग्रता की जो आदत हुई होगी, उसके घट जाने का भय होता है। इसलिए कर्मयोग का आचरण करते हुए, कुछ समय तक नित्य या कभी-कभी एकान्त का सेवन करना भी आवश्यक है (गीता 13.10)। इसके लिए संसार के समस्त व्यवहारों को छोड़ देने का उपदेश भगवान ने कहीं भी नहीं दिया है; प्रत्युत सांसारिक व्यवहारों को निष्काम बुद्धि से करने के लिए ही इंद्रिय-निग्रह का यही अभ्यास बतलाया गया है; और गीता का यही कथन है, कि इस इंद्रिय-निग्रह के साथ-साथ यथाशक्ति निष्काम कर्मयोग का भी आचरण प्रत्येक मनुष्य को हमेशा करते रहना चाहिए, पूर्ण इंद्रिय-निग्रह के सिद्ध होने तक राह देखते बैठे नहीं रहना चाहिए। मैत्र्युपनिषद में और महाभारत में कहा गया है, कि यदि कोई मनुष्य बुद्धिमान या निग्रही हो, तो वह उस प्रकार के योगाभ्यास से छह महीनों में साम्यबुद्धि प्राप्त कर सकता है (मै. 6.28; मभा. शां. 239. 32; अश्व. अनुगीता 19. 66)। परंतु भगवान ने जिस सात्त्विक, सम या आत्मनिष्ठ बुद्धि का वर्णन किया है, वह बहुतेरे लोगों को छह महीनों में क्या, पर-प्रकृति-स्वभाव के अनुसार छह वर्षों में भी प्राप्त नहीं हो सकती, और इस अभ्यास के अपूर्ण रह जाने के कारण इस जन्म में भी पूरी सिद्धि होगी ही नहीं; इतना ही नहीं तो दूसरा जन्म लेकर फिर आरंभ से वही अभ्यास करना पड़ेगा, और उस जन्म का अभ्यास भी पूर्व-जन्म के अभ्यास की भांति अधूरा रह जाएगा, इसलिए यह शंका उत्पन्न होती है, कि क्या ऐसे मनुष्य को पूर्ण सिद्धि कभी मिल ही नहीं सकती? फलतः ऐसा मालूम होने लगता है, कि कर्मयोग का आचरण करने के पूर्व पातंजलयोग की सहायता से पूर्ण निर्विकल्प समाधि लगाना पहले सीख लेना चाहिए। अर्जुन के मन में यही शंका उत्पन्न हुई थी; और उसने गीता के छठे अध्याय में (गीता 6.37-39) श्रीकृष्ण से पूछा है, कि ऐसी दशा में मनुष्य को क्या करना चाहिए? उत्तर में भगवान ने कहा है, कि आत्मा अमर होने के कारण उस पर लिंग-शरीर द्वारा इस जन्म में जो थोड़े बहुत संस्कार होते हैं, वे ही आगे भी ज्यों-के-त्यों बने रहते हैं; तथा यह 'योगभ्रष्ट' पुरुष-अर्थात् कर्मयोग को पूरा साध न सकने के कारण उससे भ्रष्ट होनेवाला पुरुष-अगले जन्म में अपना प्रयत्न वहीं से शुरू करता है, कि जहाँ से उसका अभ्यास छूट गया था; और ऐसा होते-होते क्रम से "अनेक जन्मसंसिद्धस्ततो याति परां गतिम्" (गीता 6.45)-अनेक जन्मों के बाद पूर्ण सिद्धि प्राप्त हो जाती है; एवं अंतम् उसे मोक्ष प्राप्त हो जाता है। इसी सिद्धान्त को लक्ष्य करके दूसरे अध्याय में कहा गया है, कि "स्वल्पमप्यस्य धर्मस्य त्रायते महतो भयात्" (गीता 2.20)-इस धर्म का अर्थात् कर्मयोग मार्ग का स्वल्प आचरण भी बड़े-बड़े संकटों से बचा देता है। सारांश, मनुष्य का आत्मा मूल में यद्यपि स्वतंत्र है, तथापि मनुष्य एक ही जन्म में पूर्ण सिद्धि नहीं पा सकता। क्योंकि पूर्वकर्मों के अनुसार उसे मिली हुई देह का प्राकृतिक स्वभाव अशुद्ध होता है। परंतु इससे "नात्मानमबमन्येत पूर्वाभिरसमृद्धिभिः" (मनुः 4. 137)-किसी को निराश नहीं होना चाहिए; अथवा एक ही जन्म में परमसिद्धि पा जाने के दुराग्रह में पड़कर पातंजल योगाभ्यास में अर्थात् इंद्रियों का जबर्दस्ती दमन करने में ही सब आयु वृथा खो नहीं देनी चाहिए। आत्म को कोई जल्दी नहीं पड़ी है, जितना आज साध्य हो सके, उतने ही योगबल को प्राप्त करके कर्मयोग का आचरण शुरू कर देना चाहिए। इससे धीरे-धीरे बुद्धि अधिकाधिक सात्त्विक तथा शुद्ध होती जाएगी; और कर्मयोग का यह स्वल्पाचरण ही-तो क्या, जिज्ञासा पर मनुष्य आगे ढकेलते-ढकेलते अंत में आज नहीं तो कल-इस जन्म में नहीं तो अगले जन्म में-उसके आत्मा को पूर्ण ब्रह्मप्राप्ति करा देगी। इसीलिए भगवान ने गीता में स्पष्ट कहा है, कि कर्मयोग में एक

विशेष गुण यह है, कि उसका स्वल्प से भी स्वल्प आचरण या जिज्ञासा भी कभी व्यर्थ नहीं जाने पाती (गीता 5.16 पर हमारी टीका देखो) अत: मनुष्य को उचित है, कि वह केवल इसी जन्म पर ध्यान न दे, और धीरज को न छोड़े किंतु निष्काम कर्म करने के अपने उद्योग को स्वतंत्रता से और धीरे-धीरे यथाशक्ति जारी रखे! प्राक्तन-संस्कार के कारण ऐसा मालूम होता है, कि प्रकृति की गाँठ हमसे इस जन्म में या आज नहीं छूट सकती, परंतु वही बंधन क्रम-क्रम से बढ़नेवाले कर्मयोग के अभ्यास से कल या दूसरे जन्म में आप-ही-आप ढाला हो जाता है; और ऐसा होते-होते 'बहूनां जन्मानामन्ते ज्ञानवानमां प्रपद्यते" (गीता 7.19)-कभी न कभी पूर्ण ज्ञान की प्राप्ति होने से प्रकृति का बंधन या पराधीनता छूट जाती है; एवं अंत में आत्मा अपने मूल की पूर्ण निर्गुण मुक्तावस्था को अर्थात् मोक्षदशा को पहुँच जाता है। मनुष्य क्या नहीं कर सकता है? "नर करनी करे, तो नरका नारायण होय" यह जो कहावत प्रचलित है, वह वेदान्त के उक्त सिद्धान्त का ही अनुवाद है, और इसीलिए योगवासिष्ठाकार ने मुमुक्षु-प्रकरण में उद्योग की खूब प्रशंसा की है; तथा असंदिग्ध रीति से कहा है, कि अंत में सब कुछ उद्योग से ही मिलता है (यो. 2.4.10-18)।

यह सिद्ध हो चुका, कि ज्ञान प्राप्ति का प्रयत्न करने के लिए जीवात्मा मूल में स्वतंत्र है! और स्वावलंबनपूर्वक दीर्घोद्योग उसे कभी-न-कभी प्राक्तन-कर्म के पंजे से छुटकारा मिल जाता है। अब इस बात का थोड़ा-सा स्पष्टीकरण और हो जाना चाहिए, कि कर्मक्षय किसे कहते हैं? और वह कब होता है? कर्मक्षय का अर्थ है-सभी कर्मों के बंधनों से पूर्ण अर्थात् नि:शेष मुक्ति पाना। परंतु पहले कह चुके हैं, कि कोई पुरुष ज्ञानी भी हो जाए; तथापि जब तक उसका शरीर है, तब तक सोना, बैठना, भूख-प्यास इत्यादि कर्म छूट नहीं सकते; और प्रारब्ध कर्म का बिना भोगे क्षय भी नहीं होता, इसलिए वह आग्रह से देह का त्याग भी नहीं कर सकता। इसमें संदेह नहीं, कि ज्ञान होने के पूर्व किए गए सब कर्मों का नाश, ज्ञान होने पर हो जाता है; परंतु जब किसी ज्ञानी पुरुष को ज्ञानोत्तरकाल में भी यावज्जीवन कुछ-न-कुछ कर्म करना ही पड़ता है, तब ऐसे कर्मों से उसका छुटकारा कैसे होगा? और यदि, छुटकारा न हो, तो यह शंका उत्पन्न होती है, कि फिर पूर्व कर्म-क्षय या आगे मोक्ष भी न होगा। इस पर वेदान्तशास्त्र का उत्तर यह है, कि ज्ञानी मनुष्य की नाम-रूपत्मक देह को नामरूपात्मक कर्मों से यदि कभी छुटकारा नहीं मिल सकता, तथापि इन कर्मों को अपने ऊपर लाद लेने या न लेने में आत्मा पूर्ण रीति से स्वतंत्र है; इसलिए यदि इंद्रियों पर विजय प्राप्त करके-कर्म के विषय में प्राणिमात्र को जो, आसक्ति होती है-केवल उसका ही क्षय किया जाए, तो ज्ञानी मनुष्य कर्म करके भी उसके फल का भागी नहीं होता। कर्म स्वभावत: अंधा, अचेतन या मृत होता है। वह स्वयं न तो किसी को पकड़ता है, और न किसी को छोड़ता भी है। वह स्वयं न अच्छा है, न बुरा। मनुष्य अपने जीव को उन कर्मों में फँसाकर उन्हें अपनी आसक्ति से अच्छा या बुरा और शुभ या अशुभ बना लेता है। इसलिए कहा जा सकता है, कि इस ममत्वयुक्त आसक्ति के छूटने पर कर्म के बंधन आप ही टूट जाते हैं, फिर चाहे वे कर्म बने रहें या न रहें। गीता में भी स्थान-स्थान पर यही उपदेश दिया गया है, कि सच्चा नैष्कर्म्य इसी में है; कर्म का त्याग करने में नहीं (गीता 3.4)। मेरा अधिकार केवल कर्म करने का है, फल का मिलना न मिलना तेरे अधिकार की बात नहीं है (गीता 2.47)। "कर्मेन्द्रियै: कर्मयोगमसक्त:" (गीता 3.7)।-फल की आशा न रख कर्मेंद्रियों को कर्म करने दे। "त्यक्त्वा कर्मफलासंगम्" (गीता 4.20) कर्मफल का त्याग करके "सर्वभूतात्मभूतात्मा कुर्वन्नपि न लिप्यते" (गीता 5.7)-जिन पुरुषों की समस्त प्राणियों में समबुद्धि हो जाती है, उनके किए हुए कर्म उनके बंधन का कारण

नहीं हो सकते। "सर्वकमफलत्यागं कुरु" (गीता 12.11)-सब कर्मफलों का त्याग कर। "कार्यमित्येव यत्कर्म नियतं क्रियते" (गीता 18.9)-केवल कर्त्तव्य समझकर जो प्राप्त कर्म किया जाता है वही सात्त्विक है। "चेतसा सर्व कमार्णि मयि संन्यस्य" (गीता 18. 57) सब कर्मों को मुझे अर्पण करके बर्ताव कर। इस सब उपदेशों का रहस्य वही है, जिसका उल्लेख ऊपर किया गया है। अब यह एक स्वतंत्र प्रश्न है, कि ज्ञानी मनुष्यों को सब व्यावहारिक कर्म करने चाहिए या नहीं। इसके संबंध में गीताशास्त्र का जो सिद्धान्त है, उसका विचार अगले प्रकरण में किया जाएगा। अभी तो केवल यही देखना है, कि ज्ञान से सब कर्मों के भस्म हो जाने का अर्थ क्या है? और ऊपर दिए गए वचनों से इस विषय में गीता का जो अभिप्राय है, वह भली-भांति प्रकट हो जाता है। व्यवहार में भी इसी न्याय का उपयोग किया जाता है। उदाहरणार्थ, यदि कोई मनुष्य किसी दूसरे मनुष्य को अनजाने में धक्का दे दे, तो हम उसे उद्दंड नहीं कहते और इसी तरह यदि केवल दुर्घटना से किसी की हत्या हो जाती है, तो उसे फौजदारी कानून के अनुसार भी खून नहीं समझते। अग्नि से जब घर जल जाता है, अथवा वर्षा से सैकड़ों खेत बह जाते हैं; तो क्या अग्नि या वर्षा को कोई दोषी समझता है? केवल कर्मों की ओर ही देखें, तो मनुष्य की दृष्टि से प्रत्येक कर्म में कछ न कुछ कमी, दोष या अवगुण अवश्य ही मिलेगा-"सर्वारंभाहि दोषेण धुमेनाग्निरिवावृत्तः" (गीता 18.48)। परंतु यह वह दोष नहीं है कि जिसे छोड़ने के लिए गीता कहती है। मनुष्य के किसी कर्म को जिस अर्थ में हम अच्छा या बुरा कहते हैं, वह अच्छापन या बुरापन यथार्थ में उस कर्म में नहीं रहता किंतु कर्म करनेवाले मनुष्य की बुद्धि पर निर्भर रहता है; इसी बात पर ध्यान देकर गीता में (गीता 2.49-51) कहा है, कि इन कर्मों के बुरेपन को दूर करने के लिए कर्ता को चाहिए, कि वह अपने मन और बुद्धि को शुद्ध रखे; और उपनिषदों में भी कर्ता की इसी बुद्धि को प्रधानता दी गई है। जैसे:-

मन एव मनुष्याणां कारणं बंधमोक्षयोः।
बंधाय विषयासंगि मोक्षे निर्विषयं स्मृतम्॥

"मनुष्य के (कर्मों का) बंधन या मोक्ष पाने का मन ही (एव) कारण है। मन के विषयासक्त होने से बंधन और निष्काम या निर्विषय अर्थात् निःसंग होने से मोक्ष प्राप्त होता है" (मैत्र्यू 6.34; अमृतबिंदु 2)। गीता में यही बात प्रधानता से बतलाई गई है, कि ब्रह्मात्मैक्य-ज्ञान से बुद्धि की उक्त साम्यावस्था कैसे प्राप्त कर लेनी चाहिए। इस अवस्था के प्राप्त हो जाने पर कर्म करने पर भी पूरा कर्म-क्षय हो जाया करता है। निरग्नि होकर-अर्थात् संन्यास लेकर अग्निहोत्र आदि कर्मों को छोड़ देने से-अथवा अक्रिय रहने से-अर्थात् किसी भी कर्म को न कर चुपचाप बैठे रहने से-कर्म का क्षय नहीं होता (गीता 6.1)। चाहे मनुष्य की इच्छा रहे या न रहे; परंतु प्रकृति का चक्र हमेशा घूमता ही रहता है; जिसके कारण मनुष्य को भी उसके साथ अवश्य ही चलना पड़ेगा (गीता 3.33; 18.60)। परंतु अज्ञानी जन ऐसी स्थिति में प्रकृति की पराधीनता में रहकर जैसे नाचा करते हैं, वैसे न करके जो मनुष्य अपनी बुद्धि को इंद्रियनिग्रह के द्वारा स्थिर एवं शुद्ध रखता है और सृष्टिक्रम के अनुसार अपने हिस्से के (प्राप्त) कर्मों को केवल कर्त्तव्य समझकर अनासक्त बुद्धि से एवं शांतिपूर्वक किया करता है; वही सच्चा विरक्त है, वही सच्चा स्थितप्रज्ञ है; और उसी को ब्रह्मपद पर पहुँचा हुआ कहना चाहिए (गीता 3.7; 4.21! 5.7-9; 18.11)। यदि कोई ज्ञानी पुरुष किसी भी व्यावहारिक कर्म को न करके संन्यास लेकर जंगल में जा बैठे; तो उस प्रकार व्यावहारिक कर्मों को छोड़ देने से यह समझना भारी भूल है, कि उसके कर्मों का क्षय हो गया (गीता 3.4)। इस तत्त्व पर हमेशा ध्यान देना चाहिए, कि कोई कर्म करे या न करे; परंतु उसके

कर्मों का क्षय उसकी बुद्धि की साम्यावस्था के कारण होता है; न कि कर्मों को छोड़ने से या न करने से। कर्मक्षय का सच्चा स्वरूप दिखलाने के लिए यह उदाहरण दिया जाता है, कि जिस तरह अग्नि से लकड़ी जल जाती है, उसी तरह ज्ञान से सब कर्म भस्म हो जाते हैं। परंतु इससे उपनिषद में और गीता में दिया गया यह दृष्टान्त अधिक समर्पक है, कि जिस तरह कमलपत्र पानी में रहकर भी पानी से अलिप्त रहता है, उसी तरह ज्ञानी पुरुष को-अर्थात् ब्रह्मार्पण करके अथवा आसक्ति छोड़कर कर्म करने वाले को-कर्मों का लेप नहीं होता (छां. 4.14.3; गीता 5.10)। कर्म स्वरूपतः कभी जलते ही नहीं और उन्हें जलाने की कोई आवश्यकता भी नहीं है। जब यह बात सिद्ध है, कि कर्म नामरूप है और नामरूप दृश्य सृष्टि है; तब यह समस्त दृश्य सृष्टि जलेगी कैसे? और कदाचित् जल भी जाए, तो सत्कार्यवाद के अनुसार सिर्फ यही होगा, कि उसका नामरूप बदल जाएगा। नामरूपात्मक कर्म या माया हमेशा बदलती रहती है, इसलिए मनुष्य अपनी रुचि के अनुसार इस नामरूप में भले ही परिवर्तन कर लें परंतु इस बात को नहीं भूलना चाहिए, कि वह चाहे कितना ही आत्मज्ञानी हो; परंतु इस नामरूपात्मक कर्म या माया का समूल नाश कदापि नहीं कर सकता-यह काम केवल परमेश्वर से ही हो सकता है (वे. सू. 4.4.17)। हाँ; मूल में इन जड़ कर्मों में भलाई-बुराई का जो बीज है ही नहीं; और जिसे मनुष्य उनमें अपनी ममत्व बुद्धि से उत्पन्न किया करता है, उसका नाश करना मनुष्य के हाथ में है; और उसे जो कुछ जलाना है, वह यही वस्तु है। सब प्राणियों के विषय में समत्वबुद्धि रखकर अपने सब व्यापारों के इस ममत्वबीज को जिसने जला (नष्ट कर) दिया है, वही धन्य है; वही कृतकृत्य और मुक्त है; सब कुछ करते रहने पर भी उसके सब कर्म ज्ञानाग्नि से दग्ध समझे जाते हैं। (गीता 4.19; 18.56)। इस प्रकार कर्मों का दग्ध होना मन की निर्विषयता पर और ब्रह्मात्मैक्य के अनुभव पर ही सर्वथा अवलंबित है। अतएव प्रकट है, कि जिस तरह ब्रह्मात्मैक्य-ज्ञान के होते ही उसके कर्मक्षय-रूप परिणाम के होने में कालावधि की प्रतीक्षा नहीं करनी पड़ती। ज्योंही ज्ञान हुआ, कि उसी क्षण कर्मक्षय हो जाता है। परंतु अन्य सब कालों से मरण-काल इस संबंध में अधिक महत्त्व का माना जाता है। क्योंकि यह मरण-काल आयु के बिल्कुल अंत का काल है और इसके पूर्व किसी काल में ब्रह्मज्ञान होने से अनारब्ध संचित का यदि क्षय हो गया हो, तो भी प्रारब्ध नष्ट नहीं होता। इसलिए यदि यह ब्रह्मज्ञान अंत तक एक समान स्थिर न रहे, तो प्रारब्ध-कर्मानुसार मृत्यु-काल पर्यंत जो अच्छे या बुरे कर्म होंगे, वे सब सकाम हो जावेंगे; और उनका फल भोगने के लिए फिर भी जन्म लेना ही पड़ेगा। इसमें संदेह नहीं, कि जो पूरा जीवन्मुक्त हो जाता है, उसे यह भय कदापि नहीं रहता, परंतु जब इस विषय का शास्त्रदृष्टि से विचार करना हो, तब इस बात का भी विचार अवश्य कर लेना पड़ता है, कि मृत्यु के पहले जो ब्रह्मज्ञान हो गया था, वह कदाचित् मरण-काल ही को विशेष महत्त्वपूर्ण मानते हैं, और यह कहते हैं, कि उस समय यानी मृत्यु के समय पूर्ण ब्रह्मात्मैक्य ज्ञान का अनुभव अवश्य होना चाहिए; नहीं तो मोक्ष नहीं होगा। इसी अभिप्राय से उपनिषदों के आधार पर गीता में कहा गया है, कि "अंतकाल में अनन्यभाव से मेरा स्मरण करने पर मनुष्य मुक्त होता है" (गीता 8.5)। इस सिद्धान्त के अनुसार कहना पड़ता है, कि यदि कोई दुराचारी मनुष्य अपनी सारी आयु दुराचरण में व्यतीत करके और केवल अंत समय में उसे ब्रह्मज्ञान हो जावे, तो वह भी मुक्त हो जाता है। इस पर कितने ही लोगों का कहना है, कि यह बात युक्तिसंगत नहीं है। परंतु-थोड़ा सा विचार करने पर मालूम होगा, कि यह बात अनुचित नहीं कही जा सकती-यह बिलकुल सत्य और संयुक्तिक है। वस्तुतः यह संभव नहीं, कि जिसका सारा जन्म दुराचार में बीता हो, उसे केवल मृत्यु समय में

ही सुबुद्धि और ब्रह्म-ज्ञान हो जावे। अन्य सब बातों के समान ही ब्रह्म-निष्ठ होने के लिए मन को आदत डालनी पड़ती है, और जिसे इस जन्म में एक बार भी ब्रह्मात्मैक्य ज्ञान का अनुभव नहीं हुआ है, उसे केवल मरण-काल में ही उसका एकदम ज्ञान हो जाना परम दुर्घट या असंभव ही है। इसीलिए गीता का दूसरा महत्त्वपूर्ण कथन यह है कि मन को विषय-वासनारहित बनाने के लिए प्रत्येक मनुष्य को सदैव अभ्यास करते रहना चाहिए, जिसका फल यह होगा कि अंतकाल में भी यही स्थिति बनी रहेगी; और मुक्ति भी अवश्य हो जाएगी (गीता 8.6.7 तथा 2.72)। परंतु शास्त्र की छानबीन करने के लिए मान लीजिए, कि पूर्वसंस्कार आदि कारणों से किसी मनुष्य को केवल मृत्यु समय में ही एकाएक ब्रह्मज्ञान हो गया। निस्संदेह ऐसा उदाहरण लाखों या करोड़ों मनुष्यों में एक-आध ही मिल सकेगा। परंतु, चाहे ऐसा उदाहरण मिले या न मिले इस विचार को एक ओर रखकर जब हमें यही देखना है, कि यदि ऐसी स्थिति प्राप्त हो जाए, तो आगे क्या होगा? ज्ञान चाहे मरण-काल में ही क्यों न हो; परंतु उससे मनुष्य के अनारब्ध-कार्य-संचित का क्षय होता ही है; और इस जन्म के भोग से आरब्ध-संचित का क्षय मृत्यु के समय हो जाता है। इसलिए उसे कुछ भी कर्म भोगना बाकी नहीं रह जाता है; और यही सिद्ध होता है, कि वह सब कर्मों से अर्थात् संचार चक्र से मुक्त हो जाता है। यही सिद्धान्त गीता के इस वाक्य में कहा गया है, "अपि चेत् सुदुराचारो भजते मामनन्यभाक्" (गीता 9.30)-यदि कोई बड़ा दुराचारी मनुष्य भी परमेश्वर का अनन्य भाव से स्मरण करेगा, तो वह भी मुक्त हो जाएगा और यह सिद्धान्त संसार के अन्य सब धर्मों में भी ग्राह्य माना गया है। 'अनन्य भाव' का यही अर्थ है, कि परमेश्वर में मनुष्य की चित्तवृत्ति पूर्ण रीति से लीन हो जावे। स्मरण रहे, कि मुँह से तो 'राम राम' बड़बड़ाते रहें; और चित्तवृत्ति दूसरी ही ओर रहे; तो इसे अनन्य भाव नहीं कहेगा। सारांश, परमेश्वर ज्ञान की महिमा ही ऐसा है, कि ज्योंही ज्ञान की प्राप्ति हुई, त्योंही सब अनारब्ध संचित का एकदम क्षय हो जाता है-यह अवस्था कभी भी प्राप्त हो, सदैव इष्ट ही है। परंतु यह अति आवश्यक बात है, कि कम से कम मृत्यु के समय यह स्थिर बनी रहें; या यदि पहले प्राप्त न हुई हो, तो कम-से-कम मृत्यु के समय यह प्राप्त होवे। नहीं तो हमारे शास्त्रकारों के कथनानुसार मृत्यु के समय कुछ-न-कुछ वासना अवश्य ही बाकी रह जाएगी, जिससे पुनः जन्म लेना पड़ेगा और उससे मोक्ष भी नहीं मिलेगा।

इसका विचार हो चुका, कि कर्मबंधन क्या है? कर्मक्षय किसे कहते हैं? वह कैसे और कब होता है? अब प्रसंगानुसार इस बात का भी कुछ विचार किया जाएगा, कि जिनके कर्मफल नष्ट हो गए हैं, उनको और जिनके कर्मबंधन नहीं छूटे हैं, उनको मृत्यु के अनंतर वैदिक धर्म के अनुसार कौन-सी गति मिलती है? इसके संबंध में उपनिषदों में बहुत चर्चा की गई है (छां. 4.15; 5.10; बृ. 6.2.2-16; कौषी. 1.2-3), और उसकी एकवाक्यता वेदान्तसूत्र के चौथे अध्याय के तीसरे पाद में की गई है। परंतु उस सब चर्चा को यहाँ बतलाने की कोई आवश्यकता नहीं है। हमें केवल उन्हीं दो मार्गों का विचार करना है, जो भगवद्गीता में (गीता 8.23-27) दिए गए हैं। वैदिक धर्म के ज्ञानकांड और कर्मकांड, ये दो प्रसिद्ध भेद हैं। कर्मकांड का मूल उद्देश्य यह है, कि सूर्य, अग्नि, इंद्र, वरुण, रुद्र इत्यादि वैदिक देवताओं का यज्ञ-द्वारा पूजन किया जावे और उनके प्रसाद से इस लोक में पुत्र-पौत्र आदि संतति तथा गौ, अश्व, धन, धान्य आदि संपत्ति प्राप्त कर ली जावे; और अंतर में मरने पर सद्गति प्राप्त होवे। वर्तमान काल में यह यज्ञ-याग आदि श्रौत धर्म प्रायः लुप्त हो गया है। इससे उक्त उद्देश्य को सिद्ध करने के लिए लोग देवभक्ति तथा दान धर्म आदि शास्त्रों के पुण्य कर्म किया करते हैं। परंतु ऋग्वेद से स्पष्टतया मालूम होता है, कि प्राचीन काल में लोग-न केवल स्वार्थ के लिए; बल्कि

सब समाज के कल्याण के लिए भी-यज्ञ क्षरा ही देवताओं की आराधना किया करते थे। इस काम के लिए जिन इंद्र आदि देवताओं को अनुकूलता का संपादन करना आवश्यक है, उनकी स्तुति से ही ऋग्वेद के सूक्त भरे पड़े हैं, और उनमें स्थल-स्थल पर ऐसी प्रार्थना की गई है, कि "हे देव हमें संतति और समृद्धि दो"; "हमें शतायु करो।" हमें, हमारे लड़कों-बच्चों को और हमारे वीर-पुरुषों को तथा हमारे जानवरों को न मारो।[1] ये यज्ञ-याग तीनों वेदों में विहित हैं, इसलिए इस मार्ग का पुराना नाम 'त्रयी धर्म' है; और ब्राह्मण ग्रंथों में यज्ञ करने की भिन्न भिन्न विधियाँ हैं। इससे आगे शंका होने लगी, कि कौन-सी विधि ग्राह्य है; तब इन परस्पर-विरुद्ध वाक्यों की एकवाक्यता करने के लिए जैमिनी ने अर्थनिर्णायक नियमों का संग्रह किया। जैमिनी के इन नियमों को ही मीमांसासूत्र या पूर्वमीमांसा कहते हैं, और इसी कारण से इस प्राचीन कर्मकांड को मीमांसामार्ग नाम मिला तथा हमने भी इसी नाम का इस ग्रंथ में कई बार उपयोग किया है, क्योंकि आजकल यही प्रचलित हो गया है, तथापि यज्ञ-यागादि का यह कर्म-मार्ग बहुत प्राचीन काल से चलता आया है। यही कारण है, कि गीता में 'भीमांसा' शब्द कहीं भी नहीं आया है; किंतु उसके बदले 'त्रयी धर्म' (गीता 9.20, 21) या 'त्रयी विद्या' ये नाम आए हैं। यज्ञ याग आदि श्रोतकर्म-प्रतिपादक ब्राह्मण ग्रंथों के बाद आरण्यक और उपनिषद्, ये वैदिक ग्रंथ बने। इनमें यह प्रतिपादन किया गया है, कि यज्ञ-याग आदि कर्म गौण हैं और ब्रह्मज्ञान ही श्रेष्ठ है, इसलिए इनके धर्म को 'ज्ञानकांड' कहते हैं। परंतु भिन्न-भिन्न उपनिषदों में भिन्न-भिन्न विचार हैं। इसलिए उनकी भी एकवाक्यता करने की आवश्यकता हुई; और इस कार्य को बादरायणाचार्य ने अपने वेदान्तसूत्रों में किया। इस ग्रंथ को ब्रह्मसूत्र अथवा शारीरसूत्र या उत्तरमीमांसा कहते हैं। इस प्रकार पूर्व-मीमांसा तथा उत्तर-मीमांसा, क्रम से-कर्मकांड तथा ज्ञानकांड-संबंधी आज के प्रधान ग्रंथ हैं। वस्तुत: ये दोनों ग्रंथ मूल में मीसांसा ही के हैं-अर्थात् वैदिक वचनों के अर्थ की चर्चा करने के लिए ही बनाए गए हैं। तथापि आजकल कर्मकांड-प्रतिपादकों को केवल 'मीमांसक' और ज्ञानकांड प्रतिपादकों को 'वेदान्ती' कहते हैं। कर्मकांड वालों का अर्थात् मीमांसकों का कहना है, कि श्रौतधर्म में चातुर्मास्य, ज्योतिष्टोप प्रभृति यज्ञ-याग आदि कर्म ही प्रधान हैं; और जो इन्हें करेगा, उसे ही वेदों की आज्ञानुसार मोक्ष प्राप्त होगा। इन यज्ञ-याग आदि कर्मों को कोई भी छोड़ नहीं सकता। यदि छोड़ देगा, तो समझना चाहिए, कि वह श्रौतधर्म से वंचित हो गया। क्योंकि वैदिक यज्ञ की उत्पत्ति सृष्टि की उत्पत्ति के साथ ही हुई है, और यह चक्र अनादि काल से चलता आया है, कि मनुष्य यज्ञ करके देवताओं को तृप्त करे, तथा मनुष्य की पर्जन्य आदि सब आवश्यकताओं को देवगण पूरा करें! आजकल हमें इन विचारों का कुछ महत्त्व मालूम नहीं होता, क्योंकि यज्ञयागरूपी श्रौतधर्म अब प्रचलित नहीं है। परंतु गीता-काल की स्थिति भिन्न थी, इसलिए भगवद्गीता में (गीता 3.16-25) इस यज्ञचक्र का महत्त्व ऊपर कहे अनुसार बतलाया गया है। तथापि गीता से यह स्पष्ट मालूम होता है, कि उस समय भी उपनिषदों में प्रतिपादित ज्ञान के कारण मोक्ष दृष्टि से इन कर्मों को गौणता आ चुकी थी (गीता 2.41-46)। यही गौणता अहिंसा धर्म का प्रचार होने पर आगे अधिकाधिक बढ़ती गई। भागवत धर्म में स्पष्टतया प्रतिपादन किया गया है, कि यज्ञ-याज्ञ वेदविहित हैं; तो भी उनके लिए पशु-वध नहीं करना चाहिए, धान्य से ही यज्ञ करना चाहिए

---

1. ये मंत्र अनेक स्थलों पर पाये जाते हैं परंतु उन सबको न दे कर पर केवल एक ही मंत्र बतलाना बस होगा, कि जो बहुत प्रचलित है। वह यह है - "मा नस्तोके तनये मा न आयौ मा नो गोषु मा नो अश्वेषु रीरिषः। वीरान्मा नो रुद्र भामितो वधीर्हष्मिन्तः सममित्त्वा हवामहे" (ऋ. 1.114.8)।

(मभा. शां. 336.10 और 337)। इस कारण (तथा कुछ अंशों में आगे जैनियों के भी ऐसे ही प्रयत्न करने के कारण), श्रौतयज्ञ-मार्ग की आजकल वह दशा हो गई है, कि काशी सरीखे बड़े-बड़े धर्मक्षेत्रों में भी नित्य श्रौताग्निहोत्र पालन करनेवाले अग्निहोत्री बहुत ही थोड़े दीख पड़ते हैं। तथापि श्रौतधर्म ही सब वैदिक धर्मों का मूल है; और इसलिए उसके विषय में इस समय भी आदर बुद्धि पाई जाती है; और जैमिनी के सूत्र अर्थनिर्णायक शास्त्र के तौर पर प्रमाण माने जाते हैं। यद्यपि श्रौत-यज्ञयाग आदि धर्म इस प्रकार शिथिल हो गया है, तो भी मन्वादि स्मृतियों में वर्णित दूसरे यज्ञ-जिन्हें पंचमहायज्ञ कहते हैं-अब तक प्रचलित हैं; और इनके संबंध में भी श्रौतयज्ञ-यागचक्र आदि के ही उक्त न्याय का उपयोग होता है। उदाहरणार्थ, मनु आदि स्मृतिकारों ने पाँच अहिंसात्मक तथा नित्य गृहयज्ञ बतलाए हैं-जैसे वेदाध्ययन ब्रह्मयज्ञ हैं, तर्पण पितृयज्ञ है, होम देवयज्ञ है, बलि भूतयज्ञ है और अतिथि-संतर्पण मनुष्ययज्ञ है; तथा गार्हस्थ्य धर्म में यह कहा है, कि इन पाँच यज्ञों के द्वारा क्रमानुसार ऋषियों, पितरों, देवताओं, प्राणियों तथा मनुष्यों को पहले तृप्त करके फिर किसी गृहस्थ को स्वयं भोजन करना चाहिए (मनु. 3.68-123)। इन यज्ञों के कर लेने पर जो अन्न बच जाता है, उसको 'अमृत' कहते हैं, और पहले इन सब मनुष्यों के भोजन कर लेने पर जो अन्न बचे उसे 'विघस' कहते हैं (मनु. 3.285)। यह 'अमृत' और 'विघस' अन्न ही गृहस्थ के लिए विहित एवं श्रेयस्कर है ओर ऐसा न करके जो कोई सिर्फ अपने पेट के लिए ही भोजन पका खावे, तो वह अघ अर्थात् पाप का भक्षण करता है; और उसे 'अघाशी' कहना चाहिए-इस प्रकार केवल मनुस्मृति में ही नहीं तो ऋग्वेद और गीता में भी कह गया है, (ऋ. 10.117.6; मनु. 3.118; गीता. 3.13)। इन स्मार्त पंचमहायज्ञों के सिवा, दान, सत्य, दया, अहिंसा आदि सर्वभूतहितप्रद अन्य धर्म भी उपनिषदों तथा स्मृति ग्रंथों में गृहस्थ के लिए विहित माने गए हैं (तै. 1.11)। और उन्हीं में स्पष्ट उल्लेख किया गया है, कि कुटुंब की वृद्धि करके वंश को स्थिर रखो-'प्रजातन्तुं मा व्यवच्छेत्सीः।" ये सब कर्म एक प्रकार के यज्ञ ही माने जाते हैं; और ये कर्म करने का कारण, तैत्तिरीय संहिता में यह बतलाया गया है, कि जन्म से ही ब्राह्मण अपनी पीठ पर तीन प्रकार के ऋण वेदाभ्यास से, देवताओं का यज्ञ से और पितरों का पुत्रोक्ति से चुकाना चाहिए, अन्यथा उसे सद्गति प्राप्त नहीं होगी, (तै. सं. 6.3.10.5)।[1] महाभारत के (मभा. आ. 13) आदि पर्व में एक कथा है, कि जरत्कारू ऐसा आचरण न करके, विवाह करने के पहले ही उग्र तपश्चर्या करने लगा; तब संतानक्षय के कारण उसके यायावर नामक पितर आकाश में लटकते हुए उसे दीख पड़े; और फिर उनकी आज्ञा से उसने अपना विवाह किया। यह कोई नियम नहीं है, कि इन सब कर्मों या यज्ञों को केवल ब्राह्मण ही करें; वैदिक यज्ञ-यागों को छोड़ अन्य सब कर्म यथाधिकार स्त्रियों और शूद्रों के लिए भी विहित हैं, इसलिए स्मृतिकारों की कही गई चातुर्वर्ण्य-व्यवस्था के अनुसार किए गए सब कर्म यज्ञ ही हैं-उदाहरणार्थ, क्षत्रियों का युद्ध करना भी एक यज्ञ है और यज्ञ का यही व्यापक अर्थ इस प्रकरण में विवक्षित है। मनु से कहा है, कि जो जिसके लिए विहित है, वही उसके लिए तप है (म. 11.236); और महाभारत में भी कहा है, कि:-

आरंभयज्ञाः क्षत्राश्च हविर्यज्ञा विशः स्मृताः।
परिचारयज्ञाः शूद्राश्च जययज्ञा द्विजातयः॥

"आरंभ (उद्योग), हवि, सेवा और जप ये चार यज्ञ क्षत्रिय, वैश्य, शूद्र और ब्राह्मण,

1. तैत्तिरीय संहिता का वचन है: "जायमानो वै ब्राह्मणस्त्रिभिर्ऋणवा जायते ब्रह्चर्येणर्षिम्यो यज्ञेन देवेभ्यः प्रजया पितृभ्य एष वा अनृणो यः पुत्री यज्वा ब्रह्मचारिवासीति।"

इन चार वर्णों के लिए यथानुक्रम विहित हैं, (मभा. शां. 237.12)। सारांश, इस सृष्टि के सब मनुष्यों और उनके कर्मों को यज्ञ ही के लिए ब्रह्मदेव ने उत्पन्न किया है (मभा. अनु. 48.3; और गीता 3.10; 4.32)। फलतः चातुर्वर्ण्य आदि सब शास्त्रोक्त कर्म एक प्रकार के यज्ञ ही हैं, यज्ञकों या और प्रत्येक मनुष्य अपने-अपने अधिकार के अनुसार इन यज्ञकों या शास्त्रोक्त कर्मो-धंधे, व्यवसाय या कर्त्तव्य व्यवहार को-न करे, तो सारे समाज की हानि होगी और संभव है, कि अंत में इसका नाश भी हो जावे। इसलिए ऐसे व्यापक अर्थ से सिद्ध होता है, कि लोकसंग्रह के लिए यज्ञ की सदैव आवश्यकता होती है।

अब यह प्रश्न उठता है, कि यदि वेद और चातुर्वर्ण्य आदि स्मार्त-व्यवस्था के अनुसार गृहस्थों के लिए वही कर्मप्रधान वृत्ति विहित मानी गई है, कि जो केवल कर्ममय है, तो क्या इन सांसारिक कर्मों को धर्मशास्त्र के अनुसार यथाविधि-अर्थात् नीति से और धर्म की आज्ञानुसार करते रहने से ही कोई मनुष्य जन्म-मरण के चक्कर से मुक्त हो जाएगा? और यदि कहा जाए कि वह मुक्त हो जाता है, तो फिर ज्ञान की बड़ाई और योग्यता ही नहीं रही? ज्ञानकांड अर्थात् उपनिषदों का साफ यही कहना है, कि जब तक ब्रह्मात्मैक्यज्ञा-ज्ञान होकर कर्म के विषय में विरक्ति न हो जाए, तब तक नामरूपात्मक माया से या जन्म-मरण के चक्कर से छुटकारा नहीं मिल सकता। और श्रौतस्मार्त-धर्म को देखो तो यही मालूम पड़ता है, कि प्रत्येक मनुष्य का गार्हस्थ्य-धर्म कर्मप्रधान या व्यापक अर्थ में यज्ञमय है। इसके अतिरिक्त वेदों का भी स्पष्ट कथन है, कि यज्ञार्थ किए गए कर्म बंधक नहीं होते; और यज्ञ से ही स्वर्ग प्राप्ति होती है। स्वर्ग की चर्चा छोड़ जाए; तो भी हम देखते हैं, कि ब्रह्मदेव ही ने यह नियम बना दिया है, कि इंद्र आदि देवताओं के संतुष्ट हुए बिना वर्षा नहीं होती; और उनके बिना देवतागण भी संतुष्ट नहीं होते। ऐसी अवस्था में यज्ञ अर्थात् कर्म किए बिना मनुष्य की भलाई भी कैसे होगी? इस लोक के क्रम के विषय में मनुस्मृति, महाभारत, उपनिषद तथा गीता में भी कहा है, कि:-

अग्नौ प्रास्ताहुतिः सम्यगादित्यमुपतिष्ठते।
आदित्याज्जायते वृष्टिर्वृष्टेरन्नं ततः प्रजाः॥

"यज्ञ में हवन किए गए सब द्रव्य अग्नि द्वारा सूर्य को पहुँचते हैं, और सूर्य से पर्जन्य और पर्जन्य से अन्न तथा अन्न से प्रजा उन्पन्न होती है" (मनु. 3.76; मभा. शां. 262. 11; मैत्र्यू. 6.37; गी. 3.14)। और जब कि ये यज्ञ कर्म के द्वारा ही होते हैं, तब कर्म को छोड़ देने से काम कैसे चलेगा? यज्ञमय कर्मों का छोड़ देने से संसार का चक्र बंद हो जाएगा; और किसी को खाने को भी नहीं मिलेगा। इस पर भगवतधर्म तथा गीताशास्त्र का उत्तर यह है, कि यज्ञ-याग आदि वैदिक कर्मों को या अन्य किसी भी स्मार्त तथा व्यावहारिक यज्ञमय कर्मों को छोड़ देने का उपदेश हम नहीं करते। हम तो तुम्हारे ही समान यह भी कहने को तैयार हैं, कि जो यज्ञ-चक्र-पूर्व काल से बराबर चलता आया है, उसके बंद हो जाने से संसार का नाश हो जाएगा। इसलिए हमारा यही सिद्धान्त है, कि इस कर्ममय यज्ञ को कभी नहीं छोड़ना चाहिए (मभा. शां. 340; गीता 3.16)। परंतु ज्ञानकांड में अर्थात् उपनिषदों में ही स्पष्ट रूप से कहा गया है, कि ज्ञान और वैराग्य से कर्मक्षय हुए बिना मोक्ष नहीं मिल सकता, इसलिए इन दोनों सिद्धान्तों का मेल करके हमारा अंतिम कथन यह है, कि सब कर्मों को ज्ञान से अर्थात् फलाशा छोड़कर निष्काम

---

1. इस मंत्र के दूसरे चरण को पढ़ते समय 'पुनरेति' और 'अस्मै' ऐसा पदच्छेद करके पढ़ना चाहिए। तब इस चरण में अक्षरों की कमी नहीं मालूम होगी। वैदिक ग्रंथों को पढ़ते समय ऐसा बहुधा करना पड़ता है।

या विरक्त-बुद्धि से करते रहना चाहिए। (गीता 3.17.19)। यदि तुम स्वर्गफल की काम्य-बुद्धि मन में रखकर ज्योतिषेम आदि यज्ञ-याग करोगे, तो वेदों में कहे अनुसार स्वर्ग-फल तुम्हें निस्संदेह मिलेगा; क्योंकि वेदाज्ञा कभी भी झूठ नहीं हो सकती। परंतु स्वर्ग-फल नित्य अर्थात् हमेशा टिकनेवाला नहीं है। इसलिए उपनिषद में कहा गया है (बृ. 4.4.6; वे. सू. 1.8; मभा. वन. 260.39):-

प्राप्यान्तं कर्मणस्तस्य यक्तिन्चेह करोत्यग्रम्।
तस्माल्लोकात्पुनरेत्यस्मै लोकाय कर्मणे॥[1]

"इस लोक में यज्ञ-याग आदि जो पुण्य-कर्म किए जाते हैं, उनका फल स्वर्गीय उपभोग से समाप्त हो जाता है; और तब यज्ञ करनेवाले कर्मकांडी मनुष्य को स्वर्गलोक से इस कर्मलोक अर्थात् भूलोक में फिर भी आना पड़ता है।" छांदोग्योपनिषद् में (छां. 5.10.3-9) तो स्वर्ग से नीचे आने का मार्ग भी बतलाया गया है। भगवद्गीता में "कामात्मान: स्वर्गपरा:" या "तैगुण्यविषया वेदा:" (गीता 2.43.45) इस प्रकार जो कुछ गौणत्व सूचक वर्णन किया गया है, वह इन्हीं कर्मकांडी लोगों को लक्ष्य करके कहा गया है और नौवें अध्याय में फिर से स्पष्टतया कहा गया है, कि "गतागतं कामकामा लभन्ते।" (गीता 9.21)-उन्हें स्वर्गलोक और इस लोक में बार-बार आना-जाना पड़ता है। वह आवागमन ज्ञानप्राप्ति के बिना रुक नहीं सकता और जब तक यह रुक नहीं सकता, तब तक आत्मा को सच्चा समाधान, पूर्णावस्था या मोक्ष भी नहीं मिल सकता। इसलिए गीता के समस्त उपदेश का सार यही है, कि यज्ञ-याग आदि की कौन कहे?-चातुर्वर्ण्य के सब कर्मों को भी तुम ब्रह्मात्मैक्य पर-ज्ञान से तथा साम्यबुद्धि से आसक्ति छोड़कर करते रहो, तो बस इस प्रकार कर्मचक्र को जारी रखकर भी तुम मुक्त ही बने रहोगे (गीता 18.5, 6)। किसी देवता के नाम से तिल, चावल या किसी पशु को 'इदं अमुकदैवतायै न मम' कहकर अग्नि में हवन कर देने से ही कुछ यज्ञ नहीं हो जाता। प्रत्यक्ष पशु को मारने की अपेक्षा प्रत्येक मनुष्य के शरीर में काम-क्रोध आदि जो अनेक पशुवृत्तियाँ हैं, उनका साम्यबुद्धि रूप संयमाग्नि में होम करना ही अधिक श्रेयस्कर यज्ञ है (गीता 4.33)। इसी अभिप्राय से गीता में तथा नारायणीय धर्म में भगवान ने कहा है, कि "मैं यज्ञों में जपयज्ञ" अर्थात् श्रेष्ठ हूँ (गीता 10.25, मभा. शां. 3.37)। मनुस्मृति (मनु. 2.87) में भी कहा गया है, कि ब्राह्मण और कुछ करे, या न करे, परंतु वह केवल जप से ही सिद्धि पा सकता है। अग्नि में आहुति डालते समय 'न मम'-यह वस्तु मेरी नहीं है-कहकर उस वस्तु से अपनी ममत्व-बुद्धि का त्याग दिखलाया जाता है-यही यज्ञ का मुख्य तत्त्व है; और दान आदिक कर्मों का भी यही बीज है। इसलिए यज्ञ-याग या दानादि कर्मों की योग्यता भी यज्ञ के बराबर है। अधिक क्या कहा जाए, जिनमें अपना तनिक भी स्वार्थ नहीं है, ऐसे कर्मों को शुद्ध बुद्धि से करने पर वे यज्ञ ही कहे जा सकते हैं। यज्ञ की इस व्याख्या का स्वीकार करने पर निमर्म या निष्काम बुद्धि से किए गए सब कर्म, व्यापक अर्थ में, एक महायज्ञ ही होंगे। और द्रव्यमय यज्ञ को लागू होनेवाला मीमांसको का यह न्याय, कि 'यथार्थ किए गए कोई भी कर्म बंधन नहीं होते, उन सब निष्काम कर्मों के लिए भी उपयोगी हो जाता है। इन कर्मों को करते समय फलाशा भी छोड़ दी जाती है, जिसके कारण स्वर्ग का आना-जाना भी छूट जाता है; और इन कर्मों को करने पर भी अंत में मोक्ष-स्वरूपी सद्गति मिल जाती है (गीता 3.9)। सारांश यह है, कि संसार यज्ञमय या कर्ममय है सही; परंतु कर्म करने वालों के दो वर्ग होते हैं। पहले वे जो शास्त्रोक्त रीति से, पर फलाशा रखकर कर्म किया करते हैं (कर्मकांडी लोग); और दूसरे वे जो ज्ञान से या निष्काम बुद्धि से केवल कर्त्तव्य समझकर कर्म किया करते हैं (ज्ञानी लोग)। इस संबंध में गीता का यह सिद्धान्त है,

कि कर्मकांडियों को स्वर्गप्राप्तिरूप अनित्य फल मिलता है; और ज्ञान से अर्थात् निष्काम बुद्धि से कर्म करनेवाले ज्ञानी पुरुषों को मोक्षरूपी नित्य फल मिलता है। मोक्ष के लिए कर्मों के छोड़ने गीता में कहीं भी नहीं बतलाया गया है। इसके विपरीत अठारहवें अध्याय के आरंभ में स्पष्टतया बतलाया गया है, कि 'त्याग=छोड़ना" शब्द से गीता में कर्मत्याग कभी भी नहीं समझना चाहिए; किंतु उसका अर्थ 'फलत्याग' ही सर्वत्र विवक्षित है।

इस प्रकार कर्मकांडियों और कर्मज्ञानियों को भिन्न-भिन्न फल मिलते हैं और उन्हें पाकर, प्रत्येक को मृत्यु के बाद भिन्न-भिन्न लोकों में भिन्न-भिन्न मार्गों से जाना पड़ता है। इन्हीं मार्गों को क्रम से 'पितृयान' और 'देवयान' कहते हैं। (शां 17.15.16); और उपनिषदों के आधार से गीता के आठवें अध्याय में इन्हीं दोनों मार्गों का वर्णन किया गया है। वह मनुष्य, जिसको ज्ञान हो गया है-और यह ज्ञान कम-से-कम अंतकाल में तो अवश्य हो गया हो (गीता 2.72)-देहपात होने के अनंतर और चिता में उसके शरीर के जल जाने पर, उस अग्नि से ज्योति (ज्वाला), दिवस, शुक्लपक्ष और उत्तरायण के छह महीने, इनमें से प्रयाण करता है ब्रह्मपद को जा पहुँचता है; और वहाँ उसे मोक्ष प्राप्त होता है; जिसके कारण वह पुन: जन्म लेकर मृत्युलोक में फिर नहीं लौटता। परंतु जो केवल कर्मकांडी है, अर्थात् जिसे ज्ञान नहीं है, वह उसी अग्नि से धुआँ, रात्रि, कृष्णपक्ष और दक्षिणायन के छह महीने इस क्रम से प्रयाण करता हुआ चंद्रलोक को पहुँचता है; और अपने किए हुए सब पुण्यकर्मों को भोग करके फिर इस लोक में जन्म लेता है-इन दोनों मार्गों में यही भेद है (गीता 8.23-27)। 'ज्योति' (ज्वाला) शब्द के बदले उपनिषदों में 'अर्चि:' (ज्वाला) शब्द का प्रयोग किया गया है, जिससे पहले मार्ग को 'अर्चिरादि' और दूसरे को, 'धूम्रादि' मार्ग भी कहते है। हमारा उत्तरायण उत्तर ध्रुवस्थल में रहनेवाले देवताओं का दिन है, और हमारा दक्षिणायन उनकी रात्रि है। इस परिभाषा पर ध्यान देने से मालूम हो जाता है, कि इन दो मार्गों में से पहला-अर्चिरादि (ज्योतिरादि)-मार्ग आरंभ से अंत तक प्रकाशमय है; और दूसरा-धूम्रादि-मार्ग अंधकारमय है। ज्ञान प्रकाशमय है; और परब्रह्म "ज्योतिषां ज्योत:" (गीता 13.17)-तेजों का तेज है, इसलिए देहपात होने के अनंतर, ज्ञानी पुरुषों के मार्ग का प्रकाशमय होना उचित ही है, और गीता में इन दो मार्गों को 'शुक्ल' और 'कृष्ण' इसीलिए कहा है, कि उनका भी अर्थ प्रकाशमय और अंधकारमय है। गीता में उत्तरायण के बाद के सोपानों का वर्णन नहीं है। परंतु यास्क के निरुक्त में उदगयन के बाद देवलोक, सूर्य, वैद्युत और मानस पुरुष का वर्णन है (निरुक्त 14.9)। और उपनिषदों में देवयान के विषय में जो वर्णन हैं, उनकी एकवाक्यता करके वेदान्तसूत्र में यह क्रम दिया है, कि उत्तरायण के बाद संवत्सर, वायुलोक, सूर्य, चंद्र, विद्युत, वरुणलोक, इंद्रलोक, प्रजापतिलोक और अंत में ब्रह्मलोक है (बृ. 5, 10; 6.2.15; छझं. 5.10; कौषी. 1.3; वे. सू. 4.3.1-6)।

देवयान और पितृयान मार्गों के सोपानों या मुकामों का वर्णन हो चुका। परंतु इनमें जो दिवस, शुक्लपक्ष, उत्तरायण इत्यादि के वर्णन हैं, उनका सामान्य अर्थ कालवाचक होता है। इसलिए सहज ही यह प्रश्न उपस्थित होता है, कि क्या देवयान और पितृयान मार्गों का काल से कुछ संबंध है? अथवा पहले कभी था, या नहीं? यद्यपि दिवस, रात्रि, शुक्लपक्ष इत्यादि शब्दों का अर्थ कालवाचक है; तथापि अग्नि, ज्वाला, वायुलोक, विद्युत आदि जो अन्य सोपान हैं, उनका अर्थ कालवाचक नहीं हो सकता। और यदि माना जाए, कि ज्ञानी पुरुष को, दिन अथवा रात के समय मरने पर, भिन्न-भिन्न गति मिलती है, तब तो ज्ञान का कुछ महत्त्व ही नहीं रह जाता। इसलिए अग्नि, दिवस, उत्तरायण इत्यादि सभी शब्दों को कालवाचक न मानकर वेदान्तसूत्र में यह सिद्धान्त किया गया है, कि ये शब्द इनके अभिमानी देवताओं के लिए कल्पित किए गए हैं, जो ज्ञानी और कर्मकांडी

पुरुषों के आत्मा को भिन्न-भिन्न मार्गों से ब्रह्मलोक और चंद्रलोक में ले जाते हैं (वे. सू. 4.2.19-21; 4.3.4)। परंतु इसमें संदेह है, कि भगवद्गीता को यह मत मान्य है या नहीं। क्योंकि उत्तरायण के बाद के उन सोपानों का-कि जो कालवाचक नहीं हैं-गीता में वर्णन नहीं है। इतना ही नहीं; बल्कि इन मार्गों को बतलाने के पहले भगवान ने काल का स्पष्ट उल्लेख इस प्रकार किया है, कि "मैं तुझे वह काल बतलाया हूँ कि जिस काल में मरने पर कर्मयोगी लौटकर आता है, या नहीं आता है" (गीता 8, 33)। और महाभारत में भी यह वर्णन पाया जाता है, कि जब भीष्म पितामह शरशय्या में पड़े थे, तब वे शरीर त्याग करने के लिए उत्तरायण की-अर्थात् सूर्य के उत्तर की ओर मुड़ने की प्रतीक्षा कर रहे थे (मभा. भी. 120; अनु. 167)। इससे विदित होता है, कि दिवस, शुक्लपक्ष और उत्तरायण, ये काल ही मृत्यु होने के लिए कभी-न-कभी प्रशस्त माने जाते थे। ऋग्वेद (ऋ. 10.88.15 और बृ. 6.2.15) में भी देवयान और पितृयान मार्गों का जहाँ पर वर्णन है, वहाँ कालवाचक अर्थ ही विवक्षित है। इससे तथा अन्य अनेक प्रमाणों से हमने यह निश्चय किया है, कि उत्तर गोलार्ध के जिस स्थान में सूर्य क्षितिज पर छह महीने तक हमेशा दीख पड़ता है, उस स्थान में अर्थात् उत्तर ध्रुव के पास या मेरु स्थान में जब पहले वैदिक ऋषियों की बस्ती थी तभी से छह महीने का उत्तरायणरूपी प्रकाशकाल मृत्यु होने के लिए प्रशस्त माना गया होगा। इस विषय का विस्तृत विवेचन हमने अपने दूसरे ग्रंथ में किया है। कारण चाहे कुछ भी हो, इसमें संदेह नहीं कि यह समझ बहुत प्राचीन काल से चली आई है; और यही समझ देवयान तथा पितृयान मार्गों में प्रकटरूप, न हो, तो भी पर्याय से-अंतर्भूत हो गई है। अधिक क्या कहें, हमें तो ऐसा मालूम होता है कि इन दोनों मार्गों का मूल इस प्राचीन समझ में ही है। यदि ऐसा न मानें, तो गीता में देवयान और पितृयान को लक्ष्य करके जो एक बार 'काल' (गीता 8.23) और दूसरी बार 'गति' या 'सृति' अर्थात् मार्ग (गीता 8.23. 27) कहा है, यानी इन दो भिन्न-भिन्न अर्थों के शब्दों का जो प्रयोग किया गया है, उसकी कुछ उपपत्ति नहीं लगाई जा सकती। वेदान्तसूत्र के शांकरभाष्य में देवयान और पितृयान का कालवाचक अर्थ स्मार्त है, जो कर्मयोग के लिए ही उपयुक्त होता है, और यह भेद करके कि सच्चा ब्रह्मज्ञानी उपनिषदों में वर्णित श्रौत मार्ग से, अर्थात् देवताप्रयुक्त प्रकाशमय मार्ग से ही, ब्रह्मलोक को जाता है; 'कालवाचक' तथा 'देवतावाचक' अर्थों की व्यवस्था की गई है (वे. सू. शां. भा. 4.2.18-21)। परंतु मूल सूत्रों को देखने से ज्ञात होता है, कि काल की अपेक्षा न रख उत्तरायणादि शब्दों से देवताओं को कल्पित कर देवयान का जो देवता वाचक अर्थ बादरायणाचार्य ने निश्चित किया है, वही उनके मतानुसार सर्वत्र अभिप्रेत होगा; और यह मानना भी उचित नहीं है, कि गीता में वर्णित मार्ग उपनिषदों की इस देवयान गति को छोड़कर स्वतंत्र हो सकता है। परंतु यहाँ इतने गहरे पानी में बैठने की कोई आवश्यकता नहीं है; क्योंकि यद्यपि इस विषय में मतभेद हो, कि देवयान और पितृयान के दिवस, रात्रि, उत्तरायण आदि शब्द ऐतिहासिक दृष्टि से मूलारंभ में कालवाचक ही थे या नहीं; तथापि यह बात निर्विवाद है, कि आगे यह कालवाचक अर्थ छोड़ दिया गया और अंत में देवयान और पितृयान, इन दोनों पदों का यही अर्थ निश्चित तथा रूढ़ हो गया है, कि-काल की अपेक्षा न रख चाहे कोई किसी समय मरे-यदि वह ज्ञानी हो तो अपने कर्मानुसार प्रकाशमय मार्ग से, और केवल कर्मकांडी हो तो अंधकारमय मार्ग से, परलोक को जाता है। चाहे फिर दिवस और उत्तरायण आदि शब्दों से बादरायणाचार्य के कथनानुसार देवता समझिए; या लक्षणा से प्रकाशमय मार्ग के क्रमशः बढ़ते हुए सोपान समझिए; परंतु इससे इस सिद्धान्त में कुछ भेद नहीं होता, कि यहाँ देवयान और पितृयान शब्दों का रूढ़ार्थ मार्गवाचक है।

परंतु क्या देवयान और क्या पितृयान, दोनों मार्ग शास्त्रोक्त अर्थात् पुण्यकर्म करने वाले को ही प्राप्त हुआ करते हैं; क्योंकि पितृयान यद्यपि देवयान से नीचे की श्रेणी का मार्ग है, तथापि वह भी चंद्रलोक को अर्थात् एक प्रकार के स्वर्गलोक ही को पहुँचाने वाला मार्ग है। इसलिए प्रकट है, कि वहाँ सुख भोगने की पात्रता होने के लिए इस लोक में कुछ न कुछ शास्त्रोक्त पुण्यकर्म अवश्य ही करना पड़ता है (गीता 9.20, 21)। अत: ज़ो लोग थोड़ा ही शास्त्रोक्त पुण्यकर्म न करके संसार में अपना समस्त जीवन पापाचरण में बिता देते हैं, वे इन दोनों से किसी भी मार्ग से नहीं जा सकते। इनके विषय में उपनिषदों में स्पष्ट कहा गया है, कि ये लोग मरने पर एकदम पशु-पक्षी आदि तिर्यक्-योनि में जन्म लेते हैं और बार-बार यमलोक अर्थात् नरक में जाते हैं। इसी को 'तीसरा' मार्ग कहते हैं। (छा. 5.10.8; कठ: 2.6.7); और भगवद्गीता में भी कहा गया है, कि निपट पापी अर्थात् आसुरी पुरुषों को यही-निरय-गति प्राप्त होती है (गीता 16. 19-21; 9.12; वे.सू. 2.1.12, 13; निरुक्त 149)।

ऊपर इस बात का विवेचन किया गया है, कि मरने पर मनुष्य को उसके कर्मानुरूप वैदिक धर्मपरंपरानुसार तीन प्रकार की गति किस क्रम से प्राप्त होती है। इनमें से केवल देवयान मार्ग ही मोक्षदायक है; परंतु यह मोक्ष क्रम-क्रम से अर्थात् एक के बाद एक, अर्चिरादि कई सोपान चढ़ने पर अंत में मिलता है। इसलिए इस मार्ग को 'क्रममुक्ति' कहते हैं। और देहपात होने के अनंतर अर्थात् मृत्यु के अनंतर ब्रह्मलोक में जाने से 'वहाँ अंत में मुक्ति मिलती है; इसलिए इसे 'विदेह-मुक्ति' भी कहते हैं। परंतु इन सब बातों के अतिरिक्त शुद्ध अध्यात्मशास्त्र का यह भी कथन है, कि जिसके मन में ब्रह्म और आत्मा के एकत्व का पूर्ण साक्षात्कार नित्य जागृत है, उसे ब्रह्मप्राप्ति के लिए कहीं दूसरी जगह क्यों जाना पड़ेगा? अथवा उसे मृत्यु-काल की भी बाँट क्यों ज़ोहनी पड़ेगी? यह बात सच है, कि उपासना के लिए स्वीकृत किए गए सूर्यादि प्रतीतों को अर्थात् सगुण ब्रह्म की उपासना से जो ब्रह्मज्ञान होता है, वह पहले पहल कुछ अपूर्ण रहता है; क्योंकि उससे मन में सूर्यलोक या ब्रह्मलोक इत्यादि की कल्पनाएँ उत्पन्न हो जाती हैं और इनके मरण-समय में भी मन में न्यूनाधिक परिमाण के बने रहने की संभावना होती है। अतएव यह कहना उचित है कि इस अपूर्णता को दूर करके मोक्ष की प्राप्ति के लिए ऐसे लोगों को देवयान मार्ग से ही जाना पड़ता है (वे. सू. 4.315)। क्योंकि अध्यात्मशास्त्र का यह अटल सिद्धान्त है, कि मरण-समय में जिसकी जैसी भावना या ऋतु हो, उसे वैसी ही 'गति' मिलती है (छां. 3.14.1); परंतु सगुण उपासना या अन्य किसी कारण से जिसके मन में अपने आत्मा और ब्रह्म के बीच कुछ भी परदा या द्वैतभाव (तै. 2.7) शेष नहीं रह जाता, वह सदैव ब्रह्म-रूप ही है। अतएव प्रकट है, कि ऐसे पुरुष को ब्रह्म-प्राप्ति के लिए किसी दूसरे स्थान में जाने की कोई आवश्यकता नहीं है। इसीलिए बृहदारण्यक में याज्ञवल्क्य ने जनक से कहा है, कि जो पुरुष शुद्ध ब्रह्मज्ञान से पूर्ण निष्काम हो गया हो-"न तस्य प्राणा उत्क्रामन्ति ब्रह्मैव सत् ब्रह्माप्येति"-उसके प्राण दूसरे किसी भी स्थान में नहीं जाते; किंतु वह नित्य ब्रह्मभूत है और ब्रह्म में ही लय पाता है (बृ. 4.4.6); और बृहदारण्यक तथा कठ, इन दोनों उपनिषद में कहा गया है, कि ऐसा पुरुष "अत्र ब्रह्म समश्नुते" (कठ: 6.14)-यहीं का यहीं ब्रह्म का अनुभव करता है। इन्हीं श्रुतियों के आधार पर शिवगीता में भी कहा गया है, कि मोक्ष के लिए स्थानांतर करने की आवश्यकता नहीं होती। ब्रह्म कोई ऐसी वस्तु नहीं है, कि जो अमुक स्थान में हो और अमुक स्थान में न हो (छां. 7, 25; मुं. 2.2.11)। तो फिर पूर्ण ज्ञानी पुरुष को कभी भी पूर्ण ब्रह्म-प्राप्ति के लिए उत्तरायण से सूर्यलोक आदि मार्ग से जाने की आवश्यकता क्यों होनी चाहिए? "ब्रह्म वेद ब्रह्मैव भवति" (मुं. 3.2.9)-जिसने ब्रह्मस्वरूप को पहचान

लिया; वह तो स्वयं इस लोक में या यहीं का यहीं, ब्रह्म-हो गया। क्योंकि किसी एक का दूसरे के पास जाना तभी हो सकता है, तब 'एक' और 'दूसरा' ऐसा स्थलकृत या कालकृत भेद शेष हो; और यह भेद तो अंतिम स्थिति में अर्थात् अद्वैत तथा श्रेष्ठ ब्रह्मानुभवों में रह ही नहीं सकता। इसलिए इसके मन की ऐसी नित्य स्थिति हो चुकी है, कि "यस्य सर्वमात्मैवाभूत्" (बृ. 2.4.14), या "सर्वं खल्विदं ब्रह्म" (छां. 3.14, 1), अथवा मैं ही ब्रह्म हूँ-"अहं ब्रह्माऽस्मि" (बृ. 1, 4.10), वह ब्रह्मप्राप्ति के लिए और किस जगह जाएगा? वह तो नित्य ब्रह्मभूत ही रहता है। पिछले प्रकरण के अंत में जैसे हमने कहा है, वैसे ही गीता में परम ज्ञानी पुरुषों का वर्णन इस प्रकार किया गया है, कि "अभितो ब्रह्मनिर्वाणं वर्तते विदितात्मनाम्" (गीता 5.26)-जिन्होंने द्वैतभाव को छोड़कर आत्मस्वरूप को जान लिया है, उन्हें चाहे प्रारब्ध-कर्म-क्षय के लिए देहपात होने की राह देखनी पड़े, तो भी उन्हें मोक्ष-प्राप्ति के लिए कहीं भी नहीं जाना पड़ता; क्योंकि ब्रह्मनिर्वाणरूप मोक्ष तो उनके सामने हाथ जोड़े खड़ा रहता है। अथवा "इहैव जैर्जित: सर्गो येषां साम्ये स्थितं मन:' (गीता 5.19)। जिनके मन में सर्वभूतांतर्गत ब्रह्मात्म्यैक्यरूपी साम्य प्रतिबिंबित हो गया है वे (देवयान मार्ग की अपेक्षा न रख) यहीं के यहीं जन्म-मरण को जीत लेते हैं। अथवा "भूतपृथग्भावमेकस्थमनुपश्यति"-जिसकी ज्ञानदृष्टि में समस्त प्राणियों की भिन्नता का नाश हो चुका है और जिसे वे सब एकस्थ अर्थात् परमेश्वर स्वरूप दीखने लगते हैं, वह 'ब्रह्म-संपद्यते'-ब्रह्म में ही मिल जाता है (गीता 13.30)। गीता का जो वचन ऊपर दिया गया है, कि "देवयान और पितृयान मार्गों को तत्त्वत: जाननेवाला कर्मयोगी मोह को प्राप्त नहीं होता" (गीता 8.21); उसमें भी "तत्त्वत: जाननेवाला" पद का अर्थ "परमावधि के ब्रह्मस्वरूप को पहचानने वाला" ही विवक्षित है (भागवत 7.15. 56)। यही पूर्ण ब्रह्मभूत या परमावधिकी ब्राह्मी स्थिति है; और श्रीमच्छंकराचार्य ने अपने शारीरिक भाष्य में (वे. सू. 3.4.14) प्रतिपादन किया है, कि यही अध्यात्मज्ञान की अत्यंत पराकाष्ठज्ञ या पूर्णावस्था है। यदि कहा जाए, कि ऐसी स्थिति प्राप्त होने के लिए मनुष्य को एक प्रकार से परमेश्वर ही हो जाना पड़ता है, तो कोई अतिशयोक्ति न होगी। और फिर यह कहने की आवश्यकता नहीं, कि इस रीति से जो पुरुष ब्रह्मभूत हो जाते हैं, कर्मसृष्टि के सब विधि निषधों की अवस्था से भी परे रहते हैं; क्योंकि उनका ब्रह्मज्ञान सदैव जागृत रहता है और इसलिए जो कुछ वे किया करते हैं, वह हमेशा ही शुद्ध और निष्काम बुद्धि से ही प्रेरित अतएव पाप-पुण्य से अलिप्त रहता है। इस स्थिति की प्राप्ति हो जाने पर ब्रह्मप्राप्ति के लिए किसी अन्य स्थान में जाने की, अथवा देहपात होने की, अर्थात् मरने की भी कोई आवश्यकता नहीं रहती, इसलिए ऐसे स्थितप्रज्ञ ब्रह्मनिष्ठ पुरुष को 'जीवन्मुक्त' कहते हैं (यो. 3.9)। यद्यपि बौद्ध धर्म के लोग ब्रह्म या आत्मा को नहीं मानते, तथापि उन्हें यह बात पूर्णतया मान्य है, कि मनुष्य का परम साध्य जीवन्मुक्त की यह निष्काम अवस्था ही है; और इसी तत्त्व का संग्रह उन्होंने, कुछ शब्द भेद से, अपने धर्म में किया है (परिशिष्ट प्रकरण देखो) बहुतेरे लोगों का कथन है, कि पराकाष्ठा के निष्कामत्व की इस अवस्था में और सांसारिक कर्मों में निसर्ग के ही परस्पर-विरोध है; इसलिए जिसे यह अवस्था प्राप्त होती है, उसके सब कर्म आप ही आप छूट जाते हैं और वह संन्यासी हो जाता है, परंतु गीता को यह मत मान्य नहीं है; और इसका यही सिद्धान्त है, कि स्वयं परमेश्वर जिस प्रकार कर्म करता है, उसी प्रकार जीवन्मुक्त के लिए भी-निष्काम बुद्धि से लोकसंग्रह के निमित्त-मृत्युपर्यंत सब व्यवहारों को करते रहना ही अधिक श्रेयस्कर है; क्योंकि निष्कामत्व और कर्म में कोई विरोध नहीं है। यह बात अगले प्रकरण के निरूपण से स्पष्ट हो जाएगी। गीता का यह तत्त्व योगवासिष्ठ (यो. 6. उ. 199) में भी स्वीकृत किया गया है।

ग्यारहवाँ प्रकरण

संन्यास और कर्मयोग

संन्यासः कर्मयोगश्च निःश्रेयसकरावुभौ।
तयोस्तु कर्मसंन्यासात् कर्मयोगो विशिष्यते।।[1]

-गीता

पिछले प्रकरण में इस बात का विस्तृत विचार किया गया है, कि अनादि कर्म के चक्करों से छूटने के लिए प्राणिमात्र में एकत्व से रहनेवाले परब्रह्म का अनुभावात्मक ज्ञान होना ही एकमात्र उपाय है; और यह विचार भी किया गया है, कि इस अमृत ब्रह्म का ज्ञान संपादन करने के लिए मनुष्य स्वतंत्र है या नहीं, एवं इस ज्ञान की प्राप्ति के लिए मायासृष्टि के अनित्य व्यवहार अथवा कर्म वह किस प्रकार करे। अंत में यह सिद्ध किया है, कि बंधन कुछ कर्म का धर्म या गुण नहीं है; किंतु मन का है। इसलिए व्यावहारिक कर्मों के फल के बारे में जो अपनी आसक्ति होती है, उसे इंद्रिय-निग्रह से धीरे-धीरे घटा कर, शुद्ध अर्थात् निष्काम बुद्धि से कर्म करते रहने पर, कुछ समय के बाद साम्यबुद्धिरूप आत्मज्ञान देहेंद्रियों में समा जाता है; और अंत में पूर्ण सिद्धि प्राप्त हो जाती है। इस प्रकार इस बात का निर्णय हो गया, कि मोक्षरूपी परम साध्य अथवा आध्यात्मिक पूर्णावस्था की प्राप्ति के लिए किस साधन या उपाय का अवलंबन करना चाहिए। इस प्रकार के बर्ताव से, अर्थात् यथाशक्ति और यथाधिककार निष्काम कर्म करने से, जब कर्म का बंधन छूट जाए तथा चित्तशुद्धि द्वारा अंत में पूर्ण ब्रह्मज्ञान प्राप्त हो जाए; तब यह महत्त्व का प्रश्न उपस्थित होता है, कि अब आगे अर्थात् सिद्धावस्था में ज्ञानी और स्थितप्रज्ञ पुरुष कर्म ही करता रहे, अथवा प्राप्त वस्तु को पा कर कृतकृत्य हो, माया-सृष्टि के सब व्यवहारों को निरर्थक और ज्ञानविरुद्ध समझकर, एकदम उनका त्याग कर दे? क्योंकि सब कर्मों को बिलकुल छोड़ देना (कर्मसंन्यास), या उन्हें निष्काम बुद्धि से मृत्युपर्यंत करते जाना (कर्मयोग), ये दोनों पक्ष तर्क की दृष्टि से इस स्थान पर संभव होते हैं और इनमें से जो पक्ष श्रेष्ठ सिद्ध होगा, उसी की ओर ध्यान देकर पहले से (अर्थात् साधनावस्था से ही) बर्ताव करना सुविधाजनक होगा, इसलिए उक्त दोनों पक्षों के तारतम्य का विचार किए बिना कर्म और अकर्म का कोई भी आध्यात्मिक विवेचन पूरा नहीं हो सकता। अर्जुन से सिर्फ यह कह देने से काम नहीं चल सकता

---

1. "संन्यास और कर्मयोग, दोनों निःश्रेयस्कर अर्थात् मोक्षदायक है; परंतु इन दोनों में कर्मसंन्यास की अपेक्षा कर्मयोग ही अधिक श्रेष्ठ है।" दूसरे चरण के 'कर्म-संन्यास' पद से प्रकट होता है, कि पहले चरण के, संन्यास शब्द का क्या अर्थ करना चाहिए। गणेश-गीता के चौथे अध्याय के आरंभ में गीता के ये प्रश्नोत्तर लिए गए हैं। वहाँ यह श्लोक थोड़े शब्द भेद से इस प्रकार आया है- "क्रियायोगो वियोगश्चाप्युभौ मोक्षस्य साधने। तयोर्मध्ये क्रियायोगस्त्यागात्तस्य विशिष्यते।।"

था, कि पूर्ण ब्रह्मज्ञान प्राप्त हो जाने पर कर्मों का करना और न करना एक-सा है (गीता 3.18); क्योंकि समस्त व्यवहारों में कर्म की अपेक्षा बुद्धि ही की श्रेष्ठता होने के कारण, ज्ञान से जिसकी बुद्धि समस्त भूतों में सम हो गई है, उसे आगे किसी भी तर्क के शुभाशुभत्व का लेप नहीं लगता (गीता 4.20, 21)। भगवान को तो उसे यही निश्चित उपदेश था कि-युद्ध ही कर-युद्धस्त! (गीता 2.18); और इस खरे तथा स्पष्ट उपदेश के समर्थन में ज्ञान हो जाने पर "लड़ाई करे तो अच्छा, न करे तो भी अच्छा"; ऐसी संदिग्ध उपपत्ति की अपेक्षा और दूसरे कुछ सबल कारणों का बतलाना आवश्यक था। और तो क्या, गीताशास्त्र की प्रवृत्ति यह बतलाने के लिए ही हुई है, कि किसी कर्म का भयंकर परिणाम दृष्टि के सामने देखते रहने पर भी बुद्धिमान पुरुष उसे ही क्यों करे। गीता की यही तो विशेषता है। यदि यह सत्य है, कि कर्म से जंतु बँधता है और ज्ञान से मुक्त होता है, तो ज्ञानी पुरुष को कर्म करना ही क्यों चाहिए? कर्म-क्षय का अर्थ कर्मों को छोड़ देना शक्य नहीं है; इत्यादि सिद्धान्त यद्यपि सत्य हों, तथापि इससे भली भाँति यह सिद्ध नहीं होता, कि जितने कर्म छूट सकें, उतने ही क्यों न छोड़े जाएं और न्याय से देखने पर भी, यही अर्थ निष्पन्न होता है; क्योंकि गीता में ही कहा है, कि चारों ओर पानी ही पानी हो जाने पर जिस प्रकार फिर कोई उसके लिए कुएं की खोज नहीं करता, उसी प्रकार कर्मों से सिद्ध होनेवाली ज्ञानप्राप्ति हो चुकने पर ज्ञानी पुरुष को कर्म की कुछ भी अपेक्षा नहीं रहती (गीता 2.46)। इसीलिए तीसरे अध्याय के आरंभ में अर्जुन ने श्रीकृष्ण से प्रथम यही पूछा है, कि आपके मत से यदि कर्म की अपेक्षा निष्काम अथवा साम्यबुद्धि श्रेष्ठ है, तो स्थितप्रज्ञ के समान मैं भी अपनी बुद्धि को शुद्ध किए लेता हूँ-बस, तब फिर भी लड़ाई के इस घोर कर्म में मुझे क्यों फँसाते हो? (गीता 3.1) इस प्रश्न का भी उत्तर देते हुए भगवान ने "कर्म किसी के भी छूट नहीं सकते" इत्यादि कारण बतला कर, चौथे अध्याय में कर्म का समर्थन किया है। परंतु सांख्य (संन्यास) और कर्मयोग, दोनों ही मार्ग यदि शास्त्रों में बतलाए गए हैं, तो यही कहना पड़ेगा, कि ज्ञान की प्राप्ति हो जाने पर, इनमें से जिसे जो मार्ग अच्छा लगे, उसे वह स्वीकार कर ले। ऐसी दशा में, पाँचवें अध्याय के आरंभ में अर्जुन ने फिर प्रार्थना की, कि गोलमाल करके दोनों मार्ग मुझे न बतलाइए; निश्चयपूर्वक मुझे एक ही बात बतलाइए, कि इन दोनों में से अधिक श्रेष्ठ कौन है (गीता 5.1)। यदि ज्ञानोत्तर कर्म करना या न करना एक ही सा है, तो फिर मैं अपनी इच्छा से जी चाहे तो कर्म करूँगा, नहीं तो न करूँगा। यदि कर्म करना ही उत्तम पक्ष हो, तो मुझे उसका कारण समझाइए; तभी मैं आपके कथनानुसार आचरण करूँगा। अर्जुन का यह प्रश्न कुछ अपूर्व नहीं है। योगवासिष्ठ में (यो. वा. 5.56.6) श्रीरामचंद्र ने वसिष्ठ से और गणेशगीता (ग. गी. 4.1) में वरेण्य राजा ने गणेश जी से यही प्रश्न किया है। केवल हमारे ही यहाँ नहीं, वरन् यूरोप में-जहाँ तत्त्वज्ञान के विचार पहले पहल शुरू हुए थे, उस ग्रीस देश में भी-प्राचीन काल में यह प्रश्न उपस्थित हुआ था-यह बात अरिस्टाटल के ग्रंथ से प्रकट होती है। इस प्रसिद्ध यूनानी ज्ञानी पुरुष ने अपने नीतिशास्त्र संबंधी ग्रंथ के अंत (10.7, 8) में यही प्रश्न उपस्थित किया है और प्रथम अपना यह मत प्रकट किया है, कि संसार के या राजनैतिक मामलों में जीवन बिताने की अपेक्षा ज्ञानी पुरुष को शांति से तत्त्व के विचार में जीवन बिताना ही सच्चा और पूर्ण आनंददायक है। तो भी उसके अनंतर लिखे, अपने राजधर्मसंबंधी ग्रंथ (7.2, 3) में अरिस्टाटल ही लिखता है, कि "कुछ ज्ञानी पुरुष तत्त्व-विचार में, तो कुछ राजनैतिक कार्यों में निमग्न दीख पड़ते हैं; और यदि पूछा जाए कि इन दोनों मार्गों में से कौन-सा बहुत अच्छा है, तो यही कहना पड़ेगा, कि प्रत्येक

मार्ग अंशतः सच्चा है। तथापि कर्म की अपेक्षा अकर्म को अच्छा कहना भूल है।[1] क्योंकि यह कहने में कोई हानि नहीं, कि आनंद भी तो एक कर्म ही है; और सच्ची श्रेयः प्राप्ति भी अनेक अंशों में ज्ञानयुक्त तथा नीतियुक्त कर्मों में ही है-दो स्थानों पर अरिस्टाटल के भिन्न-भिन्न मतों को देखकर, गीता के इस स्पष्ट कथन का महत्त्व पाठकों के ध्यान में आ जावेगा, कि "कर्म ज्यायो ह्यकर्मण:" (गीता 3.8)-अकर्म की अपेक्षा कर्म श्रेष्ठ है। गत शताब्दी का प्रसिद्ध फ्रेंच पंडित आगस्टस् कोंट अपने आधिभौतिक तत्त्वज्ञान में कहता है-"यह कहना भ्रांतिमूलक है, कि तत्त्व विचार ही में निमग्न रहकर जीवन बिताना श्रेयस्कर है और जो तत्त्वज्ञ पुरुष इस ढंग के आयुष्य क्रम को अंगीकार करता है और अपने हाथ से होने योग्य लोगों का कल्याण करना छोड़ देता है, उसके विषय में यही कहना चाहिए, कि वह अपने प्राप्त साधनों का दुरुपयोग करता है। इसके विपरीत जर्मन तत्त्ववेत्ता शोपेनहर ने कहा है, कि संसार के समस्त व्यवहार-यहाँ तक कि जीवित रहना भी-दुःखमय है; इसलिए तत्त्वज्ञान प्राप्त कर इन सब कर्मों का, जितनी जल्दी हो सके, नाश करना ही इस संसार में मनुष्य का सच्चा कर्त्तव्य है। कोंट सन 1857 में और शोपेनहर सन 1860 में संसार से विदा हुए। शोपेनहर का पंथ जर्मनी में हार्टमेन ने जारी रखा है। कहना नहीं होगा, कि स्पेन्सर और मिल प्रभृति अंग्रेज तत्त्वशास्त्रज्ञों के मत कोंट के जैसे हैं। परंतु इन सबके आगे बढ़कर, हाल ही के जमाने के आधिभौतिक जर्मन पंडित नित्शेने, अपने ग्रंथों में, कर्म छोड़ने वालों पर ऐसे तीव्र कटाक्ष किए हैं, कि वह कर्मसंन्यास पक्षवालों के लिए 'मूर्ख-शिरोमणि' शब्द से अधिक सौम्य शब्द का उपयोग कर ही नहीं सका है।[2]

यूरोप में अरिस्टाटल से लेकर अब तक जिस प्रकार इस संबंध में दो पक्ष हैं, उसी प्रकार भारतीय वैदिक धर्म में भी प्राचीन काल से लेकर अब तक इस संबंध के दो संप्रदाय एक से चले आ रहे हैं (मभा. शां. 349.7)। इनमें से एक को संन्यास-मार्ग, सांख्य-निष्ठा या केवल सांख्य अथवा-ज्ञान में ही नित्य निमग्न रहने के कारण-ज्ञान-निष्ठा भी कहते हैं। हम तीसरे प्रकरण में ही कह चुके हैं, कि यहाँ 'सांख्य' और 'योग' शब्दों से तात्पर्य क्रमशः कापिल-सांख्य और पातंजल योग से नहीं है; परंतु 'संन्यास' शब्द का सिर्फ 'विवाह न करना', और यदि किया हो, तो "बाल-बच्चों को छोड़ भगवे कपड़े रंग लेना" अथवा "केवल चौथे आश्रम का ग्रहण करना" इतना ही अर्थ यहाँ विवक्षित नहीं है। क्योंकि विवाह न करने पर भी भीष्म पितामह मरते दम तक राज्य कार्यों के उद्योग में लगे रहे; और श्रीमत् शंकराचार्य ने ब्रह्मचर्य से एकदम चौथा आश्रम ग्रहण कर, या महाराष्ट्र देश में श्रीसमर्थ रामदास ने मृत्युपर्यंत ब्रह्मचारी-गोस्वामी-रहकर, ज्ञानप्रचार करके संसार के उद्धारार्थ कर्म किए हैं। यहाँ पर मुख्य प्रश्न यही है कि

---

1. ...And it is equally a mistake to place inactivity above action, for happiness is activity, and the actions of the just and wise are the realization of much that is noble." (Aristotle's politics, trans. by Jowett, Vol. I, p. 212. The Italics are ours.)

2. कर्मयोग और कर्मत्याग (सांख्य या संन्यास), इन्हीं दो मार्गों को सलीने अपने Pessimism नामक ग्रंथ में क्रम से Optimism और Pessimism नाम दिए हैं; पर हमारी राय में ये नाम ठीक नहीं हैं। Pessimism शब्द का अर्थ "उदास, निराशावादी या रोती सूरत" होता है। परंतु संसार को अनित्य समझ-कर उसे छोड़ देनेवाले (संन्यासी) आनंदी रहते हैं और व लोग संसार को आनंद से ही छोड़ते हैं; इसलिए हमारी राय में, उनको Pessimist कहना ठीक नहीं हैं। इसके बदले कर्मयोग को Energism और सांख्य या संन्यास मार्ग को Qnietism कहना अधिक प्रशस्त होगा। वैदिक धर्म के अनुसार दोनों मार्गों में ब्रह्मज्ञान एक ही-सा है, इसलिए दोनों का आनंद और शांति भी एक ही सी है। हम ऐसा भेद नहीं करते, कि एक मार्ग आनंदमय है और दूसरा दुःखमय है, अथवा एक आशावादी है और दूसरा निराशवादी।

ज्ञानोत्तर संसार के व्यवहार केवल कर्त्तव्य समझकर लोक-कल्याण के लिए किए जावें अथवा मिथ्या समझ कर एकदम छोड़ दिए जावें? इन व्यवहारों या कर्मों को करनेवाला कर्मयोगी कहलाता है, फिर चाहे वह ब्याहा हो या कुंवारा, भगवे कपड़े पहने या सफेद। हाँ, यह भी कहा जा सकता है, कि ऐसे काम करने के लिए विवाह न करना, भगवे कपड़े पहनना अथवा बस्ती से बाहर विरक्त होकर रहना ही कभी-कभी विशेष सुभीते का होता है। क्योंकि फिर कुटुंब के भरण-पोषण की झंझट अपने पीछे न करने के कारण, अपना सारा समय और परिश्रम लोक-कार्यों में लगा देने के लिए कुछ भी अड़चन नहीं रहती। ऐसे पुरुष भेष से संन्यासी हों, तो भी वे तत्त्वदृष्टि से कर्मयोगी ही हैं। परंतु विपरीत पक्ष में-अर्थात् जो लोग इस संसार के समस्त व्यवहारों को निस्सार समझ उनका त्याग करके चुपचाप बैठे रहते हैं-उन्हीं को संन्यासी कहना चाहिए, फिर चाहे उन्होंने प्रत्यक्ष चौथा आश्रम ग्रहण किया हो या न किया हो। सारांश, गीता का कटाक्ष भगवे अथवा सफेद कपड़ों पर अथवा विवाह या ब्रह्मचर्य पर नहीं है; प्रत्युत इसी एक बात पर नजर रखकर गीता में संन्यास और कर्मयोग, इन दोनों मार्गों का विभेद किया गया है, कि ज्ञानी पुरुष जगत के व्यवहार करता है या नहीं? शेष बातें गीताधर्म में तो महत्त्व की नहीं हैं। संन्यास या चतुर्थाश्रम शब्दों की अपेक्षा कर्मसंन्यास अथवा कर्मत्याग, ये शब्द यहाँ अधिक अन्वर्थक और निःसंदिग्ध हैं। परंतु इन बातों की अपेक्षा केवल संन्यास शब्द के व्यवहार की ही अधिक रीति के कारण उसके पारिभाषिक अर्थ का यहाँ विवरण किया गया है। जिन्हें इस संसार के व्यवहार निःसार प्रतीत होते हैं, वे उससे निवृत्त हो अरण्य में जाकर स्मृतिधर्मानुसार चतुर्थाश्रम में प्रवेश करते हैं, इससे कर्मत्याग के इस मार्ग को संन्यास कहते हैं। परंतु इसमें प्रधान भाग कर्मत्याग ही है, गेरुए कपड़े नहीं।

यद्यपि इस प्रकार इन दोनों पक्षों का प्रचार है, कि पूर्ण ज्ञान होने पर आगे कर्म करें (कर्मयोग) या कर्म छोड़ दें, (कर्मसंन्यास), तथापि गीता के सांप्रदायिक टीकाकारों ने अब यहाँ यह प्रश्न छेड़ा है, कि क्या अंत में मोक्षप्राप्ति करा देने के लिए दोनों मार्ग स्वतंत्र अर्थात् एक-से समर्थ हैं? अथवा कर्मयोग केवल पूर्वांग यानी पहली सीढ़ी है; और अंत में मोक्ष की प्राप्ति के लिए कर्म छोड़ कर संन्यास ही लेना चाहिए? गीता के दूसरे और तीसरे अध्यायों में जो वर्णन है, उससे जान पड़ता है, कि ये दोनों मार्ग स्वतंत्र हैं। परंतु जिन टीकाकारों का यह मत है, कि संन्यास आश्रम को अंगीकार कर समस्त सांसारिक कर्मों को छोड़े बिना कभी भी मोक्ष नहीं मिल सकता-और जो लोग इसी बुद्धि से गीता की टीका करने में प्रवृत्त हुए हैं, यही मत गीता में प्रतिपादित किया गया है-वे गीता का यह तात्पर्य निकालते हैं, कि "कर्मयोग स्वतंत्र रीति से मोक्षप्राप्ति का मार्ग नहीं है, पहले चित्त की शुद्धि के लिए कर्मकर अंत में संन्यास ही लेना चाहिए; संन्यास ही अंतिम अर्थात् मुख्य निष्ठा है।" परंतु इस अर्थ को स्वीकार कर लेने से भगवान ने जो यह कहा है कि "सांख्य (संन्यास) और योग (कर्मयोग) ये अर्थात् दो प्रकार की निष्ठाएँ इस संसार में हैं" (गीता 3.3), उस द्विविध पद का स्वारस्य सर्वथा नष्ट हो जाता है। 'कर्मयोग' शब्द के तीन अर्थ हो सकते हैं-(1) पहला अर्थ यह है, कि ज्ञान हो या न हो; चातुर्वण्य यज्ञयाग आदि कर्म अथवा श्रुति-स्मृति-वर्णित कर्म करने से ही मोक्ष मिलता है। परंतु मीमांसकों का यह पक्ष गीता को मान्य नहीं है (गीता 2.45)। (2) दूसरा अर्थ यह है, कि चित्तशुद्धि के लिए कर्म करने की (कर्मयोग) आवश्यकता है, इसलिए केवल चित्तशुद्धि के निमित्त कर्म करना। इस अर्थ के अनुसार कर्मयोग संन्यास मार्ग का पूर्वांग हो जाता है; परंतु यह गीता में वर्णित कर्मयोग नहीं है। (3) जो जानता है, कि अपने आत्मा का कल्याण किसमें है, वह ज्ञानी पुरुष

स्वधर्मोक्त युद्धादि सांसारिक कर्म मृत्युपर्यंत करे या न करे? यही गीता का मुख्य प्रश्न है और उसका उत्तर यही है, कि ज्ञानी पुरुष को भी चातुर्वण्य में सब कर्म निष्काम बुद्धि से करने ही चाहिए (गीता 3.25)। यही 'कर्मयोग' शब्द का तीसरा अर्थ है; और गीता में यही कर्मयोग प्रतिपादित किया गया है। यह कर्मयोग संन्यास मार्ग का पूर्वांग कदापि नहीं हो सकता, क्योंकि इस मार्ग में कर्म कभी छूटते ही नहीं। अब प्रश्न है केवल मोक्ष-प्राप्ति के विषय का। इस पर गीता में स्पष्ट कहा है, कि ज्ञानप्राप्ति के हो जाने से निष्काम कर्म बंधन नहीं हो सकते; प्रत्युत संन्यास से जो मोक्ष प्राप्त करना है, वही इस कर्मयोग से भी प्राप्त होता है (गीता 5.5)। इसलिए गीता का कर्मयोग संन्यासमार्ग का पूर्वांग नहीं है, किंतु ज्ञानोत्तर ये दोनों मार्ग मोक्ष दृष्टि से स्वतंत्र अर्थात् तुल्यबल है (गीता 5.2)-गीता के "लोकेऽस्मिन् द्विविधा निष्ठा" (गीता 3.3) वाक्य का यही अर्थ करना चाहिए और इसी हेतु भगवान ने अगले चरण में "ज्ञानयोगेन सांख्यानां कर्मयोगेण योगिनाम्"-इस प्रकार, इन दोनों मार्गों का पृथक् पृथक् स्पष्टीकरण किया है और आगे चलकर तेरहवें अध्याय के "अन्ये सांख्येन योगेन कर्मयोगेण चापरे" (गीता 13.24) इस श्लोक के-'अन्ये' (एक) और 'अपरे' (दूसरे)-ये पद उक्त दोनों मार्गों को स्वतंत्र माने बिना अन्वर्थक नहीं हो सकते। इसके सिवा जिस नारायणीय धर्म का प्रवृत्तिमार्ग (योग) गीता में प्रतिपादित है, महाभारत में उसका इतिहास देखने से यही सिद्धान्त दृढ़ होता है। सृष्टि के आरंभ में भगवान ने हिरण्यगर्भ अर्थात् ब्रह्मा को सृष्टि-रचने की आज्ञा दी, तब उनसे मरीचि आदि सात मानसपुत्र हुए। सृष्टिक्रम का अच्छे प्रकार, आरंभ कर लिए उन्होंने योग अर्थात् कर्ममय प्रवृत्तिमार्ग का अवलंबन किया। ब्रह्मा के सनत्कुमार और कपिल प्रभृति दूसरे सात मानसपुत्रों ने उत्पन्न होते ही निवृत्तिमार्ग अर्थात् सांख्य का अवलंबन किया-इस प्रकार इन दोनों मार्गों की उत्पत्ति बतलाकर आगे स्पष्ट कहा है, कि ये दोनों मार्ग मोक्षदृष्टि से तुल्यबल अर्थात् वासुदेवस्वरूपी एक ही परमेश्वर की प्राप्ति करा देने वाले, भिन्न-भिन्न और स्वतंत्र हैं (मभा. शां. 348.74; 349.63-73)। इसी प्रकार यह भी भेद किया गया है, कि योग अर्थात् प्रवृत्ति मार्ग के प्रवर्तक हिरण्यगर्भ हैं, और सांख्यमार्ग के मूल प्रवर्तक कपिल हैं, परंतु यह कहीं नहीं कहा है, कि आगे हिरण्यगर्भ ने कर्मों का त्याग कर दिया। इसके विपरीत ऐसा वर्णन है, कि भगवान ने सृष्टि के व्यवहार अच्छी तरह से चलते रखने के लिए कर्मरूपी यज्ञचक्र को उत्पन्न किया; और हिरण्यगर्भ से तथा अन्य देवताओं से कहा, कि उसे निरंतर जारी रखो (मभा. शां. 340.44-75; 339.66, 67 देखो); इससे निर्विवाद सिद्ध होता है, कि सांख्य और योग ये दोनों मार्ग आरंभ से ही स्वतंत्र हैं। इससे यह भी दीख पड़ता है कि गीता के सांप्रदायिक टीकाकारों ने कर्मयोग-मार्ग को गौणत्व देने का जो प्रयत्न किया है, वह केवल सांप्रदायिक आग्रह का परिणाम है और इन टीकाओं में स्थान स्थान पर यह जो तुर्रा लगा रहता है, कि कर्मयोग, ज्ञानप्राप्ति अथवा संन्यास का केवल साधनमात्र है, वह इनकी मनगढ़ंत है। वास्तव में गीता का सच्चा भावार्थ वैसा नहीं है। गीता पर जो संन्यासमार्गीय टीकाएँ हैं, उनमें हमारे मत से यही दोष है और टीकाकारों के इस सांप्रदायिक आग्रह से छूटे बिना गीता के वास्तविक रहस्य का बोध हो जाना कभी संभव नहीं है।

यदि यह निश्चय करें, कि कर्मसंन्यास और कर्मयोग, दोनों स्वतंत्र रीति से मोक्षदायक हैं-एक दूसरे का पूर्वांग नहीं-तो भी पूरा निर्वाह नहीं होता। क्योंकि, यदि दोनों मार्ग एक ही से मोक्षदायक हैं, तो कहना पड़ेगा, कि इनमें से जो मार्ग हमें पसंद होगा, उसे हम स्वीकार करें। और फिर यह सिद्ध न होकर-कि अर्जुन को युद्ध ही करना चाहिए, ये दोनों पक्ष संभव होते हैं, कि भगवान के उपदेश से परमेश्वर का ज्ञान होने

पर भी, चाहे वह अपनी रुचि के अनुसार युद्ध करे अथवा लड़ना-मरना छोड़कर संन्यास ग्रहण कर ले। इसीलिए अर्जुन ने स्वाभाविक रीति से यह सरल प्रश्न किया है, कि "इन दोनों मार्गों में से जो अधिक प्रशस्त हो, वह एक ही मार्ग निश्चय करके मुझे बताओ", (गीता 5.1) जिससे उसके अनुसार आचरण करने में कोई गड़बड़ न हो। गीता के पाँचवें अध्याय के आरंभ में अर्जुन के इस प्रकार प्रश्न कर चुकने पर अगले श्लोक में ही भगवान ने उसका स्पष्ट उत्तर दिया है, कि "संन्यास और कर्मयोग ये दोनों मार्ग नि:श्रेयस्कर अर्थात् मोक्षदायक हैं; अथवा मोक्षदृष्टि से एक सी योग्यता के हैं; तो भी इन दोनों में कर्मयोग की श्रेष्ठता या योग्यता विशेष है (विशिष्यते)" (गीता. 5.2); और यही श्लोक हमने इस प्रकारण के आरंभ में लिखा है। कर्मयोग की श्रेष्ठता के संबंध में गीता में यह एक ही वचन नहीं है; किंतु ऐसे अनेक वचन हैं, जैसे-"तस्माद्योगाय युज्यस्व" (गीता. 2.50)-इसलिए तू कर्मयोग को ही स्वीकार कर। "मा ते संगोऽस्त्वकर्माणि" (गीता 2.47) कर्म न करने का आग्रह मत कर।

यस्त्विन्द्रियाणि मनसा नियम्यारभतेऽर्जुन।
कर्मेन्द्रियैः कर्मयोगमसक्तः स विशिष्यते॥

कर्मों को छोड़ने के झगड़े में न पड़कर "इंद्रियों को मन से रोकर अनासक्त बुद्धि के द्वारा कर्मेंद्रियों से कर्म करनेवाले की योग्यता 'विशिष्यते' अर्थात् विशेष है" (गीता 3.7)। क्योंकि, कभी क्यों न हो, "कर्म ज्यायो ह्यकर्मण:" अकर्म की अपेक्षा कर्म श्रेष्ठ है (गीता 3.8)। "इसलिए तू कर्म ही कर" (गीता 4.15) अथवा "योगमातिष्ठोत्तिष्ठ" (गीता 4.42)-कर्मयोग का अंगीकार कर युद्ध के लिए खड़ा हो। (योगी) "ज्ञानिभ्योऽपि मतोऽधिक:"-ज्ञानमार्ग वाले (संन्यासी) की अपेक्षा कर्मयोगी की योग्यता अधिक है। "तस्माद्योगी भावार्जुन" (गीता 6.46)। इसलिए, हे अर्जुन! तू (कर्म) योगी हो। अथवा "मामनुस्मर युद्धय च" (गीता 8.7)-मन में मेरा स्मरण रखकर युद्ध कर; इत्यादि अनेक वचनों से गीता में अर्जुन को स्थान स्थान पर जो उपदेश दिया गया है, उमसें भी संन्यास या अकर्म की अपेक्षा कर्मयोग की अधिक योग्यता दिखलाने के लिए **'ज्याय:'**, **'अधिक:'** और **'विशिष्यते'** इत्यादि पद स्पष्ट हैं। अठारहवें अध्याय के उपसंहार में भी भगवान ने फिर कहा है, कि "नियत कर्मों का संन्यास करना उचित नहीं है। आसक्ति विरहित सब काम सदा करने चाहिए-यही मेरा निश्चित और उत्तम मत है" (गीता 18. 6, 7)। इससे निर्विवाद सिद्ध होता है, कि गीता में संन्यासमार्ग की अपेक्षा कर्मयोग को ही श्रेष्ठता दी गई है।

परंतु जिनका सांप्रदायिक मत है, कि संन्यास या भक्ति ही अंतिम और श्रेष्ठ कर्त्तव्य है; कर्म तो केवल चित्तशुद्धि का साधन है; वह मुख्य साध्य या कर्त्तव्य नहीं हो सकता, उन्हें गीता का यह सिद्धान्त कैसे पसंद होगा? यह नहीं कहा जा सकता, कि उनके ध्यान में यह बात आई ही न होगी, कि गीता में संन्यासमार्ग की अपेक्षा कर्मयोग को स्पष्ट रूप से अधिक महत्त्व दिया गया है, परंतु यदि यह बात मान ली जाती, तो यह प्रकट ही है, कि उनके संप्रदाय की योग्यता कम हो जाती। इसी से पाँचवे अध्याय के आरंभ से अर्जुन के प्रश्न और भगवान के उत्तर दोनों सरल, सयुक्तिक और स्पष्टार्थ रहने पर भी, सांप्रदायिक टीकाकार इस चक्कर में पड़ गए हैं, कि उनका अर्थ कैसे और क्या किया जाए? पहली अड़चन यह थी, कि 'संन्यास और कर्मयोग इन दोनों मार्गों में श्रेष्ठ है?' यह प्रश्न ही दोनों मार्गों को स्वतंत्र माने बिना उपस्थित हो नहीं सकता। क्योंकि इन टीकाकारों के कथनानुसार कर्मयोग यदि ज्ञान का सिर्फ पूर्वांग हो, तो यह बात स्वयंसिद्ध है, कि पूर्वांग गौण है; और ज्ञान अथवा संन्यासी श्रेष्ठ है और फिर प्रश्न करने के लिए गुंजाइश कहाँ रही? अच्छा; यदि प्रश्न को उचित मान लें, तो यह स्वीकार करना

पड़ता है, कि ये दोनों मार्ग स्वतंत्र हैं और तब तो यह स्वीकृति इस कथन का विरोध करेगी, कि केवल हमारा संप्रदाय ही मोक्ष का मार्ग है। इस अड़चन को दूर करने के लिए इन टीकाकारों ने पहले तो यह तुर्रा दिया है, कि अर्जुन का प्रश्न ही ठीक नहीं है; और फिर यह दिखलाने का प्रयत्न किया है, कि भगवान के उत्तर का तात्पर्य भी वैसा ही है। परंतु इतना गोलमाल करने पर भी भगवान के इस स्पष्ट उत्तर-"कर्मयोग की योग्यता अथवा श्रेष्ठता विशेष है" (गीता 5.2) का अर्थ ठीक ठीक फिर भी लगा ही नहीं! तब अंत में पूर्वापार-संदर्भ के विरुद्ध, अपने मन का दूसरा यह तुर्रा लगाकर इन टीकाकारों को ज्यों त्यों कर अपना समाधान कर लेना पड़ा है, कि 'कर्मयोगो विशिष्यते'-कर्मयोग की योग्यता विशेष है-यह वचन कर्मयोग की पोची प्रशंसा करने के लिए यानी अर्थवादात्मक है और वास्तव में भगवान के मत से भी संन्यास मार्ग ही श्रेष्ठ है (गी. शां. भा. 5.2; 6.1, 1.2; 18.11) शांकरभाष्य में ही क्यों, रामानुजभाष्य में भी यह श्लोक कर्मयोग की केवल प्रशंसा करनेवाला-अर्थवादात्मक ही माना गया है (गी. रा. भा. 5.1)। रामानुजाचार्य यद्यपि अद्वैती न थे तो भी उनके मत में भक्ति ही मुख्य साध्यवस्तु है, इसलिए कर्मयोग ज्ञानयुक्त भक्ति का साधन ही हो जाता है (गीता रा. भा. 3.1)। मूल ग्रंथ से टीकाकारों का संप्रदाय भिन्न है, परंतु टीकाकार यदि इस दृढ़ समझ से उस ग्रंथ की टीका करने लगे, कि हमारा मार्ग या संप्रदाय ही मूल ग्रंथ में वर्णित है, तो पाठक ही देखें, कि उससे मूलग्रंथ की कैसी खींचातानी होती है। भगवान श्रीकृष्ण या व्यास संस्कृति भाषा में स्पष्ट शब्दों के द्वारा क्या यह कह नहीं सकते थे, कि "अर्जुन! तेरा प्रश्न ठीक नहीं है?" परंतु ऐसा न करके जब कि अनेक स्थलों पर स्पष्ट रीति से यही कहा है, कि "कर्मयोग ही विशेष योग्यता का है", तब कहना पड़ता है, कि सांप्रदायिक टीकाकारों का उल्लेखित अर्थ सरल नहीं हैं; और पूर्वापार संदर्भ देखने से भी यही अनुमान दृढ़ होता है। क्योंकि गीता में ही अनेक स्थानों में ऐसा वर्णन है, कि ज्ञानी पुरुष कर्म का संन्यास न कर ज्ञानप्राप्ति के अनंतर भी अनासक्त बुद्धि से अपने सब व्यवहार किया करता है (गीता 2.64; 3.19; 3.25; 18.9) इन स्थानों पर श्रीशंकराचार्य ने अपने भाष्य में पहले यह प्रश्न किया है, कि ज्ञान से मोक्ष मिलता है, या ज्ञान और कर्म के समुच्च्य से? और फिर यह गीतार्थ किया है, कि केवल ज्ञान से ही सब कर्म दग्ध होकर मोक्षप्राप्ति होती है; मोक्षप्राप्ति के लिए कर्म की अपेक्षा नहीं है। इससे आगे यह अनुमान निकाला है, कि "जब गीता की दृष्टि से भी मोक्ष के लिए कर्म की आवश्यकता नहीं है, तब चित्तशुद्धि हो जाने पर सब कर्म निरर्थक है ही; और वे स्वभाव से ही बंधक अर्थात् ज्ञानविरुद्ध हैं। इसलिए ज्ञानप्राप्ति के अनंतर ज्ञानी पुरुष को कर्म छोड़ देना चाहिए"-और कहना पड़ता है कि यही मत भगवान को भी गीता में ग्राह्य है। "ज्ञान के अनंतर ज्ञानी पुरुष को भी कर्म करने चाहिए।" इस मत को 'ज्ञानकर्मसमुच्चयपक्ष' कहते हैं; और श्रीशंकराचार्य का उपर्युक्त युक्तिवाद ही उस पक्ष के विरुद्ध मुख्य आक्षेप है। ऐसा ही युक्तिवाद मध्वाचार्य ने भी स्वीकृत किया है (गी. मभा. 3.31)। हमारी राय में यह युक्तिवाद समाधानकारक अथवा निरुत्तर भी नहीं है। क्योंकि, (1) यद्यपि काम्य कर्मबंधक होकर ज्ञान के विरुद्ध हैं, तथापि यह न्याय निष्कांम कर्म को लागू नहीं है। और (2) ज्ञानप्राप्ति के अनंतर मोक्ष के लिए कर्म अनावश्यक भले ही हुआ करें, परंतु उससे यह सिद्ध करने में कोई बाधा नहीं पहुँचती, कि "अन्य सबल कारणों से ज्ञानी पुरुष को ज्ञान के साथ ही कर्म करना आवश्यक है।" मुमुक्षु का सिर्फ चित्त शुद्ध करने के लिए ही संसार में कर्म का उपयोग नहीं है; और न इसीलिए कर्म उत्पन्न ही हुए हैं। इसलिए कहा जाता है, कि मोक्ष के अतिरिक्त अन्य कारणों के लिए स्वधर्मानुसार प्राप्त होने वाले कर्मसृष्टि के समस्त व्यवहार

निष्काम बुद्धि से करते ही रहने की ज्ञानी पुरुष को भी जरूरत है। इस प्रकरण में आगे विस्तार सहित विचार किया गया है, कि ये अन्य कारण कौन-से हैं। यहाँ इतना ही कही देते हैं, कि संन्यास लेने के लिए प्रवृत्त अर्जुन को ये कारण बतलाने के निमित्त ही गीताशास्त्र की प्रवृत्ति हुई है; और ऐसा अनुमान नहीं किया जा सकता कि चित्त की शुद्धि के पश्चात् मोक्ष के लिए कर्मों की अनावश्यकता बतलाकर गीता में संन्यासमार्ग ही का प्रतिपादन किया गया है। शांकरसंप्रदाय का यह मत है सही, कि ज्ञानप्राप्ति के अनंतर संन्यासाश्रम लेकर कर्मों को छोड़ ही देना चाहिए। परंतु उससे यह सिद्ध नहीं होता, कि गीता का तात्पर्य भी वही होना चाहिए, और न यही बात सिद्ध होती है, कि अकेले शांकरसंप्रदाय को या अन्य किसी संप्रदाय को 'धर्म' मानकर उसी के अनुकूल गीता का किसी प्रकार अर्थ लगा लेना चाहिए। गीता का तो यही स्थिर सिद्धान्त है, कि ज्ञान के पश्चात् भी संन्यासमार्ग ग्रहण करने की अपेक्षा कर्मयोग को स्वीकार करना ही उत्तम पक्ष है। फिर उसे चाहे निराला संप्रदाय कहो या और कुछ उसका नाम रखो। परंतु इस बात पर भी ध्यान देना चाहिए, कि यद्यपि गीता को कर्मयोग ही श्रेष्ठ जान पड़ता है, तथापि अन्य परमत असहिष्णु संप्रदायों की भाँति उसका यह आग्रह नहीं, कि संन्यासमार्ग को सर्वथा त्याज्य मानना चाहिए। गीता में संन्यासमार्ग के संबंध में कहीं भी अनादरभाव नहीं दिखलाया गया है। इसके विरुद्ध भगवान ने स्पष्ट कहा है, कि संन्यास और कर्मयोग दोनों मार्ग एक से ही निःश्रेयस्कर-मोक्षदायक-अथवा मोक्ष दृष्टि से समान मूल्यवान् हैं। और आगे इस प्रकार की युक्तियों से इन दो भिन्न-भिन्न मार्गों की एकरूपता भी दिखलाई है, कि "एकं सांख्यं च योगं च यः पश्यति स पश्यति" (गीता 5.5)-जिसे यह मालूम हो गया, कि ये दोनों मार्ग एक ही हैं-अर्थात् समान-बल वाले हैं-उसे ही सच्चा तत्त्वज्ञान हुआ; या 'कर्मयोग' में भी तो फलाशा का संन्यास करना ही पड़ता है-"न ह्यसंन्यस्तसंकल्पो योगी भवति कश्यन" (गीता 6.2)। यद्यपि ज्ञानप्राप्ति के अनंतर (पहले ही नहीं) कर्म का संन्यास करना या कर्म योग स्वीकार करना दोनों मार्ग मोक्षदृष्टि से एक-सी ही योग्यता के हैं, तथापि लोक व्यवहार की दृष्टि से विचारने पर यही मार्ग सर्वश्रेष्ठ है, कि बुद्धि में संन्यास रखकर-अर्थात् निष्काम बुद्धि से देहेंद्रियों के द्वारा जीवनपर्यंत लोकसंग्रहकारक सब कार्य किए जाएं। क्योंकि भगवान का निश्चित उपदेश है, कि इस उपाय से संन्यास और कर्म, दोनों स्थिर रहते हैं। एवं तदनुसार ही फिर अर्जुन युद्ध के लिए प्रवृत्त हुआ है। ज्ञानी और अज्ञानी में यही तो भेद है। केवल शरीर अर्थात् देहेंद्रियों के कर्म देखें, तो दोनों के एक-से होंगे ही; परंतु अज्ञानी मनुष्य उन्हें आसक्त बुद्धि से और ज्ञानी मनुष्य अनासक्त बुद्धि से किया करता है (गीता 3. 25)। भास कवि ने गीता के इसी सिद्धान्त का वर्णन अपने नाटक में इस प्रकार किया है:-

प्राज्ञस्य मूर्खस्य च कार्ययोगे।
समत्वमभ्येति तनुर्न बुद्धिः॥

"ज्ञानी और मूर्ख मनुष्यों के कर्म करने में शरीर तो एक-सा ही रहता है, परंतु बुद्धि में भिन्नता रहती है" (अविमार. 5.5)।

कुछ फुटकर संन्यास मार्ग वालों का इस पर यह और कथन है, कि "गीता में अर्जुन को कर्म करने का उपदेश तो दिया गया है; परंतु भगवान ने यह उपदेश इस बात पर ध्यान देकर किया है कि अज्ञानी अर्जुन को चित्तशुद्धि के लिए कर्म करने का ही अधिकार था। सिद्धावस्था में भगवान के मत से भी कर्मयोग ही श्रेष्ठ है।" इस युक्तिवाद का सरल भावार्थ यहीं दीख पड़ता है, कि यदि भगवान यह कह देते, कि "अर्जुन! तू अज्ञानी है", तो वह उसी प्रकार पूर्ण ज्ञान की प्राप्ति के लिए आग्रह करता, जिस प्रकार

कि कठोपनिषद में नचिकेता ने किया था; और फिर तो उसे पूर्ण ज्ञान बतलाना ही पड़ता; एवं यदि वैसा पूर्ण ज्ञान उसे बतलाया जाता, तो वह युद्ध छोड़कर संन्यास ले लेता और तब तो भगवान का भारतीय युद्ध संबंधी सारा उद्देश्य ही विफल हो जाता-इसी भय से अपने अत्यंत प्रिय भक्त को धोखा देने के लिए भगवान श्रीकृष्ण ने गीता का उपदेश किया है! इस प्रकार जो लोग सिर्फ अपने संप्रदाय का समर्थन करने के लिए, भगवान के मत्थे भी अत्यंत प्रिय भक्त को धोखा देने का निंद्यकर्म मढ़ने के लिए प्रवृत्त हो गए, उनके साथ किसी भी प्रकार का वाद न करना ही अच्छा है। परंतु सामान्य लोग इन भ्रामक युक्तियों में कहीं फँस न जावें; इसलिए इतना ही कह देते हैं, कि श्रीकृष्ण को अर्जुन से स्पष्ट शब्दों में यह कह देने के लिए डरने का कोई कारण न था, 'कि तू अज्ञानी है, इसलिए कर्म कर।' और इतने पर भी यदि अर्जुन कुछ गड़बड़ करता, तो उसे, अज्ञानी रखकर ही उससे प्रकृतिधर्म के अनुसार युद्ध कराने की सामर्थ्य श्रीकृष्ण में थी ही (गीता 18.59, 61)। परंतु ऐसा न कर, बार-बार 'ज्ञान' और 'विज्ञान' बतलाकर ही (गीता 7.2; 9.10.1; 13.2; 14.1) पंद्रहवें अध्याय के अंत में भगवान ने अर्जुन से कहा है, कि "इस शास्त्र को समझ लेने से मनुष्य ज्ञाता और कृतार्थ हो जाता है" (गीता 15.20)। इस प्रकार भगवान ने उसे पूर्ण ज्ञानी बनाकर, उसकी इच्छा से ही उससे युद्ध करवाया है (गीता 18.63)। इससे भगवान का यह अभिप्राय स्पष्ट रीति से सिद्ध होता है, कि ज्ञाता पुरुष को, ज्ञान प्राप्ति के पश्चात् भी, निष्काम कर्म करते ही रहना चाहिए और यही सर्वोत्तम पक्ष है। इसके अतिरिक्त, यदि एक बार मान भी लिया जाए, कि अर्जुन अज्ञानी था; तथापि उसको किए हुए उपदेश समर्थन में जिन जनक प्रभृति प्राचीन कर्मयोगियों का और आगे भगवान ने स्वयं अपना ही उदाहरण दिया है, उन सभी को कदापि अज्ञानी नहीं कह सकते। इसी से कहना पड़ता है, कि सांप्रदायिक आग्रह का यह कोरा युक्तिवाद सर्वथा त्याज्य और अनुचित है; तथा गीता में ज्ञानयुक्त कर्मयोग का ही उपदेश किया गया है।

अब तक यह बतलाया गया, कि ज्ञानोत्तर सिद्धावस्था के व्यवहार के विषय में कर्मत्याग (सांख्य) और कर्मयोग (योग), ये दोनों मार्ग न केवल हमारे ही देश में, वरन् अन्य देशों में भी प्राचीन समय से प्रचलित पाए जाते हैं। अनंतर, इस विषय में गीताशास्त्र के दो मुख्य सिद्धान्त बतलाए गए:- (1) ये दोनों मार्ग स्वतंत्र अर्थात् मोक्ष की दृष्टि से परस्पर-निरपेक्ष और तुल्यबल हैं, एक-दूसरे का अंग नहीं और (2) उनमें कर्मयोग ही अधिक प्रशस्त है। और इन दोनों सिद्धान्तों के अत्यंत स्पष्ट होते हुए भी सांप्रदायिक टीकाकारों ने इनका विपर्यास किस प्रकार और क्यों किया? इसी बात को दिखलाने के लिए यह सारी प्रस्तावना लिखनी पड़ी। अब गीता में दिए हुए उन कारणों का निरूपण किया जाएगा, जो प्रस्तुत प्रकरण की इस मुख्य बात को सिद्ध करते हैं, कि सिद्धावस्था में भी कर्मत्याग की अपेक्षा निष्काम बुद्धि से आमरण कर्म करते रहने का मार्ग अर्थात् कर्मयोग ही अधिक श्रेयस्कर है। इनमें से कुछ बातों का स्पष्टीकरण तो 'सुख-दुःख-विवेक' नामक प्रकरण में पहले ही हो चुका है। परंतु वह विवेचन था सिर्फ 'सुख-दुःख का, इसलिए वहाँ इस विषय की पूरी चर्चा नहीं की जा सकी। अतएव इस विषय की चर्चा के लिए ही यह स्वतंत्र प्रकरण लिखा गया है। वैदिक धर्म के दो भाग हैं : कर्मकांड और ज्ञानकांड। पिछले प्रकरण में उनके भेद बतला दिए गए हैं। कर्मकांड में अर्थात् ब्राह्मण आदि श्रौत ग्रंथों में और अंशतः उपनिषदों में भी ऐसे स्पष्ट वचन हैं, कि प्रत्येक गृहस्थ को फिर चाहे वह ब्राह्मण हो या क्षत्रिय-अग्निहोत्र करके यथाधिकार ज्योतिष्टोम आदिक यज्ञयाग करने चाहिए और विवाह करके वंश बढ़ाना भी हर एक का कर्त्तव्य है। उदाहरणार्थ, "एतद्वै जरामयं सत्रं यदग्निहोत्रम्" इस अग्निहोत्र रूप को मरण पर्यंत

जारी रखना चाहिए (श. ब्रा. 12.4.1.1); प्रजातन्तुं मा व्यवच्छेत्सी।" वंश के धागे को टूटने न दो (तै. उ. 1.11.1) अथवा "ईशावास्यमिदं सर्वम्"-संसार में जो कुछ है, उसे परमेश्वर से अधिष्ठित करे अर्थात् ऐसा समझें, कि मेरा कुछ नहीं, उसी का है। और इस निष्काम बुद्धि से-

कुर्वन्नेवेह कर्माणि जिजीविषेच्छतं समाः।
एवं त्वयि नान्यथेतोऽस्ति न कर्म लिप्यते नरे॥

"कर्म करते रहकर ही सौ वर्ष अर्थात् आयुष्य की मर्यादा के अंत तक जीने की इच्छा रखे, एवं ऐसी ईशावास्य बुद्धि से कर्म करेगा, तो उन कर्मों का तुझे (पुरुष को) लेप (बंधन) नहीं लगेगा, इसके अतिरिक्त (लेप अथवा बंधन से बचने के लिए) दूसरा मार्ग नहीं है" (ईश. 1.2) परंतु जब हम, कर्मकांड से ज्ञानकांड में जाते हैं, तब वैदिक ग्रंथों में ही अनेक विरुद्धपक्षीय वचन भी मिलते हैं। जैसे "ब्रह्मविदाप्नोति परम्" (तै. 2.1.1)-ब्रह्मज्ञान से मोक्ष प्राप्त होता है। "नान्यः पंथा विद्यतेऽयनाय" (श्वे. 3.8)-(बिना ज्ञान के) मोक्ष प्राप्ति का दूसरा मार्ग नहीं है। "पूर्वे विद्वांसः प्रजां न कामयन्ते। किं प्रजया करिष्यामो येषां नोऽयमात्माऽयं लोक इति ते ह स्म पुत्रैषणायाश्च वित्तेषणायाश्च लोकैषणायाश्च व्युत्थायाथ भिक्षाचर्यं चरन्ति" (बृ. 4.4.22; 3.4.1)-प्राचीन ज्ञानी पुरुषों को पुत्र आदि की इच्छा न थी; और यह समझकर, कि जब समस्त लोक ही हमारी आत्मा हो गया है, तब हमें (दूसरी) संतान किसलिए चाहिए?-वे लोग संतति, संपत्ति और स्वर्ग आदि में किसी की भी 'एषणा' अर्थात् चाह नहीं करते थे; किंतु उससे निवृत्त होकर वे ज्ञानी पुरुष स्वेच्छा से भिक्षाटन करते हुए घूमा करते थे; अथवा "इस रीति से जो लोग विरक्त हो जाते हैं, उन्हीं को मोक्ष मिलता है" (मुं. 1.2.11)। या अंत में "यदहरेव विरजेत् तदहरेव प्रव्रजेत्" (जाबा. 4)-जिस दिन बुद्धि विरक्त हो, उसी दिन संन्यास ले लें। इस प्रकार वेद की आज्ञा द्विविध अर्थात् दो प्रकार की होने से (मभा. शां. 240.6) प्रवृत्ति और निवृत्ति या कर्मयोग और सांख्य, इसमें से जो श्रेष्ठ मार्ग हो, उसका निर्णय करने के लिए, यह देखना आवश्यक है, कि कोई दूसरा उपाय है या नहीं? आचार अर्थात् शिष्ट लोगों के व्यवहार या रीति-भाँति को देखकर इस प्रश्न का निर्णय हो सकता था, परंतु इस संबंध में शिष्टाचार भी उभयविध अर्थात् दो प्रकार है। इतिहास से प्रकट होता है, कि शुक और याज्ञवल्क्य प्रभृति ने संन्यासमार्ग का जनक, श्रीकृष्ण और जैगीषव्य आदि प्रमुख ज्ञानी पुरुषों ने कर्मयोग का ही अवलंबन किया था। इसी अभिप्राय से सिद्धान्त पक्ष के युक्तिवाद में बादरायणाचार्य ने कहा है, कि "तुल्यं तु दर्शनम्" (वे. सू. 3.49)-अर्थात् आचार की दृष्टि से ये दोनों पंथ समान बलवान् हैं। स्मृति वचन भी[1] ऐसा ही है:-

विवेकी सर्वदा मुक्तः कुर्वता नास्ति कर्तृता।
अलेपवादमाश्रित्य श्रीकृष्णजनकौ यथा॥

"पूर्ण ब्रह्मज्ञानी पुरुष सब कर्म करने पर भी श्रीकृष्ण और जनक के समान अकर्ता, अलिप्त एवं सर्वदा मुक्त ही रहता है।" ऐसे ही भगवद्गीता में भी मनु, इक्ष्वाकु आदि के नाम कर्मयोग की परंपरा बतलाते हुए कहा है, कि "एवं ज्ञात्वा कृतं कर्म पूर्वैरपि मुमक्षुभिः।" (गीता 5.15)-ऐसा जानकर प्राचीन काल में जनक आदि ज्ञानी पुरुषों ने कर्म किया। योगवासिष्ठ और भागवत में जनक के सिवा इसी प्रकार के दूसरे बहुत-से उदाहरण दिए गए हैं (यो. 5.75; भाग. 2.8.43-45)। यदि किसी को शंका हो, कि जनक

1. इसे स्मृति वचन मानकर आनंदगिरी ने कठोपनिषद के (कठ. 2.19) शांकर भाष्य की टीका में उद्धृत किया है। नहीं मालूम, यह कहाँ का वचन है।

आदि पूर्ण ब्रह्मज्ञानी न थे; तो योगवासिष्ठ में स्पष्ट लिखा है, कि ये सब 'जीवन्मुक्त' थे। योगवासिष्ठ में ही क्यों, महाभारत में भी कथा है, कि व्यास जी ने अपने पुत्र शुक को मोक्षधर्म का पूर्ण ज्ञान प्राप्त कर लेने के लिए अंत में जनक के यहाँ भेजा था (मभा. शां. 325, यो. 2.1)। इसी प्रकार उपनिषद में भी जान-बूझकर ये कथाएँ हैं, कि अश्वपति कैकेय राजा ने उद्दालक ऋषि को (छां. 5.11-24) और काशिराज अजातशत्रु ने गार्ग्य बालाकी को (बृ. 2.1) ब्रह्मज्ञान सिखाया था। परंतु यह वर्णन कहीं नहीं मिलता, कि अश्वपति या जनक ने राजपाट छोड़कर कर्मत्यागरूप संन्यास ले लिया। इसके विपरीत, जनक-सुलभा-संवाद में जनक ने स्वयं अपने विषय में कहा है, कि "हम मुक्तसंग होकर-आसक्ति छोड़कर-राज्य करते हैं और यदि हमारे एक हाथ में चंदन लगाया और दूसरे को छील डाला; तो भी उसका सुख और दु:ख हमें एक सा ही है।" अपनी स्थिति का इस प्रकार वर्णन कर (मभा. शां. 320.26) जनक ने आगे सुलभा से कहा है:-

मोक्षे हि त्रिविधा निष्ठा दृष्टाऽन्यैर्मोक्षवित्तमैः।
ज्ञानं लोकोत्तरं यच्च सर्वत्यागश्च कर्मणाम्॥
ज्ञाननिष्ठां वदन्त्येके मोक्षशास्त्रविदो जनाः।
कर्मनिष्ठां तथैवान्ये यतयः सूक्ष्मदर्शिनः।
प्रहायोभयमप्येवं ज्ञानं कर्म च केवलम्।
तृतीयेयं सामाख्याता निष्ठा तेन महात्मना॥

"मोक्षशास्त्र के ज्ञाता मोक्ष प्राप्ति के लिए तीन प्रकार की निष्ठाएँ बतलाते हैं :- (1) ज्ञान प्राप्त कर सब कर्मों का त्याग कर देना-इसी को कुछ मोक्षशास्त्र ज्ञान निष्ठा कहते हैं; (2) इसी प्रकार दूसरे सूक्ष्मदर्शी लोग कर्मनिष्ठा बतलाते हैं, परंतु केवल ज्ञान और केवल कर्म-इन दोनों निष्ठाओं को छोड़कर (3) यह तीसरीहि (अर्थात् ज्ञान से आसक्ति का क्षय कर कर्म करने की) निष्ठा (मुझे) उस महात्मा ने (पंचशिख) बतलाई है" (मभा. शां. 320.38-40)। निष्ठा शब्द का सामान्य अर्थ अंतिम स्थिति, आधार या अवस्था है। परंतु इस स्थान पर और गीता में भी निष्ठा शब्द का अर्थ है-"मनुष्य के जीवन का वह मार्ग, ढंग, रीति या उपाय है, जिससे आयु बिताने पर अंत में मोक्ष की प्राप्ति होती है।" गीता पर जो शांकर भाष्य है, उसमें भी निष्ठा = अनुष्येयतात्पर्यम्-अर्थात् आयुष्य या जीवन में जो कुछ अनुष्ठेय (आचरण करने योग्य) हो, उसमें तत्परता (निमग्न रहना)-यही अर्थ किया है। आयुष्यक्रम या जीवनक्रम के इन मार्गों में से जैमिनी जैसे प्रमुख मीमांसकों ने ज्ञान को महत्त्व नहीं दिया है; किंतु यह कहा है, कि यज्ञयाग आदि कर्म करने से ही मोक्ष की प्राप्ति होती है :-

ईजाना बहुभिः यज्ञै ब्राह्मणा वेदपारगाः।
शास्त्राणि चेत्प्रमाणं स्युः प्राप्तास्ते परमां गतिम्॥

क्योंकि, ऐसा न मानने से शास्त्र की अर्थात् वेद की आज्ञा व्यर्थ हो जावेगी (जै. सू. 5.2.29 पर शांकर भाष्य देखो) और उपनिषत्कार तथा बादरायणाचार्य ने, यह निश्चय कर कि यज्ञ-याग आदि सभी कर्म गौण हैं, सिद्धान्त किया है, कि मोक्ष की प्राप्ति ज्ञान से ही होती है, ज्ञान के सिवा और किसी से भी मोक्ष का मिलना शक्य नहीं है (वे. सू. 3.4.1, 2)। परंतु जनक कहते हैं, कि इन दोनों निष्ठाओं को छोड़कर आसक्ति-विरहित कर्म करने की एक तीसरी ही निष्ठा पंचशिखा ने (स्वयं सांख्यमार्गी होकर भी) हमें बतलाई है। "दोनों निष्ठाओं को छोड़कर" इन शब्दों से प्रकट होता है, कि यह तीसरी निष्ठा, पहली दो निष्ठाओं में से किसी भी निष्ठा का अंग नहीं है-प्रत्युत स्वतंत्र रीति से वर्णित है। वेदान्तसूत्र में भी (वे. सू. 3.4.32-35) जनक की इस तीसरी निष्ठा

का-इसी में भक्ति का नया योग करके-वर्णन किया गया है। परंतु गीता का तो यह सिद्धान्त है, कि मीमांसकों का केवल कर्मयोग अर्थात् ज्ञानविरहित कर्मयोग मोक्षदायक नहीं है, वह केवल स्वर्गप्रद ही है (गीता 2.42-44; 9.21); इसलिए जो मार्ग मोक्षप्रद नहीं है, उसे 'निष्ठा' नाम ही नहीं दिया जा सकता। क्योंकि, यह व्याख्या सभी को स्वीकृत है, कि जिससे अंत में मोक्ष मिले, उसी मार्ग को 'निष्ठा' कहना चाहिए। अतएव, सब मतों का सामान्य विवेचन करते समय, यद्यपि जनक ने तीन निष्ठाएँ बतलाई हैं, तथापि मीमांसकों का केवल (अर्थात् ज्ञानविरहित) कर्ममार्ग 'निष्ठा' में से पृथक् कर सिद्धान्त पक्ष में स्थिर होने वाली दो निष्ठाएँ ही गीता के तीसरे अध्याय के आरंभ में की गई हैं (गीता 3.3)। केवल ज्ञान (सांख्य) और ज्ञानयुक्त निष्काम कर्म (योग), ये ही वे दो निष्ठाएँ हैं। और सिद्धान्तपक्षीय इन दोनों निष्ठाओं में से दूसरी (अर्थात् जनक के कथनानुसार तीसरी) निष्ठा के समर्थनार्थ यह प्राचीन उदाहरण दिया गया है, कि "कर्मणैव हि संसिद्धिमास्थिता जनकादय:" (गीता 3.20)-जनक प्रभृति ने इस प्रकार "कर्म करके ही सिद्धि पाई है।" जनक आदिक क्षत्रिय राजाओं की बात छोड़ दें; तो भी यह सर्वश्रुत है ही, कि व्यास ने विचित्र वीर्य के वंश की रक्षा के लिए धृतराष्ट्र और पांडु, ये दो क्षेत्रज पुत्र निर्माण किए थे और तीन वर्ष तक निरंतर परिश्रम करके संसार के उद्धार के निमित्त उन्होंने महाभारत भी लिखा है। एवं कलियुग में स्मार्त अर्थात् संन्यास मार्ग के प्रवर्तक श्रीशंकराचार्य ने भी अपने अलौकिक ज्ञान तथा उद्योग से धर्म-संस्थापना का कार्य किया था। कहाँ तक कहें? जब से स्वयं ब्रह्मदेव कर्म करने के लिए प्रवृत्त हुए, तभी से सृष्टि का आरंभ हुआ है। मूलत: ब्रह्मदेव से ही मरीचि प्रभृति सात मानसपुत्रों ने उत्पन्न होकर, संन्यास न ले, सृष्टिक्रम को जारी रखने के लिए मरण पर्यंत प्रवृत्ति मार्ग का ही अंगीकार किया; और सनत्कुमार प्रभृति दूसरे सात मानसपुत्र जन्म से ही विरक्त अर्थात् निवृत्ति-पंथी हुए-पहले कह चुके हैं कि, इस कथा का उल्लेख महाभारत में वर्णित नारायणीय...धर्मनिरूपण में है (मभा. शां. 339, 340)। ब्रह्मज्ञानी पुरुषों ने या ब्रह्मदेव ने भी, कर्म करते रहने के इस प्रवृत्ति मार्ग का क्यों अंगीकार किया?-इसकी उपपत्ति वेदान्तसूत्र में इस प्रकार दी है: "यावदधिकारमवस्थितिराधिकारिणाम्" (वे. सू. 3.3.32)-जिसका जो ईश्वर निर्मित अधिकार है, उसके पूरे होने तक कार्यों से छुट्टी नहीं मिलती। इस उपपत्ति की जांच आगे की जावेगी। उपपत्ति कुछ भी क्यों न हो, पर यह बात निर्विवाद है, कि प्रवृत्ति और निवृत्ति, ये दोनों पंथ ब्रह्मज्ञानी पुरुषों में संसार के आरंभ से प्रचलित हैं। इससे यह भी प्रकट है, कि उनमें से किसी की श्रेष्ठता का निर्णाण सिर्फ आचार की ही ओर ध्यान देकर नहीं किया जा सकता।

इस प्रकार, पूर्वाचार द्विविध होने के कारण, केवल आचार से ही यद्यपि यह निर्णय नहीं हो सकता, कि निवृत्ति श्रेष्ठ है या प्रवृत्ति, तथापि संन्यास मार्ग के लोगों का यह दूसरा युक्तिवाद है, कि यदि यह निर्विवाद है, कि बिना कर्मबंध से छूटे मोक्ष नहीं होता, तो ज्ञानप्राप्ति हो जाने पर तृष्णामूलक कर्मों का झगड़ा, जितनी जल्दी हो सके, तोड़ने में ही श्रेय है। महाभारत के शुकानुशासन में-इसी को 'शुकानुप्रश्न' भी कहते हैं-संन्यासमार्ग का ही प्रतिपादन है। वहाँ शुक ने व्यास जी से पूछा है :-

यदिदं वेदवचनं कुरु कर्म त्यजेति च।
कां दिशं विद्यया यान्ति कां च गच्छन्ति कर्मणा॥

"वेद, कर्म करने के लिए भी कहता है और छोड़ने के लिए भी; तो अब मुझे बतलाइए, कि विद्या से अर्थात् कर्मरहित ज्ञान से और केवल कर्म से कौन-सी गति मिलती है?" (मभा. शां. 240.1) इसके उत्तर में व्यास जी ने कहा है :-

कर्मणा बध्यते जन्तुर्विद्यया तु प्रमुच्यते।
तस्मात्कर्म न कुर्वन्ति यतयः पारदर्शिनः॥

"कर्म से प्राणी बँध जाता है; और विद्या से मुक्त हो जाता है। इसी से पारदर्शी यति अथवा संन्यासी कर्म नहीं करते" (मभा. शां. 240.7)। इस श्लोक के पहले चरण का विवेचन हम पिछले प्रकरण में कर चुके हैं। "कर्मणा बध्यते जन्तुर्विद्यया तु प्रमुच्यते" इस सिद्धान्त पर कुछ वाद नहीं है। परंतु स्मरण रहे, कि वहाँ यह दिखलाया है, कि 'कर्मणा बध्यते' का विचार करने से सिद्ध होता है, कि जड़ अथवा अचेतन कर्म किसी को न तो बाँध सकता है और न छोड़ सकता है; मनुष्य फलाशा से अथवा अपनी आसक्ति से कर्मों में बंध जाता है। इस आसक्ति से अलग होकर वह यदि केवल बाह्य इंद्रियों से कर्म करे, तब भी वह मुक्त ही है। रामचंद्रजी, इसी अर्थ को मन में लाकर, अध्यात्म रामायण में (अ. रा. 2.4.42) लक्ष्मण से कहते हैं, कि :-

प्रवाहपतितः कार्यं कुर्वन्नपि न लिप्यते।
बाह्ये सर्वत्र कर्तृत्वमावहन्नपि राघव॥

"कर्ममय संसार के प्रवाह में पड़ा हुआ मनुष्य बाहरी सब प्रकार के कर्त्तव्य-कर्म करके भी अलिप्त रहता है।" अध्यात्मशास्त्र के इस सिद्धान्त पर ध्यान देने से दीख पड़ता है, कि कर्मों को दुःखमय मानकर उनके त्यागने की आवश्यकता ही नहीं रहती; केवल मन को शुद्ध और सम करके फलाशा छोड़ देने से ही सब काम हो जाते हैं। तात्पर्य यह, कि यद्यपि ज्ञान और काम्यकर्म का विरोध हो, तथापि निष्काम कर्म और ज्ञान के बीच कोई भी विरोध हो नहीं सकता। इसी से अनुगीता में 'तस्मात्कर्म न कुर्वन्ति'-अतएव कर्म नहीं करते-इस वाक्य के बदले-

तस्मात्कर्मसु निःस्नेहा ये केचित्पारदर्शिनः।

"इससे पारदर्शी कर्म में आसक्ति नहीं रखते" (अश्व. 51.33), यह वाक्य आया है। इससे पहले, कर्मयोग का स्पष्ट प्रतिपादन इस प्रकार किया गया है, कि :-

कुर्वते ये तु कर्माणि श्रद्दधाना विपश्चितः।
अनाशीर्योगसंयुक्तास्ते धीराः साधुदर्शिनः॥

"जो ज्ञानी पुरुष श्रद्धा से फलाशा न रखकर (कर्म) योग-मार्ग का अवलंब करके कर्म करते हैं, वे ही साधुदर्शी हैं" (अश्व. 50.6, 7)। इसी प्रकार :-

यदिदं वेदवचनं कुरु कर्म त्यज्येति च।

इस पूर्वार्द्ध में जुड़ा हुआ ही, वनपर्व में, युधिष्ठिर को शौनक का, यह उपदेश है; कि :-

तस्माद्धर्मानिमान् सर्वान्नाभिमानात् समाचरेत्।

"वेद में कर्म करने और छोड़ने की भी आज्ञा है; इसलिए (कर्तृत्व का) अभिमान छोड़कर हमें अपने सब कर्म करने चाहिए" (वन. 2.73)। शुकानुप्रश्न में भी व्यास जी ने शुक से दो बार स्पष्ट किया है कि :-

एषा पूर्वतरा वृत्तिर्ब्राह्मणस्य विधीयते।
ज्ञानवानेव कर्माणि कुर्वन् सर्वत्र सिध्यति॥

"ब्राह्मण की पूर्व की, पुरानी (पूर्वतर) वृत्ति यही है, कि ज्ञानवान होकर, सब काम करके ही सिद्धि प्राप्त करें" (मभा. शां. 237.1; 234.29)। यह भी प्रकट है, कि यहाँ 'ज्ञानवानेव' पद से ज्ञानोत्तर और ज्ञानयुक्त कर्म ही विवक्षित है। अब यदि दोनों पक्षों के उक्त सब वचनों का निराग्रह बुद्धि से विचार किया जाए, तो मालूम होगा, कि "कर्मणा बध्यते जन्तुः" इस युक्तिवाद से कर्मत्यागविषयक यह सिर्फ एक ही अनुमान निष्पन्न नहीं होता, कि 'तस्मात्कर्म न कुर्वन्ति'-इससे काम नहीं करते-किंतु उसी

युक्तिवाद से यह निष्काम कर्मयोगविषयक दूसरा अनुमान भी उतनी ही योग्यता का सिद्ध होता है, कि 'तस्मात्कर्मसु निःस्नेहाः"-इससे कर्म में आसक्ति नहीं रखते। सिर्फ हम ही इस प्रकार के दो अनुमान नहीं करते; बल्कि व्यास जी ने यही अर्थ शुकानुप्रश्न के निम्न श्लोक में स्पष्टतया बतलाया है:-

द्वाविमावथ पंथानौ यस्मिन् वेदाः प्रतिष्ठितः।
प्रवृत्तिलक्षणौ धर्मः निवृत्तिश्च विभाषितः॥[1]

"इन दोनों मार्गों को वेदों का (एक-सा) आधार है-एक मार्ग प्रवृत्ति विषयक धर्म का और दूसरा निवृत्ति अर्थात् संन्यास लेने का है" (मभा. शां. 240.6)। यह पहले ही लिख चुके हैं, कि इसी प्रकार नारायणीय धर्म में भी इन दोनों पंथों का पृथक्-पृथक् स्वतंत्र रीति से, एवं सृष्टि के आरंभ से प्रचलित होने का वर्णन किया गया है। परंतु स्मरण रहे, कि महाभारत में प्रसंगानुसार इन दोनों पंथों का वर्णन पाया जाता है, इसलिए प्रवृत्ति मार्ग के साथ ही निवृत्ति मार्ग के समर्थक वचन भी उसी महाभारत में पाए जाते हैं। गीता की संन्यासमार्गीय टीकाओं में निवृत्ति मार्ग के इन वचनों को ही मुख्य समझ कर, ऐसा प्रतिपादन करने का प्रयत्न किया गया है, मानो इसके सिवा और दूसरा पंथ ही नहीं है; और यदि हो भी, तो वह गौण है अर्थात् संन्यास मार्ग का केवल अंग है। परंतु यह प्रतिपादन सांप्रदायिक आग्रह का है; और इसी से गीता का अर्थ सरल एवं स्पष्ट रहने पर भी, आजकल बहुतों को दुर्बोध हो गया है। वह गीता के "लोकेऽस्मिन् द्विविधा निष्ठा" (गीता 3.3) इस श्लोक की बराबरी का ही "द्वाविमावथ पंथानौ" यह श्लोक है; इससे प्रकट होता है, कि इस स्थान पर दो समान बल वाले मार्ग बतलाने का हेतु है। परंतु इस स्पष्ट अर्थ की ओर अथवा पूर्वा पर संदर्भ की ओर ध्यान न देकर, कुछ लोग इसी श्लोक में, यह दिखलाने का यत्न किया करते हैं, कि दोनों मार्गों के बदले एक ही मार्ग प्रतिपाद्य है।

इस प्रकार यह सिद्ध हो गया, कि कर्मसंन्यास (सांख्य) और निष्काम कर्म (योग), दोनों वैदिक धर्म के स्वतंत्र मार्ग हैं और उनके विषय में गीता का यह निश्चित सिद्धान्त है, कि वे वैकल्पिक नहीं हैं, किंतु "संन्यास की अपेक्षा कर्मयोग की योग्यता विशेष है।" अब कर्मयोग की श्रेष्ठता के संबंध में गीता में आगे कहा है, कि जिस संसार में हम रहते हैं, वह संसार और उसमें हमारा क्षण भर जीवित रहना भी जब कर्म ही है; तब कर्म छोड़कर जावें कहाँ? और यदि इस संसार में अर्थात् कर्मभूमि में ही रहना हो, तो कर्म छूटेंगे ही कैसे? हम यह प्रत्यक्ष देखते हैं, कि जब तक देह है, तब तक भूख और प्यास जैसे विकार नहीं छूटते हैं (गीता 5.8.9) और उनके निवारणार्थ भिक्षा माँगने जैसा लज्जित कर्म करने के लिए ही प्रत्यवाय कौन-सा है? यदि कोई इस डर से अन्य कर्मों का त्याग करता हो, कि कर्म करने से कर्मपाश में फँसकर ब्रह्मानंद से वंचित रहूँगा; अथवा ब्रह्मात्मैक्य रूप अद्वैतबुद्धि विचलित हो जाएगी; तो कहना चाहिए, कि अब तक उसका मनोनिग्रह कच्चा है और मनोनिग्रह के कच्चे रहते हुए किया हुआ कर्मत्याग, गीता के अनुसार, मोह का अर्थात् तामस् अथवा मिथ्याचरण है (गीता 18.7; 3.6)। ऐसी अवस्था में यह अर्थ आप-ही-आप प्रकट होता है, कि ऐसे कच्चे मनोनिग्रह को चित्तशुद्धि के द्वारा पूर्ण करने के लिए निष्कामबुद्धि बढ़ानेवाले यज्ञ, दान प्रभृति गृहस्थाश्रम के श्रौत या स्मार्त कर्म ही इस मनुष्य के अधीन है; तो फिर उसे कर्म का डर ही किसलिए है? अथवा कर्मों के न करने का व्यर्थ आग्रह की वह क्यों करे?

1. इस अंतिम चरण के "निवृत्तिश्च सुभाषितः" और "निवृत्तिश्च विभाषितः" ऐसे पाठभेद भी हैं। पाठभेद कुछ भी हों; पर प्रथम 'द्वाविमौ' यह अवश्य है; जिससे इतना तो निर्विवाद सिद्ध होता है, कि दोनों पंथ स्वतंत्र हैं।

बरसाती छत्ते की परीक्षा जिस प्रकार वर्षा में ही होती है, उसी प्रकार या-

विकारहेतौ सति विक्रियन्ते, येषां न चेतांसि त एव धीराः।

"जिन कारणों से विकार उत्पन्न होता है, वे कारण अथवा विषय दृष्टि के आगे रहने पर भी जिनका अंतःकरण मोह के पंजे में नहीं फँसता, वे ही पुरुष धैर्यशाली कहे जाते हैं" (कुमार 1.59)-कालिदास के इस व्यापक न्याय से कर्मों के द्वारा ही मनोनिग्रह की जाँच हुआ करती है; और स्वयं कर्ता को तथा और लोगों को भी ज्ञात हो जाता है, कि मनोनिग्रह पूर्ण हुआ या नहीं। इस दृष्टि से भी यही सिद्ध होता है, कि शास्त्र से प्राप्त (अर्थात् प्रवाहपतित) कर्म करने ही चाहिए (गीता 18.6)। अच्छा; यदि कहें कि "मन वश में है; और यह डर भी नहीं, कि जो चित्तशुद्धि प्राप्त हो चुकी है, वह कर्म करने से बिगड़ जावेगी; परंतु ऐसे व्यर्थ कर्म करके शरीर को कष्ट देना नहीं चाहते, कि जो मोक्षप्राप्ति के लिए अनावश्यक है" तो यह कर्मत्याग 'राजस' कहलावेगा, क्योंकि यह काय-क्लेश का भय करके केवल इस क्षुद्र बुद्धि से किया गया है, कि देह को कष्ट होगा और इसलिए त्याग से जो फल मिलना चाहिए, वह ऐसे 'राजस' कर्मत्यागी को नहीं मिलता (गीता 18.8)। फिर यही प्रश्न है, कि कर्म छोड़े ही क्यों? यदि कोई कहे, कि 'सब कर्म माया सृष्टि के हैं; अतएव अनित्य हैं, इससे ब्रह्मसृष्टि के नित्य आत्मा को इन कर्मों की झंझट में पड़ जाना उचित नहीं"; तो यह भी ठीक नहीं है। क्योंकि जब स्वयं परब्रह्म ही माया से आच्छादित है, तब यदि मनुष्य भी उसी के अनुसार माया में व्यवहार करे, तो क्या हानि है? मायासृष्टि और ब्रह्मसृष्टि के भेद से जिस प्रकार इस जग के भी दो भाग किए गए हैं, उसी प्रकार आत्मा और देहेंद्रियों के भेद से मनुष्य के भी दो भाग होते हैं। इनमें से आत्मा और ब्रह्म का संयोग करके ब्रह्म में आत्मा का लय कर दो और इस ब्रह्मात्मैक्य ज्ञान से बुद्धि को निःसंग रखकर केवल मायिक देहेंद्रियों द्वारा मायासृष्टि के व्यवहार किया करो। बस; इस प्रकार बर्ताव करने से मोक्ष में कोई प्रतिबंध न आवेगा। और उक्त दोनों भागों का जोड़ा आपस में परलोक और इहलोक-दोनों के कर्त्तव्यपालन का श्रेय मिल जाएगा। ईशोपनिषद् में इसी तत्त्व का प्रतिपादन है (ईश. 11) इन श्रुतिवचनों का आगे विस्तारसहित विचार किया जावेगा। यहाँ इतना ही कह देते हैं, कि गीता में जो कहा है, कि "ब्रह्मात्मैक्य के अनुभवी ज्ञानी पुरुष मायासृष्टि के व्यवहार केवल शरीर अथवा केवल इंद्रियों से ही करते हैं" (गीता 4.21; 5.12), उसका तात्पर्य भी यही है; और इसी उद्देश्य से अठारहवें अध्याय में यह सिद्धान्त किया है, कि "निस्संग-बुद्धि से, फलाशा छोड़कर, केवल कर्त्तव्य समझकर, कर्म करना ही सच्चा 'सात्विक' कर्मत्याग है"-कर्म छोड़ना सच्चा कर्मत्याग नहीं है (गीता 18.9)। कर्म मायासृष्टि के ही क्यों न हों, परन्तु किसी अगम्य उद्देश्य से परमेश्वर ने ही तो उन्हें बनाया है और उनको बंद करना मनुष्य के अधिकार की बात नहीं, वह परमेश्वर के अधीन है। अतएव यह बात निर्विवाद है, कि बुद्धि को निःसंग रखकर केवल शरीर-कर्म-करने से, वे मोक्ष के बाधक नहीं होते। तब चित्त को विरक्त कर केवल इंद्रियों से शास्त्रसिद्ध कर्म करने में हानि ही क्या है? गीता में कहा ही है, कि-"नहि कश्चित् क्षणमपि जातु तिष्ठत्यकर्मकृत्" (गीता 3.5; 18.11)।-इस जगत में कोई एक क्षण भर भी बिना कर्म के रह नहीं सकता। और अनुगीता में कहा है कि, "नैष्कर्म्यं नच लोकेऽस्मिन् मुहूर्तमपि लभ्यते" (अश्व. 20.7)-इस लोक में (किसी से भी) घड़ी भर के लिए भी कर्म नहीं छूटते। मनुष्यों की तो बिसात ही क्या! सूर्य-चंद्र प्रभृति भी निरंतर कर्म ही करते रहते हैं! अधिक क्या कहें? यह निश्चित सिद्धान्त है, कि कर्म ही सृष्टि और सृष्टि ही कर्म है। इसलिए हम प्रत्यक्ष देखते हैं, कि सृष्टि की घटनाओं को (अथवा कर्म को) क्षण भर के लिए भी विश्राम नहीं मिलता। देखिए; एक

ओर भगवान् गीता में कहते हैं-"कर्म छोड़ने से खाने को भी न मिलेगा" (गीता 3.8); तो दूसरी ओर वनपर्व में द्रौपदी युधिष्ठिर से कहती है, कि "अकर्मणां वै भूतानां वृत्तिः स्यान्नहि काचन" (वन. 32.8) अर्थात् कर्म के बिना प्राणिमात्र का निर्वाह नहीं; और इसी प्रकार दासबोध में भी पहले ब्रह्मज्ञान बतलाकर श्रीसमर्थ रामदास स्वामी भी कहते हैं, "यदि प्रपंच छोड़कर परमार्थ करोगे, तो खाने के लिए अन्न भी न मिलेगा" (दास. 12.1.3)। अच्छा; भगवान का ही चरित्र देखो तो मालूम होगा, कि आप प्रत्येक युग में भिन्न-भिन्न अवतार लेकर इस मायिक जगत में साधुओं की रक्षा और दुष्टों का विनाशरूप कर्म करते आ रहे हैं (गीता 4.8 मभा. शां. 339.103)। और उन्होंने ही गीता में कहा है, कि यदि मैं ये ही कर्म न करूँ, तो संसार उजड़ कर नष्ट हो जावेगा (गीता. 3.24)। इससे सिद्ध होता है, कि जब स्वयं भगवान् जगत के धारणार्थ कर्म करते हैं, तब इस कथन से क्या प्रयोजन है, कि ज्ञानोत्तर कर्म निरर्थक है? अतएव "यः क्रियावान् स पंडितः" (मभा. वन. 312.108) जो क्रियावान् है, वही पंडित है-इस न्याय के अनुसार अर्जुन को निमित्त कर भगवान सबको उपदेश करते हैं, कि इस जगत में कर्म किसी से छूट नहीं सकते, अतः कर्मों की बाधा से बचने के लिए मनुष्य अपने धर्मानुसार प्राप्त कर्त्तव्य को फलाशा त्याग कर अर्थात् निष्काम बुद्धि से सदा करता रहे-यही एक मार्ग (योग) मनुष्य के अधिकार में है; और यही उत्तम भी है। प्रकृति तो अपने व्यवहार सदैव ही करती रहेगी; परंतु उसमें से कर्तृत्व के अभिमान की बुद्धि छोड़ देने से मनुष्य मुक्त ही है (गीता 3.27; 13.29; 14.19; 18.16)। मुक्ति के लिए कर्म छोड़ने की या सांख्यों के कथनानुसार कर्मसंन्यासरूप वैराग्य की जरूरत नहीं, इतना ही नहीं तो क्योंकि इस कर्मभूमि में कर्म का पूर्णतया त्याग कर डालना शक्य ही नहीं है।

इस पर भी कुछ लोग कहते हैं-हाँ; माना कि कर्मबंध तोड़ने के लिए कर्म छोड़ने की जरूरत नहीं है, सिर्फ कर्म-फलाशा छोड़ने से ही सब निर्वाह हो जाता है; परंतु जब ज्ञान प्राप्ति से हमारी बुद्धि निष्काम हो जाती है, तब सब वासनाओं का क्षय हो जाता है; और कर्म करने की प्रवृत्ति होने के लिए कोई भी कारण शेष नहीं रह जाता। तब ऐसी अवस्था में अर्थात् वासना के क्षय से कल्याण क्लेश भय से नहीं-सब कर्म आप-ही आप छूट जाते हैं। इस संसार में मनुष्य का परम पुरुषार्थ मोक्ष ही तो है और जिसे ज्ञान से वह मोक्ष प्राप्त हो जाता है, उसे प्रजा, संपत्ति अथवा स्वर्गादि लोकों के सुखों में से किसी की भी 'एषणा' (इच्छा) नहीं रहती (बृ. 3.5.1; 4.4.22)। इसलिए कर्मों को न छोड़ने पर भी अंत में उस ज्ञान का स्वाभाविक परिणाम यही हुआ करता है, कि कर्म आप-ही-आप छूट जाते हैं। इसी अभिप्राय से उत्तरगीता में कहा है-

ज्ञानामृतेन तृप्तस्य कृतकृत्यस्य योगिनः।
न चास्ति किंचित्कर्त्तव्यमस्ति चेन्न स तत्त्ववित्॥

"ज्ञानामृत पी कर कृतकृत्य हो जानेवाले पुरुष का फिर आगे कोई कर्त्तव्य शेष नहीं रहता; और यदि रह जाए, तो वह तत्त्ववित् अर्थात् ज्ञानी नहीं है"[1] (1.23)। यदि किसी को शंका हो, कि यह ज्ञानी पुरुष का दोष है; तो वह ठीक नहीं; क्योंकि श्रीशंकराचार्य ने कहा है कि, "अलंकारो ह्ययमस्माकं यद्ब्रह्मात्मावगतौ सत्यां सर्व कर्त्तव्यताहानिः" (वे. सू. शां. भा. 1.1.4)-अर्थात् यह तो ब्रह्मज्ञानी पुरुष का एक

1. यह समझ वास्तव में ठीक नहीं, कि वह श्लोक श्रुति का है। वेदान्तसूत्र के शांकरभाष्य में यह श्लोक नहीं है। परंतु सनत्सुजातीय के भाष्य में आचार्य ने इसे लिया है; और वहाँ कहा है, कि यह लिंगपुराण का श्लोक है। इसमें संदेह नहीं, कि यह श्लोक संन्यासमार्ग वालों का है; कर्मयोगियों का नहीं। बौद्ध धर्मग्रंथों में भी ऐसे ही वचन हैं (देखो परिशिष्ट प्रकरण)।

अलंकार ही है। इसी प्रकार गीता में ऐसे वचन हैं जैसे-"तस्य कार्यं न विद्यते" (गीता 3.17)-ज्ञानी को आगे करने के लिए कुछ नहीं रहता; अथवा उसे समस्त वैदिक कर्मों का कोई प्रयोजन नहीं रहता (गीता 2.43)। अथवा "योगारूढ़स्य तस्यैव शमः कारणमुच्यते" (गीता 6.3)-जो योगारूढ़ हो गया, उसे शम ही कारण है। इन वचनों के अतिरिक्त 'सर्वारंभपरित्यागी' (गीता 12.16)। अर्थात् समस्त उद्योग छोड़नेवाला और 'अनिकेतः' (गीता 12.19)-अर्थात् बिना घरद्वार का, इत्यादि विशेषण भी ज्ञानी पुरुष के लिए गीता में प्रयुक्त हुए हैं। इन सब बातों से कुछ लोगों की यह राय है, कि भगवद्गीता को यह मान्य है, कि ज्ञान के पश्चात् कर्म तो आप-ही-आप छूट जाते हैं। परंतु हमारी समझ में गीता के वाक्यों के ये अर्थ और उपर्युक्त युक्तिवाद भी ठीक नहीं हैं। इसी से इसके विरुद्ध हमें जो कुछ करना है, उसे अब संक्षेप में कहते हैं।

'सुखदुःख-विवेक' प्रकरण में हमने दिखलाया है, कि गीता इस बात को नहीं मानती कि "ज्ञानी हो जाने से मनुष्य की सब प्रकार की इच्छाएँ या वासनाएँ छूट जानी चाहिए।" सिर्फ इच्छा या वासना के रहने में कोई दुःख नहीं, दुःख की सच्ची जड़ है उसकी आसक्ति। इससे गीता का सिद्धान्त है, कि सब प्रकार की वासनाओं को नष्ट करने के बदले ज्ञाता को उचित है, कि वह केवल आसक्ति को छोड़कर कर्म करे। यह आवश्यक नहीं, कि इस आसक्ति के छूटने से उसके साथ कर्म भी छूट ही जावें। और तो क्या? वासना के छूट जाने पर भी सब कर्मों का छूटना शक्य नहीं। वासना हो या न हो, हम देखते हैं, कि श्वासोच्छ्वास प्रभृति कर्म नित्य लगातार हुआ करते हैं। और आखिर क्षणभर जीवित रहना भी तो कर्म ही है, एवं पूर्ण ज्ञान होने पर भी, अपनी वासना से अथवा वासना के क्षय से वह छूट नहीं सकता। यह बात प्रत्यक्ष सिद्ध है, कि वासना के छूट जाने से कोई ज्ञानी पुरुष अपने प्राण नहीं खो बैठता, और इसी से गीता में यह वचन आया है, कि "न हि कश्चित्क्षणमपि जातु तिष्ठत्यकर्मकृत्" (गीता 3.5)-कोई क्यों न हो, बिना कर्म किए, रह नहीं सकता। गीताशास्त्र के कर्म-योग का पहला सिद्धान्त यह है, कि इस कर्मभूमि में कर्म तो निसर्ग से ही प्राप्त, प्रवाहप्रतित और अपरिहार्य है, वे मनुष्य की वासना पर अवलंबित नहीं है। इस प्रकार यह सिद्ध हो जाने पर, कि कर्म और वासना का परस्पर नित्य संबंध नहीं है, वासना के क्षय के साथ ही कर्म का भी क्षय मानना निराधार हो जाता है। फिर यह प्रश्न सहज ही उत्पन्न होता है, कि वासना का क्षय हो जाने पर भी ज्ञानी पुरुष को प्राप्त कर्म किस रीति से करने चाहिए? इस प्रश्न का उत्तर गीता के तीसरे अध्याय में दिया गया है (गीता 3.17-19 और उस पर हमारी टीका देखो)। गीता का यह मत मान्य है, कि ज्ञानी पुरुष को ज्ञान के पश्चात् उसका अपना कोई कर्त्तव्य नहीं रह जाता। परंतु इसके आगे बढ़कर गीता का यह भी कथन है; कि कोई भी क्यों न हो, वह कर्म से छुट्टी नहीं पा सकता। कई लोगों को ये दोनों सिद्धान्त परस्परविरोधी जान पड़ते हैं, कि ज्ञानी पुरुष को कर्त्तव्य नहीं रहता और कर्म नहीं छूट सकते। परंतु गीता की बात ऐसी नहीं है। गीता ने उनका यों मेल मिलाया है :- जबकि कर्म अपरिहार्य है, तब ज्ञान-प्राप्ति के बाद भी ज्ञानी पुरुष को कर्म निष्काम बुद्धि से करना ही उचित है। सारांश, तीसरे अध्याय के 17वें श्लोक के "तस्य कार्यं न विद्यते" वाक्य में, "कार्यं न विद्यते" इन शब्दों की अपेक्षा, 'तस्य' (अर्थात् उस ज्ञानी पुरुष के लिए) शब्द अधिक महत्त्व का है और उसका भावार्थ यह है, कि "स्वयं उसको" अपने लिए कुछ प्राप्त नहीं करना होता। इसीलिए अब (ज्ञान हो जाने पर) उसको अपना कर्त्तव्य निरपेक्ष बुद्धि से करना चाहिए। आगे 19वें श्लोक के आरंभ में कारणबोधक 'तस्मात्' पद का प्रयोग कर, अर्जुन को इसी अर्थ का उपदेश यों दिया है-"तस्मादसक्तः सततं कार्यं कर्म समाचार।" (गीता 3.19)-इसी से तू शास्त्र

से प्राप्त अपने कर्त्तव्य को आसक्ति न रखकर करता जा; कर्म का त्याग मत कर। तीसरे अध्याय के 17 से 19 तक के तीन श्लोकों से जो कार्यकारण भाव व्यक्त होता है, उस पर और अध्याय के समूचे प्रकरण के संदर्भ पर ठीक-ठीक ध्यान देने से दीख पड़ेगा कि संन्यासमार्गियों के कथनानुसार "तस्य कार्यं न विद्यते।" इसे स्वतंत्र सिद्धान्त मान लेना उचित नहीं। आगे दिए हुए उदाहरण इसके लिए उत्तम प्रमाण हैं।" ज्ञानप्राप्ति के पश्चात् कोई कर्त्तव्य न रहने पर भी शास्त्र से प्राप्त समस्त व्यवहार करने पड़ते हैं"-इस सिद्धान्त की पुष्टि में भगवान कहते हैं :-

न मे पार्थाऽस्ति कर्त्तव्यं लोकेषु किंचन।
नानवाप्तमवाप्तव्यं वर्त एव च कर्मणि॥

"हे पार्थ! 'मेरा' इस त्रिभुवन में कुछ भी कर्त्तव्य (बाकी) नहीं है, अथवा कोई अप्राप्त वस्तु पाने की (वासना) नहीं रही है। तथापि मैं कर्म ही करता हूँ" (गीता 3. 22)। "न मे कर्त्तव्यमस्ति"-मुझे कर्त्तव्य नहीं रहा है-ये शब्द पूर्वोवत श्लोक के "तस्य कार्य न विद्यते"-उसको कुछ कर्त्तव्य नहीं रहता (गीता 3.17)-इन्हीं शब्दों के लक्ष्य करके कहे गए हैं। इससे सिद्ध होता है, कि इन चार पाँच श्लोकों में प्रतिपाद्य अर्थ यही है "ज्ञान से कर्त्तव्य के शेष न रहने पर भी (बल्कि इसी कारण से) शास्त्रत: प्राप्त समस्त व्यवहार अनासक्त बुद्धि से करने ही चाहिए।" यदि ऐसा न हो, तो "तस्य कार्यं न विद्यते" इत्यादि श्लोकों में बतलाए हुए सिद्धान्त को दृढ़ करने के लिए भगवान ने जो अपना उदाहरण दिया है, वह (अलग) असंबद्ध सा हो जाएगा; और यह अनवस्था प्राप्त हो जाएगी, कि सिद्धान्त तो कुछ और है, और उदाहरण ठीक उसके विरुद्ध, कुछ और ही है। उस अनवस्था को टालने के लिए संन्यासमार्गीय टीकाकार "तस्मादसक्त: सततं कार्यं कर्म समाचार" के 'तस्मात्' शब्द का अर्थ भी निराली रीति से किया करते हैं। उनका कथन है, कि गीता का मुख्य सिद्धान्त तो यही है, कि "ज्ञानी पुरुष कर्म छोड़ दे।" परंतु अर्जुन ऐसा ज्ञानी था नहीं; इसलिए-"तस्मात्-भगवान ने उसे कर्म करने के लिए कहा है। हम ऊपर कह चुके हैं, कि "गीता के उपदेश के पश्चात् भी अर्जुन अज्ञानी ही था" यह युक्ति ठीक नहीं है। इसके अतिरिक्त, यदि 'तस्मात्' शब्द का अर्थ इस प्रकार खींचातानी कर लगा भी लिया, तो "न मे पार्थाऽस्ति कर्त्तव्यम्" प्रभृति श्लोकों में भगवान ने-"अपने किसी कर्त्तव्य के न रहने पर भी मैं कर्म करता हूँ"-यह जो अपना उदाहरण मुख्य सिद्धान्त के समर्थन में दिया है, उसका मेल भी इस पक्ष में अच्छा नहीं जमता। इसलिए "तस्य कार्यं न विद्यते" वाक्य में, "कार्यं न विद्यते" शब्दों को मुख्य मानकर 'तस्य' शब्द को ही प्रधान मानना चाहिए, और ऐसा करने से "तस्मादसक्त: सततं कार्यं कर्म समाचर" का अर्थ यही करना पड़ता है, कि "तू ज्ञानी है; इसलिए यह सच है, कि तुझे अपने स्वार्थ के लिए कर्म अनावश्यक हैं; परंतु स्वयं तेरे लिए कर्म अनावश्यक है, इसीलिए अब तू उन कर्मों को (जो शास्त्र से प्राप्त हुए हैं) मुझे आवश्यक नहीं इस बुद्धि से "अर्थात् निष्काम बुद्धि से कर!" थोड़े में यही अनुमान निकलता है, कि कर्म छोड़ने का यह कारण नहीं हो सकता, कि "वह हमें अनावश्यक है।" किंतु जब कर्म अपरिहार्य है तब शास्त्र से प्राप्त अपरिहार्य कर्मों को स्वार्थत्यागबुद्धि से करते ही रहना चाहिए-यही गीता का कथन है और यदि प्रकरण की समता की दृष्टि से देखें, तो भी यही अर्थ लेना पड़ता है। कर्मसंन्यास और कर्मयोग, इन दोनों में जो बड़ा अंतर है, वह यही है। संन्यास पक्ष वाले कहते हैं, कि "तुझे कुछ कर्त्तव्य शेष नहीं बचा है इसलिए तुझे जो कुछ करना है, वह अब स्वार्थ संबंधी वासना छोड़कर अनासक्त बुद्धि से कर।" अब प्रश्न यह है, कि एक ही हेतु वाक्य से इस प्रकार भिन्न-भिन्न दो अनुमान क्यों निकले? इसका उत्तर इतना ही है, कि गीता कर्मों को अपरिहार्य मानती

है, इसलिए गीता के तत्त्वविचार के अनुसार यह अनुमान निकल ही नहीं सकता, कि "कर्म छोड़ दे।" अतएव "तुझे अनावश्यक है" इस हेतु वाक्य से ही गीता में यह अनुमान किया गया है, कि स्वार्थबुद्धि छोड़कर कर्म कर। वसिष्ठ जी ने योगवासिष्ठ में श्रीरामचंद्र को सब ब्रह्मज्ञान बतलाकर निष्काम कर्म की ओर प्रवृत्त करने के लिए जो युक्तियाँ बतलाई हैं, वे भी इसी प्रकार की हैं। योगवासिष्ठ के अंत में भगवद्गीता का उपर्युक्त सिद्धान्त ही अक्षरश: आ गया है (यो. 6 उ. 199; 216.14; गीता 3.19 के अनुवाद पर हमारी टिप्पणी देखो)। योगवासिष्ठ के समान ही बौद्धधर्म के महायान पंथ के ग्रंथों में भी इस संबंध में गीता का अनुवाद किया गया है। परंतु विषयांतर होने के कारण उसकी चर्चा यहाँ नहीं हो सकती; हमने इसका विचार आगे परिशिष्ट प्रकरण में कर दिया है।

आत्मज्ञान होने से 'मैं' और 'मेरा' यह अहंकार की भाषा ही शेष नहीं रहती (गीता 18.16, 26) एवं इसी से ज्ञानी पुरुष को 'निर-मम' कहते हैं। निर्मम का अर्थ "मेरा मेरा (मम) न कहनेवाला" है। ज्ञानी पुरुष का वर्णन करते हुए, श्रीज्ञानेश्वर महाराज ने इसी अर्थ को अपने काव्य में व्यक्त किया है। परंतु भूल न जाना चाहिए, कि यद्यपि ब्रह्मज्ञान से 'मैं' और 'मेरा' यह अहंकारदर्शक भाव छूट जाता है, तथापि उन दो शब्दों के बदले 'जगत्' और 'जगत् का' अथवा भक्ति पक्ष में 'परमेश्वर' और 'परमेश्वर का' ये शब्द आ जाते हैं। संसार का प्रत्येक सामान्य मनुष्य अपने समस्त व्यवहार 'मेरा' या 'मेरे लिए' ही समझकर किया करता है। परंतु ज्ञानी होने पर, ममत्व की वासना छूट जाने के कारण अब वह इस बुद्धि से (निर्मम बुद्धि से) उन व्यवहारों को करने लगता है, कि ईश्वरनिर्मित संसार के समस्त व्यवहार परमेश्वर के हैं; और उनको करने के लिए ही ईश्वर ने हमें उत्पन्न किया है। अज्ञानी और ज्ञानी में यही भेद है (गीता 3. 27, 28)। गीता के इस सिद्धान्त पर ध्यान देने से ज्ञात हो जाता है, कि "योगारूढ़ पुरुष के लिए आगे शम ही कारण होता है" (गीता 6.3 और उस पर हमारी टिप्पणी देखो)। इस श्लोक का सरल अर्थ क्या होगा। गीता के टीकाकार कहते हैं, कि इस श्लोक में कहा गया है, कि योगारूढ़ पुरुष आगे (ज्ञान हो जाने पर) शम अर्थात् शांति को स्वीकार करे; और कुछ न करे। परंतु यह अर्थ ठीक नहीं है। शम मन की शांति और उसे अंतिम 'कार्य' न कहकर इस श्लोक में यह कहा है, कि शम अथवा शांति दूसरे किसी का कारण है-शम: कारणमुच्यते। अब शम को 'कारण' मानकर देखना चाहिए, कि आगे उसका 'कार्य' क्या है? पूर्वा पर संदर्भ पर विचार करने से यही निष्पन्न होता है, कि वह कार्य 'कर्म' ही है। और तब इस श्लोक का अर्थ ऐसे होता है, कि योगारूढ़ पुरुष अपने चित्त को शांत करें, तथा उस शांति या शम से ही अपने सब अगले व्यवहार करें, टीकाकारों के कथनानुसार यह अर्थ नहीं किया जा सकता, कि "योगारूढ़ पुरुष कर्म छोड़ दे।" इसी प्रकार 'सर्वारंभ परित्यागी' और 'अनिकेत:' प्रभृति पदों का अर्थ भी कर्मत्यागविषयक न करके, फलाशात्याग-विषयक ही करना चाहिए। गीता के अनुवाद में (उन स्थलों पर जहाँ ये पद आए हैं) हमने टिप्पणी में यह बात खोल दी है। भगवान ने यह सिद्ध करने के लिए-कि ज्ञानी पुरुष को भी फलाशा त्याग कर चातुर्वर्ण्य आदि सब कर्म यथाशास्त्र करते रहना चाहिए-अपने अतिरिक्त दूसरा उदाहरण जनक का दिया है। जनक एक बड़े ही कर्मयोगी थे। उनकी स्वार्थबुद्धि के छूटने का परिचय उन्हीं के मुख से यों है-"मिथिलायां प्रदीप्तायां न मे दह्यति किंचन" (मभा. शां. 275.4; 219.50)-मेरी राजधानी मिथिला के जल जाने पर भी मेरी कुछ हानि नहीं! इस प्रकार अपना स्वार्थ अपना लाभालाभ किसी प्रकार न रहने पर भी राज्य के समस्त व्यवहार करने का कारण बतलाते हुए, जनक स्वयं कहते हैं:-

देवेभ्यश्च पितृभ्यश्च भूतेभ्योऽतिथिभिः सह।
इत्यर्थं सर्व एवैते समारम्भा भवन्ति वै॥

"देव, पितर, सर्वभूत (प्राणी) और अतिथियों के लिए ये समस्त व्यवहार जारी हैं, मेरे लिए नहीं" (मभा. अश्च. 32.24)। अपना कोई कर्त्तव्य शेष न रहने पर, अथवा अपने लिए किसी वस्तु के पाने की वासना न रहने पर भी यदि जनक-श्रीकृष्ण जैसे महात्मा इस जगत का कल्याण करने के लिए प्रवृत्त न होंगे, तो कहना न होगा कि यह संसार उत्पन्न (उजड़) हो जाएगा-'उत्सीदेयुरिमे लोकाः' (गीता 3.24)।

कुछ लोगों का कहना है, कि गीता के इस सिद्धान्त में-कि "फलाशा छोड़नी चाहिए; सब प्रकार की इच्छाओं को छोड़ने की आवश्यकता नहीं"-और वासनाक्षय के सिद्धान्त में, बहुत भेद नहीं कर सकते। क्योंकि चाहे वासना छूटे, चाहे फलाशा छूटे; दोनों ओर कर्म करने की प्रवृत्ति होने के लिए कुछ भी कारण नहीं दीख पड़ता; इससे चाहे जिस पक्ष को स्वीकार करें, अंतिम परिणाम-कर्म का छूटना-ही है। परंतु यह आक्षेप अज्ञानमूलक है, क्योंकि 'फलाशा' शब्द का ठीक-ठीक अर्थ न जानने के कारण ही यह उत्पन्न हुआ है। फलाशा छोड़ने का अर्थ यह नहीं, कि सब प्रकार की इच्छाओं को छोड़ देना चाहिए अथवा यह बुद्धि का भाव होना चाहिए, कि मेरे कर्मों का फल किसी को कभी न मिले, और यदि मिले तो उसे कोई भी न ले; प्रत्युत पाँचवें प्रकरण में पहले ही हम कह चुके हैं, कि "अमुक फल पाने के लिए ही मैं यह कर्म करता हूँ"-इस प्रकार की फलविषयक ममतायुक्त आसक्ति को या बुद्धि के आग्रह को 'फलाशा', 'संग' या 'काम' ये नाम गीता में दिए गए हैं। यदि कोई मनुष्य फल पाने की इच्छा, आग्रह या वृथा आसक्ति न रखे; तो उससे यह मतलब नहीं पाया जाता, कि वह अपने प्राप्त कर्म को, केवल कर्त्तव्य समझकर, करने की बुद्धि और उत्साह को भी इस आग्रह के साथ-ही-साथ नष्ट कर डाले। अपने फायदे के सिवा इस संसार में जिन्हें दूसरा कुछ नहीं दीख पड़ता और जो पुरुष केवल फल की इच्छा से ही कर्म करने में निमग्न रहते हैं, उन्हें सचमुच फलाशा छोड़कर कर्म करना शक्य न जँचेगा, परंतु जिनकी बुद्धि ज्ञान से सम और विरक्त हो गई है, उनके लिए कुछ कठिन नहीं है। पहले तो यह समझ ही गलत है, कि हमें किसी काम का जो फल मिलता है, वह केवल हमारे ही कर्म का फल होता है। यदि पानी की द्रव्यता या अग्नि की उष्णता की सहायता न मिले तो मनुष्य कितना ही सिर क्यों न खपावे, उसके प्रयत्न से पाक-सिद्धि कभी हो नहीं सकेगी-भोजन पकेगा ही नहीं; और अग्नि आदि में इन गुणधर्मों का होना या न होना मनुष्य के बस या उपाय की बात नहीं है। इसी से कर्मसृष्टि के इन स्वयंसिद्ध विविध व्यापारों अथवा कर्मों का पहले यथाशक्ति ज्ञान प्राप्त कर, मनुष्य को उसी ढंग से अपने व्यवहार करने पड़ते हैं, जिससे कि वे व्यापार अपने प्रयत्न के अनुकूल हों। इससे कहना चाहिए, कि मनुष्य को प्रयत्नों का जो फल मिलता है, वह केवल उसके ही प्रयत्नों का फल नहीं है; वरन् उसका कर्म और कर्म-सृष्टि के तदनुकूल अनेक स्वयंसिद्ध धर्म-इन दोनों के संयोग का मात्र वह फल है। परंतु मनुष्य के प्रयत्नों की सफलता के लिए इस प्रकार जिन नानाविध सृष्टि व्यापारों की अनुकूलता आवश्यक है, उन सबका कई बार मनुष्य को यथार्थ ज्ञान नहीं रहता; और कुछ स्थानों पर तो वह होना भी शक्य नहीं है-इसे ही 'दैव' कहते हैं। यदि फल-सिद्धि के लिए ऐसे सृष्टि-व्यापारों की सहायता अत्यंत आवश्यक है, जो हमारे अधिकार में नहीं और जिन्हें हम जानते भी नहीं हैं; तो आगे कहना नहीं होगा, कि ऐसा अभिमान करना मूर्खता है, कि "केवल अपने प्रयत्न से ही मैं अमुक बात कर लूँगा" (गीता 18.14-16)। क्योंकि कर्मसृष्टि के ज्ञात और अज्ञात व्यापारों का मानवी प्रयत्नों से संयोग होने पर

जो फल प्राप्त होता हो, वह केवल कर्म के नियमों से ही हुआ करता है, इसलिए हम फल की अभिलाषा करें या न करें-फलसिद्धि में उससे कोई फर्क नहीं पड़ता; हमारी फलाशा निःसंदेह हमें दुःखकारक हो जाती है। परंतु स्मरण रहे, कि मनुष्य के लिए आवश्यक बात अकेले सृष्टि व्यापार स्वयं अपनी ओर से संघटित होकर नहीं कर देते। चने की रोटी को स्वादिष्ट बनाने के लिए जिस प्रकार आटे में थोड़ा सा नमक भी मिलाना पड़ता है, उसी प्रकार कर्मसृष्टि के इन स्वयंसिद्ध व्यापारों को मनुष्यों के लाभकारी होने के लिए उनमें मानवी प्रयत्न की थोड़ी सी मात्रा मिलानी पड़ती है। इसी से ज्ञानी और विवेकी पुरुष सामान्य लोगों के समान फल की आसक्ति अथवा अभिलाषा तो नहीं रखते; किंतु वे लोग जगत् के व्यवहार की सिद्धि के लिए प्रवाहपतित कर्म का (अर्थात् कर्म के अनादि प्रवाह में शास्त्र से प्राप्त यथाधिकार कर्म का) जो छोटा-बड़ा भाग मिले, उसे ही शांतिपूर्वक, कर्त्तव्य समझकर किया करते हैं और फल पाने के लिए कर्मसंयोग पर अथवा भक्ति दृष्टि से परमेश्वर की इच्छा पर निर्भर होकर निश्चिंत रहते हैं। "तेरा अधिकार केवल कर्म करने का है, फल होना तेरे अधिकार की बात नहीं" (गीता 2. 47) इत्यादि उपदेश जो अर्जुन को किया गया है, उसका रहस्य भी यही है। इस प्रकार फलाशा को त्याग कर कर्म करते रहने पर आगे कुछ कारणों से कदाचित वह कर्म निष्फल हो जाए तो भी निष्फलता का दुःख मानने के लिए हमें कोई कारण ही नहीं रहता, क्योंकि हम तो अपने अधिकार का काम कर चुके हैं। उदाहरण लीजिए; वैद्यकशास्त्र का स्पष्ट मत है, कि आयु की डोर (अर्थात् शरीर का पोषण करनेवाली नैसर्गिक धातुओं की शक्ति) सबल रहे बिना निरी औषधियों से रोगी को कभी फायदा नहीं होता; और इस डोर की सबलता अनेक प्राक्तन अथवा पुश्तैनी संस्कारों का फल है, अतः यह बात वैद्य के हाथों होने योग्य नहीं; और उसे इसका निश्चयात्मक ज्ञान हो भी नहीं सकता कि वह कितनी सबल है। ऐसा होते हुए भी हम प्रत्यक्ष देखते हैं, कि रोगी लोगों को औषधि देना अपना कर्त्तव्य समझ कर केवल परोपकार की बुद्धि से वैद्य अपनी बुद्धि के अनुसार हजारों रोगियों को दवाई दिया करता है। इस प्रकार निष्कांम बुद्धि से अपना काम करने पर यदि कोई रोगी चंगा न हो, तो उससे वह वैद्य उद्विग्न नहीं होता, बल्कि बड़े शांत चित्त से यह शास्त्रीय नियम ढूँढ निकालता है, कि अमुक रोग में अमुक औषधि से सैकड़ों इतने रोगियों को आराम होता है। परंतु इसी वैद्य का लड़का जब बीमार पड़ता है, तब उसे औषधि देते समय वह आयुष्य की डोर वाली बात भूल जाता है और इस ममतायुक्त फलाशा से उसका चित्त घबरा जाता है, कि "मेरा लड़का अच्छा हो जाए।" इसी से उसे या तो दूसरा वैद्य बुलाना पड़ता है या कम से कम दूसरे वैद्य की सलाह की आवश्यकता होती है। इस छोटे-से उदाहरण से ज्ञात होगा, कि कर्मफल में ममतारूप आसक्ति किसे कहना चाहिए और फलाशा न रहने पर भी निरी कर्त्तव्यबुद्धि से कोई भी काम किस प्रकार किया जा सकता है। इस प्रकार यह सच है कि फलाशा को नष्ट करने के लिए ज्ञान की सहायता से मन में वैराग्य का भाव अटल होना चाहिए, परंतु किसी कपड़े का रंग (राग) दूर करने के लिए जिस प्रकार कोई कपड़े को फाड़ना उचित नहीं समझता, उसी प्रकार यह कहने से, कि "किसी कर्म में आसक्ति, काम, संग या राग अथवा प्रीति न रखो" उस कर्म को ही छोड़ देना ठीक नहीं। वैराग्य से कर्म करना ही यदि अशक्य हो, तो बात निराली है। परंतु हम प्रत्यक्ष देखते हैं, कि वैराग्य से भली-भाँति कर्म किए जा सकते हैं। इतना ही क्यों? यह भी प्रकट है, कि कर्म किसी से छूटते नहीं। इसीलिए अज्ञानी लोग जिन कर्मों को फलाशा से किया करते हैं, उन्हें ही ज्ञानी पुरुष ज्ञानप्राप्ति के बाद भी लाभ-अलाभ तथा सुख-दुःख को एक सा मानकर (गीता 2.38) धैर्य एवं उत्साह से, किंतु शुद्ध बुद्धि

से अर्थात् फल के विषय में विरक्त या उदासीन रहकर (गीता 18.26), केवल कर्त्तव्य मानकर, अपने अपने अधिकारानुसार शांत चित्त से करते रहें (गीता 6.3)-यही नीति और मोक्ष की दृष्टि से उत्तम जीवनक्रम का सच्चा तत्त्व है। अनेक स्थितप्रज्ञ, महाभगवद् भक्त और परम ज्ञानी पुरुषों ने-एवं स्वयं भगवान् ने भी इसी मार्ग को स्वीकार किया है और भगवद्गीता पुकार कर कहती है, कि इस कर्मयोग-मार्ग में ही पराकाष्ठा का पुरुषार्थ है, इसी 'योग' से परमेश्वर का भजन पूजन होता है; और अंत में सिद्धि भी मिलती है (गीता 18.46)। इतने पर भी यदि कोई स्वयं जानबूझकर गैर समझ कर ले, तो उसे दुर्दैवी कहना चाहिए। स्पेन्सर साहब को यद्यपि अध्यात्म दृष्टि संमत न थी, तथापि उन्होंने भी अपने "समाजशास्त्र का अभ्यास" नामक ग्रंथ अंत में गीता के समान ही यह सिद्धान्त किया है:-यह बात आधिभौतिक रीति से भी सिद्ध है, कि इस जगत में किसी भी काम को एकदम कर गुजरना शक्य नहीं, उसके लिए कारणभूत और आवश्यक दूसरी हजारों बातें पहले जिस प्रकार हुई होंगी, उसी प्रकार मनुष्य के प्रयत्न सफल, निष्फल या न्यूनाधिक सफल हुआ करते हैं। इस कारण यद्यपि साधारण मनुष्य किसी भी काम के करने में फलाशा से ही प्रवृत्त होते हैं, तथापि बुद्धिमान पुरुष को शांति और उत्साह से, फल संबंधी आग्रह छोड़कर अपना कर्त्तव्य करते रहना चाहिए।[1]

यद्यपि यह सिद्ध हो गया, कि ज्ञानी पुरुष इस संसार में अपने प्राप्त कर्मों को, फलाशा छोड़कर निष्काम बुद्धि से आमरण अवश्य करता रहे; तथापि यह बतलाए बिना कर्मयोग का विवेचन पूरा नहीं होता, कि ये कर्म किससे और किसलिए प्राप्त होते हैं? अतएव भगवान ने कर्मयोग के समर्थनार्थ अर्जुन को अंतिम महत्त्व का उपदेश दिया है, कि "लोकसंग्रहमेवापि संपश्यन् कर्तुमर्हसि" (गीता 3.20)-लोकसंग्रह की ओर दृष्टि देकर भी तुझे कर्म करना ही उचित है। लोकसंग्रह का यह अर्थ नहीं, कि कोई ज्ञानी पुरुष "मनुष्यों का केवल जमघट इकट्ठा करे" अथवा यह भी अर्थ नहीं, कि "स्वयं कर्मत्याग का अधिकारी होने पर भी इसलिए कर्म करने का ढोंग करे, कि अज्ञानी मनुष्य कहीं कर्म न छोड़ बैठें; और उन्हें अपनी (ज्ञानी पुरुष की) कर्मतत्परता अच्छी लगे।" क्योंकि, गीता का यह सिखलाने का हेतु नहीं, कि लोग अज्ञानी या मूर्ख बने रहें; अथवा उन्हें अज्ञानी बनाए रखने के लिए ज्ञानी पुरुष कर्म करने का ढोंग किया करें। ढोंग तो दूर ही रहा; परंतु "लोग तेरी अपकीर्ति गावेंगे" (गीता 2.34) इत्यादि सामान्य लोगों को जँचनेवाली युक्तियों से जब अर्जुन का समाधान न हुआ, तब भगवान उन युक्तियों से भी अधिक जोरदार और तत्त्वज्ञान की दृष्टि से अधिक बलवान कारण, अब कह रहे हैं। इसलिए कोश में 'संग्रह' शब्द के जमा करना, इकट्ठा करना, रखना, पालना, नियमन करना प्रभृति जो अर्थ दिए हैं, उन सबको यथासंभव ग्रहण करना पड़ता है। और ऐसा करने से "लोगों का संग्रह करना" या यह अर्थ होता है, कि "उन्हें एकत्र संबद्ध कर, उस रीति से उनका पालन पोषण और नियमन करे, कि उनकी परस्पर अनुकूलता से

1. "Thus admitting that for the fanatic, some wild anticipation is needful as a stimulus, and recognizing the usefulness of his delusion as adapted to his particular nature and his particular function, the man of higher type must be content with greatly moderated expectations, while he perseveres with undiminished efforts. He has to see how comparatively little can be done, and yet to find it worthwhile to do that little; so uniting philanthropic energy with philosophic calm."-Spencers's Study of Sociology,-8th Ed., p. 403. (The italics are ours). इस वाक्य में fanatics के स्थान में "प्रकृति के गुणों से विमूढ़" (गीता 3.29) या 'अहंकारविमूढ़' (गीता 3.27) अथवा भास कवि का 'मूर्ख' शब्द और man of higher type के स्थान में 'विद्वान' (गीता 3.25) एवं greatly moderated expectations के स्थान में 'फलौदासीन्य' अथवा 'फलाशात्याग' इन समानार्थी शब्दों की योजना करने से ऐसा दीख पड़ेगा कि स्पेन्सर साहेब ने मानो गीता के ही सिद्धान्त का अनुवाद कर दिया है।

उत्पन्न होने वाली सामर्थ्य उनमें आ जावे; एवं उसके द्वारा उनकी सुस्थिति को स्थिर रखकर आगे उन्हें श्रेय:प्राप्ति के मार्ग में लगा दे।" "राष्ट्र का संग्रह" ये शब्द इसी अर्थ में मनुस्मृति में (मनु. 7.114) आए हैं; शांकरभाष्य में उपरोक्त शब्द की व्याख्या यों है-"लोकसंग्रह-लोकस्योन्मार्गप्रवृत्तिनिवारणम्।" इससे दीख पड़ेगा, कि संग्रह शब्द का जो हम ऐसा अर्थ करते हैं कि अज्ञान से मनमाना बर्ताव करनेवाले लोगों को ज्ञानवान बनाकर सुस्थिति में एकत्र रखना और आत्मोन्नति के मार्ग में लगाना; वह अपूर्व या निराधार नहीं है। यह संग्रह शब्द का अर्थ हुआ; परंतु यहाँ यह भी बतलाना चाहिए कि 'लोकसंग्रह' में 'लोक' शब्द केवल मनुष्यवाची नहीं है। यद्यपि यह सच है, कि जगत के अन्य प्राणियों की अपेक्षा मनुष्य श्रेष्ठ है; और इसी से मानवजाति के कल्याण का ही प्रधानता से 'लोकसंग्रह' शब्द में समावेश होता है, तथापि भगवान् की ही ऐसी इच्छा है, कि भूलोक, सत्यलोक, पितृलोक और देवलोक प्रभृति जो अनेक लोक अर्थात् जगत् भगवान् ने बनाए है, उनका भी भली-भाँति धारण पोषण हो; और वे सभी अच्छी रीति से चलते रहें; इसलिए कहना पड़ता है, कि इतना सब व्यापक अर्थ 'लोकसंग्रह' पद से यहाँ विविक्षित है, कि मनुष्यलोक के साथ ही इन सब लोकों के व्यवहार भी सुस्थिति से चलें (लोकानां संग्रह:)। जनक के किए अपने कर्त्तव्य के वर्णन में-जो पहले लिखा जा चुका है-देव और पितरों का उल्लेख है, एवं भगवद्गीता के तीसरे अध्याय में तथा महाभारत के नारायणीयोपाख्यान में जिस यज्ञचक्र का वर्णन है, उसमें भी कहा है, कि देवलोक और मनुष्यलोक, दोनों ही के धारण-पोषण के लिए ब्रह्मदेव ने यज्ञ उत्पन्न किया (गीता 3.10-12)। इससे स्पष्ट होता है, कि भगवद्गीता में 'लोकसंग्रह' पद से इतना अर्थ विवक्षित है, कि अकेले मनुष्य-लोग का ही नहीं; किंतु देवलोक आदि सब लोकों का भी उचित धारण-पोषण होवें और वे परस्पर एक-दूसरे का श्रेय संपादन करें। सारी सृष्टि का पालन-पोषण करके लोकसंग्रह करने का यह जो भगवान का अधिकार है, वही पुरुष के ज्ञानी हो जाने पर उसे अपने ज्ञान के कारण प्राप्त हुआ करता है। ज्ञानी पुरुष को जो बात प्रामाणिक जँचती है, अन्य लोग भी उसे ही प्रमाण मानकर तदनुकूल व्यवहार किया करते हैं (गीता 3.21)। क्योंकि साधारण लोगों की समझ है, कि शांत चित्त और समबुद्धि से यह विचारने का काम ज्ञानी ही का है, कि संसार का धारण और पोषण कैसे होगा? एवं तदनुसार धर्म-प्रबंध की मर्यादा बना देना भी उसी का काम है। इस समझ में कुछ भूल भी नहीं है और यह भी कह सकते हैं, कि सामान्य लोगों की समझ में ये बातें भली-भाँति नहीं आ सकतीं, तो इसीलिए वे ज्ञानी पुरुषों के भरोसे रहते हैं। इसी अभिप्राय को मन में लाकर शांतिपर्व में युधिष्ठिर से भीष्म ने कहा है:-

लोकसंग्रहसंयुक्तं विधात्रा विहितं पुरा।
सूक्ष्मधर्मार्थनियतं सतां चरितमुत्तमम्॥

"लोकसंग्रहकारक और सूक्ष्म प्रसंगों पर धर्मार्थ का निर्णय कर देनेवाला साधु पुरुषों का उत्तम चरित्र स्वयं ब्रह्मदेव ने ही बनाया है" (मभा. शां. 258.25)। 'लोकसंग्रह' कुछ ठाले बैठे की बेगार, ढकोसला या लोगों को अज्ञान में डाले रखने की तरकीब नहीं है; ज्ञानयुक्त कर्म के संसार से नष्ट हो जाने से जगत् के नष्ट हो जाने की संभावना है, इसलिए यही सिद्ध होता है, कि ब्रह्मदेवनिर्मित साधु पुरुषों के कर्त्तव्यों में से 'लोकसंग्रह' एक प्रधान कर्त्तव्य है और इस भगवद्वचन का भावार्थ भी यही है, कि "मैं यह काम न करूँ, तो ये समस्त लोक अर्थात् जगत् नष्ट हो जावेंगे" (गी. 3.24)। ज्ञानी पुरुष सब लोगों के नेत्र हैं और यदि वे अपना काम छोड़ देंगे, तो सारी दुनिया अंधी हो जाएगी; और इस संसार का सर्वतग्न: नाश हुए बिना न रहेगा। ज्ञानी पुरुषों को ही उचित है,

कि लोगों को ज्ञानवान कर उन्नत बनावें। परंतु यह काम सिर्फ जीभ हिला देने से अर्थात् कोरे उपदेश से कभी नहीं होता। क्योंकि, जिन्हें सदाचरण की आदत नहीं और जिनकी बुद्धि भी पूर्ण शुद्ध नहीं रहती, उन्हें यदि कोरा ब्रह्मज्ञान सुनाया जाए, तो वे लोग उस ज्ञान का दुरुपयोग इस प्रकार करते देखे हैं, कि तेरा सो मेरा, और मेरा तो मेरा है ही।" इसके सिवा, किसी के उपदेश की सत्यता की जाँच भी तो लोग उसके आचरण से ही किया करते हैं। इसलिए यदि ज्ञानी पुरुष स्वयं कर्म न करेगा, तो वह सामान्य लोगों को आलसी बनाने का एक बहुत बड़ा कारण हो जाएगा। इसे ही 'बुद्धिभेद' कहते हैं; और यह बुद्धिभेद न होने पावे, तथा सब लोग सचमुच निष्काम होकर अपना कर्त्तव्य करने के लिए जागृत हो जावें, इसी हेतु संसार में ही रहकर अपने कर्मों से सब लोगों को सदाचरण की-निष्काम बुद्धि से कर्म करने की-प्रत्यक्ष शिक्षा देना ही ज्ञानी पुरुष का कर्त्तव्य (ढोंग नहीं) हो जाता है। अतएव गीता का कथन है, कि उसे (ज्ञानी पुरुष को) कर्म छोड़ने का अधिकार कभी प्राप्त नहीं होता और अपने लिए न सही, परंतु लोकसंग्रहार्थ चातुर्वर्ण्य के सब कर्म अधिकारानुसार उसे करने ही चाहिए। किंतु संन्यासमार्ग वालों का मत है, कि ज्ञानी पुरुष को चातुर्वर्ण्य के कर्म निष्काम बुद्धि से भी करने की कुछ जरूरत नहीं-यही क्यों? करने भी नहीं चाहिए; इसलिए इस संप्रदाय के टीकाकार गीता के-"ज्ञानी पुरुष को लोकसंग्रहार्थ कर्म करने चाहिए"-इस सिद्धान्त का कुछ गड़बड़ अर्थ लगाकर-यहाँ तक कहने के लिए तैयार हो गए हैं, कि स्वयं भगवान भी प्रत्यक्ष नहीं, तो पर्याय से ढोंग का, उपदेश करते हैं। परंतु पूर्वा पर संदर्भ से प्रकट है, कि गीता के लोकसंग्रह शब्द का यह ढुलमुल या पोचा अर्थ सच्चा नहीं। गीता को तो यह मत ही मंजूर नहीं, कि ज्ञानी पुरुष को कर्म छोड़ने का अधिकार प्राप्त होता है; और इसके प्रमाण में गीता में जो कारण दिए गए हैं, उनमें लोकसंग्रह एक मुख्य कारण है। इसलिए पहले यह मानकर, कि ज्ञानी पुरुष के कर्म छूट जाते हैं, लोकसंग्रह पद का ढोंगी अर्थ करना सर्वथा अन्याय है। इस जगत् में मनुष्य केवल अपने ही लिए उत्पन्न नहीं हुआ है। यह सच है, कि सामान्य लोग अज्ञानतः स्वार्थ में ही फँसे रहते हैं। परंतु "सर्वभूतस्थमात्मानं सर्वभूतानि चात्मानि" (गीता 6.29)-मैं सब भूतों में हूँ; और सब भूत मुझमें हैं-इस रीति से जिसको समस्त संसार ही आत्मभूत हो गया है, उसका यह कहना अपने मुख से अपने ज्ञान में बट्टा लगाना है, कि "मुझे तो मोक्ष मिल गया, अब यदि लोग दुःखी हों, तो मुझे इसकी क्या परवाह?" ज्ञानी पुरुष का आत्मा क्या कोई स्वतंत्र व्यक्ति है? उसके आत्मा पर जब तक अज्ञान का पर्दा पड़ा था, तब तक 'मैं' और 'लोग' यह भेद कायम था। परंतु ज्ञानप्राप्ति के बाद सब लोगों की आत्मा ही उसकी आत्मा है। इसी से योगवासिष्ठ में राम से वसिष्ठ ने कहा है :-

यावल्लोकपरामर्शो निरूढो नास्ति योगिनः।
तावद्रूढसमाधित्वं न भवत्येव निर्मलम्॥

"जब तक लोगों के परामर्श लेने का (अर्थात् लोकसंग्रह का) काम थोड़ा भी बाकी है-समाप्त नहीं हुआ है-तब तक यह कभी नहीं कह सकते, कि योगारूढ़ पुरुष की स्थिति निर्दोष है" (यो. 6; पू. 128.97)। उसका केवल अपने ही समाधि सुख में डूब जाना मानो एक प्रकार से अपना ही स्वार्थ साधना है। संन्यास मार्ग वाले इस बात की ओर दुर्लक्ष करते हैं यही उनकी युक्ति-प्रयुक्तियों का मुख्य दोष है। भगवान् की अपेक्षा किसी का भी अधिक ज्ञानी, अधिक निष्काम या अधिक योगारूढ़ होना शक्य नहीं। परंतु जब स्वयं भगवान् भी "साधुओं का संरक्षण, दुष्टों का नाश और धर्म-संस्थापना" ऐसे लोकसंग्रह के काम करने के लिए ही समय-समय पर अवतार लेते हैं (गीता 4.8), तब लोकसंग्रह के कर्त्तव्य को छोड़ देनेवाले ज्ञानी पुरुष का यह कहना सर्वथा

अनुचित है, कि "जिस परमेश्वर ने इन सब लोगों को उत्पन्न किया है, वह उनका जैसे चाहेगा वैसे धारण-पोषण करेगा, उधर देखना मेरा काम नहीं है।" क्योंकि ज्ञान प्राप्ति के बाद 'परमेश्वर', 'मैं' और 'लोग'-यह भेद ही नहीं रहता; और यदि रहे, तो उसे ढोंगी कहना चाहिए; ज्ञानी नहीं। यदि ज्ञान से ज्ञानी पुरुष परमेश्वर रूपी हो जाता है, तो परमेश्वर जो काम करता है, उसे परमेश्वर के समान अर्थात् निस्संग बुद्धि से करने की आवश्यकता से ज्ञानी पुरुष के रूप से या उसके द्वारा ही करेगा। अतएव जिसे परमेश्वर के स्वरूप का ऐसा अपरोक्ष ज्ञान हो गया है, कि "सब प्राणियों में एक आत्मा है" उसके मन में सर्वभूतानुकंपा आदि उदात्त वृत्तियाँ पूर्णता से जागृत रह कर स्वभाव से ही उसके मन की प्रवृत्ति लोक कल्याण की ओर हो जानी चाहिए। इसी अभिप्राय से तुकाराम महाराज साधु पुरुष के लक्षण इस प्रकार बतलाते हैं-"जो दीनदुखियों को अपनाता है, वही साधु है-ईश्वर भी वहीं (उसी के पास) है" (तु. गा. 960.1, 2)। अथवा "जिसने परोपकार में अपनी शक्तियों का व्यय किया है, उसी ने आत्मस्थिति को जाना है" (तु. गा. 4562)।[1] और अंत में, संतजनों का (अर्थात् भक्ति से परमेश्वर का पूर्ण ज्ञान पाने वाले महात्माओं का) वर्णन इस प्रकार किया है-"संतों की विभूतियाँ जगत् के कल्याण ही के लिए हुआ करती है। वे लोग परोपकार के लिए अपने शरीर को कष्ट दिया करते हैं।" भर्तृहरि ने भी इस प्रकार का वर्णन किया है, कि परार्थ ही जिसका स्वार्थ हो गया है, वही पुरुष साधुओं में श्रेष्ठ है-"स्वार्थो यस्य परार्थ एव स पुमानेक: सतामग्रणी:।" क्या मनु आदि शास्त्रप्रणेता ज्ञानी न थे? परंतु उन्होंने तृष्णा दु:ख को बड़ा भारी हौवा मानकर तृष्णा के साथ-ही-साथ परोपकार-बुद्धि आदि सभी उदात्त वृत्तियों को नष्ट नहीं कर दिया-उन्होंने तो लोकसंहकारक चातुर्वर्ण्य प्रभृति शास्त्रीय मर्यादा बना देने का उपयोगी काम किया है, ब्राह्मण को ज्ञान, क्षत्रिय को युद्ध, वैश्य को खेती, गोरक्षा और व्यापार अथवा शूद्र को सेवा-ये जो गुण-कर्म और स्वभाव के अनुरूप भिन्न-भिन्न धर्म शास्त्रों में वर्णित हैं, वे केवल किसी व्यक्ति के ही हित के लिए नहीं हैं; प्रत्युत मनुस्मृति (मन. 1.87) में कहा गया है, कि चातुर्वर्ण्य के व्यापारों का विभाग लोकसंग्रह के लिए ही इस प्रकार प्रवृत्त हुआ है कि सारे समाज के बचाव के लिए कुछ पुरुषों को प्रतिदिन युद्धकला का अभ्यास करके सदा तैयार रहना चाहिए; और कुछ लोगों की खेती, व्यापार एवं ज्ञानार्जन प्रभृति उद्योगों से समाज की अन्यान्य आवश्यकताएँ पूर्ण करनी चाहिए। गीता का (गीता 4.13; 18.41) अभिप्राय भी ऐसा ही है। यह पहले कहा ही जा चुका है, कि इस चातुर्वर्ण्य धर्म में से यदि कोई एक भी धर्म डूब जाए, तो समाज उतना ही पंगु हो जाएगा; और अंत में उसका नाश हो जाने की भी संभावना रहती है। तथापि स्मरण रहे, कि उद्योगों के विभाग की यह व्यवस्था एक ही प्रकार की नहीं रहती है। प्राचीन यूनानी, तत्त्वज्ञ प्लेटो ने एतद्विषयक अपने ग्रंथ में और अर्वाचीन फ्रेंच शास्त्रज्ञ कोंट ने अपने 'आधिभौतिक तत्त्वज्ञान' में, समाज-धारण के लिए जो व्यवस्था सूचित की है, वह यद्यपि चातुर्वर्ण्य के सदृश्य है; तथापि इन ग्रंथों को पढ़ने से कोई भी जान सकेगा, कि उस व्यवस्था में धर्म की चातुर्वर्ण्य व्यवस्था से कुछ-न-कुछ भिन्नता है। इनमें से कौन-सी समाज व्यवस्था अच्छी है? अथवा यह अच्छापन सापेक्ष है, और

---

1. इसी भाव को कविवर बाबू मैथिलीशरण गुप्त ने यों व्यक्त किया है:-

वास उसी में है विभुवर का है बस सच्चा साधु वही-
जिसने दुखियों को अपनाया, बढ़ कर उनकी बाह गही।
आत्मस्थिति जानी उसने ही परहित जिसने व्यथा सही,
परहितार्थ जिनका वैभव है, है उनसे ही धन्य मही॥

युगमान से उसमें कुछ फेरफार हो सकता है या नहीं?-इत्यादि अनेक प्रश्न यहाँ उठते हैं; और अजकल तो पश्चिमी देशों में 'लोकसंग्रह' एक महत्त्व का शास्त्र बन गया है। परंतु गीता का तात्पर्य-निर्णय ही हमारा प्रस्तुत विषय है, इसलिए यहाँ उन प्रश्नों पर विचार करने की कोई आवश्यकता नहीं है। यह बात निर्विवाद है, कि गीता के समय में चातुर्वर्ण्य की व्यवस्था अनिवार्य रूप से प्रचलित थी; और मूलत: 'लोकसंग्रह' करने के हेतु से ही वह प्रवृत्ति की गई भी। इसलिए यही बात मुख्यत: यहाँ बतलानी है। गीता के 'लोकसंग्रह' पद का अर्थ यही होता है, कि लोगों को प्रत्यक्ष दिखला दिया जावे, कि चातुर्वर्ण्य की व्यवस्था के अनुसार प्राप्त अपने कर्म निष्काम बुद्धि से किस प्रकार करने चाहिए? ज्ञानी पुरुष समाज के न केवल नेत्र ही हैं; वरन् गुरु भी हैं। इससे आप-ही-आप सिद्ध हो जाता है, कि उपर्युक्त प्रकार का लोकसंग्रह करने के लिए, उन्हें अपने समय की समाज व्यवस्था में यदि कोई न्यूनता जँचे, तो वे उसे श्वेतकेतु के समान देशाकालानुरूप परिमार्जित करें; और समाज के धारण तथा पोषण शक्ति की रक्षा करते हुए उसको उन्नतावस्था में ले जाने का प्रयत्न करते रहें। इसी प्रकार का लोकसंग्रह करने के लिए राजा जनक संन्यास लेकर जीवनपर्यंत राज्य करते रहे; और मनु ने पहला राजा बनना स्वीकार किया एवं इसी कारण से "स्वधर्ममपि चावेक्ष्य न विकम्पितुमर्हसि" (गीता 2.31)-स्वधर्म के अनुसार जो कर्म प्राप्त है, उनके लिए रोना तुझे उचित नहीं-अथवा "स्वभावनियतं कर्म कुर्वन्नाप्नोति किल्बिषम्" (गीता 18.47) स्वभाव और गुणों के अनुरूप निश्चित चातुर्वर्ण्य व्यवस्था के अनुसार नियमित कर्म करने से तुझे कोई पाप नहीं लगेगा-इत्यादि प्रकार से चातुर्वर्ण्य कर्म के अनुसार प्राप्त युद्ध को करने के लिए गीता में अर्जुन को बार-बार उपदेश दिया गया है। यह कोई भी नहीं कहता, कि परमेश्वर का यथाशक्ति ज्ञान प्राप्त न करो। गीता का भी सिद्धान्त है, कि इस ज्ञान को संपादन करना ही मनुष्य का इस जगत में इतिकर्त्तव्य है। परंतु इससे आगे बढ़कर गीता का विशेष कथन यह है, कि अपने आत्मा के कल्याणों में ही समाष्टिरूप आत्मा के कल्याणार्थ यथाशक्ति प्रयत्न करने का भी समावेश होता है, इसलिए लोकसंग्रह करना ही ब्रह्मात्मैक्यज्ञान का सच्चा पर्यवसान है। तथापि यह बात नहीं, कि किसी पुरुष केवल ब्रह्मज्ञानी होने से ही सब प्रकार के व्यावहारिक व्यापार अपने ही हाथ से कर डालने योग्य हो जाता हो। भीष्म और व्यास, दोनों महाज्ञानी और परम भगवद्भक्त थे। परंतु यह कोई नहीं कहता, कि भीष्म के समान व्यास ने भी लड़ाई का काम किया होता। अथवा देवताओं की ओर देखें, तो वहाँ भी संसार के संहार करने का काम शंकर के बदले विष्णु को सौंपा हुआ नहीं दीख पड़ता। मन की निर्विषयता की, सम और शुद्ध बुद्धि की तथा आध्यात्मिक उन्नति की अंतिम सीढ़ी जीवनमुक्तावस्था है, वह आधिभौतिक उद्योगों की दक्षता की परीक्षा नहीं है। गीता के इसी प्रकरण में यह विशेष उपदेश दुबारा दिया गया है, कि स्वभाव और गुणों के अनुरूप प्रचलित चातुर्वर्ण्य आदि व्यवस्थाओं के अनुसार जिस कर्म को हम जीवन भर करते चले आ रहे हैं, स्वभाव के अनुसार उसी कर्म अथवा व्यवसाय को ज्ञानोत्तर भी ज्ञानी पुरुष लोकसंग्रह के निमित्त करता रहे; क्योंकि उसी में उसके निपुण होने की संभावना है। यदि वह कोई और ही व्यापार करने लगेगा, तो उससे समाज की हानि होगी (गीता 3.35; 18.47)। प्रत्येक मनुष्य में ईश्वरनिर्मित प्रकृति, स्वभाव और गुणों के अनुरूप जो भिन्न भिन्न प्रकार की योग्यता होती है, उसे ही अधिकार कहते हैं और वेदान्तसूत्र में कहा है, कि "इस अधिकार के अनुसार प्राप्त कर्मों को, पुरुष ब्रह्मज्ञानी हो जाने पर भी, लोकसंग्रहार्थ मरणपर्यंत करता जावे, छोड़ न दे-यावदधिकारमवस्थितिरधिकारिणाम्" (वे. सू. 3.3. 32)। कुछ लोगों का कथन है, कि वेदान्तसूत्रकर्ता की यह उत्पत्ति केवल बड़े अधिकारी

पुरुषों को ही उपयोगी है; और इस सूत्र के भाष्य में उसके समर्थनार्थ जो उदाहरण दिए गए हैं, उनमें जान पड़ेगा, कि वे सभी उदाहरण व्यास प्रभृति बड़े-बड़े अधिकारी पुरुषों के ही हैं। परंतु मूल-सूत्र में अधिकार की छुटाई-बड़ाई के संबंध में कुछ भी उल्लेख नहीं है, इससे 'अधिकार' शब्द का मतलब छोटे-बड़े सभी अधिकारों से है। और यदि इस बात का सूक्ष्म तथा स्वतंत्र विचार करें, कि ये अधिकार किसको और किस प्रकार प्राप्त होते हैं, तो ज्ञात होगा, कि मनुष्य के साथ ही समाज और समाज के साथ ही मनुष्य को परमेश्वर ने उत्पन्न किया है, इसलिए जिसे जितना बुद्धिबल, सत्ताबल, द्रव्यबल या शरीरबल स्वभाव से ही हो अथवा स्वधर्म से प्राप्त कर लिया जा सके, उसी हिसाब से यथाशक्ति संसार के धारण और पोषण करने का थोड़ा बहुत अधिकार चातुर्वर्ण्य आदि अथवा अन्य गुण और कर्मविभगरूप सामाजिक व्यवस्था से प्रत्येक को जन्म से ही प्राप्त रहता है। किसी कल को, अच्छी रीति से चलाने के लिए बड़े चक्के के समान ही, जिस प्रकार छोटे-से पहिए की भी आवश्यकता रहती है, उसी प्रकार समस्त संसार की अपार घटनाओं अथवा कार्यों के सिलसिले को व्यवस्थित चलाते रखने के लिए व्यास आदिकों के बड़े अधिकार के समान ही इस बात की भी आवश्यकता है, कि अन्य मनुष्यों के छोटे अधिकार भी पूर्ण और रीति से अमल में लाए जावें। क्योंकि, यदि कुम्हार घड़े और जुलाहा कपड़े तैयार न करेगा, तो राजा के द्वारा योग्य रक्षण होने पर भी लोकसंग्रह का काम पूरा न हो सकेगा; अथवा यदि रेल का कोई सामान्य झंडीवाला या पाइंटस्मन अपना कर्त्तव्य न करे, तो जो रेल-गाड़ी आजकल वायु की चाल से रात-दिन बेखटके दौड़ा करती है, वह फिर ऐसा न कर सकेगी। अत: वेदान्तसूत्रकर्ता की उल्लिखित युक्ति-प्रयुक्तियों से ही अब यह निष्पन्न हुआ, कि व्यास प्रभृति बड़े-बड़े अधिकारियों को ही नहीं; प्रत्युत अन्य पुरुषों को भी फिर चाहे वह राजा हो या रंक-लोकसंग्रह करने के लिए जो छोटे बड़े अधिकार यथान्याय प्राप्त हुए हैं, उनको ज्ञान के पश्चात् भी छोड़ नहीं देना चाहिए; किंतु उन्हीं अधिकारों को निष्काम बुद्धि से अपना कर्त्तव्य समझ यथाशक्ति, यथामति और यथासंभव जीवनपर्यंत करते जाना चाहिए। यह कहना ठीक नहीं कि मैं न सही, तो कोई दूसरा उस काम को करेगा। क्योंकि ऐसा करने से संपूर्ण काम के लिए जितने पुरुषों की आवश्यकता है, उनमें से एक घट जाता है और संघशक्ति कम ही नहीं हो जाती; बल्कि ज्ञानी पुरुष उसे जितनी अच्छी रीति से करेगा, उतनी अच्छी रीति से औरों के द्वारा उसका होना शक्य नहीं; फलत: इस हिसाब से लोकसंग्रह भी अधूरा रह जाता है। इसके अतिरिक्त यह कह चुके आए हैं, कि ज्ञानी पुरुष के कर्मत्यागरूपी उदाहरण से लोगों की बुद्धि भी बिगड़ती है। कभी-कभी संन्यास-मार्ग वाले कहा करते हैं, कि कर्म से चित्त की शुद्धि हो जाने के पश्चात् केवल अपने आत्मा की मोक्ष प्राप्ति से ही संतुष्ट रहना चाहिए, संसार का नाश भले ही हो जावे; पर उसकी कुछ परवाह नहीं करनी चाहिए-"लोकसंग्रहधर्म च नैव कुर्यान्न कारयेत्" न तो लोकसंग्रह करे और न करावे (मभा. अश्च. अनुगीता 46.39) परंतु ये लोक व्यासप्रमुख महात्माओं के व्यवहार की जो उपपत्ति बतलाते हैं, उससे और वसिष्ठ एवं पंचशिख प्रभृति ने राम तथा जनक आदि को अपने अपने अधिकार के अनुसार समाज के धारण पोषण इत्यादि के काम ही मरणपर्यंत करने के लिए जो कहा है, उससे-यही प्रकट होता है, कि कर्म छोड़ देने का संन्यास-मार्ग वालों का उपदेश एकदेशीय है-सर्वथा सिद्ध होनेवाला शास्त्रीय सत्य नहीं। अतएव कहना चाहिए, कि ऐसे एकपक्षीय उपदेश की ओर ध्यान देकर, स्वयं भगवान के ही उदाहरण के अनुसार ज्ञान प्राप्ति के पश्चात् भी अपने अधिकार को परख कर, तदनुसार लोकसंग्रहकारक कर्म जीवनभर करते जाना ही शास्त्रोक्त और उत्तम मार्ग है। तथापि यह लोकसंग्रह भी

फलाशा रखकर न करें। क्योंकि, लोकसंग्रह की ही क्यों न हो, पर फलाशा की बुद्धि को मन में रखकर लोकसंग्रह भी केवल कर्त्तव्य बुद्धि से ही करना पड़ता है। इसलिए गीता में यह नहीं कहा है, कि 'लोकसंग्रहार्थ' अर्थात् लोकसंग्रहस्वरूप फल पाने के लिए तुझे कर्म करने चाहिए। किंतु यह कहा है, कि लोकसंग्रह की ओर दृष्टि देकर (संश्यन्) तुझे कर्म करने चाहिए-"लोकसंग्रहमेवापि संपश्यन्" (गीता 3.20)। इस प्रकार जो गीता में जरा लंबी-चौड़ी शब्दयोजना की गई है, उसका रहस्य भी वही है; जिसका उल्लेख ऊपर किया जा चुका है। लोकसंग्रह सचमुच महत्त्वपूर्ण कर्त्तव्य है ही; पर यह न भूलना चाहिए, कि इसके पहले श्लोक में (गीता 3.19) अनासक्त बुद्धि से कर्म करने का भगवान ने अर्जुन को जो उपदेश दिया है, वह लोकसंग्रह के लिए भी उपयुक्त है।

ज्ञान और कर्म का जो विरोध है, वह ज्ञान और काम्य कर्मों का है। ज्ञान और निष्काम कर्मों में आध्यात्मिक दृष्टि से भी कुछ विरोध नहीं है। कर्म अपरिहार्य हैं; और लोकसंग्रह की दृष्टि से उनकी आवश्यकता भी बहुत है, इसलिए ज्ञानी पुरुष को, जीवनपर्यंत निस्संग बुद्धि से यथाधिकार चातुर्वर्ण्य के कर्म ही करते रहना चाहिए यही बात शास्त्रीय युक्ति प्रयुक्तियों से सिद्ध है और यदि गीता का भी यही इत्यर्थ है, तो मन में यह शंका सहज ही होती है, कि वैदिक धर्म के स्मृति-ग्रंथों में वर्णित चार आश्रमों में से संन्यास आश्रम की क्या दशा होगी? मनु आदि सब स्मृतियों में ब्रह्मचारी, गृहस्थ, वानप्रस्थ और संन्यासी-ये चार आश्रम बतलाकर कहा है, कि अध्ययन, यज्ञयाग, दान या चातुर्वर्ण्य-धर्म के अनुसार प्राप्त अन्य कर्मों के शास्त्रोक्त आचरण द्वारा पहले तीन आश्रमों में धीरे-धीरे चित्त की शुद्धि हो जाने पर अंत में समस्त कर्मों को स्वरूपतः छोड़ देना चाहिए, तथा संन्यास लेकर मोक्ष प्राप्त करना चाहिए (मनु: 6.1, 33-37)। इससे सब स्मृतिकारों का यह अभिप्राय प्रकट होता है, कि यज्ञयाग और दान प्रभृत कर्म गृहस्थाश्रम में यद्यपि विहित हैं, तथापि वे सर्व चित्त की शुद्धि के लिए हैं-अर्थात् उनका यही उद्देश्य है, कि विषयसक्ति या स्वार्थपरायण बुद्धि छूटकर परोपकार-बुद्धि इतनी बढ़ जावे, कि सब प्राणियों में एक ही आत्मा को पहचानने की शक्ति प्राप्त हो जाए; और यह स्थिति प्राप्त होने पर, मोक्ष की प्राप्ति के लिए अंत में सब कर्मों का स्वरूपतः त्याग कर संन्यासाश्रम ही लेना चाहिए। श्रीशंकराचार्य ने कलियुग में जिस संन्यास-धर्म की स्थापना की, वह मार्ग यही है; और स्मार्त मार्ग वाले कालिदास ने भी रघुवंश के आरंभ में-

शैशवेऽभ्यस्तविद्यानां यौवने विषयैषिणाम्।
वार्धके मुनिवृत्तीनां योगेनान्ते तनुत्यजाम्॥

"बालपन में अभ्यास (ब्रह्मचर्य) करनेवाले, तरुणावस्था में विषयोपभोगरूपी संसार (गृहस्थाश्रम) करनेवाले, उतरती अवस्था में मुनिवृत्ति से या वानप्रस्थ धर्म से रहनेवाले और अंत में (पातंजल) योग से संन्यासधर्म के अनुसार ब्रह्मांड में आत्मा को ले जाकर प्राण छोड़ने वाले"-ऐसा सूर्यवंश के पराक्रमी राजाओं का वर्णन किया है (रघु. 1.8)। ऐसे ही महाभारत के शुकानुप्रश्न में यह कहकर कि-

चतुष्पदी हि निःश्रेणी ब्रह्मण्येषा प्रतिष्ठिता।
एतामारुह्य निःश्रेणीं ब्रह्मलोके महीयते॥

"(चार आश्रमरूपी) चार सीढ़ियों का यह जीना अंत में ब्रह्मपद को जा पहुँचा है। इस जीने से ऊपर-अर्थात् एक आश्रम से ऊपर के दूसरे आश्रम में-इस प्रकार से चढ़ते जाने पर, अंत में मनुष्य ब्रह्मलोक में बड़प्पन पाता है" (शां. 241.15); आगे इस क्रम का वर्णन किया है:-

कषायं पाचयित्वाशु श्रेणिस्थानेषु च त्रिषु।
प्रव्रजेच्च परं स्थानं पारिव्राज्यमनुत्तमम्।।

"इस जीने की तीन सीढ़ियों में मनुष्य को अपने किल्मिष (पाप) का अर्थात् स्वार्थपरायण आत्मबुद्धि का अथवा विषयासक्तिरूप दोष का शीघ्र ही क्षय करके फिर संन्यास लेना चाहिए। पारिव्राज्य अर्थात् संन्यास ही सबसे श्रेष्ठ स्थान है" (मभा. शां. 244.3)। एक आश्रम से दूसरे आश्रम में जाने का यही सिलसिला मनुस्मृति में भी दिया है (मनु. 6.34)। परंतु यह बात मनु के ध्यान में अच्छी तरह आ गई थी, कि इनमें से अंतिम अर्थात् संन्यास आश्रम की ओर लोगों की आवश्यकता से अधिक प्रवृत्ति होने से संसार का कर्त्तव्य नष्ट हो जाएगा; और समाज भी पंगू हो जाएगा। इसी से मनु ने स्पष्ट मर्यादा बना दी है, कि पूर्वाश्रम में गृह-धर्म के अनुसार पराक्रम और लोकसंग्रह के सब कर्म अवश्य करने चाहिए; उसके पश्चात्-

गृहस्थस्तु यदा पश्येद्वलीपलितमात्मनः।
अपत्यस्यैव चापत्यं तदारण्यं समाश्रयेत्।।

"जब शरीर में झुर्रियाँ पड़ने लगें; और नाती-पोतों का मुँह दीख पड़े; तब गृहस्थ वानप्रस्थ होकर संन्यास ले लें" (मनु. 6.2)। इस मर्यादा का पालन इसलिए करना चाहिए, क्योंकि मनुस्मृति में ही लिखा है, कि प्रत्येक मनुष्य जन्म के साथ ही अपनी पीठ पर ऋषियों, पितरों और देवताओं के (तीन) ऋण (कर्त्तव्य) लेकर उत्पन्न हुआ है। इसलिए वेदाध्ययन से ऋषियों का, पुत्रोत्पादन से पितरों का और यज्ञकर्मों से देवताओं का-इस प्रकार, पहले इन तीनों ऋणों को चुकाए बिना मनुष्य संसार छोड़कर संन्यास नहीं ले सकता। यदि वह ऐसा न करेगा, तो जन्म से ही पाए हुए उपर्युक्त ऋणों को चुकता न करने के कारण वह अधोगति को पहुँचेगा (मनु. 6.35-37 और पिछले प्रकरण का तै. सं. मंत्र देखो)। प्राचीन हिंदु-धर्मशास्त्र के अनुसार बाप का कर्ज नियत समय के गुजर जाने का कारण न बतलाकर बेटे या नाती को भी चुकाना पड़ता था और किसी का कर्ज चुकाने से पहले ही मर जाने में बड़ी दुर्गति मानी जाती थी; इस बात पर ध्यान देने से पाठक सहज ही जान जाएंगे, कि जन्म से ही प्राप्त और उल्लिखित महत्त्व के सामाजिक कर्त्तव्यों को 'ऋण' कहने में हमारे शास्त्रकारों का क्या हेतु था। कालिदास ने रघुवंश में कहा है, कि स्मृतिकारों की बतलाई हुई इस मर्यादा के अनुसार सूर्यवंशी राजा लोग चलते थे, और जब बेटा राज करने में समर्थ हो जाता है, तब उसे गद्दी पर बिठला कर, फिर (पहले से ही नहीं) स्वयं गृहस्थाश्रम से निवृत्त होते थे (रघु. 7.68)। भागवत में लिखा है, कि उक्त नियम का पालन न करके, पहले दक्ष प्रजापति के हर्यश्वसंज्ञक पुत्रों को और फिर शबलाश्वसंज्ञक दूसरे, अनेक पुत्रों को भी, उनके विवाह से पहले ही, नारद ने निवृत्ति मार्ग का उपदेश देकर भिक्षु बना डाला; इससे इस अशास्त्र और गर्ह्य व्यवहार के कारण नारद की निर्भर्त्सना करके दक्ष प्रजापति ने उन्हें शाप दिया (भा 6.5.35-42)। इससे ज्ञात होता है, कि इस आश्रम-व्यवस्था का मूल हेतु यह था, कि अपना गार्हस्थ्यजीवन यथाशास्त्र पूरा कर लड़कों के गृहस्थी चलाने योग्य सयाने हो जाने पर या बुढ़ापे के निरर्थक हस्तक्षेप से उनकी उमंग के आड़े न आ, निरे मोक्षपरायण हो मनुष्य स्वयं आनंदपूर्वक संसार से निवृत्त हो जावे। इसी हेतु से विदुरनीति में धृतराष्ट्र से विदुर ने कहा है:-

उत्पाद्य पुत्राननृणांश्च कृत्वा वृत्तिं च तेभ्योऽनुविधाय कांचित्।
स्थाने कुमारीः प्रतिपाद्य सर्वा अरण्यसंस्थोऽथ मुनिर्बुभूषेत्।।

"गृहस्थाश्रम में पुत्र उत्पन्न कर, उनके लिए कोई ऋण न रख छोड़े और उनकी जीविका के लिए कुछ थोड़ा-सा प्रबंध कर तथा सब लड़कियों के योग्य रीति से विवाह

करा देने पर, वानप्रस्थ हो संन्यास लेने की इच्छा करे" (मभा. उ. 36.39)। आजकल हमारे यहाँ साधारण लोगों की संसार-संबंधी समझ भी प्राय: विदुर के कथनानुसार ही है। तो भी, कभी-न-कभी तो संसार को छोड़ संन्यास लेना ही मनुष्यमात्र का परम साध्य मानने के कारण, संसार के व्यवहारों की सिद्धि के लिए स्मृति प्रणेताओं ने जान-बूझकर जो पहले तीन आश्रमों की श्रेयस्कर मर्यादा कर दी थी, वह धीरे-धीरे छूटने लगी; और यहाँ तक स्थिति आ पहुँची, कि यदि किसी को पैसा होते ही अथवा अल्प अवस्था में ही ज्ञान की प्राप्ति हो जावे, तो उसे इन तीन सीढ़ियों पर चढ़ने की कोई आवश्यकता नहीं रही, वह एकदम संन्यास ले ले, तो कोई हानि नहीं-"ब्रह्मचर्यादेव प्रव्रजेद्गृहाद्वा वनाद्वा" (जाबा. 4)! इसी अभिप्राय से महाभारत के गोकापिलीय संवाद में कपिल ने स्यूमरश्मि से कहा है:-

शरीरपक्ति: कर्माणि ज्ञानं तु परमा गति:।
कषाये कर्मभि: पक्वे रसजाने च तिष्ठति।।[1]

"सारे कर्म शरीर के (विषयासक्तिरूप) रोग निकाल फेंकने के लिए हैं और ज्ञान ही सबसे उत्तम और अंतिम गति है। जब कर्मों से शरीर का कषाय अथवा अज्ञानरूपी रोग नष्ट हो जाते हैं, तब रसज्ञान की चाह उपजती है" (शां. 269.38)। इसी प्रकार मोक्ष धर्म में पिंगला गीता में भी कहा है, कि "नैराश्यं परमं सुखम्" अथवा "योऽसौ प्राणान्तिको रोगस्तां तृष्णां त्यजत: सुखम्"-तृष्णारूप प्राणांतक रोग छूटे बिना सुख नहीं है (शां 174.65, 58)। जाबाल और बृहदारण्यक उपनिषदों के वचनों के अतिरिक्त कैवल्य और नारायणोपनिषद में वर्णन है, कि "न कर्मणा न प्रजया धनेन त्यागेनै के अमृतत्त्वमानशु:।"-कर्म से, प्रजा से अथवा धन से नहीं, किंतु त्याग से (या न्याय से) कुछ पुरुष मोक्ष प्राप्त करते हैं (कै. 1.2; नारा. उ. 12.3, 78)। यदि गीता का यह सिद्धान्त है, कि ज्ञानी पुरुष को भी अंत तक कर्म ही करते रहना चाहिए, तो अब बतलाना चाहिए, कि इन वचनों की व्यवस्था कैसे लगाई जावे? इस शंका के होने से ही अर्जुन ने अठारहवें अध्याय के आरंभ में भगवान से पूछा है, कि "तो अब मुझे अलग-अलग बतलाइए, कि संन्यास के माने क्या हैं? और त्याग से क्या समझूँ?" (गीता 18.1)। यह देखने के पहले, कि भगवान ने इस प्रश्न का क्या उत्तर दिया, स्मृति-ग्रंथों में प्रतिपादित इस आश्रम-मार्ग के अतिरिक्त एक दूसरे तुल्यबल वैदिक मार्ग का भी यहाँ पर थोड़ा सा विचार करना आवश्यक है।

ब्रह्मचारी, गृहस्थ, वानप्रस्थ और अंत में संन्यासी, इस प्रकार आश्रमों की इन चार चढ़ती हुई सीढ़ियों के जीने को ही 'स्मार्त' अर्थात "स्मृतिकारों का प्रतिपादन किया हुआ मार्ग" कहते हैं। 'कर्म कर' और 'कर्म छोड़'-वेद की ऐसी जो दो प्रकार की परस्पर विरुद्ध आज्ञाएँ हैं, उनकी एकवाक्यता दिखलाने के लिए आयु के भेद के अनुसार आश्रमों की यह व्यवस्था स्मृतिकर्ताओं ने की है, और कर्मों के स्वरूपत: संन्यास ही को यदि अंतिम ध्येय मान लें, तो उस ध्येय की सिद्धि के लिए, स्मृतिकारों के निर्दिष्ट किए हुए आयु बिताने के चार सीढ़ियों वाले इस आश्रम-मार्ग को साधनरूप समझकर अनुचित नहीं कह सकते। आयुष्य बिताने के लिए इस प्रकार की चढ़ती हुई सीढ़ियों की व्यवस्था से संसार के व्यवहार का लोप न होकर, यद्यपि वैदिक कर्म और औपनिषदिक ज्ञान का मेल हो जाता है, तथापि अन्य तीनों आश्रमों का अन्नदाता गृहस्थाश्रम ही होने के कारण मनुस्मृति और महाभारत में भी अंत में उसका ही महत्त्व

1. वेदान्त सूत्रों पर जो शांकरभाष्य है (शां. भा. 3.4.26), उससे यह श्लोक लिया गया है। वहाँ इसका पाठ इस प्रकार है:- "कषायपक्ति: कर्माणि ज्ञानं तु परमा गति:। कषाये कर्मभि: पक्वे ततो ज्ञानं प्रवर्तते।।" महाभारत में हमें यह श्लोक जैसे मिला है हमने यहाँ वैसे ही लिया है।

स्पष्टतया स्वीकृत हुआ है:-

यथा मातरमाश्रित्य सर्वे जीवन्ति जंतवः।
एवं गार्हस्थ्यमाश्रित्य वर्तन्त इतराश्रमाः॥

"माता के (पृथ्वी के) आश्रम से जिस प्रकार सब जंतु जीवित रहते हैं, उसी प्रकार गृहस्थाश्रम के आसरे अन्य आश्रम हैं" (मभा. शां. 238.6; मनुः 3.77)। मनु ने तो अन्यान्य आश्रमों को नदियों और गृहस्थाश्रम को सागर कहा है (मनु. 6.90; मभा. शां. 295.39)। जब गृहस्थाश्रम की श्रेष्ठता इस प्रकार निर्विवाद है, तब कभी-न-कभी उसे छोड़कर 'कर्मसंन्यास' करने का उपदेश देने से लाभ ही क्या है? क्या ज्ञान की प्राप्ति हो जाने पर गृहस्थाश्रम के कर्म करना अशक्य है? नहीं। तो फिर इसका क्या अर्थ है, कि ज्ञानी पुरुष संसार से निवृत्त हों? थोड़ी-बहुत स्वार्थ-बुद्धि से बर्ताव करनेवाले साधारण लोगों की अपेक्षा निष्काम बुद्धि से व्यवहार करने वाले पूर्ण ज्ञानी पुरुष लोकसंग्रह करने में अधिक समर्थ और पात्र रहते हैं। अतः ज्ञान से जब उनकी यह सामर्थ्य पूर्णावस्था को पहुँचती है, तभी समाज को छोड़ जाने की स्वतंत्रता ज्ञानी पुरुषों को देने से, उस समाज की ही अत्यंत हानि हुआ करती है; जिसकी भलाई के लिए चातुर्वर्ण्य-व्यवस्था की गई है। शरीरसामर्थ्य न रहने पर भी यदि कोई मनुष्य समाज को छोड़कर वन में चला जावे, तो बात निराली है; अतः जान पड़ता है, कि संन्यास-आश्रम को बुढ़ापे की मर्यादा से लपेटने में मनु का हेतु भी यही रहा होगा। परंतु, ऊपर कह चुके हैं, कि यह श्रेयस्कर मर्यादा आगे व्यवहार से जाती रही। इसलिए 'कर्म कर' और 'कर्म छोड़' ऐसे द्विविध वेद वचनों का मेल करने के लिए ही यदि स्मृतिकर्ताओं ने आश्रमों की चढ़ती हुई श्रेणी बाँधी हो, तो भी इन भिन्न-भिन्न वेदवांक्यों की एकवाक्यता करने का, स्मृतिकारों की बराबरी का ही कदाचित उनसे भी अधिक निर्विवाद अधिकार जिन भगवान् श्रीकृष्ण को है, उन्होंने जनक प्रभृति के प्राचीन ज्ञानकर्म-समुच्चयात्मक मार्ग का भागवत-धर्म के नाम से पुनरुज्जीवन और पूर्ण समर्थन किया है। दोनों में भेद यही है, कि भागवत-धर्म में केवल अध्यात्म-विचारों पर ही निर्भर न रहकर वासुदेव-भक्तिरूपी सुलभ साधनों को भी उसमें मिला दिया है। इस विषय पर आगे तेरहवें प्रकरण में विस्तारपूर्वक विवेचन किया जावेगा। भागवत धर्म भक्तिप्रधान भले ही हो; पर उसमें भी जनक के मार्ग का यह महत्त्वपूर्ण तत्त्व विद्यमान है, कि परमेश्वर का ज्ञान पा चुकने पर कर्मत्यागरूप संन्यास न लेकर केवल फलाशा छोड़कर ज्ञानी पुरुष को भी लोकसंग्रह के निमित्त समस्त व्यवहार यावज्जीवन निष्काम बुद्धि से करते रहना चाहिए; अतः कर्मदृष्टि से ये दोनों मार्ग एक-से अर्थात् ज्ञानकर्म-समुच्चयात्मक या प्रवृत्तिप्रधान होते हैं। साक्षात् परब्रह्म के ही अवतार-नर और नारायण ऋषि-इस प्रवृत्तिप्रधान धर्म के प्रथम प्रवर्तक हैं; और इसी से इस धर्म का प्राचीन नाम 'नारायणीय धर्म' है। ये दोनों ऋषि परम ज्ञानी थे; और लोगों को निष्काम कर्म करने का उपदेश देनेवाले तथा स्वयं निष्काम कर्म करनेवाले थे (मभा. उ. 48.21); और इसी से महाभारत में इस धर्म का वर्णन इस प्रकार किया गया है-"प्रवृत्तिलक्षणश्चैव धर्मो नारायणात्मकः" (मभा. शां. 347.81); अथवा "प्रवृत्तिलक्षणं धर्मं ऋषिर्नारायणोऽब्रवीत्"-नारायण ऋषि का आरंभ किया हुआ धर्म है; और इस सात्वत या मूल भागवत धर्म का स्वरूप 'नैष्कर्म्यलक्षण' अर्थात् निष्काम प्रवृत्तिप्रधान था (भाग. 1.3.8; 11.4.6)। अनुगीता के इस श्लोक से-"प्रवृत्तिलक्षणो योगः ज्ञानं संन्यासलक्षणम्"-प्रकट होता है, कि इस प्रवृत्ति-मार्ग का ही एक और नाम 'योग' था (मभा. अश्व. 43.25); और इसी से नारायण के अवतार श्रीकृष्ण ने, नरक के अवतार अर्जुन को गीता में जिस धर्म का उपेदश दिया है, उसको गीता में ही 'योग' कहा है। आजकल कुछ लोगों की समझ है,

कि भागवत और स्मार्त दोनों पंथ उपास्यभेद के कारण पहले उत्पन्न हुए थे; पर हमारे मत में यह समझ ठीक नहीं है। क्योंकि इन दोनों मार्गों के उपास्य भिन्न भले ही हों; किंतु उनका अध्यात्मज्ञान एक ही है और अध्यात्म ज्ञान की नींव एक ही होने से, यह संभव नहीं, कि इस उदात्त ज्ञान में पारंगत प्राचीन पुरुष केवल उपास्य के भेद को लेकर झगड़ते रहे हों। इसी कारण से भगवद्गीता (9.14) एवं शिवगीता (12.4), दोनों ग्रंथों में कहा है, कि भक्ति किसी की भी करो; पहुँचेगी वह एक ही परमेश्वर को और महाभारत के नारायणीय धर्म में तो इन दोनों देवताओं का अभेद यों बतलाया गया है; कि नारायण और रुद्र एक ही हैं और जो रुद्र के भक्त हैं, वे ही नारायण के भक्त हैं; और जो रुद्र के द्वेषी हैं, वे नारायण के भी द्वेषी हैं (मभा. शां. 341.20-26; 342.129)। हमारा यह कहना नहीं है, कि प्राचीन काल में शैव और वैष्णवों का भेद ही न था। पर हमारे कथन का तात्पर्य यह है, कि स्मार्त और भागवत ये दोनों पंथ, शिव या विष्णु के उपास्य भेदभाव के कारण भिन्न-भिन्न नहीं हुए हैं; ज्ञानोत्तर निवृत्ति या प्रवृत्ति कर्म छोड़ें या नहीं-केवल इसी महत्त्व के विषय में मतभेद होने से ये दोनों पंथ प्रथम उत्पन्न हुए हैं। आगे कुछ समय के बाद जब मूल भागवत धर्म का यह प्रवृत्ति-मार्ग या कर्मयोग लुप्त हो गया, एवं इसी के कारण जब वृथाभिमान से ऐसे झगड़े होने लगे, कि तेरा देवता 'शिव' है तो मेरा देवता 'विष्णु'; तब 'स्मार्त' और 'भागवत' शब्द क्रमशः 'शैव' और 'वैष्णव' शब्दों के समानार्थक हो गए और अंत में इन आधुनिक भागवत धर्मियों का वेदान्त (द्वैत या विशिष्टाद्वैत) भिन्न हो गया; तथा वेदान्त के समान ही ज्योतिष अर्थात् एकादशी और चंदन लगाने की रीति तक स्मार्त मार्ग से निराली हो गई है। किंतु 'स्मार्त' शब्द से ही व्यक्त होता है, कि यह भेद सच्चा अर्थात् मूल का (पुराना) नहीं है। भागवत धर्म भगवान का ही प्रवृत्त किया हुआ है, इसलिए इसमें कोई आश्चर्य नहीं, कि इसका उपास्य देव भी श्रीकृष्ण या विष्णु है। परंतु 'स्मार्त' शब्द का धात्वर्थ 'स्मृत्युक्त' केवल इतना ही होने के कारण यह नहीं कहा जा सकता, कि स्मार्त धर्म का उपास्यदेव शिव ही होना चाहिए। क्योंकि मनु आदि प्राचीन स्मृति-ग्रंथों में यह नियम कहीं भी नहीं है, कि एक शिव की ही उपासना करनी चाहिए। इसके विपरीत, विष्णु का ही वर्णन अधिक पाया जाता है और कुछ स्थलों पर तो गणपति प्रभृति को भी उपास्य बतलाया है। इसके सिवा शिव और विष्णु, दोनों देवता वैदिक हैं, अर्थात् वेद में ही इनका वर्णन किया गया है, इसलिए इनमें से एक को ही स्मार्त कहना ठीक नहीं है। श्रीशंकराचार्य स्मार्त मत के पुरस्कर्ता कहे जाते हैं। पर शांकर मठ में उपास्य देवता शारदा है और शांकरभाष्य में जहाँ जहाँ प्रतिमा-पूजन का प्रसंग छिड़ा है, वहाँ वहाँ आचार्य ने शिवलिंग का निर्देश न कर शालग्राम अर्थात् विष्णु-प्रतिमा का ही उल्लेख किया है (वे. सू. शां. भा. 1.2. 7; 1.3.14; 4.1.3; छां. शां. भा. 8.1.1)। इसी प्रकार कहा जाता है, कि पंचदेव पूजा का प्रारंभ भी पहले पहल शंकराचार्य ने ही किया था। इन सब बातों का विचार करने से यही सिद्ध होता है, कि केवल 'शिवभक्त' या 'विष्णुभक्त' इन पर ध्यान नहीं देना चाहिए। किंतु जिनकी दृष्टि से स्मृति-ग्रंथों में ही पहले स्पष्ट रीति से वर्णित आश्रमव्यवस्था के अनुसार तरुण अवस्था में यथाशास्त्र संसार के सब कार्य करने पर बुढ़ापे में समस्त कर्म छोड़ चतुर्थाश्रम या संन्यास लेना ही अंतिम साध्य था, वे ही स्मार्त कहलाते थे और जो लोग भगवान के उपदेशानुसार यह समझते थे, कि ज्ञान एवं उज्जवल भगवद्भक्ति के साथ-ही-साथ मरणपर्यंत गृहस्थाश्रम के ही कार्य निष्काम बुद्धि से करते रहना चाहिए, उन्हें भागवत कहते थे। इन दोनों शब्दों के मूल अर्थ ये ही हैं; और इसी से दोनों शब्द, सांख्य और योग अथवा संन्यास और कर्मयोग के क्रमशः समानार्थक होते हैं। भगवान के अवतारकृत्य से कहो या ज्ञानयुक्त गार्हस्थ-धर्म के महत्त्व पर ध्यान देने

से कहो; संन्यास-आश्रम लुप्त-सा हो गया था; और कलिवर्ज्यों में अर्थात् कलियुग में जिन बातों को शास्त्र ने निषिद्ध माना है, उनमें संन्यास की गिनती की गई थी।[1] फिर जैन और बौद्ध धर्म के प्रवर्तकों ने कापिलसांख्य के मत को स्वीकार कर, इस मत का विशेष प्रचार किया, कि संसार का त्याग कर संन्यास लिए बिना मोक्ष नहीं मिलता। इतिहास में प्रसिद्ध है, कि बुद्ध ने स्वयं तरुण अवस्था में ही राजपाट, स्त्री और बाल बच्चों को छोड़कर संन्यास-दीक्षा ले ली थी। यद्यपि श्रीशंकराचार्य ने जैन और बौद्ध मतों का खंडन किया है, तथापि जैन और बौद्धों ने जिस संन्यास-धर्म का विशेष प्रचार किया था, उसे ही श्रौत-स्मार्त संन्यास कहकर आचार्य ने कायम रखा। और उससे उन्होंने गीता का इत्यर्थ भी ऐसा निकाला, कि वही संन्यासधर्म गीता का प्रतिपाद्य विषय है। परंतु वास्तव में गीता स्मार्त-मार्ग का ग्रंथ नहीं है और यद्यपि सांख्य या संन्यास-मार्ग से ही गीता का आरंभ हुआ है, तो भी आगे सिद्धान्त पक्ष में प्रवृत्ति-प्रधान भागवत धर्म ही उसमें प्रतिपादित है, इस प्रकार यह स्वयं महाभारत का वचन है, जो हम पहले ही प्रकरण में दे चुके हैं। इन दोनों पंथों के वैदिक ही होने के कारण सब अंशों में न सही; और यह कहना दूसरी बात है, कि गीता में संन्यास-मार्ग ही प्रतिपाद्य है और यदि कहीं कर्म-मार्ग को मोक्षप्रद कहा हो, तो वह सिर्फ अर्थवाद या पोची स्तुति है। रुचिवैचित्र्य के कारण किसी को भागवत धर्म की अपेक्षा स्मार्त धर्म ही बहुत प्यारा जँचेगा, अथवा कर्मसंन्यास के लिए जो कारण सामान्यत: बतलाए जाते हैं, वे ही उसे अधिक बलवान प्रतीत होंगे, नहीं कौन कहे? उदाहरणार्थ, इसमें किसी को शंका नहीं, कि श्रीशंकराचार्य को स्मार्त या संन्यास-धर्म ही मान्य था; अन्य सब मार्गों को वे अज्ञानमूलक मानते थे। परंतु सिर्फ उसी कारण से यह नहीं कहा जा सकता, कि गीता का भावार्थ भी वही होना चाहिए। यदि तुम्हें गीता का सिद्धान्त मान्य नहीं है, तो कोई चिंता नहीं, उसे न मानो। परंतु उससे गीता के आरंभ में जो कहा है, कि "इस संसार में आयु बिताने के दो प्रकार के स्वतंत्र मोक्षप्रद मार्ग अथवा निष्ठाएँ हैं" उसका ऐसा अर्थ करना उचित नहीं है कि "संन्यास-निष्ठा ही एकमात्र सच्चा और श्रेष्ठ मार्ग है।" गीता में वर्णित ये दोनों मार्ग, वैदिक धर्म में, जनक और याज्ञवल्क्य के पहले से ही स्वतंत्र रीति से चले आ रहे हैं। पता लगता है, कि जनक के समान समाज के धारण और पोषण करने के अधिकार क्षात्र-धर्म के अनुसार, वंशपरंपरा से या अपनी सामर्थ्य से जिनको प्राप्त हो जाते थे, वे ज्ञानप्राप्ति के पश्चात भी निष्काम बुद्धि से अपने काम जारी रखकर जगत का कल्याण करने में ही अपनी सारी आयु लगा देते थे। समाज के इस अधिकार पर ध्यान देकर ही महाभारत में अधिकार-भेद से दुहरा वर्णन आया है, कि "सुखं जीवन्ति मुनयो भैक्ष्यवृत्तिं समाश्रिता:" (शां. 178.11)-जंगल में रहनेवाले मुनि आनंद से भिक्षावृत्ति को स्वीकार करते हैं-और "दंड एव हि राजेंद्र क्षात्रधर्मो न मुण्डनम्" (मभा. शां. 23.46)-दंड से लोगों का धारण पोषण करना ही क्षत्रिय धर्म है; मुंडन करा लेना नहीं। परंतु इससे यह भी न समझ लेना चाहिए, कि सिर्फ प्रजापालन के अधिकारी क्षत्रियों को ही, उनके अधिकार के कारण, कर्मयोग विहित था। कर्मयोग के उल्लिखित वचन का ठीक भावार्थ यह है, कि जो जिस कर्म के करने का अधिकारी हो, वह ज्ञान के पश्चात भी उस कर्म को करता रहे; और इसी कारण से महाभारत में कहा है, कि "एषा

1. निर्णयसिंधु के तृतीय परिच्छेद का कलिवर्ज्य प्रकरण देखो। इसमें "अग्निहोत्रं गवालम्भं संन्यासं पलपैतृकम्। देवराच्च सुतोत्पत्ति: कलौ पंच विवर्जयेत्" और "संन्यासश्च न कर्त्तव्यो ब्राह्मणेन विजानता" इत्यादि स्मृतिवचन है। अथ: अग्निहोत्र, गोवध, संन्यास, श्राद्ध में मांस-भक्षण और नियोग, कलियुग में ये पाँचों निषिद्ध हैं। इनमें से संन्यास का निषिद्धत्व श्रीशंकराचार्य ने पीछे से निकाल डाला।

पूर्वतरा वृत्तिर्ब्राह्मणस्य विधीयते" (शां. 237)-ज्ञान के पश्चात् ब्राह्मण भी अपने अधिकारानुसार यज्ञयाग आदि कर्म प्राचीन काल में जारी रखते थे। मनुस्मृति में भी संन्यास के बदले सब वर्णों के लिए वैदिक कर्मयोग ही विकल्प से विहित माना गया है (मनु. 6.86-96)। इसी तरह यह कहीं नहीं लिखा है, कि भागवत धर्म केवल क्षत्रियों के ही लिए है; प्रत्युत उसकी महत्ता यह कहकर गाई है, कि स्त्री और शूद्र आदि सब लोगों को वह सुलभ है (गीता 9.32)। महाभारत में भी ऐसी कथाएँ हैं, कि तुलाधार (वैश्य) और व्याध (बहेलिया) इसी धर्म का आचरण करते थे; और उन्होंने ब्राह्मणों को भी उसका उपदेश किया था (मभा. शां. 231; वन. 215)। निष्काम कर्मयोग का आचरण करने वाले प्रमुख पुरुषों के जो उदाहरण भागवत धर्मग्रंथों में दिए जाते हैं, वे केवल जनक-श्रीकृष्ण आदि क्षत्रियों के ही नहीं हैं; प्रत्युत उनमें वसिष्ठ, जैगीषव्य और व्यास प्रभृति ज्ञानी ब्राह्मणों का भी समावेश रहता है।

यह न भूलना चाहिए, कि यद्यपि गीता में कर्ममार्ग ही प्रतिपाद्य है, तो भी निरे कर्म अर्थात् ज्ञानरहित कर्म करने के मार्ग को गीता मोक्षप्रद नहीं मानती। ज्ञानरहित कर्म करने के भी दो भेद हैं। एक तो दंभ से या आसुरी बुद्धि से कर्म करना और दूसरा श्रद्धा से। इनमें से दंभ के मार्ग या आसुरी मार्ग को केवल गीता ने ही नहीं (गीता 16.16; 17. 28) तो मीमांसकों ने भी गर्ह्य तथा नरकप्रद माना है; एवं ऋग्वेद में भी अनेक स्थलों पर श्रद्धा की महत्ता वर्णित है (ऋ. 10.151; 9.113.2; 2.12.5)। परंतु दूसरे मार्ग के विषय में-मीमांसकों का कहना है, कि परमेश्वर के स्वरूप का यथार्थ ज्ञान न हो; तो भी शास्त्रों पर विश्वास रखकर केवल श्रद्धापूर्वक यज्ञयाग आदि कर्म मरणपर्यंत करते जाने से अंत में मोक्ष ही मिलता है। पिछले प्रकरण में कह चुके हैं, कि कर्मकांडरूप से मीमांसकों का यह मार्ग बहुत प्राचीन काल से चला आ रहा है। वेद संहिता और ब्राह्मणों में यह कहीं भी नहीं कहा गया है, कि संन्यास आश्रम आवश्यक है; उलटे जैमिनी ने वेदों का यही स्पष्ट मत बतलाया है, कि गृहस्थाश्रम में रहने से ही मोक्ष मिलता है (वे. सू. 3.4.17-20) और उसका यह कथन निराधार भी नहीं है। क्योंकि कर्मकांड के इस प्राचीन मार्ग को गौण मानने का आरंभ उपनिषदों में ही पहले पहल देखा जाता है। यद्यपि उपनिषद् वैदिक है, तथापि उनके विषय-प्रतिपादन से प्रकट होता है, कि वे संहिता और ब्राह्मणों के पीछे के हैं, इसके माने यह नहीं, कि उसके पहले परमेश्वर का ज्ञान हुआ ही न था। हाँ, उपनिषत्काल में ही यह मत पहले पहल अमल में अवश्य आने लगा, कि मोक्ष पाने के लिए ज्ञान के पश्चात् वैराग्य से कर्मसंन्यास करना चाहिए और उसके पश्चात् संहिता एवं ब्राह्मणों में वर्णित कर्मकांड को गौणत्व आ गया। उसके पहले कर्म ही प्रधान माना जाता था। उपनिषत्काल में वैराग्ययुक्त ज्ञान अर्थात् संन्यास की इस प्रकार जीत होने लगने पर यज्ञयाग प्रभृति कर्मों की ओर या चातुर्वर्ण्य धर्म की ओर भी ज्ञानी पुरुष यों ही दुर्लभ करने लगे; और तभी से यह समझ मंद होने लगी, कि लोकसंग्रह करना हमारा कर्त्तव्य है। स्मृति-प्रणेताओं ने अपने ग्रंथों में यह कहकर, कि गृहस्थाश्रम से यज्ञयाग आदि श्रौत या चातुर्वर्ण्य के स्मार्त कर्म करने ही चाहिए, गृहस्थाश्रम की बड़ाई गाई है ही; परंतु स्मृतिकारों के मत में और अंत में भी वैराग्य, संन्यास आश्रम ही श्रेष्ठ माना गया है, इसलिए उपनिषदों के ज्ञानप्रवाह से कर्मकांड को जो गौणता प्राप्त हो गई थी, उसको हटाने की सामर्थ्य स्मृतिकारों की आश्रम-व्यवस्था में नहीं रह सकती थी। ऐसी अवस्था में ज्ञानकांड और कर्मकांड से किसी को भी गौण न कहकर भक्ति के साथ इन दोनों का मेल कर देने के लिए गीता की प्रवृत्ति हुई है। उपनिषत्-प्रणेताओं के ये सिद्धान्त गीता को मान्य हैं, कि ज्ञान के बिना मोक्ष प्राप्ति नहीं होती; और यज्ञ-याग आदि कर्मों से, यदि बहुत हुआ तो स्वर्ग

प्राप्ति हो जाती है (मुंड. 1.2.10; गीता 2.41-45)। परंतु गीता का यह भी सिद्धान्त है, कि सृष्टि क्रम को जारी रखने के लिए यज्ञ अथवा कर्म के चक्र को भी कायम रखना चाहिए-कर्मों को कभी भी छोड़ देना निरा पागलपन या मूर्खता है। इसलिए गीता का उपदेश है, कि यज्ञयाग आदि श्रौत कर्म अथवा चातुर्वर्ण्य आदि व्यावहारिक कर्म अज्ञानपूर्वक श्रद्धा से न करके ज्ञान-वैराग्य युक्त बुद्धि से केवल कर्त्तव्य समझ कर करो। इससे यज्ञचक्र भी नहीं बिगड़ने पाएगा; और तुम्हारे किए हुए कर्म मोक्ष के आड़े भी नहीं आवेंगे। कहना नहीं होगा, कि ज्ञानकांड और कर्मकांड का (संन्यास और कर्म) मेल मिलाने की गीता की यह शैली स्मृतिकर्ताओं की अपेक्षा अधिक सरस है। क्योंकि व्यष्टिरूप आत्मा का कल्याण यत्किंचित भी न घटकर उसके साथ सृष्टि के समष्टिरूप आत्मा का कल्याण भी गीता-मार्ग से साधा जाता है। मीमांसक कहते हैं, कि कर्म अनादि और वेदप्रतिपादित हैं, इसलिए ज्ञान न हो, तो भी कर्म श्रद्धा से करने ही चाहिए। कितने ही (सब नहीं) उपनिषप्रणेता कर्मों को गौण मानते हैं और यह कहते हैं-या यह मानने में कोई क्षति नहीं कि निदान उनका झुकाव ऐसा ही है-कि कर्मों को वैराग्य से छोड़ देना चाहिए; और स्मृतिकार आयु के भेद से-अर्थात् आश्रम व्यवस्था से उक्त दोनों मतों की इस प्रकार एकवाक्यता करते हैं, कि पूर्व आश्रमों में इन कर्मों को करते रहना चाहिए और फिर चित्तशुद्धि हो जाने पर बुढ़ापे में वैराग्य से उन सब कर्मों को छोड़कर संन्यास ले लेना चाहिए। परंतु गीता का मार्ग इन तीनों पंथों से भिन्न है। ज्ञान और काम्य कर्मों के बीच, यदि विरोध हो, तो भी ज्ञान और निष्काम कर्मों में कोई विरोध नहीं; इसलिए गीता का कथन है, कि निष्काम बुद्धि से सब कर्म सर्वदा करते रहो, उन्हें कभी मत छोड़ो। अब इन चारों मतों की तुलना करने से दीख पड़ेगा, कि यह मत सभी को मान्य है, कि ज्ञान होने के पहले कर्म की आवश्यकता है; परंतु उपनिषदों और गीता का कथन ज्ञानप्राप्ति हो चुकने पर, कर्म किए जावें या नहीं-इस विषय में उपनिषत्कर्ताओं में भी मतभेद है। कई उपनिषत्कर्ताओं का मत है, कि ज्ञान से समस्त काम्य बुद्धि का ह्रास हो चुकने पर जो पुरुष मोक्ष का अधिकारी हो गया है, उसे केवल स्वर्ग की प्राप्ति करा देनेवाले काम्य कर्म करने का कुछ भी प्रयोजन नहीं रहता; परंतु ईशावास्य आदि दूसरे कई उपनिषदों में प्रतिपादन किया गया है, कि मृत्युलोक के व्यवहारों को जारी रखने के लिए उपरोक्त कर्म करने ही चाहिए। यह प्रकट है, कि उपनिषदों में वर्णित इन दो मार्गों से दूसरा मार्ग ही गीता में प्रतिपादित है (गीता 5.2)। परंतु यद्यपि यह कहें, कि मोक्ष के अधिकारी ज्ञानी पुरुष को निष्काम बुद्धि से लोकसंग्रहार्थ सब व्यवहार करने चाहिए; तथापि इस स्थान पर शंका आप ही उत्पन्न होती है, कि जिन यज्ञयाग आदि कर्मों का फल स्वर्ग प्राप्ति के सिवा दूसरा कुछ नहीं, उन्हें वह करे ही क्यों? इसी से अठारहवें अध्याय के आरंभ में इसी शंका को उपस्थित कर भगवान ने स्पष्ट निर्णय कर दिया है, कि 'यज्ञ, दान, तप' आदि कर्म सदैव चित्तशुद्धिकारक अर्थात् निष्काम बुद्धि उपजाने और बढ़ाने वाले हैं, इसलिए 'इन्हें भी' (एतान्यपि) अन्य निष्काम कर्मों के समान ही लोकसंग्रहार्थ ज्ञानी पुरुष को फलाशा और संग छोड़कर सदा करते रहने से, व्यापक अर्थ में, यह एक बड़ा भारी यज्ञ ही हो जाता है और फिर इस यज्ञ के लिए जो कर्म किया जाता है, वह बंधन नहीं होता (गीता 4.23)। किंतु सभी काम निष्काम बुद्धि से करने के कारण यज्ञ से जो स्वर्गप्राप्तिरूप बंधक फल मिलनेवाला था वह भी नहीं मिलता; और ये सब कर्म मोक्ष के आड़े आ नहीं सकते। सारांश, मीमांसकों का कर्मकांड यदि गीता में कायम रखा गया हो, तो भी वह इसी रीति से कायम रखा गया है, कि उससे स्वर्ग का आना-जाना छूट जाता है और सभी कर्म निष्काम बुद्धि से करने के कारण अंत में मोक्षप्राप्ति हुए बिना नहीं रहती। ध्यान रखना चाहिए, कि मीमांसकों

के कर्ममार्ग और गीता के कर्मयोग में यही महत्त्व का भेद है-दोनों एक नहीं हैं।

यहाँ बतला दिया, कि भगवद्‌गीता में प्रवृत्ति-प्रधान भागवत-धर्म या कर्मयोग ही प्रतिपाद्य है, और इस कर्मयोग में तथा मीमांसकों के कर्मकांड में कौन सा भेद है। अब तात्त्विक दृष्टि से इस बात का थोड़ा-सा विचार करते हैं, कि गीता के कर्मयोग में और ज्ञानकांड को लेकर स्मृतिकारों की वर्णन की हुई आश्रम-व्यवस्था में क्या भेद है। यह भेद बहुत ही सूक्ष्म है, और सच पूछो तो इसके विषय में वाद करने का कारण भी नहीं है। दोनों पक्ष मानते हैं, कि ज्ञानप्राप्ति होने तक चित्त की शुद्धि के लिए प्रथम दो आश्रमों के (ब्रह्मचारी और गृहस्थ) कृत्य सभी को करने चाहिए। मतभेद सिर्फ इतना ही है, कि पूर्ण ज्ञान हो चुकने पर कर्म करें या संन्यास ले लें; संभव है, कई लोग यह समझें, कि सदा ऐसे ज्ञानी पुरुष किसी समाज में थोड़े ही रहेंगे? इसलिए इन थोड़े-से ज्ञानी पुरुषों का कर्म करना या न करना एक ही-सा है। इस विषय में विशेष चर्चा करने की आवश्यकता नहीं। परंतु यह समझ ठीक नहीं। क्योंकि ज्ञानी पुरुष के बर्ताव को और लोग प्रमाण मानते हैं और अपने अंतिम साध्य के अनुसार ही बर्ताव करने की मनुष्य पहले से आदत डालता है, इसलिए लौकिक दृष्टि से यह प्रश्न अत्यंत महत्त्व का हो जाता है, कि "ज्ञानी पुरुष को क्या करना चाहिए?" स्मृति-ग्रंथों में तो कहा है, कि ज्ञानी पुरुष अंत में संन्यास ले लें; परंतु ऊपर कह चुके हैं, कि स्मार्त-मार्ग के अनुसार ही इस नियम के कुछ अपवाद भी हैं। उदाहरण लीजिए; बृहदारण्यकोपनिषद में याज्ञवल्क्य ने जनक को ब्रह्मज्ञान का बहुत उपदेश किया है, पर उन्होंने जनक से यह कहीं भी नहीं कहा, कि "अब तुम राजपाट छोड़कर संन्यास ले लो।" उलटे यह कहा है, कि जो ज्ञानी पुरुष ज्ञान के पश्चात् संसार को छोड़ देते हैं, वे इसलिए उसे छोड़ देते हैं, कि संसार उन्हें रुचता नहीं है "न कामयन्ते" (बृ. 4.4.22)। इससे बृहदारण्यकोपनिषद का यह अभिप्राय व्यक्त होता है, कि ज्ञान के पश्चात् संन्यास लेना अपनी-अपनी खुशी की अर्थात् वैकल्पित बात है। ब्रह्मज्ञान और संन्यास का संबंध नित्य नहीं और वेदान्तसूत्र में बृहदारण्यकोपनिषद के इस वचन का अर्थ वैसे ही लगाया गया है (वे. सू. 3.4.15)। शंकराचार्य का निश्चित सिद्धान्त है, कि ज्ञानोत्तर कर्म संन्यास किए बिना मोक्ष मिल नहीं सकता, इसलिए अपने भाष्य में उन्होंने इस मत की पुष्टि में सब उपनिषदों की अनुकूलता दिखलाने का प्रयत्न किया है तथापि शंकराचार्य ने भी स्वीकार किया है, कि जनक आदि के समान ज्ञानोत्तर भी अधिकारानुसार जीवन भर कर्म करते रहने में कोई क्षति नहीं है (वे. सू. शां. भा. 3.3.32; गीता शां. भा. 2.11; 3.20)। इससे स्पष्ट विदित होता है, कि संन्यास या स्मार्त-मार्ग को भी ज्ञान के पश्चात् कर्म बिल्कुल ही त्याज्य नहीं जँचते, कुछ ज्ञानी पुरुषों को अपवाद मान, अधिकार के अनुसार कर्म करने की स्वतंत्रता इस मार्ग में भी दी गई है। इसी अपवाद को और व्यापक बनाकर गीता कहती है, कि चातुर्वर्ण्य के लिए विहित कर्म ज्ञानप्राप्ति हो चुकने पर भी, लोकसंग्रह के निमित्त केवल कर्त्तव्य समझकर प्रत्येक ज्ञानी पुरुष को निष्काम बुद्धि से करना चाहिए। इससे सिद्ध होता है, कि गीताधर्म व्यापक हो, तो भी उसका तत्त्व-संन्यास-मार्ग वालों की दृष्टि से भी निर्दोष है, और वेदान्तसूत्रों को स्वतंत्र रीति से पढ़ने पर जान पड़ेगा कि उनमें भी ज्ञानयुक्त कर्मयोग संन्यास का विकल्प समझकर ग्राह्य माना गया है। (वे. सू. 3.4. 26; 3.4.32-35)।[1] अब यह बतलाना आवश्यक है, कि निष्काम बुद्धि से ही क्यों न

1. वेदांतसूत्र के इस अधिकरण का अर्थ शांकरभाष्य में कुछ निराला है। परंतु 'विहित त्वच्चाश्रमकर्माणि' का (3.4.32) अर्थ हमारे मत में ऐसा है, कि "ज्ञानी पुरुष आश्रम-कर्म भी करें, तो अच्छा है। क्योंकि वह विहित है।" सारांश, हमारी समझ से वेदान्तसूत्र में ये दोनों पक्ष स्वीकृत हैं, कि "ज्ञानी पुरुष कर्म करें चाहे न करें।"

हो, पर जब मरणपर्यंत कर्म ही करने हैं, तब स्मृति ग्रंथों में वर्णित कर्मत्यागरूपी चतुर्थ आश्रम या संन्यास आश्रम की क्या दशा होगी? अर्जुन अपने मन में यही सोच रहा था, कि भगवान् कभी न कभी कहेंगे ही, कि कर्मत्यागरूपी संन्यास लिए बिना मोक्ष नहीं मिलता; और तब भगवान के मुख से ही युद्ध छोड़ने के लिए मुझे स्वतंत्रता मिल जावेगी। परंतु अब अर्जुन ने देखा, कि सत्रहवें अध्याय के अंत तक भगवान के कर्मत्यागरूप संन्यास आश्रम की बात नहीं की; बार बार केवल यही उपदेश किया, कि फलाशा को छोड़ दे; तब अठारहवें अध्याय के आरंभ में अर्जुन ने भगवान से अंत में प्रश्न किया है, कि "तो फिर मुझे बतलाइए कि, संन्यास और त्याग में क्या तत्त्व है?" अर्जुन के इस प्रश्न का उत्तर देते हुए भगवान कहते हैं, "अर्जुन! यदि तुमने समझा हो, कि मैंने इतने समय तक जो कर्मयोग मार्ग बतलाया है, उसमें संन्यास नहीं है, तो वह समझ गलत है। कर्मयोगी पुरुष सब कर्मों के दो भेद करते हैं-एक को कहते हैं.'काम्य' अर्थात् आसक्त बुद्धि से किए कर्म; और दूसरे को कहते हैं 'निष्काम' अर्थात् आसक्ति को छोड़कर किए गए कर्म। (मनु: 23.89 में इन्हीं कर्मों को क्रम से 'प्रवृत्त' और 'निवृत्त' नाम दिए हैं) इनमें से 'काम्य' वर्ग के जितने कर्म हैं, उन सबको कर्मयोगी बिलकुल छोड़ देता है-अर्थात् वह उनका 'संन्यास' करता है। बाकी रह गए 'निष्काम' या निवृत्त कर्म। सो कर्मयोगी ये निष्काम कर्म करता तो है, पर उन सब में फलाशा का 'त्याग' सर्वथैव रहता है। सारांश, कर्मयोग-मार्ग में भी 'संन्यास' और 'त्याग' छूटा कहाँ है? स्मार्त मार्ग वाले कर्म का स्वरूपत: संन्यास करते हैं, तो उसके स्थान में कर्म-मार्ग के योगी कर्मफलाशा का संन्यास करते हैं-इस तरह संन्यास दोनों ओर कायम ही है" (गीता 18.1-6 पर हमारी टीका देखो)। भागवत धर्म का यह मुख्य तत्त्व है, कि जो पुरुष अपने सभी कर्म परमेश्वर को अर्पण कर निष्काम बुद्धि से करने लगे, वह गृहस्थाश्रमी हो तो भी उसे 'नित्य-संन्यासी ही' कहना चाहिए (गीता 5.3)। और भागवत-पुराण में पहले सब आश्रम-धर्म बतला कर अंत में नारद ने युधिष्ठिर को इसी तत्त्व का उपदेश किया है। वामन पंडित ने गीता पर जो यथार्थदीपिका नामक टीका लिखी है, उसके (य. दी. 18.2) कथनानुसार "शिखा बोडुनि तोडिला दोरा"-मुँड मुँड़ाने पर और जनेऊ तोड़कर या हाथ में दंड लेकर भिक्षा माँगकर अथवा सब कर्म छोड़कर जंगल में जा रहने पर भी संन्यास नहीं हो जाता। संन्यास और वैराग्य बुद्धि के अर्थात् ज्ञान के नहीं; तो राजछत्र अथवा छतरी की डाँडी पकड़ने वाले को भी संन्यासी को प्राप्त होनेवाला मोक्ष मिलना चाहिए। जनकसुलभा-संवाद में ऐसे ही कहा है (शां. 320-42):-

त्रिदण्डादिषु यद्यस्ति मोक्षो ज्ञाने न कस्यचित्।
छत्रादिषु कथं न स्यात्तुल्यहेतौ परिग्रहे॥

क्योंकि दंडपरिग्रह अर्थात् हाथ में दंड धारण करने में, यह मोक्ष का हेतु दोनों स्थानों में एक ही है। तात्पर्य यही, कि कायिक, वाचिक और मानसिक संयम ही सच्चा त्रिदंड है (मनु. 12.10); और सच्चा संन्यास काम्यबुद्धि का संन्यास है (गीता 18.2)। एवं वह जिस प्रकार भागवत धर्म में नहीं छूटता (गीता 6.2) उसी प्रकार बुद्धि को स्थिर रखने का कर्म या भोजन आदि कर्म भी सांख्य-मार्ग में अंत तक छूटता ही नहीं है। फिर ऐसी क्षुद्र शंकाएँ करके भगवे या सफेद कपड़ों के लिए झगड़ने से क्या लाभ होगा, कि त्रिदंडी या कर्मत्यागरूप संन्यास कर्मयोग-मार्ग में नहीं है, इसलिए वह मार्ग स्मृतिविरुद्ध या त्याज्य है। भगवान ने तो निरभिमानपूर्वक बुद्धि से यही कहा है:-

एकं सांख्यं च योगं च यः पश्यति स पश्यति।

"जिसने यह जान लिया, कि सांख्य और-कर्मयोग मोक्ष-दृष्टि से दो नहीं-एक ही हैं-वही पंडित है" (गीता 5.5)। और महाभारत में भी कहा है, कि एकांतिक अर्थात्

भागवत धर्म सांख्य-धर्म की बराबरी का है-"सांख्ययोगेन तुल्यो हि धर्म एकान्तसेवित:" (शां. 348.75)। सारांश, सारे स्वार्थ को परार्थ में लयकर अपनी-अपनी योग्यता के अनुसार व्यवहार में प्राप्त सभी कर्म सब प्राणियों के हितार्थ मरणपर्यंत निष्काम बुद्धि से केंवल कर्त्तव्य समझकर करते जाना ही सच्चा वैराग्य या 'नित्य-संन्यास' है (गीता 5.3); इसी कारण कर्मयोग-मार्ग में स्वरूप से कर्म का संन्यास कर भिक्षा कभी भी नहीं माँगते। परंतु बाहरी आचरण से देखने में यदि इस प्रकार भेद दिखे, तो भी संन्यास और त्याग के सच्चे तत्त्व कर्मयोग-मार्ग में भी कायम ही रहते हैं, इसलिए गीता का अंतिम सिद्धान्त है, कि स्मृति-ग्रंथों की आश्रम व्यवस्था का और निष्काम कर्मयोग का विरोध नहीं है।

संभव है, कि उपरोक्त इस विवेचन से कुछ लोगों की कदाचित् ऐसी समझ हो जाए, कि संन्यास धर्म के साथ कर्मयोग का मेल करने का जो इतना बड़ा उद्योग गीता में किया गया है, उसका कारण यह है, कि स्मार्त या संन्यास धर्म प्राचीन होगा; और कर्मयोग-मार्ग उसके बाद का होगा। परंतु इतिहास की दृष्टि से विचार करने पर कोई भी जान सकेगा, कि सच्ची स्थिति ऐसी नहीं है। यह पहले ही कह चुके हैं, कि वैदिक धर्म का अत्यंत प्राचीन स्वरूप कर्मकांडात्मक ही था। आगे चलकर उपनिषदों के ज्ञान से कर्मकांड को गौणता प्राप्त होने लगी; और कर्मत्यागरूपी संन्यास धीरे-धीरे प्रचार में आने लगा। वैदिक धर्म वृक्ष की वृद्धि की यह दूसरी सीढ़ी है। परंतु ऐसे समय में भी, उपनिषदों के ज्ञान का कर्मकांड से मेल मिलाकर जनक प्रभृति ज्ञाता पुरुष अपने कर्म निष्काम बुद्धि से जीवनभर किया करते थे-अर्थात् कहना चाहिए, कि वैदिक धर्म वृक्ष की यह दूसरी सीढ़ी दो प्रकार की थी; एक जनक आदि की और दूसरी याज्ञवल्क्य प्रभृति की। स्मार्त आश्रम-व्यवस्था इसके बाद की अर्थात् तीसरी सीढ़ी है। दूसरी सीढ़ी के समान तीसरी के भी दो भेद है। स्मृति-ग्रंथों में मूलभूत मनुस्मृति को ही लीजिए। इस स्मृति के छठे अध्याय में कहा है, कि मनुष्य को ब्रह्मचर्य, गार्हस्थ्य और वानप्रस्थ आश्रमों से चढ़ते चढ़ते कर्मत्यागरूप चौथे आश्रम की महत्ता गाई तो अवश्य गई है; पर उसके साथ ही जनक आदि के ज्ञानयुक्त कर्मयोग का भी-उसको संन्यास आश्रम का विकल्प समझकर स्मृति-प्रणेताओं ने वर्णन किया है। उदाहरणार्थ सब स्मृति ग्रंथों में कर्मत्यागरूप चौथा आश्रम लेना चाहिए, परंतु संन्यास आश्रम अर्थात् यतिधर्म का यह निरूपण समाप्त होने पर मनु ने पहले यह प्रस्तावना की है, कि "यह यतियों का अर्थात् संन्यासियों का धर्म बतलाया; अब वेद-संन्यासियों का कर्मयोग कहते हैं"; और फिर यह बतलाकर-कि अन्य आश्रमों की अपेक्षा गृहस्थाश्रम ही श्रेष्ठ कैसे है-उन्होंने संन्यास आश्रम यतिधर्म को वैकल्पिक मान निष्काम गार्हस्थ-वृत्ति के कर्मयोग का वर्णन किया है (मनु. 6.86-96)। और आगे बारहवें अध्याय में उसे ही 'वैदिक कर्मयोग' नाम देकर कहा है, कि यह मार्ग भी चतुर्थ आश्रम के समान ही नि:श्रेयस्कर अर्थात् मोक्षप्रद है (मनु. 12.86-90)। मनु का यह सिद्धान्त याज्ञवल्क्य-स्मृति में भी आया है। इस स्मृति के तीसरे अध्याय में, यतिधर्म का निरूपण हो चुकने पर 'अथवा' पद का प्रयोग करके लिखा है, कि आगे ज्ञाननिष्ठ और सत्यवादी गृहस्थ भी (संन्यास न लेकर) मुक्ति पाता है (याज्ञ. 3.204, 205)। इसी प्रकार यास्क ने भी अपने निरुक्त में लिखा है, कि कर्म छोड़नेवाले तपस्वियों और ज्ञानयुक्त कर्म करनेवाले कर्मयोगियों को एक ही देवयान गति प्राप्त होती है (नि. 14.9)। इसके अतिरिक्त, इस विषय में दूसरा प्रमाण धर्मसूत्रकारों का है। ये धर्मसूत्र गद्य में है और विद्वानों का मत है, कि श्लोकों में रची गई स्मृतियों से ये पुराने होंगे। इस समय हमें यह नहीं देखना है, कि यह मत सही है या गलत। चाहे वह सही हो या गलत, इस प्रसंग पर मुख्य बात यह है, कि ऊपर मनु और

याज्ञवल्क्य-स्मृतियों के वचनों में गृहस्थाश्रम या कर्मयोग का जो महत्त्व दिखाया गया है, उससे भी अधिक महत्त्व धर्मसूत्रों में वर्णित है। मनु और याज्ञवल्क्य ने कर्मयोग को चतुर्थ आश्रम का विकल्प कहा है। पर बौधायन और आपस्तंब ने ऐसा न कर, स्पष्ट कह दिया है, कि गृहस्थाश्रम ही मुख्य है; और उसी से आगे अमृतत्त्व मिलता है। बौधायन धर्मसूत्र में "जायमानो वै ब्राह्मणस्त्रिभिर्ऋणवा जायते"-जन्म से ही प्रत्येक ब्राह्मण अपनी पीठ पर तीन ऋण ले आता है-इत्यादि तैत्तिरीय संहिता के वचन पहले देकर कहा है, कि इन ऋणों को चुकाने के लिए यज्ञयाग आदिपूर्वक गृहस्थाश्रम का आश्रय करनेवाला मनुष्य ब्रह्मलोक को पहुँचता है, और ब्रह्मचर्य या संन्यास की प्रशंसा करने वाले अन्य लोग धूल में मिल जाते हैं (बौ. 2.6.11.33, 34)। एवं आपस्तंब-सूत्र में ऐसे ही कहा है (आप. 2.9.24.8)। यह नहीं, कि इन दोनों धर्मसूत्रों में संन्यास आश्रम का वर्णन नहीं है; किंतु उसका वर्णन करने पर ही गृहस्थाश्रम का ही महत्त्व अधिक माना है। इससे और विशेषतः मनुस्मृति में कर्मयोग को 'वैदिक' विशेषण देने से स्पष्ट होता है, कि मनुस्मृति के समय में भी कर्मत्यागरूप संन्यास आश्रम की अपेक्षा निष्काम कर्मयोगरूपी गृहस्थाश्रम प्राचीन समझा जाता था; और मोक्ष की दृष्टि से उसकी योग्यता चतुर्थ आश्रम के बराबर ही गिनी जाती थी। गीता के टीकाकारों का जोर संन्यास या कर्मत्यागयुक्त भक्ति पर ही होने के कारण उपर्युक्त स्मृति-वचनों का उल्लेख उनकी टीकाओं में ही पाया जाता है। परंतु उन्होंने इस ओर दुर्लभ भले ही किया हो; किंतु इससे कर्मयोग की प्राचीनता घटती नहीं है। सारांश, यह कहने में कोई हानि नहीं, कि इस प्रकार कर्मयोग-मार्ग के प्राचीन होने के कारण, स्मृतिकारों को उसे यति-धर्म के विकल्प के रूप में ग्राह्य कर्मयोग मानना पड़ा। यह हुई वैदिक कर्मयोग की बात। श्रीकृष्ण के पहले जनक आदि इसी का आचरण करते थे। परंतु आगे भगवान ने उसमें भक्ति को भी मिला दिया; और उसका बहुत प्रसार किया, इस कारण श्रेष्ठता दी है, तथापि कर्मयोग-मार्ग को आगे गौणता क्यों प्राप्त हुई-और संन्यास मार्ग का ही बोलबाला क्यों हो गया? इसका विचार ऐतिहासिक दृष्टि से आगे किया जावेगा। यहाँ इतना ही कहना है, कि, कर्मयोग स्मार्त-मार्ग के पश्चात का नहीं है, वह प्राचीन वैदिक काल से चला आ रहा है।

भगवद्गीता के प्रत्येक अध्याय के अंत में "इति श्रीमद्भगवद्गीतासु उपनिषत्सु ब्रह्मविद्यायां योगशास्त्रे" इस प्रकार जो संकल्प है, उसका मर्म अब पाठकों के ध्यान में पूर्णतया आ जावेगा। यह संकल्प बतलाता है, कि भगवान के गाए हुए उपनिषद में, अन्य उपनिषदों के समान ब्रह्मविद्या तो है; पर अकेली ब्रह्मविद्या ही नहीं है। प्रत्युत ब्रह्मविद्या में 'सांख्य' और 'योग' (वेदान्ती संन्यासी और वेदान्ती कर्मयोगी), ये जो दो पंथ उपजते हैं, उनमें से योग का अर्थात् कर्मयोग का प्रतिपादन ही भगवद्गीता का मुख्य विषय है। यह कहने में भी कोई हानि नहीं, कि भगवद्गीतोपनिषत् कर्मयोग का प्रधान ग्रंथ है; क्योंकि यद्यपि कर्मयोग वैदिक काल से चला आ रहा है, तथापि "कुर्वन्नेवेह कर्माणि" (ईश. 2) या "आरंभ कर्माणि गुणान्वितानि" (श्वे 6.4), अथवा "विद्या के साथ-ही-साथ स्वाध्याय आदि कर्म करने चाहिए" (तै. 1.9), इस प्रकार के कुछ थोड़े से उल्लेखों के अतिरिक्त उपनिषदों में इस कर्मयोग का विस्तृत विवेचन कहीं भी नहीं किया गया है; कर्मयोग पर भगवद्गीता ही मुख्य और प्रमाणभूत ग्रंथ है; और काव्य की दृष्टि से भी यह ठीक ही जँचता है, कि भारतभूमि के कर्ता पुरुषों के चरित्र जिस महाभारत में वर्णित हैं, उसी में अध्यात्मशास्त्र को लेकर कर्मयोग की भी उपपत्ति बतलाई जावे। बात का भी अब अच्छी तरह पता लग जाता है, कि प्रस्थानत्रयी में भगवद्गीता समावेश क्यों किया गया है। यद्यपि उपनिषद् मूलभूत हैं, तो भी उनके कहनेवाले ऋषि

अनेक हैं; इस कारण उन उपनिषदों के विचार संकीर्ण और कुछ स्थानों में परस्पर-विरोधी भी दीख पड़ते हैं। इसलिए उपनिषदों के साथ-ही-साथ उनकी एकवाक्यता करनेवाले वेदान्तसूत्रों की भी प्रस्थानत्रयी में गणना करना आवश्यक था। परंतु उपनिषद् और वेदान्तसूत्र, इन दोनों की अपेक्षा यदि गीता में कुछ अधिकता न होती, तो प्रस्थानत्रयी में गीता के संग्रह करने का कोई भी कारण न था। किंतु उपनिषदों का झुकाव प्राय: संन्यासमार्ग की ओर है, एवं उनमें ज्ञानमार्ग का ही विशेषत: प्रतिपादन है; और भगवद्गीता में इस ज्ञान को लेकर भक्तियुक्त कर्मयोग का समर्थन है, बस इतना कह देने से गीता की अपूर्वता सिद्ध हो जाती है, और साथ-ही-साथ प्रस्थानत्रयी के तीनों भागों की सार्थकता भी व्यक्त हो जाती है। क्योंकि वैदिक धर्म के प्रमाणभूत ग्रंथ में यदि ज्ञान और कर्म (सांख्य और योग), इन दोनों वैदिक मार्गों का विचार न हुआ होता, तो प्रस्थान-त्रयी उतनी अपूर्ण ही रह जाती। कुछ लोगों की समझ है, कि जब उपनिषद् सामान्यत: निवृत्तिविषयक हैं, तब गीता का प्रवृत्तिविषयक अर्थ लगाने से प्रस्थानत्रयी के तीनों भागों में विरोध हो जाएगा और उनकी प्रामाणिकता में भी न्यूनता आ जावेगी। यदि सांख्य अर्थात् संन्यास ही एकमात्र सच्चा वैदिक मोक्षमार्ग हो, तो यह शंका ठीक होगी, परंतु ऊपर दिखाया जा चुका है, कि कम-से-कम ईशावास्य आदि कुछ उपनिषदों में कर्मयोग का स्पष्ट उल्लेख है। इसलिए वैदिक धर्मपुरुषों को केवल एक हत्थी अर्थात् संन्यासप्रधान न समझकर, यदि गीता के अनुसार ऐसा सिद्धान्त करें, कि उस वैदिक धर्मपुरुष के ब्रह्मविद्यारूप एक ही मस्तक है; और मोक्ष-दृष्टि से तुल्यबल सांख्य और कर्मयोग उसके दाहिने-बाएँ दो हाथ हैं; तो गीता और उपनिषदों में कोई विरोध नहीं रह जाता। उपनिषदों में एक मार्ग का समर्थन है और गीता में दूसरे मार्ग का, इसलिए प्रस्थान-त्रयी के ये दोनों भाग भी दो हाथों के समान परस्पर विरुद्ध न हो, सहाय्यकारी ही दीख पड़ेंगे। ऐसे ही, गीता में केवल उपनिषदों का ही प्रतिपादन मानने से, पिष्टपेषण का जो वैयर्थ्य गीता को प्राप्त हो जाता है, वह भी नहीं होता। गीता के सांप्रदायिक टीकाकारों ने इस विषय की उपेक्षा की है, इस कारण सांख्य और योग, इन दोनों स्वतंत्र मार्गों के पुरस्कर्ता अपने अपने पंथ के समर्थन में जिन मुख्य कारणों को बतलाया करते हैं, उनकी समता और विषमता चटपट ध्यान में आ जाने के लिए, नीचे दिए गए नक्शे के दो खानों में वे ही कारण परस्पर एक दूसरे के सामने संक्षेप में दिए गए हैं। स्मृति-ग्रंथों में प्रतिपादित अर्थात् स्मार्त आश्रम-व्यवस्था और मूल भागवत धर्म के मुख्य भेद इससे ज्ञात हो जावेंगे।

ब्रह्मविद्या या आत्मज्ञान प्राप्त होने पर

कर्मसंन्यास (सांख्य)	कर्मयोग (योग)
(1) मोक्ष आत्मज्ञान से ही मिलता है, कर्म से नहीं। ज्ञानविरहित, किंतु श्रद्धापूर्वक किए गए यज्ञ-याग आदि कर्मों से मिलने वाला स्वर्ग सुख अनित्य है।	(1) मोक्ष आत्मज्ञान से ही मिलता है, कर्म से नहीं। ज्ञानविरहित, किंतु श्रद्धापूर्वक किए गए यज्ञ-याग आदि कर्मों से मिलने वाला स्वर्ग सुख अनित्य है।
(2) आत्मज्ञान होने के लिए इंद्रिय-निग्रह से बुद्धि को स्थिर, निष्काम, विरक्त और सम करना पड़ता है।	(2) आत्मज्ञान होने के लिए इंद्रिय निग्रह से बुद्धि को स्थिर, निष्काम, विरक्त और सम करना पड़ता है।
(3) इसलिए इंद्रियों के विषयों का पाश तोड़ मुक्त (स्वतंत्र) हो जाओ। निष्काम बुद्धि से व्यवहार कर	(3) इसलिए इंद्रियों के विषयों को न छोड़ कर उन्हीं में वैराग्य से अर्थात् इंद्रिय-निग्रह की जाँच करो। निष्काम के माने निष्क्रिय नहीं।
(4) तृष्णा मूलक कर्म दु:खमय और बंधक हैं।	(4) यदि इसका भली-भाँति विचार करें, कि दु:ख और बंधन किसमें हैं, तो दीख पड़ेगा, कि अचेतन कर्म किसी को भी बाँधते या छोड़ते नहीं हैं। उनके संबंध में कर्ता के मन में जो काम या फलाशा होती है, वह बंधन और दु:ख की जड़ है।
(5) इसलिए चित्तशुद्धि होने तक यदि कोई कर्म करे, तो भी अंत में छोड़ देने चाहिए।	(5) इसलिए चित्तशुद्धि हो चुकने पर भी फलाशा छोड़ कर धैर्य और उत्साह के साथ सब कर्म करते रहो। यदि कहो, कि कर्मों को छोड़ दें; तो वे छूट नहीं

	सकते। सृष्टि ही तो एक कर्म है; उसे विश्राम है ही नहीं।
(6) यज्ञ के अर्थ किए गए कर्म बंधक न होने के कारण गृहस्थाश्रम में उनके करने से हानि नहीं है।	(6) निष्कामबुद्धि या ब्रह्मार्पणविधि से किए गए समस्त कर्म एक बड़ा भारी 'यज्ञ' ही है। इसलिए स्वधर्मविहित समस्त कर्मों को निष्काम बुद्धि से केवल कर्त्तव्य समझ कर सदैव करते रहना चाहिए।
(7) देह के धर्म कभी छूटते नहीं, इस कारण संन्यास लेने पर पेट के लिए भिक्षा माँगना बुरा नहीं।	(7) पेट के लिए भीख माँगना भी तो कर्म भी है; और सो भी लज्जाप्रद यदि ऐसा कर्म करना ही है, तब अन्यान्य कर्म भी निष्काम बुद्धि से क्यों न किए
जावें?	गृहस्थाश्रमी के अतिरिक्त भिक्षा देगा ही कौन?
(8) ज्ञानप्राप्ति के अनंतर अपना निजी कर्त्तव्य कुछ शेष नहीं रहता; और लोकसंग्रह करने की कुछ आवश्यकता नहीं।	(8) ज्ञानप्राप्ति करने के अनंतर अपने लिए भले ही कुछ प्राप्त करने को न रहे; परंतु कर्म नहीं छूटते। इसलिए जो कुछ शास्त्र से प्राप्त हो, उसे 'मुझे नहीं चाहिए' ऐसी निर्मम बुद्धि से लोकसंग्रह की ओर दृष्टि रखकर करते जाओ। लोकसंग्रह किसी से भी नहीं छूटता। उदाहरणार्थ, भगवान का चरित्र देखो।
(9) परंतु यदि अपवादस्वरूप कोई अधिकारी पुरुष ज्ञान के पश्चात् भी अपने व्यावहारिक अधिकार जनक आदि के समान जीवनपर्यंत जारी रखे, तो कोई हानि नहीं।	(9) गुणविभागरूप चातुर्वर्ण्य व्यवस्था के अनुसार छोटे बड़े अधिकार सभी को जन्म से प्राप्त होते हैं; और स्वधर्मानुसार प्राप्त होने वाले इन अधिकारों को लोकसंग्रहार्थ नि:स्वार्थ बुद्धि से सभी को निरपवाद-रूप से जीवनपर्यंत जारी रखना चाहिए। क्योंकि यह चक्र जगत को धारण करने के लिए परमेश्वर ने ही बनाया है।
(10) इतना होने पर भी कर्म-त्यागरूपी संन्यास ही श्रेष्ठ है। अन्य आश्रमों के कर्म चित्तशुद्धि के साधनमात्र हैं और ज्ञान और कर्म का तो स्वभाव से ही विरोध है। इसलिए पूर्व आश्रम में, जितनी जल्दी हो सके, उतनी जल्दी चित्तशुद्धि करके ज्ञानप्राप्ति के पश्चात् अंत में कर्मत्यागरूपी संन्यास लेना चाहिए। चित्तशुद्धि जन्मते ही या पूर्व आयु में हो जावे, तो गृहस्थाश्रम के कर्म करते रहने की भी आवश्यकता नहीं है। कर्म का स्वरूपत: त्याग करना ही सच्चा संन्यास आश्रम है।	(10) यह सच है, कि शास्त्रोक्त रीति से सांसारिक कर्म करने पर चित्तशुद्धि होती है, परंतु केवल चित्त की शुद्धि ही कर्म का उपयोग नहीं है। जगत का व्यवहार चलता रखने के लिए भी कर्म की आवश्यकता है। इसी प्रकार काम्य कर्म और ज्ञान का विरोध भले ही हो; पर निष्काम कर्म और ज्ञान के बीच बिल्कुल विरोध नहीं है। इसलिए चित्त की शुद्धि के पश्चात् भी फलाशा का त्याग कर निष्काम बुद्धि से जगत के संग्रहार्थ चातुर्वर्ण्य के सब कर्म आमरण जारी रखना ही सच्चा संन्यास है। कर्म का स्वरूपत: त्याग करना कभी भी उचित नहीं; और शक्य भी नहीं है।
(11) कर्म-संन्यास ले चुकने पर भी शम-दम आदिक धर्म पालते जाना चाहिए।	(11) ज्ञानप्राप्ति के पश्चात् फलाशा त्यागरूप संन्यास ले कर शम-दम आदिक धर्मों के सिवा आत्मौपम्य-दृष्टि प्राप्त होनेवाले सभी धर्मों का पालन किया करो; और इस शम अर्थात् शांतवृत्ति से ही शास्त्र से प्राप्त समस्त कर्म लोकसंग्रह के निमित्त मरणपर्यंत करते जाओ। निष्काम कर्म न छोड़ो।
(12) यह मार्ग अनादि और श्रुति-स्मृति-प्रतिपादित है।	(12) यह मार्ग अनादि और श्रुति-स्मृति-प्रतिपादित है।
(13) शुक-याज्ञवल्क्य आदि इस मार्ग से गए हैं।	(13) व्यास-वसिष्ठ-जैगीषव्य इ. और जनक-श्रीकृष्ण प्रभृति इस मार्ग से गए हैं।

अंत में मोक्ष

ये दोनों मार्ग अथवा निष्ठाएँ ब्रह्मविद्यामूलक हैं और दोनों ओर मन की निष्काम अवस्था और शांति एक ही प्रकार की है। इस कारण दोनों मार्गों से अंत में एक ही मोक्ष प्राप्त हुआ करता है (गीता 5.5)। ज्ञान के पश्चात् कर्म को छोड़ बैठना और काम्य कर्म छोड़कर नित्य निष्काम कर्म करते रहना, यही इन दोनों में मुख्य भेद है।

ऊपर बतलाए हुए कर्म छोड़ने और कर्म करने के दोनों मार्ग ज्ञानमूलक हैं अथवत ज्ञान के पश्चात् ज्ञानी पुरुषों के द्वारा स्वीकृत और आचारित हैं। परंतु कर्म छोड़ना और कर्म करना, दोनों बातें ज्ञान न होने पर भी हो सकती हैं। इसलिए इस अज्ञानमूलक कर्म का और कर्म के त्याग का भी यहाँ थोड़ा-सा विवेचन करना भी आवश्यक है। गीता

के अठारहवें अध्याय में त्याग के जो तीन भेद बतलाए गए हैं, उनका रहस्य यही है। ज्ञान न रहने पर भी कुछ लोग निरे काय-क्लेश-भय से कर्म छोड़ दिया करते हैं-इसे गीता में 'राजस त्याग' कहा है (गीता 18.8)। इसी प्रकार ज्ञान न रहने पर भी कुछ लोग कोरी श्रद्धा से ही यज्ञयाग प्रभृति कर्म किया करते हैं। परंतु गीता का कथन है, कि कर्म करने का यह मार्ग मोक्षप्रद नहीं है--केवल स्वर्गप्रद है (गीता 9.20)। कई लोगों की समझ है, कि आजकल यज्ञयाग-प्रभृति श्रौत धर्म का प्रचार न रहने के कारण, मीमांसकों के इस निरे कर्म-मार्ग के संबंध में गीता का सिद्धान्त इन दिनों विशेष उपयोगी नहीं; परंतु वह ठीक नहीं है। क्योंकि श्रौत यज्ञयाग भले ही डूब गए हों; पर स्मार्त-यज्ञ अर्थात् चातुर्वर्ण्य के कर्म अब भी जारी हैं। इसलिए अज्ञान से, परंतु श्रद्धापूर्वक, यज्ञ-याग आदि काम्य कर्म करनेवाले लोगों के विषय में गीता का जो सिद्धान्त है, वह ज्ञानविरहित किंतु श्रद्धासहित चातुर्वर्ण्य आदि कर्म करनेवालों को भी वर्तमान स्थिति में पूर्णतया उपयुक्त है। जगत के व्यवहार की ओर दृष्टि देने पर ज्ञात होगा, कि समाज में इसी प्रकार के लोगों की अर्थात् शास्त्रों पर श्रद्धा रखकर नीति से अपने कर्म करनेवालों की ही विशेष अधिकता रहती है। परंतु उन्हें परमेश्वर का स्वरूप पूर्णतया ज्ञात नहीं रहता, इसलिए गणितशास्त्र की पूरी उपपत्ति समझे बिना ही केवल मौलिक हिसाब करने की रीति से गणित करने वाले लोगों के समान इन श्रद्धालु और कर्मठ मनुष्यों की अवस्था हुआ करती है। इसमें कोई संदेह नहीं, कि सभी कर्म शास्त्रोक्त विधि से और श्रद्धापूर्वक करने के कारण वे निर्दोष (शुद्ध) हो जाते हैं, एवं इसी से पुण्यप्रद अर्थात् स्वर्गप्रद हो जाते हैं। परंतु शास्त्र का ही सिद्धान्त है, कि बिना ज्ञान के मोक्ष नहीं मिलता, इसलिए स्वर्ग प्राप्ति की अपेक्षा अधिक महत्त्व का कोई भी फल इन कर्मठ लोगों को मिल नहीं सकता। अतएव स्वर्गसुख से भी जो परे है, उस अमृतत्व प्राप्ति जिसे कर लेनी हो-और यही तो एक परम पुरुषार्थ है-उसे उचित है, कि वह पहले साधन समझकर और आगे सिद्धावस्था में लोकसंग्रह के लिए, अर्थात् जीवनपर्यंत "समस्त प्राणिमात्रा में एक ही आत्मा है" इस ज्ञानयुक्त बुद्धि से, निष्काम कर्म करने के मार्ग का ही स्वीकार करे। आयु बिताने के सब मार्गों में से यही मार्ग उत्तम है। गीता का अनुकरण कर ऊपर दिए गए नक्शे में इस मार्ग को कर्मयोग कहा है और इसे ही कुछ लोग कर्ममार्ग या प्रवृत्ति मार्ग भी कहते हैं। परंतु कर्म मार्ग या प्रवृत्ति मार्ग, इन दोनों शब्दों से ज्ञानविरहित, किंतु श्रद्धायुक्त कर्म और ज्ञानयुक्त निष्काम कर्म, इन दोनों का भेद दिखलाने के लिए दो भिन्न-भिन्न शब्दों की योजना करने की आवश्यकता होती है; और इसी कारण से मनुस्मृति तथा भागवत में भी पहले प्रकार के कर्म अर्थात् ज्ञानविरहित कर्म को 'प्रवृत्त कर्म', और दूसरे प्रकार के अर्थात् ज्ञानयुक्त निष्काम कर्म को 'निवृत्त कर्म' कहा है (मनु. 12.89; भाग. 7.15.47)। परंतु हमारी राय में ये शब्द भी जितने होने चाहिए, उतने निस्संदिग्ध नहीं है। क्योंकि 'निवृत्ति' शब्द का सामान्य अर्थ 'कर्म से परावृत्त होना' है। अतः इस शंका को दूर करने के लिए 'निवृत्त' शब्द के आगे 'कर्म' विशेषण जोड़ते हैं, और ऐसा करने से 'निवृत्त' विशेषण का अर्थ 'कर्म से परावृत्त' नहीं होता; और निवृत्त कर्म=निष्काम कर्म, यह अर्थ निष्पन्न हो जाता है। कुछ भी हो; जब तक 'निवृत्त' शब्द उसमें है, तब तक कर्मत्याग की कल्पना मन में आए बिना नहीं रहती। इसीलिए ज्ञानयुक्त निष्काम कर्म करने के मार्ग को 'निवृत्ति या निवृत्त कर्म' न कहकर 'कर्मयोग' नाम देना हमारे मत में उत्तम है। क्योंकि कर्म के आगे योग शब्द जुड़ा रहने से स्वभावतः उसका अर्थ "मोक्ष में बाधा न देकर कर्म करने की युक्ति" होता है; और अज्ञानयुक्त कर्म का तो आप ही-से निरसन हो जाता है। फिर भी यह न भूल जाना चाहिए, कि गीता का कर्मयोग ज्ञानमूलक है। और यदि इसे ही कर्म-मार्ग

या प्रवृत्ति-मार्ग कहना किसी को अभीष्ट जँचता हो, तो ऐसा करने में कोई हानि नहीं। स्थल-विशेष में भाषावैचित्र्य के लिए गीता के कर्मयोग को लक्ष्य कर हमने भी इन शब्दों की योजना की है। अस्तु, इस प्रकार कर्म करने या कर्म छोड़ने के ज्ञानमूलक और अज्ञानमूलक जो भेद है, उनमें से प्रत्येक के संबंध में गीताशास्त्र का अभिप्राय इस प्रकार है:-

	आयु बिताने का मार्ग	**श्रेणी**	**गति**
1.	कामोपभोग को ही पुरुषार्थ अहंकार से, आसुरी बुद्धि से, दंभ से या लोभ से केवल आत्मसुख के लिए कर्म करना (गीता 16.16)-**आसुर** अथवा **राक्षसी मार्ग है।**	अधम	नरक
1.	प्राणिमात्र में एक ही आत्मा है-इस प्रकार परमेश्वर के स्वरूप का यथार्थ ज्ञान न होने पर भी वेदों की आज्ञा या शास्त्रों की आज्ञा के अनुसार श्रद्धा और नीति से अपने अपने काम्य मत में उत्तम कर्म करना (गीता 2.41-44; 9-20)-**केवल कर्म, त्रयी धर्म** अथवा **मीमांसक मार्ग है।**	मध्यम (मीमांसकों के मत में उत्तम)	स्वर्ग (मीमांसकों के मत में उत्तम)
1.	शास्त्रोक्त निष्काम कर्मों से परमेश्वर का ज्ञान हो जाने पर अंत में वैराग्य से समस्त कर्म छोड़ केवल ज्ञान में ही तृप्त हो रहना (गीता 5.2)-केवल ज्ञान, सांख्य अथवा स्मार्त मार्ग है।	उत्तम	मोक्ष
1.	पहले चित्त की शुद्धि के निमित्त, और उससे परमेश्वर का ज्ञान प्राप्त हो जाने पर; फिर केवल लोकसंग्रहार्थ, मरणपर्यंत भगवान के समान निष्काम कर्म करते रहना (गीता 5.2)-**ज्ञानकर्म समुच्चय, कर्मयोग** या **भागवत मार्ग** है।	सर्वोत्तम	मोक्ष

सारांश, यही पक्ष गीता में सर्वोच्च ठहराया गया है, कि मोक्ष प्राप्ति के लिए यद्यपि कर्म की आवश्यकता नहीं है, तथापि उसके साथ ही साथ दूसरे कारणों के लिए अर्थात् एक तो अपरिहार्य समझकर और इसके सिवा जगत् के धारणपोषण के लिए आवश्यक मानकर-निष्काम बुद्धि से सदैव समस्त कर्मों को करते रहना चाहिए अथवा गीता का अंतिम सिद्धान्त है कि "कृतबुद्धिषु कर्तारः कर्तृषु ब्रह्मवादिनः।" (मनुः 1.97), मनु के इस वचन के अनुसार कर्तृत्व और ब्रह्मज्ञान का योग या मेल ही सबसे उत्तम है; और निरा कर्तृत्व या कोरा ब्रह्मज्ञान, प्रत्येक एकदेशीय है।

वास्तव में यह प्रकरण यहीं समाप्त हो गया। परंतु यह दिखलाने के लिए गीता का सिद्धान्त श्रुति-स्मृति-प्रतिपादित है-ऊपर भिन्न-भिन्न स्थानों पर जो वचन उद्धृत किए हैं, उनके संबंध में कुछ कहना आवश्यकता है। क्योंकि उपनिषदों के सांप्रदायिक भाष्यों से बहुतेरों की यह समझ हो गई, कि समस्त उपनिषद संन्यास-प्रधान या निवृत्ति-प्रधान है। हमारा यह कथन नहीं, कि उपनिषदों में संन्यास-मार्ग प्रतिपादित है ही नहीं। बृहदारण्यक में यह नियम कहीं नहीं मिलता, कि समस्त ब्रह्मज्ञानियों को यही पक्ष स्वीकार करना चाहिए। और क्या कहें? जिसे यह उपदेश किया गया, उसका इसी उपनिषद में वर्णन है, कि वह जनक राजा ब्रह्मज्ञान के शिखर पर पहुँचकर अमृत हो गया था। परंतु यह कहीं नहीं बतलाया है, कि उसने याज्ञवल्क्य के समान जगत को छोड़ कर संन्यास ले लिया। इससे स्पष्ट होता है, कि जनक का निष्काम कर्मयोग और याज्ञवल्क्य का कर्म संन्यास मार्ग-दोनों बृहदारण्यकोपनिषद को विकल्प रूप से सम्मत हैं; और वेदान्तसूत्र कर्ता ने भी यही अनुमान किया है (वे. सू. 3.4.15)। कठोपनिषद् इससे भी आगे बढ़ गया है। पाँचवें प्रकरण में हम यह दिखला चुके हैं, कि हमारे मत

में कठोपनिषद में निष्काम कर्मयोग ही प्रतिपाद्य है। छान्दोग्योपनिषद में (छां. 8.15.1) यही अर्थ प्रतिपाद्य है और यह स्पष्ट कह दिया है, कि "गुरु से अध्ययन कर, फिर कुटुम्ब में रहकर धर्म से वर्तनवाला ज्ञानी पुरुष ब्रह्मलोक को जाता है, वहाँ से फिर नहीं लौटता।" तैत्तिरीय तथा श्वेताश्वतर उपनिषदों के इसी अर्थ के वाक्य ऊपर दिए गए हैं; (तै. 1.9; श्वे. 6.4)। इसके सिवा यह भी ध्यान देने योग्य बात है, कि उपनिषदों में जिन्होंने दूसरों को ब्रह्मज्ञान का उपदेश किया है, उनमें या उनके ब्रह्मज्ञानी शिष्यों में, याज्ञवल्क्य के समान एक-आध पुरुष के अतिरिक्त, कोई ऐसा नहीं मिलता, जिसने कर्मत्यागरूप संन्यास लिया हो। इसके विपरीत, उनके वर्णनों से दीख पड़ता है, कि वे गृहस्थाश्रमी ही थे। अतएव कहना पड़ता है, कि समस्त उपनिषद् संन्यास प्रधान नहीं हैं; इनमें से कुछ तो संन्यास और कर्मयोग का विकल्प हैं और कुछ में सिर्फ ज्ञानकर्म-समुच्चय का ही प्रतिपादन है। परंतु उपनिषदों के सांप्रदायिक भाष्यों में ये भेद. नहीं दिखलाए गए हैं; किंतु यही कहा गया है, कि समस्त उपनिषद् केवल एक ही अर्थ-विशेषत: संन्यास-प्रतिपादन करते हैं। सारांश, सांप्रदायिक टीकाकारों के हाथों गीता की और उपनिषदों की भी एक ही दशा हो गई है, अर्थात् गीता के कुछ श्लोकों के समान उपनिषदों के कुछ मंत्रों को भी इन भाष्यकारों को खींचातानी करनी पड़ती है। उदाहरणार्थ, ईशावास्य उपनिषद लीजिए। यद्यपि उपनिषद् छोटा अर्थात् सिर्फ अठारह श्लोकों का है, तथापि इसकी योग्यता अन्य उपनिषदों की अपेक्षा अधिक समझी जाती है। क्योंकि यह उपनिषद् स्वयं वाजसनेयी संहिता में ही कहा गया है; और अन्यान्य उपनिषद् आरण्यक ग्रंथ में कहे गए हैं। यह बात सर्वमान्य है, कि संहिता की अपेक्षा ब्राह्मण और ब्राह्मणों की अपेक्षा आरण्यक ग्रंथ उत्तरोत्तर कम प्रमाण के हैं। यह संपूर्ण ईशावास्योपनिषद्-अथ से इतिपर्यंत ज्ञान कर्म-समुच्चयात्मक है। उसके पहले मंत्र में (श्लोक) यह कहकर, कि "जगत में जो कुछ है, उसे ईशावास्य अर्थात् परमेश्वरधिष्ठित समझना चाहिए"; दूसरे ही मंत्र में स्पष्ट कह दिया है, कि 'जीवनभर सौ वर्ष निष्काम कर्म करते रहकर ही जीते रहने की इच्छा रखो।" वेदान्तसूत्र में कर्मयोग का विवेचन करने का जब समय आया, तब और अन्यान्य ग्रंथों में भी ईशावास्य का यही वचन ज्ञान-कर्म-समुच्चयपक्ष का समर्थक के नाते दिया हुआ मिलता है। परंतु ईशावास्योपनिषद् इतने से ही पूरा नहीं हो जाता। दूसरे मंत्र में कही गई बात का समर्थन करने के लिए आगे 'अविद्या' (कर्म) और 'विद्या' के (ज्ञान) विवेचन का आरंभ कर नवें मंत्र में कहा है, कि "निरी अविद्या का (कर्म) करनेवाले पुरुष अंधकार में घुसते हैं; और कोरी विद्या में (ब्रह्मज्ञान) मग्न रहनेवाले पुरुष गहरे अंधेरे में जा पड़ते हैं।" केवल अविद्या (कर्म) और केवल विद्या की (ज्ञान) प्रत्येक की इस प्रकार अलग-अलग लघुता दिखलाकर ग्यारहवें मंत्र में नीचे लिखे अनुसार 'विद्या' और 'अविद्या', दोनों समुच्चय की आवश्यकता इस उपनिषद में वर्णन की गई है:-

विद्यां चाऽविद्या च यस्तद्वेदोभयं सह।
अविद्यया मृत्युं तीर्त्वा विद्ययाऽमृतमश्नुते॥

"जिसने विद्या (ज्ञान) और अविद्या (कर्म) इन दोनों को एक दूसरे के साथ जान लिया, वह अविद्या से (कर्मों) मृत्यु को अर्थात् नाशवंत मायासृष्टि के प्रपंच को (भली-भाँति) पार कर, विद्या से (ब्रह्मज्ञान से) अमृततत्त्व को प्राप्त कर लेता है।" यही इस मंत्र का स्पष्ट और सरल अर्थ है। और यही अर्थ, विद्या को 'संभूति' अर्थात् जगत् का आदि कारण, एवं उससे भिन्न अविद्या को 'असंभूति' या 'विनाश' अर्थात् ये दूसरे नाम देकर आगे के तीन मंत्रों में फिर से दुहराया गया है (ईश. 12-14)। इससे व्यक्त होता है, कि संपूर्ण ईशावास्योपनिषद् विद्या और अविद्या का एककालीन (उभयं सह)

समुच्चय प्रतिपादन करता है। उल्लिखित मंत्र में 'विद्या' और 'अविद्या' शब्दों के समान ही मृत्यु और अमृत शब्द परस्पर प्रतियोगी हैं। इनमें से अमृत शब्द से 'अविनाशी ब्रह्म' अर्थ प्रकट है; और इसके विपरीत मृत्यु शब्द से "नाशवंत मृत्युलोक या ऐहिक संसार" यह अर्थ निष्पन्न होता है; और ये दोनों शब्द इसी अर्थ में ऋग्वेद के नासदीय सूक्त में भी आए हैं (ऋ. 10.129.2)। विद्या आदि शब्दों के ये सरल अर्थ लेकर-अर्थात् विद्या=ज्ञान, अविद्या=कर्म, अमृत=ब्रह्म और मृत्यु=मृत्युलोक, ऐसा समझकर-यदि ईशावास्य के उल्लिखित ग्यारहवें मंत्र का अर्थ करें, तो प्रथम दीख पड़ेगा, कि इस मंत्र के पहले चरण में विद्या और अविद्या का एककालीन समुच्चय वर्णित है; और उसी बात को दृढ़ करने के लिए दूसरे चरण में इन दोनों में से प्रत्येक का भिन्न-भिन्न फल बतलाया है। ईशावास्योपनिषद् को ये दोनों फल इष्ट हैं; और इसलिए इस उपनिषद में ज्ञान और कर्म, दोनों का एककालीन समुच्चय प्रतिपादित हुआ है। मृत्युलोक के प्रपंच को अच्छी रीति से चलाने या उससे भली-भाँति पार पड़ने को ही गीता में 'लोकसंग्रह' नाम दिया गया है। यह सच है, कि मोक्ष प्राप्त करना मनुष्य का कर्त्तव्य है; परंतु उसके साथ ही उसे लोकसंग्रह करना भी आवश्यक है; इसी से गीता का सिद्धान्त है, कि ज्ञानी पुरुष यह लोकसंग्रहकारक कर्म न छोड़े; और यही सिद्धान्त शब्द भेद से "अविद्या मृत्युं तीर्त्वा विद्ययाऽमृतमश्नुते" इस उल्लिखित मंत्र में आ गया है। इससे प्रकट होगा, कि गीता उपनिषदों को केवल पकड़े ही नहीं है प्रत्युत ईशावास्योपनिषद में स्पष्टतया वर्णित अर्थ ही गीता में विस्तार सहित प्रतिपादित हुआ है। ईशावास्योपनिषद् जिस वाजसनेयी संहिता में है, उसी वाजसनेयी संहिता का भाग शतपथ ब्राह्मण है। इस शतपथ ब्राह्मण के आरण्यक में बृहदारण्यकोपनिषद् आया है, जिसमें ईशावास्य का यह नवाँ मंत्र अक्षरश: ले लिया है, कि "कोरी विद्या में (ब्रह्मज्ञान) मग्न रहनेवाले पुरुष गहरे अंधेरे में जा पड़ते हैं" (बृ. 4.4.10)। इस बृहदारण्यकोपनिषद् में ही जनक राजा की कथा है; और उसी जनक का दृष्टान्त कर्मयोग के समर्थन के लिए भगवान ने गीता में लिखा है (गीता 3. 20)। इससे ईशावास्य का और भगवद्गीता के कर्मयोग का जो संबंध हमने ऊपर दिखलाया है, वही अधिक दृढ़ और नि:संशय सिद्ध होता है।

परंतु जिनका सांप्रदायिक सिद्धान्त ऐसा है, कि सभी उपनिषद में मोक्ष प्राप्ति का एक ही मार्ग प्रतिपाद्य है और वह भी वैराग्य का या संन्यास का ही है; उपनिषद में दो-दो मार्गों का प्रतिपादन होना शक्य नहीं; उन्हें ईशावास्योपनिषद के स्पष्टार्थक मंत्रों का भी, खींचातानी कर, किसी प्रकार निराला अर्थ लगाना पड़ता है। ऐसा न करें, तो ये मंत्र उनके संप्रदाय के प्रतिकूल हो जाते हैं; और ऐसा होने देना उन्हें इष्ट नहीं; इसलिए ग्यारहवें मंत्र पर व्याख्यान करते समय शांकर भाष्य में 'विद्या' शब्द का अर्थ 'ज्ञान' न कर 'उपासना' किया गया है। यह नहीं, कि विद्या शब्द का अर्थ उपासना न होता हो। शांडिल्य विद्या प्रभृति स्थानों में उसका अर्थ उपासना ही होता है; पर वह मुख्य अर्थ नहीं है। यह भी नहीं, कि श्रीशंकराचार्य के ध्यान में यह बात आई न होगी या आई न थी। और तो क्या, उसका ध्यान में न आना शक्य ही न था। दूसरे उपनिषदों में भी ऐसे वचन हैं-"विद्यया विन्दतेऽमृतम्" (केन. 2.12), अथवा "प्राणस्याध्यात्मं विज्ञायामृतमश्नुते" (प्रश्न 3.12)। मैत्र्युपनिषद के सातवें प्रपाठक में "विद्यां चाविद्यां च" इत्यादि ईशावास्य का उल्लिखत ग्यारहवाँ मंत्र ही अक्षरश: ले लिया है; और उससे सट कर ही, उसके पूर्व कठ. 2.4 और आगे कठ. 2.5 ये मंत्र दिए हैं। अर्थात् ये तीनों मंत्र एक ही स्थान पर एक के पश्चात् एक दिए गए हैं; और बिचला मंत्र ईशावास्य का है; और तीनों में भी 'विद्या' शब्द वर्तमान है। इसलिए कठोपनिषद में विद्या शब्द का जो अर्थ है, वही (ज्ञान) अर्थ ईशावास्य में भी लेना चाहिए-मैत्र्युपनिषद का ऐसा ही

अभिप्राय प्रकट होता है। परंतु ईशावास्य के शांकरभाष्य में कहा है, कि "यदि विद्या=आत्म-ज्ञान और अमृत=मोक्ष, ऐसे अर्थ ही ईशावास्य के ग्याहरवें मंत्र में लें, तो कहना होगा, कि ज्ञान (विद्या) और कर्म (अविद्या) का समुच्चय इस उपनिषद में वर्णित है; परंतु जब कि यह समुच्चय न्यास से युक्त नहीं है, तब विद्या देवतोपासना और अमृत=देवलोक, ये गौण अर्थ ही इस स्थान पर लेने चाहिए।" सारांश, प्रकट है, कि "ज्ञान होने पर संन्यास ले लेना चाहिए, कर्म नहीं करने चाहिए; क्योंकि ज्ञान और कर्म का समुच्चय कभी भी न्याय्य नहीं।" शांकर संप्रदाय के इस मुख्य सिद्धान्त के विरुद्ध ईशावास्य का मंत्र न होने पावे; इसलिए विद्या शब्द का गौण अर्थ स्वीकारकर, समस्त श्रुति-वचनों की अपने संप्रदाय के अनुरूप एकवाक्यता करने के लिए, शांकरभाष्य में ईशावास्य के ग्यारहवें मंत्र का ऊपर लिखे अनुसार अर्थ किया गया है। सांप्रदायिक दृष्टि से देखें तो ये अर्थ महत्त्व के ही नहीं; प्रत्युत आवश्यक भी हैं। परंतु जिन्हें यह मूल सिद्धान्त ही मान्य नहीं, कि समस्त उपनिषदों में एक ही अर्थ प्रतिपादित रहना चाहिए, दो मार्गों का श्रुति प्रतिपादित होना शक्य नहीं, उन्हें उल्लिखित मंत्र में विद्या और अमृत शब्द के अर्थ बदलने के लिए कोई भी आवश्यकता नहीं रहती। यह तत्त्व मान लेने से भी, कि परब्रह्म 'एकमेवाद्वितीय' है, यह सिद्ध नहीं होता, कि उसके ज्ञान का उपाय एक से अधिक न रहें। एक ही अटारी पर चढ़ने के लिए दो जीने, वा एक ही गाँव जाने के लिए जिस प्रकार दो मार्ग हो सकते हैं, उसी प्रकार मोक्ष प्राप्ति के उपायों की या निष्ठाओं की बात है; और इसी अभिप्राय से भगवद्गीता में स्पष्ट कह दिया है-"लोकेऽस्मिन् द्विविधा निष्ठा।" दो निष्ठाओं का होना संभवनीय कहने पर, कुछ उपनिषदों में केवल ज्ञाननिष्ठा का, तो कुछ में ज्ञान-कर्म-समुच्चय-निष्ठा का वर्णन आना कुछ अशक्य नहीं है। अर्थात् ज्ञाननिष्ठा का विरोध होता है, इसी से ईशावास्योपनिषद के शब्द का सरल, स्वाभाविक और स्पष्ट अर्थ छोड़ने के लिए भी कोई कारण नहीं रह जाता। यह कहने के लिए, कि श्रीमत् शंकराचार्य का आक्षेप सरल अर्थ की अपेक्षा संन्यास निष्ठा प्रधान एकवाक्यता की ओर विशेष था, एक और दूसरा कारण भी है। तैत्तिरीय उपनिषद के शांकरभाष्य में (तै. 2.11) ईशावास्य. मंत्र का इतना ही भाग दिया है कि "अविद्यया मृत्युं तीर्त्वा विद्ययाऽमृतमश्नुते", और उनके साथ ही मनुवचन भी दे दिया है, कि "तपसा कल्मषं हन्ति विद्ययाऽमृतमश्नुते" (मनु. 12.104); और इन दोनों ही वचनों में 'विद्या' शब्द का एक ही मुख्यार्थ अर्थात् ब्रह्मज्ञान आचार्य ने स्वीकार किया है। परंतु यहाँ आचार्य का कथन है, कि "तीर्त्वा=तैरकर या पारकर", इस पद से मृत्युलोक को तैर जाने की क्रिया पहले पूरी हो जाने पर फिर (एक-साथ ही नहीं) विद्या से अमृतत्त्व प्राप्त होने की क्रिया संघटित होती है। किंतु कहना नहीं होगा, कि यह अर्थ पूर्वार्द्ध के 'उभयं सह' शब्दों के विरुद्ध हो जाता है और प्राय: इसी कारण से ईशावास्य के शांकरभाष्य में निराला व्याख्यान करने का जो कारण है, वह इससे व्यक्त हो जाता है। यह कारण सांप्रदायिक है; और भाष्य कर्ता की सांप्रदायिक दृष्टि स्वीकार न करने वालों को प्रस्तुत भाष्य का यह व्याख्यान मान्य न होगा। यह बात हमें भी मंजूर है, कि श्रीमच्छंशकराचार्य जैसे अलौकिक ज्ञानी पुरुष के प्रतिपादन किए हुए अर्थ को छोड़ देने का प्रसंग यदि टले, तो अच्छा है! परंतु सांप्रदायिक दृष्टि त्यागने से प्रसंग तो आएंगे ही; और इसी कारण हमसे पहले भी ईशावास्य के मंत्र-अर्थ शांकरभाष्य से विभिन्न प्रकार से अर्थात् जैसे हम कहते हैं, वैसे ही अन्य भाष्यकारों ने लगाए हैं। उदाहरणार्थ, वाजसनेयी संहिता पर अर्थात् ईशावास्योपनिषद पर भी उवटाचार्य का जो भाष्य है, उसमें "विद्यां

चाविद्यां च" इस मंत्र का व्याख्यान करते हुए ऐसा अर्थ दिया है, कि "विद्या = आत्मज्ञान और अविद्या = कर्म; इन दोनों के एकीकरण से ही अमृत अर्थात् मोक्ष मिलता है।" अनंताचार्य ने इस उपनिषद के अपने भाष्य में इसी ज्ञान-कर्म-समुच्चयात्मक अर्थ को स्वीकार कर अंत में साफ लिख दिया है, कि "इस मंत्र का सिद्धान्त और "यत्सांख्यैः प्राप्यते स्थानं तद्योगैरपि गम्यते" (गीता 5.5), गीता के इस वचन का अर्थ एक ही है एवं गीता के इस श्लोक में जो 'सांख्य' और 'योग' शब्द हैं, वे क्रम से 'ज्ञान' और 'कर्म' के द्योतक हैं।"[1] इसी प्रकार उपरार्कदेव ने भी याज्ञवल्क्य-स्मृति की (याज्ञ. 3.57; 205) अपनी टीका में ईशावास्य का ग्यारहवाँ मंत्र देकर, अनंताचार्य के समान ही, उसका ज्ञान-कर्म-समुच्चयात्मक अर्थ किया है। इससे पाठकों के ध्यान में आ जाएगा, कि आज हम नए सिरे से ही ईशावास्योपनिषद के मंत्र का शांकरभाष्य से भिन्न अर्थ नहीं करते।

यह तो हुआ स्वयं ईशावास्योपनिषद के मंत्र के संबंध का विचार। अब शांकरभाष्य में "तपसा कल्मषं हन्ति विद्ययाऽमृतमश्नुते" यह जो मनु का वचन है, उसका भी थोड़ा-सा विचार करते हैं। मनुस्मृति के बारहवें अध्याय में यह 104 क्रमांक का श्लोक है; और मनु: 12.86 से विदित होगा, कि यह प्रकरण वैदिक कर्मयोग का है। कर्मयोग के इस विवेचन में:-

तपो विद्या च विप्रस्य निःश्रेयसकरं परम्।
तपसा कल्मषं हन्ति विद्ययाऽमृतमश्नुते॥

पहले चरण में यह बतलाकर, कि "तप और (च) विद्या, ये (अर्थात् दोनों) ब्राह्मण को उत्तम मोक्षदायक हैं", फिर उनमें से प्रत्येक का उपयोग दिखलाने के लिए दूसरे चरण में कहा है, कि "तप से दोष नष्ट हो जाते हैं और विद्या से अमृत अर्थात् मोक्ष मिलता है।" इससे प्रकट होता है, कि इस स्थान पर ज्ञान-कर्म-समुच्चय ही मनु को अभिप्रेत है; और ईशावास्य के ग्यारहवें मंत्र का ही अर्थ मनु ने इस श्लोक में वर्णन कर दिया है। हारीत-स्मृति के वचन से भी यही अर्थ अधिक दृढ़ होता है। यह हारीत-स्मृति स्वतंत्र तो उपलब्ध है ही; इसके सिवा नृसिंह पुराण में भी (नृ. पु. 57-61) आई है। इस नृसिंह पुराण में (61.9-11) और हारीत-स्मृति में (हा. स्मृ. 7.9-11) ज्ञान-कर्म-समुच्चय के संबंध में ये श्लोक हैं:-

यथाश्चा रथहीनाश्च रथाश्चाश्चैर्विना यथा।
एवं तपश्च विद्या च उभावपि तपस्विनः॥
यथान्नं मधुसंक्तं मधु चान्नेन संयुतम्।
एवं तपश्च विद्या च संयुक्तं भेषजं महत्॥
द्वाभ्यामेव हि पक्षाभ्यां यथा वै पक्षिणां गतिः।
तथैव ज्ञानकर्माभ्यां तप्यते ब्रह्म शाश्वतम्॥

"जिस प्रकार रथ के बिना घोड़े और घोड़ों के बिना रथ (नहीं चलते), उसी प्रकार तपस्वी के तप और विद्या की भी स्थिति है। जिस प्रकार अन्न शहद से संयुक्त हो; और

---

1. पुणे के आनंदाश्रम में ईशावास्योपनिषद की जो पुस्तक छपी है, उसमें ये सभी भाष्य हैं और याज्ञवल्क्य-स्मृति की अपरार्ककी टीका भी आनंदाश्रम में ही पृथक् छपी है। प्रो. मेक्समूलर ने उपनिषदों का जो अनुवाद किया है, उनमें ईशावास्य का भाषांतर शांकरभाष्य के अनुसार नहीं है। उन्होंने भाषांतर के अंत में इसके कारण बतलाए हैं (Sacred Books of the East Series, Vol. I.pp. 314-320) अनंताचार्य का भाष्य में मेक्समूलर साहब को उपलब्ध नहीं हुआ था; और उसके ध्यान में यह बात भी आई हुई दीख नहीं पड़ती, कि शांकरभाष्य में निराले अर्थ क्यों किए गए हैं?

शहद अन्न से संयुक्त हो, उसी प्रकार तप और विद्या के (दोनों के) संयुक्त होने से एक महौषधि बनती है। जैसे पक्षियों की गति दोनों पंखों के योग से ही होती है, वैसे ही ज्ञान और कर्म से (दोनों) शाश्वत ब्रह्म प्राप्त होता है।" हारीत-स्मृति के उपरोक्त वचन वृद्धात्रेय-स्मृति के दूसरे अध्याय में भी पाए जाते हैं। इन वचनों से, और विशेषकर उनमें दिए गए दृष्टान्तों से, प्रकट हो जाता है, कि मनुस्मृति के वचनों का क्या अर्थ लगाना चाहिए? यह तो पहले ही कह चुके हैं, कि मनु तप शब्द में ही चातुर्वर्ण्य के कर्मों का समावेश करते हैं (मनु. 11.236); और अब दीख पड़ेगा, कि तैत्तिरीयोपनिषद में 'तप और स्वाध्याय-प्रवचन' इत्यादि का जो आचरण करने के लिए कहा गया है (तै. 1.9), वह भी ज्ञान-कर्म-समुच्चय-पक्ष को स्वीकार कर ही कहा गया है। संपूर्ण योगवासिष्ठ ग्रंथ तात्पर्य भी यही है। क्योंकि इस ग्रंथ के आरंभ में सुतीक्ष्ण ने प्रश्न किया है, कि मुझे बतलाइए, कि मोक्ष कैसे मिलता है? केवल ज्ञान से, केवल कर्म से, या दोनों के समुच्चय से और उसे उत्तर देते हुए हारीत स्मृति के पक्षी के पंखों वाला, दृष्टान्त लेकर, पहले यह बतलाया है, कि "जिस प्रकार आकाश में पक्षी की गति दोनों पंखों से ही होती है, उसी प्रकार ज्ञान और कर्म, इन्हीं दोनों से मोक्ष मिलता है। केवल एक से ही यह सिद्धि मिल नहीं जाती।" और आगे इसी अर्थ को विस्तार सहित सिद्ध कर दिखलाने के लिए संपूर्ण योगवासिष्ठ ग्रंथ कहा गया है (यो. 1.1.6-9)। इसी प्रकार वसिष्ठ ने राम को मुख्य कथा में स्थान-स्थान पर बार-बार यही उपदेश किया है, कि "जीवन्मुक्त के समान बुद्धि को शुद्ध रखकर तुम समस्त व्यवहार करो" (यो. 5.18. 17-26); या मरणपर्यंत कर्मों का छोड़ना उचित न होने के कारण (यो. 6. उ. 2.42), स्वधर्म के अनुसार प्राप्त राज्य को पालने का काम करते रहो" (यो. 5.5.54; 6. उ. 213.50)। इस ग्रंथ का उपसंहार और आगे श्रीरामचंद्र के किए हुए काम भी इसी उपदेश के अनुसारा हैं। परंतु योगवासिष्ठ के टीकाकार थे संन्यास-मार्गीय, इसलिए पक्षी के दो पंखों वाली उपमा के स्पष्ट होने पर भी, उन्होंने अंत में अपनी ओर से यह तुर्रा लगा ही दिया, कि ज्ञान और कर्म, दोनों युगपत् अर्थात् एक ही समय में विहित नहीं हैं। परंतु बिना टीका के मूल ग्रंथ पढ़ने से किसी के भी ध्यान में सहज ही आ जावेगा, कि टीकाकारों का यह अर्थ खींचातानी का है; एवं क्लिष्ट और सांप्रदायिक है। मद्रास प्रांत में योगवासिष्ठ-सरीखा ही 'गुरुज्ञान-वासिष्ठ-तत्त्वसारायण' नामक एक ग्रंथ प्रसिद्ध है ओर उसके ज्ञानकांड, उपासनाकांड और कर्मकांड-ये तीन भाग हैं। हम पहले कह चुके हैं, कि यह ग्रंथ जितना पुराना बतलाया जाता है, उतना पुराना नहीं दिखता है। यह प्राचीन भले ही न हो; पर जबकि ज्ञान-कर्म-समुच्चय-पक्ष ही उसमें प्रतिपाद्य है, तब इस स्थान पर उसका उल्लेख करना आवश्यक है। इसमें अद्वैत वेदान्त है और निष्काम कर्म पर भी बहुत जोर दिया गया है, इसलिए यह कहने में कोई हानि नहीं, कि उसका संप्रदाय भी शंकराचार्य के संप्रदाय से भिन्न और स्वतंत्र है। मद्रास की ओर इस संप्रदाय का नाम 'अनुभवाद्वैत' है और वास्तविक देखने से ज्ञात होगा, कि गीता के कर्मयोग की यह एक नकल ही है। परंतु केवल भगवद्गीता के ही आधार से इस संप्रदाय को सिद्ध न कर, इस ग्रंथ में कहा है, कि कुल 108 उपनिषदों से भी वही अर्थ सिद्ध होता है। इसमें रामगीता और सूर्यगीता, ये दो नई गीताएँ भी दी हैं, कुछ लोगों की जो यह समझ है, कि अद्वैत मत को अंगीकार करना मानो कर्म-संन्यास-पक्ष को स्वीकार करना ही है, वह इस ग्रंथ से दूर हो जाएगी। ऊपर दिए गए प्रमाणों से अब स्पष्ट हो जाएगा, कि संहिता, ब्राह्मण, उपनिषद्, धर्मसूत्र, मनु-याज्ञवल्क्य-स्मृति, महाभारत, भगवद्गीता, योगवासिष्ठ और अंत में तत्त्वसारायण प्रभृति ग्रंथों में जो निष्काम कर्मयोग प्रतिपादित है, उसको श्रुति-स्मृति-प्रतिपादित न मान केवल संन्यास-मार्ग को ही श्रुति-स्मृति-प्रतिपादित

कहना सर्वथा निर्मूल है।

इस मृत्युलोक के व्यवहार चलने के लिए या लोकसंग्रहार्थ यथाधिकार निष्काम कर्म और मोक्ष की प्राप्ति के लिए ज्ञान, इन दोनों का एककालीन समुच्चय ही, अथवा महाराष्ट्र कवि शिवदिन-केसरी के वर्णनानुसार-

प्रपंच साधुनि परमार्थाचा लाहो ज्याने केला।
तो नर भला भला रे भला भला॥[1]

यही अर्थ गीता में प्रतिपाद्य है। कर्मयोग का यह मार्ग प्राचीन काल से चला आ रहा है; जनक प्रभृति ने इसी का आचरण किया है; और स्वयं भगवान के द्वारा इसका प्रसर और पुनरुज्जीवन होने के कारण इसे भागवत-धर्म कहते हैं। ये सब बातें अच्छी तरह सिद्ध हो चुकीं। अब लोकसंग्रह की दृष्टि से यह देखना भी आवश्यक है, कि इस मार्ग के ज्ञानी पुरुष परमार्थयुक्त अपना प्रपंच-जगत के व्यवहार-किस रीति से चलाते हैं? परंतु यह प्रकरण बहुत बढ़ गया है, इसलिए इस विषय का स्पष्टीकरण अगले प्रकरण में करेंगे।

❑❑❑

1. "वही नर भला है, जिसने प्रपंच साध कर (संसार के सब कर्त्तव्यों का यथोचित पालन कर) परमार्थ याने मोक्ष की प्राप्ति भी कर ली हो।"

बारहवाँ प्रकरण

सिद्धावस्था और व्यवहार

**सर्वेषां यः सुहृन्नित्यं सर्वेषां च हिते रतः।
कर्मणा मनसा वाचा स धर्मं वेद जाजले॥**[1]

– महाभारत, शांति. 261.9

जिस मार्ग का यह मत है, कि ब्रह्मज्ञान हो जाने से जब बुद्धि अत्यंत सम और निष्काम हो जावे, तब शेष मनुष्य को आगे कुछ भी कर्त्तव्य नहीं रह जाता; और इसीलिए ज्ञानी पुरुष को क्षणभंगुर संसार के दुःखमय और शुष्क व्यवहार विरक्त-बुद्धि से सर्वथा छोड़ देने चाहिए, उस मार्क के पंडित इस बात को कदापि नहीं जान सकते, कि कर्मयोग अथवा गृहस्थाश्रम के बर्ताव का भी कोई विचार करने योग्य शास्त्र है। संन्यास लेने भी पहले चित्त की शुद्धि होकर ज्ञान प्राप्ति हो जानी चाहिए, इसलिए उन्हें मंजूर है, कि संसार गृहस्थी के काम उस धर्म से ही करने चाहिए, कि जिससे चित्तवृत्ति शुद्ध होवे; अर्थात् वह सात्त्विक बने। इसीलिए वे समझते हैं, कि संसार में ही सदैव बने रहना पागलपन है और जितनी जल्दी हो सके, उतनी जल्दी प्रत्येक मनुष्य संन्यास ले ले-यही इस जगत में उसका परम कर्त्तव्य है। ऐसा मान लेने से कर्मयोग का स्वतंत्र महत्त्व कुछ भी नहीं रह जाता; और इसीलिए संन्यास मार्ग के पंडित गृहस्थी के कर्त्तव्यों के विषय में कुछ थोड़ा-सा प्रासंगिक विचार करके, गार्हस्थधर्म के, कर्म-अकर्म के विवेचन का इससे अधिक विचार कभी नहीं करते, कि मनु आदि शास्त्रकारों के बतलाए हुए चार आश्रम रूपी जीने से चढ़कर संन्यास आश्रम की अंतिम सीढ़ी पर जल्दी पहुँच जाओ। इसीलिए कलियुग के संन्यास मार्ग के पुरस्कर्ता श्रीशंकराचार्य ने अपने गीता-भाष्य में गीता के कर्म प्रधान वचनों की उपेक्षा की है, अथवा उन्हें केवल प्रशंसात्मक (अर्थवाद-प्रधान) कल्पित किया है; और अंत में गीता का यह फलितार्थ निकाला है, कि कर्म-संन्यास-धर्म ही गीता के इस रहस्य का वर्णन किया है, कि भगवान ने रणभूमि पर अर्जुन को निवृत्ति-प्रधान अर्थात् निरी भक्ति या पातंजलयोग अथवा मोक्ष मार्ग ही उपदेश किया है। इसमें कोई संदेह नहीं, कि संन्यास-मार्ग का अध्यात्मज्ञान निर्दोष है। और इसके द्वारा प्राप्त होने वाली साम्य बुद्धि अथवा निष्काम अवस्था भी गीता को मान्य है। तथापि गीता को संन्यास मार्ग का यह कर्म संबंधी मत ग्राह्य नहीं है, कि मोक्षप्राप्ति के लिए अंत में कर्मों को सर्वथा छोड़ ही बैठना चाहिए। पिछले प्रकरण में हमने विस्तार सहित गीता का यह विशेष सिद्धान्त दिखलाया है, कि ब्रह्मज्ञान से प्राप्त होने वाले वैराग्य अथवा समता से ही ज्ञानी पुरुष को ज्ञान-प्राप्ति हो चुकने पर भी सारे व्यवहार करते रहना चाहिए। जगत से ज्ञानयुक्त कर्म को निकाल

---

1. "हे जाजले! (कहना चाहिये की) उसी ने धर्म को जाना, कि जो कर्म से, मन से और वाणी से सबका हित करने में लगा हुआ है, और जो सभी का जित्य स्नेही है।"

डालने से तो दुनिया अंधी हुई जाती है? और इससे उसका नाश हो जाता है; जबकि भगावान की ही इच्छा है, कि इस रीति से उसका नाश न हो, वह भली-भाँति चलती रहे; तब ज्ञानी पुरुष को भी जगत के सभी कर्म निष्काम बुद्धि से करते हुए सामान्य लोगों को अच्छे बर्ताव का प्रत्यक्ष नमूना दिखला देना चाहिए। इसी मार्ग को अधिक श्रेयस्कर और ग्राह्य कहें, तो यह देखने की जरूरत पड़ती है, कि इस प्रकार का ज्ञानी पुरुष जगत के व्यवहार किस प्रकार करता है? क्योंकि ऐसे ज्ञानी पुरुष का बर्ताव ही लोगों के लिए आदर्श है। उसके कर्म करने की रीति को परख लेने से धर्म-अधर्म, कार्य-अकार्य अथवा कर्त्तव्य-अकर्त्तव्य का निर्णय कर देने वाला साधन या युक्ति-जिसे हम खोज रहे थे-आप-ही-आप हमारे हाथ लग जाती है। संन्यास-मार्ग की अपेक्षा कर्मयोग मार्ग की यही तो विशेषता है। इंद्रियों का निग्रह करने से जिस पुरुष की व्यवसायात्मक बुद्धि स्थिर होकर "सब भूतों में एक आत्मा" इस साम्य को परख लेने में समर्थ हो जाए, उसकी वासना भी शुद्ध ही होनी चाहिए। इस प्रकार वासनात्मक बुद्धि के शुद्ध, सम, निर्मम और पवित्र हो जाने से फिर वह कोई भी पाप या मोक्ष के लिए प्रतिबंधक कर्म कर ही नहीं सकता, क्योंकि पहले वासना है; फिर तदनुकूल कर्म, जबकि क्रम ऐसा है, तब शुद्ध वासना से होने वाला कर्म शुद्ध ही होना चाहिए; और जो शुद्ध है, वही मोक्ष के लिए अनुकूल है। अर्थात् हमारे आगे जो 'कर्म-अकर्म-विचिकित्सा' या 'कार्य-अकार्य-व्यस्थिति' का विकट प्रश्न था, कि पारलौकिक कल्याण के मार्ग में आड़े न आकर इस संसार में मनुष्यमात्र को कैसा बर्ताव करना चाहिए, उसका अपनी करनो से प्रत्यक्ष उत्तर देने वाला गुरु अब हमें मिल गया (तै. 1.11.4; गीता 3.21)। अर्जुन के आगे ऐसा गुरु श्रीकृष्ण के रूप मे प्रत्यक्ष खड़ा था और जब अर्जुन को यह शंका हुई कि "क्या, ज्ञानी पुरुष बुद्ध आदि कर्मों को बंधनकारक समझकर छोड़ दे?" तब उसको इस गुरु ने दूर बहा दिया और अध्यात्मशास्त्र के सहारे अर्जुन को भली-भाँति समझा दिया, कि किस युक्ति से जगत के व्यवहार करते रहने पर पाप नहीं लगता; और उसे युद्ध के लिए प्रवृत्त किया। किंतु ऐसा चोखा ज्ञान देने वाले गुरु प्रत्येक मनुष्य को जब चाहे तब नहीं मिल सकते और तीसरे प्रकरण के अंत में, "महाजनो येन गतः स पन्थाः" इस वचन का विचार करते हुए हम बतला चुके हैं, कि ऐसे महापुरुषों के निरे ऊपरी बर्ताव पर सर्वथा अवलंबित रह भी नहीं सकते। अतएव जगत को अपने आचरण से शिक्षा देने वाले इस ज्ञानी पुरुषों के बर्ताव की बड़ी बारीकी से जाँच कर विचार करना चाहिए, कि इनके बर्ताव का यथार्थ रहस्य या मूल तत्त्व क्या है? इसे ही कर्मयोगशास्त्र कहते हैं; और ऊपर जो ज्ञानी पुरुष बतलाए गए हैं, उनकी स्थिति और कृति ही इस शास्त्र का आधार है। इस जगत के सभी पुरुष यदि इस प्रकार के आत्मज्ञानी और कर्मयोगी हों, तो कर्मयोगशास्त्र की जरूरत ही न पड़ेगी। नारायणीय धर्म में एक स्थान पर कहा है:-

एकान्तिनो हि पुरुषा दुर्लभा बहवो नृप।
यद्येकान्तिभिराकीर्णं जगत् स्यात्कुरुनन्दन॥
अहिंसकैरात्मत्रिद्भिः सर्वभूतहिते रतै।
भवेत् कृतयुगप्राप्तिः आशीः कर्मविवर्जिता॥

"एकांतिक अर्थात् प्रवृत्ति-प्रधान भागवत धर्म का पूर्णतया आचरण करने वाले अनेक पुरुषों का मिलना कठिन है। आत्मज्ञानी, अहिंसक और प्राणिमात्र की भलाई के लिए कर्म करने वाले एकान्त धर्म के ज्ञानी पुरुषों से यदि यह जगत भर जावे, तो आशी : कर्म-अर्थात् काम्य अथवा स्वार्थ-बुद्धि से किए हुए सारे कर्म-इस जगत से दूर होकर फिर कृतयुग प्राप्त हो जावेगा" (शां. 348.62, 63)! क्योंकि ऐसी स्थिति में सभी पुरुषों

के ज्ञानवान् रहने से कोई किसी का नुकसान तो करेगा ही नहीं, प्रत्युत मनुष्य सबके कल्याण पर ध्यान देकर तदनुसार ही शुद्ध अंत:करण और निष्काम बुद्धि से अपना बर्ताव करेगा। हमारे शास्त्रकारों का मत है, कि बहुत पुराने समय में एक बार समाज की ऐसी ही स्थिति थी; और वह फिर कभी-न-कभी प्राप्त होगी ही (मभा. शां. 59.14)। परंतु पश्चिमी पंडित अर्वाचीन इतिहास के आधार से कहते हैं, कि पहले कभी ऐसी स्थिति नहीं थी, किंतु भविष्य में मानव जाति के सुधारों के सहारे कभी-न-कभी ऐसी स्थिति प्राप्त होने की संभावना है। जो हो; यहाँ इतिहास का विचार इस समय कर्त्तव्य नहीं है। हाँ, यह कहने में कोई हानि नहीं, कि समाज की इस अत्युत्कृष्ट स्थिति अथवा पूर्णावस्था में प्रत्येक मनुष्य परम ज्ञानी होगा; और वह जो व्यवहार करेगा, उसी को शुद्ध, पुण्यकारक, धर्म्य अथवा कर्त्तव्य की पराकाष्ठा मानना चाहिए, इस मत को दोनों ही मानते हैं। प्रसिद्ध अंग्रेज सृष्टिशास्त्र-ज्ञाता स्पेन्सर ने इसी मत का अपने नीतिशास्त्रविषयक ग्रंथ के अंत में प्रतिपादन किया है, और कहा है, कि प्राचीन काल में ग्रीस देश के तत्त्वज्ञानी पुरुषों ने यही सिद्धान्त किया था![1] उदाहरणार्थ, यूनानी तत्त्ववेत्ता प्लेटो अपने ग्रंथ में लिखता है, कि तत्त्वज्ञानी पुरुष को जो कर्म प्रशस्त जँचे, वही शुभकारक और न्याय्य है; साधारण मनुष्यों को ये धर्म विदित नहीं होते, इसलिए उन्हें तत्त्वज्ञ पुरुष के ही निर्णय को प्रमाण मान लेना चाहिए। आरिस्टॉटल नामक दूसरा ग्रीक तत्त्वज्ञ अपने नीतिशास्त्रविषयक ग्रंथ में (3.4) कहता है, कि ज्ञानी पुरुष का निर्णय सदैव अचूक रहना है, कि यह सच्चे तत्त्व को जाने रहता है; और ज्ञानी पुरुष का यह निर्णय व्यवहार की औरों को प्रमाणभूत है। एपिक्यूरस नाम के एक और ग्रीक तत्त्वशास्त्रवेत्ता ने इस प्रकार के प्रामाणिक परम ज्ञानी पुरुष के वर्णन में कहा है, कि वह "शांत, सम-बुद्धि वाला और परमेश्वर के समान सदा आनंदमय रहता है; तथा उसको लोगों से अथवा उससे लोगों को जरासा भी कष्ट नहीं होता"।[2] पाठकों के ध्यान में आ ही जाएगा, कि भगवद्गीता में वर्णित स्थितप्रज्ञ, त्रिगुणातीत अथवा परम भक्त या ब्रह्मभूत पुरुष के वर्णन में इस वर्णन की कितनी समता है। "यस्मान्नोद्विजते लोको लोकान्नोद्विजते च यः" (गीता 12.15)-जिससे लोक उद्विग्न नहीं होते अथवा जो लोगों से उद्विग्न नहीं होता, ऐसे ही जो नित्य संतुष्ट है, जो हर्ष-खेद, भय-विषाद, सुख-दु:ख आदि द्वंद्वों से मुक्त है, सदा अपने आप में ही संतुष्ट है ("आत्मन्येवात्मना तुष्टः" गीता 2.55) त्रिगुणों से जिसका अंत:करण चंचल नहीं होता ("गुणैर्यो न विचाल्यते" गीता 14.23), स्तुति या निंदा और मान या अपमान जिसे एक-से हैं; तथा प्राणिमात्र के अंतर्गत आत्मा की एकता को परखकर (गीता 18.54), साम्य-बुद्धि से आसक्ति छोड़कर, धैर्य और उत्साह से अपना कर्त्तव्य-कर्म करने वाला अथवा सम-लोष्ट-अश्म-कांचन (गीता 14. 24)-इत्यादि प्रकार से भगवद्गीता में भी स्थितप्रज्ञ के लक्षण तीन-चार बार विस्तारपूर्वक बतलाए गए हैं और इसी अवस्था को सिद्धावस्था या ब्राह्मी स्थिति कहा गया है। योगवासिष्ठ आदि के प्रणेता इसी स्थिति को जीवनमुक्तवावस्था कहते हैं। इस स्थिति का प्राप्त हो जाना अत्यंत दुर्घट है, अतएव जर्मन तत्त्ववेत्ता कांट का कथन है, कि ग्रीक

1. Spencer's Data of Ethics, Chap. XV, pp. 275-278 स्पेन्सर ने इसको Absolute Ethics नाम दिया है।

2. Epicurus held the virtuous state to be a tranquil, undisturbed innocuous, non-competitive fruition, which apporached, most nearly to the perfect happiness of the Gods, who neither suffered vixation int themselves, nor caused vaxation to others' Sepencer's Data of Ethics, p. 278, Bain's Mental and Moral Science Ed. 1875, p. 530 इसी को Ideal Wise Man कहा है।

पंडितों ने इस स्थिति को जो वर्णन किया है, वह किसी एक वास्तविक पुरुष का वर्णन नहीं है; बल्कि शुद्ध नीति के तत्त्वों को लोगों के मन में भर देने के लिए समस्त नीति को मूलभूत शुद्ध वासना को ही मनुष्य देह देकर उन्होंने पूरे सिरे के ज्ञानी और नीतिमान पुरुष का चित्र अपनी कल्पना से तैयार किया है। लेकिन हमारे शास्त्रकारों का सिद्धान्त है, कि यह स्थिति काल्पनिक नहीं, बिल्कुल सच्ची है, और मन का निग्रह तथा प्रयत्न करने से इसीलोक में प्राप्त हो जाती है और इस बात का प्रत्यक्ष अनुभव भी हमारे देश वालों को प्राप्त है। तथापि यह बात साधारण नहीं है। गीता में (गीता 7.3) स्पष्ट कहा है, कि हजारों मनुष्यों में कोई एक-आध मनुष्य इसकी प्राप्ति के लिए प्रयत्न करता है; और प्रयत्न करने वाले इन हजारों में से किसी विरले को ही अनेक जन्मों के अनंतर यह परमावधि की स्थिति अंत में प्राप्त होती है।

स्थितप्रज्ञ अवस्था या जीवनमुक्त अवस्था कितनी ही दुष्प्राप्य क्यों न हो, पर जिस पुरुष को यह परमावधि की सिद्धि एक बार प्राप्त हो गई, उसे कार्य-अकार्य के अथवा नीतिशास्त्र के नियम बतलाने की कभी आवश्यकता नहीं रहती-ऊपर इसके जो लक्षण बतला दिए हैं, उन्हीं से आगे यह बात वस्तुतः निष्पन्न हो जाती है। क्योंकि परमावधि की शुद्ध, सम और पवित्र बुद्धि ही नीति का सर्वस्व है, इस कारण ऐसे स्थितप्रज्ञ पुरुष के लिए नीति-नियमों का उपयोग करना मानो स्वयंप्रकाश सूर्य के समीप अंधकार होने की कल्पना करके उसे मशाल दिखलाने के समान असमंजस में पड़ना है। किसी एक-आध पुरुष के इस पूर्णावस्था में पहुँचने या न पहुँचने के संबंध में शंका हो सकेगी। परंतु जब एक बार निश्चय हो जाए, कि किसी भी रीति से क्यों न हो, कोई पुरुष इस पूर्णावस्था में पहुँच गया है, तब उसके पाप पुण्य के संबंध में, अध्यात्मशास्त्र के उल्लिखित सिद्धान्त को छोड़ और कोई कल्पना ही नहीं की जा सकती। प्रत्येक पश्चिमी राजधर्म-शास्त्रियों के मतानुसार, जिस प्रकार एक स्वतंत्र पुरुष में या पुरुष समूह में राजसत्ता अधिष्ठित रहती है और राजनियमों से प्रजा के बँधे रहने पर भी, राजा उन नियमों से मुक्त रहता है, ठीक उसी प्रकार नीति के राज्य में स्थितप्रज्ञ पुरुषों का अधिकार रहता है। उनके मन में कोई भी काम्य बुद्धि नहीं रहती, अतः केवल शास्त्र से प्राप्त कर्त्तव्यों को छोड़ और किसी भी हेतु से कर्म करने के लिए ये प्रवृत्त नहीं हुआ करते; अतएव अत्यंत निर्मल और शुद्ध वासना वाले इन पुरुषों के व्यवहार को पाप या पुण्य, नीति या अनीति शब्द कदापि लागू नहीं होते। वे तो पाप और पुण्य से परे, बहुत दूर, पहुँच जाते हैं। श्रीशंकराचार्य ने कहा है:-

निस्त्रैगुण्ये पथि विचरतां को विधिः को निषेधः।

"जो पुरुष त्रिगुणातीत हो गए, उनको विधिनिषेधरूपी नियम बाँध नहीं सकते।" और बौद्ध ग्रंथकारों ने भी लिखा है, कि "जिस प्रकार उत्तम हीरे को घिसना नहीं पड़ता, उसी प्रकार जो निर्वाणपद का अधिकारी हो गया, उसके कर्म को विधि नियमों का अड़ंगा लगाना नहीं पड़ता" (मिलिंदप्रश्न 4.5.7)। कौषीतकी उपनिषद (कौषी. 3.1) में इंद्र ने प्रतर्दन से जो यह कहा है कि आत्मज्ञानी पुरुषों को "मातृहत्या, पितृहत्या अथवा भ्रूणहत्या आदि पाप भी नहीं लगते।" अथवा गीता (गी. 18.17) में जो यह वर्णन है, कि अहंकार-बुद्धि से सर्वथा विमुक्त पुरुष यदि लोगों को मार भी डाले, तो भी वह पाप-पुण्य से सर्वदा अलिप्त ही रहता है, उसका तात्पर्य भी यही है (पंचदशी 14.16, 17)। 'धम्मपद' नामक बौद्ध ग्रंथ में इसी तत्त्व का अनुवाद किया गया है (धम्मपद,

श्लोक 294, 295)।[1] नई बाइबल में ईसा के शिष्य पौल ने जो यह कहा है, कि "मुझे सभी बातें (एक ही-सी) धर्म्य हैं (1 कारिं. 6.12; रोम. 8.2), उसका आशय जाने के या इस वाक्य का- कि "जो भगवान के पुत्र (पूर्ण भक्त) हो गए, उनके हाथ से कभी पाप हो नहीं सकता" (जा. 1.3.9)-आशय भी हमारे मत में ऐसा ही है। जो शुद्ध बुद्धि को प्रधानता न देकर केवल ऊपरी कर्मों से ही नीति का निर्णय करना सीखे हुए हैं, उन्हें यह सिद्धान्त अद्भुत-सा मालूम होता है; और "विधिनियमों से परे का", "मनमाना भला बुरा करने वाला", ऐसा अपने ही मन का कुतर्कपूर्ण अर्थ करके कुछ लोग उल्लिखित सिद्धान्त का इस प्रकार विपर्यास करते हैं, कि "स्थितप्रज्ञ को सभी बुरे कर्म करने की स्वतंत्रता है।" पर अंधे को खंभा न दीख पड़े, तो जिस प्रकार खंभा दोषी नहीं है, उसी प्रकार पक्षाभिमान के अंधे इन आक्षेप-कर्ताओं को उल्लिखित सिद्धान्त का ठीक-ठाक अर्थ अवगत न हो, तो उसका दोष भी इस सिद्धान्त के मत्थे नहीं थोपा जा सकता। इसे गीता भी मानती है, कि किसी की शुद्ध बुद्धि की परीक्षा पहले पहल उसके बाहरी आचरण से ही करनी पड़ती है और जो इस कसौटी पर चौकस सिद्ध होने में अभी कुछ कम हैं, उन अपूर्णावस्था के लोगों को उक्त सिद्धान्त लागू करने की इच्छा अध्यात्मवादी भी नहीं करते। पर जब किसी की बुद्धि के पूर्ण ब्रह्मनिष्ठ और निःसीम निष्काम होने में तिल भर भी संदेह न रहे, तब उस पूर्णावस्था में पहुँचे हुए सत्पुरुष की बात निराली हो जाती है। उसका एक-आध काम यदि लौकिक दृष्टि से विपरीत दीख पड़े तो भी तत्त्वतः यही कहना पड़ता है, कि वह काम दीखने में कैसा भी क्यों न हो, उसका बीज निर्दोष ही होना चाहिए। अथवा वह राष्ट्र की दृष्टि से किसी योग्य कारण से ही हुआ होगा, साधारण मनुष्यों के कामों के समान उसका लोकमूलक या अनीति का होना संभव नहीं है; क्योंकि उस सत्पुरुष की बुद्धि की पूरी शुद्धता और समता पहले से ही निश्चित रहती है। बाइबल में लिखा है, कि अब्राहम अपने पुत्र का बलिदान देना चाहता था; तो भी उसे पुत्रहत्या कर डालने के प्रयत्न का पाप नहीं लगा; या बुद्ध के शाप से उसका ससुर मर गया, तो भी उसे मृत्युहत्या का पातक छू तक नहीं गया; अथवा माता को मार डालने पर भी परशुराम के हाथ से मातृहत्या नहीं हुई; उसका कारण भी यही (तत्त्व) है (जिसका उल्लेख ऊपर किया गया है)। गीता में अर्जुन को यह उपदेश किया है, कि "तेरी बुद्धि यदि पवित्र और निर्मल हो, तो फलाशा छोड़कर केवल क्षात्रधर्म के अनुसार युद्ध में भीष्म और द्रोण को मार डालने से भी न तो तुझे पितामह के वध का पातक लगेगा और न गुरुहत्या का दोष भी। क्योंकि ऐसे समय ईश्वरी संकेत की सिद्धि के लिए तू तो केवल निमित्त हो गया है" (गीता 11.

---

1. कौषीतकी उपनिषद् का वाक्य यह है - "यो मां विज्ञानीयान्नास्य केनचित कर्मणा लोको मीयते न मातृवधेन न पितृवधेन न स्तेयेन न भ्रूणहत्या। और धाम्मपद का श्लोक इस प्रकार है:-

मातरं पितरं हंत्वा राजानो द्वे च खत्तिये।
रठ्ठं सानुचरं हंत्वा अनीघो याति ब्राह्मणो।।
मातरं पितरं हंत्वा राजानो द्वे च सोत्थिये।
वेय्यग्धपपंचमं हंत्वा अनीघो याति ब्राह्मणो।।

प्रकट है, कि धम्पद में यह कल्पना कौषीतकी उपनिषद से ली गई है। किंतु बौद्ध ग्रंथकार प्रत्यक्ष मातृवध अर्थ न करके 'माता' का तृष्णा और 'पिता' का अभिमान अर्थ करते हैं। लेकिन हमारे मत में इस श्लोक का नीतितत्त्व बौद्ध ग्रंथकारों को भली भाँति ज्ञान नहीं हो पाया, इसी से उन्होंने सह औपचारिक अर्थ लगाया है। कौषीतकी उपनिषद में 'मातृवधेन पितृवधेन' इत्यादि मंत्र के पहले इंद्र ने कहा है, कि "यद्यपि मैंने वृत्त अर्थात् ब्राह्मण का वध किया है, तो भी मुझे उससे पाप नहीं लगता। इससे स्पष्ट होता है कि यहाँ पर प्रत्यक्ष वध ही विवक्षित है। धम्मपद के अंग्रेजी अनुवाद में (S.B.E. Vol. X pp. 70] 71) मेक्समूलर साहब ने श्लोकों की जो टीका की है, हमारे मत में वह भी ठीक नहीं है।

33) उसमें भी यही तत्त्व भरा है। व्यवहार में भी हम यही देखते हैं, कि यदि किसी लखपति ने किसी भिखमंगे से दो पैसे छीन लिए हों, तो उस लखपति को तो कोई चोर कहता नहीं, उलटे यही समझ लिया जाता है, कि भिखारी ने ही कुछ अपराध किया होगा, कि जिसका लखपति ने उसको दंड दिया हो। यही न्याय इससे भी अधिक समर्पक रीति से या पूर्णता से स्थितप्रज्ञ, अर्हत और भगवद्भक्त के बर्ताव को उपयोग होता है। क्योंकि लखपति की बुद्धि एक बार भले ही डिग जाए; परंतु यह जानी बूझी बात है, कि स्थितप्रज्ञ की बुद्धि को ये विकार कभी स्पर्श तक नहीं कर सकते। सृष्टिकर्ता परमेश्वर सब कर्म करने पर भी जिस प्रकार पापपुण्य से अलिप्त रहता है, उसी प्रकार इन ब्रह्मभूत साधु-पुरुषों की स्थिति सदैव पवित्र और निष्पाप रहती है। और तो क्या, समय-समय पर ऐसे पुरुष स्वेच्छा अर्थात् अपनी मर्जी से जो व्यवहार करते हैं, उन्हीं से आगे चलकर विधि-नियमों के निर्बंध बन जाते हैं, और इसी से कहते हैं, कि ये सत्पुरुष इन विधि नियमों के जनक (उपजाने वाले) हैं-वे इनके दास कभी नहीं हो सकते। न केवल वैदिक धर्म में, प्रत्युत बौद्ध और ईसाई धर्म में भी यही सिद्धान्त पाया जाता है; तथा प्राचीन ग्रीक तत्त्वज्ञानियो को भी यह तत्त्व मान्य हो गया था; और अर्वाचीन काल में काटने[1] अपने नीतिशास्त्र के ग्रंथ में उपपत्तिसहित यही सिद्ध कर दिखलाया है। इस प्रकार नीतिनियमों के कभी भी गँदले न होने वाले मूल झरने या निर्दोष पाठ का (आदर्श) निश्चय हो चुकने पर आप ही सिद्ध हो जाता है, कि नीतिशास्त्र या कर्मयोगशास्त्र के मूल तत्त्व देखने की जिसे अभिलाषा हो, उसे इन उदार और निष्कलंक सिद्ध पुरुषों के चरित्रों का ही सूक्ष्म अवलोकन करना चाहिए। इसी अभिप्राय से भगवद्गीता में अर्जुन ने श्रीकृष्ण से ये प्रश्न पूछे हैं, कि "स्थितधि: किं प्रभाषेत किमासीत व्रजेत किम्" (गीता 2.54)-स्थितप्रज्ञ पुरुष का बोलना, बैठना और चलना कैसे होता है? अथवा चौदहवें अध्याय में, "कैर्लिंगैस्त्रीन् गुणान् एतान् अतीतो भवति प्रभो, किमाचार:" (गीता 14.21)-पुरुष त्रिगुणातीत कैसे होता है? उसका आचार क्या है? और उसको किस प्रकार पहचानना चाहिए? किसी सराफ के पास सोने का जेवर जँचवाने के लिए ले जाने पर अपनी दुकान में रखी कसौटी पर उसको परख कर, फिर वह जिस प्रकार उसका खरा-खोटापन बतलाता है, उसी प्रकार कार्य-अकार्य या धर्म-अधर्म का निर्णय करने के लिए स्थितप्रज्ञ का बर्ताव एक कसौटी है। अत: गीता के उक्त प्रश्नों में यही अर्थ गर्भित है, कि मुझे उस कसौटी का ज्ञान करा दीजिए। अर्जुन के उपरोक्त प्रश्नों का उत्तर देते हुए भगवान ने स्थितप्रज्ञ अथवा त्रिगुणातीत की स्थिति के जो वर्णन किए हैं, उन्हें कुछ लोग संन्यास-मार्ग वाले ज्ञानी पुरुषों के बतलाते हैं, उन्हें वे कर्मयोगियों के नहीं मानते। क्योंकि संन्यासियों को उद्देश्य कर ही 'निराश्रय:' (गीता 4.20) विशेषण का गीता में प्रयोग हुआ है, और बारहवें अध्याय में स्थितप्रज्ञ भगवद्भंक्तों का वर्णन करते समय 'सर्वारंभपरित्यागी' (गीता 12.16) एवं 'अनिकेत:' (गीता 12.19), इन स्पष्ट पदों का प्रयोग किया गया है। परंतु निराश्रय अथवा अनिकेत

---

1. "A perfectly good will would therefore be equally subject to objective laws (viz. laws of good), but could not be conveived as obliged thereby to act lawfully, because of itself from its subjective constitution it can only be determined by the conception of good. Therefore no imperatives hold for the Divine will or in general for a holy will ought is here out of place because the volition is already of itself necessarily in unison with the law. Kant's Theory of Ethics, 6th Ed.) नित्शे किसी भी आध्यात्मिक उपपत्ति को स्वीकार नहीं करता, तथापि उसने अपने ग्रंथ में उत्तम पुरुष का (Superman) जो वर्णन किया है, उसमें कहा है कि उल्लिखित पुरुष भले और बुरे से परे रहता है। उसके एक ग्रंथ का नाम भी Beyond Good and Evil है।

पदों का अर्थ "घरबार छोड़कर जंगलों में भटकने वाला" विविक्षत नहीं है, किंतु इसका अर्थ "अनाश्रित: कर्मफलं" के (गीता. 6.1) समानार्थक ही करना चाहिए-अर्थात् "कर्मफल का आश्रय न करनेवाला" अथवा "जिसके मन में फल के लिए ठौर नहीं" इस ढंग का हो जाएगा। गीता के अनुवाद में इन श्लोकों के नीचे जो टिप्पणियाँ दी हैं, उनसे यह बात स्पष्ट दीख पड़ेगी। इसके अतिरिक्त स्थितप्रज्ञ के वर्णन में ही कहा है, कि "इंद्रियों को अपने वश में रखकर व्यवहार करने वाला" अर्थात् वह निष्काम कर्म करनेवाला होता है (गीता 2.64)। और जिस श्लोक में उक्त 'निराश्रय' पद आया है, वहाँ यह वर्णन है, कि "कर्मण्यभिप्रवृत्तोऽपि नैव किंचित्करोति स:" अर्थात् समस्त कर्म करके भी वह अलिप्त रहता है। बारहवें अध्याय के अनिकेत आदि पदों के लिए इसी न्याय का उपयोग करना चाहिए। क्योंकि इस अध्याय में पहले कर्मफल के त्याग की (कर्मत्याग की नहीं) प्रशंसा कर चुकने पर (गीता 12.12) फलाशा त्यागकर कर्म करने से मिलने वाली शांति का दिग्दर्शन करने के लिए आगे भगवद्भक्त के लक्षण बतलाए हैं; और ऐसे ही अठारहवें अध्याय में भी यह दिखलाने के लिए-कि आसक्तिविरहित कर्म करने से शांति मिलती है-ब्रह्मभूत पुरुष का पुन: वर्णन आया है (गीता 18.50)। अतएव यह मानना पड़ता है, कि ये सब वर्णन संन्यासमार्ग वालों के नहीं हैं; किंतु कर्मयोगी पुरुषों के ही हैं। कर्मयोगी स्थितप्रज्ञ और संन्यासी स्थितप्रज्ञ, दोनों का ब्रह्मज्ञान, शांति, आत्मौपम्य और निष्काम बुद्धि अथवा नीतितत्त्व पृथक्-पृथक् नहीं हैं। दोनों, पूर्ण ब्रह्मज्ञानी हैं, इस कारण दोनों की मानसिक स्थिति और शांति एक-सी होती हैं। परंतु इन दोनों में कर्म-दृष्टि से महत्त्व का भेद यह है, कि पहला निरी शांति में डूबा रहता है; और किसी की भी चिंता नहीं करता; तथा दूसरा अपनी शांति एवं आत्मौपम्य बुद्धि का व्यवहार में यथासंभव नित्य उपयोग किया करता है। अत: यह न्याय से सिद्ध है, कि व्यावहारिक धर्म-अधर्म-विवेचन के काम में, जिसके प्रत्यक्ष व्यवहार को प्रमाण मानना है, वह स्थितप्रज्ञ कर्म करने वाला ही होना चाहिए; यहाँ कर्मत्यागी साधु अथवा भिक्षु का विवक्षित होना संभव नहीं है। गीता में अर्जुन को किए गए समग्र उपदेश का सार यह है, कि कर्मों के छोड़ देने की न तो जरूरत है और न वे छूट भी सकते हैं। ब्रह्मात्मैक्य का ज्ञान प्राप्त कर कर्मयोगी के समान व्यवसायात्मका बुद्धि को साम्यावस्था में रखना चाहिए, जिससे उसके साथ-ही-साथ वासनात्मक बुद्धि भी सर्वदा शुद्ध, निर्मम और पवित्र रहेगी, एवं कर्म का बंधन न होगा। यही कारण है, कि इस प्रकरण के आरंभ के श्लोक में यह धर्मतत्त्व बतलाया गया है, कि "केवल वाणी और मन से ही नहीं; किंतु प्रत्यक्ष कर्म से जो सबका स्नेही और हितकर्ता हो गया, उसे ही धर्मज्ञ कहना चाहिए।" जाजलिको यह धर्मतत्त्व बतलाते समय तुलाधार ने वाणी और मन के साथ ही बल्कि उससे भी पहले उसमें कर्म का भी प्रधानता से निर्देश किया है।

कर्मयोगी स्थितप्रज्ञ की अथवा जीवन्मुक्त की बुद्धि के अनुसार सब प्राणियों में जिसकी साम्यबुद्धि हो गई; और जिसके स्वार्थ का परार्थ में सर्वथा लय हो गया, उसको आगे विस्तृत नीतिशास्त्र सुनाने की जरूरत नहीं। वह तो आप ही स्वयंप्रकाश अथवा 'बुद्ध' हो गया। अर्जुन को अधिकार इसी प्रकार का था। अत: उसे इससे अधिक उपदेश करने की जरूरत ही न थी, कि "तू अपनी बुद्धि को सम और स्थिर कर;" तथा "कर्म को त्याग देने के व्यर्थ भ्रम में पड़कर स्थितप्रज्ञ की-सी बुद्धि रख और स्वधर्म के अनुसार प्राप्त सभी सांसारिक कर्म किया कर।" तथापि यह साम्य बुद्धिरूप योग सभी को एक ही जन्म में प्राप्त नहीं हो सकता, इसी से साधारण लोगों के लिए स्थितप्रज्ञ के बर्ताव का और थोड़ा-सा विवेचन करना चाहिए परंतु यह विवेचन करते समय भली-भाँति स्मरण रहे, कि हम जिस स्थितप्रज्ञ का विचार करेंगे, यह कृतयुग के पूर्णावस्था में पहुँचे

हुए समाज में रहनेवाला नहीं है; बल्कि जिस समाज के बहुतेरे लोग स्वार्थ में ही डूबे रहते हैं, उसी कलियुगी समाज में उसे बर्ताव करना है। क्योंकि मनुष्य का ज्ञान कितना ही पूर्ण क्यों न हो गया हो और उसकी बुद्धि साम्यावस्था में कितनी ही क्यों न डूब गई हो, तो भी उसे ऐसे लोगों के साथ बर्ताव करना है, जो काम-क्रोध आदि के चक्कर में पड़े हुए हैं; और जिनकी बुद्धि अशुद्ध है। अतएव इन लोगों के साथ व्यवहार करते समय यदि वह अहिंसा, दया, शांति और क्षमा आदि नित्य एवं परमावधि के सद्‌गुणों को ही सब प्रकार से सर्वदा स्वीकार करें, तो उसका निर्वाह न होगा।[1] अर्थात् जहाँ सभी स्थितप्रज्ञ हैं, उस समाज की उन्नत नीति या धर्म-अधर्म से, उस समाज के धर्म-अधर्म कुछ-कुछ भिन्न तो रहेंगे ही-कि जिसमें लोभी पुरुषों की ही भरमार अधिक होगी-वरना साधु पुरुषों को यह जगत् छोड़ देना पड़ेगा; और सर्वत्र दुष्टों का ही बोलबाला हो जाएगा। इसका अर्थ यह नहीं है, कि साधु पुरुष को अपनी समता-बुद्धि छोड़ देनी चाहिए। फिर भी समता-समता में भी भेद है। गीता में कहा है, कि "ब्राह्मणे गवि हस्तिनि" (गीता. 5.18)-ब्राह्मण, गाय और हाथी में पंडितों की सम-बुद्धि होती हैं। इसलिए यदि कोई गाय के लिए लाया हुआ चारा ब्राह्मण को और ब्राह्मण के लिए बनाई गई रसोई गाय को खिलाने लगे, तो क्या उसे पंडित कहेंगे? संन्यास-मार्ग वाले इस प्रश्न का महत्त्व भले न मानें; पर कर्मयोगशास्त्र की बात ऐसी नहीं है। दूसरे प्रकरण के विवेचन से पाठक यह जान ही गए होंगे, कि कृतयुगी समाज के पूर्णावस्था वाले धर्म-अधर्म के स्वरूप पर ध्यान रखकर स्वार्थपरायण लोगों के समाज में स्थितप्रज्ञ यह निश्चय करके बर्ताव है, कि देशकाल के अनुसार उसमें कौन-कौन से फर्क कर देने चाहिए। और कर्मयोगशास्त्र का यही तो विकट प्रश्न है। साधु पुरुष स्वार्थपरायण लोगों पर नाराज नहीं होते अथवा उनकी लोभ-बुद्धि देखकर वे अपने मन की समता डिगने नहीं देते; उलट इन्हीं लोगों के कल्याण के लिए ही अपने उद्योग केवल कर्त्तव्य समझ कर वैराग्य से जारी रखते हैं। इसी तत्त्व को मन में रखकर श्रीसमर्थ रामदासस्वामी ने दासबोध के पूर्वार्ध में पहले ब्रह्मज्ञान बतलाया है; और फिर ग्यारहवें दशक में (दास. 11.10; 12.8-10; 15.2) इसका वर्णन आरंभ किया है, कि स्थितप्रज्ञ या उत्तम पुरुष साधारण लोगों को चतुर बनाने के लिए वैराग्य से अर्थात् निःस्पृहता से लोक संग्रह के निमित्त उद्योग किस प्रकार किया करते हैं; और आगे अठारहवें दशक में (दास. 18.2) कहा है, कि सभी को ज्ञानी पुरुष अर्थात् जानकार के ये गुण-कथा, बातचीत, युक्ति, दाव-पेंच, प्रसंग, साक्षेप, तर्क-चतुराई, राजनीति, सहनशीलता, तीक्ष्णता, उदारता, अध्यात्मज्ञान, भक्ति, अलिप्तता, वैराग्य, धैर्य, उत्साह, कठोरता, निग्रह, समता और विवेक आदि सीखने चाहिए। परंतु इस निःस्पृह साधु को लोभी मनुष्यों में ही बर्तना है, इसलिए अंत में (दास. 19.9.30) श्रीसमर्थ का यह उपदेश है, कि "लठ्ठा सामना लठ्ठ ही से करा देना चाहिए। उजड्ड के लिए उजड्ड ही चाहिए; और नटखट के सामने नटखट की ही आवश्यकता है।" तात्पर्य, यह निर्विवाद है, कि पूर्णावस्था से व्यवहार में उतरने पर अत्युच्च श्रेणी के धर्म-अधर्म में थोड़ा बहुत अंतर कर देना पड़ता है।

1. "In the second place ideal conduct such as ethical theory is concerned with, is not possible for the ideal man in the midst of men otherwise constituted. An absolutely just or perfectly sympathetic person, could not live and act according to his nature in a tribe of cannibals. Among people who are treacherous and utterly without scrupil entire truthfulness and openness must bring ruin." 'Spencer's Data of Ethics, Chap XV, p. 280 स्पेन्सर ने इसे Relative Ethics कहा है, और वह कहता है कि on the evolution hypothesis, the two (Abosolute and Relative Ethics) presuppose one another and only when they co-luist, can their luist that ideal conduct which Absolute Ethics has to formulate and which Relative Ethics has to take as the standard by which to estimate divergencies from right, or degrees of wring."

इस पर आधिभौतिकवादियों की शंका है, कि पूर्णावस्था के समाज से नीचे उतरने पर अनेक बातों के सार-असार का विचार करके परमावधि के नीति-धर्म में यदि थोड़ा बहुत फर्क करना ही पड़ता है, तो नीतिधर्म की नित्यता कहाँ रह गई? और भारतसावित्री में व्यास ने जो यह 'धर्मो नित्य:' तत्त्व बतलाया है, उसकी दशा क्या होगी? वे कहते हैं, कि अध्यात्म-दृष्टि से सिद्ध होने वाला धर्म नित्यत्व केवल कल्पनाप्रसूत है और प्रत्येक सामज की स्थिति के अनुसार उस समय में "अधिकांश लोगों के अधिक सुख" वाले तत्त्व से जो नीतिधर्म प्राप्त होंगे, वे ही चोखे नीतिनियम हैं। परंतु यह युक्तिवाद ठीक नहीं है। भूमितिशास्त्र के नियमानुसार यदि कोई बिना चौड़ाई के सरल रेखा अथवा सर्वांश में निर्दोष गोलाकार न खींच सके, तो जिस प्रकार इतने ही से सरल रेखा की अथवा शुद्ध गोलाकार की शास्त्रीय व्याख्या गलत या निरर्थक नहीं हो जाती, उसी प्रकार सरल और शुद्ध नियमों की बात है। जब तक किसी बात के परमावधि के शुद्ध स्वरूप का निश्चय पहले न कर लिया जावे, तब तक व्यवहार में दीख पड़नेवाली उस बात की अनेक सूरतों में सुधार करना अथवा सार-असार का विचार करके अंत में उसके तारतम्य को पहचान लेना भी संभव नहीं है। और यही कारण है, कि जो सराफ पहले ही निर्णय करता है, कि पूर्ण शुद्ध सोना कौन-सा है? दिशाप्रदर्शक ध्रुवमत्स्य यंत्र अथवा ध्रुव नक्षत्र की ओर दुर्लक्षकर अपार महोदधि की लहरों और वायु के ही तारतम्य को देखकर यदि जहाज के खलासी बराबर अपने जहाज की पतवार घुमाने लगें, तो उनकी जो स्थिति होगी, वही स्थिति नीति-नियमों के परमावधि के स्वरूप पर ध्यान न देकर केवल देशकाल के अनुसार बर्तनेवाले मनुष्यों की होनी चाहिए। अतएव यदि निरी आधिभौतिक दृष्टि से ही विचार करें, तो भी यह पहले अवश्य निश्चित कर लेना पड़ता है, कि ध्रुव जैसा अटल और नित्य नीति-तत्त्व कौन-सा है? और इस आवश्यकता को एक बार मान लेने से ही सारा आधिभौतिक पक्ष लंगड़ा हो जाता है। क्योंकि सुखदु:ख आदि सभी विषयोपभोग नामरूपात्मक हैं। अतएव ये अनित्य और विनाशवान् माया की ही सीमा में रह जाते हैं। इसलिए केवल इन्हीं बाह्य प्रमाणों के आधार से सिद्ध होने वाला कोई भी नीति-नियम नित्य नहीं हो सकता। आधिभौतिक बाह्य सुखदु:ख की कल्पना जैसे-जैसे बदलती जावेगी, वैसे ही वैसे उसकी बुनियाद पर रचे हुए नीतिधर्मों को भी बदलते रहना चाहिए। अत: नित्य बदलती रहने वाली नीति-धर्म की इस स्थिति को टालने के लिए माया-सृष्टि के विषयोपभोग छोड़कर नीति-धर्म की इमारत इस "सब भूतों में एक आत्मा" वाले अध्यात्मज्ञान के मजबूत आधार पर ही खड़ी करनी पड़ती है। क्योंकि पीछे नवें प्रकरण में कह चुके हैं, कि आत्मा को छोड़ जगत में दूसरी कोई भी वस्तु नित्य नहीं है। यही तात्पर्य व्यास जी के इस वचन का है, कि "धर्मो नित्य: सुखदु:ख त्वनित्ये"-नीति अथवा सदाचरण के धर्म नित्य हैं; और सुखदु:ख अनित्य हैं। यह सच है, कि दुष्ट और लोभियों के समाज में अहिंसा एवं सत्य प्रभृति नित्य नीति-धर्म पूर्णता से पाले नहीं जा सकते; पर उसका दोष इन नित्य नीति-धर्मों को देना उचित नहीं है। सूर्य की किरणों से किसी पदार्थ की परछाईं चौरस मैदान पर सपाट और ऊँचे-नीचे स्थान पर ऊँची-नीची होगी; उसी प्रकार जबकि दुष्टों के समाज में नीति-धर्म का पराकाष्ठा का शुद्ध स्वरूप नहीं पाया जाता, तब यह नहीं कह सकते, कि अपूर्णावस्था के समाज में पाया जाने वाला नीति-धर्म का अपूर्ण स्वरूप ही मुख्य अथवा मूल का है। यह दोष समाज का है, नीति का नहीं। इसी से चतुर पुरुष शुद्ध और नित्य नीति-धर्मों के कुछ अपवाद यद्यपि अपरिहार्य मानकर हमारे शास्त्रकारों ने बतलाए हैं, तथापि उसके लिए वे प्रायश्चित्त भी बतलाते हैं। परंतु पश्चिमी आधिभौतिक नीतिशास्त्र इन्हीं अपवादों को मूछों पर ताव देकर प्रतिपादन करते हैं, एवं इन प्रतिवादों का निश्चय

करते समय, वे उपयोग में आने वाले बाह्य फलों के तारतम्य के तत्त्व को ही भ्रम से नीति का मूल तत्त्व मानते हैं। अब पाठक समझ जाएंगे, कि पिछले प्रकरणों में हमने ऐसा भेद क्यों दिखलाया है?

यह बतला दिया, कि स्थितप्रज्ञ ज्ञानी पुरुष की बुद्धि और उसका बर्ताव ही नीतिशास्त्र का आधार है। एवं यह भी बतला दिया, कि उससे निकलने वाले नीतिनियमों को-उनके नित्य होने पर भी समाज की अपूर्णावस्था में थोड़ा-बहुत बदलना पड़ता है; तथा इस रीति से बदले जाने पर भी नीतिनियमों की नित्यता में उस परिवर्तन से कोई बाधा क्यों और कैसे नहीं आती। अब उस पहले प्रश्न का विचार करते हैं, कि स्थितप्रज्ञ ज्ञानी पुरुष अपूर्णावस्था के समाज में जो बर्ताव करता है, उसका मूल अथवा बीज-तत्त्व क्या है? चौथे प्रकरण में कह चुके हैं, कि यह विचार दो प्रकार से किया जा सकता है। एक तो कर्ता की बुद्धि को प्रधान मानकर और दूसरा उसके बाहरी बर्ताव से। इनमें से यदि केवल दूसरी ही दृष्टि से विचार करें, तो विदित होगा कि, स्थितप्रज्ञ जो-जो व्यवहार करते हैं, वे प्राय: सब लोगों के हित के ही होते हैं (गीता 5.25; 12.4); और महाभारत में भी यही अर्थ अन्य कई स्थानों में आया है। हम ऊपर कह चुके हैं, कि स्थितप्रज्ञ सिद्ध पुरुष अहिंसा आदि जिन नियमों का पालन करते हैं, वही धर्म अथवा सदाचार का नमूना है। इन अहिंसा आदि नियमों का प्रयोजन अथवा इस धर्म का लक्षण बतलाते हुए महाभारत में धर्म का बाहरी उपयोग दिखानेवाले ऐसे अनेक वचन हैं-"अहिंसा सत्यवचनं सर्वभूतहितं परम्" (वन. 206.73)-अहिंसा और सत्य भाषण, ये नीति-धर्म प्राणिमात्र के हित के लिए हैं। "धारणाद्धर्ममित्याहु:" (शां. 109. 12)-जगत का धारण करने से धर्म है। "धर्मं हि श्रेय इत्याहु:" (अनु. 105. 14)-कल्याण ही धर्म है। "प्रभवार्थाय भूतानां धर्मप्रवचनं कृतम्" (शां. 109.10)-लोगों के अभ्युदय के लिए ही धर्म-अधर्मशास्त्र बना है; अथवा "लोकयात्रार्थमेवेह धर्मस्य नियम: कृत:। उभयत्र सुशोदर्क:" (शां. 258.4)-धर्म-अधर्म के नियम इसलिए रचे गए हैं, कि उनसे लोक व्यवहार चले; और दोनों लोकों में कल्याण हो। इसी प्रकार कहा है, कि धर्म-अधर्म-संशय के समय ज्ञानी पुरुष को भी

लोकयात्रा च द्रष्टव्या धर्मश्चात्महितानि च।

"लोकव्यवहार, नीतिधर्म और अपना कल्याण-इन बाहरी बातों का तारतम्य से विचार करके" (अनु. 27.16; वन. 206.90) फिर जो कुछ करना हो, उसका निश्चय करना चाहिए; और वनपर्व में राजा शिबी ने धर्म-अधर्म के निर्णयार्थ इसी युक्ति का उपयोग किया है (वन. 131.11, 12)। इन वचनों से प्रकट होता है, कि समाज का उत्कर्ष ही स्थितप्रज्ञ के व्यवहार की 'बाह्य नीति' होती है। और यदि यह ठीक है, तो आगे सहज ही यह प्रश्न उत्पन्न होता है, कि आधिभौतिकवादियों के इस "अधिकांश लोगों के अधिक सुख अथवा (सुख शब्द को व्यापक करके) हित या कल्याण" वाले नीति-तत्त्व को अध्यात्मवादी भी क्यों नहीं स्वीकार कर लेते? चौथे प्रकरण में हमने दिखला दिया है, कि इस "अधिकांश लोगों के अधिक सुख" सूत्र में बुद्धि के आत्मप्रसाद से होने वाले सुख का अथवा उन्नति का और पारलौकिक कल्याण का अंतर्भाव नहीं होता, इसमें यह बड़ा भारी दोष है। किंतु 'सुख' शब्द का अर्थ अधिक व्यापक करके यह दोष अनेक अंशों में निकाल डाला जा सकेगा; और नीति-धर्म की नित्यता के संबंध में ऊपर ही दी हुई आध्यात्मिक उपपत्ति भी कई लोगों को विशेष महत्त्व की जँचेगी। इसलिए नीतिशास्त्र के आध्यात्मिक और आधिभौतिक मार्गों में जो महत्त्व का भेद है, उसका यहाँ और थोड़ा सा स्पष्टीकरण कर देना आवश्यक है।

नीति की दृष्टि से किसी कर्म की योग्यता अथवा अयोग्यता का विचार दो प्रकारों

से किया जाता है:- (1) उस कर्म का केवल बाह्य फल देखकर अर्थात् यह देखकर कि उसका दृश्य परिणाम जगत पर क्या हुआ है या होगा? (2) यह देखकर, कि उस कर्म को करनेवाले की बुद्धि अर्थात् वासना कैसी है? पहले को आधिभौतिक मार्ग कहते हैं। दूसरे के फिर दो पक्ष होते हैं; और इन दोनों के पृथक्-पृथक् नाम हैं। ये सिद्धान्त पिछले प्रकरणों में बतलाए जा चुके हैं, कि शुद्ध कर्म होने के लिए वासनात्मक बुद्धि शुद्ध रखनी पड़ती है और वासनात्मक बुद्धि शुद्ध रखने के लिए व्यवसायात्मका अर्थात् कार्य-अकार्य का निर्णय करने वाली बुद्धि भी स्थिर, सम और शुद्ध रहनी चाहिए। इन सिद्धान्तों के अनुसार किसी के भी कर्मों की शुद्धता जाँचने के लिए देखना पड़ता है, कि उसकी वासनात्मक बुद्धि शुद्ध है या नहीं? और वासनात्मक बुद्धि की शुद्धता जाँचने लगे, तो अंत में देखना ही पड़ता है, कि व्यवसायात्मका बुद्धि शुद्ध है या अशुद्ध? सारांश, कर्ता की बुद्धि अर्थात् वासना की शुद्धता का निर्णय अंत में व्यवसायात्मका बुद्धि की शुद्धता से करना पड़ता है (गीता 2.41)। इसी व्यवसायात्मक बुद्धि को सदसद्विवेचन-शक्ति के रूप में स्वतंत्र देवता मान लेने से वह **आधिदैविक** मार्ग हो जाता है। परंतु यह बुद्धि स्वतंत्र दैवत नहीं है; किंतु आत्मा का एक अंतरिंद्रिय है, अतः बुद्धि को प्रधानता न देकर, आत्मा को प्रधान मान करके वासना की शुद्धता का विचार करने से यह नीति के निर्णय का आध्यात्मिक मार्ग हो जाता है। हमारे शास्त्रकारों का मत है, कि इन सब मार्गों में **आध्यात्मिक** मार्ग श्रेष्ठ है; और प्रसिद्ध जर्मन तत्त्ववेत्ता कांट ने यद्यपि ब्रह्मात्मैक्य का सिद्धान्त स्पष्ट रूप से नहीं दिया है, तथापि उसने अपने नीतिशास्त्र के विवेचन का आरंभ शुद्ध-बुद्धि से अर्थात् एक प्रकार से अध्यात्म-दृष्टि से ही किया है, एवं उसने इसकी पूर्ण उपपत्ति भी दी है, कि ऐसा क्यों करना चाहिए।[1] ग्रीन का अभिप्राय भी ऐसा ही है; परंतु इस विषय का पूरा विवेचन इस छोटे-से ग्रंथ में ही किया जा सकता। हम चौथे प्रकरण में दो-एक उदाहरण देकर स्पष्ट दिखला चुके हैं, कि नीति-तत्त्वों का पूरा निर्णय करने के लिए कर्म के बाहरी फल की अपेक्षा कर्ता की शुद्ध-बुद्धि पर विशेष ध्यान क्यों देना पड़ता है, और इस संबंध में अधिक विचार आगे-पंद्रहवें प्रकरण में पाश्चात्य और पौरस्त्य नीति-मार्गों की तुलना करते समय किया जावेगा। अभी इतना ही कहते हैं, कि कोई भी कर्म तभी होता है, जबकि पहले उस कर्म को करने की बुद्धि उत्पन्न हो, इसलिए कर्म की योग्यता-अयोग्यता का विचार भी सभी अंशों में बुद्धि की शुद्धता अशुद्धता के विचार पर ही अवलंबित रहता है। बुद्धि बुरी होगी; तो कर्म भी बुरा होगा, परंतु केवल बाह्य कर्म के बुरे होने से ही यह अनुमान नहीं किया जा सकता, कि बुद्धि भी बुरी होनी ही चाहिए। क्योंकि मूल से, कुछ-का-कुछ समझ लेने से अथवा अज्ञान से भी वैसा कर्म हो सकता है; और फिर उसे नीतिशास्त्र की दृष्टि से बुरा नहीं कह सकते। "अधिकांश लोगों के अधिक सुख"-वाला नीतिशास्त्र-तत्त्व केवल बाहरी परिणामों के लिए ही उपयोगी होता है; और जबकि इन सुखदुःखात्मक बाहरी परिणामों को निश्चित रीति से मापने का बाहरी साधन अब तक नहीं मिला है, तब नीति-तत्त्वों की इस कसौटी से सदैव यथार्थ निर्णय होने का भरोसा भी नहीं किया जा सकता। इसी प्रकार मनुष्य कितना ही सयाना क्यों न हो जाए, यदि उसकी बुद्धि पूर्ण शुद्ध न हो गई हो तो यह नहीं कह सकते, कि वह प्रत्येक अवसर पर धर्म से ही बर्तेगा। विशेषतः जहाँ उसका स्वार्थ आ डटा, वहाँ तो फिर कहना ही क्या है?-"स्वार्थे सर्वे विमुह्यन्ति येऽपि धर्मविदो जनाः" (मभा. वि. 51.4)। सारांश, मनुष्य कितना ही बड़ा ज्ञानी, धर्मवेत्ता और

1. Kant's Theory of Ethics, trans. by Abbott. 6th Ed. especially Metaphysics of Morals therein.

सयाना क्यों न हो, किंतु यदि उसकी बुद्धि प्राणिमात्र में सम न हो गई हो, तो यह नहीं कह सकते; कि उसका कर्म सदैव शुद्ध अथवा नीति की दृष्टि से निर्दोष ही रहेगा। अतएव हमारे शास्त्रकारों ने निश्चित कर दिया है, कि नीति का विचार करते समय कर्म के बाह्य फल की अपेक्षा कर्ता की बुद्धि का ही प्रधानता से विचार करना चाहिए। साम्य-बुद्धि ही अच्छे बर्ताव का चोखा बीज है। यही भावार्थ भगवद्गीता के इस उपदेश में भी है (गीता 2.49):-

दूरेन ह्यवरं कर्म बुद्धियोगाद्धनंजय।
बुद्धौ शरणमन्विच्छ कृपणाः फलहेतवः॥[1]

कुछ लोग, इस श्लोक में, बुद्धि का अर्थ ज्ञान समझकर कहते हैं, इसमें कर्म और ज्ञान, इन दोनों में से ज्ञान को ही श्रेष्ठता दी है। पर हमारे मत में यह अर्थ ठीक नहीं है। इस स्थल पर शांकरभाष्य में भी 'बुद्धियोग' का अर्थ 'समत्व बुद्धियोग' दिया हुआ है; और यह श्लोक कर्मयोग के प्रकरण में आया है। अतएव वास्तव में इसका अर्थ कर्मप्रधान ही करना चाहिए; और वही सरल रीति से ही है। कर्म करनेवाले लोग दो प्रकार के होते हैं। पहले प्रकार के फल पर-उदाहरणार्थ, उससे कितने लोगों को कितना सुख होगा, इस पर-दृष्टि जमा कर कर्म करते हैं; और दूसरे बुद्धि को सम और निष्काम रखकर कर्म करते हैं-फिर कर्मधर्म-संयोग से उससे जो परिणाम होना हो, सो हुआ करे। इनमें से 'फलहेतव' अर्थात् "फल पर दृष्टि रखकर कर्म करने वाले" लोगों को नैतिक दृष्टि से कृपण अर्थात् कनिष्ठ श्रेणी के बतलाकर, समत्वबुद्धि से कर्म करनेवालों को इस श्लोक में श्रेष्ठता दी है। इस श्लोक के दो चरणों में जो यह कहा है, कि "दूरेण ह्यवरं कर्म बुद्धियोगाद्धनंजय"-हे धनंजय! समत्व बुद्धियोग की अपेक्षा (कोरा) कर्म अत्यंत निकृष्ट है-उसका तात्पर्य यही है; और जब अर्जुन ने यह प्रश्न किया, कि "भीष्म-द्रोण को कैसे मारूँ?", तब उसको यही उत्तर दिया गया। इसका भावार्थ यह है, कि मरने या मारने की निरी क्रिया की ओर ध्यान न देकर, देखना चाहिए, कि "मनुष्य किस बुद्धि से उस कर्म को करता है?" अतएव इस श्लोक के तीसरे चरण में उपदेश है, कि "तू बुद्धि अर्थात् सम-बुद्धि की शरण जा"; और आगे उपसंहारात्मक अठारहवें अध्याय में भी भगवान ने फिर कहा है, कि "बुद्धियोग का आश्रय करके तू अपने कर्म कर।" गीता के दूसरे एक श्लोक से भी व्यक्त होता है, कि गीता निरे कर्म के विचार को कनिष्ठ समझकर, उस कर्म की प्रेरक बुद्धि के ही विचार को श्रेष्ठ मानती है। अठारहवें अध्याय में कर्म के भले-बुरे-अर्थात् सात्त्विक, राजस और तामस-भेद बतलाए गए हैं। यदि केवल कर्मफल की ओर ही गीता की दृष्टि होती, तो भगवान ने यह कहा होता, कि जो कर्म बहुतेरों को सुखदायक हो, वही सात्त्विक है। परंतु ऐसा न बतलाकर, अठारहवें अध्याय में कहा है, कि "फलाशा छोड़कर निस्संग-बुद्धि से किया हुआ कर्म सात्त्विक अथवा उत्तम है" (गीता 18.23)। अर्थात् इससे प्रकट होता है, कि कर्म के बाह्य फल की अपेक्षा कर्ता की निष्काम, सम और निस्संग-बुद्धि को ही कर्म-अकर्म का विवेचन करने में गीता अधिक महत्त्व देती है। यही न्याय स्थितप्रज्ञ के व्यवहार के लिए उपयुक्त करने से होता है, कि स्थितप्रज्ञ जिस साम्य-बुद्धि से अपनी बराबरी वाले, छोटे और साधारण लोगों के साथ बर्तता है, वह साम्य-बुद्धि ही उसके आचरण का मुख्य तत्त्व है; और इस आचरण से जो प्राणिमात्र का मंगल होता है, वह

1. इस श्लोक का सरल अर्थ यह है - "हे धनंजय! (सम-) बुद्धि के योग की अपेक्षा (कोरा) कर्म बिलकुल ही निकृष्ट है। अतएव (सम-) बुद्धि का ही आश्रय कर। फल पर दृष्टि कर्म करने वाले (पुरुष) कृपण अर्थात् ओछे दर्जे के हैं।

इस साम्य-बुद्धि का निरा बाहरी ओर आनुषंगिक परिणाम है। ऐसे ही जिसकी बुद्धि पूर्णावस्था में पहुँच गई हो, वह लोगों को केवल आधिभौतिक सुख प्राप्त करा देने के लिए ही अपने सब व्यवहार न करेगा। यह ठीक है, कि वह दूसरों का नुकसान न करेगा, पर यह उसका मुख्य ध्येय नहीं है। स्थितप्रज्ञ ऐसे प्रयत्न किया करता है, जिनसे समाज के लोगों की बुद्धि अधिकाधिक शुद्ध होती जावें; और अंत में वे लोग अपने समान ही आध्यात्मिक पूर्णावस्था में जा पहुँचें। मनुष्य के कर्त्तव्यों में से यही श्रेष्ठ और सात्त्विक कर्त्तव्य है। केवल आधिभौतिक सुख-वृद्धि के प्रयत्नों को हम गौण अथवा राजस समझते हैं।

गीता का सिद्धान्त है, कि कर्म-अकर्म के निर्णयार्थ कर्म के बाह्य फल पर ध्यान न देकर, कर्ता की शुद्ध-बुद्धि को ही प्रधानता देनी चाहिए। इस पर कुछ लोगों का यह तर्कपूर्ण मिथ्या आक्षेप है, कि यदि कर्मफल को न देखकर केवल शुद्ध-बुद्धि का ही इस प्रकार विचार करें, तो मानना होगा, कि शुद्ध-बुद्धि वाला मनुष्य कोई भी बुरा काम कर सकता है! और तब तो वह सभी बुरे कर्म करने के लिए स्वतंत्र हो जाएगा। इस आक्षेप को हमने केवल अपनी ही कल्पना के बल से नहीं धर घसीटा है; किंतु गीता-धर्म पर कुछ पादड़ी बहादुरों के किए हुए इस ढंग के आक्षेय हमारे देखने में भी आए हैं।[1] किंतु हमें यह कहने में भी कोई दिक्कत नहीं जान पड़ती, कि ये आरोप या आक्षेप बिल्कुल मूर्खता के अथवा दुराग्रह के हैं। और यह कहने में भी कोई हानि नहीं है, कि अफ्रीका का कोई काला-कलूटा जंगली मनुष्य सुधरे हुए राष्ट्र के नीति तत्त्वों का आकलन करने में जिस प्रकार अपात्र और असमर्थ होता है, उसी प्रकार इन भले पादड़ी मानवों की बुद्धि वैदिक धर्म के स्थितप्रज्ञ की आध्यात्मिक पूर्णावस्था का निरा आकलन करने में भी, स्वधर्म के व्यर्थ दुराग्रह अथवा और कुछ ओछे एवं दुष्ट मनोविकारों से, असमर्थ ही हो गई है। उन्नीसवीं सदी के प्रसिद्ध जर्मन तत्त्वज्ञानी कांट ने अपने नीतिशास्त्रविषयक ग्रंथ में अनेक स्थलों पर लिखा है, कि कर्म के बाहरी फल को न देखकर नीति के निर्णयार्थ कर्ता की बुद्धि का ही विचार करना उचित है।[2] किंतु हमने नहीं देखा, कि कांट पर किसी ने ऐसा आक्षेप किया हो। फिर वह गीता के नीतितत्त्व को ही उपयुक्त कैसे होगा? प्राणिमात्र में समबुद्धि होते ही परोपकार करना तो देह का स्वभाव ही बन जाता है; और ऐसा हो जाने पर परम ज्ञानी एवं परम शुद्ध-बुद्धिवाले मनुष्य के हाथ से कुकर्म होना उतना ही असंभव है, जितना की अमृत से मृत्यु हो जाना। कर्म के बाह्य फल का विचार न करने के लिए जब गीता कहती है, तब उसका यह अर्थ नहीं है, कि जो दिल में आ जाए, सो किया करो। प्रत्युत गीता कहती है, कि बाहरी परोपकार करने का स्वाँग पाखंड से या लोभ से बना सकता है किंतु प्राणिमात्र में एक आत्मा को पहचानने से बुद्धि में जो स्थिरता और समता आ जाती है, उसका स्वाँग कोई नहीं बना सकता; तब किसी भी काम की योग्यता-अयोग्यता

---

1. कलकत्ते के एक पादड़ी की ऐसी करतूत का उत्तर मिस्टर ब्रुक्स ने दिया है जो कि उनके Kurukshetra (कुरुक्षेत्र) नामक छपे हुए निबंध के अंत में है। उसे देखिये (Kurukshetra - Vyasasharma, Adyar, Madras, pp. 48-52)

2. "The second proposition is: That an action done from duty derives its moral worth not from the purpose which is to be attained by it, but from the maxim by which it is determined." The moral worth of an action cannot lie anywhere but in the principle of the will, without regard to the ends which can be attained by action." Kant's Metaphysics of Moral (trans. by Abbott in Kant's Theory of Ethics, p. 16 (The italics are author's and not our own) And again "When the question is of moral worth, it is not with the action; which we see that we are concerned; but with those inward principles of them which we do not see." p. 24-Ibid.

का विचार करते समय कर्म के बाह्य परिणाम की अपेक्षा कर्ता की बुद्धि पर योग्य दृष्टि रखनी चाहिए। गीता का संक्षेप में यह सिद्धान्त कहा जा सकता है, कि कोरे जड़ कर्मों में ही नीति-तत्त्व नहीं; किंतु कर्ता की बुद्धि पर वह सर्वथा अवलंबित रहता है। आगे गीता में ही (गीता 18.25) कहा है, कि इस आध्यात्मिक सिद्धान्त के ठीक तत्त्व को न समझकर यदि कोई मनमानी करने लगे, तो उस पुरुष को राक्षस या तामसी बुद्धिवाला कहना चाहिए। एक बार सम-बुद्धि हो जाने से, फिर उस पुरुष को कर्त्तव्य-अकर्त्तव्य का और अधिक उपदेश नहीं करना पड़ता-इसी तत्त्व पर ध्यान देकर साधु तुकाराम ने शिवाजी महाराज को जो यह उपदेश किया, कि "इसका एक ही कल्याणकारक अर्थ है, कि प्राणिमात्र में एक आत्मा को देखो", उसमें भी भगवद्गीता के अनुसार कर्मयोग का एक ही तत्त्व बतलाया गया है (तु. गा. 4428.91)। यहाँ फिर भी कह देना उचित है, कि यद्यपि पूर्ण साम्य-बुद्धि ही सदाचार का बीज हो, तथापि इससे यह भी अनुमान न करना चाहिए, कि जब तक इस प्रकार की पूर्ण शुद्ध-बुद्धि न हो जावे, तब तक कर्म करने वाला चुपचचाप हाथ पर हाथ धरे बैठा रहे। स्थितप्रज्ञ के समान बुद्धि कर लेना तो परम ध्येय है। परंतु गीता के आरंभ में ही (गीता 2.40) यह उपदेश किया है, कि इस परम ध्येय के पूर्णतया सिद्ध होने तक प्रतीक्षा न करके जितना हो सके उतना ही, निष्काम बुद्धि से प्रत्येक मनुष्य अपने कर्म करता रहे, इसी से बुद्धि अधिक शुद्ध होती चली जाएगी; और अंत में पूर्ण सिद्धि हो जाएगी। ऐसा आग्रह करके समय को मुक्त न गँवा दे, कि जब तक पूर्ण सिद्धि पा न जाऊँगा, तब तक कर्म करूँगा ही नहीं।

'सर्वभूतहित' अथवा "अधिकांश लोगों के अधिक कल्याण" वाला नीति-तत्त्व केवल बाह्य कर्म उपयुक्त होने के कारण शाखाग्राही और कृपण है, परंतु "प्राणिमात्र में एक आत्मा" वाली-स्थितप्रज्ञ की 'साम्यबुद्धि' मूलग्राही है; और उसी को नीति निर्णय के काम में श्रेष्ठ माना चाहिए-इस प्रकार यद्यपि यह बात सिद्ध हो चुकी; तथापि इस पर अनेकों के आक्षेप हैं, कि इस सिद्धान्त से व्यावहारिक बर्ताव की उपपत्ति ठीक-ठीक नहीं लगती। ये आक्षेप प्रायः संन्यास-मार्गी स्थितप्रज्ञ के संसारी व्यवहार को देखकर इन लोगों को सूझे हैं। किंतु थोड़ा सा विचार करने से किसी को भी सहज ही दीख पड़ेगा, कि ये आक्षेप स्थितप्रज्ञ कर्मयोगी के बर्ताव को उपयुक्त नहीं होते। और तो क्या? यह भी कह सकते हैं, कि प्राणिमात्र में एक आत्मा अथवा आत्मौपम्य बुद्धि के तत्त्व से व्यावहारिक नीति-धर्म की जैसी अच्छी उपपत्ति लगती है, वैसी और किसी भी तत्त्व से नहीं लगती। उदाहरण के लिए सब देशों में और सब नीतिशास्त्रों में प्रधान माने गए परोपकार धर्म की जैसी उपपत्ति लगती है, वैसी किसी भी आधिभौतिक वाद से नहीं लगती। बहुत हुआ तो, आधिभौतिकशास्त्र इतना ही कह सकते हैं, कि परोपकार-बुद्धि एक नैसर्गिक गुण है; और वह उत्क्रांतिवाद के अनुसार बढ़ रहा है। किंतु इतने से ही परोपकार की नित्यता सिद्ध नहीं हो जाती। यही नहीं; बल्कि स्वार्थ और परार्थ के झगड़े में, इन दोनों घोड़ों पर सवार होने के लालची चतुर स्वार्थियों को भी अपना मतलब गाँठने में इसके कारण अवसर मिल जाता है, यह बात हम चौथे प्रकरण में बतला चुके हैं। इस पर भी कुछ लोग कहते हैं, कि परोपकार बुद्धि की नित्यता सिद्ध करने से लाभ ही क्या है? प्राणिमात्र में एक ही आत्मा मानकर यदि प्रत्येक पुरुष सदैव प्राणिमात्र का ही हित करने लग जाए, तो उसका जीवन-निर्वाह कैसे होगा? और जब वह इस प्रकार अपना ही योगक्षेम नहीं चला सकेगा तब वह और लोगों का कल्याण कर ही कैसे सकेगा? लेकिन ये शंकाएँ न तो नई ही हैं; और न ऐसी हैं, कि जो टाली न जा सकें। भगवान ने गीता में ही इस प्रश्न का यों उत्तर दिया है-"तेषां नित्याभियुक्तानां योगक्षेमं वहाम्यहम्" (गीता. 9.22); और अध्यात्मशास्त्र की युक्तियों से भी यही अर्थ निष्पन्न

होता है। जिसे लोक कल्याण करने की बुद्धि हो गई उसे खाना-पीना नहीं छोड़ना पड़ता, परंतु उसकी बुद्धि ऐसी होनी चाहिए, कि मैं लोकोपकार के लिए ही देह धारण करता हूँ। जनक ने कहा है (मभा. अश्व. 32), कि जब ऐसी बुद्धि रहेगी, कि यज्ञ करके शेष बचा हुआ अन्न ग्रहण करनेवाले को 'अमृताशी' कहना चाहिए (गीता 4. 31)। क्योंकि उनकी दृष्टि से जगत का धारण-पोषण करनेवाला कर्म ही यज्ञ है। अतएव यह लोककल्याणकारक कर्म करते समय उसी से अपना निर्वाह होता है; और करना भी चाहिए। उनका निश्चय है, कि अपने स्वार्थ के लिए यज्ञचक्र को डुबा देना अच्छा नहीं है। दासबोध में (19.4.10) श्रीसमर्थ रामदास स्वामी ने वर्णन किया है, कि "वह परोपकार करता ही रहता है, जिसकी सबको जरूरत बनी रहती है। ऐसी दशा में उसे भूमंडल में किस बात की कमी रह सकती है?" व्यवहार की दृष्टि से देखें, तो भी यहीं ज्ञात होता है, कि यह उपदेश बिल्कुल यथार्थ है। सारांश, जगत में देखा जाता है, कि लोककल्याण में जुटे रहने वाले पुरुष का योगक्षेम कभी अटकता नहीं है। केवल परोपकार करने के लिए उसे निष्काम बुद्धि से तैयार रहना चाहिए। एक बार इस भावना के दृढ़ हो जाने पर, कि "सभी लोग मुझमें हैं और मैं सब लोगों में हूँ", फिर यह प्रश्न नहीं हो सकता, कि परार्थ स्वार्थ भिन्न है या नहीं। 'मैं' पृथक् और 'लोग' पृथक इस आधिभौतिक द्वैत-बुद्धि से "अधिकांश लोगों के अधिक सुख" करने के लिए जो प्रवृत्त होता है, उसके मन में ऊपर लिखी हुई भ्रामक शंकाएँ उत्पन्न हुआ करती हैं। परंतु जो 'सर्वं खल्विदं ब्रह्म' इस अद्वैत-बुद्धि से परोपकार करने के लिए प्रवृत्त हो जाए, उसे यह शंका ही नहीं रहती। सर्वभूतात्मैक्य-बुद्धि से निष्पन्न होने वाले सर्वभूतहित के इस आध्यात्मिक तत्त्व में, और स्वार्थ एवं परार्थ रूपी द्वैत के अर्थात् अधिकांश लोगों के सुख के तारतम्य से निकलने वाले लोक कल्याण के आधिभौतिक तत्त्व में इतना ही भेद है, जो ध्यान देने योग्य है। साधु पुरुष मन में लोक कल्याण करने का हेतु रखकर, लोककल्याण नहीं किया करते। जिस प्रकार प्रकाश फैलाना सूर्य का स्वभाव है, उसी प्रकार ब्रह्मज्ञान से मन में सर्वभूतात्मैक्य का पूर्ण परिचय हो जाने पर लोककल्याण करना तो इन साधु-पुरुषों का सहज स्वभाव हो जाता है। और ऐसा स्वभाव बन जाने पर सूर्य जैसे दूसरों को प्रकाश देता हुआ अपने मन को प्रकाशित कर लेता है, वैसे ही साधु पुरुषों के परार्थ उद्योग से ही उनका योगक्षेम भी आप-ही-आप सिद्ध होता है। परोपकार करने के इस देह-स्वभाव और अनासक्त बुद्धि के एकत्र हो जाने पर कितने ही संकट क्यों न चले आवें, तो भी उनकी बिल्कलु परवाह न कर और यह न सोचकर, कि संकटों को सहना भला है, या लोककल्याण को छोड़ देना भला है, ब्रह्मात्मैक्य बुद्धिवाले साधुपुरुष, अपना कार्य सदा जारी रखते हैं। तथा यदि प्रसंग आ जाए तो आत्मबलि भी दे देने के लिए तैयार रहते हैं, उन्हें उसकी कुछ भी चिंता नहीं होती। किंतु जो लोग स्वार्थ और परार्थ को दो भिन्न वस्तुएँ समझ, उन्हें तराजू के दो पलड़ों में डाल काँटे का झुकाव देखकर धर्म-अधर्म का निर्णय करना सीखे हुए हैं, उनकी लोककल्याण करने की इच्छा का इतना तीव्र हो जाना कदापि संभव नहीं है। अतएव प्राणिमात्र के हित का तत्त्व यद्यपि भगवद्गीता को सम्मत है, तथापि उसकी उपपत्ति अधिकांश लोगों के अधिक बाहरी सुखों के तारतम्य से नहीं लगाई है, किंतु लोगों की संख्या अथवा उनके सुखों की न्यूनाधिकता ने विचारों को आगंतुक अतएव कृपण कहा है; तथा शुद्ध व्यवहार की मूलभूत साम्य-बुद्धि की उपपत्ति गीता में अध्यात्मशास्त्र के नित्य ब्रह्मज्ञान के आधार पर बतलाई है।

इससे दीख पड़ेगा, कि प्राणिमात्र हितार्थ उद्योग करने या लोककल्याण अथवा परोपकार करने की युक्तिसंगत उपपत्ति अध्यात्म-दृष्टि से क्योंकर लगती है? अब समाज

में एक-दूसरे के साथ बर्तने के संबंध में साम्य-बुद्धि की दृष्टि से हमारे शास्त्रों में जो मूल नियम बतलाए गए हैं, उनका विचार करते हैं। "यत्र वा अस्य सर्वमात्मैवा भूत्" (बृह. 2.4.14;- जिसे सर्व आत्ममय हो गया, वह साम्य-बुद्धि से ही सबके साथ बर्तता है, यह तत्त्व बृहदारण्यक के सिवा ईशावास्य (ईश. 6) और कैवल्य (कै. 1.10) उपनिषदों में तथा मनुस्मृति में भी (मनु. 12.12.91, 125) है। एवं इसी तत्त्व का गीता के छठे अध्याय में (गीता 6.29) "सर्वभूतस्थमात्मानं सर्वभूतानि चात्मानि" के रूप में अक्षरशः उल्लेख है। सर्वभूतात्मैक्य अथकसाम्य-बुद्धि के इसी तत्त्व का रूपांतर आत्मौपम्य दृष्टि है। क्योंकि इससे सहज ही यह अनुमान निकलता है, कि जब मैं प्राणिमात्र में हूँ और मुझमें सभी प्राणि हैं, तब मैं अपने साथ जैसे बर्तता हूँ वैसे ही अन्य प्राणियों के साथ भी मुझे बर्ताव करना चाहिए। अतएव भगवान ने कहा है, कि इस "आत्मौपम्य-दृष्टि अर्थात् समता से जो सबके साथ बर्तता है, वही उत्तम कर्मयोगी स्थितप्रज्ञ है" और फिर अर्जुन को इसी प्रकार बर्ताव करने का उपदेश दिया है (गीता. 6.30-32)। अर्जुन अधिकारी था, इस कारण गीता में इस तत्त्व को खोलकर समझाने की कोई जरूरत न थी। किंतु साधारण लोगों को नीति का और धर्म का बोध कराने के लिए रचे हुए महाभारत में अनेक स्थानों पर यह बतलाकर (मभा. शां. 238.21; 261.33) व्यासदेव ने इसका गंभीर और व्यापक अर्थ स्पष्ट कर दिखलाया है। उदाहरण लीजिए; गीता और उपनिषदों में संक्षेप से बतलाए हुए आत्मौपम्य के इसी तत्त्व को पहले इस प्रकार समझाया है:-

आत्मौपमस्तु भूतेषु यो वै भवति पूरुषः
न्यस्तदण्डो जितक्रोधः स प्रेत्य सुखमेधते॥

"जो पुरुष अपने ही समान दूसरे को मानता है, और जिसने क्रोध को जीत लिया है, वह परलोक में सुख पाता है" (मभा. अनु. 113.6)। परस्पर एक दूसरे के साथ बर्ताव करने के वर्णन को यहीं समाप्त न करके आगे कहा है:-

न तत्परस्य सन्दध्यात् प्रतिकूलं यदात्मनः।
एष संक्षेपतो धर्मः कामादन्यः प्रवर्तते॥

"ऐसा बर्ताव औरों के साथ न करें, कि जो स्वयं, अपने को प्रतिकूल अर्थात् दुःखकारक जँचे। यही सब धर्मों और नीतियों का सार है; और बाकी सभी व्यवहार लोभमूलक हैं" (मभा. अनु. 113.8) और अंत में बृहस्पति ने युधिष्ठिर से कहा है:-

प्रत्याख्याने च दाने च सुखदुःखे प्रियाप्रिये।
आत्मौपम्येन पुरुषः प्रमाणमधिगच्छति॥
यथापरः प्रक्रमते परेषु तथा परे प्रक्रमन्तेऽपरिस्मन्।
तथैव तेषूपमा जीवलोके यथा धर्मो निपुणेनोपदिष्टः॥

"सुख या दुःख, प्रिय या अप्रिय, दान अथवा निषेध-इन सब बातों का दूसरों के विषय में वैसा ही अनुमान करे, जैसा कि अपने विषय में जान पड़े। दूसरों के साथ मनुष्य जैसा बर्ताव करता है, दूसरे भी उसके साथ वैसा ही व्यवहार करते हैं। अतएव यही उपमा लेकर इस जगत में आत्मौपम्य की दृष्टि से बर्ताव करने को सयाने लोगों ने धर्म कहा है (मभा. अनु. 113.9, 10) "न तत्परस्य सन्दध्यात् प्रतिकूलं यदात्मनः" यह श्लोक विदुरनीति में भी (मभा. उद्यो. 38.72) है; और आगे शांतिपर्व में (मभा. शां. 167.9) विदुर ने फिर यही तत्त्व युधिष्ठिर को बतलाया है। परंतु आत्मौपम्य नियम का एक भाग हुआ, कि दूसरों को दुःख न दो, क्योंकि जो तुम्हें दुःखदायी है, वही और लोगों को भी दुःखदायी होता है। अब इस पर कदाचित् किसी को यह दीर्घशंका हो, कि उससे यह निश्चयात्मक अनुमान कहाँ निकलता है, कि तुम्हें जो सुखदायक जँचे, वही औरों को

भी सुखदायक है, और इसलिए ऐसे ढंग का बर्ताव करो, जो औरों को भी सुखदायक हो? इस शंका के निरसनार्थ भीष्म ने युधिष्ठिर को धर्म के लक्षण बतलाते समय इससे भी अधिक स्पष्टीकरण करके इस नियम के दोनों भागों का स्पष्ट उल्लेख कर दिया है:-

यदन्यैर्विहितं नेच्छेदात्मनः कर्म पुरुषः।
न तत्परेषु कुर्वीत जानन्नप्रियमात्मनः॥
जीवितं यः स्वयं चेच्छेत्कथं सोऽन्यं प्रघातयेत्।
यद्यदात्मनि चेच्छेत ततत्परस्यापि चिन्तयेत्॥

"हम दूसरों से अपने साथ जैसे बर्ताव का किया जाना पसंद करते वैसा अर्थात् अपनी रुचि के अनुकूल बर्ताव हमें भी दूसरों के साथ न करना चाहिए। जो स्वयं जीवित रहने की इच्छा करता है, वह दूसरों को कैसे मारेगा? ऐसी इच्छा रखें, कि जो हम चाहते हैं, वही और लोग भी चाहते हैं।" (मभा. शां. 258.19, 21)। और दूसरे स्थान पर इसी नियम को बतलाते हुए इन 'अनुकूल' अथवा 'प्रतिकूल' विशेषणों का प्रयोग न करके किसी भी प्रकार के आचरण के विषय में विदुर ने कहा है, कि सामान्यत:-

तस्माद्धर्मप्रधानेन भवितव्यं यतात्मना।
तथा च सर्वभूतेषु वर्तितव्यं यथात्मनि॥

"इंद्रियनिग्रह करके धर्म से बर्तना चाहिए; और अपने समान ही सब प्राणियों से बर्ताव करे" (मभा. शां. 167.9)। क्योंकि शुकानुप्रश्न में व्यास कहते हैं:-

यवानात्मनि वेदात्मा तावानात्मा परात्मनि।
य एवं सततं वेद सोऽमृतत्त्वाय कल्पते॥

"जो सदैव यह जानता है, कि अपने शरीर में जितना आत्मा है, उतना ही दूसरों के शरीर में भी है, वही अमृततत्त्व अर्थात् मोक्ष प्राप्त कर लेने में समर्थ होता है" (मभा. शां. 238.22)। बुद्ध को आत्मा का अस्तित्व मान्य न था। कम-से-कम उसने यह तो स्पष्ट कह ही दिया है, कि आत्म विचार की व्यर्थ उलझन में न पड़ना चाहिए। तथापि उसने भी यह बतलाते हुए, कि बौद्ध भिक्षु लोग औरों के साथ कैसा बर्ताव करें?-आत्मौपम्यदृष्टि का यह उपदेश किया है:-

यथा अहं तथा एते यथा एते तथा अहम्।
अत्तानं (आत्मानं) उपमं कत्वा (कृत्वा) न हनेय्यं न घातये॥

"जैसे मैं, वैसे ये; जैसे ये, वैसे मैं, (इस प्रकार) अपनी अपनी उपमा समझकर न तो (किसी को भी) मारे; और न मरवावे" (सुत्तनिपात, नालकसुत्त 27)। धम्मपद नाम के दूसरे पाली बौद्ध ग्रंथ में भी (धम्मपद 129, 130) में भी इसी श्लोक का दूसरा चरण दो बार ज्यों-का-त्यों आया है; और आगे तुरंत ही मनुस्मृति (5.45)। एवं महाभारत (अनु. 113.5) इन दोनों ग्रंथों में पाए जानेवाले श्लोकों का पाली भाषा में इस प्रकार अनुवाद किया गया है-

सुखकामानि भूतानि यो दण्डेन विहिंसति।
अत्तनो सुखमेसानो (इच्छन्) पेच्य सो न लभते सुखम्॥

"(अपने समान ही) सुख की इच्छा करनेवाले दूसरे प्राणियों की जो अपने (अत्तनो) सुख के लिए दंड से हिंसा करता है, उसे मरने पर (पेच्य=प्रेत्य) सुख नहीं मिलता" (धम्मपद 131)। आत्मा के अस्तित्व को न मानने पर भी आत्मौपम्य की यह भाषा जबकि बौद्ध ग्रंथों में पाई जाती है, तब यह प्रकट ही है, कि बौद्ध ग्रंथकारों ने ये विचार वैदिक धर्म-ग्रंथों से ही लिए हैं। अस्तु, इसका अधिक विचार आगे चलकर करेंगे। ऊपर के विवेचन से स्पष्ट दीख पड़ेगा, कि जिसकी "सर्वभूतस्थमात्मानं सर्वभूतानि चात्मनि" ऐसी स्थिति हो गई, वह औरों से बर्तते समय आत्मौपम्य-बुद्धि से

ही सदैव काम लिया करता है; और हम प्राचीन काल से समझते चले आ रहे हैं, कि ऐसे बर्ताव का यही एक मुख्य नीतितत्त्व है। इसे कोई भी स्वीकार लिए आत्मौपम्य-बुद्धि का यह 'सूत्र "अधिकांश लोगों ने अधिक हित" वाले आधिभौतिक तत्त्व की अपेक्षा अधिक अर्थपूर्ण, निर्दोष, निस्संदिग्ध, व्यापक, स्वल्प और बिल्कुल अनपढ़ों की भी समझ में जल्दी आ जाने योग्य है।[1] धर्म-अधर्म शास्त्र के इस रहस्य ("एष संक्ष्ज्ञेपतो धर्म:") अथवा मूल तत्त्व की अध्यात्म-दृष्टि से जैसी उपपत्ति लगती है, वैसी कर्म के बाहरी परिणाम पर ही नजर देने वाले आधिभौतिकवाद से नहीं लगती; और इसी से धर्म-अधर्म शास्त्र के इस प्रधान नियम को उन पश्चिमी पंडितों के ग्रंथों में प्राय: प्रमुख स्थान नहीं दिया जाता, कि जो आधिभौतिक-दृष्टि से कर्मयोग का विचार करते हैं। और तो क्या, आत्मौपम्य दृष्टि के सूत्र को ताक में रखकर, वे समाजबंधन की उपपत्ति "अधिकांश लोगों के अधिक सुख" प्रभृति केवल दृश्य तत्त्व से ही लगाने का प्रयत्न किया करते हैं। परंतु उपनिषदों में, मनुस्मृति में, गीता में महाभारत के अन्यान्य प्रकरणों में और केवल बौद्ध धर्म में ही नहीं; प्रत्युत अन्यान्य देशों एवं धर्मों में भी आत्मौपम्य के इस सरल नीति-तत्त्व को ही सर्वत्र अग्रस्थान दिया हुआ पाया जाता है। यहूदी और ईसाई धर्म-पुस्तकों में जो यह आज्ञा है, कि "तू अपने पड़ोसियों से अपने ही समान प्रीति कर" (लेव्हि. 19.15; मेथ्यू. 22.39), वह इसी नियम का रूपांतर है। ईसाई लोग इसे सोने का अर्थात् सोने सरीखा मूल्यवान नियम कहते हैं; परंतु आत्मैक्य की उपपत्ति उनके धर्म में नहीं है। ईसा का यह उपदेश भी आत्मौपम्य-सूत्र का एक भाग है, कि "लोगों से तुम अपने साथ जैसा बर्ताव कराना पसंद करते हो, उनके साथ तुम्हें स्वयं भी वैसा ही बर्ताव करना चाहिए" (मा. 7.12; ल्यू. 6.31); और यूनानी तत्त्ववेत्ता आरिस्टॉटल के ग्रंथ में मनुष्यों के परस्पर बर्ताव करने का यही तत्त्व अक्षरश: बतलाया गया है। आरिस्टॉटल ईसा से कोई तीन सौ वर्ष पहले हो गया; परंतु उससे भी लगभग दो सौ वर्ष पहले चीनी तत्त्ववेत्ता खुँ-फूत्से (अंग्रेजी अपभ्रंश कानफ्यूशियस) उत्पन्न हुआ था। उसने आत्मौपम्य दृष्टि का उल्लिखित नियम चीनी भाषा की प्रणाली के अनुसार एक ही शब्द में बतला दिया है! परंतु यह तत्त्व हमारे यहाँ कानफ्यूशियस से भी बहुत पहले से उपनिषदों में (ईश. 6. केन. 13) और फिर महाभारत में, गीता में, एवं पराए को भी आत्मवत् मानना चाहिए" (दास. 12.10.22) इस रीति से मराठा साधु-संतों के ग्रंथों में विद्यमान् है; तथा इस लोकोक्ति का भी प्रचार है कि "आप बीती सो जग बीती।" यही नहीं, बल्कि इसकी आध्यात्मिक उपपत्ति की हमारे प्राचीन शास्त्रकारों ने दे दी है। जब हम इस बात पर ध्यान देते हैं, कि यद्यपि नीति-धर्म का यह सर्वमान्य सूत्र वैदिक धर्म से भिन्न अन्य धर्मों में दिया गया हो, तो भी इसकी उपपत्ति नहीं बतलाई गई है। और जब हम इस बात पर भी ध्यान देते हैं, कि इस सूत्र की उपपत्ति ब्रह्मात्मैक्यरूप अध्यात्मज्ञान को छोड़ और दूसरे किसी से भी ठीक ठीक नहीं लगती, तब गीता के आध्यात्मिक नीतिशास्त्र का अथवा कर्मयोग का महत्त्व पूरा पूरा व्यक्त हो जाता है।

समाज में मनुष्यों के पारस्परिक व्यवहार के विषय में 'आत्मौपम्य'-बुद्धि का नियम इतना सुलभ, व्यापक, सुबोध और विश्वतोमुख है, कि जब एक बार यह बतला दिया,

---

1. सूत्र शब्द की व्याख्या इस प्रकार की जाती है- "अल्पाक्षरमसन्दिग्धं सारवद्धिश्वतोमुखम्। अस्तोभमनवद्यं च सूत्रं सूत्रविदो विदु:॥" गाने के सुभीते के लिये किसी भी मंत्र में जिन अनर्थक अक्षरों का प्रयोग दिया जाता है, उन्हें स्तोभाक्षर कहते हैं। सूत्र में ऐसे अनर्थक अक्षर नहीं होते। इसी से इस लक्षण में सह 'अस्तोभ' पद आया है।

कि प्राणिमात्र में रहनेवाले आत्मा की एकता को पहचान कर, "आत्मवत् सम-बुद्धि से दूसरों के साथ बर्तते जाओ" तब फिर ऐसे पृथक-पृथक् उपदेश करने की जरूरत ही नहीं रह जाती, कि लोगों पर दया करो; उनकी यथाशक्ति मदद करो; उनका कल्याण करो; उन्हें अभ्युदय के मार्ग में लगाओ; उनसे प्रीति करो; उनसे ममता न छोड़ो; उनके साथ न्याय और समता का बर्ताव करो; किसी को धोखा मत दो; किसी का द्रव्यहरण अथवा हिंसा न करो; किसी से झूठ न बोलो; अधिकांश लोगों के अधिक कल्याण करने की बुद्धि को मन में रखो; सदैव यह समझकर भाईचारे से बर्ताव करो, कि हम सब एक ही पिता की संतान हैं। प्रत्येक मनुष्य को स्वभाव से यह सहज ही मालूम रहता है, कि उसका अपना सुखदु:ख और कल्याण किसमें है? और सांसारिक व्यवहार करते समय गृहस्थी की व्यवस्था से इस बात का अनुभव भी उसको होता रहता है, कि "आत्मा वै पुत्रनामासि।" अथवा "अर्धं भायवि शरीरस्य" का भाव समझकर अपने ही समान अपने स्त्री-पुत्रों से भी हमें प्रेम करना चाहिए। किंतु घरवालों से प्रेम करना, आत्मौपम्य-बुद्धि सीखने का पहला ही पाठ है। सदैव इसी में न लिपटे रहकर घरवालों के बाद इष्ट मित्रों, आप्तों, गोत्रजों, ग्रामवासियों, जातिभाइयों, धर्म बंधुओं और अंत में सब मनुष्यों अथवा प्राणिमात्र के विषय में आत्मौपम्य-बुद्धि का उपयोग करना चाहिए। इस प्रकार प्रत्येक मनुष्य को अपनी आत्मौपम्य-बुद्धि अधिकाधिक व्यापक बनाकर पहचानना चाहिए, कि जो आत्मा अपने में है, वही सब प्राणियों में है; और अंत में इसी के अनुसार बर्ताव भी करना चाहिए-यही ज्ञान की तथा आश्रम व्यवस्था की परमावधि अथवा मनुष्य मात्र के साध्य की सीमा है। आत्मौपम्य-बुद्धिरूप सूत्र का अंतिम और व्यापक अर्थ यही है। फिर आप ही आप सिद्ध हो जाता है, कि इस परमावधि की स्थिति को प्राप्त कर लेने की योग्यता जिन-जिन यज्ञदान आदि कर्मों से बढ़ती जाती है, वे सभी कर्म चित्तशुद्धिकारक, धर्म्य, अतएव गृहस्थाश्रम के कर्त्तव्य हैं। यह पहले ही कह चुके हैं, कि चित्तशुद्धि का ठीक-ठाक अर्थ स्वार्थ-बुद्धि का छूट जाना और ब्रह्मात्मैक्य को पहचानना है, एवं इसीलिए स्मृतिकारों ने गृहस्थाश्रम के कर्म विहित माने हैं। याज्ञवल्क्य ने मैत्रेयी को जो "आत्मा वा अरे द्रष्टव्य:" आदि उपदेश किया है, उसका मर्म भी यही है। अध्यात्म ज्ञान की नींव पर रचा हुआ कर्मयोगशास्त्र सबसे कहता है, कि "आत्मा वै पुत्रनामासि" में ही आत्मा की व्यापकता को संकुचित न करके उसकी इस स्वाभाविक व्याप्ति को पहचानो, कि "लोको वै अयमात्मा", और इस समझ से बर्ताव किया करो, कि "उदारचरितानां तु वसुधैव कुटुंबकम्"-यह सारी पृथ्वी ही बड़े लोगों की घर-गृहस्थी है; प्राणि मात्र ही उनका परिवार है। हमें विश्वास है, कि इस विषय में हमारा कर्मयोगशास्त्र अन्यान्य देशों के पुराने अथवा नए, किसी भी कर्मयोगशास्त्र से हारनेवाला नहीं है; यही नहीं, तो उन सबको अपने पेट में रखकर परमेश्वर के समान 'दश अंगुल' बचा रहेगा।

इस पर भी कुछ लोग कहते हैं, कि आत्मौपम्य-भाव से 'वसुधैव कुटुंबकम्' रूपी वेदान्ती और व्यापक दृष्टि हो जाने पर हम सिर्फ उन सद्‌गुणों को ही न खो बैठेंगे, कि जिन देशाभिमान, कुलाभिमान और धर्माभिमान आदि सद्‌गुणों से कुछ वंश अथवा राष्ट्र आजकल उन्नत अवस्था में हैं, प्रत्युत यदि कोई हमें मारने या कष्ट देने आवेगा, तो "निर्वैर, सर्वभूतेषु" (गीता 11.55), गीता के इस वाक्यानुसार उसको दुष्ट-बुद्धि से उलटकर न मारना हमारा धर्म हो जाएगा (धम्मपद 338)। अत: दुष्टों का प्रतिकार न होगा; और इस कारण उनके बुरे कर्मों से साधु-पुरुष की जान जोखिम में पड़ जाएगी और दुष्टों का दबदबा हो जाने से पूरे समाज अथवा सारे राष्ट्र का उससे नाश भी हो जावेगा। महाभारत में स्पष्ट ही कहा है, कि "न पापे प्रतिपाप: स्यात्साधुरेव सदा भवेत्"

(मभा. वन. 206.44) दुष्टों के साथ दुष्ट न हो जावे; साधुता से बर्ते, क्योंकि दुष्टता से अथवा वैर निकालने से वैर कभी नष्ट नहीं होता-"न चापि वैरं वैरेण केशव व्युपशम्यति।" इसके विपरीत जिसकी हम पराजय करते हैं, वह स्वभाव से ही दुष्ट होने के कारण पराजित होने पर और भी अधिक उपद्रव मचाता रहता है, तथा वह फिर बदला लेने का मौका खोजता रहता है-"जयो वैरं प्रसृजति।" अतएव महाभारत में स्पष्ट कहा है, कि शांति से ही दुष्टों का निवारण कर देना चाहिए (मभा. उद्यो. 71.59, 63)। महाभारत के ये ही श्लोक बौद्ध ग्रंथों में हैं (धम्मपद 5, 201; महावग्ग 10.2,63)। और ऐसे ही ईसा ने भी इसी तत्त्व का अनुवाद इस प्रकार किया है, कि "तू अपने शत्रुओं से प्रीति कर।" (मेथ्यु. 5.44); और "कोई एक कनपटी में मारे, तो तू दूसरी भी आगे कर दे" (मेथ्यू. 5.39; ल्यू. 6.29)। ईसा मसीह से पहले के चीनी तत्त्वज्ञ लाओ-त्से का भी ऐसा ही कथन है; और महाराष्ट्र की संत-मंडली में तो एकनाथ महाराज जैसे साधुओं के इस प्रकार आचरण करने की बहुतेरी कथाएँ भी हैं। क्षमा अथवा शांति की पराकाष्ठा उत्कर्ष दिखलाने वाले इन उदाहरणों की पुनीत योग्यता को घटाने का हमारा कदापि हेतु नहीं है। इसमें कोई संदेह नहीं, कि सत्य समान ही यह क्षमा-धर्म भी अंत में अर्थात् समाज की पूर्णावस्था में-अपवादरहित और नित्यरूप से बना रहेगा और बहुत क्या कहें, समाज की वर्तमान अपूर्णावस्था में भी अनेक अवसरों पर देखा जाता है, कि जो काम शांति से हो जाता है, वह क्रोध से नहीं होता। जब अर्जुन देखने लगा, कि दुष्ट दुर्योधन की सहायता करने के लिए कौन-कौन योद्धा आए हैं, तब उनमें पितामह और गुरु जैसे पूज्य मनुष्यों पर दृष्टि पड़ते ही उसके ध्यान में यह बात आ गई, कि दुर्योधन की दुष्टता का प्रतिकार करने के लिए मुझे केवल कर्म ही नहीं करना पड़ेगा, तो अर्थासक्त गुरुजनों को शास्त्रों से मारने का दुष्कर काम भी करना पड़ेगा, (गीता 2.5)। और इसी से वह कहने लगा, कि यद्यपि दुर्योधन दुष्ट हो गया है, तथापि "न पापे प्रतिपापः स्यात्" वाले न्याय से मुझे भी उसके साथ दुष्ट न हो जाना चाहिए। "यदि वे मेरी जान भी ले लें, तो भी (गीता 1.46) मेरा 'निर्वैर' अंतःकरण से चुपचाप बैठे रहना ही उचित है।" अर्जुन की इस शंका को दूर भगा देने के लिए ही गीताशास्त्र की प्रवृत्ति हुई है; और यही कारण है, कि गीता में इस विषय का स्पष्टीकरण किया गया है, वैसा और किसी भी धर्मग्रंथ में नहीं पाया जाता। उदाहरणार्थ, बौद्ध और ईसाई धर्म निर्वैरत्व के तत्त्व को वैदिक धर्म के समान ही स्वीकार तो करते हैं; परंतु उनके धर्म-ग्रंथों में यह बात स्पष्टतया कहीं भी नहीं बतलाई है, कि लोकसंग्रह की अथवा आत्मसंरक्षण की भी चिंता न करने वाले सर्व कर्म त्यागी संन्यासी पुरुष का व्यवहार और बुद्धि के अनासक्त एवं निर्वैर हो जाने पर भी उसी अनासक्त और निर्वैर बुद्धि से सारे बर्ताव करनेवाले कर्मयोगी का व्यवहार, ये दोनों सर्वांश में एक नहीं हो सकते। इसके विपरीत पश्चिमी नीतिशास्त्रवेत्ताओं के आगे यह समस्या है, कि ईसा ने जो उपरोक्त निर्वैरत्व का उपदेश किया है, उसका जगत की नीति से समुचित मेल कैसे मिलावें?[1] और नित्शे नामक आधुनिक जर्मन पंडित ने जो अपने ग्रंथों में यह मत लिखा है, कि निर्वैरत्व का यह धर्म तत्त्व गुलामी का और घातक है; एवं इसी को श्रेष्ठ मानने वाले ईसाई धर्म ने यूरोप खंड को नामर्द कर डाला है। परंतु हमारे धर्मग्रंथों को देखने से ज्ञात होगा, कि न केवल गीता को, प्रत्युत मनु को भी यह बात पूर्णतया अवगत और सम्मत थी, कि संन्यास और कर्मयोग इन दोनों धर्म-मार्गों से इस विषय में भेद करना चाहिए। क्योंकि

---

1. See Paulsen's System of Ethics, Book III, chap. X (Eng. Trans) and Nietzsche's Anti-Christ.

मनु ने यह नियम, "क्रुध्यन्तं न प्रतिक्रुध्येत्"-क्रोधित होने वाले पर फिर क्रोध न करो (मनु. 6.48); न गृहस्थ-धर्म में बतलाया है; और न राज-धर्म में, बतलाया है केवल यति-धर्म में ही। परंतु आजकल के टीकाकार इस बात पर ध्यान नहीं देते, कि इन वचनों में से कौन वचन किस मार्ग का है अथवा उसका कहाँ उपयोग करना चाहिए? उन लोगों ने संन्यास और कर्ममार्ग इन दोनों मार्गों के परस्पर-विरोधी सिद्धान्तों को गड्डमड्ड कर एकत्र कह डालने की जो प्रणाली अपनाई है, उस प्रणाली से प्राय: कर्मयोग के सच्चे सिद्धान्तों के संबंध में कैसे भ्रम उत्पन्न हो जाता है, उसका वर्णन हम पाँचवें प्रकरण में कर चुके हैं। गीता के टीकाकारों की इस भ्रामक पद्धति को छोड़ देने से सहज ही ज्ञात हो जाता है, कि भागवतधर्मी कर्मयोगी गृहस्थ को कैसे बर्ताव करना चाहिए, उसमें विषय में परम भगवद् भक्त प्रह्लाद ने ही कहा है, कि "तस्मान्नित्यं क्षमा तात पंडितैरपवादिता" (मभा. वन. 28.8)-हे तात! इसी हेतु चतुर पुरुषों ने क्षमा के लिए सदा अपवाद बतलाए हैं। जो कर्म हमें दु:खदाई हो, वही कर्म करके दूसरों को दु:ख न देने का, आत्मौपम्य-दृष्टि का सामान्य धर्म है तो ठीक; परंतु महाभारत में निर्णय किया गया है, कि जिस समाज में इसी आत्मौपम्य-दृष्टि वाले सामान्य धर्म की पड़ताल के इस दूसरे धर्म के, कि हमें भी दूसरे लोग दु:ख न दें, पालने वाले न हों, उस समाज में किसी एक के इस धर्म को पालने से कोई लाभ न होगा। यह समता शब्द ही दो व्यक्तियों से संबद्ध अर्थात् सापेक्ष है। अतएव आततायी पुरुष को मार डालने से जैसे अहिंसा धर्म बट्टा नहीं लगता, वैसे ही दुष्टों को उचित शासन कर देने से साधुओं की आत्मौपम्य-बुद्धि या निर्वैरता में भी कुछ न्यूनता नहीं आती; बल्कि दुष्टों के अन्याय का प्रतिकार कर दूसरों को बचा लेने का श्रेय अवश्य मिल जाता है। जिस परमेश्वर की अपेक्षा किसी की भी बुद्धि अधिक सम नहीं है; वह परमेश्वर भी जब साधुओं की रक्षा और दुष्टों का विनाश करने के लिए समय-समय पर अवतार लेकर लोकसंग्रह किया करता है (गीता 4.7, 8), तब और पुरुषों की तो बात ही क्या है! यह कहना भ्रममूलक है, कि 'वसुधैव कुटुंबकम्' रूपी दृष्टि हो जाने से अथवा फलाशा छोड़ देने से पात्रता-अपात्रता का अथवा योग्यता-अयोग्यता का भेद भी मिट जाना चाहिए। गीता का सिद्धान्त यह है, कि फल की आशा में ममत्व-बुद्धि प्रधान होती है! और उसे छोड़े बिना पाप-पुण्य से छुटकारा नहीं मिलता। किंतु यदि किसी सिद्ध पुरुष को अपना स्वार्थ साधने की आवश्यकता न हो, तथापि यदि वह किसी अयोग्य आदमी को कोई ऐसी वस्तु ले लेने दे, कि जो उसके योग्य नहीं; तो उस सिद्ध पुरुष को अयोग्य आदमियों की सहायता करने का तथा योग्य साधुओं एवं समाज की भी हानि करने का पाप लगे बिना न रहेगा। कुबेर से टक्कर लेने वाला करोड़पति साहूकार यदि बाजार में तरकारी लेने जावे, तो जिस प्रकार वह हरी धनियाँ की गड्डी की कीमत लाख रुपए नहीं दे देता, उसी प्रकार पूर्ण साम्यावस्था में पहुँचा हुआ पुरुष किसी की पात्रता-अपात्रता का तारतम्य भूल नहीं जाता। उसकी बुद्धि सम तो रहती है; पर समता का यह अर्थ नहीं है, कि गाय का चारा मनुष्य को और मनुष्य का भोजन गाय को खिला दे। तथा भगवान ने गीता (गीता 17.20) में भी कहा है, कि 'दातव्य' समझकर जो सात्त्विक दान करता है, वह भी इसी "देशे काले च पात्रे च" अर्थात् देश, काल और पात्र का विचार कर देना चाहिए। साधु-पुरुषों की साम्य-बुद्धि के वर्णन में ज्ञानेश्वर महाराज ने उन्हें पृथ्वी की उपमा दी है। इसी पृथ्वी का दूसरा नाम "सर्वसहा' है; किंतु यह 'सर्वसहा' भी, यदि इसे कोई लात मारे, तो मारनेवाले के तलवे में उतने ही जोर का प्रत्याघात कर अपनी समता-बुद्धि व्यक्त कर देती है। इससे भली-भाँति समझा जा सकता है, कि मन में वैर न रहने पर भी (अर्थात् निर्वैर) प्रतिकार कैसे किया जाता है? कर्मविपाक प्रक्रिया में

कह चुके हैं, कि इसी कारण से भगवान भी "ये यथा मां प्रपद्यन्ते तांस्तथैव भजाम्यहम्" (गीता 4.11)-जो मुझे जैसे भजते हैं, उन्हें वैसे ही फल देता हूँ-इस प्रकार व्यवहार तो करते हैं; परंतु फिर भी 'वैषम्य-नैर्घृण्य' दोषों से अलिप्त रहते हैं। इसी प्रकार व्यवहार अथवा कानून-कायदे में भी खूनी आदमी को फाँसी की सजा देने वाले न्यायाधीश को, कोई उसका दुश्मन नहीं कहता। अध्यात्मशास्त्र का सिद्धान्त है, कि जब किसी की बुद्धि निष्काम होकर साम्यावस्था में पहुँच जावे, तब वह मनुष्य अपनी इच्छा से किसी दूसरे का नुकसान नहीं करता, उससे यदि किसी दूसरे का नुकसान हो भी जाए, तो समझना चाहिए, कि वह दूसरे के कर्म का फल है; अथवा निष्काम बुद्धि वाला स्थितप्रज्ञ ऐसे समय पर जो काम करता है-फिर देखनें में वह मातृ-वध या गुरु-वध-सरीखा कितना ही भयंकर क्यों न हो-उसके शुभ-अशुभ फल का बंधन अथवा लेप उसको नहीं लगता (गीता 4.14; 9.28; 18.17)। फौजदारी कानून में आत्मसंरक्षा के जो नियम हैं वे इसी तत्त्व पर रचे गए हैं। कहते हैं, कि जब लोगों ने मनु से राजा होने की प्रार्थना की, तब उन्होंने पहले यह उत्तर दिया, कि "अनाचार से चलनेवालों का शासन करने के लिए राज्य को स्वीकार करके मैं पाप में नहीं पड़ना चाहता।" परंतु जब लोगों ने यह वचन दिया, कि "तमब्रुवन् प्रजा: मा भी: कर्तृनेनो गमिष्यति" (मभा. शां. 67.23)-डरिए नहीं, जिसका पाप उसी को लगेगा, आपको तो रक्षा करने का पुण्य ही मिलेगा; और प्रतिज्ञा की, कि "प्रजा की रक्षा करने में जो खर्च लगेगा, उसे हम लोग 'कर' देकर पूरा करेंगे", तब मनु ने प्रथम राजा होना स्वीकार किया। सारांश, जैसे अचेतन सृष्टि का कभी भी न बदलनेवाला यह नियम है, कि "आघात के बराबर ही प्रत्याघात" हुआ करता है; वैसे ही सचेतन सृष्टि में उस नियम का यह रूपांतर है, कि "जैसे को तैसा" होना चाहिए। ये साधारण लोग, कि जिनकी बुद्धि साम्यावस्था में नहीं पहुँच गई है, इस कर्मविपाक के नियम के विषय में अपनी ममत्व-बुद्धि उत्पन्न कर लेते हैं, और क्रोध से अथवा द्वेष से आघात की अपेक्षा अधिक प्रत्याघात करके आघात का बदला लिया करते हैं; अथवा अपने से दुबले मनुष्य के साधारण या काल्पनिक अपराध के लिए प्रतिकार-बुद्धि के निमित्त से उसको लूट कर अपना-फायदा कर लेने के लिए सदा प्रवृत्त होते हैं। किंतु साधारण मनुष्यों के समान बदला लेने की, वैर की, अभिमान की, क्रोध से-लोभ से, या द्वेष से दुर्बलों को लूटने की अथवा टेक से अपने अभिमान, शेखी, सत्ता और शक्ति की प्रदर्शनी दिखलाने की बुद्धि जिसके मन में रहे, उसकी शांत, निर्वैर और सम-बुद्धि वैसे ही नहीं बिगड़ती है, जैसे कि अपने ऊपर गिरी हुई गेंद को सिर्फ पीछे लौटा देने से बुद्धि में कोई भी विकार नहीं उपजता; और लोकसंग्रह की दृष्टि से ऐसे प्रत्याघात स्वरूप कर्म करना उसका धर्म अर्थात् कर्त्तव्य हो जाता है, कि जिससे दुष्टों का दबदबा बढ़ कर कहीं गरीबों पर अत्याचार न होने पावे (गीता 3.25)। गीता के सारे उपदेश का सार यही है कि ऐसे प्रसंग पर सम-बुद्धि से किया हुआ घोर युद्ध भी धर्म्य और श्रेयस्कर है। वैर भाव न रखकर सबसे बर्तना, दुष्टों के साथ दुष्ट न बन जाना, क्रोध करने वाले पर क्रुद्ध न होना आदि धर्म तत्त्व स्थितप्रज्ञ कर्मयोगी को मान्य तो हैं ही; परंतु संन्यास मार्ग का यह मत कर्मयोग नहीं मानता, कि 'निर्वैर' शब्द का अर्थ केवल निष्क्रिय अथवा प्रतिकारशून्य है; किंतु वह निर्वैर शब्द का सिर्फ इतना ही अर्थ मानता है, कि वैर अर्थात् मन की दुष्ट बुद्धि छोड़ देनी चाहिए; और जबकि कर्म किसी के छूटते हैं ही नहीं, तब उसका कथन है, कि सिर्फ लोकसंग्रह के लिए अथवा प्रतिकारार्थ जितने कर्म आवश्यक और शक्य हों, उतने कर्म मन में दुष्ट बुद्धि को स्थान न देकर-केवल कर्त्तव्य समझ-वैराग्य और नि:संग-बुद्धि से करते रहना चाहिए (गीता 3.19)। अत: इस श्लोक में (गीता 11.55) सिर्फ 'निर्वैर' पद का प्रयोग न करते हुए-

मत्कर्मकृत् मत्परमो मद्‌भक्तः संगवर्जितः।
निर्वैरः सर्वभूतेषु यः स मामेति पांडव॥

उसके पूर्व इस दूसरे महत्त्व के विशेषण का भी प्रयोग करके-कि 'मत्कर्मकृत्' अर्थात् "मेरे याने परमेश्वर के प्रीत्यर्थ अर्थात् परमेश्वरार्पण-बुद्धि से सारे कर्म करनेवाला"-भगवान ने गीता में निर्वैरत्व और निष्काम कर्म का, भक्ति की दृष्टि से, मेल मिला दिया है। इसी से शांकरभाष्य तथा अन्य टीकाओं में भी कहा है, कि इस श्लोक में पूरे गीता-शास्त्र का निचोड़ आ गया है। गीता में यह कहीं भी नहीं बतलाया, कि बुद्धि को निर्वैर करने के लिए या उसके निर्वैर हो चुकने पर भी, सभी प्रकार के कर्म छोड़ देने चाहिए। इस प्रकार प्रतिकार का कर्म निर्वैरत्व और परमेश्वरार्पण-बुद्धि से करने पर कर्ता को उसका कोई भी पाप या दोष तो लगता ही नहीं; उलटे प्रतिकार का काम हो चुकने पर, जिन दुष्टों का प्रतिकार किया गया है, उन्हीं का आत्मौपम्य-दृष्टि से कल्याण करने की बुद्धि भी मन से नष्ट नहीं होती। एक उदाहरण लीजिए; दुष्ट कर्म के कारण रावण को, निर्वैर और निष्पाप रामचंद्र ने युद्ध में मार तो डाला; पर उसकी उत्तरक्रिया करने में जब विभीषण हिचकने लगा, तब रामचंद्र ने उसको समझाया कि:-

मरणान्तानि वैराणि निवृत्तं नः प्रयोजनम्।
क्रियतामस्य संस्कारो ममाप्येष यथा तव॥

"(रावण के मन का) वैर मरण के साथ चुक ही गया। हमारा (दुष्टों का नाश करने का) काम हो चुका। अब यह जैसा तेरा (भाई) है, वैसा ही मेरा भी है। इसलिए इसका अग्निसंस्कार कर" (वाल्मीकि रा. 6.109.25) रामायण का यह तत्त्व भागवत में भी (भाग. 8.19.13) एक स्थान पर बतलाया गया है; और अन्याय पुराणों में जो ये कथाएँ हैं-कि भगवान ने जिन दुष्टों का संहार किया, उन्हीं को फिर दयालु होकर सद्‌गति दे डाली-उनका रहस्य भी यही है। इन्हीं सब विचारों को मन मे लाकर श्रीमसर्थ रामदास स्वामी ने कहा है, कि "उद्धत के लिए उद्धत होना चाहिए।" और महाभारत में भीष्म ने परशुराम से कहा है:-

यो यथा वर्तते यस्मिन् तस्मिन्नेवं प्रवर्तयन्।
नाधर्म समवाप्नोति न चाश्रेयश्च विन्दति॥

"अपेन साथ जो जैसा बर्ताव करता है, उसके साथ वैसे ही बर्तन से न तो अधर्म (अनीति) होता है; और न अकल्याण भी" (मभा. उद्यो. 179.30)। फिर आगे चलकर शांतिपर्व के सत्यानृत अध्याय में फिर वही उपदेश युधिष्ठिर को किया है:-

यस्मिन् यथा वर्तते यो मनुष्यः तस्मिन् तथा वर्तितव्यं स धर्मः।
मायाचारो मायया बाधितव्यः साध्वाचारः साधुना प्रत्युपेयः॥

"अपने साथ जो जैसा बर्ताव है, उसके साथ वैसा ही बर्ताव करना धर्मनीति है। मायावी पुरुष के साथ मायावीपन से और साधु पुरुष के साथ साधुता का व्यवहार करना चाहिए" (मभा. शां. 109, 29; उद्यो. 36.7)। ऐसे ही ऋग्वेद में इंद्र को उसके मायावीपन का दोष न देकर उसकी स्तुति ही की गई है, कि "त्वं मायाभिरनवद्य मायिनं...वृत्तं अर्दयः।" (ऋ. 10.147.2; 1.80.7)-हे निष्पाप इंद्र! मायावी वृत्र को तूने माया से ही मारा है। और भारवि कवि ने अपने 'किरातार्जुनीय' काव्य में भी ऋग्वेद के तत्त्व का ही अनुवाद इस प्रकार किया है:-

व्रजन्ति ते मूढधियः पराभवं।
भवन्ति मायाविषु ये न मायिनः॥

"मायावियों के साथ जो मायावी नहीं बनते, वे नष्ट हो जाते हैं" (किरा. 1.30)। परंतु यहाँ और एक बात पर ध्यान देना चाहिए, कि दुष्ट पुरुष का प्रतिकार यदि साधुता

से हो सकता है, तो पहले साधुता से ही करे। क्योंकि दूसरा यदि दुष्ट हो जाए, तो उसके साथ हमें भी दुष्ट न हो जाना चाहिए, कोई एक यदि नकटा हो जाए तो सारा गाँव का गाँव अपनी नाक नहीं कटा लेता! और क्या कहें, यह धर्म है भी नहीं। इस "न पापे प्रतिपाप: स्यात्" सूत्र का ठीक भावार्थ यही है; और इसी कारण से विदुरनीति में धृतराष्ट्र को पहले यही नीतितत्त्व बतलाया गया है, कि "न तत्परस्य सन्दध्यात् प्रतिकूलं यदात्मन:"-जो व्यवहार स्वयं अपने लिए प्रतिकूल मालूम हो, वैसा बर्ताव दूसरों के साथ न करे। इसके पश्चात् विदुर ने कहा है:-

अक्रोधेन जयेत्क्रोधं असाधुं साधुना जयेत्।
जयेत्कदर्यं दानेन जयेत् सत्येन चानृतम्॥

"(दूसरे के) क्रोध को (अपनी) शांति से जीतें। दुष्ट को साधुता से जीतें। कृपण को दान से जीतें; और अनृत को सत्य से जीतें" (मभा. उद्यो. 38.73, 74)। पाली भाषा में बौद्धों का जो 'धम्मपद' नामक नीतिग्रंथ है, उसमें (धम्म. 233) इसी श्लोक का ज्यो का त्यों अनुवाद है:-

अक्कोधेन जिने कोधं असाधुं साधुना जिने।
जिने कदरियं दानेन सच्चेनालीकवादिनम्॥

शांतिपर्व में युधिष्ठिर को उपदेश करते हुए भीष्म ने भी इसी नीति-तत्त्व के गौरव का वर्णन इस प्रकार किया है:-

कर्म चैतदसाधूनां असाधु साधुना जयेत्।
धर्मेण निधनं श्रेयो न जयः पापकर्मणा॥

"दुष्ट की असाधुता अर्थात् दुष्ट कर्म का साधुता से निवारण करना चाहिए। क्योंकि पापकर्म से प्राप्त जीत की अपेक्षा धर्म से अर्थात् नीति से मर जाना भी श्रेयस्कर है" (मभा. 95.16)। किंतु ऐसी साधुता से यदि दुष्ट के दुष्कर्मों का निवारण न होता हो, अथवा साम-उपचार और मेल-जोल की बात इन दुष्टों को नापसंद हो, तो 'कण्ट-केनैत्र कण्टकम्' के न्याय से जो काँटा इन पुल्टिस से बाहर न निकलता हो, उसको साधारण काँटे से अथवा लोहे के काँटे (सुई) से ही बाहर निकाल डालना आवश्यक है (दास. 19.9.12-31)। क्योंकि, प्रत्येक समय लोकसंग्रह के लिए दुष्टों का निग्रह करना, भगवान के समान, साधु-पुरुषों का भी धर्म की दृष्टि से पहला कर्त्तव्य है। 'साधुता से दुष्टता को जीते' इस वाक्य में ही पहले यही बात मानी गई है, कि दुष्टता को जीत लेना अथवा उसका निवारण करना साधु-पुरुष का पहला कर्त्तव्य है। फिर उसकी सिद्धि के लिए बतलाया है, कि पहले किस उपाय की योजना करें। यदि साधुता से उसका निवारण न हो सकता हो-सीधी अंगुली से घी न निकले-तो 'जैसे को तैसे' बनकर दुष्टता का निवारण करने में हमें हमारे धर्मकार कभी भी नहीं रोकते। वे यह कहीं भी प्रतिपादन नहीं करते, कि दुष्टता के आगे साधु पुरुष अपना बलिदान खुशी से किया करें। सदा ध्यान रहे, कि जो पुरुष अपने बुरे कामों से पराई गर्दनें काटने पर उतारू हो गया, उसे यह कहने का कोई भी नैतिक हक नहीं रह जाता, कि और लोग मेरे साथ साधुता का बर्ताव करें। धर्मशास्त्र में स्पष्ट आज्ञा है (मनु. 8.19, 351), कि इस प्रकार जब साधु-पुरुषों को कोई असाधु काम लाचारी से करना पड़े, तो उसकी जिम्मेदारी शुद्ध बुद्धि वाले साधु-पुरुषों पर नहीं रहती, किंतु उसका जिम्मेदार वही दुष्ट पुरुष हो जाता है, कि जिसके दुष्ट कर्मों का ही वह नतीजा है। स्वयं बुद्ध ने देवदत्त का जो शासन किया, उसकी उपपत्ति बौद्ध ग्रंथकारों ने भी इसी तत्त्व पर लगाई है (मिलिंद प्र. 4.1. 30-34)। जड़ सृष्टि के व्यवहार में ये आघात-प्रत्याघात रूपी कर्म नित्य और बिल्कुल ठीक होते हैं। परंतु मनुष्य के व्यवहार उसके इच्छाधीन हैं, और ऊपर जिस त्रैलौक्य-चिंतामणि

की मात्रा का उल्लेख किया है, उसके दुष्टों पर प्रयोग करने का निश्चित विचार जिस धर्मज्ञान से होता है, वह धर्मज्ञान भी अत्यंत सूक्ष्म है; इस कारण विशेष अवसर पर बड़े-बड़े लोग भी सचमुच इस दुविधा में पड़ जाते हैं, कि जो हम करना चाहते हैं, वह योग्य है या अयोग्य? अथवा धर्म्य है या अधर्म्य?-"किं कर्म किमकर्मेति कवयोऽप्यत्र मोहिता:" (गीता 4.16)। ऐसे अवसर पर कोरे विद्वान किंतु सदैव-थोड़े-बहुत स्वार्थ के पंजे में फँसे हुए, पुरुषों की पंडिताई पर या केवल अपने सार-असार-विचार के भरोसे पर ही कोई काम न कर बैठे; बल्कि पूर्ण साम्यावस्था में पहुँचे हुए परमावधि के साधु-पुरुष की शुद्ध बुद्धि की ही शरण में जा सके उसी गुरु के निर्णय को प्रणाम माने। क्योंकि निरा तार्किक पांडित्य जितना अधिक होगा, युक्तियाँ भ्ज्ञी उतनी ही अधिक निकलेंगी। इसी कारण बिना शुद्धबुद्धि के कोरे पांडित्य से ऐसे विकट प्रश्नों का कभी सच्चा और समाधानकारक निर्णय नहीं होने पाता; अतएव उसको शुद्ध और निष्काम बुद्धि वाला गुरु ही करना चाहिए। जो शास्त्रकार अत्यंत सर्वसाम्य हो चुके हैं, उनकी बुद्धि इस प्रकार की शुद्ध रहती है और यही कारण है, जो भगवान ने अर्जुन से कहा है-"तस्माच्छास्त्रं प्रमाणं ते कार्याकार्यव्यवस्थितौ" (गीता 16.24)-कार्य-अकार्य का निर्णय करने में तुझे शास्त्र को प्रणाम मानना चाहिए। तथापि यह न भूल जाना चाहिए, कि कालमान के अनुसार श्वेतकेतु जैसे आगे के साधु पुरुषों को इन शास्त्रों में भी फर्क करने का अधिकार प्राप्त होता रहता है।

निर्वैर और शांत साधु-पुरुषों के आचरण के संबंध में लोगों की आजकल जो गैरसमझ देखी जाती है, उसका कारण यह है, कि कर्मयोगमार्ग प्राय: लुप्त हो गया है; और सारे संसार ही को त्याज्य माननेवाले संन्यास-मार्ग का चारों ओर दौर-दौरा हो गया है। गीता का यह उपदेश अथवा उद्देश्य भी नहीं है, कि निर्वैर होने से निष्प्रतिकार भी होना चाहिए। जिसे लोकसंग्रह की चिंता ही नहीं है, उसे जगत में दुष्टों की प्रबलता फैले तो-और न फैले तो-करना ही क्या है? उसकी जान रहे, चाहे चली जाए; सब एक ही-सा है। किंतु पूर्णावस्था में पहुँचे हुए कर्मयोगी प्राणिमात्र में आत्मा की एकता को पहचान कर यद्यपि सभी के साथ निर्वैरता का व्यवहार किया करते हैं, तथापि अनासक्त-बुद्धि से पात्रता-अपात्रता का, सार-असार-विचार करके स्वधर्मानुसार प्राप्त हुए कर्म करने में वे कभी नहीं चूकते; और कर्मयोग कहता है, कि इस रीति से किए हुए कर्म कर्ता की साम्य-बुद्धि में भी कुछ न्यूनता नहीं आने देते। गीता-धर्म-प्रतिपादित कर्मयोग के इस तत्त्व को मान लेने पर कुलाभिमान और देशाभिमान आदि कर्त्तव्य-धर्मों की भी कर्मयोगशास्त्र के अनुसार योग्य उपपत्ति लगाई जा सकती है। यद्यपि यह अंतिम सिद्धांत है, कि समग्र मानव जाति का-प्राणिमात्र का-जिससे हित होता हो, वही धर्म है; तथापि परमावधि की इस स्थिति को प्राप्त करने के लिए कुलाभिमान, धर्माभिमान और देशाभिमान आदि चढ़ती हुई सीढ़ियों की आवश्यकता तो कभी भी नष्ट होने की नहीं। निर्गुण ब्रह्म की प्राप्ति के लिए जिस प्रकार सगुणोपासना आवश्यक है, उसी प्रकार-'वसुधैव कुटुंबकम्'-की ऐसी बुद्धि पाने के लिए कुलाभिमान, जात्याभिमान, धर्माभिमान और देशाभिमान आदि की आवश्यकता है, एवं समाज की प्रत्येक पीढ़ी इसी जीने से ऊपर चढ़ती है, इस कारण इसी जीने को सदैव स्थिर रखना पड़ता है। ऐसे ही जब अपने आसपास के लोग अथवा अन्य राष्ट्र नीचे की सीढ़ी पर बना रहूँ, तो वह कदापि सिद्ध हो नहीं सकता। क्योंकि ऊपर कहा ही जा चुका है, कि परस्पर व्यवहार में 'जैसे को तैसे' न्याय से ऊपर-ऊपर की श्रेणी वालों को नीचे-नीचे की श्रेणीवाले लोगों के अन्याय का प्रतिकार करना विशेष प्रसंग पर आवश्यक रहता है। इसमें कोई शंका नहीं कि सुधरते सुधारते जगत के सभी मनुष्यों की स्थिति एक दिन ऐसी जरूर

हो जावेगी, कि वे प्राणिमात्र में आत्मा की एकता को पहचानने लगें। अंतत: मनुष्यमात्र को ऐसी स्थिति प्राप्त कर देने की आशा रखना कुछ अनुचित भी नहीं है। परंतु यह न्यायत: ही सिद्ध है, कि आत्मोन्नति की परमावधि की यह स्थिति जब तक सबको प्राप्त हो नहीं गई है, तब तक अन्यान्य राष्ट्रों अथवा समाजों की स्थिति पर ध्यान देकर साधु-पुरुष अपने समाजों को उन उन समयों में श्रेयस्कर देशाभिमान आदि धर्मों का ही उपदेश देते रहें। इसके अतिरिक्त इस दूसरी बात पर भी ध्यान देना चाहिए, कि मंजिल दर मंजिल तैयार करके, इमारत बन जाने पर, जिस प्रकार नीचे के हिस्से निकाल डाले नहीं जा सकते अथवा जिस प्रकार तलवार हाथ में आ जाने से कुदाली की, या सूर्य होने से, अग्नि की भी आवश्यकता बनी ही रहती है, उसी प्रकार सर्वभूतहित की अंतिम सीमा पर पहुँच जाने पर भी न केवल देशाभिमान की ही, वरन् कुलाभिमान की भी आवश्यकता बनी ही रहती है। क्योंकि समाजसुधार की दृष्टि से देखें तो कुलाभिमान जो विशेष काम करता है, वह निरे देशाभिमान से नहीं होता; और देशाभिमान का कार्य निरी सर्वभूतात्मैक्य-दृष्टि से सिद्ध नहीं होता। अर्थात् समाज की पूर्णावस्था में भी साम्यबुद्धि के ही समान देशाभिमान और कुलाभिमान आदि धर्मों की भी सदैव जरूरत रहती ही है। किंतु केवल अपने ही देश के अभिमान को परम साध्य मान लेने से जैसे एक राष्ट्र अपने लाभ के लिए दूसरे राष्ट्र का मन-माना नुकसान करने के लिए तैयार रहता है, वैसी बात सर्वभूतहित परम साध्य मानने से नहीं होती। कुलाभिमान, देशाभिमान और अंत में पूरी मनुष्य जाति के हित में यदि विरोध आने लगे, तो साम्यबुद्धि से परिपूर्ण नीति-धर्म का यह महत्त्वपूर्ण और विशेष कथन है, कि उच्च श्रेणी के धर्मों की सिद्धि के लिए निम्न श्रेणी के धर्मों को छोड़ दें। विदुर ने धृतराष्ट्र को उपदेश करते हुए कहा है, कि युद्ध में कुल का क्षय हो जावेगा, अत: दुर्योधन के हठ के लिए पांडवों को राज्य का भाग न देने की अपेक्षा यदि दुर्योधन न माने तो (अपना लड़का भले ही हो)-उसे अकेले को छोड़ देना ही उचित है; और इस समर्थन में यह श्लोक कहा है:-

त्यजेदेकं कुलस्यार्थे ग्रामस्यार्थे कुलं त्यजेत्।
ग्रामं जनपदस्यार्थे आत्मार्थे पृथिवीं त्यजेत्॥

"कुल के (बचाव के) लिए एक व्यक्ति को, गाँव के लिए कुल को, और पूरे लोक-समूह के लिए गाँव को, एवं आत्मा के लिए पृथ्वी को छोड़ दें" (मभा. आदि. 115.36; सभा. 61.11)। इस श्लोक के पहले तीन चरणों का तात्पर्य वही है, कि जिसका उल्लेख ऊपर किया गया है; और चौथे चरण में आत्मरक्षा का तत्त्व बतलाया गया है। 'आत्म' शब्द सामान्य सर्वनाम है, इससे यह आत्मरक्षा का तत्त्व जैसे एक व्यक्ति को उपयुक्त होता है, वैसे ही एकत्रित लोक समूह को, जाति को, देश को अथवा राष्ट्र को भी उपयुक्त होता है; और कुल के लिए एक पुरुष को, ग्राम के लिए कुल को एवं देश के लिए ग्राम को छोड़ देने की क्रमश: चढ़ती हुई इस प्राचीन प्रणाली पर जब हम ध्यान देते हैं, तब स्पष्ट दीख पड़ता है, कि 'आत्म' शब्द का अर्थ इन सबकी अपेक्षा इस स्थल पर अधिक महत्त्व का है। फिर भी कुछ स्वार्थी या शास्त्र न जाननेवाले लोग इस चरण का कभी कभी विपरीत अर्थात् निरा स्वार्थ-प्रधान अर्थ किया करते हैं। अतएव यहाँ कह देना चाहिए, कि आत्मरक्षा का यह तत्त्व स्वार्थपरायणता नहीं है। क्योंकि जिन शास्त्रकारों ने निरे स्वार्थ साधु चार्वाक-पंथ को राक्षसी बतलाया है (गीता अ. 16), संभव नहीं है, कि वे ही स्वार्थ के लिए किसी से भी जगत् को डुबाने के लिए कहें। ऊपर के श्लोक में 'अर्थे' शब्द का अर्थ सिर्फ स्वार्थ-प्रधान नहीं है किंतु "संकट आने पर उसके निवारणार्थ" ऐसा करना चाहिए, और कोशकारों ने भी यही अर्थ किया है। स्वार्थपरायणता और आत्मरक्षा में बड़ा भारी अंतर है। कामोपभोग की इच्छा

अथवा लोभ से अपना स्वार्थ साधने के लिए दुनिया का नुकसान करना स्वार्थपरायणता है। यह अमानुषी और निंद्य है। उक्त श्लोक के प्रथम तीन चरणों में कहा है कि एक के हित की अपेक्षा अनेको के हित पर सदैव ध्यान देना चाहिए। तथापि प्राणिमात्र में एक ही आत्मा रहने के कारण प्रत्येक मनुष्य को इस जगत में सुख से रहने का एक ही सा नैसर्गिक अधिकार है और इस सर्वमान्य महत्त्व के नैसर्गिक स्वत्व की ओर दुर्लक्ष्य कर जगत के किसी भी एक व्यक्ति की या समाज की हानि करने का अधिकार, दूसरे किसी व्यक्ति या समाज को नीति की दृष्टि से कदापि प्राप्त नहीं हो सकता-फिर चाहे वह समाज बल और संख्या में कितना ही बढ़ा-चढ़ा क्यों न हो! अथवा उसके पास छीना-झपटी करने के साधन दूसरों से अधिक क्यों न हों! यदि इस युक्ति का अवलंबन करे कि एक की अपेक्षा अथवा थोड़ी की अपेक्षा बहुतों का हित अधिक योग्यता का है और इस युक्ति से, संख्या में अधिक बढ़े हुए समाज के स्वार्थी बर्ताव का समर्थन करें, तो वह युक्तिवाद केवल राक्षसी समझा जावेगा। इस प्रकार दूसरे लोग यदि अन्याय से बर्तने लगें, तो बहुतेरों के तो क्या सारी पृथ्वी के हित की अपेक्षा भी आत्मरक्षा अर्थात् अपने बचाव का नैतिक अधिकार और भी अधिक सबल हो जाता है; यही उक्त चौथे चरण का भावार्थ है और पहले तीन चरणों में जिस अर्थ का वर्णन है, उसके लिए महत्वपूर्ण अपवाद के नाते उसे साथ ही बतला दिया है। इसके सिवा यह भी देखना चाहिए कि यदि हम स्वयं जीवित रहेंगे, तो लोक कल्याण कर सकेंगे। अतएव लोकहित की दृष्टि से विचार करें, तो भी विश्वामित्र के समान यही कहना पड़ता है कि "जीवन् धर्ममवाप्नुयात्"-जीएँगे तो धर्म करेंगे, अथवा कालिदास के अनुसार यही कहना पड़ता है कि "शरीरमाद्यं खलु धर्मसाधनम्"-(कुमा. 5.33)-शरीर ही सब धर्मों का मूलभूत साधन है; या मनु के कथनानुसार कहना पड़ता है कि "आत्मानं सततं रक्षेत्"-स्वयं अपनी रक्षा सदा सर्वदा करनी चाहिए। यद्यपि आत्मरक्षा का अधिकार सारे जगत के हित की अपेक्षा इस प्रकार श्रेष्ठ है, तथापि दूसरे प्रकरण में कह चुके हैं कि कई अवसरों पर कुल के लिए, देश के लिए, धर्म के लिए अथवा परोपकार के लिए स्वयं अपनी ही इच्छा से साधु लोग अपनी जान पर खेल जाते हैं। उक्त श्लोक के पहले तीन चरणों में यही तत्त्व वर्णित है। ऐसे प्रसंग पर मनुष्य आत्मरक्षा के अपने श्रेष्ठ स्वत्व पर भी स्वेच्छा से पानी फेर दिया करता है, अत: ऐसे काम की नैतिक योग्यता भी सबसे श्रेष्ठ समझी जाती है। तथापि इस बात का अचूक निश्चय कर देने के लिए, कि ऐसे अवसर कब उत्पन्न होते हैं, निरा पांडित्य या तर्क-शक्ति पूर्ण समर्थ नहीं है। इसलिए धृतराष्ट्र के उल्लिखित कथानक से यह बात प्रकट होती है कि विचार करने वाले मनुष्य का अंत:करण पहले से ही शुद्ध और सम रहना चाहिए। महाभारत में ही कहा है कि धृतराष्ट्र की बुद्धि इतनी मंद न थी, कि वे विदुर के उपदेश को समझ न सकें, परंतु पुत्र प्रेम उनकी बुद्धि को सम होने कहाँ देता था? कुबेर को जिस प्रकार लाख रुपए की कभी कमी नहीं पड़ती, उसी प्रकार जिसकी बुद्धि एक बार सम हो चुकी, उसे कुलात्मैक्य, देशात्मैक्य या धर्मात्मैक्य आदि निम्न श्रेणी की एकताओं का कभी टोटा पड़ता ही नहीं है। ब्रह्मात्मैक्य में इन सबका अंतर्भाव हो जाता है। फिर देश-धर्म, कुल धर्म आदि संकुचित धर्मों का अथवा सर्वभूतहित के व्यापक धर्म का-अर्थात् इनमें से जिस-तिस की स्थिति के अनुसार, अथवा आत्मरक्षा के निमित्त जिस समय में जिसे जो धर्म श्रेयस्कर हो, उसको उसी धर्म का उपदेश करके जगत के धारण-पोषण का काम साधु लोग करते हैं। इसमे संदेह नहीं कि मानव जाति की वर्तमान स्थिति में देशाभिमान ही मुख्य सद्‌गुण हो गया है; और सुधरे हुए राष्ट्र भी इन विचारों और तैयारियों में अपने ज्ञान का, कुशलता का और द्रव्य का उपयोग किया करते हैं, कि पास-पड़ोस के

शत्रुदेशीय बहुत-से लोगों को प्रसंग पड़ने पर थोड़े ही समय हम क्यों कर जान से मार सकेंगे। किंतु स्पेन्सर ओर कोंट प्रभृति पंडितों ने अपने ग्रंथों में स्पष्ट रीति से कह दिया है, कि केवल इसी एक कारण से देशाभिमान को ही नीति की दृष्टि से मानवजाति का परम साध्य मान नहीं सकते; और जो आक्षेप इन लोगों के प्रतिपादित तत्त्व पर हो नहीं सकता, वही आक्षेप, हम नहीं समझते, कि अध्यात्मदृष्ट्या प्राप्त सर्वभूतात्मैक्यरूप तत्त्व पर ही कैसे हो सकता है? छोटे बच्चे के कपड़े उसके शरीर के ही अनुसार-बहुत हुआ तो जरा ढील अर्थात् बाढ़ के लिए गुंजाइश रखकर-जैसे ब्योंताने पड़ते हैं, वैसे ही सर्वभूतात्मैक्य बुद्धि की भी बात है। समाज हो या व्यक्ति, सर्वभूतात्मैक्य बुद्धि से उसके आगे जो साध्य रखना है, वह उसके अधिकार के अनुरूप अथवा उसकी अपेक्षा जरा-सा और आगे का होगा; तभी वह उसको श्रेयस्कर हो जाता है; उसकी सामर्थ्य की अपेक्षा बहुत अच्छी बात उसको एकदम करने के लिए बतलाई जाए, तो उससे उसका कल्याण कभी नहीं हो सकता। परब्रह्म की कोई सीमा न होने पर भी उपनिषदों में उसकी उपासना की क्रम-क्रम से बढ़ती हुई सीढ़ियाँ बतलाने का यही कारण है; और जिस समाज में सभी स्थितप्रज्ञ हों, वहाँ क्षात्र-धर्म की जरूरत न भी हो, तो भी जगत के अन्यान्य समाजों की तत्कालीन स्थिति पर ध्यान दे करके "आत्मानं सततं रक्षेत्" के ढंग पर हमारे धर्मशास्त्र की चातुर्वर्ण्य व्यवस्था में क्षात्र-धर्म का संग्रह किया गया है। यूनान के प्रसिद्ध तत्त्ववेत्ता प्लेटो ने अपने ग्रंथ में जिस समाज-व्यवस्था को अत्यंत उत्तम बतलाया है, उसमें भी निरंतर के अभ्यास से युद्धकाल में प्रवीण वर्ग को समाज रक्षक के नाते प्रमुखता दी है। इससे स्पष्ट ही दीख पड़ेगा कि तत्त्वज्ञानी लोग परमावधि की शुद्ध और उच्च स्थिति के विचारों में ही डूब क्यों न रहा करें; परंतु वे तत्कालीन अपूर्ण समाज व्यवस्था का विचार करने से भी कभी नहीं चूकते।

ऊपर की सब बातों का इस प्रकार विचार करने से ज्ञानी पुरुष के संबंध में यह सिद्ध होता है, कि वह ब्रह्मात्मैक्य-ज्ञान अपनी बुद्धि को निर्विषय, शांत और प्राणिमात्र में निर्वैर तथा सम रखे और इस स्थिति को पा जाने से सामान्य अज्ञानी लोगों से उकतावे नहीं अथवा स्वयं सारे संसारी कामों का त्याग कर याने कर्म-संन्यास आश्रम को स्वीकार करके इन लोगों की बुद्धि न बिगाड़े। परंतु देश-काल और परिस्थिति के अनुसार जिन्हें जो योग्य हो, उसी का उन्हें उपदेश देवे; अपने निष्काम कर्त्तव्य आचरण से सद्व्यवहार का अधिकारानुसार प्रत्यक्ष आदर्श दिखला कर, सबको धीरे-धीरे यथासंभव शांति से किंतु उत्साहपूर्वक उन्नति के मार्ग में लगावे; बस, यही ज्ञानी पुरुष का सच्चा धर्म है। समय-समय पर अवतार लेकर भगवान भी यही काम किया करते हैं; और ज्ञानी पुरुष को भी यही आदर्श मान, फल पर ध्यान न देते हुए, इस जगत का अपना कर्त्तव्य शुद्ध अर्थात् निष्काम बुद्धि से सदैव यथाशक्ति करते रहना चाहिए। सारे गीताशास्त्र का सारांश यही है, कि इस प्रकार के कर्त्तव्य-पालन में यदि मृत्यु भी आ जावे, तो बड़े आनंद से उसे स्वीकार कर लेना चाहिए (गीता 3.35); अपने कर्त्तव्य अर्थात् धर्म को न छोड़ना चाहिए। इसे ही लोकसंग्रह अथवा कर्मयोग कहते हैं। न केवल वेदान्त ही, वरन् उसके आधार पर साथ-ही-साथ कर्म-अकर्म का ऊपर लिखा हुआ ज्ञान भी जब गीता में बतलाया गया, तभी तो पहले युद्ध छोड़कर भीख माँगने की तैयारी करनेवाला अर्जुन आगे चलकर स्वधर्म के अनुसार भयानक युद्ध करने के लिए-सिर्फ इसीलिए नहीं, कि भगवान कहते हैं, वरन् अपनी इच्छा से प्रवृत्त हो गया। स्थितप्रज्ञ की साम्य-बुद्धि का यही तत्त्व, कि जिसका अर्जुन के लिए उपदेश हुआ है, कर्मयोगशास्त्र का मूल आधार है। अतः उसी को प्रमाण मान, उसके आधार से हमने बतलाया है, कि पराकाष्ठा की नीतिमत्ता की उपपत्ति क्योंकर लगती है। हमने इस प्रकरण में कर्मयोगशास्त्र की इन

मोटी-मोटी बातों का संक्षिप्त निरूपण किया है, कि आत्मौपम्य-दृष्टि से समाज में परस्पर एक-दूसरे के साथ कैसा बर्ताव करना चाहिए; 'जैसे को तैसे' वाले न्याय से अथवा पात्रता-अपात्रता के कारण पराकाष्ठा के नीति धर्म में कौन-से भेद होते हैं; अथवा अपूर्णावस्था के समाज में बर्तने वाले साधु पुरुष को भी अपवादात्मक नीतिधर्म कैसे स्वीकार करने पड़ते हैं। इन्हीं युक्तियों का उपयोग न्याय, परोपकार, दान, दया, अहिंसा, सत्य और अस्तेय आदि नित्य धर्मों के विषय में किया जा सकता है। आजकल की अपूर्ण समाज-व्यवस्था में यह दिखलाने के लिए, कि प्रसंग के अनुसार इन नीति-धर्मों में कहाँ और कौन-सा फर्क करना ठीक होगा, यदि इन धर्मों में से प्रत्येक पर एक एक स्वतंत्र ग्रंथ लिखा जाए, तो भी यह विषय समाप्त न होगा; और यह भगवद्गीता का मुख्य उद्देश्य भी नहीं है। इस ग्रंथ के दूसरे ही प्रकरण में हम इसका दिग्दर्शन कर चुके हैं, कि अहिंसा और सत्य, सत्य और आत्मरक्षा, आत्मरक्षा और शांति आदि में परस्पर विरोध होकर विशेष प्रसंग पर कर्त्तव्य-अकर्त्तव्य का संदेह कैसे उत्पन्न हो जाता है। यह निर्विवाद है, कि ऐसे अवसर पर साधु पुरुष "नीतिधर्म, लोकयात्रा-व्यवहार, स्वार्थ और सर्वभूतहित" आदि बातों का तारतम्य-विचार करके फिर कार्य-अकार्य का निर्णय किया करते हैं; और महाभारत में श्येन ने शिबि राजा को यह बात स्पष्ट ही बतला दी है। सिज्वक नामक अंग्रेज ग्रंथकार ने अपने नीतिशास्त्रविषयक ग्रंथ में इसी अर्थ का विस्तार सहित वर्णन अनेक उदाहरण लेकर किया है। किंतु कुछ पश्चिमी पंडित इतने ही से यह जो अनुमान करते हैं, कि स्वार्थ और परार्थ के सार-असार का विचार करना ही नीति-निर्णय का तत्त्व है; उसे हमारे शास्त्रकारों ने कभी मान्य नहीं किया है। क्योंकि हमारे शास्त्रकारों का कथन है, कि यह सार-असार का विचार अनेक बार इतना सूक्ष्म और अनैतिकांतिक अर्थात् अनेक अनुमान निष्पन्न कर देनेवाला होता है, कि यदि यह साम्य-बुद्धि-"जैसा मैं, वैसा दूसरा"-पहले से ही मन में सोलहों आने जमी हुई न हो, तो कोरे तार्किक सार-असार के विचार से कर्त्तव्य-अकर्त्तव्य का सदैव अचूक निर्णय होना संभव नहीं है; और फिर ऐसी घटना हो जाने की संभावना रहती है, जैसे कि "मोर नाचता है, इसलिए मोरनी भी नाचने लगती है?" अर्थात् "देखादेखी साधै जोग, छीजै काया, बाढ़ै रोग" इस लोकोक्ति के अनुसार ढोंग फैल सकेगा; और समाज की हानि होगी। मिल प्रभृति उपायुक्तावादी पश्चिमी नीतिशास्त्रज्ञों के उत्पादन में यही तो मुख्य अपूर्णता है/गरुड़ झपटकर अपने पंजे से मेमने को आकाश में उठा ले गया, इसलिए उसकी देखादेखी यदि कौवा भी ऐसा ही करने लगे, तो धोखा खाए बिना न रहेगा। इसीलिए गीता कहती है, कि साधु-पुरुषों की बाहरी युक्तियों पर ही अवलंबित मत रहो। अंत:करण में सदैव जागृत रहनेवाली साम्यबुद्धि की ही अंत में शरण लेनी चाहिए। क्योंकि कर्मयोगशास्त्र की सच्ची जड़ साम्यबुद्धि ही है। अर्वाचीन आधिभौतिक पंडितों में से कोई स्वार्थ को, तो कोई परार्थ अर्थात् "अधिकांश लोगों के अधिक सुख" को नीति का मूल तत्त्व बतलाते हैं। परंतु हम चौथे प्रकरण में यह दिखला चुके हैं, कि कर्म के केवल बाहरी परिणामों को सार-असार का विचार करना चतुराई का और दूरदर्शिता का लक्षण है सही; परंतु दूरदर्शिता और नीति, ये शब्द समानार्थक नहीं है। इसी से हमारे शास्त्रकार कहते हैं, कि निरे बाह्य कर्म के सार-असार विचार की इस कोरी व्यापारी क्रिया में सद्बर्ताव का सच्चा बीज नहीं है; किंतु साम्यबुद्धिरूप परमार्थ ही नीति का मूल आधार है। मनुष्य की अर्थात् जीवात्मा की पूर्णावस्था का योग्य विचार करें, तो भी उक्त सिद्धान्त ही करना पड़ता है। लोभ से एक-दूसरे को लूटने में बहुतेरे आदमी होशियार होते हैं परंतु इस बात के जानने योग्य कोरे ब्रह्मज्ञान को ही-कि यह होशियारी अथवा अधिकांश लोगों के अधिक सुख, काहे में हैं-इस जगत में प्रत्येक मनुष्य का

परम साध्य कोई भी नहीं कहता। जिसका मन या अंतःकरण शुद्ध है, वही पुरुष उत्तम कहलाने योग्य है। और तो क्या; यह भी कह सकते हैं, कि जिसका अंतःकरण निर्मल, निर्वैर और शुद्ध नहीं है, वह यदि बाह्य कर्मों के हिसाबी तारतम्य में फँसकर तदनुसार बर्ते, तो उस पुरुष के ढोंगी बन जाने की संभावना है (गीता 3.6)। परंतु कर्मयोगशास्त्र में साम्य-बुद्धि को प्रमाण मान लेने से यह दोष नहीं रहता। साम्य-बुद्धि को प्रमाण मान लेने से कहना पड़ता है, कि कठिन समस्या आने पर धर्म-अधर्म का निर्णय कराने के लिए ज्ञानी साधु-पुरुषों की ही शरण में जाना चाहिए, कोई और उपाय नहीं। कोई भयंकर रोग होने पर जिस प्रकार बिना वैद्य की सहायता के उसका निदान और उसकी चिकित्सा नहीं हो सकती, उसी प्रकार धर्म-अधर्म-निर्णय के विकट प्रसंग पर यदि कई सामान्य मनुष्य सत्पुरुषों की मदद न ले; और यह अभिमान रखे, कि मैं "अधिकांश लोगों के अधिक सुख" वाले एक ही साधन से धर्म-अधर्म का अचूक निर्णय आप ही कर लूँगा, तो उसका यह अभिमान व्यर्थ होगा। साम्य-बुद्धि को बढ़ाते रहने का अभ्यास प्रत्येक मनुष्य को करना चाहिए और इस क्रम से संसार भर के मनुष्य की बुद्धि जब पूर्ण सामयावस्था में पहुँच जावेगी, तभी सत्ययुग की प्राप्ति होगी; तथा मनुष्य-जाति का परम साध्य प्राप्त होगा अथवा पूर्णावस्था सबको प्राप्त हो जावेगी। कार्य-अकार्य-शास्त्र की प्रवृत्ति भी इसीलिए हुई है; और इसी कारण उसकी इमारत को भी साम्य बुद्धि की ही नीव पर खड़ा करना चाहिए। परंतु इतनी दूर न जाकर आगे पंद्रहवें प्रकरण में की गई तुलनात्मक परीक्षा से स्पष्ट मालूम हो जाएगा, कि यदि नीति तत्त्वों का केवल लौकिक कसौटी की दृष्टि से ही विचार करें, तो भी गीता का साम्य-बुद्धिवाला पक्ष ही पाश्चात्य आधिभौतिक या आधिदैविक पंथ की अपेक्षा अधिक योग्यता का और मार्मिक सिद्ध होता है। परंतु गीता के तात्पर्य के निरूपण का जो एक महत्त्वपूर्ण भाग अभी शेष है, उसे ही पहले पूरा कर लेते हैं।

❑❑❑

तेरहवाँ प्रकरण

भक्तिमार्ग

सर्वधर्मान् परित्यज्य मामेकं शरणं व्रज।
अहं त्वा सर्वपापेभ्यो मोक्षमिष्यामि मा शुचः॥[1]

-गीता 18.66

अब तक अध्यात्म-दृष्टि से इन बातों का विचार किया गया है, कि देह में बनी सर्वभूतात्मैक्यरूपी निष्काम बुद्धि ही कर्मयोग की और मोक्ष की भी जड़ है। यह शुद्ध बुद्धि ब्रह्मात्मैक्य-ज्ञान से प्राप्त होती है; और इसी शुद्ध बुद्धि से प्रत्येक मनुष्य को जन्म भर स्वधर्मानुसार प्राप्त हुए अपने कर्त्तव्य-कर्मों का पालन करना चाहिए। परंतु इतने ही से भगवद्गीता के प्रतिपाद्य विषय का विवेचन पूरा नहीं होता। यद्यपि इसमें संदेह नहीं कि ब्रह्मात्मैक्यज्ञान ही केवल सत्य और अंतिम साध्य है, तथा "उसके समान इस संसार में दूसरी कोई भी वस्तु पवित्र नहीं है" (गीता 4.38); तथापि अब तक उसके विषय में जो विचार किया गया है, वह सब बुद्धिगम्य है। इसलिए सामान्य जनों का शंका है, कि उस विषय को पूरी तरह से समझने के लिए प्रत्येक मनुष्य की बुद्धि इतनी तीव्र कैसे हो सकती है; और यदि किसी मनुष्य की बुद्धि तीव्र न हो, तो क्याा उसको ब्रह्मात्मैक्य-ज्ञान से हाथ धो बैठना चाहिए? सच कहा जाए, तो यह शंका भी कुछ अनुचित नहीं दीख पड़ती। यदि कोई कहे-"जब कि बड़े बड़े ज्ञानी पुरुष भी विनाशी नामरूपात्मक माया से आच्छादित तुम्हारे इस अमृतस्वरूपी परब्रह्म का वर्णन करते समय 'नेति-नेति' कह कर चुप हो जाते हैं, तब हमारे समान साधारण जनों की समझ में वह कैसे आवे? इसलिए हमें कोई ऐसा सरल उपाय या मार्ग बतलाओ, जिससे तुम्हारा वह गहन ब्रह्मज्ञान हमारी अल्प ग्रहण शक्ति के समझ में जावे";-तो इसमें उसका क्या दोष है? गीता और कठोपनिषद में (गीता 2.29; क. 2.7)कहा है, कि आश्चर्यचकित होकर आत्मा (ब्रह्म) का वर्णन करनेवाले तथा सुननेवाले बहुत हैं, तो भी किसी को उसका ज्ञान नहीं होता। श्रुति ग्रंथों में इस विषय पर एक बोधदायक कथा भी है। उसमें यह वर्णन है, कि जब बाष्कलि ने बाहव् से कहा-"हे महाराज! मुझे कृपा कर बतलाइए, कि ब्रह्म किसे कहते हैं"; तब बाहव् कुछ भी नहीं बोले। बाष्कलि ने फिर वही प्रश्न किया, तो भी बाहव् चुप ही रहे। जब ऐसा ही चार-पाँच बार हुआ, तब अंत में बाहव् ने बाष्कलि से कहा-"अरे! मैं तेरे प्रश्नों का उत्तर तभी से दे रहा हूँ; परंतु तेरी समझ में नहीं आया-मैं क्या करूँ? ब्रह्मस्वरूप किसी प्रकार बतलाया नहीं जा सकता, इसलिए

1. सब प्रकार के धर्मों को याने परमेश्वर प्राप्ति के साधनों को छोड़ केवल मेरी ही शरण में आ। मैं तुझे सब पापों से मुक्त करूँगा; डर मत।" इस श्लोक के अर्थ का विवेचन इस प्रकरण के अंत में किया है।

शांत होना अर्थात् चुप रहना ही सच्चा ब्रह्मलक्षण है। समझा?" (वे. सू. शां. भा. 3. 2.17)। सारांश, जिस दृश्य-सृष्टि-विलक्षण, अनिर्वाच्य और अचिंत्य परब्रह्म का यह वर्णन है-कि वह मुँह बंद कर बतलाया जा सकता है, आँखों से दिखाई न देने पर उसे देख सकते हैं और समझ में न आने पर यह ज्ञात होने लगता है (केन. 2.11)-उसको साधारण बुद्धि के मनुष्य कैसे पहचान सकेंगे और उसके द्वारा साम्यावस्था प्राप्त होकर उनको सद्गति कैसे मिलेगी? जब परमेश्वर-स्वरूप का अनुभवात्मक और यथार्थ ज्ञान ऐसा होवे, कि सब चराचर सृष्टि में एक आत्मा प्रतीत होने लगे, तभी मनुष्य की पूरी उन्नति होगी; और ऐसी उन्नति कर लेने के लिए तीव्र बुद्धि के अतिरिक्त कोई दूसरा मार्ग ही न हो, तो संसार के लाखों-करोड़ों मनुष्यों को ब्रह्म प्राप्ति की आशा छोड़ चुपचाप बैठे रहना होगा। क्योंकि बुद्धिमान मनुष्यों की संख्या हमेशा कम ही रहती है। यदि यह कहें कि बुद्धिमान लोगों के कथन पर विश्वास रखने से हमारा काम चल जाएगा; तो उनमें भी कई मतभेद दिखाई देते हैं; और यदि यह कहें कि विश्वास रखने से काम चल जाता है, तो यह बात आप-ही-आप सिद्ध हो जाती है, कि इस गहन ज्ञान की प्राप्ति के लिए "विश्वास अथवा श्रद्धा रखना" भी, बुद्धि के अतिरिक्त दूसरा मार्ग है। सच पूछो तो यही दीख पड़ेगा, कि ज्ञान की पूर्ति अथवा फलद्रूपता श्रद्धा के बिना नहीं होती। यह कहना, कि सब ज्ञान केवल बुद्धि ही से प्राप्त होता है, उसके लिए किसी अन्य मनोवृत्ति की सहायता आवश्यक नहीं, उन पंडितों का वृथाभिमान है, जिनकी बुद्धि केवल तर्क प्रधान शास्त्रों का जन्म पर अध्ययन करने से कर्कश हो गई है। उदाहरण के लिए यह सिद्धान्त लीजिए, कि कल सवेरे सूर्योदय होगा। हम लोग इस सिद्धान्त के ज्ञान को अत्यंत निश्चित मानते हैं। क्यों? उत्तर यही है, कि हमने और हमारे पूर्वजों ने इस क्रम को हमेशा अखंडित देखा है। परंतु कुछ अधिक विचार करने से मालूम होगा, कि "हमने अथवा हमारे पूर्वजों ने जब तक प्रतिदिन सवेरे सूर्य को निकलते देखा है", इसी से यह बात कल सवेरे सूर्योदय का कारण नहीं हो सकती; अथवा प्रतिदिन हमारे देखने के लिए या हमारे देखने से ही कुछ सूर्योदय नहीं होता; यथार्थ में सूर्योदय होने के कुछ और ही कारण हैं। अच्छा; अब यदि "हमारा सूर्य को प्रतिदिन देखना" कल सूर्योदय होने का कारण नहीं है, तो इसके लिए क्या प्रमाण है, कि कल सूर्योदय होगा? दीर्घ काल तक किसी वस्तु का क्रम एक सा अबाधित दीख पड़ने पर, यह मान लेना भी एक प्रकार विश्वास या श्रद्धा ही तो है न, कि वह क्रम आगे भी वैसा ही नित्य चलता रहेगा? यद्यपि हम उसको एक बहुत बड़ा प्रतिष्ठित नाम-'अनुमान' दे दिया करते हैं; तो भी यह ध्यान में रखना चाहिए, कि वह अनुमान बुद्धिगम्य कार्यकारणात्मक नहीं है; किंतु उसका मूल-स्वरूप श्रद्धात्मक ही है। मन्नू को शक्कर मीठी लगती है; इसलिए छन्नू को भी वह मीठी लगेगी-यह जो निश्चय हम लोग किया करते हैं; वह भी वस्तुतः इसी नमूने का है। क्योंकि जब कोई करता है, कि मुझे शक्कर मीठी लगती है, तब इस ज्ञान का अनुभव उसकी बुद्धि को प्रत्यक्ष रूप से होता है सही; परंतु इससे भी आगे बढ़कर जब हम यह कह सकते हैं, कि शक्कर सब मनुष्यों को मीठी लगती है, तब बुद्धि को श्रद्धा की सहायता दिए बिना काम नहीं चल सकता। रेखागणित या भूमितिशास्त्र का सिद्धान्त है, कि ऐसी दो रेखाएँ हो सकती हैं, जो चाहे जितनी बढ़ाई जावें; तो भी आपस में नहीं मिलती। कहना नहीं होगा, कि इस तत्त्व को अपने ध्यान में लाने के लिए हमको अपने प्रत्यक्ष अनुभव के भी पर केवल श्रद्धा ही की सहायता से चलना पड़ता है। इसके सिवा यह भी ध्यान में रखना चाहिए, कि संसार में सब व्यवहार श्रद्धा, प्रेम आदि नैसर्गिक मनोवृत्तियों से ही चलते हैं; इन वृत्तियों को रोकने के सिवा बुद्धि दूसरा कोई कार्य नहीं करती। और जब बुद्धि किसी बात की भलाई या

बुराई का निश्चय कर लेती है, तब आगे उस निश्चय को अमल में लाने का काम मन के द्वारा अर्थात् मनोवृत्ति के द्वारा ही हुआ करता है। इस बात की चर्चा पहले 'क्षेत्र-क्षेत्रज्ञ विचार में' हो चुकी है। सारांश यह है, कि बुद्धिगम्य ज्ञान की पूर्ति होने के लिए ही इस ज्ञान को हमेशा श्रद्धा, दया, वात्सल्य, कर्त्तव्य-प्रेम इत्यादि अन्य नैसर्गिक मनोवृत्तियों की आवश्यकता होती है; और जो ज्ञान मनोवृत्तियों को शुद्ध या जागृत नहीं करता, और जिस ज्ञान को उनकी सहायता अपेक्षित नहीं होती है, उसे सूखा, कर्कश, अधूरा, बाँझ या कच्चा ज्ञान समझना चाहिए। जैसे बिना बारूद के केवल बंदूक से गोली नहीं चलती, वैसे ही प्रेम, श्रद्धा आदि मनोवृत्तियों की सहायता के बिना केवल बुद्धिगम्य ज्ञान किसी को तार नहीं सकता, यह सिद्धान्त हमारे प्राचीन ऋषियों को भली-भाँति मालूम था। उदाहरण के लिए छांदोग्योपनिषद् में वर्णित यह कथा लीजिए (छां. 6.12)। एक दिन श्वेतकेतु के पिता ने यह सिद्ध कर दिखाने के लिए कि अव्यक्त और सूक्ष्म परब्रह्म की सब दृश्य जगत् का मू-कारण है; श्वेतकेतु से कहा, कि बरगद का एक फल ले आओ, और देखो, कि उसके भीतर क्या है। श्वेतकेतु ने वैसा ही किया, उस फल को तोड़कर देखा और कहा-"इसके भीतर छोटे-छोटे बहुत से बीज या दाने हैं।" उसके पिता ने फिर कहा, कि "उन बीजों में से एक बीज ले लो; उसे तोड़कर देखो और बतलाओ, कि उसके भीतर क्या है?" श्वेतकेतु ने एक बीज ले लिया; उसे तोड़कर देखा और कहा कि "इसके भीतर कुछ नहीं है।" तब पिता ने कहा, "अरे! यह जो तुम 'कुछ नहीं' कहते हैं, उसी से यह बरगद का बहुत बड़ा वृक्ष हुआ है"; और अंत में यह उपदेश दिया है कि 'श्रद्धस्य' इसका विश्वास कर अर्थात् इस कल्पना को केवल बुद्धि में रख। मुँह से ही 'हाँ' मत कहो, किंतु उसके भी आगे चल याने इस तत्त्व को अपने हृदय में अच्छी तरह जमने दे; और आचरण या कृति में दिखाई देने दे। सारांश, यही निश्चयात्मक ज्ञान होने के लिए भी अंत में श्रद्धा की आवश्यकता है, कि सूर्य का उदय कल सवेरे होगा, तो यह भी निर्विवाद सिद्ध है, कि इस बात को पूर्णतया जान लेने के लिए-सारी सृष्टि का मूल तत्त्व अनादि, अनंत, सर्वकर्तृ, सर्वज्ञ, स्वतंत्र और चैतन्यरूप है-पहले हम लोगों को यथाशक्ति, बुद्धिरूपी बेटों ही का अवलंबन करना चाहिए; परंतु उसके अनुरोध से आगे कुछ दूर तो अवश्य ही श्रद्धा तथा प्रेम की पगडंडी से ही जाना चाहिए, देखिए मैं जिसे माँ कहकर ईश्वर के समान वंद्य और पूज्य मानता हूँ, उसे ही अन्य लोग एक सामान्य स्त्री समझते हैं; या नैयायिकों के शास्त्रीय शब्दावडंबर के अनुसार "गर्भधारण-प्रसवादिस्त्रीत्वसामान्या। वच्छेदकावच्छिन्नव्यक्तिविशेष: समझते हैं।" इस एक छोटे से व्यावहारिक उदाहरण से यह बात किसी के भी ध्यान में सहज आ सकती है, कि जब केवल तर्कशास्त्र के सहारे प्राप्त किया गया ज्ञान, श्रद्धा और प्रेम के साँचे में ढाला जाता है, तब उसमें कैसा अंतर हो जाता है। इसी कारण से गीता में (गीता 6.47) कहा है, कि कर्मयोगियों में भी श्रद्धावान श्रेष्ठ है और ऐसा ही सिद्धान्त जैसे पहले कर चुके भी हैं-अध्यात्मशास्त्र में कहा गया है, कि इंद्रियाजीत होने का कारण जिन पदार्थों का चिंतन करते नहीं बनता, उनके स्वरूप का निर्णय केवल तर्क से नहीं करना चाहिए-"अचिन्त्या: खलु ये भावा: न तान्स्तर्केण चिंतयेत्।"

यदि यही एक अड़चन हो, कि साधारण मनुष्यों के लिए निर्गुण परब्रह्म का ज्ञान होना कठिन है, तो बुद्धिमान पुरुषों में मतभेद होने पर भी श्रद्धा या विश्वास से उसका निवारण किया जा सकता है। कारण यह है, कि इन पुरुषों में जो अधिक विश्वसनीय होंगे, उन्हीं के वचनों पर विश्वास रखने से हमारा काम बन जावेगा (गीता 13.25)। तर्कशास्त्र में इस उपाय को 'आप्तवचनप्रमाण' कहते हैं। 'आप्त' का अर्थ विश्वसनीय पुरुष है। जगत के व्यवहार पर दृष्टि डालने से यही दिखाई देगा कि, हजारों लोग आप्त

वाक्य पर विश्वास रखकर ही अपना व्यवहार चलाते हैं। दो पंचे सदके बदले सात क्यों नहीं होते? अथवा एक पर एक लिखने से दो नहीं होते; ग्यारह क्यों होते हैं; इस विषय की उपपत्ति या कारण बतलाने वाले पुरुष बहुत ही कम मिलते हैं। तो भी इन सिद्धान्तों को सत्य मानकर ही जगत का व्यवहार चल रहा है। ऐसे लोग बहुत कम मिलेंगे, जिन्हें इस बात का प्रत्यक्ष ज्ञान है, कि हिमालय की ऊँचाई कितनी है, तब भूगोल की पुस्तक में पढ़ी हुई, 'तेईस हजार फीट' संख्या हम तुरंत ही बतला देते हैं। फिर यदि इसी प्रकार कोई पूछे, कि 'ब्रह्म कैसा है?" तो यह उत्तर देने में क्या हानि है, कि वह 'निर्गुण' है। वह सचमुच ही निर्गुण है या नहीं, इस बात की पूरी जाँच कर उसके साधक-बाधक प्रमाणों की मीमांसा करने के लिए सामान्य लोगों में बुद्धि की तीव्रता भले ही न हो; परंतु श्रद्धा या विश्वास कुछ ऐसा मनोधर्म नहीं है, जो केवल महाबुद्धिमान पुरुषों में ही पाया जाए। जब जनों में भी श्रद्धा की कुछ न्यूनता नहीं होती। और जब कि श्रद्धा से ही वे लोग अपने सैकड़ों सांसारिक व्यवहार सदैव किया करते हैं, तो उसी श्रद्धा से यदि वे ब्रह्म को निर्गुण मान लेवें, तो कोई प्रत्यवाय नहीं दीख पड़ता। मोक्षधर्म का इतिहास पढ़ने से भी मालूम होगा, कि जब ज्ञाता पुरुषों ने ब्रह्मस्वरूप की मीमांसा कर उसे निर्गुण बतलाया, उसके पहले ही मनुष्य ने केवल अपनी श्रद्धा से यह जान लिया था, कि सृष्टि की जड़ में भी सृष्टि के नाशवान् और अनित्य पदार्थों से भिन्न या विलक्षण कोई उपासना किसी--न-किसी रूप में करता चला आया है। यह सच है, कि वह उस समय इस ज्ञान की उपपत्ति बतला नहीं सकता था; परंतु आधिभौतिकशास्त्र में यही क्रम दीख पड़ता है, कि पहले अनुभव होता है; और पश्चात् उसकी उपपत्ति बतलाई जाती है। उदाहरणार्थ, भास्कराचार्य को पृथ्वी के अथवा अंत में न्यूटन को सारे विश्व के, गुरुत्वाकर्षण की कल्पना सूझने के पहले भी यह बात अनादि काल से सब लोगों को मालूम थी, कि पेड़ से गिरा हुआ फल नीचे पृथ्वी पर गिर पड़ता है। अध्यात्मशास्त्र को भी यही नियम उपयुक्त है। श्रद्धा से प्राप्त हुए ज्ञान की जाँच करना और उसकी उपपत्ति की खोज करना बुद्धि का काम है सही; परंतु सब प्रकार योग्य उपपत्ति के न मिलने से ही यह नहीं कहा जा सकता, कि श्रद्धा से प्राप्त होने वाला ज्ञान केवल भ्रम है।

यदि सिर्फ इतना ही जान लेने से हमारा काम चल जाए, कि ब्रह्म निर्गुण है; तो इसमें संदेह नहीं, कि वह काम उपर्युक्त कथन के अनुसार श्रद्धा से चला जा सकता है (गीता 13.25)। परंतु नवें प्रकरण के अंत में कह चुके हैं, कि ब्राह्मी स्थिति या सिद्धावस्था की प्राप्ति कर लेना ही इस संसार में मनुष्य का परम साध्य या अंतिम ध्येय है; और उसके लिए केवल यह कोरा ज्ञान कि ब्रह्म निर्गुण है, किसी काम का नहीं। दीर्घ समय के अभ्यास और नित्य की आदत से इस ज्ञान का प्रवेश हृदय में तथा देहेंद्रियों में अच्छी तरह हो जाना चाहिए; और आचरण के द्वारा ब्रह्मात्मैक्य-बुद्धि ही हमारा देह; स्वभाव हो जाना चाहिए; और ऐसा होने के लिए परमेश्वर के स्वरूप का प्रेमपूर्वक चिंतन करके मन को तदाकार करना ही एक सुलभ उपाय है। यह मार्ग अथवा साधन हमारे देश में बहुत प्राचीन समय से प्रचलित है; और इसी को उपासना या भक्ति कहते हैं। भक्ति का लक्षण शांडिल्यसूत्र में (शां. सू. 2) इस प्रकार है, कि "सा (भक्तिः) परानुरक्तिरीश्वरे"-ईश्वर के प्रति 'परं' अर्थात् निरतिशय जो प्रेम है, उसे भक्ति कहते हैं। 'परं' शब्द का अर्थ केवल निरतिशय ही नहीं है; किंतु भागवत पुराण में कहा है, कि वह प्रेम निर्हेतुक, निष्काम और निरंतर हो-"अहैतुक्यव्यवहिता या भक्तिः पुरुषोत्तमे" (भाग. 3.29, 12)। कारण यह है, कि जब भक्ति इस हेतु से की जाती है, कि हे ईश्वर! मुझे कुछ दे; तब वैदिक यज्ञयागादिक काम्य-कर्मों के समान उसी से कुछ-न-कुछ

व्यापार का स्वरूप प्राप्त हो जाता है। ऐसी भक्ति राजस कहलाती है; और फिर उसे चित्त की शुद्धि ही पूरी पूरी नहीं होती, और जब चित्त की शुद्धि ही पूरी नहीं हुई, तब कहना नहीं होगा कि, अध्यात्मिक उन्नति में मोक्ष की प्राप्ति में बाधा आ जाएगी। अध्यात्मशास्त्र-प्रतिपादित पूर्ण निष्कामता का तत्त्व इस प्रकार भक्तिमार्ग में ही बना रहता है और इसीलिए गीता में भगवद् भक्तों की चार श्रेणियाँ करके कहा है, कि "उनमें से जो 'अनार्थी' है याने जो कुछ पाने के हेतु परमेश्वर की भक्ति करता है, वह निकृष्ट श्रेणी का भक्त है; और परमेश्वर का ज्ञान होने के कारण जो स्वयं अपने लिए कुछ प्राप्त करने की इच्छा नहीं रखता" (गीता 3.18); परंतु नारद आदिकों के समान जो 'ज्ञानी' पुरुष अन्य निष्काम कर्मों की तरह केवल कर्त्तव्य-बुद्धि से ही परमेश्वर की बुद्धि करता है, वही सब भक्तों में श्रेष्ठ है (गीता 7.16-18) यह भक्ति भागवत पुराण के (भाग 7.5.23) अनुसार नौ प्रकार की है, जैसे-

श्रवणं कीर्तनं विष्णोः स्मरणं पादसेवनम्।
अर्चनं वन्दनं दास्यं सख्यं आत्मनिवेदनम्॥

नारद के भक्तिसूत्र में उसी भक्ति के ग्याहर भेद किए गए हैं (ना. सू. 82)। परंतु भक्ति के इन सब भेदों का निरूपण दासबोध आदि अनेक भाषा-ग्रंथों में विस्तृत रीति से किया गया है; इसलिए हम यहाँ उनकी विशेष चर्चा नहीं करते। भक्ति किसी भी प्रकार की हो; यह स्पष्ट है, कि परमेश्वर में निरतिशय और निर्हेतुक प्रेम रखकर अपनी वृत्ति को तदाकार करने का भक्ति का सामान्य काम प्रत्येक मनुष्य को अपने मन ही से करना पड़ता है। छठे प्रकरण में कह चुके हैं, कि बुद्धि नामक जो अंतरिंद्रिय है, वह केवल भले-बुरे, धर्म-अधर्म अथवा कार्य-अकार्य का निर्णय करने के सिवा और कुछ नहीं करती, शेष मानसिक कार्य मन ही को करने पड़ते हैं। अर्थात् अब मन ही के दो भेद हो जाते हैं-एक भक्ति करने वाला मन और दूसरा उपास्य याने जिससे प्रेम किया जाता है वह वस्तु। उपनिषदों में जिस श्रेष्ठ ब्रह्म-स्वरूप का प्रतिपादन किया गया है, वह इंद्रियातीत, अव्यक्त, अनंत, निर्गुण और 'एकमेवाद्वितीयम्' है, इसलिए उपासना का आरंभ उस स्वरूप से नहीं हो सकता। कारण यह है, कि जब इस श्रेष्ठ ब्रह्म-स्वरूप का स्वीकार करना होता है, वह दूसरी श्रेणी का-अर्थात् उपास्य और उपासक के भेद से-मन को गोचर होने वाला, याने सगुण ही होता है; और इसीलिए उपनिषदों में जहाँ-जहाँ ब्रह्म की उपासना कही गई है, वहाँ-वहाँ उपास्य ब्रह्म के अव्यक्त होने पर भी सगुण-रूप से ही उसका वर्णन किया गया है। उदाहरणार्थ, शांडिल्यविद्या में जिस ब्रह्म की उपासना कही गई है, वह यद्यपि अव्यक्त अर्थात् निराकार है, तथापि छांदोग्योपनिषद में (छां. 3.14) कहा है, कि वह प्राणशरीर, सत्यसंकल्प, सर्वगंध, सर्वरस, सर्वकर्म अर्थात् मन को गोचर होने वाले सब गुणों से युक्त हो। स्मरण रहे, कि यहाँ उपास्य ब्रह्म यद्यपि सगुण है; तथापि वह अव्यक्त अर्थात् निराकार है। परंतु मनुष्य के मन की स्वाभाविक रचना ही ऐसी है, कि सगुण वस्तुओं में से भी जो वस्तु अव्यक्त होती है; अर्थात् जिसका कोई विशेष रूप, गंध आदि नहीं; और इसलिए जो नेत्रादि इंद्रियों को अगोचर है, उससे प्रेम करना या हमेशा उसका चिंतन कर मन को उसी में स्थिर करके वृत्ति को तदाकर करना, मनुष्य के लिए बहुत कठिन और दु:साध्य भी है। क्योंकि, मन स्वभाव से ही चंचल है, इसलिए जब तक मन के सामने आधार के लिए कोई इंद्रियगोचर स्थिर वस्तु न हो, तब तक मन बार-बार भूल जाया करता है, स्थिर कहाँ होना है। चित्त की स्थिरता का यह मानसिक कार्य बड़े-बड़े ज्ञानी पुरुषों को भी दुष्कर होता है, तो फिर साधारण मनुष्यों के लिए कहना ही क्या? अतएव रेखागणित के सिद्धान्तों की शिक्षा देते समय जिस प्रकार ऐसी रेखा की कल्पना करने

के लिए-कि जो अनादि, अनंत और बिना चौड़ाई की (अव्यक्त) है; किंतु जिसमें लंबाई का गुण होने से सगुण है-उस रेखा का एक छोटा-सा नमूना स्लेट या तख्ते पर व्यक्त करके दिखलाना पड़ता है; उसी प्रकार ऐसे परमेश्वर से प्रेम करने और उसमें अपनी वृत्ति को लीन करने के लिए, कि जो सर्वकर्ता, सर्वशक्तिमान, सर्वज्ञ अतएव सगुण है; परंतु निराकार अर्थात् अव्यक्त है, मन के सामने कुछ-न-कुछ अर्थात् 'प्रत्यक्ष' नामरूपात्मक किसी व्यक्त वस्तु के रहे-बिना कम-से-कम साधारण मनुष्यों का काम नहीं चल सकता।[1] यही क्यों, पहले किसी व्यक्त पदार्थ को देखे बिना कम-से-कम मनुष्य के मन में अव्यक्त की कल्पना ही जागृत हो नहीं सकती। उदाहरणार्थ, जब हम लाल, हरे इत्यादि अनेक व्यक्त रंगों को पहले आँखों से देख लेते हैं, तभी 'रंग' की सामान्य और अव्यक्त कल्पना हमारे मन में जागृत होती है, अन्यथा हो ही नहीं सकती। अब चाहे इसे मनुष्य के मन का स्वभाव कहें या दोष; कुछ भी कहा जाए, पर जब तक देहधारी मनुष्य अपने मन के इस स्वभाव को अलग नहीं कर सकता, तब तक उपासना के लिए याने भक्ति के निर्गुण से सगुण में-और उसमें भी अव्यक्त सगुण की अपेक्षा व्यक्त सगुण में ही-आना पड़ता है; इसके अतिरिक्त अन्य कोई मार्ग नहीं। यही कारण है, कि व्यक्त-उपासना का मार्ग अनादि काल से प्रचलित है; रामतापनीय आदि उपनिषदों में प्रत्यक्ष मनुष्य-रूपधारी व्यक्त ब्रह्म स्वरूप की उपासना का वर्णन है; और भगवत्गीता में भी यह कहा गया है, कि-

क्लेशोऽधिकतरस्तेषां अव्यक्तासक्तचेतसाम्।
अव्यक्ता हि गतिर्दुःखं देहवद्भिरवाप्यते॥

"अव्यक्त में चित्त की (मन की) एकाग्रता करने वाले को बहुत कष्ट होते हैं; क्योंकि इस अव्यक्त गति को पाना देहेंद्रियधारी मनुष्य के लिए स्वभावतः कष्टदायक है" (गीता 15)। इस 'प्रत्यक्ष' मार्ग ही को 'भक्ति-मार्ग' कहते हैं। इसमें कुछ संदेह नहीं कि कोई बुद्धिमान पुरुष अपनी बुद्धि से परब्रह्म के स्वरूप का निश्चय कर उसके अव्यक्त स्वरूप में केवल अपने विचारों के बल से अपने विचारों के बल से अपने को स्थिर कर सकता है। परंतु इस रीति से अव्यक्त में 'मन' को आसक्त करने का काम भी तो अंत में श्रद्धा और प्रेम से ही सिद्ध करना होता है, इसलिए इस मार्ग में भी श्रद्धा और प्रेम की आवश्यकता छूट नहीं सकती। सच पूछो तो तात्त्विक दृष्टि से सच्चिदानंद ब्रह्मोपासना का समावेश भी प्रेम मूलक भक्तिमार्ग में ही किया जाना चाहिए। परंतु इस मार्ग में ध्यान करने के लिए जिस ब्रह्मस्वरूप का स्वीकार किया जाता है, वह पहले से अव्यक्त और केवल बुद्धिगम्य अर्थात् ज्ञानगम्य होता है; और उसी को प्रधानता दी जाती है, इसलिए इस क्रिया को भक्तिमार्ग कहकर अध्यात्म-विचार, अव्यक्तोपासना या केवल उपासना, अथवा ज्ञान-मार्ग कहते हैं, और उपास्य ब्रह्म के सगुण ही रहने पर भी जब उसका अव्यक्त के बदले व्यक्त-और विशेषतः मनुष्य देहधारी रूप स्वीकृत किया जाता है, तब वही भक्ति-मार्ग कहलाता है। इस प्रकार यद्यपि मार्ग दो हैं, तथापि उन दोनों में से एक ही परमेश्वर की प्राप्ति होती है; और अंत में एक ही-सी साम्यबुद्धि मन में उत्पन्न होती है, उसी प्रकार भिन्न-भिन्न मनुष्यों की योग्यता के अनुसार ये दोनों

---

1. इस विषय पर एक श्लोक है; जो योगवासिष्ठ का कहा जाता है:-

अक्षराबगमलब्धये यथा स्थूलवर्तुलदृषत्परिग्रहः।
शुद्धबुद्धपरिलब्धये तथा दारुपुण्ययशिलामयार्चनम्॥

"अक्षरों का परिचय कराने के लिए लड़कों के सामने जिस प्रकार छोटे-छोटे कंकड़ रखकर अक्षरों का आकार दिखलाना पड़ता है, उसी प्रकार (नित्य) शुद्ध-बुद्ध परब्रह्म का ज्ञान होने के लिए लकड़ी, मिट्टी या पत्थर को मूर्ति का उपयोग किया जाता है"; परंतु यह श्लोक बृहद्योगवासिष्ठ में नहीं मिलता।

(ज्ञान-मार्ग और भक्ति मार्ग) अनादि-सिद्ध भिन्न-भिन्न मार्ग हैं, और किसी भी मार्ग से जाओ; अंत में एक ही परमेश्वर का एक ही प्रकार का ज्ञान होता है; एवं एक ही-सी मुक्ति भी प्राप्त होती है। इसलिए दोनों मार्गों में यही सिद्धान्त एक ही-सा स्थिर रहता है, कि "अनुभवात्मक ज्ञान के बिना मोक्ष नहीं मिलता।" फिर यह व्यर्थ बखेड़ा करने से क्या लाभ है, कि ज्ञान-मार्ग केवल श्रेष्ठ है या भक्ति-मार्ग श्रेष्ठ है? यद्यपि ये दोनों साधन प्रथमावस्था में अधिकार या योग्यता के अनुसार भिन्न हों, तथापि अंत में अर्थात् परिणामस्वरूप में दोनों की योग्यता समान है; और गीता में इन दोनों का एक ही 'अध्यात्म' नाम दिया गया है (गीता 11.1)। अब यद्यपि साधन की दृष्टि से ज्ञान और भक्ति की योग्यता एकही समान है; तथापि इन दोनों में यह महत्त्व का भेद है, कि भक्ति कदापि निष्ठा नहीं हो सकती; किंतु ज्ञान को निष्ठा याने सिद्धावस्था की अंतिम स्थिति कह सकते हैं। इसमें संदेह नहीं कि, अध्यात्म-विचार से या अव्यक्तोपासना से परमेश्वर का जो ज्ञान होता है, वही भक्ति से भी हो सकता है (गीता 18.55); परंतु इस प्रकार ज्ञान की प्राप्ति हो जाने पर आगे यदि कोई मनुष्य सांसारिक कार्यों को छोड़ दे और ज्ञान ही में सदा निमग्न रहने लगे, तो गीता के अनुसार वह 'ज्ञाननिष्ठ' कहलावेगा; 'भक्तिनिष्ठ' नहीं। इसका कारण यह है, कि जब तक भक्ति की क्रिया जारी रहती है, तब तक उपास्य और उपासकरूपी द्वैतभाव भी बना रहता है; और अंतिम ब्रह्मात्मैक्य स्थिति में भक्ति की कौन कहे, अन्य किसी भी प्रकार की उपासना शेष नहीं रह सकती। भक्ति का पर्यवसान या फल ज्ञान है। भक्ति ज्ञान का साधन है-वह अंतिम साध्य नहीं है। सारांश अव्यक्तोपासना की दृष्टि से ज्ञान एक बार साधन हो सकता है; और दूसरी बार ब्रह्मात्मैक्य के अपरोक्षानुभव की दृष्टि से उसी ज्ञान को निष्ठा याने (सिद्धावस्था की) अंतिम स्थिति कह सकते हैं। जब इस भेद को प्रकट रूप से दिखलाने की आवश्यकता होती है, तब 'ज्ञान-मार्ग' और 'ज्ञाननिष्ठा' इन दोनों शब्दों का उपयोग समान अर्थ में नहीं किया जाता; किंतु अव्यक्तोपासना की साधनावस्थावली स्थिति दिखलाने के लिए 'ज्ञान-मार्ग' शब्द का उपयोग किया जाता है और ज्ञान-प्राप्ति के अनंतर सब कर्मों को छोड़ ज्ञान ही में निमग्न हो जाने की जो सिद्धावस्था की स्थिति है, उसके लिए 'ज्ञाननिष्ठ' शब्द का उपयोग किया जाता है। अर्थात् अव्यक्तोपासना या अध्यात्म विचार के अर्थ में ज्ञान को एक बार साधन (ज्ञान-मार्ग) कह सकते हैं और दूसरी बार अपरोक्षानुभव के अर्थ में उसी ज्ञान को निष्ठा याने कर्मत्यागरूपी अंतिम अवस्था कह सकते हैं। इस कर्म से चित्त की शुद्धि होती है; और अंत में ज्ञान तथा शांति की प्राप्ति होती है। परंतु यदि कोई मनुष्य आगे इस ज्ञान में ही निमग्न न रहकर शांतिपूर्वक मृत्युपर्यंत निष्काम कर्म करता चला जावे, तो ज्ञानयुक्त निष्काम कर्म की दृष्टि से उसके इस कर्म को निष्ठा कह सकते हैं (गीता 3.3)। यह बात भक्ति के विषय में नहीं कह सकते, क्योंकि भक्ति सिर्फ एक मार्ग या उपाय अर्थात् ज्ञान-प्राप्ति का साधन है, वह निष्ठा नहीं है। इसलिए गीता के आरंभ में ज्ञान (सांख्य) और योग (कर्म) ये ही दो निष्ठाएँ कही गई हैं; उनमें से कर्म योग-निष्ठा की सिद्धि के उपाय, साधन, विधि या मार्ग का विचार करते समय (गीता 7.1), अव्यक्तोपासना (ज्ञान-मार्ग) और व्यक्तोपासना का (भक्ति-मार्ग)-अर्थात् जो दो साधन प्राचीन समय से एक साथ चले आ रहे हैं उनका-वर्णन करके, गीता में सिर्फ इतना ही कहा है, कि "इन दोनों में से अव्यक्तोपासना बहुत क्लेशमय है; और व्यक्तोपासना या भक्ति अधिक सुलभ है याने इस साधन का स्वीकार सब साधारण लोग कर सकते हैं।" प्राचीन उपनिषदों में ज्ञान-मार्ग ही का विचार किया गया है; और शांडिल्य आदि सूत्रों में तथा भागवत आदि ग्रंथों में भक्ति-मार्ग ही की महिमा गाई गई है। परंतु साधन-दृष्टि से ज्ञान-मार्ग और

भक्ति-मार्ग और भक्ति-मार्ग में योग्यतानुसार भेद दिखलाकर, अंत में निष्काम कर्म के साथ दोनों का मेल जैसा गीता ने समबुद्धि से किया है, वैसा अन्य किसी भी प्राचीन धर्मग्रंथ ने नहीं किया है।

ईश्वर के स्वरूप का यह यथार्थ और अनुभावात्मक ज्ञान होने के लिए, कि "सब प्राणियों में एक ही परमेश्वर है"; देहेंद्रियधारी मनुष्य को क्या करना चाहिए, इस प्रश्न का विचार उपर्युक्त रीति से करने पर जान पड़ेगा, कि यद्यपि परमेश्वर का श्रेष्ठ स्वरूप अनादि, अनंत, अनिर्वाच्य, अचिंत्य और 'नेति-नेति' है, तथापि वह निर्गुण, अज्ञेय और अव्यक्त भी है, और जब उसका अनुभव होता है, तब उपास्य उपासक रूपी द्वैतभाव शेष नहीं रहता, इसलिए उपासना का आरंभ वहाँ से नहीं हो सकता। वह तो केवल अंतिम साध्य है, साधन नहीं; और तद्रूप होने की अद्वैत स्थिति की प्राप्ति के लिए उपासना केवल एक साधन या उपाय है। अतएव उस उपासना में जिस वस्तु को स्वीकार करना पड़ता है, उसका सगुण होना अत्यंत आवश्यक है। सर्वज्ञ, सर्वशक्तिमान, सर्वव्यापी और निराकार ब्रह्मस्वरूप वैसा अर्थात् सगुण है। परंतु वह केवल बुद्धिगम्य और अव्यक्त अर्थात् इंद्रियों को अगोचर होने के कारण उपासना के लिए अत्यंत क्लेशमय है। अतएव प्रत्येक धर्म में यही दीख पड़ता है, कि इन दोनों परमेश्वर-स्वरूपों की अपेक्षा जो परमेश्वर अचिंत्य, सर्वसाक्षी, सर्वव्यापी और सर्वशक्तिमान पजगदात्मा होकर भी हमारे समान हमसे बोलेगा, हमसे प्रेम करेगा, हमको सन्मार्ग दिखावेगा और हमें सद्‌गति देगा; जिसे हम लोग 'अपना' कह सकेंगे, जिसे हमारे सुखदु:खों के साथ सहानुभूति होगी अथवा जो हमारे अपराधों को क्षमा करेगा, जिसके साथ हम लोगों का यह प्रत्यक्ष संबंध उत्पन्न हो, कि "हे परमेश्वर! मैं तेरा हूँ और तू मेरा है", जो पिता के समान मेरी रक्षा करेगा और माता के समान प्यार करेगा; अथवा जो गीतर्भर्ता प्रभु: साक्षी निवास: शरणं सुहृत्" (गीता 9.17, 18) है-अर्थात् जिसके विषय में यह कह सकूँगा, कि "तू मेरी गति है, तू पोषणकर्ता है, तू मेरा स्वामी है, तू मेरा साक्षी है, तू मेरा विश्राम स्थान है, तू मेरा अंतिम आधार है, तू मेरा सुख है", और ऐसा कहकर बच्चों की नाई प्रेमपूर्वक तथा लाड से जिसके स्वरूप का आकलन मैं कर सकूँगा-ऐसे सत्संकल्प, सकलैश्वर्यसंपन्न, दयासागर, भक्तवत्सल, परम पवित्र, परम उदार, परम कारुणिक, परमपूज्य, सर्वसुंदर, सकलगुणाधिना अथवा संक्ष्ज्ञेप में कहें तो ऐसे लाडले सगुण, प्रेमगम्य और व्यक्त याने प्रत्यक्ष-रूपधारी सुलभ परमेश्वर ही के स्वरूप का सहारा मनुष्य 'भक्ति के लिए' स्वभावत: लिया करता है। जो परब्रह्म मूल में अचिंत्य और 'एकमेवाद्वितीयम्' है, उसके उक्त प्रकार के अंतिम दो स्वरूपों को-अर्थात् प्रेम, श्रद्धा आदि मनोमय नेत्रों से मनुष्य को गोचर होने वाले स्वप्नों को ही-वेदान्तशास्त्र की परिभाषा में 'ईश्वर' कहते हैं। परमेश्वर सर्वव्यापी होकर भी 'विठ्ठल' मर्यादित क्यों हो गया? इसका उत्तर प्रसिद्ध महाराष्ट्र साधु तुकाराम ने एक पद्य में (तु. गा. 38.7) दिया है, जिसका आशय यह है-

रहता है सर्वत्र ही व्यापक एक समान।
पर निज भक्तों के लिए छोटा है भगवान्॥

यही सिद्धान्त वेदान्त-सूत्र में भी दिया गया है (वे. 1.2.7)। उपनिषदों में भी जहाँ-जहाँ ब्रह्म की उपासना का वर्णन है, वहाँ-वहाँ प्राण, मन इत्यादि सगुण पर केवल अव्यक्त वस्तुओं का निर्देश न कर, उनके साथ-साथ सूर्य (आदित्य), अन्य इत्यादि सगुण व्यक्त पदार्थों की उपासना भी कही गई है (तै. 3.2-6; छां. 7)। श्वेताश्वरतरोपनिष्नद में तो 'ईश्वर' का लक्षण इस प्रकार बतला कर, कि "मायां तु प्रकृतिं विद्यात् मायिनं तू महेश्वरम्" (श्वे. 4.10)-प्रकृति ही को माया और इस माया के अधिपति को महेश्वर

जानो; आगे गीता ही के समान (गीता 10.3) सगुण ईश्वर की महिमा का इस प्रकार वर्णन किया है, कि "ज्ञात्वा देवं मुच्यते सर्वपाशैः"-इस देव को जान लेने से मनुष्य सब पाशों से मुक्त हो जाता है (श्वे. 4.16)। इस उपास्य परब्रह्म के चिह्न, पहचान, अवतार, अंश या प्रतिनिधि के तौर पर उपासना के लिए आवश्यक नाम-रूपात्मक वस्तु को ही वेदान्त शास्त्र में 'प्रतीक' कहते हैं। प्रतीक (प्रति+इक) शब्द का धात्वार्थ, (प्रति) अपनी ओर हुआ है। जब किसी वस्तु का कोई भाग पहले गोचर हो; और फिर उससे आगे उस वस्तु का ज्ञान हो, तब उस भक्ति को प्रतीक कहते हैं। इस नियम के अनुसार, सर्वव्यापी परमेश्वर का ज्ञान होने के लिए उसका कोई भी प्रत्यक्ष चिह्न, अंशरूपी विभूति या भाग 'प्रतीक' हो सकता है। उदाहरणार्थ, महाभारत में ब्राह्मण और व्याध का जो संवाद है, उसमें व्याध ने ब्राह्मण को पहले बहुत-सा आत्मज्ञान बतलाया। फिर अंत में "हे द्विजवर! मेरा जो प्रत्यक्ष धर्म है उसे अब देखो"-"प्रत्यक्ष मम यो धर्मस्तं च पश्य द्विजोत्तम" (म. भा. वन. 213.3) ऐसा कहकर उस ब्राह्मण को वह व्याध अपने वृद्ध माता-पिता के समीप ले गया और कहने लगा-ये ही मेरे 'प्रत्यक्ष' देवता हैं; और मनोभाव से ईश्वर के समान इन्हीं की सेवा करना मेरा 'प्रत्यक्ष' धर्म है। इसी अभिप्राय को मन में रखकर भगवान् श्रीकृष्ण ने अपने व्यक्त स्वरूप की उपासना बतलाने के लिए गीता में कहा है, कि भक्ति का यह मार्ग-

राजविद्या राजगृह्यं पवित्रमिदमुत्तमम्।
प्रत्यक्षावगमं धर्म्यं सुसुखं कर्तुमव्ययम्॥

"सब विद्याओं में और गृह्यों में श्रेष्ठ (राजविद्या और राजगृह्य) है; यह उत्तम, पवित्र, प्रत्यक्ष दीख पड़ने वाला, धर्मानुकूल, सुख से आचरण करने योग्य और अक्षय है" (गीता 9.2)। इस श्लोक में राजविद्या और राजगृह्य दोनों सामासिक शब्द हैं; इनका विग्रह इस प्रकार है-'विद्यानां राजा' और 'गृह्यानां राजा' (विद्याओं का राजा और गृह्यों का राजा)। और जब समास होता है, तब संस्कृत व्याकरण के नियमानुसार 'राज' शब्द उसमें पहले आता है। परंतु इनके बदले कुछ लोग 'राजां विद्या' (राजाओं की विद्या) ऐसा विग्रह करते हैं; और कहते हैं, कि योगवासिष्ठ में (यो. 2.11, 16.18) जो वर्णन है, उसके अनुसार जब प्राचीन समय में ऋषियों ने राजाओं को ब्रह्मविद्या का उपदेश किया, तब से ब्रह्मविद्या या अध्यात्मज्ञान ही को राजविद्या और राजगुह्य कहने लगे हैं। इसलिए गीता में भी इन शब्दों का वही अर्थ याने अध्यात्मज्ञान-भक्ति नहीं-लिया जाना चाहिए। गीता-प्रतिपादित मार्ग भी मनु. इक्ष्वाकु प्रभृति राजपरंपरा ही से प्रवृत्त हुआ है (गीता 4.1); इसलिए नहीं कहा जा सकता, कि गीता में 'राजविद्या' और 'राजगुह्य' शब्द 'राजाओं की विद्या' और 'राजाओं का गुह्य'-याने राजमान्य विद्या और गुह्य-के अर्थ में प्रयुक्त नहीं हुए हों। परंतु इन अर्थों को मान लेने पर भी यह ध्यान देने योग्य बात है, कि इस स्थान में शब्द ज्ञान-मार्ग के लिए प्रयुक्त नही हुए हैं। कारण यह है, कि गीता के जिस अध्याय में यह श्लोक आया है, उसमें भक्तिमार्ग का ही विशेष प्रतिपादन किया गया है (गीता 9.22-31); और यद्यपि साध्य ब्रह्म एक ही है, तथापि गीता में ही अध्यात्मविद्या का साधनात्मक ज्ञान-मार्ग केवल 'बुद्धिगम्य' अतएव 'अव्यक्त' और 'दुःखकारक' कहा गया है (गीता 12.5)। ऐसी अवस्था में यह असंभव जान पड़ता है, कि भगवान् अब उसके विरुद्ध उसी ज्ञान-मार्ग को 'प्रत्यक्षावगम्' याने व्यक्त और 'कर्तु सुसुखम्' याने आचरण करने में सुखकारक कहेंगे। अतएव प्रकरण की साम्यता के कारण और केवल भक्तिमार्ग ही के लिए सर्वथा उपयुक्त होनेवाले 'प्रत्यक्षावगम्' तथा 'कर्तु सुसुखम्' पदों की स्वारस्यसत्ता के कारण, अर्थात् इन दोनों कारणों से, यही सिद्ध होता है, कि इस श्लोक में 'राजविद्या' शब्द से भक्ति-मार्ग ही विवक्षित है। 'विद्या' शब्द

केवल ब्रह्मज्ञानसूनक नहीं है; किंतु परब्रह्म का ज्ञान प्राप्त कर लेने से साधन या मार्ग हैं उन्हें भी उपनिषदों में 'विद्या' ही कहा है। उदाहरणार्थ, शांडिल्य विद्या, प्राण विद्या, हार्द विद्या इत्यादि। वेदान्त-सूत्र के तीसरे अध्याय के तीसरे पद में, उपनिषदों में वर्णित सभी ऐसी विद्याओं का अर्थात् साधनाओं का विचार किया गया है। उपनिषदों से यह भी विदित होता है, कि प्राचीन समय में ये सब विद्याएँ गुप्त रखी जाती थीं; और केवल शिष्यों के अतिरिक्त अन्य किसी को भी उनका उपदेश नहीं किया जाता था। अतएव कोई भी विद्या हो, वह गुह्य अवश्य ही होगी। परंतु ब्रह्म-प्राप्ति के लिए साधनभूत होनेवाली ये जो गुह्य विद्याएँ या मार्ग हैं, वे यद्यपि अनेक हों, तथापि उन सबमें गीता-प्रतिपादित भक्ति-मार्गरूपी विद्या अर्थात् साधन श्रेष्ठ (गुह्यानां विद्यानां च राजा) है। क्योंकि हमारे मतानुसार उक्त श्लोक का भावार्थ यह है, कि वह (भक्ति-मार्ग रूपी) ज्ञान-मार्ग की विद्या के समान 'अव्यक्त' नहीं है; किंतु वह 'प्रत्यक्ष' आँखों से दिखाई देने वाली है और इसीलिए उसका आचरण भी सुख से किया जाता है। यदि गीता में केवल बुद्धिगम्य ज्ञान-मार्ग ही प्रतिपादित किया गया होता, तो वैदिक धर्म के सब संप्रदायों में आज सैकड़ों वर्ष से इस ग्रंथ की जैसी चाह होती चली आ रही है, वैसी हुई होती या नहीं उनमें संदेह है। गीता में जो मधुरता, प्रेम या रस भरा है, वह उसमें प्रतिपादित भक्ति-मार्ग ही का परिणाम है। पहले तो स्वयं भगवान् श्रीकृष्ण ने-जो परमेश्वर के प्रत्यक्ष अवतार हैं-यह गीता कही है; और उसमें भी दूसरी बात यह है, कि भगवान ने अज्ञेय परब्रह्म का कोरा ज्ञान ही नहीं कहा है; किंतु स्थान-स्थान में प्रथम पुरुष का प्रयोग करके अपने सगुण और व्यक्त स्वरूप को लक्ष्य कर कहा है, कि "मुझमें यह सब गूँथा हुआ है" (गीता 7.7), "यह सब मेरी ही माया है" (गीता 7. 14), "मुझसे भिन्न और कुछ भी नहीं है" (गीता 7.7), "मुझे शत्रु और मित्र दोनों बराबर हैं" (गीता 9.29), "मैंने इस जगत को उत्पन्न किया है" (गीता 9.4), "मैं ही ब्रह्म का और मोक्ष का मूल हूँ" (गीता 14.27) अथवा "मुझे पुरुषोत्तम कहते हैं" (गीता 15.18)। और अंत में अर्जुन को यह उपदेश किया, कि "सब धर्मों को छोड़ तू अकेले ही मेरी शरण आ, मैं तुझे सब पापों से मुक्त करूँगा, डर मत" (गीता 18.66)। इससे श्रोता की यह भावना हो जाती है, कि मानों मैं ऐसे साक्षात् पुरुषोत्तम के सामने खड़ा हूँ, जो सम-दृष्टि, परमपूज्य और अत्यंत दयालू है; और तब आत्मज्ञान के विषय में उसकी निष्ठा भी बहुत दृढ़ हो जाती है। इतना ही नहीं; किंतु गीता के अध्यायों का इस प्रकार पृथक् पृथक् विभाग न कर-कि एक बार ज्ञान को तो दूसरी बार भक्ति का प्रतिपादन हो-ज्ञान ही में भक्ति और भक्ति ही में ज्ञान को गूँथ दिया है; जिसका परिणाम यह होता है, कि ज्ञान और भक्ति में अथवा बुद्धि और प्रेम में परस्पर विरोध न होकर परमेश्वर के ज्ञान के साथ ही प्रेमरस का भी अनुभव होता है; और सब प्राणियों के विषय में आत्मौपम्य बुद्धि की जागृति होकर अंत में चित्त की विलक्षण शांति, समाधान और सुख प्राप्त होता है। इसी में कर्मयोग भी आ मिला है। मानों दूध में शक्कर मिल गई हो। फिर इसमें कोई आश्चर्य नहीं, जो हमारे पंडित जनों ने यह सिद्धान्त किया, कि गीता-प्रतिपादित ज्ञान, ईशावास्योपनिषद के कथनानुसार, मृत्यु और अमृत अर्थात् इहलोक और परलोक दोनों जगह श्रेयस्कर है।

ऊपर किए गए विवेचन से पाठकों के ध्यान में यह बात आ जाएगी कि भक्तिमार्ग किसे कहते हैं; ज्ञानमार्ग और भक्ति-मार्ग में समानता तथा विषमता क्या है; भक्ति-मार्ग को राजमार्ग (राजविद्या) या सहज उपाय क्यों कहा है; और गीता में भक्ति को स्वतंत्र निष्ठा क्यों नहीं माना है। परंतु ज्ञान प्राप्ति के इस सुलभ, अनादि और प्रत्यक्ष मार्ग में भी धोखा खा जाने की जो एक जगह है, उसका भी कुछ विचार किया जाना चाहिए।

नहीं तो संभव है, कि इस मार्ग से चलनेवाला पथिक असावधानता से गड्ढे में गिर पड़े। भगवद्गीता में इस गड्ढे का स्पष्ट वर्णन किया गया है; और वैदिक भक्ति-मार्ग में अन्य भक्ति-मार्गों की अपेक्षा जो कुछ विशेषता है, वह यही है। यद्यपि इस बात को सब लोग मानते हैं, कि परब्रह्म में मन को चित्त-शुद्धि द्वारा साम्य-बुद्धि की प्राप्ति के लिए साधारण आसक्त कर मनुष्यों के सामने परब्रह्म के 'प्रतीक' के नाते से कुछ-न-कुछ सगुण अथवा व्यक्त वस्तु अवश्य होनी चाहिए, नहीं तो चित्त की स्थिरता नहीं हो सकती; तथापि इतिहास से दीख पड़ता है, कि 'प्रतीक' के स्वरूप के विषय में अनेक बार झगड़े और बखेड़े हो जाया करते हैं। अध्यात्मशास्त्र की दृष्टि से देखा जाए, तो इस संसार में ऐसा कोई स्थान नहीं, कि जहाँ परमेश्वर न हो। भगवद्गीता में भी जब अर्जुन ने भगवान् श्रीकृष्ण से पूछा, कि "किन-किन विभूतियों के रूप से तुम्हारा चिंतन (भजन) किया जावे, सो मुझे बतलाइए" (गीता 10.18); तब दसवें अध्याय में भगवान ने इस स्थावर और जंगम-सृष्टि से चारों ओर व्याप्त अपनी अनेक विभूतियों का वर्णन करके कहा है, कि मैं इंद्रियों में मन, स्थावरों में हिमालय, यज्ञों में जपयज्ञ, सर्पों में वासुकि, दैत्यों में प्रह्लाद, पितरों में अर्यमा, गंधर्वों में चित्ररथ, वृक्षों में अश्वत्थ, पक्षियों में गरुड़, महर्षियों में भृगु, अक्षरों में आकार और आदित्यों में विष्णु हूँ; और अंत में यह कहा-

यद्यद्विभूतिमत्सत्त्वं श्रीमदूर्जितमेव वा।
ततदेवावगच्छ त्वं मम तेजोऽशसंभवम्॥

"हे अर्जुन' यह जानो, कि जो कुछ वैभव, लक्ष्मी या प्रभाव से युक्त हो, हव मेरी ही तेज के अंश से उत्पन्न हुआ है" (गीता 10.41); और अधिक क्या कहा जाए! मैं अपने एक अंशमात्र से इस सारे जगत में व्याप्त हूँ! इतना कहकर अगले अध्याय में विश्वरूपदर्शन से अर्जुन को इस सिद्धान्त की प्रत्यक्ष प्रतीतिथी करा दी थी। यदि इस संसार में दिखलाई देने वाले सब पदार्थ या गुण परमेश्वर ही के रूप याने प्रतीक हैं तो यह कौन और कैसे कह सकता है, कि उनमें से किसी एक ही में परमेश्वर है और दूसरों में नहीं? न्यायतः यही मानना पड़ता है, कि वह दूर है और समीप भी है, सत् और असत् होने पर भी वह उन दोनों से परे है, अथवा गरुड़ और सर्प, मृत्यु और मारनेवाला, विघ्नकर्ता और विघ्नहर्ता, भयकृत और भयनाशक, घोर और अघोर, शिव और अशिव, वृष्टि करने वाला और उसको रोकने वाला भी (गीता 9.19; 10.32) वही है। अतएव भगवद् भक्त तुकाराम महाराज ने भी (तु. गा. 20.6404) इसी भाव से कहा है-

छोटा बड़ा कहें वो कुछ हम।
फबता है सब मुझे महत्तम॥

इस विकार-विचार करने पर मालूम होता है, कि संसार की प्रत्येक वस्तु यदि अंशतः परमेश्वर ही का स्वरूप है, तो फिर जिन लोगों के ध्यान में परमेश्वर का यह सर्वव्यापी स्वरूप एकाएक नहीं आ सकता, वे यदि इस अव्यक्त और शुद्ध रूप को पहचानने के लिए इन अनेक वस्तुओं में से किसी एक को साधन या प्रतीक समझकर उसकी उपासना करें, तो क्या हानि है? कोई मन की उपासना करेंगे, तो कोई द्रव्ययज्ञ या जपयज्ञ करेंगे। कोई गरुड़ की भक्ति करेंगे, तो कोई ओम मंत्राक्षर ही का जप करेंगे; कोई विष्णु का, तो कोई शिव का, कोई गणपति का, तो कोई भवानी का भजन करेंगे। कोई अपने माता-पिता के चरणों में ईश्वर भाव रखकर उनकी सेवा करेंगे; और कोई उससे भी अधिक व्यापक सर्वभूतात्मक विराट् पुरुष की उपासना पसंद करेंगे। कोई कहेंगे, सूर्य को भजो; और कोई कहेंगे कि राम या कृष्ण ही सूर्य से श्रेष्ठ हैं। परंतु अज्ञान

से या मोह से जब यह दृष्टि छूट जाती है, कि "सब विभूतियों का मूल स्थान एक ही परब्रह्म है", अथवा जब किसी धर्म के मूल सिद्धान्तों में ही यह व्यापक दृष्टि नहीं होती, तब अनेक प्रकार के उपास्यों के विषय में वृथाभिमान और दुराग्रह उत्पन्न हो जाता है; और कभी-कभी तो लड़ाईयाँ हो जाने तक नौबत आ पहुँचती है। वैदिक, बौद्ध, जैन, ईसाई या मुहम्मदी धर्मों के परस्पर विरोध की बात छोड़ दे और केवल ईसाई धर्म ही को देखें; तो यूरोप के इतिहास से यही दीख पड़ता है, कि एक-ही सगुण और व्यक्त ईसा मसीह के उपासकों में भी विधिभेदों के कारण एक दूसरे की जान लेने तक की नौबत आ चुकी थी। हमारे देश के सगुण उपासकों में भी अब तक यह झगड़ा दीख पड़ता है, कि हमारा देव निराकार होने के कारण अन्य लोगों के साकार देव से श्रेष्ठ है। भक्ति-मार्ग में उत्पन्न होने वाले इन झगड़ों का निर्णय करने के लिए कोई उपाय है या नहीं? यदि है तो वह कौन-सा उपाय है? जब तक इसका ठीक-ठीक विचार नहीं हो जाता, तब तक भक्तिमार्ग बेखटके का या बगैर धोखे का नहीं कहा जा सकता। इसलिए अब यही विचार किया जाएगा, कि गीता में इस प्रश्न का उत्तर दिया गया है। कहना नहीं होगा, कि हिंदुस्तान की वर्तमान दशा में इस विषय का यथोचित विचार करना विशेष महत्त्व की बात है।

सामय-बुद्धि की प्राप्ति के लिए मन को स्थिर करके परमेश्वर की अनेक सगुण विभूतियों में से किसी एक विभूति के स्वरूप का प्रथमतः चिंतन करना अथवा उसको प्रतीक समझकर प्रत्यक्ष नेत्रों के सामने रखना, इत्यादि साधनों का वर्णन प्राचीन उपनिषदों में भी पाया जाता है; और रामतापनी सरीखे उत्तरकालीन उपनिषदों में या गीता में भी मानव-रूपधारी सगुण परमेश्वर की निस्सीम और एकांतिक भक्ति को ही परमेश्वर-प्राप्ति का मुख्य साधन माना है। परंतु साधन की दृष्टि से यद्यपि वासुदेव-भक्ति को गीता में प्रधानता दी गई है, तथापि अध्यात्म-दृष्टि से विचार करने पर, वेदान्त-सूत्र की नाई (वे. सू. 4.1.4) गीता में भी आगे यही स्पष्ट रीति से कहा है, कि 'प्रतीक' एक प्रकार का साधन है-वह सत्य, सर्वव्यापी और नित्य परमेश्वर नहीं हो सकता। अधिक क्या कहें, नाम-रूपात्मक व्यक्त अर्थात् सगुण वस्तुओं में से किसी को भी लीजिए; वह माया ही है। जो सत्य परमेश्वर को देखना चाहता है, उसे उस सगुण रूप के भी परे अपनी दृष्टि को ले जाना चाहिए। यह प्रकट है, कि भगवान की जो अनेक विभूतियाँ हैं, उनमें अर्जुन को दिखलाए गए विश्वरूप से अधिक व्यापक और कोई भी विभूति हो नहीं सकती। परंतु जब यही विश्वरूप भगवान ने नारद को दिखलाया, कि तब उन्होंने कहा है, कि "तू मेरे जिस रूप को देख रहा है, कि वह सत्य नहीं है, यह माया है, मेरे सत्य स्वरूप को देखने के लिए इसके भी आगे तुझे जाना चाहिए" (मभा. शां. 339.44); और गीता में भी भगवान श्रीकृष्ण ने अर्जुन से स्पष्ट रीति से यही कहा है-

अव्यक्तं व्यक्तिमापन्नं मन्यन्ते मामबुद्धयः।
परं भावमजानन्तो ममाव्ययमनुत्तमम्॥

"यद्यपि मैं अव्यक्त हूँ, तथापि मूर्ख लोग मुझे व्यक्त (गीता 7.24) अर्थात् मनुष्य देहधारी मानते हैं (गीता 9.11); परंतु यह बात सच नहीं है। मेरा अव्यक्त स्वरूप ही सत्य है।" इसी तरह उपनिषदों में भी यद्यपि उपासना के लिए मन, वाचा, सूर्य, आकाश इत्यादि अनेक व्यक्त या अव्यक्त ब्रह्म प्रतीकों का विवरण किया गया है, तथापि अंत में यह कहा है, कि जो वाचा, नेत्रों या कानों को गोचर हो वह ब्रह्म नहीं; जैसे-

यन्मनसा न मनुते येनाऽऽहुर्मनो मतम्।
तदेव ब्रह्म त्वं विद्धि नेदं यदिदमुपासते॥

"मन से जिसका मनन नहीं किया जा सकता, किंतु मन ही जिसकी मनन-शक्ति में आ जाता है, उसे तू सत्य ब्रह्म समझ। जिसकी (प्रतीक समझकर) उपासना की जाती है, वह (सत्य) ब्रह्म नहीं है" (केन. 1.5-8)। 'नेति-नेति' सूत्र का भी यही अर्थ है। मन या आकाश को लीजिए अथवा व्यक्त उपासना-मार्ग के अनुसार शालग्राम, शिवलिंग इत्यादि को लीजिए या श्रीराम, कृष्ण आदि अवतारी पुरुषों की अथवा साधु-पुरुषों की व्यक्त मूर्ति का चिंतन कीजिए, मंदिरों में शिलामय अथवा धातुमय देव की मूर्ति को देखिए, अथवा बिना मूर्ति का मंदिर, या मस्जिद लीजिए;-ये सब छोटे बच्चे की ढकेलगाड़ी के समान मन को स्थिर करने के लिए अर्थात् चित्त की वृत्ति को परमेश्वर की ओर झुकाने के साधन हैं। प्रत्येक मनुष्य अपनी-अपनी इच्छा और अधिकार के अनुसार उपासना के लिए किसी प्रतीक को स्वीकार कर लेता है। यह प्रतीक चाहे कितना ही प्यारा हो; परंतु इस बात को नहीं भूलना चाहिए, कि सत्य परमेश्वर इस "प्रतीक में नहीं है"-"न प्रतीके न हि सः" (वे. सू. 4.1, 4)-उसके परे है। इसी हेतु से भगवद्गीता में भी सिद्धान्त किया गया है, कि "जिन्हें मेरी माया मालूम नहीं होती, वे मूढ़ जन मुझे नहीं जानते" (गीता 7.13-15)। भक्ति-मार्ग में मनुष्य का उद्धार करने की जो शक्ति है, वह सजीव अथवा निर्जीव मूर्ति में या पत्थरों की इमारती में नहीं है; किंतु इस प्रतीक में उपासक अपने सुभीते के लिए जो उस प्रतीक से भी श्रेष्ठ ईश्वर भावना रखता है, वही यथार्थ में तारक होती है। चाहे प्रतीक पत्थर का हो, मिट्टी का हो, धातु का हो या अन्य किसी पदार्थ का हो; उकसी योग्यता 'प्रतीक' से अधिक कभी नहीं हो सकती। इस प्रतीक में जैसा हमारा भाव होगा, ठीक उसी के अनुसार हमारी भक्ति का फल परमेश्वर-प्रतीक नहीं-हमें दिया करता है। फिर ऐसा बखेड़ा मचाने से क्या लाभ, कि हमारा प्रतीक श्रेष्ठ है और तुम्हारा निकृष्ट? यदि भाव शुद्ध न हो, तो केवल प्रतीक की उत्तमता से ही क्या लाभ होगा? दिनभर लोगों को धोखा देने और फँसाने का धंधा करके सुबह-शाम या किसी त्यौहार के दिन देवालय में देवदर्शन के लिए अथवा किसी निराकार देव के मंदिर मं उपासना के लिए, जाने से परमेश्वर की प्राप्ति होना असंभव है। कथा सुनने के बहाने देवालय में जाने वाले कुछ मनुष्यों का वर्णन रामदास स्वामी ने उस प्रकार किया है-"कोई-कोई विषयी लोग कथा सुनने के बहाने से आते हैं और स्त्रियों की ही ओर घूरा करते हैं; चोर लोग पादत्राण (जूते) चुरा ले जाते हैं" (दास. 18.10.26)। यदि केवल देवालय में या देवता की मूर्ति में ही तारक-शक्ति हो तो ऐसे लोगों को भी मुक्ति मिल जानी चाहिए। कितने लोगों की समझ है, कि परमेश्वर की भक्ति केवल मोक्ष ही के लिए की जाती है; परंतु जिन्हें कोई व्यावहारिक या स्वार्थ की वस्तु चाहिए, वे भिन्न-भिन्न देवताओं की आराधना करें और गीता में इस बात का उल्लेख किया गया है, कि ऐसी स्वार्थ-बुद्धि से वे लोग भिन्न-भिन्न देवताओं की पूजा किया करते हैं (गीता 7.20)। परंतु इसके आगे गीता ही का कथन है, कि यह समझ तात्त्विक दृष्टि से सच नहीं मानी जा सकती, कि इन देवताओं की आराधना करने से स्वयं कुछ फल देते हैं (गीता 7.21)। अध्यात्मशास्त्र का यह चिरस्थायी सिद्धान्त है (वे. सू. 3.2.38-41); और यही सिद्धान्त गीता को भी मान्य है (गीता 7.22), कि मन में किसी भी वासना या कामना को रखकर किसी भी देवता की आराधना की जावे; उसका फल सर्वव्यापी परमेश्वर ही दिया करता है, न कि देवता। यद्यपि फलदाता परमेश्वर इस प्रकार एक ही हो, तथापि वह प्रत्येक के भले-बुरे भावों के अनुसार भिन्न-भिन्न देवताओं की या प्रतीकों की उपासना के फल भी भिन्न-भिन्न होते हैं। इसी अभिप्राय को मन में रखकर भगवान ने अन्यत्र कहा है-

श्रद्धामयोऽय्ं पुरुषो यो यच्छ्रद्धः स एव सः।

"मनुष्य श्रद्धामय है। प्रतीक कुछ भी हो; परंतु जिसकी जैसी श्रद्धा होती है, वैसा ही वह हो जाता है" (गीता 17.3 मैत्र्यु. 4.6)। अथवा-

यान्ति देवव्रता देवान् पितृन् यान्ति पितृव्रताः।
भूतानि यान्ति भूतेज्या यान्ति यद्याजिनोऽपि माम्॥

"देवताओं की भक्ति करने वाले देवलोक में, पितरों की भक्ति करने वाले पितृलोक में, भूतों की भक्ति करने वाले भूतों में जाते हैं; और मेरी भक्ति करने वाले मेरे पास आते हैं" (गीता 9.25)। या-

ये यथा मां प्रपद्यन्ते तांस्तथैव भजाम्यहम्।

"जो जिस प्रकार मुझे भजते हैं, उसी प्रकार मैं उन्हें भजता हूँ" (गीता 4.11)। सब लोग मुझे जानते हैं, कि शालग्राम सिर्फ एक पत्थर है। उसमें यदि विष्णु का भाव रखा जाए, तो विष्णुलोक मिलेगा; और यदि उसी प्रतीक में यक्ष, राक्षस आदि भूतों की भावना रख के उसकी पूजा की जाए, तो यक्ष, राक्षस आदि भूतों के ही लोक प्राप्त होंगे। यह सिद्धान्त हमारे सब शास्त्रकारों को मान्य है, कि फल हमारे भाव में है; प्रतीक में नहीं और लौकिक्र व्यवहार में भी किसी मूर्ति की पूजा करने के पहले उसकी प्राण प्रतिष्ठा भी करने की जो रीति है, उसका भी रहस्य यही है। जिस देवता की भावना से उस मूर्ति की पूजा करनी हो, उस देवताशी प्राणप्रतिष्ठा उस मूर्ति में करते हैं। मूर्ति में परमेश्वर की भावना न रख कोई यह समझकर उसकी पूजा या आराधना नहीं करते कि वह मूर्ति केवल किसी विशिष्ट आकार की; मिट्टी, पत्थर या धातु है; और यदि कोई ऐसा करे भी, तो गीता के उक्त सिद्धान्त के अनुसार उसको मिट्टी, पत्थर या धातु ही को दशा निस्संदेह प्राप्त होगी। जब प्रतीक में और स्थापित या आरोपित प्रतीक में हमारे, आंतरिक भाव में इस प्रकार भेदकर लिया जाता है, तब केवल प्रतीक के विषय में झगड़ा करते रहने का कोई कारण नहीं रह जाता। क्योंकि, अब तो यह भाव ही नहीं रहता, कि प्रतीक ही देवता है। सब कर्मों के फलदाता और सर्वसाक्षी परमेश्वर की दृष्टि अपने भक्तजनों के भाव की ओर ही रहा करती है। इसलिए साधु तुकाराम कहते हैं, कि "देव भाव का ही भूखा है।"-प्रतीक का नही। भक्ति-मार्ग का यह तत्त्व जिसे भली-भाँति मालूम हो गया है उसके मन में यह दुराग्रह नहीं रहने पाता, कि "मैं जिस ईश्वररूप या प्रतीक की उपासना करता हूँ, वही सच्चा है; और अन्य सब मिथ्या है"; कितु उसके अंतःकरण में ऐसी उदार-बुद्धि जागृत हो जाती है, कि "किसी का प्रतीक कुछ भी हो; परंतु जो लोग उसके द्वारा परमेश्वर का भजन पूजन किया करते हैं, वे सब एक ही परमेश्वर में जा मिलते हैं।"

येऽप्यन्यदेवताभक्ताः यजन्ते श्रद्धयान्विताः।
तेऽपि मामेव कौन्तेय यजन्त्यविधिपूर्वकम्॥

"चाहे विधि, अर्थात् बाह्योपचार या साधन शास्त्र के अनुसार न हों! तथापि अन्य देवताओं का श्रद्धापूर्वक (याने उनमें शुद्ध परमेश्वर का भाव रखकर) यजन करने वाले लोग (पर्याय से) मेरा ही यजन करते हैं" (गीता 9.23)। भागवत में भी इसी अर्थ का वर्णन कुछ शब्द भेद के साथ किया गया है (भाग. 10. पू. 40.8-10); शिवगीता में तो उपर्युक्त श्लोक ही ज्यों-का-त्यों पाया जाता है (शिव. 12.4); और "एकं सद्विप्रा बहुधा वदन्ति" (ऋ. 1.164.46) इस वेद वचन का तात्पर्य भी वही है। इससे सिद्ध होता है, कि यह तत्त्व वैदिक धर्म में बहुत प्राचीन समय से चला आ रहा है और यही इसी तत्त्व का फल है; कि आधुनिक काल में श्री शिवजी महाराज के समान वैदिकधर्मीय वीर पुरुष के स्वभाव में उनके परम उत्कर्ष के समय में भी, परधर्म-असहिष्णुता-रूपी दोष दीख नहीं पड़ता था। यह मनुष्यों की अत्यंत शोचनीय मूर्खता का लक्षण है,ि क

वे इस सत्य तत्त्व को नहीं पहचानते, कि ईश्वर सर्वव्यापी, सर्वसाक्षी, सर्वज्ञ, सर्वशक्तिमान और उसके भी परे अर्थात् अचिंत्य है; किंतु वे ऐसे नाम-रूपात्मक व्यर्थ अभिमान के अधीन हो जाते हैं, कि ईश्वर ने अमुक समय या अमुक देश में, अमुक माता के गर्भ से, अमुक वर्ण का, नाम का, आकृति का जो व्यक्त स्वरूप धारण किया, वही केवल सत्य है; और उस अभिमान में फँसकर एक-दूसरे की जान तक लेने को उतारू हो जाते हैं। गीता-प्रतिपादित भक्ति-मार्ग को 'राजविद्या' कहा है सही; परंतु यदि इस बात की खोज की जाए, कि जिस प्रकार स्वयं भगवान श्रीकृष्ण ही ने "मेरा दृश्य स्वरूप भी केवल माया ही है; मेरे यथार्थ स्वरूप को जानने के लिए इस माया से भी परे जाओ"; कहकर यथार्थ उपदेश किया है, उस प्रकार उपदेश और किसने किया है? एवं "अविभक्तं विभक्तेषु" इस सात्त्विक ज्ञान-दृष्टि से सब धर्मों की एकता को पहचानकर, भक्ति-मार्ग के थोथे झगड़ों की जड़ ही को काट डालने वाले धर्मगुरु पहले पहल कहाँ अवतीर्ण हुए? अथवा उनके मतानुयायी अधिक कहाँ हैं? तो कहना पड़ेगा, कि इस विषय में हमारी पवित्र भारत भूमि को ही अग्रस्थान दिया जाना चाहिए। हमारे देशवासियों को राजविद्या का और राजगुह्य का यह साक्षात् पारस अनायास ही प्राप्त हो गया है; परंतु जब हम देखते हैं, कि हममें से ही कुछ लोग अपनी आँखों पर अज्ञानरूपी चश्मा लगाकर उस पारस को चकमक पत्थर कहने के लिए तैयार हैं, तब इसे अपने दुर्भाग्य के सिवा और क्या कहें?

प्रतीक कुछ भी हो; भक्ति-मार्ग का फल प्रतीक में नहीं है, किंतु उस प्रतीक में, जो हमारा आंतरिक भाव होता है, उस भाव में है, इसलिए यह सच है, कि प्रतीक के बारे में झगड़ा मचाने से कुछ लाभ नहीं। परंतु अब यह शंका है, कि वेदान्त की दृष्टि से जिस शुद्ध परमेश्वर-स्वरूप की भावना प्रतीक में आरोपित करनी पड़ती है, उस शुद्ध परमेश्वर-स्वरूप की कल्पना बहुतेरे लोग अपने प्रकृति-स्वभाव के अनुसार या अज्ञान के कारण प्रायः एकाएक कर नहीं सकते; ऐसी अवस्था में इन लोगों के लिए प्रतीक में शुद्ध भाव रखकर परमेश्वर की प्राप्ति कर लेने का कौन-सा उपाय है? यह कह देने से काम नहीं चल सकता, कि "भक्ति-मार्ग में ज्ञान का काम श्रद्धा से हो जाता है, इसलिए विश्वास से या श्रद्धा से परमेश्वर शुद्ध-स्वरूप को जानकर प्रतीक में भी वही भाव रखो-बस; तुम्हारा भाव सफल हो जाएगा।" कारण यह है, कि कोई भी भाव रखना मन का अर्थात् श्रद्धा का धर्म है सही; परंतु उसे बुद्धि की थोड़ी-बहुत सहायता मिले बिना कभी काम नहीं चल सकता। क्योंकि, अन्य सब मनोधर्मों की तरह केवल श्रद्धा या प्रेम करना चाहिए और किससे नहीं। यह काम प्रत्येक मनुष्य को अपनी बुद्धि से ही करना पड़ता है; क्योंकि निर्णय करने के लिए बुद्धि के सिवा कोई दूसरी इंद्रिय नहीं है। सारांश यह है, कि चाहे किसी मनुष्य की बुद्धि अत्यंत तीव्र न भी हो; तथापि उसमें यह जानने का सामर्थ्य तो हमेशा ही होना चाहिए, कि श्रद्धा (प्रेम या विश्वास) कहाँ रखा जावे; नहीं तो अंध श्रद्धा और उसी के साथ अंध प्रेम भी धोखा खा जाएगा; और दोनों गड्ढे में जा गिरेंगे। विपरीत पक्ष में यह भी कहा जा सकता है कि श्रद्धारहित केवल बुद्धि ही यदि कुछ काम करने लगे, तो कोरे युक्तिवाद और तर्कज्ञान में फँसकर, न जाने वह कहाँ भटकती रहेगी; वह जितनी ही अधिक तीव्र होगी, उतनी ही अधिक भटकेगी। इसके अतिरिक्त इस प्रकरण के आरम्भ ही में कहा जा चुका है, कि श्रद्धा आदि मनोधर्मों की सहायता के बिना केवल बुद्धिगम्य ज्ञान में कर्तृत्व-शक्ति भी उत्पन्न नहीं होती। अतएव श्रद्धा और ज्ञान अथवा मन और बुद्धि का हमेशा साथ रहना आवश्यक है। परंतु मन और बुद्धि, दोनों त्रिगुणात्मक प्रकृति के ही विकार हैं, इसलिए उनमें से प्रत्येक के जन्मतः तीन भेद-सात्त्विक, राजस और तामस हो सकते हैं; और

यद्यपि उनका साथ हमेशा बना रहे, तो भी भिन्न-भिन्न हो जावंगे। यही बुद्धि केवल जन्मत: अशुद्ध, राजस या तामस, हो तो उसका किया हुआ भले-बुरे का निर्णय गलत होगा, जिसका परिणाम यह होगा, कि अंध श्रद्धा के सात्त्विक अर्थात् शुद्ध होने पर भी वह धोखा खा जाएगी। अच्छा; यदि श्रद्धा ही जन्मत: अशुद्ध हो, तो बुद्धि के सात्त्विक होने से भी कुछ लाभ नहीं, क्योंकि ऐसी अवस्था में बुद्धि की आज्ञा को मानने के लिए श्रद्धा तैयार ही नहीं रहती। परंतु साधारण अनुभव यह है कि बुद्धि और मन दोनों अलग-अलग अशुद्ध नहीं रहते जिसकी बुद्धि जन्मत: अशुद्ध होती है; उसका मन अर्थात् श्रद्धा भी प्राय: न्यूनाधिक अशुद्ध स्वरूप का चाहे उपदेश किया जाए; परंतु वह उसके मन में जमता ही नहीं; अथवा यह भी देखा गया है, कि कभी-कभी-विशेषत: श्रद्धा और बुद्धि दोनों भी जन्मत: अपक्व और कमजोर हों, तब-वह मनुष्य उसी उपदेश का विपरीत अर्थ किया करता है। इसका एक उदाहरण लीजिए-यह देखा गया है, कि जब ईसाई धर्म के उपदेशक अफ्रीका-निवासी नीग्रो जाति के जंगली लोगों को अपने धर्म का उपदेश करने लगते हैं, तब उन्हें आकाश में रहने वाले पिता की अथवा ईसा मसीह की कुछ भी यथार्थ कल्पना हो नहीं सकती। उन्हें जो कुछ बतलाया जाता है, उसे वे अपनी अपक्व बुद्धि के अनुसार अयथार्थ भाव से ग्रहण किया करते हैं। इसलिए एक अंग्रेज ग्रंथकार ने लिखा है, कि उन लोगों में सुधरे हुए धर्म को समझने की पात्रता लाने के लिए सबसे पहले उन्हें अर्वाचीन मनुष्यों की योग्यता को पहुँचा देना चाहिए।[1] भवभूति के इस दृष्टान्त में भी वही अर्थ है, कि एक ही गुरु के पास पढ़े हुए शिष्यों में भिन्नता दीख पड़ती है और यद्यपि सूर्य एक ही है, तथापि उसके प्रकाश से काँच की मणि से आग निकलती है, लेकिन मिट्टी के ढेढे पर कुछ परिणाम नहीं होता (उ. राम. 2.4)। प्रतीत होता है, कि प्राय: इसी कारण से प्राचीन समय में शूद्र आदि अज्ञ जन वेद-श्रवण के लिए अनधिकारी माने जाते होंगे[2] गीता के अठारहवें अध्याय में भी इस विषय की चर्चा की गई है और आरंभ में काह है, कि जिस प्रकार बुद्धि के स्वभावत: सात्त्विक, राजस और तामस भेद हुआ करते हैं (गीता 18.30-32), उसी प्रकार श्रद्धा के भी स्वभावत: सात्त्विकादि तीन भेद होते हैं (गीता 17.2)। भगवान् कहते हैं, कि आगे प्रत्येक व्यक्ति के देह स्वभाव के अनुसार उसकी श्रद्धा भी स्वभावत: भिन्न हुआ करती है (गीता 17.3) इसलिए जिन लोगों की श्रद्धा सात्त्विक है, वे देवताओं में; जिनकी श्रद्धा राजस है, वे यक्ष-राक्षस आदि में और जिनकी श्रद्धा तामस है, वे भूत-पिशाच आदि में विश्वास करते हैं (गीता 17.4-6)। यदि मनुष्य की श्रद्धा का अच्छापन या बुरापन इस प्रकार नैसर्गिक स्वभाव पर अवलंबित है, तो अब यह प्रश्न होता है, कि पहले यथाशक्ति भक्तिभाव से इस श्रद्धा में अधिकाधिक सुधार हो सकता है, या नहीं और वह किसी समय पूर्ण शुद्ध अर्थात् सात्त्विक अवस्था को पहुँच सकती है, या नहीं? भक्ति-मार्ग के उक्त प्रश्न का स्वरूप कर्म विपाक क्रिया के ठीक इस प्रश्न के समान है, कि ज्ञान की प्राप्ति करने के लिए मनुष्य स्वतंत्र है, या नहीं? और कहने की आवश्यकता नहीं, कि इन दोनों प्रश्नों का उत्तर एक ही है। भगवान ने अर्जुन को पहले यही उपदेश किया, कि 'मय्येवमन आधत्स्व' (गीता 12.8)-मेरे शुद्ध स्वरूप में तू अपने मन को स्थिर कर; और इसके बाद परमेश्वर स्वरूप को मन में स्थिर करने

1. "And the only way. I suppose. in which beings of so low an order of devlopment (e.g. an Australian savage or a Bushman) could be raised to a civilized livel of feeling and thought would be by cultivation continued through several generations; they would have to undergo a gradual process of humanizaton before they could attain the capacity of civilization." Dr. Mausley's Body and Mind Ed. 1873. p. 57
2. See Max Muller Three Lectures on the Vedanta Philosophy, pp. 72, 73.

के लिए भिन्न-भिन्न उपायों का इस प्रकार वर्णन किया है-"यदि तू मेरे स्वरूप में अपने चित्त को स्थिर न कर सकता हो, तो तू अभ्यास अर्थात् बार-बार प्रयत्न कर। यदि तुझसे अभ्यास भी न हो सके, तो मेरे लिए चित्त-शुद्धिकारक कर्म कर। यदि यह भी न हो सके, तो कर्मफल का त्याग कर; और उससे मेरी प्राप्ति कर ले" (गीता 12.9-11; भाग 11.11.21-25)। यदि मूल देह-स्वभाव अथवा प्रकृति तामस हो, तो परमेश्वर के शुद्ध स्वरूप में चित्त को स्थिर करने का प्रयत्न एकदम या एक-ही जन्म में नहीं होगा, परंतु कर्मयोग के समान भक्ति-मार्ग में भी कोई बात निष्फल नहीं होती। स्वयं भगवान् सब लोगों को इस प्रकार भरोसा देते हैं-

बहुनां जन्मनामन्ते ज्ञानवान् मां प्रपद्यते।
वासुदेवः सर्वमिति स महात्माः सुदुर्लभः॥

जब कोई मनुष्य एक बार भक्ति-मार्ग से चलने लगता है, तब इस जन्म में नहीं तो अगले जन्म में, अगले जन्म में नहीं तो, उसके आगे के जन्म में, कभी-न-कभी, उसको परमेश्वर के स्वरूप का ऐसा यथार्थ ज्ञान प्राप्त हो जाता है, कि "यह सह वासुदेवात्मक ही है"; और इन ज्ञान से अंत में उसे मुक्ति भी मिल जाती है (गीता 7. 19)। छठे अध्याय में भी इसी प्रकार कर्मयोग का अभ्यास करनेवाले के विषय में कहा गया है, कि "अनेकजन्मसंसिद्धस्ततो याति परां गतिम्" (गीता 6.45) और भक्ति-मार्ग के लिए यही नियम उपयुक्त होता है। भक्त को चाहिए, कि वह जिस देव का भाव प्रतीक में रखना चाहे, उसके स्वरूप को अपने देह-स्वभाव के अनुसार पहले ही से यथाशक्ति शुद्ध मानकर आरंभ करे। कुछ समय तक इसी भावना का फल परमेश्वर (प्रतीक नहीं) दिया करता है (गीता 7.22)। परंतु इसके आगे चित्तशुद्धि के लिए किसी अन्य साधन की आवश्यकता नहीं रहती। यदि परमेश्वर की यही भक्ति यथामति हमेशा जारी रहे, तो भक्त के अंतःकरण की भावना आप-ही-आप उन्नत हो जाती है और फिर परमेश्वर संबंधी ज्ञान की वृद्धि भी होने लगती है एवं अंत में मन की ऐसी अवस्था हो जाती है, कि "वासुदेवः सर्वम्"-उपास्य और उपासक का भेदभाव शेष नहीं रह जाता; और अंत में शुद्ध ब्रह्मानंद में आत्मा का लय हो जाता है। मनुष्य को चाहिए, कि वह अपने प्रयत्न की मात्रा को कभी कम न करे। सारांश, यह है, कि जिस प्रकार किसी मनुष्य के मन में कर्मयोग की केवल जिज्ञासा उत्पन्न होते ही धीरे-धीरे पूर्ण सिद्धिकी ओर आप-ही-आप आकर्षित हो जाता है (गीता 6.44); उसी प्रकार गीता-धर्म का यह सिद्धान्त है, कि भक्ति-मार्ग में जब कोई भक्त एक बार अपने तई ईश्वर को सौंप देता है, तो स्वयं भगवान ही उसकी निष्ठा को बढ़ाते चले जाते हैं; और अंत में उसे अपने यथार्थ स्वरूप का पूर्ण ज्ञान भी करा देते हैं (गीता 7.21; 10.10)। इसी ज्ञान से-न कि केवल कोरी और अंध श्रद्धा से-भगवद् भक्त को अंत में पूर्ण सिद्धि मिल जाती है। भक्तिमार्ग से इस प्रकार ऊपर चढ़ते-चढ़ते अंत में जो स्थिति प्राप्त होती है, वह और ज्ञानमार्ग से प्राप्त होने वाली अंतिम स्थिति, दोनों एक ही समान हैं, इसलिए गीता को पढ़नेवालों के ध्यान में यह बात सहज ही आ जाएगी, कि बारहवें अध्याय में भक्तिमान पुरुष की अंतिम स्थिति का जो वर्णन किया गया है, वह दूसरे अध्याय में किए गए स्थितप्रज्ञ के वर्णन ही के समान है। इससे यह बात प्रकट होती है, कि यद्यपि आरंभ में ज्ञान-मार्ग और भक्ति-मार्ग भिन्न हों, और यदि कोई अपने अधिकार-भेद के कारण ज्ञान-मार्ग से चलने लगता है, तो भी अंत में ये दोनों मार्ग एकत्र मिल जाते हैं, और जो गति ज्ञानी को प्राप्त होती है, वही गति भक्त को भी मिला करती है। इन दोनों मार्गों में भेद सिर्फ इतना ही है, कि ज्ञान-मार्ग में आरंभ ही से बुद्धि के द्वारा परमेश्वर-स्वरूप के आकलन करना पड़ता है; भक्ति-मार्ग में यही तो ज्ञान श्रद्धा की

सहायता से ग्रहण कर लिया जाता है। परंतु यह प्राथमिक भेद आगे नष्ट हो जाता है; और भगवान् स्वयं कहते हैं, कि-

श्रद्धावान लभते ज्ञानं तत्परः संयतेन्द्रियः।
ज्ञानं लब्ध्वा परां अचिरेणाधिगच्छति॥

"जब श्रद्धावान् मनुष्य इंद्रिय निग्रह-द्वारा ज्ञान-प्राप्ति का प्रयत्न करने लगता है; तब उसे ब्रह्मात्मैक्यरूप-ज्ञान का प्रत्यक्ष अनुभव होता है; और फिर उस ज्ञान से उसे शीघ्र ही पूर्ण शांति मिलती है" (गीता 4.39)। अथवा-

भक्त्या मामभिजानाति यावान् यश्चास्मि तत्त्वतः।
ततो मां तत्त्वतो ज्ञात्वा विशते तदनन्तरम्॥[1]

"मेरे (याने परमेश्वर के) स्वरूप का तात्त्विक ज्ञान भक्ति से होता है; और जब यह ज्ञान हो जाता है, तब (पहले नहीं); भक्त मुझमें आ मिलता है" (गीता 18.55; 11.54) परमेश्वर का पूरा ज्ञान होने के लिए इन दो मार्गों के सिवा कोई तीसरा मार्ग नहीं है। इसलिए गीता में यह बात स्पष्ट रीति से कह दी गई है, कि जिसे न तो स्वयं अपनी बुद्धि है और न श्रद्धा भी, उसका सर्वथा नाश ही समझिए-"अज्ञश्चाश्रद्दधानश्च संशयात्मा विनश्यति" (गीता 4.40)।

ऊपर कहा गया है, कि श्रद्धा और भक्ति में अंत में पूर्ण ब्रह्मात्मैक्य ज्ञान प्राप्त होता है। इस पर कुछ तार्किकों का यह आक्षेप है, कि यदि भक्तिमार्ग का प्रारंभ इस द्वैतभाव से ही किया जाता है, कि उपास्य भिन्न और उपासक भी भिन्न है, तो अंत में ब्रह्मात्मैक्य रूप अद्वैत ज्ञान कैसे होगा? परंतु यह आक्षेप केवल भ्रांतिमूलक है। यदि ऐसे तार्किकों के कथन का सिर्फ इतना अर्थ हो, कि ब्रह्मात्मैक्य-ज्ञान के होने पर भक्ति का प्रवाह रुक जाता है, तो उसमें कुछ आपत्ति दीख नहीं पड़ती। क्योंकि अध्यात्मशास्त्र का भी यही सिद्धान्त है, कि जब उपास्य, उपासक और उपासनारूपी त्रिपटी का लय हो जाता है; तब वह व्यापार बंद हो जाता है, जिसे व्यवहार में भक्ति कहते हैं। परंतु यदि उक्त आक्षेप का यह अर्थ हो, कि द्वैतमूलक भक्ति-मार्ग से अंत में अद्वैत-ज्ञान हो ही नहीं सकता; तो यह आक्षेप न केवल तर्कशास्त्र की दृष्टि से किंतु बड़े-बड़े भगवद्भक्तों के अनुभव के आधार से भी मिथ्या सिद्ध हो सकता है। तर्कशास्त्र की दृष्टि से इस बात में कुछ रुकावट नहीं दीख पड़ती, कि परमेश्वर स्वरूप में किसी भक्त का चित्त ज्यों-ज्यों अधिकाधिक स्थिर होता जावे, त्यों-त्यों उसके मन से भेदभाव भी छूटता चला जावे। ब्रह्म-सृष्टि में भी हम यही देखते हैं कि यद्यपि आरंभ में पारे की बूँदें भिन्न-भिन्न होती हैं; तथापि आपस में मिलकर उनके एकत्र हो जाने में कोई रुकावट नहीं आती। इसी प्रकार अन्य पदार्थों में भी एकीकरण की क्रिया का आरंभ प्राथमिक भिन्नता ही से हुआ करता है; और भृंगी-कीट का दृष्टान्त तो सब लोगों का विदित ही है। परंतु इस विषय में तर्कशास्त्र की अपेक्षा साधु पुरुषों के प्रत्यक्ष अनुभव को ही अधिक प्रामाणिक समझना चाहिए। अतः भगवद् भक्त-शिरोमणि तुकाराम महाराज को अनुभव हमारे लिए विशेष महत्त्व का है। सब लोग जानते हैं, कि तुकाराम महाराज को कुछ उपनिषदादि ग्रंथों के अध्ययन से अध्यात्म ज्ञान प्राप्त नहीं हुआ था; तथापि उनकी गाथा में लगभग साढ़े तीन सौ 'अभंग' अद्वैत-स्थिति के वर्णन में कहे गए हैं और इन सब अभंगों में "वासुदेवः सर्वम्" (गीता 7.19) का भाव प्रतिपादित किया गया है; अथवा

1. इस श्लोक के 'अभि' उपसर्ग पर जोर देकर शांडिल्य सूत्र में (सू. 15) यह दिखलाने का प्रयत्न किया गया है, कि भक्ति ज्ञान का साधन नहीं है; किंतु वह स्वतंत्र साध्य या निष्ठा है; परंतु यह अर्थ अन्य सांप्रदायिक अर्थों के समान आग्रह का है-सरल नहीं है।

बृहदारण्यकोपनिषद में जैसे याज्ञवल्क्य ने 'सर्वमात्मैवाभूत्' कहा है, वैसे ही अर्थ का प्रतिपादन स्वानुभव किया गया है। उदाहरण के लिए उनके एक अभंग का (तु. गा. 3627) आशय देखिए-

गुड़-सा मीठा है भगवान् बाहर-भीतर एक समान।
किसका ध्यान करूँ सविवेक? जलतरंग से हैं हम एक॥

इसके आरंभ का उल्लेख हमने पहले ही अध्यात्म-प्रकरण में किया है; और वहाँ यह दिखलाया है, कि उपनिषदों में वर्णित ब्रह्मात्मैक्य-ज्ञान से उसके अर्थ की किस तरह पूरी समता है। जब कि स्वयं तुकाराम महाराज अपने अनुभव से भक्तों की परमावस्था का वर्णन इस प्रकार कर रहे हैं, तब यदि कोई तार्किक यह कहने का साहस करे, कि "भक्तिमार्ग से अद्वैतज्ञान हो नहीं सकता" अथवा देवताओं का केवल अंधविश्वास करने से ही मोक्ष मिल जाता है, उसके लिए ज्ञान की कोई आवश्यकता नहीं, तो इसे आश्चर्य ही समझना चाहिए।

भक्ति-मार्ग और ज्ञान-मार्ग का अंतिम साध्य एक ही है; और "परमेश्वर के अनुभवात्मक ज्ञान से ही अंत में मोक्ष मिलता है, "यह सिद्धान्त दोनों मार्गों में एक-ही-सा बना रहता है। यही क्यों; बल्कि अध्यात्म-प्रकरण में और कर्मविषयक प्रकरण में पहले जो और सिद्धान्त बतलाए गए हैं, वे भी सब गीता के भक्ति-मार्ग में स्थिर रहते हैं। उदाहरणार्थ, भागवत धर्म में कुछ लोग इस प्रकार चतुर्व्यूहरूपी सृष्टि की उत्पत्ति बतलाया करते हैं, कि वासुदेवरूपी परमेश्वर से संकर्षण रूपी जीव उत्पन्न हुआ; और फिर संकर्षण से प्रद्युम्न अर्थात् मन तथा प्रद्युम्न से अनिरुद्ध अर्थात् अहंकार हुआ। दूसरे कुछ लोग तो इन चार व्यूहों में से तीन, दो या एक वासुदेव ही को मानते हैं-परंतु जीव की उत्पत्ति के विषय में ये मत सच नहीं हैं। उपनिषदों के आधार पर वेदान्त सूत्र में (वे. सू. 2.3.17; 2.2.42-45) निश्चय किया गया है, कि अध्यात्म दृष्टि से जीव सनातन परमेश्वर ही का सनातन अंश है। इसलिए भगवद्गीता में केवल भक्ति-मार्ग की उक्त चतुर्व्यूह संबंधी कल्पना छोड़ दी गई है; और जीव के विषय में वेदान्त-सूत्रकारों का उपयुक्त सिद्धान्त दिया गया है (गीता 2.24; 8.20; 13.22; 15.7)। इससे यही सिद्ध होता है, कि वासुदेव भक्ति और कर्मयोग ये दोनों तत्त्व गीता में यद्यपि भागवत धर्म से ही लिए गए हैं, तथापि क्षेत्र रूपी जीव और परमेश्वर के स्वरूप के विषय में अध्यात्म ज्ञान से भिन्न किन्हीं और ऊटपटाँग कल्पनाओं को गीता में स्थान नहीं दिया गया है। अब यद्यपि गीता में भक्ति और अध्यात्म अथवा श्रद्धा और ज्ञान का पूरा पूरा मेल रखने का प्रयत्न किया गया है, तथापि यह स्मरण रहे, कि जब अध्यात्मशास्त्र के सिद्धान्त भक्ति-मार्ग में लिए जाते हैं, तब उनमें कुछ-न-कुछ शब्द भेद अवश्य करना पड़ता है; और गीता में ऐसा भेद किया भी गया है। ज्ञान-मार्ग के और भक्ति-मार्ग के इस शब्द के भेद के कारण कुछ लोगों ने भूल से समझ लिया है, कि गीता में जो सिद्धान्त कभी भक्ति की दृष्टि से और कभी ज्ञान की दृष्टि से कहे गए हैं, उनमें परस्पर विरोध है; अतएव उतने भर के लिए गीता असंबद्ध है। परंतु हमारे मत से यह विरोध वस्तुतः सच नहीं है; और हमारे शास्त्रकारों ने अध्यात्म तथा भक्ति में जो मेल कर दिया है, उसकी ओर ध्यान न देने से ही ऐसे विरोध दिखाई दिया करते हैं। इसलिए यहाः इस विषय का कुछ अधिक स्पष्टीकरण कर देना चाहिए। अध्यात्मशास्त्र का सिद्धान्त है, कि पिंड और ब्रह्मांड में एक-ही-आत्मा नाम-रूप से आच्छादित है, इसलिए अध्यात्मशास्त्र की दृष्टि से हम लोग कहा करते हैं, कि "जो आत्मा मुझमें है, वही प्राणियों में भी है"-सर्वभूतस्थमात्मानं सर्वभूतानि चात्मनि" (गीता 6.29) अथवा "यह सब आत्मा ही है"-"इदं सर्वमात्मैव"। परंतु भक्ति-मार्ग में अव्यक्त परमेश्वर ही को

व्यक्त परमेश्वर का स्वरूप प्राप्त हो जाता है, अतएव अब उक्त सिद्धान्त के बदले गीता में यह वर्णन पाया जाता है, कि "यो मां पश्यति सर्वत्र सर्व च मयि पश्यति"-मैं (भगवान) सब प्राणियों में हूँ; और सब प्राणी मुझमें हैं (गीता 7.19); अथवा "येन भूतान्यशेषेण द्रक्ष्यस्यात्मन्यथो मयि"-ज्ञान हो जाने पर तू सब प्राणियों को मुझमें और स्वयं अपने में ही देखेगा (गीता 4.35)। इसी कारण से भागवत-पुराण में भी भगवद्‌गीता का यह लक्षण इस प्रकार कहा गया है-

सर्वभूतेषु यः पश्येदभगवद्भावमात्मनः।
भूतानि भगवत्यात्मन्येष भागवतोत्तमः॥

"जो अपने मन में यह भेदभाव नहीं रखता, कि मैं अलग हूँ; भगवान अलग हैं; और सब लोग भिन्न हैं; किंतु जो सब प्राणियों के विषय में यह भाव रखता है, कि भगवान् और मैं दोनों एक हूँ; और जो यह समझता है, कि सब प्राणी भगवान में और मुझमें भी हैं, वही सब भावतों में श्रेष्ठ हैं।"

(भाग. 11.2.45; 3.24.46) इससे दीख पड़ेगा, कि अध्यात्मशास्त्र के 'अव्यक्त परमात्मा' शब्दों के बदले 'व्यक्त परमेश्वर शब्दों का प्रयोग किया गया है-यही सब भेद हुआ है। अध्यात्मशास्त्र में यह बात युक्तिवाद से सिद्ध हो चुकी है, कि परमात्मा के अव्यक्त होने के कारण सारा जगत् आत्ममय है। परंतु भक्ति-मार्ग प्रत्यक्ष विश्वरूप-दर्शन से इस बात की साक्षात्प्रतीति करा दी है, कि सारा परमेश्वरमय जगत् (आत्ममय) है (गीता 10.11)। अध्यात्मशास्त्र में कहा गया है, कि कर्म का क्षय ज्ञान से होता है, परंतु भक्ति-मार्ग का यह तत्त्व है, कि सगुण परमेश्वर के सिवा इस जगत् में और कुछ नहीं है-वही ज्ञान है, वही कर्म है, वही ज्ञाता है, वही करनेवाला, करानेवाला और फल देनेवाला भी। अतएव संचित, प्रारब्ध, क्रियमाण इत्यादि कर्म भेदों की झंझट में न पड़, भक्ति मार्ग के अनुसार यह प्रतिपादन किया जाता है, कि कर्म करने की बुद्धि देने वाला, कर्म का फल देने वाला और कर्म का क्षय करने वाला एक परमेश्वर ही है। उदाहरणार्थ, तुकाराम महाराज (तु. गा. 490) एकान्त में ईश्वर की प्रार्थना करके स्पष्टता से पर प्रेमपूर्वक कहते हैं-

एक बात एकान्त में सुन लो, जगदाधार।
तारें मेरे कर्म तो प्रभु का क्या उपकार?॥

यही भाव अन्य शब्दों में दूसरे स्थान पर इस प्रकार व्यक्त किया गया है, कि "प्रारब्ध, क्रियमाण और संचित का झगड़ा भक्तों के लिए नहीं है। देखो; सब कुछ ईश्वर ही है, जो भीतर-बाहर सर्व व्याप्त है" (तु. गा. 1023)। भगवद्‌गीता ने यही कहा है, कि "ईश्वरः सर्वभूतानां हृद्देशेऽर्जुन तिष्ठति" (गीता. 18-61)-ईश्वर ही सब लोगों के हृदय में निवास करके उनसे यंत्र के समान सब कर्म करवाता है। कर्म-विपाक-प्रतिक्रिया में सिद्ध किया गया है, कि ज्ञान की प्राप्ति कर लेने के लिए आत्मा को पूरी स्वतंत्रता है; परंतु उसके बदले भक्ति-मार्ग में यह कहा जाता है, कि इस बुद्धि को देने वाला परमेश्वर ही है-"तस्य तस्याचलां श्रद्धां विद्धाम्यहम्" (गीता 7.21), अथवा"ददामि बुद्धियोगं तं येन मामुपयान्तिते" (गीता 10.10)। ऐसे बारह वर्णन किए गए हैं। इसी प्रकार संसार के सब कर्म परमेश्वर की ही सत्ता से हुआ करते हैं, इसलिए भक्ति-मार्ग में यह वर्णन पाया जाता है, कि वायु भी उसी के भय से चलती है; और सूर्य तथा चंद्र भी उसी की शक्ति से चलते हैं (कठ. 6.3; बृ. 3.8.9)। अधिक क्या कहा जाए; उसकी इच्छा के बिना पेड़ का एक पत्ता तक नहीं हिलता। यही कारण है, कि भक्तिमार्ग में यह कहते हैं, कि मनुष्य केवल निमित्त मात्र ही के लिए सामने रहता है (गीता 11. 33); और उसके सब व्यवहार परमेश्वर ही उसके हृदय में निवास कर उससे कराया

करता है। साधु तुकाराम (तु. गा. 2310.4) कहते हैं, कि "यह प्राणी केवल निमित्त ही के लिए स्वतंत्र हैं; 'मेरा मेरा' कहकर व्यर्थ ही यह अपना नाश कर लेता है।" इस जगत के व्यवहार और सुस्थिति को स्थिर रखने के लिए सभी लोगों को कर्म करना चाहिए। परंतु ईशावास्योपनिषद् का जो यह तत्त्व है-कि जिस प्रकार अज्ञानी लोक किसी कर्म को 'मेरा' कहकर किया करते हैं, वैसे न कर ज्ञानी पुरुष को ब्रह्मार्पणबुद्धि से सब कर्म मृत्यु पर्यंत करते रहना चाहिए, उक्त उपदेश का सारांश है। यही उपदेश भगवान ने अर्जुन को इस श्लोक में किया है-

यत्करोषि यदश्नासि यज्जुहोषि ददासि यत्।
यत्तपस्यासि कौन्तेय तत्कुरुष्व मदर्पणम्॥

अर्थात् "जो कुछ तू करेगा, खाएगा, हवन करेगा, देगा या तप करेगा, वह सब मुझे अर्पण कर" (गीता 9.27); इससे तुझे कर्म की बाधा नहीं होगी। भगवद्गीता का यही श्लोक शिवगीता में (i4.45) पाया जाता है; और भागवत के इस श्लोक में भी उसी अर्थ का वर्णन है-

कायेन वाचा मनसेंद्रियैर्वा वाऽनुसृतस्वभावात्।
करोति यद्यत्सकलं परस्मै नारायणायेति समर्पयेत्तत्॥

"काया, वाचा, मन, इंद्रिय, बुद्धि या आत्मा की प्रवृत्ति से अथवा स्वभाव के अनुसार जो कुछ हम किया करते हैं, वह सब परात्पर नारायण को समर्पण कर दिया जावे" (भाग. 11.2.36)। सारांश यह है, कि अध्यात्मशास्त्र में जिसे ज्ञान-कर्मसमुच्चय पक्ष, फलाशात्याग अथवा ब्रह्मार्पणपूर्वक कर्म कहते हैं (गीता 4.24; 5.10; 12.12), उसी को भक्ति-मार्ग में 'कृष्णार्पण पूर्वक कर्म' यह नया नाम मिल जाता है। भक्ति-मार्ग वाले भोजन के समय 'गोविंद गोविंद' कहा करते हैं; उसका रहस्य इस कृष्णार्पण-बुद्धि में ही है। ज्ञानी जनक ने कहा है, कि हमारे सब व्यवहार लोगों के उपयोग के लिए निष्काम-बुद्धि से हो रहे हैं; और भगवद् भक्त भी खाना, पीना इत्यादि अपना सब व्यवहार कृष्णार्पण-बुद्धि से ही किया करते हैं। उद्यापन, ब्राह्मण-भोजन अथवा अन्य इष्टापूर्त कर्म करने पर अंत में 'इदं कृष्णार्पणमस्तु' अथवा 'हरिर्दाता हरिर्भोक्ता' कहकर पानी छोड़ने की जो रीति है, उसका मूल तत्त्व भी भगवद्गीता के उक्त श्लोक में है। यह सच है, कि जिस प्रकार बालियों के न रहने पर भी कानों के छेद मात्र बाकी रह जाए, उसी प्रकार वर्तमान समय में उक्त संकल्प की दशा हो गई है, क्योंकि पुरोहित उस संकल्प के सच्चे अर्थ को न समझकर सिर्फ तोते की नाई उसे पढ़ा करता है; और यजमान बहिरे की नाई पानी छोड़ने की कवायत किया करता है। परंतु विचार करने से मालूम होता है, कि इसकी जड़ में कर्म-फलाशा को छोड़कर कर्म करने का तत्त्व है; और इसकी हँसी करने से शास्त्र में तो कुछ दोष नहीं आता; किंतु हँसी करनेवाले का अज्ञान ही प्रकट होता है। यदि सारी आयु के कर्म-यहाँ तक कि जिंदा रहने का भी कर्म-इस प्रकार कृष्णार्पण-बुद्धि से अथवा फलाशा का त्याग कर किए जावें, तो पाप वासना कैसे रह सकती है? और कुकर्म कैसे हो सकते हैं? फिर लोगों के उपयोग के लिए कर्म करो; संसार की भलाई के लिए आत्म समर्पण करो; इत्यादि उपदेश करने की आवश्यकता ही कहाँ रह जाती है? तब तो 'मैं' और 'लोग' इन दोनों का समावेश परमेश्वर में और परमेश्वर का समावेश इन दोनों में हो जाता है, इसलिए स्वार्थ और परार्थ दोनों ही कृष्णार्पण रूपी परमार्थ में डूब जाते हैं; और तुकाराम महाराज जैसे महात्माओं की यह उक्ति ही चरितार्थ होती है, कि "संतों की विभूतियाँ जगत के कल्याण के लिए ही हुआ करती हैं; वे लोग परोपकार के लिए अपने शरीर को कष्ट दिया करते हैं।" पिछले प्रकरण में युक्तिवाद से यह सिद्ध कर दिया गया

है, कि जो मनुष्य अपने सब काम कृष्णार्पण-बुद्धि से किया करता है, उसका 'योगक्षेम' प्रकार रुक नहीं सकता; और भक्ति-मार्ग वालों को तो स्वयं भगवान ने गीता में आश्वासन दिया है, कि "तेषां नित्याभियुक्तानां योगक्षेमं वहाम्यहम्" (गीता 9.22)। यह कहने की आवश्यकता नहीं, कि जिस प्रकार ऊँचे दर्जे के ज्ञानी पुरुष का कर्त्तव्य है, कि वह सामान्य जनों में बुद्धि भेद न करके उन्हें उन्नति के मार्ग में लगा देवे। सारांश, उक्त विवेचन से यह मालूम हो जाएगा, कि अध्यात्मशास्त्र में और कर्म-विपाक में जो सिद्धान्त कहे गए हैं, वे सब कुछ शब्द भेद से भक्ति-मार्ग में स्थिर रखे गए हैं; और ज्ञान तथा भक्ति में इस प्रकार मेल कर देने की पद्धति हमारे यहाँ बहुत प्राचीन समय से प्रचलित है।

परंतु जहाँ शब्द भेद से अर्थ के हो जाने का भय रहता है, वहाँ इस प्रकार से शब्द भेद भी नहीं किया जाता; क्योंकि अर्थ ही प्रधान बात है। उदाहरणार्थ, कर्मविपाक-प्रक्रिया का सिद्धान्त है, कि ज्ञान-प्राप्ति के लिए प्रत्येक मनुष्य स्वयं प्रयत्न करे; और अपना उद्धार आप ही कर ले। यदि इसमें शब्दों का कुछ भेद करके यह कहा जाए, कि यह काम भी परमेश्वर ही करता है; तो मूढ़ जन आलसी हो जावेंगे। इसलिए "आत्मैव ह्यात्मनो बंधुरात्मैव रिपुरात्मन:"-आप-ही अपना शत्रु और आप-ही अपना मित्र है (गीता 6.5)-यह तत्त्व भक्ति-मार्ग में भी प्राय: ज्यों-का-त्यों अर्थात् शब्द भेद न करके बतलाया जाता है। साधु तुकाराम के इस भाव का उल्लेख पहले हो चुका है, कि "इससे किसी का क्या नुकसान हुआ? अपनी बुराई अपने हाथों कर ली" (तु. गा. 4448)। इससे भी अधिक स्पष्ट शब्दों में उन्होंने कहा है, कि "ईश्वर के पास कुछ मोक्ष की गठरी नहीं धरी है, कि वह किसी के हाथ में दे दे। यहाँ तो इंद्रियों को जीतना और मन को निर्विषय करना ही मुख्य उपाय है (तु. गा. 4297)। 'क्या यह' उपनिषदों के इस मंत्र के-"मन एवं मनुष्याणां कारणं बंधमोक्षयो:" के-समान नहीं है, जो पहले दसवें प्रकरण में दिया जा चुका है। यह सच है, कि परमेश्वर ही इस जगत की सब घटनाओं का करनेवाला है। परंतु उस पर निर्दयता का और पक्षपात का करने का दोष न लगाया जावे; इसलिए कर्म-विपाक-प्रक्रिया में जो यह सिद्धान्त कह गया है, कि परमेश्वर प्रत्येक मनुष्य को उसके कर्मों के अनुसार फल दिया करता है। वह सिद्धान्त इसी कारण से, बिना किसी प्रकार का शब्द भेद किए ही भक्ति-मार्ग में ले लिया जाता है। इसी प्रकार यद्यपि उपासना के लिए ईश्वर को व्यक्त मानना पड़ता है, तथापि अध्यात्मशास्त्र का यह सिद्धान्त भी हमारे यहाँ के भक्ति-मार्ग में कभी छूट नहीं जाता, कि जो कुछ व्यक्त मानना पड़ता है, वह सब माया है और सत्य परमेश्वर उसके परे है। पहले कह चुके हैं, कि इसी कारण से गीता में वेदान्तसूत्र-प्रतिपादित जीव का स्वरूप ही स्थिर रखा गया है। मनुष्य के मन की प्रत्यक्ष की ओर अथवा व्यक्त की ओर झुकने की जो स्वाभाविक प्रवृत्ति हुआ करती है; उसमें और तत्त्वज्ञान के गहन सिद्धान्तों में मेल कर देने की वैदिक धर्म की यह रीति किसी भी अन्य देश के लोगों के भक्ति मार्ग में दीख नहीं पड़ती। जब लोग एक बार परमेश्वर की किसी सगुण विभूति का स्वीकार कर व्यक्त का सहारा लेते हैं, तब उसी में ऐसे आसक्त होकर फंस जाते हैं, कि उसके सिवा उन्हें और कुछ दीख ही नहीं पड़ता; और उनके मन में अपने-अपने सगुण प्रतीक के विषय में वृथाभिमान उत्पन्न हो जाता है। ऐसी अवस्था में लोग मिथ्या भेद करने का यत्न करने लगते हैं, कि तत्त्वज्ञान का मार्ग भिन्न है; और श्रद्धा का भक्ति-मार्ग भिन्न है।-परंतु हमारे देश में तत्त्वज्ञान का उदय बहुत प्राचीन काल में ही हो चुका था, इसलिए गीता धर्म में श्रद्धा और ज्ञान का कुछ भी विरोध नहीं है; बल्कि वैदिक ज्ञानमार्ग श्रद्धा से और वैदिक भक्ति-मार्ग ज्ञान से, पुनीत हो गया है, अतएव मनुष्य किसी भी मार्ग का

स्वीकार क्यों न करे; अंत में उसे एक ही-सी सद्गति प्राप्त होती है। इसमें कुछ आश्चर्य नहीं, कि अव्यक्त ज्ञान और व्यक्त भक्ति के मेल का यह महत्त्व केवल व्यक्त क्राइस्ट में ही लिपटे रहनेवाले धर्म के पंडितों के ध्यान में नहीं आ सका, और इसलिए उनकी एकदेशीय तथा तत्त्वज्ञान की दृष्टि से को तीखी नजर से गीता-धर्म में उन्हें विरोध दीख पड़ने लगा। परंतु आश्चर्य की बात तो यही है, कि वैदिक धर्म के उस गुण की प्रशंसा न कर हमारे देश के कुछ अनुकरण प्रेमी जन आजकल इसी गुण की निंदा करते देखे जाते हैं! माघ काव्य का (16.43) यह वचन इसी बात का एक अच्छा उदाहरण है, कि "अथ वाऽभिनिविष्टबुद्धिषु। व्रजति व्यर्थकतां सुभाषितम्।।"-खोटी समझ से जब एक बार मन ग्रस्त हो जाता है, तब मनुष्य को अच्छी बातें भी ठीक नहीं जँचती।

स्मार्त मार्ग में चतुर्थाश्रम जो महत्त्व है, वह भक्ति-मार्ग में अथवा भागवत धर्म में नहीं है। वर्णाश्रम-धर्म का वर्णन भागवत धर्म में भी किया जाता है; परंतु उस धर्म का सारा आधार भक्ति पर ही होता है, इसलिए जिसकी भक्ति उत्कट हो, वही सबसे श्रेष्ठ माना जाता है-फिर चाहे वह गृहस्थ हो, वानप्रस्थ या बैरागी हो; इसके विषय में भागवत धर्म में कुछ विधिनिषेध नहीं है (भा. 11.18.13, 14)। संन्यास आश्रम स्मार्त-धर्म का एक आवश्यक भाग है, भागवत धर्म का नहीं। परंतु ऐसा कोई नियम नहीं, कि भागवत धर्म के अनुयायी कभी विरक्त न हों; और गीता में ही कहा है कि संन्यास ओर कर्मयोग ये दोनों मोक्ष की ही दृष्टि से समान योग्यता के हैं। इसलिए यद्यपि चतुर्थाश्रम का स्वीकार न किया जावे, तथापि सांसारिक कर्मों को छोड़ बैरागी हो जाने वाले पुरुष भक्ति-मार्ग में भी पाए जा सकते हैं। यह बात पूर्व समय से ही कुछ कुछ चली आ रही है। परंतु उस समय इन लोगों को प्रभुता न थी; और ग्यारहवें प्रकरण में यह बात स्पष्ट रीति से बतला दी गई है, कि भगवद्गीता में कर्मत्याग की अपेक्षा कर्मयोग को अधिक महत्त्व दिया गया है। कालांतर से कर्मयोग का यह महत्त्व लुप्त हो गया; और वर्तमान समय में भागवत कर्मीय लोगों को भी यही समझ हो गई है, कि भगवद् भक्त वही है, कि जो सांसारिक कर्मों को छोड़, विरक्त होकर केवल भक्ति में ही निमग्न हो जावे। इसलिए यहाँ भक्ति की दृष्टि से फिर भी कुछ थोड़ा-सा विवेचन करना आवश्यक प्रतीत होता है, कि इस विषय में गीता का मुख्य सिद्धान्त और सच्चा उपदेश क्या है, भक्ति-मार्ग का अथवा भागवत धर्म का ब्रह्म स्वयं सगुण भगवान ही है! यदि ये ही भगवान् स्वयं सारे संसार के कर्ता-धर्ता हैं और साधुजनों की रक्षा करने तथा दुष्ट जनों को दंड देने के लिए समय समय पर अवतार लेकर इस जगत का धारण-पोषण किया करते हैं, तो यह कहने की आवश्यकता नहीं, कि भगवद् भक्तों को भी लोक संग्रह के लिए उन्हीं भगवान का अनुकरण करना चाहिए। हनुमान जी रामचंद्र के बड़े भक्त थे, परन्तु उन्होंने रावण आदि दुष्ट जनों का निर्दालन करने का काम कुछ छोड़ नहीं दिया था। भीष्मपितामह की गणना भी परम भगवद् भक्तों में की जाती है; परंतु यद्यपि वे स्वयं मृत्यु पर्यंत ब्रह्मचारी रहे, तथापि उन्होंने स्वधर्मानुसार स्वकीयों की और राज्य की रक्षा करने का काम अपने जीवन भर जारी रखा था। यह बात सच है, कि जब भक्ति के द्वारा परमेश्वर का ज्ञान प्राप्त हो गया हो, तब भक्त को स्वयं अपने हित के लिए कुछ खास कर लेना शेष नहीं रह जाता। परंतु प्रेममूलक भक्ति-मार्ग से दया, करुणा, कर्त्तव्य-प्रीति इत्यादि श्रेष्ठ मनोवृत्तियों का नाश नहीं हो सकता; बल्कि वे और भी अधिक शुद्ध हो जाती हैं। ऐसी दशा में यह प्रश्न ही नहीं उठ सकता, कि कर्म करें या न करें? वरन् भगवद् भक्त तो वही है, कि जिसके मन में ऐसा भेदभाव उत्पन्न हो जाए-

जिसका कोई न हो हृदय से उसे लगावे,
प्राणिमात्र के लिए प्रेम की ज्योति जगावे।
सब में विभु को व्याप्त जान सबको अपनावे,
है बस ऐसा वही भक्त की पदवी पावे।

ऐसी अवस्था में स्वभावत: उन लोगों की वृत्ति लोकसंग्रह के अनुकूल हो जाती है, जैसा कि ग्यारहवें प्रकरण में कह चुके हैं-"संतों की विभूतियाँ जगत के कल्याण ही के लिए हुआ करती हैं। वे लोक परोपकार के लिए अपने शरीर को कष्ट दिया करते हैं।" जब यह मान लिया, कि परमेश्वर ही इस सृष्टि को उत्पन्न करता है, और उसके सब व्यवहारों को भी किया करते हैं; तब यह अवश्य ही मानना पड़ेगा, कि उसी सृष्टि के व्यवहारों को सरलता से चलाने के लिए चातुर्वर्ण्य आदि जो व्यवस्थाएँ हैं, वे उसी की इच्छा से निर्मित हुई हैं। गीता में भी भगवान ने स्पष्ट रीति से यही कहा है, कि "चातुर्वर्ण्य मया सृष्टं गुणकर्म विभागश:" (गीता 4.13)। अर्थात् यह परमेश्वर ही की इच्छा है, कि प्रत्येक मनुष्य अपने अपने अधिकार के अनुसार समाज के इन कामों को लोक संग्रह के लिए करता रहे। इसी से आगे यह भी सिद्ध होता है, कि सृष्टि के जो व्यवहार परमेश्वर की इच्छा से चल रहे हैं, उनका एक-आध विशेष भाग किसी मनुष्य के द्वारा पूरा करने के लिए ही परमेश्वर उसको उत्पन्न किया करता है; और यदि परमेश्वर-द्वारा नियत किया गया उसका यह काम मनुष्य न करे, तो परमेश्वर ही की अवज्ञा करने का पाप उसे लगे। यदि तुम्हारे मन में यह अहंकार-बुद्धि जागृत होगी, कि ये काम मरे हैं अथवा मैं उन्हें अपने स्वार्थ के लिए करता हूँ, तो उन कर्मों के भले-बुरे फल तुम्हें अवश्य भोगने पड़ेंगे। परंतु यदि तुम इन्हीं कर्मों के केवल स्वधर्म जानकर परमेश्वरार्पण पूर्वक इस भाव से करोगे, कि "परमेश्वर के मन में जो कुछ करना है, उसके लिए मुझे निमित्त करके यह मुझसे काम करता है" (गीता 11.33); तो उसमें कुछ अनुचित या अयोग्य नहीं। बल्कि गीता का यह कथन है, कि इस स्वधर्माचरण से ही सर्वभूतान्तर्गत परमेश्वर की सात्त्विक भक्ति हो जाती है। भगवान ने अपने सब उपदेशों का तात्पर्य गीता के अंतिम अध्याय में उपसंहार रूप से अर्जुन को इस प्रकार बतलाया है, कि "सब प्राणियों के हृदय में निवास करके परमेश्वर ही उन्हें यंत्र के समान नचाता है; इसलिए ये दोनों भावनाएँ मिथ्या हैं, कि मैं अमुक कर्म को छोड़ता हूँ या अमुक कर्म को करता हूँ। फलाशा को छोड़ सब कर्म कृष्णार्पण-बुद्धि से करते रहो। यदि तू ऐसा निग्रह करेगा, कि मैं इन कर्मों को नहीं करता; तो भी प्रकृति धर्म के अनुसार तुझे इन कर्मों को करना ही होगा। अतएव परमेश्वर में अपने सब स्वार्थों का लय करके स्वधर्मानुसार प्राप्त व्यवहार को परमार्थ-बुद्धि से और वैराग्य से लोकसंग्रह के लिए तुझे अवश्य करना ही चाहिए; मैं भी यही करता हूँ; मेरे उदाहरण को देख और उसके अनुसार बर्ताव कर।" जैसे ज्ञान का और निष्काम कर्म का विरोध नहीं, वैसे ही भक्ति में कृष्णार्पण-बुद्धि से किए गए कर्मों में भी विरोध उत्पन्न नहीं होता। महाराष्ट्र के प्रसिद्ध भगवद्भक्त तुकाराम महाराज भी भक्ति के द्वारा परमेश्वर के "अणोरणीयान् महतो महीयान्" (कठ. 2.20; गीता 8.9)-परमाणु से भी छोटा और बड़े से भी बड़ा-ऐसे स्वरूप के साथ अपने तादात्म्य का वर्णन करके कहते हैं, कि "अब मैं केवल परोपकार ही के लिए बचा हूँ।" उन्होंने संन्यास मार्ग के अनुयायियों के समान यह नहीं कहा, कि अब मेरा कुछ भी काम शेष नहीं है (तु. गा. 3587)। बल्कि वे कहते हैं, कि "भिक्षापात्र का अवलंबन करना लज्जास्पद जीवन है, वह नष्ट हो जावे। नारायण ऐसे मनुष्य की सर्वथा उपेक्षा ही करता है।" (तु. गा. 2595)। अथवा "सत्यवादी मनुष्य संसार के सब काम करता है; परंतु जल में कमलपत्र के समान उनसे अलिप्त

रहता है। जो उपकार करता है और प्राणियों पर दया करता है, उसी में आत्म स्थिति का निवास जानो" (तु. गा. 3780.2, 3) इन वचनों से साधु तुकाराम का इस विषय में स्पष्ट अभिप्राय व्यक्त हो जाता है। यद्यपि तुकाराम महाराज संसारी थे, तथापि उनके मन का झुकाव कुछ कर्मत्यागी ही की ओर था। परंतु प्रवृत्ति प्रधान भागवत धर्म का लक्षण अथवा गीता का सिद्धान्त यह है, कि उत्कट भक्ति के साथ साथ मृत्यु पर्यंत ईश्वरर्पण पूर्वक निष्काम कर्म करते ही रहना चाहिए; और यदि कोई इस सिद्धान्त का पूरा पूरा स्पष्टीकरण देखना चाहे, तो उसे श्रीसमर्थ रामदास स्वामी के दासबोध ग्रंथ को ध्यानपूर्वक पढ़ना चाहिए, (स्मरण रहे, कि साधु तुकाराम ने ही शिवायी महाराज को जिन 'सद्गुरु की शरण' में जाने को कहा था, उन्हीं का यह प्रासादिक ग्रंथ है)। रामदास स्वामी ने अनेक बार कहा है, कि भक्ति के द्वारा अथवा परमेश्वर के शुद्धस्वरूप को पहचान कर जो सिद्ध-पुरुष कृतकृत्य हो चुके हैं, वे "सब लोगों को 'सयाना' बनाने के लिए" (दास. 19.10.14) जिस प्रकार निःस्पृहता से अपना काम यथाधिकार किया करते हैं, उसे देखकर साधारण लोक भी अपना अपना व्यवहार करना सीखें; क्योंकि "बिना किए कुछ भी नहीं होता" (दास. 19.10.25; 12.9.6; 18.7.3); और अंतिम दशक में (दास. 20.4.26) उन्होंने कर्म की सामर्थ्य का भक्ति की तारक शक्ति के साथ पूरा पूरा मेल इस प्रकार कर दिया है-

हलचल में सामर्थ्य है। जो करेगा वही पावेगा॥
परंतु उसमें भगवान का। अधिष्ठान चाहिए॥

गीता के आठवें अध्याय में अर्जुन को जो उपदेश किया गया है, कि "माननुस्मर युद्ध च" (गीता 8.7)-नित्य मेरा स्मरण कर; और युद्ध कर-उसका तात्पर्य, और छठे अध्याय के अंत में जो कहा है, कि "कर्मयोगियों में भक्तिमान श्रेष्ठ है"; (गीता 6. 47) उसका भी तात्पर्य वही है, कि जो रामदास स्वामी के उक्त वचन में है। गीता के अध्याय में भी भगवान ने यही कहा है-

यतः प्रवृत्तिर्भूतानां येन सर्वमिदं ततम्॥
स्वकर्मणा तपभ्यर्च्य सिद्धिं विन्दति मानवः॥

"जिसने इस सारे जगत् को उत्पन्न किया है, उसकी अपने स्वधर्मानुसार निष्काम कर्माचरण से (न केवल वाचा से अथवा पुष्पों से) पूजा करके मनुष्य सिद्धि पाता है" (गीता 18.46)। अधिक क्या कहें, इस श्लोक का और समस्त गीता का भी भावार्थ यही है, कि स्वधर्मानुरूप निष्काम कर्म करने से सर्वभूतान्तर्गत विराट रूपी परमेश्वर की एक प्रकार की भक्ति, पूजा या उपासना ही हो जाती है। ऐसा कहने से कि "अपने धर्मानुरूप कर्मों से परमेश्वर की पूजा करो", यह नहीं समझना चाहिए, कि "श्रवणं कीर्तनं विष्णोः" इत्यादि नवविधा भक्ति गीता को मान्य नहीं। परंतु गीता का कथन है, कि कर्मों को गौण समझकर उन्हें छोड़ देना और इस नवविधा भक्ति में ही बिलकुल निमग्न हो जाना उचित नहीं है, शास्त्रतः प्राप्त अपने सब कर्मों को यथोचित रीति से अवश्य करना ही चाहिए। परंतु उन्हें, "स्वयं अपने लिए" समझकर नहीं, किंतु परमेश्वर का स्मरण कर इस निर्मम बुद्धि से करना चाहिए, कि "ईश्वरानिर्मित सृष्टि के संग्रहार्थ उसी केये सब कर्म हैं।" ऐसा करने से कर्म का लोप नहीं होगा; उलटे उन कर्मों से ही परमेश्वर की सेवा, भक्ति या उपासना हो जाएगी, और उन कर्मों के पाप-पुण्य के भागी हम न होकर अंत में पूर्ण सद्गति भी मिल जाएगी। गीता के उस सिद्धान्त पर ध्यान न देकर गीता के भक्ति-प्रधान टीकाकारों का यह तात्पर्यार्थ भी एक-पक्षीय है। गीता-प्रतिपादित भक्ति-मार्ग कर्म-प्रधान है और उसका मुख्य तत्त्व यह है, कि परमेश्वर की पूजा न केवल पुष्पों से या वाचा से ही होती है; किंतु वह स्वधर्मोक्त निष्काम कर्मों

से भी होती है; और ऐसी पूजा प्रत्येक मनुष्य को अवश्य करनी चाहिए। जब कि कर्ममय भक्ति का यह तत्त्व गीता के समान अन्य किसी भी स्थान में प्रतिपादित नहीं हुआ है, तब इसी तत्त्व को गीता प्रतिपादित भक्ति-मार्ग का विशेष लक्षण कहना चाहिए।

इस प्रकार कर्मयोग की दृष्टि से ज्ञान-मार्ग और भक्ति-मार्ग का पूरा पूरा मेल यद्यपि हो गया, तथापि ज्ञान-मार्ग में जो एक महत्त्व की विशेषता है, उसका भी अब अंत में स्पष्ट रीति से वर्णन हो जाना चाहिए। यह तो पहले ही कह चुके हैं, कि ज्ञान-मार्ग केवल बुद्धिगम्य होने के कारण अल्प बुद्धि वाले सामान्य जनों के लिए क्लेशमय है; और भक्ति-मार्ग के श्रद्धामूलक, प्रेमगम्य तथा प्रत्यक्ष होने के कारण उसका आचरण करना सब लोगों के लिए सुगम है। परंतु क्लेश के सिवा ज्ञान-मार्ग में एक और भी अड़चन है। जैमिनी की मीमांसा या उपनिषद और वेदान्त-सूत्रों को देखें, तो मालूम होता, कि उनमें श्रौत-यज्ञयाग आदि की अथवा कर्म-संन्यासपूर्वक 'नेति-नेति' स्वरूपी परब्रह्म की ही चर्चा भरी पड़ी है; और अंत में यही वर्णन किया है, कि स्वर्ग प्राप्ति के लिए साधनभूत होने वाले श्रौत यज्ञ-यागादक कर्म करने का अथवा मोक्ष प्राप्ति के लिए आवश्यक उपनिषदादि वेदाध्ययन करने का अधिकार भी पहले तीन वर्णों के पुरुषों को है (वे. सू. 1.3.34-38)। इन ग्रंथों में इस बात का विचार नहीं किया गया है, कि उक्त तीन वर्णों का, स्त्रियों को अथवा चातुर्वर्ण्य के अनुसार सारे समाज के हित के लिए खेती या अन्य व्यवसाय करने वाले साधारण स्त्री-पुरुषों को मोक्ष कैसे मिले। अच्छा; स्त्री-शूद्रादिकों के साथ वेदों की ऐसी अनबन होने से यदि यह कहा जाए, कि उन्हें मुक्ति कभी मिल ही नहीं सकती; तो उपनिषदों और पुराणों में ही ऐसे वर्णन पाए जाते हैं, कि गार्गी प्रभृति स्त्रियों को और विदूर प्रभुति को ज्ञान की प्राप्ति होकर सिद्धि मिल गई थी (वे. सू. 3.4.36-39)। ऐसी दशा में यह सिद्धान्त नहीं किया जा सकता, कि सिर्फ पहले तीन वर्णों के पुरुषों ही को मुक्ति मिलती है; और यदि यह मान लिया जावे, कि स्त्री-शूद्र आदि सभी लोगों को मुक्ति मिलती है; तो अब बतलाना चाहिए, कि उन्हें किस साधन से ज्ञान की प्राप्ति होगी। बादरायणाचार्य कहते हैं, कि 'विशेषानुग्रहश्च' (वे. सू. 3.4.38) अर्थात् परमेश्वर का विशेष अनुग्रह ही उनके लिए एक साधन है; और भागवत में (भाग. 1.4.25) कहा है, कि धर्म-प्रधान भक्ति-मार्ग के रूप में इसी विशेषानुग्रहात्मक साधन का "महाभारत में और अतएव गीता में भी निरूपण किया गया है, क्योंकि स्त्रियों, शूद्रों या (कलियुग के) नामधारी ब्राह्मणों के कानों तक श्रुति की आवाज नहीं पहुँचती है।" इस मार्ग से प्राप्त होनेवाला ज्ञान और उपनिषदों का ब्रह्मज्ञान-दोनों यद्यपि एक ही से हों, तथापि अब स्त्री-पुरुष संबंधी या ब्राह्मण-क्षत्रिय-वैश्य-शूद्र संबंधी कोई भेद शेष नहीं रहता; और इस मार्ग के विशेष गुण के बारे में गीता कहती है, कि-

मां हि पार्थ व्यपाश्रित्य येऽपि स्युः पापयोनयः॥
स्त्रियो वैश्यास्तथा शूद्रास्तेऽपि यान्ति परां गतिम्॥

हे पार्थ! स्त्री, वैश्य और शूद्र या आदि जो पाप-योनियों में उत्पन्न हुए हैं, मेरा आश्रय करके वे भी सब उत्तम गति पा जाते हैं" (गीता 9.32)। यही श्लोक महाभारत के अनुगीता पर्व में भी आया है (मभा. अश्व. 19.61); और ऐसी कथाएँ भी हैं, कि वनपर्वान्तर्गत ब्राह्मण-व्याध-संवाद में मांस बेचने वाले व्याध ने किसी ब्राह्मण को, तथा शांतिपर्व में तुलाधार ने अर्थात् बनिए ने जाजलि नामक तपस्वी ब्राह्मण को, यह निरूपण सुनाया है, कि स्वधर्म के अनुसार निष्काम बुद्धि से आचरण करने ही से मोक्ष कैसे मिल जाता है (मभा. वन. 206-214; शां. 260-263) इससे प्रकट होता है, कि जिसकी बुद्धि सम हो जावे, वही श्रेष्ठ है, फिर चाहे वह सुनार हो, बढ़ई हो, बनिया हो या कसाई!

किसी मनुष्य की योग्यता उसके धंधे पर, व्यवसाय पर या जाति पर, अवलंबित नहीं, किंतु सर्वथा उसके अंत:करण की शुद्धता पर अवलंबित होती है; और यही भगवान का भी अभिप्राय है। इस प्रकार किसी समाज के सब लोगों के लिए मोक्ष के दरवाजे खुल जाने से, उस समाज में जो एक प्रकार की विलक्षण जागृति उत्पन्न होती है, उसका स्वरूप महाराष्ट्र भागवत धर्म के इतिहास से भली भाँति दीख पड़ता है। परमेश्वर को क्या स्त्री, क्या चांडाल, क्या ब्राह्मण-सभी समान हैं; "देव भाव का भूखा है"-न प्रतिक का, न काले-गोरे वर्ण का; और न स्त्री-पुरुष आदि या ब्राह्मा-चांडाल आदि भेदों का भी। साधु तुकाराम का इस विषय का अभिप्राय, इस हिंदी पद से प्रकट हो जाएगा।

क्या द्विजति क्याा शूद्र ईश को वेश्या भी भज सकती है,
श्वपचों के भी भक्ति भाव से शुचिता कब तज करती है।
अनुभव से कहता हूँ, मैंने उसे कर लिया है बस में,
जो चाहे सो पिए प्रेम से अमृत भरा है इस रास में

अधिक क्या कहें? गीताशास्त्र का भी यही सिद्धान्त है, कि "मनुष्य कितना भी दुराचारी क्यों न हो; परंतु यदि अंतकाल में यह अनन्य भाव से भगवान की शरण में जावे तो परमेश्वर उसे नहीं भूलता" (गीता 9.30; 8.5-8)। उक्त पद्य में 'वेश्या' शब्द को (जो साधु तुकाराम महाराज के मूल वचन के आधार से रखा गया है) देखकर, पवित्रता का ढोंग करने वाले बहुतेरे विद्वानों को कदाचित् बुरा लगे। परंतु सच बात तो यह है, कि ऐसे लोगों को सच्चा धर्म-तत्त्व मालूम ही नहीं है। न केवल हिंदू धर्म में, किंतु बौद्ध धर्म में भी यही सिद्धान्त स्वीकार किया गया है (मिलिंदप्रश्न 3.7.2); और उनके धर्म-ग्रंथों में ऐसी कथाएँ हैं, कि बुद्ध ने आम्रपाली नामक किसी वेश्या को और अंगुलीमाल नाम के चोर को दीक्षा दी थी। ईसाइयों के धर्म ग्रंथ में यह वर्णन है, कि ईसा के साथ जो दो चोर सूली पर चढ़ाए गए थे उनमें से एक चोर मृत्यु के समय ईसा की शरण में गया; और ईसा ने उसे सद्गति दी (ल्यूक. 23.42.43)। स्वयं ईसा ने भी एक स्थान में कहा है, कि हमारे धेर्म में श्रद्धा रखने वाली वेश्याएँ भी मुक्त हो जाती हैं (मेथ्यु. 21.32; ल्यूक 7.50)। यह बात दसवें प्रकरण में हम बतला चुके हैं, कि अध्यात्मशास्त्र की दृष्टि से भी यही सिद्धान्त निष्पन्न होता है। परंतु यह धर्म-तत्त्व शास्त्रत: यद्यपि निर्विवाद है; तथापि जिसका सारा जन्म दुराचरण में व्यतीत हुआ है, उसके अंत:करण में केवल मृत्यु के समय ही अनन्य भाव से भगवान की शरण में जाने की बुद्धि कैसे जागृत रह सकती है? ऐसी अवस्था में अंत:काल की वेदनाओं को सहते हुए केवल यंत्र के समान एक बार 'रा' कहकर और कुछ देर से 'म' कहकर, मुँह खोलने और बंद करने के परिश्रम के सिवा कुछ अधिक लाभ नहीं होता। इसलिए भगवान ने सब लोगों से निश्चित रीति से कहा है, कि "न केवल मृत्यु के समय ही किंतु सारे जीवन भर सदैव मेरा स्मरण मन में रनहे दो; और स्वधर्म के अनुसार अपने सब व्यवहारों को परमेश्वरार्पण बुद्धि से करते रहो, फिर चाहे तुम किसी भी जाति के रहो, तो भी तुम कर्मों को करते हुए भी मुक्त हो जाओगे" (गीता 9.26-28, 30-34)।

इस प्रकार उपनिषदों का ब्रह्मात्मैक्य ज्ञान आबालवृद्ध सभी लोगों के लिए सुलभ तो कर दिया गया है; परंतु ऐसा करते समय न तो व्यवहार का लोप होने दिया है; और न वर्ण, आश्रम, जाति-पाति अथवा स्त्री-पुरुष आदि का कोई भी भेद रखा गया है। जब हम गीता-प्रतिपादित भक्ति-मार्ग की इस शक्ति अथवा समता की ओर ध्यान देते हैं, तब गीता के अंतिम अध्याय में भगवान ने प्रतिज्ञा पूर्वक गीताशास्त्र का जो उपसंहार किया है, उसका मर्म प्रकट हो जाता है। वह ऐसा है-"सब धर्म छोड़कर मेरे अकेले की शरण में आ जा; मैं तुझे सब पापों से मुक्त करूँगा, घबराना नहीं।" यहाँ पर धर्म

शब्द का उपयोग इसी व्यापक अर्थ में किया गया है, कि सब व्यवहारों को करते हुए भी पाप-पुण्य से अलिप्त रहकर परमेश्वर-रूपी प्राप्ति या आत्मश्रेय जिस मार्ग प्रत्यक्ष उपाय के द्वारा संपादन किया जा सकता है, वही धर्म है। अनुगीता के गुरु शिष्य-संवाद में ऋषियों ने ब्रह्मा से यह प्रश्न किया (अश्व. 49), कि अहिंसा धर्म, सत्य धर्म, व्रत तथा उपवास, यज्ञ याग, दान, कर्म, संन्यास आदि जो अनेक प्रकार के मुक्ति के साधन अनेक लोग बतलाते हैं, उनमें से सच्चा साधन कौन है? शांतिपर्व के (मभा. शां. 354) उंच्छवृत्ति उपाख्य में भी यह प्रश्न है, कि गार्हस्थ्य धर्म, वानप्रस्थ धर्म, राज धर्म, मातृ-पितृ सेवा धर्म, क्षत्रियों का रणांगण में मरण, ब्राह्मणों का स्वाध्याय इत्यादि जो अनेक धर्म या स्वर्ग-प्राप्ति के साधन शास्त्रों में बतलाए हैं, उनमें से ग्राह्य धर्म कौन हैं? ये भिन्न धर्म-मार्ग या धर्म दिखने में तो परस्पर विरुद्ध मालूम होते हैं, परंतु शास्त्रकार इन सब प्रत्यक्ष मार्गों की अथवा प्रतीक-उपासना की झंझट में फँसने से मन घबरा जा सकता है, इसलिए अकेले अर्जुन को ही नहीं; किंतु उसे निमित्त करके सब लोगों को भगवान् इस प्रकार निश्चित आश्वासन देते हैं, कि चित्त-शुद्धि के इन अनेक धर्म-मार्गों को छोड़कर "तू केवल मेरी शरण में आ; मैं तुझे समस्त पापों से मुक्त कर दूँगा; डर मत।" साधु तुकाराम भी इसी प्रकार सब धर्मों का निरसन करके अंत में भगवान से यही माँगते हैं, कि-

चतुराई चेतना सभी चुल्हे में जावें,
बस मेरा मन एक ईश-चरणाश्रय पावे।
आग लगे आचार-विचारों के उपचय में,
उस विभु का विश्वास सदा दृढ़ रहे हृदय में॥

निश्चयपूर्वक उपदेश की या प्रार्थना की अंतिम सीमा हो चुकी।

श्रीमद्भगवद्गीता रूपी सोने की थाली का यह भक्ति रूपी अंतिम कौर है, यही प्रेमग्रास है। इसे पा चुके, अब आगे चलिए।

❑❑❑

चौदहवाँ प्रकरण

गीताध्याय-संगति

प्रवृत्तिलक्षणं धर्मं ऋषिर्नारायणोऽब्रवीत्।[1]

– महाभारत, शांति. 217.2

अब तक किए गए विवेचन से दीख पड़ेगा, कि भगवद्गीता में अर्थात् भगवान के द्वारा गाए गए उपनिषदों में यह प्रतिपादन किया गया है, कि कर्मों को करते हुए ही अध्यात्म विचार से या भक्ति से सर्वात्मैक्य रूप साम्य-बुद्धि पूर्णतया प्राप्त कर लेना; और उसे प्राप्त कर लेने पर भी संन्यास लेने की झंझट में न पड़ संसार में शास्त्रत: प्राप्त सब कर्मों को केवल अपना कर्त्तव्य समझकर करते रहना ही, इस संसार में मनुष्य का परम पुरुषार्थ अथवा जीवन व्यतीत करने का उत्तम मार्ग है। परंतु जिस क्रम से हमने इस ग्रंथ में उक्त अर्थ का वर्णन किया है, उसकी उपेक्षा गीता ग्रंथ का क्रम भिन्न है, इसलिए अब यह भी देखना चाहिए, कि भगवद्गीता में इस विषय का वर्णन किस प्रकार किया गया है। किसी भी विषय का निरूपण दोनों रीतियों से किया जाता है: एक शास्त्रीय और दूसरी पौराणिक। शास्त्रीय पद्धति वह है, कि जिसके द्वारा तर्कशास्त्रानुसार साधक बाधक प्रमाणों को क्रम सहित उपस्थित करके यह दिखला दिया जाता है, कि सब लोगों की समझ में सहज ही आ सकनेवाली बातों से किसी प्रतिपाद्य विषय के मूल तत्त्व किस प्रकार निष्पन्न होते हैं। भूमितिशास्त्र इस पद्धति का एक अच्छा उदाहरण है; और न्यायसूत्र या वेदान्त-सूत्र का उपपादन भी उसी वर्ग का है। इसीलिए भगवद्गीता में जहाँ ब्रह्मसूत्र यानी वेदान्त-सूत्रों का उल्लेख किया है, वहाँ यह भी वर्णन है, कि उसका विषय हेतु युक्त और निश्चयात्मक प्रमाणों से सिद्ध किया गया है-"ब्रह्मसूत्रपदैश्चैव हेतुमद्भिर्विनिश्चितै:" (गीता 13.4) परंतु भगवद्गीता निरूपण सशास्त्र भले ही हो; तथापि वह इस शास्त्रीय पद्धति से नहीं किया गया है। भगवद्गीता में जो विषय है, उसका वर्णन अर्जुन और श्रीकृष्ण के संवाद रूप में अत्यंत मनोरंजक और सुलभ रीति से किया गया है। इसीलिए प्रत्येक अध्याय के अंत में "भगवद्गीता सूपनिष-सु ब्रह्मविद्यायां योगशास्त्रे" कहकर आगे गीता निरूपण के स्वरूप के द्योतक 'श्रीकृष्णार्जुनसंवादे' इन शब्दों का उपयोग किया गया है। इस निरूपण में और 'शास्त्रीय' निरूपण में जो भेद है, उसको स्पष्टता से बतलाने के लिए हमने संवादात्मक निरूपण को ही 'पौराणिक' नाम दिया है। सात सौ श्लोकों के इस संवादात्मक अथवा पौराणिक निरूपण में 'धर्म'

1. "नारायण ऋषि ने धर्म को प्रवृत्ति प्रधान बतलाया है"; नर और नारायण नामक ऋषियों में से ये नारायण ऋषि हैं। पहले बतला चुके हैं, कि इन्हीं दोनों के अवतार श्रीकृष्ण और अर्जुन थे; इसी प्रकार महाभारत का वह वचन भी पहले उद्धृत किया गया है; जिससे यह मालूम होता है, कि गीता में नारायणीय प्रतिपादन किया गया है।

जैसे व्यापक शब्दों में शामिल होने वाले सभी विषयों का विस्तारपूर्वक विवेचन कभी हो ही नहीं सकता। परंतु आश्चर्य की बात है, कि गीता में जो अनेक विषय उपलब्ध होते हैं, उनका ही संग्रह (संक्षेप में ही क्यों न हो) अविरोध से कैसे किया जा सका! इस बात से गीताकार की अलौकिक शक्ति व्यक्त होती है; और अनुगीता के आरंभ में जो यह कहा गया है, कि गीता का उपेदश "अत्यंत योगमुक्त चित्त से" बतलाया गया है उसकी सत्यता की प्रतीति भी हो जाती है। अर्जुन को जो विषय पहले से ही मालूम थे, उन्हें फिर से विस्तारपूर्वक कहने की कोई आवश्यकता नहीं थी। उसका मुख्य प्रश्न तो यही था, कि मैं लड़ाई का घोर कृत्य करूँ या न करूँ? और करूँ भी तो किस प्रकार करूँ? जब श्रीकृष्ण अपने उत्तर में एकाध युक्ति बतलाते थे, तब अर्जुन उस पर कुछ-न-कुछ आक्षेप किया करता था। इस प्रकार के प्रश्नोत्तर रूपी संवाद में गीता का विवेचन स्वभाव ही से कहीं संक्षिप्त और कहीं द्विरक्त हो गया है। उदाहरणार्थ, त्रिगुणात्मक प्रकृति के फैलाव का वर्णन कुछ थोड़े भेद से दो जगह है। (गीता अ. 7. 14); और स्थितप्रज्ञ, भगवद्भक्त, त्रिगुणातीत तथा ब्रह्मभूत इत्यादि की स्थिति का वर्णन एक-सा होने पर भी, भिन्न-भिन्न दृष्टियों से प्रत्येक प्रसंग पर बार-बार किया गया है। इसके विपरीत "यदि अर्थ और काम धर्म से विभक्त न हों, तो वे ग्राह्य हैं"-इस तत्त्व का दिग्दर्शन गीता में केवल "धर्माविरुद्धः कामोऽस्मि" (गीता 7.11) इसी एक वाक्य में कर दिया गया है। इसका परिणाम यह होता है, कि यद्यपि गीता में सब विषयों का समोवश किया गया है, तथापि गीता पढ़ते समय उन लोगों के मन उलझन में पड़ जाते हैं; जो श्रौत धर्म, स्मार्त धर्म, भागवत धर्म, सांख्य शास्त्र, पूर्व मीमांसा, वेदान्त, कर्म-विपाक इत्यादि के इन प्राचीन सिद्धान्तों की परंपरा से परिचित नहीं हैं, कि जिनके आधार पर गीता के ज्ञान का निरूपण किया गया है और जब गीता के प्रतिपादन की पद्धति ठीक-ठीक ध्यान में नहीं आती, तब वे लोग कहने लगते हैं, कि गीता मानों बजीगर की झोली है; अथवा शास्त्रीय पद्धति के प्रचार के पूर्व गीता की रचना हुई होगी; इसलिए उसमें स्थान-स्थान पर अधूरापन और विरोध दीख पड़ता है, अथवा गीता का ज्ञान ही हमारी बुद्धि के लिए अगम्य है! इस संशय को हटाने के लिए यदि टीकाओं का अवलोकन न किया जाए, तो उनसे भी कुछ लाभ नहीं होता, क्योंकि वे बहुधा भिन्न-भिन्न सांप्रदायानुसार बनी है! इसलिए टीकाकारों के मतों के परस्पर-विरोधों की एकवाक्यता करना असंभव-सा हो जाता है; और पढ़ने वाले का मन अधिकाधिक घबराने लगता है। इस प्रकार के भ्रम में पड़े हुए कई सुप्रबुद्ध पाठकों को हमने देखा है। इस अड़चन को हटाने के लिए हमने अपनी बुद्धि के अनुसार गीता के प्रतिपाद्य विषयों का शास्त्रीय क्रम बाँधकर अब तक विवेचन किया है। अब यहाँ इतना और बतला देना चाहिए, कि ये ही विषय श्रीकृष्ण और अर्जुन के संभाषण में, अर्जुन के प्रश्नों या शंकाओं के अनुरोध से, कुछ न्यूनाधिक होकर कैसे उपस्थित हुए हैं। इससे यह विवेचन पूरा हो जाएगा; और अगले प्रकरण में सुगमता से सब विषयों का उपसंहार कर दिया जाएगा।

पाठकों को प्रथम इस ओर ध्यान देना चाहिए, कि जब हमारा हिंदुस्तान देश ज्ञान, वैभव, यश और स्वराज्य के सुख का अनुभव ले रहा था, उस समय एक सर्वज्ञ, महा पराक्रमी, यशस्वी और परमपूज्य क्षत्रिय ने दूसरे क्षत्रिय को, जो महान धनुर्धारी था, क्षात्र धर्म के स्वकार्य में प्रवृत्त करने के लिए गीता का उपेदश किया है। जैन और बौद्ध धर्मों के प्रवर्तक महावीर और गौतम बुद्ध भी क्षत्रिय ही थे। परंतु इन दोनों ने वैदिक धर्म के केवल संन्यास-मार्ग को अंगीकार कर क्षत्रिय आदि सब वर्णों के लिए संन्यास-धर्म का दरवाजा खोल दिया था; परंतु भगवान श्रीकृष्ण ने ऐसा नहीं किया, क्योंकि भागवत्-धर्म

का यह उपदेश है, कि न केवल क्षत्रियों को परंतु ब्राह्मणों को भी निवृत्ति-मार्ग की शांति के साथ-साथ निष्काम-बुद्धि से सब कर्म आमरणान्त करते रहने का प्रयत्न करना चाहिए। किसी भी प्रकार का उपदेश करने के लिए किसी-न-किसी कारण की आवश्यकता होती है; और उस उपदेश की सफलता के लिए शिष्य के मन में उस उपदेश का ज्ञान प्राप्त कर लेने की इच्छा भी प्रथम ही से जागृत रहनी चाहिए। अतएव इन दोनों बातों का स्पष्टीकरण करने के लिए ही व्यास जी ने, गीता के पहले अध्याय में, इस बात का विस्तारपूर्वक वर्णन कर दिया है, कि श्रीकृष्ण ने अर्जुन को यह उपदेश क्यों दिया है। कौरव-पांडवों की सेनाएँ युद्ध के लिए तैयार होकर कुरुक्षेत्र पर खड़ी हैं; थोड़ी ही देर में लड़ाई छिड़ने वाली ही थी, कि इतने में अर्जुन के कहने से श्रीकृष्ण ने उसका रथ दोनों सेनाओं के बीच में ले जाकर खड़ा कर दिया; और अर्जुन ने कहा, कि "तुझे जिनसे युद्ध करना है, उन भीष्म, द्रोण आदि को देखे।" तब अर्जुन ने दोनों सेनाओं की ओर दृष्टि पहुँचाई और देखा, कि अपने ही बाप-दादा, काका, आजा, मामा, बंधु, पुत्र, नाती, स्नेही, आप्त, गुरु, गुरुबंधु आदि दोनों सेनाओं में खड़े हैं; और इस युद्ध में सब लोगों का नाश होने वाला है! लड़ाई एकाएक उपस्थित नहीं हुई थी; लड़ाई करने का निश्चय पहले ही हो चुका था; और बहुत दिनों से दोनों ओर की सेनाओं का प्रबंध हो रहा था। परंतु इस आपस की लड़ाई से होने वाले कुलक्षय का प्रत्यक्ष स्वरूप जब पहले पहल अर्जुन की नजर में आया, तब उसके समान महा योद्धा के भी मन में विषाद उत्पन्न हुआ; और उसके मुख से ये शब्द निकल पड़े, "ओह! आज हम लोग अपने ही कल का भयंकर क्षय इसलिए करनेवाले हैं न, कि राज्य हमीं को मिले; उसकी अपेक्षा भिक्षा माँगना क्या बुरा है?" और इसके बाद उसने श्रीकृष्ण से कहा, कि "शत्रु चाहे मुझे जान से मार डाले, मुझे इसकी चिंता नहीं; परंतु त्रैलोक्य के राज्य के लिए भी मैं पितृ हत्या, गुरु हत्या, बंधु हत्या या कुलक्षय के समान घोर पातक करना नहीं चाहता।" उसकी सारी देह थर-थर काँपने लगी; हाथ-पैर शिथिल हो गए; मुँह सूख गया; और खिन्नवदन हो अपने हाथ का धनुष बाण फेंककर वह बेचारा रथ में चुपचाप बैठ गया। इतनी कथा पहले अध्याय में है। इस अध्याय को 'अर्जुन-विषाद योग' कहते हैं। क्योंकि यद्यपि पूरी गीता में ब्रह्मविद्यान्तर्गत (कर्म) योगशास्त्र नामक एक ही विषय प्रतिपादित हुआ है; तभी तो प्रत्येक अध्याय में जिस विषय का वर्णन प्रधानता से किया जाता है, उस विषय का इस कर्मयोग शास्त्र का ही एक भाग समझना चाहिए; और ऐसा समझकर ही प्रत्येक अध्याय को उसके विषयानुसार अर्जुन-विषाद योग, सांख्य योग, कर्म योग इत्यादि भिन्न-भिन्न नाम दिए गए हैं। इन सब 'योगों' को एकत्र करने से "ब्रह्मविद्या का कर्मयोगशास्त्र" हो जाता है। पहले अध्याय की कथा का महत्त्व हम इस ग्रंथ के आरंभ में कह चुके हैं। इसका कारण यह है, कि जब तक हम उपस्थित प्रश्न के स्वरूप को ठीक तौर से जान न लें, तब तक उस प्रश्न का उत्तर भी भली-भाँति हमारे ध्यान में नहीं आता। यदि कहा जाए, कि गीता का यही तात्पर्य है, कि "सांसारिक कर्मों से निवृत्त होकर भगवद्भजन करो या संन्यास ले लो"; तो फिर अर्जुन को उपदेश करने की कुछ आवश्यकता ही न थी, क्योंकि वह तो लड़ाई का घोर कर्म कर भिक्षा माँगने के लिए आप-ही-आप तैयार हो गया था। पहले ही अध्याय के अंत में श्रीकृष्ण के मुख से ऐसे अर्थ का एक-आध श्लोक कहलाकर वहीं गीता की समाप्ती कर देनी चाहिए थी, "वाह! क्या ही अच्छा कहा! तेरी इस उपरति को देख मुझे आनंद मालूम होता है। चल, हम दोनों इस कर्ममय संसार को छोड़ संन्यासाश्रम के द्वारा या भक्ति के द्वारा अपने आत्मा का कल्याण कर लें!" फिर, इधर लड़ाई हो जाने पर व्यास जी उसका वर्णन करने में तीन वर्ष तक (मभा. आ. 62.52) अपनी वाणी का भले ही

दुरुपयोग करते रहते; परंतु उसका दोष बेचारे अर्जुन और श्रीकृष्ण पर तो आरोपित न हुआ होता। हाँ; यह सच है, कि कुरुक्षेत्र में जो सैकड़ों महारथी एकत्र हुए थे, वे अवश्य ही अर्जुन और श्रीकृष्ण का उपहास करते; परंतु जिसको अपने आत्मा का कल्याण कर लेना है, वह ऐसे उपहास की चिंता ही क्यों करता? संसार कुछ भी कहे; उपनिषदों में तो यही कहा है, कि "यदहरेव विरजेत् तदहरेव प्रव्रजेत्" (जा. 4)-जिस क्षण उपरति हो, उसी क्षण संन्यास धारण करो; विलंब न करो। यदि यह कहा जाए, कि अर्जुन की उपरति ज्ञानपूर्वक न थी, वह केवल मोह की थी; तो भी वह थी तो उपरति ही। बस; उपरति होने से आधा काम हो चुका, अब मोह को हटाकर उसी उपरति को पूर्ण ज्ञानमूलक कर देना भगवान के लिए कुछ असंभव बात न थी। भक्ति-मार्ग में या संन्यास-मार्ग में भी ऐसे अनेक उदाहरण हैं; कि जब कोई किसी कारण से संसार से उकता गए, तो वे दुःखित हो इस संसार को छोड़ जंगल में चले गए; और आगे उन लोगों ने पूरी सिद्धि भी प्राप्त कर ली है। इसी प्रकार अर्जुन की भी यही दशा कर दी होती। ऐसा तो भी हो ही नहीं सकता था, कि कभी संन्यास लेने के समय वस्त्रों को गेरूआ रंग देने के लिए मुट्ठी भर लाल मिट्टी या भक्ति से भगवन्नाम-संकीर्तन करने के लिए झांझ, मृदंग आदि सामग्री सारे कुरुक्षेत्र में भी न मिलती।

परंतु ऐसा कुछ भी न करके उलटे दूसरे अध्याय के आरंभ में ही श्रीकृष्ण ने अर्जुन से कहा है, कि "अरे! तुझे यह दुर्बुद्धि (कश्मल) कहाँ से सूझ पड़ी? यह नामर्दी (क्लैव्य) तुझे शोभा नहीं देती। यह तेरी कीर्ति को धूलि में मिला देगी। इसलिए इस दुर्बलता का त्याग कर युद्ध के लिए खड़ा हो जा।" परंतु अर्जुन ने किसी अबला की तरह अपना रोना धोना जारी रखा और वह अत्यंत दीनहीन वाणी में बोला-"मैं भीष्म, द्रोण आदि महात्माओं को कैसे मारूँ? मेरा मन इसी संशय में चक्कर खा रहा है, कि मरना भला है, या मारना? इसलिए मुझे यह बतलाओ, कि इन दोनों में कौन-सा धर्म श्रेयस्कर है। मैं तुम्हारी शरण में आया हूँ।" अर्जुन की इन बातों को सुनकर श्रीकृष्ण जान गए, कि अब यह माया के चंगुल में फँस गया है, इसलिए जरा हँसकर उन्होंने उसे 'अशोच्यानन्वशोचस्त्वम्' इत्यादि ज्ञान बतलाना आरंभ किया। अर्जुन ज्ञानी पुरुष के आचरण के जो दो पंथ अथवा निष्ठाएँ दीख पड़ती हैं-अर्थात्, 'कर्म करना' और 'कर्म छोड़ना' वहीं से भगवान ने उपदेश का आरंभ किया है; और अर्जुन को पहली बात यही बतलाई है, कि इन दो पंथों या निष्ठाओं में से तू किसी को भी ले; परंतु तू भूल कर रहा है। इसके बाद, जिस ज्ञान या सांख्यनिष्ठा के आधार पर श्रीकृष्ण ने प्रथम "एषा तेऽभिहिता बुद्धिः" (गीता 2.11-39) तक उपदेश किया है, और फिर अध्याय के अंत तक कर्मयोग-मार्ग के अनुसार अर्जुन को यही बतलाया है, कि युद्ध ही तेरा सच्चा कर्त्तव्य है। यदि "एषा तेऽभिहिता सांख्ये" सरीखा श्लोक 'अशोच्यानन्वशोचस्त्वम्' श्लोक के पहले आता, तो यही अर्थ और भी अधिक व्यक्त हो गया होता। परंतु संभाषण के प्रवाह में सांख्य-मार्ग का प्रतिपादन हो जाने पर वह इस रूप में आया है-"यह तो सांख्य-मार्ग के अनुसार प्रतिपादन हुआ; अब योगमार्ग के अनुसार प्रतिपादन करता हूँ।" कुछ भी हो; परंतु अर्थ एक ही है। हमने ग्यारहवें प्रकारण में सांख्य (या संन्यास) और योग का (या कर्मयोग) भेद पहले ही स्पष्ट करके बतला दिया है। इसलिए उसकी पुनरावृत्ति न कर इतना ही कह देते हैं, कि चित्त की शुद्धता के लिए स्वधर्मानुसार वर्णाश्रम-विहित कर्म करके ज्ञान-प्राप्ति होने पर मोक्ष के लिए अंत में सब कर्मों को छोड़ संन्यास लेना सांख्य-मार्ग है; और कर्मों का कभी त्याग न कर अंत तक उन्हें निष्काम बुद्धि से करते रहना योग अथवा कर्मयोग है। अर्जुन से भगवान् प्रथम यह कहते हैं कि, सांख्य-मार्ग के अध्यात्मज्ञानानुसार आत्मा अविनाशी और अमर है, इसलिए तेरी

यह समझ गलत है, कि "मैं भीष्म, द्रोण आदि को मारूँगा।" क्योंकि न तो आत्मा मरती है; और न मारती ही है। जिस प्रकार मनुष्य अपने वस्त्र बदलता है, उसी प्रकार आत्मा एक देह छोड़कर दूसरी देह में चला जाती है; परंतु इससे उसे मृत मानकर शोक कराना उचित नहीं। अच्छा; मान लिया, कि 'मैं मारूँगा' यह भ्रम है, तब भी तू कहेगा, कि युद्ध ही क्यों करना चाहिए? तो उसका उत्तर यह है, कि शास्त्रतः प्राप्त हुए युद्ध से परावृत्त न होना ही क्षत्रियों का धर्म है; और जब कि इस सांख्य मार्ग में प्रथमतः वर्णाश्रम-विहित कर्म करना ही श्रेयस्कर माना जाता है; तब यदि तू वैसा न करेगा, तो लोग तेरी निंदा करेंगे-अधिक क्या कहें, युद्ध में मरना ही क्षत्रियों का धर्म है। फिर व्यर्थ शोक क्यों करता है?" मैं मारूँगा और वह मरेगा" यह केवल कर्म दृष्टि है-इसे छोड़ दे; तू अपना प्रवाहपतित कार्य ऐसी बुद्धि से करता चला जा, कि मैं केवल स्वधर्म कर रहा हूँ; इससे तुझे कुछ भी पाप नहीं लगेगा। यह उपदेश सांख्य मार्गानुसार हुआ। परंतु चित्त की शुद्धता के लिए प्रथमतः कर्म करके चित्तशुद्धि हो जाने पर अंत में सब कर्मों को छोड़ संन्यास लेना ही यदि इस मार्ग के अनुसार श्रेष्ठ माना जाता है, तो यह शंका रह ही जाती है, कि उपरति होते ही युद्ध को छोड़ (यदि हो सके तो) एकदम संन्यास ले लेना क्या अच्छा नहीं है? केवल इतना कह देने से काम नहीं चलता, कि मनु आदि स्मृतिकारों की आज्ञा है, कि गृहस्थाश्रम के बाद फिर कहीं बुढ़ापे में संन्यास लेना चाहिए, युवावस्था में तो गृहस्थाश्रमी ही होना चाहिए। क्योंकि किसी भी समय यदि संन्यास लेना ही श्रेष्ठ है, तो ज्योंही संसार से जी हटा, त्योंही तनिक भी देर न कर संन्यास लेना उचित है; और इसी हेतु से उपनिषदों में भी ऐसे वचन पाए जाते हैं, कि "ब्रह्मचर्यादेव प्रव्रजेत गृहाद्वा वनाद्वा" (जा. 4)। संन्यास लेने से जो गति प्राप्त होगी, वही युद्धक्षेत्र में मरने से क्षत्रिय को प्राप्त होती है। महाभारत में कहा है-

द्वाविमौ पुरुषव्याघ्र संर्यमंडलमेदिनी।
परिव्राड योगमुक्तश्च रणे चाभिमुखो हतः॥

"हे पुरुष-व्याघ्र! सूर्यमंडल को पार कर ब्रह्मलोक को जाने वाले केवल दो ही पुरुष हैं। एक तो योगमुक्त संन्यासी और दूसरा युद्ध में लड़कर मर जाने वाला वीर" (उद्यो. 32.65)। इसी अर्थ का एक श्लोक कौटिल्य के, यानी चाणक्य के अर्थशास्त्र में भी है-

यान् यज्ञसंघैस्तपसा च विप्राः सवर्गेषिणः पात्रचयैश्च यान्ति।
क्षणेन तानप्यतियान्ति शूराः प्राणान् सुयुद्धेषु परित्यजन्तः॥

स्वर्ग की इच्छा करने वाले ब्राह्मण अनेक यज्ञों से, यज्ञपात्री से और तपों से जिस लोक में जाते हैं, उस लोक के भी परे, युद्ध में प्राण अर्पण करने वाले शूर पुरुष एक क्षण में जा पहुँचते हैं-अर्थात् न केवल तपस्वियों को या संन्यासियों को वरन् यज्ञयाग आदि करने वाले दीक्षितों को भी जो गति प्राप्त होती है, वही युद्ध में मरने वाले क्षत्रिय को भी मिलती है (कौटि. 10.3.150-52; मभा. शां. 98-100)। "क्षत्रिय को स्वर्ग में जाने के लिए युद्ध के समान दूसरा दरवाजा क्वचित ही खुला मिलता है; युद्ध में मरने से स्वर्ग; और जय प्राप्त करने से पृथ्वी का राज्य मिलेगा" (2.32, 37) गीता के इस उपदेश का तात्पर्य भी वही है। इसलिए सांख्य-मार्ग के अनुसार यह भी प्रतिपादित किया जा सकता है, कि क्या संन्यास लेना और क्या युद्ध करना, दोनों से एक ही फल की प्राप्ति होती है। तथापि इस मार्ग के युक्तिवाद से यह निश्चितार्थ पूर्ण रीति से सिद्ध नहीं होता कि "कुछ भी हो; युद्ध करना ही चाहिए।" सांख्य-मार्ग में जो यह न्यूनता या दोष है, उसे ध्यान में रख आगे भगवान ने कर्मयोग-मार्ग का प्रतिपादन आरंभ किया है; और गीता के अंतिम अध्याय के अंत तक इसी कर्मयोग का-अर्थात् कर्मों को करना ही चाहिए और मोक्ष में उनसे कोई बाधा नहीं होती; किंतु उन्हें करते रहने से ही मोक्ष

प्राप्त होता है, इसका भिन्न-भिन्न प्रमाण देकर, शंका निवृत्ति पूर्वक समर्थन किया है। इस कर्मयोग का मुख्य तत्त्व यह है, कि किसी भी कर्म को भला या बुरा कहने के लिए उस कर्म के बाह्य परिणामों की अपेक्षा पहले यह देख लेना चाहिए, कि कर्ता की वासनात्मक बुद्धि शुद्ध है अथवा अशुद्ध (गीता 2.49)। परंतु वासना की शुद्धता या अशुद्धता का निर्णय भी तो आखिर व्यवसायात्मका बुद्धि ही करती है, इसलिए जब तक निर्णय करने वाली बुद्धींद्रिय स्थिर और शांत न होगी, तब तक वासना भी शुद्ध और सम नहीं हो सकती। इसलिए उसके साथ यह भी कहा है, कि वासनात्मक बुद्धि को शुद्ध करने के लिए प्रथम समाधि के योग से व्यवसायात्म का बुद्धींद्रिय को भी स्थिर कर लेना चाहिए (गीता 2.41)। संसार के सामान्य व्यवहारों की ओर देखने से प्रतीत होता है, कि बहुतेरे मनुष्य स्वर्गादि भिन्न-भिन्न काम्य सुखों की प्राप्ति के लिए ही यज्ञयागादिक वैदिक काम्य कर्मों की झंझट में पड़े रहते हैं, इससे उनकी बुद्धि कभी एक पल की प्राप्ति में, तो कभी दूर से ही फल की प्राप्ति में, अर्थात् स्वार्थ में ही निमग्न रहती है और सदा बदलने वाली यानी चंचल हो जाती है। ऐसे मनुष्यों को स्वर्ग-सुखादिक अनित्य फल की अपेक्षा अधिक महत्त्व का अर्थात् मोक्षरूपी नित्य सुख कभी प्राप्त नहीं हो सकता। इसीलिए अब अर्जुन को कर्मयोग-मार्ग का रहस्य इस प्रकार बतलाया गया है, कि वैदिक कर्मों के काम्य झगड़ों को छोड़ दे और निष्काम बुद्धि से कर्म करना सीखे। तेरा अधिकार केवल कर्म करने भर का ही है-कर्म के फल की प्राप्ति अथवा अप्राप्ति तेरे अधिकार की बात नहीं है (2.47)। ईश्वर को ही फलदाता मानकर जब इस सम-बुद्धि से-कि कर्म का फल मिले अथवा न मिले, दोनों समान है-केवल स्व-कर्त्तव्य समझकर ही जो कर्म किए जाते हैं; उन कर्मों के पाप-पुण्य का लेप कर्ता को नहीं होता। इसलिए तू इस सम-बुद्धि का आश्रय कर। इस सम-बुद्धि को ही योग-अर्थात् पाप के भागी न होते हुए कर्म करने की युक्ति-कहते हैं। यदि तुझे यह योग सिद्ध हो जाए, तो कर्म करने पर भी तुझे मोक्ष की प्राप्ति हो जाएगी; मोक्ष के लिए कुछ कर्म-संन्यास ही की आवश्यकता नहीं है। (गीता 2.47-53)। जब भगवान ने अर्जुन से कहा, कि जिस मनुष्य की बुद्धि इस प्रकार सम हो गई हो, उसे स्थितप्रज्ञ कहते हैं (गीता 2.53); तब अर्जुन ने पूछा, कि "महाराज! कृपा कर बतलाइए, कि स्थितप्रज्ञ का बर्ताव कैसा होता है?" इसलिए दूसरे अध्याय के अंत में स्थितप्रज्ञ का वर्णन किया गया है। सारांश यह है, कि अर्जुन को युद्ध में प्रवृत्त करने के लिए गीता में जो उपदेश दिया गया है, उसका प्रारंभ इन दो निष्ठाओं से किया गया है, कि जिन्हें इस संसार के ज्ञानी मनुष्यों ने ग्राह्य माना है; और जिन्हें 'कर्म छोड़ना' (सांख्य) और 'कर्म करना' (योग) कहते हैं; तथा युद्ध करने की आवश्यकता की उपपत्ति पहले सांख्यनिष्ठा के अनुसार बतलाई गई है। परंतु जब यह देखा गया, कि इस उपपत्ति से काम नहीं चलता, यह अधूरी है, तब फिर तुरंत ही योग या कर्मयोग-मार्ग के अनुसार ज्ञान बतलाना आरंभ किया है; और यह बतलाने के पश्चात्, कि इस कर्मयोग का अल्प आचरण भी कितना श्रेयस्कर है, दूसरे अध्याय में भगवान ने अपने उपदेश को इस स्थान तक पहुँचा दिया है, कि कर्मयोग-मार्ग में कर्म की उपेक्षा वह बुद्धि ही श्रेष्ठ मानी जाती है, जिससे कर्म करने की प्रेरणा हुआ करती है; तो अब स्थितप्रज्ञ की नाई तू अपनी बुद्धि को मम करके अपना कर्म कर; जिससे तू कदापि पाप का भागी न होगा। अब देखना है, कि आगे कौन-कौन से प्रश्न उपस्थित होते हैं। गीता के सारे उपपादन की जड़ दूसरे अध्याय में ही है, इसलिए इसके विषय का विवेचन यहाँ कुछ विस्तार से किया गया है।

तीसरे अध्याय के आरंभ में अर्जुन ने प्रश्न किया है, कि "यदि कर्मयोग-मार्ग

में कर्म की अपेक्षा बुद्धि ही श्रेष्ठ मानी जाती है, तो मैं अभी स्थितप्रज्ञ की नाई अपनी बुद्धि को सम किए लेता हूँ, फिर आप मुझसे इस युद्ध के समान घोर कर्म करने के लिए क्यों कहते हैं?" इसका कारण यह है, कि कर्म की अपेक्षा बुद्धि को श्रेष्ठ कह देने से ही इन प्रश्नों का निर्णय नहीं हो जाता, कि "युद्ध क्यों करें? बुद्धि का सम रखकर उदासीन क्यों न बैठे रहें?" बुद्धि को सम रखने पर भी कर्म-संन्यास किया जा सकता है। फिर जिस मनुष्य की बुद्धि सम हो गई है, इसे सांख्य-मार्ग के अनुसार कर्मों का त्याग करने में क्या हर्ज है? इस प्रश्न का उत्तर भगवान इस प्रकार देते हैं, कि पहले तुझे सांख्य और योग नामक दो निष्ठाएँ बतलाई हैं सही, परंतु यह भी स्मरण रहे, कि किसी मनुष्य के कर्मों का सर्वथा छूट जाना असंभव है। जब तक वह देहधारी है, तब तक प्रकृति स्वभावत: उससे कर्म करावेगी ही; और जबकि प्रकृति के ये कर्म छूटते ही नहीं हैं, तब तो इंद्रियानिग्रह के द्वारा बुद्धि को स्थिर और सम करके केवल कर्मेंद्रियों से ही अपने सब कर्त्तव्य-कर्मों को करते रहना अधिक श्रेयस्कर है। इसलिए तू कर्म कर, यदि कर्म नहीं करेगा, तो तुझे खाने तक को नहीं मिलेगा (गीता 3.3-8)। ईश्वर ने ही कर्म को उत्पन्न किया है; मनुष्य ने नहीं। जिस समय ब्रह्मदेव ने सृष्टि और प्रजा को उत्पन्न किया, उसी समय उसने 'यज्ञ' को भी किया था; और उसने प्रजा से यह कह दिया था, कि यज्ञ के द्वारा तुम अपनी समृद्धि कर लो। जब ये यज्ञ बिना कर्म किए सिद्ध नहीं होते; तो अब यज्ञ को कर्म ही कहना चाहिए। इसलिए यह सिद्ध होता है, कि मनुष्य और कर्म साथ ही साथ उत्पन्न हुए हैं। परंतु ये कर्म केवल यज्ञ के लिए ही है; और यज्ञ करना मनुष्य का कर्त्तव्य है, इसलिए इन कर्मों के फल मनुष्य को बंधन में डालने वाले नहीं होते। अब यह सच है, कि जो मनुष्य पूर्ण ज्ञानी हो गया, स्वयं उसके लिए कोई भी कर्त्तव्य शेष नहीं रहता; और न लोगों से भी उसका कुछ अटका रहता है। परंतु इतने ही से यह सिद्ध नहीं हो जाता, कि कर्म संत करो। क्योंकि कर्म करने से किसी को भी छुटकारा न मिलने के कारण यही अनुमान करना पड़ता है, कि यदि स्वार्थ के लिए न हो; तो भी अब उसी कर्म को निष्काम बुद्धि से लोकसंग्रह के लिए अवश्य करना चाहिए (गीता 3.17-19) इन्हीं बातों पर ध्यान देकर प्राचीन काल में जनक आदि ज्ञानी पुरुषों ने कर्म किए हैं; और मैं भी कर रहा हूँ। इसके अतिरिक्त यह भी स्मरण रहे, कि ज्ञानी पुरुषों के कर्त्तव्यों में से ही एक मुख्य कर्त्तव्य है, 'लोक संग्रह करना' अर्थात् अपने बर्ताव से लोगों को सन्मार्ग की शिक्षा देना और उन्हें उन्नति के मार्ग में लगा देना, ज्ञानी पुरुष ही का कर्त्तव्य है। मनुष्य कितना ही ज्ञानवान् क्यों न हो जावे; परंतु प्रकृति के व्यवहारों से उसका छुटकारा नहीं है, इसलिए कर्म छोड़ना तो दूर ही रहा; परंतु कर्त्तव्य समझकर स्वधर्मानुसार कर्म करते रहना और आवश्यकता होने पर उसी में मर जाना भी श्रेयस्कर है (गीता 3.30-35);-इस प्रकार तीसरे अध्याय में भगवान ने उपदेश दिया है। भगवान ने इस प्रकार प्रकृति को सब कामों का कर्त्तव्य दे दिया, यह देख अर्जुन ने प्रश्न किया, कि मनुष्य, इच्छा न रहने पर भी पाप क्यों करता है? तब भगवान ने यह उत्तर देकर अध्याय समाप्त कर दिया है, कि काम-क्रोध आदि विकार बलात्कार से मन को भ्रष्ट कर देते हैं, अतएव अपनी इंद्रियों का निग्रह करके प्रत्येक मनुष्य को अपना मन अपने अधीन रखना चाहिए। सारांश, स्थितप्रज्ञ की नाई बुद्धि की समता हो जाने पर भी कर्म से किसी का छटकारा नहीं, अतएव यदि स्वार्थ के लिए न हो, तो भी लोकसंग्रह के लिए निष्काम बुद्धि से कर्म करते ही रहना चाहिए-इस प्रकार कर्मयोग की आवश्यकता सिद्ध की गई है; और भक्तिमार्ग के परमेश्वरर्पण पूर्वक कर्म करने के इस तत्त्व का भी, "कि मुझे सब कर्म अर्पण कर" (गीता. 3.30-31)-इसी अध्याय में प्रथम उल्लेख हो गया है।

परंतु यह विवेचन तीसरे अध्याय में पूरा नहीं हुआ; इसलिए चौथा अध्याय भी उसी विवेचन के लिए आरंभ किया गया है। किसी के मन में यह शंका न आने पाए, कि अब तक किया गया प्रतिपादन केवल अर्जुन को युद्ध में प्रवृत्त करने के लिए ही नूतन या नारायणीय धर्म की त्रेतायुगवाली परंपरा बतलाई गई है। जब श्रीकृष्ण ने अर्जुन से कहा, कि आदौ याने युग के आरंभ में मैंने ही यह कर्मयोग-मार्ग विवस्वान को, विवस्वान ने मनु को और मनु ने इक्ष्वाकु को बतलाया था, परंतु इस बीच में यह नष्ट हो गया था, इसलिए मैंने वही योग (कर्मयोग-मार्ग) तुझे फिर से बतलाया है। तब अर्जुन ने पूछा, कि आप विवस्वान के पहले कैसे होंगे? इसका उत्तर देते हुए भगवान ने बतलाया है, कि साधुओं की रक्षा, दुष्टों का नाश और धर्म की संस्थापना करना ही मेरे अवतारों का प्रयोजन है, एवं इस प्रकार लोकसंग्रहकारक कर्मों को करते हुए भी उनमें मेरी कुछ आसक्ति नहीं है, इसलिए मैं उनके पापपुण्यादि फलों का भागी नहीं होता। इस प्रकार कर्मयोग का समर्थन करके और यह उदाहरण देकर कि प्राचीन समय में जनक आदि ने भी इसी तत्त्व को ध्यान में लाकर कर्मों का आचरण किया है; भगवान ने अर्जुन को फिर यही उपदेश दिया है, कि "तू भी वैसे ही कर्म कर।" तीसरे अध्याय में मीमांसकों का जो सिद्धान्त बतलाया गया था, कि "यज्ञ के लिए किए गए कर्म वधक नहीं होते" उसी को अब फिर से बतलाकर 'यज्ञ' की विस्तृत और व्यापक व्याख्या इस प्रकार की है-केवल तिल और चावल को जलाना अथवा पशुओं को मारना एक प्रकार का यज्ञ है सही; परंतु यह द्रव्यमय यज्ञ हल के दर्जे का है, और संयमाग्नि में कामक्रोधादि इंद्रिय-वृत्तियों को जलाना अथवा 'न मम' कहकर सब कर्मों को ब्रह्म में स्वाहा कर देना ऊँचे दर्जे का यज्ञ है। इसलिए अब अर्जुन को ऐसा उपदेश किया है, कि तू इसी ऊँचे दर्जे के यज्ञ के लिए फलाशा का त्याग करके कर्म कर। क्योंकि मीमांसकों के न्याय के अनुसार यज्ञार्थ किए गए कर्म यदि स्वतंत्र रीति से बंधक न हों, तो भी यज्ञ का कुछ-न-कुछ फल बिना प्राप्त हुए नहीं रहता, इसलिए यज्ञ भी यदि निष्काम बुद्धि से ही किया जावे, तो उसके लिए किया गया कर्म और स्वयं यज्ञ दोनों बंधक न होंगे। अंत में कहा है, कि साम्य-बुद्धि उसे कहते हैं, जिससे यह ज्ञान हो जावे, कि सब प्राणी अपने में या भगवान में है। जब ऐसा ज्ञान प्राप्त हो जाता है, तभी सब कर्म भस्म हो जाते हैं; और कर्ता को उनकी कुछ बाधा नहीं होती। "सर्व कर्माखिलं पार्थ ज्ञाने परिसमाप्यते"- सब कर्मों का लय ज्ञान में हो जाता है; कर्म स्वयं बंधक नहीं होते, बंध केवल अज्ञान से उत्पन्न होता है। इसलिए अर्जुन को यह उपदेश देकर, इस अध्याय को पूरा किया गया है, अज्ञान को छोड़ कर्मयोग का आश्रय कर; और लड़ाई के लिए खड़ा हो जा। सारांश, इस अध्याय में ज्ञान की इस प्रकार प्रस्तावना की गई है, कि कर्मयोग-मार्ग की सिद्धि के लिए भी साम्य-बुद्धिरूप ज्ञान की आवश्यकता है।

कर्मयोग की आवश्यकता क्या है या कर्म क्यों किए जावें? इसके कारणों का विचार तीसरे और चौथे अध्याय में किया गया है सही; परंतु दूसरे अध्याय में सांख्य ज्ञान का वर्णन करके कर्मयोग के विवेचन में भी बार-बार कर्म की अपेक्षा बुद्धि ही श्रेष्ठ बतलाई गई है, इसलिए यह बतलाना अब अत्यन्त आवश्यक है, कि इन दो मार्गों में कौन-सा मार्ग श्रेष्ठ है। क्योंकि यदि दोनों मार्ग एक-सी योग्यता के कहे जाएँ, तो परिणाम यह होगा, कि जिसे जो मार्ग अच्छा लगेगा वह उसी को अंगीकार कर लेगा, केवल कर्मयोग को ही स्वीकार करने की कोई आवश्यकता नहीं रहेगी। अर्जुन के मन में यही शंका उत्पन्न हुई, इसलिए उसने पाँचवे अध्याय के आरंभ में भगवान से पूछा है, कि "सांख्य और योग, इन दोनों निष्ठाओं को एकत्र करके मुझे उपदेश कीजिए, मुझे केवल इतना ही निश्चयात्मक बतला दीजिए, कि इनमें से श्रेष्ठ मार्ग कौन-सा है,

जिससे कि मैं सहज ही उसके अनुसार बर्ताव कर सकूँ।" इस पर भगवान ने स्पष्ट रीति से यह कहकर अर्जुन का संदेह दूर कर दिया, कि यद्यपि दोनों मार्ग निःश्रेयस्कर हैं, अर्थात् एक-से ही मोक्षप्रद हैं, तथापि उनमें कर्मयोग की योग्यता अधिक है-"कर्मयोगो विशिष्यते" (गीता 5.2)। इसी सिद्धान्त को दृढ़ करने के लिए भगवान् और भी कहते हैं, कि संन्यास या सांख्य निष्ठा से जो मोक्ष मिलता है, वही कर्मयोग से भी मिलता है। इतना ही नहीं, परंतु कर्मयोग में जो निष्काम बुद्धि बतलाई गई है, उसे बिना प्राप्त किए संन्यास सिद्ध नहीं होता; और जब वह प्राप्त हो जाती है, तब योग-मार्ग से कर्म करते रहने पर भी ब्रह्म-प्राप्ति अवश्य हो जाती है। फिर यह झगड़ा करने से क्या लाभ है, कि सांख्य और योग भिन्न-भिन्न हैं? यदि हम चलना, बोलना, देखना, सुनना, सूँघना इत्यादि सैकड़ों कर्मों को छोड़ना चाहें, तो भी वे नहीं छूटते, इस दशा में कर्मों को छोड़ने का हठ न कर उन्हें ब्रह्मार्पण बुद्धि से करते रहना ही बुद्धिमत्ता का मार्ग है। इसलिए तत्त्वज्ञानी पुरुष निष्काम बुद्धि से कर्म करते रहते हैं; और अंत में उन्हीं के द्वारा मोक्ष की प्राप्ति कर लिया करते हैं। ईश्वर तुमसे न यह कहता है, कि कर्म करो; ओर न यह कहता है, कि उनका त्याग कर दो! यह तो सब प्रकृति की क्रीड़ा है; और बंधक मन का धर्म है, इसलिए जो मनुष्य सम-बुद्धि से अथवा, 'सर्वभूतात्मभूतात्मा' होकर कर्म किया करता है, उसे इन कर्मों की बाधा नहीं होती। अधिक क्या कहें; इस अध्याय के अंत में यह भी कहा है, कि जिसकी बुद्धि कुत्ता, चांडाल, ब्राह्मण, गौ, हाथी इत्यादि के प्रति सम हो जाती है, और जो सर्वभूतान्तर्गत आत्मा की एकता को पहचान कर अपने व्यवहार करने लगता है, उसे बैठे-बिठाए ब्रह्मनिर्वाण रूपी मोक्ष प्राप्त हो जाता है, मोक्ष-प्राप्ति के लिए उसे कहीं भटकना नहीं पड़ता; वह सदा मुक्त ही है।

छठे अध्याय में वही विषय आगे चल रहा है; और उसमें कर्मयोग की सिद्धि के लिए आवश्यक सम-बुद्धि की प्राप्ति के लिए उपायों का वर्णन है। पहले ही श्लोक में भगवान ने अपना मत स्पष्ट बतला दिया है, कि जो मुनष्य कर्मफल की आशा न रख, केवल कर्त्तव्य समझकर संसार के प्राप्त कर्म करता रहता है, वही सच्चा योगी और सच्चा संन्यासी है; जो मनुष्य अग्निहोत्र आदि कर्मों का त्याग कर चुपचाप बैठा रहे, वह सच्चा संन्यासी नहीं है। इसके बाद भगवान ने आत्मस्वतंत्रता का इस प्रकार वर्णन किया है, कि कर्मयोग-मार्ग में बुद्धि को स्थिर करने के लिए इंद्रियनिग्रह रूपी जो कर्म करना पड़ता है, उसे स्वयं आप ही करें; यदि कोई ऐसा न करे, तो किसी दूसरे पर उसका दोषारोपण नहीं किया जा सकता। इसके आगे इस अध्याय में इंद्रियनिग्रह रूपी योग की साधना का, पातंजल योग की दृष्टि से, मुख्यतः वर्णन किया गया है। परंतु यम-नियम-आसन-प्राणायाम आदि साधनों के द्वारा यद्यपि इंद्रियों का निग्रह किया जावे, तो भी उतने से ही काम नहीं चलता, इसलिए आत्मैक्य ज्ञान की भी आवश्यकता के विषय में इसी अध्याय में कहा गया है, कि आगे उस पुरुष की वृत्ति "सर्वभूतस्थमात्मानं सर्वभूतानि चात्मनि" अथवा "यो मां पश्यति सवरत्र सर्व च मयि पश्यति" (गीता 6.29, 30) इस प्रकार सब प्राणियों में सम हो जानी चाहिए। इतने में अर्जुन ने यह शंका उपस्थित की, कि यदि यह साम्यबुद्धि रूपी योग एक जन्म में सिद्ध न हो, तो फिर दूसरे जन्म में भी आरंभ ही से उसका अभ्यास करना होगा-और फिर वही दशा होगी-और इस प्रकार यदि चक्र हमेशा चलता ही रहे, तो मनुष्य को इस मार्ग के द्वारा सद्गति प्राप्त होना असंभव है। इस शंका का निवारण करने के लिए भगवान ने पहले यह कहा है, कि योग मार्ग में कुछ भी व्यर्थ नहीं जाता। पहले जन्म के संस्कार शेष रह जाते हैं; और उनकी सहायता से दूसरे जन्म में अधिक अभ्यास होता है, तथा क्रम-क्रम से अंत में सिद्धि मिल जाती है। इतना कहकर भगवान ने इस अध्याय के अंत में अर्जुन को

पुनः यह निश्चित और स्पष्ट उपदेश किया है, कि कर्मयोग-मार्ग ही श्रेष्ठ और क्रमशः सुसाध्य है, इसलिए केवल (अर्थात् फलाशा को न छोड़ते हुए) कर्म करना, तपश्चर्या करना, ज्ञान के द्वारा कर्मसंन्यास करना इत्यादि सब मार्गों को छोड़ दे, और तू योगी हो जा-अर्थात् निष्काम कर्मयोग मार्ग का आचरण करने लग।

कुछ लोगों का मत है, कि यहाँ अर्थात् पहले छह अध्यायों में कर्मयोग का विवेचन पूरा हो गया और इसके आगे ज्ञान और भक्ति को 'स्वतंत्र' निष्ठा मानकर भगवान ने उनका वर्णन किया है-अर्थात् ये दोनों निष्ठाएँ परस्पर निरपेक्ष या कर्मयोग की बराबरी की, परंतु उससे पृथक् और उसके बदले विकल्प के नाते से आचरणीय है। सातवें अध्याय से बारहवें अध्याय तक भक्ति का और आगे शेष छह अध्यायों में ज्ञान का वर्णन किया गया है; और इस प्रकार अठारह अध्यायों के विभाग करने से कर्म, भक्ति और ज्ञान में से प्रत्येक के हिस्से में छह छह अध्याय आते हैं; तथा गीता के समान भाग हो जाते हैं। परंतु यह मत ठीक नहीं है। पाँचवें अध्याय के आरंभ के श्लोकों से स्पष्ट मालूम हो जाता है, कि अब अर्जुन की मुख्य शंका यही थी, कि "मैं सांख्यनिष्ठा के अनुसार युद्ध करना छोड़ दूँ, या युद्ध के भयंकर परिणाम को प्रत्यक्ष दृष्टि के सामने देखते हुए भी युद्ध ही करूँ? और यदि युद्ध ही करना पड़े, तो उसके पाप से कैसे बचूँ?"-तब उसका समाधान ऐसे अधूरे और अनिश्चित उत्तर से कभी हो ही नहीं सकता था, कि "ज्ञान से मोक्ष मिलता है; और वह कर्म से भी प्राप्त हो जाता है; अथवा यदि तेरी इच्छा हो, तो भक्ति नाम की एक और निष्ठा भी है।" इसके अतिरिक्त यह मानना भी ठीक न होगा, कि जब अर्जुन किसी एक ही निश्चयात्मक मार्ग को जानना चाहता है, तब सर्वज्ञ और चतुर श्रीकृष्ण उसके प्रत्येक मूल स्वरूप को छोड़कर उसे तीन स्वतंत्र और विकल्पात्मक मार्ग बतला दें। सच बात तो यह है, कि गीता में 'कर्मयोग' और 'संन्यास' इन्हीं दो निष्ठाओं का विचार है (गीता 5.1); और यह भी साफ-साफ बतला दिया है, कि इनमें से 'कर्मयोग' ही अधिक श्रेयस्कर है (गीता 5.2)। भक्ति की तीसरी निष्ठा तो कहीं बतलाई नहीं गई है। अर्थात् यह कल्पना सांप्रदायिक टीकाकारों की मनगढ़त है, कि ज्ञान, कर्म और भक्ति तीन स्वतंत्र निष्ठाएँ हैं; और उनकी यह समझ होने के कारण, कि गीता में केवल मोक्ष के उपायों का ही वर्णन किया गया है, उन्हें ये तीन निष्ठाएँ कदाचित भागवत से सजी हों (भाग. 11.20.6)। परंतु टीकाकारों के ध्यान में यह बात नहीं आई, कि भागवत पुराण और भगवद्गीता का तात्पर्य एक नहीं है। यह सिद्धान्त भागवतकार को भी मान्य है, कि केवल कर्मों से मोक्ष की प्राप्ति नहीं होती, मोक्ष के लिए ज्ञान की आवश्यकता रहती है। परंतु इसके अतिरिक्त, भागवत-पुराण का यह भी कथन है, कि यद्यपि ज्ञान और नैष्कर्म्य मोक्षदायक हों, तथापि ये दोनों (अर्थात् गीता-प्रतिपादित निष्काम कर्मयोग) भक्ति के बिना शोभा नहीं देते-"नैष्कर्म्यमत्यच्युतभाववर्जितं न शोभते ज्ञानमलं निरंजनम्" (भाग. 12.12.52; 1.2.12)। इस प्रकार देखा जाए तो स्पष्ट प्रकट होता है, कि भागवतकार केवल भक्ति को ही सच्ची निष्ठा अर्थात् अंतिम मोक्षप्रद स्थिति मानते हैं। भागवत का न तो यह कहना है, कि भगवद् भक्तों को ईश्वरार्पण बुद्धि से कर्म करना ही नहीं चाहिए; और न यह कहना है, कि करना ही चाहिए। भागवत-पुराण का सिर्फ यह कहना है, कि निष्काम कर्म करो अथवा न करो-ये सब भक्ति योग के ही भिन्न-भिन्न प्रकार हैं (भाग. 3.29.7-19)। भक्ति के अभाव से सब कर्मयोग पुनः संसार में अर्थात् जन्म-मृत्यु के चक्कर में डालनेवाले हो जाते हैं। (भाग. 1.5.34, 35)। सारांश, यह है कि भागवतकार का सारा विश्वास भक्ति पर ही होने के कारण उन्होंने निष्काम कर्मयोग को भी भक्तियोग में ही ढकेल दिया है; और यह प्रतिपादन किया है, कि अकेली भक्ति ही सच्ची निष्ठा

है। परंतु भक्ति ही कुछ गीता का मुख्य प्रतिपाद्य विषय नहीं है। इसलिए भागवत के उपर्युक्त सिद्धान्त या परिभाषा को गीता में घुसेड़ देना वैसे ही अयोग्य है, जैसे कि आम में शरीफे की कलम लगाना। गीता इस बात को पूरी तरह मानती है, कि परमेश्वर के ज्ञान के सिवा और किसी भी अन्य उपाय से मोक्ष की प्राप्ति नहीं होती, और इस ज्ञान की प्राप्ति के लिए भक्ति एक सुगम मार्ग है, परंतु इसी मार्ग के विषय में आग्रह न कर गीता यह भी कहती है, कि मोक्ष प्राप्ति के लिए जिस ज्ञान की आवश्यकता है, उसकी प्राप्ति, जिसे जो मार्ग सुगम हो, वह उसी मार्ग से कर ले। गीता का मुख्य विषय तो यही है, कि अंत में अर्थात् ज्ञान-प्राप्ति के अनंतर जो मार्ग सुगम हो, वह उसी मार्ग से कर ले। गीता का मुख्य विषय तो यही है, कि अंत में अर्थात् ज्ञान-प्राप्ति के अनंतर मनुष्य कर्म करे अथवा न करे। इसलिए संसार में जीवन्मुक्त पुरुषों के जीवन व्यतीत करने के जो दो मार्ग दीख पड़ते हैं-अर्थात् कर्म करना और कर्म छोड़ना-वहीं से गीता के उपदेश का आरंभ किया गया है। इनमें से पहले मार्ग को गीता ने भागवतकार की नाई 'भक्तियोग' यह नया नाम नहीं दिया है; किंतु नारायणीय धर्म में प्रचलित प्राचीन नामं ही-अर्थात् ईश्वरार्पण-बुद्धि से कर्म करने को 'कर्मयोग' या 'कर्मनिष्ठा' और ज्ञानोत्तर कर्मों का त्याग करने को 'सांख्य' या 'ज्ञाननिष्ठा', ये ही नाम गीता में स्थिर रखे गए हैं। गीता की इस परिभाषा को स्वीकार कर यदि विचार किया जाए, तो दीख पड़ेगा, कि ज्ञान और कर्म की बराबरी की भक्ति नामक कोई तीसरी स्वतंत्र निष्ठा कदापि नहीं हो सकती। इसका कारण यह है, कि 'कर्म करना' और 'न करना' अर्थात् 'छोड़ना' (योग और सांख्य) ऐसे अस्तिनास्तिरूप दो पक्षों के अतिरिक्त कर्म के विषय में तीसरा पक्ष ही अब बाकी नहीं रहता। इसलिए यदि गीता के अनुसार किसी भक्तिमान पुरुष की निष्ठा के विषय में निश्चय करना हो, तो यह निर्णय केवल इसी बात से नहीं किया जा सकता, कि वह भक्तिभाव में लगा हुआ है, परंतु इस बात का विचार किया जाना चाहिए, कि वह कर्म करता है या नहीं। भक्ति परमेश्वर प्राप्ति का एक सुगम साधन है और साधन के नाते से यदि भक्ति को 'योग' कहें (गीता 14.26), तो वह अंतिम 'निष्ठा' नहीं हो सकती। भक्ति के द्वारा परमेश्वर का ज्ञान हो जाने पर जो मनुष्य कर्म करेगा, उसे 'कर्मनिष्ठ' और जो न करेगा, उसे सांख्यनिष्ठ कहना चाहिए,. पाँचवें अध्याय में भगवान ने अपना यह अभिप्राय स्पष्ट बतला दिया है, कि उक्त दोनों निष्ठाओं में कर्म करने की निष्ठा अधिक श्रेयस्कर है। परंतु कर्म पर संन्यास-मार्ग वालों का यह महत्त्वपूर्ण आक्षेप है, कि परमेश्वर का ज्ञान होने में कर्म से प्रतिबंध होता है; और परमेश्वर के ज्ञान बिना तो मोक्ष की प्राप्ति ही नहीं हो सकती, इसलिए कर्मों का त्याग ही करना चाहिए। पाँचवें अध्याय में सामान्यतः यह बतलाया गया है, कि उपर्युक्त आक्षेप असत्य है; और संन्यास-मार्ग से जो मोक्ष मिलता है, वही कर्मयोग-मार्ग में भी मिलता है (गीता 5.5) परंतु वहाँ इस सामान्य सिद्धान्त का कुछ भी स्पष्टीकरण नहीं किया गया था, इसलिए अब भगवान उस बचे हुए तथा महत्त्वपूर्ण विषय का विस्तृत निरूपण कर रहे हैं, कि कर्म करते हरने ही से परमेश्वर के ज्ञान की प्राप्ति होकर मोक्ष किसी प्रकार मिलता है। इसी हेतु सातवें अध्याय के आरंभ में अर्जुन यह न कहकर, कि मैं तुझे भक्ति नामक एक स्वतंत्र तीसरी निष्ठा बतलाता हूँ, भगवान यह कहते हैं, कि-

मय्यासक्तमनाः पार्थ योगं युंजन मदाश्रयः।
असंशयः समग्रं मां यथा ज्ञास्यसि तच्छृणु॥

"हे पार्थ मुझमें चित्त को स्थिर करके और मेरा आश्रय लेकर योग याने कर्मयोग का आचरण करते समय, 'यथा' अर्थात् जिस रीति से मुझे संदेहरहित पूर्णतया जान

सकेगा, वह (रीति तुझे बतलाता हूँ) सुन" (गीता. 7.1); और इसी को आगे के श्लोक में 'ज्ञान-विज्ञान' कहा है (गीता 7.2)। इनमें से पहले अर्थात् ऊपर दिए गए 'मय्यासक्तमना' श्लोक के 'योगं युंजन्'-अर्थात् "कर्मयोग का आचरण करते हुए"-ये पद अत्यंत महत्त्वपूर्ण है। परंतु किसी भी टीकाकार ने इनकी ओर विशेष ध्यान नहीं दिया है। 'योग' अर्थात् वही कर्मयोग है, कि जिसका वर्णन पहले छह अध्यायों में किया जा चुका है; और इस कर्मयोग का आचरण करते हुए जिस विधि या रीति से भगवान का पूरा ज्ञान हो जाएगा, इस रीति या विधि का वर्णन अब यानी सातवें अध्याय से प्रारम्भ करता हूँ-यही इस श्लोक का अर्थ है। अर्थात् पहले छह अध्यायों का अगले अध्यायों से संबंध बतलाने के लिए यह श्लोक जानबूझकर सातवें अध्याय के आरंभ में रखा गया है। इसलिए इस श्लोक के अर्थ की ओर ध्यान न देकर यह कहना बिल्कुल अनुचित है, कि "पहले छह अध्यायों के बाद भक्ति निष्ठा का स्वतंत्र रीति से वर्णन किया गया है।" केवल इतना ही नहीं, वरन् यह भी कहा जा सकता है, कि इस श्लोक में 'योगं युंजन्' पद जानबूझकर इसीलिए रखे गए हैं, कि जिससे कोई ऐसा विपरीत अर्थ न करने पावे। गीता के पहले पाँच अध्यायों में कर्म की आवश्यकता बतलाकर सांख्य-मार्ग की अपेक्षा कर्मयोग श्रेष्ठ कहा गया है; और इसके बाद छठे अध्याय में पातंजलयोग के साधनों का वर्णन किया है, जो कर्मयोग में इंद्रियनिग्रह कर्मयोग के लिए आवश्यक है। परंतु इतने ही से कर्मयोग का वर्णन पूरा नहीं हो जाता। इंद्रियनिग्रह मानो कर्मेंद्रियों से एक प्रकार की कसरत करना है। यह सच है, कि अभ्यास के द्वारा इंद्रियों को हम अपने अधीन रख सकते हैं, परंतु यदि मनुष्य की वासना ही बुरी होगी, तो इंद्रियों को काबू में रखने से कुछ भी लाभ नहीं होगा। क्योंकि देखा जाता है, कि दुष्ट वासनाओं के कारण कुछ लोग इसी इंद्रियनिग्रह रूप सिद्धि का जारण-मारण आदि दुष्कर्मों में उपयोग किया करते हैं। इसलिए छठे अध्याय में कहा है, कि इंद्रिय निग्रह के साथ ही वासना भी "सर्वभूतस्थमात्मानं सर्वभूतानि चात्मानि" की नाई शुद्ध हो जानी चाहिए (गीता 6.29); और ब्रह्मात्मैक्य रूप परमेश्वर के शुद्ध स्वरूप की पहचान हुए बिना वासना की इस प्रकार शुद्धता होना असंभव है। तात्पर्य यह है, कि जो इंद्रियनिग्रह कर्मयोग के लिए आवश्यक है, वह भले ही प्राप्त हो जाए; परंतु 'रस' अर्थात् विषयों की चाह मन में ज्यों की त्यों बनी ही रहती है। इस रस अथवा विषयवासना का नाश करने के लिए परमेश्वर संबंधी पूर्ण ज्ञान की ही आवश्यकता है-यह बात गीता के दूसरे अध्याय में कही गई है (गीता 2.59)। इसलिए कर्मयोग का आचरण करते हुए ही जिस रीति अथवा विधि से परमेश्वर का यह ज्ञान प्राप्त होता है, उसी विधि का अब भगवान सातवें अध्याय से वर्णन करते हैं। "कर्मयोग का आचरण करते हुए"-इस पद से यह भी सिद्ध होता है, कि कर्मयोग के जारी रहते ही इस ज्ञान की प्राप्ति कर लेनी है, उसके लिए कर्मों को छोड़ नहीं बैठना है; और इसी से यह कहना भी निर्मूल हो जाता है, कि भक्ति और ज्ञान को कर्मयोग के बदले विकल्प मानकर इन्हीं दो स्वतंत्र मार्गों का वर्णन सातवें अध्याय से आगे किया गया है। गीता का कर्मयोग भागवत धर्म से ही लिया गया है, इसलिए कर्मयोग में ज्ञान-प्राप्ति की विधि का जो वर्णन है, वह भागवत धर्म अथवा नारायणीय धर्म में कही गई विधि का वर्णन है; और इसी अभिप्राय से शांति पर्व के अंत में वैशंपायन ने जनमेजय से कहा है, कि "भगवद्‌गीता में प्रवृत्ति-प्रधान नारायणीय धर्म और उसकी विधियों का वर्णन किया गया है।" (पहले प्रकरण के आरंभ में दिए गए श्लोक देखिए)। वैशंपायन के कथनानुसार इसी में संन्यास-मार्ग की विधियों का भी अंतर्भाव होता है। क्योंकि यद्यपि इन दोनों मार्गों में "कर्म करना अथवा कर्मों को छोड़ना यही भेद है, तथापि दोनों को एक ही ज्ञान-विज्ञान की आवश्यकता है, इसलिए दोनों

मार्गों में ज्ञान-प्राप्ति की विधियाँ एक ही-सी होती हैं। परंतु जबकि उपर्युक्त श्लोक में "कर्मयोग का आचरण करते हुए"-ऐसे प्रत्यक्ष पद रखे गए हैं, तब स्पष्ट रीति से यही सिद्ध होता है, कि गीता के सातवें और उसके अगले अध्यायों में ज्ञान-विज्ञान का निरूपण मुख्यत: कर्मयोग ही की पूर्ति के लिए किया गया है और उसकी व्यापकता के कारण उसमें संन्यास मार्ग की भी विधियों का समावेश हो जाता है, कर्मयोग को छोड़कर केवल सांख्यनिष्ठा के समर्थन के लिए यह ज्ञान-विज्ञान नहीं बतलाया गया है। दूसरी यह बात भी ध्यान देने योग्य है, कि सांख्य-मार्गवाले यद्यपि ज्ञान को महत्त्व दिया करते हैं, तथापि वे कर्म को या भक्ति को कुछ भी महत्त्व नहीं देते; और गीता में तो भक्ति सुगम तथा प्रधान मानी गई है, इतना ही क्यों, वरन् अध्यात्मज्ञान और भक्ति का वर्णन करते समय श्रीकृष्ण ने अर्जुन को जगह-जगह पर यही उपदेश दिया है, कि "तू कर्म अर्थात् युद्ध कर" (गीता 8.7; 11.33; 16.24; 18.6)। इसलिए यही सिद्धान्त करना पड़ता है, गीता के सातवें और अगले अध्याय में ज्ञान-विज्ञान का जो निरूपण है, वह पिछले छह अध्यायों में कहे गए कर्मयोग की पूर्ति और समर्थन के लिए ही बतलाया गया है, यहाँ केवल सांख्यनिष्ठा का या केवल भक्ति का स्वतंत्र समर्थन विवक्षित नहीं है। ऐसा सिद्धान्त करने पर कर्म, भक्ति और ज्ञान इस प्रकार गीता के तीन परस्पर स्वतंत्र विभाग नहीं हो सकते। इतना ही नहीं; परंतु अब यह विदित हो जाएगा, कि यह मत भी (जिसे कुछ लोक प्रकट किया करते हैं) केवल काल्पनिक अतएव मिथ्या है, कि 'तत्त्वमसि' महावाक्य में तीन ही पद हैं, और गीता के अध्याय भी अठारह हैं, इसलिए 'छह त्रिक अठारह' के हिसाब से गीता के छह-छह अध्यायों के तीन समान विभाग करके, पहले छह अध्यायों में 'त्वम्' पद का, दूसरे छह अध्यायों में 'तत्' पद का और तीसरे छह अध्यायों में 'असि' पद का विवेचन किया गया है। इस मत को काल्पनिक या मिथ्या कहने का कारण यही है, कि अब तो यह एकदेशीय पक्ष ही शेष नहीं रहने पाता; जो यह कहे कि सारी गीता में केवल ब्रह्मज्ञान का ही प्रतिपादन किया गया है, तथा 'तत्त्वमसि' महावाक्य के विवरण के सिवा गीता में और कुछ अधिक नहीं है।

इस प्रकार जब मालूम हो गया, कि भगवद्गीता में भक्ति और ज्ञान का विवेचन क्यों किया गया है तब सातवें से सत्रहवें अध्याय के अंत तक ग्यारहों अध्यायों की संगति सहज ही ध्यान में आ जाती है। पीछे छठे प्रकरण में बतला दिया गया है, कि जिस परमेश्वर-स्वरूप के ज्ञान से बुद्धि रसवर्ज्य और सम होती है, उस परमेश्वर स्वरूप का विचार हर बार क्षराक्षर-दृष्टि से और फिर क्षेत्र-क्षेत्रज्ञ-दृष्टि से करना पड़ता है; और उससे अंत में यह सिद्धान्त किया जाता है, कि जो तत्त्व पिंड में है वही ब्रह्मांड में है। इन्हीं विषयों का अब गीता में वर्णन है। परंतु जब इस प्रकार परमेश्वर के स्वरूप का विचार करने लगते हैं, तब दीख पड़ता है, कि परमेश्वर का स्वरूप कभी तो व्यक्त (इंद्रियगोचर) होता है और कभी अव्यक्त। फिर ऐसे प्रश्नों का भी विचार इस निरूपण में करना पड़ता है, कि इन दोनों स्वरूपों में श्रेष्ठ कौन-सा है; और यह श्रेष्ठ स्वरूप कैसे उत्पन्न होता है? इसी प्रकार अब इस बात का भी निर्णय करना पड़ता है, कि परमेश्वर के पूर्ण ज्ञान से बुद्धि को स्थिर, सम और आत्मनिष्ठ करने के लिए परमेश्वर की जो उपासना करनी पड़ती है, वह कैसी हो-अव्यक्त की उपासना करना अच्छा है, अथवा व्यक्त की? और इसी के साथ-साथ इस विषय की उपपत्ति बतलानी पड़ती है, कि परमेश्वर यदि एक है, तो व्यक्त सृष्टि में यह अनेकता क्यों दीख पड़ती है? इन सब विषयों को व्यवस्थित रीति से बतलाने के लिए यह ग्यारह अध्याय लग गए, तो कुछ आश्चर्य नहीं। हम यह नहीं कहते, कि गीता में भक्ति और ज्ञान का बिल्कुल

विवेचन ही नहीं है। हमारा केवल इतना ही कहना, कि कर्म, भक्ति और ज्ञान को तीन स्वतंत्र विषय या निष्ठाएँ अर्थात् तुल्यबल की समझकर, इन तीनों में गीता के अठारह अध्यायों के जो अलग-अलग और बराबर हिस्से कर दिए जाते हैं, वैसा करना उचित नहीं है, किंतु सारी गीता में एक ही निष्ठा का अर्थात् ज्ञानमूलक ओर भक्ति-प्रधान कर्म-योग का प्रतिपादन किया है; और सांख्यनिष्ठा, ज्ञान-विज्ञान या भक्ति का जो निरूपण भगवद्गीता में पाया जाता है, वह सिर्फ कर्मयोग-निष्ठा की ही पूर्ति और समर्थन के लिए आनुषंगिक है, किसी स्वतंत्र विषय का प्रतिपादन करने के लिए नहीं। अब यह देखना है, कि हमारे इस सिद्धान्त के अनुसार कर्मयोग की पूर्ति और समर्थन के लिए बतलाए गए ज्ञान-विज्ञान का विभाग गीता के अध्यायों के क्रमानुसार किस प्रक़ार किया गया है।

सातवें अध्याय में क्षराक्षर-सृष्टि के अर्थात् ब्रह्मांड के विचार को आरंभ करके भगवान ने प्रथम अव्यक्त अथवा अक्षर परब्रह्म के ज्ञान के विषय में यह कहा है, कि जो इस सारी सृष्टि को-पुरुष और प्रकृति का-मेरे ही पर और अपर स्वरूप जानते हैं, और जो इस माया के परे के अव्यक्त रूप को पहचानकर मुझे भजते हैं, उनकी वृद्धि सम हो जाती है; तथा उन्हें मैं सद्गति देता हूँ; और फिर उन्होंने अपने स्वरूप का इस प्रकार वर्णन किया है, कि सब देवता, सब प्राणी, सब यज्ञ, सब कर्म आठवें अध्याय के आरंभ में अर्जुन ने अध्यात्म, अधियज्ञ, अधिदैव और अधिभूत शब्दों का अर्थ पूछा है। इन शब्दों का अर्थ बतलाकर भगवान ने कहा है, कि इस प्रकार जिसने मेरा स्वरूप पहचान लिया, उसे मैं कभी नहीं भूलता। इसके बाद इन विषयों का संक्षेप में विवेचन है, कि सारे जगत में अविनाशी या अक्षर-तत्त्व कौन-सा है; सब संसार का संहार कैसे और कब होता है; जिस मनुष्य को परमेश्वर के स्वरूप-का ज्ञान हो जाता है, उसको कौन-सी गति प्राप्त होती है; और ज्ञान के बिना केवल काम्य-कर्म करने वाले को कौन-सी गति मिलती है। नवें अध्याय में भी यही विषय है। इसमें भगवान ने उपदेश किया है, कि जो अव्यक्त परमेश्वर इस प्रकार चारों ओर प्राप्त है, उसके व्यक्त स्वरूप की भक्ति के द्वारा पहचान करके अनन्य भाव से उसकी शरण में जाना ही ब्रह्म-प्राप्ति का प्रत्यक्षावगम्य और सुगम मार्ग अथवा राजमार्ग है; और इसी को राजविद्या या राजगुह्य कहते हैं। तथापि इन तीनों अध्यायों में बीच-बीच में भगवान् कर्मयोग-मार्ग का यह प्रधान तत्त्व बताना नहीं भूले हैं, कि ज्ञानवान या भक्तिवान पुरुषों के कर्म करते ही रहना चाहिए। उदाहरणार्थ, आठवें अध्याय में कहा है, कि "तस्मात्सर्वेषु कालेषु मामनुस्मर युध्य च"-इसलिए सदा अपने मन में मेरा स्मरण रख और युद्ध कर (गीता 8.7); और नवें अध्याय में कहा है, कि "सब कर्मों को मुझे अर्पण कर देने से उनके शुभाशुभ फलों से तू मुक्त हो जाएगा" (गीता 9.27, 28)। ऊपर भगवान ने जो यह कहा है, कि सारा संसार मुझसे उत्पन्न हुआ है! और वह मेरा ही रूप है, वही बात दसवें अध्याय में ऐसे अनेक उदहारण देकर अर्जुन को भली-भाँति समझा दी है, कि "संसार की प्रत्येक श्रेष्ठ वस्तु मेरी ही विभूति है।" फिर अर्जुन के प्रार्थना करने पर ग्यारहवें अध्याय में भगवान ने उसे अपना विश्वरूप प्रत्यक्ष दिखलाया है; और उसकी दृष्टि के सन्मुख इस बात की सत्यता का अनुभव करा दिया है, कि मैं ही (परमेश्वर) सारे संसार में चारों ओर व्याप्त हूँ। परंतु इस प्रकार विश्वरूप दिखला कर और अर्जुन के मन में यह विश्वास करा करके, कि "सब कर्मों को करानेवाला मैं ही हूँ" भगवान ने तुरंत ही कहा है, कि "सच्चा कर्ता तो मैं ही हूँ, तू निमित्तमात्र है; इसलिए निःशंक होकर युद्ध कर" (गीता 11.33)। यद्यपि इस प्रकार यह सिद्ध हो गया, कि संसार में एक ही परमेश्वर है, तो भी अनेक स्थानों में परमश्वेर के अव्यक्त स्वरूप को ही प्रधान मानकर यह वर्णन किया

गया है, कि "मैं अव्यक्त हूँ परंतु मूर्ख लोग मुझे व्यक्त समझे हैं" (गीता 7.24); "यदक्षरं वेदविदो वदन्ति" (गीता 8.11ख)। जिसे वेदवेत्ता गण अक्षर कहते हैं; "अव्यक्त को अक्षर कहते हैं" (गीता 8.21); "मेरे यथार्थ स्वरूप को न पहचानकर मूर्ख लोग मुझे देहधारी मानते हैं" (गीता 9.11); "विद्याओं में अध्यात्मविद्या श्रेष्ठ" (गीता 10.32); और अर्जुन के कथनानुसार "त्वमक्षरं सदसत्तत्परं यत्" (गीता 11.37)। इसलिए बारहवें अध्याय के आरंभ में अर्जुन ने पूछा है, कि किस परमेश्वर की-व्यक्त की या अव्यक्त की-उपासना करनी चाहिए? तब भगवान ने अपना यह मत प्रदर्शित किया है, कि जिस व्यक्त स्वरूप की उपासना का वर्णन नवें अध्याय में हो चुका है, वही सुगम है, और दूसरे अध्याय में स्थितप्रज्ञ का जैसा वर्णन है, वैसा ही परम भगवद् भक्तों की स्थिति का वर्णन करके यह अध्याय पूरा कर दिया है।

कुछ लोगों की राय है, कि यद्यपि गीता के कर्म, भक्ति और ज्ञान ये तीन स्वतंत्र भाग न भी किए जा सकें; तथापि सातवें अध्याय से ज्ञान-विज्ञान का जो विषय आरंभ हुआ है, उसके भक्ति और ज्ञान ये दो पृथक् भाग सहज ही हो जाते हैं; और वे लोग कहते हैं, कि द्वितीय षड्ध्यायी भक्तिप्रधान हैं। परंतु कुछ विचार करने के उपरान्त किसी को भी ज्ञात हो जावेगा, कि यह मत भी ठीक नहीं है। कारण यह है, कि सातवें अध्याय का आरंभ क्षराक्षर-सृष्टि के ज्ञान-विज्ञान से किया गया है! न कि भक्ति से। और यदि कहा जाए, कि बारहवें अध्याय में भक्ति का वर्णन पूरा हो गया है; तो हम देखते हैं, कि अगले अध्यायों में ठौर-ठौर पर भक्ति के विषय में बार-बार यह उपदेश किया गया है, कि जो बुद्धि के द्वारा स्वरूप को नहीं जान सकते, वे श्रद्धापूर्वक दूसरों के वचनों पर विश्वास रखकर मेरा ध्यान करें" (गीता 13.25), "जो मेरी अव्यभिचारिणी भक्ति करता है, वह ब्रह्मभूत होता है" (14. गीता 26), "जो मुझे ही पुरुषोत्तम जानता है, वह मेरी ही भक्ति करता है" (गीता 15.19); और अंत में अठारहवें अध्याय में पुन: भक्ति का ही इस प्रकार उपदेश किया है, कि "सब धर्मों को छोड़कर तू मुझको भज" (गीता 18.66); इसलिए हम यह नहीं कह सकते, कि केवल दूसरी षडध्यायी ही में भक्ति का उपदेश है। इसी प्रकार, यदि भगवान का यह अभिप्राय होता, कि ज्ञान से भक्ति भिन्न है; तो चौथे अध्याय में ज्ञान की प्रस्तावना करके (गीता 4.34-37) सातवें अध्याय के अर्थात् उपर्युक्त आक्षेपकों के मतानुसार भक्ति-प्रधान षडध्यायी के आरंभ में, भगवान ने यह न कहा होता, कि अब मैं तुझे वही "ज्ञान और विज्ञान" बतलाता हूँ (गीता 7.2)। यह सच है, कि इससे आगे के नवें अध्याय में राजविद्या और राजगुह्य अर्थात् प्रत्यक्षावगम्य भक्ति-मार्ग बतलाया है; परंतु अध्याय के आरंभ में ही कह दिया है, कि "तुझे विज्ञान सहित ज्ञान बतलाता हूँ (गीता 9.1)। इससे स्पष्ट होता है, कि गीता में भक्ति का समावेश ज्ञान ही में गया प्रकट किया है। दसवें अध्याय में भगवान ने अपनी विभूतियों का वर्णन किया है; परंतु ग्यारहवें अध्याय के आरंभ में अर्जुन ने उसे ही 'अध्यात्म' कहा है (गीता 11.1), और ऊपर यह बतला ही दिया गया है; कि परमेश्वर के व्यक्त स्वरूप का वर्णन करते समय बीच-बीच में व्यक्त स्वरूप की अपेक्षा अव्यक्त स्वरूप की श्रेष्ठता की भी बातें आ गई हैं। इन्हीं सब बातों से बारहवें अध्याय के आरंभ में अर्जुन ने यह प्रश्न किया है, कि उपासना व्यक्त परमेश्वर की की जावे या अव्यक्त की? तब यह उत्तर देकर, कि अव्यक्त की क्षेत्र-क्षेत्रज्ञ का 'ज्ञान' बतलाना आरंभ कर दिया; और सातवें अध्याय के आरंभ के समान चौदहवें अध्याय के आरंभ में भी कहा है, कि "परं भूयः प्रवक्ष्यामि ज्ञानानां ज्ञानमुत्तमम्"-फिर से मैं तुझे वही 'ज्ञान-विज्ञान' पूरी तरह से बतलाता हूँ (गीता 14.1)। इस ज्ञान का वर्णन करते समय भक्ति का सूत्र या संबंध भी टूटने नहीं पाया है। इससे यह बात स्पष्ट मालूम हो

जाती है, कि भगवान का उद्देश्य और ज्ञान इन दोनों को पृथक् रीति से बतलाने का नहीं था; किंतु सातवें अध्याय में जिस ज्ञान-विज्ञान का आरंभ किया गया है, उसी में दोनों एकत्र गूंथ दिए गए हैं। भक्ति भिन्न और ज्ञान भिन्न है-यह कहना उस संप्रदाय के अभिमानियों की नासमझी है, वास्तव में गीता का अभिप्राय ऐसा नहीं है। अव्यक्तोपासना में (ज्ञानमार्ग में) अध्यात्म विचार से परमेश्वर के स्वरूप का जो ज्ञान प्राप्त कर लेना पड़ता है, वही भक्ति-मार्ग में भी आवश्यक है; परंतु व्यक्तोपासना में (भक्ति-मार्ग में) आरंभ में वह ज्ञान दूसरों से श्रद्धापूर्वक ग्रहण किया जा सकता है (गीता 13.25); इसलिए भक्ति-मार्ग प्रत्यक्षावगम्य और सामान्यत: सभी लोगों के लिए सुखकारक है (गीता 9.2) और ज्ञान-मार्ग (या अव्यक्तोपासना) क्लेशमय (गीता 12. 5 रहे)-बस, इसके अतिरिक्त इन दो साधनों में गीता की दृष्टि से और कुछ भी भेद नहीं है। परमेश्वर-स्वरूप का ज्ञान प्राप्त करके बुद्धि को सम करने का जो कर्मयोग का उद्देश्य या साध्य है, वह इन दोनों साधनों के द्वारा एक-सा ही प्राप्त होता है। इसलिए चाहे व्यक्तोपासना कीजिए या अव्यक्तोपासना; भगवान को दोनों एक ही समान ग्राह्य हैं। तथापि ज्ञानी पुरुषों को भी उपासना की थोड़ी-बहुत आवश्यकता होती ही है; इसलिए चतुर्विध भक्तों में भक्तिमान् ज्ञानी को श्रेष्ठ कहकर (गीता 7.17) भगवान ने ज्ञान और भक्ति के विरोध को हटा दिया है। कुछ भी हो; परंतु जब कि ज्ञान-विज्ञान का वर्णन किया जा रहा है, तब प्रसंगानुसार एक-आध अध्याय में व्यक्तोपासना का और किसी दूसरे अध्याय में अव्यक्तोपासना का विशेष वर्णन हो जाना अपरिहार्य है। परंतु इतने ही से यह संदेह न हो जावे, कि ये दोनों पृथक्-पृथक् हैं; इसलिए परमेश्वर के व्यक्त स्वरूप का वर्णन क़रते समय व्यक्त स्वरूप की अपेक्षा अव्यक्त की श्रेष्ठता और अव्यक्त स्वरूप का वर्णन करते समय व्यक्त स्वरूप की अपेक्षा अव्यक्त की श्रेष्ठता और अव्यक्त स्वरूप वर्णन करते समय भक्ति की आवश्यकता बतला देना भी भगवान नहीं भूले हैं। अब विश्वरूप के और विभूतियों के वर्णन में ही तीन-चार अध्याय लग गए हैं, इसलिए यदि इन तीन-चार अध्यायों को (षडध्यायी को नहीं) स्थूल मान से 'भक्ति-मार्ग' नाम देना ही किसी को पसंद हो, तो ऐसा क़रने में कोई हानि नहीं। कुछ भी कहिए; परंतु यह तो निश्चित रूप से मानना पड़ेगा, कि गीता में भक्ति और ज्ञान को न तो पृथक् किया है; और न इन दोनों मार्गों को स्वतंत्र भी कहा है। संक्षेप में उक्त निरुपण का यही भावार्थ ध्यान में रहे, कि कर्मयोग में जिस साम्य-बुद्धि को प्रधानता दी जाती है, उसकी प्राप्ति के लिए परमेश्वर के सर्वव्यापी स्वरूप का ज्ञान हो जाना चाहिए, फिर यह ज्ञान चाहे व्यक्त की उपासना से हो, चाहे अव्यक्त की; सुगमता के अतिरिक्त इनमें अन्य कोई भेद नहीं है; और गीता में सातवें से लगाकर सत्रहवें अध्याय तक सब विषयों को 'ज्ञान-विज्ञान' को 'अध्यात्म' यही नाम दिया गया है।

जब भगवान ने अर्जुन के कर्मचक्षुओं को विश्वरूप-दर्शन के द्वारा यह प्रत्यक्ष अनुभव करा दिया, कि परमेश्वर ही सारे ब्रह्मांड या क्षराक्षर-सृष्टि में समाया हुआ है; तब तेरहवें अध्याय में ऐसा क्षेत्र-क्षेत्रज्ञ-विचार बतलाया है, कि यही परमेश्वर पिंड में अर्थात् मनुष्य के शरीर में या क्षेत्र में आत्मा के रूप से निवास करता है; और इस आत्मा का अर्थात् क्षेत्रज्ञ का जो ज्ञान है, वही परमेश्वर का भी (परमात्मा का) ज्ञान है। प्रथम परमात्मा का अर्थात् परब्रह्म का "अनादिमत्परं ब्रह्म।" इत्यादि प्रकार-से उपनिषदों के आधार-से वर्णन करके आगे बतलाया गया है, कि यही क्षेत्र-क्षेत्रज्ञ-विचार 'प्रकृति' और 'पुरुष' नामक सांख्य-विवेचन में अंतर्भूत हो गया है; और अंत में यह वर्णन किया गया है, कि जो 'प्रकृति' और 'पुरुष' के भेद को पहचानकर अपने 'ज्ञानचक्षुओं' के द्वारा निर्गुण परमात्मा को जान लेता है, वह मुक्त हो जाता है। परंतु उसमें भी कर्मयोग का

यह सूत्र स्थिर रखा गया है, कि "सब काम प्रकृति करती है, आत्मा कर्ता नहीं है-यह जानने से कर्म बंधक नहीं होते" (गीता 13.29); और भक्ति का "ध्यानेनात्मानि पश्यन्ति" (गीता. 13.24) यह सूत्र भी स्थिर रखा है। चौदहवें अध्याय में उसी ज्ञान का वर्णन करते हए सांख्य-शास्त्र के अनुसार बतलाया गया है, कि सर्वत्र एक ही आत्मा या परमेश्वर के होने पर भी प्रकृति के सत्त्व, रज और तम गुणों के भेदों के कारण संसारम् वैचित्र्य उत्पन्न होता है। आगे कहा गया है, कि जो मनुष्य प्रकृति के इस खेल को जानकर और अपने को कर्ता न समझ भक्तियोग से परमेश्वर की सेवा करता है, वही सच्चा गुणातीत या मुक्त है। अंत में अर्जुन के प्रश्न करने पर स्थितप्रज्ञ और भक्तिमान पुरुष की स्थिति के समान ही त्रिगुणातीत की स्थिति का वर्णन किया गया है। श्रुति-ग्रंथों में परमेश्वर का कहीं कहीं वृक्षरूप से जो वर्णन पाया जाता है, उसी का पंद्रहवें अध्याय के आरंभ में वर्णन करके भगवान ने बतलाया है, कि जिसे सांख्यवादी "प्रकृति का पसारा" कहते हैं, षही वह अश्वत्थ वृक्ष है; और अंत में भगवान ने अर्जुन को यह उपदेश किया है, कि क्षर और अक्षर दोनों के परे जो पुरुषोत्तम है, उसे पहचानकर उसकी 'भक्ति' करने से मनुष्य कृतकृत्य हो जाता है; तू भी ऐसा ही कर। सोलहवें अध्याय में कहा गया है, प्रकृति भेद के कारण संसार में जैसे वैचित्र्य उत्पन्न होता है, उसी प्रकार मनुष्यों में भी भेद अर्थात् दैवी संपत्ति वाले और आसुरी संपत्ति वाले होते हैं; इसके बाद उनके कर्मों का वर्णन किया गया है; और यह बतलाया गया है, कि उन्हें कौन-सी गति प्राप्त होती है। अर्जुन के पूछने पर सत्रहवें अध्याय में इस बात का विवेचन किया गया है, कि त्रिगुणात्मक प्रकृति के गुणों की विषमता के कारण उत्पन्न होने वाला वैचित्र्य श्रद्धा, यज्ञ, तप इत्यादि में भी दीख पड़ता है। इसके बाद यह बतलाया गया है, कि 'ॐ तत्सत्' इस ब्रह्मनिर्देश के 'तत्' पद का अर्थ "निष्काम बुद्धि से किया गया कर्म" और 'सत्' पद का अर्थ "अच्छा परंतु काम्यबुद्धि से किया गया कर्म" होता है; और इस अर्थ के अनुसार वह सामान्य ब्रह्म-निर्देश भी कर्मयोग-मार्ग के ही अनुकूल है। सारांश-रूप से सातवें अध्याय से लेकर सत्रहवें अध्याय तक ग्यारह अध्यायों का तात्पर्य यही है, कि संसार में चारों ओर एक ही परमेश्वर व्याप्त है, फिर तुम चाहे उसे विश्वरूप-दर्शन के द्वारा पहचानो, चाहे ज्ञानचक्षु के द्वारा। शरीर में क्षेत्रज्ञ भी वही है, और क्षर-सृष्टि में अक्षर भी वही है। वही दृश्य सृष्टि में व्याप्त है, और उसके बाहर अथवा परे भी है। यद्यपि वह एक है, तो भी प्रकृति के गुणभेद के कारण व्यक्त सृष्टि में व्याप्त है, और उसके बाहर अथवा परे भी है। यद्यपि वह एक है, तो भी प्रकृति के गुणभेद के कारण व्यक्त सृष्टि में नानात्व या वैचित्र्य दीख पड़ता है, और इस माया से अथवा प्रकृति के गुणभेद के कारण ही दान, श्रद्धा, तप, यज्ञ, धृति, ज्ञान इत्यादि तथा मनुष्यों में भी अनेक भेद हो जाते हैं। परंतु इन सब भेदों में जो एकता है, उसे पहचानकर उस एक और नित्य तत्त्व की उपासना के द्वारा-फिर वह उपासना चाहे व्यक्त की हो, अथवा अव्यक्त की-प्रत्येक मनुष्य अपनी बुद्धि को स्थिर और सम करे, तथा इस निष्काम, सात्त्विक अथवा साम्य-बुद्धि-से ही संसार में स्वधर्मानुसार प्राप्त सब व्यवहार केवल कर्त्तव्य समझ किया करे। इस ज्ञान-विज्ञान का प्रतिपादन, इस ग्रंथ के अर्थात् गीतारहस्य के पिछले प्रकरणों में दिया है-अधिक विस्तार नहीं किया। हमारा प्रस्तुत उद्देश्य केवल गीता के अध्यायों की संगति देखना ही है; अतएव उस काम के लिए जितना भाग आवश्यक है, उतने का ही हमने यहाँ उल्लेख किया है।

कर्मयोग कर्म की अपेक्षा बुद्धि ही श्रेष्ठ है, इसलिए इस बुद्धि को शुद्ध और सम करने के लिए परमेश्वर की सर्वव्यापकता अर्थात् सर्वभूतान्तर्गत आत्मैक्य का जो 'ज्ञानविज्ञान' आवश्यक होता है, उसका वर्णन आरंभ करके अब तक इस बात का

निरूपण किया गया, कि भिन्न-भिन्न अधिकार के अनुसार व्यक्त या अव्यक्त की उपासना के द्वारा जब यह ज्ञान हृदय में भिद जाता है, तब बुद्धि को स्थिरता और समता प्राप्त हो जाती है; और कर्मों का त्याग न करने पर भी अंत में मोक्ष की प्राप्ति हो जाती है। इसी के साथ क्षराक्षर का और क्षेत्र-क्षेत्र का भी विचार किया गया है। परंतु भगवान ने निश्चित रूप से कह दिया है, कि इस प्रकार बुद्धि के सम हो जाने पर भी कर्मों का त्याग करने की अपेक्षा फलाशा को छोड़ देना और लोकसंग्रह के लिए आमरण कर्म ही करते रहना अधिक श्रेयस्कर है (गीता 5.2)। अतएव स्मृति-ग्रंथों में वर्णित 'संन्यासाश्रम' इस कर्मयोग में नहीं होता; और इससे मन्वादि स्मृति-ग्रंथों का तथा इस कर्मयोग का विरोध हो जाना संभव है। इसी शंका को मन में लाकर अठारहवें अध्याय के आरंभ में अर्जुन ने 'संन्यास' और 'त्याग' का रहस्य पूछा है। भगवान इस विषय में यह उत्तर देते हैं, कि 'सन्यास' का मूल अर्थ 'छोड़ना' है; और कर्मयोग-मार्ग में यद्यपि कर्मों को नहीं छोड़ते, तथापि फलाशा को छोड़ते हैं, इसलिए कर्मयोग तत्त्वत: संन्यास ही होता है; क्योंकि यद्यपि संन्यासी का भेष धारण करके भिक्षा न माँगी जावे, तथापि वैराग्य का और संन्यास का जो तत्त्व स्मृतियों में कहा गया है-अर्थात् बुद्धि का निष्काम होना-वह कर्मयोग में भी स्थिर रहता है। परंतु फलाशा के छूटने से स्वर्ग-प्राप्ति की भी आशा नहीं रहती, इसलिए यहाँ एक और शंका उपस्थित होती है, कि ऐसी दशा में यज्ञयागादिक श्रौतकर्म करने की क्या आवश्यकता है? इस पर भगवान ने अपना यह निश्चित मत बतलाया है, कि उपर्युक्त कर्म चित्तशुद्धिकारक हुआ करते हैं; इसलिए उन्हें भी अन्य कर्मों के साथ निष्काम बुद्धि से करते रहना चाहिए और इस प्रकार लोकसंग्रह के लिए यज्ञचक्र को हमेशा जारी रखना चाहिए। अर्जुन के प्रश्नों का इस प्रकार लोक संग्रह के लिए यज्ञचक्र को हमेशा जारी रखना चाहिए। अर्जुन के प्रश्नों का उत्तर देने पर प्रकृति-स्वभावनुरूप ज्ञान, कर्म, कर्ता, बुद्धि, धृति और सुख के जो सात्त्विक, तामस और राजस भेद हुआ करते हैं, उनका निरूपण करके गुणवैचित्र्य का विषय पूरा किया है। इसके बाद निश्चय किया गया है, कि निष्काम कर्म, निष्काम कर्ता, आसक्ति-रहित बुद्धि, अनासक्ति से होनेवाला सुख और 'अविभक्तं विभक्तेषु' इस नियम के अनुसार होने वाला आत्मैक्य-ज्ञान-ये ही सात्त्विक या श्रेष्ठ है। इसी तत्त्व के अनुसार चातुर्वर्ण्य की भी उपपत्ति बतलाई गई है, और कहा गया है कि, चातुर्वर्ण्य-धर्म से प्राप्त हुए कर्मों को सात्त्विक अर्थात् निष्काम बुद्धि से केवल कर्त्तव्य मानकर करते रहने से ही मनुष्य इस संसार में कृतकृत्य हो जाता है और अंत में उसे शांति तथा मोक्ष की प्राप्ति हो जाती है। अंत में भगवान ने अर्जुन को भक्ति-मार्ग का यह निश्चित उपदेश किया है, कि कर्म तो प्रकृति का धर्म है, इसलिए यदि तू उन्हें छोड़ना चाहे, तो भी वे न छूटेंगे, अतएव यह समझकर, कि सब करने वाला और कराने वाला परमेश्वर ही है, तू उसकी शरण में जा और सब काम निष्काम बुद्धि से करता जा। मैं ही वह परमेश्वर हूँ, मुझ पर विश्वास रख, मुझे भज, मैं तुझे सब पापों से मुक्त करूँगा। ऐसा उपदेश करके भगवान ने गीता के प्रवृत्ति-प्रधान धर्म का निरूपण पूरा किया है। सारांश यह है, कि इस लोक और परलोक इन दोनों का विचार करके ज्ञानवान् एवं शिष्ट जनों ने 'सांख्य' और 'कर्मयोग' नामक जिन दो निष्ठाओं को प्रचलित किया है, उन्हीं से गीता के उपदेश का आरंभ हुआ है। इन दोनों में-से, पाँचवें अध्याय के निर्णयानुसार, जिस कर्मयोगी की योग्यता अधिक है, जिस कर्मयोग की सिद्धि के लिए छठे अध्याय में पातंजलयोग का वर्णन किया है, जिस कर्मयोग के आचरण की विधि का वर्णन अगले ग्यारह अध्यायों में (7 से 17 तक) पिंड ब्रह्मांड-ज्ञानपूर्वक विस्तार से किया गया है; और यह कहा गया है, कि उस विधि से आचरण करने पर परमेश्वर का पूरा ज्ञान हो

जाता है, एवं अंत में मोक्ष की प्राप्ति होती है, उसी कर्मयोग का समर्थन अठारहवें अध्याय में अर्थात् अंत में भी है और मोक्षरूपी आत्म कल्याण के आड़े न आकर परमेश्वरार्पण-पूर्वक केवल कर्त्तव्यबुद्धि से स्वधर्मानुसार लोक संग्रह के लिए सब कर्मों को करते रहने का जो यह योग या युक्ति है, उसकी श्रेष्ठता का यह भगवत्प्रणीत उपपादन जब अर्जुन ने सुना, तभी उसने संन्यास लेकर भिक्षा माँगने का अपना पहला विचार छोड़ दिया और अब-केवल भगवान के कहने से नहीं; किंतु कर्माकर्म-शास्त्र का पूर्ण ज्ञान हो जाने के कारण-वह स्वयं अपनी इच्छा से युद्ध करने के लिए प्रवृत्त हो गया है। अर्जुन को युद्ध में प्रवृत्त करने के लिए ही गीता का आरंभ हुआ है; और उसका अंत भी वैसा ही हुआ है (गीत 18.73)।

गीता के अठारह अध्यायों की जो संगति ऊपर बतलाई गई है, उससे यह प्रकट हो जाएगा, कि गीता केवल कर्म, भक्ति और ज्ञान इन तीन स्वतंत्र निष्ठाओं की खिचड़ी नहीं है; अथवा वह सूत, रेशम और जरी के चिथड़ों की सिली हुई गुदड़ी नहीं है; वरन् दीख पड़ेगा, कि सूत, रेशम और जरी ने ताने-बाने को यथास्थान में योग्य रीति से एकत्र करके, यह कर्मयोग नामक मूल्यवान् और मनोहर गीता रूपी वस्त्र आदि से अंत तक "अत्यंत योगमुक्त चित्त से" एक-सा बुना गया है। यह सच है, कि निरूपण की पद्धति संवादात्मक होने के कारण शास्त्रीय पद्धति की रुक्षता हट गई है; और उसके बदले गीता में सुलभता और प्रेम रस भर गया है, तो शास्त्रीय पद्धति के हेतु-अनुमानों की केवल बुद्धि ग्राह्य तथा नीरस कटकट छूट जाने का किसी को भी तिल मात्र बुरा न लगेगा। इसी प्रकार यद्यपि गीता-निरूपण की पद्धति पौराणिक या संवादात्मक है, तो भी यह बात इस ग्रंथ के कुल विवेचन से मालूम हो जाएगी, कि ग्रंथ परीक्षण की मीमांसकों की सब कसौटियों पर कसने पर भी गीता का तात्पर्य निश्चित करने में कुछ भी बाधा नहीं होती। गीता का आरंभ देखा जाए तो मालूम होगा, कि अर्जुन क्षात्र-धर्म के अनुसार लड़ाई करने के लिए चला था। जब धर्माधर्म की विचिकित्सा के चक्कर में पड़ गया, तब उसे वेदान्त शास्त्र के आधार पर प्रवृत्ति-प्रधान कर्मयोग-धर्म का उपदेश करने के लिए गीता प्रवृत्त हुई है; और हमने पहले ही प्रकरण में यह बतला दिया है, कि गीता के उपसंहार और फल दोनों इसी प्रकार के अर्थात् प्रवृत्ति-प्रधान ही हैं। इसके बाद हमने बतलाया है, कि गीता में अर्जुन को जो उपदेश किया है, उसमें "तू युद्ध अर्थात् कर्म ही कर" ऐसा दस-बारह बार स्पष्ट रीति से और पर्याय से तो अनेक बार (अभ्यास) बतलाया है; और हमने यह भी बतलाया है, कि संस्कृत-साहित्य में कर्मयोग की उपपत्ति बतलाने वाला गीता के सिवा दूसरा ग्रंथ नहीं है, इसलिए अभ्यास और अपूर्वता इन दो प्रमाणों से गीता में कर्मयोग की प्रधानता ही अधिक व्यक्त होती है। मीमांसकों ने ग्रंथ-तात्पर्य का निर्णय करने के लिए जो कसौटियाँ बतलाई हैं, उनमें से अर्थवाद और उपपत्ति ये दोनों शेष रह गई थी। उनके विषय में पहले पृथक्-पृथक् प्रकरणों में और अब गीता के अध्यायों के क्रमानुसार इस प्रकरण में जो विवेचन किया गया है, उससे यही निष्पन्न हुआ है, कि गीता में अकेला 'कर्मयोग' ही प्रतिपाद्य विषय है। इस प्रकार ग्रंथतात्पर्य-निर्णय के मीमांसकों के सब नियमों का उपयोग करने पर यही बात निर्विवाद सिद्ध होती है, कि गीता-ग्रंथ में ज्ञानमूलक और भक्ति-प्रधान कर्मयोग ही का प्रतिपादन किया गया है। अब इसमें संदेह नहीं कि, इसके अतिरिक्त शेष सब गीता-तात्पर्य केवल सांप्रदायिक है। यद्यपि ये सब तात्पर्य सांप्रदायिक हों, तथापि ये प्रश्न किया जा सकता है, कि कुछ लोगों को गीता में सांप्रदायिक अर्थ-विशेषत: संन्यास-प्रधान अर्थ-ढूँढने का मौका कैसे मिल गया? जब तक इस प्रश्न का भी विचार न हो जाएगा, तब तक यह नहीं कहा जा सकता, कि सांप्रदायिक अर्थों की चर्चा पूरी हो चुकी है, इसलिए अब

संक्षेप में इसी बात का विचार किया जाएगा, कि ये सांप्रदायिक टीकाकार गीता का संन्यास-प्रधान अर्थ कैसे कर सकें, और फिर यह प्रकरण पूरा किया जाएगा।

हमारे शास्त्रकारों का यह सिद्धान्त है, कि चूँकि मनुष्य बुद्धिमान प्राणी है, इसलिए पिंड-ब्रह्मांड के तत्त्व को पहचानना ही उसका मुख्य काम या पुरुषार्थ है; और इसी को धर्मशास्त्र में 'मोक्ष' कहते हैं। परंतु दृश्य सृष्टि के व्यवहारों की ओर ध्यान देकर शास्त्रों में ही यह प्रतिपादन किया गया है, कि पुरुषार्थ चार प्रकार के हैं-जैसे धर्म, अर्थ, काम और मोक्ष। यह पहले ही बतला दिया गया है, कि इस स्थान पर 'धर्म' शब्द का अर्थ व्यावहारिक, सामाजिक और नैतिक धर्म समझना चाहिए। अब पुरुषार्थ को इस प्रकार चतुर्विध मानने पर यह प्रश्न सहज ही उत्पन्न हो जाता है, कि पुरुषार्थ के चारों अंग या भाग परस्पर पोषक हैं या नहीं? इसलिए स्मरण रहे, कि पिंड में और ब्रह्मांड में जो तत्त्व है, उसका ज्ञान हुए बिना मोक्ष नहीं मिलता, फिर वह ज्ञान किसी भी मार्ग से प्राप्त हो। इस सिद्धान्त के विषय में शाब्दिक मतभेद भले ही हों; परंतु तत्त्वतः कुछ मतभेद नहीं हैं। कम से कम गीता-शास्त्र का तो यह सिद्धान्त सर्वथैव ग्राह्य है। इसी प्रकार गीता को यह तत्त्व भी पूर्णतया मान्य है, कि यदि अर्थ और काम, इन दोनों पुरुषार्थों को प्राप्त करना हो, तो वे भी नीतिधर्म से ही प्राप्त किए जाएं। अब केवल धर्म (अर्थात् व्यावहारिक चातुर्वर्ण्य-धर्म) और मोक्ष के पारस्परिक संबंध का ही निर्णय करना शेष रह गया। इनमें से धर्म के विषय में तो यह सिद्धान्त सभी पक्षों को मान्य हैं, कि धर्म के द्वारा चित्त को शुद्ध किए बिना मोक्ष की बात ही करना व्यर्थ है। परंतु इस प्रकार चित्त को शुद्ध करने के लिए बहुत समय लगता है; इसलिए मोक्ष की दृष्टि से विचार करने पर भी यही सिद्ध होता है, कि तत्पूर्वकाल में पहले पहल संसार के सब कर्त्तव्यों को 'धर्म-से' पूरा कर लेना चाहिए (मनु. 6.35-37)। संन्यास का अर्थ है 'छोड़ना', और जिसने धर्म के द्वारा इस संसार में कुछ प्राप्त या सिद्ध नहीं किया है वह त्याग ही क्या करेगा? अथवा जो 'प्रपंच' (सांसारिक कर्म) ही ठीक ठीक साध नहीं सकता, उस 'अभागी' से परमार्थ भी कैसे ठीक सधेगा (दास. 12.1.1-10; 12.8.21-31)? किसी का अंतिम उद्देश्य या साध्य चाहे सांसारिक ही अथवा पारमार्थिक, परंतु यह बात प्रकट है, कि उसकी सिद्धि के लिए दीर्घ प्रयत्न, मनोनिग्रह और सामर्थ्य इत्यादि गुणों की एक-सी आवश्यकता होती है; और जिसमें ये गुण विद्यमान नहीं होते, उसे किसी भी उद्देश्य या साध्य की प्राप्ति नहीं होती। इस बात को मान लेने पर भी कुछ लोग इससे आगे बढ़कर कहते हैं, कि जब दीर्घ प्रयत्न और मनोनिग्रह के द्वारा आत्मज्ञान हो जाता है, तब अंत में संसार के विषयोपभोग रूपी सब व्यवहार निस्सार प्रतीत होने लगते हैं; और जिस प्रकार साँप अपनी निरुपयोगी केंचुली को छोड़ देता है, उसी प्रकार ज्ञानी पुरुष भी सब सांसारिक विषयों को छोड़ केवल परमेश्वर-स्वरूप में ही लीन हो जाया करते हैं (बृ. 4.4.7)। जीवन व्यतीत करने के इस मार्ग में चूँकि सब व्यवहारों का त्याग कर अंत में केवल ज्ञान को ही प्रधानता दी जाती है, अतएव उसे ज्ञाननिष्ठा, सांख्यनिष्ठा अथवा सब व्यवहारों का त्याग करने से संन्यास निष्ठा भी कहते हैं। परंतु इसके विपरीत गीताशास्त्र में कहा है, कि आरंभ में चित्त की शुद्धता के लिए 'धर्म' की आवश्यकता तो है ही, परंतु आगे चित्त की शुद्धि होने पर भी-स्वयं अपने लिए विषयोपभोगरूपी व्यवहार चाहे तुच्छ हो जावें; तो भी-उन्हीं व्यवहारों को केवल स्वधर्म और कर्त्तव्य समझकर लोक संग्रह के लिए निष्काम बुद्धि से करते रहना आवश्यक है। यदि ज्ञानी मनुष्य ऐसा न करेगा, तो लोगों को आदर्श बतलाने वाला कोई भी न रहेगा और फिर इस संसार का नाश हो जाएगा। इस कर्मभूमि में किसी के भी कर्म छूट नहीं सकते; और यदि बुद्धि निष्काम हो जावे, तो कोई भी कर्म मोक्ष के आड़े आ नहीं सकता।

इसलिए संसार के कर्मों का त्याग न कर सब व्यवहारों को विरक्त-बुद्धि से अन्य जनों की नाई मृत्यु पर्यंत करते रहना ज्ञानी पुरुष का भी कर्त्तव्य हो जाता है। गीता-प्रतिपादित जीवन व्यतीत करने के इस मार्ग को ही कर्मनिष्ठा या कर्मयोग कहते हैं। परंतु यद्यपि कर्मयोग इस प्रकार श्रेष्ठ निश्चित किया गया है, तथापि उसके लिए गीता में संन्यास-मार्ग की कहीं भी निंदा नहीं की गई है, उलटे यह कहा है, कि वह भी मोक्ष को देने वाला ही है। स्पष्ट ही है, कि सृष्टि के आरंभ में सनत्कुमार प्रभृति और आगे चलकर शुक-याज्ञवल्क्य आदि ऋषियों ने जिस मार्ग को स्वीकार किया है, उसे भगवान भी किस प्रकार सर्वथैव त्याज्य कहेंगे? संसार के व्यवहार किसी मनुष्य को अंशतः उसके प्रारब्ध-कर्मानुसार प्राप्त हुए जन्म-स्वभाव से नीरस या मधुर मालूम होते हैं; और यह पहले कह चुके हैं, कि ज्ञान हो जाने पर भी प्रारब्ध-कर्म को भोगे बिना छुटकारा नहीं। इसलिए इस प्रारब्ध-कर्मानुसार प्राप्त हुए जन्म-स्वभाव के कारण यदि किसी ज्ञानी पुरुष का जो सांसारिक व्यवहारों से ऊब जावे; और यदि वह संन्यासी हो जाए, तो उसकी निंदा करने से कोई लाभ नहीं। आत्मज्ञान के द्वारा जिस सिद्ध पुरुष की बुद्धि निःसंग और पवित्र हो गई है, वह इस संसार में चाहे और कुछ करे या न करे, परंतु इस बात को नहीं भूलना चाहिए, कि वह मानवी बुद्धि की शुद्धता की परम सीमा, और विषयों में स्वभावतः लुब्ध होनेवाली हठीली मनोवृत्तियों को अपने ताबें में रखने की सामर्थ्य की पराकाष्ठा सब लोगों को प्रत्यक्ष-रीति से दिखला देता है। उसका यह कार्य लोक संग्रह की दृष्टि से कुछ छोटा नहीं है। लोगों के मन में कुछ संन्यास-धर्म के विषय में जो आदर-बुद्धि विद्यमान है, उसका सच्चा कारण यही है; और मोक्ष की दृष्टि से वह गीता को भी संमत है। परंतु केवल जन्म-स्वभाव की ओर, अर्थात् प्रारब्ध-कर्म की ही ओर ध्यान न देकर यदि शास्त्र की रीति के अनुसार इस बात का विचार किया जावे, कि जिसने पूरी आत्म-स्वतंत्रता प्राप्त कर ली है, उस ज्ञानी पुरुष को इस कर्म-भूमि में किस प्रकार बर्ताव करना चाहिए; तो गीता के अनुसार यह सिद्धान्त करना पड़ता है, कि कर्मत्याग-पक्ष गौण है; और सृष्टि के आरंभ में मरीचि प्रभृति ने तथा आगे चलकर जनक आदिकों ने जिस कर्मयोग का आचरण किया है, उसी को ज्ञानी पुरुष लोक संग्रह के लिए स्वीकार करें। क्योंकि, अब न्यायतः यही कहना पड़ता है, कि परमेश्वर की निर्माण की हुई सृष्टि को चलाने का काम भी ज्ञानी कहना पड़ता है, कि परमेश्वर की निर्माण की हुई सृष्टि को चलाने का काम भी ज्ञानी मनुष्य को ही करना चाहिए; और इस मार्ग में ज्ञान-सामर्थ्य के साथ ही कर्म-सामर्थ्य का भी विरोध रहित मेल होने के कारण, यह कर्मयोग केवल सांख्यमार्ग की अपेक्षा कहीं अधिक योग्यता का निश्चित होता है।

सांख्य और कर्मयोग, इन दोनों निष्ठाओं में जो मुख्य भेद है, उसका उक्त रीति-से विचार करने पर सांख्य+निष्काम कर्म=कर्मयोग यह समीकरण निष्पन्न होता है; और वैशंपायन के कथनानुसार गीता-प्रतिपादन प्रवृत्ति-प्रधान कर्मयोग के प्रतिपादन में ही सांख्य-निष्ठा के निरुपण का भी सरलता से समावेश हो सकता है (सभा. शां. 348. 53); और इसी कारण से गीता के संन्यास-मार्गीय टीकाकारों को यह बतलाने के लिए अच्छा अवसर मिल गया है, कि गीता में उनका सांख्य या संन्यास-मार्ग ही प्रतिपादित है। गीता के जिन श्लोकों में कर्म को श्रेयस्कर निश्चित कर कर्म करने को कहा है, उन श्लोकों की ओर ध्यान न देने से अथवा यह मनगढ़ंत बात कह देने से, कि वे सब श्लोक अर्थवादात्मक अर्थात् आनुषंगिक एवं प्रशंसात्मक है या किसी अन्य युक्ति से उपर्युक्त समीकरण के 'निष्काम कर्म' को उड़ा देने से, उसी समीकरण का 'सांख्य = कर्मयोग' यह रूपांतर हो जाता है; और फिर यह कहने के इस रीति से गीता का अर्थ

किया है, वह गीता के उपक्रमोपसंहार के अत्यंत विरुद्ध है; और इस ग्रंथ में हमने स्थान-स्थान पर स्पष्ट रीति से दिखला दिया है, कि गीता में कर्मयोग को गौण तथा संन्यास को प्रधान मानना वैसे ही अनुचित है, जैसे घर-मालिक को कोई उसी के घर में पाहुना कह दे; और पाहुने को घर-मालिक ठहरा दे; और जिन लोगों का मत है, कि गीता में केवल वेदान्त, केवल भक्तितिपादन किया गया है, उनके इन मतों का भी खंडन हम कर ही चुके हैं। गीता में कौन-सी बात नहीं है? वैदिक धर्म में मोक्ष-प्राप्ति के जितने साधन या मार्ग हैं, उनमें से प्रत्येक मार्ग का कुछ-न-कुछ भाग गीता में है; और इतना होने पर भी, "भूतमुन्न च भूतस्यो" के (गीता 9.5) न्याय से गीता का सच्चा रहस्य इन मार्गों की अपेक्षा भिन्न ही है। संन्यास-मार्ग अर्थात् उपनिषदों का यह तत्त्व गीता को ग्राह्य है, कि ज्ञान के बिना मोक्ष नहीं; परंतु उसे निष्काम कर्म के साथ जोड़ देने के कारण गीता-प्रतिपादित भागवत धर्म में ही यति-धर्म का ही सहज ही समावेश हो गया है। तथापि संन्यास और वैराग्य का अर्थ यह नहीं किया है, कि कर्मों को छोड़ देना चाहिए; किन्तु यह कहा है, कि केवल फलाशा का ही त्याग करने में सच्चा वैराग्य या संन्यास है और अंत में सिद्धान्त किया है, कि उपनिषत्कारों के कर्म-संन्यास की अपेक्षा निष्काम कर्मयोग अधिक श्रेयस्कर है। कर्मकांडी मीमांसकों का यह मत भी गीता को मान्य है, कि यदि केवल यज्ञ के लिए ही वैदविहित यज्ञयागादि कर्मों का आचरण किया जावे, तो वे बंधक नहीं होते; परंतु 'यज्ञ' शब्द का अर्थ विस्तृत करके गीता ने उक्त मत में यह सिद्धान्त और जोड़ दिया है, कि यदि फलाशा त्याग कर सब कर्म किए जावें, तो यही एक बड़ा भारी यज्ञ हो जाता है, इसलिए मनुष्य का यही कर्त्तव्य है, कि वह वर्णाश्रमविहित सब कर्मों को केवल निष्काम बुद्धि से सदैव करता रहे। सृष्टि की उत्पत्ति के क्रम से विषय में उपनिषत्कारों के मत की अपेक्षा सांख्या में प्रधान माना गया है; तो भी प्रकृति और पुरुष तक ही न ठहर कर, सृष्टि के उत्पत्ति-क्रम की परंपरा उपनिषदों में वर्णित नित्य परमात्मा पर्यंत ले जाकर भिड़ा दी गई है। केवल बुद्धि के द्वारा अध्यात्म ज्ञान को प्राप्त कर लेना क्लेशदायक है, इसलिए भागवत या नारायणीय धर्म में जो कहा है, कि उसे भक्ति और श्रद्धा के द्वारा प्राप्त कर लेना चाहिए, उस वासुदेव-भक्ति की विधि का वर्णन भी गीता में किया गया है; परंतु इस विषय में भी भागवत धर्म की सब अंशों में कुछ नकल नहीं की गई है; वरन् भागवत धर्म में भी वर्णित जीव के उत्पत्ति विषयक इस मत को वेदान्त-सूत्र की नाई गीता ने भी त्याज्य माना है, कि वासुदेव से संकर्षण से जो जीव उत्पन्न हुआ है; और भागवत धर्म में वर्णित भक्ति का तथा उपनिषदों के क्षेत्र-क्षेत्रज्ञ-सौबौधी सिद्धान्त का गीता में पूरा-पूरा मेल कर दिया है। इसके सिवा मोक्ष-प्राप्ति का दूसरा साधन पातंजलयोग है; तथापि गीता यह कहती है, कि बुद्धि को सम करने के लिए इंद्रिय निग्रह करने की आवश्यकता है, इसलिए उतने भर के लिए पातंजलयोग के यम-नियमुआसन आदि साधनों का उपयोग कर लेना चाहिए। सारांश, वैदिक धर्म में मोक्ष-प्राप्ति के जो जो साधन बतलाए गए हैं, उन सभी का कुछ-न-कुछ वर्णन, कर्मयोग का सांगोपांग विवेचन करने के समय, गीता में प्रसंगानुसार करना पड़ा है। यदि इस सब वर्णनों को स्वतंत्र माना जाए, तो विसंगति उत्पन्न होकर ऐसा आभास होता है, कि गीता के सिद्धान्त परस्पर विरोधी हैं और यह आभास भिन्न भिन्न सांप्रदायिक टीकाओं से तो और भी अधिक दृढ़ हो जाता है। परंतु जैसा हमने ऊपर कहा है, उसके द्वारा कर्मयोग समर्थन करना ही गीता का मुख्य प्रतिपाद्य विषय है, तो ये सब विरोध लुप्त हो जाते हैं और पूर्ण व्यापक दृष्टि को स्वीकार कर जिस अलौकिक चातुर्य से गीता के तत्त्वज्ञान के साथ भक्ति तथा कर्मयोग का यथोचित मेल कर दिया गया है, उसको देख दाँतों तले अंगुली दबाकर रह जाना

पड़ता है। गंगा में कितनी ही नदियाँ क्यों न आ मिलें; परंतु इससे उसका मूल स्वरूप नहीं बदलता; बस ठीक यही हाल गीता का भी है। उसमें सब कुछ भले ही हो; परंतु उसका प्रतिपाद्य विषय तो कर्मयोग ही है। यद्यपि इस प्रकार कर्मयोग ही मुख्य विषय है; तथापि कर्म के साथ ही मोक्ष-धर्म के मर्म का भी इसमें भली-भाँति निरूपण किया गया है, इसलिए कार्य-अकार्य का निर्णय करने के हेतु बतलाया गया है गीता-धर्म ही-"स हि धर्मः सुपर्याप्तो ब्रह्मणः पदवेदने" (म. भा. अश्व. 16.12)-ब्रह्म की प्राप्ति करा देने के लिए भी पूर्ण समर्थ है; और भगवान ने अर्जुन से अनुगीता के आरंभ में स्पष्ट रीति से कह दिया है, कि इस मार्ग से चलने वाले को मोक्ष-प्राप्ति के लिए किसी भी अन्य अनुष्ठान की आवश्यकता नहीं है। हम जानते हैं, कि संन्यास-मार्ग के उन लोगों को हमारा उपरोक्त कथन रोचक प्रतीत न होगा, जो यह प्रतिपादन किया करते हैं, कि बिना सब व्यावहारिक कर्मों का त्याग किए मोक्ष की प्राप्ति होती नहीं; परंतु इसके लिए कोई अन्य उपाय नहीं है। गीता-ग्रंथ न तो संन्यास-मार्ग का है और न निवृत्ति-प्रधान किसी दूसरे ही पंथ का भी। इतना ही नहीं, तो गीताशास्त्र की प्रवृत्ति इसलिए हुई है, कि वह ब्रह्मज्ञान की दृष्टि से ठीक-ठीक युक्ति सहित इस प्रश्न का उत्तर दे, कि ज्ञान की प्राप्ति हो जाने पर भी कर्मों का संन्यास करना अनुचित क्यों है? इसलिए संन्यास-मार्ग के अनुयायियों को चाहिए, कि वे गीता को भी 'संन्यास देने' की झंझट में न पड़ 'संन्याससमार्ग-प्रतिपादक' जो अन्य वैदिक ग्रंथ हैं, उन्हीं से संतुष्ट रहें। अथवा गीता में संन्यास-मार्ग को भी भगवान ने जिस निरभिमान बुद्धि से निःश्रेयस्कर कहा है, उसी सम-बुद्धि से सांख्यमार्ग वालों को भी यह कहना चाहिए, कि "परमेश्वर का हेतु यह है, कि संसार चलता रहे; और जब कि इसीलिए वह बार-बार अवतार धारण करता है, तब ज्ञान प्राप्ति के अनंतर निष्काम बुद्धि से व्यावहारिक कर्मों को करते रहने के जिस मार्ग का उपदेश भगवान ने गीता में दिया है, वही मार्ग कलिकाल में उपयुक्त है";-और ऐसा कहना ही उनके लिए सर्वोत्तम पक्ष है।

❑❑❑

पंद्रहवाँ प्रकरण

उपसंहार

तस्मात्सर्वेषु कालेषु मामनुस्मर युध्य च।[1]

– गीता 8.7

चाहे आप गीता के अध्यायों की संगति या मेल देखिए, या उन अध्यायों के विषयों का मीमांसकों की पद्धति से पृथक् पृथक् विवेचन कीजिए; किसी भी दृष्टि से विचार कीजिए; अंत में गीता का यही सच्चा तात्पर्य सिद्ध होता है कि "ज्ञान भक्तियुक्त कर्मयोग" ही गीता का सार है; अर्थात् सांप्रदायिक टीकाकारों ने कर्मयोग को गौण ठहरा कर गीता के जो अनेक प्रकार के तात्पर्य बतलाए हैं, वे यथार्थ नहीं हैं, किंतु उपनिषदों में वर्णित अद्वैत वेदान्त का भक्ति के साथ मेल कर उसके द्वारा बड़े बड़े कर्मवीरों के चरित्रों का रहस्य या उनके जीवन क्रम की उपपत्ति बतलाना ही गीता का सच्चा तात्पर्य है। मीमांसकों के कथनानुसार केवल श्रौत-स्मार्त कर्मों को सदैव करते रहना भले ही शास्त्रोक्त हो; तो भी ज्ञान रहित केवल तांत्रिक क्रिया से बुद्धिमान मनुष्य का समाधान नहीं होता; और यदि उपनिषदों में वर्णित धर्म को देखें, तो वह केवल ज्ञानमय होने के कारण अल्प-बुद्धि वाले मनुष्यों के लिए अत्यंत कष्ट साध्य है। इसके सिवा एक और बात है, उपनिषदों का संन्यास-मार्ग भी लोक संग्रह का बाधक है; इसलिए भगवान ने ऐसे ज्ञानमूलक, भक्ति-प्रधान और निष्काम कर्मविषयक धर्म का उपदेश गीता में किया है, कि जिसका पालन आमरण किया जावे; जिससे बुद्धि (ज्ञान), प्रेम (भक्ति) और कर्त्तव्य का ठीक ठीक मेल हो जावे; मोक्ष की प्राप्ति में कुछ अंतर न पड़ने पावे; और लोक-व्यवहार भी सरलता से होता रहे। इसी में कर्म-अकर्म के शास्त्र का सब सार भरा हुआ है। अधिक क्या कहें, गीता के उपक्रम-उपसंहार से यह बात स्पष्टतया विदित हो जाती है, कि अर्जुन को इस धर्म का उपदेश करने में कर्म-अकर्म का विवेचन ही मूल कारण है। इस बात का विचार दो तरह से किया जाता है, कि किस कर्म को धर्म्य, पुण्यप्रद, न्याय या श्रेयस्कर कहना चाहिए; और किस कर्म को इसके विरुद्ध अर्थात् अधर्म्य, पापप्रद, अन्याय या गर्ह्य कहना चाहिए। पहली रीति यह है, कि उपपत्ति, कारण या मर्म न बतलाकर केवल यह कह दे, कि किसी काम को अमुक रीति से करो, सच बोलो, धर्मचरण करो, इत्यादि बातें इसी प्रकार की हैं। मनुस्मृति आदि स्मृति-ग्रंथों में तथा उपनिषदों में ये विधियाँ, आज्ञाएँ अथवा आचार स्पष्ट रीति से बतलाए गए हैं। परंतु

1. "इसलिए सदैव मेरा स्मरण कर और लड़ाई कर।" लड़ाई कर-शब्द की योजना यहाँ: पर प्रसंगानुसार की गई है; परंतु उसका अर्थ केवल 'लड़ाई कर' ही नहीं है, यह अर्थ भी समझा जाना चाहिए, कि "यथाधिकार कर्म कर।"

मनुष्य ज्ञानवान् प्राणी है; इसलिए उसका समाधान केवल ऐसी विधियों या आज्ञाओं से नहीं हो सकता; क्योंकि मनुष्य की यही स्वाभाविक इच्छा होती है, कि वह उन नियमों के बनाए जाने का कारण भी जान ले; और इसलिए यह विचार करके इन नियमों के नित्य तथा मूल तत्त्व की खोज करता है-बस; यही दूसरी रीति है, कि जिसमें कर्म-अकर्म, धर्म-अधर्म, पुण्य-पाप आदि का विचार किया जाता है। व्यावहारिक धर्म के अंत को इस रीति से देखकर उसके मूल तत्त्वों को ढूँढ निकालना शास्त्र का काम है; तथा उस विषय के केवल नियमों को एकत्र करके बतलाना आचार संग्रह कहलाता है। कर्ममार्ग का आचार-संग्रह स्मृति-ग्रंथों में है; और उनके आचारों के मूल तत्त्वों का शास्त्रीय अर्थात् तात्त्विक विवेचन भगवद्गीता में संवाद पद्धति से या पौराणिक रीति से किया गया है। अतएव भगवद्गीता के प्रतिपाद्य विषय को केवल कर्मयोग न कहकर कर्मयोगशास्त्र कहना ही अधिक उचित तथा प्रशस्त होगा; और यही योगशास्त्र शब्द भगवद्गीता के अध्याय-समाप्ति-सूचक संकल्प में आया है। जिन पश्चिमी पंडितों ने पारलौकिक दृष्टि को त्याग दिया है या जो लोग उसे गौण मानते हैं, वे गीता में प्रतिपादित कर्मयोगशास्त्र को ही भिन्न भिन्न लौकिक नाम दिया करते हैं-जैसे सद्व्यवहारशास्त्र, सदाचारशास्त्र, नीतिशास्त्र, नीतिमीमांसा, नीतिशास्त्र के मूल तत्त्व, कर्त्तव्यशास्त्र, कार्य-अकार्य व्यवस्थिति, समाजधारणशास्त्र इत्यादि। इन लोगों की नीति-मीमांसा की पद्धति भी लौकिक ही रहती है। इसी कारण से ऐसे पाश्चात्य पंडितों के ग्रंथों का जिन्होंने अवलोकन किया है, उनमें से बहुतों की यह समझ हो जाती है, कि संस्कृत साहित्य में सदाचरण या नीति के मूल तत्त्वों की चर्चा किसी ने नहीं की है। वे कहने लगते हैं कि, "हमारे यहाँ जो कुछ गहन तत्त्वज्ञान है, वह सिर्फ हमारा वेदान्त ही है; और वर्तमान वेदान्त-ग्रंथों को देखो; तो मालूम होगा, कि वे सांसारिक कर्मों के विषय में प्राय: उदासीन हैं। ऐसी अवस्था में कर्मयोगशास्त्र का अथवा नीति का विचार कहाँ मिलेगा? यह विचार व्याकरण अथवा न्याय के ग्रंथों में तो मिलनेवाला है ही नहीं; और स्मृति-ग्रंथों में धर्मशास्त्र के संग्रह के सिवा और कुछ भी नहीं; इसलिए हमारे प्राचीन शास्त्रकार, मोक्ष ही के गूढ़ विचारों में निमग्न होने के कारण सदाचरण के या नीति धर्म के मूल-तत्त्वों का विवेचन करना भूल गए!" परंतु महाभारत और गीता को ध्यानपूर्वक पढ़ने से यह भ्रमपूर्ण समझ दूर हो जा सकती है। इतने पर भी कुछ लोग कहते हैं, कि महाभारत एक अत्यंत विस्तीर्ण ग्रंथ है, इसलिए उसको पढ़कर पूर्णतया मनन करना बहुत ही कठिन है; और गीता यद्यपि एक छोटा-ही ग्रंथ है तो भी उसमें सांप्रदायिक टीकाकारों के मतानुसार केवल मोक्ष-प्राप्ति ही का ज्ञान बतलाया गया है। परंतु किसी ने इस बात को नहीं जाँचा, कि संन्यास और कर्मयोग, दोनों मार्ग हमारे यहाँ वैदिक काल से ही प्रचलित हैं, किसी भी समय समाज में संन्यास-मार्गियों की अपेक्षा कर्मयोग में ही अनुयायियों की संख्या हजारों गुना अधिक हुआ करती है; और पुराण इतिहास के जिन कर्मशील महापुरुषों का अर्थात् कर्मवीरों का वर्णन है, वे सब कर्मयोग-मार्ग का ही अवलंब करनेवाले थे। यदि ये सब बातें सच हैं, तो क्या इन कर्मवीरों से किसी को भी यह नहीं सूझा होगा, कि अपने कर्मयोग-मार्ग का समर्थन किया जाना चाहिए? अच्छा; यदि कहा जाए, कि उस समय जितना ज्ञान था, वह सब ब्राह्मण जाति में ही था; और वेदान्ती ब्राह्मण कर्म करने के विषय में उदासीन रहा करते थे; इसलिए कर्मयोगविषयक ग्रंथ नहीं लिखे गए होंगे; तो भी यह आक्षेप उचित नहीं कहा जा सकता, क्योंकि उपनिषत्काल में और उसके बाद क्षत्रियों में भी जनक और श्रीकृष्ण सरीखे ज्ञानी पुरुष हो गए हैं; और व्यास सदृश बुद्धिमान ब्राह्मणों ने बड़े-बड़े क्षत्रियों का इतिहास भी लिखा है। इस इतिहास को लिखते समय क्या उनके मन में यह विचार न आया होगा, कि

जिन प्रसिद्ध पुरुषों का इतिहास हम लिख रहे हैं, उनके चरित्र के मर्म या रहस्य को भी प्रकट कर देना चाहिए? इस मर्म या रहस्य को कर्मयोग अथवा व्यवहारशास्त्र कहते हैं, और इसे बतलाने के लिए ही महाभारत में स्थान-स्थान पर सूक्ष्म धर्म-अधर्म का विवेचन करके, अंत में संसार के धारण एवं पोषण के लिए कारणभूत सदाचरण अर्थात् धर्म के मूल तत्त्वों का विवेचन मोक्ष-दृष्टि को न छोड़ते हुए गीता में किया गया है। अन्यान्य पुराणों में भी ऐसे बहुत से प्रसंग पाए जाते हैं। परंतु गीता के तेज के सामने अन्य सब विवेचन फीके पड़ जाते हैं; इसी कारण से भगवद्गीता कर्मयोगशास्त्र का प्रधान ग्रंथ हो गया है। हमने इस बात का पिछले प्रकरणों में विस्तृत विवेचन किया है, कि कर्मयोग का सच्चा स्वरूप क्या है। तथापि जब तक इस बात की तुलना न की जावे, कि गीता में वर्णन किए गए कर्म-अकर्म के आध्यात्मिक मूल तत्त्वों से पश्चिमी पंडितों द्वारा प्रतिपादित नीति के मूल तत्त्व कहाँ तक मिलते हैं; तब तक यह नहीं कहा जा सकता, कि गीता का धर्म-निरूपण पूरा हो गया। इस प्रकार तुलना करते समय दोनों ओर के अध्यात्म ज्ञान की तुलना करनी चाहिए। परंतु यह बात सर्वमान्य है, कि अब तक पश्चिमी आध्यात्मिक ज्ञान की पहुँच हमारे वेदान्त से अधिक दूर तक नहीं होने पाई है; इसी कारण से पूर्वी और पश्चिमी अध्यात्मशास्त्रों की तुलना करने की कोई विशेष आवश्यकता नहीं रह जाती।[1] ऐसी अवस्था में अब केवल उस नीतिशास्त्र अथवा कर्मयोग की तुलना का ही विषय बाकी रह जाता है, जिसके बारे में कुछ लोगों की समझ है, कि उसकी उपपत्ति हमारे प्राचीन शास्त्रकारों ने नहीं बतलाई है। परंतु इस एक ही विषय का विचार भी इतना विस्तृत है, कि उसका पूर्णग्नतय प्रतिपादन करने के लिए एक स्वतंत्र ग्रंथ ही लिखना पड़ेगा। तथापि, इस विषय पर इस ग्रंथ में थोड़ा भी विचार न करना उचित न होगा; इसलिए केवल दिग्दर्शन करने के लिए उसकी कुछ महत्त्वपूर्ण बातों का विवेचन इस उपसंहार में किया जावेगा।

थोड़ा भी विचार करने पर यह सहज ही ध्यान में आ जाता है, कि सदाचार और दुराचार, तथा धर्म और अधर्म शब्दों का उपयोग यथार्थ में ज्ञानवान् मनुष्य के कर्म के ही लिए होता है; और यही कारण है, कि नीतिमत्ता केवल जड़ कर्मों में नहीं किंतु बुद्धि में रहती है। "धर्मो हि तेषामधिको विशेष:"-धर्म-अधर्म का ज्ञान मनुष्य का अर्थात् बुद्धिमान् प्राणियों का ही विशिष्ट गुण है-इस वचन का तात्पर्य और भावार्थ ही वही है। किसी गधे या बैल के कर्मों के परिणाम को देखकर हम उसे उपद्रवी तो बेशक कहा करते हैं, परंतु जब वह धक्का देता है, तब उस पर कोई नालिश करने नहीं जाता। इसी तरह किसी नदी में बाढ़ आ जाने से फसल बह जाती है, तो "अधिकांश लोगों की अधिक हानि" होने के कारण कोई उसे दुराचारिणी, लुटेरी या अनीतिमान् नहीं कहता। इस पर कोई प्रश्न कर सकते हैं, कि यदि धर्म-अधर्म के नियम मनुष्य के व्यवहारों ही के लिए उपयुक्त हुआ करते हैं, तो मनुष्य के कर्मों के भले-बुरेपन का विचार भी केवल उसके कर्म से ही करने में क्या हानि है? इस प्रश्न का उत्तर देना बहुत कठिन नहीं है। क्योंकि अचेतन वस्तुओं अथवा पशु-पक्षी आदि मूढ़ योनि के प्राणियों का दृष्टान्त छोड़, यदि मनुष्य के ही कृत्यों का विचार करें, तो भी दीख पड़ेगा, कि जब

1. वेदान्त और पश्चिमी तत्त्वज्ञान की तुलना प्रोफेसर डायसन के The Elements of Metaphysics नामक ग्रंथ में कई स्थानों में की गई है। इस ग्रंथ के दूसरे संस्करण के अंत में 'On the Philosophy of Vredanta' इस विषय पर एक व्याख्यान भी छापा गया है। जब प्रो. डायसन सन 1893 में हिंदुस्थान में आये थे, जब उन्होंने बंबई की रायल एशियाटिक सोसायटी में यह व्याख्यान दिया था। इसके अतिरिक्त The Religion and Philosophy of the Upanishads नामक डायसन साहब का ग्रंथ भी इस विषय पर पढ़ने योग्य है।

कोई आदमी अपने पागलपन से अथवा अनजाने में कोई अपराध कर डालता है, तब वह संसार में और कानून द्वारा क्षम्य माना जाता है। इससे यही बात सिद्ध होती है, कि मनुष्य के भी कर्म-अकर्म की भलाई-बुराई ठहराने के लिए, सबसे पहले कर्ता की बुद्धि का ही विचार करना पड़ता है-अर्थात् यह विचार करना पड़ता है कि उसने उस कार्य को किस उद्देश्य, भाव या हेतु से किया; और उसको उस कर्म के परिणाम का ज्ञान था या नहीं। किसी धनवान् मनुष्य के लिए यह कोई कठिन काम नहीं, कि वह अपनी इच्छा के अनुसार मन-माना दान दे दें। यह दानविषयक क्रिया से नहीं ठहराई जा सकती। इसके लिए यह भी देखना पड़ेगा, कि उस धनवान मनुष्य की बुद्धि सचमुच श्रद्धायुक्त है या नहीं; और उसका निर्णय करने के लिए यदि स्वाभाविक रीति से किए गए दान के सिवा और कुछ प्रमाण न हो; तो इस दान की योग्यता किसी श्रद्धापूर्वक किए गए दान की योग्यता के बराबर नहीं समझी जाती; और कुछ नहीं, तो संदेह करने के लिए उचित कारण अवश्य रह जाता है। सब धर्म-अधर्म का विवेचन हो जाने पर महाभारत में यही बात एक आख्यान के स्वरूप में उत्तम रीति से समझाई गई है। जब युधिष्ठिर राजगद्दी पा चुके, तब उन्होंने एक बृहत् अश्वमेध-यज्ञ किया। उसमें अन्न और द्रव्य आदि के अपूर्व दान करने से और लाखों मनुष्यों के संतुष्ट होने से उनकी बहुत प्रशंसा होने लगी। उस समय वहाँ एक दिव्य नकुल (नेवला) आया; और युधिष्ठिर से कहने लगा-"तुम्हारी व्यर्थ ही प्रशंसा की जाती है। पूर्वकाल में इसी कुरुक्षेत्र में एक दरिद्री ब्राह्मण रहता था, जो उंछवृत्ति से, अर्थात् खेतों में गिरे हुए अनाज के दानों को चुनकर, अपना जीवन-निर्वाह किया करता था। एक दिन भोजन करने के समय उसके यहाँ एक अपरिचित आदमी क्षुधा से पीड़ित अतिथि बनकर आ गया। यह दरिद्री ब्राह्मण और उसके कुटुंबी-जन भी कई दिनों के भूखे थे; तो भी उसने अपने, अपनी स्त्री के और अपने लड़कों के सामने परोसा हुआ सब सत्तू उस अतिथि को समर्पण कर दिया। इस प्रकार उसने जो अतिथि-यज्ञ किया था, उसके महत्त्व की बराबरी तुम्हारा यह यज्ञ-कितना ही बड़ा क्यों न हो-कभी नहीं कर सकता" (मभा. अश्व. 90)। उस नेवले का मुँह और आधा शरीर सोने का था। उसने जो यह कहा, कि युधिष्ठिर अश्वमेध-यज्ञ की योग्यता उस गरीब ब्राह्मण द्वारा अतिथि को दिए गए सेर भर सत्तू के बराबर भी नहीं है; उसका कारण उसने यह बतलाया है, कि-"उस ब्राह्मण के घर में अतिथि की जूठन पर लोटने से मेरा मुँह और आधा शरीर सोने का हो गया, परंतु युधिष्ठिर के यज्ञ मंडप की जूठन पर लोटने से मेरा बचा हुआ आधा शरीर सोने का नहीं हो सका!" यहाँ पर कर्म के बाह्य परिणाम को ही देखकर यदि इसी बात का विचार करें-कि अधिकांश लोगों का अधिक सुख किसमें है-तो यही निर्णय करना पड़ेगा, कि एक अतिथि को तृप्त करने की अपेक्षा लाखों आदमियों को तृप्त करने की योग्यता लाख गुनी अधिक है। परंतु प्रश्न यह है, कि केवल धर्म-दृष्टि से ही नहीं, किंतु नीति-दृष्टि से भी क्या यह निर्णय ठीक होगा? किसी को अधिक धन-संपत्ति मिल जाना या लोकोपयोगी अनेक अच्छे काम करने का मौका मिल जाना केवल उसके सदाचार पर ही अवलंबित नहीं रहता है। यदि वह गरीब ब्राह्मण द्रव्य के अभाव से बड़ा भारी यज्ञ नहीं कर सकता था; और इसलिए यदि उसने अपनी शक्ति के अनुसार कुछ अल्प और तुच्छ काम ही किया, तो क्या उसकी नैतिक या धार्मिक योग्यता कम समझी जाएगी? यदि कम समझी जावे तो यही कहना पड़ेगा, कि गरीबों को धनवानों के सदृश नीतिमान् और धार्मिक होने की कभी इच्छा और आशा नहीं रखनी चाहिए। आत्मस्वातंत्र्य के अनुसार अपनी बुद्धि को शुद्ध रखना उस ब्राह्मण के अधिकार में था; और यदि उसके स्वल्पाचरण से इस बात में कुछ संदेह नहीं रह जाता, कि उसकी परोपकार बुद्धि युधिष्ठिर के ही समान शुद्ध थी; तो

उस ब्राह्मण की और उसके स्वल्पकृत्य की नैतिक योग्यता युधिष्ठिर और उसके बहुव्ययसाध्य-यज्ञ के बराबर की ही मानी जानी चाहिए। बल्कि यह भी कहा जा सकता है, कि कई दिनों तक क्षुधा से पीड़ित होने पर भी उस गरीब ब्राह्मण ने अन्नदान करके अतिथि के प्राण बचाने में जो स्वार्थ त्याग किया, उससे उसकी शुद्ध बुद्धि और भी अधिक व्यक्त होती है। यह तो सभी जानते हैं, कि धैर्य आदि गुणों के समान शुद्ध बुद्धि की सच्ची परीक्षा संकट काल में ही हुआ करती है; और कांट ने भी अपने नीति ग्रंथ के आरंभ में यही प्रतिपादन किया है, कि संकट के समय भी जिसकी शुद्ध बुद्धि (नैतिक सत्त्व) भ्रष्ट नहीं होती, वही सच्चा नीतिमान् है। उक्त नेवले का अभिप्राय भी यही था। परंतु युधिष्ठिर की शुद्ध बुद्धि की परीक्षा कुछ राज्यारूढ़ होने पर संपत्ति काल में किए गए एक अश्वमेध-यज्ञ से ही होने की न थी; उसके पहले ही अर्थात् आपत्ति काल की अनेक अड़चनों के प्रसंगों पर ब्राह्मण के समान ही उसकी पूरी परीक्षा हो चुकी थी। इसलिए महाभारत का यह सिद्धान्त है, कि धर्म-अधर्म के निर्णय के सूक्ष्म न्याय से भी युधिष्ठिर को धार्मिक ही कहना चाहिए। कहना नहीं होगा, कि वह नेवला निंदक ठहराया गया है। तथापि महाभारत में यह वर्णन है, कि अश्वमेध करनेवाले को जो गति मिलती है, वही उस ब्राह्मण को भी मिली। इससे यही सिद्ध होता है, कि उस ब्राह्मण के कर्म की योग्यता युधिष्ठिर के यज्ञ की अपेक्षा अधिक भले ही न हो; तथापि इसमें संदेह नहीं, कि महाभारतकार उन दोनों की नैतिक और धार्मिक योग्यता एक समान मानते हैं। व्यावहारिक कार्यों को देखने से भी मालूम हो सकता है, कि जब किसी धर्म कृत्य के लिए या लोकोपयोगी कार्य के लिए लखपति मनुष्य हजार रुपए चंदा देता है और कोई गरीब मनुष्य एक रुपया चंदा देता है; तब हम लोग उन दोनों की नैतिक योग्यता एक समान ही समझते हैं। 'चंदा' शब्द को देखकर यह दृष्टान्त कुछ लोगों को कदाचित् नया मालूम हो, परंतु यथार्थ में बात ऐसी नहीं है, क्योंकि उक्त नेवले की कथा का निरूपण करते समय महाभारत में ही धर्म-अधर्म के विवेचन में कहा गया है, कि:-

सहस्रशक्तिश्च शतं शतशक्तिर्दशापि च।
दद्यादपश्च यः शक्त्या सर्वे तुल्यफलाः स्मृताः॥

"हजार वाले ने सौ, सौ वाले ने दस, अथवा किसी ने यथाशक्ति थोड़ा सा पानी भी दिया, तो भी ये सब तुल्यफल है; अर्थात् इन सबकी योग्यता एक समान है" (मभा. अश्व. 90.97); और "पत्रं पुष्पं फलं तोयं" (गीता. 9.26)-इस गीता वाक्य का तात्पर्य यही है। हमारे धर्म में ही क्या, ईसाई धर्म में भी इस तत्त्व का संग्रह है। ईसा मसीह ने एक जगह कहा है-"जिसके पास अधिक है, उससे अधिक पाने की आशा की जाती है" (ल्यूक. 12.48)। इक दिन जब ईसा मंदिर (गिरिजाघर) गया था, तब वहाँ धर्मार्थ द्रव्य इकट्ठा करने का क़ाम शुरू होने पर एक अत्यंत गरीब विधवा स्त्री ने अपने पास के दो पैसे उस धर्म कार्य के लिए दे दिए। यह देखकर ईसा के मुँह से यह उद्‌गार निकल पड़ा, कि "इस स्त्री ने अन्य सब लोगों की अपेक्षा अधिक दान दिया है।" इसका वर्णन बाइबल में (मार्क. 12.43; 44) है। इससे यह स्पष्ट है, कि यह बात ईसा को भी मान्य थी, कि कर्म की योग्यता कर्ता की बुद्धि से ही निश्चित की जानी चाहिए; और यदि कर्ता की बुद्धि शुद्ध हो, तो बहुधा छोटे-छोटे कर्मों की नैतिक योग्यता भी बड़े-बड़े कर्मों की योग्यता के बराबर ही हो जाती है। इसके विपरीत-अर्थात् जब बुद्धि शुद्ध न हो तब-किसी कर्म की नैतिक योग्यता का विचार करने पर यह मालूम होगा, कि यद्यपि हत्या करना केवल एक ही कर्म है; तथापि अपनी जान बचाने के लिए आक्रमणकारी की हत्या करने में किसी राह चलते धनवान् मुसाफिर को द्रव्य के लोभ से मार डालने में, नैतिक दृष्टि से बहुत अंतर है। जर्मन कवि शिलर ने इसी आशय के एक प्रसंग का

वर्णन अपने 'विलियम टेल' नामक नाटक के अंत में किया है; और वहाँ बाह्यत: एक ही से दीख पड़ने वाले दो कृत्यों में बुद्धि की शुद्धता-अशुद्धता के कारण जो भेद दिखलाया गया है, वही भेद स्वार्थ त्याग और स्वार्थ के लिए की गई हत्या में भी है। इससे मालूम होता है, कि कर्म छोटे-बड़े हों या बराबर हों; उनमें नैतिक दृष्टि से भेद हो जाता है, यह कर्ता के हेतु के कारण ही हुआ करता है। इस हेतु को ही उद्देश्य, वासना या बुद्धि कहते हैं। इसका कारण यह है, कि 'बुद्धि' शब्द का शास्त्रीय अर्थ यद्यपि 'व्यवसायात्मक इंद्रिय' है; तो भी ज्ञान, वासना, उद्देश्य या हेतु सब बुद्धिंद्रिय के व्यापार के ही फल हैं, अतएव इनके लिए भी बुद्धि शब्द ही का सामान्यत: प्रयोग किया जाता है; और पहले भी यह बतलाया जा चुका है, कि स्थितप्रज्ञ की साम्य-बुद्धि में व्यवसायात्मक बुद्धि की स्थिरता और वासनात्मक बुद्धि की शुद्धता, दोनों का समावेश होता है, भगवान ने अर्जुन से कुछ यह सोचने को नहीं कहा, कि युद्ध करने से किन मनुष्यों का कितना कल्याण होगा और कितने लोगों की कितनी हानि होगी; बल्कि अर्जुन से भगवान यही कहते हैं, कि इस समय यह विचार गौण है, कि तुम्हारे युद्ध करने से भीष्म मरेंगे कि द्रोण; मुख्य प्रश्न यही है, कि तुम किसी बुद्धि (हेतु या उद्देश्य) से युद्ध करने को तैयार हुए हो। यदि तुम्हारी बुद्धि स्थितप्रज्ञों के समान होगी, और यदि तुम उस शुद्ध और पवित्र बुद्धि से अपना कर्त्तव्य करने लगोगे, तो फिर चाहे भीष्म मरे या द्रोण; तुम्हें उसका पाप नहीं लगेगा। तुम कुछ इस फल की आशा से तो युद्ध कर ही नहीं रहे हो, कि भीष्म मारे जाएँ। जिस राज्य पर तुम्हारा जन्म सिद्ध अधिकार है, उसका हिस्सा तुमने माँगा; और युद्ध टालने के लिए यथाशक्ति गम खाकर बीच-बचाव करने का भी तुमने बहुत कुछ प्रयत्न किया। परंतु जब इस मेल के प्रयत्न से और साधुपन के मार्ग से निर्वाह नहीं हो सका, तब लाचारी से तुमने युद्ध करने का निश्चय किया है, इसमें तुम्हारा कुछ दोष नहीं है। क्योंकि दुष्ट मनुष्य से किसी ब्राह्मण की नाईं अपने धर्मानुसार प्राप्त अधिकार की भिक्षा न माँगते हुए, आवश्यकता आ पड़ने पर क्षत्रिय-धर्म के अनुसार लोकसंग्रहार्थ उसकी प्राप्ति के लिए अंत में युद्ध करना ही तुम्हारा कर्त्तव्य है (मभा. उ. 28, 72; वनपर्व 33.48, 50)। भगवान के उक्त युक्तिवाद को व्यास जी ने भी स्वीकार किया है, और उन्होंने इसी के द्वारा आगे चलकर शांतिपर्व में युधिष्ठिर का समाधान किया है, (शां. अ. 32, 33)। परंतु कर्म-अकर्म का निर्णय करने के लिए बुद्धि को इस तरह से श्रेष्ठ मान लें, तो भी अब यह अवश्य जान लेना चाहिए, कि शुद्ध बुद्धि किसे कहते हैं। क्योंकि मन और बुद्धि दोनों प्रकृति के विकार हैं; इसलिए वे सम्भावत: तीन प्रकार के अर्थात् सात्विक, राजस और तामस हो सकते हैं। इसलिए गीता में कहा है, कि शुद्ध या सात्त्विक बुद्धि वह है, कि जो बुद्धि से भी परे रहने वाले नित्य आत्मा के स्वरूप को पहचाने; और यह पहचान कर, कि सब प्राणियों में एक ही आत्मा है, उसी के अनुसार कार्य-अकार्य का निर्णय करें। इस सात्त्विक बुद्धि का ही दूसरा नाम साम्य बुद्धि है और इसके 'साम्य' शब्द का अर्थ "सर्वभूतान्तर्गत आत्मा की एकता या समानता को पहचोंने वाली" है। जो बुद्धि इस समानता को नहीं जानती, वह न तो शुद्ध है और न सात्त्विक भी। इस प्रकार जब यह मान लिया गया, कि नीति का निर्णय करने में साम्य-बुद्धि ही श्रेष्ठ है, तब यह प्रश्न उठता है, कि बुद्धि की इस समता अथवा साम्य को कैसे पहचानना चाहिए? क्योंकि बुद्धि तो अंतरिंद्रिय है; इसलिए उसका भलाबुरापन हमारी आँखों से दीख नहीं पड़ता। अत: बुद्धि की समता तथा शुद्धता की परीक्षा करने के लिए पहले मनुष्य के बाह्य आचरण को देखना चाहिए; नहीं तो कोई भी मनुष्य ऐसा कहकर-कि मेरी बुद्धि शुद्ध है-मनमाना बर्ताव करने लगेगा। इसी से शास्त्रों का सिद्धान्त है, कि सच्चे ब्रह्मज्ञानी पुरुष

की पहचान उसके स्वभाव से ही हुआ करती है। जो केवल मुँह से कोरी बातें करता है, वह सच्चा साधु नहीं। भगवद्‌गीता में भी स्थितप्रज्ञ तथा भगवद्‌भक्तों के लक्षण बतलाते समय खास करके इसी बात का वर्णन किया गया है, कि वे संसार के अन्य लोगों के साथ कैसा बर्ताव करते हैं; और तेरहवें अध्याय में ज्ञान की व्याख्या भी इसी प्रकार-अर्थात् यह बतलाकर, कि स्वभाव पर ज्ञान का क्या परिणाम होता है-की गई है। इससे यह साफ मालूम होता है, कि गीता यह कभी नहीं कहती, कि बाह्य कर्मों की ओर कुछ भी ध्यान न दो। परन्तु इस बात पर ध्यान देना चाहिए, कि किसी मनुष्य की विशेषकर के अपरिचित मनुष्य की-बुद्धि की समता की परीक्षा करने के लिए यद्यपि केवल उसका बाह्य कर्म या आचरण और, उसमें भी संकट-समय का आचरण ही प्रधान साधन है; तथापि केवल इस बाह्य आचरण द्वारा ही नीतिमत्ता की अचूक परीक्षा हमेशा नहीं हो सकती। क्योंकि उक्त नकुलोपाख्यान से यह सिद्ध हो चुका है, कि यदि बाह्य कर्म छोटा भी हो; तथापि विशेष अवसर पर उसकी नैतिक योग्यता बड़े कर्मों के ही बराबर हो जाती है। इसीलिए हमारे शास्त्रकारों ने यह सिद्धांत किया है, कि बाह्य-कर्म चाहे छोटा हो या बड़ा, एक ही को दुख देनेवाला हो या अधिकांश लोगों को; उसको केवल बुद्धि की शुद्धता का एक प्रमाण मानना चाहिए, इससे अधिक महत्त्व उसे नहीं देना चाहिए। किंतु उस बाह्य-कर्म के आधार पर पहले यह देख लेनां चाहिए, कि कर्म करनेवाले की बुद्धि कितनी शुद्ध है; और अंत में इस रीति से व्यक्त होने वाली बुद्धि के आधार पर ही उक्त कर्म की नीतिमत्ता का निर्णय करना चाहिए, यह निर्णय केवल बाह्य कर्मों को देखने से ठीक नहीं हो सकता। यही कारण है, कि "कर्म की अपेक्षा बुद्धि श्रेष्ठ है" (गीता. 2.49) ऐसा कहकर गीता के कर्मयोग में सम और शुद्ध-बुद्धि को अर्थात् वासना को ही प्रधानता दी गई है। नारद-पंचरात्र नामक भागवत धर्म का गीता से अर्वाचीन एक ग्रंथ है। उसमें मार्कंडेय नारद से कहते हैं:

मानसं पाणिनामेव सर्वकर्मैककारणम्।
मनोनुरूपं वाक्यं च वाक्येन प्रस्फुटं मनः।

"मन ही लोगों के सब कर्मों का एक (मूल) कारण है। ऐसा मन रहता है, वैसी ही बात निकलती है; और बातचीत से मन प्रकट है" (ना. पं. 1.7.18)। सारांश यह है, कि मन (अर्थात् मन का निश्चय) सबसे प्रथम है, उसके अनन्तर सब कर्म हुआ करते हैं। इसीलिए कर्म-अकर्म का निर्णय करने के लिए गीता के शुद्ध बुद्धि के सिद्धान्त को ही बौद्ध ग्रंथकारों ने स्वीकृत किया है। उदाहरणार्थ, 'धम्मपद' नामक बौद्ध-धर्मीय प्रसिद्ध नीतिग्रंथ के आरंभ में ही कहा, कि:

मनोपुब्बंगमा धम्मा मनोसेट्ठा (श्रेष्ठा) मनोमया॥
मनसा चे पदुठ्ठेन भासति वा करोति वा॥
ततो नं दुक्खमन्वेति चक्कंनु वहतो पदं॥

"मन यानी मन का व्यापार प्रथम है। उसके अनंतर धर्म-अधर्म का आचरण होता है। ऐसा क्रम होने के कारण इस काम में मन ही मुख्य और श्रेष्ठ है, इसलिए इन सब धर्मों को मनोमय ही समझना चाहिए, अर्थात् कर्ता का मन जिस प्रकार शुद्ध या दुष्ट रहता है, उसी प्रकार उसके भाषण और कर्म भी भले-बुरे हुआ करते हैं; तथा उसी प्रकार आगे उसे सुख-दुःख मिलता है।"[1] इसी तरह उपनिषदों और गीता का यह

1. पाली भाषा के इस श्लोक का भिन्न-भिन्न लोग भिन्न-भिन्न अर्थ करते हैं। परंतु जहाँ तक हम समझते हैं, इस श्लोक की रचना इसी तत्त्व पर की गई है, कि कर्म-अकर्म का निर्णय करने के लिए मानसिक स्थिति का विचार अवश्य करना पड़ता है। 'धम्मपद' का मैक्समूलर साहब ने अंग्रेजी में भाषांतर किया है, उसमें इस श्लोक की टीका देखिए। S.B.E. Vol. X, pp. 3-4.

अनुमान भी (कौषी. 3.1; गीता 18.17) बौद्ध धर्म में हो गया है, कि जिसका मन एक बार शुद्ध और निष्काम हो जाता है, उस स्थितप्रज्ञ पुरुष से फिर कभी पाप होना संभव नहीं; अर्थात् सब कुछ करके भी वह पाप-पुण्य से अलिप्त रहता है। इसलिए बौद्ध धर्म-ग्रंथों में अनेक स्थलों पर वर्णन किया गया है, कि 'अर्हत्' अर्थात् पूर्णावस्था में पहुँचा हुआ मनुष्य हमेशा ही शुद्ध और निष्पाप रहता है (धम्मपद 294, 295; मिलिंद प्र. 4.5.7)।

पश्चिमी देशों में नीति का निर्णय करने के लिए दो पंथ हैं: पहला अधिदैवत पंथ, जिसके अनुसार, नीति का निर्णय करने के लिए सद्विवेक-देवता की शरण में जाना पड़ता है; और दूसरा आधिभौतिक पंथ है, कि जो इस बाह्य कसौटी के द्वारा ही नीति का निर्णय करने के लिए कहता है, कि "अधिकांश लोगों का अधिक हित किसमें है?" परंतु ऊपर किए गए विवेचन से यह स्पष्ट मालूम हो सकता है, कि ये दोनों पंथ शास्त्र-दृष्टि से अपूर्ण तथा एकपक्षीय हैं। कारण यह है, कि सद्सद्विवेक शक्ति कोई स्वतंत्र वस्तु या देवता नहीं; किंतु वह व्यवसायात्मका बुद्धि में ही शामिल है, इसलिए प्रत्येक मनुष्य की प्रकृति और स्वभाव के अनुसार उसकी सद्सद्विवेक बुद्धि भी सात्त्विक, राजस या तामस हुआ करती है। ऐसी अवस्था में उसका कार्य-अकार्य निर्णय सदैव दोष रहित नहीं हो सकता; और यदि केवल, "अधिकांश लोगों का अधिक सुख" किसमें है, इस बाह्य आधिभौतिक कसौटी पर ही ध्यान देकर नीतिमत्ता का निर्णय करें; तो कर्म करने वाले पुरुष की बुद्धि का कुछ भी विचार नहीं हो सकेगा; तब यदि कोई मनुष्य चोरी या व्यभिचार करे; और उसके बाह्य अनिष्ठकारक परिणामों को कम करने के लिए या छिपाने के लिए पहले ही से सावधान होकर कुछ कुटिल प्रबंध कर ले; तो यही कहना पड़ेगा, कि उसका दुष्कृत्य आधिभौतिक नीति-दृष्टि से उतना निंदनीय नहीं है। अतएव यह बात नहीं, कि केवल वैदिक धर्म में ही कायिक, वाचिक और मानसिक शुद्धता की आवश्यकता का वर्णन किया गया हो (मनु. 12.3-8; 9.29); किंतु बाइबल में भी व्यभिचार को केवल कायिक पाप न मानकर, परस्त्री की ओर दूसरे पुरुषों का देखना या परपुरुष की ओर दूसरी स्त्रियों का देखना भी व्यभिचार माना गया है (मेथ्यू. 5.28); और बौद्ध धर्म में कायिक अर्थात् बाह्य शुद्धता के साथ साथ वाचिक और मानसिक शुद्धता की भी आवश्यकता बतलाई गई है (धम्मपद 96, 391)। इसके सिवा ग्रीन साहब का यह भी कहना है, कि बाह्य-सुख को ही परम साध्य मानने से मनुष्य मनुष्य में और राष्ट्र-राष्ट्र में उसे पाने के लिए प्रतिद्वंद्विता उत्पन्न हो जाती है; और कलह का होना भी संभव है। क्योंकि बाह्य-सुख की प्राप्ति के लिए जो बाह्य साधन आवश्यक है, वे प्राय: दूसरों के सुख को कम किए बिना हमें नहीं मिल सकते। परंतु साम्य-बुद्धि के विषय में ऐसा नहीं कह सकते। यह आंतरिक सुख आत्मवश है, अर्थात् यह किसी दूसरे मनुष्य के सुख में बाधा न डालकर प्रत्येक को मिल सकता है। इतना ही नहीं; किंतु आत्मैक्य को पहचानकर सब प्राणियों से समता का व्यवहार करना ही जिसका स्वभाव बन जाता है वह गुप्त या प्रकट, किसी रीति से भी कोई दुष्कृत्य कर ही नहीं सकता; और फिर उसे बतलाने की आवश्यकता भी नहीं रहती, कि "हमेशा यह देखते रहो, कि अधिकांश लोगों का अधिक सुख किसमें है।" कारण यह है, कि कोई भी मनुष्य हो; वह सार-असार-विचार के बाद ही किसी कृत्य को किया करता है। यह बात नहीं, कि केवल नैतिक कर्मों का निर्णय करने के लिए ही सार-असार-विचार की आवश्यकता होती है। सार-असार-विचार करते समय यही महत्त्व का प्रश्न होता है, कि अंत:करण कैसा होना चाहिए? क्योंकि सब लोगों के अंत:करण एक समान नहीं होते। अतएव जबकि यह कह दिया जावे, कि "अंत:करण में सदा साम्य-बुद्धि जागृत

रहनी चाहिए"; तब फिर यह बतलाने की कोई आवश्यकता नहीं, कि अधिकांश लोगों या सब प्राणियों के हित का सार-असार-विचार करो। पश्चिमी पंडित भी अब यह कहने लगे हैं, कि मानव-जाति के प्राणियों के संबंध में मनुष्य के जो कुछ कर्त्तव्य हैं, वे तो हैं ही; परंतु मूक जानवरों के संबंध में भी उसके कुछ कर्त्तव्य हैं, जिनका समावेश कार्य-अकार्य शास्त्र में किया जाना चाहिए; और यदि इस व्यापक दृष्टि से देखें तो मालूम होगा, कि "अधिकांश लोगों का अधिक हित" की अपेक्षा 'सर्वभूतहित' शब्द ही अधिक व्यापक और उपयुक्त है; तथा 'साम्य-बुद्धि' में इन सभी का समावेश हो जाता है। इसके विपरीत यदि ऐसा मान लें, कि किसी की बुद्धि शुद्ध और सम नहीं है; तो वह इस बात का ठीक ठीक हिसाब भले ही कर ले, कि "अधिकांश लोगों का अधिक सुख" किस में है; परंतु नीति-धर्म की ओर उसकी प्रवृत्ति होना संभव नहीं है। क्योंकि किसी सत्कार्य की ओर प्रवृत्ति होना शुद्ध मन का गुण या धर्म है; हिसाबी मन का नहीं। यदि कोई कहे, कि "हिसाब करने वाले मनुष्य के स्वभाव या मन को देखने की तुम्हें कोई आवश्यकता नहीं है, तुम्हें केवल यही देखना चाहिए, कि उसका किया हुआ हिसाब सही है या नहीं; और उस हिसाब से कर्त्तव्य-अकर्त्तव्य का निर्णय होकर तुम्हारा काम चल जाता है या नहीं"-तो वह भी सच नहीं हो सकता। कारण यह है, कि सामान्यत: यह तो सभी जानते हैं कि सुख दु:ख किसे कहते हैं, तो भी सब प्रकार के सुख दु:खों के तारतम्य का हिसाब करते समय पहले यह निश्चय कर लेना पड़ता है, कि किस प्रकार के सुख दु:खों को कितना महत्त्व देना चाहिए। परंतु सुख-दु:ख की इस प्रकार माप करने के लिए ऊष्णता मापक यंत्र के समान कोई निश्चित बाह्य साधन न तो वर्तमान समय में है; और न भविष्य में भी उसके मिल सकने की कुछ संभावना है। इसलिए सुख-दु:खों की ठीक ठीक कीमत ठहराने का काम यानी उनके महत्त्व या योग्यता का निर्णय करने का काम, प्रत्येक मनुष्य को अपने मन से ही करना पड़ेगा। परंतु जिसके मन में ऐसी आत्मौपम्य-बुद्धि पूर्ण रीति से जागृत नहीं हुई है, कि "जैसा मैं हूँ, वैसा ही दूसरा भी है"; उसे दूसरों के सुख-दु:ख की तीव्रता का स्पष्ट ज्ञान कभी नहीं हो सकता, इसलिए वह इन सुख-दु:खों की सच्ची योग्यता कभी जान ही नहीं सकेगा, और फिर तारतम्य-निर्णय करने के लिए उसने सुख-दु:खों की जो कीमत पहले ठहरा ली होगी, उसमें भूल हो जाएगी; और अंत में उसका किया सब हिसाब भी गलत हो जाएगा। इसीलिए कहना पड़ता है, कि "अधिकांश लोगों के अधिक सुख को देखना" इस वाक्य की 'देखना' इस हिसाबी बाह्य क्रिया को अधिक महत्त्व नहीं देना चाहिए; किंतु जिस आत्मौपम्य और निर्लोभ बुद्धि से (अनेक) दूसरों के सुख-दु:खों की यथार्थ कीमत पहले ठहराई जाती है, वह सब प्राणियों के विषय में साम्यावस्था को पहुँची हुई, शुद्ध-बुद्धि ही नीतिमत्ता की सच्ची जड़ है। स्मरण रहे, कि नीतिमत्ता निर्मम, शुद्ध, प्रेमी, सम या (संक्षेप में कहें तो) सत्त्वशील अंत:करण का धर्म है; वह केवल सार-असार-विचार का फल नहीं है। यह सिद्धान्त इस कथा से और भी स्पष्ट हो जाएगा। भारतीय युद्ध के बाद युधिष्ठिर के राज्यासीन होने पर जब कुंजी अपने पुत्रों के पराक्रम से कृतार्थ हो चुकी, और धृतराष्ट्र के साथ वानप्रस्थाश्रम का आचरण करने के लिए वन को जाने लगी, जब "तू अधिकांश लोगों का कल्याण किया कर" इत्यादि व्यर्थ बातें न कर उसने युधिष्ठिर से सिर्फ यही कहा है, कि 'मनस्ते मदहस्तु च' (मभा. अश्व. 17.21)-"तू अपने मन को हमेशा विशाल बनाए रख।" जिन पश्चिमी पंडितों ने यह प्रतिपादन किया है, कि केवल "अधिकांश अधिक सुख किसमें है" यह देखना ही नीतिमत्ता की सच्ची शास्त्रीय और सीधी कसौटी है। वे कदाचित् पहले ही से यह मान लेते हैं, कि उनके समान ही अन्य सब लोग शुद्ध मन के हैं, और ऐसा समझकर वे अन्य सब लोगों को

यह बतलाते हैं, कि नीति का निर्णय किस रीति से किया जावे। परंतु ये पंडित जिस बात को पहले ही से मान लेते हैं, वह सच नहीं हो सकती, इसलिए नीति निर्णय का उनका नियम अपूर्ण और एकपक्षीय सिद्ध होता है। इतना ही नहीं; बल्कि उनको लेखों से यह भ्रमकारक विचार भी उत्पन्न हो जाता है, कि मन, स्वभाव या शील को यथार्थ में अधिकाधिक शुद्ध और पापभीरु बनाने का प्रयत्न करने के बदले, यदि कोई नीतिमान् बनने के लिए अपने कर्मों के बाह्य परिणामों का हिसाब करना सीख ले, तो बस होगा; और फिर जिनकी स्वार्थ-बुद्धि नहीं छूटी हो, वे लोग धूर्त, मिथ्याचारी या ढोंगी (गीता 3.6) बनकर सारे सामाज की हानि का कारण हो जाते हैं। इसलिए केवल नीतिमत्ता की कसौटी की दृष्टि से देखें, तो भी कर्मों के केवल बाह्य परिणामों पर विचार करने वाला मार्ग कृपण तथा अपूर्ण प्रतीत होता है। अत: हमारे निश्चय के अनुसार गीता का यही सिद्धान्त पश्चिमी आधिदैविक अथवा आधिभौतिक पक्षों के मतों की अपेक्षा अधिक मार्मिक, व्यापक, युक्तिसंगत और निर्दोष है, कि बाह्य कर्मों से व्यक्त होने वाली और संकट के समय में भी दृढ़ रहने वाली साम्यबुद्धि का ही सहारा इस काम में अर्थात् कर्मयोग में लेना चाहिए; तथा, ज्ञानयुक्त निस्सीम शुद्ध-बुद्धि या शील ही सदाचरण की सच्ची कसौटी है।

नीतिशास्त्र संबंधी आधिभौतिक और आधिदैविक ग्रंथों को छोड़कर नीति का विचार आध्यात्मिक-दृष्टि से करने वाले पश्चिमी पंडितों के ग्रंथों को यदि देखें तो मालूम होगा, कि उनमें भी नीतिमत्ता का निर्णय करने के विषय में गीता के ही सदृश कर्म की अपेक्षा शुद्ध-बुद्धि को ही विशेष प्रधानता दी गई है। उदाहरणार्थ, प्रसिद्ध जर्मन तत्त्ववेत्ता कांट के "नीति के आध्यात्मिक मूल तत्त्व" तथा नीतिशास्त्र संबंधी दूसरे ग्रंथों को लीजिए। यद्यपि कांटने[1] सर्वभूतात्मैक्य का सिद्धांत अपने ग्रंथों में नहीं दिया है, तथापि व्यवसायात्मक और वासनात्मक बुद्धि का ही सूक्ष्म विचार करके उसने यह निश्चय किया है, कि (1) किसी कर्म की नैतिक योग्यता का निर्णय ही देखकर करना चाहिए, कि कर्म करने वाले मनुष्य की 'वासना' कहाँ तक शुद्ध है। (2) मनुष्य की इस वासना को (अर्थात् वासनात्मक बुद्धि) तभी शुद्ध, पवित्र और स्वतंत्र समझना चाहिए, जब कि वह इंद्रियसुखों में लिप्त न रहकर सदैव शुद्ध (व्यवसायात्मक) बुद्धि की आज्ञा के इस बुद्धि-द्वारा निश्चित कर्त्तव्य-अकर्त्तव्य के नियमों के) अनुसार चलने लगे। (3) इस प्रकार इंद्रिय निग्रह हो जाने पर जिसकी वासना शुद्ध हो गई हो, उस पुरुष के लिए किसी नीति-नियमादि के बंधन की आवश्यकता नहीं रह जाती; ये नियम तो सामान्य मनुष्यों के ही लिए हैं। (4) इस प्रकार से वासना के शुद्ध हो जाने पर जो कुछ कर्म करने को वह शुद्ध वासना या बुद्धि कहा करती है, वह इसी विचार से कहा जाता है, कि "हमारे समान ही यदि दूसरे भी करने लगें, तो परिणाम क्या होगा", और (5) वासना की इस स्वतंत्रता और शुद्धता की उपपत्ति का पता कर्म-सृष्टि को छोड़कर ब्रह्म-सृष्टि में प्रवेश किए बिना नहीं चल सकता! परंतु आत्मा और ब्रह्म सृष्टि संबंधी कांट के विचार कुछ अपूर्ण हैं; और ग्रीन यद्यपि कांट का ही अनुयायी है, तथापि उसने अपने 'नीतिशास्त्र के उपोद्घात में' पहले यह सिद्ध किया है, कि बाह्य सृष्टि का अर्थात् ब्रह्मांड का जो अगम्य तत्त्व है, वही आत्मस्वरूप से पिंड में अर्थात् मनुष्य देह में अंशत: प्रादुर्भूत हुआ

1. Kant's Theory of Ethics, Trans, by Abbott, 6th Ed. इस पुस्तक में ये सब सिद्धान्त दिए गए हैं। पहला सिद्धान्त 10, 12.16 और 24वें पृष्ठ में; दूसरा 112 और 117वें पृष्ठ में; तीसरा 31, 58, 121 और 290वें पृष्ठ में; और पाँचवाँ 70-73 तथा 80वें पृष्ठ में पाठकों को मिलेगा।

है। इसके अनंतर उसने यह प्रतिपादन किया है,[1] कि मनुष्य शरीर में एकनित्य और स्वतंत्र तत्त्व है, अर्थात् आत्मा जिसमें यह उत्कृष्ट इच्छा होती है, कि सर्व भूतान्तर्गत अपने सामाजिक पूर्ण स्वरूप को अवश्य पहुँच जाना चाहिए; और यही इच्छा मनुष्य को सदाचार की ओर प्रवृत्त किया करती है। इसी में मनुष्य का नित्य और चिरकालिक कल्याण है; तथा विषय सुख अनित्य है। सारांश यही दीख पड़ता है, यद्यपि कांट और ग्रीन, दोनों की दृष्टि आध्यात्मिक है, तथापि ग्रीन व्यवसायात्मका बुद्धि के व्यापारों में ही लिपटे नहीं रहा; किंतु उसने कर्म-अकर्म-विवेचन की तथा वासना-स्वातंत्र्य की उपपत्ति को पिंड और ब्रह्मांड दोनों में एकता से व्यक्त होने वाले शुद्ध आत्मस्वरूप तक पहुँचा दिया है। कांट और ग्रीन जैसे आध्यात्मिक पाश्चात्य नीतिशास्त्रज्ञों के उक्त सिद्धांतों की और नीचे लिखे गए गीता-प्रतिपादित कुछ सिद्धान्तों की तुलना करने से दीख पड़ेगा, कि यद्यपि वे दोनों अक्षरशः एक बराबर नहीं है, तथापि उनमें कुछ अद्भुत समता अवश्य है। देखिए, गीता के सिद्धान्त ये हैं-(1) बाह्य कर्म की अपेक्षा कर्ता की (वासनात्मक) बुद्धि ही श्रेष्ठ है। (2) व्यवसायात्मक बुद्धि आत्मनिष्ठ होकर जब संदेह रहित तथा सम हो जाती है, तब फिर वासनात्मक बुद्धि आप ही आप शुद्ध और पवित्र हो जाती है। (3) इस रीति.से जिसकी बुद्धि सम और स्थिर हो जाती है, वह स्थितप्रज्ञ पुरुष हमेशा विधि और नियमों से परे रहा करता है। (4) और उसके आचरण या उसकी आत्मैक्य-बुद्धि से सिद्ध होने वाले नीति-नियम सामान्य पुरुषों के लिए आदर्श के समान पूजनीय तथा प्रमाणभूत हो जाते हैं; और (5) पिंड अर्थात् देह में तथा ब्रह्मांड अर्थात् सृष्टि में एक ही आत्मस्वरूपी तत्त्व है, देहान्तर्गत आत्मा अपने शुद्ध और पूर्णस्वरूप को (मोक्ष) प्राप्त कर लेने के लिए सदा उत्सुक रहता है, तथा इस शुद्ध-स्वरूप का ज्ञान हो जाने पर सब प्राणियों के विषय में आत्मौपम्य-दृष्टि प्राप्त हो जाती है। परंतु यह बात ध्यान देने योग्य है, कि ब्रह्म, आत्मा, माया, आत्मस्वातंत्र्य, ब्रह्मात्मैक्य, कर्मविपाक इत्यादि विषयों पर हमारे वेदान्तशास्त्र के जो सिद्धान्त हैं, वे कांट और ग्रीन के सिद्धान्तों से भी बहुत आगे बढ़े हुए तथा अधिक निश्चित हैं, इसलिए उपनिषदान्तर्गत वेदान्त के आधार पर किया हुआ गीता का कर्मयोग-विवेचन आध्यात्मिक दृष्टि से असंदिग्ध, पूर्ण तथा दोष रहित हुआ है; और आजकल के वेदान्ती जर्मन पंडित प्रोफेसर डायसन ने नीति-विवेचन की इसी पद्धति को अपने 'अध्यात्मशास्त्र के मूल तत्त्व' नामक ग्रंथ में स्वीकार किया है। डायसन शोपेनहर का अनुयायी है; उसे शोपेनहर का यह सिद्धान्त पूर्णतया मान्य है, कि "संसार का मूल कारण वासना ही है, इसलिए उसका क्षय किए बिना दुःख की निवृत्ति का होना असंभव है; अतएव वासना का क्षय करना ही प्रत्येक मनुष्य का कर्त्तव्य है"; और इसी आध्यात्मिक सिद्धान्त-द्वारा आगे नीति का उपपत्ति का विवेचन उसने अपने उक्त ग्रंथ के तीसरे भाग में स्पष्ट रीति से किया है। उसने पहले यह सिद्ध कर दिखलाया है, कि वासना का क्षय होने के लिए, या हो जाने पर भी, कर्मों को छोड़ देने की आवश्यकता नहीं है; बल्कि "वासना का पूरा क्षय हुआ है, कि नहीं" यह बात परोपकारार्थ किए गए निष्काम कर्म से जैसे प्रकट होती है, वैसे अन्य किसी भी प्रकार से व्यक्त नहीं होती, अतएव निष्काम कर्म वासना-क्षय का ही लक्षण और फल है। इसके बाद उसने यह प्रतिपादन किया है, कि वासना की निष्कामता ही सदाचरण और नीतिमत्ता का भी मूल है; और इसके अंत में गीता का "तस्मादसक्तः सततं कार्यं कर्म समाचार" (गीता 3.19) यह श्लोक दिया है।[1] इससे मालूम होता है, कि डायसन को इस उपपत्ति का ज्ञान गीता से ही हुआ होगा। जो हो; यह बात कुछ

1. Green's Prolegomena to Ethics. 99. 174-179 and 223-2.23.

कम गौरव की नहीं, कि डायसन, ग्रीन, शोपेनहर और काट के पूर्व-अधिक क्या कहें, आरिस्टॉटल के भी सैकड़ों वर्ष पूर्व ही ये विचार हमारे देश में प्रचलित हो चुके थे। आजकल बहुतेरे लोगों की यह समझ हो रही है, कि वेदान्त केवल एक ऐसा बखेड़ा है, जो हमें इस संसार को छोड़ देने और मोक्ष की प्राप्ति करने का उपदेश देता है, परंतु यह समझ ठीक नहीं। संसार में जो कुछ आँखों से दीख रहा है, उसके परे जाकर इन गहन प्रश्नों का यथाशक्ति शास्त्रीय रीति से विचार करने के लिए ही वेदान्तशास्त्र प्रवृत्त हुआ है, कि "मैं कौन हूँ? इस सृष्टि की जड़ में कौन सा तत्त्व है? इस तत्त्व से मेरा क्या संबंध है? इस संबंध पर ध्यान देकर इस संसार में मेरा परम साध्य या अंतिम ध्येय क्या है? इस साध्य या ध्येय को प्राप्त करने के लिए मुझे जीवनयात्रा के किस मार्ग को स्वीकार करना चाहिए, अथवा किस मार्ग से कौन सा ध्येय सिद्ध होगा?" बल्कि निष्पक्ष-दृष्टि से देखा जाए तो यह मालूम होगा, कि समस्त नीतिशास्त्र अर्थात् मनुष्यों के पारस्परिक व्यवहार का विचार उस गहन शास्त्र का ही एक अंग है। सारांश यह है, कि कर्मयोग की उपपत्ति वेदान्तशास्त्र ही के आधार पर की जा सकती है, और अब संन्यास-मार्गीय लोग चाहे कुछ भी कहें, परंतु इसमें संदेह नहीं, कि गणितशास्त्र के जैसे-शुद्ध गणित और व्यावहारिक गणित ये दो भेद हैं, उसी प्रकार वेदान्तशास्त्र के भी दो भेद शुद्ध वेदान्त और नैतिक अथवा व्यावहारिक वेदान्त होते हैं। कांट तो यहाँ तक कहता है, कि मनुष्य के मन में 'परमेश्वर' (परमात्मा), 'अमृतत्त्व' और (इच्छा) 'स्वातंत्र्य' के संबंध के गूढ़ विचार इन नीति-प्रश्न का विचार करते-करते ही उत्पन्न हुए हैं, कि "मैं संसार में किस तरह बर्ताव करूँ? या इस संसार में मेरा सच्चा कर्त्तव्य क्या है?" और ऐसे प्रश्नों के उत्तर न देकर नीति की उपपत्ति केवल किसी बाह्य-सुख की दृष्टि से ही बतलाना मानो मनुष्य के मन की उस पशुवृत्ति को-जो स्वभावत: विषयसुख में लिप्त रहा करती है-उत्तेजित करना एवं सच्ची नीतिमत्ता की जड़ पर ही कुल्हाड़ी चलाना है।[1] अब इस बात को अलग करके समझाने की कोई आवश्यकता नहीं, कि यद्यपि गीता का प्रतिपाद्य विषय कर्मयोग ही है, तो भी उसमें शुद्ध वेदान्त क्यों और कैसे आ गया। कांट ने इस विषय पर "शुद्ध (व्यवसायात्मक बुद्धि की मीमांसा) और "व्यावहारिक (वासनात्मक) बुद्धि की मीमांसा" नामक दो अलग अलग ग्रंथ लिखे हैं। परंतु हमारे औपनिषदिक तत्त्वज्ञान के अनुसार भगवद्गीता में इन दोनों विषयों का समावेश किया गया है; बल्कि श्रद्धा-मूलक भक्ति-मार्ग का ही विवेचन उसी में होने के कारण गीता सबसे अधिक ग्राह्य और प्रमाणभूत हो गई हैं।

मोक्ष-धर्म क्षण भर के लिए एक ओर रखकर केवल कर्म-अकर्म की परीक्षा के नैतिक तत्त्व की दृष्टि से भी जब 'साम्य-बुद्धि' ही श्रेष्ठ सिद्ध होती है; तब यहाँ पर इस बात का भी थोड़ा-सा विचार कर लेना चाहिए, कि गीता के आध्यात्मिक पक्ष को छोड़कर नीतिशास्त्रों में अन्य पंथ कैसे और क्यों निर्माण हुए? डॉक्टर पाल कारस[2]

1. "Emprisicism on the contrary, cuts up at the roots the morality of intentions (in which, and not in actions only, consists the high Worth that men can and ought to give them lives)...Empiricism, moreover, being on this account allied with all the inclinations which (no mater what fashion they put on) degrade humanity when they are raised to the dignity of a supreme practical principle...is for that reason much more dangerous." Kant's Theory of Ethics, pp. 163 and 236-238. See also Kant's Critique of Pure Reason, (trans. by Max Muller) 2nd Ed. pp. 640-657.

2. See the Ethical Problem by Dr. Carus, 2nd Ed. p. 111. "Our proposition is that the leading principle in ethics must be derived from the Philosophical view back of it. The world-conception a man has, can alone give character to the principle in his ethics. Without any world-conception we can have no ethics (i.e. ethics in the highest sense of the word). We may act morally like dreamers of somnambulists, but our ethics would in case be a mere moral instinct without any rational insight into its raison d'etere.

नामक एक प्रसिद्ध अमेरिकन ग्रंथकार अपने नीतिशास्त्र विषयक ग्रंथ में इस प्रश्न का उत्तर देता है, कि "पिंड-ब्रह्मांड की रचना के संबंध में मनुष्य की जैसी समझ (राय) होती है, उसके अनुसार नीतिशास्त्र के मूल तत्त्वों के संबंध में उसके विचारों का रंग बदलता रहता है। जब पूछो तो, पिंड-ब्रह्मांड की रचना के संबंध में कुछ-न-कुछ निश्चित मत हुए बिना नैतिक प्रश्न ही उपस्थित नहीं हो सकता। पिंड-ब्रह्मांड की रचना के संबंध में कुछ पक्का मत न रहने पर भी हम लोगों से कुछ नैतिक आचरण कदाचित् हो सकता है, परंतु यह आचरण स्वप्नावस्था के व्यापार के समान होगा; इसलिए इसे नैतिक कहने के बदले देहधर्मानुसार होने वाली केवल एक कायिक क्रिया ही कहना चाहिए।" उदाहरणार्थ, बाघिन अपने बच्चों की रक्षा के लिए प्राण देने को तैयार हो जाती है; परंतु इसे हम उसका नैतिक आचरण न कहकर उसका जन्म सिद्ध स्वभाव ही कहते हैं। इस उत्तर से इस बात का अच्छी तरह स्पष्टीकरण हो जाता है, कि नीतिशास्त्र के उपपादन में अनेक पंथ क्यों हो गए हैं। इसमें कुछ संदेह नहीं, कि "मैं कौन हूँ, यह जगत् कैसे उत्पन्न हुआ, मेरा इस संसार में क्या उपयोग हो सकता है?" इत्यादि गूढ़ प्रश्नों का निर्णय जिस तत्त्व से हो सकेगा, उसी तत्त्व के अनुसार प्रत्येक विचारवान् पुरुष अंत में इस बात का भी निर्णय अवश्य करेगा; कि मुझे अपने जीवन-काल में अन्य लोगों के साथ कैसा बर्ताव करना चाहिए। परंतु इन गूढ़ प्रश्नों का उत्तर भिन्न-भिन्न देशों में एक ही प्रकार का नहीं हो सकता। यूरोप खंड में प्रचलित ईसाई धर्म में यह वर्णन पाया जाता है, कि मनुष्य और सृष्टि का कर्ता बाइबल में वर्णित सगुण परमेश्वर है; और उसी ने पहले-पहले संसार को उत्पन्न करके सदाचरण के नियम या आज्ञाएँ मनुष्यों को बता दी हैं; तथा आरंभ में ईसाई पंडितों का भी यही अभिप्राय था, कि बाइबल में वर्णित पिंड-ब्रह्मांड की इस कल्पना के अनुसार बाइबल में कहे गए नीति नियम ही नीतिशास्त्र के मूल तत्त्व हैं। फिर जब यह मालूम होने लगा, कि ये नियम व्यावहारिक दृष्टि से अपूर्ण हैं, तब इनकी पूर्ति करने के लिए अथवा स्पष्टीकरणार्थ यह प्रतिपादन किया जाने लगा, कि परमेश्वर ही ने मनुष्य को सदसद्विवेक शक्ति दी है। परंतु अनुभव से फिर यह अड़चन दीख पड़ने लगी, कि चोर और साह दोनों की सदसद्विवेक शक्ति एक समान नहीं रहती; तब इस मत का प्रचार होने लगा, कि परमेश्वर की इच्छा नीतिशास्त्र की नींव भले ही हो, परंतु उस ईश्वरी इच्छा के स्वरूप को जानने के लिए केवल इसी बात का विचार करना चाहिए, कि अधिकांश लोगों का अधिक सुख किसमें है-इसके सिवा परमेश्वर की इच्छा को जानने का अन्य कोई मार्ग नहीं है। पिंड-ब्रह्मांड की रचना संबंध में ईसाई लोगों की जो यह समझ है-कि बाइबल में वर्णित सगुण परमेश्वर ही संसार का कर्ता है; और यह उसकी ही इच्छा या आज्ञा है, कि मनुष्य नीति के नियमानुसार बर्ताव करे-उसी आधार पर उक्त सब मत प्रचलित हुए हैं। परंतु आधिभौतिक शास्त्रों की उन्नति तथा वृद्धि होने पर जब मालूम होने लगा, कि ईसाई धर्म-पुस्तकों में पिंड-ब्रह्मांड की रचना के विषय में कहे गए सिद्धान्त ठीक नहीं हैं, तब यह विचार एक ओर रखा गया, कि परमेश्वर के समान कोई सृष्टि का कर्ता है या नहीं; और यही विचार किया जाने लगा, कि नीतिशास्त्र की इमारत प्रत्यक्ष दिखने वाली बातों की नींव पर क्योंकर खड़ी की जा सकती है। तब से फिर यह प्रतिपादन किया जाने लगा, कि अधिकांश लोगों का अधिक सुख या कल्याण, अथवा मनुष्यत्व की वृद्धि, ये ही दृश्य-तत्त्व के नीतिशास्त्र के मूल कारण हैं। इस प्रतिपादन में इस बात की किसी उपपत्ति या कारण का कोई उल्लेख नहीं किया गया है, कि कोई मनुष्य अधिकांश लोगों का अधिक हित क्यों करे? सिर्फ इतना ही कह दिया जाता है, कि यह मनुष्य की नित्य बढ़नेवाली एक स्वाभाविक प्रवृत्ति है। परंतु मनुष्य स्वभाव में स्वार्थ

सरीखी और भी दूसरी वृत्तियाँ दीख पड़ती हैं, इसलिए इन पंथ में भी फिर मतभेद होने लगे। नीतिमत्ता की ये सब उपपत्तियाँ कुछ सर्वथा निर्दोष नहीं हैं। परंतु उक्त पंथ के सभी पंडितों में "सृष्टि के दृश्य पदार्थों से परे सृष्टि की जड़ में कुछ-न-कुछ अव्यक्त तत्त्व अवश्य है", इस सिद्धान्त पर एक ही-सा अविश्वास और अश्रद्धा है, इस कारण उनके विषय-प्रतिपादन में चाहे कुछ अड़चन भी क्यों न हो; तो भी वे लोग केवल बाह्य और दृश्य तत्त्वों से ही किसी तरह निर्वाह कर लेने का हमेशा प्रयत्न किया करते हैं। नीति तो सभी को चाहिए; परंतु उक्त कथन से मालूम हो जाएगा, कि पिंड-ब्रह्मांड की रचना के संबंध में भिन्न-भिन्न मत होने के कारण उन लोगों की नीतिशास्त्र विषयक उपपत्तियों में हमेशा कैसे भेद हो जाया करते हैं। इसी कारण से पिंड-ब्रह्मांड की रचना के विषय में आधिभौतिक, आधिदैविक और आध्यात्मिक मतों के अनुसार हमने तीसरे प्रकरण में नीतिशास्त्र के प्रतिपादन के तीन भेद किए हैं; और आगे फिर प्रत्येक पंथ के मुख्य-मुख्य सिद्धान्तों का भिन्न-भिन्न विचार किया है। जिनका यह मत है, कि सगुण परमेश्वर ने सर्व दृश्य सृष्टि को बनाया है, वे नीतिशास्त्र का केवल यहीं तक विचार करते हैं, कि अपने-अपने धर्म-ग्रंथों में परमेश्वर की जो आज्ञाएँ हैं, वे तथा परमेश्वर की सत्ता से निर्मित सदसद्विवेचन अथवा शक्ति रूप देवता ही सब कुछ है-इसके बाद और कुछ नहीं है। इसी को हमने 'आधिदैविक' पंथ कहा है। क्योंकि सगुण परमेश्वर भी तो एक देवता ही है न! अब जिनका यह मत है, कि दृश्य सृष्टि का आदिकारण कोई भी अदृश्य मूल तत्त्व नहीं है; और यदि हो भी, तो वह मनुष्य की बुद्धि के लिए अगम्य है; वे लोग 'अधिकांश लोगों का अधिक कल्याण' या 'मनुष्यत्व का परम उत्कर्ष' जैसे केवल दृश्य-तत्त्व द्वारा ही नीतिशास्त्र का प्रतिपादन किया करते हैं; और यह मानते हैं कि इस बाह्य और दृश्य तत्त्व के परे विचार करने की कोई आवश्यकता नहीं है। इस पंथ को हमने 'आधिभौतिक' नाम दिया है। जिनका यह सिद्धान्त है, कि नामरूपात्मक दृश्य सृष्टि की जड़ में आत्मा सरीखा कुछ-न-कुछ नित्य और अव्यक्त तत्त्व अवश्य है, वे लोग अपने-अपने नीतिशास्त्र की उपपत्ति आधिभौतिक उपपत्ति से भी परे ले जाते हैं, और आत्मज्ञान तथा नीति या धर्म का मेल करके इस बात का निर्णय करते हैं, कि संसार में मनुष्य का सच्चा कर्त्तव्य क्या है? इस पंथ को हमने 'आध्यात्मिक' कहा है। इन तीनों पंथों में आचार-नीति एक ही है; परंतु पिंड-ब्रह्मांड की रचना के संबंध में प्रत्येक पंथ का मत भिन्न-भिन्न है, जिससे नीतिशास्त्र के मूल-तत्त्वों का स्वरूप हर एक पंथ में थोड़ा बदलता गया है। यह बात प्रकट है, कि व्याकरणशास्त्र कोई नई भाषा नहीं बनाता; किंतु जो भाषा व्यवहार में प्रचलित रहती है, उसी के नियमों की वह खोज करता है, और भाषा की उन्नति में सहायक होता है; ठीक यही हाल नीतिशास्त्र का भी है। मनुष्य इस संसार में जब से पैदा हुआ है, उसी दिन से वह स्वयं अपनी ही बुद्धि से अपने आचरण को देशकालानुसार शुद्ध रखने का प्रयत्न भी करता चला आया है, और समय-समय पर जो प्रसिद्ध पुरुष या महात्मा हो गए हैं, उन्होंने अपनी समझ के अनुसार आचार-शुद्धि के लिए, 'चोदना' या प्रेरणा रूपी अनेक नियम भी बना दिए हैं। नीतिशास्त्र की उत्पत्ति कुछ इसलिए नहीं हुई है, कि वह इन नियमों को तोड़कर नए नियम बनाने लगे। हिंसा मत कर, सच बोल, परोपकार कर इत्यादि नीति के नियम प्राचीन काल से ही चलते आए हैं। अब नीतिशास्त्र का सिर्फ यही देखने का काम है, कि नीति की यथोचित वृद्धि होने के लिए सब नीति-नियमों में मूल तत्त्व क्या है। यही कारण है, कि जब हम नीतिशास्त्र के किसी भी पंथ को देखते हैं, तब हम वर्तमान काल में प्रचलित नीति के प्रायः सब नियमों को सभी पंथों में एक-से पाते हैं, उनमें जो कुछ भेद दिखलाई पड़ता है, वह उपपत्ति के

स्वरूप-भेद के कारण है, और इसलिए डॉ. पाल कारस का यह कथन सच मालूम होता है, कि इस भेद के होने का मुख्य कारण यही है, कि हर एक पंथ में पिंड-ब्रह्मांड की रचना के संबंध में भिन्न-भिन्न मत हैं।

अब यह बात सिद्ध हो गई है, कि मिल, स्पेन्सर, कांट आदि आधिभौतिक पंथ के आधुनिक पाश्चात्य नीतिशास्त्र विषयक ग्रंथकारों ने आत्मोपम्य-दृष्टि के सुलभ तथा व्यापक तत्त्व को छोड़कर, 'सर्वभूतहित' या "अधिकांश लोगों का अधिक हित" जैसे आधिभौतिक और ब्रह्म तत्त्व पर ही नीतिमत्ता को स्थापित करने का जो प्रयत्न किया, वह इसलिए किया है, कि पिंड-ब्रह्मांड संबंधी उनके मत प्राचीन मतों से भिन्न हैं। परंतु जो लोग उक्त नूतन मतों को नहीं मानते; और जो इन प्रश्नों का स्पष्ट तथा गंभीर विचार कर लेना चाहते हैं, कि "मैं कौन हूँ? सृष्टि क्या है? मुझे इस सृष्टि का ज्ञान कैसे होता है? जो सृष्टि मुझसे बाहर है, वह स्वतंत्र है या नहीं? यदि है, तो उसका मूल तत्त्व क्या है? इस तत्त्व से मेरा क्या संबंध है? एक मनुष्य दूसरे के सुख के लिए अपनी जान क्यों देवे?" "जो जन्म लेते हैं, वे मरते भी हैं" इस नियम के अनुसार यदि यह बात निश्चित है, कि "जिस पृथ्वी पर हम रहते हैं, उसका और उसके साथ समस्त प्राणियों का किसी दिन अवश्य नाश हो जाएगा; तो नाशवान् भविष्य का पीढ़ियों के लिए हम अपने सुख का नाश क्यों करें?"-अथवा जिन लोगों का केवल इस उत्तर से पूरा समाधान नहीं होता हो, कि "परोपकार आदि मनोवृत्तियाँ इस समय कर्ममय, अनित्य और दृश्य-सृष्टि की नैसर्गिक प्रवृत्तियाँ ही हैं", और जो यह जानना चाहते हैं, कि इन नैसर्गिक प्रवृत्तियों का मूल कारण क्या है-उनके लिए अध्यात्मशास्त्र के नित्य तत्त्व ज्ञान का सहारा लेने के सिवा और कोई दूसरा मार्ग नहीं है; और इसी कारण से ग्रीन ने अपने नीतिशास्त्र के ग्रंथ का आरंभ इसी तत्त्व के प्रतिपादन से किया है, कि जिस आत्मा को जड़ सृष्टि का ज्ञान होता है, वह आत्मा जड़ सृष्टि से अवश्य ही भिन्न होगा; और कांट ने पहले व्यवसायत्मिका बुद्धि का विवेचन करके फिर वासनात्मक बुद्धि की तथा नीतिशास्त्र की मीमांसा की है।" मनुष्य अपने सुख के लिए ही या अधिकांश लोगों को सुख देने के लिए ही पैदा हुआ है"-यह कथन ऊपर से चाहे कितना ही मोहक तथा उत्तम दिखे, परंतु वस्तुतः यह सच नहीं है। यदि हम क्षणभर इस बात का विचार करें, कि जो महात्मा केवल सत्य के लिए प्राण-दान करने को तैयार रहते हैं, उनके मन में क्या यही हेतु रहता है, कि भविष्य की पीढ़ी के लोगों को अधिकाधिक विषय-सुख प्राप्त होवें, तो यही कहना पड़ता है, कि अपने तथा अन्य लोगों के अनित्य आधिभौतिक सुखों की अपेक्षा इस संसार में मनुष्य का और भी कुछ दूसरा अधिक महत्त्व का परम साध्य या उद्देश्य अवश्य है। यह उद्देश्य क्या है? जिन्होंने पिंड-ब्रह्मांड के नामरूपात्मक, अतएव नाशवान्, परंतु दृश्य स्वरूप से आच्छादित आत्मस्वरूपी नित्य तत्त्व को अपनी आत्मप्रतीति के द्वारा जान लिया है, वे लोग उक्त प्रश्न का यह उत्तर देते हैं कि अपने आत्मा के अमर, श्रेष्ठ, शुद्ध, नित्य तथा सर्वव्यापी स्वरूप की पहचान करके उसी में रत रहना ही ज्ञानवान् मनुष्य का इस नाशवान् संसार में पहला कर्तव्य है। जिसे सर्वभूतान्तर्गत आत्मैक्य की इस तरह से पहचान हो जाती है, तथा यह ज्ञान जिसकी देह तथा इंद्रियों में समा जाता है, वह पुरुष इस बात के सोच में पड़ा नहीं रहता, कि यह संसार झूठ है या सच, किंतु वह सर्वभूतहित के लिए उद्योग करने में आप-ही-आप प्रवृत्त हो जाता है; और सत्य मार्ग का अग्रसर बन जाता है। क्योंकि उसे यह पूरी तौर से मालूम रहता है, कि अविनाशी तथा त्रिकालाबाधित सत्य कौन-सा है। मनुष्य की यह आध्यात्मिक पूर्णावस्था ही सब नीति-नियमों का मूल उगम स्थान है, और इसे ही वेदान्त में 'मोक्ष' कहते हैं। किसी भी नीति को लीजिए, वह इस अंतिम साध्य से अलग नहीं

हो सकती, इसलिए नीतिशास्त्र का या कर्मयोगशास्त्र का विवेचन करते समय आखिर इसी तत्त्व की शरण में जाना पड़ता हैं सर्वात्मैक्य रूप अव्यक्त मूल तत्त्व का ही एक व्यक्त स्वरूप सर्वभूत हितेच्छा है; और सगुण परमेश्वर तथा दृश्य सृष्टि दोनों उस आत्मा के ही व्यक्त रूप हैं, जो सर्वभूतान्तर्गत, सर्वव्यापी और अव्यक्त है; और इस व्यक्त स्वरूप के आगे परे जाकर अव्यक्त आत्मा का ज्ञान प्राप्त किए बिना, ज्ञान की पूर्ति तो होती ही नहीं, किंतु इस संसार में हर एक मनुष्य का जो यह परम कर्त्तव्य है, कि शरीरस्थ आत्मा को पूर्णावस्था में पहुँचा दे; वह भी इस ज्ञान के बिना सिद्ध नहीं हो सकता। चाहे नीति को लीजिए, व्यवहार को लीजिए, धर्म को लीजिए अथवा किसी भी दूसरे शास्त्र को लीजिए; अध्यात्म ज्ञान ही सबकी अंतिम गति है-"सर्वं कर्माखिलं पार्थ ज्ञाने परिसमाप्यते।" हमारा भक्ति-मार्ग भी इसी तत्त्वज्ञान का अनुसरण करता है, इसलिए उसमें भी यही सिद्धान्त स्थिर रहता है, कि ज्ञान-दृष्टि से निष्पन्न होने वाला साम्य-बुद्धिरूपी तत्त्व ही मोक्ष का तथा सदाचरण का मूल स्थान है। वेदान्तशास्त्र से सिद्ध होने वाले उक्त तत्त्व पर एक ही महत्त्वपूर्ण आक्षेप किया जा सकता है, कि कुछ वेदान्ती ज्ञान-प्राप्ति के अनंतर सब कर्मों का त्याग कर देना उचित मानते हैं। इसलिए यह दिखलाकर कि ज्ञान और कर्म में विरोध नहीं है, गीता में कर्मयोग के इस सिद्धान्त का विस्तार सहित वर्णन किया है, कि वासना का क्षय होने पर भी ज्ञानी पुरुष अपने सब कर्मों को परमेश्वरार्पणपूर्वक-बुद्धि से लोक संग्रह के लिए केवल कर्त्तव्य समझ कर ही करता चला जावे। अर्जुन को युद्ध में प्रवृत्त करने के लिए यह उपदेश अवश्य दिया गया है, कि तू परमेश्वर को सब कर्म समर्पण करके युद्ध कर; परंतु यह उपदेश केवल तत्कालीन प्रसंग को देखकर ही किया है (गीता 8.7)। उक्त उपदेश का भावार्थ यही मालूम होता है, कि अर्जुन के समान ही किसान, सुनार, लोहार, बढ़ई, बनिया, ब्राह्मण, व्यापारी, लेखक, उद्यमी इत्यादि सभी लोग अपने-अपने अधिकारानुरूप अपने व्यवहारों को परमेश्वरार्पण-बुद्धि से करते हुए संसार का धारण-पोषण करते रहें; जिसे जो रोजगार निसर्गतः प्राप्त हुआ है, उसे यदि वह निष्काम बुद्धि से करता रहे, तो कर्ता को कुछ भी पाप नहीं लगेगा, सब कर्म एक ही से हैं; दोष केवल कर्ता की बुद्धि में है, न कि उसके कर्मों में, अतएव बुद्धि को सम करके यदि सब कर्म किए जाएँ, तो परमेश्वर की उपासना हो जाती है, पाप नहीं लगता; और अंत में सिद्धि भी मिल जाती है। परंतु जिन (विशेषतः अर्वाचीन काल के) लोगों का यह दृढ़-संकल्प-सा हो गया है, कि चाहे कुछ भी हो जाए, इस नाशवान् दृश्य-सृष्टि के आगे बढ़कर आत्म-अनात्म-विचार के गहरे पानी में पैठना ठीक नहीं है; वे अपने नीतिशास्त्र का विवेचन, ब्रह्मात्मैक्यरूप परम साध्य की उच्च श्रेणी को छोड़कर, मानव-जाति का कल्याण या सर्वभूतहित जैसे निम्न कोटि के आधिभौतिक दृश्य परंतु अनित्य, तत्त्व से ही शुरु किया करते हैं। स्मरण रहे, कि किसी पेड़ की चोटी को तोड़ देने से ही वह नया पेड़ नहीं कहलाता; उसी तरह आधिभौतिक पंडितों का निर्माण किया हुआ नीतिशास्त्र भोंडा या अपूर्ण भले ही हो; परंतु वह नया नहीं हो सकता। ब्रह्मात्मैक्य को न मानकर प्रत्येक पुरुष को स्वतंत्र मानने वाले हमारे यहाँ के सांख्य-शास्त्रज्ञ पंडितों ने भी, यही देखकर, कि दृश्य-जगत का धारण-पोषण और विनाश किन गुणों के द्वारा होता है; सत्त्व-रज-तम तीनों गुणों के लक्षण निश्चित किए हैं; और फिर प्रतिपादन किया है, कि इनमें से सात्त्विक सद्गुणों का परम उत्कर्ष करना ही मनुष्य का कर्त्तव्य है, तथा मनुष्य को इसी से अंत में त्रिगुणातीत अवस्था मिलकर मोक्ष की प्राप्ति होती है। भगवद्गीता के सत्रहवें तथा अठारहवें अध्यायों में थोड़े भेद के साथ इसी का वर्णन

है।[1] सच देखा जाए, तो क्या सात्त्विक सद्गुणों का परम उत्कर्ष और आधिभौतिकवाद के अनुसार क्या परोपकार-बुद्धि की अथवा मनुष्यत्व की वृद्धि, दोनों का अर्थ एक-ही है। महाभारत और गीता में इन सब आधिभौतिक तत्त्वों का स्पष्ट उल्लेख तो है ही; बल्कि महाभारत में यह भी साफ-साफ कहा गया है, कि धर्म-अधर्म के नियमों के लौकिक या बाह्य उपयोग का विचार करने पर यही जान पड़ता है, कि ये नीति-धर्म सर्वभूतहितार्थ अर्थात् लोक कल्याणार्थ ही हैं। परंतु पश्चिमी आधिभौतिक पंडितों का किसी भी अव्यक्त तत्त्व पर विश्वास नहीं है, इसलिए यद्यपि वे जानते हैं, कि तात्त्विक दृष्टि से कार्य-अकार्य का निर्णय करने के लिए आधिभौतिक तत्त्व पूरा काम नहीं देते; तो भी वे निरर्थक शब्दों का आडंबर बढ़ाकर व्यक्त तत्त्व से ही अपना निर्वाह किसी तरह कर लिया करते हैं। गीता में ऐसा नहीं किया गया है, किंतु इन तत्त्वों की परंपरा को पिंड-ब्रह्मांड के मूल अव्यक्त तथा नित्य-तत्त्व तक ले जाकर मोक्ष, नीतिधर्म और व्यवहार इन तीनों का भी पूरी एकवाक्यता तत्त्वज्ञान के आधार से गीता में भगवान ने सिद्ध कर दिखाई है; और इसलिए अनुगीता के आरंभ में स्पष्ट कहा गया है, कि कार्य-अकार्य निर्णयार्थ जो धर्म बतलाया गया है, वही मोक्ष-प्राप्ति करा देने के लिए भी समर्थ है (मभा. अश्व. 16.12)। जिनका यह मत होगा कि, मोक्षधर्म और नीतिशास्त्र को अथवा अध्यात्मशास्त्र और नीति को एक में मिला देने की आवश्यकता नहीं है, उन्हें उक्त उपपादन का महत्त्व ही मालूम नहीं हो सकता। परंतु जो लोग इसके संबंध में उदासीन नहीं हैं, उन्हें निस्संदेह यह मालूम हो जाएगा, कि गीता में किया गया कर्मयोग का प्रतिपादन आधिभौतिक विवेचन की अपेक्षा श्रेष्ठ तथा ग्राह्य है। अध्यात्म ज्ञान की वृद्धि प्राचीन काल में हिंदुस्थान में जैसी हो चुकी है, वैसी और कहीं भी नहीं हुई, इसलिए किसी अन्य देश में, कर्मयोग के ऐसे आध्यात्मिक उपपादन का पहले पाया जाना बिल्कुल संभव नहीं था और, यह विदित ही है, कि ऐसा उपपादन कहीं पाया भी नहीं जाता।

यह स्वीकार होने पर भी-कि इस संसार के अशाश्वत होने के कारण इसमें सुख की अपेक्षा दु:ख ही अधिक है (गीता 9.33)-गीता में जो यह सिद्धान्त स्थापित किया गया है, कि "कर्म ज्यायो ह्यकर्मण:"-सांसारिक कर्मों का कभी न कभी संन्यास करने की अपेक्षा उन्हीं कर्मों को निष्काम बुद्धि से लोक कल्याण के लिए करते रहना अधिक श्रेयस्कर है (गीता 3.8; 5.2), उसके साधक तथा बाधक कारणों का विचार ग्यारहवें प्रकरण में किया जा चुका है। परंतु गीता इस कर्मयोग की पश्चिमी कर्म-मार्ग से अथवा हमारे यहाँ के संन्यास-मार्ग की पश्चिमी कर्मत्याग-पक्ष से, तुलना करते समय उक्त सिद्धान्त का कुछ अधिक स्पष्टीकरण करना आवश्यक मालूम होता है। यह मत वैदिक धर्म में पहले-पहले उपनिषत्कारों तथा सांख्यवादियों द्वारा प्रचलित किया गया है, कि दु:खमय तथा निस्सार संसार से बिना निवृत्त हुए मोक्ष की प्राप्ति नहीं हो सकती। इसके पूर्व का वैदिक धर्म प्रवृत्ति-प्रधान अर्थात् कर्मकांडात्मक ही था, परंतु यदि वैदिक धर्म को छोड़ अन्य धर्मों का विचार किया जाए, तो यह मालूम होगा, कि उनमें से बहुतों ने आरंभ से ही संन्यास-मार्ग को स्वीकार कर लिया था। उदाहरणार्थ, जैन और बौद्ध धर्म पहले ही से निवृत्ति-प्रधान हैं, और ईसामसीह का भी वैसा ही उपदेश है। बुद्ध ने अपने शिष्यों को यदि अंतिम उपदेश दिया है, कि "संसार का त्याग करके यति-धर्म से रहना चाहिए, स्त्रियों की ओर देखना नहीं चाहिए; और उनसे बातचीत भी नहीं करनी

1. बाबू किशोरीलाल सरकार, एम.ए., बी.एल. ने The Hindu System of Moral Science नामक जो एक छोटा-सा ग्रंथ लिखा है, वह इसी ढंग का है; अर्थात् उसमें सत्त्व, रज और तम तीनों गुणों के आधार पर विवेचन किया गया है।

चाहिए" (महापरिनिब्बाण सुत्त 5.23); ठीक इसी तरह मूल ईसाई धर्म का भी कथन है। ईसा ने कहा है, कि 'तू अपने पड़ोसी को अपने ही समान प्यार कर" (मेथ्यू. 19. 19); और, पाल का भी कथन है, कि "तू जो कुछ खाता, पीता या करता है, वह सब ईश्वर के लिए कर" (1 कारिं. 10.31) और ये दोनों उपदेश ठीक उसी तरह के हैं, जैसे कि गीता में आत्मौपम्य-बुद्धि से ईश्वरार्पण पूर्वक कर्म करने को कहा गया है (गीता 6.29; 9.27)। परंतु केवल इतने ही से यह सिद्ध नहीं होता, कि ईसाई धर्म गीता-धर्म के समान प्रवृत्ति-प्रधान है। क्योंकि ईसाई धर्म में भी अंतिम साध्य यही है, कि मुनष्य को अमृतत्त्व मिले तथा वह मुक्त हो जाए; और उसमें यह भी प्रतिपादन किया गया है, कि यह स्थिति घर द्वार त्यागे बिना प्राप्त नहीं हो सकती, अतएव ईसामसीह के मूल धर्म को संन्यास-प्रधान ही कहना चाहिए। स्वयं ईसामसीह अंत तक अविवाहित रहे। जब एक समय एक आदमी ने उनसे प्रश्न किया, कि "माँ-बाप तथा पड़ोसियों को प्यार करने के धर्म का मैं अब तक पालन करता चला आया हूँ, अब मुझे यह बतलाओ, कि अमृतत्व मिलने में क्या कसर है?" तब ईसा ने साफ उत्तर दिया है, कि "तू अपने घरद्वार को बेच दे या किसी गरीब को डाल दे; और मेरा भक्त बन" (मेथ्यू. 19.16-30; मार्क 19.21-31); और वे तुरंत अपने शिष्यों की ओर देख उनसे कहने लगे, कि सुई के छेद से ऊँट भले ही निकल जाए; परंतु ईश्वर के राज्य में किसी धनवान का प्रवेश होना कठिन है।" यह कहने में कोई अतिशयोक्ति नहीं दीख पड़ती, कि यह उपदेश याज्ञवल्क्य के इस उपदेश की नकल है, कि जो उन्होंने मैत्रेयी को किया था। वह उपदेश यह है-"अमृतत्वस्य तु नाशास्ति वित्तेन" (बृ. 2.4.2)-द्रव्य से अमृतत्व मिलने की आशा नहीं है। गीता में कहा गया है, कि अमृतत्त्व प्राप्त करने के लिए सांसारिक कर्मों को छोड़ने की आवश्यकता नहीं है, बल्कि उन्हें निष्काम बुद्धि से करते ही रहना चाहिए; परंतु ऐसा उपदेश ईसा ने कहीं भी नहीं किया है। इसके विपरीत उन्होंने यही कहा है, कि सांसारिक संपत्ति और परमेश्वर के बीच चिरस्थायी विरोधी है (मेथ्यू. 6.24), इसलिए "माँ-बाप, घर-द्वार, स्त्री-बच्चे और भाई-बहिन एवं स्वयं अपने जीवन से भी द्वेष करके जो मनुष्य मेरा अनुयायी नहीं बनता, वह मेरा भक्त कभी हो नहीं सकता" (ल्यूक. 14.26-33)। ईसा के शिष्य पाल का भी स्पष्ट उपदेश है, कि "स्त्रियों को स्पर्श तक भी न करना सर्वोत्तम पक्ष है" (1. कारिं. 7.1), इसी प्रकार, हम पहले ही कह चुके हैं, कि ईसा के मुँह से निकले हुए-"हमारी जन्मदात्री[1] माता, हमारी कौन होती है? हमारे आसपास के ईश्वरभक्त ही हमारे माँ-बाप और बंधु हैं" (मेथ्यू. 12. 46-50)-इस वाक्य में, और "किं प्रजया करिष्यामो येषां नोऽयमात्माऽयं लोकः" बृहदारण्यकोपनिषद के संन्यास विषयक इस रचना में (बृ. 4.4.22) बहुत कुछ समानता है। स्वयं बाइबल के ही इन वाक्यों से यह सिद्ध होता है, कि जैन और बौद्ध धर्मों के सदृश ही ईसाई धर्म भी आरंभ में संन्यास-प्रधान अर्थात् संसार को त्याग देने का उपदेश देने वाला है, और ईसाई धर्म के इतिहास को देखने से भी यही मालूम होता है कि[2]

---

1. यह तो संन्यास-मार्गियों का हमेशा ही उपदेश है। शंकराचार्य का "का ते कान्ता कस्ते पुत्रः" यह श्लोक प्रसिद्ध ही है; और, अश्वघोष के 'बुद्धचरित' (6.45) में यह वर्णन पाया है, कि बुद्ध के मुख से " क्वाहं मातुः क्व सा मम" ऐसा उद्‌गार निकला था।

2. See Paulen's System of Ethics (Eng. trans.) Book I. Chap. 2 and 3; esp. pp. 89-97. "The new (Christian) converts seemed to renounce their family and country..... their gloomy and austere aspect, their abhorrence of the common business and pleasures of life and their frequent predictions of impending calamities inspired the pagans with the apprehension of some danger which would arise from the new sect." Historian's History of the World. Vol. VI, p. 318. जर्मन कवि गटेने अपने Faust (फौस्ट) नामक काव्य में यह लिखा है-"Thou shalt renounce : That is the eternal song which ring in everyone's ears; which, our whole life-long every hour is hoarslley singing to us." (Faust, Part I, II. 1195-1198). मूल इसाई धर्म के संन्यास-प्रधान होने के विषय में कितने ही अन्य आधार और प्रमाण दिए जा सकते हैं।

ईसा के इस उपदेशानुसार ही पहले ईसाई धर्मोपदेशक वैराग्य से रहा करते थे-"ईसा के भक्तों को द्रव्य-संचय न करके रहना चाहिए" (मेथ्यू. 10.9-15)। ईसाई धर्मोपदेशकों में तथा ईसा के भक्तों में गृहस्थ-धर्म से संसार में रहने की जो रीति पाई जाती है, वह बहुत दिनों के बाद के सुधारों का फल है-वह मूल ईसाई धर्म का स्वरूप नही है। वर्तमान समय में भी शोपेनहर सरीखे विद्वान यही प्रतिपादित करते हैं, कि संसार दु:खमय होने के कारण त्याज्य है, और पहले यह बतलाया जा चुका है, कि ग्रीस देश में प्राचीन काल में यह प्रश्न उपस्थित हुआ था, कि तत्त्व-विचार में ही अपने जीवन को व्यतीत कर देना श्रेष्ठ है, या लोकहित के लिए राजकीय मामलों में प्रयत्न करते रहना श्रेष्ठ है। सारांश यह है, कि पश्चिमी लोगों का यह कर्मत्याग पक्ष और हम लोगों का संन्यास-मार्ग कई अंश में एक ही है; और इन मार्गों का समर्थन करने की पूर्वी और पश्चिमी पद्धति भी एक ही-सी है। परंतु आधुनिक पश्चिम पंडित कर्मत्याग की अपेक्षा कर्म-मार्ग की श्रेष्ठता के जो कारण बतलाते हैं, वे गीता में दिए गए प्रवृत्ति-मार्ग के प्रतिपादन से भिन्न है, इसलिए अब इन दोनों के भेद को भी यहाँ पर अवश्य बतलाना चाहिए। पश्चिमी आधिभौतिक कर्म-मार्गियों का कहना है, कि संसार के सब मनुष्यों का अथवा अधिकांश लोगों का अधिक सुख-अर्थात् ऐहिक सुख-ही इस जगत् में परम साध्य है, अतएव सब लोगों के सुख के लिए प्रयत्न करते हुए उसी सुख में मग्न हो जाना प्रत्येक मनुष्य का कर्त्तव्य है, और इसकी पुष्टि के लिए उनमें से अधिकांश पंडित यह प्रतिपादन भी करते हैं, कि संसार में दु:ख की अपेक्षा सुख ही अधिक है। इस दृष्टि से देखने पर यही कहना पड़ता है, कि पश्चिमी कर्म-मार्गीय लोग "सुख-प्राप्ति की आशा से सांसारिक कर्म करने वाले" होते हैं; और पश्चिमी कर्मत्यागमार्गीय लोग "संसार से ऊबे हुए" होते हैं; तथा कदाचित् इसी कारण से उनको क्रमानुसार 'आशावादी' और 'निराशावादी' कहते हैं।[1] परंतु भगवद्गीता में जिन दो निष्ठाओं का वर्णन है, वे इनसे भिन्न हैं। चाहे स्वयं अपने लिए हो या परोपकार के लिए हो, कुछ भी हो; परंतु जो मनुष्य ऐहिक विषयसुख पाने की लालसा से संसार के कर्मो में प्रवृत्त होता है, उसकी साम्यबुद्धि रूप सात्त्विक वृत्ति में कुछ न कुछ अवश्य लग जाता है, इसलिए गीता का यह उपदेश है कि संसार दु:खमय, सांसारिक कर्म जब छूटते ही नहीं, तब उनके सुखदु:ख का विचार करते रहने से कुछ लाभ नहीं होगा। चाहे सुख हो या दु:ख। परंतु मनुष्य का यही कर्त्तव्य है, कि वह इस बात में अपना महद्भाग्य समझे, कि उसे नरदेह प्राप्त हुई है; और कर्म-सृष्टि के इस अपरिहार्य व्यवहार में जो कुछ प्रसंगानुसार प्राप्त हो, उसे अपने अंत:करण को निराश न करके इस न्याय अर्थात् साम्य-बुद्धि से सहता रहे, कि "दु:खेष्वनुद्विग्नमना: सुखेषु विगतस्पृह:" (गीता 2.56); एवं अपने अधिकारानुसार जो कुछ कर्म शास्त्रत: अपने हिस्से में आ पड़े, उसे जीवनपर्यंत और किसी के लिए नहीं; किंतु संसार के धारण-पोषण के लिए, निष्काम बुद्धि से करता रहे। गीताकाल में चातुर्वर्ण्य-व्यवस्था जारी थी, इसीलिए बतलाया गया है, कि ये सामाजिक कर्म चातुर्वर्ण्य के विभाग के अनुसार हर एक के हिस्से में आ पड़ते हैं और अठारहवें अध्याय में यह भी बतलाया गया है, कि ये भेद गुणकर्म-विभाग से कैसे निष्पन्न होते हैं" (गीता 18.41-44)। परंतु इससे किसी को यह न समझ लेना

1. जेम्स सली (James Sulli) ने अपने Pessimism नामक ग्रंथ में Optimist और Pessimist नामक दो पंथों का वर्णन किया है। इनमें से Optimist का अर्थ 'उत्साही, आनंदित' और Pessimist का अर्थ 'संसार से त्रस्त' होता है; और हमने पहले एक टिप्पणी में बतला दिया है, कि ये शब्द गीता के 'योग' और 'सांख्य' के पूर्णरूप से समानार्थक नहीं है (पृष्ठ 306)। 'दु:खनिवारणेच्छुक' नामक जो एक तीसरा पंथ है और जिसका वर्णन आगे किया गया है, उसका सली ने Milliorism नाम रखा है।

चाहिए, कि गीता के नीति-तत्त्व चातुर्वर्ण्यरूपी समाज व्यवस्था पर ही अवलंबित है। यह बात महाभारतकार के ध्यान में भी पूर्णतया आ चुकी थी, कि अहिंसादि नीति-धर्मों की व्याप्ति केवल चातुर्वर्ण्य के लिए ही नहीं है, बल्कि ये धर्म मनुष्यमात्र के लिए एक समान हैं। इसीलिए महाभारत में स्पष्ट रीति से कहा गया है, कि चातुर्वर्ण्य के बाहर जिन अनार्य लोगों में ये धर्म प्रचलित हैं, उन लोगों की भी रक्षा राजा को इन सामान्य कर्मों के अनुसार ही करनी चाहिए (शां. 65.12-22)। अर्थात् गीता में ही कही गई नीति की उपपत्ति चातुर्वर्ण्य सरीखी किसी एक विशिष्ट समाज व्यवस्था पर अवलंबित नहीं है; किंतु सर्वसामान्य आध्यात्मिक ज्ञान के आधार पर ही उसका प्रतिपादन किया गया है। गीता के नीति-धर्म का मुख्य तात्पर्य यही है, कि जो कर्त्तव्य-कर्म शास्त्रत: प्राप्त हो, उसे निष्काम और आत्मौपम्य-बुद्धि से करना चाहिए; और सब देशों के लिए यह एक ही समान उपयोगी है। परंतु, यद्यपि आत्मौपम्य-दृष्टि का और निष्काम कर्माचरण का यह सामान्य नीति-तत्त्व सिद्ध हो गया, तथापि इस बात का भी स्पष्ट विचार कर लेना आवश्यक है, कि यह नीति-तत्त्व जिन कर्मों को उपयोगी होता है, वे कर्म इस संसार में प्रत्येक व्यक्ति को कैसे प्राप्त होते हैं। इसे बतलाने के लिए ही, उस समय में उपयुक्त होने वाले सहज उदाहरण के नाते से गीता में चातुर्वर्ण्य का उल्लेख किया गया है; और साथ-साथ गुणकर्म-विभाग के अनुसार उस समाज व्यवस्था की संक्षेप में उपपत्ति भी बतलाई है। परंतु इस बात पर भी ध्यान देना चाहिए, कि वह चातुर्वर्ण्य-व्यवस्था ही कुछ गीता का मुख्य भाग नहीं है। सारे गीताशास्त्र का व्यापक सिद्धान्त यह है, कि यदि कहीं चातुर्वर्ण्य-व्यवस्था प्रचलित न हो अथवा वह किसी गिरी दशा में हो; तो वहाँ भी तत्कालीन प्रचलित समाज व्यवस्था के अनुसार समाज के धारण-पोषण के जो काम अपने हिस्से में आ पड़े, उन्हें लोक संग्रह के लिए धैर्य और उत्साह से तथा निष्काम बुद्धि से कर्त्तव्य समझकर करते रहना चाहिए, क्योंकि मनुष्य का जन्म उसी काम के लिए हुआ है; न कि केवल सुखोपभोग के लिए। कुछ लोग गीता के नीतिधर्म को केवल चातुर्वर्ण्य-मूलक समझते हैं; लेकिन उनकी यह समझ ठीक नहीं है। चाहे समाज हिंदुओं का हो या म्लेच्छों का, चाहे वह प्राचीन हो या अर्वाचीन, चाहे वह पूर्वी हो या पश्चिमी, यदि उस समाज में चातुर्वर्ण्य-व्यवस्था प्रचलित हो, तो उस व्यवस्था के अनुसार, या दूसरी समाज-व्यवस्था जारी हो; तो उस व्यवस्था के अनुसार, जो काम अपने हिस्से में आ पड़े अथवा जिसे हम अपनी रुचि के अनुसार कर्त्तव्य समझकर एक बार स्वीकृत कर लें, वही अपना स्वधर्म हो जाता है; और गीता कहती है, कि किसी भी कारण से इस धर्म को ऐन मौके पर छोड़ देना और दूसरे कामों में लग जाना, धर्म की तथा सर्वभूतहित की दृष्टि से निंदनीय है। यही तात्पर्य "स्वधर्मे निधनं श्रेय: परधर्मो भयावह:" (गीता 3.35)-अर्थात् स्वधर्म पालन में यदि मृत्यु हो जाए, तो वह भी श्रेयस्कर है; परंतु दूसरों का धर्म भयावह होता है, इस गीता-वचन का है। इसी न्याय के अनुसार माधवराव पेशवा को जिन्होंने ब्राह्मण होकर भी तत्कालीन देशकालानुरूप क्षात्र-धर्म को स्वीकार किया था, रामशास्त्री ने यह उपदेश किया था, कि "स्नान-संध्या और पूजापाठ में सारा समय व्यतीत न कर क्षात्र-धर्म के अनुसार प्रजा की रक्षा करने में अपना सब समय लगा देने से ही तुम्हारा उभय लोक में कल्याण होगा" यह बात महाराष्ट्र इतिहास में प्रसिद्ध है। गीता का मुख्य उपदेश यह बतलाने का नहीं है, कि समाज-धारणा के लिए कैसी व्यवस्था होनी चाहिए। गीता शास्त्र का तात्पर्य यही है, कि समाज-व्यवस्था चाहे कैसी भी हो; उसमें जो यथाधिकार कर्म तुम्हारे हिस्से में पड़ जाएँ, उन्हें उत्साहपूर्वक करके सर्वभूतहितरूपी आत्मश्रेय की सिद्धि करो। इस तरह से कर्त्तव्य मानकर गीता में वर्णित स्थितप्रज्ञ पुरुष जो कर्म किया करते हैं, वे स्वभाव से ही लोक कल्याण कारक

हुआ करते हैं। गीता प्रतिपादित इस कर्मयोग में और पाश्चात्य आधिभौतिक कर्ममार्ग में यह एक बड़ा भारी भेद है, कि गीता में वर्णित स्थितप्रज्ञों के मन में यह अभिमान-बुद्धि रहती ही नहीं, कि मैं अपने कर्मों के द्वारा लोक कल्याण करता हूँ, बल्कि उनके देहस्वभाव ही में साम्य-बुद्धि आ जाती है; और इसी से वे लोग अपने समय की समाज-व्यवस्था के अनुसार केवल कर्त्तव्य समझ कर जो जो कर्म किया करते हैं, वे सब स्वभावत: लोक कल्याण कारक हुआ करते हैं; और आधुनिक पाश्चात्य नीतिशास्त्रकार संसार को सुखमय मानकर कहाँ करते हैं, कि इस संसार में सब लोगों को सुख की प्राप्ति करा देने के लिए लोककल्याण का कार्य करना चाहिए।

तथापि सभी पाश्चात्य आधुनिक कर्मयोगी संसार को सुखमय नहीं मानते। शोपेनहर के समान संसार को दु:ख-प्रधान माननेवाले पंडित भी वहाँ हैं, जो यह प्रतिपादन करते हैं, कि यथाशक्ति लोगों के दु:ख का निवारण करना ज्ञानी पुरुषों का कर्त्तव्य है; इसलिए संसार को न छोड़ते हुए उनको ऐसा प्रयत्न करते रहना चाहिए, जिससे लोगों का दु:ख कम होता जाए। अब तो पश्चिमी देशों में दु:ख निवारणेच्छुक कर्मयोगियों का एक अलग पंथ ही हो गया है। इस पंथ का गीता के कर्मयोग-मार्ग से बहुत कुछ साम्य है। जिस स्थान पर महाभारत में कहा गया है, कि "सुखाद्बहुतरं जीविते नात्र संशय:"-संसार में सुख की अपेक्षा दु:ख ही अधिक है, वहीं पर मनु ने दु:खं बृहस्पति से तथा नारद ने शुक से कहा है:-

न जानपदिकं दु:खमेक: शोचितुमर्हति।
अशोचन्प्रतिकुर्वीत यदि पश्येदुपक्रमम्॥

"जो दु:ख सार्वजनिक है, उसके लिए शोक करते रहना उचित नहीं; उसका रोना न रोकर उसके प्रतिकारार्थ (ज्ञानी पुरुषों को) कुछ उपाय करना चाहिए" (मभा. शां. 205.5; 330.15)। इससे प्रकट होता है, कि यह तत्त्व महाभारतकार को भी मान्य है, कि संसार के दु:खमय होने पर भी, उसमें सब लोगों को होने वाले दु:ख को कम करने का उद्योग चतुर पुरुष करते हैं। परंतु यह कुछ हमारा सिद्धान्त पक्ष नहीं है। सांसारिक सुखों की अपेक्षा आत्मबुद्धि-प्रसाद से होनेवाले सुख को अधिक महत्त्व देकर, इस आत्मबुद्धि-प्रसादरूपी सुख का पूरा अनुभव करते हुए, केवल कर्त्तव्य समझकर ही, अर्थात् ऐसी राजस अभिमान-बुद्धि मन में न रखकर, कि मैं लोगों का दु:ख कम करूँगा, सब व्यावहारिक कर्मों का उपदेश देने वाले गीता के कर्मयोग की बराबरी करने के लिए, दु:खनिवारणेच्छुक पश्चिमी कर्मयोग में भी अभी बहुत कुछ सुधार होना चाहिए। प्राय: सभी पाश्चिमात्य पंडितों के मन में यह बात समाई रहती है, कि स्वयं अपना या सब लोगों का सांसारिक सुख ही मनुष्य का इस संसार में परम साध्य है-चाहे वह सुख के साधनों को अधिक करने से मिले या दु:खों को कम करने से; इसी कारण से उसके शास्त्रों में गीता के निष्काम कर्मयोग का यह उपदेश कहीं भी नहीं पाया जाता, कि यद्यपि संसार दु:खमय है, तथापि उसे अपरिहार्य समझकर केवल लोकसंग्रह के लिए ही संसार के कर्म करते रहना चाहिए। सभी कर्म-मार्गी है तो सही; परंतु शुद्ध नीति की दृष्टि से देखने पर उनमें यही भेद मालूम होता है, कि पाश्चात्य कर्मयोगी सुखेच्छुक या दु:खनिवारणेच्छुक होते हैं-कुछ भी कहा जाए परंतु वे 'इच्छुक' अर्थात् 'सकाम' अवश्य ही हैं; और गीता के कर्मयोगी हमेशा ही फलाशा का त्याग करनेवाले अर्थात् निष्काम होते हैं। इसी बात को यदि दूसरे शब्दों में व्यक्त करें, तो यह कहा जा सकता है, कि गीता का कर्मयोग सात्त्विक है; और पाश्चात्य कर्मयोग राजस है (गीता 18.23, 24)।

केवल कर्त्तव्य समझकर परमेश्वरार्पण-बुद्धि से सब कर्मों को करते रहने का और

उसके द्वारा परमेश्वर के यजन या उपासना को मृत्युपर्यंत जारी रखने का जो यह गीता-प्रतिपादित ज्ञानयुक्त प्रवृत्ति-मार्ग या कर्मयोग है, इसे ही 'भागवत धर्म' कहते हैं। "स्वे स्वे कर्मण्यभिरतः संसिद्धिं लभते नरः" (गीता 18.45)-यही इस मार्ग का रहस्य है। महाभारत के वनपर्व में ब्राह्मण-व्याध-कथा में (मभा. वन. 208) और शांतिपर्व में तुलाधार-जाजली-संवाद में (मभा. शां. 261) इसी धर्म का निरूपण किया गया है; और मनुस्मृति में भी (मनु. 6.96, 97) यति-धर्म का निरूपण करने के अनंतर इसी मार्ग को वेद-संन्यासियों का कर्मयोग कहकर विहित तथा मोक्षदायक बतलाया है। 'वेदसंन्यासिक' पद से और वेद की संहिताओं तथा ब्राह्मण-ग्रंथों में जो वर्णन हैं, उनसे यही सिद्ध होता है, कि यह मार्ग हमारे देश में अनादि काल से चला आ रहा है। यदि ऐसा न होता, तो यह देश इतना वैभवशाली कभी हुआ नहीं होता; क्योंकि यह बात प्रकट ही है, कि किसी भी देश के वैभवपूर्ण होने के लिए वहाँ के कर्ता या वीर पुरुष कर्म-मार्ग के ही अगुआ हुआ करते हैं। हमारे कर्मयोग का मुख्य तत्त्व यही है, कि कोई कर्ता या वीर पुरुष भले ही हों; परंतु उन्हें भी ब्रह्मज्ञान को न छोड़ उसके साथ ही साथ कर्त्तव्य को स्थिर रखना चाहिए; और यह पहले ही बतलाया जा चुका है, कि इसी बीजरूप तत्त्व का व्यवस्थित विवेचन करके श्रीभगवान ने इस मार्ग का अधिक दृढ़ीकरण और प्रसार किया था, इसलिए इस प्राचीन मार्ग का ही आगे चलकर 'भागवत धर्म' नाम पड़ा होगा। विपरीत पक्ष में उपनिषदों से तो यही व्यक्त होता है, कि कभी-न-कभी कुछ ज्ञानी सत्पुरुषों के मन का झुकाव पहले ही से स्वभावतः संन्यास-मार्ग की ओर रहा करता था; अथवा कम-से-कम इतना अवश्य होता था, कि पहले गृहस्थाश्रम में रहकर अंत समय में संन्यास लेने की बुद्धि मन में जागृत हुआ करती थी-फिर चाहे वे लोग सचमुच संन्यास लें या न लें। इसलिए यह भी नहीं कहा जा सकता, कि संन्यासमार्ग नया है; परंतु स्वभाव-वैचित्र्यादि कारणों से ये दोनों मार्ग यद्यपि हमारे यहाँ प्राचीन काल से ही प्रचलित हैं, तथापि इस बात की सत्यता में कोई शंका नहीं, कि वैदिक काल में मीमांसकों के कर्म-मार्ग की ही लोगों में विशेष प्रबलता थी; और कौरव-पांडवों के समय में तो कर्मयोग ने संन्यास-मार्ग को पीछे हटा दिया था। कारण यह है, कि हमारे धर्मशास्त्रकारों ने साफ कह दिया है, कि कौरव-पांडवों के काल के अनंतर अर्थात् कलियुग में संन्यास-धर्म निषिद्ध है; और जबकि धर्मशास्त्र "आचारप्रभवो धर्मः" (मभा. अ नु. 149, 137; मनुः 1.108) इस वचन के अनुसार प्रायः आचार ही का अनुवादक हुआ करता है; तब सहज-ही सिद्ध होता है कि धर्मशास्त्रकारों के उक्त निषेध करने के पहले ही लोकाचार में संन्यास-धर्म को निषिद्ध मानने तक की नौबत आ चुकी थी; तो अब यहाँ यही स्वाभाविक शंका होती है, कि तेजी से बढ़ते हुए इस ज्ञानयुक्त कर्मयोग के ह्रास का तथा वर्तमान समय के भक्ति-मार्ग में भी संन्यास-पक्ष को ही श्रेष्ठ माने जाने का कारण क्या है? कुछ लोग कहते हैं, कि यह परिवर्तन श्रीमदाद्यशंकराचार्य के द्वारा हुआ। परंतु इतिहास को देखने से इस उपपत्ति में सत्यता नहीं दीख पड़ती। पहले प्रकरण में हम कह चुके हैं, कि श्रीशंकराचार्य के संप्रदाय के दो विभाग हैं-(1) मायावादात्मक अद्वैत ज्ञान और (2) कर्म-संन्यास-धर्म। अब यद्यपि अद्वैत ब्रह्मज्ञान के साथ-साथ संन्यास-धर्म का भी प्रतिपादन उपनिषदों में किया गया है, तो भी इन दोनों का कोई नित्य संबंध नहीं है, इसलिए यह नहीं कहा जा सकता, कि अद्वैत-वेदान्त-मत को स्वीकार करने पर संन्यास-मार्ग को भी अवश्य स्वीकार करना ही चाहिए। उदाहरणार्थ, याज्ञवल्क्य प्रभृति से अद्वैत-वेदान्त की पूरी शिक्षा पाए हुए जनक आदि

1. पृष्ठ 344-345 की टिप्पणी में दिए गए वचनों को देखा।

स्वयं कर्मयोगी थे। यही क्यों; बल्कि उपनिषदों का अद्वैत-ब्रह्मज्ञान ही गीता का प्रतिपाद्य विषय होने पर भी, गीता में इसी ज्ञान के आधार से संन्यास के बदले कर्मयोग का ही समर्थन किया गया है। इसलिए पहले इस बात पर ध्यान देना चाहिए, कि शांकर-संप्रदाय पर संन्यास-धर्म को उत्तेजन देने का जो आक्षेप किया जाता है, वह इस संप्रदाय के अद्वैत ज्ञान को उपयुक्त न होकर उसके अंतर्गत केवल संन्यास-धर्म को ही उपयोगी हो सकता है। यद्यपि श्रीशंकराचार्य ने इस संन्यास-मार्ग को नए सिरे से नहीं चलाया है; तथापि कलियुग में निषिद्ध या वर्जित माने जाने के कारण उसमें जो गौणता आ गई थी, उसे, उन्होंने अवश्य दूर किया है। परंतु यदि इसके भी पहले अन्य कारणों से लोगों में संन्यास मार्ग की चाह हुई न होती, तो इसमें संदेह है, कि आचार्य का संन्यास-प्रधान मत इतना अधिक फैलने पाता या नहीं। ईसा ने कहा है सही, कि "यदि कोई एक गाल में थप्पड़ मार दे, तो दूसरे गाल को भी उसके सामने कर दो" (ल्यूक. 6.29)। परंतु यदि विचार किया जाए, कि इस मत के अनुयायी यूरोप के ईसाई राष्ट्रों में कितने हैं; तो यही दीख पड़ेगा, कि किसी बात के प्रचलित होने के लिए केवल इतना ही बस नहीं है, कि कोई धर्मोपदेशक उसे अच्छी तरह कह दे; बल्कि ऐसा होने के लिए-अर्थात् लोगों के मन का झुकाव उधर होने के लिए-उस उपदेश के पहले ही कुछ सबल कारण उत्पन्न हो जाया करते हैं; और अब फिर लोकाचार में धीरे-धीरे परिवर्तन होकर उसी के अनुसार धर्म-नियमों में भी परिवर्तन होने लगता है। "आचार-धर्म का मूल है"-इस स्मृति-वचन का तात्पर्य भी यही है। गत शताब्दी में शोपेनहर ने जर्मनी में संन्यास-मार्ग का समर्थन किया था, परंतु उसका बोया हुआ बीज वहाँ अब तक अच्छी तरह से जमने नहीं पाया, और इस समय तो निट्शेके ही मतों की वहाँ धूम मची हुई है। हमारे यहाँ देखने से भी यही मालूम होगा, कि संन्यास-मार्ग श्रीशंकराचार्य के पहले अर्थात् वैदिक-काल में ही यद्यपि जारी हो गया था, तो भी वह उस समय कर्मयोग से आगे अपना कदम नहीं बढ़ा सका था। स्मृति-ग्रंथों में अंत में संन्यास लेने को कहा गया है सही; परंतु उसमें भी पूर्वाश्रमों के कर्त्तव्य पालन का उपदेश दिया ही गया है। श्रीशंकराचार्य के ग्रंथों का प्रतिपाद्य विषय कर्म-संन्यास-पक्ष भले ही हो; परंतु स्वयं उनके जीवन-चरित से ही यह बात सिद्ध होती है, कि ज्ञानी पुरुषों को तथा संन्यासियों को धर्म-संस्थापना के समान लोकसंग्रह के काम यथाधिकार करने के लिए उनकी ओर से कुछ मनाही नहीं थी (वे. सू. शां. भा. 3.3.32)। संन्यास-मार्ग की प्रबलता का कारण यदि श्रीशंकराचार्य का स्मार्त संप्रदाय ही होता तो आधुनिक भागवत संप्रदाय के रामानुजाचार्य अपने गीता-भाष्य में श्रीशंकराचार्य की ही नाई कर्मयोग को गौण नहीं मानते। परंतु जो कर्मयोग एक बार तेजी से जारी था, वह जबकि भागवत-संप्रदाय में भी निवृत्ति-प्रधान भक्ति से पीछे हटा दिया गया है, तब तो यही कहना पड़ता है, कि उसके पिछड़ जाने के लिए कुछ ऐसे कारण अवश्य उपस्थित हुए होंगे; जो सभी संप्रदायों को अथवा सारे देश को एक ही समान लागू हो सकें। हमारे मतानुसार उनमें से पहला और प्रधान कारण जैन एवं बौद्ध धर्मों का उदय तथा प्रचार है, क्योंकि इन्हीं दोनों धर्मों ने चारों वर्णों के लिए संन्यास-मार्ग का दरवाजा खोल दिया था; और इसीलिए क्षत्रिय वर्ग में भी संन्यास धर्म का विशेष उत्कर्ष होने लगा था। परंतु, यद्यपि आरंभ में बुद्ध ने कर्मरहित संन्यास मार्ग का ही उपदेश दिया था, तथापि गीता के कर्मयोगानुसार बौद्ध धर्म में शीघ्र ही यह सुधार किया गया, कि बौद्ध यतियों को अकेले जंगल में जाकर एक कोने में नहीं बैठे रहना चाहिए; बल्कि उनको धर्मप्रचार तथा परोपकार के अन्य काम करने के लिए सदैव प्रयत्न करते रहना चाहिए (देखो परिशिष्ट प्रकरण)। इतिहास-ग्रंथों से यह बात प्रकट है, कि इसी सुधार के कारण उद्योगी बौद्ध-धर्मीय

यति-लोगों के संघ उत्तर में तिब्बत, पूर्व में ब्रह्मदेश, चीन और जापान, दक्षिण में लंका और पश्चिम में तुर्किस्थान तथा उससे लगे हुए ग्रीस इत्यादि यूरोप के देशों तक जा पहुँचे थे। शालिवाहन शक के लगभग छह-सात सौ वर्ष पहले जैन और बौद्ध धर्म के प्रवर्त्तकों का जन्म हुआ था; और श्रीशंकराचार्य का जन्म शालिवाहन शक के छह सौ वर्ष अनंतर हुआ। इस बीच में बौद्ध यतियों के संघों का अपूर्व वैभव सब लोग अपनी आँखों के सामने देख रहे थे, इसीलिए यति-धर्म के विषय में उन लोगों में एक प्रकार की चाह तथा आदरबुद्धि शंकराचार्य के जन्म के पहले ही उत्पन्न हो चुकी थी। शंकराचार्य ने यद्यपि जैन और बौद्ध धर्मों का खंडन किया है; तथापि यति-धर्म के बारे में लोगों में जो आदर बुद्धि उत्पन्न हो चुकी थी, उसका उन्होंने नाश नहीं किया, किंतु उसी को वैदिक रूप दे दिया; और बौद्ध धर्म के बदले वैदिक धर्म की संस्थापना करने के लिए उन्होंने बहुत प्रयत्नशील वैदिक संन्यासी तैयार किए। ये संन्यासी ब्रह्मचर्य व्रत से रहते थे; और संन्यास का दंड तथा गेरुआ वस्त्र भी धारण करते थे; परंतु अपने गुरु के समान इन लोगों ने भी वैदिक धर्म की स्थापना का काम आगे जारी रखा था। यति-संघ की इस नई जोड़ी को (वैदिक संन्यासियों के संघ) देख उस समय अनेक लोगों के मन में शंका होने लगी थी, कि शांकर-मत में बौद्ध-मत में यदि कुछ अंतर है भी, तो क्या है; और प्रतीत होता है, कि प्रायः इसी शंका को दूर करने के लिए छांदोग्योपनिषद के भाष्य में आचार्य ने लिखा है, कि "बौद्ध यति-धर्म ओर सांख्य यति-धर्म दोनों वेदबाह्य तथा खोटे हैं एवं हमारा संन्यास-धर्म वेद के आधार से प्रवृत्त किया गया है, इसलिए यही सच्चा है" (छां. शां. भा. 2.23.1)। जो हो; यह निर्विवाद सिद्ध है, कि कलियुग में पहले जैन और बौद्ध लोगों ने ही यति-धर्म का प्रचार किया था। परंतु बौद्ध यतियों ने भी धर्म प्रसार तथा लोक संग्रह के लिए आगे चलकर उपर्युक्त कर्म करना शुरु कर दिया था; और इतिहास से मालूम होता है, कि इनको हराने के लिए श्रीशंकराचार्य ने जो वैदिक यति-संघ तैयार किए थे, उन्होंने भी कर्म को बिल्कुल न त्याग कर अपने उद्योग से ही वैदिक धर्म की फिर से स्थापना की। अनंतर शीघ्र ही इस देश पर मुसलमानों की चढ़ाइयाँ होने लगीं; और जब इस परचक्र से पराक्रम पूर्वक रक्षा करने वाले तथा देश का धारण-पोषण करने वाले क्षत्रिय राजाओं का तथा देश की कर्तृत्वशक्ति का मुसलमानों के जमाने में ह्रास होने लगा; तब संन्यास और कर्मयोग में से संन्यास-मार्ग, क्योंकि 'राम-राम' जपते हुए चुप बैठे रहने से ही सांसारिक लोगों को अधिकाधिक ग्राह्य होने लगा होगा, क्योंकि तत्कालीन बाह्य परिस्थिति के लिए यही मूल एकदेशीय मत विशेष सुभीते का हो गया था। इसके पहले यह स्थिति नहीं थी, क्योंकि, 'शूद्रकमलाकर' में कहे गए विष्णु-पुराण के निम्न श्लोक से भी यही मालूम होता है:-

अपहाय निजं कर्म कृष्ण कृष्णेति वादिनः।
ते हरेर्द्वेषिणः पापाः धर्मार्थं जन्म यद्धरे॥[1]

"अपने (स्वधर्मोक्त) कर्मों को छोड़ (केवल) 'कृष्ण कृष्ण' कहते रहनेवाले लोग हरि के द्वेषी और पापी हैं; क्योंकि स्वंय हरि का जन्म भी तो धर्म की रक्षा करने के लिए ही होता है।" सच पूछो, तो ये लोग न तो संन्यासनिष्ठ हैं और न कर्मयोगी भी; क्योंकि ये लोग संन्यासियों के समान ज्ञान से और तीव्र वैराग्य से सब सांसारिक कर्मों को नहीं छोड़ते हैं; और संसार में रहकर भी कर्मयोग के समान अपने हिस्से के शास्त्रोक्त कर्त्तव्य का पालन निष्काम बुद्धि से नहीं करते; इसलिए इन वाचिक

1. बम्बई के छपे हुए विष्णु पुराण में यह श्लोक हमें नहीं मिला। परंतु उसका उपयोग कमलाकर भट्ट सरीखे प्रामाणिक ग्रंथकार ने किया है; इससे यह निराधार भी नहीं कहा जा सकता।

संन्यासियों की गणना एक निराली ही तृतीय निष्ठा में होनी चाहिए, जिसका वर्णन गीता में नहीं किया गया है। चाहे किसी भी कारण से हो; जब लोग इस तरह से तृतीय प्रकृति के बन जाते हैं तब आखिर धर्म का भी नाश हुए बिना नहीं रह सकता। ईरान देश से पारसी धर्म के हटाए जाने के लिए भी ऐसी ही स्थिति कारण हुई थी और इसी से हिंदुस्थान में वैदिक धर्म के भी "समूलं च विनश्यति" होने का समय आ गया था। परंतु बौद्ध धर्म के ह्रास के बाद वेदान्त के साथ ही गीता के भागवत धर्म का जो पुनरुज्जीवन होने लगा था, उसके कारण हमारे यहाँ यह दुष्परिणाम नहीं हो सका। जबकि दौलताबाद का हिंदू राज्य मुसलमानों ने नष्ट भ्रष्ट नहीं किया गया था, उसके कुछ वर्ष पूर्व ही श्रीज्ञानेश्वर महाराज ने हमारे सौभाग्य से भगवद्गीता को मराठी भाषा में अलंकृत कर गीता की ब्रह्मविद्या को महाराष्ट्र प्रांत में अति सुगम कर दिया था; और हिंदुस्थान के अन्य प्रांतों में भी इसी समय अनेक साधु-संतों ने गीता के भक्ति-मार्ग का उपदेश जारी कर रखा था। यवन-ब्राह्मण-चांडाल इत्यादिकों को एक समान और ज्ञानमूलक गीता-धर्म का जाज्वल्य उपदेश-चाहे वह वैराग्ययुक्त भक्ति के रूप में ही क्यों न हो-एक ही समय चारों ओर लगातार जारी था; इसलिए हिंदु धर्म का पूरा ह्रास होने का कोई भय नहीं रहा। इतना ही नहीं, बल्कि उसकी कुछ-कुछ छाप मुसलमानी धर्म पर भी जमने लगी; कबीर जैसे भक्त इस देश की संत-मंडली में मान्य हो गए; और औरंगजेब के बड़े भाई शहजादा दारा ने इसी समय अपनी देखरेख में उपनिषदों का फारसी में भाषांतर कराया। यदि वैदिक भक्ति-धर्म अध्यात्म ज्ञान को छोड़ केवल तांत्रिक श्रद्धा के ही आधार पर स्थापित हुआ होता, तो इस बात का संदेह है, कि उसमें यह विलक्षण सामर्थ्य रह सकती थी या नहीं। परंतु भागवत धर्म का यह आधुनिक पुनरुज्जीवन मुसलमानों के ही जमाने में हुआ है, अतएव यह भी अनेकांशों में केवल भक्ति विषयक अर्थात् एकदेशी हो गया है; और मूल भागवत-धर्म के कर्मयोग का स्वतंत्र महत्त्व जो एक बार घट गया था, वह उसे फिर प्राप्त नहीं हुआ। फलत: उस समय के भागवत-धर्मीय संत जन, पंडित और आचार्य लोग भी कर्मयोग संन्यास-मार्ग का अंग या साधन हैं, यह कहने के बदले कहने लगे, कि कर्मयोग भक्ति मार्ग का अंग या साधन है। उस समय मे प्रचलित इस सर्वसाधारण मत या समझ के विरुद्ध केवल श्रीसमर्थ रामदास स्वामी ने अपने 'दासबोध' ग्रंथ में विवेचन किया है। कर्मयोग के सच्चे और वास्तविक महत्त्व का वर्णन, विशेषत: उसके उत्तरार्द्ध को शुद्ध तथा प्रासादिक मराठी भाषा में जिसे देखना हो, उसे समर्थकृत उक्त ग्रंथ को, अवश्य पढ़ लेना चाहिए।[1] शिवाजी महाराज को श्रीसमर्थ रामदास स्वामी का ही उपदेश मिला था; और मरहठों के जमाने में जब कर्मयोग के तत्त्वों को समझाने तथा उनके प्रचार करने की आवश्यकता मालूम होने लगी, तब शांडिल्य-सूत्रों तथा ब्रह्मसूत्र-भाष्य के बदले महाभारत का गद्यात्मक भाषांतर होने लगा, एवं 'बखर' नामक ऐतिहासिक लेखों के रूप में उसका अध्ययन शुरु हो गया। ये भाषांतर तंजौर के पुस्तकालय में आज तक रखे हुए हैं। यदि यही कार्यक्रम बहुत समय तक अबाधित रीति से चलता, तो गीता की सब एकपक्षीय और संकुचित टीकाओं का महत्त्व घट जाता; और कालमान के अनुसार एक बार फिर यह बात सब लोगों के ध्यान में आ जाती, कि महाभारत की सारी नीति का सार गीता प्रतिपादित कर्मयोग में कह दिया गया है। परंतु हमारे दुर्भाग्य से कर्मयोग का यह पुनरुज्जीवन बहुत दिनों तक नहीं टिक सका।

1. हिंदी प्रेमियों को यह जानकर हर्ष होगा, कि वे अब समर्थ रामदास स्वामी कृत इस 'दासबोध' नामक मराठी ग्रंथ के उपदेशामृत से वंचित नहीं रह सकते, क्योंकि शुद्ध, सरल तथा हृदयग्राही अनुवाद हिंदी में भी हो चुका है।

हिंदुस्थान के धार्मिक इतिहास का विवेचन करने का यह स्थान नहीं है। ऊपर के संक्षिप्त विवेचन से पाठकों को मालूम हो गया होगा, कि गीता-धर्म में जो एक प्रकार की सजीवता, तेज या सामर्थ्य है, वह संन्यास-धर्म के उस दबदबे से भी बिल्कुल नष्ट नहीं होने पाई, कि जो मध्यकाल में दैववशात् हो गया था। तीसरे प्रकरण में यह बतला चुके हैं, कि धर्म शब्द का धात्वर्य 'धारणाद्धर्मः' और सामान्यतः उसके ये दो भेद होते हैं-एक 'पारलौकिक' और दूसरा 'व्यावहारिक' अथवा 'मोक्षधर्म' और 'नीति-धर्म'। चाहे वैदिक धर्म को लीजिए; बौद्ध धर्म को लीजिए; अथवा ईसाई धर्म को लीजिए, सबका मुख्य हेतु यही है कि जगत का धारण-पोषण हो; और मनुष्य को अंत में सद्गति मिले, इसीलिए प्रत्येक धर्म में मोक्ष-धर्म के साथ ही साथ व्यावहारिक धर्म-अधर्म का भी विवेचन थोड़ा-बहुत किया गया है। यही नहीं; बल्कि यहाँ तक कहा जा सकता है, कि प्राचीन काल में यह भेद ही नहीं किया जाता था, कि "मोक्षधर्म और व्यावहारिक धर्म भिन्न-भिन्न हैं।" क्योंकि उस समय सब लोगों की यही धारणा थी, कि परलोक में सद्गति मिलने के लिए इस लोक में भी हमारा आचरण शुद्ध ही होना चाहिए। वे लोग गीता के कथनानुसार यही मानते थे, कि पारलौकिक तथा सांसारिक कल्याण की जड़ भी एक ही है। परंतु आधिभौतिक ज्ञान का प्रसार होने पर आजकल पश्चिमी देशों में यह धारणा स्थिर न रह सकी; और इस बात का विचार होने लगा, कि मोक्ष-धर्म रहित नीति की, अर्थात् जिन नियमों से जगत् का धारण-पोषण हुआ करता है उन नियमों की, उपपत्ति बतलाई जा सकती है या नहीं; और फलतः केवल आधिभौतिक अर्थात् दृश्य या व्यक्त आधार पर ही समाज धारणा शास्त्र की रचना होने लगी है। इस पर प्रश्न होता है, कि केवल व्यक्त से ही मनुष्य का निर्वाह कैसे हो सकेगा? पेड़, मनुष्य इत्यादि जातिवाचक शब्दों से भी तो अव्यक्त अर्थ ही प्रकट होता है न। आम का पेड़ या गुलाब का पेड़ एक विशिष्ट दृश्य वस्तु है सही, परंतु 'पेड़' सामान्य शब्द किसी भी दृश्य अथवा व्यक्त को नहीं दिखला सकता। इसी तरह हमारा सब व्यवहार हो रहा है। इससे यही सिद्ध होता है, कि मन में अव्यक्त संबंधी कल्पना की जागृति के लिए पहले कुछ-न-कुछ व्यक्त वस्तु आँखों के सामने अवश्य होनी चाहिए। परंतु इसे भी निश्चय ही जानना चाहिए, कि व्यक्त ही कुछ अंतिम अवस्था नहीं है; और बिना अव्यक्त का आश्रय लिए न तो हम एक कदम आगे बढ़ा सकते हैं; और न एक वाक्य भी पूरा कर सकते हैं। ऐसी अवस्था में अध्यात्म-दृष्टि से सर्वभूतात्मैक्यरूप परब्रह्म की अव्यक्त कल्पना को नीति-शास्त्र का आधार यदि न मानें, तो भी उसके स्थान में 'सर्व मानव-जाति' को-अर्थात् आँखों से न दिखने वाली अतएव अव्यक्त वस्तु को ही-अंत में देवता के समान पूजनीय मानना पड़ता है। आधिभौतिक पंडितों का कथन है, कि 'सर्व मानव-जाति में' पूर्व की तथा भविष्यत की पीढ़ियों का समावेश कर देने से अमृतत्व विषयक मनुष्य की स्वाभाविक प्रवृत्ति को संतुष्ट हो जाना चाहिए; और अब तो प्रायः वे सभी सच्चे हृदय से यही उपदेश करने लग गए हैं, कि इस (मानव-जातिरूपी) बड़े देवता की प्रेम पूर्वक अनन्य भाव से उपासना करना, उसकी सेवा में अपनी समस्त आयु को बिता देना तथा उसके लिए अपने सब स्वार्थों को तिलांजलि दे देना ही प्रत्येक मनुष्य का इस संसार में परम कर्त्तव्य है। फ्रेंच पंडित कोंट द्वारा प्रतिपादित धर्म का सार यही है; और इसी धर्म को उसने अपने ग्रंथ में 'सकल मानव-जातिधर्म' या संक्षेप में -मानव-धर्म' कहा है।[1] आधुनिक जर्मन पंडित निट्शे का भी यही हाल है। उसने तो स्पष्ट शब्दों में कह दिया है, कि उन्नीसवीं सदी में "परमेश्वर मर गया है" और अध्यात्मशास्त्र थोथा झगड़ा है। इतना होने पर भी उसने अपने सभी ग्रंथों में आधिभौतिक-दृष्टि से ही कर्मविपाक तथा पुनर्जन्म को मंजूर करके प्रतिपादन किया है, कि काम ऐसा

करना चाहिए, जो जन्मजन्मान्तरों में भी किया जा सके और समाज की इस प्रकार व्यवस्था होनी चाहिए, कि जिससे भविष्यत में ऐसे मनुष्य-प्राणी पैदा हों, जिनकी सब मनोवृत्तियाँ अत्यंत विकसित होकर पूर्णावस्था में पहुँच जाएं-बस; इस संसार में मनुष्य मात्र का परम कर्त्तव्य और परम साध्य यही है। इससे स्पष्ट है, कि जो लोग अध्यात्मशास्त्र को नहीं मानते, उन्हें भी कर्म-अकर्म का विवेचन करने के लिए कुछ-न-कुछ परम साध्य अवश्य मानना पड़ता है और यह साध्य एक प्रकार से 'अव्यक्त' ही होता है। इसका कारण यह है, कि यद्यपि आधिभौतिक नीतिशास्त्रज्ञों के ये दो ध्येय हैं-(1) सब मानव-जातिरूप महादेव की उपासना करके सब मनुष्यों का हित करना चाहिए; और (2) ऐसे कर्म करना चाहिए, कि जिससे भविष्यत में अत्यंत पूर्णावस्था में पहुँचा हुआ मनुष्य-प्राणी उत्पन्न हो सके; तथापि जिन लोगों को इन दोनों का उपदेश किया जाता है, उनकी दृष्टि से वे अगोचर या अव्यक्त ही बने रहते हैं। कोंट तथा निट्शे का यह उपदेश ईसाई धर्म सरीखे तत्त्वज्ञान रहित केवल आधिदैवत भक्ति-मार्ग का विरोधी भले ही हो; परंतु जिस धर्म-अधर्म शास्त्र का अथवा नीतिशास्त्र का परम ध्येय अध्यात्म-दृष्टि से सर्वभूतात्मैक्य-ज्ञानरूप साध्य की या कर्मयोगी स्थितप्रज्ञ की पूर्णावस्था की नींव पर स्थापित हुआ है, उसके पेट में सब आधिभौतिक साध्यों का विरोध रहित समावेश सहज ही में हो जाता है; और इससे कभी इस भय की आशंका नहीं हो सकती, कि अध्यात्मज्ञान से पवित्र किया गया वैदिक धर्म उक्त उपदेश से क्षीण हो जावेगा। अब प्रश्न ये है, कि यदि अव्यक्त को ही परम साध्य मानना पड़ता है, तो वह सिर्फ मानव-जाति के लिए ही क्यों माना जाए? अर्थात् वह मर्यादित या संकुचित क्यों कर दिया जाए? पूर्णावस्था को ही जब परम साध्य मानना है; तो उसमें ऐसे आधिभौतिक साध्य की अपेक्षा, जो जानवर और मनुष्य दोनों के लिए समान हो, अधिकता ही क्या है? इन प्रश्नों का उत्तर देते समय अध्यात्म दृष्टि से निष्पन्न होने वाले समस्त चराचर सृष्टि के एक अनिर्वाच्य परम तत्त्व की ही शरण में आखिर जाना पड़ता है। अर्वाचीन-काल में आधिभौतिक शास्त्रों की अश्रुतपूर्व उन्नति हुई है; जिससे मनुष्य का दृश्य सृष्टि विषयक ज्ञान पूर्व-काल की अपेक्षा सैकड़ों गुना अधिक बढ़ गया है; और यह बात भी निर्विवाद सिद्ध है, कि 'जैसे को तैसा' इस नियम के अनुसार जो प्राचीन राष्ट्र इस आधिभौतिक ज्ञान की प्राप्ति नहीं कर लेगा, उसका सुधरे हुए नए पाश्चात्य राष्ट्रों के सामने टिकना असंभव है। परंतु आधिभौतिक शास्त्रों की चाहे जितनी वृद्धि क्यों न हो जावे, यह अवश्य ही कहना होगा, कि जगत् के मूल तत्त्व को समझ लेने की मनुष्यमात्र की स्वाभाविक प्रवृत्ति केवल आधिभौतिक वाद से कभी पूरी तरह संतुष्ट नहीं हो सकती। केवल व्यक्त सृष्टि के ज्ञान से सब बातों का निर्वाह नहीं हो सकता, इसलिए स्पेन्सर सरीखे उत्क्रांतिवादी भी स्पष्टतया स्वीकार करते हैं, कि नामरूपात्मक दृश्य सृष्टि की जड़ में कुछ अव्यक्त तत्त्व अवश्य ही होगा। परंतु उनका यह कहना है, कि इस नित्य-तत्त्व के स्वरूप को समझ लेना संभव नहीं है, इसलिए इसके आधार से किसी भी शास्त्र की उपपत्ति नहीं बतलाई जा सकती-जर्मन तत्त्ववेत्ता कांट भी अव्यक्त सृष्टि-तत्त्व की अज्ञेयता को स्वीकार करता है। तथापि उसका यह मत है, कि नीतिशास्त्र की उपपत्ति इसी अगम्य तत्त्व के आधार पर बतलाई जानी चाहिए। शोपेनहर इससे भी आगे बढ़कर प्रतिपादन करता है, कि यह अगम्य तत्त्व वासना स्वरूपी है; और

1. कोंट ने अपने धर्म का Religion of Humanity नाम रखा है। उसका विस्तृत विवेचन कोंट के A system of positive polity (Eng. Trans. in four vols.) नामक ग्रंथ में किया गया है। इस ग्रंथ में इस बात की उत्तम चर्चा की गई है कि केवल आधिभौतिक दृष्टि से भी समाज-धारणा किस तरह की जा सकती है।

नीतिशास्त्र संबंधी अंग्रेज ग्रंथकार ग्रीन का मत है, कि यही सृष्टि-तत्त्व आत्मा के रूप में अंशतः मनुष्य के शरीर में प्रादुर्भूत हुआ है। गीता तो स्पष्ट रीति से कहती है, कि "ममैवांशो जीवलोके जीवभूतः सनातनः।" हमारे उपनिषत्कारों का यही सिद्धान्त है, कि जगत् का आधारभूत यह अव्यक्त तत्त्व नित्य है, एक है, अमृत है, स्वतंत्र है, आत्मरूपी है-बस; इससे अधिक इसके विषय में और कुछ नहीं कहा जा सकता; और इस बात में संदेह है, कि उक्त सिद्धान्त से भी आगे मानवी ज्ञान की गति कभी बढ़ेगी या नहीं; क्योंकि जगत् का आधारभूत अव्यक्त तत्त्व इंद्रियों से अगोचर अर्थात् निर्गुण है, इसलिए उसका वर्णन गुण, वस्तु या क्रिया दिखानेवाले किसी भी शब्द से नहीं हो सकता; और इसलिए उसे 'अज्ञेय' कहते हैं। परंतु अव्यक्त सृष्टि-तत्त्व का जो ज्ञान हमें हुआ करता है, वह यद्यपि शब्दों से अधिक न भी बतलाया जा सके; और इसलिए देखने में यद्यपि यह अल्पसा दीख पड़े, तथापि वही मानवी ज्ञान का सर्वस्व है; और इसीलिए लौकिक नीतिमत्ता की उपपत्ति भी उसी के आधार से बतलाई जानी चाहिए; एवं गीता में किए विवेचन से साफ मालूम हो जाता है, कि ऐसी उपपत्ति उचित रीति से बतलाने के लिए कुछ भी अड़चन नहीं हो सकती। दृश्य-सृष्टि के हजारों व्यवहार किस पद्धति से चलाए जाएं-उदाहरणार्थ, व्यापार कैसे करना चाहिए, लड़ाई कैसे जीतनी चाहिए, रोगी को कौन-सी औषधि किस समय दी जावे, सूर्य चंद्रादिकों की दूरी को कैसे जानना चाहिए-इसे भली-भाँति समझने के लिए हमेशा नामरूपात्मक दृश्य सृष्टि के ज्ञान की ही आवश्यकता हुआ करेगी और इसमें कुछ भी संदेह नहीं, कि इन सब लौकिक व्यवहारों को अधिकाधिक कुशलता से करने के लिए नामरूपात्मक आधिभौतिक शास्त्रों का अधिकाधिक अध्ययन अवश्य करना चाहिए। परंतु यह गीता का विषय नहीं है। गीता का मुख्य विषय तो यही है, कि अध्यात्म-दृष्टि से मनुष्य की परम श्रेष्ठ अवस्था को बतला कर उसके आधार से यह निर्णय कर दिया जाए, कि कर्म-अकर्म रूप नीति-धर्म का मूल तत्त्व क्या है। इनमें से पहले याने आध्यात्मिक परम साध्य-मोक्ष के बारे में आधिभौतिक पंथ उदासीन भले ही रहे; परंतु दूसरे विषय का, अर्थात् केवल नीति-धर्म के मूल तत्त्वों का, निर्णय करने के लिए भी आधिभौतिक पक्ष असमर्थ है; और पिछले प्रकरणों में हम बतला चुके हैं, कि प्रवृत्ति की स्वतंत्रता, नीति-धर्म की नित्यता तथा अमृतत्त्व प्राप्त कर लेने की मनुष्य के मन की स्वाभाविक इच्छा, इत्यादि गहन विषयों का निर्णय आधिभौतिक पंथ से नहीं हो सकता-उसके लिए आखिर हमें आत्मानात्म-विचार में प्रवेश करना ही पड़ता है। परंतु अध्यात्मशास्त्र का काम कुछ इतने ही से पूरा नहीं हो जाता। जगत के आधारभूत अमृतत्त्व की नित्य उपासना करने से, और अपरोक्षानुभव से मनुष्य के आत्मा को एक प्रकार की विशिष्ट शांति मिलने पर उसके शील-स्वभाव में जो परिवर्तन हो जाता है, वही सदाचरण का मूल है; इसलिए इस बात पर ध्यान रखना भी उचित है, कि मानव-जाति की पूर्णावस्था के विषय में भी अध्यात्मशास्त्र की सहायता से जैसा उत्तम निर्णय हो जाता है, वैसा केवल आधिभौतिक सुखवाद से नहीं होता। क्योंकि यह बात केवल विस्तारपूर्वक बतलाई जा चुकी है, कि केवल विषयसुख तो पशुओं का उद्देश्य या साध्य है, उससे जानवान् मनुष्य की बुद्धि का कभी पूरा समाधान हो नहीं सकता; सुखदुःख अनित्य है तथा धर्म ही नित्य है। इस दृष्टि से विचार करने पर सहज ही ज्ञान हो जाएगा, कि गीता के पारलौकिक धर्म तथा नीति-धर्म दोनों का प्रतिपादन जगत के आधारभूत नित्य तथा अमृतत्व के आधार से ही किया गया है, इसलिए यह परमावधि का गीता-धर्म, उस आधिभौतिकशास्त्र से कभी हार नहीं खा सकता, जो मनुष्य के सब कर्मों का विचार सिर्फ इस दृष्टि से किया करता है, कि मनुष्य केवल एक उच्च श्रेणी का जानवर है। यही कारण है, कि हमारा गीता-धर्म नित्य तथा

अभय हो गया है; और भगवान ने ही उसमें ऐसा सुप्रबंध कर रखा है, कि हिंदुओं को इस विषय में किसी भी दूसरे धर्म, ग्रंथ या मत की ओर मुँह ताकने की आवश्यकता नहीं पड़ती। जब सब ब्रह्मज्ञान निरूपण हो गया, तब याज्ञवल्क्य ने राजा जनक से कहा है, कि "अभयं वै प्राप्तोऽसि"-अब तू अभय हो गया (बृ. 4.2.4); यही बात गीता-धर्म के ज्ञान के लिए अनेक अर्थों में अक्षरशः कही जा सकती है।

गीता-धर्म कैसा है? वह सर्वतोपरि निर्भर और व्यापक है। वह सम है, अर्थात् वर्ण, जाति, देश या किसी अन्य भेदों के झगड़ों में नहीं पड़ता; किंतु सब लोगों को एक ही मापतौल से सद्गति देता है। वह अन्य सब धर्मों के विषय में यथोचित सहिष्णुता दिखलाता है। वह ज्ञान, भक्ति और कर्मयुक्त है; और अधिक क्या कहें? वह सनातन वैदिक धर्म-वृक्ष का अत्यंत मधुर तथा अमृत फल है। वैदिक धर्म में पहले द्रव्यमय या पशुमय यज्ञों का अर्थात् केवल कर्मकांड का ही अधिक महात्म्य था, परंतु फिर उपनिषदों के ज्ञान से यह केवल कर्मकांड-प्रधान श्रौत-धर्म गौण माना जाने लगा; और उसी समय सांख्यशास्त्र का भी प्रादुर्भाव हुआ। परंतु यह ज्ञान सामान्य जनों को अगम्य था; और उसका झुकाव भी कर्म-संन्यास की ओर ही विशेष रहा करता था, इसलिए केवल औपनिषदिक धर्म से अथवा दोनों की स्मार्त एकवक्यता से भी सर्वसाधारण लोगों का पूरा समाधान होना संभव नहीं था। अतएव उपनिषदों के केवल बुद्धिगम्य ब्रह्मज्ञान के साथ प्रेमगम्य व्यक्त उपासना के राजगुह्य का संयोग करके कर्मकांड की प्राचीन परंपरा के अनुसार ही, अर्जुन को निमित्त करके गीता-धर्म सब लोगों को मुक्त कंठ से यही कहता है, कि "तुम अपनी-अपनी योगयता के अनुसार अपने-अपने सांसारिक कर्त्तव्यों का पालन लोकसंग्रह के लिए निष्काम बुद्धि से, आत्मौपम्य-दृष्टि से तथा उत्साह से यावज्जीवन करते रहो, और उसके द्वारा ऐसे नित्य परमात्म-देवता का सदा यजन करो, जो पिंड-ब्रह्मांड में तथा समस्त प्राणियों में एकत्व से व्याप्त है; उसी में तुम्हारा सांसारिक तथा पारलौकिक कल्याण है।" उससे कर्म, बुद्धि, (ज्ञान) और प्रेम (भक्ति) इन तीनों के बीच का विरोध नष्ट हो जाता है; और सब आयु या जीवन ही को ज्ञानमय करने के लिए उपदेश देने वाले अकेले गीता-धर्म में सकल वैदिक धर्म का सारांश आ जाता है। इस नित्य-धर्म को पहचानकर, केवल कर्त्तव्य समझ करके, सर्वभूतहित के लिए प्रयत्न करने वाले सैकड़ों महात्मा और कर्ता या वीर पुरुष जब इस पवित्र भारतभूमि को अलंकृत किया करते थे, तब यह देश परमेश्वर की कृपा का पात्र बनकर न केवल ज्ञान के वरन् ऐश्वर्य के भी शिखर पर पहुँच गया था; और कहना नहीं होगा, कि जबसे दोनों लोगों का साधन यह श्रेयस्कर धर्म छूट गया है, तभी से इस देश की निकृष्टावस्था का आरंभ हुआ है। इसलिए ईश्वर से आशापूर्वक अंतिम प्रार्थना यही है, कि भक्ति का, ब्रह्मज्ञान का और कर्तृत्वशक्ति का यथोचित मेल कर देने वाले इस तेजस्वी तथा सम गीता-धर्म के अनुसार परमेश्वर का यजन-पूजन करने वाले सत्पुरुष इस देश में फिर भी उत्पन्न हों और, अंत में उदार पाठकों से निम्न मंत्रद्वारा (ऋ. 10.191.4) यह विनती करके गीता का रहस्य-विवेचन यहाँ समाप्त किया जाता है, कि इस ग्रंथ में कहीं भ्रम से कुछ न्युनाधिकता हुई हो, तो उसे सम-दृष्टि से सुधार लीजिए:-

समानो व आकूतिः समाना हृदयानि वः।
समानमस्तु वो मनो यथा वः सुसहासर्ति॥
यथा वः सुसहासति॥[1]

॥ ॐ तत्सत् ब्रह्मार्पणमस्तु ॥

❑❑❑

1. यथा मंत्र ऋग्वेद संहिता के अंत में आया है। यज्ञमंडप में एकत्रित लोगों को लक्ष्य करके यह कहा गया है। अर्थ–"तुम्हारा अभिप्राय एक समान हो, तुम्हारे अंतःकरण एक समान हों; और तुम्हारा मन एक समान हो, जिससे तुम्हारा सुसाह्य होगा; अर्थात् संघ-शक्ति की दृढ़ता होगी।" असति=अस्ति, यह वैदिक रूप है। "यथा वः सुसहासति" इसकी द्विरुक्ति ग्रंथ की समाप्ति दिखलाने के लिए की गई है।

परिशिष्ट-प्रकरण

गीता की बहिरंग परीक्षा

अविदित्वा ऋषिं छन्दो दैवतं योगमेव च।
योऽध्यापयेज्जपेद्वाऽपि पापीयाञ्जायते तु सः॥[1]

\- स्मृति

पिछले प्रकरणों में इस बात का विस्तृत वर्णन किया गया है, कि जब भारतीय युद्ध में होने वाले भीषण कुलक्षय और जातिक्षय का प्रत्यक्ष दृश्य पहले पहल आँखों के सामने उपस्थित हुआ, तब अर्जुन अपने क्षात्र धर्म का त्याग करके संन्यास का स्वीकार करने के लिए तैयार हो गया था; और उस समय उसको ठीक मार्ग पर लाने के लिए श्रीकृष्ण ने वेदान्तशास्त्र के आधार पर यह प्रतिपादन किया, कि कर्मयोग ही अधिक श्रेयस्कर है; कर्मयोग में बुद्धि ही की प्रधानता है, इसलिए ब्रह्मात्मैक्य ज्ञान से अथवा परमेश्वर-भक्ति से अपनी बुद्धि को साम्यावस्था में रखकर उस बुद्धि के द्वारा स्वधर्मानुसार सब कर्म करते रहने से ही मोक्ष की प्राप्ति हो जाती है, मोक्ष पाने के लिए इसके सिवा अन्य किसी बात की आवश्यकता नहीं है; और इस प्रकार उपदेश करके, भगवान ने अर्जुन को युद्ध करने में प्रवृत्त कर दिया। गीता का यही यथार्थ तात्पर्य है। अब "गीता को भारत में सम्मिलित करने का कोई प्रयोजन नहीं" इत्यादि जो शंकाएँ इस भ्रम से उत्पन्न हुई हैं-कि गीताग्रंथ केवल वेदान्त विषयक और निवृत्ति-प्रधान है-उनका भी निवारण आप-ही-आप हो जाता है। क्योंकि कर्ण पर्व में सत्यानृत का विवेचन करके जिस प्रकार श्रीकृष्ण ने अर्जुन को युधिष्ठिर के वध से परावृत्त किया है, उसी प्रकार उसे युद्ध में प्रवृत्त करने के लिए गीता का उपदेश भी आवश्यक था; और यदि काव्य की दृष्टि से देखा जाए, तो भी यह सिद्ध होता है, कि महाभारत में अनेक स्थानों पर ऐसे ही अन्योन्य प्रसंग दीख पड़ते हैं, उनका सबका मूल तत्त्व कहीं-न-कहीं बतलाना आवश्यक था, इसलिए उसे भगवद्गीता में बतलाकर व्यावहारिक धर्म-अधर्म के अथवा कार्य-अकार्य व्यवस्थिता के निरूपण की पूर्ति गीता ही में की है। वनपर्व के ब्राह्मण-व्याध-संवाद में व्याधने वेदान्त के आधार पर इस बात का विवेचन किया है, कि "मैं मांस बेचने का रोजगार क्यों करता हूँ।" और, शांतिपर्व के तुलाधार-जाजलि संवाद में भी, उसी तरह, तुलाधार ने अपने वाणिज्य व्यवसाय का

1\. "किसी मंत्र के ऋषि, छंद, देवता और विनियोग को न जानते हुए जो (उक्त मंत्र की) शिक्षा देता है अथवा जप करता है, वह पापी होता है।" यह किसी-न-किसी स्मृति-ग्रंथ का वचन है; परंतु मालूम नहीं, कि किस ग्रंथ का है। हाँ, उसका मूल आर्षेय ब्राह्मण (आर्षेयु. 1) श्रुति-गंथ में पाया जाता है; वह यह है-"यो ह वा अविदितार्षेयच्च्छन्दोदैवतब्राह्मणेन मंत्रेण याजयति वाऽध्यापयति वा स्थाणुं वर्च्छति गर्त वा प्रतिपाद्यते।" अर्थात् ऋषि, छंद किसी भी मंत्र के जो बहिरंग है, उनके बिना मंत्र नहीं कहना चाहिए। यही न्याय गीता सरीखे ग्रंथ के लिए भी लगाया जा सकता है।

समर्थन किया है (वन. 206-215; शां. 260-263)। परंतु यह उपपत्ति उन विशिष्ट व्यवसायों ही की है। इसी प्रकार अहिंसा, सत्य आदि विषयों का विवेचन यद्यपि महाभारत में कई स्थानों पर मिलता है, तथापि वह भी एकदेशीय अर्थात् उन विशिष्ट विषयों के लिए ही है, इसलिए वह महाभारत का प्रधान भाग नहीं माना जा सकता; अथवा इस प्रकार के एकदेशी के विवेचन से यह भी निर्णय नहीं किया जा सकता; कि जिन भगवान श्रीकृष्ण और पांडवों के उज्ज्वल कार्यों का वर्णन करने के लिए व्यास जी ने महाभारत की रचना की है, उन महानुभावों के चरित्रों को आदर्श मानकर मनुष्य उस प्रकार आचरण करे या नहीं। यदि यही मान लिया जाए कि संसार निःसार है और कभी-न-कभी संन्यास लेना ही हितकारक है, तो स्वभावतः ये प्रश्न उपस्थित होते हैं, कि श्रीकृष्ण तथा पांडवों को इतनी झंझट में पड़ने का कारण ही क्या था? और यदि उनके प्रयत्नों का कुछ हेतु मान लिया जाए, तो लोकसंग्रहार्थ उनका गौरव करके व्यास जी को तीन वर्ष पर्यंत लगातार परिश्रम करके (मभा. आ. 62.52) एक लाख श्लोकों के इस बृहत्-ग्रंथ को लिखने का प्रयोजन ही क्या था? केवल इतना ही कह देने से ये प्रश्न यथेष्ट हल नहीं हो सकते, कि वर्णाश्रम-कर्म चित्त-शुद्धि के लिए किए जाते हैं, क्योंकि चाहे जो कहा जाए; स्वधर्माचरण अथवा जगत के अन्य सब व्यवहार तो संन्यास-दृष्टि से गौण ही माने जाते हैं। इसलिए, महाभारत में जिन महान् पुरुषों के चरित्रों का वर्णन किया गया है, उन महात्माओं के आचरण पर 'मूले कुठारः' न्याय से होने वाले आक्षेप को हटाकर, उक्त ग्रंथ में कहीं-न-कहीं विस्तारपूर्वक यह बतलाना आवश्यक था, कि संसार में सब काम करने चाहिए या नहीं और यदि कहा जाए, कि करने चाहिए; तो प्रत्येक मनुष्य को अपना-अपना कर्म संसार में किस प्रकार करना चाहिए, जिससे वह कर्म उसकी मोक्ष-प्राप्ति के मार्ग में बाधा न डाल सके। नलोपाख्यान, रामोपाख्यान आदि महाभारत के उपाख्यानों में उक्त बातों का विवेचन करना उपयुक्त न हुआ होता, क्योंकि ऐसा करने से उन उपांगों के सदृश यह विवेचन भी गौण ही माना गया होता। इसी प्रकार वनपर्व अथवा शांतिपर्व के अनेक विषयों की खिचड़ी में यदि गीता को भी सम्मिलित कर दिया जाता, तो उसका महत्त्व अवश्य ही घट गया होता। अतएव उद्योग पर्व समाप्त होने पर महाभारत का प्रधानकार्य-भारतीय युद्ध-आरंभ होने के ठीक मौके पर ही, उस पर ऐसे आक्षेप किए गए हैं, जो नीति-धर्म की दृष्टि से अपरिहार्य दीख पड़ते हैं; और वहीं यह कर्म-अकर्म विवेचन का स्वतंत्र शास्त्र उपपत्ति सहित बतलाया गया है। सारांश, पढ़नेवाले कुछ देर के लिए यदि यह परंपरागत कथा भूल जाएँ, कि श्रीकृष्ण ने युद्ध के आरंभ में ही अर्जुन को गीता सुनाई है; और यदि वे इसी बुद्धि से विचार करे, कि आरंभ में ही धर्म-अधर्म का निरूपण करने के लिए रचा गया यह एक आर्ष-महाकाव्य है; तो भी यही दीख पड़ेगा, कि गीता के लिए महाभारत में जो स्थान नियुक्त किया गया है, वही गीता का महत्त्व प्रकट करने के लिए काव्य-दृष्टि से भी अत्यंत उचित है। जब इन बातों की ठीक-ठीक उपपत्ति मालूम हो गई, कि गीता का प्रतिपाद्य विषय क्या है और महाभारत में किस स्थान पर गीता बतलाई गई है; तब ऐसे प्रश्नों का कुछ भी महत्त्व दीख नहीं पड़ता, कि "रणभूमि पर गीता का ज्ञान बतलाने की क्या आवश्यकता थी? कदाचित् किसी ने इस ग्रंथ को महाभारत में पीछे घुसेड़ दिया होगा! अथवा, भगवद्गीता में दस ही श्लोक मुख्य हैं या सौ?" क्योंकि अन्य प्रकरणों से भी यही दीख पड़ता है, कि जब एक बार यह निश्चय हो गया, कि धर्म-निरूपणार्थ 'भारत' का 'महाभारत' करने के लिए अमुक विषय महाभारत में अमुक कारण से अमुक स्थान पर रखा जाना चाहिए; तब महाभारतकार इस बात की चिंता नहीं करते, कि उस विषय के पूर्ण निरूपण में कितना स्थान लग जाएगा। तथापि गीता की बहिरंग-परीक्षा के संबंध

में जो अन्यान्य युक्तियाँ पेश की जाती हैं, उन पर भी अब प्रसंगानुसार विचार करके उनके सत्यांश की जाँच करना आवश्यक है। इसलिए उनमें से (1) गीता और महाभारत (2) गीता और उपनिषद् (3) गीता और ब्रह्मसूत्र (4) भागवत धर्म का उदय और गीता (5) वर्तमान गीता का काल (6) गीता और बौद्ध ग्रंथ (7) गीता और ईसाइयों की बाइबल, इन सात विषयों का विवेचन इस प्रकरण में सात भागों में क्रमानुसार किया गया है। स्मरण रहे कि उक्त बातों का विचार करते समय, केवल काव्य की दृष्टि से अर्थात् व्यावहारिक और ऐतिहासिक दृष्टि से ही महाभारत, गीता, ब्रह्मसूत्र, उपनिषद आदि ग्रंथों का विवेचन बहिरंग-परीक्षा किया करते हैं, इसलिए, अब उक्त प्रश्नों का विचार हम भी उसी दृष्टि से करेंगे।

भाग - 1 गीता और महाभारत

ऊपर यह अनुमान किया है, कि श्रीकृष्ण जी सरीखे महात्माओं के चरित्रों का नैतिक समर्थन करने के लिए महाभारत में कर्मयोग-प्रधान गीता, उचित कारणों से, उचित स्थान में रखी गई है; और गीता महाभारत का ही एक भाग होना चाहिए; वही अनुमान इन दोनों ग्रंथों की रचना की तुलना करने से अधिक दृढ़ हो जाता है। परंतु तुलना करने से पहले इन दोनों ग्रंथों के वर्तमान स्वरूप का कुछ विचार करना आवश्यक प्रतीत होता है। अपने गीता-भाष्य के आरंभ में श्रीमद्शंकराचार्य जी ने स्पष्ट रीति से कह दिया है, कि गीता ग्रंथ में सात-सौ श्लोक हैं; और वर्तमान समय में प्राप्त सब प्रतियों में भी उतने ही श्लोक पाए जाते हैं। इन सात-सौ श्लोकों में से 1 श्लोक धृतराष्ट्र का है, 40 संजय के, 84 अर्जुन के और 575 भगवान के हैं। परंतु बंबई में गणपत कृष्णा जी के छापाखाने में मुद्रित महाभारत की प्रति में भीष्म पर्व में वर्णित गीता के अठारह अध्यायों के बाद जो अध्याय आरंभ होता है, उसके (अर्थात् भीष्म पर्व के तेंतालीसवें अध्याय के) आरंभ में साढ़े पाँच श्लोकों में गीतारहस्य का वर्णन किया गया है और उसमें कहा है-

षट्शतानि सविंशानि श्लोकानां प्राह केशवः।
अर्जुनः सप्तपंचाशत् सप्तषष्टिं तु संजयः।
धृतराष्ट्रः श्लोकमेकं गीताया मानमुच्यते॥

"गीता में केशव के 620, अर्जुन के 57, संजय के 67 और धृतराष्ट्र का 1, इस प्रकार कुल मिलाकर 745 श्लोक हैं।" मद्रास इलाके में जो पाठ प्रचलित है, उसके अनुसार् कृष्णाचार्य-द्वारा प्रकाशित महाभारत की प्रति में ये श्लोक पाए जाते हैं। परंतु कलकत्ते में मुद्रित महाभारत में ये नहीं मिलते और भारत-टीकाकार नीलकंठ ने तो इनके विषय में यह लिखा है, कि इन साढ़े पाँच श्लोकों को "गौडेः न पठयन्ते" अतएव प्रतीत होता है, कि ये प्रक्षिप्त है। परंतु यद्यपि इन्हें प्रक्षिप्पत मान लें; तथापि यह नहीं बतलाया जा सकता, कि गीता में 745 श्लोक (अर्थात् वर्तमान प्रतियों में जो 700 श्लोक हैं उनसे 45 श्लोक अधिक) किसे और कब मिले। महाभारत बड़ा भारी ग्रंथ है, इसलिए संभव है, कि इसमें समय-समय पर अन्य श्लोक जोड़ दिए गए हों तथा कुछ निकाल डाले गए हों। परंतु यह बात गीता के विषय में नहीं कही जा सकती। गीता-ग्रंथ सदैव पठनीय होने के कारण वेदों के सदृश पूरी गीता को भी कंठाग्र करने वाले लोग पहले बहुत थे, और अब तक भी कुछ हैं। यही कारण है, कि वर्तमान गीता में बहुत-से पाठांतर नहीं हैं; और जो कुछ भिन्न पाठ हैं, वे सब टीकाकारों को मालूम हैं। इसके सिवा यह भी कहा जा सकता है, कि इसी हेतु से गीता-ग्रंथ में बराबर 700 श्लोक रखे गए हैं, कि इसमें कोई फेरफार न कर सके। अब प्रश्न यह है कि बंबई तथा मद्रास

में मुद्रित महाभारत की प्रतियों में ही 45 श्लोक, और वे भी सब भगवान ही के ज्यादा कहाँ से आ गए? संजय और अर्जुन के श्लोकों का जोड़ वर्तमान प्रतियों में, और इस गणना में समान अर्थात् 124 हैं; और ग्यारहवें अध्याय के "पश्याभि देवान्" (गीता 11. 15-31) आदि श्लोकों के साथ मतभेद के कारण संभव है, कि अन्य दस श्लोक भी संजय के माने जाएं, इसलिए कहा जा सकता है, कि यद्यपि संजय और अर्जुन के श्लोकों का जोड़ समपन ही है, तथापि प्रत्येक श्लोक को पृथक्-पृथक् गिनने में कुछ फर्क हो गया होगा। परंतु इस बात का कुछ पता नहीं लगता, कि वर्तमान प्रतियों में भगवान के जो 575 श्लोक हैं, उनके बदले 620 (अर्थात् 45 अधिक) कहाँ से आ गए। यदि यह कहते हैं, कि गीता का 'स्तोत्र' या 'ध्यान' या इसी प्रकार के अन्य प्रकरण का इसमें समावेश किया गया होगा; किंतु इस पोथीवाली गीता में भी सात सौ-श्लोक हैं। अतएव, वर्तमान सात सौ श्लोकों की गीता ही को प्रमाण मानने के सिवा अन्य मार्ग नहीं है। यह हुई गीता की बात; परंतु जब महाभारत की ओर देखते हैं, तो कहना पड़ता है, कि यह विरोध कुछ भी नहीं है। स्वयं भारत ही में यह कहा है, कि महाभारत-संहिता की संख्या एक लाख है। परंतु रा. ब. चिंतामणराव वैद्य ने महाभारत के अपने टीका-ग्रंथ में स्पष्ट करके बतलाया है, कि वर्तमान प्रकाशित पोथियों में उतने श्लोक नहीं मिलते; और भिन्न-भिन्न पर्वों के अध्यायों की संख्या भी भारत के आरंभ में दी गई अनुक्रमणिका के अनुसार नहीं है। ऐसी अवस्था में, गीता और महाभारत की तुलना करने के लिए इन ग्रंथों की किसी-न-किसी विशेष पोथी का आधार लिए बिना काम नहीं चल सकता; अतएव श्रीमद्शंकराचर्य ने जिस सात सौ श्लोकों वाली गीता को प्रमाण माना है, उसी गीता को और कलकत्ते के बाबू प्रतापचंद्र राय-द्वारा प्रकाशित महाभारत की पोथी को प्रमाण मानकर हमने इन दोनों ग्रंथों की तुलना की है; और हमारे इस ग्रंथ में उद्धृत महाभारत के श्लोकों का स्थान-निर्देश भी, कलकत्ते में मुद्रित उक्त महाभारत के अनुसार ही किया गया है। इन श्लोकों को बंबई की पोथी में अथवा मद्रास के पाठक्रम के अनुसार प्रकाशित कृष्णाचार्य की प्रति में देखना हो; और यदि वे हमारे निर्दिष्ट किए हुए स्थानों पर न मिलें, तो कुछ आगे पीछे ढूँढने से वे मिल जाएंगे।

सात सौ श्लोकों की गीता और कलकत्ते के बाबू प्रतापचंद्र राय-द्वारा प्रकाशित महाभारत की तुलना करने से प्रथम यह दीख पड़ता है, कि भगवद्गीता महाभारत ही का एक भाग है, और इस बात का उल्लेख आदिपर्व के आरंभ में दूसरे अध्याय में दी गई अनुक्रमणिका में किया गया है। पर्व-वर्णन में पहले यह कहा है-"पूर्वोक्तं भगवद्गीतापर्व भीष्मवधस्ततः" (मभा. आ. 2.69); और फिर अठारह पर्वों के अध्यायों और श्लोकों की संख्या बतलाते समय भीष्म पर्व के वर्णन में पुनश्च भगवद्गीता का स्पष्ट उल्लेख इस प्रकार किया गया है-

कश्मलं पत्र पार्थस्य वासुदेवो महामतिः।
मोहजं नाशयामास हेतुभिर्मोक्षदर्शिभिः॥

"जिसमें मोक्षगर्भ कारण बतलाकर वासुदेव ने अर्जुन के मन का मोहज कश्मल दूर कर दिया (मभा. आ. 2.247)। इसी प्रकार आदिपर्व के (आ. 1.179) पहले अध्याय में प्रत्येक श्लोक के आरंभ में 'यदाश्रौषं' कहकर, धृतराष्ट्र ने बतलाया है, कि दुर्योधन प्रभृति की जय-प्राप्ति के विषय में किस-किस प्रकार मेरी निराशा होती गई; तब यह वर्णन है, कि "ज्योंही सुना, कि अर्जुन के मन में मोह उत्पन्न होने पर श्रीकृष्ण ने उसे विश्व रूप दिखलाया, त्योंही जय के विषय में मेरी पूरी निराशा हो गई।" आदिपर्व के इन तीनों उल्लेखों के बाद शांतिपर्व के अंत में नारायणीय धर्म का वर्णन करते हुए गीता का फिर भी उल्लेख करना पड़ा है। नारायणीय, सात्वत, ऐकांतिक और भागवत-ये चारों

नाम समानार्थक हैं। नारायणीयोपाख्यान में (शां. 334-351) उस भक्ति प्रधान प्रवृत्ति-मार्ग के उपदेश का वर्णन किया गया है, कि जिसका उपदेश नारायणीय ऋषि अथवा भगवान ने श्वेत द्वीप में नारदजी को किया था। पिछले प्रकरणों में भागवत धर्म के इस तत्त्व का वर्णन किया जा चुका है, कि वासुदेव की एकांत भाव से भक्ति करके इस जगत के सब व्यवहार स्वधर्मानुसार करते रहने से ही मोक्ष की प्राप्ति हो जाती है, और यह भी बतलाया गया है, कि इसी प्रकार भगवद्गीता में भी संन्यास-मार्ग की अपेक्षा कर्मयोग ही श्रेष्ठतर माना गया है। इस नारायणीय धर्म की परंपरा का वर्णन करते समय वैशंपायन जनमेजय से कहते हैं, कि यह धर्म साक्षात नारायण से नारद को प्राप्त हुआ है; और यही धर्म "कथितो हरिगीतासु समासविधकल्पत:" (मभा. शां. 346.10)-हरिगीता अथवा भगवद्गीता में बतलाया गया है। इसी प्रकार आगे चलकर 348वें अध्याय के 8वें श्लोक में यह बतलाया गया है, कि-

समुपोढेष्वनीकेषु कुरुपांडवयोमुधे।
अर्जुने विमनस्के च गीता भगवता स्वयम्॥

कौरव और पांडवों के युद्ध के समय विमनस्क अर्जुन को भगवान ने एकांतिक अथवा नारायण-धर्म की इन विधियों का उपदेश किया था; और सब युगों में स्थित नारायण-धर्म की परंपरा बतलाकर पुनश्च कहा है, कि इस धर्म का और यतियों के धर्म अर्थात् संन्यास-धर्म का वर्णन 'हरिगीता' में किया गया है (मभा. शां. 348.53)। आदिपर्व और शांतिपर्व में किए गए इन छह उल्लेखों के अतिरिक्त अश्वमेध पर्व के अनुगीता पर्व में भी और एक बार भगवद्गीता का उल्लेख किया गया है। जब भारतीय युद्ध पूरा हो गया, युधिष्ठिर का राज्याभिषेक भी हो गया; और एक दिन श्रीकृष्ण तथा अर्जुन एकत्र बैठे हुए थे; तब श्रीकृष्ण ने कहा-"यहाँ अब मेरे रहने की कोई आवश्यकता नहीं है; द्वारका जाने की इच्छा है।" इस पर अर्जुन ने श्रीकृष्ण से प्रार्थना की, कि युद्ध के आरंभ में पहले आपने मुझे जो उपदेश किया था, वह मैं भूल गया; इसलिए वह मुझे फिर से बतलाइए (अश्व. 16)। तब इस विनती के अनुसार, द्वारका को जाने के पहले, श्रीकृष्ण ने अर्जुन को अनुगीता सुनाई है। इस अनुगीता के आरंभ ही में भगवान ने कहा है-"दुर्भाग्य-वश तू उस उपदेश को भूल गया, जिसे मैंने तुझे युद्ध के आरंभ में बतलाया था। उस उपदेश को फिर से वैसे ही बतलाना अब मेरे लिए भी असंभव है, इसलिए उसके बदले तुझे कुछ अन्य बातें बतलाता हूँ" (मभा. अश्व. अनुगीता 16.9-13)। यह बात ध्यान देने योग्य है, कि अनुगीता में वर्णित कुछ प्रकरण गीता के प्रकरणों के समान ही है। अनुगीता के उक्त निर्देश को मिलाकर महाभारत में भगवद्गीता का सात बार स्पष्ट उल्लेख हो गया है। अर्थात् अंतर्गत प्रमाणों से स्पष्टतया सिद्ध हो जाता है, कि भगवद्गीता वर्तमान महाभारत का ही एक भाग है।

परंतु संदेह की गति निरंकुश रहती है; इसलिए उपर्युक्त सात निर्देशों से भी कई लोगों का समाधान नहीं होता। वे कहते हैं, कि यह कैसे सिद्ध हो सकता है, कि ये उल्लेख भी भारत में पीछे से नहीं जोड़ दिए गए होंगे? इस प्रकार उनके मन में यह शंका ज्यों-की-त्यों रह जाती है, कि गीता महाभारत का भाग है अथवा नहीं। पहले तो यह शंका केवल इसी समझ से उपस्थित हुई है, कि गीता-ग्रंथ-ब्रह्मज्ञान-प्रधान है; परंतु हमने पहले ही विस्तारपूर्वक बतला दिया है, कि यह समझ ठीक नहीं; अतएव यथार्थ में देखा जाए, तो अब इस शंका के लिए कोई स्थान ही नहीं रह जाता। तथापि इन प्रमाणों पर ही अवलंबित न रहते हुए अब हम बतलाना चाहते हैं, कि अन्य प्रमाणों से भी उक्त शंका की अयथार्थता सिद्ध हो सकती है। जब दो ग्रंथों के विषय में यह शंका की जाती है, कि वे दोनों एक ही ग्रंथकार के हैं या नहीं; तब काव्य मीमांसक

गण पहले इन दोनों बातों-शब्द सादृश्य और अर्थ सादृश्य-का विचार किया करते हैं। शब्द सादृश्य में केवल शब्दों ही का समावेश नहीं होता किंतु उसमें भाषा रचना का भी समावेश किया जाता है। इस दृष्टि से विचार करते समय देखना चाहिए कि गीता की भाषा और महाभारत की भाषा में कितनी समता है। परंतु महाभारत ग्रंथ बहुत बड़ा और विस्तीर्ण है; इसलिए उसमें प्रसंग के अनुसार स्थान-स्थान पर भाषा की रचना भी भिन्न-भिन्न रीति से की गई है। उदाहरणार्थ, कर्णपर्व के कर्ण और अर्जुन के युद्ध का वर्णन पढ़ने से दीख पड़ता है, कि उसकी भाषा रचना अन्य प्रकरणों की भाषा से भिन्न है। अतएव यह निश्चित करना अत्यंत कठिन है, कि गीता और महाभारत की भाषा में समता है या नहीं। तथापि सामान्यत: विचार करने पर हमें परलोकवासी काशीनाथपंत तेलंगके[1] मत से सहमत होकर कहना पड़ता है, कि गीता की भाषा तथा छंद रचना आर्ष अथवा प्राचीन है। उदाहरणार्थ, काशीनाथ पंत ने यह बतलाया है, कि अंत में (गीता 2.16), भाषा (गीता 2.54), ब्रह्म (प्रकृति, गीता 14.3), योग (कर्मयोग), पादपूरक अव्यय 'ह' (गीता 2.9) आदि शब्दों का प्रयोग गीता में जिस अर्थ में किया गया है, उस अर्थ में वे शब्द कालिदास प्रभृति के काव्यों में नहीं पाए जाते और पाठ भेद ही से क्यों न हो; परंतु गीता के 11.35 श्लोक में 'नमस्कृत्वा' यह अपाणिनीय शब्द रखा गया है, तथा गीता 11.48 में 'शक्य अहं' इस प्रकार अपाणिनीय संधि भी की गई है; इसी तरह "सेनानीनामहं स्कन्द:" (गीता 10.24) में जो 'सेनानीनां' षष्ठी कारक है वह भी पाणिनी के अनुसार शुद्ध नहीं है। आर्ष वृत्त रचना के उदाहरणों को स्वर्गीय तेलंग ने स्पष्ट करके नहीं बतलाया है; परंतु हमें यह प्रतीत होता है, कि ग्यारहवें अध्याय वाले विश्वरूप-वर्णन के (गीता 11.15-50) छत्तीस श्लोकों को लक्ष्य करके ही उन्होंने गीता की छंद रचना को आर्ष कहा है। इन श्लोकों के प्रत्येक चरण में ग्यारह अक्षर हैं; परंतु गणों का कोई नियम नहीं है; एक इंद्रवज्रा चरण है तो दूसरा उपेंद्रवज्रा, तीसरा है शालिनी, तो चौथा किसी अन्य प्रकार का; इस तरह उक्त छत्तीस श्लोकों में-अर्थात् 144 चरण में-भिन्न-भिन्न जाति के कुल ग्यारह चरण दीख पड़ते हैं। तथापि उनमें यह नियम भी दीख पड़ता है, कि प्रत्येक चरण में ग्यारह अक्षर हैं और उनमें से पहला, चौथा, आठवाँ और अंतिम दो अक्षर गुरु हैं; तथा छठा अक्षर प्राय: लघु ही है। इससे यह अनुमान किया जाता है, कि ऋग्वेद तथा उपनिषदों के त्रिष्टुप छंद के ढंग पर, ये श्लोक रचे गए हैं। ऐसे ग्यारह अक्षरों के विषम वृत्त कालिदास के काव्यों में नहीं मिलते। हाँ, अभिज्ञातशाकुंतल नाटक का, "अमी वेदि परित: क्लृप्तधिष्ण्या:" यह श्लोक इसी छंद में है; परंतु कालिदास ही ने उसे 'ऋक्छंद' अर्थात् ऋग्वेद का छंद कहा है। इससे यह बात प्रकट हो जाती है, कि आर्ष वृत्तों के प्रचार के समय ही में गीता-ग्रंथ की रचना हुई है। महाभारत के अन्य स्थलों में उक्त प्रकार के आर्ष शब्द और वैदिक वृत्त दीख पड़ते हैं। परंतु इसके अतिरिक्त इन दोनों ग्रंथों के भाषा सदृश्य का दूसरा दृढ़ प्रमाण यह है, कि महाभारत और गीता में एक ही से अनेक श्लोक पाए जाते हैं। महाभारत के सब श्लोकों की छानबीन कर यह निश्चित करना कठिन है, कि उनमें से गीता में कितने श्लोक उपलब्ध हैं परंतु महाभारत पढ़ते समय उसमें जो श्लोक अक्षरश: या न्यूनाधिक पाठ भेद से गीता के श्लोक के सदृश हमें जान पड़े, उनकी संख्या भी कुछ

1. स्वर्गीय काशीनाथ त्र्यंबक तेलंग द्वारा रचित भगवद्गीता का अंग्रेजी अनुवाद मैक्समूलर साहब-द्वारा प्राच्यधर्म-पुस्तकालय में (स्केअर्ड बुक्स ऑफ द इस्ट सीरीज, व्हेल, व्हीआयआयआय) प्रकाशित हुआ है। इस ग्रंथ में गीता पर एक टीकात्मक लेख प्रस्तावना के तौर पर जोड़ दिया गया है। स्वर्गीय तैलंग के मतानुसार इस प्रकरण में जो उल्लेख हैं, वे (एक स्थान को छोड़) इस प्रस्तावना को लक्ष्य करके ही किए गए हैं।

कम नहीं है; और उनके आधार पर भाषा सदृश्य के प्रश्न का निर्णय भी सहज ही हो सकता है। नीचे दिए गए श्लोक और श्लोकार्ध, गीता और महाभारत (कलकत्ता की प्रति) में शब्दशः अथवा एक-आध शब्द की भिन्नता होकर ज्यों-के-त्यों मिलते हैं-

गीता	महाभारत
1.9. नानाशस्त्रप्रहरणा शून्य श्लोकार्ध	भीष्मपर्व (51.4) गीता के सदृश ही दुर्योधन द्रोणाचार्य से अपनी सेना का वर्णन कर रहा है।
1.10. अपर्याप्तं शून्य पूरा श्लोक।	भीष्म. (51.6)
1.12-19 तक आठ	भीष्म (51.22-29); कुछ शब्द भेद रहते हुए शेष गीता के श्लोक के समान ही हैं।
1.45 अहो बत महत्पापं	द्रोण. (197.50); कुछ श्लोकार्ध शब्दभेद है, शेष गीता के श्लोक के समान।
2.19 उभौ तौ न विजानित शून्य श्लोकार्ध	शांति. (224.14); कुछ पाठभेद होकर बलि-वासव-संवाद और कठोपनिषद में (2.18) है।
2.28 अव्यक्तदीनि भूतानि शून्य श्लोक।	स्त्री. (2.6.9.11); 'अव्यक्त' के बदले 'अभाव' है, शेष सब समान है।
2.31 धर्म्याध्दि युद्धाच्छ्रेयो शून्य श्लोकार्ध।	भीष्म. (124.36); भीष्म कर्ण को यही बतला रहे हैं।
2.32 सदृच्छया शून्य श्लोक।	कर्ण. (57.2) 'पार्थ' के बदले 'कर्ण' पद रखकर दुर्योधन कर्ण से कह रहा है।
2.46 यावान् अर्थ उपपाने शून्य श्लोक	उद्योग. (45.26); सनत्सुजातीय प्रकरण में कुछ शब्द भेद से पाया जाता है।
2.59 विषया विनिवर्तन्तेशून्य श्लोक	शांति. (204.16); मनु-बृहस्पति-संवाद में अक्षरशः मिलता है।
2.67 इंद्रियाणां हि चरतां शून्य श्लोक।	वन. (210.26); ब्राह्मण-व्याध संवाद में कुछ पाठभेद से आया है और पहले रथ का रूपक भी दिया गया है।
2.70 आपूर्यमाणमचलप्रतिष्ठं शून्य श्लोक।	शांति. (250.9); शुनुप्रश्न में ज्यों-का-त्यों आया है।
3.42 इंद्रियाणि पराण्याहुः शून्य श्लोक	शांति (245.4; 247.2) कुछ पाठभेद से शुकानु प्रश्न में दो बार आया है। परंतु इस श्लोक का मूल स्थान कठोपनिषद में है (कठ. 3.10)।
4.7 यदा यदाहि धर्मस्य शून्य श्लोक।	वन. (189.27); मार्कंडेय-प्रश्न में ज्यों-का-त्यों है।
4.31 नायं लोकोऽस्त्ययज्ञस्यं श्लोकार्ध	शांति. (267.40); गोकापिली व्याख्या में पाया जाता है, और सब प्रकरण यज्ञ विषयक ही है।
4.40 नायं लोकोऽस्ति न परो शून्य श्लोकार्थ	वन. (199.110); मार्कण्डेय समस्या-पर्व

	में शब्दशः मिलता है।
5.5 यत्सांख्यैः प्राप्यते स्थानं शून्य श्लोक।	शांति. (305; 19; 316.4); इन दोनों स्थानों में कुछ पाठभेद से वसिष्ठ कराल और याज्ञवल्क्य जनक के संवाद में पाया जाता है।
5.18 विद्याविनयसंपन्ने शून्य श्लोक।	शांति. (238.19); शुकानुप्रश्न में अक्षरशः मिलता है।
6.5 आत्मैव ह्यात्मनो बंधु शून्य श्लोकार्य। और आगामी श्लोक का अर्ध।	उद्योग. (33.63, 64); विदुरनीति में ठीक मिलता है।
6.29 सर्वभूतस्थमात्मानं शून्य श्लोकार्ध।	शांति. (238.21); शुकानुप्रश्न मनुस्मृति (12.91), ईशावास्योपनिषद् (6) और कैवल्योपनिषद में (1.10) तो ज्यों-का-त्यों मिलता है।
6.44 जिज्ञासुरपि योगस्यक शून्य श्लोकार्ध।	शांति. (235.7); शुनुप्रश्न में कुछ पाठ-भेद करके रखा गया।
8.17 सहस्रयुगपर्यंत शून्य यह श्लोक पहले युग का अर्थ न बतलाकर गीता में दिया गया है।	शांति. (231.31); शुकानुप्रश्न में अक्षरशः मिलता है; और युग का अर्थ बतलाने वाला कोष्टक भी पहले दिया गया है। मनुस्मृति में भी कुछ पाठांतर से मिलता है (मनु. 1.73)।
8.20 यः स सर्वेषु भूतेषु श्लोकार्ध।	शांति. (339.23); नारायणीय धर्म में कुछ पाठांतर होकर दो बार आया है।
9.32 स्त्रियो वैश्यास्तथा शून्य यह पूरा श्लोक और आगामी श्लोक का पूर्वार्ध।	अश्व. (19.61, 62); अनुगीता में कुछ पाठांतर के साथ यही श्लोक हैं।
13.13 सर्वतः पाणिपादं शून्य श्लोक।	शांति. (238.29; अश्व 19.49); शुकानुप्रश्न, अनुगीता तथा अन्यत्र भी यह अक्षरशः मिलता है। इस श्लोक का मूल स्थान श्वेताश्वेतरोपनिषद् (3.16) है।
13.30 यदा भूतपृथग्भावं श्लोक।	शांति. (17.23); युधिष्ठिर ने अर्जुन से ये ही शब्द कहे हैं।
14.18 उर्ध्व गच्छन्ति सत्त्वस्था शून्य श्लोक।	अश्व. (39.10); अनुगीता के गुरु-शिष्य संवाद में अक्षरशः मिलता है।
16.21 त्रिविधं नकरस्येदं शून्य श्लोक।	उद्योग. (32.7); विदुरनीति में अक्षरशः मिलता है।
17.3 श्रद्धामयोऽयं पुरुष शून्य श्लोकार्ध।	शांति. (263.17); तुलाधार-जाजलि-संवाद के श्रद्धा प्रकरण में मिलता है।
18.14 अधिष्ठानं तथा कर्ता शून्य श्लोक।	शांति. (347.87); नारायणीय धर्म में अक्षरशः मिलता है।

उक्त तुलना से यह बोध होता है, कि 27 पूरे श्लोक और 12 श्लोकार्ध, गीता तथा महाभारत के भिन्न प्रकरणों में कहीं-कहीं तो अक्षरशः और कहीं-कहीं कुछ पाठांतर होकर-एक ही से हैं; और, यदि पूरी तौर से जाँच की जावें, तो और भी कुछ श्लोकों तथा श्लोकार्धों का मिलना संभव है। यदि यह देखना चाहें, कि दो-दो अथवा तीन-तीन शब्द अथवा श्लोक के चतुर्थांश (चरण) गीता और महाभारत में कितने स्थानों पर एक-से हैं, तो उपर्युक्त तालिका कहीं अधिक बढ़ानी होगी।[1] परंतु इस शब्द-साम्य के अतिरिक्त केवल उपर्युक्त तालिका के श्लोक-सदृश का विचार करें, तो बिना यह कहे नहीं रहा जा सकता, कि महाभारत के अन्य प्रकरण और गीता, ये दोनों एक ही लेखनी के फल हैं। यदि प्रत्येक प्रकरण पर विचार किया जाए, तो यह प्रतीत हो जाएगा, कि उपर्युक्त 33 श्लोकों में से 1 मार्कंडेय प्रश्न में, आधा मार्कंडेय-समस्या में, 1 ब्राह्मण-व्याध-संवाद में, 2 विदुर-नीति में, 1 सनत्सुजातीय में, 1 मनु-बृहस्पति-संवाद में, 6॥ शुकानुप्रश्न में, 1 तुलाधार-जाजलि-संवाद में, 1 वसिष्ठ-कराल और याज्ञवल्क्य-जनक-संवद में, 1॥ नारायणीय धर्म में, 2॥ अनुगीता में और शेष भीष्म, द्रोण, कर्ण तथा स्त्रीपर्व में उपलब्ध हैं। इनमें प्रायः सब जगह ये श्लोक पूर्वापार संदर्भ के उक्त उचित स्थानों पर ही मिलते हें-प्रक्षिप्त नहीं है; और यह प्रतीत होता है, कि इनमें से कुछ श्लोक गीता ही में समारोप दृष्टि से लिए गए हैं। उदाहरणार्थ, 'सहस्रयुगपर्यंतम्' (गीता 8.17) इस श्लोक के स्पष्टीकरणार्थ वर्ष और युग की व्याख्या पहले बतलाना आवश्यक था; और महाभारत (शां. 231) तथा मनुस्मृति में इस श्लोक के पहले उनके लक्षण भी कहे गए हैं। परंतु गीता में यह श्लोक 'युग' आदि की व्याख्या न बतला कर, एकदम कहा गया है। इस दृष्टि से विचार करने पर यह नहीं कहा जा सकता, कि महाभारत के अन्य प्रकरणों में ये श्लोक गीता ही से उद्धृत किए गए हों; और इतने भिन्न-भिन्न प्रकरणों में से गीता में इन श्लोकों का लिया जाना भी संभव नहीं है। अतएव, यही कहना पड़ता है, कि गीता और महाभारत के इन प्रकरणों का लिखनेवाला कोई एक ही पुरुष होना चाहिए। यहाँ यह बतला देना आवश्यक प्रतीत होता है, कि जिस प्रकार मनुस्मृति के कई श्लोक महाभारत में मिलते हैं,[1] उसी प्रकार गीता का 'सहस्रयुगपर्यंतम्' (8.17) यह पूर्ण श्लोक कुछ हेरफेर के साथ, और यह श्लोकार्ध-"श्रेयान् स्वधर्मो विगुणः परधर्मात्स्वनुष्ठितात्" (गीता 3.35; 18.47) 'श्रेयान्' के बदले 'वरं' पाठांतर होकर-मनुस्मृति में पाया जाता है, तथा 'सर्वभूतस्थमात्मानम्' यह श्लोकार्ध भी (गीता 6.29) 'सर्वभूतेषु चात्मानम्' इस रूप से मनुस्मृति में पाया जाता है (मनु. 1.73; 10.97; 12.91)। महाभारत के अनुशासन पर्व में तो 'मनुनाभिहितं शास्त्रम्' (अनु. 47.35) कहकर मनुस्मृति का स्पष्ट रीति से उल्लेख किया गया है।

शब्द सादृश्य के बदले यदि अर्थ-सादृश्य देखा जाए, तो भी उक्त अनुमान दृढ़ हो जाता है। पिछले प्रकरणों में गीता के कर्मयोग-मार्ग और प्रवृत्ति प्रधान भागवत-धर्म या नारायणीय धर्म की समता का दिग्दर्शन हम कर ही चुके हैं। नारायणीय धर्म में व्यक्त सृष्टि की उपपत्ति की जो यह परंपरा बतलाई गई है, (मभा. शां. 339,71, 72), कि

1. यदि इस दृष्टि से संपूर्ण महाभारत देखा जाए, तो गीता और महाभारत में समान श्लोकापद अर्थात् चरण सौ से भी अधिक दीख पड़ेंगे। उनमें से कुछ यहाँ दिए जाते हैं-कि भोगैर्जीवितेन वा (गीता 1.32) नैतत्त्वय्युपपद्यते (गीता 2.3), त्रायते महतो भयात् (2.40), अशांतस्य कुतः सुखम् (2.66), उत्सी देयुरिमे लोकाः (3.24), मनो दुर्निग्रहं चलम् (6.35), ममात्मा भूतभावनः (9.5), मोघाशा मोधकर्माणः (9.12), समः सर्वेषु भूतेषु (9.29), दीप्तानलार्कद्युतिं (11.17), सर्वभूतेहिते रताः (12.4), तुल्यनिंदा स्तुतिः (12. 19), संतुष्टो येनकेनचित् (12.19), समलोष्टाश्मकांचनः (14.24); त्रिविधा कर्मचोदना (18.18); निर्ममः शांतः (18.53), ब्रह्मभूयाय कल्पते (18.53) इत्यादि।

वासुदेव से संकर्षण, संकर्षण से प्रद्युम्न, प्रद्युम्न से अनिरुद्ध और अनिरुद्ध से ब्रह्मदेव हुए; वह गीता में नहीं ली गई। इसके अतिरिक्त यह भी सच है, कि गीता-धर्म और नारायणीय धर्म में अन्य अनेक भेद हैं। परंतु चतुर्व्यूह परमेश्वर की कल्पना गीता को मान्य भले ही न हो; तथापि गीता के सिद्धान्तों पर विचार करने से प्रतीत होता है, कि गीता-धर्म और भागवत-धर्म एक ही से हैं और संन्यास लेना उचित नहीं है। यह पहले बतलाया जा चुका है, कि विवस्वान्-मनु, इक्ष्वाकुआदि सांप्रदायिक परंपरा भी दोनों ओर एक ही है। इसी प्रकार सनत्सुजातीय, शुकानुप्रश्न, याज्ञवल्क्य-जनक-संवाद, अनुगीता इत्यादि प्रकरणों को पढ़ने से यह बात ध्यान में आ जाएगी, कि गीता में वर्णित वेदान्त या अध्यात्मज्ञान भी उक्त प्रकरणों में प्रतिपादित ब्रह्मज्ञान से मिलता-जुलता है। कापिल-सांख्यशास्त्र के 25 तत्त्वों और गुणोत्कर्ष के सिद्धान्त से सहमत होकर भी भगवद्गीता ने जिस प्रकार यह माना है, कि प्रकृति और पुरुष के भी परे कोई नित्य-तत्त्व है; उसी प्रकार शांतिपर्व के वसिष्ठ कराल-जनक-संवाद में विस्तारपूर्वक यह प्रतिपादन किया गया है, कि सांख्यों के 25 तत्त्वों के परे एक 'छब्बीसवाँ' तत्त्व और है; जिसके ज्ञान के बिना कैवल्य प्राप्त नहीं होता। यह विचार-सादृश्य केवल कर्मयोग या अध्यात्म इन्हीं दो विषयों के संबंध में नहीं दीख पड़ता; किंतु इन दो मुख्य विषयों के अतिरिक्त गीता में जो अन्यान्य विषय हैं, उनकी बराबरी के प्रकरण भी महाभारत में कई जगह पाए जाते हैं। उदाहरणार्थ, गीता के पहले अध्याय के आरंभ में ही द्रोणाचार्य से दोनों सेनाओं का जैसा वर्णन दुर्योधन ने किया है, ठीक वैसा ही आगे भीष्म पर्व के 51वें अध्याय में, उसने फिर से द्रोणाचार्य से वर्णन किया है। पहले अध्याय के उत्तरार्द्ध में अर्जुन को जैसा विषाद हुआ, वैसा ही आगे युधिष्ठिर को शांतिपर्व के आरंभ में हुआ है; और जब भीष्म तथा द्रोण का 'योगबल' से वध करने का समय समीप आया, तब अर्जुन के मुख से फिर वैसे ही खेद युक्त वचन निकले हैं, (मभा. भीष्म. 97.4-7; 108. 88-94) गीता के (गीता 1.32, 33) आरंभ में अर्जुन ने कहा है, कि जिनके लिए उपभोग प्राप्त करना है, उन्हीं का वध करके जय प्राप्त करे, तो उसका उपयोग ही क्या होगा? और जब युद्ध में सब कौरवों का वध हो गया, तब यही बात दुर्योधन के मुख से भी निकली है (मभा. शल्य. 31.42-51)। दूसरे अध्याय के आरंभ में ही जैसे सांख्य और कर्मयोग ये दोनों निष्ठाएँ बलताई गई हैं, वैसे ही नारायणीय धर्म में और शांतिपर्व के जापकोख्यान तथा जनक-सुलभा-संवाद में भी इन निष्ठाओं का वर्णन पाया जाता है। (मभा. शां. 196, 320)। तीसरे अध्याय के, वनपर्व के आरंभ में द्रौपदी ने युधिष्ठिर से कहा है, कि अकर्म की अपेक्षा कर्म श्रेष्ठ है; कर्म न किया जाए, तो उपजीविका भी न हो सकेगी। सो यही बातें (मभा. वन. 32); और इन्हीं तत्त्वों का उल्लेख अनुगीता में भी फिर से किया गया है। श्रौत-धर्म या स्मार्त-धर्म यज्ञमय है, यज्ञ और प्रजा को ब्रह्मदेव ने एक ही साथ निर्माण किया है, इत्यादि गीता का प्रवचन नारायणीय धर्म के अतिरिक्त शांतिपर्व के अन्य स्थानों में (शां. 267) और मनुस्मृति (मनु. 3) में भी मिलता है। तुलाधार-जाजली-संवाद में तथा ब्राह्मण-व्याध-संवाद में भी ये ही विचार मिलते हैं, कि स्वधर्म के अनुसार कर्म करने में कोई पाप नहीं है (मभा. शां. 260-263; वन. 206-215)। इसके सिवा, सृष्टि की उत्पत्ति का थोड़ा वर्णन गीता के सातवें और आठवें अध्यायों में है, उसी प्रकार का वर्णन शांतिपर्व के शुकानुप्रश्न में भी पागा जाता है (शां. 231); और छठे अध्याय में पातंजलयोग के आसनों का जो वर्णन है, उसी

1. 'प्राच्यधर्म-पुस्तकमाला' में मनुस्मृति का अंग्रेजी अनुवाद प्रकाशित हुआ है। उसमें बुलर साहब ने एक फेहरिस्त जोड़ दी है, और यह भी बतलाया है, कि मनुस्मृति के कौन-कौन से श्लोक महाभारत में मिलते हैं। (एस.बी.ई. व्होल, एक्सएक्सव्ही, पी. 533।। देखो)।

का फिर से शुकानुप्रश्न (शां. 239) में और आगे चलकर शांतिपर्व के 300वें अध्याय में तथा अनुगीता में भी विस्तारपूर्वक विवेचन किया गया है (अश्व. 19)। अनुगीता के गुरु शिष्य-संवाद में किए गए मध्यामोत्तम वस्तुओं के वर्णन (अश्व. 43, 44) और गीता के दसवें अध्याय के विभूति-वर्णन के विषय में तो यह कहा जा सकता है, कि इन दोनों का प्राय: एक ही अर्थ है, महाभारत में कहा है, कि गीता में भगवान ने अर्जुन को जो विश्वरूप दिखलाया था, वही संधि-प्रस्ताव के समय दुर्योधन आदि कौरवों को, और युद्ध के बाद द्वारका को लौटते समय मार्ग में उत्तंक को भगवान ने दिखलाया; और नारायण ने नारद को तथा दशरथि राम ने परशुराम को दिखलाया (उ. 130; अश्व. 55; शां. 339; वन. 99)। इसमें संदेह नहीं; कि गीता का विश्वरूप-वर्णन इन चारों स्थानों के वर्णनों से कहीं अधिक सुरस और विस्तृत है; परंतु सब वर्णनों को पढ़ने से यह सहज ही मालूम हो जाता है, कि अर्थ-सादृश्य की दृष्टि से उनमें कोई नवीनता नहीं है। गीता के चौदहवें और पंद्रहवें अध्यायों में इन बातों का निरूपण किया गया है, कि सत्त्व, रज और तम इन तीनों गुणों के कारण सृष्टि में भिन्नता कैसे उत्पन्न होती है; इन गुणों के लक्षण क्या हैं; और सब कर्तृत्व गुणों का ही है, आत्मा का नहीं; ठीक इसी प्रकार इन तीनों का वर्णन अनुगाता (अश्व. 36-39) और शांतिपर्व में भी अनेक स्थानों में पाया जाता है, उसके अनुसार उसमें कुछ विषयों का विवेचन अधिक विस्तृत हो गया है, और गीता की विषय-विवेचन-पद्धति भी कुछ भिन्न है; तथापि यह दीख पड़ता है, कि गीता के सब विचारों से समानता रखने वाले विचार महाभारत में भी पृथक-पृथक् कहीं-न-कहीं, न्यूनाधिक पाए ही जाते हैं; और यह बतलाने की आवश्यकता नहीं, कि विचार-सादृश्य के साथ-ही-साथ थोड़ी बहुत समता शब्दों में भी आप-ही-आप आ जाती है। मार्गशीर्ष महीने के संबंध की सादृश्यता तो बहुत ही विलक्षण है। गीता में "मासानां मार्गशीर्षोऽहम्" (गीता 10.35) कहकर इस मास को जिस प्रकार पहला स्थान दिया है, उसी प्रकार अनुशासन पर्व के दानधर्म-प्रकरण में जहाँ उपवास के लिए महीनों के नाम बतलाने का मौका दो बार आया है, वहाँ प्रत्येक बार मार्गशीर्ष से ही महीनों की गिनती आरंभ की गई है। (अनु. 106, 109)। गीता में वर्णित आत्मौपम्य की या सर्वभूतहित की दृष्टि, अथवा आधिभौतिक, आधिदैविक और आध्यात्मिक भेद तथा देवयान और पितृयान-गति का उल्लेख महाभारत के अनेक स्थानों में पाया जाता है, परंतु पिछले प्रकरणों में इनका विस्तृत विवेचन किया जा चुका है; अतएव यहाँ पर पुनरुक्ति की आवश्यकता नहीं।

भाषा-सादृश्य की ओर देखिए, या अर्थ-सादृश्य पर ध्यान दीजिए, अथवा गीता के विषय महाभारत में जो छह-सात उल्लेख मिलते हैं, उन पर विचार कीजिए; अनुमान यही करना पड़ता है, कि गीता वर्तमान महाभारत का ही एक भाग है; और जिस पुरुष ने वर्तमान महाभारत की रचना की है, उसी ने वर्तमान गीता का भी वर्णन किया है। हमने देखा है, कि इन सब प्रमाणों की ओर ध्यान न देकर अथवा किसी तरह उनका अटकल-पच्चू अर्थ लगाकर, कुछ लोगों ने गीता को प्रक्षिप्त सिद्ध करने का यत्न किया है। परंतु जो लोग ब्रह्म प्रमाणों को नहीं मानते; और अपने-ही संशय रूपी पिशाच को अग्र स्थान दिया करते हैं, हमारे मत से, उनकी विचार-पद्धति सर्वथा अशास्त्रीय अतएव अग्राह्य है। हाँ, यदि उस बात की उपपत्ति ही मालूम न होती, कि गीता को महाभारत में क्या स्थान दिया गया है, तो बात कुछ और थी। परंतु जैसे कि इस प्रकरण के आरंभ में बता दिया गया है; गीता केवल वेदान्त प्रधान अथवा भक्ति-प्रधान नहीं है; किंतु महाभारत में जिन प्रमाण भूत श्रेष्ठ पुरुषों के चरित्रों का वर्णन किया गया है, उनके चरित्रों का नीति-तत्त्व या मर्म बतलाने के लिए महाभारत में कर्मयोग-प्रधान गीता का निरूपण अत्यंत आवश्यक था! और वर्तमान समय में महाभारत के जिस स्थान पर वह

पाई जाती है, उससे बढ़कर, काव्य-दृष्टि से भी कोई अधिक योग्य स्थान उसके लिए दीख नहीं पड़ता। इतना सिद्ध होने पर अंतिम सिद्धान्त यही निश्चित होता है, कि गीता महाभारत में उचित कारण से और उचित स्थान पर ही कही गई है-वह प्रक्षिप्त नहीं है। महाभारत के समान ही रामायण भी सर्वमान्य और उत्कृष्ट आर्ष महाकाव्य है; और उसमें भी कथा-प्रसंगानुसार सत्य, पुत्रधर्म, मातृधर्म, रणधर्म आदि का मार्मिक विवेचन है। परंतु यह बतलाने की आवश्यकता नहीं, कि वाल्मीकि ऋषि का मूल हेतु अपने काव्य को महाभारत के समान "अनेकसमायान्वित, सूक्ष्म धर्म-अधर्म के न्यायों से ओत-प्रोत और सब लोगों को शील तथा सच्चरित की शिक्षा देने में सब प्रकार से समर्थ' बनाने का नहीं था, इसलिए धर्म-अधर्म, कार्य-अकार्य या नीति की दृष्टि से महाभारत की योग्यता रामायण से कहीं बढ़कर है। महाभारत केवल आर्ष काव्य का केवल इतिहास नहीं है; किंतु वह एक संहिता ही है, जिसमें धर्म-अधर्म के सूक्ष्म प्रसंगों का निरूपण किया गया है; और यदि इस धर्म-संहिता में कर्मयोग का शास्त्रीय तथा तात्त्विक विवेचन न किया जाए; तो फिर वह कहाँ किया जा सकता है? केवल वेदान्त-ग्रंथों में यह विवेचन नहीं किया जा सकता। उसके लिए योग्य स्थान धर्म संहिता ही है, और यदि महाभारतकार ने यह विवेचन न किया होता, तो यह धर्म-अधर्म का बृहत् संग्रह अथवा पाँचवाँ वेद उतना ही अपूर्ण रह जाता। इस अपूर्णता की पूर्ति करने के लिए ही भगवद्गीता महाभारत में रखी गई है। सचमुच यह बड़ा भाग्य है, कि इस कर्मयोगशास्त्र मंडन महाभारतकार जैसे उत्तम ज्ञानी सत्पुरुष ने ही किया है, जो वेदान्तशास्त्र के समान ही व्यवहार में भी अत्यंत निपुण।

इस प्रकार सिद्ध हो चुका, कि वर्तमान भगवद्गीता प्रचलित महाभारत ही का एक भाग है, तथापि उसके अर्थ का अधिक स्पष्टीकरण करना चाहिए। भारत और महाभारत इन दो शब्दों को हम लोग आजकल समानार्थक समझते हैं; परंतु वस्तुतः वे दोनों भिन्न-भिन्न शब्द हैं। व्याकरण की दृष्टि से देखा जाए, तो 'भारत' नाम उस ग्रंथ को प्राप्त हो सकता है, जिसमें भरतवंशी राजाओं के पराक्रम का वर्णन हो। रामायण, भागवत आदि शब्दों की व्युत्पत्ति ऐसी ही है; और, इस रीति से भारतीय युद्ध का; जिस ग्रंथ में वर्णन है, उसे केवल 'भारत' कहना यथेष्ट हो सकता है। फिर वह ग्रंथ चाहे जितना विस्तृत हो। रामायण ग्रंथ भी कुछ छोटा नहीं है; परंतु उसे कोई महारामायण नहीं कहता। फिर महाभारत को 'महाभारत' क्यों कहते हैं? महाभारत के अंत में यह बतलाया है, कि महत्त्व और भारतत्त्व इन दो गुणों के कारण इस ग्रंथ को महाभारत नाम दिया गया है (स्वर्गा. 5.44)। परंतु 'महाभारत' का सरल शब्दार्थ 'बड़ा भारत' होता है; और ऐसा अर्थ करने से यह प्रश्न उठता है, कि 'बड़े' भारत के पहले क्या कोई 'छोटा' भारत भी था? और उसमें गीता थी या नहीं? वर्तमान महाभारत के आदिपर्व में लिखा है, कि उपाख्यानों के अतिरिक्त महाभारत के श्लोकों की संख्या चौबीस हजार है (मभा. 101); और आगे चलकर यह भी लिखा है, कि पहले इसी का नाम 'जय' था (आ. 62.20)। 'जय' शब्द से भारतीय युद्ध में पांडवों की जय का बोध होता है; और ऐसा अर्थ करने से यही प्रतीत होता है कि भारतीय युद्ध का वर्णन 'जय' नामक ग्रंथ में पहले किया गया था; आगे चलकर उसी ऐतिहासिक ग्रंथ में अनेक उपाख्यान जोड़ दिए गए; और इस प्रकार महाभारत एक बड़ा ग्रंथ हो गया, जिसमें इतिहास और धर्म-अधर्म विवेचन का भी निरूपण किया गया है। आश्वलायन गृह्यसूत्रों के ऋषितर्पण में "सुमंतु-जैमिनी-वैशंपायन-पैल-सूत्र-भाष्यभारत-महाभारत धर्माचार्यः (आ. गृ. 3.4.4) इस प्रकार भारत और महाभारत इन दो भिन्न-भिन्न ग्रंथों का स्पष्ट उल्लेख किया गया है; उनसे भी उक्त अनुमान ही दृढ़ हो जाता है। इस प्रकार छोटे भारत का बड़े

भारत में समावेश हो जाने पर कुछ काल के बाद, छोटा 'भारत' नामक स्वतंत्र ग्रंथ शेष नहीं रहा; और स्वभावतः लोगों में यह समझ हो गई, कि केवल 'महाभारत' ही एक भारत-ग्रंथ है। वर्तमान महाभारत की पोथी में भी यह वर्णन मिलता है, कि व्यास जी ने पहले अपने पुत्र-शुक-को और अनंतर अपने अन्य शिष्यों को भारत पढ़ाया था (आ. 1.103); और आगे यह भी कहा, कि सुमंतु, जैमिनी, पैल, शुक और वैशंपायन इन पाँच शिष्यों ने पाँच भिन्न-भिन्न भारत संहिताओं की अथवा महाभारतों की रचना की (आ. 63.90)। इस विषय में यह कथा पाई जाती है, कि इन पाँच महाभारतों में से वैशंपायन के महाभारत का जैमिनी के महाभारत से केवल अश्वमेध पर्व ही को व्यास जी ने रख लिया। इससे अब यह भी मालूम हो जाता है, कि ऋषितर्पण में 'भारत-महाभारत' शब्दों के पहले सुमंतु आदि नाम क्यों रखे गए हैं; परंतु यहाँ इस विषय के इतने गहरे विचार का प्रयोजन नहीं। रा. ब. चिंतामणराव वैद्य ने महाभारत के अपने टीका ग्रंथ में इस विषय का विचार करके जो सिद्धान्त स्थापित किया है वही हमें संयुक्तिक मालूम होता है। अतएव यहाँ पर इतना कह देना ही यथेष्ट होगा, कि वर्तमान समय में जो महाभारत उपलब्ध हैं, वह मूल में वैसा ही न था; भारत या महाभारत के अनेक रूपांतर हो गए हैं; और उस ग्रंथ को जो अंतिम स्वरूप प्राप्त हुआ, वह हमारा वर्तमान महाभारत है। यह नहीं कहा जा सकता, कि मूल भारत में भी गीता न रही होगी। हाँ, यह प्रकट है कि सनत्सुजातीय, विदुरनीति, शुकानुप्रश्न, याज्ञवल्क्य-जनक-संवाद, विष्णुसहस्रनाम, अनुगीता, नारायणीय धर्म आदि प्रकरणों के समान ही वर्तमान गीता को भी महाभारत ने कुछ भी हेरफेर न किया होगा। उपर्युक्त विवेचन से यह बात सहज ही समझ में आ सकती है, कि वर्तमान सात सौ श्लोकों की गीता वर्तमान महाभारत ही का एक भाग है; दोनों की रचना भी एक ने ही की है; और वर्तमान महाभारत में वर्तमान गीता को किसी ने बाद में मिला नहीं दिया है। आगे यह भी बतलाया जाएगा, कि वर्तमान महाभारत का समय कौन-सा है, और मूल गीता के विषय में हमारा मत क्या है।

भाग - 2 गीता और उपनिषद्

अब देखना चाहिए, कि गीता और भिन्न-भिन्न उपनिषदों का परस्पर संबंध क्या है। वर्तमान महाभारत ही में स्थान-स्थान पर सामान्य रीति से उपनिषदों का उल्लेख किया गया है; और बृहदारण्यक (बृ. 1.3) तथा छांदोग्य (छां. 1.2) में वर्णित प्राणेंद्रियों के युद्ध का हाल भी अनुगीता (अश्व. 2.3) में भी है; तथा "न मे स्तेनो जनपदे" आदि कैकेय-अश्वपति राजा के मुख से निकले हुए शब्द भी (छा. 5.11.5) शांतिपर्व में उक्त राजा की कथा का वर्णन करते समय ज्यों-के-त्यों पाए जाते हैं (शां. 77.8)। इसी प्रकार शांतिपर्व के जनक-पंचशिख संवाद में बृहदारण्यक (बृ. 4.5.13) का यह विषय मिलता है, कि 'न प्रेत्य संज्ञास्ति' मरने पर ज्ञात को कोई संज्ञा नहीं रहती, क्योंकि वह ब्रह्म में मिल जाता है; और वही अंत में प्रश्न (प्रश्न. 6.5) तथा मुंडक (मु. 3.2.8) उपनिषदों में वर्णित नदी और समुद्र का दृष्टान्त नाम-रूप से विमुक्त पुरुष के विषय में दिया गया है। इंद्रियों को घोड़े कहकर ब्राह्मण-व्याध-संवाद (वन. 210) में और अनुगीता में बुद्धि को सारथी की जो उपमा दी गई है, वह भी कठोपनिषद से ही ली गई है। (कठ. 1.3.3); और कठोपनिषद के ये दोनों श्लोक-"एष सर्वेषु भूतेषु गूढ़ात्मा" (कठ. 3.12) और "अन्यत्र धर्मादन्यत्राधर्मात्" (कठ. 2.14)-भी शांतिपर्व में दो स्थानों पर (शां. 187.29; 331.44) कुछ फेरफार के साथ पाए जाते हैं। श्वेताश्वतर का 'सर्वातः पाणिपादम्' श्लोक भी, जैसा कि पहले कह चुके हैं, महाभारत के अनेक

स्थानों पर और गीता में भी मिलता है। परंतु केवल इतने से ही यह सदृश पूरा नहीं हो जाता, इनके सिवा उपनिषदों के और भी बहुत-से वाक्य महाभारत में कई स्थानों पर मिलते हैं। यही क्यों, यह भी कहा जा सकता है, कि महाभारत का अध्यात्मज्ञान प्राय: उपनिषदों से ही लिया गया है।

गीतारहस्य के नवें और तेरहवें प्रकरणों में हमने विस्तारपूर्वक दिखला दिया है, कि महाभारत के समान ही भगवद्‌गीता का आत्मज्ञान भी उपनिषदों के आधार पर स्थापित है; और गीता में भक्ति-मार्ग का जो वर्णन है, वह भी इस ज्ञान से अलग नहीं है। अतएव यहाँ उसको दुबारा न लिखकर संक्षेप में सिर्फ यही बतलाते हैं, कि गीता के द्वितीय अध्याय में वर्णित आत्मा का अशोच्यत्व, आठवें अध्याय का अक्षर ब्रह्मस्वरूप और तेरहवें अध्याय का क्षेत्र-क्षेत्रज्ञ विचार तथा विशेष करके 'ज्ञेय' परब्रह्म का स्वरूप-इन सब विषयों का वर्णन गीता में अक्षरश: उपनिषदों के आधार पर ही किया गया है। कुछ उपनिषद् गद्य में हैं और कुछ पद्य में हैं। जिनमें से गद्यात्मक उपनिषदों के वाक्यों को पद्यमय गीता में ज्यों-का-त्यों उद्धृत करना संभव नही; तथापि जिन्होंने छांदोग्योपनिषद् आदि को पढ़ा है, उनके ध्यान में यह बात सहज ही आ जाएगी, कि "जो है सो है; और जो नहीं है, तो नहीं" (गीता 2.16) तथा "यं यं वापि स्मरन् भावम् शून्य" (गीता 8.6) इत्यादि विचार छांदोग्योपनिषद से लिए गए हैं; और "क्षीणे पुण्ये" (गीता 9.21), "ज्योतिषां ज्योति:" (गीता 13.17) तथा "मात्रास्पर्शा:" (गीता 2.14) इत्यादि विचार और वाक्य बृहदारण्यक उपनिषद से लिए गए हैं। परंतु गद्यात्मक उपनिषदों को छोड़ जब पद्यात्मक उपनिषदों पर विचार करते हैं, तो यह समता इससे भी अधिक स्पष्ट हो जाती है। क्योंकि इन गद्यात्मक उपनिषदों के कुछ श्लोक छह-सात श्लोक अक्षरश: अथवा कुछ शब्दभेद से गीता में लिए गए हैं। गीता के द्वितीय अध्याय का "आश्चर्यवत्पश्यति शून्य" (गीता 2.29) श्लोक कठोपनिषद की द्वितीय वल्ली के "आश्चर्यो वक्ता शून्य" कठ. 2.7) श्लोक के समान है; और "न जायते म्रियते वा कदाचित शून्य" (गीता 2. 20) श्लोक तथा "यदिच्छन्तो ब्रह्मचर्य चरति शून्य" (गीता 8.11) श्लोकार्ध, गीता और कठोपनिषद में अक्षरश: एक ही हैं (कठ. 2.19; 2.15)। यह पहले ही बतला दिया गया है, कि गीता का "इंद्रियाणि पराण्याहु शून्य" (गीता 3.42) श्लोक कठोपनिषद से और "न तद्‌भासयते सूर्यो शून्य" (गीता 15.6) श्लोक कठ तथा श्वेताश्वतर उपनिषदों से शब्दों में कुछ फेरफार करके लिया गया है।" श्वेताश्वतर उपनिषद की अन्य बहुतेरी कल्पनाएँ तथा श्लोक भी गीता में पाए जाते हैं। नवें प्रकरण में कह चुके हैं, कि माया शब्द का प्रयोग पहले पहले श्वेताश्वेतरोपनिषद में हुआ है; और वहीं से वह गीता तथा महाभारत में लिया गया होगा। शब्द-सादृश्य से यह भी प्रकट होता है, कि गीता के छठे अध्याय में योगाभ्यास के लिए योग्य स्थल का जो यह वर्णन किया गया है-"शुची देशे प्रतिष्ठाप्य शून्य" (गीता 6.11)-वह श्वेताश्वेतरोपनिषद के "समे शुचौ आदि (श्वे. 2. 10) मंत्र से लिया गया है, और "समं कायशिरोग्रीवं" (गीता 6।13) ये शब्द भी श्वेताश्वेतरोपनिषद के "तिरुन्नतं स्थाप्य समं शरीरम्" (श्वे. 2.8) मंत्र से लिए हैं। इसी प्रकार 'सर्वत: पाणिपाद' श्लोक तथा उसके आगे का श्लोकार्ध भी गीता (गीता 13. 13) और श्वेताश्वेतरोपनिषद में शब्दश: मिलते हैं (श्वे. 3.16); और "अणोरणीयांसं" तथा "आदित्यवर्ण तमस: परस्तात्" पद भी गीता में (8.9) और श्वेताश्वतरोपनिषद् (श्वे. 3.9.20) में एक ही से हैं। इनके अतिरिक्त गीता और उपनिषदों का शब्द-सादृश्य यह है, कि "सर्वभूतस्थमात्मानम्" (गीता 6.29) और "वेदेश्च सर्वेरहमेव वैद्यौ" (गीता 15.15) ये दोनों श्लोकार्ध कैवल्योपनिषद में (कै. 1.10; 2.3) ज्यों-के-त्यों मिलते हैं। परंतु इस शब्द-सादृश्य के विषय पर अधिक विचार करने की कोई आवश्यकता नहीं।

क्योंकि इस बात का किसी को भी संदेह नहीं है, कि गीता का वेदान्त-विषय उपनिषदों के आधार पर प्रतिपादित किया गया है। हमें विशेष कर यही देखना है, कि उपनिषदों के विवेचन में और गीता के विवेचन में कुछ अंतर है या नहीं; और यदि है, तो किस बात में; अतएव अब उसी पर दृष्टि डालनी चाहिए। उपनिषदों की संख्या बहुत है। उनमें से कुछ उपनिषदों की भाषा तो इतनी अर्वाचीन है, कि उनका और पुराने उपनिषदों का असमकालीन होना सहज ही मालूम पड़ जाता है। अतएव गीता और उपनिषदों में प्रतिपादित विषयों के सादृश्य का विचार करते समय, इस प्रकरण में हमने प्रधानता से उन्हीं उपनिषदों को तुलना के लिए लिया है, जिनका उल्लेख ब्रह्मसूत्रों में है। इन उपनिषदों के अर्थ को और गीता के अध्यात्म को जब हम मिलाकर देखते हैं, तब प्रथम यही बोध होता है, कि यद्यपि दोनों में निर्गुण परब्रह्म का स्वरूप एक-सा है, तथापि निर्गुण से सगुण की उत्पत्ति का वर्णन करते समय, 'अविद्या' शब्द के बदले 'माया' या 'अज्ञान' शब्द का ही उपयोग गीता में किया गया है। नवें प्रकरण में इस बात का स्पष्टीकरण कर दिया गया है; तथा यह भी ऊपर बतला दिया गया है, कि श्वेताश्वतरोपनिषद् के कुछ श्लोक गीता में अक्षरश: पाए जाते हैं। इससे पहला अनुमान यह किया जाता है, कि-"सर्व खल्विदं ब्रह्म" (छां. 3.14.1) या "सर्वमात्मानं पश्यति" (बृ. 4.4.23) अथवा "सर्वभूतेषु चात्मानाम् (ईश. 6) इस सिद्धान्त का अथवा उपनिषदों के सारे अध्यात्म ज्ञान का यद्यपि गीता में संग्रह किया गया है, तथापि गीता-ग्रंथ तब बना होगा, जबकि नामरूपात्मक अविद्या की उपनिषदों में ही 'माया' नाम प्राप्त हो गया होगा।

अब यदि इस बात का विचार करें, कि उपनिषदों के और गीता के उपपादन में क्या भेद है, तो दीख पड़ेगा, कि गीता में कापिल-सांख्यशास्त्र को विशेष महत्त्व दिया गया है। बृहदारण्यक या छांदोग्य, दोनों उपनिषद् ज्ञान-प्रधान हैं; परंतु उनमें तो सांख्य-प्रक्रिया का नाम भी दीख नहीं पड़ता; और कठ आदि उपनिषदों में यद्यपि अव्यक्त, महान् इत्यादि सांख्यों के शबद आए हैं, तथापि यह स्पष्ट है, कि उनका अर्थ सांख्य-प्रक्रिया के अनुसार न करके वेदान्त-पद्धति के अनुसार करना चाहिए। मैत्र्युपनिषद के उपपादन को भी यही न्याय उपयुक्त किया जा सकता है। इस प्रकार सांख्य-प्रक्रिया की बहिष्कृत करने की सीमा यहाँ तक आ पहुँची है, कि वेदान्त-सूत्रों में पंचीकरण के बदले छांदोग्य उपनिषद के आधार पर त्रिवृत्करण ही से सृष्टि के नामरूपात्मक वैचित्र्य की उपपत्ति बतलाई गई है। (वे. सू. 2.4.20)। सांख्यों की एकदम अलग करके अध्याय के क्षर-अक्षर का विवेचन करने की यह पद्धति गीता में स्वीकृत नहीं हुई है। तथापि स्मरण रहे, कि गीता में सांख्यों के सिद्धान्त ज्यों-के-त्यों नहीं ले लिए गए हैं। त्रिगुणात्मक अव्यक्त प्रकृति से, गुणोत्कर्ष के अनुसार, सारी व्यक्त-सृष्टि की उत्पत्ति होने के विषय में सांख्यों के जो सिद्धान्त हैं, वे गीता को ग्राह्य हैं; और उनके इस मत से भी गीता सहमत है, पुरुष निर्गुण होकर द्रष्टा है। परंतु द्वैत-सांख्य ज्ञान पर अद्वैत-वेदान्त का पहले इस प्रकार प्राबल्य स्थापित कर दिया है, कि प्रकृति और पुरुष स्वतंत्र नहीं हैं; वे दोनों उपनिषद वर्णित आत्मरूपी एक ही परब्रह्म के रूप अर्थात् विभूतियाँ हैं; और फिर सांध्यों के क्षर-अक्षर-विचार का वर्णन गीता में किया गया है। उपनिषदों के ब्रह्मात्मैक्यरूप अद्वैत-मत के साथ स्थापित किया हुआ द्वैती सांख्यों के सृष्ट्युत्पत्तिक्रम का यह मेल गीता के समान महाभारत के अन्य स्थानों में किए हुए अध्यात्म विवेचन में भी पाया जाता है; और ऊपर से अनुमान किया गया है, कि गीता और महाभारत, ये दोनों ग्रंथ एक ही व्यक्ति के द्वारा रचे गए हैं, वह इस मेल से और भी दृढ़ हो जाता है।

उपनिषदों की अपेक्षा गीता के उपपादन में जो दूसरी महत्त्वपूर्ण विशेषता है, वह

व्यक्तोपासना अथवा भक्तिमार्ग है। भगवद्गीता के समान ही उपनिषदों में भी केवल यज्ञयाग आदि कर्म ज्ञान-दृष्टि से गौण माने गए हैं; परंतु व्यक्त मानव-देहधारी ईश्वर की उपासना प्राचीन उपनिषदों में नहीं दीख पड़ती। उपनिषत्कार इस तत्त्व से सहमत हैं, कि अव्यक्त और निर्गुण परब्रह्म का आकलन होना कठिन है, इसलिए मन, आकाश, सूर्य, अग्नि, यज्ञ आदि सगुण प्रतीकों की उपासना करनी चाहिए। परंतु उपासना के लिए प्राचीन उपनिषदों में जिन प्रतीकों का वर्णन किया गया है, उनमें मनुष्य देहधारी परमेश्वर के स्वरूप का प्रतीक नहीं बतलाया गया है। मैत्र्युपनिषद् (मै. 7.7) में कहा है, कि रुद्र, शिव, विष्णु, अच्युत, नारायण-ये सब परमात्मा ही के रूप हैं। श्वेताश्वतरोपनिषद में 'महेश्वर' आदि शब्द प्रयुक्त हुए हैं; और ज्ञात्वा देवं मुच्यते सर्वपाशै:" (श्वे. 5. 13) अथवा "यस्य देवे परा भक्ति:" (श्वे. 6.23) आदि वचन भी श्वेतश्वतरोपनिषतर में पाए जाते हैं। परंतु यह निश्चयपूर्वक नहीं कहा जा सकता, कि इन वचनों के नारायण, विष्णु आदि शब्दों से विष्णु के मानव-देहधारी अवतार ही विवक्षित हैं। कारण यह है, कि रुद्र और विष्णु ये दोनों देवता, वैदिक, अर्थात् प्राचीन हैं; तब यह कैसे मान लिया जाए, कि "यज्ञो वै विष्णु:" (तै. सं. 1,7,4) इत्यादि प्रकार से प्राचीन यज्ञयाग ही को विष्णु की उपासना का जो स्वरूप आगे दिया गया है, वही उपर्युक्त उपनिषदों का अभिप्राय नहीं होगा? तथापि यदि कोई कहे, कि मानव देहधारी अवतारों की कल्पना उस समय भी होगी, तो वह भी बिल्कुल ही असंभव नहीं है। क्योंकि, श्वेताश्वतरोपनिषद में जो 'भक्ति' शब्द है, उसे यज्ञरूपी उपासना के विषय में प्रयुक्त करना ठीक नहीं जँचता। यह बात सच है, कि महानारायण, नृसिंहतापनी, रामतापनी तथा गोपालतापनी आदि उपनिषदों के वचन श्वेताश्वतरोपनिषद के वचनों की अपेक्षा कहीं अधिक स्पष्ट हैं, इसलिए उनके विषय में उक्त प्रकार की शंका करने के लिए ठीक ठीक साधन नहीं है, इसलिए इन उपनिषदों के आधार पर यह प्रश्न ठीक तौर से हल नहीं किया जा सकता, कि रीति से वैदिक भक्ति-मार्ग की प्राचीनता अच्छी तरह सिद्ध की जा सकती है। पाणिनी का एक सूत्र है 'भक्ति:' अर्थात् जिसमें भक्ति हो(पा. 4.3.95); इसके आगे "वासुदेवार्जुनाभ्यां बुन्" (पा. 4.3.98); सूत्र में कहा गया है, कि जिसकी वासुदेव में भक्ति हो, उसे 'वासुदेवक' और जिसकी अर्जुन में भक्ति हो, उसे 'अर्जुनक' कहना चाहिए; और पतंजलि के महाभाष्य में इस पर टीका करते समय कहा गया है, कि इस सूत्र में 'वासुदेव' क्षत्रिय का या भगवान का नाम है। इन ग्रंथों में से पातंजल भाष्य के विषय में डॉक्टर भांडारकर ने यह सिद्ध किया है, कि वह ईसाई सन के लगभग ढाई सौ वर्ष पहले बना है; और इसमें तो संदेह नहीं, कि पाणिनी का काल इससे भी अधिक प्राचीन है। इसके सिवा भक्ति का उल्लेख बौद्ध-ग्रंथों में भी किया गया है, और हमने आगे चलकर विस्तारपूर्वक बतलाया है, कि बौद्ध धर्म के महायान पंथ में भक्ति के तत्त्वों का प्रवेश होने के लिए श्रीकृष्ण का भागवत-धर्म ही कारण हुआ होगा। अतएव यह बात निर्विवाद सिद्ध है कि कम-से-कम बुद्ध के पहले-अर्थात् ईसाई सन के पहले लगभग छह सौ से अधिक वर्ष-हमारे यहाँ का भक्ति-मार्ग पूरी तरह स्थापित हो गया था। नारद-पंचरात्र या शांडिल्य अथवा नारद के भक्ति-सूत्र उसके बाद के हैं। परंतु उससे भक्ति-मार्ग अथवा भागवत धर्म की प्राचीनता में कुछ भी बाधा हो नहीं सकती। गीतारहस्य में किए गए विवेचन से ये बातें स्पष्ट विहित हो जाती हैं, कि प्राचीन उपनिषदों में जिन सगुणोपासनाओं का वर्णन है, उसी से क्रमश: हमारा भक्ति-मार्ग निकला है; पातंजलयोग में चित्त को स्थिर करने के लिए किसी-न-किसी व्यक्त और प्रत्यक्ष वस्तु को दृष्टि के सामने रखना पड़ता है, इसलिए उससे भक्ति-मार्ग की और भी पुष्टि हो गई है; भक्ति-मार्ग किसी अन्य स्थान से हिंदुस्थान में नहीं लाया

गया है और न उसे कहीं से लाने की आवश्यकता भी थी। हिंदुस्थान ही में इस प्रकार से प्रादुर्भूत भक्ति-मार्ग का और विशेषत: वासुदेव-भक्ति का उपनिषदों में वर्णित वेदान्त की दृष्टि से मंडन करना ही गीता के प्रतिपादन का एक विशेष भाग है।

परंतु गीता का इससे भी अधिक महत्त्वपूर्ण भाग कर्मयोग के साथ भक्ति और ब्रह्मज्ञान का मेल कर देना ही है। चातुर्वण्य के अथवा श्रौतयज्ञयाग आदि कर्मों को यद्यपि उपनिषदों ने गौण माना है, तथापि कुछ उपनिषत्कारों का कथन है, कि उन्हें चित्त-शुद्धि के लिए तो करना ही चाहिए, और चित्त-शुद्धि होने पर भी उन्हें छोड़ देना उचित नहीं। इतना होने पर भी कहना चाहिए कि अधिकांश उपनिषदों का झुकाव सामान्यत: कर्म संन्यास की ओर ही है। ईशावास्योपनिषद के समान कुछ अन्य उपनिषदों में भी "कुर्वन्नेवेह कर्मणि" जैसे आमरण कर्म करते रहने के विषय में वचन पाए जाते हैं; परंतु अध्यात्मज्ञान और सांसारिक कर्मों के बीच का विरोध मिटाकर प्राचीन काल से प्रचलित इस कर्मयोग का समर्थन जैसा गीता में किया गया है, वैसा किसी भी अन्य उपनिषद में नहीं पाया जाता। अथवा यह भी कहा जा सकता है, कि इसी विषय में गीता का सिद्धान्त अधिकांश उपनिषत्कारों के सिद्धान्तों से भिन्न है। गीतारहस्य के ग्यारहवें प्रकरण में इस विषय का विस्तारपूर्वक विवेचन किया गया है, इसलिए उसके बारे में यहाँ अधिक लिखने की आवश्यकता नहीं।

गीता के छठे अध्याय में जिस योग-साधन का निर्देश किया गया है, उसका विस्तृत और ठीक-ठीक विवेचन पातंजल-योग-सूत्रों में पाया जाता है; और इस समय ये सूत्र ही इस विषयके प्रमाणभूत ग्रंथ समझे जाते हैं। इन सूत्रों के चार अध्याय हैं। पहले अध्याय के आरंभ में ही योग की व्याख्या इस प्रकार की गई है, कि "योगश्चित्तवृत्तिनिरोध:" और यह बतलाया गया है, कि "अभ्यासवैराग्याभ्यां तन्निरोध:"-यह निरोध अभ्यास तथा वैराग्य से किया जा सकता है। आगे चलकर यमनियम-आसन-प्राणायाम आदि योग साधनों का वर्णन करके तीसरे और चौथे अध्यायों में इस बात का निरूपण किया है, कि 'असंप्रज्ञात' अर्थात् निर्विकल्प समाधि से अणिमालघिमा आदि अलौकिक सिद्धियाँ और शक्तियाँ प्राप्त होती है! इसी समाधि से अंत में ब्रह्मनिर्वाणरूप मोक्ष मिल जाता है। भगवद्गीता में भी पहले चित्तनिरोध करने की आवश्यकता (गीता 6.20) बतलाई गई है। फिर कहा है, कि अभ्यास तथा वैराग्य इन दोनों साधनों से चित्त का निरोध करना चाहिए (गीता 6.35); और अंत में निर्विकल्प समाधि लगाने की रीति का वर्णन करके, यह दिखलाया है, कि उसमें क्या सुख है। परंतु केवल इतने ही से यह नहीं कहा जा सकेगा, कि पातंजलयोग-मार्ग से भवगद्गीता सहमत है; अथवा पातंजल-सूत्र भगवद्गीता प्राचीन हैं। पतांजल-सूत्रों की नाई भगवान ने यह नहीं कहा है, कि समाधि सिद्ध होने के लिए नाक पकड़े पकंड़े सारी आयु व्यतीत कर देनी चाहिए। कर्मयोग की सिद्धि के लिए बुद्धि की समता होनी चाहिए; और इस समता की प्राप्ति के लिए केवल साधनरूप से चित्तनिरोध तथा समाधि का वर्णन गीता में किया गया है। ऐसी अवस्था में यही कहना चाहिए, कि इस विषय में पातंजल-सूत्रों की अपेक्षा श्वेताश्वतोपनिषद् या कठोपनिषद के साथ गीता अधिक मिलती-जुलती है। ध्यान-बिंदु, छुरिका और योगतत्त्व उपनिषद भी योग विषयक ही है। परंतु उनका मुख्य प्रतिपाद्य विषय केवल योग है और उनमें सिर्फ योग ही की महत्ता का वर्णन किया गया है, इसलिए केवल कर्मयोग को श्रेष्ठ माननने वाली गीता से इन एकपक्षीय उपनिषदों का मेल करना उचित नहीं; और न वह हो ही करता है। थॉमसन साहब ने गीता का अंग्रेजी में जो अनुवाद किया है, उसके उपोद्घात में आप कहते हैं, कि गीता का कर्मयोग पातंजलयोग ही का एक रूपांतर है, परंतु यह बात असंभव है। इस विषय पर हमारा यही कथन है, कि गीता के 'योग' शब्द का

ठीक-ठीक अर्थ समझ में न आने के कारण यह भ्रम उत्पन्न हुआ है। क्योंकि इधर गीता का कर्मयोग प्रवृत्ति-प्रधान है, तो उधर पातंजल-योग बिल्कुल उसके विरुद्ध अर्थात् निवृत्ति-प्रधान है। अतएव उनमें से एक का दूसरे से प्रादुर्भूत होना कभी संभव नहीं; और भी यह बात गीता में कही नहीं गई है। इतना ही नहीं; यह भी कहा जा सकता है, कि योग शब्द का प्राचीन अर्थ 'कर्मयोग' था, और संभव है, कि वही शब्द पातंजल-सूत्रों के अनंतर केवल 'चित्तनिरोधरूपी योग' के अर्थ में प्रचलित हो गया हो। चाहे जो हो; यह निर्विवाद सिद्ध है, कि प्राचीन समय में जनक आदिने जिस निष्काम कर्माचरण के मार्ग का अवलंबन किया था, उसी के सदृश गीता का योग अर्थात् कर्मयोग भी है; और वह मनु-इक्ष्वाकु आदि महानुभावों की परंपरा से चले हुए भागवत धर्म से लिया गया है-वह कुछ पातंजल योग से उत्पन्न नहीं हुआ है।

अब तक किए गए विवेचन से यह बात समझ में आ जाएगी, कि गीता-धर्म और उपनिषदों में किन-किन बातों की विभिन्नता और समानता है। इनमें से अधिकांश बातों का विवेचन गीतारहस्य में स्थान-स्थान पर किया जा चुका है। अतएव यहाँ संक्षेप में यह बतलाया जाता है, कि यद्यपि गीता में प्रतिपादित ब्रह्मज्ञान उपनिषदों के आधार पर ही बतलाया गया है, तथापि उपनिषदों के अध्यात्मज्ञान का ही निरा अनुवाद न कर, उसमें वासुदेव-भक्ति का और सांख्यशास्त्र में वर्णित सृष्ट्युत्पत्ति-क्रम का अर्थात् क्षराक्षर-ज्ञान का भी समावेश किया गया है; और, उस वैदिक कर्मयोग-धर्म ही का प्रधानता से प्रतिपादन किया गया है, जो सामान्य लोगों के लिए आचरण करने में सुगम हो; एवं इस लोक साथ परलोक में श्रेयस्कर हो। उपनिषदों की अपेक्षा गीता में जो कुछ विशेषता है, वह यही है। अतएव ब्रह्मज्ञान के अतिरिक्त अन्य बातों में भी संन्यास-प्रधान उपनिषदों के तथा गीता का मेल करने के लिए सांप्रदायिक दृष्टि से गीता के अर्थ की खींचातानी करना उचित नहीं है। यह सच है, कि दोनों में अध्यात्मज्ञान एक ही-सा है; परंतु-जैसा कि हमने गीतारहस्य के ग्यारहवें प्रकरण में स्पष्ट दिखला दिया है-अध्यात्मज्ञानरूपी मस्तक एक भले ही हो; तो भी सांख्य तथा कर्मयोग वैदिक धर्म-पुरुष के दो समान बल वाले हाथ हैं; और इनमें से ईशावास्योपनिषद के अनुसार, ज्ञानयुक्त कर्म ही का प्रतिपादन मुक्त-कंठ से गीता में किया गया है।

भाग - 3 गीता और ब्रह्मसूत्र

ज्ञान-प्रधान, भक्ति-प्रधान और योग-प्रधान उपनिषदों के साथ भगवद्गीता में जो सादृश्य और भेद हैं, उनका इस प्रकार विवेचन कर चुकने पर यथार्थ में ब्रह्म-सूत्रों और गीता की तुलना करने की कोई आवश्यकता नहीं है। क्योंकि, भिन्न-भिन्न उपनिषदों में भिन्न-भिन्न ऋषियों के बतलाए हुए अध्यात्म-सिद्धान्तों का नियमबद्ध विचार करने के लिए ही बादरायणाचार्य के ब्रह्मसूत्रों की रचना हुई है, इसलिए उनमें उपनिषदों से भिन्न-भिन्न विचारों का होना संभव नहीं। परंतु भगवद्गीता के तेरहवें अध्याय में क्षेत्र और क्षेत्रज्ञ का विचार करते समय आरंभ में ही ब्रह्मसूत्रों का स्पष्ट उल्लेख इस प्रकार किया है-

ऋषिभिर्बहुधा गीतं धन्दोभिर्विविधैः पृथक्।
ब्रह्मसूत्रपदैश्चैव हेतुमद्भिर्विनिश्चितैः॥

क्षेत्र-क्षेत्रज्ञ का "अनेक प्रकार से विविध छंदों के द्वारा (अनेक) ऋषियों ने पृथक्-पृथक् और हेतुयुक्त तथा पूर्ण निश्चयात्मक ब्रह्मसूत्रपदों से भी विवेचन किया है" (गीता 13.4); और यदि इन ब्रह्मसूत्रों को तथा वर्तमान वेदान्त-सूत्रों को एक ही मान लें, तो कहना पड़ता है, कि वर्तमान गीता वर्तमान वेदान्त-सूत्रों के बाद बनी होगी।

अतएव गीता का काल-निर्णय करने की दृष्टि से इस बात का अवश्य विचार करना पड़ता है, कि ये ब्रह्मसूत्र कौन से हैं। क्योंकि वर्तमान वेदान्त-सूत्रों के अतिरिक्त ब्रह्मसूत्र नामक कोई दूसरा ग्रंथ नहीं पाया जाता; और न उसके विषय में कहीं वर्णन ही है;[1] और यह कहना तो किसी प्रकार उचित नहीं जँचता, कि वर्तमान ब्रह्मसूत्रों के बाद गीता बनी होगी। क्योंकि, गीता की प्राचीनता के विषय में परंपरागत समझ चली आ रही है। ऐसा प्रतीत होता है, कि प्राय: इसी कठिनाई को ध्यान में लाकर शांकरभाष्य में 'ब्रह्मसूत्रपदै:' का अर्थ "श्रुतियों के अथवा उपनिषदों के ब्रह्मप्रतिपादक वाक्य" किया गया है। परंतु इसके विपरीत शांकरभाष्य के टीकाकार आनंदगिरि और रामानुजाचार्य, मध्वाचार्य प्रभृति गीता के अन्यान्य भाष्यकार यह कहते हैं, कि यहाँ पर 'ब्रह्मसूत्रपदैश्चैव' शब्दों से 'अथातो ब्रह्मजिज्ञासा' इन बादरायणाचार्य के ब्रह्मसूत्रों का ही निर्देश किया गया है; और श्रीधरस्वामी को दोनों अर्थ अभिप्रेत हैं। अतएव इस श्लोक का सत्यार्थ हमें स्वतंत्र रीति से निश्चित करना चाहिए। क्षेत्र और क्षेत्रज्ञ विचार "ऋषियों ने अनेक प्रकार से पृथक्" कहा है; और इसके सिवा (चैव) "हेतुयुक्त और विनिश्चयात्मक ब्रह्मसूत्रपदों ने भी" वही अर्थ कहा है; इस प्रकार 'जैव' (और भी) पद से इस बात का स्पष्टीकरण हो जाता है, कि इस श्लोक में क्षेत्र-क्षेत्रज्ञ-विचार के दो भिन्न-भिन्न स्थानों का उल्लेख किया गया है। ये दोनों स्थान केवल भिन्न ही नहीं हैं, किंतु उनमें से पहला अर्थात् ऋषियों का किया हुआ वर्णन "विविध छंदों के-द्वारा पृथक्-पृथक् अर्थात् भिन्न-भिन्न तथा अनेक प्रकार का" है; और उसका अनेक ऋषियों द्वारा किया जाना 'ऋषिभि:' से (इस बहुवचन तृतीयान्त पद) स्पष्ट हो जाता है; तथा ब्रह्मसूत्रपदों का दूसरा "वर्णन हेतुयुक्त और निश्चयात्मक" है, इस प्रकार इन दोनों चर्णनों की विशेष भिन्नता का भी स्पष्टीकरण इसी श्लोक में है। 'हेतुमत्' शब्द में महाभारत में कई स्थानों पर पाया जाता है; और उसका अर्थ है-"नैयायिक पद्धति से कार्यकारणभाव बतलाकर किया हुआ प्रतिपादन"-उदाहरणार्थ, जनक के सन्मुख सुलभा का किया हुआ भाषण अथवा श्रीकृष्ण जब शिष्टाई के लिए कौरवों की सभा में गए, उस समय उनका किया हुआ भाषण लीजिए। महाभारत में ही पहले भाषण को "हेतुमत् और अर्थवत्" (मभा. उद्यो. 131.2) कहा है। इससे प्रकट होता है, कि जिस प्रतिपादन में साधक-बाधक प्रमाण बतलाकर अंत में कोई भी अनुमान निस्संदेह सिद्ध किया जाता है, उसी को 'हेतुमद्‌भिविनिश्चतै:' विशेषण लगाए जा सकते हैं; ये शब्द उपनिषदों के ऐसे संकीर्ण प्रतिपादन को नहीं लगाए जा सकते, कि जो एक स्थान में कुछ हो और दूसरे स्थान में कुछ। अतएव "ऋषिभि: बहुधा: विविधै: पृथक्" और "हेतुमद्‌भि: विनिश्चितै:" पदों के विरोधात्मक स्वारस्य को यदि स्थिर रखना हो, तो यही कहना पड़ेगा कि गीता के उक्त श्लोक में "ऋषियों-द्वारा विविध छंदों में किए गए अनेक प्रकार के पृथक्" विवेचनों से भिन्न-भिन्न उपनिषदों के संकीर्ण और पृथक् वाक्य ही अभिप्रेत हैं; तथा "हेतुयुक्त और विनिश्चियात्मक ब्रह्मसूत्रपदों" से ब्रह्मसूक्त-ग्रंथ का वह विवेचन ही अभिप्रेत है, कि जिसमें साधक-बाधक प्रमाण दिखलाकर अंतिम सिद्धान्तों का संदेह रहित निर्णय किया गया है। यह भी स्मरण रहे, कि उपनिषदों के सब विचार इधर-उधर बिखरे हुए हैं, अर्थात् अनेक ऋषियों को जैसे जूझते गए, वैसे ही वे कहे गए हैं, उनमें कोई भी विशेष पद्धति या क्रम नहीं है; अतएव उनकी एकवाक्यता किए बिना उपनिषदों का भावार्थ ठीक-ठीक समझ में नहीं आता। यही कारण है, कि उपनिषदों के साथ ही

---

1. इस विषय का विचार परलोकवासी तेलंगने किया है। इसके सिवा सन 1815 में इसी विषय पर प्रो. तुकाराम रामचंद्र अंमळनेरकर, बी. ए. ने भी एक निबंध प्रकाशित किया है।

साथ उस ग्रंथ का अर्थात् वेदान्त-सूत्र (ब्रह्मसूत्र) का भी उल्लेख कर देना आवश्यक था, जिसमें कार्य कारण हेतु दिखला कर उनकी (अर्थात् विचारों की) एकवाक्यता की गई है।

गीता के श्लोकों का उक्त अर्थ करने से यह प्रकट हो जाता है, कि उपनिषद् और ब्रह्मसूत्र गीता के पहले बने हैं। उनमें से मुख्य-मुख्य उपनिषदों के विषय में तो कुछ भी मतभेद नहीं रह जाता; क्योंकि इन उपनिषदों के श्लोक ही गीता में शब्दश: पाए जाते हैं। परंतु ब्रह्मसूत्रों के विषय में संदेह अवश्य किया जा सकता है, क्योंकि ब्रह्मसूत्रों में यद्यपि 'भगवद्गीता' शब्द का उल्लेख प्रत्यक्ष में नहीं किया गया है; तथापि भाष्यकार मानते हैं, कि कुछ सूत्रों में शांकरभाष्य के अनुसार 'स्मृति' शब्द से गीता ही का उल्लेख किया गया है, उनमें से नीचे दिए हुए सूत्र मुख्य हैं-

ब्रह्मसूत्र-अध्याय, पाद और सूत्र	**गीता अध्याय और श्लोक**
1.2.6 स्मृतेश्च।	गीता 18.61 "ईश्वर: सर्वभूतां शून्य" आदि श्लोक।
1.3.23 अपि च स्मर्यते।	गीता 15.6 "न तद्भासयते सूर्य:" आदि।
2.1.36 उपपद्यते चाप्युपलभ्यते च।	गीता 15.3 "न रूपमस्येह: यथो-पलभ्यते शून्य" आदि।
2.3.45 अपि च स्मर्यते।	गीता 15.7 "ममैवांशो जीवलोके जीवभूत शून्य" आदि।
3.2.17 दर्शयति चाथो अपि स्म र्यते।	गीता 13.12 "ज्ञेयं यत्तत् प्रवक्ष्यामि शून्य" आदि।
3.3.31 अनियम: सर्वासामविरोध:	गीता 8.36 "शुक्लकृष्णे गती ह्येतेशून्य" आदि।
शब्दानुमानाभ्याम्	
4.1.10 स्मरन्ति च।	गीता 6.11 "शुचौ देशे शून्य" आदि।
4.2.21 योगिन: प्रति च स्मर्यते।	गीता 8.23 "यत्र काले त्वनावृत्तिमावृषिं चैव योगिन: शून्य" आदि।

उपर्युक्त आठ स्थानों में से कुछ यदि संदिग्ध भी माने जाएँ, तथापि, हमारे मत से चौथे (ब्रू. सू. 2.3.45) और आठवें (ब. सू. 4.2.21) विषय में कुछ संदेह नहीं है; और यह बात भी स्मरण रखने योग्य है, कि इस विषय में, शंकराचार्य, रामानुजाचार्य, मध्वाचार्य और वल्लभाचार्य इन चारों भाष्यकारों का मत एक ही-सा है। ब्रह्मसूत्र के उक्त दोनों स्थानों के (ब्र. सू. 2.3.45; 4.2.21) विषय में इस प्रसंग पर भी अवश्य ध्यान देना चाहिए-जीवात्मा और परमात्मा के परस्पर-संबंध का विचार करते समय, पहले "नात्माऽश्रुतेर्नित्यत्वाच्च ताभ्य:" (ब्र. सू. 2.3.17) इस सूत्र से यह निर्णय किया है, कि सृष्टि के अन्य पदार्थों के समान जीवात्मा परमात्मा से उत्पन्न नहीं हुआ है; उसके बाद "अंशो नानाव्यपदेशात शून्य" (ब्र. सू. 2.3.43) सूत्र में यह बतलाया है, कि जीवात्मा परमात्मा का ही अंश है; और आगे 'मंत्रवर्णाच्च' (ब्र. सू. 2.3.44) इस प्रकार श्रुति का प्रमाण देकर अंत में "पिच स्मर्यते" (ब्र. सू. 2.3.45)-"स्मृति में ही यही कहा है"-इस सूत्र का प्रयोग किया गया है। सब भाष्यकारों का कथन है, कि यह स्मृति ही गीता का "ममैवांशो जीवलोके जीवभूत: सनातन:" (गीता 14.7), यह वचन है। परंतु इसकी अपेक्षा अंतिम स्थान (अर्थात् ब्रह्मसूत्र 4.2.21) और भी अधिक निस्संदेह है। यह पहले ही, दसवें प्रकरण में, बतलाया जा चुका है, कि देवयान और पितृयान गतियों में

क्रमानुसार उत्तरायण के छह महीने और दक्षिणायन के छह महीने होते हैं; और उनका अर्थ काल-प्रधान न करके बादरायणाचार्य कहते हैं, कि इन शब्दों से तत्कालभिमानी देवता अभिप्रेत हैं (वे. सू. 4.3.4)। अब यह प्रश्न हो सकता है, कि दक्षिणायन और उत्तरायण शब्दों का काल-वाचक अर्थ क्या कभी लिया ही न जावे? इसलिए "योगियों के लिए विहित माने गए हैं" इस सूत्र का प्रयोग किया गया है; और गीता में (गीता 8.23) यह बात साफ-साफ कह दी गई है, कि "यत्र काले त्वनावृत्तिमावृत्तिं चैव योगिन:"-ये काल योगियों को विहित है। इससे भाष्यकारों के मतानुसार यही कहना पड़ता है, कि उक्त दोनों स्थानों पर ब्रह्मसूत्रों में 'स्मृति' शब्द से भगवद्गीता ही विवक्षित है।

परंतु जब यह मानते हैं, कि भगवद्गीता में ब्रह्मसूत्रों का स्पष्ट उल्लेख है; और ब्रह्मसूत्रों में 'स्मृति' शब्द से भगवद्गीता का निर्देश किया गया है; तो दोनों में कालदृष्टि से विरोध उत्पन्न हो जाता है। क्योंकि भगवद्गीता में ब्रह्मसूत्रों का साफ-साफ उल्लेख है, इसलिए ब्रह्मसूत्रों का गीता के पहले रचा जाना निश्चित होता है, और ब्रह्मसूत्रों में 'स्मृति' शब्द से गीता का निर्देश माना जाए तो गीता का ब्रह्मसूत्रों के पहले होना निश्चित हुआ जाता है। ब्रह्मसूत्रों का एक बार गीता पहले रचा जाना और दूसरी बार उन्हीं सूत्रों का गीता के बाद रचा जाना संभव नहीं। अच्छा, अब यदि इस झगड़े से बचने के लिए गीता के 'ब्रह्मसूत्रपदै:' शब्द से शांकरभाष्य में दिए हुए अर्थ को स्वीकार करते हैं, तो 'हेतुमद्भिर्विनिश्चितै:' इत्यादि पदों का स्वारस्य ही नष्ट हो जाता है; और यदि यह मानें कि ब्रह्मसूत्रों के 'स्मृति' शब्द से गीता के अतिरिक्त कोई दूसरा स्मृति-ग्रंथ विवक्षित होगा; तो यह कहना पड़ेगा, कि सभी भाष्यकारों ने भूल की है। अच्छा; यदि उनकी भूल कहें; तो भी यह बतलाया नहीं जा सकता, कि 'स्मृति' शब्द से कौन-सा ग्रंथ विवृक्षित है; तब इस अड़चन से कैसे पार पावें? हमारे मतानुसार इस अड़चन से बचने का केवल एक ही मार्ग है। यदि यह मान लिया जाए, कि जिसने ब्रह्मसूत्रों की रचना की है, उसी ने मूल भारत तथा गीता को वर्तमान स्वरूप दिया है; तो कोई अड़चन या विरोध नहीं रह जाता। ब्रह्मसूत्रों को 'व्याससूत्र' कहने की रीति पड़ गई है; और "शेषत्वात्पुरुषार्थवादो यथान्येविष्विति जैमिनि:" (वे. सू. 3.4.2) इस सूत्र पर शांकरभाष्य की टीका में आनंदगिरी ने लिखा है, कि जैमिनी वेदान्त-सूत्रकार व्यास जी के शिष्य थे; और अपने आरंभ के मंगलाचरण में भी, 'श्रीमद्व्यासपयोनिधिर्निधिरसी' इस प्रकार उन्होंने ब्रह्मसूत्रों का वर्णन किया है। यह कथा वर्तमान महाभारत के आधार पर हम ऊपर बतला चुके हैं; कि महाभारतकार व्यास जी के पैल, शुक, सुमन्तु, जैमिनी और वैशंपायन नामक पाँच शिष्य थे; और उनको व्यास जी ने महाभारत पढ़ाया था। इन दोनों बातों को मिलाकर विचार करने से यही अनुमान होता है, कि मूल भारत और तदंतर्गत गीता को वर्तमान स्वरूप देने का तथा ब्रह्मसूत्रों की रचना करने का काम भी एक बादरायण व्यास जी ने ही किया होगा। इस कथन का यह मतलब नहीं, कि बादरायणाचार्य ने वर्तमान महाभारत की नवीन रचना की। हमारे कथन का भावार्थ यह है-महाभारत के ग्रंथ के अति विस्तृत होने के कारण संभव है, कि बादरायणाचार्य के समय उसके कुछ भाग इधर-उधर बिखर गए हों या लुप्त भी हो गए हों; ऐसी अवस्था में तत्कालीन उपलब्ध महाभारत के भागों की खोज करके तथा ग्रंथ में जहाँ-जहाँ अपूर्णता, अशुद्धियाँ और त्रुटियाँ दीख पड़ीं, वहाँ उनका संशोधन और उनकी पूर्ति करके, तथा अनुक्रमणिका आदि जोड़ कर बादरायणाचार्य ने इस ग्रंथ का पुनरुज्जीवन किया हो; अथवा उसे वर्तमान स्वरूप दिया हो। मराठी साहित्य में यह बात प्रसिद्ध है, कि ज्ञानेश्वरी ग्रंथ का ऐसा ही संशोधन एकनाथ महाराज ने किया था; और यह कथा

भी प्रचलित है, कि एक बार संस्कृत का व्याकरण-महाभाष्य प्रायः लुप्त हो गया था और उसका पुनरुद्धार चंद्रशेखराचार्य को करना पड़ा। अब इस बात की भी ठीक-ठीक उपपत्ति लग जाती है, कि महाभारत के अन्य प्रकरणों में गीता के श्लोक क्यों पाए जाते हैं; तथा यह बात भी सहज ही हल हो जाती है, कि गीता में ब्रह्मसूत्रों का स्पष्ट उल्लेख और ब्रह्मसूत्रों में 'स्मृति' शब्द से गीता का निर्देश क्यों किया गया है। जिस गीता के आधार पर वर्तमान गीता बनी है, वह बादरायणाचार्य के पहले भी उपलब्ध थी; इसी कारण ब्रह्मसूत्रों में 'स्मृति' शब्द से उसका निर्देश किया गया; और महाभारत का संशोधन करते समय गीता में[1] यह बतलाया गया, कि क्षेत्र-क्षेत्रज्ञ का विस्तारपूर्वक विवेचन ब्रह्मसूत्र में किया गया है। वर्तमान गीता में ब्रह्मसूत्रों का जो यह उल्लेख है, उसकी बराबरी के ही सूत्र-ग्रंथ के अन्य उल्लेख महाभारत में भी हैं। उदाहरणार्थ, अनुशासन पर्व के अष्टावक्र आदि संवाद में "अनुताः स्त्रिय इत्येवं सूत्रकारी व्यवस्यति" (अनु. 19.6) यह वाक्य है। इसी प्रकार शतपथ ब्राह्मण (शांति. 318.16) पंचरात्र (शांति. 339.107), मनु (37.16) और यास्क के निरुक्त का भी (शांति. 342.71) अन्यत्र साफ उल्लेख किया गया है। परंतु गीता के समान महाभारत के सब भागों को मुखाग्र करने की रीति नहीं थी; इसलिए यह शंका सहज ही उत्पन्न होती है, कि गीता के अतिरिक्त महाभारत में अन्य स्थानों पर जो अन्य ग्रंथों के उल्लेख हैं, वे कालनिर्णयार्थ कहाँ तक विश्वसनीय माने जाएँ। क्योंकि, जो भाग मुखाग्र नहीं किए जाते, उनमें क्षेपक उल्लेखों का यह बतलाने के लिए उपयोग करना कुछ अनुचित न होगा, कि वर्तमान गीता में किया गया ब्रह्मसूत्रों का उल्लेख केवल अकेला या अपूर्व अतएव अविश्वसनीय नहीं है।

'ब्रह्मसूत्र पदैश्चैव' इत्यादि श्लोक के पदों के अर्थ-स्वारस्य की मीमांसा करके हम ऊपर इस बात का निर्णय कर चुके हैं, कि वर्तमान भगवद्गीता में ब्रह्मसूत्रों या वेदान्त सूत्रों ही का उल्लेख किया गया है। परंतु भगवद्गीता में ब्रह्मसूत्रों का उल्लेख होने का-और वह भी तेरहवें अध्याय में अर्थात् क्षेत्र-क्षेत्रज्ञ-विचार ही में होने का-हमारे मत

---

1. पिछले प्रकरणों में हमने यह बतलाया है, कि ब्रह्मसूत्र वेदान्त संबंधी मुख्य ग्रंथ है, और इसी प्रकार गीता कर्मयोगविषयक प्रधान ग्रंथ है। अब यदि हमारा यह अनुमान सत्य हो, कि ब्रह्मसूत्र और गीता की रचना अकेले व्यास जी ने ही की है; तो इन दोनों शास्त्रों का कर्ता उन्हीं को मानना पड़ता है। हम यह बात अनुमान द्वारा ऊपर सिद्ध कर चुके हैं; परंतु कुंभकोणस्त कृष्णाचार्य ने, दाक्षिणात्य पाठ के अनुसार, महाभारत की जो एक पोथी हाल ही में प्रकाशित की है, उसमें शांतिपर्व के 212वें अध्याय में (वार्ष्णेयाध्यात्म प्रकरण में) प्रथम इस बात का वर्णन करते समय-कि युग के आरंभ में भिन्न-भिन्न शास्त्र और इतिहास किस प्रकार निर्मित हुए-34वाँ श्लोक इस प्रकार दिया है-

वेदान्तकर्मयोगं च वेदविद् ब्रह्मविद्विभुः।
द्वैपायनो निजग्नाह शिल्पशास्त्रं भृगु पुनः॥

इस श्लोक में 'वेदान्तकर्मयोग' एकवचनान्त पद है; परंतु उसका अर्थ 'वेदान्त और कर्मयोग ही करना पड़ा है। अथवा यह भी प्रतीत होता है, कि 'वेदान्तं कर्मयोगं च' यही मूल पाठ होगा; और लिखते समय या छापते समय 'न्त' के ऊपर का अनुस्वार छूट गया हो। इस श्लोक में यह साफ-साफ कह दिया गया है, कि वेदान्त और कर्मयोग, दोनों शास्त्र व्यास जी को प्राप्त हुए थे; और शिल्पशास्त्र भृगु को मिला था। परंतु यह श्लोक बंबई के गणपत कृष्णाजी के छापाखाने से प्रकाशित पोथी में या कलकत्ते की प्रति में नहीं मिलता। कुंभकोण की पोथी का शांतिपर्व का 212वाँ है। कुंभकोण पाठ का यह श्लोक हमारे मित्र डॉक्टर गणेश कृष्ण गर्दे ने हमें सूचित किया, अतएव हम उनके कृतज्ञ हैं। उनके मतानुसार इस स्थान पर कर्मयोग शब्द से गीता ही विवक्षित है; और इस श्लोक में गीता और वेदान्त-सूत्रों का (अर्थात् दोनों का) कर्तृत्व व्यास जी को ही दिया गया है। महाभारत की तीन पोथियों से केवल एक ही प्रति में ऐसा पाठ मिलता है, अतएव उनके विषय में कुछ शंका उत्पन्न होती है। इस विषय में चाहे जो कहा जाए; किंतु इस पाठ से इतना अवश्य सिद्ध हो जाता है; कि हमारा यह अनुमान, कि वेदान्त और कर्मयोग का कर्ता एक ही है, कुछ नया या निराधार नहीं।

से एक और महत्त्वपूर्ण तथा दृढ़ कारण है। भगवद्गीता में वासुदेव भक्ति का तत्त्व यद्यपि मूल भागवत या पांचरात्र-धर्म से लिया गया है, जैसा हम पिछले प्रकरणों में कह आए हैं, चतुर्व्यूह-पांचरात्र-धर्म में वर्णित मूल जीव और मन की उत्पत्ति के विषय का यह मत इस श्लोक में 'वेदान्तकर्मयोग' एकवचनान्त पद है; परंतु उसका अर्थ 'वेदान्त और कर्मयोग ही करना पड़ता है। अथवा यह भी प्रतीत होता है, कि 'वेदान्तं कर्मयोगं च' यही मूलपाठ होगा; और लिखते समय या छापते समय 'न्त' के ऊपर का अनुस्वार छूट गया हो। इस श्लोक में यह साफ-साफ कह दिया गया है, कि वेदान्त और कर्मयोग, दोनों शास्त्र व्यासजी को प्राप्त हुए थे; और शिल्पशास्त्र भृगु को मिला था। परंतु यह श्लोक बंबई के गणपत कृष्णाजी के छापाखाने से प्रकाशित पोथी में या कलकत्ते की प्रति में नहीं मिलता। कुंभकोण की पोथी का शांतिपर्व का 212वाँ अध्याय, बंबई और कलकत्ता की प्रति में, 210वाँ है। कुंभकोण पाठ का यह श्लोक हमारे मित्र डॉक्टर गणेश कृष्ण गर्दे ने हमें सूचित किया, अतएव हम उनके कृतज्ञ हैं। उनके मतानुसार इस स्थान पर कर्मयोग शब्द से गीता ही विवक्षित है; और इस श्लोक में गीता और वेदान्त-सूत्रों का (अर्थात् दोनों का) कर्तृत्व व्यास जी को ही दिया गया है। महाभारत की तीन पोथियों में से केवल एक ही प्रति में ऐसा पाठ मिलता है, अतएव उसके विषय में कुछ शंका उत्पन्न होती है। इस विषय में चाहे जो कहा जाए; किंतु इस पाठ से इतना तो अवश्य सिद्ध हो जाता है, कि हमारा यह अनुमान, कि वेदान्त और कर्मयोग का कर्ता एक ही है; कुछ नया या निराधार नहीं। भगवद्गीता को मान्य नहीं है, कि वासुदेव से संकर्षण अर्थात् जीव, संकर्षण से प्रद्युम्न (मन) और प्रद्युम्न से अनिरुद्ध (अहंकार) उत्पन्न हुआ। ब्रह्मसूत्रों का यह सिद्धान्त है, कि जीवात्मा किसी अन्य वस्तु से उत्पन्न नहीं हुआ। (वे. सू. 2.3.17) और यह सनातन परमात्मा ही का नित्य अंश है। (वे. सू. 2.3.43)। इसलिए ब्रह्मसूत्रों के दूसरे अध्याय के दूसरे पाद में पहले कहा है, कि वासुदेव से संकर्षणका का होना अर्थात् भागवतधर्मीय जीवसंबंधी उत्पत्ति संभव नहीं (वे. सू. 2.2. 42); और फिर यह कहा है, कि मन जीव की एक इंद्रिय है, इसलिए जीव को प्रद्युम्न का (मन) होना भी संभव नहीं (वे. सू. 2.2.43); क्योंकि लोक व्यवहार की ओर देखने से तो यही बोध होता है, कि कर्ता ही से कारण या साधन उत्पन्न नहीं होता। इस प्रकार बादरायणाचार्य ने, भागवत धर्म में वर्णित जीव की उत्पत्ति का युक्तिपूर्वक खंडन किया है। संभव है, कि भागवत धर्म वाले इस पर यह उत्तर दें, कि हम वासुदेव (ईश्वर), संकर्षण (जीव), प्रद्युम्न (मन) तथा अनिरुद्ध को (अहंकार) एक ही समान ज्ञानी समझते हैं; और एक से दूसरे की उपपत्ति को लाक्षणिक तथा गौण मानते हैं। परंतु ऐसा मानने से कहना पड़ेगा, कि एक मुख्य परमेश्वर के बदले चार मुख्य परमेश्वर हैं, अतएव ब्रह्मसूत्रों में कहा है, कि यह उत्तर भी समर्पक नहीं है! और बादरायणाचार्य ने अंतिम निर्णय यह लिया है, कि यह मत-परमेश्वर से जीव का उत्पन्न होना-वेदों अर्थात् उपनिषदों के मत के विरुद्ध अतएव त्याज्य है (वे. सू. 2.2.44, 45)। यद्यपि यह बात सच है, कि भागवत धर्म का कर्मप्रधान भक्ति-तत्त्व भगवद्गीता में लिया गया है, तथापि गीता का यह भी सिद्धान्त है, कि जीव वासुदेव से उत्पन्न नहीं हुआ, किंतु यह नित्य परमात्मा ही का 'अंश' है (गीता 15.7)। जीव विषयक यह सिद्धान्त मूल भागवत धर्म से नहीं लिया गया, इसलिए यह बतलाना आवश्यक था, कि इसका आधार क्या है। क्योंकि यदि ऐसा न किया जाता, तो संभव था, कि यह भ्रम उपस्थित हो जाता, कि चतुर्व्यूह भागवत धर्म के प्रवृत्ति-भक्ति तत्त्व के साथ ही साथ जीव की उत्पत्ति विषयक कल्पना से भी गीता सहमत है। अतएव क्षेत्र-क्षेत्रज्ञ-विचार में जब जीवात्मा का स्वरूप बतलाने का समय आया, तब अर्थात् गीता के तेरहवें अध्याय के आरंभ ही में यह स्पष्ट

रूप से कह देना पड़ा, कि "क्षेत्रज्ञ के अर्थात् जीव के स्वरूप के संबंध में हमारा मत भागवत धर्म के अनुसार नहीं; वरन् उपनिषदों में वर्णित ऋषियों के मतानुसार है; "और फिर उसके साथ ही साथ स्वभावत: यह भी कहना पड़ा है, कि भिन्न-भिन्न ऋषियों ने भिन्न-भिन्न उपनिषदों में पृथक्-पृथक् उपपादन दिया है, इसलिए उन सबकी ब्रह्मसूत्रों में की गई एकवाक्यता ही (वे. सू. 2.3.43) हमें ग्राह्य है। इस दृष्टि से विचार करने पर यही प्रतीत होगा, कि भागवत धर्म के भक्ति-मार्ग का गीता में इस रीति से समावेश किया गया है, जिससे वे आक्षेप दूर हो जाएँ, कि जो ब्रह्मसूत्रों में भागवत धर्म पर लादे गए हैं। रामानुजाचार्य ने अपने वेदान्तसूत्र-भाष्य में उक्त सूत्रों के अर्थ को बदल दिया है (वे. सू. रा. भा. 2.2.42-45)। परंतु हमारे मत से अर्थ क्लिष्ट अतएव अग्राह्य हैं। थिबो साहब का झुकाव रामानुज-भाष्य में दिए गए अर्थ की ओर ही है; परंतु उनके लेखों से तो यही ज्ञात होता है, कि इस बात का यथार्थ स्वरूप उनके ध्यान में नहीं आया। महाभारत के शांतिपर्व के अंतिम भाग में नारायणीय अथवा भागवत धर्म का जो वर्णन है, उसमें यह नहीं कहा है, कि वासुदेव से जीव अर्थात् संकर्षण हुआ; किंतु पहले यह बतलाया है, कि "जो वासुदेव है, वही (स एव) संकर्षण अर्थात् जीव या क्षेत्रज्ञ है" (मभा. शां. 334.24, 29; 339.39, 71); और इसके बाद संकर्षण से प्रद्युम्न तक की केवल परंपरा दी गई है। एक स्थान पर तो यह साफ-साफ कह दिया है, कि भागवत धर्म के कोई चतुर्व्यूह, कोई त्रिर्व्यूह, कोई द्विर्व्यूह और अंत में कोई एकर्व्यूह भी मानते हैं (मभा. शां. 348.57)। परंतु भागवत धर्म के इन विविध पक्षों को स्वीकार न कर, उनमें से सिर्फ वही एक मत वर्तमान गीता में स्थिर किया गया है, जिसका मेल-क्षेत्रज्ञ के परस्पर-संबंध से उपनिषदों और ब्रह्मसूत्रों से हो सके; और इस बात पर ध्यान देने पर यह प्रश्न ठीक तौर से हल हो जाता है, कि ब्रह्मसूत्रों का उल्लेख गीता में क्यों किया है? अथवा यह कहना भी अत्युक्ति नहीं, कि मूल गीता में यह एक सुधार ही किया गया है।

भाग - 4 भागवत धर्म का उदय और गीता

गीतारहस्य में अनेक स्थानों पर तथा इस प्रकरण में भी पहले यह बतला दिया है, कि उपनिषदों के ब्रह्मज्ञान तथा कपिल-सांख्य के क्षर-अक्षर-विचार के साथ भक्ति और विशेषत: निष्काम कर्म का मेल करके कर्मयोग का शास्त्रीय रीति से पूर्णतया समर्थन करना ही गीता-ग्रंथ का मुख्य प्रतिपाद्य विषय है। परंतु इतने विषयों की एकता करने की गीता की पद्धति जिनके ध्यान में पूरी तरह नहीं आ सकती, अथवा जिनका पहले ही से यह मत हो जाता है, कि इतने विषयों की एकता हो ही नहीं सकती; उन्हें इस बात का आभास हुआ करता है, कि गीता के बहुतेरे सिद्धान्त परस्पर विरोधी हैं। उदाहरणार्थ, इन आक्षेपकों का यह मत है, कि तेरहवें अध्याय का यह कथन कि इस जगत में जो कुछ है, वह सब निर्गुण ब्रह्म है-सातवें अध्याय के इस कथन से बिल्कुल ही विरुद्ध है, कि यह सब सगुण वासुदेव ही है। (गीता 7.19) इसी प्रकार भगवान् एक जगह कहते हैं, कि "मुझे शत्रु और मित्र समान है" (गीता 9.29); और दूसरे स्थान पर भी कहते हैं, कि "ज्ञानी तथा भक्तिमान् पुरुष मुझे अत्यंत प्रिय है" (गीता 7.17, 12.19)-ये दोनों बातें परस्पर विरोधी हैं। परंतु हमने गीतारहस्य में अनेक स्थानों पर इस बात का स्पष्टीकरण कर दिया है, कि वस्तुत: ये विरोध नहीं है; किंतु एक ही बात पर एक बार अध्यात्म-दृष्टि से और दूसरी बार भक्ति की दृष्टि से विचार किया गया है, इसलिए यद्यपि दिखने में ये विरोधी बातें कहनी पड़ीं, तथापि अंत में व्यापक तत्त्वज्ञान की दृष्टि से गीता में उनका मेल भी कर दिया गया है। इस पर भी कुछ लोगों का यह आक्षेप है कि अव्यक्त ब्रह्मज्ञान और व्यक्त परमेश्वर की भक्ति में यद्यपि उक्त प्रकार

से मेल कर दिया गया है, तथापि मूल गीता में इस मेल का होना संभव नही; क्योंकि मूल गीता वर्तमान गीता के समान परस्पर विरोधी बातों से भरी नहीं थी, उनमें वेदान्तियों ने अथवा सांख्यशास्त्राभिमानियों ने अपने-अपने शास्त्रों के भाग पीछे से घुसेड़ दिए हैं। उदाहरणार्थ, प्रो. गार्बे का कथन है, कि मूल गीता में भक्ति का मेल केवल सांख्य तथा योग ही से किया गया है; वेदान्त के साथ मीमांसकों के कर्म-मार्ग के साथ भक्ति का मेल कर देने का काम किसी ने पीछे से किया है। मूल गीता में इस प्रकार जो श्लोक पीछे से जोड़े गए, उनकी, अपने मतानुसार, एक तालिका भी उसने जर्मन भाषा में अनुवादित अपनी गीता के अंत में दी है। हमारे मतानुसार ये सब कल्पनाएँ भ्रममूलक हैं। वैदिक धर्म के भिन्न-भिन्न अंगों की ऐतिहासिक परंपरा और गीता के 'सांख्य' तथा 'योग' शब्दों का सच्चा अर्थ ठीक-ठीक न समझने के कारण, और विशेषत: तत्त्वज्ञानविरहित अर्थात् केवल भक्ति प्रधान ईसाई धर्म ही का इतिहास उक्त लेखकों के (प्रो. गार्बे प्रभृति) सामने रखा रहने के कारण, उक्त प्रकार के भ्रम उत्पन्न हो गए हैं। ईसाई धर्म पहले केवल भक्तिप्रधान था; और ग्रीक लोगों के अथवा अन्य तत्त्वज्ञान से उसका मेल करने का कार्य पीछे से किया गया है। परंतु यह बात हमारे धर्म की नहीं। हिंदुस्थान में भक्ति-मार्ग कभी भी मान्य नहीं हो सकता था; जो इन सब शास्त्रों से और विशेष करके उपनिषदों में वर्णित ब्रह्मज्ञान से अलग हो। इन बातों पर ध्यान देने से यह मानना पड़ता है, कि गीता के धर्म-प्रतिपादन का स्वरूप विवेचन भी इसी बात की ओर ध्यान देकर किया गया है, परंतु यह विषय अत्यंत महत्त्व का है, इसलिए संक्षेप में यहाँ पर बतलाना चाहिए, कि गीता-धर्म के मूल स्वरूप तथा परंपरा के संबंध में ऐतिहासिक दृष्टि से विचार करने पर, हमारे मत से कौन-कौन-सी बातें निष्पन्न होती हैं।

गीतारहस्य के दसवें प्रकरण में इस बात का विवेचन किया गया है, कि वैदिक धर्म का अत्यंत प्राचीन स्वरूप न तो भक्ति-प्रधान, न तो ज्ञान-प्रधान और न योग-प्रधान भी था; किंतु यह यज्ञमय अर्थात् कर्म-प्रधान था; ओर वेद संहिता तथा ब्राह्मणों में विशेषत: इसी यज्ञयाग आदि कर्म-प्रधान धर्म का प्रतिपादन किया गया है। आगे चलकर इसी धर्म का व्यवस्थित विवेचन जैमिनी के मीमांसा-सूत्रों में किया गया है। इसीलिए उसे 'मीमांसक-मार्ग' नाम प्राप्त हुआ। परंतु, यद्यपि 'मामांसक' नाम नया है; इतना ही नहीं तो उसे ऐतिहासिक दृष्टि से वैदिक धर्म की प्रथम सीढ़ी कह सकते हैं। 'मीमांसक मार्ग' नाम प्राप्त होने के पहले उसकी त्रयी धर्म अर्थात् तीन वेदों द्वारा प्रतिपादित धर्म कहते थे; और इसी प्रकार जोर शोर से प्रचलित रहने पर कर्म से अर्थात् केवल यज्ञयाग आदि के बाह्य प्रयत्न से परमेश्वर का ज्ञान कैसे हो सकता है? ज्ञान होना एक मानसिक स्थिति है, इसलिए परमेश्वर के स्वरूप का विचार किए बिना ज्ञान होना संभव नहीं, इत्यादि विषय और कल्पनाएँ उपस्थित होने लगीं; और धीरे-धीरे उन्हीं में से औपनिषदिक ज्ञान का प्रादुर्भाव हुआ। यह बा, छांदोग्य आदि उपनिषदों के आरंभ में जो अवतरण दिए हैं, उनसे स्पष्ट मालूम हो जाती है। इस औपनिषदिक ब्रह्मज्ञान ही को आगे चलकर 'वेदान्त' नाम प्राप्त हुआ। परंतु, मामांसा शब्द के समान यद्यपि वेदान्त नाम पीछे से प्रचलित हुआ है, तथापि उससे यह नहीं कहा जा सकता, कि ब्रह्मज्ञान अथवा ज्ञान-मार्ग भी नया है। यह सच है, कि कर्मकांड के अनंतर ही ज्ञानकांड उत्पन्न हुआ' परंतु स्मरण रहे, कि ये दोनों प्राचीन हैं। इस ज्ञान-मार्ग ही की दूसरी, किंतु स्वतंत्र शाखा 'कापिलसांख्य' है। गीतारहस्य में यह बतला दिया गया है, कि उधर ब्रह्मज्ञान अद्वैती है, तो उधर सांख्य है द्वैती; और सृष्टि की उत्पत्ति के क्रम के संबंध में सांख्यों के विचार मूल में भिन्न हैं। परंतु औपनिषदिक अद्वैती ब्रह्मज्ञान तथा सांख्यों का द्वैती ज्ञान, दोनों यद्यपि मूल में भिन्न-भिन्न हों, तथापि केवल ज्ञान-दृष्टि से देखने पर जान पड़ेगा, कि

ये दोनों यद्यपि मूल में भिन्न-भिन्न हों, तथापि केवल ज्ञान-दृष्टि से देखने पर जान पड़ेगा, कि ये दोनों मार्ग अपने पहले यज्ञ-याग आदि कर्म-मार्ग के एक ही से विरोधी थे। अतएव यह प्रश्न स्वभावत: उत्पन्न हुआ, कि कर्म का ज्ञान से किस प्रकार मेल किया जाए? इसी कारण से उपनिषद काल ही में इस विषय पर दो दल हो गए थे। उनमें से बृहदारण्यकादि उपनिषद् तथा सांख्य यह कहने लगे, कि कर्म और ज्ञान में नित्य विरोध है, इसलिए ज्ञान हो जाने पर कर्म का त्याग करना प्रशस्त ही नहीं, किंतु आवश्यक भी है। इसके विरुद्ध ईशावास्यादि अन्य उपनिषद् यह प्रतिपादन करने लगे, कि ज्ञान हो जाने पर भी कर्म छोड़ा नहीं जा सकता, वैराग्य से बुद्धि को निष्काम करके जगत में व्यवहार की सिद्धि के लिए ज्ञानी पुरुष को सब कर्म करने ही चाहिए। इन उपनिषदों के भाष्यों में से इस भेद को निकाल डालने का प्रयत्न किया गया है। परंतु गीतारहस्य के ग्यारहवें प्रकरण के अंत में किए गए विवेचन से यह बात ध्यान में आ जाएगी, कि शांकर-भाष्य में ये सांप्रदायिक अर्थ खींचतानी से किए गए हैं; और इसीलिए इस उपनिषदों पर स्वंतत्र रीति से विचार करते समय वे अर्थ ग्राह्य नहीं माने जा सकते। यह नहीं कि, केवल यज्ञयागादि कर्म तथा ब्रह्मज्ञान ही में मेल करने का प्रयत्न किया गया हो; किंतु मैत्र्युपनिषद के विवेचन से यह बात भी साफ-साफ प्रकट होती है, कि कापिलसांख्य में पहले पहले स्वतंत्र रीति से प्रादुर्भूत क्षराक्षर ज्ञान की तथा उपनिषदों के ब्रह्मज्ञान की एकवाक्यता-जितनी हो सकती थी-करने का भी प्रयत्न उसी समय आरंभ हुआ था। बृहदारण्यकादि प्राचीन उपनिषदों में कापिल-सांख्यज्ञान को कुछ महत्त्व नहीं दिया गया है। परंतु मैत्र्युपनिषद में सांख्यों की परिभाषा को पूर्णतया स्वीकार करके यह कहा है, कि अंत में एक परब्रह्म ही से सांख्यों की परिभाषा का पूर्णतया स्वीकार करके यह कहा है, कि अंत में एक परब्रह्म ही से सांख्यों के चौबीस तत्त्व निर्मित हुए हैं। तथापि कापिल-सांख्यशास्त्र भी वैराग्य-प्रधान अर्थात् कर्म के विरुद्ध है। तात्पर्य यह है, कि प्राचीन काल में ही वैदिक धर्म के तीन दल हो गए थे-1) केवल यज्ञयाग आदि कर्म करने का मार्ग; 2) ज्ञान तथा वैराग्य से कर्म संन्यास करना, अर्थात् ज्ञाननिष्ठा अथवा सांख्यमार्ग; और 3) ज्ञान तथा वैराग्यबुद्धि ही से नित्य कर्म करने का मार्ग, अर्थात् ज्ञानकर्म-समुच्चय मार्ग। इतने में से ज्ञानमार्ग ही से आगे चलकर दो अन्य शाखाएँ-योग और भक्ति-निर्मित हुई हैं। छांदोग्यादि प्राचीन उपनिषद में यह कहा है, कि परब्रह्म का ज्ञान प्राप्त करने के लिए ब्रह्मचिंतन अत्यंत आवश्यक है; और यह चिंतन, मनन तथा ध्यान करने के लिए चित्त एकाग्र होना चाहिए; और चित्त को स्थिर करने के लिए परब्रह्म का कोई न कोई सगुण प्रतीक पहले नेत्रों के सामने रखना पड़ता है। इस प्रकार ब्रह्मोपासना करते रहने से चित्त की जो एकाग्रता हो जाती है, उसी को आगे विशेष महत्त्व दिया जाने लगा और चित्त विरोध रूपी योग एक जुदा मार्ग हो गया; और जब सगुण प्रतीक के बदले परमेश्वर के मानवरूपधारी व्यक्त प्रतीक की उपासना का आरंभ धीरे-धीरे होने लगा, तब अंत में भक्ति-मार्ग उत्पन्न हुआ। यह भक्तिमार्ग औपनिषदिक ज्ञान से अलग, बीच ही में स्वतंत्र रीति से प्रादुर्भूत नहीं हुआ है; और न भक्ति की कल्पना हिंदुस्थान में किसी अन्य देश से लाई गई है। सब उपनिषदों का अवलोकन करने से यह क्रम दीख पड़ता है, कि पहले ब्रह्मचिंतन के लिए यज्ञ के अंगों की अथवा ओंकार की उपासना थी; आगे चलकर रुद्र, विष्णु आदि वैदिक देवताओं की, अथवा आकाश आदि सगुण व्यक्त-ब्रह्म-प्रतीकों की, उपासना का आरंभ हुआ; और अंत में इसी हेतु से अर्थात् ब्रह्म प्राप्ति के लिए ही राम, नृसिंह, श्रीकृष्ण, वासुदेव आदि की भक्ति अर्थात् एक प्रकार की उपासना जारी हुई है। उपनिषदों की भाषा से यह बात भी साफ-साफ मालूम होती है, कि उनमें से योगतत्त्वादि योगविषयक उपनिषद् अथवा

नृसिंहतापनी, रामतापनी आदि भक्ति विषयक उपनिषद् छांदोग्यादि की अपेक्षा अर्वाचीन है। अतएव ऐतिहासिक दृष्टि से यह कहना पड़ता है, कि छांदोग्यादि प्राचीन उपनिषदों में वर्णित कर्म, ज्ञान अथवा संन्यास और ज्ञानकर्म-समुच्चय-इन तीनों दलों का प्रादुर्भूत हो जाने पर ही आगे योग-मार्ग और भक्ति-मार्ग को श्रेष्ठता हुई है। परंतु योग और भक्ति ये दोनों साधन यद्यपि उक्त प्रकार से आगे श्रेष्ठ माने गए, तथापि उनके पहले के ब्रह्मज्ञान श्रेष्ठता उससे कुछ कभ नहीं हुई, और न उसका कम होना संभव ही था। इसी कारण योग-प्रधान अथवा भक्ति-प्रधान उपनिषदों में भी ब्रह्मज्ञान को भक्ति और योग का अंतिम साध्य कहा है और ऐसा वर्णन भी कई स्थानों में पाया जाता है, कि जिन रुद्र, विष्णु, अच्युत, नारायण तथा वासुदेव आदि की भक्ति की जाती है, वे भी परमात्मा के अथवा परब्रह्म के रूप हैं (मैत्र्यु. 7.7; रामपू. 16; अमृतबिंदु. 22 आदि) सारांश वैदिक धर्म में समय-समय पर आत्मज्ञानी पुरुषों ने जिन धर्मांगों को प्रवृत्त किया है, वे प्राचीन समय में प्रचलित धर्मांगों से ही प्रादुर्भूत हुए हैं; और नए धर्मांगों का प्राचीन समय में प्रचलित धर्मांगों के साथ मेल करा देना ही वैदिक धर्म की उन्नति का पहले से मुख्य उद्देश्य रहा है; तथा भिन्न-भिन्न धर्मांगों की एकवाक्यता करने के इसी उद्देश्य का स्वीकार करके, आगे चलकर स्मृतिकारों ने आश्रम व्यवस्था-धर्म का प्रतिपादन किया है। भिन्न-भिन्न मार्गों की एकवाक्यता करने की इस प्राचीन पद्धति पर ध्यान दिया जाता है, तब यह कहना संयुक्तिक नहीं प्रतीत होता, कि उक्त पूर्वापार पद्धति को छोड़ केवल गीता-धर्म ही अकेला प्रवृत्त हुआ होगा।

ब्राह्मण ग्रंथों के यज्ञ-यागादि कर्म, उपनिषदों का ब्रह्मज्ञान, कापिल-सांख्य, चित्तनिरोधरूपी योग तथा भक्ति, ये ही वैदिक धर्म के मुख्य-मुख्य अंग हैं, और इनकी उत्पत्ति के क्रम का सामान्य इतिहास ऊपर लिखा गया है। अब इस बात का विचार किया जाएगा, कि गीता में इन सब धर्मांगों का जो प्रतिपादन किया गया है, उसका मूल क्या है? अर्थात् वह प्रतिपादन साक्षात भिन्न-भिन्न उपनिषदों से गीता में लिया गया है अथवा बीच में एक-आध सीढ़ी और है। केवल ब्रह्मज्ञान के विवेचन के समय कठ आदि उपनिषदों के कुछ श्लोक गीता में ज्यों-के-त्यों लिए गए हैं; और ज्ञानकर्म-समुच्चय-पक्ष का प्रतिपादन करते समय जनक आदि के औपनिषदिक उदाहरण दिए गए हैं। इससे प्रतीत होता है, कि गीता-ग्रंथ साक्षात् उपनिषदों के आधार पर रचा गया होगा। परंतु गीता ही में गीता-धर्म की जो परंपरा दी गई है, उसमें तो उपनिषदों का कहीं भी उल्लेख नहीं मिलता। जिस प्रकार गीता में द्रव्यमय यज्ञ की अपेक्षा ज्ञानमय यज्ञ को श्रेष्ठ माना है (गीता 4.33) उसी प्रकार छांदोग्योपनिषद में भी एक स्थान पर यह कहा है, कि मनुष्य का जीवन एक प्रकार का यज्ञ ही है (छां. 3.16, 17); और इस प्रकार के यज्ञ की महत्ता का वर्णन करते हुए यह भी कहा है, कि "यह यज्ञ-विद्या और आंगिरस नामक ऋषि ने देवकीपुत्र कृष्ण को बतलाई।" इस देवकीपुत्र कृष्ण तथा गीता के श्रीकृष्ण को एक ही व्यक्ति मानने के लिए कोई प्रमाण नहीं है। परंतु यदि कुछ देर के लिए दोनों को एक ही व्यक्ति लें; तो भी स्मरण रहे, कि ज्ञान-यज्ञ को श्रेष्ठ माननेवाली गीता में घोर आंगिरस का कहीं भी उल्लेख नहीं किया गया है। इसके सिवा, बृहदारण्यकोपनिषद से यह बात प्रकट है, कि जनक का मार्ग यद्यपि ज्ञान-कर्म-समुच्चयात्मक था, तथापि उस समय इस मार्ग में भक्ति का समावेश नहीं किया गया था। अतएव भक्तियुग ज्ञान-कर्म-समुच्चय पंथ की सांप्रदायिक परंपरा में जनक की गणना नहीं की जा सकती, और न वह गीता में की गई है, गीता के चौथे अध्याय के आरंभ में कहा है (गीता 4.1-3), कि युग के आरंभ में भगवान ने पहले विवस्वान को, विवस्वान ने मनु को और मनु ने इक्ष्वाकु को गीता-धर्म का उपदेश किया

था; परंतु काल के हेरफेर से उसका लोप हो जाने के कारण वह अर्जुन को बतलाना पड़ा। गीता-धर्म की परंपरा का ज्ञान होने के लिए ये श्लोक अत्यंत महत्त्व के हैं, परंतु टीकाकारों ने शब्दार्थ बतलाने के अतिरिक्त उनका विशेष रीति से स्पष्टीकरण नहीं किया है, और कदाचित् ऐसा करना उन्हें इष्ट भी न रहा हो। क्योंकि, यदि कहा जाए कि गीता-धर्म मूल में किसी एक विशिष्ट पंथ का है; तो उससे अन्य धार्मिक पंथों को कुछ-न-कुछ गौणता प्राप्त हो जाती है। परंतु हमने गीतारहस्य के आरंभ में तथा गीता के चौथे अध्याय के प्रथम दो श्लोकों की टीका में प्रमाणसहित इस बात का स्पष्टीकरण कर दिया है, कि गीता में वर्णित परंपरा का मेल उस परंपरा के साथ पूरा दीख पड़ता है, कि जो महाभारतान्तर्गत नारायणीयोपाख्यान में वर्णित भागवत धर्म की परंपरा में अंतिम त्रेतायुग-कालीन परंपरा है। भागवत धर्म तथा गीता धर्म की परंपरा की एकता को देखकर कहना पड़ता है कि गीता-ग्रंथ भागवत-धर्मीय है; और यदि इस विषय में कुछ शंका हो, तो महाभारत में दिए गए वैशंपायन के इस वाक्य-"गीता में भागवत धर्म ही बतलाया गया है" (मभा. शां. 346.10) से वह दूर हो जाती है। इस प्रकार जब यह सिद्ध हो गया, कि गीता-औपनिषदिक ज्ञान का अर्थात् वेदान्त का स्वतंत्र ग्रंथ नहीं है, उसमें भागवत धर्म का प्रतिपादन किया गया है; तब यह कहने की कोई आवश्यकता नहीं, कि भागवत धर्म से अलग करके गीता की जो चर्चा की जाएगी, वह अपूर्ण तथा भ्रममूलक होगी। अतएव, भागवत धर्म कब उत्पन्न हुआ और उसका मूल स्वरूप क्या था, इत्यादि प्रश्नों के विषय में जो बातें इस समय उपलब्ध हैं, उनका भी विचार संक्षेप में यहाँ किया जाना चाहिए। गीतारहस्य में हम पहले ही कह चुके हैं, कि इस भागवत धर्म के ही नारायणीय, सात्वत, पांचरात्र-धर्म आदि अन्य नाम हैं।

उपनिषत्काल के बाद और बुद्ध के पहले जो वैदिक धर्म-ग्रंथ बने, उनमें से अधिकांश ग्रंथ लुप्त हो गए हैं, इस कारण भागवत धर्म पर वर्तमान समय में जो ग्रंथ उपलब्ध हैं, उनमें से गीता के अतिरिक्त मुख्य ग्रंथ ये ही हैं-महाभारतान्तर्गत शांतिपर्व के अठारह अध्यायों में निरूपित नारायणीयोपाख्यान (मभा. शां. 334-351), शांडिल्य-सूत्र, भागवत-पुराण, नारद-पंचरात्र, नारद-सूत्र तथा रामानुजाचार्य आदि के ग्रंथ। इनमें रामानुजाचार्य के ग्रंथ तो प्रत्यक्ष में सांप्रदायिक दृष्टि से ही, अर्थात् भागवत धर्म के विशिष्टाद्वैत वेदान्त से मेल करने के लिए विक्रम संवत् 1335 में (शालिवाहन शक के लगभग बारहवें शतक में) लिखे गए हैं। अतएव भागवत धर्म का मूल स्वरूप निश्चित करने के लिए इन ग्रंथों का सहारा नहीं लिया जा सकता; और यही बात मध्वादि के अन्य वैष्णव ग्रंथों की भी है। श्रीमद्भागवत पुराण इसके पहले का है। परंतु इस पुराण के आरंभ में ही यह कथा है (भाग. स्कं. 1 अ. 4.5), कि जब व्यास जी ने देखा, कि महाभारत में, अतएव गीता में भी, नैष्कर्म्य-प्रधान भागवत धर्म का जो निरूपण किया गया है, उसमें भक्ति का जैसा चाहिए वैसा वर्णन नहीं है; और "भक्ति के बिना केवल नैष्कर्म्य शोभा नहीं पाता" तब उनका मन कुछ उदास और अप्रसन्न हो गया; एवं अपने मन की इस तिलमिलाहट को दूर करने के लिए नारदजी की सूचना से उन्होंने भक्ति के महात्म्य का प्रतिपादन करने वाले भागवत पुराण की रचना की। इस कथा का ऐतिहासिक दृष्टि से विचार करने पर दीख पड़ेगा, कि मूल भागवत धर्म में अर्थात् भारतान्तर्गत भागवत धर्म में नैष्कर्म्य को जो श्रेष्ठता दी गई थी, वह जब समय के हेरफेर से कम होने लगी; और उसके बदले जब भक्ति को प्रधानता दी जाने लगी, तब भागवत धर्म के उस दूसरे स्वरूप का (अर्थात् भक्तिप्रधान भागवत धर्म का) प्रतिपादन करने के लिए यह भागवत पुराण रूपी मेवा पीछे तैयार किया गया है। नारदपंचरात्र-ग्रंथ भी इसी प्रकार का अर्थात् केवल भक्ति-प्रधान है; और उसमें द्वादश-स्कंधों के भागवतपुराण का तथा ब्रह्मवैवर्तपुराण, विष्णुपुराण, गीता और महाभारत का नामोल्लेख कर स्पष्ट

निर्देश किया गया है (ना. प. 2.7.28-32; 3.14.73; 4.3.154)। इसलिए यह प्रकट है, कि भागवत धर्म के मूल-स्वरूप का निर्णय करने के लिए इस ग्रंथ की योग्यता भागवत पुराण से भी कम दर्जे की है। नारदसूत्र तथा शांडिल्य-सूत्र कदाचित् नारदपंचरात्र से भी कुछ प्राचीन हो; परंतु नारद-सूत्र में व्यास और शुक (ना. सू. 83) का उल्लेख है, इसलिए वह भारत और भागवत के बाद का है; और शांडिल्यसूत्र में भगवद्गीता के श्लोक ही उद्धृत किए गए हैं (शां. सू. 9.15 और 83), अतएव यह सूत्र यद्यपि नारद-सूत्र (ना. सू. 83) से प्राचीन भी हो; तथापि इसमें संदेह नहीं, कि यह गीता और महाभारत के अनंतर का है। अतएव, भागवत-धर्म के मूल तथा प्राचीन स्वरूप का निर्णय अंत में महाभारतान्तर्गत नारायणीयाख्यान के आधार से ही करना पड़ता है। भागवतपुराण (भा. 1.3.24) और नारद-पंचरात्र (ना. प. 4.3.156-159; 4.8.81) ग्रंथों में बुद्ध को विष्णु का अवतार कहा है। परंतु नारायणीयाख्यान में वर्णित दशावतारों में बुद्ध का समावेश नहीं किया गया है।-पहला अवतार हंस का और आगे कृष्ण के बाद एकदम कल्कि अवतार बतलाया है। (मभा. शां. 339.100)। इससे यही सिद्ध होता है, कि नारायणीययाख्यान भागवतपुराण से और नारद-पंचरात्र से प्राचीन है। इस नारायणीयाख्यान में यह वर्णन है कि नर तथा नारायण (जो परब्रह्म ही के अवतार हैं) नामक दो ऋषियों ने नारायणीय अर्थात् भावगत धर्म को पहले पहल जारी किया; और उनके कहने से जब नारद ऋषि श्वेतदीप को गए, तब वहाँ स्वयं भगवान ने नारद को इस धर्म का प्रथम उपदेश किया। भगवान् जिस श्वेतदीप में रहते हैं, वह क्षीर समुद्र में है; और क्षीर-समुद्र मेरुपर्व की उत्तर में है; इत्यादि नारायणीयोख्यान की बातें प्राचीन और पौराणिक ब्रह्मांड वर्णन के अनुसार ही हैं; और इस विषय में हमारे यहाँ किसी को कुछ कहना भी नहीं है। परंतु वेबर नामक पश्चिमी संस्कृतज्ञ पंडित ने इसी कथा का विपर्यास करके यह दीर्घ शंका की थी, कि भागवत धर्म में वर्णित भक्ति-तत्त्व श्वेतदीप से-अर्थात् हिंदुस्थान के बाहर के किसी अन्य देश से-हिंदुस्थान में लाया गया है; और भक्ति का यह तत्त्व इस समय ईसाई धर्म के अतिरिक्त और कहीं भी प्रचलित नहीं था; इसलिए ईसाई देशों से ही भक्ति की कल्पना भागवत धर्मियों को सूझी है! परंतु पाणिनी को वासुदेव-भक्ति का तत्त्व मालूम था; एवं यह बात भी निर्विवाद है, कि पाणिनी और बुद्ध दोनों ईसा के पहले हुए थे। इसलिए अब पश्चिमी पंडितों ने भी निश्चित किया है कि वेबर साहब की उपर्युक्त शंका निराधार है। ऊपर यह बतला दिया गया है, कि भक्तिरूप धर्मांग का उदय हमारे यहाँ ज्ञान-प्रधान उपनिषदों के बाद तथा बुद्ध के पहले वासुदेव भक्ति संबंधी भागवत धर्म उत्पन्न हुआ है। अब प्रश्न केवल इतना ही है, कि वह बुद्ध के कितने शतक[1] पहले हुआ? अगले विवेचन से यह बात ध्यान में आ जाएगी, कि यद्यपि उक्त

---

1. भक्तिमान् (पाली = भत्तिमा) शब्द थेरगाथा (श्लो. 370) में मिलता है; और एक जातक में भी भक्ति का उल्लेख किया गया है। इसके सिवा, प्रसिद्ध फ्रेंच पाली-पंडित सेनार्त (Senart) ने 'बौद्ध धर्म का मूल' इस विषय पर सन 1909 में एक व्याख्यान दिया था, जिसमें सपष्ट रूप से यह प्रतिपादन किया है, कि भागवत धर्म बौद्ध धर्म के पहले का है। "No one will claim to derive from Buddhism, Vishnuism or the Yoga. Assuredly, Buddhism is the borrower"... "To sum up, if there had not previously, existed a religion made up of the doctrines of Yoga, of Vishnuite legends, of devotion to Vishnu-Krishna, worshipped under the title of Bhagavata Buddhism would not have come to birth at all." सेनार्त का यह लेख पूने से प्रकाशित होने वाले The Indian Interpreter नामक मिशनरी त्रैमासिक पत्र अक्टूबर 1909 और जनवरी 1990 के अंकों में प्रसिद्ध हुआ है; और ऊपर दिए वाक्य जनवरी के अंक के 177 तथा 178 पृष्ठों में हैं। डॉक्टर बुल्हेर ने भी कहा है-"The ancient Bhagavata, Satvata or Pancharata sect devoted to the worship of Narayanm a period long anterior to the rise of Jainas the 8th Century B.C."—Indian Antiquary Vol. XXIII. (1894), p. 248. इस विषय का अधिक विवेचन आगे चलकर इसी परिशिष्ट प्रकरण के छठे भाग में किया गया है।

प्रश्न का पूर्णतया निश्चित उत्तर नहीं दिया जा सकता; तथापि स्थूल-दृष्टि से उस काल का अंदाज़ करना कुछ असंभव नहीं है।

गीता (गी. 4.2) में यह कहा है, कि श्रीकृष्ण ने जिस भागवत धर्म का उपदेश अर्जुन को किया है, उसका पहले लोप हो गया था। भागवत धर्म के तत्त्वज्ञान में परमेश्वर को वासुदेव, जीव को संकर्षण, मन को प्रद्युम्न तथ अहंकार को अनिरुद्ध कहा है। इनमें से वुासदेव तो स्वयं श्रीकृष्ण ही का नाम है; संकर्षण उनके ज्येष्ठ भ्राता बलराम का नाम है; तथा प्रद्युम्न और अनिरुद्ध श्रीकृष्ण जी के पुत्र और पौत्र के नाम हैं। इसके सिवा इस धर्म का जो दूसरा नाम 'सात्वत' भी है, वह उस यादव-जाति का नाम है, जिसमें श्रीकृष्ण जी ने जन्म लिया था। इससे यह बात प्रकट होती है, कि जिस कुल तथा जाति में श्रीकृष्ण जी ने जन्म लिया था, उसमें यह धर्म प्रचलित हो गया था; और तभी उन्होंने अपने प्रिय मित्र अर्जुन को उसका उपदेश किया होगा-और यही बात पौराणिक कथा में भी कही गई है। यह भी कथा प्रचलित है, कि श्रीकृष्ण जी के साथ ही सात्वत जाति का भी अंत हो गया। इस कारण श्रीकृष्ण के बाद सात्वत जाति में इस प्रकार की ऐतिहासिक उपपत्ति बतलाई जा सकती है, कि जिस धर्म को श्रीकृष्ण जी ने प्रवृत्त किया था, वह उनके पहले कदाचित् नारायणीय या पाँचरात्र नामों से न्यूनाधिक अंशों में प्रचलित रहा होगा; और आगे सात्वत जाति में उसका प्रकार होने पर उसे 'सात्व' नाम प्राप्त हुआ होगा। तदनंतर भगवान् श्रीकृष्ण तथा अर्जुन को नर-नारायण के अवतार मानकर लोग इस धर्म को 'भागवत धर्म' कहने लगे होंगे। इस विषय के संबंध में यह मानने की कोई आवश्यकता नहीं, कि तीन या चार भिन्न-भिन्न श्रीकृष्ण हो चुके हैं; और उनमें से हर एक ने इस धर्म का प्रचार करते समय अपनी ओर से कुछ-न-कुछ सुधार करने का प्रयत्न किया है-वस्तुत: ऐसा मानने के लिए कोई प्रमाण भी नही है। मूल धर्म में न्यूनाधिक परिवर्तन हो जाने के कारण ही यह कल्पना उत्पन्न हो गई है। बुद्ध, ईसा तथा मुहम्मद तो अपने अपने धर्म के स्वयं एक ही एक संस्थापक हो गए हैं; और आगे उनके धर्मों में भले-बुरे अनेक परिवर्तन भी हो गए हैं। परंतु इससे कोई यह नहीं मानता, कि बुद्ध, ईसा या मुहम्मद अनेक हो गए। इसी प्रकार यदि मूल भागवत धर्म को आगे चलकर भिन्न-भिन्न स्वरूप प्राप्त हो गया या श्रीकृष्ण जी के विषय में आगे भिन्न-भिन्न कल्पनाएँ रूढ़ हो गईं, तो यह कैसे माना जा सकता है, कि उतने ही भिन्न-भिन्न श्रीकृष्ण भी हो गए? हमारे मतानुसार ऐसा मानने के लिए कोई कारण नहीं है। कोई भी धर्म लीजिए, समय के हेरफेर से उसका रूपांतर हो जाना बिल्कुल स्वाभाविक है; उसके लिए इस बात की आवश्यकता नहीं, कि भिन्न-भिन्न कृष्ण, बुद्ध या ईसा मसीह माने जावें।[1] कुछ लोग और विशेषत: कुछ-कुछ पश्चिमी तर्कज्ञानी-यह कहा करते हैं, कि श्रीकृष्ण, यादव और पांडव तथा भारतीय युद्ध आदि

---

1. श्रीकृष्ण के चरित्र में पराक्रम, भक्ति और वेदान्त के अतिरिक्त गोपियों की रासक्रीड़ा का समावेश होता है; और ये बातें परस्पर-विरोधी हैं। इसलिए आजकल कुछ विद्वान यह प्रतिपादन किया करते हैं, कि महाभारत का कृष्ण, भिन्न गीता का भिन्न और गोकुल का कन्हैया भी भिन्न है। डॉ. भांडारकर ने अपने वैष्णव, शैव आदि पंथ संबंधी अंग्रेजी ग्रंथ में इसी मत को स्वीकार किया है। परंतु हमारे मत में यह ठीक नहीं है। यह बात नहीं कि गोपियों की कथा में जो शृंगार-वर्णन है, वह बाद में न आया हो। परंतु केवल उतने ही के लिए यह मानने की कोई आवश्यकता नहीं, कि श्रीकृष्ण नाम के कई भिन्न-भिन्न पुरुष हो गए; और इसके लिए कल्पना के सिवा कोई अन्य आधार भी नहीं है। इसके सिवा, यह भी नहीं, कि गोपियों की कथा का प्रचार पहले भागवत-काल ही में हुआ हो; किंतु शककाल के आरंभ में यानी विक्रम संवत् 136 के लगभग अश्वघोष-विरचित 'बुद्धचरित' (4.14) में और भास कविकृत 'बालचरित' नाटक (3.2) में भी गोपियों का उल्लेख किया गया है। अतएव इस विषय में हमें डॉ. भांडारकर के कथन से चिंतामणराव का वैद्य मत अधिक संयुक्तिक प्रतीत होता है।

ऐतिहासिक घटनाएँ नहीं हैं, ये सब कल्पित कथाएँ हैं; और कुछ लोगों के मत में तो महाभारत अध्यात्म विषय का एक बृहत् रूपक ही है। परंतु हमारे प्राचीन ग्रंथों के प्रमाणों को देखकर किसी भी नि:पक्षपाती मनुष्य को यह मानना पड़ेगा, कि उक्त शंकाएँ बिल्कुल निराधार हैं। यह बात निर्विवाद है, कि इन कथाओं के मूल में इतिहास ही का आधार है। सारांश, हमारा मत यह है, कि श्रीकृष्ण चार-पाँच नहीं हुए, वे केवल एक ही ऐतिहासिक पुरुष थे। अब श्रीकृष्ण जी के अवतार-काल पर विचार करते समय रा. ब. चिंतामणराव वैद्य ने यह प्रतिपादन किया है, कि श्रीकृष्ण, यादव, पांडव तथा भारतीय युद्ध का एक ही काल-अर्थात् कलियुग का आरंभ-काल न होकर पुराण गणना के अनुसार उस काल से अब तक पाँच हजार से भी अधिक वर्ष बीत चुके हैं और यही श्रीकृष्ण जी के अवतार का यथार्थ काल है।[1] परंतु पांडवों से लगाकर शक-काल तक के राजाओं की पुराणों में वर्णित पीढ़ियों से इस काल का मेल नही दिखाई पड़ता। अतएव भागवत तथा विष्णु-पुराण में जो यह वचन है, कि "परीक्षित राजा के जन्म से नंद के अभिषेक तक 1915 अथवा 1015 वर्ष होते हैं" (भाग. 12.2.26; विष्णु 4. 24.32), उसी के आधार पर विद्वानों ने अब यह निश्चित किया है, कि ईसाई सन के लगभग 1400 वर्ष पहले भारतीय युद्ध और पांडव हुए होंगे। अर्थात् श्रीकृष्ण का अवतार-काल भी यही है, और इस काल को स्वीकार कर लेने पर यह बात सिद्ध होती है, कि श्रीकृष्ण ने भागवत धर्म को, ईसा से लगभग 1400 वर्ष पहले, अथवा बुद्ध से 800 वर्ष पहले-प्रचलित किया होगा। इस पर कुछ लोग यह आक्षेप करते हैं, कि श्रीकृष्ण तथा पांडवों के ऐतिहासिक पुरुष होने में कोई संदेह नहीं; परंतु श्रीकृष्ण के जीवन-चरित्र में उनके अनेक रूपांतर दिखाई पड़ते हैं-जैसे श्रीकृष्ण नामक एक क्षत्रिय योद्धा को पहले महापुरुष का पद प्राप्त हुआ, पश्चात् विष्णु का पद मिला और धीरे-धीरे अंत में पूर्ण परब्रह्म का रूप ब्राह्मणों से प्राप्त हो गया-इन सब अवस्थाओं में आरंभ से अंत तक बहुत-सा काल बीत चुका होता, इसीलिए भागवत-धर्म के उदय का तथा भारतीय युद्ध का एक-ही-काल नहीं माना जा सकता। परंतु यह आक्षेप निरर्थक है। "किसे देव मानना चाहिए और किसे नहीं मानना चाहिए" इस विषय पर आधुनिक तर्कज्ञों की समझ में तथा दो-चार हजार वर्ष पहले लोगों की समझ (गीता 10.41) में बड़ा अंतर हो गया है। श्रीकृष्ण के पहले ही बने हुए उपनिषदों में यह सिद्धान्त किया गया है, कि ज्ञानी पुरुष स्वयं ब्रह्ममय हो जाता है (बृ. 4.4.6); और मैत्र्युपनिषद में यह साफ-साफ कह दिया है, कि रुद्र, त्रिष्णु, अच्युत, नारायण से सब ब्रह्म ही हैं (मैत्र्यु. 7.7)। फिर श्रीकृष्ण को परब्रह्मतत्त्व प्राप्त होने के लिए अधिक समय लगने का कारण क्या है? इतिहास की ओर देखने से विश्वसनीय बौद्ध ग्रंथों में भी यह बात दिखाई पड़ती है, कि स्वयं अपने को 'ब्रह्मभूत' (सेलसुत्त. 14; थेरगाथा 831) कहलाता था, उसके जीवनकाल ही में उसे देव के सदृश सम्मान दिया जाता था और उसके स्वर्गस्थ होने के बाद शीघ्र ही उसे 'देवाधिदेव' का अथवा वैदिक धर्म के परमात्मा का स्वरूप प्राप्त हो गया था, और उसकी पूजा भी हो गई थी। यही बात ईसा मसीह की भी है। यह बात सच है, कि बुद्ध तथा ईसा के समान श्रीकृष्ण संन्यासी नहीं थे; और न भागवत धर्म ही निवृत्ति-प्रधान है। परंतु केवल इसी आधार पर, बौद्ध तथा ईसाई

1. राव बहादुर चिंतामण राव वैद्य का यह मत उनके महाभारत के टीकात्मक अंग्रेजी ग्रंथ में है। इसके सिवा इसी विषय पर आपने सन् 1914 के डेक्कन कॉलेज एनिवरसरी के समय जो व्याख्यान दिया था, उसमें भी इस बात का विवेचन किया था।

धर्म के मूल पुरुषों के समान, भागवत धर्म प्रवर्तक श्रीकृष्ण को भी पहले ही से ब्रह्म अथवा देव का स्वरूप प्राप्त होने में किसी बाधा के उपस्थित होने का कारण दीख नहीं पड़ता।

इस प्रकार श्रीकृष्ण का समय निश्चित कर लेने पर, उसी काल को भागवत धर्म का उदयकाल मानना भी प्रशस्त तथा संयुक्तिक है, परंतु सामान्यतः पश्चिमी पंडित ऐसा करने से जो हिचकिचाते हैं, उसका कारण कुछ और ही है। इन पंडितों में अधिकांश का अब तक यही मत है, कि खुद ऋग्वेद का ही काल ईसा के पहले लगभग 1500 वर्ष या बहुत हुआ तो 2000 वर्ष से अधिक प्राचीन नहीं है। अतएव उन्हें अपनी दृष्टि से यह कहना असंभव प्रतीत होता है, कि भक्ति-प्रधान भागवत धर्म ईसा के लगभग 1400 वर्ष पहले प्रचलित हुआ होगा। क्योंकि वैदिक धर्म साहित्य से यह क्रम निर्विवाद सिद्ध है, कि ऋग्वेद के बाद यज्ञयाग आदि कर्म-प्रतिपादक यजुर्वेद और ब्राह्मण-ग्रंथ बने। तदनंतर ज्ञान-प्रधान उपनिषद और सांख्यशास्त्र निर्मित हुए और अंत में भक्ति-प्रधान ग्रंथ रचे गए; और केवल भागवत धर्म के ग्रंथों का अवलोकन करने से भी स्पष्ट प्रतीत होता है, कि औपनिषदिक ज्ञान, सांख्यशास्त्र, चित्त-निरोध रूपी योग आदि कर्मांग भागवत धर्म के उदय के पहले ही प्रचलित हो चुके थे। समय की मनमानी खींचातानी करने पर भी यही मानना पड़ता है, कि ऋग्वेद के बाद और भागवत धर्म के उदय के पहले, उक्त भिन्न-भिन्न धर्मांगों का प्रादुर्भाव तथा बुद्धि होने के लिए, बीच में कम-से-कम दस-बारह शतक अवश्य बीत गए होंगे। परंतु यदि माना जाए, कि भागवत धर्म को श्रीकृष्ण को अपने ही समय में-अर्थात् ईसा के लगभग 1400 वर्ष पहले-प्रवृत्त किया होता; तो उक्त भिन्न-भिन्न धर्मांगों की वृद्धि के लिए उक्त पश्चिमी पंडितों के मतानुसार कुछ भी उचित कालावकाश नहीं रह जाता। क्योंकि, ये पंडित लोग ऋग्वेद-काल ही को ईसा से पहले 1500 तथा 2000 वर्ष से अधिक प्राचीन नहीं मानते, ऐसी अवस्था में यह मानना पड़ता है, कि सौ या अधिक से अधिक पाँच-छह सौ वर्ष के बाद ही भागवत धर्म का उदय हो गया। इसलिए उपर्युक्त कथनानुसार कुछ निरर्थक कारण बतला कर वे लोग श्रीकृष्ण और भागवत धर्म की समकालीनता को नहीं मानते; और यह कहने के लिए भी उद्यत हो गए हैं, कि भागवत धर्म का उदय बुद्ध के बाद हुआ होगा। परंतु जैन तथा बौद्ध ग्रंथों में ही भागवत धर्म के जो उल्लेख पाए जाते हैं, उससे तो यही बात स्पष्ट विदित होती है कि भागवत धर्म बुद्ध से प्राचीन है। अतएव डॉ. बुल्हर ने[1] कहा है, कि भागवत धर्म का उदय-काल बौद्ध-काल के आगे हटाने के बदले, हमारे 'ओरायन' ग्रंथ के प्रतिपादन के अनुसार ऋग्वेदादि ग्रंथों का काल ही पीछे हटाया जाना चाहिए। पश्चिमी पंडितों ने अटकलपच्चू अनुमानों से वैदिक ग्रंथों के जो काल निश्चित किए हैं, वे भ्रममूलक हैं; अतः वैदिक-काल की पूर्व मर्यादा ईसा के पहले 4500 वर्ष से कम नहीं ली जा सकती, इत्यादि बातों को हमने अपने 'ओरायन' ग्रंथ में वेदों के उदगयन-स्थिति-दर्शक वाक्यों के आधार पर सिद्ध कर दिया है, और यही अनुमान अब अधिकांश धर्म के सब अंगों की वृद्धि होने के लिए उचित कालावकाश मिल जाता है, और भागवत-धर्मादाय-काल को संकुचित करने का प्रयोजन नहीं रह जाता। परलोकवासी शंकर बालकृष्ण दीक्षित ने अपने (मराठी) "भारतीय ज्योतिःशास्त्र के इतिहास" में यह बतलाया है, कि ऋग्वेद के बाद ब्राह्मण आदि

1. डॉ. बुल्हर ने कहा Indian Antiquary, September 1894 (Vol. XXIII, pp. 238-244) में हमारे 'ओरायन' ग्रंथ की जो समालोचना की है, उसे देखो।

ग्रंथों में कृत्ति का प्रभृत्ति नक्षत्रों की गणना है, इसलिए उनका काल ईसा से लगभग 2500 वर्ष पहले निश्चित करना पड़ता है। परंतु हमारे देखने में यह अभी तक नहीं आया है, कि उदगयन स्थिति से ग्रंथों के काल का निर्णय करने की इस रीति का प्रयोग उपनिषदों के विषय में किया गया हो। रामतापनी सरीखे भक्तिप्रधान तथा योगतत्त्व सरीखे योगविषय में किया गया हो। रामतापनी सरीखे भक्तिप्रधान तथा योगतत्त्व सरीखे योगप्रधान उपनिषदों की भाषा और रचना प्राचीन नहीं दिखाई पड़ती, केवल इसी आधार पर कई लोगों ने यह अनुमान किया है, कि सभी उपनिषद् प्राचीनता में बुद्ध की अपेक्षा चार-पाँच सौ वर्ष से अधिक नहीं हैं। परंतु काल-निर्णय की उपर्युक्त रीति से देखा जाए, तो यह समझ भ्रममूलक प्रतीत होगी।यह सच है, कि ज्योतिष की रीति से सभी उपनिषदों का काल निश्चित नहीं किया जा सकता! तथापि मुख्य-मुख्य उपनिषदों को निश्चित करने के लिए इस रीति का बहुत अच्छा उपयोग किया जा सकता है। भाषा की दृष्टि से देखा जाए, तो प्रो. मैक्समूलर का यह कथन है, कि मैत्र्युपनिषद् पाणिनी से भी प्राचीन है;[1] क्योंकि इस उपनिषद में ऐसी कई छांदस शब्द-संधियों का प्रयोग किया गया है, जो सिर्फ मैत्रायणी-संहिता में ही पाई जाती हैं; और जिनका प्रचार पाणिनी के समय बंद हो गया था। परंतु मैत्रायष्युपनिषद् कुछ सबसे पहला अर्थात् अति-प्राचीन उपनिषद् नहीं है। उसमें न केवल ब्रह्मज्ञान और सांख्य का मेल कर दिया है, किंतु कई स्थानों पर छांदोग्य, बृहदारण्यक, तैत्तिरीय, कठ और ईशावास्य उपनिषदों के वाक्य अथवा श्लोक भी उसमें प्रमाणार्थ उद्धृत किए गए हैं। हाँ, यह सच है, कि मैत्र्युपनिषद में स्पष्ट रूप से उक्त उपनिषदों के नाम नहीं दिए गए हैं। परंतु इन वाक्यों के पहले ऐसे परवाक्य-दर्शक पद रखे गए हैं, कि 'एवं ह्याह्य' या 'उक्तं च' (=ऐसा कहा है), इसलिए इस विषय में कोई संदेह नहीं रह जाता, कि ये वाक्य दूसरे ग्रंथों से लिए गए हैं-स्वयं मैत्र्युपनिषत्कार के नहीं हैं; और अन्य उपनिषत्कारों को देखने से सहज ही मालूम हो जाता है, कि वे वचन कहाँ से उद्धृत किए हैं। अब इस मैत्र्युपनिषद में कालरूपी अथवा संवत्सरूपी ब्रह्म का विवेचन करते समय यह वर्णन पाया जाता है, कि "मेघा नक्षत्र के आरंभ में क्रमश: श्रविष्ठा अर्थात् धनिष्ठा नक्षत्र के आधे भाग पर पहुँचने तक (मधाद्यं श्रविष्ठाधर्मम्) दक्षिणायन होता है; और सांर्प अर्थात् आश्लेषा नक्षत्र से विपरीत क्रमपूर्वक, अर्थात् आश्लेषा, पुष्य आदि क्रम से, पीछे गिनते हुए धनिष्ठा नक्षत्र के आधे भाग तक उत्तरायण होता है" (मैत्र्यु. 6.14)। इसमें संदेह नहीं, कि उदगयन-स्थिति दर्शक ये वचन तत्कालीन उदगयन-स्थिति को लक्ष्य करके ही कहे गए हैं; और फिर उससे इस उपनिषद का काल-निर्णय भी गणित की रीति से सहज ही किया जा सकता है। परंतु दिखाई पड़ता है, किसी ने भी उसका इस दृष्टि से विचार नहीं किया है। मैत्र्युपनिषद में वर्णित यह उदगयन-स्थिति वेदांगज्योतिष में यह बात स्पष्ट रूप से दी गई है, कि उदगयन का आरंभ धनिष्ठा नक्षत्र के, आरंभ से होता है, और मैत्र्युपनिषद में 'श्रविष्ठार्धम्' शब्द में जो 'अर्धम' पद है, उसका अर्थ 'ठीक आधा' करना चाहिए, अथवा धनिष्ठा और शततारका के बीच किसी स्थान पर "करना चाहिए? परंतु चाहे जो कहा जाए तो कुछ भी संदेह नहीं, कि वेदांगज्योतिष के पहले की उदगयन स्थिति का वर्णन मैत्र्युपनिषद में किया है; और वही उस समय की स्थिति होनी चाहिए। अतएव यह कहना चाहिए, कि वेदांगज्योतिष-काल का उदगयन, मैत्र्युपनिषत्कालीन उदगयन की अपेक्षा लगभग आधे नक्षत्र से पीछे हट आया था। ज्योतिर्गणित से यह सिद्ध होता है,

1. See Sacred Books of the East Series, Vol. XV, Intro. pp. xlviii-lii.

कि वेदांगज्योतिष में कही गई उदगयन स्थिति ईसवी सन के लगभग 1200 या 1400 वर्ष पहले की है;[1] और आधे नक्षत्र से उदगयन के पीछे हटने में लगभग 480 वर्ष लग जाते हैं, इसलिए गणित से यह बात निष्पन्न होती है, कि मैत्र्युपनिषद ईसा के पहले 1880 से 1680 वर्ष के बीच कभी-न-कभी बना होगा। और कुछ नहीं तो यह उपनिषद् निस्संदेह वेदांगज्योतिष के पहले का है। अब यह कहने की कोई आवश्यकता नहीं कि छांदोग्यादि जिन उपनिषदों के अवतरण मैत्र्युपनिषद में दिए गए हैं, वे उससे भी प्राचीन हैं। सारांश, इन सब ग्रंथों के काल का निर्णय इस प्रकार हो चुका है, कि ऋग्वेद सन ईसवी से लगभग 4500 वर्ष पहले के हैं; यज्ञयाग आदि विषयक ब्राह्मण-ग्रंथ सन ईसवी से लगभग 2500 वर्ष पहले के हैं; ओर छांदोग्य आदि ज्ञान-प्रधान उपनिषद् सन ईसवी से लगभग 1600 वर्ष पुराने हैं। अब यथार्थ में वे बातें अवशिष्ट नहीं रह जातीं, जिनके कारण पश्चिमी पंडित लोग भागवत धर्म के उदय-काल को आगे की ओर हटा लेने का यत्न किया करते हैं; और श्रीकृष्ण तथा भागवत धर्म को, गाय और बछड़े की नैसर्गिक जोड़ी के समान, एक ही काल रज्जु से बाँधने में कोई भय भी नहीं दिखता; एवं फिर बौद्ध ग्रंथकारों द्वारा वर्णित अथवा अन्य ऐतिहासिक स्थिति से भी ठीक-ठीक मेल हो जाता है। इसी समय वैदिक-काल की समाप्ति हुई; और सूत्र तथा स्मृति-काल का आरंभ हुआ है।

उक्त कालगणना से यह बात स्पष्टतया विदित हो जाती है, कि भागवत धर्म का उदय ईसा के लगभग 1400 वर्ष पहले, अर्थात् बुद्ध के लगभग सात-आठ सौ वर्ष पहले हुआ है। यह काल बहुत प्राचीन है; तथापि यह ऊपर बतला चुके हैं, कि ब्राह्मण-ग्रंथों में वर्णित ज्ञान भी भागवत धर्म के उदय के पहले ही प्रचलित होकर सर्वमान्य हो गया था। ऐसी अवस्था में हमारे मन से, यह कल्पना कराना सर्वथा अनुचित है, कि उक्त ज्ञान तथा धर्मांगों की कुछ चिंता न करके श्रीकृष्ण सरीखे ज्ञानी और चतुर पुरुष ने अपना धर्म प्रवृत्त किया होगा; अथवा उनके प्रवृत्त करने पर भी यह धर्म तत्कालीन राजर्षियों तथा ब्रह्मर्षियों को मान्य हुआ होगा; और लोगों में उसका प्रसार हुआ होगा। ईसा ने अपने भक्ति-प्रधान धर्म का उपदेश पहले-पहल जिन यहूदी लोगों को किया था, उनमें उस समय धार्मिक तत्त्वज्ञान का प्रसार नहीं हुआ था, इसलिए अपने धर्म का मेल तत्त्वज्ञान के साथ कर देने की उसे कोई आवश्यकता नहीं थी। केवल यह बतला देने से ईसा का धर्मोपदेश-संबंधी काम पूरा हो सकता था, कि पुरानी बाईबल में जिस कर्ममय धर्म का वर्णन किया गया है, हमारा यह भक्ति-मार्ग भी उसी के लिए हुआ है; और उसने प्रयत्न भी केवल इतना ही किया है। परंतु ईसाई धर्म की इन बातों से भागवत धर्म के इतिहास की तुलना करते समय यह ध्यान रखना चाहिए, कि जिन लोगों में तथा जिस समय भागवत धर्म का प्रचार किया गया, उस समय के वे लोग केवल कर्म-मार्ग ही से नहीं, किंतु ब्रह्मज्ञान तथा कपिल-सांख्यशास्त्र से भी परिचित हो गए थे; और इन तीनों धर्मांगों की एकवाक्यता (मेल) करना भी सीख चुके थे। ऐसे लोगों से यह कहना किसी प्रकार उचित नहीं हुआ होता, कि "तुम अपने कर्मकांड या औपनिषदिक और सांख्यज्ञान को छोड़ दो; और केवल श्रद्धापूर्वक भगवत धर्म को स्वीकार कर लो"; ब्राह्मण आदि वैदिक ग्रंथों में वर्णित और उस समय में प्रचलित यज्ञयाग आदि कर्मों का फल क्या है? क्या उपनिषदों का या सांख्यशास्त्र का ज्ञान वृथा

---

1. वेदांगज्योतिष काल विषयक विवेचन हमारे Orion (ओरान) नामक अंग्रेजी ग्रंथ में तथा पं. वा. शंकर बालकृष्ण दीक्षित के 'भारतीय ज्योतिषशास्त्र का इतिहास 'मराठी ग्रंथ में (पृ. 87-94 तथा 127-139) किया गया है। उससे इस बात का भी विचार किया गया है, उदगयन से वैदिक ग्रंथों का कौन-सा काल निश्चित किया जा सकता है।

है? भक्ति और चित्त-निरोधरूपी योग का मेल कैसे हो सकता है?-इत्यादि इस समय स्वभावतः उपस्थित होने वाले प्रश्नों का जब तक ठीक-ठीक उत्तर न दिया जाता, तब भागवत धर्म का प्रचार होना भी संभव नहीं था। अतएव न्याय की दृष्टि से अब यही कहना पड़ेगा, कि भागवत धर्म में आरंभ ही से इन सब विषयों की चर्चा करना अत्यंत आवश्यक था और महाभारतान्तर्गत नारायणीयोपाख्यान के देखने से भी यह सिद्धान्त दृढ़ हो जाता है। इस आख्यान में भागवत धर्म के साथ औपनिषदिक ब्रह्मज्ञान का और सांख्य-प्रतिपादित क्षरांक्षर-विचार का मेल कर दिया गया है; और यह भी कहा है, कि "चार वेद और सांख्य तथा योग, इन पाँचों का उसमें (भागवत धर्म में) समावेश होता है, इसलिए उसे पांचरात्र-धर्म नाम प्राप्त हुआ है" (मभा. शां. 339.107); और "वेदारण्यक सहित (अर्थात् उपनिषदों को भी लेकर) ये सब (शास्त्र) परस्पर एक दूसरे के अंग हैं" (मभा. शां. 348.92)। 'पांचरात्र' शब्द की यह निरुक्ति व्याकरण की दृष्टि से चाहे शुद्ध न हो; तथापि उससे यह बात स्पष्ट विदित हो जाती है, कि सब प्रकार के ज्ञान की एकवाक्यता भागवत धर्म में आरंभ ही से की गई थी। परंतु भक्ति के साथ अन्य सब धर्मांगों की एकवाक्यता करना ही भागवत धर्म की प्रधान विशेषता नहीं है। यह नहीं, कि भक्ति के धर्म तत्त्व को पहले भागवत धर्म ही ने प्रवृत्त किया हो। ऊपर दिए हुए मैत्र्युपनिषद के (मैत्र्यु. 7.7) वाक्यों से यह बात प्रकट हो, कि रुद्र की या विष्णु के किसी न किसी स्वरूप की भक्ति, भागवत धर्म का उदय होने के पहले ही जारी हो चुकी थी; और यह भावना भी पहले ही उत्पन्न हो चुकी थी, कि उपास्य कुछ भी हो; वह ब्रह्म ही का प्रतीक अथवा एक प्रकार का रूप है। यह सच है, कि रुद्र आदि उपास्यों के बदले भागवत धर्म में वासुदेव को उपास्य माना गया है; परंतु गीता तथा नारायणीयोपाख्यान में भी यह कहा है, कि भक्ति चाहे जिसकी की जाए; वह एक भगवान ही के प्रति पहुँचती है; रुद्र और भगवान भिन्न-भिन्न नहीं हैं, (गीता 9.23; मथा. शं. 3141.20-26)। अतएव केवल वासुदेव भक्ति ही भागवत धर्म का मुख्य लक्षण नही मानी जा सकती। जिस सात्वत जाति में भागवत धर्म प्रादुर्भूत हुआ, उस जाति के सात्यकि आदि पुरुष, परम भगवद्भक्त भीष्म और अर्जुन तथा स्वयं श्रीकृष्ण भी बड़े पराक्रमी एवं दूसरों से पराक्रम के कार्य करने वाले हो गए हैं। अतएव अन्य भगवद्भक्तों को भी उचित था, कि वे इसी आदर्श को अपने सम्मुख रखें; और तत्कालीन प्रचलित चातुर्वर्ण्य के अनुसार युद्ध आदि सब व्यावहारिक कर्म करें-बस, यही मूल भागवत धर्म का मुख्य विषय था। यह बात नहीं, कि भक्ति के तत्त्व को स्वीकार करके वैराग्य मुक्त बुद्धि से संसार का त्याग करने वाले पुरुष उस समय बिल्कुल ही न होंगे। परंतु, यह सात्वतों के या श्रीकृष्ण भागवत धर्म का मुख्य तत्त्व नहीं है। श्रीकृष्ण जी के उपदेश का सार यही है, कि भक्ति से परमेश्वर का ज्ञान हो जाने पर भगवद्भक्त को परमेश्वर के समान जगत के धारण-पोषण के लिए सदा यत्न करते रहना चाहिए। उपनिषत्काल में जनक आदिकों ने भी यह निश्चित कर दिया था, कि ब्रह्मज्ञानी पुरुष के लिए भी निष्काम कर्म करना कोई अनुचित बात नहीं। परंतु उस समय उसमें भक्ति का समावेश नहीं किया गया था; और उसके सिवा ज्ञानोत्तपर कर्म करना अथवा न करना हर एक की इच्छा पर अवलंबित था; अर्थात् वैकल्पिक समझा जाता था (वे. सू. 3.4.15)। वैदिक धर्म के इतिहास में भागवत धर्म ने जो अत्यंत महत्त्वपूर्ण और स्मार्त-धर्म से विभिन्न कार्य किया, वह यह है, कि उस (भागवत धर्म) ने कुछ कदम आगे बढ़कर केवल निवृत्ति की अपेक्षा निष्काम कर्म-प्रधान प्रवृत्ति-मार्ग (नैष्कर्म्य) को अधिक श्रेयस्कर ठहराया; और केवल ज्ञान ही से नहीं; किंतु भक्ति से भी कर्म का उचित मेल कर दिया। इस धर्म के मूल प्रवर्तक नर और नारायण ऋषि भी इसी प्रकार सब काम

निष्काम बुद्धि से किया करते थे; और महाभारत (मभा. उद्यो. 48.21, 22) में कहा है, कि सब योगों को उनके समान कर्म करना ही उचित है। नारायणीय आख्यान में तो भागवत धर्म का लक्षण स्पष्ट बतलाया है, कि "प्रवृत्तिलक्षणश्चैव धर्मो नारायणात्मक:" (मभा. शां. 347.81)-नारायणीय अथवा भागवत धर्म प्रवृत्ति-प्रधान या कर्म-प्रधान है। नारायणीय या मूल भागवत धर्म का जो निष्काम प्रवृत्ति-तत्त्व है, उसी का नाम नैष्कर्म्य है; और ही मूल भागवत धर्म का जो निष्काम प्रवृत्ति-तत्त्व है, उसी का नाम नैष्कर्म्य है; और यही मूल भागवत धर्म का मुख्य तत्त्व है। परंतु भागवत-पुराण से यह बात दीख पड़ती है; कि आगे कालांतर में यह तत्त्व मंद होने लगा और इस धर्म में तो वैराग्य-प्रधान वासुदेव-भक्ति श्रेष्ठ मानी जाने लगी। नारद-पंचरात्र में भक्ति के साथ-साथ मंत्र तंत्रों का भी समावेश भागवत धर्म में कर दिया गया है। तथापि, भागवत ही से यह बात स्पष्ट हो जाती है, कि ये सब इस धर्म के मूल स्वरूप नहीं हैं। क्योंकि, भागवत (भाग. 1.3.8; 11.4.46) में ही यह कहा है, कि जहाँ नारायणीय अथवा सात्त्वत-धर्म के विषय में कुछ कहने का मौका आया है, वहाँ सात्वत-धर्म या नारायण-धर्म या नारायण ऋषि का धर्म (अर्थात् भागवत धर्म) 'नैष्कर्म्यलक्षण' है; और आगे यह भी कहा है, कि इस नैष्कर्म्य-धर्म में भक्ति को उचित महत्त्व नहीं दिया गया था, इसलिए भक्ति-प्रधान, भागवत-पुराण कहना पड़ा (भाग. 1.5.12)। इससे यह बात निर्विवाद सिद्ध होती है, कि मूल भागवत धर्म नैष्कर्म्य-प्रधान अर्थात् निष्काम कर्म-प्रधान था; किंतु आगे समय के हेरफेर से उसका स्वरूप बदलकर यह भक्ति-प्रधान हो गया। गीतारहस्य में ऐसी ऐतिहासिक बातों का विवेचन पहले ही हो चुका है, कि ज्ञान तथा भक्ति से पराक्रम का सदैव संबंध रखने वाले मूल भागवत धर्म में और आश्रम-व्यवस्था रूपी स्मार्त-मार्ग में क्या भेद है? केवल संन्यास-प्रधान जैन और बुद्ध धर्म के प्रसार से भागवत धर्म के कर्मयोग की अवनति होकर उसे दूसरा ही स्वरूप अर्थात् वैराग्ययुक्त भक्ति-स्वरूप कैसे प्राप्त हुआ? और बुद्ध धर्म का ह्रास होने के बाद जो वैदिक संप्रदाय प्रवृत्त हुए; उनमें से कुछ ने तो अंत में भगवद्गीता को संन्यास-प्रधान, कुछ ने केवल भक्ति प्रधान तथा कुछ ने विशिष्टाद्वैत-प्रधान स्वरूप कैसे दे दिया।

उपर्युक्त संक्षिप्त विवेचन से यह बात समझ में आ जाएगी, कि वैदिक धर्म के सनातन प्रवाह में भागवत धर्म का उदय कब हुआ? और पहले उसके प्रवृत्ति-प्रधान या कर्म-प्रधान रहने पर भी आगे चलकर भक्ति-प्रधान स्वरूप एवं अंत में रामानुजाचार्य के समय विशिष्ट द्वैती स्वरूप कैसे प्राप्त हो गया। भागवत धर्म के इन भिन्न-भिन्न स्वरूपों में से जो मूलारंभ का अर्थात् निष्काम-कर्म-प्रधान स्वरूप है, वही गीता-धर्म का स्वरूप है। अब यहाँ पर संक्षेप में यह बतलाया जाएगा, कि उक्त प्रकार की मूल गीता के काल के विषय में क्या अनुमान किया जा सकता है? श्रीकृष्ण तथा भारतीय युद्ध का काल यद्यपि एक ही है, अर्थात् सन ईसवी के पहले लगभग 1400 वर्ष है, तथापि यह नहीं कहा जा सकता, कि भागवत धर्म के ये दोनों प्रधान ग्रंथ-मूल गीता तथा मूल भारत-उसी समय रचे गए होंगे। किसी भी धर्म-ग्रंथ का उदय होने पर तुरंत ही उस धर्म पर ग्रंथ रचे नहीं जाते! और भारत तथा गीता के विषय में भी यही न्याय पर्याप्त होता है। वर्तमान महाभारत के आरंभ में यह कथा है, कि जब भारतीय युद्ध समाप्त हो चुका; और जब पांडवों का पोता (पौत्र) जनमेजय सर्प-सत्र कर रहा था, तब वहाँ वैशंपायन ने जनमेजय को पहले पहल गीता सहित भारत सुनाया था; और आगे जब वही सौती ने शोनक को सुनाया, तभी से भारत प्रचलित हुआ। यह बात प्रकट है, कि सौती आदि पौराणिकों के मुख से निकलकर आगे भारत को काव्यमय ग्रंथ का स्थायी स्वरूप प्राप्त होने में कुछ समय अवश्य बीत गया होगा। परंतु इस काल का

निर्णय करने के लिए अब कोई साधन उपलब्ध नहीं है। ऐसी अवस्था में यदि यह मान लिया जाए, कि भारतीय युद्ध के लगभग पाँच-सौ वर्ष के भीतर ही आर्ष महाकाव्यात्मक नायक का केवल पराक्रम बतला देने से ही काम नहीं चलता; किंतु उसमें यह भी बतलाना पड़ता है, कि नायक जो कुछ करता है, वह उचित है या अनुचित। इतना ही क्यों? संस्कृत के अतिरिक्त अन्य साहित्यों में जो उक्त प्रकार के महाकाव्य हैं, उनसे भी यही ज्ञात होता है, कि नायक के कार्यों के गुण-दोषों का विवेचन करना, आर्ष महाकाव्य का एक प्रधान भाग होता है। अर्वाचीन दृष्टि से देखा जाए, तो कहना पड़ेगा, कि नायकों के कार्यों का समर्थन धर्म तथा नीति में पृथक भेद नहीं माना जाता था, अतएव उक्त समर्थन के लिए धर्म-दृष्टि के सिवा अन्य मार्ग नहीं था। फिर यह बतलाने की आवश्यकता नहीं, कि जो भागवत धर्म भारत के नायकों को ग्राह्य हुआ था अथवा जो उन्हीं के द्वारा प्रवृत्त किया गया था, उसी भागवत धर्म के आधार पर उनके कार्यों का समर्थन करना भी आवश्यक था। इसके सिवा दूसरा कारण यह भी है, कि भागवत धर्म के अतिरिक्त तत्कालीन प्रचलित अन्य वैदिक धर्मपंथ न्यूनाधिक रीति से अथवा सर्वथा निवृत्ति-प्रधान थे, इसलिए उनमें वर्णित धर्मतत्त्वों के आधार पर भारत के नायकों की वीरता का पूर्णतया समर्थन करना संभव नहीं था। अतएव कर्मयोग-प्रधान भागवत धर्म का निरूपण महाकाव्यात्मक मूल भारत ही में करना आवश्यक था। यही मूल गीता है, और यदि भागवत धर्म के मूल स्वरूप का उपपत्ति सहित प्रतिपादन करने वाला सबसे पहला ग्रंथ यह न भी हो; तो यह स्थूल अनुमान किया जा सकता है, कि यह आदि-ग्रंथों में से एक अवश्य है; और इसका काल ईसा से लगभग 900 वर्ष पहले है। इस प्रकार भागवत् गीता यदि धर्म-प्रधान पहला ग्रंथ न हो, तो भी वह मुख्य ग्रंथों में से एक अवश्य है, इसलिए इस बात का दिग्दर्शन करना आवश्यक था, कि उसमें प्रतिपादित निष्काम कर्मयोग तत्कालीन प्रचलित अन्य धर्म-पंथों से-अर्थात् कर्मकांड से, औपनिषदिक ज्ञान से, सांख्य से, चित्त निरोधी रूपी योग से तथा भक्ति से भी अविरुद्ध है; इतना ही नहीं, किंतु यही इस ग्रंथ का मुख्य प्रयोजन भी कहा जा सकता है। नियमबद्ध वेदान्त और मीमांसाशास्त्र पीछे से बने हैं, इसलिए इनका प्रतिपादन मूल गीता में नहीं आ सकता; और यह कारण है, कि कुछ लोग यह शंका करते हैं, कि वेदान्त विषय गीता में पीछे से मिला दिया गया है। परंतु नियमबद्ध वेदान्त और मीमांसा शास्त्र पीछे भले ही बने हों; किंतु इसमें कोई संदेह नहीं, कि इन शास्त्रों के प्रतिपाद्य विषय बहुत प्राचीन हैं; और इस बात का उल्लेख हम ऊपर कर ही आए हैं। अतएव मूल गीता में इन विषयों का प्रवेश होना काल-दृष्टि से किसी प्रकार विपरीत नहीं कहा जा सकता। तथापि हम यह भी नहीं कहते, कि जब मूल भारत का महाभारत बनाया गया होगा, तब मूल गीता में कुछ भी परिवर्तन नहीं हुआ हो। किसी भी धर्म-पंथ की लीजिए; उसके इतिहास से तो यही बात प्रकट होती है, कि उसमें समय-समय पर मतभेद होकर उपपंथ निर्माण हो या करते हैं। यही बात भागवत धर्म के विषय में भी की जा सकती है। नारायणीयाख्यान में (मभा. शां. 348.57) यह बात स्पष्ट रूप कह दी गई है, कि भागवत धर्म को कुछ लोग तो चतुर्व्यूह-अर्थात् वासुदेव, संकर्षण, प्रद्युम्न, अनिरुद्ध इस प्रकार चार व्यूहों का मानते हैं; और कुछ लोग त्रिव्यूह, द्विव्यूह या एकव्यूह ही मानते हैं। आगे चलकर, ऐसे ही और भी अनेक मतभेद उपस्थित हुए होंगे। इसी प्रकार औपनिषदिक और सांख्यज्ञान की भी वृद्धि हो रही थी। अतएव इस बात की सावधानी रखना अस्वाभाविक *** दूर हो जावे; और बढ़ते हुए पिंड-ब्रह्मांड ज्ञान से भागवत धर्म का पूर्णतया मेल हो जावे। हमने पहले 'गीता और ब्रह्मसूत्र' शीर्षक लेख में यह बतला दिया है, कि इसी कारण से वर्तमान गीता में ब्रह्मसूत्रों का उल्लेख पाया जाता है। इसके सिवा, उक्त प्रकार के

अन्य परिवर्तन भी मूल गीता में हो गए होंगे। परंतु मूल गीता-ग्रंथ में ऐसे अनेक परिवर्तनों का होना भी संभव नहीं था। वर्तमान समय में गीता की जो प्रामाणिकता हे, उससे प्रतीत नहीं होता, कि वह उसे वर्तमान महाभारत के बाद मिली होगी। ऊपर कह चुके हैं, कि ब्रह्मसूत्रों में ही 'स्मृति' शब्द से गीता को प्रमाण माना है। मूल भारत का महाभारत होते समय यदि मूल गीता में भी बहुत से परिवर्तन हो गए होते, तो इस प्रामाणिकता में निस्संदेह कुछ बाधा आ गई होती। परंतु वैसे नहीं हुआ; और गीता ग्रंथ की प्रामाणिकता कहीं अधिक बढ़ गई है। अतएव यही अनुमान करना पड़ता है, कि मूल गीता में जो कुछ परितर्वन हुए होंगे, वे महत्त्व के न थे; किंतु ऐसे थे जिनसे मूल ग्रंथ के अर्थ की पुष्टि हो गई है। भिन्न-भिन्न पुराणों में वर्तमान भगवद्गीता के नमूने की जो अनेक गीताएँ कही गई हैं; उनसे यह बात स्पष्ट विदित हो जाती है, कि उक्त प्रकार से मूल गीता को स्वरूप एक बार प्राप्त हो गया था, वही अब तक बना हुआ है; उसके बाद उसमें कुछ भी परिवर्तन नहीं हुआ। क्योंकि, इन सब पुराणों में से अत्यंत प्राचीन पुराणों के कुछ शतक पहले ही यदि वर्तमान गीता पूर्णतया प्रमाणभूत और इसीलिए परिवर्तित न होने योग्य, न हो गई होती, तो उसी नमूने की अन्य गीताओं की रचना करने की कल्पना होना भी संभव नहीं था। इसी प्रकार गीता के भिन्न-भिन्न सांप्रदायिक टीकाकारों ने एक ही गीता के शब्दों की खींचतानी करके यह दिखलाने का जो प्रयत्न किया है, कि गीता का अर्थ हमारे ही संप्रदाय के अनुकूल है; उसकी भी कोई आवश्यकता नहीं थी। वर्तमान गीता के कुछ सिद्धान्तों को परस्पर विरोधी देख कुछ लोग यह शंका करते हैं, कि वर्तमान महाभारतान्तर्गत गीता में आगे समय-समय पर कुछ परिवर्तन हुआ होगा। परंतु हम पहले ही बतला चुके हैं, कि वास्तव में यह विरोध नहीं है, किंतु यह भ्रम है; जो धर्म-प्रतिपादन करने वाली पूर्वापार वैदिक पद्धतियों के स्वरूप को ठीक तौर पर न समझने से हुआ है। सारांश, ऊपर किए गए विवेचन से यह बात समझ में आ जाएगी, कि भिन्न-भिन्न प्राचीन वैदिक धर्मांगों की एकवाक्यता करके प्रवृत्ति मार्ग का विशेष रीति से समर्थन करने वाले भागवत धर्म का उदय हो चुकने पर लगभग पाँच-सौ वर्ष के पश्चात् अर्थात् ईसा के लगभग 900 वर्ष पहले, मूल भारत और मूल गीता, और भारत का महाभारत होते समय यद्यपि इस मूल गीता में तदर्थ पोषक कुछ सुधार किए गए हों; तथापि उसके असली रूप में उस समय भी कुछ परिवर्तन नहीं हुआ एवं वर्तमान महाभारत में जब गीता जोड़ी गई, तब (और उसके बाद भी) उसमें कोई नया परिवर्तन नहीं हुआ-और होना भी असंभव था। मूल गीता या मूल भारत के स्वरूप एवं काल का यह निर्णय स्वभावतः स्थूल दृष्टि से एवं अंदाज से किया गया है। क्योंकि इस समय उसके लिए कोई विशेष साधन उपलब्ध नहीं है। परंतु वर्तमान महाभारत तथा वर्तमान गीता की यह बात नहीं, क्योंकि उनके काल का निर्णय करने के लिए बहुतेरे साधन उपलब्ध हैं। अतएव उसकी चर्चा स्वतंत्र रीति से अगले भाग में की गई है। यहाँ पर पाठकों को स्मरण रखना चाहिए, कि वर्तमान गीता और वर्तमान महाभारत ये दोनों ही ग्रंथ हैं, जिनके मूल स्वरूप में कालान्तर से परिवर्तन होता रहा; और जो इस समय गीता तथा महाभारत के रूप में हमें उपलब्ध हैं, ये उस समय के पहले मूल ग्रंथ नहीं है।

भाग - 5 वर्तमान गीता का काल

इस बात का विवेचन हो चुका है, कि भगवद्गीता भागवत धर्म पर प्रधान ग्रंथ है; और स्थूलमान से यह निश्चित किया गया, कि यह भागवत धर्म ईसवी सन के लगभग 1400 वर्ष पहले प्रादुर्भूत हुआ; एवं उसके कुछ शतकों के बाद मूल गीता बनी होगी;

और यह भी बतलाया गया, कि मूल भागवत धर्म के निष्काम कर्म-प्रधान होने पर भी आगे उसी का भक्ति-प्रधान स्वरूप होकर अंत में विशिष्टाद्वैत का भी उसमें समावेश हो गया। मूल गीता भागवत धर्म के विषय में इससे अधिक जानकारी निदान वर्तमान समय में तो मालूम नहीं है; और यही दशा पचास वर्ष पहले वर्तमान गीता तथा वर्तमान महाभारत की भी थी। परंतु डॉक्टर भांडारकर, परलोकवासी काशीनाथ पंत, तेलंग परलोकवासी शंकर, बालकृष्ण दीक्षित तथा रावबहादुर चिंतामणराव वैद्य प्रभृति विद्वानों के उद्योग से वर्तमान गीता एवं वर्तमान महाभारत का काल निश्चित करने के लिए यथेष्ट साधन उपलब्ध हो गए हैं; और अभी हाल ही में स्वर्गवासी त्रयंबक गुरुनाथ काले ने दो-एक प्रमाण और भी बतलाए हैं। इन सबको एकत्रित कर तथा हमारे मत से उनमें जिन बातों का मिलाना ठीक जँचा, उनको भी मिलाकर परिशिष्ट का यह भाग संक्षेप में लिखा गया है। इस परिशिष्ट-प्रकरण में आरंभ ही में हमने यह बात प्रमाण सहित दिखला दी है, कि वर्तमान महाभारत तथा वर्तमान गीता, दोनों ग्रंथ एक-ही व्यक्ति द्वारा रचे गए हैं। यदि दोनों ग्रंथों को एक ही व्यक्ति द्वारा रचा गया अर्थात् एककालीन मान लें, तो महाभारत के काल से गीता का काल भी सहज ही निश्चित हो जाता है। अतएव इस भाग में पहले ही ये प्रमाण दिए गए हैं; जो वर्तमान महाभारत का काल निश्चित करने में अत्यंत प्रधान माने जाते हैं; और उनके बाद स्वतंत्र रीति से वे प्रमाण भी दिए गए हैं, जो वर्तमान गीता का काल निश्चित करने में उपयोगी हैं। ऐसा करने का उद्देश्य यह है, कि महाभारत का काल निर्णय करने के जो प्रमाण हैं वे यदि किसी को संदिग्ध प्रतीत हों, तो उससे गीता के काल का निर्णय करने में कोई बाधा न होने पाए।

महाभारत-काल-निर्णय : महाभारत का ग्रंथ बहुत बड़ा है; और उसी में लिखा है, कि-यह लक्ष श्लोकात्मक है। परंतु रावबहादुर वैद्य ने महाभारत के अपने टीकात्मक अंग्रेजी ग्रंथ के पहले परिशिष्ट में यह बतलाया है,[1] कि जो महाभारत ग्रंथ इस समय उपलब्ध है, उसमें उपरोक्त लाख श्लोकों की संख्या में कुछ न्यूनाधिकता हो गई है; और यदि उनमें हरिवंश के श्लोक मिला दिए जाएं, तो भी योगफल एक लाख नहीं होता। तथापि यह माना जा सकता है, कि भारत का महाभारत होने पर जो बृहत्ग्रंथ तैयार हुआ, वह प्राय: वर्तमान ग्रंथ ही सा होगा। ऊपर बतला चुके हैं, कि इस महाभारत में यास्क के निरुक्त तथा मनु संहिता का और भगवद्गीता में तो ब्रह्मसूत्रों का भी उल्लेख पाया जाता है। अब इसके अतिक्ति, महाभारत का काल-निर्णय करने के लिए जो प्रमाण पाए जाते हैं, वे ये हैं-

(1) अठारह पर्वों का यह ग्रंथ तथा हरिवंश, ये दोनों संवत् 635 के बीच जावा और बाली द्वीपों में गए थे, तथा वहाँ की प्राचीन 'कवि' नामक भाषा में उनका अनुवाद हुआ है। इस अनुवाद के ये आठ पर्व-आदि, विराट, उद्योग, भीष्म, आश्रमवासी, मुसल, प्रास्थानिक और स्वर्गारोहण-बाली द्वीप में इस समय उपलब्ध हैं; और उनमें से कुछ प्रकाशित भी हो चुके हैं। यद्यपि अनुवाद कवि-भाषा में किया गया है, तथापि स्थान-स्थान पर महाभारत के मूल संस्कृत श्लोक ही रखे गए हैं। उनमें से उद्योग पर्व के श्लोकों की जाँच हमने की है। वे सब श्लोक वर्तमान महाभारत की कलकत्ते में प्रकाशित पोथी के उद्योग पर्व के अध्यायों में-बीच-बीच में क्रमश: मिलते हैं। इससे सिद्ध होता है, कि लक्ष-श्लोकात्मक महाभारत संवत् 535 के लगभग दो सौ वर्ष पहले हिंदुस्थान में प्रमाणभूत माना जाता था। क्योंकि यदि वह यहाँ प्रमाणभूत न हुआ होता,

1. The Mahabharata : A Criticism, p. 185 रा. ब. वैद्य के महाभारत के जिस टीकात्मक ग्रंथ का हमने आगे कहीं का कहीं उल्लेख किया है, वह यही पुस्तक है।

तो जावा तथा बाली द्वीपों में उसे न ले गए होते। तिब्बत की भाषा में भी महाभारत का अनुवाद हो चुका है; परंतु वह उसके बाद का है।[1]

(2) गुप्त राजाओं के समय का एक शिलालेख हाल में उपलब्ध हुआ है, कि जो चेदि संवत् 197 अर्थात् विक्रम संवत् 502 में लिखा गया था। उसमें इस बात का स्पष्ट रीति से निर्देश किया गया है, कि उस समय महाभारत का ग्रंथ एक लाख श्लोकों का था; और इससे यह प्रकट हो जाता है, कि विक्रम संवत् 502 के लगभग दो सौ वर्ष पहले उसका अस्तित्व अवश्य होगा।[2]

(3) आजकल भास कवि के जो नाटक-ग्रंथ प्रकाशित हुए हैं, उनमें से अधिकांश महाभारत के आख्यानों के आधार पर रचे गए हैं। इससे प्रकट होता है, कि उस समय महाभारत उपलब्ध था; और वह प्रमाण भी माना जाता था। भास कविकृत 'बालचरित' नाटक में श्रीकृष्ण जी की शिशु-अवस्था की बातों का तथा गोपियों का उल्लेख पाया जाता है। अतएव यह कहना पड़ता है, कि हरिवंश भी उस समय अस्तित्व में होगा। यह बात निर्विवाद है, कि भास कवि कालिदास से पुराना है। भास कविकृत नाटकों के संपादक पंडित गणपति शास्त्री ने स्वप्नवासवदत्ता नामक नाटक की प्रस्तावना में लिखा है, कि भास चाणक्य से भी प्राचीन है; क्योंकि भास कवि के नाटक का एक श्लोक चाणक्य के अर्थशास्त्र में पाया जाता है; और उसमें यह बतलाया है, कि वह किसी दूसरे का है। परंतु यह काल यद्यपि कुछ संदिग्ध माना जाए, तथापि हमारे मत से यह बात निर्विवाद है, कि भास का समय सन ईसवी के दूसरे अथवा तीसरे शतक के और भी इस ओर का नहीं माना जा सकता।

(4) बौद्ध ग्रंथों के द्वारा यह निश्चित किया गया है, कि शालिवाहन शक के आरंभ में अश्वघोष नामक एक बौद्ध कवि हो गया है, जिसने 'बुद्धचरित' और 'सौंदरानंद' नामक दो बौद्ध धर्मीय संस्कृत महाकाव्य लिखे थे। अब ये ग्रंथ छापकर प्रकाशित किए गए हैं। इन दोनों में भी भारतीय कथाओं का उल्लेख है। इनके सिवा 'वज्रसूचिकोपनिषद् पर अश्वघोष का व्याख्यान रूपी एक और ग्रंथ है। अथवा यह कहना चाहिए, कि यह 'वज्रसूचिकोपनिषद्' उसी का रचा हुआ है। इस ग्रंथ को प्रोफेसर वेबरने संन 1860 में, जर्मनी में प्रकाशित किया है। उसमें हरिवंशराय श्राद्ध माहात्म्य में से "सप्तव्याधा दशार्णेषुऽ" (हरि. 24.20, 21) इत्यादि श्लोक, तथा स्वयं महाभारत के कुछ अन्य श्लोक (उदाहरणार्थ, मभा. शां. 261.17) पाए जाते हैं। इससे प्रकट होता है, कि शक संवत् से पहले हरिवंश को मिलाकर वर्तमान लक्ष श्लोकात्मक महाभारत प्रचलित था।

(5) आश्वलायन गृह्यसूत्रों में (3.4.4) भारत तथा महाभारत का पृथक्-पृथक् उल्लेख किया गया है; और बौधायन धर्मसूत्र में एक स्थान (2.2.26) पर महाभारत में वर्णित ययाति उपाख्यान का एक श्लोक मिलता है, (मभा. आ. 78.10)। बुल्हर साहब का कथन है, कि केवल एक ही श्लोक के आधार पर यह अनुमान दृढ़ नहीं हो सकता, कि महाभारत बौधायन के पहले था।[3] परंतु यह शंका ठीक नहीं; क्योंकि बौधायन के गुह्य शेष-सूत्र में विष्णुसहस्रनाम का स्पष्ट उल्लेख है। (बौ. गृ. शे. 1.22.8); और आगे

---

1. जावा द्वीप के महाभारत का ब्योरा The Modern Review, July 1914 pp. 32-38 में दिया गया है; और तिब्बती भाषा में अनुवादित महाभारत का उल्लेख Rockhill's Life of the Buddha, p. 228 note I में किया है।

2. यह शिलालेख Inscriptionum Indicarum नामक पुस्तक के तृतीय खंड के पृष्ठ 134 में पूर्णतया दिया हुआ है, और स्वर्गवासी शंकर बालकृष्ण दीक्षित ने उसका उल्लेख अपने भारतीय ज्योतिःशास्त्र में (पृ. 108) किया है।

3. See 'Sacred Books of the East Series' Vol. XIV., Intro. P. xli.

चलकर इसी सूत्र में (2.22.9) गीता का "पत्रं पुष्पं फलं तोयंऽ" श्लोक भी (गीता 9. 26) मिलता है। बौधायन सूत्र में पाए जाने वाले इन उल्लेखों को पहले पहल परलोकवासी त्रयंबक गुरुनाथ काले ने प्रकाशित किया था[1] और इन सब उल्लेखों से यही कहना पड़ता है, कि बुल्हर साहब की शंका निर्मूल है; आश्वालायन तथा बौधायन और दोनों भी महाभारत से, परिचित थे। बुल्हर ही ने अन्य प्रमाणों से निश्चित किया है, कि बौधायन सन ईसवी के लगभग 400 वर्ष पहले हुआ होगा।

(6) स्वयं महाभारत में जहाँ विष्णु के अवतारों का वर्णन किया गया है, वहाँ बुद्ध का नाम तक नहीं; और नारायणीयोपाख्यान में (मभा. शां. 339.100); जहाँ दस अवतारों के नाम दिए हैं, वहाँ इसको प्रथम अवतार कहकर तथा कृष्ण के बाद एकदम कल्कि को लाकर पूरे दस गिना दिए हैं। परंतु वनपर्व में कलियुग की भविष्यत् स्थिति का वर्णन करते समय कहा है, कि "एडूकचिह्ना पृथिवी न देवगृहभूषिता" (मभा. वन. 190.68) पृथ्वी पर देवालयों के बदले एडूक होंगे। बुद्ध के बाल तथा दांत प्रभृति किसी स्मारक वस्तु को जमीन में गाड़कर उस पर जो खंभ, मीनार या इमारत बनाई जाती थी, उसे एडूक कहते थे, ओर आजकल उसे 'डागोबा' कहते हैं। डागोबा शब्द संस्कृत 'धातुगर्भ' (=पाली डागब) का अपभ्रंश है; और 'धातु' शब्द का अर्थ "भीतर रखी हुई स्मारक वस्तु" है, सीलोन तथा ब्रह्मदेश में ये डागोबा कई स्थानों पर पाए जाते हैं। इससे प्रतीत होता है, कि बुद्ध के बाद परंतु अवतारों में उसकी गणना होने के पहले ही महाभारत रचा गया होगा। महाभारत में 'बुद्ध' तथा 'प्रतिबुद्ध' शब्द अनेक बार मिलते हैं (मभा. शां. 194.58। 307.47। 343.52) परंतु वहाँ केवल ज्ञानी जाननेवाला अथवा स्थितप्रज्ञ पुरुष इतना ही अर्थ उन शब्दों से अभिप्रेत है। प्रतीत नहीं होता, कि ये शब्द बौद्ध धर्म से लिए गए हों; किंतु यह मानने के लिए दृढ़ कारण भी है, कि बौद्धों ने ही ये शब्द वैदिक धर्म से लिए होंगे।

(7) काल निर्णय की दृष्टि से यह बात अत्यंत महत्त्वपूर्ण है, कि महाभारत में नक्षत्र गणना आश्विनी आदि से नहीं है; किंतु वह कृत्तिका आदि से है। (मभा. अनु. 64.89); और मेष-वृषभ आदि राशियों का कहीं भी उल्लेख नहीं है। क्योंकि इस बात से यह अनुमान सहज ही किया जा सकता है, यूनानियों के सहवास से हिंदुस्थान में मेष, वृषभ आदि राशियों के आने से पहले-अर्थात् सिकंदर के पहले ही-महाभारत ग्रंथ रचा गया होगा। परंतु इससे भी अधिक महत्त्व की बात श्रवण आदि की नक्षत्रगणना के विषय की है। अनुगीता में (मभा. अश्व. 44.2; और आदि. 71.34) कहा है, कि विश्वामित्र ने श्रवण आदि की नक्षत्रगणना आरंभ की और टीकाकार ने उसका यह अर्थ किया है, कि उस समय श्रवण नक्षत्र से उत्तरायण का आरंभ धनिष्ठा नक्षत्र से हुआ करता था। धनिष्ठा में उदगयन होने का काल ज्योतिर्गणित की रीति से शक् के पहले लगभग 1500 वर्ष आता है; और ज्योतिर्गणित की रीति से उदगयन को एक नक्षत्र पीछे हटने के लिए लगभग हजार वर्ष लग जाते हैं। इस हिसाब से श्रवण के आरंभ में उदगयन होने का काल शक के पहले लगभग 500 वर्ष वर्ष के लगभग वर्तमान महाभारत बना होगा। परलोकवासी शंकर बालकृष्ण दीक्षित ने अपने 'भारतीय ज्योतिःशास्त्र' की विशेषता यह है, कि इसके कारण वर्तमान महाभारत का काल शक के पहले 500 वर्ष से अधिक पीछे हटाया ही नहीं जा सकता।

(8) रावबहादुर वैद्य ने महाभारत पर जो टीकात्मक ग्रंथ अंग्रेजी में लिखा है, उसमें

1. परलोकवासी त्र्यंबक गुरुनाथ काले का पूरा लेख The Vedic Magazine and Gurukula Samachar, Vol. VII, NOs. 6-7, pp. 528-532, में प्रकाशित हुआ है। इसमें लेखक का नाम प्रोफेसर काले लिखा है; पर वह अशुद्ध है।

यह बतलाया है कि चंद्रगुप्त के दरबार में (सन ईसवी से लगभग 329 वर्ष पहले) रहनेवाले मेगास्थनीज नामक ग्रीक वकील को महाभारत की कथाएँ मालूम थी। मेगास्थनीज का पूरा ग्रंथ इस समय उपलब्ध नहीं है; परंतु उसके अवतरण कई ग्रंथ में पाए जाते हैं। वे सब एकत्रित करके, पहले जर्मन भाषा में प्रकाशित किए गए; और फिर मेकक्रिंडल ने उनका अंग्रेजी अनुवाद किया है। इस पुस्तक में (पृ. 200-205) कहा है, कि उसमें वर्णित हेरेक्लीज ही श्रीकृष्ण है, और मेगास्थनीन के समय शौरसेनीय लोग-जो मथुरा के निवासी थे। उसी की पूजा किया करते थे। उसमें यह भी लिखा है, कि हेरेक्लीज अपने मूलपुरुष डायोनिसन से पंद्रहवाँ था। इसी प्रकार महाभारत में भी (मभा. अनु. 147.25-33) कहा है, कि श्रीकृष्ण दक्षप्रजापति से पंद्रहवें पुरुष हैं और मेगास्थनीज ने कर्णप्रावरण, एकपाद, ललाटाक्ष आदि अद्‌भुत लोगों का (पृ. 74) अवा सोने की ऊपर निकालने वाली चीटियों का (पिपीलिकाओं) (पृ. 94) वर्णन किया है, वह भी महाभारत ही में (मभा. सभा. 51, 52) पाया जाता है। इन बातों से और अन्य बातों से अन्य बातों से प्रकट हो जाता है, कि मेगास्थनीज के समय न केवल महाभारत ग्रंथ ही प्रचलित था, किंतु श्रीकृष्ण-चरित्र तथा श्रीकृष्ण-पूजा का भी प्रचार हो गया था।[1]

गीता-काल का निर्णय : ऊपर जो प्रमाण बतलाए गए हैं; उनमें गीता का स्पष्ट अर्थात् नामतः निर्देश नहीं किया गया है; वहाँ गीता के काल का निर्णय महाभारतकाल से किया गया है। अब यहाँ क्रमशः वे प्रमाण दिए जाते हैं, जिनमें गीता का स्पष्ट रूप से उल्लेख है। परंतु पहले यह बतला देना चाहिए, कि परलोकवासी तेलंग ने गीता को आपस्तम्ब के पहले की अर्थात् ईसा से कम-से-कम तीन सौ वर्ष से अधिक प्राचीन कहा है। डॉक्टर भांडारकर ने अपने 'वैष्णव, शैव आदि पंथ' नामक अंग्रेजी ग्रंथ में प्रायः इसी काल को स्वीकार किया है। प्रोफेसर गार्बे के[2] मतानुसार तेलंग द्वारा निश्चित किया गया काल ठीक नहीं। उनका यह कथन है, कि मूल गीता ईसा के पहले दूसरी सदी में हुई; और ईसा के बाद दूसरे शतक में उसमें कुछ सुधार किए गए हैं। परंतु नीचे लिखे प्रमाणों से यह बात भली-भाँति प्रकट हो जाएगी, कि गार्बे का उक्त कथन ठीक नहीं है।

(1) गीता पर जो टीकाएँ तथा भाष्य उपलब्ध हैं, उनमें शांकरभाष्य अत्यंत प्राचीन है। श्रीशंकराचार्य ने महाभारत के सनत्सुजातीय प्रकरण पर भी भाष्य लिखा है; और उनके ग्रंथों में महाभारत के मनु-बृहस्पति-संवाद शुकानुप्रश्न और अनुगीता में से बहुतेरे वचन अनेक स्थानों पर प्रमाणार्थ लिए गए हैं। इससे यह बात प्रकट है, कि उनके समय

---

1. See M'Crindle's Ancient India-Megasthenes and Arrian. pp. 202-205 मेगास्थनीज का यह कथन एक वर्तमान खोज के कारण विचित्रतापूर्वक दृढ़ हो गया है। बम्बई सरकार के Archaeological Department की 1914 ईसवी की Progress Report हाल ही में प्रकाशित हुई है। उसमें एक शिलालेख है, जो ग्वालियर रियासत के भेलसा शहर के पास बेस नगर गाँव में खाम्बबाबा नामक एक गरुड ध्वज-स्तंभ पर मिला है। इस लेख में यह कहा है, कि हेलिओडोरस नामक एक हिंदु बने हुए यवन अर्थात् ग्रीक ने इस स्तंभ के सामने वासुदेव का मंदिर बनवाया था; और यह यवन वहाँ के भगभद्र नामक राजा के दरबार में तक्षशिला के ऍंटिआल्किडस नामक ग्रीक राजा के एलची की हैसियत से रहता था। ऍंटिआल्किडस के सिक्कों से अब यह सिद्ध किया गया है, कि वह ईसा के पहले 140वें वर्ष में राज्य करता था। इससे यह बात पूर्णतया सिद्ध हो जाती है, कि उस समय वासुदेव भक्ति प्रचलित थी; केवल इतना ही नही किंतु यवन लोग भी वासुदेव के मंदिर बनवाने लगे थे। यह पहले ही बतला चुके हैं; कि मेगास्थनीज ही को नहीं किंतु पानिनी को भी वासुदेव भक्ति मालूम थी।

2. See Telan's Bhagavadgita, S.B.E. Vol. VIII, INtro. pp. 21 and 34; Dr. Bhandarkar's Vaishnavism, Shaivism and other Sects, P. 13; Dr. Garbe's Die Bhagavadgita, p. 64.

में महाभारत और गीता, दोनों ग्रंथ प्राणभूत माने जाते थे। प्रोफेसर काशीनाथ बापू पाठका ने एक सांप्रदायिक श्लोक के आधार पर श्रीशंकराचार्य का जन्मकाल 845 विक्रमी संवत् (शक 710) निश्चित किया है। परंतु हमारे मत से इस काल को और भी सौ वर्ष पीछे हटाना चाहिए। क्योंकि महानुभव ग्रंथ के 'दर्शक-प्रकाश' नामक ग्रंथ में यह कहा है, कि 'युग्मपयोधिरसान्वितकशाके' अर्थात् शक 642 में (विक्रमी संवत् 777) श्रीशंकराचार्य ने गुहा में प्रवेश किया; और समय उनकी आयु 32 वर्ष की थी, अतएव यह सिद्ध होता है, कि उनका जन्म शक 610 में (संवत् 745) हुआ। हमारे मत में यही समय, प्रोफेसर पाठक द्वारा निश्चित किए हुए काल से, कहीं अधिक संयुक्तिक प्रतीत होता है। परंतु, यहाँ पर उसके विषय में विस्तारपूर्वक विवेचन नहीं किया जा सकता। गीता पर जो शांकरभाष्य है, उसमें पूर्व समय के अधिकांश टीकाकारों का उल्लेख किया गया है; और उक्त भाष्य के आरंभ ही में श्रीशंकराचार्य ने कहा है, कि इन टीकाकारों के मतों का खंडन करके हमने नया भाष्य लिखा है। अतएव आचार्य का जन्मकाल चाहे शक 610 लीजिए या 710; इसमें तो कुछ भी संदेह नहीं, कि उस समय के कम-से-कम दो-तीन सौ वर्ष पहले अर्थात् शक 400 के लगभग गीता प्रचलित थी। अब देखना चाहिए, कि इस काल के भी और पहले कैसे और कितना जा सकते हैं।

(2) परलोकवासी तेलंग ने यह दिखलाया है कि कालिदास और बाणभट्ट गीता से परिचित थे। कालिदास कृत रघुवंश में (10.31) विष्णु की स्तुति के विषय में जो "अनवाप्तमवाप्तव्यं न ते किंचन विद्यते" यह श्लोक है, वह गीता के (3.22) "नानवाप्तमवाप्तव्यं" श्लोक से मिलता है; और बाणभट्ट की कादंबरी के "महाभारतमिवानन्तगीताकर्णनानन्दिततरं" इस श्लेष-प्रधान वाक्य में गीता का स्पष्ट रूप से उल्लेख किया गया है। कालिदास और भारवि का उल्लेख स्पष्ट रूप से संवत् 691 के (शक 556) एक शिलालेख में पाया जाता है; और अब यह भी निश्चित हो चुका है, कि बाणभट्ट की संवत् 663 के (शक 528) लगभग हर्ष राजा के पास था। इस बात का विवेचन परलोकवासी पांडुरंग गोविंद शास्त्री पारखी ने बाणभट्ट पर लिखे हुए अपने एक मराठी निबंध में किया है।

(3) जावा द्वीप में जो महाभारत ग्रंथ यहाँ से गया है, उसके भीष्म पर्व में एक गीता प्रकरण है, जिसमें गीता के भिन्न-भिन्न अध्यायों के लगभग सौ-सवा सौ श्लोक अक्षरश: मिलते हैं। सिर्फ 12, 15, 16 और 17-इन चार अध्यायों के श्लोक उसमें नहीं हैं। इससे यह कहने में कोई आपत्ति नहीं दिखाई पड़ती, कि उस समय भी गीता का स्वरूप वर्तमान गीता के सदृश ही था। क्योंकि कवि-भाषा में गीता का यह अनुवाद है; और उसमें जो संस्कृत श्लोक मिलते हैं, वे बीच-बीच में उदाहरण तथा प्रतीक के तौर पर ले लिए गए हैं। इससे यह अनुमान करना युक्ति संगत नहीं, कि उस समय गीता में केवल उतने ही श्लोक थे। जब डॉक्टर नरहर गोपाल सरदेसाई जावा द्वीप को गए थे, तब उन्होंने इस बात की खोज की है। इस विषय का वर्णन कलकत्ते के 'मॉडर्न रिव्यू' नामक मासिक पत्र के जुलाई 1914 अंक में तथा उसके पूर्ण पूना के 'चित्रमय-जगत्' मासिक पत्र में भी प्रकाशित हुआ है। इससे यह सिद्ध होता है; कि शक चार-पाँच सौ के कम से कम दो सौ वर्ष पहले महाभारत के भीष्म पर्व में गीता थी; और उसके श्लोक भी वर्तमान गीता के श्लोकों के क्रमानुसार ही थे।

(4) विष्णुपुराण और पद्मपुराण आदि ग्रंथों में भगवद्गीता के नमूने पर बनी हुई जो अन्य गीताएँ दिखाई पड़ती हैं; अथवा उनके उल्लेख पाए जाते हैं, उनका वर्णन इस ग्रंथ के पहले प्रकरण में किया गया है। इससे यह बात स्पष्टतया विदित होती है, कि उस समय भगवद्गीता प्रमाण तथा पूजनीय मानी जाती थी, इसीलिए उसका उक्त प्रकार

से अनुकरण किया गया है; और यदि ऐसा न होता, तो उसका कोई भी अनुकरण न करता। अतएव सिद्ध है, कि इन पुराणों में जो अत्यंत प्राचीन पुराण हैं, उनसे भी भगवद्गीता कम-से-कम सौ-दो-सौ वर्ष अधिक प्राचीन अवश्य होगी। पुराण काल का आरंभ-समय सन ईसवी के दूसरे शतक से अधिक अर्वाचीन नहीं माना जा सकता, अतएव गीता का काल कम-से-कम शकारंभ के कुछ थोड़ा पहले ही मानना पड़ता है।

(5) ऊपर यह बतला चुके हैं, कि कालिदास और बाण गीता से परिचित थे। कालिदास से पुराने भास कवि के नाटक हाल ही में प्रकाशित हुए हैं। उनमें से 'कर्णभार' नाटक में बारहवाँ श्लोक इस प्रकार है-

हतोऽपि लभते स्वर्ग जित्वा तु लभते यशः।
उभे बहुमते लोके नास्ति निष्फलता रणे॥

यह श्लोक गीता के "हतो वा प्राप्स्यसि स्वर्गम्" (गीता 2.37) श्लोक के समानार्थक है; और जबकि भास कवि के अन्य नाटकों से यह प्रकट होता है, कि वह महाभारत से पूर्णतया परिचित था; तब तो यही अनुमान किया जा सकता है, कि उपर्युक्त श्लोक लिखते समय उसके मन में गीता का उक्त श्लोक अवश्य आया होगा। अर्थात् यह सिद्ध होता है, कि भास कवि के पहले भी महाभारत और गीता का अस्तित्व था। पंडित गणपति शास्त्री ने यह निश्चित किया है, कि भास कवि का काल शक-के दो-तीन सौ वर्ष पहले रहा होगा। परंतु कुछ लोगों का मत है, कि वह शक के सौ-दो सौ वर्ष बाद हुआ है। यदि इस दूसरे मत को सत्य माने, तो भी उपर्युक्त प्रमाण से सिद्ध हो जाता है, कि भास से कम-से-कम सौ-दो-सौ वर्ष पहले अर्थात् शक-काल के आरंभ्ज्ञ में महाभारत और गीता, दोनों ग्रंथ सर्वमान्य हो गए थे।

(6) परंतु प्राचीन ग्रंथकारों द्वारा गीता के श्लोक लिए जाने का और भी अधिक दृढ़ प्रमाण, परलोकवासी त्र्यंबक काले ने गुरुकुल की 'वैदिक मैगजीन' नामक अंग्रेजी मासिक पुस्तक (पुस्तक 7, अंक 6-7, पृष्ठ 528-532, मार्गशीर्ष और पौष, संवत् 1970) में प्रकाशित किया है। इसके पहले पश्चिमी संस्कृत पंडितों का यह मत था, कि संस्कृत काव्य-पुराणों की अपेक्षा किन्हीं अधिक अथवा प्राचीन ग्रंथों में, उदाहरणार्थ सूत्र ग्रंथों में भी, गीता का उल्लेख नहीं पाया जाता; और इसलिए यह कहना पड़ता है, कि सूत्र-काल के बाद, अर्थात् अधिक से अधिक सन ईसवी के पहले, दूसरी सदी में गीता बनी होगी। परंतु परलोक वासी काले ने प्रमाणों से सिद्ध कर दिया है, कि यह मत ठीक नहीं है। बौधायन-गृह्यशेष सूत्र में (2.22.9) गीता का (9.26) निम्नलिखित श्लोक 'तदाह भगवान' कहकर स्पष्ट रूप से लिया गया है-

देशाभावे द्रव्याभावे साधारणे कुर्यान्मना वार्चयेदिति। तदाह भगवान्-
पत्रं पुष्पं फलं तोयं यो मे भक्त्या प्रयच्छति।
तदहं भक्त्युपहृतमश्नामि प्रयतात्मनः॥ इति।

और आगे चलकर कहा है, कि भक्ति से नम्र होकर इन मंत्रों को पढ़ना चाहिए-"भक्तिनम्रः एतान्मत्रानधीयीत।" इसी गृह्यशेष-सूत्र के तीसरे प्रश्न के अंत में यह भी कहा है, कि "ॐ नमो भगवते वासुदेवाय" इस द्वादशाक्षर-मंत्र का जप करने से अश्वमेध का फल मिलता है। इससे यह बात पूर्णतया सिद्ध होती है, कि बौधायन के पहले गीता प्रचलित थी; और वासुदेव-पूजा भी सर्वमान्य समझी जाती थी। इसके सिवा बोधायन के पितृमेध-सूत्र के तृतीय प्रश्न के आरंभ ही में यह वाक्य है-

जातस्य वै मनुष्यस्य धृवं मरणमिति विजानीयात्तस्माज्जाते
न प्रहृष्येन्मृते च न विषीदते।

इससे सहज ही मालूम पड़ता है, कि वह गीता के "जातस्य हि धृवो मृत्युः ध्रुवं जन्म मृतस्य च। तस्मादपरिहार्येऽर्थे न त्वं शोचितुमर्हसि।।" इस श्लोक से सूझ पड़ा होगा; और उसमें उपुर्यक्त 'पत्रं पुष्पं' श्लोक का योग कर देने से तो कुछ शंका ही नहीं रह जाती। ऊपर बतला चुके हैं स्वयं महाभारत का एक श्लोक बौधायन सूत्रों में पाया जाता है। बुल्हर साहब ने निश्चित किया है[1] कि बौधायन का काल आपस्तंब के सौ-दो-सौ वर्ष पहले होगा; और आपस्तंबका काल ईसा के पहले तीन सौ वर्ष से कम नहीं हो सकता। परंतु हमारे मतानुसार उसे कुछ इस ओर हटाना चाहिए। क्योंकि महाभारत में मेष-वृषभ आदि राशियाँ नहीं हैं और 'कालमाधव' में तो बौधायन का "मीनमेषयोर्मेषवृभयोर्वा वसंतः" यह वचन दिया गया है; यही वचन परलोकवासी शंकर बालकृष्ण दीक्षित के 'भारतीय ज्योतिःशास्त्र' में भी (पृष्ठ 102) लिया गया है। इससे भी यही निश्चित अनुमान किया जाता है, कि महाभारत बौधायन के पहले का है, तथा शकारंभ के कम-से-कम चार सौ वर्ष पहले बौधायन का समय होना चाहिए; और पाँच-सौ वर्ष पहले महाभारत तथा गीता का अस्तित्व था। परलोकवासी काले ने बौधायन का काल ईसा के सात-आठ सौ वर्ष पहले का निश्चित किया है; किंतु वह ठीक नहीं है। जान पड़ता है, कि बौधायन का राशिविषयक वचन उनके ध्यान में न आया होगा।

(7) उपर्युक्त प्रमाणों से यह बात किसी को भी स्पष्ट रूप से विदित हो जाएगी, कि वर्तमान गीता के शक के लगभग पाँच सौ वर्ष पहले अस्तित्व में थी। बौधायन तथा आश्वलायन भी उससे परिचित थे; और उस समय से श्रीशंकराचार्य के समय तक उसकी परंपरा अविच्छिन्न रूप में दिखलाई जा सकती है। परंतु अब तक जिन प्रमाणों का उल्लेख किया जाएगा, वह वैदिक धर्म-ग्रंथों से भिन्न अर्थात् बौध साहित्य का है। इससे गीता की उपर्युक्त प्राचीनता स्वतंत्र रीति से और भी अधिक दृढ़ तथा निःसंदिग्ध हो जाती है। बौद्ध धर्म के पहले ही भागवत धर्म का उदय हो गया था, इस विषय में बुल्हर और प्रसिद्ध फ्रेंच पंडित सेनार्त के मतों का उल्लेख पहले हो चुका है; तथा प्रस्तुत प्रकरण के अगले भाग में इन बातों का विवेचन स्वतंत्र रीति से किया जाएगा, कि बौद्ध धर्म की वृद्धि कैसे हुई? तथा हिंदु धर्म से उसका क्या संबंध है? यहाँ केवल गीता-काल के संबंध में ही आवश्यक उल्लेख संक्षिप्त रूप से किया जाएगा। भागवत धर्म बौद्ध धर्म के पहले का है, तथापि केवल इतना कह देने से ही इस बात का निश्चय नहीं किया जा सकता, कि गीता भी बुद्ध के पहले थी। क्योंकि यह कहने के लिए कोई निश्चित प्रमाण नहीं है, कि भागवत धर्म के साथ ही गीता-ग्रंथ का भी उदय हुआ। अतएव यह देखना आवश्यक है, कि बौद्ध ग्रंथकारों ने गीता-ग्रंथ का स्पष्ट उल्लेख कहीं किया है या नहीं? प्राचीन बौद्ध ग्रंथों में यह स्पष्ट रूप से लिखा है, कि बुद्ध के समय चार वेद, वेदांग, व्याकरण, ज्योतिष, इतिहास, निघंटु आदि वैदिक धर्मग्रंथ प्रचलित हो चुके थे; अतएव इसमें संदेह नहीं, कि बुद्ध के पहले ही वैदिक धर्म पूर्णावस्था में पहुँच चुका था। इसके बाद बुद्ध ने जो नया पंथ चलाया, वह अध्यात्म की दृष्टि से अनात्मवादी था' परंतु जैसे अगले भाग में बतलाया जाएगा। आचरण-दृष्टि से उसमें उपनिषदों के संन्यास-मार्ग का अनुकरण किया गया था। परंतु अशोक के समय बौद्ध धर्म की यह दशा बदल गई थी; बौद्ध भिक्षुओं ने जंगल में रहना छोड़ दिया था-धर्म प्रसारार्थ तथा परोपकार के काम करने के लिए वे लोग पूर्व की ओर चीन में और पश्चिम की ओर अलेक्जेंड्रिया तथा ग्रीस तक चले गए थे। बौद्ध धर्म के इतिहास में यह एक अत्यंत

1. See Sacred Books of the East Series, Vol. II Intro, p. xliii and also the same Series, Vol. XIV, Intro. p. xliii.

महत्त्व का प्रश्न है, कि जंगलों में रहना छोड़कर लोकसंग्रह के काम करने के लिए बौद्ध यति कैसे प्रवृत्त हो गए? बौद्ध धर्म के प्राचीन ग्रंथों पर दृष्टि डालिए। सुत्तनिपात के खग्गविसाणसुत्त में कहा है, कि जिस भिक्षु ने पूर्ण अर्हतावस्था प्राप्त कर ली है, वह कोई भी काम न करे, केवल गेंडे के सदृश्य जंगल में निवास किया करे; और महावग्ग में (5.1.27) बुद्ध के प्रमुख शिष्य सोनकोलीविस की कथा में कहा है, कि जो भिक्षु निर्वाण पद तक पहुँच चुका है, उसके लिए न तो कोई काम ही अवशिष्ट रह जाता है; और न किया हुआ कर्म ही भोगना पड़ता है-"कतरस पटिचियो नत्थि करणीयं न विज्जति।" यह शुद्ध संन्यास-मार्ग है, और हमारे औपनिषदिक संन्यास मार्ग से इसका पूर्णतया मेल मिलता है। यह "करणीयं न विज्जति" वाक्य, गीता के "तस्य कार्य न विद्यते" इस वाक्य से केवल समानार्थक ही नहीं है, किंतु शब्दशः भी एक ही है। परंतु जब बौद्ध भिक्षुओं का यह मूल संन्यास-प्रधान आचार बदल गया और जब वे परोपकार के काम करने लगे, तब नए तथापुराने मत में झगड़ा हो गया; पुराने लोक अपने को 'थेरवाद' (वृद्धपंथ) कहने लगे; और नवीन मतवादी लोग अपने पंथ का 'महायान' नाम रख करके पुराने पंथ को 'हीनयान' (अर्थात् हीन पंथ के) नाम से संबोधित करने लगे। अश्वघोष महायान पंथ का था; और वह इस मत को मानता था, कि बौद्ध यति लोग परोपकार के काम किया करें। अतएव 'सौदरानंद' (सौं. 18.54) काव्य के अंत में, जब नंद अर्हतावस्था में पहुँच गया, तब उसे बुद्ध ने उपदेश दिया है, उसमें पहले यह कहा है-

अवाप्तकार्योऽसि परां गतिं गतः न तेऽस्ति किंचित्करणीयण्वपि।

"तेरा कर्त्तव्य हो चुका, तुझे उत्तम गति मिल गई, अब तेरे लिए तिल भर भी कर्त्तव्य नहीं रहा।" और आगे स्पष्ट-रूप से यह उपदेश किया है, कि-

विहाय तस्मादिह कार्यमात्मनः कुरु स्थिरात्मन्परकार्यमप्यथो॥

"अतएव अब तू अपना कार्य छोड़, बुद्धि को स्थिर करके परकार्यकिया कर" (सौं. 18.57) प्राचीन धर्म-ग्रंथों में पाए जाने वाले बुद्ध के, कर्मत्यागविषयक उपदेश तथा कर्मयोगविषयक इस उपदेश में कि जिसे 'सौंदरानंद' काव्य में अश्वघोष ने बुद्ध के मुख से कहलाया है, अत्यंत भिन्नता है। और, अश्वघोष की इन दलीलों में तथा गीता के तीसरे अध्याय में जो युक्ति-प्रयुक्तियाँ हैं, उनमें-"तस्य कार्यं न विद्यते...तस्मादसक्तः सततं कार्यं कर्म समाचर" तेरे लिए कुछ रह नहीं गया है, इसलिए जो कर्म प्राप्त हों, उनको निष्काम बुद्धि से किया कर (गीता 3.17, 19) न केवल अर्थ दृष्टि से ही, किंतु शब्दशः भी समानता है। अतएव इससे यह अनुमान होता है, कि अश्वघोष से भी पहले महाभारत था। परंतु उसे केवल अनुमान ही न समझिए। बौद्ध धर्मानुयायी तारानाथ ने बौद्ध धर्म विषयक इतिहास संबंधी जो ग्रंथ तिब्बती भाषा में लिखा है, उसमें लिखा है, कि बौद्धों के पूर्वकालीन संन्यास-मार्ग में महायान पंथ ने जो कर्मयोगविषयक सुधार किया था, उसे महायान-पंथ के मुख्य पुरस्कर्ता नागार्जुन के गुरु राहुल भद्र ने 'ज्ञानी श्रीकृष्ण और गणेश' से जाना था। इस ग्रंथ का अनुवाद रूसी भाषा से जर्मन भाषा में किया गया है-अंग्रेजी में अभी तक नहीं हुआ है। डॉ. केर्नने 1896 ईसवी में बौद्ध धर्म पर एक पुस्तक लिखी थी।[1] यहाँ उसी से हमने यह अवतरण लिया है। डॉक्टर केर्न का भी यही मत है, कि यहाँ पर श्रीकृष्ण के नाम से भगवद्गीता ही का उल्लेख किया गया है। महायान-पंथ के बौद्ध ग्रंथों में से 'सद्धमपुंडरीक' नामक ग्रंथ में भी भगवद्गीता के

1. See Dr. Kern's Manual of Indian Buddhism (Grundriss, III.8) P. 122 महायान पंथ के 'अमितायुसुत्त' नामक मुख्य ग्रंथ का अनुवाद चीनी भाषा में सन् 148 के लगभग किया गया था।

श्लोकों के समान कुछ श्लोक हैं। परंतु इन बातों का और अन्य बातों का विवेचन अगले भाग में जाएगा। यहाँ पर केवल यही बतलाना है, कि बौद्ध-ग्रंथकारों के ही मतानुसार मूल बौद्ध-धर्म के संन्यास-प्रधान होने पर भी उसमें भक्ति-प्रधान तथा कर्म-प्रधान महायान-पंथ की उत्पत्ति भगवद्‌गीता के कारण ही हुई है; और अश्वघोष के काव्य से गीता की जोऊ पर समता बतलाई गई है, उसमें इस अनुमान को और भी दृढ़ता प्राप्त हो जाती है। पश्चिमी पंडितों का निश्चय है, कि महायान-पंथ का पहला पुरस्कर्ता नागार्जुन शक के लगभग सौ-डेढ़ सौ वर्ष पहले हुआ होगा; और यह तो स्पष्ट ही है, कि इस पंथ का बीजारोपण अशोक के राजशासन के समय में हुआ होगा। बौद्ध ग्रंथों से तथा स्वयं बौद्ध ग्रंथकारों के लिखे हुए धर्म के इतिहास से यह बात स्वतंत्र रीति से सिद्ध हो जाती है, कि भगवद्‌गीता महायान बौद्ध-पंथ के जन्म से पहले-अशोक से भी पहले-याने सन ईसवी से लगभग 300 वर्ष पहले ही अस्तित्व में थी।

इन सब प्रमाणों पर विचार करने से इसमें कुछ भी शंका नहीं रह जाती, कि वर्तमान भगवद्‌गीता शालिवाहन शक के लगभग पाँच सौ वर्ष पहले ही अस्तित्व में थी। डॉक्टर भांडारकर, परलोकवासी तेलंग, रावबहादुर चिंतामणराव वैद्य और परलोकवासी दीक्षित का मत भी इससे बहुत-कुछ मिलता-जुलता है; और उसी को यहाँ ग्राह्य मानना चाहिए। हाँ, प्रोफेसर गार्बे का मत भिन्न है। उन्होंने उसके प्रमाण में गीता के चौथे अध्याय वाले संप्रदाय-परंपरा के श्लोकों में से 'योगो नष्टः'-योग का नाश हो गया-इस वाक्य को लेकर योग शब्द का अर्थ 'पातंजल योग' किया है। परंतु हमने प्रमाण सहित पहले ही बतला दिया है, कि वहाँ योग शब्द का अर्थ 'पातंजल योग' नहीं-'कर्मयोग' है। इसलिए प्रो. गार्बे का मत भ्रममूलक अतएव अग्राह्य है। यह बात निर्विवाद है, कि वर्तमान गीता का काल शालिवाहन शक के पाँच सौ वर्ष पहले की अपेक्षा और कम नहीं माना जा सकता। पिछले भाग में यह बतला ही चुके हैं कि मूल गीता इससे भी कुछ सदियों से पहले की होनी चाहिए।

भाग - 6 गीता और बौद्ध ग्रंथ

वर्तमान गीता का काल निश्चित करने के लिए पिछले भाग में जिन बौद्ध ग्रंथों के प्रमाण दिए गए हैं, उनका पूरा-पूरा महत्त्व समझने के लिए गीता और बौद्ध ग्रंथ या बौद्ध धर्म की साधारण समानता तथा विभिन्नता पर भी यहाँ विचार करना आवश्यक है। पहले कई बार बतला चुके हैं, कि गीता-कर्म की विशेषता यह है, कि गीता में वर्णित स्थितप्रज्ञ प्रवृत्तिमार्गावलंबी रहता है। परंतु इस विशेष गुण को थोड़ी देर के लिए अलग रख दें; और उक्त पुरुष के केवल मानसिक तथा नैतिक गुणों का ही विचार करें, तो गीता में स्थितप्रज्ञ के (गीता 2.55-75), ब्रह्मनिष्ठ पुरुष के (4.19-23; 5.18-28) और भक्तियोगी पुरुष के (12.13-19) जो लक्षण बतलाए हैं, उनमें और निर्वाण पद के अधिकारी अर्हतों के अर्थात् पूर्णावस्था को पहुँचे हुए बौद्ध भिक्षुओं के जो लक्षण भिन्न-भिन्न बौद्ध ग्रंथों में दिए हुए हैं, उनमें विलक्षण समता दिखाई पड़ती है (धम्मपद श्लोक 360-423 और सुत्तनिपातों में से मुनिसुत्त तथा धम्मिकसुत्त देखो)। इतना ही नहीं; किंतु इन वर्णनों के शब्द साम्य से दिखाई पड़ता है, कि स्थितप्रज्ञ अथवा भक्तिमान पुरुष के समान ही सच्चा भिक्षु भी 'शांत', 'निष्काम', 'निर्मम', 'निराशी' (निरिस्सित), 'समदुःखसुख', 'निरारंभ', रहता है (धम्मपद 40, 41 1; सुत्तनि. मुनिसुत्त 1.7, 14; द्वयशतानुपस्सनसुत्त 21-23; औरविनयपिटिक चणुल्लवग्ग 7.4.7)। द्वयतानुपस्सनसुत्त के 40वें श्लोक का यह विचार-ज्ञानी पुरुष के लिए जो प्रकाश है, वही अज्ञानी को अंधकार है-गीता के (गीता 2.69) "या निशा सर्वभूतानां तस्यां जागर्ति संयमी" इस श्लोकान्तर्गत

विचार के सदृश है और मुनिसुत्त के 10वें श्लोक का यह वर्णन-"अरोसनेय्यो न रोसेति" अर्थात् न तो स्वयं कष्ट पाता है और न दूसरों को भी कष्ट देता है-गीता के "यस्मान्नौद्विजते लोको लोकान्नद्विजते च य:" (गीता 12.15) इस वर्णन के समान है। इसी प्रकार सेल्ल्सुत्त के ये विचार, कि "जो कोई जन्म लेता है वह मरता है" और "प्राणियों का आदि तथा अंत अव्यक्त है, इसलिए उसका शोक करना वृथा है" (सेल्लसुत्त 1, 9; गी. 2.27, 28), कुछ हेरफेर से गीता के ही विचार हैं। गीता के दसवें अध्याय में अथवा अनुगीता में (मभा. अश्व. 43, 44) "ज्योतिष्मानों में सूर्य, नक्षत्रों में चंद्र और वेद-मंत्रों में गायत्री" आदि जो वर्णन है, वही सेल्लसुत्त के 21वें और 22वें श्लोकों में तथा महावग्ग में (6.35.8) ज्यों-का-त्यों आया है। इसके सिवा शब्दसादृश्य के तथा अर्थसमता के छोटे-मोटे उदाहरण परलोकवासी तेलंग ने गीता के अपने अंग्रेजी अनुवाद की टिप्पणियों में दे दिए हैं। तथापि प्रश्न होते हैं, कि यह सदृशता हुई कैसे? ये विचार असल में बौद्ध धर्म के हैं या वैदिक धर्म के? और इनसे अनुमान क्या मिलता है? किंतु इन प्रश्नों के हल करने के लिए उस समय जो साधन उपलब्ध थे, वे अपूर्ण थे। यही कारण है, जो उपर्युक्त चमत्कारिक शब्द सादृश्य और अर्थ-सादृश्य दिखला देने के सिवा परलोकवासी तेलंग ने इस विषय में और कोई विशेष बात नही लिखी। परंतु अब बौद्ध धर्म की जो अधिक बातें उपलब्ध हो गई हैं, उनके उक्त प्रश्न हल किए जा सकते हैं, इसलिए यहाँ पर बौद्ध धर्म की उन बातों का संक्षिप्त वर्णन किया जाता है। परलोकवासी तेलंगकृत गीता का अंग्रेजी अनुवाद जिस 'प्राच्यधर्म-ग्रंथमाला' में प्रकाशित हुआ था, उसी में आगे चलकर पश्चिमी विद्वानों ने बौद्ध धर्म-ग्रंथों के अंग्रेजी अनुवाद प्रसिद्ध किए हैं। ये बातें प्राय: उन्हीं से एकत्रित हो गई हैं; और प्रमाण में बौद्ध ग्रंथों के जो स्थल बतलाए गए हैं, उनका सिलसिला भी इसी माला के अनुवादों में मिलेगा। कुछ स्थानों पर पाली शब्दों तथा वाक्यों के अवतरण मूल पाली ग्रंथों से ही उद्धृत किए गए हैं।

अब यह बात निर्विवाद सिद्ध हो चुकी है, कि जैन धर्म के समान बौद्ध धर्म भी अपने वैदिक धर्म-रूप पिता का ही पुत्र है, जो जितनी चाहिए उतनी संपत्ति का हिस्सा लेकर किसी कारण से विभक्त हो गया है; अर्थात् वह कोई पराया नहीं है, किंतु उसके पहले यहाँ पर जो ब्राह्मण-धर्म था, उसी की यहीं उपजी हुई यह एक शाखा है। लंका के महावंस या दीपवंस आदि प्राचीन पाली भाषा के ग्रंथों में बुद्ध के पश्चाद्धती राजाओं तथा बौद्ध आचार्यों की परंपरा का जो वर्णन है, उसका हिसाब लगाकर देखने से ज्ञात होता है, कि गौतम बुद्ध ने अस्सी वर्ष की आयु पाकर ईसवी सन से 543 वर्ष पहले अपना शरीर छोड़ा। परंतु इसमें कुछ बातें असंबद्ध हैं। इसलिए प्रोफेसर मैक्समूलर ने इस गणना पर सूक्ष्म विचार करके बुद्ध का यथार्थ निर्वाण काल ईसवी सन से 473 वर्ष पहले बतलाया है; और डॉक्टर बुल्हर भी अशोक के शिलालेखों से इसी काल का सिद्ध होना प्रमाणित करते हैं। तथापि प्रोफेसर हिस्डेविड्स या डॉ. केर्न के समान कुछ खोज करने वाले इस काल को उक्त काल से 65 या 100 वर्ष और भी आगे हटाना चाहते हैं। प्रोफेसर गायगर ने हाल ही में इन सब मतों की जाँच करके बुद्ध का यथार्थ निर्वाण-काल ईसवी सन से 483 वर्ष पहले माना है।[1] इनमें से कोई भी काल क्यों न

1. बुद्ध-निर्वाणकाल विषयक वर्णन प्रो. मैक्समूलर ने अपने 'धम्मपद' के अंग्रेजी अनुवाद की प्रस्तावना में (S. B. E. Vol. X. Intro. pp. xxxv-slv) किया है; और उसकी परीक्षा डॉ. गायगर ने सन् 1912 में प्रकाशित अपने 'महावंश' के अनुवाद की प्रस्तावना में की हैं (The Mahavamsa by Dr. Geiger, Pali Text Society, Intro. p. xxii f).

स्वीकार कर लिया जाए, यह निर्विवाद है, कि बुद्ध का जन्म होने के पहले ही वैदिक धर्म पूर्ण अवस्था में पहुँच चुका था; और न केवल उपनिषद ही किंतु धर्म-सूत्रों के समान ग्रंथ भी उसके पहले ही तैयार हो चुके थे। क्योंकि, पाली भाषा के प्राचीन बौद्ध-धर्म-ग्रंथों में लिखा है, कि "चारों वेद, वेदांग, व्याकरण, ज्योतिष, इतिहास और निघंटु" आदि विषयों में प्रवीण कुछ सत्त्वशील ब्राह्मण गृहस्थों तथा जटिल तपस्वियों से स्वयं गौतम बुद्ध ने वाद करके उनको अपने धर्म की दीक्षा दी (सुत्तनिपातों में से सेल्लसुत्त के सेल्ल का वर्णन तथा वत्थुगाथा 30-45; 9.20-21) जिस प्रकार यज्ञयाग आदि श्रौतम कर्मों की गौणता का वर्णन किया गया है, उसी प्रकार तथा कुछ अंशों में उन्हीं शब्दों के द्वारा तेविज्जसुत्तों में (त्रैविद्य-सूत्रों) बुद्ध ने भी अपने मतानुसार 'यज्ञयागादि' को निरुपयोगी तथा त्याज्य बतलाया है; और इस बात का निरूपण किया है, कि ब्राह्मण जिसे ('ब्रह्मसहव्यत्ययता'=ब्रह्मसायुज्यता) कहते हैं, वह अवस्था कैसे प्राप्त होती है। इससे यह बात स्पष्ट विदित होती है, कि ब्राह्मण-धर्म के कर्मकांड तथा ज्ञानकांड-अथवा गार्हस्थ्य-कर्म और संन्यास-धर्म, अर्थात् प्रवृत्ति और निवृत्ति-इन दोनों शाखाओं के पूर्णतया रूढ़ हो जाने पर उनमें सुधार करने के लिए बौद्ध धर्म उत्पन्न हुआ है। सुधार के विषय में सामान्य नियम यह है, कि उसमें पहले की कुछ बातें स्थिर रह जाती हैं; और कुछ बदल जाती हैं। अतएव इस न्याय के अनुसार जब इस बात का विचार करना चाहिए, कि बौद्ध धर्म में वैदिकधर्म की किन-किन बातों को स्थिर रख लिया है; और किन को छोड़ दिया है। यह विचार गार्हस्थ धर्म और संन्यास इन दोनों की पृथक्-पृथक् दृष्टियों से करना चाहिए। परंतु बौद्ध धर्म मूल में संन्यासमार्गीय अथवा केवल निवृत्ति-प्रधान है, इसलिए पहले दोनों के संन्यास-धर्म का विचार करके अनंतर दोनों के गार्हस्थ्य धर्म के तारतम्य पर विचार किया जाएगा।

वैदिक संन्यास-धर्म पर दृष्टि डालने से मालूम पड़ता है, कि कर्ममय सृष्टि के सब व्यवहार तृष्णामूलक अतएव दुःखमय हैं; उससे अर्थात् जन्म-मरण के भवचक्र से आत्मा का सर्वथा छुटकारा होने के लिए मन निष्काम और विरक्त करना चाहिए तथा उसको दृश्य सृष्टि के मूल में रहने वाले आत्मस्वरूपी नित्य परब्रह्म में स्थिर करके सांसारिक कर्मों का सर्वथा त्याग करना उचित है; इस आत्मनिष्ठ स्थिति में सदा निमग्न रहना संन्यास-धर्म का मुख्य तत्त्व है। दृश्य-सृष्टि नामरूपात्मक तथा नाशवान् है; और कर्मविपाक के कारण ही उसका अखंडित व्यापार जारी है।

कम्मना वत्तती लोको कम्मना वत्तती पजा। (प्रजा)।
कम्मनिबंधना सत्ता (सत्त्वानि) रथस्साऽणीव यायतो॥

"कर्म ही से लोग और प्रजा भी जारी हैं। जिस प्रकार चलती हुई गाड़ी रथ की कील से नियंत्रित रहती है, उसी प्रकार प्राणिमात्र कर्म से बंधा हुआ है" (सुत्तनि. वासेठसुत्त 61)। वैदिक धर्म के ज्ञानकांड का उक्त तत्त्व, अथवा जन्म-मरण का चक्कर, या ब्रह्मा, इंद्र, महेश्वर, यम, आदि देवता और भिन्न-भिन्न स्वर्ग-पाताल आदि लोकों का ब्राह्मण-धर्म में वर्णित अस्तित्व भी बुद्ध को मान्य था; और इसी कारण नामरूप, कर्मविपाक, अविद्या, उपादान और प्रकृति वगैरह वेदान्त या सांख्यशास्त्र के शब्द तथा ब्रह्मादि वैदिक देवताओं की कथाएँ भी (बुद्ध की श्रेष्ठता को स्थिर रखकर) कुछ हेरफेर से बौद्ध ग्रंथों में पाई जाती हैं। यद्यपि बुद्ध को वैदिक धर्म के कर्म सृष्टिविषयक ये सिद्धान्त मान्य थे, कि दृश्य सृष्टि नाशवान् और अनित्य है; एवं उसके व्यवहार कर्मविपाक के कारण जारी हैं; तथापि वैदिक धर्म अर्थात् उपनिषत्कारों का यह सिद्धान्त उन्हें मान्य न था, कि नामरूपात्मक नाशवान् सृष्टि के मूल में नामरूप से अतिरिक्त आत्मस्वरूपी परब्रह्म के समान एक नित्य और सर्वव्यापक वस्तु है-इन दोनों

धर्मों में जो विशेष भिन्नता है, वह यही है। गौतम बुद्ध ने यह बात स्पष्ट रूप से कह दी है, कि आत्मा या ब्रह्म यथार्थ में कुछ नहीं है-केवल भ्रम है, इसलिए आत्म-अनात्म के विचार में या ब्रह्मा-चिंतन के पचड़े में पड़कर किसी को भी अपना समय न खोना चाहिए (सब्बासवसुत्त 9-13)। दीघ्घनिकायों के ब्रह्मजालसुत्तों से भी यही बात स्पष्ट होती है, कि आत्माविषयक कोई भी कल्पना बुद्ध को मान्य न थी।[1] इन सुत्तों के अंत में कहा है, कि आत्मा और ब्रह्म एक हैं या दो, फिर ऐसे ही भेद बतलाते हुए आत्मा की भिन्न-भिन्न 62 प्रकार की कल्पनाएँ बतलाकर कहा है, कि ये सभी मिथ्या 'दृष्टि' हैं; और मिलिंद प्रश्न में भी (मि. प्र. 2, 3, 6, 7.15) बौद्ध धर्म के अनुसार नागसेन ने यूनानी मिलिंद से (मिनांदर) साफ-साफ कह दिया है, कि "आत्मा तो कोई यथार्थ वस्तु नहीं है।" यदि मान लें, कि आत्म और उसी प्रकार ब्रह्म भी, दोनों भ्रम ही हैं, यथार्थ नहीं है, तो वस्तुतः धर्म की नींव ही गिर जाती है। क्योंकि, फिर सभी अनित्य वस्तुएँ ही बची रहती हैं; और नित्य-सुख या उसका अनुभव करने वाला कोई भी नहीं रह जाता। यही कारण है, जो श्रीशंकराचार्य ने तर्क दृष्टि से भी इस मत को अग्राह्य निश्चित किया है; परंतु अभी हमें केवल यही देखना है, कि असली बुद्ध धर्म क्या है? इसलिए इस वाद को यहीं छोड़कर देखेंगे, कि बुद्ध ने आगे अपने धर्म की क्या उपपत्ति बतलाई है। यद्यपि बुद्ध को आत्मा का अस्तित्व मान्य न था; तथापि इन बातों से वे पूर्णतया सहमत थे, कि (1) कर्मविपाक के कारण नाम-रूपात्मक देह को (आत्मा को नहीं) नाशवान् जगत के प्रपंच में बार-बार जन्म लेना पड़ता है; और (2) पुनर्जन्म का यह चक्कर या सारा संसार ही दुःखमय है, इससे छुटकारा पाकर स्थिर शांति या सुख को प्राप्त कर लेना अत्यंत आवश्यक है। इस प्रकार इन दो बातों-अर्थात् सांसारिक दुःख के अस्तित्व और उसके निवारण करने की आवश्यकता को मान लेने से वैदिक धर्म का यह प्रश्न फिर भी ज्यों-का-त्यों बना ही रहता है, कि दुःख निवारण करके अत्यंत सुख प्राप्त कर लेने का मार्ग कौन-सा है? और उसका कुछ-न-कुछ ठीक-ठीक उत्तर देना आवश्यक हो जाता है। उपनिषत्कारों ने कहा है, कि यज्ञयाग आदि कर्मों के द्वारा संसार चक्र से छुटकारा हो नहीं सकता! और बुद्ध ने इससे भी कहीं आगे बढ़कर इन सब कर्मों का हिंसात्मक अतएव सर्वथा त्याज्य और निषिद्ध बतलाया है। इसी प्रकार यदि स्वयं 'ब्रह्म' ही को एक बड़ा भारी भ्रम मानें, तो दुःखनिवारणार्थ जो ब्रह्मज्ञान-मार्ग है, वह भी भ्रांतिकारक या असंभव निर्णीत होता है। फिर दुःखमय भवचक्र से छूटने का मार्ग कौन-सा है? बुद्ध ने इसका यह उत्तर दिया है, कि किसी रोग को दूर करने वाले मार्ग का अवलंब बुद्धिमान पुरुष को करना चाहिए। इन कारणों पर विचार करने से मालूम पड़ता है, कि तृष्णा या कामना ही इस जगत के सब दुःखों की जड़ है, और एक नामरूपात्मक शरीर का नाश हो जाने पर बचे हुए इस वासनात्मक बीज ही से अन्यान्य नाम-रूपात्मक शरीर पुनः-पुनः उत्पन्न हुआ करते हैं। और फिर बुद्ध ने निश्चित किया है, कि पुनर्जन्म के दुःखमय संसार से पिंड छुड़ाने के लिए इंद्रियनिग्रह से, ध्यान से तथा वैराग्य से तृष्णा का पूर्णतया क्षय करके संन्यासी या भिक्षु बन जाना ही एकमेव यथार्थ मार्ग है; और इसी वैराग्यमुक्त संन्यास से अचल शांति एवं सुख प्राप्त होता है। तात्पर्य यह है, कि यज्ञयाग आदि की; तथा आत्म-अनात्म विचार की झंझट में न पड़कर, निम्न चार दृश्य बातों पर ही बौद्ध धर्म की रचना की गई है। वे चार बातें ये हैं: सांसारिक दुःख का अस्तित्व, उसका कारण, उसके निरोध या निवारण करने

---

1. ब्रह्मजालसुत्त का अंग्रेजी में अनुवाद नहीं है; परंतु उसका संक्षिप्त विवेचन हिस्डेविड्स्ने S. B. E. Vol. XXVI. Intro. pp. xxiii-xxv में किया है।

की आवश्यकता, और उसे समूल नष्ट करने के लिए वैराग्यरूप-साधन; अथवा बौद्ध की परिभाषा के अनुसार क्रमशः दु:ख, समुदय, निरोध और मार्ग। अपने धर्म के इन्हीं चार मूल तत्त्वों को बुद्ध ने 'आर्यसत्य' नाम दिया है। उपनिषद के आत्मज्ञान के बदले चार आर्यसत्यों की दृश्य नींव के ऊपर यद्यपि इस प्रकार बौद्ध धर्म खड़ा यिका गया है; तथापि अचल शांति या सुख पाने के लिए तृष्णा अथवा वासना का क्षय करके मन को निष्काम करने के जिस मार्ग का (चौथा सत्य) उपदेश बुद्ध ने किया है, वह मार्ग, और मोक्ष-प्राप्ति के लिए उपनिषदों में वर्णित मार्ग, दोनों वस्तुत: एक ही हैं, इसलिए यह बात स्पष्ट है, कि दोनों का अंतिम दृश्य-साध्य मन की निविषय स्थिति ही है। परंतु इन दोनों धर्मों में भेद यह है, कि ब्रह्म तथा आत्मा को एक मानने वाले उपनिषत्कारों ने मन की इस निष्काम अवस्था को 'आत्मनिष्ठा', 'ब्रह्मसंस्था', 'ब्रह्मभूतता', 'ब्रह्मनिर्वाण' (गीत 5.17-25; छां. 2.23.1), अर्थात् ब्रह्म में आत्मा का लय होना आदि अंतिम आधार दर्शक नाम दिए हैं; और बुद्ध ने उसे केवल 'निर्वाण' अर्थात् 'विराम पाना' या दीपक के बुझ जाने के समान वासना का नाश होना' यह केवल क्रियादर्शक नाम दिया है। क्योंकि, ब्रह्म या आत्मा को भ्रम कह देने पर यह प्रश्न ही नहीं रह जाता, कि "विराम कौन पाता है और किसमें पाता है?" (सुत्तनिपात में से रतनसुत 14 और वंगीसुत्त 12, 13), एवं बुद्ध ने तो यह स्पष्ट रीति से कह दिया है, कि चतुर मनुष्य को इस गूढ़ प्रश्न का विचार भी न करना चाहिए (सब्बासवसुत्त 8-13; मिलिंदप्रश्न 4.2.4, 5) यह स्थिति प्राप्त होने पर, पुनर्जन्म नहीं होता, इसलिए एक शरीर के नष्ट होने पर फिर दूसरे शरीर को पाने की सामान्य क्रिया के लिए प्रयुक्त होने वाले 'मरण' शब्द का उपयोग बौद्ध धर्म के अनुसार भी 'निर्वाण' के लिए किया नहीं जा सकता। निर्वाण तो 'मृत्यु की मृत्यु', अथवा उपनिषदों के वर्णनानुसार "मृत्यु को पारकर जाने का मार्ग" है-निरी मौत नहीं है। बृहदारण्यक उपनिषद में (4.4.7) यह जो दृष्टान्त दिया है, कि जिस प्रकार सर्प को अपनी कैंचली छोड़ देने पर उसकी कुछ परवाह नहीं रहती, उसी प्रकार जब कोई मनुष्य उक्त स्थिति में पहुँच जाता है, तब उसे भी अपने शरीर की कुछ चिंता नहीं रह जाती; और उसी दृष्टान्त का आधार असली भिक्षु का वर्णन करते समय सुत्तनिपात के उरगसुत्त के प्रत्येक श्लोक में लिया गया है। वैदिक धर्म का यह तत्त्व भी (कौषी. ब्रा. 3.1), कि "आत्मनिष्ठ पुरुष पाप-पुण्य से सदैव अलिप्त रहता है" (बृ. 4.4.23); "इसलिए उसे मातृवध तथा पितृवध सरीखे पातकों का भी दोष नहीं लगता", धम्मपद में शब्दश: ज्यों-का-त्यों बतला गया है (धम्म. 294.295; मिलिंदप्रश्न 4.5.7)। सारांश, यद्यपि ब्रह्म तथा आत्मा का अस्तित्व बुद्ध को मान्य नहीं था, तथापि मन को शांत, विरक्त तथा निष्काम करना प्रभृति मोक्ष-प्राप्ति के लिए भी आवश्यक है; इसलिए बौद्ध यति तथा वैदिक संन्यासियों के वर्णन मानसिक स्थिति की दृष्टि से एक ही से होते हैं; और इसी कारण पाप-पुण्य की जिम्मेदारी के संबंध से तथा जन्म-मरण के चक्कर से छुटकारा पाने के विषय में वैदिक संन्यास-धर्म के जो सिद्धान्त हैं, वे ही बौद्ध धर्म में स्थिर रखे गए हैं। परंतु वैदिक धर्म गौतम बुद्ध से पहले का है, अतएव इस विषय में कोई शंका नहीं, कि ये विचार असल में वैदिक धर्म के ही हैं।

वैदिक तथा बौद्ध संन्यास-धर्मों की विभिन्नता का वर्णन हो चुका है। अब देखना चाहिए, कि गार्हस्थ्य-धर्म के विषय में बुद्ध ने क्या कहा है। आत्म-अनात्म-विचार के तत्त्वज्ञान को महत्त्व न देकर सांसारिक दु:खों के अस्तित्व आदि दृश्य के आधार पर ही यद्यपि बौद्ध धर्म खड़ा किया गया है; तथापि स्मरण रखना चाहिए, कि कोंट सरीखे आधुनिक पश्चिमी पंडितों के निरे आधिभौतिक धर्म के अनुसार-अथवा गीता धर्म के अनुसार भी बौद्ध धर्म मूल में प्रवृत्ति-प्रधान नहीं है। परंतु बृहदारण्यक उपनिषद में (बृ.

4.4.6) वर्णित याज्ञवल्क्य का यह सिद्धान्त कि, "संसार को बिल्कुल छोड़ करके मन को निर्विषय तथा निष्काम करना ही इस जगत में मनुष्य का केवल एक परम कर्त्तव्य है", बौद्ध धर्म में भी सर्वथा स्थिर रखा गया है, इसीलिए बौद्ध मूल में केवल संन्यास-प्रधान हो गया है। यद्यपि बुद्ध के समग्र उपदेशों का तात्पर्य यह है, कि संसार का त्याग किए बिना, केवल गृहस्थाश्रम में ही बने रहने से, परम सुख अर्हतावस्था कभी प्राप्त हो नहीं सकती; तथापि यह न समझ लेना चाहिए कि उसमें गार्हस्थ्यवृत्ति का बिल्कुल विवेचन ही नहीं है। जो मनुष्य बिना भिक्षु बने बुद्ध, उसके धर्म और बौद्ध भिक्षुओं के संघ अर्थात् मेले या मंडलियाँ, इन तीनों पर विश्वास रखे; और "बुद्धं शरणं गच्छामि, धर्मं शरणं गच्छामि, संघं शरणं गच्छामि" इस संकल्प के उच्चारण द्वारा उक्त तीनों शरण में जाए, उसको बौद्ध-ग्रंथों में उपासक कहा है। ये ही लोग बौद्ध धर्मावलंबी गृहस्थ हैं। प्रसंग-प्रसंग पर स्वयं बुद्ध ने भी कुछ स्थानों पर उपदेश किया है, कि उन उपासकों को अपना ग्रार्हस्थ-व्यवहार कैसा रखना चाहिए (महापरिनिब्बाणसुत्त 1.24)। वैदिक गार्हस्थ-धर्म में से हिंसात्मक श्रौत यज्ञयाग और चारों वर्णों का भेद बुद्ध को ग्राह्य नहीं था। इन बातों को छोड़ देने से स्मार्त पंचमहायज्ञ, दान आदि परोपकार धर्म और नीति पूर्वक आचरण करना ही गृहस्थ का कर्त्तव्य रह जाता है; तथा गृहस्थों के धर्म का वर्णन करते समय केवल इन्हीं बातों का उल्लेख बौद्ध-ग्रंथों में पाया जाता है। बुद्ध का मत है, कि प्रत्येक गृहस्थ अर्थात्, उपासक को पंचमहायज्ञ करना ही चाहिए। उनका स्पष्ट कथन है, कि अहिंसा, सत्य, अस्तेय, सर्वभूतानुकंपा और (आत्मा मान्य न हो, तथापि) आत्मौपम्य-दृष्टि, शौच या मन की पवित्रता, तथा विशेष करके सत्पात्रों याने बौद्ध-भिक्षुओं को एवं बौद्ध भिक्षु-संघों को अन्न-वस्त्र आदि का दान देना प्रभृति नीति धर्मों का भी पालन बौद्ध उपासकों को करना चाहिए। बौद्ध धर्म में इसी को 'शील' कहा है; और दोनों की तुलना करने से यह बात स्पष्ट हो जाती है, कि पंचमहायज्ञ के समान ये नीति-धर्म भी ब्राह्मण-धर्म के धर्म-सूत्रों अथा प्राचीन स्मृति-ग्रंथों से (मनु. 6.92; 10.63) बुद्ध ने लिए हैं।[1] और तो क्या, इस आचार के विषय में प्राचीन ब्राह्मणों की स्तुति स्वयं बुद्ध ने ही ब्राह्मणधम्मिकसुत्तों में की है; तथा मनुस्मृति के कुछ श्लोक तो धम्मपद में अक्षरशः पाए जाते हैं (मनु. 2.121; 5.45; धम्मपद 109, 131) बौद्ध धर्म में वैदिक ग्रंथों से न केवल पंचमहायज्ञ और नीति-धर्म ही लिए गए हैं; किंतु वैदिक धर्म में पहले कुछ उपनिषत्कारों-द्वारा प्रतिपादित इस मत को भी बुद्ध ने स्वीकार किया है, कि गृहस्थाश्रम में पूर्ण मोक्ष-प्राप्ति कभी भी नहीं होती। उदाहरणार्थ, सुत्तनिपात्तों के धम्मिकसुत्त में भिक्षु के साथ उपासक की तुलना करके बुद्ध ने साफ-साफ कह दिया है, कि गृहस्थ को उत्तम शील के द्वारा बहुत हुआ तो 'स्वयंप्रकाश' देवलोक की प्राप्ति हो जाएगी; परंतु जन्म-मरण के चक्कर से पूर्णतया छुटकारा पाने के लिए संसार तथा लड़के-बच्चे, स्त्री आदि को छोड़ करके अंत में उसको भिक्षु-धर्म ही स्वीकार करना चाहिए (धम्मिकसुत्त 17, 29; बृ. 4.4.6; मभा. वन. 2, 63)। तविज्जसुत्त में (ते. स. 1.35.3.5) यह वर्णन है, कि धर्म-मार्गीय वैदिक ब्राह्मणों से वाद करते समय अपने उक्त संन्यास-प्रधान मत को सिद्ध करने के लिए बुद्ध ऐसी युक्तियाँ पेश करते थे, कि "यदि तुम्हारे ब्रह्म के बाल-बच्चे स्त्री तथा क्रोध-लोभ नहीं हैं, तो स्त्री-पुत्रों में रहकर तथा यज्ञ-याग आदि काम्य कर्मों के द्वारा तुम्हें ब्रह्म की प्राप्ति होगी ही कैसे?" और यह भी प्रसिद्ध है, कि स्वयं बुद्ध ने युवावस्था में ही अपनी स्त्री, अपने पुत्र तथा राजपाट को भी त्याग दिया था, एवं भिक्षु-धर्म स्वीकार कर लेने पर छह वर्ष के बाद उन्हें बुद्धावस्था

1. See Dr. Kern's Manual of Buddhism (Grundriss III.8) p. 68

प्राप्त हुई थी। बुद्ध के समकालीन, परंतु उनसे पहले ही समाधिस्थ हो जाने वाले, महावीर नामक अंतिम जैन तीर्थकार का भी ऐसा ही उपदेश है। परंतु वह बुद्ध के समान अनात्मवादी नहीं था; और इन दोनों धर्मों में महत्त्व का भेद यह है, कि वस्त्रप्रावरण आदि ऐहिक सुखों का त्याग और अहिंसाव्रत प्रभृति धर्मों का पालन बौद्ध भिक्षुओं की अपेक्षा जैन यति अधिक दृढ़ता से किया करते थे; एवं अब भी करते रहते हैं। खाने ही की नियत से जो प्राणी न मारे गए हों, उनका 'पवत्त' (सं. प्रवृत्त) अर्थात् "तैयार किया हुआ मांस" (हाथी, सिंह आदि कुछ प्राणियों को छोड़कर) बुद्ध स्वयं खाया करते थे; 'पवत्त' मांस तथा मछलियाँ खाने की आज्ञा बौद्ध भिक्षुओं को भी दी गई है; एवं बिना वस्त्रों के नंग-धड़ंग घूमना बौद्ध-भिक्षु-धर्म के नियमानुसार अपराध है; (महावग्ग. 6.31.14; 8.28.1)। सारांश, यद्यपि बुद्ध का निश्चित उपदेश था, कि अनात्म्वादी भिक्षु बनो; तथापि काया-क्लेशमय उग्र तप से बुद्ध सहमत नहीं थे (महावग्ग. 5.1.16; गीता 6.16); बौद्ध भिक्षुओं के विहारों अर्थात् उनके रहने के मठों की सारी व्यवस्था भी ऐसी रखी जाती थी, कि जिससे उनको कोई विशेष शारीरिक कष्ट न सहना पड़े; और प्राणायाम आदि योगाभ्यास सरलतापूर्वक हो सके। तथापि बौद्ध धर्म में यह तत्त्व पूर्णतया स्थिर है; कि अर्हतावस्था या निर्वाणसुख की प्राप्ति के लिए गृहस्थाश्रम को त्यागना ही चाहिए, इसलिए यह कहने में कोई प्रत्यवाय नहीं, कि बौद्ध धर्म संन्यास-प्रधान धर्म है।

यद्यपि बुद्ध का निश्चित मत था, कि ब्रह्मज्ञान अथवा आत्म-अनात्म-विचार भ्रम का एक बड़ा-सा जाल है; तथापि इस दृश्य कारण के लिए, अर्थात् दुःखमय संसार चक्र से छूटकर निरंतर शांति तथा सुख प्राप्ति के लिए, उपनिषदों में वर्णित संन्यासमार्ग वालों के इसी साधन को उन्होंने मान लिया था, कि वैराग्य से मन को निर्विषय रखना चाहिए; और जब यह सिद्ध हो गया, कि चातुर्वर्ण्य भेद या हिंसात्मा यज्ञयाग को छोड़कर बौद्ध धर्म में वैदिक गार्हस्थ-धर्म के नीति नियम ही कुछ हेरफेर करके लिए गए हैं, तब यदि उपनिषद् तथा मनुस्मृति आदि ग्रंथों में वैदिक संन्यासियों के जो वर्णन हैं, वे वर्णन, एवं बौद्ध भिक्षुओं या अर्हतों के वर्णन, अथवा अहिंसा आदि नीति-धर्म, दोनों धर्म में एक ही से-और कई स्थानों पर शब्दशः एक ही से-दीख पड़े, तो आश्चर्य की बात नहीं है। ये सब बातें मूल वैदिक धर्म की ही हैं। परंतु बौद्धों ने केवल इतनी ही बातें वैदिक धर्म से नहीं ली हैं; प्रत्युत बौद्ध धर्म के दशरथ-जातक के समान जातक-ग्रंथ भी प्राचीन वैदिक पुराण-इतिहास की कथाओं के, बुद्ध धर्म के अनुकूल तैयार किए हुए, रूपांतर हैं। न केवल बौद्धों ने ही, किंतु नैनों ने भी अपने अभिनव पुराणों में वैदिक कथाओं के ऐसे ही रूपांतर कर लिए हैं। सेल[1] साहब ने तो यह लिखा है, कि ईसा के अनंतर प्रचलित हुए महंमदी धर्म में ईसा के चरित्र का इसी प्रकार विपर्यास कर लिया गया है। वर्तमान समय की खोज से यह सिद्ध हो चुका है, कि पुरानी बाईबल में सृष्टि की उत्पत्ति, प्रलय तथा नूह आदिकी जो कथाएँ हैं, वे सब प्राचीन खाल्दी जाति की धर्म-कथाओं के रूपांतर हैं, कि जिनका वर्णन यहूदी लोगों का किया हुआ है। उपनिषद्, प्राचीन धर्म-सूत्र, तथा मनुस्मृति के वर्णन कथाएँ अथवा विचाार जब बौद्ध ग्रंथों में इस प्रकार-कई बार तो बिल्कुल शब्दशः-लिए गए हैं, तब यह अनुमान सहज ही हो जाता है, कि ये असल में महाभारत के ही हैं। बौद्ध-ग्रंथ-प्रणेताओं ने इन्हें वहीं से उद्धृत कर लिया होगा। वैदिक धर्म-ग्रंथों के जो भाव और श्लोक बौद्ध-ग्रंथों में पाए जाते हैं, उनके

1. See Sele's Koran, "To the REader" (Preface), P. x. and the Preliminary Discourse, See/IV. p. 58. (Chandos Classics Edition.)

कुछ उदाहरण ये हैं-"जय से बैर की वृद्धि होती है; और बैर से बैर शांत नहीं होता" (मभा. उद्यो. 71, 59, 63), "दूसरे के क्रोध को शांति से जीतना चाहिए" आदि विदुरनीति (मभा. उद्योग. 38.73) तथा जनक का यह वचन कि "यदि मेरी एक भुजा में चंदन लगाया जाए और दूसरी काटकर अलग कर दी जाए, तो भी मुझे दोनों बातें समान ही हैं" (मभा. शां. 320.36); इसके अतिरिक्त महाभारत के और भी बहुत से श्लोक बौद्ध-ग्रंथों में शब्दश: पाए जाते हैं। (धम्मपद 5, 223, मिलिंदप्रश्न 7.3.5) इसमें कोई संदेह नहीं की उपनिषद, ब्रह्मसूत्र तथा मनुस्मृति आदि वैदिक ग्रंथ बुद्ध की अपेक्षा प्राचीन हैं; इसलिए उनके जो विचार तथा श्लोक बौद्ध ग्रंथों में पाए जाते हैं, उनके विषय में विश्वासपूर्वक कहा जा सकता है, कि उन्हें बौद्ध-ग्रंथकारों ने उपर्युक्त वैदिक ग्रंथों ही से लिया है; किंतु यह बात महाभारत के विषय में नहीं कही जा सकती। महाभारत में ही बौद्ध डागोबाओं का जो उल्लेख है! उससे स्पष्ट होता है, कि महाभारत का अंतिम संस्करण बुद्ध के बाद रचा गया है। अतएव केवल श्लोक के सादृश्य के आधार पर यह निश्चय नहीं किया जा सकता, कि वर्तमान महाभारत बौद्ध-ग्रंथों के पहले ही का है; और गीता महाभारत का ही एक भाग है, इसलिए यही न्याय गीता को भी उपयुक्त हो सकेगा। इसके सिवा, यह पहले ही कहा जा चुका है, कि गीता में ही ब्रह्मसूत्रों का उल्लेख है; और ब्रह्मसूत्रों में है बौद्ध धर्मों का खंडन। अतएव स्थितप्रज्ञ के वर्णन प्रभृति की (वैदिक और बौद्ध) दोनों की समता को छोड़ देते हैं, और यहाँ अब इस बात का विचार करते हैं, कि उक्त शंका को दूर करने एवं गीता को निर्विवाद रूप से बौद्ध ग्रंथों से पुरानी सिद्ध करने के लिए बौद्ध-ग्रंथों में कोई अन्य सांधन मिलता है या नहीं।

ऊपर कह चुके हैं, कि बौद्ध धर्म का मूल स्वरूप शुद्ध निरात्मवादी और निवृत्ति प्रधान है। परंतु उसका यह स्वरूप बहुत दिनों तक टिक न सका। भिक्षुओं के आचरण के विषय में मतभेद हो गया; और बुद्ध की मृत्यु के पश्चात् उसमें अनेक उपपंथों का निर्माण ही नहीं होने लगा, किंतु धार्मिक तत्त्वज्ञान के विषय में भी इसी प्रकार का मतभेद उपस्थित हो गया। आजकल कई लोग तो यह भी कहने लगे हैं, कि "आत्मा नहीं है" इस कथन के द्वारा बुद्ध को मन से यही बतलाना है, कि "अचिन्त्य आत्मज्ञान के शुष्कवाद में मत पड़ो; वैराग्य तथा अभ्यास के द्वारा मन को निष्काम करने का प्रयत्न करने का प्रयत्न पहले करो; आत्मा हो चाहे न हो; मन के निग्रह करने का कार्य मुख्य है; और उसे सिद्ध करने का प्रयत्न पहले करना चाहिए।" उनके कहने का यह मतलब नहीं है, कि ब्रह्म या आत्मा बिल्कुल है ही नहीं। क्योंकि तेविज्जसुत्त में स्वयं बुद्ध ने ही 'ब्रह्मसहव्याताय' स्थिति का उल्लेख किया है; और सेल्लसुत्त तथा थेरगाथा में भी उन्होंने कहा है, कि मैं ब्रह्मभूत हूँ (सेल्लसुत्त 14। थेरगाथा 831)। परंतु मूल हेतु चाहे जो हो; यह निर्विवाद है, कि ऐसे अनेक प्रकार के मत, वाद तथा आग्रही पंथ तत्त्वज्ञान की दृष्टि से आगे निर्मित हो गए; जो कहते थे, कि "आत्मा या ब्रह्म में से कोई भी नित्य वस्तु जगत के मूल में नहीं है; जो कुछ दीख पड़ता है, वह क्षणिक या शून्य है; अथवा जो कुछ दीख पड़ता है, वह ज्ञान है; ज्ञान के अतिरिक्त-जगत में कुछ भी नहीं है" इत्यादि (वे. सू. शां. भा. 2.2.18-26)। इस निरीश्वर या अनात्मवादी बौद्ध मत को ही क्षणिकवाद, शून्यवाद और विज्ञानवाद कहते हैं। परंतु यहाँ पर इन सब पंथों के विचार करने का कोई प्रयोजन नहीं है। हमारा प्रश्न ऐतिहासिक है। अतएव उसका निर्णय करने के लिए 'महायान' नामक पंथ का वर्णन, जितना आवश्यक है उतना ही, यहाँ पर किया जाता है। बुद्ध के मूल उपदेश में आत्मा या ब्रह्म का (अर्थात् परमात्मा या परमेश्वर) अस्तित्व ही अग्राह्य अथवा गौण माना गया है, इसलिए स्वयं बुद्ध अपने जीवन-काल में ही भक्ति के द्वारा परमेश्वर की प्राप्ति करने के मार्ग का उपदेश किया जाना संभव

नहीं था; और जब तक बुद्ध की भव्य मूर्ति एवं चरित्रक्रम लोगों के सामने प्रत्यक्ष रीति से उपस्थित था, तब तक उस मार्ग की कुछ आवश्यकता ही नहीं थी। परंतु आगे यह आवश्यक हो गया, कि यह धर्म सामान्य जनों को प्रिय हो; और उसका अधिक प्रसार भी हो। अत: घरबार छोड़, भिक्षु बन करके मनोनिग्रह से बैठे-बिठाए निर्वाण पाने-यह न समझकर कि किसमें?-के इस निरीश्वर निवृत्ति-मार्ग की अपेक्षा किसी सरल और प्रत्यक्ष मार्ग की आवश्यकता हुई है। बहुत संभव है, कि साधारण बुद्ध-भक्तों ने तत्कालीन प्रचलित वैदिक भक्ति-मार्ग का अनुकरण करके, बुद्ध की उपासना का आरंभ पहले पहल स्वयं कर दिया हो; अतएव बुद्ध के निर्वाण पाने के पश्चात् शीघ्र ही बौद्ध पंडितों ने बुद्ध ही को "स्वयंभू तथा अनादि, अनंत पुरुषोत्तम" का रूप दे दिया! और वे कहने लगे, कि बुद्ध का निर्वाण होना तो उन्हीं की लीला है, "असली बुद्ध का कभी नाश नहीं होता-वह तो सदैव अचल रहता है।" इसी प्रकार बौद्ध-ग्रंथों में यह प्रतिपादन किया जाने लगा, कि असली बुद्ध "सारे जगत का पिता है; और जनसमूह उनकी संतान हैं", इसलिए वह भी सभी को 'समान है, न वह किसी से प्रेम ही करता है और न किसी से द्वेष भी करता है।" "धर्म की व्यवस्था बिगड़ने पर 'धर्मकृत्य' के लिए वही समय-समय पर बुद्ध के रूप से प्रकट हुआ करता है", और इसी देवाधिदेव बुद्ध की "भक्ति करने से, उसके ग्रंथों की पूजा करने से और उसके डागोबा के सम्मुख कीर्तन करने से" अथवा "उसे भक्तिपूर्वक दो-चार कमल या एक फूल समर्पण कर देने से भी मनुष्य को सद्गति प्राप्त होती है (सद्धर्मपुंडरीक 2.77-98! 5.2; 15.5-22; मिलिंदप्रश्न 3, 7.7)।[1] मिलिंदप्रश्न में (मि. प्र. 3,7,2) यह भी कहा है, कि "किसी मनुष्य की सारी उम्र दुराचरणों में क्यों न बीत गई हो; परंतु मृत्यु के समय यदि वह बुद्ध की शरण में जाए, तो उसे स्वर्ग की प्राप्ति अवश्य होगी"; और सद्धर्मपुंडरीक दूसरे तथा तीसरे अध्यायों में इस बात का विस्तृत वर्णन है, कि सब लोगों का "अधिकार, स्वभाव तथा ज्ञान एक ही प्रकार का नहीं होता; इसलिए अनात्म पर निवृत्ति-प्रधान-मार्ग के अतिरिक्त भक्ति से इस मार्ग को (यान) बुद्ध ने ही दया करके अपनी "उपायचातुरी से निर्मित किया है।" स्वयं बुद्ध के बतलाए हुए इस धर्म-तत्त्व को एकदम छोड़ देना कभी भी संभव नहीं था, कि निर्वाणपाद की प्राप्ति होने के लिए भिक्षु-धर्म ही को स्वीकार करना चाहिए; क्योंकि यदि ऐसा किया जाता, तो मानो बुद्ध के मूल उपदेश पर ही हरताल पोता जाता। परंतु यह कहना कुछ अनुचित नहीं था, कि भिक्षु हो गया तो क्या हुआ; उसे जंगल में 'गेंडे' के समान अकेले तथा उदासीन न बने रहना चाहिए; किंतु धर्मप्रसार आदि लोकहित तथा परोपकार के काम 'निरिस्तित' बुद्धि से करते जाना ही बौद्ध भिक्षुओं का कर्त्तव्य है;[2] इसी मत का प्रतिपादन महायान-पंथ के सद्धर्मपुंडरीक आदि ग्रंथों में किया गया है; और नागसेन ने मिलिंद से कहा है, कि "गृहस्थाश्रम में रहते हुए निर्वाणपद को पा लेना बिल्कुल अशक्य नहीं है-और उसके कितने ही उदाहरण भी हैं" (मि. प्र. 6.2.4)। यह बात किसी के भी ध्यान में सहज ही आ जाएगी, कि ये विचार अनात्मवादी तथा केवल संन्यास-प्रधान मूल बौद्ध धर्म के नहीं हैं, अथवा शून्यवाद या विज्ञान-वाद को स्वीकार करके भी इतनी उत्पत्ति नहीं जानी जा सकती; और पहले पहल अधिकांश बौद्ध धर्मवालों को स्वयं मालूम पड़ता था, कि ये विचार

1. प्राच्यधर्म-पुस्तकमाला के 21वें खंड में 'सद्धर्मपुंडरीक' ग्रंथ का अनुवाद प्रकाशित हुआ है। यह मूल ग्रंथ संस्कृत भाषा का है। अब संस्कृत ग्रंथ भी प्रकाशित हो चुका है।

2. सुत्तनिपात में खग्गविसाणसुत्त के 41वें श्लोक का धृवपद "एको चरे खग्गविसाणकप्पो" है। उसका यह अर्थ है, कि खग्गविसाण याने गेंडा और उसी के समान बौद्ध भिक्षु को जंगल में अकेले रहना चाहिए।

बुद्ध के मूल उपदेश से विरुद्ध हैं। परंतु फिर यही नया मत ही स्वभाव से अधिकाधिक लोकप्रिय होने लगा; और बुद्ध के मूल उपदेश के अनुसार आचरण करने वाले को 'हीनयान' (हल्का मार्ग) तथा इस नए पंथ को 'महायान' (बड़ा मार्ग) नाम प्राप्त हो ग़या।[1] चीन, तिब्बत और जापान आदि देशों में आजकल जो बौद्ध धर्म प्रचलित है, वह महायान-पंथ का है; और बुद्ध के निर्वाण के पश्चात् महायान-पंथी भिक्षु संघ के दीर्घोद्योग के कारण ही बौद्ध धर्म का इतनी शीघ्रता से फैलाव हो गया। डॉक्टर केर्न की राय है, कि बौद्ध धर्म में इस सुधार की उत्पत्ति शालिवाहन शक के लगभग तीन सौ वर्ष पहले हुई होगी।[2] क्योंकि बौद्ध-ग्रंथों में इसका उल्लेख है, कि शक राजा कनिष्क के शासन-काल में बौद्ध भिक्षुओं की जो एक महापरिषद हुई थी, उसमें महायान-पंथ के भिक्षु उपस्थित थे। इस महायान-पंथ के 'अमितायुसुत्त' नामक प्रधान सूत्र-ग्रंथ का वह अनुवाद अभी उपलब्ध है, जो कि चीनी भाषा में सन 148 ईसवीके लगभग किया गया था। परंतु हमारे मतानुसार यह काल इससे भी प्राचीन होना चाहिए। क्योंकि, सन ईसवी से लगभग 230 वर्ष पहले प्रसिद्ध किए गए अशोक के शिलालेखों में संन्यास-प्रधान निरीश्वर बौद्ध धर्म का विशेष रीति से कोई उल्लेख नहीं मिलता; उनमें सर्वत्र प्राणिमात्र पर दया करनेवाले प्रवृत्ति-प्रधान बौद्ध धर्म का उपदेश दिया गया है। तब यह स्पष्ट है, कि पहले ही बौद्ध धर्म को महायान-पंथ के प्रवृत्ति-प्रधान स्वरूप का प्राप्त होना आरंभ हो गया था। बौद्ध यति नागार्जुन इस पंथ को मुख्य पुरस्कर्ता था, न कि मूल उत्पादक।

ब्रह्म या परमात्मा के अस्तित्व को न मानकर, उपनिषदों के मतानुसार, केवल मन को निर्विषय करने वाले निवृत्ति-मार्ग के स्वीकारकर्ता मूल निरीश्वरवादी बुद्ध धर्म ही में से यह कब संभव था, कि आगे क्रमशः स्वाभाविक रीति से भक्ति-प्रधान प्रवृत्ति-मार्ग निकल पड़ेगा; इसलिए बुद्ध का निर्वाह हो जाने पर बौद्ध धर्म को शीघ्र ही जो यह कर्म-प्रधान भक्ति-स्वरूप प्राप्त हो गया, उससे प्रकट होता है, कि इसके लिए बौद्ध धर्म के बाहर का तत्कालीन कोई न कोई अन्य कारण गीतारहस्य के ग्यारहवें प्रकरण में स्पष्टीकरण कर दिया है, हिंदुस्तान में तत्कालीन प्रचलित धर्मों में से जैन तथा उपनिषद्-धर्म पूर्णतया निवृत्ति-प्रधान ही थे; और वैदिक धर्म के पाशुपत अथवा शैव आदि पंथ यद्यपि भक्ति-प्रधान थे तो सही; पर प्रवृत्ति-मार्ग और भक्ति का मेल भगवद्गीता के अतिरिक्त अन्यत्र कहीं भी नहीं पाया जाता था। गीता में भगवान ने अपने लिए पुरुषोत्तम नाम का उपयोग किया है; और ये विचार भगवद्गीता में ही आए हैं, कि "मैं पुरुषोत्तम ही सब लोगों का 'पिता' और 'पितामह' हूँ (गीता 9.7); सबको

1. हीनयान और महायान-पंथों का भेद बतलाते हुए डॉक्टर केर्न ने कहा है, कि - "Not the Arhat, who has shaken off all human feeling, but the generous self-sacrificing, active Bodhisattva is the ideal of the Mahayanists, and this attractive side of the creep has, more perhaps than anything else, contributed to their wide conquests, whereas S. Buddhism has not been able to make converts except where the soil had been prepared by Hinduusm and Mahayanism"—Manual of Indian Buddhism, p. 69. Southern Buddhism अर्थात् हीनयान है। महायान-पंथ के भक्ति का भी समावेश हो चुका था। "mahayanism lays a great stress on devotion in this respect as is many others harmonising with the current of feeling in India which led to the growing importance of Bhakti." Ibid. p. 124.

2. See Dr. Kern's Manual of Indian Buddhism, pp. 6, 69 and 119. (मिलींद मिनँडर नामी यूनानी राजा) सन् ईसवी से लगभग 140 या 150 वर्ष पहले हिंदुस्तान की वायव्य की ओर, बॅक्ट्रिया देश में राज्य करता था। मिलिंदप्रश्न में इस बात का उल्लेख है, कि नागसेन ने इसे बौद्ध धर्म की शिक्षा दी थी। बौद्ध धर्म फैलाने के ऐसे काम महायान-पंथ के लोग ही किया करते थे, इसलिए स्पष्ट ही है, कि तब महायान-पंथ प्रादुर्भूत हो चुका था।

'सम' हूँ, मुझे न तो कोई द्वेष्य ही है और न कोई प्रिय (गीता 9.29); मैं यद्यपि अज और अव्यय हूँ, तथापि धर्म-संरक्षणार्थ समय-समय पर अवतार लेता हूँ (4.6-8); मनुष्य कितना ही दुराचारी क्यों न हो, पर मेरा भज़न करने से वह साधु ही हो जाता है (9.30); अथवा मुझे भक्तिपूर्वक एक-आध फूल, फल, पत्ता या थोड़ा सा पानी अर्पण कर देने से भी मैं उसे बड़े ही संतोषपूर्वक ग्रहण करता हूँ (गीता 12.5) इत्यादि। इसी प्रकार इस तत्त्व का विस्तृत प्रतिपादन गीता के अतिरिक्त कहीं भी नहीं किया गया है, कि ब्रह्मनिष्ठ पुरुष लोक-संग्रह के लिए प्रवृत्त-धर्म ही को स्वीकार करें। अतएव यह अनुमान करना पड़ता है, कि जिस प्रकार मूल बुद्ध धर्म में वासना का क्षय करने का निरा निवृत्ति-प्रधान मार्ग उपनिषदों से लिया गया है, उसी प्रकार जब महायान-पंथ निकाला तब उसमें प्रवृत्ति-प्रधान भक्ति-तत्त्व भी भगवद्गीता ही से लिया गया होगा। परंतु यह बात केवल अनुमानों पर ही अवलंबित नहीं है। तिब्बती भाषा में बौद्ध धर्म के इतिहास पर तारानाथ-लिखित जो ग्रंथ है, उसमें स्पष्ट लिखा है, कि महायान-पंथ के मुख्य पुरस्कर्ता का अर्थात् "नागार्जुन का गुरु राहुलभद्र नामक बौद्ध पहले ब्राह्मण था; और इस ब्राह्मण को (महायान पंथ की) कल्पना सूझ पड़ने के लिए ज्ञानी श्रीकृष्ण तथा गणेश कारण हुए।" इसके सिवा, एक दूसरे तिब्बती ग्रंथ में भी यही उल्लेख पाया जाता है।[1] यह सच है, कि तारानाथ का ग्रंथ बहुत प्राचीन नहीं है; परंतु यह कहने की आवश्यकता नहीं, कि उसका वर्णन प्राचीन ग्रंथों के आधार को छोड़कर नहीं किया गया है। क्योंकि, यह संभव नहीं है, कि कोई भी बौद्ध ग्रंथकार स्वयं अपने धर्मपंथ के तत्त्वों को बतलाते समय, बिना किसी कारण के, परधर्मियों का इस प्रकार उल्लेख कर दे। इसलिए स्वयं बौद्ध ग्रंथकारों ही के द्वारा इस विषय में श्रीकृष्ण के नाम का उल्लेख किया जाना बड़े महत्त्व का है। क्योंकि, भगवद्गीता के अतिरिक्त श्रीकृष्णोक्त दूसरा प्रवृत्ति-प्रधान भक्ति-ग्रंथ वैदिक धर्म में है ही नहीं, अतएव इससे यह बात सिद्ध हो जाती है, कि महायान-पंथ के अस्तित्व में आने से पहले ही न केवल भागवत धर्म ही किंतु भागवत धर्म विषयक श्रीकृष्णोक्त ग्रंथ अर्थात् भगवद्गीता भी उस समय प्रचलित थी; और डॉक्टर केर्न भी इसी मत का समर्थन करते हैं। जब गीता का अस्तित्व बुद्धधर्मीय महायान-पंथ से पहले का निश्चित हो गया; तब अनुमान किया जा सकता है, कि उसके साथ महाभारत भी रहा होगा। बौद्ध-ग्रंथों में पाए जाने वाले अत्यंत प्राचीन बौद्ध-ग्रंथों का भी उसी समय में रचा जाना सिद्ध नहीं होता। महापरिनिब्बाणसुत्त को वर्तमान बौद्ध-ग्रंथों में प्राचीन मानते हैं। परंतु उसमें पाटलीपुत्र शहर के विषय में जो उल्लेख है, उससे प्रोफेसर हिस्डेविड्स् ने दिखलाया है, कि यह ग्रंथ बुद्ध का निर्वाण हो चुकने पर कम-से-कम सौ वर्ष पहले तैयार न किया गया होगा और बुद्ध के अनंतर सौ वर्ष बीतने पर बौद्धधर्मीय भिक्षुओं की जो दूसरी परिषद हुई थी, उसका वर्णन विनयपिटका में चुल्ल्वग्ग ग्रंथ के अंत में है। इससे विदित होता है,[2] कि लंकाद्वीप के पाली भाषा में लिखे हुए विनयपिटकादि प्राचीन बौद्ध-ग्रंथ इस परिषद के हो चुकने पर

1. See Dr. Kern's Manula of Indian Buddhism, p. 122 "He (Nagarjuna) was a pupil of the Brahmana Rahulabhadra, who himself was a Mahayanist. This Brahmana was much indebted to the sage Krishna and still more to Ganesha. This quassi-historical notice, reduced to its less allegorical expression means that. Mahayanism is much indebted to the Bhagavadgita and more even to Shivaism." जान पड़ता है, कि डॉ. केर्न 'गणेश' शब्द से शैव पंथ समझते हैं। डॉ. केर्न ने प्राच्यधर्म-पुस्तक-माला में 'सद्धर्मपुंडरीक' ग्रंथ का अनुवाद किया है; और उसकी प्रस्तावना में इसी मत का प्रतिपादन किया है। (S. B. E. Vol. XXI, Intro. pp. xxv-xxviii).
2. See S. B. E. Vol. XI, Intro. pp. xv-xx and p. 58.

रचे गए हैं। इस विषय में बौद्ध ग्रंथकारों ही ने कहा है, कि अशोक के पुत्र महेंद्र ने ईसा की सदी से लगभग 241 वर्ष पहले जब प्रथम सिंहल द्वीप में बौद्ध धर्म का प्रचार करना आरंभ किया, तब ये ग्रंथ भी वहाँ पहुँच गए, और फिर कोई डेढ़ सौ वर्ष के बाद यहाँ पहले पहल पुस्तक के रूप में लिखे गए। यदि मान लें, कि इन ग्रंथों को मुखाग्र रट डालने की चाल थी, इसलिए महेंद्र के समय से उनमें कुछ भी फेरफार न किया गया होगा, तो भी यह कैसे कहा जा सकता है, कि बुद्ध के निर्वाण के पश्चात् ये ग्रंथ जब पहले-पहल तैयार किए गए, तब अथवा आगे महेंद्र या अशोक-काल तक, तत्कालीन प्रचलित वैदिक-ग्रंथों से इनमें कुछ भी नहीं लिया गया? अतएव यदि महाभारत बुद्ध के पश्चात का हो तो भी अन्य प्रमाणों से भी उसका सिकंदर बादशाह से पहले का अर्थात् सन् 325 ईसवी से पहले का होना सिद्ध है, इसलिए मनुस्मृति के श्लोकों के समान ही महाभारत के श्लोकों का भी उन पुस्तकों में पाया जाना संभव है, कि जिनको धर्म का प्रसार होते देखकर शीघ्र ही प्राचीन वैदिक गाथाओं तथा कथाओं का महाभारत में एकत्रित संग्रह किया गया है; और दिखाई देता है, कि उसके जो श्लोक बौद्ध-ग्रंथों में शब्दशः पाए जाते हैं, उनको बौद्ध-ग्रंथकारों ने महाभारत से ही लिया है; न कि स्वयं महाभारतकार ने बौद्ध-ग्रंथों से। परंतु यदि मान लिया जाए, कि बौद्ध ग्रंथकारों ने इन श्लोकों को महाभारत से नहीं लिया है; बल्कि उन पुराने वैदिक-ग्रंथों से लिया होगा, कि जो महाभारत के भी आधार हैं, परंतु वर्तमान समय में उपलब्ध नहीं है और इस कारण महाभारत के काल का निर्णय उपर्युक्त श्लोक-समानता से पूरा नहीं होता; तथापि नीचे लिखी हुई चार बातों से इतना तो निस्संदेह सिद्ध हो जाता है, कि बौद्ध धर्म में महायान-पंथ का प्रादुर्भाव होने से पहले केवल भागवत धर्म ही प्रचलित न था; बल्कि उस समय भगवद्गीता भी सर्वमान्य हो चुकी थी और इसी गीता के आधार पर महायान-पंथ निकला है; एवं श्रीकृष्ण प्रणीत गीता के तत्त्व बौद्ध धर्म से नहीं लिए गए हैं। वे चार बातें इस प्रकार हैं : (1) केवल अनात्मवादी तथा संन्यास-प्रधान मूल बुद्ध धर्म ही से आगे चलकर क्रमशः स्वाभाविक रीति से भक्ति-प्रधान तथा प्रवृत्ति-प्रधान तत्त्वों का निकलना संभव नहीं है। (2) महायान-पंथ की उत्पत्ति के विषय में स्वयं बौद्ध ग्रंथकारों ने श्रीकृष्ण के नाम का स्पष्टतया निर्देश किया है। (3) गीता के भक्ति-प्रधान तथा प्रवृत्ति-प्रधान तत्त्वों की महायान पंथ के मतों से अर्थतः तथा शब्दशः समानता है और (4) बौद्ध धर्म के साथ-साथ तत्कालीन प्रचलित अन्यान्य जैन अथवा वैदिक पंथों में प्रवृत्ति-प्रधान भक्ति-मार्ग का प्रचार न था। उपर्युक्त प्रमाणों से वर्तमान गीता का ऊपर जो काल निर्णित हुआ है, वह इससे पूर्णतया मिलता-जुलता है।

भाग - 7 गीता और ईसाइयों की बाइबल

पिछले भाग में बतलाई हुई बातों से निश्चित हो गया, कि हिंदुस्थान में भक्ति-प्रधान भागवत धर्म का उदय ईसा से लगभग 14 सौ वर्ष पहले हो चुका था; और ईसा के पहले प्रादुर्भूत मूल संन्यास-प्रधान बौद्ध धर्म में प्रवृत्ति-प्रधान भक्ति-तत्त्व का प्रवेश, वह बौद्ध-ग्रंथकारों के ही मतानुसार, श्रीकृष्ण प्रणीत गीता ही के कारण हुआ है। गीता के बहुतेरे सिद्धान्त ईसाइयों की नई बाइबल में दिखाई पड़ते हैं; बस, इसी बुनियाद पर कई ईसाई ग्रंथों में यह प्रतिपादन रहता है, कि ये तत्त्व ईसाई धर्म से गीता में लिए गए होंगे; और विशेषतः डॉक्टर डॉक्टर लारिनसर ने गीता के उस जर्मन भाषानुवाद में-कि जो सन् 1869 ईसवी में प्रकाशित हुआ था-जो कुछ प्रतिपादन किया है, उसका निर्मूलत्व अब आप-ही-आप सिद्ध हो जाता है। लारिनरस ने अपनी पुस्तक के (अर्थात् गीता के जर्मन अनुवाद के) अंत में भगवद्गीता और बाइबल-विशेषकर

नई बाइबल-के शब्द-सादृश्य के कोई एक सौ से अधिक स्थल बतलाए हैं; और उनमें से कुछ तो विलक्षण एवं ध्यान देने योग्य भी हैं। एक उदाहरण लीजिए-"उस दिन तुम जानोगे, कि मैं अपने पिता में, तुम मुझमें और मैं तुममें हूँ" (जान. 14.20). यह वाक्य गीता के नीचे लिखे हुए वाक्यों से समानार्थक ही नहीं है, प्रत्युत शब्दश: भी एक-ही है-"येन भूतान्यशेषण द्रक्ष्यस्यात्मन्यथो मयि" (गीता 4.35); और "यो मां पश्यति सर्वत्र सर्व च मयि पश्यति" (गीता 6.30)। इसी प्रकार जान का आगे का यह वाक्य भी "जो मुझसे प्रेम करता है, उससे मैं प्रेम करता हूँ" (गीता 14.21), गीता के "प्रियोहि ज्ञानिनोऽत्यर्थं अहं स च मम प्रिय:" (गीता 7.17) इस वाक्य के बिल्कुल ही सदृश है। इन वाक्यों तथा इन्हीं से मिलते-जुलते दूसरे अनेक सदृश वाक्यों की बुनियाद पर डॉक्टर लारिनसर ने अनुमान करके कह दिया है, कि गीताकार बाइबल से परिचित थे; और ईसा के लगभग पाँच सौ वर्ष के पीछे गीता बनी होगी। डॉ. लारिनसर की पुस्तक के इस भाग का अंग्रेजी अनुवाद 'इंडियन एंटिक्वेरी' की दूसरी पुस्तक में उस समय प्रकाशित हुआ था; और परलोकवासी तेलंग ने भगवद्गीता का जो पद्यात्मक अंग्रेजी अनुवाद किया है, उसकी प्रस्तावना में उन्होंने लारिनसर के उक्त मत का पूर्णतया खंडन किया है।[1] डॉ. लारिनसर पश्चिमी संस्कृतज्ञ पंडितों में नहीं लिखे जाते थे; और संस्कृति की अपेक्षा उनका ईसाई धर्म का ज्ञान तथा अभिमान कहीं अधिक था। अतएव उनके मत न केवल परलोकवासी तेलंग ही को, किंतु मैक्समूलर प्रभृति मुख्य-मुख्य पश्चिमी संस्कृत पंडितों को भी अग्राह्य हो गए थे। बेचारे लारिनसर को यह कल्पना भी न हुई होगी, कि ज्योंही एक बार गीता का समय ईसा से प्रथम निस्संदिग्ध निश्चित हो गया, त्योंही गीता और बाइबल के जो सैकड़ों अर्थ-सादृश्य और शब्द-सादृश्य मैं दिखला रहा हूँ, वे भूतों के समान उलटे मेरे ही गले से आ लिपटेंगे। परंतु इसमें संदेह नहीं, कि जो बात कभी स्वप्न में भी नहीं दिखाई पड़ती, वही कभी-कभी आँखों के सामने नाचने लगती है; और सचमुच देखा जाए, तो अब डॉक्टर लारिनसर को उत्तर देने की भी कोई आवश्यकता नहीं है। तथापि कुछ बड़े-बड़े अंग्रेजी ग्रंथों में अभी तक इसी असत्य मत का उल्लेख मिलता है, इसलिए यहाँ पर उस अर्वाचीन खोज के परिणाम का संक्षेप में दिग्दर्शन करा देना आवश्यक प्रतीत होता है, कि जो इस विषय में निष्पन्न हुआ है। पहले यह ध्यान में रखना चाहिए, कि जब किन्हीं दो ग्रंथों के सिद्धान्त एक-से होते हैं, तब केवल इन सिद्धान्तों को समानता ही के भरोसे यह निश्चय नहीं किया जा सकता, कि अमुक ग्रंथ पहले रचा गया है, और अमुक पीछे। क्योंकि यहाँ पर ये दोनों बातें संभव हैं, (1) इन दोनों ग्रंथों में से पहले ग्रंथ के विचार दूसरे ग्रंथ से लिए गए होंगे; अथवा (2) दूसरे ग्रंथ के विचार पहले से। अतएव पहले जब दोनों ग्रंथों के काल का स्वतंत्र रीति से निश्चय कर लिया जाए, तब फिर विचार सादृश्य से यह निर्णय करना चाहिए, कि अमुक ग्रंथकार ने अमुक ग्रंथ से अमुक विचार लिए हैं। इसके सिवा, दो भिन्न-भिन्न देशों के दो ग्रंथकारों को एक ही से विचारों का एक ही समय में, अथवा कभी आगे-पीछे भी, स्वतंत्र रीति से सूझ पड़ना कोई बिल्कुल अशक्य बात नहीं है, इसलिए उन दोनों ग्रंथों की समानता को जाँचते समय यह विचार भी करना पड़ता है, कि वह समानता स्वतंत्र रीति से आविर्भूत होने के योग्य है या नहीं? और जिन दो देशों में ये ग्रंथ निर्मित हुए हों, उनमें उस समय कुछ आवागमन होकर एक देश के विचारों का दूसरे देश में पहुँचना संभव था या नहीं? इस प्रकार चारों ओर से विचार करने पर

1. See Bhagavadgita translated into English Blank Verse with Notes & C. by K.T. Telang, 1875 (Bombay). This book is different fromt eh translation in the S.B. Series.

मालूम पड़ता है, कि ईसाई धर्म से किसी भी बात का गीता में लिया जाना संभव ही नहीं था; बल्कि गीता के तत्त्वों के समान जो कुछ तत्त्व ईसाइयों की बाइबल में पाए जाते हैं, इन तत्त्वों को ईसा ने अथवा उसके शिष्यों ने बहुत करके बौद्ध धर्म से-अर्थात् पर्याय से गीता या वैदिक धर्म ही से-बाइबल में ले लिया होगा; और अब इस बात को कुछ पश्चिमी पंडित लोग स्पष्ट रूप से कहने भी लगे गए हैं। इस प्रकार तराजू का फिरा हुआ पलड़ा देखकर ईसा के कट्टर भक्तों को आश्चर्य होगा; और यदि उनके मन का झुकाव इस बात को स्वीकृत न करने की ओर हो जाए, तो कोई आश्चर्य नहीं है। परंतु ऐसे लोगों से हमें इतना ही कहना है, कि यह प्रश्न धार्मिक नहीं है-ऐतिहासिक है, इसलिए इतिहास की सार्वकालिक पद्धति के अनुसार हाल में उपलब्ध हुई बातों पर शांतिपूर्वक विचार करना आवश्यक है, और फिर उससे निकलने वाले अनुमानों को सभी लोग और विशेषतः वे लोग जिन्होंने यह विचार सादृश्य का प्रश्न प्रथम उपस्थित किया है। आनंदपूर्वक तथा पक्षपात रहित बुद्धि से ग्रहण करें; यही न्याय भी युक्तिसंगत है।

नई बाइबल का ईसाई धर्म, यहूदी बाइबल अर्थात् प्राचीन बाइबल में प्रतिपादित प्राचीन यहूदी धर्म का सुधरा हुआ रूपांतर है। यहूदी भाषा में ईश्वर को 'इलोहा' (अरबी में 'इलाह') कहते हैं-परंतु मोजेस ने जो नियम बना दिए हैं, उनके अनुसार यहूदी धर्म के मुख्य उपास्य देवता की विशेष संज्ञा 'जिहोव्हा' है। पश्चिमी पंडितों ने ही अब निश्चय किया है, कि यह 'जिहोव्हा' शब्द असल में यहूदी नहीं है; किंतु खाल्दी भाषा के 'यव्हे' (संस्कृत यहव) शब्द से निकला है। यहूदी लोग मूर्ति पूजक नहीं है। उनके धर्म का मुख्य आचार यह है, कि अग्नि में पशु या अन्य वस्तुओं का हवन करें; ईश्वर के बतलाए हुए नियमों का पालन करके जिहोव्हा को संतुष्ट करें; और उसके द्वारा इस लोक में अपना तथा अपनी जाति का कल्याण प्राप्त करें। अर्थात् संक्षेप में कहा जा सकता है, कि वैदिक धर्मीय कर्मकांड के समान यहूदी धर्म भी यज्ञमय तथा प्रवृत्ति-प्रधान है। उसके विरुद्ध ईसा का अनेक स्थानों पर उपदेश है, कि "मुझे (हिंसाकारक) यज्ञ नहीं चाहिएं, मैं (ईश्वर की) कृपा चाहता हूँ" (मेथ्यू. 9.13); ईश्वर तथा द्रव्य, दोनों का साथ लेना संभव नहीं" (मेथ्यू. 6.24); "जिसे अमृत तत्त्व की प्राप्ति कर लेनी हो, उसे जब ईसा ने अपने शिष्यों को धर्म प्रसारार्थ देश-विदेश में भेजा, तब संन्यास-धर्म के इन नियमों का पालन करने के लिए उनको उपदेश किया है "तुम अपने पास सोना, चाँदी तथा बहुत से वस्त्रप्रावरण भी न रखना" (मेथ्यू. 10.9-13)। यह सच है, कि अर्वाचीन ईसाई राष्ट्रों ने ईसा के इन सब उपदेशों को लपेट कर ताक पर रख दिया है; परंतु जिस प्रकार आधुनिक शंकराचार्य के हाथी-घोड़े रखने से शांकर-संप्रदाय दरबारी नहीं कहा जा सकता, उसी प्रकार अर्वाचीन ईसाई राष्ट्रों के इस आचरण से मूल ईसाई धर्म के विषय में भी यह नहीं कहा जा सकता, कि वह धर्म भी प्रवृत्ति-प्रधान था। मूल वैदिक धर्म के कर्मकांडात्मक होने पर भी जिस प्रकार उसमें आगे चलकर ज्ञानकांड का उदय हो गया, उसी प्रकार यहूदी तथा ईसाई धर्म का संबंध हैं। परंतु वैदिक कर्मकांड में धीरे-धीरे, क्रमशः ज्ञानकांड की और फिर भक्ति-प्रधान भागवत धर्म की उत्पत्ति एवं वृद्धि सैकड़ों वर्षों तक होती रही है; किंतु यह बात ईसाई धर्म में नहीं है। इतिहास में पता चलता है, कि ईसाई अधिक से अधिक लगभग दो सौ वर्ष पहले एसी या एसीन नामक संन्यासियों का पंथ यहूदियों के देश में एकाएक आविर्भूत हुआ था। ये ऐसे लोग थे तो यहूदी धर्म के ही; परंतु हिंसात्मक यज्ञयाग को छोड़कर, ये अपना समय किसी शांत स्थान में बैठे परमेश्वर के चिंतन में बिताया करते थे; और उदरपोषणार्थ कुछ करना पड़ा, तो खेती के समान निरुपद्रवी व्यवसाय किया करते थे। क्वाँरे रहना, मद्य-मांस से परहेज रखना, हिंसा न करना, शपथ न खाना, संघ के साथ

मठ में रहना और किसी को कुछ द्रव्य मिल जाए, तो उसे पूरे संघ की सामाजिक आमदनी समझना आदि, उनके पंथ के मुख्य तत्त्व थे; और यदि कोई उस मंडली में प्रवेश करना चाहता था, तो उसे तीन वर्ष तक उम्मीदवारी करके फिर कुछ शर्तें मंजूर करनी पड़ती थीं-उनका प्रधान मठ मृत-समुद्र के पश्चिमी किनारे एंगदी में था। वहीं पर वे संन्यास-वृत्ति में शांतिपूर्वक रहा करते थे। स्वयं ईसा ने तथा उसके शिष्यों ने नई बाईबल में ऐसी पंथ के मतों का जो मान्यतापूर्वक निर्देश किया है (मेथ्यू. 5.34; 19. 12; जेम्स 5.12. कृत्य. 4.32-35)। उससे दीख पड़ता है, कि ईसा भी इसी पंथ का अनुयायी था और इस पंथ के संन्यास-धर्म का ही उसने अधिकतर प्रचार किया है। यद्यपि ईसा के संन्यास-प्रधान भक्ति-मार्ग की परंपरा इस प्रकार ऐसी पंथ की परंपरा से मिला दी जाए, तो भी ऐतिहासिक दृष्टि से इस बात की कुछ-न-कुछ संयुक्तिक उपपत्ति बतलाना आवश्यक है, कि मूल कर्ममय यहूदी धर्म से संन्यास-प्रधान ऐसी पंथ का उदय कैसे हो गया? इस पर कुछ लोग कहते हैं; कि ईसा एसीन-पंथी नहीं था। अब जो इस बात को सच मान लें, तो यह प्रश्न नहीं टाला जा सकता, कि नई बाइबल में जिस संन्यास-प्रधान धर्म का वर्णन किया गया है, उसका मूल क्या है? अथवा कर्म-प्रधान यहूदी धर्म में उसका प्रादुर्भाव एकदम कैसे हो गया? इसमें भेद केवल इतना ही होता है, कि एसीन पंथ की उत्पत्ति वाले प्रश्न के बदले इस प्रश्न को हल करना पड़ता है। क्योंकि, अब समाजशास्त्र का यह मामूली सिद्धांत निश्चित हो गया है, कि "कोई भी बात किसी भी स्थान में एकदम उत्पन्न नहीं हो जाती, उसकी वृद्धि धीरे-धीरे तथा बहुत दिन पहले से हुआ करती है और जहाँ पर इस प्रकार की वृद्धि दिखाई नहीं पड़ती, वहाँ पर वह बात प्राय: पराए देशों या पराए लोगों से ली हुई होती है।" प्राचीन ईसाई ग्रंथकारों के ध्यान में यह अड़चन आई ही न हो, सो बात नहीं; परंतु यूरोपियन लोगों का बौद्ध धर्म का ज्ञान होने के पहले अर्थात् अठारहवीं सदी तक-शोधक ईसाई विद्वानों का यह मत था, कि यूनानी तथा यहूदी लोगों का पारस्परिक निकट संबंध हो जाने पर यूनानियों के-विशेषत: पायथागोरस के-तत्त्वज्ञान की बदौलत कर्ममय यहूदी धर्म में ऐसी लोगों के संन्यास-मार्ग का प्रादुर्भाव हुआ होगा। किंतु अर्वाचीन शोधों से यह सिद्धान्त सत्य नहीं माना जा सकता। इससे सिद्ध होता है, कि यज्ञमय यहूदी धर्म ही में एकाएक संन्यास-प्रधान ऐसी या ईसाई धर्म की उत्पत्ति हो जाना स्वभावत: संभव नहीं था; और उसके लिए यहूदी धर्म से बाहर का कोई न कोई अन्य कारण निमित्त हो चुका है-यह कल्पना नई नहीं है; किंतु ईसा की अठारहवीं सदी से पहले के ईसाई पंडितों को भी वह मान्य हो चुकी थी।

कोलब्रुक साहब ने[1] कहा है, कि पायथागोरस के तत्त्वज्ञान के साथ बौद्ध धर्म के तत्त्वज्ञान की कहीं अधिक समता है। अतएव यदि उपुर्यक्त सिद्धान्त सच मान लिया जाए, तो भी कहा जा सकेगा, कि ऐसी-पंथ का जनकत्व परंपरा से हिंदुस्थान को ही मिलता है। परंतु इतनी आनाकानी करने की भी अब कोई आवश्यकता नहीं है। बौद्ध-ग्रंथों के साथ नई बाइबल की तुलना करने पर स्पष्ट ही दीख पड़ता है, कि एसी या ईसाई धर्म की पायथागोरियन मंडलियों में जितनी समता है, उससे कहीं अधिक और विलक्षण समता केवल एसी धर्म की ही नहीं; किंतु ईसा के चरित्र और ईसा के उपदेश की भी बुद्ध के धर्म से है। जिस प्रकार ईसा को भ्रम में फँसाने का प्रयत्न शैतान ने किया था, उसी प्रकार बुद्ध-चरित्रों में भी यह वर्णन है, कि बुद्ध को मार का डर दिखलाकर मोह में फँसाने का प्रयत्न किया गया था; और उस समय बुद्ध 49 दिन (सात

1. See Colebrooke's Miscellaneous Essays, Vol. I, pp. 399-400.

सप्ताह) तक निराहार रहा था। इसी प्रकार पूर्ण श्रद्धा के प्रभाव से पानी पर चलना, मुख तथा शरीर की कांति को एकदम सूर्य-सदृश बना लेना, अथवा शरणागत चोरों या वैश्याओं को भी सद्‌गति देना इत्यादि बातें भी बुद्ध और ईसा, दोनों के चरित्रों में एक ही-सी मिलती हैं; और ईसा के जो ऐसे मुख्य-मुख्य नैतिक उपदेश हैं, कि "तू अपने पड़ोसियों या शत्रुओं से भी प्रेम कर", वे भी ईसा से पहले ही मूल बुद्ध धर्म में कहीं कहीं बिल्कुल अक्षरशः आ चुके हैं। ऊपर बतला ही चुके हैं, कि भक्ति का तत्त्व मूल धर्म में नहीं था; परंतु वह भी आगे चलकर, अर्थात् कम-से-कम ईसा से दो-तीन सदियों से पहले ही, महायान बौद्ध-पंथ में भगवद्‌गीता से लिया जा चुका था। मि. आर्थर लिली ने अपनी पुस्तक में आधारपूर्वक स्पष्ट करके दिखला दिया है, कि यह साम्य केवल इतनी ही बातों में नहीं है; बल्कि इसके सिवा बौद्ध तथा ईसाई धर्म की अन्यान्य सैकड़ों छोटी-मोटी बातों में उक्त प्रकार का ही साम्य वर्तमान है। यही क्यों; सूली पर चढ़ाकर ईसा का वध किया गया था; इसलिए ईसाई लोग जिस सूली के चिह्न को पूज्य तथा पवित्र मानते हैं, उसी सूली के चिह्न को 'स्वस्तिक' 卐 (साथिया) के रूप में वैदिक तथा बौद्ध धर्म वाले सैकड़ों वर्ष पहले से ही शुभदायक चिह्न मानते थे, और प्राचीन शोधकों ने यह निश्चय किया है, कि मिश्र आदि, पृथ्वी के पुरातन खंडों के देशों ही में नहीं, किंतु कोलंबस से कुछ शतक पहले अमेरिका के पेरू तथा मैक्सिको देश में भीं स्वस्तिक चिह्न शुभदायक माना जाता था।[1] इससे यह अनुमान करना पड़ता है, कि ईसा के पहले ही सब लोगों को स्वस्तिक चिह्न पूज्य हो चुका था; और उसी का प्रयोग आगे चलकर ईसा के भक्तों ने एक विशेष रीति से कर लिया है। बौद्ध भिक्षु और प्राचीन ईसाई धर्मोपदेशकों की-विशेषतः पुराने पादरियों की-पोशाक और धर्मविधि में भी कहीं अधिक समता पाई जाती है। उदाहरणार्थ, 'बाप्तिस्मा' अर्थात् स्नान के पश्चात् दीक्षा देने की विधि भी ईसा से पहले ही प्रचलित थी; और अब सिद्ध हो चुका है, कि दूर-दूर के देशों में धर्मोपदेशक भेजकर धर्म-प्रसार करने की पद्धति, ईसाई धर्मोपदेशकों से पहले ही, बौद्ध भिक्षुओं को पूर्णतया स्वीकृत हो चुकी थी।

किसी विचारवान् मनुष्य के मन में यह प्रश्न होना बिल्कुल ही स्वाभाविक है, कि बुद्ध और ईसा के चरित्रों में तथा उनके नैतिक उपदेशों में और उनके धर्मों की विधियों तक में यह जो अद्‌भुत और व्यापक समता पाई जाती है, उसका क्या कारण है?[2] बौद्ध धर्म-ग्रंथों का अध्ययन करने से जब पहले पहल यह समता पश्चिमी लोगों को दिखाई पड़ी, तब कुछ ईसाई पंडित कहने लगे, कि बौद्ध धर्मवालों ने इन तत्त्वों को 'नेस्टोरियन' नामक ईसाई पंथ से लिया होगा, कि जो एशिया खंड में प्रचलित था; परंतु यह बात ही संभव नहीं है। क्योंकि नेस्टार-पंथ का प्रवर्तक ही ईसा से लगभग सवा चार सौ वर्ष के पश्चात् उत्पन्न हुआ था; और अब अशोक के शिलालेखों से यह भली भाँति सिद्ध हो चुका है, कि ईसा से लगभग पाँच सौ वर्ष पहले, अर्थात् नेस्टार से तो लगभग नौ सौ वर्ष पहले, बुद्ध का जन्म हो गया था; अशोक के समय और अर्थात् सन् ईसवी से कम-से-कम ढाई सौ वर्ष पहले, बौद्ध धर्म हिंदुस्थान में और आसपास के देशों में तेजी से फैला हुआ था, एवं बुद्ध-चरित्र आदिग्रंथ उस समय तैयार हो चुके थे। इस प्रकार

1. See The 'Secret of the Pacific' by C. Reginald Enock, 1912, pp. 248-252.

2. इस विषय पर मि. आर्थर लिली ने Buddhism in Christendom नामक एक स्वतंत्र ग्रंथ लिखा है। इसके सिवा Buddha and Buddhism नामक ग्रंथ के अंतिम चार भागों में उन्होंने अपने मत का संक्षिप्त निरूपण स्पष्ट रूप से किया है। हमने परिशिष्ट के इस भाग में जो विवेचन किया है, उसका आधार विशेषतया यही दूसरा ग्रंथ है। Buddha and Buddhism ग्रंथ The Wrold's Epochmaker's Series में सन 1900 ईसवी में प्रसिद्ध हुआ है। इसके दसवें भाग में बौद्ध और ईसाई धर्म के कोई 50 समान उदाहरणों का दिग्दर्शन कराया है।

जब बौद्ध धर्म की प्राचीनता निर्विवाद है, तब ईसाई तथा बौद्ध धर्म में दिखाई पड़ने वाले साम्य के विषय में वे दो ही पक्ष रह जाते हैं।

(1) वह साम्य स्वतंत्र रीति से दोनों ओर उत्पन्न हुआ हो; अथवा (2) इन तत्त्वों को ईसा ने या उसके शिष्यों ने बौद्ध धर्म से लिया हो। इस पर प्रोफेसर व्हिस्डेविड्स् का मत है, कि बुद्ध और ईसा की परिस्थिति एक ही सी होने के कारण दोनों ओर यह सादृश्य आप-ही-आप स्वतंत्र रीति से उत्पन्न हुआ है।[1] परंतु, थोड़ा-सा विचार करने पर यह बात सबके ध्यान में आ जाएगी, कि यह कल्पना समाधानकारक नहीं है। क्योंकि, जब कोई नई बात किसी भी स्थान पर स्वतंत्र रीति से उत्पन्न होती है, तब उसका उदय सदैव क्रमशः हुआ करता है और इसलिए उसकी उन्नति का क्रम भी बतलाया जा सकता है। उदाहरण लीजिए-सिलसिलेवार ठीक तौर पर यह बतलाया जा सकता है, कि वैदिक कर्मकांड से ज्ञानकांड, और ज्ञानकांड अर्थात् उपनिषदों ही से आगे चलकर भक्ति, पातंजलयोग, अथवा अंत में बौद्ध धर्म कैसे उत्पन्न हुआ? परंतु यज्ञमय यहूदी धर्म में संन्यास-प्रधान ऐसी या ईसाई धर्म का उदय उक्त प्रकार से नहीं हुआ है। वह एकदम उत्पन्न हुआ है; और ऊपर बतला ही चुके हैं, कि प्राचीन ईसाई पंडित भी यह मानते हैं, कि इस रीति से उसके एकदम उदय हो जाने में यहूदीधर्म के अतिरिक्त कोई अन्य बाहरी कारण निमित्त रहा होगा। इसके सिवा बौद्ध तथा ईसाई धर्म में जो समता दिखाई पड़ती है, वह इतनी विलक्षण और पूर्ण है, कि वैसी समता का स्वतंत्र रीति से उत्पन्न होना संभव ही नहीं है। यदि यह बात सिद्ध हो गई होती, कि उस समय यहूदी लोगों को बौद्ध धर्म का ज्ञान होना ही सर्वथा असंभव था, तो बात दूसरी थी। परंतु इतिहास से सिद्ध होता है, कि सिकंदर के समय से आगे-और विशेष कर मिश्र के एलेक्जेंड्रिया तथा यूनान तक बौद्ध यतियों की पहुँच हो चुकी थी। अशोक के एक शिलालेख में ही यह बात लिखी है, कि यहूदी लोगों के तथा आसपास के देशों के यूनानी राजा एंटिओकस से उसने संधि की थी। इसी प्रकार बाइबल में (मेथ्यू. 2.1) वर्णन है, कि जब ईसा पैदा हुआ, तब पूर्व की ओर के कुछ ज्ञानी पुरुष जेरूसेलम गए थे। ईसाई लोग कहते हैं, कि ये ज्ञानी पुरुष मगी अर्थात् ईरानी धर्म के होंगे-हिंदुस्थानी नहीं। परंतु चाहे जो कहा जाए; अर्थ तो दोनों का एक ही है। क्योंकि, इतिहास में यह बात स्पष्टतया विदित होती है, कि बौद्ध धर्म का प्रसार इस समय से पहले ही कश्मीर और काबुल में हो गया था; एवं वह पूर्व की ओर ईरान तथा तुर्किस्तान तक भी पहुँच चुका था। इसके सिवा प्लूटार्क ने[2] साफ-साफ लिखा है, कि ईसा के समय में हिंदुस्थान का एक यति लाल समुद्र के किनारे और एलेक्जेंड्रिया के आसपास के प्रदेशों में प्रतिवर्ष आया करता था। तात्पर्य इस विषय में अब कोई शंका नहीं रह गई है, कि ईसा से दो-तीन सौ वर्ष पहले ही यहूदियों के देश में बौद्ध युतियों का प्रवेश होने लगा था; और जब यह संबंध सिद्ध हो गया तब यह बात सहज ही निष्पन्न हो जाती है, कि यहूदी लोगों

---

1. See Buddhist Suttas, S. B. E. Series, Vol. XI, p. 163.
2. See Plutarch's Morals – Theosophical Essays translated by C.N. King (George Bell & Sons) pp. 96-97. पाली भाषा के महावंश में (29.39) यवनसें अर्थात् नानियों के अलसंदा (योन-नगराऽलसंदा) नामक शहर का उल्लेख है। उसमें यह लिखा है, कि ईसा की सदी से कुछ वर्ष पहले जब सिंहलद्वीप में एक मंदिर बन रहा था, तब वहाँ बहुत-से बौद्ध यति उत्सवार्थ पधारे थे। महावंश के अंग्रेजी अनुवादक अलसंदा शब्द से मिश्र देश के एलेक्जेंड्रिया शहर को नहीं लेते। वे इस शब्द से यहाँ ऊस अलसंदा नामक गांव को ही विवक्षित बतलाते हैं, कि जिसे सिकंदर ने काबुल में बसाया था, परंतु यह ठीक नहीं है, क्योंकि इस छोटे-से गांव को किसी ने भी यवनों का नगर न कहा होता। इसके सिवा ऊपर बतलाते हुए अशोक के शिलालेखही में यवनों के राज्यों में बौद्ध भिक्षुओं के भेजे जाने का स्पष्ट उल्लेख है।

में पहले संन्यास-प्रधान ऐसी पंथ का और फिर आगे चलकर संन्यास युक्त भक्ति-प्रधान ईसाई धर्म का प्रादुर्भाव होने के लिए बौद्ध धर्म ही विशेष कारणीभूत हुआ होगा। अंग्रेजी ग्रंथकार लीलि ने भी यह अनुमान किया है और उसकी पुष्टि में फ्रेंच पंडित एमिल् बुनर्फ और रोस्ती के[1] इसी प्रकार के मतों का उसने अपने ग्रंथों में हवाला दिया है एवं जर्मन देश के लिपजिक के तत्त्वज्ञानशास्त्राध्यापक प्रोफेसर सेडन ने इस विषय के अपने ग्रंथ में भी उक्त मत ही का प्रतिपादन किया है। जर्मन प्रोफेसर श्रडर ने अपने एक निबंध में कहा है, कि ईसाई तथा बौद्ध धर्म सर्वथा एक-से-नहीं हैं; यद्यपि उन दोनों की कुछ बातों में समता हो, तथापि अन्य बातों में वैषम्य भी थोड़ा नहीं है। और इसी कारण बौद्ध धर्म से ईसाई धर्म का उत्पन्न नहीं माना जा सकता। परंतु यह कथन विषय से बाहर का है, इसलिए इसमें कुछ भी जान नहीं है। यह कोई भी नहीं कहता, कि ईसाई तथा बौद्ध धर्म सर्वथा एक-से ही हैं; यदि ऐसा होता, तो ये दोनों धर्म पृथक्-पृथक् न माने गए होते। मुख्य प्रश्न तो यह है, कि जब मूल में यहूदी धर्म केवल कर्ममय है, तब उसमें सुधार के रूप से संन्यासयुक्त भक्ति-मार्ग के प्रतिपादक ईसाई धर्म की उत्पत्ति होने के लिए कारण क्या हुआ है? और ईसा की अपेक्षा बौद्ध धर्म सचमुच ही प्राचीन है। उसके इतिहास पर ध्यान देने से यह कथन ऐतिहासिक दृष्टि से भी संभव नहीं प्रतीत होता, कि संन्यास-प्रधान भक्ति और नीति के तत्त्वों को ईसा ने स्वतंत्र रीति से ढूँढ निकाला हो। बाइबिल में इस बात का कहीं भी वर्णन नहीं मिलता, कि ईसा अपनी आयु के बारहवें वर्ष से लेकर तीस वर्ष की आयु तक क्या करता था और कहाँ था? यह प्रकट है, कि उसने अपना यह समय ज्ञानार्जन, धर्मचिंतन और प्रवास में बिताया होगा। अतएव विश्वासपूर्वक कौन कह सकता है, कि आयु के इस भाग में उसका बौद्ध भिक्षुओं से प्रत्यक्ष या अप्रत्यक्ष से कुछ भी संबंध हुआ ही न होगा? क्योंकि, इस समय बौद्ध यतियों का दौर-दौरा यूनान तक हो चुका था। नेपाल के एक बौद्ध मठ के ग्रंथ में स्पष्ट वर्णन है, कि उस समय ईसा हिंदुस्थान में आया था और वहाँ उसे बौद्ध धर्म का ज्ञान प्राप्त हुआ। यह ग्रंथ निकोलस नोटोव्हिश नाम के एक रूसी के हाथ लग गया था और उसने फ्रेंच भाषा में इसका अनुवाद सन् 1894 ईसवी में प्रकाशित किया है। बहुतेरे ईसाई पंडित कहते हैं, कि नोटोव्हिश का अनुवाद सच भले ही हो;-परंतु मूल ग्रंथ का प्रणेता कोई लफंगा है, जिसने यह बनावटी ग्रंथ गढ़ डाला है। हमारा भी कोई विशेष आग्रह नहीं है, कि उक्त ग्रंथ को पंडित लोग सत्य ही मान ले। नोटोव्हिश को मिला हुआ ग्रंथ सत्य हो या प्रक्षिप्त, परंतु हमने केवल ऐतिहासिक दृष्टि से जो विवेचन ऊपर किया है, उससे यह बात स्पष्टतया विदित हो जाएगी, कि यदि ईसा को नहीं, तो उसके भक्तों को तो कि जिन्होंने नई बाइबल में उसका चरित्र लिखा है, बौद्ध धर्म का ज्ञान होना असंभव नहीं था; और यदि यह बात असंभव नही है; तो ईसा और बुद्ध के चरित्र तथा उपदेश में जो विलक्षण समता पाई जाती है, उसकी केवल स्वतंत्र रीति से उत्पत्ति मानना भी युक्तिसंगत नहीं जँचता।[2] सारांश यह है, कि मीमांसकों का केवल कर्म-मार्ग, जनक आदि का ज्ञानयुक्त कर्मयोग (नैष्कर्म्य), उपनिषत्कारों तथा सांख्यों की ज्ञाननिष्ठा और संन्यास, चित्त-निरोध रूपी पातंजलयोग, एवं पांचरात्र वा भागवत धर्म अर्थात् भक्ति, ये सभी धार्मिक अंग और तत्त्व मूल में प्राचीन वैदिक धर्म के ही हैं। इनमें से ब्रह्मज्ञान, कर्म और भक्ति को छोड़कर, चित्त-निरोध रूपी योग तथा

1. See Lillie's Buddha and Buddhism, pp. 158 ff.
2. बाबू रमेशचंद्र दत्त का भी यही मत है, उन्होंने उसका विस्तारपूर्वक विवेचन अपने ग्रंथ में किया है। Ramesh Chander Dutt's History of Civilization in Ancient India, Vol. II. Chap. XX, pp. 328-340.

कर्म-संन्यास, इन्हीं दोनों तत्त्वों के आधार पर बुद्ध ने पहले अपने संन्यास-प्रधान धर्म का उपदेश चारों वर्णों को किया था। परंतु आगे चलकर उसी में भक्ति तथा निष्काम कर्म को मिलाकर बुद्ध के अनुयायियों ने उसके धर्म का चारों ओर प्रसार किया। अशोक के समय बौद्ध धर्म का इस प्रकार प्रचार हो जाने के पश्चात् शुद्ध कर्म-प्रधान यहूदी धर्म में संन्यास-मार्ग के तत्त्वों का प्रवेश होना आरंभ हुआ और अंत में उसी में भक्ति को मिलाकर ईसा ने अपना धर्म प्रवृत्त किया है। इतिहास से निष्पन्न होने वाली इस परंपरा पर दृष्टि देने से, डॉ. लारिन सर का यह कथन तो असत्य होता ही है, कि गीता में ईसाई धर्म से कुछ बातें ली गई हैं; किंतु इसके विपरीत, यह बात अधिक संभव नहीं, बल्कि विश्वास करने योग्य भी है, कि आत्मौपम्य-दृष्टि, संन्यास, निवैरत्व या भक्ति के जो तत्त्व नई बाईबल में पाए जाते हैं, वे ईसाई धर्म में ही बौद्ध धर्म से-अर्थात् परंपरा से वैदिक धर्म से-लिए गए होंगे; और यह पूर्णतया सिद्ध हो जाता है, कि इसके लिए हिंदुओं को दूसरों का मुँह ताकने की कभी आवश्यकता थी ही नहीं।

इस प्रकार इस प्रकरण के आरंभ में दिए हुए सात प्रश्नों का विवेचन हो चुका। अब इन्हीं के साथ महत्त्व के कुछ ऐसे प्रश्न उत्पन्न होते हैं उन पर भगवद्गीता का क्या परिणाम हुआ है? परंतु इन प्रश्नों का गीता संबंधी कहने की अपेक्षा यही कहना ठीक है, कि ये हिन्दु धर्म के अर्वाचीन इतिहास के संबंध रखते हैं, इसलिए, और यह परिशिष्ट प्रकरण थोड़ा-थोड़ा करने पर भी हमारे अंदाज से अधिक बढ़ गया है, इसीलिए अब यहीं पर गीता का बहिरंग परीक्षा समाप्त की जाती है।

श्रीमद्भगवद्गीतारहस्य

गीता के मूल श्लोक,
हिंदी अनुवाद और टिप्पणियाँ

उपोद्घात

ज्ञान से और श्रद्धा से-उसमें भी विशेषत: भक्ति के सुलभ राजसमार्ग से जितनी हो सके उतनी समबुद्धि करके लोकसंग्रह के निमित्त स्वधर्मानुसार अपने-अपने कर्म निष्काम बुद्धि से मरणपर्यंत करते रहना ही प्रत्येक मनुष्य का परम कर्त्तव्य है; उसी में उसका सांसारिक और पारलौकिक परम कल्याण है; तथा उसे मोक्ष की प्राप्ति के लिए कर्म छोड़ बैठने की अथवा और कोई भी दूसरा अनुष्ठान करने की आवश्यकता नहीं है-समस्त गीताशास्त्र का यही फलितार्थ है, जो गीतारहस्य में प्रकरणश: विस्तारपूर्वक प्रतिपादित हो चुका है। इसी प्रकार चौदहवें प्रकरण में यह भी दिखला चुके हैं, कि उल्लिखित उद्देश्य से गीता के अट्ठारह अध्यायों का मेल कैसे अच्छा और सरल मिल जाता है; एवं इस कर्मयोग-प्रधान गीता-धर्म में अन्यान्य मोक्ष-साधनों के कौन-कौन से भाग किस प्रकार आए हैं। इतना कह चुकने पर, वस्तुत: इससे अधिक काम नहीं रह जाता, कि गीता के श्लोकों का हमारे मतानुसार क्रमश: हिंदी भाषा में सरल अर्थ बतला दिया जाए। किंतु गीतारहस्य के सामान्य विवेचन में यह बतलाते न बनता था, कि गीता के प्रत्येक अध्याय के विषय विभाग कैसे किए गए हैं? अथवा टीकाकारों ने अपने सम्प्रदाय की सिद्धि के लिए गीता के कुछ विशेष श्लोकों के पदों की किस प्रकार खींचातानी की है, अत: इन दोनों बातों का विचार करके और जहाँ का तहाँ पूर्वापार संदर्भ दिखला देने के लिए भी अनुवाद के साथ-साथ आलोचना के ढंग पर कुछ टिप्पणियों के देने की आवश्यकता हुई। फिर भी जिन विषयों का गीतारहस्य के जिस प्रकरण में उस विषय का विचार किया गया है, उसका सिर्फ हवाला दे दिया है। ये टिप्पणियाँ मूल ग्रंथ अलग पहचान ली जा सकें, इसके लिए उन्हें ऐसे चौकोन कोष्टकों के भीतर रखा गया है और उनके पीछे टूटी हुई खड़ी रेखाएँ भी लगा दी गई हैं। श्लोकों का अनुवाद, जहाँ तक बना पड़ा है, शब्दश: किया गया है; और कितने ही स्थलों पर तो मूल के ही शब्द रख दिए गए हैं; एवं 'अर्थात्, याने' से जोड़कर उनका अर्थ खोल दिया है; और छोटी-मोटी टिप्पणियों का काम अनुवाद से ही निकाल लिया गया है। इतना करने पर भी संस्कृत की और हिंदी की भाषा प्रणाली भिन्न-भिन्न है, इस कारण, मूल संस्कृत श्लोक का पूर्ण अर्थ व्यक्त करने के लिए हिंदी में कुछ अधिक शब्दों का प्रयोग अवश्य करना पड़ता है; और अनेक स्थलों पर मूल के शब्द को अनुवाद में प्रमाणार्थ लेना पड़ता है। इन शब्दों पर ध्यान जमने के लिए ऐसे ( ) गोलाकार कोष्टक में ये शब्द रखे गए हैं। संस्कृत ग्रंथों में श्लोक का आँकड़ा श्लोक के अंत में रहता है; परंतु अनुवाद में हमने उसे आरंभ में रखा है। अत: किसी श्लोक का अनुवाद देखना हो, तो अनुवाद उस अंक के आगे का वाक्य पढ़ना चाहिए। अनुवादकी रचना प्राय: ऐसी की गई है, कि टिप्पणी छोड़कर निरा अनुवाद ही पढ़ते जाएँ, तो अर्थ में कहीं भी कोई व्यक्तिक्रम न पड़े। इसी प्रकार जहाँ मूल में एक ही वाक्य एक से अधिक श्लोक में पूरा हुआ है, वहाँ उतने ही श्लोकों के अनुवाद में यह अर्थ पूर्ण किया गया है। अतएव कुछ श्लोकों का अनुवाद मिलाकर ही पढ़ना चाहिए। ऐसे श्लोक जहाँ-जहाँ हैं, वहाँ-वहाँ श्लोक के अनुवाद में पूर्ण विराम चिह्न (।) नहीं लगाया गया है। फिर भी यह स्मरण रहे, कि अनुवाद अंत में अनुवाद ही है। हमने अपने अनुवाद में गीता के सरल, खुले और प्रधान अर्थ को ले आने का प्रयत्न किया है सही; परंतु संस्कृत शब्दों में और विशेषत: भगवान की प्रेमयुक्त, रसीली, व्यापक और प्रतिक्षण में नई रुचि

देनेवाली वाणी में, लक्षणा से अनेक व्यंग्यार्थ उत्पन्न करने की जो सामर्थ्य है, उसे जरा भी न घटा-बढ़ाकर दूसरे शब्दों में ज्यों-का-त्यों अनुवाद में झलका देना असंभव है; अर्थात् संस्कृत जाननेवाला पुरुष अनेक अवसरों पर लक्षणा से गीता के श्लोकों का जैसे उपयोग करेगा, वैसे गीता का निरा अनुवाद पढ़नेवाले पुरुष नहीं कर सकेंगे। अधिक क्या कहें? संभव है, कि वे गोता भी खा जाएँ। अतएव सब लोगों से हमारी आग्रहपूर्वक विनती है, कि मूल गीता-ग्रंथ का अध्ययन संस्कृत में ही अवश्य कीजिए; और अनुवाद के साथ ही साथ मूल श्लोक रखने का प्रयोजन भी यही है। गीता के प्रत्येक अध्याय के विषय का सुविधा से ज्ञान होने के लिए इन सब विषयों की-अध्यायों के क्रम से प्रत्येक श्लोक की अनुक्रमणिका भी पहले अलग दे दी है। यह अनुक्रमणिका वेदान्त-सूत्रों की अधिकरण-माला के ढंग की है। प्रत्येक श्लोक पृथक् -पृथक् न पढ़कर, अनुक्रमणिका के इस सिलसिले से गीता के श्लोक एकत्र पढ़ने पर गीता के तात्पर्य के सबंध में जो भ्रम फैला है, वह कई अंशों में दूर हो सकता है। क्योंकि, सांप्रदायिक टीकाकारों ने गीता के श्लोकों की खींचातानी कर अपने संप्रदाय की सिद्धि के लिए कुछ श्लोकों के जो निराले अर्थ कर डाले हैं, वे प्राय: इस पूर्वा पर संदर्भ की ओर दुर्लभ करके ही किए गए हैं। उदाहरणार्थ, गीता 3.19; 6.3, 18.2 देखिए। इस दृष्टि से देखें तो यह कहने में कोई हानि नहीं, कि गीता का यह अनुवाद और गीतारहस्य, दोनों परस्पर एक दूसरे की पूर्ति करते हैं; और जिसे हमारा वक्तव्य पूर्णतया समझ लेना हो, उसे इन दोनों भागों का अवलोकन करना चाहिए। भगवद्गीता ग्रंथ को कंठस्थ कर लेने की रीति प्रचलित है, इसलिए उसमें महत्त्व के पाठभेद कहीं भी नहीं पाए जाते हैं। फिर भी यह बतलाना आवश्यक है, कि वर्तमानकाल में गीता पर उपलब्ध होने वाले भाष्यों में जो सबसे प्राचीन भाष्य है, उसी शांकरभाष्य के मूल पाठों को हमने प्रमाण माना है।

❑❑❑

गीता के अध्यायों की श्लोकशः विषयानुक्रमणिका

(टिप्पणी :- इस अनुक्रमणिका में गीता के अध्यायों के, विषयों के, श्लोकों के क्रम से जो विभाग किए गए हैं, वे मूल संस्कृत श्लोकों के पहले 66 इस चिह्न से दिखलाए गए हैं; और अनुवाद में ऐसे श्लोकों से अलग परिच्छेद शुरु किया गया है।)

पहला अध्याय - अर्जुनविषादयोग **पृ. 505**

1 संजय से धृतराष्ट्र का प्रश्न। 2-11 दुर्योधन का द्रोणाचार्य से दोनों दलों की सेनाओं का वर्णन करना। 12-19 युद्ध के आरंभ में परस्पर सलामी के लिए शंखध्वनि। 20-27 अर्जुन का रथ आगे ले जाकर सैन्य निरीक्षण। 28-37 दोनों सेनाओं में अपने ही बांधव हैं, उनको मारने से कुलक्षय होगा, यह सोचकर अर्जुन को विषाद हुआ। 38-44 कुलक्षय प्रभृति पातकों का परिणाम। 45-47 युद्ध न करने का अर्जुन का निश्चय और धनुर्बाणत्याग।

दूसरा अध्याय - सांख्ययोग **पृ. 514**

1-3 श्रीकृष्ण का उत्तेजन। 4-10 अर्जुन का उत्तर, कर्त्तव्यमूढ़ता और धर्मनिर्णयार्थ श्रीकृष्ण के शरणापन्न होना। 11-13 आत्मा का अशोच्यत्व। 14, 15 देह और सुखदुःख की अनित्यता। 16-25 सदसद्विवेक और आत्मा के नित्यादि स्वरूप कथन से उसके अशोच्यत्व का समर्थन। 26, 27 आत्मा के अनित्यत्व पक्ष को उत्तर। 28 सांख्यशास्त्रानुसार व्यक्त भूतों का अनित्यत्व और अशोच्यत्व। 29, 30 लोगों को आत्मा दुर्ज्ञेय है सही; परंतु तू सत्य ज्ञान को प्राप्त कर, शोक करना छोड़ दे। 31-38 क्षात्रधर्म के अनुसार युद्ध करने की आवश्यकता। 39 सांख्यमार्गानुसार विषय-प्रतिपादन की समाप्ति और कर्मयोग के प्रतिपादन का आरंभ। 40 कर्मयोग का स्वल्प आचरण भी क्षेमकारक है। 41 व्यवसायात्मिका बुद्धि की स्थिरता। 42-44 कर्मकांड के अनुयायी मीमांसकों की अस्थिर बुद्धि का वर्णन। 45, 46 स्थिर और योगस्थ बुद्धि से कर्म करने के विषय में उपदेश। 47 कर्मयोग की चतुःसूत्री। 48-50 कर्मयोग का लक्षण और कर्म की अपेक्षा कर्ता की बुद्धि की श्रेष्ठता। 51-53 कर्मयोग से मोक्ष प्राप्ति, 54-70 अर्जुन के पूछने पर, कर्मयोग स्थितप्रज्ञ के लक्षण; और उसी में प्रसंगानुसार विषयासक्ति से काम आदि की उत्पत्ति का क्रम। 71, 72 ब्राह्मी स्थिति।

तीसरा अध्याय - कर्मयोग **पृ. 537**

1, 2 अर्जुन का यह प्रश्न, कि कर्मों को छोड़ देना चाहिए या करते रहना चाहिए; सच क्या है? 3-8 यद्यपि सांख्य (कर्म-संन्यास) और कर्मयोग, दो निष्ठाएँ हैं, तो भी कर्म किसी के नहीं छूटते, इसलिए कर्मयोग की श्रेष्ठता सिद्ध करके अर्जुन को उसी के आचरण करने का निश्चित उपदेश। 9-16 मीमांसकों के यज्ञार्थ कर्म को भी आसक्ति छोड़कर करने का उपदेश, यज्ञचक्र का अनादित्य और जगतक् धारणार्थ उसकी आवश्यकता। 17-19 ज्ञानी पुरुष में स्वार्थ नहीं होता, इसीलिए प्राप्त कर्मों को

वह निःस्वार्थ अर्थात् निष्काम-बुद्धि से किया करे; क्योंकि कर्म किसी के भी नहीं छूटते। 20-24 जनक आदि का उदाहरण; लोकसंग्रह का महत्त्व और स्वयं भगवान का दृष्टान्त। 25-29 ज्ञानी और अज्ञानी के कर्मों में भेद, एवं यह आवश्यकता कि ज्ञानी मनुष्य निष्काम कर्म करके अज्ञानी को सदाचरण का आदर्श दिखलावे। 30 ज्ञानी पुरुष के समान परमेश्वरार्पण-बुद्धि से युद्ध करने का अर्जुन को उपदेश। 31, 32 भगवान के इस उपदेश के अनुसार श्रद्धापूर्वक बर्ताव करने अथवा न करने का फल। 33, 34 प्रकृति की प्रबलता और इंद्रियनिग्रह। 35 निष्काम कर्म भी स्वधर्म का ही करें; उसमें यदि मृत्यु हो जाए, तो कोई परवाह नहीं। 36-41 काम ही मनुष्य को उसकी इच्छा के विरुद्ध पाप करने के लिए उकसाता है; इंद्रिय संयम से उसका नाश। 42, 43 इंद्रियों की श्रेष्ठता का क्रम और आत्मज्ञानपूर्वक उनका नियमन।

चौथा अध्याय - ज्ञान-कर्म-संन्यासयोग **पृ. 554**

1-3 कर्मयोग की संप्रदाय-परंपरा। 4-8 जन्म रहित परमेश्वर माया से दिव्य जन्म अर्थात् अवतार कब और किसलिए लेता है-इसका वर्णन। 9, 10 इस दिव्य जन्म का और कर्म का तत्त्व जान लेने से पुनर्जन्म छूटकर भगवद् प्राप्ति। 11, 12 अन्य रीति से भजे तो वैसा फल; उदाहरणार्थ, इस लोक के फल को पाने के लिए देवताओं की उपासना। 13-15 भगवान के चातुर्वर्ण्य आदि निर्लेप कर्म, उनके तत्त्व को जान लेने से कर्मबंध का नाश और वैसे कर्म करने के लिए उपदेश। 16-23 कर्म, अकर्म और विकर्म का भेद; अकर्म ही निःसंग कर्म है। वही सच्चा कर्म है; और उसी से कर्मबंध का नाश होता है। 24-33 अनेक प्रकार के लाक्षणिक यज्ञों का वर्णन; और ब्रह्म-बुद्धि से किए गए यज्ञ की अर्थात् ज्ञानयज्ञ की श्रेष्ठता। 34-37 ज्ञाता से ज्ञानोपदेश, ज्ञान से आत्मौपम्य-दृष्टि और पाप पुण्य का नाश। 38-40 ज्ञान प्राप्ति के उपाय-बुद्धि (योग) और श्रद्धा। उसके अभाव में नाश। 41, 42 (कर्म) योग और ज्ञान का पृथक् उपयोग बतलाकर दोनों के आश्रय से युद्ध करने के लिए उपदेश।

पाँचवाँ अध्याय - संन्यासयोग **पृ. 569**

1, 2 यह स्पष्ट प्रश्न, कि संन्यास श्रेष्ठ है या कर्मयोग? इस पर भगवान का यह निश्चित उत्तर कि मोक्षप्रद तो दोनों हैं, पर उनमें से कर्मयोग ही श्रेष्ठ है। 3-6 संकल्प को छोड़ देने से कर्मयोगी नित्य-संन्यसी ही होता है; और बिना कर्म के संन्यास भी सिद्ध नहीं होता। इसलिए तत्त्वतः दोनों एक ही हैं। 7-13 मन सदैव संन्यस्त रहता है, और कर्म केवल इंद्रियाँ किया करती हैं, इसलिए कर्मयोगी सदा अलिप्त, शांत और मुक्त रहता है। 14, 15 सच्चा कर्तृत्व और भोक्तृत्व प्रकृति का है, परंतु अज्ञान से आत्मा का अथवा परमेश्वर का समझा जाता है। 16, 17 इस अज्ञान के नाश से पुनर्जन्म से छुटकारा। 18-23 ब्रह्मज्ञान से प्राप्त होने वाले समदर्शित्व का, स्थिर बुद्धि का और सुखदुःख की क्षमता का वर्णन। 24-28 सर्वभूतहितार्थ कर्म करते रहने पर भी कर्मयोगी इसी लोक में सदैव ब्रह्मभूत, समाधिस्थ और मुक्त है। 29 (कर्तृत्व अपने ऊपर न लेकर) परमेश्वर को यज्ञ-तप का भोक्ता और सब भूतों का मित्र जान लेने का फल।

छठा अध्याय - ध्यानयोग **पृ. 576**

1, 2 फलाशा छोड़कर कर्त्तव्य करनेवाला ही सच्चा संन्यासी और योगी है। संन्यासी का अर्थ निरग्नि और अक्रिय नहीं है। 3, 4 कर्मयोगी की साधनावस्था में और सिद्धावस्था में शम एवं कर्म के कार्य-कारण का बदल जाना तथा योगारूढ़ का लक्षण। 5, 6 योग

को सिद्ध करने के लिए आत्मा की स्वतंत्रता। 7-9 जितात्म योगयुक्तों में समबुद्धि की श्रेष्ठता। 10-17 योग साधन के लिए आवश्यक आसन और आहार-विहार का वर्णन। 18-23 योगी के और योग समाधि के आत्यंतिक सुख का वर्णन। 24-26 मन को धीरे-धीरे समाधिस्थ, शांत और आत्मनिष्ठ कैसे करना चाहिए? 27, 28 योगी ही ब्रह्मभूत और अत्यंत सुखी है। 29-32 प्राणिमात्र में योगी की आत्मौपम्य-बुद्धि। 33-36 अभ्यास और वैराग्य से चंचल मन का निग्रह। 37-45 अर्जुन के प्रश्न करने पर इस विषय का वर्णन कि योगभ्रष्ट को अथवा जिज्ञासु को भी जन्मजन्मांतर में उत्तम फल मिलने से अंत में पूर्ण सिद्धि कैसे मिलती है? 46, 47 तपस्वी, ज्ञानी और निरे कर्मों की अपेक्षा कर्मयोगी-और उनमें भी भक्तिमान् कर्मयोगी-श्रेष्ठ है। अतएव अर्जुन को (कर्म) योगी होने के विषय में उपदेश।

सातवाँ अध्याय - ज्ञान-विज्ञानयोग **पृ. 591**

1-3 कर्मयोग की सिद्धि के लिए ज्ञान-विज्ञान के निरूपण का आरंभ। सिद्धि के लिए प्रयत्न करनेवालों का कम मिलना। 4-7 क्षराक्षर विचार। भगवान की अष्टधा अपरा और जीवरूपी परा प्रकृति उससे आगे सारा विस्तार। 8-12 विस्तार के सात्त्विक आदि सब भागों में गुंथे हुए परमेश्वरस्वरूप का दिग्दर्शन। 13-15 परमेश्वर की यही गुणमयी और दुस्तर माया है; और उसी के शरणागत होने पर माया से उद्धार होता है। 16-19 भक्त चतुर्विध हैं; उनमें ज्ञानी श्रेष्ठ हैं। अनेक जन्मों से ज्ञान की पूर्णता और भगवत्प्राप्ति रूप नित्य फल। 20-23 अनित्य काम्य-फलों के निमित्त देवताओं की उपासना; परंतु उसमें भी उनकी श्रद्धा का फल भगवान ही देते हैं। 24-28 भगवान का सत्य-स्वरूप अव्यक्त है; परंतु माया के कारण और द्वंद्वमोह के कारण वह दुर्ज्ञेय है। मायामोह के नाश से स्वरूप का ज्ञान। 29, 30 ब्रह्म, अध्यात्म, कर्म और अधिभूत, अधिदैव, अधियज्ञ सब एक परमेश्वर ही है-यह जान लेने से अंत तक ज्ञानसिद्धि हो जाती है।

आठवाँ अध्याय - अक्षर-ब्रह्मयोग **पृ. 601**

1-4 अर्जुन के प्रश्न करने पर ब्रह्म, अध्यात्म, कर्म, अधिभूत, अधिदैव, अधियज्ञ और अधिदेह की व्याख्याएँ। उन सबमें एक ही ईश्वर है। 5-8 अंतकाल में भगवत्स्मरण से मुक्ति। परंतु जो मन में नित्य रहता है, वही अंतकाल में भी रहता है; अतएव सदैव भगवान का स्मरण करने और युद्ध करने के लिए उपदेश। 9-13 अंतकाल में परमेश्वर का अर्थात् ॐकार का समाधिपूर्वक ध्यान और उसका फल 14-16 भगवान का नित्य चिंतन करने से पुनर्जन्म-नाश। ब्रह्मलोकादि गतियाँ नित्य नहीं हैं। 17-19 ब्रह्म का दिन-रात, दिन के आरंभ में अव्यक्त से सृष्टि की उत्पत्ति और रात्रि के आरंभ में उसी में लय। 20-22 इस अव्यक्त से भी परे का अव्यक्त और अक्षर पुरुष। भक्ति से उनका ज्ञान और उसकी प्राप्ति से पुनर्जन्म का नाश। 23-26 देवयान, पितृयान मार्ग; पहला पुनर्जन्मनाशक और दूसरा इसके विपरीत है। 27, 28 इन मार्गों के तत्त्व को जाननेवाले योगी को अत्युत्तम फल मिलता है; अतः तदनुसार सदा व्यवहार करने का उपदेश।

नौवाँ अध्याय - राजविद्या-राजगुह्ययोग **पृ. 610**

1-3 ज्ञान-विज्ञानयुक्त भक्ति-मार्ग मोक्षप्रद होने पर भी प्रत्यक्ष और सुलभ है। अतएव राजमार्ग है। 4-6 परमेश्वर की अपार योगसामर्थ्य। प्राणिमात्र में रहकर भी उनमें नहीं है; और प्राणिमात्र भी उसमें रहकर नहीं हैं। 7-10 मायात्मक प्रकृति के द्वारा सृष्टि की उत्पत्ति और संहार, भूतों की उत्पत्ति और लय। इतना करने पर भी वह निष्काम

है, अतएव अलिप्त है। 11/12 इसे बिना पहचाने, मोह में फँसकर, मनुष्य देहधारी परमेश्वर की अवज्ञा करने वाले मूर्ख और आसुरी हैं। 13-15 ज्ञानयज्ञ के द्वारा अनेक प्रकार से उपासना करनेवाले दैवी हैं। 16-19 ईश्वर सर्वत्र है, वही जगत् का माँ-बाप है, स्वामी है, पोषक है और भले-बुरे का कर्ता है। 20-22 श्रौत यज्ञयाग आदि का दीर्घ उद्योग यद्यपि स्वर्गप्रद है, तो भी वह फल अनित्य है। योगक्षेम के लिए यदि आवश्यक समझें तो वह भक्ति से भी साध्य है। 23-25 अन्यान्य देवताओं की भक्ति पर्याय से परमेश्वर की ही होती है, परंतु जैसी भावना होगी और जैसा देवता होगा-फल भी वैसा ही मिलेगा। 26 भक्ति हो, तो परमेश्वर फूल की पँखुरी से भी संतुष्ट हो जाता है। 27, 28 सब कर्मों को ईश्वरार्पण करने का उपदेश। उसी के द्वारा कर्मबंध से छुटकारा और मोक्ष। 29-33 परमेश्वर सबको एक-सा है। दुराचारी हो या पापयोनि, स्त्री हो, या वैश्य या शूद्र निःसीम भक्त होने पर सबको एक ही गति मिलती है। 34 यही मार्ग अंगीकार करने के लिए अर्जुन को उपदेश।

दसवाँ अध्याय - विभूतियोग पृ. 620

1-3 यह जान लेने से पाप का नाश होता है, कि अजन्मा परमेश्वर देवताओं और ऋषियों से भी पूर्व का है। 4-6 ईश्वरी विभूति और योग। ईश्वर से ही बुद्धि आदि भावों की, सप्तर्षियों की और मनु की, एवं परंपरा से सबकी, उत्पत्ति। 7-11 इसे जाननेवाले भगवद् भक्तों को ज्ञान-प्राप्ति; परंतु उन्हें भी बुद्धि-सिद्धि भगवान ही देते हैं। 12-18 अपनी विभूति और योग बतलाने के लिए भगवान से अर्जुन की प्रार्थना। 19-40 भगवान की अनंत विभूतियों में से मुख्य-मुख्य विभूतियों का वर्णन। 41, 42 जो कुछ विभूतिमत्, श्रीमत् और ऊर्जित है, वह सब परमेश्वरी तेज है; परंतु अंश से है।

ग्यारहवाँ अध्याय - विश्वरूप-दर्शनयोग पृ. 629

1-4 पूर्व अध्याय में बतलाए हुए अपने ईश्वरी रूप को दिखलाने के लिए भगवान से प्रार्थना। 5-8 इस आश्चर्यकारक और दिव्य रूप को देखने के लिए अर्जुन को दिव्य-दृष्टि-ज्ञान। 9-14 विश्वरूप का संजयकृत वर्णन। 15-31 विस्मय और भय से नम्र होकर अर्जुन कृत विश्वरूप-स्तुति और यह प्रार्थना, कि प्रसन्न होकर बतलाइए, कि "आप कौन हैं?" 32-34 पहले यह बतलाकर, कि "मैं काल हूँ" फिर अर्जुन को उत्साहजनक ऐसा उपदेश, कि पूर्व से ही इस काल के द्वारा ग्रसे हुए वीरों को तुम निमित्त बनकर मारो। 35-46 अर्जुन कृत स्तुति, क्षमा, प्रार्थना और पहले का सौम्य रूप दिखलाने के लिए विनय। 47-51 बिना अनन्य-भक्ति के विश्वरूप का दर्शन मिलना दुर्लभ है। फिर पूर्व स्वरूप-धारण। 52-54 बिना भक्ति के विश्वरूप का दर्शन देवताओं को भी नहीं हो सकता। 55 अतः भक्ति से निस्संग और निर्वैर होकर परमेश्वरार्पण-बुद्धि के द्वारा कर्म करने के विषय में अर्जुन को सर्वार्थ-सारभूत अंतिम उपदेश।

बारहवाँ अध्याय - भक्तियोग पृ. 638

1 पिछले अध्याय के अंतिम सारभूत उपदेश पर अर्जुन का प्रश्न-व्यक्तोपासना श्रेष्ठ है या अव्यक्तोपासना? 2-8 दोनों में गति एक ही है; परंतु अव्यक्तोपासना क्लेशकारक है; और व्यक्तोपासना सुलभ एवं शीघ्र-फलप्रद है। अतः निष्काम कर्मपूर्वक व्यक्तोपासना करने के विषय में उपदेश। 9-12 भगवान में चित्त को स्थिर करने के अभ्यास, ज्ञान-ध्यान इत्यादि उपाय और उनमें कर्मफलत्याग की श्रेष्ठता। 13-19 भक्तिमान् पुरुष की स्थिति का वर्णन और भगवत्प्रियता। 20 इस धर्म का

आचरण करनेवाले श्रद्धालु भक्त भगवान को अत्यंत प्रिय हैं।

1, 2 क्षेत्र और क्षेत्रज्ञ की व्याख्याएँ। उनका ज्ञान ही परमेश्वर का ज्ञान है। 3, 4 क्षेत्र-क्षेत्रज्ञ-विचार उपनिषदों का और ब्रह्मसूत्रों का है। 5, 6 क्षेत्र-स्वरूप-लक्षण। 7-11 ज्ञान का स्वरूप-लक्षण। तद्विरुद्ध अज्ञान। 12-17 ज्ञेय के स्वरूप का लक्षण। 18 इस सबको जान लेने का फल। 19-21 प्रकृति-पुरुष-विवेक। करने धरने वाली प्रकृति है, पुरुष अकर्ता किंतु भोक्ता, द्रष्टा इत्यादि है। 22, 23 पुरुष ही देह में परमात्मा है। इस प्रकृति पुरुष-ज्ञान से पुनर्जन्म नष्ट होता है। 24, 25 आत्मज्ञान के मार्ग-ध्यान, सांख्ययोग, कर्मयोग और श्रद्धापूर्वक श्रवण से भक्ति। 26-28 क्षेत्र-क्षेत्रज्ञ के संयोग से स्थावर-जंगम सृष्टि; उसमें जो अविनाशी है, वही परमेश्वर है। अपने प्रयत्न से उसकी प्राप्ति। 29, 30 करने-धरने वाली प्रकृति हैं; और आत्मा अकर्ता है; सब प्राणिमात्र एक में हैं; और एक से सब प्राणिमात्र होते हैं। यह जान लेने से ब्रह्म-प्राप्ति। 31-33 आत्मा अनादि और निर्गुण है, अतएव यद्यपि वह क्षेत्र का प्रकाशक है, तथापि निर्लेप है। 34 क्षेत्र-क्षेत्रज्ञ के भेद को जान लेने से परम सिद्धि।

1, 2 ज्ञान-विज्ञानान्तर्गत प्राणिवैचित्र्य का गुणभेद से विचार। वह भी मोक्षप्रद है। 3, 4 प्राणिमात्र का पिता परमेश्वर है; और उसके अधीनस्थ प्रकृति माता है। 5-9 प्राणिमात्र पर सत्व, रज और तम के होने वाले परिणाम। 10-13 एक-एक गुण अलग नहीं रह सकता। किन्हीं दो को दबाकर तीसरे की वृद्धि; और प्रत्येक की वृद्धि के लक्षण। 14-18 गुण-प्रवृद्धि के अनुसार कर्म के फल और मरने पर प्राप्त होने वाली गति। 19, 20 त्रिगुणातीत हो जाने से मोक्ष-प्राप्ति। 21-25 अर्जुन के प्रश्न करने पर त्रिगुणातीत अवस्था की सिद्धि और फिर सब मोक्ष के, धर्म के एवं सुख के अंतिम स्थान परमेश्वर की प्राप्ति।

1, 2 अश्वत्थरूपी ब्रह्मवृक्ष के वेदोक्त और सांख्योक्त वर्णन का मेल। 3-6 असंग से इसको काट डालना ही उससे परे के अव्यक्त पद की प्राप्ति का मार्ग है। अव्यय पद वर्णन। 7-11 जीव और लिंग शरीर का स्वरूप एवं संबंध। ज्ञानी के लिए गोचर है। 12-15 परमेश्वर की सर्वव्यापकता। 16-18 क्षराक्षर लक्षण। उससे परे पुरुषोत्तम। 19, 20 इस गुह्य पुरुषोत्तम-ज्ञान से सर्वज्ञता और कृतकृत्यता।

1-3 दैवी संपत्ति के छब्बीस गुण। 4 आसुरी संपत्ति के लक्षण 5 दैवी संपत्ति मोक्षप्रद और आसुरी बंधनकारक है। 6-20 आसुरी लोगों का विस्तृत वर्णन, उनको जन्म-जन्म में अधोगति मिलती है। 21, 22 नरक के त्रिविध द्वार-काम, क्रोध और लोभ। इनसे बचने में कल्याण है। 23, 24 शास्त्रानुसार कार्याकार्य का निर्णय और आचरण करने के विषय में उपदेश।

1-4 अर्जुन के पूछने पर प्रकृति-स्वभावानुरूप सात्त्विक आदि त्रिविध श्रद्धा का

वर्णन। जैसी श्रद्धा वैसा पुरुष। 5, 6 इनसे भिन्न आसुर। 7-10 सात्त्विक, राजस और तामस आहार। 11-13 त्रिविध यज्ञ। 14-16 तप के तीन भेद-शरीर, वाचिक और मानस। 17-19 इनमें सात्त्विक आदि भेदों से प्रत्येक त्रिविध हैं। 20-22 सात्त्विक आदि त्रिविध दान। 23 ॐ तत्सत् ब्रह्मनिर्देश। 24-27 इनमें 'ॐ' से आरंभ सूचक, 'तत्' से निष्काम और 'सत्' से प्रशस्त कर्म का समावेश होता है। 28 शेष, अर्थात् असत इहलोक और परलोक में निष्फल है।

अठारहवाँ अध्याय - मोक्ष-संन्यासयोग **पृ. 681**

1, 2 अर्जुन के पूछने पर संन्यास और त्याग की कर्मयोग-मार्गान्तर्गत व्याख्याएँ। 3-6 कर्म का त्याज्य-अत्याज्य विषयक निर्णय; यज्ञयाग आदि कर्मों को भी अन्यान्य कर्मों के समान निःसंग-बुद्धि से करना ही चाहिए। 7-9 कर्मत्याग के तीन भेद-सात्त्विक, राजस और तामस; फलाशा छोड़कर कर्त्तव्य-कर्म करना ही सात्त्विक त्याग है। 10, 11 कर्पफलत्यागी ही सात्त्विक त्यागी है। क्योंकि कर्म तो किसी से भी छूट नहीं सकता। 12 कर्म का त्रिविध फल सात्त्विक त्यागी पुरुष को बंधक नही होता। 13-15 कोई भी कर्म होने के पाँच कारण हैं, केवल मनुष्य ही कारण नहीं है। 16, 17 अतएव यह अहंकार-बुद्धि कि मैं करता हूँ छूट जाने से कर्म करने पर भी अलिप्त रहता है। 18, 19 कर्मचोदना और कर्मसंग्रह का सांखेक्त लक्षण और उनके तीन भेद। 20-22 सात्त्विक आदि गुण-भेद से ज्ञान के तीन भेद। 'अविभक्तं विभक्तेषु' यह सात्त्विक ज्ञान है। 23-25 कर्म की त्रिविधता। फलाशा रहित कर्म सात्त्विक है। 26-28 कर्ता के तीन भेद। निस्संग कर्ता सात्त्विक है। 29-32 बुद्धि के तीन भेद। 33-35 धृति के तीन भेद। 36-39 सुख के तीन भेद। आत्मबुद्धिप्रसादज सात्त्विक सुख है। 40 गुणभेद से सारे जगत् के तीन भेद। 42-44 गुणभेद से चातुर्वर्ण्य की उपपत्ति; ब्राह्मण, क्षत्रिय, वैश्य और शूद्र के स्वभावजन्य कर्म। 45, 46 चातुर्वर्ण्य-विहित स्वकर्माचरण से ही अंतिम सिद्धि। 47-49 परधर्म का आचरण भयावह है, स्वकर्म सदोष होने पर भी अत्याज्य है, सारे कर्म स्वधर्म के अनुसार, निस्संग-बुद्धि के द्वारा करने से ही नैष्कर्म्य-सिद्धि मिलती है। 50-56 इसका निरूपण कि सारे कर्म करते रहने से भी यह सिद्धि किस प्रकार मिलती है? 57, 58 इसी मार्ग को स्वीकार करने के विषय में अर्जुन को उपदेश। 59-63 प्रकृति-धर्म के सामने अहंकार की एक नहीं चलती। ईश्वर की ही शरण में जाना चाहिए। अर्जुन को यह उपदेश, कि इस गुह्य को समझकर फिर जो दिल में आवे, सो कर। 64-66 भगवान का यह अंतिम आश्वासन, कि सब धर्म छोड़कर 'मेरी शरण में आ', सब पापों से 'मैं तुझे मुक्त कर दूँगा।' 67-69 कमर्मयोग-मार्ग की परंपरा को आगे प्रचलित रखने का श्रेय। 70, 71 उसका फलमाहात्म्य। 72, 73 कर्त्तव्य मोह नष्ट होकर अर्जुन की युद्ध करने के लिए तैयारी। 74-78 धृतराष्ट्र को यह कथा सुना चुकने पर संजय कृत उपसंहार।

❑❑❑

श्रीमद्भगवद्गीता

प्रथमोऽध्यायः ।

धृतराष्ट्र उवाच।

धर्मक्षेत्रे कुरुक्षेत्रे समवेता युयुत्सवः।
मामकाः पाण्डवाश्चैव किमकुर्वत संजय॥1॥

पहला अध्याय

(भारतीय युद्ध के आरंभ में श्रीकृष्ण ने अर्जुन को जिस गीता का उपदेश किया है, उसका आगे लोगों में प्रचार कैसे हुआ; इसकी परंपरा वर्तमान महाभारत ग्रंथ में ही इस प्रकार दी गई है:-युद्ध में आरंभ होने से प्रथम व्यास जी ने धृतराष्ट्र से जाकर कहा, कि 'यदि तुम्हारी इच्छा युद्ध देखने की हो, तो मैं तुम्हें दृष्टि देता हूँ।' इस पर धृतराष्ट्र ने कहा, कि 'मैं अपने कुल का क्षय नहीं देखना चाहता।' तब एक ही स्थान पर बैठे-बैठे, सब बातों का प्रत्यक्ष ज्ञान हो जाने के लिए संजय नामक सूत को व्यास जी ने दिव्य-दृष्टि दे दी। इस संजय के द्वारा युद्ध के अविकल वृत्तान्त धृतराष्ट्र को अवगत करा देने का प्रबंध करके व्यास जी चले गए 8 मभा. भीष्म. (1)। जब आगे युद्ध में भीष्म आहत हुए और उक्त प्रबंध के अनुसार, वह समाचार सुनाने के लिए पहले संजय धृतराष्ट्र के पास गया, तब भीष्म के बारे में शोक करते हुए धृतराष्ट्र ने संजय को आज्ञा दी, कि युद्ध की सारी बातों का वर्णन करो। तदनुसार संजय ने पहले दोनों दलों की सेनाओं का वर्णन किया; और फिर धृतराष्ट्र के पूछने पर गीता बतलाना आरंभ किया है। आगे चलकर यह सब वार्ता व्यास जी ने अपने शिष्यों को, बाद में उन शिष्यों में से वैशंपायन ने जनमेजय को और अंत में सौती ने शौनक को सुनाई, महाभारत की सभी छपी हुई प्रतियों में भीष्म पर्व के 25वें अध्याय से 42वें अध्याय तक यही गीता कही गई है। इस परंपरा के अनुसार:-)

धृतराष्ट्र ने पूछा - (1) हे संजय! कुरुक्षेत्र की पुण्यभूमि में एकत्रित मेरे और पांडु के युद्धेच्छुक पुत्रों ने क्या किया? (हस्तिनापुर के चहूँ ओर का मैदान कुरुक्षेत्र है। वर्तमान दिल्ली शहर इसी मैदान पर बसा हुआ है। महाभारत में यह कथा है, कि कौरव-पांडवों का

संजय उवाच

दृष्ट्वा तु पाण्डवानीकं व्यूढं दुर्योधनस्तदा।
आचार्यमुपसंगम्य राजा वचनमब्रवीत्॥2॥
पश्यैतां पाण्डुपुत्राणामाचार्य महतीं चमूम्।
व्यूढां द्रुपदपुत्रेण तव शिष्येण धीमता॥3॥
अत्र शूरा महेष्वासा भीमार्जुनसमा युधि।
युयुधानो विराटश्च द्रुपदश्च महारथः॥4॥

धृष्टकेतुश्चेकितानः काशिराजश्च वीर्यवान्।
पुरुजित्कुन्तिभोजश्च शैब्यश्च नरपुंगवः॥5॥
युधामन्युश्च विक्रान्त उत्तमौजाश्च वीर्यवान्।
सौभद्रो द्रौपोदेयाश्च सर्व एव महारथः॥6॥

पूर्वज कुरु नाम का राजा इस मैदान को हल से बड़े कष्टपूर्वक जोता करता था, अतएव उसको क्षेत्र (या खेत) कहते हैं। जब इंद्र ने कुरु को यह वरदान दिया, कि इस क्षेत्र में जो लोग तप करते-करते या युद्ध में मर जावेंगे, उन्हें स्वर्ग की प्राप्ति होगी; तब उसने इस क्षेत्र में हल चलाना छोड़ दिया (मभा. शल्य. 53)। इंद्र के इस वरदान के कारण ही यह क्षेत्र धर्मक्षेत्र या पुण्यक्षेत्र कहलाने लगा। इस मैदान के विषय में यह कथा प्रचलित है, कि यहीं पर परशुराम ने इक्कीस बार सारी पृथ्वी को निःक्षत्रिय करके पितृतर्पण किया था; और अर्वाचीन काल में भी इसी क्षेत्र पर बड़ी बड़ी लड़ाइयाँ हो चुकी हैं।)

संजय ने कहा - (2) उस समय पांडवों की सेना की व्यूह रचकर (खड़ी) देख, राजा दुर्योधन (द्रोण) आचार्य के पास गया; और उनसे कहने लगा, कि-

(महाभारत (मभा. भी. 4-7; मनुः 7.191) के उन अध्यायों में, जो कि गीता से पहले लिखे गए हैं, यह वर्णन है, कि जब कौरवों की सेना का भीष्म द्वारा रचा हुआ व्यूह पांडवों ने देखा; और जब उनको अपनी सेना कौरवों की सेना से कम दीख पड़ी, तब उन्होंने युद्ध विद्या के अनुसार वज्र नामक व्यूह रचकर अपनी सेना खड़ी की। युद्ध में प्रतिदिन ये व्यूह बदला करते थे।)

(3) हे आचार्य! पांडुपुत्रों की इस बड़ी सेना को देखिए, कि जिसकी व्यूह रचना तुम्हारे बुद्धिमानृ शिष्य द्रुपदपुत्र ने (धृष्टद्युम्न) की है। (4) इसमें शूर, महाधनुर्धर और युद्ध में भीम तथा अर्जुन सरीखे युयुधान (सात्यकि), विराट और महारथी द्रुपद, (5) धृष्टकेतु, चेकितान ओर वीर्यवान् काशिराज, पुरुजित् कुंतिभोज, और नरश्रेष्ठ शैब्य, (6) इसी प्रकार पराक्रमी युधामन्य और वीर्यशाली उत्तमौजा

अस्माकं तु विशिष्टा ये तान्निबोध द्विजोत्तम।
नायका मम सैन्यस्य संज्ञार्थ तान्ब्रवीमि ते॥7॥
भवान्भीष्मश्च कर्णश्च कृपश्च समितिञ्जयः।
अश्वत्थामा विकर्णश्च सौमदत्तिस्तथैव च॥8॥
अन्ये च बहवः शूरा मदर्थे त्क्तजीविताः।
नानाशस्त्रप्रहरणाः सर्वे युद्धविशारदाः॥9॥
अपर्याप्तं तदस्माकं बलं भीष्माभिरक्षितम्।
पर्याप्तं त्विदमेतेषां बलं भीमाभिरक्षितम्॥10॥

एवं सुभद्रा पुत्र (अभिमन्यु) तथा द्रौपदी के (पांच) पुत्र-ये सभी महारथी हैं।

(दस हजार धनुर्धारी योद्धाओं के साथ अकेले युद्ध करनेवाले को महारथी कहते हैं। दोनों ओर की सेनाओं में जो रथी, महारथी अथवा अतिरथी थे, उनका वर्णन उद्योग पर्व के (164 से 171 तक) आठ अध्यायों में किया गया है। वहाँ बतला दिया है, कि दृष्टकेतु शिशुपाल का बेटा था। इसी प्रकार पुरुजित् कुंतिभोज, ये दो भिन्न-भिन्न पुरुषों के नाम नहीं हैं। जिस कुंतिभोज राजा को कुंती गोद दी गई थी, पुरुजित् उसका औरस पुत्र था, और कुंतिभोज उसके कुल का नाम है; एवं यह वर्णन पाया जाता है, कि वह धर्म, भीम और अर्जुन का मामा था। (मभा. उ. 171.2)। युधामन्यु और उत्तमौजा, दोनों पांचाल्य थे; और चेकितान एक यादव था। युधामन्यु और उत्तमौजा युद्ध में, दोनों अर्जुन के चक्र-रक्षक थे। शैब्य शिबी देश का राजा था।)

(7) हे द्विजश्रेष्ठ! अब हमारी ओर, सेना के जो मुख्य-मुख्य नायक हैं, उनके नाम भी मैं आपको सुनाता हूँ; ध्यान देकर सुने। (8) आप और भीष्म, कर्ण और रणजित् कृप, अश्वत्थामा और (दुर्योधन के सौ भाइयों में से एक) विकर्ण, तथा सोमदत्त का पुत्र (भूरिश्रवा), (9) एवं इनके सिवा बहुतेरे अन्यान्य शूर मेरे लिए प्राण देने को तैयार है; और सभी नाना प्रकार के शस्त्र चलाने में निपुण तथा युद्ध में प्रवीण हैं। (10) इस प्रकार हमारी यह सेना-जिसकी रक्षा स्वयं भीष्म कर रहे हैं अपर्याप्त अर्थात् अपरिमित या अमर्यादित हैं; किंतु उनकी (पांडवों) वह सेना-जिसकी रक्षा भीम कर रहा है-पर्याप्त अर्थात् परिमित या मर्यादित है।

(इस श्लोक में 'पर्याप्त' और 'अपर्याप्त' शब्दों के अर्थ के विषय में मतभेद है। 'पर्याप्त' का सामान्य अर्थ 'बस' या 'काफी' होता है, इसलिए कुछ लोग यह अर्थ बतलाते हैं, कि 'पांडवों की सेना काफी है; और हमारी काफी नहीं है। परंतु यह अर्थ ठीक नहीं है। पहले उद्योग पर्व में, धृतराष्ट्र से अपनी सेना का वर्णन करते समय उक्त मुख्य मुख्य सेनापतियों के नाम बतलाकर दुर्योधन ने कहा है,

अयनेषु च सर्वेषु यथाभागमवस्थितः।
भीष्ममेवाभिरक्षन्तु भवन्तः सर्व एव हि॥11॥

कि "मेरी सेना बड़ी और गुणवान् है, इसलिए जीत मेरी ही होगी" (उ. 54. 60-70)। इसी प्रकार आगे चलकर भीष्म पूर्व में, जिस समय द्रोणाचार्य के पास दुर्योधन फिर से सेना का वर्णन कर रहा था, उस समय भी, गीता के उपर्युक्त श्लोकों के समान ही श्लोक उसने अपने मुँह से ज्यों-के-त्यों कहे हैं (भीष्म 51.4-6)। और तीसरी बात यह है, कि सब सैनिकों को प्रोत्साहित करने के लिए ही हर्षपूर्वक यह वर्णन किया गया है। इन सब बातों का विचार करने से इस स्थान पर 'अपर्याप्त' शब्द का 'अमर्यादित, अपार या अगणित' के सिवा और कोई अर्थ' हो नहीं सकता। 'पर्याप्त' शब्द का यह अर्थ हो जाता है-'उस काम के लिए या मनुष्य के लिए भरपूर अथवा समर्थ।' और यदि 'पर्याप्त' शब्द के पीछे दूसरा शब्द नहीं है, इसलिए यहाँ पर उसका उपर्युक्त दूसरा अर्थ (परिमित या मर्यादित) विवक्षित है; और महाभारत के अतिरिक्त अन्यत्र भी ऐसे प्रयोग किए जाने के कारण ब्रह्मानंदगिरिकृत टीका में दिए गए हैं। कुछ लोगों ने यह उपपत्ति बतलाई है, कि दुर्योधन भय से अपनी सेना को 'अपर्याप्त' अर्थात् 'अपूरा' कहता है; परंतु यह ठीक नहीं है। क्योंकि, दुर्योधन के डर जाने का वर्णन कहीं भी नहीं मिलता, किंतु इसके विपरीत यह वर्णन पाया जाता है, कि दुर्योधन की बड़ी भारी सेना को देखकर पांडवों ने वज्र नामक व्यूह रचा; और कौरवों की अपार सेना को देख युधिष्ठिर को बहुत खेद हुआ था (मभा. भीष्म. 19.5; 21.1)। पांडवों की सेना का सेनापति धृष्टद्युम्न था, परंतु "भीम रक्षा कर रहा है" कहने का कारण यह है, कि पहले दिन पांडवों ने वज्र नाम का जो व्यूह रचा था, उसकी रक्षा के लिए इस व्यूह के अगले भाग में भीम ही नियुक्त किया गया था; अतएव सेनारक्षक की दृष्टि से दुर्योधन को वही सामने दिखाई दे रहा था (मभा. भीष्म. 19.4-11, 33, 34); और इसी अर्थ में इन दोनों सेनाओं के विषय में महाभारत के गीता के पहले के अध्यायों में 'भीमनेत्र' कहा गया है (मभा. भी 20.1)। (11) (तो अब) नियुक्ति के अनुसार सब अयनों में अर्थात् सेना के भिन्न-भिन्न प्रवेश द्वारों में रहकर तुम मिल करके भीष्म की ही सभी ओर से रक्षा करनी चाहिए।

तस्य संजनयन्हर्षं कुरुवृद्धः पितामहः।
सिंहनादं विनद्योच्चैः शंखं दध्मौ प्रतापवान्॥12॥

ततः शंखाश्च भेर्यश्च पणवानकगोमुखाः।
सहसैवाभ्यहन्यन्त स शब्दःतुमुलोऽभवत्॥13॥
ततः श्वेतैर्हयैर्युक्ते महति स्यन्दने स्थितौ।
माधवः पाण्डवश्चैव दिव्यौ शंखौ प्रदध्मतुः॥14॥
पाञ्चजन्यं हृषिकेशो देवदत्तं धनंजयः।
पौण्ड्रं दध्मौ महाशंखं भीमकर्मा वृकोदरः॥15॥

(सेनापति भीष्म स्वयं पराक्रमी और किसी से भी हार जाने वाले न थे। "सभी ओर से सबको उनकी रक्षा करनी चाहिए", इस कथन का कारण दुर्योधन ने दूसरे स्थल पर (मभा. भी. 15.15-20, 99.40, 41)। यह बतलाया है, कि भीष्म का निश्चय था कि हम शिखंडी पर शस्त्र न चलावेंगे, इसलिए शिखंडी की ओर से भीष्म का घात होने की संभावना थी, अतएव सबको सावधानी रखनी चाहिएः-

अरक्ष्यमाणं हि वको हन्यात् सिंहं महाबलम्।
मा सिंहं जंबुकेनेव घातयेथाः शिखंडिना॥

"महाबलवान् सिंह की रक्षा न करें, तो भेड़िया उसे मार डालेगा; इसलिए जंबुक-सदृश शिखंडी से सिंह का घात न होने दो।" शिखंडी को छोड़ और दूसरे किसी की भी खबर लेने के लिए भीष्म अकेले ही समर्थ थे, अन्य की किसी सहायता की उन्हें अपेक्षा न थी।

(12) (इतने में) दुर्योधन को हर्षाते हुए प्रतापशाली वृद्ध कौरव पितामह (सेनापति भीष्म) ने [illegible] बड़ी गर्जना कर (लड़ाई की सलामी के लिए) अपना शंख फूँका। (13) इसके साथ ही साथ अनेक शंख, भेरी (नौबतें), पणव, आनक और गोमुख (ये लड़ाई के बाजे) एकदम बजने लगे; और इन बाजों का नाद चारों ओर खूब गूँज उठा। (14) अनंतर सफेद घोड़ों से जुते हुए बड़े रथ में बैठे हुए माधव (श्रीकृष्ण) और पांडव ने (अर्जुन) (यह सूचना करने के लिए कि हमारे पक्ष की भी तैयारी है, प्रत्युत्तर के ढंग पर) दिव्य शंख बजाए। (15) हृषीकेश अर्थात् श्रीकृष्ण ने पाञ्चजन्य (नामकर शंख), अर्जुन ने देवदत्त भयंकर कर्म करने वाले वृकोदर अर्थात् भीसेन ने पौंड्र नामक बड़ा शंख फूँका;

अनन्तविजयं राजा कुन्तीपुत्रो युधिष्ठिरः।
नकुलः सहदेवश्च सुघोषमणिपुष्पकौ॥16॥
काश्यश्च परमेष्वासः शिखण्डी च महारथः।
धृष्टद्युम्नो विराटश्च सात्यकिश्चापराजितः॥17॥
द्रुपदो द्रौपदेयाश्च सर्वशाः पृथिवीपते।
सौभद्रश्च महाबाहुः शंखान्दध्मुः पृथक् पृथक्॥18॥
स घोषो धार्तराष्ट्राणां हृदयानि व्यदारयत्।
नभश्च पृथिवीं चैव तुमलो व्यनुनादयन्॥19॥
अथ व्यवस्थितान्दृष्ट्वा धार्तराष्ट्रान्कपिध्वजः।
प्रवृत्ते शस्त्रसम्पाते धनुरुद्यम्य पाण्डवः॥20॥
हृषीकेशं तदा वाक्यमिदमाह महीपते।

अर्जुन उवाच।

सनयोरुभयोर्मध्ये रथं स्थापय मेऽच्युत॥21॥
यावदेतान्निरीक्षेऽहं योद्धुकामानवस्थितान्।
कैर्मया सह योद्धव्यमस्मिन् रणसमुद्यमे॥22॥

योत्स्यमानानवेक्षेऽहं य एतेऽत्र समागताः।
धार्तराष्ट्रस्य दुर्बुद्धेर्युद्धे प्रियचिकीर्षवः॥23॥

(16) कुंतीपुत्र राजा युधिष्ठिर ने अनंतविजय, नकुल और सहदेव ने सुघोष एवं मणिपुष्पक, (17) महाधनुर्धर काशिराज, महारथी शिखंडी, धृष्ट्द्युम्न, विराट तथा अजेय सात्यकि, (18) द्रुपद और द्रौपदी के (पाँचों) बेटे, तथा महाबाहु सौभद्र (अभिमन्यु), इन सबने हे राजा (धृतराष्ट्र)! चारों ओर अपने अपने अलग अलग शंख बजाए। (19) आकाश और पृथ्वी को दहला देने वाली उस तुमुल आवाज ने कौरवों का कलेजा फाड़ डाला।

(20) अनंतर कौरवों को व्यवस्था से खड़े देख, परस्पर एक दूसरे पर शस्त्र प्रहार होने का समय आने पर धनुष्य उठाकर, कपिध्वज पांडव अर्थात् अर्जुन, (21) हे राजा धृतराष्ट्र! श्रीकृष्ण से ये शब्द बोलाः अर्जुन ने कहाः- हे अच्युत! मेरा रथ दोनों सेनाओं के बीच ले चलकर खड़ा करो? (22) उतने में युद्ध की इच्छा से तैयार हुए इन लोगों का मैं अवलोकन करता हूँ; और मुझे इस रणसंग्राम में किनके साथ लड़ना है, एवं (23) युद्ध में दुर्बुद्धि दुर्योधन का कल्याण

एवमुक्तो हृषीकेशो गुडाकेशेन भारत।
सेनयोरुभयोर्मध्ये स्थापयित्वा रथोत्तमम्॥24॥

करने की इच्छा से यहाँ जो लड़ने वाले जमा हुए हैं, उन्हें मैं देख लूँ। संजय बोलाः- (24) हे धृतराष्ट्र! गुडाकेश अर्थात् आलस्य को जीतने वाले अर्जुन इस प्रकार कहने पर हृषीकेश अर्थात् इंद्रियों के स्वामी श्रीकृष्ण ने (अर्जुन के) उत्तम रथ को दोनों सेनाओं के मध्य भाग में लाकर खड़ा कर दिया; औरः-

(हृषिकेश और गुडाकेश शब्दों के जो अर्थ ऊपर दिए गए हैं, वे टीकाकारों के मतानुसार हैं। नारदपंरात्र में भी 'हृषीकेश' की यह निरुक्ति है, कि हृषीक=इंद्रियाँ और उनका ईश=स्वामी (नारदपंच. 5.8.17); और अमरकोश पर क्षीर स्वामी की जो टीका है, उसमें लिखा है, कि हृषीक (अर्थात् इंद्रियाँ) शब्द हृष्=आनंद देना, इस धातु से बना हस; इंद्रियाँ मनुष्य को आनंद देती हैं, इसलिए उन्हें हृषीक कहते हैं। तथापि, यह शंका होती है, कि हृषीकेश और गुडाकेश के जो अर्थ ऊपर दिए गए हैं, वे ठीक हैं या नहीं? क्योंकि, हृषीक (अर्थात् इंद्रियाँ) और गुडाका (अर्थात् निद्रा या आलस्य) ये शब्द प्रचलित नहीं है; हृषीकेश और गुडाकेश इन दोनों शब्दों की व्युत्पत्ति दूसरी रीति से भी लग सकती है। हृषीक+ईश और गुडा का+ईश के बदले हृषी+केश और गुडा+केश ऐसा भी पदच्छेद दिया जा सकता है; और फिर ये अर्थ हो सकते हैं, कि हृषी अर्थात् हर्ष से खड़े किए हुए या प्रशस्त जिसके केश (बाल हैं, वह श्रीकृष्ण; और गुडा अर्थात् हर्ष से खड़े किए हुए या प्रशस्त जिसके केश (बाल हैं, वह श्रीकृष्ण; और गुडा अर्थात् गूढ़ या घने जिसके केश है, वह अर्जुन। भारत के टीकाकार नीलकंठ ने गुडाकेश शब्द का यह अर्थ, गीता 10.20 पर अपनी टीका में विकल्प से सूचित किया है; ओर सूत के बाप का जो रोमहर्षण नाम है, उससे हृषीकेश शब्द की उल्लिखित दूसरी व्युत्पत्ति को भी असंभवनीय नहीं कह सकते। महाभारत के शांतिपर्वान्तर्गत नारायणीयोपाख्यान में विष्णु के मुख्य मुख्य नामों की निरुक्ति देते हुए यह अर्थ किया है, कि हृषी अर्थात् आनंददायक और केश अर्थात् किरण; और कहा है, कि सूर्यचंद्ररूप अपनी विभूतियों की किरणों से समस्त जगत् को हर्षित करता है, इसलिए उसे हृषीकेश कहते हैं (महा. शांति. 341.47; 342.64, 65; उद्यो. 69.9); और पहले के श्लोकों में कहा गया है, कि उसी प्रकार केशव शब्द भी केश अर्थात् किरण शब्द से बना है (शां. 341.47) इनमें से कोई भी अर्थ क्यों न लें; पर श्रीकृष्ण और अर्जुन के ये नाम रखे जाने के, सभी

अंशों में, योग्य कारण बतलाए नहीं जा सकते लेकिन यह दोष नैरुक्तिकों का नहीं है। जो व्यक्तिवाचक या विशेष नाम अत्यंत

भीष्मद्रोणप्रमुखतः सर्वेषां च महीक्षिताम्।
उवाच पार्थ पश्यैतान्समवेतान्कुरूनिति।।25।।
तत्रापश्यत्स्थितान्पार्थः पितृनथ पितामहान्।
आचार्यान्मातुलान्भ्रातृन्पुत्रान्पौत्रान्सखींस्तथा।।26।।
श्वुशुरान्सुहृदश्वचव सेनयोरुभयोरपि।
तान्समीक्ष्य स कौन्तेयः सर्वान्बन्धूनवस्थितान्।।27।।
कृपया परयाविष्टो विषीदान्निदब्रवीत्।

अर्जुन उवाच।

दृष्ट्वेमं स्वजनं कृष्ण युयुत्सुं समुपस्थितम्।।28।।
सीदन्ति मम गात्राणि मुखंच परिश्युष्यति।
वेपथुश्च शरीरे मे रोमहर्षश्च जायते।।29।।
गाण्डीवं स्त्रंसते हस्तात्त्वक्चैव परिदह्यते।
न च शक्रोम्यवस्थातुं भ्रमतीव च मे मनः।।30।।
निमित्तानि च पश्यामि विपरीतान्दि केशव।
न च श्रेयोऽनुपश्यामि हत्वा स्वजनमाहवे।।31।।

(रूढ़ हो गए हैं, उनकी निरुक्ति बतलाने में इस प्रकार की अड़चनों का आना या मतभेद हो जाना बिल्कुल सहज बात है।)

(25) भीष्म, द्रोण तथा सब राजाओं के सामने (वे) बोले, कि "अर्जुन! (यहाँ) एकत्रित हुए इन कौरवों को देखो।" (26) तब अर्जुन को दिखाई दिया, कि वहाँ पर इकट्ठे हुए सब (अपने ही) बड़े-बूढ़े, राजा, आचार्य, मामा, भाई, बेटे, नाती, मित्र (27) ससुर और स्नेही दोनों ही सेनाओं में हैं; (और इस प्रकार) यह देखकर, कि वे सभी एकत्रित हमारे बांधव हैं, कुंती पुत्र अर्जुन (28) परम करुणा से व्याप्त होता हुआ खिन्न होकर यह कहने लगा:-

अर्जुन ने कहा :- हे कृष्ण! युद्ध करने की इच्छा से (यहाँ) जमा हुए इन स्वजनों को देखकर (29) मेरे गात्र शिथिल हो रहे हैं? मुँह सूख रहा है, शरीर में कँपकँपी उठकर रोएँ भी खड़े हो गए हैं; (30) गांडीव (धनुष्य) हाथ से गिर पड़ता है? और शरीर में भी सर्वत्र दाह हो रहा है; खड़ा नहीं रहा जाता और मेरा मन चकरा-सा गया है। (31) इसी प्रकार के केशव! (मुझे सब) लक्षण विपरीत दिखते हैं; और स्वजनों को युद्ध में मारकर श्रेय अर्थात् कल्याण (होगा)।

न कांक्षे विजयं कृष्ण न च राज्यं सुखानि च।
किं नो राज्येन गोविन्द किं भोगैर्जीवितेन वा।।32।।
येषामर्थे कांक्षितं नो राज्यं भोगः सुखानि च।
त इमेऽवस्थिता युद्धे प्राणांस्त्यक्त्वा धनानि च।।33।।
आचार्याः पितरः पुत्रास्तथैव च पितामहाः।
मातुलाः श्वशुराः पौत्राः श्यालाः सम्बन्धिनस्तथा।।34।।
एतान्न हन्तुमिच्छामि घ्नतोऽपि मधुसूदन।
अपि त्रैलोक्यराज्यस्य हेतोः किं नु महीकृते।।35।।
निहत्य धार्तराष्ट्रान्तः का प्रीतिः स्याज्ञजनार्दन।
पापमेवाश्रयेदस्मान्हत्वैतानाततायिनः।।36।।

तस्मान्नार्हा वयं हन्तुं धार्तराष्ट्रान्स्वबान्धवान्।
स्वजनं हि कथं हत्वा सुखिनः स्याम माधव॥37॥

ऐसा) नहीं दीख पड़ता। (32) हे कृष्ण! मुझे विजय की इच्छा नहीं, न राज्य चाहिए और न सुख भी। हे गोविंद! राज्य, उपभोग या जीवित रहने से भी हमें उसका क्या उपयोग है? (33) जिनके लिए राज्य की, उपभोगों की और सुखों की इच्छा करनी थी, वही ये लोग जीव और संपत्ति की आशा छोड़कर युद्ध के लिए खड़े हैं। (34) आचार्य, बड़े-बूढ़े, लड़के, दादा, मामा, ससुर, नाती, साले और संबंधी (35) यद्यपि ये (हमें) मारने के लिए खड़े हैं, तथापि हे मधुसूदन! त्रैलोक्य के राज्य तक के लिए, मैं (इन्हें) मारने की इच्छा नहीं करता; फिर पृथ्वी की बात है क्या? (36) हे जनार्दन! इन कौरवों को मारकर हमारा कौन-सा प्रिय होगा? यद्यपि ये आततायी हैं, तो भी इनको मारने से हमें पाप ही लगेगा। (37) इसलिए हमें अपने ही बांधव कौरवों को मारना उचित नहीं है। क्योंकि हे माधव! स्वजनों को मारकर हम सुखी क्योंकर होंगे?

(अग्निदो गरदश्चैव शस्त्रपाणिर्धनापहः। क्षेत्रदाराहश्चैव षडेते आता तायिनः।। (वसिंष्ठस्मृत. 3.16) अर्थात् घर जलाने के लिए आया हुआ, विष देने वाला, हाथ में हथियार लेकर मारने के लिए आया हुआ, धन लूटकर ले जाने वाला और स्त्री या खेत हरणकर्ता-ये छह आततायी हैं। मनु ने भी कहा है, कि इन दुष्टों को बेधड़क जान से मार डालें, इसमें कोई पातक नहीं है (मनु. 8.350, 351)।

यद्यप्येते न पश्यन्ति लोभोपहतचेतसः।
कुलक्षयकतं दोषं मित्रद्रोहे च पातकम्॥38॥
कथं न ज्ञेयमस्साभिः पापादस्मान्निवर्तितुम्।
कुलक्षयकृतं दोषं प्रपश्यद्भिर्जनार्दन॥39॥
कुलक्षये प्रणश्यन्ति कुलधर्माः सनातनाः।
धर्मे नष्टे कुलं कृत्स्नमधर्मोऽभिभवत्युत॥40॥

(38) लोभ से इनकी बुद्धि नष्ट हो गई है, इन्हें कुल के क्षय से होने वाला दोष और मित्रद्रोह का पातक यद्यपि दिखाई नहीं देता; (39) तथापि हे जनार्दन! कुलक्षय का दोष हमें स्पष्ट दीख पड़ रहा है, अतः इस पाप से पराङमुख होने की बात हमारे मन में आए बिना कैसी रहेगी?

(प्रथम से ही यह प्रत्यक्ष हो जाने पर, कि युद्ध में गुरुवध, सुहृद्वध और कुलक्षय होगा, लड़ाई संबंधी अपने कर्त्तव्य के विषय में अर्जुन को जो व्यामोह हुआ, उसका क्या बीज है? गीता में आगे जो प्रतिपादन है, उससे इसका क्या संबंध है? और उस दृष्टि से प्रथमाध्याय का कौन-सा महत्त्व है? इन सब प्रश्नों का विचार गीतारहस्य के पहले और फिर चौदहवें प्रकरण में हमने किया है, उसे देखो। इस स्थान पर ऐसी साधारण युक्तियों का उल्लेख किया गया है, कि लोभ से बुद्धि नष्ट हो जाने के कारण दुष्टों की अपनी दुष्टता जान पड़ती हो, तो चतुर पुरुषों को दुष्टों के फंदे में पड़कर दुष्ट न होना चाहिए-"न पापे प्रतिपापः स्यात" उन्हें चुप रहना चाहिए। इन साधारण युक्तियों का ऐसे प्रसंग पर कहाँ तक उपयोग किया जा सकता है, अथवा करना चाहिए? यह भी ऊपर के समान ही एक महत्त्व का प्रश्न है? और इसका गीता के अनुसार जो उत्तर है, उसका हमने गीतारहस्य का बारहवें प्रकरण में (पृ. 393-398) निरूपण किया है। गीता के अगले अध्यायों में जो विवेचन है, वह अर्जुन की उन शंकाओं की निवृत्ति करने के लिए है, कि उसे पहले अध्याय में हुई थीं; इस बात पर ध्यान दिए रहने से गीता का तात्पर्य समझने में किसी प्रकार का संदेह नहीं रह जाता। भारतीय युद्ध में एक ही राष्ट्र और धर्म के लोगों में फूट हो गई थी; और वे परस्पर मरने-मारने पर उतारू हो

गए थे, इसी कारण से उक्त शंकाएँ उत्पन्न हुई हैं। अर्वाचीन इतिहास में जहाँ जहाँ ऐसे प्रसंग आए हैं, वहाँ-वहाँ ऐसे ही प्रश्न उपस्थित हुए हैं। अस्तुः कुलाक्षय से आगे जो जो अनर्थ होते हैं, उन्हें अर्जुन स्पष्ट कर कहता है।) (40) कुल का क्षय होने से सनातन कुलधर्म नष्ट होते हैं, और (कुल) कर्मों के

अधर्माभिभवात्कृष्ण प्रदुष्यन्ति कुलस्त्रियः।
स्त्रीसु दुष्टासु वार्ष्णेय जायते वर्णसंकरः।।41।।
संकरो नरकायैव कुलघ्नानां कुलस्य च।
पतन्ति पितरो ह्येषां लुप्तपिण्डोदकक्रियाः।।42।।
दोषैरेतैः कुलघ्नानां वर्णसंकरकारकैः।
उत्साद्यन्ते जातिधर्माः कुलधर्माश्च शाश्वताः।।43।।
उत्सन्नकुलधर्माणां मनुष्याणां जनार्दन।
नरकेऽनियतं वासो भवतीत्यनुशुश्रुम।।44।।
अहो बत महत्पापं कर्तुं व्यवसिता वयम्।
यद्राज्यसुखलोभेन हन्तुं स्वजनमुद्यताः।।45।।
यदि मामप्रतीकारमशस्त्रं शस्त्रपाणयः।
धार्तराष्ट्र रणे हन्युस्तन्मे क्षेमतरं भवेत्।।46।।

छूटने से समूचे कुल पर अधर्म की धाक जमती है; (41) हे कृष्ण! अधर्म के फैलने से कुलस्त्रियाँ बिगड़ती हैं; हे वार्ष्णेय! स्त्रियों के बिगड़ जाने पर वर्णसंकर होता है। (42) और वर्णसंकर होने से वह कुलघातक को और (समग्र) कुल को निश्चय ही नरक में ले जाता है; एवं पिंडदान और तर्पणादि क्रियाओं के लुप्त हो जाने से उनके पितर भी पतन पाते हैं। (43) कुलघातकों के इन वर्णसंकरकारक दोषों से पुरातन जातिधर्म और कुलधर्म उत्पन्न होते हैं; (44) और हे जनार्दन! हम ऐसा सुनते आ रहे हैं कि जिन मनुष्यों के कुलधर्म विच्छिन्न हो जाते हैं, उनको निश्चय ही नरकवास होता है।

(45) देखो तो सही! हम राज्य-सुख-लोभ से स्वजनों को मारने के लिए उद्यत हुए हैं, (सचमुच ही) यह हमने एक बड़ा पाप करने की योजना की है! (46) इसकी अपेक्षा मेरा अधिक कल्याण तो इसमें होगा, कि मैं निःशस्त्र होकर प्रतिकार करना छोड़ दूँ; (और ये) शस्त्रधारी कौरव मुझे रण में मार डालें। संजय ने कहा:-

(रथ में खड़े होकर युद्ध करने की प्रणाली थी, अतः "रथ में अपने स्थान पर बैठ गया" इन शब्दों से यही अर्थ अधिक व्यक्त होता है, कि खिन्न हो जाने के कारण युद्ध करने की उसे इच्छा न थी। महाभारत में कुछ स्थलों पर इन रथों का जो वर्णन है, उससे दीख पड़ता है, कि भारतकालीन रथ प्रायः दो पहियों के होते थे; बड़े-बड़े रथों में चार-चार घोड़े जोते जाते थे; और रथी एवं

एवमुक्त्वार्जुनः संख्ये रथोपस्थ उपाविशत्।
विसृज्य सशरं चापं शोकसंविग्नमानसः।।47।।

इति श्रीमद्भगवद्गीतासु उपनिषत्सु ब्रह्मविद्यायां योगशास्त्रे श्रीकृष्णार्जुन संवादे अर्जुनविषादयोगो नाम प्रथमोऽध्यायः।।1।।

(47) इस प्रकार रणभूमि में भाषण कर, शोक से व्यथितचित्त अर्जुन (हाथ का) धनुष्य-बाण त्याग कर रथ में अपने स्थान पर यों ही बैठ गया।

सारथी, दोनों अगले भाग में परस्पर एक दूसरे की आजू-बाजू में बैठते थे। रथ की पहचान के लिए प्रत्येक रथ पर एक प्रकार की विशेष ध्वजा लगी रहती थी। यह बात प्रसिद्ध है, कि अर्जुन की ध्वजा पर प्रत्यक्ष हनुमान ही बैठे थे।)

इस प्रकार श्री भगवान के गाए हुए-अर्थात् कहे हएु-उपनिषद में ब्रह्म-विद्यान्तर्गत योग-अर्थात् कर्मयोग-शास्त्रविषयक, श्रीकृष्ण और अर्जुन के संवाद में, अर्जुनविषादयोग नामक पहला अध्याय समाप्त हुआ।

(गीतारहस्य पहले (पृष्ठ 1), तीसरे (पृष्ठ 34), और ग्यारहवें (पृष्ठ 199) प्रकरण में इस संकल्प का ऐसा अर्थ किया गया है, कि गीता में केवल ब्रह्मविद्या ही नहीं है, किंतु उसमें ब्रह्मविद्या के आधार पर कर्मयोग का प्रतिपादन किया गया है। यद्यपि यह संकल्प महाभारत में नहीं है, परंतु यह गीता पर संन्यासमार्गी टीका होने के पहले का होगा; क्योंकि संन्यास-मार्ग का कोई भी पंडित ऐसा न लिखेगा। और उससे यह प्रकट होता है, कि गीता में संन्यास-मार्ग का प्रतिपादन नहीं है, किंतु कर्मयोग का शास्त्र समझकर, संवाद-रूप से विवेचन है। संवादात्मक और शास्त्रीय छेद रहस्य के चौदहवें प्रकरण के आरंभ में बतलाया गया है।)

❑❑❑

द्वितीयोऽध्यायः

संजय उवाच।
तं तथा कृपयाविष्टमश्रुपूर्णाकुलेक्षणम्।
विषीदन्तमिदं वाक्यमुवाच मधुसूदनः॥1॥

श्रीभगवानुवाच।
कुतस्त्वा कश्मलमिदं विषमे समुपस्थितम्।
अनार्यजुष्टमस्वर्ग्यमकीर्तिकरमर्जुन॥2॥
क्लैब्यं मा स्म गमः पार्थ नतैत्त्वय्युपपद्यते।
क्षुद्रं हृदयदौर्बल्यं त्यक्त्वोत्तिष्ठ परंतप॥3॥

अर्जुन उवाच।
कथं भीष्ममहं संख्ये द्रोणं च मधुसूदन।
इषुभिः प्रतियोत्स्यामि पूजार्हावरिसूदन॥4॥

दूसरा अध्याय

संजय ने कहा :- (1) इस प्रकार करुणा से व्याप्त, आँखों में आँसू भरे हुए और विषाद पाने वाले अर्जुन से मधुसूदन (श्रीकृष्ण) यह बोले-श्रीभगवान ने कहा :- (2) हे अर्जुन! संकट के इस प्रसंग पर तेरे (मन में) यह मोह (कश्मल) कहाँ से आ गया, जिसका कि आर्यों ने अर्थात् सत्पुरुषों ने (कभी) आचरण नहीं किया, जो अधोगति को पहुँचाने वाला है, और जो दुष्कीर्तिकारक है? (3) हे पार्थ! ऐसा नामर्द मत हो! यह तुझे शोभा नहीं देता। अरे, शत्रुओं को ताप देनेवाले! अंतःकरण की इस क्षुद्र दुर्बलता को छोड़कर (युद्ध के लिए) खड़ा हो।

(इस स्थान पर हमने 'परंतप' शब्द का अर्थ कर तो दिया है; परंतु बहुतेरे टीकाकारों का यह मत हमारी राय में युक्तिसंगत नहीं है, कि अनेक स्थानों पर आने वाले विशेष रूपी संबोधन या कृष्ण-अर्जुन के नाम गीता में हेतुगर्भित अथवा अभिप्राय सहित प्रयुक्त हुए हैं। हमारा मत है, कि पद्य रचना के लिए अनुकूल नामों का प्रयोग किया गया है; और उनमें कोई विशेष अर्थ उद्दिष्ट नहीं है। अतएव कई बार हमने श्लोक में प्रयुक्त नामों का ही हूबहू अनुवाद न कर 'अर्जुन' या 'श्रीकृष्ण' ऐसा साधारण अनुवाद कर दिया है।)

अर्जुन ने कहा :- हे मधुसूदन! मैं '(परम-) पूज्य भीष्म और द्रोण के

गुरुनहत्वा हि महानुभावान् श्रेयो भोक्तुं भैक्ष्यमपीह लोके।
हत्वार्थकामांस्तु गुरुनिहैव भुंजीय भोगान् रुधिरप्रदिग्धान्॥5॥
न चैतद्विद्मः कतरन्नो गरीयो यद्वा जयेम यदि वा नो जयेयुः।
यानेव हत्वा न जिजीविषामस्तेऽवस्थिताः प्रमुखे धार्तराष्ट्राः॥6॥

कार्पण्यदोषोपहतस्वभावः पृच्छामि त्वां धर्मसम्मूढचेताः।
यच्छ्रेयः स्यान्निश्चितं ब्रूहि तन्मे शिष्यस्तेऽहं शाधि मां त्वां प्रपन्नम्॥7॥

साथ, हे शत्रुनाशने! युद्ध में बाणों से कैसे लड़ूँगा? (5) महात्मा गुरु लोगों को न मारकर इस लोक में भीख माँग करके पेट पालना भी श्रेयस्कर है; परंतु अर्थलोलुप (हों, तो भी) गुरु लोगों को मारकर इसी जगत में मुझे उनके रक्त से सने हुए भोग भोगने पड़ेंगे।

('गुरु लोगों का' इस बहुवचनान्त शब्द से 'बड़े-बूढ़ों' का ही अर्थ लेना चाहिए। क्योंकि विद्या सिखाने वाला गुरु एक द्रोणाचार्य को छोड़, सेना में और कोई दूसरा न था। युद्ध छिड़ने के पहले जब ऐसे गुरु लोगों-अर्थात् भीष्म, द्रोण और शल्य-की पादवंदना कर उनका आशीर्वाद लेने के लिए रणांगण में अपना कवच उतार कर प्रणाम करने वाले युधिष्ठिर का अभिनंदन कर सबने इसका कारण बतलाया, कि दुर्योधन की ओर से हम क्यों लड़ेंगे?

अर्थस्य पुरुषो दासो दासस्त्वर्थो न कस्यचित्।
इति सत्यं महाराज! बद्धोऽस्म्यर्थेन कौरवैः॥

"सच तो यह है, कि मनुष्य अर्थ का गुलाम है, अर्थ किसी का गुलाम नहीं! इसलिए हे युधिष्ठिर महाराज! कौरवों ने मुझे अर्थ से जकड़ रखा है" (मभा. छी. अ. 43, श्लो. 35.50, 76)। ऊपर जो यह 'अर्थलोलुप' शब्द है, वह इसी श्लोक के अर्थ का द्योतक है।)

(6) हम जय प्राप्त करें या हमें (वे लोग) जीत लें-उन दोनों बातों में से हमें श्रेयस्कर कौन है, यह भी समझ नहीं पड़ता। जिन्हें मारकर फिर जीवित रहने की इच्छा नहीं, वे ही ये कौरव (युद्ध के लिए) सामने डटे हैं।

('गरीयः' शब्द से प्रकट होता है, कि अर्जुन के मन में "अधिकांश लोगों के अधिक सुख" के समान कर्म और अकर्म की लघुता-गुरुता ठहराने की कसौटी थी, पर वह इस बात का निर्णय नहीं कर सकता था, कि उन कसौटी के अनुसार किसकी जीत होने में भलाई है? गीतारहस्य प्र. 4, पृ. 84-87 देखो।)

(7) दीनता से मेरी स्वाभाविक वृत्ति नष्ट हो गई है (मुझे अपने) धर्म अर्थात्

न हि प्रपश्यामि ममापनुद्याद् यच्छोकमुच्छोषमिन्द्रियाणाम्।
अवाप्य भूमावसपत्नसमृद्धं राज्यं सुराणामपि चाधिपत्यम्॥8॥

संजय उवाच।

एवमुक्त्वा हृषीकेशं गुडाकेशः परंतप।
न योत्स्य इति गोविन्दमुक्त्वा तूष्णीं बभूव ह॥9॥
तमुवाच हृषीकेशः प्रहसन्निव भारत।
सेनयोरुभयोर्मध्ये विषीदन्तमिदं वचः॥10॥

कर्त्तव्य का मन में मोह हो गया है, इसलिए मैं तुमसे पूछता हूँ, कि जो निश्चयत से श्रेयस्कर हो, वह मुझे बतलाओ। मैं तुम्हारा शिष्य हूँ। मुझ शरणागत को समझाइए। (8) क्योंकि पृथ्वी का निष्कंटक समृद्ध राज्य या देवताओं (स्वर्ग) का भी स्वामित्व मिल जाए, तथापि मुझे ऐसा कुछ भी (साधन) नजर नहीं आता, कि जो इंद्रियों को सुखा देने वाले मेरे इस शोक को दूर करे। संजय ने कहा:- (9) इस प्रकार शत्रुसंतापी गुडाकेश अर्थात् अर्जुन ने हृषीकेश से (श्रीकृष्ण) कहा; और फिर श्रीगोविंद से 'मैं न लड़ूँगा' कहकर (वह) चुप हो गया! (10) (फिर) हे भारत (धृतराष्ट्र)! दोनों सेनाओं के बीच खिन्न होकर बैठे हुए अर्जुन से श्रीकृष्ण कुछ हँसते हुए-से बोले।

(एक ओर तो क्षत्रिय का स्वधर्म और दूसरी ओर गुरुहत्या व कुलक्षय के पातकों का भय-इस खींचातानी में 'मरें या मारें', के झमेले में पड़कर, लड़ाई छोड़कर भिक्षा माँगने के लिए तैयार हो जाने वाले अर्जुन को अब भगवान् इस जगत के उसके सच्चे कर्त्तव्य का उपदेश करते हैं। अर्जुन की शंका थी, कि लड़ाई जैसे घोर कर्म से आत्मा का कल्याण न होगा। इसी से, जिन उदार पुरुषों ने परब्रह्म का ज्ञान प्राप्त कर अपने आत्मा का पूर्ण कल्याण कर लिया है, वे इस दुनिया में कैसा बर्ताव करते हैं; यहीं से गीता के उपदेश का आरंभ हुआ है। भगवान् कहते हैं, कि संसार की चाल-ढाल के परखने से दीख पड़ता है, कि आत्मज्ञानी पुरुषों के जीवन बिताने के अनादिकाल से दो मार्ग चले आ रहे हैं (गीता 3.3; गीतारहस्य प्र. 11) आत्मज्ञान संपादन करने पर शुक सीखे पुरुष संसार छोड़कर आनंद से भिक्षा माँगते फिरते हैं, तो जनक सरीखे दूसरे आत्मज्ञानी ज्ञान के पश्चात् भी स्वधर्मानुसार लोगों के कल्याणार्थ संसार के सैकड़ों व्यवहारों में अपना समय लगाया करते हैं। पहले मार्ग को या सांख्यनिष्ठ कहते हैं; और दूसरे को कर्मयोग या योग कहते हैं (श्लोक 39)। यद्यपि ये दोनों निष्ठाएँ प्रचलित हैं, तथापि गीता का यह सिद्धांत है, कि इनमें से कर्मयोग ही अधिक श्रेष्ठ है (गीता

श्रीभगवानुवाच

अशोच्यानन्वशोचस्त्वं प्रज्ञावादांश्च भाषसे।
गतासूनगतासूंश्च नानुशोचन्ति पण्डिताः॥11॥
न त्वेवाहं जातु नासं न त्वं नेमे जनाधिपाः।
न चैव न भविष्यामः सर्वे वयमतः परम्॥12॥

5.2) - यह सिद्धान्त आगे बतलाया जाएगा। इन दोनों निष्ठाओं में से अर्जुन के मन की चाह अच संत्यासनिष्ठा की ओर ही अधिक बढ़ी हुई थी। अतव उसी मार्ग के तत्त्वज्ञान से अर्जुन की भूल पहले उसे सुझा दी गई है; और आगे 39वें श्लोक से भगवान ने कर्मयोग का प्रतिपादन करना आरंभ कर दिया है। सांख्य-मार्ग वाले पुरुष ज्ञान के पश्चात् कर्म भले ही न करते हों; पर उनका ब्रह्मज्ञान और कर्मयोग का ब्रह्मज्ञान कुछ भिन्न-भिन्न नहीं है। तब सांख्य-निष्ठा के अनुसार देखने पर भी आत्मा यदि अविनाशी और नित्य है, तो फिर किंचित् उपहासपूर्वक अर्जुन से भगवान का प्रथम कथन है, कि तेरी यह बकबक व्यर्थ है, कि 'मैं अमुक को कैसे मारूँ?")

श्रीभगवान ने कहा :- (11) जिनका शोक न करना चाहिए, तू उन्हीं का शोक कर रहा है और ज्ञान की भी हाँकता है! किसी के प्राण (चाहे) जाएँ या (चाहे) रहें; ज्ञानी पुरुष उनका शोक नहीं क़रते।

(इस श्लोक में यह कहा गया है, कि ज्ञानी लोग स्वाभाविक प्राणों के जाने का या रहने का भी शोक नहीं करते। इनमें से जाने का शोक करना तो स्वाभाविक है उसे न करने का उपदेश करना उचित है। पर टीकाकारों ने यह शंका करके, कि प्राण रहने का शोक कैसा और क्यों करना चाहिए; उसके विषय में बहुत-कुछ चर्चा की है; और कई लोगों ने कहा है, कि मूर्ख एवं अज्ञानी लोगों के प्राण रहना शोक का ही कारण है। किंतु इतनी बाल की खाल निकालते रहने की अपेक्षा 'शोक करना' शब्द का ही 'भला या बुरा लगना' अथवा 'परवाह करना' ऐसा व्यापक अर्थ करने से कोई भी अड़चन रह नहीं जाती। यहाँ इतना ही वक्तव्य है, कि ज्ञानी पुरुष को दोनों बातें एक ही सी होती हैं।)

(12) देखो न; ऐसा तो है ही नहीं, कि मैं (पहले) कभी था ही नहीं। ऐसा भी नहीं, कि तू और ये राजा लोग (पहले) न थे; और ऐसा भी नहीं हो सकता, कि हम

सब लोग अब आगे न होंगे।

(इस श्लोक पर रामानुज-भाष्य में जो टीका है, उसमें लिखा है:- इस श्लोक से ऐसा सिद्ध होता है, कि 'मैं' अर्थात् परमेश्वर और 'तू एवं राजा लोग' अर्थात् अन्यान्य आत्मा, ये दोनों यदि पहले (अतीतकाल में) थे; और आगे

देहिनोऽस्मिन्यथा देहे कौमारं यौवनं जरा।
तथा देहान्तरप्राप्तिर्धीरस्तत्र न मुह्यति॥13॥
मात्रस्पर्शास्तु कौन्तेय शीतोष्णसुखदु:खदा:।
आगमापायिनोऽनित्यास्तांस्तितिक्षस्व भारत॥14॥

होने वाले हैं, तो परमेश्वर और आत्मा, ये दोनों पृथक्, स्वतंत्र और नित्य हैं। किंतु यह अनुमान ठीक नहीं है; सांप्रदायिक आग्रह का है; क्योंकि इस स्थान पर प्रतिपाद्य इतना ही है, कि सभी नित्य है; उनका पारस्परिक संबंध यहाँ बतलाया नहीं है और बतलाने की कोई आवश्यकता भी न थी। जहाँ वैसा प्रसंग आया है, वहाँ गीता में ही ऐसा अद्वैत सिद्धान्त (गीता 8.4; 13.31) स्पष्ट रीति से बतला दिया है, कि समस्त प्राणियों के शरीर में देहधारी आत्मा मैं अर्थात् एक हीं परमेश्वर हूँ।)

(13) जिस प्रकार देह धारण करने वाले को इस देह में बालपन, जवानी और बुढ़ापा (प्राप्त होता है), उसी प्रकार (आगे) दूसरी देह प्राप्त हुआ करती है। (इसलिए) इस विषय में ज्ञानी पुरुषों को मोह नहीं होता।

(अर्जुन के मन में यही तो बड़ा डर या मोह था, कि "अमुक को मैं कैसे मारूँ।" इसलिए उसे दूर करने के निमित्त तत्त्व की दृष्टि से भगवान पहले इसी का विचार बतलाते हैं, कि मरना क्या है और मारना क्या है (श्लोक 11-30)। मनुष्य केवल देहरूपी निरी वस्तु ही नहीं है; वरन् देह और आत्म का समुच्चय है। इनमें से 'मैं' इस अहंकार रूप से व्यक्त होने वाला आत्मा नित्य और अमर है। वह आंज है कल था और कल भी रहेगा ही। अतएव मरना या मारना, ये शब्द ही उसके लिए उपयुक्त नहीं किए जा सकते और उसका शोक भी न करना चाहिए। अब बाकी रह गई देह; सो यह प्रकट ही है, कि वह अनित्य और नाशवान् है; आज नहीं तो कल, कल नहीं तो सौ वर्षों से सही; उसका तो नाश होने ही को है-"अद्य वाऽब्दशतान्ते वा मृत्युर्वै प्राणिनां ध्रुव:" (भाग. 10.1.38); और एक देह छूट भी गई, तो भी कर्मों के अनुसार आगे दूसरी देह मिले बिना नहीं रहता अतएव उसका भी शोक करना उचित नहीं। सारांश, देह या आत्मा, दोनों दृष्टि से विचार करें, तो सिद्ध होता है, कि मरे हुए का शोक करना पागलपन है, यह पागलपन भले ही हो; पर यह अवश्य बतलाना चाहिए,, कि वर्तमान देह का नाश होते समय जो क्लेश होते हैं, उनके लिए शोक क्यों न करें? अतएव अब भगवान् इन कायिक सुखदु:खों का स्वरूप बतला कर दिखलाते हैं, कि उनका भी शोक करना उचित नहीं है।)

(14) हे कुंति पुत्र! शीतोष्ण या सुखदु:ख देने वाले, ये मात्राओं अर्थात्

यं हि न व्यथयन्त्येते पुरुषं पुरुषर्षभ।
समदु:ख-सुखं धीरं सोऽमृतत्वाय कल्पते॥15॥

बाह्य सृष्टि के पदार्थों के (इंद्रियों से) जो संयोग हैं, उनकी उत्पत्ति होती है और नाश होता है। (अतएव) वे अनित्य अर्थात् विनाशवान् हैं। हे भारत! (शोक न करके) उनको तू सहन कर। (15) क्योंकि, हे नरश्रेष्ठ! सुख और दु:ख को समान मानने वाले जिस ज्ञानी पुरुष को इनकी व्यथा नहीं होती, वही अमृतत्व अर्थात् अमृत-ब्रह्म की स्थिति को प्राप्त कर लेने में समर्थ होता है।

(जिस पुरुष को ब्रह्मात्मैक्य ज्ञान होने पर भी नामरूपात्मक जगत् मिथ्या नहीं जान

पड़ा है, वह बाह्य पदार्थों और इंद्रियों के संयोग से होने वाले शीत-ऊष्ण आदि या सुखदु:ख आदि विकारों को सत्य मानकर आत्मा में उनका अध्यारोप किया करता है; और इस कारण से उसको दु:ख की पीड़ा होती है। परंतु जिसने यह जान लिया है, कि ये सभी विकार प्रकृति के हैं, आत्मा अकर्ता और अलिप्त है; उसे सुख और दु:ख एक ही से हैं। अब भगवान् अर्जुन से यह कहते हैं, कि इस सम-बुद्धि से तू उनको सहन कर और यही अर्थ अगले अध्याय में अधिक विस्तार से वर्णित है। शांकरभाष्य में 'मात्रा' शब्द का अर्थ इस प्रकार है:-"मीयते एभिरिति मात्रा:" अर्थात् जिनसे बाहरी पदार्थ मापे जाते हैं या ज्ञात होते हैं, उन्हें इंद्रियाँ कहते हैं। पर मात्रा का अर्थ इंद्रियाँ न करके, कुछ लोग ऐसा भी अर्थ करते हैं, कि इंद्रियों से मापे जाने वाले शब्द रूप आदि बाह्य पदार्थों को मात्रा कहते हैं; और उनका इंद्रियों से तो स्पर्श अर्थात् संयोग होता है, उसे मात्रा स्पर्श कहते हैं। इसी अर्थ को हमने स्पर्श किया है। क्योंकि, इस श्लोक के विचार गीता में आगे जहाँ पर आए हैं (गीता 5.21-23), वहाँ 'बाह्यस्पर्श' शब्द है और 'मात्रा स्पर्श' शब्द का, हमारे किए हुए अर्थ के समान, अर्थ करने से इन दोनों शब्दों का अर्थ एक ही-सा हो जाता है। यद्यपि इस प्रकार ये दोनों शब्द मिलते-जुलते हैं, तो भी मात्रास्पर्श शब्द पुराना दीख पड़ता है। क्योंकि मनुस्मृति में (6.57) इसी अर्थ में मात्रासंग शब्द आया है; और बृहदारण्यकोपनिषद में वर्णन है, कि मरने पर ज्ञानी पुरुष की आत्मा का मात्राओं से असंसर्ग (मात्राऽसंसर्ग:) होता है अर्थात् वह मुक्त हो जाता है; और उसे संज्ञा नहीं रहती (बृ. माध्यं 4.5.14; वे. सू. शां. भा. 1.4.22)। शीतोष्ण और सुखदु:ख पद उपलक्षणात्मक हैं; उनमें ही राग-द्वेष, सत्-असत् और मृत्यु-अमरत्व इत्यादि परस्पर विरोधी द्वंद्वों का समावेश होता है। ये सब माया-सृष्टि के द्वंद्व हैं। सच्चा परब्रह्म, नारदीय सूक्त में जो वर्णन है, उसके अनुसार, इन द्वंद्वों से परे है। इसलिए प्रकट है, कि अनित्य माया-सृष्टि के इन द्वंद्वों को शांतिपूर्वक सहकर, इन द्वंद्वों से बुद्धि को छुड़ाए बिना ब्रह्म-प्राप्ति नहीं होती (गीता 2.45; 7.28)

नासतो विद्यते भावो नाभावो विद्यते सत:।
उभयोरपि दृष्टोऽन्तनयोस्तत्त्वदर्शिभि:॥16॥

(गीतार. प्र. 9 पृष्ठ 226 और 245-247)। अब अध्यात्मशास्त्र की दृष्टि से इसी अर्थ को व्यक्त कर दिखलाते हैं:-(16) जो नहीं (असत्) है, वह हो ही नहीं सकता; और जो है (सत्), उसका अभाव नहीं होता; तत्त्वज्ञानी पुरुषों ने इस प्रकार 'है और नहीं है' (इन सत् और असत्) इन दोनों का अंत देख लिया है-अर्थात् अंत देखकर उनके स्वरूप का निर्णय किया है।

(इस श्लोक के 'अन्त' शब्द का अर्थ और 'राद्धान्त' एवं 'कृतान्त' शब्दों के (गीता 18.13) 'अन्त' शब्द का अर्थ एक ही है। शाश्वत-कोश में (शा. 381) 'अन्त' शब्द के ये अर्थ हैं-'स्वरूपप्रान्तयोरन्तमन्तिकेऽपि प्रयुज्यते।" इस श्लोक में सत् का अर्थ ब्रह्म और असत् का अर्थ नामरूपात्मक दृश्य जगत् है (गातार. प्र. 9, पृ. 226-227; और 245-247) स्मरण रहे, कि "जो है उसका अभाव नहीं होता" इत्यादि तत्त्व देखने में यद्यपि सत्कार्यवाद के समान दीख पड़े, तो भी उसका अर्थ कुछ निराला है। जहाँ एक वस्तु से दूसरी वस्तु निर्मित है-उदा. बीज से वृक्ष-वहाँ सत्कार्यवाद का तत्त्व उपयुक्त होता है। प्रस्तुत श्लोक में इस प्रकार का प्रश्न नहीं है; वक्तव्य इतना ही है, कि सत् अर्थात् जो है, उसका अस्तित्व (भाव) और असत् अर्थात् जो नहीं है, उसका अभाव, ये दोनों नित्य याने सदैव कायम रहने वाले हैं। इस प्रकार क्रम से दोनों के भाव-अभाव को नित्य मान लें, तो आगे फिर आप-ही-आप कहना पड़ता है, कि जो 'सत्' है, उसका नाश होकर उसी का 'असत्' नहीं हो जाता। परंतु यह अनुमान और सत्कार्यवाद में पहले

ही ग्रहण की हुई एक वस्तु से दूसरी वस्तु की कार्यकारणरूप उत्पत्ति, ये दोनों एक-सी नहीं है (गीतार. प्र. 7, पृ. 156)। माध्वभाष्य में इस श्लोक के "नासतो विद्यते भाव:" उस पहले चरण के 'विद्यते भाव:" का 'विद्यते+अभाव:' ऐसा परिच्छेद है और उसका यह अर्थ किया है, कि असत् याने अव्यक्त-प्रकृति का अभाव, अर्थात्, नाश नहीं होता और जबकि दूसरे चरण में यह कहा है, कि सत् का भी नाश नहीं होता, तब उन्हें अपने द्वैती संप्रदाय के अनुसार मध्वाचार्य ने इस श्लोक का ऐसा अर्थ किया है, कि सत् और असत् दोनों नित्य हैं! परंतु यह अर्थ सरल नहीं है, इसमें खींचातानी है। क्योंकि स्वाभाविक रीति से दीख पड़ता है, कि परस्पर विरोधी असत् और सत् शब्दों के समान ही अभाव और भाव ये दो विरोधी शब्द ही इस स्थल पर प्रयुक्त है; एवं दूसरे चरण में अर्थात् "नभावो विद्यत सत:" यहाँ पर

अविनाशी तु तद्विद्धि येन सर्वमिदं ततम्।
विनाशमव्ययस्यास्य न कश्चित्कर्तुमर्हति॥17॥
अन्तवन्त इमे देहा नित्यस्योक्ताः शरीरिणः।
अनाशिनोऽप्रमेयस्य तस्याद्युध्यस्व भारत॥18॥

'नाभावों' में यदि अभाव शब्द ही लेना पड़ता है, तो प्रकट है, कि पहले चरण में भाव शब्द ही रहना चाहिए। इसके अतिरिक्त यह कहने के लिए, कि असत् और सत् ये दोनों नित्य हैं; 'अभाव' और 'विद्यते' इन पदों के दो बार प्रयोग करने की कोई आवश्यकता न थी। किंतु मध्वाचार्य के कथनानुसार यदि इस द्विरुक्ति को आदरार्थ की मान भी लें, तो भी आगे अठारहवें श्लोक में स्पष्ट ही कहा है, कि व्यक्त या दृश्य सृष्टि में आने वाला मनुष्य शरीर नाशवान् अर्थात् अनित्य है। अतएव आत्मा के साथ ही भगवद्गीता के अनुसार, देह को भी नित्य नहीं मान सकते; प्रकट रूप से यह सिद्ध होता है, कि एक नित्य है और दूसरा अनित्य। पाठों को यह दिखलाने के लिए कि, सांप्रदायिक दृष्टि से खींचातानी कैसे की जाती है, हमने नमूने के ढंग पर यहाँ इस श्लोक का मध्य भाष्य वाला अर्थ लिख दिया है-अस्तु; जो सत् है, वह कभी नष्ट होने वाला नहीं, अतएव सत्स्वरूपी आत्मा का शोक न करना चाहिए; और तत्त्व की दृष्टि से नामरूपात्मक देह आदि अथवा सुखदु:ख आदि विकार मूल में ही विनाशी हैं, इसलिए उनके नाश होने का शोक करना भी उचित नहीं। फलत: आरंभ में अर्जुन से जो यह कहा है, कि "जिसका शोक न करना चाहिए, उसका तू शोक कर रहा है", वह सिद्ध हो गया। अब 'सत्' और 'असत्' के अर्थों को ही अगले दो श्लोकों में और भी स्पष्ट कर बतलाते हैं:-

(17) स्मरण रहे, कि यह संपूर्ण (जगत्) जिसने फैलाया अथवा व्याप्त किया है, वह (मूल आत्मस्वरूप ब्रह्म) अविनाशी है। इस अव्यक्त तत्त्व का विनाश करने के लिए कोई भी समर्थ नहीं है।

(पिछले श्लोक में जिसे सत् कहा है, उसी का यह वर्णन है। यह बतलाकर, कि शरीर का स्वामी अर्थात् इसी 'नित्य' श्रेणी में आता है; अब यह बतलाते हैं, कि अनित्य या सत् किसे कहना चाहिए:-)

(18) कहा है, कि जो शरीर का स्वामी (आत्मा) नित्य, अविनाशी और अचिंत्य, उसे प्राप्त होने वाले ये शरीर नाशवान् अर्थात् अनित्य हैं। अतएव हे भारत! तू युद्ध कर!

(सारांश, इस प्रकार नित्य-अनित्य का विवेक करने से तो यह भाव ही झूठा होता है, कि "मैं अमुक को मारता हूँ", और युद्ध न करने के लिए।

य एनं वेत्ति हन्तारं यश्चैनं मन्यते हतम्।
उभौ तौ न विजानीतो नायं हन्ति न हन्यते॥19॥

न जायते म्रियते वा कदाचिन्नायं भूत्वा भविता वा न भूयः।
अजो नित्यः श्वाश्वोऽयं पुराणो न हन्यते हन्यमाने शरीरे॥20॥
वेदाविनाशिनं नित्यं न एनमजमव्ययम्।
कथं स पुरुषः पार्थ कं घातयति हन्ति कम्॥21॥
वासांसि जीर्णानि यथा विहाय नवानि गृहणाति नरोऽपराणि।
तथा शरीराणिं विहाय जीर्णानिअन्यानि संयाति नवानि देही॥22॥
नैनं छिन्दन्ति शस्त्राणि नैनं दहति पावकः।
न चैनं क्लेदयन्त्यापो न शोषयति मारुतः॥23॥

(अर्जुन ने जो कारण दिखलाया था, वह निर्मूल हो जाता है। इसी अर्थ को अब और अधिक स्पष्ट करते हैं:-)

(19) (शरीर के स्वामी या आत्मा) को ही जो मारने वाला मानता है, या जो ऐसा समझता है, कि वह मारा जाता है; उन दोनों को भी सच्चा ज्ञान नहीं है। (क्योंकि) यह (आत्मा) न तो मारता है और न मारा भी जाता है।

(क्योंकि यह आत्मा नित्य और स्वयं अकर्ता है, सब खेल तो प्रकृति का ही है। कठोपनिषद् में यह और अगला श्लोक आया है (कठ. 2.18.19)। उसके अतिरिक्त महाभारत के अन्य स्थानों में भी ऐसा वर्णन है, कि काल से सब ग्रसे हुए हैं; काल की इस क्रीडा को ही 'मारने और मरने' की लौकिक संज्ञाएँ हैं (शां. 25.15)। गीता में भी (गीता 11.33) आगे भक्ति-मार्ग की भाषा से यही तत्त्व भगवान ने अर्जुन को फिर बतलाया है, कि भीष्म-द्रोण आदि को कालस्वरूप से मैंने ही पहले मार डाला है, तू केवल निमित्त हो जा।)

(20) यह (आत्मा) न तो कभी जन्मता है और न मरता भी है; ऐसा भी नहीं, कि यह (एक बार) होकर फिर होने का नहीं; यह अज, नित्य, शाश्वत और पुरातन है, एवं शरीर का वध हो जाए तो भी मारा नहीं जाता। (21) हे पार्थ! जिसने जान लिया, कि यह आत्मा अविनाशी, नित्य, अज और अव्यय है, वह पुरुष किसी को कैसे मरवाएगा और किसी को कैसे मारेगा? (22) जिस प्रकार कोई मनुष्य पुराने वस्त्रों को छोड़कर दूसरे नए ग्रहण करता है, उसी प्रकार देही अर्थात् शरीर का स्वामी आत्मा पुराने शरीर त्यागकर दूसरे नए शरीर धारण करता है। (23) इसे अर्थात् आत्मा को शस्त्र काट नहीं सकते; उसे आग जला नहीं सकती; वैसे ही इसे पानी भिगा या गला नहीं सकता और वायु सुखा नहीं सकती है।

अच्छेद्योऽयमदाह्योऽयमक्लेद्योऽशोष्य एव च।
नित्यः सवर्गतः स्थाणुरचलोऽयं सनातनः॥24॥
अव्यक्तोऽयमचिन्त्योऽयमविकार्योऽयमुच्यते।
तस्मादेवं विदित्वैनं नानुशोचितुमर्हसि॥25॥
अथ चैनं नित्यजातं नित्यं वा मन्यसे मृतम्।
तथापि त्वं महाबाहो नैनं शोचितुमर्हसि॥26॥
जातस्य हि ध्रुवो मृत्युर्ध्रुवं जन्म मृतस्य च।
तस्मादपरिहार्येऽर्थे न त्वं शोचितुमर्हसि॥27॥

(वस्त्र की यह उपमा प्रचलित है। महाभारत में एक स्थान पर, एक घर (शाला) छोड़कर दूसरे घर में जाने का दृष्टान्त पाया जाता है (शां. 15, 16); और एक अमेरिकन ग्रंथकार ने यही कल्पना पुस्तक को नई जिल्द बाँधने का दृष्टान्त देकर व्यक्त की है। पिछले तेरहवें श्लोक में बालपन, जवानी और बुढ़ापा, इन तीन अवस्थाओं को जो न्याय उपयुक्त किया गया है, वही अब शरीर के विषय में किया गया है।)

(24) (कभी भी) न कटने वाला, न जलने वाला, न भीगने वाला और न सूखने वाला यह (आत्मा) नित्य, सर्वव्यापी, स्थिर, अचल और सनातन अर्थात् चिरंतन है। (25) इस आत्मा को ही, अव्यक्त अर्थात् जो इंद्रियों को गोचर न होने वाला, अचिंत्य अर्थात् जो मन से भी जाना नहीं जा सकता और अविकार्य अर्थात् जिसे किसी भी विकार की उपाधि नहीं है, कहते हैं। इसलिए उसे (आत्मा को) इस प्रकार का समझकर उसका शोध करना तुझे उचित नहीं है।

(यह वर्णन उपनिषदों से लिया है। यह वर्णन निर्गुण आत्मा का है, सगुण का नहीं। क्योंकि अविकार्य या अचिंत्य विशेषण सगुण को लग नहीं सकते (गीतारहस्य प्र. 9 देखो)। आत्मा के विषय में वेदान्तशास्त्र का जो अंतिम सिद्धान्त है, उसके आधार से शोक न करने के लिए यह आत्मा को नित्य नहीं समझते, इसलिए तुम्हारी उपपत्ति हमें ग्राह्य नहीं; तो इस पूर्व पक्ष का प्रथम उल्लेख करके भगवान् उसका यह उत्तर देते हैं कि:-)

(26) अथवा, यदि तू ऐसा मानता हो, कि यह आत्मा (नित्य नहीं, शरीर के साथ ही) सदा जन्मता या सदा मरता है, तो भी हे महाबाहु! उसका शोक करना तुझे उचित नहीं। (27) क्योंकि जो जन्मता है, उसकी मृत्यु निश्चित

अव्यक्तादीनि भूतानि व्यक्तमध्यानि भारत।
अव्यक्तनिधनान्येव तत्र का परिदेवना॥28॥
आश्चर्यवत्पश्यति कश्चिदेनमाश्चर्यवद्वदति तथैव चान्यः।
आश्र्चवश्चैनमन्यः शृणोति श्रुत्वाप्येनं वेद न चैव कश्चित्॥29॥

है, और जो मरता है, उसका जन्म निश्चित है; इसलिए (इस) अपरिहार्य बात का ऊपर उल्लिखित तेरे मत के अनुसार भी) शोक करना तुझको उचित नहीं।

(स्मरण रहे, कि ऊपर के दो श्लोकों में बतलाई हुई उपपत्ति सिद्धान्त पक्ष की नहीं है; यह 'अथ च = अथवा' शब्द से बीच में ही उपस्थित किए हुए पूर्व पक्ष का उत्तर है। आत्मा को नित्य मानो चाहे अनित्य; दिखलाना इतना ही है, कि दोनों ही पक्षों में शोक करने का प्रयोजन नहीं है। गीता का यह सच्चा सिद्धान्त पहले ही बतला चुका है, कि आत्मा सत्, नित्य, अज, अविकाय और अचिंत्य या निर्गुण है। अस्तु; देह अनित्य है, अतएव शोक करना उचित नहीं! इसी का सांख्यशास्त्र के अनुसार, दूसरी उपपत्ति बतलाते हैं-)

(28) सब भूत आरंभ में अव्यक्त, मध्य में व्यक्त और मरण समय में फिर अव्यक्त होते हैं; (ऐसी यदि सभी की स्थिति है) तो हे भारत! उसमें शोक किस बात का?

('अव्यक्त' शब्द का ही अर्थ है: "इंद्रियों को गोचर न होनेवाला" मूल एक अव्यक्त द्रव्य से ही आगे क्रम-क्रम से समस्त व्यक्त सृष्टि निर्मित होती है; और अंत में अर्थात् प्रलय-काल में सब व्यक्त सृष्टि का फिर अव्यक्त में ही निर्मित होती है; और अंत में अर्थात् प्रलय-काल में सब व्यक्त सृष्टि का फिर अव्यक्त में ही लय हो जाता है (गीता 8.18); इस सांख्य-सिद्धान्त का अनुसरण कर, इस श्लोक की दलीलें हैं। सांख्य-मतवालों के इस सिद्धान्त का स्पष्टीकरण गीतारहस्य के सातवें और आठवें प्रकरण में किया गया है। किसी भी पदार्थ की व्यक्त स्थिति यदि इस प्रकार कभी न कभी नष्ट होने वाली है, तो जो व्यक्त स्वरूप निसर्ग से ही नाशवान् है, उसके विषय में शोक करने की कोई आवश्यकता ही नहीं। यही श्लोक 'अव्यक्त' के बदले 'अभाव' शब्द से संयुक्त होकर महाभारत के स्त्री पर्व में (मभा. स्त्री. 2.6) आया है। और आगे "अदर्शनादापतिताः पुनश्चादर्शनं गताः। न ते तव न तेषां त्वं तत्र का परिदेवना।" (स्त्री

2.13) इस श्लोक में 'अदर्शन' अर्थात "नजर से दूर हो जाना" इस शब्द का भी मृत्यु को उद्देश्य कर उपयोग किया गया है। सांख्य और वेदान्त, दोनों शास्त्रों के अनुसार शोक करना यदि व्यर्थ सिद्ध होता है, और आत्मा को अनित्य मानने से भी यदि यही बात सिद्ध होती है, तो फिर लोग मृत्यु के विषय में शोक क्यों करते हैं? आत्मस्वरूप संबंधी अज्ञान ही इसका उत्तर है। क्योंकि-)

(29) कोई तो मानो आश्चर्य (अद्‌भुत वस्तु) समझकर इसकी ओर

देही नित्यमवध्योऽयं देहे सर्वस्य भारत।
तस्मात्सर्वाणि भूतानि न त्वं शोचितुमर्हसि।।30।।

देखता है, कोई आश्चर्य सरीखा इसका वर्णन करता है; और कोई मानो आश्चर्य समझकर सुनता है। परंतु (इस प्रकार देखकर अन्य वर्णन और) सुनकर भी (इनमें से), कोई इसे (तत्त्वत:) नहीं जानता है।

(अपूर्व वस्तु समझकर बड़े-बड़े लोग आश्चर्य से आत्मा के विषय में कितना ही विचार क्यों न करें, पर उसके सच्चे स्वरूप को जानने वाले लोग बहुत ही थोड़े हैं, इसी से बहुतेरे लोग मृत्यु के विषय में शोक किया करते हैं। इससे तू ऐसा न करके, पूर्ण विचार से आत्मस्वरूप को यथार्थ रीति पर समझ ले और शोक करना छोड़ दे यही इसका अर्थ है। कठोपनिषद (कठ. 2.7) में इसी उसका आत्मा का वर्णन है।

(30) सबके शरीर में (रहने वाला) शरीर का स्वामी (आत्मा) सर्वदा अवध्य अर्थात् कभी भी वध न किया जाने वाला है; अतएव हे भारत (अर्जुन)! सब अर्थात् किसी भी प्राणी के विषय में शोक करना तुझे उचित नहीं है।

(अब तक यह सिद्ध किया गया, कि सांख्य या संन्यास-मार्ग के तत्त्वज्ञानानुसार आत्मा अमर है और देह तो स्वभाव से ही अनित्य है, इस कारण कोई मरे या सारे, उसमें 'शोक' करने की कोई आवश्यकता नहीं हैं, परंतु यदि कोई इससे यह अनुमान कर ले, कि कोई किसी को मोर तो उसमें भी 'पाप' नहीं, तो यह भयंकर भूल होगी। 'मरना या मारना, इन दो शब्दों के अर्थों का यह पृथक्करण है, मरने या मारने में जो डर लगता है, उसे पहले दूर करने के लिए ही यह ज्ञान बतलाया है। मनुष्य तो आत्मा और देह का समुच्चय है। इनमें आत्मा अमर है, इसलिए मरना या मारना ये दोनों शब्द उसे उपयुक्त नहीं होते। बाकी रह गई देह; वह भी स्वभाव से ही अनित्य है, इसलिए यहीं उसका नाश हो जाए, तो शोक करने योग्य कुछ है नहीं। परंतु यदृच्छा या काल की गति से कोई मर जाए, या किसी को कोई मार डाले, तो उसका सुख-दु:ख न मानकर शोक करना छोड़ दें; तो भी इस प्रश्न का निपटारा नहीं हो जाता, कि युद्ध जैसा चोर कर्म करने के लिए, जानबूझकर, प्रवृत्त होकर लोगों के शरीरों का नाश हम क्यों करें? क्योंकि, देह यद्यपि अनित्य है, तथापि आत्मा का पक्का कल्याण या मोक्ष संपादन कर देने के लिए देह ही तो एकमात्र साधन है, अतएव आत्महत्या करना अथवा बिना योग्य कारणों के किसी दूसरे को मार डालना, ये दोनों शास्त्रानुसार चोर पातक ही हैं। इसलिए मरे हुए का शोक करना यद्यपि उचित नहीं है, तो भी इसका कुछ-न-कुछ प्रबल कारण बतलाना आवश्यक है, कि एक दूसरे को क्यों मारे। इसी का नाम

स्वधर्ममपि चावेक्ष्य न विकम्पितुमर्हसि।
धर्म्याद्धि युद्धाच्छ्रेयोऽन्यत्क्षत्रियस्य न विद्यते।।31।।
यदृच्छया चोपपन्नं स्वर्गद्वारमपावृतम्
सुखिन: क्षत्रिया: पार्थ लभन्ते युद्धमीदृशम्।।32।।

**अथ चेत्त्वमिमं धर्म्यं संग्रामं न करिष्यसि।
ततः स्वधर्मं कीर्तिं च हित्वा पापमवाप्स्यसि॥33॥
अकीर्तिं चापि भूतानि कथयिष्यन्ति तेऽव्ययाम्।
सम्भावितस्य चाकीर्तिर्मरणादतिरिच्यते॥34॥**

धर्माधर्म-विवेक है और गीता का वास्तविक प्रतिपाद्य विषय भी यही है। इसी से ही चातुर्वर्ण्य-व्यवस्था सांख्य-मार्ग को भी सम्मत है, उसके अनुसार भी अब प्रथम युद्ध करना क्षत्रियों का कर्त्तव्य है, इसलिए भगवान् कहते हैं, कि तू मरने-मारने का शोक मत कर; इतना ही नहीं, बल्कि लड़ाई में मरना या मार डालना, ये दोनों बातें क्षत्रिय धर्म के अनुसार तुझको आवश्यक ही हैं-)

(31) इसके सिवा स्वधर्म की ओर देखें, तो भी (इस समय) हिम्मत हारना तुझे उचित नहीं है, क्योंकि धर्मोचित युद्ध की अपेक्षा क्षत्रिय को श्रेयस्कर और कुछ है ही नहीं।

(स्वधर्म की यह उपपत्ति आगे भी दो बार (गीता 3.35; 18.47) बतलाई गई है। संन्यास अथवा सांख्य-मार्ग के अनुसार यद्यपि कर्मसंन्यासरूपी चतुर्थ आश्रम अंत की सीढ़ी हैं, तो भी मनु आदि सभी स्मृति-कर्ताओं का कथन है; कि उसके पहले चातुर्वर्ण्य की व्यवस्था के अनुसार ब्राह्मण को ब्राह्मण-धर्म और क्षत्रिय को क्षत्रिय-धर्म का पालन कर गृहस्थाश्रम पूरा करना चाहिए, अतएव इस श्लोक का और आगे के श्लोक का तात्पर्य यह है, कि गृहस्थाश्रमी अर्जुन को युद्ध करना आवश्यक है।)

(32) और हे पार्थ! यह युद्ध आप ही आप खुला हुआ स्वर्ग का द्वार ही है; ऐसा युद्ध भाग्यवान् क्षत्रियों ही को मिला करता है। (33) अतएव यदि तू (अपने) धर्म के अनुकूल यह युद्ध न करेगा, तो स्वधर्म और कीर्ति खोकर पाप बटोरेगा; (34) यही नहीं, बल्कि (सब) लोग तेरी अक्षम्य दुष्कीर्ति गाते रहेंगे और अपयश तो संभवित पुरुष के लिए मृत्यु से भी बढ़कर हैं।

(श्रीकृष्ण ने यही तत्त्व उद्योग पर्व में युधिष्ठिर को भी बतलाया है (मभा. इ. 72. 24)। वहाँ यह श्लोक है-"कुलीनस्य च या निंदा वधी वाऽमित्रकर्षणम्। महागुणो वधो राजन् न तु निंदा कुजीविका॥" परंतु गीता में उसकी

**भयाद्रणादुपरतं मंस्यन्ते त्वां महारथाः।
येषां च त्वं बहुमतो भूत्वा यास्यसि लाघवम्॥35॥
अवाच्यदवादांश्च बहुन्वदिष्यन्ति तवाहिताः।
निन्दन्तस्तव सामर्थ्यं ततो दुःखतरं नु किम्॥36॥
हतो वा प्राप्स्यसि स्वर्गं जित्वा वा मोक्ष्यसे महीम्।
तस्मादुत्तिष्ठ कौन्तेय युद्धाय कृतनिश्चयः॥37॥
सुखदुःखे समे कृत्वा लाभालाभौ जयाजौ।
ततो युद्धाय युज्यस्व नैवं पापमवाप्स्यसि॥38॥**

अपेक्षा यह अर्थ संक्षेप में है; और गीता-ग्रंथ का प्रचार भी अधिक है, इस कारण गीता के 'संभावितस्य' इत्यादि वाक्य का कहावत का-सा उपयोग होने लगा है। गीता के और बहुतेरे श्लोक भी इसी के समान सर्वसाधारण लोगों में प्रचलित हो गए हैं। अब दुष्कीर्ति का स्वरूप बतलाते हैं-)

(35) (सब) महारथी समझेंगे, कि तू डरकर रण से भाग गया, और जिन्हें (आज) तू बहुमान्य हो रहा है, वे ही तेरी योग्यता कम समझने लगेंगे। (36) ऐसे ही तेरी सामर्थ्य की निंदा कर, तेरे शत्रु ऐसी-ऐसी अनेक बातें (तेरे विषय में) कहेंगे, जो न कहनी चाहिए। इससे अधिक दुःखकारक और है ही क्या? (37) मर जाएगा, तो

स्वर्ग को जाएगा, और जीतेगा तो पृथ्वी (का राज्य) भोगेगा। इसलिए हे अर्जुन! युद्ध का निश्चय करके उठ!

(उल्लिखित विवेचन से न केवल यही सिद्ध हुआ, कि सांख्य-ज्ञान के अनुसार मरने-मारने का शोक न करना चाहिए, प्रत्युत यह भी सिद्ध हो गया, कि स्वधर्म के अनुसार युद्ध करना ही कर्त्तव्य है। तो भी अब इस शंका का उत्तर दिया जाता है, कि लड़ाई में होने वाली हत्या का 'पाप' कर्ता को लगता है या नहीं। वास्तव में इस उत्तर की युक्तियाँ कर्मयोग-मार्ग की हैं, इसलिए उस मार्ग की प्रस्तावना यहीं हुई है।)

(38) सुख-दु:ख, लाभ-नुकसान और जय-पराजय को एक सा मानकर फिर युद्ध में लग जा। ऐसा करने से तुझे (कोई भी) पाप लगने का नहीं।

(संसार में आयु बिताने के दो मार्ग हैं-एक सांख्य और दूसरा योग। इनमें से जिस सांख्य अथवा संन्यास-मार्ग के आचार को ध्यान में लाकर अर्जुन युद्ध छोड़ भिक्षा माँगने के लिए तैयार हुआ था, उस संन्यास-मार्ग के तत्त्वज्ञानानुसार ही आत्मा या देह का शोक करना उचित नहीं है। भगवान ने अर्जुन को सिद्ध कर दिखलाया है, कि सुख और दु:खों को सम-बुद्धि से सह लेना चाहिए,

एषा तेऽमिहिता सांख्ये बुद्धिर्योगे शृणु।
बुद्धया युक्तो यया पार्थ कर्मबन्धं प्रहास्यसि॥39॥
नेहाभिक्रमनाशोऽस्ति प्रत्यवायो न विद्यते।
स्वल्पमप्यस्य धर्मस्य त्रायते महतो भयात्॥40॥

एवं स्वधर्म की ओर ध्यान देकर युद्ध करना ही क्षत्रिय को उचित है, तथा समबुद्धि से युद्ध करने में कोई भी पाप नहीं लगता। परंतु इस मार्ग का (सांख्य) मंत है, कि कभी-न-कभी संसार छोड़कर संन्यास ले लेना ही प्रत्येक मनुष्य का इस जगत में परम कर्त्तव्य है, इसलिए इष्ट जान पड़े तो अभी ही युद्ध छोड़कर संन्यास क्यों न ले लें! अथवा स्वधर्मपालन ही क्यों करें? इत्यादि शंकाओं का निवारण सांख्य-ज्ञान से नहीं होता; और इसी से यह कह सकते हैं, कि अर्जुन का मूल आक्षेप ज्यों का त्यों बना रहता है। अतएव अब भगवान् कहते हैं-)

(39) सांख्य अर्थात् संन्यास-निष्ठा के अनुसार तुझे यह बुद्धि अर्थात् ज्ञान या उपपत्ति बतलाई है। अब जिस बुद्धि से युक्त होने पर (कर्मों के न छोड़ने पर भी) हे पार्थ! तू कर्मबंध छोड़ेगा, ऐसी यह (कर्म) योग की बुद्धि अर्थात् ज्ञान (तुझे बतलाता हूँ) सुन!

(भगवद्गीता का रहस्य समझने के लिए यह श्लोक अत्यंत महत्त्व का है। सांख्य शब्द से कपिल का सांख्य या निरा वेदान्त, और योग शब्द से पातंजलयोग यहाँ पर उद्दिष्ट नहीं है; सांख्य से संन्यास-मार्ग और योग से कर्म-मार्ग ही का अर्थ यहाँ पर लेना चाहिए। गीता के (3, 3) श्लोक से प्रकट यह है, कि ये दोनों मार्ग स्वतंत्र हैं, इनके अनुयायियों को भी क्रम से 'सांख्य'-संन्यास-मार्गी, और 'योग' कर्मयोग-मार्गी कहते हैं (गीता 5. 5)। इनमें से सांख्य-निष्ठा वाले लोग कभी-न-कभी अंत में कर्मों को सर्वथा छोड़ देना ही श्रेष्ठ मानते हैं; इसलिए इस मार्ग के तत्त्वज्ञान से अर्जुन की इस शंका का पूरा पूरा समाधान नहीं होता, कि "युद्ध क्यों करूँ?" अतएव जिस कर्मयोग-निष्ठा का ऐसा मत है, कि संन्यास न लेकर ज्ञान-प्राप्ति के पश्चात् भी निष्काम बुद्धि से सदैव कर्म करते रहना ही प्रत्येक का सच्चा पुरुषार्थ है, उसी कर्मयोग का, अथवा संक्षेप में योग-मार्ग का, ज्ञान बतलाना अब आरंभ किया गया है; और गीता के अंतिम अध्याय तक, अनेक कारण दिखलाते हुए, अनेक शंकाओं का निवारण कर, इसी मार्ग का पुष्टीकरण किया गया है। गीता के विषय-निरूपण का, स्वयं भगवान का किया हुआ, यह स्पष्टीकरण

ध्यान में रखने से इस विषय में कोई शंका रह नहीं जाती, कि कर्मयोग ही गीता में प्रतिपाद्य हैं। कर्मयोग के मुख्य-मुख्य सिद्धान्तों का पहले निर्देश करते हैं-)

(40) यहाँ अर्थात् इस कर्मयोग-मार्ग में (एक बार) आरंभ किए हुए

व्यवसायात्मिका बुद्धिरेकेह कुरुनन्दन।
बहुशाखा ह्यनन्ताश्च बुद्धयोऽव्यवसायिनाम्।।41।।

कर्म का नाश नहीं होता और (आग) विघ्न भी नहीं होते। इस धर्म का थोड़ा-सा भी (आचरण) बड़े भय से संरक्षण करता है।

(इस सिद्धान्त का महत्त्व गीतारहस्य के दसवें प्रकरण में (पृष्ठ 286) दिखलाया गया है; और अधिक स्पष्टीकरण आगे गीता में भी किया गया है (गीता 6.40-46)। इसका यह अर्थ है, कि कर्मयोग-मार्ग में यदि एक जन्म में सिद्धि न मिले, तो किया हुआ कर्म व्यर्थ न जाकर अगले जन्म में उपयोगी होता है; और प्रत्येक जन्म में इसकी बढ़ती होती है, एवं अंत में कभी-न-कभी सच्ची सद्गति मिलती ही है। अब कर्म-योगमार्ग का दूसरा महत्त्वपूर्ण सिद्धान्त बतलाते हैं-)

(41) हे कुरुनंदन, इस मार्ग में व्यवसाय-बुद्धि अर्थात् कार्य और अकार्य का निश्चय करने वाली (इंद्रियरूपी) बुद्धि एक अर्थात् एकाग्र रखनी पड़ती है; क्योंकि जिनकी बुद्धि का (इस प्रकार एक) निश्चय नहीं होता, इनकी बुद्धि अर्थात् वासनाएँ अनेक शाखाओं से युक्त और अनंत (प्रकार की) होती हैं।

(संस्कृत में बुद्धि शब्द के अनेक अर्थ हैं। 39वें श्लोक में यह शब्द-ज्ञान के अर्थ में आया है; और आगे 49वें श्लोक में इस 'बुद्धि' शब्द का ही "समझ, इच्छा, वासना या हेतु" अर्थ है। परंतु बुद्धि शब्द के पीछे 'व्यवसायात्मिका' विशेषण है, इसलिए इस श्लोक के पूर्वार्ध में उसी शब्द का अर्थ यों होता है-व्यवसाय अर्थात् कार्य-अकार्य का निश्चय करनेवाली बुद्धि-इंद्रिय (गीतार. प्र. 6, 134-139)। पहले इस बुद्धि-इंद्रिय से किसी भी बात का भला-बुरा विचार कर लेने पर फिर तदनुसार कर्म करने की इच्छा या वासना मन में हुआ करती है, अतएव इस इच्छा या वासना को भी बुद्धि ही कहते हैं; परंतु उस समय 'व्यवसायात्मिका' यह विशेषण उसके पीछे नहीं लगाते। भेद दिखलाना आवश्यक ही हो, तो 'वासनात्मक' बुद्धि कहते हैं। इस श्लोक के दूसरे चरण में सिर्फ 'बुद्धि' शब्द है, उसके पीछे 'व्यवसायात्मका' यह विशेषण नहीं है, इसलिए बहुवचनान्त 'बुद्धयः' से वासना, कल्पनातरंग' अर्थ होकर पूरे श्लोक का यह अर्थ होता है, कि "जिसकी व्यवसायात्मका बुद्धि अर्थात् निश्चय करने वाली बुद्धि-इंद्रिय स्थिर नहीं होती, उसके मन में क्षण क्षण में नई तरंगे या वासनाएँ उत्पन्न हुआ करती हैं।" बुद्धि शब्द के 'निश्चय करने वाली इंद्रिय' या 'वासना' इन दोनों अर्थों को ध्यान में रखे बिना कर्मयोग की बुद्धि के विवेचन का मर्म भली-भाँति समझ में आने का नहीं। व्यवसायात्मक बुद्धि के स्थिर या एकाग्र न रहने से प्रतिदिन भिन्न भिन्न

यामिमां पुष्पितां वाचं प्रवदन्त्यविपश्चितः।
वेदवादरताः पार्थ नान्यदस्तीति वादिनः।।42।।
कामात्मानः स्वर्गपरा जन्मकर्मफलप्रदाम्।
क्रियाविशेषबहुलां भोगैश्चर्यगतिं प्रति।।43।।
भोगैश्चर्यप्रसक्तानां तयापहृतचेतसाम्।
व्यवसायात्मिका बुद्धिः समाधौ न विधीयते।।44।।

(वासनाओं से मन व्यग्र हो जाता है; और मनुष्य ऐसे अनेक झंझटों में पड़ जाता है, कि आज पुत्र प्राप्ति के लिए अमुक कर्म करो, तो कल स्वर्ग की प्राप्ति के लिए अमुक कर्म करो। बस इसी का वर्णन अब करते हैं-)

(42) हे पार्थ! (कर्मकांडात्मक वेदों के (फलश्रुति-युक्त) वाक्यों में भूले हुए और यह कहने वाले मूढ़ लोग कि, उसके अतिरिक्त दूसरा कुछ नहीं है, बढ़ा कर कहा करते हैं, कि-(43) "अनेक प्रकार के (यज्ञयाग आदि) कर्मों से ही (फिर) जन्म रूप फल मिलता है, और (जन्म-जन्मान्तर में) भोग तथा ऐश्वर्य मिलता है;-"स्वर्ग के पीछे पड़े हुए वे काम्य-बुद्धि वाले (लोग), (44) उल्लिखित भाषण की ओर ही उनके मन आकर्षित हो जाने से, भोग और ऐश्वर्य में ही शर्क रहते हैं; इस कारण उनकी व्यवसायात्मक अर्थात् कार्य-अकार्य का निश्चय करने वाली बुद्धि (कभी भी) समाधिस्थ अर्थात् स्थान में स्थिर नहीं रह सकती।

(ऊपर के तीनों श्लोकों का मिलकर एक ही वाक्य हैं; उसमें उन ज्ञानविरहित कर्मठ मीमांसा-मार्ग वालों का वर्णन है, जो श्रौत-स्मार्त कर्मकांड के अनुसार आज अमुक हेतु की सिद्धि के लिए, तो कल और किसी हेतु से, सदैव स्वार्थ के लिए ही, यज्ञ-याग आदिकर्म करने में निमग्न रहते हैं। यह वर्णन उपनिषदों के आधार पर किया गया है-उदाहरणार्थ मुंडकोपनिषद में कहा है-

इष्टपूर्त मन्यमाना वरिष्ठं नान्यच्छ्रेयो वेदयन्ते प्रमूढाः।
नाकस्य पृष्ठे ते सुकृतेऽनुभूत्वेमं लोकं लोकं हीनतरं या विशन्ति।

"इष्टापूर्त ही श्रेष्ठ है, दूसरा कुछ भी श्रेष्ठ नहीं-यह मानने वाले मूढ़ लोग स्वर्ग में पुण्य का उपभोग कर चुकने पर फिर नीचे के इस मार्ग-लोक में आते हैं" (मुंड. 1.2.10) ज्ञानविरहित कर्मों की इसी ढंग की निंदा ईशावास्य और कठ उपनिषदों में भी की गई है (कठ. 2.5; ईश. 9.12) परमेश्वर का ज्ञान प्राप्त न करके केवल कर्मों में ही फंसे रहने वाले इन लोगों को (गीता 9.21) अपने अपने कर्मों के स्वर्ग आदि फल मिलते तो हैं, पर उनकी वासना आज तक कर्म में, तो कल किसी दूसरे ही कर्म में रत होकर चारों ओर घुड़

त्रैगुण्यविषया वेदा निस्त्रैगुण्यो भवार्जुन।
निर्द्वन्द्वो नित्यसत्त्वस्थो निर्योगक्षेम आत्मवान्।।45।।

दौड़ सी मचाए रहती है, इस कारण उन्हें स्वर्ग का आवागमन नसीब हो जाने पर भी मोक्ष नहीं मिलता। मोक्ष के लिए बुद्धि-इंद्रिय को स्थिर या एकाग्र रखना चाहिए। आगे छठे अध्याय में विचार किया गया है, कि उसको एकाग्र किस प्रकार करना चाहिए। अभी तो इतना ही कहते हैं कि-)

(45) हे अर्जुन! (कर्मकांडात्मक) वेद (इस रीति से) त्रैगुण्य की बातों से भरे पड़े हैं, इसलिए तू निस्त्रैगुण्य अर्थात् त्रिगुणों से अतीत, नित्यसत्त्वस्थ और सुखदुःख आदि द्वंद्वों से अलिप्त हो, एवं योगक्षेम आदि स्वार्थों में न पड़कर आत्मनिष्ठ हो!

(सत्त्व, रज और तम इन तीनों गुणों से मिश्रित प्रकृति की सृष्टि को त्रैगुण्य कहते हैं। यह बात गीतारहस्य (पृ. 231-257) में स्पष्ट कर दिखलाई गई है, कि सृष्टि, सुख-दुःख आदि अथवा जन्म-मरण आदि विनाशवान् द्वंद्वों से भरी हुई है; और सत्य ब्रह्म उसके परे हैं। इसी अध्याय के 43वें श्लोक में, कहा है, कि प्रकृति के अर्थात् माया के इस संसार के प्राप्ति के लिए मीमांसक-मार्ग वाले लोग श्रौत, यज्ञ-याग आदि क्रिया करते हैं; ओर वे इन्हीं में निमग्न रहा करते हैं। कोई पुत्र-प्राप्ति के लिए एक विशेष यज्ञ करता है, तो कोई पानी बरसाने के लिए दूसरी इष्टि करता है। ये सब कर्म इस लोक में संसारी व्यवहारों के लिए अर्थात् अपने योगक्षेम के लिए हैं। अतएव प्रकट ही है, कि जिसे मोक्ष प्राप्त करना हो, वह वैदिक कर्मकांड के इन त्रिगुणात्मक और निरे योगक्षेम संपादन करनेवाले कर्मों को छोड़कर अपना चित्त इसके परे के परब्रह्म की ओर लगावे। इसी अर्थ में 'निर्द्वन्द्व' और 'निर्योगक्षेम'-शब्द ऊपर आए हैं। यहाँ ऐसी शंका

हो सकती है, कि वैदिक कर्मकांड के इन काम्य कर्मों को छोड़ देने से योग-क्षेम (निर्वाह) कैसे होगा (गीतार. पु. 292-391) किंतु इसका उत्तर यहाँ नहीं दिया है, यह विषय आगे फिर नए अध्याय में आया है; वहाँ कहा है, कि इस योग-क्षेम को भगवान् कहते हैं, और इन्हीं दो स्थानों पर, गीता में 'योगक्षेम' शब्द आया है (गीता 9.12 और उस पर हमारी टिप्पणी देखो)। नित्य-सत्वस्थ पदका ही अर्थ त्रिगुणातीत होता है। क्योंकि आगे कहा है, कि सत्त्वगुण के नित्य उत्कर्ष से ही फिर त्रिगुणातीत अवस्था प्राप्त होती है, और वही सच्ची सिद्धावस्था है (गीता 14.14, 20; गीतार. पृ. 166-167) तात्पर्य यह है, कि मीमांसकों के योगक्षेम कारक त्रिगुणात्मक काम्य कर्म छोड़कर एवं सुख-दुःख के द्वंद्वों से निपटाकर ब्रह्मनिष्ठ अथवा आत्मनिष्ठ होने के

यावानर्थ उद्‌पाने सर्वतः सम्प्लुतोदके।
तावान्सर्वेषु वेदेषु ब्राह्मणस्य विजानतः॥46॥

विषय में यहाँ उपदेश किया गया है। किंतु इस बात पर फिर भी ध्यान देना चाहिए, कि आत्मनिष्ठ होने का अर्थ सब कर्मों को स्वरूपतः एकदम छोड़ देना नहीं है। ऊपर के श्लोक में वैदिक काम्य कर्मों की जो निंदा की गई है, या जो न्यूनता दिखलाई गई है, वह कर्मों की नहीं; बल्कि उन कर्मों के विषय में जो काम्य-बुद्धि होती है, उसकी है। यदि यह काम्य-बु‌ ान में न हो, तो निरे यज्ञयाग किसी भी प्रकार से मोक्ष के लिए प्रतिबंधक नहीं होते (गीतार. पृ. 295-297)। आगे अठारहवें अध्याय के आरंभ में भगवान ने अपना यह निश्चित और उत्तम मत बतलाया है, कि मीमांसकों के इन्हीं यज्ञयाग आदि कर्मों को फलाशा और संग छोड़कर चित्त की शुद्धि और लोक संग्रह के लिए अवश्य करना चाहिए (गीता 18.6)। गीता की इन दो स्थानों की बातों को एकत्र करने से यह प्रकट हो जाता है, कि इस अध्याय के श्लोक में मीमांसकों के कर्मकांड की जो न्यूनता दिखलाई गई है, वह उसकी काम्य-बुद्धि को उद्देश्य करके है, केवल क्रिया के लिए नहीं है। इसी अभिप्राय को मन में लाकर भागवत में भी कहा है-

वेदोक्तमेव कुर्वाणों निःसंगोऽर्पितमश्विरे।
नैष्कर्म्यां लभते सिद्धि रोचनार्थां फलश्रुतिः॥

वेदोक्त कर्मों की वेद में जो फलश्रुति कही गई है, वह रोचनार्थ है अर्थात् इसीलिए है, कि कर्ता को ये कर्म अच्छे लगें। अतएव इन कर्मों को उस फल-प्राप्ति के लिए न करें, किंतु निःसंग-बुद्धि से अर्थात् फल की आशा छोड़कर ईश्वरार्पण-बुद्धि से करें, जो पुरुष ऐसा करता है, उसे नैष्कर्म्य से प्राप्त होने वाली सिद्धि मिलती है" (भाग 11. 3.43)। सारांश, यद्यपि, वेदों में कहा है, कि अमुक अमुक कारणों के निमित्त यज्ञ करें, तथापि उसमें न भूलकर केवल इसीलिए यज्ञ करें कि वे यष्टव्य हैं। अर्थात् यज्ञ करना हमारा कर्त्तव्य है; काम्य-बुद्धि को तो छोड़ दें, पर यज्ञ को न छोड़े। (गीता 15.11); और उसी प्रकार अन्यान्य कर्म भी किया करें-यह गीता के उपदेश का सार है; और यही अर्थ अगले श्लोक में व्यक्त किया गया है।

(46) चारों ओर पानी की बाढ़ आ जाने पर कुएँ का जितना अर्थ या प्रयोजन रह जाता है (अर्थात् कुछ भी काम नहीं रहता); उतना ही प्रयोजन ज्ञान-प्राप्त ब्राह्मण को सब (कर्मकांडात्मक) वेद का रहता है (अर्थात् सिर्फ काम्य-कर्मरूपी वैदिक कर्मकांड की उसे कुछ आवश्यकता नहीं रहती।

(इस श्लोक के फलितार्थ के संबंध में मतभेद नहीं हैं। पर टीकाकारों ने इसके शब्दों की नाहक खींचातानी की है। 'सर्वतः सम्प्लुतोदके' यह सप्तम्यन्त सामासिक पद है। परंतु इसे निरी सप्तमी या उद्‌पान का विशेषण भी न समझकर 'सति सप्तमी' मान लेने से, "सर्वतः सम्प्लुतोदके सति उदपाने यावानर्थः (न स्वल्पमपि प्रयोजन विद्यते)

तावान् विजानतः ब्राह्मणस्य सर्वेषु वेदेषुः अर्थः" इस प्रकार किसी भी बाहर के पद को अध्याहृत मानना नहीं पड़ता, सरल अन्वय लग जाता है, और उसका यह सरल अर्थ भी हो जाता है, कि "चारों ओर पानी ही पानी होने पर (पीने के लिए कहीं भी बिना प्रयत्न के यथेष्ट पानी मिलने लगने पर) जिस प्रकार कुएँ को कोई भी नहीं पूछता, उसी प्रकार ज्ञान प्राप्त पुरुष को यज्ञ-याग आदि केवल वैदिक कर्म का कुछ भी उपयोग नहीं रहता।" क्योंकि, वैदिक कर्म केवल स्वर्ग-प्राप्ति के लिए ही नहीं, बल्कि अंत में मोक्ष साधक ज्ञान-प्राप्ति के लिए करना होता है; और इस पुरुष को तो ज्ञान-प्राप्ति पहले ही हो जाती है, इस कारण उसे वैदिक कर्म करके कोई नई वस्तु पाने के लिए शेष रह नहीं जाती। इसी हेतु से, आगे तीसरे अध्याय में (गीता 3.17) कहा है, कि "जो ज्ञानी हो गया, उसे इस जगत में कर्त्तव्य शेष नहीं रहता।" बड़े भारी तालाब या नदी पर अनायास ही, जितना चाहिए उतना, निर्मल पानी पीने की सुविधा होने पर कुएँ की ओर कौन झाँकेगा? ऐसे समय कोई भी कुएँ की अपेक्षा नहीं रखता। सनत्सुजातीय के अंतिम अध्याय में (मभा. उद्योग. 45.26) यही श्लोक कुछ थोड़े-से शब्दों के हेरफेर से आया है। माधवाचार्य ने इस श्लोक की टीका में वैसा ही अर्थ किया है, जैसा कि हमने ऊपर किया है; एवं शुकानुप्रश्न में ज्ञान और कर्म के तारतम्य का विवेचन करते समय साफ कह दिया है-"न ते (ज्ञानेनः) कर्म प्रशंसन्ति कूपं नद्यां पिबन्निव"-नदी पर जिसे पानी मिलता है, वह जिस प्रकार कुएँ की परवाह नहीं करता उसी प्रकार 'ते' अर्थात् ज्ञानी पुरुष कर्म की कुछ परवाह नहीं करते (मभा. शां. 240.10)। ऐसे ही पांडव गीता के सत्रहवें श्लोक में कुएँ का दृष्टान्त यों दिया है-जो वासुदेव को छोड़कर दूसरे देवता की उपासना करता है, वह-"तृषितो जान्हवीतीरे कूपं वांछति दुर्मतिः"-भागीरथी तट पर पीने के लिए पानी मिलने पर भी, कुएँ की इच्छा करने वाले प्यासे पुरुष के समान मूर्ख है। यह दृष्टान्त केवल वैदिक ग्रंथों में ही नहीं है, प्रत्युत पाली के बौद्ध ग्रंथों में भी उसके प्रयोग हैं। यह सिद्धान्त बौद्ध धर्म को भी मान्य है, कि जिस पुरुष ने अपनी तृष्णा समूल नष्ट कर डाली हो उसे आगे और कुछ प्राप्त करने के लिए नहीं रह जाता, और इस सिद्धान्त को बतलाते हुए उदान नामक पाली ग्रंथ के (7.9) इस श्लोक में यह दृष्टान्त दिया है-"कि कयिरा उदपानेन आपा चे सब्बदा सिसुम"-सर्वदा पानी मिलने योग्य हो जाने से कुएँ को लेकर क्या करना है? आजकल बड़े-बड़े शहरों में यह देखा भी जाता है, कि घर में नल हो जाने से फिर कोई कुएँ की परवाह नहीं करता। इससे और विशेष कर

कर्मण्येवाधिकारस्ते मा फलेषु कदाचन।
मा कर्मफलहेतुर्भूर्मा ते संगोऽस्त्वकर्मणि।।47।।

शुकानुप्रश्न के विवेचन से गीता के दृष्टान्त का स्वारस्य ज्ञात हो जाएगा; और यह दीख पड़ेगा, कि हमने इस श्लोक का ऊपर जो अर्थ किया है, वही सरल और ठीक है। परंतु, चाहे इस कारण से हो, कि ऐसे अर्थ से वेदों में कुछ गौणता आ जाती है; अथवा इस सांप्रदायिक सिद्धान्त की ओर दृष्टि देने से हो, कि ज्ञान में ही समस्त कर्मों का समावेश रहने के कारण ज्ञानी को कर्म करने की जरूरत नहीं। गीता के टीकाकार इस श्लोक के पहले चरण में 'तावान्' और दूसरे चरण में 'यावान्' पदों को अध्याहृत मानकर ऐसा अर्थ लगाते हैं-उद्पाने यावानर्थः तावानेव सर्वतः सम्प्लुतोदके यथा सम्पद्यते तथा यावान् सर्वेषु वेदेषु अर्थः तावान् विजानतः ब्राह्मणस्य सम्पद्यते"-अर्थात् स्नान-पान आदि कर्मों के लिए कुएँ का जितना उपयोग होता है, उतना ही बड़े तालाब का भी (सर्वतः सम्प्लुतोदके) हो सकता है; उसी प्रकार वेदों का जितना भी उपयोग है, उतना सब, ज्ञानी पुरुष को ज्ञान से हो सकता है। परंतु इस अन्वय में पहली श्लोक पंक्ति

में 'तावान्' और दूसरी पंक्ति में 'यावान्' इन दो पदों के अध्याहार कर लेने की आवश्यकता पड़ने के कारण, हमने इस अन्वय और अर्थ को स्वीकृत नहीं किया। हमारा अन्वय और अर्थ किसी भी पद के, अध्याहार किए बिना ही लग जाता है; और पूर्व के श्लोक से सिद्ध होता है, कि उसमें प्रतिपादित वेदों के कोरे अर्थात् ज्ञानव्यतिरिक्त कर्मकांड का गौणत्व ही इस स्थल पर विवक्षित है। अब ज्ञानी पुरुष को यज्ञयाग आदि कर्मों की कोई आवश्यकता न रह जाने से, कुछ लोग जो यह अनुमान किया करते हैं, कि इन कर्मों को ज्ञानी पुरुष न करे, बिल्कुल छोड़ दे-यह बात गीता को सम्मत नहीं है। क्योंकि, यद्यपि इन कर्मों का फल ज्ञानी पुरुष को अभीष्ट नहीं होता, तथापि फल के लिए न सही; तो भी यज्ञयाग आदि कर्मों को, अपना शास्त्रविहित कर्त्तव्य समझकर, वह कभी छोड़ नहीं सकता-अठारहवें अध्याय में भगवान ने अपना निश्चित मत स्पष्ट कर दिया है, कि फलाशा न रहे, तो भी अन्यान्य निष्काम कर्मों के समान यज्ञयाग आदि कर्म भी ज्ञानी पुरुष को निःसंग बुद्धि से करने ही चाहिए। (पिछले श्लोक पर और गीता 3.19 पर हमारी जो टिप्पणी है, इसे देखो)। यही निष्कामविषयक अर्थ अब अगले श्लोक में व्यक्त कर दिखलाते हैं-)

(47) कर्म करने मात्र का तेरा अधिकार है; फल (मिलना या न मिलना) कभी भी तेरे अधिकार अर्थात् तावे में नहीं; (इसलिए मेरे कर्म का)

योगस्थः कुरु कर्माणि संगं त्यक्त्वा धनंजय।
सिद्ध्यसिद्ध्योः समो भूत्वा समत्वं योग उच्यते॥48॥

अमुक फल मिले, यह (लालची) हेतु (मन में) रखकर काम करने वाला न हो; और कर्म न करने का भी तू आग्रह न कर।

(इस श्लोक के चारों चरण परस्पर एक दूसरे के अर्थ के पूरक हैं। इस कारण अतिव्याप्ति न होकर कर्मयोग का सारा रहस्य थोड़े में उत्तम रीति से बतला दिया गया है। और तो क्या, यह कहने में भी कोई हानि नहीं, कि ये चारों चरण कर्मयोग की चतुःसूत्री ही हैं। यह पहले कह दिया है, कि "कर्म करने का मात्र तेरा अधिकार है।" परंतु इस पर यह शंका होती है, कि, कर्म का फल तो कर्म से ही संयुक्त होने के कारण "जिसका पेड़, उसी का फल" इस न्याय से जो कर्म करने का अधिकारी है, वही फल का भी अधिकारी होगा। अतएव इस शंका को दूर करने के निमित्त दूर से चरण में स्पष्ट कह दिया है, कि "फल में तेरा अधिकार नहीं है।" फिर इससे निष्पन्न होने वाला तीसरा यह सिद्धान्त बतलाया है, कि "मन में फलाशा रखकर कर्म करने वाला मत हो।" ('कर्मफलहेतुः' = कर्मफले हेतुर्यस्य स कर्मफलहेतुः ऐसा बहुव्रीहि समास होता है;). परंतु कर्म और उसका फल दोनों संलग्न होते हैं, इस कारण यदि कोई ऐसा सिद्धान्त प्रतिपादन करने लगे, कि फलाशा के साथ साथ फल को भी छोड़ ही देना चाहिए, तो उसे भी सच न मानने के लिए अंत में स्पष्ट उपदेश किया है, कि "फलाशा को तो छोड़ दे, पर इसके साथ ही कर्म न करने का अर्थात् कर्म छोड़ने का आग्रह न कर।" सारांश, "कर्म कर" कहने से यह अर्थ तो नहीं होता कि "फल की आशा को रख" और "फल की आशा को छोड़" कहने से यह अर्थ नहीं हो जाता कि "कर्मों को छोड़ दे" अतएव इस श्लोक का यह अर्थ है, कि फलाशा को छोड़कर कर्त्तव्य-कर्म अवश्य करना चाहिए; किंतु न तो कर्म की आसक्ति में फंसें और न कर्म ही छोड़ें-"त्यागो न युक्त इह कर्मसु नापि रागः" (योग. 5.5.54)। और यह दिखलाकर कि फल मिलने की बात अपने वश में नहीं है; किंतु उसके लिए और अनेक बातों की अनुकूलता आवश्यक है; अठारहवें अध्याय में फिर यही अर्थ और भी दृढ़ किया गया है (गीता 18.14-16; गीतारहस्य प्र. 5, पृ. 115; प्र. 12)। अब कर्मयोग का यह स्पष्ट लक्षण

बतलाते हैं, कि इसे ही योग अथवा कर्मयोग कहते हैं।

(48) हे धनंजय! आसक्ति छोड़कर, और कर्म की सिद्धि हो या असिद्धि, दोनों को समान ही मानकर, 'योगस्थ' हो करके कर्म कर; (कर्म के सिद्ध होने या निष्फल होने में रहने वाली) समता की (मनो-) वृत्ति को ही (कर्म-) योग कहते हैं।

दूरेण ह्यवरं कर्म बुद्धियोगाद्धनंजय।
बुद्धौ शरणमन्विच्छ कृपणाः कलहेतवः।।49।।
बुद्धियुक्तो जहातीह उभे सुकृतदुष्कृते।
तस्माद्योगाय युज्यस्व योगः कर्मसु कौशलम्।।50।।

(49) क्योंकि हे धनंजय! बुद्धि के (साम्य)-योग की अपेक्षा (बाह्य) कर्म बहुत ही कनिष्ठ है। अतएव इस सामय-बुद्धि की शरण में जा। फलहेतुक अर्थात् फल पर दृष्टि रखकर काम करने वाले लोग कृपण अर्थात् दीन या निचले दर्जे के हैं। (50) जो (साम्य) बुद्धि से युक्त हो जाए, वह इस लोक मे पाप और पुण्य, दोनों से अलिप्त रहता है, अतएव योग का आश्रय कर। (पाप-पुण्य से बचकर) कर्म करने की चतुराई को ही (कुशलता या युक्ति) कर्मयोग कहते हैं।

(इन श्लोकों में कर्मयोग का जो लक्षण बतलाया है, वह महत्त्व का है; और इस संबंध में गीतारहस्य के तीसरे प्रकरण में (पृ. 56-64) जो विवेचन किया गया है, उसे देखो। पर उसमें भी कर्मयोग का जो तत्त्व-"कर्म की अपेक्षा बुद्धि श्रेष्ठ है"-49वें श्लोक में बतलाया है, वह अत्यंत महत्त्व का है। 'बुद्धि' शब्द के पीछे 'व्यवसायात्मिक' विशेषण नहीं है, इसलिए इस श्लोक में उसका अर्थ 'वासना' या 'समझ' होना चाहिए। कुछ लोग बुद्धि का अर्थ 'ज्ञान' करके इस श्लोक का ऐसा अर्थ करना चाहते हैं, कि ज्ञानी की अपेक्षा कर्म हल के दर्जे का है; परंतु यह अर्थ ठीक नहीं है। क्योंकि, पीछे 48वें श्लोक में समत्व का लक्षण बतलाता है, और 49वें तथा अगले श्लोक में भी वही वर्णित है, इस कारण यहाँ बुद्धि का अर्थ समत्व बुद्धि ही करना चाहिए। किसी भी कर्म की भलाई-बुराई कर्म पर अवलंबित नहीं होती; कर्म एक ही क्यों न हो, पर करने वाले की भली या बुरी बुद्धि के अनुसार वह शुभ अथवा अशुभ हुआ करता है; अतः कर्म की अपेक्षा बुद्धि ही श्रेष्ठ है' इत्यादि नीति के तत्त्वों का विचार गीतारहस्य के चौथे, बारहवें और पंद्रहवें प्रकरण में (पृ. 88, 383-384; 477-480) किया गया है; इस कारण यहाँ और अधिक चर्चा नहीं करते। 41वें श्लोक में बतलाया ही है, कि वासनात्मक बुद्धि को सम और शुद्ध रखने के लिए कार्य-अकार्य का निर्णय करने वाली व्यवसायात्मक बुद्धि पहले स्थिर हो जानी चाहिए। इसलिए 'साम्य-बुद्धि'-इस शब्द से ही स्थिर व्यवसायात्मक बुद्धि, और शुद्ध वासना (वासनात्मक बुद्धि) इन दोनों का भी बोध हो जाता है। यह साम्य-बुद्धि, शुद्ध आचरण अथवा कर्मयोग की जड़ है, इसलिए 39वें श्लोक में भगवान ने पहले जो यह कहा है, कि कर्म करने की भी कर्म की बाधा न लगने वाली युक्ति अथवा योग तुझे बतलाता हूँ; उसी के अनुसार इस श्लोक में कहा है, कि "कर्म करते समय बुद्धि को

कर्मजं बुद्धियुक्ता हि फलं त्यक्त्वा मनीषिणः।
जन्मबन्धविनिर्मुक्ताः पदं गच्छन्त्यनामयम्।।51।।
यदा ते मोहकलिलं बुद्धिर्व्यतितरिष्यति।
तदा गन्तासि निर्वेदं श्रोतव्यस्य श्रुतस्य च।।52।।
श्रुतिविप्रितिपन्ना ते यदा स्थास्यति निश्चला।
समाधावचला बुद्धिस्तदा योगमवाप्स्यसि।।53।।

स्थिर, पवित्र, सम और शुद्ध रखना ही वह 'युक्ति' या 'कौशल्य' है, और इसी

को 'योग' कहते हैं-इस प्रकार योग शब्द की दो बार व्याख्या की गई है। 50वें श्लोक के "योगः कर्मसु कौशलम्" इस पद का इस प्रकार सरल अर्थ लगने पर भी, कुछ लोगों ने ऐसी खींचतानी से अर्थ लगाने का प्रयत्न किया है, कि "कर्मसु योगः कौशलम्"-कर्म में जो योग है, उसको कौशल कहते हैं। पर 'कौशल' शब्द की व्याख्या करने का यहाँ कोई प्रयोजन नहीं है, 'योग' शब्द का लक्षण बतलाना ही अभीष्ट है, इसलिए यह अर्थ सच्चा नहीं माना जा सकता। इसके अतिरिक्त जबकि "कर्मसु कौशलम्" ऐसा सरल अन्वय लग सकता है, तब 'कर्मसुयोगः' ऐसा औंधा सीधा अन्वय करना भी ठीक नहीं है। अब बतलाते हैं, कि इस प्रकार साम्य-बुद्धि से समस्त कर्म करते रहने से व्यवहार का लोप नहीं होता ओर पूर्ण सिद्धि अथवा मोक्ष प्राप्त हुए बिना नहीं रहता-)

(51) (समत्व) बुद्धि से युक्त (जो) ज्ञानी पुरुष कर्मफल का त्याग करते हैं, (वे) जन्म के बंधन से मुक्त होकर (परमेश्वर के) दुःखविरहित पद को जा पहुँचते हैं। (52) जब तेरी बुद्धि मोह के गँदले आवरण से पार हो जाएगी, तब उन बातों से तू विरक्त हो जाएगा, जो सुनी हैं और सुनने की हैं।

(अर्थात् तुझे अधिक कुछ सुनने की इच्छा न होगी। क्योंकि इन बातों के सुनने से मिलने वाला फल तुझे पहले ही प्राप्त हो चुका होगा। 'निर्वेद' शब्द का उपयोग प्रायः संसारी प्रपंच से उकताहट या वैराग्य के लिए किया जाता है।

इस श्लोक में उसका सामान्य अर्थ 'ऊब जाना' या 'चाह न रहना' ही है। अगले श्लोक से दीख पड़ेगा कि यह उकताहट, विशेष करके पीछे बतलाए हुए, वैगुण्यविषयक श्रौत-कर्मों के संबंध में है।)

(53) (नाना प्रकार के) वेद वाक्यों से घबराई हुई तेरी बुद्धि जब समाधिवृत्ति में स्थिर और निश्चल होगी, तब (यह साम्य-बुद्धि रूप) योग तुझे प्राप्त होगा।

(सारांश, द्वितीय अध्याय के 44वें श्लोक के कथनानुसार, लोग जो वेदवाक्य की फलश्रुति में भूले हुए हैं, और जो लोग किसी विशेष फल की प्राप्ति के

स्थितप्रज्ञस्य का भाषा समाधिस्थस्य केशव।
स्थितधीः किं प्रभाषेत किमासीत व्रजेत किम्॥54॥

श्रीभगवानुवाच।
प्रजहाति यदा कामान्सर्वान्पार्थ मनोगतान्।
आत्मन्येवात्मना तुष्टः स्थितप्रज्ञस्तदोच्यते॥55॥
दुःखेनष्वनुद्विग्नमनाः सुखेषु विगतस्पृहः।
वीतरागभयक्रोधः स्थितधीर्मुनिरुच्यते॥56॥
यः सर्वत्रानभिस्नेहस्तत्तत्प्राप्य शुभाशुभम्।
नाभिनन्दति न द्वेष्टि तस्य प्रज्ञा प्रतिष्ठिता॥57॥

लिए कुछ-न-कुछ कर्म करने की धुन में लगे रहते हैं, उनकी बुद्धि स्थिर नहीं होती-और भी अधिक गड़बड़ा जाती है। इसलिए अनेक उपदेशों का सुनना छोड़कर चित्त को निश्चल समाधि-अवस्था में रख; ऐसा करने से साम्य-बुद्धिरूप कर्मयोग तुझे प्राप्त होगा और अधिक उपदेश की जरूरत न रहेगी, एवं कर्म करने पर भी तुझे उनका पाप न लगेगा। इस रीति से जिस कर्मयोगी की बुद्धि या प्रज्ञा स्थिर हो जाए, उसे स्थितप्रज्ञ कहते हैं। अब अर्जुन का प्रश्न है, कि उसका व्यवहार कैसा होता है।)

अर्जुन ने कहा-(54) हे केशव! (मुझे बतलाओ कि) समाधिस्थ स्थितप्रज्ञ किसे कहें? उस स्थितप्रज्ञ का बोलना, बैठना और चलना कैसा रहता है?

(इस श्लोक में 'भाषा' शब्द 'लक्षण' के अर्थ में प्रयुक्त है और हमने उसका

भाषांतर, उसकी भाषा धातु के अनुसार 'किसे कहें' किया है। गीतारहस्य के बाहरवें प्रकरण में (पृ. 368-369) स्पष्ट कर दिया है, कि स्थितप्रज्ञ का बर्ताव कर्मयोगशास्त्र का आधार है; और उससे अगले वर्णन का महत्त्व ज्ञात हो जाएगा।)

श्रीभगवान ने कहा-(55) हे पार्थ! जब कोई मनुष्य अपने मन के समस्त काम अर्थात् वासनाओं को छोड़ता है और अपने आप में ही संतुष्ट होकर रहता है, तब उसको स्थिप्रज्ञ कहते हैं। (56) दुःख में जिसके मन को खेद नहीं होता, सुख में जिसकी आसक्ति नहीं; और प्रीति, भय एवं क्रोध जिसके छूट गए हैं, उसको स्थितप्रज्ञ मुनि कहते हैं। (57) सब बातों में जिसका मन निःसंग हो गया; और यथाप्राप्त शुभ-अशुभ का जिसे आनंद या विषाद भी नहीं; (कहना चाहिए)

यदा संहरते चायं कूर्मोऽङ्गनीव सर्वशः।
इन्द्रियाणीन्द्रियार्थेभ्यस्तस्य प्रज्ञा प्रतिष्ठिता॥58॥
विषया विनिवर्तन्ते निराहारस्य देहिनः।
रसवर्जं रसोऽप्यस्य परं दृष्ट्वा निवर्तते॥59॥

कि, उसकी बुद्धि स्थिर हुई। (58) जिस प्रकार कछुवा अपने (हाथ-पैर आदि) अवयव सब ओर से सिकोड़ लेता है, उसी प्रकार जब कोई पुरुष इंद्रियों के (शब्द, स्पर्श आदि) विषयों से (अपनी) इंद्रियों को खींच लेता है, तब (कहना चाहिए कि) उसकी बुद्धि स्थिर हुई। (59) निराहारी पुरुष के विषय छूट जावें, तो भी (उनका) रस अर्थात् चाह नहीं छूटती। परंतु परब्रह्म का अनुभव होने पर (सब विषय और उनकी) चाह भी छूट जाती है अर्थात् विषय और उनकी चाह, दोनों छूट जाते हैं।

(अन्न से इंद्रियों का पोषण होता है। अतएव निराहार या उपवास करने से इंद्रियाँ अशक्त होकर अपने विषयों का सेवन करने में असमर्थ हो जाती हैं। पर इस रीति से विषयोपभोग का छूटना केवल जबर्दस्ती की, अशक्तता की बाह्य क्रिया हुई। उससे मन की विषय वासना (रस) कुछ कम नहीं होता, इसलिए यह वासना जिससे नष्ट हो, उस ब्रह्मज्ञान की प्राप्ति करनी चाहिए। इस प्रकार ब्रह्म का अनुभव हो जाने पर मन एवं उसके साथ ही साथ इंद्रियाँ भी आप-ही-आप ताबे में रहती हैं; इंद्रियों को ताबे में रखने के लिए निराहार आदि उपाय आवश्यक नहीं है; वही इस श्लोक का भावार्थ है। और यही अर्थ आगे छठे अध्याय के इस श्लोक में स्पष्टता से वर्णित है (गीता 6.16, 17; 3. 3, 7), कि योगी का आहार नियमित रहे, आहार-विहार आदि को वह बिल्कुल ही न छोड़ दे। सारांश, गीता का यह सिद्धान्त ध्यान में रखना चाहिए, कि शरीर को कृश करने वाले निराहार आदि साधन एकांगी हैं, अतएव वे त्याज्य हैं, नियमित आहार विहार और ब्रह्मज्ञान ही इंद्रिय निग्रह का उत्तम साधन है। इस श्लोक में रस शब्द का "जिव्हा से अनुभव किया जाने वाला मीठा, कडुवा इत्यादि रस" ऐसा अर्थ करके, कुछ लोग यह अर्थ करते है, कि उपवासों से शेष इंद्रियों के विषय यदि छूट भी जाएँ, तो भी जिव्हा का रस अर्थात् खाने-पीने की इच्छा कम न होकर बहुत दिनों के निराहार से वह और भी अधिक तीव्र हो जाती है; और, भागवत में ऐसे अर्थ का एक श्लोक भी है (भाग. 11.8.20)। पर हमारी राय में गीता के इस श्लोक का ऐसा अर्थ करना ठीक नहीं। क्योंकि दूसरे चरण से वह मेल नहीं रखता। इसके अतिरिक्त भागवत में 'रस' शब्द नहीं, 'रसन' है; और गीता के श्लोक का दूसरा चरण भी वहाँ नहीं है। अतएव भागवत और गीता के श्लोक को एकार्थक

यततो ह्यपि कौन्तेय पुरुषस्य विपश्चितः।
इन्द्रियाणि प्रमाथीनि हरन्ति प्रसभं मनः॥60॥

तानि सर्वाणि संयम्य युक्त आसीत मत्परः।
वशे हि यस्येन्द्रियाणि तस्य प्रज्ञा प्रतिष्ठिता॥61॥

मान लेना उचित नहीं है। अब आगे के दोनों श्लोकों में यही अर्थ अधिक स्पष्ट कर बतलाते हैं, कि बिना ब्रह्म साक्षात्कार के पूरा इंद्रियनिग्रह हो ही नहीं सकता है-)

(60) कारण यह है, कि केवल (इंद्रियों के दमन करने के लिए) प्रयत्न करने वाले विद्वान के भी मन को, हे कुंती पुत्र! ये प्रबल इंद्रियाँ बलात्कार से मनमानी और खींच लेती हैं। (61) (अतएव) इन सब इंद्रियों का संयमन कर युक्त अर्थात् योगमुक्त और मत्परायण होकर रहना चाहिए। इस प्रकार जिसकी इंद्रियाँ अपने आधीन हो जाएँ, (कहना चाहिए कि) इसकी बुद्धि स्थिर हो गई।

(इस श्लोक में कहा है, कि नियमित आहार से इंद्रियनिग्रह करके, साथ ही साथ ब्रह्मज्ञान की प्राप्ति के लिए मत्परायण होना चाहिए। अर्थात् ईश्वर में चित्त लगाना चाहिए; और 59वें श्लोक का हमने जो अर्थ किया है, उससे प्रकट होगा, कि उसका हेतु क्या है? मनु ने भी निरे इंद्रियनिग्रह करने वाले पुरुष को यह इशारा किया है, कि "बलवानिन्द्रियग्रामो विद्वांसमपि कर्षति' (मनु. 2.215); और उसी का अनुवाद ऊपर के 60वें श्लोक में किया है। सारांश, इन तीन श्लोकों का भावार्थ यह है, कि जिसे स्थितिप्रज्ञ होना हो, उसे अपना आहार-विहार नियमित रखकर ब्रह्मज्ञान ही प्राप्त करना चाहिए; और यह ब्रह्मज्ञान होने पर ही मन निर्विषय होता है, शरीर क्लेश के उपाय तो ऊपरी हैं-सच्चे नहीं। 'मत्पराया' पद से यहाँ भक्ति-मार्ग का भी आरंभ हो गया है (गीता 9. 134)। ऊपर के श्लोक में जो 'युक्त' शब्द का अर्थ योग से तैयार या बना हुआ है। गीता. 6.17 के 'युक्त' शब्द है, उसका अर्थ 'नियमित' है। पर गीता के इस शब्द का सदैव का अर्थ है-"साम्य-बुद्धि का जो योग गीता में बतलाया गया है, उसका उपयोग करके तदनुसार समस्त सुख-दुःखों को शांतिपूर्ण सहन कर, व्यवहार करने में चतुर पुरुष" (गीता 5.23)। इस रीति से निष्णात् हुए पुरुष को ही 'स्थितप्रज्ञ' यह कहते हैं, उसकी यह अवस्था ही सिद्धावस्था कहलाती है; और इस अध्याय के तथा पाँचवें एवं बारहवें अध्याय के अंत में इसी का वर्णन है। यह बतला दिया, कि विषयों की चाह छोड़कर स्थितप्रज्ञ होने के लिए क्या आवश्यक है? अब अगले श्लोकों में यह वर्णन करते हैं, कि विषयों में चाह कैसे उत्पन्न होती है? इस चाह से आगे चलकर काम क्रोध आदि

ध्यायतो विषयान्पुंसः संगस्तेषूपजायते।
संगात्संजायते कामः कामात्क्रोधोऽभिजायते॥62॥
क्रोधाभ्दवति सम्मोहः सम्मोहात्स्मृतिविभ्रमः।
स्मृतिभ्रंशाद्बुद्धिनाशो बुद्धिनाशात्पणश्यति॥63॥
रागद्वेषवियुक्तैस्तु प्रसादमधिगच्छति॥64॥
प्रसादे सर्वदुःखानां हानिरस्योपजायते।
प्रसन्नचेतसो ह्याशु बुद्धिः पर्यवतिष्ठते॥65॥

विकार कैसे उत्पन्न होते हैं? और अंत में उससे मनुष्य का नाश कैसे हो जाता है एवं इनसे छुटकारा किस प्रकार मिल सकता है?)

(62) विषयों का चिंतन करने वाले पुरुष का इन विषयों में संग बढ़ता जाता है। फिर इस संग से यह वासना उत्पन्न होती है, कि हमको काम (अर्थात् वह विषय) चाहिए; और (इस काम की तृप्ति होने में विघ्न आने से) इस काम से ही क्रोध की उत्पत्ति होती है; (63) क्रोध से सम्मोह अर्थात् अविवेक होता है, सम्मोह से स्मृति-भ्रंश, स्मृति-भ्रंश से बुद्धि-नाश और बुद्धि-नाश से (पुरुष का) सर्वस्व नाश हो जाता है।

(64) परंतु अपनी आत्मा अर्थात् अन्तःकरण जिसके काबू में है, वह (पुरुष) प्रीति और द्वेष से छुटी हुई, अपने आधीन इंद्रियों से विषयों में बर्ताव करके भी (चित्त से) प्रसन्न रहता है। (65) चित्त प्रसन्न रहने से उसके सब दुःखों का नाश होता है। क्योंकि जिसका चित्त प्रसन्न है, उसकी बुद्धि भी तत्काल स्थिर होती है।

(स्मरण रहे, कि इन दो श्लोकों में स्पष्ट वर्णन है, कि विषय या कर्मों को न छोड़, स्थितप्रज्ञ केवल इनका संग छोड़कर विषयों में ही निःसंग-बुद्धि से वर्तता रहता है और उसे जो शांति मिलती है, वह कर्मत्याग से नहीं; किंतु फलाशा के त्याग से प्राप्त होती है। क्योंकि, इसके सिवा अन्य बातों में इस स्थितप्रज्ञ में और संन्यास-मार्ग वाले स्थितप्रज्ञ में कोई भेद नहीं है। इंद्रिय-संयमन, निरिच्छा और शांति ये गुण दोनों को भी चाहिए; परंतु इन दोनों में महत्त्व का भेद यह है, कि गीता का स्थितप्रज्ञ कर्मों का संन्यास नहीं करता, किंतु लोकसंग्रह के निमित्त समस्त कर्म निष्काम बुद्धि से किया करता है; और संन्यास-मार्ग वाला स्थितप्रज्ञ करता ही नहीं है (गीता 3.25)। किंतु गीता के संन्यास-मार्गीय टीकाकार इस भेद को गौण समझकर, सांप्रदायिक आग्रह से प्रतिपादन किया करते हैं, कि स्थितप्रज्ञ का उक्त वर्णन संन्यास-मार्ग का ही है। इस प्रकार जिसका नास्ति बुद्धिरयुक्तस्य न चायुक्तस्य भावना।

नास्ति बुद्धिरयुक्तस्य न चायुक्तस्य भावना।
न चाभावयतः शान्तिरशान्तस्य कुतः सुखम्॥66॥
इन्द्रियाणां हि चरतां यन्मनोऽनुविधीयते।
तदस्य हरति प्रज्ञां वायुर्नावमिवाम्भसि॥67॥
तस्माद्यस्य महाबाहो निगृहीतानि सर्वशः।
इन्द्रियाणीन्द्रियार्थेभ्यस्तस्य प्रज्ञा प्रतिष्ठिता॥68॥
या निशा सर्वभूतानां तस्यां जागर्ति संयमी।
यस्यां जाग्रति भूतानि सा निशा पश्यतो मुनेः॥69॥

चित्त प्रसन्न नहीं, उसका वर्णन कर स्थितप्रज्ञ के स्वरूप को अब और भी अधिक व्यक्त करते हैं-)

(66) जो पुरुष उक्त रीति से युक्त अर्थात् योगमुक्त नहीं हुआ है उसमें (स्थिर) बुद्धि और भावना अर्थात् दृढ़-बुद्धिरूप निष्ठा भी नहीं रहती। जिसे भावना नहीं, उसे शांति नहीं! और जिसे शांति नहीं, उसे सुख मिलेगा कहाँ से?

(67) (विषयों में) संचार अर्थात् व्यवहार करने वाली इंद्रियों के पीछे-पीछे मन जो जाने लगता है, वही पुरुष की बुद्धि को ऐसे हरण किया करता है, जैसे कि पानी में नौका को वायु खींचती है। (68) अतएव हे महाबाहु अर्जुन! इंद्रियों के विषयों में जिसकी इंद्रियाँ चहूँ ओर से हटी हुई हों, (कहना चाहिए कि) उसी की बुद्धि स्थिर हुई।

(सारांश, मन के निग्रह के द्वारा इंद्रियों का निग्रह करना सब साधनों का मूल है। विषयों में व्यग्र होकर इंद्रियाँ इधर-उधर दौड़ती रहें, तो आत्मज्ञान प्राप्त कर लेने की (वासनात्मक) बुद्धि ही नहीं हो सकती। अर्थ यह है, कि बुद्धि न हो, तो उसके विषय में दृढ़ उद्योग भी नहीं होता; और फिर शांति एवं सुख भी नहीं मिलता। गीतारहस्य के चौथे प्रकरण में दिखलाया है, कि इंद्रियनिग्रह का यह अर्थ नहीं है, कि इंद्रियों को सर्वथा दबाकर सब कर्मों को बिल्कुल छोड़ दें; किंतु गीता का अभिप्राय यह है, कि 34वें श्लोक में जो वर्णन है, उसके अनुसार निष्काम बुद्धि से कर्म करते रहना चाहिए।)

(69) सब लोगों की जो रात है, उसमें स्थितप्रज्ञ जागता है; और जब समस्त प्राणिमात्र जागते रहते हैं, तब इस ज्ञानवान् पुरुष को रात मालूम होती है।

(यह विरोधाभासात्मक वर्णन अलंकारिक है। अज्ञान अंधकार को और ज्ञान प्रकाश

को कहते हैं (गीता 14.11)। अर्थ यह है, कि अज्ञानी

आपूर्यमाणमचलप्रतिष्ठं समुद्रमापः प्रविशन्ति यद्वत्।
तद्वत्कामा यं प्रविशन्ति सर्वे सशान्तिमाप्नोति न कामकामी॥70॥
विहाय कामान्यः सर्वान्पुमांश्चरति निःस्पृहः।
निर्ममो निरहंकारः सः शान्तिमधिगच्छति॥71॥

लोगों को जो वस्तु अनावश्यक प्रतीत होती है, (अर्थात् उन्हें जो अंधकार है वही ज्ञानियों को आवश्यक होती है; और जिसमें अज्ञानी लोग उलझे रहते हैं, उन्हें जहाँ उजाला मालूम होता है-वहीं ज्ञानी को अंधेरा दीख पड़ता है-अर्थात् ज्ञानी को वह अभीष्ट नहीं रहता। उदाहरणार्थ, ज्ञानी पुरुष काम्य कर्मों को तुच्छ मानता है, तो सामान्य लोग उन्हीं से लिपटे रहते हैं; और ज्ञानी पुरुष को जो निष्काम कर्म चाहिए, उसकी औरों को चाह नहीं होती)।

(70) चारों ओर से (पानी) भरते जाने पर भी जिसकी मर्यादा नहीं डिगती, ऐसे समुद्र में जिस प्रकार सब पानी चला जाता है, उसी प्रकार जिस पुरुष में समस्त विषय (उसकी शांति भंग किए बिना ही) प्रवेश करते हैं, उसे ही (सच्ची) शांति मिलती है। विषयों की इच्छा करने वाले को (यह शांति मिलना संभव नहीं है)।

(इस श्लोक का अर्थ यह नहीं है, कि शांति प्राप्त करने के लिए कर्म न करना चाहिए; प्रत्युत भावार्थ यह है, कि साधारण लोगों का मन फलाशा से या काम्य-वासना से घबरा जाता है; और कर्मों से उनकी मन की शांति बिगड़ जाती है; परंतु जो सिद्धावस्था में पहुँच गया है, उसका मन फलाशा से क्षुब्ध नहीं होता, कितने ही कर्म करने को क्यों न हों, पर उसके मन की शांति नहीं डिगती। वह समुद्र सरीखा शांत बना रहता है, और सब काम किया करता है, अतएव उसे सुख-दुःख की व्यथा नहीं होती। (उक्त 64वाँ श्लोक और गीता 4.19)। अब इस विषय का उपसंहार करके बतलाते हैं, कि 'स्थितप्रज्ञ की इस स्थिति का नाम क्या है?)

(71) जो पुरुष समस्त काम अर्थात् आसक्ति छोड़कर और निःस्पृह हो करके (व्यवहार में) बर्तता है, एवं जिसे ममत्व और अहंकार नहीं होता, उसे ही शांति मिलती है!

(संन्यास-मार्ग के टीकाकार इस 'चरति' (वर्तता है) पद का "भीख माँगता फिरता है" ऐसा अर्थ करते हैं; परंतु यह अर्थ ठीक नहीं है। पिछले 64वें और 67वें श्लोकों में 'चरन्' एवं 'चरता' का जो अर्थ है, वही अर्थ यहाँ भी करना चाहिए। गीता में ऐसा उपदेश कहीं भी नहीं है, कि स्थितप्रज्ञ भिक्षा माँगा करे। हाँ; इसके विरुद्ध 64वें श्लोक में यह स्पष्ट कह दिया है, कि स्थितप्रज्ञ पुरुष इंद्रियों को अपने अधीन रखकर 'विषयों में बर्ते।' अतएव 'चरति' का

एका ब्राह्मी स्थितिः पार्थ नैनां प्राप्य विमुह्यति।
स्थित्वास्यामन्तकालेऽपि ब्रह्मनिर्वाणमृच्छति॥72॥

इति श्रीमद्भगवद्गीतासु उपनिषत्सु ब्रह्मविद्यायां योगशास्त्रे श्रीकृष्णार्जुन-संवादे सांख्ययोगो नाम द्वितीयोऽध्यायः॥2॥

ऐसा ही अर्थ करना चाहिए, कि "बर्तता है" अर्थात् "जगत के व्यवहार करता है" श्रीसमर्थ रामदास स्वामी ने दासबोध के उत्तरार्द्ध में इस बात का वर्णन किया है, कि 'निःस्पृह' चतुर पुरुष (स्थितप्रज्ञ) व्यवहार में कैसे बर्तता है, और गीतारहस्य के चौदहवें प्रकरण का विषय भी वही है।)

(72) हे पार्थ! ब्राह्मी स्थिति यही है। इसे पा जाने पर कोई भी मोह में नहीं फँसता; और अंतकाल में अर्थात् मरने के समय में भी इस स्थिति में रहकर वह ब्रह्मनिर्वाण

अर्थात् ब्रह्म में मिल जाने के स्वरूप का मोक्ष पाता है।

(यह ब्राह्मी स्थिति कर्मयोग की अंतिम और अत्युत्तम स्थिति है (गीतार. प्र. 9, पृ. 231; 251); और इसमें विशेषता यह है, कि इसके प्राप्त हो जाने से फिर मोह नहीं होता। यहाँ पर इस विषयत्व के बतलाने का कारण यह है कि, यदि किसी को किसी दिन दैवयोग से घड़ी-दो घड़ी के लिए इस ब्राह्मी स्थिति का अनुभव हो सके, तो उससे चिरकालिक लाभ नहीं होता। क्योंकि किसी भी मनुष्य की यदि मरते समय यह स्थिति न रहेगी, तो मरणकाल में जैसी वासना मन में रहेगी, उसी के अनुसार आगे पुनर्जन्म होगा (गीतारहस्य पृ. 291)। यही कारण है, जो ब्राह्मी स्थिति का वर्णन करते हुए इस श्लोक में स्पष्टतया कह दिया है, कि 'अंतकालेऽपि' = अंतकाल में भी, स्थितप्रज्ञ की यह अवस्था स्थिर बनी रहती है। अंतकाल में मन के शुद्ध रहने की विशेष आवश्यकता का वर्णन उपनिषदों में (छां. 3.14.1; प्र. 3.10) और गीता में भी (गीता 8.5-10) है। यह वासनात्मक कर्म अगले अनेक जन्मों के मिलने का कारण है, इसलिए प्रकट ही है, कि कम-से-कम मरने के समय तो वासना शून्य हो जानी चाहिए। और फिर यह भी कहना पड़ता है, कि मरण समय में वासना शून्य होने के लिए पहले ही वैसा अभ्यास हो जाना चाहिए। क्योंकि, वासना को शून्य करने का कर्म अत्यंत कठिन है, और बिना ईश्वर की विशेष कृपा के उसका सहसा किसी को भी प्राप्त हो जाना न केवल कठिन है, वरन् असंभव भी है, यह तत्त्व केवल वैदिक धर्म में ही नहीं है, कि मरण-समय में वासना शुद्ध होनी चाहिए; किंतु अन्यान्य धर्मों में भी यह तत्त्व अंगीकृत हुआ है। (गीतारहस्य प्र. 13, पृ. 441)

इस प्रकार श्रीभगवान के गाए हुए-अर्थात् कहे हुए उपनिषद में, ब्रह्मविद्यान्तर्गत योग-अर्थात् कर्मयोग-शास्त्रविषयक, श्रीकृष्ण और अर्जुन के संवाद में सांख्य योग नामक दूसरा अध्याय समाप्त हुआ।

(इस अध्याय में, आरंभ में सांख्य अथवा संन्यास-मार्ग का विवेचन है, इस कारण इसको सांख्ययोग नाम दिया गया है। परंतु इससे यह न समझ लेना चाहिए, कि पूरे अध्याय में वही विषय है। एक ही अध्याय में प्रायः अनेक विषयों का वर्णन होता है। जिस अध्याय में जो विषय आरंभ में आ गया है, अथवा जो विषय उसमें प्रमुख है, उसके अनुसार उस अध्याय का नाम रख दिया जाता है। (गीतारहस्य प्रकरण 14, पृ. 446)।

❑❑❑

तृतीयोऽध्यायः

अर्जुन उवाच।
ज्यायसी चेत्कर्मणस्ते मता बुद्धिर्जनार्दन।
तत्किं कर्मणि घोरे मां नियोजयसि केशव॥1॥
व्यामिश्रेणेव वाक्येन बुद्धिं मोहयसीव मे।
तदेकं वद निश्चित्य येन श्रेयोऽहमाप्नुयाम्॥2॥

श्रीभगवानुवाच
लोकेऽस्मिन्द्विविधा निष्ठा पुरा प्रोक्ता मयानघ।
ज्ञानयोगेन सांख्यानां कर्मयोगेण योगिनाम्॥3॥

तीसरा अध्याय

(अर्जुन को भय हो गया था, कि मुझे भीष्म-द्रोण आदि को मारना पड़ेगा। अतः सांख्य-मार्ग के अनुसार आत्मा की नित्यता और अशोच्यत्व से यह सिद्ध करके कि अर्जुन का भय वृथा है; फिर स्वधर्म का थोड़ा-सा विवेचन करके गीता के मुख्य विषय कर्मयोग का दूसरे ही अध्याय में आरंभ किया गया है; और कहा गया है, कर्म करने पर भी उनके पाप-पुण्य से बचने के लिए केवल वही एक युक्ति या योग है, कि वे कर्म साम्य-बुद्धि से किए जावें। इसके अनंतर अंत में इस कर्मयोगी स्थितप्रज्ञ का वर्णन भी किया गया है, कि जिसकी बुद्धि इस प्रकार सम हो गई है। परंतु इतने से ही कर्मयोग का विवेचन पूरा नहीं हो जाता। यह बात सच है, कि कोई भी काम सम-बुद्धि से किया जावे, तो उसका पाप नहीं लगता! परंतु जब कर्म की अपेक्षा समबुद्धि की ही श्रेष्ठता विवाद रहित सिद्ध होती है (गीता 2.49), तब फिर स्थितप्रज्ञ की नाई बुद्धि को सम कर लेने से ही काम चल जाता है; इससे यह सिद्ध नहीं होता, कि कर्म करने ही चाहिए। अतएव जब अर्जुन ने यही शंका प्रश्न रूप में उपस्थित की, तब भगवान् इस अध्याय में तथा अगले अध्याय में प्रतिपादन करते हैं, कि "कर्म करने ही चाहिए।")

अर्जुन ने कहा : (1) हे जनार्दन! यदि तुम्हारा यही मत है, कि कर्म की अपेक्षा (साम्य-) बुद्धि ही श्रेष्ठ है, तो हे केशव! मुझे (युद्ध के) घोर कर्म में क्यों लगाते हो? (2) देखने में व्यामिश्र अर्थात् संदिग्ध भाषण करके तुम मेरी बुद्धि को भ्रम में डाल रहे हो! इसलिए तुम ऐसी एक ही बात निश्चित करके मुझे बतलाओ, जिससे मुझे श्रेय अर्थात् कल्याण प्राप्त हो।

श्रीभगवान ने कहा : (3) हे निष्पाप अर्जुन! (अर्थात् दूसरे अध्याय में)

न कर्मणामनारम्भान्नैष्कर्म्यं पुरुषोऽश्नुते।
न च संन्यसनादेव सिद्धिं समधिगच्छति॥4॥
न हि कश्चित्क्षणमपि जातु तिष्ठत्यकर्मकृत्।
कार्यते ह्यवशः कर्म सर्वः प्रकृतिजैर्गुणैः॥5॥

मैंने यह बतलाया है, कि इस लोक में दो प्रकार की निष्ठाएँ हैं-अर्थात् ज्ञानयोग

से सांख्यों की और कर्मयोग से योगियों की।

(हमने 'पुरा' शब्द का अर्थ, 'पहले' अर्थात् 'दूसरे अध्याय में' किया है, यही सरल अर्थ है। क्योंकि दूसरे अध्याय में पहले सांख्य-निष्ठा के अनुसार ज्ञान का वर्णन करके फिर कर्मयोग-निष्ठा का आरंभ किया गया है। परंतु 'पुरा' शब्द का अर्थ 'सृष्टि के आरंभ में' भी हो सकता है; क्योंकि महाभारत में, नारायणीय या भागवत-धर्म के निरूपण में यह वर्णन है, कि सांख्य और योग (निवृत्ति और प्रवृत्ति) इन दोनों प्रकार की निष्ठाओं को भगवान ने स्वतंत्र रूप से जगत् के आरंभ में ही उत्पन्न किया है (शां. 340; 347)। 'निष्ठा' शब्द के पहले मोक्ष शब्द अध्याहृत है? 'निष्ठा' शब्द का अर्थ वह मार्ग है, कि जिस पर चलने पर अंत में मोक्ष मिलता है। गीता के अनुसार ऐसी निष्ठाएँ दो ही हैं; और वे दोनों भी स्वतंत्र हैं, कोई किसी का अंग नहीं है-इत्यादि बातों का विस्तृत विवेचन गीतारहस्य के ग्यारहवें प्रकरण (पृ. 306-317) में किया गया है, इसलिए उसे यहाँ दुहराने की आवश्यकता नहीं है। गीतारहस्य के ग्यारहवें प्रकरण के अंत में (पृष्ठ 354-357) नक्शा देकर इस बात का भी वर्णन कर दिया गया है, इन दोनों निष्ठाओं में भेद क्या है। मोक्ष की दो निष्ठाएँ बतला दी गई! अब तदंगभूत नैष्यर्म्य-सिद्धि का स्वरूप स्पष्ट करके बतलाते हैं-)

(4) (परंतु) कर्मों का प्रारंभ न करने से ही पुरुष को नैष्कर्म्य-प्राप्ति नहीं हो जाती; और कर्मों का (त्याग) क़रने से ही सिद्धि नहीं मिल जाती। (5) क्योंकि कोई भी मनुष्य (कुछ-न-कुछ) कर्म किए बिना क्षण भर भी नहीं रह सकता। प्रकृति के गुण प्रत्येक परतंत्र मनुष्य को (तो सदा कुछ-न-कुछ) कर्म करने में लगाया ही करते हैं।

(चौथे श्लोक के पहले चरण में जो 'नैष्कर्म्य' पद है, उसका 'ज्ञान' अर्थ मानकर संन्यास-मार्ग वाले टीकाकारों ने इस श्लोक का अर्थ अपने संप्रदाय के अनुकूल इस प्रकार बना लिया है-"कर्मों का आरंभ न करने से ज्ञान नहीं होता, अर्थात् कर्मों से ही ज्ञान होता है" क्योंकि कर्म ज्ञान प्राप्ति का साधन है। परंतु यह सरल अर्थ न तो सरल है और न ठीक भी है। नैष्कर्म्य शब्द का उपयोग वेदान्त और मीमांसा, इन दोनों शास्त्रों में कई बार किया गया है; और सुरेश्वराचार्य का 'नैष्कर्म्य-सिद्धि' नामक इसी विषय पर एक ग्रंथ भी है। तथापि नैष्कर्म्य के ये तत्त्व कुछ नए नहीं हैं; और न केवल सुरेश्वराचार्य ही के, किंतु मीमांसा और वेदान्त के सूत्र बनने के भी पूर्व से ही इनका प्रचार होता आ रहा है। यह बतलाने की कोई आवश्यकता नहीं, कि कर्म्य बंधक होता ही है; इसलिए पारे का उपयोग करने के पहले जिस प्रकार वैद्य लोग उसे मारकर शुद्ध कर लेते हैं, उसी प्रकार कर्म करने के पहले ऐसा उपाय करना पड़ता है, कि जिससे उसका बंधकत्व या दोष मिट जाए; और ऐसी युक्ति से कर्म करने की स्थिति को ही 'नैष्कर्म्य' कहते हैं। इस प्रकार बंधकत्व रहित कर्म मोक्ष के लिए बाधक नहीं होता, अतएव मोक्ष शास्त्र का यह एक महत्त्वपूर्ण प्रश्न है, कि यह स्थिति कैसे प्राप्त की जाए? मीमांसहक लोग इसका यह उत्तर देते हैं, कि नित्य और निमित्त होने पर, नैमित्तिक कर्म तो करना चाहिए; पर काम्य और निषिद्ध कर्म नहीं करने चाहिए, इससे कर्म का बंधुकत्व नहीं रहता; और नैष्कर्म्यावस्था सुलभ रीति से प्राप्त हो जाती है। परंतु वेदान्तशास्त्र ने सिद्धान्त किया है, कि मीमांसकों की यह युक्ति गलत है; और इस बात का विवेचन गीतारहस्य के दसवें प्रकरण में (पृष्ठ 276) किया गया है। अन्य कुछ लोगों का कथन है, कि यदि कर्म ही किए न जावें, तो उनसे बाधा भी तो कैसे हो सकती है? इसलिए, उनके मतानुसार, नैष्कर्म्य अवस्था प्राप्त करने के लिए सब कर्मों ही को छोड़ देना चाहिए। इनके मत से कर्मशून्यता को ही 'नैष्कर्म्य' कहते हैं। परंतु चौथे

श्लोक में बतलाया गया है, कि यह मत ठीक नहीं है, इससे तो सिद्धि अर्थात् मोक्ष भी नहीं मिलता; और पाँचवें श्लोक में उसका कारण भी बतला दिया है। यदि हम कर्म को छोड़ देने का विचार करें, तो भी जब तक यह देह है, तब तक सोना, बैठना इत्यादि कर्म कभी रुक ही नहीं सकते (गीता 5.9; 18.11)। इसलिए कोई भी मनुष्य कभी कर्मशून्य नहीं हो सकता। फलतः कर्मशून्य रूपी नैष्कर्म्य भी असंभव है। सारांश, कर्मरूपी बिच्छू कभी नहीं मरता। इसलिए ऐसा कोई उपाय सोचना चाहिए, कि जिससे वह विषरहित हो जाए। गीता का सिद्धान्त है, कि कर्मों में से अपनी आसक्ति को हटा लेना ही एकमात्र उपाय है; और आगे अनेक स्थानों में इसी उपाय का विस्तारपूर्वक वर्णन किया गया है। परंतु इस पर भी शंका हो सकती है, कि यद्यपि सब कर्मों को छोड़ देना नैष्कर्म्य नहीं है, तथापि संन्यास-मार्ग वाले तो सब कर्मों का संन्यास अर्थात् त्याग करके ही मोक्ष प्राप्त करते हैं, अतः मोक्ष की प्राप्ति के लिए कर्मों का त्याग करना आवश्यक है। इस तर्क का उत्तर गीता इस प्रकार देती है, कि संन्यास-मार्ग वालों को मोक्ष तो मिलता है सही; परंतु उन्हें यह कर्मों का त्याग करने से नहीं मिलता, किंतु मोक्ष सिद्धि उनके ज्ञान का फल है। यदि केवल कर्मों का त्याग करने से ही मोक्ष सिद्धि होती हो, तो फिर पत्थर को भी मुक्ति मिलनी चाहिए! इससे ये तीन बातें सिद्ध

कर्मेन्द्रियाणि संयम्य य आस्ते मनसा स्मरन्।
इन्द्रियार्थान्विमूढात्मा मिथ्याचारः स उच्यते॥6॥
यस्त्विन्द्रियाणि मनसा नियम्यारभतेऽर्जुन।
कर्मेन्द्रियैः कर्मयोगमसक्तः स विशिष्यते॥7॥

होती है-(1) नैष्कर्म्य कर्मशून्यता नहीं है, (2) कर्मों को त्याग देने का कोई कितना भी प्रयत्न क्यों न करे, परंतु वे छूट नहीं सकते; और (3) कर्मों को त्याग देना सिद्धि प्राप्त करने का उपाय नहीं है! और ये ही बातें ऊपर के श्लोक में बतलाई गई हैं। जब ये तीनों बातें सिद्ध हो गईं, तब अठारहवें अध्याय के कथनानुसार 'नैष्कर्म्यसिद्धि' की (गीता 18.48, 49) प्राप्ति लिए यही एक मार्ग शेष रह जाता है, कि कर्म तो छोड़े नहीं; पर ज्ञान-द्वारा यद्यपि आसक्ति का क्षय करके सब कर्म सदा करते रहें। क्योंकि ज्ञान मोक्ष का साधन हो, तो भी कर्मशून्य रहना भी कभी संभव नहीं, इसलिए कर्मों के बंधत्व को (बंधन) नष्ट करने के लिए आसक्ति छोड़कर उन्हें करना आवश्यक होता है। इसी को कर्मयोग कहते हैं; और अब बतलाते हैं, कि यही ज्ञानकर्म-समुच्चयात्मक मार्ग विशेष योग्यता का अर्थात् श्रेष्ठ है-)

(6) जो मूढ़ (हाथ-पैर आदि) कर्मेंद्रियों को रोककर मन से इंद्रियों के विषयों का चिंतन किया करता है, उसे मिथ्याचारी अर्थात् दांभिक कहते हैं। (7) परंतु हे अर्जुन! जो मन से इंद्रियों का आकलन करके, (केवल) कर्मेंद्रियों द्वारा अनासक्त बुद्धि से 'कर्मयोग' का आरंभ करता है, उसकी योग्यता विशेष अर्थात् श्रेष्ठ है।

(पिछले अध्याय में जो यह बतलाया गया है, कि कर्मयोग में कर्म की अपेक्षा बुद्धि श्रेष्ठ है। (गीता 2.49), उसी का इन दोनों श्लोकों में स्पष्टीकरण किया गया है। यहाँ साफ-साफ कह दिया है, कि जिस मनुष्य का मन तो शुद्ध नहीं है; पर जो केवल दूसरों के भय से या इस अभिलाषा से कि दूसरे मुझे भला कहें, केवल बाह्येंद्रियों के व्यापार को रोकता है, वह सच्चा सदाचारी नहीं है, वह ढोंगी है। जो लोग इस वचन का प्रमाण देकर-कि "कलौ कर्ता च लिप्यते" कलियुग में दोष बुद्धि में नहीं, किंतु कर्म में रहता है, यह प्रतिपादन किया करते हैं, कि बुद्धि चाहे जैसी हो; परंतु कर्म बुरा न हो; उन्हें उक्त श्लोक में वर्णित गीता तत्त्व पर विशेष ध्यान देना चाहिए। सातवें श्लोक से यह बात प्रकट होती है, कि निष्काम बुद्धि से कर्म करने के योग को ही गीता में 'कर्मयोग'

कहा है। कुछ संन्यास-मार्गीय टीकाकार इस श्लोक का ऐसा अर्थ करते हैं, कि यद्यपि यह कर्मयोग छठे श्लोक में बतलाए हुए दांभिक मार्ग से श्रेष्ठ है, तथापि यह संन्यास-मार्ग से श्रेष्ठ नहीं है। परंतु यह युक्ति सांप्रदायिक आग्रह की है।

नियतं कुरु कर्म त्वं कर्म ज्यायो ह्यकर्मणः।
शरीरयात्रापि च ते न प्रसिद्ध्येदकर्मणः॥8॥

क्योंकि न केवल इसी श्लोक में, वरन् फिर पाँचवें अध्याय के आरंभ में और अन्यत्र भी, यह स्पष्ट कह दिया है, कि संन्यास-मार्ग से भी कर्मयोग अधिक योग्यता का श्रेष्ठ है (गीतार. प्र. 11, पृ. 11,, पृ. 309-310)। इस प्रकार जब कर्मयोग ही श्रेष्ठ है, तब अर्जुन को इसी मार्ग का आचरण करने के लिए अब उपदेश करते हैं:-)

(8) (अपने धर्म के अनुसार) नियम अर्थात् नियमित कर्म तू कर। क्योंकि कर्म न करने की अपेक्षा कर्म करना कहीं अधिक अच्छा है। इसके अतिरिक्त (यह समझ ले, कि यदि) तू कर्म न करेगा, तो (भोजन भी न मिलने से) तेरा शरीर निर्वाह तक न हो सकेगा।

('अतिरिक्त' और 'तक' (अपि च) पदों से शरीर यात्रा को कम-से-कम हेतु कहा है। अब यह बतलाने के लिए यज्ञ-प्रकरण का आरंभ किया जाता है, कि 'नियत' अर्थात् नियत किया हुआ 'कर्म' कौन-सा है? और दूसरे किस महत्त्व के कारण उसका आचरण करना चाहिए? आजकल यज्ञयाग आदि श्रौतधर्म लुप्त-सा हो गया है, इसलिए इस विषय का आधुनिक पाठकों को कोई विशेष महत्त्व मालूम नहीं होता। परंतु गीता के समय में इन यज्ञयागों का पूरा पूरा प्रचार था; और 'कर्म' शब्द से मुख्यतः इन्हीं का बोध हुआ करता था। अतएव, गीता धर्म में इस बात का विवेचन करना अत्यावश्यक था, कि ये धर्मकृत्य किए जावें या नहीं; और यदि किए जावें, तो किस प्रकार? इसके सिवा, यह भी स्मरण रहे, कि यज्ञ शब्द का अर्थ केवल ज्योतिष्टोम आदि श्रौतयज्ञ या अग्नि में किसी भी वस्तु का हवन करना ही नहीं है (गीता 4.32)। सृष्टि का निर्माण करके, उसका काम ठीक ठीक चलते रहने के लिए, अर्थात् लोकसंग्रहार्थ, ब्रह्मा ने प्रजा को चातुर्वर्ण्यविहित जो जो काम बाँट दिए हैं, उन सबका 'यज्ञ' शब्द में समावेश होता है (मभा. अनु. 48.3; गीतार. प्र. 10, पृ. 291-297)। धर्मशास्त्रों में इन्हीं कर्मों का उल्लेख है; और यहाँ 'नियत' शब्द से वे ही विवक्षित हैं। इसलिए कहना चाहिए, कि यद्यपि आजकल श्रौत यज्ञ-याग लुप्त प्राय हो गए हैं; तथापि यज्ञ-चक्र का वह विवेचन अभी भी निरर्थक नहीं है। शास्त्रों के अनुसार ये सब कर्म काम्य हैं, अर्थात् इसलिए बतलाए गए हैं, कि मनुष्य का इस जगत् में कल्याण हो और उसे सुख मिले। परंतु पीछे दूसरे अध्याय (गीता 2.41-44) में यह सिद्धान्त किया है, कि मीमांसकों के ये सहेतुक या काम्य कर्म मोक्ष के लिए प्रतिबंधक है, अतएव वे नीचे दर्जे के हैं; और

यज्ञार्थात्कर्मणोऽन्यत्र लोकोऽयं कर्मबन्धनः।
तदर्थं कर्म कौन्तेय मुक्तसंगः समाचार॥9॥

अब तो मानना पड़ता है, कि उन्हीं कर्मों को करना चाहिए; इसलिए अगले श्लोकों में इस बात का विस्तृत विवेचन किया गया है, कि इन कर्मों का शुभाशुभ लेप अथवा बंधकत्व कैसे मिट जाता है और उन्हें करते रहने पर भी नैष्कर्म्यावस्था क्योंकर प्राप्त होती है? यह समग्र विवेचन भारत में वर्णित नारायणीय या भागवत धर्म के अनुसार है (मभा. शां. 340)।

(9) यज्ञ के लिए जो कर्म किए जाते हैं, उनके अतिरिक्त अन्य कर्मों से यह लोक बंधा हुआ है। तदर्थ अर्थात् यज्ञार्थ (किए जाने वाले) कर्म (भी) तू आसक्ति या फलाशा छोड़कर करता जा।

(इस श्लोक के पहले चरण में मीमांसकों का और दूसरे में गीता का सिद्धान्त बतलाया गया है। मीमांसकों का कथन है, कि जब वेदों ने ही यज्ञयागादि कर्म हर एक मनुष्य के लिए नियत कर दिए हैं, और जब कि ईश्वर निर्मित सृष्टि के व्यवहार ठीक-ठीक चलते रहने के लिए यह यज्ञ-चक्र आवश्यक है, तब कोई भी इन कर्मों का त्याग नहीं कर सकता।यदि कोई इनका त्याग कर देगा, तो समझना होगा, कि वह श्रौत धर्म से वंचित हो गया। परंतु कर्मविपाक-प्रक्रिया का सिद्धान्त है, कि प्रत्येक कर्म का फल मनुष्य को भोगना ही पड़ता है; और उसके अनुसार कहना पड़ता है, कि यज्ञ के लिए मनुष्य जो-जो कर्म करेगा, उसका भला या बुरा फल भी उसे भोगना ही पड़ेगा। मीमांसकों का इस पर यह उत्तर है, कि वेदों की ही आज्ञा है, कि 'यज्ञ' करने चाहिए, इसलिए यज्ञार्थ जो-जो कर्म किए जावेंगे, वे सब ईश्वर सम्मत होंगे, अतः उन कर्मों से कर्ता बद्ध नहीं हो सकता। परंतु यज्ञों के सिवा दूसरे कर्मों के लिए उदाहरणार्थ, केवल अपना पेट भरने के लिए, मनुष्य जो कुछ कर्म करेगा, वह यज्ञार्थ नहीं हो सकता; उसमें तो केवल मनुष्य का ही निजी लाभ है। यही कारण है, जो मीमांसक उसे 'पुरुषार्थ' कर्म कहते हैं; और उन्होंने निश्चित किया है, कि ऐसे याने यज्ञार्थ के अतिरिक्त अन्य कर्म अर्थात् पुरुषार्थ कर्म का जो कुछ भला या बुरा फल होगा, वह मनुष्य को भोगना ही पड़ता है-यही सिद्धान्त तक श्लोक की पहली पंक्ति में दिया है (गीतार. प्र. 3, पृ. 53-56)। कुछ टीकाकार, यज्ञ=विष्णु ऐसा गौण अर्थ करके, कहते हैं, कि यज्ञार्थ शब्द का अर्थ विष्णुप्रीत्यर्थ या परमेश्वरार्पणपूर्वक है। परंतु हमारी समझ में यह अर्थ खींचातानी और क्लिष्ट है। पर यहाँ पर प्रश्न होता है, कि यज्ञ के लिए जो कर्म करने पड़ते हैं, उनके सिवा मनुष्य यदि दूसरे कुछ भी कर्म न करें, तो क्या वह कर्मबंधन से छूट सकता है? क्योंकि

सहयज्ञाः प्रजाः सृष्ट्वा पुरोवाच प्रजापतिः।
अनेन प्रसविष्यध्वमेष वोऽस्तिवष्टकामधुक्॥10॥

यज्ञ भी तो कर्म ही है, और उसका स्वर्गप्राप्ति रूप जो शास्त्रोक्त फल है, वह मिले बिना नहीं रहता। परंतु गीता के दूसरे ही अध्याय में स्पष्ट रीति से बतलाया गया है, कि यह स्वर्गप्राप्ति रूप फल मोक्ष प्राप्ति के विरुद्ध है (गीता 2.40-44;9.20, 21)। इसीलिए उक्त श्लोक के दूसरे चरण में यह बात फिर बतलाई गई है, कि मनुष्य को यज्ञार्थ भी जो नियत कर्म करना होता है, उसे भी वह फल की आशा छोड़कर अर्थात् केवल कर्त्तव्य समझकर करे; और इसी अर्थ का प्रतिपादन आगे सात्त्विक यज्ञ की व्याख्या करते समय किया गया है (गीता 17.11; 18.6)। इस श्लोक का भावार्थ यह है, कि इस प्रकार सब कर्म यज्ञार्थ और सो भी फलाशा छोड़कर करने से (1) वे मीमांसकों के न्यायानुसार ही किसी भी प्रकार मनुष्य को बद्ध नहीं करते, क्योंकि वे तो यज्ञार्थ किए जाते हैं; और (2) उनका स्वर्ग प्राप्तिरूप शास्त्रोक्त एवं अनित्य फल मिलने के बदले मोक्ष प्राप्ति होती है, क्योंकि वे फलाशा छोड़कर किए जाते हैं। आगे 19वें श्लोक में और फिर चौथे अध्याय के 23वें श्लोक में यही दुबारा प्रतिपादित हुआ है। तात्पर्य यह है, कि मीमांसकों के इस सिद्धान्त "यज्ञार्थ कर्म करने चाहिए। क्योंकि वे बंधक नहीं होते" में ही भगवद्गीता ने और भी वह सुधार कर दिया है, कि "जो कर्म यज्ञार्थ किए जावें, उन्हें भी फलाशा छोड़कर करना चाहिए।" किंतु इस पर भी यह शंका होती है, कि मीमांसकों के सिद्धान्त को इस प्रकार सुधारने का प्रयत्न करके यज्ञयाग आदि गार्हस्थवृत्ति को जारी रखने की अपेक्षा क्या यह अधिक अच्छा नहीं है, कि कर्मों की झंझट से छूटकर मोक्ष प्राप्ति के लिए सब कर्मों को छोड़कर संन्यास ले लें? भगवद्गीता इस प्रश्न का साफ यही उत्तर देती है, कि 'नहीं'। क्योंकि यज्ञ-चक्र

के बिना इस जगत के व्यवहार जारी नहीं रह सकते। अधिक क्या कहें? जगत के धारण पोषण के लिए ब्रह्मा ने इस चक्र को प्रथम उत्पन्न किया है; और जब कि जगत की सुस्थिति या संग्रह ही भगवान को इष्ट है, तब इस यज्ञ-चक्र को कोई भी नहीं छोड़ सकता। अब यही अर्थ अगले श्लोक में बतलाया गया है। इस प्रकरण में पाठकों को सदा स्मरण रखना चाहिए, कि यज्ञ शब्द यहाँ केवल श्रौत-यज्ञ के ही अर्थ में प्रयुक्त नहीं है, किंतु उसमें स्मार्त-यज्ञों का तथा चातुर्वर्ण्य आदिके यथाधिकार सब व्यावहारिक कर्मों का समावेश है।)

(10) आरंभ में यज्ञ के साथ साथ प्रजा को उत्पन्न करके ब्रह्मा ने (उनसे) कहा, "इसके (यज्ञ) द्वारा तुम्हारी वृद्धि हो; यह (यज्ञ) तुम्हारी कामधेनु होवे,

देवान्भावयतानेन ते देवा भावयन्तु वः।
परस्परं भावयन्तः श्रेयः परमवाप्स्यथ॥11॥
इष्टान्भोगान्हि वो देववा दास्यन्ते यज्ञभाविताः।
तैर्दत्तानप्रदायैभ्यो यो भुंक्ते स्तेन एव सः॥12॥

अर्थात् यह तुम्हारे इच्छित फलों को देनेवाला होवे। (11) तुम इस यज्ञ से देवताओं को समृद्ध करते रहो, (और) वे देवता तुम्हें यज्ञ से समृद्ध करते रहें। (इस प्रकार) परस्पर एक-दूसरे को समृद्ध करते हुए (दोनों भी) परम श्रेय अर्थात् कल्याण प्राप्त कर लो।" (12) क्योंकि, यज्ञ से संतुष्ट होकर देवता लोग तुम्हारे इच्छित (सब) भोग तुम्हें देंगे। उन्हीं का दिया हुआ उन्हें (वापिस) न देकर, जो (केवल स्वयं) उपभोग करता है, वह सचमुच चोर है।

(जब ब्रह्मा ने इस सृष्टि अर्थात् देव आदि सब लोकों को उत्पन्न किया, तब उसे चिन्ता हुई, कि इन लोगों का आगे धारण-पोषण कैसे होगा? महाभारत के नारायणीय धर्म में वर्णन है, कि ब्रह्मा ने इसके बाद हजार वर्ष तक तप करके भगवान को संतुष्ट किया; तब भगवान ने सब लोकों के निर्वाह के लिए प्रवृत्ति प्रधान यज्ञ चक्र उत्पन्न किया, और देवता तथा मनुष्य, दोनों से कहा, कि उसके अनुसार बर्ताव करके एक दूसरे की रक्षा करो। उक्त श्लोक में इसी कथा का कुछ शब्द भेद से अनुवाद किया गया है (मभा. शां. 340.38-72)। इससे यह सिद्धान्त और भी अधिक दृढ़ हो जाता है, कि प्रवृत्ति-प्रधान भागवत धर्म के तत्त्व का ही गीता में प्रतिपादन किया गया है। परंतु भागवत धर्म में यज्ञों में की जाने वाली हिंसा गर्ह्य मानी गई है (मभा. शां. 336, 337), इसलिए पशुयज्ञ के स्थान में प्रथम द्रव्यमय यज्ञ शुरू हुआ, और अंत में यह मत प्रचलित हो गया, कि जपमय यज्ञ अथवा ज्ञानमय यज्ञ की सबमें श्रेष्ठ है (गीता 4.23-33)। यज्ञ शब्दों से मतलब चातुर्वर्ण्य के सब कर्मों से है; और यह बात स्पष्ट है, कि समाज का उचित रीति से धारण-पोषण होने के लिए इन यज्ञकर्मों या यज्ञचक्रों को अच्छी तरह जारी रखना चाहिए (मनु. 1.87)। अधिक क्या कहें? यह यज्ञचक्र आगे बीसवें श्लोक में वर्णित लोक संग्रह का ही एक स्वरूप है (गीतार. प्र. 11)। इसीलिए स्मृतियों में भी लिखा है, कि देवलोक और मनुष्य लोक, इन दोनों के संग्रहार्थ भगवान ने ही प्रथम जिस लोकसंग्रहकारक कर्म को निर्माण किया है, उसे आगे अच्छी तरह प्रचलित रखना मनुष्य का कर्त्तव्य है, और यही अर्थ अब अगले श्लोक में स्पष्ट रीति से बतलाया गया है:-

यज्ञशिष्टाशिनः सन्तो मुच्यन्ते सर्वकिल्बिषैः
भुंजते ते त्वघं पापा ये पचन्त्यात्मकारणात्॥13॥
अन्नाद्भवति भूतानि पर्जन्यांदन्नसम्भवः
यज्ञाद्भवति पर्जन्यो यज्ञः कर्मसमुद्भवः॥14॥

(13) यज्ञ करके शेष बचे हुए भाग को ग्रहण करने वाले सब पापों से मुक्त हो जाते हैं। परंतु (यज्ञ न करके केवल) अपने ही लिए जो (अन्न) पकाते हैं, वे पापी लोग पाप भक्षण करते हैं।

(ऋग्वेद के 10.117.6 मंत्र में भी यही अर्थ है। उसमें कहा है, कि "नार्यमणं पुष्यति नो सखायं केवलाघो भवति केवललादी"-जो मनुष्य अर्यमा या सखा का पोषण नहीं करता, अकेले ही भोजन करता है, उसे केवल पापी समझना चाहिए। इसी प्रकार मनुस्मृति में भी कहा है, अवं व केवलं भुंक्ते यः पचत्यात्मकारणात्। यज्ञशिष्टाशनं ह्येतत्सतामन्नं विधीयते।।" (मनु. 3.118)-जो मनुष्य अपने लिए ही (अन्न) पकाता है, वह केवल पाप भक्षण करता है। यज्ञ करने पर जो शेष रह जाता है, उसे 'अमृत' और दूसरों के भोजन कर चुकने पर जो शेष रहता है (भुक्त शेष), उसे 'विधस्' कहते हैं (मनु. 3.285); और भले मनुष्यों के लिए यही अन्न विहित कहा गया है (गीता. 4. 31)। अब इस बात का और भी स्पष्टीकरण करते हैं, कि यज्ञ आदि कर्म न तो केवल तिल और चावलों की आग में झोंकने के लिए ही हैं, या न स्वर्ग प्राप्ति के लिए भी; वरन् जगत का धारण-पोषण होने के लिए उनकी बहुत आवश्यकता है अर्थात् यज्ञ पर ही सारा जगत् अवलंबित है:-

(14) प्राणिमात्र की उत्पत्ति अन्न से होती है, अन्न पर्जन्य से उत्पन्न होता है, पर्जन्य यज्ञ से उत्पन्न होता है; और यज्ञ की उत्पत्ति कर्म से होती है।

(मनुस्मृति में भी मनुष्य की और उसके धारण के लिए आवश्यक अन्न की उत्पत्ति के विषय में इसी प्रकार का वर्णन है। मनु के श्लोक का भाव यह है:- "यज्ञ की आग में दी हुई आहुति सूर्य को मिलती है; और फिर सूर्य से (अर्थात् परंपरा द्वारा यज्ञ से ही) पर्जन्य उपजता है, पर्जन्य से अन्न और अन्न से प्रजा उत्पन्न होती है" (मनु. 3. 76)। यही श्लोक महाभारत में भी है (मभा. शां. 262.11)। तैत्तिरीय उपनिषद् में (2. 1) यह पूर्व परंपरा इससे भी पीछे हटा दी गई है और ऐसा क्रम दिया है, "कि परमात्मा से प्रथम आकाश उत्पन्न हुआ; और फिर क्रम से वायु, अग्नि, जल और पृथ्वी की उत्पत्ति हुई, पृथ्वी से औषधि, औषधि से अन्न और अन्न से पुरुष उत्पन्न हुआ।" अतएव इस परंपरा के अनुसार, प्राणिमात्र के कर्म पर्यंत बतलाई हुई पूर्व परंपरा को अब

कर्म ब्रह्मोद्भवं विद्धि ब्रह्माक्षरसमुद्भवम्।
तस्मात्सर्वगतं ब्रह्म नित्यं यज्ञे प्रतिष्ठितम्।।15।।
एवं प्रवर्तितं चक्रं नानुवर्तयतीह यः।
अघायुरिन्द्रियारामो मोघं पार्थ स जीवति।।16।।

कर्म के पहले प्रकृति और प्रकृति के पहले सीधे अक्षर-ब्रह्मपर्यंत पहुँचाकर, पूरी करते हैं:-

(15) (यह) जान ले, कि कर्म की उत्पत्ति ब्रह्म से अर्थात् प्रकृति से हुई (है); औरयह ब्रह्म अक्षर से अर्थात् परमेश्वर से उत्पन्न हुआ है। इसलिए (यह समझ ले, कि) सर्वगत ब्रह्म ही यज्ञ में सदा अधिष्ठित रहता है।

(कोई कोई इस श्लोक के 'ब्रह्म' शब्द का अर्थ 'प्रकृति' नहीं समझते, वे कहते हैं, कि यहाँ ब्रह्म का अर्थ 'वेद' है। परंतु 'ब्रह्म' शब्द का 'वेद' अर्थ करने से यद्यपि इस वाक्य में आपत्ति नहीं हुई, कि "ब्रह्म अर्थात् 'वेद' परमेश्वर से उत्पन्न हुए हैं", तथापि वैसा अर्थ करने से "सर्वगत ब्रह्म यज्ञ में है" इसका अर्थ ठीक ठीक नहीं लगता। इसलिए "मम योनिर्महत् ब्रह्म" (गीता 14.3) श्लोक में 'ब्रह्म' पद का जो 'प्रकृति' अर्थ है, उसके अनुसाार रामानुजभाष्य में जो यह अर्थ किया गया है, कि इस स्थान में भी

'ब्रह्म' शब्द से जगत की मूल प्रकृति ही विवक्षित है; वही अर्थ हमें भी ठीक मालूम होता है। इसके सिवा महाभारत के शांतिपर्व के यज्ञ प्रकरण में यह वर्णन है कि "अनुयज्ञं जगत्सर्वं यज्ञश्चानुज़गत्सदा" (शां. 267.34)-यज्ञ के पीछे जगत् है, और जगत के पीछे पीछे यज्ञ है। ब्रह्म का अर्थ 'प्रकृति' करने से उस वर्णन का भी प्रस्तुत श्लोक से मेल हो जाता है, क्योंकि जगत ही प्रकृति है। गीतारहस्य के सातवें और आठवें प्रकरण में यह बात विस्तारपूर्वक बतलाई गई है कि परमेश्वर से प्रकृति और त्रिगुणात्मक प्रकृति से जगत के सब कर्म कैसे निष्पन्न होते हैं, उसी प्रकार पुरुष सूक्त में भी यह वर्णन है, कि देवताओं ने प्रथम यज्ञ करके ही सृष्टि का निर्माण किया है।)

(16) हे पार्थ! इस प्रकार (जगत के धारणार्थ) चलाए हुए चक्र अर्थात् कर्म या यज्ञ के चक्रों, जो इस जगत में आगे नहीं चलाता, उसकी आयु पापरूप है; उस इंद्रियलंपट का (अर्थात् देवताओं को न देकर स्वयं उपभोग करनेवाले का) जीवन व्यर्थ है।

(स्वयं ब्रह्मा ने ही-मनुष्यों ने नहीं-लोगों के धारण-पोषण के लिए यज्ञमय कर्म या चातुर्वर्ण्य-वृत्ति उत्पन्न की है। यह सृष्टि का क्रम चलते रहने के लिए (श्लोक 14) और साथ ही साथ अपना निर्वाह होने के लिए (श्लोक 8), इन दोनों कारणों से, उस वृत्ति की आवश्यकता है; और इससे सिद्ध होता

यस्त्वात्मरतिरेव स्यादात्मतृप्तश्च मानवः।
आत्मन्येव च सन्तुष्टस्तस्य कार्यं न विद्यते॥17॥
नैव तस्य कृतेनार्थो नाकृतेनेह कश्चन।
न चास्य सर्वभूतेषु कश्चिदर्थव्यपाश्रयः॥18॥
तस्मादसक्तः सततं कार्यं कर्म समाचर।
असक्तो ह्याचरन्कर्म परमाप्नोति पुरुषः॥19॥

है, कि इस यज्ञचक्र को अनासक्त-बुद्धि से इस जगत् में सदा चलाते जाना चाहिए। अब यह बात मालूम हो चुकी, कि मीमांसकों का या त्रयी-धर्म का कर्मकांड (यज्ञचक्र) गीता-धर्म में अनासक्त-बुद्धि की युक्ति से कैसे स्थिर रखा गया है (गीतार. प्र. 11, पृ. 347, 348)। परंतु कई संन्यास-मार्ग वाले वेदान्ती इस विषय में शंका करते हैं, कि आत्मज्ञानी पुरुष को जब यहीं मोक्ष प्राप्त हो जाता है, और उसे जो कुछ प्राप्त करना होता है, वह सब उसे नहीं मिल जाता है, तब उसे इस जगत में कुछ भी कर्म करने की आवश्यकता नहीं है, और उसको कर्म करना भी न चाहिए। इसी शंका का उत्तर अगले तीन श्लोकों में दिया है।)

(17) परंतु जो मनुष्य केवल आत्मा में ही रत, आत्मा में ही तृप्त और आत्मा में ही संतुष्ट हो जाता है, उसके लिए (स्वयं अपना) कुछ भी कार्य (शेष) नहीं रह जाता; (18) उसी प्रकार यहाँ अर्थात् इस जगत में (कोई काम) करने से या न करने से भी उसका लाभ नहीं होता; और सब प्राणियों में उसका (अपना) कुछ भी मतलब अटका नहीं रहता। (19) तस्मात् अर्थात् जब ज्ञानी पुरुष इस प्रकार कोई भी अपेक्षा नहीं रखता, तब तू भी (फल की) आसक्ति छोड़कर (अपना) कर्त्तव्य-कर्म सदैव किया कर। क्योंकि आसक्ति छोड़कर कर्म करने वाले मनुष्य को परमगति प्राप्त होती है।

(17 से 19 तक के श्लोकों का टीकाकारों ने बहुत ही विपर्यास कर डाला है, इसलिए हम पहले उनका सरल भावार्थ ही बतलाते हैं। तीनों श्लोक मिलकर हेतु-अनुमान युक्त एक ही वाक्य है। इनमें से 17वें और 18वें श्लोकों में पहले उन कारणों का उल्लेख किया गया है, कि जो ज्ञानी पुरुष के कर्म करने के विषय में

साधारण रीति से बतलाए जाते हैं; और उन्हीं कारणों से गीता ने जो अनुमान निकाला है, वह 19वें श्लोक में कारणबोधक 'तस्मात्' शब्द का प्रयोग पहले करके बतलाया गया है। इस जगत में सोना, बैठना, उठना या जिंदा रहना आदि सब कर्मों को कोई छोड़ने की इच्छा करे, तो वे छूट नहीं सकते। अतः इस अध्याय के आरंभ में, चौथे और पाँचवें श्लोकों में, स्पष्ट कह दिया गया है, कि कर्मों को छोड़ देने से न तो नैष्कर्म्य होता है और न वह सिद्धि प्राप्त करने का उपाय भी है। परंतु इस पर संन्यास-मार्ग वालों की यह दलील है, कि "हम कुछ सिद्धि प्राप्त करने के लिए कर्म करना नहीं छोड़ते हैं। प्रत्येक मनुष्य इस जगत में जो कुछ करता है, वह अपने या पराए लाभ के लिए ही करता है। किंतु मनुष्य का अपना परम साध्य जो सिद्धावस्था अथवा मोक्ष है; वह ज्ञानी पुरुष को उसके ज्ञान से प्राप्त हुआ करता है, इसलिए उसको ज्ञान प्राप्त हो जाने पर अन्य कुछ भी प्राप्त करने के लिए नहीं रहता (श्लोक 17)। ऐसी अवस्था में, चाहे वह कर्म करे या न करे, उसे दोनों बातें समान हैं। अच्छा; यदि कहें कि उसे लोकोपयोगार्थ कर्म करने चाहिए, तो लोगों से भी उसे कुछ लेना-देना नहीं रहता (श्लोक 18)। फिर वह कर्म करे ही क्यों?" इसका उत्तर गीता यों देती है, कि जब कर्म करना और न करना भी तुम्हें दोनों एक-से हैं, तब कर्म न करने का ही तुम्हारा इतना हठ क्यों है? जो कुछ शास्त्र के अनुसार प्राप्त हो जाए, उसे आग्रहविहीन बुद्धि से करके छुट्टी पा जाओ। इस जगत में कर्म किसी के भी छूटते नहीं हैं; फिर चाहे वह ज्ञानी हो अथवा अज्ञानी। अब दिखने में तो यह बड़ी ही जटिल समस्या जान पड़ती है, कि कर्म तो छूटने से रहे; और ज्ञानी पुरुष को स्वयं अपने लिए उनकी आवश्यकता नहीं! परंतु गीता को यह समस्या कुछ कठिन नहीं जँचती। गीता का कथन यह है, कि जब कर्म छूटता ही नहीं, तब उसे करना ही चाहिए। किंतु अब स्वार्थ बुद्धि न रहने से ही उसे निःस्वार्थ अर्थात् निष्काम बुद्धि से किया करो। 19वें श्लोक में 'तस्मात्' पद का प्रयोग करके यही उपदेश अर्जुन को किया गया है, एवं इसकी पुष्टि में आगे 22वें श्लोक में यह दृष्टान्त दिया गया है, कि सबसे श्रेष्ठ ज्ञानी भगवान् स्वयं अपना कुछ भी कर्त्तव्य न होने पर भी कर्म ही करते हैं। सारांश, संन्यास-मार्ग के लोग ज्ञानी पुरुष की स्थिति का वर्णन करते हैं, उसे ठीक मान लें, तो गीता का यह वक्तव्य है, कि उस स्थिति से कर्म-संन्यास-पक्ष सिद्ध होने के बदले, सदा निष्काम कर्म करते रहने का पक्ष ही और भी दृढ़ हो जाता है। परंतु संन्यास-मार्ग वाले टीकाकारों को कर्मयोग की उक्त युक्ति और सिद्धान्त (श्लोक 7, 8, 9) मान्य नहीं है, इसलिए वे उक्त कार्य कारण भाव को, अथवा समूचे अर्थप्रवाह को, या आगे बतलाए हुए भगवान के दृष्टान्त को भी नहीं मानते (श्लोक 22, 25, 30)। उन्होंने इन तीनों श्लोकों को तोड़-मरोड़कर स्वतंत्र मान लिया है; और इनमें से पहले दो श्लोकों में जो यह निर्देश है, कि "ज्ञानी पुरुष को स्वयं अपना कुछ भी कर्त्तव्य नहीं रहता।" उसी को गीता का अंतिम सिद्धान्त मानकर, उसी आधार पर यह प्रतिपादन किया है, कि भगवान ज्ञानी पुरुष से कहते हैं, कि "आसक्ति छोड़कर कर्म कर।" वह अलग हुआ जाता है और उसकी उपपत्ति भी नहीं लगती। इस पेंच से बचने के लिए, इन टीकाकारों ने यह अर्थ करके अपना समाधान कर लिया है, कि अर्जुन को कर्म करने का उपदेश तो इसलिए किया है, कि वह अज्ञानी था! परंतु इतनी माथापच्ची करने पर भी 19वें श्लोक का 'तस्मात्' पद निरर्थक ही रह जाता है; और संन्यास-मार्ग वालों का किया हुआ यह अर्थ इसी अध्याय के पूर्वा पर संदर्भ से भी विरुद्ध होता है; एवं गीता के अन्यान्य स्थलों के इन उल्लेखों से भी विरुद्ध हो जाता है, कि ज्ञानी पुरुषों को भी आसक्ति छोड़कर कर्म करना चाहिए; तथा आगे भगवान ने जो अपना दृष्टान्त दिया है, उससे भी यह अर्थ विरुद्ध हो जाता है (गीता 2.47; 3.7.25;

4.23; 6.1; 18.6.9; गीतारहस्य प्र. 11, पृ. 323-326)। इसके सिवा एक बात और भी है, वह यह, कि इस अध्याय में उस कर्मयोग का ही विवेचन चल रहा है, कि जिसके कारण कर्म करने पर भी वह बंधक नहीं होते (गीता 2.39); उस विवेचन के बीच में ही यह बे-सिर पैर की-सी बात कोई भी समझदार मनुष्य न कहेगा, कि "कर्म छोड़ना उत्तम है।" फिर भला भगवान् यह बात क्यों कहने लगे? अतएव निरे सांप्रदायिक आग्रह के और खींचखतानी के ये अर्थ माने नहीं जा सकते। योगवासिष्ठ में लिखा है, कि जीवनमुक्त ज्ञानी पुरुष को भी कर्म करने चाहिए; और जब राम ने पूछा-"मुझे बतलाइए, कि मुक्त पुरुष कर्म क्यों करे?" तब वसिष्ठ ने उत्तर दिया है:-

ज्ञस्य नार्थः कर्मत्यागैः नार्थः कर्मसमाश्रयैः।
तैन स्थितं यथा यद्यत्तत्तथैव करोत्यसौ॥

"ज्ञ अर्थात् ज्ञानी पुरुष को कर्म छोड़ने से या करने से भी कोई लाभ नहीं उठाना होता, अतएव (तेन) वह जो जैसे प्राप्त हो जाए, उसे वैसे किया करता है" (योग 6. उ. 199.4)। इसी ग्रंथ के अंत में, उपसंहार में फिर गीता के ही शब्दों में पहले यह कारण दिखलाया है:-

मम नास्ति कृतेनार्थो नाकृतेनेह कश्चन।
यथाप्राप्तेन तिष्ठामि ह्यकर्मणि क आग्रहः॥

"किसी बात का करना या न करना मुझे एक-सा ही है।" और दूसरी ही पंक्ति में कहा है, कि जब दोनों बातें एक ही सी हैं; तब फिर "कर्म न करने का आग्रह ही क्यों है? जो जो शास्त्र की रीति से प्राप्त हो जाए, उसे मैं करता रहता हूँ" (यो. 6 उ. 216.14)। उसी प्रकार इसके पहले, योगवासिष्ठ में "नैव तस्य कृतेनार्थो." आदि, और गीता का श्लोक ही शब्दशः लिया गया है, और आगे के श्लोक में कहा है, कि "यद्यथा नाम सम्पन्नं तत्तथाऽस्त्वितरेण किम्"-अतः जो प्राप्त हो, उसे ही (जीवमुक्त) किया करता है; और कुछ प्रतीक्षा करता हुआ नहीं बैठता (यो. 6. उ. 125.49.50)। योगवासिष्ठ में ही

कर्मणैव हि संसिद्धिमास्थिता जनकादयः।
लोकसंग्रहमेवापि सम्पश्यन्कर्तुमर्हसि॥20॥

नहीं; किंतु गणेशगीता में भी इसी अर्थ के प्रतिपादन में श्लोक आया है:-

किंचिदस्य न साध्यं स्यात्सर्वजन्तुषु सर्वदा।
अतोऽसक्ततया भूप कर्त्तव्यं कर्म जन्तुभिः॥

"उसका अन्य प्राणियों में कोई साध्य (प्रयोजन) शेष नहीं रहता; अतव हे राजन्! लोगों को अपना अपना कर्त्तव्य आसक्त बुद्धि से करते रहना चाहिए" (गणेशगीता 2. 18)। इन सब उदाहरणों पर ध्यान देने से ज्ञात होगा, कि यहाँ पर गीता के तीनों श्लोकों का जो कार्यकारण-संबंध हमने ऊपर दिखलाया है, वही ठीक है और गीता के तीनों श्लोकों का पूरा अर्थ योगवासिष्ठ के एक ही श्लोक में आ गया है। अतएव उसके कार्यकारण भाव के विषय में शंका करने के लिए स्थान ही नहीं रह जाता। गीता की इन्हीं युक्तियों को महायान-पंथ के बौद्ध ग्रंथकारों ने भी पीछे से ले लिया है (गीतारहस्य परिशिष्ट पृ. 568-569, 582-583)। ऊपर जो यह कहा गया है, कि स्वार्थ न रहने के कारण से ही ज्ञानी पुरुष को अपना कर्त्तव्य निष्काम बुद्धि से करना चाहिए; और इस प्रकार से किए हुए निष्काम कर्म का मोक्ष में बाधक होना तो दूर रहा, उसी से सिद्धि मिलती है-इसी की पुष्टि के लिए अब दृष्टान्त देते हैं:-

(20) जनक आदि ने भी इस प्रकार कर्म से ही सिद्धि पाई है। इसी प्रकार लोक संग्रह पर दृष्टि देकर भी तुझे कर्म करना ही उचित है।

(इस श्लोक के पहले चरण में इस बात का उदाहरण दिया है, कि निष्काम कर्मों से सिद्धि मिलती है; और दूसरे चरण से भिन्न रीति के प्रतिपादन का आरंभ कर दिया है। यह तो सिद्ध किया, कि ज्ञानी पुरुष का लोगों में कुछ अटका नहीं रहता; तो भी जब उसका कर्म छूट ही नहीं सकता, तब तो उसे निष्काम कर्म ही करना चाहिए। परंतु यद्यपि यह युक्ति नियम संगत है, कि कर्म जब छूट नहीं सकता है, तब उन्हें करना ही चाहिए। तथापि सिर्फ इसी से साधारण मनुष्यों का पूरा-पूरा विश्वास नहीं हो जाता। मन में शंका होती है, कि क्या कर्म टाले नहीं टलते हैं, इसीलिए उसे करना चाहिए? उसमें और कोई साध्य नहीं है? अतएव इस श्लोक के दूसरे चरण से यह दिखलाने का आरंभ कर दिया है, कि इस जगत में अपने कर्म से लोकसंग्रह करना ज्ञानी पुरुष का एक अत्यंत महत्त्वपूर्ण प्रत्यक्ष साध्य है। 'लोकसंग्रहमेवापि' के 'एवापि' पद का यही तात्पर्य है और इससे स्पष्ट होता है, कि अब भिन्न रीति के प्रतिपादन का आरंभ हो गया है। 'लोकसंग्रह' शब्द में 'लोक' का अर्थ व्यापक है; अतः इस शब्द में न केवल मनुष्य जाति को ही, वरन् सारे जगत को सन्मार्ग पर लाकर, उसको नाश से

यद्यदाचरति श्रेष्ठस्तत्तदेवेतरो जनः।
स यत्प्रमाणं कुरुते लोकस्तदनुवर्तते॥21॥
न मे पार्थास्ति कर्त्तव्यं त्रिषु लोकेषु किंचन।
नानवाप्तमवाप्तव्यं वर्त एव च कर्मणि॥22॥
यदि ह्यहं न वर्तेयं जातु कर्मण्यतन्द्रितः।
मम वर्त्मानुवर्तन्ते मनुष्याः पार्थ सर्वशः॥23॥

बचाते हुए संग्रह करना-अर्थात् भली-भाँति धारण, पोषण-पालन या बचाव करना इत्यादि सभी बातों का समावेश हो जाता है। गीतारहस्य के ग्याहरवें प्रकरण (पृ. 330-338) में इन बातों का विस्तृत विचार किया गया है, इसलिए हम यहाँ उसकी पुनरुक्ति नहीं करते। अब पहले यह बतलाते हैं, कि लोकसंग्रह करने का यह कर्त्तव्य या अधिकार ज्ञानी पुरुष का ही क्यों है:-

(21) श्रेष्ठ (अर्थात् आत्मज्ञानी कर्मयोगी) पुरुष जो कुछ करता है, वही अन्य अर्थात् साधारण मनुष्य भी किया करते हैं। वह जिसे प्रमाण मानकर अंगीकार करता है, लोग उसी का अनुकरण करते हैं।

(तैत्तिरीय उपनिषद् में भी पहले 'सत्यं वद' 'धर्म चर' इत्यादि उपदेश किया है और फिर अंत में कहा है, कि "जब तुम्हें संदेह हो कि यहाँ संसार में किसी प्रसंग पर कैसे बर्ताव करें, तब वैसे ही बर्ताव करो, कि जैसा ज्ञानी, युक्त और धर्मिष्ठ ब्राह्मण करते हों" (तै. 1.11.4)। इसी अर्थ का एक श्लोक नारायणीय धर्म में भी है (मभा. शां. 341.25); और इसी आशय का मराठी में श्रीरामदास स्वामी जी का जो एक श्लोक है, वह इसी का अनुवाद है और जिसका सार यह है : "लोक कल्याणकारी मनुष्य जैसे बर्ताव करता है वैसे ही, इस संसार में सब लोग भी किया करते हैं।" यही भाव इस प्रकार प्रकट किया जा सकता है-"देख भलों की चाल को, बर्ते सब संसार।" रामदास स्वामी जी का यह लोक कल्याणकारी पुरुष ही गीता का श्रेष्ठ कर्मयोगी है। श्रेष्ठ शब्द का अर्थ 'आत्मज्ञानी संन्यासी' नहीं है (गीता 5.2)। अब भगवान् स्वयं अपना उदाहरण देकर इसी अर्थ को और भी दृढ़ करते हैं, कि आत्मज्ञानी पुरुष की स्वार्थबुद्धि छूट जाने पर भी, लोक कल्याण के कर्म उससे छूट नहीं जाते:

(22) हे पार्थ! (देखो, कि) त्रिभुवन में न तो (मेरा) कुछ कर्त्तव्य (शेष) रहा है, (और) न कोई अप्राप्त वस्तु प्राप्त करने को (रह गई) है; तो भी मैं कर्म करता ही रहता हूँ। (23) क्योंकि यदि मैं कदाचित् आलस्य छोड़कर कर्मों में न बर्तूंगा, तो

हे पार्थ! सब मनुष्य सब प्रकार से मेरे ही पथ का अनुकरण करेंगे।

उत्सीदेयुरिमे लोका न कुर्यां कर्म चेदहम्।
संकरस्य च कर्ता स्यामुपहन्या मिमाः प्रजाः॥24॥
सक्ताः कर्मणविद्वांसो यथा कुर्वन्ति भारत।
कुर्याद्विंस्तथाऽसक्तश्चिकीर्षुर्लोकसंग्रहम्॥25॥
न बुद्धिभेदं जनयेदज्ञानां कर्मसंगिनाम्।
जोषयेत्सर्वकर्माणि विद्वान्युक्तः समाचरन्॥26॥

(24) यदि मैं कर्म न करूँ, तो ये सारे लोक उत्सन्न अर्थात् नष्ट हो जावेंगे, में संकरकर्ता होऊँगा और इन प्रजाजनों का मेरे हाथ से नाश होगा।

(भगवान ने अपना उदाहरण देकर इस श्लोक में भली-भाँति स्पष्ट कर दिखला दिया है, कि लोक संग्रह कुछ पाखंड नहीं है। इसी प्रकार हमने ऊपर 17 से 19वें श्लोक का जो यह अर्थ किया है, कि ज्ञान प्राप्त हो जाने पर ज्ञाता का कर्त्तव्य भले ही न रह गया हो; फिर भी निष्काम बुद्धि से सारे कर्म उसे करते रहना चाहिए, वह भी स्वयं भगवान के इस दृष्टान्त से पूर्णतया सिद्ध हो जाता है। यदि ऐसा न हो, तो यह ही दृष्टान्त निरर्थक हो जाएगा (गीतार. प्र. 11, पृ. 324-325)। सांख्य-मार्ग और कर्म-मार्ग में यह बड़ा भारी भेद है, कि सांख्य मार्ग के ज्ञानी पुरुष सारे कर्म छोड़ बैठते हैं, फिर चाहे इस कर्मत्याग से यज्ञचक्र डूब जाए और जगत का कुछ भी हुआ करे-उन्हें उसकी परवाह नहीं होती; और कर्मयोग के ज्ञानी पुरुष; स्वयं अपने लिए आवश्यक न भी हो, तो भी लोकसंग्रह को महत्त्वपूर्ण आवश्यक साध्य समझकर, तदर्थ अपने धर्म के अनुसार, अपने सारे काम किया करते हैं (गीतारहस्य प्र. 11, पृ. 355-358)। यह बतला दिया गया, कि स्वयं भगवान क्या करते हैं। जब ज्ञानियों और अज्ञानियों के कर्मों का भेद दिखलाकर बतलाते हैं, कि अज्ञानियों को सुधारने के लिए ज्ञाता का आवश्यक कर्त्तव्य क्या है:-

(25) हे अर्जुन! (इसलिए) लोक संग्रह करने की इच्छा रखने वाले ज्ञानी पुरुष को भी आसक्ति छोड़कर उसी प्रकार बर्तना चाहिए, जिस प्रकार कि (व्यावहारिक) कर्मों में आसक्त अज्ञानी लोग बर्ताव करते हैं। (26) कर्म में आसक्त अज्ञानियों की बुद्धि में ज्ञानी पुरुष भेद-भाव उत्पन्न न करे; (आप स्वयं) युक्त अर्थात् योगयुक्त होकर सभी काम करे; और लोगों से खुशी से करावें।

(इस श्लोक का अर्थ यह है, कि अज्ञानियों की बुद्धि में भेदभाव उत्पन्न न करें; और आगे चलकर 29वें श्लोक में भी यही बात फिर से कही गई है। परंतु इसका मतलब यह नहीं है कि लोगों को अज्ञान में बनाए रखें। 25वें श्लोक में कहा है; कि ज्ञानी पुरुष को लोक संग्रह करना चाहिए। लोक संग्रह का अर्थ ही लोगों को चतुर बनाना है। परंतु इस पर कोई शंका करे, कि जो लोक संग्रह ही करना हो, तो फिर यह आवश्यक नहीं, कि उसके लिए ज्ञानी पुरुष स्वयं कर्म करे; लोगों को समझा देने-ज्ञान का उपदेश कर देने-से ही काम चल जाता है। इसका भगवान यह उत्तर देते हैं, कि जिनको सदाचरण का दृढ़ अभ्यास हो नहीं गया है, (और साधारण लोग ऐसे ही होते हैं), उनको यदि केवल मुँह से उपदेश किया जाए-सिर्फ ज्ञान बतला दिया जाए-तो वे अपने अनुचित बर्ताव के समर्थन में ही उस ब्रह्मज्ञान का दुरुपयोग किया करते हैं; और उलटे वे ऐसी व्यर्थ बातें कहते-सुनते देखे जाते हैं, कि "अमुक ज्ञानी पुरुष तो ऐसे कहता है।" इसी प्रकार यदि ज्ञानी पुरुष कर्मों को सर्वथा छोड़ बैठे, तो अज्ञानी लोगों को निरुद्योगी बनने के लिए यह एक उदाहरण ही बन जाता है। लोगों का इस प्रकार बातूनी, अथवा निरुद्योगी हो जाना ही चालाक बुद्धिभेद है; और लोगों की बुद्धि में इस प्रकार से

भेद-भाव उत्पन्न कर देना ज्ञाता पुरुष को उचित नहीं है। अतएव गीता में यह सिद्धान्त किया है, कि जो पुरुष ज्ञानी हो जाए, वह लोक संग्रह के लिए, अर्थात् लोगों को चतुर और सदाचरणी बनाने के लिए, स्वयं संसार में रहकर निष्काम कर्म अर्थात् सदाचरण का प्रत्यक्ष आदर्श लोगों को दिखलावे; और तदनुसार उनसे आचरण करावें-यही जगत् में उसका बड़ा महत्त्वपूर्ण काम है (गी. र. प्र. 12, पृ. 403-404)। किंतु गीता के इस अभिप्राय को समझे-बूझे बिना कुछ टीकाकार इस श्लोक का यों विपरीत अर्थ किया करते हैं, कि "ज्ञानी पुरुष को अज्ञानियों के समान ही कर्म करने का स्वाँग इसलिए करना चाहिए, जिससे कि अज्ञानी लोग नादान बने रहकर ही अपने कर्म करते रहें!" मानो दंभाचरण सिखलाने अथवा लोगों को अज्ञानी बने रहने देकर जानवरों के समान उनसे कर्म करा लेने के लिए ही गीता प्रवृत्त हुई है! जिनका यह दृढ़ निश्चय है; कि ज्ञानी पुरुष कर्म न करे; संभव है, कि उन्हें लोकसंग्रह एक ढोंग-सा प्रतीत हो; परंतु गीता का वास्तविक अभिप्राय ऐसा नहीं है। भगवान् कहते हैं, कि ज्ञानी पुरुष के कामों में से लोक संग्रह एक महत्त्वपूर्ण काम है; और ज्ञानी पुरुष भी अपने उत्तम आदर्श के द्वारा लोगों को सुधारने के लिए-नादान बनाए रखने के लिए नहीं-कर्म ही किया करे (गीतारहस्य प्र. 11, 12)। अब यह शंका हो सकती है, कि यदि आत्मज्ञानी पुरुष इस प्रकार लोक संग्रह के लिए सांसारिक कर्म करने लगे तो वह भी अज्ञानी ही बन जाएगा, अतएव स्पष्ट कर बतलाते हैं, कि यद्यपि ज्ञानी और अज्ञानी, दोनों भी संसारी बन जाएँ, तथापि उन दोनों के बर्ताव में भेद क्या है और ज्ञानवान से अज्ञानी को किस बात की शिक्षा लेनी चाहिए:-)

प्रकृतेः क्रियमाणानि गुणैः कर्मणि सर्वशः।
अहंकारविमूढात्मा कर्ताहमिति मन्यते॥27॥
तत्त्ववित्तु महाबाहो गुणकर्मविभागयोः।
गुणा गुणेषु वर्तन्त इति मत्वा न सज्जते॥28॥
प्रकृतेर्गुणसम्मूढाः सज्जन्ते गुणकर्मसु।
तानकृत्स्नविदो मन्दान्कृत्स्नविन्न विचालयेत्॥29॥
मयि सर्वाणि कर्माणि संन्यास्याध्यात्मचेतसा।
निराशीर्निर्ममो भूत्वा युध्यस्व विगतज्वरः॥30॥

(27) प्रकृति के (सत्त्व-रज-तम) गुणों से सब प्रकार कर्म हुआ करते हैं; पर अहंकार से मोहित (अज्ञानी पुरुष) समझता है, कि मैं कर्ता हूँ; (28) परंतु हे महाबाहु अर्जुन! "गुण और कर्म ये दोनों भी मुझसे भिन्न हैं" इस तत्त्व को जानने वाला (ज्ञानी पुरुष), यह समझ कर उनमें आसक्त नहीं होता, कि गुणों का यह आपस में खेल हो रहा है। (29) प्रकृति के गुणों से बहके हुए लोग गुण और कर्मों में ही आसक्त रहते हैं; इन असर्वज्ञ और मंद जनों को सर्वज्ञ पुरुष (अपने कर्मत्याग से किसी अनुचित मार्ग में लगा कर) बिचला न दे।

(यहाँ 26वें श्लोक के अर्थ का ही अनुवाद किया गया है। इस श्लोक में जो ये सिद्धान्त हैं, कि प्रकृति भिन्न है और आत्मा भिन्न है; प्रकृति अथवा माया ही सब कुछ करती है, आत्मा कुछ करता-धरता नहीं है; जो इस तत्त्व को जान लेता है; वही बुद्ध अथवा ज्ञानी हो जाता है, उसे कर्म का बंधन नहीं होता; इत्यादि-वे मूल में कापिल-सांख्यशास्त्र के हैं; और गीतारहस्य के 7वें प्रकरण में उनका पूर्ण विवेचन किया गया है, उसे देखिए। 28वें श्लोक का कुछ लोग यों अर्थ करते हैं, कि गुण याने इंद्रियाँ गुणों में याने विषयों में बर्तती हैं। यह अर्थ कुछ अशुद्ध नहीं है; क्योंकि सांख्यशास्त्र के अनुसार ग्यारह इंद्रियाँ और शब्द-स्पर्श आदि पाँच विषय मूल प्रकृति के 23 गुणों

में से ही गुण हैं। परंतु इसकी अपेक्षा प्रकृति के समस्त अर्थात् चौबीस गुणों को लक्ष्य करके ही यह "गुणा गुणेषु वर्तन्ते" सिद्धान्त स्थिर किया गया है (गीता 13.19-22; 14. 23)। हमने उसका शब्दशः और व्यापक रीति से अनुवाद किया है। भगवान नें यह बतलाया है, कि ज्ञानी और अज्ञानी एक ही कर्म करें, तो भी उसमें बुद्धि की दृष्टि से इस प्रकार बहुत बड़ा भेद रहता है (गीतारहस्य प्र. 11, पृ. 312, 330) अब इस पूरे विवेचन के सार-रूप से यह उपदेश करते हैं:-)

(30) (इसलिए हे अर्जुन!) मुझमें अध्यात्म बुद्धि से सब कर्मों का संन्यास

ये मे मतमिदं नित्यमनुतिष्ठन्ति मानवाः।
श्रद्धावन्तोऽनसूयन्तो मुच्यन्ते तेऽपि कर्मभिः॥31॥
ये त्वेतदभ्यसूयन्तो नानुतिष्ठन्ति मे मतम्।
सर्वज्ञानविमूढांस्तान्विद्धि नष्टानचेतसः॥32॥
सदृशं चेष्टते स्वस्याः प्रकतेर्ज्ञानवानपि।
प्रकृतिं यान्ति भूतानि निग्रहः किं करिष्यति॥33॥
इन्द्रियस्येन्द्रियस्यार्थे रागद्वेषौ व्यवस्थितौ
तयोर्न वशमागच्छेतौ ह्यस्य परिपन्थिनौ॥34॥

अर्थात् अर्पण करके और (फल की) आशा एवं ममता छोड़ कर तू निश्चिंत हो करके युद्ध कर!

(अब यह बतलाते हैं, कि इस उपदेश के अनुसार बर्ताव करने से क्या फल मिलता है और बर्ताव न करने से कैसी गति होती है:-)

(31) जो श्रद्धावान् (पुरुष) दोषों को न खोजकर मेरे इस मत के अनुसार नित्य बर्ताव करते हैं, वे भी कर्म से अर्थात् कर्म बंधन से मुक्त हो जाते हैं। (32) परंतु जो दोष-दृष्टि से शंकाएँ करके मेरे इस मत के अनुसार नहीं बर्तते, उन सर्वज्ञानविमूढ़ अर्थात् पक्के मूर्ख अविवेकियों को नष्ट हुए समझ।

(निष्काम बुद्धि से समस्त कर्म करने के लिए कहने वाले कर्मयोग की श्रेयस्करता के संबंध में ऊपर अन्वयव्यतिरेक से जो फलश्रुति बतलाई गई है, उससे पूर्णतया व्यक्त हो जाता है, कि गीता में कौन सा विषय प्रतिपाद्य है। इसी कर्मयोग-निरूपण की पूर्ति के हेतु भगवान् प्रकृति की प्रबलता का और फिर उसे रोकने के लिए इंद्रिय निग्रह का वर्णन करते हैं:-)

(33) ज्ञानी पुरुष भी अपनी प्रकृति के अनुसार बर्तता है। सभी प्राणी (अपनी अपनी) प्रकृति के अनुसार रहते हैं, अर्थात् (वहाँ) निग्रह जबर्दस्ती क्या करेगी? (34) इंद्रिय और उसके (शब्द--स्पर्श आदि) विषयों में प्रीति एवं द्वेष (दोनों) व्यवस्थित हैं-अर्थात् स्वभावतः निश्चित हैं। इस प्रीति व द्वेष के वश में न जाना चाहिए; (क्योंकि) वे मनुष्य के शत्रु हैं।

(तैंतीसवें श्लोक के 'निग्रह' शब्द का अर्थ 'निरा संयमन' नहीं है : किंतु उसका अर्थ 'जबर्दस्ती' अथवा 'हठ' है। इंद्रियों का योग्य संयमन तो गीता को इष्ट है; किंतु यहाँ पर कहना यह है, कि हठ से या जबर्दस्ती से इंद्रियों की स्वाभाविक वृत्तियों को भी एकदम मार डालना संभव नहीं है। उदाहरण लीजिए; जब तक देह है, तब तक भूख-प्यास आदि धर्म, प्रकृति सिद्ध होने के कारण, छूट नहीं सकते;

श्रेयान्स्वधर्मो विगुणः परधर्मात्स्वनुष्ठितात्।
स्वधर्मे निधनं श्रेयः परधर्मो भयावहः॥35॥

मनुष्य कितना ही ज्ञानी क्यों न हो; भूख लगते ही भिक्षा माँगने के लिए तो उसे बाहर निकलना ही पड़ता है; इसलिए चतुर पुरुष का यही कर्त्तव्य है, कि जबर्दस्ती से

इंद्रियों को बिल्कुल ही मार डालने का वृथा हठ न करें; और योग्य संयम के द्वारा उन्हें अपने वश में करके उनकी स्वभावसिद्ध वृत्तियों का लोकसंग्रहार्थ उपयोग किया करे-यही इस श्लोक का भावार्थ है। इसी प्रकार 34वें श्लोक के 'व्यवस्थित' पद से प्रकट होता है, कि सुख और दुःख, ये दोनों विकार स्वतंत्र हैं, एक दूसरे का अभाव नहीं हैं (गीतारहस्य प्र. 4, पृ. 100, 115)। प्रकृति अर्थात् सृष्टि के अखंडित व्यापार में कई बार हमें ऐसी बातें भी करनी पड़ती हैं, कि जो हमें स्वयं पसंद नहीं (गीता 18.59); और यदि नहीं करते हैं; तो निर्वाह नहीं होता। ऐसे समय ज्ञानी पुरुष इन कर्मों को निरिच्छ-बुद्धि से केवल कर्त्तव्य समझकर करता जाता है और उनके पाप पुण्य से अलिप्त रहता है; और अज्ञानी उन्हीं में आसक्ति रखकर दुःख पाता है; भास कवि के वर्णनानुसार बुद्धि की दृष्टि से यही इन दोनों में बड़ा भारी भेद है। परंतु अब एक और शंका होती है, कि यद्यपि यह सिद्ध हो गया, कि इंद्रियों को जबर्दस्ती मारकर कर्मत्याग न करे; किंतु निःसंगबुद्धि से सभी काम करता जावे; परंतु यदि ज्ञानी पुरुष युद्ध के समान हिंसात्मक घोर कर्म करने की अपेक्षा खेती, व्यापार या भिक्षा माँगना आदि निरुपद्रवी और सौम्य कर्म करे, तो क्या अधिक प्रशस्त नहीं है? भगवान इसका यह उत्तर देते हैं:-)

(35) पराए धर्म का आचरण सुख से करते बने, तो भी उसकी अपेक्षा अपना धर्म अर्थात् चातुर्वर्ण्यविहित कर्म ही अधिक श्रेयस्कर है; (फिर चाहे) वह विगुण अर्थात् सदोष भले ही हो। स्वधर्म के अनुसार (बर्तने में) मृत्यु हो जावे, तो भी उसमें कल्याण है, (परंतु) परधर्म भयंकर होता है।

(स्वधर्म का अर्थ, वह व्यवहार है, कि जो स्मृतिकारों की चातुर्वर्ण्य व्यवस्था के अनुसार प्रत्येक मनुष्य को शास्त्र द्वारा नियत कर दिया गया है; स्वधर्म का अर्थ मोक्ष-धर्म नहीं है। सब लोगों के कल्याण के लिए ही गुण-धर्म के विभाग से चातुर्वर्ण्य-व्यवस्था को (गीता 18.41) शास्त्रकारों ने प्रवृत्त कर दिया है, अतएव भगवान् कहते हैं कि ब्राह्मण-क्षत्रिय आदि, ज्ञानी हो जाने पर भी, अपना अपना व्यवसाय करते रहें, इसी में उनका और समाज का कल्याण है और इस व्यवस्था में बार-बार गड़बड़ करना योग्य नहीं है (गीतार. प्र. 11, पृ. 336; प्र. 15, पृ. 496)। "तेली का काम तँबोली करे, दैव न मारे आप

अर्जुन उवाच।

अथ केन प्रयुक्तोऽयं पापं चरति पूरुषः।
अनिच्छन्नपि वार्ष्णेय बलादिव नियोजितः।।36।।

श्रीभगवानुवाच।

काम एष क्रोध एष रजोगुणसमुद्भवः।
महाशनो महापाप्मा विद्ध्येनमिह वैरिणम्।।37।।

मरे" इस प्रचलित लोकोक्ति का भावार्थ भी यही है। जहाँ चातुर्वर्ण्य-व्यवस्था का चलन नहीं है, वहाँ भी सबको यही श्रेयस्कर जँचेगा, कि जिसने सारी जिन्दगी फौजी महकमे में बिताई हो, यदि फिर काम पड़े, तो उसको सिपाही का पेशा ही सुभीते का होगा; न कि दर्जी का रोजगार; और यही न्याय चातुर्वर्ण्य-व्यवस्था के लिए भी उपयोगी है। यह प्रश्न भिन्न है, कि चातुर्वर्ण्य-व्यवस्था भली है या बुरी; और वह यहाँ उपस्थित भी नहीं होता। यह बात तो निर्विवाद है, कि समाज का समुचित धारण-पोषण होने के लिए खेती के जैसे निरुपद्रवी और सौम्य व्यवसाय की ही भाँति अन्यान्य कर्म भी आवश्यक हैं। अतएव, जहाँ एक बार किसी भी उद्योग को अंगीकार किया-फिर चाहे

उसे चातुर्वर्ण्य-व्यवस्था के कारण स्वीकार करो या अपनी मर्जी से-कि वह धर्म हो गया। फिर किसी विशेष अवसर पर उसमें मीन-मेख निकालकर अपना कर्त्तव्य-कर्म छोड़ बैठना अच्छा नहीं है; आवश्यकता होने पर उस व्यवसाय में ही मर जाना चाहिए। बस, यही इस श्लोक का भावार्थ है। कोई भी व्यापार या रोजगार हो; उसमें कुछ-न-कुछ दोष सहज ही निकाला जा सकता है (गीता 18.48)। परंतु इस नुक्ताचीनी के मारे अपना नियत कर्त्तव्य ही छोड़ देना, कुछ धर्म नहीं है। महाभारत के ब्राह्मण-व्याघ्र-संवाद में ओर तुलाधारजाजलि-संवाद में भी यही तत्त्व बतलाया गया है, एवं वहाँ के 35वें श्लोक का पूर्वार्द्ध मनुस्मृति में (मनु. 10.97) और गीता में भी (गीता 18.47) आया है। भगवान ने 33वें श्लोक में कहा है, कि "इंद्रियों को मारने का हठ नहीं चलता।" इस पर अब अर्जुन ने पूछा है, कि इंद्रियों को मारने का हठ क्यों नहीं चलता? और अपनी मर्जी न होने पर भी मनुष्य बुरे कामों की ओर क्यों घसीटा जाता है?

अर्जुन ने कहा :- (36) हे वार्ष्णेय (श्रीकृष्ण)! अब (यह बतलाओ कि) अपनी इच्छा न रहने पर भी मनुष्य, जबर्दस्ती से, किसकी प्रेरणा से पाप करता है। श्रीभगवान ने कहा :- (37) इस विषय में यह समझ कि रजोगुण से उत्पन्न होने वाला बड़ा पेटू और बड़ा पापी यह काम एवं यह क्रोध ही शत्रु है।

धूमेनाव्रियते वह्निर्यथादर्शो मलेन च।
यथोल्बेनावृतो गर्भस्तथा तेनेदमावृतम्।।38।।
आवृतं ज्ञानमेतेन ज्ञानिनो नित्यवैरिणा।
कामरूपेण कौन्तेय दुष्पूरेणानलेन च।।39।।
इन्द्रियाणि मनो बुद्धिरस्याधिष्ठानमुच्यते।
एतैर्विमोहयत्येष ज्ञानमावृत्य देहिनम्।।40।।
तस्मात्त्वमिन्द्रियाण्यादौ नियम्य भरतर्षभ।
पाप्मानं प्रजहि ह्येनं ज्ञानविज्ञाननाशनम्।।41।।
इन्द्रियाणि पराण्याहुरिन्द्रियेभ्यः परं मनः।
मनसस्तु परा बुद्धिर्यो बुद्धेः परतस्तु सः।।42।।
एवं बुद्धेः परं बुद्ध्वा संस्तभ्यात्मानमात्मना।
जहि शत्रुं महाबाहो कामरूपं दुरासदम्।।43।।

इति श्रीमद्भगवद्गीतासु उपनिषत्सु ब्रह्मविद्यायां योगशास्त्रे श्रीकृष्णार्जुन-संवादे कर्मयोगो नाम तृतीयोऽध्याय:।।3।।

(38) जिस प्रकार धुएँ से अग्नि, धूलि से दर्पण और जेर से गर्भ ढँका रहता है, उसी प्रकार उससे यह सब ढँका हुआ है। (39) हे कौन्तेय! कभी भी तृप्त न होने वाला यह कामरूपी अग्नि ही ज्ञाता का वैरी है; उसने ज्ञान को ढँक रखा है।

(यह मनु के ही कथन का अनुवाद है, मनु ने कहा है कि "न जातु कामः कामानामुपभोगेन शाम्यति। हविषा कृष्णवर्त्मेव भूय एवाभिवर्धते।।" (मनु. 2.94)-काम के उपभोगों से काम कभी अघाता नहीं है; बल्कि ईंधन डालने पर अग्नि जैसे बढ़ जाती है, उसी प्रकार यह काम भी अधिकाधिक बढ़ता जाता है (गीतार. प्र. 5, पृ. 106)।

(40) इंद्रियों को, मन को, और बुद्धि को इसका अधिष्ठान अर्थात् घर या गढ़ कहते हैं। इनके आश्रय से ज्ञान को लपेटकर (ढंककर) यह मनुष्य को भुलावे में डाल देता है। (41) अतएव हे भरत श्रेष्ठ! पहले इंद्रियों का संयम करके ज्ञान (अध्यात्म) और विज्ञान का (विशेष ज्ञान) नाश करने वाले इस पापी को तू मार डाल।

(42) कहा है, कि (स्थूल बाह्य पदार्थों के मन से उनको जानने वाली) इंद्रियाँ पर अर्थात् परे हैं, इंद्रियों के परे मन है, मन से भी परे (व्यवसायात्मिका) बुद्धि है;

और जो बुद्धि से भी परे है, वह आत्मा है। (43) हे महाबाहु अर्जुन! इस प्रकार (जो) बुद्धि से परे है, उसको पहचानकर और अपने आपको रोक करके दुरासाध्य कामरूपी शत्रु को तू मार डाल।

(कामरूपी आसक्ति को छोड़ कर स्वधर्म के अनुसार लोकसंग्रहार्थ समस्त कर्म करने के लिए इंद्रियों पर अपनी सत्ता होनी चाहिए; बस, यहाँ इतना ही इंद्रियानिग्रह विवक्षित है। यह अर्थ नहीं है, कि इंद्रिय को जबर्दस्ती से एकदम मार करके सारे कर्म छोड़ दे (गीतार. प्र. 5, पृ. 115)। गीतारहस्य में (परि. पृ. 528) दिखलाया है, कि "इंद्रियाणि पराण्याहु:" इत्यादि 42वाँ श्लोक कठोपनिषद का है; और उसी उपनिषद के अन्य चार-पाँच श्लोक भी गीता में लिए गए हैं। क्षेत्र-क्षेत्रज्ञ विचार का तात्पर्य है, कि बाह्य पदार्थों के संस्कार ग्रहण करना इंद्रियों का काम है, मन का काम इनकी व्यवस्था करना है; और फिर बुद्धि इनको अलग-अलग छाँटती है, एवं आत्मा इन सबसे परे है तथा इन सबसे भिन्न है। इस विषय का विस्तारपूर्वक विचार गीतारहस्य के छठे प्रकरण के अंत में (पृ. 132-149) किया गया है।-कर्मविपाक के ऐसे गूढ़ प्रश्नों का विचार, गीतारहस्य के दसवें प्रकरण में (पृ. 280-287) किया गया है, कि अपनी इच्छा न रहने पर भी मनुष्य काम-क्रोध आदि प्रवृत्ति धर्मों के कारण कोई काम करने में क्योंकर प्रवृत्त हो जाता है; और आत्मस्वतंत्रता के कारण इंद्रियनिग्रह रूप साधन के द्वारा इससे भी छुटकारा पाने का मार्ग कैसे मिल जाता है; इसलिए यहाँ उसकी पुनरुक्ति नहीं की जाती है। गीता के छठे अध्याय में यह विचार किया गया है, कि इंद्रियनिग्रह कैसे करना चाहिए।)

इस प्रकार श्रीभगवान के गाए हुए-अर्थात् कहे हुए-उपनिषद में, ब्रह्मविद्यान्तर्गत योग-अर्थात् कर्मयोग-शास्त्रविषयक, श्रीकृष्ण और अर्जुन के संवाद में, कर्मयोग नामक तीसरा अध्याय समाप्त हुआ।

□□□

चतुर्थोऽध्यायः

श्रीभगवानुवाच।

इमं विवस्वते योगं प्रोक्तवानहमव्ययम्।
विवस्वान्मनवे प्राह मनुरिक्ष्वाकवेऽब्रवीत्॥1॥
एवं परम्पराप्राप्तमिमं राजर्षयो विदुः।
स कालेनेह महता योगो नष्टः परंतप॥2॥
स एवायं मया तेद्य योगः प्रोक्तः पुरातनः।
भक्तोऽसि मे सखा चेति रहस्यं ह्येतदुत्तमम्॥3॥

चौथा अध्याय

(कर्म किसी के, छूटते नहीं हैं, इसलिए बुद्धि निष्काम हो जाने पर भी कर्म करना ही चाहिए; कर्म के माने ही यज्ञयाग आदि कर्म हैं; पर मीमांसकों के ये कर्म स्वर्गप्रद हैं, अतएव एक प्रकार से बंधक हैं; इस कारण इन्हें आसक्ति छोड़ करके करना चाहिए। ज्ञान से स्वार्थ बुद्धि छूट जावे, तो भी कर्म छूटते नहीं हैं, अतएव ज्ञाता को भी निष्काम कर्म करने ही चाहिए; लोक संग्रह के लिए वे आवश्यक हैं; इत्यादि प्रकार से अब तक कर्मयोग का जो विवेचन किया गया, उसी को इस अध्याय में दृढ़ किया है। कहीं यह शंका न हो, कि आयुष्य बिताने का यह मार्ग अर्थात् निष्ठा अर्जुन को युद्ध में प्रवृत्त करने के लिए नई बतलाई गई है; एतदर्थ इस मार्ग की प्राचीन गुरु परंपरा पहले बतलाते हैं:-)

श्रीभगवान ने कहा :- (1) अव्यय अर्थात् कभी भी क्षीण न होने वाला अथवा त्रिकाल में भी अबाधित और नित्य यह (कर्म-) योग (-मार्ग) मैंने विवस्वान् अर्थात् सूर्य को बतलाया था; विवस्वान ने (अपने पुत्र) मनु को और मनु ने (अपने पुत्र) इक्ष्वाकु को बतलाया। (2) ऐसी परंपरा से प्राप्त हुए इसको (योग) राजर्षियों ने जाना। परंतु हे शत्रुतापन (अर्जुन)! दीर्घकाल के अनन्तर वही योग इस लोक में नष्ट हो गया। (3) (सब रहस्यों में से) उत्तम रहस्य समझकर उस पुरातन योग को, (कर्मयोग मार्ग) मैंने तुझे आज इसलिए बतला दिया, कि तू मेरा भक्त और सखा है।

(गीतारहस्य के तीसरे प्रकरण में (पृ. 56-65) हमने सिद्ध किया है, कि इन तीनों श्लोकों में 'योग' शब्द से, आयु बिताने के उन दोनों मार्गों में से-कि जिन्हें सांख्य और योग कहते हैं-योग अर्थात् कर्मयोग याने साम्य-बुद्धि से कर्म करने का मार्ग अभिप्रेत है। गीता के इस मार्ग की जो परंपरा ऊपर के श्लोक में बतलाई गई है, वह यद्यपि इस मार्ग की जड़ को समझने के लिए अत्यंत महत्त्व की है, तथापि टीकाकारों ने उसकी विशेष चर्चा नहीं की है-महाभारत के अंतर्गत नारायणीयोपाख्यान में भागवत धर्म का जो निरूपण है, उसमें जनमेजय से वैशंपायन कहते हैं, कि यह धर्म पहले श्वेतद्वीप में भगवान से ही-

नारदेन तु सम्प्राप्तः सरहस्यः ससंग्रहः।
एष धर्मो जगन्नाथात्साक्षान्नारायणान्नृप॥

एवमेष महान्धर्मः स ते पूर्वं नृपोत्तम।
कथितो हरिगीतासु समासविधिकल्पितः॥

"नारद को प्राप्त हुआ, और हे राजा! वही महान् धर्म तुझे पहले हरिगीता अर्थात् भगवद्गीता में समास विधि सहित बतलाया है" (मभा. शां. 346.9, 10) और फिर आगे कहा है, कि "युद्ध में विमनस्क हुए अर्जुन को यह धर्म बतलाया गया है" (मभा. शां. 348.8)। इससे प्रकट होता है, कि गीता का योग अर्थात् कर्मयोग भागवत धर्म का है (गीतार. प्र. 1, पृ. 8-11)। विस्तार हो जाने के भय से गीता में उसकी संप्रदाय-परंपरा सृष्टि के मूल आरंभ से नहीं दी है; विवस्वान्, मनु और इक्ष्वाकु, इन्हीं तीनों का उल्लेख कर दिया है। परंतु इसका सच्चा अर्थ नारायणीय धर्म की समस्त परंपरा देखने से स्पष्ट मालूम हो जाता है। ब्रह्मा के कुल सात जन्म हैं। इनमें से पहले छह जन्मों की नारायणीय धर्म में कथित, परंपरा का वर्णन हो चुकने पर, जब ब्रह्मा के सातवें, अर्थात् वर्तमान, जन्म का कृतयुग समाप्त हुआ, तब-

वैतायुगादौ च ततो विवस्वान्मनवे ददौ।
मनुश्च लोकभृत्यर्थं सुतायेक्ष्वाकवे ददौ॥
इक्ष्वाकुणा च कथितो व्याप्य लोकानवस्थितः।
गमिष्यति क्षयान्ते च पुनर्नारायणं नृप॥
यतीनां चापि यो धर्मः स ते पूत्र नृपोत्तम।
कथितो हरिगीतासु समासविधिकल्पितः॥

"त्रेतायुग के आरंभ में विवस्वान ने मनु को (वह धर्म) दिया, मनु ने लोकधारणार्थ वह अपने पुत्र इक्ष्वाकु को दिया; और आगे इक्ष्वाकु के सब लोगों में फैल गया। हे राजा! सृष्टि का क्षय होने पर (यह धर्म) फिर नारायण के यहाँ चला जावेगा। यह धर्म और 'यतीनां चापि' अर्थात् इसके साथ ही संन्यास-धर्म भी पहले तुझसे भगवद्गीता में कह दिया है'-ऐसा नारायणीय धर्म में ही वैशंपायन ने जनमेजय से फिर कहा है (मभा. शां. 348.51-13) इससे दीख पड़ता है, कि जिस द्वापरयुग के अंत में भारतीय युद्ध हुआ था, उससे पहले के त्रेतायुग भर

अर्जुन उवाच

अपरं भवतो जन्म परं जन्म विवस्वतः।
कथमेतद्विजानीयां त्वमादौ प्रोक्तवानिति॥4॥

की ही भागवत धर्म की परंपरा गीता में वर्णित है, विस्तार भय से अधिक वर्णन नहीं किया है। यह भागवत धर्म ही योग या कर्मयोग है; और मनु को कर्मयोग के उपदेश किए जाने की यह कथा न केवल गीता में ही है; प्रत्युत भागवत-पुराण-में भी (भाग. 8.24.55) इस कथा का उल्लेख है और मत्स्य-पुराण के 52वें अध्याय में मनु को उपदिष्ट कर्मयोग का महत्त्व भी बतलाया गया है। परंतु इनमें से कोई भी वर्णन नारायणीयोपाख्यान में किए गए वर्णन के समान पूर्ण नहीं है। विवस्वान्-मनु-इक्ष्वाकु की यह परंपरा सांख्य-मार्ग को बिल्कुल ही उपयुक्त नहीं होती; और सांख्य एवं योग, इन दोनों के अतिरिक्त तीसरी निष्ठा गीता में वर्णित ही नहीं है। इस बात पर ध्यान देने से दूसरी रीति से भी सिद्ध होता है, कि यह परंपरा कर्मयोग की ही है (गीता 2.39)। परंतु सांख्य और योग, इन दोनों निष्ठाओं की परंपरा यद्यपि एक न हो तो भी कर्मयोग अर्थात् भागवत धर्म के निरूपण में ही सांख्य या संन्यास-निष्ठा के निरूपण का पर्याय में समावेश हो जाता है (गीतारहस्य प्र. 14, पृ. 469)। इस कारण वैशंपायन ने कहा है, कि भगवद्गीता में यति-धर्म अर्थात् संन्यास-धर्म भी वर्णित है। मनुस्मृति में चार आश्रम-धर्मों का जो वर्णन है, उसके छठे अध्याय में पहले यति अर्थात् संन्यास आश्रम

का धर्म कह चुकने पर विकल्प से 'वेदसंन्यासियों का कर्मयोग' इस नाम से गीता या भागवत धर्म के कर्मयोग का वर्णन है; और स्पष्ट कहा है कि "निःस्पृहता से अपना कार्य करते रहने से ही अंत में परम सिद्धि मिलती है" (मनु. 6.96); इससे स्पष्ट दीख पड़ता है, कि कर्मयोग मनु को भी ग्राह्य था। इसी प्रकार अन्य स्मृतिकारों को भी यह मान्य था; और इस विषय के अनेक प्रमाण गीता रहस्य के 11वें प्रकरण के अंत में (पृ. 362-367) दिए गए हैं। अब अर्जुन को इस परंपरा पर यह शंका है, कि-)

अर्जुन ने कहा :- (4) तुम्हारा जन्म तो अभी हुआ है; और विवस्वान का इससे बहुत पहले हो चुका है; (ऐसी दशा में) मैं यह कैसे जानूँ, कि तुमने (यह योग) पहले बतलाया था?

(अर्जुन के इस प्रश्न का उत्तर देते हुए भगवान अपने अवतारों के कार्यों का वर्णन कर आसक्ति विरहित कर्मयोग या भागवत धर्म का ही अब फिर समर्थन करते हैं, "कि इस प्रकार मैं भी कर्मों को करता आ रहा हूँ":-)

श्रीभगवनुवाच।

बहूनि मे व्यतीतानि जन्मानि तव चार्जुन।
तान्यहं वेद सर्वाणि न त्वं वेत्थ परंतप॥5॥
अजोऽपि सन्नव्ययात्मा भूतानामीश्वरोऽपि सन्।
प्रकृतिं स्वामधिष्ठाय समभवाम्यात्ममायया॥6॥
यदा यदा हि धर्मस्य ग्लानिर्भवति भारत।
अभ्युत्थानमधर्मस्य तदात्मानं सृजाम्यहम्॥7॥

श्रीभगवान ने कहा :- (5) हे अर्जुन! मेरे और तेरे अनेक जन्म हो चुके हैं। उन सबको मैं जानता हूँ; (और) हे परंतप! तू नहीं जानता (यही भेद है)। (6) मैं (सब) प्राणियों का स्वामी और जन्म विरहित हूँ और, यद्यपि मेरे आत्मस्वरूप में कभी भी व्यय अर्थात् विकार नहीं होता, तथापि अपनी ही प्रकृति में अधिष्ठित होकर मैं अपनी माया से जन्म लिया करता हूँ।

(इस श्लोक कें अध्यात्मज्ञान में कापिल-सांख्य और वेदान्त, इन दोनों मतों का ही मेल कर दिया गया है। सांख्य-मतवालों का कथन है, कि प्रकृति आप-ही सृष्टि निर्माण करती है। परंतु वेदांती लोग प्रकृति को परमेश्वर का ही एक स्वरूप समझकर यह मानते हैं; कि प्रकृति में परमेश्वर के अधिष्ठित होने पर प्रकृति से व्यक्त-सृष्टि निर्मित होती है। अपने अव्यक्त स्वरूप से सारे जगत को निर्माण करने की परमेश्वर की इस अचिंत्य शक्ति को ही गीता में 'माया' कहा है; और इसी प्रकार श्वेताश्वतरोपनिषद में भी ऐसा वर्णन है:- "मायां तु प्रकृतिं विद्यान्मायिनं तु महेश्वरम्।" अर्थात् प्रकृति ही माया है; और उस माया का अधिपति परमेश्वर है (श्वे. 4.10); और "अस्मान्मायी सृजते विश्वमेतत्"-इससे माया का अधिपति सृष्टि उत्पन्न करता है (श्वे. 4.10)। प्रकृति को माया क्यों कहते हैं, इस माया का स्वरूप क्या है, और इस कथन का क्या अर्थ है, कि माया से सृष्टि उत्पन्न होती है?-इत्यादि प्रश्नों का अधिक विवरण गीतारहस्य के 9वें प्रकरण में दिया गया है। यह बतला दिया, कि अव्यक्त परमेश्वर व्यक्त कैसे होता है अर्थात् कर्म उपजा हुआ-सा कैसे दीख पड़ता है; अब इस बात का स्पष्टीकरण करते हैं, कि वह ऐसा कब और किसलिए करता है:-)

(7) हे भारत! जब-जब धर्म की ग्लानि होती है और अधर्म की प्रबलता फैल जाती है, तब-तब मैं स्वयं ही जन्म (अवतार) लिया करता हूँ।

परित्राणाय साधुनां विनाशाय च दुष्कृताम्।
धर्मसंस्थापनार्थाय सम्भवामि युगे युगे॥8॥

जन्म कर्म च मे दिव्यमेवं यो वेत्ति तत्त्वतः।
त्यक्त्वा देहं पुनर्जन्म नैति मामेति सोऽर्जुन॥9॥
वीतरागभयक्रोधा मन्मया मामुपाश्रिताः।
बहवो ज्ञानतपसा पूजा मत् भवम् आगताः॥10॥

(8) साधुओं की संरक्षा के निमित्त और दुष्टों का नाश करने के लिए, युग-युग में धर्म संस्थापना के अर्थ में जन्म लिया करता हूँ।

(इन दोनों श्लोकों में शब्द का अर्थ केवल पारलौकिक वैदिक धर्म नहीं है; किंतु चारों वर्णों के धर्म, न्याय और नीति प्रभृति बातों का भी उसमें मुख्यता से समावेश होता है। इस श्लोक का तात्पर्य यह है, कि जगत में जब अन्याय, अनीति, दुष्टता और अंधाधुंधी मचकर साधुओं को कष्ट होने लगता है और जब दुष्टों का दबदबा बढ़ जाता है, तब अपने निर्माण किए हुए जगत की सुस्थिति को स्थिर रखकर, उसका कल्याण करने के लिए तेजस्वी और पराक्रमी पुरुष के रूप से (गीता 10.41) अवतार लेकर भगवान् समाज की बिगड़ी हुई व्यवस्था को फिर ठीक कर दिया करते हैं। इस रीति से अवतार लेकर भगवान् जो काम करते हैं, उसी को 'लोकसंग्रह' भी कहते हैं; और पिछले अध्याय में कह दिया गया है, कि यही काम अपनी शक्ति और अधिकार अनुसार आत्मज्ञानी पुरुषों को भी करना चाहिए (गीता 3.20)। यह बतला दिया गया, कि परमेश्वर कब और किसलिए अवतार लेता है। अब यह बतलाते हैं, कि इस तत्त्व को परख कर जो पुरुष तदनुसार बर्ताव करते हैं, उनको कौन सी गति मिलती है:-

(9) हे अर्जुन! इस प्रकार के मेरे दिव्य जन्म और दिव्य कर्म के तत्त्व को जो जानता है, वह देह त्यागने के पश्चात् फिर जन्म न लेकर मुझमें आ मिलता है। (10) प्रीति, भय और क्रोध से छूटे हुए, मत्परायण और मेरे आश्रय में आए हुए अनेक लोग (इस प्रकार) ज्ञानरूप तप से शुद्ध होकर मेरे स्वरूप में आकर मिल गए हैं।

(भगवान के दिव्य जन्म को समझने के लिए यह जानना पड़ता है, कि अव्यक्त परमेश्वर माया से सगुण कैसे होता है; और इसके जान लेने से अध्यात्मज्ञान हो जाता है; एवं दिव्य कर्म को जान लेने पर कर्म करके भी अलिप्त रहने का, अर्थात् निष्काम कर्म के तत्त्व का, ज्ञान हो जाता है। सारांश, परमेश्वर के दिव्य जन्म और दिव्य कर्म को पूरा पूरा जान लेने पर, अध्यात्मज्ञान और कर्मयोग

ये यथा मां प्रपद्यन्ते तांस्तथैव भजाम्यहम्।
मम वर्त्मानुवर्तन्ते मनुष्याः पार्थ सर्वशः॥11॥
कांक्षन्तः कर्मणां सिद्धिं यजन्त इह देवताः।
क्षिप्रं हि मानुषे लोक सिद्धिर्भवति कर्मजा॥12॥

इन दोनों की भी पूरी पहचान हो जाती है; और मोक्ष की प्राप्ति के लिए इसी की आवश्यकता होने के कारण ऐसे मनुष्य को अंत में भगवत्प्राप्ति हुए बिना नहीं रहती। अर्थात् भगवान के दिव्य जन्म और दिव्य कर्म जान लेने में सब कुछ आ गया; फिर अध्यात्मज्ञान तथा निष्काम कर्मयोग, इन दोनों का भी अलग-अलग अध्ययन नहीं करना पड़ता। अतएव वक्तव्य यह है, कि भगवान के जन्म और कृत्य का विचार करो; एवं उसके तत्त्व को परखकर बर्ताव करो; भगवत्प्राप्ति होने के लिए दूसरा कोई साधन अपेक्षित नहीं है। भगवान की यही सच्ची उपासना है। अब इसकी अपेक्षा नीचे के दर्जे की उपासनाओं के फल और उपयोग बतलाते हैं:-

(11) जो मुझे जिस प्रकार से भजते हैं मैं उसी प्रकार के फल देता हूँ। हे पार्थ! किसी भी ओर से हो, मनुष्य मेरे ही मार्ग में आ मिलते हैं।

("मम वर्त्मानुवर्तन्ते" इत्यादि उत्तरार्द्ध पहले (गी. 3.23) कुछ निराले अर्थ में

आया है; और इससे ध्यान में आवेगा, कि गीता में पूर्वा पर संदर्भ के अनुसार अर्थ कैसे बदल जाता है; यद्यपि यह सच है, कि किसी भी मार्ग से जाने पर मनुष्य परमेश्वर की ही ओर जाता है; तो भी यह जानना चाहिए, कि अनेक लोग अनेक मार्गों से क्यों जाते हैं? अब इसका कारण बतलाते हैं:-)

(12) (कर्म बंधन के नाश की नहीं, केवल) कर्मफल की इच्छा करने वाले लोग इस लोक में देवताओं की पूजा इसलिए किया करते हैं, कि (ये) कर्मफल (इस) मनुष्य लोक में शीघ्र ही मिल जाते हैं।

(ये ही विचार सातवें अध्याय में (गीता 7.21, 22) फिर आए हैं, परमेश्वर की आराधना का सच्चा फल है मोक्ष, परंतु वह तभी प्राप्त होता है, कि जब कालांतर से एवं दीर्घ और एकान्त उपासना से कर्मबंध का पूर्ण नाश हो जाता है; परंतु इतने दूरदर्शी और दीर्घ-उद्योगी पुरुष बहुत ही थोड़े होते हैं। इस श्लोक का भावार्थ यह है कि बहुतेरों को अपने उद्योग अर्थात् कर्म से इसी लोक में कुछ-न-कुछ प्राप्त करना होता है, और ऐसे ही लोग देवताओं की पूजा किया करते हैं (गीतार. प्र. 13, पृ. 424)। गीता का यह भी कथन है, कि पर्याय से यह भी तो परमेश्वर का ही पूजन होता है; और बढ़ते बढ़ते इस योग का पर्यवसान निष्काम भक्ति में होकर अंत में मोक्ष प्राप्त हो जाता है (गीता

चातुर्वर्ण्यं मया सृष्टं गुणकर्मविभागशः।
तस्य कर्तारमपि मां विद्ध्यकर्तारमव्ययम्॥13॥
न मां कर्माणि लिम्पन्ति न मे कर्मफले स्पृहा।
इति मां योऽभिजानाति कर्मभिर्न स बध्यते॥14॥
एवं ज्ञात्वा कृतं कर्म पूर्वैरपि मुमुक्षुभिः।
कुरु कर्मैव तस्मात्त्वं पूर्वैः पूर्वतरं कृतम्॥15॥

7.19)। पहले कह चुके हैं, कि धर्म की संस्थापना करने के लिए परमेश्वर अवतार लेता है, अब संक्षेप में बतलाते हैं, कि धर्म की संस्थापना करने के लिए क्या करना पड़ता है:-)

(13) (ब्राह्मण, क्षत्रिय, वैश्य और शूद्र इस प्रकार) चारों वर्णों की व्यवस्था गुण और कर्म के भेद के अनुसार मैंने ही निर्माण की है। इसे तू ध्यान में रख, कि मैं उसका कर्ता भी हूँ; और अकर्ता भी अर्थात् उसे न करनेवाला अव्यय (मैं ही) हूँ।

(अर्थ यह है, कि परमेश्वर कर्ता भले ही हो; परन्तु अगले श्लोक के वर्णनानुसार वह सदैव निःसंग है, इस कारण अकर्ता ही है (गीता 5.14)। परमेश्वर के स्वरूप के "सर्वेन्द्रियगुणाभासं सर्वेन्द्रियविवर्जितम्" ऐसे दूसरे भी विरोधाभासात्मक वर्णन आगे हैं (गीता 13.14)। चातुर्वर्ण्य के गुण और अब भेद का निरूपण आगे अठारहवें अध्याय में (गी. 18.41-49) किया गया है। अब भगवान ने "करके न करने वाला" ऐसा जो अपना वर्णन किया है, उसका मर्म बतलाते हैं:-)

(14) मुझे कर्म का लेप अर्थात् बाधा नहीं होती; (क्योंकि) कर्म के फल में मेरी इच्छा नहीं है-जो मुझे इस प्रकार जानता है, उसे कर्म की बाधा नहीं होती।

(ऊपर नवम श्लोक में जो दो बातें कही हैं, कि मेरे 'जन्म' और 'कर्म' को जो जानता है, वह मुक्त हो जाता है, उन्हीं में से कर्म के तत्त्व का स्पष्टीकरण इस श्लोक में किया है। 'जानता' है शब्द से यहाँ "जान कर तदनुसार बर्तने लगता है" इतना अर्थ विवक्षित है। भावार्थ यह है, कि भगवान को उनके कर्म की बाधा नहीं होती, इसका यह कारण है, कि वे फलाशा रखकर काम ही नहीं करते; और इसे जानकर तदनुसार जो बर्तता है, उसको कर्मों का बंधन नहीं होता। अब इस श्लोक के सिद्धान्त को ही

प्रत्यक्ष उदाहरण से दृढ़ करते हैं:-)

(15) इसे जान कर प्राचीन समय के मुमुक्षु लोगों ने भी कर्म किया था; इसलिए पूर्व के लोगों के किए हुए अति प्राचीन कर्म ही तू कर।

(इस प्रकार मोक्ष और कर्म का विरोध नहीं है, अतएव अर्जुन को निश्चित

किं कर्म किमकर्मेति कवयोऽप्यत्र मोहिताः।
तत्ते कर्म प्रवक्ष्यामि यज्ज्ञात्वा मोक्ष्यसेऽशुभात्॥16॥
कर्मणो ह्यपि बोद्धव्यं बोद्धव्यं च विकर्मणः।
अकर्मणश्च बोद्धव्यं गहना कर्मणो गतिः॥17॥
कर्मण्यकर्म यः पश्येदकर्मणि च कर्म यः।
स बुद्धिमान्मनुष्येषु स युक्तः कृत्स्नकर्मकृत्॥18॥

उपदेश किया है, कि तू कर्म कर। परंतु इस पर यह शंका होती है, कि संन्यासमार्ग वालों का जो यह कथन है, कि "कर्मों के छोड़ने से अर्थात् अकर्म से ही मोक्ष मिलता है।" इस कथन का बीज क्या है? अतएव अब कर्म और अकर्म के विवेचन का आरंभ करके आगे तेईसवें श्लोक में सिद्धान्त करते हैं, कि अकर्म कुछ कर्मत्याग नहीं है; निष्काम कर्म को ही अकर्म कहना चाहिए।)

(16) इस विषय में बड़े बड़े विद्वानों को भी भ्रम हो जाता है, कि कौन कर्म है और कौन अकर्म? (अतएव) वैसा कर्म तुझे बतलाता हूँ, कि जिसे जान लेने से तू पाप से मुक्त होगा।

('अकर्म' नञ् समास है और व्याकरण की रीति से उसके अ=नञ् शब्द के 'अभाव' तथा 'अप्राशस्त्य' ये दोनों अर्थ हो सकते हैं; और यह नहीं कह सकते, कि इस स्थल पर ये दोनों भी अर्थ विवक्षित न होंगे, परंतु अगले श्लोक में 'विकर्म' नाम से कर्म का एक और तीसरा भेद किया है। अतएवं इस श्लोक में अकर्म शब्द से विशेषत: वही कर्मत्याग उद्दिष्ट है, जिसे संन्यास मार्ग वाले लोग "कर्म का स्वरूपत: त्याग" कहते हैं। संन्यास-मार्ग वाले कहते हैं, कि "सब कर्म छोड़ दो"; परंतु 18वें श्लोक की टिप्पणी से दीख पड़ेगा, कि इस बात को दिखलाने के लिए ही यह विवेचन किया गया है, कि कर्म को सर्वथा त्याग देने की कोई आवश्यकता नहीं है, संन्यास-मार्ग वालों का कर्मत्याग सच्चा 'अकर्म' नहीं है, अकर्म का मर्म कुछ और ही है।)

(17) कर्म की गति गहन है; (अतएव) यह जान लेना चाहिए, कि कर्म क्या है, और यह समझना चाहिए, कि विकर्म (विपरीत कर्म) क्या है; और यह भी ज्ञात कर लेना चाहिए, कि अकर्म (कर्म न करना) क्या है? (18) कर्म में अकर्म और अकर्म में कर्म जिसे दीख पड़ता है, वह पुरुष सब मनुष्यों में ज्ञानी है और युक्त अर्थात् योगयुक्त एवं समस्त कर्म करनेवाला है।

(इस श्लोक में और आगले पाँच श्लोकों में अकर्म एवं विकर्म का स्पष्टीकरण किया गया है, और इसमें जो कुछ कमी रह गई है, इसे आगे अठारहवें अध्याय में कर्म त्याग, कर्म और कर्ता के विविध भेद-वर्णन में पूरा कर दिया है (गीता 18.4-7; 18. 23-25; 18.26-28)। यहाँ संक्षेप में स्पष्टतापूर्वक यह बतला देना आवश्यक है, कि दोनों स्थलों के कर्म-विवेचन से कर्म, अकर्म और विकर्म के संबंध में गीता के सिद्धान्त क्या हैं; क्योंकि, टीकाकारों ने इस संबंध में बड़ी गड़बड़ी कर दी है। संन्यास-मार्ग वालों को सब कर्मों का स्वरूपत: त्याग इष्ट है, इसलिए वे गीता के 'अकर्म' पद का अर्थ खींचातानी से अपने मार्ग की ओर लाना चाहते हैं; मीमांसकों को यज्ञयाग आदि काम्य कर्म इष्ट हैं, इसलिए उनके अतिरिक्त और सभी कर्म उन्हें 'विकर्म' जँचते हैं। इसके सिवा मीमांसकों के नित्यनैमित्तिक आदि कर्मभेद भी उसी में आ जाते हैं; और फिर

धर्मशास्त्री उसी में अपनी ढाई चावल की खिचड़ी पकाने की इच्छा रखते हैं। सारांश, चारों ओर से ऐसी खींचातानी होने के कारण, अंत में यह जान लेना कठिन हो जाता है, कि गीता 'अकर्म' किसे कहती है और 'विकर्म' किसे? अतएव पहले से ही इस बात पर ध्यान दिए रहना चाहिए, कि गीता में जिस तात्त्विक दृष्टि से इस प्रश्न का विचार किया गया है, वह दृष्टि निष्काम कर्म करने वाले कर्मयोग की है; काम्य-कर्म करने वाले मीमांसकों की या कर्म छोड़ने वाले संन्यासमार्गियों की नहीं है। गीता की इस दृष्टि को स्वीकार कर लेने पर तो यही कहना पड़ता है, कि 'कर्म-शून्यता' के अर्थ में 'अकर्म' इस जगत में कहीं भी नहीं रह सकता अथवा कोई भी मनुष्य कभी कर्मशून्य नहीं हो सकता (गीता 3.5; 18.11); क्योंकि सोना, उठना, बैठना और कम-से-कम जीवित रहना तो किसी का भी छूट नहीं जाता। और यदि कर्मशून्य होना संभव नहीं है, तो निश्चय करना पड़ता है, कि अकर्म कहें किसे? इसके लिए गीता का यह उत्तर है, कि कर्म को निरी क्रिया न समझकर उससे आगे होने वाले शुभ-अशुभ आदि परिणामों का विचार करके, कर्म का कर्मत्व या अकर्मत्व निश्चित करो। यदि सृष्टि के माने ही कर्म है, तो मनुष्य जब तक सृष्टि में है, तब तक उससे कर्म नहीं छूटता। अत: कर्म और अकर्म का जो विचार करना हो, वह इसी दृष्टि से करना चाहिए, कि मनुष्य को वह कर्म कहाँ तक बद्ध करेगा। करने पर भी जो कर्म हमें बद्ध नहीं करता, उसके विषय में कहना चाहिए, कि उसका कर्मत्व अथवा बंधकत्व नष्ट हो गया; और यदि किसी भी कर्म का बंधकत्व अर्थात् कर्मत्व इस प्रकार नष्ट हो गया हो, तो फिर वह कर्म 'अकर्म' ही हुआ। अकर्म का प्रचलित सांसारिक अर्थ कर्मशून्यता है सही, परंतु शास्त्रीय दृष्टि से विचार करने पर उसका यहाँ मेल नहीं मिलता। क्योंकि हम देखते हैं, कि चुपचाप बैठना अर्थात् कर्म न करना भी कई बार कर्म ही हो जाता है। उदाहरणार्थ, अपने माँ-बाप को कोई मारता-पीटता हो, तो उसको न रोककर चुप्पी साधे बैठे रहना, उस समय यदि व्यावहारिक दृष्टि से अकर्म अर्थात् कर्म-शून्यता हो तो भी वह कर्म ही-संभवत: विकर्म-है; और कर्मविपाक की दृष्टि से उसके अशुभ परिणाम हमें भोगने पड़ेंगे। अतएव गीता इस श्लोक में विरोधाभास की रीति से बड़ी खूबी के साथ कहती है, कि ज्ञानी वही है, जिसने जान लिया, कि अकर्म में भी (कभी-कभी तो भयानक) कर्म हो जाता है, और कर्म करके भी वह कर्मविपाक की दृष्टि से मरा-सा, अर्थात् अकर्म, होता है; तथा यही अर्थ अगले श्लोक में भिन्न भिन्न रीति से वर्णित है। कर्म के फल का बंधन न लगने के लिए गीताशास्त्र के अनुसार यही एकमेव सच्चा साधन है, कि नि:संगबुद्धि से अर्थात् फलाशा छोड़कर निष्काम बुद्धि से, वह कर्म किया जावे (गीतारहस्य प्र. 5, पृ. 111-115; प्र. 10, पृ. 286-287) अत: इस साधन का उपयोग कर नि:सगबुद्धि से जो कर्म किया जाए, वही गीता के अनुसार प्रशस्त सात्त्विक कर्म है (गीता 18.9); और गीता के मत में वही सच्चा 'अकर्म' है। क्योंकि उसका कर्मत्व, अर्थात् कर्मविपाक की क्रिया के अनुसार बंधुकत्व, निकल जाता है। मनुष्य जो कुछ कम करते हैं (और इस 'करते हैं' पद में चुपचाप निठल्ले बैठे रहने का भी समावेश करना चाहिए), उनमें से उक्त प्रकार के अर्थात् 'सात्त्विक कर्म' अथवा गीता के अनुसार 'अकर्म' घटा देने से बाकी जो कर्म रह जाते हैं, उनके दो भाग हो सकते हैं: एक राजस और दूसरा तामस। इनमें से तामस कर्म मोह और अज्ञान हुआ करते हैं, इसलिए उन्हें विकर्म कहते है! फिर यदि कोई कर्म मोह से छोड़ दिया जाए, तो भी वह विकर्म ही है; अकर्म नहीं (गीता 18.7)। अब रह गए राजस कर्म। ये कर्म पहले दर्जे के अर्थात् सात्त्विक नहीं हैं; अथवा ये वे कर्म भी नहीं हैं, जिन्हें गीता सचमुच 'अकर्म' कहती है। गीता इन्हें 'राजस' कर्म कहती है, परंतु यदि कोई चाहे, तो ऐसे राजस कर्मों को

केवल 'कर्म' भी कह सकता है। तात्पर्य, क्रियात्मक स्वरूप से अथवा कोरे धर्मशास्त्र से भी कर्म-अकर्म का निश्चय नहीं होता, किंतु कर्म के बंधकत्व से यह निश्चय किया जाता है, कि कर्म है या अकर्म? अष्टावक्रगीता संन्यास-मार्ग की है; तथापि उसमें भी कहा है:-

निवृत्तिरपि मूढ़स्य प्रवृत्तिरुपजायते।
प्रवृत्तिरपि धीरस्य निवृत्तिफलभागिनी॥

अर्थात् मूर्खों की निवृत्ति, अथवा हठ से या मोह के द्वारा कर्म से विमुखता ही वास्तव में प्रवृत्ति अर्थात् कर्म है और पंडित लोगों की प्रवृत्ति, अर्थात् निष्काम कर्म से ही निवृत्ति याने कर्मत्याग का फल मिलता है (अष्टा. 18.61)। गीता के उक्त श्लोक में यही अर्थ विरोधाभासरूपी अलंकार की रीति से बड़ी सुंदरता से बतलाया गया है और गीता के अकर्म के इस लक्षण को भली-भाँति समझे बिना गीता के कर्म-अकर्म के विवेचन का मर्म कभी भी समझ में आने का नहीं। अब इसी अर्थ को अगले श्लोकों में अधिक व्यक्त करते हैं:-)

यस्य सर्वे समारम्भाः कामसंकल्पवर्जिताः।
ज्ञानाग्निदग्धकर्माणं तमाहुः पण्डितं बुधाः॥19॥
त्यक्त्वा कर्मफलासंगं नित्यतृप्तो निराश्रयः।
कर्मण्यभिप्रवृत्तोऽपि नैव किंचित्करोति सः॥20॥
निशीर्यतचित्तात्मा त्यक्तसर्वपरिग्रहः।
शारीरं केवलं कर्म कुर्वन्नाप्नोति किल्बषम्॥21॥

(19) ज्ञानी पुरुष उसी को पंडित कहते हैं, कि जिसके सभी समारंभ अर्थात् उद्योग फल की इच्छा से विरहित होते हैं, और जिसके कर्म ज्ञानाग्नि से भस्म हो जाते हैं।

("ज्ञान से कर्म भस्म होते हैं" इसका अर्थ कर्मों को छोड़ना नहीं है, किंतु इस श्लोक से प्रकट होता है, कि "फल की इच्छा छोड़कर कर्म करना" यही अर्थ यहाँ लेना चाहिए (गीतार. प्र. 10, पृ. 286-291)। इसी प्रकार आगे भगवद्भक्त वर्णन में जो 'सर्वारम्भपरित्यागी' समस्त-आरंभ या उद्योग छोड़ने वाला-पद आया है (गीता 12. 16; 14.25), उसके भी अर्थ का निर्णय उससे हो जाता है। अब इसी अर्थ को अधिक स्पष्ट करते हैं:-)

(20) कर्मफल की आसक्ति छोड़कर जो सदा तृप्त और निराश्रय है, अर्थात् (जो पुरुष) कर्मफल के साधन की आश्रयभूत ऐसी बुद्धि नहीं रखता, कि अमुक कार्य की सिद्धि के लिए अमुक काम करता हूँ, '(कहना चाहिए कि) वह कर्म करने में निमग्न रहने पर भी कुछ भी नहीं करता। (21) 'आशीः' अर्थात् फल की वासना छोड़नेवाला, चित्त का नियमन करने वाला और सर्वसंग से मुक्त पुरुष केवल शरीर या कर्मेन्द्रियों से ही कर्म करते समय पाप का भागी नहीं होता।

(कुछ लोग बीसवें श्लोक के 'निराश्रय' शब्द का अर्थ 'घर-गृहस्थी' न रखनेवाला (संन्यासी) करते हैं; पर वह ठीक नहीं है। आश्रय को घर या गृहस्थी कह सकेंगे; परंतु इस स्थान पर कर्ता के स्वयं रहने का ठिकाना विवक्षत नहीं है; यहाँ यह अर्थ है, कि वह जो कर्म करता है, उसका हेतुरूप ठिकाना (आश्रय) कहीं न रहे। यही अर्थ गीता के 6.1 श्लोक में 'अनाश्रितः कर्मफलं' इन शब्दों से स्पष्ट व्यक्त किया है, और वामन पंडित ने गीता की 'यथार्थदीपिका' नामक अपनी मराठी टीका में से स्वीकार किया है। ऐसे ही 21वें श्लोक में 'शरीर के' माने सिर्फ शरीर पोषण के लिए भिक्षाटन आदि कर्म नहीं हैं। आगे पाँचवें अध्याय में "योगी अर्थात् कर्मयोगी लोग आसक्ति अथवा काम्य-बुद्धि को मन में न रखकर केवल इंद्रियों से कर्म किया करते हैं" (गीता 5.11)

ऐसा जो वर्णन है, उसके समानार्थक ही 'केवलं शारीरं कर्म' इन पदों का सच्चा अर्थ है।

यदृच्छालाभसन्तुष्टो द्वन्द्वातीतो विमत्सरः।
समः सिद्धावसिद्धौ च कृत्वापि न निबध्यते॥22॥
गतसंगस्य मुक्तस्य ज्ञानावस्थितचेतसः।
यज्ञायाचरतः कर्म समग्रं प्रविलीयते॥23॥

इंद्रियाँ कर्म तो करती हैं, पर बुद्धि सम रहने के कारण उन कर्मों का पाप-पुण्य कर्ता को नहीं लगता।)

(22) यदृच्छा से जो प्राप्त हो जाए, उसमें संतुष्ट, (हर्ष-शोक आदि) द्वंद्वों से मुक्त, निर्मत्सर और (कर्म की) सिद्धि या असिद्धि एक-सा-ही मानने वाला पुरुष (कर्म) करके भी (उनके पाप-पुण्य से) बद्ध नहीं होता। (23) आसंगरहित, (राग-द्वेष से) मुक्त, (साम्य-बुद्धिरूप) ज्ञान में स्थिर चित्तवाले और (केवल) यज्ञ ही के लिए (कर्म) करने वाले पुरुष का कर्म समग्र विलीन हो जाता है।

(तीसरे अध्याय में (गीता 3.9) जो यह भाव है, कि मीमांसकों के मत में यज्ञ के लिए किए हुए कर्म बंधक नहीं होते; और आसक्ति छोड़कर करने से वे ही कर्म स्वर्गप्रद न होकर मोक्षप्रद होते हैं, वही इस श्लोक में बतलाया गया है। "समग्र विलीन हो जाता है" में 'समग्र' पद महत्त्व का है। मीमांसक लोग स्वर्गसुख को ही परम-साध्य मानते हैं; और उनकी दृष्टि से स्वर्ग सुख को प्राप्त करा देने वाले कर्म बंधक नहीं होते। परंतु गीता की दृष्टि से स्वर्ग से परे अर्थात् मोक्ष पर है; और इस दृष्टि से स्वर्गप्रद कर्म भी बंधक ही होते हैं। अतएव कहा है, कि यज्ञार्थ कर्म भी अनासक्त-बुद्धि से करने पर 'समग्र' लय पाते हैं अर्थात् स्वर्गप्रद भी न होकर मोक्षप्रद हो जाते हैं। तथापि इस अध्याय के यज्ञप्रकरण के प्रतिपादन में और तीसरे अध्याय वाले (यज्ञ-प्रकरण के) प्रतिपादन में एक बड़ा भारी भेद है। तीसरे अध्याय में कहा है, कि श्रौतस्मार्त अनादि यज्ञचक्र को स्थिर रखना चाहिए। परंतु अब भगवान् कहते हैं, कि यज्ञ का इतना ही संकुचित अर्थ न समझो, कि देवता के उद्देश्य से अग्नि में केवल तिल, चावल या पशु का हवन कर दिया जाए, अथवा चातुर्वर्ण्य के कर्म स्वधर्म के अनुसार, पर कम्य-बुद्धि से किए जाएं; अग्नि में आहुति छोड़ते समय अंत में 'इदं न मम'-यह मेरा नहीं-इन शब्दों का उच्चारण किया जाता है; इनमें स्वार्थत्यागरूप निर्ममत्व का जो तत्त्व है, वही यज्ञ का प्रधान भाग है। इस रीति से 'न मम' कहकर अर्थात् ममतायुक्त बुद्धि छोड़कर, ब्रह्मार्पणपूर्वक जीवन के समस्त व्यवहार करना भी एक बड़ा यज्ञ या होम ही हो जाता है, और इस यज्ञ से देवाधिदेव परमेश्वर अथवा ब्रह्म का यजन हुआ करता है। सारांश, मीमांसकों के द्रव्य यज्ञ संबंधी जो सिद्धान्त हैं, वे इस बड़े यज्ञ के लिए भी उपयुक्त होते हैं; और लोकसंग्रह के निमित्त जगत के कर्म आसक्ति

ब्रह्मार्पणं ब्रह्म हविर्ब्रह्माग्नौ ब्रह्मणा हुतम्।
ब्रह्मैव तेन गन्तव्यं ब्रह्मकर्मसमाधिना॥24॥
दैवमेवापरे यज्ञं योगिनः पर्युपासते।
ब्रह्माग्नावपरे यज्ञं यज्ञेनैवोपह्वति॥25॥

विरहित करने वाला पुरुष कर्म के 'समग्र' फल से मुक्त होता हुआ अंत में मोक्ष पाता है (गीतार. प्र. 11)। ब्रह्मार्पणरूपी इस बड़े यज्ञ का ही वर्णन अगले श्लोक में पहले किया गया है; और फिर उसकी अपेक्षा कम योग्यता के अनेक लाक्षणिक यज्ञों का स्वरूप बतलाया गया है; एवं तैंतीसवें श्लोक में समग्र प्रकरण का उपसंहार कर कहा गया है, कि ऐसा "ज्ञानयज्ञ ही सबमें श्रेष्ठ है",)

(24) अर्पण अर्थात् हवन करने की क्रिया ब्रह्म है, हवि अर्थात् अर्पण करने का द्रव्य ब्रह्म है, ब्रह्माग्नि में ब्रह्म ने हवन किया है-(इस प्रकार) जिसकी बुद्धि में (सभी) कर्म ब्रह्ममय हैं, उसको ब्रह्म ही मिलता है।

(शांकरभाष्य में 'अर्पण' शब्द का अर्थ "अर्पण करने का साधन अर्थात् आचमनी इत्यादि" है; परंतु यह कठिन है। इसकी अपेक्षा अर्पण=अर्पण करने की या हवन करने की क्रिया, यह अर्थ अधिक सरल है। यह ब्रह्मार्पणपूर्वक अर्थात् निष्काम बुद्धि से यज्ञ करने वालों का वर्णन हुआ। अब देवता के उद्देश्य से अर्थात् काम्य-बुद्धि से किए हुए यज्ञ का स्वरूप बतलाते हैं:-)

(25) कोई कोई (कर्म)-योगी (ब्रह्मबुद्धि के बदले) देवता आदि के उद्देश्य से यज्ञ किया करते हैं; और कोई (ब्रह्माग्नि यज्ञ से ही यज्ञ का यजन करते हैं।)

(पुरुष सूक्त में विराट रूपी यज्ञ पुरुष के देवताओं द्वारा, यजन होने का जो वर्ण है-"यज्ञेन यज्ञमयजन्त देवा:।" (ऋ. 10.90.16), उसी को लक्ष्य कर इस श्लोक का उत्तरार्द्ध कहा गया है 'यज्ञं यज्ञेनैवोपजुह्नति' ये पद ऋग्वेद के 'यज्ञेन यज्ञमयजन्त' से समानार्थक ही दीख पड़ते हैं। प्रकट है, कि इस यज्ञ में, जो सृष्टि के आरंभ में हुआ था, जिस विराट रूपी पशु का हवन किया गया था, वह पशु, और जिस देवता का यजन किया गया था, वह देवता, ये दोनों ब्रह्मस्वरूपी ही होंगे। सारांश, चौबीसवें श्लोक का यह वर्णन ही तत्त्व दृष्टि से ठीक है, कि सृष्टि के सब पदार्थों में सदैव ही ब्रह्म भरा हुआ है, इस कारण इच्छा रहित बुद्धि से सब व्यवहार करते करते ब्रह्म से ही ब्रह्म का सदा वजन होता रहता है; केवल बुद्धि वैसी होनी चाहिए। पुरुषसूक्त को लक्ष्य कर गीता में वही एक श्लोक नहीं है; प्रत्युत आगे दसवें अध्याय में भी (10.42) इस सूक्त के अनुसार वर्णन है। देवता के उद्देश्य से किए हुए यज्ञ का वर्णन हो चुका; अब अग्नि, हवि इत्यादि

श्रोत्रादीनीन्द्रिवाणण्यन्ये संयमाझिषु जुह्वति।
शब्दादीन्विषयानन्द इन्द्रियाझिषु जुह्वनति।।26।।
सर्वाणीन्द्रियकर्माणि प्राणकर्माणि चापरे।
आत्मसंयमयौगाझौ जुह्वनति ज्ञानदीपिते।।27।।

(शब्दों के लाक्षणिक अर्थ लेकर बतलाते हैं, कि प्राणायाम आदि पातंजल योग की क्रियाएँ अथवा तपश्चरण भी एक प्रकार का यज्ञ होता है:-)

(26) और कोई श्रोत्र आदि (कान, आँख आदि) इंद्रियों का संयमरूप अग्नि में होम करते हैं; और कुछ लोग इंद्रिय रूप अग्नि में (इंद्रियों के) शब्द आदि विषयों का हवन करते हैं। (27) और कुछ लोग इंद्रियों तथा प्राणों के सब कर्मों को अर्थात् व्यापारों को ज्ञान से प्रज्वलित आत्मसंयमरूपी योग की अग्नि में हवन किया करते हैं।

(इन श्लोकों में दो-तीन प्रकार के लाक्षणिक यज्ञों का वर्णन है। जैसे (1) इंद्रियों का संयमन करना अर्थात् उनको योग्य मर्यादा के भीतर अपने अपने व्यवहार करने देना; (2) इंद्रियों के विषय अर्थात् उपभोग के पदार्थ सर्वथा छोड़कर, इंद्रियों को बिल्कुल मार डालना; (3) न केवल इंद्रियों के व्यापारों को, प्रत्युत प्राणों के भी व्यापारों को बंद कर, अर्थात् पूरी समाधि लगा करके, केवल आत्मानंद में ही मग्न रहना। अब इन्हें यज्ञ की उपमा दी जाए, तो पहले प्रकार में इंद्रियों की मर्यादित करने की क्रिया (संयमन) अग्नि हुई, क्योंकि दृष्टान्त से यह कहा जा सकता है, कि इस मर्यादा के भीतर जो कुछ आ जाए, उसका उसमें हवन हो गया। इसी प्रकार दूसरे में साक्षात् इंद्रियाँ और तीसरे प्रकार में इंद्रियाँ एवं प्राण मिलकर दोनों होम करने के द्रव्य हो जाते हैं और आत्मसंयमन अग्नि है; इसके अतिरिक्त कुछ लोग ऐसे हैं, जो निरा प्राणयाम ही किया करते हैं; उनका

वर्णन उनतीसवें श्लोक में हैं। 'यज्ञ' शब्द के मूल अर्थ द्रव्यात्मक यज्ञ को लक्षणा से विस्तृत और व्यापक कर तप, संन्यास, समाधि एवं प्राणायाम प्रभृति भगवत्प्राप्ति के सब प्रकार के साधनों का एक 'यज्ञ' शीर्षक में ही समावेश कर देने की भगवद्गीता की यह कल्पना कुछ अपूर्व नहीं है। मनुस्मृति के चौथे अध्याय में गृहस्थाश्रम के वर्णन के सिलसिले में पहले यह बतलाया गया है, कि ऋषियज्ञ, देवयज्ञ, भूतयज्ञ, मनुष्ययज्ञ और पितृयज्ञ-इन स्मार्त पंच महायज्ञों को कोई गृहस्थ न छोड़े; और फिर कहा है, कि इनके बदले कोई कोई "इंद्रियों में वाणी का हवन कर, अथवा वाणी में प्राण का हवन करके या अंत में ज्ञानयज्ञ से भी परमेश्वर का यजन करते हैं" (मनु. 4.21-24)। इतिहास की दृष्टि से देखें, तो विदित होता है, कि इंद्र-वरुण प्रभृति देवताओं के उद्देश्य से जो द्रव्यमय यज्ञ श्रौत ग्रंथों में कहे गए हैं, उनका प्रचार धीरे-धीरे घटता गया; और जब पातंजल योग से;

द्रव्ययज्ञास्तपोयज्ञा योगयज्ञास्तथापरे।
स्वाध्यायज्ञानयज्ञाश्च यतयः संशितव्रताः॥28॥
अपाने जुह्वति प्राणं प्राणेऽपानं तथापरे।
प्राणापानगती रुद्ध्वा प्राणायामपरायणाः॥29॥

संन्यास से अथवा आध्यात्मिक ज्ञान से परमेश्वर की प्राप्ति कर लेने के मार्ग अधिकाधिक प्रचलित होने लगे, तब 'यज्ञ' शब्द का अर्थ विस्तृत कर उसी में मोक्ष के समग्र उपायों का लक्षणा से समावेश करने का आरंभ हुआ होगा। इसका मर्म यही है, कि पहले जो शब्द धर्म की दृष्टि से प्रचलित हो गए थे, उन्हीं का उपयोग अगले धर्ममार्ग के लिए भी किया जावे। कुछ भी हो; मनुस्मृति के विवेचन से यह स्पष्ट हो जाता है, कि गीता के पहले या कम-से-कम उस काल में तो उक्त कल्पना सर्वमान्य हो चुकी थी।)

(28) इस प्रकार तीक्ष्ण व्रत का आचरण करनेवाले यति अर्थात् संयमी पुरुष कोई द्रव्यरूप, कोई तपरूप, कोई स्वाध्याय अर्थात् नित्य स्वकर्मानुष्ठानुरूप और कोई ज्ञानरूप यज्ञ किया करते हैं। (29) प्राणायाम में तत्पर होकर प्राण और अपान की गति को रोक करके, कोई प्राणवायु का अपान में (हवन किया करते हैं) और कोई अपान वायु का प्राण में हवन किया करते हैं।

(इस श्लोक का तात्पर्य है, कि पातंजलयोग के अनुसार प्राणायाम करना भी एक यज्ञ ही है। यह पातंजलयोगरूप यज्ञ उनतीसवें श्लोक में बताया गया है, अट्ठाईसवें श्लोक के 'योगरूप यज्ञ' पद का अर्थ कर्मयोगरूपी यज्ञ करना चाहिए। प्राणायाम शब्द के 'प्राण' शब्द से श्वास और उच्छ्वास दोनों क्रियाएँ प्रकट होती हैं; परंतु जब प्राण और अपान का भेद करना होता है, तब प्राण=बाहर जाने वाला अर्थात् उच्छ्वास वायु और अपान=भीतर आनेवाला श्वास, यह अर्थ किया जाता है (वे.सू. शां. भा. 2.4.12; छांदोग्य. शां. भा. 1.3.3)। ध्यान रहे, कि प्राण और अपान के ये अर्थ प्रचलित अर्थों से भिन्न हैं। इस अर्थ में अपान में अर्थात् भीतर खींचे हुए श्वास में प्राण का उच्छ्वास का-होम करने से पूरक नाम का प्राणायाम होता है; और इसके विपरीत प्राण में अपान का होम करने से रेचक प्राणायाम होता है। प्राण और अपान, इन दोनों का ही निरोध से वही प्राणायाम कुम्भक हो जाता है। अब इनके सिवा व्यान, उदान, और समान ये तीन वा

यु बचे रहे। इनमें से व्यान, प्राण और अपान के संधि स्थलों में रहता है, धनुष्य खींचने, वजन उठाने आदि दम रोककर या आधे श्वास का दमन करके शक्ति के काम करते समय व्यक्त होता है (छां. 1.3.5)। मरण समय में निकल जाने वाले वायु को

उदान

अपरे नियताहाराः प्राणान्प्राणेषु जुह्वति।
सर्वेऽप्येते यज्ञविदो यज्ञक्षपितकल्मषाः॥30॥
यज्ञशिष्टामृतभुजो यान्ति ब्रह्म सनातनम्।
नायं लोकोऽस्त्ययज्ञस्य कुतोऽन्यः कुरुसत्तम॥31॥

कहते हैं (प्रश्न 3.7), और शरीर के सब स्थानों पर एक-सा अन्न रस पहुँचाने वाले वायु को समान कहते हैं (प्रश्न. 3.5)-इस प्रकार वेदान्तशास्त्र में इन शब्दों के सामान्य अर्थ दिए गए हैं। परंतु कुछ स्थलों पर इनसे निराले अर्थ अभिप्रेत होते हैं; उदाहरणार्थ, महाभारत के वनपर्व के 212वें अध्याय में प्राण आदि वायुयों के निराले ही लक्षण दिए गए हैं और उसमें कहा है, कि प्राण मस्तक का वायु है और अपान नीचे सरकने वाला वायु है (प्रश्न. 3.5 मैत्र्य. 2.6)। ऊपर के श्लोक में जो वर्णन है, उसका यह अर्थ है, कि इनमें से जिस वायु का निरोध करते हैं, उसका अन्य वायुयों में होम होता है।) (30-31) और कुछ लोग आहार की नियमित कर प्राणों का ही प्राणों में होम किया करते हैं। ये सभी लोग सनातन ब्रह्म में जा मिलते हैं, कि जो यज्ञ के जानते वाले हैं, जिनके पाप यज्ञ से क्षीण हो गए हैं, (और जो) अमृत का अर्थात् यज्ञ से बचे हुए का उपभोग करनेवाले हैं। यज्ञ न करनेवाले को (जब) इस लोक में सफलता नहीं होती। (तब) फिर हे कुरुश्रेष्ठ (उसे) परलोक कहाँ से (मिलेगा)?

(सारांश, यह करना यद्यपि वेद की आशा के अनुसार मनुष्य का कर्त्तव्य है, तो भी यह यज्ञ एक ही प्रकार का नहीं होता। प्राणायाम करो, तप करो, वेद का अध्ययन करो, अग्निष्टोम करो, पशु-यज्ञ करो, तिल-चावल अथवा घी का हवन करो, पूजापाठ करो या नैवेद्य-वैश्वदेव आदि पाँच गृहयज्ञ करो; फला सक्ति के छूट जाने पर ये सब व्यापक अर्थ में यज्ञ ही हैं और फिर यज्ञशेष भक्षण के विषय में मीमांसकों के जो सिद्धान्त हैं, वे सब इनमें से प्रत्येक यज्ञ के लिए उपयुक्त हो जाते हैं। इनमें से पहला नियम यह है, कि "यज्ञ के अर्थ किया हुआ कर्म बंधक नहीं होता", और इसका वर्णन तेईसवें श्लोक में हो चुका है (गीता 3.9 पर टिप्पणी देखो)। अब दूसरा नियम यह है, कि प्रत्येक गृहस्थ पंचमहायज्ञ कर अतिथि आदि के भोजन कर चुकने पर फिर अपनी पत्नी सहित भोजन करे; और इस प्रकार बर्तने से गृहस्थाश्रम सफल होकर सद्गति देता है। 'विधसं भुक्तशेषं तु यज्ञशेषमथामृतम्" (मनु. 3.285)-अतिथि वगैरह के भोजन कर चुकने पर जो बचे, उसे 'विधस' और यज्ञ करने से जो शेष रहे, उसे 'अमृत' कहते हैं; इस प्रकार व्याख्या करके मनुस्मृति और अन्य स्मृतियों में भी कहा है, कि प्रत्येक गृहस्थ को नित्य विघसाशी और अमृताशी होना चाहिए। (गीता 3.13; गीतारहस्य प्र. 10, पृ. 294)। अब भगवान्

एवं बहुविधा यज्ञा वितता ब्रह्मणो मुखे।
कर्मजान्विद्धि तान्सर्वानेवं ज्ञात्वा विमोक्ष्यसे॥32॥

कहते हैं कि सामान्य गृहयज्ञ को उपयुक्त होने वाला यह सिद्धान्त ही सब प्रकार के उक्त यज्ञों को उपयोगी होता है। यज्ञ के अर्थ किया हुआ कोई भी कर्म बंधक नहीं होता, यही नहीं, बल्कि इन कर्मों में से अवशिष्ट काम यदि अपने निजी उपयोग में आ जावें, तो भी वे बंधक नहीं होते (गीतार. प्र. 12)। "बिना यज्ञ के इहलोक भी सिद्ध नहीं होता" यह अंतिम वाक्य मार्मिक और महत्त्व का है। उसका अर्थ इतना ही नहीं है, कि यज्ञ के बिना पानी नहीं बरसता; और पानी के न बरसने के इस लोक की गुजर नहीं होती; किंतु 'यज्ञ' शब्द का व्यापक अर्थ लेकर, इस सामाजिक तत्त्व का भी उसमें पर्याय से समावेश हुआ है, कि अपनी कुछ प्यारी बातों को छोड़े बिना न तो सबको

एक-सी सुविधा मिल सकती है; और न जगत के व्यवहार भी चल सकते हैं। उदाहरणार्थ, पश्चिमी समाजशास्त्रप्रणेता जो यह सिद्धान्त बतलाते हैं, कि हर एक के अपनी स्वतंत्रता को परिमित किए बिना औरों को एक-सी स्वतंत्रता नहीं मिल सकती, वही इस तत्त्व का उदाहरण है; और यदि गीता की परिभाषा में इसी अर्थ को कहना हो, तो इस स्थल पर ऐसी यज्ञप्रधान भाषा का ही प्रयोग करना पड़ेगा, कि "जब तक प्रत्येक मनुष्य अपनी स्वतंत्रता के कुछ अंश का भी यज्ञ न करे, तब तक इस लोक के व्यवहार चल नहीं सकते।" इस प्रकार के व्यापक और विस्तृत अर्थ से जब यह निश्चय हो चुका, कि यज्ञ ही सारी समाज रचना का आधार है, तब कहना नहीं होगा, कि केवल कर्त्तव्य की दृष्टि से उक्त 'यज्ञ' करना जब तक प्रत्येक मनुष्य न सीखेगा, तब तक समाज की व्यवस्था ठीक न रहेगी।

(32) इस प्रकार भाँति भाँति के यज्ञ ब्रह्म के (ही) मुख में जारी हैं। यह ज्ञान, कि वे सब कर्म से निष्पन्न होते हैं। यह ज्ञान हो जाने से तू मुक्त हो जाएगा।

(ज्योतिष्टोम आदि द्रव्यमय श्रौतयज्ञ अग्नि में हवन करके किए जाते हैं और शास्त्र में कहा है, कि देवताओं का मुख अग्नि है, इस कारण ये यज्ञ उन देवताओं को मिल जाते हैं। परंतु यदि कोई शंका करे, कि देवताओं के मुखअग्नि-में उक्त लाक्षणिक यज्ञ नहीं होते, अतः लाक्षणिक यज्ञों से श्रये: प्राप्ति होगी कैसे, तो उसे दूर करने के लिए, कहा है, कि अब ये यज्ञ साक्षात् ब्रह्म के ही मुख में होती हैं। दूसरे चरण का भावार्थ यह है, कि जिस पुरुष ने यज्ञविधि के इस व्यापक स्वरूप को-केवल मीमांसकों के संकुचित नहीं रहती, किंतु यह ब्रह्म के स्वरूप को पहचानने का अधिकारी हो जाता है। अब बतलाते हैं, कि इन सब यज्ञों में श्रेष्ठ यज्ञ कौन है:-)

श्रेयान्द्रव्यमयाद्यज्ञाज्ज्ञानयज्ञः परंतपः।
सर्वं कर्माखिलं पार्थ ज्ञाने परिसमाप्यते॥33॥
तद्विद्धि प्रणिपातेन परिप्रश्नेन सेवया।
उपदेक्ष्यन्ति ते ज्ञानं ज्ञानिनस्तत्त्वदर्शिनः॥34॥
यज्ज्ञात्वा न पुनर्मोहमेवं यास्यसि पाण्डव।
येन भूतान्यशेषेण द्रक्ष्यस्यात्मन्यथो मयि॥35॥

(33) हे परंतप! द्रव्यमय यज्ञ की अपेक्षा ज्ञानमय यज्ञ श्रेष्ठ है। क्योंकि, हे पार्थ! सब प्रकार के समस्त कर्मों का पर्यवसान ज्ञान में होता है।

('ज्ञानयज्ञ' शब्द आगे भी दो बार गीता में आया है (गीता 9.15; 19.70)। हम जो द्रव्यमय यज्ञ करते हैं, वह परमेश्वर की प्राप्ति के लिए करते हैं। परंतु परमेश्वर की प्राप्ति, उसके स्वरूप का ज्ञान हुए बिना नहीं होती। अतएव परमेश्वर के स्वरूप का ज्ञान प्राप्त कर, उस ज्ञान के अनुसार आचरण करके परमेश्वर की प्राप्ति कर लेने के मार्ग या साधन को 'ज्ञानयज्ञ' कहते हैं। यह यज्ञ मानस और बुद्धिसाध्य है, अतः द्रव्यमय यज्ञ की अपेक्षा इसकी योग्यता अधिक समझी जाती है। मोक्षशास्त्र में ज्ञानयज्ञ का यह ज्ञान ही मुख्य है, और इसी ज्ञान से सब कर्मों का क्षय हो जाता है, कुछ भी हो; गीता का यह स्थिर सिद्धान्त है, कि अंत में परमेश्वर का ज्ञान होना चाहिए, बिना ज्ञान के मोक्ष नहीं मिलता। तथापि "कर्म का पर्यवसान ज्ञान में होता है" इस वचन का यह अर्थ नहीं है, कि ज्ञान के पश्चात् कर्मों को छोड़ देना चाहिए-यह बात गीतारहस्य के दसवें और ग्यारहवें प्रकरण में विस्तारपूर्वक प्रतिपादित की गई है। अपने लिए नहीं, तो लोकसंग्रह के निमित्त कर्त्तव्य समझकर सभी कर्म करने ही चाहिए; और जब कि वे ज्ञान एवं समबुद्धि से किए जाते हैं, तब उनके पाप-पुण्य की बाधा कर्ता को नहीं होती (आगे 37वाँ श्लोक देखो) और यह ज्ञानयज्ञ मोक्षप्रद होता है। अतः गीता

का सब लोगों को यही उपदेश है, कि यज्ञ करो, किंतु ज्ञानपूर्वक निष्काम बुद्धि से करो।)

(34) ध्यान में रख, कि प्रणिताप से, प्रश्न करने से और सेवा करने से तत्त्ववेत्ता ज्ञानी पुरुष तुझे उस ज्ञान का उपदेश करेंगे; (35) जिस ज्ञान को पाकर, हे पांडव! फिर तुझे ऐसा मोह नहीं होगा और जिस ज्ञान के योग से समस्त प्राणियों को तू अपने में और मुझमें भी देखेगा।

(सब प्राणियों को अपने में और अपने को सब प्राणियों में देखने का, समस्त प्राणिमात्र में आत्म की एकता का आगे जो जो ज्ञान, वर्णित है (गीता 6.29),

अपि चेदसि पापेभ्यः सर्वेभ्यः पापकृत्तमः
सर्वं ज्ञानप्लवेनैव वृजिनं सन्तरिष्यसि॥36॥
यथैधांसि समिद्धोऽग्निर्भस्मसात्कुरुतेऽर्जुन।
ज्ञानाग्निः सर्वकर्माणि भस्मसात्कुरुते तथा॥37॥
न हि ज्ञानेन सदृशं पवित्रमिह विद्यते।
तत्स्वयं योगसंसिद्धः कालेनात्मानिनावन्दति॥38॥
श्रद्धावाँल्लभते ज्ञानं तत्परः संयतेन्द्रियः।
ज्ञानं लब्ध्वा परां शान्तिमचिरेणाधिगच्छति॥39॥

उसी का यहाँ उल्लेख किया गया है। मूल में आत्मा और भगवान् दोनों एकरूप हैं, अतएव आत्मा में सब प्राणियों का समावेश होता है, अर्थात् भगवान में भी उनका समावेश होकर, आगे आत्मा (मैं), अन्य प्राणी और भगवान् यह विविध भेद नष्ट हो जाता है। इसीलिए भागवत पुराण में भगवद्भक्तों का लक्षण देते हुए कहा है, कि "सब प्राणियों को भगवान में और अपने में जो देखता है, उसे उत्तम भागवत कहना चाहिए" (भाग. 11.2.45)। इस महत्त्व के नीति तत्त्व का अधिक स्पष्टीकरण गीतारहस्य के बारहवें प्रकरण में और भक्ति-दृष्टि से तेरहवें प्रकरण में किया गया है।) (36) सब पापियों से यदि अधिक पाप करने वाला हो, तो भी (इस) ज्ञान नौका से ही तू सब पापों को पार कर जावेगा। (37) जिस प्रकार प्रज्वलित ही हुई अग्नि (सब) ईंधन को भस्म कर डालती है, उसी प्रकार हे अर्जुन! (यह) ज्ञानरूप अग्नि सब कर्मों को (शुभ-अशुभ बंधनों को) जला डालती है।

(ज्ञान की महत्ता बतला दी। अब बतलाते हैं, कि इस ज्ञान की प्राप्ति किन उपायों से होती है:-)

(38) इस लोक में ज्ञान के समान पवित्र सचमुच ही और कुछ भी नहीं है। काल पाकर जिसको योग अर्थात् कर्मयोग सिद्ध हो गया है वह पुरुष आप-ही-आप उस ज्ञान को अपने में प्राप्त कर लेता है।

(37वें श्लोक में 'कर्मों' का अर्थ 'कर्म का बंधन' है (गीता 4.19 देखो)। अपनी बुद्धि से आरंभ किए हुए निष्काम कर्मों के द्वारा ज्ञान की प्राप्ति कर लेना, ज्ञान की प्राप्ति का मुख्य या बुद्धिगम्य मार्ग है। परंतु जो स्वयं इस प्रकार अपनी बुद्धि ज्ञान को प्राप्त कर सके, उसके लिए अब श्रद्धा का दूसरा मार्ग बतलाते हैं:-)

(39) जो श्रद्धावान् पुरुष इंद्रियसंयम करके उसी के पीछे पड़ा रहे, उसे (भी)

अज्ञश्चाश्रद्दधानश्च संशयात्मा विनश्यति।
नायं लोकोऽसि न परो न सुखं संशयात्मनः॥40॥
योगसंन्यस्तकर्माणं ज्ञानसंछिन्नसंशयम्।
आत्मवन्तं न कर्माणि निबध्नन्ति धनंजय॥41॥
तस्मादज्ञानसम्भूतं हृत्स्थं ज्ञानासिनात्मनः।
छित्त्वैनं संशयं योगमातिष्ठोत्तिष्ठ भारत॥42॥

इति श्रीमद्भगवद्गीतासु उपनिषत्सु ब्रह्मविद्यायां योगशास्त्रे श्रीकृष्णार्जुन-संवादे ज्ञानकर्मसंन्यासयोगो नाम चतुर्थोऽध्याय:।।5।। ज्ञान मिल जाता है; और ज्ञान प्राप्त हो जाने से तुरंत ही उसे परम शांति प्राप्त होती है।

(सारांश, बुद्धि से जो ज्ञान और शांति प्राप्त होगी, वही श्रद्धा से भी मिलती है (गीता 13.25)। परंतु जिसके अपनी बुद्धि नहीं और श्रद्धा भी नहीं, वह:-)

(40) परंतु जिसे न स्वयं ज्ञान है और न श्रद्धा भी है, उस संशयग्रस्त मनुष्य का नाश हो जाता है। संशयग्रस्त को न यह लोक है (और) न परलोक, एवं सुख भी नहीं है।

(ज्ञानप्राप्ति के ये दो मार्ग बतला चुके; एक अपनी बुद्धि का और दूसरा श्रद्धा का। अब ज्ञान और कर्मयोग का पृथक् उपयोग दिखलाकर समस्त विषय का उपसंहार करते हैं:-)

(41) हे धनंजय! उस आत्मज्ञानी पुरुष को कर्म बद्ध नहीं कर सकते, कि जिसने (कर्म-) योग के आश्रय से कर्म अर्थात् कर्मबंधन त्याग दिए हैं, और ज्ञान से जिसके (सब) संदेह दूर हो गए हैं। (42) इसलिए अपने हृदय में अज्ञान से उत्पन्न हुए इस संशय को ज्ञानरूप तलवार से काटकर, (कर्म-) योग का आश्रय कर। (और) हे भारत! (युद्ध के लिए) खड़ा हो!

(ईशावास्य उपनिषद् में 'विद्या' और 'अविद्या' का पृथक् उपयोग दिखला कर जिस प्रकार दोनों को बिना छोड़े ही आचरण करने के लिए कहा गया है (ईश. 11; गीतार. प्र. 11); उसी प्रकार गीता के इन दो श्लोकों में ज्ञान और (कर्म-) योग का पृथक् उपयोग दिखलाकर उनके अर्थात् ज्ञान और योग के समुच्चय से ही कर्म करने के विषय में अर्जुन को उपदेश दिया गया है। इन दोनों का पृथक् पृथक् उपयोग यह है, कि निष्काम बुद्धियोग के द्वारा कर्म करने पर उनके बंधन टूट जाते हैं; और वे मोक्ष के लिए प्रतिबंधक नहीं होते; एवं ज्ञान से मन के संदेह दूर होकर मोक्ष मिलता है। अत: अंतिम उपदेश यह है, कि अकेले कर्म या अकेले ज्ञान को स्वीकार न कर; किंतु ज्ञानकर्म-समुच्चयात्मक कर्मयोग का आश्रय करके युद्ध कर। योग का आश्रय करके युद्ध के लिए खड़ा रहना था, इस कारण गीतारहस्य के प्र. 3 में दिखलाया गया है, कि योग शब्द का अर्थ यहाँ 'कर्मयोग' ही लेना चाहिए। ज्ञान और योग का यह मेल ही 'ज्ञानयोग व्यवस्थित:' पद से आगे दैवी संपत्ति के लक्षण में (गीता 16.1) फिर बतलाया गया है।

इस प्रकार श्रीभगवान के गाए हुए-अर्थात् कहे हुए-उपनिषद् में, ब्रह्मविद्यान्तर्गत योग-अर्थात् कर्मयोग-शास्त्रविषयक, श्रीकृष्ण और अर्जुन के संवाद में ज्ञान-कर्म-संन्यास योग नामक चौथा अध्याय समाप्त हुआ।

(ध्यान रहे, कि 'ज्ञान-कर्म-संन्यास' पद में 'संन्यास' शब्द का अर्थ स्वरूपत: 'कर्मत्याग' नहीं है, किंतु निष्काम बुद्धि से परमेश्वर में कर्म का संन्यास अर्थात् 'अर्पण' अर्थ है; और आगे अठारहवें अध्याय के आरंभ में उसी का स्पष्टीकरण किया गया है।)

❒❒❒

पंचमोऽध्यायः

अर्जुन उवाच!

संन्यासं कर्मणां कृष्ण पुनर्योगं च शंससि।
तच्छ्रेय एतयोरेकं तन्मे ब्रूहि सुनिश्चितम्॥1॥

श्रीभगवानुंबाच।

संन्यासः कर्मयोगश्च निःश्रेयसकरावुभौ।
तयोस्तु कर्मसंन्यासात्मकर्मयोगो विशिष्यते॥2॥

पाँचवाँ अध्याय

चौथे अध्याय के सिद्धान्त पर संन्यास मार्ग वालों की जो शंका हो सकती है, उसे ही अर्जुन के मुख से, प्रश्न रूप से कहलाकर, इस अध्याय में, भगवान ने उसका स्पष्ट उत्तर दिया है। यदि समस्त कर्मों का पर्यवसान ज्ञान है (गी. 4.33), यदि ज्ञान से ही संपूर्ण कर्म भस्म हो जाते हैं (4.37); और यदि द्रव्यमय यज्ञ की अपेक्षा ज्ञानयज्ञ ही श्रेष्ठ है (4.33); तो दूसरे ही अध्याय में यह कहकर, कि "धर्म्य युद्ध करना ही क्षत्रिय को श्रेयस्कर है" (गी. 2.21), चौथे अध्याय के उपसंहार में यह बात क्यों कही गई है, कि "अतएव तू कर्मयोग का आश्रय कर, युद्ध के लिए उठ खड़ा हो" (गी. 4.42)? इस प्रश्न का गीता यह उत्तर देती है, कि समस्त संदेहों को दूर कर मोक्ष प्राप्ति के लिए ज्ञान की आवश्यकता है, और यदि मोक्ष के लिए कर्म आवश्यक न हों, तो भी कभी न छूटने के कारण वे लोकसंग्रहार्थ आवश्यक है; इस प्रकार ज्ञान और कर्म, दोनों के ही समुच्चय की नित्य अपेक्षा है (4.41)। परंतु इस पर भी शंका होती है, कि यदि कर्मयोग और सांख्य, दोनों मार्ग शास्त्र में विहित हैं, तो उनमें से अपनी इच्छा के अनुसार सांख्यमार्ग को स्वीकार कर कर्मों का त्याग करने में हानि क्या है? अर्थात् इसका भी पूरा निर्णय हो जाना चाहिए, कि इन दोनों मार्गों में श्रेष्ठ कौन-सा है; और अर्जुन के मन में यही शंका हुई है। उसने तीसरे अध्याय के आरंभ में जैसा प्रश्न किया था, वैसा ही अब भी वह पूछता है, कि:-)

(1) अर्जुन ने कहा :- हे कृष्ण! (तुम) एक बार संन्यास को और दूसरी बार कर्मों के योग को अर्थात् कर्म करते रहने के मार्ग को ही) उत्तम बतलाते हो; अब निश्चय कर मुझे एक ही (मार्ग) बतलाओ, कि जो इन दोनों में सचमुच ही श्रेष्ठ अर्थात् अधिक प्रशस्त हो। (2) श्रीभगवान ने कहा :- कर्म-संन्यास और कर्मयोग, (दोनों निष्ठाएँ या मार्ग) निःश्रेयस्कर अर्थात् मोक्ष प्राप्त करा देने वाले हैं, परंतु (अर्थात् मोक्ष की दृष्टि से दोनों की योग्यता समान होने पर भी) इन दोनों में कर्म संन्यास की अपेक्षा कर्मयोग की योग्यता विशेष है।

(उक्त प्रश्न और उत्तर, दोनों निःसंदिग्ध और स्पष्ट हैं। व्याकरण की दृष्टि से पहले श्लोक के 'श्रेय' शब्द का अर्थ अधिक प्रशस्त या बहुत अच्छा है; और दोनों मार्गों के तारतम्य-भावविषयक अर्जुन के प्रश्न का ही यह उत्तर है, कि "कर्मयोगो विशिष्यते"-कर्मयोग

की योग्यता विशेष है! तथापि यह सिद्धान्त सांख्यमार्ग को इष्ट नहीं है, क्योंकि उसका कथन है, कि ज्ञान के पश्चात् सब कर्मों का स्वरूपत: संन्यास ही करना चाहिए, इस कारण इन स्पष्ट-अर्थ वाले प्रश्नोत्तरों की कुछ लोगों ने व्यर्थ खींचातानी की है; और यह खींचातानी करने पर भी निर्वाह न हुआ, तब उन लोगों ने यह तुर्रा लगाकर किसी प्रकार अपना समाधान कर लिया है, कि 'विशिष्यते' (योग्यता या विशेषता) पद से भगवान ने कर्मयोग की अर्थवादात्मक अर्थात् कोरी स्तुति कर दी है, असल में भगवान का ठीक अभिप्राय वैसा नहीं है; तो क्या वे अर्जुन को यह उत्तर नहीं दे सकते थे, कि "इन दोनों में संन्यास श्रेष्ठ है?" परंतु ऐसा करके उन्होंने दूसरे श्लोक के पहले चरण में बतलाया है, कि "कर्मों का करना और कर्मों को छोड़ देना", ये दोनों मार्ग एक-ही से मोक्षदाता हैं; और आगे 'तु' अर्थात् 'परंतु' पद का प्रयोग करके जब भगवान ने यह नि:संदिग्ध विधान किया है, कि 'तयो:' अर्थात् इन दोनों मार्गों में कर्म छोड़ने के मार्ग की अपेक्षा कर्म करने का पक्ष ही अधिक प्रशस्त (श्रेय) है; तब पूर्णतया सिद्ध हो जाता है, कि भगवान को यही मत ग्राह्य है, कि साधनावस्था में ज्ञानप्राप्ति के लिए किए जाने वाले निष्काम कर्मों को ही, ज्ञानी पुरुष आगे सिद्धावस्था में लोक संग्रह के अर्थ मरण मर्यंत कर्त्तव्य समझकर करता रहे। यही अर्थ गीता 3.7 में वर्णित है और यही 'विशिष्यते' पद वहाँ भी है, और उसके अगले श्लोक में अर्थात् गीता 3.8 में ये स्पष्ट शब्द फिर भी हैं, कि "अकर्म की अपेक्षा कर्म श्रेष्ठ है।" इसमें संदेह नहीं, कि उपनिषदों में कई स्थलों पर (बृ. 4.4.22) वर्ण है, कि ज्ञानी पुरुष लौकेषणा और पुत्रैषणा प्रभृति न रखकर भिक्षा माँगते हुए घूमा करते हैं। परंतु उपनिषदों में भी यह नहीं कहा है, कि ज्ञान के पश्चात् यह एक-ही मार्ग है, दूसरा नहीं है। अत: केवल उल्लिखित उपनिषद्-वाक्य से ही गीता की एकवाक्यता करना उचित नहीं है। गीता का यह कथन नहीं है, कि उपनिषदों में वर्णित यह संन्यास-मार्ग मोक्षप्रद नहीं है; किंतु यद्यपि कर्मयोग और संन्यास, दोनों मार्ग एक-से ही मोक्षप्रद हैं, तथापि, अर्थात् मोक्ष की दृष्टि से दोनों का फल एक ही होने पर भी, जगह के व्यवहार का विचार करने पर गीता का यह निश्चित मत है, कि ज्ञान के पश्चात् भी निष्काम बुद्धि से कर्म करते रहने का मार्ग ही अधिक प्रशस्त या श्रेष्ठ है। हमारा किया हुआ यह अर्थ गीता के बहुतेरे टीकाकारों को मान्य नहीं

ज्ञेय: स नित्य संन्यासी यो न द्वेष्टि न कांक्षति।
निर्द्वन्द्वो हि महाबाहो सुखं बन्धात्प्रमुच्यते॥3॥
सांख्ययोगौ पृथग्बाला: प्रवदन्ति न पण्डिता:।
एकमप्यास्थित: सम्यगुभयोर्विन्दते फलम्॥4॥
यत्सांख्यै: प्राप्यते स्थानं तद्योगैरपि गम्यते।
एकं सांख्यं च योगं च य: पश्यति स पश्यति॥5॥
संन्यासस्तु महाबाहो दु:खमाप्तुमयोगत:।
योगयुक्तो मुनिर्ब्रह्म नचिरेणाधिगच्छति॥6॥

है; उन्होंने कर्मयोग को गौण निश्चित किया है। परंतु हमारी समझ में ये अर्थ सरल नहीं है; और गीतारहस्य के ग्यारहवें प्रकरण (विशेषकर पृ. 306-315) में इसके कारणों का विस्तारपूर्वक विवेचन किया है, इस कारण यहाँ उसके दुहराने की आवश्यकता नहीं है। इस प्रकार दोनों में से अधिक प्रशस्त मार्ग का निर्णय कर दिया गया; अब यह सिद्ध कर दिखलाते हैं, कि ये दोनों मार्ग व्यवहार में यदि लोगों को भिन्न दीख पड़े तो भी तत्त्वत: वे दो नहीं हैं:-)

(3) जो (किसी का भी) द्वेष नहीं करता और (किसी की भी) इच्छा नहीं करता, उस पुरुष को (कर्म करने पर भी) नित्यसंन्यासी समझना चाहिए; क्योंकि, हे महाबाहु

अर्जुन! जो (सुख:दुख आदि) द्वंद्वों से मुक्त हो जाए, वह अनायास ही (कर्मों के सब) बंधों से मुक्त हो जाता है। (4) मूर्ख लोग कहते हैं, कि सांख्य (कर्मसंन्यास) और योग (कर्मयोग) भिन्न भिन्न हैं, परंतु पंडित लोग ऐसा नहीं कहते। किसी भी एक मार्ग का भली-भाँति आचरण करने से दोनों का फल मिल जाता है। (5) जिस (मोक्ष) स्थान में सांख्य-(मार्ग वाले लोग) पहुँचते हैं, वहीं योगी अर्थात् कर्मयोगी भी जाते हैं। (इसी रीति से) जिसने यह जान लिया, कि सांख्य और योग, (ये दोनों मार्ग) एक ही हैं उसी ने (ठीक तत्त्व को) पहचाना। (6) हे महाबाहु! योग अर्थात् कर्म के बिना संन्यास को प्राप्त कर लेना कठिन है। जो मुनि कर्मयोग मुक्त हो गया, उसे ब्रह्म की प्राप्ति होने में विलंब नहीं लगता।

(सातवें अध्याय से लेकर सत्रहवें अध्याय तक इस बात का विस्तारपूर्वक वर्णन किया गया है, कि सांख्यमार्ग से जो मोक्ष मिलता है, वही कर्मयोग से अर्थात् कर्मों के न छोड़ने पर भी मिला है। यहाँ तो इतना ही कहना है, कि मोक्ष की दृष्टि से दोनों में कुछ फर्क नहीं है, इस कारण अनादि काल से चलते आए हुए इन दोनों मार्गों का भेदभाव बढ़ाकर झगड़ा करना उचित नहीं है; और आगे भी

योगयुक्तो विशुद्धात्मा विजितात्मा जितेन्द्रिय:।
सर्वभूतात्मभूतात्मा कुर्वन्नपि न लिप्यते॥7॥
नैव किंचित्करोमीति युक्तो मन्येत तत्त्ववित्।
पश्यन्शृण्वन्स्पृशञ्जिघ्रन्नश्नन्गच्छन्स्वपन्श्वसन्॥8॥
प्रलपन्विसृजन्गृह्णन्नुन्मिषन्निमिषन्नपि।
इन्द्रियाणीन्द्रियार्थेषु वर्तन्तइति धारयन्॥9॥

ये ही उक्तियाँ पुन: पुन: आई हैं (गीता 6.2; 18.1, 2 एवं उनकी टिप्पणी देखो)। "एकं सांख्यं च योगं च य: पश्यति स पश्यति" यही श्लोक कुछ शब्द भेद से महाभारत में भी दो बार आया है (शां. 305.19; 316.4)। संन्यास-मार्ग में ज्ञान को प्रधान मान लेने पर भी उस ज्ञान की सिद्धि कर्म किए बिना नहीं होती; और कर्म-मार्ग में यद्यपि कर्म किया करते हैं, तो भी वे ज्ञानपूर्वक होते हैं, इस कारण ब्रह्मप्राप्ति में कोई बाधा नहीं होती (गीता 6.2); फिर इस झगड़े को बढ़ाने में क्या लाभ है, कि दोनों मार्ग भिन्न भिन्न हैं? यदि कहा जाए, कि कर्म करना ही बंधक है, तो अब बतलाते हैं, कि वह आक्षेप भी निष्काम कर्म के विषय में नहीं किया जा सकता:-)

(7) जो (कर्म-) योगमुक्त हो गया, जिसका अंत:करण शुद्ध हो गया, जिसने अपने मन और इंद्रियों को जीत लिया, और सब प्राणियों की आत्मा ही जिसकी आत्मा हो गई, वह (सब कर्म) करता हुआ भी (कर्मों के पाप-पुण्य से) अलिप्त रहता है।

(8) योगमुक्त तत्त्ववेत्ता पुरुष को समझना चाहिए, कि "मैं कुछ भी नहीं करता; (और) देखने में, सुनने में, स्पर्श करने में, खाने में, सूँघने में, चलने में, सोने में, साँस लेने-छोड़ने में, (9) बोलने में, विसर्जन करने में, लेने में, आँखों के पलक खोलने और बंद करने में भी, वह ऐसी बुद्धि रखकर (व्यवहार करे) कि (केवल) इंद्रियाँ अपने अपने विषयों में बर्तती हैं।

(अंत के दो श्लोक मिलकर एक-ही वाक्य बना है और उसमें बतलाए हुए सब कर्म भिन्न भिन्न इंद्रियों के व्यापार हैं; उदाहरणार्थ, विसर्जन करना गुदा का, लेना हाथ का, पलक हिलाना प्राणवायु का, देखना आँखों का इत्यादि। "मैं कुछ भी नहीं करता" इसका यह मतलब नहीं, कि इंद्रियों को चाहे जो करने दे; किंतु मतलब यह है, कि 'मैं' इस अहंकार-बुद्धि के छूट जाने से अचेतन इंद्रियाँ आप ही आप कोई बुरा काम नहीं कर सकतीं, और वे आत्मा के काबू में रहती हैं। सारांश, कोई पुरुष ज्ञानी हो जाए,

तो भी श्वासोच्छ्वास आदि इंद्रियों के कर्म उसकी इंद्रियाँ करती ही रहेंगी। यही क्यों पल भर जीवित रहना भी कर्म ही है। फिर यह भेद कहाँ रह गया, कि संन्यास-मार्ग का ज्ञानी पुरुष कर्म छोड़ता है और

ब्रह्मण्याधारा कर्माणि संगं त्यक्त्वा करोति यः।
लिप्यते न स पापेन पद्मपत्रमिवाम्भसा॥10॥
कायेन मनसा बुद्ध्या केवलैरिन्द्रियैरपि।
योगिनः कर्म कुर्वन्ति संगं त्यक्त्वाऽऽत्मशुद्धये॥11॥
युक्तः कर्मफलं त्यक्त्वा शान्तिमाप्नोति नैष्ठिकीम्।
अयुक्तः कामकारेण फले सक्तो निबध्यते॥12॥
सर्वकर्माणि मनसा संन्यस्यास्ते सुखं वशी।
नवद्वारे पुरे देही नैव कुर्वन्न कारयन्॥13॥

कर्मयोगी करता है? कर्म तो दोनों को भी करना ही पड़ता है। पर अहंकार युक्त आसक्ति छूट जाने से वे ही कर्म बंधक नहीं होते, इस कारण आसक्ति का छोड़ना ही इसका मुख्य तत्त्व है; और उसी का अब अधिक निरूपण करते हैं:-)

(10) जो ब्रह्म में अर्पण कर आसक्ति विरहित कर्म करता है, उसको वैसे ही पाप नहीं लगता, जैसे कि कमल के पत्ते को पानी नहीं लगता। (11) (अतएव) कर्मयोगी (ऐसी अहंकार बुद्धि न रखकर, कि 'मैं करता हूँ'-केवल) शरीर से, (केवल) मन से, (केवल) बुद्धि से और (केवल) इंद्रियों से भी आसक्ति छोड़ कर आत्मशुद्धि के लिए कर्म किया करते हैं।

(कायिक, वाचिक, मानसिक आदि, कर्मों के भेदों को लक्ष्य कर इस श्लोक में शरीर, मन और बुद्धि शब्द आए हैं। मूल में यद्यपि 'केवलः' विशेषण 'इंद्रियैः' शब्द के पीछे है, तथापि वह शरीर, मन और बुद्धि को भी लागू है (गीता 4.21) इसी से अनुवाद में उसे 'शरीर' शब्द के समान ही अन्य शब्दों के भी पीछे लगा दिया है जैसे ऊपर के आठवें और नवें श्लोक में कहा है, वैसे ही यहाँ भी कहा है, कि अहंकार बुद्धि एवं फलाशा के विषय में आसक्ति छोड़ कर केवल कायिक, केवल वाचिक या केवल मानसिक, कोई भी कर्म किया जाए, तो भी कर्ता को उसका दोष नहीं लगता (गीता 3.27; 13.29; 18.16)। अहंकार के न रहने से जो कर्म होते हैं, वे सिर्फ इंद्रियों के हैं, और मन आदि सभी इंद्रियाँ प्रकृति के ही विकार हैं, अतः ऐसे कर्मों का बंधन कर्ता को नहीं लगता। अब इसी अर्थ को शास्त्रानुसार सिद्ध करते हैं:-)

(12) जो युक्त अर्थात् योगयुक्त हो गया, वह कर्मफल छोड़कर अंत की पूर्ण शांति पाता है; और जो अयुक्त है अर्थात् योगयुक्त नहीं है, वह काम से अर्थात् वासना से फल के विषय में सक्त होकर (पाप-पुण्य से) बद्ध हो जाता है। (13) सब कर्मों का

न कर्तृत्वं न कर्माणि लोकस्य सृजति प्रभुः।
न कर्मफलसंयोगं स्वभावस्तु प्रवर्तते॥14॥
नादत्ते कस्याचित्पापं न चैव सुकृतं विभुः।
अज्ञानेनावृत्तं ज्ञानं तेन मुह्यन्ति जन्तवः॥15॥
ज्ञानेन तु तदज्ञानं येषां नाशितमात्मनः।
तेषामादित्यवज्ज्ञानं प्रकाशयति तत्परम्॥16॥

मन से (प्रत्यक्ष नहीं) संन्यास कर, जितेन्द्रिय देहवान् (पुरुष) नौ द्वारों के इस (देहरूपी) नगर में न कुछ करता और न कराता हुआ आनंद से पड़ा रहता है।

(अर्थात् वह जानता है, कि आत्मा अकर्ता है, सब खेल तो प्रकृति का है; और

इसका कारण स्वस्थ या उदासीन पड़ा रहता है (गीता 13.20; 18.59)। दोनों आँखें, दोनों कान, नासिका के दोनों छिद्र, मुख, मूत्रेन्द्रिय और गुदा-ये शरीर के नौ द्वार या दरवाजे समझे जाते हैं। अध्यात्म-दृष्टि से यही उपपत्ति बतलाते हैं, कि कर्मयोगी कर्मों को करके भी युक्त कैसे बना रहता है:-)

(14) प्रभु अर्थात् आत्मा या परमेश्वर लोगों के कर्तृत्व को, उनके कर्मों को (या उनको प्राप्त होने वाले) कर्मफल के संयोग को भी निर्माण नहीं करता। स्वभाव अर्थात् प्रकृति ही (सब कुछ) किया करती है। (15) विभु अर्थात् सर्वव्यापी आत्मा या परमेश्वर किसी का पाप और किसी का पुण्य भी नहीं लेता। ज्ञान पर अज्ञान का पर्दा पड़ा रहने के कारण (अर्थात् माया से) प्राणी मोहित हो जाते हैं।

(इन दोनों श्लोकों का तत्त्व असल में सांख्यशास्त्र का है (गीतार. प्र. 7) और वेदान्तियों के मत से आत्मा अर्थ परमेश्वर है, अतः वेदान्ती लोग परमेश्वर के विषय में भी "आत्मा अकर्ता है" इस तत्त्व का उपयोग करते हैं। प्रकृति और पुरुष ऐसे दो मूल तत्त्व मानकर सांख्यमतवादी समग्र कर्तृत्व प्रकृति का मानते हैं; और आत्मा को उदासीन कहते हैं। परंतु वेदान्ती लोग इसके आगे बढ़कर यह मानते हैं, कि इन दोनों का भी मूल एक निर्गुण परमेश्वर है, और वह सांख्य वालों के आत्मा के समान उदासीन और अकर्ता है, एवं सारा कर्तृत्व माया (अर्थात् प्रकृति) का है (गीतार. प्र. 9)। अज्ञान के कारण साधारण मनुष्य को ये बातें जान नहीं पड़तीं; परंतु कर्मयोगी कर्तृत्व ओर अकर्तृत्व का भेद जानता है, इस कारण अब यही कहते हैं, कि वह कर्म करके भी अलिप्त ही रहता है:-)

(16) परंतु ज्ञान से जिनका यह अज्ञान नष्ट हो जाता है, उनके लिए उन्हीं का ज्ञान परमार्थ तत्त्व को, सूर्य के समान, प्रकाशित कर देता है।

तद्बुद्धयस्तदात्मानस्तन्निष्ठास्तत्परायणाः।
गच्छन्त्यपुनरावृत्तिं ज्ञाननिर्धूतकल्मषाः॥17॥
विद्याविनयसम्पन्ने ब्राह्मणे गवि हस्तिनि।
शुनि चैव श्वपाके च पण्डिताः समदर्शिनः॥18॥
इहैव तैर्जितः सर्गो येषां साम्ये स्थितं मनः।
निर्दोष हि समं ब्रह्म तस्माद्ब्रह्मणि ते स्थिताः॥19॥

(17) और इस परमार्थ तत्त्व में ही जिनकी बुद्धि रंग जाती है, वहीं जिनका अंतःकरण रम जाता है और जो तन्निष्ठ एवं तत्परायण हो जाते हैं, उनके पाप ज्ञान से बिल्कुल धुल जाते हैं और वे फिर जन्म नहीं लेते।

(इस प्रकार जिसका अज्ञान नष्ट हो जाए, उस कर्मयोग की (संन्यासी ही नहीं) ब्रह्मभूत या जीवन्मुक्त अवस्था का अब अधिक वर्णन करते हैं:-)

(18) पंडितों की अर्थात् ज्ञानियों की दृष्टि विद्या-विनययुक्त ब्राह्मण, गाय, हाथी, ऐसे ही कुत्ता और चांडाल, इन सभी विषय में समान रहती है!

(19) इस प्रकार जिनका मन साम्यावस्था में स्थिर हो जाता है, वे वहीं के वहीं अर्थात् मरण की प्रतीक्षा न कर, मृत्युलोक को जीत लेते हैं। क्योंकि ब्रह्म निर्दोष और सम है, अतः साम्य बुद्धि वाले ये पुरुष (सदैव) ब्रह्म में स्थित अर्थात् यहीं के यहीं ब्रह्मभूत हो जाते हैं।

(जिसने इस तत्त्व को जान लिया, कि "आत्मस्वरूपी परमेश्वर अकर्ता है, वे वहीं के वहीं अर्थात् मरण की प्रतीक्षा न कर, मृत्युलोक को जीत लेते हैं। क्योंकि ब्रह्म निर्दोष और सम है, अतः साम्य बुद्धिवाले ये पुरुष (सदैव) ब्रह्म में स्थित अर्थात् यहीं के यहीं ब्रह्मभूत हो जाते हैं।

(जिसने इस तत्त्व को जान लिया, कि "आत्मस्वरूपी परमेश्वर अकर्ता है", और सारा खेल प्रकृति का है, वह 'ब्रह्मसंस्थ' हो जाता है और उसी को मोक्ष मिलता है-"ब्रह्मसंस्थोऽमृततत्वमेति" (दां. 2.23.1) यह वर्णन उपनिषदों में है, और उसी का अनुवाद ऊपर के श्लोकों में किया गया है। परंतु इस अध्याय के-1-12 श्लोकों से गीता का यही अभिप्राय प्रकट होता है, कि इस अवस्था में भी कर्म नहीं छूटते। शंकराचार्य ने छांदोग्य उपनिषद के उक्त वाक्य का संन्यास प्रधान अर्थ किया है। परंतु मूल उपनिषद का पूर्वापार संदर्भ देखने से विदित होता है, कि 'ब्रह्मसंस्थ' होने पर भी तीनों आश्रमों के कर्म करने वाले क्रे विषय में ही यह वाक्य कहा गया होगा; और इस उपनिषद के अंत में यही अर्थ स्पष्ट रूप से बतलाया गया है (दां. 8.15.1)। ब्रह्मज्ञान हो चुकने पर यह अवस्था जीते जी प्राप्त हो जाती है, अतः इसे ही जीवन्मुक्तावस्था कहते हैं (गीतार. प्र. 10)। अध्यात्मविद्या की यही पराकाष्ठा है और चित्तवृत्ति-निरोध रूपी जिन योग साधनों से यह अवस्था प्राप्त हो सकती है, उनका विस्तारपूर्वक वर्णन अगले अध्याय में किया गया है। इस अध्याय में अब केवल इसी अवस्था का अधिक वर्णन है:-)

न प्रहृष्येत्प्रियं प्राप्य नोद्विजेत्प्राप्य चाप्रियम्।
स्थिरबुद्धिरसम्मूढो ब्रह्मविद्ब्रह्मणि स्थित॥20॥
बाह्यस्पर्शेष्वसक्तात्मा विन्दत्यात्मनि यत्सुखम्।
स ब्रह्मयोगयुक्तात्मा सुखमक्षयमश्नुते॥21॥
ये हि संस्पर्शजा भोगा दुःखयोनय एव ते।
आद्यन्तवन्तः कौन्तेय न तेषु रमते बुधः॥22॥
शक्नोतीहैव यः सोढुं प्राक्शरीरविमोक्षणात्।
कामक्रोधोभ्दवं वेगं स युक्तः स सुखी नरः॥23॥
योऽन्तःसुखोऽन्तरारामस्तथान्तर्ज्योतिरेव यः।
स योगी ब्रह्मनिर्वाणं ब्रह्मभूतोऽधिगच्छति॥24॥

(20) प्रिय अर्थात् इष्ट वस्तु को पाकर प्रसन्न न हो जावे और अप्रिय को पाने से खिन्न भी न होवे। (इस प्रकार) जिसकी बुद्धि स्थिर है और जो मोह में नहीं फँसता (कहना चाहिए, कि) वही ब्रह्मवेत्ता ब्रह्म में स्थित हुआ। (21) बाह्य पदार्थों के (इंद्रियों से होने वाले) संयोग में अर्थात् विषयोपभोग में जिसका मन आसक्त नहीं, उसे (ही) आत्म सुख मिलता है; और वह ब्रह्मयुक्त पुरुष अक्षय सुख का अनुभव करता है। (22) (बाहरी पदार्थों के) संयोग से ही उत्पन्न होने वाले भोगों का आदि और अंत है, अतएव वे दुःख के ही कारण हैं; हे कौन्तेय! उनमें पंडित लोग रत नहीं होते। (23) शरीर छूटने के पहले अर्थात् मरण पर्यंत काम-क्रोध से होने वाले वेग को इस लोक में ही सहन करने में (इंद्रिय संयम से) जो समर्थ होता है, वही मुक्त और वही (सच्चा) सुखी है।

(गीता के दूसरे अध्याय में भगवान ने कहा है, कि तुझे सुख-दुःख सहने चाहिए (गीता. 2.14), यह उसी का विस्तार और निरूपण है। गीता 2.14 में सुख-दुःखों को 'आगमापायिनः' विशेषण लगाए है, तो यहाँ 22वें श्लोक में उनको 'आद्यन्तवन्तः' कहा है, और 'मात्रा' शब्द के बदले 'बाह्य' शब्द का प्रयोग किया है। इसी में 'युक्त' शब्द की व्याख्या भी आ गई है। सुख-दुःखों का त्याग कर सम-बुद्धि से उनको सहते रहना ही युक्तता का सच्चा लक्षण है। (गीता 2.61 की टिप्पणी देखो)।)

(24) इस प्रकार (बाह्य सुख-दुःखों की अपेक्षा न कर) जो अंतःसुखी अर्थात् अंतःकरण में सुखी हो जाए, जो अपने आप में ही आराम पाने लगे, और ऐसे ही जिसे (यह) अंतःप्रकाश मिल जाए, वह (कर्म) योगी ब्रह्मरूप हो जाता है, एवं उसे ही ब्रह्मनिर्वाण अर्थात् ब्रह्म में मिल जाने का मोक्ष प्राप्त हो जाता है।

लभन्ते ब्रह्मनिर्वाणमृषयः क्षीणकल्मषाः।
छिन्नद्वैधा यतात्मानः सर्वभूतहिते रताः।।25।।
कामक्रोधवियुक्तानां यतीनां यतचेसाम्।
अभितो ब्रह्मनिर्वाणं वर्तते विदितात्मनाम्।।26।।
स्पर्शान्कृत्वा बहिर्बाह्यश्चश्चैवान्तरे भ्रुवोः।
प्राणापानौ समौ कृत्वा नासाभ्यन्तरचारिणौ।।27।।
यतेन्दि यमनो बुद्धिमुंनिर्मोक्षपरायणः।
विगतेच्छाभयक्रोधो यः सदा मुक्त एव सः।।28।।

जिन ऋषियों की द्वंद्वबुद्धि छूट गई है, अर्थात् जिन्होंने इस तत्त्व को जान लिया है, कि सब स्थानों में एक ही परमेश्वर है, जिनके पाप नष्ट हो गए हैं, और जो आत्मसंयम से सब प्राणियों का हित करने में रत हो गए हैं, उन्हें यह ब्रह्मनिर्वाण रूप मोक्ष मिलता है। (26) कामक्रोधविरहित, आत्मसंयमी और आत्मज्ञानसंपन्न यतियों को 'अभितः' अर्थात् आसपास या सन्मुख रखा हुआ-सा (अर्थात् बैठे-बिठाए) ब्रह्मनिर्वाण मोक्ष मिल जाता है। (27) बाह्य पदार्थों के (इंद्रियों के सुखदुःखदायक) संयोग से अलग होकर, दोनों भौंहों के बीच में दृष्टि को जमाकर और नाक से चलने वाले प्राण एवं अपान को सम करके, (28) जिसने इंद्रियों, मन और बुद्धि का संयम कर लिया है, तथा जिसके भय, इच्छा और क्रोध छूट गए हैं, वह मोक्षपरायण मुनि सदा-सर्वदा मुक्त ही है।

(गीतारहस्य के नवम और दशम प्रकरणों से ज्ञान होगा, कि यह वर्णन जीवनमुक्तावस्था का है। परंतु हमारी राय में टीकाकारों का यह कथन ठीक नहीं, कि वह वर्णन संन्यास-मार्ग के पुरुष का है। संन्यास और कर्मयोग, दोनों मार्गों में शांति तो एक ही-सी रहती है, और उतने ही के लिए यह वर्णन संन्यासमार्ग को उपयुक्त हो सकेगा। परंतु इस अध्याय के आरंभ में कर्मयोग को श्रेष्ठ निश्चित कर फिर 25वें श्लोक में जो यह कहा है, कि ज्ञानी पुरुष सब प्राणियों का हित करने में प्रत्यक्ष मग्न रहते हैं, उससे प्रकट होता है, कि यह समस्त वर्णन कर्मयोगी जीवनमुक्त का ही है, संन्यासी का नहीं है (गीतार. प्र. 12 देखो)। कर्ममार्ग में ही सर्वभूतान्तर्गत परमेश्वर को पहचानना ही परम साध्य है, अतः भगवान अंत में कहते हैं, कि:-)

भोक्तारं यज्ञतपसां सर्वलोकमहेश्वरम्।
सुहृदं सर्वभूतानां ज्ञात्वां मां शान्तिमृच्छति।।29।।

इति श्रीमद्भगवद्गीतासु उपनिषत्सु ब्रह्मविद्यायां योगशास्त्रे श्रीकृष्णार्जुन-संवादे संन्यासयोगो नाम पंचमोऽध्यायः।।5।।

(29) जो मुझको (सब) यज्ञों और तपों का भोक्ता, (स्वर्ग आदि) सब लोगों का बड़ा स्वामी, एवं सब प्राणियों का मित्र जानता है, वही शांति पाता है।

इस प्रकार श्रीभगवान के गाए हुए-अर्थात् कहे हुए-उपनिषद में, ब्रह्म विद्वान्तर्गत योग-अर्थात् कर्मयोग शास्त्रविषयक, श्रीकृष्ण और अर्जुन के संवाद में संन्यासयोग नामक पाँचवाँ अध्याय समाप्त हुआ।

❑❑❑

षष्ठोऽध्याय:

श्रीभगवाना उवाच!
अनाश्रितः कर्मफलं कार्यं कर्म करोति यः।
स संन्यासी च योगी च न निरग्निर्न चाक्रियः॥1॥

छठा अध्याय

इतना तो सिद्ध हो गया, कि मोक्ष प्राप्ति होने के लिए ज्ञान के सिवा और किसी की भी अपेक्षा न हो, तो भी लोक संग्रह की दृष्टि से ज्ञानी पुरुष को ज्ञान के अनंतर भी कर्म करते रहना चाहिए, परंतु फलाशा उन्हें समबुद्धि से इसलिए करे, ताकि वे बंधक न हो जावें, इसे ही कर्मयोग कहते हैं, और कर्म-संन्यास-मार्ग की अपेक्षा यह अधिक श्रेयस्कर है, तथापि इतने से ही कर्मयोग का प्रतिपादन समाप्त नहीं होता। तीसरे ही अध्याय में काम-क्रोध आदि का वर्णन करते हुए भगवान ने अर्जुन से कहा है, कि ये शत्रु मनुष्य की इंद्रियों में, मन में और बुद्धि में घर करके उसके ज्ञान-विज्ञान का नाश कर देते हैं (गीता. 3.40), अतः तू इंद्रियों के निग्रह से इनको पहले जीत ले। इस उपदेश को पूर्ण करने के लिए इन दो प्रश्नों का स्पष्टीकरण करना आवश्यक था, कि (1) इंद्रियनिग्रह कैसे करें और (2) ज्ञान-विज्ञान किसे कहते हैं? परंतु बीच में ही अर्जुन के प्रश्नों से यह बतलाना पड़ा कि कर्म-संन्यास और कर्मयोग इन दोनों में अधिक अच्छा मार्ग कौन-सा है, और फिर इन दोनों मार्गों की यथाशक्य एकवाक्यता भी करके यह प्रतिपादन किया गया है, कि कर्मों को न छोड़कर भी, उन्हीं को निःसंगबुद्धि से करते जाने पर ब्रह्म-निर्वाण रूपी मोक्ष क्योंकर मिलता है? अब इस अध्याय में उन साधनों के निरूपण करने का आरंभ किया गया है, जिनकी आवश्यकता कर्मयोग में भी उक्त निःसंग या ब्रह्मनिष्ठ स्थिति प्राप्त करने में होती है। तथापि यह निरूपण भी स्वतंत्र रीति से पातंजलयोग का उपदेश करने के लिए नहीं किया गया है, और यह बात पाठकों के ध्यान में आ जाए, इसलिए यहाँ पिछले अध्यायों में प्रतिपादन की हुई बातों का ही प्रथम उल्लेख किया गया है, जैसे-फलाशा छोड़कर कर्म करने वाले पुरुष को ही सच्चा संन्यासी समझना चाहिए, कर्म छोड़ने वाले को नहीं, (गीता 5.3) इत्यादि।)

श्रीभगवान ने कहा :- (1) कर्मफल का आश्रय न करके (अर्थात् मन में फलाशा को न टिकने देकर) जो (शास्त्रानुसार अपने विहित) कर्त्तव्य-कर्म करता है, वही संन्यासी और वही कर्मयोगी है। निरग्नि अर्थात् अग्निहोत्र आदि कर्मों को छोड़ देने वाला अथवा सक्रिय अर्थात् कोई भी कर्म न करके निठल्ले बैठने वाला

यं संन्यासमिति प्राहुर्योगं तं विद्धि पाण्डव।
न ह्यसंन्यस्तसंकल्पो योगी भवति कश्चन॥2॥
आरुरुक्षोर्मनेर्योगं कर्म कारणमुच्यते।
योगारूढस्य तस्यैव शमः कारणमुक्ष्यते॥3॥

(सच्चा संन्यासी और योगी) नहीं है। हे पांडव! जिसे संन्यास कहते हैं, उसी को (कर्म-योग) समझ। क्योंकि संकल्प अर्थात् काम्य-बुद्धि रूप फलाशा का संन्यास

(=त्याग) किए बिना कोई भी (कर्म-) योगी नहीं होता।

(पिछले अध्याय में जो कहा है, कि "एकं सांख्यं च" (गीता 5.5) या "बिना योग के संन्यास नहीं होता" (5.6) अथवा "ज्ञेय: स नित्यसंन्यासी" (5.3), उसी का यह अनुवाद है, और आगे अठारहवें अध्याय में (18.2) समग्र विषय का उपसंहार करते हुए इसी अर्थ का फिर भी वर्णन किया है। गृहस्थाश्रम में अग्निहोत्र रखकर यज्ञयाग आदि कर्म करने पड़ते हैं; पर जो संन्यासाश्रमी हो गया हो, उसके लिए मनुस्मृति में कहा है, कि उसको इस प्रकार अग्नि की रक्षा करने की कोई आवश्यकता नहीं रहती, इस कारण वह 'निरग्नि' हो जाए, और जंगल में रहकर भिक्षा से पेट पाले, जगत के व्यवहार में न पड़े (मनु. 6.25 इत्यादि)। पहले श्लोक में मनु के इसी मत का उल्लेख किया गया है; और इस पर भगवान का कथन है, कि निरग्नि और निष्क्रिय होना कुछ सच्चे संन्यास का लक्षण नहीं है। काम्य-बुद्धि का या फलाशा का त्याग करना ही सच्चा संन्यास है। संन्यास बुद्धि में है; अग्नि त्याग अथवा कर्म त्याग की बाह्य क्रिया में नहीं है। अतएव फलाशा अथवा संकल्प का त्याग कर कर्त्तव्य कर्म करने वाले को ही सच्चा संन्यासी कहना चाहिए। गीता का यह सिद्धान्त स्मृतिकारों के सिद्धान्त से भिन्न है, और गीतारहस्य के 11वें प्रकरण में स्पष्ट कर दिखला दिया है, कि गीता ने स्मार्त-मार्ग से इसका मेल कैसे किया है, इस प्रकार सच्चा संन्यास बतलाकर अब यह बतलाते हैं, कि ज्ञान होने के पहले अर्थात् साधनावस्था में जो कर्म किए जाते हैं, उनमें, और ज्ञानोत्तर अर्थात् सिद्धावस्था में फलाशा छोड़कर जो कर्म किए जाते हैं उनमें क्या भेद है:-)

(3) (कर्म-) योगारूढ़ होने की इच्छा रखने वाले मुनि के लिए कर्म (शम का) कारण अर्थात् साधन कहा गया है; और उसी पुरुष के योगारूढ़ अर्थात् पूर्ण योगी हो जाने पर कहा जाता है, कि उसके लिए (आगे) शम (कर्म का) कारण हो जाता है।

(टीकाकारों ने इस श्लोक के अर्थ का अनर्थ कर डाला है। श्लोक के पूर्वार्ध में योग=कर्मयोग यही अर्थ है, और यही बात सभी को मान्य है, कि उसकी सिद्धि के लिए पहले कर्म ही कारण होता है। किंतु "योगारूढ़ होने पर उसी के लिए शम कारण हो जाता है"-इसका अर्थ टीकाकारों ने संन्यास-प्रधान कर डाला है। उनका कथन यों है:- 'शम'=कर्म का 'उपशम'; और जिसे योग सिद्ध हो गया है, उसे कर्म छोड़ देने चाहिए! क्योंकि उनके मत में कर्मयोग संन्यास का अंग अर्थात् पूर्व-साधन है। परंतु यह अर्थ सांप्रदायिक आग्रह का है, जो ठीक नहीं है। इसका पहला कारण यह है, कि जब इस अध्याय के पहले ही श्लोक में भगवान ने कहा है, कि कर्मफल का आश्रय न करके "कर्त्तव्यकर्म करने वाला" पुरुष ही सच्चा योगी अर्थात् योगारूढ़ है, कर्म न करने वाला (अक्रिय) सच्चा योगी नहीं है; तब यह मानना सर्वथा अन्याय है, कि तीसरे श्लोक में योगारूढ़ पुरुष को कर्म का शम करने के लिए, या कर्म छोड़ने के लिए भगवान कहेंगे। संन्यास-मार्ग का यह मत भले ही हो, कि शांति मिल जाने पर योगारूढ़ पुरुष कर्म न करे; परंतु गीता को यह मत मान्य नहीं है। गीता में अनेक स्थानों पर स्पष्ट उपदेश किया गया है, कि कर्मयोगी सिद्धावस्था में भी भगवान के समान यावज्जीवन निष्काम बुद्धि से सब कर्म केवल कर्त्तव्य समझकर करता रहे (गीता 2.71; 3.7, 19; 4.19-21; 5, 7-12.12; 18.56, 57; गीतार. प्र. 11, 12)। दूसरा कारण यह है, कि शम शब्द का अर्थ 'कर्म का शम' कहाँ से आया? भगवद्गीता में 'शम' शब्द दो-चार बार आया है (गीता 10.4; 18.42), वहाँ और व्यवहार में भी उसका अर्थ 'मन की शांति' है। फिर इसी श्लोक में 'कर्म की शांति' अर्थ क्यों लें? इस कठिनाई को दूर करने के लिए गीता के पैशाचभाष्य में 'योगारूढस्य तस्यैव' के 'तस्यैव' इस दर्शक सर्वनाम का संबंध

'योगारूढस्य' से न लगाकर, 'तस्य' को नपुंसकलिंग की षष्ठी विभक्ति समझ करके ऐसा अर्थ किया है, कि 'तस्यैव कर्मण: शम:' (तस्य अर्थात् पूर्वार्द्ध के कर्म का शम) किंतु यह अन्वय भी सरल नहीं है। क्योंकि, इसमें कोई संदेह नहीं, कि योगाभ्यास करने वाले जिस पुरुष का वर्णन इस श्लोक के पूर्वार्द्ध में किया गया है, उसी की जो स्थिति अभ्यास पूरा हो चुकने पर होती है, उसे बतलाने के लिए उत्तरार्द्ध का आरंभ हुआ है। अतव 'तस्यैव' पदों से 'कर्मण: एव' यह अर्थ लिया नहीं जा सकता; अथवा यदि ले ही लें, तो उसका संबंध "'शम:' से न जोड़कर 'कारणमुच्यते' के साथ जोड़ने से ऐसा अन्वय लगता है, "शम: योगारूढस्य तस्यैव कर्मण: कारणमच्युते।" और गीता के संपूर्ण उपदेश के अनुसार उसका यह अर्थ भी ठीक लग जाएगा, कि "अब योगारूढ़ के कर्म का ही शम कारण होता है।" टीकाकारों के अर्थ को त्याज्य मानने का तीसरा कारण यह है, कि संन्यास-मार्ग के अनुसार योगारूढ़ पुरुष को यदि कुछ भी करने की आवश्यकता नहीं रह जाती, उसके सब कर्मों का अंत शम में ही हो जाता है; और यह सच है, तो "योगारूढ़ को शम कारण होता है" इस वाक्य का 'कारण' शब्द बिल्कुल ही निरर्थक हो जाता है। 'कारण' शब्द सदैव सापेक्ष है। 'कारण' कहने से उसको कुछ-न-कुछ 'कार्य' अवश्य चाहिए और संन्यास-मार्ग के अनुसार योगारूढ़ को तो कोई भी 'कार्य' नहीं रह जाता। यदि शम को मोक्ष का 'कारण' अर्थात् साधन कहें, तो मेल नहीं मिलता। क्योंकि मोक्ष का साधन ज्ञान है, शम नहीं। अच्छा; शम को ज्ञान प्राप्ति का 'कारण' अर्थात् साधन कहें, तो यह वर्णन योगारूढ़ अर्थात् पूर्णावस्था को पहुँचे हुए पुरुष का ही है, इसलिए उसको ज्ञान प्राप्ति तो कर्म के साधन से पहले ही हो चुकती है। फिर यह 'शम कारण' है किसका? संन्यास-मार्ग के टीकाकारों से इस प्रश्न का कुछ भी समाधानकारक उत्तर देते नहीं बनता। परंतु उनके इस अर्थ को छोड़कर विचार करने लगें, तो उत्तरार्द्ध का अर्थ करने में पूर्वार्द्ध का 'कर्म' पद सान्निध्य सामर्थ्य से सहज ही मन में आ जाता है और फिर यह अर्थ निष्पन्न होता है, कि योगारूढ़ पुरुष को लोक संग्रहकारक कर्म करने के लिए अब 'शम' 'कारण' या साधन हो जाता है, क्योंकि यद्यपि उसका कोई स्वार्थ शेष नहीं रह गया है, तथापि लोक संग्रहकारक कर्म किसी से छूट नहीं सकते (गीता 3.17-19)। पिछले अध्याय में जो यह वचन है, कि "युक्त कर्मफलं त्यक्त्वा शांतिमाप्नोति नैष्ठिकीम्" (गीता 5. 12)-कर्मफल का त्याग करके योगी पूर्ण शांति पाता है इससे भी यही अर्थ सिद्ध होता है। क्योंकि; उसमें शांति का संबंध कर्मत्याग से न जोड़कर केवल फलाशा के त्याग से ही वर्णित है, वहीं पर स्पष्ट कहा है, कि योगी जो कर्म-संन्यास करे, वह 'मनसा' अर्थात् मन से (गीता 5.13), शरीर के द्वारा या केवल इंद्रियों के द्वारा उन्हें कर्म करने ही चाहिए। हमारा तो यह मत है, कि अलंकारशास्त्र के अन्योन्यालंकार का-सा अर्थ चमत्कार या सौरस्य इस श्लोक में सध गया है; और पूर्वार्द्ध में यह बतला कर, कि 'शम' का कारण 'कर्म' कब होत है, उत्तरार्द्ध में इसके विपरीत वर्णन किया है, कि 'कर्म' का कारण 'शम' कब होता है? भगवान कहते हैं, कि प्रथम साधनावस्था में 'कर्म' ही शम का अर्थात् योगसिद्धि का कारण है। भाव यह है, कि यथाशक्ति निष्काम कर्म करते-करते ही चित्त शांत होकर उसी के द्वारा अंत में पूर्ण योगसिद्धि हो जाती है। किंतु योगी के योगारूढ़ होकर सिद्धावस्था में पहुँच जाने पर कर्म और शम का उक्त कार्य कारणभाव बदल जाता है यानी कर्म शम कारण नहीं होता; किंतु शम ही कर्म का कारण बन जाता है; अर्थात् योगारूढ़ पुरुष अपने सब काम अब कर्त्तव्य समझकर, फल की आशा न रखकर के, शांत चित्त से किया करता है। सारांश, इस श्लोक का भावार्थ यह नहीं है, कि सिद्धावस्था में कर्म छूट जाते हैं, किंतु गीता का यह कथन है कि साधनावस्था में

'कर्म' और 'शम' के बीच जो कार्यकारणभाव होता है, सिर्फ वही सिद्धावस्था में बदल जाता है (गीतारहस्य प्र. 11)। गीता में यह कहीं भी नहीं कहा, कि कर्मयोग को अंत में कर्म

यदा हि नेन्द्रियार्थेषु न कर्मस्वनुषज्जते।
सर्वसंकल्पसंन्यासी योगारूढस्तदोच्यते॥4॥
उद्धरेदात्मनाऽऽत्मानं नात्मानमवसादयेत्।
आत्मैव ह्यात्मनो बन्धुरात्मैव रिपुरात्मनः॥5॥
बन्धुरात्माऽऽत्मनस्तस्य येनात्मैवात्मना जितः।
अनात्मनस्तु शत्रुत्वे वर्तेतात्मैव शत्रुवत्॥6॥

छोड़ देने चाहिए, और ऐसा कहने का उद्देश्य भी नहीं है। अतएव अवसर पाकर किसी ढंग से गीता के बीच के ही किसी श्लोक का संन्यास-प्रधान अर्थ लगाना उचित नहीं है। आजकल गीता बहुतेरों को दुर्बोध-सी हो गई है, उसका कारण भी यही है। अगले श्लोक की व्याख्या में यही अर्थ व्यक्त होता है, कि योगारूढ़ पुरुष को कर्म करने चाहिए। वह श्लोक इस प्रकार है:-)

(4) क्योंकि, जब वह इंद्रियों के (शब्द स्पर्श आदि) विषयों में और कर्मों में अनुषक्त नहीं होता तथा सब संकल्प अर्थात् काम्यबुद्धि रूप फलाशा का (प्रत्यक्ष कर्मों का नहीं) संन्यास करता है, तब उसको योगारूढ़ कहते हैं।

(कह सकते हैं, कि यह श्लोक पिछले श्लोक के साथ और पहले के तीनों श्लोकों के साथ भी मिला हुआ है। इससे गीता का यह अभिप्राय स्पष्ट होता है, कि योगारूढ़ पुरुष को कर्म न छोड़कर फलाशा या काम्य-बुद्धि छोड़कर के शांत चित्त से निष्काम कर्म करने चाहिए। 'संकल्प का संन्यास' ये शब्द ऊपर दूसरे श्लोक में आए हैं, वहाँ इनका जो अर्थ है, वही इस श्लोक में भी लेना चाहिए। कर्मयोग में ही फलाशात्यागरूपी संन्यास का समावेश होता है; और फलाशा छोड़कर कर्म करने वाले पुरुष को ही सच्चा संन्यासी और योगी अर्थात् योगारूढ़ करना चाहिए। अब यह बतलाते हैं, कि इस प्रकार के निष्काम कर्मयोग या फलाशा-संन्यास की सिद्धि प्राप्त कर लेना प्रत्येक मनुष्य के अधिकार में है, जो स्वयं प्रयत्न करेगा उसे इसकी प्राप्ति हो जाना कुछ असंभव नहीं:-)

(5) (मनुष्य) अपना उद्धार आप ही करें। अपने आपको (कभी भी) गिरने न दें। क्योंकि (प्रत्येक मनुष्य) स्वयं ही अपना बंधु (अर्थात् सहायक), या स्वयं ही अपना शत्रु है। (6) जिसने अपने आपको जीत लिया, वह स्वयं अपना बंधु है; परंतु जो अपने आपको नहीं पहचानता, वह स्वयं अपने साथ शत्रु के समान वैर करता है।

(इन दो श्लोकों में आत्मस्वतंत्रता का वर्णन है, और इस तत्त्व का प्रतिपादन है, कि हर एक को अपना उद्धार आप ही करना चाहिए, और प्रकृति कितनी भी क्यों

जितात्मनः प्रशान्तस्य परमात्मा समाहितः।
शीतोष्णसुखदुःखेषु तथा मानापमानयोः॥7॥

न हो, उसको जीत कर आत्मोन्नति कर लेना हर एक के बलवती बस की बात है (गीतार. प्र. 10)। मन में इस तत्त्व के भली भाँति जम जाने के लिए ही एक बार अन्वय से और फिर व्यतिरेक से, दोनों रीतियों से, वर्णन किया है, कि आत्मा अपना ही मित्र कब होता है और आत्मा अपना शत्रु कब होता है; और यही तत्त्व फिर 13. 28 श्लोक में भी आया है। संस्कृत में 'आत्मा' शब्द के ये तीन अर्थ होते हैं-(1) अंतरात्मा, (2) मैं स्वयं, और (3) अंतःकरण या मन; इसी से यह आत्मा शब्द इस श्लोक में और अगले श्लोक में अनेक बार आया है। अब बतलाते हैं, कि आत्मा को अपने अधीन रखने से क्या फल मिलता है:-)

(7) जिसने अपने आत्मा अर्थात् अंतःकरण को जीत लिया हो और जिसे शांति प्राप्त हो गई हो, उसका 'परमात्मा' शीत-ऊष्ण, सुख-दुःख और मान-अपमान में समाहित अर्थात् सम एवं स्थिर रहता है।

(इस श्लोक में 'परमात्मा' शब्द आत्मा के लिए ही प्रयुक्त है। देह का आत्म सामान्यतः सुख-दुःख की उपाधि में मग्न रहता है; परंतु इंद्रिय संयम से उपाधियों को जीत लेने पर यही आत्मा प्रसन्न हो करके परमात्मा रूपी या परमेश्वर रूपी बना करता है। परमात्मा कुछ आत्मा से विभिन्न स्वरूप का पदार्थ नहीं है, और आगे गीता में ही (गीता 13.22, 31) कहा है, कि मानवी शरीर में रहने वाला आत्मा ही तत्त्वतः परमात्मा है। महाभारत में भी यह वर्णन है:)

आत्मा क्षेत्रज्ञ इत्युक्तः संयुक्तः प्राकृतैगुणैः।
तैरेव विनिर्मुक्तः परमात्मेत्युदाहृतः॥

"प्राकृत अथवा प्रकृति के गुणों से (सुख-दुःख आदि विकारों से बद्ध रहने के कारण आत्मा को ही क्षेत्रज्ञ या शरीर की जीवात्मा कहते हैं; और इन गुणों से मुक्त होने पर वही परमात्मा हो जाता है" (मभा. शां. 187.24)। गीतारहस्य के 9वें प्रकरण से ज्ञात होगा, कि अद्वैत वेदान्त का सिद्धान्त भी यही है। जो कहते हैं, कि गीता में अद्वैत मत का प्रतिपादन नहीं है; विशिष्टाद्वैत या शुद्ध द्वैत ही गीता को ग्राह्य है, वे 'परमात्मा' को एक पद न मान 'पर' और 'आत्मा' ऐसे दो पद करके 'परं' को 'समाहितः' का क्रियाविशेषण समझते हैं! यह अर्थ क्लिष्ट है; परंतु इस उदाहरण से समझ में आ जाएगा, कि सांप्रदायिक टीकाकार अपने मत के अनुसार गीता की कैसी खींचातानी करते हैं।)

ज्ञानविज्ञानतृप्तात्मा कूटस्थो विजितेन्द्रियः।
युक्त इत्युच्यते योगी समलोष्टाश्मकांचनः॥8॥
सुहृन्मित्रार्युदासीनमध्यस्थद्वेष्यबन्धुषु।
साधुष्वपि च पापेषु समबुद्धिर्विशिष्यते॥9॥
योगी युंजीत सततमात्मानं रहसि स्थितः।
एकाकी यतचित्तात्मा निराशीरपरिग्रहः॥10॥

(8) जिसका आत्मा ज्ञान और विज्ञान से अर्थात् विविध ज्ञान से तृप्त हो जाए, जो अपनी इंद्रियों को जीत ले, जो कूटस्थ अर्थात् मूल में जा पहुँचे और मिट्टी, पत्थर एवं सोने को एक-सा मानने लगे, उसी (कर्म-) योगी पुरुष को 'युक्त' अर्थात् सिद्धावस्था को पहुँचा हुआ कहते हैं। (9) सुहृद्, मित्र, शत्रु, उदासीन, मध्यस्थ, द्वेष करने योग्य और बांधवों के विषय में, एवं साधु तथा दुष्ट लोगों के विषय में भी जिसकी बुद्धि सम हो गई हो, वही (पुरुष) विशेष योग्यता का है।

(प्रत्युपकार की इच्छा न रखकर सहायता करने वाले स्नेही को सुहृद कहते हैं; जब दो दल हो जाएँ, तब किसी की भी बुराई-भलाई न चाहने वाले को उदासीन कहते हैं; दोनों दलों की भलाई चाहने वाले को मध्यस्थ कहते हैं; और संबंधी को बंधु कहते हैं-टीकाकारों ने ऐसे ही अर्थ किए हैं। परंतु इन अर्थों से कुछ भिन्न अर्थ भी कर सकते हैं। क्योंकि, इन शब्दों का प्रयोग प्रत्येक में कुछ भिन्न अर्थ दिखलाने के लिए ही नहीं किया गया है, किंतु अनेक शब्दों की यह योजना सिर्फ इसीलिए की जाती है, कि सबके मेल से व्यापक अर्थ का बोध हो जाए, उसमें कुछ भी न्यूनता न रहने पावे। इस प्रकार संक्षेप से बतला दिया, कि योगी, योगारूढ़ या युक्त किसे कहना चाहिए (गीता 2.61; 4.18, 5.23), और यह भी बतला दिया, कि इस कर्मयोग को सिद्ध कर लेने के लिए प्रत्येक मनुष्य स्वतंत्र है, उसके लिए किसी का मुँह जोहने की कोई जरूरत नहीं। अब कर्मयोग की सिद्धि के लिए अपेक्षित साधन का निरूपण करते हैं:-)

(10) योगी अर्थात् कर्मयोगी एकान्त में अकेला रहकर चित्त और आत्मा का संयम करे, किसी भी काम्य वासना को न रख, परिग्रह अर्थात् पाश छोड़कर के निरंतर अपने योगाभ्यास में लगा रहे।

(अगले श्लोक से स्पष्ट होता है, कि यहाँ पर 'युंजीत' पद से पातंजल सूत्र का योग विवक्षित है। तथापि इसका यह अर्थ नहीं, कि कर्मयोग को प्राप्त कर लेने की इच्छा करने वाला पुरुष अपनी समस्त आयु पातंजलयोग में बिता दे। कर्मयोग के लिए आवश्यक साम्य-बुद्धि को प्राप्त करने के लिए साधनस्वरूप

शुचौ देशे प्रतिष्ठाप्य स्थिरमासनमात्मनः।
नात्युच्छ्रितं नातिनीचं चैलाजिनकुशोत्तरम्॥11॥
तत्रैकाग्रं मनः कृत्वा यतचित्तेन्द्रियक्रियः।
उपविश्यासने युंज्याद्योगमात्मविशुद्धये॥12॥
समं कायाशिरोग्रीवं धारयन्नचलं स्थिरः।
सम्प्रेक्ष्य नासिकाग्रं स्वं दिशश्चानवलोकयन्॥13॥
प्रशान्तात्म विगतभीर्ब्रह्मचारिव्रते स्थितः।
मनः संयम्य माच्चित्तो युक्त आसीत मत्परः॥14॥

पातंजलयोग इस अध्याय में वर्णित है; और उतने ही के लिए एकान्तवास भी आवश्यक है। प्रकृति-स्वभाव के कारण संभव नहीं, कि सभी को पातंजलयोग की समाधि एक ही जन्म में सिद्ध हो जाए। इसी अध्याय के अंत में भगवान ने कहा है, कि जिन पुरुषों को समाधिसिद्ध नहीं हुई है, वे अपनी सारी आयु पातंजलयोग में ही न बिता दें, किंतु जितना हो सके उतना, बुद्धि को स्थिर करके कर्मयोग का आचरण करते जावें, उसी से अनेक जन्मों में उनको अंत में सिद्धि मिल जाएगी। (गीतार. प्र. 10)।

(11) पहले दर्भ, फिर मृगछाला, और उस पर फिर वस्त्र बिछाकर योगाभ्यासी पुरुष शुद्ध स्थान पर अपना स्थिर आसन लगावे, जो कि न बहुत ऊँचा हो और न बहुत नीचा भी, (12) वहाँ चित्त और इंद्रियों के व्यापार रोककर तथा मन को एकाग्र करके आत्मशुद्धि के लिए आसन पर बैठकर योग का अभ्यास करे। (13) काय अर्थात् पीठ, मस्तक और ग्रीवा को सम करके अर्थात् सीधी खड़ी रेखा में निश्चल करके, स्थिर होता हुआ, दिशाओं को यानी इधर-उधर न रखकर, अपनी नाक की नोक पर दृष्टि जमाकर, (14) निडर हो, शांत अंतःकरण से, ब्रह्मचर्यव्रत पालकर तथा मन का संयम करके, मुझमें ही चित्त लगाकर, मत्परायण होता हुआ युक्त होकर बैठ जाए।

('शुद्ध स्थान पर' और 'काय, ग्रीवा एवं मस्तक को समकर' य शब्द श्वेताश्वतर उपनिषद के हैं (श्वे. 2.8, 10); और ऊपर का समस्त वर्णन भी हठयोग का नहीं है, प्रत्युत पुराने उपनिषदों में योग का जो वर्णन है, उससे अधिक मिलता-जुलता है। हठयोग में इंद्रियों का निग्रह बलात्कार से किया जाता है; पर आगे इसी अध्याय के 24वें श्लोक में कहा है, कि ऐसा न करके "मनसैव इंद्रिय-ग्रामं विनियम्य"-मन से ही इंद्रियों को रोके। इससे प्रकट है, कि गीता में हठयोग विवक्षित नहीं है। ऐसे ही इसी अध्याय के अंत में कहा है, कि इस वर्णन का यह

युजन्नेवं सदाऽऽत्मानं योगी नियतमानसः।
शान्ति निर्वाणपरमां मत्संस्थामधिगच्छति॥15॥
नात्यश्नतस्तु योगोऽस्ति न चैकान्तमनश्नतः।
चातिस्वप्नशीलस्य जाग्रतो नैव चार्जुन॥16॥

युक्ताहारविहारस्य युक्तचेष्टस्य कर्मसु।
युक्तस्वप्नावबोधस्य योगो भवति दुःखहा॥17॥

उद्देश्य नहीं, कि कोई अपनी सारी जिंदगी योगाभ्यास में ही बिता दे। अब इसी योगाभ्यास के फल का अधिक निरूपण करते हैं:-)

(15) इस प्रकार सदा अपना योगाभ्यास जारी रखने से मन काबू में होकर (कर्म-) योगी को मुझमें रहनेवाली और अंत में निर्वाणपद अर्थात् मेरे स्वरूप में लीन करा देने वाली शांति प्राप्त होती है।

(इस श्लोक में 'सदा' पद से प्रतिदिन के 24 घंटों का मतलब नहीं है। इतना ही अर्थ विविक्षित है, कि प्रतिदिन यथाशक्ति घड़ी-घड़ी भर यह अभ्यास करे (श्लोक 10 की टिप्पणी देखो)। कहा है, कि इस प्रकार योगाभ्यास करता हुआ 'मच्चित्त' और 'मत्परायण' हो; इसका कारण यह है, कि पातंजलयोग मन के निरोध करने की एक युक्ति या क्रिया है। इस कसरत से यदि मन आधीन हो जाए तो भी वह एकाग्र चित्त का ऐसा दुरुपयोग न कर, मन की इस एकाग्रता या समाधि का उपयोग परमेश्वर के स्वरूप का ज्ञान प्राप्त करने में होना चाहिए, और ऐसे ही यह योग सुखकारक होता है, अन्यथा ये निरे क्लेश हैं; और यही अर्थ आगे 29वें, 30वें एवं अध्याय के अंत में 47वें श्लोक में फिर आया है। परमेश्वर में निष्ठा न रख जो लोग केवल इंद्रियनिग्रह का योग या कसरत करते हैं, वे लोगों को क्लेशप्रद जारण, मारण या वशीकरण वगैरह कर्म करने में ही प्रवीण हो जाते हैं। यह अवस्था न केवल गीता को ही, प्रत्युत किसी भी मोक्ष मार्ग को इष्ट नहीं। अब फिर इस योग क्रिया का ही अधिक स्पष्टीकरण करते हैं:-)

(16) हे अर्जुन! अतिशय खाने वाले या बिल्कुल न खाने वाले को, और खूब सोने वाले अथवा जागरण करने वाले को (यह) योग सिद्ध नहीं होता। (17) जिसका आहार विहार नियमित है, कर्मों का आचरण नपा-तुला है और सोना-जागना परिमित है, उसको (यह) योग दुःखघातक अर्थात् सुखावह होता है।

(इस श्लोक में 'योग' से पातंजलयोग की क्रिया और 'युक्त' से नियमित, नपी-तुली अथवा परिमित का अर्थ है; और आगे भी दो-एक स्थानों पर योग-से

यदा विनियतं चित्तमात्मन्येवावतिष्ठते।
निःस्पृहः सर्वकामेभ्यो युक्त इत्युच्यते तदा॥18॥
यथा दीपो निवातस्थो नेंगते सोपमा स्मृता।
योगिनो यतचित्तस्य युंजतो योगमात्मनः॥19॥
यत्रोपरमते चित्तं निरुद्धं योगसेवया।
यत्र चैवात्मनाऽऽत्मानं पश्चन्नात्मनि तुष्यति॥20॥

पातंजलयोग का ही अर्थ है। तथापि इतने से यह नहीं समझ लेना चाहिए, कि इस अध्याय में पातंजल योग ही स्वतंत्र रीति से प्रतिपाद्य है। पहले स्पष्ट बतला दिया है, कि कर्मयोग को सिद्ध कर लेना जीवन का प्रधान कर्त्तव्य है, और उसके साधन मात्र के लिए पातंजलयोग का यह वर्णन है, और इस श्लोक के "कर्म के उचित आचरण" इन शब्दों से भी प्रकट होता है, कि अन्यान्य कर्मों को न छोड़ते हुए इस योग का अभ्यास करना चाहिए। अब योगी का थोड़ा-सा वर्णन करके समाधि-सुख का स्वरूप बतलाते हैं:-)

(18) संयत मन जब आत्मा में ही स्थिर हो जाता है, और किसी भी उपभोग की इच्छा नहीं रहती, तब कहते हैं, कि वह 'युक्त' हो गया। (19) वायु रहित स्थान पर रखे हुए दीपक की ज्योति जैसे निश्चल होती है, वही उपमा चित्त को संयत करके

योगाभ्यास करने वाले योगी को दी जाती है।

(इस उपमा के अतिरिक्त महाभारत में (शांति. 300.32, 34) ये दृष्टान्त हैं-"तेल से भरे हुए पात्र को जीने पर से ले जाने में, या तूफान के समय नाव का बचाव करने में मनुष्य जैसा 'युक्त' अथवा एकाग्र होता है, योगी का मन वैसा ही एकाग्र रहता है।" कठोपनिषद् का 'सारथी और रीति के घोड़ों" वाला दृष्टान्त तो प्रसिद्ध ही है; और यद्यपि वह दृष्टान्त गीता में स्पष्ट नहीं आया है, तथापि दूसरे अध्याय के 67 और 68 तथा इसी अध्याय का 25वाँ श्लोक, उस दृष्टान्त को मन में रखकर ही कहे गए हैं। यद्यपि योग का गीता का पारिभाषिक अर्थ कर्मयोग है; तथापि उस शब्द के अन्य अर्थ भी गीता में आए हैं। उदाहरणार्थ, 9.5 और 10.7 श्लोकों में योग का अर्थ है, "अलौकिक अथवा चाहे जो करने की शक्ति।" यह भी कह सकते हैं, कि योग शब्द के अनेक अर्थ होने के कारण ही गीता में पातंजलयोग या सांख्य-मार्ग को प्रतिपाद्य बतलाने की सुविधा उन संप्रदाय वालों को मिल गई है। 19वें श्लोक में वर्णित चित्तनिरोधरूपी पातंजलयोग की समाधि का ही स्वरूप अब विस्तार से कहते हैं:-)

(20) योगानुष्ठान से निरुद्ध चित्त जिस स्थान में रम जाता है, और जहाँ स्वयं

सुखमात्यन्तिकं यत्तद्बुद्धिग्राह्यमतीन्द्रियम्।
वेत्ति यत्र न चैवायं स्थितश्चलति तत्त्वतः॥21॥
यं लब्ध्वा चापरं लाभं मन्यते नाधिकं ततः।
यस्मिन्स्थितो न दुःखेन गुरुणापि विचाल्यते॥22॥
तं विद्याद्दुःखसंयोगवियोगं योगसंज्ञितम्।
स निश्चयेन योक्तव्यो योगोऽनिर्विण्णचेतसा॥23॥

आत्मा को देखकर आत्मा में ही संतुष्ट रहता है, (21) जहाँ (केवल) बुद्धिगम्य और इंद्रियों को अगोचर अत्यंत सुख का उसे अनुभव होता है, और जहाँ वह (एक बार) स्थिर हुआ, तो तत्त्व से कभी नहीं डिगता, (22) ऐसे ही जिस स्थिति को पाने से उसकी अपेक्षा दूसरा कोई भी लाभ उसे अधिक नहीं जँचता, और जहाँ स्थिर होने से कोई भी बड़ा भारी दुःख (उसको) वहाँ से बिचला नहीं सकता, (23) उसको दुःख के स्पर्श से वियोग अर्थात् 'योग' नाम की स्थिति कहते हैं; और इस 'योग' का आचरण मन को उकताने न देकर निश्चय से करना चाहिए।

(इन चारों श्लोकों का एक ही वाक्य है। 23वें श्लोक के आरंभ के 'उसको' ('तं') इस दर्शक सर्वनाम पहले के तीन श्लोकों का वर्णन उद्दिष्ट है; और चारों श्लोकों में 'समाधि' का वर्णन पूरा किया गया है। पातंजलयोग-सूत्र में योग का यह लक्षण दिया है, कि 'योगश्चित्तवृत्तिनिरोधः'-चित्त की वृत्ति के निरोध का योग कहते हैं, उसी के सदृश 20वें श्लोक के आरंभ के शब्द हैं। अब इस 'योग' शब्द का नया लक्षण जानबूझकर कर दिया है, कि समाधि इस चित्तवृत्ति निरोध की ही पूर्णावस्था है, और उसी को 'योग' कहते हैं। उपनिषदों और महाभारत में कहा है, कि निग्रहकर्ता और उद्योगी पुरुष को सामान्य रीति से यह योग छह महीनों में सिद्ध होता है (मैत्र्यु. 6.28; अमृतनाद. 29; मभा. अश्व. अनुगीता 19.66)। किंतु पहले 20वें और फिर 28वें श्लोक में स्पष्ट कह दिया है, कि पातंजलयोग की समाधि से प्राप्त होने वाला सुख केवल चित्त निरोध से, प्रत्युत चित्त निरोध के द्वारा अपने आपके आत्मा की पहचान कर लेने पर होता है। इस दुःख रहित स्थिति को ही 'ब्रह्मानंद' या 'आत्मप्रसादज सुख' अथवा 'आत्मानंद' कहते हैं (गीता 18.37; गीतार. प्र. 9)। अगले अध्यायों में इसका वर्णन है, कि आत्मज्ञान होने के लिए आवश्यक चित्त की यह समता केवल पातंजलयोग से ही नहीं उत्पन्न होती; किंतु चित्तशुद्धि का यही परिणाम ज्ञान और भक्ति से भी हो जाता

है, और यही मार्ग अधिक प्रशस्त और सुलभ समझा जाता है। समाधि का लक्षण बतला चुके; अब बतलाते हैं, कि उसे किस प्रकार लगाना चाहिए:-)

संकल्पप्रभवान्कामांस्त्यक्त्वा सर्वानशेषतः।
मनसैवेन्द्रियग्रामं विनियम्य समन्ततः।।24।।
शनैः शनैरुपरमेद्बुद्ध्या धृतिगृहीतया।
आत्मसंस्थं मनः कृत्वा न किंचिदपि चिन्तयेत्।।25।।
यतो यतो निश्चरति मनश्चं चलमस्थिरतम्।
ततस्ततो नियम्यैतदात्मन्येव वशं नयेत्।।26।।
प्रशान्तमनसं ह्येनं योगिनं सुखमुत्तमम्।
उपैति शान्तरजसं ब्रह्मभूतमकल्मषम्।।27।।
युंजन्नेवं सदाऽऽत्मानं योगी विगतकल्मषः।
सुखेन ब्रह्मसंस्पर्शमत्यन्तं सुखमश्नुते।।28।।

(24) संकल्प से उत्पन्न होने वाले सब कामों अर्थात् वासनाओं का निःशेष त्याग कर, और मन से ही सब इंद्रियों का चारों ओर से संयम कर, (25) धैर्ययुक्त बुद्धि से धीरे-धीरे शांत होता जावे, और मन को आत्मा में स्थिर करके कोई भी विचार मन में न आने दे। (26) (इस रीति से चित्त को एकाग्र करते हुए) चंचल और अस्थिर मन जहाँ-जहाँ से बाहर जाने लगे, वहाँ वहाँ से उसको रोककर आत्मा के ही आधीन करे।

(मन की समाधि लगाने की क्रिया का यह वर्णन कठोपनिषद में दी गई रथ की उपमा से (कठ. 1.3.3) अच्छी तरह व्यक्त होता है। जिस प्रकार उत्तम सारथी रथ के घोड़ों को इधर-उधर न जाने देकर सीधे रास्ते से ले जाता है, उसी प्रकार का प्रयत्न मनुष्य की समाधि के लिए करना पड़ता है। जिसने किसी भी विषय पर अपने मन को स्थिर कर लेने का अभ्यास किया है, उसकी समझ में ऊपर वाले श्लोक का मर्म तुरंत आ जावेगा। मन को एक ओर रोके, तो वह दूसरी ओर खिसक जाता है; और वह आदत रुके बिना समाधि लग नहीं सकती। अब, इस प्रकार योगाभ्यास से चित्त स्थिर होने पर जो फल मिलता है, उसका वर्णन करते हैं:-)

(27) इस प्रकार शांत चित्त, रज से रहित, निष्पाप और ब्रह्मभूत (कर्म-) योगी को उत्तम सुख प्राप्त होता है। (28) इस रीति से निरंतर अपना योगाभ्यास करनेवाला (कर्म-) योगी पापों से छूटकर ब्रह्मसंयोग से प्राप्त होने वाले अत्यंत सुख का आनंद से उपभोग करता है।

(इन दो श्लोकों में हमने योगी का अर्थ कर्मयोगी किया है। क्योंकि, कर्मयोग का साधन समझ कर ही पातंजलयोग का वर्णन किया गया है; अतः

सर्वभूतस्थमात्मानं सर्वभूतानि चात्मानि।
ईक्षते योगयुक्तात्मा सर्वत्र समदर्शनः।।29।।
यो मां पश्यति सर्वत्र सर्वं च मयि पश्यति।
तस्याहं न प्रणश्यामि स च मे न प्रणश्यति।।30।।
सर्वभूतस्थितं यो मां भजत्येकत्वमास्थितः।
सर्वथा वर्तमानोऽपि स योगी मयि वर्तते।।31।।

पातंजलयोग के अभ्यास करने वाले उक्त पुरुष से कर्मयोगी ही विवक्षित है। तथापि योगी का अर्थ "समाधि लगाए बैठा हुआ पुरुष" भी कर सकते हैं। किंतु स्मरण रहे, कि गीता का प्रतिपाद्य मार्ग इससे भी परे है। यही नियम अगले दो-तीन श्लोकों को लागू है। निर्वाण ब्रह्मसुख का इस प्रकार अनुभव होने पर सब प्राणियों के विषय में जो

आत्मौपम्य-दृष्टि उत्पन्न हो जाती है, उसका अब वर्णन करते हैं:-)

(29) (इस प्रकार) जिसका आत्मा योगयुक्त हो गया है, उसकी दृष्टि सम हो जाती है, और उसे सर्वत्र ऐसा दीख पड़ने लगता है, कि मैं सब प्राणियों में हूँ और सब प्राणी मुझमें हैं। (30) जो मुझको (परमेश्वर परमात्मा) सब स्थानों में और सबको मुझमें देखता है, उससे मैं कभी नहीं बिछुड़ता, और न वह ही मुझसे कभी दूर होता है।

(इन दो श्लोकों में, पहला वर्णन 'आत्मा' शब्द का प्रयोग कर अव्यक्त अर्थात् आत्म-दृष्टि से, और दूसरा वर्णन प्रथम पुरुष दर्शक 'मैं' पद के प्रयोग से व्यक्त अर्थात् भक्ति दृष्टि से किया गया है। परंतु अर्थ दोनों का एक ही है (गीतार. प्र. 13)। मोक्ष और कर्मयोग, इन दोनों का भी आधार यह ब्रह्मात्मैक्य-दृष्टि ही है। 21वें श्लोक का पहला अर्धांश कुछ फर्क से मनुस्मृति (मनु. 12.91), महाभारत (शां. 238.21; 238.22)। और उपनिषदों में भी (कैव. 1.10; ईश. 6) पाया जाता है। हमने गीतारहस्य के 12वें प्रकरण में विस्तार सहित दिखलाया है, कि सर्वभूतात्मैक्य-ज्ञान ही समग्र अध्यात्म और कर्मयोग का मूल है। यह ज्ञान हुए बिना इंद्रियनिग्रह का सिद्ध हो जाना भी व्यर्थ है; इसलिए अगले अध्याय से परमेश्वर का ज्ञान बतलाना आरंभ कर दिया हैं।)

(31) जो एकत्वबुद्धि अर्थात् सर्वभूतात्मैक्यबुद्धि को मन में रखकर सब प्राणियों में रहने वाले मुझको (परमेश्वर को) भजता है, वह (कर्म-) योगी सब प्रकार से बर्तता हुआ भी मुझमें रहता है।

आत्मौपम्येन सर्वत्र समं पश्यति योऽर्जुन।
सुखं वा यदि वा दुःखं स योगी परमो मतः।।32।।

अर्जुन उवाच।

योऽयं योगस्तवया प्रोक्तः साम्येन मधुसूदन।
एतस्याहं य पश्यामि चंचलत्वात्स्थितिं स्थिराम्।।33।।
चंचलं हि मनः कृष्ण प्रमाथि बलवद्दृढम्।
तस्याहं निग्रहं मन्ये वायोरिव सुदुष्करम्।।34।।

(32) हे अर्जुन! सुख हो या दुःख, अपने समान औरों को भी। जो ऐसी (आत्मौपम्य) दृष्टि से सर्वत्र समान। देखने लगे, वह (कर्म-) योगी परम अर्थात् उत्कृष्ट माना जाता है।

("प्राणिमात्र में एक ही आत्मा है" यह दृष्टि सांख्य और कर्मयोग, दोनों मार्गों में एक-सी है। ऐसे ही पातंजलयोग में भी समाधि लगाकर परमेश्वर की पहचान हो जाने पर यही साम्यावस्था प्राप्त होती है। परंतु सांख्य और पातंजलयोगी, दोनों को भी सब कर्मों का त्याग इष्ट है, अतएव वे व्यवहार में इस साम्य-बुद्धि के उपयोग करने का मौका ही नहीं आने देते; और गीता का कर्मयोगी ऐसा न कर, अध्यात्मज्ञान से प्राप्त हुई इस साम्य-बुद्धि का व्यवहार में भी नित्य उपयोग करके, जगत के सभी काम लोकसंग्रह के लिए किया करता है, यही इन दोनों में बड़ा भारी भेद है, और इसी से इस अध्याय के अंत में (श्लोक 46) स्पष्ट कहा है, कि तपस्वी अर्थात् पातंजलयोगी और ज्ञानी अर्थात् सांख्य-मार्गी, इन दोनों की अपेक्षा कर्मयोगी श्रेष्ठ है। साम्ययोग के इस वर्णन को सुनकर अब अर्जुन ने यह शंका की:-)

अर्जुन ने कहा :- (33) हे मधुसूदन! साम्य से अर्थात् साम्य-बुद्धि से प्राप्त होने वाला जो यह योग अर्थात् (कर्म) योग तुमने बतलाया, मैं नहीं देखता, कि (मन की) चंचलता के कारण वह स्थिर रहेगा। (34) क्योंकि हे कृष्ण! यह मन चंचल, हठीला,

बलवान और दृढ़ है। वायु के समान, अर्थात् हवा की गठरी बाँधने के समान, इसका निग्रह करना मुझे अत्यंत दुष्कर दिखता है।

(33वें श्लोक के 'साम्य' से अथवा 'साम्य-बुद्धि' से प्राप्त होने वाला, इस विशेषण से यहाँ योग शब्द का कर्मयोग ही अर्थ है। यद्यपि पहले पातंजलयोग की समाधि का वर्णन आया है, तो भी इस श्लोक में 'योग' शब्द से पातंजलयोग विवक्षित नहीं है। क्योंकि, दूसरे अध्याय में भगवान ने ही कर्मयोग की ऐसी व्याख्या की है, कि "समत्वं योग उच्चते" (गीता 2.48)-"बुद्धि की समता या

श्रीभगवानुवाच।

असंशयं महाबाहो मनो दुर्निग्रहं चलम्।
अभ्यासेन तु कौन्तेय वैराग्येण च गृह्यते॥35॥
असंयतात्मना योगो दुष्प्राय इति मे मतिः।
वश्यात्मना तु यतता शक्योऽवाप्तुमुपायतः॥36॥

समत्व को ही योग कहते हैं।" अस्तु, अर्जुन की कठिनाइयों को मानकर भगवान् अब कहते हैं:-)

श्रीभगवान ने कहा :- (35) हे महाबाहु अर्जुन! इसमें कुछ भी संदेह नहीं, कि मन चंचल है और उसका निग्रह करना कठिन है। परंतु हे कौन्तेय! अभ्यास और वैराग्य से उसे आधीन किया जा सकता है। (36) मेरे मत में, जिसका अंतःकरण अपने काबू में नहीं, उसको इस (साम्य-बुद्धिरूप) योग का प्राप्त होना कठिन है। किंतु अंत:करण को काबू में रखकर प्रयत्न करते रहने पर उपाय से (इस योग का) प्राप्त होना संभव है।

(तात्पर्य, पहले जो बात कठिन दीख पड़ती है, वही अभ्यास से और दीर्घ उद्योग से अंत में सिद्ध हो जाती है। किसी भी काम को बार बार करना 'अभ्यास' कहलाता है, और 'वैराग्य' का मतलब है राग या प्रीति न रखना, अर्थात् इच्छाविहीनता। पातंजलयोग-सूत्र में आरंभ में ही योग का यह लक्षण बतलाया है, कि 'योगश्चित्तवृत्तिनिरोध:'-चित्तवृत्ति के निरोध को योग कहते हैं (इसी अध्याय का 20वाँ श्लोक देखो); और फिर अगले सूत्र में कहा है, कि "अभ्यास वैराग्याभ्यां तन्निरोध:"-अभ्यास और वैराग्य से चित्तवृत्ति का निरोध हो जाता है। ये ही शब्द गीता में आए हैं और अभिप्राय भी वही है; परंतु इतने ही से यह नहीं कहा जा सकता, कि गीता में ये शब्द पातंजलयोग-सूत्र से लिए गए हैं (गीतार. पृ. 532)। इस प्रकार, यदि मनोनिग्रह करके समाधि लगाना संभव हो, और कुछ निग्रही पुरुषों को छह महीनों के अभ्यास से यदि यह सिद्धि प्राप्त हो सकती हो, इस पर तो भी अब यह दूसरी शंका होती है, कि प्रकृति-स्वभाव के कारण अनेक लोग दो-एक जन्मों में भी कर्मयोग की इस परमावस्था में नहीं पहुँच सकते; फिर ऐसे लोग सिद्धि क्यों कर पावें? क्योंकि एक जन्म में, जितना हो सका, उतना इंद्रियनिग्रह का अभ्यास कर कर्मयोग का आचरण करने लगें, तो वह मरते समय अधूरा ही रह जाएगा, और अगले जन्म में फिर पहले से आरंभ करे, तो फिर आगे के जन्म में भी वही हाल होगा। अतः अर्जुन का दूसरा प्रश्न है, कि इस प्रकार के पुरुष क्या करें:-)

अयतिः श्रद्धयोपेतो योगाच्चलितमानसः।
अप्राप्य योगसंसिद्धिं कां गतिं कृष्ण गच्छति॥37॥
कच्चिन्नोभयविभ्रष्टच्छिन्नाभ्रमिव नश्यति।
अप्रतिष्ठो महाबाहो विमूढो ब्रह्मणः पथि॥38॥

एतन्मे संशयं कृष्णन छेत्तुमर्हस्यशेषतः।
त्वदन्यः संशयस्यास्य छेत्ता न ह्युपपद्यते।।39।।

अर्जुन ने कहा :- (37) हे कृष्ण! श्रद्धा (तो) है, परंतु अयति अर्थात् (प्रकृति-स्वभाव से) पूरा प्रयत्न अथवा संयमन नहीं होता, इसलिए जिसका मन (साम्य-बुद्धि रूप कर्मयोग से बिचल जावे, वह योग सिद्धि न पाकर किस गति को जा पहुँचता है? (38) हे महाबाहु श्रीकृष्ण! यह पुरुष मोहग्रस्त होकर ब्रह्म प्राप्ति के मार्ग में स्थिर न होने के कारण दोनों ओर से छूटा हुआ या भ्रष्ट हो जाने पर छिन्न-भिन्न बादल के समान (बीच में ही) नष्ट तो नहीं हो जाता? (39) हे कृष्ण! मेरे इस संदेह को तुम्हें ही निःशेष दूर करना चाहिए; तुम्हें छोड़कर इस संदेह को मिटाने वाला दूसरा कोई न मिलेगा।

(यद्यपि नत्र् समास में आरंभ के नत्र् (अ) पद का साधारण अर्थ 'अभाव' होता है, तथापि कई बार 'अल्प' अर्थ में भी उसका प्रयोग हुआ करता है, इस कारण 37वें श्लोक के 'अयति' शब्द का अर्थ "अल्प अर्थात् अधूरा प्रयत्न या संयम करने वाला" होता है। 38वें श्लोक में जो कहा है, कि "दोनों ओर का आश्रय छूटा हुआ" अथवा "इतो भ्रष्टस्ततो भ्रष्टः" उसका अर्थ भी कर्मयोग प्रधान ही करना चाहिए। कर्म के दो प्रकार के फल हैं-(1) काम्य-बुद्धि से किंतु शास्त्र की आज्ञा के अनुसार कर्म करने पर स्वर्ग की प्राप्ति होती है, और निष्काम बुद्धि से करने पर वह बंधक न होकर मोक्षदायक हो जाता है। परंतु इस अधूरे मनुष्य कर्म के स्वर्ग आदि काम्य फल नहीं मिलते, क्योंकि उसका कोई हेतु ही नहीं रहता; और साम्य-बुद्धि पूर्ण न होने के कारण उसे मोक्ष मिल नहीं सकता। इसलिए अर्जुन के मन में शंका उत्पन्न हुई, कि उस बेचारे को न तो स्वर्ग मिला और न मोक्ष भी-कहीं उसकी ऐसी स्थिति तो नहीं हो जाती, कि दोनों दिन से गए पाँडे, हलुवा मिले न माँडे? यह शंका केवल पातंजलयोगरूपी कर्मयोग के साधन के लिए ही नहीं की जाती। अगले अध्यायों में वर्णन है, कि कर्मयोग-सिद्धि के लिए आवश्यक साम्य-बुद्धि कभी पातंजलयोग से, कभी भक्ति से और कभी ज्ञान से प्राप्त होती है; और जिस प्रकार पातंजलयोग रूपी

श्रीभगवानुवाच।

पार्थ नैवेह नामुत्र विनाशस्तस्य विद्यते।
न हि कल्याणकृत्कश्चिद्दुर्गतिं तात गच्छति।।40।।
प्राप्य पुण्यकृतां लोकानुषित्वा शाश्वतीः समाः।
शुचीनां श्रीमतां गेहे योगभ्रष्टोऽभिजायते।।41।।
अथवा योगिनामेव कुले भवति धीमताम्।
एतद्धि दुर्लभतरं लोके जन्म जदीदृशम्।।42।।
तत्र तं बुद्धिसंयोगं लभते पौर्वदेहिकम्।
यतते च ततो भूयः संसिद्धौ कुरुनन्दन।।43।।
पूर्वाभ्यासेन तेनेव ह्रियते ह्यवशोऽपि सः।
जिज्ञासुरपि योगस्य शब्दब्रह्मातिवर्तते।।44।।
प्रयत्नाद्यतमानस्तु योगी संशुद्धकिल्बिषः।
अनेकजन्मसंसिद्धस्ततो याति परां गतिम्।।45।।

यह साधन एक ही जन्म में अधूरा रह सकता है, उसी प्रकार भक्ति या ज्ञानरूपी साधन भी एक जन्म में अपूर्ण रह सकते हैं। अतएव कहना चाहिए, कि अर्जुन के उक्त प्रश्न का भगवान ने जो उत्तर दिया है, वह कर्मयोग-मार्ग के सभी साधनों को साधारण रीति से ही उपयुक्त हो सकता है)

श्रीभगवान ने कहा :- (40) हे पार्थ! क्या इस लोक में और क्या परलोक में, ऐसे पुरुष का कभी विनाश होता ही नहीं। क्योंकि हे तात! कल्याणकारक कर्म करने वाले किसी भी पुरुष की दुर्गति नहीं होती। (41) पुण्यकर्ता पुरुषों को मिलने वाले (स्वर्ग आदि) लोकों को पाकर और (वहाँ) बहुत वर्षों तक निवास करके फिर यह योग-भ्रष्ट अर्थात् कर्मयोग से भ्रष्ट पुरुष पवित्र श्रीमान् लोगों के घर में जन्म लेता है; (42) अथवा बुद्धिमान् (कर्म-) योगियों के ही कुल में जन्म पाता है। इस प्रकार के जन्म (इस) लोक में बड़े दुर्लभ हैं। (43) उसमें अर्थात् इस प्रकार से प्राप्त हुए जन्म में वह पूर्व-जन्म के बुद्धि-संस्कार को पाता है; और हे कुरुनंदन! वह उससे भय: अर्थात् अधिक (योग) सिद्धि पाने का प्रयत्न करता है। (44) अपने पूर्वजन्म के उस अभ्यास से ही अवश अर्थात् अपनी इच्छा न रहने पर भी, वह (पूर्ण सिद्धि की ओर) खींचा जाता है। जिसे (कर्म-) योग की जिज्ञासा अर्थात् ज्ञान प्राप्त करने की इच्छा हो गई है, वह भी शब्द ब्रह्म के परे चला जाता है। (45) (इस प्रकार) प्रयत्नपूर्वक उद्योग करते-करते पापों से शुद्ध होता हुआ (कर्म-) योगी अनेक जन्मों के अनन्तर सिद्धि पाकर अंत में उत्तम गति पा लेता है।

(इन श्लोकों में योग, योगभ्रष्ट और योगी शब्द, कर्मयोग, कर्मयोग से भ्रष्ट और कर्मयोगी के अर्थ में ही व्यवहृत हैं। क्योंकि श्रीमान् कुल में जन्म लेने की स्थिति दूसरों को इष्ट होना संभव ही नहीं है। भगवन् कहते हैं, कि पहले से, जितना हो सकते उतना, शुद्ध-बुद्धि से कर्मयोग का आचरण करना आरंभ करें थोड़ा-ही क्यों न हो, पर इस रीति से जो कर्म किया जावेगा, वही इस जन्म में नहीं तो अगले जन्म में, इस प्रकार अधिक से अधिक सिद्धि मिलने के लिए उत्तरोत्तर कारणीभूत होगा, और उसी से अंत में पूर्ण सद्गति मिलती है। "इस धर्म का थोड़ा-सा भी आचरण किया जाए, तो वह बड़े भय से रक्षा करता है" (गीता 2.40), और "अनेक जन्मों के पश्चात् वासुदेव की प्राप्ति होती है" (7.19), ये श्लोक इसी सिद्धान्त के पूरक हैं। अधिक विवेचन गीतारहस्य के प्र. 10 में किया गया है। 44वें श्लोक के शब्द ब्रह्म का अर्थ है "वैदिक यज्ञयाग आदि काम्यकर्म" क्योंकि ये कर्म वेदविहित हैं, और वेदों पर श्रद्धा रखकर ही किए जाते हैं; तथा वेद अर्थात् सब सृष्टि के पहले का शब्द यानी शब्दब्रह्म है। प्रत्येक मनुष्य पहले पहल सभी कर्म काम्य-बुद्धि से ही किया करता है; परंतु इस कर्म से जैसे जैसे चित्तशुद्धि हो जाती है, वैसे वैसे आगे निष्कामबुद्धि से कर्म करने की इच्छा होती है। इसी से उपनिषदों में और महाभारत में भी (मैत्र्यु. 6.22; अमृतबिंदु. 17; मभा. शां. 231.63; 269.1) यह वर्णन है, कि:-

द्वे ब्रह्मणी वेदितव्ये शब्दब्रह्म परं च यत्।
शब्दब्रह्मणि निष्णातः परं ब्रह्माधिगच्छति॥

"जानना चाहिए, कि ब्रह्म दो प्रकार का है; एक शब्द ब्रह्म और दूसरा उससे परे का (निर्गुण) शब्द ब्रह्म में निष्णात हो जाने पर फिर उससे परे का (निर्गुण) ब्रह्म प्राप्त होता है।" शब्द ब्रह्म के काम्य कर्मों से उकता कर अंत में लोक संग्रह के अर्थ उन्हीं कर्मों को कराने वाले कर्मयोग की इच्छा होती है और फिर इस निष्काम कर्म योग का थोड़ा बहुत आचरण पहले पहल होने लगता है। "अनन्तर स्वल्पारम्भाः क्षेमकराः" के न्याय से यही थोड़ा-सा आचरण उस मनुष्य को इस मार्ग में धीरे-धीरे आगे खींचता जाता है; और अंत में क्रम-क्रम से पूर्ण सिद्धि प्राप्त करा देता है। 44वें श्लोक में जो यह कहा है, कि "कर्मयोग की इच्छा होने से भी यह शब्द ब्रह्म के परे चला जाता है" उसका तात्पर्य भी यही है। क्योंकि यह जिज्ञासा कर्मयोगरूपी कोल्हू का मुँह है; और एक बार इस कोल्हू के मुँह में चले जाने पर फिर इस जन्म में नहीं तो अगले जन्म

में, कभी न कभी पूर्ण सिद्धि मिलती है और वह शब्द ब्रह्म से परे के ब्रह्म के ब्रह्म तक पहुँचे बिना नहीं रहता। पहले पहल जान पड़ता है, कि यह सिद्धि जनक आदि को एक-ही जन्म में

तपस्विभ्योऽधिको योगी ज्ञानिभ्योऽपि मतोऽधिकः।
कर्मिभ्यश्चाधिको योगी तस्माद्योगी भवार्जुन॥46॥

मिल गई होगी; परंतु तात्त्विक दृष्टि से देखने पर, पता चलता है, कि उन्हें भी यह फल जन्मजन्मान्तर के पूर्व संस्कार से ही मिलता होगा। अस्तु; कर्मयोग का थोड़ा-सा आचरण, यहाँ तक कि जिज्ञासा भी इस रीति से सदैव कल्याणाकरक है, इसके अतिरिक्त अंत में मोक्ष प्राप्ति भी निःसंदेह इसी से होती है; अतः अब भगवान् श्रेष्ठ है, और कर्मकांड वालों की अपेक्षा भी श्रेष्ठ समझा जाता है; इसलिए हे अर्जुन! तू योगी अर्थात् कर्मयोगी हो।

(जंगल में जाकर उपवास आदि शरीर को क्लेशदायक व्रतों से अथवा हठयोग के साधनों से सिद्धि पाने वाले लोगों को इस श्लोक में तपस्वी कहा है, और सामान्य रीति से भी इस शब्द का यही अर्थ है। "ज्ञानयोगेन सांख्यानां" (गीता 3.3) में वर्णित, ज्ञान से अर्थात् सांख्य-मार्ग से कर्म छोड़कर सिद्धि प्राप्त लेने वाले सांख्यनिष्ठ लोगों को ज्ञानी माना है। इसी प्रकार गीता 2.42-44 और 9.20, 21 में वर्णित निरे काम्य-कर्म करने वाले स्वर्गपरायण कर्मठ मीमांसकों को कर्मी कहा है। इन तीनों पंथों में से प्रत्येक यही कहता है, कि हमारे मार्ग से ही सिद्धि मिलती है। किंतु अब गीता का यह कथन है, कि तपस्वी हो, चाहे कर्मठ मीमांसक हो या ज्ञाननिष्ठ सांख्य हो, इनमें प्रत्येक की अपेक्षा कर्मयोगी-अर्थात् कर्मयोग-मार्ग भी श्रेष्ठ है। और पहले यही सिद्धान्त "अकर्म की अपेक्षा कर्म श्रेष्ठ" (गीता. 3.8), एवं "कर्मसंन्यास की अपेक्षा कर्मयोग विशेष" (गीता 5.2) इत्यादि श्लोकों में वर्णित है (गीतार. प्र. 11)। और तो क्या, तपस्वी, मीमांसक अथवा ज्ञानमार्गी इनमें से प्रत्येक की अपेक्षा कर्मयोगी श्रेष्ठ है, 'इसलिए' पीछे जिस प्रकार अर्जुन को उपदेश किया है, कि "योगस्थ होकर कर्म कर" (गीता 2.48; गीतार. प्र. 3), अथवा "योग का आश्रय करके खड़ा हो" (4.42), उसी प्रकार यहाँ भी फिर स्पष्ट उपदेश किया है, कि "तू (कर्म-) योगी हो।" यदि इस प्रकार कर्मयोग को श्रेष्ठ न मानें, तो "तस्मात् तू योगी हो" इस उपदेश का 'तस्मात्=इसलिए' पद निरर्थक हो जावेगा। किंतु संन्यास-मार्ग के टीकाकारों को यह सिद्धान्त कैसे स्वीकृत हो सकता है? अतः उन लोगों ने 'ज्ञानी' शब्द का अर्थ बदल दिया है, और वे कहते हैं, कि ज्ञानी शब्द का अर्थ केवल शब्दज्ञानी है, अथवा वे लोग, कि जो सिर्फ पुस्तकें पढ़कर ज्ञान की लंबी-चौड़ी

योगिनामपि सर्वेषां मद्गतेनान्तरात्मना।
श्रद्धावान्भजते यो मां स मे युक्ततमो मतः॥47॥

इति श्रीमदृभगवद्गीतासु उपनिषत्सु ब्रह्मविद्यायां योगशास्त्रते श्रीकृष्णार्जुन-संवादे ध्यानयोगो नाम षष्ठोऽध्यायः॥6॥

बातें छाँटा करते हैं। किंतु यह अर्थ निरे सांप्रदायिक आग्रह का है। ये टीकाकार गीता के इस अर्थ को नहीं चाहते कि कर्म छोड़ने वाले ज्ञान-मार्ग को गीता कम दर्जे का समझती है। क्योंकि उससे उनके संप्रदाय को गौणता प्राप्त होती है। और इसलिए "कर्मयोगो विशिष्यते" का भी (गीता 5.2) अर्थ उन्होंने बदल दिया है। परंतु उसका पूरा पूरा विचार गीतारहस्य के 11वें प्रकरण में कर चुके हैं, अतः इस श्लोक का जो अर्थ हमने किया है, उसके विषय में यहाँ अधिक चर्चा नहीं करते। हमारे मत में यह निर्विवाद है, कि गीता के अनुसार कर्म-योग मार्ग ही सबसे श्रेष्ठ है। अब आगे के श्लोक में

बतलाते हैं, कि कर्मयोगियों में भी कौन-सा तारतम्य भाव देखना पड़ता है:-)

(47) तथापि सब (कर्म-) योगियों में भी मैं सबसे उत्तम युक्त अर्थात् उत्तम सिद्ध कर्मयोगी समझता हूँ, कि जो मुझमें अंत:करण रखकर श्रद्धा से मुझको भजता है।

(इस श्लोक का यह भावार्थ है, कि कर्मयोग में भी भक्ति का प्रेमपूरित मेल हो जाने से वह योगी भगवान को अत्यन्त प्रिय हो जाता है। इसका यह अर्थ नहीं है, कि निष्काम कर्मयोग की अपेक्षा भी भक्ति श्रेष्ठ है। क्योंकि आगे बारहवें अध्याय में भगवान ने ही स्पष्ट कह दिया है, कि ध्यान की अपेक्षा कर्मफल त्याग श्रेष्ठ है (गीता 12.12)। निष्काम कर्म और भक्ति के समुच्चय को श्रेष्ठ करना एक बात है, और सब निष्काम कर्मयोग को व्यर्थ कहकर, भक्ति ही को श्रेष्ठ बतलाना दूसरी बात है। गीता का सिद्धान्त पहले ढंग का है और भागवत पुराण पक्ष दूसरे ढंग का है। सब प्रकार के क्रिया योग को आत्मज्ञान-विघातक निश्चित कर भागवत के (भाग. 1.5.34) पहले और फिर अंतिम स्कंध में भी कहा है:-)

नैष्कर्म्यमप्यच्युतभाववर्जितं न शोभते ज्ञानमलं निरंजनम्।

नैष्कर्म्य अर्थात् निष्काम कर्म भी (भाग. 11.3.46) बिना भगवद्भक्ति के शोभा नही देता, वह व्यर्थ है (भाग. 1.5.12; 12.12.52) इससे व्यक्त होगा, एक भागवतकार का ध्यान केवल भक्ति के ही ऊपर होने के कारण वे विशेष प्रसंग पर भगवद्गीता के भी आगे कैसी चौकड़ी भरते हैं। जिस पुराण का निरूपण इस समझ से किया गया है, कि महाभारत में, और फलत: गीता में भी भक्ति का जैसा वर्णन होना चाहिए, वैसा नहीं हुआ; उसमें यदि उक्त वचनों के समान और भी कुछ बातें मिलें, तो कोई आश्चर्य नहीं। पर हमें तो गीता का तात्पर्य देखना है; न कि भागवत का कथन। दोनों का प्रयोजन और समय भी भिन्न भिन्न हैं, इस कारण बात-बात में उनकी एकवाक्यता करना उचित नहीं है। अस्तु; कर्मयोग की साम्य-बुद्धि प्राप्त करने के लिए जिन साधनों की आवश्यकता है, उनमें से पातंजलयोग के साधनों का इस अध्याय में निरूपण किया गया। ज्ञान और भक्ति ये अन्य साधन है; और अगले अध्याय से उनके निरूपण का आरंभ होगा।)

इस प्रकार श्रीभगवान के गाए हुए-अर्थात् कहे हुए-उपनिषद ब्रह्मविद्यान्तर्गत योग-अर्थात् कर्मयोग-शास्त्रविषयक, श्रीकृष्ण और अर्जुन के, संवाद में ध्यान योग नामक छठा अध्याय समाप्त हुआ।

सातवाँ अध्याय

(पहले यह प्रतिपादन किया गया, कि कर्मयोग सांख्य-मार्ग के समान ही मोक्षप्रद है, परंतु स्वतंत्र है और उससे श्रेष्ठ है, और यदि इस मार्ग का थोड़ा भी आचरण किया जाए, तो वह व्यर्थ नहीं जाता। अनंतर इस मार्ग की सिद्धि के लिए आवश्यक इंद्रियनिग्रह करने की रीति का वर्णन करने की रीत का वर्णन किया गया है। किंतु इंद्रियनिग्रह से मतलब निरी बाह्य क्रिया से है, और जिसके लिए इंद्रियों की यह कसरत करनी है, उसका अब तक विचार नहीं हुआ। तीसरे ही अध्याय में भगवान ने ही अर्जुन को इंद्रियनिग्रह का यह प्रयोजन बतलाया है कि "काम-क्रोध आदि शत्रु इंद्रियों में अपना घन बनाकर ज्ञान-विज्ञान का नाश करते हैं, इसलिए पहले तू इंद्रियनिग्रह करके इन शत्रुओं को मार डाल" (गीता 3.40, 41)। और पिछले अध्याय में भी योग युक्त पुरुष का यों वर्णन किया है, कि इंद्रियनिग्रह के द्वारा ज्ञान-विज्ञान से तृप्त हुआ" (गीता 6.8) योगयुक्त पुरुष "समस्त प्राणियों में परमेश्वर को और परमेश्वर में समस्त प्राणियों को देख़ता है" (गीता 6.29)। अतः जब इंद्रियनिग्रह करने की विधि बतला चुके, तब अब यह बतलाना आवश्यक हो गया, कि 'ज्ञान' और 'विज्ञान' किसे कहते हैं और पमरेश्वर का पूर्ण ज्ञान होकर कर्मों को न छोड़ते हुए भी कर्मयोग की किन विधियों से अंत में निःसंदिग्ध मोक्ष मिलता है? सातवें अध्याय से लेकर सत्रहवें अध्याय के अंत पर्यंत ग्यारह अध्यायों में, इसी विषय का वर्णन है, और अंत के अर्थात् अठारहवें अध्याय में सब कर्मयोग का उपसंहार किया गया है। सृष्टि के अनेक प्रकार के अनेक विनाशवान पदार्थों में एक ही अविनाशी परमेश्वर समा रहा है-इस समझ का नाम है 'ज्ञान'; और एक ही नित्य परमेश्वर से विविध नाशवान् पदार्थों की उत्पत्ति को समझ लेना 'विज्ञान' कहलाता है" (गीता 13.30), एवं इसी को क्षर-अक्षर का विचार कहते हैं। परंतु इसके सिवा अपने शरीर में अर्थात् क्षेत्र में जिसे आत्मा कहते हैं, उसके सच्चे स्वरूप को जान लेने से भी परमेश्वर के स्वरूप का बोध हो जाता है। इस प्रकार के विचार को क्षेत्र-क्षेत्रज्ञ विचार कहते हैं। इनमें से क्षर-अक्षर के विचार का पहले वर्णन करके फिर तेरहवें अध्याय में क्षेत्र-क्षेत्रज्ञ के विचार का वर्णन किया गया। यद्यपि परमेश्वर एक है, तथापि उपासना की दृष्टि से तो उसके दो भेद हैं। उसका अव्यक्त स्वरूप केवल बुद्धि से ग्रहण करने योग्य है, व्यक्त स्वरूप प्रत्यक्ष अवगम्य है। अतः इन दोनों मार्गों या विधियों को इसी निरूपण में बतलाना पड़ा, कि बुद्धि से परमेश्वर को कैसे पहचानें और श्रद्धा या भक्ति से व्यक्त स्वरूप की उपासना करने से उसके द्वारा अव्यक्त का ज्ञान कैसे होता है? तब इस समूचे विवेचन में यदि ग्यारह अध्याय लग गए, तो कोई आश्चर्य नहीं है। इसके सिवा, इन दो मार्गों से परमेश्वर के ज्ञान के साथ ही इंद्रियनिग्रह भी आप-ही-आप हो

सप्तमोऽध्यायः

श्रीभगवानुवाच।

मय्यासक्तमनाः पार्थ योगं युंजन्मदाश्रयः।
असंशयं समग्रं मां यथा ज्ञास्यसि तच्छृणु॥1॥
ज्ञानं तेऽहं सविज्ञज्ञनमिदं वक्ष्याम्यशेषतः।
यज्ज्ञात्वा नेह भूयोऽन्यज्ज्ञातव्यमवशिष्यते॥2॥

जाता है, अतः केवल इंद्रिय निग्रह प्राप्त करा देने वाले पातंजलयोग-मार्ग की अपेक्षा मोक्ष-धर्म में ज्ञान-मार्ग और भक्ति-मार्ग की योग्यता भी अधिक मानी जाती है। तो भी स्मरण रहे, कि यह सारा विवेचन कर्मयोग-मार्ग के उपपादन का एक अंश है, वह स्वतंत्र नहीं है। अर्थात् गीता के पहले छह अध्यायों में कर्म, दूसरे षट्क में भक्ति और तीसरी षड्ध्यायी में ज्ञान, इस प्रकार गीता के जो तीन स्वतंत्र विभाग किए जाते हैं, वे तत्त्वतः ठीक नहीं हैं। इस विषय का प्रतिपादन गीतारहस्य के चौदहवें प्रकरण में किया गया है। स्थूलमान से देखने से ये तीनों विषय गीता में आए हैं सही; परंतु वे स्वतंत्र नहीं हैं, किंतु कर्मयोग के रूप से ही उनका विवेचन किया गया है, इसलिए यहाँ उसकी पुनरावृत्ति नहीं करते। अब देखना चाहिए, कि सातवें अध्याय का आरंभ भगवान् किस प्रकार करते हैं:-)

श्रीभगवन् ने कहा :- (1) हे पार्थ! मुझमें चित्त लगाकर, और मेरा ही आश्रय करके (कर्म-) योग का आचरण करते हुए तुझे जिस प्रकार से या जिस विधि से मेरा पूर्ण और संशयविहीन ज्ञान होगा, उसे सुन। (2) विज्ञान समेत इस पूरे ज्ञान को मैं तुझसे कहता हूँ कि जिसके जान लेने से इस लोक में फिर और कुछ भी जानने के लिए शेष नहीं रह जाता।

(पहले श्लोक के 'मेरा ही आश्रय करके' इन शब्दों से और विशेषकर 'योग' शब्द से प्रकट होता है, कि पहले के अध्यायों में वर्णित कर्मयोग की सिद्धि के लिए ही अगला ज्ञान-विज्ञान कहा है, स्वतंत्र रूप से नहीं बतलाया है (गीतार. प्र. 14)। न केवल इसी श्लोक में, प्रत्युत गीता में अन्यत्र भी कर्मयोग को लक्ष्य कर ये शब्द आए हैं-'मद्योगमाश्रितः' (गीता 12.11), 'मत्परः' (गीता 18.57; 11.55); अतः इस विषय में कोई शंका नहीं रहती, कि परमेश्वर का आश्रय करके जिस योग का आचरण करने के लिए गीता कहती है, वह पीछे के छह अध्यायों में प्रतिपादित कर्मयोग ही है। कुछ लोग विज्ञान का अर्थ अनुभविक ब्रह्मज्ञान अथवा ब्रह्म का साक्षात्कार करते हैं,

मनुष्याणां सहस्रेषु कश्चिद्यतति सिद्धये।
यततामपि सिद्धानां कश्चिन्मां वेत्ति तत्त्वतः॥3॥
भूमिरापोऽनलो वायुः खं मनो बुद्धिरेव च।
अहंकार इतीयं मे भिन्ना प्रकृतिरष्टधा॥4॥

परंतु ऊपर के कथनानुसार हमें ज्ञात होता है, कि परमेश्वरी ज्ञान के ही समाष्टि रूप (ज्ञान) और व्यष्टिरूप (विज्ञान), ये दो भेद हैं, इस कारण ज्ञान विज्ञान शब्द से भी उन्हीं का अभिप्राय है (गीता 13.30; 18.20)। दूसरे श्लोक के ये शब्द "फिर और कुछ भी जानने के लिए शेष नहीं रह जाता"-उपनिषद के आधार से लिए गए हैं। छांदोग्य उपनिषद् में श्वेतकेतु से उसके पिता ने यह प्रश्न किया है, कि "येन...अविज्ञातं विज्ञातं भवति" वह क्या है, कि जिस एक के जान लेने से सब कुछ जान लिया जाता

है? और फिर आगे इस प्रकार स्पष्टीकरण किया गया है। "यथा सौम्यैकेन मृत्पिण्डेन सर्वं मृण्मयं विज्ञातं स्याद्वाचारम्भणं विकारो नामधेयं मृत्तिकेत्येक सत्यम्।" (छां. 6.1.4)। हे तात! जिस प्रकर मिट्टी के एक गोले के भीतरी भेद को जान लेने से ज्ञात हो जाता है, कि शेष मिट्टी के पदार्थ उसी मृत्तिका के विभिन्न नामरूप धारण करने वाले विकार हैं, और कुछ नहीं है; उसी प्रकार ब्रह्म को जान लेने से दूसरा कुछ भी जानने के लिए नहीं रहता। मुंडक उपनिषद में भी (मुं. 1.1.3) आरंभ में ही यह प्रश्न है, कि "कस्मिन्नु भगवो विज्ञाते सर्वमिदं विज्ञातं भवति"-किसका ज्ञान हो जाने से अन्य सब वस्तुओं का ज्ञान हो जाता है? इससे व्यक्त होता है, कि अद्वैत वेदान्त का यही तत्त्व यहाँ भी अभिप्रेत है, कि एक परमेश्वर का ज्ञान-विज्ञान हो जाने से इस जगत में और कुछ भी जानने के लिए नहीं रह जाता, क्योंकि जगत का मूल तत्त्व तो एक-ही है, नाम और रूप के भेद से वही सर्वत्र समाया हुआ है; सिवा उसके और कोई दूसरी वस्तु दुनिया में है ही नहीं, यदि ऐसा न हो तो दूसरे श्लोक की प्रतिज्ञा सार्थक नहीं होती।)

(3) हजारों मनुष्यों में से कोई एक-आध ही सिद्धि पाने का यत्न करता है; और प्रयत्न करने वाले इन (अनेक) सिद्ध पुरुषों में से एक-आध को ही मेरा सच्चा ज्ञान हो जाता है।

(ध्यान रहे, कि प्रयत्न करने वालों को यद्यपि यहाँ सिद्ध पुरुष कह दिया है, तथापि परमेश्वर का ज्ञान हो जाने पर ही उन्हें सिद्धि प्राप्त होती है, अन्यथा नहीं। इस परमेश्वर-ज्ञान के क्षर-अक्षर-विचार और क्षेत्र-क्षेत्रज्ञ-विचार ये जो दोनों भाग हैं, उनमें से क्षर-अक्षर-विचार का अब आरंभ करते हैं:-)

(4) पृथ्वी, जल, अग्नि, वायु, आकाश (ये पाँच सूक्ष्म भूत), मन, बुद्धि

अपरेयमितस्त्वन्यां प्रकृतिं विद्धि मे पराम्।
जीवभूतां महाबाहो ययेदं धार्यते जगत्॥5॥
एतद्योनीनि भूतानि सर्वाणीत्युपधारय।
अहं कृत्स्नस्य जगतः प्रभवः प्रलयस्तथा॥6॥
मत्तः परतरं नान्यत्किंचिदस्ति धनंजय।
मयि सर्वमिदं प्रोतं सूत्रे मणिगणा इव॥7॥

और अहंकार, इन आठ प्रकारों में मेरी प्रकृत्ति विभाजित है। (5) यह अपरा अर्थात् निम्न श्रेणी की (प्रकृति) है। हे महाबाहु अर्जुन! यह जान कि इससे भिन्न, इसे जगत को धारण करने वाली परा अर्थात् उच्च श्रेणी की जीवस्वरूपी मेरी दूसरी प्रकृति है। (6) समझ रख, कि इन दोनों से सब प्राणी उत्पन्न होते हैं। सारे जगत का प्रभाव अर्थात् मूल और प्रलय अर्थात् अंत मैं ही हूँ। (7) हे धनंजय! मुझसे परे और कुछ भी नहीं है। धागे में पिरोई हुई मणियों के समान, मुझमें यह सब गुंथा हुआ है।

(इन चारों श्लोकों में सब क्षर-अक्षर-ज्ञान का सार आ गया है; और अगले श्लोकों में इसी का विस्तार किया है। सांख्यशास्त्र में सब सृष्टि के अचेतन अर्थात् जड़ प्रकृति और सचेतन पुरुष, ये दो स्वतंत्र तत्त्व बतलाकर प्रतिपाकन किया है, कि आगे इन दोनों तत्त्वों में सब पदार्थ उत्पन्न हुए, इन दोनों से परे तीसरा तत्त्व नहीं है। परंतु गीता को यह द्वैत मंजूर नहीं, अतः प्रकृति और पुरुष को एक-ही परमेश्वर की दो विभूतियाँ मानकर, चौथे और पाँचवें श्लोक में वर्णन किया है, कि उनमें जड़-प्रकृति निम्न श्रेणी की विभूति है, और जीव अर्थात् पुरुष श्रेष्ठ श्रेणी की विभूति है; और कहा है, कि इन दोनों से समस्त स्थावरजंगम सृष्टि उत्पन्न होती है (गीता 13.26) इनमें से जीवभूत श्रेष्ठ प्रकृति का विस्तार सहित विचार क्षेत्रज्ञ की दृष्टि से आगे तेरहवें अध्याय

में किया है। अब रह गई जड़ प्रकृति। सो गीता का सिद्धान्त है (9.10), कि वह स्वतंत्र नहीं; परमेश्वर की अध्यक्षता में उससे समस्त सृष्टि की उत्पत्ति होती है। यद्यपि गीता में प्रकृति को स्वतंत्र नहीं माना है तथापि सांख्यशास्त्र में प्रकृति के जो भेद हैं, उन्हीं को कुछ हेरफेर से गीता में ग्राह्य कर लिया है। (गीतार. प्र. 8) और परमेश्वर से माया के द्वारा जड़ प्रकृति उत्पन्न हो चुकने पर (गीता 7.14) सांख्यों का किया हुआ यह वर्णन कि आगे प्रकृति से सब पदार्थ कैसे निर्मित हुए अर्थात् गुणोत्कर्ष का तत्त्व भी गीता को मान्य है (गीतार. प्र. 9)। सांख्यों का कथन है, कि प्रकृति और पुरुष मिलकर कुल पच्चीस तत्त्व हैं। इनमें से प्रकृति से ही तेईस तत्त्व उपजते

रसोऽहमप्सु कौन्तेय प्रभास्मि शशिसूर्ययोः।
प्रणवः सर्ववेदेषु शब्दः खे पौरुषं नृषु॥8॥
पुण्यो गन्धः पृथिव्यां च तेजश्चास्मि विभावसौ।
जीवनं सर्वभूतेषु तपश्चास्मि तपस्विषु॥9॥

है। इन तेईस तत्त्वों में से पाँच स्थूल भूत, दस इंद्रियाँ और मन, ये सोलह तत्त्व, शेष सात तत्त्वों से निकले हुए अर्थात् उनके विकार हैं। अतएव यह विचार करते समय कि 'मूल तत्त्व' कितने हैं, इन सोलह तत्त्वों को छोड़ देते हैं; और इन्हें छोड़ देने से बुद्धि (महान्), अहंकार और पंचतन्मात्राएँ (सूक्ष्म भूत) मिलकर सात ही मूल तत्त्व बचे रहते हैं। सांख्यशास्त्र में इन्हीं सातों को 'प्रकृति-विकृतियाँ' कहते हैं। ये सात प्रकृति-विकृतियाँ और मूल प्रकृति मिलकर अब आठ ही प्रकार की प्रकृति हुई; और महाभारत (शां. 310.10-15) में इसी को अष्टधा प्रकृति कहा है। परंतु सात प्रकृति-विकृतियों के साथ ही मूल प्रकृति की गिनती कर लेना गीता को योग्य नहीं जँचा। क्योंकि ऐसा करने से यह भेद नहीं दिखलाया जाता, कि एक मूल है और उसके सात विकार हैं। इसी से गीता के इस वर्गीकरण में, कि सात प्रकृति-विकृतियाँ और मन मिलकर अष्टधा मूल प्रकृति है, और महाभारत के वर्गीकरण में थोड़ा भेद किया गया है (गीतार. प्र. 8, पृ. 184)। सारांश, यद्यपि गीता को सांख्य वालों की स्वतंत्र प्रकृति स्वीकृत नहीं, तथापि स्मरण रहे, कि उसके अगले विस्तार का निरूपण दोनों ने वस्तुतः समान ही किया है। गीता के समान उपनिषद् में वर्णन है, कि सामान्यतः परब्रह्म से हीः-

एतस्माज्जायते प्राणो मनः सर्वेन्द्रियाणि च।
खं वायुर्ज्योतिरापः पृथिवी विश्वस्य धारिणी॥

इससे (पर पुरुष) प्राण, मन, सब इंद्रियाँ, आकाश, वायु, अग्नि, जल और विश्व को धारण करने वाली पृथ्वी-ये (सब) उत्पन्न होते हैं (मुंड. 2.1.3; कै. 1.15; प्रश्न 6.4)। अधिक जानना हो, तो गीतारहस्य का 8वाँ प्रकरण देखो। चौथे श्लोक में कहा है, कि पृथ्वी, आप प्रभृति पंचतत्त्व मैं ही हूँ; और अब यह कहकर, कि इन तत्त्वों में जो गुण हैं/वे भी मैं ही हूँ, ऊपर के इस कथन का ही स्पष्टीकरण करते हैं, कि ये सब पदार्थ एक ही धागे में मणियों के समान पिरोए हुए हैं:-)

(8) हे कौन्तेय! जल में रस मैं हूँ, चंद्र-सूर्य की प्रभा मैं हूँ, सब वेदों का प्रणव अर्थात् ॐकार मैं हूँ। आकाश में शब्द मैं हूँ और सब पुरुषों का पौरुष भी मैं हूँ। (9) पृथ्वी में पुण्यगंध अर्थात् सुगंधि, एवं अग्नि का तेज मैं हूँ। सब प्राणि

बजिं मां सर्वभूतानां विद्धि पार्थ सनातनम्।
बुद्धिर्बुद्धिमतामस्मि तेजस्तेजस्विनामहम्॥10॥

बलं बलवतामस्मि कामरागविवर्जितम्।
धर्माविरुद्धो भूतेषु कामोऽस्मि भरतर्षभ॥11॥
ये चैव सात्त्विका भावा राजसास्तामसाश्च ये।
मत्त एवेति तान्विद्धि न त्वहं तेषु ते मयि॥12॥
त्रिभिर्गुणमयैर्भावैरेभिः सर्वमिदं जगत्।
मोहितं नाभिजानाति मामेभ्यः परमव्ययम्॥13॥

यों कि जीवनशक्ति और तपस्वियों का तप मैं हूँ। (10) हे पार्थ! मुझको सब प्राणियों का सनातन बीज समझ। बुद्धिमानों की बुद्धि और तेजस्वियों का तेज भी मैं हूँ। (11) काम (वासना) और राग अर्थात् विषयासक्ति (इन दोनों को) घटाकर बलवान् लोगों का बल मैं हूँ। (12) और यह समझ, कि जो जो कुछ सात्त्विक, राजस या तामस भाव अर्थात् पदार्थ हैं, वे सब मुझसे ही हुए हैं। परंतु वे मुझमें हैं, मैं उनमें नहीं हूँ।

("वे मुझमें हैं, मैं उनमें नहीं हूँ इसका अर्थ बड़ा ही गंभीर है।" पहला अर्थात् प्रकट अर्थ यह है, कि सभी पदार्थ परमेश्वर से उत्पन्न हुए हैं, इसलिए मणियों के धागे के समान इन पदार्थों का गुणधर्म भी यद्यपि परमेश्वर ही है, तथापि परमेश्वर की व्याप्ति इसी में नहीं चुक जाती, और समझना चाहिए, कि इनको व्याप्त कर इनके परे भी वही परमेश्वर है; और यही अर्थ आगे "इस समस्त जगत को मैं एकांश से व्याप्त कर रहा हूँ" (गीता 10.42) इस श्लोक में वर्णित है, परंतु इस अर्थ के अतिरिक्त दूसरा भी अर्थ सदैव विवक्षित रहता है। वह यह, कि त्रिगुणात्मक जगत का नानात्व यद्यपि मुझसे निर्माण हुआ दीख पड़ता है, तथापि वह नानात्व मेरे निर्गुण स्वरूप में नहीं रहता; और इस दूसरे अर्थ को मन में रखकर "भूतभृत् न च भूतस्थः" (9.4, 5) इत्यादि परमेश्वर की अलौकिक शक्तियों के वर्णन किए गए हैं (गीता 13.14-16)। इस प्रकार यदि परमेश्वर की व्याप्ति समस्त जगत से भी अधिक है, तो प्रकट है, कि परमेश्वर के सच्चे स्वरूप को पहचानने के लिए इस मायिक जगत से भी परे जाना चाहिए; और अब उसी अर्थ को स्पष्टतया प्रतिपादन करते हैं:-)

(13) (सत्व, रज और तम इन) तीन गुणात्मक भावों से अर्थात् पदार्थों से

दैवी ह्येषा गुणमयी मम माया दुरत्यया।
मामेव ये प्रपद्यन्ते मायामेतां तरन्ति ते॥14॥
न मां दुष्कृतिनो मूढाः प्रपद्यन्ते नराधमाः।
माययापहृतज्ञाना आसुरं भावमाश्रिताः॥15॥
चतुर्विधा भजन्ते मां जनाः सुकृतिनोऽर्जुन।
आर्तो जिज्ञासुरर्थार्थी ज्ञानी च भरतर्षभ॥16॥

मोहित होकर यह सारा संसार, इनसे परे के (अर्थात् निर्गुण) मुझ अव्यय को (परमेश्वर को) नहीं जानता।

(माया के संबंध में गीतारहस्य के 9वें प्रकरण में यह जो सिद्धान्त है, कि माया अथवा अज्ञान त्रिगुणात्मक देहेंद्रिय का धर्म है, न कि आत्मा का, आत्मा तो ज्ञानमय और नित्य है, इंद्रियाँ उसको भ्रम में डालती है; वही अद्वैती सिद्धान्त ऊपर के श्लोक में बतलाया है (गीतां 7.24; गीतार. प्र. 9)। (14) मेरी यह गुणात्मक और दिव्य माया दुस्तर है। अतः इस माया को वे पार कर जाते हैं, जो मेरी ही शरण में आते हैं।

(इससे प्रकट होता है, कि सांख्यशास्त्र की त्रिगुणात्मक प्रकृति को ही गीता में

भगवान अपनी माया कहते हैं। महाभारत के नारायणीयोपाख्यान में कहा है, कि नारद को विश्वरूप दिखलाकर अंत में भगवान् बोले, कि:-

माया ह्येषा मया सृष्टा यन्मां पश्यसि नारद।
सर्वभूतगुणैर्युक्तं नैव त्वं ज्ञातुमर्हसि॥

"हे नारद! तुम जिसे देख रहे हो, वह मेरी उत्पन्न की हुई माया है। तू मुझे सब प्राणियों के गुणों से युक्त मत समझ" (शां. 339.44)। वही सिद्धान्त अब यहाँ भी बतलाया गया है। गीतारहस्य के 9वें और 10वें प्रकरण में बतला दिया है, कि माया क्या चीज है)

(15) माया ने जिनका ज्ञान नष्ट कर दिया है) ऐसे मूढ़ और दुष्कर्मी नराधम आसुरी बुद्धि में पड़कर मेरी शरण में नहीं आते।

(यह बतला दिया, कि माया में डूबे रहने वाले लोग परमेश्वर को भूल जाते हैं और नष्ट हो जाते हैं। अब ऐसा न करने वाले अर्थात् परमेश्वर की शरण में जाकर उसकी भक्ति करने वाले लोगों का वर्णन करते हैं।)

(16) हे भरतश्रेष्ठ अर्जुन! चार प्रकार के पुण्यात्मा लोक मेरी भक्ति किया करते हैं:- 1. आर्त अर्थात् रोग से पीड़ित, 2. जिज्ञासु अर्थात् ज्ञान प्राप्त कर लेने की इच्छा करने वाले, 3. अर्थार्थी अर्थात् द्रव्य आदि काम्य वासनाओं को

तेषां ज्ञानी नित्ययुक्त एकभक्तिर्विशिष्यते।
प्रियो हि ज्ञानिनोऽत्यर्थमहं स च मम प्रियः॥17॥
उदाराः सर्व एवैते ज्ञानी त्वात्मैव मे मतम्।
आस्थितः स हि युक्तात्म मामेव नुत्तमां गतिम्॥18॥
बहूनां जन्मनामन्ते ज्ञानवान्मां प्रपद्यते।
वासुदेवः सर्वमिति स महात्मा सुर्लभः॥19॥

मन में रखने वाले, और 4. ज्ञानी अर्थात् परमेश्वर का ज्ञान पाकर कृतार्थ हो जाने से आगे कुछ प्राप्त न करना हो, तो भी निष्काम बुद्धि से भक्ति करने वाले। (17) इसमें से एक भक्ति अर्थात् अनन्यभाव से मेरी भक्ति करने वाले और सदैव युक्त यानी निष्काम बुद्धि से बर्तने वाले ज्ञानी की योग्यता विशेष है, ज्ञानी को मैं अत्यंत प्रिय हूँ, और ज्ञानी मुझे (अत्यंत) प्रिय है। (18) ये सभी भक्त उदार अर्थात् अच्छे हैं; पर मेरा मत है, कि ज्ञानी तो आत्मा ही है। क्योंकि, वह युक्तचित्त होकर (सबकी) उत्तमोत्तम गतिस्वरूप मुझमें ही (उनमें) ठहरा रहता है। (19) अनेक जन्मों के अनन्तर यह अनुभव हो जाने से कि जो कुछ है, वह सब वासुदेव ही है, ज्ञानवान् मुझे पा लेता है। ऐसा महात्मा अत्यंत दुर्लभ है।

(क्षर-अक्षर की दृष्टि से भगवान ने अपने स्वरूप का यह ज्ञान बतला दिया, कि प्रकृति और पुरुष, दोनों मेरे ही स्वरूप हैं, और चारों ओर मैं ही एकता से भरा हूँ, इसके साथ ही भगवान ने ऊपर जो यह बतलाया है, कि इस स्वरूप की भक्ति करने से परमेश्वर की पहचान हो जाती है, उसके तात्पर्य को भली-भाँति स्मरण रखना चाहिए। उपासना सभी को चाहिए, फिर चाहे व्यक्ति की करो, चाहे अव्यक्त की, परंतु इन दोनों में व्यक्ति की उपासना सुलभ होने के कारण यहाँ उसी का वर्णन है; और उसी का नाम भक्ति है। तथापि स्वार्थ-बुद्धि को मन में रखकर किसी विशेष हेतु के लिए परमेश्वर की भक्ति करना निम्न श्रेणी की भक्ति है और परमेश्वर का ज्ञान पाने के हेतु से भक्ति करने वाले को भी (जिज्ञासु) कच्चा ही समझना चाहिए; क्योंकि उसकी

जिज्ञासुत्व-अवस्था से ही व्यक्त होता है, कि अभी तक उसको परिपूर्ण ज्ञान नहीं हुआ। तथापि कहा है, कि ये सब भक्ति करने वाले होने के कारण सभी उदार अर्थात् अच्छे मार्ग से जानने वाले हैं (श्लो. 18)। परंतु पहले तीन श्लोकों का तात्पर्य है, कि इसके भी आगे जाकर अर्थात् ज्ञान-प्राप्ति से कृतार्थ हो करके जिन्हें इस जगत में करने अथवा पाने के लिए कुछ भी शेष नहीं रह जाता (गीता 3.17-19), ऐसे ज्ञानी पुरुष निष्काम बुद्धि से जो भक्ति करते हैं (भाग. 1.7.10) वही सब श्रेष्ठ है। प्रह्लाद-नारद आदि की भक्ति इसी श्रेष्ठ श्रेणी की है, और

कामैस्तैस्तैर्हृतज्ञानाः प्रपद्यन्तैऽन्यदेवताः।
तं तं नियममास्थाय प्रकृत्या नियताः स्वया।।20।।
यो यो यां यां तनुं भक्तः श्रद्धयार्चितुमिच्छति।
तस्य तस्याचलां श्रद्धां तामेव विदधाम्यहम्।।21।।
स तया श्रद्धया युक्तस्तस्याराधनमीहते।
लभते च ततः कामान्मयैव विहितान्हि तान्।।22।।

इसी से भागवत में भक्ति का लक्षण भक्तियोग अर्थात् परमेश्वर की निर्हेतुक और निरंतर भक्ति माना है, (भाग. 3.29.12; गीतार. प्र. 13)। 17वें और 19वें श्लोक के 'एकभक्ति' और 'वासुदेवः' पद भागवत धर्म के हैं, और यह कहने में कोई क्षति नहीं, कि भक्तों का उक्त सभी वर्णन भागवत धर्म का ही है। क्योंकि महाभारत में (मभा. शां. 341.33-35) इस धर्म के वर्णन में चतुर्विध भक्तों का पहले उल्लेख करके फिर कहा है, कि:-

चतुर्विधा मम जना भक्ता एवं हि मे श्रुतम्।
तेषामेकान्तिनः श्रेष्ठा ये चैवानन्यदेवताः।।
अहमेव गतिस्तेषां निराशीःकर्मकारिणाम्।।
ये च शिष्टास्त्रयो भक्ताः फलकामा हि ते मताः।
सर्वे च्यवनधर्मास्ते प्रतिबुद्धस्तु श्रेष्ठभाक्।।

अनन्यदैवत और एकान्तिक भक्त जिस प्रकार 'निराशीः' अर्थात् फलाशारहित कर्म करता है, उस प्रकार अन्य तीन भक्त नहीं करते, वे कुछ-न-कुछ हेतु मन में रखकर भक्ति करते हैं, इसी से वे तीनों च्यवनशील हैं; और एकान्ती प्रतिबुद्ध (अर्थात् जानकार) श्रेष्ठ हैं। एवं आगे 'वासुदेव' शब्द की आध्यात्मिक व्युत्पत्तियों की है-"सर्वभूताधिवासश्च वसुदेवस्ततो ह्यहम्"-मैं प्राणिमात्र में वास करता हूँ, इसी से मुझको वासुदेव कहते हैं (मभा. शां. 341.40)। अस्तु; अब यह वर्णन करते हैं, कि यदि सर्वत्र एक ही परमेश्वर है, तो लोग भिन्न भिन्न देवताओं की उपासना क्यों करते हैं, और ऐसे उपासकों को क्या फल मिलता है:-)

(20) अपनी-अपनी प्रकृति के नियमानुसार भिन्न-भिन्न (स्वर्ग आदि फलों की) कामवासनाओं से पागल हुए लोग, भिन्न भिन्न (उपासनाओं के) नियमों को पालकर दूसरे (भिन्न-भिन्न) देवताओं को भजते रहते हैं। (21) जो भक्त जिस रूप की अर्थात् देवता की श्रद्धा से उपासना करना चाहते हैं, उसकी उसी श्रद्धा को मैं स्थिर कर देता हूँ। (22) फिर उस श्रद्धा से युक्त होकर, वह

अन्तवत्तु फलं तेषां तभ्दव यल्पमेवसाम्।
देवान्देवयजो यान्ति मभ्दक्ता यान्ति मामपि।।23।।

उस देवता की आराधना करने लगता है; एवं उसको मेरे ही निर्माण किए हुए कामफल मिलते हैं। (23) परंतु (इन) अल्प-बुद्धि लोगों को मिलने वाला यह फल नाशवान है (मोक्ष के समान स्थिर रहने वाला नहीं है)। देवताओं को भजने वाले उनके पास जाते हैं, और मेरे भक्त मेरे यहाँ आते हैं।

(साधारण मनुष्यों की समझ होती है, कि यद्यपि परमेश्वर मोक्षदाता है तथापि संसार के लिए आवश्यक अनेक इच्छित वस्तुओं को देने की शक्ति देवताओं, में ही है; और इसीलिए इन्हीं देवताओं की उपासना करनी चाहिए। इस प्रकार जब यह समझ दृढ़ हो गई, कि देवताओं की उपासना करनी चाहिए; तब अपनी-अपनी स्वाभाविक श्रद्धा के अनुसार (गीता 17.1-6) कोई पीपल पूजते हैं, कोई किसी चबूतरे की पूजा करते हैं और कोई किसी बड़ी भारी शिला को सिंदूर से रंगकर पूजते रहते हैं। इस बात का वर्णन उक्त श्लोकों में सुंदर रीति से किया गया है। इसमें ध्यान देने योग्य पहली बात यह है, कि भिन्न-भिन्न देवताओं की आराधना से जो फल मिलता है, आराधक समझते हैं, कि उसके देने वाले वे ही देवता हैं; परंतु पर्याय से यह परमेश्वर की पूजा हो जाती है (गीता 9.23) और तात्त्विक दृष्टि से वह फल भी परमेश्वर ही दिया करता है (श्लो. 22); यही नहीं, तो इस देवता की आराधना करने की बुद्धि भी मनुष्य के पूर्वकर्मानुसार परमेश्वर ही देता है। (श्लोक 21)। क्योंकि इस जगत में परमेश्वर के अतिरिक्त और कुछ भी नहीं है। वेदान्त सूत्र (3.2.38-41) और उपनिषदों में भी (कौषी. 3.8) यही सिद्धान्त है। इन भिन्न-भिन्न देवताओं की भक्ति करते-करते बुद्धि स्थिर और शुद्ध हो जाती है, तथा अन्त में एक एवं नित्य परमेश्वर का ज्ञान होता है-यही इन भिन्न-भिन्न उपासनाओं का उपयोग है। परंतु इससे पहले जो फल मिलते हैं; वे सभी अनित्य होते हैं। अत: भगवान का उपदेश है, कि इन फलों की आशा में न उलझकर 'ज्ञानी' भक्त होने की उमंग प्रत्येक मनुष्य को रखनी चाहिए। यद्यपि भगवान् सब बातों के करने वाले और सब फलों के दाता हैं, तो भी वे जिसके जैसे कर्म होंगे, तदनुसार ही तो फल देंगे (गीता 4.11), अत: तात्त्विक दृष्टि से यह भी कहा जाता है, कि ये स्वयं कुछ भी नहीं करते (गीता 5.14)। गीतारहस्य के 10वें और 13वें प्रकरण में) इस विषय का अधिक विवेचन है; उसे देखो। कुछ लोग यह भूल जाते हैं, कि देवताओं की आराधना का फल भी परमेश्वर ही देता है और वे प्रकृति-स्वभाव के अनुसार इन देवताओं की धुन में लग जाते हैं; अब ऊपर के इसी वर्णन का स्पष्टीकरण करते हैं:-)

अव्यक्तं व्यक्तिमापन्नं मन्यन्ते मामबुद्धयः।
परं भावमजानन्तो ममाव्ययमनुत्तमम्।।24।।
नाहं प्रकाशः सर्वस्य योगमायासमावृत्तः।
मूढोऽयं नाभिजानाति लोको मामजमव्ययम्।।25।।

(24) अबुद्धि अर्थात् मूढ़ लोग, मेरे परं अर्थात् श्रेष्ठ, उत्तमोत्तम और अव्यक्त रूप को न जानकर मुझ अव्यक्त को व्यक्त हुआ मानते हैं। (25) अपनी योगरूप माया से आच्छादित रहने के कारण मैं सबको (अपने स्वरूप से) प्रकट नहीं दिखता। मूढ़ लोग नहीं जानते, कि मैं अज और अव्यय हूँ।

(अव्यक्त स्वरूप को छोड़कर व्यक्त स्वरूप धारण कर लेने की युक्ति को योग कहते हैं (गीता 4.6; 7.15;9.7)। वेदान्ती लोग इसी को माया कहते हैं, और इस योगमाया से ढका हुआ परमेश्वर व्यक्त-स्वरूपधारी होता है। सारांश, इस श्लोक का भावार्थ यह है, कि व्यक्त सृष्टि मायिक अथवा अनित्य है और अव्यक्त परमेश्वर सच्चा

या नित्य है। परंतु कुछ लोग इस स्थान पर और अन्य स्थानों पर भी 'माया' शब्द का 'अलौकिक' अथवा 'विलक्षण शक्ति' अर्थ मानकर प्रतिपादन करते हैं, कि यह माया मिथ्या नहीं है, परमेश्वर के समान ही नित्य है। गीतारहस्य के नवें प्रकरण में माया के स्वरूप का विस्तार सहित विचार किया है, इस कारण यहाँ इतना ही कह देते हैं, कि यह बात अद्वैत वेदान्त को भी मान्य है, कि माया परमेश्वर की ही कोई विलक्षण और अनादि लीला है। क्योंकि, माया यद्यपि इंद्रियों का उत्पन्न किया हुआ है, तथापि इंद्रियाँ भी परमेश्वर की सत्ता से ही यह काम करती हैं, अतएव अंत में इस माया को परमेश्वर की ही लीला कहना पड़ता है। विवाद है केवल इसके तत्त्वतः सत्य या मिथ्या होने में; सो उक्त श्लोक से प्रकट होता है, कि विषय में अद्वैत वेदान्त के समान ही गीता का भी यही सिद्धान्त है, कि जिस नामरूपात्मक माया से परमेश्वर व्यक्त माना जाता है, वह माया, -फिर चाहे उसे अलौकिक शक्ति कहो या और कुछ कहो-अज्ञान से उपजी हुई दिखाऊ वस्तु या 'मोह' है, और सत्य परमेश्वर-तत्त्व इससे पृथक् है। यदि ऐसा न हो, तो 'अबुद्धि' 'मूढ़' शब्दों के प्रयोग करने का कोई कारण नहीं दीख पड़ता। सारांश, माया सत्य नहीं है, सत्य है एक परमेश्वर ही। किंतु गीता का कथन है, कि इस माया से भूले रहने से लोग अनेक देवताओं के फंदे में पड़े रहते हैं। बृहदारण्यक उपनिषद में (बृ. 1.4.10) इसी प्रकार का वर्णन है; वहाँ कहा है, कि जो लोक आत्मा और ब्रह्म को एक ही न जान कर भेदभाव से भिन्न-भिन्न देवताओं के फंदे में पड़े रहते हैं, वे 'देवताओं के पशु' हैं, अर्थात् गाय आदि पशुओं से जैसे मनुष्य को फायदा होता है, वैसे ही इन अज्ञानी भक्तों से सिर्फ

वेदाहं समतीतानि वर्तमानानि चार्जुन।
भविष्याणि च भूतानि मां तु वेद न कश्चन।।26।।
इच्छाद्वेषसमुत्थेन द्वन्द्वमोहेन भारत।
सर्वभूतानि सम्मोहं सर्गे यान्ति परंतप।।27।।
येषां त्वन्तगतं पापं जनानां पुण्यकर्मणाम्।
ते द्वन्द्वमोहनिर्मुक्ता भजन्ते मां ढव्रताः।।28।।
जरामरणमोक्षाय मामाश्रित्य यतन्ति ये।
ते ब्रह्म तद्विदुः कृत्स्नमध्यात्मं कर्म चाखिलम्।।29।।
साधिभूताधिदैवं मां साधियज्ञं च ये विदुः।
प्रयाणकालेऽपि च मां ते विदुर्युक्तचेतसः।।30।।

इति श्रीमद्भगवद्गीतासु उपनिषत्सु ब्रह्मविद्यायां योगशास्त्रे श्रीकृष्णार्जुन-संवादे ज्ञानविज्ञानयोगो नाम सप्तमोधायः।।7।।

(देवताओं का ही फायदा है, इनके भक्तों का मोक्ष नहीं मिलता। माया में उलझ कर भेदभाव से अनेक देवताओं की उपासना करने वालों का वर्णन हो चुका; अब बतलाते हैं, कि इस माया से धीरे-धीरे छुटकारा क्यों कर होता है:-) (26) हे अर्जुन! भूत, वर्तमान और भविष्यत् (काल में जो हो चुके हैं उन्हें, मौजूदा और आगे होने वाले) सभी प्राणियों को मैं जानता हूँ; परंतु मुझे कोई भी नहीं जानता। (27) क्योंकि हे भारत! (इंद्रियों की) इच्छाओं और द्वेष से उपजने वाले (सुख-दुःख आदि) द्वंद्वों के मोह से समस्त प्राणी, हे परंतप! इस सृष्टि में भ्रम में फँस जाते हैं। (28) परंतु जिन पुण्यात्माओं के पाप का अंत हो गया है, वे (सुख-दुःख आदि) द्वंद्वों के मोह से छूटकर दृढ़व्रत होकर

मेरी भक्ति करते हैं।

(इस प्रकार माया से छुटकारा हो चुकने पर, आगे उनकी जो स्थिति होती है, उसका वर्णन करते हैं:-) (29) जो (इस प्रकार) मेरा आश्रयकर जरा-मरण से अर्थात् पुनर्जन्म के चक्कर से छूटने के लिए प्रयत्न करते हैं, वे (सब) ब्रह्म, (सब) अध्यात्म और सब कर्म को जान लेते हैं। (30) और अधिभूत एवं अधियज्ञ सहित (अर्थात् यह इस प्रकार, कि मैं ही यह सब हूँ) जो मुझे जानते हैं, वे युक्तिचित्त (होने के कारण) मरण-काल में भी मुझे जानते हैं।

(अगले अध्याय में अध्यात्म, अधिभूत, अधिदैव और अधियज्ञ का निरूपण किया है। धर्मशास्त्र का और उपनिषदों का सिद्धान्त है, कि मरण-काल में मनुष्य के मन में जो बुद्धि प्रबल रहती है, उसके अनुसार उसे आगे जन्म मिलता है; इस सिद्धान्त को लक्ष्य करके अंतिम श्लोक में 'मरण-काल में भी' शब्द है; तथापि उक्त श्लोक के 'भी' पद से स्पष्ट होता है, कि मरने से पहले परमेश्वर का पूर्ण ज्ञान हुए बिना केवल अंतकाल में ही यह ज्ञान नहीं हो सकता (गीता 2.72)। विशेष विवरण अगले अध्याय में है। कह सकते हैं, कि इन दो श्लोकों में अधिभूत आदि शब्दों से आगे के अध्याय की प्रस्तावना ही की गई है।)

इस प्रकार श्रीभगवान् के गाए हुए-अर्थात् कहे हुए-उपनिषद में, ब्रह्मविद्यान्तर्गत योग-अर्थात् कर्मयोग-शास्त्रविषयक, श्रीकृष्ण और अर्जुन के संवाद में, ज्ञानविज्ञानयोग नामक सातवाँ अध्याय समाप्त हुआ।

❑❑❑

आठवाँ अध्याय

(इस अध्याय में कर्मयोग के अंतर्गत ज्ञान-विज्ञान का निरूपण ही हो रहा है, और पिछले अध्याय में ब्रह्म, अध्यात्म, कर्म, अधिभूत, अधिदैव और अधियज्ञ, ये जो परमेश्वर के स्वरूप के विविध भेद कहे हैं, पहले उनका अर्थ बतलाकर विवेचन किया है, कि उनमें क्या तथ्य है। परंतु यह विवेचन उन शब्दों की केवल व्याख्या करके अर्थात् अत्यंत संक्षिप्त रीति से किया है, अतः यहाँ पर उक्त विषय का कुछ अधिक स्पष्टीकरण कर देना आवश्यक है। बाह्य सृष्टि के अवलोकन से उसके वार्ता की कल्पना लोग अनेक रीतियों से किया करते हैं। 1. कोई कहते हैं, कि सृष्टि के सब पदार्थ पंचमहाभूतों के ही विकार हैं और इन पंचमहाभूतों को छोड़ मूल में दूसरा कोई भी तत्त्व नहीं है। 2. दूसरे कई लोग यह प्रतिपादन करते हैं, कि गीता के चौथे अध्याय के वर्णन के अनुसार समस्त जगत् यज्ञ से हुआ है, इसलिए यह परमेश्वर यज्ञ नारायण रूपी है और यज्ञ से ही उसकी पूजा होती है। 3. और कुछ लोगों का कहना है, कि जड़ पदार्थ स्वयं सृष्टि के व्यापार नहीं करते; किंतु उनमें से प्रत्येक में कोई-न-कोई सचेतन पुरुष या देवता रहते हैं; जो कि इन व्यवहारों को किया करते हैं, और इसीलिए हमें उन देवताओं की आराधना करनी चाहिए। उदाहरणार्थ, जड़ पांच भौतिक सूर्य के गोले में सूर्य नाम का जो पुरुष है, वही प्रकाश देने वगैरह का काम किया करता है, अतएव वही उपास्य है। 4. चौथे पक्ष का कथन है, कि प्रत्येक पदार्थ में उस पदार्थ से भिन्न किसी देवता का निवास मानना ठीक नहीं है। जैसे मनुष्य के शरीर में आत्मा है, वैसे ही प्रत्येक वस्तु में उसी वस्तु का कुछ-न-कुछ सूक्ष्म रूप अर्थात् आत्मा के समान सूक्ष्म शक्ति वास करती है और वही उसका मूल और सच्चा स्वरूप है। उदाहरणार्थ, पंच स्थूल महाभूतों में पंच-सूक्ष्म-तन्मात्राएँ और हाथ-पैर आदि स्थूल इंद्रियों में सूक्ष्म इंद्रियाँ मूलभूत रहती हैं। इसी चौथे तत्त्वों पर सांख्यों का यह मत भी अवलंबित है, कि प्रत्येक मनुष्य की आत्मा भी पृथक्-पृथक् है और पुरुष असंख्य हैं; परंतु जान पड़ता है, कि यहाँ इस सांख्य मत का 'अधिदेह' वर्ग में समावेश किया गया है। उक्त चार पक्षों को ही क्रम से अधिभूत, अधियज्ञ, अधिदैवत और अध्यात्म कहते हैं। किसी भी शब्द के पीछे 'अधि' उपसर्ग रहने से यह अर्थ होता है-'तमाधिकृत्य', 'तद्विषयक', 'उस संबंध का' या 'उसमें रहने वाला'। इस अर्थ के अनुसार अधिदैवत अनेक देवताओं में रहने वाला तत्त्व है। साधारणतया अध्यात्म उस शास्त्र को कहते हैं, जो यह प्रतिपादन करता है, कि सर्वत्र एक ही आत्मा है। किंतु यह अर्थ सिद्धान्त पक्ष का है, अर्थात् पूर्व पक्ष के इस कथन की जाँच करके, कि 'अनेक वस्तुओं या मनुष्यों में भी अनेक आत्मा हैं", वेदान्तशास्त्र ने आत्मा की एकता के इस सिद्धान्त को निश्चित कर दिया है। अतः पूर्वपक्ष का जब विचार करना होता है, तब माना जाता है, कि प्रत्येक प्रदार्थ का सूक्ष्म स्वरूप या आत्मा पृथक्-पृथक् है; और यहाँ पर अध्यात्म शब्द से यही अर्थ अभिप्रेत है। महाभारत में मनुष्य की इंद्रियों का उदाहरण देकर स्पष्ट कर दिया है, कि अध्यात्म, अधिदैवत और अधिभूत-दृष्टि से एक ही विवेचन के इस प्रकार भिन्न-भिन्न भेद क्योंकर होते हैं? (मभा. शां. 313; अश्व. 41)। महाभारतकार कहते हैं, कि मनुष्य की इंद्रियों का विवेचन तीन तरह से किया जा सकता है, जैसे-अधिभूत, अध्यात्म और अधिदैवत। इन इंद्रियों के द्वारा जो विषय ग्रहण किए जाते हैं-उदाहरणार्थ, हाथों से जो लिया जाता है, कानों से जो सुना जाता है, आँखों से जो देखा जाता है या मन से जिसका चिंतन किया जाता

है-वे सब अधिभूत हैं; और हाथ-पैर आदि के (सांख्यशास्त्रोक्त) सूक्ष्म स्वभाव अर्थात् सूक्ष्म इंद्रियाँ, इन इंद्रियों के अध्यात्म हैं। परंतु इन दोनों दृष्टियों को छोड़कर अधिदैवत-दृष्टि से विचार करने पर-अर्थात् यह मान करके कि हाथों के देवता इंद्र, पैरों के विष्णु, गुद के मित्र, उपस्थ के प्रजापति, वाणी के अग्नि, आँखों के सूर्य, कानों के आकाश अथवा दिशा, जीभ के जल, नाक के पृथ्वी, त्वचा के वायु, मन के चंद्रमा, अहंकार के बुद्धि और बुद्धि के देवता पुरुष हैं। -कहा जाता है, कि ये ही देवता अपनी-अपनी इंद्रियो के व्यापार किया करते हैं, उपनिषदों में भी उपासना के लिए ब्रह्मस्वरूप के जो प्रतीक वर्णित हैं, उनमें मन को अध्यात्म और सूर्य अथवा आकाश को अधिदैवत प्रतीक कहा है (छां. 3.18.1)। अध्यात्म और अधिदैवत का यह भेद केवल उपासना के लिए ही नहीं किया गया है, बल्कि जब इस प्रश्न का निर्णय करना पड़ा, कि वाणी, चक्षु और श्रोत प्रभृति इंद्रियों एवं प्राणों में श्रेष्ठ कौन है? तब उपनिषदों में (बृ. 1.5.21-23; छां. 1.2-3; कौषी. 4.12-13) एक बार वाणी, चक्षु और श्रोत्र इन सूक्ष्म इंद्रियों को लेकर अध्यात्म-दृष्टि से विचार किया गया है, तथा दूसरी बार उन्हीं इंद्रियों के देवता अग्नि, सूर्य और आकाश को लेकर अधिदैवत-दृष्टि से विचार किया गया है। सारांश यह है, कि अधिदैवत, अधिभूत और अध्यात्म आदि भेद प्राचीन काल से चले आ रहे हैं, और यह प्रश्न भी उसी जमाने का है, कि परमेश्वर के स्वरूप की इन भिन्न भिन्न कल्पनाओं में से सच्ची कौन है अथवा उसका तथ्य क्या है? बृहदारण्यक उपनिषद् में (बृ. 3.7) याज्ञवल्क्य ने उद्दालक आरुणि से कहा है, कि सब प्राणियों में, सब देवताओं में, समग्र अध्यात्म में, सब लोगों में, सब यज्ञों में और सब देहों में व्याप्त होकर, उनके न समझने पर भी, उनको नचाने वाला एक-ही परमात्मा है। उपनिषदों का यही सिद्धान्त वेदान्त-सूत्र के अंतर्यामी अधिकरण में है (वे. सू. 1.2.18-20), और वहीं यह सिद्ध किया है, कि सबके"अंतःकरण में रहने वाला यह तत्त्व सांख्यों की प्रकृति या जीवात्मा नहीं है, किंतु परमात्मा है। इसी सिद्धान्त के अनुरोध से भगवान् अब अर्जुन से कहते हैं, कि मनुष्य की देह में, सब प्राणियों में (अधिभूत), सब यज्ञों में (अधियज्ञ), सब देवताओं में।

अष्टमोऽध्यायः

अर्जुन उवाच

किं तद्ब्रह्म किमध्यात्मं किं कर्म पुरुषोत्तम।
अधिभूतं च किं प्रोक्तमधिदैवं किमुच्यते॥1॥
अधियः कथं कोऽत्र देहेऽस्मिन्मधुसूदंन।
प्रयाणकाले च कथं ज्ञेयोऽसि नियतात्मभिः॥2॥

श्रीभगवानुवाच।

अक्षरं ब्रह्म परमं स्वभावोऽध्यात्ममुच्यते।
भूतभावोद्भवकरो विसर्गः कर्मसंज्ञित॥3॥
अधिभूतं क्षरो भावः पुरुषश्चाधिवदैवतम्।
अधियज्ञोऽहमेवात्र देहे देहभृवां वर॥4॥

(अधिदैवत), सब कर्मों में, और सब वस्तुओं के सूक्ष्म (अर्थात् अध्यात्म) स्वरूपों में एक ही परमेश्वर समाया हुआ है और देवता यज्ञ इत्यादि नानात्व अथवा विविध ज्ञान सच्चा नहीं है। सातवें अध्याय के अंत में भगवान ने अधिभूत आदि जिन शब्दों का

उच्चारण किया है, उनका अर्थ जानने की अर्जुन को इच्छा हुई, अतः वह पहले पूछता है:-)

अर्जुन ने कहा :- (1) हे पुरुषोत्तम! वह ब्रह्म क्या है? अध्यात्म क्या है? कर्म के माने क्या हैं? अधिभूत किसे कहना चाहिए? और अधिदैवत किसको कहते हैं? अधिभूत किसे कहना चाहिए? और अधिदैवत किसको कहते हैं? (2) अधियज्ञ कैसा होता है? हे मधुसूदन! इस देह में (अधिदेह) कौन है? और (मुझे यह बतलाओ, कि) अंतकाल में इंद्रियनिग्रह करने वाले (लोग) तुमको कैसे पहचानते हैं?

(ब्रह्म, अध्यात्म, कर्म, अधिभूत और अधियज्ञ शब्द पिछले अध्याय में आ चुके हैं; इनके सिवा अब अर्जुन ने यह नया प्रश्न किया है, कि अधिदेह कौन है? इस पर ध्यान देने से आगे के उत्तर का अर्थ समझने में कोई अड़चन न होगी।)

श्रीभगवान ने कहा :- (3) (सबसे) परम अक्षर अर्थात् कभी भी नष्ट न होने वाला तत्त्व ब्रह्म है, (और) प्रत्येक वस्तु का अपना मूल भाव (स्वभाव) अध्यात्म कहलाता है। (अक्षर-ब्रह्म से) भूतमात्रादि (चर-अचर) पदार्थों की उत्पत्ति करने वाला विसर्ग अर्थात् सृष्टि-व्यापार कर्म है। (4) (उपजे हुए सब प्राणियों की) क्षर अर्थात् नामरूपात्मक या नाशवान् स्थिति अधिभूत है; और (इस पदार्थ में) जो पुरुष अर्थात् सचेतन अधिष्ठाता है, वह अधिदैवत है; हे देहधारियों में श्रेष्ठ; (जिसे) अधियज्ञ (अर्थात् सब यज्ञों का अधिपति कहते हैं; वह) मैं ही इस देह में (अधिदेह) हूँ।

(तीसरे श्लोक का 'परम' शब्द ब्रह्म का विशेषण नहीं है, किंतु अक्षर का विशेषण है। सांख्यशास्त्र में अव्यक्त प्रकृति को भी 'अक्षर' कहा है (गीता 15.16)। परंतु वेदान्तियों का ब्रह्म इस अव्यक्त और अक्षर प्रकृति के भी परे का है (इसी अध्यात्म का 20वाँ और 31वाँ श्लोक देखो); और इसी कारण केवल 'अक्षर' शब्द के प्रयोग से सांख्यों की प्रकृति अथवा ब्रह्म, ये दोनों अर्थ हो सकते हैं। इस संदेह को मिटाने के लिए 'अक्षर' शब्द के आगे 'परम' विशेषण रख कर ब्रह्म की व्याख्या की है (गीतार. प्र. 9)। हमने 'स्वभाव' शब्द का अर्थ, ऊपर दिए हुए महाभारत के उदाहरणों के अनुसार, किसी भी पदार्थ का 'सूक्ष्म स्वरूप' किया है। नारदीय सूत्र में दृश्य जगत को परब्रह्म की विसृष्टि (विसर्ग) कहा है (गीतार. प्र. 9); और विसर्ग शब्द का वही अर्थ यहाँ लेना चाहिए। विसर्ग का अर्थ 'यज्ञ का हविरुत्सर्ग' करने की कोई जरूरत नहीं है, गीतारहस्य के दसवें प्रकरण में इस बात का विस्तृत विवेचन किया गया है, कि इस दृश्य सृष्टि को ही कर्म क्यों कहते हैं? पदार्थ मात्र के नामरूपात्मक विनाशी स्वरूप को 'क्षर' कहते हैं; और इससे परे जो अक्षर तत्त्व है, उसको ब्रह्म समझना चाहिए। 'पुरुष' शब्द से सूर्य का पुरुष, जल के देवता या वरुणपुरुष इत्यादि सचेतन सूक्ष्म देहधारी देवता विवक्षित हैं और हिरण्यगर्भ का भी उसमें समावेश होता है। यहाँ भगवान ने 'अधियज्ञ' शब्द की व्याख्या नहीं की। क्योंकि, यज्ञ के विषय में पीछे तीसरे और चौथे अध्यायों में विस्तारसहित वर्णन हो चुका है और फिर आगे भी कहा है, कि 'सब यज्ञों का प्रभु और भोक्ता मैं ही हूँ (गीता 9.24; 5.29; मभा. शां. 340)। इस प्रकार अध्यात्म आदि के लक्षण बतलाकर अंत में संक्षेप से कह दिया है, कि इस देह में 'अधियज्ञ' (जिसे कहते हैं) वही मैं हूँ, अर्थात् मनुष्य देह में अधिदेह और अधियज्ञ भी मैं ही हूँ। प्रत्येक देह में पृथक्-पृथक् आत्मा (पुरुष) मानकर सांख्यवादी कहते हैं, कि वे असंख्य हैं। परंतु वेदान्तशास्त्र को यह मत मान्य नहीं है, उसने निश्चय किया है, कि यद्यपि देह अनेक हैं, तथापि सबमें आत्मा एक ही है (गीतार. प्र. 7)। 'अधिदेह मैं ही हूँ" इस वाक्य में यही सिद्धान्त दर्शाया है; तो भी इस वाक्य के 'मैं ही हूँ' शब्द केवल अधियज्ञ अथवा अधिदेह को ही उद्देश्य करके प्रयुक्त नहीं हैं; उनका संबंध अध्यात्म आदि पूर्व पदों से भी है। अतः समग्र अर्थ

ऐसा होता है, कि अनेक प्रकार के यज्ञ, अनेक पदार्थों के अनेंक देवता, विनाशवान् पंचमहाभूत, पदार्थमात्रा के सूक्ष्म भाग अथवा विभिन्न आत्मा, ब्रह्म, कर्म अथवा

अन्तकाले च मामेव स्मरन्मुक्त्वा कलेवरम्।
यः प्रयाति स मद्‌भावं याति नास्त्यत्र संशयः॥5॥
यं यं वापि स्मरन्भावं त्यजत्यन्ते कलेवरम्।
तं तमेवैति कौन्तेय सदा तद्‌भावभावितः॥6॥

भिन्न-भिन्न मनुष्यों की देह-इन सबमें 'मैं ही हूँ', अर्थात् सबमें एक ही परमेश्वर तत्त्व है। कई लोगों का कथन है, कि यहाँ 'अधिदेह' स्वरूप का स्वतंत्र वर्णन नहीं है, अधियज्ञ की व्याख्या करते समय अधिदेह का उसमें पर्याय से उल्लेख हो गया है। किंतु हमें यह अर्थ ठीक नहीं जान पड़ता। क्योंकि, न केवल गीता में ही, प्रत्युत उपनिषदों और वेदान्त-सूत्रों में भी (बृ. 3.7; वे. सू. 1.2.20) जहाँ यह विषय आया है, वहाँ अधिभूत आदि स्वरूपों के साथ ही शरीर आत्मा का ही विचार किया है, और सिद्धान्त किया है, कि सर्वत्र एक ही परमात्मा है। ऐसे ही गीता में जबकि अधिदेह के विषय में पहले भी प्रश्न हो चुका है, तब यहाँ उसके पृथक् उल्लेख को ही विवक्षित मानना युक्ति संगत है। यदि यह सच है, कि सब कुछ परब्रह्म ही है, तो पहले पहल ऐसा बोध होना संभव है, कि उसके अधिभूत आदि स्वरूपों का वर्णन करते समय उसमें परब्रह्म को भी शामिल कर लेने की कोई जरूरत न थी। परंतु नानात्वदर्शक यह वर्णन उन लोगों को लक्ष्य करके किया गया है, कि जो ब्रह्म, आत्मा, देवता और यज्ञनारायण आदि अनेक भेद करके नाना प्रकार की उपासना में उलझे रहते हैं, अतएव पहले वे लक्षण बतलाए गए हैं, कि जो उन लोगों की समझ के अनुसार होते हैं, और फिर यह भेदों के सिद्धान्त किए गए हैं, कि 'यह सब मैं ही हूँ'। उक्त बात पर ध्यान देने से कोई भी शंका नहीं रह जाती। अस्तु; इस भेद का तत्त्व बतला दिया गया, कि उपासना के लिए अधिभूत, अधिदैवत् अध्यात्म, अधियज्ञ और अधिदेह प्रभृति अनेक भेद करने पर भी यह नानात्व सच्चा नहीं है, और वास्तव में एक ही परमेश्वर सबमें व्याप्त है। अब अर्जुन के इस अंतिम प्रश्न का उत्तर देते हैं, कि अंतकाल में यह सर्वव्यापी भगवान् कैसे पहचाना जाता है:-)

(5) और इसमें संदेह नहीं है, कि अंतकाल में जो मेरा ही स्मरण करता हुआ देह त्यागता है, वह मेरे स्वरूप में मिल जाता है। (6) अथवा हे कौन्तेय! सदा अर्थात् जन्म भर उसी मे रंगे रहने से मनुष्य जिस भाव का स्मरण करता हुआ अंत में शरीर त्यागता है, (आगे) उसी में (भाव) वह जा मिलता है।

(पाँचवें श्लोक में मरण-समय में परमेश्वर के स्मरण करने की आवश्यकता और फल बतलाया है। परंतु संभव है, कि इससे कोई यह समझ ले, कि केवल मरण-काल में यह स्मरण करने से ही काम चल जाता है, इसीलिए छठे श्लोक में

तस्मात्सर्वेषु कालेषु मामनुस्मर युध्य च।
मय्यर्पितमनोबुद्धिर्मामेवैष्यसंशयम्॥7॥
अभ्यासयोगयुक्तेन बेतसा नान्यगामिना।
परमं पुरुषं दिव्यं याति पार्थानुचिन्तयन्॥8॥

यह बतलाया है, कि जो बात जन्मभर मन में रहती है, वह मरण-काल में भी नहीं छूटती, अतएव न केवल मरण-काल में भी प्रत्युत जन्मभर भी परमेश्वर का स्मरण और उपासना करने की आवश्यकता सिद्ध हुई है (गीतार. प्र. 10)। इस सिद्धान्त को

मान लेने से आप ही सिद्ध हो जाता है, कि अंतकाल में परमेश्वर को भजने वाले परमेश्वर को पाते हैं और देवताओं का स्मरण करने वाले देवताओं को पाते हैं (गीता 7.23; 8.13; 9.25)। क्योंकि छांदोग्य उपनिषद के कथनानुसार "यथा क्रतुरस्मिंल्लोके पुरुषो भवति तथेतः प्रेत्य भवति" (छां. 3.14.1)-इस लोक में मनुष्य का जैसा क्रतु अर्थात् संकल्प होता है, मरने पर उसे वैसी ही गति मिलती है। छांदोग्य के समान अन्य उपनिषदों में भी ऐसे ही वाक्य हैं (प्रश्न. 3.10; मैत्र्यु. 4.6)। परंतु गीता अब यह कहती है, कि जन्मभर एक ही भावना से मन को रंगे बिना, अंतकाल की यातना के समय वही भावना स्थिर नहीं रह सकती। अतएव आमरण अर्थात् आजीवन परमेश्वर का ध्यान करना आवश्यक है (वे. सू. 4.1.12)-इस सिद्धान्त के अनुसार अर्जुन से भगवान कहते हैं, कि:-)

(7) इसलिए सर्वकाल अर्थात् सदैव ही मेरा स्मरण करता रह, और युद्ध कर। मुझमें मन और बुद्धि अर्पण करने से (युद्ध करने पर भी) मुझमें ही निःसंदेह आ मिलेगा। (8) हे पार्थ! चित्त को दूसरी ओर न जाने देकर अभ्यास की सहायता से उसको स्थिर करके दिव्य परम पुरुष का ध्यान करते रहने से मनुष्य उसी पुरुष में जा मिलता है।

(जो लोग भगवद्गीता में इस विषय का प्रतिपादन बतलाते हैं, कि संसार को छोड़ दो और केवल भक्ति का ही अवलंब करो, उन्हें सातवें श्लोक के सिद्धान्त की ओर अवश्य ध्यान देना चाहिए। मोक्ष तो परमेश्वर की ज्ञानयुक्त भक्ति से मिलता है; और यह निर्विवाद है, कि मरण समय में भी उसी भावना को स्थिर रहने के लिए जन्म भर वही अभ्यास करना चाहिए। किंतु गीता का यह अभिप्राय नहीं, कि उसके लिए कर्मों को छोड़ देना चाहिए; इसके विरुद्ध गीताशास्त्र का सिद्धान्त है, कि स्वधर्म के अनुसार जो कर्म प्राप्त होते जाएँ, भगवद्भक्त को उन सबको निष्काम बुद्धि से करते रहना चाहिए, और उसी सिद्धान्त को इन शब्दों से व्यक्त किया है, कि "मेरा सदैव चिंतन कर; और युद्ध कर।" अस्तु; अब

कविं पुराणमनुशासितारमणोरणीयांसमनुस्मरेद्यः।
सर्वस्य धातारमचिन्त्यरूपमादित्यवर्णं तमसः परस्तात्॥9॥
प्रयाणकाले मनसाचलेन भक्त्या युक्तो योगबलेन चैव।
भ्रुवोर्मध्ये प्राणमावेश्य सम्यक् स तं परं पुरुषमुपैति दिव्यम्॥10॥
यदक्षरं वेदविदो वदन्ति विशन्ति यद्यतयो वीतरागाः।
यदिच्छन्तो ब्रह्मचर्यं चरन्ति तत्ते पदं संग्रहेण प्रवक्ष्ये॥11॥
सर्वद्वाराणि संयम्य मनो हृदि निरुध्य च।
मूर्ध्न्याधायात्मनः प्राणमास्थितो योगधारणाम्॥12॥
ॐ इत्येकाक्षरं ब्रह्म व्याहरन्मामनुस्मरन्।
यः प्रयाति त्यजन्देहं स याति परमां गतिम्॥13॥

बतलाते हैं, कि परमेश्वरार्पण-बुद्धि से जन्म भर निष्काम कर्म करने वाले कर्मयोगी अंतकाल में भी दिव्य परम पुरुष का चिंतन किस प्रकार से करते हैं।)

(9) कवि अर्थात् सर्वज्ञ पुरातन, शास्ता अणु से भी छोटे, सबके धाता अर्थात् आधार या कर्ता, अचिंत्यस्वरूप और अंधकार से परे के सूर्य के समान देदीप्यमान पुरुष का स्मरण (जो पुरुष), करता है, वह (मनुष्य) उसी दिव्य परम पुरुष में जा मिलता है। (10) अंतकाल में (इंद्रियनिग्रहरूप) योग की सामर्थ्य से और भक्तियुक्त होकर

मन को स्थिर करके और दोनों भौहों के बीच में प्राण को भली भाँति रखकर, (11) वेद के जानने वाले जिसे अक्षर कहते हैं, वीतराग होकर यति लोग जिसमें प्रवेश करते हैं और जिसकी इच्छा करके ब्रह्मचर्यव्रत का आचरण करते हैं, वह पद अर्थात् ॐकार ब्रह्म तुझे संक्षेप से बतलाता हूँ। (12) सब (इंद्रियरूपी) द्वारों का संयम कर और मन का हृदय में निरोध करके, (एवं) मस्तक में, अपना प्राण ले जाकर समाधियों में स्थिर होने वाला, (13) इस एकाक्षर ब्रह्म ॐ का जप और मेरा स्मरण करता हुआ जो (मनुष्य) देह छोड़ कर जाता है, उसे उत्तम गति मिलती है।

(श्लोक 9-11 में परमेश्वर के स्वरूप का जो वर्णन है, वह उपनिषदों से लिया गया है। नवें श्लोक का 'अणोरणीयान्' पद और अंत का चरण श्वेताश्वतर उपनिषद का है (श्वे. 3.8, 9), एवं ग्यारहवें श्लोक का पूर्वार्द्ध अर्थतः और उत्तरार्द्ध शब्दशः कठ उपनिषद का है (कठ. 2.15)। कठ उपनिषद में "तत्ते पदं संग्रहेण ब्रवीमि" इस चरण के आगे 'ओमित्येतत्' स्पष्ट कहा गया है, इससे प्रकट होता है, कि 11वें श्लोक के 'अक्षर' और 'पद' श्लोक का अर्थ ॐ वर्णाक्षररूपी ब्रह्म अथवा ॐ शब्द लेना चाहिए; और 13वें श्लोक से भी प्रकट

अनन्यचेताः सततं यो मां स्मरति नित्यशः।
तस्याहं सुलभः पार्थ नित्ययुक्तस्य योगिनः॥14॥
मामुपेत्य पुनर्जन्म दुःखालयमशाश्वतम्।
नाप्नुवन्ति महात्मानः संसिद्धिं परमां गताः॥15॥
आब्रह्मभुवनाल्लोकाः पुनरावर्तिनोऽर्जुन।
मामुपेत्य तु कौन्तेय पुनर्जन्म न विद्यते॥16॥

होता है, कि यहाँ ॐकारोपासना ही उद्दिष्ट है (प्रश्न 5)। तथापि यह नहीं कह सकते, कि भगवान के मन में 'अक्षर = अविनाशी ब्रह्म, और 'पद' = परम स्थान, ये अर्थ भी न होंगे। क्योंकि, वर्णमाला का ॐ एक अक्षर है, और इसके सिवा यह कहा जा सकेगा, कि वह ब्रह्म के प्रतीत के नाते अविनाशी भी है (21वाँ श्लोक देखो)। इसलिए 11वें श्लोक के अनुवाद में 'अक्षर' और 'पद' ये दोहरे अर्थ वाले मूल शब्द ही हमने रख लिए हैं। अब इस उपासना से मिलने वाली उत्तर गति का ही अधिक निरूपण करते हैं:-)

(14) हे पार्थ! अनन्यभाव से सदा-सर्वदा जो मेरा नित्य स्मरण करता रहता है, उस नित्ययुक्त (कर्म) योगी को मैं अर्थात् मेरी प्राप्ति सुलभ रीति से होती है। (15) मुझमें मिल जाने पर, परम सिद्धि पाए हुए महात्मा उस पुनर्जन्म को नहीं पाते, कि जो दुःखों का घर है और अशाश्वत है। (16) हे अर्जुन! ब्रह्मलोक तक (स्वर्ग आदि) जितने लोक हैं वहाँ से (कभी न कभी इस लोक में) पुनरावर्तन अर्थात् लौटना (पड़ता) है। परंतु हे कौन्तेय! मुझमें मिल जाने पर पुनर्जन्म नहीं होता।

(सोलहवें श्लोक के 'पुनरावर्तन' शब्द का अर्थ पुण्य चुक जाने पर भूलोक में लौट आना है (गीता 9.21; मभा. वन. 260)। यज्ञ देवताराधन और वेदाध्ययन प्रभृति कर्मों से यद्यपि इंद्रलोक, वरुणलोक, सूर्यलोक और कदाचित् ब्रह्मलोक प्राप्त हो जाए, तथापि पुण्यांश के समाप्त होते ही वहाँ से लौटकर फिर इस लोक में जन्म लेना पड़ता है (बृ. 4.4.6); अथवा अंततः ब्रह्मलोक का नाश हो जाने पर पुनर्जन्म चक्र में तो जरूर ही गिरना पड़ता है। अतएव, उक्त 16वें श्लोक का भावार्थ यह है, कि ऊपर लिखी हुई सब गतियाँ कम दर्जे की हैं और परमेश्वर के ज्ञान से ही पुनर्जन्म नष्ट होता है, इस

कारण वही गति सर्वश्रेष्ठ है (गीता 9.20, 21)। अंत में जो कहा है, कि ब्रह्मलोक की प्राप्ति भी अनित्य है, उसके समर्थन में अब बतलाते हैं, कि ब्रह्मलोक सहित समस्त सृष्टि की उत्पत्ति और लय बारंबार कैसे होता रहता है:-)

सहस्रयुगपर्यन्तमहर्यद्ब्रह्मणो विदुः।
रात्रिं युगसहस्रान्तां तेऽहोरात्रविदो जनाः॥17॥
अव्यक्ताद्व्यक्तयः सर्वाः प्रभवन्त्यहरागमे।
रात्र्यागमे प्रलीयन्ते तत्रैवाव्यक्तसंज्ञके॥18॥
भूतग्रामः स एवायं भूत्वा भूत्वा प्रलीयते।
रात्र्यागमेऽवशः पार्थ प्रभवत्यहरागमे॥19॥

(17) अहोरात्र को (तत्त्वतः) जानने वाले पुरुष समझते हैं, कि (कृत, त्रेता, द्वापर और कलि, इन चारों युगों का एक महायुग होता है, और ऐसे) हजार (महा-) युगों का समय ब्रह्मदेव का एक दिन है, और (ऐसे ही) हजार युगों की (उसकी) एक रात्रि है।

(यह श्लोक इससे पहले के युगमान का हिसाब न देकर गीता में आया है; और इसका अर्थ अन्यत्र बतलाए हुए हिसाब से करना चाहिए। यह हिसाब और गीता का यह श्लोक भी भारत (शां. 231.31) और मनुस्मृति में (मनु. 1.73) है; तथा यास्क के निरुक्त में भी यही अर्थ वर्णित है (निरुक्त 14.9)। ब्रह्मदेव के दिन को ही कल्प कहते हैं। अगले श्लोक में अव्यक्त का अर्थ सांख्यशास्त्र की अव्यक्त प्रकृति है, अव्यक्त का अर्थ परब्रह्म नहीं है; क्योंकि 20वें श्लोक में स्पष्ट बतला दिया है, कि ब्रह्मरूपी अव्यक्त, 18वें श्लोक में वर्णित अव्यक्त से परे का और भिन्न है। गीतारहस्य के आठवें प्रकरण में इसका पूरा स्पष्टीकरण है, कि अव्यक्त से व्यक्त-सृष्टि कैसे होती है और कल्प के कालमान का हिसाब भी वहीं लिखा है।)

(18) (ब्रह्मदेव के) दिन का आरंभ होने पर अव्यक्त से सब व्यक्त (पदार्थ) निर्मित होते हैं और रात्रि होने पर उसी पूर्वोक्त अव्यक्त में लीन हो जाते हैं।

(19) हे पार्थ! भूतों का वही समुदाय (इस प्रकार) बार-बार उत्पन्न होकर अवश होता हुआ, अर्थात् इच्छा हो या न हो-रात होते ही लीन हो जाता है, और दिन होने पर (फिर) जन्म लेता है।

(अर्थात् पुण्य कर्मों से नित्य ब्रह्मलोकवास प्राप्त भी हो जाए, तो भी प्रलय काल में ब्रह्मलोक का भी नाश हो जाने से फिर नए कल्प के आरंभ में प्राणियों का जन्म लेना नहीं छूटता। इससे बचने के लिए जो एक ही मार्ग है, उसे अब बतलाते

परस्तस्मात्तु भावोऽन्योऽव्यक्तोऽव्यक्तात्सनातनः।
यः स सर्वेषु भूतेषु नश्यत्सु न विनश्यति॥20॥
अव्यक्तोऽक्षर इत्युक्तस्तमाहुः परमां गतिम्।
यं प्राप्य न निवर्तन्ते तद्धाम परमं मम॥21॥
पुरुषः स परः पार्थ भक्त्या लभ्यस्त्वनन्यया।
यस्यान्तःस्थानि भूतानि येन सर्वमिदं ततम्॥22॥

(20) किंतु इस ऊपर बतलाए हुए अव्यक्त से परे दूसरा सनातन अव्यक्त पदार्थ है, कि जो सब भूतों के नाश होने पर भी नष्ट नहीं होता, (21) जिस अव्यक्त को 'अक्षर' (भी) कहते हैं, वही परम अर्थात् उत्कृष्ट या अंत की गति कहा जाता है;

(और) जिसे पाकर फिर (जन्म में) लौटते नहीं हैं, (वही) मेरा परम स्थान (भी) है। (22) हे पार्थ! जिसके भीतर (सब) भूत हैं और जिसने इन सबको फैलाया अथवा व्याप्त कर रखा है, वह पर अर्थात् श्रेष्ठ पुरुष अनन्य भक्ति से ही प्राप्त होता है।

(बीसवाँ और इक्कीसवाँ श्लोक मिलकर एक वाक्य बना है। इनमें से 20वें श्लोक का 'अव्यक्त' शब्द पहले सांख्यों की प्रकृति को, अर्थात् 18वें श्लोक के अव्यक्त द्रव्य को लक्ष्य करके प्रयुक्त है और आगे वही शब्द सांख्यों की प्रकृति से परे के परब्रह्म के लिए भी उपयुक्त हुआ है; तथा 21वें श्लोक में कहा है, कि इसी दूसरे अव्यक्त को 'अक्षर' भी कहते हैं; ऐसे ही अध्याय के आरंभ में भी "अक्षरं ब्रह्म परमम्" यह वर्णन है। सारांश, 'अव्यक्त' शब्द के समान ही गीता में 'अक्षर' शब्द का भी दो प्रकार से उपयोग किया गया है। यह नहीं, कि सांख्यों की प्रकृति भी अव्यक्त और अक्षर है; किंतु परमेश्वर या ब्रह्म भी, कि जो 'सब भूतों का नाश हो जाने पर भी नष्ट नहीं होता", अव्यक्त तथा अक्षर है। पंद्रहवें अध्याय में पुरुषोत्तम के लक्षण बतलाते हुए जो यह वर्णन है, कि वह क्षर और अक्षर से परे का है, उससे प्रकट है, कि वहाँ का 'अक्षर' शब्द सांख्यों की प्रकृति के लिए उद्दिष्ट है (गीता 15.16-18)। ध्यान रहे, कि 'अव्यक्त' और 'अक्षर' इन दोनों विशेषणों का प्रयोग गीता में कभी सांख्यों की प्रकृति के लिए, और कभी इस प्रकृति से परे के परब्रह्म के लिए किया गया है (गीतार. प्र. 9)। व्यक्त और अव्यक्त से परे जो परब्रह्म है, उसका स्वरूप गीतारहस्य के नवें प्रकरण में स्पष्ट कर दिया गया है। जिस स्थान में पहुँच जाने से मनुष्य पुनर्जन्म की चपेट से छूट जाता है, उस 'अक्षर-ब्रह्म' का वर्णन हो चुका, अब मरने पर जिन्हें लौटना नहीं पड़ता (अनावृत्ति), और जिन्हें स्वर्ग से लौटकर फिर जन्म लेना पड़ता है (आवृत्ति), उनके बीच के समय का और गति का भेद बतलाते हैं:-)

यत्र काले त्वनावृत्तिमावृत्ति चैव योगिनः।
प्रयाता यान्ति तं कालं वक्ष्यामि भरतर्षभ॥23॥
अग्निर्ज्योतिरहः शुक्लः षण्मासा उत्तरायणम्।
तत्र प्रयाता गच्छन्ति ब्रह्म ब्रह्मविदो जनाः॥24॥
धूमो रात्रिस्तथा कृष्णः षण्मासमा दक्षिणायनम्।
तत्र चान्द्रमसं ज्योतिर्योगी प्राप्य निवर्तते॥25॥
शुक्लकृष्णे गती ह्येते जगतः शाश्वते मते।
एकया यात्यनावृत्तिमन्ययावर्तते पुनः॥26॥
नैते सृती पार्थ जानन् योगी मुह्यति कश्चन।
तस्मात्सर्वेषु कालेषु योगयुक्तो भवार्जुन॥27॥

(23) हे भरत श्रेष्ठ! अब तुझे मैं वह काल बतलाता हूँ, कि जिस काल में मरने पर (कर्म-)योगी (इस लोक में जन्मने के लिए) लौट नहीं आते, और (जिस काल में मरने पर) लौट आते हैं। (24) अग्नि, ज्योति, अर्थात् ज्वाला, दिन, शुक्लपक्ष और उत्तरायण के छह महीनों में मरे हुए ब्रह्मवेत्ता लोग ब्रह्म को पाते हैं (लौटकर नहीं आते)। (25) (अग्नि), धुआँ, रात्रि, कृष्णपक्ष (और) दक्षिणायन के छह महीनों में मरा हुआ (कर्म-)योगी चंद्र के तेज में अर्थात् चंद्रलोक में जाकर (पुण्यांश घटने पर) लौट आता है। (26) इस प्रकार जगत की शुक्ल और कृष्ण अर्थात् प्रकाशमय और अंधकारमय, ये दो शाश्वत गतियाँ याने स्थिर मार्ग माने जाते हैं। एक मार्ग से जाने पर लौटना नहीं पड़ता और दूसरों से फिर लौटना पड़ता है।

(उपनिषदों में इन दोनों गतियों को देवयान (शुक्ल) और पितृयान (कृष्ण), अथवा अर्चिरादि मार्ग और धूम्र-आदि मार्ग कहा है, तथा ऋग्वेद में भी इन मार्गों का उल्लेख है। मरे हुए मनुष्य की देह के अग्नि में जला देने पर अर्थात् अग्नि से ही इन दोनों मार्गों का आरंभ हो जाता है, अतएव पच्चीसवें श्लोक में 'अग्नि' पद का पहले श्लोक से अध्याहार कर लेना चाहिए। पच्चीसवें श्लोक का हेतु यही बतलाना है, कि प्रथम श्लोक में वर्णित मार्ग में दूसरे मार्ग में भेद कहाँ होता है, इसी से 'अग्नि शब्द की पुनरावृत्ति इसमें नहीं की गई। गीतारहस्य के दसवें प्रकरण के अंत में इस संबंध की अधिक बातें हैं। उनसे उल्लिखित श्लोक का भावार्थ खुल जाएगा। अब बतलाते हैं, कि इन दोनों मार्गों का तत्त्व जान लेने से क्या फल मिलता है:-)

(27) हे पार्थ! इन दोनों सृतियों को अर्थात् मार्गों को (तत्त्वत:) जानने वाला

वेदेषु यज्ञेषु तपः सु चैव दानेषु यत्पुण्यफलं प्रदिष्टम्।
अत्येति तत्सर्वमिदं विदित्वा योगी परंस्थानमुपति चाद्यम्।।28।।

इति श्रभ्मद्भगवद्गीतासु उपनिषत्सु ब्रह्मविद्यायां योगशास्त्रे श्रीकृष्णार्जुन-संवादे अक्षरब्रह्मयोगो नाम अष्टमोऽध्याय:।।8।।

कोई भी (कर्म-)योगी मोह में नहीं फँसता; अतएव हे अर्जुन! तू सदा सर्वदा (कर्म-)योगयुक्त हो। (28) इसे (उक्त तत्त्व को) जान लेने से वेद, यज्ञ, तप और दान में जो पुण्यफल बतलाया है, (कर्म-)योगी उस सबको छोड़ जाता है और उसके परे के आद्य स्थान को पा लेता है।

(जिस मनुष्य ने देवयान और पितृयान, इन दोनों मार्गों के तत्त्व को जान लिया, अर्थात् यह ज्ञात कर लिया, कि देवयान-मार्ग से मोक्ष मिल जाने पर पुनर्जन्म नहीं मिलता और पितृयान-मार्ग स्वर्गप्रद हो, तो भी मोक्षप्रद नहीं है, वह इनमें से अपने सच्चे कल्याण के मार्ग का ही स्वीकार करेगा, मोह से निम्न श्रेणी के मार्ग को स्वीकार न करेगा-इसी बात को लक्ष्य कर पहले श्लोक में "इन दोनों सृतियों को अर्थात् मार्गों को (तत्त्वत:) जानने वाला" ये शब्द आए हैं। इन श्लोकों का भावार्थ यों है:-कर्मयोगी जानता है, कि देवयान और पितृयान, इन दोनों मार्गों में से कौन मार्ग कहाँ जाता है, इसी से उनमें से जो मार्ग उत्तम है, उसे ही वह स्वभावत: स्वीकार करता है, एवं स्वर्ग के आवागमन से बचकर उससे परे के मोक्षप्रद की प्राप्ति कर लेता है। 27वें श्लोक में तदनुसार व्यवहार करने का अर्जुन को उपदेश भी किया गया है।)

इस प्रकार श्रीभगवान् के गाए हुए-अर्थात् कहे हुए-उपनिषद में, ब्रह्म विद्यान्तर्गत योग-अर्थात् कर्मयोग-शास्त्रविषयक, श्रीकृष्ण और अर्जुन के संवाद में, अक्षर ब्रह्मयोग नामक आठवाँ अध्याय समाप्त हुआ।

❑❑❑

नवमोऽध्यायः

श्रीभगवानुवाच।

इदं तु ते गुह्यतमं प्रवक्ष्याम्यनसूयवे।
ज्ञानं विज्ञानसंहितं यज्ज्ञात्वा मोक्ष्यसेऽशुभात्॥1॥
राजविद्या राजगुह्यं पवित्रमिदमुत्तमम्।
प्रत्यक्षावगमं धर्म्यं सुसुखं कर्तुमव्ययम्॥2॥

नवाँ अध्याय

(सातवें अध्याय में ज्ञान-विज्ञान का निरूपण यह दिखलाने के लिए किया गया है, कि कर्मयोग का आचरण करने वाले पुरुष को परमेश्वर का पूर्ण ज्ञान होकर मन की शांति अथवा मुक्त-अवस्था कैसे प्राप्त होती है? फिर अक्षर और अव्यक्त पुरुष का स्वरूप भी बतला दिया गया है, और पिछले अध्याय में कहा गया है, कि अंतकाल में भी उस स्वरूप को मन में स्थिर रखने के लिए पातंजलयोग से समाधि लगाकर, अंत में ॐकार की उपासना की जाए। परंतु पहले तो अक्षर-ब्रह्म का ज्ञान होना ही कठिन है, और फिर उसमें भी समाधि की आवश्यकता होने से साधारण लोगों को तो यह मार्ग छोड़ ही देना पड़ेगा। इस कठिनाई पर ध्यान देकर अब भगवान् ऐसा राजमार्ग बतलाते हैं, कि जिससे सब लोगों को परमेश्वर का ज्ञान सुलभ हो जाए। इसी को भक्तिमार्ग कहते हैं; और गीतारहस्य के तेरहवें प्रकरण में हमने उसका विस्तार सहित विवेचन किया है। इस मार्ग में परमेश्वर का स्वरूप प्रेमगम्य और व्यक्त अर्थात् प्रत्यक्ष जानने योग्य रहता है; और उसी व्यक्त स्वरूप का विस्तृत निरूपण नवें, दसवें, ग्यारहवें और बारहवें अध्याय में किया गया है। तथापि स्मरण रहे, कि यह भक्ति-मार्ग भी स्वतंत्र नहीं है, कर्मयोग की सिद्धि के लिए सातवें अध्याय में जिस ज्ञान-विज्ञान का आरंभ किया गया है, उसी का यह भाग है; और इस अध्याय का आरंभ भी पिछले ज्ञान-विज्ञान के अंग की दृष्टि से ही किया गया है।)

श्रीभगवान ने कहा :- (1) अब तू दोषदर्शी नहीं है, इसलिए गुह्य से भी गुह्य विज्ञान सहित ज्ञान तुझे बतलाता हूँ, जिसके जान लेने से पाप से मुक्त होगा। (2) यह (ज्ञान) समस्त गुह्यों में राजा अर्थात् श्रेष्ठ राजविद्या अर्थात् सब विद्याओं में श्रेष्ठ, पवित्र, उत्तम, प्रत्यक्ष बोध देने वाला, आचरण करने में सुखकारक, अव्यक्त और धर्म्य है।

अश्रद्दधानाः पुरुषा धर्मस्यास्य परंतप।
अप्राप्य मां निवर्तन्ते मृत्युसंसारवर्त्मनि॥3॥
मया ततमिदं सर्वं जगदव्यक्तमूर्तिना।
मत्स्थानि सर्वभूतानि न चाहूं तेष्ववस्थितः॥4॥

न च मत्स्थानि भूतानि पश्य मे योगमैश्वरम्।
भूतभृन्न च भूतस्थो ममात्मा भूतभवनः॥5॥
यथाकाशस्थितो नित्यं वायुः सर्वत्रगो महान्।
तथा सर्वाणि भूतानि मत्स्थानीत्युपधारय॥6॥

(3) हे परन्तप! इस धर्म पर श्रद्धा न रखनेवाले पुरुष मुझे नहीं पाते, वे मृत्यु युक्त संसार के मार्ग में लौट आते हैं; (अर्थात् उन्हें मोक्ष नहीं मिलता)।

(गीतारहस्य के तेरहवें प्रकरण में दूसरे श्लोक के 'राजविद्या', 'राजगुह्य', और 'प्रत्यक्षावगम' पदों के अर्थों का विचार किया गया है। ईश्वर-प्राप्ति के साधनों को उपनिषदों में 'विद्याएँ' कहा है और ये विद्या गुप्त रखी जाती थीं। कहा है, कि भक्ति-मार्ग अथवा व्यक्त की उपासना रूपी विद्या इन सब गुह्य विद्याओं में श्रेष्ठ अथवा राजा है, इसके अतिरिक्त यह धर्म आँखों से प्रत्यक्ष दिखाई पड़ने वाला और इसी से आचरण करने में सुलभ है। तथापि इक्ष्वाकु प्रभृति राजाओं की परंपरा से ही इस योग का प्रचार हुआ है। (गीता 4.2), इसलिए इस मार्ग को राजाओं अर्थात् बड़े आदमियों की विद्या-राजविद्या-कह सकेंगे। कोई भी अर्थ क्यों न लें, प्रकट है कि अक्षर या अव्यक्त ब्रह्म के ज्ञान को लक्ष्य करके यह वर्णन नहीं किया गया है, किंतु राजविद्या शब्द से यहाँ पर भक्तिमार्ग ही विवक्षित है। इस प्रकार आरंभ में ही इस मार्ग की प्रशंसा कर भगवान् अब विस्तार से उसका वर्णन करते हैं:-)

(4) मैंने अपने अव्यक्त स्वरूप से इस समग्र जगत को फैलाया अथवा व्याप्त किया है। मुझमें सब भूत है, (परंतु) मैं उनमें नहीं हूँ। (5) और मुझमें सब तू भी नहीं है! देखो, (यह कैसी) मेरी ईश्वरी करनी या योगसामर्थ्य है। भूतों को उत्पन्न करने वाली मेरी आत्मा; भूतों का धारण करके भी (फिर) भूतों में नहीं है! (6) सर्वत्र बहनेवाली महान वायु जिस प्रकार सर्वदा आकाश में रहती है उसी प्रकार सब भूतों को मुझमें समझ।

(यह विरोधाभास इसलिए होता है, कि परमेश्वर निर्गुण है और सगुण भी है (सातवें अध्याय के 12वें श्लोक की टिप्पणी, और गीतारहस्य प्र. 9 देखो)। इस प्रकार अपने स्वरूप का आश्चर्यकारक वर्णन

सर्वभूतानि कौन्तेय प्रकृतिं यान्ति मामिकाम्।
कल्पक्षये पुनस्तानि कल्पादौ विसृजाम्यहम्॥7॥
प्रकृतिं स्वामवष्टभ्य विसृजामि पुनः पुनः।
भूतग्राममिमं कृत्स्नमवशं प्रकृतेर्वशात्॥8॥
न च मां तानि कर्माणि निबध्नन्ति धनंजय।
उदासीनवदासीनमसक्तं तेषु कर्मसु॥9॥
मयाध्यक्षेण प्रकृतिः सूयते सचराचरम्।
हेतुनानेन कौन्तेय जगद्विपरिवर्तते॥10॥

करके अर्जुन की जिज्ञासा को जागृत कर चुकने पर अब भगवान फिर कुछ फेरफार से वही वर्णन प्रसंगानुसार करते हैं, कि जो सातवें और आठवें अध्याय में पहले किया जा चुका है-अर्थात् मुझसे व्यक्त-सृष्टि किस प्रकार होती है और मेरे व्यक्त रूप कौन-से हैं (गीता 7.4-18; 8.17-20)। 'योग' शब्द का अर्थ यद्यपि अलौकिक सामर्थ्य या युक्ति किया जाए, तथापि स्मरण रहे, कि अव्यक्त से व्यक्त होने के इस योग अथवा युक्ति को ही माया कहते हैं। इस विषय का प्रतिपादन गीता 7.25 की टिप्पणी में और

रहस्य के नवें प्रकरण में हो चुका है। परमेश्वर को यह 'योग' अत्यंत सुलभ है, कदाचित् यह परमेश्वर का दास ही है, इसलिए परमेश्वर को योगेश्वर (गीता 18.75) कहते हैं। अब बतलाते हैं, कि इस योग सामर्थ्य से जगत की उत्पत्ति और नाश कैसे हुआ करते हैं:-)

(7) हे कौन्तेय! कल्प के अंत में सब भूत मेरी प्रकृति में आ मिलते हैं, और कल्प के आरंभ में (अर्थात् ब्रह्मा के दिन के आरंभ में) उनको मैं ही फिर निर्माण करता हूँ। (8) मैं अपनी प्रकृति को हाथ में लेकर, (अपने-अपने कर्मों से बँधे हुए) भूत के उस समस्त समुदाय को पुनः-पुनः निर्माण करता हूँ, कि जो (उस) प्रकृति के काल में रहने से अवश अर्थात् परतंत्र है। (9) (परंतु) हे धनंजय! इस (सृष्टि निर्माण करने के) काम में मेरी आसक्ति नहीं है, मैं उदासीन सा रहता हूँ, इस कारण मुझे वे कर्म बंधक नहीं होते। (10) मैं अध्यक्ष होकर प्रकृति से सब चराचर सृष्टि उत्पन्न करवाता हूँ। हे कौन्तेय! इस कारण जगत का यह बनना-बिगड़ना हुआ करता है।

(पिछले अध्याय में बतला चुके हैं, कि ब्रह्मदेव के दिन का (कल्प का) आरंभ होते ही अव्यक्त प्रकृति से व्यक्त सृष्टि बनने लगती है (गी. 8.18)। यहाँ इसी बात का अधिक स्पष्टीकरण किया है, कि परमेश्वर प्रत्येक के कर्मानुसार

अवजानन्ति मां मूढा मानुषीं तनुमाश्रितम्।
परं भावमजानन्तो मम भूतमहेश्वरम्॥11॥
मोघाशा मोघकर्माणो मोघज्ञाना विचेतसः।
राक्षसीमासुरीं चैव प्रकृतिं मोहिनीं श्रिताः॥12॥
महात्मानस्तु मां पार्थ दैवीं प्रकृतिमाश्रिताः।
भजन्त्यनन्यमनसो ज्ञात्वा भूतादिमव्ययम्॥13॥
सततं कीर्तयन्तो मां यतन्तश्च दृढ़व्रताः।
नमस्यन्तश्च मां भक्त्या नित्ययुक्ता उपासते॥14॥
ज्ञानयज्ञेन चाप्यन्ये यजन्तो मामुपासते।
एकत्वेन पृथक्त्वेन बहुधा विश्वतोमुखम्॥15॥

उसे भला-बुरा जन्म देता है, अतएव यह स्वयं इन कर्मों से अलिप्त है। शास्त्रीय प्रतिपादन में ये सभी तत्त्व एक ही स्थान में बतला दिए जाते; परंतु गीता की पद्धति संवादात्मक है, इस कारण प्रसंग के अनुसार एक ही विषय, थोड़ा-सा यहाँ और थोड़ा-सा वहाँ, इस प्रकार वर्णित है। कुछ लोगों की दलील है, कि दसवें श्लोक के 'जगद्विपरिवर्तते' पद विवर्तवाद को सूचित करते हैं। परंतु "जगत का बनना बिगड़ना हुआ करता है।" अर्थात् "व्यक्त का अव्यक्त और फिर अव्यक्त का व्यक्त होता रहता है", हम नहीं समझते, कि इसकी अपेक्षा 'विपरिवर्तते' पद का कुछ अधिक अर्थ हो सकता है, और शांकरभाष्य में भी कोई विशेष अर्थ नहीं बतलाया गया है। गीतारहस्य के दसवें प्रकरण में विवेचन किया गया है, कि मनुष्य कर्म से अवश कैसे होता है:-)

(11) मूढ़ लोग मेरे उस परम स्वरूप को नहीं जानते, कि जो सब भूतों का महान ईश्वर है। मनुष्य की देह धारण करने से (वे मुझे) मानव-तनुधारी समझ कर, मेरी अवहेलना करते हैं। (12) उनकी आशाएँ व्यर्थ, कर्म फिजूल, ज्ञान निरर्थक और चित्त भ्रष्ट हैं और वे मोहात्मक राक्षसी तथा आसुरी स्वभाव का आश्रय किए रहते हैं।

(यह आसुरी पुरुष का वर्णन है। अब दैवी स्वभाव का वर्णन करते हैं:-)

(13) परंतु हे पार्थ! दैवी प्रकृति का आश्रय करने वाले महात्मा लोग सब भूतों

के अव्यय आदिस्थान मुझको पहचान कर अनन्य भाव से मेरा भजन करते हैं; (14) और यत्नशील, दृढ़व्रत एवं नित्य योगयुक्त होकर सदा मेरा कीर्तन कर और वंदना करते हुए भक्ति से मेरी उपासना किया करते हैं। (15) ऐसे ही और .

अहं क्रतुरहं यज्ञः स्वधाहमहमौषधम्।
मन्त्रोऽहमहमेवाज्यमहमग्निरहं हुतम्॥16॥
पिताहमस्य जगतो माता धाता पितामहः॥
वेद्यं पवित्रमोंकार ऋक्साम यजुरेव च॥17॥

कुछ लोग एकत्व से अर्थात् अभेद भाव से, पृथक्त्व से अर्थात् भेदभाव से, या अनेक भाँति के ज्ञानयज्ञ से यजन कर सर्वतो मुख मेरी उपासना किया करते हैं।

(संसार में पाए जाने वाले दैवी और राक्षसी स्वभावों के पुरुषों का यहाँ जो संक्षिप्त वर्णन है, उसका विस्तार आगे सोलहवें अध्याय में किया गया है। पहले बतला ही चुके हैं, कि ज्ञान-यज्ञ का अर्थ 'परमेश्वर के स्वरूप का ज्ञान से ही आकलन करके, उसके द्वारा सिद्धि प्राप्त कर लेना है" (गीता 4.33 की टिप्पणी देखो)। किंतु परमेश्वर का यह ज्ञान भी द्वैत-अद्वैत आदि भेदों से अनेक प्रकार का हो सकता है, इस कारण ज्ञानयज्ञ भी भिन्न-भिन्न प्रकारों से हो सकते हैं। इस प्रकार यद्यपि ज्ञानयज्ञ अनेक हों, तो भी पंद्रहतें श्लोक का तात्पर्य यह है, कि परमेश्वर के विश्वतोमुख होने के कारण ये सब यज्ञ उसे ही पहुँचते हैं। 'एकत्व से', 'पृथक्त्व' आदि पदों से प्रकट है, कि द्वैत-अद्वैत से, विशिष्टाद्वैत आदि संप्रदाय यद्यपि अर्वाचीन हैं, तथापि ये कल्पनाएं प्राचीन हैं। इस श्लोक में परमेश्वर का जो एकत्व और पृथक्त्व बतलाया गया है, उसी का अब अधिक निरूपण कर बतलाते हैं, कि पृथक्त्व में एकत्व क्या है:-)

(16) ऋतु अर्थात् श्रौतयज्ञ मैं हूँ, यज्ञ अर्थात् स्मार्तयज्ञ मैं हूँ, स्वधा अर्थात् श्राद्ध में पितरों को अर्पण किया हुआ अन्न मैं हूँ, औषध अर्थात् वनस्पति से (यज्ञ के अर्थ) उत्पन्न हुआ अन्न मैं हूँ, (यज्ञ में हवन करते समय पढ़े जाने वाले) मंत्र मैं हूँ, धृत, मैं हूँ, अग्नि मैं हूँ और (अग्नि में छोड़ी हुई) आहुति मैं ही हूँ।

(मूल में क्रतु और यज्ञ दोनों शब्द समानार्थक ही हैं। परंतु जिस प्रकार 'यज्ञ' शब्द का अर्थ आगे व्यापक हो गया और देवपूजा, वैश्वदेव, अतिथि-सत्कार, प्राणायाम एवं जप इत्यादि कर्मों को भी 'यज्ञ' ही कहने लगे (गीता 4.23-30), इस प्रकार 'क्रतु' शब्द का अर्थ बढ़ने नहीं पाया। श्रौत-धर्म में अश्वमेध आदि जिन यज्ञों के लिए यह शब्द प्रयुक्त हुआ है, उसका वही अर्थ आगे भी स्थिर रहा है। अतएव शांकरभाष्य में कहा है, कि इस स्थल पर 'क्रतु' शब्द से 'श्रौत', यज्ञ और 'यज्ञ' शब्द से 'स्मार्त' यज्ञ समझना चाहिए; और ऊपर हमने यही अर्थ किया है। क्योंकि ऐसा भेद न करें, तो 'क्रतु' और 'यज्ञ' शब्द समानार्थक होकर इस श्लोक में उनकी अकारण द्विरुक्ति करने का दोष लगता है।)

(17) इस जगत का पिता, माता, धाता, (आधार), पितामह (बाबा) मैं हूँ, जो

गतिर्भर्ता प्रभुः साक्षी निवासः शरणं, सुहृत्।
प्रभवः प्रलयः स्थानं निधानं बीजमव्ययम्॥18॥
तपाम्यहमहं वर्ष निगृह्णाम्युत्सृजामि च।
अमृतं चैव मृत्युश्च सदसच्चाहमर्जुन॥19॥

कुछ पवित्र या जो कुछ ज्ञेय है, वह और ॐकार, ऋग्वेद, सामवेद तथा यजुर्वेद भी मैं हूँ, (18) (सबकी) गति, (सबका) पोषक, प्रभु, साक्षी, निवास, शरण, सखा,

उत्पत्ति, प्रलय, स्थिति, निधान और अव्यय बीज भी मैं हूँ। (19) हे अर्जुन! मैं ऊष्णता देता हूँ, मैं पानी को रोकता और बरसाता हूँ, अमृत और मृत्यु, (ऐसे ही) सत् और असत् भी मैं हूँ।

(परमेश्वर के स्वरूप का ऐसा ही वर्णन फिर विस्तार सहित 10, 11 और 12, अध्यायों में है। तथापि वहाँ केवल विभूति न बतलाकर यह विशेषता दिखलाई है, कि परमेश्वर का और जगत के भूतों का संबंध माँ-बाप, मित्र इत्यादि के समान है, इन दो स्थानों के वर्णन में यही भेद है। ध्यान रहे, कि पानी को बरसाने और रोकने में से एक क्रिया चाहे हमारी दृष्टि से फायदे की और नुकसान की हो, तथापि तात्त्विक दृष्टि से दोनों को परमेश्वर ही करता है। इसी अभिप्राय को मन में रखकर भगवान ने पहले (गीता 7.12) कहा है, कि सात्त्विक, राजस और तामस, ये सब पदार्थ मैं ही उत्पन्न करता हूँ; और आगे चौदहवें अध्याय में इस बात का विस्तार सहित वर्णन किया है, कि गुणत्रय विभाग से सृष्टि में नानात्व कैसे उत्पन्न होता है। इस दृष्टि से देखने पर कैसे 19वें श्लोक के सत् और असत् पदों का क्रम से 'भला' और 'बुरा' कैसे अर्थ किया जा सकेगा; और आगे गीता में (गीता 17.26-28) एक बार ऐसा अर्थ किया भी गया है परंतु जान पड़ता है, कि इन शब्दों के, सत् = अविनाशी और असत् = विनाशी या नाशवान्, ये जो सामान्य अर्थ हैं, (गीता 2.16), वे ही इस स्थान में अभीष्ट होंगे; और 'मृत्यु और अमृत' के समान 'सत् और असत्' ये द्वंद्वात्मक शब्द ऋग्वेद के नारदीय सूत्र से सूझ पड़े होंगे। तथापि दोनों में यह भेद है, कि नारदीय सूत्र में 'सत्' शब्द का उपयोग दृश्य सृष्टि के लिए किया गया है और गीता 'सत्' शब्द का उपयोग परब्रह्म के लिए करती है, एवं दृश्य-सृष्टि को असत् कहती है (गीतार. प्र. 9)। किंतु इस प्रकार परिभाषा का यदि भेद हो, तो भी 'सत्' और 'असत्' इन दोनों शब्दों की एक साथ योजना से प्रकट हो जाता है, कि उनमें दृश्य-सृष्टि और परब्रह्म इन दोनों का भी एकत्र समावेश होता है। अतः उक्त वर्णन से यह भावार्थ भी निकाला जा सकेगा, कि परिभाषा के भेद किसी को भी 'सत्' और 'असत्' कहा जाए;

त्रैविद्या मां सामपाः पूतपापा यज्ञैरिष्ट्वा स्वर्गतिं प्रार्थयन्ते।
ते पुण्यमासाद्य सुरेन्द्रलोकमश्नन्ति दिव्यान्दिवि देवभोगान्॥20॥
ते तं भुक्त्वा स्वर्गलोकं विशालं क्षीणे पुण्ये मर्त्यलोकं विशन्ति।
एवं त्रयीधर्ममनुप्रपन्न गतागतं कामकामा लभन्ते॥21॥
अनन्याश्चिन्तयन्तो मां ये जनाः पर्युपासते।
तेषां नित्याभियुक्तानां योगक्षेमं वहाम्यहम्॥22॥

किंतु यह दिखलाने के लिए, कि दोनों परमेश्वर के ही रूप हैं, भगवान ने 'सत्' और 'असत्' शब्दों की व्याख्या न देकर सिर्फ यह वर्णन कर दिया है, कि 'सत्' और 'असत्' मैं ही हूँ (गीता 11.37; 13.12)। इस प्रकार यद्यपि परमेश्वर के रूप अनेक हों, तथापि अब बतलाते हैं, कि उनकी एकत्व से उपासना करने और अनेकत्व से उपासना करने में क्या भेद है:-)

(20) जो त्रैविद्य अर्थात् ऋग्, यजु और साम इन तीन वेदों के कर्म करने वाले, सोम पीने वाले अर्थात् सोमयाजी तथा निष्पाप (पुरुष) यज्ञ से मेरी पूजा करके स्वर्गलोक-प्राप्ति की इच्छा करते हैं, वे इंद्र के पुण्यलोक में पहुँचकर स्वर्ग में देवताओं के अनेक दिव्य भोग भोगते हैं। (21) और उस विशाल स्वर्गलोक का उपभोग करके पुण्य का क्षय हो जाने पर, वे (फिर जन्म लेकर) मृत्युलोक में आते हैं। इस प्रकार त्रयी-धर्म अर्थात् तीनों वेदों के यज्ञयाग आदि श्रौत-धर्म के पालने वाले और काम्य

उपभोग की इच्छा करने वाले लोगों को (स्वर्ग का) आवागमन प्राप्त होता है।

(यह सिद्धान्त पहले कई बार आ चुका है, कि यज्ञयाग आदि धर्म से या नाना प्रकार के देवताओं की आराधना से कुछ समय तक स्वर्गवास मिल जाए, तो भी पुण्यांश चुक जाने पर फिर जन्म लेकर के भूलोक में आना पड़ता है (गीता 2.42-44; 4.34; 6.41; 7.23; 8.16, 25)। परंतु मोक्ष में वह झंझट नहीं है; वह नित्य है, अर्थात् एक बार परमेश्वर को पा लेने पर फिर जन्म-मरण के चक्कर में नहीं आना पड़ता। महाभारत में (वन. 260) स्वर्ग सुख का जो वर्णन है, वह भी ऐसा ही है। परंतु यज्ञयाग आदि से ही पर्जन्य प्रभृति की उत्पत्ति होती है, अतएव शंका होती है, कि उनको छोड़ देने से इस जगत का योगक्षेम अर्थात् निर्वाह कैसे होगा? (गीता 2.45 की टिप्पणी; गीतार. प्र. 10) इसलिए अब ऊपर के श्लोकों से मिलाकर ही उसका उत्तर देते हैं:-)

(22) जो अनन्यनिष्ठ लोग मेरा चिंतनकर मुझे भजते हैं, उन नित्य योगयुक्त पुरुषों का योगक्षेम मैं किया करता हूँ।

येऽप्यन्यदेवताभक्ता यजन्ते श्रद्धयान्विताः।
तेऽपि मामेव कौन्तेय यजन्त्यविधिपूर्वकम्॥23॥
अहं हि सर्वयज्ञानां भोक्ता च प्रभुरेव च।
न तु मामभिजानान्ति तत्त्वेनातश्चवन्ति ते॥24॥

(न मिली हुई वस्तु का मिलना योग है, और मिली हुई वस्तु की रक्षा करना क्षेम है; शाश्वत कोश में भी (श्लोक 100, 292), योगक्षेम की ऐसी ही व्याख्या है, और उसका पूरा अर्थ 'सांसारिक नित्य निर्वाह' है। गीतारहस्य के बारहवें प्रकरण में इसका विचार किया गया है, कि कर्मयोग-मार्ग में इस श्लोक का अर्थ होता है, इसी प्रकार नारायणीय धर्म में भी (मभा. शां. 348.72) कहा है, कि:-

मनीषिणो हि ये केचित् यतयो मोक्षधर्मिणः।
तेषां विच्छिन्नतृष्णानां योगक्षेमवहो हरिः॥

वहाँ यह वर्णन है, कि ये पुरुष एकान्त भक्त हों, तो भी प्रवृत्ति-मार्ग के हैं, अर्थात् निष्काम बुद्धि से कर्म करने वाले हैं। अब बतलाते हैं, कि परमेश्वर की बहुत्व से सेवा करने वालों की अंत में कौन गति होती है:-)

(23) हे कौन्तेय! श्रद्धायुक्त होकर अन्य देवताओं के भक्त बन करके जो लोग यजन करते हैं, वे भी विधिपूर्वक न हों, तो भी (पर्याय से) मेरा ही यजन करते हैं:

(24) क्योंकि सब यज्ञों का भोक्ता और स्वामी मैं ही हूँ। किंतु ये तत्त्वतः मुझे नहीं जानते इसलिए वे गिर जाया करते हैं।

(गीतारहस्य के तेरहवें प्रकरण में यह विवेचन है, कि इन दोनों श्लोकों के सिद्धान्त का महत्त्व क्या है। वैदिक धर्म में यह तत्त्व बहुत पुराने समय से चला आ रहा है, कि कोई भी देवता हो, वह भगवान का ही एक स्वरूप है। उदाहरणार्थ, ऋग्वेद में ही कहा है, कि 'एकं सद्विप्रा बहुधा वदन्त्यग्निं यमं मातरिश्वानमाहु'। (ऋ. 1.164.46)-परमेश्वर एक है, परंतु पंडित लोग उसको अग्नि, यम मातरिश्वा (वायु) कहा करते हैं; और इसके अनुसार ही आगे के अध्याय में परमेश्वर के एक होने पर भी उसकी ही अनेक विभूतियों का वर्णन किया गया है। इसी प्रकार महाभारत के अंतर्गत नारायणीयोपाख्यान में चार प्रकार के भक्तों में कर्म करने वाले एकांतिक भक्त को श्रेष्ठ (गीता 7.19 की टिप्पणी) बतलाकर कहा है:-

ब्रह्माणं शितिकण्ठं च याश्चान्या देवताः स्मृताः।
प्रबुद्धचर्याः सेवंन्तो मामेवैष्यन्ति यत्परम्॥
यान्ति देवव्रता देवान्पितृन्यान्ति पितृव्रताः।
भूतानि यान्ति भूतेज्या यान्ति मद्याजिनोऽपि माम्॥25॥

"ब्रह्मा को, शिव को, अथवा अन्य देवाओं को भजने वाले साधु पुरुष भी मुझमें ही आ मिलते हैं" (मभा. शां. 341.35); और गीता के उक्त श्लोकों का अनुवाद भागवत पुराण में भी किया गया है (भाग. 10, पू. 40.8-10)। इसी प्रकार नारायणीयोपाख्यान में आगे फिर कहा है :-

ये यजन्ति पितन् देवान् गुरुंश्चैवातिथींस्तथा।
गाश्चैव द्विजमुखंश्च पृथिवीं मातरं तथा॥
कर्मणा मनसा वाचा विष्णुमेव यजन्ति ते।

"सेव, पितर, गुरु, अतिथि, ब्राह्मण और गौ प्रभृति की सेवा करने वाले पर्याय से विष्णु का ही यजन करते हैं" (मभा. शां. 345.26, 27)। इस प्रकार भागवत धर्म के स्पष्ट कहने पर भी, कि भक्ति को मुख्य मानो। देवतारूप प्रतीक गौण है, अथवा यद्यपि विधिभेद हो, तथापि उपासना तो एक ही परमेश्वर की होती है, यह बड़े आश्चर्य की बात है, कि भागवत धर्म वाले भी शैवों से झगड़ा किया करें! अब बतलाते हैं, कि यद्यपि यह सिद्धान्त सत्य है, कि किसी भी देवता की उपासना क्यों न करें, पर वह पहुँचती है, भगवान को ही; तथापि यह ज्ञान न होने से, कि सभी देवता एक ही हैं, मोक्ष की राह छूट जाती है, और भिन्न-भिन्न देवताओं के उपासकों को उनकी भावना के अनुसार भगवान ही भिन्न-भिन्न फल देते हैं:-)

(25) देवताओं का व्रत करने वाले देवताओं के पास, पितरों का व्रत करने वाले पितरों के पास, (भिन्न-भिन्न) भूतों को पूजने वले (उन) भूतों के पास जाते हैं, और मेरा यजन करने वाले मेरे पास आते हैं।

(सारांश, यद्यपि एक ही परमेश्वर सर्वत्र समाया हुआ है, तथापि उपासना का फल प्रत्येक के भाव के अनुरूप न्यूनाधिक योग्यता का मिला करता है। फिर भी इस पूर्व-कथन को भूल न जाना चाहिए, कि फल-दान का कार्य भी देवता नहीं करते, परमेश्वर ही करता है, (गीता 7.20-23)। ऊपर 24वें श्लोक में भगवान ने यह कहा है, कि "सब यज्ञों का भोक्ता मैं ही हूँ", उसका तात्पर्य यही है। महाभारत में भी कहा है:-

यस्मिन् यस्मिंश्च विषये योयो याति विनिश्चयम्।
स तमेवाभिजानाति नान्यं भरतसत्तम॥

"जो पुरुष जिस भाव में निश्चय रखता है, वह उस भाव के अनुरूप ही फल पाता है" (शां. 352.3); और यह श्रुति भी है" यं यथा यथोपासते तदेव

पत्रं पुष्पं फलं तोयं यो मे भक्त्या प्रयच्छति।
तदहं भक्त्युपहृतमश्नामि प्रयतात्मनः॥26॥
यत्करोषि यदश्नासि यज्जुहोषि ददासि यत्।
यत्तपस्यसि कौन्तेय तत्कुरुष्व मदर्पणम्॥27॥

भवति" (गीता 8.6 की टिप्पणी देखो) नानात्व से अर्थात् अनेक देवताओं की उपासना करने वालों को जो फल मिलता है, उसे पहले चरण में बतलाकर दूसरे चरण

में यह अर्थ वर्णन किया है, कि अनन्यभाव से भगवान की भक्ति करने वालों को ही सच्ची भगवत्प्राप्ति होती है। अब भक्ति-मार्ग का यह महत्त्व का तत्त्व बतलाते हैं, कि भगवान् इस ओर न देखकर कि मेरा भक्त, मुझे क्या समर्पण करता है? केवल उसके भाव की ही ओर दृष्टि दे करके उसकी भक्ति स्वीकार करते हैं:-)

(26) जो मुझे भक्ति से एक-आध पत्र, पुष्प, फल अथवा (यथाशक्ति) थोड़ा सा जल भी अर्पण करता है, उस प्रयतात्म अर्थात् नियतचित्त पुरुष की भक्ति की उस भेंट को मैं (आनंद से) ग्रहण करता हूँ।

(कर्म की अपेक्षा बुद्धि श्रेष्ठ है (गीता 2.49)-कर्मयोग के इस तत्त्व के ही भक्ति-मार्ग के रूपातंर का वर्णन उक्त श्लोक में है (गीतार. प्र. 15)। इस विषय में सुदामा के तंदुलों की कथा प्रसिद्ध है, और यह श्लोक भागवत-पुराण के सुदामा-चरित्र के उपाख्यान में ही आया है। (भाग. 10 उ. 81.4)। इसमें संदेह नहीं, कि पूजा के द्रव्य अथवा समग्री का न्यूनाधिक होना सर्वथा और सर्वदा मनुष्य के बस की बात नहीं होती। इसी से शास्त्र में कहा है, कि यथाशक्ति प्राप्त होने वाले स्वल्प पूजा-द्रव्य से ही नहीं, प्रत्युत शुद्ध भाव से समर्पण किए गए मानसिक पूजा-द्रव्यों से भी भगवान् संतुष्ट हो जाते हैं। देवता है भाव का भूखा; न कि पूजा की सामग्री का मीमांसक-मार्ग की अपेक्षा भक्ति-मार्ग में जो कुछ विशेषता है, वह यही है। यज्ञयाग करने के लिए बहुत-सी सामग्री जुटानी पड़ती है और उद्योग भी बहुत करना पड़ता है; परंतु भक्ति-यज्ञ एक तुलसी दल से भी हो जाता है। महाभारत में कथा है, कि जब दुर्वासा ऋषि घर पर आए, तब द्रौपदी ने इसी प्रकार के यज्ञ से भगवान को संतुष्ट किया था। भगवद्भक्त जिस प्रकार अपने कर्म करता है, अर्जुन को उसी प्रकार करने का उपदेश देकर अब बतलाते हैं, कि उससे क्या फल मिलता है:-)

(27) हे कौंतेय! तू जो (कुछ) करता है, जो खाता है, जो होम-हवन करता है, जो दान करता है, (और) जो तप करता है, वह (सब) मुझे अर्पण किया कर।

शुभाशुभफलैरेवं मोक्ष्य से कर्मबन्धनैः।
संन्यासयोगयुक्तात्मा विमुक्तो मामुपैष्यसि॥28॥
समोऽहं सर्वभूतेषु न मे द्वेष्योऽस्ति न प्रियः।
ये भजन्ति तु मां भक्त्या मयि ते तेषु चाप्यहम्॥29॥
अपि चेत्सुदुराचारो भजते मामनन्यभाक्।
साधुरेव स मन्तव्यः सम्यग्व्यवसितो हि सः॥30॥

(28) इस प्रकार बर्तने से (कर्म करके भी) कर्मों के शुभ-अशुभ फलरूप बंधनों से तू मुक्त रहेगा, और (कर्मफलों के) संन्यास करने के इस योग से युक्तात्मा अर्थात् शुद्ध अंतःकरण होकर मुक्त हो जाएगा, एवं मुझमें मिल जाएगा।

(इससे प्रकट होता है, कि भगवद्भक्त भी कृष्णार्पण-बुद्धि से समस्त कर्म करे, उन्हें छोड़ न दे; और इस दृष्टि से ये दोनों श्लोक महत्त्व के हैं। "ब्रह्मार्पणं ब्रह्म हविः" (गीता 4.24) यह ज्ञान-यज्ञ का तत्त्व ही अब भक्ति की परिभाषा के अनुसार 27वें श्लोक में बतलाया है (गीतार. प्र. 13)। तीसरे ही अध्याय में अर्जुन से कह दिया है, कि "मयि सर्वाणि कर्माणि संन्यास" (गीता 3.30)-मुझमें सब कर्मों का संन्यास करके-युद्ध कर; और पाँचवें अध्याय में फिर कहा है, कि "ब्रह्म में कर्मों को अर्पण करके संगरहित कर्म करने वाले को कर्म का लेप नही लगता" (5.10)। गीता के मतानुसार यही यथार्थ संन्यास है (गीता 18.2), और इस प्रकार अर्थात् कर्मफलाशा छोड़कर (संन्यस्थ) बस कर्मों को करने वाला पुरुष ही 'नित्यसंन्यासी' है (गीता 5.3); कर्मत्यागरूप संन्यास गीता को सम्मत नहीं है। पीछे अनेक स्थलों पर कह चुके हैं, कि

इस रीति से किए हुए कर्म मोक्ष के लिए प्रतिबंधक नहीं होते (गीता 2.64; 3.19; 4.23; 5.12; 6.1; 8.7), और इस 28वें श्लोक में उसी बात को फिर कहा है। भागवत-पुराण में ही नृसिंह रूपी भगवान ने प्रह्लाद को यह उपदेश दिया है कि "मय्यावेश्य मनस्तात कुरु कर्माणि मत्परः"-मुझमें चित्त लगाकर सब काम किया कर (भाग. 7.10.23); और आगे एकादश स्कन्ध में भक्तियोग का यह तत्त्व बतलाया है, कि भगवद्भक्त सब कर्मों को नारायणार्पण कर दे (भाग. 11.2.26; 11.11.24)। इस अध्याय के आरंभ में वर्णन किया है, कि भक्ति का मार्ग सुखकारक और सुलभ है। अब उसके समत्व रूपी दूसरे बड़े और विशेष गुण का वर्णन करते हैं:-)

(29) मैं सब भूतों को एक-सा हूँ। न मुझे (कोई) द्वेष्य अर्थात् अप्रिय है, और न (कोई) प्यारा। भक्ति से जो मेरा भजन करते हैं, वे मुझमें हैं, और मैं भी उनमें हूँ।

(30) बड़ा दुराचारी ही क्यों न हो, यदि वह मुझे अनन्य भाव से भजता है,

क्षिप्रं भवति धर्मात्मा शश्वच्छान्तिं निगच्छाति।
कौन्तेय प्रतिजानीहि न मे भक्तः प्रणश्यति।।31।।
मां हि पार्थ व्यपाश्रित्य येऽपि स्युः पापयोनयः।
स्त्रियो वैश्यास्तथा शूद्रास्तेऽपि यान्ति परां गतिम्।।32।।
किं पुनर्ब्राह्मणाः पुण्या भक्ता राजर्षयस्तथा।
अनित्यमसुखं लोकमिमं प्राप्य भजस्व माम्।।33।।

तो उसे साधु ही समझना चाहिए। क्योंकि उसकी बुद्धि का निश्चय अच्छी तरह हुआ है। (31) वह जल्दी धर्मात्मा हो जाता है और नित्य शांति पाता है। हे कौंतेय! तू भली भाँति समझे रह, कि मेरा भक्त (कभी भी) नष्ट नहीं होता।

(तीसवें श्लोक का भावार्थ ऐसा न समझना चाहिए, कि भगवद्भक्त यदि दुराचारी हों, तो भी वे भगवान को प्यारे ही रहते हैं। भगवान् इतना ही कहते हैं, कि पहले कोई मनुष्य दुराचारी भी रहा हो, परंतु जब एक बार उसकी बुद्धि निश्चय से परमेश्वराभिमुख भजन करने में हो जाती है, तब आगे उसके हाथ से कोई भी दुष्कर्म नहीं हो सकता; और फिर वह धीरे-धीरे धर्मात्मा होकर सिद्धि पाता है, तथा अंत में इस सिद्धि से उसके पाप का बिल्कुल नाश हो जाता है। सारांश, छठे अध्याय में (6.44) जो यह सिद्धान्त किया है, कि कर्मयोग के जानने की सिर्फ इच्छा होने से ही कोल्हू में अवश होकर मनुष्य शब्द-ब्रह्म से परे चलता जाता है, अब उसे ही भक्ति-मार्ग के लिए लागू कर दिखलाया है। अब इस बात को ही अधिक स्पष्ट करते हैं, कि परमेश्वर सब भूतों को एक-सा कैसे है:-)

(32)वें श्लोक के 'पापयोनि' शब्द को स्वतंत्र न मानकर कुछ टीकाकार कहते हैं, कि वह स्त्रियों, वैश्यों और शूद्रों को भी लागू है, क्योंकि पहले कुछ-न-कुछ पाप किए बिना कोई भी स्त्री, वैश्य या शूद्र का जन्म नहीं पाता। उनके मत में पापयोनि शब्द साधारण है और ये स्त्री, वैश्य तथा शूद्र उसके भेद उदाहरणार्थ दिए गए हैं। परंतु हमारी राय में यह अर्थ ठीक नहीं है। आजकल राजदरबार में जिन्हें 'गुन्हेगार जाति' कहते हैं, पापयोनि शब्द सें उस प्रकार का अर्थ विवक्षित है। इस लोक का सिद्धान्त यह है, कि उस जाति के लोगों को भी भगवद् भक्ति से

मन्मना भव मद्भक्तो मद्याजी मां नमस्कुरु।
मामेवैष्यसि युक्त्वैवमात्मानं मत्परायणः।।34।।

इति श्रीमत्भगवत्गीतासु उपनिषत्सु ब्रह्मविद्यायां योगशास्त्रे श्रीकृष्णार्जुन-संवादे राजविद्याराजगुह्ययोगो नाम नवमोऽध्यायः।।9।।

सिद्धि मिलती है। स्त्री, वैश्य और शूद्र इस वर्ग के नहीं हैं, उन्हें मोक्ष मिलने में

इतनी ही बाधा है, कि वे वेद सुनने के अधिकारी नहीं हैं। इसी से भागवत-पुराण में कहा है, कि:-

स्त्रीशूद्रद्विजबन्धूनां त्रयी न श्रुतिगोचरा।
कर्मश्रेयसि मूढानां श्रेय एवं भवेदिह।
इत भारतव्याख्यानं कृपया मुनिना कृतम्॥

"स्त्रियों, शूद्रों अथवा कलियुग के नामधारी ब्राह्मणों के कानों में वेद नहीं पहुँचते, इस कारण उन्हें मूर्खता से बचने के लिए व्यासमुनि ने कृपालु होकर उनके कल्याणार्थ ही महाभारत की-अर्थात् गीता की भी-रचना की" (भाग. 1.4.25)। भगवद्गीता के उक्त श्लोक कुछ पाठभेद से अनुगीता में भी पाए जाते हैं (मभा. अश्व. 19.61, 62)। जाति का, वर्ण का, स्त्री-पुरुष आदि का अथवा काले-गोरे रंग प्रभृति का कोई भी भेद न रखकर सबको एक ही सद्गति देने वाले भगवद् भक्ति के इस राजमार्ग का ठीक-ठाक बड़प्पन इस देश की-और विशेषतः महाराष्ट्र की-संत मंडली के इतिहास से किसी को भी ज्ञात हो सकेगा। उल्लिखित श्लोक का अधिक स्पष्टीकरण गीतारहस्य के प्र. 13 में किया है। इस प्रकार के धर्म का आचरण करने के विषय में 33वें श्लोक के उत्तरार्द्ध में अर्जुन को जो उपदेश किया गया है, अगले श्लोक में भी वही प्रचलित है।)

(34) मुझमें मन लगाकर, मेरा भक्त हो, मेरा यजन-पूजन कर और मुझे नमस्कार कर, इस प्रकार मत्परायण होकर, योग का अभ्यास करने से मुझे ही पावेगा।

(वास्तव में इस उपदेश का आरंभ 33वें श्लोक में ही हो गया है। 33वें श्लोक में 'अनित्य' पद अध्यात्मशास्त्र के इस सिद्धान्त के अनुसार आया है, कि प्रकृति का फैलाव अथवा नामरूपात्मक दृश्य-सृष्टि अनित्य है और एक परमात्मा ही नित्य है; और 'असुख' पद से इस सिद्धान्त का अनुवाद किया गया है कि इस संसार में सुख की अपेक्षा दुःख अधिक है। तथापि यह वर्णन आत्मा का नहीं है, भक्ति-मार्ग का है। अतएव भगवान ने परब्रह्म अथवा परमात्मा शब्द का प्रयोग करके "मुझे भज, मुझमें मन लगा, मुझे नमस्कार कर", ऐसे व्यक्त स्वरूप के दर्शन-वाले प्रथम पुरुष का निर्देश किया है। भगवान का अंतिम कथन है, कि हे अर्जुन! इस प्रकार भक्ति करके मत्परायण होता हुआ योग अर्थात् कर्मयोग का अभ्यास करता रहेगा, (गीता 7.1) तो तू कर्म बंधन से मुक्त हो करके निःसंदेह मुझे पा लेगा। इसी उपदेश की पुनरावृत्ति ग्यारहवें अध्याय के अंत में की गई है। समस्त गीता का रहस्य भी यही है। भेद इतना ही है, कि इस रहस्य को एक बार अध्यात्म-दृष्टि से और एक बार भक्ति-दृष्टि से बतला दिया है।)

इस प्रकार श्रीभगवान के गाए हुए-अर्थात् कहे हुए-उपनिषद् में, ब्रह्मविद्यान्तर्गत योग-अर्थात् कर्मयोग-शास्त्रविषयक, श्रीकृष्ण और अर्जुन के संवाद में, राजविद्या-राजगुह्ययोग नामक नवाँ अध्याय समाप्त हुआ।

दशमोऽध्यायः

श्रीभगवानुवाच।
भूय एव महाबाहो शृणु मे परमं वचः।
यत्तेऽहं प्रीयमाणाय वक्ष्यामि हितकाम्यया॥1॥
न मे विदुः सुरगणाः प्रभवं न महर्षयः।
अहमादिर्हि देवानां महर्षीणां च सर्वशः॥2॥
यो मामजमनादिं च वेत्ति लोकमहेश्वरम्।
असम्मूढ; स मर्त्येषु सर्वपापैः प्रमुच्यते॥3॥
बुद्धिर्ज्ञानमसम्मोहः क्षमा सत्यं दमः शमः।
सुखं दुःखं भवोऽभावो भयं चाभयमेव च॥4॥

दसवाँ अध्याय

(पिछले अध्याय में कर्मयोग की सिद्धि के लिए परमेश्वर के व्यक्त स्वरूप की उपासना का जो राजमार्ग बतलाया गया है, उसी का वर्णन इस अध्याय में हो रहा है, और अर्जुन के पूछने पर, अंत में परमेश्वर के अनेक व्यक्त रूपों अथवा विभूतियों का, अंत में वर्णन किया गया है। इस वर्णन को सुनकर अर्जुन के मन में भगवान के प्रत्यक्ष स्वरूप को देखने की इच्छा हुई, अतः 11वें अध्याय में भगवान ने उसे विश्वरूप दिखलाकर कृतार्थ किया है।)

श्रीभगवान ने कहा :- (1) हे महाबाहु! (मेरे भाषण से) संतुष्ट होने वाले तुझसे, अब तेरे हितार्थ मैं फिर (एक) अच्छी बात कहता हूँ, उसे सुन। (2) देवताओं के गण और महर्षि भी मेरी उत्पत्ति को नहीं जानते; क्योंकि देवताओं और महर्षियों का सब प्रकार से मैं ही आदिकारण (हूँ)। (3) जो जानता है, कि मैं (पृथ्वी आदि सब) लोगों का बड़ा ईश्वर हूँ और मेरे जन्म तथा आदि नहीं हैं, मनुष्यों में वही मोह विरहित होकर सब पापों से मुक्त होता है।

(ऋग्वेद के नारदीय सूत्र में यह विचार पाया जाता है, कि भगवान् या परब्रह्म देवताओं के भी पहले का है, देवता पीछे से हुए (गीतार. प्र. 9, पृ. 256)। इस प्रकार प्रस्तावना हो गई। अब भगवान् इसका निरूपण करते हैं, कि मैं सबका महेश्वर कैसे हूँ:-)

(4) बुद्धि, ज्ञान, असंमोह, क्षमा, सत्य, दम, शम, सुख, दुःख, भव (उत्पत्ति), अथवा (नाश), भय, अभय,

अहिंसा समता तुष्टिस्तपो दानं यशोऽयशः।
भवन्ति भावा भूतानां मत्त एव पृथग्विधाः॥5॥
महर्षयः सप्त पूर्वे चत्वारो मनवस्तथा।
मभ्दावा मानसा जाता येषां लोक इमाः प्रजाः॥6॥

(5) अहिंसा, समता, तुष्टि (संतोष), तप, दान, यश, अयश के आदि अनेक

प्रकार के प्राणिमात्र के भाव मुझसे ही उत्पन्न होते हैं।

('भाव' शब्द का अर्थ है 'अवस्था', 'स्थिति' या 'वृत्ति' और सांख्यशास्त्र में उनका 'बुद्धि के भाव' एवं 'शारीरिक भाव' ऐसा भेद किया गया है। सांख्यशास्त्री पुरुष को अकर्ता और बुद्धि को प्रकृति का एक विकास मानते हैं, इसलिए वे कहते हैं, कि लिंग-शरीर को पशु-पक्षी आदि के भिन्न-भिन्न जन्म मिलने के कारण लिंग-शरीर में रहने वाली बुद्धि की विभिन्न अवस्थाएँ अथवा भाव ही हैं (गीतार. प्र. 8; सां. का. 40-55); और ऊपर के दो श्लोकों में उन्हीं भावों का वर्णन है। परंतु वेदान्तियों का सिद्धान्त है, कि प्रकृति और पुरुष से भी परे परमात्मारूपी एक नित्य तत्त्व है और नारदीय सूत्र के वर्णनानुसार उसी के मन में सृष्टि निर्माण करने की इच्छा उत्पन्न होकर आगे पर सारा दृश्य जगत् उत्पन्न होता है, इस कारण वेदान्तशास्त्र में भी कहा है, कि सृष्टि के मायात्मक सभी पदार्थ परब्रह्म के मानस भाव हैं (अगला श्लोक देखो), तप, दान और यज्ञ आदि शब्दों से तन्निष्ठक बुद्धि के भाव ही उद्दिष्ट हैं। भगवान् और कहते हैं, कि:-)

(6) सात महर्षि, पहले के चार, और मनु, ये मेरे ही मानस अर्थात् मन से निर्माण किए हुए भाव हैं, कि जिनसे (इस) लोक में यह प्रजा हुई है।

(यद्यपि इस श्लोक के शब्द सरल हैं, तथापि जिन पौराणिक पुरुषों को उद्देश्य करके यह श्लोक कहा गया है, उनके संबंध में टीकाकारों में बहुत ही मतभेद हैं। विशेषत: अनेकों ने इसका निर्णय कई प्रकार से किया है, कि 'पहले के' (पूर्व) और 'चार' (चत्वार:) पदों का अन्वय किन पदों से लगाना चाहिए। सात महर्षि प्रसिद्ध हैं, परंतु ब्रह्मा के एक कल्प में चौदह मन्वंतर (गीतार: प्र. 8) होते हैं और प्रत्येक मन्वंतर के मनु, देवता एवं सप्तर्षि भिन्न-भिन्न होते हैं (हरिवंश 1, 7; विष्णु. 3.1; मत्स्य. 9)। इसी से 'पहले के' शब्द को सात महर्षियों का विशेषण मान कई लोगों ने ऐसा अर्थ किया है, कि आजकल के, अर्थात् वैवस्वत मन्वंतर से पहले ले, चाक्षुष मन्वंतर वाले सप्तर्षि यहाँ विविक्षत हैं। भृगु आदि इन सप्तर्षियों के नाम हैं-भृगु, नभ, विवस्वान्, सुधामा, विरजा, अतिनामा और सहिष्णु। किंतु हमारे मत में यह अर्थ ठीक नहीं है। क्योंकि, आजकल के अर्थात् वैवस्वत अथवा ज़िस मन्वंतर में गीता कही गई, उससे, पहले के मन्वंतर वाले सप्तर्षि यहाँ बतलाने की कोई आवश्यकता नहीं है, अत: वर्तमान मन्वंतर के ही सप्तर्षि लेने चाहिए। महाभारत के शांतिपर्व के नारायणीयोपाख्यान में इनके ये नाम हैं-मरीचि, अंगिरस, अत्रि, पुलत्स्य, पुलह, क्रतु और वसिष्ठ (मभा. शां. 335, 28, 29; 340, 64, 65); और हमारे मत से ये ही यहाँ पर विवक्षित हैं। क्योंकि गीता में नारायणीय अथवा भागवत धर्म ही विधि सहित प्रतिपाद्य है)। तथापि यहाँ इतना बतला देना आवश्यक है, कि मरीचि आदि सप्तर्षियों के उक्त नाम कहीं-कहीं अंगिरस के बदले भृगु से दिए हुए पाए जाते हैं; और कुछ स्थानों पर तो ऐसा वर्णन है, कि कश्यप, अत्रि, भरद्वाज, विश्वामित्र, गौतम, जमदग्नि और वसिष्ठ वर्तमान युग के सप्तर्षि हैं (विष्णु. 3.1.32, 33; मत्स्य 9.27; 28; मभा. अनु. 93.21)। मरीचि आदि ऊपर लिखे हुए सात ऋषियों में ही भृगु और दक्ष को मिलाकर विष्णु-पुराण में (विष्णु. 1.7.5, 6) नौ मानस पुत्रों का और इन्हीं में फिर नारद को भी जोड़ कर मनुस्मृति में ब्रह्मदेव के दस मानस पुत्रों का वर्णन है (मनु; 1.34, 35); और इस मरीचि आदि शब्दों की व्युत्पत्ति भारत में की गई है (म. भा. अनु. 85)। परंतु हमें अभी इतना ही देखना है, कि सात महर्षि कौन-कौन हैं, इस कारण इन नौ-दस मानसपुत्रों का अथवा इनके नामों की व्युत्पत्ति का यहाँ विचार करने की आवश्यकता नहीं है। प्रकट है कि, 'पहले के' इस पद का अर्थ 'पूर्व मन्वन्तर के सात महर्षि' लगा नहीं सकते। अब देखना है, कि

'पहले के चार' इन शब्दों को मनु का विशेषण मानकर कई एकों ने जो अर्थ किया है, वह कहाँ तक युक्ति संगत है? कुल चौदह मन्वंतर हैं और इनके चौदह मनु हैं; उनमें सात-सात के दो वर्ग हैं। पहले सातों के नाम स्वायंभुव, स्वारोचिष, औत्तमी, तामस, रैवत, चाक्षुष और वैवस्वत हैं, तथा ये स्वायंभुव आदि मनु कहे जाते हैं (मनु. 1.62, 63)। इनमें से छह मनु हो चुके और आजकल सातवाँ अर्थात् वैवस्वत मनु चल रहा है। इसके समाप्त होने पर आगे सात मनु आएंगे (भाग. 8.13.7), उनको सावर्णि मनु कहते हैं; उनके नाम हैं-सावर्णि, दक्षसावर्णि, ब्रह्मसावर्णि, धर्मसावर्णि, रुद्रसावर्णि, दैवसावर्णि और इंद्रसावर्णि (विष्णु. 3.2; भाग. 8.13; हरिवंश 1.7)। इस प्रकार प्रत्येक मनु के सात-सात होने पर इस बात का कोई कारण नहीं बतलाया जा सकता, कि किसी भी वर्ग के 'पहले के' अर्थात् पहले 'चार' ही गीता में क्यों विवक्षित हों? ब्रह्मांड-पुराण में (4.1) कथा है, कि सावर्णि मनुओं में से पहले मनु को छोड़कर आगे चार अर्थात्-दक्ष, ब्रह्म, धर्म और रुद्रसावर्णि एक ही समय में उत्पन्न हुए; और इसी आधार से कुछ लोग कहते हैं, कि; ये चार सावर्णि मनु ही गीता में विवक्षित हैं। किंतु इस पर दूसरा आक्षेप यह है, कि ये सब सावर्णि मनु भविष्य में होने वाले हैं, इस कारण "जिनसे इस लोक में यज प्रजा हुई" यह भूतकालदर्शक अगला वाक्य भावी सावर्णि मनुओं को लागू नहीं हो सकता। इसी प्रकार 'पहले के चार' शब्दों का संबंध 'मनु' पद में जोड़ देना ठीक नहीं है। अतएव कहना पड़ता है, कि 'पहले के चार' ये दोनों शब्द स्वतंत्र रीति से प्राचीन काल के किन्हीं चार ऋषियों अथवा पुरुषों का बोध कराते हैं। और ऐसा मान लेने से यह प्रंश्न सहज ही होता है, कि ये पहले के चार ऋषि या पुरुष कौन हैं? जिन टीकाकारों ने इस श्लोक का ऐसा अर्थ किया है, उनके मत में सनक, सनंद, सनातन और सनत्कुमार (भाग. 3.12.4) ये ही वे चार ऋषि हैं। किंतु इस अर्थ पर आक्षेप यह है, कि यद्यपि ये चारों ऋषि ब्रह्मा के मानसपुत्र हैं, तथापि ये सभी जन्म से ही संन्यासी होने के कारण प्रजावृद्धि नहीं करते थे, इससे ब्रह्मा इन पर क्रुद्ध हो गए थे (भाग. 3.12; विष्णु. 1.7) अर्थात् जिनसे इस लोक में यह प्रजा हुई"-"येषां लोक इमा: प्रजा:" यह वाक्य इन चार ऋषियों को बिल्कुल ही उपयुक्त नहीं होता। इसके अतिरिक्त पुराणों में यद्यपि यह वर्णन है, कि ये ऋषि चार थे; तथापि भारत के नारायणीय अर्थात् भागवत धर्म में कहा है, कि इन चारों में सन, कपिल और सनत्सुजात को मिला लेने से जो सात ऋषि होते हैं, वे सातों ब्रह्मा के मानसपुत्र हैं और पहले से ही वे निवृत्ति-धर्म के थे (मभा. शां. 340, 67; 68)' इस प्रकार सनक आदि ऋषियों को सात मान लेने से कोई कारण नहीं दीख पड़ता, कि उनमें से चार ही यहाँ क्यों लिए जाएँ। फिर 'पहले के चार' हैं कौन? हमारे मत में इस प्रश्न का नारायणीय अथवा भागवत धर्म की पौराणिक कथाओं से ही दिया जाना चाहिए। क्योंकि यह निर्विवाद है, कि गीता में भागवत धर्म ही का प्रतिपादन किया गया है। अब यदि यह देखें, कि भागवत धर्म में सृष्टि की उत्पत्ति की कल्पना किस प्रकार की थी, तो पता लगेगा, कि मरीचि आदि सात ऋषियों के पहले वासुदेव (आत्मा), संकर्षण (जीव), प्रद्युम्न (मन), और अनिरुद्ध (अहंकार) ये चार मूर्तियाँ उत्पन्न हो गई थीं, और कहा है, कि आगे इनमें से पिछले अनिरुद्ध से अर्थात् ब्रह्मदेव से मरीचि आदि पुत्र उत्पन्न हुए (मभा. शां. 339. 34-40, 60-72; 340.27-31)। वासुदेव, संकर्षण, प्रद्युम्न और अनिरुद्ध इन्हीं चार मूर्तियों को 'चतुर्व्यूह' कहते हैं ओर भागवत धर्म के एक पंथ का मत है, कि ये चारों मूर्तियाँ स्वतंत्र थीं; तथा दूसरे कुछ लोग इनमें से तीन अथवा दो को ही प्रधान मानते हैं। किंतु भगवद्गीता को ये कल्पनाएँ मान्य नहीं हैं; और हमने गीतारहस्य प्र. 8 और परि. 539-540 में दिखलाया है, कि गीता एकव्यूह-पंथ की है, अर्थात् एक ही परमेश्वर

से चतुर्व्यूह आदि सब कुछ की उत्पत्ति मानती है। अतः व्यूहात्मक वासुदेव आदि मूर्तियों को स्वतंत्र न मानकर इस श्लोक में दर्शाया है, कि ये चारों व्यूह एक ही परमेश्वर अर्थात् सर्वव्यापी वासुदेव के (गीता 7.19) 'भाव' हैं। इस दृष्टि से देखने पर विदित होगा, कि भागवत धर्म के अनुसार 'पहले के चार' इन शब्दों का उपयोग वासुदेव

एतां विभूतिं योगं च मम यो वेत्ति तत्त्वतः।
सोऽविकम्पेन योगेन युज्यते नात्र संशयः॥7॥
अहं सर्वस्य प्रभवो मत्तः सर्वं प्रवर्तते।
इति मत्वा भजन्ते मां बुधा भावसमन्विताः॥8॥
मच्चित्ता मद्गप्राणा बोधयन्तः परस्परम्।
कथयन्तश्च मां नित्यं तुष्यन्ति च रमन्ति च॥9॥
तेषां सततयुक्तानां भजतां प्रीतिपूर्वकम्।
ददामि बुद्धियोगं तं येन मामुपयान्ति ते॥10॥
तेषामेवानुकम्पार्थमहमज्ञानजं तमः।
नाशयाम्यात्मभावस्थो ज्ञानदीपेन भास्वता॥11॥

आदि चतुर्व्यूह के लिए किया गया है, कि जो सप्तर्षियों के पूर्व उत्पन्न हुए थे। भारत में ही लिखा है, कि भागवत धर्म के चतुर्व्यूह आदि भेद पहले से ही प्रचलित थे (मभा. शां. 348.57)। यह कल्पना कुछ हमारी ही नई नहीं है। सारांश, भारतान्तर्गत नाराणीयाख्यान के अनुसार हमने इस श्लोक का अर्थ यों लगाया है-'सात महर्षि' अर्थात् मरीचि आदि, 'पहले के चार' अर्थात् वासुदेव आदि चतुर्व्यूह; और 'मनु' अर्थात् तो उस समय से पहले हो चुके थे और वर्तमान, सब मिला कर स्वायंभुव आदि सात मनु। अनिरुद्ध अर्थात् अहंकार आदि चार मूर्तियों को परमेश्वर के पुत्र मानने की कल्पना भारत के अन्य स्थानों में भी पाई जाती है (मभा. शां. 311.7, 8)। परमेश्वर के भावों का वर्णन हो चुका; अब बतलाते हैं, कि इन्हें जानकर उपासना करने से क्या फल मिलता है:-)

(7) जो मेरी इस विभूति अर्थात् विस्तार के, और योग अर्थात् इस विस्तार करने की युक्ति या सामर्थ्य के तत्त्व को जानता है, उसे निस्संदेह स्थिर (कर्म) योग प्राप्त होता है। (8) यह जानकर कि मैं सबका उत्पत्ति स्थान हूँ, और मुझसे सब वस्तुओं की प्रवृत्ति होती है, ज्ञानी पुरुष भावयुक्त होते हुए मुझको भजते रहते हैं। (9) (वे) मुझमें मन जमाकर और प्राणों को लगाकर, परस्पर बोध करते हुए एवं मेरी कथाएँ कहते हुए, (उसी में) सदा संतुष्ट और रममाण रहते हैं। (10) इस प्रकार सदैव युक्त होकर अर्थात् समाधान से रहकर जो लोग मुझे प्रीतिपूर्वक भजते हैं, उनको मैं ही ऐसी (समत्व-)बुद्धि का योग देता हूँ, कि जिससे वे मुझे पा लेंगे। (11) और उन पर अनुग्रह करने के लिए ही मैं उनके आत्मभाव अर्थात् अंतःकरण में पैठकर तेजस्वी ज्ञानदीप से (उनके मन के) अज्ञानमूलक अंधकार का नाश करता हूँ।

अर्जुन उवाच!

परं ब्रह्म परं धाम पवित्रं परमं भवान्।
पुरुषं शाश्वतं दिव्यमादिदेवमजं विभुम्॥12॥
आहुस्त्वामृषयः सर्वे देवर्षिर्नारदस्तथा।
असितो देवलो व्यासः स्वयं चैव ब्रवीषिः मे॥13॥
सर्वमेतदृतं मन्ये यन्मां वदसि केशव।
न हि ते भगवन्व्यक्तिं विदुर्देवा न दानवाः॥14॥
स्वयमेवात्मनात्मानं वेत्थ त्वं पुरुषोत्तम।

भूतभावन भूतेष देवदेव जगत्पते॥15॥
वक्तुमर्हस्यशेषेण दिव्या ह्यात्मविभूतयाः।
याभिर्विभूतिभिर्लोकानिमांस्त्वं व्याप्य तिष्ठसि॥16॥

(सातवें अध्याय में कहा है, कि भिन्न-भिन्न देवताओं की श्रद्धा भी परमेश्वर ही देता है (7.21)। उसी प्रकार अब ऊपर के दसवें श्लोक में भी वर्णन है, कि भक्ति-मार्ग में लगे हुए मनुष्य की समत्व-बुद्धि को उन्नत करने का काम भी परमेश्वर ही करता है; और पहले (गीता 6.44) यह जो वर्णन आया है, कि जब मनुष्य के मन में एक बार कर्मयोग की जिज्ञासा जागृत हो जाती है, तब कोल्हू में धरे हुए के समान वह आप-ही-आप सिद्धि की ओर खिंचा चला जाता है, उसके साथ भक्ति-मार्ग का यह सिद्धान्त समानार्थक है। ज्ञान की दृष्टि से अर्थात् कर्मविपाक-प्रक्रिया के अनुसार कहा जाता है, कि यह कर्तृत्व आत्मा की स्वतंत्रता से मिलता है। पर आत्मा भी तो परमेश्वर रही है, इस कारण भक्ति-मार्ग में ऐसा वर्णन हुआ करता है, कि ये फल अथवा बुद्धि परमेश्वर ही प्रत्येक मनुष्य के पूर्व कर्मों के अनुसार देता है (गीता 7.20; गीतार. प्र. 13)। इस प्रकार भगवान के भक्ति-मार्ग का तत्त्व बतला चुकने पर:-)

अर्जुन ने कहा :- (12-13) तुम ही परम ब्रह्म, श्रेष्ठ स्थान और परम पवित्र वस्तु (हो); सब ऋषि, ऐसे ही देवर्षि नारद, असित, देवल और व्यास भी तुमको दिव्य एवं शाश्वत पुरुष, आदिदेव, अजन्म, सर्वविभु अर्थात् सर्वव्यापी कहते हैं; और स्वयं तुम भी मुझसे वही करते हो। (14) हे केशव! तुम मुझसे यह जो कहते हो, उस सबको मैं सत्य मानता हूँ। हे भगवान्! तुम्हारा व्यक्ति अर्थात् तुम्हारा मूल देवताओं को विदित नहीं और दानवों को विदित नहीं। (15) सब भूतों के उत्पन्न करने वाले हे भूतेश! हे देवदेव जगत्पते! हे पुरुषोत्तम! तुम स्वयं ही अपने आपको जानते हो। (16) अत: तुम्हारी जो दिव्य विभूतियाँ हैं,

कथं विद्यामहं योगिंस्त्वां सदा परिचिन्तयन्।
केषु केषु च भावेषु चिन्त्योऽसि भगवन्मया॥17॥
विस्तरेणात्मनो योगं विभूतिं च जनार्दन।
भूयः कथय तृप्तिर्हि श्रृण्वतो नास्ति मेऽमृतम्॥18॥

श्रीभगवानुवाच।

हन्त ते कथयिष्यामि दिव्या ह्यात्मविभूतयः।
प्राधान्यतः कुरुश्रेष्ठ नास्त्यन्तो विस्तरस्य मे॥19॥

जिन विभूतियों से इन सब लोकों को तुम व्याप्त कर रहे हो, उन्हें आप-ही (कृपा कर) मुझे पूर्णता से बतलाएं। (17) हे योगिन्! (मुझे यह बतलाइए, कि) सदा तुम्हारा चिंतन करता हुआ मैं तुम्हें कैसे पहचानूँ; और हे भगवन्! मैं किन-किन पदार्थों में तुम्हारा चिंतन करूँ? (18) हे जनार्दन! अपनी विभूति और योग मुझे फिर विस्तार से बतलाओ; क्योंकि अमृततुल्य (तुम्हारे इस भाषण को) सुनते-सुनते मेरी तृप्ति नहीं होती।

(विभूति और योग, ये दोनों शब्द इसी अध्याय के सातवें श्लोक में आए हैं। और यहाँ अर्जुन ने उन्हीं को दोहरा दिया है। 'योग' शब्द का अर्थ पहले (गीता. 7.25) दिया जा चुका है, उसे देखो। भगवान की विभूतियों को अर्जुन इसलिए नहीं पूछता, कि भिन्न-भिन्न विभूतियों का ध्यान देवता समझ कर किया जाए; किंतु सत्रहवें श्लोक के इस कथन को स्मरण रखना चाहिए, कि उक्त विभूतियों में सर्वव्यापी परमेश्वर की ही भावना रखने के लिए पूछता है। क्योंकि भगवान् यह पहले ही बतला चुके हैं (गीता 7.20-25; 9.22-28), कि एक ही परमेश्वर को सब स्थानों में विद्यमान जानना एक

बात है, और परमेश्वर की भिन्न-भिन्न विभूतियों को भिन्न-भिन्न देवता मानना दूसरी बात है; इन दोनों में भक्ति-मार्ग की दृष्टि से महान् अंतर है।)

श्रीभगवान ने कहा :- (19) अच्छा; तो अब हे कुरुश्रेष्ठ! अपनी दिव्य विभूतियों में से तुम्हें मुख्य-मुख्य बतलाता हूँ; क्योंकि मेरे विस्तार का अंत नहीं है।

(इस विभूति-वर्णन के समान ही महाभारत के अनुशासन पर्व में (अनु. 14. 311-331) और अनुगीता में (अश्व. 43, 44) परमेश्वर के रूप का वर्णन है। परंतु गीता का वर्णन उसकी अपेक्षा अधिक सरस है, इस कारण उसी की पुनरुक्ति और स्थलों में भी मिलती है। उदाहरणार्थ, भागवत-पुराण के एकादश स्कंध के सोलहवें अध्याय में इसी प्रकार का विभूति-वर्णन भगवान ने उद्धव को-

अहमात्मा गुडाकेश सर्वभूताशयस्थितः।
अहमादिश्च मध्यं च भूतानामन्त एव च॥20॥
आदित्यनामहं विष्णुर्ज्योतिषां रविरंशुमान्।
मरीचिर्मरुतामस्मि नक्षत्राणामहं शशी॥21॥
वेदानां सामवेदोऽस्मि देवानामस्मि वासवः।
इन्द्रियाणां मनश्चास्मि भूतानामास्मि चेतना॥22॥

समझाया है; और वहीं (भाग. 11.16.6-8) प्रारंभ में कह दिया है, कि यह वर्णन गीता के इस अध्याय वाले वर्णन के अनुसार है।

(20) हे गुडाकेश! सब भूतों के भीतर रहने वाली आत्मा मैं हूँ; और (सब) भूतों का आदि, मध्य और अंत भी मैं हूँ। (21) (बारह) आदित्यों में से विष्णु मैं हूँ; तेजस्वियों में किरणमाली सूर्य, (सात अथवा उनचास) मरुतों में मरीचि और नक्षत्रों में चंद्रमा मैं हूँ। (22) मैं वेदों में सामवेद हूँ; देवताओं में इंद्र हूँ; और इंद्रियों में मन हूँ; भूतों में चेतना अर्थात् प्राण की चलन-शक्ति मैं हूँ।

(यहाँ वर्णन है, कि मैं वेदों में सामवेद हूँ, अर्थात् सामत्रेद मुख्य है; ठीक ऐसा ही महाभारत के अनुशासन पर्व में भी (14.317) "सामवेदश्च वेदानां यजुषां शतरुद्रियम्" कहा है। पर अनुगीता में "ॐकारः सर्ववेदानां." (अश्व. 44.6) इस प्रकार सब वेदों में ॐकार को ही श्रेष्ठता दी है; तथा गीता में भी (गीता 7.8) पहले "प्रणवः सर्ववेदेषु" कहा है। ऐसे ही गीता 9.17 के 'ऋक्सामयजुरेव च' इस वाक्य में सामवेद की अपेक्षा ऋग्वेद को अग्र स्थान दिया गया है और साधारण लोगों की समझ भी ऐसी ही है। इन परस्पर-विरोधी वर्णनों पर कुछ लोगों ने अपनी कल्पनाओं को खूब सरपट दौड़ाया है। छांदोग्य उपनिषद में ॐकार ही का नाम 'उद्गीथ' है, और लिखा है, कि यह उद्गीथ सामवेद का सार है और सामवेद ऋग्वेद का सार है" (छां. 1.1.2)। इस विषय के भिन्न-भिन्न उक्त विधानों का मेल छांदोग्य के इस वाक्य से, सब वेदों में कौन वेद श्रेष्ठ है, हो सकता है। क्योंकि सामवेद के मंत्र भी मूल ऋग्वेद से ही लिए गए हैं। पर इतने से संतुष्ट न होकर कुछ लोग कहते हैं, कि गीता में सामवेद को यहाँ पर जो प्रधानता दी गई है; तथापि मनु ने कहा है, कि "सामवेद की ध्वनि अशुचि है" (मनु. 4.124)। अतः एक ने अनुमान किया है, कि सामवेद को प्रधानता देने वाली गीता मनु से पहले की होगी; और दूसरा कहता है, कि गीता बनाने वाला सामवेदी होगा, इसी से उसने यहाँ पर सामवेद को प्रधानता दी होगी। परंतु हमारी समझ में 'मैं वेदों में सामवेद हूँ' इसकी

रुद्राणां शंकरश्चास्मि वित्तेशो यक्षरक्षसाम्।
वसूनां पावकश्चास्मि मेरुः शिखरिणामहम्॥23॥
पुरोधसां च मुख्यं मां विद्धि पार्थ बृहस्पतिम्।
सेनानीनामहं स्कन्दः सरसामस्मि सागरः॥24॥

महर्षीणां भृगुरहं गिरमस्म्येकमक्षरम्।
यज्ञानां जपयज्ञोऽस्मि स्थावराणां हिमालयः॥25॥
अश्वत्थः सर्ववृक्षाणां देवर्षीणां च नारदः।
गन्धर्वाणां चित्ररथः सिद्धानां कपिलो मुनिः॥26॥

उपपत्ति लाने के लिए इतनी दूर जाने की आवश्यकता नहीं है। भक्ति-मार्ग में परमेश्वर की गानयुक्त स्तुति को सदैव प्रधानता दी जाती है। उदाहरणार्थ नारायणीय धर्म में नारद ने भगवान का वर्णन किया है, कि "वेदेषु सपुराणेषु सांगोपांगेषु गीसे" (मभा. शां. 334.23), और वसु राजा 'जप्यं जगौ'-जप्य गाता था (शां. 337,27; 342.70, 81)-इस प्रकार 'गै' धातु का ही प्रयोग फिर किया गया है। अतएव भक्ति-प्रधान धर्म में, यज्ञयाग आदि क्रियात्मक वेदों की अपेक्षा, गान-प्रधान वेद अर्थात् सामवेद को अधिक महत्त्व दिया गया हो, तो उसमें कोई आश्चर्य नहीं; और "मैं वेदों में सामवेद हूँ" इस कथन का हमारे मत में सीधा और सहज कारण यही है।)

(23) (ग्यारह) रुद्रों में शंकर मैं हूँ; यक्ष और राक्षसों में कुबेर मैं हूँ; (आठ) वसुओं में पावक मैं हूँ; (और सात) पर्वतों में मेरू मैं हूँ। (24) हे पार्थ! पुरोहितों में मुख्य, बृहस्पति मुझको समझ। मैं सेनानायकों में स्कंद (कार्तिकेय), और जलाशयों में समुद्र हूँ। (25) महर्षियों में भृगु हूँ; वाणी में एकाक्षर अर्थात् ॐकार मैं हूँ। यज्ञों में जप-यज्ञ मैं हूँ; स्थावर अर्थात् स्थिर पदार्थों में हिमालय मैं हूँ।

('यज्ञों में जप-यज्ञ मैं हूँ' यह वाक्य महत्त्व का है। अनुगीता में (मभा. अश्व. 44.8) कहा है, कि 'यज्ञानां हुतमुत्तमम्' अर्थात् यज्ञों में (अग्नि में) हवि समर्पण करके सिद्ध होने वाला यज्ञ उत्तम है; और वैदिक कर्मकांड वालों को वही मत है। पर भक्ति-मार्ग में हविर्यज्ञ की अपेक्षा नाम-यज्ञ या जप-यज्ञ का विशेष महत्त्व है, इसी से गीता में 'यज्ञानां जपयज्ञोऽस्मि' कहा है। मनु ने भी एक स्थान पर (मनुः 2.87) कहा है, कि 'और कुछ करे या न करे, केवल जप से ही ब्राह्मण सिद्धि पाता है।' भागवत में 'यज्ञानां ब्रह्मयज्ञाऽहं' पाठ है।)

(26) मैं सब वृक्षों में अश्वत्थ अर्थात् पीपल और देवर्षियों मैं नारद हूँ; गंधर्वों में

उच्चैःश्रवसमश्वानां विद्ध माममृतोद्भवम्।
ऐरावतं गजेन्द्राणां नाराणां च नराधिपम्॥27॥
आयुधानामहं वज्रं धेनूनामस्मि कामधुक्।
प्रजनश्चास्मि कन्दर्पः सर्पाणामस्मि वासुकिः॥28॥
अनन्तश्चास्मि नागानां वरुणो यादसामहम्।
पितृणामर्यमा चास्मि यमः संयमतामहम्॥29॥
प्रह्लादश्चास्मि दैत्यानां कालः कलयतामहम्।
मृगाणां च मृगेन्द्रोऽहं वैनतेयश्च पक्षिणाम्॥30॥
पवनः पवतामस्मि रामः शस्त्रभृतामहम्।
झषाणां मकरश्चास्मि स्रोतसामस्मि जान्हवी॥31॥

चित्ररथ, और सिद्धों में कपिल मुनि हूँ। (27) घोड़ों में, अमृत मंथन के समय निकला हुआ, उच्चैः श्रवा मुझे समझ। मैं गजेंद्रों में ऐरावत और मनुष्यों में राजा हूँ। (28) मैं आयुधों में वज्र, गौओं में कामधेनु और प्रजा उत्पन्न करने वाला काम हूँ; सर्पों में वासुकि मैं हूँ। (29) नागों में अनंत मैं हूँ; यादस् अर्थात् जलचर प्राणियों में वरुण, और पितरों में अर्यमा मैं हूँ; मैं नियमन करने वालों में यम हूँ।

(वासुकि = सर्पों का राजा और अनंत = 'शेष' ये अर्थ निश्चित हैं, और अमरकोश तथा महाभारत में भी ये अर्थ दिए गए हैं (मभा. आदि. 35-39 39)। परंतु निश्चयपूर्वक

नहीं बतलाया जा सकता, कि नाग और सर्प में क्या भेद है। महाभारत के अस्ति उपाख्यान में इन शब्दों का प्रयोग समानार्थक ही है। तथापि जान पड़ता है, कि यहाँ पर सर्प और नाग शब्दों से सर्प के साधारण वर्ग की दो भिन्न-भिन्न जातियाँ विवक्षित हैं। श्रीधर-टीका में सर्प को विषैला और नाग को विषहीन कहा है, एवं रामानुज-भाष्य में सर्प को एक सिर वाला और नाग को अनेक सिरों वाला कहा है। परंतु ये दोनों भेद ठीक नहीं जँचते। क्योंकि कुछ स्थलों पर नागों के ही प्रमुख कुल बतलाते हुए उनमें अनंत और वासुकि को पहले गिनाया है; और वर्णन किया है, कि दोनों भी अनेक सिरों वाले एवं विषधर हैं, किंतु अनंत है अग्नि वर्ण का और वासुकि है पीला। भागवत का पाठ गीता के समान ही है।)

(30) दैत्यों में प्रह्लाद मैं हूँ, मैं ग्रसनेवालों में काल, पशुओं में मृगेन्द्र अर्थात् सिंह और पक्षियों में गरुड़ हूँ। (31) मैं वेगवानों में वायु हूँ; मैं शस्त्रधारियों में राम, मछलियों में मगर और नदियों में भागीरथी हूँ।

सर्गाणामादिरन्तश्च मध्यं चैवाहमर्जुन।
अध्यात्मविद्या विद्यानां वादः प्रवदतामहम्।।32।।
अक्षराणामकारोऽस्मि द्वन्द्वः सामासिकस्य च।
अहमेवाक्षयः कालो धाताऽहं विश्वतोमुखः।।33।।
मृत्युः सर्वहरश्चाहमुद्भवश्च भविष्यताम्।
कीर्तिः श्रीवाक्य नारीणां स्मृतिर्मेधा धृतिः क्षमा।।34।।
वृहत्साम तथा साम्नां गायत्री छन्दसामहम्।
मासानां मार्गशीर्षोऽहमृतूनां कुसुमाकरः।।35।।

(32) हे अर्जुन!. सृष्टिमात्र का आदि, अन्त और मध्य भी मैं हूँ; विद्याओं में अध्यात्म विद्या, और वाद करने वालों का वाद मैं हूँ।

(पीछे 20वें श्लोक में बतला दिया है, कि सचेतन भूतों का आदि, मध्य और अंत मैं हूँ; तथा अब कहते हैं, कि सब चराचर सृष्टि का आदि, मध्य और अंत मैं हूँ; यही भेद है।)

(33) मैं अक्षरों में अकार, और समासों में (उभय पद प्रधान) द्वंद्व हूँ; (निमेष, मुहूर्त आदि) अक्षय काल मैं ही हूँ और सर्वतोमुख अर्थात् चारों ओर से मुखों वाला धाता याने ब्रह्मा मैं हूँ: (34) सबको क्षय करने वाली मृत्यु, और आगे जन्म लेने वालों का उत्पत्ति स्थान मैं हूँ; स्त्रियों में कीर्ति, श्री और वाणी, स्मृति मेधा, धति तथा क्षमा मैं हूँ।

(कीर्ति, श्री, वाणी इत्यादि शब्दों से ही देवियाँ, विवक्षित हैं। महाभारत में (आदि. 66.13, 14) वर्णन है, कि इनमें से वाणी और क्षमा को छोड़ शेष पाँच और दूसरी पाँच (पुष्टि, श्रद्धा, क्रिया, लज्जा और मति) दोनों मिलकर कुल दशों दक्ष की कन्याएँ हैं, और धर्म के साथ ब्याही जाने के कारण उन्हें धर्मपत्नी कहते हैं।)

(35) साम अर्थात् गाने के योग्य वैदिक स्तोत्रों में बृहत्साम/ (और) छंदों में गायत्री छंद मैं हूँ; महीनों में मार्गशीर्ष और ऋतुओं में वसंत मैं हूँ।

(महीनों में मार्गशीर्ष को प्रथम स्थान इसलिए दिया गया है, कि उन दिनों में बारह महीनों को मार्गशीर्ष से ही गिनने की रीति थी। जैसे कि आजकल चैत्र से है (मभा. अनु. 106, 109; एवं वाल्मीकि रामायण 3.16)। भागवत 11.16. 27 में भी ऐसा ही उल्लेख है। हमने अपने 'ओरायन' ग्रंथ में लिखा है, कि मृगशीर्ष नक्षत्र को अग्रहायणी अथवा वर्षारंभ का नक्षत्र कहते थे; जब मृगादि नक्षत्र गणना का प्रचार था, तब मृग नक्षत्र को प्रथम अग्रस्थान मिला।

द्यूतं छलयतामस्मि तेजस्तेजस्विनामहम्।
जयोऽस्मि व्यवसायोऽस्मि सत्त्वं सत्त्ववतामहम्।।36।।
वृष्णीनां वासुदेवोऽस्मि पाण्डवानां धनंजयः।
मुनीनामप्यहं व्यासः कवीनामुशना कविः।।37।।
दण्डो दमयतामस्मि नीतिरस्मि जिगीषताम्।
मौनं चैवास्मि गुह्यानां ज्ञानं ज्ञानवतामहम्।।38।।
यच्चापि सर्वभूतानां बीजं तदहमर्जुन।
न तदस्ति विना यत्स्यान्मया भूतं चराचरम्।।39।।
नान्तो-स्ति मम दिव्यानां विभूतीनां परंतप।
एष तूद्देशतः प्रोक्तो विभूतेर्विस्तरो मया।।40।।
यद्यद्विभूतिमत्सत्त्वं श्रीमदूर्जितमेव वा।
तत्तदेवावगच्छ त्वं मम तेजोऽशसम्भवम्।।41।।
अथवा बहुनैतेन किं ज्ञातेन तवार्जुन।
विष्टभ्याहमिदं कृत्स्नमेकांशेन स्थितो जगत्।।42।।

इति श्रीमद्भगवद्गीतासु उपनिषत्सु ब्रह्मविद्यायां योगशास्त्रे श्रीकृष्णार्जुन-संवादे विभूतियोगो नाम दशमोऽध्यायः।।10।।

और उसी से आगे मार्गशीर्ष महीने को भी श्रेष्ठता मिली होगी। इस विषय को यहाँ विस्तार के भय से अधिक बढ़ाना उचित नहीं है।)

(36) मैं छलियों का द्यूत हूँ; तेजस्वियों का तेज, (विजयाशी पुरुषों की) विजय, (निश्चयी पुरुषों का) निश्चय और सत्त्वशीलों का सत्त्व मैं हूँ। (37) मैं यादवों में वासुदेव, पांडवों में धनंजय, मुनियों में व्यास, और कवियों में शुक्राचार्य कवि हूँ। (38) मैं शासन करने वालों का दंड, जय की इच्छा करने वालों की नीति और गुह्यों में मौन भी हूँ। ज्ञानियों का ज्ञान मैं हूँ। (39) इसी प्रकार हे अर्जुन! सब भूतों का जो कुछ बीज है, वह मैं हूँ; ऐसा कोई चर-अचर भूत नहीं है, जो मुझे छोड़े हो। (40) हे परंतप! मेरी दिव्य विभूतियों का अंत नहीं है। विभूतियों का यह विस्तार मैंने (केवल) दिग्दर्शनार्थ बतलाया है।

(इस प्रकार मुख्य-मुख्य विभूतियाँ बतलाकर, अब इस प्रकरण का उपसंहार करते हैं :-) (41) जो जो वस्तु वैभव, लक्ष्मी या प्रभाव से युक्त है, उसको तू मेरे तेज के अंश से उपजी हुई समझ। (42) अथवा हे अर्जुन! तुझे इस फैलाव को जानकर करना क्या है? (संक्षेप में बतला देता हूँ, कि) मैं अपने एक (ही) अंश से इस सारे जगत को व्याप्त कर रहा हूँ।

(अंतिम श्लोक पुरुष सूक्त की इस ऋचा के आधार पर कहा गया है-"पादोऽस्य विश्वा भूतानि त्रिपादस्यामृतं दिवि" (ऋ. 10.90.3); और यह मंत्र छांदोग्य उपनिषदों में भी (छां. 3, 12.6) है। 'अंश' शब्द के अर्थ का स्पष्टीकरण गीतारहस्य के नवें प्रकरण के अंत में किया गया है। प्रकट है, कि जब भगवान अपने एक ही अंश से इस जगत में व्याप्त हो गए हैं, तब इसकी अपेक्षा भगवान की पूरी महिमा बहुत ही अधिक होगी; और उसे बतलाने के हेतु से ही अंतिम श्लोक कहा गया है। पुरुष सूक्त में तो स्पष्ट ही कह दिया है, कि "एतावान् अस्य महिमाऽतो ज्यायांश्च पुरुषः" इतनी इसकी वह महिमा हुई, पुरुष तो इसकी अपेक्षा कहीं श्रेष्ठ है।)

इस प्रकार श्रीभगवान के गाए हुए-अर्थात् कहे हुए-उपनिषद में, ब्रह्मविद्यान्तर्गत योग अर्थात् कर्मयोगशास्त्रविषयक, श्रीकृष्ण और अर्जुन के संवाद में, विभूतियोग नामक दसवाँ अध्याय समाप्त हुआ।

एकादशोऽध्यायः

अर्जुन उवाच!

मदनुग्रहाय परमं गुह्यमध्यात्मसंज्ञितम्।
यत्त्वयोक्तं वचस्तेन मोहोऽयं विगतो मम॥1॥
भवाप्ययौ हि भूतानां श्रुतौ विस्तरशौ मया।
त्वत्तः कमलपत्राक्ष माहात्म्यमपि चाव्ययम्॥2॥
एवमेतद्यथात्थ त्वमात्मानं परमेश्वर।
द्रष्टुमिच्छामि ते रूपमैश्वरं पुरुषोत्तम॥3॥
मन्यसे यदि तच्छक्यं मया द्रष्टुमिति प्रभो।
योगेश्वर ततो मे त्वं दर्शयात्मानमव्ययम्॥4॥

ग्यारहवाँ अध्याय

(जब पिछले अध्याय में भगवान ने अपनी विभूतियों का वर्णन किया, तब उसे सुनकर अर्जुन को परमेश्वर का वह विश्वरूप देखने की इच्छा हुई। भगवान ने उसे जिस विश्वरूप का दर्शन कराया, उसका वर्णन इस अध्याय में है। यह वर्णन इतना सरस है, कि गीता के उत्तम भागों में इसकी गिनती होती है और अन्यान्य गीताओं की रचना करने वालों ने इसी का अनुकरण किया है। अर्जुन प्रथम पूछता है, कि:-)

अर्जुन ने कहा:- (1) मुझपर अनुग्रह करने के लिए तुमने अध्यात्मसंज्ञक जो परम गुप्त बात बतलायी, उससे मेरा यह मोह जाता रहा। (2) इसी प्रकार हे कमल पत्राक्ष! भूतों की उत्पत्ति, लय और, (तुम्हारा) अक्षय महात्म्य भी मैंने तुमसे विस्तार सहित सुन लिया। (3) अब, हे परमेश्वर! तुमने अपना जैसा वर्णन किया है, हे पुरुषोत्तम! मैं तुम्हारे उस प्रकार के ईश्वरी स्वरूप को (प्रत्यक्ष) देखना चाहता हूँ। (4) हे प्रभो! यदि तुम समझते हो, कि उस प्रकार का रूप मैं देख सकता हूँ, तो हे योगेश्वर! तुम अपना अव्यय स्वरूप मुझे दिखलाओ!

(सातवें अध्याय में ज्ञान विज्ञान के निरूपण आरंभ कर सातवें और आठवें में परमेश्वर के अक्षर अथवा अवयक्त रूप का, तथा नवें एवं दसवें में अनेक व्यक्त रूपों का जो ज्ञान बतलाया है, उसे ही अर्जुन ने पहले श्लोक में 'अध्यात्म' कहा है। एक अवयक्त से अनेक व्यक्त पदार्थो के निर्मित होने का जो वर्णन सातवें (7. 4-14), आठवें (8. 16-21), और नवें (9. 4-8) अध्यायों में है, वही 'भूतों की उत्पत्ति

श्रीभगवानुवाच!

पश्य मे पार्थ रूपाणि शतशोऽथ सहस्रशः।
नानाविधानि दिव्यानि नानावर्णाकृतीनि च ॥5॥
पश्यादित्यान्वसन्रुद्रानश्विनौ मरुतस्तथा।
बहू न्यदृष्टपूर्वाणि पश्वाश्वर्याणि भरत॥6॥

इहैकस्थं जगत्कृत्स्नं पशयाद्य पश्याद्य सचराचरम्।
मम देहे गुडाकेश यच्चान्यद्ष्टुमिच्छसि॥7॥

और लय' इन शब्दों से दूसरे श्लोक में अभिप्रेत है। तीसरे श्लोक के दोनों अर्धांशों को दो भिन्न-भिन्न वाक्य मानकर कुछ लोग उनका ऐसा अर्थ करते हैं, कि "हे परमेश्वर! तुमने अपना जैसा (स्वरूप-वर्णन किया, वह सत्य है) (अर्थात् मैं समझ गया); अब हे पुरुषोत्तम!" मै तुम्हारे ईश्वरी स्वरूप को देखना चाहता हूँ।" (गीता 10. 14)। परन्तु दोनों पंक्तियों को मिलाकर एक ही वाक्य मानना ठीक जान पड़ता है; और परमार्थ प्रपा टीका में ऐसा किया भी गया है। चौथे श्लोक में जो 'योगेश्वर' शब्द है, उसका अर्थ (योगियों का नहीं) ईश्वर है (18.74)। योग का अर्थ (गीता 7. 25 9. 5) अव्यक्त रूप से व्यक्त सृष्टि निर्माण करने की सामर्थ्य अथवा युक्ति पहले की जा चुकी है; अब उस सामर्थ्य से ही विश्वरूप दिखलाना है, इस कारण यहाँ 'योगेश्वर' संबोधन का प्रयोग सहेतुक है।)

श्री भगवान ने कहाः- (5) हे पार्थ! मेरे अनेक प्रकार के, अनेक रंगों के और आकारों के (इन) सैंकड़ो अथवा हजारों दिव्य रूपों को देखा। (6) ये देख, (बारह) आदित्य (आठ), बसु, (ग्यारह) रुद्र, (दो) अश्विनी कुमार और (उनचास) मरुद्गण! हे भारत! ये अनेक आश्चर्य देख, कि जो पहले कभी न देखे होंगे।

(नारायणीय धर्म में नारद को जो विश्वरूप दिखलाया गया है, उसमें यह विशेष वर्णन है; कि बाईं ओर बारह आदित्य, सन्मुख आठ वसु, दाहिनी ओर ग्यारह रुद्र और पिछली ओर दो अश्विनी कुमार थे (शां. 339. 50-52)। परंतु यही वर्णन सर्वत्र विविक्षत नहीं दिखाई देता (मभा. उ. 130)। आदित्य, वसु, रुद्र, अश्विनी कुमार और मरुद् गण ये वैदिक देवता हैं; और महाभारत में (शां. 208. 23,24) देवताओं के चातुर्वर्ण्य का भेद यों बंतलाया है, कि इनमें से आदित्य क्षत्रिय हैं, मरुद्गण वैश्य हैं, और अश्विनी कुमार रुद्र हैं, शतपथ ब्रह्मण (14.4.2.23)।

न तु मां शक्यसे द्रष्टुमनेनैव स्वचक्षुषा।
दिवयं ददामि ते चक्षुः पश्य ये योगमैश्वरम् ॥8॥
संजय उवाच।
एवमुक्त्वा ततो राजन् महायोगेश्वरो हरिः।
दर्शयामास पार्थाय परमं रूपमैश्वरम्॥9॥
अनेकवक्त्रनयनमनेकाद्भुतदर्शनम् ।
अनेकदिव्याभरणं दिव्यानेकोद्यतायुधम् ॥10॥
दिव्यमाल्यराम्बरधरं दिव्यगन्धानुलेपनम् ।
सर्वाश्चर्यमयं देवमनन्तं विश्वतोमुखम् ॥11॥
दिवी सूर्यसहस्त्रस्य भवेद्युगपदुत्थिता।
यदि भाः सदृशी सा स्याद्भसस्तस्य महात्मनः ॥12॥
तत्रैकस्थं जगत्कृत्स्नं प्रविभक्तमनेकधा ।
अपश्यद्देवदेवस्य शरीर पाण्डवस्तदा ॥13॥
ततः स विस्मयाविष्टो हृष्टरोमा धनंजयः।
प्रणम्य शिरसा देवं कृतांजलिरभाषत ॥14॥

(7) हे गुडाकेश! मेरी (इस) देह में सब चर-अचर जगत को आज यहाँ पर एकत्रित देख ले, और दूसरा भी जो कुछ तुझे देखने की लालसा हो, उसे भी उसमें देख ले!

(8) परंतु तू अपनी इसी दृष्टि से मुझे देख न सकेगा, तुझे मैं दिव्य दृष्टि देता

हूँ; (उससे) मेरे इस ईश्वरी योग अर्थात् योगसामर्थ्य को देख।

संजय ने कहा :- (9) हे राजा धृतराष्ट्र ! इस प्रकार कह करके फिर योगों के बड़े ईश्वर हरि ने अर्जुन को (अपना) श्रेष्ठ ईश्वरी रूप अर्थात् विश्व रूप दिखलाया। (10) उसके अर्थात् उस विश्वरूप के अनेक मुख और नेत्र थे और उसमें अनेक अद्‌भुत दृश्य दीख पड़ते थे; (और) उसपर अनेक प्रकार के दिव्य अलंकार थे और उस पर नाना प्रकार के दिव्य आयुध सज्जित थे। (11) उस अनंत, सर्वतोमुख और सब आश्चर्यों से भरे हुए देवता के दिव्य सुगंधित उबटन लगा हुआ था, और वह दिव्य पुष्प एवं वस्त्र धारण किये हुए था। (12) यदि आकाश में एक हजार सूर्यों की प्रभा एक साथ हो, तो वह उस महात्माकी क्रांति के समान (कुछ-कुछ) दीख पड़े!(13) तब अर्जुन को देवधिदे के इस शरीर में नाना प्रकार से बँटा हुआ सारा जगत् एकत्रित दिखाई दिया। (14) फिर आश्चर्य से चकित होकर उसके शरीर पर रोमांच खड़े हो आए; और मस्तक नमाकर नमस्कार करके एवं हाथ जोड़कर उस अर्जुन ने देवता से कहा:-

अर्जुन उवाच!

पश्यामि देवांस्तव देव देहे सर्वास्तथा भूतविशेषसंघान् ।
ब्रह्माणमीशं कमलासनस्थमृषींश्च सर्वानुरंगाश्च दिव्यान् ॥15॥
अनेकबाहूदरवक्त्रनेत्रं पश्यामि त्वसं सर्वतोऽनन्तरूपम् ।
नान्त न मध्यं न पुनस्तवादिं पश्यामि विशेवश्पर विश्वरूप ॥16॥
किरीटिनं गदिनं चक्रिणं च तेजोराशिं सर्वतो दीप्तिमन्तम् ।
पश्यामि त्वां दुर्निरीक्ष्यं समन्ताद्दीप्तानलार्कद्युतिप्रमेयम् ॥17॥
त्वमक्षरं परमं वेदितव्यं त्वमस्य विश्वस्य परं निधानम् ।
त्वमव्ययः शाश्वत धर्म गोप्ता सनातनस्त्वं पुरुषो मतो मे ॥18॥
अनादिमध्यान्तमनन्तवीर्यमनन्तबाहुं शशिसूर्यनेत्रम्
पश्यामि त्वां दीप्तहुताशवक्त्रं स्वतेजसा विश्वनिदं तपन्तम्॥19॥
द्यावापृथिव्योरिदमन्तरं हि व्याप्तं त्वयैकेन दिशश्च सर्वाः।
द्दष्ट्वाद्‌भुछुतं रूपमुग्रं तवेदं लोकत्रयं प्रव्यथितं महात्मन् ॥20

अर्जुन ने कहा:- (15) हे देव! तुम्हारी इस देह में सब देवताओं को और नाना प्रकार के प्राणियों के समुदायों को, ऐसे ही कमलासन पर बैठे हुए (सब देवताओं के) स्वामी ब्रह्मदेव को, सब ऋषियों को, और (वासुकि प्रभृति) सब दिव्य सर्पों को भी मैं देख रहा हूँ। (16) अनेक बाहु, अनेक उदर, अनेक मुख और अनेक नेत्रधारी, अनत रूपी तुम्हीं को मैं चारों ओर देखता हूँ; परन्तु हे विशेवश्वर विश्वरूप! तुम्हारा न तो अंत, न मध्य या न आदि भी मुझे (कहीं) दीख पड़ता है। (17) किरीट, गदा और चक्र धारण करने वाले, चारों ओर प्रभा फैलाए हुएः तेजःपुंज, दमकते हुए अग्नि और सूर्य के समान देदीप्यमान्, आँखों से देखने में भी अशक्य औश्र अपरंपार (भरे हुए) तुम्हीं मुझें जहाँ-तहाँ दीख पड़ते हो। (18) तुम्हीं अंतिम ज्ञेय अक्षर (ब्रह्म), तुम्हीं इस विश्व के अंतिम आधार, तुम्हीं अव्यय और तुम्हीं शाश्वत धर्म के रक्षक हो, और मुझे सनातन पुरुष तुम्हीं जान पड़ते हो। (19) मैं देख रहा हूँ, कि जिसके न आदि है, न मध्य या न अंत, अनंत जिसके बाहु हैं, चंद्र और सूर्य जिसके नेत्र हैं, प्रज्वलित अग्नि जिसका मुख है, ऐसे अनंत शाक्तिमान् तुम्हीं अपने तेज से इस समस्त जगत को तपा रहे हो। (20) क्योंकि आकाश और पृथ्वी के बीच का यह (सब) अंतर और सभी

अमी हि त्वां सुरसंघा विशन्ति केचिद्‌भीता। प्रांजलयो गृणन्ति।
स्वस्तीत्युक्त्वा महर्षिसिद्धसंघाः स्तुवन्ति त्वां स्तुतिभिः पुष्कलभिः ॥21॥
रुद्रादित्या वसवो ये च साध्या विशेवऽश्विनौ मरुतश्वोष्मपाश्च ।

गन्धर्वयक्षासुरसिद्धसंघा वीक्षेन्ते त्वां विस्मिताश्चैव सर्वे ॥22॥
रूपं महत्ते बहुवक्त्रनेत्रं महाबाहो बहुबाहूरूपादम् ।
बहुदरं बहुदंष्ट्रकरालं दृष्ट्वा लोकाः प्रव्यथितास्तथाहम् ॥23॥
नभःस्पृशं दीप्तमनेकवर्णं वयाताननं दीप्तविशालनेत्रम् ।
दृष्ट्वा हि त्वां प्रव्यथितान्तरात्मा धृतिं न विन्दामि शमं च विष्णो ॥24॥

दिशाएँ अकेले तुम्हीं ने व्याप्त कर डाली हैं; और हे महात्मन्! इस अद्भुत और उग्र रूप को देखकर त्रैलोक्य (डर से) व्यथित हो रहा है। (21) यह देखो, देवताओंके ये समूह तुम में प्रवेश कर रहे हैं, (और) कुछ भय से हाथ जोड़कर प्रार्थना कर रहे हैं। (एवं) 'स्वस्ति, स्वस्ति' कहकर महर्षियों और सिद्धों के समुदाय अनेक प्रकार के स्तोत्रों से तुम्हारी स्तुति कर रहे हैं। (22) (ऐसे ही) रुद्र और आदित्य, वसु और साध्यगण, विश्वेदेव, (दोनों) अश्विनीकुमार, मरुद्गण, उष्मपा अर्थात् पितर, और गंधर्व, यक्ष, राक्षय एवं सिद्धों के झुंड के झुंड सर्वत्र विस्मित होकर तुम्हारी ओर देख रहे हैं।

(श्राद्ध में पितरों को अन्न अर्पण किया जाता है, उसे वे तभी तक ग्रहण करते हैं, जब तक कि वह गरमा-गरम रहे, इसी से उनको 'उष्मपा' कहते हैं (मनु. 3.237)। मनुस्मृति में (3,94-200) इन्हीं पितरों के सोमसद् अग्निष्वात्त, बर्हिषद्, सोमपा, हविष्मान्, आज्यपा और सुकलिन् ये सात प्रकार के गुण बतलाये हैं। आदित्य आदि देवता वैदिक हैं (ऊपर का छठा श्लोक देखो)। बृहदारण्यक उपनिषदमें (3.9.2) यह वर्णन है, कि आठ वसु, ग्यारह रुद्र, बारह आदित्य और इंद्र तथा प्रजापति को मिलाकर 33 देवता होते हैं, और महाभारत के आदिपर्व अ. 65 एवं 66 में तथा शांतिपर्व अ. 208 में अनेक नाम और उत्पति बतलाई गई है।)

(23) हे महाबाहु! तुम्हारे इस विराट् अनेक मुखों के, अनेक आँखों के, अनेक भुजाओं के, अनेक जंघाओं के, अनेक पैरों के, अनेक उदरों के, और अनेक डाढ़ों के कारण विकराल दिखने वाले रूप को देखकर सब लोगों को और मुझे भी भय हो रहा है। (24) आकाश से भिड़े हुए, प्रकाशमान अनेक रंगों के, जबड़े फैलाए हुए, और बड़े चमकीले नेत्रों से युक्त तुमको देखकर अंतरात्मा घबड़ा गई है; इससे हे विष्णो!

दंष्ट्राकरालानि च ते मुखानि दृष्ट्वैव कालानकलसन्निभानि ।
दिशो न जाने न लभे च शर्म प्रसीद देवेश जगन्निवास ॥25॥
अमी च त्वां धृतराष्ट्रस्य पुत्राः सर्वे सहैवावनिपालसंघैः ।
भीष्मो द्रोणः सूतपुत्रस्तथासौ सहास्मदीयैरपि योधमुख्यैः ॥26॥
वक्त्रणि ते त्वरमाण विशन्ति दंष्ट्राकरालानि भयानकानि।
केचिद्विलग्ना दशनान्तरेषु सन्दृश्यन्ते चूर्णितैरुत्तमांगैः ॥27॥
यथा नदीनां बहवोऽम्बुवेगाः समुद्रमेवाभिमुखा द्रवन्ति।
तथा तवामी नरलोकवीरा विशन्ति वक्त्राण्यभिविज्वलन्ति॥28॥
यथा प्रदीप्तं ज्वलनं पतंगा विशन्ति नाशाय समृद्धवेगाः।
तथैव नाशाय विशन्ति लोकास्तवापि वक्त्राणि समृद्धवेगाः ॥29॥
लेलिह्यसे ग्रसमानः समन्ताल्लोकान्समग्रान्वदनैर्ज्वलभ्दिः।
तेजोभिरापूर्य जगत्समग्रं भासस्तवोद्याः प्रतपन्ति विष्णो ॥30॥
आख्याहि मे को भवानुग्ररूपो नमोऽस्तु ते देववर प्रसीद।
विज्ञातुमिच्छामि भवन्तमाद्यं न हि प्रजानामि तव प्रवृत्तिम् ॥32॥

मेरा धीरज छूट गया और शांति भी जाती रही! (25) और यह अवस्था हुई, कि डाढ़ों से विकराल तथा प्रत्ययकालीन अग्नि के समान तुम्हारे (इन) मुखों को देखते ही

मुझे दिशाएँ नहीं सूझतीं, और समाधान भी नहीं होता। हे जगन्निवास, देवाधिदेव!! प्रसन्न हो जाओ (26) यह देखो, राजाओं के झुंड समेत धृतराष्ट्र के सब पुत्र, भीष्म, द्रोण और वह सूतपूत्र (कर्ण), हमारी ओर के भी मुख्य-मुख्य योद्धाओं के साथ, (27) तुम्हारी विकराल डाढ़ों वाले इन अनेक भयंकर मुखों में धड़ाधड़ घुस रहे है; और कुछ लोग तो दाँतो में दबकर ऐसे दिखाई दे रहे हैं, कि नादियों के बड़े-बड़े प्रवाह समुद्र की ही ओर चले जाते हैं। (29) जलती हुई अग्नि में मरने के लिए पतंग जिस प्रकार बड़े वेग से कूदते हैं, वैसे ही तुम्हारे-भी अनेक जबडों में मरने के लिए (ये) लोग बड़े वेग से प्रवेश कर रहे है। (30) हे विष्णो! चारों ओर सब लोगों को अपने प्रज्वलित मुखों से निगल कर तुम जीभें चाट रहे हो! और तुम्हारी उग्र प्रभाएँ तेज से समूचे जगत को व्याप्तकर (चारों ओर) चमक रही हैं। (31) मुझे बतलाओ, कि इस उग्र रूप को धारण करने वाले तुम कौन हो? हे देवश्रेष्ठ! तुम्हें नमस्कार करता हूँ! प्रसन्न हो जाओ! मैं जानना चाहता हूँ, कि तुम आदि पुरुष कौन हो? क्योंकि मैं तुम्हारी इस करनी को (बिल्कुल) नहीं जानता ।

श्रीभगवानुवाच।

कालोऽस्मि लाकक्षयकृत्प्रवृद्धो लोकान्समाहर्तुमिह प्रवृत: ।
ऋतेऽपि त्वां न भविष्यन्ति वर्से येऽवस्थिता: प्रत्यनीकेषु योधा: ॥32॥
तस्मात्त्वमुत्तिष्ठ यशो लभस्व जित्वा शत्रूत्भुंक्ष्व राज्यं समृद्धम्।
मयैवैते निहता: पूर्वमेव निमित्तमात्रं भव सव्यसचिन्।
द्रोणं च भीष्मं च जयद्रभं च कर्णं तथान्यानपि योधवीरन्।
मया हतांस्वं जहि मा व्यथिष्ठा युध्यस्व जेतासि रणे सपन्नान् ॥33॥

संजय उवाच।

एतच्छुत्वा वचनं केशवस्य कृतांजलिर्वेपमान: किरीटी।
नमस्कृत्वा भूय एवाह कृष्णं सगद्गदं भीतभीत: प्रणम्य ॥34॥

श्रीभगवान ने कहा:- (32) मैं लोकों का क्षय करने वाला और बढ़ा हुआ हूँ; लोगों का संहार करने यहाँ आया हूँ। तू न हो, तो भी, अर्थात् तू कुछ करे, तो भी , सेनाओं में खड़े हुए ये सब योद्धा नष्ट होनेवाले (मरने वाले) हैं; (33) अतएव तू उठ, यश प्राप्त कर, और शत्रुओं को जीत करके समृद्ध राज्य का उपभोग कर। मैंने उन्हें पहले ही मार डाला है; (इसलिए अब) हे सव्यसाची (अर्जुन)! तू केवल निमित्त के लिए (आगे) हो! (34) में द्रोण, भीष्म, जयद्रथ और कर्ण तथा ऐसे ही अन्यान्य वीर योद्धाओं को (पहले ही) मार चुका हूँ; उन्हे तु मारा। घबड़ाना नहीं! युद्ध कर! युद्ध में तू शत्रुओं को जीतेगा।

(सारांश, जब श्रीकृष्ण संधि के लिए गए थे, तब दुर्योधन को मेल की कोई भी बात सुनते न देख भीष्म ने श्रीकृष्ण से केवल शब्दों मे कहा था, कि 'कालपक्वमिदं मन्ये सर्व क्षत्रं जनार्दन (मभा. उ. 1.27.32)- ये सब क्षत्रिय कालपक्व हो गये हैं; उसी कथन का यह प्रत्यक्ष दृश्य श्रीकृष्ण ने अपने विश्वरूप से अर्जुन को दिखला दिया है (ऊपर के 26-31 श्लोक देखो) कर्म-विषयक-प्रक्रिया का यह सिद्धान्त भी 33वें श्लोक में आ जाते हैं, कि दुष्ट मनुष्य अपने कर्मो से ही मरते हैं, उनको मारनेवाला तो सिर्फ निमित्त है, इसलिए मारनेवाले को उसका दोष नहीं लगता।)

संजय ने कह :- (35) केशव के इस भाषण को सुनकर अर्जुन अत्यन्त भयभीत हो गया, गला रुँधकर, काँपते हुए, हाथ जोड़ नमस्कार करके उसने श्रीकृष्ण से

स्थाने हृषीकेश तव प्रकीर्त्या जगत्प्रहृष्यनुरज्यते च।
रक्षांसि भीतानि दिशो द्रवन्ति सर्वे नमस्यन्ति च सिद्धसंघा: ॥36॥

कस्माच्च ते ने नमेरन्महात्मन् गरीयसे ब्रह्मणोऽप्यादिकर्त्रे।
अनन्त देवेश जगत्रिवास त्वमक्षरं सदसत्तत्परं यत् ।।37।।
त्वमादिदेवः पुरुषः पुराणस्त्वमस्य विश्वस्य परं निधानम्।
वेत्ताऽसि वेद्यं च परं च धाम त्वया ततं विश्वमनन्तरूप ।।38।।
वायुर्यमोऽग्निर्वरुणः शशांक प्रजापतिस्त्वं प्रपितामहश्च।
नमो नमस्तेऽस्तु सहत्रकृत्वः पुनश्च भूयोऽपि नमो नमस्ते ।।39।।

नम्र होकर फिर कहा- अर्जुन ने कहाः- (36) हे हृषीकेश! (सब) जगत् तुम्हारे (गुण) कीर्तन से प्रसन्न होता है, और (उसमें) अनुरक्त रहता है, राक्षम तुमसे डरकर (देशों) दिशाओं में भाग जाते हैं, और सिद्ध पुरुषों के संघ तुम्ही को नमस्कार करते हैं, यह (सब) उचित ही है। (37) हे महात्मन्! तुम ब्रह्मदेव के कभी आदि कारण और उससे भी श्रेष्ठ हो तुम्हारी वंदना वे कैसे न करेंगे? हे अनंत! हे देव! हे जगत्रिवास! सत् और असत् तुम्हीं हो, और इन दोनों से, परे जो अक्षर है, वह भी तुम्हीं हो।

(गीता 7.24; 8.20 या 14. 16 से दीख पड़ेगा, कि सत् और असत् शब्दों के अर्थ यहाँ पर क्रम से व्यक्त और अव्यक्त अथवा क्षर और अक्षर इन शब्दों के अर्थ यहाँ पर क्रम से व्यक्त और अव्यक्त अथवा क्षर और अक्षर इन शब्दों के अर्थों के समान हैं। सत और असत् से परे जो तत्त्व है वही अक्षर ब्रह्म है, इसी कारण गीता 13.12 मे स्पष्ट वर्णन है, कि "मैं न तो सत् हूँ, और न असत्।" गीता में 'अक्षर' शब्द कभी प्रकृति के लिए और कभी ब्रह्म के लिए उपयुक्त होता है। (गीता 9. 19; 13.12; और 14. 16 की टिप्पणी देखो।) (38) तुम आदिदेव, (तुम) पुरातन पुरुष, तुम्हीं इस जगत के परम आधार हो; तो तुम ज्ञाता और ज्ञेय, तथा तुम श्रेष्ठ स्थान हो; और हे अनंतरूप! तुम्हीं ने (इस) विश्व को विस्तृत अथवा व्याप्त किया है। (39) वायु, यम, अग्नि, वरुण, चंद्र, प्रजापति अर्थात् ब्रह्मा, और परदादा भी तुम्हीं हो। तुम्हें हजार बार नमस्कार है! और फिर भी तुम्हीं को नमस्कार है!

(ब्रह्मा से मरीचि आदि सात मानसपुत्र उत्पन्न हुए और मरीचि से कश्यप, तथा कश्यप से सब प्रजा उत्पन्न हुई है (मभा. आदि. 64. 11); इसलिए इन मरीचि आदि को ही प्रजापति कहते हैं (शां. 340.64)। इसी से कोई-कोई प्रजापति शब्द का अर्थ काश्यप आदि प्रजापति करते हैं। परंतु यहाँ

नमः पुरस्तादथ पृष्ठतस्ते नमोऽस्तु ते सर्वत एव सर्व।
अनन्तबीर्यामितविक्रमस्त्वं सर्वं समाप्नोषि ततोऽसि सर्वः ।।40।।
सखेति मत्वा प्रसभं यदुक्तं हे कृष्ण हे यादव हे सखेति।
अजानता महिमानं तवेदं मया प्रमादात्प्रणयेन वापि ।।41।।
यच्चावहासार्थमसत्कृतोऽसि विहारशरूयासनभोजनेषु।
एकोऽथवाप्यच्युत तस्समक्षं तत्क्षामये त्वामहमप्रमेयम् ।।42।।
पितासि लोकस्य चराचरस्य त्वमस्य पून्यश्व गुरुर्गरीयान्ः
न त्वत्समोऽस्त्यभ्यधिकः कुतोऽन्यो लोकत्रयेऽप्यप्रतिमप्रभावः।। 43।।
तस्मात्प्रणम्य प्रणिधाय कायं प्रसादये त्वामहमीशमीड्यम्।
पितेव पुत्रस्य सखेव सख्युः प्रियः प्रियायार्हसि देव सोढुम् ।।44।।

प्रजापति शब्द एकवचनान्त है, इस कारण प्रजापति का अर्थ ब्रह्मदेवी वही अधिक ग्राह्य दिखाई पड़ता है। इसके अतिरिक्त ब्रह्मा, मरीचि आदि के पिता अर्थात् सबके पितामह (दादा) हैं, अतः आगे का 'प्रपितामह' (परदादा) पद भी आप-ही-आप प्रकट होता है और उसकी सार्थकता व्यक्त हो जाती है।)

(40) हे सर्वात्मक! तुम्हें सामने से नमस्कार है, पीछे से नमस्कार है और सभी ओर से तुमको नमस्कार है। तुम्हारा वीर्य अनंत है और तुम्हारा पराक्रम अतुल है। सबका समापन करने वाले हो, इसलिये तुम्हीं 'सर्व' हो।

(सामने से नमस्कार, पीछे से नमस्कार, ये शब्द परमेश्वर की सर्वव्यापकता दिखलाते हैं। उपनिषदों में ब्रह्म को ऐसा वर्णन है, कि "ब्रह्मैवेदं अमृतं पुरस्तात् ब्रह्म पश्चात् ब्रह्म दक्षिणतश्चोत्तरेण। अधश्चोर्ध्व च प्रसृतं ब्रह्मैवेदं विश्वमिद् वरिष्ठम्" (मुं. 2.2.211; छां. 7. 25), उसी के अनुसार भक्ति-मार्ग की यह नमनात्मक स्तुति है।)

(42) तुम्हारी इस महिमा को बिना जाने, मित्र समझकर प्यार से या भूल से, 'अरे कृष्ण', 'ओ यादव, 'हे सखा' इत्यादि जो कुछ मैंने अनादर से कह डाला हो (42) और हे अच्युत! आहार-विहार में अथवा सोने-बैठने में, अकेले में या दस मनुष्यों के समक्ष, मैंने हँसी-दिल्लगी में तुम्हारा जो अपमान किया हो, उसके लिए मैं तुम अप्रमेय अर्थात् अनंत से प्रार्थना करता हूँ, कि आप मुझे क्षमा करें। (43) इस चराचर जगत के पिता तुम्हीं हो, तम पूज्य हो, और गुरु के भी गुरु हो! त्रैलोक्य भर में तुम्हारी बराबरी का कोई नहीं है। फिर हे अतुल प्रभाव! अधिक कहाँ से होगा? (44) तुम स्तुत्य और समर्थ हो, इसलिए शरीर झुकाकर नमस्कार करके मैं तुमसे प्रार्थना करता हूँ, कि 'प्रसन्न हो ज़ाओ'। जिस प्रकार पिता अपने पुत्र के, अथवा सखा अपने सखा के, अपराध क्षमा करता हैं उसी प्रकार हे देव! प्रेमी

अद्दष्टपूर्व हृषियोऽस्मि दृष्ट्वा भयेन च प्रव्यथितं मनो मे।
तदेव मे दर्शय देव रूपं प्रसीद देवेश जगन्निवास ।।45।।
किरीटिनं गदिनं चक्रहस्तमिच्छामि त्वां द्रष्टुमहं तथैव।
तेनैव रूपेण चतुर्भुजेन सहस्रबाहो भव विश्वमूर्ते ।।46।।

आपको प्रिय के अर्थात् अपने प्रेमपात्र के (अर्थात् मेरे सब) अपराध क्षमा करने चाहिए।

(कुछ लोग 'प्रिय: प्रियायार्हसि" इन शब्दों का 'प्रिय पुरुष जिस प्रकार अपनी प्रिय स्त्री के' ऐसा अर्थ करते हैं। परंतु हमारे मत में यह ठीक नहीं है। क्योंकि व्याकरण की रीति से 'प्रियस्यार्हसि' के प्रियाया: +अर्हसि अथवा प्रियायै +अर्हसि ऐसे पद नहीं किये जा सकते और उपमाद्योतक 'इव' शब्द भी इस श्लोक में दो बार ही आया है। "अत: प्रिय: प्रियायार्हसि" को तीसरी उपमा न समझकर उपमेय मानना ही अधिक प्रशस्त है। 'पुत्रके, (पुत्रस्य), 'सखाके' (सख्यु:) इन दोनों उपमानात्मक षष्ठ्यन्त शब्दोंके समान आदि उपमेय में भी 'प्रियस्य' (प्रियके) यह षष्ठ्यन्त पद होता, तो बहुत अच्छा होता। परंतु अब 'स्थितस्य गतिश्चिन्तनीया' इस न्याय के अनुसार यहाँ व्यवहार करना चाहिए। हमारी समझ में यह बात बिल्कुल युक्तिसंगत नहीं दीख पड़ती, कि 'प्रियस्य' इस षष्ठ्यन्त पुर्ल्लिग, पद के अभाव में, व्याकरण के विरुद्ध 'प्रियाय:' ' यह षष्ठ्यन्त स्त्रीलिंग का पद किया जावे, और जब वह अर्जुन के लिए लागू न हो सके तब, 'इव' शब्द को अध्याहार मानकर प्रिय: प्रियाया:' '-प्रेमी अपनी प्यारी स्त्री के-ऐसी तीसरी उपमा मानी जावे, और वह भी शृंगारिक अतएव अप्रासंगिक हो। इसके सिवा एक और बात है, कि पुत्रस्य सख्यु:, प्रियाया:, इन तीनों पदों के उपमान में चले जाने से उपमेय में षष्ठ्यन्त पद बिल्कुल ही नहीं रह जाता, और 'मे' अथवा 'मम' पद का फिर भी अध्याहार करना पड़ता है; एवं इतनी माथा पच्ची करने पर उपमान और उपमेय में जैसे तैसे विभक्ति की समता हो गई, तो भी दोनों में लिंग की विषमता का नया दोष बना ही रहता है। दूसरे पक्ष में-अर्थात् प्रियाय+अर्हसि ऐसे व्याकरण की रीति से शुद्ध और सरल पद किए जाएं, तो उपमेय में-जहाँ षष्ठी होनी चाहिये, वहाँ 'प्रियाय' यह चतुर्थी आती है, -बस;

इतना ही दोष रहता होता है और यह दोष भी विशेष महत्त्वपूर्ण है। क्योंकि षष्ठी का अर्थ यहाँ चतुर्थी का-सा है और अन्यत्र भी कई बार ऐसा होता है। परमार्थप्रपा टीका में इस श्लोक का अर्थ वैसा ही है, जैसा कि हमने किया है।)

(45) कभी न देखे हुए रूप को देखकर मुझे हर्ष हुआ है और भय से मेरा मन व्याकुल भी हो गया है। हे जगन्निवास, देवधिदेव! प्रसन्न हो जाओ! और हे देव! अपना वह पहले का स्वरूप दिखलाओ!(46) मैं पहले के समान ही किरीट और गदाधारण

श्रीभगवानुवाच।

मया प्रसन्नेन तवार्जुनदं रूपं परं दर्शितमात्मयोगात्।
तेजोगमयं विश्वमनन्तमाद्यं यन्मे तवदन्येन न दृष्टपूर्वम् ॥47॥
न वेदयज्ञाध्ययनैर्न दानैर्न च क्रियाभिर्न कुरूप्रवीर ॥48॥
मा ते व्यथा मा च विमूढ़भावो दृष्टवा रूपं घोरमीद्दङ्मेदम् ।
व्यपेतभीः प्रीतमनाः पुनस्त्वं तदेव मे रूपमिदं प्रपश्य ॥49॥

संजय उवाच।

इत्यर्जुनं वासुदेवस्तथोक्त्वा स्वकं रूपं दर्शयामाम भूयः।
आश्वासयामास च भीतमेन भूत्वा पुनः सौम्यवपुर्महात्मा ॥40॥

करने वाले, हाथ में चक्र लिए हुए तुम को देखना चाहता हूँ; (अतएव) हे सहस्रबाहु, विश्वमूर्ति! उसी चतुर्भुज रूप से प्रकट हो जाओ।

श्रीभगवान ने कहा :- (47) हे अर्जुन! (तुझ पर)प्रसन्न होकर यह तेजोमय, अनंत, आद्य, और परम विश्वरूप अपनी योग-सामर्थ्य से मैंने तुझे दिखलाया है; इसे तेरे सिवा और किसी ने पहले नहीं देखा है। (48) हे कुरुवीर श्रेष्ठ! मनुष्यलोक में मेरा इस प्रकार का स्वरूप कोई भी वेद से, यज्ञों से, स्वाध्याय से, दान से, कर्मों से, अथवा उग्र तप से नहीं देख सकता, कि जिसे तूने देखा है। (49) मेरे ऐसे घोर रूप को देख कर अपने चित्त में व्यथा न होने दे, और मूढ भी मत हो जा। डर छोड़कर संतुष्ट मन से मेरे उसी स्वरूप को फिर देख ले। संजय ने कहा :- (50) इस प्रकार भाषण करके वासु देव ने अर्जुन को फिर अपना (पहले का) स्वरूप दिखलाया; और फिर सौम्य रूप धारण करके उस महात्मा ने डरे हुए अर्जुन को धीरज बँधाया।

(गीता के द्वितीय अध्याय के 5वें से 8वें, 20वें, 22वें, 29वें और 70वें श्लोक, आठवें अध्याय के 9 वें, 10वें 11वें और 28वें श्लोक नवें अध्याय के 20 तथा 21वें श्लोक, पन्द्रहवें अध्याय के 2 से 4वें और 14 वें श्लोक का छंद विश्वरूप वर्णन के उक्त 36 श्लोकों के छंद के समान ही है; अर्थात् इसके प्रत्येक चरण में ग्यारह अक्षर हैं। परंतु उनमें गणों का कोई एक नियम नहीं है, इससे कालिदास प्रभृति के काव्यों के 'इंद्रवज्रा, उपेद्रवज्रा, उपजाति, दोधक, शालिनी आदि छंदों की चाल पर ये श्लोक नहीं कहे जा सकते। अर्थात् यह वृत्तरचना आर्ष याने वेदसंहिता के त्रिष्टुप् वृत्तके नमूने पर की गई है; इस

अर्जुन उवाच।

दृष्ट्वेदं मानुषं रूपं तव सौम्यं जनार्दन।
इदानीमस्मि संवृत्तः सचताः प्रकृति गतः ॥51॥

श्रीभगवानुवाच।

सुदुदर्शमिदं रूपं दृष्ट्वाानसि यन्यम।
देवा अप्यस्य रूपस्य नित्यं दर्शनकांक्षिणः ॥52॥
नाहं वेदैर्न तपसा न दानेन न चेज्यया।
शक्य एवंविधो द्रष्टुं दृष्टवानसि मां यथा ॥53॥

भक्त्या त्वनन्यया शक्य अहमेवंविधोऽर्जुन।
ज्ञातुं द्रष्टुं च तत्त्वेन प्रवेष्टुं च परंतप ।।54।।
मत्कर्मकृन्मत्परमो मद्भक्तः संगवर्जितः ।
निर्वैरः सर्वभूतेषु यः स मामेति पाण्डव ।।55।।

इति श्रीमद्भगवद्गीतासु उपनिषत्सु ब्रह्मविद्यायां योगशास्त्रे श्रीकृष्णार्जुन-संवादे विश्वरूपदर्शनं नाम एकादशोऽध्यायः ।।11।।

कारण यह सिद्धान्त और भी सुदृढ़ हो जाता है, कि गीता बहुत प्राचीन होगी। गीतारहस्य परिशिष्ट प्रकरण देखो।)

अर्जुन ने कहा :- (51) हे जनार्दन! तुम्हारे इस सौम्य और मनुष्य देहधारी रूप को देखकर अब मन ठिकाने आ गया और मैं पहले की भाँति सावधान हो गया हूँ।

भगवान ने कहा :- (52) मेरे इस रूप को तूने देखा है, उसका दर्शन मिलना बहुत कठिन है। देवता भी इस रूप को देखने की सदैव इच्छा किया करते हैं। (53) जैसा तूने मुझे देखा है, वैसा मुझे वेदों से, तप से, दान से, अथवा यज्ञ से भी (कोई) देख नहीं सकता। (54) हे अर्जुन! केवल अनन्यभक्ति से ही इस प्रकार मेरा ज्ञान होना, मुझे देखना और हे परंतप! मुझमें तत्त्व से प्रवेश करना संभव है।

(भक्ति करने से परमेश्वर का पहले ज्ञान होता है, और फिर अंत में परमेश्वर के साथ उसका तादात्मय हो जाता है; यही सिद्धान्त पहले 4.29 श्लोक में और आगे 18.55 श्लोक में फिर आया है और उसका स्पष्टीकरण हमने गीता रहस्य के तेरहवें प्रकरण में किया है। अब अर्जुन पूरी गीता के अर्थ का सार संक्षेप में बतलाते हैं:-)

(55) हे पांडव! जो इस बुद्धि से कर्म करता है, कि सब कर्म मेरे अर्थात् परमेश्वर के हैं, जो मत्परायण और संगविरहित है, जो सब प्राणियों के विषय में निर्वैर है, वह मेरा भक्त मुझमें मिल जाता है।

(उक्त श्लोक का आशय यह है, कि जगत् के सब व्यवहार भगवद् भक्त को परमेश्वरार्पण-बुद्धि से करने चाहिए (ऊपर 33वाँ श्लोक देखो)। अर्थात् उसे सारे व्यवहार इस निरभिमानी बुद्धि से करने चाहिए, कि जगत के सभी कर्म परमेश्वर के हैं और सच्चा कर्ता और कराने वाला वही है; किंतु हमें निमित्त बनाकर वह ये कर्म हमसे करवा रहा है; ऐसा करने से वे कर्म शांति अथवा मोक्ष-प्राप्ति में बाधक नहीं होते। शांकरभाष्य में भी यही कहा है, कि उक्त श्लोक में पूरे गीताशास्त्र का तात्पर्य आ गया है। इससे प्रकट है, कि गीता का भक्ति के साथ-ही-साथ उत्साह से सब निष्काम कर्म करते रहो। संन्यासमार्ग वाले कहते हैं, कि 'निर्वैर' का अर्थ निष्क्रिय है, परंतु वह अर्थ यहाँ विवक्षित नहीं है, इसी बात को प्रकट करने के लिए उसके साथ 'मत्कर्मकृत्' अर्थात् "सब कर्मो को परमेश्वर को (अपने नहीं) समझकर परमेश्वरार्पण-बुद्धिसे उन्हें करने वाला" विशेषण लगाया गया है। इस विषय का विस्तृत विचार गीता-रहस्य के बारहवें प्रकरण में किया है।)

इस प्रकार श्रीभगवान के गाए हुए- अर्थात् कहे हुए- उपनिषद् में, ब्रह्म-विद्यान्तर्गत योग- अथवा कर्मयोग- शास्त्रविषयक, श्रीकृष्ण अर्जुन के संवाद में, विश्वरूप और दर्शनयोग नामक ग्यारहवाँ अध्याय समाप्त हुआ।

द्वादशोऽध्यायः।

अर्जुन उवाच।
एवं सततयुक्ता ये भक्तास्त्वां पर्युपासते।
ये चाप्यक्षरमव्यक्तं तेषां के योगवित्तमाः ॥1॥
श्रीभगवानुवाच
मय्यवेश्य मनो ये मां नित्ययुक्ता उपासते।
श्रद्धया परयोपेतास्ते मे युक्ततमा मताः ॥2॥

बारहवाँ अध्याय

(कर्मयोग की सिद्धि के लिए सातवें अध्याय में ज्ञान-विज्ञान के निरूपण का आरंभ कर आठवें में अक्षर, अनिर्देश्य और अव्यक्त ब्रह्म का स्वरूप बतलाया है; और फिर नवें अध्याय में भक्तिरूप प्रत्यक्ष राजमार्ग के निरूपण का प्रारंभ ग्यारहवें अध्याय के अंत में साररूप से अर्जुन को उपदेश किया है, कि भक्ति से एवं निःसंग-बुद्धि से समस्त कर्म करते रहो। अब इस पर अर्जुन का प्रश्न है, कि कर्मयोग की सिद्धि के लिए सातवें और आठवें अध्यायों में क्षर-अक्षर-विचारपूर्वक परमेश्वर के अव्यक्त रूप को ही सिद्ध करके अव्यक्त की अथवा अक्षर की उपासना (7.19,24; 8, 29) बतलाई है और उपदेश किया है, कि युद्धचित्त से युद्ध कर (8.7); एवं नवें अध्याय में व्यक्त-उपासनारूप प्रत्यक्ष धर्म बतलाकर कहा है, कि परमेश्वरार्पण-बुद्धि से सभी कर्म करने चाहिए (9. 27,34;11.55); तो अब इन दोनों में श्रेष्ठ मार्ग कौन-सा है; इस प्रश्न में व्यक्तोपासाना का अर्थ भक्ति है। परंतु यहाँ भक्ति से भिन्न से भिन्न अनेक उपास्यों का अर्थ विवक्षित नहीं है, उपास्य अथवा प्रतीक कोई भी हो; उसमें एक ही सर्वव्यापी परमेश्वर की भावना रखकर जो भक्ति की जाती हैं, वही सच्ची व्यक्त उपासना है, और इस अध्याय में वहीं उद्दिष्ट है।)

अर्जुन ने कहा:- (1) इस प्रकार सदा युक्त हो कर जो भक्त तुम्हारी उपासाना करते है; और जो अव्यक्त अक्षर अर्थात् ब्रह्मकी उपासना करते हैं, उनमें उत्तम (कर्म-) योगवेत्ता कौन हैं?

श्रीभगवान ने कहा:- (2) मुझ में मन लगाकर सदा युक्तचित्त हो करके, परम श्रद्धा से जो मेरी उपासना करते हैं, वे मेरे मत में सबसे उत्तम युक्त अर्थात् योगी हैं।

ये त्वक्षरमनिर्देश्यमव्यक्तं पर्युपासते।
सर्वत्रगमचिन्त्यं च कूटस्थमचलं ध्रुवम् ॥3॥
सन्नियम्येन्द्रियग्रामं सर्वत्र समबुद्धयः।
ते प्राप्नुवन्ति मामेव सर्वभूतहिते रताः॥4॥
क्लेशोऽधिकतरस्तेषामव्यक्तासक्तचेतसाम्।
अव्यक्ता कि गतिर्दुखं देहवद्भिरवाप्यते ॥5॥
ये तु सर्वणि कर्माणि मयि संन्यस्य मत्पराः ।
अनन्येनैव योगेन मां ध्यायन्त उपासते ॥6॥

तेषामहं समुद्धर्ता मृत्युसंसारसागरात्।
भवामि न चिरात्पार्थ मय्यावेशितचेतसाम् ।
मय्येव मन आधत्स्व मयि बुद्धि निवेशय।
निवसिष्यसि मय्येव अत ऊर्ध्वं न संशयः ॥8॥

(3) परंतु जो अनिर्देश्य अर्थात् सबके मूल में रहने वाले अचल, प्रत्यक्ष न दिखलाए जाने वाले, अव्यक्त, सर्वव्यापी, अचिंत्य और कूटस्थ अर्थात् नित्य अक्षर अर्थात् ब्रह्म की उपासना (4) सब इंद्रियों को रोक कर सर्वत्र सम-बुद्धि रखते हुए करते हैं, वे सब भूतों के हित में निमग्न (लोग भी) मुझे ही पाते हैं; (5) (तथापि) उनका चित्त अव्यक्त में आसक्त रहने के कारण उनको अधिक क्लेश होते हैं। क्योंकि (व्यक्त देहधारी मनुष्योंको) अव्यक्त उपासना का मार्ग कष्ट से सिद्ध होता है। (6) परंतु जो मुझमें सब कर्मो का संन्यास अर्थात् अर्पण कर के मत्परायण होते हुए अनन्ययों से मेरा ध्यान कर मुझे भजते हैं, (7) हे पार्थ! मुझमें चिंत्त लगने वाले उन लोगों को, मैं इस मृत्युमय संसार-सागर से बिना विलंब किए, उद्धार कर देता हूँ। (8) (अतएव) मुझमें ही मन लगा, मुझमें बुद्धि को स्थिर कर। जिससे तू लगे निःसंदेह मुझमें ही निवास करेगा।

(इसमें भक्ति मार्ग की श्रेष्ठता का प्रतिपादन है। दूसरे श्लोक में पहले यह सिद्धान्त किया है, कि भगवद्‌भक्त उत्तम योगी है, फिर तीसरे श्लोक में पक्षांतर -बोधक 'तु' अव्यय का प्रयोग कर, उसमें और चौथे श्लोक में कहा है, कि अव्यक्त की उपासना करने वाल भी मुझे ही पाते हैं। परंतु इसके सत्य होने पर भी पांचवें श्लोक में यह बतलाया है, कि अव्यक्त उपासकों का मार्ग अधिक क्लेशदायक होता है, छठे और सातवें श्लोक में वर्णन किया है, कि अव्यक्त की अपेक्षा व्यक्त की उपासना सुलभ होती है; और अंत में आठवें श्लोक में उसके

अथ चित्तं समाधातुं न शक्नोषि मयि स्थिरम् ।
अभ्यासयोगेन ततो मामिच्छाप्तुं धनंजय ॥9॥
अभ्यासेऽप्यसमर्थोऽसि मत्कर्मपरमो भव।
मदर्थमपि कर्माणि कुर्वन्सिद्धिमवाप्स्यसि ॥10॥
अथैतदप्यशक्तोऽसि कर्तुं मद्योगमाश्रितः ।
सर्वकर्मफलत्यागं ततः कुरु यतात्मवान् ॥11॥
श्रेयो हि ज्ञानमभयासाज्ज्ञानाद्धचानं विशिष्यते।
ध्यानात्मकर्मफलत्यागस्त्यागाच्छान्तिरनन्तरम् ॥12॥

अनुसार व्यवहार करने का अर्जुन को उपदेश किया है। सारांश, ग्यारहवें अध्याय के अंत में (गीता 11.55) जो उपदेश कर चुके हैं यहाँ अर्जुन के प्रश्न करने पर उसी को दृढ कर दिया है। भक्ति-मार्ग में सुलभता क्या है?- इसका विस्तार पूर्वक विचार गीतारहस्य के तेहरवें प्रकरण में कर चुके हैं, इस कारण यहाँ हम उसकी पुनरुक्ति नहीं करते। इतना ही कह देते हैं, कि अव्यक्त की उपासना कष्टमय होने पर भी मोक्षदायक ही है और भक्ति-मार्ग वालों को स्मरण रखना चाहिए, कि भक्ति-मार्ग में भी कर्मों को न छोड़कर उन्हें हीं ईश्वरार्पण पूर्वक अवश्य करना पड़ता है। और इसी हेतु से छठे श्लोक में ही सब कर्मो का संन्यास करके 'मुझमे' ये शब्द रखे गए हैं। इसका स्पष्ट अर्थ यह है, कि भक्ति-मार्ग में भी कर्मो को स्वरूपतः न छोड़े किंतु परमेश्वर में उन्हें, अर्थात् उनके फलों को, अर्पण कर दें। इससे प्रकट होता है, कि भगवान ने इस अध्याय के अंत में जिस भक्तिमान् पुरुष को अपना प्यारा बतलाया है, उसे भी इसी अर्थात् निष्काम कर्मयोग-मार्ग का ही समझना चाहिए, स्वरूपतः कर्म-संयासी को नहीं। इस प्रकार भक्ति-मार्ग की श्रेष्ठता और सुलभता बतला कर अब परमेश्वर की ऐसी भक्ति

करने के उपाय अथवा बतलाते हुए उनके तारतम्य का भी अंत में स्पष्टीकरण करते हैं:-)

(9) अब (इस प्रकार) मुझ में भली भाँति चित्तको स्थिर करते तुझसे न बन पड़े तो हे धनंजय! अभ्यास को सहायता से अर्थात् बार-बार प्रयत्न करके मेरी प्राप्ति कर लेने की आशा रख। (10) यदि अभ्यास करने में भी तू असमर्थ हो, तो मदर्थ अर्थात् मेरी प्राप्ति के अर्थ (शास्त्रों में बतलाए हुए ज्ञान-ध्यान-भजन-पूजा-पाठ आदि) कर्म करता जा; मदर्थ (ये) कर्म करने से भी तू सिद्धि पावेगा। (11) परंतु यदि इसके करने में भी तू असमर्थ हो, तो मद्योग अर्थात् मदर्पणपूर्वक योग, याने कर्मयोग का आश्रय करके यतात्मा होकर अर्थात् धीरे-धीरे चित्त को रोकता हुआ, (अंत में) सब कर्मो के फलों का त्याग कर दे। (12) क्योंकि अभ्यास की अपेक्षा ज्ञान अच्छा है, ज्ञान की अपेक्षा ध्यान की योग्यता अधिक है, ध्यान की अपेक्षा कर्म फल का त्याग (श्रेष्ठ है) और (इस कर्मफल के) त्याग से तुरंत ही शांति (प्राप्त होती है) है।

(कर्मयोग की दृष्टि से ये श्लोक अत्यंत महत्त्व के हैं। इन श्लोकों में भक्तियुक्त कर्मयोग के सिद्ध होने के लिए अभ्यास, ज्ञान-भजन आदि साधन बतलाकर, इनके और अन्य साधनों के तारतम्य का विचार कर के अंत में -अर्थात् 12 वें श्लोक में-कर्मफल के त्यागी की, अर्थात् निष्काम कर्मयोग की, श्रेष्ठता वर्णित है। निष्काम कर्मयोग की श्रेष्ठता का वर्णन कुछ यहीं नहीं हैं; किंतु तीसरे (3.8), पाँचवें (5.2), छठे (6.46) अध्यायों मे भी यही अर्थ स्पष्ट रीति से वर्णित है; और उसके अनुसार फलत्यागरूप कर्मयोग का आचरण करने के लिये भी स्थान-स्थान पर अर्जुन को उपदेश किया है (गीतार. प्र. 11)। परंतु जिनका संप्रदाय गीता-धर्म से जुदा है, उनके लिए यह बात प्रतिकूल है, इसलिए उन्होंने ऊपर के श्लोकों का और विशेषतया 12वें श्लोक के पदों का अर्थ बदलने का प्रयत्न किया है। निरे ज्ञान-मार्गी अर्थात् सांख्य-टीकाकारों को यह पसंद नहीं है, कि ज्ञान की अपेक्षा कर्मफलत्याग श्रेष्ठ बतलाया जाए, इसलिए उन्होंने कहा है, कि या तो ज्ञान शब्द से -पुस्तकों का ज्ञान' लेना चाहिए, अथवा कर्मफलत्याग की इस प्रशंसा को अर्थवादात्मक याने कोरी प्रशंसा समझनी चाहिए। इसी प्रकार पातंजलयोगमार्गवालों को अभ्यास की अपेक्षा कर्मफलत्याग का बड़प्पन नहीं सुहाता; और कोरे भक्ति-मार्गवालों को-अर्थात् जो कहते हैं कि भक्ति को छोड़ दूसरे कोई भी कर्म न करो, उनको-ध्यान की अपेक्षा अर्थात् भक्ति की अपेक्षा कर्मफलत्याग की श्रेष्ठता मान्य नहीं है। वर्तमान समय में लुप्त-सा हो गया है, पातंजलयोग, ज्ञान और भक्ति, गीता का भक्तियुक्त कर्मयोग-संप्रदाय इन तीनों संप्रदायों से भिन्न है और इसी से उस संप्रदाय का कोई टीकाकार भी नहीं पाया जाता है। अतएव आजकल गीता पर जितनी टीकाएँ पाई जाती हैं, उनमें कर्मफलत्याग की श्रेष्ठता अर्थवादात्मक समझी गई है। परंतु हमारी राय में यह भूल है। गीता में निष्काम कर्मयोग को ही प्रतिपाद्य मान लेने से इस श्लोक के अर्थ के विषय में कोई भी अड़चन नहीं रहती। यदि मान लिया जाय, कि कर्म छोड़ने से निर्वाह नहीं होता, निष्काम कर्म करना ही चाहिए; तो स्वरूपत: कर्मो को त्यागने वाला ज्ञान-मार्ग कर्मयोग से हल्का जँचने लगता है; और इंद्रियों की कोरी कसरत करने वाला पांतजलयोग, अथवा सभी कर्मो को छोड़ देने वाला भक्ति-मार्ग भी कर्मयोग की अपेक्षा कम योग्यता का सिद्ध हो जाता है। इस प्रकार निष्काम कर्मयोग की श्रेष्ठता प्रमाणित हो जाने पर यही प्रश्न रह जाता है, कि कर्मयोग में आवश्यक भक्तियुक्त साम्य-बुद्धि को प्राप्त करने के लिए उपाय क्या है? ये उपाय तीन हैं- अभ्यास, ज्ञान और ध्यान! इनमें से यदि किसी से अभ्यास न सधे, तो वह ज्ञान अथवा ध्यान में से किसी भी उपाय को स्वीकार कर ले। गीता का कथन है, इन उपायों

का आचरण करना यथोक्त क्रम से सुलभ है। 12 वें श्लोक में कहा है, कि यदि इनमें से एक भी उपाय न सधे, तो मनुष्य को चाहिए, कि वह कर्मयोग के आचरण करने का ही एकदम आरंम्भ कर दे। अब यहाँ एक शंका यह होती है कि जिससे अभ्यास नहीं सधता, और जिनसे ज्ञान-ध्यान भी नहीं होता, वह कर्मयोग करेगा ही कैसे? अत: कई लोगों ने निश्चय किया है, कि कर्मयोग को सबकी अपेक्षा सुलभ कहना ही निरर्थक है। परंतु विचार करने से दीख पड़ेगा, कि इस आक्षेप में कुछ भी जान नहीं है। 12वें श्लोक में यह नहीं कहा है, कि सब कर्मो के फलों का 'एकदम' त्याग कर दे, वरन् यह कहा है, कि पहले भगवान के बतलाए हुए कर्मयोग का आश्रय करके, अर्थात् तत: तदनंतर धीरे-धीरे इस बात को अंत में सिद्ध कर लें। और ऐसा अर्थ करने से कुछ भी विसंगति नहीं रह जाती। पिछले अध्यायों में कह चुके हैं, कि कर्मफल के स्वल्प आचरण से ही नहीं (गीता 2.40), किंतु जिज्ञासा (गीता 6.44 और टिप्पणी हो जाने से भी मनुष्य, कोल्हू में धरे जैसे आप-ही-आप अंत मे सिद्धि की ओर खिंचा चला जाता है। अतएव उस मार्गकी सिद्धि पाने का पहला साधन या पीढी यही है, कि कर्मयोग का आश्रय करना चाहिए-अर्थात् इन मार्ग से जाने की मन में इच्छा होनी चाहिए। कौन कह सकता है, कि यह साधन अभ्यास, ज्ञान और ध्यान की अपेक्षा सुलभ नहीं है 12वें श्लोक का भावार्थ भी यही है। न केवल भगवदगीता ही में, किंतु सूर्य-गीता में भी कहा है:-

ज्ञानादुपास्तिरुत्कृष्टा कर्मोत्कृष्टमुपासनात्।
इति यो वेद वेदान्तैः स एव पुरुषोत्तमः ।।

"जो इस वेदान्त तत्त्व को ज़ानता है, कि ज्ञान की अपेक्षा उपासना अर्थात् ध्यान या भक्ति उत्कृष्ट है, एवं उपासना की अपेक्षा कर्म अर्थात् निष्काम कर्म श्रेष्ठ है, वहीं पुरुषोत्म है" (सुर्यगी. 4.77)। सारांश, भगवद्गीता का निश्चित मत यह है, कि कर्मफल-त्यागरूपी योग अर्थात् ज्ञान-भक्तियुक्त निष्काम कर्मयोग ही सब मार्गो में श्रेष्ठ है; और इसके अनुकूल ही नहीं, प्रत्युत पोषक युक्तिवाद 12 वें श्लोक में है। यदि दूसरे किसी संप्रदाय को वह न रुचे, तो वे उसे छोड़ दें, परंतु अर्थकी व्यर्थ खींचा-तानी न करें। इस प्रकार कर्मफल-त्याग को श्रेष्ठ सिद्ध करके, उस मार्ग से जाने वाले को (स्वरूपत: कर्म छोड़ने वाले को नहीं) जो सम और शांत स्थिति अंत में प्राप्त होती है, उसका वर्णन करके अब भगवान् बतलाते हैं, कि ऐसा ही भक्त मुझे अत्यंत प्रिय है :-)

अद्वेष्टा सर्वभूतानां मैत्रः करुण एव च।
निर्ममो निरहंकारः समदु.खसुखः क्षमी ।।।13।।
सन्तुष्टः सततं योगी यतात्मा दृढनिश्चयः।
मय्यर्पितमनोबुद्धिर्यो मे भक्तः स मे प्रियः ।।14।।
यस्मान्नोद्विजते लोको लोकान्नोद्विजते च यः।
हर्षामर्षभयोद्वेगैर्मुक्तो यः स च मे प्रियः।।15।।
अनपेक्षः शुचिर्दक्ष उदासीनो गतव्यथः।
सर्वारम्भपरित्यागी यो मद्भक्तः स मे प्रियः ।।16।।
यो न हृष्यति न द्वेष्टि न शोचति न कांक्षति।
शुभाशुभपरित्यागी भक्तिमान्यः स मे प्रियः।।17।।
समः शत्रो च मित्रे च तथा मानापमानयोः ।
शीताष्णसुखदु:खेषु समः संगविवर्जितः।।18।।

तुल्यनिन्दास्तुतिर्मोनी सन्तुष्टो येनकेनचित्।
अनिकेतः स्थिरमतिर्भक्तिमान्मे प्रियो नरः॥19॥

(13) जो किसी से द्वेष नहीं करता, जो सब भूतों के साथ मित्रता से बर्तता है, जो कृपालु है, जो ममत्व-बुद्धि और अहंकार से रहित है, जो दु:ख और सुख में समान है, एवं जो क्षमाशील है, (14) जो सदा संतुष्ट, संयमी तथा दृढ निश्चयी है, जिसने अपने मन और बुद्धि को मुझमें अर्पण कर दिया है, वह मेरा (कर्म-) योगी भक्त मुझ को प्यारा है। (15) जिससे न तो लोगों को क्लेश होता है और न जो लोगों से भी क्लेश पाता है, ऐसे ही जो हर्ष, क्रोध, भय और विषाद से अलिप्त है, वहीं मुझे प्रिय है। (16) मेरा वही भक्त मुझे प्यारा है, कि जो निरपेक्ष, पवित्र और दक्ष है, अर्थात् किसी भी काम को आलस्य छोड़कर करता है, जो (फल के विषय में) उदासीन है, जिसे कोई भी विकार डिगा नहीं सकता, और जिसने (काम्य फल के) सब आरंभ याने उद्योग छोड़ दिए हैं। (17) जो न (किसी भी बात का) आनंद मानता है, द्वेष करता है, जो न शोक करता है और न इच्छा भी रखता है, जिसने (कर्म के) शुभ और अशुभ (फल) छोड़ दिए हैं, वह भक्तिमान् पुरुष मुझे प्रिय है। (18) जिसे शत्रु और मित्र, मान और अपमान, सर्दी और गर्मी, सुख और दु:ख समान हैं, और जिसे (किसी में भी) आसक्ति नहीं है, (19) जिसे निंदा और सतुति दोनों एक सी हैं, जो मितभाषी है, एवं जो कुछ मिल जावे उसी में संतुष्ट है, जिसका चित्त स्थिर है, और जो अनिकेत है अर्थात् जिसका (कर्म-फलाशारूप) ठिकाना कहीं भी नहीं रह गया है, वह भक्तिमान् पुरुष मुझे प्यारा है।

('अनिकेत' शब्द उन यतियों के वर्णनों में भी अनेक बार आया करता है, कि जो गृहस्थाश्रम छोड़, संन्यास धारण करके भिक्षा माँगते हुए जंगलों में घूमते रहते हैं (मनु: 6.25) और इसका धात्वर्थ 'बिना घर वाला' है। अत: इस अध्याय के 'निर्मम', सर्वारंभ परित्यागी' और 'अनिकेत' शब्दों से, तथा गीता में अन्यत्र 'त्यक्तसर्वपरिग्रह:' (गीता 4. 21), अथवा 'विविक्त सेवी', (गीता 18.52) इत्यादि जो शब्द हैं, उनके आधार से संन्यास-मार्ग वाले टीकाकार कहते हैं, कि संन्यास श्रम मार्ग को यह परम ध्येय- "घर-द्वाड़ छोड़ कर बिना किसी इच्छा के जगलों में आयु के दिन बिताना)"- ही गीता में प्रतिपाद्य है; और इसके लिए वे स्मृति-ग्रंथों के संन्यास-आश्रम प्रकरण के श्लोकों का प्रमाण दिया करते हैं। गीता-वाक्यों के ये निरे संयास-प्रतिपादक अर्थ संन्यास-संप्रदाय की दृष्टि से महत्त्व के हो सकते हैं, किंतु वे सच्चे नहीं हैं। क्योंकि गीता के अनुसार 'निरग्नि' अथवा 'निष्क्रिय' होना 'सच्चा' संन्यस नहीं है; और पीछे कई बार गीता का यह स्थिर सिद्धान्त कहा जा चुका है (गीता 4.2; 6.1, 2), कि केवल फलाशा को छोड़ना चाहिए, न कि कर्म को। अत: 'अनिकेत' पद का 'घर-द्वार छोड़ना' अर्थ न करके, ऐसा करना चाहिए कि जिसका गीता के कर्मयोग के साथ मेल मिल सके। गीता के 4.20 वें श्लोक में कर्मफल की आशा न रखनेवाले पुरुष को ही 'निराश्रय' विशेषण लगाया गया है; और गीता 6.1 में उसी अर्थ में 'अनाश्रित: कर्मफलं' शब्द आए हैं। 'आश्रय' और 'निंकेत' इन दोनों शब्दों का का अर्थ एक ही है। अतएव अनिकेत का गृहत्यागी अर्थ न करके ऐसा करना चाहिए कि आदि में जिसके मन का स्थान फँसा नहीं है। इसी प्रकार ऊपर 16 वे श्लोक में जो 'सर्वारंभपरित्यागी' शब्द है, उसका अर्थ भी 'सारे कर्म या उद्योगों को छोड़ने वाला" नहीं करना चाहिए, किंतु गीता 4.19 में जो यह कहा है, कि "जिसके समारंभ फलाशाविरहित हैं, उसके कर्म ज्ञान से दग्ध हो जाते हैं" वैसा ही अर्थ याने "काम्य आरंभ अर्थात् कर्म छोड़ने वाला" करना चाहिए-यह बात गीता 18.2; 8.49 से सिद्ध होती है। सारांश, जिसका चित्त घर-गृहस्थी में,

बाल-बच्चों में अथवा संसार के अन्यान्य कामों में उलझा रहता है उसको आगे उससे दुःख होता है। अतएव गीता का इतना ही कहना है, कि इन सब बातों में चित्त को फँसने न दें; और मन की इसी विरक्त स्थिति को प्रकट करने के लिए गीता के 'अनिकेत' और 'सर्वारंभ परित्यागी' आदि शब्द स्थितप्रज्ञ के वर्णन में आया करते हें ये ही शब्द यतियों के अर्थात् कर्म त्यागने वाले संन्यासियों के वर्णनों में भी स्मृतिग्रंथों में आए हैं। पर सिर्फ इसी बुनियाद पर यह नहीं कहा जा सकता, कि कर्मत्यागरूप संन्यासही गीता में प्रतिपाद्य है। क्योंकि, इसके साथ ही गीता का यह दूसरा भी निश्चित सिद्धान्त है, कि जिसकी बुद्धि में वैराग्य वूर्णत: भिद गया

ये तु धर्म्यामृतमिदं यथोक्तं पर्युपासते।
श्रद्दधाना मत्परमा भक्तास्तेऽवीव मे प्रिया: ॥20॥

इति श्रीमद्भगवद्गीता सुउपनिषत्यु ब्रह्मविद्यायां योगशास्त्रे श्रीकृष्णार्जुन-संवादे भक्तियोगो नाम द्वादशोऽध्याय: ॥12॥

हो, उस ज्ञानी पुरुष को भी इसी विरक्त-बुद्धि से फलाशा छोड़कर शास्त्रत प्राप्त होने वाले सब कर्म करते ही रहना चाहिए। इस समूचे पूर्वा पर संबंध को बिना समझे, गीता में जहाँ कहीं 'अनिकेत' को जोड़ के बौराग्यबोधक शब्द मिल जावें, तो उन्हीं पर सारा दारोमदार रख कर यह कह देना ठीक नहीं है, कि गीता में कर्म संन्यास-प्रधान मार्ग ही प्रतिपाद्य है।)

(20) ऊपर बतलाये हुए इस अमृततुल्य धर्म का जो मत्परायण होते हुए श्रद्धा से आचरण करते हैं, वे भक्त मुझे अत्यंत प्रिय हैं।

(यह वर्णन पहले हो चुका है (गीता 6. 47; 7.18), कि भक्तिमान् ज्ञानी पुरुष सबसे श्रेष्ठ है; उस वर्णन के अनुसर भगवान ने इस श्लोक में बतलाया है, कि उनका अत्यंत प्रिय कौन है, अर्थात् यहाँ परम भगवद्भक्त कर्मयोगी का वर्णन किया है। पर भगवान ही गीता 9.29 वें श्लोक में कहते हैं, कि "मुझे सब एक से हैं, कोई विशेष प्रिय अथवा द्वेष्य नहीं।" देखने में यह विरोध प्रतीत होता है सही; पर यह जान लेने से कोई विरोध नहीं रह जाता, कि एक वर्णन सगुण उपासना का अथवा भक्ति-मार्ग का है; और दूसरा अध्यात्म-दृष्टि अथवा कर्मविपाक-दृष्टि से किया गया है। गीतारहस्य के तेहरवें प्रकरण के अंत में इस विषय का विवेचन है।)

इस प्रकार श्रीभगवान के गाए हुए-अर्थात् कहे हुए- उपनिषद में, ब्रह्मविद्यान्तर्गत योग- अर्थात् कर्मयोग, शास्त्र विषयक, श्रीकृष्ण और अर्जुन के संवाद में भक्तियोग नामक बारहवाँ अध्याय समाप्त हुआ।

त्रयोदशोऽध्यायः।

श्रीभगवानाउवाच!
इदं शरीरं कौन्तेय क्षेत्रमित्यभिधीयते।
एतद्यो वेत्ति तं प्राहुः क्षेत्रज्ञ इति तद्विदः ॥1॥

तेरहवाँ अध्याय

(पिछले अध्याय में यह बात सिद्ध की गई, कि अनिर्देश्य और अव्यक्त परमेश्वर का (बुद्धि से) चिंतन करने पर अंत मे मोक्ष तो मिलता है, परंतु उसकी अपेक्षा श्रद्धा परमेश्वर के प्रत्यक्ष और व्यक्त स्वरूप की भक्ति करके, परमेश्वरापर्ण बुद्धि से सब कर्मो को करते रहने पर, वही मोक्ष सुलभ रीति से मिल जाता है। परंतु इतने ही से ज्ञान-विज्ञान का वह निरूपण समाप्त नहीं हो जाता, कि जिसका आरंभ सातवें अध्याय में किया गया है। परमेश्वर का पूर्ण ज्ञान होने के लिए बाहरी सृष्टि के क्षर-अक्षर-विचार के साथ ही साथ मनुष्य के शरीर और आत्मा का, अथवा क्षेत्र और क्षेत्रज्ञ का भी, विचार करना पड़ता है। ऐसे ही यदि सामान्य रीति से जान लिया, कि सब व्यक्त पदार्थ जड़ प्रकृति से उत्पन्न होते हैं; तो भी यह बतलाए बिना ज्ञान-विज्ञान का निरूपण पूरा नहीं होता, कि प्रकृति के किस गुण से यह विस्तार होता है? और उसका क्रम कौन-सा है? अतएव तेहरवें अध्याय में पहले क्षेत्र-क्षेत्रज्ञ का विचार, और फिर आगे चार अध्यायों में गुणत्रय का विचार बतलाकर अठारहवें अध्याय में समग्र विषय का उपसंहार किया गया है। सारांश तीसरी षडध्यायी स्वतंत्र नहीं है, तथा कर्मयोग की सिद्धि के लिए जिस ज्ञान-विज्ञान के निरूपण का सातवें अध्याय में आरंभ हो चुका है, उसी की पूर्ति इस षडध्यायी में की गई है (गीता रहस्य प्र. 4)। गीता की कई प्रतियों में इस तेरहवें अध्याय आरंभ में, यह श्लोक पाया जाता है। अर्जुन उवाच :- "प्रकृति, पुरुषं चैव, क्षेत्रं क्षेत्रज्ञमेव च। एत द्वेदितुमिच्छामि ज्ञानं ज्ञेयं च केशव॥" और उसका अर्थ है। अर्जुन ने कहा:- "मुझे प्रकृति पुरुष, क्षेत्र, क्षेत्रज्ञ, ज्ञान और ज्ञेयके जान की इच्छा है, बतलाओ।' परन्तु स्पष्ट दीख पड़ता है, कि यह न जानकर, कि क्षेत्र-क्षेत्रज्ञ-विचार गीता में आया कैसे है, किसी ने पीछे से यह श्लोक गीता में घुसेड़ दिया है। टीकाकार इस श्लोक को क्षेपक मानते हैं; और क्षेपक न मानने से गीता के श्लोकों की संख्या भी सात सौ से एक अधिक बढ़ जाती है। अतः इस श्लोक को हमने भी प्रक्षिप्त ही मानकर शांकरभाष्य के अनुसार इस अध्याय का आरंभ किया है।)

श्रीभगवान ने कहा:- (1) हे कौन्तेय! इस शरीर को ही क्षेत्र कहते हैं।

क्षेत्रज्ञं चापि मां विद्धि सर्वक्षेत्रेषु भारत।
क्षेत्रक्षेत्रज्ञयोर्ज्ञानं यत्तज्ज्ञानं मतं मम ॥2॥
तत्क्षेत्रं यच्च यादृक् च यद्विकारि यतयश्च यत्।
स च यो यत्प्रभवश्च तत्समासेन में शृणु ॥3॥

इस (शरीर को) जो जानता है, उस तिद्वद अर्थात् इस शास्त्र के जानने वाले, क्षेत्रज्ञ

कहते हैं। (2) हे भारत! सब क्षेत्रों में क्षेत्रज्ञ भी मुझे ही समझ क्षेत्र और क्षेत्रज्ञ का जो ज्ञान है, वही मेरा (परमेश्वर का) ज्ञान माना गया है।

(पहले श्लोक में 'क्षेत्र' और 'क्षेत्रज्ञ' इन दो शब्दों का अर्थ दिया है; और दूसरे श्लोक में क्षेत्रज्ञ का यह स्वरूप बतलाया है, कि क्षेत्रज्ञ मैं परमेश्वर हूँ अथवा जो पिंड में है, वही ब्रह्मांड में है। दूसरे श्लोक के चापि= भी शब्दों का अर्थ यह है- न केवल क्षेत्रज्ञ ही, प्रत्युत क्षेत्र भी मैं ही हूँ। क्योंकि, जिन सातवें तथा आठवें अध्याय में बतला चुके हैं, कि पंचमहाभूतों से क्षेत्र या शरीर बनता है, वे प्रकृति से बने हैं; और यह प्रकृति परमेश्वर की ही कनिष्ठ विभूति है। (गीता 7.4; 8.4; 9.8)। इस रीति से क्षेत्र या शरीर के पंच महाभूतों से बने रहने के कारण क्षेत्र का समावेश उस वर्ग में होता है, जिसे क्षर-अक्षर-विचार में 'क्षर' कहते हैं; और क्षेत्रज्ञ ही परमेश्वर है। इस प्रकार क्षराक्षर-विचार के समान क्षत्रज्ञ का विचार भी परमेश्वर के ज्ञान का एक भाग बन जाता है (गीतार. प्र. 6); और इसी अभिप्राय को मन सें लाकर दूसरे श्लोक के अंत में यह वाक्य आया है, कि "क्षेत्र और क्षेत्रज्ञ का जो ज्ञान है, वही मेरा अर्थात् परमेश्वर का ज्ञान है" जो लोग अद्वैत वेदान्त को नहीं मानते, उन्हें 'क्षेत्रज्ञ भी मैं ही हूँ' इस वाक्य की खींचातानी करनी पड़ती है और प्रतिपादन करना पड़ता है, कि इस वाक्य से 'क्षेत्रज्ञ' तथा 'मैं परमेश्वर' का अभेद भाव नहीं दिखलाया जाता; और दूसरे कई लोग 'मेरी' (मम) पद का अन्वय 'ज्ञान' शब्द के साथ न लगा 'मतं' अर्थात् 'माना गया है' शब्द के साथ लगाकर यों अर्थ करते हैं, कि "इनके ज्ञान को मैं ज्ञान समझता हूँ।" पर ये अर्थ सहज नहीं है। आठवें अध्याय के आरंभ में ही वर्णन है, कि देह में निवास करने वाला आत्मा (अधिदेव) मैं ही हूँ, अथवा "जो पिंड में है, वही ब्रह्मांड में है" और सातवें में भी भगवान ने 'जीव' को अपनी ही परा प्रकृति कहा है (7.5) इसी अध्याय के 22 वें और 31 वें श्लोक में भी ऐसा ही वर्णन है। अब बतलाते हैं, कि क्षेत्र-क्षेत्रज्ञ का विचार कहाँ पर और किसने किया है:-)

(3) क्षेत्र क्या है, वह किस प्रकार का है, उसके और कौन-कौन विकार हैं, (उसमें भी) किससे क्या होता है; ऐसे ही वह अर्थात् क्षेत्रज्ञ कौन है और उसका प्रभाव क्या है? -इसे मैं संक्षेप में बतलाता हूँ? सुन।

ऋषिभिर्बहुधा गीतं छन्दोभिर्विविधैः पृथक्।
ब्रह्मसूत्रपदैश्चैव हेतुमभ्दिर्विनिश्चितैः ॥4॥
महाभूतान्यहंकारी बुद्धिरव्यक्तमेव च।
इंद्रियाणि दशैकं च पंच चेन्द्रियगोचराः ॥5॥
इच्छा द्वेषः सुखं दुःखं संघसातश्चेतना धृतिः।
एतत्क्षेत्रं समासेन सविकारमुदाहृतम् ॥6॥

(4)ब्रह्म सुत्र के पदों से भी, यह विषय गया गया है, कि जिन्हें बहुत प्रकार से, विविध छंदों में पृथक्-पृथक् (अनेक) ऋषियों ने (कार्य कारण रूप) हेतु दिखला कर पूर्ण निश्चित किया है।

(गीतारहस्य के परिशिष्ट प्रकरण में हमने विस्तारपूर्वक दिखलाया है, कि इस श्लोक में ब्रह्मसूत्र शब्द से वर्तमान वेदान्त सूत्र उद्दिष्ट हैं। उपनिषद् किसी एक ही ऋषि का कोई एक ग्रंथ नहीं है, अनेक ऋषियों को भिन्न-भिन्न काल या स्थान में जिन अध्यात्म-विचारों का स्फुरण हो आया, वे विचार बिना किसी पारस्परिक संबंध क भिन्न-भिन्न उपनिषदों में वर्णित हैं, इसलिए उपनिषद् संकीर्ण हो गए हैं, और कई स्थानों पर वे परस्पर विरुद्ध से जान पड़ते हैं। ऊपर के श्लोक के पहले चरण में जो 'विविध' और 'पृथक्' शब्द हैं, वे उपनिषदों के इस संकीर्ण स्वरूप का ही बोध कराते हैं। इस

प्रकार उन उपनिषदों के इस संकीर्ण और परस्पर विरुद्ध होने के कारण, आचार्य बादरायण ने उनके सिद्धान्तों की एकवाक्यता करने के लिए ब्रह्म-सूत्रों या वेदान्त-सूत्रों की रचना की है; और उस सूत्रों में उपनिषदों के सब विषयों को लेकर प्रमाण सहित अर्थात् कार्यकारण आदि हेतु दिखला कर के, पूर्ण रीति से सिद्ध किया है, कि प्रत्येक विषय के संबंध में सब उपनिष दों से एक ही सिद्धान्त कैसे निकाला जाता है; फलत: अर्थात् उपनिषदों का रहस्य समझने के लिये वेदान्त-सूत्रों की सदैव जरूरत पड़ती है, अत: इस श्लोक मे दोनों का भी उल्लेख किया गया है। ब्रह्मसूत्र के दूसरे अध्याय के तीसरे पाद के पहले 16 सूत्रों में क्षेत्र का विचार और फिर उस पाद के अंत तक क्षेत्रज्ञ का विचार किया गया है। ब्रह्मसूत्रों में यह विचार है, इसलिये उन्हे 'शरीरिक सूत्र' अर्थात् शरीर या क्षेत्र का विचार करने वाले सूत्र भी कहते है। यह बतला चुके, क्षेत्र-क्षेत्रज्ञ का विचार किसने और कहाँ किया है; अब बतलाते हैं कि क्षेत्र क्या है:-)

(5) (पृथिवी आदि पाँच स्थूल) महाभूत, अहंकार, बुद्धि (महान्), अव्यक्त (प्रकृति),दश (सूक्ष्म) इंद्रियाँ और एक (मन); तथा (पाँच) इंद्रियों के पाँच (शब्द, स्पर्श, रूप, रस और गंध-से सूक्ष्म) विषय, (6) इच्छा,

अमानित्वमदम्भित्वमहिंसा क्षान्तिरार्जवम् ।
आचार्योपासनं शौचं स्थैर्यमात्मविनिग्रह:॥7॥
इन्द्रियार्थेषु वैराग्यमनहंकार एव च।
जन्ममृत्युजराव्यधिदु:खदोषानुदर्शम्॥8॥

द्वेष, सुख, दु:ख, संघात, चेतना अर्थात् प्राण आदि का व्यापर और धृति याने धैर्य, इस (31 तत्त्वों के) समुदाय को सविकार क्षेत्र कहते हैं।

(यह क्षेत्र और उसके विकारों का लक्षण है। पाँच वे श्लोक में सांख्य-मतवालों के पच्चीस तत्त्वों में से पुरुष को छोड़ शेष चौबीस तत्त्व आ गए हैं। इन्हीं चौबीस तत्त्वों में मनका समावेश होने के कारण इच्छा, द्वेष आदि मनोधर्मो को अलग बतलाने की जरूरत न थी। परंतु कणाद-मतानुयायियों के मतसे ये धर्म आत्मा के हैं और इस मत को मान लेने से शंका होती है, कि, इन गुणों का क्षेत्र में ही समावेश होता है या नहीं? अत: क्षेत्र शब्द की व्याख्या को नि:संदिग्ध करने के लिए यहाँ स्पष्ट रीति से क्षेत्र में ही इच्छा-द्वेष आदि द्वंद्वों का समावेया कर लिया है, और उसी में भय-अभय आदि अन्य द्वंद्वों का भी लक्षण से समावेश हो जाता है। यह दिखलाने के लिए, कि सबका संघात अर्थात् समूह क्षेत्र से स्वतंत्र कर्ता नहीं है, उसकी गणना क्षेत्र में ही की गई है। कई बार 'चेतना' शब्द का ही 'चैतन्य' अर्थ होता है। परंतु यहाँ चेतना से "जड़ देह में प्राण आदि के दीख पड़ने वाले व्यापार, अथवा जीवितावस्था की चेष्टाएँ इतना ही अर्थ विवक्षित है; और ऊपर दूसरे श्लोक में कहा है, कि जड़ वस्तु में यह चेतना जिससे उत्पन्न होती है, वह विच्छक्ति अथवा चैतन्य क्षेत्रज्ञ रूप से क्षेत्र से अलग रहता है। 'धृति' शब्द की व्याख्या आगे गीता में ही (18.33) की है, उसे देखो। छठे श्लोक के 'समासेन' पद का अर्थ "इन सबका समुदाय" है। अधिक विवरण गीता रहस्य के आठवें प्रकरण के अंत मे मिलेगा। पहले 'क्षेत्रज्ञ' के माने परमेश्वर बतलाकर फिर स्पष्ट किया है, कि क्षेत्र क्या है? अब मनुष्य के स्वभाव पर ज्ञान के जो परिणाम होते हैं, उनका वर्णन करके यह बतलाते हैं, कि ज्ञान किसको कहते हैं? और आगे ज्ञेय का स्वरूप बतलाया है। ये विषय दिखने में भिन्न दिखाई पड़ते हैं अवश्य; पर वास्तविक रीति से वे क्षेत्र-क्षेत्रज्ञ-विचार के ही दो भाग हैं। क्योंकि, प्रारंभ में ही बतला चुके हैं, कि क्षेत्रज्ञ का अर्थ परमेश्वर है। अतएव क्षेत्रज्ञ का ज्ञान ही परमेश्वर का ज्ञान है, और उसी का स्वरूप अगले श्लोकों में वर्णित है- बीच में ही कोई मनमाना विषय नहीं धर घुसेड़ा

है।)

(7) मानहीनता, दंभहीनता, अहिंसा, क्षमा, सरलता, गुरुसेवा, पवित्रता, स्थिरता; मनोनिग्रह (8) इंद्रियों के विषयों मे विराग, अंहकार हीनता,और जन्म, मृत्यु, बुढ़ापा, व्याधि एवं दुःखों को (अपने पीछे लगे हुए) दोष समझना;

असक्तिरनभिष्वंगः पुत्रदारगृहादिषु ।
नित्यं च समचित्तत्वमिष्टानिषेपपत्तिषु ॥9॥
मयि यानन्ययोगेन शक्तिरव्यभिचारिणी।
विविक्तदेशसेवित्वमरतिर्जनसंसदि ॥10॥
अध्यात्मज्ञाननित्यत्वं तत्त्वज्ञानार्थदर्शनम् ।
एतज्ज्ञानमिति प्रोक्तमज्ञानं यदतोऽन्यथा।11॥

(9) कर्म में अनासक्ति, बाल-बच्चों घरैं-गृहस्थी आदि में लंपट न होना, इष्ट या अनिष्ट की प्राप्ति हो, चित्त की सर्वदा एकही सी वृत्ति रखना, (10) और मझमें अनन्य भाव से अटल भक्ति, 'विविक्त' अर्थात् चने हुए अथवा एकान्त स्थान में रहना, साधारण लोगों के जमाव को पसंद न करना, (11) अध्यात्मज्ञान को नित्य समझना, और तत्त्वज्ञान के सिद्धान्तों का परिशीलन-इनको ज्ञान कहते हैं; इसके अतिरिक्त जो कुछ है, वह सब अज्ञान है।

(सांख्यों के मत में क्षेत्र-क्षेत्र का ज्ञान ही प्रकृति-पुरुष के विवेक का ज्ञान है, और उसे इसी अध्याय में आगे बतलाया है (गीता 13. 19-23; 14. 19)। इसी प्रकार अठारहवे अध्याय में (गीता 18.20) ज्ञान के स्वरूप का यह व्यापक लक्षण बतलाया है- "विभक्तेषु"। परंतु मोक्षशास्त्र में क्षेत्र-क्षेत्रज्ञ के ज्ञान का अर्थ केवल बुद्धि से यही जान लेना विवक्षित नहीं होता, कि अमुक-अमुक बातें अमुक प्रकार की हैं। अध्यात्मशास्त्र का सिद्धान्त यह है, कि उस ज्ञान का देह के स्वभाव पर साम्य-बुद्धिरूप परिणाम होना चाहिए, अन्यथा वह ज्ञान अपूर्ण या कच्चा है। अतएव यह बतलाकर, कि बुद्धि से अमुक-अमुक जान लेना ही ज्ञान है, ऊपर के पाँच श्लोकों में ज्ञान की व्याख्या इस प्रकार की गई है, कि जब उक्त श्लोकों में बतलाए हुए मान और दंभ का छूट जाना, आहिंसा, अनासक्ति, सम बुद्धि इत्यादि बीस गुण मनुष्य के स्वभाव में दीख पड़ने लगें, तब उसे ज्ञान कहना चाहिए, (गीतार. प्र.9) दसवें श्लोक में "विविक्त- स्थान मे रहना और जमाव को नाापसंद करना" भी ज्ञान का एक लक्षण कहा हैं, उससे कुछ लोगों ने यह दिखाने का प्रयत्न किया है, कि गीता को संन्यास-मार्ग ही अभीष्ट है। किन्तु हम पहले ही बतला चुके हैं (गीता 12.19 की टिप्पणी; गीतारः प्र.10), कि यह मत ठीक नहीं है, और ऐसा अर्थ करना उचित भी नहीं है। यहाँ इतना ही विचार किया है, कि ज्ञान क्या है; और इस विषय में कोई वाद भी नहीं है, वह ज्ञान बाल-बच्चों में, घर गृहस्ती में अथवा लोगों के जमाव में अनासक्ति है। अब अलग प्रश्न यह है, कि इस ज्ञान के हो जाने पर इसी अनासक्त-बुद्धि से बाल बच्चों में अथवा गृहस्थी में रहकर प्राणि मात्र के हितार्थ जगत के व्यवहार किये जाएं अथवा न किए जाएं, और केवल ज्ञान की व्याख्या से ही इसका निर्णय करना उचित नहीं है। क्योंकि

ज्ञेयं यत्तत्प्रवक्ष्यामि यज्ज्ञात्वाऽमृतमश्नुत।
अनादिमत्परं ब्रह्म न सत्तत्रासदुच्यते॥12॥
सर्वतः पाणिपादं तत्सर्वतोऽक्षिशिरोमुखम्।
सर्वतः श्रुतिमल्लोके सर्वमावृत्य तिष्ठति॥13॥
सर्वेन्द्रियगुणाभासं सर्वेन्द्रियविवर्जितम्।
असक्तं सर्वभृच्चैव निर्गुणं गुणभोक्तृ च ॥14॥

बहरिन्तश्च भूतानामचरं चरमेव च॥
सूक्ष्मत्वात्तदविज्ञेयं दूरस्थं चान्ति के च तत्॥15॥
अविभक्तं च भूतेषु विभक्तमिव च स्थितम्।
भूतभर्तृ च तज्ज्ञेयं ग्रसिष्णु प्रभविष्णु च ॥16॥

भगवान ने गीता में अनेक स्थलों पर कहा है, कि ज्ञानी पुरुष कर्मो में लिप्त न होकर, उन्हें अनासक्त-बुद्धि से लोक संग्रह के निमित्त करता रहे और इसकी सिद्धि के लिए जनक के बर्ताव का और अपने व्यवहार का उदाहरण भी दिया है (गीता 3.19-25; 4.14)। समर्थ श्रीरामदास स्वामी के चरित्र से यह बात प्रकट होती है, कि शहर में रहने की लालसा न रहने पर भी जगत् के व्यवहार केवल कर्तव्य समझकर कैसे किये जा सकते हैं? (सादबोध 19. 6.29;19.911। यह ज्ञान का लक्षण हुआ; अब ज्ञेय का स्वरूप बतलाते हैं:-)

(12) (अब तुझे) वह बतलाता हूँ, (कि), जिसे जान लेने से 'अमृत' अर्थात् मोक्ष मिलता है। (वह) अनादि (सबसे) परे का ब्रह्म (है)। न उसे 'सत्' कहते हैं, और न 'असत् भी'। (13) उसके, सब ओर हाथ-पैर सब ओर आँखे, सिर और मुँह हैं, सब ओर कान हैं; और वही इस लोक में सबको व्याप रहा है। (14) (उसमें) सब इंद्रियों के गुणों का आभास है, पर उसके कोई भी इंद्रिय नहीं है; वह (सबसे) असक्त अर्थात् अलग होकर भी सबका पालन करता है; और निर्गुण हाने पर भी गुणों का उपभोग करता है। (15) (वह) सब भूतों के भीतर और बाहर भी हैं; अचर है और चर भी है; सूक्ष्म होने के कारण वह अविज्ञेय है; और दूर होकर भी समीप है। (16) बह (तत्वत:) 'अविभक्त' अर्थात् अखंडित (होकर भी) सब भूतों में मानो (नानात्व से) विभक्त हो रहा है; और (सब) भूतों का पालन करने वाला ग्रसने वाला एवं

ज्योतिषामपि तज्ज्योतिस्तमसः परमुच्यते।
ज्ञानं ज्ञेयं ज्ञाननम्यं हृदि सर्वस्य धिष्ठितम् ॥17॥

उत्पन्न करने वाला भी उसे ही समझना चाहिए। (17) उसे ही तेज का भी तेज, और अंधकार से परेका कहते हैं, ज्ञान, जो जानने योग्य है, वह (ज्ञेय), और ज्ञानगम्य अर्थात् ज्ञान से (ही) विदित होने वाला भी (वही) है, और सबके हृदय में वहीं अधिष्ठित है।

(अचिंत्य और अक्षर परब्रह्म जिसे कि क्षेत्रज्ञ अथवा परमात्मा भी कहते हैं, (गीता 13. 22), का जो वर्णन ऊपर है, वह आठवें अध्याय वाले अक्षर-ब्रह्म के वर्णन के समान (गीता 8.911) उपनिषदों के आधार पर किया गया है। पूरा तेरहवाँ श्लोक (श्वे. 3. 16) और अगले श्लोक का यह अर्धांश कि "सब इंद्रियों के गुणों का भास होने वाला, तथापि सब इंद्रियों से विरहित" श्वेताश्वतर उपनिषद में (श्वे.3.17) ज्यों-का-त्यों है; एवं "दूर होने पर भी समीप" ये शब्द ईशावास्य (5) और मुंडक (मुं. 3.1,7) उपनिषदों में पाए जाते हैं। ऐसे ही 'तेज का तेज' ये शब्द बृहदारण्यक के (बृ.4.4.16) हैं; और 'अंधकार से परे का' ये शब्द श्वेताश्वतर के (3.8) हैं। इसी भाँति यह वर्णन कि "जो सत् भी नहीं है और अस्त् भी नहीं कहा जा सकता है।" ऋग्वेद के "नासदासीत्नो सदासीत्" इस ब्रह्म विषयक प्रसिद्ध सूक्त को (ऋ.. 10.129) लक्ष्य कर किया गया है। 'सत्' और असत्' शब्दों के अर्थों का विचार गीता रहस्य प्र. 9 में विस्तार सहित किया गया है; और फिर गीता के 9.19 वें श्लोक की टिप्पणी में भी किया है। गीता 9.19 में कहा है, कि न 'सत्' है और न 'असत् भी'। परन्तु वास्तव में यह विरोध सच्चा नहीं है। क्योंकि 'व्यक्त' (क्षर) सृष्टि और 'अव्यक्त' (अक्षर) सृष्टि, ये दोनों यद्यपि परमेश्वर के ही स्वरूप हों, तथापि यह सिद्धान्त गीता में ही पहले "भृतभृन्न च

भूतस्थो" (गीता 9.5) श्लोक में और आगे फिर (15.16, 17) पुरुषोंत्तम लक्ष्मण में भी स्पष्टतया बतलाया गया है। सच्चा परमेश्वर तत्त्व इन दोनों से परे अर्थात् पूर्णतया अज्ञेय है। निर्गुण ब्रह्म किसे कहते हैं, और जगत् में रहकर भी वह जगत से बाहर कैसे है, अथवा वह 'विभक्त' अर्थात् नानारूपात्मक दीख पड़े तो भी मलू में 'अविभक्त' अर्थ एक-ही कैसे हैं, इत्यादि प्रश्नों का विचार गीता रहस्य के नवें प्रकरण में (पृ. 209 से आगे) किया जा चुका है। सोलहवें श्लोक के 'विभक्तमिव' को अनुवाद यह है- "मानो विभक्त हुआ-सा-दीखा पड़ता है।" यह 'इव' शब्द उपनिषदों में अनेक बार इसी अर्थ में आया है, कि 'जगत् का' नानात्व भ्रांतिकारक है और एकत्व ही

इति क्षेत्रं तथा ज्ञानं ज्ञेयं चोक्त समासतः।
मद्‌भक्त एतद्विज्ञाय मद्‌भावायोपपद्यते ॥18॥
प्रकृतिं पुरुषं चैव विद्धचनादी उभावपि।
विकारांश्च गुणांश्चैव विद्ध प्रकृतिसम्भवान्॥19॥

सत्य है। उदाहरणार्थ, "द्वैतमिव भवति", "य इह नानेव पश्यति" इत्यादि (बृ. 2. 4.14;4.4.19;4.3.7.)। अतएव प्रकट है, कि गीता में यह अद्वैत सिद्धान्त ही प्रतिपाद्य है, कि नाना-नामरूपात्मक माया भ्रष्ट है, और उसमें अविभक्त रहने वाला ब्रह्म ही सत्य है। गीता 18.20 में फिर बतलाया है, कि "अविभक्तं विभक्तेषु" अर्थात् नानात्व में एकत्व देखना सात्त्विक ज्ञान का लक्षण है। गीता रहस्य के अध्यात्म प्रकरण में वर्णन है, कि यह सात्त्विक ज्ञान ही ब्रह्म है। (गीतार. प्र. 9)

(18) इस प्रकार संक्षेप से बतला दिया, कि क्षेत्र, ज्ञान और ज्ञेय कहते है? मेरा भक्त इसे जानकर मेरे स्वरूप को पाता है।

(अध्यात्म या वेदान्तशास्त्र के आधार से अब तक क्षेत्र, ज्ञान और ज्ञेय का विचार किया गया। इनमें से 'ज्ञेय' ही क्षेत्रज्ञ अथवा पर ब्रह्म है और- 'ज्ञान', दूसरे श्लोक में बतलाया हुआ, क्षेत्र-क्षेत्रज्ञ-ज्ञान है, इस कारण यही परमेश्वर के सब ज्ञान का संक्षेप में निरूपण है। 18 वें श्लोक में यही सिद्धान्त बतला दिया है, कि जब क्षेत्र-क्षेत्रज्ञ विचार ही परमेश्वर का ज्ञान है, तब आगे यह आप ही सिद्ध है, कि उसका फल भी मोक्ष ही होना चाहिए। वेदान्त शास्त्र का क्षेत्र-क्षेत्रज्ञ-विचार यहाँ समाप्त हो गया। परन्तु प्रकृति से ही पांच भौतिक विकारवान् क्षेत्र उत्पन्न हुआ है, इसलिए और सांख्य जिसे 'पुरुष' कहते हैं, उसे ही अध्यात्मशास्त्र मे 'आत्मा' कहते हैं, इसलिए; सांख्य की दृष्टि से क्षेत्र-क्षेत्रज्ञ-विचार ही प्रकृति-पुरुष का विवेक होता है। गीताशास्त्र प्रकृति और पुरुष को सांख्य के समान दो स्वतंत्र तत्त्व नहीं मानता; और सातवें अध्याय में (गीता 7.4,5) कहा है, कि ये एक ही परमेश्वर के, कनिष्ठ और श्रेष्ठ, दो रूप हैं। परंतु सांख्यों के द्वैत के बदले गीताशास्त्र के इस द्वैत को एक बार स्वीकार कर लेने पर, फिर प्रकृति और पुरुष के परस्पर संबंध का सांख्यों का ज्ञान गीता को अमान्य नहीं है। और यह भी कह सकते हैं, कि क्षेत्र-क्षेत्रज्ञ के ज्ञान का ही रूपांतर प्रकृति-पुरुष का विवेक है (गीतार.प्र.7) इसीलिए अब तक उपनिषदों के आधार से जो क्षेत्र-क्षेत्रज्ञ का ज्ञान बतलाया, उसे ही अब सांख्यों की परिभाषा में किन्तु सांख्यों के द्वैत को अस्वीकार करके प्रकृति-पुरुष-विवेक के रूप से बतलाते हैं:-

(19) प्रकृति और पुरुष, दोनों को ही अनादि समझ। विकार और गुणों को प्रकृति से ही उपजा हुआ जाना।

कार्यकरणकर्तृत्वे हेतुः प्रकृतिरुच्चते।
पुरुषः सुखदःखानां भोक्तृत्वे हेतुरुच्चते॥20॥
पुरुषः प्रकृतिस्थो हि भुंक्त प्रकृतिजान्गुणान्।

कारणं गुणसंगोऽस्य सदसद्योनिजन्मसु॥21॥

(सांख्य शास्त्र के मत में प्रकृति और पुरुष, दोनों न केवल अनादि ही हैं, प्रत्युत स्वतंत्र और स्वयंभू भी हैं। वेदान्ती समझते हैं, कि प्रकृति परमेश्वर से ही उत्पन्न हुई वह न स्वयं भू है और न स्वतंत्र भी है (गीता 4.5.6)। परंतु यह नहीं बतलाया जा सकता, कि परमेश्वर से प्रकृति कब उत्पन्न हुई और पुरुष (जीव) परमेश्वर का ही अंश है। (गीता. 15.7); इस कारण वेदान्तियों को इतना मान्य है, कि दोनों अनादि हैं। इस विषय का अधिक विवेचन गीता रहस्य के 7 वें प्रकरण में और एवं 10 वें प्रकरण में किया है।)

(20) कार्य अर्थात् देह के और करण अर्थात् इंद्रियों के कर्त्तव्य के लिए प्रकृति कारण कही जाती है; और (कर्ता न होने पर भी सुखद:खों को भोगने के लिए पुरुष (क्षेत्रज्ञ) कारण कहा जाता है।

(इस श्लोक में 'कार्यकरण' के स्थान में 'कार्यकरण' भी पाठ है; और तब उसका यह अर्थ होता है;- सांख्यों के महत् यादि तेईस तत्त्व एक से दूसरा, दूसरे से तीसरा, इस कार्य कारण-क्रम से उपजकर सारी व्यक्त-सृष्टि प्रकृति से बनती है। यह अर्थ भी नहीं है; परंतु क्षेत्र की उप्पत्ति बतलाना प्रसंगानुसार नहीं है। प्रकृति से जगत् के उत्पन्न होने का वर्णन तो पहले ही सातवें और नवे अध्याय में हो चुका है। अतएव 'कार्यकरण' पाठ ही यहाँ अधिक प्रशस्त दीख पड़ता है। शांकरभाष्य में यही 'कार्यकरण' पाठ है।)

(21) क्योंकि पुरुष प्रकृति में अधिष्ठित होकर प्रकृति के गुणों का उपभोग करता है; और '(प्रकृति के) गुणों को यह संयोग पुरुष को भली-बुरी योनियों में जन्म लेने के लिए कारण होता है।

(प्रकृति और पुरुष के परस्पारिक संबंध का और भेद का यह वर्णनसांख्य शास्त्र का है, (गीतार. प्र. 7)। अब यह कहकर कि वेदान्ती लोग पुरुष को परमात्मा कहते हैं, सांख्य और वेदान्त का मेल कर दिया गया है; ऐसा करने से प्रकृति-पुरुष-विचार एवं क्षेत्र-क्षेत्रज्ञ-विचार की पूरी एकवाक्यता हो जाती है।)

उपद्रष्टाऽनुम्ता च भर्ता भोक्त महेश्वरः ।
परमारत्मेति चाप्युक्तो देहेऽस्मिन्पुरुषः परः ॥22॥
य एवं वेत्ति पुरुषं प्रकृति च गुणैः सह।
सर्वथा वर्तमानोऽपि न स भूयोऽभिजायते ॥23॥
ध्यानेनात्मनि पश्यन्ति केचिदात्मानमात्मना।
अन्ये सांख्येन योगेन कर्मयोगेण चापरे॥24॥
अन्ये त्वेवमजानन्तः श्रुत्वान्येभ्य उपासते।
तेऽपि चातितरन्त्येव मृत्युं श्रुतिपरायणाः॥25॥

(22) (प्रकृति के गुणों के इस)उपद्रष्टा अर्थात् समीप बैठकर देखने वाले, अनुमोदन करने वाले, भर्ता अर्थात् (प्रकृति के गुणों को) बढ़ाने वाले और उपयोग करने वाले को ही इस देह का पर पुरुष, महेश्वर और परमात्मा कहते हैं। (23) इस प्रकार पुरुष (निर्गुण) और प्रकृति को (ही) जो गुणों समेत जानता है, वह कैसा भी बर्ताव क्यों न किया करे, उसका पुनर्जन्म नहीं होता।

(22वें श्लोक में जब यह निश्चय हो चुका, कि पुरुष ही देह का परमात्मा है, तब सांख्यशास्त्र के अनुसार पुरुष का जो उदासीनत्व और अकर्तृत्व है, वही अब आत्मा का अकर्तृत्व हो जाता है और इस प्रकार सांख्यों की उपपत्ति से वेदान्त की एक वाक्यता हो जाती है। वेदान्त वाले कुछ ग्रंथकारों की समझ है, कि सांख्यवादी वेदान्त के शत्रु हैं, अतः बहुतेरे वेदान्ती सांख्य-उपपत्ति को सर्वथा त्याज्य मानते हैं। किंतु गीता में ऐसा

न करके क्षेत्र-क्षेत्रज्ञ विचार का एक ही विषय एक बार वेदान्त की दृष्टि से, और दूसरी बार (वेदान्त के अद्वैत मतको बिना छोड़े) सांख्य-दृष्टि से, प्रतिपादन किया यह एक महत्त्व का भेद है। इससे प्रकट होता है, कि यद्यपि गीता को सांख्यों का द्वैतवाद मान्य नहीं है, तथापि उनके प्रतिपदान में जो कुछ युक्ति संगत जान पड़ता है। वह गीता को अमान्य नहीं है। दूसरे ही श्लोक में कह दिया है, कि क्षेत्र-क्षेत्रज्ञ का ज्ञान ही परमेश्वर का ज्ञान है। अब पिंड का ज्ञान और देह के परमेश्वर का ज्ञान संपादन कर मोक्ष प्राप्त करने के मार्ग प्रंसग के अनुसार संक्षेप से बतलाते हैं:-)

(24) कुछ लोग ध्यान से स्वयं ही अपने आप में आत्मा को देखतें हैं; (कोई सांख्य योग से देखते हैं और कोई कर्मयोग से (24) परन्तु इस प्रकार जिन्हें (अपने

यावत्संजायते किंचितत्सत्त्वं स्थावरजंगमम्।
क्षेत्रक्षेत्रज्ञसंयोगात्तद्विद्धि भारतर्षभ॥26॥
समं सर्वेषु भूतेषु तिष्ठन्तं परमेश्वरम्।
विनश्यत्स्वविनश्यन्तं यः पश्यति स पश्यति॥27॥
समं पश्यन् हि सर्वत्र समवस्थितमीश्वरम्।
न हिनस्त्यात्मनात्मानं ततो याति परां गतिम्॥28॥

आप ही) ज्ञान नहीं होता, वे दूसरे से सुन कर)श्रद्धासे) परमेश्वर का भजन करते हैं। सुनी हुई बात को प्रमाण मान बर्तन वाले ये पुरुष भी मृत्यु को पारकर जाते हैं।

(इन दो श्लोकों में पातंजलयोग के अनुसार ध्यसान, सांख्य-मार्ग के अनुसार ज्ञानोत्तर कर्मसंन्यास, कर्मयोग-मार्ग के अनुसार निष्काम बुद्धि परमेश्वरापर्ण-पूर्वक कर्म करना और ज्ञान न हो, तो भी श्रद्धा से आप्तों के वचनों का विश्वास कर परमेश्वर की भक्ति करना(गीता 4.39), ये आत्म ज्ञान के भिन्न-भिन्न मार्ग बतलाए गए हैं। कोई किसी भी मार्ग से जाए, अंत में उसे भगवान का ज्ञान होकर मोक्ष मिल ही जाता है। तथापि पहले जो यह सिद्धान्त किया गया है, कि लोकसंग्रह की दृष्टि से कर्म योग श्रेष्ठ हैं, वह इससे खंडित नहीं होता। इस प्रकार साधन बतलाकर अगले श्लोक में समग्र विषय का सामान्य रीति से उपसंहार किया है; और उसमें भी वेदान्त से कापिल-सांख्य का मेल मिला दिया है।)

(26) हे भरतश्रेष्ठ! स्मरण रख, कि स्थावर या जंगम, किसी भी वस्तु का निर्माण क्षेत्र और क्षेत्रज्ञ के संयोग से होता है। (27) सब भूतों में एक-सा-रहने वाला, और सब भूतों का नाश हो जाने पर भी जिसका नाश नहीं होता, ऐसे परमेश्वर को जिसने देख लिया, कहना होगा, कि उसीने (सच्चे तत्त्व को) पहचाना। (28) ईश्वर को सर्वत्र एक-सा व्याप्त समझकर (जो पुरुष) अपने आप का ही घात नहीं करता, अर्थात् अपने आप अच्छे मार्ग में लग जाता है, उस कारण से वह उत्तम गति ही पाता है।

(27 वें श्लोक में परमेश्वर का जो लक्षण बतलाया है, वह पीछे गीता के 8.20 वें श्लोक में आ चुका है, और उसका स्पष्टीकरण गीता रहस्य के नवें प्रकरण में किया गया है, (गीतार. प्र.9)। ऐसे ही 28 वें श्लोक में फिर वही बात कही हैं, जो पीछे (गीता 6. 5-7) कही जा चुकी है, कि आत्मा अपना बंधु है, और वही अपना शत्रु है। इस प्रकार 26, 27 और 28 वें श्लोकों में सब प्राणियों के विषय में साम्य-बुद्धिरूप भाव का वर्णन कर चुकने पर बतलाते हैं, कि इसके जान लेने से क्या होता है:-)

प्रकृत्यैव च कर्माणि क्रियमाणनि सर्वशः।
यः पश्यति तथात्मानमकर्तारं से पश्यति॥29॥
यदा भूतपृथग्यभवमेकस्थमनुपश्यति।
तत एव च विस्तारं ब्रह्म सम्पद्यते तदा॥30॥

अनादित्वान्निर्गुणत्वात्परमात्मायमव्ययः।
शरीरस्थोऽपि कौन्तेय न करोति न लिप्यते॥31॥
यथा सर्वगतं सौक्ष्म्यादाकाशं नोपलिप्यते।
सर्वत्रावस्थितो देहे तथात्मा नोपलिप्यते॥32॥
यथा प्रकाशयत्येकः कृत्स्नं लोकमिमं रविः।
क्षेत्रं क्षेत्री तथा कृत्सनं प्रकाशयति भारत॥33॥
क्षेत्रक्षेत्रज्ञयोरेवमन्तरं ज्ञानचक्षुषा।
भूतप्रकृतिमोक्षं च ये विदुर्यान्ति ते परम्॥34॥

इति श्रीमद्भगवद्गीतासु उपनिषत्सु ब्रह्मविद्यायां योगशास्त्रे श्रीकृष्णार्जुन-संवादे क्षेत्र-क्षेत्रज्ञ-विभागयोगो नाम त्रयोदशोऽध्यायः॥13॥

(29) जिसने यह जान लिया, कि (सब) कर्म प्रकार से केवल प्रकृति-से ही किए जाते हैं, और आत्मा अकर्ता है, अर्थात् कुछ भी नहीं करता, कहना चाहिए कि उसने (सच्चे तत्त्व को) पहचान लिया। (30) जब सब भूतों पृथक्त्व अर्थात् नानात्व एकता से (दीखने लगे), और इस (एकता) से ही (सब) विस्तार दीखने लगे, तब ब्रह्म प्राप्त होता है।

(अब बतलाते हैं, कि आत्मा निर्गुण, अलिप्त और अक्रिय कैसे है:-)

(31) हे कौंतेय! अनादि और निर्गुण होने के कारण यह अव्यक्त परमात्मा शरीर में रहकर भी कुछ करता धरता नहीं है, और उसे (किसी भी कर्म का) लेप अर्थात् बंधन नहीं लगता। (32) जैसे आकाश चारों ओर भरा हुआ है, परंतु सूक्ष्म होने के कारण उसे (किसी का भी) लेप नहीं लगता, वैसे ही देह में सर्वज्ञ रहने पर भी आत्मा का (किसी का भी) लेप नहीं लगता। (33) हे भारत्! जैसे अकेला सूर्य इस सारे जगत को प्रकाशित करता है, वैसे ही क्षेत्रज्ञ सब क्षेत्र को अर्थात् शरीर को प्रकाशित करता है।

(34) इस प्रकार ज्ञान-चक्षु से अर्थात् ज्ञान रूप नेत्र से, क्षेत्र और क्षेत्रज्ञ के भेद को, एवं सब भूतों की (मूल) प्रकृति के मोक्ष को, जो जानते हैं, वे परब्रह्म को पाते हैं।

(यह पूरे प्रकरण का उपसंहार है। 'भूतप्रकृतिमोक्ष' शब्द का अर्थ हमने सांख्यशास्त्र के सिद्धान्तानुसार किया है। सांख्यों का सिद्धान्त यह है, कि मोक्ष का मिलना या न मिलना आत्मा की अवस्थाएँ नहीं है, क्योंकि वह तो सदैव अकर्ता और असंग है। परंतु प्रकृति के गुणों के संग से वह अपने में कर्तृत्व का आरोप किया करता है, इसलिए जब उसका यह अज्ञान नष्ट हो जाता है, तब उसके साथ लगी हुई प्रकृति छूट जाती है, अर्थात् उसका का मोक्ष हो जाता है, और इसके पश्चात् उसका पुरुष के आगे नाचना बंद हो जाता है। अतएव सांख्य-मत वाले प्रतिपादन किया करते हैं, कि तात्त्विक दृष्टि से बंध और मोक्ष, ये दोनों अवस्थाएँ प्रकृति की ही हैं (सांख्याकारिता 62; गीता रहय प्र.7) हमें जान पड़ता है, कि सांख्य के ऊपर लिखे हुए सिद्धान्त के अनुसार ही इस श्लोक में 'प्रकृति का मोक्ष' ये शब्द आए हैं। परंतु कुछ लोग इन शब्दों का यह अर्थ भी लगाते हैं, कि "भूतेभ्यः प्रकृतेश्च मोक्षः" -पंचमहाभूतों से और प्रकृति से अर्थात् मायात्मक कर्मों से आत्मा का मोक्ष होता है। नवें, ग्यारहवें और तेरहवें अध्याय में ज्ञान-विज्ञान निरूपण का भेद ध्यान देने योग्य है, कि यह क्षेत्र-क्षेत्रज्ञ-विवेक-ज्ञान-चक्षु से विदित होने वाला है (गीता 13.34)। तो नवें अध्याय की राजविद्या प्रत्यक्ष अर्थात् चर्मचक्षु से ज्ञात होने वाली है (गीता 9.2), और विश्वरूप-दर्शन परम भगवद्भक्त को भी केवल दिव्य-चक्षु से ही होने वाला है (गीता11.8)।

इस प्रकार श्रीभगवान के गाए हुए- अर्थात् हुए-उपनिषदमें, ब्रह्मविद्यान्तर्गत योग-अर्थात् कर्मयोग-शास्त्रविषयक, श्रीकृष्ण और अर्जुन के संवाद में, प्रकृति-पुरुष-विवेक अर्थात् क्षेत्र-क्षेत्रज्ञ-विभागयोग नामक तेरहवाँ अध्याय समाप्त हुआ।

चतुर्दशोऽध्यायः।

श्रीभगवानउवाच!
परं भूयः प्रवक्ष्यामि ज्ञानानां ज्ञानमुत्तमम्।
यज्ज्ञात्वा मुनयः सर्वे परां सिद्धिमितो गताः।।1।।
इदं ज्ञानमुपश्रित्य मम साधर्म्यमागताः।
सर्गेऽपि नोपजायन्ते प्रलये न व्यथन्ति च।।2।।

चौदहवाँ अध्याय

(तेरहवें अध्याय में क्षेत्र-क्षेत्रज्ञ का विचार एक बार वेदान्त की दृष्टि से और दूसरी बार सांख्य की दृष्टि से बतलाया है, एवं उसी में प्रतिपादन किया है, कि सब कर्तृत्व प्रकृति का ही है, पुरुष अर्थात् क्षेत्रज्ञ उदासीन रहता है। परंतु इस बात का विवेचन अब तक नहीं हुआ, कि प्रकृति का यह कर्तृत्व क्यों कर चला करता है? अतएव इस अध्याय में बतलाते हैं, कि एक ही प्रकृति से विविध सृष्टि, विशेषतः सजीव सृष्टि, कैसे उत्पन्न होती है? केवल मानवी सृष्टि का ही विचार करें।, तो यह विषय क्षेत्र संबंधी अर्थात् शरीर का होता है, इसलिए उसका समावेश क्षेत्र-क्षेत्रज्ञ-विचार में हो सकता है। परंतु जब स्थावर सृष्टि भी त्रिगुणात्मक प्रकृति का ही फैलाव है, तब प्रकृति के गुण भेद का यह विवेचन क्षर-अक्षर-विचार का भी भाग हो सकता है। अतएव 'क्षेत्र-क्षेत्रज्ञ-विचार' इस संकुचित नाम को छोड़कर सातवें अध्याय में जिस ज्ञान-विज्ञान के बतलाने का आरंभ किया था, उसी ज्ञान-विज्ञान को अधिक स्पष्ट रीति से फिर भी बतलाने का आरंभ भगवान ने अब इस अध्याय में किया है। सांख्यशास्त्र की दृष्टि से इस विषय का विस्तृत निरूपण, गीता रहस्य के आठवें प्रकरण में किया गया है। त्रिगुण के विस्तार का यह वर्णन अनुगीता और मनुस्मृति के बारहवें अध्याय में भी है।)

श्रीभगवान ने कहः- (1) और फिर सब ज्ञानों से उत्तम ज्ञान बतलाता हूँ, कि जिसको जानकर सब मुनि इस लोक से परम सिद्धि पा गए हैं। (2) इस ज्ञान का आश्रय करके मुझसे एकरूपता पाए हुए लोग सृष्टि के उत्पत्ति-काल में भी नहीं जन्मते और प्रलय-काल में भी व्यथा नहीं पाते; (अर्थात् जन्म-मरण से एकदम छुटकारा पा जाते हैं।)

(यह हुई प्रस्तावना। अब पहले बतलाते हैं, कि प्रकृति मेरा ही स्वरूप है; फिर सांख्यों के द्वैतको अलग कर वेदान्त शास्त्र के अनुकूल यह निरूपण करते हैं, कि प्रकृति के सत्त्व, रज और तम, इन तीन गुणों से सृष्टि के नाना प्रकार के व्यक्त पदार्थ किस प्रकार निर्मित होते है:-)

मम योनिर्महद् ब्रह्म तस्मिन्गर्भ दध्याम्यहम्।
सम्भ्वः सर्वभूतानां ततो भवति भारत।।3।।
सर्वयोनिषु कौन्तेय मूर्तयः सम्भवन्ति याः।

तासां ब्रह्म महद्योनिरहं बीजप्रदः पिता॥4॥
सत्त्वं रजस्तम इति गुणाः प्रकृतिसम्भवाः।
निबध्नन्ति महाबाहो देहे देहिनमव्ययम्॥5॥
तत्र सत्त्वं निर्मलत्वात्प्रकाशकमनामयम्।
सुखसंगेन बध्नाति ज्ञानसंगेन चानघ ॥6॥
रजो रागात्मकं विद्धि तृष्णासंगसमुद्भवम्।
तन्निबध्नाति कौन्तेय कर्मसंगेन देहिनम् ॥7॥
तस्मस्त्वज्ञानजं विद्धि मोहनं सर्वदेहिनाम्।
प्रमादालस्यनिद्राभिस्तत्रिबध्नाति भारत॥8॥
सत्त्वं सुखे संजयति रजः कर्मणि भारत।
ज्ञानमावृत्य तु तमः प्रमादे संजयत्युत॥9॥

(3) हे भारत! महद्ब्रह्म अर्थात् प्रकृति मेरी हीं योनि है और मैं उसमें गर्भ रखता हूँ; फिर उससे समस्त भूत उत्पन्न होने लगते हैं। (4) हे कौंतेय। (पशुपक्षी आदि) सब योनियों में जो जो मूर्तियाँ जन्मती हैं, उनकी योनि महत् ब्रह्म है और मैं बीजदाता पिता हूँ।

(5) हे महाबाहु! प्रकृति से उत्पन्न हुए सत्त्व, रज और गुण देह में रहने वाले अव्यय अर्थात् निर्विकार आत्मा को देह में बाँध लेते हैं। (6) हे निष्पाप अर्जुन्! इन गुणों में से निर्मलता के कारण प्रकाश डालने वाला और निर्दोष सत्त्वगुण सुख और ज्ञान के साथ से (प्राणी को) बाँधता है। (7) रजोगुण का स्वभाव रागात्मक है और उससे तृष्णा और आसक्ति की उत्पत्ति होती है। हे कौंतेय! वह प्राणी को कर्म करने के (प्रवृत्ति रूप) संग से बाँध डालता है। (8) किंतु तमोगुण अज्ञान से उपजता है और वह सब प्राणियों को मोह में डालता है। हे भारत! वह प्रमाद आलस्य और निद्रा से (प्राणी) को बांध लेता है। (9) सत्त्वगुण सुख में, और रजोगुण कर्म में, आसक्ति उत्पन्न करता है। परंतु हे भारत! तमोगुण ज्ञान को ढककर प्रमाद अर्थात् कर्त्तव्यमूढता में, या कर्त्तव्य के विस्मरण में, आसक्ति उत्पन्न करता है।

(सत्त्व, रज और तम, इन तीनो गुणों के ये पृथक् लक्षण बतलाए गए हैं। किंतु ये गुण कभी भी पृथक्-पृथक् नहीं रहते, तीनों सदैव एकत्र रहा करते हैं।

रजस्तमश्वाभिभूय सत्त्वं भवति भारत।
रजः सत्त्वं तमश्वैव तमः सत्त्वं रजस्तथा॥10॥
सर्वद्वारेषु देहेऽस्मिन्प्रकाश उपजायते।
ज्ञानं यदा तदा विद्याद्विवृद्धं सत्त्वमित्युत॥11॥
लोभः प्रवृत्तिरारम्भः कर्मणामशमः स्पृहा।
रजस्येतानि जायन्ते विवृद्धे भारतर्षभ॥12॥
अप्रकाशोऽप्रवृत्तिश्च प्रमादो मोह एव च।
तमस्येतानि जायन्ते विवृद्धे कुरुनन्दन॥13॥
यदा सत्त्वे प्रवृद्धे तु प्रलयं याति देहभृत्।
तदोत्तमविदां लोकानमलान्प्रपितद्यते ॥14॥

उदाहरणार्थ, कोई भी काम करना यद्यपि सत्त्व का लक्षण है, तथापि भले काम को करने की प्रवृत्ति होना रज का धर्म है, इस कारण सात्त्विक स्वभाव में भी थोड़े-से रज का मिश्रण सदैव रहता ही है। इसी से अनुगीता मे इन गुणों का इस प्रकार मिथुनात्मक वर्णन है, कि तम का मिथुना अर्थात् जोड़ा सत्त्व है, और सत्त्वका जोड़ा रज है (मभा-अश्व.36), और कहा है, कि इनके अन्योन्य अर्थात् पारस्परिक आश्रय

से अथवा झगड़े से सृष्टि के सब पदार्थ बनते हैं (सां. का. 12; गीतार. प्र.7)। अब पहले इसी तत्त्व को बतलाकर फिर सात्त्विक, रज से और तामस स्वभाव के लक्षण बतलाते हैं:-)

(10) रज और तम को दबाकर सत्त्व (बलवान) हो जाता है, (तब उसे सात्त्विक कहना चाहिए); एवं इसी प्रकार सत्त्व और तम को दबाकर रज, तथा सत्त्व और रज को दबाकर तम (बलवान हुआ करता है) (11) जब इस देह के सब द्वारों में (इंद्रियों में) प्रकाश अर्थात् निर्मल ज्ञान उत्पन्न होता है तब समझना चाहिए, कि सत्त्वगुण बढ़ा हुआ है। (12) हे भरतश्रेष्ठ! रजोगुण के बढ़ने से लोभ, कर्म की प्रवृत्ति और उसका आरंभ अतृप्ति एवं इच्छा उत्पन्न होती हैं। (13) और हे कुरुनंदन! तमोगुण की वृद्धि होने पर अंधेरा, कुछ भी न करने की प्रवृत्ति, प्रसाद अर्थात् कर्तव्य की विस्मृति और मोह भी उत्पन्न होता है। (यह बतला दिया, कि मनुष्य की जीवितावस्था में त्रिगुणों के कारण उसके स्वभाव में कौन-कौन से फर्क पड़ते हैं। अब बतलाते हैं, कि इन तीन प्रकार के मनुष्यों कों कौन-सी गति मिलती है:-)

(14) सत्त्वगुण के उत्कर्ष-काल में आदि प्राणी मर जावे, तो उत्तम तत्त्व जानने वालों के, अर्थात् देवता आदि के, निर्मल (स्वर्ग प्रभृति) लोक उसको प्राप्त

रजसि प्रलयं गत्वा कर्मसंगिषु जायते।
तथा प्रलीनस्तमसि मूढयोनिषु जायते॥14॥
कर्मणः सुकृतस्याहुः सात्त्विकं निर्मलं फलम्।
रजसस्तु फलं दुःखमज्ञानं तमसः फलम्॥16॥,
सत्त्वात्संजायते ज्ञानं रजसो लोभ एव च।
प्रमादमोहौ तमसो भवतोऽज्ञानमेव च॥17॥
ऊर्ध्वं गच्छन्ति सत्त्वस्था मध्ये तिष्ठन्ति राजसाः।
जघन्यगुणवृत्तिस्था अधो गच्छन्ति तामसाः॥18॥

होते हैं। (15) रजोगुण की प्रबलता में यदि मरे, तो जो कर्मो में आसक्त हों, उनमें (जनो में) जन्म लेता है; और तमोगुण में मरे, जो (पशु पक्षी आदि) मूढ योनियों में उत्पन्न होता है। (16) कहा है, कि पुण्य कर्म का फल निर्मल और सात्त्विक होता है, परंतु राजस कर्म का फल दुःख, और तामस कर्म का फल अज्ञान होता है। (17) सत्त्व से ज्ञान, तो रजोगुण से केवल लोभ उत्पन्न होता है। तमोगुण से न केवल प्रमाद और मोह ही उपजता है, प्रत्युत अज्ञान की भी उत्पत्ति होती है।)(18) सात्त्विक पुरुष ऊपर के अर्थात् स्वर्ग आदि लोकों को जाते हैं। राजस मध्यम लोक में अर्थात् मनुष्यलोक में रहते हैं और कनिष्ठगुणवृत्ति के तामस अधोगति पाते हैं।

(सांख्यकारिका में भी यह वर्णन है, कि धार्मिक और पुण्य कर्म-कर्ता होने के कारण सत्त्वस्थ मनुष्य स्वर्ग पाता है, और अधर्माचरण करके तामस पुरुष अधोगति पाता है (सां. का. 44)। इसी प्रकार यह 18वाँ श्लोक अनुगीता के त्रिगुण-वर्णन में भी ज्यों-का-त्यों आया है। (मभा. अश्व. 39.10; मनुः 12.40) सात्त्विक कर्मों से स्वर्ग-प्राप्ति भले हो जावे, पर स्वर्गसुख है तो अनित्य ही। इस कारण परम पुरुषार्थ की सिद्धि उससे नहीं होती है। सांख्यों का सिद्धान्त है, कि इस परम पुरुषार्थ यामोक्ष की प्राप्ति के लिए उत्तम सात्त्विक स्थिति तो रहे ही, उसके सिवा यह ज्ञान होना भी आवश्यक है, कि प्रकृति अलग है और मैं (पुरुष) जुदा हूँ। सांख्य इसी को त्रिगुणातीत अवस्था कहते हैं; और यद्यपि यह स्थिति सत्त्व, रज और तम इन तीनों गुणों से भी परे की है, तो भी यह सात्त्विक अवस्था की ही पराकाष्ठा है, इस कारण इसका समावेश सामान्यतः सात्त्विक वर्ग में ही किया जाता है, उसके लिए एक नया चौथा वर्ग बनाने

की आवश्यकता नहीं है (गीतार. प्र. 7)। परंतु गीता को प्रकृति-पुरुषवाला सांख्यों का यह द्वैत मान्य नहीं है, इसलिए सांख्यों के उक्त सिद्धान्त का गीता में इस प्रकार रूपातंर हो जाता है, कि प्रकृति और पुरुष से परे जो एक आत्मस्वरूपी परमेश्वर या परब्रह्म है। यही अर्थ अब अगले श्लोकों में वर्णित है:-)

नान्यं गुणेभ्यः कर्तारं यदा द्रष्टानुपश्यति।
गुणेभ्यश्च परं वेत्ति मद्भावं सोऽविगच्छति॥19॥
गुणानेतानतीत्य त्रीन्देही देहसमुद्भवान्।
जन्ममृत्युजरादुःखैर्विमुक्तोऽमृतमश्नुते॥20॥

अर्जुन उवाच।

कैर्लिंगैस्त्रीन् गुणानेतानतीतो भवति प्रभो।
किमाचारः कथं चैतांस्त्रीन्गुणानतिवर्तते॥21॥

श्रीभगवानुवाच।

प्रकाशं च प्रवृत्तिं च मोहमेव च पाण्डव।
न द्वेष्टि सम्प्रवृत्तानि न निवृत्तानि कांक्षति॥22॥
उदासीनवदासीनो गुणैर्यो न विचाल्यते।
गुणा वर्तन्त इत्येव योऽवतिष्ठति नेंगते॥23॥

(19) द्रष्टा अर्थात् उदासीनता से देखनेवाला पुरुष, जब जान लेता है, कि (प्रकृति से) गुणों के अतिरिक्त दूसरा कोई कर्ता नहीं है, और जब (तीनों) गुणो से परे के (तत्त्व को) पहचान लेता है, तब वह मेरे स्वरूप में मिल जाता है। (20) देहधारी मनुष्य देह की उत्पत्ति के कारण स्वरूप उन तीनों गुणों जाकर जन्म, मृत्यु और बुढ़ापे के दुःखों से विमुक्त होता हुआ अमृत का अर्थात् मोक्ष का अनुभव करता है।

(वेदान्त में जिसे माया कहते हैं, उसी को सांख्य-मतवाले त्रिगुणात्मक प्रकृति कहते हैं; इसलिए त्रिगुणातीत होना भी माया से छूट कर परब्रह्म को पहचान लेना है (गीतार. 2.45); और इसी को ब्राह्मी अवस्था कहते हैं (गीता 2.72; 18.53); अध्यात्मशास्त्र में बतलाए हुए त्रिगुणातीत के इस लक्षण को सुनकर उसका और अधिक वृत्तान्त जानने की अर्जुन को इच्छा हुई, और पीछे द्वितीय अध्याय में (गीता 2.54) जैसा उसने स्थितप्रज्ञ के संबंध में प्रश्न किया था, वैसा ही यहाँ भी वह पूछता है:-)

अर्जुन ने कहा :- (21) हे प्रभो! किन लक्षणों से (जाना जाए कि वह) इन तीनों गुणों के परे चला जाता है? (मुझे बतलाइए, कि) उसका (त्रिगुणातीत का) आचार क्या है और इन तीन गुणों के परे कैसे जाता है?

श्रीभगवान ने कहा :- (22) हे पांडव! प्रकाश, प्रवृत्ति और मोह (अर्थात् क्रम से सत्त्व, रज और तम, इन गुणों के कार्य अथवा फल) प्राप्त होने से भी जो उनका द्वेष नहीं करता, और प्राप्त न हों, तो भी उनकी आकांक्षा नहीं रखता; (23) जो (कर्मफल के संबंध में) उदासीन-सा रहता है; (सत्त्व, रज और तम ये गुण जिसे

समदुःखसुखः स्वस्थः समलोष्टाश्मकांचनः।
तुल्यप्रियाप्रियो धीरस्तुल्यनिन्दात्मसंस्तुतिः॥24॥
मानापमानयोस्तुल्यस्तुल्यो मित्रारिपक्षयोः।
सर्वारम्भपरित्यागी गुणातीतः स उच्यते॥25॥
मां च योऽव्यभिचारेण भक्तियोगेन सेवते।
स गुणान्समतीत्यैतान्ब्रह्मभूयाय कल्पते॥26॥

चल विचल नहीं कर सकते; तो इतना ही मान कर स्थिर रहता है, कि गुण (अपना-अपना) काम करते हैं; जो डिगता नहीं है अर्थात्, विकार नहीं पाता है; (24)

जिसे सुखदु:ख एक-से ही हैं; जो स्वस्थ है अर्थात् अपने में ही स्थिर हुआ; मिट्टी, पत्थर और सोना जिसे समान ही हैं; प्रिय-अप्रिय, निंदा और अपनी स्तुति जिसे समसमान हैं; जो सदा धैर्य से युक्त है; (25) जिसे मान-अपमान या मित्र और शत्रुदल तुल्य हैं अर्थात् एक-से हैं; और (इस समझ से कि प्रकृति सब कुछ करती है) जिसके सब (काम्य) उद्योग छूट गए हैं, उस पुरुष को गुणातीत कहते हैं।

(यह इन दो प्रश्नों का उत्तर हुआ, कि त्रिगुणातीत पुरुष के लक्षण क्या हैं, और उसका आचार कैसा होता है? ये लक्षण, और दूसरे अध्याय में बतलाते हुए स्थितप्रज्ञ के लक्षण (2.55-72), एवं बारहवें अध्याय में (12.13-20) बतलाए हुए भक्तिमान् पुरुष के लक्षण, सब एक-से ही हैं। अधिक क्या कहें? 'सर्वारंभपरित्यागी', 'तुल्यनिन्दात्मसंस्तुति:' और 'उदासीन:' प्रभृति कुछ विशेषण भी दोनों या तीनों स्थानों में एक ही हैं। इससे प्रकट होता है, कि पिछले अध्याय में बतलाए हुए (गीता 13.24, 25) चार मार्गों में से किसी भी मार्ग के स्वीकार कर लेने पर भी सिद्धि-प्राप्त पुरुष का आचार और उसके लक्षण सब मार्गों में एक ही से रहते हैं। तथापि पीछे तीसरे, चौथे और पांचवे आदि अध्यायों में जो यह दृढ़ और अटल सिद्धान्त किया है, कि निष्काम कर्म किसी के भी नहीं छूट सकते; उसके अबाधित होने से स्मरण रखना चाहिए, कि ये स्थितप्रज्ञ, भगवद्भक्त या त्रिगुणातीत, सभी कर्म-योगमार्ग के हैं। 'सर्वारंभपरित्यागी' का अर्थ 12वें अध्याय के 19वें श्लोक की टिप्पणी में बतला चुके हैं। सिद्धावस्था में पहुँचे हुए पुरुषों के इन वर्णनों को स्वतंत्र मानकर संन्यास-मार्ग के टीकाकार अपने ही संप्रदाय को गीता में प्रतिपाद्य बतलाते हैं। परंतु गीतारहस्य के 11वें और 12वें प्रकरण में हमने इस बात का विस्तारपूर्वक प्रतिपादन कर दिया है, कि यह अर्थ पूर्वा पर संदर्भ के विरुद्ध है; अतएव ठीक नही है। अर्जुन के दोनों प्रश्नों के उत्तर हो चुके। अब बतलाते हैं, कि ये पुरुष इन तीन गुणों से परे कैसे जाते हैं:-)

(26) और जो (मुझे ही सब कर्म अर्पण करने के) अव्यभिचार, अर्थात्

ब्रह्मणो हि प्रतिष्ठाहममृतस्याव्ययस्य च।
शाश्वतस्य च धर्मस्य सुखस्यैकान्तिकस्य च॥27॥

इति श्रीमद्भगवद्गीतासु उपनिषत्सु ब्रह्मविद्यायां योगशास्त्रे श्रीकृष्णार्जुन-संवादे गुणत्रयविभागयोगो नाम चतुर्दशोऽध्याय:॥14॥

एकनिष्ठ भक्तियोग से, मेरी सेवा करता है, वह इन तीनों गुणों से परे जाकर ब्रह्मभूत अवस्था पा लेने में समर्थ हो जाता है।

(संभव है, इस श्लोक से यह शंका हो, कि जब त्रिगुणातीत अवस्था सांख्य-मार्ग की है, तब वही अवस्था कर्म-प्रधान भक्तियोग से कैसे प्राप्त हो जाती है? इसी से भगवान् कहते हैं:-)

(27) क्योंकि, अमृत और अव्यय ब्रह्म का, शाश्वत धर्म का, एवं एकान्तिक अर्थात् परमावधि के अत्यंत सुख का अंतिम स्थान मैं ही हूँ।

(इस श्लोक का भावार्थ यह है, कि सांख्यों के द्वैत को छोड़ देने पर सर्वत्र एक ही परमेश्वर रह जाता है, इस कारण उसी की भक्ति से त्रिगुणातीत अवस्था भी प्राप्त होती है। तथापि एक ही परमेश्वर मान लेने से साधनों के संबंध में गीता का कोई भी आग्रह नहीं है (गीता 13.24, 25)। गीता में भक्तिमार्ग को सुलभ अतएव सब लोगों के लिए ग्राह्य कहा है; यह कहीं भी नहीं कहा है कि अन्यान्य मार्ग त्याज्य हैं। गीता में केवल भक्ति, केवल ज्ञान अथवा केवल योग ही प्रतिपाद्य है-ये मत भिन्न-भिन्न संप्रदायों के अभिमानियों ने पीछे से गीता पर लाद दिए हैं। गीता का सच्चा प्रतिपाद्य विषय तो निराला ही है : मार्ग कोई भी हो, गीता का मुख्य प्रश्न यही है, कि परमेश्वर

का ज्ञान हो चुकने पर संसार के कर्म लोकसंग्रहार्थ किए जावें या छोड़ दिए जावें? और इसका साफ-साफ उत्तर पहले ही दिया जा चुका है, कि कर्मयोग श्रेष्ठ है।)

इस प्रकार भगवान ने गाए हुए-अर्थात् कहे हुए-उपनिषद में, ब्रह्मविद्यान्तर्गत योग-अर्थात् कर्मयोग-शास्त्रविषयक, श्रीकृष्ण और अर्जुन के संवाद में, गुणत्रयविभागयोग नामक चौदहवाँ अध्याय समाप्त हुआ।

पंचदशोऽध्यायः

श्रीभगवानुवाच।
ऊर्ध्वमूलमधः शाखमश्वत्थं प्राहुरव्ययम्।
छंदांसि यस्य पर्णानि यस्तं वेद स वेदवित्॥1॥

पंद्रहवाँ अध्याय

(क्षेत्रक्षेत्रज्ञ के विचार के सिलसिले में तेरहवें अध्याय में उसी क्षेत्रक्षेत्रज्ञ विचार के सदृश सांख्यों के प्रकृति-पुरुष का विवेक बतलाया है, और चौदहवें अध्याय में कहा है, कि प्रकृति के तीन गुणों से मनुष्य-मनुष्य में स्वभाव-भेद कैसे उत्पन्न होता है और उससे सात्त्विक आदि गति-भेद क्योंकर होते हैं? फिर यह विवेचन किया है, कि त्रिगुणातीत अवस्था या अध्यात्म-दृष्टि से ब्राह्मी स्थिति किसे कहते हैं और वह कैसे प्राप्त की जाती है। यह सब निरूपण सांख्यों को परिभाषा में है अवश्य; परंतु सांख्यों के द्वैत को स्वीकार न करते हुए , जिस एक ही परमेश्वर की विभूतियाँ प्रकृति और पुरुष दोनों हैं, उस परमेश्वर का ज्ञान-विज्ञान-दृष्टि से निरूपण किया गया है। परमेश्वर के स्वरूप के इस वर्णन के अतिरिक्त आठवें अध्याय में अधियज्ञ, अध्यात्म और अधिदैवत आदि भेद दिखलाए जा चुके हैं और, यह पहले ही कह चुके हैं, कि सब स्थानों में एक ही परमात्मा व्याप्त है, एवं क्षेत्र में क्षेत्रज्ञ भी वही है। अब इस अध्याय में पहले यह बतलाते हैं, कि परमेश्वर की ही रची हुई सृष्टि के विस्तार का, अथवा परमेश्वर के नामरूपात्मक विस्तार का ही, कभी-कभी वृक्षरूप से या वनरूप से जो वर्णन पाया जाता है, उसका बीज क्या है; फिर परमेश्वर के सभी रूपों में श्रेष्ठ पुरुषोत्तमस्वरूप का वर्णन किया है।)

श्रीभगवान ने कहा :- (1) जिस अश्वत्थ वृक्ष का ऐसा वर्णन करते हैं, कि जड़ (एक) ऊपर है, और शाखाएँ (अनेक) नीचे हैं, (जो) अव्यय अर्थात् कभी नाश नहीं पाता, (एवं) छन्दांसि अर्थात् वेद जिसके पत्ते हैं, उसे (वृक्ष को) जिसने जान लिया, वह पुरुष (सच्चा), वेदवेत्ता (है)।

उक्त वर्णन ब्रह्मवृक्ष का अर्थात् संसार-वृक्ष का है। यहाँ पर संसार का यह संकुचित अर्थ विवक्षित नहीं है, कि "स्त्री-बाल-बच्चों में रहकर नित्य व्यवहार करते रहें", परंतु उसका यहाँ "आँखों के सामने दिखाई देने वाला जगत् अथवा दृश्य-सृष्टि" अर्थ है। इस संसार को ही सांख्य-मतवादी "प्रकृति का विस्तार" और वेदान्ती "भगवान की माया का पसार" कहते हैं; एवं अनुगीता में इसे ही "ब्रह्मवृक्ष या ब्रह्मवन" (ब्रह्मारण्य) कहा है (मभा. अश्व. 35.47)। यह कल्पना अथवा रूपक न केवल वैदिक धर्म में ही है, कि प्रत्युत अन्य प्राचीन धर्मों में भी पाया जाता है, एक बिल्कुल छोटे-से बीज से जिस प्रकार बड़ा भारी गगनचुंबी वृक्ष निर्माण हो जाता है, उसी प्रकार एक अव्यक्त परमेश्वर से दृश्य-सृष्टि रूपी भव्य वृक्ष उत्पन्न हुआ है। यूरोप की पुरानी भाषाओं में इसके नाम

'विश्ववृक्ष' या 'जगत्वृक्ष' हैं। ऋग्वेद में (1.24.7) वर्णन है, कि वरुणलोक में एक ऐसा वृक्ष है, कि जिसकी किरणों की जड़ ऊपर (ऊर्ध्व) है और उसकी किरणें ऊपर से नीचे (निचीना:) फैलती हैं। विष्णुसहस्रनाम में 'वारुणो वृक्ष:' (वरुण के वृक्ष) को परमेश्वर के हजार नामों से एक ही नाम कहा.है। यम और पितर जिस 'सुपलाक्ष वृक्ष' के नीचे बैठकर सहपान करते हैं (ऋ. 10.135.1),.अथवा जिसके "अग्रभाग में स्वादिष्ट पीपल है, और जिस पर दो सुपर्ण अर्थात् पक्षी रहते हैं" (ऋ. 1.164.22), या "जिस पिप्पल को (पीपल) वायुदेवता (मरुद्गण) हिलाते हैं" (ऋ. 5.54.12), वह वृक्ष भी यही है, अथर्ववेद में जो वर्णन है, कि "देवसदन अश्वत्थ वृक्ष तीसरे स्वर्गलोक में (वरुणलोक में) है" (अथर्व 5.4.3; 19.39.6), वह भी इसी वृक्ष के संबंध में जान पड़ता है। तैत्तिरीय ब्राह्मण में (3.8.12.2) अश्वत्थ शब्द की व्युत्पत्ति इस प्रकार है:-पितृयाण-काल में अग्नि अथवा यज्ञप्रजापति देवलोक से नष्ट होकर इस वृक्ष का अश्वत्थ (घोड़े) रूप धरकर एक वर्ष तक छिपा रहा था, इसी से इस वृक्ष का अश्वत्थ नाम हो गया (मभा. अनु. 85); और कई एक नैरुक्तिकों का यह भी मत है, कि पितृयाण की लंबी रात्रि में सूर्य के घोड़े यमलोक में इस वृक्ष के नीचे विश्राम किया करते हैं, इसलिए इसको अश्वत्थ (अर्थात् घोड़े का स्थान) नामं प्राप्त हुआ होगा। 'अ'=नहीं, 'श्व'=कल और 'त्थ'=स्थिर-यह आध्यात्मिक निरुक्ति पीछे की कल्पिता है। नामरूपात्मक माया का स्वरूप जब कि विनाशवान् अथवा हरघड़ी में पलटने वाला है, तब उसको "कल तक न रहनेवाला" तो कह सकेंगे; परंतु 'अव्यय', अर्थात् जिसका कभी भी व्यय नहीं होता, विशेषण स्पष्ट कर देता है, कि यह अर्थ यहाँ अभिमत नहीं है। पहले पीपल के वृक्ष को ही अश्वत्थ कहते थे, और कठोपनिषद् में (6.1) जो यह ब्रह्ममय अमृत अश्वत्थवृक्ष कहा गया है:-

ऊर्ध्वमूलोऽवाक्शाख एषोऽश्वत्थः सनातनः।
तदेव शुक्रं तद्ब्रह्म तदेवामृतमुच्यते॥

वह भी यही है; और 'ऊर्ध्वमूलमधःशाखं' इस पद-सादृश्य से ही व्यक्त होता है, कि भगवद्गीता का वर्णन कठोपनिषद के वर्णन से ही लिया गया है। परमेश्वर स्वर्ग में है, और उससे उपजा हुआ जगद्वृक्ष नीचे अर्थात् मनुष्य-लोक में है, अत: वर्णन किया गया है, कि इस वृक्ष का मूल (अर्थात् परमेश्वर) ऊपर है; और उसकी अनेक शाखाएँ अर्थात् जगत का फैलाव नीचे विस्तृत है। परंतु

अधश्चोर्ध्वं प्रसृतास्तस्य शाखा गुणप्रवृद्धा विषयप्रवालाः।
अधश्च मूलान्यनुसन्ततानि कर्मानुबन्धीनि मनुष्यलोके॥2॥

प्राचीन धर्म ग्रंथों में एक और कल्पना भी पाई जाती है, कि यह संसार वृक्ष वटवृक्ष होगा, न कि पीपल; क्योंकि बड़ के पेड़ के पाये ऊपर से नीचे को बढ़ते जाते हैं। उदाहरण के लिए यह वर्णन है, कि अश्वत्थ वृक्ष आदित्य का वृक्ष है और "न्यग्रोधोवारुणो वृक्ष:।" न्यग्रोध अर्थात् नीचे (न्यक्) बढ़ने वाला (रोध) वटवृक्ष वरुण का वृक्ष है (गोभिलगुह्य. 4.7.24); और महाभारत में लिखा है, कि मार्कंडेय ऋषि ने प्रलयकाल में बाल रूपी परमेश्वर को एक (उस प्रलयकाल में भी नष्ट होने वाले, अतएव) अव्यय न्यग्रोध अर्थात् बड़ के पेड़ की शाखा पर देखा था। (मभा. वन. 188.91)। इसी प्रकार छान्दोग्य उपनिषद में यह दिखलाने के लिए अव्यक्त परमेश्वर से अपार दृश्य जगत् का कैसे निर्माण होता है, जो दृष्टान्त दिया है, वह भी न्यग्रोध के बीज का ही है (छां. 6. 12.1)। श्वेताश्वतर उपनिषद में भी विश्ववृक्ष का वर्णन है (श्वे. 6.6); परंतु वहाँ स्पष्ट नहीं बतलाया, कि यह कौन-सा वृक्ष है। मुंडक उपनिषद् में (3.1) ऋग्वेद का ही यह वर्णन ले लिया है, कि इसी वृक्ष पर दो पक्षी (जीवात्मा और परमात्मा) बैठे हुए हैं,

जिनमें से एक पिप्पल अर्थात् पीपल के फलों को खाता है। पीपल और बड़ को छोड़, इस संसार वृक्ष को स्वरूप की तीसरी कल्पना औदुंबर की है; एवं पुराणों में यह दत्तात्रेय का वृक्ष माना गया है। सारांश, प्राचीन ग्रंथों में ये तीनों कल्पनाएँ हैं, कि परमेश्वर की माया से उत्पन्न हुआ जगत् एक बड़ा पीपल, बड़ या औदुंबर है; और इसी कारण से विष्णु सहस्रनाम में विष्णु के ये तीन वृक्षात्मक नाम दिए हैं-'न्यग्रोधोदुम्बरोऽऽश्वत्थ' (मभा. अनु. 149,111), एवं समाज में भी ये ही तीन वृक्ष देवतात्मक और पूजने योग्य माने जाते हैं। इसके अतिरिक्त विष्णुसहस्रनाम और गीता, दोनों ही महाभारत के भाग हैं, और जबकि विष्णुसहस्रनाम में औदुंबर, बरगद (न्यग्रोध) और अश्वत्थ, ये ही तीन पृथक् नाम दिए गए हैं, तब गीता में 'अश्वत्थ' शब्द का पीपल ही (औदुंबर या बरगद नहीं) अर्थ लेना चाहिए, और मूल का अर्थ भी वही है। "छंदांसि अर्थात् वेद जिसके पत्ते हैं" इस वाक्य के 'छंदांसि' शब्द में छद्=ढँकना धातु मानकर (छां. 1.4.2) वृक्ष को ढँकने वाले पत्तों से वेदों की समता वर्णित है; और अंत में कहा है, कि यह वर्णन संपूर्ण वैदिक परंपरा के अनुसार है, अतः इसे जिसने जान लिया, उसे वेदवेत्ता कहना चाहिए। इस प्रकार वैदिक वर्णन हो चुका; अब इसी वृक्ष का दूसरे प्रकार से अर्थात् सांख्यशास्त्र के अनुसार वर्णन करते हैं:-) (2) उसकी शाखाएँ नीचे और ऊपर भी फैली हुई हैं, कि जो (सत्त्व आदि तीनों) गुणों से पली हुई है, और जिनसे (शब्द-स्पर्श-रूप-रस और गंध-रूपी)

न रूपमस्येह तथोपलभ्यते नान्तो न चादिर्न च सम्प्रतिष्ठा।
अश्वत्थमेनं सुविरूढमूलमसंगशस्त्रेण दृढ़ेन छित्त्वा।।3।।
ततः पदं तत्परिमार्गितव्यं यस्मिन्गता न निवर्तन्ति भूयः।
तमेव चाद्यं पुरुषं प्रपद्ये यतः प्रवृत्ति प्रसृता पुराणी।।4।।

विषयों के अंकुर फूटे हुए हैं; एवं अंत में कर्म का रूप पाने वाली उसकी जड़ें नीचे भी मनुष्य लोक में बढ़ती दूर चली गई हैं।

(गीतारहस्य के आठवें प्रकरण में इस बात का विस्तारसहित निरूपण कर दिया है, कि सांख्यशास्त्र के अनुसार प्रकृति और पुरुष, ये दो ही मूल तत्त्व हैं और जब त्रिगुणात्मक प्रकृति पुरुष के आगे अपना विस्तार सजाने लगती है, तब महत् आदि तेईस तत्त्व उत्पन्न होते हैं, और उनसे यह ब्रह्मांड-वृक्ष बन जाता है। परंतु वेदान्तशास्त्र की दृष्टि से प्रकृति स्वतंत्र नहीं है, वह परमेश्वर का ही एक अंश है, अतः त्रिगुणात्मक प्रकृति के इस विस्तार को स्वतंत्र वृक्ष न मानकर वेदान्तशास्त्र ने यह सिद्धान्त किया है, कि ये शाखाएँ 'ऊर्ध्वमूल' पीपल के ही हैं। इस सिद्धान्त के अनुसार, अब कुछ निराले स्वरूप का वर्णन इस प्रकार किया है, कि पहले श्लोक में वर्णित वैदिक 'अधःशाख' वृक्ष की 'त्रिगुणों से पली हुई' शाखाएँ न केवल नीचे ही, प्रत्युत 'ऊपर' भी फैली हुई हैं और उसमें कर्मविपाक प्रक्रिया का धागा भी अंत में पिरो दिया है। अनुगीता वाले ब्रह्मवृक्ष के वर्णन में केवल सांख्यशास्त्र के चौबीस तत्त्वों का ही ब्रह्म वृक्ष बतलाया गया है, उसमें इस वृक्ष के वैदिक और सांख्य वर्णनों का मेल नहीं मिलाया गया है (मभा. अश्व. 35, 22, 23; गीतार. प्र. 8)। परंतु गीता में ऐसा नहीं किया, और दृश्य-सृष्टिरूप वृक्ष के नाते से वेदों में पाए जाने वाले परमेश्वर के वर्णन का, और सांख्यशास्त्रोक्त प्रकृति के विस्तार का या ब्रह्मांड-वृक्ष के वर्णन का, इन दो श्लोकों में मेल कर दिया है। मोक्ष-प्राप्ति के लिए त्रिगुणात्मक और ऊर्ध्वमूल वृक्ष के इस विस्तार से मुक्त हो जाना चाहिए। परंतु यह वृक्ष इतना बड़ा है, कि इसके ओर-छोर का पता ही नहीं चलता। अतएव अब बतलाते हैं, कि इस विराट् वृक्ष का नाश करके इसके मूल में वर्तमान अमृत-तत्त्व को पहचानने का कौन सा मार्ग है:-)

(3) परंतु इस लोक में (जैसा कि ऊपर वर्णन किया है) वैसा उसका स्वरूप उपलब्ध नहीं होता; अथवा अन्त, आदि और आधार स्थान भी नहीं मिलता। अत्यन्त गहरी जड़ों वाले इस अश्वत्थ को (वृक्ष) अनासक्तिरूप सुदृढ़ तलवार से काट कर, (4) फिर उस स्थान को ढूँढ निकालना चाहिए, कि जहाँ से फिर लौटना नहीं पड़ता; और यह संकल्प करना चाहिए, कि (सृष्टि क्रम की यह) "पुरातन प्रवृत्ति उत्पन्न हुई है, उसी आद्य पुरुष की ओर मैं जाता हूँ।"

निर्मानमोहा जितसंगदोषा अध्यात्मनित्या विनिवृत्तकामाः।
द्वन्द्वैर्विमुक्ताः सुखदुःखसंज्ञैर्गच्छन्त्यमूढाः पदमव्ययं तत्॥5॥
न तद्भासयते सूर्यो न शंशाकोन पावकः।
यदत्वा न निवर्तन्ते तद्धाम परमं मम॥6॥

(गीतारहस्य के दसवें प्रकरण में (गीतार. प्र. 10) विवेचन किया है, कि सृष्टि का फैलाव ही नामरूपात्मक कर्म है; और यह कर्म अनादि है। आसक्त-बुद्धि छोड़ देने से इसका क्षय हो जाता है, किसी भी दूसरे उपाय से इसका क्षय नहीं हो सकता। क्योंकि यह स्वरूपतः अनादि और अव्यय है। तीसरे श्लोक के "उसका स्वरूप या आदि-अंत नहीं मिलता" इन शब्दों से यह सिद्धान्त किया गया है, कि कर्म अनादि है; आगे और चलकर इसे ही कर्मवृक्ष का क्षय करने के लिए, अनासक्ति एकमेव साधन बतलाया है। ऐसे ही उपासना करते समय जो भावना मन में रहती है, उसके अनुसार आगे फल मिलता है (गीता 8.6)। अतएव चौथे श्लोक में यह स्पष्ट कर दिया है, कि वृक्ष-छेदन की यह क्रिया होते समय मन में कौन-सी भावना रहनी चाहिए? शांकरभाष्य में "तमेव चाद्यं पुरुषं प्रपद्ये" जो पाठ है, उसमें वर्तमान काल के प्रथम पुरुष के एक वचन का 'प्रपद्ये' क्रियापद है, जिससे यह अर्थ करना पड़ता है; और उसमें 'इति' सरीखे किसी न किसी पद का अध्याहार भी करना पड़ता है। इस कठिनाई को हटाने के लिए रामानुजभाष्य में लिखित "तमेव चाद्यं पुरुषं प्रपद्येद्यतः प्रवृत्तिः" पाठांतर को स्वीकार कर लें, तो ऐसा अर्थ किया जा सकेगा, कि "जहाँ जाने पर फिर पीछे नहीं लौटना पड़ता, उस स्थान को खोजना चाहिए, (और) जिससे, सब सृष्टि की उत्पत्ति हुई है, उसी में मिल जाना चाहिए।" किंतु 'प्रपद्' धातु है, नित्य आत्मनेपदी। इससे उसका विश्यर्थक अन्य पुरुष का रूप 'प्रपद्येत्' हो नहीं सकता। 'प्रपद्येत्' परस्मै पद का रूप है, और वह व्याकरण की दृष्टि से अशुद्ध है। प्रायः इसी कारण से शांकरभाष्य में यह पाठ स्वीकार नहीं किया गया है; और यही युक्तिसंगत है। छांदोग्य उपनिषद के कुछ मंत्रों में 'प्रपद्ये' पद का बिना 'इति' के इसी प्रकार उपयोग किया गया है (छां. 8.14.1)। 'प्रपद्ये' क्रियापद प्रथम पुरुषान्त हो तो कहना न होगा, कि वक्ता से अर्थात् उपदेश कर्ता श्रीकृष्ण से उसका संबंध नहीं जोड़ा जा सकता। अब यह बतलाते हैं, कि इस प्रकार से क्या फल मिलता है:-)

(5) जो मान और मोह से विरहित है, जिन्होंने आसक्ति-दोष को जीत लिया है, जो अध्यात्म-ज्ञान में सदैव स्थिर रहते हैं, जो निष्काम और सुखदुःख संज्ञक द्वंद्वों से मुक्त हो गए हैं, वे ज्ञानी पुरुष उस अव्यय-स्थान को जा पहुँचते हैं। (6) जहाँ

ममैवांशो जीवलोके जीवभूतः सनातनः।
मनःषष्ठानीन्द्रियाणि प्रकृतिस्थानि कर्षति॥7॥
शरीरं यदवाप्नोति यच्चाप्युत्क्रामतीश्वरः।
गृहीत्वैतानि संयाति वायुर्गन्धानिवाशयात्॥8॥
श्रोत्रं चक्षुः स्पर्शनं च रसनं घ्राणमेव च।
अधिष्ठाय मनश्चायं विषयानुपसेवते॥9॥

जाकर फिर लौटना नहीं पड़ता, (ऐसा) वह मेरा परम स्थान है। उसे न तो सूर्य, न चंद्रमा (और) न अग्नि भी प्रकाशित करता है।

(इनमें से छठा श्लोक श्वेताश्वतर (6.14), मुंडक (2.2.10) और कठ (5.15) इन तीनों उपनिषदों में पाया जाता है। सूर्य, चंद्र या तारे, ये सभी तो नामरूपों की श्रेणी में आ जाते हैं; और परब्रह्म इन सब नामरूपों से परे है, इस कारण सूर्य-चंद्र आदि को परब्रह्म के ही तेज से प्रकाश मिलता है, फिर यह प्रकट ही है, कि परब्रह्म को प्रकाशित करने के लिए किसी दूसरे की अपेक्षा ही नहीं है। ऊपर के श्लोक में 'परम स्थान' शब्द का अर्थ 'परब्रह्म' है, और इस ब्रह्म में मिल जाना ही ब्रह्मनिर्वाण मोक्ष है। वृक्ष का रूपक लेकर अध्यात्मशास्त्र में परब्रह्म का जो ज्ञान बतलाया जाता है, उसका विवेचन समाप्त हो गया, अब पुरुषोत्तम-स्वरूप का वर्णन करना है; परंतु अंत में जो यह कहा है, कि "जहाँ जाकर लौटना नहीं पड़ता" उससे सूचित होने वाली जीव की उत्क्रांति और उसके साथ ही जीव के स्वरूप का पहले वर्णन करते हैं:-)

(7) जीवलोक में (कर्मभूमि) मेरा ही सनातन अंश जीव होकर प्रकृति में रहने वाली मन सहित छह अर्थात् मन और पाँच, (सूक्ष्म) इंद्रियों को वह (अपनी ओर) खींच लेता है। (इसी को लिंग-शरीर कहते हैं)। (8) (यह) ईश्वर अर्थात् जीव जब (स्थूल) शरीर पाता है, और जब वह (स्थूल शरीर से) निकल जाता है, तब यह (जीव) उन्हें (मन और पाँच इंद्रियों को) वैसे ही साथ ले जाता है, जैसे कि (गंध के पुष्प आदि) आश्रय से वायु गंध को ले जाता है। (9) कान, आँखें, त्वचा, जीभ, नाक और मन में भी ठहरकर यह (जीव) विषयों को भोगता है।

(इन तीन श्लोकों में से, पहले में यह बतलाया है, कि सूक्ष्म या लिंग-शरीर क्या है, फिर इन तीन अवस्थाओं का वर्णन किया है, कि यह लिंग-शरीर स्थूल देह में कैसे प्रवेश करता है, उससे बाहर कैसे निकलता है, और उसमें रहकर विषयों का उपभोग कैसे करता है। सांख्य मत के अनुसार यह सूक्ष्म शरीर महान् तत्त्व से लेकर सूक्ष्म पंचतन्मात्राओं तक के अठारह तत्त्वों से बना है; और वेदान्त

उत्क्रामन्तं स्थितं वापि भुंजानं वा गुणान्वितम्।
विमूढ़ा नानुपश्यन्ति पश्यन्ति ज्ञानचक्षुषः॥10॥
यतन्तो योगिनश्चैनं पश्यन्त्यात्मन्यवस्थितम्।
यतन्तोऽप्यकृतात्मानो नैनं पश्यन्त्यचेतसः॥11॥
यदादित्यगतं तेजो जगद्भासयतेऽखिलम्।
यच्चन्द्रमसि यच्चाग्नौ तत्तेजो विद्धि मामकम्॥12॥

सूत्रों (3.1.1) कहा है, कि पंच सूक्ष्म भूतों का और प्राण का भी उसमें समावेश होता है (गीतार. प्र. 8)। ऐसे ही मैत्र्युपनिषद में (6.10) वर्णन है, कि सूक्ष्म शरीर अठारह तत्त्वों का बना है। इससे कहना पड़ता है, कि "मन और पाँच इंद्रियाँ" इन शब्दों से सूक्ष्म शरीर में वर्तमान दूसरे तत्त्वों का संग्रह भी यहाँ अभिप्रेत है। वेदान्त-सूत्रों में भी (वे. सू. 2.3.17, 43) "नित्य' और 'अंश' इन दो पदों का उपयोग करके ही यह सिद्धान्त बतलाया है, कि जीवात्मा परमेश्वर से बार-बार नए सिरे से उत्पन्न नहीं हुआ करता, वह परमेश्वर का 'सनातन अंश' है (गीता 2.24); और गीता के तेरहवें अध्याय में (13.4) जो यह कहा है, कि क्षेत्र-क्षेत्रज्ञ-विचार ब्रह्मसूत्रों से लिया गया है, उसका इससे दृढ़ीकरण हो जाता है। गीतारहस्य के नवें प्रकरण में दिखलाया है, कि 'अंश' शब्द का अर्थ 'घटकाशादि' व्रत् अंश समझना चाहिए, न कि खंडित 'अंश'। शरीर को धारण करना, शरीर को छोड़ देना एवं उपभोग करना-इन तीनों क्रियाओं के इस प्रकार जारी रहने पर:-)

(10) (शरीर से) निकल जाने वाले को अथवा रहने वाले को, गुणों से युक्त होकर (आप ही नहीं) उपभोग करने वाले को मूर्ख लोग नहीं जानते। ज्ञानचक्षु से देखने वाले लोग (उसे) पहचानते हैं। (11) इसी प्रकार प्रयत्न करने वाले योगी अपने में स्थित इस आत्मा को पहचानते हैं। परंतु वे अज्ञ लोग, कि जिनका आत्मा अर्थात् बुद्धि संस्कृत नहीं है, प्रयत्न करके भी उसे नहीं पहचान पाते।

(10वें और 11वें श्लोक में ज्ञानचक्षु या कर्मयोग मार्ग से आत्मज्ञान की प्राप्ति का वर्णन कर जीव की उत्क्रांति का वर्णन पूरा किया है। पिछले सातवें अध्याय में आत्मा की सर्वव्यापकता का जैसा वर्णन किया गया है (गीतार. 7.8-12), वैसा ही अब उसका फिर थोड़ा-सा वर्णन प्रस्तावना के ढंग पर करके, आगे सोलहवें श्लोक से पुरुषोत्तम-स्वरूप का वर्णन किया है।)

(12) जो तेज सूर्य में रहकर सारे जगत को प्रकाशित करता है, जो तेज चंद्रमा और अग्नि में है, उसे मेरा ही तेज समझ।

गामाविश्य च भूतानि धारयाम्यहमोजसा।
पुष्णामि चौषधीः सर्वाः सोमो भूत्वा रसात्मकः॥13॥
अहं वैश्वानरो भूत्वा प्राणिनां देहमाश्रितः।
प्राणापानसमायुक्तः पचाम्यन्नं चतुर्विधम्॥14॥
सर्वस्य चाहं हृदि सन्निविष्टो मत्तः स्मृतिर्ज्ञानमपोहनं च।
वेदैश्च सर्वैरहमेव वेद्यो वेदान्तकृद्वेदविदेव चाहम्॥15॥
द्वाविमौ पुरुषौ लोके क्षरश्चाक्षर एव च।
क्षरः सर्वाणि भूतानि कूटस्थोऽक्षर उच्यते॥16॥

(13) इसी प्रकार पृथ्वी में प्रवेश कर, मैं ही (सब) भूतों को अपने तेज से धारण करता हूँ, और रसात्मक सोम (चंद्रमा) होकर सब औषधियों का अर्थात् वनस्पतियों का पोषण करता हूँ।

(सोम शब्द के 'सोमवल्ली' और 'चंद्र', दोनों अर्थ हैं, और वेदों में वर्णन है, कि चंद्र जिस प्रकार जलात्मक, अंशुमान और शुभ्र है, उसी प्रकार सोमवल्ली भी है; और दोनों को भी 'वनस्पतियों का राजा' कहा है। तथापि पूर्वापार संदर्भ से यहाँ चंद्र ही विवक्षित है। इस श्लोक में यह कहकर, कि चंद्र का तेज मैं ही हूँ, फिर इसी श्लोक में बतलाया है, कि वनस्पतियों का पोषण करने का चंद्र का जो गुण है, वह भी मैं ही हूँ। अन्य स्थानों में भी ऐसे वर्णन हैं, कि जलमय होने से चंद्र में यह गुण है और इससे वनस्पतियों की बाढ़ होती है।)

(14) मैं वैश्वानररूप अग्नि होकर प्राणियों की देहों में रहता हूँ, और प्राण एवं अपान से युक्त होकर (भक्ष्य, चौष्य, लेह्य और पेय ऐसे) चार प्रकार के अन्न को पचाता हूँ। (15) इसी प्रकार मैं सबके हृदय में अधिष्ठित हूँ, स्मृति, और ज्ञान, एवं अपोहन अर्थात् उनका नाश, मुझसे ही होता है; तथा सब वेदों से जानने योग्य मैं ही हूँ। वेदान्त का कर्ता और वेद जानने वाला भी मैं ही हूँ।

(इस श्लोक का दूसरा चरण कैवल्य उपनिषद में (कै. 2.3) है, और उसमें 'वेदैश्च सर्वे' के स्थान में 'वेदैरनेकैः' इतना ही पाठभेद है। तब जिन्होंने गीताकाल में 'वेदान्त' शब्द का प्रचलित होना न मानकर ऐसी दलीलें की हैं, कि या तो यह श्लोक ही प्रक्षिप्त होगा या इसके 'वेदान्त' शब्द का कुछ और ही अर्थ लेना चाहिए, वे सब दलीलें बे-जड़ बुनियाद की हो जाती हैं। 'वेदान्त' शब्द मुंडक (3.2.6) और श्वेताश्वतर (6.22) उपनिषदों में आया है, तथा श्वेताश्वतर के कुछ मंत्र तो गीता में हूबहू आ गए हैं। अब निरुक्तिपूर्वक पुरुषोत्तम का लक्षण बतलाते हैं:-)

(16) (इस) लोक में 'क्षर' और 'अक्षर', ये दो पुरुष हैं। सब (नाशवान्)

उत्तमः पुरुषस्त्वन्यः परमात्मेत्युदाहृतः।
यो लोकत्रयमाविश्य विभर्त्यव्यय ईश्वरः॥17॥
यस्मात्क्षरमतीतोऽहमक्षरादपि चोत्तमः।
अतोऽस्मि लोके वेदे च प्रथितः पुरुषोत्तमः॥18॥

भूतों को क्षर कहते हैं, और कूटस्थ को, अर्थात् इन सब भूतों के मूल में (कूट) रहने वाले को, (कृतिरूप अव्यक्त तत्त्व) अक्षर कहते हैं। (17) परंतु उत्तम पुरुष (इन दोनों से) भिन्न हैं। उसको परमात्मा कहते हैं। वही अव्यय ईश्वर त्रैलोक्य में व्याप्त होकर (त्रैलोक्य का) पोषण करता है। (18) जबकि मैं क्षर से भी परे का और अक्षर से भी उत्तम (पुरुष) हूँ, लोक-व्यवहार में और वेदों में भी पुरुषोत्तम नाम से मैं प्रसिद्ध हूँ।

(सोलहवें श्लोक के 'क्षर' और 'अक्षर' ये दो शब्द सांख्यशास्त्र के-व्यक्त और अव्यक्त, अथवा व्यक्त-सृष्टि और अव्यक्त प्रकृति-इन दो शब्दों से समानार्थक हैं। प्रकट है, कि इनमें से क्षर ही नाशवान् पंचभूतात्मक व्यक्त पदार्थ है। परंतु स्मरण रहे, कि 'अक्षर' विशेषण पहले कई बार जब परब्रह्म को भी लगाया गया है (गीता 8.3; 8.21; 11.37; 12.3), तब पुरुषोत्तम के उल्लिखित लक्षण में 'अक्षर' शब्द का अर्थ अक्षर-ब्रह्म नहीं है, किंतु उसका अर्थ सांख्यों की अक्षर-प्रकृति है; और इस गड़बड़ से बचाने के लिए ही सोलहवें श्लोक में "अक्षर अर्थात् कूटस्थ प्रकृति" यह विशेष व्याख्या की है (गीतार. प्र. 9)। सारांश, व्यक्त-सृष्टि और अव्यक्त-प्रकृति के परे का अक्षर-ब्रह्म (गीता 8.20-22 पर हमारी टिप्पणी देखो), और 'क्षर' (व्यक्त-सृष्टि) एवं 'अक्षर' से (प्रकृति) परे का पुरुषोत्तम, वास्तव में ये दोनों एक ही हैं। तेरहवें अध्याय में (गीता 13.31) कहा गया है, कि इसे ही परमात्मा कहते हैं और यही परमात्मा शरीर में क्षेत्रज्ञ रूप से रहता है। इससे सिद्ध होता है, कि क्षर-अक्षर-विचार में जो मूल तत्त्व अंत में अक्षर-ब्रह्म निष्पन्न होता है, क्षेत्र-क्षेत्रज्ञ विचार का भी यही पर्यवसान है, अथवा 'पिंड में और ब्रह्मांड में' एक ही पुरुषोत्तम है। इसी प्रकार यह भी बतलाया गया है, कि अधिभूत और अधियज्ञ प्रभृति का अथवा प्राचीन अश्वत्थ वृक्ष का भी तत्त्व यही है। इस ज्ञान-विज्ञान प्रकरण का अंतिम निष्कर्ष यह है, कि जिसने जगत की इस एकता को जान लिया, और जिसके मन में यह पहचान जिंदगी भर के लिए स्थिर हो गई (वे. सूत्र 4.1.12; गीता 8.6), कि "सब भूतों में एक आत्मा है" (गीत 6.29) वह कर्मयोग का आचरण करते-करते ही परमेश्वर की प्राप्ति कर लेता है। कर्म न करने पर केवल परमेश्वर

यो मामेवमसम्मूढो जानाति पुरुषोत्तमम्।
स सर्वविद्भजति मां सर्वभावेन भारत॥19॥
इति गुह्यतमं शास्त्रमिदमुक्तं मयानघ।
एतद्बुद्ध्वा बुद्धिमान्स्यात् कृतकृत्यश्च भारत॥20॥

इति श्रीमद्भगवद्गीतासु उपनिषत्सु ब्रह्मविद्यायां योगशास्त्रे श्रीकृष्णार्जुन-संवादे पुरुषोत्तयोगो नाम पंचदशोऽध्यायः॥15॥

भक्ति से भी मोक्ष मिल जाता है; परंतु गीता के ज्ञान-विज्ञान-निरूपण का वह तात्पर्य नहीं है। सातवें अध्याय के आरंभ में ही कह दिया है, कि ज्ञान-विज्ञान के इस निरूपण का आरंभ यह दिखलाने के लिए ही किया गया है, कि ज्ञान से अथवा भक्ति से शुद्ध हुई निष्काम बुद्धि के द्वारा संसार के सभी कर्म करने चाहिए, और उन्हें करते हुए ही मोक्ष मिलता है। अब बतलाते हैं, कि इसे जान लेने से क्या फल मिलता है:-)

(19) हे भारत! इस प्रकार बिना मोह के जो मुझे ही पुरुषोत्तम समझता है, वह सर्वज्ञ होकर सर्वभाव से मुझे ही भजता है। (20) हे निष्पाप भारत। यह गुह्य से भी गुह्यशास्त्र मैंने बतलाया है। इसे जानकर (मनुष्य) बुद्धिमान् अर्थात् बुद्ध या जानकार और कृतकृत्य हो जावेगा।

(यहाँ बुद्धिमान का ही 'बुद्ध अर्थात् जानकार' अर्थ है; क्योंकि भारत (शां. 248. 11) में इसी अर्थ में 'बुद्ध' और 'कृतकृत्य' शब्द आए हैं। महाभारत में 'बुद्ध' शब्द का रूढ़ार्थ 'बुद्धावतार' कहीं भी नहीं आया है। (गीतार. परिशिष्ट पृ. 563)।)

इस प्रकार श्रीभगवान के गाए हुए-अर्थात् कहे हुए-उपनिषद में, ब्रह्मविद्यान्तर्गयोग-अर्थात् कर्मयोग-शास्त्रविषयक, श्रीकृष्ण और अर्जुन के संवाद में, पुरुषोत्तमयोग नामक पन्द्रहवाँ अध्याय समाप्त हुआ।

षोडशोऽध्यायः

श्रीभगवानुवाच।
अभयं सत्त्वसंशुद्धिर्ज्ञानयोगव्यवस्थितिः।
दानं दमश्च यज्ञश्च स्वाध्यायस्तप आर्जवम्॥1॥
अहिंसा सत्यमक्रोधस्त्यागः शान्तिरपैशुनम्।
दया भूतेष्वलोलुप्त्वं मार्दवं ह्रीरचापलम्॥2॥
तेजः क्षमा धृतिः शौचमद्रोहो नातिमानिता।
भवन्ति सम्पदं दैवीमभिजातस्य भारत॥3॥

सोलहवाँ अध्याय

(पुरुषोत्तमयोग से क्षर-अक्षर-ज्ञान की परमावधि हो चुकी, और सातवें अध्याय से जिस ज्ञान-विज्ञान के निरूपण का आरंभ यह दिखलाने के लिए किया गया था, कि कर्मयोग का आचरण करते रहने से परमेश्वर का ज्ञान होता है और उसी से मोक्ष मिलता है, उसकी यहाँ समाप्ति हो चुकी और अब यहीं उसका उपसंहार करना चाहिए। परंतु नवें अध्याय में (9.12) भगवान ने जो यह बिल्कुल संक्षेप में कहा था, कि राक्षसी मनुष्य मेरे अव्यक्त और श्रेष्ठ स्वरूप को नहीं पहचानते, उसी का स्पष्टीकरण करने के लिए इस अध्याय का आरंभ किया गया है, अगले अध्याय में इसका कारण बतलाया गया है, कि मनुष्य-मनुष्य में भेद क्यों होते हैं और अठारहवें अध्याय में पूरी गीता का उपसंहार है।)

श्रीभगवान ने कहा :- (1) अभय (निडर), शुद्ध सात्त्विक, वृत्ति, ज्ञानयोगव्यवस्थिति अर्थात् ज्ञान-(मार्ग) और (कर्म-)योग की तारतम्य से व्यवस्था, दान, दम, यज्ञ, स्वाध्याय अर्थात् स्वधर्म के अनुसार आचरण, तप, सरलता, (2) अहिंसा, सत्य, अक्रोध, त्याग अर्थात् कर्मफल का त्याग, शांति, अपैशून्य अर्थात् क्षुद्रदृष्टि छोड़कर उदार भाव रखना, सब भूतों में दया, तृष्णा, मृदुता न रखना (बुरे काम की) लाज, अचापलता अर्थात् फिजूल कामों का छूट जाना, (3) तेजस्विता, क्षमा, धृति, शुद्धता, द्रोह न करना, अतिमान न रखना-हे भारत! (ये) गुण दैवी संपत्ति में जन्मे हुए पुरुषों को प्राप्त होते हैं।

(दैवी संपत्ति के ये छब्बीस गुण और तेरहवें अध्याय में बतलाए हुए ज्ञान के तीन लक्षण (गीता 13. 7-11) वास्तव में एक ही हैं; और इसी से आगे के

दम्भो दर्पोऽतिमानश्च क्रोधः पारुष्यमेव च।
अज्ञानं चाभिजातस्य पार्थ सम्पदमासुरीम्॥4॥

श्लोक में 'अज्ञान' का समावेश आसुरी लक्षणों में किया गया है। यह नहीं कहा जा सकता, कि छब्बीस गुणों की इस सूची के प्रत्येक शब्द का अर्थ दूसरे शब्द के अर्थ से सर्वथा भिन्न होगा; और हेतु भी ऐसा नहीं है। उदाहरणार्थ, कोई कोई अहिंसा के ही

कायिक, वाचिक और मानसिक भेद करके, क्रोध से किसी के दिल दुखा देने को भी एक प्रकार की हिंसा ही समझते हैं। इसी प्रकार शुद्धता को भी त्रिविध मान लेने से मन की शुद्धि में अक्रोध और द्रोह न करना आदि गुण भी आ सकते हैं। महाभारत के शांति पर्व के 160 अध्याय से लेकर 163 अध्याय तक क्रम से दम, तप, सत्य और लोभ का विस्तृत वर्णन है, वहाँ दम में ही क्षमा, धृति, अहिंसा, सत्य, आर्जव, लज्जा आदि पच्चीस-तीस गुणों का व्यापक अर्थ में समावेश किया है (मभा. शां. 160); और सत्य के निरूपण में (शां. 162) कहा है, कि सत्य, समता, दम, अमात्सर्य, क्षमा, लज्जा, तितिक्षा, अनसूयता, याग, ध्यानन, आर्यता (लोक कल्याण की इच्छा), धृति और दया, इन तेरह गुणों का एक सत्य में ही समावेश होता है; और वहीं इन शब्दों की व्याख्याएँ भी दी गई हैं। इस रीति से एक गुण में ही अनेकों का समावेश कर लेना पांडित्य का काम है; और प्रत्येक गुण का ऐसा विवेचन करने लगें, तो प्रत्येक गुण पर एक-एक ग्रंथ लिखना पड़ेगा। ऊपर के श्लोक में इन सब गुणों का समुच्चय इसीलिए बतलाया गया है, कि उससे दैवी संपत्ति के सात्त्विक रूप की पूरी कल्पना हो जावे; और यदि एक शब्द में कोई अर्थ छूट गया हो, तो दूसरे शब्द में उसका समावेश हो जावे। अस्तु; ऊपर की सूची के 'ज्ञानयोगव्यवस्थिति' शब्द का अर्थ हमने गीता के 4.41 और 42वें श्लोक के आधार पर कर्मयोग प्रधान किया है। त्याग और धृत की व्याख्याएँ स्वयं भगवान ने ही 18वें अध्याय में कर दी हैं (गीता 18.4, 29)। यह बतला चुके, कि दैवी संपत्ति में किन गुणों का समावेश होता है; अब इसके विपरीत आसुरी या राक्षसी संपत्ति का वर्णन करते हैं:-)

(4) हे पार्थ! इसी प्रकार दंभ, दर्प, अतिमान, क्रोध, पारुष्य अर्थात् निष्ठुरता और अज्ञान, आसुरी याने राक्षसी संपत्ति में जन्मे हुए को (प्राप्त होते हैं)।

(महाभारत के शांतिपर्व के 164 ओर 165वें अध्यायों में इनमें से कुछ दोषों का वर्णन है, और अंत में यह भी बतला दिया है, कि नृशंस किसे कहना चाहिए। इस श्लोक में 'अज्ञान' को आसुरी संपत्ति का लक्षण कह देने से प्रकट होता है, कि 'ज्ञान' दैवी संपत्ति का लक्षण है। जगत में पाए जाने वाले दो प्रकार के स्वभावों का इस प्रकार वर्णन हो जाने पर:-)

दैवी सम्पद्विमोक्षाय निबन्धायासुरी मता।
मा शुचः सम्पदं दैवीमभिजातोऽसि पाण्डव॥5॥
द्वौ भूतसर्गौ लोकेऽस्मिन्दैव आसुर एव च।
दैवो विस्तरशः प्रोक्त आसुरं पार्थ मे शृणु॥6॥
प्रवृत्तिं च निवृत्तिं च जना न विदुरासुराः।
न शौचं नापि चाचारो न सत्यं तेषु विद्यते॥7॥
असत्यमप्रतिष्ठं ते जगदाहुरनीश्वरम्।
अपरस्परसम्भूतं किमन्यत्कामहैतुकम्॥8॥

(5) (इनमें से) दैवी संपत्ति (परिणाम में) मोक्षदायक और आसुरी बंधन दायक मानी जाती है। हे पांडव! तू दैवी संपत्ति में जन्मा हुआ है। शोक मत कर।

(संक्षेप में यह बतला दिया, कि इन दो प्रकार के पुरुषों को कौन-सी गति मिलती है। अब आसुरी पुरुषों का विस्तार से वर्णन करते हैं:-)

(6) इस लोक में दो प्रकार के प्राणी उत्पन्न हुआ करते हैं; (एक) दैव और दूसरे आसुर। (इनमें से) दैव (श्रेणी का) वर्णन विस्तार से कर दिया। (अब) हे पार्थ, मैं आसुर (श्रेणी का) वर्णन करता हूँ, सुन।

(कर्मयोगी कैसा बर्ताव करे और ब्राह्मी अवस्था कैसी होती है, या स्थितप्रज्ञ,

भगवद्भक्त अथवा त्रिगुणातीत किसे कहना चाहिए, और ज्ञान क्या है, इत्यादिकों का पिछले अध्यायों में जो वर्णन है, और इस अध्याय के पहले तीन श्लोकों में दैवी संपत्ति का जो वर्णन है, वही दैव-प्रकृति के पुरुष का वर्णन है, इसी से कहा है, कि दैव श्रेणी के वर्णन पहले विस्तार से कर चुके हैं। आसुर संपत्ति का थोड़ा-सा उल्लेख नवें अध्याय में (9.11, 12) में आ चुका है; परंतु वहाँ का वर्णन अधूरा रह गया है, इस कारण उस अध्याय में इसी को पूरा करते हैं:-)

(7) आसुर लोग नहीं जानते, कि प्रवृत्ति क्या है और निवृत्ति क्या है-अर्थात् वे यह नहीं जानते, कि क्या करना चाहिए और क्या न करना चाहिए; और उनमें न शुद्धता रहती है, न आचार और न सत्य ही। (8) ये (आसुर लोग) कहते हैं, कि सारा जगत् असत्य है, अ-प्रतिष्ठ अर्थात् निराधार है, अनीश्वर याने बिना परमेश्वर का है, अ-परस्परसंभूत अर्थात् एक दूसरे के बिना ही हुआ है, (अतएव) काम को छोड़, अर्थात् मनुष्य की विषय वासना के अतिरिक्त, उसका और क्या हेतु हो सकता है?

(यद्यपि इस श्लोक का अर्थ स्पष्ट है, तथापि इसके पदों का अर्थ करने में बहुत-कुछ मतभेद है। हम समझते हैं, कि यह वर्णन उन चार्वाक आदि नास्तिकों के मतों का है, कि जो वेदान्त या कापिल इन दोनों सांख्यशास्त्र के सृष्टि रचना विषयक सिद्धान्तों को नहीं मानते; और यही कारण है, कि इस श्लोक के पदों का अर्थ सांख्य और अध्यात्मशास्त्र के सिद्धान्तों के विरुद्ध है। जगत को नाशवान् समझकर वेदान्ती उसके अविनाशी सत्य को-'सत्यस्य सत्यं' (बृ. 2.3.6)-खोज निकालता है और उसी सत्य तत्त्व को जगत का मूल आधार या प्रतिष्ठा मानता है-"ब्रह्मपुच्छं प्रतिष्ठा" (तै. 2.5)। परंतु आसुरी लोग मानते हैं, कि यह जग-असत्य है, अर्थात् इसमें सत्य नहीं है, और इसीलिए वे इस जगत को, अ-प्रतिष्ठ भी कहते हैं, अर्थात् इसकी न प्रतिष्ठा है और न आधार। परंतु यहाँ यह शंका हो सकती है, कि इस प्रकार अध्यात्मशास्त्र में प्रतिपादित अव्यक्त परब्रह्म यदि आसुरी लोगों को सम्मत न हो, तो भी उन्हें भक्तिमार्ग का व्यक्ति ईश्वर मान्य होगा। इसी से अनीश्वर (अन्+ईश्वर) इस तीसरे पद का प्रयोग करके कह दिया है, कि आसुरी लोग जगत में ईश्वर को भी नहीं मानते। जगत का कोई मूल आधार इस प्रकार न मानने से उपनिषदों में वर्णित यह सृष्ट्यत्पत्तिक्रम छोड़ देना पड़ता है, कि "आत्मनः आकाशः संभूतः। आकाशदायुः वायोरग्नि। अग्नेरापः। अद्भ्यः पृथिवी। प्रथिव्या औषधयः। ओषधीभ्यः अन्नं। अन्नात्पुरुषः।।" अथवा सांख्यशास्त्रोक्त इस सृष्ट्युत्पतिक्रम को भी छोड़ देना पड़ता है, कि प्रकृति और पुरुष, ये दो स्वतंत्र, मूल तत्त्व हैं, एवं सत्त्व, रज और तम इन तीन गुणों के अन्योन्य आश्रय से अर्थात् परस्पर मिश्रण से सब व्यक्त पदार्थ उत्पन्न हुए हैं। क्योंकि यदि इस शृंखला या परंपरा को मान लें, तो दृश्यसृष्टि के पदार्थों के पीछे जाने से इस जगत का कुछ-न-कुछ मूल तत्त्व मानना पड़ेगा। इसी से आसुरी लोग जगत के पदार्थों को अ-परस्परसंभूत मानते हैं, अर्थात् वे यह नहीं मानते कि ये पदार्थ एक-दूसरे से किसी न किसी क्रम से उत्पन्न हुए हैं। जगत की रचना के संबंध में एक बार ऐसी समझ हो जाने पर मनुष्य प्राणी ही प्रधान निश्चित हो जाता है और फिर यह विचार आप-ही-आप हो जाता है, कि मनुष्य की कामवासना को तृप्त करने के लिए ही जगत के सारे पदार्थ बने हैं, उनका और कुछ भी उपयोग नहीं है; और यही अर्थ इस श्लोक के अंत के 'किमन्यत्कामहेतुकम'-काम को छोड़ उसका और क्या हेतु होगा?-इन शब्दों से, एवं आगे के श्लोक में भी वर्णित है। कुछ टीकाकार 'अपरस्परसंभूत' पद का अन्वय 'किमन्यत्' पद से लगाकर यह अर्थ करते हैं, कि 'क्या ऐसा भी कुछ दीख पड़ता है, जो परस्पर अर्थात् स्त्री-पुरुष के संयोग से उत्पन्न न हुआ हो? नहीं; और जब ऐसा पदार्थ

ही नहीं दीख पड़ता, तब यह जगत् कामहैतुक अर्थात् स्त्री-पुरुषों की कामेच्छा से ही निर्मित

एतां दृष्टिमवष्टभ्य नष्टात्मानोऽल्पबुद्धयः।
प्रभवन्त्युग्रकर्माणः क्षयाय जगतोऽहिताः॥9॥
काममाश्रित्य दुष्पूरं दम्भमानमदान्विताः।
मोहाद्गृहीत्वाऽसद्ग्राहान्प्रवर्तन्तेऽशुचिव्रताः॥10॥

हुआ है।" एवं कुछ लोग 'अपरश्च परश्च' अपरस्परौ ऐसा अद्‌भुत विग्रह करके इन्हीं पदों का यह अर्थ लगाया करते हैं, कि 'अपरस्पर' ही स्त्री-पुरुष हैं, इन्हीं से यह जगत उत्पन्न हुआ है, इसलिए स्त्री-पुरुषों का काम ही इसका हेतु है, और कोई कारण नही है।" परंतु यह अन्वय सरल नहीं है, और 'अपरश्च परश्च' का समास 'अपर-पर' होगा, बीच में सकार न आने पावेगा। इसके अतिरिक्त असत्य, अप्रतिष्ठ आदि पहले, आए हुए पदों के देखने से तो यही ज्ञात होता है कि अ-परस्परसंभत नञ् समास ही होना चाहिए; और फिर कहना पड़ता है, कि सांख्यशास्त्र में 'परस्परसंभूत' शब्द से जो "गुणों से गुणों का अन्योन्य जन" वर्णित है, वही यहाँ विवक्षित है (गीतार. प्र. 17) 'अन्योन्य' और 'परस्पर' ये दोनों शब्द समानार्थक हैं और सांख्यशास्त्र के गुणों के पारस्परिक झगड़े का वर्णन करते समय ये दोनों शब्द आते हैं (मभा. शां. 305; सां. का. 12, 13)। गीता पर जो माध्वभाष्य है, उसमें इसी अर्थ को मानकर यह दिखलाने के लिए, कि जगत की वस्तुएँ एक दूसरी से कैसे उपजती हैं, गीता का यही श्लोक दिया गया है-"अन्नाद्‌भवन्ति भूतानि" इत्यादि-(अग्नि में छोड़ी हुई आहुति सूर्य को पहुँचती है, अत:) यज्ञ से वृष्टि, वृष्टि से अन्न और अन्न से प्रजा उत्पन्न होती है (गीता 3.14; मनु. 3.76)। परंतु तैत्तिरीय उपनिषद का वचन इसकी अपेक्षा अधिक प्राचीन और व्यापक है, इस कारण उसी को हमने ऊपर प्रमाण में दिया है। तथापि हमारा मत है, कि गीता के इस 'अ-परस्परसंभूत' पद से उपनिषद के सृष्टयुत्पत्तिक्रम की अपेक्षा सांख्यों का सृष्टयुत्पत्तिक्रम ही अधिक विवक्षित है। जगत की रचना के विषय में ऊपर जो आसुरी मत बतलाया गया है, उसका इन लोगों के बर्ताव पर जो प्रभाव पड़ता है, उसका अब वर्णन करते हैं। ऊपर के श्लोक के अंत में जो 'कामहैतुक' पद है, उसी का यह अधिक स्पष्टीकरण है।)

(9) इस प्रकार की दृष्टि को स्वीकार करके ये अल्पबुद्धि वाले नष्टात्मा और दुष्ट लोग क्रूर कर्म करते हुए जगत का क्षय करने के लिए उत्पन्न हुआ करते हैं; (10) (और) कभी भी पूर्ण न होने वाले काम का अर्थात् विषयोपभोग की इच्छा का आश्रय करके, ये (आसुरी लोग) दंभ, मान और मद से व्याप्त होकर मोह के कारण

चिन्तामपरिमेयां च प्रलयान्तामुपाश्रिताः।
कामोपभोगपरमा एतावदिति निश्चिताः॥11॥
आशापाशशतैर्बद्धाः कामक्रोधपरायणाः।
ईहन्ते कामभोगार्थमन्यायेनार्थसंचयान्॥12॥
इदमद्य मया लब्धमिमं प्राप्स्ये मनोरथम्।
इदमस्तीदमपि मे भविष्यति पुनर्धनम्॥13॥
असौ मया हतः शत्रुर्हनिष्ये चापरानपि।
ईश्वरोऽहमहं भोगी सिद्धोऽहं बलवान्सुखी॥14॥
आढयोऽभिजनवानस्मि कोऽन्योऽस्ति सदृशो मया।
यक्ष्ये दास्यामि मोदिष्य इत्यज्ञानविमोहिताः॥15॥
अनेकचित्तविभ्रान्ता मोहजालसमावृताः।

प्रसक्ताः कामभोगेषु पतन्ति नरकेऽशुचौ॥16॥
आत्मसम्भाविताः स्तब्धा धनमानमदान्विताः।
यजन्ते नामयज्ञैस्ते दम्भेनाविधिपूर्वकम्॥17॥

झूठमूठ विश्वास अर्थात् मनमानी कल्पनाएँ करके गंदे काम करने के लिए प्रवृत्त होते रहते हैं। (11) इसी प्रकार आमरणान्त (सुख भोगने की) अगणित चिंताओं से ग्रसे हुए, कामोपभोग में डूबे हुए और निश्चयपूर्वक उसी को सर्वस्व मानने वाले, (12) सैकड़ों आशा-पाशों से जकड़े हुए, कामक्रोधपरायण होते हुए (ये आसुरी लोग) सुख लूटने के लिए अन्याय से बहुत-सा अर्थ-संचय करने की तृष्णा करते हैं। (13) मैंने आज यह पा लिया, (कल) उस मनोरथ को सिद्ध करूँगा; यह धन (मेरे पास) है, और फिर वह भी मेरा होगा; (14) इस शत्रु को मैंने मार लिया, एवं औरों को भी मारूँगा; मैं ईश्वर, मैं (ही) भोग करने वाला, मैं सिद्ध, बलाढ्य और सुखी हूँ, (15) मैं सम्पन्न और कुलीन हूँ, मेरे समान और है कौन? मैं यज्ञ करूँगा, मैं दान दूँगा, मैं मौज करूँगा-इस प्रकार अज्ञान से मोहित; (16) अनेक प्रकार की कल्पनाओं में भूले हुए, मोह के फंदे में फँसे हुए, और विषयोपभोग में आसक्त (ये आसुरी लोग) अपवित्र नरक में गिरते हैं! (17) आत्मप्रशंसा करने वाले, ऐंठ से बर्तने वाले, और धन और मान के मद से संयुक्त, ये (आसुरी) लोग दंभ से शास्त्रविधि छोड़कर केवल नाम के

अहंकारं बलं दर्पं कामं क्रोधं च संश्रिताः।
मामात्मपरदेहेषु प्रद्विषन्तोऽभ्यसूयकाः॥18॥
तानहं द्विषतः क्रूरान्संसारेषु नराधमान्।
क्षिपाम्यजस्त्रमशुभानासुरीष्वेव योनिषु॥19॥
आसुरीं योनिमापन्ना मूढ़ा जन्मनि जन्मनि।
मामप्राप्यैव कौन्तेय ततो यान्त्यधमां गतिम्॥20॥
त्रिविधं नरकस्येदं द्वारं नाशनमात्मनः।
कामः क्रोधस्तथा लोभस्तस्मादेतत्त्रयं त्यजेत॥21॥
एतैर्विमुक्तः कौन्तेय तमोद्वारैस्त्रिभिर्नरः।
आचरत्यात्मनः श्रेयस्ततो याति परां गतिम्॥22॥
यः शास्त्रविधिमुत्सृज्य वर्तते कामकारतः।
न स सिद्धिमवाप्नोति न सुखं न परां गतिम्॥23॥

लिए यज्ञ किया करते हैं। (18) अहंकार से, बल से, दर्प से, काम से और क्रोध से फूलकर, अपनी और पराई देह में वर्तमान मेरा (परमेश्वर का) द्वेष करने वाले, (और) निंदक, (19) अशुभ कर्म करने वाले (इन) द्वेषी और क्रूर अधम नरों को मैं (इस) संसार की आसुरी अर्थात् पाप-योनियों में ही सदैव पटकता रहता हूँ। (20) हे कौंतेय! (इस प्रकार) जन्म-जन्म में आसुरी योनि को ही पाकर, ये मूर्ख लोग मुझे बिना पाए ही अंत में अत्यंत अधोगति को जा पहुँचते हैं।

(आसुरी लोगों का और उनको मिलने वाली गतियों का वर्णन हो चुका। अब बतलाते हैं, कि इससे छुटकारा कैसे पावें:-)

(21) काम, क्रोध और लोभ, ये तीन प्रकार के नरक के द्वार हैं, और ये हमारा नाश कर डालते हैं; इसलिए इन तीनों का त्याग करना चाहिए। (22) हे कौंतेय! इन तीन तमोद्वारों से छूटकर, मनुष्य वही आचरण करने लगता है, जिसमें उसका कल्याण हो; और फिर उत्तम गति पा जाता है।

(प्रकट है, कि नरक के तीनों दरवाजे छूट जाने पर सद्गति मिलनी ही चाहिए; किंतु यह नहीं बतलाया, कि कौन-सा आचरण करने से वे छूट जाते हैं। अतः अब

उसका मार्ग बतलाते हैं:-)

(23) जो शास्त्रोक्त विधि छोड़कर मनमाना बर्ताव करने लगता है, उसे न सिद्धि मिलती है, न सुख मिलता है और न उत्तम गति भी मिलती है।

तस्माच्छास्त्रं प्रमाणं ते कार्याकार्याव्यवस्थितौ।
ज्ञात्वा शास्त्रविधानोक्तं कर्म कर्तुमिहार्हसि।।24।।

इति श्रीमद्‌भगवद्‌गीतासु उपनिषत्सु ब्रह्मविद्यायां योगशास्त्रे श्रीकृष्णार्जुन-संवादे दैवासुरसम्पद्विभागयोगो नाम षोडशोध्याय:।।16।।

(24) इसलिए कार्य-अकार्यव्यवस्थिति का अर्थात् कर्त्तव्य और अकर्तव्य का निर्णय करने के लिए तुझे शास्त्रों को प्रमाण मानना चाहिए; और शास्त्रों में जो कुछ कहा है, उसको समझकर, तदनुसार इस लोक में कर्म करना तुझे उचित है।

(इस श्लोक के 'कार्याकार्यव्यवस्थिति' पद से स्पष्ट होता है, कि कर्त्तव्यशास्त्र की अर्थात् नीतिशास्त्र की कल्पना को दृष्टि के आगे रखकर गीता का उपदेश किया गया है। गीतारहस्य में (प्र. 2) स्पष्ट कर दिखला दिया है, कि इसी को कर्मयोगशास्त्र कहते हैं।)

इस प्रकार श्रीभगवान के गाए हुए-अर्थात् कहे हुए-उपनिषद में, ब्रह्मविद्यान्तर्गत योग-अर्थात् कर्मयोग-शास्त्रविषयक, श्रीकृष्ण और अर्जुन के संवाद में, दैवासुरसपद्विभागयोग नामक सोलहवाँ अध्याय समाप्त हुआ।

सप्तदशोऽध्याय:

अर्जुन उवाच।

ये शास्त्रविधिमुत्सृज्य यजन्ते श्रद्धयान्विता:।
तेषां निष्ठा तु का कृष्ण सत्त्वमाहो रजस्तम:॥1॥

सत्रहवाँ अध्याय

(यहाँ तक इस बात का वर्णन हुआ, कि कर्मयोगशास्त्र के अनुसार संसार का धारण-पोषण करने वाले पुरुष किस प्रकार के होते हैं? और इसके विपंरीत, संसार का नाश करने वाले मनुष्य किस ढंग के होते हैं? अब यह प्रश्न सहज ही होता है, कि मनुष्य-मनुष्य में इस प्रकार के भेद होते क्यों हैं? इस प्रश्न का साधारण उत्तर सातवें ही अध्याय के "प्रकृत्या नियता: स्वया"-अपना-अपना प्रकृति-स्वभाव पदों में दिया गया है (गीता 7.20)। परंतु वहाँ सत्त्व, रज और तम. गुणों का विवेचन नहीं किया गया था, अतएव वहाँ इस प्रकृति जन्य भेद की उपपत्ति का विस्तारपूर्वक वर्णन भी न हो सका। यही कारण है जो चौदहवें अध्याय में त्रिगुणों का विवेचन किया गया है, और अब इस अध्याय में वर्णन किया गया है, कि त्रिगुणों से ही उत्पन्न होने वाली श्रद्धा आदि के भी स्वभाव भेद क्योंकर होते हैं और फिर इसी अध्याय में ज्ञान-विज्ञान का संपूर्ण निरूपण समाप्त किया गया है, इसी प्रकार नवें अध्याय के भक्ति-मार्ग के अनेक भेदों का कारण भी इस अध्याय की उपपत्ति से समझ में आ जाता है (गीता 9.23, 24)। पहले अर्जुन यों पूछता है, कि:-)

अर्जुन ने कहा :- (1) हे कृष्ण! जो लोग, श्रद्धा से युक्त होकर भी, शास्त्र निर्दिष्ट विधि को छोड़कर के यजन करते हैं, उनकी निष्ठा अर्थात् (मन की) स्थिति कैसी है-सात्त्विक है, या राजस है, या तामस?

(पिछले अध्याय के अंत में जो यह कहा था, कि शास्त्र की विधि का अथवा नियमों का पालन अवश्य करना चाहिए; उसी पर अर्जुन ने यह शंका की है। शास्त्रों पर श्रद्धा रखते हुए भी मनुष्य अज्ञान से भूल कर बैठता है। उदाहरणार्थ, शास्त्रविधि यह है, कि सर्वव्यापी परमेश्वर का भजन-पूजन करना चाहिए; परंतु वह इसे छोड़कर देवताओं की ही धुन में लग जाता है (गीता 9.23)। अत: अर्जुन का प्रश्न है, कि ऐसे पुरुष की निष्ठा अर्थात् अवस्था अथवा स्थिति कौन सी समझी जावे। यह प्रश्न उन आसुरी लोगों के विषय में नहीं है, कि जो शास्त्र का और धर्म का अश्रद्धापूर्वक तिरस्कार किया करते हैं। तो भी इस अध्याय में प्रसंगानुरूप उनके कर्मों के फलों का भी वर्णन किया गया है।)

श्रीभगवानुवाच।

त्रिविधा भवति श्रद्धा देहिनां सा स्वभावजा।
सात्त्विकी राजसी चैव तामसी चेति तां शृणु॥2॥

सत्त्वानुरूपा सर्वस्य श्रद्धा भवति भारत।
श्रद्धा मयोऽयं पुरुषो यो यच्छ्रद्धः स एव सः॥3॥
यजन्ते सात्त्विका देवान्यक्षरक्षांसि राजसाः।
प्रेतान्भूतगणांश्चान्ये यजन्ते तामसा जनाः॥4॥

श्रीभगवान ने कहा :- (2) प्राणिमात्र की यह श्रद्धा स्वभावतः तीन प्रकार की होती है; सात्त्विक, राजस और तामस। उनका वर्णन सुन। (3) हे भारत! सब लोगों की श्रद्धा अपने अपने सत्त्व के अनुसार अर्थात् प्रकृति स्वभाव के अनुसार होती है। मनुष्य श्रद्धामय है। जिसकी जैसी श्रद्धा (रहती) है, वैसा ही वह होता है।

(दूसरे श्लोक के 'सत्त्व' शब्द का अर्थ देहस्वभाव, बुद्धि अथवा अंतःकरण है। कठोपनिषद में 'सत्त्व' शब्द इसी अर्थ में आया है (कठ. 6.7), और वेदान्त-सूत्र के शांकरभाष्य में भी 'क्षेत्र-क्षेत्रज्ञ' पद के स्थान में 'सत्त्व-क्षेत्रज्ञ' पद का उपयोग कि गया है (वे. सू. शां. भा. 1.2.12)। तात्पर्य यह है, कि दूसरे श्लोक का 'स्वभाव' शब्द और तीसरे श्लोक का 'सत्त्व' शब्द दोनों यहाँ, समानार्थक हैं। क्योंकि सांख्य और वेदान्त इन दोनों को भी सिद्धान्त मान्य है, कि स्वभाव का अर्थ प्रकृति है और इस प्रकृति से बुद्धि एवं अंतःकरण उत्पन्न होते हैं। "यो यच्छ्रद्धः स एव सः"-यह तत्त्व "देवताओं की भक्ति करने वाले देवताओं को पाते हैं" प्रभृति पूर्ण-वर्णित सिद्धान्तों का ही साधारण अनुवाद है (गीता 7.20-23; 9.25), और इस विषय का विवेचन हमने गीतारहस्य के तेरहवें प्रकरण में किया है। तथापि जब यह कहा, कि जिसकी जैसी बुद्धि हो, उसे वैसा फल मिलता है, और उस बुद्धि का होना या न होना प्रकृति-स्वभाव के अधीन है; तब प्रश्न होता है, कि फिर यह बुद्धि क्योंकर सुधर सकती है? इसका यह उत्तर है, कि आत्मा स्वतंत्र है, अतः देह का यह स्वभाव क्रमशः अभ्यास और वैराग्य के द्वारा धीरे-धीरे बदला जा सकता है। इस बात का विवेचन गीतारहस्य के दसवें प्रकरण में किया गया है। अभी तो यही देखना है, कि श्रद्धा के भेद क्यों और कैसे होते हैं? इसी से कहा गया है, कि प्रकृति-स्वभावानुसार श्रद्धा बदलती है। अब बतलाते हैं, कि जब प्रकृति भी सत्त्व, रज और तम, इन तीन गुणों से युक्त है, तब प्रत्येक मनुष्य में श्रद्धा के भी त्रिधा भेद किस प्रकार उत्पन्न होते हैं, और उनके परिणाम क्या होते हैं:-) (4) जो पुरुष सात्त्विक हैं, अर्थात् जिनका स्वभाव सत्त्व गुण-प्रधान है, वे देवताओं का

अशास्त्रविहितं घोरं तप्यन्ते ये तपो जनाः।
दम्भाहंकारसंयुक्ताः कामरागबलान्विताः॥5॥
कर्षयन्तः शरीरस्थं भूतग्राममचेतसः।
मां चैवान्तःशरीरस्थं तान्विद्धयासुरनिश्चयान्॥6॥

यजन करते हैं; राजस पुरुष यज्ञों और राक्षसों का यजन करते हैं, एवं इनके अतिरिक्त जो तामस पुरुष हैं, वे प्रेतों और भूतों का यजन करते हैं।

(इस प्रकार शास्त्र पर श्रद्धा रखने वाले मनुष्यों के भी सत्त्व आदि प्रकृति के गुण-भेदों से जो तीन भेद होते हैं, उनका और उनके स्वरूपों का वर्णन हुआ। अब बतलाते हैं, कि शास्त्र पर श्रद्धा न रखने वाले कामपरायण और दांभिक लोग किस श्रेणी में आते हैं। यह तो स्पष्ट है, कि ये लोग सात्त्विक नहीं हैं; परंतु ये निरे तामस भी नहीं कहे जा सकते; क्योंकि यद्यपि इनके कर्म शास्त्र विरुद्ध होते हैं, तथापि इनमें कर्म करने की प्रवृत्ति होती है और प्रवृत्ति रजोगुण का धर्म है। तात्पर्य यह है, कि ऐसे मनुष्यों को न सात्त्विक कह सकते हैं, न राजस और न तामस भी। अतएव, दैवी और आसुरी नामक दो भिन्न ही श्रेणियाँ बनाकर उक्त दुष्ट पुरुषों का आसुरी श्रेणी में समावेश किया जाता है। यही अर्थ अगले दो श्लोकों में स्पष्ट किया गया है।)

किए हुए सत् कर्म का भी परब्रह्म के सामान्य और सर्वमान्य संकल्प में समावेश होता है; अतएव इन कर्मों को त्याज्य कहना उचित है। अंत में 'तत्' और 'सत्' कर्मों के अतिरिक्त 'असत्' अर्थात् बुरा कर्म बच जाता है। परंतु अंतिम श्लोक में सूचित किया है, कि वह दोनों लोकों में गर्ह्य माना गया है, इस कारण उस कर्म का इस संकल्प में समावेश नहीं होता। भगवान् कहते हैं कि:-)

(23) (शास्त्र में) परब्रह्म का निर्देश 'ॐ तत्सत्' यों तीन प्रकार से किया जाता है। इसी निर्देश से पूर्वकाल में ब्राह्मण, वेद और यज्ञ निर्मित हुए हैं।

तस्मादोमित्युदाहृत्य यज्ञदानतपः क्रियाः।
प्रवर्तन्ते विधानोक्ताः सततं ब्रह्मवादिनाम्।।24।।
तदित्यनभिसन्धाय फलं यज्ञतपः क्रियाः।
दानक्रियाश्च विविधाः क्रियन्ते मोक्षकांक्षिभिः।।25।।
सद्भावे साधुभावे च सदित्येतत्प्रयुज्यते।
प्रशस्ते कर्मणि तथा सच्छबदः पार्थ युज्यते।।26।।
यज्ञे तपसि दाने च स्थितिः सदिति चोच्यते।
कर्म चैव तदर्थीयं सदित्येवाभिधीयते।।27।।

(पहले ही कह चुके हैं, कि संपूर्ण सृष्टि के आरंभ में ब्रह्मदेव रूपी पहला ब्राह्मण, वेद और यज्ञ उत्पन्न हुए हैं (गीता 3.10)। परंतु ये सब जिस ब्राह्मण से उत्पन्न हुए हैं, उस परब्रह्म का स्वरूप 'ॐ तत्सत्' इन तीन शब्दों में है। अतएव इस श्लोक का यह भावार्थ है, कि 'ॐ तत्सत्' संकल्प ही सारी सृष्टि का मूल है। अब इस संकल्प के तीनों पदों का कर्मयोग की दृष्टि से पृथक निरूपण करते हैं:-)

(24) तस्मात् अर्थात् जगत का आरंभ इस संकल्प से हुआ है, इस कारण, ब्रह्मवादी लोगों के यज्ञ, दान, तप तथा अन्य शास्त्रोक्त कर्म सदा इस ॐ के उच्चारण के साथ हुआ करते हैं (25) 'तत्' शब्द के उच्चारण से फल की आशा न रखकर, मोक्षार्थी लोग यज्ञ, दान, तप आदि अनेक प्रकार की क्रियाएँ किया करते हैं। (26) अस्तित्व और साधुता अर्थात् भलाई के अर्थ में 'सत' शब्द का उपयोग किया जाता है; और पार्थ! इसी प्रकार प्रशस्त अर्थात् अच्छे कर्मों के लिए भी तत् शब्द प्रयुक्त होता है। (27) यज्ञ, तप और दान में स्थिति अर्थात् स्थिर भावना रखने को भी 'सत' कहते हैं; तथा इनके निमित्त जो कर्म करना हो, उस कर्म का नाम भी 'सत्' ही है।

(यज्ञ, तप और दान मुख्य धार्मिक कर्म हैं; तथा इनके निमित्त जो कर्म किया जाता है, उसी को मीमांसक लोग सामान्यतः यथार्थ कर्म कहते हैं। इन कर्मों को करते समय यदि फल की आशा हो, तो भी वह धर्म के अनुकूल रहती है, इस कारण ये कर्म 'सत्' 'की श्रेणी में गिने जाते हैं और सब निष्काम कर्म 'तत्=वह अर्थात् परे का' की श्रेणी में लिखे जाते हैं। प्रत्येक कर्म के आरंभ में जो यह 'ॐ तत्सत्' ब्रह्म संकल्प कहा जाता है, उसमें इस प्रकार से इन दोनों कर्मों का समावेश होता है इसलिए इन दोनों कर्मों को ब्रह्मानुकूल ही समझना चाहिए। (गीतार. प्र. 9, पृ. 250)। अब असत् कर्म विषय में कहते हैं:-)

अश्रद्धया हुतं दत्तं तपस्तप्तं कृतं च यत्।
असदित्युच्यते पार्थन च तप्रेत्य नो इह।।28।।

इति श्रीमद्भगवद्गीतासु उपनिषत्सु ब्रह्मविद्यायां योगशास्त्रे श्रीकृष्णार्जुन-संवादे श्रद्धात्रयविभागयोगो नाम सप्तदशोऽध्यायः।।17।।

(28) अश्रद्धा से जो हवन किया हो, (दान) दिया हो, तप किया हो या जो कुछ (कर्म) किया हो, वह 'असत्' कहा जाता है। हे पार्थ! वह (कर्म) न मरने पर (परलोक

में) और न इस लोक में हितकारी होता है।

(तात्पर्य यह है, कि ब्रह्मस्वरूप के बोधक इस सर्वमान्य संकल्प में ही निष्काम बुद्धि से, अथवा केवल कर्त्तव्य समझकर, किए हुए सात्त्विक कर्म का, और शास्त्रानुसार सद्बुद्धि से किए हुए प्रशस्त कर्म अथवा सत्कर्म का समावेश है। अन्य सब कर्म वृथा हैं। इससे सिद्ध होता है, कि उस कर्म को छोड़ देने का उपदेश करना उचित नहीं है, कि जिस कर्म का ब्रह्मनिर्देश में ही समावेश होता है; और जो कर्म ब्रह्मदेव के साथ ही उत्पन्न हुआ है (गीता 3.10), तथा जो किसी से भी छूट नहीं सकता है। 'ॐ तत्सत्' रूपी ब्रह्मनिर्देश के उक्त कर्मयोग प्रधान अर्थ को इसी अध्याय में कर्मविभाग के साथ ही बतलाने का हेतु भी यही है। क्योंकि केवल ब्रह्मस्वरूप का वर्णन तो तेरहवें अध्याय में और उसके पहले भी हो चुका है। गीतारहस्य के नवें प्रकरण के अंत में बतला चुके हैं, कि "ॐ तत्सत् पद का असली अर्थ क्या होना चाहिए" आजकल 'सच्चिदानंद' पद से ब्रह्मनिर्देश करने की प्रथा है। परंतु उसको स्वीकार न करके यहाँ जब इस 'ॐ तत्सत्' ब्रह्मनिर्देश का ही उपयोग किया गया है, तब इससे यह अनुमान निकल सकता है, कि 'सच्चिदानन्द' पदरूपी ब्रह्मनिर्देश गीता-ग्रंथ के निर्मित हो चुकने पर साधारण ब्रह्मनिर्देश के रूप से प्रायः प्रचलित हुआ होगा।)

इस प्रकार श्रीभगवान के गाए हुए-अर्थात् कहे हुए उपनिषद में, ब्रह्म-विद्यान्तर्गत योग-अर्थात् कर्मयोग-शास्त्रविषयक, श्रीकृष्ण और अर्जुन के संवाद में, श्रद्धात्रयविभागयोग नामक सत्रहवां अध्याय समाप्त हुआ।

(जान पड़ता है, कि पंद्रहवें श्लोक के सत्य, प्रिय और हित, तीनों शब्द मनु के इस वचन को लक्ष्य कर कहे गए हैं:-"सत्यं ब्रूयात प्रियं ब्रूयात् सत्यमप्रियम्। प्रियं च नानृतं ब्रूयादेष धर्मः सनातनः॥" (मनु. 4.138)-यह सनातन धर्म है, कि सच और मधुर बोलना चाहिए; परंतु अप्रिय सच न बोलना चाहिए। तथापि महाभारत में ही विदुर ने दुर्योधन से कहा है, कि 'अप्रियस्य च पथ्यस्य वक्ता श्रोता च दुर्लभः" (मभा. सभा. 63. 17)। अब फिर कायिक, वाचिक और मानसिक तपों के जो भेद होते हैं, वे यों हैं:-)

(17) इन तीनों प्रकार के तपों को यदि मनुष्य फल की आकांक्षा न रखकर उत्तम श्रद्धा से तथा योगयुक्त बुद्धि से करे, तो वे सात्त्विक कहलाते हैं; (18) और जो तप अपने सत्कार, मान या पूजा के लिए अथवा दंभ से, किया जाता है, वह चंचल और अस्थिर तप शास्त्रों में राजस कहा जाता है। (19) मूढ़ आग्रह से, स्वयं कष्ट उठाकर, अथवा (जारण-मारण आदि कर्मों के द्वारा) दूसरों को सताने के हेतु से किया हुआ तप तापस कहलाता है।

ये तप के भेद हुए; अब दान के त्रिविध भेद बतलाते हैं:-)

(20) वह दान सात्त्विक कहलाता है, कि जो कर्त्तव्य-बुद्धि से किया जाता है, जो (योग्य) स्थल, काल और पात्र का विचार करके किया जाता है, एवं जो अपने ऊपर प्रत्युपकार न करने वाले को दिया जाता है। (21) परंतु (किए हुए) उपकार के बदले में, अथवा किसी फल की आशा रख, बड़ी कठिनाइयों से आगे, जो दान दिया जाता है, वह राजस दान है। (22) अयोग्य स्थान में, अयोग्य, काल में,

ॐ तत्सदिति निर्देशो ब्राह्मणस्त्रिविधः स्मृतः।
ब्राह्मणास्तेन वेदाश्च यज्ञाश्च विहिताः पुरा॥23॥

अपात्र मनुष्य को, बिना सत्कार के, अथवा अवहेलनापूर्वक, जो दान दिया जाता है, वह तामस दान कहलाता है।

(आहार, यज्ञ, तप और दान के समान ही ज्ञान, कर्म कर्ता, बुद्धि, धृति और सुख की त्रिविधता का वर्णन अगले अध्याय में किया गया है (गीता 18.20-39) इस अध्याय का गुणभेद-प्रकरण यहीं समाप्त हो चुका। अब ब्रह्मनिर्देश के आधार पर उक्त सात्त्विक कर्म की श्रेष्ठता और संग्राह्यता सिद्ध की जावेगी। क्योंकि, उपर्युक्त संपूर्ण विवेचन पर सामान्यतः यह शंका हो सकती है, कि कर्म सात्त्विक हो, या राजस या तामस कैसा भी क्यों न हो? है तो वह दुःखकारक और दोषमय ही; इस कारण इन सारे कर्मों का त्याग किए बिना ब्रह्म प्राप्ति नहीं हो सकती; और यदि यह बात सत्य है, तो फिर कर्म के सात्त्विक, राजस आदि भेद करने से लाभ ही क्या है? इन आक्षेप पर गीता का यह उत्तर है, कि कर्म के सात्त्विक, राजस और तामस भेद परब्रह्म से अलग नहीं हैं। जिस संकल्प में ब्रह्म का निर्देश किया गया है, उसी में सात्त्विक कर्मों का और सत्कर्मों का समावेश होता है, और इससे निर्विवाद सिद्ध है, कि ये कर्म अध्यात्म दृष्टि से भी त्याज्य नहीं है (गीतार. प्र. 9)। परब्रह्म के स्वरूप के मनुष्य को जो कुछ ज्ञान हुआ है, वह सब 'ॐ तत्सत्' इन तीन शब्दों के निर्देश में ग्रथित है। इनमें से ॐ अक्षर-ब्रह्म है, और उपनिषदों में उसका भिन्न-भिन्न अर्थ किया गया है (प्रश्न 5; कठ. 15-17; तै. 1.8; छां. 1.1; मैत्र्यु. 6.3, 4; मांडूक्य 1-12)। और जब यह वर्णाक्षर रूपी ब्रह्म ही जगत के आरंभ में था, तब सब क्रियाओं का आरंभ वहीं से होता है। 'तत्=वह' शब्द का अर्थ सामान्य कर्म से परे का कर्म, अर्थात् निष्काम बुद्धि से फलाशा छोड़कर किया हुआ सात्त्विक कर्म; और 'सत्' का अर्थ वह कर्म है, कि जो यद्यपि फलाशासहित हो, तो भी शास्त्रानुसार किया गया हो और शुद्ध हो-यही उक्त संकल्प का अर्थ है; और इस अर्थ के अनुसार निष्काम बुद्धि से किए हुए सात्त्विक कर्म का ही नहीं, वरन् शास्त्रानुसार

किए हुए सत् कर्म का भी परब्रह्म के सामान्य और सर्वमान्य संकल्प में समावेश होता है; अतएव इन कर्मों को त्याज्य कहना उचित है। अंत में 'तत्' और 'सत्' कर्मों के अतिरिक्त 'असत्' अर्थात् बुरा कर्म बच जाता है। परंतु अंतिम श्लोक में सूचित किया है, कि वह दोनों लोकों में गर्ह्य माना गया है, इस कारण उस कर्म का इस संकल्प में समावेश नहीं होता। भगवान् कहते हैं कि:-)

(23) (शास्त्र में) परब्रह्म का निर्देश 'ॐ तत्सत्' यों तीन प्रकार से किया जाता है। इसी निर्देश से पूर्वकाल में ब्राह्मण, वेद और यज्ञ निर्मित हुए हैं।

तस्मादोमित्युदाहृत्य यज्ञदानतपः क्रियाः।
प्रवर्तन्ते विधानोक्ताः सततं ब्रह्मवादिनाम्।।24।।
तदित्यनभिसन्धाय फलं यज्ञतपः क्रियाः।
दानक्रियाश्च विविधाः क्रियन्ते मोक्षकांक्षिभिः।।25।।
सद्भावे साधुभावे च सदित्येतत्प्रयुज्यते।
प्रशस्ते कर्मणि तथा सच्छबदः पार्थ युज्यते।।26।।
यज्ञे तपसि दाने च स्थितिः सदिति चोच्यते।
कर्म चैव तदर्थीयं सदित्येवाभिधीयते।।27।।

(पहले ही कह चुके हैं, कि संपूर्ण सृष्टि के आरंभ में ब्रह्मदेव रूपी पहला ब्राह्मण, वेद और यज्ञ उत्पन्न हुए हैं (गीता 3.10)। परंतु ये सब जिस ब्राह्मण से उत्पन्न हुए हैं, उस परब्रह्म का स्वरूप 'ॐ तत्सत्' इन तीन शब्दों में है। अतएव इस श्लोक का यह भावार्थ है, कि 'ॐ तत्सत्' संकल्प ही सारी सृष्टि का मूल है। अब इस संकल्प के तीनों पदों का कर्मयोग की दृष्टि से पृथक निरूपण करते हैं:-)

(24) तस्मात् अर्थात् जगत का आरंभ इस संकल्प से हुआ है, इस कारण, ब्रह्मवादी लोगों के यज्ञ, दान, तप तथा अन्य शास्त्रोक्त कर्म सदा इस ॐ के उच्चारण के साथ हुआ करते हैं (25) 'तत्' शब्द के उच्चारण से फल की आशा न रखकर, मोक्षार्थी लोग यज्ञ, दान, तप आदि अनेक प्रकार की क्रियाएँ किया करते हैं। (26) अस्तित्व और साधुता अर्थात् भलाई के अर्थ में 'सत' शब्द का उपयोग किया जाता है; और पार्थ! इसी प्रकार प्रशस्त अर्थात् अच्छे कर्मों के लिए भी तत् शब्द प्रयुक्त होता है। (27) यज्ञ, तप और दान में स्थिति अर्थात् स्थिर भावना रखने को भी 'सत' कहते हैं; तथा इनके निमित्त जो कर्म करना हो, उस कर्म का नाम भी 'सत्' ही है।

(यज्ञ, तप और दान मुख्य धार्मिक कर्म हैं; तथा इनके निमित्त जो कर्म किया जाता है, उसी को मीमांसक लोग सामान्यतः यथार्थ कर्म कहते हैं। इन कर्मों को करते समय यदि फल की आशा हो, तो भी वह धर्म के अनुकूल रहती है, इस कारण ये कर्म 'सत्' की श्रेणी में गिने जाते हैं और सब निष्काम कर्म 'तत्=वह अर्थात् परे का' की श्रेणी में लिखे जाते हैं। प्रत्येक कर्म के आरंभ में जो यह 'ॐ तत्सत्' ब्रह्म संकल्प कहा जाता है, उसमें इस प्रकार से इन दोनों कर्मों का समावेश होता है इसलिए इन दोनों कर्मों को ब्रह्मानुकूल ही समझना चाहिए। (गीतार. प्र. 9, पृ. 250)। अब असत् कर्म विषय में कहते हैं:-)

अश्रद्धया हुतं दत्तं तपस्तप्तं कृतं च यत्।
असदित्युच्यते पार्थन च तप्रेत्य नो इह।।28।।

इति श्रीमद्भगवद्गीतासु उपनिषत्सु ब्रह्मविद्यायां योगशास्त्रे श्रीकृष्णार्जुन-संवादे श्रद्धात्रयविभागयोगो नाम सप्तदशोऽध्यायः।।17।।

(28) अश्रद्धा से जो हवन किया हो, (दान) दिया हो, तप किया हो या जो कुछ (कर्म) किया हो, वह 'असत्' कहा जाता है। हे पार्थ! वह (कर्म) न मरने पर (परलोक

में) और न इस लोक में हितकारी होता है।

(तात्पर्य यह है, कि ब्रह्मस्वरूप के बोधक इस सर्वमान्य संकल्प में ही निष्काम बुद्धि से, अथवा केवल कर्त्तव्य समझकर, किए हुए सात्त्विक कर्म का, और शास्त्रानुसार सद्बुद्धि से किए हुए प्रशस्त कर्म अथवा सत्कर्म का समावेश है। अन्य सब कर्म वृथा हैं। इससे सिद्ध होता है, कि उस कर्म को छोड़ देने का उपदेश करना उचित नहीं है, कि जिस कर्म का ब्रह्मनिर्देश में ही समावेश होता है; और जो कर्म ब्रह्मदेव के साथ ही उत्पन्न हुआ है (गीता 3.10), तथा जो किसी से भी छूट नहीं सकता है। 'ॐ तत्सत्' रूपी ब्रह्मनिर्देश के उक्त कर्मयोग प्रधान अर्थ को इसी अध्याय में कर्मविभाग के साथ ही बतलाने का हेतु भी यही है। क्योंकि केवल ब्रह्मस्वरूप का वर्णन तो तेरहवें अध्याय में और उसके पहले भी हो चुका है। गीतारहस्य के नवें प्रकरण के अंत में बतला चुके हैं, कि "ॐ तत्सत् पद का असली अर्थ क्या होना चाहिए" आजकल 'सच्चिदानंद' पद से ब्रह्मनिर्देश करने की प्रथा है। परंतु उसको स्वीकार न करके यहाँ जब इस 'ॐ तत्सत्' ब्रह्मनिर्देश का ही उपयोग किया गया है, तब इससे यह अनुमान निकल सकता है, कि 'सच्चिदानन्द' पदरूपी ब्रह्मनिर्देश गीता-ग्रंथ के निर्मित हो चुकने पर साधारण ब्रह्मनिर्देश के रूप से प्राय: प्रचलित हुआ होगा।)

इस प्रकार श्रीभगवान के गाए हुए-अर्थात् कहे हुए उपनिषद में, ब्रह्म-विद्यान्तर्गत योग-अर्थात् कर्मयोग-शास्त्रविषयक, श्रीकृष्ण और अर्जुन के संवाद में, श्रद्धात्रयविभागयोग नामक सत्रहवां अध्याय समाप्त हुआ।

अठारहवाँ अध्याय

(अठारहवाँ अध्याय पूरे गीता-शास्त्र का उपसंहार है। अतएव अब तक जो विवेचन हुआ है, उसका हम यहाँ संक्षेप में सिंहावलोकन करते हैं (अधिक विस्तार गीता रहस्य के 14 वें प्रकरण में देखिये) पहले अध्याय से स्पष्ट होता है, कि स्वधर्म के अनुसार प्राप्त युद्ध को छोड़, भीख माँगने पर उतारू होने वाले अर्जुन को अपने कर्तव्य में प्रवृत्त करने के लिए गीता का उपदेश किया गया है। अर्जुन की शंका थी, कि गुरूहत्या आदि सदोष कर्म करने से आत्मकल्याण कभी न होगा। अतएव आत्मज्ञानी पुरूषों के स्वीकृत, आयु बिताने के दो प्रकार के मार्गों का - सांख्य (संन्यास) मार्ग का और कर्म योग (योग) मार्ग का - वर्णन दूसरे अध्याय के आरंभ में ही किया गाया है; और अंत में यह सिद्धान्त किया गया है, कि यद्यपि ये दोनों मार्ग मोक्ष देते है; तथापि इनमें से कर्मयोग ही श्रेयस्कर है (गीता 5.2)। फिर तीसरे अध्याय से लेकर पाँचवे अध्याय तक इन युक्तियों का वर्णन है, कि कर्म योग में बुद्धि श्रेष्ठ समझी जाती है; बुद्धि के स्थिर और सम होने से कर्म की बाधा नहीं होती; कर्म किसी के भी नहीं छूटते; तथा उन्हें छोड़ देना भी उचित नहीं; केवल फलाशा को त्याग देना ही काफी है; अपने लिए न सही, लोक संग्रह के हेतु कर्म करना आवश्यक है; बुद्धि अच्छी हो, तो ज्ञान और कर्म के बीच विरोध नहीं होता; तथा पूर्व परंपरा देखी जाए तो ज्ञात होगा, कि जनक आदि ने इसी मार्ग का आचरण किया है। अनन्तर इस बात का विवेचन किया है, कि कर्मयोग की सिद्धि के लिए बुद्धि की जिस समता की आवश्यकता होती है, उसे कैसे प्राप्त करना चाहिए, और इस कर्म योग का आचरण करते हुए अंत में उसी के द्वारा मोक्ष कैसे प्राप्त होता है। बुद्धि की इस समता को प्राप्त करने के लिए इंद्रियों का निग्रह करके पूर्णतया यह जान लेना आवश्यक है, कि सब प्राणियों में एक परमेश्वर ही भरा हुआ है, इसके अतिरिक्त दूसरा मार्ग नहीं है। अत: इंद्रिय-निग्रह का विवेचन छठे अध्याय में किया गया है और फिर सातवें अध्याय सत्रहवें अध्याय तक बतलाया है, कि कर्म योग का आचरण करते हुए ही परमेश्वर ज्ञान कैसे प्राप्त होता है, और वह ज्ञान क्या है। सातवें और आठवें अध्याय में क्षर-अक्षर अथवा व्यक्त-अव्यक्त के ज्ञान-विज्ञान का विवरण किया गया है। नवें अध्याय से बारहवें अध्याय तक इस अभिप्राय का वर्णन किया गया है, कि यद्यपि परमेश्वर के व्यक्त स्वरूप की अपेक्षा अव्यक्त स्वरूप श्रेष्ठ है, तोभी इस बुद्धि को न डिगने दें, कि परमेश्वर एक ही है, और व्यक्त स्वरूप की ही उपासना प्रत्यक्ष ज्ञान देने वाली अतएव सबके लिए सुलभ है। अनन्तर तेरहवें अध्याय में क्षेत्र–क्षेत्रज्ञ का यह विचार किया गया है, कि क्षर-अक्षर के विचार में जिसे अव्यक्त कहते हैं, वही मनुष्य शरीर का आत्मा है। इसके पश्चात् चौदहवें

अष्टादशोऽध्यायः।

अर्जुनउवाच।

संन्यासस्य महाबाहो तत्त्वमिच्छामि वेदितुम्।
त्यागस्य च हृषीकेश पृथक्केशिनिषूदन ॥1॥

अध्याय से लेकर सत्रहवें अध्याय तक चार अध्यायों में क्षर–अक्षर विज्ञान के अंतर्गत इस विषय का विस्तार-सहित विचार किया गया है, कि प्रकृति के गुणों के कारण

एक ही अव्यक्त से जगत के विविध स्वभावों के मनुष्य कैसे उपजते हैं, अथवा और अनेक प्रकार का विस्तार कैसे होता है, एवं ज्ञान-विज्ञान का निरूपण समाप्त किया गया है। तथापि स्थान-स्थान पर अर्जुन को यही उपदेश है, कि तू कर्म कर; और यह सिद्धान्त किया गया है, कि शुद्ध अंतःकरण से परमेश्वर की भक्ति करके "परमेश्वरार्पणपूर्वक स्वधर्म के अनुसार केवल कर्त्तव्य समझ कर मरण पर्यंत सब कर्म करते रह नहीं" कर्मयोग-प्रधान आयु बिताने का मार्ग सबसे उत्तम है, जिसमें इस प्रकार ज्ञान मूलक और भक्ति-प्रधान कर्मयोग का सांगोपांग विवेचन कर चुकने पर, अठारहवें अध्याय में उसी धर्म का उपसंहार करके अर्जुन को स्वेच्छा से युद्ध करने के लिए प्रवृत्त किया है। गीता के इस मार्ग में, कि जो गीता में सर्वोत्तम कहा गया है, अर्जुन से यह नहीं कहा गया, कि "तू चतुर्थ आश्रम को स्वीकार करके संन्यासी हो जा।" हाँ, यह अवश्य कहा है, कि इस मार्ग के आचरण करने वाला मनुष्य 'नित्य संन्यासी' है (गीता 5.3)। अतएव अब अर्जुन का प्रश्न है, कि चतुर्थ आश्रम रूपी संन्यास लेकर किसी समय सब कर्मों को सचमुच ही त्याग देने का तत्त्व इस कर्मयोग-मार्ग में है या नहीं, और नहीं है तो 'संन्यास' एवं 'त्याग' दोनों शब्दों का अर्थ क्या है? (गीता प्र. 11 देखो।)

अर्जुन ने कहा :- (1) हे महाबाहु, हृषीकेश! मैं संन्यास का तत्त्व और हे केशिदैत्य-निषुदन! त्याग का तत्त्व पृथक्-पृथक ् जानना चाहता हूँ।

(संन्यास और त्याग शब्दों के केवल उन अर्थों अथवा भेदों को जानने के लिए यह प्रश्न नहीं किया गया है, कि जो कोशकारों ने किए हैं। यह न समझना चाहिए, कि अर्जुन यह भी न जानता था, कि दोनों का भी धात्वर्थ 'छोड़ना' है। परंतु बात यह है, कि भगवान् कर्म छोड़ देने की आज्ञा कहीं भी नहीं देते; बल्कि चौथे, पाँचवे अथवा छठे अध्याय में (गीता 4.41; 5.13; 6.1) या अन्यत्र जहाँ कहीं संन्यास का वर्णन है, वहाँ उन्होंने यही कहा है, कि केवल फलाशा का 'त्याग' करके (गीता 12.11) परमेश्वर में सब कर्मों का 'संन्यास' करो अर्थात् कर्म परमेश्वर को समर्पण करो (गीता 3.30; 12.6); और उननिषदों में देखें, तो कर्मत्याग प्रधान श्रीभगवानुवाच संन्यास-धर्म के वचन पाए जाते है, कि "न कर्मणा न प्रजया धनेन त्यागेनैके

काम्यानां कर्मणां न्यासं संन्यासं कवयो विदुः।
सर्वकर्मफलत्यागं प्राहुस्त्यागं विचक्षणाः॥2॥

अमृतत्वमानशुः" (कै. 1.2 नारायण 12.3), सब कर्मों का स्वरूपतः 'त्याग' करने से ही कई एकों ने मोक्ष प्राप्त किया है, अथवा "वेदान्तविज्ञानसुनिश्चितार्थाः संन्यासयोगाद्यातयः शुद्ध सत्त्वाः" (मुंडक 3.2.6) कर्मत्यागरूपी 'संन्यास' योग से शुद्ध होनेवाले 'यति', या "कि प्रजया करिष्यामः" (बृ. 4.4.22) हमें पुत्र पौत्र आदि प्रजा से क्या काम है? अतएव अर्जुन ने समझा, कि भगवान् स्मृति-ग्रंथों में प्रतिपादित चार आश्रमों से कर्म त्याग रूपी संन्यास आश्रम के लिए 'त्याग' और 'संन्यास' शब्दों का उपयोग नहीं करते, किंतु वे और किसी अर्थ में उन शब्दों का उपयोग करते हैं, इसी से अर्जुन ने चाहा, कि उस अर्थ का स्पष्टीकरण हो जाए। इसी हेतु से उसने उक्त प्रश्न किया है। गीता रहस्य के ग्यारहवें प्रकरण में इस विषय का विस्तार पूर्वक विवेचन किया गया है।

श्री भगवान ने कहा :- (2) (जितने) काम्य कर्म हैं, उनके न्यास अर्थात् छोड़ने को ज्ञानी लोग संन्यास समझते हैं; (तथा) समस्त कर्मों के फलों के त्याग को पंडित लोग त्याग कहते हैं।

(इस श्लोक में स्पष्टतया बतला दिया है, कि कर्मयोग-मार्ग में संन्यास और त्याग किसे कहते है? परंतु संन्यास-मार्गीय टीकाकारों कों यह मत ग्रह्य नहीं, इस कारण

उन्होंने इस श्लोक की बहुत कुछ खींचातानी की है। श्लोक के आरंभ में ही 'काम्य' शब्द आया है। अतएव इन टीकाकारों का मत है, कि यहाँ मीमांसकों के नित्य, नैमित्तिक, काम्य और निषिद्ध प्रभृति कर्म भेद विवक्षित हैं; और उनकी समझ में भगवान का अभिप्राय यह है, कि उनमें से केवल "काम्य कर्मों ही को छोड़ना चाहिए।" परंतु संन्यास-मार्गीय लोगों को नित्य और नैमित्तिक कर्म भी नहीं चाहिए, इसलिए उन्हें यों प्रतिपादन करना पड़ा है, कि यहाँ नित्य और नैमित्तिक कर्मों का काम्य कर्मों में ही समावेश किया गया है। इतना करने पर भी इस श्लोक के उत्तरार्ध में जो कहा गया है, कि फलाशा छोड़नी चाहिए; न कि कर्म (आगे छठा श्लोक देखिए) उसका मेल मिलता ही नहीं; अतएव अंत में इन टीकाकारों ने अपने ही मन से यों कहकर अपना समाधान कर लिया है, कि भगवान ने यहाँ कर्मयोग-मार्ग की कोरी स्तुति की है, उनका सच्चा अभिप्राय तो यही है, कि कर्मों को छोड़ ही देना चाहिये! इससे स्पष्ट होता है, कि संन्यास आदि संप्रदायों की दृष्टि से श्लोक का ठीक-ठीक अर्थ नहीं लगता। वास्तव में इसका अर्थ कर्मयोग-प्रधान ही करना चाहिए, अर्थात् फलाशा छोड़कर मरणपर्यंत सारे कर्म करते जाने का जो तत्त्व गीता में पहले अनेक बार कहा गया है, उसी के अनुरोध से यहाँ भी अर्थ करना चाहिए; तथा यही अर्थ सरल है और ठीक-ठीक जमता भी है। पहले इस बात पर ध्यान देना चाहिए, कि 'काम्य' शब्द से इस स्थान में मीमांसकों का नित्य, नैमित्तिक, काम्य और निषिद्ध कर्मविभाग अभिप्रेत नहीं है। कर्मयोग-मार्ग में सब कर्मों के दो ही विभाग किए जाते हैं, एक 'काम्य' अर्थात् फलाशा से किये हुए कर्म और दूसरे 'निष्काम' अर्थात् फलाशा छोड़कर किये हुए कर्म; मनुस्मृति में उन्हीं को क्रम से 'प्रवृत्त' कर्म और 'निवृत्त' कर्म कहा है (मनु. 12.88, 81)। कर्म चाहे नित्य हों, नैमित्तिक हों, 'काम्य' हों, कायिक हों, वाचिक हों, मानसिक हों, अथवा सात्त्विक आदि भेद के अनुसार और किसी प्रकार के हों, उन सबको 'काम्य' अथवा 'निष्काम' वर्गों में इन दो, किसी एक विभाग में आना ही चाहिए। क्योंकि काम अर्थात् फलाशा का होना अथवा न होना, इन दोनों के अतिरिक्त फलाशा की दृष्टि से तीसरा भेद हो ही नहीं सकता। शास्त्र में जिस कर्म का फल कहा गया है, जैसे, पुत्र प्राप्ति के लिये पुत्रेष्टि, उस फल की प्राप्ति के लिये वह कर्म किया जाए, तो वह 'काम्य' है; तथा मन में उस फल की इच्छा न रखकर वही कर्म केवल कर्तव्य समझकर किया जाए, तो वह 'निष्काम' हो जाता है। इस प्रकार सब कर्मों के 'काम्य' और 'निष्काम' (अथवा मनु की परिभाषा के अनुसार प्रवृत्त और निवृत्त) ये ही दो भेद सिद्ध होते हैं। अब कर्मयोगी सब 'काम्य' कर्मों का सर्वथा छोड़ देता है, अतः सिद्ध हुआ, कि कर्मयोग में भी काम्य कर्मों का संन्यास करना पड़ता है। फिर बच रहे निष्काम कर्म। सो गीता में कर्मयोगी को निष्काम कर्म करने का निश्चित उपदेश किया गया है सही; परंतु उसमें भी 'फलाशा' का सर्वथा त्याग करना पड़ता है (गीता 6.2)। अतएव त्याग का तत्त्व भी गीता-धर्म में स्थिर ही रहता है। सारांश अर्जुन को यही बात समझा देने के लिए, कि सब कर्मों को न छोड़ने पर भी कर्मयोग-मार्ग में 'संन्यास' और 'त्याग', दोनों तत्त्व बने रहते हैं, इस श्लोक में संन्यास और त्याग दोनों की व्याख्याएँ यों की गई हैं, कि 'संन्यास' का अर्थ 'काम्य कर्मों को सर्वथा छोड़ देना' है, और 'त्याग' का यह मतलब है, कि "जो कर्म करना हो, उनकी फलाशा न रखें।" पीछे जब यह प्रतिपादन हो रहा था, कि संन्यास (अथवा सांख्य) और योग ये दोनों तत्त्वतः एक ही हैं; तब 'संन्यासी' शब्द का अर्थ (गीता 5.3-6, 6.1, 2)। तथा इसी अध्याय में आगे 'त्यागी' शब्द का अर्थ भी (गीता 18.11) इसी भाँति किया गया है, और इस स्थान में वही अर्थ इष्ट है। यहाँ स्मार्तों का यह मत प्रतिपाद्य नहीं है, कि क्रमशः ब्रह्मचर्य, गृहस्थाश्रम और वानप्रस्थ आश्रम

का पालन करने पर "अंत में प्रत्येक मनुष्य को सर्वकर्मत्यागरूपी संन्यास अथवा-

त्याज्यं दोषवदित्येके कर्म प्राहुर्मनीषिणः ।
यज्ञदानतपः कर्म न त्याज्यमिति चापरे ।।3।।
निश्चयं शृणु मे तत्र त्यागे भरतसत्तम ।
त्यागे ही पुरूषव्याघ्र त्रिविधः सम्प्रकीर्तितः ।।4।।
यज्ञदानतपः कर्म न त्याज्यं कार्यमेव तत् ।
यज्ञो दानं तपश्चैव पावनानि मनीषिणाम् ।।5।।
एतन्यापि तु कर्माणि संगं त्यक्त्वा फलानि च
कर्तव्यानीति मे पार्थ निश्चितं मतमुत्तमम् ।।6।।

चतुर्थाश्रम लिये बिना मोक्ष प्राप्ति ही हो नहीं सकती।" इससे सिद्ध होता है, कि कर्मयोगी यद्यपि संन्यासियों का गेरूआ भेष धारण कर सब कर्मों का त्याग नहीं करता, तथापि वह संन्यास के सच्चे तत्त्व का पालन किया करता है, इसलिए कर्मयोग का स्मृति ग्रंथ से कोई विरोध नहीं है। अब संन्यास-मार्ग और मीमांसकों के कर्मसंबंधी वाद का उल्लेख करके कर्मयोगशास्त्र का, इस विषय में अंतिम निर्णय सुनाते है :-)

(3) कई पंडितों का कथन है, कि कर्म दोषयुक्त है, अतएव उसका (सर्वथा) त्याग करना चाहिये; तथा दूसरे कहते हैं, कि यज्ञ, दान, तप और कर्म को कभी न छोड़ना चाहिए। (4) अतएव हे भरतश्रेष्ठ! त्याग के विषय में मेरा निर्णय सुन। हे पुरूषश्रेष्ठ! त्याग तीन प्रकार का कहा गया है। (5) यज्ञ, दान, तप और कर्म का त्याग न करना चाहिए; इनको (कर्मों) करना ही चाहिये। यज्ञ, दान और तप बुद्धिमानों के लिये (भी) पवित्र अर्थात् चित्तशुद्धिकारक हैं। (6) अतएव इन (यज्ञ , दान आदि) कर्मों को भी बिना आसक्ति रखे, फलों का त्याग करके (अन्य निष्काम कर्मों के समान ही लोकसंग्रह के हेतु) करते रहना चाहिए। हे पार्थ! इस प्रकार मेरा निश्चित मत (है, और वही) उत्तम है।

(कर्म का दोष अर्थात् बंधकर्ता कर्म में नहीं, फलाशा में है, इसलिये पहले अनेक बार जो कर्मयोग का यह तत्त्व कहा गया है, कि सभी कर्म फलाशा छोड़कर निष्काम बुद्धि से करने चाहिये, उसका यह उपसंहार है। संन्यास मार्ग का यह मत गीता को मान्य नहीं है, कि सब कर्म दोषयुक्त, अतएव त्याज्य हैं (गीता 18.48, 49), गीता केवल काम्य-कर्मों का संन्यास करने के लिए कहती है। परंतु धर्मशास्त्र में जिन कर्मों का प्रतिपादन है, वे सभी काम्य ही हैं (गीता 2.42-44)। इसलिये अब कहना पड़ता है, कि उनका भी संन्यास करना चाहिए; और यदि ऐसा करते हैं, तो यज्ञ-चक्र बंद हुआ जाता है (3.16) एंव उससे सृष्टि के उद्ध्वस्त होने का भी अवसर आ

नियतस्य तु संन्यासः कर्मणो नोपपद्यते ।
मोहात्तस्य परित्यागस्तामयः परिकीर्तितः ।।7।।
दुःखमित्येव यत्कर्म कायक्लेशभयात्त्यजेत्।
स कृत्वा राजसं त्याग नैव त्यागफलं लभेत् ।।8।।
कार्यमित्येव यत्कर्म नियतं क्रियतेऽर्जुन ।
संग त्यक्त्वा फलं चैव स त्यागः सात्त्विको मतः ।।9।।

जाता है। प्रश्न होता है, कि फिर करना क्या चाहिये? गीता इसका यों उत्तर देती है, कि यद्यपि शास्त्र में कहा है, कि यज्ञ, दान प्रभृति कर्म स्वर्गादि फल प्राप्ति के हेतु करो, तथापि ऐसी बात नहीं है, कि ये ही कर्म लोकसंग्रह के लिए निष्काम बुद्धि से न हो सकते हों, कि यज्ञ करना, दान देना और तप करना आदि मेरा कर्मव्य है (गीता 17.11, 17.20)। अतएव लोकसंग्रहकेनिमित्त स्वधर्म के अनुसार जैसे अन्यान्य निष्काम

कर्म किए जाते हैं, वैसे ही यज्ञ, दान आदि कर्मों को भी फलाशा और आसक्ति छोड़कर करना चाहिए। क्योंकि वे सदैव 'पावन' अर्थात् चित्तशुद्धिकारक अथवा परोपकार बुद्धि बढ़ाने वाले हैं। मूल श्लोक में जो 'एतान्यपि - ये भी' शब्द हैं, उनका अर्थ यही है, कि "अन्य निष्काम कर्मों के समान ये यज्ञ, दान आदि कर्म भी करने चाहिए।" इस रीति से ये सब कर्म फलाशा छोड़कर अथवा भक्ति-दृष्टि से केवल परमेश्वरार्पण-बुद्धिपूर्वक किए जावें, तो सृष्टि का चक्र चलता रहेगा। और कर्ता के तन की फलाशा छूट जाने के कारण ये कर्म मोक्ष-प्राप्ति में भी बाधा नहीं डाल सकते, इस प्रकार सब बातों का ठीक-ठीक मेल मिल जाता है। कर्म के विषय में कर्मयोग शास्त्र का यही अंतिम और निश्चित सिद्धान्त है (गीता 2.45 पर हमारी टिप्पणी देखो)। मीमांसकों के कर्म-मार्ग और गीता के कर्मयोग का भेद गीता रहस्य में (प्र. 10; प्र. 11) अधिक स्पष्टता से दिखाया गया है। अर्जुन के प्रश्न करने पर संन्यास और त्याग के अर्थों का कर्मयोग की दृष्टि से इस प्रकार स्पष्टीकरण हो चुका; अब सात्त्विक भेदों के अनुसार कर्म करने की भिन्न-भिन्न रीतियों का वर्णम करके उसी अर्थ को दृढ़ करते हैं।)

(7) जो कर्म (स्वधर्म के अनुसार) नियत अर्थात् स्थिर कर दिए गए हैं, उनका संन्यास याने त्याग करना (किसी को भी) उचित नहीं है। उनका, मोह से किया हुआ त्याग तामस कहलाता है। (8) शरीर को कष्ट होने के डर से, अर्थात् दुःखकारक होने के कारण ही, यदि कोई कर्म छोड़ दे, तो उसका वह त्याग राजस हो जाता है, (तथा) त्याग का फल उसे नहीं मिलता। (9) हे अर्जुन! (स्वधर्मानुसार)

न द्वेष्ट्यकुशलं कर्म कुशले नानुषज्जते।
त्यागी सत्त्वसमाविष्टो मेधावी छिन्नसंशयः ॥10॥
न हि देहभृता शक्यं त्यक्तुं कर्माण्यशेषतः ।
यस्तु कर्मफलत्यागी स त्यागीत्यभिधीयते ॥11॥
अनिष्टमिष्टं मिश्रं च त्रिविधं कर्मणः फलम् ।
भवत्यत्यागिनां प्रेत्यं न तु संन्यासिनां क्वचित् ॥12॥

नियत कर्म जब कार्य अथवा कर्तव्य समझकर और आसक्ति एवं फल को छोड़कर किया जाता है, तब वह सात्त्विक त्याग समझा जाता है।

(सातवें श्लोक में 'नियत' शब्द का अर्थ कुछ लोग नित्य नैमित्तिक आदि भेदों में से 'नित्य' कर्म समझते हैं, किंतु वह ठीक नहीं है "नियतं कुरू कर्म त्वम्" (गीता 3.8) पद में 'नियत' शब्द का जो अर्थ है, वही अर्थ यहाँ पर भी करना चाहिए, और हम ऊपर कह चुके हैं, कि यहाँ मीमांसकों की परिभाषा विवक्षित नहीं है। गीता 3.19 में 'नियत' शब्द के स्थान में 'कार्य' शब्द आया है और यहाँ नवें श्लोक में 'कार्य' एवं नियत ये दोनों शब्द एकत्र आ गए हैं। इस अध्याय के आरंभ में दूसरे श्लोक में, यह कहा गया है, कि स्वधर्मानुसार प्राप्त होने वाले किसी भी कर्म को न छोड़कर, उसी को कर्तव्य समझ कर करते रहना चाहिये (गीता 3.19), इसी को सात्त्विक "त्याग" कहते हैं, इसी सिद्धान्त का इस श्लोक में समर्थन किया गया है। इस प्रकार त्याग या संन्यास के अर्थों का स्पष्टीकरण हो चुका; अब इसी तत्त्व के अनुसार बतलाते हैं, कि वास्तविक त्यागी या संन्यासी कौन है :-

(10) जो किसी अकुशल अर्थात् अकल्याणकारक कर्म का द्वेष नहीं करता, तथा कल्याणकारक अथवा हितकारी कर्म में अनुरक्त नहीं होता, उसे सत्त्वशील, बुद्धिमान और संवेदविरहित त्यागी अर्थात् संन्यासी कहना चाहिए।) (11) क्योंकि जो देहधारी है, उससे, कर्मों का निःशेष त्याग होना संभव नहीं है, अतएव जिसने (कर्म न छोड़कर) केवल कर्मफलों का त्याग किया हो, वही (सच्चा) त्यागी अर्थात् संन्यासी है :

(अब यह बतलाते हैं, कि उक्त प्रकार से, अर्थात् कर्म न छोड़कर केवल फलाशा छोड़कर के, जो त्यागी हुआ हो, उसे उसके कर्म के कोई भी फल बंधक नहीं होते:-

(12) मृत्यु के अनन्तर अत्यागी मनुष्य को अर्थात् फलाशा का त्याग न करने वाले को तीन प्रकार के फल मिलते हैं:- अनिष्ट, इष्ट और (कुछ इष्ट और

पंचैतानि महाबाहो कारणानि निबोध मे।
सांख्ये कृतान्ते प्रोक्तानि सिद्धते सर्वकर्मणाम्॥13॥
अधिष्ठानं तथा कर्ता करणं च पृथग्विधम्।
विधिवाश्च पृथक् चेष्टा दैवं चैवात्र पंचमम्॥14॥
शरीरवाङ्मनोभिर्यत्कर्म प्रारभते नरः।
न्याय्यं वा विपरीतं वा पंचैते तस्य हेतवः॥15॥
तत्रैव सति कर्तारमात्मानं केवलं तु यः।
पश्यत्यकृतबुद्धित्वान्न स पश्यति दुर्मतिः॥16॥
यस्य नाहंकृतो भावो बुद्धिर्यस्य न लिप्यते।
हत्वापि स इमाँल्लोकान्न हन्ति न निबध्यते॥17॥

अनिष्ट मिला हुआ) मिश्र। परंतु संन्यासी को अर्थात् फलाशा छोड़कर कर्म करने वाले को (ये फल) कभी नहीं मिलते, अर्थात् बाधा नहीं कर सकते।

(त्याग, त्यागी और संन्यासी संबंधी उक्त विचार पहले (गीता 3.4-7; 5.2-10; 6.1) कई स्थानों में आ चुके हैं, उन्हीं का यहाँ उपसंहार किया गया है। समस्त कर्मों का संन्यास गीता को कभी भी इष्ट नहीं है। फलाशा का त्याग करने वाला पुरुष ही गीता के अनुसार सच्चा अर्थात् नित्य-संन्यासी है (गीता 5.3)। ममतायुक्त फलाशा का अर्थात् अहंकार-बुद्धि का त्याग ही सच्चा त्याग है। इसी सिद्धान्त को दृढ़ करने के लिए अब और कारण दिखलाते हैं:-

(13) हे महाबाहु! सब कर्मों की सिद्धि के लिए सांख्यों के सिद्धान्त में जो पाँच कारण कहे गए हैं; उन्हें मैं बतलाता हूँ, सुन। (14) अधिष्ठान (स्थान), तथा कर्ता, भिन्न-भिन्न करण याने साधन या हथियार, (कर्ता की) अनेक प्रकार की पृथक् पृथक् चेष्टाएँ अर्थात् व्यापार और उसके साथ ही साथ पाँचवाँ (करण) दैव है। (15) शरीर से, वाणी से अथवा मन से मनुष्य जो कर्म करता है, फिर चाहे वह न्याय्य हो या विपरीत अर्थात् अन्याय्य उसके उक्त पाँच कारण हैं।

(16) (वास्तविक) स्थिति ऐसी होने पर भी, जो संस्कृत बुद्धि न होने के कारण यह समझे, कि मैं ही अकेला कर्ता हूँ, (समझना चाहिए, कि), वह दुर्मति कुछ भी नहीं जानता। (17) जिसमें यह भावना नहीं है, कि मैं कर्ता हूँ तथा जिसकी बुद्धि अलिप्त है, वह यदि इन लोगों को मार डाले, तथापि (समझना चाहिए, कि) उसने उन्हें नहीं मारा है और वह (कर्म) उसे बंधक भी नहीं होता।

(कई टीकाकारों ने तेरहवें श्लोक के 'सांख्य' शब्द का अर्थ वेदान्तशास्त्र किया है। परंतु अगला अर्थात् चौदहवाँ श्लोक नारायणी धर्म में (मभा. शां. 347.87) अक्षरशः आया है, और वहाँ उसके पूर्व कापिल-सांख्य के प्रकृति और पुरुष-तत्त्वों का उल्लेख है, अतः हमारा यह मत है, कि-'सांख्य' शब्द से इस स्थान में कापिल-सांख्यशास्त्र ही अभिप्रेत है। गीता में यह सिद्धान्त पहले अनेक बार कहा गया है, कि मनुष्य को न तो कर्मफल की आशा करनी चाहिए, और न ऐसी अहंकार-बुद्धि मन में रखनी चाहिए, कि मैं अमुक कर्म करूँगा (गीता 2.19; 2.47; 3.27; 5.8-11; 13.29); और यहाँ पर वही सिद्धान्त यह कहकर दृढ़ किया गया है, कि "कर्म का फल होने के लिए अकेला मनुष्य ही कारण नहीं है" (गीताकार. प्र. 11)। चौदहवें श्लोक का अर्थ यह है, कि

मनुष्य इस जगत में हो या न हो, प्रकृति के स्वभाव के अनुसार जगत का अखंडित व्यापार सदैव चलता ही रहता है; और जिस कर्म को मनुष्य अपनी करनी समझता है, वह केवल उसी के यत्न का फल नहीं है, उसकी सफलता के लिए धरती, बीज, पानी, खाद और बैल आदि के गुणधर्म अथवा व्यापारों की सहायता आवश्यक होती है। इसी प्रकार, मनुष्य के प्रयत्न की सिद्धि होने के लिए जगत के जिन विविध व्यापारों की सहायता आवश्यक है, उनमें से कुछ व्यापारों को जानकर, उनकी अनुकूलता पाकर ही मनुष्य यत्न किया करता है। परंतु हमारे प्रयत्नों के लिए अनुकूल अथवा प्रतिकूल, सृष्टि के और भी कई व्यापार ऐसे हैं, कि जिनका हमें ज्ञान नहीं है। इसी को देव कहते हैं और कर्म की घटना का यह पाँचवाँ कारण कहा गया है। मनुष्य का यत्न सफल होने के लिए जब इतनी सब बातों की आवश्यकता है, तथा जब उनमें से कई या तो हमारे वश की नहीं या हमें ज्ञात भी नहीं रहतीं, तब यह बात स्पष्टतया सिद्ध होती है, कि मनुष्य का ऐसा अभिमान रखना मूर्खता का लक्षण है, कि मेरे कर्म का फल अमुक ही होना चाहिए (गीतार. प्र. 11)। तथापि सत्रहवें श्लोक का अर्थ यों भी न समझ लेना चाहिए, कि जिसकी फलाशा छूट जाए, वह चाहे जो कुकर्म कर सकता है। साधारण मनुष्य जो कुछ करते हैं, वह स्वार्थ के लोभ से करते हैं, इसलिए उनका बर्ताव अनुचित हुआ करता है। परंतु जिसका स्वार्थ या लोभ नष्ट हो गया है, अथवा फलाशा पूर्णतया विलीन हो गई है और जिसे प्राणिमात्र समान ही हो गए हैं, उससे किसी का भी अनहित नहीं हो सकता। कारण यह है, कि दोष बुद्धि में रहता है, न कि कर्म में। अतएव सत्रहवें श्लोक का यही तात्पर्य है, कि जिसकी बुद्धि पहले से शुद्ध और पवित्र हो गई हो; उसका किया हुआ कोई कर्म यद्यपि लौकिक दृष्टि से विपरीत भले ही दिखलाई दे; तो भी न्यायतः कहना पड़ता है, कि उसका बीज शुद्ध ही होगा; फलतः उस काम के लिए फिर उस शुद्ध-बुद्धि वाले मनुष्य को जिम्मेदार न

ज्ञानं ज्ञेयं परिज्ञाता त्रिविधा कर्मचोदना।
करणं कर्म कर्तेति त्रिविधः कर्मसंग्रहः॥18॥
ज्ञानं कर्म च कर्ता च त्रिवैध गुणभेदतः।
प्रोत्यते गुणसंख्याने यथावच्छृणु तान्यपि॥19॥

समझना चाहिए। स्थितप्रज्ञ, अर्थात् शुद्ध-बुद्धि वाले, मनुष्य की निष्पापता के इस तत्त्व का वर्णन उपनिषदों में भी है (कौषी 3.1; पंचदशी. 14.16, 16)। गीतारहस्य के बारहवें प्रकरण में भी (पृ. 372-376) इस विषय का पूर्ण विवेचन किया गया है, इसलिए यहाँ पर उसके अधिक विस्तार की आवश्यकता नहीं है। इस प्रकार अर्जुन के प्रश्न करने पर संन्यास और त्याग शब्दों के अर्थ की मीमांसा द्वारा यह सिद्ध कर दिया, कि स्वधर्मानुसार जो कर्म प्राप्त होते जाएँ, उन्हें अहंकार-बुद्धि और फलाशा छोड़कर करते रहना ही सात्त्विक अथवा सच्चा त्याग है; कर्मों को छोड़ बैठना सच्चा त्याग नहीं है। अब सत्रहवें अध्याय में कर्म के सात्त्विक आदि भेदों का जो विचार आरंभ किया गया था, उसी को यहाँ कर्मयोग की दृष्टि से पूरा करते हैं।)

(18) कर्मचोदना तीन प्रकार की है - ज्ञान, ज्ञेय और ज्ञाता; तथा कर्मसंग्रह तीन प्रकार का है-करण, कर्म और कर्ता। (19) गुणसंख्याशास्त्र में अर्थात् कापिल-सांख्यशास्त्र में कहा है, कि ज्ञान, कर्म और कर्ता (प्रत्येक सत्त्व, रज और तम इन तीन) गुणों के भेदों से तीन-तीन प्रकार के हैं। उन (प्रकारों) को ज्यों-के-त्यों (तुझे बतलाता हूँ,) सुन।

(कर्मचोदना और कर्मसंग्रह पारिभाषिक शब्द हैं। इंद्रियों के द्वारा कोई भी कर्म होने के पूर्व, मन से उसका निश्चय करना पड़ता है। अतएव इस मानसिक विचार को 'कर्मचोदना' अर्थात् कर्म करने की प्राथमिक प्रेरणा कहते हैं; और वह स्वभावतः ज्ञान,

ज्ञेय एवं ज्ञाता के रूप से तीन प्रकार की होती है। एक उदाहरण लीजिए :- प्रत्यक्ष घड़ा बनाने के पूर्व कुम्हार (ज्ञाता) अपने मन से निश्चय करता है, कि मुझे अमुक बात (ज्ञेय) करनी है, और वह अमुक रीति से (ज्ञान) होगी। यह क्रिया कर्मचोदना हुई। इस प्रकार मन का निश्चय हो जाने पर वह कुम्हार (कर्ता) मिट्टी, चाक इत्यादि साधन (करण) इकट्ठे कर प्रत्यक्ष घड़ा (कर्म) तैयार करता है। यह कर्म संग्रह हुआ। कुम्हार का कर्म घट तो है; पर उसी को मिट्टी का कार्य भी कहते हैं। इससे मालूम होगा, कि कर्मचोदना शब्द से मानसिक अथवा अन्तःकरण की क्रिया का बोध होता है, और कर्मसंग्रह शब्द से उसी मानसिक क्रिया की जोड़ की बाह्य क्रियाओं का बोध होता है। किसी भी कर्म का पूर्ण विचार करना हो, तो 'चोदना' और 'संग्रह', दोनों का विचार करना चाहिए। इनमें से ज्ञान, ज्ञेय और ज्ञाता के (क्षेत्रज्ञ)

सर्वभूतेषु येनैकं भावमव्ययमीक्षते।
अविभक्तं विभक्तेषु तज्ज्ञानं विद्धि सात्त्विकम्॥20॥
पृथक्त्वेन तु यज्ज्ञानं नानाभावान्पृथग्विधान्।
वेत्ति सर्वेषु भूतेषु तज्ज्ञानं विद्धि राजसम्॥21॥
यत्तु कृत्स्नवदेकस्मिन् कार्ये सक्तमहैतुकम्।
अतत्त्वार्थवदल्पं च तत्तामसमुदाहृतम्॥22॥

लक्षण प्रथम ही तेरहवें अध्याय में (13.18) अध्यात्म-दृष्टि से बतला चुके हैं। परंतु क्रियारूपी ज्ञान का लक्षण कुछ पृथक् होने के कारण अब इस त्रयी में से ज्ञान की, और दूसरी त्रयी में से कर्म एवं कर्ता की व्याख्याएँ दी जाती हैं:-)

(20) जिस ज्ञान से यह मालूम होता है, कि विभक्त अर्थात् भिन्न-भिन्न सब प्राणियों में एक ही अविभक्त और अव्यक्त भाव अथवा तत्त्व है, उसे सात्त्विक ज्ञान समझ। (21) जिस ज्ञान से इस पृथकत्व का बोध होता है, कि समस्त प्राणिमात्र में भिन्न-भिन्न प्रकार के अनेक भाव हैं, उसे राजस ज्ञान समझ। (22) परंतु जो निष्कारण और तत्त्वार्थ को बिना जाने-बूझे एक ही बात में यह समझ कर आसक्त रहता है, कि यही सब कुछ है, वह अल्प ज्ञान तामस कहा गया है।

(ये भिन्न-भिन्न ज्ञानों के लक्षण बहुत व्यापक हैं। अपने बाल-बच्चों और स्त्री को ही सारा संसार समझना तामस ज्ञान है। इससे कुछ ऊँची सीढ़ी पर पहुँचने से दृष्टि अधिक व्यापक होती जाती है और अपने गाँव अथवा देश का मनुष्य भी अपना-सा जँचने लगता है; तो भी यह बुद्धि बनी रहती है, कि भिन्न-भिन्न गाँवों अथवा देश के लोग भिन्न-भिन्न हैं। यही ज्ञान राजस कहलाता है। परंतु इससे भी ऊँचे जाकर प्राणिमात्र में एक ही आत्मा को पहचानना पूर्ण और सात्त्विक ज्ञान है। सार यह हुआ, कि 'विभक्त में अविभक्त' अथवा 'अनेकता में एकता' को पहचानना ही ज्ञान का सच्चा लक्षण है; और बृहदारण्यक एवं कठोपनिषदों के वर्णनानुसार जो यह पहचान लेता है, कि इस जगत में नानात्व नहीं है-"नेह नानास्ति किंचन" वह मुक्त हो जाता है; परंतु इस जगत में अनेकता देखता है, वह जन्म-मरण के चक्कर में पड़ा रहता है, "मृत्योः स मृत्माप्नोति य इह नानेन पश्यति" (बृ. 4.4.19, कठ. 4.11)। इस जगत में कुछ ज्ञान प्राप्त करना है, वह यही है (गीता 13.16); और ज्ञान की यही परम सीमा है; क्योंकि सभी के एक हो जाने पर फिर एकीकरण की ज्ञान क्रिया को आगे स्थान ही नहीं रहता (गीतार. प्र. 9)। एकीकरण करने की इस ज्ञानक्रिया का निरूपण नवें प्रकरण में किया गया है। जब यही सात्त्विक

नियतं संगरहितमरागद्वेषतः कृतम्।
अफलप्रेप्सुना कर्म यत्तत्सात्त्विकमुच्यते॥23॥

यत्तु कामुप्सना कर्म साहंकारेण वा पुनः।
क्रियते बहुलायासं मद्रायसमुदाहृतम्॥24॥
अनुबन्धं क्षयं हिंसामनपेक्ष्य च पौरुषम्।
मोहादरभ्यते कर्म यत्तत्तामसमुच्यते॥25॥

ज्ञान मन में भली-भाँति प्रतिबिंबित हो जाता है, तब मुनष्य के देह स्वभाव पर उसके जो परिणाम होते हैं, उनका वर्णन, दैवी संपत्ति-गुण वर्णन के नाम से, सोलहवें अध्याय के आरंभ में किया गया है, और तेरहवें अध्याय में (13.7-11) ऐसे देह स्वभाव का ही नाम 'ज्ञान' बतलाया है। इससे जान पड़ता है, कि 'ज्ञान' शब्द से (1) एकीकरण की मानसिक क्रिया की पूर्णता, तथा (2) उस पूर्णता का देह स्वभाव पर होने वाला परिणाम, ये दोनों अर्थ गीता में विवक्षित हैं। अतः गीतारहस्य के नवें प्रकरण के अंत में यह बात स्पष्ट कर दी गई है, कि बीसवें श्लोक में वर्णित ज्ञान का लक्षण यद्यपि बाह्यतः मानसिक क्रियात्मक दिखाई जाती है, तथापि उसी में इस ज्ञान के कारण देह स्वभाव पर होने वाले परिणाम का समावेश करना चाहिए। अस्तु; ज्ञान के भेद हो चुके। अब कर्म के भेद बतलाए जाते हैं:-

(23) फल-प्राप्ति की इच्छा न करने वाला मनुष्य, (मन में) प्रेम या द्वेष न रख कर, बिना आसक्ति के (स्वधर्मानुसार) जो नियत अर्थात् नियुक्त किया हुआ कर्म करता है, उसको (कर्म) सात्त्विक कहते हैं। (24) परंतु काम अर्थात् फलाशा की इच्छा रखने वाला अथवा अहंकार-बुद्धि का (मनुष्य) बड़े परिश्रम से जो कर्म करता है, उसे राजस कहते हैं। (25) तामस कर्म वह है, कि जो इन बातों का विचार किए बिना मोह से आरंभ किया जाता है, कि अनुबंधक अर्थात् आगे क्या होगा, पौरुष यांने अपनी सामर्थ्य कितनी है, और (होनहार में) नाश अथवा हिंसा होगी या नहीं।

(इन तीन प्रकार के कर्मों से सभी प्रकार के कर्मों का समावेश हो जाता है। निष्काम कर्मों को ही सात्त्विक अथवा उत्तम क्यों कहा है, (गीतारहस्य के ग्यारहवें प्रकरण में इस बात का विवेचन किया गया है, उसे देखो)। गीता का सिद्धान्त है, कि कर्म की अपेक्षा बुद्धि श्रेष्ठ है, अतः स्मरण रहे, कि कर्म के उक्त लक्षणों का वर्णन करते समय बार-बार कर्ता की बुद्धि का उल्लेख किया गया है, कर्म का सात्त्विकपन या तामसपन केवल उसके बाह्य परिणाम से ही निश्चित नहीं किया गया है (गीता र. प्र.

मुक्तसंगोऽनहंवादी धृत्युत्साहसमन्वितः।
सिद्ध्यसिद्ध्योर्निर्विकारः कर्ता सात्त्विक उच्यते॥26॥
रागी कर्मफलप्रेप्सुर्लुब्धो हिंसात्मकोऽशुचिः।
हर्षशोकान्वितः कर्ता राजसः परिकीर्तितः॥27॥
अयुक्तः प्राकृतः स्तब्धः शठो नैष्कृतिकोऽलसः।
विषादी दीर्घसूत्री च तार्क तामस उच्यते॥28॥

प्र. 12)। इसी प्रकार 25वें श्लोक में यह भी सिद्ध है, कि फलाशा के छूट जाने पर यह न समझना चाहिए, कि अगला-पिछला या सारा सार विचार किए बिना ही चाहे जो कर्म किया जाए क्योंकि 25वें श्लोक में यह निश्चय किया है, कि अनुबंध और फल का विचार किए बिना जो कर्म किया जाता है, वह तामस है; न कि सात्त्विक (गीतार. प्र. 12)। अब इसी तत्त्व के अनुसार कर्ता के भेद बतलाते हैं:-)

(26) जिसे आसक्ति नहीं रहती, जो 'मैं' और 'मेरा' नहीं कहता, कार्य भी सिद्धि हो या न हो, (दोनों समय) जो (मन से) विकार रहित होकर धृति और उत्साह के साथ कर्म करता है, उसे सात्त्विक (कर्ता) कहते हैं। (27) विषयासक्त, लोभी, (सिद्धि

के समय) हर्ष (और असिद्धि के समय) शोक से युक्त, कर्मफल पाने की इच्छा रखनेवाला, हिंसात्मक और अशुचि कर्ता राजस कहलाता है। (28) अयुक्त अर्थात् चंचल बुद्धिवाला, असभ्य, गर्व से फूलने वाला, ठग, नैष्कृतिक याने दूसरों की हानि करने वाला, आलसी, प्रसन्नचित्त और दीर्घसूत्री अर्थात् देरी लगाने वाला या घड़ी भर के काम को महीने भर में करने वाला कर्ता तामस कहलाता है।

(28वें श्लोक में नैष्कृतिक (निस्+कृत = छेदन करना, काटना) शब्द का अर्थ दूसरे के काम का छेदन करने वाला अथवा करने वाला है। परंतु इसके बदले कई लोग 'नैष्कृतिक' पाठ मानते हैं। अमरकोश में 'निकृत' का अर्थ शठ लिखा हुआ है। परंतु इस श्लोक में शठ विशेषण पहले आ चुका है, इसलिए हमने कर्ता ही अकर्ता, अलिप्त कर्ता अथवा कर्मयोगी है। ऊपरवाले श्लोक से प्रकट है, कि फलाशा छोड़ने पर भी कर्म करने का विश्वास, उत्साह और सारासार विचार उस कर्मयोगी में बने ही रहता जगत के त्रिविध विस्तार का यह वर्णन ही अब बुद्धि, धृति और सुख के विषय में भी किया जाता है। इन श्लोकों में बुद्धि का अर्थ वही व्यवसायात्मका बुद्धि अथवा निश्चय करने वाली इंद्रिय अभीष्ट है, कि जिसका वर्णन दूसरे अध्याय में (2.41) हो चुका है; और उसका स्पष्टीकरण गीतारहस्य के छठे प्रकरण में किया गया है।)

बुद्धेर्भेदं धृतैश्चैव गुणतस्त्रिविधं शृणु।
प्रोच्मानमशेषेण पृथक्त्वेन धनंजय।।29।।
प्रवृत्तिं च निवृत्तिं च कार्याकार्ये भयाभये।
बन्धं मोक्षं च या वेत्ति बुद्धि सा पार्थ सात्त्विकी।।30।।
य या धर्ममधर्मं च कार्यं चाकार्यमेव च।
अयथावत्प्रजानाति बुद्धिः सा पार्थ राजसी।।31।।
अधर्मं धर्ममिति या मन्यते तमसावृता।
सर्वार्थान्विपरीतांश्च बुद्धि सा पार्थ तामसी।।32।।
धृत्या यया धारयते मनःप्रोणेन्द्रियक्रियाः।
योगेनाव्यभिचारिण्या धृतिः सा पार्थ सात्त्विकी।।33।।
यया तु धर्मकामार्थान्धृत्या धारयतेऽर्जुन।
प्रसंगेन फलाकांक्षी धृतिः सा पार्थ राजसी।।34।।

(29) हे धनंजय! गुणों के कारण बुद्धि और धृति के भी जो तीन प्रकार के भिन्न भिन्न भेद होते हैं, उन सबको पृथक् तुझसे कहता हूँ, सुन। (30) हे पार्थ! जो बुद्धि प्रवृत्ति, अर्थात् किसी कर्म के करने और निवृत्ति, अर्थात् किसी कर्म के न करने की जानती है, एवं यह जानती है, कि कार्य अर्थात् करने के योग्य काम क्या है और अकार्य अर्थात् करने के अयोग्य क्या है, किससे डरना चाहिए और किससे नहीं, किससे बंधन होता है और किससे मोक्ष, वह (बुद्धि) सात्त्विक है। (31) हे पार्थ! वह बुद्धि राजसी है, कि जिससे धर्म और अधर्म का, अथवा कार्य और अकार्य का, यथार्थ निर्णय नहीं होता। (32) हे पार्थ! वह बुद्धि तामसी, है कि जो तम से व्याप्त होकर अधर्म को धर्म समझती है, और सब बातों में विपरीत याने उलटी समझ कर देती है।

(इस प्रकार बुद्धि के विभाग करने पर सद्सद्विवेक-बुद्धि कोई स्वतंत्र देवता नहीं रह जाती, किंतु सात्त्विक बुद्धि में ही उसका समावेश करना पड़ता है। विवेचन गीतारहस्य के प्रकरण 6 में किया गया है। बुद्धि के भेद हो चुके अब धृति के भेद बतलाते हैं:-)

(33) हे पार्थ! जिस अव्यभिचारिणी अर्थात् इधर-उधर न डिगने वाली धृति से मन, प्राण और इंद्रियों के व्यापार, (कर्मफल-त्याग रूपी) योग के द्वारा चलाए जाते

हैं, वह धृति सात्त्विक है। (34) हे अर्जुन! जिस धृति से धर्म, काम और अर्थ (ये पुरुषार्थ) चलाए जाते हैं और जो प्रसंगानुसार (धर्म-अर्थ-काम के) फल की

यया स्वप्नं भयं शोकं विषादं मदमेव च।
न विमुंचति दुर्मेधा धृतिः सा पार्थ तामसी॥35॥
सुखं त्विदानीं त्रिविधं शृणु मे भरतर्षभ।
अभ्यासाद्रमते यत्र दुःखान्तं च निगच्छति॥36॥

इच्छा रखती है, वह धृति राजस है। (35) हे पार्थ! जिस धृति से मनुष्य दुर्बुद्धि होकर निद्रा, भय, शोक, विषाद और मद नहीं छोड़ता, वह धृति तामस है।

('धृति' शब्द का अर्थ धैर्य है; परंतु यहाँ पर शारीरिक धैर्य से अभिप्राय नहीं है, इस प्रकरण में धृति शब्द का अर्थ मन का दृढ़ निश्चय है। निर्णय करना बुद्धि का काम है सही; परंतु इस बात की भी आवश्यकता है, कि बुद्धि के योग्य मन का धर्म है। अतएव कहना चाहिए, कि धृति अथवा मानसिक धैर्य का गुण मन और बुद्धि, दोनों की सहायता से उत्पन्न होता है। परंतु इतना कह देने से सात्त्विक धृति का लक्षण पूर्ण नहीं हो जाता, कि अव्यभिचारी अर्थात् इधर-उधर विचलित न होने वाले धैर्य के बल पर मन, प्राण और इंद्रियों के व्यापार करने चाहिए। बल्कि यह भी बतलाना चाहिए, कि ये व्यापार किस पर होते हैं, अथवा इन व्यापारों का कर्म क्या है; और वह कर्मयोगी शब्द से सूचित किया गया है। अतः 'योग' शब्द का अर्थ केवल 'एकाग्र चित्त कर देने से काम नहीं चलता। इसीलिए पूर्वापार संदर्भ के अनुसार, हमने इस शब्द का अर्थ, कर्मफल-त्यागरूपी योग किया है। सात्त्विक कर्म के और सात्त्विक कर्ता आदि के लक्षण बतलाते समय जैसे 'फल की आसक्ति छोड़ने' को प्रधान गुण माना है, वैसे ही सात्त्विक धृति का लक्षण बतलाते समय भी उसी को प्रधान मानना चाहिए; इसके सिवा अगले ही श्लोक में यह वर्णन है, कि राजस धृति फलाकांक्षी होती है। अतः उस श्लोक से भी सिद्ध होता है, कि सात्त्विक धृति, राजस धृति के विपरीत अफलाकांक्षी होनी चाहिए। तात्पर्य यह है, कि निश्चय की दृढ़ता तो निरी मानसिक प्रक्रिया है, और उसके भली या बुरी होने का विचार करने के अर्थ यह देखना चाहिए, कि जिस कार्य के लिए इस क्रिया का उपयोग किया जाता है, वह कार्य कैसा है। नींद और आलस्य आदि कामों में ही यदि दृढ़ निश्चय किया गया हो; तो वह तामस है; फलाशापूर्वक नित्य व्यवहार के काम करने में किया गया तो राजस है; और फलाशा-त्यागरूपी योग में दृढ़ निश्चय किया गया हो, तो वह सात्त्विक है। इस प्रकार धृति के भेद हुए। अब बतलाते हैं, कि गुणभेदानुसार सुख के भी तीन प्रकार कैसे होते हैं:-)

(36) अब हे भरतश्रेष्ठ! सुख के भी तीन भेद बतलाता हूँ, सुन।

यत्तदग्रे विषमिव परिणामेऽमृतोपमम्।
तत्सुखं सात्त्विकं प्रोक्तमात्मबुद्धिप्रसादजम्॥37॥
विषयेन्द्रियसंयोगाद्यत्तदग्रेऽमृतोपमम्।
परिणामे विषमिव तत्सुखं राजसं स्मृतम्॥38॥
यदग्रे चानुबन्धे च सुखं मोहनमात्मनः।
निद्रालस्यप्रमादोत्थं तत्तामसमुदाहृतम्॥39॥

अभ्यास से अर्थात् निरंतर परिचय से जिसमें रम जाता है और जहाँ दुःख का अंत होता है, (37) जो आरंभ में (तो) विष के समान जान पड़ता है, परंतु परिणाम में अमृत के तुल्य है, जो आत्मनिष्ठ-बुद्धि की प्रसन्नता से प्राप्त होता है, उस (आध्यात्मिक) सुख को सात्त्विक कहते हैं। (38) इंद्रियों और उनके विषयों के संयोग से होने वाला (अर्थात् आधिभौतिक) सुख राजस कहा जाता है, कि जो पहले तो अमृत के समान

होता है पर अंत में विष-सा रहता है। (39) और जो आरंभ में एवं अनुबंध अर्थात् परिणाम में भी मनुष्य को मोह में फँसाता है, और जो निद्रा, आलस्य तथा प्रमाद अर्थात् कर्त्तव्य की भूल से उपजता है, उसे तामस सुख कहते हैं।

(37वें श्लोक के आत्मबुद्धि शब्द का अर्थ हमने 'आत्मनिष्ठ बुद्धि' किया है, परंतु 'आत्म' का अर्थ 'अपना' करके, उसी पद का अर्थ 'अपनी बुद्धि' भी हो सकेगा। क्योंकि पहले (6.21) कहा गया है, कि अत्यंत सुख केवल 'बुद्धि से ही ग्राह्य' और 'अतींद्रिय' होता है। परंतु अर्थ कोई भी क्यों न किया जाए, तात्पर्य तो एक ही है। यदि कहा जावे, कि सच्चा और नित्य सुख इंद्रियोपभोग में नहीं है, किंतु वह केवल बुद्धिग्राह्य है, तथापि जब विचार करते हैं, कि बुद्धि को यह सच्चा और अत्यंत सुख प्राप्त होने के लिए क्या करना पड़ता है, तब गीता के छठे अध्याय से (गीता 6.21, 22) प्रकट होता है, कि यह परमावधि का सुख आत्मनिष्ठ बुद्धि हुए के बिना प्राप्त नहीं होता। 'बुद्धि' एक ऐसी इंद्रिय है, कि वह एक ओर से त्रिगुणात्मक प्रकृति के विस्तार की ओर देखती है, और दूसरी ओर से उसको आत्म स्वरूपी परब्रह्म का भी बोध हो सकता है, कि जो इस प्रकृति के विस्तार के मूल में अर्थात् प्राणिमात्र में समानता से व्याप्त है। तात्पर्य यह है, कि इंद्रियनिग्रह के द्वारा बुद्धि को त्रिगुणात्मक प्रकृति के विस्तार से हटाकर जहाँ अंतर्मुख और आत्मनिष्ठ क्रिया-और पातंजलयोग के द्वारा साधनीय विषय यही है-तहाँ वह बुद्धि प्रसन्न हो जाती है, और मनुष्य को सत्य एवं आत्यंतिक सुख का अनुभव होने लगता है। गीतारहस्य के 5वें प्रकरण में अध्यात्मिक सुख की श्रेष्ठता का निवारण किया जा चुका है। यह बतलाते हैं, कि इस जगत में सामान्यतः उक्त त्रिविध भेद ही भरा पड़ा है:-)

न तदस्ति पृथिव्यां वा दिवि देवेषु वा पुनः।
सत्त्वं प्रकृतिजैर्मुक्तं येदभिः स्यात्त्रिभिर्गुणैः॥40॥
ब्राह्मणक्षत्रियीवशां शूद्राणां च परंतप।
कर्माणि प्रविभक्तानि स्वभावप्रभवैर्गुणैः॥41॥

(40) इस पृथ्वी पर आकाश में अथवा देवताओं में अर्थात् देवलोक में भी ऐसी कोई वस्तु नहीं कि जो प्रकृति के इन तीन गुणों से मुक्त हो।

(अठारहवें श्लोक से यहाँ तक ज्ञान, कर्म, कर्ता, बुद्धि, धृति और सुख के भेद बतलाकर, अर्जुन की आँखों के सामने इस बात का एक चित्र रख दिया है, कि संपूर्ण जगत में प्रकृति के गुणभेद से विचित्रता कैसे उत्पन्न होती है, तथा फिर प्रतिपादन किया है, कि इन सब भेदों में सात्त्विक भेद श्रेष्ठ और ग्राह्य है। इन सात्त्विक भेदों में भी जो सबसे श्रेष्ठ स्थिति है, उसी को गीता में त्रिगुणातीत अवस्था कहा है। गीतारहस्य के सातवें प्रकरण में हम कह चुके हैं, कि गीता के अनुसार त्रिगुणातीत अथवा निर्गुण अवस्था कोई स्वतंत्र या चौथा भेद नहीं है, और इसी न्याय के अनुसार मनुस्मृति में भी सात्त्विक गति के ही फिर, कि उत्तम, मध्य और कनिष्ठ, ये तीन भेद करके कहा गया है, कि उत्तम सात्त्विक गति मोक्षप्रद है, और मध्यम सात्त्विक गति स्वर्गप्रद है (मनु. 12.48-50, 89-91)। जगत में जो प्रकृति है, उसकी विचित्रता का यहाँ तक वर्णन किया गया। अब निरूपण किया जाता है, कि इस गुणविभाग से ही चातुर्वर्ण्य-व्यवस्था की उत्पत्ति कैसे हुई। यह बात पहले कई बार कही जा चुकी है, कि (गी. 18.7-9, 23; 3.8) प्रत्येक मनुष्य को स्वधर्मानुसार अपना 'नियत' अर्थात् नियुक्त किया हुआ कर्म फलाशा छोड़कर, परंतु धृति, उत्साह और सारासार विचार के साथ-साथ करते जाना चाहिए, यही संसार में उसका कर्त्तव्य है। परंतु जिस बात से यह कर्म 'नियत' होता है, उसका बीज अब तक कहीं भी नहीं बतलाया गया। पीछे एक बार चातुर्वर्ण्य-व्यवस्था का कुछ

थोड़ा-सा उल्लेख कर (4.13) कहा गया है, कि कर्त्तव्य-अकर्त्तव्य का निर्णय शास्त्र के अनुसार करना चाहिए (गीता 16.24); परंतु जगत के व्यवहारों को नियमानुसार जारी रखने के हेतु (गीतार. प्र. 11-12, पृ. 336, 339-400, प्र. 15, पृ. 496-497) जिस गुणकर्मविभाग के तत्त्व पर चातुर्वर्ण्यरूपी शास्त्र-व्यवस्था निर्मित की गई है, उसका पूर्ण स्पष्टीकरण उस स्थान में नहीं किया गया है। अतएव जिस संस्था से समाज में हर एक मनुष्य का कर्त्तव्य् नियत होता है, अर्थात् स्थिर किया जाता है, उस चातुर्वर्ण्य की, गुणत्रय विभाग के अनुसार, उपपत्ति बतलाकर उसके साथ ही साथ अब प्रत्येक वर्ण के नियम किए हुए कर्त्तव्य भी कहे जाते हैं:-

(41) हे परंतप! ब्राह्मण, क्षत्रिय, वैश्य और शूद्र के कर्म, उसके

शमो दमस्तपः शौचं क्षान्तिराजैवमेव च।
ज्ञानं विज्ञानमास्तिक्यं ब्रह्मकर्म स्वभावजम्।।42।।
शौर्यं तेजो धृतिर्दाक्ष्यं युद्धे चाप्यपलायनम्।
दानमीश्वरभावश्च क्षात्रं कर्म स्वभावजम्।।43।।
कृषिगौरक्ष्यवाणिज्यं वैश्यकर्म स्वभावजम्।
परिचार्यात्मकं कर्म शूद्रास्यापि स्वभावजम्।।44।।
स्वे स्वे कर्मण्यभिरतः संसिद्धिं लभते नरः।
स्वकर्मनिरतः सिद्धिं यथा विदन्ति तच्छृणु।।45।।

स्वभावजन्य अर्थात् प्रकृति सिद्ध गुणों के अनुसार पृथक् बंटे हुए हैं। (42) ब्राह्मण का स्वभावजन्य कर्म शम, दम, तप, पवित्रता, क्षान्ति, सरलता (आर्जव), ज्ञान अर्थात् अध्यात्मज्ञान, विज्ञान याने विविध ज्ञान और आस्तिक्य-बुद्धि है। (43) शूरता, तेजस्विता, धैर्य दक्षता युद्ध से न भागना, दान देना और (प्रजा पर) शासन करना क्षत्रिय का स्वाभाविक कर्म है। (44) कृषि अर्थात् खेती, गोरक्षा याने पशुओं को पालने का उद्यम और वाणिज्य अर्थात् व्यापार वैश्य का स्वभावजन्य कर्म है; और इसी प्रकार, सेवा करना शूद्र का स्वाभाविक कर्म है।

(यह न समझा जाए, कि यह उपपत्ति गीता में ही पहले बतलाई गई है, कि चातुर्वर्ण्य-व्यवस्था स्वभावजन्य गुणभेद से निर्मित हुई है; किंतु महाभारत के वनपर्वान्तर्गत नहुष-युधिष्ठिर-संवाद में और द्विज-व्याध-संवाद में (वन. 180, 211), शांतिपर्व के भृगु-भारद्वाज-संवाद में (शां. 188), अनुशासन पर्व के उमा-महेश्वर-संवाद में (अनु. 143), और अश्वमेध पर्व की (अश्व. 39.11) अनुगीता में गुणभेद की यही उपपत्ति कुछ अंतर में पाई जाती है। यह पहले ही कहा जा चुका है, कि जगत के विविध व्यवहार प्रकृति के गुणभेद से हो रहे हैं, और फिर सिद्ध किया गया है, कि जिस चातुर्वर्ण्य-व्यवस्था से, यह नियत किया जाता है, कि किंसे क्या करना चाहिए, वह व्यवस्था भी प्रकृति के गुणभेद का परिणाम है। अब यह प्रतिपादन करते हैं, कि उक्त कर्म हर एक मनुष्य को निष्काम बुद्धि से अर्थात् परमेश्वरर्पण-बुद्धि से ही करने चाहिए, अन्यथा कारोबार नही चल सकता; तथा मनुष्य के इस प्रकार के आचारण से ही सिद्धि प्राप्त हो जाती है, सिद्धि पाने के लिए और कोई दूसरा अनुष्ठान करने की आवश्यकता नहीं है:-

(45) अपने-अपने (स्वभावजन्य गुणों के अनुसार प्राप्त होने वाले) कर्मों में नित्य रत (रहने वाला) पुरुष (उसी से) परम सिद्धि पाता है। सुन, कर्मों में

यतः प्रवृत्तिर्भूतानां येन सर्वमिदं ततम्।
स्वकर्मणा तमभ्यर्च्यं सिद्धिं विन्दति मानवः।।46।।
श्रेयान्स्वाधर्मो विगुणः परधर्मात्स्वनुष्ठितात्।

स्वभावनियतं कर्म कुर्वन्नाप्नोति किल्बिषम्॥47॥
सहजं कर्म कौन्तेय सदोषमपि न त्यजेत्।
सर्वारम्भा हि दोषेण धूमेणाग्निरिवावृता:॥48॥
असक्तबुद्धि सर्वत्र जितात्मा विगतस्पृह।
नैष्कर्म्यसिद्धिं परमां संन्यासेनाधिगच्छिति॥49॥

तत्पर रहने से सिद्धि कैसे मिलती है (43) प्राणिमात्र की जिससे प्रवृत्ति हुई है और जिसने इस सारे जगत का विस्तार किया है अथवा जिससे यह सब जगत व्याप्त है, उसकी अपने (स्वधर्मानुसार प्राप्त होने वाले) कर्मों के द्वारा (केवल) वाणी अथवा फूलों से नहीं) पूजा करने से ही मनुष्य को सिद्धि प्राप्त होती है।

(इस प्रकार प्रतिपादन किया गया, कि चातुर्वण्य के अनुसार प्राप्त होने वाले कर्मों को निष्काम बुद्धि से अथवा परमेश्वरार्पण-बुद्धि से करना ही विराट् स्वरूपी परमेश्वर का एक प्रकार का यजन-पूजन ही है, तथा उसी से सिद्धि मिल जाती है (गीतार. प्र. 13)। अब उक्त गुण-कर्म-भेदानुसार मनुष्य को स्वभावत: ही प्राप्त होने वाला कर्त्तव्य किसी दूसरी दृष्टि से कदाचित् सदोष, अश्लाघ्य, कठिन अथवा अप्रिय भी हो सकता है (उदाहरणार्थ, इस अवसर पर क्षत्रिय-कर्म के अनुसार युद्ध करने में हत्या होने के कारण वह सदोष दिखाई देगा, तो ऐसे समय पर मनुष्य को क्या करना चाहिए? क्या वह स्वधर्म छोड़कर अन्य धर्म स्वीकार कर ले (गीता 3.35), या कुछ भी हो, स्वकर्म को ही करता जावे, और यदि स्वकर्म ही करना चाहिए, तो कैसे करे? इत्यादि प्रश्नों का उत्तर उसी न्याय के अनुरोध से बतलाया जाता है, कि जो इस अध्याय के आरंभ के (18.6) यज्ञयाग आदि कर्मों के संबंध में कहा गया है:-

(47) यद्यपि परधर्म का आचरण सहज हो, तो भी उसकी अपेक्षा अपना धर्म अर्थात् चातुर्वर्ण्यविहित धर्म, विगुण याने सदोष होने पर भी अधिक कल्याणकारक है; स्वभावसिद्ध अर्थात् गुणस्वभावानुसार निर्मित चातुर्वर्ण्य-व्यवस्था द्वारा नियत किया हुआ अपना कर्म करने में कोई पाप नहीं लगता। (48) हे कौन्तेय! जो कर्म सहज है, अर्थात् जन्म से ही गुण-कर्म-विभागानुसार नियत हो गया है, वह सदोष हो; तो भी उसे (कभी) न छोड़ना चाहिए। क्योंकि संपूर्ण आरंभ अर्थात् उद्योग (किसी न किसी) दोष से वैसे ही व्याप्त रहते हैं, जैसे कि धुएँ से आग घिरी रहती है। (49), (अतएव) कहीं भी आसक्ति न रखकर, मन को वश में करके निष्काम बुद्धि से चलने पर (कर्मफल के) संन्यास-द्वारा परम नैष्कर्म्य-सिद्धि प्राप्त हो जाती है।

(इस उपसंहारक अध्याय में पहले बतलाए हुए उन्हीं विचारों को अब फिर से व्यक्त कर दिखलाया गया है, कि पराए धर्म की अपेक्षा स्वधर्म भला है (गीता 3.35), और नैष्कर्म्य-सिद्धि पाने के लिए कर्म छोड़ने की आवश्यकता नहीं है (गीता 3.4), इत्यादि। हम गीता के तीसरे अध्याय के चौथे श्लोक की टिप्पणी में ऐसे प्रश्नों का स्पष्टीकरण कर चुके हैं, कि नैष्कर्म्य क्या है और सच्ची नैष्कर्म्य-सिद्धि किसे कहना चाहिए। उक्त सिद्धान्त की महत्ता इस बात पर ध्यान दिए रहने से सहज ही समझ में आ जावेगी, कि संन्यास-मार्ग वालों की दृष्टि केवल मोक्ष पर ही रहती है, और भगवान की दृष्टि मोक्ष एवं लोकसंग्रह, दोनों पर भी समान ही है। लोक संग्रह के लिए अर्थात् समाज के धारण और पोषण के निमित्त ज्ञान-विज्ञान युक्त पुरुष अथवा रण में तलवार का जौहर दिखलाने वाले शूर, क्षत्रिय तथा किसान, वैश्य, रोजगारी, लुहार, बढ़ई, कुम्हार और मांस-विक्रेता व्याध तक की भी आवश्यकता है। परंतु यदि कहा जाए, कि कर्म छोड़े बिना मोक्ष नहीं मिलता, तो इन सब लोगों को अपना-अपना व्यवसाय छोड़कर संन्यासी बन जाना चाहिए! कर्मसंन्यास-मार्ग के लोग इस बात की परवाह नहीं करते,

परंतु गीता की दृष्टि इतनी संकुचित नहीं है। इसलिए गीता कहती है, कि अपने अधिकार के अनुसार प्राप्त हुए व्यवसाय को छोड़कर, दूसरे के व्यवसाय को भला समझकर, करने लगना उचित नहीं है। कोई भी व्यवसाय लीजिए। उसमें कुछ-न-कुछ त्रुटि अवश्य रहती है। जैसे ब्राह्मण के लिए विशेषत: विहित जो क्षान्ति है (गीता 18.42), उसमें भी एक बड़ा दोष यह है, कि "क्षमावान् पुरुष दुर्बल समझा जाता है" (मभा. शां. 160.35); और व्याध के पेशे में मांस बेचना भी एक झंझट ही है (मभा. वन. 206)। परंतु कठिनाइयों से उकताकर इन कर्मों को ही छोड़ बैठना उचित नहीं है। किसी भी कारण से क्यों न हो, जब एक बार, किसी कर्म को अपना लिया, तो फिर उसकी कठिनाई या अप्रियता की परवाह न करके, उसे आसक्ति छोड़कर रहना ही चाहिए। क्योंकि मनुष्य की लघुता-महत्ता उसके व्यवसाय पर निर्भर नहीं है, किंतु जिस बुद्धि से वह अपना व्यवसाय या कर्म करता है, उसी बुद्धि पर उसकी योग्यता अध्यात्म दृष्टि से अवलंबित रहती है (गीता 2.49)। जिसका मन शांत है, और जिसने सब प्राणियों के अंतर्गत एकता को पहचान लिया है, वह मनुष्य जाति या व्यवसाय से चाहे व्यापारी हो, चाहे कसाई; निष्काम बुद्धि से उक्त व्यवसाय करने वाला वह मनुष्य स्नान संध्याशील ब्राह्मण अथवा शूर क्षत्रिय की बराबरी का माननीय और मोक्ष का अधिकारी है। यही नहीं, वरन् 49वें श्लोक में स्पष्ट कहा है, कि कर्म छोड़ने से जो सिद्धि प्राप्त की जाती है, वही निष्काम बुद्धि से अपना-अपना व्यवसाय करने वालों को भी मिलती है। भागवत धर्म का जो कुछ रहस्य है, वह यहीं है; तथा महाराष्ट्र के साधू-संतों के

सिद्धिं प्राप्तो यथा ब्रह्म तथाप्नोति निबोध मे।
समासेनैव कौन्तेय निष्ठा ज्ञानस्य या परा॥50॥
बुद्ध्या विशुद्धया युक्तो धृत्यात्मानं नियम्य च।
शब्दादीन्विषयांस्त्यक्त्वा रागद्वेषौ व्युदस्य च॥51॥
विविक्तसेवी लघ्वाशी यतवाक्कायमानसः।
ध्यानयोगपरी नित्यं वैराग्यं समुपाश्रितः॥52॥
अहंकार बलं दर्प कामं क्रोधं परिग्रहम्।
विमुच्य निर्ममः शान्तो ब्रह्मभूयाय कल्पते॥53॥
ब्रह्मभूतः प्रसन्नात्मा न शोचति न कांक्षति।
समः सर्वेषु भूतेषु मद्भक्तिं लभते पराम्॥54॥
भक्त्या मामभिजानाति यावान्यश्चास्मि तत्त्वतः।
ततो मां तत्त्वतो ज्ञात्वा विशते तदनन्तरम्॥55॥

इतिहास से स्पष्ट होता है, कि उक्त रीति से आचरण करके निष्काम बुद्धि के तत्त्व को अमल में लाना कुछ असंभव नहीं है, अब बतलाते हैं, कि अपने-अपने कर्मों में तत्पर रहने से ही अंत में मोक्ष कैसे प्राप्त होता है:-

(50) हे कौन्तेय! (इस प्रकार) सिद्धि प्राप्त होने पर (उस पुरुष को) ज्ञान की परम निष्ठा, अर्थात् ब्रह्म जिस रीति से प्राप्त होता है, उसका मैं संक्षेप में वर्णन करता हूँ, सुन। (51) शुद्ध बुद्धि से युक्त हो करके, धैर्य से आत्मसंयमन कर, शब्द आदि (इंद्रियों के) विषयों को छोड़कर के, और प्राप्ति एवं द्वेष को दूर कर, (52) 'विविक्त' अर्थात् चुने हुए अथवा एकांत स्थल में रहने वाला, मिताहारी, काया-वाचा और मन को वश में रखने वाला, नित्य ध्यानयुक्त और विरक्त, (53) (तथा) अहंकार, बल, दर्प, काम, क्रोध और परिग्रह अर्थात् पाश को छोड़कर शांत एवं ममता से रहित, (मनुष्य) ब्रह्मभूत होने के लिए समर्थ होता है। (54) ब्रह्मभूत हो जाने पर प्रसन्नचित्त होकर वह न किसी की आकांक्षा करता है, और न किसी का द्वेष भी; तथा समस्त

प्राणिमात्र में सम होकर मेरी परम भक्ति को प्राप्त कर लेता है। (55) भक्ति से उसको मेरा तात्त्विक ज्ञान हो जाता है, कि मैं कितना हूँ और कौन ज्ञान हूँ; इस प्रकार मेरी तात्त्विक पहचान हो जाने पर वह मुझमें ही प्रवेश करता

सर्वकर्माण्यपि सदा कुर्वाणो मद्व्यपाश्रयः।
मत्प्रसादादवाप्नोति शाश्वतं पदमव्ययम्॥56॥

है; (56) और मेरा ही आश्रय कर, सब कर्म सदैव करते रहने पर भी उसे मेरे अनुग्रह से शाश्वत एवं अव्यय स्थान प्राप्त होता है।

(ध्यान रहे, कि सिद्धावस्था का उक्त वर्णन कर्मयोगियों का है, कर्मसंन्यास करने वाले पुरुषों का नहीं। आरंभ में ही, 45वें और 49वें श्लोक में कहा है, कि उक्त वर्णन आसक्ति छोड़कर कर्म करने वालों का है, तथा अंत के 56वें श्लोक में "सब कर्म करते रहने पर भी" शब्द आए हैं। उक्त वर्णन भक्तों के अथवा त्रिगुणातीतों के वर्णन के समान ही है। यहाँ तक कि, कुछ शब्द भी उसी वर्णन से लिए गए हैं। उदाहरणार्थ, 53वें श्लोक का 'परिग्रह' शब्द छठें अध्याय में (6.10) योगी के वर्णन में आया है; 54वें श्लोक 'न शोचति न कांक्षति' पद बारहवें अध्याय के (12.17) भक्ति-मार्ग के वर्णन में हैं; और विविक्त' अर्थात् "चुने हुए 'एकान्त' स्थल में रहना" शब्द 13वें अध्यापक के 10वें श्लोक में आ चुका है। कर्मयोगी को प्राप्त होने वाली उपर्युक्त अंतिम स्थिति और कर्मसंन्यास-मार्ग से प्राप्त होने वाली अंतिम स्थिति, दोनों केवल मानसिक दृष्टि से एक ही हैं, इसी से संन्यास-मार्गीय टीकाकारों को यह कहने का अवसर मिल गया है, कि उक्त वर्णन हमारे ही मार्ग के हैं। परंतु हम कई बार कह चुके हैं, कि यह सच्चा अर्थ नहीं है। अस्तु:, इस अध्याय के आरंभ में प्रतिपादन किया गया है, कि संन्यास का अर्थ कर्मत्याग नहीं है, किंतु फलाशा के त्याग को ही संन्यास कहते हैं। जब संन्यास शब्द का इस प्रकार अर्थ हो चुका है, तब यह सिद्ध है, कि यज्ञ, दान आदि कर्म चाहे काम्य हों, चाहे नित्य हों या नैमित्तिक, उनको अन्य सब कर्मों के समान ही फलाशा छोड़कर उत्साह और समता से करते जाना चाहिए। तदनंतर संसार के कर्म, कर्ता, बुद्धि आदि संपूर्ण विषयों की गुणभेद से अनेकता दिखलाकर उनमें सात्त्विक को श्रेष्ठ कहा है; और गीताशास्त्र का यहं इत्यर्थ बतलाया है, कि चातुर्वण्य-व्यवस्था के द्वारा स्वधर्मानुसार प्राप्त होने वाले समस्त कर्मों को आसक्ति छोड़कर करते जाना ही परमेश्वर का यजन-पूजन करना है; एवं इसी से अंत में क्रमशः परब्रह्म अथवा मोक्ष की प्राप्ति होती है; मोक्ष के लिए कोई दूसरा अनुष्ठान करने की आवश्यकता नहीं है, अथवा कर्मत्याग रूपी संन्यास भी लेने की जरूरत नहीं है, केवल इस कर्मयोग से ही मोक्ष सहित सब सिद्धियाँ प्राप्त हो जाती हैं। अब इसी कर्मयोग-मार्ग को स्वीकार कर लेने के लिए अर्जुन को फिर एक बार अंतिम उपदेश करते हैं:-)

चेतसा सर्वकर्माणि मयि संन्यस्य मत्परः।
बुद्धियोगमुपाश्रित्य मच्चितः सततं भव॥57॥
मच्चित्तः सर्वदुर्गणि मत्प्रसादात्तरिष्यसि।
अथ चेत्त्वमहंकारान्न श्रोष्यसि विनक्ष्यसि॥58॥
यदहंकारमाश्रित्य न योत्स्य इति मन्यसे।
मिथ्यैष व्यवसायस्ते प्रकृतिस्त्वां नियोक्ष्यति॥59॥
स्वभावजेन कौन्तेय निबद्धः स्वेन कर्मणा।
कर्तुं नेच्छसि यन्मोहात्करिष्यस्यवशोऽपि तत्॥60॥
ईश्वरः सर्वभूतानां हृद्देशेऽर्जुन तिष्ठति।
भ्रामयन्सर्वभूतानि यन्त्रारूढ़ानि मायया॥61॥

(57) मन से सब कर्मों को मुझमें 'संन्यस्थ' अर्थात् समर्पित करके मत्परायण होता हुआ। (साम्य) बुद्धियोग के आश्रय से हमेशा मुझमें चित्त रख।

('बुद्धियोग' शब्द पहले-दूसरे ही अध्याय में (2.49) आ चुका है; और वहाँ उसका अर्थ फलाशा में बुद्धि न रखकर कर्म करने की युक्ति अथवा समत्व बुद्धि है। यही अर्थ यहाँ भी विवक्षित है और दूसरे अध्याय में जो यह सिद्धान्त बतलाया था, कि कर्म की अपेक्षा बुद्धि श्रेष्ठ है, उसी का यह उपसंहार है। इसी में कर्म संन्यास का अर्थ भी इन शब्दों के द्वारा व्यक्त किया गया है, कि "मन से (अर्थात् कर्म का प्रत्यक्ष त्याग न करके, केवल बुद्धि से) मुझमें सब कर्म समर्पित कर।" और वही अर्थ पहले गीता 3.20 एवं 5.13 में भी वर्णित है।)

(58) मुझमें चित्त रखने पर तू मेरे अनुग्रह से सब संकटों को अर्थात् कर्म के शुभाशुभ फलों को पार कर जावेगा। परंतु यदि अहंकार के वश होकर मेरी न सुनेगा, तो (निस्संदेह) नाश पावेगा।

(58वें श्लोक के अंत में अहंकार का जो परिणाम बतलाया है, अब यहाँ उसी का अधिक स्पष्टीकरण करते हैं:-

(59) तू अहंकार से जो यह मानता (कहता) है, कि मैं युद्ध न करूँगा, तेरा यह निश्चय व्यर्थ है। प्रकृति अर्थात् स्वभाव तुझसे वह (युद्ध) करावेगा। (60) हे कौन्तेय! अपने स्वभाव जन्य कर्म से बद्ध होने के कारण, मोह के वश होकर तू जिसे करने की इच्छा करता है, पराधीन (अर्थात् प्रकृति के अधीन) हो करके तुझे वही करना पड़ेगा। (61) हे अर्जुन! सब प्राणियों के हृदय में रहकर ईश्वर (अपनी) माया से प्राणिमात्र को (ऐसे) घुमा रहा है, मानो सभी (किसी)

तमेव शरणं गच्छ सर्वभावेन भारत।
तत्प्रसादात्परां शान्तिं स्थानं प्राप्स्यसि शाश्वतम्।।62।।
इति ते ज्ञानमाख्यातं गुह्याद्गुह्यतरं मया।
विमृश्यैतदशेषेण यथेच्छसि तथा कुरु।।63।।

यंत्र पर चढ़ाए गए हों। (62) इसलिए हे भारत! तू सर्व भाव से उसी की शरण में जा। उसके अनुग्रह से तुझे परम शांति और नित्य स्थान प्राप्त होगा। (63) इस प्रकार मैंने यह गुह्यातिगुह्य ज्ञान तुझसे कहा है। इसका पूर्ण विचार करके जैसी तेरी इच्छा हो, वैसा कर।

(इन श्लोकों में कर्म-पराधीनता का जो गूढ़ तत्त्व बतलाया गया है, उसका विचार गीतारहस्य के 10वें प्रकरण में विस्तारपूर्वक हो चुका है। यद्यपि आत्मा स्वयं स्वतंत्र है, तथापि जगत के अर्थात् प्रकृति के व्यवहार को देखने से मालूम होता है, कि उस कर्म के चक्र पर आत्मा का कुछ भी अधिकार नहीं है, कि जो अनादि काल से चल रहा है। जिनकी हम इच्छा नहीं करते, बल्कि जो हमारी इच्छा के विपरीत भी है, ऐसी सैकड़ों-हजारों बातें संसार में हुआ करती हैं; तथा उनके व्यापार के परिणाम भी हम पर होते रहते हैं, अथवा उक्त व्यापारों का ही कुछ भाग हमें करना पड़ता है। यदि इन्कार करते हैं, तो बनता नहीं है। ऐसे अवसर पर ज्ञानी मनुष्य अपनी बुद्धि को निर्मल कर और सुख या दुःख को एक सा समझकर सब कर्म किया करता है, किंतु मूर्ख मनुष्य उनके फन्दे में फंस जाता है; यही दोनों के आचरण में महत्त्वपूर्ण भेद है। भगवान ने तीसरे ही अध्याय में कह दिया है, कि "सभी प्राणी अपनी-अपनी प्रकृति के अनुसार चलते रहते हैं, वहाँ निग्रह क्या करेगा?" (गीता 3.33)। ऐसी स्थिति में मोक्षशास्त्र अथवा नीतिशास्त्र इतना ही उपदेश कर सकता है, कि कर्म में आसक्ति मत रखो, इससे अधिक वह कुछ नहीं कर सकता। अध्यात्म-दृष्टि से यह विचार हुआ; परंतु भक्ति की

दृष्टि से प्रकृति भी तो ईश्वर का ही अंश है, अतः 61वें और 62वें श्लोक में यही सिद्धान्त ईश्वर को सारा कर्तृत्व सौंप कर बतलाया गया है। जगत में जो कुछ व्यवहार हो रहे हैं, उन्हें परमेश्वर जैसे चाहता है, वैसे करवा रहा है। इसलिए ज्ञानी मुनष्य को उचित है, कि अहंकार-बुद्धि छोड़कर, अपने आपको सर्वथा परमेश्वर के ही हवाले कर दे। 63वें श्लोक में भगवान ने कहा है सही, कि "जैसी तेरी इच्छा हो, वैसा कर" परंतु उसका अर्थ बहुत गंभीर है, ज्ञान अथवा भक्ति के द्वारा जहाँ बुद्धि साम्यावस्था में पहुँची, वहाँ फिर बुरी इच्छा बचने ही नहीं पाती, अतएव ऐसे ज्ञानी पुरुष का 'इच्छा-स्वातंत्र्य' (इच्छा की स्वाधीनता) उसे अथवा जगत का कुछ अहितकारक नहीं हो सकता। इसलिए

सर्वगृह्यतमं भूयः शृणु मे परमं वचः।
इष्टोऽसि मे दृढमिति ततो वक्ष्यामि ते हितम्॥64॥
मन्मना भव मद्भक्तो मद्याजी मां नमस्कुरु।
मामेवैष्यसि सत्यं ते प्रतिजाने प्रियोऽसि मे॥65॥
सर्वधर्मान्परित्यज्य मामेकं शरणं व्रज।
अहं त्वा सर्वपाप्येभ्यो मोक्षयिष्यामि मा शुचः॥66॥

उक्त श्लोक का ठीक-ठीक भावार्थ यह है, कि "ज्योंही तू इस ज्ञान को समझ लेगा (विमश्य), त्योंही तू स्वयंप्रकाश हो जाएगा; और फिर (पहले से नहीं) तू अपनी इच्छा से जो कर्म करेगा, वही धर्म्य एवं प्रमाण होगा, तथा तुझे स्थितप्रश्नज्ञ की ऐसी अवस्था प्राप्त हो जाने पर तेरी इच्छा को रोकने की आवश्यकता ही न रहेगी।" अस्तु, गीतारहस्य के 14वें प्रकरण में हम दिखला चुके हैं, कि गीता में ज्ञान की अपेक्षा भक्ति को ही अधिक महत्त्व दिया गया है। इस सिद्धान्त के अनुसार अब संपूर्ण गीताशास्त्र का भक्तिप्रधान उपसंहार करते हैं:-

(64) (अब) अंत की यह और एक बात सुन, कि जो गुह्यतिगुह्य है मेरा अत्यंत प्यारा है, इसलिए मैं तेरे हित की बात करता हूँ। (65) मुझमें अपना मन रख, मेरा भक्त हो, मेरा यजन कर, और मेरी वंदना कर; मैं तुझसे सत्य प्रतिज्ञा करके कहता हूँ, कि (इससे) तू मुझमें ही आ मिलेगा, (क्योंकि) तू मेरा प्यारा (भक्त) है। (66) सब धर्मों को छोड़ कर तू केवल मेरी ही शरण में आ जा। मैं तुझे सब पापों से मुक्त करूंगा, डर मत।

(कोरे ज्ञानमार्ग के टीकाकारों को यह भक्ति-प्रधान उपसंहार प्रिय नहीं लगता। इसलिए व धर्म शब्दों में ही अधर्म का समावेश करके कहते हैं, कि यह श्लोक कठोपनिषद के इस उपदेश से समानार्थक है, कि "धर्म-अधर्म, कृत-अकृत, और भूत-भव्य, सबको छोड़ कर उनके परे रहने वाले परब्रह्म को पहचानो" (कठ 2.14); तथा इसमें निर्गुण ब्रह्म की शरण में जाने का उपदेश है निर्गुण ब्रह्म का वर्णन करते समय कठ-उपनिषद का श्लोक महाभारत में भी आया है। (शां. 339, 40; 331.44)। परंतु इन दोनों स्थानों पर धर्म और अधर्म, ये दोनों पद जैसे स्पष्टतया पाए जाते हैं, वैसे गीता में नहीं हैं। यह सच है, कि गीता निर्गुण ब्रह्म को मानती है, और उसमें यह निर्णय भी किया गया है, कि परमेश्वर का वही स्वरूप श्रेष्ठ है (गीता 7.24)। तथापि गीता का यह भी तो सिद्धान्त है, कि व्यक्तोपासना सुलभ और श्रेष्ठ है (12.5), और यहाँ भगवान् श्रीकृष्ण अपने व्यक्त स्वरूप के विषय में ही कह रहे हैं; इस कारण हमारा यह दृढ़ मत है, कि यह उपसंहार भक्तिप्रधान ही है। अर्थात् यहाँ निर्गुण ब्रह्म विविक्षित नहीं है,

इदं ते नातपस्कार नाभक्ताय कदाचन।
न चाशुश्रूषवे वाच्यं न च मां योऽभ्यसूयति॥67॥

य इदं परमं गुह्यं मद्भक्तेष्वभिखास्यति।
भक्तिं मयि परां कृत्वा मामेवैष्यत्यसंशयः॥68॥
न च तस्मान्मनुष्येषु कश्चिन्मे प्रियकृत्तमः।
भविता न च मे तस्मादन्यः प्रियतरो भुवि॥69॥
अध्येष्यते च य इमं धर्म्यं संवादमावयोः।
ज्ञानयज्ञेन तेनाहमिष्टः स्यामिति मे मतिः॥70॥

किंतु कहना चाहिए कि यहाँ पर धर्म शब्द से परमेश्वर-प्राप्ति के लिए शास्त्रों में जो अनेक मार्ग बतलाए गए हैं-जैसे अहिंसा-धर्म, सत्य-धर्म, मातृपितृ-सेवाधर्म, गुरुसेवा-धर्म, यज्ञयाग-धर्म, दान-धर्म, संन्यास-धर्म, आदि-वे ही अभिप्रेत हैं; और महाभारत के शांतिपर्व में (शां. 354) एवं अनुगीता में (अश्व. 49) जहाँ इस विषय की चर्चा हुई है, वहाँ धर्म शब्द से मोक्ष के इन्हीं उपायों का उल्लेख किया गया है। परंतु इस स्थान पर गीता के प्रतिपाद्य धर्म को लक्ष्य करके भगवान का यह निश्चयात्मक उपदेश है, कि उक्त नाना धर्मों की गड़बड़ में न पड़कर 'मुझे अकेले को ही भज, मैं तेरा उद्धार कर दूँगा, डर मत'। सार यह है, कि अर्जुन को निमित्त बनाकर भगवान् अंत में सभी को आश्वासन देते हैं, कि मेरी दृढ़ भक्ति करके, मत्परायण-बुद्धि से स्वधर्मानुसार प्राप्त होने वाले कर्म करते जाने पर, इहलोक और परलोक, दोनों जगह तुम्हारा कल्याण होगा, डरो मत। यही कर्मयोग कहलाता है; और सब गीताधर्म का सार भी यही है। अब बतलाते हैं, कि इस गीता-धर्म की, अर्थात् ज्ञानमूलक और भक्ति-प्रधान कर्मयोग की, परंपरा आगे कैसे जारी रखी जावे:-

(67) जो तप नहीं करता, भक्ति नहीं करता और सुनने की इच्छा भी नहीं रखता, तथा जो मेरी निंदा करता है, उसे यह (गुह्य) कभी मत बतलाओ। (68) जो यह परम गुह्य मेरे भक्तों को बतलावेगा, उसकी मुझमें परम भक्ति होगी और वह निस्संदेह मुझमें ही आ मिलेगा। (69) और उसकी अपेक्षा मेरा अधिक प्रिय करने वाला संपूर्ण मनुष्यों में दूसरा कोई भी न मिलेगा; तथा इस भूमि में मुझे उसकी अपेक्षा अधिक प्रिय और कोई न होगा।

(परंपरा की रक्षा के इस उपदेश के साथ ही अब फल बतलाते हैं:-)

(70) हम दोनों के इस धर्म-संवाद का जो कोई अध्ययन करेगा, मैं समझूँगा,

श्रद्धावाननसूयश्च शृणुयादपि यो नरः।
सोऽपि मुक्तः शुभाँल्लोकान्प्राप्नुयात्पुण्यकर्मणाम्॥71॥
कच्चिदेतच्छ्रुतं पार्थ त्वयैकाग्रेण चेतसा।
कच्चिदज्ञानसम्मोहः प्रनष्टस्ते धनंजय॥72॥

अर्जुन उवाच।

नष्टो मोहः स्मृतिर्लब्ध त्वत्प्रसादान्मयाच्युत।
स्थितोऽस्मि गतसन्देहः करिष्ये वचनं तव॥73॥

कि उसने ज्ञानयज्ञ से मेरी पूजा की है। (71) इसी प्रकार दोष न ढूँढ कर श्रद्धा के साथ जो कोई इसे सुनेगा, वह भी (पापों से) मुक्त होकर उन शुभ लोकों में जा पहुँचेगा, कि जो पुण्यवान् लोगों को मिलते हैं।

(यहाँ उपदेश समाप्त हो चुका। अब यह जाँचने के लिए, कि यह धर्म अर्जुन की समझ में ठीक आ गया है या नहीं भगवान् उससे पूछते हैं:-)

(72) हे पार्थ! तूने इसे एकाग्र मन से सुन तो लिया है न? (और) हे धनंजय! तेरा अज्ञानरूपी मोह अब सर्वथा नष्ट हुआ कि नहीं? अर्जुन ने कहा :- (73) हे अच्युत! तुम्हारे प्रसाद से मेरा मोह नष्ट हो गया; और मुझे (कर्त्तव्यधर्म की) स्मृति हो

गई। मैं (अब) निःसंदेह हो गया हूँ। आपके उपदेशानुसार (युद्ध) करूँगा।

(जिनकी सांप्रदायिक समझ यह है, कि गीताधर्म में भी संसार को छोड़ देने का उपदेश किया गया है, उन्होंने इस अंतिम अर्थात् 73वें श्लोक की बहुत कुछ निराधार खींचातानी की है। यदि विचार किया जाए, कि अर्जुन को किस बात की विस्मृति हो गई थी, तो पता लगेगा, कि दूसरे अध्याय में (2.7) उसने कहा है, कि "अपना धर्म अथवा कर्त्तव्य समझने में मेरा मन असमर्थ हो गया है" (धर्मसंमूढ चेताः); अतः उक्त श्लोक का सरल अर्थ यही है कि उसी कर्त्तव्य-धर्म की अब उसे स्मृति हो आई है। अर्जुन को युद्ध में प्रवृत्त करने के लिए गीता का उपदेश किया गया है, और स्थान-स्थान पर कहा गया है, कि "इसलिए तू युद्ध कर" (गीता 2.18; 2.37; 3.30; 8.7; 11.34), अतएव "आपकी आज्ञानुसार करूँगा" का अर्थ "युद्ध करता हूँ" ही होता है। अस्तु; श्रीकृष्ण और अर्जुन का संवाद समाप्त हुआ; अब महाभारत की कथा के संदर्भानुसार धृतराष्ट्र को यह कथा सुनाकर संजय उपसंहार करता है:-)

संजय उवाच।

इत्यहं वासुदेवस्य पार्थस्य च महात्मनः।
संवादमिममश्रौषमद्भुतं रोमहर्षणम्॥74॥
व्यासप्रसादाच्छ्रुतवानेतद्गुह्यमहं परम्।
योगं योगेश्वरात्कृष्णात्साक्षात्कथयतः स्वयम्॥75॥
राजन्संस्मृत्य संस्मृत्य संवादमिमभ्दुतम्।
केशवार्जुनयोः पुण्यं हृष्यामि च मुहुर्मुहुः॥76॥

संजय ने कहा :- (74) इस प्रकार शरीर को रोमांचित करने वाला वासुदेव और महात्मा अर्जुन का यह अद्भुत संवाद मैंने सुना। (75) व्यास जी के अनुग्रह से मैंने यह परम गुह्य, याने योग अर्थात् कर्मयोग, साक्षात् योगेश्वर स्वयं श्रीकृष्ण के मुख से सुना है।

(पहले ही लिख चुके हैं, कि व्यास जी ने संजय को दिव्य-दृष्टि दी थी, जिससे रणभूमि पर होनेवाली सारी घटनाएँ उसे घर बैठे ही दिखाई देती थीं, और उन्हीं का वृत्तान्त वह धृतराष्ट्र से निवेदन कर देता था। श्रीकृष्ण ने जिस योग का प्रतिपादन किया, वह कर्मयोग है (गीता 4.1-3), और अर्जुन ने पहले उसे 'योग' (साम्य योग) कहा है (गीता 6.3ध); तथा अब इस श्लोक में संजय भी श्रीकृष्णार्जुन के संवाद को 'योग' ही कहता है। इससे स्पष्ट है, कि श्रीकृष्ण, अर्जुन और संजय, तीनों के मतानुसार गीता का प्रतिपाद्य विषय, 'योग' अर्थात् कर्मयोग ही है; और अध्याय-समाप्ति सूचक संकल्प में भी वही, अर्थात् योगशास्त्र शब्द आया है। परंतु 'योगेश्वर' शब्द में 'योग' शब्द का अर्थ इससे कहीं अधिक व्यापक है। योग का साधारण अर्थ कर्म करने की युक्ति, कुशलता या शैली है। इसी अर्थ के अनुसार कहा जाता है, कि बहुरूपिया योग से अर्थात् कुशलता से अपने स्वांग बना जाता है। परंतु जब कर्म करने की इन युक्तियों में श्रेष्ठ युक्ति को खोजते हैं, तब कहना पड़ता है, कि परमेश्वर मूल में अव्यक्त होने पर भी जिस युक्ति से वह अपने आपको व्यक्त स्वरूप देता है, वही युक्ति अथवा योग सबसे श्रेष्ठ है। इसी को गीता में 'ईश्वरी योग' (गीता 9.5; 11.8) कहा है; और वेदान्त में जिसे माया कहते हैं, वह भी यही है (गीता 7.25)। यह अलौकिक अथवा अघटित योग जिसे साध्य हो जाए, उसे अन्य सब युक्तियाँ तो हाथ का मैल है। परमेश्वर इन योगों का अथवा माया का अधिपति है, अतएव उसे योगेश्वर अर्थात् योगों का स्वामी कहते हैं। 'योगेश्वर' शब्द में योग का अर्थ पातंजलयोग नहीं है।)

(76) हे राजा (धृतराष्ट्र)! केशव और अर्जुन, दोनों के इस अद्भुत एवं पुण्य

तच्च संस्मृत्य संस्मृत्य रूपमत्यद्भुतं हरेः।
विस्मयो मे महान् राजन् हृष्यामि च पुनः पुनः।।77।।
यत्र योगेश्वरः कृष्णो यत्र पार्थो धनुर्धरः।
तत्र श्रीर्विजयो भूतिर्ध्रुवा नीतिर्मतिर्मम।।78।।

इति श्रीमद्भगवद्गीतासु उपनिषत्सु ब्रह्मविद्यायां योगशास्त्रे श्रीकृष्णार्जुन-संवादे मोक्षसंन्यासयोगो नाम अष्टादशोऽध्यायः।।18।।

कारक संवाद का स्मरण होकर मुझे बार-बार हर्ष हो रहा है; (77) और हे राजा! श्री हरि के उस अत्यंत अद्भुत विश्वरूप की भी बार-बार स्मृति होकर मुझे बड़ा विस्मय होता है, और बार-बार हर्ष होता है। (78) मेरा मत है, कि जहाँ योगेश्वर श्रीकृष्ण हैं और जहाँ धनुर्धर अर्जुन है, वहीं श्री विजय, शाश्वत ऐश्वर्य और नीति है।

(उक्त सिद्धान्त का सार यह है, कि जहाँ युक्ति और शक्ति, दोनों एकत्रित होती हैं, वहाँ निश्चय ही ऋद्धि-सिद्धि निवास करती हैं, कोरी शक्ति से अथवा केवल युक्ति से सदैव काम नहीं चलता। जब जरासंध का वध करने के लिए मंत्रणा हो रही थी, तब युधिष्ठिर ने श्रीकृष्ण से कहा है, कि "अन्धं बलं जड़ं प्राहु:प्रणेतव्यं विचक्षणैः" (मभा. सभा. 20.16)-बल अन्धा और जड़ है, बुद्धिमानों को चाहिए, कि उसे मार्ग दिखलावें; तथा श्रीकृष्ण ने भी यह कहकर, कि "मयि नीतिर्बलं भीमे" (सभा. 20.3)-मुझमें नीति और भीमसेन के शरीर में बल है; भीमसेन को साथ लेकर उसके द्वारा जरासंध का वध युक्ति से कराया है। केवल नीति बतलाने वाले को आधा चतुर समझना चाहिए। अर्थात् इस श्लोक में योगेश्वर का अर्थ योग या युक्ति के ईश्वर का योद्धा, और यहाँ ये दोनों विशेषण हेतुपूर्वक दिए गए हैं।)

इस प्रकार श्रीभगवान के गाए हुए-अर्थात् कहे हुए-उपनिषद में, ब्रह्म-विद्यान्तर्गत योग-अर्थात् कर्मयोग-शास्त्रविषयक, श्रीकृष्ण और अर्जुन के संवाद में, मोक्षसंन्यासयोग नामक अठारहवाँ अध्याय समाप्त हुआ।

(ध्यान रहे, कि "मोक्ष-संन्यासयोग 'शब्द में' 'संन्यास'" शब्द का अर्थ 'काम्य कर्मों का संन्यास' है, जैसा कि इस अध्याय के आरंभ में कहा गया है, यहाँ चतुर्थ आश्रमरूपी संन्यास विविक्षित नहीं है। इस अध्याय में प्रतिपादन किया गया है, कि स्वकर्म को न छोड़कर उसे परमेश्वर में मन से संन्यास अर्थात् समर्पित कर देने से मोक्ष प्राप्त हो जाता है, अतएव इस अध्याय का मोक्ष-संन्यासयोग नाम रखा गया है।)

इस प्रकार बाल गंगाधर तिलक कृत श्रीमद्भगवद्गीता का रहस्य-संजीवन नामक प्राकृत अनुवाद टिप्पणी सहित समाप्त हुआ।

गंगाधर-पुत्र, पूना-वासी, महाराष्ट्र विप्र,
वैदिक तिलक बाल बुध ते विधीयमान।
'गीतारहस्य' किया श्रीश को समर्पित यह,
वार काल योग भूमि शक में सुयोग जान।
।। ॐ तत्सद्ब्रह्मार्पणमस्तु ।।
।। शान्तिः पुष्टिस्तुष्टिश्चास्तु ।।

ग्रंथ और ग्रंथकारों की सूची

इस सूचीपत्र की स्थूलरूप से छानबीन करने से भी पाठक उसकी रचना की कल्पना कर सकेंगे। ग्रंथ और ग्रंथकारों के नाम अक्षरानुक्रम से दिए गए हैं और एक ही स्वरूप के ग्रंथों की तालिका एक ही दी गई है। यूरोपियन ग्रंथकारों की सूची स्वतंत्र रूप से दी गई है। गीता के रहस्य के स्पष्टीकरण के लिए विषयविवेचन के अनुरोध से आने वाले व्यक्तियों का निर्देश स्वतंत्र शीर्षक के नीचे किया गया है और पारिभाषिक शब्दों का समावेश व्याख्याओं में किया गया है। टि. से टिप्पणी समझें।

ग्रंथ और ग्रंथकार

अ
अग्निपुराण
अथर्ववेद
अध्यात्म रामायण
अनंताचार्य
अपरार्कदेव
अमरकोश
अमितायुसुक्त (पाली)
अमृतनादोपनिषद्
अमृतबिंदूपनिषद्
अमृतबिंदूपनिषद्
अर्जुनमिश्र
अवधूत गीता
अश्वघोष
अष्टादश पुराणदर्शन
अष्टावक्र गीता
आ
आनन्दगिरि
आनन्दतीर्थ (मध्वाचार्य देखो)
आपस्तंबीय धर्मसूत्र
आश्वलायन गृह्यसूत्र
आर्षेय ब्राह्मण
ई
ईशरकृष्ण
ईशावास्योपनिषद्
ईश्वरगीता
उ
उत्तरगीता
उत्तररामचरित
उदान (पाली)
उपनिषद् (तालिका देखो)
ऊ
ऊरभंग
ऋ
ऋग्वेद
ऐ
एतरेय ब्राह्मण
ऐतरेयोपनिषद्
ओ
ओक (कृ. गो.)
ओरायन
क
कठोपनिषद्
कणाद
कथासरित्सागर
कपिल
कपिलगीता

व्यक्ति निर्देश

व्याख्या (पारिभाषिक शब्द)

अ

अदृश्य

अद्वैतवाद

अद्वैत ब्रह्मज्ञान

अधिकार

अध्यात्म

अध्यात्मपक्ष

अनंत

अनादि

अनारब्धकार्य

अनुभवाद्वैत

अनुमान

अनृत

अन्तरंग-परीक्षा

अन्नमयकोश

अपूर्व

अपूर्वता

अमृत

अमृतत्त्व

अमृतान्न

अमृताशी

अर्थवाद

अर्हत्

अविद्या

अव्यक्त

अशुभ कर्मों की भिन्नता

अष्टधा प्रकृति

असत्

असंभूति

अस्तेय

अहंकार

अहंकारबुद्धि

अहिंसाधर्म

अज्ञान

आ

आचार-तारतम्य

आचार-संग्रह

आत्म

आत्म-संरक्षण

आत्मनिष्ठ बुद्धि

आत्मा की स्वतंत्र प्रवृत्ति

आधिदैवक सुखदुःख

आधिदैवत पक्ष

आधिदैविक विवेचन

आधिदैविक मार्ग

आधिदैविक पंथ

आधिभौतिक विवेचन

आधिभौतिक पंथ

आधिभौतिक सुखदुःख

आधिभौतिक सुखवाद

आध्यात्मिक मार्ग

आध्यात्मिक सुखदुःख

आनंद

आनंदमय

आनंदमय कोश

आपद्धर्म

आप्तवचन प्रमाण

आबिटर डिक्टा

आरब्ध कार्य

आरंभवाद

आशावादी

आसुरी संपत्ति

इ

इच्छा-स्वातंत्र्य

इन्द्रिय

ई

ईश्वर की शक्ति

ईसाई सिद्धान्त

ईसाई संन्यासमार्ग

उ

उदात्त अथवा प्रेमयुक्त स्वार्थ

उत्क्रांतितत्त्व

उपक्रम

उपपत्ति

उपपादन

हिंदू धर्म-ग्रंथों का संक्षिप्त परिचय

हिंदू धर्म के मूलभूत ग्रंथों में, महत्त्व और कालानुक्रम की दृष्टि से, वेद श्रेष्ठ और आद्य ग्रंथ हैं, और संहिता, ब्राह्मण तथा उपनिषदों का उन्हीं में से समावेश किया जाता है। यज्ञयागादि के कर्मकाण्ड और परमार्थ विचारों के ज्ञानकाण्ड, इन दोनों का मूल उक्त त्रयी में है। तथापि ज्ञानकाण्ड के मूलभूत आधार-ग्रंथ उपनिषद् हैं। हिंदू धर्म के सामाजिक व्यवहारों का नियंत्रण स्मृतिग्रंथों के द्वारा किया जाता है; परंतु उनका मूल आधार गृह्यसूत्र है। गृह्यसूत्रों के अतिरिक्त और भी अनेक सूत्र-ग्रंथ हैं; परंतु उनका संबंध धर्मव्यवहार में से नहीं है, बल्कि केवल विश्व के रहस्य का उद्घाटन करनेवाली विविध विचार-परंपराओं से है। इन विविध विचार-परंपराओं को ही षड्दर्शन कहते हैं। गौतम के न्यायसूत्र, सांख्यसूत्र, वैशेषिकसूत्र, जैमिनी के पूर्वमीमांसासूत्र, बादरायण के वेदान्त अथवा ब्रह्मसूत्र, पतंजली के योगसूत्र इत्यादि का षड्दर्शन में समावेश होता है; परंतु षड्दर्शन के सिवा भी अन्य अनेक सूत्र-ग्रंथ हैं। उन्हीं में पाणिनीसूत्र, शाण्डिल्यसूत्र, नारदसूत्र इत्यादि की गणना होती है। प्राचीन मूर्तिपूजारहित और निर्मल पारमार्थिक स्वरूप के वैदिक धर्म में परिवर्तन होकर उपास्य देवताओं को मानने की प्रवृत्ति जारी होने के बाद पुराणों का जन्म हुआ। महाभारत और रामायण पुराण नहीं, किंतु इतिहास हैं। पुराणों में ही गीताओं का समोवेश होता है। गीतारहस्य-ग्रंथ में इस विषय का प्रसंगानुसार उल्लेख किया गया है; परंतु पाठकों को उसका एकत्र ज्ञान करा देने के उद्देश्य से तालिका के रूप में निम्नलिखित जानकारी दी जाती है।

(1) वेद अथवा श्रुतिग्रंथ :

वेद : (ऋचाओं का अथवा मंत्रों का संग्रह। कर्म अथवा यज्ञकांड) तैत्तिरीय, मनु, वाजसनेयी, सूत।

ब्राह्मण : (आरण्यक। कर्म अथवा यज्ञकांड) आर्षेय, ऐतरेय, कौषिक, कौषीतकी, तैत्तिरीय, शतपथ।

उपनिषद् : (ज्ञानकांड) अमृतबिंदु, ईश (ईशावास्य), ऐतरेय, क्रठ, केन, केवल्य, कौषीतकी (कौ. ब्राह्मण), गर्भ, गोपालतापनी, छांदोग्य, छुरिका, जाबाल-संन्यास, तैत्तिरीय, ध्यानबिंदु, नारायणीय, नृसिंहोत्तरतापनीय, प्रश्न, बृहदारण्यक, महानाराण, मांडूक्य, मुंडक (मुंड), मैत्री (मैत्रायणी), योगतत्त्व, रामतापनी, वज्रसूची, श्वेताश्वतर, सर्व।

(2) शास्त्र :

1. धर्मग्रंथ : गृह्य-सूत्र, स्मृति-ग्रंथ (मनु, याज्ञवल्क्य और हारीत)।

2. सूत्र (षड्दर्शन) : जैमिनी (मीमांसा अथवा पूर्वमीमांसा), ब्रह्म (वेदांत, शारीरिक अथवा उत्तर-मीमांसा), न्याय (गौतम), योग (पातंजल), सांख्य (सांख्यकारिका), वैशेषिक।

3. अन्य सूत्र : आपस्तंब, आश्वलायन, गृहशेष, तैत्तिरीय, नारद, नारदपंचरात्र, बौधायनधर्म, बौधायनगृह्य, शांडिल्य।

4. व्याकरण : पाणिनी।

5. इतिहास : रामायण, महाभारत (हरिवंश)।

6. पुराण : अष्टादश-महापुराण, अष्टादश उपपुराण और गीताएँ।

अष्टादश-पुराण : अग्नि, कूर्म, गणेश, गरुड़, गौडीय पद्मोत्तर, देवी-भागवत, नारद, नृसिंह, पद्म, ब्रह्मांड, भागवत, मत्स्य, मार्कंडेय, लिंग, वराह, विष्णु, स्कंद, हरिवंश।

गीताएँ : अवधूत, अष्टावक्र, ईश्वर, उत्तर, कपिल, गणेश, देवी, पराशर, पांडव, पिंगल, ब्रह्म, बोध्य, भिक्षु, मंकि, यम, राम, विचिख्यु, व्यास, वृत्र, शिव, शंपाक, सूत, सूर्य, हरि, हंस, हारीत।

7. पाली ग्रंथ : अमितायुसुत्त, उदान, चुल्लवग्ग, तारानाथ, तेविज्जसुत्त (त्रैविद्यसूत्र), थेरगाथा, दशरथजातक, दीपवंस, धम्मपद, ब्रह्मजालसुत्त, ब्राह्मणधम्मिकसुत्त, महापरिनिब्बाणसुत्त, महावंस, महावग्ग, मिलिंदप्रश्न, वथ्थुगाथा, सद्धर्मपुंडरीक, सुत्तनिपात, सेल्लसुत्त, सुब्बासवसुत्त।